中国中小学名师名校长领航工程丛书

校长引领中角色与担当

金卫东◎著

中国出版集团
世界图书出版公司

丛书序

我在不久前发表于《中国教育报》的一篇文章中提到：必须高度重视我国教育本土实践与智慧的深度研究，这可能是中国教育转型的关键，也是增强教育自信的必由之路。这里摘引其中的几段。

何为“本土”？自然指向的是中国本土，它是中国的，是中华民族的，是在中国教育自身的实践中产生的。但今天的本土，又不是纯粹的孤悬于世界教育文明之外的“孤岛”。近代以来，国门大开，中外交流包括教育的交往从未中断，而且越来越有深度，也越来越融通。因此，可以说，在全球经济一体化的今天，偌大的中国，无论怎样的教育实践和思想，都像今天的中美经济贸易一样，你中有我，我中有你，所以这里的本土应该是指发生在中国大地上却又融汇了全球教育智慧的本土实践，是在实践中产生的智慧。研究本土教育，弘扬本土教育的实践智慧、经验，绝不意味着我们对于他国教育理论和实践的拒绝和对抗。

事实上，许多年来，随着教育部中小学名校长、名教师领航工程的陆续启动，一批又一批原本散落、尘封、不为外人所熟知的教育实践成功的学校、校长和教师典型，经由国家工程的推动，越来越快地成长、发展和成熟。笔者参与教育部中小学名校长领航工程，以江苏基地首席专家的身份，与来自全国15个省市自治区的教育家型校长“互学共进”，见证了他们在一流理论和实践导师的专业引领下自身成长和学校发展的

“蜕变”过程，深感与最为杰出的教育人结伴而行，乃人生至乐，且真正可以教学相长。感受最深的是代表我国现阶段最高水平、最高层次的精英校长，他们在长期的教育和学校管理实践中，在长期广泛学习、借鉴、研究、融会贯通、将世界优秀的教育理论与我国教育实际相结合的过程中，不断地“立功、立德”，成就越来越多的教育辉煌，其中有很多校长已经或者正在形成富于本土教育特色和个性的教育思想。

这样成功的本土实践、这种在本土实践中成长起来的中国教育智慧，对于教育改革的深化，对于教育转型，其借鉴意义和价值深远，一点也不亚于西方教育成功的理论和模式；甚或，因为其同源性、可行性，就显得更加重要。对之视而不见或者置若罔闻，这要么是崇洋媚外的劣根作祟，要么是功利导致的无知和漠视。

到2021年9月中旬，教育部第二期教育家型校长培养工程圆满结业，中国已经培养出近180位教育家型校长。而随着时光流逝，他们中的越来越多的人都将淡出教育的主流场域，这虽然是新陈代谢的规律所致，但对于这一批校长，在这样一个黄金时段，如何最大限度地发挥他们的作用和功能，更好地实现在教育变革中的意义和价值，对此我们又有多少考虑，又有多少顶层设计呢？

作为曾经伴随着他们“走过这一段路”的培养者，作为亲眼见证和感受着他们的优秀、卓越和创造了一方教育辉煌的专家，每每想到这些，只有扼腕叹息，我无法要求国内的教育专家学者转换视角、转变观念，把研究的重点瞄向本土、本土真正杰出的教育实践家、中国一流的教育家型校长群体，也无法突破一般政策的规定，比如校长任职年龄的限制，充分发挥这些领航校长的智慧和才干，不断创造办学和教育的奇迹，引领一方教育顺利转型。我可以做的，或者说力能胜任的，大概就只能是重点关注这些校长中的一部分，调动多方专家力量，如实地呈现他们有关教育的功、德、言，呈现他们的研究成果和创造成果。

这套《中国中小学名师名校长领航工程丛书》正是要通过这些校长

自身成长的轨迹梳理、学校发展的过程回放，通过对其经验与理念、理性思考与实践智慧的展示，特别是通过他们教育思想、管理个性与办学风格的真实表达，以理性开启思维，以经验启迪思想，以成功激励成功，为面广量大的校长人群提供资源帮助，经验参照和方法启迪，推动正行进在改革现实、加快转型、探索未来教育的他们突破、超越，从而为加速建设教育强国、科技强国、人才强国贡献智慧和力量。

不仅如此，通过这种原汁原味的成功样本的“实录”，展示中国基础教育转型期一批勇敢者不息探求的历史，为未来国内有志于中国基础教育研究的专家提供第一手的最真实的素材和资源。也衷心希望越来越多的教育同仁参与进来，开展越来越多、越来越丰富的研究，取得越来越多、越来越厚重的成果。

当中国本土的教育实践智慧被越来越多的教育人、研究者深度关注，当本土教育家型校长和校长教育家的办学思想、成果的研究终于成为“显学”，我国教育改革的深化、教育转型的发展，就进入了花香郁郁、生机勃勃、自信满满的崭新阶段。

本丛书的组织、编写和出版，得到了教育部“国培计划”专家工作组秘书长黄桂珍、领航工程项目办郭磊主任、国教院培训学院于维涛、领航工程北京基地首席专家胡淑云、领航工程广东基地首席专家龚孝华等的大力支持，他们给予本书以较高的评价，在此深表感谢。必须要提到的是，2020年，北京教育学院校长、培训学院院长胡淑云教授邀我和广东第二师范学院龚孝华教授一同参与了中国教育学会重点课题“从名校长到教育家型校长发展路径研究”，本丛书恰恰是围绕这一课题所做的“研究三人行”之成果了。

严华银

2022年2月星期日于南京老山竹下居

目录

contents

导论

第一节　问题提出
第二节　研究意义

第一节　问题提出

本节从教育变革的时代要求、学校发展的现实需求、教师成长的内在需求三个方面阐述教师专业共同体建设探索的必要性。

一、教育变革的时代要求

教育是立国之本，强国之基。国与国之间的竞争，表面来看是经济、军事、科技等硬实力的竞争，实际上更是文化软实力的竞争，归根结底则是人才之争、教育之争。教育强则国家强。从全球范围看，综合国力强的国家往往都是教育强国，并且两者之间存在良性循环。随着我国综合国力的日益增长和国际地位的日益提高，我们当前的国情已经大大不同于“发展才是硬道理”的历史时期。改革开放四十年来，我国取得了举世瞩目的经济发展成就，但作为世界工厂，我们付出了大量的廉价劳动和一定的环境代价，这样的发展模式不具有长期的可持续性。随着我国经济进入转型期，对各个领域创新、创造能力的要求日益凸显。创新的源泉来自教育。而十多年前著名的“钱学森之问”[1]至今仍旧是教育界的一个艰深命题，有待所有教育者、教育研究者乃至社会各界共同

[1] 2005年，温家宝总理看望钱学森先生时，钱老感慨道：“这么多年培养的学生，还没有哪一个的学术成就能够跟民国时期培养的大师相比。为什么我们的学校总是培养不出杰出的人才呢？”（引自“人民网”：http://bbs1.people.com.cn/post/1/0/1/166766494.html）

破解。

自党的十八大以来，习近平总书记逐步提出了中华民族伟大复兴的中国梦，通过政治、经济、文化、社会、生态文明等五位一体建设，实现国家富强、民族振兴、人民幸福的伟大梦想。全方位的国家建设有赖于大批的优秀人才，而要提高人才培养的质量，则需要有高素质的教师队伍作为保障。

习总书记在多次考察、讲话、批示中不断强调教育事业和教师职业的重要性，不断倡导尊师重教的观念。2013 年 9 月 9 日，习总书记在致全国广大教师的慰问信中表示，“教师是立教之本、兴教之源，承担着让每个孩子健康成长、办好人民满意教育的重任”，希望广大教师“树立终身学习理念，加强学习，拓宽视野，更新知识，不断提高业务能力和教育教学质量”。同月 25 日，在给联合国“教育第一”全球倡议行动一周年纪念活动的视频贺词中习主席说道，“中国有 2.6 亿名在校学生和 1500 万名教师，发展教育任务繁重。中国将坚持实施科教兴国战略，始终把教育摆在优先发展的战略位置”，要“努力让每个孩子享有受教育的机会，努力让 13 亿人民享有更好更公平的教育”。2014 年 9 月 9 日，习总书记看望北京师范大学师生时再次强调，“教育大计，教师为本。国家繁荣、民族振兴、教育发展，需要我们大力培养造就一支师德高尚、业务精湛、结构合理、充满活力的高素质专业化教师队伍，需要涌现一大批好老师”。2016 年 9 月 9 日，习总书记到北京市八一学校慰问师生时说道，“基础教育在国民教育体系中处于基础性、先导性地位，必须把握好定位，全面贯彻落实党的教育方针，从多方面采取措施，努力把我国基础教育越办越好。广大教师要做学生锤炼品格的引路人，做学生学习知识的引路人，做学生创新思维的引路人，做学生奉献祖国的引路人。”

教育在任何历史时期，对于任何国家民族的发展都是重要的，但却从未被如此强调，如此委以重任。中华民族正在走向伟大复兴。随着国家的强盛和旧有国际秩序的日益运转失灵，中国作为世界大国之一，也肩负重要的国际责任，应致力于推动国际新秩序的建立。伟大的时代呼唤优质的教育，教育变革的时代要求广大教师与时俱进。本研究的要旨即是探索如何帮助初中教师顺应时代，追求持续的专业发展。

二、学校发展的现实需求

新的时代呼吁更好的教育，虽说教育最终落实于师生，但师生却离不开学校的整体部署、培育和引领。除了前述时代背景之外，出于学校发展的现实需求，教师们也被期望不断追求专业发展，实现个人精进。培育教师专业共同体是学校发展的重要途径。

经验表明，优秀的学校是以学习为中心而非行政管理为中心的。学校正在从传统的权力自上而下的行政单位，转向相对扁平、相互学习、共同治理的学习共同体。McLaughlin（2001）[1]、Fullan（1991）[2]、王越英（2004）[3]、段晓明（2007）[4]等国内外众多学者提出将学校打造成一个教师专业共同体的观点，主张将教师发展、学习提升、领导力发展和校园文化培育统为一体。教师专业共同体可促进学校的平等管理。整个学校被视为一个大的教师专业共同体，有助于将“上下级关系”转变为“共同体成员”关系，教师共同体应该具有一定的自主性，缺少了自主性，教师共同体就容易成为科层制的一层，丧失教师共同体应有的主体地位，在学校管理过程中处于被管理的客体地位，与学校主体无法形成主体间的互动。要实现学校的愿景和目标，学校成员的合作和并肩奋斗更重要。教师们共同分担忧患、庆祝成功，教师专业共同体可以为学校发展和改革提供精神动源，这是一般的领导方式所不能实现的，它超越了典型的

[1] McLaughlin M W， Talbert J E.Professional Communities and the Work of High School Teaching[J]. History Teaching， 2001，126（12）：106-106.

[2] Fullan M. The New Meaning of Educational Change[J]. School Effectiveness and School Improvement，1991，2（04）：336-343.

[3] 王越英 . 打造学习共同体促教师专业发展 [J]. 上海教育科研，2004，03：41-42.

[4] 段晓明 . 学校变革视域下的专业学习共同体 [J]. 比较教育研究，2007，03：74-78.

上下级关系，可以鼓励教师的参与、激发潜能。

教师专业共同体将成为一种全新的学校变革方式，在全校范围内建设有效的教师专业共同体，将在学校引发全方位的改善。日本东京大学佐藤学教授提出：21 世纪的学校是学习共同体的学校，并进一步指出，“所谓学习共同体的学校，是指这样的学校里不仅学生们互相学习、成长，作为教育专家的教师也相互学习、提高，家长和市民也参加学习、共同发展。”[1]（Manabu Sato，1997）我国教育部颁发的《义务教育学校校长专业标准》（教师〔2013〕3 号）中指出，校长要认识到“教师是学校改革发展最宝贵的人力资源，要尊重、新任、团结和赏识每一位教师……校长是教师专业发展的第一责任人，将学校作为教师实现专业发展的主阵地。”可见，学校发展离不开教师发展，要求教师发展；同时，将学校打造为教师专业共同体，首先可促进教师发展，最终将实现学校的整体发展。

以上是有关学校发展与教师发展的理论论述，具有一定的泛化意义，对所有学校的发展具有启示，也为本研究的开展提供了理论上的依据。不仅如此，本文所研究的对象学校所面临的具体发展困境也成为教师专业共同体建设实践的重要动因。本研究立足于笔者所在的上海市 J 中学（以下简称“J 中学”）开展多年的教师专业共同体实践探索。该校成立于 1997 年，隶属上海市 C 教育集团，是一所公办现代化初级中学，学校目前有 56 个教学班，在校学生约 2200 名，教职员工 177 人。教师专业共同体实践开始的直接动因是 2004 年的三校合并。南汇并入浦东新区之前，浦东区原有 90 所初中学校。为了加强全区的初中教育，整合教育资源，浦东新区社会发展局倡导实施了一系列并校活动，由强校带动弱校。在这一过程中，2004 年 9 月，J 中学周边基础相对薄弱的临川中学和陆洋学校的中学部被并入 J 中学。这三所学校在制度文化、师资水平、教师的工作与生活状态、生源质量与结构等各方面均存在较大差异。如

[1] 佐藤学 . 学校的挑战：构建学习共同体 [M]. 上海：华东师范大学出版社，2010.

何促进三校全体教师的共同发展，提升弱势校区的教学质量，最终消除三校在各方面的巨大差距，从而能够步调一致、真正融合，这成为并校之初所面临的一大难题。这是开展本研究的学校发展现实需求方面的重要背景。

三、教师成长的内在需求

魏忠在其《静悄悄的教育变革——创造的思维半径》[1] 一书中提出了“教师是阻碍教育进步的最大力量”的惊人言论，批判教师群体故步自封的反创新情愫。实则不然。事实上，教师本身作为一个社会人，如同大多数其他人一样有着追求上进的内在需求；作为一个教育者，身处不断变化的教育情境中，则有着不断顺应变化以求适者生存的本能和渴望（魏忠，2017）。

美国著名行为科学家、管理理论奠基人之一道 Jacobs（2004）[2] 曾提出了著名的人性假设，即 X 理论— Y 理论。X 理论对人性的假设大致为：大多数人都是懒惰的，视工作为负担，因而会尽可能地逃避工作；他们没有事业心，不愿承担责任，甘愿被领导；他们的个人目标总是与组织目标相悖；他们缺乏理智和自制，从众且安于现状；他们为生理和安全需求所左右，追求经济利益最大化，且短视。Y 理论则与之相反，认为大多数人可以从工作本身获得满足，能够自我管理和控制，能将个人目标与组织目标合一，在适当条件下愿意主动寻求责任等等。对人性假设不同的管理者，将采用不同的管理策略（如严加管制或放任自主）；也可以说，对于不同的群体，应采取不同的管理策略。应该说，以上描述只是人性的两个极端，大多数人都处在两端构成的连续体的某个位置上。

---

[1] 魏忠 . 静悄悄的教育变革：创造的思维半径 [M]. 上海：华东师范大学出版，2017.

[2] Jacobs R B D. Book Review Essay: Douglas Mcgregor: The Human Side of Enterprise in Peril[J]. Academy of Management Review，2004，29（02）：293-296.

我们有理由相信，教师们要么偏向 Y 端，要么在适当的组织引导下会不断接近 Y 端。

美国著名心理学家 Maslow 在《人类动机理论》[1]一文中论述了人类需求的五级阶梯，从低到高依次是生理需求、安全需求、社交需求、尊重需求和自我实现需求。其基本假设是：只有低层次的需求得到较好的满足时，人们才会寻求更高层级上的需求；换言之，当低层次需求得到满足时，人们会继而追求更高层次上的满足（Maslow，1943）。整体而言，教师与其他社会职业相比，具有稳定性，基本超越了丰衣足食的生理和安全需求。他们多数具有无私奉献的精神，相比追求经济利益，更加注重是否受人尊敬与认可，因而更愿意主动发展个人专业能力，以使学生受益，并得到同行和学校的认可。

此外，现代社会的进步日新月异。信息技术与教育技术领域的飞速发展也使教育发生着史无前例的变革。教育价值的多元化，教育范式的多样化，教育场域的泛在化等等这一系列的变化都在不断改变和拓展着教育的内涵。那么，教育这门古老的学问在全面变革的时代中该如何嬗变？是否有些东西是亘古不变的（即教育的本质为何）？互联网时代开放的学习方式和资源是否日渐模糊了师生间的界限？教师不再是独占知识的权威，其在教学中应扮演怎样的角色？翻转课堂、慕课、微课、私播课等层出不穷的教学模式与形态对传统教学有何影响，教师应如何应对？随着人工智能技术的发展，是否会出现“全能”的超级机器人智能教师？在全民创新的时代教师应当如何自我发展以顺应时代？这些问题无一不在不断地鞭策老师们探索、学习、进步。

然而，身处变革的时代，面对复杂的教学情境，教师个人孤军奋战往往难以应对，特别是难以保持持续的动力。事实上，在教师教育领域，教师专业发展已从最初的个体化的努力转向了教师作为学习者的共同体。

[1] Abraham H. A theory of human motivation [J]. Psychological Review, 1943, 50 (04): 370-396.

教师专业共同体产生于20世纪80年代美国的教师教育改革运动。1997年，美国西南教育发展研究中心（SEDL）首先发表了关于教师专业共同体的描述和介绍专业。教师专业共同体是由具有共同理念的管理者与教师构成的团队，他们致力于促进学生的学习，作为一种组织形式，教师专业共同体被认为是促进教职工发展的有力途径，并成为学校变革与发展的有效策略。2004年7月，国际教育教学委员会大会的主题就是“教师即学习者：构建专业发展的共同体”。将教师发展置于共同体框架，成为当前教师专业发展的主流范式。

Phillips（2003）[1]、Hernandez（2003）[2]、Rousseau（2004）[3]等大量学者研究表明，教师专业共同体是促进教师专业发展的有效途径。吴文胜（2006）[4]总结了教师专业共同体的四大功能：将个人知识转化为公共知识；提升教师的实践智慧；提高教师的合作意识和能力；建立促进教师合作发展的学校文化。实践经验表明，教师专业共同体可提升教师自主性，生成教师学习的动态环境，构筑教师间互动合作的生成性教育资源。教学工作极为复杂，具有独特性和生成性，在教学过程中，随时可能遇到不可预知的困难和窘境。不同教师在知识结构、智能水平、思维方式以及认知风格等方面上都存在差异，在共同体中教师可以提出自己的教学困境，共同探讨如何应对。在此过程中，教师们可以分享与整合彼此的知识、经验、教育观念和方式方法，相互促进。

---

[1] Phillips J. Powerful Learning: Creating Learning Communities in Urban School Reform[J]. Journal of Curriculum and Supervision，2003，12（3）：240-258.

[2] Hernandez V M， Brendefur J L. Developing Authentic， Integrated， Standards-Based Mathematics Curriculum:（More Than Just） An Interdisciplinary Collaborative Approach[J]. Journal of Vocational Education Research， 2003，28（03）：259-283.

[3] Rousseau C K. Shared beliefs， conflict， and a retreat from reform: The story of a professional community of high school mathematics teachers[J]. Teaching and Teacher Education，2004，20（08）：783-796.

[4] 吴文胜 . 共同体：教师合作文化的有效组织 [J]. 杭州师范学院学报，2006，03：147-148.

第二节　研究意义

本节从教师发展和学校管理两方面讨论本研究具备的理论与实践意义。

一、理论意义

理论方面，本研究将丰富现有的教师发展与学校管理研究。尽管构建教师专业共同体已经成为教师发展领域的共识，但已有的共同体研究多为针对概念内涵、特征要素、构建策略等的理论探讨，基于实践的实证研究不多。在为数不多的实践探索中，一方面多聚焦教研组、名师基地、某一学科教师团队等单层次的专业共同体，鲜有以一校为核心的多层次共同体研究；另一方面，多为目标具体、存续期较短的项目式共同体，鲜有研究着眼于打造教师专业共同体建设的长效机制。在学校管理方面，已有研究仍多在行政管理的学科体系中进行，尽管从教育学视角通过将学校打造为一个教师共同体来促进学校发展的理念已被提出，但仍停留在理念探讨阶段，尚无相关实证研究。因此，本文拟提出的教师专业共同体建设机制将对已有的教师发展和学校管理理论做出重要的补充与拓展。

二、实践意义

如前所述，教师专业共同体已成为教师发展的最新范式。建设教师专业共同体以促进教师专业发展为直接目标，对促进学生、教师和学校的发展具有重要的实践意义。一方面，研究表明[1]，有效引导全体教师和管理人员持续地合作探索与学习，最终将有效促进学生的发展（Hord，1997）。学校范围的教师专业共同体将通过影响教师的教育观、提高其专业知识技能而影响其对学生学习的教育支持水平，进而影响学生成绩。“发展教师专业共同体是教育改革的最有效策略之一，它可有效促进教师专业发展，并促进学生改善学习结果。”[2]（Stoll & Bolam，2006）另一方面，建设教师专业共同体有利于重塑学校的合作学习文化。教师专业共同体的形成不仅可以改变教师个体，而且还可以改变长期以来教学场所中根深蒂固的孤立的、个人中心主义文化，使合作成为学校中深层的文化存在。建设教师专业共同体，相比传统的行政管理，为教师创造了更多人际交互的机会，教师们在共同体活动中形成设计交流、分享知识的各种学习场，在合作的氛围中共同探讨、研究和解决问题。加拿大教育学者 Fullan（2001）[3] 指出，“有效合作的文化氛围并不是以观点相似为基础，多元化才有价值，因为他们可以获得不同的观点，并凭借这些观点认识问题的复杂性。”构建校内以及校际之间的教师专业共同体有助于打破教师、学校的教育教学盲点，在异质合作交流中与自己原有的思想、理念、方法形成碰撞，做出反思，修正行动。

可见，建设教师共同体可促进教师、学生和学校文化的全面发展，建设全校范围的教师专业共同体将成为学校管理的新途径。本研究中的案例学校围绕建设有效的初中教师专业共同体开展了长期的探索实践。对这些实践中的经验教训进行总结，挖掘成功实践背后的深层次原因，

[1] Hord S M. Professional Learning Communities: Communities of Continuous Inquiry and Improvement[J]. Change Strategies，1997，40（01）：58-59.

[2] Stoll L， Bolam R， et al. Professional Learning Communities: Source Materials for School Leaders and Other Leaders of Professional Learning[J]. Innovation Unit Dfes National College for School.2006，2（29）：187.

[3] Fullan M. The New Meaning of Educational Change[M].New York and London: Teachers College Press and Routledge Falmer，2001.

形成系统的打造教师专业共同体的长效机制，可在更广阔的范围内推广这些经验与机制，助力更多面临类似处境的学校推进教师发展，改善教育质量，最终促进学校的全面发展。

第一章
理性阐述

第一节　内涵演变
第二节　主要问题
第三节　校长与教师专业共同体

第一节　内涵演变

本节阐述了“共同体”和“教师专业共同体”相关概念的内涵演变过程。

一、共同体的内涵

1. 共同体（community）

在线《汉语大辞典》“汉辞网”对共同体（community）的解释有二：一是指“人们在共同条件下结成的集体”，二是指“由若干国家在某一方面组成的集体组织”。牛津词典对与共同体对应的 community 词条进行了更为详尽的解释，如下表 1–1。

表 1-1　牛津词典“community”词条释义

释义	细分释义	举例
1.［一群居住在一起并且具有一定共性的人们］	1.1 一群居住在一起并且享有共同所有权的人们	同一修道院的一群修女
	1.2 某一地区及其居住者	乡村社区、地方社区
	1.3 因共同利益而结成的国家联合组织	欧共体
	1.4 ［定语］指为某一地区的人们服务的人力或资源	社区卫生服务

2.［集合名词］拥有共同属性或利益的状态	2.1 某一相似点或身份	雇主与员工
	2.2 共同的所有权和债务	货物的共有
3.［生态学］在同一区域共同生长或居住的、互相依赖的植物或动物种群		食虫类鸟群

由上述可见，共同体既可以指群体的主体本身（如人或动植物），也可以指群体所在的地理场所（如某一社区），还可以指群体的组织属性（如欧共体），甚至可指群体共性、群体身份、集体感、公共精神等更为抽象的含义。

实际上，这些不同的概念内涵在许多现实情境中是融为一体、不可分割的。比如：某一群体（主体性）因为地理上的近距离聚居而成为社区（地域），久之便形成了一些共同的文化、制度、规约习俗、生活方式等（群体共性），群体成员之间互动互助、互相依赖，产生情感关联，在群体中构建个人身份并产生集体归属感、发展集体精神等等。因此，共同体概念的完整内涵应是团体组织、主体、社区等具体含义与团体制度、文化、精神等抽象意义的总和。并且，抽象意义的部分才是共同体建设的精髓所在。就此而言，为了某一目标，将一群利益攸关者联合起来组成一个联合体，仅具备了一个共同体的形式意义（名义上的共同体），还不能称之为真正的共同体。“当代意义共同体的形成必须经过一个逐步建构的过程。也就是说，一个有明晰边界的社区、组织或其他类型的团体，不一定就能形成共同体的精神与实践”[1]（张志旻等，2013）。

须指出的是，共同体还具有“社会”这一泛指含义。实际上，共同体的概念正是从“社会”一词中逐渐剥离出来的。学界通常认为，这一剥离的发生以德国社会学家费迪南德·滕尼斯《共同体与社会》一书的出版为标志。在该书中，滕尼斯描绘了基于共同情感和亲密关系的、富

[1] 张志旻，赵世奎等．共同体的界定、内涵及其生成：共同体研究综述 [J]. 科学与科学技术管理，2010，31（10）：14-20.

有人情味并具排他性的生活共同体。这种生活共同体主要是以血缘、感情和伦理团结为纽带自然生长起来的，其基本形式包括亲属（血缘共同体）、邻里（地缘共同体）和友谊（精神共同体）。

以上是共同体最原始的概念内涵。过去的一百多年来，随着共同体内涵不断发生演变，学界先后提出了 90 多种不同的定义。张志旻等对有关概念进行了梳理，并指出：随着社会的不断发展，特别是全球化和现代通讯与交通的发展，共同体的发展逐渐突破了传统的血缘与地域的限制，原始意义上的共同体概念不断瓦解，与此同时，这一概念又不断被置于新的语境中加以重构。因此，要对所谓“共同体”加以界定，须将其置于具体语境之中，如学习共同体、科学共同体、实践共同体等。

2. 学习共同体（Learning Community）

学习共同体的实践最早开始于 20 世纪 80 年代的美国。常青州立学院（Evergreen State College）被广泛认为是学习共同体实践的先驱[1]，该校于 1984 年成立了一个校际学习共同体，次年又成立了提高本科教育质量华盛顿中心，关注合作教育方法，并将建立学习共同体作为中心的主要活动之一（Cathy，2000）。

最初的共同体实践未引起学界的关注，因为在此前相当长的一段时间内，在行为主义与认知主义学习观的主导下，学习者个体一直被认为是教学对象的基本单位以及教学研究的焦点[2]，学习的过程即知识从一个个体（教师）向另一个体（学生）单向迁移的过程（Roth，2006）。后来，Lave（1988）[3]、Wenger（1998）[4] 等研究的影响，教育实践与研究者们

[1] Cathy M E. Learning better together: The impact of learning communities on student success in higher education[J]. Journal of Institutional Research，2000，1（02）：48-53.

[2] Roth W M，Lee Y J.Contradictions in theorizing and implementing communities in education[J]. Educational Research Review，2006，1（01）：27-40.

[3] Lave，J. Cognition in practice : mind，mathematics，and culture in everyday life[J]. Contemporary Sociology，1988，19（01）：214.

[4] Wenger E. Communities of practice: Learning as a social system [J]. Systems Thinker，1998，7（05）：1-10.

开始认识到，学习不是一种孤立的个体行为，而是个体在各种共同体中所进行的文化实践活动。在学习共同体中，应通过适当的学习与教学设计，鼓励和引导学生们互相分享他们各自学习数学、历史、科学等的方式，让学生参与到共识域建构与意义协商中。从80年代末到整个90年代，学习共同体的做法在美国各大高校逐渐流行起来[1]（Smith，2001）。

随着学习共同体实践形式的日益灵活多样，有学者开始对其展开理论探索，尝试划定概念边界（什么样的实践项目算是学习共同体，什么样的不算？），归纳学习共同体活动的共性和必备要素。Brower & Dettinger（1998）[2]提出了一个检验学习共同体的金字塔模型（参见图1-1），并用四所大学的四个不同类型的学习共同体案例验证了该模型的有用性。

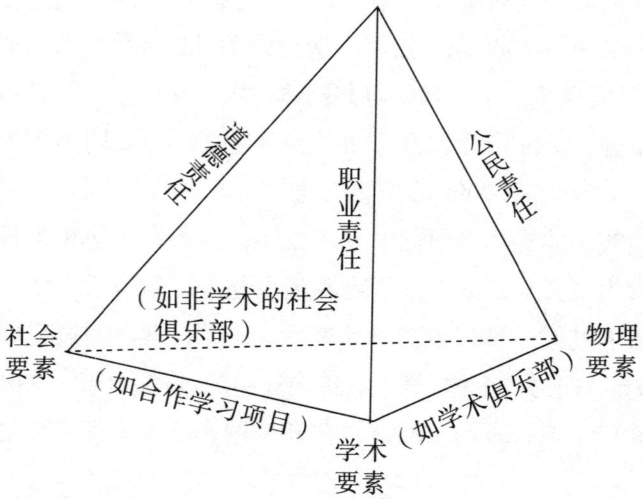

图1-1　学习共同体金字塔模型（Brower & Dettinger，1998）

[1] Smith B L.Challenge of learning communities as a growing national movement[J]. Peer Review，2001，4（01）：4-8.

[2] Brower A M，Dettinger K M.What is a learning community？Toward a comprehensive model[J]. About Campus，1998，3（05）：15-21.

根据该模型，一个学习共同体必须包含以下三种要素：一是学术要素，即学生所要学习的科目知识；二是社会要素，即学生之间以及有关教职员工之间的人际关系；三是物理要素，即共同体成员见面的地点及活动所需的设施。要建立一个有效的学习共同体，须根据共同体的培养目标来适当配置这些要素。框架中列出了除广博的知识面和综合思维能力之外大学教育还应着重培养学生的三个方面：职业责任，即学生在其未来工作生活中如何表现；道德责任，即学生的是非观与行事原则；公民责任，即学生如何对待别人，如何融入集体和社会。

Brower & Dettinger（1998）还总结了大多数学习共同体的共同特征：

（1）发展集体身份认同：所有参与者都视彼此为学习者，尊重每一个人的贡献，参与者之间既非完全独立也非完全依赖的关系；

（2）提供设施与场所：供参与者会面并参与有效学习活动；

（3）创设支持性的学习环境：能够不断吸引新人，并帮助他们融入共同体学习（而非排斥后来者的封闭环境）；

（4）创造融合学生社会与学术经历的学习体验：使其能够将个人兴趣带入到学术学习中，并将学术学习结果用于个人生活与社会活动；

（5）建立跨学科的连接：要认识到，尽管认知方式可能因学科而异，知识和概念却是相通的；

（6）要创设学习情境，发展学生的复杂思维能力（包括发散性思维、灵活思维、批判性思维）、社会认知、创造性以及元认知；

（7）持续评估过程与结果并适时做出调整：随着新成员的加入，学习共同体也在不断演变，因此需要不断评估学习的过程与成效，以确保最终实现预期目标。

以上论述对本研究具有重要的参考价值。一方面，本文的教师专业共同体中，教师的主要角色之一是合作学习者，因此教师专业共同体本质上也是一种学习共同体，应具备学习共同体的基本要素和共性特征。另一方面，尽管学习共同体概念最初着眼于学生的学习，但其理念后来也广泛应用于教师发展领域。在 CSSCI 核心期刊数据库中，设定时间为 1980—2018 年，搜索篇名包含“学习共同体”的论文得到 2920 个结果，这些文章的关键词除“学习共同体”之外其余合计 1869 个，其中 38.6%（722）聚焦教师发展（如：教师专业、教师教育、高校教师等），51.4%（960）聚焦学生学习（如学习者、学习过程、课堂、学习模式等），其余 10%无法判断是学生还是教师视角（如网络、实践、建构等）。

由于学习共同体实践在学界被同时用于学生学习和教师发展两个领域，考虑到用于前者的研究明显多于后者，“学习”一词与“学生”的联系较之与教师更为紧密，且教师发展领域已有“教师共同体”“教师教育共同体”“教师专业发展共同体”等多个近义概念表达有关实践，建议学界在这些术语使用上逐步划清界限，避免概念混用，以“学习共同体”专指学生学习，而教师发展实践的名称中须冠以“教师”主体，免用易产生歧义的“学习”字样。

在上述前提下，本研究所指的教师专业共同体与学习共同体的概念具有明显的区别：在本文中，学习共同体专指学校课程框架之下，彼此熟识的某一学科（或班级）的学生，通过合作、分享与交流共同完成某一学习任务、获得特定的知识或技能，其学习活动较为集中，地点相对局限、固定（多为所在学校的教室、图书馆等，当然也可能是在线讨论），持续时间往往不会跨越学期或学年，共同体组织是短期而紧密的。与此相对，本文的教师专业共同体并非针对某一学科或某一学校的少数教师（如同一个行政班的学生），参与对象是跨学科的。共同体规模远远大于通常意义上的学习共同体，许多成员之间可能互相不认识，虽具有与团队共成长的共同目标，但所谓团队不仅指整个大的共同体，更多是指共同体内部学校、学科、班组等不同层面上的团队，组织形式因层次不同而呈现松散与紧密的结合，活动地点灵活多样、不固定。此外，共同体教师们的成长是长期的，而非针对某一短期目标的一次性或短期合作，因此共同体建设的目标也非完成教师发展中的某一特定任务，而是打造一种长效机制，能够帮助教师们实现长期、持续的专业发展。这些区别可简单总结为表 1–2。

表 1-2 学习共同体与教师专业共同体的主要区别

	学习共同体	教师专业共同体
对象	学生或 / 和教师	教师
规模	相对较小（如班级）	相对较大（多校、全学科教师联合）
目标	简单具体（完成学习任务、获得知识技能）	复杂多样（个体职业能力发展、团队打造、长效机制建立）
身份关系	平等的共同学习者	共同学习者、（老对新或优秀对后进者的）传帮带、组织制度共同制定者、管理与被管理、互相监督等
地点	相对局限、固定	范围广、灵活多样、不固定
组织层次	单层	多层
组织结构	紧密	松散
存续时间	短（数周或学期）	长（多年）

3. 实践共同体（Community of Practice）

“实践共同体”最初由 Lave & Wenger（1991）于 1991 年在其《情境学习：合法的边缘性参与》[1] 一书中提出。而前述的“学习共同体”概念也被认为出自同一篇文献。实际上，两个概念在最初是混用的，均强调学习的发生是个体在某一社会情境中参与共同实践的结果（而非信息的单向传输和被动接受）。后来这两个概念逐渐从同一理念中分化出来，学习共同体更多用来指代教育情境中以小组学习和情景设置为特征的学习设计，及由此形成的学习者在其中交互合作、共同完成学习任务、获得学习结果的共同体；而实践共同体则被用来指代更广泛领域里的共同学习活动，如“组织设计、政府管理、教育、专业发展联合组织、项目

[1] Lave J， Wenger E. Situated Learning: Legitimate Peripheral Participation[J]. Applied Cognitive Psychology， 1991，29（02）：138.

发展及市民的生活”等[1]（张平，2009）。

Wenger（1991）[2]从商业与组织行为的视角阐述了实践共同体的概念内涵、产生发展的过程及培育机制。一个人作为某一组织的一员，为解决组织实践中的复杂问题，往往要与多方人员保持长期的互动互助关系，借助多方的智慧、知识与专业技能。如此，这些人员便形成了非正式的、不同于正式组织单位的实践共同体（community of practice）。这一共同体是人们在共事过程中自发而成的，通过共同参与活动并互相学习得以维系。

实践共同体无处不在，成员身份取决于其参与共同实践，而非其正式身份。以企业组织为例，实践共同体既可能发生在部门内部，也可以是跨部门，甚至是跨公司的，其发生发展均具有自发性。尽管实践共同体具有自发性和自我组织性，但这并不意味着无法通过人为的努力对其加以培育。事实上，由于认识到实践共同体发挥团队成员协同作用的巨大潜力，不同领域的组织均开始探索通过建立共同体来促进个人和组织的共同发展，其中实践最为活跃的领域之一便是教师发展。教师实践共同体被普遍认为是教师发展的新视角、新方法、新视野（张平，2012；张平、朱鹏，2009；徐斌艳，2010；李利，2004；李子建、邱德峰，2016等）。例如，李利（2004）以叙事探究的方法分析了教师实践共同体中的互动对职前教师实践性知识发展的影响；徐斌艳（2010）[3]以上海浦东新区的名师培养基地的实践为例，论述了教师实践共同体对教师发展的促进作用。

相比以学生为主要对象，以微观课堂教学设计为主要内容的学习共

[1] 张平，朱鹏．教师实践共同体：教师专业发展的新视角[J]. 教师教育研究，2009，34（2）：56-60.

[2] Wenger E. Communities of practice: Learning as a social system [J]. Systems Thinker, 1998，7（05）：1-10.

[3] 徐斌艳．名师培养基地专业特征研究：基于教师实践共同体的视角[J]. 教育发展研究，2010，30（24）：56-60.

同体，实践共同体概念更接近于本研究的教师专业共同体概念，两者同为共同实践团体，主要区别在于：

首先，尽管实践共同体本身超出教育学科的范畴，教师仅为多种实践主体中的一个，但根据已有文献，教师实践共同体基本采取教育学视角，其形式多为活动和目标具体单一、存续期有限的教师发展组织或项目，活动设计多围绕教师的教学知识与技能等具体目标展开；与之相对，本文的教师专业共同体采取教师教育与组织行为的双重视角，活动更为灵活多样，目标更为宏观和远期。

其次，现有教师实践共同体完全抛弃了实践共同体原本的自发性，本质上是一种教师培训组织或项目，其假定前提是所有成员均具有追求专业发展的愿望（或者采取自愿加入的原则选出有意愿的对象），焦点不在于激励无意发展的教师，而在于如何支持本身便有发展意愿的教师；与之相对，本文的教师专业共同体虽同采取有意识培育的途径，但最终目标是建立一种长效机制，在这一机制中，教师们可以自发地形成多种实践共同体，而且“一个都不能少”——不是仅帮助部分有进取心的教师更上一层楼，而是激发全体教师专业发展的积极性，培养其团队意识，帮助其与团队共成长。

二、教师专业共同体的内涵

国内外学界对以教师发展为主旨的共同体实践进行了充分的讨论与研究，既可纳入前述三个概念的框架之下，亦有更多专指教师主体的名称，其中国内外共同使用教师共同体（teacher community）、专业共同体（professional community）、教师学习共同体（teacher learning community）、专业学习共同体（professional learning community）等概念；国内还有更多独有的概念，其对应的英文在国外很少使用，现举几例：

* 教师教育共同体，参见朱元春（2008），张增田、赵庆来（2012），孟繁华、张景斌（2016），王天晓（2017）等；

*教师发展共同体，参见林青松（2014）等；

*教师专业学习共同体，参见孙元涛（2011），陈晓端、龙宝新（2012），崔迪、姚伟（2017），张佳（2017）等；

*教师协同学习共同体，参见王淑莲、金建生（2017），金建生、王淑莲（2017），侯清珺、郝少毅（2017）等；

*教师专业发展共同体，参见夏蓓蓓（2015），郭燕、徐锦芬（2015）等。

尽管总体而言，上述概念具有相似内核，均指多个教师组成共同体协同发展的实践，但不同概念的侧重有所不同，甚至对于同一概念，不同作者也有不同的理解。例如：Little（2003）[1] 指出，教师共同体不等于教师学习共同体，前者可能是崇尚传统的，成员相互合作，共同来强化传统做法（reinforce traditions），只有教师们相互协作来创新实践（reinvent practice）进而共同实现职业成长才能称为教师学习共同体。然而，郑葳和李芒（2007）[2] 直接将“教师共同体”定义为“以不断提高教学质量、提升教师个人的专业技能为目的的同事合作小组”，等同于利特尔的教师学习共同体概念。

本文现借用部分专家观点来阐述本文教师专业共同体的内涵。Seashore（2003）等人[3] 在使用“专业学习共同体（professional learning community）”概念时指出，这一概念不是仅关注教师具体的分享行为，而是在全校范围内创造一种人人期待合作、参与合作、真正合作、持续合作的文化，合作的焦点在于批判性地检验现有实践以改善学生的学习结果。这一做法的前提假设是，教师在教室之外的协作行为与其课堂教

[1] Little J W. Teachers professional development in the context of high school reform: Findings from a three-year study of restructuring schools[J]. Education and Urban Society.2003, 27（03）: 274-293.

[2] 郑葳，李芒 . 学习共同体及其生成 [J]. 全球教育展望，2007，04：57-62.

[3] Seashore K R, Anderson A R, et al. Implementing arts for academic achievement: The impact of mental models, professional community and interdisciplinary teaming[J].Center for Applied Research& Educational Improvement, 2003, 3（02）: 241-264.

学同等重要，共同影响学校发展、教师专业发展和学生的学习。这一表述与本文研究的主旨十分接近。然而，此前有学者[1]指出“专业学习共同体”概念中的“学习”二字没有必要（McLaughlin & Talbert，2001），因为此概念的核心不在“学习”，而在“共同体”；加之前述学习共同体概念的学生指向，笔者决定略去学习二字，增补教师主体，采用“教师专业共同体”这一概念作为本文的核心概念，解释如下：

首先，“专业”指专业发展，是目的；“共同体”即多人联合体，是概念之核心：在教师专业共同体中，焦点不是教师个体独立进行的专业发展，而是在一个共同体中的专业发展，强调教师间的交互、合作、互相影响。Westheimer（1999）[2]提出了学界广泛认可的专业共同体五大特征，即共同信念与理解、互动与参与、互相依赖、尊重个体与小众观点、有意义的人际关系。可见，一个真正意义上的教师专业共同体，并非多名教师的简单的物理聚合，而是他们经过一定的“化学反应”形成有共同目标、共同行为标准、信念和价值观的，能够密切合作、共同追求专业发展的团体。

其次，要界定“教师”的范围。须注意的是，专业发展（即教师的专业知识与技能的发展）具有个人指向，涉及教师个人的绩效考核制度问题；而共同体则是集体指向，涉及对教师个体行为的约束问题。无论从哪一个角度出发，都应将某一单位的全体（而非选拔部分）教师纳入共同体框架。McLaughlin 和 Talbert（2001）[3]研究的 16 所学校中都存在或强或弱的院系教师学习共同体，其中 3 所学校形成了全校范围

[1] McLaughlin M W， Talbert J E. Professional Communities and the Work of High School Teaching[J]. History Teacher， 2001，126（12）：106-106.

[2] Westheimer J. Communities and consequences: An inquiry into ideology and practice in teachers’ professional work[J]. Educational Administration Quarterly， 1999，35（01）：71-105.

[3] McLaughlin M W， Talbert J E. Professional Communities and the Work of High School Teaching[M]. Chicago: University of Chicago Press，2001.

（school-wide）的共同体。Fullan（2001）[1] 指出，学校应当培育专业发展合作文化，且将焦点从教师个人发展（如绩效工资、职业阶梯等）转移到学校整体发展上来。所谓教师专业共同体，即是把整个学校打造成一个共同体。那么“整个学校”又指谁呢？是包括学校全体员工，还是仅指教师队伍？文献表明，大多数相关研究中均以教师（包括学校领导）作为共同体成员，不包含与教学不直接相关的行政人员 [2]（Stoll et al，2002），除非涉及低龄儿童或大量特殊教育学生群体，其他人员的角色也和教师同样关键 [3]（Louis & Gordon，2005）。笔者同意上述观点，本文中的教师专业共同体，其主要成员也是有关学校的全体教师，加之与教学和教师发展活动密切相关的学校领导，不包含一般行政管理人员。

综上所述，本书中的“教师专业共同体”是由某一学校全体教师组成的，具有共同的目标愿景，在长期密切的交互合作中共同追求教师专业发展的动态组织。尽管从字面上看，教师专业共同体是一个静态的组织或群体，但实际上它却是一个需要不断培育和发展的有机体，只有通过合理的顶层设计、恰当的制度规约、有力的组织引导来激发足够的主体参与和交互，形成人人期待合作并持续参与合作的文化，才能激活其内在生命力。在这一有机体中，所有成员教师有着共同的目标、对于共同体成员这一身份有着明确的身份认同，能在共同体中建立多重交互的有意义的人际关系进而获得集体归属感，能在交互中取得专业发展进而获得成就感，最终能够认可制度、响应领导、带动他人，从而形成良性循环，实现教师个人与教师共同体的共同成长。

而将教师专业共同体界定在“初中”范围内具有一定研究意义。其一，

[1] Fullan M. The New Meaning of Educational Change[M].New York and London: Teachers College Press and Routledge Falmer，2001.

[2] Stoll L，Bolam R，et al.Professional learning communities: A review of the literature[J]. Journal of Educational Change，2006，7（04）：221-258.

[3] Louis K S，Gordon，M F. Aligning Student Support with Achievement Goals: The Secondary Principal's Guide[J].Corwin Press，2005，12（02）：168.

基础教育阶段的教师发展共同体建设已经在全国范围内得以开展，并在学界受到一定的关注。但从已有的研究成果来看，初中教师专业共同体建设的开展远未普及，远未与我国的学校和教师群体规模相适应。其二，目前的初中教师专业共同体实践多由教师发展研究专家或学校的学科教研骨干主导，在着力打造共同体的过程中，受到诸多的局限，许多问题（比如政策支持、奖惩机制等）只能从学术视角加以探讨或呼吁，无法落实。关注点应从教师教育活动和教研组文化等微观问题转向促进全体教师共同追求专业发展的长效机制这一宏观问题。

第二节 主要问题

本节从教师个人、教师发展组织以及激励制度等维度阐述我国初中教师专业共同体建设面临的问题。

一、教师个人专业发展动力不足

教师共同体归根结底是由教师个体组成，共同体建设的目标也在于促进成员教师的持续的专业发展。然而，一个学校要发展成为囊括全体教师的共同体，面临的首要问题就是：并非所有教师都有持续追求个人发展的动力，甚至可能大多数教师的专业发展动力都不足。

众所周知，人们做事的动力来源可以分为内在动机和外在动机两大类。如果对某事具有足够的内在动机，那么做事情本身的过程中便可获得成就感和情绪上的满足感，不需要外在的奖赏或压力来激发行为。而外部动机，则是由外部环境和外来力量而引发的动机，若出于外部动机而选择做某事，或是迫于压力不得已而为之，或是为了外在的潜在益处而为之，并非出于对此事本身的热爱。那么初中教师群体在专业发展中的内在动机和外在动机情况如何呢？

1. 教师个人专业发展的内在动机不足

教师同其他职业一样，对很多人来说，只是一份工作。试问有多少人热爱工作如同热爱自己的兴趣爱好那样，愿意不计成本、不计回报地去投入呢？胡艳（2013）[1]对北京市某区2035名中学教师（其中563人为教研组长）的问卷调查显示：仅有不足一半（46.9%）的教师表示比较喜欢自己的工作；教师们对教师职业的认可度不高，调查采用1至6分的六级量表，满分6分，两千余名教师对职业认可度的均值低至3.10，如果有机会和可能自由选择职业，仅有36.3%的教师表示愿意继续从教；仅有35%的教师表示可以从工作中得到满足，教师们对工作的满意度均值仅为3.27。

笔者曾于2007年对上海某区5所中学的139名教师进行了调查，并对部分教师进行了访谈。调查对象中男教师40名，女教师98名；二级、一级和高级教师分别为55、70、14名；教龄5年以下的青年教师26名（占比18.7%），6—10年的教师31名（占比22.3%），11—20年的教师49名（占比35.3%），20年以上的教师33名（占比23.7%）。调查样本具有较好的代表性。

调查显示：有将近半数（65名，占比46.76%）的教师表示自己的职业定位为"生存型"，认为从事教育教学工作与社会上的其他职业无异，都是出于"养家糊口的谋生需求"；另有40名教师（28.78%）将教书育人视为自己的人生事业，在教育工作中能够获得满足感和成就感，属于享受型的职业定位；仅有34名教师（24.46%）属于"发展型"职业定位，视教师职业为"自我实现的生命追求"。尽管该数据相比胡艳（2013）

[1] 胡艳．专业学习共同体视角下的教研组建设：以北京市某区中学教研组为例[J]. 教育研究，2013，34（10）：37-43.

的数据略显乐观，但从中可见，有一定内在动力、有望主动追求个人专业发展的教师仅占 1/4 不到。

在该调查中，关于教师个人专业发展最高目标的选择比例由高到低依次是：做合格教师，能胜任教育教学工作（39.13%）、成为校特色教师（18.38%）、成为区学科骨干教师或学科带头人，做教学能手（17.98%）、随心随缘，不做强求（11.26%）、成为特级教师或学者型教师，引领学科发展（9.49%）、成为校级或中层管理者，发挥领导才能（3.75%）。有高达四成的教师将做一个“合格”的教师作为自己的“最高”发展目标，另有超过一成的教师（11.26%）完全没有任何专业发展目标，对自己不做强求，随遇而安。

关于教师专业发展和学习的必要性，多数（71/139，51.08%）教师认为是出于“适应课程改革”这样的短期、外在的环境变化的需要，19.32%的教师期望能够通过参加学习而解决教学中出现的实际困难，出于“个人发展提高”这样的内在需求的仅占 17.8%，另有超过一成（11.8%）的教师认为教师专业发展和学习只是搞“形式”，没有实际益处。这显示出教师对专业发展和学习的重要性认识以及个人发展的内在动力均严重不足。

以上结果从教师访谈中也得到了印证，现择几例：

“据我观察，我身边大部分老师也都和我差不多，也许刚开始踏上工作岗位的时候还满腔热情，时间久了就习以为常了。学生一批批地带下来，你会发现好的学生总归是好的，差的学生你拼了老命他差不多还是那样子，老师这个职业说起来崇高，其实也不是说真的都能改变世界。你认识到这一点，慢慢就会觉得当老师就是一份糊口的工作而已，和其他工作没什么两样。”

——教师 Z

“学习的必要性嘛想一想觉得总归是有的，学无止境嘛，我们也总是和学生这样说。但真正要落实的话，就觉得有点盲目，不知道该学些啥，好像觉得专业学了那么多年应付现在的工作也够用了，没怎么有迫切要学的动力。就像刚刚说的，我觉得能够把日常教学做好，学生还比较满意，就算是成功了。……要做好日常教学其实和一些讲座类的教师专业活动没多少关系的，除了比如出来了新的课程改革政策需要了解一下，其他的一些理论性的东西我总感觉华而不实，形式主义。”

——教师 X

北京、上海都是我国教育最发达的地区，然而这些调查数据看起来却十分不容乐观。那么试想一下，在全国四百多万名初中教师中，又有多少比例的教师对于教书育人具有高度的职业热情，能够在学生的点滴进步中得到成就感和满足感？也许会有相当多的老师们甘于奉献，热爱教书育人的工作，那么他们当中又有多少对于自身的学习和发展也抱有同样的热情呢？初中各学科的教学内容相对明确和固定，且有应试压力，多数教师凭借已有的知识和教学经验基本可以应付课堂教学。在这种情况下，许多传统的教师发展活动（如教学研讨、培训讲座等）可能很难引发教师的内在兴趣，而是成为一种负担。江西省某中学的黄老师在主持一个名师基地时承担教师网络培训的任务。在组织培训的过程中，他精心准备了培训内容和资源，结果对教师们的表现十分失望。他表示，教师们在培训中的种种消极表现折射出一个非常严重的问题，那就是“教师专业发展的动力严重不足”[1]（黄行福，2018）。而这种动力的不足主要是因为教师缺乏追求发展的内在需求和动机。

2. 教师个人专业发展的外在推动不力

正因为内在动机不足，目前的教师专业发展活动才不得不依靠外力的推动，主要是各种行政规定，例如不完成规定的培训就不能上岗，不能晋升职称、评先进等等。这就是教师专业发展的外在动机。

笔者对上海 139 名初中教师进行的调查显示，教师参加专业发展活动的动力主要来自“职称晋升或评优等学校考核要求”（47.1%）、“学校或团队的硬性行政规定”（37.8%）、“来自学校同事或团队同伴的

[1] 黄行福 . 教师专业发展：动力的审视 [EB/OL].（2014-07-28）[2018-05-02].http://www.jxteacher.com/hxf/column3257/fa58fc08-b42e-1103b62ff0bd9.html.

压力（29.0%）”。分别仅有15%和9.3%表示参加专业发展活动能够“体验个人成长的乐趣”和“有助于改进工作，使学生受益”。可见，更多的外在动力来自于冷冰冰的行政规定，与“人”无关；同侪压力尽管某种程度上可以催人奋进，但毕竟是身不由己，可能是出于怕丢面子或拖团队后腿之类的考虑，并非真心要求学习进步。

这些外在的因素尽管对教师专业发展也能或多或少起到一些推动，但往往后劲不足，容易浮于表面。在这些外因的作用下，教师们也许不得不出现在培训现场，然而带着“迫不得已”的心态，教师们很难全身心地真正投入学习，而是各种应付。正如教师Q在访谈中所言，“尽管许多学校会明文规定要求老师们参与各类培训或者这样那样的活动，但我感觉这样的效果并不好。如果培训内容本身不能够吸引老师，教师们去过之后觉得没有收获、是浪费时间，那么就很尴尬了：去吧，浪费生命；不去吧，又违反学校规定。所以规矩一点的老师就一边守规矩一边不满，胆子大一点或者说不在乎领导面子的老师干脆就不去了。可以说，在教师发展方面，不从教师内心出发，不从内容上下功夫，只靠行政外力来压肯定是行不通的。”也正如此，才会出现前文所述黄老师在名师基地培训中出现的结果：“教师们提交的课程作业有的和教学内容毫无关系，有的是直接从互联网上下载的资料，有的只有一两句话甚至只有标题，没有内容”[1]，从中足见，外来的行政“高压”在激发教师发展动机方面收效甚微（黄行福，2018）。

究其原因：一是因为所谓的“压力”并未落到实处，仅强调教师们的身体在场而非全心投入。教师培训的效果到底如何？其教学观念和能力是否发生了积极改变？是否能够融入其真实的教学过程并使学生受益？教师们在培训中的所获是否以某种可视化的形式加以总结、呈现或展示，是否具有可持续性？在目前的教师发展实践中，对这些问题均重

[1] 黄行福.教师专业发展：动力的审视[EB/OL].（2014-07-28）[2018-05-02].http://www.jxteacher.com/hxf/column3257/fa58fc08-b42e-1103b62ff0bd9.html.

视不足。二是不论其专业能力发展与否，教师们实际上无须面对任何实质性的风险。风险是迫使人们行动的最强动力。而人们评估风险通常会考虑：如果我不这样，那么会有何种后果？发生这种后果的可能性有多少？大概何时会发生？假使一位教师的教学能力不足（实际上多数教师在入职时都已经具备了教学资格，经过了单位的人事筛选）且拒绝发展，那么他面临的风险不外乎被学生投诉，被同行或领导批评，不能得到额外奖励或升职机会等。实际上，这些风险要么是小概率事件，要么是后果不够严重，不足以促使教师奋进。最大的风险莫过于丢工作，而在目前我国的国情下，公立学校的教职基本是终身制的，只要不犯原则性错误，几乎不可能被开除。足够的职业安全感往往使教师们容易产生惰性，一些浮于表面的行政规定无法激发足够的教师发展动机。

综上所述，目前我国的初中教师群体比较普遍的心态是，既无近忧，也无远虑。就“近”而言，凭借已有的学科知识，应付课堂教学并不困难。即便略有不足，也几乎不会面临任何正面的批评和挑战，因为初中阶段的学生普遍对教师心存敬畏，同事和领导也往往选择以和为贵，何况教学优劣，见仁见智。就“远”而言，教师们没有失业风险。这些因素导致了初中教师个人专业发展动力不足。要建立有效的教师专业共同体，如何充分激发教师追求个人专业发展的内在和外在动机，这一问题是不容回避的。

二、教师专业发展活动组织不力

除教师自身发展动力不足之外，建设有效共同体面临的第二大问题是，目前已有的许多教师发展组织有名无实，学习和培训活动组织不力。总体而言，我国传统的基础教育教师专业发展活动大致可以分为三类：一是由国家组织的统一培训，如国培计划、教育部统一部署的课程改革培训等；二是区域教研，即各地区教育部门组织的教师专业发展活动，如名师基地、新教师培训、骨干教师培训等；三是校本教研，如学校层面的教师发展活动以及学科组、教研组、备课组等常规教研组织内部的相关活动。近年来，“以教育集团或校际联盟为组织构建校际间教研共同体”逐渐成为推进教师发展的路径之一[1]（张晓蕾、王英豪，2017），被视为国家级培训、区域教研和校本教研之外的“第四层教研系统”[2]（杜芳芳，2009）。

这些培训活动与教师组织对我国的初中教师发展起到了一定的促进作用，但也存在诸多的问题，分别讨论如下：

首先，国家级教育部门组织的统一培训通常是自上而下的，忽略教师的自主需求，常常流于形式，收效甚微。以“国培计划”为例：这是我国教育部和财政部于2010年开始推出的针对中小学教师（特别是农村教师）队伍的国家级培训计划。教育部选定了18家远程培训机构（包括9所高校，其中师范大学7所）向各地中小学骨干教师提供免费培训，旨在提高教师队伍的整体素质，推进义务教育的均衡发展。然而，在实际的计划实施中，许多基层的教师并不买账。金小签和邹乐（2016）[3]总结了国培计划落实不力的几大原因：一是培训机构独断专行，未能与县市教育部门和学校协同合作；二是培训课程的内容不接地气，忽视学员的需求；三是培训团队华而不实，重理论，轻实践；四是培训模式单一、守旧，将学员当作“容器”来灌输；五是培训对象遴选不严，随意更换、冒名顶替、缺勤等现象频发；六是培训质量考核流于形式。种种原因，造成培训计划雷声大、响应少；花费高，收效低；受训教师压力不大，动力不足。

其次，区域教研培训一方面同国家级培训一样，也是自上而下的行

[1] 张晓蕾，王英豪. 从“合而不作”到“合作共赢”：对我国校际教研共同体中教师合作现状的探索性分析 [J]. 教育发展研究，2017，37（24）：14-20.

[2] 杜芳芳. 校际互动：学校优质与均衡发展的新思路 [J]. 教育发展研究，2009，29（24）：48-53.

[3] 金小签，邹乐. 对“国培计划”教师动力不足原因及对策的思考 [J]. 江西教育，2016，36：6-7.

政推进，可视为国家级培训的延伸，因而通常也存在上述的种种问题；另一方面，为了覆盖区域内尽可能多的学校，培训模式通常是选拔性的，优中选优，重点培养，无法触及每一位教师。近十几年来各省市纷纷启动名师基地工程，如上海市的“双名工程”、江苏省的“浙派教育家发展共同体”、福建省的“中小学名师培养工程”等，其宗旨在于充分发挥一些具有先进教育思想和主张的名师的引领和示范作用，培养一批国家级、省市级的教育教学专家。张建（2015）[1]对名师基地模式寄予厚望，认为它解决了教师自主实践成长、师徒结对带教、专家培训指导等传统名师成长模式的问题与不足，可凭借“基地学校场域、多元的实践共同体成员[2]和问题情境与经验”为名师的专业成长提供支持。徐斌艳（2010）[3]也从教师实践共同体的视角总结了上海浦东新区名师基地的成功经验，肯定了其在促进教师专业发展方面的成效。然而，在认可该模式效果的同时，不得不认识到该模式效率低下和排他性的问题。一个典型的名师培养基地大约由 20 至 30 位成员构成，其中名师主持人 1—2 名，导师 10 名左右（特级教师、教研员、高校专家等），其余为学员。也就是说，要培养一定数量的名师，就要配备几乎同等数量的导师和主持人，而限于名师和导师资源的紧缺，只能选拔少量优秀教师重点培养，无法惠及某一学校或地区的所有教师。以上海的双名工程为例，其首期 23 个名师基地，动用数百名名师专家，培养学员共计 319 名；迄今为止已完成三期，共计培养名师不足 3000 人；而整个上海市的中小学教师有 12.03 万人[4]。照此计算，名师基地惠及对象仅占教师总数的 2.5%。在 2018 年 7 月刚刚启动的第四期双名工程教师“种子计划”的申报说明中明确表示，

[1] 张建．名师基地培养模式之缘由、理念及路径 [J]. 教育研究，2015，36（04）：86-93.

[2] 注：多元的共同体成员主要指优秀教师（培养对象）、基地学校名师（主持人）、特级教师及大学专家学者（培训导师）等。

[3] 徐斌艳．名师培养基地专业特征研究：基于教师实践共同体的视角 [J]. 教育发展研究，2010，30（24）：56-60.

[4] 数据来源：上海市教委（转引自：新浪教育 http://edu.sina.com.cn/l/2018-09-10/doc-ihiixyeu5551243.html）

要优先选择“强校工程”实验学校中有潜力的优秀青年教师，确保每所实验学校不低于5%的教师纳入计划。这种对学校和教师进行双重筛选的名师培养模式,显然是将有限的资源分配给强中之强者,不具有普惠性,对于许多普通学校、普通教师而言是可遇而不可求的。

再次，学校内部的教师发展组织，如教研组等，经过多年的演化呈现出行政化倾向，无法有效促进教师专业发展。我国中小学教师的教研合作实践由来已久，早在20世纪50年代，各中小学校便开始普遍建立教研组，之后又陆续出现年级组、备课组、课题小组等各种校内组织。以教研组为例，其组织性质有待明晰，角色发挥受到诸多局限。“从我国制度化的教研组建立之日起，就把教研组置于一个性质不明的境地”[1]（胡艳，2013），尽管唯一一个有关教研组的政策文件《中学教学研究组工作条例（草案）》（教育部，1957）中明确说明，各级教研组织不是行政组织，但从学校的组织架构及教研组工作内容来看，它并非单纯的学习或教学组织，而是兼具一定行政职能的学校基层管理机构，教研组长也非单纯的专业领导者，其作为专业领导者的素质常常得不到教师的广泛认可，教师们的工作负荷重、工作积极性不高，这些因素都影响了教研组的功能发挥。张佳（2017）[2]结合已有文献，对教研组等校本教研组织所面临的困境与挑战进行了总结：一方面，“安排考试、传达学校指令等管理工作”职责使其日益沦为行政的附庸[3]（阴祖宝、倪胜利，2013）；另一方面，追求组内全体教师“在教学目的、教学进度和学生考试上的统一化和标准化”的做法严重挫伤了教师们的主动性与创造性[4]（潘涌，2010），加之“教研活动流于形式，尚未建立起真正的合作学

[1] 胡艳．专业学习共同体视角下的教研组建设：以北京市某区中学教研组为例[J]. 教育研究，2013，34（10）：37-43.

[2] 张佳．我国教师专业学习共同体发展现状的实证研究：以上海市中小学为例[J]. 基础教育，2017，14（05）：76-87.

[3] 阴祖宝，倪胜利．走向专业学习共同体的教研组变革[J]. 现代中小学教育，2013，08：54-57.

[4] 潘涌．论中小学教研组建设与学科带头人的使命[J]. 全球教育展望，2010，39(09)：9-82.

习的文化”，教研的效果大打折扣[1]（刘明华、王必闩，2008）。

最后，校际教研的情况也不尽如人意，“存在良莠不齐、教师参与主动性不高、凝聚力不足等问题”[2]（包智强、吴伟昌，2013）。张晓蕾和王英豪（2017）[3]对我国西部某省某市的837名基础教育教师进行了问卷调查，以了解校际教研共同体中的教师合作现状。据称，该市自2011年起启动集团化办学，并划分区域成立教育集团，通过校际合作力求兼顾优质学校、普通学校及薄弱学校的共同发展。然而调查显示：只有约五分之一（22.70%）的教师真正实现了合作共赢的校际合作，有近五分之一（18.59%）的教师实现了零散的校际合作，其对专业合作仍“处于相互试探的状态，并未形成相互影响的人际联结和集体探究的合作意识”；约三分之一（31.34%）的教师处于“合而不作”的状态，对于跨校合作“被动接受、被动投入、被动参与”，仅仅出于行政压力而加入所谓的共同体中。此外，虽然该研究未深入分析有关事实的成因，但其调查数据显示，就不同学段而言，“初中教师的体验与小学和高中教师的体验相比存在明显差距”。说明，初中教师在校际教研共同体中的表现尤其有待改善。就如何建立有效的初中教师专业共同体展开探究意义重大。

三、单位激励制度不健全

除个人发展动力和专业发展活动与组织两方面的问题之外，单位激励制度的不健全也是建立有效初中教师专业共同体的重大障碍之一。也可以说，在前两方面存在严重问题的情况下，激励制度便越发显得重要。反过来说，假使教师发展活动丰富、有趣、有效，教师具有足够的兴趣

[1] 刘明华，王必闩．教研组建设现状及功能思考[J].上海教育科研，2008，04：47–48.

[2] 包智强，吴伟昌．校际教科研共同体：区域教科研的新范式[J].上海教育科研，2013，12：52–54.

[3] 张晓蕾，王英豪．从“合而不作”到“合作共赢”：对我国校际教研共同体中教师合作现状的探索性分析[J].教育发展研究，2017，24：14–20.

和动机，那么激励机制缺失的问题也许就不会凸显，因为压根不需要。

制度对于一个组织的发展至关重要。有效的制度应当促进而非阻碍组织目标的实现，而且制度不能是一纸空文，而是要落到实处。以企业为例，若要鼓励创新，仅仅喊口号或组织一些貌似能够促进创新的活动是远远不够的，而是要真正建立起有利于创新的制度和文化：比如要对在创新方面做出重大贡献的人给予奖励；要加大研发上的投入但不能硬性规定短期内出成果；再比如要允许试错，降低人们对创新失败而承担后果的风险预期。特别是最后一点：假如某位员工创新了一个产品，结果未得到市场认可，最后被要求赔偿公司损失，那么口号喊得再响，大家也不会再愿意创新了。这些道理是不言而喻的，但在公立中小学体制内却常常难以得到贯彻。

首先，工作压力大，薪资整齐划一、缺乏弹性且相对较低，对教师发展起到了严重的阻碍作用。社会上对于教师群体具有普遍的误解，认为教师是轻松而稳定的职业。事实上，教师们的工作强度不亚于社会上的职场人士。然而，教育事业关涉国计民生，具有公益性质，不同于办企业，因此无法完全按照市场化规律实施多劳多得，而是由国家统筹教师薪资。吴国平（2018）[1]对上海市 15 227 名[2]教师进行的大规模调查显示：教师们普遍感动工作压力较大，教师平均每日在校时间为 9.61 小时，最长超过 16 小时，50%以上的教师每日用于备课和批作业的时间超过三个小时。教师们“工作时间太长，工作强度偏高”，除日常教学任务外还要应付“各种检查、评比”。80%的教师认为检查、评比太多，64%的教师认为教研、科研要求太高。与之极不相称的是，教师们的收入偏低，54.13%的教师月收入不足六千元，收入超过一万元的不到 3%，也只有这 3%的教师对收入待遇和自己的付出回报表示满意。有高达 61%的校级领导有转行的念头。这些数据均表明，中小学教师收入相对较低，与

[1] 吴国平．上海市中小学教师职业状况与政策建议[EB/OL].（2018-05-31）[2018-06-03]. https://www.sohu.com/a/233642055_387177.

[2] 占上海市中小学教师总人数的 13%。

其工作付出不相称，现有的教师薪资制度对教师的物质激励不足。即便学校层面在有限的范围内对教师们实施绩效奖励等差别化待遇，也面临着重重困难。一方面，对教师“业绩”的考量缺乏明确的标准，执行不力容易引发教师的不满；另一方面，学校的办学经费相对固定，其在教师待遇方面的政策弹性不足，所谓的待遇“差别”力度常常不足以产生激励作用，特别是对于家境相对殷实的教师群体。除薪资待遇因素之外，从职业发展角度来看，广大的初中教师群体既无失业之忧，又无企业里那样明显“职业阶梯”，因此学校很难从人事制度上向教师施压，促使其合作学习、合作发展。

其次，也是更重要的一点，教育的对象是学生，不像企业里的产品，教师们的试错成本太高。主要的问题出在，当前的教育制度环境中，对“错”的界定非常局限，基本等同于学生成绩不佳。假使要推行课程改革，教师们往往会采取最保守的、自身免责的做法，而不会去冒险创新。正如宋萑（2011）研究[1]中的个案学校所展示的那样，教师们对于二期课改所赋予他们的恰当调整和选择教材内容的权利做出了“集体式拒绝”：他们宁愿动用挪用其他课时、加快教学进度、增加课后辅导等各种手段来完成教材中的所有内容，也不愿共同探讨最有利于学生的教学方案。有位受访老师明确表示，“我每篇课文都教到、讲到，每天反复做练习、做订正，他（学生）还是考不好就不是我的问题了”。教师们心里总是悬着“考试之剑”，会担心如果按照课改要求对教学内容进行取舍，那么一旦考试超出了他们选出的授课范围，影响了学生成绩便难逃责难。这种“强调考试成绩的问责制度使得教师过度追求学生考试分数，并加剧了教师之间的竞争，使其表面合作而暗地里竞争”[2]（蒋福超、刘正伟，2009）。

---

[1] 宋萑．课程改革、教师赋权增能与教师专业学习共同体：上海市四所小学的个案研究[J]. 教育学报，2011，7（03）：63-74.

[2] 蒋福超，刘正伟．专业学习共同体视角下的教研组变革[J]. 教育发展研究，2009，28(10)：83-87.

最后，由于升学压力的客观存在，大多数初中学校和教师都难以摆脱应试教学以及与之相应的考核制度。特别是在小学阶段大力减轻学生负担，取消考试分数和成绩排名的背景下，初中阶段的应试教学压力不降反升。许多学校疲于应付学区统考以及各种摸底考试，各科成绩在区里的排名牵动着自校长到学科负责人再到每一位任课教师的神经。在分数的高压之下，教师们选择将有限的时间投入到短平快的应试训练而非具有长效作用的集体合作探索和专业发展中，也就不难理解了。

笔者对 139 名上海初中教师的调查显示：将近四成（38.5%）的教师表示，导致自己无法积极参与教师专业发展活动的主要原因为“面临中考升学压力，教学任务繁重，可用于专业发展的时间和精力不足”。另分别有超过两成（24.1%和21.1%）的教师参与学习的困难主要来自“学校激励措施不得力，行政部门支持力度不够”，以及“学校教师学习氛围”不浓，因而不能够长期坚持专业发展。教师专业发展自主性受到多方面主、客观因素的影响：主观方面，41.11%的教师表示，由于已经工作，工作经验丰富，因此产生了一定的惯性，18.58%的教师对教学工作产生了职业倦怠，也有部分教师（10.28%）认为自己各方面素质已经很强了，没有迫切的专业发展压力和需求。客观原因方面教师们的反馈更加集中，75.69%的教师选择“工作压力太，忙不过来”，22.73%的教师认为“教师专业化不为社会认同”，另有分别 17.59%和 13.64%的教师选择“教师群体没有学习研究氛围”和“学校支持的力度不够”。总体而言，抑制教师专业发展自主性的最主要因素，一是客观上教学工作压力太大，教师精力有限；二是主观上由于具有多年的教学经验而对自己的专业能力比较自信，并逐渐形成了固化的思维和习惯，未意识到与时俱进、追求专业发展的重要性。

以上文献中的调查及笔者的调查结果均可在教师访谈中得到进一步佐证：

“你可以说老师年复一年地重复那点东西是因循守旧，但有什么办法呢？考试就是要考这些，你不讲这些讲什么？我们老师也愿意学习，也想与时俱进，接受一下新事物。有时候听听一些新东西确实觉得很不错，像现在的慕课、翻转课堂，包括一些名校的注重学生的创新思维、批判性思维的一些做法，对培养人来说，确实比我们传统的应试训练要好。可讲实话，我是不敢尝试。万一你试来试去，学生成绩下来了，这算谁的呢？这个责任我付不起。何况，你去尝试新理念、新方法也不是那么容易，要额外花好多精力，出力不讨好。教师发展，发展来发展去，交流来的新东西不能实践，那么时间久了就没动力了，还不如老老实实教我的课。”

——教师 Z

“不是我不愿意求发展，是实在心有余而力不足。面对那么多学生，日常教学任务本来就不轻，又面临中考，加上年级组的工作和各种大会小会，总是感觉分身乏术。这时候你再说，参加这样那样的活动纳入绩效考核，我不知道别人怎么样，我反正是顾不上那么多了。何况考核说白了就是一点奖金的差别，好坏能差到哪里去呢？”

——教师 LU

可见，无论是从人事制度还是教学文化制度来看，当前的制度环境都对初中教师专业共同体的建设存在一定的阻碍作用，不利于促进持续的教师专业发展和学校整体发展。如何尽可能地为教师们减轻工作负担、给予人文关怀和政策激励、培育教师间互助共进的良好学习氛围，是今后初中教师专业共同体建设的一个重要努力方向。

综合本节前述，我国初中教师专业共同体的建设面临着教师个人专业发展动力不足、已有教师专业发展活动组织不力、单位激励机制不健全等三大问题。要建设有效的共同体，在这三方面的努力缺一不可。建设教师专业共同体与传统的教师培训活动的本质不同在于，“从通过培训去转变教师，转移到让教师成为主动的学习者”“从关注提供单一化、补足式教师发展活动，转移到为教师创设发展的时间和空间，发展的条件和资源，培育利于教师发展的土壤”[1]（宋萑，2011）。这种支持教师主动学习和专业成长的“土壤”培育过程，即教师专业共同体的建设过程，其基本目标就是通过探索适当的活动内容、组织形式和制度机制，激发教师合作发展的持续动力，通过足够时间的实践探索形成常态化的共同体活动、制度和文化。

第三节　校长与教师专业共同体

要创建有效的共同体，涉及校内、校外多方面的过程，没有来自各层面领导者的大力支持，很难建立真正的共同体，所以，教育的领导者对于共同体的培育至关重要。

一、校长引领中的角色与担当

第一，教育领导者要致力打造校园文化，因为校园文化将影响教师们对于变革的态度[2]。要确保人人都在学习进步，如劳和格洛弗所说，“教育领导者的核心任务就是促使和保持学生和教师们的有效学习”[3]。

第二，教育领导者要注重调查。没有调查就没有发言权。教育领导

[1] 宋萑 . 课程改革、教师赋权增能与教师专业学习共同体：上海市四所小学的个案研究 [J]. 教育学报，2011，7（03）：63-74.

[2] Fullan M. What’s Worth Fighting for in Headship[J]. Open University Press，1992，19（01）：111.

[3] Law S， Glover D. Educational Leadership and Learning: Practice， Policy and Research[J]. Open University Press，2000，14（04）：192.

者若要促进学校发展，在提出和实施新动议时也必须进行充分的调查，不能仅基于相关的理论研究，更不能凭想当然。斯托尔、伯拉姆和科勒博恩[1]总结了领导者实施调查的三种途径：一是督促教师个人、各部门乃至全校范围的研究和评估；二是采用系统的方法，实时收集、分析和使用教学过程中的各种数据（如学生成绩等）；三是利用外部研究者和专家发布的相关实证研究结果。

第三，教育领导者要有高情商。做出改变是一个非常负责的过程，涉及如何处理人们对改变的恐惧心理。因此，情商的概念被引入领导力研究[2]。经验证据表明，高情商是有效领导力的一个必备要素[3]。

第四，分散式领导（distributed leadership）。由于领导工作的复杂性，人们日益认识到领导不是一个人或者少数高层的事，完成一个单位的组织职责，需要许多人的交互合作[4]。实际上，联合行动是专业共同体的特征之一，学界称之为分散式领导。在许多教师专业共同体中，校长和教师们共同开展实践探索[5]，为教师们提供机会在教学改革中发挥领导者角色。克劳瑟[6]指出，在专业共同体中，教学领导应与战略领导并行工作，因为这时教师领导者和行政领导者都有了新的角色，两者间的关系也发生了变化。

校长在教师专业共同体的建设中，既是进才中学北校共同体建设实

---

[1] Stoll L， Bolam R， et al. Leading for change: Building capacity for learning[M]. Berlin: Spinger Netherlands，2002.

[2] Balint S. The new leaders: transforming the art of leadership into the science of results[J]. International Journal of Information Management， 2003， 23（3）：273–274.

[3] Day C， Harris A， et al. Leading schools in times of change[J]. Education–line， 2000，（01）：1–16.

[4] Gronn P. Leadership: Who needs it ？ School Leadership and Management[J].School Leadership &Management，2003， 23（03）：267–290.

[5] Gronn P. Distributed properties: A new architecture for leadership[J]. Educational Management and Administration，2000，28（03）：317–338.

[6] Dempsey， Ruth. Teachers as Leaders: Towards a Conceptual Framework[J]. Teaching Education， 1992， 5（01）：113–122.

践的总设计师与参与者；也带领着进才中学北校积极参与教育集团层面的教师发展，在集团教师专业共同体中发挥重要角色，是教师专业共同体建设中的旁观者；在一系列实践的基础之上，进行教师专业共同体的研究，是教师共同体研究的引领者。

1. 当局者

没有来自各层面领导者的大力支持，很难建立真正的共同体。麦克劳克林和塔尔博特[1]基于对高中学校的调查得出结论：校长处理各种事物的方式奠定了共同体发展的条件，包括学校资源管理、对师生的了解、是否支持教师间的人际互动和教师领导力、响应上级政策、为学校获取资源等。校长既是教师专业共同体的研究者，也是进才中学北校共同体建设实践的总设计师和参与者，他与共同体教师们常年一起共事，可对实践现状与困难进行全面深入的观察，能够获得大量的一手资料，如关于建设初中教师专业共同体所面临的现实困难、教师在共同体建设过程中的意识态度和情绪变化、打造共同体文化相关举措的效果等。此外，在共同体实践过程中也产生了多种案例，可用于本文的分析。例如，教师学习交流、培训、征文、比赛等活动中发生或反映出的真实事例、个体教师专业成长的优秀案例、共同体培育运行中出现的管理案例等。自2004年开始，进才中学北校开始有意识地探索建立教师专业共同体，已经走过了整整十五个年头。经过多年的努力，学校教师专业共同体建设初见成效。

2. 旁观者

经过长期的实践探索，进才中学北校内部建立起多种教师发展团队，教师们在各个团队中进行频繁交互，互助合作，共同发展，形成了团结向上的团队文化。然而，多次非正式访谈表明，尽管多数受访教师认同自己不同教师团队成员的身份，并肯定了团队合作与交互在个人专业成

[1] McLaughlin M W, Talbert J E. Professional Communities and the Work of High School Teaching[J]. History Teacher, 2001, 126 (12): 106.

长中的重要作用，但他们对于作为一个共同体的认同感不足。要提升教师们对“进才中学教师专业共同体”的认知度和身份认同，必须带领教师们走出学校，在更广阔的范围内进行交互协作，在对外交流中求发展。为此，进才中学北校开始在所属教育集团、教育署、浦东新区乃至上海市范围内开展教师发展实践。

2015 年 9 月，上海市进才教育集团正式成立，其作为浦东新区体量最大的教育集团之一，包含 14 所学校和两个街道。进才中学北校作为其核心单位之一，积极参与教育集团层面的教师发展，在集团教师共同体中发挥重要角色。作为浦东新区见习教师基地学校，学校积极承担教育集团内的新教师培训任务，每年集团内两所学校的新教师培训都会安排在进才中学北校进行。除了前述教育集团，学校还参与四校联合、五校联合等层面较为频繁的校际交流，学校还会不定期牵头组织更大范围的共同体活动，邀请这些联合体的成员学校共同参加。总而言之，通过各种联合体及超联合体的教师共同体活动，逐步树立了学校教师追求专业发展的氛围，充分发挥了进才中学北校教师专业共同体在区域教师发展中的引领作用，有望逐步强化进才中学北校教师对于全校教师专业共同体的身份认同、归属感和自豪感。

3. 引领者

建设教师专业共同体以促进教师专业发展为直接目标，对促进学生、教师和学校的发展具有重要的实践意义。研究表明[1]，一方面，建设教师共同体有效引导全体教师和管理人员持续地合作探索与学习，最终将有效促进学生的发展。另一方面，建设教师专业共同体有利于重塑学校的合作学习文化。可见，建设教师共同体可促进教师、学生和学校文化的全面发展，建设全校范围的教师专业共同体将成为学校管理的新途径。从实践中来，校长对进才中学北校为核心的教师专业共同体建设实践展

[1] Hord S M. Professional Learning Communities: Communities of Continuous Inquiry and Improvement[J]. Change Strategies，1997，40（01）：58-59.

开个案研究，在对该共同体建设的背景、过程、活动、制度、效果等进行系统梳理的基础上，全面总结分析实践经验与教训，提取实践成功的关键因素，探索有效构建初中教师专业共同体的规律性问题。对这些实践中的经验教训进行总结，挖掘成功实践背后的深层次原因，形成系统的打造教师专业共同体的长效机制，可在更广阔的范围内推广这些经验与机制，助力更多面临类似处境的学校推进教师发展，改善教育质量，最终促进学校的全面发展。

二、校长视野下的思考与践行

校长对于教师专业共同体思想的理解，大致走过“现实问题—实践探索—理论分析和提炼”的三个阶段，即在理清现实问题的基础上，针对这些问题展开多轮反复的、持续的实践探索，在总结分析优秀实践经验的基础上，挖掘主导实践有序开展的多方机制，并就专业共同体的本质核心要素和构建途径进行理论提炼。其中，现实问题为研究之起点；实践探索为研究的实证过程，实践本身即可对未来更多类似实践提供有益参考；理论提炼则是研究之最终结论，是实践知识到理论知识的重要转化。

依托进才中学北校教师专业共同体建设的实践历程以及建设成效，基于对进才中学北校教师专业共同体建设现状的审视与理性思考，研究者以教师专业共同体系统理论为支撑，从进才中学北校教师共同体建设的现状出发，在总结进才中学北校优秀实践经验的基础之上，思破立、敢破立、善破立，挖掘教师专业共同体的培育和运行机制、评价和保障机制，并提炼出五种初中教师专业共同体的核心要素、四类初中教师专业共同体核心要素的构建途径。

1. 现实问题阶段

进才中学北校成立于 1997 年，建校之初，学校管理人员和教师合计仅有 23 人，全校的教学班仅有 7 个。在区域化办学、整合教育资源的大背景下与邻近两所相对弱势的学校进行了合并，自三校合并开始，该校进行了多年的教师专业共同体建设探索，逐步缩短直至基本消除了校区间的差异，形成了统一的校园文化。经过二十多年的发展，学校规模不断扩大，如今拥有教职工 177 名，教学班 56 个。在这一发展过程中，学校高度重视教师的专业发展，始终将其作为学校教师队伍建设的第一要务。

建校初期，通过探究课程、专家引领、专项教师培训等阶段性的活动，初步培育了教师合作发展的文化，激发教师在互助合作中共同追求专业发展的意识和动力。

2004 年三校合并之后，学校开始有意识地尝试建立各种基于团队合作的教师发展活动和组织，通过校本教研、分层培养、聚焦师德、以课题为抓手、依托特色项目的教师专业共同体发展途径，建立长期的、团队合作式的发展机制与环境，通过不同任务驱动的教师发展团队实践，实现从表层组织架构到深层组织文化的转化，培育全校教师的专业发展共同体。

自 2011 年开始，进才中学北校教师专业发展进入新的发展阶段，呈现出两大变化：一是注重教师信息素养发展，提升教师将现代信息技术与教育技术融于教育教学的能力，打造智慧教师，创建智慧校园；二是由教研组、备课组、青蓝工程等校内局部的教师专业发展团队，真正转向由全体教师构成的专业共同体。通过各种联合体及超联合体的教师共同体活动，逐步树立了学校教师追求专业发展的氛围，充分发挥了学校在教师专业共同体在区域教师发展中的引领作用，在对外的交流与服务中求发展，提升学校教师对全校范围教师共同体的身份认同。

进才中学北校从培育教师合作发展的文化、激发教师共同追求专业发展的意识和动力开始，通过培育各种类型和层次的教师合作团队，创建教师间密切交流合作的平台，打造组织文化和组织制度，至今已形成相对成熟的教师专业共同体。

2. 实践探索阶段

自 2004 年，进才中学北校开始有意识地探索建立教师专业共同体，至今已经走过了整整十五个年头。经过多年的努力，学校教师专业共同体建设初见成效。

第一，通过持续的共同体建设，学校在师资队伍、校内教科研组织、学校整体发展等方面取得了显著成绩。

（1）师资队伍水平高。具体表现在：高层次人才数量增多，目前拥有上海市“双名工程”后备人选 5 名，浦东新区学科带头人 5 名，浦东新区骨干教师 31 名，校特色教师 9 名；骨干教师的学科覆盖面广，每个学科都有骨干教师，特色骨干教师数量和比例均居同类学校前茅；老、中、青动态师资比例接近 2 ∶ 5 ∶ 3，被职能部门誉为极有生命力的上佳结构。

（2）校本共同体成绩显著，教研组发展成熟，成绩突出：全校 6 个教研组中有 4 个被评为浦东新区优秀教研组。备课组具有较高的校本课程及课程资源开发能力，每个备课组至少已形成一门成熟的校本课程。近几年里，学校还先后获评 1 个区级优秀学科组、1 个区级文明班组、2 个区级青年突击队、1 个区级巾帼示范岗，以及浦东巾帼服务世博岗位展示优秀博客奖。

（3）学校整体发展成绩显著。随着教师专业共同体实践的不断推进，近年来学校陆续获得了多项荣誉。

第二，在共同体的培育下，学校教师的整体教学能力不断提升，教师们在各级、各类教学比赛斩获众多奖项。据不完全统计，以 2015 年秋季学期到 2018 年上半学期这三个学年为例，教师在教学竞赛、评比及教学案例、课例评比中获得市级以上奖项 21 人次，其中国家级奖项 9 项；区级、署级的奖项更是不胜枚举，仅 2015—2016 一个学年便在第九届浦东新区中小学信息技术与教学整合竞赛、浦东新区中青年教师教学评比活动、浦东新区新苗杯教学评优比赛三个赛事中斩获 9 个奖项。除上述教学奖项外，学校领导和教师们还荣获多个个人荣誉，近三年的个人荣誉有上海市“十二五”家庭教育指导优秀校长（2016）、上海市金爱心教师奖（2016，两项）、上海市园丁奖（2017）、浦东新区园丁奖（2017，三项）、浦东新区教育系统“三八红旗手”、上海市优秀班主任（2018，两项）、浦东新区教育系统优秀共产党员（2018）等。

第三，在共同体的引领下，学校教师的科研能力也得到明显提升，近年来完成大量的课题研究，研究成果以报告、论文的形式在各级刊物上得以发表。以2014—2015学年为例，教师们在此期间在各级刊物及各种单位组织的论文征集活动中发表教学研究论文54篇，论文获奖14项，教师独立承担区级研究课题5项。这些科研成绩的取得对于科研基础薄弱、教学任务繁重的初中老师来说十分不易，从侧面反映出学校教师专业共同体建设的有效性。

在进才中学北校多年的共同体建设实践中，研究者在不同时期根据不同调查目的，进行过多次一对一教师访谈。2017年初，为检验学校教师专业共同体建设的成效，进行了较大规模的调查，涵盖了进才中学全体教师以及在校际交流中长期参与学校共同体活动的教师共计506名。通过问卷调查和书面访谈的方式多方调查教师对共同体专业发展举措和成效的评价，以收集多种数据进行互相印证或补充。对问卷调查所收到的量化数据，采用SPSS19.0软件统计不同选项的占比；对书面访谈所得的质化数据，采用NVivo 12 plus进行分析。通过综合对比研究数据可以发现，受访教师对共同体的教师专业发展活动评价积极；肯定共同体对教师的有效激励、评价和支持；教师对共同体呈现正向情感取向。

综上所述，近年来学校所获得的成就和荣誉、教师个人在教学和科研方面所获得的成绩等从一定程度上反映了学校初中教师专业共同体建设实践的初步成效。针对教师的问卷调查和多次访谈也表明，教师们对共同体活动举措和效果的评价较高，总体呈现正向的情感取向。可见，进才中学教师专业共同体建设实践成效良好，现有经验对同类实践具有较高的参考价值。对该共同体的建设机制进行系统挖掘和分析，其结果对共同体机制研究具有一定的理论贡献。

3. 理论构建阶段

教育变革的时代和学校的发展都需要教师不断成长，这也是教师内在的自主追求，而教师专业共同体则是当前最新的教师发展范式。所以，建设初中教师专业共同体是新时代教育变革的需求，也是学校发展和教师成长的需求。

研究者在进才中学北校多年的教师发展实践行动研究的基础上，采用文献分析、问卷和访谈调查、参与观察、案例分析等多种研究方法，通过数据分析和理性思辨探索初中教师专业共同体的建设机制、核心要素及建构途径，最后提出了基于需求分析打造共同体愿景、适度安排专业发展活动提高活动实效、提供全方位多层次的专家引领、创造广泛充分的同行交流机会以及加强文化制度建设和物质支持等初中教师专业共同体的建构途径。

对于进才中学北校的教师共同体研究是基于该校的教师专业共同体建设实践的个案研究，聚焦其教师专业共同体建设实践，包括传统的教师培训活动、校本教科研组织（如教研组、备课组、年级组、特色项目组）、校际展示与交流等。具体到教师而言，主要研究对象为学校全体教师以及与共同体建设密切相关的领导人员。就其研究方法而言，是一项实证个案研究，但同时又针对不同的研究内容采取多种不同的研究方法，是一个定量和质性方法相结合的混合研究。充分利用进才中学北校学校教师专业共同体实践过程中形成的各类文献资料，包括教师专业活动方案、评估标准、工作报告、教案资料以及和共同体培育运行相关的学校组织制度和各类规章等。且在整个行动研究的过程中进行多次调查研究，根据共同体建设不同阶段的研究需要，通过问卷调查、访谈等多种调查手段收集研究资料，以了解教师在共同体实施过程中的感受、困惑、需求、建议等，并采用恰当的数据分析工具对所采集到的质化与量化数据进行分析。例如，随着教师专业共同体建设的逐步深入，为了检验建设实效，了解共同体建设存在的问题以及教师专业发展中的需求和困惑，研究者于 2016 年 11—12 月制定了《进才中学北校教师专业共同体建设情况调查问卷》，并于 2017 年 1—2 月进行了问卷调查。问卷分为教师基本信息和正式问卷两部分。正式问卷又分为三个部分：第一部分共 12 道单项选择题，主要了解教师们对学校支持教师专业发展方面的举措和成效的认识等；第二部分为 8 道多项选择题，主要了解影响教师专业发展主客观因素、教师们对学校及专业共同体的期待等；第三部分是表格题，主要了解教师们对学校现有的十个共同体的参与体验和认识，包括是否喜欢、共同体的运行机制、存在的问题、在共同体中的收获、共同体的支持和评价措施中有待改善的方面等。对于上述调查的数据结果采用 SPSS 19.0 进行统计分析。除问卷外，研究者还根据研究需要，对大量教师进行了不定期的一对一访谈和一次集中书面访谈，以了解共同体建设过程中方方面面的问题和教师反馈。对每一位老师的访谈都因时因目的而异，访谈本身既是目的也是手段：部分访谈数据将为教师专业共同体的相关问题的阐述提供数据支撑，是为目的；同时，许多针对具体事项的访谈结果会随时被用于调整和改善共同体建设方案中的多个细节，是为手段。在书面访谈中，请教师们描述一下在共同体中获得的帮助和提升、对共同体的建议、参与共同体的感受等。共 394 名教师参与了书面访谈，提供了 1.5 万字的书面反馈，对这部分数据采用质性数据分析软件 NVivo 12 plus 进行了分析：将文本文件导入 NVivo 12 plus 中，对书面反馈内容进行主题识别自动编码，根据自动编码结果，对一些相近或自动识别有误的编码进行人工合并整理，将整理结果存盘，用于构建编码层次图表；此外，为获得教师对共同体的整体情感偏向，对书面反馈内容进行情感编码，并做出矩阵和条形图加以直观呈现。在不断的实践中，研究者探索教师专业共同体的长效机制、要素特征和构建途径等问题。大量的第一手资料，为研究者对教师专业共同体思想的思考和解析提供了切实有效的实践支撑。

对以进才中学北校为核心的教师专业共同体建设实践展开个案研究，在对该共同体建设的背景、过程、活动、制度、效果等进行系统梳理的基础上，全面总结分析实践经验与教训，提取实践成功的关键因素，探索有效构建初中教师专业共同体的规律性问题。从而确立研究的主要目的是探索如何打造有效的教师专业共同体，由此促进全校教师共同追求和实现专业发展，包括提升其专业发展意识，提高其课堂教学、教学管理以及科学研究等能力。研究的主要目标是：第一，教师专业共同体建设的实践探索；第二，在实践探索的基础上提炼出一整套具有一定泛化意义的初中教师专业共同体建设机制，包括共同体从最初培育到长期运行的一系列机制；第三，结合实践归纳总结教师专业共同体的要素特征及其建构途径。研究基于进才中学北校教师专业共同体的建设实践，探索如何建设有效的专业共同体，以促进学校的集体专业化发展，同时，以促进一校范围内初中教师的集体专业发展。

进才中学北校在多年的教师发展实践，经过多轮的计划—实施—评价—调整行动研究，最终形成了一个比较成熟的教师专业共同体。研究者挖掘了这一成功实践案例中隐藏的初中教师专业共同体得以发生和持续发展的多重机制，包括：第一，目标导向、动力激发、任务驱动、专家引领三大培育机制。第二，持续改进、政策激励、文化引领三大运行机制。第三，过程评价、绩效评估、团队评价三大评价机制。第四，组织和制度两大保障机制。参照已有相关研究的结论、结合本研究收集到的问卷、访谈等数据的分析结果，提炼出了初中教师专业共同体的五大核心要素特征：一是共同的价值观和愿景；二是共同体的领袖；三是专业实践中的互助合作；四是交流分享的时空和平台；五是身份认同和归属感。具备了这五大要素，便可称之为真正的教师专业共同体。要在一个教师群体中生成这些要素，首先，要做好教师需求分析，并基于目标教师群体的需求打造共同体愿景；其次，要根据教师的精力和能力情况，适度、适量地组织教师专业发展活动，提高活动的成效；第三，要对一线教师进行全方位的专家引领，使之追随；第四，要创造广泛充分的同行交流的机会；最后，还要加强共同体的文化制度建设和物质支持。

第二章

发展脉络

传统的教师培训活动向主动学习、专业成长转型，意味着教师专业共同体建设要做好“思维的创新、技术的革新以及制度的更新”准备。教师专业共同体建设过程是培育教师主动学习和专业成长的过程，而常态化的共同体活动、制度和文化则提供了培育的有机土壤。

为此进才中学北校在二十年的探索过程中主要经历了四个时期：专家引领下的成型期、校际共同体的形成期、教师专业共同体的发展期和提升期。在路径探索之初，进才中学北校借课程改革的东风，转变办学理念，向外寻求专业支持，实现了思维的创新和技术的革新准备，而后通过分层培养实现“四格”教师的不同发展需求，实现了制度更新的突破。经过这一阶段的发展，三校合并引起的管理问题基本理顺，学校教师围绕常规培训和教学开展的团队合作模式基本确立。

自 2011 年开始，进才中学北校教师专业发展进入新的发展阶段，一是注重教师信息素养发展，提升教师将现代信息技术与教育技术融于教育教学的能力，打造智慧教师，创建智慧校园；二是由教研组、备课组、青蓝工程等校内局部的教师专业发展团队，真正转向由进才中学北校全体教师构成的专业共同体，在对外交流与服务中求发展，提升进才中学北校教师对全校范围教师共同体的身份认同。

第一节　在教学管理实践中启蒙

进才中学北校建校之初，由于学校各方面的工作都有待探索，教师发展也是“摸着石头过河”，没有现成的发展蓝图可供参考。从1997建校，到2003年三校合并前这段时期，尽管学校在教师发展方面的努力从未间断，但未着眼于打造可持续性的活动和组织，所开展的教师发展活动多是阶段性的。该阶段的主要目标在于意识唤醒，即通过各种教师发展活动，激发教师在互助合作中共同追求专业发展的意识和动力。

2001年，教育部颁布了《基础教育课程改革纲要（试行）》。此次课改的核心理念是“以人为本”——一切为了学生的发展，为此要全面推进素质教育，构建符合素质教育要求的基础教育课程体系，以培养学生的社会责任感、健全人格、创新精神和实践能力、终身学习能力、信息素养、环境意识等。新课改要求学校和教育者更新教育观念，创新课程，转变教学方式。这对广大基础教育教师提出了新要求。

为响应全国新课改的要求，促进学生的全面发展，进才中学北校着力打造特色班（如法语班、足球班等）和特色课程，推出了30多门探究型课程，践行“基于问题的学习”“以项目为中心的学习”“研究性学习”等先进理念，以转变学生在课上被动听讲、课后机械练习的学习方式，转而“睁眼看世界、看社会、看生活”，在社会问题情境中建构和运用知识，发展自主学习、探究的精神和能力。参与特色探究型课程开发的教师按照学校统一要求提交用于实际课堂的单元教学计划包，具体包括：教学计划、课堂教案、学生任务、学生作品、教学反思等。主管教学的领导对这些内容进行逐一审阅，并进驻课堂观课，之后与教师进行一对一交流探讨，共同修改完善探究课程。在此过程中，教师专业能力得以发展，为了寻求进一步的专业突破，进才中学北校开始向外打通专业支持渠道。

第二节　在专家引领下逐渐成形

一、基于校内专业共同体的教学实践

首先，基于特色探究型课程的开发，教师们围绕特色课程产出了一系列单元教学计划包，在审阅和观课之后修缮的课程资料有教学计划、课堂教案、学生任务、学生作品、教学反思等，无法实现教师内部纸质化的自由传阅，教师之间的专业研讨壁垒天然存在。在此时，英特尔未来教育在上海试点，借助这股东风，进才中学北校在技术上实现了校内专业共同体的初步建立。

英特尔未来教育（Intel Teach to the Future）项目是英特尔公司为支持计算机技术与课程整合而设计的全球性教师培训项目，在中国的开展始于 2000 年，由教育部师范司统筹，先在上海和北京两市试点，之后在全国各地推广，由各省市教育行政部门积极推动。

我国教育部鼓励各地区将该项目纳入其中小学教师继续教育工作的总体规划，致力提高教师的信息技术素养，促使其在教学中有效使用计算机和互联网技术，并借助信息技术和教育技术改进教学方法，更新教学理念，使教学逐渐由传统的以教师为中心的知识灌输转向以学生为中心的主动探索。

进才中学北校积极参与英特尔未来教育，至 2003 年，全校所有中层以上干部以及超过半数的教师都参加了该项目的课程培训。一方面，依托该培训项目，学校积极推进多项信息技术项目的实施，包括建立校园博客群、教师成长档案袋，实施基于校园网络平台的研修，尝试应用网络教学平台等。这些举措有效地提高了教师的信息化素养，激发了其职业成长的热情，也促进了教师间的合作。另一方面，教师们通过英特尔未来教育的课程培训，也更新了教育观念，充分认识到教学中转变教师角色的重要性，意识到应从讲台上的知识权威（sage on the stage）转变为学生学习的引导者（guide on the side）。信息技术和资源是手段、是方法，教师思想观念的转变才是未来教育的关键。英特尔未来教育为进才中学北校探索教师专业共同体打开了新的思路。

二、与高校合作的专业共同体教学实践

除此以外，进才中学北校还利用高校资源检视校内共同体下的教学实践。2000年，进才中学北校与华东师范大学叶澜教授领衔的新基础教育团队展开合作，成立了该团队在初中学校的第一个实验班。该实验班的模式为专家讲座和课堂实践相结合：一方面由高校的专家教授为实验班的教师们做讲座，分享先进的教育理念和理论；另一方面，专家每周进驻教师课堂，在观课之后与教师进行交流，探讨如何在课堂中落实新理念。

经过实验班的一系列活动，教师们的理论水平得到提高，充分认识到理论与实践的密切联系，纠正了以往认为理论高高在上、华而不实的误解。新基础教育的宗旨在于，从生命和教育的整体性出发，唤醒每一个生命。经过专家引领的新基础教育实验班的熏陶，教师们学会思考教育的本质，对新基础教育的宗旨有了更为深刻的理解。短期内，进才中学北校教师发展活动获得一定成效。

第三节　专业共同体的持续发展

2004年是进才中学北校发展的重要转折点之一。该年9月，应上海市浦东新区整合教育资源的精神和要求，进才中学北校与临近的两所学校的中学部合并。这两所学校在生源质量、师资水平、校园制度与文化、教育资源等各方面的基础相对薄弱。如何重组教师队伍，促进弱势校区的发展，缩短三校间的差异，使其真正融合为一，成为学校管理的当务之急。

一、校际共同体的形成期

考虑到教师规模的扩大和教师水平的参差不齐，建校初期的教师自主探索课程、专家指导和培训等模式无法适应新形势下教师发展的需要。要真正促进全体教师的持续发展，需要建立长期的、团队合作式的发展机制与环境。自此，学校开始有意识地尝试建立各种基于团队合作的教师发展活动和组织，逐步构建以校为本的教师继续教育机制，培育全校教师的专业发展共同体。

1. 常规教学中的教师专业发展

（1）教研组职责与活动。进才中学北校的校本教研活动主要依托教研组和备课组展开。吸取以往学科教学经验，进才中学北校对教研组的组织性质和工作职责进行了明确定义和划分，对于许多学校交由教研组承担的其他工作（如课题研究、教师培训、教师评估考核等），均另行统筹，使教研组能够专一于一线教学活动。

学校规定各教研组在学期初制定好该学期的工作计划，包括每次教研活动的时间、目的、主要内容、主讲人等。其日常主要职责包括：①定期组织教研活动，做好教研记录；②定期听课，组织教师互相观课、评课、议课，并做好记录；③教师日常教研材料的收集和存档，如教案、听课笔记、教学总结与反思、公开课教案及音像资料等。

须特别指出的是，除上述常规任务外，在有教师参加各级教学比赛时，教研组还应为参赛老师提供集体支持。在参加教学比赛时，多数其他学校的做法都是由一位有经验的导师对参赛教师进行一对一指导。但在进才中学北校，整个教研组都是参赛教师的强力后盾。最终参赛的教学设计都是集合了教研组全体成员的集体智慧，参赛教师等于只是一个演员或者代言人，要将众多人的智慧结晶在赛场上充分展示出来。这种模式使进才中学北校在各种教学比赛中屡创佳绩，比如该校数学组连续获得两个全国一等奖，多个市级一等奖。

（2）备课组主要职责与活动。随着学校规模的扩大，许多中小学学校在教研组的基础上成立备课组。相对于教研组，备课组规模更小，工作职责更加具体明确。进才中学北校备课组的组建按照教学需要由学校统一指定，教师个人没有权利自主组建备课组。比如，预备班有 14 个自然班，至少 7 位数学老师，那么这些数学老师组成共同的备课组，不再另分小组。备课组的一个核心原则为“规定动作不走样”：要求集体备课、互相听课、作业批改、教案上传等教学环节按照既定的标准执行，不得“走样”。具体来说，各学科教学组每两周至少进行一次集体备课或专题研讨活动，每次活动要有明确的主题，并做好主讲人和参会人的发言记录。此外，备课组还承担着指导组内教师准备公开课、组织实施所在年级和学科的月考等工作。

除了上述工作职责的总体规定之外，学校还对教师如何落实教学基本环节提出了具体明确的工作要求，包括：集体备课要注重把握教学目标，教学设计要体现接受性学习和探究性学习相结合；课堂教学要以学生为中心，加强师生互动，注重课堂实效，尤其要关注学习困难的学生；要精心设计作业，保持作业适量，指导学生明确作业规范，并保质保量对学生作业加以批改；课后辅导要知识与方法并重，也要关注学生的思想教育和心理健康；学生评价方面要重视形成性评价，认真填写学生成长手册，以激励为主；自主命制月考试题，考试之后要进行成绩分析，关注进步率等。

2. 校本课程开发中的教师发展

校本课程（school-based curriculum）是一种由学校自主开发实施的、以教育实施和接受者（即师生）为本位的课程。校本课程于20世纪70年代兴起于英美等西方发达国家，随着90年代中国的课程改革而被引入，并逐步受到重视。2001年，我国教育部颁布《基础教育课程改革纲要（试行）》，提出要“改变课程管理过于集中的状况，实行国家、地方、学校三级课程管理，增强课程对地方、学校及学生的适应性。”

开发校本课程具有多重意义：一方面，作为国家和地方课程拓展与补充，校本课程能够充分利用校本资源、体现学校特色和办学宗旨、满足个性化教育教学的需求；同时，相对于以往采用国家统一的课程设置，开发实施校本课程使教师们从国家统一课程的单纯执行者转变为课程的开发、研究和实施者，享有更多的教师自主权，能更充分地发挥个人特长；此外，校本课程开发的主体主要是教师团队（而非个体教师），集体开发校本课程的过程中，既可以发展教师的团队合作意识与能力，也有助于个体教师更新教育理念、完善知识结构、提升研究能力，进而实现共同的专业成长。

进才中学北校积极贯彻国家的新课程政策，倡导各学科组教师集思广益，打造特色校本课程，将校本课程开发融入教师专业共同体实践中。以下以语文组为例，简述教师在校本课程开发过程中的专业发展情况。

首先，教师们实现了课程执行者到开发者的角色转换，从自身兴趣和特长出发，在专家的指导下查阅、收集、筛选和编辑资料，形成完整的特色课程计划。这是一个主动寻求、发现和创造的过程，拓宽了教师的传统角色，提升了教师的专业能力。如：梅逢运老师开发的《与石有约》课，以自己爱好的赏石文化为主题，引导学生从看似平常的石头中去观察大千世界，丈量天地人心，以发展学生的世界知识、观察能力，以及对社会的分析思考能力。吴强老师开设《诗情画意》课程，讲传统诗词文化与现代摄影艺术相结合，指导学生通过摄影习作配以诗文的形式，表达自己对生活的观察、体验和感悟，培养学生的文学和艺术素养。

其次，教师们树立了以学生学习为中心的意识，充分发挥教师自主，从学生需求出发，对国家和地方课程进行个性化的细化补充，精进了课程教学和研究能力。如：依据上海市课程计划的实施要求，语文组教师群策群力，在专家的指导下共同研发了《写字训练教程》。汉字的书写训练是语文教学的重要内容，尽管课程设置中规定有相关课程，但缺失系统化的教学内容，使师生无所适从。为解决之一问题，语文组教师展开了共同探索，筛选出大纲范围内的高频汉字作为练习对象，按照“基本笔画、偏旁部首、钢笔临古帖”三个模块加以编排，打造了一套系统的、三年阶梯递进的写字训练模式。这一过程中，教师们更为深入、全面地理解和掌握了写字教学的方法，提升了自身的专业素养。

最后，在集体探索和寻求外界支持的过程中，教师的团队精神及合作沟通能力得以发展，团队凝聚力得以提升。校本课程的开发需要充分调动学校和社会资源，需要与学生、家长、学科和教育专家乃至社会人士密切合作，教师在此过程中可发展自身的人际沟通和团队合作能力。此外，教师团队内部围绕多种活动进行持续的分工合作，这也将提升团队的凝聚力。如，在语文组特色校本课程的开发过程中，不同的教师分别负责古诗鉴赏、古文鉴赏、古诗词创作、古诗词竞赛、作文竞赛等活动，他们互相帮助和配合，为集体目标共同努力，发展了团队合作与沟通能力，增强了团队归属感和集体主义荣誉感。

二、教师专业共同体的发展期

1. 在分层培养中实现教师发展

仅依靠传统的教师培训无法有效促进教师专业发展，但同时，在建设初中教师专业共同体的过程中，也无法完全脱离传统的师资培训活动。建设共同体在于培育利于教师专业发展的环境和土壤，在此过程中，优质高效的师资培训活动仍是教师专业成长的重要“营养”来源。进才中学北校的师资培训由不同层次的多种活动构成，例如：浦东新区教师培训、每年暑期的学校全员培训、“引领教师发展，铸造学校品质”主题培训、新教工培训、班主任见习培训等。伴随着多种培训的交叉进行，进才中学北校在三校师资队伍重组、融合的过程中，逐步探索出对教师实施“分层培养，分类激励”的校本特色培训体系。自 2007 年秋季学期开始，将所有教师根据年龄和教龄分成老、中、青三个层次加以培养。这三个层次的教师各有其特点：青年教师教学经验不足，但通常富有激情和上进心；中年教师积累了一定经验，教学实践和研究能力较强，是师资队伍的中坚力量；老教师教学经验丰富，课堂教学扎实，但不容易接受新事物，教学观念可能相对落后。考虑到这些差异，要对教师们实施分层培养，按需培训。具体如下：

（1）“入格”——即入门阶段，专门针对工作（教龄）不满五年的新教师，旨在帮助其缩短磨合期，尽快适应教学工作。凡符合条件的教师被要求必须参加此培训。入格培训与浦东新区见习教师规范化培训相融合，目前已形成多方配合、多模块的系统培训计划（参见表 2–1，以 2016—2017 年度培训计划为例）。该计划的实施主要依托学校发起的“青蓝一对一”师徒结对工程（简称“青蓝工程”）。在为期一年的见习教师基地培训时间里，学校为每一位新教师安排了一名专业发展突出的教师（区级学科带头人、骨干教师或高级教师）为学科带教老师，以及一名有经验的班主任为班主任带教老师。带教导师们会帮助新教师做好教学生涯五年发展规划，与之共同完成课堂教学展示、量化考核等具体任务。培养计划中设计了多样化的活动，包括参加专题培训、观课与评课、设计教案、说课、开诊断课和公开课、新教师沙龙、到名校观摩学习等。

表 2-1　进才中学北校“入格”教师培养计划（2016—2017 年度）

培养模块	培养任务	时间
职业修养与师德	根据见习教师规范化培训要求，撰写个人参培计划	2016 年 8—9 月
	至少阅读一本有关职业修养与师德的书，撰写读书笔记	2016 年 9—11 月
	撰写见习教师专业发展体验随笔不低于 6 篇	全学年
	对照个人参培计划书进行自评，撰写培训总结	2017 年 6 月
课堂教学	研读学科课程标准，参加课表解读培训	2016 年 8—10 月
	观摩培训导师课堂至少 10 节，撰写观课总结	全学年
	观摩其他教师课堂至少 20 节，做好听课笔记	全学年
	选一个单元进行教材分析，设计教案、板书、说课提纲和学生作业；教研组内说课；上一节诊断课	2016 年 9—12 月
	设计、实测并分析单元试卷；期中 / 末考试班级质量	2017 年 2—3 月
	检测分析在导师指导下，观摩并点评其他教师课堂至少 3 节	2016 年 11—12 月；2017 年 3—4 月
	完成正式试教 3 次	
	开设 3 次公开课（新课、复习课和测评课）	
	观摩导师拓展选修课，完成 1 门选修课构思和课程	2017 年 4 月

班级管理	在聘任学校主持班会、参加学生座谈会、家访各 1 次	2016 年 10 月 2017 年 2 月
	在聘任学校策划和主持主题班会、班级社会实践活动各 1 次；在基地学校参加这两项活动各 1 次	2016 年 11 月 2017 年 3 月
	班级情况分析 1 份；学生个案分析 2 份；	两学期期末
教学研究 专业发展	精读导师推荐专业书 1 本，撰写读书报告	全学年
	参加新区集中培训，参与教研组活动，策划备课活动	全学年

案例1：进才中学北校教师分层培养之“入格”教师培养

D 老师，2013 年从华师大毕业应聘进入进才中学北校，担任英语教师。

2013 年 9 月至 2014 年 6 月，D 老师在本校参加见习教师规范化培训。学科导师周清（教研组长、区骨干）细致耐心，指导她研读学科课程标准、进行单元教材分析、教案设计、开设诊断课、设计学生的单元作业、设计单元检测试卷、进行考试质量分析、观摩导师团队不同类型的课、点评其他教师的课、进行公开教学汇报、进行拓展型选修课的构思与教学等，使得她全面了解如何实施教学的五环节，并在教学工作中体现进才中学北校英语教研组的学科规范。

班主任导师戚颂宇（校德育特色教师）带班非常有经验，往往能四两拨千斤，解决一些棘手的问题。在她的指导下，D 老师学习班级管理工作，如：就某个主题召开班干部会议、学生座谈会、进行家访、策划并主持主题班会、班级社会实践活动等。戚老师的智慧与从容也常常感染着她，影响着她。在戚老师的指导下，见习教师规范化培训师德征文比赛中 D 老师获一等奖。

入职的第二年，D 老师依旧按照学校课程处 1—5 年内的新教师写详案的要求，对每堂课都进行充分的准备，预设课堂上学生可能出现的问题以及解决的办法。这样的坚持帮助她在浦东新区2013年见习教师基本功跟踪考评课堂教学设计比赛中获得一等奖。

2014年12月，D老师又参加了第八届浦东新区中小学信息技术与教学整合竞赛，这对一位工作才第二年的青年教师来说是很大的挑战，但是她的背后是一个团队，团队中的特色教师、骨干教师以及学科带头人都给她进行指导，团队中的其他曾获过一等奖、二等奖的青年教师也来帮她完善教学设计，这样的支持帮助她获得了浦东新区第八届浦东新区中小学信息技术与教学整合竞赛二等奖。

学校对青年教师信息素养的培养也非常重视，D老师作为青年教师中的一分子2014学年参加了校“英特尔未来教育”项目设计以及混合式学习的培训，2015年参加了“智慧教室”的培训。培训中，她不仅完善着自己的教育理念，更是在日常教学中积极实践，运用新技术提升学生的参与度和课堂教学的效率。在2015年浦东新区二署三校联合体“五四”青年教师“晒课”大赛中，D老师又荣获一等奖。像D老师一样，目前学校已经有十几位新老师处于“入格”培养阶段，他们在带教老师的专业引领下，在学校所搭建的各种平台上，通过自身不懈的努力，快速地成长起来，并且有的新老师已经开始逐渐在教坛崭露头角。

（2）“升格”——主要针对入职5—10年的青年教师，旨在培养一批师德高尚、教学理念先进、教学与科研能力强的优秀青年教师，全面提高学校教育质量和办学水平。该项目的实施有望产生更多的区级骨干教师和中高级职称教师。

升格培养以学科为小组，每个学科组3至5人。学校聘请专家每月来校一次，对升格教师进行面授指导。专家主要有两类，一是经验丰富且时间充裕的退休专家，二是高水平的在职教研员和特级教师。专家指导的形式多样，包括讲座、交流研讨、学科小组观评课、论文撰写个别辅导等。具体内容主要包括：①引领教师学习新的教育教学理论和学科专业知识，提高理论素养，完善专业知识体系；②引领教师学习现代信息技术与教育技术，提高融合教育技术于教育教学的能力；③专家进行课堂教学实践指导，帮助教师不断提高教学能力；④教师从教学实践中发掘研究点，在专家的指导下进行教学研究，撰写教学案例和论文。

除上述方面的专家指导外，学校还为升格教师打造了各种交流平台，例如每学期一次的教学展示课（校级或区署级）、骨干教师带教、课题研究等。一大批年轻教师通过升格培养，专业发展成绩显著。尽管原则上教龄5年以上的教师可自由报名参加升格培养，但由于教师间已经树立了积极向上的学习氛围，不报名参加几乎被默认为不求上进、错失进步机会。因此，尽管学校层面不予强求，教师选择不加入难免需要承担一定的思想压力，因此很少有教师主动选择不参加。目前学校有二十多位教师正在参加升格培养。

案例2：进才中学北校教师分层培养之"升格"教师培养

XY老师，2009年从华师大毕业，通过新教师招聘，成为进才中学北校的英语教师。入职第一年，见习教师培训，学校安排SH老师（区学科带头人）担任她的带教老师。平日里，XY老师积极听师傅的课以及教研组里其他有经验的老师的课，保证每学期20节以上，通过学习与思考，最终运用到自己的课堂中。第一年学校里的师徒汇报课，XY老师得到了校领导和每一位听课老师的一致好评。新区的新教师培训总结课被评为了优秀。之后的三年，XY老师积极参加了校、区、市，乃至全国的各项教育教学比赛，获得过第二教育署"五四"青年教师教学比赛一等奖；浦东新区信息技术与课堂教学整合大赛一等奖；全国信息化教育教学大奖赛一等奖等。其间，她还代表学校，与长三角地区结对学校开展了一次网络教学及评课活动。

一次次的公开课、一次次的参赛与获奖，就是一次次的蜕变与成长。当然，这都不单单是一个人的成果，而是集备课组、教研组许多老师智慧于一身的收获。尤其是区学科带头人SH和骨干教师周清两位带教老师对她每一次教学展示及比赛进行的指导和打磨。所以青年教师的成长需要成熟教师和整个教研组的支撑。

今年，XY老师加入了升格教师的培养队伍，每月参加一次由学校聘任的专家章老师主持的培训。一轮培训有两年，导师指导学员进行理论学习、课堂教学研讨与改进、教学五环节的落实、教学问题研究、论文案例撰写等。在不断的学习和实践的过程中，XY老师在教学中遇到的问题被层层击破，反思与总结的同时，思路更为开阔了，教学质量也提升了。XY老师的专业发展又进入了一个新的阶段，她不断提升个人素养，钻研进取，踏实而创新地完善着自己的教育教学理念和行为。

目前我校有二十多位教师参加“升格”培养，学校为他们搭建了诸多“升格”平台：每学期一次校、署或区级教学展示课、课题研究、骨干教师带教、走出市外参加教学展示观摩、研讨培训，促使他们快速成长，不仅获得职称的晋升，还成长为署、区级骨干教师。

（3）“风格”——主要针对具有较强教学能力、鲜明教学风格和发展潜力的学校骨干教师，旨在造就一批市、区级教学能手、学科带头人，引领学校教师队伍的发展。骨干教师是学校师资队伍中的精英分子，是学校后续发展的中流砥柱。他们具有强烈的责任感和事业心，扎实的专业知识和教学基本功，勇于尝试新的教育教学理念。因此，“风格”培养的宗旨是“搭台唱戏”，即创造机会帮助优秀教师“走出去”，在各种场合展示进才中学北校的教师风范，使其在所在学科，甚至整个初中教育界树立美誉，扩大影响力。

“风格”培养的具体内容包括：①通过智力投资、经费支助等督促骨干教师结合自己的教学特长确立课题，进行教育科研，提升科研能力；②担任“青蓝一对一”师徒结对工程导师，承担带教任务，发挥引领作用，在带教过程中“教学相长”，实现自身发展；③设立“进才中学北校教育论坛”，开展学术活动，将他们各自的教学经验、优秀做法与教学特色与全体教师分享，在总结、分享中提高自我；④代表学校参加展示交流：风格培养教师须积极参加市、区、署等各级教学展示和比赛，每学年至少开设一次区级以上公开课或示范课，在比赛和公开交流中展示自己特色，追求专业发展。

除上述任务驱动外，学校还制定了完善的评价体系，从师德与工作量、在校履职、教学展示及绩效、培训讲座、带教成果、教科研六个方面对风格教师加强考核，优中选优，以评促发展。风格教师的培养也为选送区、市骨干教师和市名师积累了后备力量。

案例3：进才中学北校教师分层培养之“风格”教师培养

SH老师，2005被评为浦东新区英语学科初中学段骨干教师，2007年被评为浦东新区英语学科初中学段学科带头人，2007年评上高级职称。学校对成熟型的教师有着更高的培养目标：参与区市组织的较高层次的专业培训，进一步提升学科带头人的专业素养；学科带头人应严格按照教学“五环节”要求认真从教，所教班级的教学成绩有明显提高；每学年开设一次区级以上公开课或示范课，展示自己的特色；积极参加并组织学校日常的教研活动，在本学科主题教研活动中应作中心发言；参与或主持学校乃至区市的教育科研，撰写课题报告或论文，在区市的刊物上发表，学校给予经费上的支持；承担带教任务，帮助青年教师提升教育教学能力，发挥示范引领作用；承担区里中心组成员组织区级的教研活动，作专题发言，参与命题，质量分析，观课评点等任务。

SH老师于2009年12月完成浦东新区英语教师高端培训，完成ICELT课程，获优秀学员称号；2011年6月，获得浦东新区英语教师高端培训“TT”课程的结业证书和最佳学员奖；2011年9月—2013年6月，参加浦东新区“吕晓兰名师工作室培训”合格结业；2013年10—11月，参加浦东新区英语教师境外培训，合格结业；2015年7月，自费赴美国亚特兰大Woodward Academy学习英语。

SH老师每年在区以上层面进行公开教学展示：如2009年10月的上海市中青年教师教学评优活动，“Numbers:Everyone’s language”获上海市英语学科二等奖；2011年6月的写作课“The ways to improve my English”在全区初三教研活动上进行展示；2013年12月在新陆中学支教期间向该校教师展示的“International food festival”帮助青年教师了解上课的基本规范；2014年3月与区内其他几位骨干教师上了听力研讨课“What will I be？”获得区内同行的一致好评；2015年5月初三送教到校公开展示课“The lesson from an argument”对初三毕业生的作文指导做了新的尝试。SH老师作为区中心组成员，组织过多次区级的教研活动，并做过多次经验分享和主题发言，如“How to teach reading”“How to teach vocabulary”“How to teach writing”及“How to review grammar”等，通过理论与实践相结合的形式，引导同行更好地开展语言教学。

SH老师在2011—2013参与了区教研室牵头的项目：“国家课程体系实施的校本化实践文科类教学的有效性实践”的研究；2012—2013年参与了区教研员周丽英老师负责的“提高初中英语复习时效性的策略研究”的课题；其间她撰写子课题报告，撰写论文“有效进行初三英语作文批改与讲评”以及案例发表在“浦东教育研究”上，获得了教育科研层面的专业发展。

SH老师带教过校内的青年教师、校外青年教师、支教学校青年教师、师范院校实习生、见习教师共二十多位，帮助校内多位青年教师参加区市乃至全国的各类比赛，获得较好的成绩。2013年7月，她去贵州威宁二中参加教学交流活动，开设了题为“Airport Express”的展示课，获得了听课教师的一致好评。2013年—2014年9月，她在第二教育署新陆中学进行支教，除完成教学工作外，带教了4位青年教师、参与教研组建设工作、针对该校学生的需求完成了6B，7A和7B学案的编写。她接待了多批外省市来我校学习的老师。作为培训师她参与浦东新区英语教师培训“TKT现场教学实践指导”，发挥学科带头人的辐射引领作用。

（4）“品格”——主要针对完成“风格”阶段培养计划的优秀特色教师。理论上讲，每个教师都有自己独特的风格，包括教师在课堂上的气场、语言风格、课堂掌控能力、思维方式与能力等。重视特色教师的“品格”培养，依托“初中学校特色教师培育的实践研究”项目，通过参加市级名师工作室、教师工作坊、教师专业发展共同体等途径，培养一批师德高尚、理念先进、专业知识扎实、教学风格独特、教科研能力强的学者型教师和专家型教师。

对“品格”教师的具体要求包括：①师德高尚，在学生思想工作和班主任管理方面有突出的专长和丰富的经验；②工作量足，课堂教学效果显著，教育教学成绩突出，学科教学质量名列市、区同类前茅，有区、市级以上优质课教学、各类教学比赛中获得优异成绩；③具有所教学科系统扎实的基础理论知识，教育教学艺术精湛，个性风格鲜明，勇于创新，出版过有一定学术价值的专著，或独立发表三篇以上有较高学术水平的论文，主持过市级以上重大课题研究；④积极培养青年教师，推动学校及浦东新区乃至上海市的教育教学改革和学科建设，成效突出，在市级以上开设过较高水平的公开课、示范课，承担过市级专题讲座或应邀做学术报告；⑤具有高级以上职称，是区级骨干教师或学科带头人。

2. 聚焦师德的教师发展

初中阶段是学生确立人生观、价值观和世界观的关键时期。教师的一言一行都将对学生三观的形成产生潜移默化的作用。教师的职业道德修养水平是教师整体素质的基础，没有高尚的师德，再高的教学能力也将成为无根浮萍。何况，高度的职业热情和奉献精神也是促使教师不断钻研、提高教学水平的持续动力，一个师德水平不高的教师往往也很难成为教学能手，更难获得学生的爱戴。美国教育家丽塔·皮尔逊在其题为“每个孩子都需要一个冠军”的 TED 演讲[1]说道，“孩子们不会从他们不喜欢的人那里学到东西。”可见，师德教育是教师发展的重中之重。在紧抓日常教研和教师培训活动的同时，进才中学北校持续开展师德教育活动，以不断提高教师的职业修养。通过一系列活动引导教师们共同学习、互相督促，通过评比活动树立先进典型，聚焦师德引领教师发展。

（1）定期组织有关教师职业道德的学习活动，如听讲座和学习先进事迹等。其中一个固定活动是，每年暑假组织有关专家来校作师德学习

[1] 视频来源：https://v.youku.com/v_show/id_XNTcwNzk5NDIw.html ? spm=a1z3jc.11711052.0.0&isextonly=1.

报告。现将近几年的报告列表呈现如下：

表 2-2　进才中学北校近年来组织的师德报告

年度	报告标题	报告人	主要内容
2013	对“立德树人”目标的课程思考	进才中学北校周处长	有效课程与有效课堂、如何在学科教学中培养德行与人格
2014	以智慧成就优雅——我心目中的好老师	华师大教育管理系李伟胜教授	通过“好老师”安利启迪教师在师生交流中用心点拨与呵护学生，激发学生活力和潜力，规划其长期发展
2015	时事政事	上海市委党校胡伟教授	国家制度体制分析、依法治国的伟大变革以及我国的反腐措施
2015	播撒希望，放飞梦想	进才中学北校金校长	当前教育形式分析以及学校发展新思路
2016	把“立德树人”作为教育的根本任务	进才中学北校金校长	十八大报告中“把立德树人作为教育的根本任务”的内涵；立德树人目标的具体化：立 25 德；树三大公民培养目标
2017	闻鸡起舞，撸袖实干	进才中学北校金校长	加强师德师风建设，基于干部队伍和教师专业新发展，建设人力资源的校本高地
2018	养正逐梦，教泽流芳	特级教师、上海市教委教研室原副主任赵才欣先生	校训“养正拓新，进德达人”是核心办学思想，教师通过良好的师德培养学生要坚守正道、正统、正直、正气、正义、正常之规则

（2）开展师德评优和交流活动，树立典型，发挥先进的示范和引领作用，例如评选师德标兵、优秀班主任、感动进才中学北校的教师、金爱心教师等。

以“感动学生的教师”评选为例，学校自2006年开始每两年评选一届，每届评出十名模范履职、品德高尚的老师，从业务过硬的教学骨干到服务教工的工会组长、从爱生如子的班主任到热心助人的普通教师、从事无巨细的教辅人员到责高任重的管理岗位，他们在不同的岗位上展示了爱岗敬业、甘于奉献的精神，为全体师生树立了楷模。

2014年，学校结合十八大精神，围绕习总书记提出的“有理想信念、有道德情操、有扎实知识、有仁爱之心”的好老师要求，发起“说说我的教育故事”活动，借此挖掘好老师的生命故事、传播其美好形象、传承其崇高精神。活动要求教师们讲述个人和学校教育实践中的真实案例，抒发真情实感。在此活动中，共有12位教师分享了自己的教育故事和教育梦想。现择两例作简要汇报：

W老师通过诗歌的形式讲述了自己班主任工作中的点点滴滴，包括初见新一届学生时的心情、军训中学生们的坚韧耐劳、对调皮散漫学生的谆谆教导、运动会失利后教师与学生的感同身受、学校日常中学生们的小意外、化解学生矛盾于无形等等，字里行间充满了对教师工作的无微不至以及对学生的关爱和期待，令人读来动容。

案例4：进才中学北校“说说我的教育故事”之《蓦然回首，成长在你我心灵的交汇处——写给进才中学北校＊届＊班的孩子们》

作者：W老师

初见时，他们头戴红帽，身着白衣
迈着脚步走进未知却又向往的领域
眼神灵动，传出好奇的讯息
笑容腼腆，藏着感人的善意
他们是进才中学北校的新元素

七班的重音符

初识他们，靠军训这个重头戏
有些孩子咬牙忍耐着大汗淋漓，可让我惊喜
有些孩子体贴地提醒我树荫下躲避，他们真让我感激
还有些孩子主动承担体力劳动，他们太让我欢愉
但也有一些孩子呀
调皮、偷懒、散漫，给了我深刻的记忆
没关系，来日方长
受不住我的苦口婆心
一切皆大欢喜

初次交心，在那个惨遭滑铁卢的运动会
你可知满腔壮志之后的惨败会带来怎样的痛彻心扉
可我那可爱的孩子却睁大双眼，屏住呼吸
准备承受可能会来的暴风雨
我怎能忍心再雪上加霜呢
安慰吧，鼓励吧，表扬吧
学着将遗憾藏在心底
紧张的表情放松了，美丽的笑容绽放了
有孩子跟妈妈说“W 老师，有点不一样”
我欣慰于孩子的善解人意
更庆幸那一瞬的正确抉择
从此，我们心心相印，相伴成长
相处的日子，看似平淡如水却并非波澜不惊
今天嘉明割了手指，明天小青断了骨头，后天小诺折了鼻梁
再过几天，又要帮小成和小铭为玉帛而化干戈
我的这些孩子们呀，总是出其不意地制造冲击波
可没有这插曲，我又怎能与他们相识相知

孩子宽容，家长大度，集体有了凝聚力

时光转眼间，只来得及感慨

我想，我会伴他们走得更远

我想，我会记住每个人的模样

我想，我要关注每一点滴的进步

我想参与他们人生中重要的时刻

我希望，当有一天他们破蛹成蝶，走遍人生的山高水长，回首学生生涯

我能成为他们记忆中的一抹亮色

一颗星子，一份怀念

X老师则以《一路走来》为题，回顾了自己的职业成长历程：初踏岗位，因为听到了一个“传奇”故事而见贤思齐，树立了做一个好老师的职业理想（“我好崇敬这个老师，真希望自己有天也能像这位老师一样，能抓住学生的心”）；对于青年教师阶段密集的活动任务，先是不堪其重、盼望早日结束，到最后终于明白这些历练对于成长的重要（“不经历风雨，怎能见彩虹？”）；在教学岗位上敬业尽责（坚持提前进教室做好教学准备、实验课前会把所有实验预先做一遍以防实验器材有问题而影响课堂教学、实验器材不足时自己动手制作仪器等）；在专业发展上谦虚好学，展现出持续追求专业发展的愿望并付诸行动（“向书本学习，向当代专家学者学习，向同行学友学习”）。这些讲述活动既是教师们自我总结和反思的好机会，更是学校树立典型、发挥正面引领作用的有效举措。这样的主题活动有力地激发了学校教师的职业自豪感、责任感和使命感，促使其坚定教育理想信念，追求更高的职业道德水平。

案例5：进才中学北校“说说我的教育故事”之《一路走来》（节选）

作者：X老师

自1998年参加工作以来，至今已有16个年头。当过班主任，带过

毕业班，一路走来，有欢笑，有泪水，有成功，有失败。直到现在我还一直记得刚踏上工作岗位时，带教师傅跟我说过的这样一件事：有这么个孩子，不爱读书，逃学，但是只要有物理课，他一定回到学校，上好物理课又马上离开，可见这个物理老师的课他是十分喜欢的，也说明物理课这个老师教得好。我好崇敬这个老师，真希望自己有天也能像这位老师一样，能抓住学生的心。学校对青年教师抓的特别紧，每两周都要开青年教师会议，布置任务，还要参加大奖赛，事情特别多，我当时想什么时候我35岁就好了，就不用参加这些比赛了，现在回头看看，这个想法是多么的幼稚，不经历风雨，怎能见彩虹？

我很清楚自己所教学科在中考中的位置，虽然我不会去占课，不去拖堂，但我会充分利用课堂40分钟。每次都是提前去教室，做好上课准备工作，如：开好电脑，投影、实验仪器准备好，碰到有学生实验课的，每组学生实验器材都要检查一遍，电学实验都要亲自做一遍，以防因为实验仪器的原因影响学生动手实验。当实验室器材比较缺乏时，我就动手制作仪器，吃过的饼干盒子，喝过的矿泉水瓶子，用过的卷筒纸芯子等，都可以作为制作器材的原料，尽量给我们学生创造实验的机会，因为我相信："眼过千遍，不如手动一遍"。

一路走来，在学校各位老师的帮助下，我也慢慢地成熟起来，虽说也取得了一些成绩，但我知道为了能做到给学生一杯水，自己首先要有一桶水，于是我遵循于漪老师的教导：向书本学习，向当代专家学者学习，向同行学友学习。向书本学习，更能让我认识人生的境界，并受到激励，我定期会到图书馆借一些书籍，有关于物理教育教学方面的，也有关于人文、科研方面的；向当代专家、学者学习，能从前辈的身上汲取更多的经验，渐渐看清自己前进的方向，如果有物理讲座的，我一定去听；向同行学习，能让我在教学实践中打开视野，以能者为师，"路漫漫其修远兮，吾将上下而求索"。

与自我讲述相呼应，学校还发起了"夸夸我们身边的好老师"活动，由身边人讲身边事，以身边事教身边人。在该活动中，教师们主动、真诚地发现彼此的闪光点，他们对身边好老师的介绍情真意切，真实感人。

例如，一位好老师夸赞者通过洋洋洒洒五千字向我们讲述了进才中学北校曹静老师的感人事迹。讲述中提到了四个真实感人的故事。

故事1：《教育，因爱而充满希望》　曹老师给来自单亲家庭的S孩子慈母般的爱，将他从歧途中拉了回来，学生称她为“妈妈”。

曹老师发现班里有个叫S的男孩特别粘人。每次和他讲话时，他都喜欢往自己身上蹭，这让年轻的曹老师有些尴尬。后来才知道，S从小父母离异，一直跟爸爸生活。爸爸工作忙碌，顾不上和孩子多交流，所以S特别渴望他人的关注和爱护。了解情况后，曹老师理解了男孩的行为，对他加以特别关心：早晨来了亲切地和他打招呼，放学的时候叮嘱一句“路上慢点走，注意安全”；他生日的时候在他课桌里放一块蛋糕……有次午休的时候，曹老师给S辅导功课，他脱口而出：“妈妈，这个题怎么做？”曹老师先是一愣，随即开心地答了一声“哎”，脸红的S在心底又有了温暖。

随着进入青春期，S和爸爸的矛盾越来越大。爸爸觉得儿子越来越不听话，学习不认真，还沉迷网络；儿子却觉得爸爸整天不着家，好不容易回到家后却不管别的只是逼着他学习，根本没有家庭的温情。S不愿待在家里，经常去同学家玩，可总打扰同学也不方便，久而久之就发展到和网吧里、社会上的闲杂人等混在了一起，甚至夜不归宿。那个阶段经常看到曹老师接了电话，就发动同学和家长们提供线索，一家一家地打问。有天上午，S爸心急火燎地来到学校，找到曹老师开始哭诉：“这孩子一夜没回来，刚拿着陌生人的手机给我发了一个消息就完事了。打过去对方一听我是S爸爸就把电话给挂了，你说急死人不？”曹老师一边安抚S爸，一边拨通那个号码：“你好，S和你在一起吗？我是他妈妈，他一晚没回来，我很担心也很着急，能让他听电话吗？”这次对方被这个“妈妈”焦急万分的声音感动了，把电话递给了边上的S。一个多小时的耐心沟通后，S终于答应来学校。看到站在面前的孩子，曹老师一边嗔怪：“你这臭孩子真要急死我们啊！”一边却紧紧地拽起孩子的手……

在曹老师母亲般的坚持关怀下，S最终顺利完成了学业。毕业典礼上，S爸激动地说：“是老师用爱心温暖了孩子孤单的心，我作为家长没能照顾好孩子的时候，是老师用耐心、宽容和坚持让孩子看到希望。这四年来，如果没有曹老师不离不弃的关怀，孩子早已误入歧途。我和儿子一辈子都不会忘记曹老师！”

故事2:《特别的爱给特别的你》 曹老师对因病痛困扰而受人歧视、性格暴躁的学生H不离不弃，给予特别的爱，帮助他完成初中学业并顺利升学。

曹老师的学生里有一个叫H的男孩，被严重的皮肤病困扰，浑身上下的皮肤被挠得没一块是完好的。因饱受病痛折磨，H脾气暴躁。第一次家访时，H就多次打断老师和父母的交流，咬牙切齿地向老师控诉，都是父母害他变成这个样子，等他长大了要把他们全部抓进监狱。曹老师内心像压了一块石头，透不过气来。离开H家的路上，想着H那充满恨意的眼神和手臂上一道道血淋淋的抓痕，曹老师开始思考，怎样才能帮帮这个可怜的孩子？

9月开学正值上海炎热的夏季，H手臂上的抓痕暴露在新同学面前。同学们嫌弃H脏，又担心会被传染，所以都远远地避开他。只有曹老师经常主动关心他：知道他一直挠皮肤，就买来洗手液和餐巾纸，叮嘱他勤洗手，避免感染；平时听到哪里有治疗皮肤病的专家或者特效药物，她也会第一时间和H妈妈交流。H皮肤发病最严重的时候，脸上的伤口还会流脓水，好几次都滴在曹老师的桌子、本子上。看着孩子尴尬的表情，每次曹老师都会轻声细语地说：“没关系，我擦掉就好。但你不要再抠了，感染就不好了。”

看到曹老师对H的热情关心，同学们也慢慢接受他融入集体。但随着学业的开展，新问题又出现了。H上学随心所欲，常常中午才来学校，晚上拖到七八点才离开校园。曹老师及时和H深谈才发现，并不是大家想象的厌学、贪玩，而是他每天晚上奇痒难忍，经常挠到凌晨才能睡着，早上总起不来；至于不回家，是因为在学校里还能尽量克制住不去挠，可以学点东西。听到这里，曹老师非常心疼，主动找到学校领导沟通，争取特殊对待。从此，曹老师每天都会叮嘱班干部帮H把上午的课程笔记留好；中午帮他把饭留好；放学后，为了确保校园安全，不顾自己还要走一个半小时回家的路的曹老师常常义务留下来给H补习功课……就这样两年下来，H虽然挂科不少，但曹老师教的英语他总能考到七八十分。他知道只有这样才能回报老师对他的好。

因为病痛折磨，H的暴躁仍不时爆发。有一次在考场上，因为前排同学传卷子的时候，不小心把卷子扔在地上，他立刻冲出来要和同学打架，监考老师拦也拦不住。曹老师闻讯飞速赶到考场，一把抱住H，让他慢慢冷静下来。看到曹老师这样忙进忙出，H仍问题百出，有人劝她不要再管他了，可每次曹老师都说："孩子身体有病已经很可怜了，如果我再不理他，那他就真完了。"做过班主任的老师都知道，班级里有一个问题儿童要牵扯多少精力，但四年来从没听曹老师抱怨过H一句。她不抛弃、不放弃的爱心教育让这个身体饱受折磨的孩子度过了温暖而上进的四年时光。如今，H已考上一所理想的中专，每年都会来看望曹老师。每当听到H幸福地回忆起初中生活的点点滴滴，曹老师就觉得所有的付出都是值得的。

故事3：《慈是爱，严更是爱》 曹老师对因家庭教育不当而骄纵蛮横的学生K严慈并用，帮助她改善了性格和行为。

还没接班前，政教处老师就告知曹老师，这个班有个叫K的女生，任性轻狂，经常和同学闹矛盾，惹是非，请曹老师要多加留意。果不其然，开学第一天，K就因和人斗殴、未占上风而报警，直接进了派出所。忙碌了一天正准备回家的曹老师接到电话，立即赶去派出所。在那里和K爸妈接触后曹老师发现：这个爸爸过于溺爱孩子，不允许任何人说K一点不是，连妈妈批评女儿也不行，所以造成K骄纵蛮横的性格。K爸在派出所里，根本不管是自己女儿惹起事端，反而一直扯着嗓子骂别人。看到这样的家庭，曹老师明白，要想让K今后具备正常的人际交往能力、与同学和谐相处，不仅要关注K，更要找机会从她的父母入手。

开学后，曹老师就打起十二分的精神，特别关心K的生活和学习，还经常和颜悦色地主动找她聊天、谈心。可是任性的K根本不吃这一套，继续她三天一小吵，五天一大闹的风格。在班级和同学吵架、和任课老师顶嘴是家常便饭，和同学之间的纠纷也频频发生。看到这样的情况，曹老师坐不住了。虽然她是一个关心呵护学生的"慈母"，但更是一个工作尽职尽责，眼里容不得沙子的“严师”。所以当K再一次闹事时，她找准机会，把K的父母和她本人“狠狠地”批评了一顿，又推心置腹地与家长沟通，坦率地点出K如今行为态度的归因。K爸爸承认孩子非常任性，虽然作为父母也很后悔，但面对这样的境况已经无计可施。看到家长懊恼的表情，曹老师趁热打铁地指出：“我们现在要一起想办法帮她改掉这些坏毛病呀，否则这种性格在社会上不知要吃什么亏啊。现在孩子还是对我这个严厉的班主任有所忌惮，自从我接班之后，恶性事件少了很多，说明教育还是有效的。你们家长要支持我的教育，出了事情不要一味帮着孩子辩解，要坚持立场，有错必究，这样我们才能形成合力……”在和家长达成共识后，曹老师又经常单独和K聊天，从她和父母的关系，到和同学的关系，以及已经和社会不良青年的交往问题，都推心置腹、站在关心她成长的角度帮她分析问题，让她明白老师是关心她的未来，不希望她因为年少轻狂而吃亏、受伤。渐渐的，K发生了改变。K的父母也从过去眼睛里没有老师，变成凡事愿意和老师沟通，不为孩子乱撑腰了。虽然K还是偶尔会惹出事端，但曹老师坚信慢慢来，K的进步可期——虽然学校教育不是万能良药，但能有家庭教育的配合，润物细无声的改变就已经在发生了。

故事4：《爱让我们一起勇往直前》　曹老师对学业垫底的班级无私付出，使得班风大变，学生们燃起对未来的希望，积极追求上进。

刚带完一轮毕业班，没有休息调整，学校又委以重任，让曹老师中途接手出了名的问题班——初二14班。因为这个班级纪律涣散、各科成绩统统垫底，曹老师经常加班加点，利用午休和放学后的时间给学生补缺补差。两年来她一心扑在班级，不是在教室，就是在去教室的路上，很晚回到家后还要和家长沟通学生的问题行为。进入初三，曹老师更是为了班级能保持来之不易的秩序，并能有个好的毕业成绩而拼命工作，终于因为劳累过度引发了带状疱疹，情况严重，医生要求立即住院治疗。曹老师虽然听从医生安排入院挂上了点滴，但脑子里却还想着班级纪律谁来管？英语课谁来上？放心不下的她，每天在医院吊完点滴后又偷偷溜回学校来上课，结果直接晕倒在讲台上，真把同事和学生吓坏了……由于曹老师的全情付出，14 班发生了翻天覆地的变化，班风、学风、学科成绩都有了明显进步。家长们激动得说："来了这么一位好老师，咱们班有希望了！"如今中考在即，学生们都满怀斗志地为了理想而努力拼搏。他们一有空就围到曹老师身边："曹姐姐，今天单词要背吗？""曹姐姐，你能给我讲一下这个知识点吗？"看到学生们的点滴改变和进步，曹老师倍感欣慰。

在这样的讲述活动中，大家在向榜样看齐的同时也提升了对自我的要求，在互相肯定、互相学习中树立了友好和谐的同事关系，在潜移默化中激发了全体教师在提高师德修养上的自律和上进心。

（3）贯彻落实《教师职业道德规范》，通过集体讨论完善进才中学北校教工行为规范和师德规范准则，做好师德考评工作；制定《进才中学北校教职工社会责任感评价量规》（以下简称"量规"，参见表 2-3），做好教师社会责任感考评工作。从该《量规》中可见德育共同体的具体工作，以及进才中学北校对教师职业修养和师德的具体要求。《量规》从"在校表现"（70%）、"社会角色"（15%）和"家庭义务"（15%）三大维度考核教师的社会责任感，每个维度下设若干细分指标，构成量表的 9 大参数，各参数下设若干细则标准。除表中已呈现的维度、参数和细则外，《量规》原文中还明确列出了每个评分细则所涉及的应扣分或可酌情加分的情况，如："凡上班迟到或早退、缺席教工大会、缺席升旗仪式、在工作时间内做私活者，发生一次扣 1 分"（1.1.a）、"为学校发展积极献策并被采纳者加 1 至 2 分"（1.1.b）、"学生测评不满意率每超过 5% 扣 2 分"（1.2.a）、"无故缺席教工文体 / 培训活动者，一次扣 1 分"（1.2.c / 1.4）"体罚或变相体罚学生一次扣 3 分，后果严重者一票否决"（1.3.a）、"在领导同事背后议论是非，或在公共场所与同事发生争执，每次扣 1 分"（1.5.b）、"被社区评为文明家庭或学习型家庭者酌情加分"（3.2）等。这些评分要点的备注使得较为抽象的评分标准得以具体化和量化，大大增加了量规的可操作性。该评价量规的实施由学校党支部、工会、人力资源处、学生处、课程处、年级组、教研组、学生代表、家庭和社区共同进行，每一个评分单项的评价主体都在量表中明确标注。

表 2-3 《进才中学北校教职工社会责任感评价量规》要点[1]

维度	参数	细则
1. 在校表现	1.1 参与学校工作	a. 遵守学校规章制度，服从组织分配，创造性地开展工作（5 分）
		b. 有主人翁精神，积极参与学校活动并有意识地积累资料和存 档（5 分）
		c. 正确处理国家、集体和个人利益关系，克己奉公，甘于奉献（8 分）
	1.2 重视精神需要	a. 工作中恪尽职守，精益求精，常有创见，业绩优秀（5 分）
		b. 为校园文化和学校精神文明建设尽心尽力（5 分）
		c. 坚持锻炼，积极参加教工文体活动，坚韧不拔，乐观向上 （5 分）
	1.3 关注热爱学生	a. 公正对待每一位学生，对学生做到全员、全程、全面负责 （8 分）
		b. 教书育人，帮助学生树立正确的人生观和价值观（8 分）
	1.4 崇尚知识真理	刻苦钻研业务，不断反思改进教学；积极参加各类培训，终身 学习；把优良传统和先进理念有机结合，提升工作表现（5 分）
	1.5 注重自我形象	a. 言行举止为人师表，工作学习恒念教书育人（8 分）
		b. 有团队合作意识和集体荣誉感，为人热心，处事公正（8 分）

[1] 为呈现《量规》的要点，此表在《量规》原文的基础上进行了简化。

2．社会角色	2.1 关注社会发展	a. 关心国家大事，热心慈善公益事业，以己所长服务社区（3 分）
		b. 在公共场合争当有道德、讲文明、洁品行、重环保的表率（3 分）
		c. 与邻里和睦相处，热心助人，积极维护社区的安定团结（3 分）
	2.2 遵守法纪道德	a. 遵纪守法，努力维护公共秩序，积极参加创建精神文明的活 动（3 分）
		b. 明辨是非，见利思义，乐群利群，团结友善，讲究社会公德（3 分）
3．家庭义务	3.1 实践尊老爱幼	a. 敬老奉老，履行赡养职责（3 分）
		b. 尊重配偶，能够理性处理各类家庭问题（3 分）
		c. 正确引导教育下一代，讲究教育方法，赢得后辈的尊重（3 分）
	3.2 创设进取氛围	作风民主，鼓励家庭成员不断进取，努力创建和睦的学习型家 庭（6 分）

须指出的是，聚焦德育的教师发展不止于师德教育，还致力探讨如何促进学生德育的发展。德，是为人之本；育人，离不开德育。促进师德水平和教师职业修养是进才中学北校德育发展共同体的首要任务，也是对学生展开有效德育的前提基础。在采取前述活动促进师德发展的同时，还努力探索如何将两纲教育、学校感恩教育等德育课题渗透到学科

教学中，以达到在“教书”中“育人”的目的。

3. 以课题为抓手的教师发展

共同体在前期专注教师教学能力的基础上，有意识地逐步转向教学与科研并重，带领教师开展课题研究，将自身的教学经验和专业发展经验提炼升华为研究成果，从而提升教师的科研意识与能力。为促进学校教师的科研能力提升，进才中学北校着力打造课题研究团队，以课题研究引领教师专业成长。

一方面，学校牵头积极申报国家、上海市、浦东新区等各级各类纵向课题，以集体申报和开展课题研究的形式，在教师共同体中树立科研氛围，越来越多教师在课题研究中的积极性被调动起来。近年来的项目择要举例如下：

（1）国家级课题：学校参了“十五”及“十一五”规划国家课题子课题“Intel 未来教育与问题化教学”和“信息技术环境下创建区域性教师学习共同体的理论与实践研究”。

（2）市级课题：学校获得立项支持的市级课题“‘独二代’家庭教育的学校支持研究”——探索学校如何为有效的家庭教育提供支持，旨在促进家校合作，进而改善学校和家庭教育工作的实效。目前全校有三分之二的教师参与到该课题研究中，所立项的六个子课题进展顺利，其中校本教材《“独二代”家庭教育的学校指导手册》已经完成编写并出版。近年来立项的其他市级课题还有：“英特尔未来教育问题化教学在推进新课程中的实践研究”“中学生探究能力的分层培养”“中学德育生活化的研究与实践”等。

（3）区级课题：区级课题“课堂教学改进计划的实践研究”旨在提高教育教学的针对性和实效性，让教师在反思、研讨的过程中转变教育观念，更新教育教学行为。2016年，学校申报了浦东新区教育内涵项目“数字化学习形态的创新实践研究”。该项目基于智慧教室系统和一组一机的日常实验课与研究课，以数字化学习中的不同形态为研究重点，以学习环境设计和实践为视角，聚焦数字课堂中的有效学习与学生核心素养的培养，完善智慧教育中的保障机制，逐步理顺智慧教室建设中技术引进、课堂实践、培训研修、日常管理的关系，提升教师在教学中融合教育技术的意识和能力。2017年，学校申报了浦东新区教育科学研究课题“初中学校教师专业发展共同体培育及运行机制的实践研究”，并在多个校际联合体中进行教师专业共同体实践与研究，开展征文、沙龙、带教、合作对话与分享活动。

另一方面，除积极申报上述各级纵向课题外，学校还设立校内项目，鼓励教师结合自身专长，申报有关学科教学、德育、信息素养、艺体特长培养及社会实践等方面的内涵发展项目，拨发专项经费激励教师开展项目研究，逐步培养科研意识，提升课题研究能力。为此，学校专门设立学术委员会，负责各类项目的立项审批和结项审核工作，通过项目的申请、审批、实施、结项汇报、资料存档等过程，规范学校项目管理流程。从2009年至今，共有11位老师拥有个人的独立课题。每年有一定数量教师的论文在国家、上海市、浦东新区等不同级别的刊物上发表。

4. 依托特色项目的教师发展

在教学科研的基础上，进才中学北校教师专业共同体着力打造多种特色项目组，以促使教师进行全方位的交流，增进教师间的凝聚力和协同创新，打造学校特色。

所谓“特色”项目组，区别于围绕教师常规的学科教学而展开的团队建设，是教师们在共同探索各类创新和特色课程过程中而形成的共同体。进行语、数、外等主要教学科目的学习，是学生在校的主要任务，以便打下扎实的学科知识基础，为升学做准备。然而，学科知识增长不是教育的全部目标。教育是为了培养“完整的人”（whole person），而非知识容器或劳动机器，“完人”的培养离不开艺术人文、生活百科、科技创新等多方面的知识输入、探索体验和熏陶。为此，自2014年起，进才中学北校陆续组建了多个特色项目组，教师们团结协作，协同创新，打造了丰富的校本特色项目和课程。

（1）创新实验室。在常规的学科教学之外，学校打造了学生创新素质培育的实践平台——上海市进才中学北校少年科学院，下设生物研究所、工程研究所、社科研究所，合称“一院三所”（参见下图 2–1）。

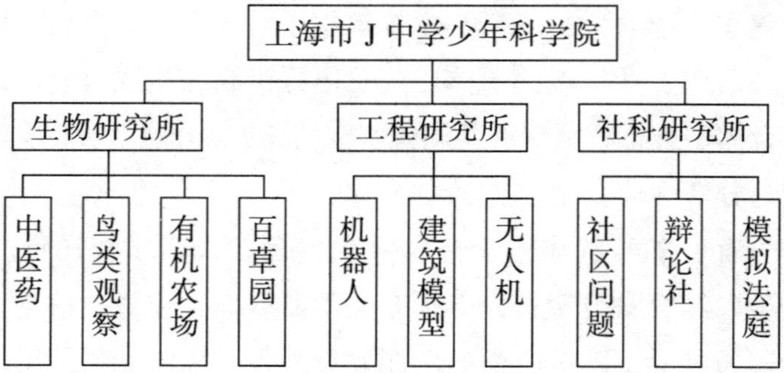

图 2–1　进才中学北校“一院三所”组织架构

一院三所以学生自主管理为主，少年科学院院长、各所所长及各社团负责人均由学生担任。在给予学生充分自主的同时，学校也给予积极的人力、环境资源以及制度支持：

* 成立由校长、教师、家长和学生代表、社区代表等组成少年科学院建设指导委员会，沟通信息，整合资源，提供支持；由学校各级领导担任各院所的顾问，参与院所建设与管理；为每个社团配备专业导师，指导学生创新实践。
* 开辟机器人工程创新实验教室、无人机项目实验室、中医药、百草园等多个专业教室，提供学生实践的硬件保障；举办学生讲坛和各类竞赛，将学生优秀作品推送到校园网络平台，为学生展示创新能力搭建平台。
* 为院所社团设置固定周课时用于创新实践活动时间（每周五下午两节课），形成少年科学院周例会制度，辅以顾问和导师的协助，保证少年科学院的工作的制度化、规范化。

所有参与一院三所学生创新素质培育的进才中学北校教师构成创新实验室，在共同指导学生开展创新实践的过程中拓展自身的专业能力。在此过程中，教师们坚持精细化课程研发，经过多年的实践探索，逐步明确了不同年级学生的创新能力培养目标，并打造系统的、多样化的特色创新课程。这些课程根据组织形式可大致分为三类：一是学习类课程

（如急救包扎、中医药、百草园等），这类课程虽仍涉及传统的知识传授，但不必拘泥于传统的教学场所和教学方式，教师可根据需要任意选择适当教学地点，并且主要采用体验式的教学方式；二是活动类课程（如机器人、有机农场、辩论赛、模拟法庭、科技节、艺术节等），这类课程旨在让学生在各类活动中获得对世界的直观体验和认知，强调学生的亲身体验，教师要充分尊重学生的主体性，做好学生的参谋和顾问，不能越俎代庖；三是竞赛类课程（如无人机竞赛、未来之城竞赛、建筑模型竞赛等），这类课程旨在帮助学生开阔眼界，在备赛、竞赛过程中追求卓越，突破自我，充分发挥和展现自己的潜力，比赛是过程和手段，而不是终点和目标。以下简述上述各种课程在不同年级中的分级安排及对应的培养目标，这一分级培养特色课程体系是进才中学北校教师创新实验室的劳动结晶。

* 预备年级：

培养目标："创新素质"的培养，"创新素质"指日后创新意识和能力得以产生和发展的源初性的个性品质，如"好奇心""求知欲""自由思考""怀疑态度"等等。可选择的探究课程：每周一次普及性 STEAM 课程；周五探究社团选择性课程，如机器人工程、无人机、建筑模型、百草园、模拟联合国、有机农场。

* 初一年级：

培养目标："创新方法和技术"的培养与训练。可选择的探究课程为建筑模型、百草园、模拟联合国、急救包扎、金融理财、未来之城。

* 初二年级：

培养目标："创新能力"和"创新精神"的培养和提高。可选择的探究课程为辩论赛、社区探索、模拟联合国、模拟法庭。

（2）艺体特长培养教师团队。艺体特长培养教师团队是指为培养学生在音乐、艺术、体育、科技等方面的特长而从事相关课程开发、教学、学生参赛辅导、社团指导等工作的教师团队。经过多年的发展，学校从最初只有一名艺术老师，发展到今天形成了包含多个艺术团体的教师团队，打造了成熟的艺体特色课程体系，定期组织丰富多样的艺术活动等，践行“以艺辅德、以艺益智、以艺养性”的团队使命，在持续的教师共同实践中实现学生培养和教师专业发展。

课程开发：本着“资源共享、优势互补、文明共建、发展同步”的精神，进才中学北校艺体特长培养教师团队积极借力上海戏剧学院、上海音乐学院、上海市源深体育中心等院校和社区单位，共建艺术、体育和科技等领域的特色课程。截至目前已为学生设计开发了50多门艺体科技探究课程，如“民乐”“合唱中的和谐”“校园戏剧”“纸艺”“工艺花的设计和制作”“世博情怀”“文画派对”“中医药”“体味上海”“大师进校园”“羽毛球”“桥牌”“游泳”“棋类”“人文科技讲堂”“环保”“天文”等。

学生社团：艺体特长培养教师团队积极鼓励学生建立各类社团，由教师担任顾问协助组织管理，提供活动指导等。目前的主要社团有文艺社团，如校园戏剧社、风筝交响乐团、管乐队、合唱队、芭蕾舞队、文学书社、书画院等；体育社团，如孙俊葛菲羽毛球俱乐部、中国象棋俱乐部等；科技类社团，如学生科学院、小制作和小发明家俱乐部、巧手俱乐部、机器人制作俱乐部等。

特色活动：为丰富学生们的课余生活，充分展示进才中学北校学生的艺术才能，借此打造积极向上的学生文化，而避免出现消极的非主流文化，艺体特长培养教师团队每年组织丰富多彩的特色活动，如体育节、艺术节、科技节、迎新歌会、学生艺术单项比赛（共分舞蹈、声乐、西乐、民乐四个专场）、探究型家庭评选活动等。

在完成上述活动的过程中，教师们不断突破自我，与团队共成长。在一次正文活动中，来自该团队的一位音乐老教师G老师从精心打造课堂、悉心带教青年教师、积极开展课题研究、努力丰富课外活动四个方面叙述了自己在团队中的成长之路。她谈到“记得刚开始工作时我所在学校只有一个艺术老师，不管是指导学生，带团比赛，哪怕是参加上海市教学比赛课，都是单枪匹马，偶尔拜请一下名师指导也算有幸而为之。而今天的我们，强大的备课组团队，共同的艺术梦想，充满活力的艺术组，那么多富有创造性的老师们，又让我这个所谓的老教师不敢有一点的懈怠，紧跟教育新形势的脚步，与伙伴们一起成长。”G 老师在课堂教学中精益求精，每堂课精心制作课件，尝试打破传统教学模式，重视学生课外知识拓展，关注艺术类热点话题；作为团队带头人和资深教师，团结协调团队成员的各项工作，为同伴分忧解难，组织教学研讨、集体备课等活动，悉心指导青年教师参加教学比赛，开公开课等，乐于与之分享教学经验和资源；同时利用业余时间积极参与专业培训（如上海市戏剧表演骨干教师培训）、课题研究（如融合信息技术的音乐教学研究）、专题研讨（如上海市艺术教育教学专题研讨）等活动。虽在此过程中投入了大量的精力，倍感辛苦，但在持续的实践探索中提升了自己的教学能力、研究能力和团队领导力。G 老师的职业格言为“做最好的自己，促精致的团队”。其专业发展之路是进才中学北校艺体特长培养教师共同体的缩影。

（3）金融与理财社团。为了帮助学生树立正确的金钱观、消费观和价值观，使其将来能够适应日益发展的中国经济与金融社会生活，改善当前普遍存在的“月光族”“啃老族”的社会现象，有必要对新一代的中学生提早进行金融理财教育，培养其财务意识和理财能力，提高少年财商。基于这样的考虑，进才中学北校成立了金融与理财社团，由数学教研组、综合文科教研组的教师们共同策划社团活动，设计开发课程内容，向同学们普及金融与理财常识，开展金融与理财相关实践活动。

金融与理财社团的宗旨和目标为：对学生进行金融理财的基础教育，使其具备基本的金融理财知识、技能与意识，对相关经济活动、人生意义能够做出正确的价值判断；发展学生的思维水平，增强其在社会经济生活中的生存和适应能力；培养学生的经济意识和风险意识，使其发展健全的人格，为将来发展成适应社会主义现代化建设需要的有竞争力的公民奠定基础。“以人为本、育人为本；树立开放的大课程观”是基础教育课程改革的基本理念。《金融与理财》课程及相关社团实践，聚焦与学生未来生活密切相关的理财意识和能力，切实践行“为学生的未来生活做准备”“以学生为本”“教育是为了每位学生的终身发展”等课程价值取向。该跨学科的课程不仅普及金融知识，让学生初步了解理财技术，更重要的是帮助学生树立对金钱和财富的价值观。某个知识点或某项具体的技能本身并不重要，重要的是学生通过学习了解、活动体验而获得一种发展理念，一种生活观念，一种人生态度。

金融与理财社团的工作内容主要体现在：①打造精细化课程内容，实施理论与实践相结合的教学：引导学生树立理财意识，意识到管理财务的重要性；向学生传授理财基础知识，引导其树立正确的消费观念，培养勤俭节约的传统美德；指导学生联系实际生活，设计切实可行的调查方案，就学生时代的消费和理财问题（如零花钱的使用和存放）展开调查，培养学生发现问题、收集和处理信息的能力，逐步形成积极、主动、合作探究的学习方式；教学生建立个人账本，学会应用计算机分析和管理自身财务（如管理和使用零花钱）；引导学生思考如何实现财务增长，介绍储蓄、股票、基金、黄金、外汇等常见理财方式，鼓励学生选择合适的方式进行理财实践。②开发家庭课程资源，实施家校合作：一方面定期请有金融背景的家长给孩子们做讲座；另一方面，向家长宣讲学校的金融与理财社团的课程建设情况，争取家长的积极配合，发动家长通过给孩子零花钱、与他们共同探讨家庭理财的问题、教孩子炒股票等方式，培养孩子对金钱的概念，教育他们如何适当地使用自己的钱财。③带领学生参加相关竞赛：如金融与理财社团教师曾带领初一年级学生三人组成的代表队，参加上海市“东亚银行杯·金融知识知多少”竞赛，以大比分领先其他对手团队，赢得了竞赛的一等奖。

三、教师专业共同体的提升期

经过前面一个阶段的发展，三校合并引起的管理问题基本理顺，学校教师围绕常规培训和教学开展的团队合作模式基本确立。自 2011 年开始，进才中学北校教师专业发展进入新的发展阶段，呈现出两大变化：一是注重教师信息素养发展，提升教师将现代信息技术与教育技术融于教育教学的能力，打造智慧教师，创建智慧校园；二是由教研组、备课组、青蓝工程等校内局部的教师专业发展团队，真正转向由进才中学北校全体教师构成的专业共同体，在对外交流与服务中求发展，提升进才中学北校教师对全校范围教师共同体的身份认同。

1. 智慧教室助力教师发展

围绕智慧教室建设开展的教师专业发展活动，旨在通过信息化素养培训、融合技术的教学实验等，培养教师们的信息意识、素养和能力，从而能够尝试并逐步有效运用现代信息与教育技术改进教学，最终促进学校教育的信息化水平。

如前所述，进才中学北校自2003年开始积极参加多轮Intel未来教育培训，并以此为抓手，逐步推进各种信息技术项目，如建立学校网站、校园博客群、教师成长档案、基于校园网络平台的教师研修等。这一系列的探索和举措，为学校初步搭建起网络环境下的教育平台，开展智慧教室引领的教师专业发展奠定了基础。2013年，智慧教室教师团队成立，经过五年的发展，目前拥有团队成员28名，包括1名指导专家，1名管理人员和26名学科教师（来自语文、数学、英语、物理、历史、地理、音乐、美术和思品共九个学科）。智慧教室教学项目覆盖来自27个班级的约1200名学生。以下从两个方面简要汇报智慧教室教师团队的教师发展活动。

一方面，教师们积极参加各种培训和学习活动，通过持续的学习不断提升自我。自2013年以来，开展过的主要教师培训活动有：英特尔未来教育的项目学习、小组合作学习和混合式学习培训、基于TEAM Model智慧教室系统的技术培训、基于“尚学趣一人一机”系统的学习包编辑与使用培训、研读专著《人是如何学习的》并集体研讨等。

同时，教师们坚持学以致用，在智慧教室团队的人力和资源支持下，积极开展智慧课堂实践。学校于2015年9月引进TEAM Model智慧教室学习系统的三个数字实验室以及小组一机的IPad。团队教师每周在三个智慧教室实验室上课，开展移动终端数字环境的课堂实践，在实践课上尝试运用新技术开展互动教学。通过对数字化教学的实践与反思，教师的课堂变革意识和技术应用素养明显提高，涌现出了一大批体现学科课堂变革的探索性课例。近三年来，据不完全统计，团队中13位老师在各级各类教学、课例比赛中获奖29项。2016年10月和2017年11月，进才中学北校智慧教室教师团队教师两度联合多所兄弟学校举办“打造数字课堂，提高教学实效”主题研讨活动，交流智慧课堂的实践经验。

另一方面，教师们坚持教研相长。随着课堂探索与变革的不断深入，智慧教室教师团队开始尝试针对这些探索和变革实践展开课题研究，并取得了丰硕的成果。2016年，基于智慧教室实践的项目《数字化学习形态创新实践研究》荣获浦东新区教育内涵优秀项目；2017年，获上海市教委立项支持的“英特尔数字化环境下的课堂教学变革创新实验项目”顺利解题；2018年，团队继续探索数字化学习形态下的课堂教学变革与创新，探索如何通过理念和技术的融合促进课堂上的师生情感交互、行为交互和思维交互，实现学生自主、高效、个性化的学习，提高教学有效性。

2. 校际教师团队联合发展

经过长期的实践探索，进才中学北校内部建立起多种教师发展团队，教师们在各个团队中进行频繁交互，互助合作，共同发展，形成了团结向上的团队文化。然而，多次非正式访谈表明，尽管多数受访教师认同自己不同教师团队成员的身份，并肯定了团队合作与交互在个人专业成长中的重要作用，但他们对将进才中学北校作为一个共同体的认同感不足。要提升教师们对“进才中学北校教师专业共同体”的认知度和身份认同，必须带领教师们走出进才中学北校，在更广阔的范围内进行交互协作，在对外交流中求发展。为此，进才中学北校开始在所属教育集团、教育署、浦东新区乃至上海市范围内开展教师发展实践。

（1）教育集团层面的教师发展。2015年9月，进才中学北校作为核心单位之一的上海市C教育集团正式成立，成为浦东新区的体量最大的教育集团之一，包含14所学校和两个街道。该教育集团的成立是浦东新区探索集团化办学的重要举措。“集团化办学最初出现在20世纪90年代，是一种以契约为纽带构建的大规模多层次组织形态，是通过优势互补或以强带弱，推进教育资源优质均衡发展的办学模式。从形式上看通常是以名校为龙头，依据共同的办学理念和章程组建学校共同体，整合学校的教育资源，在学校规划、日常管理、课程建设、教师发展、设施使用等诸多方面实现共享、互通、合作，旨在最终实现共同体内优质教育资源品牌的辐射推广与合成再造”[1]。可见，集团化办学并非教育同质化，而是重在互通有无的校际合作和优质资源共享。本着这样的精神，C 教育集团自成立以来，通过衔接课程建设、师资柔性流动等途径，积极探索“小、初、高”学生一体化培养模式，促使成员单位学校在保持各校特色的情况下获得共同发展。

进才中学北校积极参与教育集团层面的教师发展，在集团教师共同体中发挥重要角色。作为浦东新区见习教师基地学校，进才中学北校也承担了教育集团内的新教师培训任务，每年集团内两所学校的新教师培训都会安排在进才中学北校进行。为此，学校组建了一支师德高尚、业务精湛、敬业爱生的见习教师导师团队，20 位带教老师中，学科带头人 3 位、区级骨干 12 位、校特色教师 3 位，教研组长、备课组长、年级组长 10 位，集中了学校 8 门学科的生力军和一批经验丰富、带班出色的班主任老师。带教团队经过多年的见习教师培训经验积累，逐步打造出详尽完备的《基地学校见习教师规范化培训方案》，包含浸润式培训、团队带教、文化熏陶等多种培训形式，致力于帮助新教师提高师德修养以及教学、德育工作、科研等综合能力，最终培养教师们自主追求专业发展的意识、意愿。

此外，进才中学北校还参与了多所集团成员学校间的教师柔性流动项目，开展教师柔性流动方式方法研究（如带教、短期交流、培训、挂职等）；与 11 所成员学校密切合作，领衔开展高中与初中衔接课程建设和共享研究；积极参与由其他成员学校牵头的初中特色课程建设和共享、初中与小学衔接课程建设和共享、小升初面试方法内容研究、初中升高

[1] 集团化办学背后的政府推力：四地集团化办学经验启示 [EB/OL].（2018-05-22）[2018-5-29]. http://edu.cssn.cn/jyx/jyx_jyqy/201805/t20180522_4275389.html.

中自主招生方法内容研究等项目；积极组织和参与集团教师共同体的专业发展、团队建设和文娱活动，如教师专业发展主题报告、论坛、沙龙、工作坊，教师达人秀、教学比赛，集体参观、文体联谊等。

（2）多校联合体中的教师发展。上海进才中学北校所在的浦东新区为人口大区，每年中考人数占据上海市的七分之一。新区管辖的初中就有120多所，集中管理存在困难，因此划分为四个教育署，分别称为第一、二、三、四教育署，进才中学北校分属第二教育署。由进才中学北校牵头，联合同属第二教育署的另外三所中学共同组成四校联合体，开展定期交流互动，以促进二署内部的教师专业发展，特别是青年教师的培养。该联合体每年组织各种活动，包括统一命题、举办教育论坛、组织各类评比和比赛等。其中一个比较重要的活动是一年一度的五四青年教师比赛，比赛形式多样，包括说课比赛、上课比赛、专业基本功比赛、微视频比赛、演讲比赛、数字故事等。这些比赛均由进才中学北校牵头进行组织，是其青年教师队伍建设的重要举措之一，旨在全面提高青年教师的业务水平，充分挖掘其教学潜能，促进进才中学北校青年教师的专业成长。以2018年为例，五四青年教师比赛采取课堂教学竞赛的形式，进才中学北校于第6教学周安排各教研组进行了初赛，筛选出7位35周岁以下的教师参加第十周举办的“‘让青春在课堂上闪耀’迎五一青年教师课堂教学评比”决赛，取得了4个一等奖、3个二等奖的好成绩。

此外，进才中学北校还加入了浦东新区层面跨教育署的五校联合体。该联合体根据各校教育教学需要，以交流研讨、主题沙龙、论坛等形式，围绕教研组与备课组建设、联考与考情分析、教学调研、教案分析等各方面开展联合教研活动。现举例介绍如下：

交流研讨：五校联合体定期开展校际交流研讨活动，尝试解决教育教学中面临的共同难题。近年来，各校以支教教师作为联合体活动的纽带，围绕如何提高教学质量开展教学研究，进行支教与培训教师联合教学展示活动及教学主题研讨会。在一次以“教研组在备课组建设中的作用”为主题的研讨活动中，各校教研组长以“数学备课组：在探索中前行”“加强语文备课组建设的实践与思考”“英语备课组集体备课模式初探”“提高理化备课活动效率的思考”“发挥教师特长，提升美术教育”等为题，就不同学科备课组实践模式进行了经验交流与探讨，以互相取经，共同改进教研组和备课组的建设与实践。

主题沙龙：五校联合体还进行过初三联考，并在考后以沙龙的形式进行开展联考质量分析。教师代表们分组就五门考试学科的教学现状进行交流讨论，然后由各科出卷教师上台讲解试卷出题情况和考试结果分析：洋泾东校课程处主任从语文试题的难易度、学生在答题中暴露出来的问题以及试卷的设计意图等方面作了分析，唐镇中学初三数学备课组长从试卷整体布局、出题意图和试卷存在问题等方面作了分析，进才实验学校初三英语备课组长及进才中学北校初三物理备课组长分别就命题初衷、设计意图和实施效果等方面作了分析。通过该活动，各校备课组长对今后的工作目标和要求有了更明确的认识，认识到要狠抓基础，关注每一位学生的发展。活动受到老师们的欢迎，大家一致期待，联考和考试分析沙龙应成为制度化的活动，定期开展。

主题论坛：五校联合体多次开展主题论坛，以互相借鉴优秀经验，共同解决教育教学中存在的问题。例如，2011 年 12 月，五校联合体召开了“作业布置的有效性”主题论坛，除各校教师代表外，还邀请了浦东新区教发院课程教研部专家老师亲临指导。会上，联合体教师代表作交流环节中：某中学副校长以“提高作业有效性的实践与思考”为题，介绍了学校从精编习题着手探究作业有效性的具体做法，并在实践过程中做到有计划、有措施、有改进，将作业有效性落到了实处。各校教研组长代表发言中探讨了分层作业、趣味作业、多样作业、自主作业等话题，提出要针对学生特点有效布置作业，并对学生提交的作业给予及时批阅、检查与反馈，习题作业布置要注意适量优质，以达到减负增效的目的。联合体校长代表交流中，唐镇中学倪校长谈到了作业在教学中的重要地位：“作业布置是教学工作的重要组成部分，是课堂教学的延伸，科学、合理、创新性地布置作业，是有效教学的保证”；洋泾东校李校长提出，教师布置作业要多从学生角度思考，使学生变“被动作业”为“主动作业”，同时要不断改进作业检查的方式，走进教室，与学生面对面检查不失为一种好方法；上南东校沈校长强调：作业有效即高效，教师要不断反思影响作业有效性的因素，紧紧围绕调动学生主体作用这一核心，切实提高作业质量，减轻学生负担，提高其消化吸收知识的能力，而不给他们造成精神压力，不损害其身心健康。最后，新区教发院课程教研部周主任从“为什么要布置作业”“怎样布置作业”“何为有效作业”以及“作业的形式、批改、评价”等方面进行详细阐述，指出作业布置要基于教学对象、基于学习内容、基于学习本领、基于学科特征。

（3）全区及全市范围的教师发展活动。除了前述教育教团、四校联合、五校联合等层面较为频繁的校际交流，进才中学北校还会不定期牵头组织更大范围的共同体活动，邀请这些联合体的成员学校共同参加。比如，2015 年，举办了“进才中学北校杯‘我与团队共成长’”征文活动，征稿对象涵盖浦东新区各署的多所学校，共收到了 98 篇参赛作品。该活动对各参与单位教师来说是一次有益的学习会，充分展示了各校的青年教师的风采和团队精神。教师们在征文中回顾了个人在团队培养下的专业成长之路，特别是集体（包括教研组、学校、校际联合体等）支持、集体精神、集体活动等对教师个人专业发展的引领、督促、辅助作用。

2017 年，举办了“教师专业共同体培育和运行机制研究案例大赛”，旨在通过大赛为各个学校之间提供互相交流和学习的机会，为教师专业共同体培育和运行机制研究项目提供实证依据。要求参赛案例不少于 2500 字，将教师专业共同体培育和运行过程中的真实故事以案例形式加以描述，着重揭示各类教师专业共同体培育过程中遇到的矛盾冲突和疑难困惑，并剖析其中的缘由、影响因素和解决的策略选择。大赛共收到来自 20 所学校的参赛案例 38 篇。在参赛案例中，教师们结合自己的亲身经历阐述了教师专业共同体的实践探索和培育运行机制，包括任务驱动、骨干引领、协作共享、问题导向等，对教师个人成长和共同体的发展均具有重大促进作用。

进才中学北校还加入了上海市范围内跨区县的联合体，包括格致初中、市西初中、市二初中等。成员学校定期交流，互通有无。该层面的联合体是相对松散的，因为各个学校在不同方面面临的情况不同，各自均为独立运转的个体，无法在很具体的层面实施统一管理或统一行动。为了达到共同的目标，大家共同约定了一个组织架构。任一个单位举办重要的教学活动时，其他单位均被邀请参加，共同切磋交流、总结反思，以逐步促进教师的专业成长。

总而言之，通过各种联合体及超联合体的教师共同体活动，逐步树立了学校教师追求专业发展的氛围，充分发挥了进才中学北校教师专业共同体在区域教师发展中的引领作用，有望逐步强化进才中学北校教师对于全校教师专业共同体的身份认同、归属感和自豪感。

第三章

学校实践

赫夫曼和希普[1]在论述专业共同体的发展性时，提出了共同体的三阶段，即动议、实施和制度化，并指出共同体的多重特征在其不同发展阶段呈现不同的样态和焦点。“动议”与“实施”阶段，是指通过建立各种教师发展组织、设计各类教师发展活动（即“动议”）并持续地将其落实（即“实施”），最终形成一系列常态化的教师合作发展途径，使其成为学校文化和制度的一部分，走向“制度化”，也成为教师生活的日常，达到“常态化”。而上述过程的实现，须遵循一系列先进、科学、适切的原则。这些原则，即本文所说的“机制”。本章将结合进才中学北校教师专业共同体组织建设和活动开展方面的动议和实施过程，分析建构初中教师专业共同体的核心要素并论述如何建立有效共同体的各项机制，促使教师专业共同体建设思想的落实和价值实现。

第一节 建构核心要素

如前所述，个案学校经过多年的探索，已经建立起比较成熟的教师专业共同体，建设成效显著。那么这些有形实践中归根到底生发了哪些无形的要素，使得一个由全体教员组成的学校团体具有了教师专业共同

[1] Huffman J B，Hipp K K. Professional Learning Communities: Initiation to Implementation[J]. Case Studies，2003，245（02）：389-303.

体的本质内核？基于这个话题，国内学者已经进行了诸多讨论，尽管存在诸多不足但为本文的探究奠定了基础。本节将结合已有研究和本文的调查数据，通过理性思辨提炼初中教师专业共同体的核心要素，为教师专业共同体建设思想的落实奠定基础。

在多年的初中教师专业共同体实践中，教师们对专业共同体有了直接的体验，乃至深刻的理解，于是笔者通过问卷调查和访谈邀请其就共同体的核心要素发表见解。例如在506人的调查中，请教师们就心目中理想的教师专业发展共同体至少应具备的要素做出选择，所得数据结果如下：教育教学资源共享的合作、开放的环境（70.75%）；共同体成员间对教育有共同的价值观和发展观（57.71%）；领导在制度和物质上的支持（53.36%）；有专业精湛、关心共同体发展的灵魂人物和一些核心成员（47.63%）；地域上较为接近，有时间和空间进行活动交流（32.21%）。

结合前人的已有研究，依据研究者长期主导和参与的初中教师专业共同体建设实践以及调查中的教师反馈，笔者认为一个成熟的教师专业共同体应至少具有以下要素特征：

一、共同价值观和愿景

共同价值观和愿景是教师专业共同体的情感基础，也是共同体能够有效生成的前提条件。建设教师专业共同体，旨在通过密切的团队合作，实现教师在团队中的共同发展。教师们需要对共同体的目标、机制、意义、实践方式等诸多方面形成共识，才能够切实在共同体中获益并得以持续发展。

调查显示，有将近半数的教师45.85%（232/506）认为，进才中学北校教师专业共同体中已经形成共同发展、自主学习的氛围和共同愿景。在该专业共同体建设过程中，绝大多数活动采取自愿参与的做法，不以行政手段强制推行。尽管如此，教师们的参与度和参与热情都很高。调查显示，促使教师克服各种现实困难积极参与专业发展共同体的因素，按照选择比例由高到低依次是：提升专业素养，逐渐实现自己的专业发展目标（68.38%）、学校的日常行规工作，是自然而然的参与（45.65%）、将参与共同体的收获运用于教学，有助于学生发展（46.44%）、是一个展示自我的教育教学水平的良好平台（38.93%）、为了更好地融入团队，不被边缘化（24.11%）。可见教师们的参与多是出于提升自我、服务学校和学生发展的需要，也将共同体视为一个自我展示的平台。

在访谈中，教师们表示：

“教师们有着共同的美好愿望，那就是在相互扶持中共同成长，既可获得个人成长的成就感，更将受益于学生和学校。若没有这样共同的认识，就找不到共同体存在的意义了。”

“一个共同体的成员越是具有共同的价值观和奋斗目标，这个共同体就越紧密，没有共同目标愿景，大家可能各有各的小私心，久而久之就各玩各的，成了一盘散沙了。”

二、共同体引领者

在任何领域、任何类型的组织中，领导者、引领者都是不可或缺的。引领者在教师专业共同体中的地位不言而喻。在506人的调查中，有47.63%的教师认为，教师专业共同体离不开专业精湛、关心共同体发展的灵魂人物。两位教师在面对面访谈中表示：

“一个真正的教师专业共同体肯定是有一些必不可少的要素的，比如明确的组织架构、核心的成员和领袖、稳定流畅的合作交流机制等等。”

“对一个专业共同体来说，最核心的要素之一就是精神和实践引领者，这两者既可以是分开的，也可以是合一的，根据我的个人体验能够在教育实践中经验丰富、做到领头羊的位置，自然也会成为团队的精神领袖。没有精神领袖的共同体就如同群龙无首，一定是名存实亡的。”

书面访谈显示，共同体中的名师、骨干、优秀教师等确实为普通教师树立了行业标杆和示范，并在共同体活动中发挥了很好的精神和实践引领作用。教师们在有关的共同体活动中领略了名师风采，开阔了视野，得到了有力的精神引领和切实的个性化指导，获益匪浅。

“观摩特级教师的课堂和备课过程，收获很大！”

“每次培训都是和一群‘牛人’见面，所以不管是微课，还是竞赛讲座，以及现在的实战课，每次都让我多角度地感受教学思维的碰撞，真正地拓展了视野！”

“领略了名师的风采，学到了很多有特色的教学方法和措施。”

“我感觉一个专业发展共同体中导师的作用特别大。升格导师给予我们外出听课的机会，指导我们上课、给我们评课，指导读书，令我获益很大。”

三、专业实践中的互助合作

如果说“共同愿景和目标”促使大家走到一起，是行动的前提，“引领者”给大家指明了行动方向，树立了行动标杆，那么“专业实践中的互助合作”则是行动本身，是教师专业共同体最本质、最核心的要素。专业共同体作为教师发展的新范式，促使教师个人发展转向团队交互中的共同发展，那么没有交互便无所谓共同体。这种交互并非一般人际意义上的，而是和教师专业发展密切相关的；并非零星、偶尔的交互，而是密切、频繁的交互；不是浮于表面的形式主义的交互，而是紧扣教师教育、教学、科研等专业实践的交互。

同侪互助使教师们切实感受到共同体作为“脚手架”的力量，与孤军奋战求发展相比，教师们在同伴的精神陪伴和切实帮助下更加游刃有余，例如：“教师中有着共同目标与追求的伙伴在一起，对个人的专业发展有直接的帮助”“参与中感受到群策群力，集体的智慧毕竟比个人的要强多了”“能听一些老师的课，感受不同的教学风格，吸取各家长处”“了解了更多的教学方法，学到其他教师的专业精神，得到更多的教学资源”。

教师们在专业知识、教学水平、教育视野、教学管理、科研能力、理论素养等方面获得了全方位的提升，如：“比如区级骨干培训，每学期都有专家的讲座、同伴的教学研讨课，并出版教师论文集。使我在理论水平、教学研讨、教学反思等各个方面都有提升”“参加过华师大骨干教师培训，专业知识得到了更新，拓展了自己的视野，并从其他老师的交流中获得了很多心得体会”“收获较大的是在共同体中交流所遇到的实际问题及解决的具体方法、方案。可学习、可操作的教育教学及管理的优秀案例。当今较先进的教育教学、管理的理念、方法、途径”“参加过新区教科研论文培训，提高了论文写作的能力”。

四、交流分享的时空和平台

若要对共同体要素间进行一个区分，那么有些要素是无形的、不可见的，比如共同价值观、共同愿景，教师在其中的归属感和身份认同。有些从某种意义上讲是有形的，实实在在的，比如共同体中成员间的互助和交流。这种互助交流有赖于具体的时空和平台。没有哪一个共同体可以脱离交流分享的具体时空和平台而得以在虚拟时空中运转。反过来说，交流分享的渠道越通畅、时空越充分，实践中的互助和交流就越密切，专业共同体便越有效。

调查显示，当教师在个人专业发展方面遇到大的困惑或困难时，绝大多数教师会选择“与要好的同事交流”（71.74%）或者“自己通过书籍、网络等途径寻找解决办法”（68.58%），部分老师会“求助于学校领导”（23.52%）或“与家人、朋友沟通”（19.57%）。可见，同事间的交流对于教师发展尤为重要，建设教师专业发展共同体，对教师交互创设更好的组织环境和氛围意义重大。

在本文的个案中，共同体为组织频繁地公开交流、分享、展示、比赛等活动，为教师们搭建了各种交流分享的平台，借此增进同事间的了解和友谊，树立见贤思齐文化。一方面，开辟现实中的展示空间，创造各种机会让进才中学北校教师们展现自己的课堂风采，例如：向法国、新加坡等国际访客及国内兄弟省市的同行展示进才中学北校课堂、开展以“精彩进北，和谐课堂”为主题的社区开放日活动、备课组参加浦东新区集体展示课、进才中学北校骨干教师的校内示范课、精品课以及青年教师的评优课等。定期组织教师教学比赛，如：五四青年讲课比赛、数字故事等。另一方面，开辟课堂之外的第二展示空间，例如读书演讲、教育征文、学术节、“一师一优课”晒课活动、论文案例网上评比活动、感动进北十大人物评选活动等。值得一提的还有学校的网络平台分享交流机制：实施基于校园网络平台的研修。要求每个备课组建立自己的博客，有条件的每人建立一个博客，在此基础上形成学校的博客群，教师将自己的教案、课件、改进计划、公开课等资料上传到博客上进行共享，教师相互之间在博客上发表自己的看法和建议，同时学校的大型主题教研活动，在集中研讨之外，后续研讨可以在博客网上进行。此外，还采取多种手段对教师们所取得的成绩予以公开肯定和表彰，并通过学校学报、校庆专辑本等将科研成果进行固化宣传，教师们可以随时翻阅，既是对优秀教师的一种激励，也是其他老师学习切磋的平台。

五、身份认同和归属感

一个教师专业共同体发展成熟的最终标志就是，每一位教师们在这个群里都感到有归属感，充分认可自己作为“共同体成员”的身份。身份认同和归属感对于一个共同体的核心作用也是不言而喻的。就如同，一位教师在家中会认同自己作为一名丈夫 / 妻子或者父亲的身份，在学校里会认同自己作为一名教师、班主任、学科带头人的身份。当你在一个身份上履职越充分，它占据你的时间、精力和心情越多，这一个身份在你的身份认同中占据的位置就越重。所以每一个人的身份都是有若干个主要身份和次要身份构成的。如若在一个有了名义上的、组织架构意义上的专业共同体中，多数成员教师们都游离在其外，没能很好地参与其中进行一些实际的学习和分享活动，没有与其他成员发生多少交互，自然就感觉不到这个共同体的存在。反言之，当多数成员能够认可自己作为共同体成员的身份，那么他们一定是参与其中，密切交互，在共同体中做出了努力并有所收获的，这才可以说这个专业共同体是切实存在且有效的。

一个有效的共同体中，良好的团队合作氛围、频繁的共享交流、密切的同侪互助在激发教师追求发展的动力、为其提供支持和帮助的同时，也在不断强化教师们的身份认同，增强其集体归属感。

第二节　建立培育机制

如前所述，尽管部分教师们作为独立个体有一定的专业发展愿望，教师之间也会在长期共事中自发形成一些零散的、隐性的、小范围的实践共同体，但这些自发的个体行为不具有普遍性和持续性：一方面，一大部分教师因种种内外在的原因自我激励不足；另一方面，因为缺乏制度规约与激励以及专家引领，教师们的自我发展缺少长期的驱动和支持，或“三分钟热度”，或“心有余而力不足”。

要培育具有长效机制的教师专业发展共同体，不能像商业社会中的实践共同体那样，主要依赖其自发性。这是因为，商业与教育遵循不同的发展规律。在商业领域自发形成的实践共同体中，成员间相互协作、互通有无，共同解决以复杂的商业问题，不断解决各种问题、取得优异的工作业绩就代表着更为丰厚的个人报酬或更好的发展机会，这成为维系共同体的长期原动力。而在教育领域，因为考核机制的不同，教师们在知识、技能、风格、涵养等方面的进步不一定能立竿见影地带来经济效益，如此，若不有意培育，教师专业共同体恐怕难以维系。而且，共同体的培育是一个系统工程，需要多方机制共同发挥作用。

一、目标导向机制

目标的本义为“想要达到的境地或标准”。目标，是行动指南；没有目标的行动是盲目的。目标又是多层次的，有长期、中期和短期目标，直接目标、间接目标和最终目标，总体目标和局部目标，集体目标和个人目标，有形的可测量的目标和无形的难以测量的目标等等。建立一个全校教师的专业共同体，是一个长期的系统工程，需要有明确的多层次的目标导向，而且这一目标体系不是单纯地付诸文字概念即可，而是要通过反复的灌输、实践和具体化成为深入人心的、教师们深信经过努力可及的有引领作用的目标。

共同体建设的最终目标是全体成员拥有共同愿景和价值观，拥有持续的内在动力和充分的外界支持，从而能够团结一致、互助合作、共同追求专业发展。这一目标的实现，首先有赖于领导者的目标意识和途径设计，有赖于在共同体培育、运行、评价和保障各方面的有效机制的打造。打造有效机制作为一种间接目标（也可视作实现共同体建设最终目标的手段），又可以分解为多个局部的目标，如全面激发教师追求专业发展的意愿或动力、打造和谐共进的教师团队文化、实现公平公正的教师个人和团队绩效评价、提供充分的政策和资源支持、建立有效的制度保障等。作为共同体的领导者，首先要有全局的思考，行成一个完整的目标体系，并针对每一方面的目标思考实现途径，和共同体成员在长期的实践中检验预设方案、调整步调、完善措施，逐步实现局部和整体目标。进才中学北校教师专业共同体的领导团队以课题研究与实践相结合的方式推进整体目标的细化分解，并就局部目标的实现途径展开科学研究、专家指导、论坛研讨、实践反思、教师征文等多方面的努力，力求目标具体、可行、相关、可及。

除共同体领导者视角的总体目标和分解之外，还应从细分共同体的视角理解和应用目标导向机制。激励机制、评价机制、经费保障等等是学校作为一个大的专业共同体层面的考虑，在这个层面之下，还会有许许多多细分的共同体，如不同学科的备课组和教研组、从入格到品格不同级别的教师培养共同体等。在这些细分共同体中强调学校整体共同体的目标愿景固然重要，但还远远不够。对于具体成员来说，如果局部共同体的愿景和目标还不明确，他们很难想象自身在更大范围、更高层次的目标图景中的位置或角色。愿景是行动的指南，只有建立在最近发展区内、愿景的终点被分解成一系列彼此相关的子目标，并且具有一定前瞻性的目标才能促进教师专业发展。因此，应在深刻分析现状的基础上，为不同类型的共同体制定具有一定挑战性的、经过努力可以达到的发展目标。

以某个教研组为例，其成员无法站在校长的视角思考全校教师共同体的建设目标为何，因此总体目标对他们的引领作用可能不明显，但若确立明确的优秀教研组评价标准，他们便可相应确立教研组发展的目标愿景，并为之努力。

以进才中学北校为例，其优秀教研组评比细则涵盖了“教学常规”“教学活动”“教学成果”三方面的具体表现，分别占30、40、30分。其中，“教学常规”下设计划总结、集体备课、资源共享、教学检查、团结协作 5 个二级指标，“教学活动”下设公开教学、教学设计、课题研究、校本课程、教研活动、业务培训 6 个二级指标，“教学成果”下设教学质量、学科竞赛、论文指导、教师素质 4 个二级指标。对每个二级指标又通过细则说明和量化指标加以具体化，并赋以相应分值，例如：关于集体备课，规定“每学期集体备课不少于 15 次”，根据完成情况获 10、7 或 4 三个分数档；关于公开教学，规定“每学期每位教师开设至少 1 节研究课，备课组向教研组开设至少 12 节公开课，教研组向学校开设至少 23 节公开课。每学期每位教师观课不低于 10 节，组长不低于 15 节，且须有完整的观课记录和分析评价意见。备课组、教研组要开展评课活动，并有详细的评课记录”，分数档设置同集体备课；关于教学检查，要求

“组长对全组教师的备课、上课、作业布置与批改、听课评课等常规工作每月检查一次，须有具体记录和评价，发现问题及时整改，及时向课程教学处汇报检查结果”，跟进实际执行情况获得 5、3、1 三个分数档；关于“论文撰写”，要求教研组能积极组织教师撰写教育教学论文，教师在国家、省、市、区等级别刊物上正式发表论文一人次分别记 10、7、5、3 分，对不同级别、不同等第的论文获奖也规定了具体分值。除了前述三大维度、15 个二级评价指标下的细则目标之外，还列举了 6 项“一票否决”的情况，分别是：（1）组内有严重不团结现象，影响学校的正常教学秩序；（2）组内有严重不遵守学校制度的现象，影响学校的正常教学秩序；（3）组内有拒不接受学校布置任务的现象；（4）组内发生严重的安全事故或严重影响学校声誉的事件；（5）组内有教师在期末监考、阅卷工作中发生舞弊行为；（6）组内出现严重教学事故。

所有这些具体的目标表述，将“优秀”这一概念具体化，使每一位教师对教研组的发展目标和自身在其中的角色任务都有了具体清晰的认识，这种明确的目标导向，对教师产生了积极的引导作用，成为教师的集体愿景和行动指南。进才中学北校在教师专业共同体建设过程中，将目标的设立、细化、灌输、内化落实到每一个局部共同体工作中，这便是共同体培育中的目标导向机制。

二、动力激发机制

任何专业学习共同体的发展都要经历一个从无到有、从弱到强的过程。在这个过程中，激发成员个人专业成长的需要和建立集体愿景尤为关键，它是推动专业学习共同体形成的基本内驱力。“在缺少愿景的情形下，充其量只会产生‘适应型学习’，只有当人们致力于实现某种他们深深关切的事情时，才会产生‘创造型学习’”[1]。一个领导者也许很容易看到美好愿景，树立明确目标，却很难做到让下属也看到同样的愿景，并促使他们为看似渺茫的愿景“撸起袖子加油干”。有人曾说过，“在大多数组织里，无论你作为领导者有多么优秀，总有人不会听你的。”因此，改变信念，激发动力，是引发行动、改变行为的前提。

在教育实践中经常有两种建立专业共同体的模式：一种是基于强制性制度变迁原理，利用行政力量来直接构建教师专业学习共同体；一种是基于诱致性制度变迁原理，利用教师内发的自然成长力量来自构教师专业学习共同体。前一种形式往往只能构造教师专业学习共同体的“形”，而难以铸就其内在之“神”。要构建形神兼具的专业学习共同体，必须求助于教师共同成长需要聚合的路径。一旦教师个体的成长需要被激发，共同体的促进者要善于引导这些需要走向聚合，尤其是要发现这些需要的交合点和公共点，使那些零散的成长需要围绕这些重合性需要聚合起来，汇聚成一股强大的合作需要与群体学习动力，敦促教师专业成长的共同体的产生。进才中学北校教师专业共同体建设过程中，通过多种策略，有效激发了教师追求个人专业发展、与团队共成长的动力。

一个最主要的策略就是以集体主义荣誉感倒逼个人发展。如前所述，初中教师由于职业稳定、日常工作负荷重、绩效激励不足等诸多原因，普遍存在专业发展动力不足的问题。特别是在整个学校缺失竞争和上进文化时，个体教师的发展动力被严重挫伤，甚至可能出现“枪打出头鸟”的随大流心理。相比西方个人主义的文化倾向，我们中国人更多表现出集体主义的文化倾向，具有较强烈的集体荣誉感，即便对个人荣誉不甚热衷的个体，也对集体荣誉负有责任。责任感往往可以转化为动力和行动。借此，进才中学北校在培育教师专业共同体的过程中，将对教师个人专业发展的期望融合到优秀团队的建设中，通过打造文明班组、优秀备课组、

[1]　彼得·圣吉．第五项修炼：学习型组织的艺术与实务［M］．郭进隆，译．上海：三联书店，1998.

优秀教研组等教师团队的方式，调动全体教师的积极性，使其全部参与进来。通过营造良好的氛围、建设有效的机制，激励教师追求专业发展，实现团队合作与共同成长。

另外一个策略是，通过设置分层明确的校本教师成长阶梯，使教师明确发展路径，产生逐级进阶的动力。理论上讲，任何一个职业都有一定的成长空间，但若无职位由低到高的明确的职业阶梯为参照，这一成长空间便会模糊不清，令人无所适从；若职业阶梯的跨度过大，令人感到每一级跨越都遥不可及，那么“升级”的动力也会被大大削弱。这一点在电子和网络游戏中被利用得很好，游戏商家将游戏起点到终点之间的路径切分为无数小步，每前进一小步便会获得各色奖励，而且每一步都有无数次尝试机会，使得玩家愿意投入无尽的精力体验进阶的快感。

回到中学教师的职业路径，以上海地区为例，2016 年的中小学职称制度改革之前，中学教师职称只有初、中、高三个级别，高级职称相当于高校的副教授，2016 年实施改革，推出中小学正高级教师职称，相当于大学里的教授。吴国平[1]对 15227 位上海中小学教师的调查显示，具有高级职称的教师仅占 7.79%，47.83%的教师为中级职称，44.38%的教师为初级或未评职称。就进才中学北校来说，其中、高级职称教师的占比分别为 57.7%和 18.4%，远远高于上海市平均水平，这也意味着多数老师（94/163）面临着从中级到高级职称的跨越，从已有的比例数据来看，这个难度是相当大的，教师们难免会望而却步。考虑到这种情况，进才中学北校设计了校本教师成长阶梯，帮助教师在全市统一的职称评定职业路径之外另辟蹊径，追求专业发展。例如：学校自 2007 年秋季学期开始实施的教师分层培养实验，包括新教师“入格”、入门教师“升格”、骨干教师“风格”以及特色教师“品格”培养。尽管这一校本分层体系不与教师的职称、待遇等直接挂钩，但因为阶梯明确，升级门槛适中，

[1] 吴国平 . 上海市中小学教师职业状况与政策建议 [EB/OL].（2018-05-31）[2018-06-03]. https://www. sohu.com/a/233642055_387177.

因此有效激发了教师们的追求持续发展的动力。

三、任务驱动机制

共同体培育中的所谓“任务驱动”机制，是指共同体成员总是需要共同完成某个或某些任务，没有具体任务驱动，便无法形成真正的共同体。如果说目标导向是为了给教师以集体愿景，动力激发是给教师以与团队共成长的动力，那么任务驱动则是给教师以具体的任务。

相对而言，对教师愿景的塑造和专业成长需要的激发旨在促进教师专业共同体的内力凝聚，而加载任务则构成共同体发育的外在推动力。内外力各有侧重，不可或缺，同时两者间也并无绝对界限，而是相融相生：一方面，在外力的刺激或助推下，共同体成员更容易团结起来，为完成共同的任务展开合作探索，逐渐增强内力的聚合，形成强大的内部合力；另一方面，外力本身亦可通过内导、渗透、内化等方式转化为内力，成为共同体发展的直接推动力。随着任务的介入，专业共同体教师之间的共同需要增加，合作需求更旺，群体愿景更易形成，内部差异互动的深度与频率会不断增加。

从另一个角度看，目标导向和动力激发相对抽象，指向教师内心和意识的变化，途径上多有赖于共同体领导者的顶层设计，尽管途径手段可见，但目标引导和动力激发的效果有赖长时间的潜移默化，未必在短时内便有明显可见的成效。与之相对，任务驱动则更加具体，看得见、摸得着，指向教师的具体行动，主要依赖于教师们在执行任务的实践探索中摸索思路方法，形成合力，直至能够顺利完成任务，并总结出一系列经验、方法和成果，为日后重复执行同类任务所用。在长期反复执行某一类的任务过程中，便形成由该任务驱动的教师专业共同体。尽管最终形成成熟的专业共同体也有赖于较长时间的探索磨合，但在每一次执行任务的过程中都可以产生切实可见的成果。教师在切实的成果中可以获得成就感，认可集体的力量，加深对共同体的身份认同。以下以两个案例阐明任务驱动机制在共同体建设中的作用。

一个案例是见习教师委培任务驱动下的进才中学北校师资培训共同体。进才中学北校作为浦东新区见习教师规范化培训基地，承担了新区见习教师委培的任务。为完成该任务，学校依托自身原有的“青蓝一对一”师徒结对工程项目，将本校新教师的入格培训与基地培训任务相结合，形成了多方主体参与的、多模块的系统培训计划。在多年的见习教师委培实践中，逐渐发展出一个成熟的师资培训共同体。一方面，参与见习教师委培的各个教研组非常重视这一任务，将其视作提高自身专业发展水准、发挥新区优秀教研组的指导能力的契机。尽管每位新教师都有各自的带教老师，各教研组长仍亲力亲为地参与培训工作的统筹和方案设计中，与带教老师们共同商议、策划了内容丰富的培训内容，如教学大纲导读、三维目标解析、教学设计辅导、观课评课要略、专业成长诊断等等，并分工落实到各个带教老师领衔完成。这样既实现了教研组内部的培训资源共享，同时又使新教师们感受到了不同的教育教学风格，实现了培训效果的最优化。除了这些常规操作外，培训师资团队还不断规范和系统化培训内容，围绕教学设计、教学实践、观课评课、班主任工作等方面打造了系列讲座和通识课程，如《自觉把个人的成长设计融入学校的办学实践》《怎样撰写案例》《如何对学生进行心理辅导》《如何制定个人专业发展三年规划》《年轻教师的成长过程》等，使见习教师能够完整地了解教师的教育教学工作流程，学到与之工作密切相关的优秀实践经验。进才中学北校师资培训共同体在多年的实践、反思中开设出一系列既适合见习教师发展需要、又具有进才中学北校特色的培训课程，受到见习教师欢迎和认可。在见习教师委培任务的驱动下，带教教师实现了教学相长，实现了自身的专业成长，并形成了同事间密切合作的专业共同体。项目负责人在《2017 学年见习教师基地学校自评报告》中称，“每周一天的学科或德育带教工作，对于带教老师来讲既是一项带教任务，也是一种自我激励，可促使其在专业引领方面发挥更大作用，同时也是互相学习的过程。”

另外一个案例是教育研究项目任务驱动的项目共同体。该案例来自

2017年6月由浦东教育发展研究院等三家单位联合主办的“教师专业共同体培育和运行案例大赛”一等奖作品。来自华师大附属东昌中学的孙老师以其参与区教育内涵项目“高中语文质量目标研究”的经历为例，论述了任务驱动的共同体生成过程。孙老师所在的项目组要完成的任务是，如何在新的语文课程标准与语文教师的教学实践之间架设一座桥梁。项目组拟以高中语文课程标准为指南，以上海市、人教社、江苏教育出版社高中语文教材等为蓝本，借鉴欧美发达国家的语文课程标准、语文教材，结合当下高中语文教学实践需求和经验，建立高中语文质量目标手册。为了完成项目研究，团队成员在项目领衔专家的带领下反复研讨、分工协作、互相观课和提建议、分享推荐研究资料和书目、共同观摩别人开设的研究课、合作编书和写作等。在“做中学”“学中做”的过程中，还进行各种形式的成果展示交流，如推荐优秀成果发表，将各成员的成果结集成册用以阅读交流等。在这个过程中，共同体成员研究和实践的劲头会更足，影响力和辐射力也会更大。在两年的内涵项目开展过程中，该项目共同体成绩突出：其中3人参加了上海市名师基地学习，3人被评为区学科带头人，共同出版了书籍《高中语文质量目标手册》，共同在《语文教学通讯》上连续发表文章。几年后，这个项目组中的2人被评为特级教师，2人参评特级教师。虽然时隔多年，但孙老师仍对这段“因着共同的追求、共同的热情，在专业发展共同体中成长”的日子记忆犹新，并在征文中分享了唐江澎老师《说说我的专业交往圈子》一文中提到的“课程专家圈子”“命题专家圈子”“教材专家圈子”“语文教学圈子”实则不同任务驱动的教师共同体。共同体的建构需要共同愿景，需要教师个人的内在动力，更离不开共同任务的驱动。

四、专家引领机制

专家引领在共同体培育中的重要作用，从上述任务驱动机制的两个案例中都可见一斑。专家引领机制强调共同体中领军人物的引领，即不同方面的优秀个体对共同体其他成员的引导和影响，其目标在于建立共同体的内部领导力。要建设有效的教师专业共同体，就要树立不同领域、不同风格、不同专长的专业引领者，以持续的热情和领导力全面介入共同体的培育过程。教师个人的专业发展离不开专家的引领，因此，教师专业共同体应该打造稳定的专家引进和保有机制，以确保可向教师提供持续的专业发展支持。进才中学北校的专业支持机制主要由校内和校外专家两个部分构成。

其中，校内专家主要提供学科专业发展、育德育人能力发展方面的专业支持，支持机制通过青蓝结对、升格教师培养等具体活动项目实现。为确保校内专家为普通教师提供切实有效的专业支持，而非“在其位不谋其政”，学校在统一的教职工业务考核量规的基础上，针对学校的特色教师、区骨干教师、区学科带头人等校内专家级教师还制定了专门的年度考核量化标准，对其专业支持任务做出了明确规定。例如：须进行公开教学展示（校特色教师展示课，主题班队会展示，兄弟学校及外省市的参观学习展示课，署、区、市的教学展示或比赛等）；每年在备课组、教研组、年级组、见习教师培训、全体班主任、全校或其他层面进行至少一次培训讲座、主题发言或校本研修活动；带教本校的青年教师或担任“见习教师规范化培训”的带教任务，或带教外省市结对交流学校的教师、实习生、支教培训教师等。聘期内两年考核等第均为优良的，且愿意继续履行职责的低职高聘、特色教师、学科带头人或骨干教师，可以续聘。聘期内一年考核等第为优良、一年考核等第为合格或两年考核等第均合格的，需重新参加下一轮的评审。年度考核不合格者，直接退出，不再续聘，并取消下一轮评审申报资格。明确校内专家的专业引领任务，将促使他们主动发挥其引领者的角色。

此外，也从普通青年教师的专业发展活动出发，通过理顺活动流程来促生专家引领。以课堂教学改进计划为例，教师在制定改进计划时会得到来自校领导、中层干部、教研组长、特色教师、特约研究员等多方引领，与之一起确定课堂需要改进的点，并在教师备课—集体研课—专家观课议课的过程中实施全程指导。

校外专业支持主要通过聘请指导专家与顾问的方式实现。为确保充分的校外专家支持，学校制定了专门的有关聘请校外专家的条例、聘请校外专家管理办法以及校外专家专业支持运行办法。这些条例办法明确规定了外聘专家的基本条件（包括政治作风、学术造诣、专业技术职称、是否长期从事教学实践基地等），聘请流程（填写申请、经费预算、专家接待、经费报销等），经费资助标准等。除聘请部分专家作为兼职教授，进行长期、定期的教育教学和课题研究指导外，还根据不同类型的教师发展需要，不定期聘请校外专家进行理论和实践指导。例如，对于入校工作年限相近的青年教师，按照学科分组，定期聘请市、区教研员或特级教师为其担任导师，进行理论学习、课堂教学提升及教科研指导。每学期在导师的指导下安排一次校级、署级或区级的教学展示课，在导师的带领下参加课题研究。特别是对事业心强、有培养潜力的青年教师进行重点培养，让他们走出区外、市外参加教学展示观摩、研讨培训等，为之创设充分、有效的外部专家支持和引领。

第三节　建立运行机制

一、持续改进机制

初中教师专业共同体建设并非一簇而就，其形成本身就是一个持续发展和改进的过程。从大的方面来讲，从最初的共同体萌芽阶段，教师们在一系列零星的、专题化的教师专业发展活动中逐步获得追求个人专业发展的意识和动力；在共同体的培育阶段，每一个学校内部的教师团队都是从表层的组织架构开始，通过加载具体的任务作为驱动，各成员在团队领袖的带领下进行密切合作，在共同完成团队任务的过程中增进同事关系、生成组织文化，直至对在共同体中感到有归属感，产生共同体身份认同。最后的发展阶段，是因应对外部教育环境的变化而采取的新举措。正是持续改进的理念促成了教师专业共同体的日益成熟和完善。

此外，就学校内部的各个共同体而言，每个细分共同体的发展乃至某一个共同体的常规活动都不是停止在某一个时间点上宣称是完成时，即便是同一活动的重复实施也都不是一成不变的原样重复，而是每一轮都在总结前一轮得失的基础上进行方案调整和再次实施。

以课堂教学的改进为例，学校最初的做法是抓好教研组、备课组的建设，督促其各司其职，自主建立组内教科研制度，引导教师做好教学设计、教案准备、课后反思等常规工作。每个教研组、备课组都制定了自己的工作方案，如定期集体备课，规定每位教师每学期至少观摩多少堂课，并提交观课记录等。这些举措多是“政策性”的，规定教师要做的事，未告诉他们该如何做。

随着教师自我摸索式的实践积累，学校组织各教研组、课题组进行交流，逐步形成了一些共性的经验，于是将课堂改进的做法逐渐细化、规范化，形成了较为完善的模式。拿课堂观摩来说，不再是老师们随意听、随意记，而是有组织、有计划、有规范动作地去听。除了教师个人按计划或个人需要进行的课堂观察外，更多是团队合作，集体观课议课。具体流程为：课前团队协商中确定观察主题，制作观察量表，课中根据观察量表进行有针对性的课堂观察，详细记录和观察点密切相关的课堂行为，课后执教者进行自我反思，课堂观察者进行探讨分析，大家进行集体交流形成共识，并决定后续跟进方案。这种团队合作式的观课议课活动，改变了传统的教师单兵作战式的听评课方式，能够更加高效地促使教师改进课堂教学。

在规范常规观课流程的基础上，持续探索灵活多样的课堂改进方案。例如，如何有效实施集体备课？如何在集体备课的基础上充分发挥教师们的个性，使他们上出自己的特色，而不是受制于集体教案，千篇一律？这需要备课组就同课异构进行持续探索。在长期的实践中，共同体教师形成了较为成熟的经验：首先，由教师个人研读教材单元内容，细读文本，整理材料，设计教学，完成各自的初次备课；然后在备课组中，由一位老师主讲，大家集体交流，互通有无，去粗取精，完成二次备课并形成文本；之后由教师们根据集体备课形成的教案进行课堂教学，并组织教师进行听课评议，根据听评课意见进行反思、修改或重建，在此过程中探索突显个性，优化课堂呈现。

在持续进行课堂教学改进的同时，学校教师专业共同体还引导教师进行课堂教学研究。以新课程的实施为背景，以区级课题“课题教学改进计划”为抓手，以如何改进自己的教学为研究内容，积极开展教研组活动以及各级各类公开课，在公开课中引导教师重点关注课堂“改进点”和“研究点”。所有教研活动（包括公开课、随堂课等）都围绕课题的研究进行，根据课题研究要求，确定研究点；根据教师自身的评价中存在的问题和改进的方向提出本节课的改进点，并在后续的评课和研讨中也要突出这两个点的落实情况，让教师在反思、研讨的过程中转变教育观念，更新教学行为，改进课堂教学，提升教师的教学水平，提高教学质量和学生的学习实效。

可见，持续改进机制既是顺应事物发展的基本规律，又是一种不断追求卓越的自主选择；既体现在共同体引领者的领导思维中，也落实在全体教师在各种具体团队的教学和研究实践中。没有持续改进，便没有发展，更不必提有赖于众多教师团结一致的专业共同体的存续和发展。

二、政策激励机制

如前所述，单位激励制度不健全是当前建设初中教师专业共同体面临的一大问题。有效的政策激励是维持教师共同体持续发展的重要机制。进才中学北校教师专业共同体激励政策的主要导向是：一方面，通过人事制度改革提高教师个体的专业发展紧迫感和积极性；另一方面，通过有力的政策支持，打造和保护团队“领头羊”，以团队发展带动个人发展。

1. 人事制度改革，打破“铁饭碗”和平均主义

长期以来，公立学校教师享有事业编制、“只进不出”的人事制度使得“教师工作是‘铁饭碗’”的观念深入人心。随着国家教育改革的推进，《教师法》明确规定“学校和教育机构应逐步实行教师聘任制度”，以促进人才的合理流动，通过优胜劣汰，提高教师队伍的活力和质量。进才中学北校响应国家号召，实施教师聘用制。根据教职工个人情况和学校工作的需要，对有关人员进行聘用、缓聘、不聘或解聘。通过灵活实施低评高聘和高评低聘，肯定工作能力高的教工，警示和惩戒未能有效完成规定岗位工作的教工。通过缓聘、不聘或解聘，终止不具备教学能力者的职业通道，淘汰庸才，借此提高教师的教学责任感和专业发展紧迫感。

在此基础上，进才中学北校完善绩效工资制度，确保多劳多得，打破平均主义的“大锅饭”。根据学校制度，教师的绩效工资共分为两部分：一是基础性绩效工资，占比 70%，影响该部分工资的因素除地区经济发展水平、物价水平等共性因素外，还有岗位职责等个性因素；另 30% 的绩效工资完全取决于教师的出勤、教育教学工作量、师德、实际贡献、专业发展等个性因素。每学年的第二学期对教师进行绩效考核，依据考核结果（分为“合格”“基本合格”“不合格”三个等第）发放相应的绩效工资。须注意的是，实施公平有效的绩效评估是推行绩效工资的重要前提。为此，学校在广泛征求意见的基础上制定了《进才中学北校绩效考核办法》，并实施多元主体评价的模式。

此外，实施职工奖励政策，激励先进。奖励——不论是物质或精神奖励都是行之有效的激励手段之一。从小朋友的“小红花”、贴纸、奖状，到大学生的荣誉证书、奖学金，再到企业中的月度 / 年度优秀员工（照片上墙荣誉和 / 或奖金），屡试不爽，人人受用。因此，进才中学北校发布了《上海市进才中学北校教职工奖励方案》，其中涵盖了名目繁多的奖励明目，力求保证教师们在各方面的优秀表现和成绩都得到认可与表彰。总的来说，奖励分为集体奖励和个人奖励。集体奖励包括：文明班组、优秀教研组、优秀备课组、学校承接区级以上教育教学研讨或展

示活动、学校获得区级及以上荣誉称号，及其他集体评优活动。个人奖励包括：教学／科研比赛中获区级以上奖项、指导学生参加比赛获区级以上奖项、学生学科考试平均成绩在浦东新区名列前茅、为学校组织重大活动或申报荣誉称号做出突出贡献等。奖励形式多样：一是发放奖金、实物、提工资、改善住房等物质奖励；二是提供参观、疗养、进修等物质精神并重的奖励；三是授予荣誉称号、发放荣誉证书、宣传优秀事迹等精神奖励办法，如“感动进北十大人物”等。

2. 正向增能，激励“领头羊”，发掘团队潜力

政策激励的另一要务是保护好团队的“领头羊”，确保有人愿意“出头”，同时激发普通教师的潜力，促使其向领头羊看齐，从而打造人人积极向上的团队文化和共同体文化。

美国领导力大师马克·墨菲在其《带人不能只靠加薪：挑战你的下属，他们能做的比你想的多》一书[1]中用众多真实案例论述了“正向增强”的力量：领导如何通过正面肯定（而非负面威胁）员工而激励他们继续努力，保持工作热情和对公司的忠诚。借鉴该管理精神，进才中学北校通过公开正式表扬、评聘特殊称号并发放相应工作津贴的政策，对优秀教师的努力和成绩予以肯定，发挥正向增强的力量。为激励已经取得优异成绩的教师继续追求卓越，学校推出了评聘“进才中学北校特色教师”的政策，凡做到师德作风好、学术造诣深、指导能力强、德育素养高、工作实绩突出的教师均有资格提出申请。成绩特别突出者可以直接获得特色教师称号，例如：获评区骨干教师／学科带头人及以上称号者、获省市级及以上优秀教师／劳动模范称号者、获省市级教育教学比赛一等奖及以上者、辅导学生参加学科竞赛获奖多项者等等。在特色教师系列中，增设专门针对班主任的“德育特色教师”评聘，以激励班主任的专业成长。一旦获聘特色教师，在聘期内可享受每月三百元的工作津贴。同时，

[1] Murphy M . Hundred Percenters: Challenge Your Employees to Give It Their All， and They’ll Give You Even More， Second Edition[J]. Amacom， 2013，13（09）：1-13.

将在全校大会等重要的公开场合，由校长亲自为每一位教师颁发聘书，并公开宣读其主要工作成绩。对教师们而言，物质奖励还在其次，“特色教师”称号本身便是一种莫大的荣誉，这代表着他们的工作表现得到了校方的公开认可。通过这些“正向增能”措施，优秀教师们干劲十足，不断追求卓越，学校因此涌现出一大批能够在教学、德育、课题研究等方面独当一面的团队领袖。

“领头羊”培养出来，接下来的问题是如何人尽其才，带好团队。许多管理者此时容易陷入一个误区，就是事事交给优秀员工来做，以致他们不堪重负，普通员工则压力不足，悠然自得。在一次关于员工激励的领导力培训演讲中，马克·墨菲解释了许多员工不愿付出全力的原因。他将员工大致分为三类：优秀员工、中等员工和低等员工。虽然会因具体单位而异，但总体来讲，中等员工占据的比例最高，大约70%左右。马克的调查研究表明，仅有10%的中等员工在工作中付出了百分百的努力，纯粹是因为能力不足而达不到优秀员工的水平；而绝大多数（90%）对个人潜力有所保留，主动选择不做优秀员工。这是因为，每当有紧急重要的工作任务，总会被派到优秀员工头上，因此优秀员工总是累得焦头烂额；中等员工一方面不想陷入这样的境地，一方面也认为自己做不了那些工作，因为领导从来没有表示过信任。马克带领的团队在不同性质的单位中进行了15次实验，结果表明：领导者若主动对中等员工表示，“我觉得你的潜力没有充分发挥出来，你觉得自己只能做到中等，我并不这样认为”，最终中等员工的工作表现会提升30%到100%。激发大批中等业绩表现者，可以减轻百分百员工的负担，形成良性循环，最大化促进团队发展和团队综合业绩表现。

借鉴上述管理精神，进才中学北校推出了一系列的校本政策，激励全体教师持续追求专业发展的热情。例如，通过“分层培养”的政策，明确不同水平和层次的教师在专业发展中的角色和工作侧重点，使所有老师都尽力发挥潜力，避免优秀教师过劳、普通教师过闲的不平衡现象。此外，考虑到教师职称评定中的实际困难，学校经过教代会讨论通过了《低评高聘制度》，对专业技能或职称等级较低，但实践能力足够高的应聘者实行破格聘用，通过切实的政策激发中青年教师成长的动力，促使其在团队中力求上进，不断突破自我，向团队领袖看齐。

3. 文化引领机制

“文化”是一个包罗万象的抽象概念，在不同的语境下有着不同的含义。一个社会的文化可以说包含了社会运转中所表现出的方方面面，如人们广泛接受的观念、生活方式、艺术、风俗，乃至建筑、饮食等。同理，一个组织的文化也体现在其日常运转中的方方面面，既包括组织的使命、价值观、组织制度、组织架构等，也包括组织内全体成员的行为准则、行事方式，乃至组织所在的物理环境、所产出的有形产品等。组织文化是一个组织的生命基因，决定着其成长发展的方向；也是一个组织的灵魂，为组织的成长提供不尽的原动力。就初中教师专业共同体而言，生成有效的共同体文化也是共同体运行机制的重要组成部分。进才中学北校教师专业共同体的文化源于学校整体文化，聚焦教师发展，其文化生成过程即教师们从树立发展意识到实现高效、有序、持续的团队协作的过程。以下从三方面论述共同体文化的生成与引领机制。

（1）激发师道追求，完善师德规范。共同体的主体是教师，共同体文化生成的主体也是教师，其最基本的根基就是教师的为师之道，为师之德。共同体通过内引外导的方式，一方面从教师的内心出发激发其对师道的追求，另一方面，以外在的行为激励和抑制为着眼点，完善师德规范，提升师德水平。两者合一，打造敬业奉献、师德高尚的共同体教师文化。

经验和研究表明，内在动机是人们行事最持久而有效的动机。崇高的理想信念能够产生巨大的能动性，使人们积极主动地应对生活和工作。“一个优秀的教师，必须具有远大的力量，不断地给自己提出追求的目标，同时又要有激情。人要会做梦，优秀的教师要永远伴随着自己的梦想”[1]。因此要打造有效的教师专业共同体文化，首先要树立教师发自内心的社

[1] 朱永新 . 我的教育理想 [M]. 北京：中国人民大学，2011.

会理想和师道追求。

进才中学北校以“树人达己”为师风，“树人”就是把学生培养成人，“达己”就是成就自我，实现自己的人生价值。“树人达己”旨在激发教师在成就他人中实现自我的职业情怀和理想，在教育中获得幸福感，以教书育人为乐。教师工作平凡而琐碎，需要教师付出大量的时间、精力和爱心，工作任务重而物质回报少，非具有高度的职业热情、理想和奉献精神而不得坚持。事实上，真正优秀的教师多是理想主义者，失去了教育理想，教师也就失去了职业幸福感。对于心中有梦的教师而言，教育是享受，而不是牺牲，是创造而不是重复，是生活本身而非谋生手段。教师最大的快乐便是看到自己的学生成功、成长。教师职业的特殊性之一便是能够不断见证和感受学生们的成长，并从中体会到快乐、满足和成就感。进才中学北校教师共同体有意识地引导教师去体会这种发自内心的成就感，并通过优秀班主任、优秀党员、三八红旗手、感动进北教师、说说我的教育故事等各种评优和交流活动，予以公开表彰、奖励和宣传，增强教师个人的职业成就感，并感染他人，形成良性循环，逐渐形成比育人成效、比付出、比奉献而非比物质成就和享受的良好师风。“莫笑校园财路窄，书山漫步乐悠然”，进才中学北校教师专业共同体文化使得教师们总是以学生的成长作为自己最重要的快乐源泉，坚信做好平凡事亦可成就伟大的人生。

除了育人为乐的师道追求外，共同体还致力培养教师的家国情怀和社会责任感。育人的根本目标是要培养优秀的社会公民，相较未来可转化为职业技能的专业知识，同等重要的还有社会责任感。要培养有社会担当的学生，教师们首先要胸怀远大理想，关注人类命运，关注社会，具有强烈的社会责任感。为此进才中学北校教师专业共同体通过实践活动、师德教育、师德规范、评优宣传等措施，多管齐下，不断增强全体教师的社会责任感，为学生树立榜样。例如学校 M 老师多年坚持利用自己的专业知识服务社区，利用暑期为社区居民和儿童义务授课，举办“我爱我家——洋泾历史溯源”“妙联趣联”“可爱的汉字”“感恩时刻”等知识讲座，为社会改善尽一己之力。该位老师被社区评为“十佳道德示范标兵”，并受邀在教师共同体中分享自己服务社区的经历和感受。这样的举措不但给 M 老师以正面强化和激励，而且会触动其他老师向榜样看齐。

在充分信任教师师道追求自主性的基础上，进才中学北校教师共同体还十分注重师德教育和师德规范工作。一方面，组织教师加强理论学习，创造良好的师德教育氛围。每学年之初，学校都进行师德师风教育的全面动员，统一思想，明确责任，落实具体举措。采取走出去、请进来相结合的学习方式，举办主题多样的师德讲座，组织教师学习科学发展观重要思想、党的最新精神以及和教师职业密切相关的法律法规，如《教育法》《教师法》《教师职业道德规范》等；另一方面，以规范的方式体现和强化教师内在的价值追求，通过制定和完善《上海市进才中学北校社会责任感评价量规》《进才中学北校教职工文明礼仪 20 条》为教师的日常行为提供参照和规范。认真贯彻落实《中小学教师职业道德规范》，在每年进行的学年度和年度两次考核中，职业道德规范情况都列入首要指标，出现责任事故或有失师德的行为，则实行一票否决，即考核“不合格”。

（2）加强人文关怀，丰富文体生活。除了呼吁激发、规范约束外，共同体教师文化生成机制的另一要素是关怀、服务和丰富教师生活。

首先，共同体领导者要真正认可教师在学校的主体地位，认识到学校是教师的家园，教师是学校的主人，而不是工人，不是纯粹的管理对象。要转变观念，从管理思维转向服务思维，力求体察教师的苦衷，满足教师的合理需要，做好教师服务工作；要意识到人文关怀的重要性，做好人文关怀，通过切实的行动提高教师的幸福感。为此，进才中学北校不断完善教师工会组织，提升工会组织的履职能力，逐步推进学校民主管理、教职工文化建设、职工保障体系建设等，努力发挥工会组织的桥梁纽带作用，使其成为教职工真正信赖的娘家人。建立职工丧事必访、职工住院必访、教职工有重大困难必访、突发事件必访、权益受损必访、家庭纠纷必访的“六必访”制度。学校坚持“六必访”制度，热切关心教职工生活，热情为之服务，以提高教师的幸福感，提升共同体的凝聚力。

与此同时，进才中学北校教师共同体不断丰富教师的文体社团生活，通过形式多样的集体文娱活动（如体育节、运动会、音乐节等），帮助教师调节工作与生活，实现工作与生活的平衡，取得更佳的工作状态和精神面貌。学校曾花大力气改善了“教工之家”，为教师营造出一个温馨、雅致的休闲空间。以健康的文体活动充实和丰富教师的业余生活，可同时增进教师间的相互理解和友谊。兴趣爱好相近的教师逐渐结成各样的文体社团，定期自行组织不同的社团活动。为了支持教师社团，学校工会认真制定了社团活动方案，在人力、财力、物力上给予大力支持，确保社团活动的常态顺利开展。目前，共同体内部的教师社团活动有声乐、舞蹈、摄影、书画、形体礼仪、瑜伽、健美操、太极拳、羽毛球、乒乓球等。教师们自娱自乐，其乐融融，还代表学校参加上海市及浦东新区各类教工社团比赛，并屡创佳绩。

除上述常见的文体活动外，特别值得一提的是旨在提高教师人文素养的“书香校园”读书活动。人文素养是人的立身之本，没有人文保驾的专业能力有时候难有用武之地，甚至会带来灾难。这也是为何我国在新中国成立后四十多年的专业化教育出现严重弊端之后开始倡导素质教育，补课人文素养的原因之一。近年来，中国社会阅读文化的萎靡令人担忧。如若教师们自己都不读书，又如何倡导学生广泛阅读，如何能说清阅读之重要并令人信服？为此，共同体采取多种措施培育校园的读书文化。结合教师的专业发展和工作需要，动员和组织教师们阅读教育学、心理学等专业理论书籍或各类人文通识书籍，并要求其撰写提交心得体会，通过线上线下相结合、电脑端与手机端相结合的方式，开展电子、纸质图书阅读分享和小组交流活动。阅读开展的方式多样，例如教研组共读：各教研组每月选出1—2本指定的专业书籍，供组内教师共同阅读。教研组在每个月末组织组内教师进行读后感交流活动；自主阅读：每位教师每学期自选1—2本感兴趣的书籍，自主阅读，自写读书笔记，丰富自身的精神世界。学校每学期期末从中评选出5篇优秀读书笔记，并刊登在校刊上，供全校师生阅读、学习；集体轮读：学校集体购置一些经典书籍，学校全体教师有针对性地开展集体轮读，进行专业研讨；好书互荐：学校鼓励教师将已阅读过的优秀书籍向其他教师进行推介，共同分享，从而为教师合作创设更好的环境氛围，提高教师的专业发展水平。

目前教师共同体教师的读书氛围浓厚，定期举行读书会进行研讨交流。现在，读书活动已成为进才中学北校教师校园生活的有机组成部分。学校党政共联手，明确“悦读”计划，人人读书、年年交流。以 2016 年为例，6 月份学校发展研究处为全校每位教师购买了《今天怎样做教师》《我们这个时代的怕和爱》《自控力》《美国十讲》《翻转课堂的可汗学院：互联时代的教育革命》等 5 本书，供教师们在暑期阅读学习；11 月份，工会组织开展了全校教职工的读书交流活动，老师们在校园网交流了自己的读书心得，取得了良好的反响。教师们积极学习，在学习中解决问题，提升自己，呈现出积极向上的精神面貌。

（3）力推互助文化，提升专业素养。学习文化是教师专业共同体文化的核心要素之一。“教师组织学习的最终目的是成为一个能够不断进行自我充实、自我反馈、自我完善的有机系统，一个能进行集体性系统思考的有智慧的组织。这样的教师组织才有力量对复杂的教育环境和问题做出创造性的、正确的反映”[1]。学习能力强的组织往往拥有一种开放的文化、扁平而柔性的组织结构，鼓励知识自由流动。它拥有知识共享的机制，允许成员进行尝试，从失败中学习，引领着成员向着既定的共同愿景前进。因此，要倡导教师们将学习视为自己的工作本职之一，工作中不能故步自封，而是要怀着学无止境的心态不断提高完善自身的工作能力。进才中学北校教师专业共同体一直以构建“学习型教师组织”为目标，通过教师间的共同学习及合作竞争实现学校育人能力的提升。彼得·圣吉[2]认为，在学习型组织中，学习已经成为生活不可分割的一部分。在其中，一群人以极不寻常的方式在一起工作，他们彼此信任，互

[1]　白磊．学校基层教师组织研究：年级组和教研组的冲突与整合 [D]．北京：首都师范大学，2007.

[2]　彼得·圣吉．第五项修炼：学习型组织的艺术与实务 [M]．郭进隆，译．上海：三联书店，1998.

补长短，为共同的大目标全力以赴，并不断扩展创造未来的能力。每个人得以在工作生活中活出人生的意义，实现共同愿景。“学习型组织是指那些有意识地激励组织学习，使自己的学习能力不断增强的组织；而非学习型组织对组织学习听之任之，从而一步步削弱了其学习能力”[1]。“学习型组织是包含个人、团队、组织等层面的学习，经由创新改变、知识转换，培养组织成员持续的学习力，形成良好的组织学习文化，不但有助于个人知识、信念及行为的改变，也能借此促进团队创造、运用并转化知识，进而强化组织持续创新的能力，以适应不断变化的环境”[2]。因而，构建学习型组织也是进才中学北校面对当下变革大环境，提高学校适应能力的理智选择。

随着社会发展节奏，特别是社会知识和技能更新速度的不断加快，学习能力的发展逐渐取代了静态知识的摄取，成为教育最重要的目标之一。教师不再是知识的权威，其在课堂上的角色也不再是单纯的知识灌输者，而是教学过程的设计者、学生自主学习的向导和支持者，乃至与之共同学习的学习伙伴。学习化社会的现实决定了每一个教师的职业生涯中都会面对着不断发展的问题，教师必须成为终身学习者。一方面，教师面对的是不断更新的问题情境和新知识，以及培养学生具有自主学习能力的新要求。要培养学生持续学习的能力，教师自身首先要树立起终身学习的观念，不断丰富自己的文化知识，不断提升自己的专业能力。另一方面，实际工作对教师的要求已经不同于现实情况下教师拥有的知识和技能，教师本身也被要求是自主学习者，能不断地获取自己所需要的知识和技能。这不仅关系到教师自身的存在及发展，还关系到人才培养的质量和社会发展的步伐。总而言之，教书育人的使命呼唤每一位教师树立终身学习观念，发展终身学习能力。一个优秀的教师专业共同体，应该是一个学习型的共同体。

[1] 黄健 . 造就组织学习力 [M]. 上海：三联书店，2003.

[2] 张兆芹，罗玉云 . 学习型组织理论视角下的教师专业发展 [J]. 课程 . 教材 . 教法，2005，11：74-79.

共同体学习文化的核心是团队引领，个人与团队共成长，个人学习与团队学习并重。进才中学北校在建设共同体学习文化的过程中，注重学习方式的多样化，将个人学习和专家引领适度结合。每学期开学之初，每一位教师要依据个人情况和目标制订学习计划，结合所在教研组的要求积极有序地开展个人学习。同时，根据学校整体和教师个人专业发展的现实需要，定期安排校内专家或聘请校外专家进行教师培训和指导。共同体的“青蓝工程”师徒结对活动便是专家引领学习的体现之一。专家深入课堂以及教师课堂准备、课后反思的全过程，从听课、上课、评比等方面提出明确的要求，开展师徒同课异构、捆绑考核等，实现老带新、新促老，新老教师共同提高。要求每位新教师必须自拜“教学师傅”，并组织学校教学基本功比赛、署青年教师展示课等。为“升格”教师每月聘请市区学科专家进行带教辅导，并通过课题研究、骨干教师带教、外区、外省市教学展示观摩、研讨培训，为其提供学习机会。学校鼓励青年教师积极参加“英特尔未来教育——混合式学习”，鼓励教师进行高一层次的学历进修，鼓励教师继续学习，支持教师在职攻读教育硕士或其他相关硕士学位，为教师提高学历层次创造条件。学校也设立了“进才中学北校教育论坛”，引导教师将各自的教学特色、教学经验和好的做法与全体教师共享。学校建立校园网教师成长档案袋，要求教师将自己的教案、课件、公开课视频、读书心得、论文、案例等资料上传到档案袋上，进行共享。学校还多创设教师们走出去学习的机会，鼓励教师参加校外、市外、国外的学习交流活动。

（4）注重团队建设，倡导共生文化。“教育工作是一个需要合作的事业，单靠各个教师个人的努力，不足以培养学生集体；要培养学生集体，只有诉诸教师集体”[1]。进才中学北校向来重视培养合作互助的教师文化。学校领导努力构建共享与合作的组织氛围，秉承着开放和信任的原则与教师沟通，让教师受到尊重与支持，从而消除内在与外在的限制

[1] 陈桂生．“教师集体”辨析 [J]. 思想・理论・教育，2002，04：33–35.

与束缚，营造一个安全的对话情境。同时注重激发教师合作的共同愿景，增强教师合作意识。学校坚持打破教研组和年级组的狭小范围，构建教师专业发展共同体。在教师专业发展共同体中，不同教师之间在知识结构、思维方式、认知风格等方面均存在差异，这种差异就是教师合作学习的动力。合作成员为了共同的目标，相互取长补短，互相帮助，从而实现了情感的交融及思想火花的碰撞，并在共同体中产生强烈的归属感，逐渐形成教师合作团队。

学校注重搭建个体间、教研组内、校内和校际的合作平台，如实行师徒结对的“青蓝工程”、开展每月一次主题校本研修、与兄弟省市的同行和国际同行交流等。正是这种集体合作的文化孕育了进才中学北校优秀的教师队伍。通过开展争创文明班组评价活动，积极引导广大教职员工立足本职，爱岗敬业，形成团结互助、积极进取、崇尚和畅、争当先进模范的单位风气。通过组织各项文体活动，积极引导广大教师以健康积极的状态和工作面貌投入到教育教学工作中去。

在合作的团队文化中，共同体成员还会逐渐因为集体荣誉感而生发出互相督促的文化，即团队成员之间会相互影响、相互教育和督促。“红红脸、出出汗、拉拉袖子、提个醒”。与成员间的互信督促相比，传统的自上而下的行政管理存在许多弊端，其中之一便是领导与下属之间，或者各职能部门与被管理对象之间往往存在对立情绪。而在教师专业共同体中，各成员之间是平等的关系，彼此之间更容易接受对方的建议，在受到一些善意的“提醒”时，一般不会产生抵触情绪，这种机制更有利于教师之间的协同发展。

以上从持续改进、政策激励和文化引领三个维度论述了教师专业共同体依赖持续发展的运行机制。除此之外，共同体的可持续健康发展还离不开对公平、有效的评价和多方保障，以下将就教师专业共同体的评价和保障机制展开讨论。

第四节　建立评价机制

建立系统、科学的教师评价制度，开展教育质量综合评价，是教育教学改革和形势发展的需要，是全面提高教育质量和办学效益的一项基础工程。开展教师评价对促进教师队伍建设，实现教师专业发展具有重要意义：第一，开展教师评价是全面贯彻教育方针，全面提高教育质量的需要。第二，开展教师评价是提高教师政治业务素质，加强教师队伍建设的需要。通过教师评价，对每个教师的政治业务素质，教育教学工作水平进行价值判断，为教师自觉提高政治业务素质、提高工作水平，指出明确的方向和目标，为学校领导合理使用教师、安排教师、培养提高教师提供可靠的依据；通过教师评价，对教师履行职责的情况和工作的效果进行价值判断，一定程度上反映出教师工作的优劣，质量的高低，可以起到鼓励先进、鞭策后进的作用；通过教师评价，特别是通过教师的自我评价和进行形成性评价，及时反馈，及时调控，及时改进，使教师及时发现自己教育教学工作中的优势和不足，激励教师不断发扬优势，克服不足，不断改进工作，提高工作质量，实现教师的自我认识、自我改进、自我完善和提高。总之开展中小学教师评价是教育改革和发展的必然要求，是全面贯彻教育方针、全面提高教育质量的需要，是提高教师政治业务素质，加强教师队伍建设，调动教师积极性、自觉性的需要，也是深化学校内部管理体制改革，强化管理效能，实现学校管理科学化、规范化、民主化的需要。

一、过程评价机制

过程性评价是相对于阶段性评价、终结性评价等传统评价模式而言的。“过程”重视的是全面整体的延伸、提高，强调的是教与学结合的全部过程，是教师学习、教学、反思、实践的全部过程。过程性评价是对教师学习的动机、过程和效果进行三位一体的评价，这种理念通过采用多样化的评价手段而得到落实，既支持从外部对教师专业发展进行量化的测量，同时又更加重视质性的方法，强调内部的、开放的评价过程，将评价嵌入到发展过程中。过程性评价是学校提高教师专业水平、促进教师发展的有益探索，目的在于实现以评促学，通过评价发现问题、基于评价结果及时提出改进方案，以便更有效地促进教师发展。

在专业共同体中对教师进行过程性评价具有诸多优势：一是评价全面。无论从评价的价值取向还是从评价的内容方法上看，过程性评价的理念更为全面，也就能更全面地发挥评价的各种功能。过程性评价既注意标准又注意过程，不试图用过于刻板的标准来衡量所有的教师，而是通过教师在开展教育教学过程中的表现去判断每位教师的专业水平。二是评价和反馈及时灵活。过程性评价是与教育教学同时进行的共时性评价，评价和教育教学相互交叉和融合，有利于及时地肯定教师的成绩，引导教师的教育教学发展方向，及时地发现存在的问题和不足，改错纠偏。过程性评价不过分追求目标的标准化和方法的规范化，不过分追求评价的客观性和精确性，不过分追求评价环境和程序的正规和严肃，有利于教师充分展示才能。三是评价更深入、更具可持续性。过程性评价采用包括质性评价在内的各种评价方式，从教师本身、从同辈伙伴、从校长专家等不同的角度获得评价信息，不像传统的评价只能测量可量化的，可以从不同的视角对教师进行描述和评价。与终结性评价不同，过程性评价不是间歇式地进行，而是贯穿于教师专业发展过程。

教师的专业发展是个体在自我与团队中的生活、生长和经验改造过程，是循序渐进的积极的发展过程。教师专业的发展与过程密切相关。“过程”与“发展”的价值取向，是过程性评价的理念基础；对学习与反思、提高具有“反馈”和“回流”作用。

良好的专业发展评价是：审慎规划的结果、提出良好问题的能力和对如何找到有效解决方案的基本理解。发展性评价就是依据一定的教育目标，以现代教育发展观为指导，以促进教师改进教学和教师专业性发展为目的，以教师内涵发展为主，以评价主体多元为方向，体现和尊重被评者的个别差异和个性特征，将他评与自评结合起来，定量与定性相结合，注重形成性评价和过程性评价。过程性评价机制是对教师及所处的共同体（团队）发展性过程的评价，是对教师专业发展的动机、过程和效果的三位一体的评价，评价促进了教师的终身学习和可持续发展。过程性评价是教师在“教学做合一”模式中具有独立自主的自我意识的体现，将经验与反思的整合与内化的过程，归根结底是教师专业发展不断领悟、反思的过程。教师在教育教学过程中不断探索未知，在实践中研究，在研究中实践，不断发现问题、解决问题，提高专业水平。

过程性评价的主体不仅是教师、校长和专家，也包括作为教师教育教学的客体即学生。过程性评价的性质和功能因此增加了新的含义，评价不仅是对教师专业发展效果的确认，也是一个诊断和改进提高的过程。过程性评价有利于提升教师教育智慧，培育教师合作文化，认同学校文化。

总之，过程性评价是教师在实践、反思、对话交流、再实践的过程，是一种开放的评价机制。这种机制为教师群体提供了一种共同分享和提高深层交流合作的工作方式，为教师沟通和融合以及分享深层次的教育教学经验提供了机会，进而对共同体愿景有较强认同感和归属感。通过评价，教师在参与过程中分析问题和解决问题，更具有针对性和有效性，集大家的智慧，教师通过不断的反思，创造性地形成新的实践性经验，从而内化为教师的实践能力，促使教师走上可持续的专业成长之路。过程性评价也是这种自我实现的过程，包括了自我审视、自我反思、自我学习、自我超越等，它需要教师平时的积累和完善，是教师在个人教育经验、教育实践知识的基础上进行的改变。教师的每一次反思都意味着对旧有教育理念和行为的扬弃与对未来发展图景的规划，所以它是一个自我超越的过程。教师的自我反思就是教师个人对自我教育教学观念、教育教学行为的自我认知、自我监控和自我调节。进才中学北校非常注重教师个体的综合专业发展，尤其注重教师在团队中的发展，学校为教师的专业发展整合资源、协调关系、沟通信息，为教师实践共同体的创建和运作创造支持性条件。

二、绩效考核机制

2008 年 12 月，国务院人力资源社会保障部、财政部和教育部联合发布了《关于义务教育学校实施绩效工资的指导意见》，提出“按国家规定执行事业单位岗位绩效工资制度的义务教育学校正式工作人员，从 2009 年 1 月 1 日起实施绩效工资”。该意见规定，绩效工资分为基础性和奖励性两部分。基础性绩效工资主要体现地区经济发展水平、物价水平、岗位职责等因素，占绩效工资总量的 70%。奖励性绩效工资主要体现工作量和实际贡献等因素，在考核的基础上，由学校确定分配方式和办法。

绩效工资是国家整体提高教师工资待遇，体现多劳多得、优绩优酬的重要举措。要想使基于绩效的工资能够切实起到激励作用，有赖于公平完善的、切实可行的、令人信服的绩效评价方案。因此，各学校应当着力构建符合教师成长规律、导向明确、标准科学、体系完善的教师绩效考核评价制度，充分调动教师工作的积极性、主动性和创造性。

为了保障公平公正，体现多劳多得原则，学校在广泛征求意见的基础上，制定了《进才中学北校绩效考核办法》，包含考核原则、考核内容、评价模式等具体内容。

绩效考核工作遵循如下原则：（1）尊重规律、以人为本。尊重教育、服务规律，尊重教师的主体地位，充分体现教师教学育人工作的专业性、实践性、长期性特点和教辅各岗位工作特点、专业要求。（2）以德为先，注重实绩。把师德放在首位，注重教师履行岗位职责的实际表现和贡献。（3）激励先进，促进发展。鼓励教师全身心投入教学育人工作，引导教师不断提高自身素质和教育教学能力。鼓励教辅人员全身心投入服务育人工作，引导其不断提高自身素质和服务技能。（4）客观公正，简便易行。坚持实事求是、民主公开，科学合理、程序规范，讲求实效、力戒烦琐。

绩效考核内容主要是教师履行《教育法》《教师法》等国家法律法规所规定的教师职责以及完成学校规定的岗位职责和工作任务的实绩。具体包括：（1）出勤：主要考核教师出缺勤情况；（2）工作量：主要考核教师承担教育教学任务的工作量；班主任按教师工作量的一半计入；主要考核教辅人员承担岗位规定的和临时性、阶段性的工作量；（3）职业道德：主要依据《中小学教师职业道德规范》进行考核；（4）教育教学工作：主要考核教师在教育教学过程中贯彻落实教育部和上海市教委有关文件精神的情况及所取得的业绩；（5）班主任工作：依据教育部制定的《中小学班主任工作规定》及教育行政部门的有关要求，主要考核班主任育人能力与成效；（6）专业发展：主要考核教师基于教育教学实践的探索研究能力与成果，以及参加各级各类培训的情况；（7）服务效能：主要考核教辅人员履行岗位职责与服务的质量。

绩效考核每学期一次，每学年第二学期考核结果分为合格、基本合格、不合格三个等第。绩效考核遵循教师自评、组室评议、组织考核和确定考核结果并公示的过程。并采用多元评价模式。具体包括教师自评与学校考核相结合、绝对评价与相对评价相结合、定性评价与定量评价相结合、过程评价与终结评价相结合、实行违法违纪一票否决。

以上所谓考核原则、内容和模式看似抽象，实则在具体执行中都逐一落实为可量化的具体标准。以考核内容中的“出勤”为例，要落到实处必须给出十分具体的规定，例如出勤并非仅指教师到校或到堂上课，还包括各级例会、学校的升旗仪式、政治学习以及大型集体活动等，在所有相关活动中旷工、迟到、早退均加以记录，作为学期业务考核中的扣分依据。再以十分抽象的“职业道德”为例，考核评价量规中将评价内容具体化为三个方面：遵守纪律，认真履行岗位职责；爱岗敬业，主动服务意识强；良好的人际交往与团队合作。尽管这些表述仍不像缺席一次扣一分那样可以绝对量化，但是教师在与领导和同事的长期共事中基本可以展露无遗，结合多元评价模式，可以做到较为准确的评价。不仅如此，还对一票否决的情况做了明确规定，如违规收费查实，突发事件未能及时到岗妥善处理，发生重大安全事故和责任事故，校内违反禁烟规定，言行不当影响班级团结造成不良后果等。这些规定将职业道德这一抽象概念进一步具体化。有效的绩效考核就是要这样做到实处，否则将成为一纸空文，起不到应有的作用。

三、团队评价机制

所谓团队评价机制，就是将一个团队作为一个整体加以评价，对团队中的每一个成员一视同仁，而不再根据个人成绩单独进行评价。这表面看来，有“平均主义”“大锅饭”之嫌，似乎有可能挫伤个体教师的积极性。实则不然。只要运用得当，团队评价机制可以大大提高教师们的凝聚力和集体感，从而创建出团结一致、有战斗力的团队。一个好的评价机制，能产生“一棵树撼动另一棵树，一片云推动另一片云，一个心灵唤醒另一个心灵”的教育效果，从而促进教师团队的建设，提高整体素质。

进才中学北校教师共同体的团队评价力求通过评价内容多元化、评价方式多样化来确保评价的公平公正，具体实施方案为“均分制”和“加分制”相结合。“均分制”，即每个人的分值总和除以总人数，既是个人得分又是团队得分。这种办法使得先进帮后进成为常态，相对落后的自我加压自发上进。“加分制”，把对优秀教师的奖励分值累计到所在团队的总分之中，这一成绩很大程度上决定着团队的名次，相对落后的教师心存感激，优秀教师在团队中的威信不言而立，归属感、成功感和自豪感油然而生。久而久之，这种评价方式的有效实施有望培育出和谐共进的团队。在一些重要的事件场合中，由于教师之间形成了“利益”共同体，因而每一位个体都视集体任务为己任，尽最大能力为集体效力，团结一致，形成合力，取得最大的团队收益。

以教师参加教学大赛为例，一面是进才中学北校的“我不是一个人在战斗”（集整个教研组之力），一面是其他学校的“孤胆英雄”，如此情形，进才中学北校的屡战屡胜既合情合理，又在意料之中。如此显而易见的策略为何别的学校没有想到呢？不是想不到，而是难做到。试想：整个教研组都投入巨大的心血，从选题、教学设计到资料准备、逐字打磨，眼看着打造出了有望一鸣惊人的精品，该由谁去呈现呢？谁来参赛，就等于荣誉给了谁，因为大赛组委会不会把奖颁给整个教研组。如何要大家做到默默付出到最后又不争功呢？若无公平的评价机制作为支撑，寄希望于纯粹的利他主义显然是不现实的。社会学的研究表明，纯粹利他在人类社会几乎是不存在，即便部分宗教人士貌似圣哲般的无私，也被认为是为了获得更好的他世。普罗大众能够做到的最多是亲缘利他（如父母对子女），更多是互惠利他（为了日后能够获得回报而愿意此刻做出利他行为）。团队评价机制就是充分利用“互惠利他”而非“纯粹利他”的人类本性，将集体功劳归于集体，避免个别争功。就教学大赛而言，如果一位教师获奖，其所在的教研组全体教师获得同等的物质和精神奖励，而不凸显对得奖教师的个人奖励，那么教研组成员便更愿意做出集体努力。

如上所述，团队评价机制可以有效抑制个体成员争相争功的现象。但在运用该机制时，还要思考如何避免“集体怠惰”[1]的现象。换句话说，人人努力，成功了有我的一份；但人人不努力，失败了也没我的责任。这种心态对于团队建设是致命的。因为许多时候，人人有责，就等于人人无责，这也是固有的人性所致。那么如何确保人人对团队的表现负起责任呢？除了前述“功劳均分”的办法之外，进才中学北校还采取了“株连惩罚”的团队评价制度。以优秀教研组的考核为例：要求教研组所在学科的学生中考成绩必须到达预设目标，如果达不到，那么不但无法获

[1] 有一个著名的社会学实验：让两组人去削土豆皮，在一定的时间内看谁削得多。告诉第一组人，会计算他们每一个人削的土豆数量，告诉第二组人，只会数整个组削的土豆数量。结果发现，第一组人削的土豆数量远远多于第二组。这就说明，不考虑个人贡献时，人们容易出现集体怠惰现象。

评优秀教研组，而且组内教师所获得的优秀备课组称号也全部收回。这样严格的制度使得团队中的每一位老师都不会轻易懈怠。因为，一人懈怠影响的不光是自己，还会拖累整个团队。也许有部分教师对于追求个人进步和荣誉动力不足，但几乎没有教师可以心安理得地连累同事，影响别人的既得利益。

要特别注意，团队式的管理，不是简单地将一批老师捆绑在一起加以评价，而是要注重引导团队成员在思想上认识到团队建设的初衷与潜在益处，倡导他们互相教育和影响，充分发挥团队的功能。比如，学校规定不允许教师在办公室或教室内抽烟，那么将这一规定纳入共同体的考核范围，教师不光自己不能抽烟，而且不能纵容同事在自己的办公室抽烟，如果有同事在你办公室抽烟而你不予提醒或制止，那么两人所在的团队均会受到扣分处罚。有了制度规约，教师间的互相监督或提醒，就被赋予了团队发展的积极意义，教师们会对此持有更加开放和肯定的心态，提醒方不必因为顾及对方面子的问题而有心理负担，被提醒方也不会认为对方对自己有任何个人恩怨或不满，而只是“照章办事”，这种提醒甚至是对自己好的，可以帮助自己免受拖团队后腿的风险。如此久之，问题可以得到很好的解决，而教师之间也不会产生、积压对抗情绪，可以维持和谐共进的同事关系。

团队管理是关于人的艺术，必须深谙人性并因势利导，才能做到应对自如。一些看似负面的现象实则反映了人性，不能回避，必须迎头而上。通过集体功劳均摊、一人有错团队受牵连等团队评价机制，可以促使共同体教师团结一致，互相监督，向着共同的目标奋进，既不会自甘堕落而拖团队后腿，也愿意助力他人成功，乃至为了团队利益对拖后腿者拉起“严肃脸”。

第五节　建立保障机制

一、组织保障

1. 校本教师发展组织机构

长期以来，我国大中小学学校中都没有专门的教师专业发展机构，教师培训通常交由各类教师进修学校，或者其他社会机构（如出版社等）组织的暑期研修和各种三五天的短训班，缺乏系统性和可持续性。由于这些零星的培训不能满足全体教师持续的专业发展需要，一些高校开始着手建立校本的教师发展中心，但目前还在摸着石头过河的起步阶段。中小学在这方面的反应更加迟缓，教师发展主要以入职集中培训和在职教研室活动为主，加之上级教育部门主导的各类培训活动。为了更好地建设学校教师专业共同体，系统有序地开展持续的、全方位的教师发展活动，进才中学北校成立了专门的校本教师发展组织机构，主要包括：教师专业发展领导小组、教师专业发展工作与督导小组以及学术委员会（参见图 3–1）。这些机构成为进才中学北校教师专业共同体的重要组织保障。

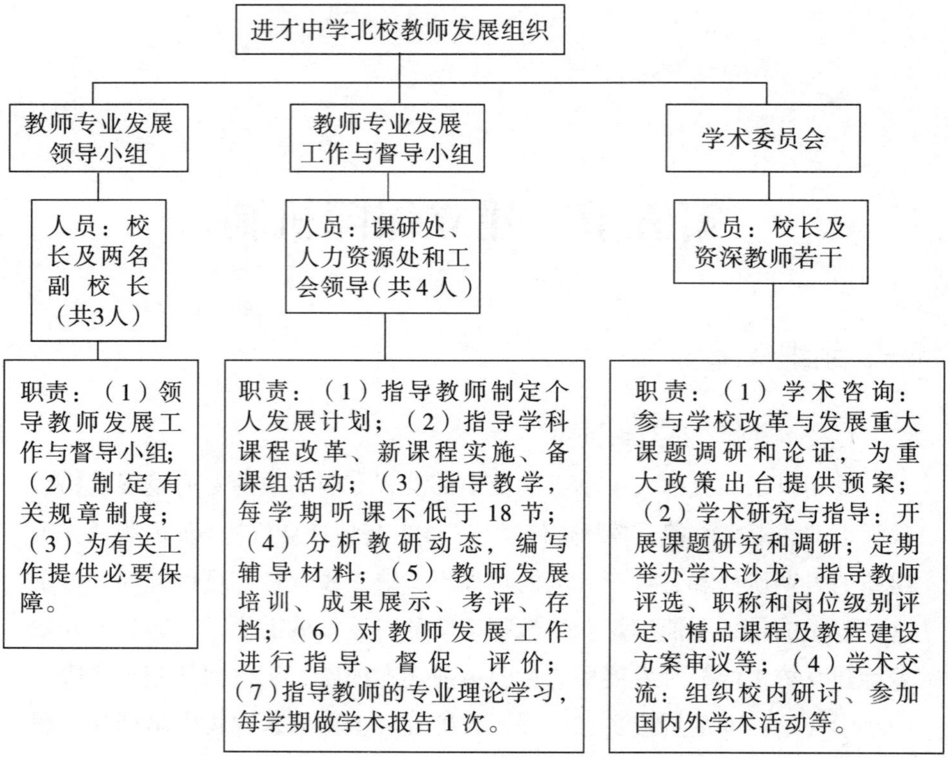

图 3-1　进才中学北校教师发展组织机构图

以上各组织围绕教师专业发展工作各司其职，各有侧重。其中，教师专业发展领导小组主要负责顶层的规划和制度设计、统筹安排和领导其他有关部门的工作。教师专业发展工作与督导小组负责教师专业发展多方面具体工作的开展、落实、检查与督导。学术委员会则专司与教师学术能力发展与评估相关的工作。

现以学术委员会为例，说明组织保障在教师专业共同体建设中的作用。2013 年，进才中学北校成立学术委员会。学术委员会主任委员由校长担任，常务副主任委员由校内德高望重、学术精湛的资深教师担任，委员由校长提名、各部门各条线推荐相结合产生，以教育教学经验丰富的资深教师为主。学术委员会主要承担如下职责：其一，学术咨询。参与学校改革和发展重大课题（项目）的调研和论证，为学校重大政策的出台提供预案或建议。其二，学术研究。定期举行学术沙龙活动，定期开展专项调研工作，指导并参与开展专项课题研究，提升教师科研实力。其三，学术指导。对提高课堂教学质量提供建设性的意见，能深入课堂听课，对提高中青年教师学术水平，给予指导和帮助，指导帮助中青年教师上好汇报课、研究课等；同时，对名教师的培养提出建议方案，提升教师的教育教学能力。其四，学术评估。参与教师学术水平评定的有关工作，诸如学期末的论文评选、基本功大赛等。对教师的教育、教学、教研水平提出评价。对新进教师进行综合评价，提出参考意见。审议精品课程建设、教材建设、师资队伍建设方案，承担学校专业技术人员职称评定和岗位定级等工作。其五，学术交流。每学期要面向全校或本教研组人员进行一至两次的学术交流活动，可就优秀教育教学思想、教育教学案例引导青年教师展开讨论。积极组织参加国内和国际学术活动，加强和国内外学术团体、教育界同行的联系。其六，其他活动。按照学校安排，积极参加教案、作业检查及相关科室安排的有关活动。

2. 教职工代表大会

除上述专司教师专业发展的组织架构之外，学校实施的教职工代表大会制度（简称“教代会”），也为教师专业共同体建设提供了重要的组织保障。传统的集权式管理容易造成管理者与被管理者间的对立，教师们对于组织制度没有决策参与权，只能被动遵守，这为制度执行带来隐性阻力，容易涣散组织凝聚力，对专业共同体的建设产生负面影响。经验表明，由被管理者主动参与制定出的规则更具公平性与合理性，也更容易得到贯彻。这也是为什么在西方的大中小学中，普遍存在着在新学期开始由学生们共同制定课堂规则的做法。许多成功的企业管理案例中，对于公司重大事物也采取倾听员工声音的民主办法。在教育领域，我国《教师法》第七条明确主张教师对学校教育教学和管理工作提出意见和建议的权利，倡导教师“通过教职工代表大会或者其他形式参与学校的民主管理”。

因此，进才中学北校实行教职工代表大会制度，由教职工推选出的代表参加代表会议，共同行使教师参与学校民主决策、民主管理和民主监督的权利。学校的各项规章制度，也是教师专业共同体的规章制度，与每一位教师息息相关。这些规章制度的产生过程充分民主，校长无权专断，而是平等地、促进性地参与，邀请教师参与决策过程，一起分享领导权和权威。各项提案经教师代表大会讨论、审议后通过，成为学校章程的一部分。经此过程产生的共同体规则，是全体教师集体意志的体现，对学校的每一位教职员工，包括学校领导层，都具有约束力，成为教师专业共同体的制度保障。

二、制度保障

1. 有“法”可依

没有规矩，无以成方圆。任何一个组织的有序运行，都离不开规章制度的约束。在多年来的教师专业共同体培育过程中，进才中学北校积累了不少经验。针对具体问题情境制定的零星规则先是潜移默化地化为大家默认的共识，久之，形成成熟的系列，便经过教代会程序正式确立为共同体的规章。过去十多年来，进才中学北校围绕教职工行为和道德、业绩考核与奖惩、个人和集体评优等诸多方面制定了许多条例规约和方案办法，为许多原本抽象的管理工作提供了具体量化的参考标准，也为教师们的自我约束和提升提供了可视化的行动指南。现将与教师专业共同体息息相关的规章制度分类列举如下：

《进才中学北校教职工文明礼仪 20 条》

《上海市进才中学北校文明组室评比条例》

《上海市进才中学北校优秀教研组（备课组）评比条例》

《进才中学北校教师专业发展规划》

《进才中学北校教师校本培训计划》

《进才中学北校教师发展与评价制度》

《进才中学北校绩效考核办法》

《进才中学北校教职工学期（年度）业务考核评价量规》

《进才中学北校特色教师、区骨干教师、区学科带头人考核量化表》

《上海市进才中学北校社会责任感评价量规》

《进才中学北校特色教师、区骨干教师、区学科带头人考评指标》

《上海市进才中学北校教职工聘用方案》

《上海市进才中学北校教职工奖励方案》

《上海市进才中学北校特色教师评聘办法》

《上海市进才中学北校教代会提案工作小组关于提案工作的若干意见》

以上各类制度规约为共同体的有序运行提供了基本保障。有两点需要说明：

首先，“制度”是一种规约，给人以生硬、强硬或强制之感，似乎总是令人畏惧或抵触。为避免这样的负面情绪，进才中学北校教师共同体在制度化的过程中始终注意以人为本，既注重集体规范，又给以个性化的自由空间，呈现“和而不同”的文化特质，即便是规范本身也非因为不信任而管束，而是在信任、尊重教师自主性的前提下，适度发挥组织的协调功能，促进共同体教师间的和谐交互与互助共进。

其次，这些文件看似枯燥无情，实则是来源于实践，用以规范实践。教师们无须在每一步行动前都比照条文，因而被束手束脚，而只是在有疑问的时候按需查阅现成的“行动指南”。条文是高度抽象的，其指导的却是有血有肉的实践活动。教师们在纲领性文件的引领下，可以探索更为具体的各种共同体内部的制度或制度化活动。以《优秀教研组（备课组）评比条例》为例，学校层面的制度仅列出优秀的标杆（细则条件），并不会规定教研组和备课组的具体做法，这是“目标”与“途径”的关系。然而，在探索的过程中，会逐步形成一些有效的方法途径，久而久之成为一些不成文的习惯做法，实现了共同体活动流程的制度化，具体如下：

一体化研课制度：将“教材研读、教学设计、作业设计、课堂观察、课堂教学”等一体化，做到教材研读（悉心研读，吃透重点，把握共性，读出个性），教学设计（潜心研备，心中有标，目中有人，设计精当），作业设计（精心设计，规范批改，减负增效，保本提优），课堂教学（目标明，思路清，方法活，效果好），课堂观察与反思（用心选择，深入反思，科学评议，一课一得）。

公开课制度：每位老师每学期至少上一节公开课，五级梯队教师上好示范课。备课组内推行同课异构活动，发挥集体智慧和力量，共同研究、解决课堂存在的问题；教研组内进行专题研讨，强化听评课，开展课堂观察，提高课堂教学诊断的客观性和针对性；骨干教师示范课，主题引路，引领青年教师进行教学研究。每类公开课做到教材研读、教学设计、教学反思、教学评议四齐全。

随堂听课制度：成立由学科带头人、骨干教师组成的观课议课组，采取随堂听课或隔天预约等形式对常态课进行调研，及时发现优秀做法和存在问题，确保课堂效益落到实处。

教研组考核制度：每月进行考核，每学期汇报交流。考核内容为学习、公开课、课程建设、资源建设、调研情况以及教师的活动参与情况等。

以上制度化的做法因为涉及非常具体的实践内容，而未必会形成学校层面的正式制度文件，但也是共同体制度保障不可缺少的组成部分，只是指导意义大于约束意义。因为它们的产生是教师自主探索的结果，执行阻力相对较少；从另外一个角度来说，教师们总是有较多的自主空间根据现实需要调整行动方案。与此类制度化活动流程相对，一些明确成文的上升到全校共同体层面的行为规范和奖惩制度则具有更高的刚性，有赖于“有法必依”的严格执行来确保其效力，否则将流于形式，成为一纸空文。

2. 有“法”必依

制度完备，不代表组织运行可以高枕无忧。中国人的人情、面子与和谐文化，常常成为制度执行的一大障碍。大家共事多年，有人犯了错，难免磨不开面子，不忍心“动真格”，若再有人为之求情，又要“不看僧面看佛面”。殊不知，在组织和团队管理中，有法不依比无法可依更糟糕。有了完善的共同体制度，还要坚决予以贯彻执行，才能保障共同体的健康发展。因此，进才中学北校教师专业共同体的总掌舵人（即校长）明确表示，如有个别教师出现异常行为、影响团队发展时，就要严格按照制度进行严厉警告与处罚，决不能不了了之。校长作为一校之主，尽管在许多重要事务上有决定性的权利，但在教师专业共同体的培育管理过程中，仅仅是制度制定的参与者或制度执行的捍卫者，其个人无权私自对已通过的规章制度做任何更改，也不得凭借校长权利对共同体任何成员的违章行为网开一面或从轻处罚。从以下两个案例中，进才中学北校教师专业共同体在制度执行上的刚性可见一斑。

第一个案例涉及优秀教研组和备课组的评选。进才中学北校的综合成绩在全区的120所初中里基本稳定在五至八名。结合这一实际情况，学校将优秀教研组的考核标准设定为各科平均成绩要进入全区前十名，每一个学科进入前十二名。有一年，有一个学科未进入前十二名。虽然不影响学校的整体排名，但是按照规定，该学科有关教师所在的优秀科研组和优秀备课组全部一票否决。对此决定，教师们一度震惊，难以置信、难以接受。但学校坚决执行已有规定，并不允许任何人前来求情，任何求情的人员将连带处罚，任何一级的领导干部求情，则将被请离干部队伍。

另一个案例是有两位教师发生了矛盾，最初是口角，最后发展为肢体冲突。校长明确表示，根据教代会通过的教师专业共同体规章，两人所在的文明班组一票否决。两位老师都具有很强的集体荣誉感，虽然对个人发展和声誉不甚重视，但因为拖了团队的后腿而十分汗颜。团队的其他成员初遇这种情况时也表示委屈，认为自己未有不当行为，不应当连带受到处罚。但有制度在先，所有人都举手通过了表决，表明自己支持有关规定。

经过一些类似的案例，教师们最终意识到共同体的规定不是儿戏，学校对于有关规定的执行是严肃的、刚性的。这种严厉、刚性的制度执行机制，取得了良好的效果。由于感受到共同体强大的约束力量，教师们更加注重自己的个人行为。从此，一旦某一科目、某一班级出现任何负面的异常情况，无须校长或其他领导给出任何指示，该学科的高级教师、骨干教师便会主动进有关课堂听课，帮助学科组的有关教师反复查找问题，为其提供建议与指导，直至解决问题。每年初二升初三，有关负责人会将新老两届初三老师们集中在一起进行交流研讨，交接一些重要的资料，将好的教学传统代代相传。

须指出的是，共同体制度的制定与执行，均着眼于与教学和学校管理密切相关的原则性问题，并非大事小事一把抓。教师们作为社会人，每个人都是独立的个体，个人观念与习惯的不合在所难免，只要个人行为或人际摩擦不涉及原则性问题，不影响团队建设与教师个人的专业发展，学校均不予干涉。

第四章

区域辐射

第一节　教育集团层面的建设成效
第二节　强校工程层面的建设成效
第三节　青海地区的辐射成效
——以桥头镇中心学校为例

上海市进才中学北校在教师专业共同体建设方面的成效，不仅实现了校内教师的有效整合，也促进了区域教师的专业成长，推广了区域教育教学成果。目前，进才中学北校正在发展成为促进区域教师专业发展的中坚力量。

第一节　教育集团层面的建设成效

2015 年 9 月，上海市进才教育集团正式成立，成为浦东新区体量最大的教育集团之一，包含 14 所学校和 2 个街道。进才教育集团的成立是浦东新区探索集团化办学的重要举措。“集团化办学最初出现在 20 世纪 90 年代，是一种以契约为纽带构建的大规模多层次组织形态，是通过优势互补或以强带弱，推进教育资源优质均衡发展的办学模式。从形式上看通常是以名校为龙头，依据共同的办学理念和章程组建学校共同体，整合学校的教育资源，在学校规划、日常管理、课程建设、教师发展、设施使用等诸多方面实现共享、互通、合作，旨在最终实现共同体内优质教育资源品牌的辐射推广与合成再造”[1]。可见，集团化办学并非教育同质化，而是重在互通有无的校际合作和优质资源共享。本着这样的精

[1]　集团化办学背后的政府推力：四地集团化办学经验启示 [EB/OL].（2018-05-22）[2018-5-29]. http://edu.cssn.cn/jyx/jyx_jyqy/201805/t20180522_4275389.html.

神，进才教育集团自成立以来，通过衔接课程建设、师资柔性流动等途径，积极探索“小、初、高”学生一体化培养模式，促使成员单位学校在保持各校特色的情况下获得共同发展。

进才中学北校积极参与教育集团层面的教师发展，在集团教师共同体中发挥重要角色。作为浦东新区见习教师基地学校，进才中学北校也承担了教育集团内的新教师培训任务，每年集团内两所学校的新教师培训都会安排在该校进行。为此，学校组建了一支师德高尚、业务精湛、敬业爱生的见习教师导师团队，20位带教老师中，学科带头人3位、区级骨干12位、校特色教师3位，教研组长、备课组长、年级组长10位，集中了学校8门学科的生力军和一批经验丰富、带班出色的班主任老师。带教团队经过见习教师多年的培训经验积累，逐步打造出详尽完备的《基地学校见习教师规范化培训方案》，包含浸润式培训、团队带教、文化熏陶等多种培训形式，致力于帮助新教师提高师德修养以及教学、德育工作、科研等综合能力，最终培养教师们自主追求专业发展的意识、意愿。

此外，进才中学北校还参与了多所集团成员学校间的教师柔性流动项目，开展教师柔性流动方式方法研究（如带教、短期交流、培训、挂职等）；与11所成员学校密切合作，领衔开展高中与初中衔接课程建设和共享研究；积极参与由其他成员学校牵头的初中特色课程建设和共享、初中与小学衔接课程建设和共享、小升初面试方法内容研究、初中升高中自主招生方法内容研究等项目；积极组织和参与集团教师共同体的专业发展、团队建设和文娱活动，如教师专业发展主题报告、论坛、沙龙、工作坊、教师达人秀、教学比赛，集体参观、文体联谊等。在如此教育集团层面教师专业共同体的建设之下，进才东校建设成效颇大。

一、进才东校概况

2016年创办的进才东校坐落于浦东祝桥，学校的创立是上海市、浦东新区政府推进义务教育均衡化、优质化发展的重要举措，是进才教育集团发挥品牌辐射作用的重要载体。进才中学东校占地 50 亩，建筑面积 15794 平方米，是一所公办初中学校。学校以“进才感恩”情怀为基础，营造充满人文素养的和谐校园，培养理性思考、忠于实践的教师团队，促进学生的理性思维，助力学生各方面成长，培养懂得感恩、善于思考、乐观健康、全面发展的谦谦君子、大家闺秀。同时学校依托进才教育集团优势，借力祝桥航空城发展之势，着力打造老百姓身边满意的“进才品牌”学校。

二、共同体建设的实施过程

1. 传承进才文化，提升师德修养

作为进才集团的一员，学校极其重视进才精神的传承。每位见习教师到校岗前培训的“第一课”便是“进才文化”：叶进财先生捐资办学的历史，让进才的“感恩”情怀代代相传；“尊师重道，爱众亲仁”的校训，让每一个进才人有了“为师”“为范”的追求；“谦谦君子，大家闺秀”的育人目标，让每一个进才人有了共同的奋斗方向。通过这样别具意义的“第一课”，每一个见习教师都会把进才精神内化为自身的情怀，促感悟、增修养、共传承，帮助见习教师更快、更好地完成由学生到教师的身份转换，不断提高自己的师德素养。加强文化熏陶，在集中培训活动中，以师德教育为培训切入口，以学校文化、教研文化为引领，组织见习教师学习了解学校历史及优秀教师的事迹，并带领见习教师参与本校的重大教育活动，如学校的科技节、体育节、读书节、艺术节，让见习教师全方位观察感受体验学校在办学理念、办学方法、办学措施、办学成效等方面的做法与经验，加速适应教师角色，尽快胜任教育教学工作。

2. 增进集团互动，拓宽共育平台

为解决新教师入职后碰到的共性问题，学校通过讲座形式予以集中辅导解答，这样既可以确保见习教师公平地获取相关信息，提高培训效率，解决见习教师入职当务之急碰到的问题，以及对他们未来发展的预期和引领。我校借助集团优势，多次邀请进才中学的教育教学专家（进才中学首任校长袁小明、进才中学特级教师王绪岩等）来校进行教师专业成长的讲座；邀请进才中学北校的学科名师来校分享各学科的教学经验。同时，见习教师也多次去进才中学北校听课，实地感受进才中学北校老师的教学风采；集团中的各类论坛、进才中学、进才中学国际部的新年迎新等活动，见习教师们也都在积极参与的过程中感受着集团的魅力。

借助进才集团优势，聘请赵才欣老师、曹刚老师、华师大杨向东教授、上师大陈建华教授、数学特级穆晓炯老师、英语特级施志红老师等多位市级专家莅临指导，大大拓宽了教师们的视野，也搭建了更广阔的发展平台。

3. 基地浸润学习，学校实践反思

进入基地学校，我校每一个见习教师都抱着学习的心态，多听多看，主动向带教导师请教，潜心沉浸于基地学校的学习，以海绵吸水的姿态汲取着优秀的思想和理念。在两天的基地学校浸润式学习之后，回到聘任学校，见习教师们会努力把所学到的理念转化为自己的实践，之后在一次次的磨炼中逐步形成自己的教学思路和教学风格。学校也给见习教师们搭建了多方展示的舞台：举办“进才东校青年教师教学基本功大赛”，从教学设计、板书设计、课件制作、硬笔书法等方面锻炼见习教师的综合能力；承办区级公开课活动，朱琪和张子豪两位老师作为见习教师已经完成了区级公开课的展示，其他见习教师后期也会陆续在区级舞台上展示他们的风采。

三、目前的成果与思考

1. 以“核心素养”为方向，共塑“进东”学校文化与共同价值追求

随着教师队伍不断壮大，生源趋于稳定，学校各项工作有序推进，作为新学校，秉承进才精神与校训，凝聚人心，构建学校核心价值观与

主流文化，成为校园文化主旋律之一。

课程建设方面，在新中考改革目标下，全校教师认真学习，明确目标，不断完善充实进才东校课程体系，开足开齐基础课程、完善拓展探究课程，校风、教学、学风建设初见成效，各项常规工作显常态、见长效。各科教学质量稳步提升，通过所有教师的共同努力，站稳了脚跟，取得了家长和社会的认可，为新学校未来发展奠定了良好的基础。作为一所新学校，教育教学质量是所有人共同关注的焦点，过去一年中，学校始终坚持秉承进才育人理念，坚持素质教育，以学生发展为本，紧紧围绕培养懂得感恩、善于思考、乐观健康、全面发展的“谦谦君子、大家闺秀”的育人目标，充分挖掘现有师资潜力，初步构架了符合进才东校特点的课程体系：含人文与社会、数学与科学、生活与实践、艺术与体育四大板块的基础型课程，旨在促进学生全面发展。基础型课程关注落实教学基本环节，严格执行教学六认真，从备课、教研、作业、测试等多方面严控质量，每两周一次备课组长例会，不断调整教育教学策略，关注有效性、针对性。

在拓展与探究课程的实施过程中，学校坚持办学理念，不断丰富学生兴趣选择，充分拓展校外资源，引入前国脚孙吉创办的冠博足球俱乐部等多家专业机构，加入学生社团指导，丰富孩子们的课余生活。依托上海航宇科普中心资源，与上海交大航空航天学院合作，开设航空类选修课程，每周一次交大教师到校为孩子们上课，为学校未来打造航空特色课程奠定良好的基础。

根据学校育人目标，在各学科教研组、备课组大力支持下，学校还开展了丰富多彩的校园文化活动，春季趣味团队运动会、秋季田径运动会、足球羽毛球乒乓球比赛、经典诵读、春日诗会、秋实歌会、政训教育、首届英语文化节、周年庆展示活动、启航 2017 迎新等活动深受学生喜爱。走出校门，参观进才，聆听名人名家讲座；来到航宇中心，感受航空美丽；进才优秀学子参与的别开生面的开学典礼、进才创新实验讲座、凌空讲坛等活动成为校园生活中的亮点。中国空军首席试飞员徐勇凌大校莅临东校讲座，活动辐射祝桥学区，获得良好的社会效应。而学生自主管理与教育的开展也为上述各项活动有序进行奠定了良好的基础。

此外，学校还新增进东奖学金政策，两位进才毕业生捐资成立进才东校奖学金，分设思源、博雅、凌空三大奖项，传承进才感恩故事，激励新进东人不断奋进。同时开拓了国际视野教育的新篇章，师生走出去拓展视野，教育代表团走进来增进国际交流与了解，为学校发展打开了一扇新的窗户，为师生开阔眼界、增进国际交流搭建了新的平台。

2. 以“目标引领专业发展”为宗旨，搭建教师专业成长舞台

教师发展是学校发展的第一要务。随着教师队伍不断扩充，教师专业发展成为了当下乃至未来几年学校的重要工作。学校每年工作主要围绕专家引领、搭建平台、校内激励等多个角度进行推进。校内教研重点围绕完成四个“统一”，四个“一次”开展工作，即每课统一进度、统一备课、统一作业、统一检测；每月一次融入、一次参与、一次研讨、一次展示；每周定时备课组、教研组活动，公开课展示课进入行事历，在全体教师共同支持与配合下，校内同伴互助氛围渐浓。同时，学校积极搭建平台，承担浦东新区语文、数学教研展示活动，学科教研员多次走入常规课堂，为教师专业发展助力。学校还鼎力支持教师外出学习，参与市区各级层面交流活动。与文汇新民集团合作，学生参与实践活动、心理团队专家张新老师开展拓展培训。新教师融入进才第一课培训体系已相对成熟。

依托进才集团优势资源，进才高中蒋金珍、王绪岩等特级教师先后来到进才东校为老师们进行专业发展讲座，参与市特级校长协会方培君老师专题讲座；金卫东特级校长为老师们开设“聚焦核心素养，提升教师专业水平”报告；上海市教研室主任赵才昕老师、上海市第三期初任校长培训班专家组、英语特级施志红老师等来到东校共同探讨教育中的收获与问题；以进才中学北校、南汇二中为基地，开展见习教师培训工作，见习教师成长迅速。学校相关工作在今年浦东新区第十届教学展示周上予以介绍、推广，获得一致好评。新校开办以来，青年教师发展态势良好，部分优秀个人已经在区级层面有一定成绩。

此外，围绕新中考改革，促进教师专业思考与发展，区级课题“新

中考改革背景下校本作业体系的构建”正式立项，聚焦教育教学一线难点，促进教师专业思考，完善学生作业体系，实现“减负增效”目标。同时，教师发展处结合制定了教师队伍发展规划、完善校本研修计划，做好教师培训工作，重点关注进东教师的四大基本素养：理想信念、学科素养、专业能力、敬业精神，全方位提升教师综合竞争力。

3. 以“航空科技教育”为载体，打造学校特色发展亮点

创办学校以来，通过努力，在全校师生的大力支持配合下，学校的航空特色初具规模。从点—线—面三个维度，全面推进学校特色创建。

基于核心素养指向的教育目标，以及学校“科艺交融、人文固本”课程理念，综合祝桥打造五型城市“航空城”的区域发展目标，努力打造学校科技教育亮点。同时围绕四条主线，即特色课程、前沿科技进课堂，凌空讲坛、名人名家近接触，魅力校园、航空元素展风采，走近未来、综合实践铸梦想聚焦特色创建。今年，特色建设工作初见成效，相关工作推进顺利，学生在上海市和全国青少年无人机比赛中均获得优异成绩，为学校增光添彩，为浦东赢得荣誉。以无人机创客为载体的创新实验室获得综合评价优秀的好成绩，在浦东新区予以推广。虽然学校创办航空特色时间并不长，但老师们能秉承进才精神，以不一般的思考，不一般的努力去争取不一般的结果，全面推进特色育人工作，让更多的孩子享受均衡优质的教育资源，也让周围更多的居民感受到作为航空城一员的幸福感和归属感。

目前，学校获得的称号有：

全国航空特色学校

上海市依法治校示范校

上海市安全文明校园

上海市航空特色学校

浦东新区科技特色学校

浦东新区戏曲文化教育传承基地

浦东新区语言文字规范化示范校

浦东新区见习教师规范化考核优秀

浦东新区青年文明号

第二节　强校工程层面的建设成效

“办好每一所学校、成就每一名教师、教好每一位学生”是上海基础教育始终坚持的发展理念。2018 年 7 月，为适应基础教育改革的新要求和市民对优质初中教育的新期待，上海实施了百所公办初中强校工程，发布了《关于实施百所公办初中强校工程的意见》，确定了上海市百所公办初中强校工程实验校名单，育民中学和新陆中学就是其中的两所，而进才中学北校正是他们的对口支援校。

一、育民中学和新陆中学概况

1. 育民中学

上海市育民中学地处浦东新区高桥古镇，是一所拥有 70 多年历史的普通完中。1947 年，施燮华先生在高桥镇西浜头创办“私立四维中学”，新中国成立前夕学校迁址于原上海十大私家花园之一的“承园”。1951 年，学校改名为“私立育民中学”。1952 年，由市教育局接管改公立学校，定名为“上海市育民初级中学”。1958 年，原位于南市区的蓬莱中学的高中部并入，育民初级中学遂发展成为一所完全中学，改为现名“上海市育民中学”。连续八年被评为浦东新区文明单位，同时获得全国科普教育基地、全国海洋总局科普教育基地、上海市拥军模范单位、上海市行为规范示范校、上海市安全文明校园、上海市心理健康教育达标校、浦东新区法治教育示范校、浦东新区绿色学校等多项荣誉称号。学校建筑为明清风格，校园古朴优雅，古树名木葱郁，浦东十大私人花园之一的承园就坐落于此。全校占地面积 18401 平方米，建筑面积 10875.24 平方米，体育场地总面积为 4910 平方米，绿化面积 4211 平方米，图书 61874 册。学校办学特色鲜明，社会声誉良好。学校内建有“上海市育民中学蓝鸿铭海洋鱼类标本馆”——这是上海市普教系统唯一一所被命名为“全国科普教育基地”的标本馆。利用“海洋鱼类标本馆”对学生进行海洋知识教育，宣传环保理念，同时提升其爱国情操，增强其社会责任感和使命感，已成为学校鲜明的办学特色之一。此外，学校艺术特色工作之学生朗诵社团多次在全国、市、区各级比赛中获奖，去年曾代表上海市参加全国曹灿杯朗诵大赛获全国银奖。同时，学校体育特色武术、乒乓两大项目也正蓬勃兴起。

2. 新陆中学

上海市新陆中学创建于 1958 年，开始为初中，70—80 年代初发展为完中，现位于金桥开发区中心。如今的新陆中学，校园面貌焕然一新。学校拥有一流的多媒体教室、现代化的远程教室、语音室、计算机房、琴房、舞蹈房、图书馆阅览室、阶梯教室和体育馆，环境幽雅安静。在硬件得到改造的同时，师资力量得到了较大的提升，为学校的发展奠定了良好的基础。2019 年 7 月，学校正式关停，与上海市高行中学合并。

二、共同体建设的实施过程

1. 育民中学教师专业共同体建设的实施过程

（1）进行强校规划。2019 年 2 月，育民中学制定了强校规划，规划针对学校的基本情况，对于学校办学成效和优势、目前发展面临的困境和问题做了深刻的剖析。例如：管理需要增进制度化、精细化、教师专业发展内驱力需要显性增强、课程教材开发和实施能力需要提高、科技特色需要突破发展瓶颈、学校硬件严重不达标、生源质量不高，本地生流失率较大、初高中发展不平衡、初中教育质量不理想。规划在“主动发展”的理念下，实行师生主动发展教育，全面强化师生的主体性和能动性，促进师生主动发展，全面实施素质教育。通过三年努力，力争使学校教育教学状态明显上升，学校管理更趋科学化、精细化，办学特色初步彰显，课程建设能力得到提高，师生主动发展意识和能力不断增强，办学质量和家长满意度均有一定提升，校园环境面貌也较大改善，成为家门口的好学校。

依托市“双名”等各级培养机制和平台，分类分层，推进教师的专业发展。市级专家曹晶、印兰、何亚男及区级专家张娜、季靖和童廉宁亲临学校进行全方位的指导，学校领导与全体教师虚心向专家们学习。目前为止已有市区 10 多位专家就“强校工程”做蹲点调研指导。如何亚男老师、印兰老师、姚霞老师、季靖老师等走进班级随堂听课，面对面地和老师们就如何钻研教材、提高课堂教学质量，如何教给学生学习路径、培养学习方式等与我校各年级的备课组长和老师进行交流，使老师们开阔视野，吸取宝贵的经验。

进才中学北校作为育民中学的支援校，自结对以来，与育民中学定期开展交流学习活动，无论是从学校管理还是部门条线的工作落实，都交流颇多。2 月初学校各部门负责人就培训内容和自身负责工作撰写学习体会，规划本部门新学期工作计划，将进才中学北校先进的管理经验和具体举措结合学校自身特点逐步推进。同时借助微信管理群，将工作中遇到的困难和收获及时与进才中学北校的同仁交流反馈，及时改进自身的工作。

在团队管理方面，育民中学加强管理队伍建设，强化干部的师德、师能。组织全体行政干部参加教育集团干部培训、学校校本培训以及区层面干训等，成立了以进才中学北校金卫东校长领衔的育民中学强校实验校的校级中层领导班子。建立了“强校工程”结对学校管理学习会的议事制度，每月与结对学校进行学校管理学习，提升行政干部的领导力和执行力。如表 4–1。

表 4-1 “强校工程”结对学校管理学习会记录

时间	地点	内容
2018 年 12 月 26 日	进才中学北校	《未来学校的华为思考》
2019 年 1 月 24 日	育民中学	两校交流管理经验
2019 年 2 月 17 日	进才中学北校	金卫东校长《学校管理的文化自觉与干部工作的实践智慧》的报告、赵才欣主任《强校工程 功在基础》报告

学校坚持依法办学，强化内部管理。以《学校新四年发展计划》为本，进一步规范、细化内部管理，坚持校长负责制，坚持依法治校、科学管理，着力抓好精神文明建设。学校管理岗位的职责明晰，通过校务会议、行政会议及其他专项会议民主议事，梳理和完善各项管理制度，如干部培养选拔制度、骨干考核制度、人事考勤制度等等，管理执行到位。

（2）进行教学改革。加强教学常规管理，落实备课、上课、作业、辅导、评价五环节的检查和指导。学校先后制定了《育民中学教学五个环节管理规定》《育民中学作业布置与批改要求》等制度，要求教师注重备课的针对性、授课的实效性、作业批改的有效性、个别辅导的层次性和评价的激励性。每学期开学进行二周教师备课检查，要求 40 周岁以下及部编新教材教师手写详案，其余教师可以手写简案。开学两周组织学校行政班子成员、骨干教师、教研组长和年级组长实施对各年级教学课堂调研，由相关教研组长对上课教师进行反馈，从而提升课堂教学有效性。期中对相关学科作业布置及批阅情况进行抽查，展示一批批改认真、优秀的作业本，供广大教师学习。

加强课堂教学研究，提高 40 分钟教学效率。每学期举办骨干展示课、青年教师汇报课等，本学期将选派优秀青年教师参加支援校集团举行的“五四教学评比活动”，强化互动交流。同时结合微课开发与实践研究，逐步激发学生自主学习的动力和能力。通过教研组评课，对课堂教学中的问题进行探讨，逐步形成良好的教研氛围。

加强校本培训，促进教师专业发展，努力打造一支具有较强自主发展意愿和能力、有主动探索课堂教学改革精神、有团队合作精神的教师队伍。学校修缮和制定教师专业发展相关制度和细则，完善推进教师专业发展考核机制，制定了《上海市育民中学校本研修考核奖励方案》，初步形成教师主动发展态势，如为老师们带来《提升教师素养·关注学生成长》《教师的人文素养》《基于变革的学校发展》等一系列讲座，为不断提升我校教师专业素养，助力每位教师的专业成长，打造优质教师队伍，提高我校教育教学质量奠定基础。

此外，借助市、区“十三五”基础教育教师培训，拓宽教师视野，提升教师专业素养。

（3）更改资源配置。学校有一支结构合理、素养较高的教师队伍。初中现有专任教师 91 人。高级教师 12 人，一级教师 46 人，中高级教师占教师总数的比例为 63.7%。学校 35 岁以下教师、36—50 岁教师、50 岁以上教师的比例分别为 27.5%、54.9%、17.6%。专任教师学历达标率为 100%。但也存在一定的问题，如学校部分教师的专业发展进入了瓶颈期，表现为部分教师主动发展意识不强，缺乏积极进取、实现自身跨越发展的意识和行为；个别教职工职业倦怠症状较为严重，岗位奉献精神不强，教育教学成效不佳；学科骨干教师的领军作用没有充分发挥，示范辐射功能没有凸显；教研组、备课组教学研究氛围、团队合作氛围不够浓郁等。为改变这些不足，学校先后制定了《上海市育民中学区、校级骨干教师考核奖励办法》和《上海市育民中学区、校级骨干教师 2018 学年考核实施细则》，鼓励教师积极申报区学科带头人和骨干教师。现初中教师中有区学科带头人 1 名，区骨干教师 10 名，区学科中心组成员 2 人。推荐娄璟、董素红两位老师参加英语教师 ICELT 高端培训。

开展为期五年的青年教师培养工程。每位青年教师制定三年发展规划，助力青年教师成长。不断鼓励教师积极参加高一级学历的学习，以及开展职称晋升的准备。2018 学年第一学期开展的主要工作有“进博先锋活动”、6 场专家讲座、13 节青年教师录播课、3 节见习教师汇报课、教学基本功——三笔字比赛、荐书读书活动以及青年团建活动。组织金磊、林逸云参加“新苗杯”教学比赛；张思怡参加“教学基本功”跟踪考评。加强对曹亦汝、郭晨、宗时杰三位见习教师的入职培训，通过一年的见习与“传帮带”活动，使他们尽早适应教师岗位；推荐优秀青年教师外出培训，提升他们的教育教学能力。

对照上级文件中资源配置标准，我校办学硬件设施明显不足。学校空间狭小，人均占有教育资源明显不足（生均占地面积 7.3 平方米）；教室面积过小、数量不足；创新实验室、科技教育与艺术教育的场地缺乏，给各种拓展性、研究性学习带来相当困难；学校没有室内体育馆，室外运动场地较小，对阳光体育的开展造成影响。现有场地和设施设备的不足已严重制约学校发展。

为此学校一方面积极争取上级支持，达到改扩建的目标，另一方面在“强校工程”的背景下，不断完善和更新教育教学和办公设施设备，为学校教育教学改革的持续发展提供硬件保障和经费支持，进一步提升管理服务质量，充分彰显明清建筑、江南园林的校园特色。

（4）开展特色发展。2019 年，学校力争申报区级重点课题“基于积极心理学原理的学生主动发展的实践与研究”，以课题为抓手，引领强校工程各项工作，激发教师乐学善研，主动发现问题、解决问题的潜能，从而全面提升教师的科研能力和科研素养。

拟以三年左右时间，完成八项内容——课题内涵、文献综述、现状调查、基于积极心理学原理的学校主动发展的内容、实施途径、策略、方法和评价体系的研究。总课题将下设若干子课题，涉及学校教学、德育、教师发展等各部门、多领域，以研促校。课题研究过程中将聘请科研专家、强校结对指导专家全方位指导，对课题设计、立题论证、开题、课题实施、课题总结等全程进行指导，确保课题研究有序、规范、有效实施，提升课题研究成果质量。

现已开展和确立“基于积极心理学原理的学生主动发展的实践与研究”为强校工程实验项目，将于 4 月申报区级课题，力争立项成功；成立课题组，分工准备，召开课题开题会；邀请专家做课题研究系列辅导讲座，争取 50%左右教师参与课题研究。

2. 新陆中学教师专业共同体建设的实施过程

（1）“升格”教师专业发展的实践与研究。一流的教育需要有一流的青年教师队伍。青年教师是实施素质教育，推进教育现代化的生力军，是未来教育改革与发展的希望。35 岁以下青年教师的专业发展是学校教师队伍发展的重中之重，对于促进学校的内涵发展与可持续发展，满足社会不断增长的对学校优质教育的需求，提升学校教育教学水平有着重大的意义。如何适应新形势，加强对青年教师的培养，使他们尽快成长为思想水平高、业务能力强的骨干教师、优秀教师？包括新陆中学和进才中学北校在内的浦东新区层面跨教育署的五校联合体不约而同地想到了这个问题，并把它作为联合体的结对工作主题，通过五校之间的互动，共同推动、促进学校教师团队尤其是“升格”教师的建设和专业发展。而所谓“升格”教师，即指工作满 5 年以上的成熟教师，在个人自愿报名、学科组推荐基础上确定学科重点培养对象，定期聘请市区学科专家进行带教辅导，以 2 年为培养期，在专家辅导下，确定自己的研究点，每一学期开一节公开课，两年内完成一篇关于研究点的论文或案例。同时创造条件让他们走出区外、市外参加教学展示观摩、研讨培训。

从 2013 年 1 月开始，五校联合体的校长集中在进才中学北校，共同确定了结对工作的主题，并制订了五校联合体活动计划、实施方案以及具体活动安排，并确定了观摩进才中学北校“五四”青年教学设计与课堂教学比赛活动事项。

其中，进才中学北校负责每月一次的四个学科的校外专家对各校升格教师的定期培养、五四青年教学设计和教学比赛、观课评课专家辅导、观课评课比赛的前期准备工作、骨干教师公开课的展示安排、接待等。而新陆中学开展了区、署、校青年骨干教师教学展示活动，共有 11 位教师执教公开，探究以学生为本、有效地渗透良好学习行为习惯的培养。活动邀请了第二教育署“五校联合体”兄弟学校老师指导和交流，取得了较好的效果。在专家的指导下，语文、英语学科进行了专题评课研讨活动，组内老师和兄弟学校老师都积极参与讨论。承办了第二教育署“五校联合体”观课评课比赛，主题为“观察、研讨、借鉴、提升”，这不仅是一个锻炼展示的平台，更是一次交流学习、相互激励、共同提高的机会。

丰富多彩的联合体活动包括专家引领以及观摩学习，语文、数学、英语、物理学科的专家对升格青年教师进行定期的指导，每位青年教师在分析自我优势和不足的基础上，确立自己的研究点，在专家的具体指导下，改进不足。联合体鼓励青年教师向备课组、教研组内老师学习，鼓励他们积极参加市区的培训和教研活动，在学习中不断找出差距，不断改进。组织青年教师观摩进北青年教师五四大奖赛、进北骨干教师展示课，提供青年教师学习提高的机会。通过整个活动，使青年教师了解课堂评价的标准，加深对听课重要性的认识，有利于在今后的教学实践中不断提高教学设计和教学评价水平。

（2）基于信息化素养与学科整合的实践研究。信息素养是终生学习者具有的特征：在信息化社会，一名高素质的教师应具有现代化的教育思想、教学观念，掌握现代化的教学方法和教学手段，熟练运用信息工具（网络、电脑）对信息资源进行有效的收集、组织、运用；通过网络与学生家长或监护人进行交流，在潜移默化的教育环境中培养学生的信息意识。这些素质的养成就要求教师不断地学习（终生学习），才能满足现代化教学的需要；信息素养成了终生学习的必备素质之一，如果教师没有良好的信息素养，就不能成为一名满足现代教学需要的高素质的教师。因此进才中学北校、罗山中学、新陆中学三校联合体通过三校之间的互动，共同推动、促进学校教师团队尤其是青年教师信息化素养的培育及与学科教学的整合，促进专业发展。

通过三校之间的互动、资源共享，从几个方面入手培养青年教师信息化素养与学科整合。首先，各校创设一个良好的信息技术环境，加大学校现代教育技术所需硬件设备的投资力度，为教师信息能力的培养提供物质基础；其次，加强教师的培训力度，如进才中学北校青年教师“英特尔未来教育培训班”的开设，同时鼓励各校教师自学；最后，在上海基础教育关注“课堂教学有效性”的提高的背景下，利用各校教育信息化条件，聚焦“课堂教学”，着眼于信息化素养与课堂教学整合，开展“五四”

青年教师教学设计比赛和“数字故事”评选等活动，促进三所学校教育信息化的内涵发展。

从 2014 年 1 月开始，三校联合体的校长集中在进才中学北校，共同确定了结对工作的主题，并制订了三校联合体活动计划、实施方案以及具体活动安排。

其中，进才中学北校组织青年教师，尤其是教工团的青年教师参加“潘裕翼”校长的“英特尔未了教育”培训，于每周五下午在电脑房进行集体授课，并在线“英特尔教师社区”学习以下板块，如“混合式学习”“项目学习”“合作学习”等板块，加快了青年教师教学理念的转变，拓展了青年教师的信息素养学习的时空，培养了青年教师的教育教学以及信息素养能力。每月一次的三个学科的校外专家则对本校升格教师进行定期培养：学习新的教育教学理论、现代教育技术，开拓青年教师的视野，不断提高他们的教育教学理论素养和运用现代教育技术的能力；不断更新青年教师的学科专业知识和教育教学专业知识，构建新的知识体系；进行课堂教学实践的指导，强化教学 6 环节的规范化管理，通过行动研究，不断提高升格教师的教学能力，促进教师的专业化发展；发现教学中的研究点，在专家的指导下进行教学研究，通过理论与实践相结合的方式撰写教学案例或论文。进才中学北校还举办了“社区开放日”活动暨进才中学北校特色教师教学展示活动，邀请兄弟学校的教师，特别是“三校联合体”的青年教师深入课堂，了解学校的高效课堂教学模式；参观校园文化建设；观看学生才艺展示；与特色教师的互动交流。大家对特色教师的课堂教学进行了评议，纷纷发表感受和评价，充分肯定了特色教师的课堂教学。

在此影响下，新陆中学开展了教学公开日暨教学法评优活动，共有 28 位教师执教公开课。期中 10 位教师参与教学展示，18 位青年教师参与教学法评优，主题为初中学生良好学习行为习惯养成教育的学科渗透实践研究。这些青年教师共同的优势在于教师个人的基本素养很好，备课充分，切合学生实情，重难点突出，结合信息技术与学科课堂教学整合，积极开展教学实践研究，教学水平提高很快。活动当天，光临新陆中学的领导、专家、教师和家长代表共有 74 名，其中“三校联合体”进才中学北校、罗山中学参与听评课教师最多，整个活动组织井然有序，受到区教发院专家、二署领导的一致好评，取得了较好的成效。

三、目前的成果与思考

1. 育民中学目前的成果与思考

在强校工程三年规划引领下，结合强校初态督导后学校的整改计划，育民中学全校上下统一思想、明确目标，从学校治理、课程教学、教师发展、特色项目、学业质量等方面不断加强，补短板增效益，各方面都取得了较大进步，教育教学生态呈现出良性上升的态势，主要表现在以下方面：

（1）强校规划下的成果。按照市级文件相关要求，目前，柴建荣校长顺利入选第四期“双名工程”攻关计划名校长后备；黄毅菁、赵倩、杨霞蓉三位老师加入第四期“双名工程”攻关计划名师后备。

进才中学北校作为育民中学的支援校，自结对以来，两校之间定期开展交流学习活动，从学校管理到学科教学、德育活动全方位给予指导。开展行政干部每月联合培训活动，暑期教师联合校本培训，五四青年教师教学联合比赛，家校活动观摩等，特别是今年 9 月份，两校开展了教师双向流动支教活动，进才中学北校派出英语骨干教师在育民中学支教并指导工作；同时育民中学也派出中青年教师万凤翠老师赴进北学习一年。此外，进才中学北校的施礼老师在育民中学的英语组开设微讲座、结对带教 4 名青年教师、指导教研组建设工作等，切实为育民中学的教师专业成长带来了帮助和指导，而通过这样的浸润式学习、互助，进一步加强了支援校的帮带力度。

育民中学实施强校工程以来，除了进才中学北校，还得到了各方助力，如何亚男老师、印兰老师多次来校组织教研组开展学科研讨活动；区教研员季靖老师更是经常性来校指导，听评课，就初中语文部编教材处理、命题等多主题开展教学研讨，他还给全体青年教师开设微讲座，并与青年语文教师金磊、曹亦汝结对带教，还指导两节语文区级公开课、并在育民中学进行展示。

在学校治理方面，根据初态督导意见，进一步修改完善了育民中学强校规划，并将分年度实施计划纳入学校学期工作计划，按序稳步推进强校各项工作。管理队伍建设得到进一步加强，提升了行政干部的领导力和执行力。组织全体行政干部参加教育集团干部培训、学校校本培训以及区层面干训等，建立了"强校工程"结对学校管理学习会的议事制度，每月到支援校进北进行学校管理学习，邀请区"强校工程"专家赵才欣老师来校给中层干部进行工作指导。此外，注重干部的层级梯队培养。

（2）教学改革下的成果。进一步规范和细化了教学常规管理，加强了教学五环节的过程性管理，梳理制定了"育民中学'精'备课要求"，开展了教研组全员学习研讨，实行教案手工书写，确保每份教学设计的独一无二。同时，广泛开展各类课堂调研及展示课活动：一是开学两周的地毯式课堂调研，每天由教导处随机安排5节推门课，一学年共49节；二是教学展示周活动，主要由区、校两级骨干、高级教师、教研组长等承担的优质示范课，一学年共开设28节；三是青年教师汇报课，每位35周岁以下青年教师每学年开设一节，共26节。通过三类展示课的听评课活动，不断加强课堂教学研究，围绕"主动发展"的课堂理念，开展"育民中学课堂教学评价指标"的研讨，逐步加强了教师间互助学习和深度教研的氛围。

在校本教研方面，加强了教研组建设，重视校本教研，组织架构得到完善。首先，新增了初中学段道德与法治、历史、化学、物理教研组助理，侧重分管初中教研工作；其次，积极鼓励教研组参加区各级联合教研活动和培训，同时校内加强教研组长业务培训，邀请支援校进北施礼老师进行教研组建设专题讲座；再次，结合新中考改革要求，各教研组以主题式教研为抓手，深入研究中考新政和新教材带来的新要求、新问题，推动了教研组教研深度教研质量。

（3）资源配置更改下的成果。学校教师专业结构日趋合理，初中现有专任教师91人，中高级教师占教师总数的比例为63.7%；区学科带头人 1 名，区骨干教师 10 名，区学科中心组成员 1 人；输送 4 名教师参加市级“双名”（名校长、名师后备）工程培训，4 名种子计划学员，以及区级骨干后备学员 1 名、工作坊学员 1 名、学科德育实训基地学员 1 名、英语 ICELT 高端培训学员 1 名。

借助市、区“十三五”基础教育教师培训，提升教师专业素养。继续加强校本研训，开展了“1+5”育德能力提升培训；每学期开学前组织全员校本培训，如 2019 年 2 月 18 日全体培训；8 月 28—31 日四天校本培训，其中 29 日全体教师赴支援校进才中学北校参加联合培训，聆听了三场讲座，开阔了眼界，拓宽了知识面，助力了教师专业成长。

另外，继续推进青年教师培养工程。一年里，有 8 位青年教师与市区教研员、名师结对师徒；安排市区专家及校骨干教师为全体青年教师作两周一次的微讲座（一学年已开设 13 次微讲座）；组织青年教师参加区教学大奖赛、进才集团五四青年教学大赛（共有 4 名教师获二等奖、5 名获三等奖）；参加区 2019 年论文评选 4 人获奖；开展校内青年教师录播课 26 节，教学基本功比赛（三笔字、读后感、发展规划评比）等，青年教师综合业务素养和能力得到了全面快速提升。

（4）发展特色下的成果。“基于积极心理学原理，促进中学生主动发展的实践研究”区级课题申报成功，并被列为区重点课题。此课题也是育民中学强校实验项目，以“促进师生主动发展”为目标，将课题引领强校建设各项工作，预计以三年时间完成八项内容、六个子课题的研究任务。

此外，学校打造了科技与艺术（戏剧）双特色。科技特色向纵深发展。保持“蓝鸿铭海洋鱼类标本馆”品牌特色，积极申报创新实验室项目。大力发展另一项特色项目艺术教育，重在开发与普及。在上级部门、青少年活动中心等大力支持下，已开设戏曲沪剧、新增京剧课程，此外还有朗诵、舞蹈、合唱、手风琴、书画、武术、啦啦操及花式跳绳（新增）等十多个艺术体育课程（社团），做到定时、定点、定内容、有记录，并由专业教师进行指导。同时，注重艺术熏陶和普及，每学期请进各路曲艺大咖来校为全体学生作艺术欣赏讲座，如：4 月 15 日上海京剧院著名旦角演员陈朝红老师带来的《京剧大讲堂》；9月16日上海沪剧院国家一级演员钱思剑《“赏戏团”进校园》；此外，广泛开展校园艺术活动、校艺术节、九月艺术节活动等，集中展示各艺术社团的特色节目。积极鼓励各社团参加市、区各类艺术比赛，进一步扩大学校艺术工作影响力、提升美誉度，各类比赛获奖颇丰：校海洋鱼类标本制作和讲解社荣获区“五星社团”称号；新民晚报、文汇报、浦东时报等多家媒体也相继报道标本馆；学校朗诵社荣获高桥镇“悦读之声”最佳组织奖；被评为浦东新区戏曲文化教育传承基地学校；沪剧社参加浦东新区第八届“南风杯”青少年沪语大赛；在上海市校园沪剧大赛获“集体组提名奖”。

强校工程的实施是时代发展的需要，是社区、家长的需要，是实现义务教育均衡化发展的需要，是适应中考改革的需要。强校建设以来，特别是初态评估至今，育民中学全校上下围绕目标，和谐奋进，学校各方面工作均取得了明显的进步和提升。“宝剑锋从磨砺出，梅花香自苦寒来。”育民中学清醒地认识到，要实现强校目标，不是一朝一夕的事，是一项艰巨任务，学校将在上级各级专家的指导下，在支援校进才中学北校的帮助下，团结全体师生，齐心协力，脚踏实地地努力奋进，做到推进课题，实践主动发展；立足课堂，提高教育质量；加强宣传，提升办学声誉；积极争取，改善硬件设施。

2. 新陆中学目前的成果与思考

包括新陆中学在内的五校的青年教师们都积极参与联合体的各项活动，他们精心准备，把每次活动看作是锻炼自我、展示自我的机会。通过观摩进才中学北校青年教师五四教学设计及课堂教学比赛，通过观摩进才中学北校骨干教师展示课，既展现了进才中学北校教师的教学风采，同时为五所学校各教研组、各学科教师交流学习搭建了很好的平台。经过多年来的实践与反思，新陆中学的青年教师正在茁壮成长。除了项目组取得的共同成绩之外，新陆中学一批青年教师在项目培训中得到很好的锻炼与提升。尤其是语文、数学、英语、物理四个学科升格教师通过专家引领、同伴互助、个人反思，专业发展成绩比较明显，将是五校年轻的生力军。

其中，在“升格”教师专业发展的实践与研究中，新陆中学的青年教师在进修交流、升格培训、教学研讨等活动中，争取了更多更好的专业锻炼和成长的机会，从学校青年教师的反馈和汇报情况来看，专业成长和提升的效果非常明显。更多的老师愿意参与到“升格”项目中，进一步提升自身的专业素养。可见，此项课题实践研究，对学校青年教师的专业成长和学科组的综合实力，起到了很好的推动作用。2013 年度教学公开日暨教学法评优活动，共有 19 位教师执教公开课，结合课题研究，积极开展教学实践研究，整个活动组织井然有序，受到区教发院专家、二署领导的一致好评，取得了较好的成效。

而在基于信息化素养与学科整合的实践研究中，组织青年教师进行教学设计比赛、数字故事评比活动，通过这些活动，使青年教师在信息技术与课程整合的教学设计中，对教师的信息素养具有创造性地使用各种资源的能力；将驾驭信息的能力转化为引导学生自主、高效学习与交流的能力；将学科课程和教育学课程有效整合于教学的能力。其中，新陆中学在 4—5 月份举行的主题为“新媒体在课堂教学中的有效应用”的五四青年教师教学设计大奖赛中，共有 28 名青年教师参加，其中 1 人获得一等奖，3 人获得二等奖，8 人获得三等奖。12 月 22 日，新陆中学共有 9 名青年教师参加 2014 年第二教育署三校联合体“我的课堂我做主”青年教师数字故事比赛，这几位青年教师制作参赛作品，都投入了很多的时间和精力，每一段文字、一幅图片、一段视频都凝聚了这些教师的辛劳和汗水。这次参赛新陆中学也取得了可喜的成绩：2 人获一等奖，3 人获二等奖，3 人获三等奖，1 人获鼓励奖。获奖面广、作品质量高，受到区教发院专家、二署领导的一致好评，取得了较好的成效。

通过以上的活动，新陆中学也总结出了一些经验并加以思考：首先，目标清晰的计划是联合体项目顺利开展的前提。联合体项目组深入学习浦东新区联合体的成功案例、二署城郊学校互动的内涵与实施途径等研究成果，积极参与校际的推进、自主发展、共同提升的合作互动平台，参与各项主题式联动的交流研讨，这些活动的顺利开始源于计划的有条不紊，使得新陆中学的教师在能力上有了很大的提升；其次，了解青年教师的现状与需求使联合体项目有的放矢。为了使“青年教师的专业成长”项目更具有针对性、实效性，项目组组织五校青年教师通过座谈会、集中问卷、个别访谈等形式，了解联合体中35岁以下青年教师队伍的现状，并作细致的分析，明确优势以及存在的问题，明确教师个体、学校整体、校际共同目标，以便制定合理科学的互动方案；第三，形式多样的内涵活动使联合体项目精彩纷呈。通过多种培训和指导，促进青年教师成长，联合体采用了多种渠道以提高青年教师思想政治修养水平，巩固专业思想。如师徒结对、听取专家讲座，上实践课、参加听课评课以及比赛等活动促进成长。最后，有效的激励机制是青年教师成长的坚实保障。有效的激励机制能激发、调动教师的内在驱动力，开发教师的潜力，增强教师的自我发展能力。各校通过多种形式和途径向青年教师倾斜，对于外出学习的机会首先考虑青年教师，让他们真正感受到学校对青年教师的关心。

第三节　青海地区的辐射成效

——以桥头镇中心学校为例

为了促进东西部学校办学水平的不断提高，全面推进教育教学改革，扩大校际之间的交流，互补互促，共同提高，使教育均衡发展。上海进才中学北校与青海大通县桥头镇中心学校从2007年携手帮扶，结下了深厚友谊。十几年来，两校的交流内容丰富，涵盖面广，针对性强，主要分为行政管理、教师发展、学生成长三大类，其中又细化为行政管理工作的探讨、德育管理工作的交流、各学科课堂教学研讨、教学资源共享、学生手拉手等，两校多层次、多形式开展教师专业共同体建设工作，在扎实、共进、提质中两所学校的教育事业不断向前推进。

一、桥头镇中心学校概况

青海省大通县桥头镇中心学校坐落于美丽的金娥山脚下，位于宁张公路 31 公里处的大通县桥头镇后庄村。据《大通县志》记载，学校前身是由当地前清贡生刘秉文先生创办的乡村私塾，建于 1918 年。1976 年因扩大办学规模搬迁到现址，更名为新城初级中学，2007 年 4 月大通县乡镇机构改革中更名为桥头镇中心学校。

中心学校下辖胡基沟、向阳堡、大煤洞、小煤洞、元树尔、庙沟、后子沟、窑庄、古城、老营庄、毛家沟共 11 所小学；全镇中小学教职工 202 人，初中专任教师 69 人，工勤人员 1 人，小学 132 人；其中教师本科学历 71 人，大专 104 人，中专 26 人，初中 1 人，初中学历合格率 95.65%，小学学历合格率 100%；高级职称 32 人，中级职称 133 人，初级职称 33 人，4 人未聘；全镇共有 87 个教学班，其中初中 9 个，小学 78 个；全镇在校学生 2666 名，其中初中生 380 名，小学生 2286 名。

学校占地面积 19969.9 平方米（约合 30 亩），建筑面积 4945.8 平方米；教学仪器初中生均 61.21 元，小学生均 37.2 元；体音美器材初中生均 203.48 元，小学生均 93.5 元；图书初中 25547 册，生均 11.17 册，小学 3448 册，生均 5.1 册；现建成远程网络备课室 1 个，多媒体教室 3 个，实验、仪器室共 6 个，其中理化生实验室各 1 个，仪器室各 1 个；体音美器材室各 1 个。

这所有着近百年历史和优良传统的学校，始终坚持把全面发展作为学校工作的第一要务，紧紧围绕“提高教育教学质量，创办人民满意的教育”的办学目标，正努力建设全县富有特色的示范性乡镇中心学校。

近年来，学校教育教学水平稳步提升，教育质量始终名列全县同类学校前列，特别是在各级领导的关怀和校领导班子的正确领导下，学校多次取得各种荣誉，学校先后被评为县级标准化学校、县级校园文化建设示范学校、县级安全学校、市级标准化学校、市级绿色学校、西宁市优秀家长学校和青海省远程教育工作先进集体等多种荣誉称号，连续多年均被县教育局评定为“工作实绩突出单位”。目前，学校并没有满足于所取得的众多荣誉，而是继续发扬不骄不躁、团结协作、务实肯干的优良作风，克艰攻难，与时俱进，开拓创新，为实现学校跨越式的发展而不懈奋斗。

二、共同体建设的实施过程

上海进才中学北校教学资源一流，装备精良，有一支结构合理、讲究个体专业发展和团队合作奋进的优质教师队伍。桥头镇中心学校是一所九年一贯制学校，办学条件相对落后，师资队伍老龄化严重，教育教学方面急需提高。自从与上海进才中学北校建立长效合作机制以来，进才中学北校一直为桥头镇中心学校提供无偿培训的平台，桥头镇中心学校的中层干部、教研组长、骨干教师每学年到进才中学北校学习，累计培训人数已达 83 人次。桥头镇中心学校的教师亲身体验和学习了进才中学北校教师的授课、教研、德育等工作，以及精细化的管理和创新务实的工作作风，获益匪浅。

多年来，两校的学生之间，也开展了书信联系、互赠礼物、一对一帮扶等手拉手活动，特别一提的是进北初一（12）班自 2017 年 9 月为桥中七（1）班捐赠图书 48 册那时起，就结下了深厚的友谊。两班结对历时三年，共同开展活动已有 14 次，分别开展了名著读后感评比、书签制作、作文竞赛、特色民居考察、“携手结知己，千里舞芳华”游学、共办小报《致初二的自己》、“带着国旗去旅行——寻找最美的秋天”的摄影大赛、“我的寒假我的春节”征文比赛、“今天我当家”劳动实践、同题诗歌大赛、互赠手工礼物传递友谊等活动，两地学生在交流互动中，共同收获着成长的喜悦和骄傲，感受到同一片蓝天下，共唱同一首歌的友谊。

在结对共建活动中，上海进才中学北校充分发挥了学校优秀教育资源的辐射和带动作用，教师专业共同体建设成效显著，促进了教育教学理念的更新、教学模式的改革、教学质量的提升。

三、目前的成果与思考

1. 在对比中，转变了教育观念

东西部教育的巨大差异，让桥头镇中心学校的教师们感触良多。他们深深体会到，教无成规，学无止境，如果因循守旧，永远也跟不上教育改革的步伐。因此，尽快适应环境，积极参与学校建立与新课程相适应的教育教学管理制度，校本教研制度建设，围绕新课程实验和教育教学改革开展教育教学研究工作，改进课堂教学方法和教学评价方法，成为交流教师最热衷的话题。面对教育对象的差异，必须以渗透现代教育技术为契机，以激发学生的兴趣和创造潜能为目的，因材施教，因势利导，才能达到预期的效果。横向的对比，使教师转变了教育观念，同时也对教育工作多了一些理性的思考。

2. 在学习中，提高了业务技能

结对交流既是一个不断学习的过程，又是为提高自身的业务技能创造条件的过程，这是所有交流教师形成的共识。桥头镇中心学校的教师积极学习科学的教育理念和先进的教育教学方法，探索教法，积累经验，使交流活动真正达到了“传经送宝”和互相学习的目的。

3. 在思考中，增强了质量意识

提高教育质量是教育永恒的话题。通过交流让每个教师树立了质量意识，多了奋起直追的紧迫感。通过自己的辛勤努力，让学生在知识上有所提高，能力上有所增强，习惯上有所转变，即便微小，也是成功。通过交流，我校师资水平和教学质量有了明显的提高，并真正领会了“学然后知不足，教然后知困”的深刻内涵。

他山之石可攻玉。受上海进才中学北校办学理念和办学特色的影响，近几年，桥头镇中心学校逐渐凸显出以下办学特色：

第一，文化立校，实施尚和教育。

桥头镇中心学校着力于文化立校，倡导教师做有文化的教育者，让文化精髓内化在教育教学行为上。“和”文化是桥头镇中心学校的办学理念、办学目标、制度规范和行为方式的综合体现，“尚中贵和”是一种浸润人心的氛围，是一种约定俗成的规则。在“和文化”的引领下，学校德、智、体、美、劳“五育”和谐发展，各门课程之间、各个教学环节之间相互匹配和谐发展，各种教育资源的合理配置、和谐利用，学校教育、社会教育、家庭教育环境的相互衔接、和谐结合，教育者与受教育者之间的和谐互动、教学相长，使受教育者的身心和个性全面和谐发展。

第二，建章立制，规范学校管理。

由于桥头镇中心学校地处城乡接合部，社会环境较为复杂，给学校管理带来了较大的困难，近年来，桥头镇中心学校坚持“严管理、勇改革、高质量、创特色”的治校方略，建章立制，规范管理。在教学方面相继制定了《桥头镇中心学校教职工教育教学工作综合考评方案》《桥头镇中心学校学科教学常规管理制度》《桥头镇中心学校教研成果奖励制度》《桥头镇中心学校小学、教学点常规考评办法》《桥头镇中心学校综合实践活动课程管理制度》《桥头镇中心学校教学事故认定及处理办法》《桥头镇中心学校教师考勤管理办法》等。基本形成了岗位职责明确，流程科学严谨、监督评价到位的学校工作机制。学校里人人有事做，事事有人做，事事出高效。所有的学校制度，逐步向教师高效教学序列化接轨。

第三，立足成长，实现活动育人。

学校的育人活动有如下几项。仪式教育：以“让每个孩子的生活充满仪式感”为德育主题，入学仪式、成长仪式、青春仪式，以此教育引导未成年人强化文明礼仪素养。比如一年级新生的入学礼、入队礼、三年级的成长礼、六年级的毕业礼、七、八年级的致学礼、九年级的毕业礼等。让学生在仪式中感受到生命的庄严，体验到自身的尊严。能够在内心深处对自己的生活产生新的认识，从而培养自尊、自爱、自信、自强的优良品格；感恩教育：教育学生学会感恩，常怀感恩之心，常说感恩之言、常行感恩之礼、常做感恩之事，回报父母、师长和社会。每年利用“母亲节”“父亲节”“教师节”等节日，组织学生开展“感恩”主题教育活动，为养育我们的父母洗一次脚、献一束花，为辛勤培育我们的恩师，写一封信、送一份贺卡，为我们的伟大祖国唱一曲赞美的歌、颂一首赞美的诗等活动已经形成年度惯例；诚信教育：“无人监考”活动已成为学校的一大德育特色，学校政务处每学期确定好“诚信大使”名单，升旗仪式上组织“诚信大使”在国旗下诚信宣誓，让全体同学感受“诚信”的神圣与魅力，亲身体验诚信的庄严与重要。每位“诚信大使”都带着自己制作的上面写有诚信格言的桌牌，参与无人监考活动，形成“守信为荣，失信可耻，无信为忧”的校园氛围；励志教育：“我画名人”活动在桥头镇中心学校已持续开展多年，班主任指导学生利用课余时间收集名人名言，这些名言既增加了学生的知识储备量，丰富了写作素材，激励同学们，珍惜时光，努力学习，立志成才，报效祖国。政务处每学期利用三周时间，在全校集中开展“我画名人”活动，寻找名人发奋学习、立志成才的事迹，再由团委、学生会、体音美组，进行组织绘画，最后，将学生作品装裱上墙。通过“我画名人”励志主题教育，激发学生勤奋学习、奋发有为，争做新时代好少年。

第四，细化课型，打造课堂模式。

课堂上教师要围绕“精准教、多元学、显性评”的大通好课堂标准，用“先学后教，以学定教”的教学理念，以“标、学、展、拨、练”的五步教学模式，上好每一堂课。同时，要打造四类典型课堂，细化新授课、练习课、复习课、讲评课的评价标准，探索课堂模式，引导教师开展好课堂研究，开展大通好课堂的培训、观摩、研修等研训一体的校本教研活动。以提升学生课堂参与度、课堂学习互助小组建设为两个重要关注点，桥头镇中心学校提炼出了“活力课堂”基本要素并重新构建了课堂评价量化表。“活力课堂”教学模式在小学部得到推广，为我校“有效教育”理念的提出打好课堂载体基础。而针对薄弱科目学生分化相对严重的现象，从课堂教学着手，针对不同学生的差异，在初中部实行分层走班教学。根据学生的学习基础采用自主选班，教师制定不同的教学目标、教学内容分层授课，提高了教学质量。

第五，强化教研，提升教学质量。

学校重视课题的立项和研究工作。课题申报立项后，组织课题主持人制定学期研究计划，将课题研究与教育教学有机融合，提升教学效果。各课题主持人组织本组研究成员，严格按照计划实施，注重研究过程，定期举办课题研究阶段性总结及展示活动。学校以结题为契机，全面总结我校课题研究的过程和经验，并加以提炼、应用、推广课题研究成果，以进一步发挥教育科研对促进学校师生发展的作用，教学质量以课题的持续开展而不断提升。学校分层次开展课堂教学交流活动。分层组织老年教师的示范课、骨干教师的展示课、青年教师的汇报课，促使各层次教师不断提高专业素养。推选出优秀课例，示范引领全体教师提高教学效率。学校还在组织教师积极参加各级各类学科竞赛活动的基础上，开展全镇中小学教师信息技术与学科深度融合的集体备课比赛、说课比赛、桥中好课堂技能大赛、校本教研系列活动之集体备课、课例研究展示活动、理化生实验教学技能比赛等，用活动的方式激发全体教师发挥集体智慧，共享优质资源，推广学校优秀教师的教学经验，缩短青年教师的成长周期，增进教师之间的相互了解，培植一种交流、合作、探究的学术氛围。按照《桥头镇中心学校青年教师成长共同体组建方案》《桥头镇中心学校青年教师培养方案及实施计划》有序开展各项活动，培养青年教师成长。在学科教学中，通过青蓝工程结成“一对一”的师徒帮带关系，采取“以老扶新”的传统方式，充分发挥传帮带作用。每学期组织青年教师到辖区小学和教学点进行教学拓展活动。感受教学生活，拓展视野，取长补短，磨炼意志，加强自身业务素质。青年教师每周要练习钢笔字、毛笔字、粉笔字等基本功训练，写教学随笔、读书笔记，举行读书分享会、我的教育故事演讲比赛等，引导青年教师在教学中不断学习，以最快的速度掌握扎实的理论基础和专业知识，具备一定的教科研能力，率先成为各级各科骨干教师及学科带头人。

学校还以互联教学助手应用为重点，继续深入推广普及畅言多媒体教学系统、省市教育资源公共服务平台、北京四中网校资源平台和虚拟仿真实验室在教学中的应用，激发教师应用信息技术推动教育理念、教学模式和教学内容创新的热情，积极组织开展多种形式的信息化教学活动，鼓励教师利用信息技术创新教学模式，形成“课堂用、经常用、普遍用”的信息化教学新常态。

第六，依托社团，开发校本课程。

桥头镇中心学校构建了桥中三色课程体系。主色课程为蓝色，主要是教育部规定的学校基础课程；特色课程为红色，包括课间活动课程、庆典教育课程、仪式教育课程、公益活动课程和研学课程；亮色课程为黄色，主要依托乡村少年宫开展社团活动，包括体育类、艺术类、传统文化类、实践操作类。同时，根据学校特色，开发了两门校本课程《看大通》和《诗书启航》，多种课程和谐开设，彰显了学校办学特色，充分体现了培养全面发展、学有所长、快乐向上、身心健康的活力少年这一育人目标。

“落其实者思其树，饮其流者怀其源”，十几年来，上海进才中学北校以实力成就荣耀，用创新收获硕果，同时，共享发展成果，为桥头镇中心学校综合发展提供新的契机。结对交流活动的深入开展为教师的健康成长搭建了锻炼、交流、提高、发展的平台，面对教育对象、管理体制和条件的差异，进才中学北校帮扶我校教师升华了教育理念，开阔了工作视野，活跃了教育思想，改进了教学方法，提高了教学与管理水平，为桥头镇中心学校建设给予了很大的帮助，打造了一支作风优良、素质过硬、技能扎实、师德高尚的教师队伍。希望双方共筑信任基石，继续并肩携手，收获共赢，共享成长，一起绘制两校美好的发展蓝图。

第五章
结论与反思

本书围绕“教师专业共同体”这一核心概念，首先探讨了其提出背景、内涵概念、所遇问题以及现实意义，随后进一步探讨了进才中学北校校长在该校教师专业共同体建设中的重要角色及其对此概念不断深化的思想发展历程，接着进一步结合该校共同体建设的纵向发展过程，本书继续阐述了这一概念在该校管理实践中的落实和价值实现以及对其他学校的影响和效果。希望本书能丰富现有的教师发展与学校管理研究，助力教师专业共同体长效机制的形成，进一步改善教育质量，促进教师、学生和学校文化的全面发展。

第一节　主要结论

近年来，教师专业共同体在国内外学界得到了广泛关注。作为教师专业发展的新范式，它为学校的整体改革与发展提供了富有价值的新思路。然而，国内的初中教师专业共同体研究多停留在对其概念内涵、特征要素、意义价值等理论探讨层面，相关的建设实践研究也才刚刚起步，且其关注点多集中于由学科骨干主导、聚焦单一学科、着眼教师教育活动和教研组文化等微观层面问题的共同体，无法满足我国广大教师群体的专业发展需要及长效机制建立的需求。进一步基于文献分析和相关调查数据可得，当前我国初中教师专业共同体建设主要面临如下困难：一是初中教师个人专业发展动力不足，既缺乏足够的内在发展需求，也缺乏有效的外部强化刺激。二是现有的初中教师专业发展活动组织不力，多数仅有外在“空壳”而无实质作为，不为教师认可，而校内教研组日趋行政化，校际教研同样收效不佳。三是单位激励制度不健全，既有人事制度问题，如教师工作相对稳定，缺少薪资弹性，加之工作强度较大，教学经验沉淀后容易思维习惯固化等因素，使其缺乏内在发展动力和危机感；也有教育制度问题，如考试的指挥棒和与之相应的学校考核制度迫使教师因循守旧，无力响应课改要求，无心创新实践。面临如此现状，如何有效构建初中教师专业共同体以建立教师共同追求专业发展的长效机制尤为值得思索。本书结合文献及当前教育发展需要探讨了教师专业共同体的内涵与价值，再结合进才中学北校多年以来的教师发展实践经验，提炼出初中教师专业共同体的核心要素及建构途径，并探讨该共同体建设及完善的多重机制，然后讨论此思想对区域教育的辐射和影响，最后对共同体的未来挑战与发展策略进行反思与展望。

一、教师专业共同体的内涵与价值

本书认为“教师专业共同体”指的是由某一学校全体教师组成的，具有共同的目标愿景，在长期密切的交互合作中共同追求教师专业发展的动态组织。对这一教师专业发展新范式的探索是教育变革的时代需求，是学校转型的现实需求，更是教师自我提升的内在需求。教育在任何历史时期，对于任何国家民族的发展都是重要的，而在当今更是被委以重任。要想实现国家富强、民族振兴、人民幸福的伟大梦想，就一定离不开一支高素质的教师队伍。同时，学校正朝着相对扁平、相互学习、共同治理的学习共同体发展，教师专业共同体的出现可以为学校发展和改革提供重要动力。而日益变化的教育情境，尤其是当代飞速发展的信息技术与教育技术不断改变丰富教育内涵，无一不鞭策着教师不断学习探索、追求发展。在这复杂的变革时代下，教师专业发展已从个体化努力转向学习共同体携手并进。

二、教师专业共同体的要素与机制

参照已有相关研究的结论、结合本研究收集到的问卷、访谈等数据的分析结果，本书提炼出了初中教师专业共同体的五大核心要素特征：一是共同的价值观和愿景；二是共同体的领袖；三是专业实践中的互助合作；四是交流分享的时空和平台；五是身份认同和归属感。而要在一个教师群体中生成这些要素，首先要基于目标教师群体的需求分析打造共同体愿景；其次要根据教师的精力和能力情况，适度、适量地组织具有实效的教师专业发展活动；第三，要对一线教师进行全方位的专家引领，使之追随；第四，要创造广泛充分的同行交流的机会；最后，还要加强共同体的文化制度建设和物质支持。

教师专业共同体作为一个需要不断培育和发展的有机体，只有通过合理的顶层设计、恰当的制度规约、有力的组织引导来激发足够的教师主体参与和交互，形成人人期待合作并持续参与合作的文化，才能激活其内在生命力，实现教师个人与教师共同体的共同成长。进才中学北校经过多轮的计划－实施－评价－调整的教师发展行动研究，最终形成了一个比较成熟的教师专业共同体。这一成功实践案例中隐藏了初中教师专业共同体得以形成和持续发展的多重机制，包括培育机制、运行机制、评价机制和保障机制。

1. 四大培育机制——目标导向、动力激发、任务驱动、专家引领

有别于商业实践共同体，教师专业共同体缺乏内在自发性，因此共同体的培育是一个系统工程，需要多方机制共同发挥作用。其中，目标导向是远景和行动指南，动力激发是前提和启动器，任务驱动是实践抓手，专家引领是脚手架。四者并施，才能完成“从无到有”的教师专业共同体培育工作。

2. 三大运行机制——持续改进、政策激励、文化引领

教师专业共同体的建设并非是瞬间的完成时，而是要在长期的运行中保持持续发展和逐步优化；相比于短期的教师专业发展活动，专业共同体建设有赖于教师持续的发展热情和动力，这自然又离不开持续有效

的政策激励；在行政性政策的基础上，打造竞相向上、互助合作乃至互相监督提醒的共同体文化，才能赋予共同体更持久的生命力。

3. 三大评价机制——过程评价、绩效评估、团队评价

在发展过程中给予及时、灵活的评价与反馈，能够有效帮助教师改善发展中存在的问题；绩效评估方案和标准既可发挥目标引领和行动指南的功能，又是有效奖惩机制的一部分；团队评价是共同体评价的内核之一，以团队表现代替个人成绩的评价，此机制若运用得当，相比个人评价更能激发教师追求个人专业发展的动力和压力。

4. 两大保障机制——组织和制度

如果把一个初中教师专业共同体看作一个飞行器，那么组织架构便是它的驾驶舱。没有职责分工明确而完善的共同体组织保驾护航，前述的培育、运行、评价等机制都将成为无水浮萍而失灵；共同体制度机制主要是对实践中的有效做法、程序、要求等的制度化，从实践中来、到实践中去，要做到“有‘法’可依，有‘法’必依”，才能保障共同体的持续有效运行。

三、教师专业共同体的辐射与影响

经过多年努力，进才中学北校教师专业共同体建设初见成效，教师队伍的整体教科研能力不断提升，在各级各类教学比赛与报告论文发表中都取得不俗佳绩，在浦东新区乃至上海市范围内获得了广泛认可，并在集团化办学、强校工程、东西部交流等平台形成了一定区域辐射与影响。该校在集团教师共同体中发挥着重要角色，例如通过浸润式的基地学习帮助进才中学东校的新教师快速成长，还通过带教、短期交流、培训、挂职等柔性流动项目传承进才文化、增进集团互动、拓宽共育平台。而在与育民中学、新陆中学结对以来，该校也积极为两校提供涵盖学校管理、学科教学、德育活动等多方面的培训交流，切实为两校的教师专业成长带来了帮助和指导，进一步加强了支援校的帮带力度，如每月行政干部

联合培训活动、五四青年教师教学联合比赛、“升格”教师专业发展实践研究、信息化素养与学科整合实践研究、双向流动支教活动、家校活动观摩等。该校还与青海地区的桥头镇中心学校携手帮扶，通过多层次、多形式的交流往来助其不断促进教育教学理念的更新、教学模式的改革、教学质量的提升，进一步助力其打造一支作风优良、素质过硬、技能扎实、师德高尚的教师队伍。

第二节 反思与展望

本书基于进才中学北校的相关实践，探讨了教师专业共同体的建设机制和落实途径。这些实践经验的总结提升有望对同类学校建设教师专业共同体起到一定的引领和指导作用。然而，这些机制和途径在落实到具体的实践时，并非一成不变，也非放之四海而皆准，而是要因地制宜，不断适应新时代的新变化、新情况和新挑战进行创新实践。

一、教师专业共同体的未来挑战

1. 智能化发展需求

随着移动互联网、云、大数据、人工智能等现代信息技术的飞速发展，技术与各行各业的融合成为不可扭转的大趋势。技术融入教育催生了诸多新的教育概念、模式和形态，如移动学习、泛在学习、混合式教学、慕课、微课、私播课、直播课堂、翻转课堂等。当前以及未来的学生都是出生在信息时代的技术土著民，而目前教师专业共同体仍未脱离传统教师教育的范式，尽管教师发展活动的形式相比传统的专家讲授式培训更加多样化、更加以学习和实践为中心，但内容仍囿于以传统课堂为核心的教学和研究活动。教师们对课前备课、课堂讲授、课后评估等教学环节的努力虽能使教学技能日益娴熟，但一旦传统课堂环境走向智慧化，围绕传统教育模式而打造的诸多活动便可能变得毫无意义，本已成熟稳定的共同体生态可能被瞬间打破，需要经过长期而痛苦的过程寻求新的动态平衡。

2. 跨地区共享需求

教师专业共同体作为教师专业发展的最新范式，目前仍处于初步探索阶段。已有的少量实践多在北京、上海这样的教育发达地区进行。这些探索实践哪怕成绩卓然，对我国整体的教师专业发展的贡献又有几何呢？共同体赖以生存的诸多条件，譬如专家引领、政策激励、物质支持等等，对于广大落后地区的学校均不具可复制性。如何在教师专业共同体建设探索中纳入教育水平、条件和资源普遍落后的广大农村地区学校？教育发达地区的优秀经验在多大程度上对其有借鉴意义？通过怎样的渠道、方法可以尽可能地实现跨地区共享教师专业共同体建设中的经验、成果和资源？这些问题都值得未来的研究进行深入探讨，以便在一定程度上缩减不同地区在教师教育水平中的差距，进而缩短师资水平和学校教育水平上的地区差异，为教育公平事业助力。

3. 学区化、集团化升级需求

近年来，随着教育资源两极分化的现象日益严重，强校因为对优秀师资和生源的吸引而变得更强，弱校则因为多方人才流失而越来越弱，如此形成恶性循环，在前述全国范围内的地区不平衡之外，又催生了同一地市内不同区片、不同学校之间的教育不平衡，进一步损害了教育公平。为此，各地政府纷纷开始倡导通过实施学区化和集团化办学来应对教育资源的两极分化。所谓学区化办学主要是指地理位置上比较接近的多所学校在课程、师资、教研等多方面实施合作共享、共同办学。而集团化办学是指以一至两所强校牵头，带动几所弱势学校共同发展，这些学校在实际地理位置上可能距离甚远，在教育水平上有较明显的强弱之分。以上海地区为例，据上海市教委 2020 年 10 月 26 日发布的《2020 年上海义务教育优质均衡发展情况》报告，上海已经建成学区和集团233个，覆盖75%以上义务教育学校。这些地区教育新举措也给传统的以一校为单位的教师专业共同体建设提出了新挑战。如何在更广阔的学区和集团范围内打造有效教师共同体有待更多研究和探讨。

二、教师专业共同体的发展策略

回顾整个教师专业共同体建设实践和研究，本书认为可以从以下方面去应对并不断推进教师专业共同体建设。

1. 教师专业共同体的地位确立

要确立教师专业共同体的正式地位。学校应该采取多方措施，创造有利条件，支持共同体的发展，如给成员充足的时间参与实践活动、公开认可共同体的价值等。在几乎所有学校中，都存在或紧密或松散的教师实践共同体，但在传统的教学管理模式中，这种非正式的、隐性的团队力量常常被忽视。从该意义上，仅仅是引介“教师专业共同体”这一名称，让教师们知道这一团体的存在，便可无形之中促使他们谈论共同实践行为，进一步促进个人和学校的发展。

2. 教师专业共同体的价值认同

要向成员教师描绘专业共同体的战略背景。教师们的日常实践常常以小组或团队项目方式展开，该层面的团队协作由于总能取得有形成果（tangible products）而容易被认可，而专业共同体层面的学习因长期价值无法立现而亦被忽略。若不加引领，教师们往往会过于专注于小团队的短期目标，而忽略共同体层面的远期战略目标。因此，共同体培育者要善于帮助成员教师们看到团队战略的全景，清楚地意识到个人的参与和进步在整个共同体战略图景中的位置。这种战略意义协商可双向进行：一是说明某一战略目标的实现要求怎样的知识技能以及为获得这些知识技能需要进行哪些实践活动；二是解释现有的实践活动具有怎样的战略意义。唯有帮助成员发展大局意识和战略眼光，使其认识到团队实践的重大价值，才能使其获得崇高的使命感和持久的动力。

3. 教师专业共同体的经验沉淀

理论源于实践，并可指导实践。共同体培育者要充分发掘已有教师专业共同体建设的先进实践。一方面，可在学界普遍证实有效的理论指导下，顶层设计共同体的战略纲领，然后分层落实为行动指南；另一重要的方向是，即便没有明确的理论意识和知识指导，教师们在多年的教育实践与合作中也可能形成先进的、具有引领意义的实践经验。共同体培育者要善于从积极的成果中挖掘其背后的经验，分析其成功的必然逻辑（而非不可复制的偶发性）。一旦确定某一活动的先进性，便可总结、提炼、推广，使共同体内部的潜在智慧充分显化，达到效益最大化。

4. 教师专业共同体的政策扶持

营造有利于教师专业共同体发展的政策机制也尤为重要。一个组织环境中的许多因素均会促进或抑制教师专业共同体的发展，包括学校政策、校园文化、管理层的关注点、薪酬体系、工作流程等。尽管管理层在某些环节（如教师薪酬、人事制度等）不具有完全的自主权，但应在其权限范围内尽可能地调配利于共同体发展的政策，如在业绩评估中充分考虑被评估者参与共同体实践的情况及其在共同体中的领导力、影响力与具体贡献，至少要确保政策不能抑制或打击教师参与共同体建设的积极性。

5. 教师专业共同体的资源互通

助力共同体发展还需要培育者善于打破壁垒，统筹多方资源。教师个人或小团队能够获取的资源是相当有限的。以一校为例，若没有更高层面的共同体组织，在某一事件中存在竞争关系或其他利益的院系部门之间，哪怕有资源可以互通，部门成员也可能因集体忠诚观（common loyalty）而拒绝合作，更不必说跨越学校界限，获得兄弟学校、社会力量或政府主管部门的支持。此时，培育全校范围乃至跨校、跨区的多层次教师专业发展共同体，发现和消除组织结构和文化中有碍成员参与的壁垒，便可更好地帮助个体教师和小团队获得其需要的各种资源。共同体引领者应在内部统筹和外部联络中充分发挥自身领导力，为共同体成员的发展提供全方位的资源支持。

教师专业共同体不同于传统的行政单位，因而不需要繁杂的组织结构和基础设施，但其成员确实需要拥有时间与空间展开合作；共同体的维系不需要过多管理（management），却需要强有力的引领（leadership）。唯有通过全方位的引领，创建适当的组织环境，共同体才能在其中自我成长。领导的艺术在于如何在不过多干预细节的情况下为成员提供足够的资源和人脉支持，做到领（lead）而不管（manage）。

参考文献

中文著作

[1] 佐藤学 . 学校的挑战：构建学习共同体 [M]. 上海：华东师范大学出版社，2010.

[2] 魏忠 . 静悄悄的教育变革——创造的思维半径 [M]. 上海：华东师范大学出版，2017.

[3] 白磊 . 学校基层教师组织研究——年级组和教研组的冲突与整合 [D]. 北京：首都师范大学，2007.

[4] 彼得 · 圣吉 . 第五项修炼——学习型组织的艺术与实务 [M]. 郭进隆译 . 上海：三联书店，1998.

[5] 黄健 . 造就组织学习力 [M]. 上海：三联书店，2003.

[6] 朱永新 . 我的教育理想 [M]. 北京：中国人民大学，2011.

中文期刊

[1] 包智强，吴伟昌 . 校际教科研共同体：区域教科研的新范式 [J]. 上海教育科研，2013，12：52–54.

[2] 杜芳芳 . 校际互动：学校优质与均衡发展的新思路 [J]. 教育发展研究，2009，29（24）：48–53.

[3] 董玉琦，刘益春，高夯 ."U–G–S"：教师教育新模式的设计与实施 [J]. 东北师大学报（哲学社会科学版），2012，06：170–175.

[4] 段晓明 . 学校变革视域下的专业学习共同体 [J]. 比较教育研究，2007，03：74–78.

[5] 顾小清 . 教师专业发展：在线学习共同体的作用 [J]. 开放教育研究，2003，02：39–43.

[6] 郭燕，徐锦芬 . 我国大学英语教师专业发展共同体建设研究 [J].

外语界，2015，05：79–87.

[7] 龚雷雨 . 高品质学校建设的诠释与践行：以江苏省无锡市为例 [J]. 江苏教育研究，2017（26）：26–30.

[8] 黄行福 . 教师专业发展：动力的审视 [EB/OL].（2014–07–28）[2018–05–02].http://www.jxteacher.com/hxf/column3257/fa58fc08–b42e–1103b62ff0bd9.html.

[9] 胡艳 . 专业学习共同体视角下的教研组建设：以北京市某区中学教研组为例 [J]. 教育研究，2013，34（10）：37–43.

[10] 何伦忠 . 高品质课堂建设的探索与实践：聚焦学科核心素养的深度教学视野 [J]. 教育科学论坛，2019（25）：64–68.

[11] 胡小勇 . 促进教师专业发展的网络学习共同体创建研究 [J]. 开放教育研究，2009，15（02）：87–91.

[12] 蒋福超，刘正伟 . 专业学习共同体视角下的教研组变革 [J]. 教育发展研究，2009，28（10）：83–87.

[13] 金小签，邹乐 . 对“国培计划”教师动力不足原因及对策的思考 [J]. 江西教育，2016，36：6–7.

[14] 刘明华，王必闩 . 教研组建设现状及功能思考 [J]. 上海教育科研，2008，04：47–48.

[15] 马南南，顾小清 . 教师在线学习共同体中的学习驱动机制探讨 [J]. 现代教育技术，2008，05：95–98.

[16] 潘涌 . 论中小学教研组建设与学科带头人的使命 [J]. 全球教育展望，2010，39（09）：9–82.

[17] 乔雪峰，卢乃桂 . 跨边界能量再生与扩散：跨校专业学习共同体中的教育能动者 [J]. 教育发展研究，2017，37（24）：1–7.

[18] 王江汉，段长城 . 在线外语教师学术共同体的构建与实施模式：基于 iResearch 外语学术科研平台的研究 [J]. 外语电化教学，2017，03：85–91.

[19] 王越英 . 打造学习共同体促教师专业发展 [J]. 上海教育科研，2004，03：41–42.

[20] 宋萑 . 课程改革、教师赋权增能与教师专业学习共同体：上海市四所小学的个案研究 [J]. 教育学报，2011，7（03）：63–74.

[21] 孙志明 . 高品质学校的核心内涵与内生发展路径探索 [J]. 教育科学论坛，2018（04）：65–69.

[22] 宋萍萍，黎万红 . 轮岗教师的共同体实践：样态及其优化 [J]. 教育发展研究，2018，38（44）：45–50.

[23] 吴国平 . 上海市中小学教师职业状况与政策建议 [EB/OL].（2018–05–31）[2018–06–03].https://www.sohu.com/a/233642055_387177.

[24] 吴文胜 . 共同体: 教师合作文化的有效组织 [J]. 杭州师范学院学报，2006，03：147–148.

[25] 徐斌艳 . 名师培养基地专业特征研究：基于教师实践共同体的视角 [J]. 教育发展研究，2010，30（24）：56–60.

[26] 阴祖宝，倪胜利 . 走向专业学习共同体的教研组变革 [J]. 现代中小学教育，2013，08：54–57.

[27] 叶澜 . 深化基础教育改革三题 [N]. 人民日报，2016，07.

[28] 张平，朱鹏 . 教师实践共同体：教师专业发展的新视角 [J]. 教师教育研究，2009，34（2）：56–60.

[29] 张平 . 基于共同体文化教研组建设的实践探索 [J]. 全球教育展望，2012，41（05）：84–87.

[30] 张志旻，赵世奎，等 . 共同体的界定、内涵及其生成：共同体研究综述 [J]. 科学与科学技术管理，2010，31（10）：14–20.

[31] 郑葳，李芒 . 学习共同体及其生成 [J]. 全球教育展望，2007，04：57–62.

[32] 张佳 . 我国教师专业学习共同体发展现状的实证研究：以上海市中小学为例 [J]. 基础教育，2017，14（05）：76–87.

[33] 张晓蕾，王英豪 . 从“合而不作”到“合作共赢”：对我国校际教研共同体中教师合作现状的探索性分析 [J]. 教育发展研究，2017，37（24）：14–20.

[34] 张建 . 名师基地培养模式之缘由、理念及路径 [J]. 教育研究，

2015，36（04）：86–93.

[35] 张贵勇 . 打造区域高品质教育的思考与实践 [J]. 基础教育论坛，2019（01）：4–7+81.

[36] 集团化办学背后的政府推力：四地集团化办学经验启示 [EB/OL].(2018–05–22)[2018–5–29]. http://edu.cssn.cn/jyx/jyx_jyqy/201805/t20180522_4275389.html.

[37] 陈桂生 .“教师集体”辨析 [J]. 思想 · 理论 · 教育，2002，04：33–35.

[38] 吴国平 . 上海市中小学教师职业状况与政策建议 [EB/OL].(2018–05–31)[2018–06–03].https://www. sohu.com/a/233642055_387177.

[39] 张兆芹，罗玉云 . 学习型组织理论视角下的教师专业发展 [J]. 课程 . 教材 . 教法，2005，11：74–79.

外文期刊

[1]Brower A M，Dettinger K M.What is a learning community？ Toward a comprehensive model[J]. About Campus， 1998，3（05）：15–21.

[2]Cathy M E. Learning better together: The impact of learning communities on student success in higher education[J]. Journal of Institutional Research，2000，1（02）：48–53.

[3]Fullan M. The New Meaning of Educational Change[J]. School Effectiveness and School Improvement，1991，2（04）：336–343.

[4]Hernandez V M， Brendefur J L. Developing Authentic， Integrated，Standards–Based Mathematics Curriculum: （More Than Just） An Interdisciplinary Collaborative Approach[J]. Journal of Vocational Education Research， 2003，28（03）：259–283.

[5]Lave J. Cognition in practice : mind， mathematics and culture in everyday life[J]. Contemporary Sociology， 1988， 19（01）：214.

[6]Little J W. Teachers professional development in the context of high school reform: Findings from a three–year study of restructuring schools[J].

Education and Urban Society.2003， 27（03）：274–293.

[7]Lave J， Wenger E. Situated Learning: Legitimate Peripheral Participation[J]. Applied Cognitive Psychology， 1991，29（02）：138.

[8]Louis K S， Gordon， M F. Aligning Student Support with Achievement Goals: The Secondary Principal’s Guide[J].Corwin Press，2005，12（02）：168.

[9]Phillips J. Powerful Learning: Creating Learning Communities in Urban School Reform[J]. Journal of Curriculum and Supervision，2003，12（3）：240–258.

[10]Roth W M，Lee Y J.Contradictions in theorizing and implementing communities in education[J]. Educational Research Review， 2006，1（01）：27–40.

[11]Rousseau C K. Shared beliefs， conflict， and a retreat from reform: The story of a professional community of high school mathematics teachers[J]. Teaching and Teacher Education，2004，20（08）：783–796.

[12]Smith B L.Challenge of learning communities as a growing national movement[J]. Peer Review，2001，4（01）：4–8.

[13]Stoll L，Bolam R，et al.Professional learning communities: A review of the literature[J].Journal of Educational Change， 2006，7（04）：221–258.

[14]Seashore K R， Anderson A R， et al. Implementing arts for academic achievement: The impact of mental models， professional community and interdisciplinary teaming[J].Center for Applied Research& Educational Improvement，2003，3（02）：241–264.

[15]McLaughlin M W， Talbert J E. Professional Communities and the Work of High School Teaching[J]. History Teacher， 2001，126（12）：106–106.

[16]Turner V. Dramas， Fields， and Metaphors: Symbolic Action in Human Society[J]. Cornell University Press， 1975，14（01）：67.

[17]Wenger E. Communities of practice: Learning as a social system [J].

Systems Thinker, 1998, 7（05）: 1-10.

[18]Westheimer J. Communities and consequences: An inquiry into ideology and practice in teachers' professional work[J]. Educational Administration Quarterly, 1999, 35（01）: 71-105.

[19]Huffman J B, Hipp K K. Professional Learning Communities: Initiation to Implementation [J]. Case Studies, 2003, 245(02): 389-303.

[20]Murphy M. Hundred Percenters: Challenge Your Employees to Give It Their All, and They' ll Give You Even More, Second Edition [J]. Amacom, 2013, 13(09): 1-13.

中国中小学名师名校长领航工程丛书

学本教学建模的价值追求

王　琦◎著

中国出版集团
世界图书出版公司

丛书序

我在不久前发表于《中国教育报》的一篇文章中提到：必须高度重视我国教育本土实践与智慧的深度研究，这可能是中国教育转型的关键，也是增强教育自信的必由之路。这里摘引其中的几段。

何为“本土”？自然指向的是中国本土，它是中国的，是中华民族的，是在中国教育自身的实践中产生的。但今天的本土，又不是纯粹的孤悬于世界教育文明之外的“孤岛”。近代以来，国门大开，中外交流包括教育的交往从未中断，而且越来越有深度，也越来越融通。因此，可以说，在全球经济一体化的今天，偌大的中国，无论怎样的教育实践和思想，都像今天的中美经济贸易一样，你中有我，我中有你，所以这里的本土应该是指发生在中国大地上却又融汇了全球教育智慧的本土实践，是在实践中产生的智慧。研究本土教育，弘扬本土教育的实践智慧、经验，绝不意味着我们对于他国教育理论和实践的拒绝和对抗。

事实上，许多年来，随着教育部中小学名校长、名教师领航工程的陆续启动，一批又一批原本散落、尘封、不为外人所熟知的教育实践成功的学校、校长和教师典型，经由国家工程的推动，越来越快地成长、发展和成熟。笔者参与教育部中小学名校长领航工程，以江苏基地首席专家的身份，与来自全国15个省市自治区的教育家型校长“互学共进”，见证了他们在一流理论和实践导师的专业引领下自身成长和学校发展的

"蜕变"过程，深感与最为杰出的教育人结伴而行，乃人生至乐，且真正可以教学相长。感受最深的是代表我国现阶段最高水平、最高层次的精英校长，他们在长期的教育和学校管理实践中，在长期广泛学习、借鉴、研究、融会贯通、将世界优秀的教育理论与我国教育实际相结合的过程中，不断地"立功、立德"，成就越来越多的教育辉煌，其中有很多校长已经或者正在形成富于本土教育特色和个性的教育思想。

这样成功的本土实践、这种在本土实践中成长起来的中国教育智慧，对于教育改革的深化，对于教育转型，其借鉴意义和价值深远，一点也不亚于西方教育成功的理论和模式；甚或，因为其同源性、可行性，就显得更加重要。对之视而不见或者置若罔闻，这要么是崇洋媚外的劣根作祟，要么是功利导致的无知和漠视。

到 2021 年 9 月中旬，教育部第二期教育家型校长培养工程圆满结业，中国已经培养出近 180 位教育家型校长。而随着时光流逝，他们中的越来越多的人都将淡出教育的主流场域，这虽然是新陈代谢的规律所致，但对于这一批校长，在这样一个黄金时段，如何最大限度地发挥他们的作用和功能，更好地实现在教育变革中的意义和价值，对此我们又有多少考虑，又有多少顶层设计呢?

作为曾经伴随着他们"走过这一段路"的培养者，作为亲眼见证和感受着他们的优秀、卓越和创造了一方教育辉煌的专家，每每想到这些，只有扼腕叹息，我无法要求国内的教育专家学者转换视角、转变观念，把研究的重点瞄向本土、本土真正杰出的教育实践家、中国一流的教育家型校长群体，也无法突破一般政策的规定，比如校长任职年龄的限制，充分发挥这些领航校长的智慧和才干，不断创造办学和教育的奇迹，引领一方教育顺利转型。我可以做的，或者说力能胜任的，大概就只能是重点关注这些校长中的一部分，调动多方专家力量，如实地呈现他们有关教育的功、德、言，呈现他们的研究成果和创造成果。

这套《中国中小学名师名校长领航工程丛书》正是要通过这些校长

自身成长的轨迹梳理、学校发展的过程回放，通过对其经验与理念、理性思考与实践智慧的展示，特别是通过他们教育思想、管理个性与办学风格的真实表达，以理性开启思维，以经验启迪思想，以成功激励成功，为面广量大的校长人群提供资源帮助，经验参照和方法启迪，推动正行进在改革现实、加快转型、探索未来教育的他们突破、超越，从而为加速建设教育强国、科技强国、人才强国贡献智慧和力量。

不仅如此，通过这种原汁原味的成功样本的“实录”，展示中国基础教育转型期一批勇敢者不息探求的历史，为未来国内有志于中国基础教育研究的专家提供第一手的最真实的素材和资源。也衷心希望越来越多的教育同仁参与进来，开展越来越多、越来越丰富的研究，取得越来越多、越来越厚重的成果。

当中国本土的教育实践智慧被越来越多的教育人、研究者深度关注，当本土教育家型校长和校长教育家的办学思想、成果的研究终于成为“显学”，我国教育改革的深化、教育转型的发展，就进入了花香郁郁、生机勃勃、自信满满的崭新阶段。

本丛书的组织、编写和出版，得到了教育部“国培计划”专家工作组秘书长黄桂珍、领航工程项目办郭磊主任、国教院培训学院于维涛、领航工程北京基地首席专家胡淑云、领航工程广东基地首席专家龚孝华等的大力支持，他们给予本书以较高的评价，在此深表感谢。必须要提到的是，2020 年，北京教育学院校长、培训学院院长胡淑云教授邀我和广东第二师范学院龚孝华教授一同参与了中国教育学会重点课题“从名校长到教育家型校长发展路径研究”，本丛书恰恰是围绕这一课题所做的“研究三人行”之成果了。

严华银

2022 年 2 月星期日于南京老山竹下居

前言

《中共中央国务院关于深化教育教学改革全面提高义务教育质量的意见》指出：要强化课堂主阵地作用，切实提高课堂教学质量。要求要优化教学方式，坚持教学相长，注重启发式、互动式、探究式教学，教师课前要指导学生做好预习，课上要讲清重点难点、知识体系，引导学生主动思考、积极提问、自主探究。融合运用传统与现代技术手段，重视情境教学；探索基于学科的课程综合化教学，开展研究型、项目化、合作式学习。精准分析学情，重视差异化教学和个别化指导。各地要定期开展聚焦课堂教学质量的主题活动，注重培育、遴选和推广优秀教学模式、教学案例。特别是在“双减”政策落地落实落细的今天，作为一线的教育工作者和管理干部，一定要重新审视今天的学校教育，树立德智体美劳全面和谐发展的育人理念。重庆市沙坪坝区教师进修学院院长龚雄飞，经过多年实践研究提出的“学本教学”立场下的课堂教学改革理念，能帮助我们教师提升作业设计的能力和提高课堂教学的水平，能让我们重新厘清全面和谐育人的思路，能为我们有效实施课堂教学改革全面提升教育教学质量提供帮助。

目录

contents

第一章

对“学本教学”主张的认知

一、学本教学观
二、学本教师观
三、学本教学内涵
四、学本教学建模
五、学本教学建模的价值追求

一、学本教学观

著名教育家陶行知倡导的“生活即教育，社会即学校，教学做合一”、杜威的“教育即生活，学校即社会，做中学”等，都强调教育应从生活出发，反对教师“死教书、教死书、教书死”和学生“死读书、读死书、读书死”。

学本立场的课程观主张课程不只是特定的知识体系的载体，更重要的是学生主动探究知识的过程。在知识探究过程中，教师以指导者、协调者的身份出现，不再是知识权威的代言人；学生是课程发展的积极参与者，不再是知识的被动接受者。学本课程是教育者为学生提供的基于学生个体生活经验、依靠学生主动建构、为了学生充分发展的教育生活。学本课程观要求围绕学生的主动学习、充分发展需求去建设、实施课程体系，注重基础课程、拓展课程、探究课程的关联性、科学性与可操作性，倡导以自学、互学、展学为主要学习方式去建构知识、提升能力、发展情智，主张课程评价的多元性、开放性、发展性，不断实现课程与人的高度融合。

学本教学的目的是让儿童产生精彩观念，这里的精彩观念正是儿童智力的核心，教学是为了培养和发展学生的创新素养，这是实现课堂卓越的标志；教学“必须基于每一个学生的独特性之上”，这是实现课堂卓越的条件。夸美纽斯说：“找出一种教育方法，使教师少教，学生多学。”这其实就是学本立场的教学观。

学本立场的教学观强调教学既不是师本的教学，也不是短期行为的、考本的教学，而是促进学生主动学习和充分发展的教学。教学就是在教师的支持下，激起、强化、优化学生自主学习和充分发展的过程。教学最大的资源是学生本身，只有当他们的潜能真正被充分激发，学习效率才可能真正提高。所谓的有效教学，就是“教”有效、“学”有效。“教”有效就是“以学定教”“少教多学”“先学后教”，最终实现“不教而教”；“学”有效就是学生以自主、合作、探究为主要学习方式进行学习，有效达成教育教学目标。

二、学本教师观

教师观是人们对教师职业特点、责任、角色以及科学履行职责所必须具备的基本素质的认识。孔子认为，教师要有“学而不厌，诲人不倦”的精神。教师必须先学好，然后才能教好。同时，只有教师能够“学而不厌”，才能激发学生的求知欲望。荀子在中国教育史上首次把教师与天、地、君、亲并提，并把能否做到尊师重教提到关系国家兴衰的高度加以论述。法国自然主义教育家卢梭指出，“我们的第一位哲学老师就是自己的手脚和眼睛”。杜威把教育看作是一种合作的过程，身处于教育活动中的教师和学生称为一个团体、一个团队，教师也就是这一团队中最成熟的成员，他对社会团队中的各种生活负有独特的指导责任。

在传统教育背景下，教师往往本着“师道尊严”，自持“知识的代言人”，把学生视为“知识容器”，忽视学生的自主性和差异性，把自己的意志和书本知识强加给学生。这样的教育不但达不到预期效果，还容易恶化师生关系，使学生丧失主动学习的兴趣和持续发展的动力。在新课程背景下，教师是学生的学习伙伴，承担教育教学活动的组织者、引导者、参与者、评价者、呵护者和唤醒者的角色，要最大限度地调动学生自身的潜力，把他们从课堂上解放出来，让他们追寻自己内心的渴望，大胆地去探索世界，主动培养创新精神、实践能力和社会责任感。

学本立场下的教师观主张教师应成为立德树人的引导者、教育改革的先行者、课程建设的研究者、课堂教学的指导者、教学研究的参与者、专业发展的实践者、绿色评价的践行者。教师相信学生自己可以借助先天智慧通过自主学习获得知识，学生之间是彼此相互促进、共享学习欢乐的伙伴，师生之间是和谐与共发展、同享生命历程的生命共同体。教师的核心能力不是控制力、驾驭力、表现力，而是促进学生主动学习与充分发展的能力。教师的作用是构建良好的课堂人际关系，提出学习的主题与需要解决的问题，维持必要的教学秩序，给予学生恰到好处的引导，鼓励学生自己去主动建构知识和发展能力。教师的发展是分内之事，要在专家引领和同伴互助过程中，主动实现研究对象从以研究教师的教为主转变为从研究学生的学反观教师的教，研究领域从以学科教学为主转变为“学科课程、教学、评价”的综合研究，研究方法从基于经验的研究转变为验证与经验相结合的研究，研究空间从教育结果研究转变为过程和过程多维因素的研究，研究方式从“权威式”的研究转变为“共同体式”的研究，不断收获从教的尊严和幸福。

综上所述，学本教育理念，既与当今主流文化所追求的公平和公正理念高度吻合，也与基础教育所追求的内涵发展和均衡发展价值取向上下贯通，更与中小学教育的价值与功能密切融合。作为以学本学生观、学本课程观、学本教学观和学本教师观及其相互关系构成的有机整体，学本教育理念应该成为我们教育人关于“好教育”的共同理想和信念。行动无理念则盲，理念无行动则空。在学本教育理念下，我们要科学建设学本课程体系，构建学本教学模式，优化学本教学策略，完善管理评价机制，致力于让师生过一种幸福完满的教育生活。

三、学本教学内涵

学本教学内涵具有狭义和广义之分。从狭义的角度讲，学本教学是指学生在教师指导下主要通过自学、互学、展学等学习方式达成课时学习目标、养成终身发展能力的一种课堂形态，其核心内涵是“以学生学习为本、以学生发展为本”。其中，“以学生学习为本”，就是要充分相信学生的学习潜力，激发学生的学习动力，依靠学生的学习实践；“以学生发展为本”，就是要既关注学生当前的发展，又着眼学生长远的发展。作为一种教学范式，学本教学具有六个显著特征：一是在教学与发展的关系上，表现为以学生的自学、互学、展学为主要手段来实现主动发展、活泼发展、健康发展的目的；二是在教与学的关系上，表现为以学定教、先学后教、多学少教、因学活教；三是在教学结构上，表现为教师、学生、教学内容等教学要素及其相互关系的系统优化；四是在教学程序上，表现为学生的自学、互学、展学的有机组合与贯穿全程的教师导学的协调统一；五是在规范与自由关系上，表现为学校教学模式和学科教学模式在“学本立场”基础上的“和而不同”；六是在局部与整体的关系上，表现为以教学转型为中心的区域教育内部管理机制、研修文化等的系统变革。从广义的角度讲，学本教学是集课堂教学改革态度、过程、结果于一体的集合性概念，其核心内涵为“以师生学习为本、以师生发展为本”。换言之，师生都是课堂学习的主体，通过基于学习共同体基础上的自学、互学、展学，实现个体与团队的共同进化。学本教学不是一种教学流派，而是一种立足学本立场的课堂教学理想和追求。因此，凡是符合“学本立场”的课堂形态，都属于学本教学的范畴。

1. 学本教学的原则

学本教学的教学原则是我们对课堂教学所持有的言行准则，主要包括如下五个方面：一是建构学习原则。师生都是课堂学习的主体，主体与他人建立学习共同体关系，通过个体自学与他人助学，有效实现知识建构、能力提升和情意培养。二是主体发展原则。师生都是有待发展的成长者，通过主要以问题为中心的课堂学习活动，实现师生知识建构、能力培养的学习目的。三是内容优化原则。以学生的核心素养发展为导向，创造性实施国家和地方课程，系列化开发校本课程，使学习内容尽可能契合学生的认知发展规律。四是方式灵活原则。根据学习内容要求，灵活选取与之匹配的自学、互学、展学等学习方式，提高课堂学习的有效性。五是人本评价原则。基于师生发展需要，采取以激励为主的对话交流方式相互帮助、相互指导、相互促进，以达成反省行为、提高认识、改进自我的目的。

2. 学本教学的目标

学本教学的教学目标是以情感目标、学习能力目标、创新能力目标为主，知识目标为辅的多维目标，主要包括如下三个维度：一是具有良好的品德和健康的情感。如眷恋家庭，热爱国家；爱惜生命，乐观向上；憧憬未来，规划人生；善于交往，乐于助人；遵纪守法，崇尚道德；行为自觉，敢于担当。二是具备终身学习的意识与能力，如具有学习的意愿，清楚学习的价值；具备学习能力，掌握自主、合作、探究学习方法，养成自主学习、合作学习的学习习惯。三是具有创新精神和实践能力，如善于观察事物，具有发现问题的能力；勤于思考问题，能够举一反三；敢于批判前见，能够挑战固有知识；乐于动手实践，善于创新或创造；等等。

3. 学本教学程序

学本教学的教学程序是指师生在教学目标引领下针对教学内容在时间序列上的实施。教学程序的关键是教学方式方法的选择和安排。学本教学的基本模式是“先学后教互助展评”。根据学校、学科、学段、课型乃至学情的不同,可以创生百花齐放的变式,实施和而不同的教学程序。比如：“问题导学型”学本教学，其基本程序为自学—互学—展学—固学。自学阶段：学生根据要求自主学习，独立思考，质疑问难，生成新知；互学阶段：以学习小组为单位进行问题交流讨论，协同解决自学中尚未解决的问题；展学阶段，以小组为单位在全班展示学习方法、学习结果、心得体会，其他组的学生仔细聆听、质疑反驳、评判优劣、纠错补漏、分享成果，教师及时纠正、适时点拨、合理评价；固学阶段：教师引导学生归纳整理所学知识，并根据学习目标需要进行必要的当堂检测和反馈矫正。同时，还可以根据具体的学习内容，合理安排自学、互学、展学的组合方式，如“自学 + 互学”“自学 + 展学”“互学 + 展学”等，从而创生出和而不同的学本教学程序。

4. 学本教学的实现条件

实现条件是指能使教学范式发挥效力的教师、学生、教学内容、教学手段、教学环境等各种条件因素。作为一种由教学理念、教学目标、教学程序、教学评价等构成的区域性教学范式，学本教学坚守“以学习为本，以发展为本”的价值取向，反对以教学流派自我标榜，拒绝以教学程序故步自封，而是致力于追求开放、包容、以校为本、师生自为的区域教学文化。因此，只要主观上认同学本立场的区域、学校、学科乃至教师，均可开展学本教学的探索与实践。当然，如果要真正通达师生自觉、自为、自由的学本教学理想境界，还需要不断优化相关实现条件，力求教育生态包容、教育观念学本、课程内容可选、教学方式灵活、教学管理民主、教学评价多元、教学手段现代，等等。

5. 学本教学评价

教学评价是指教学范式所特有的完成教学任务并达到教学目标的评价方法和标准等。我们从目标、过程、效果、特色四大维度，重点突出自学、互学、展学等学习方式，精心设置教与学行为规范要点，研发了“学本教学评价指导标准”。各学科可以根据学本教学评价指导标准，创造性构建各学科“学本教学评价指导标准”。不同学科教学评价标准“和而不同”，发挥各自激励、导向、督促功能，共同促进各学科课堂教学整体转型。

6. 学本教学的重要功能

（1）落实课堂教育教学目标。按照新课改要求，在课前、课中、课后都要体现教育教学目标。学本教学范式，恰好深度落实了教育教学目标。一是课前，教师精心设计“导学案”，为学生开展课堂学习搭建“脚手架”。导学案包括学习目标、学习探究和学习检测三大部分。学习目标部分，依据学科课程标准、教材和学情，站在学生的角度予以表述，力求全面、明确、具体，可操作，可检测；学习探究部分，围绕学习目标和重难点知识，精心设计自主学习、合作学习的“少而精”的问题。问题设计对应现行教材，突出重难点知识，贯穿学习过程，注意学生层次，联系生活实际，体现思维深度，表述亲切自然，穿插学法点拨；学习检测题的命制与学习目标保持一致，突出知识重难点，关注学生层次，体现难度区分。二是课中，学生根据导学案进行自学、互学，聚焦重难点问题进行展学，有效实现教育教学目标要求。三是课后，学生对照学习目标要求，通过教师引领、同学帮助和自我反思，不断通达学会、会学、乐学的境界。

（2）促进学生自主成长。学本教学强调自学、互学、展学等学习方式，注重培养学生自主合作探究的学习能力。如在导学资源开发时，紧紧围绕教学重难点，精心设计导学问题，引导学生自学、互学；在学习小组建设时，将自学、互学、展学规范纳入学生学习培训范围，要求以学习小组为单位开展周小结、月小结；课堂教学过程中，坚持学生能自学会的不互学，能互学会的不讲授；在教学评价标准中，制定学生自学、互学、展学规范，并将课堂表现纳入小组评价范围；在对教学质量进行监测时，将自学、互学、展学纳入对学生的学业水平测试范围。这些操作策略都围绕一个核心，即指导学生学会学习和自主发展。

（3）提高教师专业水平。学本教学强调建立学生学习共同体、师生成长共同体、教师研修共同体，一起共享生命的发展旅程。在从教本到学本、研教到研学、教学到课程的校本研修过程中，教师认真践行研修新文化理念，主动实现研究对象从以研究教师的教为主转变为从研究学生的学反观教师的教、研究领域从以学科教学为主转变为“学科课程、教学、评价”的综合研究、研究方法从基于经验的研究转变为验证与经验相结合的研究、研究空间从教育结果研究转变为过程和过程多维因素的研究、研究方式从“权威式”的研究转变为“共同体式”的研究，自觉成为立德树人引导者、教育改革先行者、课程建设研究者、课堂教学指导者、教学研究示范者、专业发展引领者、绿色评价践行者。

（4）推动教育内涵发展。学本教学优化了“为什么教（学）”“教（学）什么”“怎么教（学）”“教（学）得如何”等要素及其相互关系的课堂形态，关系到培养什么人、怎样培养人、为谁培养人等教育核心内涵。因此，学本教学变革不仅仅是教学转型问题，而且是以教学转型为中心的课程改革问题。从教学内部上看，建立“学本立场”的多元教学模式，倡导不同模式采用不同流程和多样策略，能够使课堂呈现多元开放的文化，有效推动课堂文化的深度变革。从教学外部上讲，这样的改革关联区域教育目标、内容、方法、手段、管理、评价等的系统改革，势必引发区域校本研修、课程开发、教学转型、队伍建设、教育管理、教育评价等的同步变革。由此可见，区域学本教学变革实际上具有“引爆”区域教育整体变革的重要功能。

四、学本教学建模

学本教学建模是一个系统工程，它始于经过理论思考，进行教与学关系的调整；核心在于建构教学模式，在理论与实践中架设一座桥梁；实施关键在于建构教学标准，规范教学行为，从而逐步实现教学转型。

1. 教学关系调整

教师和学生的关系在课堂中主要体现为教和学的关系，处理好教和学的关系是优化教师和学生这两大要素的关键。学本教学模式的建立，源于教学关系的深度调整，或者说教学关系的改变是学本教学建模的前提。在学本教学主张下，教与学关系可用“以学定教”“先学后教”“多学少教”“因学活教”加以概括。

所谓“以学定教”，是指教师根据学生的成长需求、学习准备、个性特点、发展潜能等设计和实施教学活动。“以学定教”是现代课堂的基本特征，而“以教定学”则是落后的、集权的、封建的人身依附关系在课堂中的体现。在教学实践中，“学”如何来定“教”呢？

首先，“学”决定“教”的先后，所以要“先学后教”。北京教科院资深研究员文喆的解释是：“当学习者具有一定的阅读能力后，尽可能地用阅读学习在一定程度上取代‘听讲’，在他们阅读的基础上开展教学活动，就根据他们在阅读中提出的问题去讲解、答疑、讨论、实验、调查、探究……对他们没有提出问题的教学内容，除非其十分重要，且这里的‘没有问题’，只是因为其认识缺陷而呈现的‘假象’以外，教师都应坚决地摒除于教学计划之外，这就是所谓的‘先学后教’模式的基本内涵。”先学后教是对传统的“先教后练”教学模式的颠覆性改革。学生的自学成为一堂课的起点，是新型课堂教学模式的最大特色和亮点。

其次，“学”决定“教”的多少，所以要“多学少教”。成尚荣认为“多学少教”，“主要是或者说更倡导教学时间的分配，学生多学，教师少教，以学生的学习为主”。郭思乐教授曾把教学比喻成一只杯子，杯子的边就是教学的“体”，也就相当于教师的教；杯子盛水的空间就是教学的“用”，也就相当于学生的学。杯子的边薄，装的水才多。郭思乐将这个道理称为“杯子边上的智慧”。许多校长和一线教师以为教师教得多学生就必然学得多，实际的情况可能并不是这样。老师虽然讲得非常辛苦，学生却并没有学习，当老师的“教”没有转化为学生的“学”的时候，一切的“教”都是没有意义的。所以如何评价一个教师是否优秀，不是看这个教师“教了多少”，而是看他能否通过自己的“少教”调动学生“多学”，能够以“有限的教”唤起学生“无限的学”，这才是真正优秀的教师。

最后，“学”决定“教”的质量，所以要“因学活教”。判断一个教师的教学是否是高品质的，不能脱离学生的“学”孤立地分析教师的“教”，相反，正是要通过学生的“学”来评价教师的“教”。具体而言：一看老师的教学有没有瞄准学生的问题，是否具有针对性；二看老师的教学有没有解决学生的困惑，是否具有实效性；三看老师的教是不是激发起了学生的兴趣，是否具有可持续性。凡是不瞄准学生问题、不解决学生困惑、不激发学生兴趣的“教”都是无意义的教，都是低效的教。根据这个标准，我们经常会看到，一些教师走进课堂，在不明白学生问题、不了解学生困惑的条件下，就开始自我陶醉式的大段大段的演讲，不论老师的演讲是多么的煽情和精彩，都是没有多少意义的。真正高品质的“教”是直指学生问题的精辟讲解。

随着教和学关系的调整，必然要求我们今天的中小学建立起一种新的课堂，即把过去“教师中心，讲授中心”的课堂改变成为“学生中心，学习中心”的课堂。早在20世纪70年代，联合国教科文组织就已经指出：“教学过程正逐步地被学习过程所取代，我们的课堂教学改革必须在让学生学会学习上发生根本的变革。”广大教师需要切实转变观念，把过去以教师为中心、以教授为中心的课堂变成以学生为中心、以学习为中心的课堂，重新构建起一种“当堂自学、同伴助学、活动展学、互动评学、教师导学”的课堂形态，让“学”居于课堂的核心地位，课堂的一切活动是以“学”为主线展开的。这种以学生为中心、以学习为中心的课堂教学，我们把它叫作“学本教学”。

2. 教学模式建构

夸美纽斯在《大教学论》中提到：“找出一种教育方法，使教师因此可以少教，但是学生可以多学；使学校可以因此少些喧嚣、厌恶和无益的劳苦，独具闲暇、快乐及坚实的进步。”这正是我们追求的目标。

为了推进“学本教学”改革，提出了学本教学模式，即“先学后教互助展评”。这个教学模式是由四个“动词”组合描述的，其中三个动词描述了学生的“学”（实际上也就是提出了三种新的学习方式），一个动词描述了教师的“教”，以期体现学本教学模式的四个特点。

一是“先学”。强调学生的前置学习，把学生的“先学”作为课堂的起点和教学的依据，为“后教”定向。我们把这种基于学生自主学习的方式简称为“自学”。

二是“互助”。强调学生的互助学习，学生在“自学”过程中难以解决的问题，通过小组互助的方式来予以解决，也就是倡导开展以互助为基本特征的合作学习，简称为“互学”。

三是“展评”。学生“互学”的成果需要在全班分享，或者“互学”的问题需要在全班解决，因此需要在全班学生互动交流与思维共振中深化认识，在学生展示和评价的“生生互动”中“释疑解惑”与“达成共识”，我们把这样一种以展评为基本特征的学习方式叫作“展学”。

四是“后教”。在学本教学话语体系中，“教”有两层含义：第一层含义是指学生教学生，即所谓“先学后教，学生主教”。而“互助”与“展评”，就是学生教学生的方式，“互助”就是小组内部学生教学生，“展评”就是在全班范围内学生教学生，其实就是对陶行知先生所倡导的“小先生制”的创造性运用。第二层含义才是指老师教学生。老师要处理好教与不教的关系，有三种情况不教：第一，学生自学能够学懂的老师不教；第二，学生自学有困难，但通过合作互学能够解决的老师也不教；第三，自学有困难，通过互学依然有困难，但通过全班展学，已经解决了的问题，老师还是不教。老师只有在经过自学、互学、展学以后问题还是没有解决时才可以教。

这样，我们的课堂实际上就出现了四种学习方式：即自学、互学、展学、教（jiāo）学。前面的“三学”主要靠学生，后面的“一教”主要靠老师。这样就把过去单一的只有老师讲授的课堂变成学习方式更为丰富、更为多样化的课堂。其中，自学解决微小问题，互学解决中等问题，展学解决高等问题，教学解决超难问题。可见，四种学习方式是分层次和有着不同要求的。

教学建模在规范教师教学行为的同时，需要灵活运用，努力把模式“用活”。美国教学研究者乔以斯和韦尔于1972年出版《教学模式》一书，专门系统地研究了流行的各种教学模式。归纳国内外研究者所提的一些定义，大致上可以分为两类：一类认为教学模式属于教学过程的范畴，它们或者提出教学模式就是教学过程的模式，或者认为教学模式是一种有关教学程序的“策略体系”或“教学样式”；另一类定义则认为教学模式属于教学结构的范畴。

什么是教学结构？在现代教学论中，实践意义上的教学结构包括纵横两个方面：纵向结构是指教学过程中各阶段、环节、步骤之间的相互联系，表现为一定的程序；横向结构则是指构成现实教学活动的各要素，即教学内容、教学目标、教学手段、教学方法等因素的相关联系，表现为影响教学目标达成的诸要素在一定时空结构内或某一教学环节中的组合方式。由此可见，教学模式是对教学结构的一种反映和再现。

建立学本教学模式关键是要把自学、互学、展学三种学习方式融合进去，构成一个新的模型。我们提出的“先学后教、互助展评”的教学模式，其核心步骤是自学、互学、展学三种学习方式的灵活运用。因此，这种灵活运用就有两种情况：

第一种情况，从模式的纵向结构的要求来看，它指教学过程中各阶段、环节、步骤之间的相互联系，表现为一定的程序，因此自学、互学、展学构成课堂的三个主要环节或学习程序，也就是说，可以通过自学、互学、展学三个主环节完成一节课的设计。

第二种情况，从模式的横向结构来看，它表现为影响教学目标达成的诸要素（这里主要指三种学习方式）在一定时空结构内或某一教学环节中的组合方式，因此自学、互学、展学就成为课堂某一教学环节中（比如某一具体知识的学习或者某一具体问题的解决）灵活运用的三种学习方式或者三种解决问题的方法，在一节课中的多个问题里都可能用到自学、互学、展学三种学习方式。

“问题导学型”学术课堂操作流程图

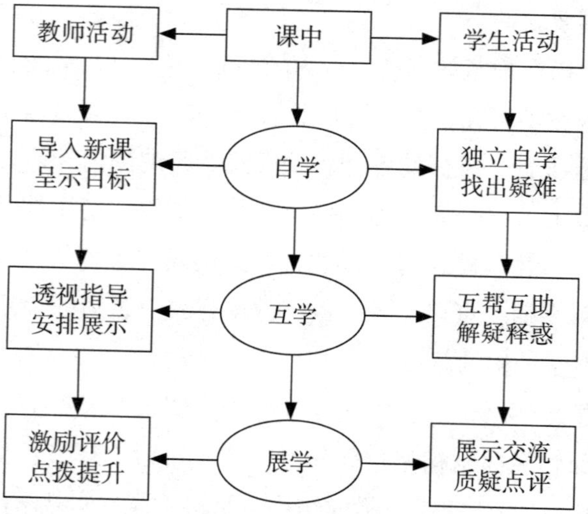

一般来看，自学、互学、展学是三种学习方式，也是解决问题的三种基本方法，在学本教学中解决问题的基本程序是：先由个人尝试独立解决，个人解决不了就在小组解决，小组仍然解决不了就在全班解决。从技术上讲，教学模式是趋向稳定的，而模式运用的过程则是趋向灵动的。把握了自学、互学、展学的组合关系，课堂就会灵活多变，精彩纷呈。如：“问题导学型”学本教学，其常态的操作流程见上图。

要素提炼后，我们还需要对教学模式进行科学表述。美国学者比尔和哈德格雷夫认为，模式是再现现实的一种理论性的、简化的形式。比尔和哈德格雷夫的定义有三个要点：第一，模式是现实的再现，也就是说，模式是现实的抽象概括，来源于现实，具有操作性；第二，模式是理论性的形式，也就是说，模式要有理论的根基，具有科学性；第三、模式是简化的形式，具有简约性。

根据这一原则，我们将学本教学模式简练表达为“先学后教、互助展评”。也就是提出“一个教学模式和三种学习方式”：一个模式指“先学后教、互助展评”，三种学习方式则是“自学”“互学”“展学”。

教学建模并不需要组合教学过程的全部元素，关键是对其核心要素进行结构化的组合与运用，而这个组合能够体现施教者的教育观念、教学行为与教学质量预期。学本教学的核心要素是“自学、互学、展学”，所以学本教学模型就必须包含这三个核心要素，也就是说，这三种学习方式作为三大核心要素，在教学模式的建构中是不能缺失的。

因此，学校在进行教学建模的时候，关键是保证自学、互学、展学三个核心要素齐备，然后再以“自学—互学—展学”为核心环节进行组合与添加。比如，在“独立自学”前加上“目标导学”就成了四个环节，而在“活动展学”后面加上“检测评学”就成了五个环节：目标导学—独立自学—合作互学—活动展学—检测评学。以此类推，如要变成六个环节，可在“检测评学”之后加上“反思悟学”。当然，并不是环节设计越多越好，如导入、目标、小结这些都不是学本教学的核心要素，是常规动作，可以设计成一个环节，也可以不设计成一个环节。

3. 教学标准研制

教学模式设计与方法的效果如何，需要有科学的评价标准。我们采取“通用标准 + 学科标准”的架构开展学本课堂教学评价标准研制。从目标、过程、效果和特色四个维度，突出自学、互学和展学三种基本学习形式，从教的行为与学的行为两个方面共设置了 36 个评价要点，形成“通用标准”。各个学科在此基础上根据本学科特点和学段特征求同存异，研制出“学科标准”。以下这套标准将成为学校新课堂“最系统的一套本土化的评价标准”（科学性还有待进一步论证和完善）。

指标及权重			评价要点
发展指标	教学目标（5分）		1. 依据课程标准、教学内容、学生实际、社会需要并遵循整体性、可行性、可操作性、阶段性和科学性原则进行预设，站在学生角度进行表述并以恰当方式予以呈示； 2. 预设的知识与技能目标简明、具体、易操作、可检测； 3. 关注教学过程中的动态目标生成，并根据动态目标调整预设的教学思路和教学行为。
	教学过程	自学（10分）	生： 1. 明确自学目标任务； 2. 独立、专注、积极自学； 3. 初步理解自学内容并标注所发现的问题； 4. 自学时间充分。
			师： 1. 创设具有真实性、趣味性、情感性的教学情境，设计有层次、有梯度、有思维含量的导学问题或学习活动，激发学生的求知欲、好奇心； 2. 对自学进行学情调查、方法点拨和及时评价，确保学生能初步完成自学目标任务； 3. 督促和指导学生标注所发现的问题； 4. 合理调控自学时间。
		互助（20分）	生： 1. 学习小组成员分工明确，关系融洽； 2. 学习小组采用两人对学、组内互学、组间帮学等形式，协同解决自学中未解决的问题或完成小组共同的学习任务，并做好展学前的充分准备； 3. 互学参与度高，无人做与学习无关的事（如出现每人次扣1分）。
			师： 1. 对互学进行学情调查、方法点拨和及时评价，确保小组集体和组员个体尽可能完成学习目标任务； 2. 督促和指导各学习小组做好展学内容、方式、时间等安排； 3. 灵活调整预设的互学时间。

续表

指标及权重			评价要点
发展指标	教学过程	展评（30分）	生： 1. 围绕核心问题及重难点知识，至少有2个小组展示（不合此要求此项按最低档评分）； 2. 小组展示观点鲜明，内容有价值、有深度、有拓展，形式多样； 3. 学生展示分工明确，仪态大方，语言规范，声音洪亮； 4. 小组展示时，非展示组认真倾听，小组之间有质疑对抗，思维碰撞； 5. 独立完成当堂检测，及时矫正错误问题； 6. 认真参与课堂小结，主动构建知识结构。
			师： 1. 适时追问、点拨、启发、评价，力争使展示小组和非展示组成员均处于积极学习状态，确保小组之间、生生之间、师生之间形成良好的思维互动； 2. 根据必要性原则、围绕重难点进行自由展示，个人、对子或小组均可分享交流学习成果； 3. 根据必要性原则、围绕知识和能力目标进行当堂检测，并及时反馈矫正，拓展学生思维的深度和广度； 4. 指导学生归纳总结，形成知识结构。
	教学效果	表现（15分）	1. 教学过程体现“先学后导、互助展评”，结构合理，张弛有度； 2. 师生关系民主和谐，教师教学方法灵活、适切、有效，学生主体作用发挥充分，课堂焕发出生命的活力； 3. 教师教态自然大方，普通话规范生动，板书简明美观，多媒体、教具等教学手段使用恰当自然； 4. 教师讲授时间原则上不超过15分钟。
		达标（15分）	1. 重难点知识落实到位，当堂检测或随机测评通过率高，有效达成知识与技能目标； 2. 不同程度的学生在过程与方法以及情感、态度、价值观等方面都获得发展。
	教学特色（5分）		1. 互学参与度高，有效解决导学问题或难题，提出有价值的思路或方法，加2分； 2. 有3个及以上小组展示，展示规范、有效，教师追问及时、点拨到位，小组间有质疑对抗、思维碰撞，加2分； 3. 课堂整体特色鲜明，优质高效，加1分。

按照这套评价标准，我们一般从四个维度来评课：教学目标、教学过程、教学效果和教学特色。

“评课，应从学生学的角度来审视课堂、考察课堂，以学生的学来检验教师的教，改进教师的教，这才是评课的科学思维，也是用评课发展课堂的理想状态。”“评课应从以评教为主的师本模式转向以评学为主的生本模式，”而过去评课的标准是从老师的角度评课，主要有四个标准：是否吃透教材；是否讲得清楚；是否吸引学生；学生是否掌握知识。这就是师本视角、教本视角的评课，而学本视角的评课就要看学生是否主动自学，乐于合作，勤于展学，获得发展。

学习的主体是学生，老师是学生学习的促进者。所以，评课的视角要从教本视角转变成学本视角，评价的重心也要从教师转变成学生。评价学生怎么学，重点看自学、互学、展学三种学习方式的运作状态。评教师，主要看教师是怎样为学生服务的，学生学得效果如何。比如在自学环节，学本教学要求学生独立专注、积极自学，老师要做组织者和管理者。这样学生的学习行为和老师的管理行为便形成对接。教与学浑然天成。评价者要关注师生行为观察点，并及时记录下来，作为过程性评价的材料。同时，还要兼顾学校、学科、学段和课型特点，让被评价者明确教学目标在哪里、教学过程怎么实施、教学效果是否达到。

评课从以评教为主的教本模式转向以评学为主的学本模式，意味着新的教研文化重构的开始。学本教学以“学本”理念为光源，现代学习理论为钥匙，打开了教学过程这个“黑箱”，揭示了自学、互学、展学三条基本路径和相应运行规律。

学本教学模式的创新与评课标准的确立，建立起了一套以学为本的创新教学策略体系，成为中小学进行课堂改革的基本依据。有了这个依据，“学本教学”再也不是无法落地的“概念”，而是让广大中小学老师“目中有人，手中有法”，从而大面积激活了课堂。

4. 教学资源开发

教学方式的变革必须与课程内容的开发同步。因为自学、互学与展学主要是围绕问题进行的，为了整体推进以“主问题”为引领的课堂变革，在一定区域内组织中小学各个学科的骨干教师牵头，组成若干个团队，从小学三年级一直到九年级，将每册教材、每个单元、每篇课文、每个核心知识点，逐一进行梳理，锁定好重点、难点之后，设计成一个个核心问题，完成全套导学案的开发，相当于提供了教科书之外的一套资源标准，给老师们备课提供依据，提供指南的“导学案”。

“导学案”的功能，绝不是传统的练习册和检测题。它的价值在于给学生指引恰切的学习目标，并以问题为主线勾画出最简捷的“思维导图”，引领学生直奔重点和难点，迅即进入紧张有序的智力活动状态，为互学、展学做好充分准备。由于“导学案”的主问题都集中锁定于核心知识的重点和难点，这样就把学生的学习活动引向围绕知识学习的重点和难点而进行的探究活动，也就是说，“导学案”的支撑是学生自学、互学和展学有效展开并走向深化的条件，也成为教师备课的关键性的参考指南。

“导学案”是“国家课程学本化”的主要载体。我们并不太赞成时下流行的所谓“国家课程校本化”的说法，在这样的幌子下，有一些学校随意增减课时和调整难度，随意改变课程标准……“国家课程学本化”这个观点，就是要求老师站在学生立场进行教学设计，把“教师教的课程”转化成为“学生学的课程”，为构建内外兼修的学本教学提供资源支持。

5. 质量评价创新

学本教学改革若不与学业质量评价挂钩，势必出现“两张皮”现象。单一的纸笔测试、知识立意的命题模式、“书本搬家式”的试题类型，必然导致“讲授教学”与“题海战术”盛行。如何让学生自学、互学、展学等学习能力与素养在学业质量评价中得到充分反映，就成为深化改革的关键。为了推进学校各学科学本教学，我们在改革对课堂本身的评价的同时，进一步改革了对学校学业质量的评价办法。

如：在学校选取八年级数学学科或语文学科，按照平时课堂分组，每个班随机抽取 2 ～ 3 个学生组成学习小组，按纸笔测试占 70%，实践能力测试占 30% 的比例开展学业质量抽测。其中，实践能力测试按以下程序进行：

第一步，独立解题。各学习小组抽取顺序号，抽到一号的小组首先开始，像平时在课堂上那样围坐桌旁，监测教师给每人分发一份题单，内容是一道开放性的试题。学生围绕本道试题先进行自学，自己独立解决问题。试题难度为中等，基本能确保小组内优秀学生能解决，后进学生有难度，为第二步合作互学提供合适的材料。

第二步，互助解疑。在学生个体尝试解决问题的前提下，学生再带着疑难问题开展合作互学，力争在规定时间内通过“兵教兵”，通过优秀生帮助后进生，使人人都能解决问题并讲清解题思路，为第三步展学做准备。

第三步，展学释疑。以每个小组为单位，学生依次走上讲台进行个体展学：借助板书、投影仪等，讲解本道题的思考过程及答案。如果小组中每个学生都能准确展学，则表明第二步的合作互学是有效的；如果小组中学生个体展学有较大差异，则表明第二步合作互学效果不佳，学生合作学习能力不强，需要加以改进。小组的平均得分即为每个小组成员的得分。

以上全过程均在摄像机下完成，并一一地录制成视频光盘，要求阅卷教师观看各班的视频信号，然后根据评分标准分别评分，按 30% 比例计入每个学生总成绩，被抽测的学科平均成绩随之产生。通过以上的检测评价方式，促进学校各学科教师强化学生有效的学习的培训。

五、学本教学建模的价值追求

教学模式变革涉及教学主体、师生关系、结构流程、价值取向等一系列问题。不同模式所表达的教育思想、教学观点、教学技术是不一样的。

学本教学“以学为中心”的教学建模，定位于学生的“学”，主张课堂既要发挥教师的“主导”作用，又要摆脱教师的“控制”，要从教师知识灌输型课堂向学生自主探究型课堂转变。因而学本教学改革的根本目的，就是要让学生的“学”冲破教师“教”的约束，从内容到形式，从方法到思想，冲破牢笼，实现学习者真正意义上的“解放”。

1972年，联合国教科文组织在《学会生存》这个报告中提出“教育即解放”的口号。与“解放”相对的是压抑、禁锢、灌输、奴役、摧残、践踏、束缚、钳制……这是两种相反向度的力量。是否能做到真正的解放，难就难在教学方式的变革上。重新构建一个以学生发展为中心、以学生学习为中心的新课堂，是教学改革的题中应有之意。这样一种教学变革，实质就是把学习的权力还给学生，其实就是把课堂还给学生。课堂是什么？课堂不是教师演讲和作秀的地方，课堂就是学生耕种和收获的“土地”。

课堂究竟是以“教为中心”还是以“学为中心”，决定了教学模式的分野。传统课堂最大的特征是坚持“教为中心、以教定学”的价值取向，例如苏联教育学家凯洛夫的五环节教学模式，即复习旧知—导入新课—讲授新知—巩固练习—布置作业，其实就体现了“以教师为中心、以教材为中心、以讲授为中心”的集权主义教育思想。

在“教为中心”的课堂背景下，在“导学型课堂”的教学惯性中，教师实际上表现出对学生思维无所不在的控制，教师的地位常常是主动、强势的，学生的地位常常是被动、弱势的。这样的课堂，学生基本上没有思维的自由，从而也就难以培养出具有自由意志和开放思想的现代公民。

“以教定学”的课堂，教学重点和难点基本由教师经验确定，常常是按教学设计的固定线路行进的课堂，学生的独立分析和探究常常是窒息的；以学定教的课堂，常常是教学预设与教学生成精彩交织的课堂，教学重点和难点基本由学生需求确定，学生的独立分析和探究很充分，学生通过自学、互学、展学三种学习方式进行学习，是对学生思维的真正解放，这种学本教学是满足学生真正学习需求的课堂，是高效和卓越的开始。

第二章

对“学本教学”立场的理解

一、教学理念：从教师本位转向学生中心
二、教学方式：从教师主讲转向学生探究
三、教师角色：从课堂主宰转向教学主导
四、教学模型：从过程固化转向学程活化
五、教学设计：从教案撰写转向学案创生
六、教学评价：从习惯评教转向侧重评学
七、教学研究：从基于研教转向研学
八、教师培训：从原理阐述转向学法构设

学本教学的核心内涵是“以学生深度学习为本、以学生素养发展为本”。它既是一种现代的教育思想和教学理念，又是一种可操作的教学模式和学习方式，是一场对中国基础教育的系统变革，主要包括八个方面，即教学理念从教师本位转向学生中心，教师角色从课堂主宰转向教学主导，教学方式从教师主讲转向学生探究，教学模型从教程固化转向学程活化，教学设计从教案撰写转向学案创生，教学评价从习惯评教转向侧重评学，教学研究从基于研教转向深度研学，教师培训从原理阐述转向学法构设。

学本教学是指学生在教师的指导下，通过自学、互学、展学等学习方式达成学习目标、养成可持续发展能力的一种课堂形态，其核心内涵是“以学生深度学习为本、以学生素养发展为本”。其中，“以学生深度学习为本”是充分相信学生的学习潜力，激发学生的学习动力，依靠学生的学习实践；“以学生素养发展为本”既关注学生当前的发展，又要着眼学生长远的发展，培育学生必备品格和关键能力。

学本教学的提出，顺应了世界教育发展和我国教育改革的趋势。中世纪以来，西方教学方法一直交织着两条路线的角力：一条是以“教”为中心的，其代表人物是赫尔巴特；另一条是以“学”为中心的，其代表人物是美国的杜威。教育的核心终究是学习，因此近代以杜威为代表的教学思想成为主流。

自引进凯洛夫教育学之后，形成了以“教”为中心的教育方法体系，压抑了“学”的活力。新课程改革以来，强调儿童的学习主体性，以“学”为中心的教学思想。当代教育家顾明远说：“课堂教学是培养人才的主渠道，是落实课程的一个最主要的场所。课程改革是当前教育改革的中心，深化课堂教学改革，上好每一节课，教好每一个学生，首先要把课堂教学搞好。从我国当前的教育来说，最根本的问题是从教到学的转变。”

十八大以来，习近平总书记强调要发展具有中国特色世界水平的现代教育，要求我们扎根中国、融通中外办教育。学本教学就是在这样的背景下提出来的，它既是一种现代的教育思想和教学理念，又是一种可操作的教学模式和学习方式，其实质就是通过学生对学习过程的主动参与来培养他们的自主意识、探究能力和创新精神，使其成为一个具有主体性人格的会学习的人。

概言之，学本教学不是一种教学流派，而是一种立足“学本立场”的课堂教学理想和教学样态，是教学改革的必由之路与应然之态，凡是符合“学本立场”的课堂形态，都属于学本教学的范畴。

一、教学理念：从教师本位转向学生中心

学本立场的课堂教学既不是师本的教学，也不是追求短期效果的考本教学，而是促进学生主动学习和充分发展的教学。它是在教师的支持下，充分激活学生的内在学习动力，强化和优化学生自主学习过程，使其成为促进学生素养有效提升的过程。学本教学把学生本身看作是教学的最大资源，只有当学生的潜能真正被激发，其学习效率才能真正提高。教师有效教的依据必然来源于学生有效的学；教师有效的教就是“先学后教”“以学定教”“多学少教”“因学评教”，最终实现“不教而教”；学生有效的学是以自主、合作、探究为主要学习方式进行的学习，是他们的认知、情感全面深度投入学习活动的学习过程，是有效达成三维目标和提升核心素养的学习过程。学本教学的本质是引导学生积极自主地进行知识的建构和核心素养的形成。

学本教学主攻方向为两个“中心转换”，即教师为中心转向学生为中心，讲授为中心转向学习为中心。“学本”不仅指向学习对象，还指向学习方法，即让课堂回归“人”的本身，构建以“全体学生”为中心的教育；让课堂回归“学”的本身，构建以“深度学习”为中心的教育。

两个中心转换的背后体现了教育理念和教育理论的根本性变化，即由过于强调基于信息的复制与加工的认知教学理论，向基于社会交互作用的建构主义教学理论的融合与转变。学本教学的“中心转换”被教育界的同行誉为“教育领域哥白尼式的革命”。

学本教学具有三个显著特征：一是在教学关系上，表现为“先学后教”“多学少教”“以学定教”“因学评教”的价值追求；二是在师生关系上，表现为“学生主体、教师主导”“学生主演、教师导演”的基本定位；三是在教学模式上，表现为围绕核心问题，学生主要通过“自学—互学—展学”三种学习方式来解决问题、达成目标的行动，从而实现从老师“被动的教”到学生“自主的学”的转化。

一言以蔽之，“学本”是对“教本”的反对，因此，学本教学既是以“学习”为中心的教学，当然也是以“学习者”为中心的教学。其特点为：在教学对象上，就是要以学生为中心，让学生深度参与；在教学关系上，就是要以学习为重点，让学习真正发生；在教学方式上，就是要以交互为特点，让交互贯穿课堂；在教学效果上，就是要以学养为根本，让学养自我生成，从而让中小学课堂从“成人世界回归儿童世界”，从“成人霸权回归儿童主权”。

二、教学方式：从教师主讲转向学生探究

学本教学要求将学科课堂教学方式彻底地从教师讲授转向学生探究。教学方式从教师讲授转向学生探究，有利于克服传统课堂教学存在的“满堂讲”（“满段讲”）和“满堂问”的弊端。在最早期的传统课堂上，老师声嘶力竭、青筋暴跳地满堂讲授，而学生则大量地走神甚至昏昏欲睡。这种“满堂讲”的方式受到普遍诟病，后来有所“改进”，逐渐发展成为“满段讲”，特别是在学生展学中，只要学生的表达有那么一点点线索，老师立马接上去大段大段地进行替代性、重复性、追加性、延伸性的讲解，使课堂又回归传统的“独角戏”。再后来这种“满堂讲”“满段讲”逐

渐发展为“满堂问”，课堂被成串的连问、简单的碎问、随意的追问填满，呈现出一问一答、碎问碎答的“二人转”的教学行为样态。这种“满堂讲—满段讲—满堂问”的传统教学方式的演变，始终逃脱不了以教代学、多教少学的传授式方法的禁锢，严重抑制了学生学习的主动性和积极性，导致大面积的学生厌学，教学效率极度低下。

在学科课堂教学中要实现教学方式从教师讲授转向学生探究的学本教学转变，必须让学生在课堂学习中围绕学习的主问题或核心任务、经历充分“先学”的“探究”过程。也即是依托“功能导学化、导学问题化、问题思维化、思维品质化”的导学资源，让学生充分经历自学、互学、展学及教师恰当的指导等学习过程，有效达成学习目标。自学、互学、展学是三种学习探究方式，也是解决问题的三种基本方法和途径。在学本教学中解决学习问题的基本过程原则为：先个人尝试独立解决，个人解决不了的就在小组解决，小组仍然解决不了的通过全班展学解决，全班也解决不了的最后由教师教学讲授。自学、互学、展学这三种课堂学习方式，分别对应不同学习问题的层次：自学解决微小的问题，互学解决中等问题，展学解决高难问题；学生经历三种学习依然无法解决的超难问题，最后由老师“教学”解决。前三者主要体现学生的自主学习探究，最后由老师“教学”解决主要体现为教师的教学引导，学生的自主学习探究和教师的教学引导都必须以学生的学习和发展为中心。这样，就把过去单一的只有教师讲授的课堂变为学习方式更为丰富、更为多样化的探究型课堂。

这里需要强调的是，学本教学主要是激励学生通过“自学—互学—展学”三种学习方式来展开学习探究的。其中，“展学”也是一种最基本最常用的学习探究方式。传统课堂中学生也有基于问题的理答，但一般认为这是信息的输出，不属于“学习”的范畴，人们普遍认为“学习”是对知识的吸纳、内化与固着的过程。在学本教学中，“展学”不同于传统课堂的“理答”，“展学”是一种非常重要的学习方式。学习科学研究发现，当学习者外化并表达自己正在形成的知识时，学习效果会更好，最好的学习方式是学习者在知识尚未形成时，就开始尝试进行表述，并一直贯穿于整个学习过程。

“展学”要体现它的“整体性”和“交互性”。“整体性”是指“展学”应尽可能“整体化”而非“碎片化”地呈现学习内容，这是“展学”与传统课堂“回答问题”的主要区别。“展学者”相当于学术论坛上的发言人，应该完整地表述一个话题，实现“表达”的独立性、连贯性与整体性。“交互性”是指在展示的过程中，从个体展学或者小组展学结束时重新出发，由组长组织班上其他学生提问、补充、质疑、反驳、另提方案或优化方案，形成生生之间的互动展学。可见，“展学”是学生表达自己想法、倾听别人观点的学习过程；是学生接受别人意见、改变或完善自己观点的建构过程；是一个信息在师生间和生生间多向流动，从而引发思维碰撞、智慧交流、相互启迪的多向度互动的过程。

三、教师角色：从课堂主宰转向教学主导

学本立场下的教师观主张教师应成为立德树人的引导者、课程建设的研究者、课堂教学的指导者、专业发展的实践者、绿色评价的践行者。教师的核心能力不是控制力、驾驭力、表现力，而是促进学生主动学习与充分发展的能力。教师在课堂中的作用是构建良好的人际关系，提出学习的问题和需要解决的问题，维持必要的教学秩序，给予恰到好处的引导，鼓励学生自己去主动超越自我与发展能力，教师相信学生自己可以借助先天智慧，通过自主学习获得知识，学生之间是彼此相互促进，共享学习欢乐的伙伴，师生之间是和谐共同发展，同享探索历程的生命共同体,为此,学本教学中的教师角色应定位于从课堂主宰转向学习主导，实现由知识传授者到学习设计师的角色转变。

学本教学倡导教师在课堂教学中要尽可能减少和避免课堂主宰，增强课堂教学的主导作用。教师在课堂教学中的主宰性和教学的主导性如何区分？主导性体现了教师的指导功能，目标是引导学生去完成学习任

务；而主宰性则强调的是老师的控制功能，实质是老师替代学生完成学习任务。

在教师主宰的课堂中经常会呈现出两种普遍现象：一是教师泛滥性讲解，课堂教学成为教师的“独角戏”：二是教师频繁性追问，课堂教学成为教师与个别学生相互配合的“二人转”。这两种课堂表现都是“以教师为中心”的课堂形态，它们的实质都是实现老师对学生的“控制”，老师依然是课堂的主宰者，是知识的掌控者，是教学的独裁者……老师对学生依然不信任，不放手，不给予学生思维的空间和思考的自由，造成对学生思维训练的弱效化和教学效果的低质化。

教师如何从教学的主宰者转向教学的主导者？有效的方法与途径是：从随堂引答转向学法设计，重点是必须坚持“两个控制”和“两个改变”。

一是控制老师的“讲”，改变“独角戏”的课堂。学本教学中的老师应做到“三不讲”原则，学生自学就能理解的老师不讲；学生自学有困难的通过互学就理解的老师不讲；学生自学、互学有困难但通过展学能理解的老师亦不讲，即使是学生通过自学、互学，展学依然没有达成教学目标的，也是由老师进行精炼性的讲解。于是，多学少讲变成现实。

控制老师的“讲”是为了让学生有更多时间来“学”，有更多时间来“讲”（展学），使课堂从教师的串讲转向学生展讲。一次优质的课堂展学，就是一次热烈的课堂研讨，在学生之间激烈的交互式展学中，多方法的相互启迪、多观点的互相交织、多视角的思维方式、学生旧有的思维定式，形成学生开阔无限的思维视野与灵活多变的学习机智，形成高质量的“学习场”。学本教学，少了教师“讲坛”的统揽，多了学生“论坛”的性质，人人都可以参与进来，体现了学本教学中“思想自由、兼容并包”的特点。

二是控制老师的“问”，改变“二人转”的课堂。课堂中的碎问碎答教学行为，体现的不是“教师主导”，而是“教师主宰”。学本教学追求的是“导而勿牵”，尽量避免老师碎问碎答。这就要求老师多一点耐心和等待，尽量不在学生展学中频繁追问，不要随意打断学生的表达，要保障学生充分展示，从容展示，完整展示。更不可以切割学生的整体性思维和表达，使学生的展示变成“碎片化”的交流。具体策略是：预估学习难点，设计学法指导，对学生遇到的学习难点不是通过教师直接讲解的方式去突破，而是针对学生学习障碍预设出必要的学法指导，比如准备好辅助问题支架等，在学生学习需要时及时呈现给予指导点拨，实现学生掌握学习重点，有效突破难点。

中共中央国务院颁布的《关于深化教育教学改革，全面提高义务教育质量的意见》和国务院办公厅颁布的《关于新时代推进普通高中育人方式改革的指导意见》都明确提出：中小学教师要运用启发式、互动式、探究式教学方法，这里的关键问题是：“满堂问”的课堂是不是“启发式教学”的课堂？不少中小学教师存疑。

什么是启发式教学？孔子说：“不愤不启，不悱不发。举一隅不以三隅反，则不复也。”宋代教育家朱熹对“愤”“悱”的解释为：“愤者，心求通而未得之状也；悱者，口欲言而未能之貌也。”“愤”“悱”是指学生学习中的困惑与疑难。可见，孔子所说的“启发式教学”，是基于学生的“愤”“悱”而问，是基于学生学习中的困惑与疑难而启，是有针对性和精准性的点拨，绝不是漫无边际、随心所欲的“满堂问”。这种“满堂问”的课堂，老师以规定好的“标准答案”为目标频频地问，密集地问，课堂进入这样一个熟悉的场景：师生之间一问一答、碎问碎答、浅问浅答、随便问齐声答……可以这样说，“满堂问”就是老师以“问”的方式控制着课堂，牵着学生鼻子跑，控制着学生学习的思维过程与思维结果，其特点是：以教师为中心，以导学为中心，老师以“导”的方式控制着学生的思维和思想，其实质就是“以导定学”。至此，我们终于看清了“满堂问”课堂的本真面目：“满堂问”的课堂不过是传统教育思想的“阴魂附体”，不过是老师强权统治的“改头换面”。

为什么“满堂讲”的课堂会演变成“满堂问”的课堂呢？难道这两类不同的课堂有着相同的“遗传基因”吗？正是如此，因为二者之间有着本质上的联系：都是老师“中心化”，学生“边缘化”。老师永远是课堂中的“皇帝”，学生不过是被统治着的“臣仆”；老师永远是课堂中的主角，学生不过是“配角”。“满堂讲”的课堂中，学生只是配合老师掌握“老师所讲的知识”；“满堂问”的课堂中，学生只是配合老师说出“老师想要的答案”。二者的背后都是老师对课堂的主宰，对学生的控制，是比较明显而且彻底的“教学专制”。因此，要实现老师角色由课堂主宰转向教学主导，就需要控制老师的“讲”，改变“独角戏”的课堂；控制老师的“问”，改变“二人转”的课堂。

四、教学模型：从过程固化转向学程活化

教学模式属于教学结构的范畴，它表现为影响教学目标达成的要素在一定时空结构内或某一教学环节中的组合方式。教学模式多是一种平面化的程序设计，它会把课堂分成一个个相对固定的教学环节，这样做有一定的意义，但也有容易导致机械僵化的弊端。因此，学本教学主张课堂由教学模式构建走向教学模型创建。教学模型是一种立体式的教学关系的描述，指向教学要素和教学结构的灵动组合。

学本教学创建的教学模型是“先学后教、互助展评”，它是由四个动词组合描述的，其中三个动词描述了学生的“学”，一个动词描述的是教师的“教”，联合在一起就形成了对“学”与“教”的关系界定。先学指的是前置性学习，简称自学，它是课堂学习的起点和教师教学的依据，为后教奠基和定向；互助指小组内的合作学习，也叫互学，是把学生自学中难以解决的问题，通过小组互助的方式来予以解决；展评也叫展学，就是将学生自学或互学的成果在全班分享，或者是自学、互学解决不了的问题在全班学生互动交流与思维共振中释疑解惑与达成共识；后教先是指学生教学生的后教，即“先学后教，学生主教”；再是指教师的教，即教师在学生通过个体、小组、全班学习后，还存有疑惑和困难，教师进行简要的、点睛式的讲解，形成学习的“进阶模型”（如

下图）。

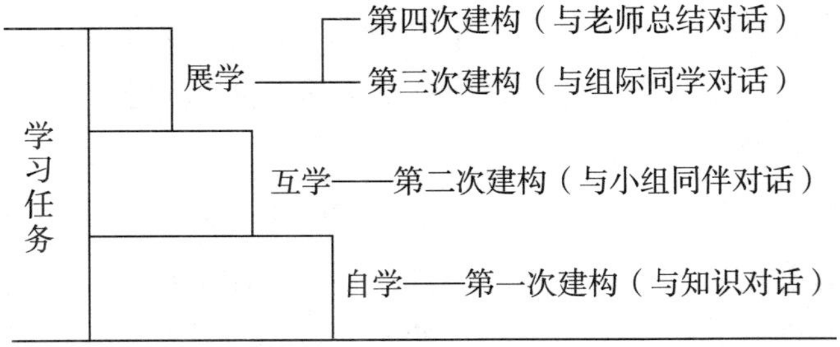

学本课堂教学模型中的自学、互学、展学三种基本学习方式，可以依据需要灵活自由搭配，以适应不同学习内容和学情实际的需要，组合成不同的“学程”。“学程”最先是由美国波斯纳提出来的。在这里借用波斯纳的概念，旨在引导教师从“教”的课堂转向“学”的课堂，即围绕教学目标设计教学内容，围绕教学内容设计主问题，围绕主问题以学生的“自学—互学—展学”为主线展开学习探究，期间辅助老师的“组织—指导—评价”，最终解决问题并达成教学目标。这样的一个学习单元叫作一个基本“学程”。“学程”强调以学生的“学”为主线来建构一个一个学习流程，几个学程的有机组合构成学本教学的课堂结构。

在“学程”设计中，不同的学习方式组合对应于不同难点的学习内容：“简单性任务”通过“自学—展学”解决，“重难点任务”与“自学—互学—展学”相匹配，“特殊性任务”（例如课堂的游戏）采用“互学—展学”的方式突破等。这样的学本教学模型设计，能有效地避免把一节课简单地分成几个固化的“教学环节”或者“教学步骤”，从而让学本教学从学生学习的“主动”、教学关系的“互动”，最终走向教学过程的“灵动”，充分体现学本教学模型的特点：主动—互动—灵动。

五、教学设计：从教案撰写转向学案创生

课堂由“教授中心”向“学习中心”的转变，必将引发教师备课的

深度转型，即由“教案设计”转向“学案设计”，实现课程的“学本化”改进。课程的学本化设计，是指以国家课程标准为依据，通过教师的二次开发活动，将各科“教材”转化为便于学生自学、互学、展学的“学材”，并付诸课堂教学实施的过程。

教案和学案如何区分？它们都是指中小学老师的备课。由于中小学老师对课堂所持的“教学观”不同，备课的侧重点就会不同：如果一个老师认为课堂是以“教为中心”的实践过程，那么老师备课的侧重点就会重点去备老师“教什么”和“怎么教”，这样备课的结果就是“教案”；如果另一个老师认为课堂是以“学为中心”的实践过程，那么老师备课的侧重点就会重点去备学生“学什么”和“怎么学”，这样备课的结果就是“学案”。

在日常通俗的表述中，教案与学案中的“案”，是指中小学老师“上课的方案”，或者叫作“教学的预案”。教案指中小学老师设计的“侧重于老师教”的“上课的方案”，也叫作“讲义”；学案指中小学老师设计的“侧重于学生学”的“上课的方案”，也叫作“导学案”，或叫作“教学设计”。从这个角度分析，在学本教学的条件下，我们不应该备“教案”，而应该备“学案”，或者叫作“教学设计”。

学案区别于教案的明显标志是什么？主要有两点：

第一，学案侧重于“学习问题”的设计。“学习问题”设计大多指课堂学习“主问题”设计，“主问题”是指聚焦教学目标设计的具有较大探究与思考空间的大问题或核心问题，这样的问题一般都会对应课堂的“教学难点”，有一定的思维挑战性，具有形成难点引爆思维的基本特质。

导学单的真正价值应该体现为：功能导学化、导学问题化、问题思维化、思维品质化。因此“导学单”的设计要避免片面的“习题化”，追求高品质的“问题化”。这就对“问题导学”提出了比较高的要求。具体来讲，可以从三个方面优化导学问题的设计：

（1）用思考性问题引领深度学习。思考性问题带动学生深度自学具有双重教育功能：首先是启智功能，自学是否突出思维过程会决定教学的品质和有效性，让教学具有启智功能，也是核心素养教学的本质性要求。其次是求知功能，学本课堂要求“知识作为问题解决的工具被探索、被发现”，而不是被灌输，为促进学生在思考的状态下学习知识、解决问题，因此需要更多地设计思考性的问题来引导学生深度自学。

（2）用重难点问题促进深度学习。“教学重点”是指学科内容中最重要的知识和技能。“教学难点”一般包含两层意思：其一，学生难以理解和掌握的内容；其二，学生容易出错或混淆的内容。聚焦教学的重点和难点设计“主问题”，有利于把学生的思维引向学习的“核心地带”，促进学生的深度自学。

（3）用引爆性问题带动深度学习。“引爆性问题”是指聚焦于知识学习中起决定作用的内容，这样的问题往往具有带动其他知识学习和其他问题解决的功能，可以说它是“教学重点”和“教学难点”中的“关键点”。

第二，学案侧重于“学法指导”的设计。“学法指导”的设计，实质就是为学生提供必要的学习策略的帮助。学习策略是解决如何学习的过程上的策略，包括“学习支架”设计与“学习活动”设计这两个部分：

学法指导设计＝学习支架设计＋学习活动设计

“学习支架”设计实际上就是设计学习支持策略。美国学者加涅指出：“教学可以被看成是一系列精心安排的外部事件，这些经过设计的外部事件是为了支持内部的学习过程。”支架主要是为学生学习提供思维帮助，从内容上可以分为范例、问题、建议、指南、向导、表格、图示、其他等，运用最多的还是“问题支架”即问题导航的支持策略。问题支架就是事先把复杂的学习任务加以分解，变成支架性问题，以便于把学习者的理解逐步引向深入。在导学单的设计时，通过“问题支架”设计，可以形成主问题的梯度，提供给不同层次的学生。比如，中优生的主问题不提供“问题支架”，使其经历思维的挑战；对后进生则给予必要的“问题支架”，使其顺利完成自学—互学—展学任务，特别是独立自学任务的完成。学习支架的作用就在于帮助学生顺利穿越“最近发展区”以获得更进一步的发展。学习支架的运用要遵循“渐退性原则”，学生通过支架的帮助，管理学习的任务和职能逐渐由教师转移给学生自己，最后要撤去支架，让学生形成真正的独立学习能力。

“学习活动”设计主要是设计活动过程（包括学习时间、学习方式、学习程序）与学习规则。张卓玉在《构建教育新模式》一书中说：“规则制定能力是新教育模式下教师的一种全新的、重要的能力。新模式要求学生在做事情的过程中学习和成长。做事情意味着一个过程；过程就需要步骤，需要程序，需要标准。做事情还意味着合作；合作就需要有组织，有分工，有评价。要保证学习活动的持续有效，就必须有科学的机制，即用机制保障持续的激励与必要的约束。概言之，新模式需要新规则。”

“学习活动”设计以学习要求和学习提示的形式呈现，让学生明确在该学习活动中应该怎么学、应该怎么做。

概括起来说，学本教学的备课应从学生学的角度设计好三个问题。

（1）学什么？以学生的学情作为学习设计的依据，精准制订学习目标，将教学内容恰当地转化为有利于学生学习的主问题。

（2）怎么学？以促进学生的学习作为设计的着力点，调动学生学习兴趣，合理设计自学—互学—展学等学习方式，提供必要的学法指导，让学生能够有效地学习。

（3）学得怎么样？展示学生学习成果及成效，及时反馈暴露学习问题缺陷，给予必要的引领提升指导，以学生的学习效果作为设计课堂评价指标。这就要求教师在课堂教学之前，对学生在主问题的自学、互学、展学中的学情进行预估、预判的基础上，有针对性地设计好相应的支持应对策略，做到放手而不放任。通过学案设计，把学习的时间和空间彻底地交还给学生，促进教师角色由知识传授者转变为学生学习活动的设计者、学习过程的支持者与学习探究的引导者。

六、教学评价：从习惯评教转向侧重评学

学本教学的教学评价倡导“以学评教”，从习惯评教转向侧重评学。也就是从学生“学”的角度来审视、考察课堂，以学生“学”的状态和效果来检验教师的“教”的能力和水平，通过评“学”来帮助教师改进“教”。践行学本教学“以学评教”的评价理念，有以下四个角度：

1. 动力与需求视角——愿不愿学

学习需求是产生学习行为的内在动力。学生一旦有了学习需求，其内在的学习动力会源源不断地支持学习行为，推动学习思考过程持续向纵深的方向发展。“以学评教”理念下，评教的首要的视角就是要观察学生的学习行为发生是内在的主动还是外在的被动。一方面我们要看学生对学习过程中的各个学习活动是否真正有兴趣。另一方面要看学生的学习过程是不是以真问题推进。要让学生在学习中感觉到要解决导学问题不看书、不思考、不操作、不合作、不交流不行，促进学生主动地自学、互学与展学。

2. 问题与素材视角——能不能学

即学习问题和研究这些问题的素材能不能很好地为学生学习提供有力的支撑。首先，学习问题要符合“低入、多思、高出”的标准。低入，就是问题思考的起点低，让班级所有的学生都能参与，投入学习思考；多思，指问题具有较大的思维空间，不同的学生会有多样的学习与思考，充分体现事物的多面性；高出，是指不同的学生通过问题的探究，都有相对于自己学习而言的高收益。其次，要观察课堂学习材料对于每个学生来说，是不是都能学后有所发现和收获。从问题和素材角度构建支持学生有效学习的支持系统。

3. 方法与能力视角——会不会学

在这一视角下，学本教学评价有三个方面的立足点：一是学习方式与学习内容及学生学习能力是不是匹配？二是不同学习方式运用是否科学合理？三是学科学习方法是不是得到了有效的指导？在这三个问题视角的引领下，优化学生学习方法与学习能力培养，让学生在学习过程中

掌握适合学科特点的学习方法及有效自学、互学、展学的方法与技能，形成实实在在的学习能力，让学生真正的会学。

4. 变化与效率视角——学得怎样

无论什么样的课堂教学变革，其最终结果都要体现在学生课堂学习过后的变化上来，体现在学习效果与效率上来。学本教学评价学生通过学习带来的变化和发展效果的视角分析思考，以实证数据分析在自学、互学、展学前后的变化，学与不学有什么区别，以学生真实的变化考查和落实教学的效率。看是不是班上每个学生都在课堂上得到了发展，特别是不是给足了潜能学生的学习与机会。有了学生学习前后的变化、有了不同学生的进步提升，课堂学习效率就有了看得见的体现，学得怎样的目标落实才会有保障。

将上述学本教学评价理念视角，进一步结合课堂教学情景具体化，就形成了学本教学课堂评价标准，如下表：

指标及权重	评价要点	评分办法	记分
教学目标 5分	1. 聚焦核心素养。基于学生发展核心素养，结合课程标准、教学内容、学生实际，针对学生发展的必备品格与关键能力，遵循整体性、阶段性、可操作性原则预设教学目标。	1. 学习目标设计不恰当扣 3–4 分。	
	2. 描述学习目标。知识与技能目标简明、具体、易操作、可鉴别；学习目标既要求具体但又不暴露探究的结果，站在学生角度进行表述，呈现的时机和方式恰当。	2. 目标表述不清，或者呈现时机不当，提前暴露探究结果，扣 1–2 分。	
	3. 确定重点难点。对教学目标进行科学分析，确定教学重点与教学难点，并统帅学案内容，调控时间分配，调节教学进程。	3. 重点难点确定不准确，扣 1–2 分。	
	4. 把握生成目标。生成性目标得到及时关注和妥善处理。	4. 酌情扣 1–2 分。	

续表

<table>
<tr><th colspan="3">指标及权重</th><th>评价要点</th><th>评分办法</th><th>记分</th></tr>
<tr><td rowspan="10">教学活动50分</td><td rowspan="5">自学10分</td><td rowspan="2">学生表现</td><td>1. 自学方法选择。自学方法得当，学生独立、专注并在思考的状态下进行自学，自学有深度。</td><td>1. 自学方法不当一轮次扣2–3分。</td><td></td></tr>
<tr><td>2. 自学任务完成。自学题量合适，学生在规定时间内初步完成学习任务。</td><td>2. 酌情扣1–2分。</td><td></td></tr>
<tr><td rowspan="3">教师功能</td><td>1. 自学任务设计。创设具有真实性、趣味性、情感性的教学情境，设计有层次、有梯度、有思维含量的导学问题或学习任务。</td><td>1. 自学问题设计不当一轮次扣2–3分。</td><td></td></tr>
<tr><td>2. 学法指导设计。教师对学生自学的难点要进行提前预估，把指导自学的任务设计成支架性问题在“自学指导”中予以呈现，通过“辅问题”和“主问题”的结合，方便学生独立自学。</td><td>2. 在必要的前提下却无“学法指导”设计，一轮次扣1–2分。</td><td></td></tr>
<tr><td>3. 自学过程管理。即时了解学情、指导学法、评价反馈，合理调控时间，指导完成任务。</td><td>3. 酌情扣分。</td><td></td></tr>
<tr><td rowspan="5">互助20分</td><td rowspan="3">学生表现</td><td>1. 组织有序交流。组长组织，小组成员分工明确，遵循“弱者先讲、中者补充、优者总结”的顺序进行交流，协同解决问题或完成合作任务。</td><td>1. 缺乏组织，交流无序一轮次扣2分。</td><td></td></tr>
<tr><td>2. 汇总同伴意见。原则上小组要汇总意见或总结方法，形成合作性成果。</td><td>2. 无小组汇总意见或总结方法一轮次扣2分。</td><td></td></tr>
<tr><td>3. 做好展示准备。做好展学内容、方式、分工等准备。其余酌情扣分
4. 调控小组纪律。组长调控纪律和秩序，互学参与度高，无人做与学习无关的事。</td><td></td><td></td></tr>
<tr><td rowspan="2">教师功能</td><td>1. 小组人数控制。小组规模原则上控制为3–4人，不得超过4人。</td><td>1. 小组人数超过4人，扣10分。</td><td></td></tr>
<tr><td>2. 互学任务设计。设计的互学主问题或主任务科学合理，紧扣学科重难点知识，指向核心素养培养。</td><td>2. 互学主问题或主任务设计不当一轮次扣2–3分。</td><td></td></tr>
</table>

续表

指标及权重			评价要点	评分办法	记分
			3. 学法指导设计。互学活动过程设计具体得当，在“学法指导”（学习要求）部分对“谁组织、谁先讲、谁总结”及“谁承担什么任务”等提出详细要求。	3. 互学活动过程设计不具体一轮次扣2–3分。	
			4. 互学过程管理。互学过程的组织与管理有效，教师调控互学的秩序和纪律、发布互学的过程性指令、针对各组落实过程性指令的差异进行提醒，如提醒“组长主持”、提醒“有序交流”、提醒“汇总意见”、提醒和管控“互学时间”等。	2. 互学过程组织与管理弱化一轮次扣1–2分。	
	展评30分	学生表现	1. 展学仪态声音。主问题或主任务展示须走上讲台，仪态大方，表达完整，声音洪亮，面向全班，脱稿讲解。	1. 主问题展示时没有走上讲台、声音不洪亮、背对全班、念稿展示，一人次扣1分。	
			2. 展学内容选择。简单知识快速展示，反馈矫正；重点难点详细交流，更多采取小组展示、交互展示的方式，拓展思维，追求深度。	2. 根据展学内容采取合适的展学形式，展学形式不当一轮次扣1–2分。	
			3. 展学方式要求。小组展示有组织、有分工、有配合；交互展学时至少要有两个以上同学参与补充或质疑，形成质疑对抗、思维碰撞。	3. 小组展示没有组织、分工不明确一轮次扣1–2分；主问题展示后无补充或质疑一轮次扣2–3分。	
		教师功能	1. 展示过程管理。学生展学过程中，教师要及时提醒学生注意展学姿势、声音、组织，协助调动其他学生参与补充或质疑，促进大面积生生互动的形成。	1. 教师在上述方面没有及时提醒，酌情扣1–2分。	
			2. 展中适度启发。学生展学交流过程中，教师要科学运用启发式教学，启而有度，导而勿牵，不可过度追问，以免造成“碎问碎答”；但教师又不可不问，不可放弃对学生展学中错误的启发和指导。	2. 教师过度追问导致“碎问碎答”，一轮次扣2–3分；学生展学中暴露错误但教师指导不当或放弃指导，一轮次扣2–3分。	

续表

指标及权重			评价要点	评分办法	记分
			3. 展后重复讲解。学生展示交流完毕后，教师不可重复讲解，但可以进行精炼的提升归纳式讲解；也可以引导学生归纳小结，形成知识结构。	3. 学生展学交流后教师重复讲解，一轮次扣 1–2 分。	
	教学效果30分	学生表现10分	1. 学生学习状态。学生主体地位突出，学习状态好，参与自学、互学热情高；展学时积极举手，踊跃上台，课堂气氛热烈。	每一项均根据整体情况酌情扣 2–3 分。	
			2. 学生参与广度。学习参与度高，展学时组织进行大面积的补充或质疑，生生互动效果好。		
			3. 学生学习深度。学生交流有思维深度，交互展学能互相启迪智慧，拓宽视野，立足培养知识和能力并在情感态度价值观等方面都有所发展。		
		教学达标15分	1. 课堂观测评估。当堂测评通过率高。通过课堂学生的当堂练习、展示反馈，检验学习效果，评估达标情况。	根据判断与检测，对整体效果进行评估，酌情扣分。	
			2. 课堂检测评价。在有条件的情况下，用教学的前后测进行对比，精准分析学生学习之后的提升幅度，以此评价学生学习的达标度和进步度，并运用数据分析反观课堂、改进教学。		
教学特色5分			1. 学案整体创意。学案设计整体富有创意，使人耳目一新。	1. 学案整体创意好加 5–6 分。	
			2. 教学局部创新。某一主问题设计有深度，有创新，能够诱发学生深度交流，交互展学精彩纷呈。	2. 课堂局部有创新加 3–4 分。	
			3. 关注教学生成。课堂教学能够及时抓住学生展示交流中产生的冲突，生成新的问题且能够很好地予以解决。	3. 课堂能够有比较精彩的教学生成加 3–5 分。	
			4. 现代技术运用。现代教育技术与课堂深度融合，实现高质量的情境学习和精准教学。	4. 现代教育技术与课堂深度融合效果好加 3–4。	
			5. 彰显学科文化。挖掘知识的人文价值，指向学生的必备品格培养，师生生命活力充分彰显。	5. 课堂洋溢着育人价值加 3–4 分。	

这一课堂教学评价标准，主要是从学习目标、学习过程、学习效果和教学特色四个维度进行研制，突出自学、互助和展评三个环节，我们称之为“四维三学”的课堂评价标准。这一课堂评价标准的研制，具有鲜明的学本特色，其目的是引导形成学生想学、能学、会学、学好的课堂。当然，学生的学离不开老师教的支持，学背后体现的是教师教的能力、教的水平、教的效率，只有这样从学生“学”的角度讨论、研究、评价和改进课堂，才能真正体现和落实以学为核心的课堂变革理念。

七、教学研究：从基于研教转向研学

我国中小学老师基本上是在“教本教育”的背景下成长起来的，他们所积累的深厚的教育教学经验、储备的扎实的教育教学理论，都打上了鲜明的“昨天”的印记。学校的教研，习惯关注于教师的“教”，对学生的“学”关注不够、研究不深，需要更新与迭代，这是中小学老师专业生命成长的时代要求。

在“学本教学”背景下，中小学老师需要从基于研教转向深度研学，尤其在教育改革的年代，要构建基于核心素养的教育变革，要创建“以学生深度学习为中心、以学生素养发展为中心”的教学范式，对老师们的挑战非常大。

“深度研学”需要研究学生的学习基础、认知特点、思维特质、心理品质、学习方式等，需要深入研究学生的自学、互学、展学的规律性和策略性。

例如对自学的研究。中小学学生“自学”主要有三种不良倾向：一是“脚踩西瓜皮”式的“放任型自学”，二是“翻书抄答案”式的“浅表型自学”，三是“忙于做练习”式的“迷糊型自学”。针对这些问题，我们进行深度研学，总结出“自学”的主要特征：自学是一种前置性学习、个体性学习、探究性学习、思考性学习方式，即个体亲身经历某一学习事件或某一学习情境，是一种通过个体亲身经历、亲自体验并在思考的状态下获得科学知识、养成道德品质、掌握学习技能的学习方式，包括做一做，想一想；试一试，想一想；练一练，想一想；读一读，想一想……

例如对互学的研究。中小学合作互学主要也有三种不良倾向：一是合坐不合作，二是合坐假合作，三是合坐浅合作，表明合作学习中的边缘参与远远多于核心参与。通过深度研学，我们提出细化合作学习过程，进行两个环节的设计并提出明确要求：第一环节，分享——有序交流，自由表达。在小组合作学习要求中，既要有有序交流的明确要求，又要有自由表达的学法提示，促进小组成员在合作中实现规则和自由的有效结合。第二环节，综合——归纳小结，综合提升。个体交流的意见往往是零散的，这就需要明确提出汇总小组意见的任务要求，让小组成员把“汇总意见、达成共识”作为小组学习的共同目标。

再如对展学的研究。展学主要也有三种不良倾向：一是展学内容面面俱到，二是展学表述零碎不堪，三是展学发散后没有形成最终的结论。通过深度研学，我们提出了改进展学的相关策略：一是展学内容，取舍与详略要注意“详略选择”，最好围绕“主问题”，围绕重点中的易错点、难点中的关键点而展开详尽展学，尽量避免展学内容泛而不精，耗时却无深度。二是展学的过程，共振与互融。展学的一个最明显的特征是：表达的独立性与内容的完整性，应尽可能“整体化”而非“碎片化”地呈现学习内容，增强“表达”的独立性、连贯性与整体性。三是展学的结论，统整与提升。展学应该尽可能调动班上的学生大胆地参与补充或者质疑，让更多的学生参与进来，保持展学过程的开放性，但是在交互式展学结束后，需要经过梳理与归纳、比较与鉴别、提炼与概括，最终形成一个比较精确且有内在关联的问题结论。

“深度研学”是中小学推行“学本教学”的“根基”，需要重构教研范式。教研转型最本质的转型需要和最急迫的时代使命是从“侧重研教”转向“深度研学”。这原本是一个朴素的道理，但在不知不觉中总是被人遗忘。既然教学的本质和初心应是“为学而教”，那么研修的重心自然应该聚焦于学。因此，我们以“学本研修”来定义研修转型，这意味着新时代教师教研的特质应当就是“深度研学”。

八、教师培训：从原理阐述转向学法构设

学本教学的飞速发展给中小学教师培训带来巨大的挑战。目前的教师培训并没有对此做出足够有效的应对，还在延续传统教师培训的诸多弊端，主要体现在三大方面：

（1）课程设置与教师需求脱节。培训课不能因应教师专业成长规律和教师需求设置，往往因有限的专家而设。聘请专家随意，造成课程内容大杂烩，最终形成生硬拼凑式的课程结构。

（2）培训内容与学本实践分离。课程内容不能紧跟学本教学步伐，不能体现当下核心素养培育与深度学习等大趋势，不能对接于“学习”的变革需求，不能有效解决教师的实践困惑。

（3）实际获得与培训目标失衔。培训目标和评价标准视角短浅，只关注教师在培期间的短时浅层表现，不关心教师在培训中真正的实际获得，更不关心教师长期的行为能力改变，培训一旦结束，教师成长就停止，有时甚至会还原为原有状态。

新时代发展和教师培训现实问题的挑战，呼唤建立区域“长程式”“孵化性”培训模式，以回应新时代学本教学对中小学教师培训的诉求。

“长程式”是指培训课程的系统性，教师培训如果要取得最大化的效果，必须具备两个条件：一是循序渐进的系统课程，强调系统学；二是知行合一的教育变革，强调学中做。

“孵化性”意味着要诞生新的东西，无论是观念、策略抑或方法。这里是指通过系统课程设计，把培训过程打造为一个教师专业发展的孵化器和能量场，让每一位参培教师都能在培训过中得到专业发展的“赋能”，使其专业智能在培训过程中得以有效催生和成长，促进教师专业水平日益持续提升，逐渐实现更高专业水平层级的进步。

学本教学背景下的“长程式”“孵化性”培训具有五个基本特点：

第一，聚焦学习。核心理念为：“把教师培训建在课堂。让教师培训聚焦学习。”这是学本教学的根本要求，也是教师培训必须坚持的方向。学本教学背景下的教师培训既要“讲方向”又要“讲方法”，要起于理

念更新而落于方法建构。这就需要我们确立培训课程的新定位：从教的原理解释向学的对策构设转型。

第二，解决问题。教师培训就是解决中小学老师教学中的真问题，正如《教育部关于深化中小学教师培训模式改革全面提升培训质量的指导意见》所要求的，中小学教师培训要通过现场诊断和案例教学解决实际问题，采取跟岗培训和情境体验改进教学行为，利用行动研究和反思实践提升教育经验。教师培训如果不解决教师们工作中的真实问题，则培训的价值就衰减大半。

第三，基于案例，培训课程要实现由“解释问题”到“解决问题”的转型，由原理分析到学法构设的转变，真正能达到“教学做合一”的理想效果，必须要强化案例分析。人们常说好的课程是“理论联系实际”，这里的“实际”表现为“教学案例”。“理论”则体现为“案例分析”。因此，要建立教师培训课程开发基本标准——强化教师研修课程“四要素”：“聚焦问题＋提出方法＋视频案例＋问题分析”。规定以视频案例的方式再现教学现场，进行深度分析，并采用定格与放大的方式，挖掘视频案例背后隐含的教育思想、教学规律与方法策略。

第四，追求系统，由碎片化的组合到系统化课程开发的转变，这是当今教师培训中最需要解决的问题，我们经常遇到这样的培训：围绕一个主题邀请几个主讲者，每人讲半天课程，弄一锅“大杂烩”，由于课程彼此之间缺乏有机的联系和体系的呼应，对教师发展缺乏连续性的培训课程设计，往往导致教师培训效果不佳。

第五，改进行为。日本学者佐藤学指出：“学校改革倘若不以课堂改革为中心，就不可能有丰硕的成果。”而课堂是最强调实践操作的。教师培训的重点是指向老师教学行为的改进，强调培训后孵化出“新行为”，这也是衡量教师培训效果的关键。因此学本教学一次专题培训后，我们都要安排“实践性作业”，要求老师们实践操作，内化改进，伴随每一次专题培训，当学本教学的难点一个个被攻克，老师们不断内化改进，教学新行为不断提生并被巩固，由此形成“可视化”的专业发展轨迹。

学本教学是一场深刻的“课堂革命”，是一次系统的“教学转型”，是撬动教育整体变革的“战略支点”，也是教师发展的重大契机。而能否设计和实施好与之高度匹配的教师研修，则起着决定性作用。因为推进学本教学需要整体提高教师队伍专业素养，而需要整体提高教师队伍专业素养又必须将教师研修置于教育变革的情境之中，以学本教学的结构化任务驱动教师行为改进，让教师进入“愤悱”状态；与此同时，以适时、适当的教师研修来启发、帮助教师找到行为改进的策略方法，从而获得成功的体验。如此循环递进，两者之间就构成一种良性互动、动态平衡的关系。教育终归属于一种实践活动，教师发展应该指向教育行为改进，不能指向教育行为改进的教师发展等于空中楼阁。理想的教师发展途径是教师行动与教师研修的“无缝对接”，亦即研、修、行一体化。这是我们找到的最为有效的教师发展模式。

第三章

“学本教学”课堂改革的几点体会

一、“学本教学”立场下的课堂使“成人霸权回归儿童主权”
二、“学本教学”课堂中“学情”是“导航”
三、“导学案”的设计直接影响“学本教学”课堂的质量
四、“自学”“互学”“展学”成为高效教学中的三种主要学习方式
五、在“学本教学”课堂中对教师的十点建议

一、“学本教学”立场下的课堂使“成人霸权回归儿童主权”

道真自治县民族中学是践行学本教学的基地学校。在龚雄飞院长的亲自培训和现场指导之下，全体教师通过三年多的实践和探索，多数教师的“学本教学”课堂模式建构已基本形成，“学本教学”的教育教学理念已经明晰，教的方式和组织学生学的方式大大转变。有很多收获，也有很多感悟。我认为：学本立场下的课堂教学，既不是师本的教学，也不是追求短期效果的考本教学，而是促进学生主动学习和充分发展的教学。它是在教师的支持下，充分激活学生的内在学习动力，强化和优化学生自主学习过程，使其成为促进学生素养有效提升的过程。学本教学把学生本身看作是教学的最大资源，只有当学生的潜能真正被激发，学习效率才能真正提高。

学本教学主攻方向为两个“中心转向”，即教师为中心转向学生为中心，讲授为中心转向学习为中心。“学本”不仅指向学习对象，还指向学习方法，即让课堂回归“人”的本身，构建以“全体学生”为中心的教育；让课堂回归“学”的本身，构建以“深度学习”为中心的教育。“两个中心转向”的背后体现了教育理念和教育理论的根本性变化，即由过于强调基于信息的复制与加工的认知教学理论，向基于社会交互作用的建构主义教学理论的融合与转变。学本教学的“中心转向”被教育界的同行誉为“教育领域哥白尼式的革命”。

教学改革的关键是处理好两个关系，即教与学的关系、教师与学生的关系。这两个关系的处理构成了学本教学的核心理念：

第一，在教学关系上，学本教学表现为“先学后教”“多学少教”“以学定教”“因学评教”的价值追求。教师有效教的依据必然来源于学生有效的学。教师有效的教就是“先学后教”的教、“以学定教”的教、“多学少教”的教、“因学评教”的教，最终实现“不教而教”；学生有效的学是以自主、合作、探究为主要学习方式进行的学习，是他们的认知、情感全面深度投入学习活动的学习过程，是有效达成三维目标和提升核心素养的学习过程。学本教学的本质是引导学生积极自主地进行知识的建构和核心素养的形成。

第二，在师生关系上，学本教学表现为“学生主体、教师主导”“学生主演、教师导演”的准确定位。课堂上，学生是学习的主人，老师是“主导者”而不是“主宰者”。可是在现实中，教师主宰的课堂现象非常普遍，表现为两种倾向：一是教师泛滥性讲解，二是教师频繁性追问。

教师如何从教学的主宰者转向教学的主导者？有效的方法是，必须坚持“两个控制”和“两个改变”：一是控制老师的“讲”，改变“独角戏”的课堂。二是控制老师的“问”，改变“二人转”的课堂。

学本教学课堂常出现四种学习方式：自学、互学、展学、教（jiāo）学。前面的“三学”主要靠学生，后面的“一教”主要靠老师。这四种学习方式是分层次和有着不同要求的。同时，这四种学习方式在一堂课中并非是固定不变的模式，要根据学习内容灵活运用。

总之，“学本教学”课堂不仅是教学生的学，更是育学生品德的形成。能培养学生真诚的交流合作，不让学生在课堂上成为边缘化的人。“学本教学”课堂能让每一个学生参与问题解答，人人能发表意见，能让不自信不阳光的学生阳光自信起来。从教育理念来看，“学本”是对“教本”的颠覆与彻底改变。

二、“学本教学”课堂中“学情”是“导航”

“学情”就是学生在课堂中对教材的学习理解掌握情况，也是学生通过学习后提出问题、解决问题的真实情况反映。一堂高质量的课堂教学，“学情”是课中备课的生成基础，学情就是“导航”。往往有许多老师在课堂教学中满堂讲、满堂问、老师问全体学生一齐答，更有甚者整堂课就是读课件、放课件……根本不关注学生学得怎么样，不去了解学生学得如何，只顾讲、只顾自己讲得如何，不给学生学习和思考的机会，一堂课始终按照事先准备的教案去死教书，教死书。

学本教学是以“学习”为中心的教学，当然也是以“学习者”为中心的教学。其特点为：在教学对象上，就是要以学生为中心，让学生深度参与；在教学关系上，就是要以学习为重点，让学习真正发生；在教学方式上，就是要以交互为特点，让交互贯穿课堂；在教学效果上，就是要以学养为根本，让学养自我生成，从而让中小学课堂从“成人世界回归儿童世界”。我们必须关注学生，关注学生的学。要根据学情分层要求、尊重差异、以学定教、据学施教，实现学生学习成效的最大化。在课堂教学中，要根据“学情”来适时调整教的方式和学生学的方式，要根据“学情”适时调整提问的方式和调整问题的难易程度，要根据“学情”适时调整学生学的时间和学的内容，要根据“学情”适时调整学生交流讨论以及展示的时间等等。所以“学情”就是课堂教学中的“导航”，该快则快，该慢则慢，该转弯就一定要转弯，该调头就必须调头，该停则停……

三、“导学案”的设计直接影响“学本教学”课堂的质量

学本教学课堂中，设计好“导学案”非常关键，将直接影响课堂教学的效果。为此，在实施“学本教学”时，首先就是要设计好“导学案”。如何编写好“导学案”呢？

导学案编排的结构有学习目标、学习重难点、学习内容、设疑导学、互助展评（互学或展学）、巩固拓展。

1. 学习目标、学习重难点

根据课程标准告之学生学习目标和重难点，这样能够让学生学有目

标，在学习的过程中把握重难点。

2. 学习的内容

就是为了达成学习目标提供给学生学习的材料、信息图像、观察或实验的内容等等。学习的材料或信息一般是以教材为主要内容，有时为了让学生更容易更便捷地学懂弄通有关知识和快速地解决问题，教师就要去搜集教材以外的信息材料来帮助学生学习。

3. 设问导学

教师把学生在课本上要学的知识化解为问题，使知识问题化、问题具体化和层次化，让学生带着老师设计的问题学习。这样可以降低知识难度，使多数学生能学懂弄通。组织学生在课上当堂自主阅读教材或阅读教师提供的其他学习材料，并自主思考解答相应的问题。设问导学是“课堂导学案”的灵魂。

（1）导学案中的问题设置有三个重要作用：①问题是引领学生学懂课本的路线图，是扶手。②问题是课堂小组合作和教师重点强调的关键点。③问题是学后习题落实的标杆。

（2）导学案中的问题应如何设计才能便于学习？①以教材为主要学习材料，按课时设计。②问题要能启发学生思维。③问题不宜多、碎，一般有几个知识点就设计几个问题。④问题应该是能够激励引导学生主动阅读并思考。⑤问题式知识点的呈现要尽量少用填空的方式，多用问题的方式；避免学生照课本填空，对号入座，抑制学生的思维。⑥对问题的叙述应引导学生积极思考、积极参与。如：你认为是怎样的？你判断的依据是什么？你的理由是什么？你发现了什么规律？⑦难点知识分层设问，或直接给出教师要讲的关键知识点，让学生思考。如：你认为对吗？你能举例说明吗？

（3）优化问题设计的方法。在设计问题时，优化的方法是要多问“为什么”“怎样想”，充分体现问题思维化的特点。用“为什么”“怎样想”把学生引向方法背后的原理的思考，真正让学生学懂学会。

优化的设问目的有三：一是帮助学生把握“怎么做”，掌握解题的方法；二是引导学生思考“为什么这样做”，探究解题原理，帮助学生真正学懂；三是帮助学生学会灵活运用，使学生真正学会。

4. 互助展评

就是学生自主学习、独立思考解决有关问题后，在小组内交流讨论深入学习以及在小组内或在班级中展示学习的过程。需不需要互学、展学，一定要根据学生学习的情况（学后解决问题的情况）来组织。

方法：在学生完成设问导读的问题后，根据学生学习的情况（学后解决问题的情况），由教师来组织学习小组成员在小组班级中再学习、再思考。小组长把问题和自学检测题分给组员，先以小组展示，统一思想、统一答案，让组长基本教会学困生。要掌握一个重要原则：学生在自主学习，教师要深入了解学情，特别要保证每个组的组长已学会。

5. 巩固拓展

内容不要与书上的例题重复，把握由浅入深、由易到难的原则。精选习题编排，书中的习题若是有代表性的重点题，要编入题组中使用。每组题要凸显一个重点或规律或方法或思想。一是根据本节课中必须掌握的知识点，有几个知识点编几道题。二是对本节知识点的变式应用，突出选含有易错点、易混点和需要注意点的题。三是对本节知识的灵活应用，突出选有代表性的题，以掌握本节知识灵活应用的方法、规律、技巧。

方法：在课堂上要体现学生为主体、教师为主导、练习为主线。每组练习题都是由学生先独立完成，然后小组互检互查、互相纠正，然后让学生上台展示，教师顺势提炼、讲解、板书重点。学生展示一道题，教师提炼一个知识点；教师不准备讲的习题，只对答案，让小组纠错，学生也不展示。学生上台讲的是做题的过程和方法，教师点拨的是易错点、易混点、注意点，点拨的是答题的规律和技巧。教师的讲解是画龙点睛、醍醐灌顶，时间短、效率高，凸显的是教师的智慧。

拓展训练的内容是对本节知识的拓展和提升，或是为下一节知识的学习做铺垫练习。

方法：让学有余力的学生完成，不能“一刀切”地全班要求。执行时可让学有余力的学生完成，然后教师个别批阅并表扬鼓励。若是为下一节的知识学习所做的铺垫练习，则要求全班完成并从中发现规律，引起思考。

四、“自学”“互学”“展学”成为高效教学中的三种主要学习方式

我们可以用“学习金字塔”原理来加以分析和印证。“学习金字塔”是美国教育和培训界一个非常有名的实验，下面这幅图用数字形象显示了：采用不同的学习方式，学习者在两周以后还能记住的内容（平均学习保留率）有巨大的差异。在塔尖，是第一种学习方式——授受式的教学方式，即老师讲授，学生接受，这种我们最熟悉最常用的教学方式，学习效果却是最低的，两周以后学习的内容只能留下5%。从图上还可以看出：小组讨论（合作学习）是最有效的学习方式之一，学生在两周之后记忆率是50%；学生通过自己实践（自学），即学生自己实验、学习、活动，两周以后学习的内容可以保留70%；而学生“教别人”所保留的效果竟高达95%。爱德加由此提出，学习效果在30%以下的几种传统方式，都是个人学习或被动学习。而学习效果在50%以上的，主要集中在三种学习方式上：第一种学习方式，学生自己实践，做中学，相当于我们所提的“自学”；第二种学习方式，小组讨论，在互助中学，就是我们所提的“互学”；第三种学习方式，学生教学生，相当于我们所提的“展学”。因此，以这三种方式为核心建立起来的教学模型所产生的教学效率更高。

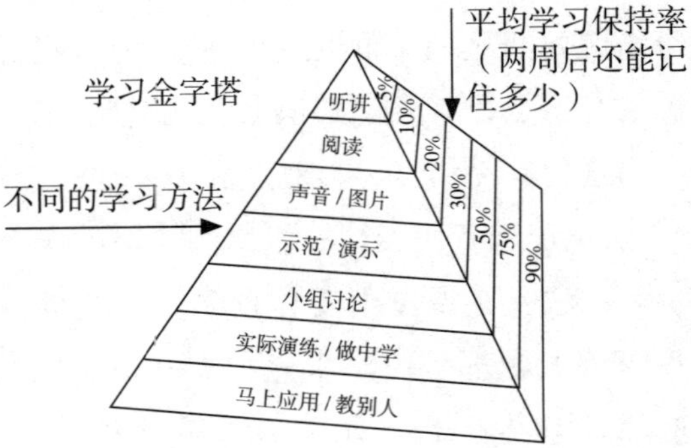

五、在“学本教学”课堂中对教师的十点建议

1. 做好课堂学习的导入。良好的开端是成功的一半。导入要做到形式多样、灵活多变，引“生”入胜。

2. 课堂上，教师要迅速进入状态，精神要饱满；语言不仅要生动、形象，还有幽默感。让学生在课堂上有笑声，学生才愿意上你的课。

3. 在课堂上要“用教材教”，而不要“教教材”。用教材教，从创造性加工教材开始，教师要对教材科学地重组、合并，放大、缩小，添加、删减，让教材符合学生实际，符合学生的口味。

4. 一定要用自己的适合学生的话讲，讲出自己的理解，讲出自己的特点，讲出自己的风格，千万不要照本宣科。

5. 课堂上教师的全部功绩在于“引导”。好学生不是教师教出来的，而是教师“引导”出来的。好教师就是善于“引导”的教师。

6. 课堂上，教师一定要学会“偷懒”。教师“懒”一点，学生才会“勤”一点。一名“懒”教师会培养一班“勤”学生，相反，一名“勤”教师，就会培养一班“懒”学生。

7. 课堂上，教师一定要学会“装傻”。教师“傻”，学生才会主动、才会聪明。

8. 课堂上，教师一定要学会“踢皮球”。学生是课堂上的主体，是学习的主体，教师不要当“保姆”，什么事情都包办。教师要学会把皮球踢给学生，让学生学会自己解决问题。

9. 教师一定要站在学生的角度来思考问题，找出学科的难点；一定要从学科本身的特点，确定重点。做到有的放矢。

10. 教师一定要注意课堂的生成，要善于捕捉教育机会，要注意学生的学习思路、方法、技巧，即“怎么学的？”“学得如何？”千万不要在什么情况下都按自己预设的教案进行。

附件 1

初中语文“学本课堂”的问题及对策探究

贵州省道真自治县民族中学　王忠纪

摘要：在课程实践的开展当中，要想对学生的个性发展起到推动作用，使得学生的自学意识得到生成，将“师本课堂”逐渐地转变成“学本课堂”是非常关键的，是高效课堂构建的基本前提。所以，初中教师在语文教学的实际开展当中，也应该不断地加深在此方面的认知，巧妙地推动“学本教学”课堂的构建，使得预期的教学成效得到达成。基于此，本文将以此为话题进行研究，希望对相关工作的展开发挥出借鉴价值。

关键词：初中语文；“学本课堂”；问题及对策

前言：一直以来，由于受到“升学”所带来的影响，导致部分教师在教学中过于追求教学效率，忽视学生的体验和个性发展，在教学中占据的主导性非常强，致使学生在学习中面临着较大的压力，对其的身心发展产生非常不好的影响。所以，在现阶段的初中语文教学当中，教师一定要正视“学本教学”课堂构建中的问题，并不断地改进和完善，使得教学的有效性得到提升。

1. 初中语文“学本课堂”的现存问题

（1）忽视学生差异。学生由于自身的学习环境、智力水平、兴趣爱好的不同，在学习方面是存在着非常大的差异的，假如教师在教学中忽视这种差异，只是采取“一刀切”的方式，就很难达到预期的教学成效。但是，在以往的教学当中，教师在这一方面就是比较缺失的，很难注重学生的这种差异性，要想达到最佳的教学效果是非常难的。

（2）自学能力缺乏。在“学本课堂”的构建中，自学能力的缺乏也是非常主要的问题，学生在自主学习方面经常遇到问题，能力低下，很难掌握正确的方式方法等，使得“学本”课堂的构建停滞在表面，很难得到深入发展。

2. 初中语文“学本课堂”的构建对策

（1）实施分层教学，面向学生全体。分层教学的实施是新课改所倡导的，要求教师在教学实践的开展当中，一定要注重学生之间的差异性，对学生各个方面的差异予以关注，并尽量地满足学生的学习需求，使得学生在课程中有不同的提升和发展。所以，在语文教学当中，为了使得“学本课堂”得到构建，使得教学中原本的不足得到改善，教师就可以促使分层教学的实施，真正地做到面向学生全体。

例如，在讲解《背影》一课的过程中，教师就可以先借助多媒体，为学生呈现背影的图片，让学生进行观察；而在观察之后，教师就可以进行引导：“看到父亲的背影你想起了什么？”“想知道在作者朱自清的笔下是怎样对父亲的背影进行描写的吗？”“作者在文章中共描写了几次父亲的背影，对哪一次进行着重描写的？为什么呢？”让学生带着问题进行阅读，并在阅读后回答教师的问题。在这其中，可以先让学生学习能力稍差的学生回答，而让学习能力比较强的学生深化、补充、拓展等，使得全体学生都能在语文课程中积极参与，面向学生全体，使学生的地位得到展现。

（2）转变教学方式，彰显学生地位。在传统的教育教学当中，部分教师在课程实践中的方式是比较单一的，使得学生在学习中乏味、枯燥，很难展现学生在学习中的主动性和积极性，很难实现“学本课堂”的构建。而在当前的教学中，教师就应该改善这一现状，促使教学方式的转变，深化学生的课堂参与，使教学的趣味性变得更加浓郁。

例如，在讲解《皇帝的新装》一课时，故事中通过一个比较荒诞的场面，将人性展现得淋漓尽致，具有非常高的鉴赏价值。所以，在教学中，为了让学生更好地感知其中人物的特点，教师也可以将学生划分成各个小组，让学生进行课本剧的改编，并在后续的课程中展现出来，使学生加深体会，使学生的主体地位得到展现。在此过程中，学生的参与兴趣会是非常浓厚的，能使其展现创造力、想象力等，使得“学本课堂”得到真正的生成。

（3）构建翻转课堂，凸显以生为本。在传统模式下的语文教学中，部分教师在课堂中占据的主导性非常强，使得学生在知识的获取中始终非常被动，造成了非常不好的影响。所以，为了使“学本”课堂得到构建，教师也可以将翻转课堂这一模式引入进来，将“以生为本”的理念更好地突显出来。

例如，在讲解《桃花源记》一课的过程中，由于这是一篇古文，蕴含的道理也是比较深刻的，学生在实际理解的过程中可能会出现困难。所以，在教学之前，教师就可以结合本节课的知识重难点进行详细的讲解，并将讲解的过程录制成微视频，上传到微信群当中，让学生在预习中使用；而在后续的课程中，则专注于解决学生在预习中的问题和困惑，引导学生、教师间的互动等，使得学生的主体地位得到更好的彰显。

（4）倡导先学后教，提升自学能力。在课程教学中，教师应该学会适当地放手，应该大力倡导先学后教，让学生在学习中拥有更多自主、独立的空间，这样才能使其逐渐地摆脱对教师的依赖，使学生的自主学习能力得到提升。

例如，在讲解《观沧海》一课的过程中，教师可以先为学生预留一小段的自主学习时间，让学生进行自学。再为学生预留相应的时间，让学生开展小组合作式的互助、合作学习，使学生的问题和困惑得到解决。最后，教师再让学生展现自己的学习成果，从中获取到反馈，为后续的教学开展指明方向，使良好的教学成效得到展现。

结论：综上所述，“学本课堂”的构建是新课改大力倡导的，要求教师在教学中应该树立起以生为本的观念导向，重视学生在课程中的主体地位等，使学生更好地展现学习的积极性和主动性，使高效课堂得到构建。虽然从当前的实际情况看，在“学本课堂”的构建中，部分教师还存在着一定的问题，但我相信，在大家的努力下，这些问题一定能够解决，使得预期的教学成效得到展现。

附件 2

让教育在对话中真正发生

——以“关爱他人”教学为例

余建军　宋　敏

2019 年 3 月 18 日，习近平总书记在北京主持召开的全国学校思想政治理论课教师座谈会上强调，思想政治理论课是落实立德树人根本任务的关键课程。青少年阶段是人生的“拔节孕穗期”，最需要精心引导和栽培。在教学实践中，困于“应试”的束缚，课堂上育人目标总是不能摆在首要位置，教师总是围绕知识目标霸占课堂，忽视学生主体地位，强迫学生“死记硬背”，导致课堂“枯燥无味”。开展“对话式”教学，把课堂还给学生，发现孩子原来在课上有那么多话想说，孩子们有如此独到的见解和想法，教育在对话中得以真正发生。本文以宋敏老师执教的《道德与法治》八年级上册“关爱他人”为例进行陈述。

课例呈现

师：今天有这么多老师到我班听课，我有点紧张，希望得到同学们的关爱。

生：老师，加油！

师：同学们还有其他方式帮助老师消除紧张吗?

生：握手。

（教师与学生握手）

生：拥抱

（师教与学生进行了拥抱）

师：谢谢同学们，我现在感到了温暖和力量。今天我们就一起来聊聊“关爱他人”的那些事。PPT 呈现《一碗阳春面》片段。

对于面馆来说，最忙的时候，要算是大年夜了。北海亭面馆的这一天，也是从早就忙得不亦乐乎。

平时直到深夜十二点还很热闹的大街，大年夜晚上一过十点，就很宁静了。北海亭面馆的顾客，此时也像是突然都失踪了似的。

就在最后一位顾客出了门，店主要说关门打烊的时候，店门被咯吱咯吱地拉开了。一个女人带着两个孩子走了进来。六岁和十岁左右的两个男孩子，一个身着崭新的运动服。女人却穿着不合时令的斜格子的短大衣。

“欢迎光临！”老板娘上前去招呼。

“呃……阳春面……一碗……可以吗？”女人怯生生地问。两个小男孩躲在母亲的身后，也怯生生地望着老板娘。

师：请同学们猜一猜，老板娘会怎么做？并说出理由。

生 1：我认为老板娘会免费给她们三碗面。母子三人遇到困难，老板娘会同情的。

师：当别人遇到困难时，进行力所能及的帮助，说明你也很有爱心哦。如果老板娘免费给她们的话，会出现怎样的情境？

生 1：母子三人会感谢老板娘的。

师：得到别人感谢是幸福的，可见，关爱他人能收获幸福。老师给你点赞。

生 2：我认为免费提供会让母亲很尴尬的，因为伤害了母亲的自尊心。

师：怎么会伤害母亲的自尊心呢？

生 2：母子三人等面馆没有其他客人才进面馆，就是怕别人笑话三人买一碗面，进店后从“怯生生”的动作也可以看出母亲怕老板娘笑话，免费就等于老板发现他们是穷光蛋了。

师：你太棒了，懂得了帮助他人不能伤害他人的自尊。你认为该怎么帮助呢？

生 2：假装给他们讲，今天过年，小孩进店免费提供，给他们三碗，只收一碗的钱。

师：这样做既帮助了他们又不伤害他们的自尊，妙！此处应该有掌声。（全班响起了热烈的掌声，老师也给学生一个拥抱。）

师：有没有其他想法的同学，比如从老板娘拒绝母子三人的角度思考问题的?

生 3：我认为老板娘会拒绝的，因为这三人有行骗的嫌疑，他们有可能在装穷，其目的是博取老板娘的同情。

师：你怎么会认为是骗子呢?

生 3：妈妈给我们讲的，现在骗术五花八门，妈妈就遇到过看上去很有钱的骗子，说钱包和手机丢了，需要赞助点儿路费，很容易被外表迷惑而上当。

师：你有安全防范意识和自我保护意识，这一点大家都应该有哦！针对此种情况，还有其他意见吗?

生 4：我前面看到过一则报道，妈妈带着孩子去店里偷东西，妈妈假装与老板讨价还价，小孩就把老板的手机盗走了。母子三人深夜来访，老板娘要警惕哟。

师：是啊！面对复杂情形，要善于做出明智的判断，增强安全防范意识和自我保护意识，在保护自己不受伤害的前提下采取果断和理智的行为。

生 5：我认为关爱他人要心怀善意，让真正需要关爱的人得到帮助，不能因为一朝被蛇咬十年怕井绳。

师：老师被你的善心打动了，我们拥抱一下。

生 6：防人之心不可无，但害人之心也不可有。一看母子三人就是弱势群体，又只是叫一碗面，面馆老板夫妇尽力帮助就是了。

师：帮助他人时，做出明智判断后，该帮助的要尽力去帮助，值得鼓掌。

（同学们热烈鼓掌。）

师：关爱他人是一门艺术，这需要我们在具体的关爱中慢慢领会，我们来看看面馆老板夫妇是怎么做的呢?

PPT 呈现：

“行啊，请，请这边坐，”老板娘说着，领他们母子三人坐到靠近暖气的二号桌，一边向柜台里面喊着，“阳春面一碗！”

听到喊声的老板，抬头瞥了他们三人一眼，应声答道：“好咧！阳春面一碗——”

案板上早就准备好的，堆成一座座小山似的面条，一堆是一人份。老板抓了一堆面，继而又加了半堆，一起放进锅里。老板娘立刻领悟到，这是丈夫特意多给这母子三人的。

热腾腾香喷喷的阳春面放到桌上，母子三人立即围着这碗面，头碰头地吃了起来。

“真好吃啊！”哥哥说。

“母亲也吃呀！”弟弟夹了一筷面，送到母亲口中。

不一会儿，面吃完了，付了 150 元钱。“承蒙款待，”母子三人一起点头谢过，出了店门。

“谢谢，祝你们过个好年！”老板和老板娘应声答道。

师：请同学们认真品读这段话，从这些话中去感悟“关爱他人”的意义和艺术。比如，从“老板娘领她母子三人坐到靠近暖气的二号桌”感受到关爱他人，要心怀善意，要学会体贴人，要尽己所能。

生 7：从“听到喊声的老板，抬头瞥了他们三人一眼，应声答道：‘好咧！阳春面一碗——’”能感受到关爱或许是一个眼神，或许是一句话，都是一种爱的力量。

生 8：从“老板抓了一堆面，继而又加了半堆，一起放进锅里”感受到关爱他人要不伤害他人自尊。

生 9：从“老板抓了一堆面，继而又加了半堆，一起放进锅里”感受到关爱他人要尽己所能，更要讲究策略。

生 10：从“哥哥说：‘母亲也吃呀！’弟弟夹了一筷面，送到母亲口中。”感悟到一家人在困难面前要同甘共苦，相互关爱。

生 11：从“面吃完了，付了 150 元钱。‘承蒙款待’，母子三人一起点头谢过，出了店门。”感悟到关爱他人会赢得尊重，得到关爱要心怀感恩，关爱传递着美好情感，给人带来温暖和希望。

生 12：从“老板和老板娘应声答道：‘谢谢，祝你们过个好年！’”感悟到每个人都在关爱他人，每个人都被他人关爱，关爱他人就是构建和谐社会的润滑剂。

师：同学们讲得好。老师来总结一下同学们的对话：关爱是一种美好的情感，无论是对人际关系、社会和谐还是对自己都具有重要意义。关爱他人是一门艺术，要心怀善意，尽己所能，也要讲究策略。

师：关爱无处不在，老师这里就收录了同学们相互关爱的部分画面，请看：

PPT 呈现

在《爱的奉献》轻音乐中呈现了本班学生在校园关爱他人的画面：足球赛同学受伤后被同学们搀扶，拥挤的楼梯间有同学在主动疏散，风雨中有同学主动为冒雨执勤的保安撑起了伞，同学生病住院后有同学轮流看望，作业不会做有同学耐心解答，同学们为灾区捐款献爱心的一幕幕……

生：在观看图片时情不自禁地唱起《爱的奉献》，有的同学眼含幸福的泪花。

师：今天给同学讲的这篇《一碗阳春面》，它一经问世，在日本迅速引起轰动，各阶层的人无不为之感动。八十年代传入我国后也广受好评，被编进语文教材，成为一代人共同的回忆。他们所展现的互帮互助、关爱、同情弱者却又不伤害其自尊的高尚品质让人赞叹。课后请同学认真去品读它，结合身边关爱他人的事例，写一篇读后感。

教学反思

巴西的教育家弗莱雷认为，教育具有对话性，人们的世界观人生观是在与他人的沟通与交流中形成的，人与人之间有对话才有交流的机会，有深入的交流才会产生真正的教育，在对话的过程中才会产生教育。本课教育在对话中得以产生，笔者认为主要体现在选择了符合课题的对话主题，营造了平等的对话情景，设置了激发学生思考的对话问题。

1. 选择符合课题的对话主题

主题确立的好坏直接影响学生的积极性能否被调动起来，进而影响话题能否广泛而深入地开展下去。主题的设置在与文本有着必然联系的基础上，还要注意趣味性、开放性，让“对话教学”成为培养学生创造性的广阔天地。教师应当深入研读教材，认真细心地了解学生的思想动态，在紧扣教材的同时又联系学生的实际需求，设计出符合教学任务且能激发学生学习热情的主题。

本课选取《一碗阳春面》中面馆老板夫妇关爱窘境的母子三人这一主题，紧扣了课题“关爱他人”。面馆老板夫妇在大年夜忙碌了一天，在打烊关门之际进来了母子三人，怯生生地问老板娘：“呃……阳春面……一碗……可以吗？”此时抛出问题“老板娘会怎么做？”，一下子就抓住了学生的好奇心，而且这个问题是开放的，有的学生从同情心的角度表达了免费给母子三人各一碗阳春面；有的学生从尊重的角度提出给一碗或大年夜小孩免费的想法；有的从安全防范的角度提出拒绝母子三人；有的从心怀善意的角度去关爱帮助；等等。当学生激烈对话时，老师揭开了面馆夫妇关爱母子的具体做法，学生与文本展开了心灵对话，情感上不断产生共鸣，在深入交流中对关爱的意义和关爱的艺术潜移默化渗透到了心灵深处，教育自然在对话中发生了。

2. 营造平等开放的对话情景

李森在《有效对话教学》指出，对话是教师和学生在民主和平等的氛围中以文本为中介进行沟通和交流、互动和交往、创造与生成的学习过程。对话式教学顺利开展的基本保证就是为其营造一个平等开放的教学情境。为学生创设自由和谐的课堂氛围，才能给予学生自由表达的机会；关注学生的内在情感发展需求，在对话中才能产生心灵碰撞。

本课开始，教师表明：因今天听课教师多而感到紧张，需要同学关爱，于是创设了师生相互握手、拥抱、相互鼓励的情景，一下子就拉近了与学生的距离，同时也消除了学生因听课教师多而紧张的心里，营造了平等开放的对话情境。设计这一环节是为了让学生感受到关爱的重要性，关爱就在身边，每个人都需要关爱，每个人都应该关爱他人。在教学过程中，宋老师为学生创设平等开放的课堂氛围，给予自由表达的机会。关注学生的内在成长，给学生留足思考的机会，在对话中体现学生的主动性。积极评价和激励学生，合理地保护学生的积极性，关注每个学生的成长，鼓励不主动举手的学生积极主动地参与到对话式教学中，把对话机会更多地给予处于中等水平的学生，特别是那些具有创见性的学生，让每一个学生能够得到发展。接着呈现同学们一张张关爱的图片，让同学们感悟关爱无处不在，就发生在校园，就发生在自己身上，就发生在身边，这些图片如一缕关爱的春风吹拂每个学生的心田，教育在平等开放的对话情景中得以发生。

3. 设置激发思考的对话问题

弗莱雷在《被压迫者的教育学》一书中指出：对话的有效与否在于提问的质量如何，在教学过程中，教师作为问题的提出者组织课堂教学活动。关于教师如何成为高效的问题提出者，他提出以下要求：“要提出能够激起思考的问题”“要能激励学生自己提出问题”“通过提问，学生不仅仅会回答问题，更重要的是要学会对答案提出疑问”。

本课呈现《一碗阳春面》中面馆老板夫妇在大年夜关门打烊时，出现了怯生生的母子三人共买一碗阳春面的情境后设问：“请同学们猜一猜，老板娘会怎么做？并说出理由。”这一核心问题设置围绕“关爱他人是一种幸福”“关爱他人是一门艺术”这一主题展开，设置“请同学们猜一猜”符合学生喜欢猜谜的特点，激起了学生思考问题的兴趣。在层层递进中追问面馆老板娘该怎样关爱窘迫的母子三人，持续不断引发学生情感共鸣，在对话中破解“关爱他人是一门艺术，面对复杂情形要讲究策略”这一难点。在同学们极其期待老板娘到底会怎么关爱母子三人时，呈现面馆老板夫妇热心体贴关爱母子的情境，然后围绕这一暖心情境让同学逐句感悟关爱的艺术及其含义，让学生与文本对话，触动心灵，用真情的感悟去体验“关爱他人是一种幸福”，从而理解教学重点，教师恰到好处的总结，将本课内容系统化呈现给学生，起到总结巩固的作用。课堂结束时引导学生去阅读经典，设置读后感这一问题进行拓展延伸，达到知行合一的育人目标。

【点评】对话式教学的实质是“以生为本”，“以学生发展为本”的教学方式。如果在师生间、生生间对话交流时，不尊重对方，不从学生已有的知识经验出发，就不可能有深入的交流和对话发生。同时，在交流对话中，交流的话题直接影响交流的效果。所以，在课堂教学中，找准问题和问问题的方式显得尤为重要。从此文感受到：一堂成功有效的课堂教学一定是以学生为本、以学习为主的课堂，即“学本”课堂。

附件 3

学无止境　静待花开

曾信礼

平凡而普通的今天，对我来说却不寻常。清早起来，推开窗户，习习凉风扑面而来。眺眼远望，稀疏的晨雾在云顶山的山尖尖萦绕，熙熙的人群在街道上穿梭来行。手机中“学习强国”的音乐声戛然而止，清脆的来电铃声骤然响起，瞬间一看，竟然是换金韩校长的来电，问我在什么地方等我上车，一看时间，方知已经 7:20 分。平时一向 7:00 左右离家走向单位的我，今天这个时刻竟然有点意外，因为玉溪镇教育管理委员会的余建军老师昨晚便与我约定，今早 8 点钟出发去换金看看邓建国老师的小班额个性化教学。虽然离约定还有一节课的时间，不自主地加快了前行的步伐，也加速了我思维的节奏。

在追逐区域内优质均衡、在全国奏响办公平而有质量的教育的当下，教师怎样做，怎样干，才能实现缩小城乡教育的差距？特别是驻守在村级学校的学龄儿童是否与城区少年一样，在享受着优质的教育资源？一个个问号在心中碰撞，一层层思绪在脑际浮现，猛然间，车子戛然而止，“换金学校”几个大字映入眼帘。

走进干净整洁的校园，和煦的阳光从几棵高大挺拔的柏树缝隙间射在身上，温暖而惬意。几位认识与不认识的老教师精神抖擞地向我们走来招呼问好。学子们三五一群、两个一伙地跨进校门，校内的读书声此起彼伏。

目不暇接的我还没有来得及走遍校园，热情周到的教务主任把我和余老师迎进他的办公室，清热可口的绿茶水下肚，真是沁人心脾。

时间在悄无声息中流逝，八时半许，穿着素朴大方的邓建国老师稳健地走进办公室。当我们说完来意后，邓老师欣然应许，渴盼交流的眼神溢于言表，当即与该班的语文老师作了换课，带我们走进了他的数学课堂。

教室的布置谈不上精美，但很温馨。讲台上方“道真自治县城郊小规模个性化教学研讨”的横幅标语还醒目地挂着。教室的座位呈一个倒立的“品”字模型，一看就明白小组合作探讨的教学模式绝非摆设。教室的后面有一个壁柜式书橱，书橱中有各种不同种类的书，陈旧不堪有之，刚刚上架的书有之。书橱旁边是一块老式壁式黑板，黑板上，远看有一张条形统计图式样的画面，近处是学生阅读课外书的评比台，旁边有一句旁白：比谁读的书“高”。一个矮胖的学生告诉我：“我可喜欢这些书啦！这些新书是邓老师给我们买的，我的树最高。”俏皮的脸上还露出小小的酒窝。

悦耳的钟声在9:20响起，课堂教学在邓老师给大家鞠躬问好中开始，鼓励和表扬在一张小小的奖状里落地，成长档案袋的资料在瞬间中孕育，欢声和笑语在课堂上洋溢。一个学生的手在高高举起，准确的答案我已经书写；一个学生紧皱的眉头瞬间张开，解题的思路我也想起；一个学生自觉而自信地走向讲台，我的结果是“12”的原因是我没有认真读题。学生的自觉和自信，就是教师的等待、包容和鼓励。整节课是那么的清新自然，是那么的流畅自如，是那么的欢喜鼓舞，更是那么的悟道求真。课堂的精彩无法用精美的语言形容，课堂的模式也不能信手进行刷新和复制。

课后与邓老师的交流非常投入，表扬的话语中一定是对近三年来对小班额教学模式的认可、鼓励和褒奖。中肯的建议是希望这种教学模式得到更多同仁的赞同，得到从教小班额学校教师的使用和推广。今天的课堂让我对“独立”“包容”“鼓励”“等待”这几个词语有了重新的诠释。

在余老师的引荐下，翻看了邓老师厚厚的两本教学纪实，细细品读了其中几篇，有对备课缺失的思考，有对教学环节的再现，有对学情驾驭的把控，有对某句教学语言的规范，有对教育大家的教学方法的认可和质疑，有对自我教育教学的革新，有对课堂建构的重塑。内容之多，可说一应俱全；范围之广，可称包罗万象；形式之多，可谓五花八门。

这些内容都是邓老师的真实纪实，字里行间都流露出真情实感，真学真悟。

当我在翻阅教学纪实的时候，邓老师又打开了他每天随身携带的笔记本电脑，又在记录着今天学生的课堂表现，记录着我与余老师评课时的对话语言，心中敬佩之情不言而喻和油然而生。抱着好奇，也想看看邓老师课前和课后所花工夫。当在电脑上打开第一个文件夹时，呈现在眼前的是二年级每一个学生的文件夹，随意打开其中一名学生的，又有“基本信息”“学习成绩”“活动参与”“谈话记录”“观察记录”等多个文件夹。当我打开“观察记录”，看到本学期来邓老师对该生的观察描述，非常惊叹。邓老师告诉我，因为我们所教的班级是小班额，学生不多，只有10个。我从一年学生进校开始，就对学生一天在校各方面的表现进行记载。有课堂上的，有参加课内课外活动的，有学生课下玩耍的，很多纪实还配有当时的情景图片，坚持做到每一个学生至少一周有记录纪实。变化快的，有探讨价值和意义的，每周会达到三次以上。我想通过记下学生的一言一行来判断学生的认知常识，学习欲望，思维水平，为学生的教育教学“量身订衣”。

是啊，大教育家孔子就提出：要因材施教。为此因材施教也成为教育的重要法宝，一代又一代教育人都在宣言因材施教，但能否真正落地生根，开花结果，无疑是一个大大的问号。邓老师的这些做法，用因材施教来代言并不过分。

今天的所思所想是错综复杂的。当走进教师的课堂，才知道教师在努力转换角色；当走进教师的内心世界，才知道教师在追逐教育真谛。邓老师还告诉我：今年从另外一间学校因校点撤并转进来的一名学生，学科知识啥都不知，几乎为零，如果不采取有效而新型教学模式，这名学生的学业水平必将达不到合格以上等次，这名学生的现状让他进行了苦苦冥思，邓老师的内心世界一次次呐喊：决不能让这个学生在自己的班级掉队。思来想去，他想用新的教学策略来弥补该生在一年级就应该掌握的知识。常言道：办法总比困难多。让这名学生正常上课时间到一年级就读学习，二年级的知识自己就利用课余时间和放学后的时间去教。他的这个想法得到了学校领导和一年级老师的支持。策略已定，犹如铮铮誓言；落实到位，贵在天天坚持。他说：开学来，已经实验近两个月，这名学生的进步和变化是有的。想通过这一学年的周期试验，看看这种教学模式有没有收效，有多大的收效，从而形成自己教学小班额的个性化教育体系。

当邓老师告知了我这些后，我想，这就是教育的真谛吧！乡村教师就是为驻守在乡村学校的小苗默默地浇水施肥，默默地修枝剪叶，直到他们长得高大粗壮，枝繁叶茂。这个守护的过程中，所做的事情看起微不足道，甚至很多工作在短时期内看不到成效，就像邓老师对待这名转进他们班级的这名学生一样。

教育就是一条静静流淌的河。它清澈明净，波澜不惊，不像大海一样激发出澎湃的浪花，也不会像江河一样冲突奔涌，它却在静悄悄地浸润所流经的地方。

学无止境，静待花开！

2019 年 10 月 30 日

【点评】小班化的教学有效性是我们很多乡村学校教育教学探索的路子。我们县的村级学校在“学本教学”理念的影响之下，不断地改变老师教的方式和学生学的方式，不断地改革创新课堂教学，不断地改变传统的育人方式，较为有效地提升了教育教学质量。以邓建国老师为代表的乡村教师，在边远的山区农村学校大胆地尝试“学本教学”，为孩子们积极营造表现的机会和提供锻炼的舞台，不断地激励孩子、培育孩子，让孩子们学会学习、学会生存，适应未来千变万化的社会，让孩子们阳光自信，这才是真正的教育。

第四章

“学本教学”立场下的课堂教学需注意的问题

一、阅读感悟
二、自学的设计与深化
三、合作交流——互学
四、展学
五、分层训练
六、拓展延伸
七、学本教学课堂对学生的培优
八、学生学习小组的编排
九、学本教学“导学案”运用的功能
十、自学检测

一、阅读感悟

1. 什么是阅读感悟？阅读感悟和课前预习一样吗？有何不同？

阅读感悟就是学生在老师的科学倡导和课堂导学方案的引导下自主学习。通过阅读、思考、分析、实践、质疑、创造等方法或途径来感悟、获取新知识。阅读感悟是实现学习目标的一种方式，是学本教学课堂的重要环节，是交流和展示的前提，是发现未知知识的关键步骤。

阅读感悟和课前预习不同。阅读感悟有课堂导学案的导引，目标明确，任务具体；课上有较充足的时间，有具体可操作的方法检验；有教师和同学提供帮助。

课前预习无课堂学案的导引，目标模糊，任务不具体；没有专门的时间，一般由学生在课外自觉完成；主要靠学生个人的学习能力，学多少算多少。

2. 阅读感悟在学本教学课堂中的重要意义是什么？

学生自主学习是学本教学的起点，如果教师不重视这一环节，投入得少，就会导致学生在自主学习中不积极、不深入，不能对所学知识形成初步的判断，发现不了问题，更不会进行初步解决问题的思考，进而成为课堂上的倾听者和旁观者，游离在课堂之外。这会直接导致课堂教学改革难以推进。

在自主学习环节中教师必须明确两点：一是要把自主学习环节作为育人的重要途径，而不是简单的知识认知。自主能力是获得其他能力的核心与基础。自主学习能力不仅是学生现在学习成长的关键，更是学生终身学习发展的关键。二是真正的教育来自学生深刻的体验。对学生而言，学习活动是任何人都无法替代的过程。传统课堂最大的弊端就是教师包办代替，学生被束缚、压抑，最终导致学习效率低下。

只有让学生通过自主学习从根本上感知知识，带着问题走进课堂，才能真正把学生变成课堂的主人。

3. 阅读感悟的时间如何安排？

各科教师根据学习内容的特点，安排课内课外的阅读感悟任务并留给学生充分的时间。课外的一般做法是，每节课堂学案的阅读感悟，时间任务前置，不布置家庭作业，让学生晚上完成；课内要根据各节各科的内容特点，安排可长可短的阅读时间，完成自学任务。

除调研实践、学习实践、项目学习、主题学习等内容要在课外自主完成外，多数阅读感悟、学生的自主学习要安排在课上完成。

4. 要完成每科阅读感悟的任务，我们仅靠教材和课堂导学案就够了吗？还有什么资源可利用？

要完成阅读感悟的任务，我们仅靠教材和课堂导学案是不够的。学生理解文本中的知识需要用到很多的学习资源来帮助，比如学习辅导用书、多媒体课件、网络资源、图书资料等。

5. 在阅读感悟环节中教师要做什么？怎样体现教师的引导作用？

在课内阅读感悟环节中，老师应给学生明确具体的学习任务，具体告诉学生看教材的哪一页到哪一页的哪一部分，用多长时间，达到什么要求，小组互帮完成自学后老师采用什么形式进行检查等。

在课内阅读感悟环节，教师主要完成以下工作：

（1）创造环境。课内阅读感悟离不开学习环境的创造。阅读感悟的环境是开放的，学生可以自主选择自己在课外阅读中不清楚的地方重点学习，教师不能过多干涉，更不能把自己的思想强加于学生。教师应为学生创造和谐宽松的学习环境，巡视发现问题，进行个别指导。

一要观察学生在阅读感悟中的态度和质量。在自学的过程中，大多数学生是专心致志的，但也有个别学生注意力不集中、开小差，教师可以及时提醒，督促，这对于自制力差的学生很重要。二要及时发现学生在自学中存在的共性问题。

（2）梳理共性问题。教师要课中备课，及时把学生在自学中出现的共性问题进行归类、整理，为展示点拨做好充足的准备。

在课内阅读中，教师通过以上工作的实施，便很好地体现了教师在教学活动中的引导作用。学生在学习过程中既没有感到教师的“压力”，也没有离开教师的指导范围，教师时时处处在“暗中”指点，并归纳梳理学生问题。在充分调动学生积极性的同时，很好地实现了教师在教学中的主导作用。

（3）要对小组的本学科组长（优生）和班内学习困难的学生进行个别指导。对小组的学科组长等学得快的学生做好逐个检查过关，了解自学情况、指导疑难，对下一步学习小组内的互帮互学做到心中有数。让学科组长不但学明白，而且能在小组内讲明白，使每个小组的学习质量和效率升级。这样就为提升小组的活动质量和优生的学习成绩打下坚实的基础。

同时要特别关爱学习上的特困生，让学不懂的学生真切地感受到老师的关爱，使其消除与老师的隔膜，爱上学习。只有让全班同学亲近老师，才能信其道。

教师在学生自主阅读学习时，一定要戒除做样子、走形式、等不及等错误做法。学生自学能力的培养是学本教学课堂的重中之重，若这一环节做不好，以后的环节就是假的、空的、浪费时间的，不会有成效。

6. 阅读感悟强调学生在课堂学案的引导下独立自主学习，若遇到难以解决的问题怎么办？

（1）若遇到疑难问题时，首先要独立思考，不急于向别人请教，要真正进入问题中思考，培养独立思考、解决问题的能力。

（2）根据疑难自主查找相关的资料来解决。首先是深读课本，向书本请教，找到自己的知识盲点，对照课本，对基本的知识和概念进行深读梳理。其次是通过各种学习资料的查找，包括工具书、网上资源等，以获得解决问题的途径和方法。

（3）自己无法解决的疑难要梳理清楚后在合作交流时请教同学解决，在展示点拨时请教老师解决。

7. 在阅读感悟学习环节中，学生只是简单完成课堂学案上的任务，不重视对教材文本的研读。教师应如何解决这一问题？

建议从以下三个方面来解决：

（1）对学生阅读教材文本提出详细要求。①读一读（先读导学案，明确问题、任务，后认真读课本）。②画一画（将重点内容用双色笔勾画出来）③想一想、记一记（在理解的基础上对重难点知识进行记忆）。④做一做（对导学案上设计的问题和自学检测题认真地做一做）。⑤标一标（用红笔标出有疑惑的地方，待小组互帮和教师讲解时解决）。

（2）在课堂导学案的设计上下功夫。尽量将知识点转化成探索性的问题，通过对知识点的质疑，激发学生主动思考，从而提高学生的学习兴趣和学习能力。

（3）鼓励学生在课堂导学案的问题之外能提出自己的有价值的问题。

8. 在阅读感悟自主学习的环节中，应该培养学生哪些好的方法或好的习惯？

（1）培养学生专心阅读文本的习惯。

（2）培养学生独立思考和独立提出问题的能力。

（3）培养学生分析问题和解决问题的能力。

（4）培养学生认真查找资料，搜集、处理信息的能力。

（5）培养学生良好的细节习惯养成。如：用不同颜色的笔做出标记，及时归纳整理问题等。

二、自学的设计与深化

“先学后教是教学领域的一场具有实质性的变革，是我国具有草根性质的教育创新，是我国土生土长的教育学……这是学习观的根本变革。”这里的“先学”，目的就是让“学”摆脱“教”的控制，获得一种独立自主的地位，也就是要求学生广泛开展前置性学习，并以此作为课堂的起点，我们称为自学。那么，为什么要自学？怎样进行自学？下面从三个方面加以阐述。

1. 为什么要强化自主学习？

我国古圣先贤对教与学的关系有许多精辟的见解。《论语·述而》中提出：“不愤不启，不悱不发，举一隅不以三隅反，则不复也。”最早直接强调自主学习的文献可追溯到《孟子》。《孟子·离娄下》，孟子曰：“君子深造之以道，欲其自得之也。自得之，则居之安。居之安，则资之深。资之深，则取之左右逢其源。故君子欲其自得之也。”意思是说，君子要达到高深的造诣，进入精深的境界，必须采取正确的方法，从而获得有自我体验、自我感悟的知识。只有自我体验、自我感悟的知识，才能够掌握牢固、积累深厚；积累得深厚，用起来就能够左右逢源。宋代理学家程颐说：“学莫贵于自得，得非外也，故曰自得。”朱熹则说：“读书是自家读书，为学是自家为学。”明末清初思想家王夫之说：“有自修之心则来学，而因以教之。若未有自修之志强往教之，则虽教无益。”又说：“当告则告，不可告则不告，中道而立，使自得之。”现代教育家叶圣陶更明确提出了“教是为了达到不需要教”的主张。伟大的人民教育家陶行知提出了“教学做合一”的教学理论，而他在 1927 年 11 月 2 日所做的《教学做合一》演讲结尾说：“宝山县立师范学校竟把教学做合一改为做学教合一，这是格外有意思的。”因为“做学教合一”更符合他的这一基本主张：“事怎样做就怎样学，怎样学就怎样教；教的法子要根据学的法子，学的法子要根据做的法子。”

新课程要求走向“自主、合作、探究”的学习，实质就是明确教学转型的要求，即学生由被动接受式的学习走向主动探究式的学习。自主学习“是指学生自己主宰自己的学习，与自主学习相对立的他主学习则是他人（教师）为学生做主的一种学习”。传统被动接受式的学习在中小学课堂中基本的表现方式就是“先教后练”（其实先教后学是不存在的，因为有了先教，就没有了本质上的后学）。

例如：一节小学数学课上，老师让学生做了一道题：求 1+2+3+4+…+100=？

有个特别聪明的学生是这样计算的：

1+100=101，2+99=101，3+98=101… 一 共 有 50 个 101， 那 么 101×50=5050。

其中有另一位数学老师就按以上的解题思路给自己班级的学生先讲清楚，然后叫学生去做。这个过程就相当于数学老师在课堂上“先教”。换一种方式来陈述，我们会看得更清楚：

教者先出示了一道例题：求 1+2+3+4+5+6+…+100=？

接着就开始讲解（即“先教”）。我们知道，所谓教，一般从两个方面教：第一，教方法，解题方法；第二，教结果，题目答案。这位老师在讲这道例题的时候，也是先教方法：首尾两数两两相加等于 101，然后将 100 打对折并与之相乘，得到一个结果：5050。至此，这位数学老师已完成讲解这道例题的全过程。传统教学为了把教师所教知识转化为学生技能，一般采取“讲练结合”的策略。即：例题讲完后，给学生布置当堂练习。习题与例题具有相似性，但不是例题的重复。我们看这位老师又给学生布置了一道什么样的练习题：

请计算：1+2+3+4+5+6+…+99=？

这个班一共有 47 个孩子，因为每个孩子的思维方式不一样，性格特点不一样，按道理讲，他们思考问题的方向、角度、快慢、节奏、灵敏性各不相同，这才正常。但此时一个值得关注的现象出现了：全班 47 个学生的解题思路完全一致：

1+99=100，2+98=100，3+97=100…

这就是老师刚刚所教的方法：首尾两数两两相加等于 100，那么该乘以多少呢？按照上一题的解题思路就是把 100 打对折，得出乘以 50；于是，这个班的同学也都是把 99 打对折，但是因为 99 是个奇数，对折之后，中间的 50 就被丢掉了，得出乘以 49，所以 100×49=4900。考虑周到些的同学再把 50 加上去，得到 4900+50=4950，考虑不周的没有加上 50，就错了。

其实，这道题最好的解题方法应该是直接用 5050 减去 100，等于 4950。这个方法既简便又准确，但是为什么这个班的 47 个同学都想不到呢？是谁在干扰他们呢？

很多老师总是习惯先教，并且只教一种方法，结果导致这一种思维方法一统学生的思维，等于将几十个不同的学生套进一个思维的套子里去了。如果这种教学方式不改变，那么，学生在接受基础教育的过程中，慢慢就成了一个装在思维的套子里的人。学生的思维慢慢地机械化、模式化、僵硬化，学生个体的创造力慢慢就丧失了。中国教育的流水线就是这样批量地生产出规格统一的产品，导致了不同的生命个体的思维模式高度趋同化。

我国多年来传统“先教”的课堂压抑了学生高层次的、创新型的思维能力，从一个方面回答了“钱学森之问”。这样的课堂，这样的人才培养模式，从大的方面而言，难以为“中国梦”的实现提供人才支撑和智力保障。从小的方面而言，学生的思维僵化单一，不思变通，缺乏灵活性，他们去参加高端考试也是难以获取成功的。

普遍来看，多数学校的课堂仍然是“先教后练”的课堂，新课程所倡导的自主、合作、探究的学习方式并没有真正在课堂实施层面得到落实。有专家认为，“先学后教，当堂训练”，从根本上体现了现代教学关系中的角色转换：这种转换从课堂教学形式上看，教师仿佛已退居二线，他们遵循着凡是学生或通过学生群体交流能够学会的就坚决不教、不重复教的理念。这样，教师真正是导师和引路人的角色了，而学生学习却占据了课堂上绝对优势的时间和空间。

“先教后学”与“先学后教”不只是一个谁先谁后的问题，而是检验自主、合作、探究的学习方式是否真正体现在课堂中的一个重要标准。余文森认为：先学后教的实质就是把学习的主动权还给学生，就像家庭联产承包责任制把土地的使用权还给农民一样，这是学习方式重建和课堂教学重建的“支点”。这项富有成效的教改实验，是我国中小学教师的伟大创举，它既包括各地、各校因地制宜、因校制宜的个性化、个别化的经验措施，又包括反映素质教育方向和体现时代精神的具有普遍推广意义的本质规律。

因此，我们的改革将学生自学作为课堂教学的第一个环节。在课堂上，让学生第一时间直接面对学习问题，积极开动脑筋，尝试独立解决学习问题，从而获取成功体验，明确学习难点所在，进入“愤”、“诽”状态，产生强烈的求知欲望。正如魏书生所说的那样，学生“每天来到学校，走进学室，打开学材，开始自学，遇到问题查找资料，实在不会与人商量，还学习一个本来的面目”。

2. 自学需要解决哪些问题?

第一，何时自学?

我国目前以自主学习为基本特点的教学改革比较多，在这类教学中，学生在什么时候自学，一般有三种模式。

模式一，课前预习式。如：让学生在上课前一天晚上进行预习，这种方式偶尔采用是可以的，一般不赞成把预习前置。原因之一，学生课前预习和课外作业两者往往难以兼顾，容易造成两败俱伤，自学效果得不到保证。由于自学基础不牢，课堂的有效性势必受到很大影响。这样实际上会加重学生负担，影响教学效果，不利于减负提质。原因之二，预习前置还会影响教师在课堂上实现因学施教。教师本应根据学生的自学情况来调整教学、帮助学生解决自学中出现的问题，但学生已将自学放在课前进行，因而教师难以把握学生课堂学习的起点。教师为了判断学生课堂学习的起点，常常会进行前提诊测，一种方式叫“检查提问”，但随机抽取的少数几个孩子回答问题的情况很多时候难以代表全班学生的情况，因此教师据此所确定的教学重点、难点很可能出现偏移。一种方式叫“全批全改”，把学生头天晚上所做的预习作业全部收齐进行批改，大部分学生做得正确的内容课堂上就不讲、错得比较多的就集中精力进行指导，但这无形中增加了教师工作的负担。因此，我们的主张是不要让学生经常性地把预习时间放到课外，而应尽可能放在课内进行。

模式二，满堂自学式。以杜郎口中学教学模式为代表，专设由学生自己学习的预习课或叫自主课。这种办法在实际中不易操作，因为有些知识点根本不需要整节课用来自学，有的只需要半节课甚至几分钟就够了。因此这种方式会浪费有限的课堂教学时间。

模式三，当堂自学式。这是学本教学所采取的一种模式，即把学生自学设计成为课堂教学中的一个环节，而整堂课则包括 5 个要素（“五学”）：即当堂自学、同伴助学、活动展学、互动评学、教师导学。当堂自学作为课堂教学的一个环节，自学的时间根据学生解决学习问题的实际需要来定。即根据学生的基础和课堂问题的难易程度，由老师灵活掌控，并不刻意规定为多少分钟。

第二，怎样自学？

什么是自学？广义的自学是指学生为达成学习目标所独立开展的一切学习活动。就学科课程而言，由于学习内容一般均以教科书为载体加以呈现，因此自学通常表现为学生自己看教科书。但深究起来，一般性的看书还算不上自学，真正的自学是指：有明确的学习目标、有深度思维参与且能够引发方法反思的阅读实践活动。当然先阅读只是自学的基本方式，不是全部方式，比如也可以让学生先实验、先体验、先活动、先探究、先尝试，这需要根据不同的学科课程进行设计。

一般来看，所谓自学，并不是老师完全不教，让学生自己“放羊式”地去阅读教材。作为学习方式的阅读不同于一般性的阅读，它有三大特点：第一，有明确的目标性；第二，有深刻的思维性；第三，有方法的反思性。在进行新知学习时，如果让学生在无指导情况下自行阅读教材，学生思维可能比较肤浅，因而这样的自学是一种浅层自学，缺乏明确目标，结果可能就是学得似懂非懂。

在有些学科教学中，比如中小学理科教学中，即便学生自学的效果是“半懂半不懂”，学生也仍能按照一定的步骤和程序把题目解答出来且答案不会出错。因为理科教学中有很多公式、定律和规则，且很多情况下解题具有稳定的程序性（即程序性知识），学生模仿“例题”的程序解答问题，看似能正确解题，但解题过程并未建立在对知识深刻的、彻底的、通透的、理智的认识和理解基础之上。

研究发现，老师引导学生学习核心知识时的差异会导致学生知识理解和接受的差异。学生只有对核心知识达到深层次理解，才能形成一个稳定的知识结构。高明的老师能引导全班学生把核心知识学懂，然后再让他们做题；而教学效果不好的老师往往在引导学生学习核心知识上不深不透，模模糊糊，在学生对核心知识的本质和内涵把握不清晰、不准确的情况下，马上就铺天盖地地做练习，结果做题的时候就容易出现似是而非的现象。

研究的结果明确显示：学生不是什么情况下做题都是有效的，如果对核心知识的学习“模模糊糊”，学生可能练习越多理解就越模糊；如果对核心知识的学习“朦朦胧胧”，学生可能练习越多理解就越朦胧。相反，如果学生的对核心知识的学习是充分和有效的，是建立在“学懂弄通”条件下的，那么学生再进行必要的练习和巩固，学习效果马上就能够显示出来。

怎样才能提高教学质量呢？把学生的思维充分调动起来，引导其逐步逼近知识的核心概念、本质内涵、基本原理，达到对知识内部规律的深层次理解，帮助学生真正“学懂”，这是我们教学成功的关键一步，也是我们提高质量的核心一环。

研究的结果还明确显示：不是只要提供学生先行阅读教材的机会就好。要提高学生自学的有效性，就必须在目标的领航下把学生的思维充分激活，必须增强学生思维的深刻性，引导学生开展“深度自学”，最终实现“学懂”这个目标。那么，如何实现“深度自学”的目标，这就需要对学生的自学加强指导，把学生“放任自流的阅读”改进为“有指导的独立阅读”。

第三，怎么引导学生深化自学？

阿基米德说，给我一个足够长的杠杆和一个理想的支点，我可以把地球撬起来。如何对学生自学提供有效指导呢？人们在实践中发现，可以开发一种辅助性教学工具，通过这种工具引导学生深度自学，从而增强课堂“先学”的有效性。我们把这种辅导性教学工具就叫作导学案。

导学案的开发与使用的两大误区：

误区一：导学案使用的泛化。有些地方对导学案缺乏深度的研究，在未弄清其本质和功能的情况下盲目开发导学案，其实就是做练习题的汇编，使之成为课外练习题的翻版。于是，学生一上课就开始做导学案上的习题。这种习题化的导学案，一方面需要投入大量的人力、物力、财力，却并没有相应的产出，效率低下；另一方面学生大量做题，使本应千姿百态的课堂慢慢演变成了练习课或者复习课，破坏了课堂的品质。《中国教师报》记者李炳亭也持相同的观点，他的解释是：“作为新课堂模式的重要组成部件，导学案必须发挥应有的作用，来支撑新课堂的运行。”“然而，遗憾的是，导学案在一些学校的具体操作中发生了严重的‘异化’，再次‘沦落’为应试教育的捕兽‘陷阱’，成为升学必备的有效工具。”误区二：导学案功能的虚化。正因为导学案中堆砌了大量的练习题，让学生在尚未真正把核心知识理解透彻的情况下，进行无谓的机械训练，使“导学案”演变成了习题集。同时，教师所设计的问题不能引导学生启动全部思维活动，逼近核心知识。因此，弱化了导学案的导学功能。

那么，怎样走出导学案的泛化和导学案功能的虚化两个误区呢？通过探索和实践，导学案开发要遵循 4 条基本原则：即功能导学化、导学问题化、问题思维化、思维品质化。

功能导学化。导学案的功能应该限定在哪里呢？重在“导学”，即通过对学生有效的引导，帮助学生解决自学中的三个问题：第一，学生自学思维深不深。第二，学生自学效率高不高。第三，学生自学效果好不好。导学案的功能就在于对学生的学习活动特别是对学生的自学进行有效的引导。以是否能对学生的学习尤其是自学进行有效引导这个标准来判断，目前很多学校所开发和使用的导学案，基本上都不能称为导学案，而应该叫作预习案、复习案、考试案。导学案必须帮助学生解决懂不懂的问题，如果懂不懂的问题没解决，那复习、巩固和检测就为时尚早，而且事倍功半。

导学问题化。我们必须明确，导学案的设计不是“习题化”而是“问题化”，导学案的核心不是搞习题汇编，而是要分析学生自学的重点在哪里，难点在哪里，然后把重点、难点设计成为有效的问题，通过有效的问题来引导学生的思维探究，叫作导学问题化。

问题思维化。这是指所设计的问题，必须能引发、激活学生的思维，让他们运用思维活动来对话教材、处理教材，展开高层次的学习活动。

思维品质化。所谓思维品质化，是针对无序思维、浅层思维而言的，是指必须通过导学问题的精心设计，调动学生思维积极、深度参与，直击知识内核，达到对知识的通透理解。

“导学案”的功能绝不是传统的练习册和检测题。它的价值在于给学生指引恰切的学习目标，并以问题为主线勾画出最简捷的“思维导图”，引领学生直奔重点和难点，迅即进入紧张有序的智力活动状态，为互学、展学做好充分准备。由于这些问题都集中锁定于核心知识的重点和难点，这样就把学生的学习活动引向围绕知识学习的重点和难点而进行的探究活动，也就是说，“导学案”的支撑是学生自学、互学和展学有效展开并走向深化的“思维支点”。所以，导学案问题设计如何摆脱平庸化的、平面化的、肤浅化的、面面俱到的问题设计，是“导学案”优化设计的“主攻重点”。

3. 学案的问题设计密码与策略是什么？

当教学目标确定以后，如何达成目标，就成为问题的关键。如果只知道教学目标，却不知如何把握教学重点和难点，那么，教师的教学就会出现两种情形。

第一种，“扫射式讲授”。上课时老师像机关枪扫射似地讲个不停，往往导致该讲的讲了，不该讲的也讲了，重点、难点不突出，讲得多反而失去了效率。

第二种，“浅表化问答”。近年来，自学、互学、展学等以学习为主线的教学方式开始走进学校的课堂，但不少课堂充斥着随意的、零碎的、肤浅的提问，尽管课堂形式改变了，教学质量反而会受到很大的影响。

教学改革必须“两手抓”：一手抓方法的改变，以更好的方法来引导学生学习；一手抓课程的建设，即抓问题的优化，问题的质量即课堂的质量。教学之道就在于把握重点，突破难点。把握重点保障教学目标不偏离，突破难点保障教学目标的快速达成。“教学就是从已知向未知进军，‘未知’就是问题。”基于问题的发现和问题解决的过程就是学习的过程，而基于重点难点的问题发现和问题解决的过程就是有效学习的过程。

从很多教学实践警醒我们：导学案的设计占据了教学的半壁江山，起着十分关键的作用。而导学案的问题设计实际上就表现出设计者对教材、对知识全面把握的能力，也反映出能不能读懂教材、挖掘教材和设计教材。

基于此，我们提出了主问题设计策略。主问题就是锁定了教学重点和难点的核心问题，是深层次课堂思维活动的引爆点，在课堂学习中显现着“以一当十”的力量。导学案的核心是设计主问题，主问题有两个标志，可以用公式表示如下：

主问题 = 教学的重点或难点 + 思维的引爆点

第一，问题必须锁定教学的重点或难点。通过聚焦重点、难点的问题设计，把学生的思维引向关于重点、难点知识的深层次探究，让学生所有的学习活动全部都指向基于重点、难点的学习突破。这样一种学习方法，对于深化中小学课堂教学改革具有重要意义。目前，我国中小学课堂最大的顽疾是，老师在进行教学设计的时候简单处理教材，随意剪辑教学内容，缺乏对问题纵深开发的意识，课堂上充满了随意的连问、简单的追问、习惯性的碎问，使课堂变得臃肿杂乱，无序低效，这样的课堂不改变，教学效果就永远难以得到重大的突破。教师备课和上课，一定要克服面面俱到的思维习惯。面面俱到也就面面不到，伤其十指不如断其一指、主脉通其余经脉皆畅。所以，要改变平均用力、四面撒网等处理教材的方法。

第二，问题必须变成思维训练的引爆点。教师要引导学生对教学的重点和难点进行深度开掘和理解，并设计出富有思维能量和智慧含量的优质问题，以这样的优质问题引导学生展开高强度的思维探究，以此培养学生敏锐的思维能力和良好的思维品质。这就要求教师吃透教材中的重点和难点，针对学生的认识水平与个性心理特征，使教学目标、教学重点、教学难点和思维训练保持高度的相关性、一致性、同步性。

由于主问题锁定了重点和难点，因此能快速地实现知识学习的突破，从而快速地达成学习目标。由于它变成了思维的引爆点，因此就能开展高层次的思维训练和高品质的智力开发。通过主问题的设计，引导学生的学习逼近知识的“核心地带”，实现“学习的突破”。

如何设计主问题？这是导学案设计的关键技术。一般来说，主问题设计的具体策略有如下四种：

策略1：深度分析教学重点或者教学难点，设计出隐藏着“思维陷点”或者“知识混点”的“模糊性问题”，目标直指学生思维的严密性品质训练。

策略2：深度分析教学重点或者教学难点，设计从一点引发不同思维结果或者不同思维方法的“开放式问题”，目标直指学生思维的发散性品质训练。

策略3：深度分析教学重点或者教学难点，设计出与权威理解具有“认知冲突”或者“逻辑矛盾”的不合理问题，目标直指学生思维的批判性品质训练。

策略4：深度分析教学重点或者教学难点，设计出逻辑线索上的环环相扣、层层递进的“连环式问题”，目标直指学生思维的深刻性品质训练。

课堂教学设计的关键就在于将教学重点与教学难点转化为教学的主问题。主问题导学，是提高课堂教学优质化水平的关键策略。自学是学本教学的起点。实际上，自学、互学、展学是一套“组合拳”，主问题设计不仅关系到自学的质量，同时还能为后面的互学、展学奠定基础。

三、合作交流——互学

合作学习的实质：合作学习其实就是学生之间基于问题的互助学习，也就是说，让学生先进行独立自学，当学生在自学中产生了认识的“疑点”时，就通过合作释疑把“盲点”做亮；当学生在自学中产生了知识的“误点”时，就通过合作纠错把“误点”做对；当学生在自学中产生了理解的“弱点”时，就通过合作总结把“弱点”做强。

合作学习主要存在的问题：一是合作对象上的边缘化问题。在合作学习时并非所有学生都倾情投入：部分学生在认真参与，还有部分学生没有完全融入，更有部分学生如同一批魔幻小说中的幽灵，悄悄游离于小组活动之外。因此，小组中间就产生了一批多余的人，这就是合作学习中的边缘化现象，而这种现象非常普遍。二是合作深度上的浅层化问题。合作学习时小组活动混乱无序，交流的人自言自语，旁边的人缺乏倾听，既无法正确评价又缺少归纳总结，到合作学习结束时都是彼此之间的一些简单思维的堆砌，而无法形成有深度的小组共识，从而导致整个小组交流停留在思维的浅层。三是合作效能上的低质化问题。正由于有了前面两个问题，必然造成合作学习的深度不够、质量不高，于是就产生低质化现象。针对合作互学中出现的以上三个问题，可以从以下几个方面进行改进。

1. 如何优化合作交流小组？

小组是合作互学开展的基本组织和单位，是小组成员心心相印组合而成的一个学习共同体，因此，优化小组建设是提高合作互学实效性的必要前提条件。我们可以从以下几个方面来改进小组建设。

（1）小组规模——人数影响合作。究竟把多少个学生组成一个小组才能让他们进行最有实效的合作呢？近几十年来，关于这方面的研究比较多。我们会发现小组规模小和规模大，分别有自己的优势和弱点。

小组规模小的优势。第一，小组规模小，学生努力的可见度就增加了，学生就越难以逃避责任，从而不得不对小组做出自己的贡献，个体合作的职责会得到强化，因此，小组规模小能够增强个体合作的责任感。第二，小组的人数比较少，就无须花太多时间来组织小组，小组活动运作也更快，使得每个成员有更多的时间来表达自己的意见。第三，小组规模越小，就越容易暴露学生一起学习时遇到的困难。当小组规模比较小的时候，小组协调和组织的问题、小组成员间未解决的冲突问题、权力和控制的问题、无所事事而坐等他人干活的问题，还有一些学生在一起学习时会遇到的其他问题，都会更加显而易见，便于教师及时地引导修正。

经常看到这样的合作学习场面：第一，学生表面化交流，形式化互助，人云亦云，流于肤浅和形式；第二，小组内常常只有一两个优秀学生交流甚欢，其余学生沦为看客或者听众，甚至有个别学生干脆游离于合作学习之外，他们根本就没有机会和时间参与。由此可见，小组规模直接影响合作实效。中小学合作学习中，6 ~ 8 人的小组规模并不合适。这样的小组规模明显过大，导致合作互助的关系过于复杂，小组管理的难度持续增加，学生个体的职责难以强化，小组凝聚的文化难以形成，容易造成合作学习的浅层化和部分学生的边缘化。

如果要提高合作互学的参与度，建议是把小组规模从 6 ~ 8 人调整为 3 ~ 4 人。但是这样调整，会带来另外两个改变：第一，小组数量增加一倍，小组座位怎么调整？第二，小组数量增加一倍，是否影响全班展学？小组是合作学习的细胞，细胞充满活力，由细胞构成的整个机体也就充满活力。所以，只要把合作学习的基本单位小组建设好，上述两个问题都能得到妥善解决。只是要求教师在学生学习的组织和管理时把视野放宽，尽量照顾到每个小组就可以了。

（2）小组成员的座位如何调整？在构建学本教学的时候，到底需不需要对学生座位进行调整呢？我们知道，在班级授课制建立初期，教室里的信息传递是单向的，即教师面向全班同学单向灌输知识，每个学生通过听讲获取知识。后来，人们逐步意识到教学应是师生间的双向互动关系，于是教室里开始有了教师通过指名学生发言从而收集反馈信息的行为，课堂信息传递由单向型变成了双向型。再后来，人们发现学生不仅是教育对象，同时也是教育资源，学生之间交流互动的积极意义被发掘出来，课堂信息传递由双向型变成了多向型。随着认识的深化，一些课堂教学实践者和研究者不满足于学生之间简单的、偶尔为之的互动关系，开始在班级之下建立起一级新型组织——学生学习小组，此时课堂信息传递就由多向型发展成为成员型，即每一名学生都开始以学习小组成员的身份，在小组内进行组织化、常态化的互动交流，而且教师角色也由此演变为“平等中的首席”。学生将走出座位，走上讲台去侃侃而谈，当班级的学习气氛被激活以后，学生会争先恐后地争取上台展示的机会，这时，座位离通道较远的孩子就被两边同学堵住了上台的通道，教室就会出现你推我挤的场面，给展学带来诸多不便。

根据上述几个因素，我们可以将“秧田式”座位进行如下调整（部分座位）。

1. 微调式布局。如下图所示。

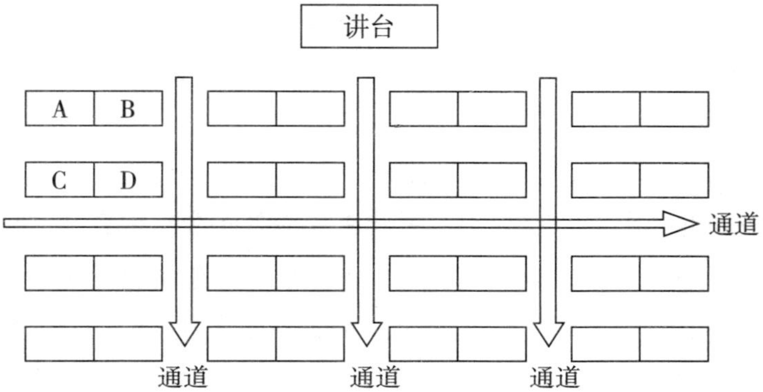

按照这样的布局，每个孩子都有较近的通道，老师从通道中间走过去，对每一个孩子都可进行等距离的指导。学生平时仍然按惯常的顺序坐，合作学习的时候，前排 A、B 两个孩子转身和后排 C、D 两个孩子形成一个四人小组。这样的座位摆设形式是可以的。

2. 为什么要进行合作交流？合作交流的功能是什么？

（1）学生的学习是主动建构知识的过程。不同的学生是用不同的方式来建构知识的，不同的学生会看到事物的不同方面，不同的学生对学习有着不同的理解。学生之间的这种差异是客观存在的，一方面我们要理解和尊重这种差异，另一方面，学生之间的差异为学生的交流和合作提供了可能和心理基础。从这个角度讲，合作和交流是人的一种需要，“学生之间的差异”是合作与交流学习方式的一笔财富，又是一个非常重要的课程资源。

（2）合作交流的功能：

合作交流有利于活跃思维，激发灵感。

合作交流有利于提高学生倾听、表述、质疑的能力。

合作交流有利于培养学生分析问题、解决问题的能力。

合作交流有利于增强学生的自尊心和自信心。

合作交流有利于帮助学生建立健康的人际关系。

合作交流有利于培养学生的团队意识和合作精神。

3. 合作交流的条件是什么？

合作交流的条件是：新课学习中学生必须经过充分的自主学习时才能合作交流，练习课、复习课中出现多种思维时才能合作交流，就是学生必须有充足的独立思考时，才能进行合作交流，这样才有话可说，越辩越明。

4. 合作交流时，教师应做什么？

在学生进行合作交流时，教师首先应是一个组织者和引导者。组织学生在组内兵教兵，让会的教不会的，统一思想解决学生的一般疑难。引导学生特别是引导组长，对重点问题进行思考和辨析，提高合作的质量。其次，教师还应是小组合作交流的促进者和共性问题的提炼者。为使小组的合作交流更有成效，教师要眼观六路耳听八方，及时了解全班学生交流的情况，并要在课中备课，发现和梳理共性问题，为展示点拨做好准备。还必须置身于学习小组中，适时了解学生的交流情况，进行有效的指导和调控。

在这一过程中，教师要采用一种友好的、建设性的态度和行为，既不能过多地干预学生的学习过程，又不能让合作太费时间。在指导学生完成总结共性疑难的解答路径时，教师更多的是一个指导者。教师需要深入小组，认真倾听学生对重点疑难问题的总结性发言，给予及时的反馈和建议，为展示做好充分的准备。

5. 合作交流中的个性问题、共性问题如何解决？

在阅读感悟、自学检测后，进入小组合作交流环节。组长先整理小组内在自主学习时出现的个性问题和共性问题。如是个性问题，则采用小组对学的形式，用“兵教兵”的方式来解决。若是共性问题，小组全部参与，按问题的难易，按先组员、后组长的发言顺序发言，调动全组人员的积极性。使全组在交流、讨论的思维碰撞过程中，解决疑难。若问题在小组内部解决不了，则呈现给老师，由已掌握的学生或老师在全班范围内展示讲解，解决问题。

6. 如何解决课程紧、教学任务重，而合作交流占用时间长的矛盾？

（1）首先，不能把合作交流当成一种课改的形式来做，当合作时合作，没有合作的必要时不合作。如在课堂上有很多不值得讨论的问题就不要让学生讨论合作交流。当学生完成自主学习后有的学生会、有的学生不会，当学生独立完成了一组练习题后有的学生对、有的学生不对，当学生对学习困难解决的方法不一致时，当学生在练习关键题时出现多种方法、多种答案时，就要适时把握住火候引导学生讨论，使合作交流成为一种课堂有效学习、有效解决问题的方式，而不只是一种形式。

（2）其次，教师要善于课中备课，及时发现和梳理学生共性的、必须合作交流的问题，选好问题，让学生合作交流，尽量做到省时高效。

（3）最后，要改变观念。掌握课堂教学中的辩证法是解决这个矛盾的前提。在合作交流的过程中，虽然用时较多，但是学生能理解所学内容的本质，这将极大地提升学生分析、解决问题的能力，在这种前提下，只要进行适量的训练就能达成目标。

7. 小组成员怎么分工？

小组管理的问题要依靠小组的分工来解决。现状是，许多学校因小组规模较大，就把小组内的每个孩子全部进行分工，让每个孩子承担一个职责，如：小组长、资料员、记录员、纪检员、发言人……分工烦琐，职责复杂，使得老师和同学都一头雾水。

实际上，有些分工是没有多大必要的。比如资料员，在课堂上，学生围绕一个问题展开合作探究，我们什么时候看到过老师让学生当堂跑进图书馆去查找资料？常态化的合作学习中基本上是没有的，所以一般不需要资料员这个角色。再比如发言人这个角色，一般是让小组内表达能力最好的组员担当，每次合作学习之后就由他代表本组到全班进行交流，结果导致发言人垄断了展学机会。以语文为例，本来需要培养听、说、读、写四种能力，“说”是语文的重要能力之一，而三四个孩子当中只有这一个“发言人”有资格代表小组发言，剥夺了其他同伴展学交流的机会。这就陷入了“因为你不会说话，所以不让你发言；由于得不到锻炼将来更不会说话，那么就更不能让你发言”的恶性循环，违背了《义务教育法》中关于受教育机会均等的法律原则。

其实，小组成员分工，多数情况下是基于合作任务的需要，由老师进行分工设计，由小组长具体安排到每个成员，具有“临时性”和“任务型”的特点。只有如下两个角色是相对固定的。

小组长。小组长一般由小组内部人际关系较好、协调能力较强的学生承担。小组长的职责是实施两种行为：第一，控制性行为。在组内维持纪律，约束监督，使得小组活动有序。第二，协调性行为。协调组内各成员的关系，使得小组活动有效。因为随着小组成员的互动增多，孩子们之间可能会因为一个眼神、一句不恰当的表达而产生小矛盾，进而发展为相互赌气，这就会导致小组活动效率低下。由于班级中小组较多，“赌气”这种行为又比较隐蔽，所以老师并不一定了解情况，更无法及时协调。怎么办？一旦小组内部有学生产生矛盾，就由小组长马上介入，通过协调和疏通来化解矛盾，相当于建立了一个小组内部矛盾纠纷的及时性的调解机制。

学科小组长。根据学习任务的需要，学科小组长可以由不同的学生承担。比如一名组员担任语文学科小组长，另外一名组员担任数学小组长。这个小组长实施的主要职责是建构性行为，也就是组织小组合作，合理分配交流的顺序，汇总小组意见，进行有效的总结提升。

这两类分工相对固定，管理上由小组长负责，学习上由学科小组长组织，由此实现小组管理的优化。一个小组的小组长和学科小组长也可以由同一个同学担任，就其小组的实际而确定。

小组是合作学习的重要单位，也是学生管理的重要依托。小组一旦建好了，在课堂上就是一个学习共同体，在课堂外也是一个管理共同体。比如做课间操，就可以以小组为单位排队站立，小组长负责管理成员，要求他们态度认真、动作一致。从自主学习到自主管理，学校变革就不断向纵深发展。

小组合作交流的目的是要让人人参与学习过程，人人尝试成功的喜悦。但是如果处理不好优生和学困生的关系，非但不能达到合作学习的目的，相反会加剧两极分化，使优生更优，学困生更差。为此，教师一是要做好学困生的思想工作，鼓励他们积极动手，大胆发言，勇于说出自己的意见，即使说错了也要说出来。二是让组长在组内安排他们优先发言，让学困生说出容易题的解决策略，使他们体验成功的快乐。三是要求他们仔细听取别人的意见，听完再动手操作，细致分析解决过程。四是教师巡视指导时，应重点指导学困生的学习操作活动，了解他们的学习思维状况，帮助他们解决操作困难。五是做好小组的评价工作，把对学困生的帮扶落实到组长的具体任务上。

8. 在合作交流时，教师应教给学生哪些技能?

小组合作交流作为一种新的学习方式，学生在对其方法的掌握上不免有些生疏，合作时要么七嘴八舌乱讲一通，要么干脆不说，坐享其成，要么人云亦云，盲目随从，对小组的意见根本无法提出真正意义上的赞成或反对的理由。因此，教师应教给学生以下一些基本的合作技能。

（1）学会表达。学生在小组合作学习时要积极倾诉自己的想法。

（2）学会协作。学生在小组合作交流时要互相协作，互相帮助，共同完成任务。

（3）学会分享。学生在小组合作交流时要学会分享别人的经验和成果。

9. 学生在心理方面有哪些不利于合作交流的表现？如何调节?

害羞、不自信、性格孤僻、不善于与人交流、自我管理能力差、缺乏合作意识、对学习信心不足、得不到成功体验等等，都是学生的不利于合作交流的表现。

对有这些表现的学生，要加强与他们的谈心交流，这需要老师和同学们的共同关心和帮助，创造安全的交流环境，使他们在这个环境中感觉是轻松的。以激励性的小组评价为主，不断给这些学生锻炼的机会，通过实践来改变他们。

10. 在合作交流中，教师可运用哪些技巧来调动学生参与的热情?

（1）创造轻松愉快的心理氛围。在课堂上，教师要语言亲切、神态自然、情绪饱满。

（2）先声夺人。在合作交流开始时，教师根据学情或课前的预设，设置悬念或激发感悟，或展现意境等，吸引学生快速进入最佳学习状态。

（3）挑起“矛盾”。“矛盾是打开学生思维大门的钥匙。”有矛盾才能激发学生的思考兴趣。这里所说的矛盾就是学习中的“疑惑和不解”。对这些“疑惑和不解”，教师要根据学生的能力一层一层地逐步提出。这好比在平静的水面投入一颗石子，学生思考、争辩、探究的兴趣就会被激发起来了。

（4）巧用评价语言。比如让学生回答问题时，学生一般比较紧张，教师应用亲切柔和的语调告诉他“不要慌，胆子大些，错了也没关系”。当学生回答不准确，词不达意时，教师应从优点和正确的方面肯定他，并鼓励他说“我知道你心里明白了，可就是语言还没有组织好，请坐下来再思考一下”。对于没有回答出来的同学，应很委婉地告诉他“如果你再仔细考虑一下，我相信你一定会答上来，而且会回答得很好”等。

四、展学

1. 展学有何意义？

从某种意义上来说，自学与互学都是展学的前奏和准备。展学是自学、互学的“动力源”。心理学研究表明，要使学生的全部心理活动都积极投入到课堂学习活动中去的实质，就是要充分发挥学生的智力因素和非智力因素的作用。但是学生的智力因素本身是无所谓积极性的，它的积极性来自于非智力因素。根据马斯洛的需要层次理论，处于最高层次的尊重的需要、自我实现的需要一旦得到激发和满足，可以产生巨大的推动力。在展学中获得尊重与成就感，会激发学生产生进一步自我实现的需要，激励学生充分地、活跃地、忘我地、集中全力地、万马奔腾地开赴学习前线。这样的展学又反过来推动自学、互学的优化，从而形成各个学习环节间互相促进的良性循环（如下图）。

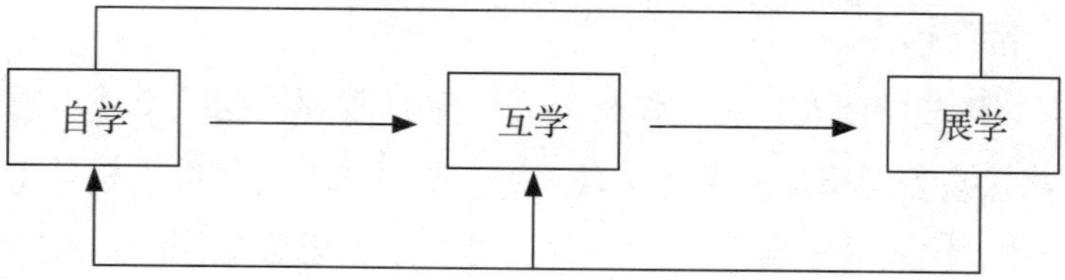

展学能够大面积地、深度地激活课堂，使课堂产生热烈乃至沸腾的学习气氛。大面积激活课堂是指全体学生，无论是城市学生还是农村学生，无论是潜能生、中等生还是优等生，都能在展学过程中得到自我实现的机会，都能使他们的内心体验到成功的效能感。深度激活课堂是让孩子的注意、思维、情感等心理因素进入一种振奋状态，全身心地投入到学习之中。正如苏霍姆林斯基所说：“教师在课堂上创造一种精神振奋的、生气勃勃的‘情调’，具有重大的意义。”“除了所有的教学法要求之外，应当对课堂教学补充提出一条很重要的要求：课堂教学应当引起良好的情绪感觉，即从学习中得到的满足感、从掌握新知识的紧张劳动中得到健康的疲劳感。”学生在这样充满浓浓生命成长气息的课堂中，得到的是开放的生长、扎实的生长、优美的生长、温暖的生长。

华东师大李政涛教授提出，高效的课堂的标准之一是“全效”和“深效”，全效是指全体学生都有效学习，深效则是指学生在课堂上深度的学习。前者涵盖学习者的宽度，后者指向学习探究的深度。展学就是具有这样的“全效”和“深效”的学习方式，一方面展学过程中的双边、多边对话成倍地增加了课堂学习机会，让所有学生都有大量的机会参与学习；另一方面展学能够形成学生之间的“思维碰撞”与“经验互动”，有利于大面积、深层次激活课堂，形成课堂“思维场”，让学生体验成功的快乐，增强学习的自信，激发学习的动力。

综上所述：展学是解决学习内驱力的最好手段，是学习成果的最直观展现，是教师进行学情调查的最直接途径，是教师课堂决策的依据，是教师教学智慧的发源地，是学生获得学习情感支持的化学分子，是课堂抵达“知识超市，生命狂欢”的保障。展学是促进学生成长的重要形式，重视展示就是重视人性；展示可以发展学生的个性与才智，保障学生有自信和有尊严地成长；展示拓宽了学生合作学习和同伴学习的渠道；展示是学生学习动力的重要源泉，成功的展示意味着成就感的满足。展学是提升课堂文化的重要手段，学本教学课堂也可以说是一种“展示文化”。缺少了展示，课堂就会变得“阴冷灰暗”，没有展示的课堂是畸形的课堂，是"死课堂"，是远离了人性的课堂，是没有温暖、力量、活力的课堂。进行课堂展示，不是形式的改变，而是学生内在的需求。

2. 学生课堂展示，体现出来怎样的新课程特点？

（1）展示内容的开放性。课堂展示的内容以本节课所学知识为主，主要是课堂中解决问题、发现问题所运用的知识、方法、规律，以及一题多解、一题多变的典型题，还有学生出错多、有疑问的题目等。

（2）展示方式的开放性。展示通常以一个学习小组为主，先在组内交流展示个人的学习成果，再推选代表将个人及小组成果展示给全班，然后再由其他组补充完善。展示的形式灵活多样，可以在小组内展示，也可以在全班展示；可以板演讲解、投影展示，也可以用实物演示，还可以用演讲、歌唱、朗诵、小品表演等形式展示。

（3）教师由前台走向后台，变讲为导，一改传统的独霸讲台的局面。角色的转变，标志着传统教学观和教学方式的彻底转变，无论是自主学习时问题的发现及提出，还是展示时对知识的理解和掌握，均由学生自己操作，教师只是随机进行点拨、引导。教师的角色转变为一位导演、一位顾问，一位学生探究活动的参与者，一位辩论活动的辩论者，一位交换意见的聆听者。

（4）学生由后台走向前台，变听为讲，一改传统"要我学"的被动接受，成为"我要学"的主动参与。角色的转变，标志着学生学习观的彻底转变。开放式教学的课堂，学生不再是接受知识的"容器"，教师也不再是知识的权威，多面、立体的课堂互动，体现出师生不再是对立的矛盾体，而是和谐促进的合作者，是平等对待的朋友。

3. 学本课堂学生展示环节应克服的几个问题是什么？

一是优生展示多，学困生展示少，加速两极分化。

二是被动展示多，主动展示少，学习动力衰减。

三是知识展示多，思维展示少，缺乏智慧含量。

四是简单展示多，提升展示少，止步低层汇报。

4. 学生课堂展示的内容如何确定？

（1）普遍性的、具有代表性的问题及学生出错率高的、能归纳方法规律的重点展示，太难和太容易的都不作为展示内容。也就是说，学生都不会的不展示，学生通过自主学习都能完成的不展示；通过小组合作能解决的小展示，通过小组合作研讨后仍有疑惑或异议的进行大展示。

我们的课堂不应为了展示而展示。教师在备课的过程中应做充分预设，大部分任务在小组讨论的过程中就能够解决，而展示的内容必须是全班共性的问题及学生确实解决不了的问题。

（2）要重视以下两个方面的内容：①小组展示的内容：小组长或学科代表要在教师发出展示命令后立即随机分配展示任务，做到个人展示单题化，小组展示全覆盖化。②全班展示的内容：展示的内容要在小组展示完成的情况下，教师将展示内容及时分配给已完成展示任务的学习小组。展示内容主要是本节课的重难点知识、疑难问题和争辩不清的问题，展示内容要做到专题化。

（3）课堂展示以知识重点、难点、疑点为主。①展示小组认为是重点的学习内容。②展示小组认为最容易混淆的内容。③展示小组认为讨论最成功的内容和最独特的观点。④展示小组认为能生成新的问题或能对知识进行深层次理解的内容。

（4）还要做到：①大家都会的不展示，书本上有的不展示。②学生能口头解决的不展示。

5. 展示的任务如何分配？不同的安排方式有何优缺点？

（1）采取小组自愿的原则，让小组自由选取本组最想展示的题目。

优点：学生自己选择的题目，他们就会很有兴趣和自信，能达到课堂上组组有事做，人人想展示的一种氛围，这样的课堂展示才是丰富多彩、有滋有味的。

缺点：学生只对自己感兴趣的或有把握的题目研究准备，而忽略了对其他题目的学习。

（2）临时、随机地分配展示任务。

优点：有利于老师根据题目的难易程度来检查各类学生的学习效果。教师能有意识地为需要锻炼的小组创造展示机会。同时，还可以避免学生只针对分配给自己的任务而研究、学习、准备的现象，促使学生对每一个题目都深入探究。

缺点：对展示内容的分配要考虑难易程度，若分配不当，就会挫伤学生的积极性。比如把难度大的题目让基础薄弱的学生展示，就会起到副作用。

（3）小组“抢”展示的任务。

优点：能最大限度地调动学生的积极性，激发竞争意识，百花齐放，让学生掌握得更全面、更深人。

缺点：课堂上不好操作。

6. 展示点拨中教师应该怎样做？

（1）倾听者要倾听学生的展示过程。首先，在课堂上，教师要特别关注那些胆怯的学生，先让他们回答一些比较简单的问题，锻炼他们的胆量，鼓励他们大胆发言，帮助他们树立“参与便是成功”的意识。他们每次回答完问题后，教师应该积极鼓励。如果学生说错了，教师要委婉地提示引导，要鼓励他们，赞赏他们积极参与、勇敢发言的精神。这样，胆怯的学生在展示问题时，就会逐渐克服自卑心理，从而树立自信。其次，在课堂上，教师要充分相信学生、解放学生，使他们能够大胆说话，大胆发表自己的意见，把思维的主动权还给学生，留给学生足够的空间让他们展示自己的成果。

（2）引导者要引导学生的课堂活动。在课堂上，教师要针对不同情况对学生进行启发诱导。启发诱导的方法固然很多，但其中最核心的一条就是必须给学生信心。如学生展示不准确，可讲一些激励性的话：“这个问题有难度，你从其他角度考虑过吗？”这样就可以在不伤害学生展示热情的基础上调动他们的积极性和主动性，引导学生进一步思考。引导者的另一个重要的任务就是引导学生质疑、问难。首先应精心创设问题，引导学生积极参与。在教学中，教师应精心创设一些有价值的问题，激励学生参与对问题的思考，层层深入。其次，引入争议问题，引导学生进行思考，吸引学生积极参与，进而激发学生的学习兴趣。

（3）指导者要指导学生展示难点知识。教师要及时点拨疑难问题。在学生质疑的过程中，教师要善于抓住契机进行点拨，要“点”在学生不懂或者似懂非懂之处，“拨”在学生容易忽视又与教材重点、难点密切相关之处。对学生提出的疑问，教师要耐心疏导，集中大家的智慧进行释疑。对难度较大的问题，要鼓励学生查找资料加以研究；对范围过大的问题，可以把它分成若干个小问题，以便让学生逐步把握问题的实质。当学生展示结束时，要尽量结合学生的回答给予客观的、中肯的评价，比如“你的想法很新颖”“你的表达很清晰”“你的见解与众不同”等等。这些激励性的语言，能使学生感到教师对自我价值的肯定，进而形成一种发自内心的精神力量，促使其积极上进。

7. 在课堂展示时，如何教会学生质疑并发表不同意见?

（1）在课堂展示环节中，要鼓励学生质疑，可以有以下做法：①鼓励学生不要怕出错，大胆发言。只要敢于质疑，教师都应给予表扬鼓励。错误也是一种课堂资源。②自主学习充分，上课时注意力集中，仔细倾听别人的发言，做好质疑的准备。③教师引导学生从多方面去提问，教学生学会比较自己的观点与他人的观点的不同，并逐步学会思考，知道提出什么样的问题是合理的，从而使提出的问题有价值。

（2）学生质疑太少时，教师可引导学生提出有价值的问题，使学生达到思维的碰撞。

教师要充分备课，在必要时给予充分提示，设置有层次性的问题来诱导学生提出新的疑问。

教师的引导和激励都必须针对不同的小组有不同的侧重点，以充分调动其学习的积极性。

（3）为了激励学生在展示中积极质疑问难，发表不同意见，教师必须引导学生学会独立自学，并保证认真完成学案。学生在研读文本和完成学案的过程中，要求做到：了解文本的大致内容，与前面已学的知识框架比较，找出本模块的大致内容，弄懂本模块的知识和思维方法，对重要问题和自己不理解的问题做好标记或在学案上写出来。这样，教师就能够更好地掌握学生的自学情况，使学生在构建知识体系的基础上，在展示中提出有价值的问题。

8. 学生在展示时或展示后，教师的顺势讲解有哪些策略？

判断学生在展示中的思维拐点，找准介入和顺势讲解的时机，一击成功。

在课堂上，一般有以下五种情况需要教师讲解，点拨技巧是：

（1）错：即知识错误，要及时铺垫知识，顺势纠错，引导学生厘清知识出错的原因。

（2）偏：即思维偏向，要及时矫正方向，顺势引导学生正确的思维方法，厘清思路跑偏的内在原因。

（3）简：即表达简单，要引导详细讲解，顺势引导学生讲出“为什么”“怎么想”，把思维引向深刻。

（4）漏：即思维遗漏，要适时补充要素，顺势引导学生归纳总结，把思维引向周密、严谨。

（5）浅：即思维肤浅，要引导走向深化，顺势点拨，理解问题背后的原理、方法。

9. 课堂展示的形式有哪些？

课堂展示的方法和形式要灵活多样。可以一人展示，也可以两人或多人展示；可以讲解，也可以表演，如小品、歌曲、相声、快板、朗读、作画等；可以小组内人人展示，也可以几个小组比赛展示；可借助多媒体投影展示，清晰又省时，还可以利用实物模型直观形象地展示，以达到人人参与人人展示的目的。只要真正领会了新课标的基本理念，善于挖掘课堂资源和学生的表现欲望，就会使课堂展示多样而灵活，也更能提高课堂效率，培养学生能力。

10. 学生书写展示的内容占用时间过长，怎么办？

要求学生不要把展示内容全部写在黑板上，只需把展示内容的重点句、关键词板书出来，或是把问题的要点写清楚即可。这样，有了这些重点内容的提示，既可以展示条理，还能节省时间。

11. 学生在课堂展示中偏离主题，怎么办？

我们经常在课堂展示中发现有许多学生在知识拓展时，与文本内容联系并不是很紧密，偏离了主题，不仅耽误了课堂时间，还会把其他同学的思维引向误区，走上“歧路”。那么，教师在这时就要告诉学生，拓展是为研读文本服务的，拓展是文本内容的新体现，是文本内容的延伸与补充。所以，学生在拓展时应该自主地与文本相结合，自觉地联系文本，从而提高展示的实效性。

12. 展示中，学生争先恐后对一个问题发表不同的看法占用时间过长，如何处理？

当一个小组展示完一个问题后，其他的小组可能会有不同的解题方法。此时教师应提醒学生，若解题思路比展示出的方法简单明了就可以展示给大家，若繁杂就节省时间，不再展示。

13. 如何激发学生的展示欲望，克服展示疲劳症？

（1）方法层次。①关爱学生，以情引趣。教师要尊重学生、关爱学生，了解并理解他们，让学生感受到教师的亲切感、信任感、期望感，做他们的知心朋友。教师要把微笑带进课堂，让每一个学生都感到自己是被重视的、被关注的，使他们主动参与到学习活动中来，营造和谐的氛围，鼓励学生大胆展示。②直观教学，激发兴趣。在教学中要充分利用教具、挂图和多媒体电化教学等手段，启迪学生兴趣。③巧设悬念，激发兴趣。设置悬念，往往能借助学生的好奇心理，从而激发学生的学习兴趣，进而树立“参与无错”的思想，激发学生的参与意识。④精心设问，引发兴趣。学生的思维永远是由问题开始的，好奇是思维的开始，并且是引向认识的重要途径。在教学中教师提问时要做到语言准确、简洁。⑤教师应该关注学生展示的“质”和“量”的问题，避免学生重复和单一性地展示问题。

（2）制度层次。①我们需要研究并推行更多更好更有吸引力的展示方式，多角度、多层次、多方位地引起学生展示的激情，来刺激学生展示，克服展示疲劳。如：个人展示或两人、三人、全组整体展示；必答、选答、抢答展示；小品、辩论、演说展示；漫画、书信、板图、书法展示等。②可以用一些奖励式的比赛来调动气氛，激发、刺激学生的展示兴趣。如建立课堂小组内、小组间的竞争机制，一周一总结，对展示多的同学在小组内提出表扬；对展示好的小组在班内提出表扬。一月一奖励，对一个月内表现好的个人和小组给予一定的奖励。还可以运用积分制给予月奖励或者其他方面的奖励，来调动学生的展示激情。③制定比较完善的评价和激励机制体系，比如小组积分考核制，以小组为单位，通过展示评级打分的方式激发学生和小组的展示欲望，同时落实奖惩制度，让学生有荣誉感和自豪感。再如，根据学生个人的课堂表现，评出周展示之星、质疑之星、评价之星，根据小组团队的合作情况，评出周学习最优小组，并在学期末进行汇总，给予优秀的个人和团队表彰奖励。这样不仅让学生有“不仅为我学习也为我们小组学习”的理念，增强学生的集体荣誉感和责任感，而且能起到互相督促、共同进步的作用，让评价促发展、让评价促成长，学生就会乐此不疲地展示。④面对展示失败的应对措施。在学生展示中，难免出现错误，一些学生因失败过多而出现失落、烦躁情绪，往往容易放弃，老师应在关键时刻，及时给学生以鼓励和引导，帮助学生在多次尝试与失败中总结经验，不断完善，自我进步。通过学生的展示、相互评价、教师建议等多种形式，让学生重新审视自己的展示，汲取经验，并通过展示过程释放自我，积累勇气和力量。

14. 学生上讲台应如何展示？怎样规范培养？

对学生展示的要求有三个关键词：语言、眼神、体态。

语言：一是要求学生上台要比较流畅地使用学科语言，声音要洪亮。二是要有引发同学互动交流的语言。

眼神：上台展示的学生的眼神要勇于直视同学和老师。

体态：自然大方，有适当的体态和手势。如用黑板或投影屏幕时，最好成 45 度角，手势要讲到哪儿指到哪儿，五指并拢向前伸展，动作要舒展。

15. 每节课上台展示的学生人数有限，如何进行对全班学生的展示能力的培养？

教会学生把展示分为三个层次：暗展、预展、明展。

暗展：在自主学习时，自己练习讲明白的过程就是暗展。在自主学习时学生就要思考展示时如何讲解。

预展：就是在小组内讲明白自己所理解的问题。一般是组员讲简单问题和中等难度的问题、组长讲最有疑问的问题，人人都有预展的机会。

明展：就是在全班代表小组把共性的疑难问题或不同的见解上台讲明白。

这样，通过不同层次的展示，全班同学的展示能力都能得到有效的提升。

16. 学生展示时语言不到位，教师应如何做？

在学生进行课堂展示时，教师要认真听清学生的发言，不能放任。学生的展示可能不深刻、不精确、不精彩，教师要随时准备介入。教师要通过适时、适当的引导，把学生引入深化、引向精确、引向精彩。教师的指导、介入是提升学生展示品质的重要保障。展示中，教师的角色需要从“教师”变为“导师”。

17. 学生展示后对学生和所在小组及时评价的基本策略有哪些？

小组及时评价的基本策略：

（1）评价要及时、准确、直指要害、关注细节。直指要害能节约时间，让学生分清主次；细节评价能让学生感受到自己被真正地关注，代表了真实和尊重。

（2）评价要以鼓励为主。评价是为了学生改进、完善、激励和提升。评价要做到公开、公平、公正，以鼓励为主，充分调动学生参与课堂教学活动的积极性。

（3）坚持“捆绑式”评价。小组是学本课堂的基本组织，对小组的建设和管理是“学本”课堂的关键环节。对于个体的评价，一旦放在小组的背景下，其效果会成倍放大。

（4）语言评价和体态评价相结合。语言评价包括“正确”“好”“这是一个有创新的见解”等。体态主要包括微笑、耐心听学生发言，用点头表示肯定，为学生鼓掌等。

（5）评价的内容要有取舍。“事无巨细，凡事都评”与“粗枝大叶，一概而论”的效果差不多。评价要有所评，有所不评，要让学生逐步掌握评价标准，最终完成学生的自评与互评。

（6）评价的结果要做好记录。

18. 教师如何在学生展示的环节突出重点，突破难点？

我们探索的经验是，每一节课的重难点知识必须讲清楚，并板书重要内容框架。要达到理想的效果，就在教师要讲的地方，先让学生展示，教师或提炼补充或讲解示范，学生在自学、互学、展学时，教师适时点拨，让学生学得轻松愉快、扎扎实实。要达到这样的效果，要落实四个过程。

（1）思维可视化过程。教师先让学生独立完成在课上要讲的问题，再选择一名或几名学生上台板演。由于每个学生原有的认知水平和思维方式不同，各自在自主学习中产生的认知也不同，教师在自学巡视检查中，要发现典型的认知错误，典型的好方法，把他们的典型错误或优秀做法展示给大家，实现这个知识点的思维可视化。

（2）思维可听化过程。在学生完成自学、互学后，让板演的同学把自己的思维讲给大家听，讲清楚为什么这么做，什么这样想。实际上就是给学生“辩解”的机会，尊重学生的思维权利。板书的内容是僵化的思维，学生的“辩解”则是灵动的思维，学生在自我“辩解”的过程中，会重新检视自己的自主学习过程，通过展示，他们的很多问题也“自愈”了。而其他同学在倾听的过程中，也可以不断地矫正自己的思考，在比较中鉴别，在鉴别中求真。

（3）思维交织化过程。认知冲突的交织过程就是思维的交织过程。板演的学生在展示的过程中，教师尽可能不插话，不肯定也不否定，激发全班同学进行质疑：他讲得对吗？完整吗？还有别的更好的方法吗？由于每个学生在展示时都不知道标准答案，每个学生都会在自以为对的情况下，自然而然地维护自己的观点。当把两个或多个观点放在一起时，冲突必然会产生，这就是学本课堂的高潮阶段——对抗质疑。这时的课堂会产生激烈的碰撞，学生不仅会全身心地投入到维护自己或小组的观点中去，还会在辩论与对抗中，学会理性思考问题，学会尊重对方观点。在这个过程中，学生不仅收获了正确的结论，更重要的是，他们也学会了对他人的尊重、对真理的追求。

（4）思维提升的过程。思维提升的过程是学本课堂展示的高级阶段。要注意的是，教师是学生的帮扶者，展示中只要有一个人能承担起“提升”的任务，教师就不应该与学生“争锋”。如果学生的展示确实不到位，教师才应该做出适当的点拨，使知识落地，使学生的思维得到提升。

五、分层训练

1. 分层训练在什么时候完成？

分层训练是学生经过自学、互学、展学等环节后，为进一步巩固本节课所学的内容的一个环节。分层训练是课堂教学中巩固和熟练掌握知识、运用知识、解决问题的关键环节，应在课堂上留出足够的时间来完成。

2. 分层训练的时间总是不够，怎么办？

（1）首先，教师应根据具体的课堂内容有个整体的规划，合理安排好各个环节所用的时间。自学、互学、展学等用多长时间，必须按计划落实，不能拖拉。

（2）分层训练的题目要精选，紧扣本节课的重难点，分类呈现。

（3）题是无限的，题型是有限的，选好练习题型就可做到省时高效、以少胜多。

3. 分层训练的题目与课本上的题目之间有何关系？如何编排练习可以实现“练中讲”？

（1）分层训练所选的题目，应是对本节课的习题和例题经典的补充。课本习题、例题中的经典类型题可以直接选入当堂完成。

（2）分层训练的题目是根据本节课习题和例题的难度要求选取的。由浅入深，由易到难，做到每组题都有它独到的选题意义。

（3）分层训练中要设计有层次的几组题，题组一是讲清本节课重难点、知识点的题组，有几个知识点选几道题，每道题在学生练习后，讲清楚一个知识点。题组二是对本节知识点的灵活运用，要把本节所学知识需要落实的注意点、易错点、易混点编入其中。教师在学生完成练习后的展示中提炼出注意点。题组三是对本节知识的拓展。将含有解决本节问题的规律、方法、技巧之类的习题编入其中。学生练后，教师在学生展示中顺势点拨、顺势提升。

4. 对分层训练中的习题，教师应如何处理才能使学生对知识点的掌握落到实处？

对分层训练中的习题，教师可让学生分层、分时段来完成。每个层次的习题锁定后教师不要直接对答案，这是学习效果最差的一种方法。应让小组的组长检查完成情况、统一答案、发现问题、个别辅导、“兵教兵”。然后教师根据学生的掌握情况、质疑或提出的一些有价值的思考问题，再让学生展示，教师顺势点拨，对答案、找错误，做好巩固即可。

5. 在训练时教师要落实好“三讲三不讲”，其内容是什么？

三讲：讲清本节知识点（重点、难点）；讲清易错点、易混点、易漏点；讲清知识点运用的方法、规律、技巧。

三不讲：学生会的不讲；学生能通过小组学习自主学会的不讲；太难的不讲。

六、拓展延伸

1. 拓展延伸在学本教学中的含义是什么？

（1）要求教师在每节课都要根据所学知识点的内容，把它拓展延伸到生活实际中，运用知识解决生活实际问题，提升学生分析问题、解决问题的能力。

（2）要求教师要把本节课的知识点放到整个知识体系中去思考，它是由哪些知识发展而来，又为哪些知识作铺垫等。要为以后的知识学习做好拓展，做好伏笔，尽量使每节课都能做到新课不新。

2. 拓展延伸在什么时间完成？是否所有学生都必须完成？

拓展延伸中的知识运用习题，不要求所有学生都会做。这是为学有余力的学生准备的，他们可根据自身能力选择课上或课下来完成，不固定时间。但教师要定时抽检其完成情况。为下一阶段做伏笔的练习题，需全班同学都做，并且应在课堂上完成。

七、学本教学课堂对学生的培优

学本课堂由姓“教”变为姓“学”了，学生真正成了课堂和学习的主人，提升课堂学习的效率和效益，优生在课堂上发挥着引领、示范和指导作用。教师在课堂上如何培养优生就显得至关重要。

1. 为优生量身定做跳一跳能达到的目标

目标是一个人发展的方向，也是学习的动力。优生的共性通常是观点独到、思维敏捷、能力超强、一点即通，其内在的潜力巨大而无穷。教师不妨引导他们从自学能力、小组的协调示范引领能力、指导和创新能力等出发，适当确定拔高的目标，激发他们的进取精神，从而最大限度地发挥他们的聪明才智，让他们出类拔萃。

2. 利用小组，培养优生的学习力和领导力

提高学本教学课堂的效率，离不开学习小组的建设；小组在课堂上的良好运行，离不开培养一批优秀的小组长。小组长即是班级的领头雁，也是小组的核心成员。首先，在小组中优生必须知道如何管理自己的小组，协调调动小组成员团结一致、相互帮扶、共同提升，为小组增光添彩。其次，优生必须示范和指导组员如何独学，学会自主学习；如何自学和互学，学会在交流与合作中解决问题。实践证明，利用推进小组建设培养出的优秀学生，不但学习成绩优异，领导力也出众，组织、管理、协调能力超群，优秀人才的许多品行在历练中逐步形成。

3. 利用课堂展示舞台，激发优生的学习兴趣

小班教学中的课堂，学生上台展示的环节是必须有的，学生会不会

展示，展示的质量如何，直接影响到课堂效率的高低。如何在展示中激活优生的思维，让他们迸发出巨大的学习热情呢？第一要指导学生在独学时能沉下心来，学明白，整理出自己的见解，为展示做好准备。第二是指导优生在其他同学展示时要学会质疑，听明白别人的见解和自己的是否一致，若不一致时要会质疑和分析。第三要鼓励优生在质疑后敢于发表自己不同的见解，激发思维对抗，这时课堂上学生的学习兴趣最浓，思维最集中，辩论生成的学习成果最难忘。这样，让优生在一次次的展示中，找到自信，感受快乐，逐步形成浓厚的学习兴趣。同时，对全班的学习也是个示范和引领。

4. 利用导学案，训练优生思维的广度、深度和灵活度

学本教学课堂中，学生的学习离不开导学案，因此，教师在设计导学案时，要精心设计问题，精心挑选习题，做到深思熟虑，难易兼备。在编排练习时要考虑三个层次，即要有必须过关的基础知识训练，也要有灵活运用的能力训练，还要有综合拓展的思维训练，以满足不同层次学生的学习要求。对于优生，一定要设计好拓展训练题，有对知识的综合运用的问题，有一定难度的问题，有开放性的问题等，以训练学生思维的深度、广度和灵活度为目的。

八、学生学习小组的编排

编排好学生的学习小组，做到“同组异质、异组同质”，家长、教师、学生都需要统一思想、提高认识，否则会有分组的阻力。

（一）小组合作学习是培养未来社会人的需要

1. 小组合作学习能有效培养学生的合群性。合群性是未来社会人所必须具备的基本素质。

2. 小组合作学习有助于学生形成善于听取别人意见，对同学热情帮助、真诚相待的好品质。

3. 小组合作学习能有效培养学生的团队意识。小组捆绑式评价，对

小组不对个人，团队代表个人的水平，个人努力决定团队实力。团队意识和团队精神，是未来社会合作学习、合作共事的前提。

4. 小组合作学习能有效培养学生的自主性和独立性。在“自学、互学”基础上的群学，有助于学生养成在未来社会自主学习、独立思考、积极主动做事的好习惯，终身受益。

（二）在学本教学课堂中，班级划分学习小组的原则

“同组异质、异组同质”原则：根据学生各自不同的学习成绩、心理特征、性格特点、兴趣爱好、学习能力、家庭情况等方面的因素组成学习能力相当的学习小组。组内一般以异质为主，使小组成员具有一定的互补性和个性化，同时保持组与组之间的同质，以便促进组内合作与组间的竞争。

（三）学习小组的划分

1. 以班主任为中心分组，同一个班分的小组在各个学科教学课堂中一般不要变动，就是不能各学科是各学科的小组。班主任在给学生分组之前，不但要遵循“同组异质、异组同质”的原则，还要协调各科老师的意见，争取做到让各科老师操作起来都能得心应手，使各科学习小组之间都比较均衡，为大面积提高课堂学习效率打好扎实的基础。

2. 在小组的人数上一般 3—4 人为宜。3 人一组为 3 人单桌同一排（组长在中间或学困生、问题学生在中间，根据实际情况而定），4 人小组是 2 人一桌前后两排。

3. 确定小组长和学科组长的一般方法是：根据全班学生检测的各科综合成绩排名和综合素质来确定，小组长要选协调能力、组织能力强的学生为宜。

（四）如何对小组进行“捆绑式”评价，以促进小组和谐发展？

1. 组内评价：可以采用小组长周评价制。即每周由小组长对组员进行学情、纪律、卫生等的评价，然后利用班会时间进行集中点评，以形成学生自主化管理。

2. 组间评价：比较成功的有小组积分制。即由班委会负责对各个

小组进行综合考核，每天根据特定的考核内容公布分数。每周排一次名，排名靠前面的在班会上奖励，班会时间可以组织“魅力小组颁奖晚会”，获奖小组的组长代表组员领奖，并发表获奖感言，以形成组间竞争气氛。

3. 在班级内建立“荣誉栏”。设有周冠军和月冠军，每月表彰一次优胜小组，发喜报让学生带回家，让家长分享孩子进步的快乐。通过合作学习和“捆绑”评价，能较好地激励学生交流，培养学生的团队意识。

4. 采用“节评、日记、周节、月表彰”的形式把小组活动的每个内容和过程夯实、建立成长档案，引导和促进学生落实细节、共同成长。

（五）在小组学习时有些优生比较自私，不愿帮人，该怎么办?

分好学习小组后要对学生的学习心理不断地进行培训：

1. 首先让全班同学明白，特别是优生更应清楚，学习知识有三个层次：听明白，想明白，讲明白。讲明白是学好知识的最高层次，从而让他们愿意讲。

2. 错误是镜子，是路标。帮人改错，等于帮自己防错；只知道对，不知道错算是半对，既知道对又知道错才是全对。让组长明白，帮助组员防错的过程也是自己学习的过程，是对知识点的又一次强化。

3. 小组的学习是相互作用的过程。要让学困生克服自卑心理，也要让优生明白，在课堂上是学困生使你学会了倾听、尊重、包容、欣赏，学会了换位思考；是学困生让你培养了口才，训练了思维；是他们促使你更加优秀，应对学困生常怀感激之情。

4. 每个人在竞争中获胜，核心的意义不在于超越别人，而在于超越自己。每个学生都应在竞争中学会自我欣赏、自我肯定、自我快乐的优良品格。

5. 让每个学生明白，集体是水，个体是船，水涨船高。在落后的群体中，个体再优秀也难以出类拔萃。让每个学生树立“人人为我，我为人人”的思想，渗透集体意识。

（六）如何对学习小组进行具体指导？

1. 小组长的责任是什么？

首先，小组长是组织者。小组长要组织、带领全组同学开展课内外合作学习，根据本组成员的兴趣爱好等特点进行合理分工，协作完成学习任务。

其次，小组长还是协调者。小组长要协调好组内成员之间的关系，调动大家的积极性，形成小组合力。

最后，小组长也是示范者。对小组内的各项任务，小组长要争取最先完成，对班级或学校组织的各项活动，小组长要带头参与并发动组员积极参加。

2. 小组长如何讲？

（1）先讲思路，后讲做法。在学生开始展示时，教师往往急于学生不会讲课而不愿让学生多说，怕浪费时间，怕完不成教学任务。学生学会讲课要有个过程，要给学生一套讲课流程，语言格式是：这个问题要怎样想？为什么要这样想？还有别的思路吗？最简捷的思路是什么？一般有一周的时间学生就能学会讲课。

（2）不要在同一个问题上反复讲。开始时有的小组长性格过急，不知道方法，只要看到组员错了，就给组员从头到尾讲一遍，若组员未懂，就再讲一遍，这样，既浪费时间，还讲不懂。所以，小组长应先搞清楚组员什么地方不会，找准不会的地方先讲思路，后讲做法。

3. 组员应如何配合组长？

教师对全班进行针对性的培训，让组员明确知识不是听会的，在合作中，不但要学会知识，更要揣摩组长的思维方法。

4. 对小组合作学习中的听、说、读、写、评、议、管进行具体指导。

听：

（1）听同学发言要专心，边听边想，记住值得肯定的要点，并努力听出彼此不一致的地方，以此表述自己（或小组）的看法或理由。

（2）别人发言时，不要随意打断；有不同意见时，等待同学表述完后再提出；同学回答有误时，不要嘲笑、打击。

说：

（1）先独立思考或小组讨论后再发言，不要信口开河。

（2）发言要围绕话题，言简意赅，有条理，不能东拉西扯，不着边际。

（3）别人对你的发言有疑问时，要针对问题耐心解释，摆事实讲道理，以理服人。

（4）当遇到有多位同学与你一起抢答时，要学会谦让，给别人一次展示的机会。

读：

（1）需要个别朗读或小组朗读时，要声音洪亮、语速适中、张弛有度。

（2）要学会带着问题去读书、在读书中发现问题，不要机械地为读而读。

（3）读书时，要将疑惑在书上用笔勾画出来。

写：

（1）写学案或板演时，字迹要工整、规范，切忌潦草应付。

（2）问题要点要写全面、解题步骤要写清楚。

评：

（1）肯定对方意见正确的一面，再指出其错误的一面，并进行更正或补充：

（2）评出自己的错误所在，并找出努力的方向。

（3）评价他人时，态度要诚恳，不嘲笑、打击同学。

议：

（1）善于根据学习任务引发话题，敢于提出自己的大胆设想，与同学交流讨论。

（2）在讨论中要善于汇总自己和别人的看法及理由，及时进行提炼总结。

（3）仔细听取别人的意见，找出彼此一致的地方，少数服从多数，最终达成一致性意见。

管：

（1）小组长负责维持小组纪律，有权点名批评或制止破坏纪律的同学。

（2）根据组员的学习情况，分配学习任务，各得其所。

（3）关注每一个组员的活动，更要帮助学习有困难的学生，积极鼓励发言较少的同学参与小组活动。

（4）负责综合组员的讨论意见，得出结论，并与其他小组进行交流，展示学习成果。

（七）道真自治县民族中学“和美之星”小组评价方案

为激励驱动学习主体内力，通过评价实现学生多元发展。实施“学本”课堂教学改革以来，我校以“和美”教育办学思想为指导，以“和乐合学”的学风为出发点，倡导“自主、合作、探究”的学习方式，深入推进“学本”课堂教学改革。为了最大限度地激发学生参与学习的积极性，我校结合“和美”之星评此方案，制定了《民族中学“和美之星”小组评价方案》，根据本方案，要求各班结合学生实际情况制定本班的实施细则。

1. 设计理念

新课程评价理念强调：

在评价功能上，由侧重甄别和选拔转向侧重发展；

在评价对象上，从过分关注对结果的评价转向关注对过程的评价；

在评价主体上，强调评价主体的多元化和评价信息的多元化，重视自评、互评的作用；

在评价结果上，不是关注评价结果的准确性、公正性，而是更强调关注评价结果的反馈以及被评价者对评价结果的认同度和对原有状态的改进。

为此，在认真学习新课改评价理论，反思现有评价方法的基础上，围绕评价内容多元化、评价过程动态化、评价主体互动化、评价目的激励化的理念，设计了学习小组评价方案。同时将过程性激励评价结果用分数量化，与学生的测试成绩有机结合计入总分，通过这一方式来促进学生的可持续发展。

2. 遵循原则

易操作原则：操作简单易行，不加重师生课堂操作负担，整理统计方便。

激励性原则：评价表彰重在激励，只加分，不减分，突出评价的激励功能，让学生喜欢。

发展性原则：评价角度要多元，重点关注学生的进步、发展、变化，而不是只停留在优秀层面上，使各个层次的学生都有机会，促进学生可持续发展。

全面性原则：评价内容全面，注重知识与能力、过程与方法、情感态度与价值观三个维度。

个性化原则：强调评价的主体性，注重学生的个性特点，进行个性化设计，让有各种特长的学生都有获得成功的喜悦，突出个性张扬。

3.“和美”之星类型简介

激励评价从四大方面进行设计。

第一方面：学习态度

第二方面：学习质量

第三方面：小组合作

第四方面：思想品德

4. 发放标准

激励方面的“和美”之星由班主任、各科老师负责发放，具备条件的学生可获相应的“和美”之星一枚（纸质）。

专注倾听之星：根据学生的课堂听课状态发放。坐姿端正，精神状态良好，注意力集中，紧跟老师的思维，积极共鸣，及时做笔记，保证听课高效率。

勤学好问之星：根据学生平时的学习态度发放。态度端正，学习刻苦，善于发现问题，积极向老师或同学请教解决问题。

认真纠错之星：根据学生对课堂、课下练习或作业中出现的错误的改正情况发放。不回避练习或作业中的错误，积极主动加以改正，有纠错本或能将试卷错题分科分类整理，改错明显，并能在之后重复看错题。

积极发言之星：根据学生在课堂上回答问题的表现发放。能大胆、积极地举手回答问题，声音洪亮，口齿清楚，逻辑思维清晰，准确率高。

惜时善用之星：根据学生对课堂或课下时间的利用情况发放。课堂、课下能高效利用闲散时间，安排合理、有效，不浪费时间。

魅力展示之星：根据学生课堂展示环节的展示质量发放。对某一问题见解独特，展示语言流畅、思路清晰、表达准确，能给他人以启迪。

优秀作业之星：根据学生作业完成的数量和质量发放。能按时独立完成作业，书写认真规范，准确率高。

练习准确之星：根据学生在课堂拓展延伸环节练习的质量、准确度发放。练习规范准确，对知识的掌握程度达到课标要求，形成解决此类问题的技能技巧。

学习进步之星：根据学生的各种测试、比赛情况发放。在学校和班级各科组织的各种阶段测试、专项测试、课堂测试中有明显进步。

特长张扬之星：根据学生的艺术类学科特长或各学科、各类型课外活动的获奖情况发放。在音乐、体育、美术、信息技术、书法等艺术类学科方面有特长，在各级各类学科竞赛或各项评比中获奖。

积极参与之星：根据学生在课堂小组活动或课外活动中的参与态度发放。能主动参与小组活动，积极发表自己的见解，主动完成分配的任务。

有效合作之星：根据学生在课堂小组活动或课外活动中的参与情况发放。在小组活动中能发挥自己的作用，合作有实效，参与质量高，不流于形式，建立起积极的相互依存的关系，每一个组员不仅自己主动学习，还热情帮助其他同学学习，以全组每一个同学都学好为目标。

给力评价之星：根据学生对同学课堂展示过程的评价的质量发放。评价有技巧、重点突出，语言表达得体，注意分寸和尺度。

优秀组长之星：根据小组长引领本组同学活动的情况发放。小组长在小组活动中的组织、协调、榜样、监督、协助、反馈作用发挥明显效果，有自信心、责任心和较强的管理能力，小组成绩优秀或进步明显。

小组合力之星：用于奖励小组整体，小组成员均可获得，根据小组参与活动的合作效果发放。小组在课堂合作活动或课外组织的实践活动、竞赛活动中，分工明确、团结协作、合作有序、质量高、成绩优秀。

积极劳动之星：根据学生在学校、班级组织的劳动中的表现发放。热爱劳动，积极主动为班级出力劳动，能高质量完成分内的劳动任务，并能主动帮助其他同学完成劳动任务。

整洁卫生之星：根据学生的值日表现和平时卫生保洁的情况发放。能按时、保质地完成值日任务，桌面、桌兜物品摆放有序，个人卫生整洁，能主动完成非布置性的卫生保洁任务，思想境界高。

文明礼貌之星：根据学生在课堂、课下的言谈举止，人际关系中的尊重、理解和谅解、团结、互助、友爱的程度发放。待人谦恭和气，谈吐文明有礼，举止端庄大方，遇老师主动问好，遇他人主动避让，养成良好的社会交往习惯。

遵章守纪之星：根据学生遵守校规校纪和班规班纪的情况发放。能模范遵守学校的规章制度和班级常规，受到学校的表扬或肯定。

热爱集体之星：根据学生对班级所做的贡献发放。热爱班级，积极为班级争光，主动帮助别人，受到同学们的认可。

5. 操作办法

发放权限：学习态度、学习质量和小组合作三个方面的“和美”之星由科任教师负责发放，思想品德方面的“和美”之星由班主任负责发放。

发放张贴统计：各班成立“和美”之星发放管理委员会，主任由班长担任，常务副主任由 2 名正直无私、工作负责的同学担任，监督员由科代表、学习委员担任，成员包括班主任、各小组长，协同负责“和美”之星的发放、张贴（每班教室规定地方设置有“和美”之星一览表）、登记、汇总。

汇总办法：设计配套的用于登记的学习小组过程性评价月记录表、用于汇总的学习小组过程性评价汇总表。

学习小组过程性评价月记录表的使用：每生每月一张，记录每生每周所得各种“和美”之星张数及总数，统计每生每月所得各种“和美”之星张数及总数。每月各班组织一次班级评价，首先由学生本人根据本月所得各种评价的“和美”之星数进行自我反思，然后由小组进行评议，最后反馈给个人签署意见。这样做是为了达到对评价结果的反馈以及争得被评价者对评价结果的认同和对原有状态的改进之目的。

每月结束后，常务副主任协同小组长将各组每位同学所得“和美”之星的张数和小组本月所得“和美”之星的总数汇总于汇总表上，一式二份，一份送交教导处，一份班级留存。

期中、期末时由常务副主任统计好各组每位同学所得各种“和美”之星的张数和小组所得“和美”之星的总数，上交教导处。

每学期期中、期末各表彰1次，每学期期中得单种“和美”之星达50张的便获得此种类型奖，如得专注倾听“和美”之星达50张的同学获得专注倾听奖；得“和美”之星总数达400张的获综合表现优秀奖；小组得奖总数在年级排名前30的可获优秀小组奖；获得优秀小组奖且本人得“和美”之星总数达400张的组长可获优秀小组长奖。以上这些获奖均颁发专制的“和美”之星荣誉证书。

每学期期末得到单项100张及以上“和美”之星单项奖；得“和美”之星总数达800张的获综合表现优秀奖；小组得“和美”之星总数在年级排名前40的可获优秀小组奖；获得优秀小组奖且本人得“和美”之星总数达800张的组长可获优秀小组长奖。以上这些获奖均颁发专制的“和美”之星金奖一枚。

德育处按照每张“和美”之星0.2分的分值计分，作为综合表现一项的成绩，计入学生期中、期末的综合素质评价考核的成绩中。同时，将得“和美”之星数作为表彰各级星级学生、明星学生等的主要依据。如：五星级学生所得“和美”之星数在班内必须排名前10并颁发“和美”之星银奖一枚；四星级学生所得“和美”之星数在班内必须排名前15并颁发“和美之星”铜奖一枚；三星级学生“和美”之星数在班内必须排名前20并颁发相应星级的荣誉证书；二星级学生所得“和美”之星数在班内必须排名前25并颁发相应星级的荣誉证书。这是必要条件，宁缺毋滥，不降级处理。

调控措施：确保每位教师积极、合理使用，一方面是学生的督促，另一方面是通过对学生进行问卷调查，对班级的重视程度和教师的使用情况进行调查，根据调查结果进行打分，将结果纳入班级考核和教师个人考核的内容。

确保每个班级发放大体平衡：每位教师每周只能领取纸质的“和美”之星50枚，用于一周的发放，保证质量，发放必须有理有据，这样可以控制发放的数量，真正起到调动学生积极性的作用。

经过三年的实践，预期效果明显。学生的主动性被激发，由以前的被动学习变成现在的主动学习，不仅收获了无形的知识，也有了有形的收获。每周得到的“和美”之星数都会在班级的得分榜上展示，使学生自己有了明确的奋斗目标。

民族中学“和美之星”小组过程性评价月记录一览表

姓名			年级			班级			组名			时间			年 月						
评价汇总																					
	学习态度					学习质量					小组合作					思想品德					
	专注聆听之星	勤学好问之星	认真纠错之星	积极发言之星	惜时善用之星	魅力展示之星	优秀作业之星	练习准确之星	学习进步之星	特长张扬之星	积极参与之星	有效合作之星	给力评价之星	优秀组长之星	小组合力之星	积极劳动之星	整洁卫生之星	文明礼貌之星	遵章守纪之星	热爱集体之星	合计
第一周																					
第二周																					
第三周																					
第四周																					
第五周																					
分类合计																					
自主评价																					
小组评议																					
个人反馈意见																					

九、学本教学“导学案”运用的功能

什么是“课堂导学案”？

“课堂导学案”是学本教学课堂有效落实知识点的抓手，是教师根据学生已有的知识及认知水平，为指导学生进行自主学习和解决问题、实现知识的重组和构建而设计的学习方案。其实质是教师帮助学生掌握教材内容，构建“学”与“教”的桥梁，具有“导读、导思、导练”的功能。

（一）“导学案”的作用

1. 学生通过导学案中问题的导引，阅读感悟并进行自学；教师通过学生完成的导学案能明确地看到学生是否学会了，什么地方不需要讲，什么地方通过小组互学可以解决，什么地方必须教学，能有效控制教师的满堂讲。

2. 导学案可提前编制，能通过教研活动充分发挥优秀教师的智慧，使优秀教师的教学资源能辐射到每一科的每一课，能够通过导学案提升区域内的每一位教师，从而大面积提高每一堂课的教育教学质量。编制导学案能有效实现国家教材学本化，能扎实、快速地提高各科教师驾驭教材的能力。

3. 小组活动有抓手，小组长在导学案上能准确地找到组员的问题，通过对导学案上习题问题的落实，使每位学生的学习做到知识点节节清，大面积提高教育教学质量。

4. 能体现差异性原则和因材施教的原则，让基础好的学生吃得饱、基础较差的学生能吃好，不会浪费基础好的学生的时间（这部分学生能根据“导学案”设计的程序自主学习），能达到分层训练的目的。

（二）“课堂导学案”与教材、教辅的关系是怎样的？

“课堂导学案”必须坚持以教材为本，不能改变教材本身的知识框架结构体系，不能动摇教材所承载的“知识与能力”“过程与方法”“情感态度与价值观”的目标，只能根据学生的实际情况进行调整、补充。

课程改革以来，新教材变化很大，每一册课本都为教师的创造性使用留下了空间。但许多教师由于自身知识的局限性，难以全面驾驭教材内容，需要借用教辅材料进行补充，不同版本的教辅材料可帮助教师进行书面教学交流和研究。

因此，“导学案”是结合学情，经过认真研读教材，依托教材，参考教辅，将知识进行整合，益于指导学生自学的方案。它是在课上完成的，不是课后练习。

（三）“课堂导学案”设计应注意哪些问题?

1. 导学案的学习目标的设计要有较强的可读性

首先，语言应简洁明了，让学生一读就懂，能清晰地感受到导学案各个环节的意图和要求，避免出现理解的障碍，避免将时间花费在字词理解之类的无谓劳动上。

如：“幂的乘方”的学习目标是能写出一个具体的式子，表示幂的乘方；能举例说明同底数的乘法和幂的乘方的区别。

探索幂的乘方的运算法则，在探索过程中体会“从特殊情况推广到一般情况”的归纳思想。

会用符号表示幂的乘方的运算法则，并能运用法则进行简单的运算。

“学习目标”的设计，要尽可能使用学生容易理解的语言，少用专业术语，如遇到专业术语，设法将其简明化；对于具体的要求，尽可能简单明确，如“理解幂的乘方的意义”是对教学的要求，这里转化成“能写出一个具体的式子，表示幂的乘方”，对学生而言就更加明确直白。学习结束后，学生可以对照目标，看看自己是否达到本课的学习目标。

2. 导学案中复习环节的设计要提供主干，减轻学生的机械劳动

在设计导学案的复习环节时，要尽可能减少一些烦琐而没有思维含量的机械劳动，以减轻学生的负担，从而留出更多的时间进行更有价值的思维活动。

3. 导学案设计问题时，要体现具体的、有层次的思维和方法的导引

导学案的灵魂是导学，导学就是把课本知识转化为问题，使知识问

题化，问题具体化、阶梯化，让学生带着教师设计的问题读书思考，让导学案代替老师实现“面对面”的指导，这样，导学案就成为一个随叫随到的“老师”。

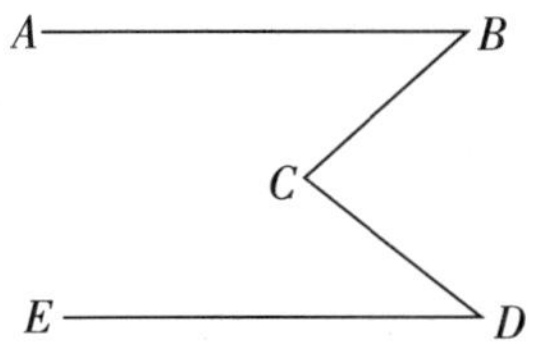

例如：如图，直线 $AB//ED$，

求证：$\angle ABC+\angle CDE=\angle BCD$。

提示 1：由条件“两直线平行”可以得到哪些结论？本题中条件运用的困难在哪里？如何更好地将条件用起来？

提示 2：对结论“$\angle ABC+\angle CDE=\angle BCD$”，能不能将 $\angle BCD$ 分解成两个小角，使它们正好等于 $\angle ABC$、$\angle CDE$？哪个定理涉及一个角等于两个角的和？能不能运用这个定理？

反思 1：说说解决本题时你的困难是什么？你是如何突破的？

反思 2：你还有哪些解题方法？与同伴交流，并在图中进行简单的标注，将思路记录下来。

提示 1 是思想方法类和解题习惯类的提示语。如果学生依靠提示 1 还不能解决问题，提示 2 可以提供稍微具体一点的帮助，但也没有明确画出具体的辅助线，相信学生在课堂上可以通过小组互助自行解决。导学案中问题的设计，不是简单地把知识变为填空，而是为学生学懂知识设计思维的导引、方法的导链，是“看不见”的老师。

4. 导学案题组练习的设计，在一题多解、思维拓展时要提供必要的帮助。

在课堂练习中，学生在解决基本问题之后，我们常常希望学生能进行一题多解，一题多变。如果在导学案练习中仅仅提供一个原形，学生已经就原形进行了解答，仍在这个原形上进行一题多解，一题多变，容易混乱。如果要求学生重新抄写或画出原形，又太浪费时间了。建议在导学案练习设计时，在思维拓展的题型上多提供几个原形，要求学生根据不同的要求，直接在原形上进行标注、解释，这样可以省去学生抄画原形的时间，还可以从一连串的变换中整理提炼出解题的方法和规律，使思维在清晰的导引中得到拓展，时间短，效率高。

（四）“课堂导学案”的编写如何避免习题化？

教师在编写导学案时必须以课本内容为前提，紧扣教材，用高质量的问题指导学生自主、合作学习。知识的生成过程要体现在导学案上，从而使导学案的导学功能更好地体现出来。习题的编写要本着少而精的原则，不能简单照搬课本、资料上的习题。要求选题要有代表性、典型性，能够真正起到做题得法的作用，做一题通一类，真正为“练中讲”做好层次性的编排。

（五）如何让学生有效的学习，即“学本化”（以学生为本，适合学生学习）

第一，由学校挑选各学科优秀教师设计好各学科每一课的导学案，给各科教师提供一套符合本校实际的优化的教材处理和课堂落实的方案，同时也是适合本校本班学生学习的方案。

第二，各学科通过网络开展扎实的教研活动，让老师们进一步优化“导学案”设计，实现本学科教材“学本化”。

第三，各科教师根据自己班级的学生的学情和自己对教材内容的理解程度将导学案细化成自己在课堂上的执行方案，实现班级学生对教材学习的“学本化”。

第四，“导学案”设计是否体现“学本化”？

一看对知识的呈现情况：知识点有几个？学习的材料或信息是什么？以什么顺序呈现？

二看课标对本节知识点的要求是哪个层次：是了解、理解、掌握还是灵活运用？

三看导学案是否把重点知识转化为具体的梯度式问题，问题是否精准，是否到位。

四看自学的问题编排是否为课本知识点的仿真题、变式题。

五看班级的学情：学生能力如何？知识掌握的基础如何？预估在什么地方出问题？如何突出解决重点、难点问题？

六看导学案巩固练习题的编排：应有几个知识点？几种方法？几个注意点？选择的题是否到位？是否一题多解？每组题中训练的内容是否到位？

七看黑板、课本、导学案、多媒体的有效整合：课本是知识的载体、是最可信的老师，要给学生充分阅读课本的时间。

导学案是学课本的导引，是知识点过关的小黑板。

黑板是讲清楚知识的地方，要解决学生共性的问题。

多媒体是课堂教学的辅助手段，它是片断，不是全部。知识重难点的突出、思维度的增加要用多媒体。

八看拓展练习是否适用等等。

（六）教师将导学案细化成自己的课堂执行方案有怎样的建议和要求？

细化的基本流程要求是：

1. 教学内容、目标和准备

（1）教学目标

（2）教学重点、难点

（3）教学准备（是否用多媒体或网络，是否用实验器材等）

2. 教学过程

（1）激情导课

（2）小组温故互查

（3）阅读教材或其他信息材料，完成导学案问题和自学检测题

（4）预估出现的问题

（5）提出解决问题的方式、方法

（6）完成巩固练习的方法以及纠正的方法和对每一组题的提炼

（7）拓展练习的分层安排及处理办法

（8）课堂小结

（9）课后反思

（七）小学、初中部编版的语文教材以单元进行主题学习，应设计几个板块？

第一板块：课内课外，自主预习。

第二板块：主题探究，品析写法。

第三板块：组文联读，内化写法。

第四板块：泛读拓展，丰富积累。

第五板块：主题表达，习作迁移。

（八）单元主题学习如何在语文课堂上以单元落实？

1. 根据单元主题导学案设计的内容通读一个单元，大致明确本单元学习的基本内容并解决生字、生词。

2. 教师精选一篇课文精讲，让学生通过学习这一篇课文理解本单元的精华，掌握学习本单元的基本要领、方法，达到基本会学。

3. 组文联读，学生自学本单元其他篇目，教师引导比较其和精讲篇目的异同点，深化学生对文体的理解、对文本的领悟。

4. 把海量阅读引入课堂，在课堂上，教师帮助学生精选与本单元同类的优秀文章进行阅读，进一步加深学生的领悟，加大学生的积累。

5. 让学生根据本单元文体的要求，写一篇学习成果汇报的作文。

十、自学检测

这里说的自学检测不同于一般的学习以后的小结检测。它是在学生完成阅读感悟自主学习课本之后，在未进行互学、群学、教师点拨之前的一组练习。目的是让学生进一步检验自主学习的成果，理解多少，不会多少，在什么地方不会等，能快速找准学生在自主学习中的疑难所在。

1. 自学检测题如何确定？

自学检测题不同于一般的检测，也不同于一般的练习。它应根据文本内容确定，拟制时难度要低于习题和例题。目的是让学生在对知识的初步应用中体会知识，发现问题，不是要难住学生。

2. 自学检测题一般有哪些类型?

自学检测题一般有判断题、变式题、模仿题。

3. 自学检测题什么时候完成?

自学检测题应与阅读感悟中的问题在课内阅读感悟时一并完成。

4. 自学检测题如何检查?

自学检测题应与阅读感悟中的问题一并在自主学习时完成。让已经学懂弄通的组长检查组内自学情况，并做出有效的讲解和质疑。此过程中教师要深入小组了解学情，要有针对性地指导。

第五章

导学案（导学单）、教学案设计案例

案例一　《中国担当》“学本课堂”导学案
案例二　《民族大团结》导学单
案例三　《变色龙》(第1课时)教学案
案例四　《木兰诗》教学案
案例五　《化学式反映物质的组成》教学案
案例六　《反比例函数》(第1课时)教学案
案例七　《反比例函数》(第1课时)导学案
案例八　《解一元一次方程》(公式法1)导学案
案例九　《二次函数 $y=ax^2+k$ 的图象与性质》导学案
案例十　Unit 7 It's raining! [Section A(1a-2d) Period one] 导学案
案例十一　《图形的旋转》教学案
案例十二　《牛和鹅》教学案
案例十三　《“精彩极了”和“糟糕透了”》教学案
案例十四　《电阻和变阻器》(第1课时)教学案
案例十五　《电阻和变阻器》(第1课时)导学单

案例一 《中国担当》“学本课堂”导学案

设计教师：汪华立

课题	中国担当
学习目标	1. 认识和理解中国担当及贡献中国智慧的表现，知道我国在参与国际事务中承担的责任和发挥的重要作用。 2. 知道中国的担当显示了中国智慧，也是符合国情的担当；搜集并分析中国不断加深国际参与的事例，学会以全球视野与辩证的眼光认识并正确对待中国对世界的责任与担当。 3. 对中国在国际舞台上的地位进行全面、理性的认识，树立中国担当的责任感和使命感，明确中国在世界所扮演的重要角色，既增强对祖国的热爱之情和民族自信心、自豪感，又能正视我们的差距；既要尽力而为，又要量力而行，增强忧患意识，做有担当的中国人。

学法过程	学法指导
学习准备： 新冠肺炎疫情发生以来，中国政府高度重视，举全国之力，团结一心，采取了最全面、最严格、最彻底的防控举措。经过艰苦努力，疫情形势出现积极变化。外国媒体高度评价中国抗击疫情的强大决心和执行力，相信中国一定能够打赢疫情防控阻击战，并把疫情影响降到最低，努力实现既定的经济社会发展目标。	回忆，分享自己看到中国政府应对疫情的努力，并和其他国家进行简单的对比，你会有怎样看法？

续表

【第一学程】积极有作为 主问题1：中国担当体现在哪些方面？ 阅读材料一：世界高度评价中国抗击疫情努力 新冠肺炎疫情发生以来，中国政府高度重视，举全国之力，团结一心，采取了最全面、最严格、最彻底的防控举措。经过艰苦努力，疫情形势出现积极变化。外国媒体高度评价中国抗击疫情的强大决心和执行力，相信中国一定能够打赢疫情防控阻击战，并把疫情影响降到最低，努力实现既定的经济社会发展目标。 阅读材料二：意大利环境、国土与海洋部前部长科拉多·克里尼在本国媒体撰文指出：“我们愿与中国在一起。2003年，意大利担任欧盟轮值主席国。当时非典疫情正在中国肆虐。我们飞抵北京，将意大利和欧洲对中国的慰问和支持带给中国人民。即便在那个艰难时刻，意大利以及欧洲与中国的合作也没有停止。” 阅读材料三：中国减贫成绩单：是第一个提前实现千年发展目标贫困人口减半的发展中国家。2019年末，全国农村贫困人口降至551万人。脱贫攻坚以来，9300多万贫困人口脱贫，贫困发生率由10.2%降至0.6%，区域性整体贫困基本得到解决。对世界减贫的贡献率超过70%。 世界各国是如何评价中国抗击疫情和脱贫工作所做的努力？你觉得“中国担当”在这里如何体现？ 【第二学程】贡献中国智慧 主问题2：中国在国际和地区事务中贡献了怎样的中国智慧？ 阅读材料四：“中国方案”：在杭州G20峰会上提出了“中国方案”，希望用中国智慧解决人类社会中如世界经济发展、国际减贫进程、全球气候治理、互联网治理等一系列重大问题。 “中国智慧”：中国科技的“硬核”力量同样成为抗疫“中国方案”的一大亮点。中国第一时间向世界卫生组织、有关国家和地区组织主动通报疫情信息，分享新冠病毒全基因组序列信息，为全球抗疫提供了基础性支持。	主问题1学法指导： 第一步自学： 1. 自主阅读教材28页的“运用你的经验”。结合材料，从正文找出关键词语和句子并用笔勾画出来完成问题。 2. 自主阅读教材29–30页的“探究与分享”。结合材料，从正文找出关键词语和句子并用笔勾画出来完成问题。 第二步互学： 以小组的形式展开互助学习，归纳出要点。 第三步展学： 小组上讲台面对全班同学进行分享交流，其他同学提出质疑或补充。教师进行点拨。 主问题2学法指导： 第一步自学： 请带着问题阅读教材31–33页的正文，找出关键词语和句子并用笔勾画出来完成问题。 第二步互学： 以小组的形式展开互助学习，归纳出要点。

续表

阅读材料五：习近平在联合国大会上发表重要讲话：2020 年是世界反法西斯战争胜利 75 周年，也是联合国成立 75 周年。“面对疫情，我们要加强团结、同舟共济。要秉持科学精神，充分发挥世界卫生组织关键领导作用，推进国际联防联控，坚决打赢全球疫情阻击战。” 以上材料说明中国在国际和地区事务中贡献了怎样的中国智慧？		第三步展学： 小组上讲台面对全班同学进行分享交流，其他同学提出质疑或补充。教师进行点拨。
收获		

案例二 《民族大团结》导学单

学习目标：

1. 了解我国的民族分布特点和民族政策，理解新型民族关系和处理民族关系的原则。

2. 通过少数民族大发展的事实来说明加强和促进民族团结的重要意义，增强责任感和使命感。

3. 懂得促进少数民族地区共同繁荣和进步是每个公民的应尽义务，从现在做起，从身边的小事做起。

学习重点：理解我国新型的社会主义民族关系以制度为保障。

学习难点：实现各民族共同繁荣，促进民族团结是国家、社会共同的责任。

自主学习：

阅读教材，完成下列填空：

1. 民族区域自治是在国家统一领导下，在__________聚居的地方实行区域自治，按照民族聚居的__________多少和__________大小，设立不同级别的民族自治区域和自治机关。民族自治的自治机关依法自主管理本民族、本地区的内部事务，行使________。

2. 民族区域自治制度是我国的一项基本政治制度。1949 年通过的《____________________》，将实行民族区域自治作为一项基本政治制度确定下来。1984 年颁布了《______________》，把民族区域自治制度用法律的形式确立下来。

3. 目前全国已建立了________、________、广西壮族自治区、宁夏回族自治区、________5 个自治区，30 个自治州、120 个自治县（旗）。

4. 实行民族区域自治对维护________、巩固祖国统一和促进少数民族地区发展具有重大意义，为实现各民族________奠定了基础。

5. 新中国成立后，党和政府因地制宜在少数民族地区进行一系列的________和社会主义改造，各族人民先后跨入了________。

6. 国家采取许多优惠政策，派出大批人员，还通过________、资金、物资等多种方式，加强少数民族地区的经济建设，促进各民族共同繁荣发展。

7. 国家重视少数民族________保护与发展。

8.20 世纪末，中央决定在西部地区实行__________战略。西部大开发以来，在基础设施建设、科技教育和文化卫生事业等方面建设了一大批项目，极大地带动了少数民族地区的经济社会发展。2006 年，________铁路全线通车，大大加强了祖国内地与边疆地区的联系。

【第一学程】民族区域自治制度

主问题：民族区域自治的内容和意义有哪些？

阅读教材及以下材料，解答有关问题。

材料一　各少数民族聚居的地方，应实行民族区域自治，按照民族聚居的人口多少和区域大小，分别建立各种民族自治机关。

——《中国人民政治协商会议共同纲领》

材料二　（中国历史上）民族发展在地区上是相互交叉的……汉族

曾经长时期统治中原，向兄弟民族地区扩张；可是，也有不少的兄弟民族进入过内地，统治过中原。这样就形成各民族杂居的现象，而一个民族完全聚居在一个地方的比较少，甚至极少……历史的发展使中国各民族多数是杂居的，互相同化，互相影响。

我们整个中华民族对外曾是长期受帝国主义压迫的民族，内部是各民族在革命战争中同甘共苦结成了战斗友谊，使我们这个民族大家庭得到了解放。在中国这个民族大家庭中，我们采取民族区域自治政策，是为了经过民族合作、民族互助，求得共同的发展，共同的繁荣。

——周恩来《关于我国民族政策的几个问题》

问题1：根据材料一，指出我国民族区域自治政策是何时确立起来的？概括其主要内容？

问题2：根据材料及所学知识，概括指出我国实行民族区域自治政策的依据是什么？目的又是什么？

问题3：民族区域自治制度的实行有何意义？

学法：

第一步：自学，阅读教材及以下材料，思考问题1到问题3。

第二步：互学，自主学习不能解决的问题在小组内交流讨论，组长组织成员互学并纠错。

第三步：展学，在互学的过程中，由组长主持上台进行展示交流，其他组的同学质疑，相互补充，共同解决问题。

【第二学程】共同繁荣发展

主问题：各民族共同繁荣发展产生了哪些影响？

阅读教材及以下材料，并解答有关问题。

材料一　1959年3月开始的西藏民主改革，推翻了封建农奴制度，农奴从此获得了人身自由，这是西藏历史上划时代的伟大变革。

材料二　在“一五”计划期间，川藏、青藏、新藏公路修到“世界屋脊”，密切了祖国内地同边疆的联系，也便利了经济文化交流。

材料三　广西的北海市被列为国家14个沿海开放城市之一。乌鲁木齐、南宁、昆明、呼和浩特、银川、西宁、贵阳被国家列为内陆开放城市。

材料四　青藏铁路于2006年7月1日全线通车。建设青藏铁路是党中央、国务院在新世纪之初做出的战略决策，是西部大开发的标志性工程，对加快青藏两省区的经济、社会发展，增进民族团结，造福各族人民，具有重要意义。

材料五　援藏干部的楷模孔繁森

问题1：你能根据以上材料和所学知识概括出党和国家为促进少数民族地区经济社会发展而采取了哪些措施吗？

材料六　“加快开发西部地区，是全国发展的一个大战略，大思路……西部地域广阔，自然资源丰富，有很大的潜力，也是一个巨大的市场，加快开发西部地区，必须充分考虑各种有利和不利因素。”

问题2：材料中提到“加快开发西部地区，是全国发展的一个大战略”，这个战略通常被称为什么战略？

问题3：实施这一战略说明什么问题？

问题4：实施西部大开发战略有什么作用？

学法：

第一步：自学，阅读教材及以下材料，思考问题1、2、3。

第二步：互学，自主学习不能解决的问题在小组内交流讨论，组长汇总成员答案，组内互学并纠错。

第三步：展学，在互学的过程中，由组长主持上台进行展示交流，其他学生质疑，相互补充，共同解决问题。

作业：本节课同步练习上的题（先独立完成，然后在小组内交流纠错）。

案例三　《变色龙》（第1课时）教学案

<table>
<tr><td>课题</td><td colspan="2">《变色龙》 契诃夫（第1课时）</td></tr>
<tr><td>学习目标</td><td colspan="2">1. 了解契诃夫及其小说创作和本文的写作背景。
2. 厘清小说故事情节，初步理解课文内容。</td></tr>
<tr><td>重难点</td><td colspan="2">学习重点：了解契诃夫及其小说创作和本文的写作背景。
学习难点：厘清小说故事情节，初步理解课文内容。</td></tr>
<tr><td colspan="2">学习过程</td><td>学法指导</td></tr>
<tr><td colspan="2">学习准备：
1. 查阅资料，了解作者契诃夫及写作背景。
2. 朗读课文：读准字音，读准节奏，读流畅。</td><td>学生课前自主独立完成。</td></tr>
<tr><td colspan="2">学程设计：
导入：在我们生存的大自然中，有种小动物蜥蜴，它会随着环境颜色的改变而改变皮肤颜色，因此又叫变色龙。俄国短篇小说大师契诃夫1884年创作的一篇讽刺小说就叫《变色龙》，其中的奥楚蔑洛夫警官也有善变的技能。今天，我们就一起走进小说，去了解那里发生的故事。</td><td></td></tr>
</table>

续表

<table>
<tr>
<td>【第一学程】
学习任务：了解作者、写作背景。
1. 关于作者契诃夫及其小说创作（课文注释①）
2. 写作背景
材料：《变色龙》写于 1884 年，是契诃夫早期创作的一篇讽刺小说。当时的俄国沙皇亚历山大三世，为了强化反动统治，豢养了一批欺下媚上的走狗，为其镇压人民服务。他也制定了一些掩人耳目的法令，给残暴的专制主义蒙上了一层面纱。沙皇专制警察往往打着遵守法令的官腔，而干的却是趋炎附势、欺下媚上的勾当。《变色龙》中的奥楚蔑洛夫正是其中的典型代表。
【第二学程】
主问题：小说主要采用了什么方法来刻画人物形象？
朗读课文，感知内容。
1. 初读课文，注意下列字音字形。
契诃（　）夫　　赫（　）留金
恐吓（　）　　戳（　）
下贱胚（　）子　　醋栗（　）
（　）肩　　魁梧（　）
（　）洋溢（　）
无精打采　无缘无故　异想天开
2. 理解小说故事情节，把握奥楚蔑洛夫这个人物形象及小说主题。
3. 再读课文，思考下列问题。
（1）小说讲述了一件什么事？
（2）按小说情节的开端、发展、高潮和结局，厘清故事情节，划分课文段落。
（3）文中写了哪些人物？主人公是谁？
（4）小说主要采用了什么方法来刻画人物形象？</td>
<td>【第一学程】
自学要求：
①各组员课前结合课下注释、自主查阅资料了解作者，完成填空题并熟记。
②组员独立解决力所能及的问题。
③养成课前预习的学习习惯。
展学：组长主持本组上台展示了解情况。
要求：姿态大方，声音洪亮，表述清楚。
教师最后补充。

【第二学程】
自学要求：结合注释，借助工具书识读生字词，熟悉课文，思考提出的问题。
互学要求：组长主持，组内合作、交流，对组内不理解和有争议的问题，进行深入讨论，达成共识，为展学做准备。

展学要求：组长主持，按 1、2、3 号顺序依次展示互学成果，要求姿态大方、语言清晰、声音洪亮。
教师引导。</td>
</tr>
</table>

续表

4. 预设有关问题的答案。 （1）警官奥楚蔑洛夫在广场上处理狗咬人事件的故事。 （2）开端（1–5）警官奥楚蔑洛夫遇到一场乱子——“狗咬人事件”。 （3）发展、高潮：（6–27）警官奥楚 （4）结局（28–29）奥楚蔑洛夫审理案子结果——小狗被带走，受伤者反遭讥笑和恐吓。 （5）警官奥楚蔑洛夫、巡警、赫留金、将军家的厨师、将军、将军的哥哥以及围观的看客。 （6）主人公：警官奥楚蔑洛夫。 （7）小说主要采用语言描写来刻画人物形象。 （8）课堂小结 布置作业：1. 抄写、熟记生字词。 2. 熟读课文，完成课后“思考探究”感受人物形象。	
教学反思	

案例四　《木兰诗》教学案

学习目标	1. 理解木兰这个古代巾帼英雄的形象，学习古代劳动人民的爱国精神。 2. 体会恰当详略叙述和成功运用排比、对偶、夸张等修辞的表达作用。
重难点	1. 反复朗读诗歌，体会诗歌刚健明朗、质朴生动的民歌情味。 2. 把握诗歌中人物形象的特点，感受人物的魅力。

续表

学习过程	学法指导
课前预习（自学） 1. 了解《木兰诗》的相关知识。 2. 朗读诗歌，音准节奏对。 机杼（　　　　）　军帖（　　　　） 可汗（　　　　）　鞍马（　　　　） 鞍鞯（　　　　）　辔头（　　　　） 溅溅（　　　　）　燕山（　　　　） 胡骑（　　　　）　啾啾（　　　　） 戎机（　　　　）　朔气（　　　　） 金柝（　　　　）　铠甲（　　　　） 策勋（　　　　）　十二转（　　　　） 红妆（　　　　）　霍霍（　　　　） 著时裳（　　　　）　云鬓（　　　　） 雄雌（　　　　）	自学：查阅相关资料 补充材料：《木兰诗》又叫《木兰辞》，选自北宋郭茂倩编的《乐府诗集》，这是南北朝时北方的一首乐府民歌，北朝民歌以《乐府诗集》所载“梁鼓角横吹曲”为主，是当时北方民歌一种在马上演奏的军乐，因为乐器有鼓角，所以也叫“鼓角横吹曲”。《木兰诗》则是北朝民歌的代表作。
【第一学程】诗歌诵读，整体感悟 1. 诗歌诵读 ①教师有感情地诵读，学生点评。 ②学生自由朗读，读准字音，疏通文义，把握情感。 ③学生比读，互评互读。 2. 整体感悟 ①在朗读课文的基础上，学生概述故事情节。 ②在概述情节的基础上，学生整体把握诗歌内容与结构。 引导：这是一首叙事诗，依据故事的发生、发展和结束，这首诗可以分为几个部分？各写出了什么？请用四个字来简单概括每一部分内容。 预设答案：第一部分（1–3 段）替父从军。第二部分（第 4 段）十年征战。第三部分（5–6 段）胜利归来。第四部分（第 7 段）结尾附文。	自学要求： ①通过查阅相关资料，自学课本相应内容后合上课本填写。 ②组员独立解决力所能及的问题。
【第二学程】人物赏析，品读探究 1. 人物赏析 主问题：你觉得花木兰是一个怎样的女子，你从课文中的哪些语句可以看出？ 例：a. 唧复唧唧，木兰当户织、不闻机杼声，惟闻女叹息。（勤劳孝顺）	

续表

b. 愿为市鞍马，从此替爷征。“愿”（勇敢坚毅，忠孝两全） c. 万里赴戎机，关山度若飞。朔气传金柝，寒光照铁衣。将军百战死，壮士十年归。（勇敢坚强的英雄气概） d. 木兰不用尚书郎，愿驰千里足，送儿还故乡。（不慕荣华富贵，甘过普通百姓生活） e. 出门看火伴，火伴皆惊忙，同行十二年，不知木兰是女郎。（机智、谨慎） 花木兰形象：乖巧、懂事、恋家、爱红装、爱亲人、深明大义、果敢坚强、英勇善战、不慕名利、谨慎机敏等 2. 品读探究 ①第三段用排比的句子把东西南北市都写到了。为什么不在一个地方买齐东西？这样写烦琐吗？ a. 渲染战前紧张的气氛。 b. 战事紧迫。家人对木兰从军的重视。这是乐府诗常用的一种写法。 ②第 5 自然段写木兰辞官还家，运用哪些修辞手法，表现木兰的什么情操？ 运用夸张，写出木兰功劳之大，天子赏赐之多，木兰辞官不就，表现她不图功名利禄，向往和平的劳动生活的高尚情操。 ③第 6 自然段写木兰回家与亲人团聚，用了什么修辞手法？表现了她怎样的心情？ 排比，表现她那种欣喜若狂的心情，渲染了团聚，欢乐的气氛。 ④结尾附文在文中起什么作用？ 对木兰的赞美。再一次表现木兰的机智谨慎。 ⑤这首诗的中心思想是什么呢？ 这首诗通过木兰女扮男装、替父从军的故事，表现了古代劳动人民乐观勇敢的爱国精神，以及对和平劳动生活的向往。	互学要求： ①组长主持。先有序交流，再自由发言，对同伴发言进行评估。 ②组长汇总意见，达成共识，为展学做好准备。 展学要求： ①组长主持小组集体展学。 ②按 1、2、3 号顺序依次展示学习成果。 ③组长归纳小组互学成果。 ④声音洪亮，仪态大方。 ⑤邀请组外人员补充和质疑。

续表

3. 详略分析 这首诗在叙事的详略上有什么特点？为什么要这样安排？ 从军缘由（详写）；出征前的准备（略写）；出征中的思亲心理（详写）；女儿情态（详写）；关山飞度，征战沙场（略写）；英雄气概（略写）；凯旋辞官（详写）；家人迎接（详写）；木兰改装（详写） （在内容上）突出木兰的儿女情态，丰富了木兰的英雄性格，使得人物形象真实感人。 （在结构上）详略得当，使全诗显得简洁紧凑。这样安排是因为诗歌紧扣“木兰是女郎”的性格特征来进行详略安排的，能表现中心思想的材料详写。一般的就略写。 4. 语言品味 请同学们试着找出诗中语言精练的句子，并感受其特点。 例：“万里赴戎机，关山度若飞。”“朔气传金柝，寒光照铁衣。”“将军百战死，壮士十年归。”（仅仅三十个字就写出了征途之遥，生活之苦，战斗之多，时间之长，战况之烈，从而表现了木兰十年艰苦的战斗生涯，可见语言精练，字字千金。） 【第三学程】体验反思，互动释疑	互学要求： ①组长主持。先有序交流，再自由发言，对同伴发言进行评估。 ②组长汇总意见，达成共识，为展学做好准备。
主问题 1：试想你就是木兰姑娘，你能说说替父从军的前前后后的心理活动吗？（用自己的话归纳） 主问题 2：假如你是木兰的亲人，十几年没见面了，见到木兰会做些什么？会说些什么呢？ 互动释疑：四人小组提问释疑，全班交流解决。 课内小结，拓展延伸	展学要求： ①组长主持小组集体展学。 ②按 1、2、3 号顺序依次展示学习成果。 ③组长归纳小组互学成果。 ④声音洪亮，仪态大方。 ⑤邀请组外补充和质疑。

续表

课内小结： 《木兰诗》这首叙事诗塑造了花木兰这个不朽的女英雄形象。她既是一个云鬓花黄的少女，又是一个金戈铁马的战士。在国家需要的时候，她挺身而出，驰骋沙场，立下汗马功劳。得胜归来之后，她又谢绝高官，返回家园，重新从事和平劳动。她爱亲人也爱国家，把对国家对亲人的责任融合在一起。木兰的形象，集中体现出中华民族的勤劳、善良机智、勇敢、刚毅、敦朴的优秀品质。 这首诗在叙事上有详有略，对木兰从军缘由、出征想家、辞官还乡和会见亲人写得比较详细，淋漓尽致地写出人物的思想感情；对出征前的准备和十年军旅生活则写得比较简略，前者只有四句，后者也仅有六句，详略得当，是这首诗写作上的一个显著特点。 拓展延伸： ①自由诵读诗歌，直至背诵。 ②想象作文：《木兰到家第二天》 板书设计： 木兰诗 　替父从军：交代身份，揭示忧虑；说明原因，决心应征；积极准备，踏上征途 　出征参战→历尽艰辛，转战沙场 　辞官归乡：谢辞高官，功成身退；喜归故里，重着旧裳；以兔为喻，解释原因 　勤劳、善良 　机智、勇敢	
收获	1.“读木兰” 这个环节要加强朗读，读出自己的理解。 2.“译木兰”要加强学生对重点句子的理解。 3. 学生写感想时，不要打断学生的写作思路，让学生根据文本合理发挥想象。

案例五 《化学式反映物质的组成》教学案

设计教师：许世均

学习目标：

（1）理解化学式的概念；

（2）知道化学式的意义；

（3）能根据化学式表示的意义写出相应的化学用语（化学符号）

学习重点：

（1）化学式的概念；

（2）化学式的意义；

（3）能根据化学式表示的意义写出相应的化学用语（化学符号）。

学习难点：

（1）化学式的意义；

（2）根据化学式表示的意义写出相应的化学用语（化学符号）

教学分析：

本节课是《物质组成的表示》第一课时，主要内容是探究物质组成与化学式的含义，在此基础上结合具体的物质解释化学式“宏观”与“微观”两方面的含义，从学生熟悉的具体物质（水、铜和食盐）入手分析，让学生理解组成与化学式的关系，明确化学式的含义。

化学式是重要的化学语言，是学习化学的重要工具，能够很好地掌握它们对于今后有关的化学式学习有重要作用。

<table>
<tr><td>【第一学程】
主问题 1：化学式的概念怎样理解？
学习任务：阅读课本 81 页第一段内容，完成下列内容。
（1）写出水的化学符号________；
写出铁的化学符号________；
写出氧化铜的化学符号________；
（2）化学式：用________和________表示组成的式子。</td><td>备 注
（需要标注的其他内容）</td></tr>
</table>

续表

学法指导： 第一步：自学探究 学生独立思考，完成导学单上的学习任务。 第二步：互学讨论 为展学准备。 第三步：展学交互 （1）声音洪亮，语言流畅。 （2）各小组认真倾听，积极补充评价。 主问题 1 设计意图 在前面的学习中，学生学习了元素，也了解了一些常见物质的化学式，如水，二氧化碳、氧气等，在此基础上学习化学式，让学生完成从化学符号到化学式的过渡，从概念的关键词入手，理解化学式的概念。 【第二学程】 主问题 2：化学式有哪些意义？ 学习任务：知道化学式的意义。 1. 信息 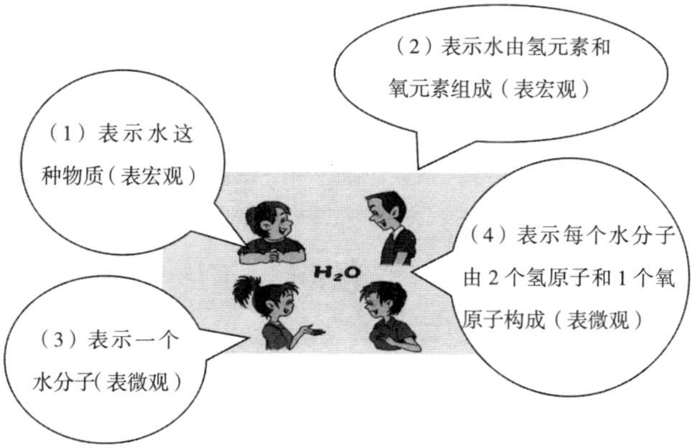 $3H_2O$ 表示__3 个水分子__（化学式前写上大于 1 的系数，只能表示微观意义、没有宏观意义）	

续表

2. 化学式的意义表示

（1）根据以上信息和课本 82 页第 1、2 段内容，完成下列由分子构成物质的意义

如 CO_2
- 宏观
  - 表示________这种物质
  - 表示二氧化碳由____和____元素组成
- 微观
  - 表示__________________
  - 表示一个二氧化碳分子由____和____构成

（2）指出化学符号 2 的意义

$2CO_2$
- 表示______________________________
- 表示______________________________

（3）阅读课本 81 页图 3–24 和 82 页第 5 段内容，完成下列由原子构成物质的意义

如 Cu
- 宏观
  - 表示__________________
  - 表示__________________
- 微观表示__________________

2Cu 表示__________________

（4）阅读课本 81 页图 3–24 和 82 页第 3、4 段内容，解答下列由离子构成物质的意义

如 NaCl

宏观表示______________________

微观表示 ______________________

学法指导：

第一步：自学探究

学生独立思考，根据信息和教材 81 页 –82 页完成导学单上的学习任务。

续表

第二步：互学讨论 （1）有序交流。组长主持，组内互学，及时纠错。 （2）汇总意见。 （3）展学准备。组长做好组员的任务分工，做好展讲准备。 第三步：展学交互 （1）声音洪亮，语言流畅，逻辑思维清晰。 （2）各小组认真倾听，积极补充，质疑提问对小组进行评价。 主问题 2 预设答案（略） 主问题 2 设计意图 学生已经认识了化学式，在化学式的基础上认识化学式的意义，让学生观察图，从宏观和微观两面先独立思考去认识化学式的意义，从而使学生的观察能力，分析归纳总结的能力得到培养。然后通过小组交流完成不能解决的问题，培养学生的合作精神。 【第三学程】化学用语的运用 主问题 3：根据化学式表示的意义写出相应的化学用语（化学符号） 2 个氮分子____________；4 个氮原子 ____________ 1 个二氧化硫分子________； 3 个五氧化二磷分子 ____________； 2 个镁原子____________；　氖气 ____________； 1 个汞原子____________；　3 个铝离子 ____________； 氧化镁____________；　氯化钙____________。 学法指导： 第一步：自学探究 学生独立思考，完成导学单上的学习任务。 第二步：互学讨论 （1）有序交流。组长主持，组内互学，及时纠错。 （2）汇总意见。 （3）展学准备。小组中一位同学展示，其他小组同学补充、质疑。 第三步：展学交互 （1）声音洪亮，语言流畅，逻辑思维清晰。 （2）各小组认真倾听，积极补充，质疑提问对小组进行评价。 主问题 3 预设答案（略） 主问题 3 设计意图 化学式是化学用语中的一部分，正确地使用化学用语，根据化学式的意义写出相应的化学用语，进一步掌握化学式的意义。	

续表

巩固提升： 1. 指出下列化学用语（化学符号）中“2”的意义 2Cl________　　　　H_2________ 2CO________　　　　Mg^{2+}________ 2.O_2 中的“2”表示（　　） A. 两个氧原子　　　B. 一个氧分子中有两个氧原子 C. 两个氧分子　　　D. 氧气中有两个氧元素 3. 下列化学符号只有微观意义，而无宏观意义的是（　　） A.H　　　B.N_2　　　C.CO_2　　D.$2H_2O$ 4. 水的化学式为 H_2O，过氧化氢的化学式为 H_2O_2，关于它们的组成叙述正确的是（　　） A. 都含有氧气　　　　　B. 都含有 1 个氧分子 C. 组成元素的种类相同　D. 都由氢原子和氧原子构成 学法指导： 第一步：自学探究———“学法指导”设计 学生先独立完成 5 道题 第二步：互学讨论———“学法指导”设计 组长主持，组内对改纠错，把无法解决的问题反馈给老师。 第三步：展学交互————“学法指导”设计 重点展示疑难问题，各小组认真倾听，积极补充，质疑提问，对小组进行评价。 设计意图： 巩固所学，相互评价，及时发现学习中存在的问题并进行改正。 预设答案（略）	
板书设计 化学式反映物质的组成 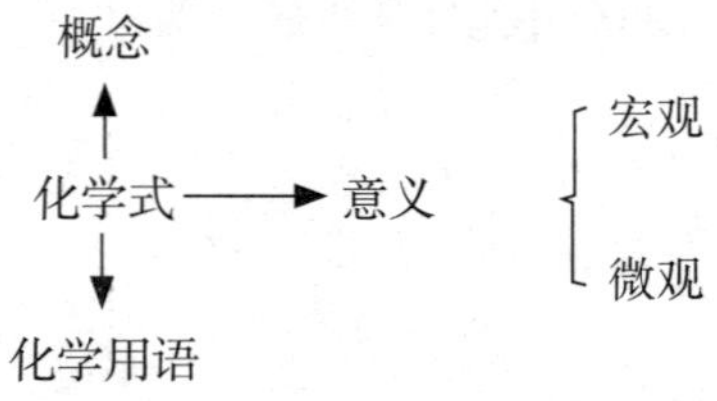 	

案例六 《反比例函数》（第 1 课时）教学案

设计教师：陈庆红

教材分析：函数知识是初中数学教学内容中难度较大的一部分，旨在培养学生数形结合的能力和解决一些变化量之间的关系问题的能力，而本节课的教学内容是学生在已具有了对函数概念有所理解、掌握了一次函数、二次函数相关知识的基础上进行学习的，可以说是函数概念及一次函数相关知识的延伸和再认识、再巩固，同时也为学生学习三角函数等相关知识打下坚实基础。而反比例函数的应用又是解决实际问题的有效办法，因此反比例函数知识在初中数学中占据着较为重要的地位。

学习目标：

1. 通过探索现实生活中的反比例关系，理解反比例函数的意义，能确定简单的反比例函数关系式；

2. 经历对实际问题的分析、类比、归纳，培养学生分析问题的能力，并体会函数在实际问题中的应用。

学习重点：理解并掌握反比例函数的定义，掌握反比例函数的一般形式。

学习难点：能根据已知条件确定反比例函数的解析式。

教学过程：

一、复习引入 1. 一辆汽车以每小时 50 千米的速度从遵义到道真，则 t 小时行驶的路程是________千米，即 s 与 t 的关系式为：________，它是函数关系吗？是什么函数关系？ 2. 遵义到道真的路程为 200 千米，A、B 两辆车分别用了 2 小时、4 小时到达，则它们的平均速度分别为：________、________。则路程 $s=200$ 一定时，其速度 v 与时间 t 的关系式为：________。	学法指导： 1. 课前三分钟复习，小组负责。 2. 问题引导：算式表示是什么函数关系式？ 3. 知道路程与时间如何求速度？随即得出 s 一定时，速度 v 与时间 t 的关系式，小学已学过它们成反比例关系且分析它们是函数关系。从而引入新课。

续表

二、学习过程	学法指导：
【第一学程】 主问题：如何应用反比例函数的概念辨别函数？ 1. 认真阅读以下三个问题： （1）京沪线铁路全程为 1463 km，某次列车的平均速度 v（单位：km/h）随此次列车的全程运行时间 t（单位：h）的变化而变化。 （2）某住宅小区要种植一个面积为 1000 m^2 的矩形草坪，草坪的长 y（单位：m）随宽 x（单位：m）的变化而变化。 （3）电流 I、电阻 R、电压 U 之间满足关系式 $U=IR$，当 U=220 V 时，请用含有 R 的代数式表示 I。 独立完成以下问题： ①以上问题的关系式分别为（1）________（2）__________（3）________ ②它们是函数关系吗？____________________ ③它们的共同特点是：____________________ 2. 归纳：一般地，形如________的函数是反比例函数，其中______是自变量，____是____的函数。 注意：自变量 x 的取值范围是__________。 设计意图： 让学生经历，从特殊到一般的学习过程，学习归纳规律的方法。 预设答案： 一般地，形如 $y=\frac{k}{x}$（k 为常数，$k\neq 0$）的函数，叫反比例函数。 x 叫自变量，y 是函数，自变量 x 的取值范围是不等于 0 的一切实数。	第一步：自学 独立思考左边的 3 个问题，并完成填空①。 第二步：互学讨论 小组长主持，交流②③及第 2 个问题并归纳结果和过程。 第三步：展学交互 展学要求： 1. 声音洪亮，面向全体，自信大方； 2. 观点正确，描述思路清晰，语言准确； 3. 重点板书在黑板上。一号同学负责汇报①：（1）（2）（3）小题的答案，二号同学负责讲解是否为函数关系式及汇报共同点，三号同学负责归纳 2；组长补充且负责强调注意事项。其他组的组员提问质疑。 4. 其他组补充、质疑、提问。 请 1—2 个同学汇报（纠正结果）并板书在黑板上。
【第二学程】 主问题 1：怎样应用反比例函数概念辨别反比例函数？ 下列关系式中的 y 是 x 的反比例函数吗？如果是，k 是多少？ （1）$y=\frac{2}{x}$　（2）$y=\frac{x}{2}$　（3）$y=-\frac{1}{2x}$ （4）$xy=1$　（5）$y=kx^{-1}$	学法指导： 主问题 1 第一步：自学 独立完成主问题 1 第二步：请一位同学上台组织其他组组员举手汇报展示，老师适时做好强调补充。

续表

主问题 2：怎样应用反比例函数解析式特点求解析式及求函数值？ （1）若 $y=\frac{1}{2n-5}$ 是反比例函数，则 $n=$________。 （2）若函数 $y=(3+m)x^{8-m^2}$ 是反比例函数，则 $m=$________。 （3）已知 y 是 x 的反比例函数，当 $x=2$ 时，$y=6$。 ①写出 y 与 x 的函数关系式；②求当 $x=4$ 时 y 的值。 （4）已知 y 与 $x-1$ 成反比例时，当 $x=2$ 时，$y=6$。求① y 与 x 的函数关系式；②当 $x=4$ 时的函数值。 设计意图： 学生自己探究学习，产生质疑问题，通过互学深层次地再学习，提高学习的能力。练习过程中提高运算能力及对反比例函数充分认识。	主问题 2 第一步：学生独立完成（1）（2）（3）题计算。 第二步：互学 小组长主持，交流第（1）（2）（3）题结果及第（4）题的运算过程，熟练掌握反比例函数解析式的求法，及时发现问题，改正错误。形成正确的结果。 第三步：展学 展学要求： 1. 声音洪亮，面向全体，自信大方； 2. 观点正确，描述思路清晰，语言准确； 3. 重点板书在黑板上。一号组员交流（1）（2）小题，二、三号组员纠错对正。二号组员交流（3）题，其他组员纠错对正，三号组员交流（4）题，其他组员纠错补充。其他同学相互提出质疑。
三、课堂小结 通过本节课的学习，你有哪些感悟和收获？ 还想知道什么相关知识？	可以谈知识与技能、过程与方法、情感态度与价值观多方面的收获与疑惑。
四、课后拓展 已知函数 $y=y_1+y_2$，y_1 与 x 成正比例，y_2 与 x 成反比例，且当 $x=1$ 时，$y=4$；当 $x=2$ 时，$y=5$。求 y 与 x 的函数关系式；当 $x=-2$ 时，求函数 y 的值。	学有余力的同学课后解决
五、板书设计 26.1.1 反比例函数 一般地，形如 $y=\frac{k}{x}$（k 为常数，$k\neq 0$）的函数，叫反比例函数。 x 叫自变量，y 是函数 积一定　成反比　变形公式 $y=kx^{-1}$　$xy=k$	

案例七 《反比例函数》（第 1 课时）导学案

班级______ 姓名______ 组号______

学习目标：

1. 通过探索现实生活中的反比例关系，理解反比例函数的意义，能确定简单的反比例函数关系式；

2. 经历对实际问题的分析、类比、归纳，培养学生分析问题的能力，并体会函数在实际问题中的应用。

一、复习 1. 一辆汽车以每小时 50 千米的速度从遵义到道真，则 t 小时行驶的路程是________千米，即 s 与 t 的关系式为：________，它是函数关系吗？是什么函数关系？ 2. 遵义到道真的路程为 200 千米，A、B 两辆车分别用了 2 小时、4 小时到达，则它们的平均速度分别为：________、________。则路程 s=200 一定时，其速度 v 与时间 t 的关系式为：________。	学法指导： 1. 课前三分钟复习，小组负责。 2. 问题引导：算式表示是什么样函数关系式？ 3. 知道路程与时间如何求速度？随即得出 s 一定时，速度 v 与时间 t 的关系式，小学已学过它们成反比例关系且分析它们是函数关系。从而引入新课。
二、学习过程 【第一学程】 主问题：如何应用反比例函数的概念辨别函数？ 1. 认真阅读以下三个问题： （1）京沪线铁路全程为 1463 km，某次列车的平均速度 v（单位：km/h）随此次列车的全程运行时间 t（单位：h）的变化而变化。 （2）某住宅小区要种植一个面积为 1000 m^2 的矩形草坪，草坪的长 y（单位：m）随宽 x（单位：m）的变化而变化。	学法指导： 第一步：自学 独立思考左边的 3 个问题，并完成填空①。 第二步：互学讨论 小组长主持，交流②③及第 2 个问题并归纳结果和过程。 第三步：展学交互 展学要求： 1. 声音洪亮，面向全体，自信大方； 2. 观点正确，描述思路清晰，语言准确；

续表

（3）电流 I、电阻 R、电压 U 之间满足关系式 $U=IR$，当 $U=220$ V 时，请用含有 R 的代数式表示 I。 独立完成以下问题： ①以上问题的关系式分别为（1）________ （2）__________（3）________ ②它们是函数关系吗？________________ ③它们的共同特点是：________________ 2. 归纳：一般地，形如________的函数是反比例函数，其中______是自变量，____是____的函数。注意：自变量 x 的取值范围是__________。	3. 重点板书在黑板上。一号同学负责汇报①：（1）（2）（3）小题的答案，二号同学负责讲解是否为函数关系式及汇报共同点，三号同学负责归纳 2；组长补充且负责强调注意事项。其他组的组员提问质疑。 4. 其他组补充、质疑、提问。 请 1—2 个同学汇报（纠正结果）并板书在黑板上 。
【第二学程】 主问题 1：怎样应用反比例函数概念辨别反比例函数？ 下列关系式中的 y 是 x 的反比例函数吗？如果是，k 是多少？ （1）$y=\frac{2}{x}$　（2）$y=\frac{x}{2}$　（3）$y=-\frac{1}{2x}$ （4）$xy=1$　（5）$y=kx^{-1}$ 主问题 2：怎样应用反比例函数解析式特点求解析式及求函数值？ （1）若 $y=\frac{1}{2n-5}$ 是反比例函数，则 $n=$________。 （2）若函数 $y=(3+m)x^{8-m^2}$ 是反比例函数，则 $m=$________。 （3）已知 y 是 x 的反比例函数，当 $x=2$ 时，$y=6$。 ①写出 y 与 x 的函数关系式；②求当 $x=4$ 时 y 的值。 （4）已知 y 与 $x-1$ 成反比例时，当 $x=2$ 时，$y=6$。求① y 与 x 的函数关系式；②当 $x=4$ 时的函数值。	学法指导： 主问题 1 第一步：自学 独立完成主问题 1 第二步：请一位同学上台组织其他组组员举手汇报展示，老师适时做好强调补充 。 主问题 2 第一步：学生独立完成（1）（2）（3）题计算。 第二步：互学 小组长主持，交流第（1）（2）（3）题结果及第（4）题的运算过程，熟练掌握反比例函数解析式的求法，及时发现问题,改正错误。形成正确的结果。 第三步：展学 展学要求： 1. 声音洪亮，面向全体，自信大方； 2. 观点正确，描述思路清晰，语言准确; 3. 重点板书在黑板上。一号组员交流（1）(2）小题，二、三号组员纠错对正。二号组员交流（3）题，其他组员纠错对正，三号组员交流（4）题，其他组员纠错补充。其他同学相互提出质疑。

续表

	第四步：展学 一个小组做汇报交流，其他同学提出质疑，老师做小结。 展学要求： 1. 声音洪亮，思路清晰，自信大方。 2. 投影导学单面向全体，讲解过程其他组员纠错补充。相互提出质疑。
三、课后拓展 已知函数 $y=y_1+y_2$，y_1 与 x 成正比例，y_2 与 x 成反比例，且当 $x=1$ 时，$y=4$；当 $x=2$ 时，$y=5$。求 y 与 x 的函数关系式；当 $x=-2$ 时，求函数 y 的值。	学有余力的同学课后解决

案例八 《解一元一次方程》（公式法 1）导学案

班级______ 姓名______ 组号______

学习目标：

1. 掌握用配方法推导一元二次方程求根公式的过程。

2. 理解一元二次方程根的判别式 $\Delta=b^2-4ac$ 的概念并灵活运用判别式判定方程根的情况。

温故知新 用配方法解方程 $x^2-2x-8=0$	学法指导 课前三分钟复习，课代表负责。
【第一学程】探究新知 主问题：如果这个一元二次方程是一般形式 $ax^2+bx+c=0$（$a\neq0$），你能用上面配方法的步骤求出它们的两根吗？ 配方法解方程 $ax^2+bx+c=0$（$a\neq0$）。 解：通过移项得：________，将二次项系数化为 1 得______ 通过配方得：________________即可以变为______________。	学法指导 第一步：自学 独立思考上面的问题。 第二步：互学 小组交流。

续表

$\because a \neq 0$，$\therefore 4a^2>0$，式子 b^2-4ac 的值有以下三种情况： （1）$b^2-4ac>0$，则$\frac{b^2-4ac}{2}>0$，直接开平方， 得：$x=\frac{-b\pm\sqrt{b^2-4ac}}{2}$，$\therefore x_1=$________，$x_2=$________，即一元二次方程 $ax^2+bx+c=0$（$a\neq 0$）有两个________的实根。 （2）$b^2-4ac=0$，则$\frac{b^2-4ac}{2}=0$；此时方程的根为________，即一元二次程 $ax^2+bx+c=0$（$a\neq 0$）有两个________的实根。 （3）$b^2-4ac<0$，则$\frac{b^2-4ac}{2}<0$，此时$(x+\frac{b}{2a})^2<0$，而 x 取任何实数都不能使$(x+\frac{b}{2a})^2<0$，因此方程________实数根。 由上可知，一元二次方程 $ax^2+bx+c=0$（$a\neq 0$）的根由方程的__________________来确定。 于是，我们把式子 b^2-4ac 叫作方程 $ax^2+bx+c=0$（$a\neq 0$）的根的判别式，通常用希腊字 $\varDelta$ 表示，即 $\varDelta=b^2-4ac$。 归纳：由上面的推导过程我还知道了 当 $\varDelta$ ____0 时，方程 $ax^2+bx+c=0$（$a\neq 0$）有____实数根；即 $x_1=$____，$x_2=$____。 当 $\varDelta$ ____0 时，方程 $ax^2+bx+c=0$（$a\neq 0$）有____实数根；即 $x_1=$____$x_2=$____。 当 $\varDelta$ ____0 时，方程 $ax^2+bx+c=0$（$a\neq 0$）____实数根。	第三步：展学 展学要求：1. 声音洪亮，面向全体，自信大方。 2. 重点板书在黑板上。 3. 其他组补充、质疑、提问。 请一个小组代表展学，汇报结果
【第二学程】应用新知 主问题：利用判别式怎样来判定方程的根以及系数的取值情况？ 1. 不解方程，利用判别式判定下列方程的根的情况： （1）$16x^2-24x+9=0$；（2）$x^2-4\sqrt{2}x+9=0$； （3）$3x^2+10x=2x^2+8x$。 2. 已知关于 x 的方程 $x^2+(2m+1)x+(m-2)^2=0$，求 m 取什么值时，（1）方程有两个不相等的实数根？（2）方程有两个相等的实数根？（3）方程没有实数根？ 3. 已知一元二次方程 $kx^2+(2k-1)x+k+2=0$ 有两个不相等的实数根，求 k 的取值范围。 拓展延伸 求证：关于 x 的方程 $x^2-2mx-2m-4=0$ 有两个不相等的实数根。	学法指导 第一步：自主独立完成例题。 第二步：互学 小组长主持，交流每个题的结果和运算过程，及时发现问题，改正错误。形成正确的结果。组员相互纠错补充。相互提出质疑。

续表

课外作业	第三步：展学
1. 已知一元二次方程 $x^2+x-1=0$，下列判断正确的是（　　） A. 该方程有两个相等的实数根 B. 该方程有两个不相等的实数根 C. 该方程无实数根 D. 该方程根的情况不确定 2. 关于 x 的一元二次方程 $x^2+(m-2)x+m+1=0$ 有两个相等的实数根，则 m 的值是________。 3. 如果关于 x 的一元二次方程 $kx^2-x+1=0$ 有两个不相等的实数根，那么 k 的取值范围是________。 4. 如果关于 x 的方程 $ax^2+x-1=0$ 有实数根，则 a 的取值范围是________。 5. 方程 $x^2-4x+4=0$ 的根的情况是（　　） A. 有两个不相等的实数根　　B. 有两个相等的实数根 C. 有一个实数根　　D. 没有实数根 6. 不解方程，利用判别式判定下列方程的根的情况. （1）$5x^2-3x-2=0$；（2）$25y^2+4=20y$；（3）$2x^2+\sqrt{3}x+1=0$。	请一个小组汇报交流做题过程中遇到最困难的题的解决方法，其他组的同学提出质疑。
课堂小结 通过本节课的学习，你有哪些感悟和收获？	自我反思

案例九　《二次函数 $y=ax^2+k$ 的图象与性质》导学案

班级______　姓名______　组号______

学习目标：

1. 会画二次函数 $y=ax^2+k$ 的图象；
2. 理解二次函数 $y=ax^2+k$ 的性质，并会应用；
3. 掌握二次函数 $y=ax^2$ 与 $y=ax^2+k$ 的平移规律并会应用。

温故知新	学法指导：
1. 直线 $y=2x+1$ 可以看作是由直线 $y=2x$ 向____平移____个单位得到的。由此你能推测二次函数 $y=x^2$ 与 $y=x^2-2$ 的图象之间又有何关系吗？二次函数 $y=x^2-2$ 又具有哪些基本性质呢？	课前三分钟复习，课代表负责。

续表

【第一学程】

主问题：在同一坐标系中画出二次函数的图象，并观察分析其图象有哪些特征？

请你在同一直角坐标系中，画出二次函数 $y=x^2$，$y=x^2+2$，$y=x^2-2$ 的图象。

x	…	-2	-1	0	1	2	…
$y=x^2+2$	…						…
$y=x^2-2$	…						…

	开口方向	顶点	对称轴	函数值的增减性	最值
$y=x^2$					
$y=x^2-2$					
$y=x^2+2$					

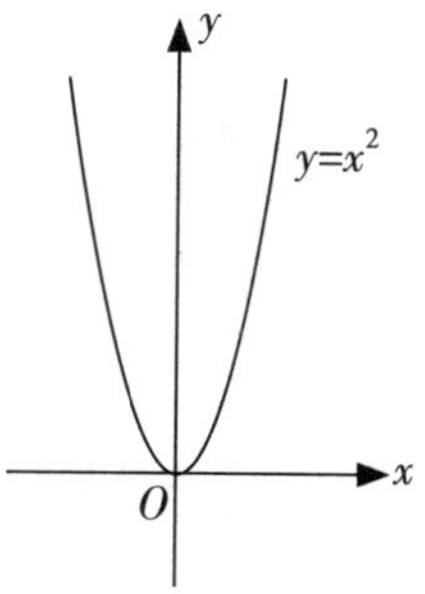

于是，我发现了：把抛物线 $y=x^2$ 向____平移____个单位，就得到抛物线 $y=x^2+2$；把抛物线 $y=x^2$ 向______平移______个单位，就得到抛物线 $y=x^2-2$。由此可得：对于二次函数的图象，只要______相等，则它们的形状相同。

归纳：

于是，我进一步发现了：函数 $y=ax^2$（$a\neq0$）和函数 $y=ax^2+k$（$a\neq0$）的图象的联系。

1. 函数 $y=ax^2$（$a\neq0$）和函数 $y=ax^2+k$（$a\neq0$）的图象形状____，只是位置不同；当 $k>0$ 时，函数 $y=ax^2+k$ 的图象可由 $y=ax^2$ 的图象向____平移____个单位得到，当 $k<0$ 时，函数 $y=ax^2+k$ 的图象可由 $y=ax^2$ 的图象向____平移____个单位得到。

2. a 的正负决定开口的____；$|a|$ 决定开口的______，即 $|a|$ 不变，则抛物线的形状____，因为平移没有改变抛物线的开口方向和形状，所以平移前后的两条抛物线 a 值________。

学法指导

第一步：

自学探究

独立思考上面的问题。

第二步：

分别请三位同学上台分析三个问题。

第三步：

互学探究

小组交流。

第四步：

展学探究

展学要求：

1. 声音洪亮，面向全体，自信大方。

2. 重点板书在黑板上。请一个小组代表展学，汇报结果并板书在黑板上。

续表

3. 抛物线 $y=ax^2+k$ 的性质

$y=ax^2+k$	$a>0$	$a<0$
开口方向		
顶点坐标，是最高或最低点		
对称轴		
函数最（大或小）值	当 $x=$____时，y 有最____值，是____。	当 $x=$____时，y 有最____值，是____。
函数值的增减性	在对称轴左侧（即当 $x<$____时），函数值 y 随 x 的增大而____；在对称轴右侧（即当 $x>$____时），函数值 y 随 x 的增大而____。	在对称轴左侧（即当 $x<$____时），函数值 y 随 x 的增大而____；在对称轴右侧（即当 $x>$____时），函数值 y 随 x 的增大而____。

【第二学程】

主问题：应用二次函数图象的变化特征时需要注意哪些问题？

1. 填空

函数	开口方向	顶点	对称轴	最值	函数的增减性
$y=3x^2$					
$y=-3x^2+1$					
$y=-4x^2-5$					

2. 将二次函数 $y=5x^2-3$ 向上平移 7 个单位后所得到的抛物线解析式为______________。

3. 写出一个顶点坐标为（0，-3），开口方向与抛物线 $y=-x^2$ 的方向相反，形状相同的抛物线解析式______________。

4. 与抛物线 $y=4x^2+1$ 关于 x 轴对称的抛物线解析式为______________。

巩固练习

1. 二次函数 $y=x^2+4$ 的最小值是________。

2. 抛物线 $y=-bx^2+3$ 的对称轴是________，顶点是________。函数 $y=0.4x^2-5$ 的开口____，对称轴是______，顶点坐标是______；把函数 $y=0.4x^2$ 的图象向____平移____个单位可得到 $y=0.4x^2-5$ 的图象。

学法指导

第一步：自学

自主独立完成例题。

第二步：

展示同学们的作业，老师做示范。

第三步：

学生自主独立完成 1、2、3、题。

续表

<table>
<tr>
<td>
3. 在同一直角坐标系中，一次函数 $y=ax+c$ 和二次函数 $y=ax^2+c$ 的图象大致为（　　）
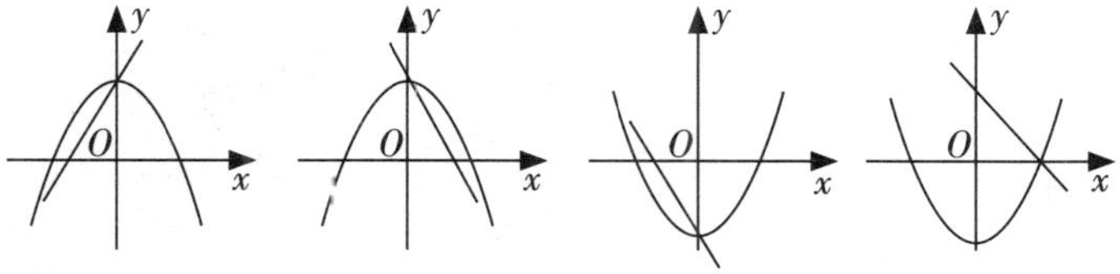
A　　　　B　　　　C　　　　D
4. 若二次函数与 x 轴交于 B、C 两点（B 在 C 的右侧），顶点为 A，则△ ABC 的面积为（　　）
A.16　　　B.8　　　C.4　　　D.2
5. 某涵洞是抛物线形，它的截面如图所示。现测得水面宽 AB=1.6m，涵洞顶点 C 到水面的距离为 2.4 m。在图中直角坐标系内，求涵洞所在抛物线的解析式。
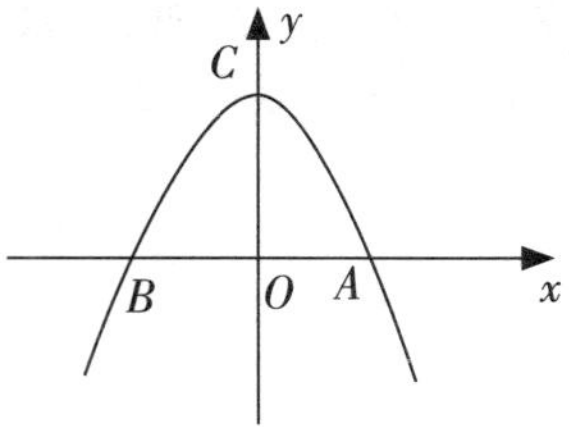

拓展延伸
二次函数 $y=ax^2+k$（$a\neq 0$）的图象经过点 A（1，−1）、B（2，5）。
（1）求该函数的解析式；
（2）若点 C（−2，m），D（n，7）也在函数的图象上，求 m、n 的值。
课外作业
1. 二次函数 $y=\frac{1}{2}x^2-3$ 图象的顶点坐标为（　　）
A.（0，3）　B.（0，−3）C.（$-\frac{1}{2}$，3）D.（$-\frac{1}{2}$，−3）
2. 将二次函数 $y=5x^2-3$ 向上平移 7 个单位后所得到的抛物线解析式为________，向上平移 2 个单位后得到的抛物线解析式为________。
3. 抛物线 $y=4x^2-1$ 与 y 轴的交点坐标为________，与 x 轴的交点坐标为________。
4. 已知点（x_1，y_1）（x_2，y_2）均在抛物线上，下列说法中正确的是（　　）
A. 若 $y_1=y_2$，则 $x_1=x_2$；　B. 若 $x_1=-x_2$，则 $y_1=-y_2$；
C. 若 $0<x_1<x_2$，则 $y_1>y_2$；D. 若 $x_1<x_2<0$，则 $y_1>y_2$。
</td>
<td>
第四步：互学
组长主持，交流每个题的结果和运算过程，及时发现问题，改正错误。形成正确的结果。①号组员交流 1 小题，②③号组员纠错对正。②号组员交流 2 题，其他组员纠错对正。③号组员交流 3 题，其他组员纠错补充。其他同学相互提出质疑。
</td>
</tr>
</table>

续表

<table>
<tr><td>5. 如图，是一座抛物线形拱桥，水位在 AB 位置时，水面宽 $4\sqrt{6}$ 米，水位上升 3 米达到警戒线 CD 位置时，水面宽 $4\sqrt{3}$ 米，某年发洪水，水位以每小时 0.25 米的速度上升，求水过警戒线后几小时淹到拱桥顶？
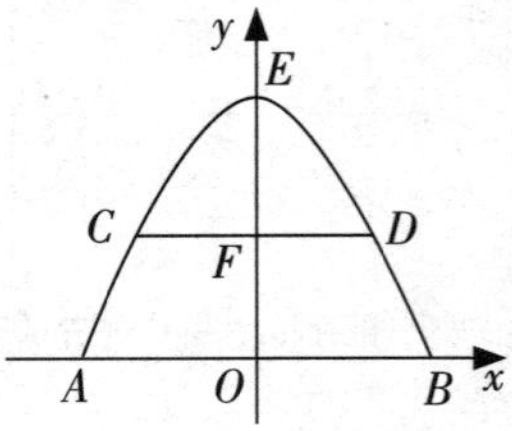

6. 如图，抛物线 $y=-\frac{1}{2}x^2+2$ 与 x 轴交于 A、B 两点，其中点 A 在 x 轴的正半轴上，点 B 在 x 轴的负半轴上。
（1）试写出该抛物线的对称轴和顶点 C 的坐标；
（2）在抛物线上是否存在一点 M，使△ MAC ≌△ OAC，若存在，求出点 M 的坐标，若不存在，请说明理由。
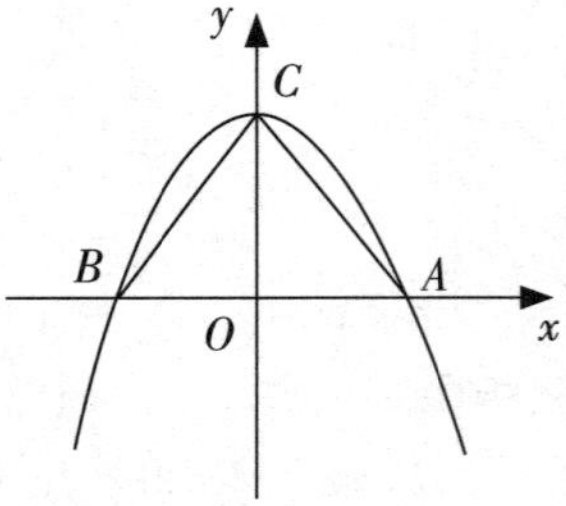
</td><td>第五步：展学
一个小组做汇报交流，其他组的同学提出质疑，老师点拨引导。
展学要求：
1. 声音洪亮，思路清晰，自信大方。
2. 投影导学单面向全体，讲解过程。
3. ①号组员交流 1 小题，②③号组员纠错对正。②号组员交流 2 题，其他组员纠错对正。③号组员交流 3 题，其他组员纠错补充。其他组的组员相互提出质疑。</td></tr>
<tr><td>三、课堂小结
通过本节课的学习，你有哪些感悟和收获？</td><td></td></tr>
</table>

案例十　Unit 7　It's raining！［Section A （1a-2d）Period one］导学案

课 题	Unit 7　It's raining！ Section A （1a-2d）Period one

续表

<table>
<tr><td>学
习
目
标</td><td colspan="2">1. 掌握单词：
rain，snow，cloudy，windy，cold，hot，cool，warm，humid，cooking
2. 掌握句型：
1）How's the weather？ / What's the weather like？ It's raining.
2）What are you/they doing？ We're/ They're watching TV.
3）What's he/she doing？ He's/ She's cooking.
3. 了解不同地方的气候。
4. 巩固语法：现在进行时。</td></tr>
<tr><td colspan="2">学　习　过　程</td><td>学法指导</td></tr>
<tr><td colspan="2">学习准备：课前拼读单词。
I. 单词速记。
1. 下雨；雨水 ____________　　2. 多风____________
3. 多云的 ____________　　4. 晴朗____________
5. 下雪；雪 ____________　　6. 天气 ____________
7. cook ____________　　8. bad ____________
9. park ____________　　10.message____________
11. problem ____________</td><td>课前拼读，小组合作纠错检查发音，并上台教读单词。</td></tr>
<tr><td colspan="2">【第一学程】
主问题 1：Match the words with the pictures [a–e].
1. raining _______
2. windy _______
3. cloudy _______
4. sunny _______
5.snowing _______
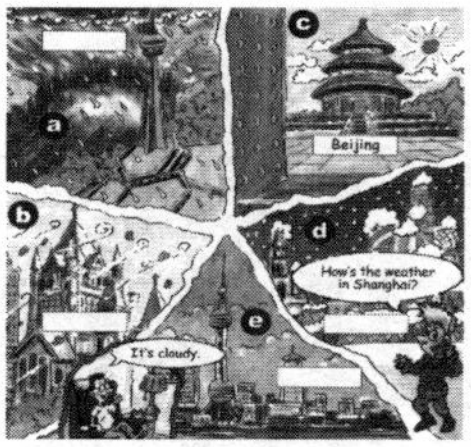
</td><td>第一步：自学
自学、阅读教材 P37，独立完成学习任务一 Let Ss look at the pictures and ask them how the weather is.
Ss learn the new words and expressions with the help of the pictures.</td></tr>
</table>

续表

主问题2: Task 1 仔细观看1a图片,写出图中的天气状况。

Pictures	Weather (ask)	Weather (answer)
Picture a Toronto	How's the weather in Toronto ? What's the weather like in Toronto ?	It's rainy. / It's raining.
Picture b Boston	1.________ the weather in Boston ? 2.________ the weather ________ in Boston ?	It's 3.________.
Picture c Beijing	4.________ in Beijing ? 5.________ in Beijing ?	6. ________.
Picture d Moscow	7.________ Moscow ? 8. ________ Moscow ?	9.________./ It's snowing.
Picture e Shanghai	10.________________? 11.________________?	12.__________?

第二步：互学
对自己在自学过程中不能解决的问题在小组内讨论交流，达成共识。
Check the answers.
第三步：展学
在小组内通过交流讨论后仍不能解答的问题，以及在学习过程中生成的疑点难点问题，上台进行展示交流，其他学生质疑，相互补充，共同解决问题。

Ask Ss to write the name of the city in the picture of its weather.

【第二学程】
主问题1：Listen and write these city names in the boxes.

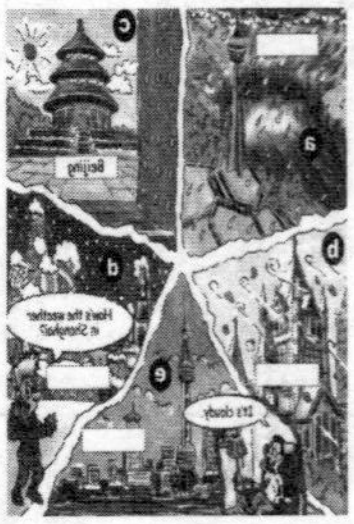

Beijing
Moscow
Toronto
Boston
Shanghai

主问题2：Imagine you are in one of the places in 1a. Talk about the weather with your friend on the phone.

第一步：自学
听录音并独立完成学习任务二。

续表

<table>
<tr>
<td>
— Hi！ How’s the weather in Beijing？
— It’s sunny.

— How’s the weather in Shanghai？
— It’s cloudy.
A:
B:

【第三学程】
主问题 1：仔细观看 2a 图片，写出图中的人们正在做什么？
<table>
<tr><td>Ask</td><td>Answer</td></tr>
<tr><td>What is the woman doing？</td><td>She is cooking.</td></tr>
<tr><td>What 1.______ the girl with short hair 2.______?</td><td>She is talking on the phone.</td></tr>
<tr><td>What is the girl with long hair doing？</td><td>She 3.________ TV.</td></tr>
<tr><td>What is the boy doing？</td><td>4.______ computer games.</td></tr>
<tr><td>5.______ the man 6.______?</td><td>He is 7.______.</td></tr>
</table>

主问题 2：Listen again. Match the names with the activities.

1.__c__ Uncle Joe　　a. is playing computer games.
2.____ Jeff　　b. is cooking.
3.____ Mary　　c. is playing basketball.
4.____ Aunt Sally　　d. is watching TV.
</td>
<td>
第二步：互学
自主学习不能解决的问题在小组内交流讨论，组长汇总成员答案，组内互学并纠错。

第三步：展学
组员 1 与组员 2 两人表演对话，组员 3 写出答案。各小组认真倾听，积极补充，质疑提问并对小组进行评价。

第一步：自学
听录音并独立完成学习任务
第二步：展学
组员 1 与组员 2 两人表演对话，组员 3 写出答案。各小组认真倾听，积极补充，质疑提问并对小组进行评价。
</td>
</tr>
</table>

续表

<table>
<tr><td>
主问题 3：Listen to 2d and choose the best answer.
1. Where are Rick and Steve talking？
A. At school　　B. On the phone　　C. On the street
2. How’s it going with Rick？
A. Great　　B. Not bad　　C. Terrible
3. What is Steve doing？
A.Playing soccer
B. Studying at his friend’s home
C. Playing basketball
4. What’s the weather like？
A. Rainy　　B. Terrible　　C. Sunny
课堂反馈 （Summary）
描述天气（weather）的词
I. 形容词
<table>
<tr><td>sunny 晴朗的</td><td>dry 干燥的</td></tr>
<tr><td>windy 多风的</td><td>cold 寒冷的</td></tr>
<tr><td>cloudy 多云的</td><td>hot 热的</td></tr>
<tr><td>rainy 下雨的</td><td>warm 温暖的</td></tr>
<tr><td>snowy 下雪的</td><td>cool 凉爽的</td></tr>
</table>
II. 动词 / 名词
<table>
<tr><td>rain v./n. 下雨，雨</td><td>cloud n. 云</td></tr>
<tr><td>snow v./n. 下雪，雪</td><td>wind n. 风</td></tr>
<tr><td>storm n. 暴风雨</td><td>fog n. 雾气</td></tr>
<tr><td>sun n. 太阳</td><td>haze n. 雾霾</td></tr>
</table>
</td><td></td></tr>
<tr><td>
收获
1. 本课我学会了什么?
2. 通过本课的学习，我还有哪些疑问?
</td><td></td></tr>
</table>

案例十一 《图形的旋转》教学案

道真县民族小学：罗政

学习目标：

（1）进一步认识图形的旋转，明确含义，感悟特性及性质。会运用数学语言简单描述旋转运动的过程。

（2）经历观察实例、操作想象、语言描述、绘制图形等活动，培养学生的推理能力，初步形成空间概念，渗透“变与不变”的数学思想。

（3）体验数学与生活的联系，学会用数学的眼光观察生活、思考生活，感受数学的美，体会数学的应用价值。

学习重点：理解旋转的含义，感悟特性及性质。

学习难点：用数学语言描述物体的旋转过程。

学习准备：方格纸、三角尺、钟表模型、多媒体等教具和学具。

学习过程：

	备注
（结合课程标准或者单元目标进行简要分析） “图形的旋转”这部分内容是数学课程标准里“图形与几何”领域的知识，在这之前学生已经初步感知了生活中的对称、平移和旋转现象，并认识了图形的轴对称，在此基础上，进一步明确旋转的含义，探索旋转的特征和性质。对发展学生的空间观念、几何直观、创新意识等学科核心素养是一个渗透，是后续学习图形变换的基础，在教材中起着承上启下的作用。 对于学情我课前作了一定的调查，大部分孩子已经对生活中的旋转现象有了初步的感知，能从数学的视角审视生活中的旋转现象。但是孩子们对旋转角度不是360°的现象认识不够，对空间图形的理解水平也是参差不齐。	

续表

一、引入 同学们，请大家看屏幕（课件展示），这是什么现象？在我们的生活中，复习物体平移的特征，你还见过哪些旋转现象？老师也收集了一些生活中的运动现象，同学们看看它们是不是旋转运动？（用手势告诉老师） 接下来我们以钟表为例探究旋转运动的知识。 板书：图形的旋转 二、学习过程 【第一学程】利用生活经验，理解图形旋转的三要素。 主问题 1：能不能用数学语言描述图形旋转运动的过程以及明确旋转的含义？ 第一步：互学讨论 按照合作要求，（两人为一小组，一个同学拨动钟面模型指针，另一个同学观察，记录指针四次运动后的情况）完成导学单一。 第二步：展学交互 【主问题 1 设计意图】通过学生动手操作、观察，培养学生的动手能力和观察能力。贵州师范大学吕传汉教授提出："课堂要教给学生思考、体验、表达，"此学程让学生在活动中体验，用数学语言描述出指针旋转运动的过程，教会了学生表达。 主问题 1 预设答案 预设 1：指针围绕的点不知怎么表达。（中心点） 预设 2：旋转的方向可能存在认知分歧。（逆时针的思考） 【第二学程】动手操作，感悟旋转的特征和性质。 主问题 2：对比观察旋转前后的三角形，什么变了？什么没变？ 第一步：自学探究 按照合作要求，（将三角形学具与方格纸中的三角形完全重合，将三角形学具绕点 O 旋转 90 度，对比观察三角形学具与方格纸中的三角形），完成导学单二。	小组汇报学习单完成情况。

续表

第二步：互学讨论 对比观察三角形学具与方格纸中的三角形，用关键词概括三角形旋转的特征。 第三步：展学交互 观察旋转后的三角形和原三角形比较：__________、__________没变，________变了。 【主问题 2 设计意图】这里的设计我将学生的想象与操作结合，有效地激发学生的空间想象力和思维能力，初步形成了空间观念和几何直观的作用，以此教会学生体验。 主问题 2 预设： 预设 1：转出的三角形旋转角度不对。（指导过旋转中心的两条边的旋转） 预设 2：概括不出或概括不全三角形旋转的特征。（师生互动小结） 拓展 1. 欣赏旋转带来的魅力。 【设计意图】通过欣赏三角形和长方形绕边的旋转，初步树立感受面转成体，进一步发展学生的空间想象力。旋转带来的魅力，让学生感受旋转带来的美，从而感受生活的美、数学的美。	
三、教学总结 1. 通过这节课的学习，你有哪些收获？ 2. 让学生欣赏视频，感受旋转创造出的数学美。 通过本节课的思考、表达、体验，真正地去沉淀本节课的数学核心素养；沉淀“学”的魅力。	
四、板书设计 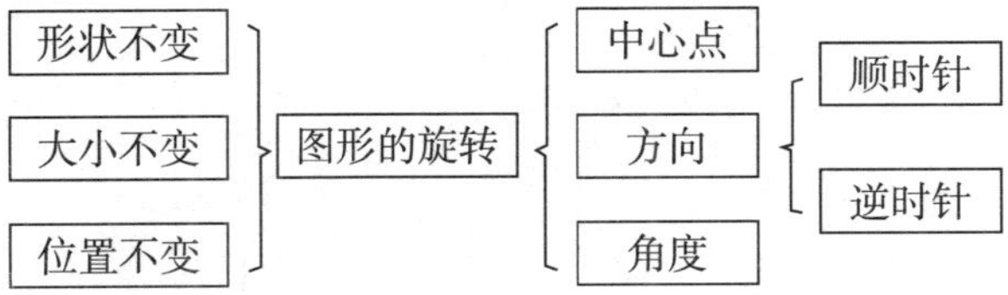 	

案例十二 《牛和鹅》教学案

设计教师：李慧

学习目标：

1. 学习给文章作批注的方法；知道从哪些角度给文章做批注，给指定内容做批注。

2. 用批注的方法，体会“我”见到鹅和被鹅袭击时的心情。

学习重点：交流讨论给文章做批注的方法；知道从哪些角度给文章做批注，给指定内容做批注。

学习难点：用批注的方法，体会“我”见到鹅和被鹅袭击时的心情。

学习过程：

（结合课程标准或者单元目标进行简要分析） 本单元的目标是学习用批注的方法阅读，通过人物的动作、语言、神态体会人物的心情。我紧紧围绕这两个教学目标展开教学，让孩子们在自学、互学、展学中学会给文章做批注。	备 注 （需要标注的其他内容）
一、导入 出示教学片段，让学生读，然后谈读后的收获或体会。 二、教学过程 【第一学程】 学习任务 主问题 1：文中共有几处批注，每一处分别是根据课文中的哪些内容，从哪个角度给文章做批注的？ 学法指导 第一步：自学探究 自读课文，找出文中做批注相对应的内容，结合刚才列出的几个角度，分析是从哪个角度给文章做批注的。 第二步：互学讨论 小组围绕问题交流，教师巡视指导，引导学生联系上一个环节列出的几个角度。 第三步：展学交互 小组汇报，教师补充。	

主问题 1 设计意图（主要从“知识逻辑”与“思维训练”两个角度分析）。 通过交流这个问题，让学生学习做批注的几种不同的角度。 主问题 1 预设答案 提出自己的疑问； 对写法的点评； 对课文内容的体会； 读了课文后的启发； 可以在运用修辞手法的地方做批注等。 【第二学程】 学习任务 主问题 2：“我”见到鹅时和被鹅袭击时的心情是怎样的？你是从文中哪个词语或句子体会到的，在旁边做批注。 学法指导 第一步：自学探究 自主学习，引导学生抓住关键词句，体会人物心情。 第二步：互学讨论 小组交流，教师巡视，对有疑难的地方给予指导。 第三步：展学交互 小组汇报，教师针对学生汇报不到位的地方进行补充。 主问题 2 设计意图（主要从“知识逻辑”与“思维训练”两个角度分析）。 在对批注有了一定的了解后，知道了可以从不同的角度给文章批注，接下来引导学生用学过的方法给文章做批注，体会人物心情。 主问题 2 预设答案 从这些词中体会到害怕：都不说话了、贴着墙壁，悄悄的等。	
三、总结 这节课，通过大家的努力，我们学习了给文章作批注的方法，知道从哪些角度给文章做批注。通过做批注，可以帮助我们更好地理解课文内容。请大家下课之后，用我们学过的方法，给课后的链接做批注。	

续表

四、板书设计 18. 牛和鹅 提问 写法 体会 启发 ……	

案例十三 《“精彩极了”和“糟糕透了”》教学案

设计教师：赵利

学习目标：

1. 认识“誉、励”等7个字。

2. 默读课文，了解父母对同一首诗的不同评价。

3. 能联系生活实际，说出对巴德父母表达爱的方式的看法。

学习重点：默读课文，了解父母对同一首诗不同评价。

学习难点：能联系生活实际，说出对巴德父母表达爱的方式的看法。

学习过程：

	备注 （需要标注的其他内容）
（结合课程标准或者单元目标进行简要分析） 本单元的语文要素是“体会作者描写的场景、细节中蕴含的感情”“用恰当的语言表达自己的看法和感受”在鼓励学生大胆发表自己的感受和看法的基础上提出了更高要求，让学生畅所欲言的同时，注意表达的内容和方式。《“精彩极了”和“糟糕透了”》一课主要讲作者童年时写了一首诗后父亲蕴含的感情和母亲截然不同的评价，这两种评价对他产生的巨大影响，以及作者从中感悟到的爱。个别语句含义较深，具有启发性，给学生提供了多维的思考感悟空间。	

续表

<table>
<tr><td>一、导入
师：一个人能成为一个怎样的人，童年所受到的教育起着很大的作用。一个小朋友童年就听到了这样的两种截然不同的评价“精彩极了”和“糟糕透了”（板书课题）这些评价给他带来了哪些影响呢？谁来给我们分享一下，你对作者的了解。
生：介绍作者。</td><td></td></tr>
<tr><td colspan="2">二、学习过程
【第一学程】
主问题 1：你会认“誊、励”等字吗？
学法指导
第一步：自学探究
自主学习字词，读准字音，区别形近字，理解词语。
第二步：展学交互
指名读，其他组员作补充。
【主问题 1 设计意图】（主要从“知识逻辑”与“思维训练”两个角度分析）：用自学的方式解决生字词，能锻炼学生的自学能力，同时提高学生参与度。
主问题 1 预设答案
誊（téng）写　鼓励（lì）　一篇（piān）　出版（bǎn）
慈祥（cí xiáng）　歧（qí）途　谨慎（jǐn shèn）
荣誉　歧途：歧路，错误的道路。
【第二学程】
主问题 2：默读课文，想一想：父母对巴迪的评价是什么？这些评价给童年的巴迪带来了怎样的感受？
第一步：自学探究
默读课文，想一想：父母对巴迪的评价是什么？这些评价给童年的巴迪带来了怎样的感受？
第二步：互学讨论
1. 小组交流讨论，探究父母不同的评价及原因，带给了巴迪怎样的感受。
2. 小组内形成统一意见，由组长记录表格，做好汇报准备。
<table>
<tr><td></td><td>评价</td><td>原因</td><td>带给“我”的感受
（抓住心理描写）</td></tr>
<tr><td>母亲</td><td></td><td></td><td></td></tr>
<tr><td>父亲</td><td></td><td></td><td></td></tr>
</table>
第三步：展学交互——————“学法指导”设计
1. 指名 1 小组汇报展示，其余组员补充意见。
2. 教师评价小组完成情况，表示鼓励。</td></tr>
</table>

续表

教师小结：母亲的鼓励让童年的巴迪既腼腆又害羞，父亲的评价却让巴迪难过悲伤。看着父母为了自己争吵，巴迪失望难过。

【主问题 2 设计意图】（主要从“知识逻辑”与“思维训练”两个角度分析）：通过自学勾画出父母对巴迪童年时不同的评价，经过小组合作交流出关键词句，紧抓“我”的心理描写中的重点词语和重点句子，引导学生理解意思，从而了解作者的写作意图，明确“我”思想感情的变化。

主问题 2 预设答案

	评价	原因	带给“我”的感受（抓住心理描写）
母亲	“精彩极了”	是我写的第一首，应该肯定、鼓励	兴奋、激动、腼腆又得意洋洋、焦急、想要得到父亲的肯定
父亲	“糟糕透了”	看重诗的质量，提醒、批评	难以接受、失声痛哭、失望难过

【第三学程】（议一议）

学习任务

主问题 3：巴迪长大后取得了哪些成就？这时的他对父母曾经的评价又有怎样的感受？

第一步：自学探究

1. 学生自主学习课文第 15—17 自然段，独立思考：巴迪长大后取得了哪些成就？

2. 这些成就与父母的教育方式有关吗？这时的他对父母曾经的评价又有怎样的感受？

第二步：互学讨论

小组内合作交流问题，在课文中勾画出相关语句，做好汇报准备。

师生、生生探讨相关语句的含义。（它们像两股风不断地向我吹来。我谨慎地把握住我生活的小船，使它不被哪一股风刮倒。我从心底里知道，“精彩极了”也好，“糟糕透了”也好，这两个极端的断言有一个共同的出发点——那就是爱。）

续表

第三步：展学交互 1. 指名小组汇报，组员 1 汇报：巴迪长大后取得成绩的语句。 2. 组员 2 回答巴迪长大后父母曾经的评价又有怎样的感受。 3. 师生、生生探讨相关语句的含义。 4. 其他组成员畅所欲言。教师鼓励评价。 主问题 3 预设答案 “现在我已经有了很多作品，出版了一部部小说、戏剧和电影剧本。” 成年后，我理解了父母两种评价的中包含的爱，以及这不同评价对“我”产生的深远影响。 如“两股风”是指两种不同的评价。“生活的小船”是指人生道路。“不被哪一股风刮倒”是指两种评价如果太过了，就会使人误入歧途，走上错误的道路。 【主问题 3 设计意图】（主要从“知识逻辑”与“思维训练”两个角度分析）：充分利用小组合作，交流探究问题的答案，从而深刻体会作者巴德长大后对父母的理解和感激。 教师小结：作者 68 年的写作生涯创作了 34 部作品，有 13 部作品被拍成电影。他取得这些成就与他父母不同方式的教育息息相关。那么，你生活中又是怎样对待这样的教育方式的? 【第四学程】（说一说） 主问题 4：联系自己的生活实际，说说你如何看待父母不同的表达爱的方式? 第一步：自学探究 围绕问题，独立思考。组织语言，畅所欲言。 第二步：展学交互 师生交流，生生交流；畅所欲言。	
三、教学总结 通过大家的交流学习，我们知道了巴德后来的经历与成功，都与他童年时所受的教育分不开。母亲的鼓励也好，父亲的批评也罢，他们都有一个共同的出发点，那就是爱。学了这篇课文，希望同学们也能理解自己父母表达爱的方式。	

续表

四、板书设计 “精彩极了”和“糟糕透了” 母亲　　　　父亲 爱 （鼓励、表扬）（批评、警告）	

案例十四　《电阻和变阻器》（第 1 课时）教学案

设计教师：冯小勇

学习目标：

1. 知道电阻的定义，单位及其换算。
2. 学会用实验探究影响电阻大小的因素。
3. 培养学生的实验探究能力和分析归纳能力。

学习重点：

1. 电阻的定义，单位及其换算。
2. 探究影响电阻大小的因素。

学习难点：设计实验方案探究电阻大小的影响因素。

教学过程：

教材分析： 本节课的内容主要有两方面，一方面是对电阻定义、单位的认识，另一方面是对影响电阻大小的因素的实验探究，关键点在于如何设计实验方案以及数据的分析处理，为下一节学习作好铺垫。	备　注（需要标注的其他内容）
一、导入 利用实验器材，在讲台上演示灯泡变亮、变暗，电流表变大、变小的过程，然后问同学们看到的现象是什么原因所导致的呢？通过同学们的回答来引入课题（电阻）。	

续表

二、学习过程 【第一学程】 主问题1：什么是电阻及其电阻的符号？电阻的单位有哪些？单位间的进率是多少？ 学法指导 自学探究————“学法指导”设计 要求学生根据教材完成导学案上的内容。 【主问题1设计意图】（主要从“知识逻辑”与“思维训练”两个角度分析）：认识一个新的物理量，必须对物理量的意义和单位有所认识和了解，养成学生自学的习惯。 主问题1预设答案 略 【第二学程】 主问题2：电阻的大小与哪些因素有关？ 学法指导 第一步：自学探究 要求学生认真阅读教材92页和93页的内容，结合图15-2，准备好实验器材。 第二步：互学讨论 小组做好任务分配，设计好实验方案，分析可行性，然后进行实验操作，记录好相关数据，分析得出结论。 第三步：展学交互 小组做好准备，分享学习成果，提出存在的疑惑。鼓励学生大胆质疑，发表自己的观点。 【主问题2设计意图】（主要从“知识逻辑”与“思维训练”两个角度分析）：培养学生的实验探究能力，学会自己通过实验获取知识，体验实验过程带来的乐趣，培养创新能力。 主问题2预设答案 略	
三、教学反思 电阻的大小与哪些因素有关的实验方案设计为本节课的最大难点，学生对器材不够熟悉是一个原因，最主要的是“控制变量法”在具体方案中的使用。	

续表

四、板书 第一节　电阻和变阻器（第 1 课时） 一、电阻的认识 1. 定义 2. 单位及其换算 二、电阻的大小与哪些因素有关 材料、长度和横截面积等	

案例十五　《电阻和变阻器》（第 1 课时）导学单

学习目标：

1. 知道电阻的定义、单位及换算、电路图中的符号 。

2. 利用“控制变量法”对影响电阻大小的因素进行实验探究，理解决定电阻大小的因素 。

学习重点：

1. 知道电阻的概念、单位及换算、电路图中的符号 。

2. 利用“控制变量法”对影响电阻大小的因素进行实验探究，理解决定电阻大小的因素 。

学习难点：

利用“控制变量法”对影响电阻大小的因素进行实验探究，理解决定电阻大小的因素 。

【第一学程】电阻的认识

主问题：电阻是什么?

请同学们阅读教材完成下面的学习任务。

1. 电阻的定义和符号：________________________________

2. 单位及其换算关系：1MΩ=____ kΩ　　1kΩ=____ Ω

3. 电路图中的元件符号：________

4. 了解常见家用电器正常工作时的电阻（92 页）。

续表

【第二学程】决定电阻大小的因素

主问题：电阻的大小与哪些因素有关?

1. 先提出你自己的猜想，然后在小组中交流讨论，做好分工准备展示汇报。

（1）电阻的大小可能与导线的________有关。

（2）电阻的大小可能与导线的________有关。

（3）电阻的大小可能与导线的________有关。

（4）电阻的大小可能与导线的________有关。

（5）电阻的大小可能与导线的________有关。

2. 认真阅读教材，结合图 15–2，准备好实验器材。

结合实验器材（电阻线的类型）自己先独立思考以下问题。

（1）怎样比较导体电阻的大小?

（2）在实验中如何实现“控制变量”?

（3）在小组内交流自己的想法并形成共同意见。

3. 在小组内交流讨论影响电阻大小因素的实验方案，形成共同意见后利用桌子上的实验器材进行实验（可根据以下提示进行实验）。

（1）导体电阻大小与导体粗细（横截面积）的关系

a. 应控制____________________等因素不变，选择粗细不同的两根电阻线。

b. 按照图 15–2，分别将两根电阻线接入电路，记录好对应的电流值。

（2）导体电阻大小与导体长度的关系

a. 应控制____________________等因素不变，选择长度不同的两根电阻线。

b. 按照图 15–2，分别将两根电阻线接入电路，记录好对应的电流值。

（3）导体电阻大小与导体材料的关系

a. 应控制____________________等因素不变，选择材料不同的两根电阻线。

b. 按照图 15–2，分别将两根电阻线接入电路，记录好对应的电流值。

4. 进行实验，记录数据。

导体的粗细不同	电流 I/A
粗	
细	

导体的长度不同	电流 I/A
长	
短	

导体的材料不同	电流 I/A

5. 分析数据，得出结论。

（1）导体的电阻与横截面积________，导体的横截面积越大，电阻________。

（2）导体的电阻与导体长度________，导线越长，电阻________。

（3）导体的电阻与材料________，材料不同，电阻不同。

6. 小组实验完成后，做好分工，上台展示汇报实验的方法或遇到的问题或解决问题的方案或发现的问题等等。

【第三学程】拓展提升

主问题 1：实验过程中发现了什么？遇到了哪些困难？你们是怎么处理的？

（先在小组内交流，然后小组成员在全班交流分享）

主问题 2：阅读 93 页信息窗的内容，你认为决定电阻大小的主要因素是什么？

（先在小组内交流，然后小组成员在全班交流分享）

课后作业

通过本节课的学习，请各小组在课外设计一个实验方案，验证温度、光照等因素对电阻是否有影响。

第六章

“学本”教学实录与点评

《2、5的倍数的特征》教学实录与点评
《日食和月食》教学实录与点评
《敬畏自然》教学实录与点评
《多边形的内角和》教学实录与点评

《2、5 的倍数的特征》教学实录与点评

（西师版小学数学教材五年级下册《倍数、因数》单元）

执教者：孙明坤

一、情境导入

（课件呈现学校举办兰花节布景画面）

师：下周我们学校就要举办兰花节了，学校购买了不同种类的兰花，学校要用下面的兰花在校门大厅摆造型：

春兰	蕙兰	建兰	寒兰	墨兰
24 盆	35 盆	97 盆	18 盆	30 盆

根据各种兰花的盆数，哪些种类的兰花适合 2 盆一组摆造型？哪些种类的兰花适合 5 盆一组摆造型？为什么？

生：春兰、寒兰适合 2 盆一组摆造型，因为它们的盆数是 2 的倍数，蕙兰、墨兰适合 5 盆一组摆造型，因为它们的盆数是 5 的倍数。

师：你们是怎么知道这些花的盆数分别是 2 和 5 的倍数的？

生：用乘法一算就知道，用除法算一下也可以。

师：不用计算，你能一下子看出这些盆数是 2 或 5 的倍数吗？

生：能。

师：数字大一点，随便一个比如 98765432149 这个数，不用计算你能知道它是 2 或 5 的倍数吗？（生迟疑）

师：我们今天就来学习不用计算就能知道是不是 2、5 的倍数的方法。

二、初识特征

（一）初识“5 的倍数的特征”

1. 自学

师：出示自学要求：（1）寻找。按顺序找出 5 的倍数。（2）观察。你找出的 5 的倍数有什么规律？（3）验证。举例验证你发现的 5 的倍数的规律。

生：独立探索。

2. 展学

师：把你对5的倍数的规律探究过程和发现同大家分享一下。

生：展示自己列举的5的倍数、自己的发现以及举例验证的过程，其余学生做补充、质疑和总结，得出“5的倍数个位上是0或5”的规律。

3. 导学

师：刚才我们对5的倍数的研究采用了怎样的过程和方法？

生1：用了列举法。

生2：用了验证的方法。

生3：用了观察的方法。

师：能不能完整地说一说运用这些方法的过程。

生：先用列举的方法找出5的倍数，再用观察的方法观察规律，最后举例进行验证。

师：说得既精练又完整。我们能不能用这个方法研究“2的倍数”的特征规律呢？

（二）初识“2的倍数的特征”

1. 自学

师：利用老师给每个人准备的百数表独立学习。

生：独立安静自学。

2. 互学

师：把你的发现在小组内交流，并列举百数表以外的数进行互相验证。

生：小组合作学习。

3. 展学

一个学习小组上台展示百数表和观察验证的发现，其余学习小组的同学补充、质疑、评价、总结，得出“2的倍数个位上是2、4、6、8、0”的规律。

三、深究本质

1. 激发疑问

师：观察思考一下，我们研究了2、5的倍数的规律，它们有什么共同的地方？

生：都是看自然数的个位。

师：为什么只看个位？想不想探究一下？

2. 动手探究

师：我们以 24 和 235 为例，借助小棒图来研究。大家在练习纸上，分别将 2 根 2 根的圈一圈，5 根 5 根的圈一圈，想一想，你有什么发现？

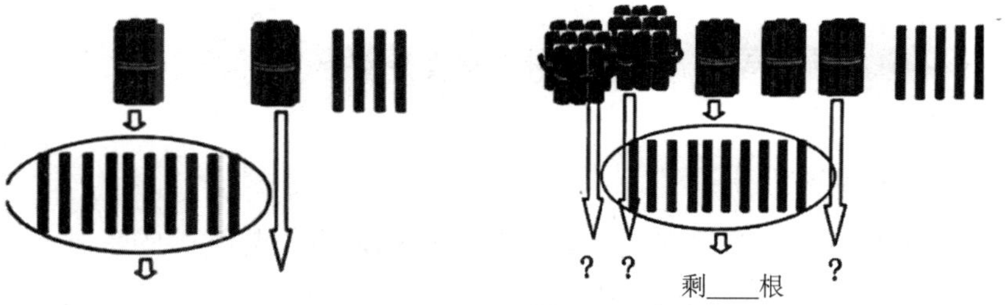

（学生操作思考后，小组内部交流）

师：请一个小组派代表说一说你们的发现。

生 1：我们小组发现 24 里，有 2 捆 10 根小棒和 4 根小棒，分别表示十位上的 2 个十和个位上的 4 个一。一捆小棒 2 根 2 根的圈，刚好分完没有剩余，第二捆也是一样，以此类推，十位上的数总是 2 的倍数，所以只要个位上能刚好分完，这个数就是 2 的倍数。

生 2：我有补充，一个数十位、百位、千位上的数总能被 2 或 5 刚好分完，所以个位能否被 2 或 5 分完，就决定了这个数是否是 2 或 5 的倍数。

师：说得更完整了，大家听明白了吗？

生：明白了。

师：也就是说，我们判断一个数是不是 2 或 5 的倍数，只需要看什么就行了？

生：个位。因为十位上的几十、百位上的几百、千位上的几千等等都是 2 的倍数，剩下的就由个位决定了。

3. 归纳特征

师：现在我们可以总结一下，2 的倍数有什么特征？ 5 的倍数有什么特征？

生：个位上是0或5的数是5的倍数；个位上是2、4、6、8、0的数是2的倍数。

四、课堂反馈（略）

五、课堂小结

师：今天这节课的学习你有什么收获和体会？

生：

1. 个人回顾学习过程；2. 小组交流收获体会。

师：略。

【教学点评】

在本节课中，老师在透彻分析和合理把握教材与学情的基础上，准确设立学习目标，精心创设学习活动，学本教学理念得到有效落实，学生学得积极主动，教师教得自然轻松。具体体现在以下三个方面：

1. 立足经验，以学定教

老师充分利用学生学前已有认知经验和学习过程中的过程体验，在此基础上确定教法，实施课堂学习引导，达成学习目标。一是利用生活经验激发学习兴趣。开课时，老师通过出示学校举办“兰花节”活动，布置校门大厅摆造型的现实情境，让学生感受到生活中的事情真真切切地和2、5的倍数有关，现实生活中对本节课要学习的数学知识的真正需要，体会本节课中数学学习的价值，为后续学习探究环节的先学后教提供了内在动力。二是利用数感经验探究新知。“2、5的倍数的特征”的学习，对于五年级的学生来说并不太难，因为从一年级数数开始就在积累2和5的倍数的认识经验，2个、2个地数或是5个、5个地数，如果刚好数完，这个数就正好是2或5的倍数，稍有数感的学生面对一个不是特别大的数是比较容易判断它是否是2或5的倍数的。教师利用这一认知基础，放手让学生充分自学、互学和展学，有效达成学习目标。此外，老师还有效引导学生将“5的倍数的特征”的学习方法迁移到“2的倍数的特征”学习过程之中，让学生在学方法、用方法中学会学习。

2. 调序换材、先学后教

学生面对“2 的倍数的特征”和“5 的倍数的特征”的学习，其难易程度是不同的，5 的倍数的特征要素少一些，只有自然数的个位是 0 和 5 两种情况，2 的倍数的特征要素多，自然数的个位要是 0、2、4、6、8 五种情况，无论要素多还是要素少，观察对象都必须要有足够次数的循环重复，个位的规律才能突出体现出来，学生在学习 2 的倍数的特征时，往往列举的 2 的倍数个数不够，多数学生只列举 6 到 8 个就不愿列举了，造成 2 的倍数的特征凸显不出来，从而造成认知困难。而教材安排先学习“2 的倍数的特征”，再学习“5 的倍数的特征”，对“2 的倍数的特征”学习采用列举法，“5 的倍数的特征”学习以百数表为载体，这显然与学生实际的学情不一致。为适应学生这一学情，老师交换了 2 和 5 的倍数特征的认识顺序，更换了百数表使用的位置，调整后的“序”更加适合学生学习由易到难的认知特点，提供学习使用研究的素“材”与学习内容难度更加匹配，学生的自学、互学、展学过程十分顺畅，经历了引导学习方法、归纳学习方法、运用学习方法的全过程，真正培养了学生的自主学习能力。

3. 聚焦核心，因学活教

无论是哪门学科的课堂教学，都应该最大限度地把知识的形成、能力的发展、情意的生长等机会还给学生。上述“2、5 的倍数的特征”的教学过程，如何把上述“初识”环节得到的“2 的倍数个位上是 2、4、6、8、0”、“5 的倍数个位上是 0 或 5”的规律，变为“2、5 的倍数的特征”？这需要从本源上去探究“为什么？”也即是为什么“2、5 的倍数的特征”只看个位？让学生不但知道是什么，还要知道为什么。老师在“探究本质”学习环节中，以小棒图为载体，把整数的位置原理物化为可操作、可观察的对象，让学生在圈一圈、想一想、议一议的过程中，从本质上弄清楚 2、5 的倍数特征为什么只看个位的原因所在，让学生完整经历知识核心处的深度学习，使简单的学习过程变得有层次、有深度。

《日食和月食》教学实录与点评

（教科版科学教材六年级下册《宇宙》单元第四课）

执教者：刘 欣

一、联系生活，激趣引入

（播放 PPT）

师：这是两年多前朋友发给我的一张照片，今天和同学们分享，照片上这些人在干什么？

生齐答：看日食。

师：你看到过日食吗？

生齐答：看到过。

师：大家都看到过日食，你们是什么时候，在哪里看到的？

生：好像是两年前在我家的阳台上看到的。

生：三年级放暑假的时候，一个上午，妈妈带我到嘉陵江边看的。

师：谁能给我们说说日食发生时的景象？

生：太阳被遮住了，天变黑了。

生：开始太阳被黑影挡住一点，再挡住一部分，然后只剩一个亮点，最后被完全挡住了，过一会，太阳又一点一点地出来，最后完全恢复了。

师：观察得很仔细，描述得真清楚。让我们一起回到2009年7月22日，再经历一次本世纪持续时间最长的，横扫东半球的日全食奇观吧。

（播放录像资料）

师：今天，让我们来探秘日食的成因。

（板书课题前半部分：日食）

【点评】联系学生已感知到的天文现象开课，容易唤醒学生的回忆，调动其探究的欲望，为他们猜测日食的成因做了很好的铺垫。

二、实验探究，建构知识

1. 模拟实验、初步认识

师播放 PPT。

师：这是日食发生的过程图，请你仔细观察。（间隔 1 分钟）根据你观察到的日食，结合这个过程图，你能猜测一下日食的成因吗？小组讨论，将猜想填写在导学单上，可以画图表示你们的猜测。

（学习小组活动）

师：各个小组讨论很热烈，把你们的猜测和向全班同学交流一下。

3 组生 1：我们小组觉得，太阳被一个运动的天体给挡住了。

3 组生 2 补充：日食现象应该和月亮绕着地球转有关，我们猜测，月亮挡住了太阳的光，就会产生日食。请其他小组补充。

7 组生：我们猜测，是由于地球的自转、公转以及月球的转动，当太阳、月球、地球在一条线上时，月球会慢慢挡住太阳，地球上就会看到日食。

师：请你来摆出你们猜测的发生日食现象时太阳、地球、月球的位置图。

（生利用老师提供的红色圆、蓝色圆、黄色圆摆出位置图）

师：如果老师提供手电筒、乒乓球、小塑料球，你们能设计一个模拟实验来证明猜测吗？它们分别模拟什么？这个模拟实验该怎么做呢？

师：请各小组研究，设计实验方案，填写在导学单上。

（小组合作设计模拟实验 3 分钟）

师：想试试你们的设计吗？材料在实验桌下的抽屉里，记得在导学单上画图记录。

（生分组实验，师巡视，参与一些组的实验）

师：请各小组汇报一下你们的实验收获。

2 组 3 人展学，2 人演示模拟实验，1 人描述：塑料球转过来挡住手电筒的光，我们在乒乓球上看到塑料球的影子。

师提示：现在，手电筒、塑料球、乒乓球模拟的是什么？

生：太阳、月亮、地球。

2组生再次描述：我们做实验时让月球围绕地球转动，发现当它转到地球前面，太阳、月球、地球在一条直线上时，月球就能挡住太阳的光，月球会把影子反射到地球上。请其他小组补充。

师：注意；影子是反射的吗？

生：不是，是光被物体挡住了，在物体背光的一面会产生影子。镜子才会反射光。

师：这是我们以前学的光与影的知识，科学的语言一定要准确哦！再请一个小组说说你们的实验找到验证猜测的证据了吗？

5组生：我们猜测的是太阳、月球、地球运动到一条直线上时，就会发生日食现象。我们模拟地球自转、公转，月球绕地球转，当月球运动到这儿，在地球上就看不到太阳了。

师：刚才那组是在太空中观察到月球的影子投射到地球上了，你们这组是在地球上观察看不见太阳了。这能验证我们的猜想吗？

【点评】在这一教学环节中，教师放手让学生经历了一次自行探究的过程，让学生展现相异构想，自行设计模拟实验验证猜想，让抽象的天文现象变得直观形象，初步建立模型，感知日食的成因。同时，画图记录实验过程，有助于帮助学生形成科学概念。

2. 自学互学，深度理解

师：那么到底日食是怎么形成的呢？请同学们自学书上54页上半部分。

（生专心看书，自学找答案）

师：看懂了吗？把你的理解跟组内同学交流，你觉得有必要结合实验来给同学讲解，就再做一次模拟实验吧。

（生分组合作交流，互学加深理解）

师：现在，请把你们的收获和全班分享吧！

2组生：在地球、月球运动的过程中，有时会出现地球、月亮、太阳在一条直线上，月亮就挡住了太阳光，出现日食。请其他组补充。

3组生：当月球运动到地球和太阳的中间，挡住太阳光，在地球上会产生阴影，阴影里的人看不见太阳，就发生日食。

师：月球在地球和太阳中间，你怎么理解的？

生：我觉得是正中间。

师：你们呢？

生：我做模拟实验时，看到月球离地球近些才能挡住太阳光，我认为不应该是月球在地球和太阳正中间时，才出现日食。

生：书上说的当月球运动到太阳和地球中间，才会发生日食现象。

生：我看到一本书上说的太阳到地球的距离是1.5亿公里，上次上课时我查了资料，月球到地球的距离是38万公里左右，所以，月球怎么也不会转到太阳和地球中间。

师：这个同学说得有理有据，但我们的教材上也说的中间，我们该怎么办呢？

生：就说太阳、月球、地球在一条直线上，不要第一句话。

生：我觉得把“中间”改为“之间”，这样就不会引起误解了。

师：他的改法怎么样？（生认同）看来，书上也有不太准确的地方，今天被同学们发现了，科学就是要追求真实。

师：言归正传，哪位同学能利用黑板上代表太阳、月球、地球的小圆片，给大家解释一下日食是怎么形成的？

生边移动黑板上的圆片，边解释：月球绕地球转，转到太阳和地球之间时，月球挡住了射到地球上去的太阳光，月球身后的影子正好落到地球上，这时发生了日食现象。中间本影区的人看到日全食，旁边半影区的人就看到日偏食。如果我们长期生活在一个地方，可能要几百年才能看到一次日食。

师：大家明白了吗？他们很会学习，把书读懂了，知识面真广，你们觉得怎么样？

（全班自动鼓掌）

师播放PPT，总结日食的成因。

【点评】在这一教学环节中，学生经历了自学、互学、展学的学习过程，学习潜能得到彰显，思维品质获得提升，科学模型逐步完善，对日食现象的理解更加深入。在学生展学的过程中，用“中间”一词描述月食形成时日、地、月的关系是否准确，学生产生了分歧，最后他们觉得将“中间”改为“之间”更妥帖，这种不迷信书本、不迷信权威的思想正是科学素养的最好体现。

3. 直观导学，提升思维

师：让我们再来看看2009年7月22日发生的日全食的情景。

（师在黑板上用三个大小颜色不一的圆形纸片和四根毛线，组合成了“日食形成示意图”，师指图讲解）

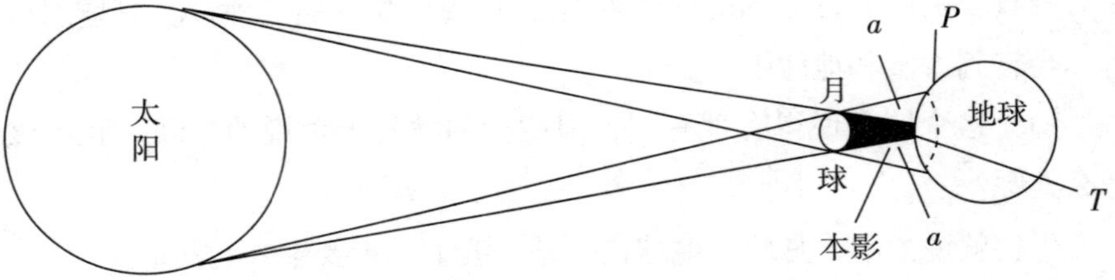

师：当月球运动到太阳和地球之间，如果三者正好处在一条直线上时，月球就会挡住太阳射向地球的光，这个部分两边的光都照不到，它就是本影区（用粉笔画出本影区），现在正好处于本影区，我们就看到了日全食，周围的地方，月球只挡住了一部分太阳光，就是半影区，半影区的人就看到了（生齐答：日偏食），过了一会，随着地球的自转和月球的运动，从本影区移到半影区，也只能看到日偏食了，再过一段时间，离开半影区，日食结束。

师：本影区除了能看到日全食，还能看到日环食，知道这是为什么吗？当日全食发生时，我们觉得月球比太阳还大，把太阳发出的光整个给遮住了。而日环食发生时，我们能看见太阳的边缘一圈，是月球变小了吗？月球本身会变大或变小吗？

生：不能。

师：怎么回事呢？讨论一下吧！

6组生：月球绕地球运动的轨道是椭圆形的，所以我们会觉得月球有时大一些，有时小一些，是视觉问题。

7组补充：就是近大远小吧。

师：日食发生时，月球离地球远的话，就遮不住整个太阳，这时我们能欣赏到？

生：日环食。

（师PPT展示）

【点评】教师用自制的教具轻松地展示出“日食形成示意图”，直观形象地帮助学生深入理解“本影区”“半影区”概念，让“为什么会出现日全食、日偏食、日环食三种日食现象？”这一教学难点迎刃而解。

三、设置疑问，迁移延伸

师：我们通过一段录像来回顾今天学习的内容。

（播放教师用书中配发的教学录像，录像最后要同学们猜测月食发生时太阳、地球、月球三个天体的位置关系）

师：同学们，月食又是怎么形成的呢？（补充课题后半部分，板书：月食）谁能把月食发生时太阳、地球、月亮三个天体的位置关系在黑板上摆一摆。

（请一生摆放）

师：这是他的猜测，你们的呢？探究月食的成因的任务留待同学们课后完成。

【点评】这段录像再次帮助学生理解记忆本节课的重点知识，同时又让学生带着问题离开科学课堂，为后续探究月食成因埋下了伏笔，可谓一箭双雕。

【教学点评】

天文学知识比较抽象，学生普遍缺乏直观感受。在这节课中，老师秉持关注生活、关注兴趣、关注概念、关注论证过程的科学教学理念，利用一张导学单、两段教学录像、三件实验材料、四张彩色圆片，引领学生经历自学、互学、展学的学习过程，呈现了一节朴实无华、真实有效、科学味十足的学本教学课。

1. 学有动力

人的任何行为的产生都需要一定的动力作为支撑，课堂学习也不例外。“日食的成因”整节课中学生学习需求强烈，学习欲望高涨，学习动力旺盛。这得益于两方面的精心设计：一是关注生活感知，突显身边事件的教学意义。课开始时，教师以人们看日食的照片和2009年夏天横扫东半球的日全食奇观开课，由于学生大都观赏过这次日全食过程并感受过那漆黑的白天，这样的学习情境及学习材料有利于调动学生已有经验，激发学生的求知欲。日食这一学生熟悉又陌生的生活事件的运用，既起到了激发学生好奇心和探究欲的作用，又让学生初步了解了日食发生的过程及特点，同时又成为学生猜想日食成因的基点。二是关注兴趣培养，注重探究过程的快乐体验。我们通常看到的天文单元的教学，要么是老师从头讲到尾，要么是科普录像放映，无法擦亮学生迷茫的眼睛。在这节课中，老师从新课引入就调动起了学生的探究兴趣，继而通过学生的猜测、设计、实验、自学、交流、分享等多种形式，充分激发了学生的学习积极性和主动性，变要我学为我要学、我乐学。要学生在课堂上笑很简单，有时候一个笑话、奖励一个贴画等外部刺激就可以达到。但是，关键是让学生从内心体验到探索过程中的快乐，内在需要的实现才是激发他们持续学习的源泉。

2. 学有方法

学本教学的重要目的之一是让学生由“学会”向“会学”提升。这节课教师在恰到好处地激发学生学习动力的基础上，根据学习内容特点设计了适切的学习方式，并为之提供了隐含本节课学习核心内容的直观操作材料，作为学习探究过程的学习素材，创造充分的条件让学生在课堂中能学、会学。教师首先创设了学生感兴趣的神奇日食情境，激发起探究成因的强烈愿望，由此自然引发学生小组内的思考与猜想，为后续试验研究找准了学习的起点，小组互学由此开端，进一步的实验验证成为每一个学生迫切的需求，推动小组学生进入学具操作探究环节，学生借助老师提供的手电筒、乒乓球、小塑料球设计模拟实验，并在实验中得出“月球围绕地球转动，当它转到地球前面，太阳、月球、地球在一条直线上时，月球就能挡住太阳的光，月球会把影子反射到地球上”的认识。这个认识毕竟是在模拟试验中得出的，宇宙中的太阳、地球、月亮的运行的真实情况是怎么样的呢，需要进一步得到验证，这时教师及时安排学生看书自学，学生带着问题和期望得到准确答案的心理进行自学，学得效果很有深度，以至于产生了互学、展学过程中的精彩质疑与释疑。上述学习过程学习方式的选择与学习内容、学习需求结合得浑然一体，学生的主体地位在自主选择、自主学习、观点交锋中得到充分体现，科学知识与学习方法、学习能力在学习过程中得到同步增长与提升。

3. 学有深度

科学学科学习的不仅是科学知识，更是科学思维和科学品质。科学知识获得的过程就是提升学生科学思维和科学品质的过程。本节课学生的实验是学生针对自己的问题和猜想设计的，他们经历了完整的深度思维探究过程。学生在直观的模拟实验和视频欣赏的基础上建立模型、再用图形、抽象语言说出规律，逐步从感性认识上升到理性认识、建立起直观与抽象的通道。科学结论的得出和论证的过程不只是设计和开展实验的过程，更是动脑筋收集数据、分析信息的过程。本节课通过模拟实验、看书自学、小组互学、展学交流，让学生在收集、分析、归纳各种信息过程中，实现了与各种信息的对话交流，从而加深了对科学概念的理解，提升了科学思维品质。科学教学中的日常概念和科学概念往往有差距，让学生用自己的话去准确描述科学概念或现象是很有挑战性的。在这种时候，很多老师采用的办法是你说、我说、他说，最后老师说或书上说，再请学生读一遍，学生可能记住了概念，而没有真正经历概念形成的过程。这节课上老师始终坚持让学生用自己的话、自己的图来解释日食的成因，运用猜想、模拟实验、画图记录、视频资料、读书等多种方式来支持学生的概念形成，持续地关注学生对科学概念理解的程度，并给予进一步的指导，既体现了学生概念形成的心理活动规律，也体现了“以学生学习为本、以学生发展为本”的学本教学理念。

《敬畏自然》教学实录与点评

（初中语文人教版8年级第三单元）

执教者：刘 娅

一、导入新课，检查预习

师：同学们知道今天要学习哪一课吗？（生：敬畏自然）请一位同学帮老师把课题写在黑板上，请你来（指名板书课题）。

师：你的书写很端正！老师想采访你一下，你知道这个题目中“敬畏”二字的含义吗？

生：“敬”是尊敬，“畏”是畏惧、害怕。

师：大家觉得呢？（生：同意）我也赞同你的理解。谢谢你，请回座。

师：同学们预习课文了吗？很好！课前预习是课堂有效学习的开始，通过预习，我们可以明确这堂课我要学什么，我要重点去学什么，那同学们预习好了吗？

请看导学单第一部分，谁来分享一下你的预习成果？

生：三个词语分别是：相形见绌、精巧绝伦、狼藉。

生：我觉得第三个应该是“狼藉斑斑”。

师：请说理由。

生：我认为“斑斑”更能体现数目众多。

师：你观察得很仔细，思考得也很全面。请同学们齐读大屏幕上的这几个句子，结合词语的意思，想想句子的含义。

屏幕显示：

人类的智慧与大自然的智慧相比实在是相形见绌。

无论是高深莫测的星空，还是不值一提的灰尘，都是大自然精巧绝伦的艺术品。谁能断言那些狼藉斑斑的矿坑不会是人类自掘的陷阱呢？

二、问题驱动，学法嵌入

师：面对自然，文章提出了一个怎样的观点？（主问题1）

生：“敬畏自然”。

师：为什么要“敬畏自然”？（板书：略）

（生面露难色，急于从课文中寻找答案）

师：这就是我们本堂课要解决的第一个问题。浏览课文，你会发现其实文章里有好多地方都在回答这个问题。现在老师要教给同学们一个快速筛选信息的方法：提取中心句。请同学们看大屏幕，齐读。

屏幕显示：

所谓中心句就是能概括段落或文章主要内容的句子。中心句必须是一个表意明确完整的陈述句，表达必须是概括（简洁）的，正面的，直接的，抽象的。中心句的位置一般在句首、句尾或句中，有的则需要自行概括。

师：请同学们把红色关键词摘录到导学单第二部分中“我学会了”的方框里。

（生笔记）

师：下面请同学们运用这些知识点，重读课文，找出每一段的中心句。要求是：独立自学，不交流，用笔在书上做好批注，如果有疑难请用特殊标记注明。开始自学。

（生独立自学，师巡视）

师：老师发现，有些段落的中心句似乎很容易找到，大家下笔很果断，但面对有的段落，多数同学就显得很纠结了。没关系，下面就让我们带着自学的收获和疑惑投奔咱们组织吧，请小组长召集组员们交流交流。

（小组互学，师巡视）

师：第三小组率先结束了讨论，发言人已经做好准备了。有请中心发言人。

（小组展学，师生互动）

生：我代表我们小组作如下发言，我们认为第1段的中心句是“人们常常把人与大自然对立起来，宣称要征服自然”。第2段是“看人类这种狂妄的表现，大自然一定会窃笑，就像母亲面对无知的孩子那样的笑”。第4段是“在宇宙中，一定存在着远比我们的智慧要高得多的生物”。第5段是“人类的智慧与大自然的智慧相比实在是相形见绌”。第6段是“大自然之所以创造出会思维的生物，也许是有深意的”。第 7 段是“宇宙是一个大生命，而我只是这个大生命的一个组成部分”。第 8 段是“宇宙是一个硕大无比、永恒的生命”。第 9 段是“即使那些看起来死气沉沉的生物，也是宇宙生命的构成部分”。第 10 段就是整个句子，第 11 段是最后一句。

我们的疑惑是：第 3 段中心句不明确。

发言完毕，谢谢！

师：谢谢你，谢谢第三小组毫无保留的分享。谁可以帮助他们解决疑惑？

生：我们小组认为第 3 段的中心句是：人类发明了种种工具，挖掘出大自然用亿万年的实践积累下来的宝藏。

师：听明白了吗？（询问第三组）其他小组还有别的意见吗？（生：同意）我也赞同大家的意思。那还有对第三小组的发言提出质疑的吗？

生：我们 2 小组有不同意见，我们认为第 2 段的中心句应该是“看着人类这种狂妄的表现，大自然一定会窃笑。”因为这样更简洁。

师：你的意思是不要后面破折号那一句？

生：是的，破折号后的内容只是对前面的一个补充。

师：嗯，而且还是一个形象化的表述，与我们中心句“简洁、抽象”的特点不吻合了，是吗？（生点头认可）还有别的质疑吗？

生：我们 4 小组认为第 3 段的中心句应该是最后一句“谁能断言那狼藉斑斑的矿坑不是人类自掘的陷阱呢？”

生：我们 6 小组不完全同意他们的意见，因为这个句子虽然意思上是这个段落的中心，但它不是一个陈述句，不是正面表明观点，所以不能做中心句。

师：哦！看来你们把知识点记得很牢，也善于运用。刚才同学说到了，句子在意思上是段落表意的落脚点，只是句式不符合中心句的要求，怎么解决这个问题呢？

生：可以变句式！

师：怎么变？你试试。

生：那些狼藉斑斑的矿坑就是人类自掘的陷阱。

师：又一个难题解决了，孩子们，给自己一些掌声。（生鼓掌）还有问题吗？（生：没有）可刘老师有！请看第6段。同学们认为中心句是“大自然之所以创造出会思维的生物，也许是有深意的”。但老师认为这句话表意不够明确。

生：老师，我发现了！“深意”没有说明。

师：呵呵，那哪句话“说明”了呀？

生：后面那一句。

师：大家认为呢？（生：同意）齐读这句话。（生读：“宇宙创造智慧生物是为了进行自我认识，为了欣赏他自己壮丽无比的美。”）

师：同学们，请看大屏幕，老师把大家提取出来的中心句串成了一篇小短文，也可以说这是一块压缩饼干，是文章的浓缩版，我们把长文变成短文来学，不就更容易了吗？朗读一下（生齐读）。

屏幕显示：

人们常把人与自然对立起来，宣称要征服自然，看着人类这种狂妄的表现，大自然一定会窃笑。那些狼藉斑斑的矿坑就是人类自掘的陷阱。在宇宙中，一定存在着远比我们的智慧要高得多的生物，更何况人类的智慧与大自然的智慧相比实在是相形见绌。大自然创造智慧生物只是为了进行自我认识。宇宙是一个硕大无比的、永恒的生命，而我只是这个大生命的一个组成部分，即使那些看起来死气沉沉的物质，也是宇宙生命的构成部分，因此，人类并不孤独，在宇宙中处处是我们的弟兄。敬畏自然，就是敬畏我们自己。

师：请同学们再看看，这篇小短文的中心句是哪一句？（生：敬畏自然，就是敬畏我们自己。）为什么呢？人与自然之间究竟有着怎样的渊源呢？答案还是在文中找。请看大屏幕，老师要教给同学们第二种筛选信息的方法：提取关键词。

屏幕显示：

关键词指的是一段文字或一句话中最重要的词语，能揭示事物的本质，是表意的“落脚点”。

师：请大家把红色关键词摘录到导学案上“我学会了”的方框里。

（生笔记）

师：请同学们观察大屏幕上的这几句话，各提取一个关键词，概括一下回答：为什么说“敬畏自然，就是敬畏我们自己呢？”（主问题 2）

屏幕显示：

在宇宙中，一定存在着远比我们的智慧要高得多的生物，更何况人类的智慧与大自然的智慧相比实在是相形见绌。

大自然创造智慧生物只是为了进行自我认识。

宇宙是一个硕大无比的、永恒的生命，而我只是这个大生命的一个组成部分，即使那些看起来死气沉沉的物质，也是宇宙生命的构成部分，因此，人类并不孤独，在宇宙中处处是我们的弟兄。

生自学。

师：有困难吗？（有学生面露难色）和旁边的同学交流一下。

（生交流）

师：据我目测，各位已是眉开眼笑，看来问题解决了。（生笑）“近水楼台先得月”，孩子，你来分享一下。

生：这三个词分别是相形见绌、认识工具、弟兄。

师：请你运用这三个词具体说说：为什么“敬畏自然，就是敬畏我们自己”？

生：因为我们和自然比智慧显得很差，我们对自然来讲就是一种工具，我们和大自然是手足相连的兄弟。

师板书：比智慧，说作用，论关系。

师：你说得很完整，是呀，正因为如此，所以我们要……（生：敬畏自然）

师：同学们，刘老师在初学这篇课文的时候，一直在想这篇课文的文学体裁究竟是什么类型呢？我最终还是偏向于“议论性的散文”这种看法。这种文体除了要有明确的观点之外，还要兼有“诗一样美的语言和酒一样浓的情感”。现在就让我们再读课文，请你挑选出文中那些“敬畏”的味道更浓的句子，自由地读一读，读出声音来。

生自读。

师：读给我们听听，请你来。

生：如果说自然的智慧是大海，那么，人类的智慧就是大海中的一个小水滴。

生：在自然看来，人类上下翻飞的这片巨大空间，不过是咫尺之间而已，就如同鲲鹏看待斥鴳一般，只是蓬蒿之间罢了。

生：我的智慧即是自然的智慧，我对宇宙的认识即是宇宙对自我的认识，我思维即是宇宙在思维，我痛苦即是宇宙在痛苦，我欢笑即是宇宙在欢笑。

生：你难道没有听到石头里也有生命的呐喊吗？你难道没有用心灵听到从那遥远的星系里传来的友好问候吗？

师：大家有没有发现，这些句子从语言的表达上有什么特征？

生：用了修辞。

师：修辞有什么好处？

生：更生动、形象。

师：还有别的特征吗？

生：还运用了一些生动的词语，还有反问句。

师：同学们听得认真，考虑问题很全面。这样的语言，我们可以给它下一个定义，请看大屏幕。

屏幕显示：

“诗意语言”：是指生动活泼，有诗一般的韵味、意境，感情浓郁，给人以审美享受的语言。诗意语言讲究运用一些修辞手法、生动的词、特殊的句式。

师：请同学们把红色关键词摘录到导学精要上。

（生笔记）

师：下面请同学们回到课文，自选角度，试着品析一下这些诗意的语言，用笔做好旁批。

（生自行品析，师巡视）

师：请大家在小组内分享一下，形成一份赏析汇报材料，并确定一个句子做朗读展示。

（生小组交流，师巡视）

师：有请第一小组。

生：我们小组的同学，选择了2个句子进行赏析：第一句是“看着人类这种狂妄的表现，大自然一定会窃笑，就像母亲面对无知的孩子那样的笑”。窃笑的意思是“偷偷地笑”，说明大自然不想让人类知道，不想伤害人类。第二句是“人类的智慧与大自然的智慧相比实在是相形见绌，无论是令人厌恶的苍蝇蚊子，还是美丽可人的鲜花绿草；无论是高深莫测的星空，还是不值一提的灰尘，都是大自然精巧绝伦的艺术品，展示出大自然深邃、高超的智慧”。这个句子用到了一组生动的四字词“相形见绌、令人厌恶、美丽可人、高深莫测、不值一提”说明大自然很丰富，很博大，“深邃”和“高超”赞美了大自然。

下面有请我们小组的张珊同学朗读展示（生读：看着人类这种狂妄的表现，大自然一定会窃笑，就像母亲面对无知的孩子那样的笑。）

师：我喜欢同学在发言中用到的两个词“丰富”和“博大”，也欣赏张珊同学甜美的嗓音。如果能在朗读中再融入一种深深的母爱，就更好了。让刘老师这个母亲来试试（师读），同学们一起来试试（生读）。

师：有请第五小组。

生：我们小组选择的是“谁能断言那狼藉斑斑的矿坑不是人类自掘的陷阱呢？”这个句子运用的是反问的句式，更加强烈表达了对人类破坏大自然的行为的批判。我们赏析的另外一句和第一小组是一样的，下面有请我们小组的齐飞同学为大家朗读这段话。（生读“人类的智慧与大自然的智慧相比实在是相形见绌，无论是令人厌恶的苍蝇蚊子，还是美丽可人的鲜花绿草；无论是高深莫测的星空，还是不值一提的灰尘，都是大自然精巧绝伦的艺术品，展示出大自然深邃、高超的智慧”）

师：谁来评价一下齐飞同学的朗读。

生：抑扬顿挫，感情充沛。

师：你的评价很专业。（生笑）你要不要来尝试一下？

（生读）

师：刘老师很欣赏你朗读时专注的眼神！但刘老师觉得还有一个细节处理得不够完美。这段话的用词不仅巧在形容词上，你们注意看这组词语：“无论是……还是……”（生异口同声：关联词）是的，关联词的反复运用更增添了句子节奏感。诗意的语言，诗意的读，读出诗的韵味来，请同学们看大屏幕，我们分角色来读一读。

屏幕显示：

（师）人类的智慧与大自然的智慧相比，

（合）实在是相形见绌，

（男）无论是令人厌恶的苍蝇蚊子，

（女）还是美丽可人的鲜花绿草，

（男）无论是高深莫测的星空，

（女）还是不值一提的灰尘，

（合）都是大自然精巧绝伦的艺术品，展示出大自然深邃、高超的智慧。

三、结束新课，情感升华

师：同学们，敬畏是一种观点，是一种情感，如果我们把这种情感化成一种行动，就是要——

生：保护自然。

生：珍惜自然。

生：团结自然（生笑）。

师：你用了一个多有情味的词儿，“团结”是一种建立在平等基础上的心灵的契合。同学们不知不觉中赋予了“敬畏”更丰富的含义。是呀，只有当我们把内心怀着的这种“敬畏”落到实实在在的行动上，这种“敬畏”才有了“敬畏自然”。

【教学点评】

本节课充分体现了教师对学本教学的深刻理解，具体体现在三个方面：

1. 文体特征明晰，教学重点突出

《敬畏自然》是一篇思辨类散文，思辨性和抒情性的融合是其重要的文本特征。老师抓住这一特征，从学生的需要和语文课程的需要出发，从繁杂的语文教学内容中抽丝剥茧，确定本课的目标为通过提取中心句、关键词把握作者的观点和通过品读“诗意语言”体悟作者的情感。由于对教学重点的把握得当，使得教学过程克服了“模模糊糊一大片”的现象，各环节教学都集中到训练重点上来，使学生印象深刻，学有所得。

2. 问题设计精心，学法指导到位

老师围绕课题“敬畏自然”设计了三个富有层次的问题：作者为什么要提出“敬畏自然”？为什么说“敬畏自然”就是“敬畏我们自己”？文中哪些句子蕴含了浓浓的“敬畏”之情？首先，三个问题为学本式课堂中学生的“自学”提供了学习支架，推进学生学的活动开展。其次，由于三个问题有着逻辑上的层进关系，在内部形成了问题链，串联成课堂教学的脉络，决定了教学走向深入。最后，在问题设计的同时，老师不忘针对学生学习可能出现的困难点，给学生三根“方法”的拐棍（提取中心句、找寻关键词、品读“诗意语言”），让学生在真实的阅读中获得带得走的语文能力。

3. 学生学习充分，教师收放自如

简约开放的教学设计带来了如下的课堂气象：学习时空上，让读于生，让思于生，让学于生，保证了学生学习时间和空间的最大化。学习方式上，学生在活动性的学习中探究、反思、表达，充满着思维挑战。教学方式上，教师作为学生学习的促进者，在课堂上既“放得出去”，也“收得回来”，运用强调、点拨、牵引、总结、校补、提升等手段，确保了学生活动的目的性和有效性。

《多边形的内角和》教学实录与点评

（初中数学华师版七年级下册）

执教者：刘智慧

一、情境导入

（教师用多媒体展示图片）师：同学们请欣赏奥运会的游泳馆水立

方，在它的外墙上，出现了我们熟悉的由三条线段组成的三角形，还出现了由多条线段组成的其他平面图形，我们把这种图形称为多边形。那么，什么是多边形？

二、课堂学习

请同学们打开课本，阅读教材第 83 页至 84 页第二自然段，勾画出多边形及有关概念的关键词，并观察水立方的外墙上出现了哪些多边形。（学生自学教材，结合图形理解多边形的概念）

生：水立方的外墙上出现了三角形、四边形、五边形、六边形……

师：多边形在我们生活中被应用得如此丰富，那么今天我们就来研究多边形，先来研究多边形的内角和。（板书课题：9.2 多边形的内角和）

师：在前面的学习中，你已经知道哪些多边形的内角和？（导学单问题 1）

生 1：我知道三角形的内角和为 180°。

生 2：我知道长方形的内角和为 360°。

生 3：我知道正方形的内角和为 360°。

生 4：我知道平行四边形的内角和为 360°。

生 5：我知道梯形的内角和为 360°。

师：以上特殊四边形的内角和都是 360°，那任意四边形的内角和等于多少度？请独立思考，利用导学单问题 2 中的图形来计算说明。（导学单问题 2）

师：请同学们小组内交流，说说你得到的任意四边形的内角和为多少度？你是怎么得到的？（学生小组内交流，教师深入小组，收集学生中不同的解决问题的方法，组织学生交流展示方法，并归纳总结思想方法）

师：现在请小组代表上台为我们作图讲解，说说你们小组得到的任意四边形的内角和是多少度？你们小组是怎样得到的？（小组派代表上黑板作图讲解有以下方法）

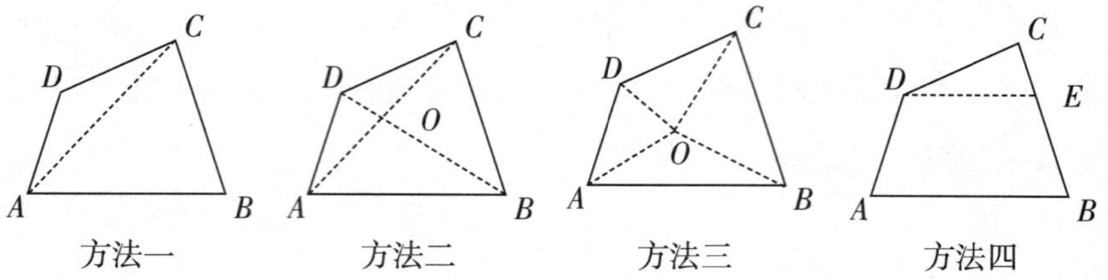

方法一：180° ×2=360°　　方法三：180° ×4−360°=360°

方法二：180° ×4−360°=360°　　方法四：180°+360°−180°=360°

生 1：我们小组计算得出任意四边形的内角和为 360°。我们连接四边形的对角线 *AC*，把这个四边形分成了两个三角形，我们知道一个三角形的内角和为 180°，两个三角形的内角和就等于 180° ×2=360°，所以这个任意四边形的内角和就为 360°。

师：大家赞成吗？请问你连接对角线 *AC* 的目的是什么？

生 1：我们的目的是把这个四边形分成两个三角形。

师：这两个三角形的内角跟这个四边形的内角有什么关系呢？

生 1：这两个三角形的每个内角都属于这个四边形的内角，我们就能根据三角形的内角和求出四边形的内角和。

师：同学们还有不同作法吗？

另一个小组学生上台展示：

生 2：我们小组是连接对角线 *AC*、*BD* 交于点 *O*，把这个四边形分成了四个三角形，所以就用 180° ×4。

师追问：为什么是 180° ×4 呢？

生 2：因为我们把它分成了四个三角形，每个三角形的内角和是 180° ，四个三角形就是 180° ×4，还要减去 360°。

师继续追问：减去的 360°是哪几个角？标注出来，为什么要减去这几个角？

生 2：这四个角是三角形的内角但它不属于四边形的内角所以要减掉。

师：同学们还有不同作法吗？

生 3：我们小组是在四边形内部任意取一点 O，然后连接四边形的四个顶点，把这个四边形分成了四个三角形，每个三角形的内角和为 180°，四个三角形就是 180°×4，但要减去中间的这四个角，因为它们是三角形的内角，但不属于四边形的内角，它们刚好围成一个周角，所以就减去 360°，这样我们就求出任意四边形的内角和为 360°。

师：你的方法跟方法二有什么异同之处？

生 3：第二种方法是连接对角线 AC、BD 交于点 O，我们这种方法是在四边形内任意取一点 O。

师：第二种方法其实是三种方法的一种特例。

师：刚才第一组、第二组和第六组的同学们都表现得很好，其他组的同学还有没有不同作法呢？

生 4：我们小组是过点 D，作 $DE//AB$ 交 BC 于点 E，把四边形分成了一个三角形和一个梯形。

师：你们小组是怎么想到把四边形分割成三角形和梯形的？

生 4：因为我们以前学过梯形的内角和为 360°，刚才的同学都是用求三角形的内角和的方式，我想尝试一下运用梯形的内角和来求出四边形的内角和。

师：你们小组的这种想法真棒！请继续为我们讲解。

生 4：一个三角形的内角和为 180°，一个梯形的内角和为 360°，就有 180°+360°，但我们要减去顶点 E 这里的一个平角 180°，所以最后求出四边形的内角和为 360°。

师：赞成不？还有其他方法吗？

师：（1）我们作辅助线时，有的是在四边形顶点处取一点，有的在内部取一点，连接各顶点，分成三角形，求四边形的内角和，那么可不可以在四边形的一边上任取一点呢？在四边形外部任取一点呢？

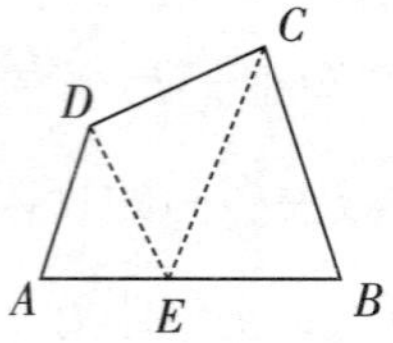

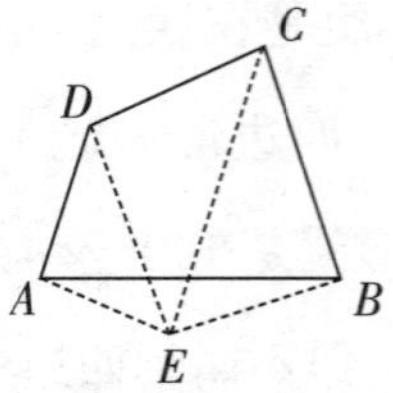

（2）我们可以过点 D 作 AB 的平行线，把四边形分割成三角形和梯形来解决问题，又可不可以过点 C 作平行线呢？作高呢？

（3）前几种方法都是把任意四边形分割成熟悉的图形，我们把它补成一个熟悉的图形又能不能解决问题呢？

（使学生明确：辅助线的做法多种多样，这“一点”可以是平面内任意的一点，“割”或“补”的方法都可以尝试。只要把四边形的内角和转化成已经知道内角和的图形，就能求出其内角和）

（4）像这样把要求的四边形的内角和转化成已经知道内角和的图形来解决，把未知转化为已知，就是数学中非常重要的思想方法——转化。

（板书：转化）

师：对比以上几种方法，你认为哪种更简便？为什么？

生：第一种方法最简便。

生 1：它作的辅助线最少。

生 2：它分成的三角形个数最少。

生 3：它分成的三角形的每个内角都属于四边形的内角，使计算简便。

师：现在你能用从多边形的一个顶点出发，连接与其不相邻的各顶点，分成三角形的方法，去求五边形、六边形、七边形等的内角和吗？请利用导学单问题 3 中的图形来计算并填表。（此为导学单问题 3）

（学生先独立探究，教师对有困难的学生给予及时地指导，然后组织学生展示、交流各自的思考方法与结果）

师：现在哪个小组的同学来为我们展示探索结果呢？（展台投影展示讲解）

生：我们通过画图可以看出四边形被分成了两个三角形，五边形被分成了三个三角形，六边形被分成了四个三角形，七边形被分成了五个三角形，每个三角形的内角和为 180°，所以我算出了这几个多边形的内角和，我还发现多边形被分成的三角形个数比它的边数少 2，所以 n 边形将被分成（$n-2$）个三角形，内角和可以表示为（$n-2$）×180°。

师：大家赞成吗？还有什么疑问？

师：（1）这就是 n 边形的内角和计算公式。

板书：n 边形的内角和等于（$n-2$）×180°。

在这里 n 表示什么？所以我们只要知道了多边形的边数，就能求到它的内角和；反之，只要知道了多边形的内角和，运用这个公式建立一个方程，我们就能求出这个多边形的边数。

（2）我们求五边形、六边形、七边形的内角和都是类比四边形的方法来解决的，这也是数学中常用到的研究方法——类比（板书：类比）。

（3）我们探究多边形的内角和时，是先从特殊的三角形、四边形、五边形等出发，从而得出 n 边形的内角和。这是我们探索数学问题经常常用的“从特殊到一般”的思想方法（板书：从特殊到一般）。

师：请大家阅读教材第 85 页至 86 页内容，勾画出多边形的内角和计算公式，作好笔记，并加以理解和记忆。

师：刚才大家从特殊的多边形再到一般的 n 边形，类比四边形将未知问题转化为已知问题探究得出了多边形的内角和计算公式，你能运用公式解决相关问题吗？请完成导学单中学习反馈的内容。

（学生独立思考、计算，然后交流各自的解题过程）

师：请你来说说第 1 小题的做法。

生 1：十二边形的内角和为 1800°，正十二边形的每个内角的度数为 125°。

师：大家赞成吗？

生：不赞成。

师：说说你是怎么求正十二边形的每个内角度数的？

生 1：用十二边形的内角和为 1800° 除以它的边数十二。

师：为什么要除以 12？

生 1：因为正十二边形有 12 个内角，而且每个内角度数相等，所以就用内角和 1800° 除以 12。

师：方法是正确的，肯定是计算出了问题，我们来看看他的计算过程。

（展台投影计算过程，学生自己找出计算失误的地方，强调计算要仔细）

师：谁愿意来展示第 2 题？

生：我们求到了四边形的内角和为 360°，所以有 $150+80+2x=360$，计算得出 $x=65$，四边形的内角和为 360°，所以有 $150+80+2x=360$，计算得出 $x=65$。

五边形的内角和为 540°，所以有 $160+90+110+3x=540$，计算得出 $x=60$。

师：第 3 题呢？

生：我运用多边形的内角和公式，建立了方程 $(n-2)\times 180=1440$，从而求到 $n=10$。

师：同学们赞成吗？做对的举手。

师：回忆本节课的学习内容，谈谈你有哪些收获、体会或疑问？

生 1：我知道了 n 边形的内角和等于 $(n-2)\times 180°$。

生 2：我学到了转化的思想方法。

生 3：我还学会了类比的思想方法。

生 4：我学会了用多种方案来解决问题。

生 5：小组在一起学习可以收获到更多的解题方法，使我体会到了小组在一起学习是一件很愉快的事情。

三、课堂小结

生：自我小结。

师：今天我们从水立方的外墙上发现了多边形，然后又运用“转化”“类比”的思想方法求到了四边形、五边形、六边形等的内角和，再“从特殊到一般”归纳得出了 n 边形的内角和计算公式，收获很大。但最令老师感动的是，大家解决问题的时候积极思考，小组合作时的凝心聚力、互帮互助、取长补短！今天我们探索了“多边形的内角和”，那“多边形的外角和”又有什么奥秘呢？期待下节课大家更为精彩的发现！

【教学点评】

本节课教师遵循“先学后教，互助展评”的原则，努力体现以学生的学习为本、以学生的发展为本的学本教学理念，师生关系民主和谐，学生主体作用发挥充分，小组之间、生生之间、师生之间形成良好的思维互动，课堂焕发出生命的活力。具体表现在以下三个方面。

1. 巧设问题，激活学生思维

本节课学生的思维得到最大限度的激活，学生在自学、互学、展学过程中始终处于愤悱状态。这一学习效果得益于学习主问题的精准设计，全课学习中学生主要循序渐进地解决了这样三个问题：在前面的学习中，你已经知道哪些多边形的内角和？任意四边形的内角和等于多少度？你能求出五边形、六边形、七边形等的内角和吗？这三个问题中，问题 1 和问题 3 是解决主问题的辅助性问题和延伸性问题，问题 2 是主问题。这三个问题以学习探究多边形的内角和为主线环环相扣。问题 1：在前面的学习中，你已经知道哪些多边形的内角和？由学生已有的知识确定学生本节课学习的起点，在学生思维的最近发展区引出问题 2“任意四边形的内角和等于多少度”？问题 2 是本节课的核心问题，教师组织学生有效自学、互学、展学，充分暴露学生的思维过程，由此突出重点突破难点。在问题 2 解决的基础上，适时类比四边形的解决方法，引出问题 3，从特殊入手得出一般多边形的内角和计算公式。全课以一个主问题统领两个辅助问题，贯穿全课的自学、互学与展学全过程，为学生搭建起层层递进的学习阶梯，激发学生无穷的思维之源，使课堂充满浓厚的生长气息。

2. 重视展学，彰显课堂精彩

学本教学的精彩来自于学生个体、学习小组学习的精彩，来自于学生思维过程的精彩，来自于课堂生命成长的精彩。这些学生个体、学习共同体的精彩要以一定的形式呈现，成为课堂学习的资源，展学是课堂精彩分享不可或缺的形式和过程。本节课学生精彩的展学过程充分展现出了数学课堂生长之美，例如，当学生在解决主问题 2“任意四边形的内角和等于多少度？”时，学生经历了充分的独立思考、小组交流后的展学过程中，学生结合图形有理有据地讲解了四种不同的思维方法：

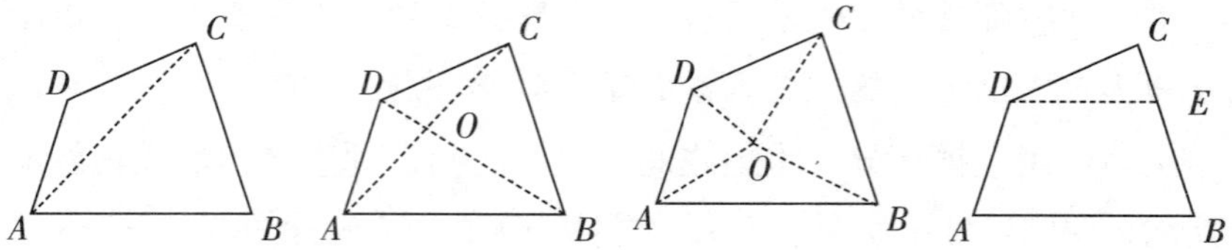

得出了四种计算四边形内角和的四个算式：180° ×2=360°，180° ×4−360° =360°，180° ×4−360° =360° ，180° +360° −180° =360° 。学生在这些方法的启发下，进而还产生了“在四边形的一边上任取一点、在四边形外部任取一点”作辅助线，将四边形分割成不同三角形来计算四边形内角和的方法。这个学习过程不仅仅是学生个体，或学习小组学习成果的再现，更重要的是营造了良好的课堂思维场，使大家在展现自己的思维过程的同时，积极吸纳别人的思维方法，改造自己的思维，进而产生新的解决问题的思维方法，给我们呈现出了一个实实在在看得见的生长课堂，能在课堂上身临其境地亲耳聆听到学生思维成长拔节之声。

3. 适时领学，提升思维品质

导学是提升学本教学课堂学习深度的保障。上述教学过程，教师有效的导学促进了学生高效的深度自学、互学、展学。例如，在学生展学过程中，教师通过不停追问，促使学生对自己的方法进行梳理、归纳和提炼，既找出自己计算四边形内角和的方法特点，又和别的方法相对比找出区别和联系。当第一种方法展示后，教师及时追问“你连接对角线 AC 的目的是什么呢？”的问题，想挖掘出学生的思维源，学生回答“把四边形分成了两个三角形”，接着继续追问“两个三角形的内角与四边形的内角有什么关系呢”？学生回答“每个三角形的内角都是四边形的内角，每个三角形的内角和是 180°，两个三角形的内角和就等于 180° ×2=360° ”，引导学生将算法背后的思维过程完全暴露出来。又例如在第四个学生展示后，教师再一次提出了一个追问“同学们都把四边形分成三角形或梯形，都是把它分割开的，那我们可不可以通过一种方法把它补成一种我们熟悉的图形呢？”把学生的学习研究视野扩展。由于有展学过程中关键性的追问,学生的思维随时处于被整理有序的状态,所以最后得出概括性的学习结论:“只要把这个四边形分割或补成我们熟悉的图形,就能解决四边形的内角和,我们可以作辅助线,转化为已知内角和的图形来解决,这就是利用了数学中的转化的思想方法。”有效让学生超越具体计算方法,上升到数学思想方法的高度去认识和理解各种不同的方法,凸显数学课堂的学科本质,有效地增加了课堂学习的深度和厚度。教师通过有效的导学,引导学生思考分析问题解决问题的思路与方法,不仅让学生学会陈述性知识,更让学生学会程序性知识,不仅知道是什么,还知道怎么做,尤其是怎么想。引导学生从多角度思考问题,寻求解决问题的多种途径,并优化解决问题的方法和策略,拓展了学生思维的深度和广度。

总之,本节课面向全体学生,面向学生的各个方面,重难点知识落实到位,学生当堂检测通过率高,有效达成知识与技能目标,恰当地渗透了数学的基本思想方法,积累了基本的数学活动经验,使不同程度的学生在过程与方法以及情感、态度、价值观等方面都获得发展。

后记

贵州省道真自治县民族中学1987年成立。学校以努力办好民族团结教育为己任，把培养具有家国情怀、民族振兴的有用之人作为育人目标。历经三十多年的风雨洗礼，民族中学从最初的“生怕子女上民中”一步一个脚印走到“孩子争着上民中”的老百姓信任的学校。目前，学校共有60个教学班，3219名学生，230余名教职工。近二十年来，教育质量和办学水平一直居于全县前茅，但主要是通过老师“苦教”、学生“苦学”获得的，而且质量再提升似乎已经进入一个“高原期”，触碰到“天花板”，非常艰难。如何引领学校向更高的层次跨越，成为道真自治县民族中学亟待破解的难题。自2018年以来，学校以“学本教学”立场下的课堂教学改革为抓手，追求“两个减轻”和“两个提高”，即减轻教师的教学负担、减轻学生的学业负担，提高教师的教学效益、提高学生的学习效益，最终达到提高学生核心素养、提高学校教育质量的目标。

在推进“学本教学”课堂改革的过程中，我们坚持真抓实干，砥砺奋进，一年一个台阶，利用三年时间变革了以往课堂的教学模式，从而实现了学校发展的第二次腾飞。改革的效果主要体现在三个方面：

首先是教师专业的发展。教师普遍把自己和学生摆在平等的位置上，努力去激活课堂，从而享受了课堂的美，赢得了学生的心。目前，教师们基本实现优质课的考核过关，下一步是追求精品课的塑造与提升。在课堂改变的同时，老师们的管理也慢慢变得宽容起来：他们从整天盯着学生一举一动，变为关注学生的潜能发展；从急躁、喜怒无常中走出来，变得大度、自信、宽容起来。

其次是课堂活力的迸发。学本教学的育人理念下，学生能力更是发生了惊人的变化，课堂由之前启而不发到现在的“学进去”和“讲出来”，他们自信阳光、有序交流、补充质疑，过去课堂的沉闷和被动已然不见，现在的课堂满是学生侃侃而谈的自信和激情。同时，学校制定了学生从课堂到日常个人行为量化考核的星级管理方案，让每个孩子都有自我发展的意识和动力。现在，无需维持纪律，每一个班级都开始走向自主管理！老师们感慨万千，学本教学竟然有如此大的力量！

再次是教学质量的提升。2019 年、2020 年、2021 年中考在参考人数最多的情况下，各科人均分、及格率及升入重点高中的人数均位居全县第一，居全市前列。近三年来，学校在“一师一优”赛课活动中：一人获得部级优课，两人获得省级优课，二十余人获得市县级一、二等奖；在“微课”竞赛活动中：五人获市级一、二等奖，十多人获得县级一、二等奖。连续三年的学生综合素质提升，以及考试成绩的遥遥领先，并且优势越来越大，充分证明了“学本教学”立场下的课堂教学改革对教育教学质量提升的显著作用。我们深深感受到“学本教学”给我们学校带来的巨大变化——“解放教师”“成就学生”“提升质量”。

中国中小学名师名校长领航工程丛书

情智教育思想下的学校文化

滕玉英◎著

中国出版集团
世界图书出版公司

丛书序

我在不久前发表于《中国教育报》的一篇文章中提到：必须高度重视我国教育本土实践与智慧的深度研究，这可能是中国教育转型的关键，也是增强教育自信的必由之路。这里摘引其中的几段。

何为“本土”？自然指向的是中国本土，它是中国的，是中华民族的，是在中国教育自身的实践中产生的。但今天的本土，又不是纯粹的孤悬于世界教育文明之外的“孤岛”。近代以来，国门大开，中外交流包括教育的交往从未中断，而且越来越有深度，也越来越融通。因此，可以说，在全球经济一体化的今天，偌大的中国，无论怎样的教育实践和思想，都像今天的中美经济贸易一样，你中有我，我中有你，所以这里的本土应该是指发生在中国大地上却又融汇了全球教育智慧的本土实践，是在实践中产生的智慧。研究本土教育，弘扬本土教育的实践智慧、经验，绝不意味着我们对于他国教育理论和实践的拒绝和对抗。

事实上，许多年来，随着教育部中小学名校长、名教师领航工程的陆续启动，一批又一批原本散落、尘封、不为外人所熟知的教育实践成功的学校、校长和教师典型，经由国家工程的推动，越来越快地成长、发展和成熟。笔者参与教育部中小学名校长领航工程，以江苏基地首席专家的身份，与来自全国15个省市自治区的教育家型校长“互学共进”，见证了他们在一流理论和实践导师的专业引领下自身成长和学校发展的

“蜕变”过程，深感与最为杰出的教育人结伴而行，乃人生至乐，且真正可以教学相长。感受最深的是代表我国现阶段最高水平、最高层次的精英校长，他们在长期的教育和学校管理实践中，在长期广泛学习、借鉴、研究、融会贯通、将世界优秀的教育理论与我国教育实际相结合的过程中，不断地“立功、立德”，成就越来越多的教育辉煌，其中有很多校长已经或者正在形成富于本土教育特色和个性的教育思想。

这样成功的本土实践、这种在本土实践中成长起来的中国教育智慧，对于教育改革的深化，对于教育转型，其借鉴意义和价值深远，一点也不亚于西方教育成功的理论和模式；甚或，因为其同源性、可行性，就显得更加重要。对之视而不见或者置若罔闻，这要么是崇洋媚外的劣根作祟，要么是功利导致的无知和漠视。

到 2021 年 9 月中旬，教育部第二期教育家型校长培养工程圆满结业，中国已经培养出近 180 位教育家型校长。而随着时光流逝，他们中的越来越多的人都将淡出教育的主流场域，这虽然是新陈代谢的规律所致，但对于这一批校长，在这样一个黄金时段，如何最大限度地发挥他们的作用和功能，更好地实现在教育变革中的意义和价值，对此我们又有多少考虑，又有多少顶层设计呢？

作为曾经伴随着他们“走过这一段路”的培养者，作为亲眼见证和感受着他们的优秀、卓越和创造了一方教育辉煌的专家，每每想到这些，只有扼腕叹息，我无法要求国内的教育专家学者转换视角、转变观念，把研究的重点瞄向本土、本土真正杰出的教育实践家、中国一流的教育家型校长群体，也无法突破一般政策的规定，比如校长任职年龄的限制，充分发挥这些领航校长的智慧和才干，不断创造办学和教育的奇迹，引领一方教育顺利转型。我可以做的，或者说力能胜任的，大概就只能是重点关注这些校长中的一部分，调动多方专家力量，如实地呈现他们有关教育的功、德、言，呈现他们的研究成果和创造成果。

这套《中国中小学名师名校长领航工程丛书》正是要通过这些校长

自身成长的轨迹梳理、学校发展的过程回放，通过对其经验与理念、理性思考与实践智慧的展示，特别是通过他们教育思想、管理个性与办学风格的真实表达，以理性开启思维，以经验启迪思想，以成功激励成功，为面广量大的校长人群提供资源帮助，经验参照和方法启迪，推动正行进在改革现实、加快转型、探索未来教育的他们突破、超越，从而为加速建设教育强国、科技强国、人才强国贡献智慧和力量。

不仅如此，通过这种原汁原味的成功样本的“实录”，展示中国基础教育转型期一批勇敢者不息探求的历史，为未来国内有志于中国基础教育研究的专家提供第一手的最真实的素材和资源。也衷心希望越来越多的教育同仁参与进来，开展越来越多、越来越丰富的研究，取得越来越多、越来越厚重的成果。

当中国本土的教育实践智慧被越来越多的教育人、研究者深度关注，当本土教育家型校长和校长教育家的办学思想、成果的研究终于成为“显学”，我国教育改革的深化、教育转型的发展，就进入了花香郁郁、生机勃勃、自信满满的崭新阶段。

本丛书的组织、编写和出版，得到了教育部“国培计划”专家工作组秘书长黄桂珍、领航工程项目办郭磊主任、国教院培训学院于维涛、领航工程北京基地首席专家胡淑云、领航工程广东基地首席专家龚孝华等的大力支持，他们给予本书以较高的评价，在此深表感谢。必须要提到的是，2020 年，北京教育学院校长、培训学院院长胡淑云教授邀我和广东第二师范学院龚孝华教授一同参与了中国教育学会重点课题“从名校长到教育家型校长发展路径研究”，本丛书恰恰是围绕这一课题所做的“研究三人行”之成果了。

严华银

2022 年 2 月星期日于南京老山竹下居

情智教育　人格至善

2009年，有了两年校长经历的我在思考，我们东洲中学处在老城区，没有任何区位优势，面对学校走向集团化办学，优质师资生源被稀释，高举什么样的文化旗帜，才能持续高质量发展，才能向百姓、社会交出满意答卷？

办学思想——人就是目的

“校长是学校的灵魂。”“校长对学校的领导首先是思想的领导，其次才是行政的领导。”我的办学思想是什么呢？

“一个校长对本校教育历史的阅读史，就是他的教育精神成长史、办学思想凝练史。当你对学校缅邈的历史了然于心时，办学思想自然呼之欲出。”陈玉琨教授的话回荡在耳畔，“校长对学校的历史挖掘得越深、对教育的思考追溯得越透，他的办学思想就会越明确越坚定。”

我和团队一起回望，校园的亭台楼宇、花草树木无不浸润着东洲人建校、爱校的感动故事。我们慢慢领悟到东洲文化，实质是人性化，是东洲师生们在长期生活中积累并传承下来的智慧，是学校形成的一种自信、大气、包容、开放的育人氛围。

东洲中学“心理教育”和“智慧管理”的校本特色，实质是从实际出发，尊重人性，唤醒人内心成长的仁爱管理。用学校已有文化来影响人，用学校的人来创造学校发展的文化，仍离不开“心理教育”和“智慧管理”，这是东洲文化的基因密码。

“心理”最主要的是情怀，是情感，是情操，是内心发动机，给人以动力。“智慧”是与智力、智能、智谋、智商等紧紧相连的，给人以方向、谋略、方法。学校把已有的特色“情”与“智”糅合，生成“情智”。倘若“人”字一撇是“情”，一捺就是“智”。教育的一切和一切的教育都是指向人、为了人，为了“立德树人”，为了“塑造美好人性，培养美好人格，拥有美好人生”。

从这个意义上说，“情智教育：滋心养智，人格至善”，就是东洲文化的个性化表达，就是东洲人共同朝向的明亮方向。在传承中发展，在发展中创新，在创新中立品。

行动方略——“情智教育”

2009 年，“情智教育”刚开始被提出来时，只是学校文化建设的一个标签。但经过十多年的理论学习、实践探索，特别是参加了 2018 年以来“全国第二期名校长领航班”高平台的“价值、赋能、创新”的研修，我见贤思齐，走进名校，亲近名家，研读名著，开阔眼界，提高境界，不断丰富了“情智教育”的内涵要义。

“情智教育”，旨在以“立德树人”为根本目标，顺应人工智能时代发展，以“课程教学”为中心任务，让“人文情感艺术”与“科学智能技术”交相辉映。让知识带有情感的温度，让教育润养人性的光辉，让学校充满人际和谐的文化氛围，追求教育的“情智交融，情智共生，人格至善”。

“情智教育”，传承海门东洲校本文化，继承江苏南通“张謇”爱国主义思想、李吉林“情境教育”理论、朱小蔓“情感教育”理论。它是一种教育理念、一种实践、一种情怀，更是一种精神、一种文化、一种境界、一种格局！

一、“情”由“心”生

情，由心而发的情感、情怀、情操。《荀子·正名》：“情者，性之质也。”《礼记·乐记》中情是静态的性“感于物而动”的结果。“物至知知，然后好恶形焉”。“物至知知”表明情的产生与认识有关。孟子认为：“学问之道无他，求其放心而已矣。”不然，则“心不在焉，视而不见，听而不闻，食而不知其味。此谓修身在正其心。(《大学》)”孟子提出“恻隐之心，羞恶之心，辞让之心，是非之心”。这是他继承孔子的“仁爱”精神，并发展为“四心说”，也就是指人要有“仁义礼智”。“人的心里总是存在一种有动力的、有目的的追求”。我们每天情绪状态，与我们内心的欲望有关，对事物的主观看法有关。积极的情绪情感，需要“一种自我认识和理性的自我导向”。终身学习，不断修炼，不断修为，提高人格境界，进而融进理性的深沉情感，增添“仁义礼智”成长的能动力。

二、转“识”成“智”

智，是由知行合一生长出的解决问题的一种综合能力。《孟子·告子上》：“是非之心，智也。”《荀子·修身》：“是是、非非谓之知(智)，非是、是非谓之愚。”考虑问题能恰到好处，见识事物能超过别人，处理事情能懂得合不合理。“人，物也，万物之中有知慧者也。(《论衡·辨祟》)”古人把智分为两种：一种是“德性之知”，另一种是“见闻之知”。知识转“识”成“智”，转化为善的德性，需要有一个内心体验的过程，这就需要在情感上有所感动，才能使理性得到升华。人性——善性，人心——良心，人情——真情。只有人在、心在、情在，心动行动，教育才有效果。情由心生，情急生智。智的培养要创设真实情境。在解决实际问题的思维过程中，进行分析、推理、质疑、判断、综合，经过一次次领悟飞跃，才能提高思维的敏捷性、灵活性、深刻性、独创性、批判性，进而知而获智，志达高远，转为善的德性。

三、“情智”交融

“情智”交融是情与智的融合。情浓智涌，两者相互依赖、相互辅助、相互促进、相互提升。可以说，情在智中生，智在情中求，犹如古代中华民族的造物主——最早的太极。其中阴阳同体、阴阳对立与统一，阴阳交互作用、阴阳相互转化，这些思想理念根植于每个中华儿女的血脉中。儒家的“仁义礼智信”，以“仁为核心”和“人为贵”的思想体系，知（同智）者乐水，仁者乐山，知者动，仁者静，知者乐，仁者寿，仁智相得益彰，共生共荣。朱熹的理学认为，理是世界的本质，理是事物的规律，理是伦理道德的基本准则。“理”在人身上就是“人性”。朱熹又称理为太极，是天地万物之理的总体。“太极只是一个理字”，太极包括万物之理，万物便可分别体现整个太极。这便是人人有一太极，物物有一太极。王阳明的心学认为，心即理。“知行合一、致良知”的核心理念，旨在修炼内心强大的自己，开启与生俱来的正能量，获得幸福完美的人生。

情智交融，需要教育人继承先贤，终身学习，实践积淀，“爱”与“责任”并行，唤醒内在对“美”与“爱”的价值追求，遵循外在的“教育规律”和人的“认知发展规律”，本土行动，学习反思，积累智慧，抵及“情智共生、人格至善”的教育美好境地。

四、“情智”共生

教育是一种情感的艺术，是一种引导人智慧成长的艺术，需要我们教育人投入自己的“情”与“智”。马克思认为，情是人之为人的最基本的规定性，是人强烈地追求自己的对象的本质力量。列宁指出，没有人的情，就从来也不可能有人对于真理的追求。黑格尔认为，情与智是历史发展的伟大动力。因此，从哲学的视角来看，完整的人就体现在情与智的和谐统一。

人本主义教育思想以人本主义心理学为理论基础，吸取了传统人文主义教育思想和存在主义哲学及其教育思想的观点，强调人的价值、尊严、潜能和整体性，主张教育应培养整体的、自我实现的、创造性的人，倡导人本化的课程和注重人际关系的教学方式，强调“教育的艺术不在于传授本领，而在于激励、唤醒和鼓舞”。实用主义教育，把教育看作塑造人的理智和情感的倾向的过程，从“经验”这个中心概念出发。杜威确认“一切学习来自经验”，正是在这个意义上，他宣称，“教育即生活”，教育作为过程，即是“不断改组经验，重新组织经验”。杜威的学生陶行知回国，发现老师的观点在实践中碰壁，于是他提出“生活即教育，社会即学校，教学做合一”的观点。“有参与就会有责任”，教育高质量发展指向学生的核心素养、必备品格、关键能力和正确价值观，满足人的终身发展需要和社会发展需要，尊重学生主体性和主动精神，注重开发人的智慧潜能，注重形成人的健全个性，强调在真实情境中培养学生解决实际问题的能力，促进人的身心和谐发展，应对未来不确定的变化因素。

教育成效——人格至善

在学生的成长过程中，知、情、意、行紧紧地交织在一起，学生的学习过程伴随着丰富情感的认知过程。在情与理、情与智的交融中，人生的德性才能真正得到培育与成长；在特定的情境里，学习才能真正发生。没有德性统领知识，知识便失去价值性；而缺乏相应的知识支撑，德性的养成也就缺乏事实的可能性。叔本华说，理智就像明灯，照亮人们前进的道路，但是理智不能给人推动前进的力量；情感有推动人前进的力量，但倘若没有理性的照耀，盲人瞎马走上危险的境地也不自知。因此，只有将情感与理性结合起来，才能凝聚成一个智慧，才能有完整的教育，才能有人的全面发展。

中华文化最关注的是人，人该如何成“仁”。教学永远具有教育性，教育全部工作可用道德一个概念以统括之。教育的根本使命就是要实现人之为人的价值，成为有人性之善的人。周国平在《人文教育的哲学思考》中指出，“人身上最宝贵的三样东西，生命、头脑和心灵”。我们在教育中就应表现为三个尊重，就是“尊重生命的价值，尊重头脑的价值，尊重心灵的价值”。尊重生命的价值，要使学生成为热爱生命的人，引导学生善待自己的生命，由此推己及人，善待他人，善待一切生命。尊重头脑的价值，智力的第一品质是好奇心，好奇心是天生的，我们要保护学生的好奇心，培养学生独立思考、交流合作、批判质疑、实践创新的能力。尊重心灵的价值，形成必备的品格、正确的价值观，造就精神高贵的人。

人格至善，就要我们教育人“心、脑、力”合一，己立立人，己达达人，自觉觉人，担当“为党育人，为国育才”的责任使命，培养学生的“心、脑、力”。所谓心力，爱心与责任心同行，是情感、态度、价值观，解决愿不愿学的问题；所谓脑力，专注品悟，是知识、技能、过程、方法，解决会不会学的问题；所谓体力，身体素质，体质体能，是人之为人的生活保障条件，解决能不能学的问题。只有“心、脑、力”合一，才能心有原动力，智有能动力，体有意志力，促进人的“德智体美劳”全面发展，提高人的生活、生存、生长、生命的质量和力量，成为社会主义合格的建设者和可靠的接班人。

回望自己的成长经历，尤其是30多年的初中教育，实践积淀、培训研学、继承先贤、理论关照、走动活动、劳力劳心、不断追问、质疑反思、博采众长、修炼身心，不断加深对“情智教育”的理解，并示范引领学校的校本实践。从关注“情智物理”到全校“情智课堂”，从“情智教学”到“情智课程”，试着用物理的眼光读世界，走向基于“融物理”经验的学科融合育人实践研究，演绎“情智教育”，关注育人的生命、生命的质量、生命的力量，在校本实践检验应用的基础上，辐射推广集团、区域教育，走向省内外帮扶学校。从认识发展再到实践创新的过程，收获成长自信，坚定理想信念，在当下“双减”背景下，我坚定不移、坚信不疑深耕“情智教育”。

“动物有本能，机器有智能，人类有智慧。”机器有芯片，有精度；而人有爱心，有温度。人工智能时代做人的工作，更需要人的情爱与友善，需要我们插上科技的翅膀，借助技术、设备的力量为人服务，节省更多时间，让人做机器无法取代的、更有价值的事情，更注重对学生的关爱，对学生思想、价值观的洞察和引导，做好育人的工作。

让人的情智与人工智能交相辉映，演绎新时代更精彩的情智教育！做“心、脑、力”一体的生命教育，做“家、校、社”一体的智慧教育，做“身、家、国”一体的铸魂教育。

目录

contents

第一章

“情智教育”的生长底色

如果说，父母给了我生命和吃苦耐劳的品质，那么，学校老师对我的十三年栽培，给了我“五育并举”的全面发展；如果说爱人给了我家庭与幸福，那么，江苏南通海门东洲，给了我生命中的事业，让我感受到工作带来的充实和精神的富有！国家教育部高规格的设计培训研学，让我从教师职业、事业，走向志业，并让我坚定教育信念，思想引领，实践创新，区域辐射……每当静下心来，带着感恩之心，思绪万千，回忆起很多成长的美好时刻，我感到生命中有一种成长叫“情智”！

第一节　孩时劳动体验

家庭是人生的第一粒扣子，父母是孩子的第一任老师，有什么样的家长就有什么样的家庭教育，就会有什么样的孩子。幸福的童年，会带给人一生的幸福。我庆幸，我虽然在农村长大，生活不富裕，但我拥有勤劳善良、节俭持家的父母，父母优秀人格熏陶着我的健康成长。

记得小时候，母亲要种田、照顾弟弟，父亲外出做泥瓦工，父母常对我放手不放任，这培养了我的独立做事、心灵手巧的能力。

小学三年级，母亲就教会我用粗毛线编毛衣毛裤，让我有了初步的毛衣空间结构。在五年级放寒假时，我因为成绩优异，获得十元奖学金，母亲用奖学金买回一斤红色毛线。从此开启我的编织“事业”。傍晚天冷，我就钻进被窝，继续编织，我从早到晚连干三天，在大年初一早上，我终于穿上自己编织的心仪毛衣外套，我很有自豪感！妈妈也会在别人面前夸奖我的能干。“说我行，一定能行，不行也行！”这或许就是外在鼓励，内生成长自信的源动力吧！

在学习之余，我经常帮助父母干农活，烧饭、挑草、翻地、打药水……从小参与劳动，培养了我一生受用的坚定、坚持、坚毅的品质。一次烈日当头，帮助母亲喷棉花药水，感觉头晕，不想做了，这时母亲说：以后有本事的话，不做农民苦力活，做自己喜欢做的事。潜意识提醒我，一定好好学习，力争考取大学，学习是件快乐的事。

生命体验，我有过一次“过河挑草落水”的遭遇。那次，我和童年伙伴一起出去挑草，我们商量着，哪里草多，容易挑满一篮子？大家合计着一起决定到东河对面的田里去。怎么过河呢？正好看到一个中年人撑着船在河里挖泥。我们提出要求，搭载他的船过河，我们共四个女孩就这样一起上了他的船头。哪知，不一会儿，一个女孩由于恐惧，一颤抖摇晃，把我们一起拽住，落入水中。我们都不会游泳，我们尖叫起来，这时，我的头脑中冒出想法“将见不到爸妈，吃不到好吃的了”。自我求生的本能在发挥作用，我的四肢在水中舞动起来，拍打着水，让自己的头仰起来。无意中，我的手抓到了一根芦苇，这就是我的救命草，我慢慢地靠岸，自救了。上岸以后，看到另一个女孩也自己上岸了，还有两个同伴在水中，头顶在水中一冒一冒，很担心她们。这个中年人也不会游泳，他拿着竹篙移近她们身体，我们拼命喊，“抓住竹竿！抓住竹竿！”终于在竹竿的牵引下，她们也得救了！

有过这次经历，后来我们再也不随意主张，做冒险的事情。生命属于我们每个人，也属于我们每个家庭。生命的力量内含自身的本能，生命的力量更需要我们掌握一生受用的本领，应对未来各种不确定情况，解决实际和关键问题的能力。

第二节　学生成长烙印

遇到好老师是我一生的幸运。我一直是听话的学生，也一直备受老师关爱，所以每年都是“三好”学生。我的小学是在合兴村小（现已经合并掉）就读的，因为离家比较近。那时作为班长，每天中午我都会帮助老师把布置的作业抄写在黑板上。能为班级做事，我总有一种被肯定的感觉。还记得五年级毕业升学考试，数学考完后，郭老师让我把答案回忆出来写在黑板上，我居然都对的。

劳动、运动是最好的自我人格教育。我的初、高中六年都是在海门“四甲中学”读完的。初中三年，我都是步行上学的，因为那时家里还没有自行车，每天早、中、晚几个来回，每次都需要半小时以上，我从来没有叫过苦。回到家做完作业，常常帮助父母烧饭、洗衣服、干农活。在学校，我一直是班级里“4×100米”接力赛的最后一棒冲刺员，还是“4×100米”接力、800米长跑、跳远项目运动员，一直能收获很好成绩。培养了我的团队合作意识、好胜不服输的品性。

我还参加过全校演讲比赛，是在当时学校对面“四甲部队”礼堂里举行的，那时语文班主任韩菊芳老师不厌其烦地指导我，最后我获得了全校第三名，理科组第一名。这锻炼了我在全校师生面前的大胆表达和演说能力。

中考因1分之差，我没有能进海门中学。我的班主任鼓励我，“在海中能上大学，在四甲也一定能上大学”，老师的一句话，点燃我心中的大学梦。高中三年我是住校的，白天每堂课上专注听讲，积极思考；每晚夜自习之后，回到宿舍，洗漱完毕，躺在床上，头脑中像放电影一样，回味白天课堂上的内容，然后不知不觉进入梦乡。因良好的生活学习习惯，我高中三年学习成绩一直全校第一，并获得“省三好学生”的荣誉称号。

也许，就是这样的经历，是机会，是学习，是劳动，是运动，是倾听，是表达，是反思……这样的经历锻炼了我的筋骨，磨炼了我的斗志，让我学会了思维，最后铸就了我坚持、忍耐、坚毅、好胜、理智的品质。

1986年，南通师专开启第一届理科提前招生。为了减轻家里经济负担，我积极报名参加提招。那年大概是5月28日，南通日报头版头条，刊登了南通师专新生提前录取名单，我的名字也在其中，还没有等我回到家，村干部就告诉我的父母，“滕家出了大学生”，我真的实现了“玉米袋换成大米袋”！一下子感觉“梦想成真”了，家里为我高兴，成为师范生。（后来弟弟考入大连理工大学，当时姐弟俩都是大学生在全村影响还是很大的。）

在我的潜意识里，我感到有一种成长叫“情智”，具有钟情于一件事情专注做好的综合能力。

第三节　教师专业积淀

一、学校认同

1988年，海门东洲中学创办第二年，需要招聘物理教师。凭着自己每年一等奖学金、“三好”学生、大学入党等条件，获得“优生优分”的资格，经过双向选择，我成为东洲中学的第一位物理老师！

我去学校现场报到，看到学校的状况，竟然哭了。我第一眼看到的东洲中学，是竹篱笆做的简易校门，是临时简易传达室和校长办公室，是简易的低矮教室平房，是长满半人高的杂草的操场。学校周边都是泥路、农田，这与我原本向往的“花园式”校园工作环境之间的落差太大了，我一下子接受不了，眼泪自然流淌出来。这就是我梦寐以求的学校和工作地方吗？学校里没有食堂、没有宿舍，我在这里工作，日后吃住怎么解决……满脑子都是不合心意。

报到第二天，学校召开全校教职工大会，近50人，其中新分配进来的各学科的教师共14人。年轻的瘦高个子张炳华校长，似乎读到了我们新教师眼神中的忧虑。张校长就给我们描绘了学校发展的规划蓝图，还记得当时他说：“今后，我们学校不但要成为海门市一流学校，还要成为江苏省一流学校，成为全国一流学校；今后，我们的教师不但要有硕士，还要有博士；今后，我们要把外籍教师请进东洲中学；今后，我们要在中央电视台节目中看到东洲中学学生的演出……”从他讲的话语中，我读到了张校长是一位有梦想有追求的好校长，他要做就做最好的学校，让我这位新教师一下子看到了希望，我知道遇见了好校长。

二、专业实践

上班的第二天，学校工会就帮助我们租了房，解决了吃住问题，消除了内心的烦恼。1988 年底，我成为学校的第一位团总支书记。学校领导的团队合作、敬业奉献精神感染着我，学校大家庭的温暖和成长的关怀使我开始喜欢上学校里的一切。

我也找到了教育教学工作的乐趣。热情大方、开朗活泼的我，深受学生喜欢。他们喜欢我的实验教学，喜欢我能用明白的话，讲他们不明白的道理。我也喜欢跟可爱的孩子们在一起。教学相长，让我感受工作带来的充实和精神的富有！当学生问我：“老师，你讲过的题目我会，没讲过的我不会。”我就开始思考，如何提升学生思维品质？如何用已学知识解决陌生情景问题的迁移能力？我观察学生、走近学生，之后回归学生的思维起点：假如“我就是孩子”，学着站在孩子立场，破解学生的难点。学生喜欢我上的物理课，每次中考成绩都不错，我连续多年一直在初三任教两个班的物理，兼行政工作。

三、专业认可

1998 年学校提出让我执教三个初三班的物理，我认为，这是学校对我教学能力的充分肯定，很乐意地接受了。那一年，我的教学任务增多了，但同事说，我的气色更好了。虽然工作累一点，但我的心是充实而快乐的。

在我和学生们的共同努力下，三个班的孩子都取得了很好的中考成绩。

因为付出，收获内心快乐，感受职业幸福！荣誉也相应而来，1999年，我第一次获得南通市优课评比一等奖、海门市十佳青年教师、海门市师德标兵、南通市新长征突击手。

舍得，舍得，先舍后得！只要行动，就有收获！只有坚持，才有奇迹！当然，我也犹豫过，“女同志生完孩子后，团委工作、行政工作还要不要继续做？”但在领导的器重下，我振作精神，全力以赴，深感女同志同样可以有自己事业的追求。2000年，我再次被委以重任，去东洲实验部分管教学，负责教务工作。由于多年参加行政组会议，在学校长辈们的潜移默化、耳濡目染下，我抓教学工作很快就找到了感觉。我关心全体教师和学生，也与学校领导、老师一起分享经过辛苦付出以后收获的成功和快乐！

四、专业学习

1997—2000年我刚函授完本科学历，获得学士学位。当学校试行读研计划时，我又遇上了好机会。学校知道我的英语基础还行，推荐我报考教育硕士。我非常珍惜这次机会，同时也想证明自己的实力。就这样，我除了要做好行政工作，上好两个毕业班的物理课，晚上还要复习教育学、心理学、政治、英语。在考试前一周，学科部主任方松飞主动帮助我代课。他说：“年轻人不能错过机会，我多上两节课，不就像留声机多放两遍吗？你放心去迎考吧。”有学科师傅的帮助和支持，我以高分考取了南师大教育专业硕士，成为东洲第一批在职公费培养的研究生。

同时，学校给予了我更多的培训机会，2004年10—11月，作为南通市初中物理学科带头人，参加了江苏省骨干教师培训。我第一次出国了，赴澳大利亚昆士兰科技大学学习一个月，看到了异国的蓝天白云、沙滩海浪，看到了异国的学校环境、实验设备、教师风采，更有眼前一亮、震撼人心的实验教学，还经历了一次与当地学校学生一起观看赛车比赛，观摩激动、惊险的综合实践活动。

五、专业反思

一次次的研修活动，使我开阔了视野，真正体会到“眼界决定思想境界，境界决定人生格局”。活动中与不同的人接触，我见贤思齐，博采众长，为我所用，“拿别人的优点弥补自己是最大的完善！”我变得更加乐观阳光、积极向上，与人相处更加包容大气，从不斤斤计较，乐于尽自己全力做事。学校一件件大大小小事情的经历，锻炼了自己的组织管理、表达倾听、人际交流、应急事件处理等才能，也培养了自己坚持、坚强、坚韧的品质，让自己内心变得更强大。

也许读研以后，我学会了有问题意识；也许在培训、考察、研修活动、交流之中，我学会了比较思考；也许是优秀导师和优秀学友对我的潜移默化熏陶濡染，我感觉我还在成长。有时遇到烦恼也想退缩，“我们支持你！”家里人的鼓励与支持，学校的器重，使我毫无后顾之忧，全身心投入学校的工作。我的一举一动也感染了女儿，女儿还把我当成她的偶像之一，虽然没有更多精力关心照顾她，但也培养了她独立解决问题的综合能力。

教师工作经历，让我养成了一种钟情于做自己喜欢职业的专注态度、专业能力、专业情怀、专业精神。

第四节　校长专业研学

一、勇者不惧——校长的专业自信

我是幸福的！在校长岗位上，我曾参加过多次高规格的校长研修班学习，让我坚定理想信念，做好校长，走向生命自觉，成为全国第二期名校长领航班学员。一路走来，对我校长专业成长起决定性作用的还是第一次走进华师大。

2003年3月，张校长推荐我参加了教育部第二期全国初中校长高级研修班。这期间，我还不是校长，更不是名校长，只是个副校长，但同样享受了名校长的待遇和殊荣，领略了全国名校长的风采，分享了他们的智慧才干。这期间，来自不同地区的校长敞开心扉，抛出各自的绝招、金点子，学到很多书本上学不到的知识。

有一次研修班进行小组交流，当时我是组里最年轻的一位，组长指派我在大会上代表小组发言，我壮了壮胆，讲述了自己学校持续发展的秘诀。会后组长表扬我："小滕，你的口才不错。"看似简短的一句评价，可在我心里顿时增添了很大的底气，能得到名校长的表扬，我感到很兴奋。不要说学生，就连我们大人对别人的一句表扬也那么在乎，听到表扬声，肯定了自己，获得了自信，心情特别好。我真正感觉到，"人性最深刻的原则就是希望别人对自己加以赏识"，"教育是唤醒、是鼓舞、是激励！"我一定也要多加赏识学生，赏识教师！校长要能赏识某些方面不如自己的老师，更要能欣赏比你强的老师，比你荣誉高的老师，凝聚学校发展合力。

校长培训，我真正理解了"什么是自信""自信是人生成长的精神底色"！原本我摇摆不定，"一名女同志能不能做好校长？""是在学科专业上发展，还是在校长专业上发展？"徘徊纠结之心，在教育部培训中心找到了答案——别人的肯定与自我的超越，坚定我做好校长的底气、骨气和志气！回到学校，有领导的支持，我敢说敢做，勇于表达自己的想法，对事不对人，我尽力做好我的管理工作。

二、仁者爱人——校长的专业情怀

2004年8月，我走上了东洲中学副校长、副书记的岗位。2004年我被评上高级教师、南通市学科带头人、江苏省创新大赛一等奖……在收获的同时也学着哲学思考，什么力量促使我继续前行，我成长的关键期在哪里？如何反哺我的师生？"把自己的教学幸福体验辐射到全组乃至全校，分享我的快乐！"我有这种愿望和责任。教师的工作，不应该只是为了分数埋头忙着批作业、匆匆备课，又去上课。学校为我的成长创造了“关键事件、关键书籍、关键人物”，我也要为师生生命成长创造“关键事件、关键书籍、关键人物”。学科教研是教师专业成长的始发地，学科团队建设是学校发展的重要保证。“如果想让教育工作给教师带来乐趣，使每天上课不致成为一种枯燥而单调的义务和程序，那么，你就要引导每个教师走上科学的教育研究之路。”苏霍姆林斯基的思想，指导我以课题为抓手，让教学变成研究，改变师生的行走方式，发展我们团队。“十一五”期间研究了省级学会课题《智慧课堂教学设计的策略研究》，以及南通市规划课题《学科教学介入心理教育研究》。

2007 年，作为一把手，我在思考我在哪里，我的学生、我的团队在哪里？我要带领我的学生、我的团队要去哪里？在海门新教育实验的大环境中，在南通教育搭建的导师团培养名师、名校长发展的机制下，“十二五”省级课题我们开始了《初中情智教育的实践研究》，带领团队再次继续以课题为抓手，开始专业阅读，理论积淀。借助海门市滕玉英“情智教育”名师工作室，定时间，定内容，定地点，定期研究基于学生研究的教师教学行为改进，我们的教学观在改变，我们的教学行为与理念在对接，情智课堂实践研究演绎我们的理想课堂。校长对教师的最大仁爱，就是引领教师走上专业发展之路，认识自己，自己培养自己，超越自己。当然，最受益的是学生发展。

三、智者不惑——校长的专业思想

如果说，2003 年第一次来华师大教育部中学校长培训中心读的是“本科”；2012 年参加“京苏粤中青年校长研修班”、2014 年第二次来华师大教育部中学校长培训中心，参加“长三角名校长培训班”读的是“硕士”；那么，2018 年第三次走进华师大校长中心参加“全国第二期名校长领航班”，我就把它看成读的就是“博士”。教育部中学校长培训中心代蕊华主任、杨印全副主任、邓睿主任助理等精心策划课程，组织教学，对我们来自全国各地的十个校长，给予全方位指导和帮助。

记得2018年6月，集中教育部中学校长培训中心学习两周，有杜成宪教授《我们有哪些教育传统可以继承》、刘哲昕教授《中西文明融和与中国法治方向》、周勇教授《中国名师的教育理想与课程行动》、张治教授《迈向学校3.0时代》四场专家报告，深切感到我们是一个历史最悠久的国家，我们有教养国民、传递文化的方法和精神。我们重温经典，与大师对话，感受中国文化自信的力量！除了专家报告，中心提供丰富多样的课程，开展“高品质学校建设”主题研讨、名校访学、同沐书香、校长对话、红色之旅、思想凝练等活动，帮助我们重走理想信念修炼之道。参与培训中心各种高规格、高品质的论坛活动，如“一带一路”论坛、第十四届国际校长论坛等，帮助我们打开眼界，提升境界和格局。

中心创设的“情景模拟”课程，“校园突发事件与媒体应对”，令我大长见识。其中，我抽到的话题是：

某中学学生小文课间到操场活动。当时初一年级正在练习接力赛跑，尽管已经下课，练习却还在进行中。由于操场狭小，学生人多，小文被其中一个跑步的同学撞倒。送医院她被诊断为“脑出血”，住院半个月后未能完全康复，但由于难以承担昂贵的医药费被迫出院，家长要求学校承担责任。

要求1：一位校长模拟案例学校校长。

要求2：其余校长模拟新闻记者进行提问。

要求3：模拟校长答记者问。

当时，我站在“新闻发布会”模拟现场，代表学校描述事实，摆出观点，解释理由，在规定时间完成自己的陈述。然后，其余校长和老师模拟新闻记者进行提问，我尽力让自己镇静，应对他们穷追猛打的追问，进行理性回复，我身临其境，感受到了面到媒体与舆论的压力。最后，培训中心刘莉莉老师总评。她深入剖析每个环节暴露的问题，并即兴给出解决问题的建议。指出我面对媒体大众，不能语气强硬，一味地用法、理来讲道理，更要站在家长、亲人的角度理解对方，话语要中听入心，让人听了笑，而不是听了跳，在情、理、法中把握好尺度和标准，学会利用媒体作正面引导，把握时机，目的是解决问题。

爱众生，需亲人。校长要有“是非之心”，还要有“仁爱之心，恻隐之心，辞让之心”，更显校长的气度胸襟。“大学之道，在明明德，在亲民，在止于至善。”类似的课程，滋心养智，厚文重义，不断滋养着我的教育情怀。换位思考，将心比心，会有更人性的学校管理智慧。

每次学习，集中中学校长培训中心都会安排读书交流，用以凝练教育思想。老师和我们共读共写《一个称着学校的地方》《课程的逻辑》《教育的哲学基础》《管理百年》……其中，《管理百年》从1900年写至2000年，每十年跨度一章的内容，我们10个校长利用一个下午的时间做了每人交流一章的读书心得。老师亦师亦友，把我们既当生又当师，相互学习借鉴，博采众长。最后，代蕊华主任现场给我们作阅读指导。他指出，“管理上没有最终的答案，只有永恒的追问，认识书中大师是一回事，读懂又是一回事。在阅读过程中，希望我们做到三结合：第一，结合前后章节来读，每一章都是在解决一个问题。第二，结合教育管理理论来读，它们之间有什么差异，阅读反思提升。第三，结合实践来读，经验上升到科学思维，经验管理上升到科学管理。作为领航者，要有文化自信，丰富实践创新，找寻教育管理的中国方案。”

学习、实践、反思，还要学会梳理自己的教育故事，总结办学经验，从而凝练自己的教育思想。针对我汇报的“情智教育，幸福成长”课题，万恒导师指出，首先要回答“培养什么样的人？”“办什么样的学校？”围绕育人目标，对接办学理念，指向学生的生活、生命、生长、生涯，进行课程体系、课程模块架构，并回答实践创新与学校理念、思想有什么关系，形成课程逻辑，在已有经验基础上进一步思考提升。刘京海导师说，针对初中学生、教师特点，存在什么问题？你是怎么想的？又是怎么做的？做得怎么样？怎样推进？问题驱动，任务导向，梳理自己的经历故事，共性中会发现规律性，就是我们需要凝练的教育主张、办学思想。

“校长对学校的领导首先是教育思想的领导，其次才是行政的领导。”教育思想对一所学校的发展起着非常重要的作用。一个好校长应当具备自己的教育思想，并且能使教育思想在学校生根、发芽、开花、结果。“零碎知识系统化，隐性知识显性化，经验知识理论化”，学会“由事引思”，能给别人拥有带得走的东西，导师们高屋建瓴的话语，字字珠玑，让我醍醐灌顶，学到批判质疑的理性思维。

“不登高山不知天之高也，不临深渊不知地之厚也。”在培训中心，我接触到很多“道德优美、学术纯粹”的专家、校长、老师，他们的年龄比我长，有的要克服地处偏远、工作环境辛苦等严峻条件。他们的执着、坚毅、严谨治学的态度；他们的责任担当、不辱使命、坚守边疆的精神，令我内心震撼、折服、钦佩！自叹不如！“一个不能少，个个都重要，人人有发展！”李晶的“润泽教育”、张彤的“高质量发展的3P平台建设”、王红花的“和合共生”、段丽英的“教育是唤醒、陪伴、引领”、孙延宾的“为师生幸福奠基”、田间的“为领军人才成长奠基”、李明的“教育唤醒生命自觉”、白勋刚的“海洋教育特色”……分享各地名校长的办学思想、精神志趣，“苔花如米小，也学牡丹开”，榜样的力量，激励、影响着我，比照自己，寻找差距，博采众长，完善自我。

在培训中心，我们还有机会与国际校长交流学习。一次与“马来西亚华文中学校长领导力提升班”41名学员进行面对面交流。了解到马来西亚的华人占23%，1954年8月成立了马来西亚华校董事联合会总会（简称“董总”），在马来西亚的各州和城市设立独立的华文学校（简称“独中”），满足华人子弟学生发展需求，经费全是自筹，课程是“董总”统一设计或者学校老师根据实际设计的。教师工作量大，工资并不高，但都有归属感，华文学校成为马来西亚当地最好的学校。

对生活在异国他乡的同胞们肩负的历史责任，以及对中华民族优秀文化的高度认同，我们由衷地敬佩！他们乐教爱生，为守护滋养华人的根基文化而坚持，千磨万击还坚劲，向他们学习，向他们致敬！

四、知行合一——校长的专业引领

每当遇到工作中的两难问题，想逃避退却时，中国教育感动人物张桂梅校长、陈立群校长，身边陈小平校长、张炳华校长的事迹又影响、激励着我，不忘初心，砥砺前行。在获得江苏省教学成果特等奖、完成江苏省“十三五”规划课题《情智教育背景下的科学进阶课程实践研究》的基础上，再次出发，创建“江苏省融物理课程基地学校”项目建设，并申报江苏省“十四五”规划课题《基于“融物理”经验的学科融合育人实践研究》。

所谓“融物理”课程建设，是以国家课程为主体、以校本课程为补充，突出物理学科与相关学科学习目标、内容的融合；物理教学的“人、物、空间”资源的融合；物理教学与信息技术手段的融合，改变育人方式。

“融物理”课程建设，具体从课程体系、课堂教学模型、云中心三方面推进，旨在打破学科壁垒，形成跨界教研，撬动全体教师专业发展。改变育人方式，倡导“运动让生命更阳光，文学让生命更丰润，科学让生命更睿智，艺术让生命更灵动，劳动让生命更精彩，仪式让生命更神圣……”的课程目标，架构学校情智课程体系。“生活润德，活动知德，学科育德，社会弘德”，建构情智德育课程，走向全校“五育融合”，丰富学校课程形态，促进“教”与“学”方式转变，关注生活化学习、素养培育、个性化发展。教知识、教方法、教状态、教人生，达到最好的教育——自我教育，使学生拥有带得走的能力。

通过江苏省“融物理”课程基地校建设、江苏省心理教育特色学校、“江苏省教师发展示范基地校”、江苏省文明校园建设，制订学校发展规划和教师发展规划，完善组织管理，依托名师名校长工作室，请进来，走出去，开眼界，通过价值引领，组织管理，装备升级，校本研修，多元考核，深耕“情智教育”，让学校成为师生共同成长的精神家园。

作为校长，坚持以文化人，以德育人，培根铸魂，启智润心，将立德树人落实在各科课堂教学中，渗透在校园生活的各个环节，延伸到学生发展的方方面面；作为集团总校长，每月走访成员学校，了解师资队伍、课堂状态、指导校园文化建设，帮助成员学校解决难题，促进集团城乡一体化建设；作为名校长工作室领衔人，领衔全省中青年名校长工程培养，即使疫情下，也通过线上交流开展名师名校长活动，已有多人升职，从管理一校走向领导片区多所学校，成为当地首屈一指的教育名家。本人带领工作室成员，满载孩子们的爱心书籍，远赴连云港灌南、青海西宁、四川大凉山、陕西勉县、云南怒江等地支教，并与勉县初中、鹿马登初中结为友好学校，开展师生互访活动以及两地家庭一对一帮扶。

“滕玉英名校长工作室”从2019年9月~2021年1月，先后分两期，共派了5位同志前往四川凉山州支教帮扶。第一期（2019年9月—2020年6月）孙洪江老师（数学学科）和泰兴籍杨小惠（语文学科）、叶斌权老师（数学学科），支教西昌市航天学校；第二期（2020年9月—2021年1月）李勋老师（物理学科）和镇江扬中市外国语中学胡平广老师（信息学科），支教西昌月城学校。两批次的支教帮扶，社会反响好，也与月城学校结为友好学校。支教教师以“情智教育”理念贯穿教育教学，示范带动了支教学校的教学、教研，他们分获分凉山州“优秀支教教师”称号。

坚持思想引领，带领团队实践创新，精准帮扶。工作室成员始终在终身学习者、责任担当者、问题解决者、温暖传递者的路径上且歌且行。工作室成员在实践教学扶贫的同时，还能利用休息日，深入困难学生家庭慰问，向当地困难群众捐款捐物。尤其是施行一对一精准扶贫模式，为阻止困难家庭再度返贫，通过党团渠道向月城、航天学校寒门学子解决生活学习费用，资助至大学毕业。现已超过5家受惠。

“学而时习之不亦说乎！有朋自远方来不亦乐乎！”与志同道合的人在一起进步修业，科教兴国，是人生的幸福事！在全球一体化背景下，思考中国教育的实践探索，我们有着义不容辞的责任和担当。近三年，在教育部中学校长培训中心的组织下，我们分别走进云南怒江、贵州遵义、四川大凉山、青海玉树等地，精准帮扶，思想引领，实践创新。培训学习，走动活动，教学相长，东西南北各地名校长的专业思想、专业情怀与专业精神，助我不断登攀，同时，内心许愿，要坚定教育信念，牢记校长使命，走向生命自觉，实践情智教育、深耕情智教育，“为党育人，为国育才”，争做立德树人的中国好校长！

第二章

“情智教育”的探索轨迹

东洲校本文化“心理教育”“智慧管理”，让我“滋心养智，幸福成长”。海门新教育，让我朝向教育理想的明亮那方！南通教育名师培养高地，让我领略“道德优美，学术纯粹”的风景，走上“初中情智物理教学的实践探索”。江苏干训中心、教育部中学校长培训中心领航校长工程，让我再次审视自己名校长的身份，“为党育人，为国育才”，不忘教育初心，牢记育人使命，学思践悟、智仁勇行，不断砥砺前行！

第一节　从实践到认识：从“情智物理”到“情智课堂”

一、混沌萌芽阶段

首次说起“情智物理”，还要回到2008年暑期，我有幸第一次参加国家级“送培进藏”。我给西藏物理骨干教师带去什么呢？开始梳理自己二十年的初中物理教学经验，一个女学生曾对我说的话萦绕在耳畔，“老师，你课上讲过的题目我会做，你没讲过的我不会”。如何给学生拥有带得走的能力？如何做学生喜欢的老师？是我教学中苦苦思索并期待解决的问题。当时，我聚焦在“情智：物理教学的追求”主题上。

那时，对情智的理解只是站在教师的角度，对教学要有“三情”，即教学的热情、激情乃至痴情；对教学要有“三思”，即有思考、有思路、有思想。在西藏支教过程中，我也收获了情与智，遇到很多特级教师，他们身上的“道德优美、学术纯粹”感染、影响着我。西藏骨干教师们克服路途遥远、家庭困难，参与培训、坚守边疆的事迹感动、激励着我。眼界决定境界，与优秀的人在一起，压力大，但动力也大，进步也快。

2009 年上半年，我第一次参加中学高级教师职评听课评审，有幸听了五节《杠杆》（第一课时）课，任教的都是海门不同学校有十五年左右教龄的教师。他们共同的优点：根据新课程教学理念“由生活走向物理，由物理走向社会”组织教学，改变传统满堂灌，能以实验、实物直观导入，重视学生自主学习方式，在师生对话互动、预设生成中，让学生认识什么是杠杆及杠杆的五要素，学会画杠杆示意图。

原来自己上课也是这么上，但听课真是旁观者清，我学着从“欣赏、挑剔、改进”三种眼光看课。从欣赏的眼光看他们的常态课，上得都不错。但从挑剔的眼光看，我发现他们存在共性的问题，就是能较好地“教教材”，但没有很好地“用教材教”，只能满足教材上是什么，教什么，讲什么，至于“为什么要引入力臂这一概念”不得而知，没能突破“力臂”这一概念在理解上的难点，似乎是为学知识而讲知识，没有真正挖掘知识的内涵、要义；建构的知识只是死知识，不能感受到知识其内在价值。这样的学习不仅会大大降低学生学习物理知识的兴趣和热情，还会扼杀学生在学习过程中的质疑、追问、深究的精神，限制学生深度学习、深度思维。我发现自己开始有追问的意识，审视课堂的眼力。

在这之后，去四甲参加活动的路上，我、物理教研员许东明和许新海局长坐一辆车。坐在一起就聊起了教育教学，我就把这次听课的感受讲给许局长听。他马上追问我，“十五年左右教龄的物理教师，出现同样的教育问题，说明不是个别问题，而是共性问题，值得思考背后的原因是什么。”在许局长的点拨指导下，我领悟到，不能只是发现问题，还要进一步分析问题、诊断问题，进而解决问题。

反思教师为什么会出现这种情况？我以为有以下原因：

部分教师缺乏对学材的再建构。教师能较好地教“教材”，没有能很好地用“教材”教，只满足教材上是什么，教什么，讲什么，而没有追问为什么要学它。

部分教师缺少对学生的学法指导。教师忽视了“过程和方法”，传统的教学观还在影响教师的教学行为，只满足讲完知识，试图留更多时间让学生多练习，没有真正站在学生立场考虑学情。

部分教师缺失对教学的反思习惯。“我的教学有效吗？”“有没有比这更有效的教学？”“怎样才能真正为学生着想，为学生终身发展服务？”教学研究缺乏。

倘若带上改进的眼光，我来上这堂课，怎么改进呢？

我想到了奥苏贝尔曾说过的一句话，“教育心理学如果用一句话来概括的话，就是儿童已经知道了什么？”教育思想指导我的行动，教学要有学生立场，贴近学生生活，寻找新知最佳生长点。我头脑中想起孩子小时候在幼儿园坐过的跷跷板，“小孩能把自己爸爸跷起来吗？”“怎么跷起来？”学生能根据自己亲身经历、生活体验讲出方法，小孩向远离转动点（即支点）移动或爸爸向靠近转动点移动，从而体会到这里不但与力的大小有关，还与距离有关。帮助学生建立杠杆模型，来寻求突破“力臂”新概念的教学难点。

怎么讲清“力臂”不是点到点的长度，而是支点到力的作用线的垂直距离？可以创设情景，在铁架台上支起一杠杆，一端挂钩码，另一端用弹簧测力计拉，竖直向下拉，再斜着拉，分别使杠杆静止在水平位置，比较弹簧测力计的示数，发现斜着拉时读数比较大。从而又引出这里力臂的距离不是点到点的距离，而是支点到力的作用线的距离。

物理教学，不能忽视“理”！“理”，物理教学的关键，帮助学生理解物理学习的价值意义，提升学生的思维品质。这次的经历、思考，做出来，说出来，写下来，发出来，我收获了《理：物理教学的关键》，发表在 2009 年第 8 期《教育研究与评论》上，后来 2010 年 1 月份被《中学物理教与学》人大复印资料全文转载。

课例的深入思考，启迪我们研究教材，研究自己，更要研究学生。对“三情、三智”有了新的理解。“三情”，一指教师的教学激情；二指教学内容、空间的情境创设；三指学生的学习好奇心求知欲，我们往往忽视了。“三智”，一指教师的反思力、教学的机智，二指学材中蕴含的物理思想、方法，三指学生的思维能力培养。

二、探索发展阶段

2009年通过遴选，我加入南通市名师培养梯队，基于我对物理教学的理解，以及校本文化“心理教育、智慧管理”，在导师团各位导师的指导下，不断观察、诊断、打磨我的物理课堂，确定我的“情智物理”教学主张。我积极参加导师团组织的各类专业培训，听取专家报告、送教下乡、阅读分享、教育沙龙等，提高自己看课、评课的能力。

2010年3月，江苏省初中赛课我做评委。我听取了同一课题《二力平衡》十一节课，听课中感觉到：不愧是各地选出的教师代表，有着很好的教师素养，课堂上精神饱满，激情洋溢。但课堂教学是一门缺憾的艺术。每堂课美中还存在不足的地方。可归纳为以下几点。

1. 教学设计追求形式

有教师新课导入时，花了近十分钟，追求课的“奇趣”，结果教学目标来不及完成。

2. 探究实验缺少“探味”

有些教师包办太多，变成是教师说实验，演示实验，学生再做实验，验证实验。“探究实验”失去“探味”。

3. 课堂提问缺少思维含量

“是不是”“行不行”“能不能”诸如此类的问题，虽然师生也在对话，学生也在齐生回答，课堂气氛也很热闹，但思维没有“真开动”起来。

4. 课堂赏识性评价过于频繁

学生每回答一个问题，每说一句话，就冒出“非常好”“太棒了”“你很棒”“我们掌声送给他”，一堂课在过多的掌声和夸奖声中度过，听了反而觉得不自在。

反思问题症结：教师课堂行为与教学理念没对接；教学设计目标定

位不准确；课堂节奏时间调控被忽视。

我来上会怎么上？以学定教，顺学而导，处理好学科立场与学生立场的融合。我提炼出“五个真”：创设“真情景”，引出“真问题”，进行“真探究”，投入“真感情”，追求“真智慧”。

创设“符合学生认知水平、融入物理知识的真实情景”；根据情境引发问题思考，并不是简单的“对”或“错”，可以进行“直问、追问、反问、曲问、驳问”多种提问方式；探究体现自主性、合作性、开放性，而不是教师说实验学生做实验，用教师自己饱满的教学激情发出激励性召唤，如“比一比哪一组先想出问题的解决方法，待会儿到前面来全班展示”，而不是为了表扬而表扬；充分利用智能化手段暴露、讨论、纠错，在“过程”中学习，切忌简单地用课件来展示教学流程，代替传统的板书生成和实验演示分析。

这次的课例深度研究，让我对“情智”又有进一步理解，“情智”，是情与智的融合，可以说情在智中生，智在情中求。情智，是有情有义，有知有智；是以情生情，以情启智；是因智生情，因情育智；是情与智的交融，情与智的共生。

“情智”，彼此有分有合，犹如鸟之两翼、车之两轮、币之两面，两个方面只有和谐统一、融合于一体，教师才能真正走进学生的心灵，学生才能真正为“情智”所感染，真正走进“情智交融、情智共生”的理想课堂。

三、推广完善阶段

2012年正式挂牌海门市“滕玉英情智教育名师工作室”，平台聚力，我们组建核心团队，开展读书交流、送教下乡、基地成果展示等活动，还聘请专家作主题报告，并在现场理论指导。

2013年，我参加了江苏新时空名师讲堂执教《牛顿第一定律》，得到现场专家的点评和指导，其中南京师范大学物理学院的刘炳昇教授，肯定我的“情智物理”教学主张，他指出“情智”是物理课改的两大灵魂。物理学科充满了“人情味”，一方面，“情”一直引领人类探索自然，推动社会生活进步；另一面，“情”是孩子的好奇心、求知欲。物理学科蕴含着极其丰富的思想方法，它对培养一个人的学习智慧或者实践创新能力有着非常重要的作用。得到专家们的指点、认同，坚定了我们的信念，更坚定不移、坚信不疑地继续“情智物理”的教学研究。

从一堂课的研究走向一类课的研究，从一种课型走向不同课型的研究。概念规律建立的有“知”有“味”；实验探究过程的有“据”有“理”；知能体系复习的有“感”有“悟”。

例如学生在做实验探究时，实验器材的提供也是很有讲究的。实验器材的“适时、适量、适切、适地”，有利于培养学生有证有据的思维习惯。

再如，在《内能和机械能》复习课中，结合“神舟号”飞船发射、上升、轨道运行、返程，来认识能量之间的相互转化。

让学生体悟思维的两条路（马克思），一条路是：“完整的表象蒸发为抽象的规定”；第二条路是：“抽象的规定在思维的形式中导致具体的再现”。让学生学着从具体的感性上升到抽象的理性，又能从抽象的理性回到具体的感性，解决具体陌生的问题，探索到学习物理的实验—数学、分析—综合、归纳—演绎等物理方法和做学思合一的思想。

通过实践反思，不管哪种课型基本的教学范式，可归纳为五步骤：“情境创设，问题生成，交流互动，反馈检测，总结提升”。这种教学范式是显性的，是年轻教师可模仿、可借鉴、可操作的。另一方面，“情智物理”更是一种理念，它是隐性、不可模仿的，需要教师情感投入，不断修炼自己的专业素养、人格魅力，用真情实感感召学生，才能走近“情智物理”教育。

“情智物理”教学的内涵解读：

“情”，即情感。这里一指师生之间交往的积极情感；二指学习内容、学习环境的情景、情调等，引人入胜。

“智”，即智力、智能、智慧等。这里指师生共生共长的集直觉思维、形象思维、抽象思维于一体的思维品质及运用知识解决实际问题的综合实践能力。

“情智物理”，是指师生对物理学科要融合情感与智慧。“以情生情，以情启智”，教师的教学激情，点燃学生学习的热情；真实问题情境创设，启迪学生心智的成长。“因智生情，情智交融，情智共生”，通过学习，透彻理解，明晰认识，引发思维，生长智慧，获得成功体验，达到乐此不疲、欲罢不能的情绪状态，像科学家一样思考的情怀，培养实证精神，求善品质。

初中“情智物理”教学，旨在创设适合初中学生乐学的物理情境，是启迪师生情智共生的一种教育策略、教育行为、教育理念的总和。具体来讲，它强调以实验为基础，以师生情感、问题情境为纽带，以思维为核心，根据学生的最近发展区，创设适合的探究情境，赋予物理学习以生活情趣，走向社会应用，追求师生情智交融、情智共生的物理教学理想状态。

提炼出实施策略三融合：“学科立场与学生立场的融合，情感与智慧的融合，创新与审美的融合。”实施路径“四优化”：“知识问题化，问题情境化，学生优先化，方法显性化”。我们把策略、路径、方法再回归课堂，用实践检验。

四、深化提升阶段

2015 年“海门市级”工作室经考核升格为“南通市中青年名师工作室”，实践研究从情智物理课堂走向课外拓展、科学实践、互联网 +、物理课程研发。成果向全省、全国课改现场会展示。

从情智物理课堂走向课外拓展，还得从 2010 年学校组织学生科技作品参赛说起。那年，蔡文海老师调入我校，第一次辅导学生动手小制作，就获得了市一等奖。我发现他的动手能力比较强，从此，科技创新方面的培训活动，都让蔡老师出去学习，开阔眼界。他也喜欢上了物理科学实践，2012 年学校在科技方面取得了很好的成绩。

2013 年年底，蔡老师告诉我，“接下来的大年初五，无锡智慧大厦中心，举办新年座谈会，美籍华人曹卫勋博士到场，你是否带我们一起去？”蔡老师提出这种要求，肯定有他的道理，我要给予支持。我们物理学科教师一起去参观比特实验室。现场让我震撼，看到了智能化家居、物联网的应用。回来后，我们设计方案，2014 年暑期时我们学校也建立了比特实验室。

在优化国家课程实施的基础上，进行初中物理“1+X”课程研发，改变学生学习的行走方式，关照学生学习的生命状态。

“做中学，学中思，思中悟”，让学生经历“趣味物理、实验物理、思维物理、应用物理”，给学生提供不同的课程，创造可供选择的机会，多元评价，提升学生学习的生活质量，培育综合素养。

除了笔头作业，还有学生感兴趣的小制作、小论文、小发明，逐步培养了“问题解决、创意物化”等方面的实践能力和创新精神。笔试成绩不优秀的学生，也能找到自己的一技之长，发现自己的优势潜能所在，进而提升学习情感内动力。每年工作室都有新的进步，南通市初中物理学科基地学校也升格为江苏省初中物理学科基地学校。

第二节　从认识到研究：从“情智课堂”到“情智教学”

研究课堂，走进课堂教学观察，我常发现教师让学生自己独立练习时，不放心，发出号令，“同学们，笔放下，我来再讲一遍”，我们也常听到教师会讲，“我讲了三五遍了，学生还不懂”，问题到底出在哪里？

只是我们学生吗？不少教师在课堂上还是讲得多，常表现为一对一的师生来回对答，或者自问自答，站在完成教师教教材的立场。有些教师疲于奔命，埋头备课、上课、作业，但忘了抬头看自己行走的方向，时间一长，自己都成了初中生。

课堂教学，需要投入教师的“情智”。这不只是埋头苦干的精神，更是一种钟情于自己从事的职业的一种专业道德、专业素养的综合能力。教师敬业，不等于专业。专业是要讲究方法、思想的，最重要的是通过教师的情感与智慧的影响，生长学生的情智，从知识导向走向能力导向、价值导向，与时俱进地做课堂，让学生有兴趣地学，有信心地学，学习真发生，思维动起来，素养真落地。

如何让全校教师都能投入自己的情与智，改变课堂教学的行为方式，让更多教师有职业幸福感，让更多学生成为爱学习的天使，让校园成为师生梦想启航的地方？

回看自己，保持教育激情，走上职业幸福的原因，离不开“关键事件、关键人物、关键书籍”带给我的影响。自己研究的物理课堂教学需要“情智”，语文、数学、英语、化学、政治等学科教学何尝不是。初中每门学科，何尝不是都应充满“人情味”，都蕴含着极其丰富的思想方法。而地处海门、南通的东洲中学，张謇、李吉林、李庾南等先进的教学思想又何尝不是各学科教学改革的源头活水呢？情智物理能成功，情智语文、情智数学、情智英语、情智化学、情智体育、情智美术，都可以让师生过一种情智交融的教学生活！

我在全校推进情智课堂，具体做法是：

目标定位：让知识拥有情感的温度！让学习、生活与生命发生共鸣！

价值引领：“以学生的学习为一中心，以情智为教学的两灵魂。”

平台聚力。我积极参加导师团组织的每次研修活动，回到学校把所学到的方法又反哺我的团队，坚持“静悄悄的革命”。在“一个称作学校的地方”，充分发挥学科领衔人的作用，系统组建“情智教育”的校级名师工作室，通过东洲大讲堂、名师工作室、班主任俱乐部、青年教师发展中心、相约星期二等学习平台，进行价值引领、榜样演说、生命叙事、智慧分享，“重建教师的精神宇宙”。

校本教研。深入开展课例研究。根据不同年龄段的教师，进行分类要求，做成“年轻教师公开课，骨干教师展示课，带头人示范课”三层次；形成“备课组教研、学科部教研、全校大教研”三阶梯。把全校大教研推到“东洲大讲堂”，从单学科教研走向跨学科教研，全校老师一起参与，带着“欣赏的眼光、挑剔的眼光、改进的眼光”听课、议课、评课。记得一次晚上，我收到了黄老师发来的短信，“校长，今天学校给我这样的机会，我很感动，真的很长时间没有这种感动了，正如你所说的人是要有目标和方向的，我会好好努力的！”短信中读到了年轻人生命的拔节声。每个教师成长都要有机会、有平台。

课题研究。学校“十二五”省级规划课题“初中情智教育的实践研究”（已结题），把全校教师卷入“教学即研究”的氛围中来。教师之间串门多，教学内容挤水分，教学资源巧融合，教学空间勇拓展，教学边际善越界，线上线下媒体网络交流，请进来走出去，让“供”“需”无缝对接，和谐“共振”。多形式的校本研修，改变全校教师的行走方式，优化学校课堂生态。

让教师进一步理解“情智”，它不是简单的教师、学生、教材的“三情”“三智”，而是“学生、教师、学材”三要素之间的“情”与“智”的融合。

总结推广。情智物理教学研究中提炼的策略、路径、方法，推广到学校各学科，一起实践检验。

1.“情智课堂”策略三融合：“学科立场与学生立场的融合，情感与智慧的融合，创新与审美的融合”

（1）学科立场与学生立场的融合。

教师要研究教材内容，抓住“观察、实验、阅读、思维”学科特点，更要研究初中学生“兴趣与信心，活动与主动”的学习特征，使之有机融合，带领学生进入享受学习的境地。

（2）情感与智慧的融合。

教师要研究自己的“教”，更要研究学生的“学”，养成师生角色互换，辩证看待问题。

把自己当学生。从学生的所思所想出发，回归学生的思维起点，理解学生学习的难点，走进学生的心田，不用成人的思维包办代替。

把学生当自己。学生具有一定的学习思维能力，他不是一张白纸，凡是学生能够做到的，放手让学生在设计中、探究中发现问题，突破障碍，解决问题。

把学生当学生。学生毕竟还是学生，学生的心理是脆弱的、稚嫩的，教师要关心学生的心理感受，与学生的互动以表扬、肯定、鼓舞为主。

把自己当自己。自己首先要成为一个有灵魂有信仰的人，热爱自然，热爱生活，热爱科学，憧憬未来，有梦想追求的人，进而帮助每个孩子找到自己成功的一面。

（3）创新与审美的融合。

教师要研究教学媒体、技术手段，改变教学方式，翻转课堂，但不能丢失教学常态细节的创新与审美。

美在和谐。在教师与学生的情感、教学内容与环境的协调下，感性和理性的统一下，达到师生气势互补、情理相融、宽松和谐。

美在自由。教师以轻松愉快的方式把学习对象呈现给学生，让学生获得自由。学生的“自由”是观察、想象、实验、思维和言语的“自由”。

美在自然。老师一句赞赏的话语，一个灿烂的微笑，一个称赞的动作，一个欣赏的眼神……自然的细节，都会给学生带来学习上的动力和心理上的愉悦。

2.“情智课堂”实施路径“四优化”：“知识问题化，问题情境化，学生优先化，方法显性化”

（1）知识问题化，体现“五具有”。

具有针对性，紧扣教学目标，对口学生“知”味；具有层次性，设问有序递进，思维逐次深入；具有挑战性，引发认知冲突，暴露思维过程；具有开放性，解答思路多元，思维活跃开放；具有适切性，面向多数学生，符合认知水平。

通过“引问、直问、追问、反问、曲问、驳问”等多种提问形式，展开“师生互动、生生互动、深度交流”，逐步从“记忆、理解、应用”走向“分析、评论、创造”，收获学习成长的意义。

（2）问题情境化，体现“五突破”。

贴近学生生活，创设物理情境；引发认知冲突，创设愤悱情境；调动学生思维，创设生成情境；重视实验活动，创设探究情境；激活已有知识，创设应用情境。

（3）学生优先化，体现“五结合”。

“自己独学、同桌对学、小组合学、全班展示、自我检测”。让学生自身积极地参与学习，认识到学习是自己的事情，激发和引导学生走上自我发展之路。

（4）方法显性化，体现“五可视”。

重视“演示表达、动手操作、观察描述、板画论证、媒体展示”等感知、体悟、内化过程，改变听说练的单一学习方式，不仅知道是什么？为什么？怎么样？更明白做什么？怎么做？为什么这么做？提升实践能力、质疑创新精神。

3.“情智课堂”评价要义“四定位”：“真、理、思、美”

真：情智教学的根本。“创设真情境，引发真问题，进行真探究，投入真感情，追求真智慧。”养成求真的科学态度。

理：情智教学的魅力。培养学生“说理、明理、推理、论理、用理”的科学推理、证据意识。

思：情智教学的核心。思考学生学习的“起点、重点、难点、盲点、趣点”，培育学生的科学思维能力。

美：情智教学的追求。知识本身从来不缺少“美”，但教学目标指向考试和分数，无疑会索然无味。教师要让学生“品味知识内在联系美，展示教学过程方法美，表现学习活动思维美，呈现教师教学语言美，彰显物理学科应用美。”培养学生的创新审美意识。

实践感悟。平台很重要，内修不能少，团队合作更重要。“做做学生、做做老师、做做校长”，将心比心，以心换心，以心唤醒，换位思考，才会有更人性的“情智教学管理”。

第三节 从研究到实践：从“情智教学”到“情智课程”

“课程即生活，课程即环境，课程即机会。”贴近学生生活，给学生机会，创设成长平台，丰富学校课程体系，从何做起呢？

记得 2014 年大年初五，我们“情智教育”名师工作室团队成员，一起走进无锡智慧大厦中心，参加座谈会。现场物联网传感器实现智能家居，远距离遥控，让我震撼，何不让学生跳出只是一本教科书、一张试卷的学习狭窄面？何不让我们学生也能亲眼看见，激起实践创新欲望？何不在学校原有艺术、体育、文学特色基础上进一步发展学校科技特色，丰富学校校本课程的项目内容，为学生生命成长多一种发展可能？回到学校，我们设计方案，争取资金，暑期建成比特实验室。阵地建好了，如何实施课程内容？拿来省市提供项目，自主开发项目，研究全国参赛项目，

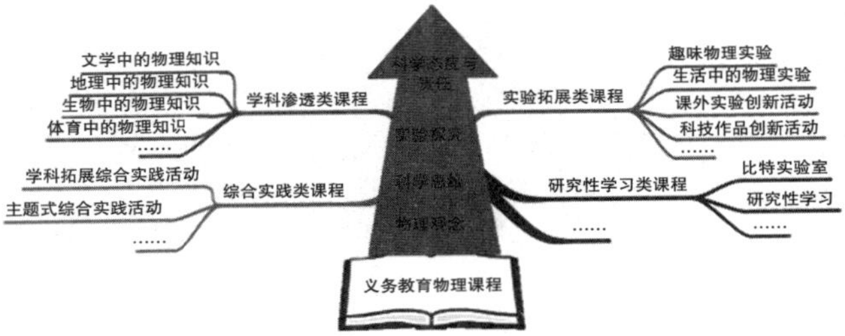

初中物理“1+X”课程架构

启动案例研究。

从情智物理课堂走向课外拓展、科学实践、互联网 +、“1+X”物理课程研发。

一、依托物理教材，开展学科延伸类综合实践活动

让学生体验多样化的实践活动经历，学习变得有意境、有意思、有

意义，改变听讲、纸笔做题、单一练习考试评价传统学习模式。

源于教材拓展学习。开展科普阅读，从物理教材、科普类文本阅读发展到有关物理视频影像资料学习；以班级为单位，分小组自编物理小报，有物理论坛、决胜千里（学法指导）、思维体操（物理实践与思维训练）、物理大观（物理学前沿与物理学发展）等；布置小论文写作，《声》学完后布置“隔墙有耳、掩耳盗铃”，《力学》学完，布置“假如没有重力，世界会怎样”……布置家庭小实验，学完物态变化，学生回家自制冻豆腐、自制冰淇淋、自制简易小冰箱……开展小制作，如针孔照相机、温度计……

高于教材深度学习。在综合实践“液体密度计”制作过程中，让学生结合实践与操作，深度思考：要准备哪些器材可以制作密度计？密度计刻度为什么是不均匀的？为什么会出现刻度下大上小？如何提高密度计的精确度？密度计成品的包装与使用又应该注意什么？学生在小组合作、发挥个人长处中完成项目制作，以物理学科为主，数学、美术、劳技等学科为辅的学科知识与技能融合，知道“是什么？怎么样？为什么这样？”更能明晰“做什么？怎么做？为什么这么做？”让知识学习变得有价值、有趣味。

跨学科融合学习。谚语、古诗词、成语中的物理知识，运动场上的物理知识，厨房里的物理知识，地理地形地貌中的物理知识……开展跨学科融合学习。

二、依托地方资源，开展社会考察类综合实践活动

从课内走向课外，从校内走向校外，利用学校周边社区地方资源，开展社会考察类综合实践活动，培养学生学以致用的能力。

参与农田劳动体验。组织学生了解农村科学种田的魅力。参观我市常乐乡的大棚蔬菜、草莓基地。让学生探究其中大棚塑料薄膜的作用何在？怎样实现蔬菜培育？了解农田灌溉的方法，并让学生亲自走进大棚

摘取草莓，体验劳动后的愉悦心理。这种体验在教室里是找不到的，当看到学生快乐时，我们教师是最幸福的。

参观厂矿企业文化。走进自来水厂，使学生知道污水变成纯净水的处理流程，从而增进节约用水的环保意识。了解环保热电厂，何以体现环保的功能？其中的循环液体为什么要用水？走进身边“振康企业”，了解机床数控的秘密……通过社会调查、实地观察、记录和思考，学生主动收集材料，获取证据，形成理性思维，科学写作，表达思想，产生了《能源环保与科技进步》《探究身边的水》《机器人的核心部件——关节》《仪表数据的实质解密》等文章。

体验科技馆实验。组织学生走进上海科技馆、南通科技馆，擦亮孩子的眼睛，感受“声光热电磁”的物理大千世界，同学们用自己喜欢的绘画、摄影、报告、视频资料等方式呈现自己的收获，创造心中的世界。同时深切体会我们身边处处有物理，我们生活离不开物理，感受到人的智慧、物理知识的力量无处不在。学生从社会课堂再回到教室课堂之时，会真正理解物理是一门学以致用、魅力无限的科学。

三、依托科技网络，开展设计制作类综合实践活动

对于学有余力，且痴迷于神秘的物理世界的同学，我们物理特色教师还给他们量身定做了“研究性设计制作类”实践方案。设计制作指学生运用各种工具、工艺（包括信息技术）进行设计，并动手操作，将自己的创意、方案付诸现实，转化为物品或作品的过程，设计制作，交流展示，反思改进。

迷你手工制作。利用学校“创客中心”的车床设备，结合学生所学的物理、数学、美术等知识，设计一些简单的木质作品，有小木凳、小木船、小飞机等。学生亲历构思、设计、制作、修正、改进、成品等过程，除了木工材料，还用纸质材料进行切割、绘制、拼接等，完成了一系列作品。一方面提升了学生的设计和想象能力，另一方面提升了学生的实践操作能力。

智能模具制作。学校“创客中心”为学生提供了自主创新设计制作学习的场所。喜欢走进比特实验室的学生，自由想象，融合技术，研究创造自己的物联网传感电子理想作品，有“智能小车”“玉兔二号”飞船等。

微电影制作。从初中物理所涉及的知识内容出发，活动设计的素材紧扣教材进度，尽量是联系生活、社会实际的。教师引导学生构思选题，提出感兴趣的问题，组织学生就问题展开讨论，确立活动项目、研究内容。主要利用课余时间，以个人或小组合作的方式进行，延续综合实践活动或社团活动的相应话题做深入研究学习，并把活动过程、反思总结、心得体会等都记录下来，通过电脑技术制作成视频影像资料。如学生作品有《探究饮料对牙齿的伤害》《高压化冰》等，真正提升学生自主、探究、合作能力。

四、依托科技特色，开展综合实践活动作品成果展

学校每年举办一次科技节，邀请院士专家走进校园，为全体学生作科学报告、讲座。其中，出生在海门的蛟龙号第一副总设计师崔维成博士到校为全体师生作《我的成长历程》主题报告。勉励东洲师生胸怀祖国、放眼未来、懂得取舍、奋发努力，为实现自己的梦想而努力。

在科技节的闭幕式上，学生将自行探索研究的物理课题、小论文、小制作、小发明、社会调查及主题竞赛等系列活动成果，进行分享展演展评。学校把优秀作品推至省级乃至全国参评获奖。这些活动丰富了学生的课余生活，启迪了学生的思维，让学生感受到生活的美好！

“让学习融入生活、让知识拥有温度、让实验促发好奇、让探究启迪发现、让课程丰富经历”，“做中学，读中悟，写中思”。在“趣味物理”“实验物理”“应用物理”“开放生成”真实的学习实践情境下，释放孩子的天性，为学生提供亲身经历与现场体验的机会，“有知有味”地学习物理概念与规律，提升学科核心素养。同时，在实践中开阔视野，

提高人文素养，切实培育社会主义核心价值观，逐步养成“责任担当、问题解决、创意物化、审美情趣”等方面的意识和能力，追求“知识、生活与生命深刻共鸣！”奠定学生幸福生活的基础，让学生真正掌握幸福的权利和本领。

将物理学科好的做法在全校介绍后，生物学科首先行动，一起进行了“病毒警报预防”“有土栽培”与“无土栽培”项目探究、“生态净水课程”；进而又扩展到大文科阅读，从大文科阅读深入到听、说、读、写、讲、演……

“十三五”江苏省规划课题“情智教育背景下初中科学进阶课程的实践研究”，再次带动全校教师进入研究，“做中学，读中悟，写中思”，成为全校教师的实践指南。

从“1+X”物理课程研发，走向“1+X”学校情智课程建设，倡导“运动让生命更阳光，文学让生命更丰润，科学让生命更睿智，艺术让生命更灵动，实践让生命更精彩，仪式让生命更神圣……”实现“知识、生活与生命的深刻共鸣”，促进初中学生健康发展！

学校、家庭、社区三结合，利用各种资源，研发“德智体美劳”五育并举的学校课程。2016 年我校获评江苏省首批 STEM 项目试点学校，2017 年获评江苏省首批 STEM 项目优秀学校。

第四节　从实践到创新：从“情智教学”到“情智教育”

2018 年，步入五十知天命的年龄，我以为可以停下成长的脚步，但前方又在召唤，经过遴选，成为全国第二期中小学名校长领航班学员。10 月 8 日，教育部中学校长培训中心来校举行“滕玉英名校长工作室”

揭牌仪式，当时江苏省干训中心严华银主任以及南通、海门市局领导、导师都莅临指导。审视身份，国家责任、使命担当，又点燃我教育的专业情怀！我要向导师请教，向教育楷模榜样人物学习，“学而时习之”，发挥教育部领航名校长的作用和影响，“信念坚定、思想引领、实践创新、社会责任”，办“有情怀、有温度”的学校，做“身、家、国”一体的教育，培育“有情有智”的中国人。如何从“情智教学”走向“情智教育”？

一、带着问题，巡视课堂

我习惯于每天在学校巡视校园环境，是否整洁、有序、美观，能否做到环境育人？还有哪些需要进一步完善的？观察师生面部表情，是否拥有“面带微笑、嘴角上扬、眼中有光”外在的幸福模样？倾听师生的心理需求，怎样带领全体教师深耕“情智教育”，让知识拥有情感的温度，让教育润养人性的光辉，让校园充满和谐的温馨，落地“立德树人”的根本任务，培养“德智体美劳”全面发展的社会主义建设者和接班人，师生共同过一种幸福完整的教育生活？不断思索、自我追问、寻求突破。

来到操场，常看到学生们在训练足球运球射门、篮球投掷、立定跳远等不同项目。观察学生的运动技能，有部分学生掌握得不好，物理课堂已经学了“力与运动”的关系，但是学生没有把它活学活用到技能训练实践中去，知识学习只停留在纸上，学到的是死知识，“知行分离”。如何走向“知行融合”，达到“事半功倍”的效果？初中学生天性喜欢玩，怎样让学生玩得好也能学得好，减轻学生不必要的重复的枯燥练习？如何善待天性，尊重个性，发展社会性，唤醒精神性，让学生学得有兴趣、有情趣、有志趣？

一个个问题，一次次追问，重新审视自己。我是校长，同时也是一名物理教师。我和团队从2008年开始，经过十年探索，2018年“情智物理”教学实践研究，获得国家级教学成果二等奖、江苏省特等奖，推动全校教师以“教”为中心转变为以学生的“学”为中心，但又发现学科教育仍存在着优质教育资源供给方式相对单一与学生个性化发展需求日趋多样化之间的矛盾。深感“情智物理”还有很大发展空间，还需进一步实践研究。

二、问题导向，任务驱动

针对教学现实的弊端，教育部中学校长培训中心代蕊华主任指出：“德智体美劳五育发展得不平衡、不充分、不联系”，面对学生成长的需求，“五育并举的关键在融合，五育并举的灵魂在育人”。如何优化国家课程校本化实施？如何走近五育融合育人？

我再次来到操场巡视学生体育课练球，边走边琢磨，一会儿下课了，体育陆老师似乎看出我的心思，走上来问我：“投掷实心球，是不是斜向上 45 度角用力效果最好？”“理想情况是这样的！”我回应道，“关于力与运动的话题，我们物理与体育老师可以联手教研啊！”“好啊！”真是“心有灵犀一点通”，我们一下子说到一起了，我似乎看到了明亮那方！

三、各抒己见，“评说”课堂

我是校长，也是物理老师，为了尝试“物理与体育”学科融合育人，我进一步走近体育老师，了解体育学科。我策划并参加了体育学科部的教学研究活动，由学科部主任吴仲晶主持，针对“学生喜欢体育但不喜欢体育课”现状，分析问题、提出建议，十二位体育老师各抒己见，每人不少于 3 分钟。

交谈中，体育老师中有的讲到在体育课上“女学生喜欢聊天，男同学喜欢打篮球”的“自由”现象；有的讲到部分学生不求上进的“懒惰”现象；有的讲到一些学生对体育成绩“无所谓”态度；有的讲到不同学生个性“差异性”特点，有学生被批评也无羞耻感……教师暴露学生的问题不少，敢于剖析自己课堂教学问题的不多。其间，当马老师指出“重复昨天的故事”，只能“涛声依旧”，“只有快乐体育，学生才会喜欢，我们可以把游戏加入课堂”的时候，遭到不同声音反击。“你不要中考体育分数了？”一时气氛似乎有点紧张。“体育到底能做些什么？育分还是育人？连体育也厌学，这是很可悲的现象。”毕老师的话把大家带入理性思考中。“体育课倘若从初一开始就奔命于中考考试指挥棒，那么，运动好的学生会感觉体育课单调、枯燥；运动差的学生会感到体育课是件很痛苦的事情。应该根据初中学生好玩、好奇、好动、好胜的心理，在运动中加入竞赛元素，在竞赛中运动，在运动中竞赛，对运动好、运动差的学生分组进行，都能获得自信，帮助学生认识自己。”思想在交流、交锋中逐渐达到交融——提出了“体育学科育人”教育改进建议。“我们教师首先要有责任心，参与到学生的运动中去，了解学生，并多与班主任沟通，了解特殊学生的生理、心理，家庭背景，因材施教，相互尊重。”“以‘动’克服‘懒’，让学生‘出汗’”。“正确指导运动技能，让每个学生参与运动，培养运动的习惯。”“注意体育安全意识，充分做好准备活动。”“体育可以强身、健脑、培养意志力！”“快乐体育，在运动中加入游戏等趣味元素，调节课堂味道，就像每天吃饭一样变花样，让学生玩中乐，乐中学。”

“运动，让生命更阳光！”教学研讨中，我发现每个体育老师既是指导者，也是倾听者，在说给别人听的同时，也在说给自己听，彼此互相改变着教学观念，我认真听取他们的对话交谈，全程做好记录，并给予充分肯定。

四、学科融合，课程育人

如何改变学生？如何改变课堂？首先要改变我们教师自己！改变教师，理念落到实践，就从“物理与体育”学科融合教学开始，朝向“既玩得好也能学得好”的方向行动研究，说干就干。

1.“师师”融合

学期开学第一周，组织物理与体育教师集中在一起商讨学科融合教学方向。怎么融合？融合点在哪呢？大家在原有基础上形成共识，彼此从对方的学科中找寻真实的问题，为自己的学科所用，以此实现“自主发展——学会学习，健康生活”核心素养的落地。经过反复研讨，问题聚焦，确定“力与运动”作为物理与体育学科融合主题方向。接着，商议具体课例,《力与运动——正面双手头上掷实心球》作为研究课题。然后，决定具体方案，由初二年级物理与体育教师进一步商定，课堂教学研究活动时间、班级以及具体实施细则。

2.“师材”融合

物理、体育教师根据研究主题，分别研究课标、教材，进行深入集体备课研讨，各自拿出教学设计，再进行两个学科深度交流：融合研究“切入点、情趣点、讲解精准点、思维生长点”放在哪里？为什么要融合？融合教学主要解决什么问题？在相互碰撞中，找到跨学科融合的目的是培养学生“科学思维”“知行合一”“创新精神”，解决的“主问题”是“如何使实心球投掷得更远？”明晰方向，双方进入二次备课研究。

3.“师生”融合

在研究课“力与运动”的习题课上，就用我和物理老师一起前期在体育课上采集的镜头——“正面双手头上掷实心球”的微视频，多次再现投掷实心球的真实情景。学生看到真实画面很兴奋。同时，课上又借助模拟装置小射炮投掷小球，让学生亲自试验，在操作、体验、观察、记录、比较中得出投掷得远近与“出手速度、角度、高度”有关，进一步分析投掷动作技能“为什么这么做会投掷得更远”所包含的“力与运动”的物理道理。这样的实例呈现、实证研究、理论解释，孩子动眼观察、动手操作、动脑思考、动口表达，书本知识的价值意义，可信可行，课堂兴趣大增，学生的眼睛是鲜亮的，教师的眼神是发光的，师生情绪高涨，表达活跃，思维深刻，真学的课堂在发生。

4.“生生”融合

接下来，还是这个班的学生上对应的体育研究课。体育老师则对接物理老师的《力与运动——正面双手头上掷实心球》一课，以“快乐的体育课堂”为指引，从游戏导入准备活动，以投掷动作结构与热身部位为基点，让学生两人一组实践体悟，学生找到自己的搭档投入互动。接着，围绕投掷“出手速度、角度、高度”三个问题，分组练习，让学生一边进行投掷运动技术实战练习，一边请学生解释同一个人掷球远近的原因是什么。分组体验后，体育教师再来示范，规范技术要领、规则要求以及怎么做，并请学生解释为什么要这么做？针对学生“好奇、好动、好胜”心理，练习过后，再进行小组相互比赛。“学、练、赛、评”，教学过程动中有静，静中有思，思中有得，使得体育学习深度发生，发展学生学科思维能力。

问题导向，任务驱动，学科融合，跨界研究，课堂再造，赋能师生。为了深入研究，我们举办了南通市“滕玉英物理名师工作室”与“潘雪峰体育名师工作室”关于“力与运动”两地物理与体育教师融合教研活动，得到了物理与体育专家、导师们的肯定与指点。我们又相继开展“蹲踞式跳远”“足球运球、射门”等多个课例跨学科研究。融合教学的内容，重构问题的设计，我们看到学生课堂积极参与、深度思考的学习氛围。

物理与体育跨学科的融合课例，从实践感知到理论知识学习，再到实践应用，知行合一，追求陶行知所说的“教学做合一”“劳力上劳心”“行动、思想、产生新价值意义”。体育技术动作要领、标准、规范，指导我们做人的规则、规矩、规范意识，体育技能需要反复训练，贵在坚持，收获勇气自信，超越自我。教知识、教方法、教状态、教克服困难的坚毅品质、收获解决问题的幸福能力，教人生、教自己，达到最好的教育——自我教育。追求用体育精神、人文精神、科学精神、创新精神融合育人。

物理与体育跨学科的融合研究，给我们启迪与警醒，学科融合不是简单的混合，不是简单的跨学科教学，不是随意知识的拼搭，不是失掉自己学科。它需要整体设计、规划安排，基于理念、基于学科发展的价值诉求，基于教育教学改革的需要，具体融合“学科知识、学科思维、学科素养、学科精神、学科创新”。学科融合首先是教师与教师、人与人的融洽合作，其次是学科间的融通整合，最后是师生、学材间的关系融洽与内容适合。

信息智能化时代，孩子的学习喜欢玩中学、做中学，需要更多的体验，需要更多的实践，需要真实问题情境下、更多的项目式的主动参与。如何改变育人方式？需要我们教育人的“心力、脑力”，更需要“体力”，付诸实践引领。物理与体育跨学科的融合研究，打开我们的思路，学科融合，课程育人。

生活中的故事，身边的故事，走进科技馆、厂矿企业社会实践活动的故事，2020“抗疫”的故事，又引发我们系统思维、结构化思维，如何真正突破课堂的局限，突破学科的界限，突破校园的局限，将课内课外、校内校外以及现实状况和虚拟空间结合，线上线下融合，达到全面育人？

在实践的基础上，我们在2021年申报了江苏省“十四五”《基于融物理经验的学科融合育人实践研究》，再次带动全校教师深度卷入课程教学变革，提升学科知识的价值意义，朝向全科育人、全员育人、全程育人。

三十多年来的学校教育，从混沌萌芽、感性认识，到行动探索，逐步走向理性思考、深入研究，再回到实践探索，围绕“教师、学生、家长”“课堂、课题、课程”，一直在深入、深化、深耕发展追求。一路走来，让我逐渐明白做教师，做校长，做学校，做教育，实质都是在做“人”的工作，做人的教育。深耕“情智教育”，与师生共同成长！

第三章

“情智教育”的理念解读

“情智教育”，让知识拥有情感的温度，让教育润养人性的光辉，让学校充满和谐的文化氛围。“情智教育”，需要我们教育人终身学习，“爱”与“责任”并行，唤醒内在对“美”与“爱”的价值追求，遵循外在的“教育规律”和人的“认知发展规律”，现场实践，学习反思，积累智慧，“家、校、社”协同育人，师生情智交融，情浓智涌，抵及“情智共生、人格至善”的教育美好境地。

第一节　育人目标

2018 年 9 月 10 日，习总书记在全国教育大会上指出，“培养什么人”是教育的首要问题。我国是中国共产党领导的社会主义国家，这就决定了我们的教育必须把培养“德智体美劳”全面发展的社会主义建设者和接班人作为根本任务，培养一代又一代拥护中国共产党领导和我国社会主义制度、立志为中国特色社会主义奋斗终生的有用人才。这是教育工作的根本任务，也是教育现代化的方向目标。

一、立德树人：朝向国家育人方向

党的十九大明确提出，建设教育强国是中华民族伟大复兴的基础工程，必须把教育事业放在优先位置，深化教育改革，加快教育现代化，办好人民满意的教育。2018 年 9 月 10 日在全国教育大会上，习近平总书记发表重要讲话，系统总结了推进我国教育改革发展的“九个坚持”，即：坚持党对教育事业的全面领导，坚持把“立德树人”作为根本任务，坚持优先发展教育事业，坚持社会主义办学方向，坚持扎根中国大地办教育，坚持以人民为中心发展教育，坚持深化教育改革创新，坚持把服务中华民族伟大复兴作为教育的重要使命，坚持把教师队伍建设作为基础工作。李克强总理在讲话中强调，要准确把握教育事业发展面临的新形势、新任务，全面落实教育优先发展战略，以教育现代化支撑国家现代化。

2019 年 2 月 23 日，中共中央、国务院印发了《中国教育现代化 2035》。它是我国第一个以教育现代化为主题的中长期战略规划，是新时代推进教育现代化、建设教育强国的纲领性文件，是贯彻落实党的十九大精神和全国教育大会精神、加快教育现代化的重要举措。也是我国积极参与全球教育治理、履行我国对联合国 2030 年可持续发展议程承诺，为世界教育发展贡献中国智慧、中国经验、中国方案的实际行动。

《中国教育现代化 2035》指导思想，明确了当前和今后一段时期推进教育现代化的总体要求。系统提出了八个“更加注重”的基本理念，即更加注重“以德为先、全面发展、面向人人、终身学习、因材施教、知行合一、融合发展、共建共享”。这八大基本理念，遵循了教育规律和人才成长规律，也顺应了国际教育发展趋势。

二、发展素养：顺应时代发展潮流

党的十九大报告提出，中国特色社会主义进入新时代，我国社会主要矛盾已经转化为人民日益增长的美好生活需要和不平衡不充分的发展之间的矛盾。那么，当下教育发展的任务就是进一步促进教育优质均衡发展，解决好不平衡不充分的问题，满足人民日益增长的享受更公平更高质量教育的需求。

教育面向现代化，面向世界，面向未来，需要教育的创新发展。当下国与国之间的竞争，实质是高科技的竞争，是人才的竞争，归根结底是教育的竞争，需要顺应时代发展潮流，改变教育培养模式，多出创新型人才。

我们今天的教育体系，是工业革命时代建立起来的，在为工业时代的流水线，为工业时代的金融行业、服务业、制造业培养了大批量的人才。面对智能化、数据时代，需要我们思考教育哪些需要改变？怎么适应？怎样发展？

工业时代是知识驱动，知识的竞争；面对数据时代，是智慧驱动，是创造力和想象力的竞争，是领导力、担当力、责任的竞争。人工智能、大数据、机器人会对我们过去的教育模式、教育内容、教育方式产生巨大的挑战。未来世界比的不是人的知识，而是人的智慧、人的责任、人的使命与价值意义追求。

当人类面临新冠肺炎疫情，宅在家，线上工作学习，网络硬核技术显示它的威力，各种信息扑面而来，需要我们拥有“学会学习、健康生活”“人文底蕴、科学精神”“实践创新、责任担当”意识，发展学生素养，促使学生形成适应终身发展和社会发展需要的正确价值观、必备品格并获得处理问题的关键能力，这是他们面对未来不确定性、顺应时代变化的价值判断、理性思维、自觉担当的需要。

三、完整人格：促进学生生命成长

义务教育质量，事关亿万少年儿童健康成长，事关国家发展，事关民族未来。2019 年 6 月 23 日中共中央、国务院出台了《关于深化教育教学改革全面提高义务教育质量的意见》。

其中，强调坚持“立德树人”，着力在“坚定理想信念、厚植爱国主义情怀、加强品德修养、增长知识见识、培养奋斗精神、增强综合素质”六个方面上下功夫。强调坚持“五育”并举，全面发展素质教育。突出德育实效，深化课程育人、文化育人、活动育人、实践育人、管理育人、协同育人。大力开展理想信念、社会主义核心价值观、中华优秀传统文化、生态文明和心理健康教育。强化课堂主阵地作用,切实提高课堂教学质量。突出学生主体地位,注重保护学生好奇心、想象力、求知欲,激发学习兴趣,提高学习能力。加强科学教育和实验教学，拓宽实践活动主渠道，广泛开展多种形式的读书活动，坚决防止学生学业负担过重。强化体育锻炼，增强美育熏陶，加强劳动教育。强化课堂主阵地作用，切实提高课堂教学质量。

国家为我们指明了义务教育质量提升的方向和方法,促进学生发展,特别在当下“双减——减轻学生校内作业负担和校外培训负担”的背景下,需要我们“减负不减责、减负不减质，减负更要提质”上做好学校教育，助力家庭教育、社会教育，让学生成长为人格健全的完整的人。

学校倡导“情智教育”，就是朝向国家改革方向，顺应时代发展，促进学生生命成长；就是为党育人，为国育才，为民育子，办“有情怀、有温度”的学校，做适合学生的“身家国一体”的教育，培养“全面发展”的“五好”学生！

第二节　内涵解读

一、什么是情智

“情智”，在人生成长的经历实践积淀中，形成我最朴素的理解，就是内心喜欢，愿意付出，为之努力，生长自己的才智，成为学生喜欢的老师。从一开始“站在教师教的角度”理解的三“情”（指教师教学的热情、激情、痴情）三“智”（指教师教学的思考、思路、思想），发展到“教师的教学激情、学生的好奇心、学材（教学内容和环境）的情景创设”的三“情”和“教师的反思力、学生的思维力、学科思想方法”

的三“智”，进而又发展到“教师、学生、学材”“情与智”的三融合。深感情智是“心脑力”做人做事的一种专注态度、专业情怀、专业精神。

在实践的基础上，我再次追问自己，到底什么是“情智”？我翻阅理论书籍，继承先贤，汲取营养，了解“情”与“智”丰富的文化内涵。

“情”，指情绪、情感、情操

荀子认为情是人性的本质的表现，“情者，性之质也（《荀子·正名》）”。南朝梁贺场与《关尹子》等认为情是人的精神、意识的一种波动状态。“情，波也；心，流也；性，水也（《五鉴》）。”《礼记·乐记》认为情是静态的性“感于物而动”的结果。“物至知知，然后好恶形焉”。“物至知知”表明情的产生与认识有关。朱熹也认为：“性之感于物而动，则谓之情。”《关尹子》则肯定“情生于心，心生于性”，即性生心（精神、意识），心生情，情是心的一种表现。情与欲的关系是，欲产生情，情亦产生欲。王充云：“凡人之有喜怒也，有求得与不得，得则喜，不得则怒。”情的作用主要表现在：一是增力。《论衡·儒增》：“人之精乃气也，气乃力也，有水火之难，惶惑恐惧，举提器物，精诚至。素举一石者倍举二石。”情绪增强了人的生理能量。而“情急智生”则表明情感有助于心理能量的增强。二是减力。《荀子·正名》：“心忧恐则口衔刍豢而不知其味。”情绪降低了感知效果。王夫之说：“志于彼而不志于此者，则唯其所好恶者异也。（《读四书大全说·论语·里仁》）”

“人的心理总是存在一种有动力的、有目的的追求”。情绪状态，与我们内心的欲望是否得到满足有关，与我们对事物的主观看法有关。积极的情绪情感，需要“一种自我认识和理性的自我导向”。

情操，较复杂的带有理性的深沉情感。“所有人类虽然生活在同一世界之中，但却以不同方式塑造自己，依据自己对于事物的主观想法来塑造自己。”情操是构成个人价值观和品行的重要因素。

情由心生，情绪、情感、情操。在这里主要是指稳定的情绪状态，积极的师生情感，上升至家国情怀、道德情操、自我情操等，能有助于人的生理能量、心理能量的增强，给人向上向善的精神力量。稳定的情绪，积极的情感，有助于增进（师生）情感交流、巩固（师生）情感关系，进而提升为爱自己、爱家、爱学生、爱学校、爱国家……

“智”，中国古代心理学思想用词，与“能”对应，可以辨别是非，肯定正确的东西，否定错误的东西。

智是在先天“才”的基础上形成的。所以称为“才能”；智又是在后天活动（包括学习）中发展起来的，并表明出一定的“力”（力量、效力），所以，称为“智力”。《孟子·告子上》：“是非之心，智也。”《荀子·修身》：“是是、非非谓之知（智），非是、是非谓之愚。”考虑问题能恰到好处，见识事物能超过别人，处理事情能懂得合不合理。《黄帝内经·灵枢·本神》：“因虑而处物谓之智。”《尸子·分》：“虑得分曰智。”能认识与掌握事物的规律，且比较客观而全面，不为偏见所蒙蔽。《荀子·正名》：“知有所合谓之智。”说话能掌握要领，言谈或沉默均十分恰当。

智慧，人的才能智力。“知人者智，自知者明。胜人者有力，自胜者强。知足者富，强行者有志。（《老子·道德经》）”“虽有智慧，不如乘势。（《孟子·公孙丑上》）”“吾任天下之智力，以道御之，无所不可。（《三国志·魏志·武帝纪》）”“人，物也，万物之中有智慧者也。（《论衡·辨崇》）”

智，集才能、智力、智能、智慧于一体。这里指人的一种集形象思维、抽象思维、直觉思维于一身的综合能力。智识，智慧和见识，在知识积累基础上形成的理解力和判断力。发展智力、智能，增长智慧……不断认识客观事物及其规律提升解决实际问题的综合能力。

3. 情智，人格发展的两大动力

马克思认为：“情是人之为人的最基本的规定性，是人强烈地追求自己的对象的本质力量。”人生活在社会实践活动中，列宁指出，“没有人的情，就从来也不可能有人对于真理的追求。”人的最基本的社会性，要求得到“承认和肯定”。黑格尔认为：“情与智是历史发展的伟大动力。”从哲学的视角来看，完整的人就体现于情与智的和谐统一。从教学的视角来看，教学的对象是人，“人”一“撇”是情，则一“捺”就是智。

“情智”，是情与智的融合，情在智中生，智在情中求。是以情生情，以情促智；是因智生情，情智交融，情浓智涌，走向情智共生，人格至善。

“情智”，彼此有分有合，犹如鸟之两翼、车之两轮、币之两面，两个方面只有和谐统一、融合于一体，才能相辅相成，互相促进，相互提升。

二、为什么坚守情智教育

“情智教育”，旨在追求师生的“情智交融，情智共生，人格至善”，让知识带有情感的温度，让教育润养人性的光辉，让学校充满和谐的文化氛围。

1. 对教育的理解

教育缘于“爱心”。《说文解字》释为：“教，上所施，下所效也”；“育，养子使作善也”。“教”的目的是“育”。只有缘于爱心，愿意付出，真情对待，才有育人成效。“机器可以取代保姆，但不能取代母爱；机器可以取代护士，但不能取代关爱。”人工智能时代更需要爱的时代！

教育贵在“责任心”。教育的英文单词是“Education”。前面那个“E”是向外的意思，“duce”是引导，“tion”是名词，引导出来。所谓的教育，潜在寓意就是把一个人的内心真正引导出来，帮助他成长为自己最好的样子。教育需要以心换心，以心唤醒，影响、感化、唤醒受教育者的内心，走向自主学习、自我建构、自我教育。教育贵于责任心，即使不会做，也会攻坚克难，实践探索，做实践的反思者，做反思的实践者。

教育成于友善心。“天命之谓性，率性之谓道，修道之谓教。（《中庸》）”“大学之道，在明明德，在亲民，在止于至善。（《大学》）”教育让人懂得敬畏生命，认识自己，认识别人，尊重个性，真诚相待，成全人性之善。孔子的“仁者爱人”，孟子的“四心”恻隐之心、羞恶之心、辞让之心和是非之心，分别生出的“仁义礼智”。《管子》中有：一年之计，莫如树谷；十年之计，莫如树木；终身之计，莫如树人。从中国文化传统的历史深处走来，内在蕴含着发展的基因，整合成一个最具有时代意义的教育概念——“立德树人”，它让我们的课程改革从关注知识、能力，转向关注活生生的人，让学生充分享受成长的幸福与尊严，感受人性的真善美。

2. 对情智教育的理解

情智教育，让知识带有情感的温度。“智慧”概念本身是包括情感的，把情从智慧中拉出来，是为了更强调情感。反思我们日常的教育活动，呈现过多的是冷冰冰的认知过程，为考而教，为教而教，师生情感缺失，知识的意义价值缺乏。因此，需要我们的认知活动发生改变。课程教学改革，绝对不是否定认知，但是这个认知过程要重新理解。我们教授的知识是美丽的，但是冰冷的美丽学生是不愿接受的。我们强调情感，就是纠正我们原来教学行为中“为分而教，围着书转”的局面，让知识带有情感的温度，学生不仅知道怎么学，而且知道为什么学、为谁学的价值意义。

情智教育，让教育润养人性的光辉。我们的教育应该继承中华优秀文化的传统，充满情感，实现情感的力量，改造我们的认知过程，纠正“教知识的人不管品行，管品行的人不重视学术”，打破“知识、品行分家的二元论”，走向学科育人，全面育人。学生的学习过程是伴随着丰富情感的认知过程。在情与理、情与智的交融中，人生的德性才能真正得到培育与成长，在特定的情境里学习也才能真正地发生。没有德性统领知识，知识便失去价值性；反之，缺乏相应的知识支撑，德性的养成也就缺乏事实的可能性。每个人都有德性，这个世界是人的世界，是道德的世界，“教学永远具有教育性”，“教育全部工作可用道德一个概念以统括之”。教育，教书育人，更重要的是“使人成为人”，成为有人性之善的人。

情智教育，让学校充满和谐的文化氛围。学校改变“重智轻德弱体抑美缺劳”的教育现象，坚持“五育”并举，以德为先，智育为重，不能淡化或缺失体育锻炼强健身心、美育艺术情感熏陶、劳动体验生活教育。创造一个良好的师生、生生人际和谐的校园文化氛围，“宽松、宽厚、宽容；温情、温暖、温润；自主、自由、自信；成长、成功、成人”，提供丰富多彩、生动活泼的“情智课程”，与人文艺术相遇，与科学智慧相遇，趋于人格“至善”。

三、初中情智教育的实践要义是什么

初中是义务教育阶段的后一个阶段，是整个基础教育的一个中间阶段，大家所公认的初中阶段是最薄弱的，原因有很多。初中生处在一个关键时期，情感的发育，人格的发育，心理的变化，都非常剧烈、敏感。面对这样的初中生，我们要尊重他们，信任他们，呵护他们，让他们获得学习的兴趣，追求的勇气，悦纳自己的智慧。

“初中情智教育”，是指在初中学校，以师生共同发展为目的，针对初中学生的生理、心理、思维特点，创设爱教乐学情境，启迪师生情智交融，情智共生，人格至善的一种教育理念、教育策略、教育行动的总和，让学校成为汇聚美好事物的中心。

初中情智教育，既要克服当下教育见“分”不见“人”的状况，强调让知识拥有情感的温度，又要在传承中华文化强调“人性”的同时，克服“理性”的不足。这意味着强调情感的同时，没有离开理智，没有离开理性。初中情智教育，不仅是凭一种激情在工作，在激情的背后，它还是一种理性的智慧。情智交融，情浓智涌，情智共生，人格至善。

1. 初中情智教育指向初中教师的专业发展

百年大计，教育为本。教育大计，教师为本。“党和国家事业发展需要一支宏大的师德高尚、业务精湛、结构合理、充满活力的高素质专业化教师队伍，需要一大批好老师。”习近平总书记讲到，“一个人遇到好老师是人生的幸运，一个学校拥有好老师是学校的光荣，一个民族源源不断涌现出一批又一批好老师则是民族的希望。”要做“有理想信念、有道德情操、有扎实学识、有仁爱之心”的“四有”好老师。教师不能只做传授书本知识的教书匠，而要成为塑造学生品格、品行、品味的“大先生”。教师要成为“大先生”，做学生为学、为事、为人的示范，促进学生成长为全面发展的人。

教师是教育发展的第一资源。情智教育，指向教师专业发展，重视教师专业阅读，专业实践，专业交往，专业写作，促使教师成长为有情有智的“四有”好老师。

专业阅读。一个人的阅读史就是他的精神成长史，假如教师只教书不读书，是件很可怕的事情。从师范院校毕业从教，结合教学一线实践，重读教育学、心理学、教育心理学、教育哲学等理论书籍。如《教育目的》《儿童的人格教育》《静悄悄的革命》《重建教师的精神宇宙》《课程的逻辑》等，养成终身学习的习惯，丰富自己的精神文化涵养，才能读懂学生、读懂学科、读懂自己、读懂人工智能时代，与时俱进地做初中教育。

专业实践。面对班级不同学习层次能力的学生，要拥有温情而有智慧的目光，善于观察他们的面部表情、言行举动，把握学生的心理变化、情绪起伏、思维流向。善于站在初中学生立场思考，假如“我是孩子”，假如“是我家的孩子”，假如“就是我”，设身处地，将心比心，以心换心，换位思考，创造学生乐学会学能学的有意境、有意义、有意思的教育过程。

专业交往。教育学即关系学，增进师生关系，把特别的爱给没有血缘关系的学生，以身作则，为人师表，潜移默化，言传身教。增进同事关系，加强集体教研，深入课堂，相互听课，形成学习共同体、研究共同体、生命价值共同体。增进自我认识，在同伴交往中，发现自己的不足，体悟别人的长处，找到自己人生坐标，确定自己前进的榜样，增添继续前行的动力。

专业写作。勤于书写表达，我是怎么想的？怎么说的？又是怎么做的？做好了吗？好在哪里？做得不好，不好在哪里？为什么不好？如何改进？再实践、再反思、再学习、再研究，从“经验之思”上升为“反思之思”，“志于道，据于德，依于仁，游于艺”，做“四有”好老师，修炼师德师能，铸师魂。唯有做一个真正智慧的教师，融情感、道德、理性、审美、真实于一身，才可以有真正的情智教育。

2. 初中情智教育指向初中学生的生命成长

初中学生情绪自控不稳。他们毕竟还是个孩子，情绪波动大，容易冲动发脾气，一会儿晴空万里，一会儿乌云密布；一会儿大闹天宫，一会儿静坐发呆，不好的习惯反反复复，做事马马虎虎，这就是成长中初中孩子的性格特征。

初中学生学习能力各异。初中不同于小学与高中，学生是划片招生入学的，入校不考试，三年后离校时必须接受中考，在这期间，他们要学会面对，承认差异。

初中学生生活状况不佳。面对来自社会、学校、家庭多方对学习升学的要求压力，不少学生一天到晚就在书中学习刷题，脑子里都被考试、被分数绑架。但是有的家庭不和睦，吵吵闹闹，父母离异，焦虑的母亲，缺位的父亲，这都不是正常生活，导致不少学生厌学，甚至逃学不上学。

初中情智教育，指向初中学生的生命成长。学校开设丰富的课程，提升教师的课程教学能力，并督促学长创造良好的家校环境，关注不同学生的兴趣和信心、活动与主动、情绪与烦恼，从而促使学生形成从感性到理性，又能从理性回到感性的认知思维方式；关注智力因素，更重视非智力因素培养，帮助他们树立成长目标，处理“玩中学，做中学，创中学，用中学”的关系；让学生“被爱”，学会“有爱”，也会“爱人”，从“他律”学会“自律”，乃至“无律”，从“成长”变“成熟”，走向“成功”。学校开足开齐国家课程，五育并举，促使学生学会学习、学会合作、学会健身、学会审美、爱上劳动，拥有正确的价值观、必备品格和关键能力。

3. 初中情智教育校长专业发展

“四有”好教师的团队培养，离不开校长的坚定信念、教育思想、示范引领、实践创新。初中情智教育，指向初中校长专业发展，做“身家国”一体的铸魂教育，做“家校社”一体的智慧教育，做“身心灵”一体的生命教育。

首先，校长要有“为党育人，为国育才”的家国情怀、道德情操、思想境界，责任担当；其次，面对来自社会、家庭、师生各种育人质量问题，接受各种舆论评价，应对各种矛盾和突发事件，做到“勇者不惧，智者不惑，仁者爱人，知行合一”；最后，锤炼自己的专业素养，修行自己的人格魅力，凝练办学思想，唤醒全体教职员工内在心灵对美与爱的价值追求，遵循外在教育发展规律和初中学生的身心发展认知规律，做“完整人”的教育！

校长不仅提升自我领导力，更要提升教职员工群体领导力。尊重、理解教师的内心需求。“愿景导向，制度导向，榜样导向，问题导向，任务导向”，帮助教师创造成功机会，获得职业成就感、归属感、获得感、幸福感。指导教师终身学习，团队合作，积淀情智。面对来自不同家庭背景的家长，个性差异不一的学生，如有心理问题、网络游戏问题、家庭离异问题等特殊的学生，采取问题即课题，集体共商共议，寻找最好办法，进行耐心细致、不厌其烦的有效教育，生长不同学生的情智。教学相长，学生情智又影响助长教师情智。帮助教师认识，情智是手段，也是目的，相辅相成，相得益彰，进而循环往复，螺旋上升，形成师生、校长、家长相互欣赏并相互认同的和谐人际氛围，提升人格至善的学校精神品质。

4. 初中情智教育指向学校品质提升

国家课程校本化实施，将人的情智与人工智能有机结合，创造初中阶段未成年人的真教育，推进学校高质量发展、高品质提升。

基于校本行动，共同指向学校育人目标，架构学校情智课程体系。其中，“国家课程”按照内容难易分为“基础课程、拓展课程、探究课程”。尊重差异，分类要求，分层实施。校本课程按照需要和兴趣类别可分为“必修、选修”。必修课程有以现行班级为单位的“心理辅导课程”“每月一事人格课程”等；选修课程是按照个性差异进行的班级内自主合作选择性课程，有“考察探究类、社会服务类、设计制作类、实践体验类”活动课程，有打破班级的“文学、艺术、体育、科技”社团课程。“以爱育人，以情感人，以理服人，以法立人”“生活润德，活动知德，学科育德，社会弘德”，建构情智德育课程。

“我们不可能把每个学生培养成为工程师、医生、科学家和艺术家，可是每个人终将成为父亲和母亲、丈夫和妻子、儿子和女儿、女婿和媳妇。每个人都有享受幸福的权利，都应承担相应的社会家庭责任。”教给学生终生有用的东西，使学生拥有带得走的能力。这就是初中“情智教育”的“人文价值”，凝聚着“崇高精神”，体现着“人性之善”……

第三节　理论依据

教育的基石是教育学和心理学。我们每个教师从事着诸如语文、数学、英语、历史、地理和自然科学这样的学科专业知识，面对初中学生，进行“情智教育”，需要我们传承古今中外优秀文化传统，运用教育学、心理学、教育心理学来指导，进行教育的哲学思考，用理论指导我们学的研究，教的研究。只有这样，才能视野开阔，方向清晰，方法得当，行动精准，修炼自我，教学相长，生长情智。

一、中华民族优秀文化

中华民族能够始终立足于世界民族之林，自有一套教养国民、传递文化的方法与精神，经受了历史的检验，可以为我们传承。

1. 倡导“身家国”一体的教育观

“身、家、国、天下”一体的教育理念在《礼记·大学》中得到完整论述。其论述分为两个部分，即“三纲领”与“八条目”。“三纲领”是对大学教育目的与为学做人目标的纲领性表述：“大学之道，在明明德，在亲民，在止于至善。”它强调，人的完善始于个人发扬光大所赋予的德性，终于将自身的善转化为他人乃至社会民众的善，进而达到至善之境。“三纲领”是三步要求，层层递进，浑然一体，既是纲领、目标，也是过程、方法。

“八条目”则是实现“三纲领”的具体步骤，包含着八个前后相续、逐个递进和包含的环节，其重点在修身，其特点在循序渐进、逐步实现，体现了过程与阶段的统一：“古之欲明明德于天下者，先治其国；欲治其国者，先齐其家；欲齐其家者，先修其身；欲修其身者，先正其心；欲正其心者，先诚其意；欲诚其意者，先致其知；致知在格物。物格而后知至，知至而后意诚，意诚而后心正，心正而后身修，身修而后家齐，家齐而后国治，国治而后天下平。”“三纲领”“八条目”既提出了很高的道德与政治要求，也表现了很强的现实可行性，是将高远的目标寓于日常性的点滴进步和提高之中。其中所阐述的道理即是：一个人能否立足于社会进而报效于国家，其基础即在于自身的修养和个人的完善，即人的素质的全面养成；一个人立足于社会、报效于国家虽是十分艰巨之事，却完全能够实现，实现之道即是从自身做起；一个人真正的完善并非独善其身，而应天人合一，物我一体，情理交融、和谐、平衡和互补，由自身之善，逐步推及更大范围的人群，即所谓家、国、天下，在“兼济天下”的过程中，最终实现自身的完善。这一认识成为古代教育和教育思想的基本精神。在当下作为新时代的中国人，怀揣中国情，中国教育梦，汲取中华文化智慧，己立立人，己达达人，自觉才能觉人，方能做“身家国”一体的情智教育。

2. 追求“身心灵”完整人格的育人观

孔子最早阐述了完整人格。《论语·宪问》记述：“子路问成人。子曰：‘若臧武仲之知，公绰之不欲，卞庄子之勇，冉求之艺，文之以礼乐，亦可以为成人矣。’曰：‘今之成人者何必然？见利思义，见危授命，久要不忘平生之言，亦可以为成人矣。’”其中提到的臧武仲，鲁国大夫，为人多智；公绰，鲁国大夫，为人廉静寡欲；卞庄子，鲁国卞邑大夫，有勇力；冉求，孔子弟子，多才多艺。此处所谓“成人”，是指一个完整的人。在孔子看来，一个完整的人应当是将诸多人的优秀品质集于一身的人，这些品质包括了智慧、廉静、勇敢、才艺以及礼乐文采，或者是能做到面对利益懂得思考是否应该得到，遇到危难愿意为之付出生命，历经磨砺也能不忘平生的诺言。显然，这是一种完整而全面的人格。孔子所谓“仁者不忧，知者不惑，勇者不惧”，也表达了类似的意思。因为“仁者、智者、勇者”应当是一个整体，也是孔子的人格追求。对孔子所说的“成人”，朱熹的理解是：“成人，犹言全人。”他认为，孔子希望人们都应当努力兼有上述四人之所长，无论是孔子还是朱熹，都强调了人的素质的全面、综合和出类拔萃，这成为教育培养人的最高境界。

追求完整人格的教育，不只是儒家学者如此，其他学派的学者也有类似思想，只是对什么是完整人格的理解有所不同。如墨家对“兼士”人格的设想：“博乎道术”“辩乎言谈”“厚乎德行”，不仅十分强调掌握众技之长，却又不以此为满足，同时还十分强调与社会人伦实践有关的素养，如擅长思维与论辩、具备优厚的德行等。这与我们当下教育“立德树人”“知行合一”，是一脉相承的。

3. 重视“五路”“三知”的方法论

墨家主张认识事物须“五路”“三知”。何为“五路”？眼、耳、鼻、舌、身这五条感知世界的渠道。《经下》第46条说：“知而不以五路，说在久。”《经说下》解释道：“智以目见；而目以火见，而火不见。惟以五路智久不当。以目见，若以火见火，谓火热也。”这里的久，是指时间。墨家认为，一般情况下认识事务，须通过五路，即“惟以五路智”。但对有些事物，光凭五路去认识还不够，还必须经过总结、归纳，如时间概念。就好像眼睛可以看见东西，是因有光照耀。而时间，是不以目见的。何为“三知”？曰：闻知、说知、亲知。《经上》第80条：“知，闻、说、亲。”《经说上》：“知，传授之，闻也；方不障，说也；身观焉，亲也。”这里明确指出人类获取知识的三条途径。“闻知”，即传授得来的知识。这是知识的继承性。闻知又分传闻与亲闻。《经上》的一下条即第81条说：“闻：传、亲。”《经上》的解释是：“闻：或告之，传也；身观焉，亲也。”这一条专门解释“闻知”的。对闻知得来的材料，仍须用心审慎地加以分析。《经上》：“循所闻而得其意，心之察也。”以这样的态度去接受知识，既可以明其知识的真伪，又可以为内化为自己的知识。“说知”，是以所知而推论未知，包含有推理、判断的含意。“方不障”，方，犹边也；障，通障。此义即指由推论所得知识不为方域所障。“亲知”，这是墨家所特别重视的，就是亲自观察、实践和思考。《经上》第3、4、5、6条系统地说明了亲知的几个阶段和要素：“知，材也。”“虑，求也。”“知，接也。”“恕，明也。”墨家认为，求知，是人的本性。有求知欲，则必然思有所欲而求其然。为此，则必使感官与外物接触。对接触来的材料，又必得推度，揣摩，分析，推理，判断，然后方能得到真知。

可见，学习不只是学书本知识，时时事事处处与外物接触，与人打交道，都是学习资源，“生活即教育，社会即学校”，要做“家校社一体”的智慧教育。

4. 强调知识品行的合一性

陶行知倡导“生活即教育，社会即学校，教学做合一”。他主张：行是知之始、在劳力上劳心、以教人者教己、即知即传。解放儿童的头脑、双手、嘴、眼睛、时间和空间，还儿童以自由，从而解放儿童的创造力。“千教万教教人求真，千学万学学做真人”。

1926年11月陶行知在“南京中等学校训育研究会”上针对学校德育讲了一段非常重要的话，他说：“把教育看作知识范围以内的事，训育看作品行范围以内的事，以为学习知识与修养品行是受不同的原理支配的，甚至于一校之中管教务与训育者不相接洽，或背道而驰。殊不知学习知识与修养品行是受同一学习心理定律之支配的。要打破知识、品行分家的二元论，而在知识品行合一上研究些办法出来。”陶行知非常明确地指出了德育与智育是统一的，知识学习与品行修养两者是统一的，是服从于同一的学习心理之定律。他实际上告诉我们立德树人的内在逻辑就是德育与智育的统一性，就是打破知识、品行分家的二元论。教学永远具有教育性，正如梁漱溟先生在《丹麦的教育与我们的教育》一文中所说的那样，“体育并不是为了军事或其他特殊目的训练，亦不是单单为了锻炼人身的体力和敏捷。体育的目的，是全人格的发展。”

二、西方哲学与教育的结合

1. 身心灵的和谐发展观

古希腊哲学家亚里士多德（Aristotle，公元前384年—公元前322年）所著的《灵魂论》（De Anima，又译《精神论》）一书，是一本古老的心理学论著。在人类历史上，亚里士多德第一次提出灵魂和生命肉体不可分的观点。从现代的观点看，亚里士多德所讲的灵魂实指生物体的机能。很明显，并不是一切生物显示同样的机能。因此，亚里士多德把灵魂区分为适合其相应“自然等级”的三种不同水平。在最低级的水平上，有营养的灵魂，为植物所具有。植物的灵魂有两种功能：通过营养维持个别植物，通过植物维持物种。动物具有一种更为复杂的容易感觉的灵魂，动物灵魂除包括营养灵魂的机能外，又增加了其他机能。它们有感觉，因此有“容易感觉的灵魂”。由于感觉的结果，动物有着快乐和痛苦，所以感觉是寻找快乐或避免痛苦的欲望，感觉的结果产生了想象和记忆，欲望的结果产生了运动。在灵魂的最高等级上，出现了人类的灵魂，人类的灵魂除包容了其他低级的灵魂之外，还增加了理性认识和思维的能力。这就是理性的灵魂。为顺应这三种灵魂，亚里士多德认为必须实施三方面的教育。首先，人有植物的灵魂，对人体进行肉体营养和繁殖，通过体育锻炼后，肉体不断完善起来；其次，人有动物的灵魂，人有感觉、愿望、知识，因智育而达到真理的大门；最后，人有理性的灵魂，通过德育达到完善的境界。亚里士多德堪称把古代西方哲学心理学与教育相结合的典范。他的《灵魂论》为德育、智育和体育的和谐发展提供了哲学心理学的依据。

欧洲文艺复兴后，自然主义的教育运动对哲学心理学与教育实践的结合起了推动作用。主要代表人物是夸美纽斯（J. A. Comenius，1592—1670）、裴斯泰洛齐（J.H.Pestalozzi，1746—1827）和赫尔巴特（J.F.Herbart，1776—1841）。夸美纽斯强调教育要顺应人的自然本性。他所说的人的自然本性是儿童的身心发展规律。如他强调“人具有接受教育的巨大潜力”“人心具有极大的可塑性”，并根据儿童身心发展特点，将人从出生到成年划分为婴儿期（从出生—6 岁）、儿童期（7—12 岁）、少年期（13—18 岁）和青年期（19—24 岁），并提出在发展的每一阶段应有相应的教育机构和教育目标。此外，他还斥责传统经院式的教学方法，认为这些方法不顾儿童的学习愿望，强调儿童呆读死记。他用食欲来比喻儿童的学习动机。他说："一个人没有食欲，却又被迫去吃食物，结果只能是疾病与呕吐，消化不良。反之，假如一个人饿了，他急于要吃食物，立刻可以把食物加以消化，容易把它变成血肉。"

2. 唯物主义的认识论

法国唯物主义者们从唯物主义的立场发展了洛克的经验主义感觉论。他们认为认识必须从感觉开始，而感觉是客观存在的物质世界作用于人们的感官的结果。客观世界是完全可以认识的，对科学方法进行了探讨。其中代表人物狄德罗在他的《论解释自然》中，对认识的经验环节和理性环节的联系，做了很有价值的阐述。他认为对自然的研究"有三种主要方法：对自然的观察、思考和实验。观察搜集事实；思考把它们组合起来；实验则证实组合的结果。对自然的观察应该专注，思考应该深刻，实验应该精确。"他特别强调了经验与理性的结合，实验与思考的结合，因为"理智有其偏见，感觉有其不定性，记忆有其限制，想象有其朦胧处；工具有其不完善处。现象无限，原因隐蔽；形式也说不定变化无常。我们面对着这样多的障碍，有我们自己身上固有的，也有自然从外面加给我们的。而我们只有一种迂缓的实验，一种狭隘的思考。这就是哲学企图用来推动世界的两根杠杆。"在我看来就是认识的"实验情景"和"理性思维"，就是"情智"！

3. 个人与社会的统一性

美国哲学家杜威认为教育即生活，学校即社会。他在《民主与教育》一书中陈述，教育的目的就是生长。生长是能力的拓展——从经验中学习和以有意义的方式指导未来体验的方向。教育应该使人们自由实践，使人们更能引导个人的和社会的生活。在课程方面要关注两个方面：逻辑的和心理的。前者强调学科，后者强调兴趣。常犯的错误就是看到了儿童的兴趣范围和重要的科目内容之间的鸿沟，因为某种科目的内容并不会恰好符合儿童的兴趣范围，困难在于如何组织科目内容，如何呈现给学生。杜威认为道德品质是个体参与社会生活并在继承文化遗产的过程中获得，也可以通过从生活和反思性探索来学习道德。最终的道德动机和力量不过是社会能力，教育的目的就是个体判断力和社会能力的生长。好的教育有助于身心统一、和谐发展，或者是思维和行动统一起来，教育就成了最高的艺术形式——教育的艺术。从中我读到了教育的目的是培养人具备终身发展与适应社会发展需要的正确的价值观、必备品格和关键能力等核心素养。

三、心理、脑科学的理论基础

1. 心理与人的面部首因效应

外在现象刺激使我们的感官和大脑留下印象，对我们的观念施加影响。比如教学中，教师的身体语言，就会对学生记忆、理解、情绪产生强有力的影响。身体语言或非言语交流，包含了许多非词汇的线索。一般说，我们认为面部是身体中传达情绪信息的最重要的部分。心理学家称其为面部首因效应，因为面部是可以让人感觉到的有关情感和态度的最基本信息来源。

当教师一走进教室，学生就可以从我们面部表情比较容易得出今天教师的情绪是怎样的，“快乐、恐惧、厌恶、愤怒、惊奇，还是悲伤”。最初查尔斯达尔文认为这些面部表情是全人类共有的表情。Paul Ekman又指出“绝大多数人控制着他们的表情，在公众场合显露表情的规则是从社会上习得的，是一定社会文化的产物”。面部表情并不总是表达一种单纯的或单一的情绪。微笑是一种不学而会的面部表情。然而，微笑表现的规则随着性别和文化的不同而不同。真正的微笑牵扯到眼角的肌肉，形成鱼尾纹。如果没有这些，这种微笑是虚假的。它所传递的信息也许是几种情绪的混合，也可能是矛盾的情绪。

“观其瞳，彼便无所遁形。”（孔子）眼睛可能会背叛我们，它泄露出我们内心最深处的想法。因此，我们通常不信任那些目光躲躲闪闪，不敢看我们的人。当然目光行为也有文化背景差异。瞳孔大小的变化可能泄露出我们的情绪。教师要利用好眼神，与学生的交流时，凝视、对视方式、时间长短，都能反映出不同的表情暗示，是肯定、鼓励还是批评、提醒？

再譬如说语调、非言语的声音、姿势、气味以及触摸都属于身体语言。心理学家已经发现，听众感觉某人的言词与他们的身体语言相矛盾时，他们更可能信赖后者，对后者的信赖是前者的五倍。当然，面孔不是身体唯一表达情绪的部分，身体其他部分发出的信号也可以表达人的情绪和态度。比如人的躯体是否朝向那些与我们相关的人，能够揭示出我们对他们的态度和情绪。身体语言信号具有先天和后天习得两种成分。所以，我们要认识到教育教学过程中教师自身语言及身体语言对学生的影响力；反之，教师还要重视学生发出的语言及身体语言，观察面部表情、眼神、说话语音语调，洞察、发现学生的心理情绪状态变化，重视学生的非智力因素，更好地走进学生心田，进行因材施教、因生施教。

2. 心理与人脑的思维信息加工

脑是心理运作的一个直接身体条件。所有的外在输入的感觉信息都要转换成一定形式的神经冲动，大脑的不同皮层区域负责不同的感觉，外部感觉器官观察、发现、吸收，将感觉信息输入头脑，进行信息处理，分析比较、综合加工，输出的信息引发心理活动与肉体变化是同一的，如心理激动、愤怒、讨厌，相伴血管粗细、心跳加剧或外在的手舞足蹈等变化。没有身体方面的变化相伴随或者跟随其后，心理变化就不会发生。

工厂的火灾报警器要多响才能让工人在喧嚣的机器声中听到它？飞机控制板上的警示灯要多亮才能看起来比其他的灯亮两倍？咖啡中加多少糖才能感觉到甜？要回答这些问题，必须测量感觉体验的强度。这是心理物理学的中心任务。研究物理刺激与其所产生的心理行为和体验之间的关系。德国物理学家古斯塔夫·费希纳提出了心理物理学这一概念。如光、声音、味道、气味和触觉：研究者确定阈限并建立感觉强度和刺激强度之间的心理物理量。我们把从一种物理能量形式（如光）到另一种形式（如神经冲动）的转换称为换能（transduction）。所有的感觉信息都要转换成一定形式的神经冲动，大脑的不同皮层区域负责不同的感觉，大脑能够区分不同的感觉。对于每一种感觉，研究者都试图发现物理能量如何转换成神经系统的电化学活动，从而产生不同性质的感觉。（比如，感觉到红色而不是绿色），以及不同数量的感觉（比如，洪亮的声音而不是轻柔的声音）。感觉系统具有共同的信息传递过程。人们通过特异性的感受器，觉察环境刺激。眼睛就像照相机，大多数视觉信息的最后目的地是大脑，听觉、嗅觉、触觉等同视觉一样，感觉信息最后都传入大脑的不同皮层进行处理，获得我们的心理感知认同。

心理生活介于由外部施加于身体的印象和身体对外部世界的反应之间。比如铁屑洒在桌上，将一块磁铁靠近它们，它们就会在空气中飞起一段距离，然后附着在磁铁的表面。但是，如果用一张纸片盖住磁铁的两极，铁屑就会始终贴着纸片的表面，而永远也不会想到要从纸片的两边绕过去，并由此而更直接地与它们所爱的对象磁铁直接接触。现在如果从这一类动作转向有生命的人的动作，就发现明显的不同。假设罗密欧与朱丽叶的故事，如果他们之间没有障碍物，罗密欧就会像铁屑一样直接向朱丽叶走去。如果他们之间有一道墙，罗密欧很快就会通过爬上墙壁或者其他的方式，找到一条直接见到朱丽叶的路线或方法。人不同于其他，人会进行思维加工，人对未来目标的追求和对实现目标的手段的选择是心理性在一种现象中存在的标志和标准。

3. 心理学与教育的结合

在教育史上，第一个明确提出将心理学作为教育学理论基础的人是德国教育家、哲学家兼心理学家赫尔巴特。他著有《普通教育学》（1806年）和《心理学教科书》（1816年）等著作。赫尔巴特接受了莱布尼兹关于灵魂单子具有活动特性的观点，认为观念也是活动的。同时，他也吸收了英国联想主义和当时力学中关于引力和斥力的概念来说明观念相互吸引和排斥的关系。他为了进一步揭示观念相互作用的规律，还提出意识阈（conscious threshold）和统觉团（apperception mass）的概念。他认为，意识阈下的观念，只有那些与意识整体相协调的观念才可能不遇阻力而升入阈限之上。进入意识的观念，便可引起统觉。统觉是意识观念由无意识中选择那些能通过融合或复合而与自身合为一体的观念同化过程。一个观念的统觉不仅使这个观念成为意识的，而且使它为意识观念的整体所同化。该整体就被称为统觉团。在统觉论的基础上，赫尔巴特及其学派提出了许多至今还在学校教育中有影响的教学原理。例如，强调学生在过去经验中形成的统觉团在吸收有关新观念中的作用，这与当代认知心理学家强调学生头脑中原有图式在同化新的学习任务中的作用的观点是一致的。又如，根据统觉论，教师不应只传授知识，而且应当唤起和刺激学生的统觉过程，这与当前认知心理学家强调在教知识之前激活学生认知结构中原有相关知识的观点如出一辙。

重视将心理物理学、脑科学研究的结果应用到学习中，坚持学生立场，充分发挥人的主体性、能动性，丰富学生学习材料的内容，借助现代网络智能手段，满足学生的好奇心、求知欲，创设真实问题情景，人在心在，引发认知冲突，激起深度学习，进行自主建构、对话、互动、内化、顺应，信息加工处理，分析性思考、实践性思考、创造性思考，培养思维能力。

第四节　体系建构

中共中央、国务院颁布的《关于深化教育教学改革全面提高义务教育质量的意见》中指出，突出德育实效，坚持“五育”并举，深化课程育人、文化育人、活动育人、实践育人、管理育人、协同育人。

“情智教育”，如何体现国家意志，传承中华优秀文化，落实立德树人，发展素质教育，在校落地生根？

根据学校的工作重心，建构相应的组织机构，并突出“情智德育、情智管理、情智课堂、情智课程”四个重点领域。其中，每个领域突出一个字，从而提炼出“心·雅·学·博”，作为校训。强调“心雅”做人，“学博”做事，做事先做人，做人先做心。“做中学，读中悟，写中思”“以爱育人，以情感人，以理服人，以法立人，情智交融，情浓智涌，情智共生，人格至善”成为全校师生共同的实践指南。

一、“情智德育”是灵魂

著名教育学家赫尔巴特先生有一个重要的观点，他认为“教育全部工作可用道德一个概念以统括之”。也就是说，教学具有教育性，一切的教育都是德育，都应该具有德育功能。立德与树人之间本身就具有一种内在关联性。情智德育，是学校立德树人的最重要领域，它是学校工作的灵魂。

1. 突出一个“心”字，“心上用力”

从“心”出发，以心换心，以心唤醒，达到师生“心心相印”。教育的方向最终不是由政府文件决定的，也不是由课程标准决定的，更不是由教科书和学生决定的，最终是由教师决定的。“教师是教育发展的第一资源。”教师责任重大！教书育人，首先是育人，发扬中华优秀传统文化“仁爱”思想，为时代而明德，为教书育人而明德。“己所不欲，勿施于人。己立立人，己达达人。”“见贤思齐焉，见不贤而内自省也。”“学而不厌，诲人不倦”，养成“吾日三省吾身：为人谋而不忠乎？与朋友交而不信乎？传不习乎？”的习惯。心上用力，终身学习，终身成长，修炼人的善良德性，行动自觉，是教师一辈子的事情。师德是教师发展的第一专业，有情智的教师才做情智德育，培养情智学生。

2. 朝向情智德育的理想目标

“难忘的教育达到教育的难忘。”用美好的记忆、难忘的教育细节影响学生，让他“从被爱到学会爱人，从他律到学会自律，从成长到学会成功”，进阶递升，从而使之逐步完善人格。加强初中学生心理健康指导，丰富德育内容，不断提高德育工作的吸引力和感染力。情智德育旨在创新德育形式，拓宽德育渠道，增强德育工作的针对性和实效性，引导学生形成正确的世界观、人生观、价值观，培养健全人格。

3. 凸显“活动、体悟”，在活动中经历，在体验中感悟

古希腊圣城德尔斐神殿上刻着一句名言“认识你自己”。中国文化传统中历来就有“知人者智，知己者明”。认识自己，接纳自己，完善自己，是成长过程最重要的修养。难怪有人说最大的敌人就是“自己”，常常“自己说服不了自己”。发现自己，认识自己，超越自己，需要提供丰富的德育课程体系，让学生在具体真实情景中体验，在具体活动探究中领悟，生长成有情有智的人。

4. 构建情智德育课程体系

从“生活润德，学科育德，活动知德，社会弘德”四个板块，开展“每月一事、家校共育；学科教育、劳动教育；社团活动、仪式庆典；公益活动、社会实践”等活动。在优化实施国家课程的基础上，辅助校本课程，聚焦每月一事活动，每学期一影、一次社会实践活动，每学年修学旅行活动，营造共读共写的书香校园，缔造完美教室，不被分数绑架。

二、“情智管理”是保障

管理科学有序，是学校开展一切教育教学工作的保障。首任校长张炳华可以说是“智慧管理”的化身，他的“智慧管理”是东洲中学的宝贵财富，他的管理充满了人情味、人文性和人本性。“智慧管理”实质就是人性关怀的管理智慧。“情智管理”是“智慧管理”的提升与超越，是更加注重人情、人文和人本。“情智管理”是从“智慧管理”走向众智管理，情智治理。

1. 突出一个“雅”字，“雅量气度”

学校有组织、有计划、有目的地进行教育教学，离不开管理。学校管理，主要是人、财、物、空间、时间、信息管理。这需要进行科学研究决策，设计工作方案，付诸实际行动，现场指导，督查评估，改进提质，闭环思维。

情智管理，最重要的是人的管理，是教师管理。人是最高价值，教师是学校发展的第一资源。情智管理，改变传统管理中指挥命令式被动管理，凸显人性关怀。发挥行政党员干部“为人民服务”的大局意识、奉献精神，彰显管理人的雅量气度，“文雅、优雅、高雅”，形成“尊重、包容、大气、开放”的管理文化。

2. 尊重“人最基本的社会性是得到肯定”

马斯洛的需要层次理论，把人的需要依次由较低层次到较高层次排列成：生理需要（Physiological）、安全需要（Safety）、爱和归属感（Love and belonging）、尊重（Esteem）和自我实现（Self-actualization）五类。马斯洛认为，人人都希望自己有稳定的社会地位，要求个人的能力和成就得到社会的承认。马斯洛认为，尊重需要得到满足，能使人对自己充满信心，对社会满腔热情，体验到自己活着的用处价值。尊重人性，渴望肯定得到满足，进而才有自我价值实现的需要。

3. 凸显“协同、平衡”，协调认同，尊重包容

“管理没有最终的答案，只有永恒的追问。”学校管理中，常会出现“不管就理你，管了才理你，管了也不理你”三种情况。针对三种类型，发现问题，诊断分析原因，寻找合适的解决途径。管人更要理人，用人，给他机会，发展人，成就人，而不是吼着喉咙，瞪着双眼，指挥要求别人。

4. 问题导向，有规则的自由

在学校组织中，原则性的问题要坚守不动摇，规范、规矩、规则，坚守底线。不是校长说了算，需要现场走动式管理。观察师生的快乐，听取他们的烦恼，汇集多方意见，从师生中来，到师生中去，协调沟通，民主决策，非原则性问题可以从师生实际情况出发，必要时可以做出妥协。

5. 目标导向，有价值的引领

人是人的目的，人是一切关系的总和。学校共同目标、价值，不是“听说管压，被动跟从”，而应服务教师，搭建平台，东洲大讲堂、青年教师发展中心，班主任俱乐部，名师工作室，给予机会，让教师“积极参与，主动向往”，榜样言说自己课程教学实施中的想法、做法，在过程经历、反思学习中收获职业的认同感、成就感、幸福感。

6. 任务导向，有责任的担当

分权赋能，调动全体教师工作的积极性。喜欢做自己愿意做的事情，不喜欢做的也得有责任有担当地去做。先做必须做的，再做自己喜欢做的事。敢担当，敢面对，能跳千斤担不挑九百九。比如排课，沟通、理解、协调、商量，让每个人站到认同的岗位发挥教育力量。

7. 服从党委对学校工作的领导

充分发挥党组织的先锋模范作用，率先垂范，大家跟上。规范办学行为，依法办学，依法执教，完善学校的治理体系、治理制度、学校章程，让大家感受学校就是一个教育生活共同体、团队利益共同体，更是生命价值共同体。

三、“情智课堂”是核心

学校教育生活中，最普通、最日常、最大量的事件发生的时间与空间，都是与课堂有关。课堂，是师生对话互动、思维流淌、生命成长的地方。学生的校园生活状态，与学校每堂课提供的知识养分有着密切关系。如果课堂不能够给学生以智慧的挑战、情感的共鸣、发现的愉悦，如果课堂只是让学生成为一个容器消极地接受、被动地应付，他一定不会享受幸福的学习生活。所以，情智课堂，就应坚持“学生立场”“以学定教”。

“研究影响课堂教学师生状态的众多因素，研究课堂教学中师生活动的全部丰富性，让课堂焕发生命的活力。”

1. 聚焦一个“学”字，“学生立场”

教学的最大最终的成功是在“学生立场”，以学定教，为学生发展服务。美国的雷夫老师，有人问他，“你是什么老师，教什么学科的？”雷夫说，“我不是教学科的，在我的教室里我是教人的。”在学科的背后，在学科的深处应该是人。我们平常过多考虑的是学科立场，站在教的方面，而忽视学生学的方面。坚持学生立场，也就是课程立人，学科立人，教学立人。坚持学科立场与学生立场的融合统一，学科立场服务于学生立场，从学科立场中发现学生立场，从学科立场中站稳学生立场。

2. 站在“学生立场”思考问题

要观察学生，发现学生。发现学生，要相信学生，尊重学生，信任学生。我们和学生是两个不同的世界，他们是儿童世界，我们是成人世界，两个世界，如果没有互通，当然就不理解学生。初中学生十三四岁，他们正处在花季，我们在花季外；他们正处在门内，我们在门外；他们在故事里，我们在故事外。我们需要通过适切的方式方法，了解他们的心声。我们与学生其实是熟悉的陌生人。看起来熟悉其实不熟悉，我们自己从儿童过来，现在天天和初中生在一起。在一起不一定就了解初中生：一是看起来熟悉，实际上不熟悉；二是对有的学生熟悉，对有的学生不熟悉，一般对那些成绩好的，家庭背景好的，长得好看的，我们可能熟悉；三是有时候熟悉，有时候不熟悉，和孩子常在一起交谈的时候熟悉，不常交流的不熟悉；四是最为严重的，以所谓的熟悉掩盖了对学生的陌生。不同学生的外在表现形式是不一样的，让你琢磨不透。我们要站在学生立场琢磨推敲，想学生所需，解学生所难，创造一切机会，尽可能增加与学生生活、交流、共情的时光。而不是到上课时间才进教室，一上完课就走，平时看不到老师的身影。

3. 凸显“对话，互动”，倾听与表达，合作与探究

美国缅因州的国家训练实验室，研究得出一种现代学习方式的理论——学习金字塔。最早它是由美国学者、著名的学习专家爱德加·戴尔 1946 年首先发现并提出的。它用数字形式形象显示了：采用不同的学习方式，学习者在两周以后还能记住内容（平均学习保持率）的多少。在塔尖，是第一种学习方式——“听讲”，也就是老师在上面说，学生在下面听，这种我们最熟悉最常用的方式，学习效果却是最低的，两周以后学习的内容只能留下 5%。第二种，通过“阅读”方式学到的内容，可以保留 10%，第五种，“小组讨论”，可以记住 50% 的内容。第六种，“做中学”或“实际演练”，可以达到 75%。最后一种在金字塔基座位置的学习方式，是“教别人”或者“马上应用”，可以记住 90% 的学习内容。爱德加·戴尔提出，学习效果在 30% 以下的几种传统方式，都是个人学习或

被动学习；而学习效果在50%以上的，都是团队学习、主动学习和参与式学习。好的课堂教育一定是关注“学生参与的主动性、思维的深刻性”。

学习金字塔

4. 追求情智课堂五个“真”

课堂是演绎师生生命美丽和流淌思维痕迹的地方。要力求“创设真情景，引发真问题，进行真探究，投入真感情，追求真智慧”。学科教学，从知识导向、能力导向，走向价值导向，学科育人，“转识成智”，从而培养学生具备终身带得走的关键能力，促使学生发展核心素养，形成正确的价值观和必备品格。

四、“情智课程”是载体

20世纪美国著名哲学家、教育家怀特海认为，每所学校应该有自己的课程。一所特色学校，首当其冲应该具有自身的特色课程。特色课程是学校特色的主要载体，是学校文化内涵最为丰富的组成部分。“情智”文化要走得更好、走得更远，必须实现“活动课程”向“情智课程”的转型。

1. 加德纳的多元智能理论

加德纳的多元智能理论指导我们尊重学生个性，为学生创造适合的教育。20世纪80年代哈佛大学认知心理学家加德纳所提出的多元智能理论，定义智能是人在特定情景中解决问题并有所创造的能力。他认为我们每个人都拥有八种主要智能：语言智能、逻辑数学智能、空间智能、运动智能、音乐智能、人际交往智能、内省智能、自然观察智能。他提出了“智能本位评价”的理念，扩展了学生学习评估的基础。他主张“情景化”评估，改正了以前教育评估的功能和方法。加德纳的多元智能理论是对传统的“一元智能”观的强有力挑战，学生发展性评价实行多元化，多样性。

2. 突出一个“博”字，“广博多样”

“课程即生活，课程即环境，课程即机会。”全校几千名学生，来自不同的家庭背景，个性特长、爱好脾气各异，满足学生的兴趣发展需要，倡导“合格 + 特长”，提供多样化的课程设置。回归孩子生活的世界，给孩子更多现实的选择，创新更多宽松的氛围，创建更多的个性成长的空间，激发学生潜能，促使学生形成适应终身发展和社会发展需要的正确价值观和必备品格，培养学生的关键能力，从而追寻富有意义的、充满人性的教育。

3. 凸显“分层、选择”，放大学生成长的特色课程

当下青少年自我认同过程中经常出现的现象大概有四种类型：一是过早闭合型，根据父母、教师的要求行事；二是迷失型，逃避问题，沉迷于网络空间；三是延缓型，有所思考，但没有斗志，不能信守承诺；四是获得型，自己反思后自主决定。

反观那些学习成绩和各方面发展都比较好的学生，他们学习的自觉性程度都比较高。表现为学生在学习和生活中的自律、有理想、自我管理、专注、良好的学习习惯、有比较清楚的学习目标，等等。自不待言，这种自觉性正是一种非常重要和基本的道德素养与品质，也是一种自我调控能力的体现。

我们在教育教学活动中，第一种知识是要传授大量陈述性知识，“知道是什么”；第二种知识是我们还要传授给学生非常重要的程序性知识，“知道怎么样”；第三种非常关键的知识则是一种所谓元认知的知识，实际上是一种对自己认知活动的认知，即知道自身思维过程的知识。这种元认知的知识主要涉及三个认知技能：首先，是自我计划；其次，是自我监控；最后，是自我评价。教育不仅仅是帮助学生认识自然界和人类社会，不仅仅是了解认识外部的各种规律，更主要的是帮助指导学生认识他们自己，包括认识自己的身体、思维、性格特征，等等。正如中

国有句古话所说的那样，“人贵有自知之明”。

我们在教育教学中，以兴趣为主导，帮助学生认识自己，接纳自己，学会反思，我是谁？我的个性、特长、能力怎样？优点有哪些？缺点有哪些？为什么会懒惰？我能做怎样的人？我的愿望和理想是什么？要在国家课程卓越实施的基础上，增加校本化的人格健全成长课程，如心理健康指导课程、修学旅游课程、社会实践活动课程、劳动体验课程。学校教育、家庭教育、社会教育三结合，协同育人，丰富课程资源，培养孩子的自我管理、自我约束、自我认识的能力。

4.“情智课程”体系架构

基于校本行动，为了达成学校初中学生的育人目标：“身心健康，品行真善，学业扎实，视野开阔，审美雅趣。”（可以分别对应“立身之本、为人之道、成才之基、创新之举、成人之美”。）学校遵循“运动让生命更阳光，文学让生命更丰润，科学让生命更睿智，艺术让生命更灵动，实践让生命更精彩，仪式让生命更神圣……”的课程目标，结合已有课程群的开设，在不断实践基础上逐步完善，设计了“1+X”情智课程体系架构。

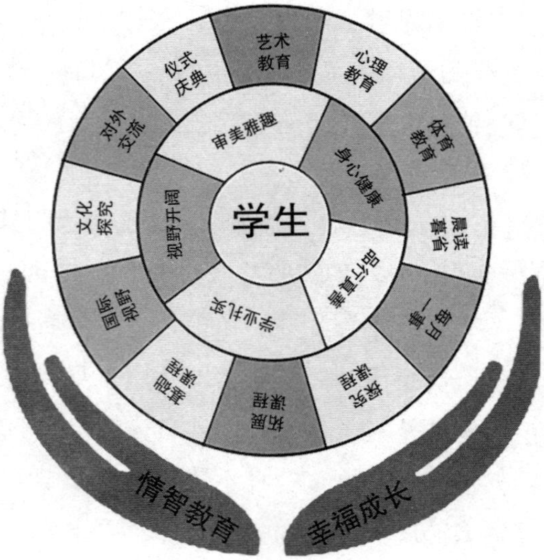

具体说来，“1+X”是指“国家课程校本化，校本课程特色化，教师课程个性化，学生课程选择化”。其中，“国家课程”按照内容难易分为“基础课程、拓展课程、探究课程”。要尊重差异，分类要求，分层实施。校本课程按照需要和兴趣类别可分为“必修、选修”。必修课程有以现行班级为单位的“心理辅导课程”“大文科听说读写课程”“每月一事人格课程”等；选修课程是按照个性差异进行的班级内自主合作选择性课程，有考察探究类、社会服务类、设计制作类、实践体验类等综合实践活动课程，有打破传统班级的体育、文学、艺术、科技等校内社团活动课程，自主选科走班……丰富的课程资源，在实践中不断完善、不断丰富。

第四章

“情智教育”理念下的学校文化

“学校文化”是学校发展之魂，是学校组织成员的精神皈依，是共同认同的信念、观念、语言、礼仪。它决定着全校人的使命担当、价值追求和发展目标，同时显现在学校的一切教育行为（学校的节日、仪式、庆典、教学，以及各种具体的行为规则等）、各种物质载体（建筑、logo、色彩、绿化、教室、课桌、座椅、装饰、校服、网站甚至校徽、纸杯等）和全部的符号体系（校训、校歌、校徽、学校吉祥物，以及校风、教风、学风的语言表达）之中。“情智教育”理念下的学校文化能否体现出“情智”文化的精神面貌、精神气质？我们全体师生通过共同努力，在传承中发展，在发展中创新，且思且行，且行且思……

第一节 学校文化发展导向

一、学校文化定位

1. 关于“文化”的认识

中国传统意义上“文化”，就是指“以文化之”，以文明教化之，是相对于武力与法律而言，从精神层面上改变人、润泽人的途径与方法。

西方的文化概念，其初始意义大体上包含了对自然（耕种）和人自身（培养）的改造这两个方面的意义。17 世纪，德国法学家 S.von 普芬多夫（1632 ~ 1694）首先独立使用“文化”概念。在以后的一段时期里，文化主要被理解为对身体、心灵和精神的培育。

恩格斯早就说过：文化上的进步，让我们向自由迈进一步。“自由”是什么境界？就是文化境界，创造的境界。人迈向更高的自由境界，就是迈向文化的境界，迈向发展、创造的境界。

2. 学校文化定位

皮特森（Kent D.Peterson）指出：“学校文化是一组规范、价值、信念、典礼、仪式、象征和事迹，这些因素构成了一所学校不同于其他学校的个性，正是这些不成文的因素随着时间的流逝促使教师、管理者、家长和学生一起工作，一起解决问题，共同迎接挑战和面对失败。”

学校文化有两种来源：一种是学校优秀传统的历史积淀——一所好的学校，在它写下的自己的历史、自己的故事中，总有一些精彩的部分，有值得后人继承、发扬的东西存在；另一种是学校有意识地追求——把某个理念当成全校师生追求的梦想或标尺，然后大家朝着它不懈地努力。

“学校文化”是一种力量，是一种促进学校发展的“软实力”（SoftPower）。它是与学校的物质条件、硬件设施、教育技术、制度规范等硬实力相辅相成的。学校文化认同一旦形成，就会表现出强烈的稳定性、聚合性、亲和性。其精神结构、价值系统、心理特征和行为模式，具有极强的渗透力和与吸引力，能够产生巨大的弥漫和辐射效应，会超越时空，持久地支配每个师生员工的思想和行为。

“学校文化”实质是“人化”。一是“以文化人”，用学校已有文化来影响人。文化是一种潜移默化的软实力，可以塑造人。当新教师从大学里分到学校，或外来教师调入这所学校，就会受到这所学校文化氛围的耳濡目染、浸润熏陶。二是“以人化文”，用学校的人来创造学校发展的文化。学校文化不是天上掉下来的，是建立在以往学校领导和师生积淀的基础上不断发展创造的。师生团队都是学校文化的创造者。三是学校文化成为人的精神家园，最重要的是学校办学的理念，是信念，是学校文化主张。建构一种积淀厚重、情理交融、充满活力、风貌独特的学校文化，显得尤为重要，将为学生、教师和学校的长久发展打下坚实的精神底蕴。

东洲文化是什么？东洲中学一路发展的过程就是一个“以文化人”“以人化文”“精神引擎”的发展过程。心理教育、智慧管理到情智教育，以爱育人，以情感人，以理服人，以法立人，它就是东洲师生在校园生活中长出的共同拥有的果子，是东洲师生们在长期生活中积累并传承下来的智慧。

二、学校文化目标

让学校成为师生共同成长的精神家园，做精神高贵的人。

东洲中学以往历史中最大的特色与传统文化，是“心理教育”和“智慧管理”。“心理”最主要的是情怀，是情感，是情意。所谓“情动而辞发，情真而意切”。“智慧”是指聪明、见识，是与智力、智能、智谋、智商等紧紧相连的。东洲中学今后的发展，仍然要有文化，文化意味着在传承中发展，在发展中创新。把学校已有的特色“情”与“智”连缀而成，倡导“情智教育”，“情感人文、艺术审美，科学理智、审慎求真，趋于人格、健全至善。”教育的一切和一切的教育都是指向人、为了人，为了立德树人。从这个意义上说，“情智教育”是东洲中学在文化上的结晶、文化上的进步以及文化的自觉，它是东洲人共同朝向的明亮那方。

情智教育：“滋心养智，幸福成长；心雅学博，人格至善”。情智教育理念下的学校文化，就是让学校成为师生共同成长的精神家园。成长有“情智”精神气质的人：面带微笑（友善）、嘴角上扬（自信）、眼中有光（信念）、心中有爱（情怀）、行有方向（目标）、干有恒力（毅力）、脚踏实地（行动——学思践悟、智仁勇行）。

三、学校文化的核心价值体系

学校文化的核心问题是价值观。价值观涉及三个概念：一是“价值”，二是“价值观”，三是“核心价值观”。

首先，什么是价值？“搜索百度”会告诉我们，“价值是自然与人类现象之中普遍存在的数量性事物、存在者、事实”。价值总是在事实中，在行为中。不是所有的事实都有价值的，价值就是“理想中的事实”，要让这个事实有价值，从中发现美好的理想。所以，东洲中学的“情智教育”文化主张，是让所有的师生的共同行为彰显理想的色彩，理想的信念。这就有了文化的朝向。

其次，什么是价值观？价值观是指对价值的判断，对价值的见解，对价值的根本看法。比如，如何看待学校的枇杷树、橘子树、柚子树？如何看待学校师生的融创中心、学校文化中心？走进情智乐园，你有什么感受？活动阵地建设好、校园环境建设好、校园文化建设好……这就形成幸福成长的价值观。

最后，什么是核心价值观？价值观是一个体系，在这个价值观体系中，有许多起着骨架支撑作用，其中起着核心作用的价值观，叫核心价值观。东洲中学的核心价值观是什么？是东洲人共同的“情智”。

回首东洲中学创办、发展、创造历程，三十多年来，一代接着一代，传承着东洲积淀的学校价值、信念，书写着感动自己也感动别人的教育故事，以德立校，以爱育人，以文化人，以人化文。“精神引擎，凝心聚力”“创造新的境界、新的格局”“胸怀家国，放眼世界”“团队合作，追求卓越”，成为我们全体东洲人的共同价值取向和话语表达方式。明晰方向，践行东洲文化的价值追求。学校从一个弱校发展为强校，从一个学校发展为多个校区，走向集团化办学。海门市区初中学校的校长以及学校发展、进程，都与东洲有情缘、有情结。

学校文化的一切，是建立在使命、愿景和价值观基础之上的。使命，就是学校的责任，或者学校为什么而存在。愿景，就是学校的蓝图，或者学校在未来较远的时间里，要抵达到哪里，成为什么。学校发展依靠师生，服务师生，引领师生，成就师生。我们行政班子人员和师生共同寻找最适切的且符合我们自己学校的表达方式。

校风，是在历史积淀下学校文化实然状态的表达。东洲中学首任校长张炳华，凭借自己的高尚人格，率先垂范。建校之初，带领师生拉碾铺路，种花植草，广招教师，教学与科研双璧同辉。实现了“一年站稳，二年成效，三年打响”的教育目标。1990 年学校在全省率先开始了“学校、社会、家庭三结合”教育实践，通过一系列主题活动，将学校教育、家庭教育、社区教育融为一体，拓宽德育渠道，形成强大的教育合力。中考成绩也跃居到全县前三名。张校长倡导“心理教育、智慧管理”的教育情怀，深深感动全校教职员工的心。“人心齐，泰山移”“众人划桨开大船”“团结、和谐、优秀”的领导班子、教师群体形成了。张校长带领开拓者们开创性地提出“勤奋、严谨、诚实、文明”的学校校风，我们一直在坚守、实践、检验。

校训，是朝向学校文化应然境界的表达。校训应该秉承学校的使命、愿景、价值观。学校提出情智教育，开展实践研究，并着重从“情智德育、情智课程、情智课堂、情智管理”四个重点领域具体展开，情智德育是灵魂，情智管理是保障，情智课堂是核心，情智课程是载体。每个领域分别突出一个字，“心、雅、学、博”，从而凝练成校训“心雅学博”，倡导“心雅做人，学博做事，做事更要做人，做人更要做心。”

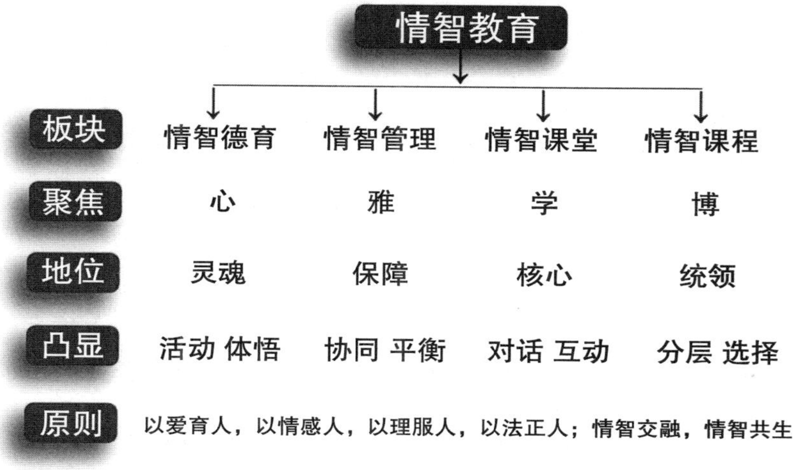

为了将学校的使命、愿景、价值观落到实处，需要制定一个规范和

激励学校全体成员的制度。这制度是学校管理者和师生共同遵守的“契约”。在组织教师学习认识的基础上，梳理、完善学校文化的价值体系和话语表达。进一步完善学校的办学理念——核心价值体系，成为全校师生共同的朝向。

使命：过一种幸福完整的教育生活。

愿景：让学校成为师生共同成长的精神家园。

核心价值观：团队合作、追求卓越。

治校方略：以师德增强人格魅力，以制度提升教育能力，以科研挖掘质量潜力，以特色扩大办学张力，以改革增强学校实力。

办学目标：学校有特色，学科有亮色，教师有专长，学生有特长。

育人目标：身心健康，品行真善，学业扎实，视野开阔，审美雅趣。

工作目标：敬业、务实、智慧、高效。

处事原则：不做海滩上的砂石互相碰撞，愿做天空中的星星相互照亮。

学校精神：团队合作的奉献精神，超越自我的进取精神，追求卓越的乐业精神。

校训：心雅学博。

校风：勤奋、严谨、诚实、文明。

教风：热爱学生、言传身教、勇于探索、精益求精。

学风：拼搏善思、厚积创新。

教师素养：目标高远、情趣高雅、爱岗敬业、方法科学、开拓创新。

学生素养：身心健康，品行真善，学业扎实，视野开阔，审美雅趣。

精神长相：面带微笑，嘴角上扬，眼中有光，心中有爱，行有方向，干有恒力，脚踏实地。

用教师情智进行教育，生长学生情智。教学相长，学生情智又影响助长教师情智。情智是手段，也是目的，进而循环往复，螺旋上升。师生情智交融，行政班子与师生情智交融，家校、社会情智交融，从而走向情智共生、人格至善的明亮那方。

第二节 学校文化涵育策略

一、学校文化认同

学校文化的生态涵育，首先需要学校文化认同。学校文化认同是维系学校秩序的“黏合剂”，是培育师生员工学校意识的深层基础。这是任何刚性的物质力量、制度力量都无法替代的。

1. 校长的人格认同是学校文化认同的前提条件

“校长是一个学校的灵魂。（陶行知）”这并不是说，只要做了学校校长，就是学校的灵魂；做了名校的校长就是名校长。而是强调一校之长，对于学校文化建设和发展的重要性。要想评论一个学校，先要评论它的校长。

在全体东洲人的心目中，我们拥有的老校长张炳华是东洲团队之魂。当我做校长以后，我也常想，我凭什么做东洲的校长？我能做好校长吗？我能得到师生的人格认同吗？我有自我领导力，还有群体领导力吗？大家是否愿意跟随，是否能带给他们幸福的能力？如何带给他们幸福的能力？在扪心自问过程中，严格要求自己，做出像校长的样子。

教师也常把我与老张校长作比较。校长受到大家的评论是常事，做得好是应该的，做得不好指出来也是自然的——因为你是校长。校长的格局要大，要看到别人看不到的，要想到别人想不到的，更要理解别人不理解的。不然，与一般人一样的见识，何以成校长？何以成为教师中的首席？教师们反馈来的问题或想法，反映了我们校长与教师沟通还不够。适当的时候可以通过校务会议，进行解释，取得理解支持。拿别人的错误惩罚自己是最大的错误，拿别人的批评改进自己是最大的进步。听得进好话，也要听得进坏话，不回避问题，辩证理性地看待问题。学校没有问题才是真的有问题。发现问题，还要进一步分析问题、诊断问题，群策群力解决问题。

面对学校转型期遇到的各种困难，外界也在观望。创业难守业更难，一个女子能否把东洲教育做好？我自己内心也纠结过，到底走教师专业路，还是走校长行政路？毕竟两条路同时走，是很艰辛的。理性的“大我”要战胜消极的“小我”。既然组织把整个学校交给我，我一定要做好校长角色，做好名校的校长。我的特长优势是课堂教学研究，就要发挥自己的教学领导力，坚持课堂一线的教学示范、课例研究，增强自己的“看课、研课、评课”的“武功”。这样正好可以相得益彰，助力我的校长课程教学领导力。方向明确，义无反顾，保持激情，砥砺前行。

每年的寒暑假、节假日，都排满了学习任务：参加南通市名师导师团培训活动，校长研修活动，新教育年会……关键时间、关键事件、关键人物，指引我参与“专业阅读、专业实践、专业交往、专业写作”。“独学而无友，则孤陋而寡闻。”与志同道合的人在一起学习，是人生的一大快乐。

人即经历，经历即人，经历过的事情不管是得与失、欢笑与泪水、成功还是失败，都给人经验与启迪，都是人生宝贵的经验财富。我领悟到教师职业幸福的行走方式——“幸福是奋斗出来的”——幸福是付出后的收获，是先舍后得的内心愉悦体验；幸福也是一种能力，是不断认识自己、发现自己、挑战自己、超越自己的能力，是一种借助外力平台机会之上的“自己培养自己”的综合能力。幸福是需要我们用“情智”去共同创造的。学思践悟、智仁勇行，给别人带去幸福，也给自己带来更深层的幸福！

重新审视自己校长的责任、使命、担当，我要把我的成长经历体悟和学到的理念运用到实际管理中，发展教师、成长学生、成就学校。我是这样想的也是这样去做的。每次全校开会，我都会认真备课，并广泛阅读《在一个称作学校的地方》《教育的目的》《重建教师的精神宇宙》《课程的逻辑》《新教育行动》《人文教育的哲学思考》《面向个体的教育》《爱心与教育》《静悄悄的革命》《自卑与超越》《儿童的人格教育》《未来学校》……从中汲取营养，不断充电达到自发电。有老师说，滕校长原来拿着稿子读，现在可以脱稿讲几个小时。教师们在慢慢地认同他们的校长，认同他们校长讲的话。

校长的学习力就是学校的发展力，校长的行走方式就是校园里的精神符号！校长的文化自觉就是学校文化之魂的源泉。学校高品质文化需要高品质教师队伍，高品质教师队伍需要高品质的校长！校长的人格认同是学校文化认同的前提条件。

2. 团队合作是学校文化认同的充分体现

一个人可以走得很快，但一群人可以走得更远！情智教育，它是东洲集体智慧的总结凝练提升，不是校长一个人的自说自话，能让东洲教育人感同身受。情智教育，旨在让知识拥有情感的温度，让教育润养人性的光辉，让学校充满人际和谐的文化氛围。办“南通领跑，省内领先，全国知名，国际有影响”的学校。

“请跟我上，行政党员率先做出榜样”，这是行政团队形成的共同使命朝向。行政党员不仅是教学业务的带头人，更是正气的引领人。团队合作，知行合一。而不是各敲各的锣，各说各的道，说的与做的两张皮。大家相互搭台，相互补台，“不做沙滩上的沙石相互碰撞，愿做天空中的星星相互照亮。”万事和为贵，它是全校抱团奋进的风向标。倘若校级领导班子不和，手下教师到底听谁的，摸不着方向。所以，校级领导团队为全体教职工团队做出表率。五十五岁的葛书记将校级领导岗位放下来，本来只要做好督导工作就可以了，但他还坚持站在教学一线，任教初三毕业班的数学课，成为全校的“老法师”，为年长教师做好榜样，让东洲顺利化解教师老龄化问题；副总校长任卫华，除了协助校长对内对外做好管理，还兼任初三化学老师、初二生物老师；分管教学的副校长孙建华，担任一个班的数学教学还兼任班主任工作；集团办主任、分管学校德育的姜栋强，担任两个班的物理老师，兼职全区物理教研员工作……校级领导每个人一岗双责，管理与业务双肩挑，教书与育人同步。感动自己，才能感动别人，教师们都看在眼里。一级干给一级看，一级跟着一级干。推进了班主任团队、年级部团队、学科部团队，进而影响到全校团队，形成人际和谐发展的氛围。季武斌、陈亚娟、茅胜卫、管军、王能民、李勋、周宇飞、陆晓等，虽然从中层干部位置上退下来，但心没有退，还是全身心投入学校教育教学，并做好年轻教师的传帮带工作。

每年暑期，学校定职定岗，征求意愿，择岗意向，老中青组合，优化人事，激发潜能，让每个人站到自己认同的岗位。提前谋划，日常工作向管理要质量；尊重个性，师生员工生发最强的能量。情智统领，同挑一副担，同喊一个号，同唱一个调，言行一致，上下齐心。只有这样，才能同频共振，聚德增能。组织管理者和全体员工全过程、全方位、全面地将学校文化的共同愿景、使命、价值观渗透并落实到学校教育教学工作的各个方面，达到“以人化文，以文化人”的目标，使学校成为每个教师实现个人价值的精神乐园。

二、学校文化涵育

怎样实现文化生态涵育？学校文化一定是建立在已有学校文化认同基础上的不断积淀、与时俱进、再次创造、创新发展。它一定不是换了一任校长，推倒重来。情智教育，它是东洲文化涵育的核心理念、关键词汇；它是学校在转型阶段的提档升级，接着续说。它指向人的全面发展，提升人的文化底蕴，能让人终身受益。

1. 人是最高价值

记得2009年全校校务会议，开始提出情智教育的主张，大家听得还算认真，但后来发现他们眼神是茫然的，就像老师在课上给学生上课一样，没有产生心领神会的共鸣。“我给教师的话语内容不是教师需要的东西，碰到这样的问题，我怎么解决？”这不就类似于情智课堂研究中“教师一讲到底没有发挥学生主体性吗？”东洲是我的，更是大家的。东洲文化实质是人化，何不发挥教师的能动性，让大家一起来碰撞更多的智慧火花，言说、评点东洲人的故事？“重视精神状态，倡导成功体验。”“无限相信每个师生的生命潜力！”外在搭建平台推动力，内生行动力，改变校务会议校长一言堂的局面。

我首先尝试让优秀班主任黄老师讲他的治班之道，他像模像样地作了“会做偷懒的班主任”专题报告。对他来讲是一次班主任工作梳理，得到的是工作认同感和学校归属感；对台下的人来讲，认真倾听，开始比较，寻找差距，起到更好的内化作用。我看到改变的力量，从那以后，“每次校务会议到底谁来主持，围绕什么主题？谁来主讲？讲什么？怎样讲得更有效果？”校级领导班子一起策划，除了校长讲话，还会专门安排优秀班主任讲“我的治班之道”；请骨干教师讲“我的精彩课堂”；请外出学习者讲“我的学习体会”。就这样，把每双周一次的校务会议变革成了“东洲大讲堂”。校长一言堂变成“情智”大家谈。

2. 让教师工作有温度，引导行为文化

作为一名校长，首先自己对学校要有情与智，还要引领全校教师投入教育的情与智。情智，是钟情于自己喜欢事情的一种专注态度，一种专业能力，一种专业精神。突出“教师第一”，由“听说管压，被动跟从”，走向“积极参与，主动向往”。人是人的目的，人是要得到相互肯定、认同的。把每个教职员工的心凝聚在一起，学校教育的合力才是巨大的。校长尊重、相信教师，教师也会把尊重、相信传递给学生，这样学校才能形成相亲相爱大家庭，氛围很重要。

我深感：教育是发现，发现师生的内心需求，我们给他们的是否真的需要；教育是感动，感动了自己，才会感动师生；教育是影响，相互潜移默化，感化、同化、内化。学校管理，是人、财、物、时间、空间、信息的管理。而人的管理是关键，教师是学校发展的第一资源。作为一名校长，利用教师，更要发现教师，发展教师，成就教师，幸福教师。

教师管理引领“六导向”：“愿景导向，凝聚向心力；制度导向，提升执行力；榜样导向，激发战斗力；任务导向，赋能内驱力；活动导向，激活合作力；问题导向，生长创新力。”把创造、创新的话语权和组织活动权，交给更多优秀榜样教师，影响、引领、同化周围的人，让大家的个人愿景，相互认同，通过专业成长最大化来体现自己的职业价值和人生意义。倘若离开了教师的工作积极性，再先进的理念也是镜上花，再完美的设想也是水中月。

增加成就感。我们多方位、多层次、多形式地为教师创造关键时间、关键事件、关键书籍，搭建“自我实现”“不断超越”的平台，积极鼓励教师给自己定一个“跳一跳、够得着；争一争，拿得到”的标的，敢与优者比、敢同强手争、敢朝高处攀，不断自我加压、不断自我创新，踏上奋斗之路、推开成功之门。

增进归属感。努力创造良好的用人机制和环境，真正做到人尽其才、才尽其能、能尽其用，让想干事、能干事、善干事的人得褒奖、享实惠、受器重。善于“以其为定其位、给其位促其为”，引导各类人才施展才华、建功立业、成就梦想，从而不断提升广大教师的主人翁意识，培育“我与学校共成长”的情感依赖，涵养“学校是我家、发展靠大家”的公共精神。

增强安全感。把提高教师身心健康真正落到细处、化在心中。对“带病工作”坚守课堂的老师，不宜作过度渲染，其品质诚可贵，其精神尤可嘉，但其行无须效仿。定期做好教师的每年体检工作，举办体育俱乐部活动。有了好的身体，才能有好的状态；有了好的状态，才能更好地传道、授业、解惑。

增大获得感。在力所能及的范围内为教师提供方便，创造条件，提岗升级，增加收入，让他们过得更体面、更自豪。可以说，让“钱袋子”鼓起来，是大家最关心、最直接、最现实的获得感。我们既不必讳言，更不容忽视。

增添幸福感。在丰富学生文化的同时，也要关注教师的业余生活。让他们也能在休闲中享受人生的乐趣，读万卷书，行万里路，交天下友，走出去，请进来，在娱乐中架起沟通的桥梁，在旅途中体会自然的魅力。

教师团队管理，以人为本，变“要我做”为“我要做”、变“逼他干”为“他想干”、变“利用教师”为“发展教师”，让大家感受学校是一个教育生活共同体、团队利益共同体，更是生命价值共同体。

情智治理，不只是开会、布置任务、qq及微信上、发发文件、检查、考核、评比，而应是建立在比较稳定的规范基础上的一种更高层次的文化管理。表现为更加关注实践精神与行为的引领，人人参与，个个重要。学会相互欣赏，博采众长，彼此成就，你中有我，我中有你，各美其美，美美与共。

在情智治理中，形成共识，总结出 7 条格言。

拿别人的错误惩罚自己是最大的错误；

拿别人的批评改进自己是最大的进步；

拿别人的表扬相信自己是最大的自信；

拿别人的优点弥补自己是最大的完善；

拿自己的内驱鞭策自己是最大的攀升；

拿自己的行动挑战自己是最大的超越；

拿自己的经历帮助别人是最大的快乐。

情智治理，学校具体实施了“金、木、水、火、土”五大工程：“金：培养教师的金穗行动；木：因材施教的育才行动；水：心理教育的蓝海行动；火：创新人才的火炬行动；土：校园文化的沃土行动。”推进教师发展，教学研究、校本活动课程、心理健康辅导、STEAM 特色项目等积极开展，学校继续传承仪式庆典传统节气活动，积淀涵育学校文化。

3. 让学校规章有柔度，优化制度文化

“基础不牢，地动山摇”。完善的制度体系是一所学校、一个单位正常运行的最重要基础。但是学校与机关不同、与企业迥异。教育“产品”不是标准件，教育过程也非流水线。面对教师职业倦怠日趋严重的当下，显然只注重“刚”的约束而忽视“柔”的感化，很难真正调动教师的积极性。因此，优化学校制度管理，既要注意“智”的缜密，也要注重“情”的渗透。在坚持严肃、严格、严谨的同时应尽力做到以下五点：

与人文性紧联。教师，包括刚从大学毕业的年轻教师，大多怀有“学高为师”的追求、“身正为范”的自觉。因此在建章立制时，不能一味地强化“高压态势”、片面地理解“从严要求”。应以信赖为基点、适切为准点、激励为力点。做到“制”而有“度”，“规”而有“章”。让出勤考核制度、请假制度等冷冷的“条条框框”敷上“关心人、尊重人、爱护人”的厚重底色，更会感染人、感召人、感动人。

与民主性并举。集众智方能聚民心。在利益诉求日益多元化的今天，例如绩效工资、专项绩效奖、岗位晋升、职称评定，可以通过公开征求意见、为各种观点提供畅述的机会及协商的平台，让教师从执行者的角度陈述诉求、表达意愿，更有助于凝聚共识，从群众中来，到群众中去，找到最大公约数、画出最美同心圆。

与动态性兼顾。“明者因时而变，知者随事而制”（“知”通“智”；“制”即“制度，管理方法”）。任何规章制度都不会也不能一劳永逸、一成不变。随着时间的推移，情况的变化，总会出现“不合拍”的情况。因此，“明”者总会根据时期的不同而改变自己的策略和路径，“智”者总会伴随事物的发展而制定相应的要求与措施。一切从实际出发，实事求是，定时修改完善。

与科学性同构。教师的劳动是复杂的脑力劳动。既与从事体力劳动的工农群众不同，也与同是脑力劳动的科技人员有异。其成果与付出，既不等价，也不同步。因此对教师的考评，既要“顾后”看变化，重减负增效，五育并重，又要“瞻前”看发展，重因材施教，多元评价，以期全面地、科学地、准确地认定工作的得失和成绩的大小。

与指导性结合。很多学校在制度的执行过程中往往有要求、无考评，有考评、无反馈。其实，考评只是手段，提高才是目的。作为管理者既要“问诊把脉”，更要“修路搭桥”，只有让考评显导向、重过程、重反馈、重指导，在拿出评判结果的同时，也要提出整改建议，对于个别问题个别交流，才会让考评真正起到增压力、出动力、激活力的作用。

4. 让教室有谐度，孕育环境文化

一所学校，是由一个个班级组成的。每一个班级都是一所小学校、一个小社会。随着教育投入的不断加大，不少学校十分重视校园环境的育人功能。但在实际操作中往往是抓“大”（校园文化）放“小”（班级文化）、重“面”（校园环境）轻“点”（班级环境）。实质班级文化是学校文化的缩影。

“软”“硬”相谐。文化有“软”“硬”之分。前者是一种“隐性文化”，包括制度文化、观念文化等；后者是一种“显性文化”，包括设施文化、环境文化等。让一个教室“靓”起来，易；让一个教室“亮”起来，难。许多班级的“软文化”与“硬文化”是离散状的、是油水型的。“文以意为先，意犹帅也；无帅之兵，谓之乌合”。因此在创建“班级文化”时不仅要“颜值高”还要“气质好”。真正做到一桌一椅显作风，一花一草含深意，一字一画蕴匠心。真正做到以“软文化”引领“硬文化”，以“硬文化”彰显“软文化”。

“动”“静”相谐。主题新、内容新、形式新的班级活动是增强班级活力、活跃班级气氛、优化班风建设的有效方式，也是展示学生风采、融洽学生关系、提高学生能力的有效途径。班级活动的开展要力求课程化、克服无序性；力重仪式化、杜绝随意性；力保有效化、远离浅薄性。从而让学生始终处于动则活力四射、静则凝神定气，劳逸有间、张弛有致的积极状态之中。

“远”“近”相谐。叶圣陶先生曾说：“教育就是培养习惯。”美国著名哲学家罗素也说：“人生的幸福在于良好习惯的养成。”一个人养成了不好的习惯，一辈子都还不清它的“债务”；养成了良好的习惯，一辈子也用不完它的“利息”。因此，我们在班级文化的创建过程中，必须始终把学生的养成教育放在心上、扛在肩上、抓在手上。当由点滴着手，当从细节做起，既为学生的当下生活奠基，更为他们的未来发展奠基。

“点”“面”相谐。如果说校园文化是条河流，班级文化则应是一朵朵璀璨的浪花；如果说校园文化是片原野，班级文化则应是一道道亮丽的风景。班级文化建设既要体现时代特征、融进学校特色，更要突出班级个性、彰显自身特点。当孩子们刚升入中学，走进学校就说：“校园不一般呢！”介绍任课老师时，有学生说：“这些老师不一般呢！”一天课下来，有学生感叹：“真的是不一般呢！”于是，班主任想：干脆用“不一班（般）”来命名自己的教室吧。“不一班”真是“不一般”啊。除了独特的班名外，别具一格的班徽、别出心裁的班旗、别具匠心的班风、别蕴深意的班训、别饶风致的班歌，既会激励学生做最好的自己，创最好的班级，更会给孩子留下久远的美好回忆。

“主”“支”相谐。即要处理好“主流”文化与“支流”文化的关系。随着时间的推移，网络文化、短信文化、卡通文化、博客文化等一些非主流文化日益盛行。一方面，我们要坚定不移地弘扬正能量，唱响主题曲，让社会主义先进文化始终成为班级文化的主导与主流；另一方面，要积极引导非主流文化，对非主流文化的消极因素则要坚决抵制与摒弃。从而使学生的生活鸟语花香又风清气爽，七彩纷呈又充满阳光。

5. 让符号建筑富有灵气，营造物质文化

（1）校徽意蕴。

由蓝色波涛与黄龙图案组成。蓝色波涛象征上古海中之绿洲、今日之名校——黄海之滨的绿宝石——东洲中学；黄龙图案象征学校秉承龙的文化、弘扬龙的精神、培养龙的传人，此乃学校之宗旨。

东洲中学校徽

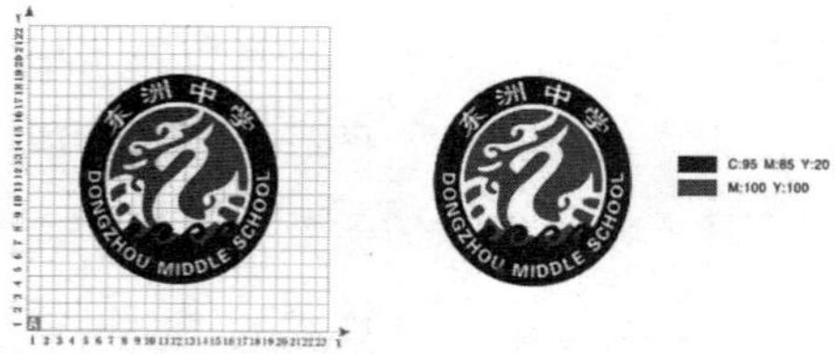

校徽释义：

1.校徽以龙为设计基点，传达出东洲中学的学校文化——东洲文化。龙是中国的象征，每一个东洲人都是龙的传人，不管身在世界何地，我们都是骄傲的中国人，自豪的东洲人。

龙又是王者，智慧的象征，具有神圣的领袖精神，体现了学校的智慧教育，传达东洲中学努力办好学校、做好教育，争创市、省级、国家级名校的理想。

“天行健君子以自强不息”，时刻激励我们每一个东洲学子励精图治，不断进取、拼搏向上。

2.校标又可看作激流勇进的“龙舟”，“同舟共济、奋勇争先”，传达了学校团队合作的奉献精神，积极进取、超越自我的进取精神。

3.校标图案寓有东洲拼音首字母“dz”，反色呈现，体现学校归属性。

4.龙的上部是一本翻开的书本，表达了学校充满浓厚的学习氛围和书香气息，又形似博士帽，寓意东洲学子学有所成。

5.蓝色浪花，富有动感和韵律，体现东洲学子迎浪而上、努力拼搏的精神，又体现了东洲中学的地域文化。

6.红色，象征激情、热情、喜庆、伟大。

（2）校歌歌词。

南通市海门区东洲中学校歌

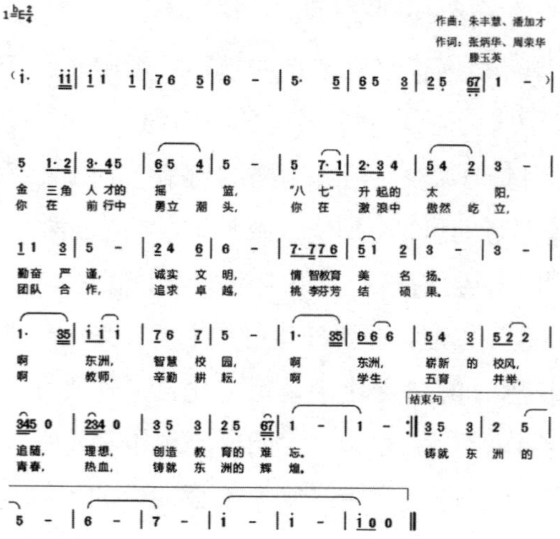

（3）托物言志。

春华秋实　校园有“橘子、柚子、枇杷、葫芦、金橘”等，果实累累，师生自觉呵护，从无人随便采摘，成学校一景。

花草树木　灵眼树、雪松、铁树、榉树、樟树，广玉兰、桂花、栀子花、月季花，各种草花。

（4）学习乐园。

睿智楼　校门北侧六层大楼，系学校实验中心、电脑中心，有专用教室融创中心、艺术中心等。

益智楼　校门南侧六层大楼，系学校文化中心、学校培训中心、休闲中心，电梯上下，专用面积达 2000 多平方米。

灵岩山　孔子曰：仁者乐山。俗语说，有山则灵。迎校门之山名灵岩，其意为：学校蕴灵性、教师富灵感、学生透灵气。

金钥池　孔子曰：知者乐水。水不在深，有龙则灵。灵岩山下水池，其形如钥匙，故名金钥池。每天，金钥池迎接每一位学子，启发他们用金钥匙打开知识的宝库；每天，金钥池欢送每一位学生，勉励他们用知识的金钥匙去解决一个又一个社会实践问题。

怡　亭　位于学生公寓下、灵眼树旁，是学生愉悦之亭，心旷神怡之亭。系 2001 届学生捐建。其意为，学校的特色教育——心理教育，为学生铺架心灵的天桥、开通心理的渠道、让学生在蓝色的天空自由飞翔，在知识的海洋中上下求索。

映月河　校西有一小溪，名映月河，乃前清海门厅河之一段，上有木桥，群鸭戏水。夏天，水之南荷绿花红，鸟语蝶舞；水之北碧波荡漾，鱼游浅水。夏之夜，弯月映照，清澈明亮。师生常围之吟诗作画。

天梯山　建校初 89 年筑，下有喷泉为灵泉，上有石阶为天梯，刻有唐·杜秋娘诗《金缕衣》：“劝君莫惜金缕衣，劝君须惜少年时。有花堪折直须折，莫待无花空折枝。”为鼓励学生攀登科学高峰，取名天梯山。

雏燕楼　初一学生教学楼，五层、教室二十，楼之西消防扶梯犹雏燕展翅，故名。

雄鹰楼　初二学生教学楼，五层、教室二十，学生常以雄鹰来励志，故名。

鸿雁楼　初三学生教学楼,五层组合,教室二十,另有图书馆、阅览室、阶梯会议室等，期学生毕业后捷报频传，取鸿雁传书前二字名之。

鲲鹏楼　学校行政决策中心，五层综合，附电脑室、会议室、心理教育中心，为实施智慧管理发挥了极其重要的作用。鲲鹏，神鸟，其志高智深力大，真天地之领袖也。庄子《逍遥游》篇言：“鹏之背，不知其几千里也。怒而飞，其翼若垂天之云。”“水击三千里，抟扶摇而上者九万里。”故以鲲鹏喻之，名鲲鹏楼。

莽昆仑　位于鸿雁楼前，气势恢宏雄伟，下有山洞。学生常在其下指点江山，以毛泽东词《念奴娇·昆仑》“安得倚天抽宝剑，把汝裁为三截？”“太平世界，环球同此凉热”的宏伟抱负自勉，故名莽昆仑。

沱沱河　下有水，名沱沱河。其水虽小，乃江之源，喻义为智慧之源。只要敢登攀,会探索,懂实践,就能开掘自身的智慧之水,获得学业的成功。水上有桥，谓慧水桥。登桥观山，如历仙境。

蓝玉亭　位于莽昆仑东，沱沱河北，系首届学生捐建。蓝玉亭匾，为海门书法家宋问渔书，并有诗文解说：蓝玉系蓝田生玉之缩写，意名门出贤人。古有蓝田序，为文传千古；今有蓝玉亭，名校育英才。

乐　亭　位于莽昆仑之阳、沱沱河之阴，系圆形架子结构亭。其里有土坛，用于奏乐，故名乐亭。

校门口的新时代好少年风采展，河西走廊学科团队风采展示，每个师生都能看到自己的美好形象。人人重要，个个成长；学校是大家，品质靠大家。学生校服校徽标识、学校师生笔记本、水杯等各种物品的“心雅学博情浓智涌”东洲文化标识,时时事事处处提醒我们成为“有规有矩、有情有智、有爱有德”的东洲文化人!

墙壁安排新颖有趣，教室每一面墙壁与学生对话；自由天地龙腾虎跃，学校所有空间让学生自由发展；花草树木错落有致，学校花草树木给学生吸收灵气;地面卫生洁净如洗,学校的环境使学生的心灵得到净化;景点布置别具匠心，学校每一景点使学生的人格得到提升。

三、品读学校文化

它是一种精神，一种濡染，一种积淀，一种智慧，一种创造！记录、积淀属于自己学校历史中的感动的人和难忘的故事。

1. 学校文化，它是一种目标价值的精神引领

首先，需要校长形成一种理想的有特色的生活方式，管理自觉、生命自觉、文化自觉，成为学校精神上的引擎。再次，校长要用学校的“办学思想、教育理解、共同愿景”进行目标价值的精神引领，“文”以“化”之，以“文”“化”之，“语言化、视角化、机制化、制度化、团队化、课程与教学化”，真正渗透、转化、植入到教师日常的语言、思维、行动方式中，体现在学校的全部活动中，培养教师的生命自觉。

2. 学校文化，是一种人文环境的濡染浸润

走进学校，首先看到的是教学楼、走廊、墙壁、塔亭、绿化等景观，这些建筑具备深刻的文化内涵并折射出教育意蕴。外在之物对人的影响潜移默化。在校园里走动，时时提醒全体师生共同的生命朝向。以优美的人文环境陶冶人的情操，净化人的心灵，规范人的行为，濡染人的情趣，这是一种持续的、渗透力极强的文化力量。学校文化建设离不开这些物表化、文本化、标语化的外在之物，会给师生带来“润物细无声”的心灵润泽，潜移默化地影响着师生的成长。我校让花木含情、墙壁说话，让每一条道路，每一栋楼宇，每一个文化区，都付之于环境文化的内涵和教育意蕴，熏陶、浸润着师生的心灵。

怡亭、蓝玉亭等学校生态景观，赏心悦目，勾起很多初中学子美好的回忆。栀子花开，桂花满园飘香，直到每一朵花儿枯在枝头；枇杷、橘子、柚子、葫芦、金橘等成熟时节，枝头挂满了硕果，成为学校一景，折射出东洲人的文明素养。校园内没有“名家名言”，只有学生的“平凡小语”，旨在学生成为“未来的名家名言”；教室前窗户与窗户之间，每班两个宣传栏，展出学生的各类作品，确保每一位学生都有“上榜”机会。

“文”以“化”人的气息弥漫在校园的每个角落，造就了东洲文化校园、文化师生。大道无形，教育无痕，校园文化，隐性课程，“无声胜有声”，

耳濡目染，影响着每一个东洲师生成为有品位的文化人。

3. 学校文化，是一种问题解决的智慧生长

面对社会正处在转轨变型时期，各种矛盾影响着稚嫩而敏感的初中生。他们在生活和学习中遇到许多矛盾和困惑，很容易引起心理冲突和精神紧张。学校抓住学生问题的关键，积极倡导与精心指导学生的心理健康教育……当新老教师、骨干教师角色定位不准，出现组织松散问题的时候，学校响亮地喊出："老的要像老的；小的要像小的；骨干要是真的。行政组、学科部年级部主任不仅是学科的带头人，更是正气的引领人。"针对暴露出来的教师问题，进行智慧决策，案例培训，心理疏导，把散落在学校中的一个个个体串成一个整体，成为学校共同体，为实现学校美好愿景而努力！

4. 学校文化，是一种榜样力量的积淀传承

学校文化建设过程是学校师生文化认同、积淀、传承的过程。"底线"是基本要求，规范人；同时，用"榜样"激励新的榜样，以故事引发新的故事，让细节推动新的细节。这样，就像滚雪球一样，榜样的群体壮大，感动的故事续写，学校文化积淀、传承，从不自觉走向自觉。

学校成立了"青年教师学习发展中心"，搭建了每周"东洲大讲堂"、每月"才艺秀"；依托我校名优教师工作室，打造领军人物，构建核心团队，调动人气、鼓舞士气、引领正气、激发灵气、秀出才气，榜样教师享受教育成功体验的同时，影响、引领、同化周围的人，倡导积极向上的学校文化氛围，"活动文化""榜样力量"活在每个教师的心田，使教师的教学行成为为自觉、文化自觉。

5. 学校文化，是一种与时俱进的发展创造

"心理教育""智慧管理""情智课堂""情智教学""情智教育"，逐步形成"自信、包容、开放、大气"的文化特质。不怕做不到，不怕想不到，就怕想到了不想去做好！而东洲人要做就做最好！——就以人为本，尊重个性，团队合作，超越自我，努力一起去做。学校不断传承积淀下来的文化元素，不断演绎、生长、创造，继续以优美的环境濡染人，以正确的舆论引导人，以优秀的作品鼓舞人，以丰富的活动凝聚人，

以感动的故事激励人，追真、向善、求美，“活”出东洲特有的文化！

对照“学校领导班子建设好、思想道德教育好、活动阵地建设好、教师队伍建设好、校园环境建设好、校园文化建设好”六好校园标准，经过全校师生共同努力，我校多次获评江苏省文明校园，成为海门教育的窗口学校。

第三节 学校文化建设实例

文化，为学校立魂。只有当理念与行动一致、内容与形式相符合的时候，文化才成其文化。

学校文化，通过日复一日的课程，一个又一个的仪式、一次又一次的活动实践，直到这些东西最终融化在一个人的血液里，成为他生命中无法剔除的部分。只有这些软弱的文化方能够显示出强悍的生命力道。

【实例一】记东洲中学1714水滴班的成长故事

细水长流终入海，水滴精神助成才

班主任 姜水丽

著名教育家叶圣陶说过：“教育是‘农业’，不是‘工业’，所以教育绝不能简单化。只有把握好教育的‘节气’，才能收获孩子灿烂的明天。”著名哲学家雅斯贝尔斯认为，“教育过程首先是一个精神成长过程”。

2017 年 9 月，我迎来了教育生涯中第六届小水滴们。我所带的每一届都取名为“水滴班”，不仅因为我的名字中带有一个“水”字，更因为我们大家都希望能拥有坚持不懈的水滴精神。我和孩子们共同确立班级奋斗目标，共同拟定班规，共同创作班诗《我是一颗水滴》。通过全班征集，孟凡鼎同学设计的班徽一举夺魁，汤婷贻同学改编的班歌《小水滴》一锤定音。此外，班级诸多同学挖掘“水滴精神”的内涵，撰写的“凡人名言”榜上有名。

我也从多角度、全方位解读了水滴精神的内涵，并给了孩子们一段寄语：

亲爱的孩子们，来到水滴班，你们就是一颗颗晶莹圆润的小水滴了！小小的水滴身上有很多美好的品质，“晶莹剔透”。希望你们如水滴一样纯洁；“上善若水”，希望你们如水滴一样平和；“水滴石穿”，希望你们如水滴一样坚韧；“柔情似水”，希望你们的性格中多一份柔和；“海纳百川”，希望你们如大海之水一样包容。无数颗小小的水滴汇聚在一起，成为小溪、江河和大海。我们相聚在一起，团结友爱，汇聚成一片爱的海洋！

三年来，我们努力践行水滴精神，在一个又一个成长故事中遇见更好的自己。

滴水成河显团结

正如班诗中所写：与无数伙伴相聚 / 一路凝心聚力 / 顽石难抵 /，亦如班歌所唱：我知道 / 我虽然很小却可成海洋 / 一起来 / 拉手拥抱。小小的水滴告诉我们要团结，水滴班更是一个团队。学校的拔河比赛中，场上的十位选手心往一处想，劲往一处使，奋力拼搏，排除万难，顶住压力，力挽狂澜；场外的拉拉队员们齐助阵、共欢呼，最终获得宝贵的亚军。集体跳长绳比赛，选手们的每个动作都在赛前仔细推敲过，千锤百炼，赛时绳上共舞，创下辉煌纪录。每次运动会，最后的接力赛人选和次序都是经过大家深思熟虑定下的，代表的一定是班级最高水准，最后的比赛结果总是名列前茅。每个孩子都视班级荣誉高于一切，每个孩子都在为班级荣誉全力以赴。这样的班级不仅是团结的，班级成员之间更是和睦的。

还记得上回运动会上刚跑完接力赛的史同学突感身体不适，无法行走，有孩子第一时间来向我报告，还有一些孩子在边上给她揉搓手脚，言语安慰，披盖外套。几个力气大的孩子齐心协力将她扶到室内。放学时，全班一个都不走，纷纷说要陪她一起。一直等到救护车过来，值班老师强行劝说离开，好多孩子背起书包临走时一再向我表示他们很担心，到医院后一定要把史同学的情况及时发群。不仅如此，还有几个学生回家后一直放心不下，特地跑到医院去探望。有几个家长向我反映孩子回家一直哭，原来他们都在为朝夕相处的同学担忧牵挂啊！几天后，当史同学安然无恙地出现在全班面前时，教室里顿时想起了雷鸣般的掌声。欢迎归队，水滴班一个都不能少！那一刻我为之动容，三年的相处，孩子之间建立起的是亲情般的友情，身边的同学更像是兄弟姐妹。一个团结的班级让学生找到如家一样的归属感，感受被爱，懂得爱人。我想，这就是水滴精神给予他们的财富吧！

水滴石穿贵坚持

《汉书》道：“水非石之钻，索非木之锯，渐靡使之然也”。水滴石穿的故事告诉我们：坚持不懈，集细微的力量也能成就难能的功劳。水滴班一直是践行这种精神的。每日暮省是班级的一大特色，我们坚持了三年。从最初孩子们的抱怨、遗忘、无病呻吟到如今暮省已经成为他们生活中不可缺少的一部分。期间我们有过挣扎，有过退缩，甚至有过放弃，但是再跌跌撞撞，我们总算坚持了下来。每一段文字，都是你那一刻最真实的思想记录。三年所有的暮省，拼接出初中生涯最美好的回忆。而我，每一天的翻阅和对话，有幸成为他们成长的见证人和引路人。暮省在不知不觉中成为孩子们的生命觉醒，他们正慢慢借助暮省这一载体，重构自己的精神世界，重塑自己的灵魂。

前些日子，王同学在暮省中写道：“……我觉得年轻人就该有那种以人为镜的精神，看见他人不足，以此警醒自己的言行。只有这样，我们的国家和民族才能永葆活力，紧跟历史车轮！”

德国著名哲学家雅斯贝尔斯在《什么是教育》中说：“教育的本质意味着一棵树摇动另一棵树，一朵云推动另一朵云，一个灵魂唤醒另一个灵魂。”在学生的暮省中，受教育的又岂止是他们呢！什么是好的教育？挖掘学生内在的潜能，让他们自己去认识世界。只有激发学生进行自我教育，才是真正的教育。我当即在他后面写了句评语：这才是“后浪”该有的模样！一学生在暮省中写道：“什么是不简单？把学习中每一个简单的知识点掌握住，就是不简单！”我想，这就是水滴精神给予他们的力量吧！

海纳百川爱包容

民族英雄林则徐有句名言：海纳百川，有容乃大，表达的是大海之水胸怀博大。水滴班的孩子同样有宽广的胸襟。班上 52 个孩子无论是学习基础、性格特点，还是行为习惯、志趣爱好都迥然不同。唯有学会寻找他人闪光点、学会换位思考、学会宽以待人，才能相处和谐融洽。己所不欲，勿施于人。作为班主任首先要学会包容，发现更多孩子的闪光点。记得初二时的朗诵比赛，我们班是领诵阵容最强的班级。虽然有几个孩子的朗诵水平明显稚嫩，丝毫没有舞台经验，还更谈不上声情并茂。但是他们有一颗勇于挑战的进取心，一颗为班争光的拼搏心，我怎么可以打击他们的积极性呢？尽管最后班级没能拿到很好的名次，但是想到自己给了那些孩子一次弥足珍贵的锻炼机会，一份刻骨铭心的美好记忆，岂不足矣！身教永远甚于言教，孩子们也开始用欣赏的眼光去看待周围的同学。于是暮省中出现了一个个鲜活的例子：别看陈同学上课经常扰乱课堂，但是今天在食堂，他看到好几个水龙头没关好，就一一关掉后才去吃饭；秦同学虽然不爱学习，但他每天都帮包干区的值日生一同打扫；陆同学虽然总是作业拖拉，但是负责把我们班的篮球收拾得井井有条……三年来，曾经专横跋扈的孩子变得平和懂事了，曾经自私自利的孩子开始乐于助人了，曾经冷漠坚硬的孩子也慢慢开始柔软温婉了。爱与宽容的氛围就像柔顺剂，把硬邦邦的心浸润得温柔绵软。我想，这就是水滴精神给予他们的品质吧！

水到渠成终有时

海阔凭鱼跃，天高任鸟飞。水滴班的孩子也许在学习上算不上优秀，但是团结、坚持和包容的水滴精神定将渗透进每个孩子的骨髓，成为他们向上向善的精神力量，指引他们不断向前奔跑。正如我们班诗写的那样：永不停息 /——让人生更加壮丽。

【实例二】东洲大讲堂

例谈学校期末结束工作会议

2015 年 6 月 30 日下午，全校期末结束工作会议，在东洲大讲堂上，一是校长做了学校期末工作报告；二是围绕“东洲成功秘诀大家谈”，有优秀班主任叙事，有乡镇顶岗教师谈体会，有年长教师点评。

江峰，语文老师，毕业班班主任，交流《夸夸我的教师团队》，具体内容如下。

各位老师，下午好！感谢学校又一次给我这样一个站在舞台上的机会。记得上一次是在去年的六月份，为了评高级，向各位说了说自己的好。今天我又站在这里同样要说说好，说一说我的团队，我的学校的好；而且要具体说，因为在我的教学生涯中他们真的是好。

就先让我说一说，我的 1203 班这样一个团队。数学老师，季冬俭老师。启发学生的思维，而不包办学生思维，他有四两拨千斤的高超的数学教学艺术，也同样有着不抛弃不放弃的爱生态度。扎扎实实地训练学生的思维，踏踏实实地督促学生错题的订正，他在学生中威望很高。英语沈晶晶老师，物理张征老师，他们是学生的心灵鸡汤。这两位年轻的老师，以他们特有的亲和力，赢得了学生对他们的信任：学生学习上的压力，在他们那里得到了舒缓；学生因为班主任批评而产生的委屈、烦躁，在他们那里得到了释放；学生成长路上的烦恼，在他们那里得到了倾诉……可以说他们不仅是普通的老师，他们还是学生心中的大哥哥、大姐姐。化学陆月花老师，以她的敬业和能力，让学生一开始就对化学产生浓厚的兴趣，而成为学生眼中的美女老师，成了学生心中的女神。历史老师孙树华是学生眼里很帅气的老师，他渊博的历史知识让学生钦佩，他的情歌一曲就让学生无限的崇拜。政治陈雁老师不得不让我这个班主任也十分敬佩。中午时常常在教室，等待学生吃好中饭，对学生进行个别的辅导。学生已吃好中饭，而我们的陈老师却还饿着肚子。一切为了学生，在陈老师那里不是一句空话。体育老师顾老师特有的幽默诙谐，让学生忘却了高强度训练的苦与痛。这就是我们1203班的教师团队，这就是我们东洲中学教师中的一员。可以说，我们1203班中考所取得的成绩，创造的增值是骄人的。我们的东洲中学在这几年中考中所创造的辉煌，离不开像我们1203班这样的一个个团队，离不开每一个东洲人默默无闻的奉献，把每一个有潜质的学生教成有实力的学生，这就是我们东洲中学的实力。

到了东洲中学之后，我经过几个轮次的班主任工作，发现东洲中学的每一位教师，他们的业务素质都非常的优秀。作为一个班主任，我唯有做好服务工作，设身处地地站在任课老师的位置上理解并尊重他们的劳动，为他们做一些力所能及的事情，和他们产生情感上的共鸣——把班级教好，这成为每一个教师共同的心愿。这样，一个优秀的教师团队就诞生了。在这里，我也一并感谢和我一起教过0607班、0907班的老师们，以前没有这样的机会说声“谢谢！”今天要同样要说声“谢谢！”因为正是有了你们，我在东洲中学的班主任工作才那样的轻松和顺利。

一个优秀的班级教师团队，离不开东洲中学这样的一个大家庭。工作20年辗转三个学校，我深刻感受到东洲中学校长室的决策力和各行政部门的执行力。这或许就是乡镇学校和市区学校的区别。东洲中学在全市全省乃至全国打响学校品牌，拥有自己的文化，不断发展，走向集团化办学，一校变成多个校区。近几年，东洲中学毫无保留的输血之后，东洲中学何去何从？作为一名普通教师，我能够感受到以滕校长为核心的学校行政团队在这方面深深的思考。有所继承，有所创新，在学校原有心理教育的基础上把情智作为东洲中学的文化，在学生中倡导情智教育，在学校的日常工作中又践行着情智管理，在情智管理之下的情智教育必定会产生蝴蝶效应。让东洲中学的每位学生在他们的一生中产生长远而积极意义的影响，让东洲中学的每一位教师感受到东洲大家庭的温暖。每一位东洲中学的教师都以学校主人翁的态度，做好属于自己的每一项工作。东洲中学的每一个教师都能够享受到学校的发展给每一个成员所带来的荣光。

作为一名普通的中学教师，因为感受到东洲中学对他的关爱，所以我付出。最后我想用一个比喻来结束今天我的感言，人们都说教育是一种爱的艺术，爱到深处便生情，情人眼里出西施。恋爱如此，教育也应该如此。作为一名普通的教师，如果把学校把学生、把自己的团队当成恋人，就会付出，就会理解，就会包容。这样教学效果也一定非常出色。

谢谢!

邱慧，语文老师，毕业班班主任，交流《做幸福的东洲人》，具体内容如下。

我来到东洲中学这个大家庭已经整整六年，两届学生带下来，有很多的感受，想在这里和大家聊一聊。

首先，我觉得，到东洲的六年，是我不断成长的六年。我觉得，东洲是一块特别能促使人成长的土壤。来到东洲，我感受到了东洲浓浓的教研氛围。不管是两周一次的“东洲大讲堂”，还是每周一次的教研活动，甚至每时每刻，办公室里讨论的也都是教学。如何把课上得更好，如何让学生学得又好又轻松，如何成为一个让学生喜欢的老师……这样的话题成为生活的常态。在这样的气氛中，我常常可以聆听组内老师精彩的教研课，也有很多的机会学习外校老师的交流课，甚至走出去，观摩一些语文大家的示范课。我的眼界拓宽了。从听到做，学校也给了我很多实践的机会，从组内的教研课开始，到东苑杯的比赛课，到给来校学习的一些教育代表团上展示课，到海门市“弘謇杯”优课评比，到江苏省的优课评比，我一次次地努力着，语文组的领导和同事们也不遗余力地帮我听课，磨课，情智共生的理念在我的课堂上运用得越来越得心应手。我的课堂也越来越成熟大气，我在不断成长着，我上起课来也越来越有底气。

不仅在语文教学上，有了很大的提高，我的班级管理，也越来越上档次。其实，来东洲之前，我虽然已经做了九年的班主任，但总感觉自己的工作是糊涂的。班主任工作到底应该怎么做，为什么要这么做，我自己也不是很清楚，很多时候只是凭着感觉和经验去做。而在东洲，我遇到了那么多优秀的班主任，他们或认真严谨，或耐心细致，或睿智大气……管理班级各有特色。在和他们的接触交流中，我学到了很多。而班会课的观摩，班主任工作培训和班主任会议的定时召开，更让我的班主任工作有了一个提升的平台。在工作中，我将自己的一些想法做法写下来，进行总结和反思，也开始尝试上一些高质量的班会课。在这样的过程中，我也渐渐形成了属于自己的班级管理特色，遇到问题，不仅知道怎么做，更知道为什么要这么做。这是我的第一点感受，在东洲，我时时在成长。

其次，我要谈的是，作为一名东洲人，我是幸福的。要说到了东洲以后，工作苦不苦，这是毋庸置疑的，特别是作为一名班主任，每天几乎超过十个小时和孩子们在一起，真的感觉很辛苦。但是，在这份辛苦的背后，我却也体会到了属于东洲人的别样的幸福。这份幸福来自家长对东洲中学这个品牌的信任，来自孩子对你的尊重和喜爱，更来自我们东洲中学每一个人的团结协作。

我感受最深的就是我们东洲的那几个节日：教师节、校庆、初三学生的毕业典礼、体育节、科技节、青春仪式等。这些节日不仅给了老师学生展示自我的机会和舞台，更是让我感受到了我们的团结一心。我们的学校那么大，平时我们很多老师在一个校园上班可能都碰不到面。但是，在那样的节日里，我能清晰地感觉到我们大家的心是在一起的，我们在庆祝着同一件事情，我们在为一个共同的目标努力着，我们是亲密无间的一家人。每一次的活动都会给平凡辛苦的工作注入新的动力，让人以更好的状态投入到接下来的工作中去。所以说，我是一名东洲人，我辛苦着，同时也幸福着。

最后我要谈的一点感受就是，作为一名东洲人，我是自豪的。其实，当我刚刚踏进东洲中学的大门时，我的内心是惶恐的。我清楚地知道，我是东洲的一分子了，但要成为一个真正的东洲人，我还差得很远。所以我不断地努力着，学习着，不断地提高自己。现在的我，能很有底气地说：我是真正的东洲人。因为，我相信，自己的语文课，能体现东洲情智课堂的特色；我相信，我带出来的班级，能真正践行东洲情智管理的理念。所以，当我向别人介绍我们的学校的时候，我是自豪的；当我听到别人对东洲的教育教学肯定的评价的时候，我是自豪的；当每年迎来一批新的学生，我作为老师站在他们面前的时候，我是自豪的；当一年又一年中考，我们不断超越自己，成为越来越好的东洲中学的时候，我更是自豪的！以上就是我想和大家分享的我在东洲这几年的一点感触。

那次东洲大讲堂，还记得海门三厂镇来我校交流的老师，也来谈东洲成功秘诀。在他们看来，东洲的行政领导大气包容，率先垂范，每次考试，能与老师们一起监考，一起阅卷，深得人心。群众的眼睛是雪亮的，洞察到工作中的细节。教育只有感动自己，才能感动别人，带动教师一起全身心投入学校工作，生成情智文化。

第五章

“情智教育”理念下的课程建设

第一节　学校课程建设导向
第二节　学校课程建设策略
第三节　学校课程建设实例

“情智教育”理念，旨在落实“立德树人”根本任务，遵循教育规律，强化教师队伍基础作用，围绕凝聚人心、完善人格、开发人力、培育人才、造福人民的工作目标，全面发展素质教育。对接“情智教育”理念，应该必须实现学校课程的系统化整体建构，梳理以往的课堂教学经验、心理健康辅导课、师生国际交流、体育、艺术、科技、阅读等特色项目，让碎片化走向规范化、科学化、系统化，彰显“学科育人、课程育人、文化育人、活动育人、实践育人、管理育人、协同育人”之魅力。

第一节 学校课程建设导向

学校是师生相伴学习生活的地方，是核心素养培育的地方，是师生“优秀与幸福”连在一起的精神家园。课程是学校教育的载体，反映了学校文化的个性。课程的品质决定着学校的教育质量。只有着眼于课程领域的改革，才能突破学校发展的瓶颈，创新学校课程建设，实现学校文化价值。

“课程即生活、课程即环境、课程即机会。”学校课程是学生成长的跑道，是学生精神发育的保健营养品，是教师进行教学的原材料，是实施教育过程的逻辑起点。学校课程的品质结构影响学生的素养结构，有怎样的教育理念就有怎样的课程，有怎样的课程就会有怎样的学生。

一、情智课程定位

突出一个“博”字，“广博多样”，为不同的学生提供更多的发展时空平台。具体实践“国家课程校本化，校本课程特色化，教师课程个性化，学生课程选择化”。

国家课程校本化，是指按照内容难易分为“基础课程、拓展课程、探究课程”。尊重差异，分类要求，分层选择实施。

校本课程特色化，是指按照需要和兴趣类别分为“必修、选修”。必修课程为“心理辅导课”“大文科听说读写课程”“每月一事人格课程”等，选修课程按照个性差异自主选科走班，有“体育、文学、艺术、科技”等校内社团活动、仪式庆典，有走出校园、走进自然，走出国门的校外社会实践课程。丰富课程资源，帮助每个孩子找到自己的兴趣和努力方向。

教师课程个性化，是指教师根据自己的教学专业，结合自己的爱好特长，形成一专多能，除了实施国家课程，还为学生拓展开设适合的特色课程。

学生课程选择化，是指根据学生自己的爱好、能力、经历，在学习国家课程的基础上，选择自己的兴趣特长，在参与喜欢的社团活动、社会实践中收获成长的自信和勇气。

二、情智课程目标

指向学校初中学生的育人目标：“身心健康，品行真善，学业扎实，视野开阔，审美雅趣。”倡导“运动让生命更阳光，文学让生命更丰润，科学让生命更睿智，艺术让生命更灵动，实践让生命更精彩，仪式让生命更神圣……”的课程目标，追求“知识、生活与生命的深刻共鸣”，促进初中学生“德智体美劳”全面发展。

三、情智课程核心价值

“大学之道，在明明德，在亲民，在止于至善。”人的完善始于个人发扬光大天性所赋予的德性，将自身的善转化为他人乃至社会民众的善，进而达到至善之境。时代不同，教育的内容、方式、方法都在发生改变，但教育真谛“真善美”的价值境界没有变。

情智课程建设的核心价值在于“立德树人”。“由心生情，转识成智；情智交融，情浓智涌；情智共生，人格至善”。国家课程卓越实施的过程中，生长校本活动课程，丰富课程资源，让学生把知识学习与自我修养结合起来，把认识外部世界与认识自己结合起来，把改造客观世界与改造自己的主观世界结合起来，让德育与智育结合起来，打通立德与树人之间内在联系渠道。

第二节　学校课程建设策略

基于学生核心素养发展，在国家课程实施基础上，结合学校自身的硬件设施设备、师资力量、周边社区环境资源，以及学校已生发的校本特色活动，加以整合、丰富、发展，让它形成体系化、固定化，建构学校课程，形成核心素养落地的学校个性化表达及行动路径。

一、学校课程研发策略

立德树人，知行合一。打通德育与智育两者合一的通道，严格按照国家课程标准执行，根据学科课程内容难易分为“基础课程、拓展课程、探究课程”。尊重学生个体差异，分层实施，必修选修，分类要求。改变师生都“刷题”的痛苦样态，在实践中寻求课程与教学的改进，让学生在真实性的问题情境中，开展体验式、合作式或建构式的学习，变解题能力培养为解决实际问题能力培养，让学科教学要有文化意义、思维意义、价值意义，即人的意义！教知识、教方法、教状态、教人生、教自己，达到最好的教育——自我教育。滋养心灵，发展智慧，健康成长。

国际视野，本土行动。通过“五个穿越”（即“穿越”教材界线、学科界线、校际界线、时空界线、行业界线）来放大广义的教学资源。各门学科教师以自身的方式解释课程的丰富性，撬动教师的专业成长，“善越界，巧融合，勇拓展，挤水分，多串门。”积极研发并建设好适合学校实际的特色课程群，进一步促进学科间、跨学科间的对话，共同求得课程领域的整体统整、融合发展。以满足不同志趣、不同潜质、不同能力水准学生的课程需求，展开创新的实践，表达真实的声音，创造自己的课程故事，讲述课程研发的故事，分享中发展人际关系，反思教学实践，提升全体教师的学习力、行动力、反思力，充分认识所有的教育都应该指向学生的健康成长，人格至善，实践创新，家国情怀的美好期盼！

立足当下，面下未来。基于校情、师情、生情，因地、因时制宜，凸显“分类、选择”，满足多样化、个性化，放大学生成长的特色特长，变革学习方式、学习内容、学习场所，引领学生关注自然、关注社会、关注人生，重在探究、表达、交流；重在过程、体验和共享。学会学习，学会自我悦纳，充实自信的底气，带给学生面对未来不确定性、多样化问题应对的综合能力。

二、学校课程实施策略

1. 凸显“学生立场”

学生是学习的主体，学生在活动中并且通过活动，才能让学生核心素养得到发展。初中学生正处在从好奇兴趣逐步走向认识（探究）兴趣，从直觉感知逐步走向理性感知，从形象思维逐步走向抽象思维的显著变化阶段。坚持学生立场，要遵循初中学生的身心发展规律，遵循教育认知规律，关注初中学生学习的起点、趣点、难点、重点、盲点，创设有意义、有意思、有意境的课程资源，提供学生自身积极地尝试“自主学习”、参与“小组学习”、勇于“全班展示”的场景，创造自我反思、理解的机会，发生真学习，激发和引导学生走上自我发展之路。

2. 注重“思维过程”

学生核心素养的核心，是思维能力的培养。学生思维能力是通过思维过程来提升的。课程实施过程中，培养学生问题意识，促进学生反复琢磨，发人深省，耐人寻味，走向思维通透，从表层符号学习进入逻辑意义的深度学习。深度学习的问题设计要有“针对性、层次性、挑战性、开放性、适切性”，并通过“引问、直问、追问、反问、曲问、驳问”等多种提问形式，增加学生参与学习的主动性，增加问题思维的深刻性，展开“师生互动、生生互动、深度交流”，逐步从“记忆、理解、应用”低阶思维，走向“分析、评论、创造”高阶思维。减少无意义的讲授，养成学生离开课堂还想继续自主学习的情趣，努力把学生培养成为知识丰富、思维深刻、人性善良、品格正直、心灵自由的人。

3. 关注“知识融通”

学生学习的内容要“源于教材，高于教材，整合教材，整体教学”。教师教学设计要研究教学目标是什么，既要走进教材，又要走出教材，联系学生已有的生活经验、已有学科知识，整合教材，融通教学，跨学科教学。例如，物理学科拓展，学完物态变化，学生自制冻豆腐、自制冰淇淋、自制简易小冰箱……解释雨、雾、露、霜、雪、雹、海陆风等自然现象。结合地理学科知识，让学生运用物理分析方法，从影响水蒸发的几个因素出发，对大西北地区的“干旱”现象进行分析，揭示出“大西北地区深居内陆，距海遥远，山脉对湿润气流的阻隔；来自海洋的湿润气流难以到达”，从而形成“由东往西降水越来越少，由东往西草原——荒漠草原——荒漠”的自然景观，使学生认识到各学科间的相通、相融性，感悟到自然界的万事万物都有其存在发展的规律。

4. 联手家校社区

内部挖掘力量，依靠教师团队、学生团队。向外借力，把优秀骨干教师推送到南通市区其他名师工作室培育发展；带领各学科团队骨干教师、优秀班主任走进上海、浙江等学校参观学习，弥补自己学校的不足。又把退休的特级教师、优秀社会人士、家长请进学校。学校、家庭、社区三结合，充分利用海门常乐张謇小镇、正余机器人小镇、都市玫瑰园、江海博物馆、海门科技馆等各种资源，研发实施德智体美劳五育并举的学校课程。

现代的“教室”是生态的、可持续发展的综合空间，可以是学校里的教室、实验室、图书馆，也可以是大自然、工矿企业、虚拟社区、线上线下开放空间。开发多元化学习场景，打通多端口学习路径，更能让学生“心向往之”而行必乐之。

5. 实施时间长短相宜

正常的四十分钟一节课，也可以根据具体内容、形式需要，可以采用短课、长课，原则性与灵活性结合。变革学习方式、学习内容、学习场所。采用多元评价，多次跟进评价，帮助每个孩子找到自己的个性特长和前行动力。

三、具体实施

1. 分层教学课程，帮助孩子找到自我

不同家庭背景、不同天赋秉性、不同潜能的学生分在同一个班级，整齐划一的学习要求，使得差异悬殊的孩子跟不上整体前进的步伐。为了尊重差异，帮助每个孩子找到学习的兴趣和动力，我们尝试把国家课程中数学、英语学科分层教学，分类要求，为每个孩子学习习惯养成提供最适切的教育条件。

班内分层教学。刚进初中，逐步培养学生由他律走向自律，认识到学习是自己应该担当的责任。初一分层教学，只是在学生所在行政班内进行。①科学分组，让学生拥有自我的内驱力。每组 4—6 名，组内异质，组间同质，有利于组内“以好带弱”，组间友好竞争。②分层施教，让学生养成自觉的思维力。我们倡导“知识结构化，问题情景化，思维可视化、评价多元化”。重视问题设计的针对性、层次性、挑战性、开放性、适切性。③小组合作，让学生养成自发的协作力。针对老师提出的问题，学生有了自己的想法，但不知道对不对，不敢在全班表达，那就先在组内交流，把自己的看法说给同伴听。之后全班再交流，这样，他们增强了信心，培养了胆量。课堂练习的时候，老师给做得快的同学面批，然后让做得快的同学帮助基础薄弱的。在小组合作的形式下，表达与倾听、交流与合作、批判性思维、创新能力等对学生终身有用的核心素养，在合作学习的过程中得到了真落实。④班内走位，让学生拥有自主的学习力。根据不同的学习内容要求，可以变化小组成员，班内走动位置。如有的小组完成得快，有的慢，甚至存在本组遇到的问题都不会，而其他小组还在交流的情况，此时可以赋予组长权力，派人到其他组学习一下，再回到自己的小组中共同探讨。

班间分层教学。初二年级，学生在上数学、英语课时，尝试两个临近班之间组合走班，进行分层走班学习。孩子选择自己学习的分层班级，少数学生犹豫不决，我们可以让他试选一段时间，再微调。进入初三，数学与英语、物理与化学设立 ABC 三层次，每周一次，学生自主选课走班学习。

家校合作学习小组。特别是双休日，节假日，针对一个家庭大部分都是一个孩子的状况，我们建议家长之间协作，轮流提供学习生活时空，让孩子建立同伴互助学习小组，营造假日合作学习氛围。学生在适合自己的学习环境中，收获自信，找到自我，健康成长，增添学习习惯养成的内生力。

2. 心育体系课程，引导孩子认识自我

九十年代初，我校就开设了心理辅导校本课程，一直坚持优化实施心理教育。我校初一年级每周每班开设一节心理课，初二年级每双周每班开设一节心理课，初三年级每学期举办两次心理辅导讲座。心理教育成为东洲孩子的必修课程。同时，我们引进了两名南师大心理学毕业生作为专职心理辅导老师。心理健康课程的开设，帮助学生认识青春期的生理特征和心理特征，悦纳自己；帮助学生适应中学阶段的学习环境和学习要求，培养正确的学习观念，养成良好的学习习惯，发展学习能力，改善学习方法，提高学习效率；倡导学生积极与老师及父母进行沟通，正确把握与异性交往的尺度，建立良好的人际关系；鼓励学生进行积极的情绪体验与表达，培养管理情绪的能力，养成理性看问题的习惯，正确处理厌学心理，抑制冲动行为；帮助学生逐步适应生活和社会的各种变化，着重培养应对失败和挫折的能力。加强自我认识，自我探索，客观地评价自己，帮助孩子开始思考“我是谁？”“我是怎样的一个人？”寻找未知的自己，学着思考“人与自我、人与他人、人与自然、人与社会”的和谐相处，拥有积极心理，健康、强大的成长，拥有健全的人格和良好的个性心理品质。

根据学生类型，除了团体辅导外，还有个别心理疏导。心理学科加强与艺术学科的跨学科研究，把音乐、图画融入教学。定期举办“东洲家庭教育指导中心”活动，加强家校共育，有讲座、沙龙、成功经验分享会等。

3. 社团活动课程，调动孩子发现自我

社团活动课程，每个年级每周有两课时，内容集中于体育、艺术、科技、文学四大类。学生根据自己的兴趣爱好特长，选择不同的课程进行选修，走班学习。文学类课程有经典著作欣赏、影视观赏、阅读与写作、口才与演讲、故事会、趣味英语等；艺术类课程有合唱、歌舞、器乐、书法、图画、剪纸、泥塑等；体育课程有排球、羽毛球、足球、篮球、三门球等球类，还有田径、体操、武术等；科技课程有趣味物理、电子百拼、科学影像创作、3D 打印、机器人、模型制作等。这些课程为学生创设多渠道的学习、展示、交流机会，使他们充分体验社团活动所带来的快乐，发现自己的优势潜能所在，并发展为自己的特长，弥补自己的弱势潜能，达到学习的底线要求。

社团活动中，学生的语言表达能力或动手能力或体育艺术特长得到有效的锤炼，同时也培养了学生的责任意识、服务意识、合作意识。我们还带领学生走进自然，走出国门（疫情期间改为线上交流），开展跨国文化交流，着力提高学生的学习能力、实践能力、创新能力，让学生获取成长的尊严，发现自我，不断进步。

4. 仪式庆典课程，兴奋孩子成长自我

我校不断传承积淀下来的文化元素，坚持以优美的环境濡染人，以正确的舆论引导人，以优秀的作品鼓舞人，以丰富的活动凝聚人，以感动的故事激励人。每年的校庆系列活动，是调节学校教育教学生活的兴奋点。我们开展初一年级大合唱，初二年级初三年级诗歌朗诵活动、课本剧校园剧表演，以及校园小歌手、小乐手比赛等，系列活动中优秀节目在全校展演。活动中，不管是学生还是教师，都展现出积极向上的精神风貌。无论是节目的挑选还是形式的编排，无论是队列的排列还是服装的穿着，都体现出每个团队的精诚合作。

“梦想引领，全员参与”是举办各种庆典活动的宗旨。体育节开幕式的主持人，体育节的会徽、徽标、主题词等创意都来自学生，并充分调动全体师生共同参与。艺术节“千人竞唱赞东洲”“百米长卷绘东洲”“八方才艺展东洲”等活动每一位学生都积极参与。每周一的升国旗集会仪式，也是一道亮丽的风景；国旗班由学校模范榜样班级担任，升国旗后升起校旗和国旗班的班旗；国旗下的讲话早做准备，由学生校长主持，学生校长是通过竞聘活动形式产生的，在学生的心目中很有威信，是学生中榜样领袖；国旗下学生讲话，学生倾听后即兴点评，并通报上周全校的好人好事以及常规管理一周考核结果，激发学生主人翁意识，激发学生昂扬的斗志。

仪式庆典活动，为更多的孩子积累了舞台经验，打下自信的精神底子，成为学生一生美好的回忆。就这样，通过日复一日的课程、一个又一个的仪式、一次又一次的活动，把所做的事坚持下来，形成惯例，这就形成了我校独特的仪式活动文化，让学生在兴奋中、经历中更好地成长自我，养成行为自觉。

5. 完美教室课程，养成孩子读懂自我的习惯

我校师生积极响应朱永新教授倡导的“努力使教室成为图书馆、阅览室；成为实践场、探究室；成为操作间、展览馆；成为信息资源库、

教师办公室；成为习惯养成地、人格成长室；成为共同生活所、生命栖居室”。共同缔造完美教室。

各班围绕“每月一事”，有效开展好每周一次的班会活动，引导孩子拥有追真、向善、求美的品格。学校除了进行学科类的各类教学活动的展示观摩研究外，分年级定期举行班会课观摩与班会课同课异构研讨，形成“先做人，再做学问”的共识，“以爱育人，以情感人，以理服人，以法立人”。让教室里的每个人都快乐幸福地得到最大发展。

教室外在布置重点重过程，教师体味孩子的心灵世界，从孩子的视角出发，让孩子利用课余时间和周末，共同参与班级环境布置，追求“干净、书香、绿色、温馨”四个等级达标创特能级。

每个教室都有自己的文化布置。由师生共同确定属于自己的班名、班徽、班旗、班歌、班训等，并对其含义进行阐释，每个班级设立图书角、布置班级橱窗、张贴班级小语，营造能够彰显班级特色的环境。

让教室成为一个充满故事的地方，让学生在故事中完美的成长。晨诵、午读、暮省是学生每天的必修课；三分钟语文、英语课前演讲，是我校特色课堂的文化名片；完美教室叙事，演绎班级自己的故事；植树留念、毕业典礼、班旗签名……学生在故事中成长，也给我们演绎着成长的故事。

教室，是师生亲手营造的家，它有温度、有情感、有依恋，也有归属感。学生在环境中熏陶，浸润滋养心灵，读懂自我，感悟成长。学生的所感所悟可以发表在学校的一刊两报（东苑杂志，东苑草，英语报）上，引爆学生写作热情，并使他们学会读懂自己、读懂他人，促进精神成长。

“学生是有血有肉的人，教育的目的是为了激发和引导他们的自我发展之路。”学校不断丰富课程体系，激发学生潜能，给孩子更多的现实选择，给创新更多的宽松氛围，给个性更多的成长空间，进行目标价值的精神引领，人文环境的濡染浸润，榜样力量的积淀传承，与时俱进的发展创新，创造最佳的外部育人环境，推进每月一事，养成良好习惯，帮助孩子成长为他自己，朝向明亮的那方，相遇美好！

第三节　学校课程建设实例

“知之者不如好之者，好之者不如乐之者”。课程设置，应适应学生差异需求和个性化发展，课程实施，真正服从、服务于学生学习及个性化发展。

【实例一】课程叙述

中国符号文化课程

语文学科组　陈南新

研究中国文化符号，传承中华民族精神。目前语文学科开发的课程有：

经典阅读课程、“东苑草”文学社课程、中国符号文化课程、校本剧展演课程、情智诵演课程、写作活动课程、课前三分钟演讲课程等。这里以“中国符号文化课程”为例。

一、课程的缘起

在东苑草文学社社团课程活动中，一个偶然的机会，我和同学们讨论到了中国文化这个话题。一位学生说中国文化就是龙，也有同学说，中国文化是茶叶，是丝绸，是十二生肖，是梅兰竹菊……这些偶然间不经意的回答迸发出了孩子们的智慧，也促动了我的思绪：如果将这些代表中国文化的事物，或者说“意象”汇聚起来，不就是研发了一种新的校本课程吗？于是，我同语文组的老师，与孩子们一起开始了“中国符号文化课程”的研发之旅。

课程在实施过程中可以衍生出其他课程；课程的诞生过程，是师生共生共长、互相促进的过程；课程的研发凝聚着教师的智慧，更闪烁着孩子们智慧的火花。

二、课程的目标

我们期望通过这一课程的研发与实施，在我们的东洲校园，弘扬中华文化。通过主题文化阅读、主题文化活动和主题文化写作，让学生了解中国文化符号，从而夯实民族文化的根基，传承民族精神。并于此过程中，拓展阅读面，积累语言词汇，提高读写能力。

三、课程的实施

1. 筛选与预设

我们选定了20个专题。主要有玉、龙、酒、桥、瓷、年、茶、琴、书法、丝绸、印章、篆刻、服饰、武术、建筑、风筝、中国红、文房四宝、岁寒三友等文化符号。

之所以这样安排，一是考虑教师人手的限制，每人挑选一项研究，有利于时间和精力的聚焦；二是符合学期和学年度的活动安排，比较切近课程活动的实际情况；三是内容的选择上也比较贴近学生。文化符号有些不典型，学生知之甚少，我们只能挑选一些典型的符号。

研发课程的过程，是师生携手学习、提高和积淀的过程，也是共同成长和相互濡染、影响的过程。教师、学生以及作业、搜集的资料等都可以作为重要的课程资源。

2. 安排与实施

我们在八年级推进实施此项课程，每周利用两节的社团活动课开展活动，每两周（四课时）组织一次学习、探究一个专题。

举个例子来说，我们组织学习“龙”文化课程学习。

课程活动第一阶段：课前搜集资料，上课演讲，课堂展示，点拨引导，批注赏读。

课程活动第二阶段：课后、课前小练笔，上课演讲，交流评点，课后教师记录，写反思，适时调整。

举例来说（以“龙”专题为例）：

第一次活动。活动前我们布置学生搜集有关“龙”的诗歌、散文、童话故事、美术作品和歌曲等。

学生带着任务准备参加社团课程学习，每个同学都要在课前搜集材料。

第一次活动。活动开始，第一个环节是课前搜集资料展示。有的同学展示了搜集的图片资料，有的同学搜集到咏龙的诗歌、散文作品，有的同学交流了歌曲《龙的传人》，有的同学将东洲公园墙壁上的龙的图案拍下来带到活动教室。

接着老师点拨引导学生归纳龙这一（文化）文化符号的意蕴——天人合一的宇宙观、仁者爱人的互主体现、阴阳交合的发展观、兼容并包的多元文化观（天人关系的和谐、人际关系的和谐、阴阳矛盾的和谐、多元文化的和谐），是中华民族的象征。

随后进入批注式赏读的环节。教师将事先搜集准备好的文章《龙的传人》印发给学生阅读，学生在阅读过程中做批注，随后进行交流。

第二次活动。课后老师布置学生小练笔，以“龙”为话题，写一点自己的思考，写一点自己的阅读收获，写一点自己的经历与感想，不统一文体，不规定字数。当然实在写不出的，也可以再搜集一段文字，读一读，说说自己的体会也行。这一次活动，我们主要围绕学生的作品进行交流，评点。

教师必须在两次课程活动之后，根据学生的活动情况，做好记录，写好精当的反思，以便于适时做好调整。

课程实施的过程，就是活动的过程。在活动中总结，螺旋式提高和不断改进，可以提升课程的执行力。

3. 撰写与成稿

最后形成的文稿，主要体例均为【中国符号意蕴解读】【批注式赏读示例】【学生赏读练习】【学生习作欣赏】【学生小练笔】。这样安排，主要是基于读写结合、以读促写的原则而考虑。我们力求将阅读与语文综合性活动合二为一，达到知识与能力的双效覆盖和提升。

课程在实施过程中，教师要给学生创造宽松的活动环境，允许学生用自己的语言方式去表述。教师要重视学生的过程体验，而不只重视活动的结果。

4. 辐射与推广

我们将这项课程内容进行通俗化处理后，在我校的国际交流项目中予以进一步推广。我们学校的国际交流是传统项目，每年（疫情前）都有来自新加坡、澳大利亚、英国、美国和非洲博茨瓦纳的学生来到我校进行交流。

将中华文化推出去，让更多的外国学生了解中国文化，为中华文化的推广尽一份应尽的职责，是我们义不容辞的职责。

四、课程的成效

经过多年的课程学习和实践，中国符号文化课程取得了比较显著的成效。2012 年，中国符号文化课程在省教研室组织的课程评比中，获省课程评比二等奖。当然，课程实施最主要的成效是对孩子的生命成长产生了积极的影响。

生 1：我参加中国符号文化课程的学习后，懂得了很多中华古代传承下来的文化知识，比如“年”“印章”，还有“中国红”等，原来我只知道个大概，但是通过参加活动，我比较全面、系统地掌握了这些文化符号、这些意象的实质。

生 2：我参加中国符号文化课程的学习，除了懂得了中华文化的博大精深，一个更重要的体会就是，我还知道了在学习过程中怎样去搜集材料，怎么去根据需要取舍材料，并运用搜集的材料提高我的阅读和写作水平。

生 3：参加了课程的学习，我的知识面更广博了，也积累了丰富的语言，写作能力也提高了不少。另外，认识上也有了深度，让我学会了从文化的视角看问题。

五、课程的展望

成绩只能代表过去。回首往事，我们在中国符号文化课程的实施中只能说初见成效。中华民族五千年灿烂文明，蕴藏着丰富的课程资源。我们相信，东洲中学的孩子们因为中国符号文化课程的穿越，中国符号一定能烙印在孩子们的生命里，民族精神一定能融入孩子们的血液里。将来，他们无论走到哪儿，都永远是一个中国人

【实例二】

融物理课程建设的思与行

滕玉英领衔物理学科团队

一、课程缘起

这要从“学生之问”说起。2018年暑期，有两个初三毕业的孩子考入普高后，回到母校访谈校长。他们问了我三个问题：“分数重要还是做人重要？我们很想玩，怎样才能既玩得好也能学得好？学校教育的利与弊是什么？”“学生之问”，不就是新时代要求我们深化教育改革提高义务教育质量做出回应并对接的教育问题吗？“培养什么样的人？怎样培养人？为谁培养人？”

初中学生天性喜欢玩，如何善待天性，尊重个性，发展社会性，唤醒精神性，让学生学得有兴趣、有情趣、有志趣。这需要我们教育人的“心力、脑力”，更需要“体力”，付诸实践引领。我再次从物理学科出发，组织工作室成员一起，梳理学生学习中存在的教育问题，整理我们每个物理教师已有的好的做法，从生活走向物理、从物理走向社会，从“情智物理”走向“情智教学”，从学科内融合进一步走向跨学科融合育人，带动全校教师深度卷入课程教学变革，提升学科知识的价值意义。由此，我带领物理团队进一步提出“融物理”课程建设。

二、“融物理”课程建设内涵

是以国家课程为主体、以校本课程为补充，指向于初中学生物理学科核心素养与关键能力全面提升、师生共同创生的物理课程建设体系。突出物理学科与相关学科学习目标、内容的融合；物理教学的“人、物、空间”资源的融合；物理教学与信息技术手段的融合。“融物理”课程建设，是在我校“情智物理教学实践”基础上的新认识、新建构和新发展。现已经成为江苏省课程基地建设项目。

三、融物理课程建设目标

1. 建立“融物理”校本课程体系，丰富学校物理课程形态

聚焦问题，认识立德树人的时代责任；理论研讨，明晰课程育人的内涵诉求，将其他学科与物理相关的内容进行科学、合理、巧妙的情智融合，用手触摸科学，用心感知世界，建设一套可行、可鉴、可辐射的“融物理”课程体系，探索可行的课程实施策略，形成一套完整、进阶的课程案例集。

2. 建置“融物理”课程资源空间，促进教学方式多样化

完善已有的教学资源库，将数字资源、实验资源、校外协助资源等进行全面的整理、归类、融合。将“融物理”课程所必需的学习环境、学习空间、学生设备进一步整合优化，改变物理学习就在一个教室，使用一本物理教材的单一局面，提升学生学习品质和学习质量，培养学生创新意识和实践能力。

3. 建强“融物理”教师发展共同体，助力教师全面发展

通过“融物理”课程建设的实践与研究，提升研究团队教师的理论研学、实践驾驭、课堂把控、经验推广等能力，实现教师跨学科资源、技能的融合（能力）；形成“以学为中心、教学相长”的新型师生关系、同事关系、同伴关系；让知识拥有情感的温度，让教育润养人性的光辉，让学校充满人际和谐的温馨。

4. 形成“融物理”课程教学特色，提升学校情智文化内涵

专项攻关，优化课程育人的实践路径；平台聚力，凝练课程育人的操作要义；总结反思，强化人格至善的价值引领。跨学科融合、物理生活融合在实践研究中不断探索“融物理”课程建设的策略、路径，以此引领推动学校课程建设，丰富学校情智文化的内涵。

四、融物理课程体系顶层设计

在以实施国家课程为核心内容的基础上，重视技术手段升级，重点关注“生活物理”和“跨学科融合”两个视角进行研发。

生活物理重点包括家居与物理、交通与物理、科技与物理、环境与物理四个组成部分，四个部分是循序渐进、相融相通的，结合不同年级学生的认知能力，进阶引领学生通过参与课程活动，进一步将物理学习

与生活、社会充分融合，经历“做中学、读中悟、写中思”，感受物理知识的伟大魅力，它与人类生活息息相关。

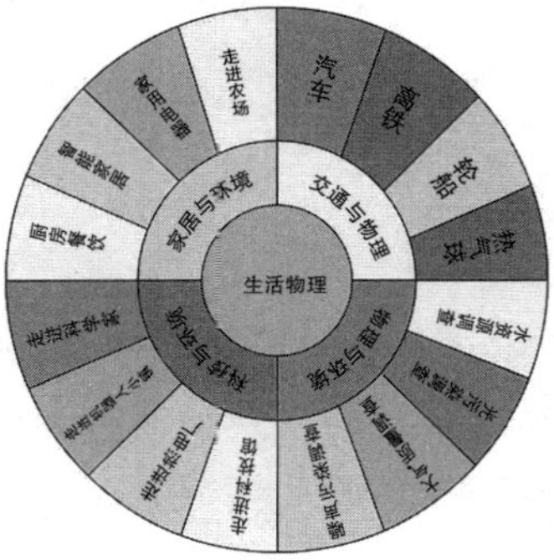

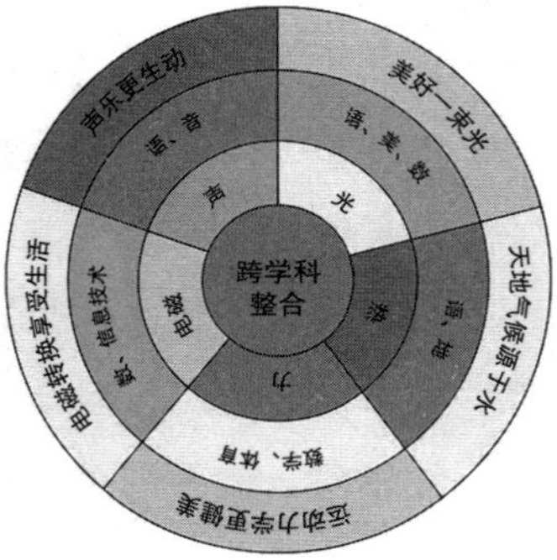

跨学科整合是把物理中的“声、光、热、力、电磁”等版块与其他学科进阶、有机、分层地融合，从各个年级层面，形成“声乐更生动”“美好一束光”“天地气候源于热”“运动力学更健美”“电磁转换享生活”课程板块，通过社团课、综合实践活动、科技创新大赛等活动得以落实，学生完成自制乐器系列、自制传声器、自制密度计、臭氧层破坏、树荫下光斑、温室效应、减小有害摩擦、增大有益摩擦、5G世界探秘、光电转换效率等研究，取得创意物化成果，成果呈现出进阶性、融合性。

丰富生活物理与跨学科融合课程

融物理课程内容			
物理板块	生活物理课程	跨学科融合课程	课程案例
声现象	测远、B超、监测海啸等	语文、音乐、美术	自制乐器系列、自制传声器系列 隔音效果探究
热现象	厨房里、洗浴、冷鲜、传感器、致热致冷	语文、生物、地理	温室效应的研究
光现象	视力矫正、激光测距、照明、光污染	语文、地理、生物	臭氧层破坏的研究、树荫下光斑的研究
力与运动	交通、生产等	体育、地理、历史	减小有害摩擦、增大有益摩擦的研究等
电磁学	生活中的电学交通、发电、生产、通讯	信息技术、音乐、美术	5G世界探秘，光电转换效率的研究
能源与发展	环境保护、新能源开发	生物、地理	区域环境现状调查研究

学校配备“初中物理融合式教学实践”的云中心场馆建设，即生活物理实验室、物理综合研习室、教学资源研发室、物理大观室和“初中物理融合式教学”云平台。在云平台中，通过对学生不同进阶成果的展示，促进学生参与度的深入，以此保证初中物理融合式教学实践研究的有效实施，也推动“四有”好教师创新团队发展。

五、融物理课程实施策略

初中“融物理”课程建设，主张通过对初中物理教学目的、主体、内容、方式和评价的多维度、系统性融合来促进学生的全面发展。尊重人的学习认识规律，特殊到一般再到特殊；具体形象、感性实践到抽象概括、理性凝练再到感性实践。

1. 理论研学，明晰路径

深入研究理论文献和国家政策，包括：《义务教育物理课程标准》（2011年版）《习近平总书记教育主要论述讲义》《中小学综合实践活动课程指导纲要》《教育部关于全面深化课程改革》《学习进阶理论》《落实立德树人根本任务的意见》等。在学习中，开阔视野，提升境界，明晰了从“生活物理”“技术物理”到“基于物理的跨学科实践”，最终走向“物理融合式教学”的进阶路径，实现从知识导向、能力导向走向价值导向。

2. 课题研究，项目攻关

不间断地进行课题研究，优化教学实践的研究路径：江苏省“十二五”规划课题《初中情智教育实践研究》；江苏省“十三五”规划课题《情智教育背景下科学进阶课程的实践研究》；申报江苏省“十四五”规划课题《基于“融物理”经验的“学科融合育人”实践研究》，通过课题研究，深挖课标教材，二度研发教材，引领教师成为课程资源的创造者。

创设跨学科、跨年级、校内外有机整合的课程体系，依据具体教学目的、内容和情境不断提炼和优化教学方法，推出了“力和运动”“相遇美好”“海底两万里”等一系列融合式教学的成功范例，部分优秀案例入选了《南通市初中科学活动课程》。

3. 构筑平台，交流合作

滕玉英被南通大学聘为“特聘教授”，学校被南京师范大学认定为实践基地。利用“滕玉英名师工作室”“南通市初中物理学科基地”“江苏省STEM种子学校”“江苏省首批STEM项目试点单位”“省STEM项目优秀学校”等平台，筹建比特实验室、STEM创客中心、承办省科技竞赛，开展科学嘉年华系列活动、科技节、教学成果展等活动，积极完善丰富“融物理课程”项目体系，并形成实施策略、路径与方法。

4. 总结提炼，推广应用

（1）构建“四融合”实践模型。

学思践悟中，提炼出“四融合”实践模型。

“玩中学”，融物理于生活实践。围绕“生活物理社会”的课程理念，挖掘日常生活中的有趣情境，发掘原始问题，开启“初中物理综合实践活动研究”，学生在可触、可感、可玩的活动中发现和探索物理的奥秘。

“做中学”，融物理于技术实践。开发科普考察等探究活动课程，拓展物理课程的教育职能，从“小论文、小制作、小发明”三小活动到创客、物联网、传感器、电子百拼等最新科技课程的开发与实施，学生在“技术物理”中发展了动手能力和创新意识。

“创中学”，融物理于跨学科实践。以承办省科技竞赛，开展科技嘉年华系列活动、科技节、教学成果展等，物理融入“跨学科融合”教学内容，构建物理融合课程体系，形成以“1+X”的外显表征的实施策略、路径与方法，即以大概念为探究主题，促进学生在已知的基础上，主动设计学习内容和探究方案，创造性地解决具体问题。

“用中学”，融物理于社会实践。创设跨学科、跨年级、校内外有机整合的课程体系，依据具体教学目的、内容和情境不断提炼和优化教学方法，以问题导向、任务驱动推出系列融合式教学的实践案例。学生经历“用手触摸科学，用心感知世界”的过程，达成健全求真品格、激发创新意识、提升综合能力的目标。

其中，“生活实践、技术实践、跨学科实践、社会实践”之间内容也是相互融合的。“玩中学、做中学、创中学、用中学”相互融合，相互促进。

（2）构筑“四支撑”策略保障。

平台——资源支撑：建设物理综合研习室、云平台等，邀请专家指导，为融合教学提供优质环境。

技术——手段支撑：升级多媒体信息技术、互联网技术、传感技术及虚拟现实，为融合教学提供更多可能。如教师利用直观的数字化设备——传感器技术，将在“力”“路程”“声”“温度”“磁”等实验中采集的数据，形成表格或者曲线，全程跟踪实验现象，将微观的实验现象直观化处理，把抽象的数据变成形象的感观，把模拟实验变为真实实验，极大地丰富了学生学习物理的途径和方法，在物理教学中显示出强大的技术优势。

活动——项目支撑：开展项目式学习、STEM 教育，为融合教学提供有效载体。

过程——评价支撑：构建主体多元、形式多样、注重过程和能力的评价模式，为融合教学提供有力抓手，旨在以“国家课程、地方课程、学校课程”的有机、进阶的融合，撬动全校教师，形成学科融合育人，实现师生协同育人，从而落实立德树人的根本任务。

（3）场馆建设技术新升级。

学科融创中心，有生活物理实验室、物理综合研习室、教学资源研发室、物理大观室和融合式教学云平台，学校还投入建设 VR 体验式教学系统。该系统主要由 VR 智慧教学管理系统、VR 编程学堂软件系统、VR 3D 优质课程内容三大部分组成。让老师以更丰富的教学方式去提升教学效果，为学生搭建一个探究式深度学习 VR 教学环境。

VR 智慧教学管理系统。老师实现“一对多”的互动式教学管理，对 VR 教学课程内容进行有机整合，将各学科的抽象难懂的知识点真实还原，将抽象概念具体化，难点知识可视化，让书本的知识真正“活”起来。这样既依托于书本，又升华了书本知识，真正做到真听、真看、真感受，让学生变得简单、快乐、高效。

VR 编程学堂软件系统。解决了现有市场上 VR 课件制作成本高、难度高等问题。老师可通过简单拖拽、拼装即可制作 VR 校本课程内容；

对学生而言，可在三维场景化下进行自主编程，既培养学生的编程技能，又培养了他们的逻辑思维能力，也打破了国外 2D Scratch 平面编程类软件的市场垄断。

VR 3D 优质课程内容。配套课程包括素质教育和升学教育课程内容，其中素质教育课程包括了中小学编程教育、STEAM 教育、安全教育、科普教育、德育教育等课程内容；升学教育课程里包括了 K12 小初高的科学、语文、物理、化学、生物、地理、数学等课程，两大类课程共计 950 多节。

VR 创新教育空间方案。通过将 VR 技术与“融物理”课程教育融合，和 VR 眼镜设备、VR 充电消毒柜、网络及电脑设备等构成 VR 智慧教室， 可将 K12 教育中抽象概念具体化；将宏观的、微观的、难点的知识变得可视化，通过场景化交互体验式的教学方式辅助各学科进行体验式教学。

六、融物理课程建设中的反思

2020 年“融物理课程建设”项目，经过遴选、答辩、考核，有幸成为江苏省课程基地建设项目，在中期验收过程中，我们感到还有以下三点困惑：

1. 课程定位的精准性

基于实施者都是一线教师，对“融物理”课程的实施，尤其是课程定位水平还没有达到一定的高度。

2. 场馆建设的合理性

基于融物理课程建设并没有可以借鉴的案例，我们在场馆建设方面，属于摸着石头过河。

3. 实施推进的长效性

由于整体教育大环境受应试教育的限制，在开展的过程中，会受到见效慢等方面因素的影响，活动的开展会受到外界因素的干扰，实际实施推进效果可能会遇到挫折。

在此，衷心感谢各级专家的线上、线下指导！也更需要我们自己不断加强理论学习、实践研究、反思总结、学思践悟、智仁勇行。

【实例三】课程项目叙事

病毒爆发预警：如何对抗流行病

生物学科部主任　沈玉红

一、课程缘起

学生对生命科学有发自内心的喜爱，我们在最初的社团课上开展的是一些生物“小发现、小制作、小调查”“三小”活动。比较典型的有：

制作类活动，如动植物细胞模型、生态瓶的制作、生物分类模型。

调查活动：调查校园植物类群、调查初中生近视情况，写出相应调查报告，提出合理建议。

科普作品评比活动：科普小报、科普PPT、科普微电影、科幻画等作品的评比。

虽然这些活动同学们也很喜欢，却并不能真正培养学生科学创新的实践能力。该如何帮助学生全面提高科学素养，同时教学相长，推动教师专业发展？我们在寻求突破，尝试从社团活动走向研发校本化生物项目课程。

基于STEAM课程，“拿来项目”科学实践。我们学校是江苏省STEAM项目优秀实验学校，STEAM课程是一种多学科融合的课程，倡导项目式的学习方式，2017年新教育国际论坛在海门举行，主题是新科学教育——科学之光照亮求真创新之梦。主题报告点燃我们研发生物项目课程之火。记得当时正是流行性感冒施虐的季节，在学校优化研发课程中，我们生物组决定把第一个项目课程定为《病毒爆发预警：如何对抗流行病》。

二、课程目标

培养学生解决具体真实问题的实践创新能力。借鉴别人已研发的资料，力图融入我们基于真实生活场景的实践和基于项目的学习等元素，借鉴STEM教育的理念，大力组织开展课内课外、校内校外、线上线下相结合的科学综合实践活动。

三、课程实施

1. 创建教师团队，学习课程理念

生物组老师教龄都在10年以上，还有海门市学科带头人这样的优秀师资力量，但我们更多是在教材教法上的研究，没有带领学生进行项目式学习的经历。所以当课题开始实施时，组内老师都兴致勃勃地参与，并对课程的理念进行了比较深入的学习。在无法避免的职业倦怠期来临的时候，新科学教育为我们又打开了一扇提升自我、促进专业成长的大门。

2. 适当分工，编写课程初稿

明确项目的培养目标不以传授知识和技能为核心，而是在问题情景下培养学生自主解决实际问题的综合能力。我们把课程分为八个子课程、每个子课程的编写包括七个板块。

（1）课程目录。

预备课程1：学习工程方法

预备课程2：认识技术

课程1：初识病毒

课程2：病毒爆发

课程3：最好的防御

课程4：病毒细胞大对决

课程5：面向社会的公开信

课程6：作品展示

（2）七个板块。

项目目标、项目要求、知识加油站、探究之旅、反思总结、项目报告、评价提升。

3. 实施课程，边实践边改进

由于是首次进行项目式学习，而且本课题具有一定的挑战性，我们征求部分学有余力的同学，自愿参与课程的实践与完善。课程集体活动时间定在每周二社团课，分组活动利用学生课余时间。为了便于师生交流，我们还建立了课程微信交流群。在课程伊始发生了一个小故事。有一组同学在家里制作隔离操作箱后拍照发到群里，问：“老师，我的隔离箱做得对吗？”这时有热心的老师用自己专业的眼光去指导：“手部操作的手套要密封一些，可视窗位置要便于观察”等等。我突然意识到，这不是传统课堂师生的交流吗？勤学好问的学生、答疑解惑的老师。可是项目式课程倡导的是让孩子们在实践过程中自己解决问题，我们要让学生真正学会“做中学”啊！于是我赶紧制止了热心老师的点拨，提醒同学们可以通过项目测试环节发现问题。可以说，新科学教育方法首先考验的是老师的教育教学观。

有人说什么都要学生自己做，老师是不是变得很轻松啊。事实并不是这样，在课程进行的过程中，我们感受到项目式学习中的老师需要有更全面的知识和技能、更善于发现的眼睛、更高超的领导能力。比如在认识病毒阶段，我们帮助同学们用正确的途径获得知识。我们向同学们推荐了知网、图书馆中正规出版的相关书籍、精选优质的科普影像资料。接下来同学们就开始了“读中悟”。

在同学们拥有了一定的科学创新能力后，我们又创设情景：某地发现疑似新型病毒感染病例并呈蔓延之势。现在请医疗小组奔赴现场攻克这一新的难题。同学们分析疫情、采集新病毒样本、研制新药、最后完成项目报告书。这样同学们学会了“写中思”。

四、实施成效

给孩子更多现实的选择，给创新更多宽松的氛围，给个性更多成长的空间，激发学生潜能，使学生具备必备品格和掌握关键能力。于是我们决定让同学们自主选题。在一段时间的实践后，同学们开发了自己的一些微课题项目：

学校有一块生物小菜地。今年有一组同学去种了一些蚕豆（蚕豆叶是初二学生实验《观察叶表皮的气孔》所需要的实验材料）。他们说：“杂交水稻之父”袁隆平让水稻的试验田亩产达到了1065.3公斤。我们要通过实践让小试验田蚕豆的叶足够全年级实验使用，并且采摘后不影响蚕豆的进一步生长，达到试验田蚕豆产值最大化。

另外一些同学在试验田栽种的过程中发现了新的课题，他们知道土壤的肥力和蚯蚓有关，于是他们进行了《蚯蚓对生活垃圾处理能力的实践探究》。他们希望通过研究摸索，在试验田中放养适当数量的蚯蚓，加入适当数量的生活垃圾，从而不再使用化肥。

还有一些同学在学习无土栽培的知识后，对无土栽培法产生了兴趣，他们正在研究《利用无土栽培技术打造家庭阳台小菜园》课题。在实践的过程中，他们又发现家里阳台比较小，想要充分运用阳台空间，于是他们进行《阳台水培植物“立体栽培”的实践探究》等等。

同学们的课题很朴实，也许并不具有创新性，但这是他们自主求真探究之路，他们会在过程中积极思考，绞尽脑汁寻找解决问题的方案。而我们老师在陪同他们探索的道路上和孩子们一起实验探讨、在他们无解困惑的时候适时给予帮助。这种共同成长的乐趣，是圈坐于授课式的课堂中无法体会的。此时我们真正感受到教师职业的幸福，原来幸福是自己给的，幸福是自己做出来、说出来、写下来的。让我们一起养成研发课程、师生结伴成长、收获幸福的能力吧！

【实例四】执教课例

做最好的自己——我的优点树

学校心理学科　倪晶金

一、教学目标

1. 帮助学生认识自我。

2. 认识并发现自己的优点，接纳自己。

二、教学重难点

认识并发现自己的优点，更充分接纳自己。

三、教学过程

1. 热身游戏

加减法手指运动。

2.“动物学校”的故事

一群小动物聚在一起，彼此羡慕对方的优点，于是就决定成立一所学校，希望通过学习，使自己成为一个什么都会的全才。他们设计了一系列课程，包括奔跑、游泳、飞翔、攀登等等。所有动物都报了名，选修了所有的课程。最后的结果是：

小白兔在奔跑方面，名列前茅，但是一到游泳课的时候，就浑身发抖；

小鸭子在游泳方面，成绩优异，飞翔也还差强人意，但是奔跑和攀登的成绩却惨不忍睹；

小麻雀在飞翔方面，轻松愉快，但就是不能很好地奔跑，碰到水就几乎精神崩溃；

至于小松鼠，固然爬树的本领高人一等，奔跑的成绩也还不错，却在飞翔课中，逃课了。

大家越学越痛苦，越学越迷茫。怎么办呢？

听了这个故事，请同学们来说说，你有什么想法。

万物各有所长，各有所短。停止盲目地学习别人，好好发挥自己的长处。我们在座的每一个同学也是这样，每个人有自己的长处和优点。

3. 主题活动——我的优点树

现在请你想象一下，你正沿着一条路走，突然发现你前方有一棵很特别的树。这是属于你个人的一棵树，要在它上面挂满了标志着你特别的能力和优点的果实。它是什么样的？把它画下来，每一颗果实就代表了你的一个优点（优势），并在果实上写明你的优点和长处。

（1）画优点树。

画完以后，请三位同学把自己树上的优点再充实一下。被请到的同学用和他（她）原来不同颜色的笔写。被邀请的同学要注意，这个优点要是你真正实实在在感受到的。

（2）讨论，互相补充优点树。

接下来要来展示一下我们的优点树啦。展示前，先特别说明，尊重每一个人，不能嘲笑任何一幅作品，多给别人一点掌声。

展示的时候请你考虑以下几个问题：

展示你的优点树，说说上面哪些优点是你自己发现的？哪些是别人发现的？

在活动中，请别人写你的优点时，你有些什么感受呢？

写出别人的优点时，你有什么样的感受？

有没有新的发现？

（3）展示优点树。

4. 自我探索

我们的优点，会对我们产生深远的影响。回顾过去，我深深地感到，我的优点令我更加：（请用√表达你的优点对你产生的影响。）

（　　）喜欢自己

（　　）自信

（　　）肯定自己的价值

（　　）觉得自己重要

（　　）受别人欢迎

（　　）被重视

（　　）感激生活

（　　）有勇气面对各种困难

（　　）积极地面对成长

（　　）其他

我们都有优点，正确地评价自己，认识和欣赏自己的优点，发扬长处，接纳自己，才能更好地发展自己。

每个人身上都有很多宝贵的东西，有的人善于发现并能利用这些东西，因此他们有了各种各样的成功，也塑造了一个自信的自己。

而有些人却没有注意到它们，更不用说充分利用了。因此，他们更容易遭受挫折，也降低了自己的自信。

5. 成功教练（请大家根据自己的实际情况填写）

思考：在我的优点中，哪些已经得到了充分的发展？我是如何在学习和生活中利用和发挥这些优势的？

哪些优点很容易被我忽视，还需要在以后的学习和生活中将其充分发挥？

小组交流，互相建议、分享。

6. 总结

我们相信，天生万物，各有所长。每个人身上都蕴藏着一个巨大的宝藏，它里面藏着我们的优点和长处。

如果我们能充分发现自己的优势，好好地利用自己的优势，那我们的人生就可以更有价值。

让我们从今天开始，看着我们优点树上的每一个优点果实，以赞赏的眼光去看它们，坚持一个月，养成积极的思维习惯。充分发挥我们的优势，自信地去面对每一天。

丰富课程，助理学生健康成长。记得班主任王能民班上的2019中考南通最高分施奕彤（1610班），在毕业典礼做了《带上“四颗”美好的心》精彩演讲，很好见证同学们的三年进步。内容如下：

尊敬的老师，亲爱的同学们：

大家好！

我是1610班的施奕彤。时光荏苒，白驹过隙，转眼我们即将毕业。我代表全体毕业生，向所有的老师致以最衷心的感谢。同时，我也想分享一下我的一些学习心得。

初中三年的路上，有深山大泽，也有平坡宜人；有杏花春雨，也有塞北秋风；有山重水复，更有柳暗花明。支持我走下来的，是这样几颗珍贵的心。

第一颗是热爱的心。

热爱，就好比成长路上把握的航向，有了热爱，你才能拥有帆起桨落，劈波斩浪的勇气。热爱一缕春风，就收获了春天的芬芳；热爱一本好书，就领略了知识的魅力。从生活的小事热爱起，你才能发现生活中不经意的温暖，才能更加珍爱生命。或许多一份热爱，提高不了分数，但它能让我滋生奋发向上的动力；或许多一份热爱，赢不了运动会的冠军，但它能让我享受超越自我的喜悦。

就像我们常说的“知之者不如好之者，好之者不如乐之者”，我愿意有一颗热爱的心，让每一个日子都多一份喜悦，多一份勇气。我更愿意每一个东洲人都有一颗这样的心，让蓬蓬勃勃的青春多一点温度，多一点阳光。

第二颗是踏实的心。

十六七岁的我们正是“鲜衣怒马少年时”，常常幻想着一飞冲天，恨不得气魄贯长虹，浩气盈宇宙。我们最需要，最珍贵的就是踏实。只有踏踏实实，看清脚下的路，才能走得更远，飞得更高。而踏实是什么？是勤奋，是谦逊，是努力追求梦想的那份执着。晨钟暮鼓里的琅琅书声，夜半时分里的挑灯苦读，握笔处的老茧，奔跑时的汗水，都是成长的足迹，一个一个铺向梦想的远方。

怀着一颗踏实的心，胜不骄，败不馁，不急躁，不张扬，明确目标，落实行动，上课时的认真听讲，下课后的及时巩固，让每一分、每一秒都拥有价值，这样的青春才有意义，这样的青春才足以点亮整个人生。“每一个不曾起舞的日子，都是对生命的辜负”，就是这样一颗踏实的心让我的青春不留遗憾。

第三颗是诗意的心。

不论再忙，阅读不能缺席。古今内外，卷帙浩繁，许多名言至今犹在耳畔，多少名人的风骨镌刻在历史中。从书中沾染诗意，与之为伍，共沐风雨或隔代相望，同样是一种美的享受，是在繁重功课后的一次放松。失意时，从书中寻找慰藉；得意时，在书中沉淀自我。以史为镜，可以知得失；而我认为，以书为镜，可以养灵魂。保有一颗诗意的心，将学习生活都渲染得多姿多彩。

一路走来，热爱的心，踏实的心，诗意的心构成了我学习的全部，伴我砥砺前行。而除此之外，还应有一颗感恩的心，感恩老师的教诲，感恩父母的陪伴，感恩同学的鼓励；懂得感恩的人，生活必将是温暖的，生命必将是可爱的。

我真诚地希望，所有的东洲学子都有这样的几颗心，每一个人的青春都能熠熠生辉。

我的演讲到此结束，谢谢大家！

第六章

“情智教育”理念下的教师发展

第一节　教师队伍建设导向
第二节　教师队伍建设策略
第三节　教师队伍建设实例

百年大计，教育为本；教育大计，教师为本。“教师承担着传播知识、传播思想、传播真理的历史使命，肩负着塑造灵魂、塑造生命、塑造人的时代重任，是教育发展的第一资源。”教师责任重大！教师教书育人，首先是育人。育人方向比方法更重要。“教育的实践育人方向最终不是由政府文件决定的，也不是由课程标准决定的，更不是由教科书和学生决定的，最终是由教师人格、教育行为决定的。”

第一节 教师队伍建设导向

一、教师队伍建设定位

师德师风是从事教师职业的第一身份。2018 年 9 月 10 日，习近平总书记在全国教育大会上提出，教师是人类灵魂的工程师，是人类文明的传承者，承载着传播知识、传播思想、传播真理，塑造灵魂、塑造生命、塑造新人的时代重任。教师职业的特殊性决定了师德师风的重要地位。

师德师风是落地立德树人的第一要务。立德树人是检验学校一切工作的根本标准。在《深化新时代教育评价改革总体方案》中明确要求，要扭转不科学的教育评价导向，坚决克服“唯分数、唯升学率、唯文凭、唯论文、唯帽子”的顽瘴痼疾，突出“师德师风”是教师评价的第一标准。

师德师风直接影响学生人格成长。我国伟大的思想家、教育家、被誉为“万世师表”的孔子提出：“其身正，不令而行；其身不正，虽令不从。”初中学生是成长中的孩子，可塑性很强，需要我们教师率先垂范，言传身教。倘若教师面对自己的学生实行有偿家教，即使专业素养、上课能力都很好，作为学生坐在课堂上听这样的老师上课，还有多大的教育效果可想而知。

教师首先要有阳光心态。让自己的内心健康起来，阳光起来，快乐起来，善良起来，丰富起来，高贵起来，然后凭借自己高尚的师德、师能、师魂，去感染孩子，带动孩子，引导孩子，让孩子的心也健康、阳光、快乐、善良、丰富、高贵起来。温情暖人心，以精心求齐心，以诚心聚人心，以动心谋入心，以爱心树信心，以潜心换顺心。将心比心，以心换心，以心唤醒，以爱育人，以情感人，以理服人，以法正人。

二、教师队伍建设目标

建设“四有”好教师团队。2014 年 9 月 9 日习总书记与北师大师生代表座谈时讲到，教师重要，就在于教师的工作是塑造灵魂、塑造生命、塑造人的工作。一个人遇到好老师是一生的幸运，一个学校拥有好老师是学校的光荣，一个民族源源不断涌现出一批又一批好老师，则是民族的希望。一名好教师应该有理想信念、有道德情操、有扎实学识、有仁爱之心，为发展中国特色世界水平的现代教育，培养社会主义事业建设者和接班人做出更大贡献。习总书记的讲话为我国教师队伍建设和专业发展指明了方向，对我国教育的发展具有深远的意义。

1. 好老师要有理想信念

理想信念是师德之魂。魂者，精神也。灵魂，在一定意义上是个比喻，寓意指导和决定作用。师德，首先要有魂，要有一个指导和决定作用的因素，这就是理想信念。因为教师承担着最庄严、最神圣的教书育人的使命，所以势必要有“为了谁，依靠谁，我是谁”的理想信念；有了理想信念，师德建设就有了方向；师德高尚的教师，既能当经师更能为人师。教师要忠诚于人民教育事业，树立崇高的职业理想和坚定的职业信念，把全部精力和满腔真情献给教育事业，做爱岗敬业的模范。

2. 好老师要有道德情操

道德情操是师德之根。根者，事物的本源也。平时我们说追根究底，作为教师的职业道德的师德，其根底在哪，在道德情操。教师要淡泊名利，志存高远。高尚的师德，是对学生最生动、最具体、最深远的教育。教师要勇于创新，奋发进取。教师从事的是创造性工作，教师富有创造精神，才能培养出创新人才。

3. 好老师要有仁爱之心

仁爱之心是师德之源。源者，源头也“欲流之远者，必浚其源泉”。说明水流所从出，源远流长，关键在于源头。教育是仁而爱人的事业，所以仁爱之心是师德之源泉。要关爱每一位学生，关心每一名学生的成长进步，以真情真心真诚教育和影响学生，努力成为学生的良师益友，成为学生健康成长的指导者和引路人。师爱，它是一种只讲付出不求回报的、无私的、广泛的且没有血缘关系的爱，是一种严慈相济的爱、一视同仁的爱！爱自己的孩子是人的本能，爱别人的孩子是最神圣的师爱。这种爱是教师教育学生的感情基础，学生一旦体会到这种感情，就会“亲其师，信其道”。

4. 好老师要有扎实学识

扎实学识是师德之基。基者，基础也。房有房基，地有底基，“邦家之基”引申出根本一词。基者又为始也。师德之基之始，是扎实的学识。师德的目标是为了教书育人，教书育人要以知识为前提，正如习总书记所说知识是教育的根本基础，所以教师必须不断学习，不断充实自己。教师要崇尚科学精神，树立终身学习理念，如饥似渴地学习新知识、新技能、新技术，拓宽知识视野，更新知识结构，不断提高教学质量和教书育人本领。要养成求真务实和严谨自律的治学态度，恪守学术道德，发扬优良学风。教师的知识结构，第一本体性知识，教什么的；广博的文化性知识；实践性知识，不能照本宣科；条件性知识，心理学教育学理论依据。

高素质教师队伍是由一个一个好老师组成的，也是由一个一个好老师带出来的。要坚持教育者先受教育，让教师更好担当起学生健康成长指导者和引路人的责任。

我们校长理应率先垂范，一级做给一级看，一级带着一级干，努力造就一支师德高尚、业务精湛、结构合理、充满活力的高素质专业化教师队伍。

三、教师队伍建设核心价值：“团队合作，追求卓越”

育人是一个系统工程，教师不能只顾自己的学科进行教学，改变“我是教学科的任课老师，育人是班主任的事情”的错误观点，要养成“全科育人、全员育人、全程育人”的思想，与时俱进地做教育。东洲大家庭是一个教育生活共同体、团队利益共同体，更是生命价值共同体。

团队合作，从“小我”走向“大我”，全体教师不断迈向五个“度”。

一是温度，充满对教育生命的关爱，彰显情智教师的人文底色。情智教师需要一种大爱情怀，需要理智感、美感和道德感凝聚而成的一种复杂而高尚的教育情操。因此，既要全面深入地了解每个独特的学生个体，研究每个不同的学生个体，又要充分尊重、信任、鼓励每个学生，还要用心引领、培育、转化学生。这实际上是要让每位教师都拥有教育理想情怀。

二是厚度，拥有厚重的知识文化底蕴，体现情智教师的学科本色。每个情智教师既要有广博而深厚的综合基础知识，丰富而有活性的教育心理知识，系统而又精深的专业学科知识。既要对文、史、哲等人文社会科学领域有扎实的功底，对理、工、农等自然科学领域有稳固的根基，对音乐、美术等艺术领域有一定的修养，还要对教育教学活动的规律有特别透彻的把握。

三是精度，具备精湛的教育教学技能，展示情智教师的专业亮色。教学能力主要包括教学设计能力、教学实施能力和教学反思能力。唯有这三方面能力精湛、精致、精到，方能得心应手地实现情智教育。

四是力度，富有创新的教育思想，凸显情智教师的科研成色。这方面学校已有良好的传统，一直以来，东洲中学“人人有课题，个个搞科研”，在教育科研课题研究中，学校先后走出了五位省级特级教师、两位正高级教师、两名全国名校长。

五是高度，充满教师发展的和谐之美，呈现情智教师的人格特色。情智教师是集智慧人格、道德人格和审美人格于一身的统一，最核心的是一种求善的德性特质。

第二节 教师队伍建设策略

离开了教师的工作积极性，再先进的理念也是镜上花，再完美的设想也是水中月。变“要我做”为“我要做”，变“逼他干”为“他想干”，当是教师队伍建设的第一要务。作为管理者，我们不仅要晓之以“理”，更要动之以“情”，用“情智教育”理念，为教师发展赋能。

一、价值引领

我们每个教师都希望实现自身的价值，过上幸福完整的教育生活，但幸福生活、评先评优晋升岗位都不是“靠、等、要”实现的，而是靠自己不断修炼，终身学习，参与付出，爱与责任同行，工作富有成效，实绩说话，群体认同。自身的价值，幸福的生活，实质是自己奋斗出来的，离不开“自己培养自己”得到的。

每周组织教师教育理论学习，学习《习近平总书记教育主要论述讲义》《教育部关于全面深化课程改革》《落实立德树人根本任务的意见》《深化教育改革提高义务教育质量的意见》，提升教师自身核心素养。充分认识所有的教育都应该指向学生发展。任何学科的教学，都不是仅仅为了获得学科的若干知识、技能和能力，而是要同时指向人的精神、思想情感、思维方式、生活方式和价值观的生成与提升。学科教学要有文化意义、思维意义、价值意义，即人的意义！

双减背景下，组织教师学习“双减”工作的文件精神，让大家知晓“双减”是减轻学生在校作业负担和校外培训机构学业负担。积极响应国家号召，站在为中华民族伟大复兴培育人才，认识教师肩负的责任使命，并在全校提出“五育融合，深耕情智教育”，让知识拥有情感的温度，让教育润养人性的光辉，让校园充满和谐的氛围。丰富学校课程，“分层教学，帮助孩子找到自我；心育体系，引导孩子认识自我；社团活动、劳动实践，调动孩子发现自我；仪式庆典，兴奋孩子成长自我；完美教室，陶冶孩子读懂自我”；“五育并举”，“立德树人”。

二、情感寄托

没有精神活动的生理性存活，叫生存；有了精神寄托的生存，叫生活。教育生活同样，应该是一种有精神活动和寄托的生活。学校“重视精神状态，倡导成功体验”，培育快乐和谐的文化氛围，让学校成为师生的精神家园和成长的理想村落。

学校营造优美的环境文化。四季绿色成荫，四季花果飘香，配以巧妙点缀的假山池沼，匠心独运的亭台长廊，营造出不是自然胜似自然的优美环境。

学校树立传承发展的精神文化。学校以“敬业、务实、智慧、高效”为工作目标，“以师德创造人格魅力，以制度提升教育能力，以科研挖掘质量潜力，以特色扩大办学张力，以改革增强学校实力，以实绩获取社会认力”为治校方略。它们已经深入每个教师的内心，内化为教师教育教学的自我评价标准。

学校培育快乐和谐的动态文化。一年一度的校庆、艺术节、体育节、读书节等一系列的活动，调节了教师教学与研究的紧张心理。以学科部为单位的歌咏比赛，《众人划桨开大船》《团结就是力量》唱出了所有教师蓬勃的生气与活力。以学科部为单位的工间操比赛展示了全体教师健康运动、积极工作、美丽人生的精神风貌。

党员教师集体郊游，带领教师们走向红色基地、名校名师、美丽河川，参观考察、学习研讨等，增加情趣，增进友谊，开阔眼界，提高思想境界。形成“彼此欣赏，相互成就；人人尽责，人人享有”的人际氛围。学校教师节联谊、东洲大家庭团建的温馨、友爱场景，增进了领导和教师、教师和教师、教师和学生之间的感情，培育快乐和谐的学校氛围。

校园文化的营建，不仅是给教师的成长提供环境和土壤，更是给教师构建精神寄托的家园，一个有别于现实社会的精神栖息的家园——你优秀我也要优秀，自觉意识到自己的进步和成长都是对这个“大家”应该承担的责任和义务。

三、平台聚力

切实提高育人质量，关键靠一线教师去落实。每个人都有“自我实现”的迫切愿望，都有“不断超越”的内心冲动。因此，我们要多方位、多层次、多形式的为教师搭建“自我实现”“不断超越”的各种成长平台，聚德增能，抱团发展。定期组织“东洲大讲堂”“青年教师发展中心”“班主任俱乐部”“学科工作室”等各种活动平台，开展“专业阅读、专业交往、专业实践、专业写作”。

平台之一——“东洲大讲堂”。每双周全校集会，除了校长讲话以外，还定期请优秀班主任讲“我的治班之道”；请骨干教师讲“我的精彩课堂”、“我的课程实施”；请外出学习者讲“我的外出学习体会”，营造东洲“百家讲坛”的氛围。

平台之二——“青年教师学习发展中心”。每单周让年轻教师讲“我的赛课经历”，分享“我的读书心得”，交流“我的听课收获”。挑选出表现突出的年轻教师，在全校、整个集团进行交流。每学期两次邀请来自校外的著名教育专家进行示范引领。

平台之三——“外出考察交流学习”。对在教育教学方面工作突出的优秀班主任、优秀教师，我们提供各种外出学习考察交流的机会，有听取高大上的报告的，有文化考察的，有观摩课堂展示、课程建设的或外出经验交流的。在各种交流活动中，教师体悟到自身的价值，内心升腾起职业的神圣感和成就感。

平台之四——学科工作室、网络媒体交流。上课录像、听课议课、实践反思，教师以自己的教学活动过程为思考对象，来对自己所做出的行为、决策以及由此而产生的结果进行审视和分析。通过课例研究，专业阅读、专业写作、专业共同体，相互碰撞，拓宽教育眼界，提升教育境界，促进和提高专业素养。短信、qq、微信，成为团队校本研修的又一随时交流平台。

平台聚力，教师成就学校：骨干教师动了起来，青年教师活了起来，全校教师联了起来，一个个学习型的团队渐渐形成，富有朝气活力。教育不是一个人的精彩，而是一群人的精彩，只有发挥群体的智慧，才会形成“众人划桨开大船”的最大合力。

四、职业认同

对教师职业的价值认同包括自我认同和社会认同。自我认同是促进教师专业成长的内在自觉驱动力，而社会认同最终也会因外部的肯定和正面评价的激励而成为促进教师专业成长的驱动力。

我们认同教师在教学管理中的角色。在教学管理中，我们尊重、宽容、信任教师。尊重教师的人格，尊重教师的工作，尊重教师的合理要求，让教师感到从事职业所带来的尊严；宽容教师工作中的不足，并给予改进的帮助，宽容教师意见上的相异，并做到择其善者而从之，其不善者而助其改之；信任教师能够胜任自己的工作，信任教师在学校发展中可以做出贡献，管理教学目标措施的制定，发动教师积极参与，建言献策，批评指正。

我们认同教师的个性和特长。每位教师都有着不同的生活环境成长经历与心路历程，都有一个与众不同的丰富的内心世界。我们认识到教师的个性差异，认同教师的特长，认可教师对工作所做出的努力。

我们认同教师的工作成绩。每个人都希望自己的努力得到认可与回报，也许是物质上也许是精神上的。我们从这两个方面去认同教师的工作，从而激励教师工作热情和成长的渴望。针对我校夫妻教师多的特点，制定了《文明双岗教师标兵评比》《教师子女在校学习奖励办法》；根据我校对外交流学习机会多的亮色，制定了《教师外出交流学习实施方案》，形成了培训就是最大福利的共识，对工作表现突出的教师，通过宣传橱窗学校网站分批给予必要的表彰或根据实际需要及时提拔重用，使之在更高层面上发挥才智。精神激励的同时，学校不断完善福利系统，精心设计绩效工资考核方案，向一线教师倾斜，向成绩突出的教师倾斜。

对教师价值的认同，使教师人格上获得尊重，学识上获得肯定，个性上获得张扬，特长上得到赏识，体验到自己行走的是一条幸福的教育之路，追求通过专业成长最大化来体现自己的职业价值和人生意义。

五、评价多元

教师是学校教育的第一资源，作为校长要树立正确多元的评价导向，定期进行行政干部的换届选举，把优秀人才向上级组织举荐；凡是评先评优晋升，实绩数据说话。

教师绩效评价从团队群体性成长、个体性成长两个方面对学校做出贡献度进行考核，首先强调师德考核实现一票否决制。在专业发展上，名特教师群体引领强调“放”。他们可以按照自己的方式筛选教学内容，设置课程，调节课程，也可按照自己设计的路径发展。骨干教师群体引领注重“激励”。工作五年以上十年以下的教师已经具备一定的专业知识和技能。在新的知识结构和能力系统尚未形成之前，教师专业发展常会出现一个相对停顿状态时期。对这部分教师主要采取用激励去引领的方式促进其成长。确立名师成为他们学习的榜样，肯定和提携青年教师成为他们进步的动力，激励其成长。

在教师个体成长上，我们建立教师个人成长档案，教师根据自身实际按短期、中期和长期三个阶段，设计、规划成长计划和目标；教学上，通过组内汇报课、示范课、校内观摩课、校际交流课、国家省市评优课多渠道推出教师，参与学习、吸收经验；科研上，开展形式多样，多层次的课题研究，教师个体结合自身参与研究，开阔视野、激活思维、增强教研意识。

对“带病工作”坚守课堂的老师不宜作过度渲染，其品质诚可贵，其精神尤可嘉，但其行无须效也。有了好的身体，才能有好的状态；有了好的状态，才能更好地传道、授业、解惑。对于老弱病残的弱势教师给予适当的工作照顾、生活关心、精神安慰。

无论是群体性还是个体性的成长，学校都强调和注重阅读与反思在专业成长中的作用。对阅读和反思有明确的层次目标要求。阅读专业书籍，了解学科发展的前沿，学习他人成功的教学，完善自己的知识体系；阅读非专业书籍，陶冶情操，认识自我，理解生命，丰富自己的人生。反思自己的教学实践，发现问题，解决问题；反思他人的教学实践，吸收借鉴，起到他山之石可以攻玉的效果。

第三节　教师队伍建设实例

幸福者才可以将幸福传递给别人；快乐者才可以用快乐感染别人。只有让教师在专业成长上感到自己是行走在一条幸福快乐的探索路上，才能使学生感受到幸福快乐的情智课堂、情智教育，才能带来真正的师生快乐成长，享受幸福完整的校园生活。

【实例一】

东洲中学英语教研组教师专业成长之路

成为一名光荣的人民教师，是这辈子最无悔的选择；成为东洲中学的一名英语教师，是这辈子命运最好的安排。这是很多东洲人的同感。在学校滕玉英校长“情智教育”的引领下，在东洲这片教育热土上，只要你自身不拒绝成长，就有很多学习、锻炼和提升的机会；只要你紧跟着学校发展的节拍，你就会听到“拔节”的声音。东洲中学英语组的教师们就是受益于学校教师发展方针的引领，在团结和谐的团队共同奋进氛围中，逐渐成长起来的一支有活力、有干劲、有智慧、有温情的教师队伍。作为学校英语组的一员，我深深感受到了和谐的氛围和团结的力量，也收获了自身成长的喜悦。

一、教研搭台促成长

“双减”政策的出台和落地对每一位教师都是一种考验和挑战，教研是学校发展的立足之本，也是每位教师立足课堂的动力源泉，学校常态化的教研活动此时尤显重要。减轻学生课业负担，但不能减掉该有的思维训练；减少校外培训时间，那更要增加课堂教学的效率。“双减”之下的课堂教学和作业设计是最需要研讨的两个方面。开学初学科部制定详细的教研计划，按照老中青交叉的顺序安排大组教研课开课人选，年轻教师开设交流课，骨干教师开设展示课，让不同年龄阶层的教师都有展示和学习的机会。在各年级组的小教研活动中，通过集体备课，研讨课堂提优增效的方法，作业分层布置的妙招，督促每位教师都要有思考和有个性。教研组的每一次上课和磨课，对于执教教师来说是一个蜕变和超越，对于听课教师来说也是一次促进和反思的好机会。

学校的教研活动除了上课外，还有观摩优秀课例、学习信息化技术的运用等其他活动，足不出户让教师们看到优秀典范、学到先进技能，促进自身的专业成长。

作为一所江苏省模范学校，学校每年会承办很多教学活动，这是磨炼教师的好机会，也是展示教师风采的大舞台。在这些教学活动中，教师的自信得到了培养，才能得到了肯定，增强了教师成长的信心。

滕玉英校长特别注重教师队伍的建设，经常为教师创造外出学习的机会。但作为一线教师，忙于课务，有时会有纠结。每次组长都会打趣地说“你想不想成长？想不想拔节？”“想！”一声响亮的回答后赶紧去安排手头的工作，便于安心外出学习。于是，只要有外出学习的机会，大家都积极报名，先到先得。

只要愿意学习，总会有所收获；只要愿意前进，总会靠近梦想。在积极的教研氛围中，每个教师都收获了属于自己的成长果实。

二、特色活动聚力量

教研组的发展离不开强大的凝聚力，学校经常精心策划丰富的活动，把一个教研组紧紧团结在一起。每年秋季运动会上，教师的接力赛往往把运动会推向高潮，虽然速度不是飞快，虽然交接不很娴熟，但是参赛的老师竭尽全力在奔跑，未参加的老师在赛道旁呐喊助威，团队的荣誉感和凝聚力在此时展现得淋漓尽致。一年一度的校庆活动中的学科部展示也是最能显示教研组团结友爱的时机之一。此时教研组成员纷纷献计献策，既要展示英语学科的特色，又要考虑到英语组男教师少、女教师多的特点进行节目编排，还要让每个成员都能展示自己的才华。今年校庆活动中的舞蹈展示了年轻教师的活力，改编歌曲《成都》用中英文两个版本显示了中西方文化的差异，太极展示了老教师的沉稳，诗歌朗诵对个人要求相对较低，让每个教师都参与其中，凸显了英语组强大的凝聚力与和谐的人际关系。

教研组里有三十多个人，但要是一群人行走就像一个人，那前进的脚步就会加快；教研组里有三十多个家庭，一个人有事，就是大家的事，那再大的困难也会退而却步。因此，英语教研组又是一个大家庭，相亲相爱的一家人，我们共同奋斗、共同欢笑。

三、专业共读引深思

新教育教师发展的“吉祥法宝”之一是专业阅读，我们组也坚信只有通过专业的阅读才能增强我们的理论储备和课堂实践的高度。学校图书馆为教师们准备了丰富的图书，《中小学英语教学与研究》《中小学外语教学》《中学外语教与学》是我们必读的书目，部分教师还自己订阅英语教学杂志，进行专业阅读，与前沿理论对话，借助成熟的英语教学方法开展课堂实践。滕校长还经常推荐一些经典书目供大家选读，如钟启泉的《课程的逻辑》、范梅南与李树英合著的《教育的情调》等，让教师们接触到大师的教育理念，看到更美好的教育未来。

专业阅读是在与大师对话，是站在巨人肩膀上前进，一支精湛的教师队伍离不开阅读。阅读可以让我们学到优秀同行的教育实践，可以让我们看到教育的本真，还可以引起对自我教学的反思。尤其是组内的共读沙龙活动，更能帮助我们进行阅读反思与内化。本学期的共读书目是《教育的情调》，先是每位教师自读该书，而后进行读后沙龙漫话的活动，读书沙龙既帮助大家重温书本中的经典言论，又在对同一案例的智慧碰撞中看到同伴不一样的问题解决视角和处理问题的方法，使专业阅读的效果更进一层。

成为一个有情有智的东洲人一定要坚持专业阅读，教学的智慧不可以传递，只有在读中悟，做中思，才能唤醒更多的教育智慧，才能更好地进行学科教学。

四、科研意识助发展

教育科研让教师在教学的基础上有了问题意识，让教师面对教育问题能够更深入地思考、主动地学习，并注重系统地解决问题。英语组以课题为抓手，提升本组的科研能力。到目前为止，本组已完成了两个南通市级课题的研究《国际友好学校英语“整本书阅读”导读策略研究》《初中“分层走班教学”作业设计研究》，省教育科学“十三五”规划课题《指向情智共生的初中英语名著渐进式阅读实践研究》已顺利开题，正在实践研究的过程中。

在课题研究的过程中，本组教师积极参与，根据自己的能力为课题研究的顺利开展做出贡献。通过课题研究，本组教师能更从容地面对教育问题，也能用发展的眼光看待学生的当下，能在“全员育人”和“全人理念”的引领下科学地进行英语教学，不唯分数论英雄，情智并重，全面发展。课题研究也充实了教师的课余生活，在我们的眼中，教学并不是日复一日的简单重复，学生并不是一代不如一代。在每一个习以为常的现象背后，都深藏着需要教师用智慧发现的真理；在不断的文献学习和实践观察反思后，教育的成就感油然而生，也更能理解学生的种种异常。

一个优秀的教研组就好似一片沃土，其中的每一个教师都能从中吸取各自需要的养分，向着阳光生长，在一次次的历练后都能展现出最美好的一面，在你追我赶中创出新的高度。

附：英语组专业阅读：《教育的情调》之沙龙漫话实录

主持人（盛春花，下同）：教育，是一门人与人相处的学问，一种成年人与孩子相处的学问。我们需要不断地提醒自己，教育的核心在爱，把爱献给每一个孩子；教育的基调在情，教书育人的细微之处显真情。所以，从这个意义上说，教育的智慧和敏感性比教育技术更加重要。

各位老师，在出现下面这种情况时，你能用足够的智慧和敏感性处理好吗？

案例 1：

有一天放学时，一位老师看见两个男孩正在往门锁里填塞木片，也许他们认为，这样就可以在晚上溜进学校。第二天，班主任老师找来其中一名男孩，但他拒绝说出伙伴的名字。于是，班主任生气了……

主持人：作为班主任，班上难免会有几个调皮捣蛋的学生。老师们，你们遇到过这样的孩子吗？你们是怎么处理的呢？

袁春梅：说到这个，我深有感触。现在我正在教初一的学生，他们天性活泼好动，自控力也是相对差一点。比如我班上有一个孩子，上课会时不时发出怪声，严重影响课堂，针对这个情况，我在课上善意提醒他一下，但是有时候还是会发出点声音；我知道他又在刷存在感了。所以下课我找到他，告诉他上课不能做的事，以及怎样吸引老师的注意，怎样留下好的印象。他似懂非懂，但相比以前表现略有进步，比如他会积极主动擦黑板，能主动帮老师搬东西，上课只要他能忍住不发出怪声，我就会狠狠表扬他，明显感觉他进步了，笑容也多了。

沈晶晶：我也有做班主任的经验，当时班上有“四大天王”，为了不让他们有可乘之机，一开始我把他们分在四个角落的位置。后来发现他们索性破罐破摔了，书也不翻了，上课只睡觉。我一看这样下去可不行，马上调整方案，让他们和自控力相对好的学生一起坐，并鼓励他们，老师知道你们潜力无限，只是还没有发掘出来而已，只要肯努力，胜利肯定属于你们。在不断地激励和鼓舞下，这四个孩子慢慢转变了态度，不仅打开了书本，也能听得很认真，每一次只要有些许进步，我会和同学一起给以热烈的掌声，他们也越学越有劲头了。

施洪灵：老师们都把情智教育融入课堂中去了，好的教育者能够走进学生的内心世界，把握教育的基调，让孩子的学习生活变得美好而充盈的。这就是教育的情调。

主持人：是啊，有那么一幕我仿佛似曾相识，也许我、你、我们都如出一辙地“不机智”过。教育的智慧需要一种反思能力，需要我们关注教育生活的体验，不断地去质疑自己的立场。这样，教育的智慧可以被唤醒。

案例 2：

在讲完“be interested in doing something”这个短语后，某学生猛然提出问题：“老师，为什么这儿要用‘in’，而不是‘at’”？如果你是这位老师，你会怎么回答呢？你能有足够的智慧和敏感性处理好吗？

沈：我会回答：通常我们把这个看成固定短语，好像没有为什么一说。顾老师，我们今年正好都在教初三，我想请教你一下遇到这样的情形，你平时是怎样处理的呢？

顾雅斌（男）：我也经常会碰到学生问类似为什么这样用的问题，但这类问题似乎连我们自己也不知道答案是什么。面对这样的问题，权威受到了挑战，觉得没有面子，当时我还有点恼火，然后反问他，你为什么叫这个名字啊？而不是别的？桌子为什么叫“desk”？你问的这个问题有什么价值吗？你坐下去，不要再问了（方言）。现在想想，我的做法很大地挫败了学生的好奇心。

沈：是的，在读完《教育的情调》一书后，我真是收获很大。下一次遇到了类似的情形，你会怎么做？这一点我无从知晓，但有一点是肯定的，那就是至少会想一想，我该怎么做，对这个孩子在这个情境中才是最适切的。

顾（男）：不过教育的智慧和敏感性不是与生俱来的，是老师们在教学生活的过程中体验和感悟出来的。它需要我们不断反思并且关注教育生活的体验，不断质疑自己的立场。

主持人：智慧而敏感的老师能更多地意识到课堂里每个个体的独特性，对个体的体验保持敏感，从而至少会对学生的提问表示赞赏和嘉许，鼓励而不是扼杀学生的好奇心。至于老师能否给出一个正确的答案，这是另外一回事。

《教育的情调》一书让我们看到了教育美好的一面及其教育的无限可能。在大家阅读完这本书后一定能从中学到几招，从而帮助自己更好地面对那帮孩子们。

案例 3：

试卷发下去之后，某学生拿着修改过答案的试卷找到你，说是批错了。请大家发挥自己的机智，谈谈该如何处理这件事呢？

顾（男）：这就要依情况而定了，如果是一个比较重要的考试，这种做法显然是违背教育公平的，老师也没有这样的权力。可如果只是一个小小的单元测试，满足他的需要也无妨。他来找我改分数，表示他比较要强，看重分数。满足他的需求，对他的自尊心起到正面的作用，一定会促进他在以后的学习生活中进一步奋发图强呀。

沈：顾老师，你说的有一定的道理。老师淡定地处理方式，会对自尊心很强的孩子起到很大的正面作用。但如果这个孩子是个厚脸皮的，这样做的结局又会怎么样呢？

顾（男）：哎呀，这个倒是我没考虑到。对同一件事情，面对不同的孩子应该有不同的处理方法，我们做教育的应该考虑到孩子个体性的差异。

沈：是的，智慧的老师有这样一种本事，能够非常细腻地理解这个孩子在这个时候的体验，从而即刻回应“对这个孩子，此时此刻我应该怎么做才是最好的”这个问题。

主持人：智慧的教育学就是这样一门学问，它具有独特的人文视角，在智慧的老师眼里，教育的对象不是容器，而是教育的主体，是一个个鲜活的生命体，教育就是成年人与孩子相处的一门学问。教育就是一种影响，是一种影响施加到另外一种影响上，让影响产生影响的过程。

不知道在座的各位在平时的教学生活中是如何把学生当作鲜活的生命体，尊重孩子的个性，发展他们的潜能的呢？顾老师，你先来说说吧！

顾海燕（女）：我非常认同这个观点。我在平时的教学中尊重学生个性发展，注重学法指导，提升学生学习能力和思维能力，创造机会让学生展示自我。（边说边呈现思维导图）比如，我平时注重培养学生绘制思维导图的能力。思维导图教会学生如何学习和如何思维，提高学习和思维能力，培养了学生的学习兴趣，调动学生的学习积极性，保持学习的主动性。思维导图引导学生将注意力集中在事物的关键点，思维导图的色彩及图形可以充分刺激大脑，提高学生的记忆力。它还能够让学生把握住重点，在绘制的过程中，学习重点就凸显出来了，把握住了学习的重点，那么学习就会更高效。思维导图也是记忆路线图，这种把事实和思想都组织到一起的方式，符合大脑自然的工作方式，更有利于记忆。画思维导图，可以让学生更容易记住，过后也更容易回忆起来。我经常对学生绘制的思维导图进行评比，学生的学习兴趣和学习效果有了明显的提升。

主持人：确实，思维导图使学生的思维可视化，让学习真正发生，提升了学生的思维品质。学生在学习中既动手又动脑，增加了学习的趣味性，英语、美术多学科知识的融合学习形式，着眼于全人发展的愿景。接下来请陈老师说说你平时又是怎么做的呢？

陈秋霞：我先卖个关子，请大家来观看一则微视频（视频中呈现了一个男孩制作三明治的过程，同时配有英文介绍。视频经过了剪裁，添加了中英文字幕，最后还配了一段有趣的花絮。）虽然一个男孩子不是很擅长家务，但他通过自己的努力向大家展示了自己最好的一面。每个学生都是独一无二的个体，每个学生的作品也是独一无二的。在我的课堂中，我注重学生学习能力的培养，结合教材经常布置学生做一些能体现学生个性的作品。如在讲到《DIY》这一单元时，我也布置学生制作一件最擅长的DIY作品，有做水果沙拉的，有剪纸的，甚至还有调鸡尾酒的……学生根据自己的生活经历和特长展现出了各种各样的DIY作品。我一直认为，英语是一门语言，语言就应该与学生的实际生活相联系。每个学生都是一个鲜活的生命体。这样让学生动手做做，动嘴说说，既锻炼了学生的动手能力和英语表达能力，又为接下来的课堂学习做了很好的铺垫。学生利用这次经历可以很顺利地用英语在同学间谈论自己做DIY的心得，并互相学习新的制作方法。还有，他们在这个单元的最终任务中表现尤其出色——就是学生充分利用了自己动手制作的经历，来写出自己的DIY故事。这些故事也都是活生生的。还有我们很多老师都在坚持做的课前演讲，我也每天都在做。课前演讲可以很好地让学生展示自我，体现个性。我从课堂到课后，都力求展现出学生鲜活的生命体。

主持人：多样的活动确实很能锻炼学生综合语言运用能力，形成英语学科核心素养。每年全校性的英语演讲比赛、英语歌唱比赛或课本剧表演都为学生提供了展现自我的舞台。

《教育的情调》为教师打开一扇窗，让老师们看到，教育是件充满美好的事。教育理念引领下，东洲中学的全体教师在成全学生的同时，也实现了自身的成长，以情生情、以情启智、情智交融、情智共生。

最后，请在座的各位用一句话描述一下你心中教育的情调。

陈：我们必须时刻保持一种对生活的好奇，即使是对于我们习以为常的东西也应如此。

顾（女）：复杂的尘世，让我们看懂我们从未深透过的画面。不管在何种情况下，都别忘了保持一颗积极向上的心以及对美好事物的期待。

这样，你的人生，才会充满阳光；你的生命，也才会绽放精彩。

沈：教育的核心是爱，把爱奉献给每一个孩子，我们的教育才会有美好发生。

袁：老师和家长都应有一种教育的情调和教育的敏感和机智。

施：教育是一种有情调的陪伴，有着颜色、声音、美感与温度。

顾(男)：我们应该在教育的道路上不断成长。信任、鼓励和谅解孩子，给予他们前进的动力！

主持人：让我们心怀美好，携手共进，在情智教育之路上边歌边舞，向美而行。

【实例二】

东洲中学青年教师发展中心活动

潘彩红　主持

师者于疫，共话成长。

每一个不曾起舞的日子都是对生命的辜负。

2020年的春天，面对突如其来的疫情，面对越过越长的寒假，东洲人一度也曾措手不及。迷茫焦虑中，我们的领航人滕玉英校长在2月6日给全体教师送来了一封信《有一种成长叫情智》，2月28日给全体教师又送来了一封信《情浓智涌　抱团奋进》。

她呼吁东洲全体教师——开启新学期居家式的“做中学，读中悟，写中思”模式，进一步领悟“人与自然，人与社会，人与他人，人与自我”的关系。发挥网络优势，家校合作，发现榜样，发现进步，特殊学生特别关爱，积极负责，点对点帮扶引导，“五育并举”，将会有意想不到的师生共情共长。

东洲是一个整体，我们的领航者已然吹响冲锋的号角，全体东洲人唯有迎难而上，用行动向社会交上满意的答卷！

看，今天下午第三节课，东洲全体青年教师齐聚智慧教室，进行了一场名为《师者于疫，共话成长》的汇报演讲，并进行了全程录播。

诗意的数学班主任王杏玉——我趁热打铁，开始了我的第一个推荐，美国电影《我是传奇》，并附上文字：艰难时刻。推荐这部电影，用心聆听上帝的声音，信仰使你变得坚强！

细心靓丽的英语班主任孙秋阳——我们需要与学生成为“网友”，透过网络增加彼此的感情，与学生建立一种共情的关系。理解和尊重孩子，能有效地拉进父母与子女之间的心理关系，能让孩子感受到家庭的温暖与安全感。

温情满满的班主任崔春春——通过这场疫情，看到了孩子的潜能是无穷的，我们老师同样能适应形势改变自己一贯的教学风格。从课堂教学变成网络主播，我们老师也在成长，也在收获。

睿智的张钰婷老师激动地道出了自己的心声——我是中国人，我自豪！哪有什么岁月静好，不过是有那么多的勇士，在替我们负重前行，为我们的幸福生活在做出无私的奉献。感谢舍生忘死的白衣天使，感谢伟大的祖国。所以，对待幸福，我要理性思考，要理性对待，我要学会用平淡而感激的心态去看待这个世界，要对每天的生活都要尽量充满激情和感激。我是中国人，我自豪！

勇于尝试的王璟老师给我们认真分享了她的几个“重大发现”——感觉通过网络，我跟学生的距离近了。我还尝试了用钉钉给学生讲课，感觉会议功能和直播功能各有优缺点。直播的最大的好处是控制性比较强，可以回放，可以查有哪些人没有听直播；但是有十秒左右的延迟，互动性没那么强。会议功能的好处是没有延迟，可以几个人一起说话讨论，但有的同学麦开着，会有杂音，且没有回放。直播和会议各有千秋吧。

科研达人，全校独立拥有自己省课题的年轻教师代表盛春花——自律的人生才精彩。围绕课题内容，我阅读了教育科学出版社的阅读教学新视野丛书，学习国外阅读教学开展的经验。同时也认真阅读了滕校长在学校群里分享的关于情智教育的理念，把这些理论同英语学科联系起来，思考情智教育在英语学科的实施路径。在阅读之后，对自己的教学实践也进行了反思，完成了关于单元语境下写作教学的论文，并对省课题的开题报告有了大概的构思。

智慧敏锐，善于捕捉教学资源的生物曹胜琳老师——很巧的是，生物学八年级下册第 8 单元第 24 章第二节，讲的就是传染病的预防。往年在学习这一板块知识的时候，我们还要去找之前的案例，拿到课堂上来。而此次的疫情，活生生的例子摆在面前，学生上网课的时候，应该是印象深刻的。

因为“用心”，所以不断创新的岑凯玉——一场突如其来的疫情使传统的课堂教学变成线上学习。对我们师生来说，虽然是一次挑战，但更是一次成长的契机。边摸索边前进，培养学生的自主学习能力，严格控制作业量，合作学习进行时。

把听者感动得热泪盈眶的政治老师唐丽娟——说实话四个班的作业，有时还要面对一些熊孩子拍的模糊不清的作业，对着小小的手机屏幕，眼睛真有点吃不消。视频作业，我也会一个个点开，有些孩子以为我不会点，把本来是四点的问题背成两点，都被我一一留言指出来。看我这么较真，他们也就不敢偷懒懈怠了。

孩子们眼中“笑起来世界都亮了”的俞鋆老师——我在疫情期间共录制了六节课，很好地完成了任务，收获也颇多。这次录课我收获了一次难得的专业成长机会，收获了一份师长的温情对话，收获了教师这份职业带来的责任与担当。

活动最后，我们的领航者还亲自对参加活动的所有青年教师以及参会的八名实习教师提出了更高的要求和更新的希望，祝大家不断超越自我，诚邀并期待大家一起进行专业实践、专业阅读、专业交往和专业写作。

没有一个冬天不可逾越，没有一个春天不会到来！ 4 月 8 日，封闭 76 天的出城通道重新开启，武汉开始全面复苏。车水马龙，繁花似锦的春天已然来到。作为年轻的东洲人，肩头本就是无数家庭美好的未来，我们担得起杨柳依依草长莺飞，更担得起家国天下山河无恙。

附：写给疫情下居家工作的东洲老师们

情浓智涌，抱团奋进

——与老师们居家工作交流

各位老师：大家好！

见字如面！疫情防控，我们有四十天的分开，但我们的话题一样，我们的心在一起，让我们又有了更多人生经历和思考。我们开启了最长的居家上班教育教学新模式，“未来学习”“未来学校”的模式向我们走来了。从不接受、不适应到慢慢适应，从线上布置学习任务，上传资料，反馈批阅，到自己也成为主播，针对自己学生学情，在线教学能力提升，线上上课、答疑、交流，边学习边工作，挑战自我，为大家的辛勤付出大大点赞！有不少老教师在年轻人的帮助下，花了几个晚上也学会了“钉钉”直播或腾讯视频或洋葱教学。班主任还要做好每日学生健康上报工作，不少志愿者线上线下随叫随到，做着很多学校防控疫情的幕后工作，在此一并表示敬意！

下周我们还是居家上班，让我们线上教学进一步升级，发挥教研组的集体智慧，有效选择教学资源，互帮互学，选择适切教学方式，师生都来小组合作，文化、体育、艺术各学科都来探索网络环境下的教与学新模式。讲授时间控制在20分钟内，精讲、精练、精评，讲练结合，接受家长、学生一起听。考虑部分家长复工上班，换位思考他们的难处，更要注意我们线上布置学习任务，上传作业，放在晚上时间，以便家长及时告知孩子。发挥网络优势，家校合作，发现榜样，发现进步，特殊学生特别关爱，积极负责，点对点帮扶引导，“五育并举”，将会有意想不到的师生共情共长。

专业的人做专业的事情，我们是做教育教学的专业人士，教师的责任，教书育人，不只是传授知识，更是用学科教学生成为更好的自己。让我们帮助家长一起，从“心”出发，遵循孩子的身心发展认知规律，管好每日的作息时间，一日三餐，管好身体、情绪，管好工作与网络学习，共建和谐温馨的家校关系，赢得家长，赢得学生，就赢得我们的期待，赢得我们的人生价值和意义！

最后，祝大家防疫工作不松懈，一切都好！

滕玉英

2020 年 02 月 28 日

【实例三】学科部大教研精彩回眸

2018 年 9 月，为深入践行“深化情智教育，助推学科核心素养”的研修目标，通过集体备课、大组教研、赛课评课、说题评诗等活动促进研修活动的深入。第一周的大组教研活动如火如荼地举行着：

透过朗诵体悟真情

语文组

为有效提升语文课堂教学水平，促进语文教师专业化发展。9 月 5 日下午，我校语文老师齐聚录播教室，开启了新学期第一次语文大教研活动。活动主要分研讨课展示和课堂评价两个板块。

首先是俞静老师携 1808 班全体同学为大家展示了《春》这堂课。俞老师紧紧围绕第一单元教学目标，把教学重点放在朗诵上，带领同学们着重品味了文章诗一般的语言，在朗诵中让学生体味“盼春之切、绘春之美、赞春之情”。

课程评价环节，俞老师首先分享了自己的备课思路，随后，姜水丽、韩灵灵、陈宇恩三位老师分别对余老师的课堂教学谈了自己的感悟。对于课堂呈现的细致的朗读技巧讲授和多样化小组合作学习的方式，给予了极大的肯定，也对本课存在的不足提出了改进的意见。

最后，黄永斌主任对本次教研活动进行了总结，分析了本次课程中展现的优缺点，并提出了“尽量呈现完整示范课”的教研活动改进要求。

本次活动收到了良好的效果。不仅让大家看到了俞老师上课的风采，看到了青年教师的努力和进步，也充分发挥了交流、学习、提高的功能，为语文组教研活动开了一个好头。

聚焦课例研讨，提升情智课堂

数学组

9月6日下午，我校数学学科部大教研活动如期举行，全体数学老师和正在我校开学工作检查的市研修中心专家黄主任、邱主任一起参与了此次教研活动。本次教研活动的主题为“数学课堂学生核心素养的提升”。

初二年级王杏玉老师执教《平方差公式》一课，课堂中王老师按照我校“情智课堂”的范式要求，展示“教师限时讲授、小组合作交流、学生踊跃展示”的课堂模式，把数学本身的学科意义渗透到学生的思维品质、运算推理、认知情感当中，提高学生素养。

课后全体听课老师对这堂课进行了点评。钱小军、周松、季红娟、徐新、穆金勇、姜黎华、李云涛等老师们充分发表了自己的看法，肯定了本节课中所展示的亮点。同时，对于在课堂中出现的不足之处也中肯地提出改进措施。最后陈金生老师总结道：“数学核心素养是一个高度抽象的思维产物，它是高于数学知识的思维方法。数学核心素养的培养不能脱离具体的数学知识与方法，它需要在数学知识的学习过程中、数学思想方法的掌握过程中，通过逐步积累、领悟、内省形成。这就是说，学生数学核心素养的培养和提升离不开教师的合理引导，教师给学生“教什么？怎么教？”很大程度上影响着学生将来具备怎样的数学素养。对于绝大多数学生，数学能力的形成与数学核心素养的提升主要依赖于数学课堂，或者源于数学课堂，只有在数学课堂中多关注“数学抽象、逻辑推理、数学建模、数学运算、直观想象、数据分析”等方面的问题，引导学生（多去）思考数学，体验数学，才能使数学核心素养得以有效体现与落实。

相信在此次教研活动中，每一位老师都有自己的收获与思考，同时也为教学工作积蓄前进的力量。如何在数学教学中提升学生的数学核心素养，是每一位教师面临的新课题。作为教师，要注重提升自身数学素养，关注数学内容、数学教学理论、数学教学实践与数学核心素养的有机结合，不断探索，不断积累，让我们的课堂真正有效地给学生提供能够脱颖而出的条件。

思维导图开启情智之旅

英语组

新学期开学第二天，英语学科部就进行了集体大教研。盛春花老师就中小学英语课堂如何衔接上了一节教研课。盛老师在课堂上巧妙地运用了思维导图。通过完善思维导图促使知识系统化，提高学生的记忆力。在整个课堂教学中，学生随着教师的启发、提问、点拨、激励逐渐生成新的认知，循序渐进、由此及彼，将情与智融合在每个细节之中。

课后，上课老师就自己的课堂设计进行简单的说课。各个年级分组讨论、评课。听课老师一致觉得初一学生有爱表现的欲望，但是上课容易分神，思维导图可以很好地激发学生课堂学习的兴趣，能够提升学生上课的注意力。这也是我们情智教育理念中的一部分，值得在初一年级推广。

以情为径开启情智之旅

物理组

深入课堂实践，不断优化情智课堂的达成度是我校物理组一贯的研修策略和研修标准。新学期第一周，物理组的所有成员迎来了第一次大教研。

星期四，物理组的王柳杰执教了初二物理《乐音的特性》。王老师结合教学内容和学生的兴趣爱好，将物理和生活巧妙地结合在一起，通过问题、情境、追问、展示、交流、碰撞等形式，让学生自发地生成一个又一个的悬念和一个又一个的突破。学生产生了疑问，再用疑问引导思维，学生在不知不觉中建构了新的认知。

课后陆海均老师主持了说课、评课、议课等活动。活动最终锁定本节课的最佳教学策略，即在王老师课的基础上，优化“以问带学，以惑为诱”的教学策略，并通过科学合理的设疑启发来达成问题的逐一突破。

东洲中学“情智杯”中青年教师说题比赛

2020年6月，我校举办了“情智杯”中青年教师说题比赛，语文、数学、英语、理化生、政史地信、音体美各大学科的中青年教师纷纷登台竞技，一展风采。

在历时三天的比赛中，选手们从“说命题立意（背景）”“说知识解读”“说指导过程”“说命题延展”等方面，深入挖掘经典题型的价值和命题导向，使学生具备带得走的能力；三天的比赛，充分体现了“学习、生活与生命发生共鸣”的情智教育理念。选手们站在学生的立场，思考“学生”“学习”“学情”的含义，改变观念，丰富课程，真正走进学生心灵，为高效课堂的研究与变革指明了方向。

本次说题比赛，是我校深耕情智教育，聚力提升中青年教师素养，加快推进课堂改革，全面提高育人质量的“三大行动”之一，为学校可持续高位发展注入了新的活力。

【实例四】东洲中学大讲堂之教师生命叙事

深入实验教学，让课堂也有温度

王璟

2020年注定是难忘的一年，2020年上半年，因为新冠疫情的缘故，开学延迟了近两个月，感觉生活、工作的节奏都被打乱。在家天天上网课，由一线老师变成了十八线主播，一时间无所适从，渐渐地开始怀念起正常上班上课的日子。盼望着盼望着，盼来了开学，刚开始却是慌乱的，因为学生有两个月的课程是在网上学的，毕竟没有课堂上学得扎实，既要复习网上学的内容，又要赶新课进度，不免有些焦虑。原来以前感觉最平常的教学生活是那么的宝贵。挺怀念没有新冠的平凡的日子。2020，我学会了珍惜。在学校恢复正常活动后，我开始珍惜这一切的来之不易，比以前更加投入，也比以前收获得更多。

2017年到2019年我去乡下支教了两年，给我最大的感受是，在东洲中学有更多的学习机会，而我之前却没有好好珍惜。在东洲中学，有每周一次的教研活动课，物理组的每个人都要轮流上课，然后大家坐在一起热闹地评课；在东洲中学，会经常举办一些研讨活动，让我们有机会观摩优质的公开课，聆听专家们的报告；在东洲中学，我们还有机会走出去，到其他地方的学校学习、增长见识。在东洲中学，更有一群优秀的同事同行们，让我必须跟上他们的步伐，不能掉队。因此，重新回到东洲中学的怀抱，我更加珍惜自己拥有的学习机会。2020年的下半年，学校里一切活动都步入正轨，我也开始了我的教学研究之旅。

一、骨干引领，紧跟有温度的团队

还记得那是9月10号的教师节，开学的第二个礼拜四，物理组的第一次教研活动正式拉开了序幕。初二教研组长秦春雷老师为我们上了一节《人耳听不到的声音》，秦老师当时带了一个蓝牙音箱，他利用手机上的一款叫音频发声器的app，让学生去听不同频率的声音，比比谁的听觉范围更广。学生的兴趣一下被激发了，都竖着耳朵听。后来秦老师在讲超声波的时候，给学生展示了倒车雷达、超声波加湿器等实物，又播放了很多学生感兴趣的超声波洗衣机、次声波武器等视频。我完全被震撼了，原来常态课也可以这样上！常态课也可以上得很精彩！“人耳听不到的声音”“人眼看不见的光”这样的课，不是考试重点，往往被我们忽略，但是这些课内容与现代生活息息相关，非常有趣，可以很好地激发学生学习物理的兴趣。秦老师充分挖掘生活中的素材，通过现代科技手段，将无形变有形，“声”动变生动，是我们青年教师的榜样。我感受到物理组团队的温馨，有一种指导叫以身示范，滕玉英校长、陆海均主任等物理组的前辈们都像秦老师这样，以身作则，为我们上示范课，让我们青年教师能够更快地成长。

二、小试牛刀，践行有温度的课堂

第三周的物理教研课轮到初二，秦老师让我准备。按照上课的进度，我准备上“升华和凝华”。我们这个城市在南方，不像北方的学生，冬天常常能够看到霜和雪，学生缺少生活的体验。我怎么才能在课堂上让学生更多地看到升华和凝华现象呢？在我一筹莫展之际，同办公室的姜振华老师说，我这边有个“模拟霜的形成”的视频，拷给你参考一下。我拷了姜老师视频，回去按照视频中说的方法，在易拉罐里装冰块，再加盐，果然在易拉罐表面得到了霜。我又对实验进行了改进，用两个易拉罐进行对比，一个易拉罐加盐表面形成霜，另一个不加盐表面只有小水珠。我还买来干冰，让学生体验制造舞台烟雾。我又向物理组的电脑高手陆锡尧老师讨教了在网上快速下载视频的方法，找到了很多有趣的视频素材。比如雪花的形成过程、人工降雨等。上完教研课，滕校长和同事们都夸我进步了，陆海均主任说我的这节课很精彩，并且对上课的细节提出了改进意见。我听了很开心，我知道他们的称赞更多的是对我的鼓励。上完这节课，滕校长和姜校长又让我趁热打铁把上课过程写下来。

在他们的督促和帮助下，我写了一篇论文，已被《物理之友》录用。

三、多次展示，享受有温度的教育

上完教研课，秦老师说10月21日有张家港第二中学代表团的老师来我校交流，问我要不要上一节公开课。我以前对公开课是很害怕的，生怕自己上不好丢脸。但有了这次上《升华和凝华》的成功经验，我对自己有了信心。根据上课的进度，我选择上《光的色彩 颜色》。我们组的张征老师以前也上过这节公开课，上得很精彩，特别是光的三原色和3D视频那段给我留下深刻的印象。姜校长对我说：“张征老师的课有他强烈的个人风格，你不能完全模仿，否则会变成东施效颦。”我决定这节课要上出属于我的精彩。张征老师当时是用滤色片给学生看的3D视频，我想让3D效果更震撼一些，于是我从网上购买了红蓝和红绿眼镜，又在网上下载了一个海底世界的3D视频，视觉效果让人很满意。我在备课时遇到了一些困难，比如探究物体的颜色，我需要制造一个黑暗的环境，来观察在不同的色光的照射下，物体颜色的变化。可是课堂中不太好制造很黑的环境。姜校长给予了我很大的帮助，他把2018年的江苏省优课评比的全部视频转给我学习。优课评比的视频中有个老师在箱子里装了一个摄像头，可以用摄像头代替眼睛，让全班同学看到。我灵机一动，想到用手机代替眼睛，用电脑连接手机进行直播，投到大屏幕上。我还选用了高倍放大镜看手机屏幕、激光照气球、太阳能风车等有趣的实验现象。由于素材很多，我先用思维导图把自己的上课流程捋了一遍，我还设计了一个检测环节，事先在晚上录制了一段视频，用不同颜色的灯光打在我的裙子上，让学生猜我的衣服是什么颜色。上公开课之前，我先试上，姜校长和秦春雷组长帮我听课，再修改，再试上。两轮下来，无论是课的内容设计、还是我的教态都得到了很大的提升。上完公开课，滕校长夸我进步了，并且让我去录播室把这节课录下来回放，自己再改进。11月24日，盐城、陕西、山东的代表团到来，我又在别的班上了这课，对上课的问题设计进一步改进，器材进一步完善，陆锡尧老师把他的自制教具提供给我，比三色手电筒操作方便，陆锡尧老师还提供了超强光手电筒，在教室里就可以演示光能的实验，课上得很成功。12月21号，滕校长的滕玉英工作室和曹群工作室学科融合主题教研活动中，我代表东洲中学来到通州金郊初中依旧上这节课，姜栋强校长在外面学习时，看到一个报告中有关红蓝3D眼镜的小实验，马上拍照片给我，让我在原来的基础上再有所创新。所以，这三次公开课，在领导的督促下，同事的帮助下，我没有简单的重复，而是进一步突破自己，得到了更高的提升。

四、交流互助，成为有温度的老师

常态课的教学中，我们办公室的老师们会经常相互交流，相互取经、资源共享。比如在讲光学时，我在网上购买了一个亚克力的透明盒子，陆锡尧老师帮我安装，姜振华老师带了一袋香来，二者结合，在显示光路方面取得了很好的效果。在讲凸透镜时，为了让学生实验效果更好，我们把蜡烛更换成了F型的LED灯。在讲投影仪时，姜振华老师用塑料薄膜、强光手电筒、平面镜和凸透镜自制投影仪。后来办公室里老师们又进一步改进，把塑料薄膜换成了玻璃板，陆锡尧老师找来铁架台、玻璃板、凸透镜、平面镜固定，进一步改进，让实验更易操作。王珏老师把自己买的光学教具提供给办公室里共享，蔡文海老师利用演示箱子中的器材拍了一个视觉效果震撼的微视频发在群里共享。这样的交流在我们的办公室里每天都在发生，一个人也许可以走得很快，一群有向心力的人在一起一定可以走得更远！

五、勤于耕笔，书写有温度的教研

还记得刚当老师的时候，教育局给新老师培训时，听到印象深刻的一句话：“一个教师写一辈子教案，不一定成为名师；如果一个教师写三年反思，就有可能成为名师。”我当时听了踌躇满志，但是三天打鱼两天晒网，不能坚持下来，最后不了了之。这学期，滕玉英工作室举行了很多活动，姜栋强校长把写通讯报告的大部分任务交给了我。我一开始不知道如何写，觉得自己写得干巴巴的，但是每次通讯稿经过姜校长的润色后，文章的格局一下子就提升了，我对姜校长佩服得五体投地。我暗下决心，要好好努力，不辜负他对我的信任。为了把每一次的教研活动详细记录下来，我每次都用手机录音，回去再逐句地回放。我还加了其他学校的公众号，参考别人的文章。渐渐地，我找到了写文章的感觉，工夫不负有心人，后来我得到了滕校长和姜校长的夸奖：“写得很不错！”我从中找到了写作的自信。因为每次写通讯报道，我都要把当时专家的报告再回放一遍，提炼其中的精髓，不知不觉发现自己在教学理论方面也有了较大的提升。比如教研活动评课时，会有很多想法出现，而不是像以前那样脑海一片空白。我通过写通讯报道逐渐找到了写论文的感觉，我以前不知道该怎么选题，从哪些方面写，这学期慢慢摸索写了三篇论文，一篇已被录用。

总之，2020 年，我成长了很多，也收获了很多。我学会了反思，学会了珍惜，学会了坚持。在滕校长有温度的领导下，在这样一个有温度的团队中，当然还要加上自己坚持不懈的努力，以及对新教育理想的追求，坚信自己一定会成长为一个有情有智有温度的物理教师，享受幸福完整的教育。

第七章

“情智教育”理念下的学生发展

国家教育改革的方向是立德树人,初中阶段学生发展,应该为培养“德智体美劳”全面发展的社会主义建设者和接班人奠定基础,落地核心素养,发展素质教育,践行“情智教育”理念,帮助学生逐步形成正确的价值观、必备品格和关键能力。

第一节 学生发展导向

一、学生发展定位

“成长比成功更重要,成人比成才更重要,幸福比优秀更重要。”帮助学生逐步“学会认识自己,做最好的自己”。

初中是学生成长的关键期,是义务教育阶段的最后一个阶段,是整个基础教育的一个中间阶段。初中阶段是公认的最薄弱的阶段,原因有很多。情感的发育,人格的发育,心理的变化,都非常剧烈、非常敏感,初中生呈现出一种特有的阶段状况。有人称初中生是草莓族,外表鲜亮美丽,内心敏感脆弱。针对初中学生的生理、心理、思维特点,我们要尊重他们,信任他们,呵护他们,不能伤害他们,承认个性差异,因生施教,多元评价,让他们获得成长的自信和悦纳自己的勇气。

二、学生发展目标

学生发展的育人目标是:身心健康,品行真善,学业扎实,视野开阔，审美雅趣。指向学生立身之本、为人之道、成才之基、创新之举、成人之美。

洛克曾在《教育漫话》中写道："健康之寓精神于健康之身体，这是对于人世幸福的一种简短而充分的描绘。凡是身体、精神都健康的人就不必再有什么奢望了。身体、精神有一方面不健康的人，即使得到了别的种种，也是徒然。"当下学生的物质条件已经足以满足生活，他们更需要的是内心的精神发育。情智教育，通过教师的情智，生长学生的情智，引导学生了解自己，认识自己的身体、性格、思维特点，帮助他们养成良好的生活、学习、交际、合作习惯，个性和集体社会性相融合，培育社会兴趣、社会情感。当孩子有追求的勇气、有健康的心态、有悦纳自己的智慧时，就会以自己的方式趋向优秀和幸福。

三、学生发展核心价值

使学生成为"人"就是目的。立德树人——"情智共生，人格至善"，成为追真、向善、求美的人。

在国家课程实施基础上，结合校本文化，实现德育活动的校本课程建设与办学理念的融合，促进学生"情感艺术审美，科学理智求真，趋向人格至善"。即实现三个转化：一是把人类社会积累的知识转化为学生个体的知识，使他们知道世界是什么样的，成为一个真实的、客观的人；二是把前人从事智力活动的思想、方法转化为学生认识能力，使他们明白世界为什么是这样的，成为理性的、审美的人；三是把蕴含在知识中的观念、态度等转化为学生的行为准则，使他们懂得怎样使世界更美好，成为一个创造的、友善的人。

第二节　学生发展策略

一、学科育人

学校教育生活中，最普通、日常的事件发生的时间与空间，都是与课堂有关。课堂是文化传承的核心地带；课堂是课程实施的主要渠道；课堂是学校机体的中枢神经；课堂是师生成长的关键路径。我们深感，课堂也是教育最深的地方。不同学科的教师，用学科知识教学生做人的道理。只有在这里恢复人的尊严、实现人的价值，教育改革、学生发展才能获得真实的突破。因此，也有人说，不同学科的老师有一个共同的称号，叫“育人”老师。

1. 学科育人，需要教师自身的职业认同

必须做出“我是谁？”的追问。我是教师，我就是培养能担当民族伟大复兴之人的教师，培养国家所需人才之人，需要站到新时代教师“为党育人、为国育才”的使命担当的高度，认同自己所从事的职业，做好我们每一天教书育人的工作。

2. 学科育人，需要教师有丰富的生命能量、蓬勃的生命状态展现在学生面前

热爱学习、热爱生活，有理想追求成为学生的榜样，用我们的言行感动、感召、感染自己的学生，成为他理想中的育人老师，带给他理想的课堂。苏霍姆林斯基是个不折不扣的教育家，他的书被称为“活的教育学”“学校生活的百科全书”，这与他受到的教育、遇到的好老师有关。其中，对他影响最大的是启蒙女教师——安娜·萨莫伊洛英娜，在他心中，老师知道一切关于美的秘密。

3. 学科育人，让知识带有情感的温度

体现“学科立场与学生立场融合”，关注学生认知的“起点、趣点、重点、难点、盲点”，充分调动学生的感觉器官感知外界，获取初级知识、感性知识。调动大脑思维器官，进行思维加工，获取高级知识、理性知识。

再用语言或动作行为等方式把思维结果表达出来。让学生不仅知道怎么学，而且知道为什么学、为谁学的价值意义。

例如初三复习《物质的物理属性》时，教师可创设与生活密切相关的汽车作为研究对象，通过对汽车零部件材料物理属性的要求，加深学生对物质物理属性的认识，学生喜欢这样的情景创设，复习不枯燥。其中，对汽车保险杆的选材有何要求？为什么？有学生认为保险杆应选硬度大的金属，这样车辆发生碰撞时能保护驾乘人员。有学生提出异议，保险杆应该是有一定韧性的塑料制成，不应该是硬度大的金属。理由是车辆碰撞时，保护驾乘人员的应该是高强度的车架；而保险杆碰到行人时，如果硬度大的话，会对行人造成更大的伤害。到底谁对谁错呢？教师没有直接给出答案，而是组织学生观看视频，揭秘保险杆为什么从“铁”变为“塑料”？给学生的真实感、亲切感，既能唤起学习的兴趣，又能传达生活的要求。学生在有滋有味、有据有证中领略到学以致用的知识魅力；领悟到人类实践、科学创新发展，无不渗透的人性之善。

4. 学科育人，坚持教学做合一

倘若“离开具体的物，仅凭教师的语言和书本讲抽象的理，学生学到的就只能是口头的和字面上的物理。”（朱正元语）当然是枯燥无味的，冷冰冰的死知识。“做”劳力上劳心，行动、思想、新价值之产生。做是发明，是创造，是实验，是建设，是生产，是奋斗，是探寻出路。

5. 学科育人，养成学后反思的习惯

卢瑟福是现代原子物理学的奠基者。这里讲一个小故事，一天深夜，他偶然发现一位学生还在埋头实验，便好奇地问：“上午你在干什么？”学生回答：“在做实验。”“下午呢？”“做实验。”卢瑟福不禁皱起了眉头，继续问：“那晚上呢？”“也在做实验。”勤奋的学生本以为能够得到导师的一番夸奖，没想到卢瑟福居然大为光火，厉声斥责：“你一天到晚都在做实验，什么时间用于思考，分析和思考实验的成败得失？”勤奋的学生遭到斥责，看似委屈，实际上是大师在传播真经啊。

思维品质是学生核心素养的根本。很多时候，我们的学生没有养成学后反思的习惯，最终学习没有起色，哪来幸福快乐可言？教师要帮助学生养成科学思维，由事引思、及时反思的好习惯。

二、课程育人

学校是帮助学生从家庭走向社会的成长舞台，学生从他律、自律，走向自觉，成为德智体美劳全面发展的社会主义建设者和接班人，需要我们整体架构德育活动课程体系。

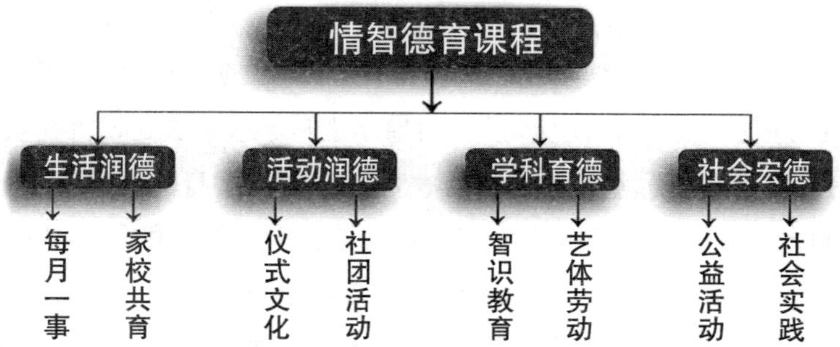

结合我校“心雅学博”校训，在对德育课程进行梳理的过程中，按照学生的知情意行，将德育课程的结构与内容划分四大课程领域——生活润德、活动知德、学科育德和社会宏德。进行每月一事、家校共育；学科教育、劳动教育；社团活动、仪式庆典；公益活动、社会实践。聚焦每月一主题活动，每学期一影，一次社会实践活动，每学年修学旅行活动，营造共读共写的书香校园，体现学生发展多样性需求的德育课程。尊重人性，做“身心灵”一体的生命教育；尊重理性，做“家校社”一体的智慧教育；超越性，做“身家国”一体的铸魂教育。

古希腊圣城德尔斐神殿上永远刻着一句名言“认识你自己”。中国文化传统中历来就有“自知者明，知人者智”，认识自己，接纳自己，完善自己，是成长过程最重要的修养。难怪有人说最大的敌人就是“自己”，常常“自己说服不了自己”，因此学校需要提供丰富的德育课程体系，让学生在具体真实情景中体验，在具体活动探究中领悟，成为有情有智的人。

1. 家校共育习惯养成——重在活动体悟

（1）“礼”之教育——知书达礼，遵规守纪。

中华民族是礼仪之邦，礼是中华优秀传统文化的精髓。学校通过学生较为熟悉的“礼仪、礼度”普及“礼”的知识，培养“礼”的意识，提高学生的文明素养。从最简单的仪表、坐立行等方面入手开展“举止有礼伴我行”活动；从孝敬父母、尊敬老师、关爱伙伴入手开展“尊长互敬伴我行”活动；从学文明用语、说文明话入手开展“文明用语伴我行”活动；从引导学生文明上网、上健康网入手开展“文明上网伴我行”活动；从日常学习、生活中各种习惯的养成入手开展“文明习惯伴我行”活动。通过“读百家箴言，摘礼仪佳句”，引导学生从学校、家庭践行礼仪开始，然后扩大到社交礼仪。组织主题摄影、主题征文寻找“身边的不文明行为”，使学生躬行、内省，全面提高文明礼仪素养，彰显学生的行为品格。

（2）“诚”之教育——严于律己，孝老爱亲。

诚是中华民族的传统美德，也是社会主义核心价值观的主要内容，学校深入实施以“诚”为内容的教育，使学生明白对国家诚信就是忠，对社会诚信就是诚，对父母诚信就是孝，对朋友诚信就是义。将“忠诚、真诚、诚信、诚孝”作为师生修身立德的追求，激发广大师生发扬“忠诚、真诚”的品德和精神，增强“诚信、诚孝”的意识和行动，切实提高职业道德素养和思想道德素养。

开展“诚信”教育，可以强化学生的责任意识和使命意识，使其将报国之志融入学习实践之中，可以培养学生的法律意识和规则意识，使其严格要求自己，从现在做起，从身边事情做起，从一点一滴做起，增强自尊、自主、自立、自强的能力。开展“诚信”教育，还可以增强教师的廉洁自律。

（3）“义”之教育——勇于担当，全面发展。

义是中华民族精神的象征，也是东洲中学的优良传统。“情智德育”应在“义”之教育上多下功夫。比如，深入开展“大义、正义”教育，以“祖国好、家乡美”实践教育活动为载体，通过家国情怀教育，核心价值观教育，国家民族荣誉教育，培养学生对国家、民族的责任担当意识；比如，可以开展“道义、仁义”教育，培养学生的正义感，使其具备追求正义施恩讲理的勇气、信念和能力。

2. 仪式庆典课程——重在精神引领

各年级结合自身特点自主开展的系列教育活动。这些活动或以传统节庆日、重大事件纪念日、校庆等作为德育的实施载体，或充分利用入学仪式、期末庆典、毕业庆典、青春仪式、升旗仪式、入团仪式等时机进行，将美德教育、国情教育、时事教育、理想教育、责任教育等落到实处。

仪式庆典的意义绝不仅仅体现在仪式进行的过程之中，而是更鲜明地指向学生的素养发展、精神润泽和生命丰盈，并内化为他们的人格力量。

每周一举行庄严的升国旗仪式。全体师生集中在操场上，校国旗护卫队在师生共唱国歌、校歌声中在操场上升起国旗、校旗和班旗，全体师生聆听国旗下讲话和班级的诗朗诵，仪式简短但很庄重，它培养了学生的爱国、爱校情怀，孕育了“请党放心，强国有我”的精神力量。

每学期的入团仪式，在团歌声中增强学生团员的荣誉感和使命感。每年初一新生的入学仪式，通过入学系列活动（规训教育、安全教育、初中学习方法介绍、校园文化介绍等），使新生初步了解自己的学校，激发他们热爱学校的激情，并使他们能在东洲的大家庭里愉快地学习、生活，人人争当一名会学习、善交往、明道理、学创造的好少年。

初二学生的青春仪式，通过活动指导学生正确认识自己、认识青春、认识社会责任感，从而获得健康成长的知识、动力和正能量。

初三学生的毕业庆典，从节目的编排、主持都由学生自己完成，学校只是为他们搭建舞台，全体初三学生、家长和初三任课老师都参与其中，共同回顾在东洲三年的学习生活，惜别母校，难忘师恩。每学期结束，每班都要开展期末庆典活动，各班精心组织，有学生成长叙事，有互动交流，有才艺展示，有表彰奖励等。

仪式庆典课程的核心是“成长”，通过课程活动，让学生寻获“真”知，让学生涵育“善”情，让学生养成“美”行，实现“真善美”的生命追求，每一次的仪式庆典，每个生命都在书写中建筑起自己的神圣的精神家园。

3. 心理指导课程——重在引领发展

（1）开设学生心理辅导课。

根据学生年级差异，初一、初二每周、每班开设一节心理团体辅导课，初三每学期举办两次心理辅导讲座，这些已成为东洲孩子的必修课程。根据学生类型，除了团体辅导外，还有个别心理疏导。

（2）开设家长心理团体辅导。

每年开学初针对初一新生家长和中考前针对初三学生家长分别做“家长朋友，你准备好了吗？”的团体心理辅导讲座。

（3）做好心理学科与艺术学科的跨学科研究，把音乐、图画融入教学。

开设心理课，分阶段、有层次地开展心理健康教育活动，内容有自我意识与反省、交往艺术、情绪调节、完善人格、心理压力的应对、青春期心理等，为学生提供正确的心理导向，认识自己、接纳自己、完善自己。

三、实践育人

社会实践活动是学生全面育人的重要环节，是培养学生创新精神和实践能力、提升学生综合素质的良好载体，是实施素质教育的一种良好形式。我校积极鼓励学生走出校门，投身社会，开展丰富多彩的社会实践活动，以深化校内德育效果。

1. 挖掘社会资源，开展主题教育活动

走进海门市青少年实践基地——江海风情园、江海博物馆、南通科技馆、张謇纪念馆，使同学们了解本地的自然人文情况，增强学生对区域性文化的了解；走进消防大队、武警中队、四甲部队，提升了学生的爱国热情；开展学雷锋进社区活动，打扫卫生、清除街头广告、清除杂草、关爱社区孤寡老人、关注福利院聋哑儿童，使同学们进一步了解社会，增强社会责任感。

2. 践行知行合一，拓宽研学旅行活动

我校作为海门最早开展研学旅行的学校，全校学生积极参与，同学们走进北京、西安、山东、甘肃等省市，亲近自然，感受中国文化的博大精深，培养学生集体荣誉感和团队合作的能力。积极开拓国际研学旅行。我校是全国第一所县级初中在澳大利亚本迪戈高中开设孔子课堂的学校，还与澳大利亚、比利时、新加坡等学校结成友好学校。每年暑期（疫情前），都要组织学生前往这些学校进行交流学习，学生在体验当地教学和文化的同时，也增强了学生的国际沟通交往和实践能力。

四、自主发展—重在浸润濡染

1. 民主管理——促进学生自治

倡导学生主体作用的发挥，建立班级自主管理制度，使德育成为学生主动、积极参与的过程。首先是校级学生会的自主管理；其次是值周班级负责对各年级各项工作的检查、督促和评比；再次是值周老师的督查。这种学生自主管理模式，让更多的学生成为学习的主人，成为学校管理的主人。

2. 多元评价——唤起学生自尊

学校制定了科学的学生思想道德行为的评价标准。首先是强调“多元关注”和“发展性评价”，完善《东洲中学学生综合素质评价实施方案》《东洲中学入团积分方案》，对学生健康和谐发展进行了较为科学的量化，以促进学生在“发掘潜能、赏识激励、全面提高”的鞭策下，成长成熟，走向成功。

3. 行为反思——促使学生自律

学校重视引导学生自省自律，使学生的道德意识和道德行为保持一致。指导学生民主制定《东洲中学淑女气质、绅士风度准则》，对照《中学生日常行为规范》，让学生反思、对照、自省、自改，从而引导学生遵循道德原则和规范。

第三节　学生发展实例

【实例一】1715班缔造完美教室的班本课程

创意课程，助力成长

江苏省优秀班主任、东洲中学语文教师　王艳艳

“情智德育”综合活动课程下的“班本课程”，是指在“情智德育”理论框架下，融合学科、环境、各种资源，涵盖生命、学科、艺术、思想等领域，强调多元化、渐进性和发展性的一种综合性课程。班主任可以通过这些课程加强班级建设，有助于促进学生全面、个性发展。

一、因人制宜，研发开学课程

开学课程，是指学校开学初为实现培养目标而选择的教育内容以及用个性化的教育手段而进行的有目的、有计划的教育活动。

新生入学第一天，洁净无比的课桌上端端正正地放着一个个透明的成长档案袋、矿泉水和一封信，这是上一届的学哥学姐们专门抽时间送给学弟学妹们的“专人定制版”开学礼物。亲切的问候，美好的祝福，殷切的期待，都融入在字里行间。一抹暖阳散入干净的教室，映照在绚丽精彩的黑板上。“蓄势待发，扬帆启航”是老师对新一届孩子们的新学期寄语，“每一个追梦人都需要一颗勇敢而坚定的心，不惧人生的风雨，才会像鹰一样翱翔在理想的天空。今天的你一定会感谢昨天努力的自己”更是老师对班级每位新成员的殷切期望。上一届的学哥学姐们更是用心地留下了这样的温馨小贴士：“各位亲，桌椅已经擦拭干净，欢迎入座。天气炎热，矿泉水，可愉快饮用。记得替我们好好照顾王老师（笑脸）”。

这样的迎新方式，让每一个刚刚踏进初中教室的孩子顿时感受到亲切、舒适和愉悦。稚气未脱的他们，笑脸盈盈地和眼前的这位陌生而熟悉的老师打招呼，一扫初入校园的那份拘谨，很快地融入了这样的一个新家。上一届优秀学生的优秀也在潜移默化中“薪火相传”，“先入为主”式的习惯养成教育也已经慢慢落地生根。

以后的以后，每学期的黑板上总会出现这样的必然美景，有老师新学期对班级新学期的展望和期待，红蓝黄相间的粉笔写着“砥砺前行，展望未来”几个大字，简单明了却好似有一种无法言说的魔力，将孩子们的目光紧紧锁定。那些字遒劲有力，在末梢又留存着别有的柔情，伴随着色彩斑斓的背景图案，让孩子们的心中仿佛升起了一盏明灯，一种神圣感在心头萦绕。神采奕奕的老师举起手机，为每一个学生留下成长的一次印迹。对着镜头宛然一笑，照片将彼时的稚嫩定格，将自信与期待记录。这样的场景，从刚开始的好奇欣喜慢慢转化为习以为常的敬畏和仪式。

初二开学寄语：“生命是一段不断跋涉的旅程，记录的每个瞬间都有精彩纷呈。生活是一个看不见的储蓄罐，投入的每份努力都不会白费！世上最好的保鲜就是不断进步，让自己成为一个更好和更值得爱的人。相信每一个站点都有风景！”希望孩子们进入初中阶段的第二年，能够通过奋斗和拼搏创造自己独特的风景！

每一年不一样的黑板，却一样带给孩子们越来越深、越来越重的神圣感和使命感。每个人都必须砥砺前行，带着更多的希望，负着更多的责任去努力去奋斗，逐渐学会不辜负！孩子们学会了对学校对老师的敬畏，将教室当作神圣的地方，珍惜它，爱护它，用自己的行为为其添砖加瓦，使它更有厚重感。仪式让学生增加无尽的使命感，进而变得成熟，开始能够主动学习，主动孝敬父母，主动感激同学。当一个学生有了这种使命感的时候，好好学习、认真做事就已经成为一种自觉的行为。

二、因时制宜，研发节日课程

把节日民俗这一宝贵的文化资源带进课堂、融入课外，组织学生参加传统节日活动，感悟节日文化、陶冶情操、净化心灵，提高学生的人文素质和修养。

一年一度的元宵佳节，教室外面的空间像是变魔术一般，挂着六根红色绳子，比人高出一头。绳子上整整齐齐挂下来许多粉色长方形纸条，原来是属于我们一个班的元宵猜灯谜活动即将火热开演。火红的灯谜反射出耀眼的光芒，随风飘荡，似一串串小铃铛，摇动着独属元宵的祝福和憧憬，那可是老师一字一句亲手写出来的字谜，意义非同一般了。活动时间一到，同学们蜂拥而出，踮起脚尖，凝视着挂着的谜面，大脑开始飞速运转。原来，智慧的姿态最迷人，自信的笑容最动人。抬眼望去，同学们或独自低头思索，嘴里似乎还念念有词，或者兴致勃勃地与同伴交流讨论，想琢磨出最精确的谜底。火红的颜色映在每个人的脸上，等待揭晓谜底的心越来越急切，老师和同学妙趣横生的话语又将活动推向了高潮，一大袋的糖果变戏法式地出现在大家面前，顿时孩子们洋溢出与众不同的自豪感。只要有彼此在就有“家”的味道，我们以班为家，因班级的每个成员而骄傲，这就是最情真意切的归属感和强烈深厚的存在感，一种独属于我们的幸福与快乐！因为有老师，有同学，有亲人似的相伴，初中三年不会寂寞，一起携手砥砺前行，共创班级荣耀。

艳阳高照日，果香百感生。宽敞的教室中，光洁的黑板上又是一片五彩斑斓——“致我们永远的六一”，照得孩子们的心闪闪亮，真没想到初一了还可以继续自己的儿童梦想！围桌、餐具、碟子，仿佛可以勾勒出世界上最美丽的图案；玲珑小巧的荔枝、浑圆大肚的西瓜、“剑拔弩张”的香蕉，不用加工就已经呈现出可爱的神情。每个人的脸上都早已带着期待和兴奋的笑容，迫不及待地跃跃欲试。小刀“咔嚓”的声音，西瓜的清香扑面而来。荔枝褪去了红褐色的外衣，渐渐露出了白嫩娇美。西瓜的变形更有意思，可以把西瓜一片片切下整整齐齐地摆放在盘子中，也可以直接把西瓜做成一个圆头圆脑的小小人儿，西瓜籽就变成了他乌黑的眼睛。这一下组员都乐呵了，涨红了脸蛋，笑声传遍教室。和自己的作品合影时，荔枝壳化身大眼珠，香蕉又成为咧开笑容的嘴巴，连西瓜皮都瞬间变形为形态各异的装饰帽。“快乐·协作·成长”的活动主题，让每一位班级成员真真切切地感觉到这是一个家，每个人都充当着重要的不可或缺的角色。只有在这种仪式活动中心连心、手拉手、共进退，才能让自己更出彩。因为一场仪式，很多时候是给自己一个契机去迎接一个全新的开始。水果可以在短时间内变化自己的样貌，带给很多人创造的欣喜。作为一个步入初中阶段的学生来说，更要在这些重要的人生历程的各个阶段，学会思考、学会改变、学会适应，用最好的表现迎接青春的考验，用最佳的状态实现蜕变！

三、因地制宜，研发阅读课程

1. 自由读

从初一就养成了“每晚一读”的习惯，内容自选，可以摘录精彩语句，记录精辟感言，适当联系当天学习生活的感悟及时记录。双休日或寒暑假就可以有更多的选择内容和范围，可以以读书笔记、读书交流会的形式巩固记录阅读成果。“无论天空如何阴霾，太阳一直都在的，不在这里，就在那里，因为，它长了一对会飞的翅膀。”有学生发出了这样的感慨：“无论遇到多大挫折，都不要放弃目标，那样你就不会感到迷茫。人生不是被动地接受，更是主动地追求，才能获得你所需要的温度。”

2. 师生共读

可以根据课内教学内容的需要，推荐学生阅读相关的链接文章；可以依照单元主题，推荐课外阅读类似主题的经典文章；也可以按照不同年龄阶段的学生心理特点，低年级推荐阅读小说、寓言，高年级可以阅读散文、议论文等。通过师生共读《风会记得一朵花的香》进行了“整本书阅读”的探索，用“摘抄”采撷词句之灵，用“朗诵”轻吟语言之美，用“仿写”贴近技巧之神，用“交流”互换顿悟之感。

3. 互相推荐读

学生之间的阅读差异是很大的，有的是习惯不好，有的是时间不够，有的是方法有问题。可以通过读书交流等形式，让他们互相借鉴，互相学习，达到阅读效果的最大化。有同学读到《不要对那个人叫嚷》中的那段“请不要对那个人大声叫嚷，他们或许贫穷，或许丑陋，或许木讷，可是，他们的爱，一样醇厚，一样珍贵，因为，那是血浓于水。你的叫嚷，是对他们爱的践踏。”不由得在班级读书交流会上发表以下感慨：“后来，我到学校上了晚自习，和你相处的时间越来越少。就像数学那样，我和你相处的时间在一次又一次地开方，可是你对我的念、对我的爱却在一次又一次的平方，我又何尝不是呢？仔细算来，每天真正和你讲话的时间，也就十几分钟。这残酷的世界！这无情的世界！每天能够在学校门口看到你等待我的身影，听到你对我的呼唤，感受到你急忙为我背上书包的热情，我已经非常幸福，非常满足了，只是希望，这样的日子能多一点，再多一点，就好了……”

回归大自然的怀抱，在活动体验中融入自然、阅读自然、体验自然。春色呢喃，草长莺飞，沙堤浅出，班级开展了尚湖亲子远足活动，品味自然之味，更体味出了温情之暖。远足的课程，让大家懂得了珍惜和敬畏美好，呵护和实现秩序，这才是最大的意义所在。

长期的这种教育，可以让学生以感恩之心生活，可以让学生遵守秩序，养成自觉性和自律的习惯，而自觉性和自律是一个人区别于他人的最优秀的品质。

四、因事制宜，研发庆典课程

每个学期的庆典活动一定会有一个环节——生命叙事，邀请一个学期中有成长精彩故事的孩子作为主角。清晰地记得初一第二个学期的庆典上，钱同学主动毛遂自荐，讲述了自己这学期的一些改变和心得，发言的最后她向老师深深地鞠了一躬：“谢谢您！让我知道我不孤独，我的世界很有爱，很温暖。谢谢您！让我知道人生不可能一帆风顺，抬头望望天空，未来总是艰辛而美好的。谢谢您！让我知道经历是人生的一笔宝贵财富。冲动是魔鬼，任何事都要三思而后行……”窗外，雨过天晴，风雨后的彩虹格外绚烂、夺目！漫漫人生路，路边的景色很美。

记得两个月前，班级钱同学放下了班干部的承诺、团支书的职责，加入了“追星”的异想天开的行列。自制力被一次又一次的好奇、冲动彻底击垮、打败，她们一次又一次地让原本天真的自己变样。在学校不再像以前那样对学习认真投入，在家里也变得叛逆起来，也许是真的到了青春期。了解了真实情况后，一番深思熟虑让我告诉自己一个老师不能单纯地传道授业，更要教给他们人生的道理。每个孩子都是在感悟中成长，在思考中成长。成长中的孩子喜欢把一切隐藏在心底，以心换心，才能将留在心海的涟漪一层层地明晰。一张桌子，两把椅子，一节体锻课，留下了钱同学一对一谈心。我倾诉对她独特的在乎，跨越了彼此心与心的距离，泪水瞬间在她的两颊滑落。对于自己的言行，她也无法解释，唯一能解释的只是冲动。我明白，这时的她需要的是倾诉的对象，一个心灵的港湾。在我们的约定中，钱同学道出了心里话：“我不想再伤任何人的心，我会学会收敛，学会冷静。感谢上苍的安排，让我遇见了您。而命运，只掌握在自己手中。老师，我不会再做一个‘做梦’的孩子，而是要不懈地‘追梦’‘圆梦’，努力蜕变，使我的世界永远蔚蓝”！以后的日子，钱同学像换了个人是的，重新做回了快乐精彩的自己。

初二第一个学期的期末庆典格外的与众不同，班级的孩子们分坐在教室的南北两侧，老师、上一届的学哥学姐们也济济一堂，格外热闹，格外令人难忘。两届学生似乎早就达成了一种默契，你一个相声我一个舞蹈，掌声此起彼伏，教室里洋溢着欢声笑语。前所未有的接力表演精彩纷呈，爽朗的笑声，互相鼓励赞赏的表情，温馨、融洽、和谐的气氛感染了在场的每一个人。大家都是这场盛典的快乐幸运儿，特属于两届学生共同期许的大蛋糕被切开，奶油的香甜飘散在教室的每个角落，温暖了每一个人。活动的策划、组织都由班干部商量着完成，除了期末庆典常有学期成绩的回顾、各项优秀先进的表彰外，班长专门组织同学创意了一个入心入情的环节——给任课老师颁奖。背景音乐缓缓响起，送上一束鲜花，邀请朝夕相处的亲爱的老师接受同学们最衷心的感谢，齐声朗诵送给老师们的颁奖词。

班本课程的开发和实践，可以让师生在平凡又琐碎的日子里，找到诗意的生活，找到继续前进的微光，找到不愿将就的勇气。给心灵成长的空间，学会表达对生命的一种尊重、敬畏与珍惜，对生活的热爱，对幸福的敏感。课程的力量，就在于“塑造”，而不是“灌输”，引导学生心存敬畏，追求崇高，认真读书，积极生活，诗意栖息。外化于行，内化于心，形成越来越多的好习惯，形成越来越大的能力，得到心灵的纯净，灵魂的高贵，让越来越多的美好发生。

【实例二】东洲中学三大节“艺术节、体育节、科技节”

2018年东洲中学第七届校园艺术节系列活动

滋心养智　音韵东洲

为了展现师生奋发向上，朝气蓬勃的精神风貌，丰富校园文化生活，营造健康高雅的校园文化氛围，2018年12月17日海门市东洲中学在体育馆举行了第七届校园艺术节展演活动。学校校长室成员和部分老师、家长出席了本次活动。

赛前，各班进行了紧张的准备和排练：选节目、练节目、拍照、制作视频和PPT、编舞……歌声、诵读声回荡在东洲校园的每一个角落。

当动人的旋律再次唱响，当精美的诗篇再次飞扬，当青春的激情再次迸发，东洲校园成了欢乐的海洋。

初一大合唱比赛

12月17日上午，举行了初一年级大合唱比赛，本次比赛合唱作品为校歌和班歌，各班精心创编，舞台流光溢彩。1807班原创歌曲《1807像首歌》、1809班《骄傲的少年》、1802班《唱得响亮》……孩子们着装整齐，精神勃发；灿烂的笑脸、投入的神情、婉转的歌声、激情的表演，犹如乘着艺术的翅膀在情智的天空翱翔。

无论什么样的歌曲，无论什么样的面孔，每一个指挥都随着音乐的节奏激情地舞动着双臂，每一个领唱都淋漓尽致地演绎着每一个音符，每一张笑脸都用嘹亮的歌声展示自己青春的活力……在场的评委和观众们都深受感染，一起随着音乐打着拍子、鼓着掌。现场的气氛也一次又一次被点燃……

初二诗歌诵读比赛

12月17日下午，举行了初二年级诗歌诵读比赛，初二各班在班主任和语文老师的悉心指导下演绎了精彩。1709 班《祖国啊，我亲爱的祖国》、1714 班《悠悠思乡情，拳拳爱国心》、1715 班《礼赞东洲》、1707 班《相信未来和你一样》、1713 班《起航》、1703 班《我们勇往直前》、1711 班《青春的赞歌》、1716 班《献给青春的花朵》……这些原创的诗歌或磅礴大气，或婉约动人，抒发对伟大祖国的热爱，表达对母校和老师的赞美，展望东洲美好的未来，展示学生的青春风采……多种形式的朗诵成为赛场上的一道道亮丽的风景。同学们抑扬顿挫的朗诵，真情地抒发了师生们对家国、家校的情怀，对青葱岁月的爱恋，对美好未来的憧憬。

初三经典诵读比赛

12 月 17 日晚上，举行了初三年级主题为“传诵经典，圆梦东洲”的经典诵读比赛，从诗歌的选择，服装的选定到舞台背景的设计，各班精心编排，群策群力，活动现场气氛热烈。孩子们上台后个个精神饱满、声情并茂。节目贯穿古今，或古韵悠悠，或大气磅礴。1617 班《沁园春·雪》、1602 班《沁园春——满江红》等经典名篇，魅力永存，依然深受学生喜爱。1616 班《我骄傲，我是中国人》、1608 班《少年中国说》等篇目，传达出学生心中对祖国深沉的挚爱。1611 班《东洲儿女》、1603 班《活在当下　无悔青春》、1618 班《相信未来》、1615 班《我爱我班》等篇目，展现了东洲初三学子昂扬向上的可贵风貌……伴着唯美的背景音乐，学生们激昂高亢，诗歌的内涵在学生的激情诵读中款款而来，为在场的所有人献上了美轮美奂的诵读盛宴。

教师大合唱比赛

东洲中学的教师队伍是一个快乐的团队，是一个充满歌声的和谐大家庭。本次校园艺术节教师们也自发组队参赛。数学、政史地心劳组演唱《众人划桨开大船》豪迈自信，一展东洲团队协作的校风；英语、物电、后勤组高歌《今天是你的生日，我的东洲》，情真意浓地表达对母校三十一岁生日的美好祝福；语文、生化、艺体组演唱《要问我们想什么》展现了东洲教师全心付出，书写教育诗篇的美好风采。

本次比赛是教职员工“凝心聚力，高歌美好”的盛会，它像一团火焰，为东洲的永续发展注入了强大的精神动力。

我们相信东洲中学第七届校园艺术节展演一定会将师生的激情转化为工作学习的动力，用艺术塑造高尚情怀，让生命更加灵动，不忘初心，砥砺前行，开启东洲更美好的明天。

2019 年东洲中学第七届体育节

青春无畏　逐梦扬威

——开幕式

秋天，是红色的，那是生命绽放的颜色。

秋天，是金色的，那是收获满怀的颜色。

11 月 8 日下午，随着主持人的话音落地，东洲中学的操场上掌声雷动，呼声震天，海门市东洲中学第七届体育节入场式开始了。

护旗方阵、彩旗方阵首先步入会场，教工方阵、班级方阵紧随其后。他们步伐整齐，口号响亮，精神抖擞。同学们别出心裁的创意节目以独特的方式展现了青春的活力，赢得连连好评。

升旗仪式在入场式之后庄严举行。

随后，任卫华副校长致体育节开幕词。他指出，此次体育节的召开是贯彻落实“五好学生”发展的教育方针要求，是推动我校阳光体育运动的重要举措，是展示我校学生身体素质和精神素养的重要内容，是学生竞争意识、团队精神的综合展示。希望东洲学子在“团结合作　追求卓越”的精神引领下，不断前进，超越自我。

紧接着，运动员代表孟凡鼎同学和裁判员代表马留杰老师分别宣誓。

最后，滕玉英校长宣布体育节开幕。七年级武术操和八年级韵律操表演拉开了本届体育节的序幕。

本届体育节从 10 月 18 日开始，为期两个月，包含了三人篮球赛、体育文化竞赛、跳长绳比赛、校田径运动会、五人制足球比赛、跑操比赛以及教职工各类健身比赛，着眼于给学生提供展示自我的空间与舞台，引导学生在活动中学会运动，学会合作，享受成功，享受快乐，激发学生对体育活动的兴趣，养成终身健体习惯。促进学生素质的全面提高，弘扬东洲精神，提升办学特色，东洲人，一直在路上。

东洲中学2019秋季运动会

温暖的阳光，碧绿的操场，鲜红的跑道，十月的东洲格外灿烂。

10月25日，东洲中学“青春无畏逐梦扬威”2019秋季运动会如期举行。

升旗仪式后，葛强书记宣布运动会开幕，掌声、欢呼声瞬间引爆整个校园。

本次运动会是第六届体育节的前奏，共设置短速跑、中长跑、实心球、跳远、盘踢、双摇等三大类总计11个比赛项目，运动员人数超过千人。

运动场上，每一个运动员都如蛟龙腾空，又如一个个快乐的音符。你看，鲜红的跑道上，他们风姿飒爽，秒秒必拼；碧绿的草地一角，他们奋力一投，毫厘必争，绽放的笑靥洋溢着自信与欢乐。还有那充满激情的啦啦队，他们时而呐喊，时而欢呼，欢声笑语和着秋日的阳光洒满校园的每一个角落。

最激动人心的当属教职工4×100米接力赛。看着自己的老师们一个个摩拳擦掌，奋力拼搏，孩子们沸腾了。他们奔跑在跑道边，交耳称赞，欢呼雀跃……

为了办好本次运动，筹备组提前一个月召开了动员会，并在运动会前一天又召开了全体班主任、裁判员和工作人员协调会。每个班又设置了宣传组、摄影组、后勤保障组等服务团队，做到全员参与。本次运动会让我们深刻体验了“团队合作　追求卓越”的东洲精神。愿这份快乐、这份执着、这份自信、这份团结奋进的精神住进每一个东洲人的心间。

东洲，让我们一起美好生活，幸福成长！

东洲中学教育管理集团举行2020年科学创意嘉年华活动

点燃创意激情　放飞创客梦想

11月27日下午，海门区东洲中学教育管理集团2020科学创意嘉年华活动暨东洲中学第五届科技节嘉年华系列活动在总校多个功能室同时举行。

创新激发潜能，科技创造未来

本次活动以立德树人为根本宗旨，以新教育理念为引领，大力实施素质教育，深入贯彻落实《全民科学素质行动计划纲要》，积极响应“大众创业、万众创新”，深度助推海门创新型城市建设。活动坚持科学性、基础性、普及性、趣味性、参与性，主张让孩子们动起来、玩起来、秀起来、笑起来，在实践体验中激发创造潜能，培养创新精神，点燃创客梦想，积极探索新科学教育的新路径、新理念，努力创造海门市科技教育的新局面、新平台、新品牌。

项目一：挑战无极限之“同舟共济——扑克牌船承重”

东洲中学教育集团科技嘉年华活动之挑战无极限“同舟共济——扑克牌船承重”比赛在东洲中学创客中心开展。由物理组王珏、姜振华两位老师主持活动。

项目说明：学生们合作设计、并制作出一艘用数张扑克牌制成的扑克牌船，负载最多的硬币量。本活动旨在让学生们动起手来，发展他们的创新能力和探究精神，培养他们解决问题、动手实践的能力，建立互相合作、互相竞争的团队精神，为培养创新性人才和创造性人才打下基础。

本项目取材简单，利用扑克牌和胶水粘成一条扑克牌船，然后往船上放一元硬币直到船沉没为止。自宣传以来，这个项目极大地吸引了学生的好奇心和兴趣，参与度非常高。现场活动中，学生各显神通，跃跃欲试，充分发挥自己的想象力，设计制作出了形状各异的扑克牌船。在测试过程中，每个学生都小心翼翼、全神贯注的往船上投放硬币，不时有学生为成功而击掌相庆。比赛场面异常激烈，学生热情空前高涨。

项目二：挑战无极限之“负重致远——结构设计”

东洲中学教育集团科技嘉年华活动之挑战无极限“负重致远——结构设计”比赛在东洲中学综合楼二楼报告厅开展。由物理组陆丰、王璟两位老师主持活动。

项目说明：学生协同设计一个结构模型进行稳定性及强度测试，培养学生的动手能力、创新精神及团结协作的精神。

比赛前，王璟老师先是展示了学生自己制作的桥梁模型并进行点评，然后对这次比赛的要求和比赛的规则作了详细的解读。接下来同学们投入到紧张地比赛当中，这个比赛考验了同学们的动脑和动手能力。一个多小时的辛苦制作，同学们的纸桥都顺利完成。最后对每一个小组制作的纸桥进行负重测试，做得最好的小组整整压了1300g的重物，桥依然保持完好无损。

项目三：挑战无极限之“变废为宝”

东洲中学教育集团科技嘉年华活动之挑战无极限“变废为宝”比赛在东洲中学优雅的历史教室开展。由物理组陆锡尧、杨帆两位老师主持活动。

项目说明：习近平总书记指出，“餐饮浪费现象，触目惊心、令人痛心！”节约粮食，节约资源，应成为新时代公民最基本的素养，营造浪费可耻、节约光荣的氛围，从青少年儿童做起。垃圾是放错了地方的资源。日常生活、工农业生产中剩余下来的各种废品旧品，经过一定程度的加工改造和创意组合，废旧物品可以变废为宝，成为实用物品，甚至是再生资源。“变废为宝”活动，激发青少年儿童共同关注垃圾环保利用，让地球上有限的资源通过循环利用而延续生命，培养青少年儿童的环保意识。

同学们在比赛中发挥自己的聪明才智，通过小组合作，头脑风暴设计一个由废旧材料制作的实用物品。在设计图纸的过程中，同学们思维碰撞，点亮创意。所有人都跃跃欲试，表达自己的想法，改进自己的作品。同学们设计完成后，上台展示自己的作品与创意。期间，每位同学都能自信、流畅地表达出自己作品的设计目的、功能、过程、创意，精彩纷呈。

项目四：科学阅读汇

东洲中学教育集团科技嘉年华活动之比赛科学阅读汇，在东洲中学办公楼六楼智慧教室开展，由张红美、肖燕两位老师主持活动。

项目说明：深度阅读科学主题的经典著作、电影、科幻作品、科学家或科学事物等内容，用自己独特的个性化方式展示人和作品，通过呈现妙趣横生的个性化阅读体验，展现我区青少年群体的阅读风貌，共享自己在阅读方面的体验、创意、成果。

同学们在阅读过程中感受科技的美丽，用自己喜欢的方式演绎科技主题作品的精彩，分享自己的阅读体会，展示了学生的阅读能力。

同学们在科学嘉年华实践活动敢于大胆质疑，认真实证，不断试验，获取成功自信。此活动也培养学生的深度钻研、持之以恒、不怕失败的实践创新能力，不断追求科学智慧和创新精神这两个更高层次的科学教育本真。东洲中学教育管理集团深入践行新教育科学创意嘉年华系列活动，结合学校情智教育特色，将活动价值最大化、最优化，让每位学生都能深入其中、收获其中，真正达到用手触摸科学，用心感知世界。

丰富课程助力发展学生核心素养，让学生理解青春的真正内涵要义。请看1811班班主任黄永斌的学生黄鹏陈，在青春仪式上的激情演讲：

我的青春我做主

同学们，青春是什么？青春是学校与家的两点一线，是静坐在教室中的气定神闲，是奔跑在操场上的欢声笑语，是早上6点闪耀的朝露初晨，是晚上8点还透着灯光的教室。无奋斗，不青春。

我还记得在我军训的前一周时，我的班主任黄老师在教《观沧海》，当时他请了一位同学朗读这首诗。读完后，他问：“同学们，有谁能读得比她更好？”只有我举手了，站起来又朗读了一遍。这似乎不符我们自古谦逊内敛的礼仪，但我觉得正是这个原因，使得我在一周后代表初一同学做了军训开始的鼓励讲话，打开了我表现自己的大门。从不获胜的人很少失败，从不攀登的人很少跌跤。表现自己，拿出展示自己的勇气与自信。青春，需要勇气。

期末复习小四门时，A同学正在座位上玩橡皮，B同学看见了，就问：“你为什么不复习小四门？”A同学说：“我没背。”B同学又问：“那你为什么还不背？”A同学说：“我背都没背为什么还要背？”B同学说：“你背都没背为什么还不背？”这是一次积极与消极的对话，一场主动与被动的争辩。不为失败找理由，只为成功想方法啊。青春仪式过后，自主学习将是我们青春的铺路石，是我们梦想的敲门砖。青春，需要自主。

行者常至，至者常成。当困难成为一百道墙摆在面前，我们能否在翻越了九十九道后，始终如一。王勃说：“老当益壮，宁移白首之心，穷且益坚，不坠青云之志。”荀子说：“锲而舍之，朽木不折；锲而不舍，金石可镂。”我相信，梦能到达的地方，有一天，终能用脚步丈量。青春，需要坚持。

青春是成长的过程，既然梦想远方，那前路未必平顺。会有人有父辈的加持，会有人有特殊的运气，会有人有让人眼红的机遇，会有人的底线特别低。我想说：拥抱痛苦，勇敢战斗吧。这或许非常不酷，但在我看来，春天的播种就是为了秋天的收获，青春的厚积就是为了将来的薄发。让我们共同走在青春的路上，用明天会更好期待着，用明天未必会更好准备着。

同学们，青春并不是单纯的美好，却也并非长久的灰暗。青春朝朝如骏马迢迢，时间簌簌如波浪滔滔。当我们在为青春而奋斗时，青春也在向我们敞开怀抱。青春之海渺无边际，如果你惧怕在礁石上粉身碎骨，甘愿在海底做一滴水，那也非常正常，只是当你看到身旁的另一滴水要做浪花时，请不要嘲笑他，他只是想摸一摸天空，哪怕只是一瞬间。浪花只开一时，但比千年石，愿你如诗，愿你如石。愿你在青春中找到前行的方向，在奋斗中看到自己的成长。我们的青春，自己做主！

【实例三】学生参与社会公益活动

回首，是为了更好的展望

我是一个普普通通的孩子，可是在那个炎热的夏天，我遇到了一群不普通的人，他们有一个共同的名字，叫“江海志愿者”，我有幸加入并且于2019年年底，参加了年会，获得优秀小志愿者的奖项。我想，这是对我的一种认可，也是对我的一种鼓舞。于是我决定好好回首2019，难忘的这一年。

相遇勉县（7月1日—7月11日）

今犹记，己亥之夏，初到陕西勉县，绿水青山，清风徐来，惹人心醉，起涟漪。可耳畔突然响起一群孩子的笑声，那笑声逗的人心里痒痒的，似乎千年的美好都沉醉在里头了。那是一群来自大山里的孩子们，当时我是以采访的名义陪伴了他们一段时间。而那段时间，我明白了很多，一个人的力量也许很渺小，但是当很多个人一起努力的时候，那将会是无穷无尽的力量。那么，从今以后，我们会用真诚和友爱，为需要帮助的小朋友送去欢笑和希望，用我们的青春和智慧，把文明和进步奉献给勉县。

而我也知道：支教助学，参加公益活动不是一时兴起，三分钟热度，更不是为了博眼球，吸引别人的关注，支教助学是需要持续化的，是发自内心地关怀孩子们。

漫漫求学路，愿你们越走越远，越走越平坦，越走越宽广。

很高兴我们在这绿水青山中相遇，一起为这儿的孩子们带来歌声、欢笑和爱心！

支教助学需要来自社会方方面面的支持。

而我们，学习条件那么好，有什么抱怨的理由？

我们中国少年更应该明白：以后只有自己出色了，才可以更多地去帮助别人！

捐书助梦

这是在我们东洲中学举办的一个活动，是给勉县山区的孩子们捐献图书。

俗话说得好，腹有诗书气自华。而对于这些孩子们来说，精神食粮也许会比物质上的更重要。他们那里的条件也许不能够让他们通过网络去了解外面的世界，去了解更丰富更多彩的世界；也不能让他们在这个幼小年龄段在这种家庭背景之下，短时间内走出大山去看一下外面精彩的世界。能在这方面帮助他们的，读书是一个不错的选择。我认为，书籍它不仅寄托了作者的情感，而且有些书籍它可能会反映不同时代中不同的社会面貌，这能让他们更了解社会，更了解外面的世界。读书难道不是一个好选择吗?

凛冬将至，情系山区

10月23日我参加了我们学校举办的“益”起同行，“衣”旧温暖活动，给大凉山的孩子们捐衣服，好让他们度过一个温暖的冬天。当时，我也在活动现场组织同学们捐赠衣服。我知道同学们都会带衣服来，但我没有想到他们会带那么多来，而且这些衣服从质量以及样貌款式上来讲都是挺不错的，他们都理得整整齐齐，大包小包的带过来。还有的同学离得很远就问：“同学衣服是不是放这里呀？”

那一刻真的十分感动，就看着一批批的同学来，一批批的同学走，我想这种活动是极其有意义的，这让同学们在寒冷的冬天感受到来自大山外的温暖，这种效果和意义都是显而易见的。

整理衣物，因爱醒悟

10月26日—27日这两天整理衣物的活动我也都参与了。整理同学们捐的准备打包带走的衣物的活动，隔着屏幕可能只看到衣物的凌乱和大家的忙碌，但是你根本想象不到空气中的粉尘和打包的重量，但是大家都毫无怨言，只觉得非常有意义，都为自己能为公益尽一点微薄之力而感到高兴！

我想起了妈妈曾经跟我说过的一句话，她说，我们不是救世主，我们没有能力去帮助所有人，我们能做的只是一些小事。可是我觉得我们所做的每一件小事，也许微小如蝼蚁，但这会是实实在在的帮助。

现在，我们只是小孩子，我们没有那么多的能力、精力和时间，去帮助更多的人，但是少年强则国强，只有我们优秀了，才有能力去帮助更多的人。

我们还可以去多多地告诉身边那些还不知道这些的人，去告诉他们，也许我们每个人都很普通，但是会有比我们更困难的人需要我们的帮助。不是有一句话说得好，“每个人的身边都有一位天使，如果你的身边没有天使，那你可以去做别人的天使。”也许我们会觉得自己没做什么，但是对他们来说，一次关怀，一本书，一件衣服，触动他们心灵时可能会改变一个孩子的命运。我们不是什么富豪，不是什么救世主，但是善事能多做一件就多做一件，孩子们能多帮一个就多帮一个。

好好将自己2019年所做的这些事回想了一下，突然知道：2020年自己能做什么，有什么帮助他们的途径和方式，2020年又将收获多少孩子的快乐与欢笑。回首是为了更好的展望。那么2020年，就让我们海纳百川，聚沙成塔，叶多成树，树多成林，继续努力吧！

第八章

“情智教育”理念下的家校合作

家校合作，平台聚力，问题导向，任务驱动。通过组建专家团队，成立家长学校，建立班级家庭教育指导委员会等方式指导家庭教育，包括挖掘家长资源，服务学校活动；组织家长培训，提高育孩水平；创新家长理念，增强共育能力；激发家长智慧，共促学校管理。结合我校实际，制定相应实施方案，加强家校沟通互访，相互尊重，相互理解，相互支持，推动我校家校共育工作走上科学化、规范化，以适应时代的要求，并以此来适应不同能力层次、不同爱好特长和不同文化基础的学生和家长的诉求。

第一节　家校合作导向

提升家校共育的实效性，需要从进一步提升和更新家校共育理念做起，准确定位家校关系，搭建合育平台，畅通合育渠道，使之形成教育合力，达到教育目的。

一、家校合作定位

共商、共建、共享。学校教育、家庭教育、社会教育都是教育的子系统。其中，学校教育与家庭教育这两个主体之间的合作是否有效，甚至高效，直接影响孩子的发展水平。尤其对于初中的孩子来讲，青春期的转型至关重要。初中的孩子处于一个特殊的成长阶段，青春期的叛逆表现会凸显；所以定位精准，措施得当，值得探究。

家校共育应注重学校和家长的平等互助，相互理解。教育从来不是学校或者家庭单方面的事情，只有家校共育才能更好地教育学生。

家校共育通过提高学校、家长和学生之间的积极交流，近距离参与孩子的学习、生活，这样的互动有利于教师、家长了解学生的多方面情况，形成家校合力，促进学生的成长和发展。比如：晚自习家长志愿者协同管理、分层走班时家长的理解支持、放学时家长志愿者在校门口协助指挥疏散。

家校共育应注意强调身份平等，在与家长的交往中，需谦虚谨慎，讲究礼貌，努力营造和谐宽松的合作气氛，这样才会缩短双方可能产生的心理距离，更好地达到共育的目的。

二、家校合作目标

提升家长家庭教育理念和水平。引导家长重视家庭教育，认识家庭是人生的第一粒扣子，父母是孩子的第一任老师，有什么样的家庭教育就有什么样的孩子，形成“家庭教育是最好的德育”的共识。依托东洲校园文化活动，提升新时代家长的教育理念和智慧，更新对教育的认知，拥有长远的发展目光。对学校文化、情智教育、德育观念、家校共育理念高度认同，与学校教育形成合力，以足够的教育智慧成为学生成长的引路人。

生成适合学生成长的家校共育环境。关注学生家庭成长环境，关注学生身心发展，使学校的传统情智教育、心理教育理念渗透进家校共育，使家庭教育和学校教育保持一致的育人观、成才观，形成教育合力，促进学生在品德和学业以及身心各方面的良好发展。

形成家校共育特色课程、文化。打破原有的学校教育单一模式，发展“学校、社会、家庭”一体化的教育模式，重视家庭教育和社会教育的地位。家庭教育是基础，学校教育是关键，社会教育是继续和完善。将家校共育理念渗透进富有东洲特色的学科课程、心理教育课程和情智教育管理，建构家庭教育指导中心，形成家校共育的特色课程、文化，创建学习型家庭、学校及社会。

三、家校合作核心价值

家校合作，共同改变“重智轻德弱体抑美缺劳”的育人现象，携手“情智教育，人格至善”，充分认识“成长比成功更重要，成人比成绩更重要，幸福比优秀更重要”，形成“不唯分、不唯升学率”的人才观，营造适合学生成长的家校共育环境，形成多元评价激励机制，促进学生“德智体美劳”全面发展。

家校共育，促进师生家长共同成长。当今社会很多工作都要进行培训学习，而为人父母是没有培训的。家校共育可以利用家长课堂，帮助家长了解孩子身心发展特点，获得倾听、交流和鼓励孩子等家庭教育的技巧。心理学研究发现，教育重在关系，亲子关系的积极变化，可以促进他们更多的交流和成长。学校可以组织家长沙龙，家长们分享经验，探讨问题。同时，需要耐心听取孩子的心声，做孩子适合的教育，教学相长，能者为师，博采众长，共同进步。

第二节　家校合作策略

一、树立“三全”育人理念

教育的根本任务是立德树人，引导全体教师、家长共同形成“全科育人、全员育人、全程育人”理念，培养学生“德智体美劳全面发展”。加强全体教职工、家长群体养成终身学习意识，阅读教育学、心理学专著，拓宽视野，提升育人水平。尤其是注重对疫情下学生和家长心理的疏导、研究、探讨、交流；鼓励班主任参加各类教育教学活动及比赛；加强班级文化建设，打造高质量的完美教室。邀请专家，定期举办高质量的学生心理讲座、家庭教育讲座，教师加强对学生心理的关注，心理专业的教师做好心理问题学生的识别和转介工作，班主任及时配合，做好家校之间的联络、沟通。

二、建构家校合作机制

校级层面组建更新学校家长委员会，三个年级中各自成立年级家长委员会，每个班级成立班级家长委员会，构建家校共育的桥梁，形成合力育人的良好氛围。定期举办家长委员会会议、班级家长会议，听取家长代表的反馈，了解家长合理需求，做好家校沟通。成立东洲家庭教育指导中心，实施共商共建共享，探索和构建家庭—学校—学生共同体的发展模式。

三、创新家长学校培训

借助社会、学校和家庭多方力量，举办家校交流沙龙活动，每学年为家长举办 1 ~ 2 次心理健康教育讲座，德育课程讲座。如，为做好初小衔接，我校为初一新生家长开设了“家长朋友们，你们准备好了吗？”的讲座；如何顺利走过青春期，我们为初二家长开设了“家校共话孩子成长”的讲座；如何帮助家长克服中考焦虑期，我们为初三家长开设了“家校携手，成就理想”的讲座。帮助家长根据青春期孩子心理特点，掌握亲子沟通技巧等，促使他们有效地进行亲子沟通，科学地进行家庭教育，优化家庭教育环境，达到促进家庭教育的效果。

四、加强家校沟通互访

在发展经济、提升物质文化生活的同时，社会的竞争焦虑也无处不在；疫情的发生，对社会生活、家庭结构、个人心理都发生了冲击。充分利用互联网，强化家校共育的有效性显得尤为迫切。定期向家长推送家庭教育优秀育子经验，加大对学生身心焦虑的关注，对特殊家庭特殊学生进行走访，了解家庭实情，因生制宜，因材施教，特别的爱献给特别的家庭。并组织教师撰写教育叙事，撰写教育书籍读后心得，家长分享教育心得，学生分享成长体会，树立家校共育的典型……促使教师更新教育理念，促使家长不断更新教子观念，调整教育行为，提高教育质量。

五、深化心理健康特色教育研究

开设心理健康特色教育，心理课程每周一次走进学生课堂。进行相关课题研究，《心理教育介入学科教育的实践研究》《供给侧背景下学校家庭教育指导中心建设研究》，全体教师参与心理教育的专题培训，提升教育艺术，促进学生通过心理课的学习开始渐渐敞开心扉，慢慢走出成长的困惑，甚至和家长、老师成为朋友。

六、研发亲子团体辅导课程

亲子关系是家庭中最基本、最重要的一种关系，具有极强的情感亲密性、血缘强迫性、长期渗透性，它对孩子的身心健康与个性发展有重大影响。良好的亲子关系能够有效地促进父母和孩子之间的认识、沟通、交流和理解，直接影响孩子自我意识的建立、个性的健康发展，以及孩子的学业成绩、心理行为等问题。组织家长重拾书本，与孩子共读共写共演，举办亲子阅读、亲子运动、家庭演唱会等形式，营造出家校共育的良好氛围。

第三节 家校合作实例

家校共育课程的实施拉近了学校与家长之间的距离，增强了家校之间的沟通与信任，让家长明白了关注孩子身心健康成长的重要性，也让家长了解了学校的教育管理工作，并积极参与其中。携手同行，为孩子撑起一片蓝天，孩子们在学校和家庭的共同教育下快乐学习，健康成长，人格至善！

【实例一】

时光不语　静待花开——“感恩”主题“每月一事”

班主任　赵萍

孩子，其实你没懂爱

两年前的一天，我接到班上小李同学妈妈的电话，隔着话筒我都能感受到那位母亲的悲伤、痛苦与无奈。原来孩子的外婆摔了一跤，手臂骨折了，需要住院动手术。趁着周末，小李妈妈准备带孩子去医院看望外婆。孰知孩子竟然说：“我去干吗？看看又不能好，在医院里有医生就可以了。”听着孩子说如此冷漠的话，妈妈伤心欲绝。她说，如果让她母亲听到了，真的会气死。我知道他们是单亲家庭，孩子一直是由外婆拉扯大的，期间的辛苦就不用说了，而如今孩子竟说出如此没有良心的话，确实让人很心寒。小李妈妈说：“这孩子长成这样，是我最大的失败。现在能不能麻烦老师教育教育他，让他有颗感恩的心啊。”

面对这位妈妈的诉求，我既震惊又心痛！这样的孩子有多少？在班上普遍吗？三天，我一共打了 47 个电话。下面是我的调查结果。

对父母有感恩之心调查表

	经常有	偶尔有	很少有
人数	29	12	7
百分比	60.4%	25%	14.6%

看来，大部分孩子并没有丧失感恩意识，只是有些小小的欠缺。

其实也难怪，我们父母常常把无私的大爱，毫无保留地给了孩子，特别是孩子进了初中，面对升学的压力，他们更是把孩子的学习放在了第一位，尽管我们也经常会教育孩子，但可能也是流于形式或只是空洞的说教。这就造成了一些孩子以自我为中心，不关心他人，缺乏一颗感恩的心。我感受到了“爱的教育”的迫切与重要。于是我在班上开展了“亲近师长，感恩长辈”的“每月一事”行动。

孩子，让我们学会爱

我在感恩主题月中，注重了深度阅读、实践体验、反思提升等环节。

深度阅读，强化意义。我认为，阅读一些有意义的书籍，可以帮助孩子更好地理解感恩的内涵。阅读课上，我们把原来共读的名著放到课外读、周末读，改成共读《爱的教育》《感恩中国》，让他们边读边写阅读感悟，只要有感随时而发。班会课上，由原来单纯的教师说教，改成“我的阅读感悟”交流会。语文课上，把《父母的心》《甜甜的泥土》等课文放到了这个月来上，并联合道德与法治老师，把初二《亲近师长》也放到了这个月。在此期间，我还和几个重点孩子进行了走心交谈。

实践体验，知行合一。我觉得实践体验在感恩教育中是最为重要的一个环节，它可以使孩子的感恩思想从内心中真正激发出来。在家为父母做一些力所能及的事。如：每天做一件家务事；父母生病时悉心照顾；减轻父母经济负担，不向父母提过分要求；主动与父母沟通交流等。在校为老师、同学、班级做一些好事。

好的教育离不开家庭的参与，家庭是习惯养成最重要的“第一场所”。如果没有家庭教育的协调配合，学校教育过程中形成的良好习惯，很可能与家庭中的不良习惯抵消对冲。所以，家校合作共育，教育才能够有美好的未来。我还利用这一个月的家长会，让每个父母都给自己的孩子写一封信，说一说自己心中想对孩子说的话，诉一诉为人父母的不容易……并告诉他们：大人也是凡人，我们也有脆弱、无能为力的时候，该示弱时我们就示弱，在我们付出爱的同时，也应该引导孩子回报爱。父母们纷纷表示会配合。

时间悄然流逝，很快一个月就要过去了。周一班会课上，每个孩子都领到一封爸爸或妈妈写给自己的信，读着读着，教室里响起了此起彼伏的抽泣声，更有几个女孩子趴在桌上嘤嘤直哭。见此情景，我趁机慷慨陈词：“孩子们，我们都有一个烦人的老爸或老妈，因为当别人夸奖我们的时候，只有他们总是说我们这样不好，那样不对，唠叨个没完。可就是这个让我们最嫌烦的人，会在我们生病的时候，担心得六神无主；会在我们吃饱了，还问要不要再吃了；会在我们爱吃的菜盘上不动一下筷子；会在我们做完作业睡下后才去睡觉……所以家人就是这样的，不会天天说着动人的话，但会天天做着爱我们的事。”说着说着，我也哭了，因为我也想起了天天在家帮我做家务的老父亲和那已经中风说不了话但仍知道心疼我的老母亲。

看着讲台下一张张孩子们的泪脸，我知道这个月所做的事情已经触动了他们内心那最柔软的地方。谁说现在的孩子不懂得爱，不懂得感恩？那是因为我们大人没有教会孩子如何去爱。

反思提升，化为自觉。反思是一个人对自我的评定，它能实现“践之以行”向“持之以恒”的转变，重视习惯养成的自觉性和持久性，真正把好的习惯融入血液中。在这个月即将结束的习作课上，我让孩子们写了题为《我想悄悄对你说》的作文，写下自己的感悟和反思。这些文字让我看到了那一颗颗正在变化成长的心灵！

孩子，原来你会爱

现在，我最想讲一讲的还是那个叫小李的孩子。这次收到的是他妈妈发给我的信息，孩子变得懂道理了，改变的又何止是小李一个人呢？

不知你有过这样的感动吗？当你嗓子嘶哑了，你的桌上就会出现各种各样的润喉片、润喉糖；你有过这样的甜蜜吗？在你看班时，孩子会悄悄递过来一包饼干、一块巧克力；你有过这样的幸福吗？冬天手很冷的时候，就有孩子用他温暖的手来帮你捂手。有，这些我都有，很多很多……

特别让我记忆犹新的是那次的“密谋事件”。那是下午的一节体锻课，我照例要到教室去看一下孩子们是否都出去活动了。走到教室门口，一看，教室门紧闭。我疑惑地推开门，只见教室里漆黑一片，窗帘全部拉上，只能隐约地看到孩子们都趴在桌上。看到我进了教室，“行动！”班长一声令下，拉窗帘的拉窗帘，开灯的开灯，这时我才注意到满黑板的字。还没等我反应过来，孩子们全体起立，大喊：“妈妈，生日快乐！”霎时，我泪流满面，从来没有过过这样的生日！我想，此情此景将使我永生难忘，是我一辈子值得回味的场景！其实，当时我很奇怪孩子们怎么知道我生日的呢？原来我们学校有个暖心举措：在每个教师每年生日的时候，学校工会就会送上一只蛋糕和一束鲜花。课代表在我桌上看到蛋糕，立马向班长汇报，“密谋”了这一事件。

我坚信，一个能够懂得去孝敬自己的长辈、爱戴自己老师的孩子，他的人生之路一定会充满芬芳！

相信岁月，相信种子。“每月一事”“感恩”主题活动，让孩子们真正懂得了“感恩”“回报”！这个活动也许可以结束，但那仁慈博大的爱心，一定会在孩子心头扎下根，并会随着孩子的成长不断扩展和升腾！我会让我的孩子们，永远记住“人而不仁，如成长何”的班训，把爱深深地镌刻进他们的生命，爱父母，爱他人，爱家乡，爱祖国！

【实例二】

防疫心理辅导——学生篇

心理健康指导老师　倪金晶

宅家“心”体验

今年因为新型冠状病毒疫情，影响了我们正常开学，假期延长了，我们不得不宅在家里。于是我们有了更多的休息时间，同时也有了更多和父母相处的时间。在家相处时间久了，可能有同学跟父母吵架了，也有同学，一直在玩手机、玩平板，玩的游戏都升级了。还有同学玩得无聊了，开始特别想上学，想学习。为了满足所有人的愿望和需求，我们停课不停学，开始了网络学习。在大家还没有出生的2000年，有人写了一篇想象作文，想象到2020年，我们不用去学校，在家就可以上课。当年的想象，成了现实。大家在家学习，老师在家工作。在家学习的我做了个调查，发现同学们一直在家会遇到一些困惑，我收集到的排名前三的问题是：一是长时间宅家，心情不好，容易烦躁、跟父母发脾气。二是知道有学习任务，但是早上不想起床，不想学习，很难进入状态。三是其实我知道要好好学习，自己也很着急，就是学习效率太低了。这几个困惑你是不是也有呢?

就这几个问题，我想给大家一点建议：改变认知，调节情绪。我们在家待得时间长了，容易出现一些烦躁、易怒的情绪，这是可以理解的。适度的紧张和焦虑，并不一定是坏事，这是我们的正常反应，是我们人类的自我保护。这时候，我们需要更科学的认识病毒，病毒虽然可怕，但我们居家生活，做好防范措施，病毒其实也没有那么可怕。还有同学说，感觉焦虑，担心学习，但又提不起劲来学习。这也是可以理解的。面对这样的状况，我们现在能做些什么呢。

首先我们关注自己的情绪状况，当我们出现一些负面情绪时，接纳自己的感受，允许自己出现这样的情绪。然后我们再想一想，现在我最想做的事情是什么，最不想做的事情是什么？为什么？让我感到特别开心的事情有哪些，让我特别不开心的又有哪些？这又是为什么呢？再来想一想，这些让我不开心的事情，我能改变吗？如果是能够改变的，那么我做些什么去改变呢？如果是我不能改变的，那么我怎样想，才能够让自己开心一点呢？通过这样的思考，我们会寻找到一些解决问题的方法。我相信当我们静下心来思考，就都会有自己的收获。我们也可以通过音乐、美食等等转移注意力，调节情绪。

这样一个特殊时期，是危机，但对很多人来说，也是机会。我们经常说，假期是弯道超车的好时机。有一句话叫“不怕同学是学霸，就怕学霸过长假”，很多同学都在努力地学习着。我看新闻，有人为了学习，只能爬到山顶上去有网络的地方；有人一大早就起床早读，搬张小凳子到屋顶去学习。所以，这时候，你的机会也来了，你想好好学习开学有进步，想偷偷学个什么本领，让别人大吃一惊的机会都有了。

可能也有同学说我想做的事情太多了，太凌乱了，都不知道该怎么下手了。那我们可以从先实现一个小目标开始，我们平时学的一些列图表、思维导图等就可以派上用场了。

我们可以先列计划，包括学校老师布置的任务，自己想要做的事情，还有些以前想做但没有时间做的事情，也可以把它写上去。在列计划定目标的时候，要具体量化。比如阅读，那我们列计划时要具体到读几页书，而不仅仅是我要读书；还有我要背几个单词、做几篇阅读理解，精确到一个量化的数据，这样定的目标有助于我们去完成。不管是哪方面的目标，我们都要具体可操作，并且是切合实际的。这样的目标，才容易达成。从现阶段来说，我们的计划不宜太庞大、太遥远，时间短一点，可以一个星期一规划，具体到每一天。每天完成后，我们要看一看自己这一天的计划完成了哪些，在完成的后面打上钩。自己觉得完成的特别好的可以打五角星。没有完成的，那就打叉，并且在后面写上没有完成的原因，然后再考虑后期计划的调整。

在实施过程中，我们也要劳逸结合，我们会学习语数外等科目，但是也别忘了运动。科学研究发现，运动可以促进人体内分泌变化，大脑在运动后会产生内啡肽，内啡肽被称为快乐激素，它能让人感到愉快，帮助我们缓解压力，改善情绪。

还有的同学早上起不来，学习不容易进入状态，有点拖延，事情总想着等会儿再做。那在这里，我给大家介绍一个“5 秒法则”。很简单，我们在想做一件事情的时候，自己倒数 54321，马上行动。比如，早上不想起床的时候，闹钟响起，我们立刻倒数 54321 起床，不让自己的头脑有机会找不起床的理由。这其实也是一种仪式，起床的发起仪式。

我们经常说生活要有仪式感，过生日的时候我们想要有礼物、吃生日蛋糕。仪式会让我们觉得生活更有意义。其实学习也一样，也要有仪式感。仪式感会让我们更好地进入学习状态。首先从环境空间来说，我们可以给自己创造一个专门的学习空间，可以的话，去划分一个学习区和休息区。学习时，书房或者书桌，就是我们的学习区，上课学习，我们就在那里，而不是躺在床上学习。在我们的学习区，需要清理一下，书桌上不要有太多让我们分心的东西，可以放一些必要的学习用品，像学校里那样。如果有手机，静音或者是放在另外一个房间。当我们学习时，就进入学习区。然后，我们还要关注自己的仪容仪表，我会听到有同学说：“我已经好几天没洗头了。”甚至还有人说：“我都不洗脸，裹个睡衣，窝在床上听课，很惬意。”那效果可想而知。所以我们早上起来要洗漱好，尽量穿着一些我们平时上学穿的衣服，坐在学习区学习。这些环境上的和仪表上的改变，会有助于我们心理上的变化，从外部世界到内部世界的转化，这些会给我们积极的心理暗示：我正在进入学习状态，我正在认真的学习。

在学习之余呢，我们也可以去看看窗外的风景，发现生活中的美好，记录下来；可以在我们的同学群里跟大家一块儿交流，也可以留到开学，我们见面了，再一起分享。

愿我们在家的每一天都过得有意义。

防疫心理辅导——家长篇

心理健康指导老师 倪金晶

关爱自己 关注孩子

从放寒假新冠疫情开始，孩子们在家已经有一个多月了，我们一起经历了这个特殊的假期。可能我们还带着对疫情的紧张恐慌，却又要开始面对家里孩子的学习。不同于以往，网络学习让我们更焦虑，担心孩子在家学习的效果到底怎样。还有的家长，自己已经复工了，要做自己的工作，很忙碌，再面对孩子各种各样的事，可能就更容易焦虑烦躁了。在各种压力下，我们出现这样的情绪，都是可以理解的，是和现实匹配的正常的心理应激反应，不必过于担心、紧张。其实不是只有你这样，很多人也跟你一样，我们看到网上流行的段子图片就知道了。抗议在家，妈妈的一天，可能是在发泄情绪中度过的。而且我们跟孩子朝夕相处，刚开始是母慈子孝，父慈子孝，其乐融融。慢慢地，时间久了，特别是开始学习，作业来了，就开始出现各种状况，互看不顺眼了。我们被家里的“神兽”气得不行。

所以，在疫情之下，孩子的学业面前，我们面对压力，在照顾好孩子的同时，也要关注自己的情绪，关爱自己。我们处理好了自己的情绪，自己稳定了，也有助于孩子能安心于自己的事情和学习。所以，我们要积极面对生活中的各种事情，调整好自己的心态，怎么调整呢？我们可以改变认知，改变我们的想法。因为我们面对一件事情产生的情绪，并不是由这件事情直接引起的，更多的是我们对这件事情的态度和看法。

美国著名的心理学家提出，我们的情绪并不是由于一个事件直接引发的，而是我们对这件事的解释和看法所引起的，我们的想法影响了情绪。想法一旦发生改变，我们的情绪也会随之改变。比如说现在不能上学，孩子们在家里学习，同样面对这一件事，我们有的家长就会觉得，完了，这样学习，肯定学不好，我们家孩子肯定跟不上了，太糟糕了，那就会有很多担心和焦虑。当然有的家长可能会觉得，这样也有这样的好处，可以有自主学习的机会，有更多的时间根据自己的情况查漏补缺，以便后期更好的跟上大部队，那就会比较平静，觉得现在的安排能接受，还不错。还有的家长可能会觉得平时跟孩子交流比较少，现在正好是个亲子相处的好时机。这就是我们的不同想法，那出现的情绪肯定也是不一样的。当我们的想法改变，情绪也会改变。我们现在就可以来试一试，想一件让你觉得比较糟糕的或者很不开心让你担心焦虑的事情，你也可以写下来。再来想一想，这件事除了你一直认为的，会出现让你担心的结果以外，还有没有其他的可能呢，有没有可能其实没那么糟糕，甚至可能会出现比较好的不一样的结果呢。这样想一想，也许你会有别样的收获。我们可以用理性情绪理论调节情绪：首先，觉察并接纳自己的情绪，然后分析是什么想法引发了情绪，再改变自己不合理的认知，用适当的方法表达宣泄情绪。

除了我们的想法以外，现在还有铺天盖地的各种信息向我们袭来，可能也会影响我们。最近出镜率特别高的一个词语——自律，我们都非常认同，自律很重要，自律对一个人的影响很大，我们确实要培养孩子的自律。但是很多人又会发现，好像那个自律的、自我管理的特别好的，是别人家的孩子，自己家的孩子没那么自觉。那还有一个词叫作他律，有一部分孩子，非常的优秀，他很自觉，能够自己把所有的事情都搞定，这是我们非常羡慕的一种状态。但是，还有一部分孩子或者说很大一部分孩子，他们好像还做不到那么自律，那么自觉，这也是我们孩子的身心发展特点所决定的，青春期的孩子不可能都像成年人那样管好自己，所以大多数还是需要我们家长帮助的，需要自律加他律。在学校里上课的时候，有老师，现在让他在家，一下子靠自己就很自律，完全的自主，不太现实，这也是一个发展进步的过程，需要家长的提醒。但是因为青春期的孩子，渴望独立，情绪易冲动。如果你事无巨细的都说，会嫌你烦。我们家长也要理解孩子这样的状态，适度关注、提醒。每个家庭的孩子都不一样，自觉程度也不一样，面对不够自律的孩子，我们可以去了解他每天有些什么任务，这些任务他能不能完成，完成过程中有什么困难，这些了解了，然后适时提醒、督促，自律加上他律。在他完成得好的时候，及时鼓励。孩子长大，需要培养自律自觉，但也需要过程，放手不等于一下子就放任不管。

也有家长说，孩子青春期，不乐意跟我们交流，不想让我们管，这也是正常的，青春期的孩子，渴望独立，脱离父母，更愿意跟同伴交流。我们不强迫他跟我们交流，但我们可以寻找机会，比如学校发了体育运动方案，我们可以借着这个方案，和孩子一起运动，运动时的陪伴也是一种交流。

在日常生活中，积极关注孩子，比如我们可以每天记录孩子做得好的事，记录和孩子相处时你觉得快乐的事，跟他分享。我们也可以和孩子玩个亲子游戏，如每天家庭成员间互相写一个的优点，对孩子说说你发现的他的优势。这对于亲子关系，对于孩子成长都是有积极意义的。

任何一件事情都有两面性，新冠疫情是危机，我们也可以从中找到机会。在这个因为疫情宅家的日子，寻找一下疫情本身、宅家学习给我们带来的积极意义。也许是培养了孩子的自学能力，也许是让孩子养成了讲卫生的好习惯，也许他更懂得了珍爱生命，还有更多你能想到的……

在家的日子，我们更要照顾好自己，关爱自己，适度关注孩子，积极沟通，培养孩子的自律，发现孩子的优势。

【实例三】

居家时光我们共成长

1703班班主任　赵萍

那天早上7点刚过，接到班上晋坤妈妈打来的电话。接通电话就听到她焦急的声音：“赵老师，你说这孩子现在到底怎么办呀？我今天开始上班了，昨天答应得好好的，今天跟我去单位的，现在叫他走又死活不同意了。他一个人在家我实在不放心，手机、电脑没法控制呀。马上要中考了，怎么一点都不急的，我倒是要急死了。”说完就在电话那头抽泣起来。我知道肯定刚才家中发生了一场“战争”。

这是一个典型的焦虑型妈妈，急躁、啰唆是她最大的特点。这个假期因为疫情而延长，家长和孩子长时间地待在家里，家长、孩子“两看相厌”，许多矛盾就免不了爆发出来。今天这个妈妈的“求助”，正是家长和孩子之间的沟通存在着种种问题而产生的矛盾体现。其实家长和孩子之间矛盾的产生，最大的原因是他们都各自从自身的角度出发考虑问题。家长因为马上要中考了，而现在又不能进行正常学校教学，所以他们觉得孩子在家更应该好好学习，最好一天到晚都在看网课、写作业、背书。孩子呢，他们想我在家又要看网课，又要写作业，七门功课轮番下来累得要命，现在又不能出去玩，我稍微玩一会手机、电脑，看会儿电视又怎么啦。于是家庭之战随机爆发。

想到这里我赶紧劝她：“你不要着急，更别难过。我先问你一个问题，你没上班在家时，孩子一天到晚做些什么？他经常抱着手机玩吗？”她说：“这倒没有，作业每天都是准时提交的。”“单是每天完成各科作业也要花不少的时间吧？我知道平时你们根本不需要孩子做任何家务的，那孩子一天下来除了学习，能做什么呢？假如你是你儿子，一天到晚就做学习这件事，你受得了吗？并且现在又是特殊时期，又不能出去逛逛商场、看看电影、游游公园，只能待在家里，他适当地玩一下手机，看一下电视不是很正常的吗？不能要求他一天到晚学习，要疯掉的呀。”听我说完这段话，她喃喃地说：“这倒也是，我只是想怎么能玩手机，不学习呢，这样中考怎么考得好呢？从没想过让他放松一下。”

见她有所悟，我补充道：“当然，玩手机也要有个度。那天我开班会课已经和孩子们说过了，可以学习一段时间后适当玩一会的，或聊聊天，或打打小游戏，或看看小说、小视频，但一定要有个度。不如用手机定个闹钟，注意最多可以玩一个小时，闹铃一响就必须放下，不能再玩。可能孩子不一定完全自律，这时你就要督促、提醒他，注意语气要柔和，好好说。另外，你完全可以让孩子干些家务，譬如吃完饭洗洗碗，或教孩子烧一个他喜欢吃的菜。别以为孩子只要学习，这些基本的生活能力也是需要的。”“赵老师，我懂了，是我自己太着急。”我继续叮嘱说：“还有一个，他不肯跟你去单位，也能理解，他那么大了，还跟你去你单位，他也怕别人笑他的呀，不要总想着他不想去就想在家偷着玩。至于你不放心，你可以叫爷爷奶奶来家里，叫他们随时向你汇报他在家干什么，你不就能掌握他在家的动向了吗？没什么好焦虑的。”

“哎呀，赵老师，和你说说我现在心中好受多了。我知道怎么弄了。”这时我明显觉得她的情绪稳定了不少，语调也轻快多了。

其实，像晋坤妈妈这样的家长又何止一个呢。因为这场特殊的疫情，孩子们无法正常去学校学习，现又面对即将到来的中考，家长们焦虑是很正常的事，但一味地发火、怒吼不仅不会起到作用，有时反而会降低家长的权威和威严，倒不如慢下性子，静下心来。首先，当与孩子意见不一致时，不能强势，应该多从孩子的角度考虑问题，设身处地地想想，从心底里感同身受理解他们，就不会那么容易发火了，并且试着柔和些，尽量不唠叨；其次，在关于电子产品使用上，和孩子约法三章，规定好时间，执行规矩时立场要坚定，不可轻易动摇、妥协，当然自己也要以身作则，不可在孩子学习时，自己却玩得不亦乐乎；最后，好好珍惜这段和孩子相处较长的时光，将来要找那么长的时间想和孩子在一起也不可能了，所以尽量找一些可以和孩子互动的事，促进与孩子的和谐关系。例如，一起和孩子下下棋、打打乒乓球等，做一些亲子间的运动，或者和孩子共同做个家务，一起包馄饨，教孩子做个拿手菜，一起打扫房间，等等。

我想在家校共育这条道路上，我们要走的路还很长，就让我们和孩子一起成长吧！

让我变成你

1703班徐学生家长

开学的日子过去了一天又一天，初三的家长内心是抗拒的，莫名开始焦躁。一节又一节的网课，一份又一份的作业，一次又一次的打卡，越来越近的中考，越来越不踏实的孩子，越来越剑拔弩张的亲子关系……终于在他又问我要手机放松一下时，我的“火山”彻底爆发，我俩像站在鸿沟的两岸，无法靠近。他急火火地嚷道：“你又不是我，你怎么知道我怎么想的？”

是的，我的确不知道他怎么想的。站在我的角度，中考在即，如果此时已经开学，正是全力冲刺的阶段。现在因为疫情宅在家里，就一样要绷紧神经。我不知他怎么想的，写一会儿作业，要找家里的金毛狗玩一会儿；网课学习结束，还要趴在电脑上看一下搞笑的视频。时间啊，不等你啊！可我好像从来没有从他的角度想过事情，他为什么要这样做？他的心里是怎么想的？

一、让我和你一起学

与其焦躁，不如放松神经找点事做。他用电脑听网课，我用手机悄悄听。化学教的是新课，讲课的老师思路清晰，讲得通俗易懂，一堂课下来，我也听明白了什么是“复分解反应”，顺手还记了几条方程式，就当在练字。他听完课，照例又要“开小灶”，看他的百度视频去了。我诚恳地拿着本子去请教他，方程式是怎么配平的？为什么有些物质在一起不好反应？他惊讶地看着我，眼神里在说：“你问这个干吗？”但“好为人师”的心理作祟，他还是耐心地给我讲了一遍，讲到自己有点说不清的地方，他竟回头到网课里快退再听一遍，然后告诉我。哈哈，我的目的达到了，也许今天你给我讲，明天我又忘了；但今天你给我讲，你自己又巩固了一遍。只要你好好学，一切都是值得的。

班主任赵老师直播班会课啦！《居家学习，我能行！》在这样的时期，这样的课，正是一场甘霖！他把书桌收拾得整整齐齐，正襟危坐，凝神静听。我怎会错过这么好的学习机会，手机听起来。在这特殊的时期，如何学习，如何调整心态，如何科学居家，赵老师奉献了好多中肯适用的“干货”。听完课，他兴冲冲地跑过来，告诉我：“赵老师说的，居家学习要劳逸结合！”我笑着说：“我知道了。我还知道得更多。”

二、让我陪你一起玩

又一天作业提交完毕，他疾步冲下楼找他的金毛去了。他骑着自行车满小院转圈，狗子在后面追得不亦乐乎。我拿起跳绳，让他和狗子拔河，一人一狗都累得气喘吁吁，这何尝不是锻炼呢？转变自己的想法，去接受，去认同，生活里就少一点鸡飞狗跳。

你爱看视频，可以，我也去看。你说你喜欢看《千与千寻》。可以，我把宫崎骏的动画看一个遍，筛选下来，推荐给你，最温馨的《借东西的小人阿莉埃蒂》，最动人的《天空之城》，最幸福的《侧耳倾听》，最好看的还是《龙猫》。写完作业，看一些优秀的视频，放松心情，陶冶性情，其实真是不错的。

三、让我变成你

当我和你一起学，陪你一起玩时，我真的能感受到你的感受。一直紧绷的神经需要放松，才能有下一次更专注的投入。但距离中考的时间真的不多，待到春暖花开，相聚东洲校园，你将面临一场怎样的拼搏？这段宅家的日子，让我变成你，了解你的心情，明白你的感受，共学习，同快乐，一起为冲刺的日子助跑！

给儿子的一封信

儿子：

昨天和你走在回家的路上，突然发现我穿着高跟鞋也已经比你矮了。天空飘着蒙蒙细雨，你把我的帽子扣上，倔强而潇洒地在雨中漫步，我一边坚持着老母亲的唠叨，一边悄悄感慨着你的长大。

短短两年半时间，你从在回家途中津津乐道食堂饭菜的孩子，成长为自律、有责任感的少年。在这条成长的路上，并不都是阳光，你跌跌撞撞往前走，哭过也痛过；作为老母亲的我，在身后默默注视着你，心疼却无助。幸运的是，在这个美好温暖的校园里，你遇到了懂你的老师，引领着你，也带领着我一起成长。

还记得初二的那段时间，你突然变成了一个我从来不曾认识的敏感脆弱却又脾气恶劣的“怪物”。你说我不理解你，每天紧闭房门拒绝沟通。我不知所措，常常泪流满面。在无可奈何犹豫再三之下，我找到了你的班主任。让我没有想到的是，一向以严肃著称的孙老师居然有如此细腻的一面！他默默地观察着你，不着痕迹给你以引导，他说，相信你能听得懂，因为这是你们之间的默契。在那一刻，我理解了为什么你即便很少和我交流，但说到学校的老师们总是眉飞色舞；在那一刻，我很惭愧，作为母亲，我实在是太过简单粗暴；在那一刻，我也很感动，因为有一群人像我一样的爱着你。

我仿若一个小学生，细细地学习如何与青春期的男孩相处。努力克制自己的焦虑，用放松、另样的眼光去打量你；常与老师们沟通，在恰当的时候，给你鼓励，成为你的同盟军。我更多地发现了你身上的美好，逐渐的，你的房门也不再紧闭，散步时愿意让我挽着你，愿意和我分享学校的趣事。

今天站在这里，掰掰手指，初中时光只剩下半年了，我非常欣慰地看到你的努力，你可以为了啃下一道题思考到后半夜，但是我想告诉你，与任何东西相比，我永远都会选择你的健康，爱护好身体才会有更多的可能。

再往后算，我能够每天陪伴你的时间也不过就三年多，走进大学，走向社会，未来你还会碰到各种各样的波折，承受付出或许却没有收获。我希望你学会宽容。宽容别人，宽容自己，尽力便无憾。

我希望你今后不论走到哪里，都不要忘记在你人生的每一个阶段爱过你的人。

最后我想告诉你：儿子，在父母的目光里，你的每一步都将是我们生命里最好的回忆。

爱你的妈妈

2019 年 12 月 19 日

【实例四】东洲中学社会劳动教育综合实践活动案例

劳动铸就美好　汗水绽放青春

一、目的和意义

党的十九大提出教育以立德树人为根本任务，“立德树人”即通过教育树立品德、培养人才，帮助学生形成正确的世界观、人生观和价值观。劳动教育作为五育的重要组成部分，劳动可以强健体魄，同时促进智力的发展、品德的养成，劳动教育实质涵盖了五育内容，是五育融合育人的最好途径，是培养全面发展的人的基本要求和重要保障。

二、内容和对象

金秋的阳光温馨恬静，金秋的微风和煦轻柔，金秋的蓝天白云飘逸，金秋的田野遍地金黄，溢满了收获、成熟的气息，跳跃着育人的音符。我校抓住了美妙的契机，带领孩子们走出课堂，放眼广阔的田野，感受秋天的浓烈氛围，体验劳动的充实喜悦，开展了以“生态·生活·生命”为主题的户外劳动体验活动。活动分为五个篇章进行，分别是：《开营篇——一粥一饭，当思来之不易。珍惜粮食，你我践行》《劳动篇——运粮大赛、“扁担过河”“不怕远征难”等竞技赛，体验秋收的喜悦》、《实践篇——古法做豆腐、农耕体验（挖红薯）等》《拓展篇——激情动力圈、神笔马良、世界球之重走长征路、极速60秒等》《起航篇——闭营总结》。通过此次活动让学生在“体”——快乐而专注投入的体验项目；“验”——记忆与呈现体验中的各种现象；“思”——引导参与者思考这些现象背后的动机；“考”——带动一起改善措施与行动计划。

三、程序和方法

1. 活动前准备

为确保活动顺利开展，学生能有所收获，我校政教处在活动前两周对本次活动的研学基地（都市玫瑰园）进行了考察，共同商量本次体验活动的项目，初步制订出活动方案、突发事件处置预案。活动前一周组织召开了参加本次活动年级的班主任和家委会代表会议，共同商讨本次活动的相关方案，并提出修改的建议，政教处及时将相关建议反馈给研学基地的负责人，重新修改相关方案，力求达到活动的实效性。活动前三天，再次召开班主任和带队老师会议，布置本次活动的相关工作。

（1）班主任

活动前：活动前一天下午第四节课各班组织召开班会课，解读本次活动方案和突发事件处置预案。进行安全教育、礼仪教育。同时选好每个团队的小组长。

将本次活动的《告家长一封信》由学生带给家长，要求家长与孩子共读此信，家长按照此信要求对孩子进行安全教育，并带好活动所需物品和食品，收齐回执交年级部主任处。统计好本班由于身体原因缺席学生的名单，于当天连同请假条一起交活动总负责人。

活动过程中：时刻注意学生旅途的安全。采用多种方式教育学生自觉遵守乘车、参观和活动纪律，要求学生不得独自行动或自由结伴擅自离队，有事及时向老师汇报。教育学生做到上下车和行走不打闹推挤，防滑倒和摔跤等意外伤害。车在行驶中不得将头、手伸出窗外，不得在车内来回走动，不得使用水果刀。不可在湖面或水边游玩。每次集合准备出发时，负责点名核对学生人数，确保学生安全。指导学生乘车礼仪、观赏礼仪、活动礼仪，关注学生各项活动，进行研究性学习活动指导。带好班级学生名单、家长和活动领导小组成员的联系方式，一旦发生意外事件，立即以最快的方法将所发生的安全事故情况上报学校领导小组并及时处理（校医或景点医务室第一时间救治受伤学生、情况严重马上由班主任及活动负责人陪同送医院并联系家长）。

活动结束后：学生到教室后，组织学生交流本次的活动收获。安排学生撰写本次活动的感受，字数500—800字左右。每班做好本次活动的宣传美篇。

（2）带队老师

全程参与活动组织管理，协助班主任负责本班学生的活动、休息、安全等事项，认真做好组织管理工作。活动期间关注学生情况，不聚集闲聊，学生活动范围要在带班老师的视线范围内。准时出发，准时返校。拍摄精彩的活动照片，及时共享，做好活动的宣传工作。

（3）学生

全程配合教练，认真参与活动，有所收获。践行“八礼四仪”文明礼仪。合理着装，健康饮食，积极活动，安全行走，环保节俭。做环保小卫士，每个同学带好放垃圾的袋子，用完餐后的垃圾装进垃圾袋，扔进统一的垃圾筒。注意安全、文明乘车、认真参加，争做礼仪小达人。

2. 活动内容安排

时间	活动安排
08：00–08：30	学校集合，整理队伍，乘坐大巴车往海门都市玫瑰园综合实践基地
08：30–9：30	开营篇： 进场、整队、互动问好、介绍活动安排、分组团队组建； 领导致辞、热身互动：在体验教育指导师的带领下进行热身互动；
9：30–10：30	《劳动篇——运粮大赛、“扁担过河”“不怕远征难”等竞技赛，体验秋收的喜悦》
10：30–11：30	《实践篇——古法做豆腐、农耕体验等》
11：30–13：00	午餐时间，以班级为单位在指定地点用餐（践行光盘行动，珍惜粮食）；休息
13：00–15：00	1.《拓展篇——激情动力圈》挑战团队协调、奋力拼搏精神 2.《拓展篇——神笔马良》合理规划，统筹安排，挑战团队协作 3.《拓展篇——世界球之重走长征路》回顾历史传承革命精神，挑战团队协作
13：00–15：00	4.《拓展篇——极速60秒》挑战团队协作，沟通协调、增进团队意识
15：00–16：00	《起航篇——闭营总结》返程

四、效果和影响

1. 开营篇——珍惜粮食，你我践行

一粥一饭，当思来之不易。孩子们在劳动实践中深刻理解了“谁知盘中餐，粒粒皆辛苦”的时代内涵，感悟饭菜从农田到餐桌的来之不易，一粒米凝聚着多少辛勤劳动，促使学生在实践中养成热爱劳动的习惯，学会劳动，学会节约。珍惜粮食，在实践中得真知。

2. 劳动篇——花样竞技，尝秋收乐

孩子们走出教室，走进自然，践行劳作。通过运粮大赛、“扁担过河”“不怕远征难”等竞技赛，孩子们体验到了秋收的喜悦。孩子们亲手从新翻的泥土中挖出了红薯，有的往衣服上用力擦拭一下，送至嘴边，咬出了清脆的声响，甘甜沁胸。第一次见到独轮推车吧，如何把独轮车推稳，大家在摸索中总结方法，经过带队老师的点拨，原来需要控制好车的重心，顿时深感物理的有用性。那摇晃着的运送杂草远去的背影美丽极了，也快乐极了。

3. 实践篇——叹古人智慧，扬中华文化

实践篇中，古法做豆腐、农耕体验等项目，让孩子们感悟到了质朴农具背后蕴含的中华农耕文化，也惊叹古代劳动人民的智慧。你来放豆，我来淋水，他便握住木柄轻轻推动，那溜溜的豆子与泉水交融于石磨下，流淌出那淳朴的味道，一旁的孩子们忍不住用手指从盆里沾上尝一尝，新鲜，甘醇，仿佛已经品尝到了那白白嫩嫩的豆腐，让人涎水直流。如何让推动石磨的力更小，长长的木柄体现了古代劳动人民的智慧，让大家感悟到科学的力量从古至今不断延续中。

4. 拓展篇——凝心聚力，熔炼团队

“激情动力圈”，挑战团队协调，奋力拼搏精神。四个班级为一组，不断挑战自己的极限，一到四班动力“1314”下，五到八班也不甘示弱“1315”……后来居上，超越“2000”，手心即使磨出了水泡，脸上依旧不改坚定而明媚的笑容。“神笔马良”，合理规划，统筹安排、挑战团队协作；“世界球之重走长征路”，回顾历史传承革命精神，挑战团队协作；“极速 60 秒”，挑战团队协作，沟通协调、增进团队意识。

5. 起航篇——闭营总结，青春起航

劳动铸就美好，汗水绽放青春。通过本次丰富的社会实践活动，孩子们在亲身体验中进行学习、积累和丰富实践经验，增强了学生的集体意识、合作意识和荣誉意识，培养他们的与人相处、礼仪常识、观察力、创造力等。东洲学子必定用行动让青春无悔，以拼搏令未来辉煌。

五、学生经验和体会

精彩活动喜人心——玫瑰园之旅侧记

黄昀琦

东洲中学1911班十三日电 东洲中学初二全体师生玫瑰园一日游，活动内容丰富多彩，让人流连忘返。

上午7：55，我们乘着大巴欢快地向目的地——玫瑰园驶去，一路上，车内欢声笑语，洋溢着满满的热情与活力。

经过20分钟的颠簸，我们来到了玫瑰园，这里虽显荒凉，但乡村田园味儿十足，我们一下子就喜欢上了这儿。来到临时搭建的舞台，首先教练员让我们自由点歌，我们聆听着狂热的歌曲，心中的热情抑制不住地爆发了。在教练员的带领下，全体师生彻底嗨翻了天。紧接着是学生节目表演，我们班女生首当其冲，为大家献上了舞蹈《你笑起来真好看》，赢得了全场热烈的掌声。最后压轴节目是九班陈亚楠同学的街舞，成功俘获大片人心。

此前均为热身活动，正式活动现在才开始。

首先，我们开展了“过河搭桥”这一活动，女生们聚集在一起商量对策。经过两轮赛前热身后，完美证明了此套方案的成功。在最后的总决赛中，我们班全体同学齐心协力，分工合作，再创佳绩，成功夺得桂冠。翻牌活动也是精彩纷呈，此活动锻炼的是同学之间的语言沟通能力，表达能力，以及团结协作能力。

下午的活动在中午休息后缓缓拉开了序幕。“动力绳”活动开始。9—12班分别站到大圈和小圈上，拉紧绳子，准备摇圈。各班班长各显神威，制定目标：2500下、3600下、5000下……真是雄心勃勃。我们得知上午最好的一组为1315个，我们立刻下定决心打破纪录，争做第一。随着音乐声逐渐激昂，我们摇得越发起劲。1000，1100，1200，1300，1320！我们达到了教练员给我们定的目标，但我们没有就此打住，依然咬牙坚持，1400、1600、1900、2000、2100、2113！由于时间问题，我们最终在2113下停下。我想只要大家团结协作，坚持下来，奇迹就会发生。

最后是最贴近生活的“除草，挖红薯”活动，我们班的男生已经把除草活动承包了。他们用铁耙，一个劲儿扒着野草，用小推车一次一次地运出去，不过在他们手中“小推车”已然变成了“小飞车”。

挖红薯则成了我们女生的活，没有铁锹，我们只能用手刨，遇到一些“拼命抵抗”的，必须几个人齐心协力一同去刨。最终功夫不负有心人，在大家的合作下，我们挖到了大约三斤的红薯，但由于数量限制，只能把多余的红薯（大约二斤半）“放生”。

此次活动，毕生难忘。想必大家已经注意到，“合作”是此报道中出现次数最多的一个词。是的，生活中处处需合作，只有合作，才能双赢。

学校劳动教育，“家校社”协同育人。通过“校园劳动”“家务劳动”“社会实践劳动”等多维度建设、多层次引导学生树立正确的劳动观、让校园里充满着浓郁的劳动氛围，让每一个孩子都能在劳动中遇见最美的自己。

第九章

“情智教育”的成效与展望

东洲人深耕“情智教育”，从“智慧管理”走向“情智治理”，从“情智课堂”奔向“情智课程”；“立德树人”“完美教室”再出发；五育并举，丰富人生底色；情智课程齐开花，知识与生活、生长、生命深刻共鸣；“情智教学”走向“情智教育”，涵育“情智文化”。

第一节 实践成效

一、改变了师生教学与生活的行走方式

围绕“情智教育”，以“课题”研究带动“课堂、课程”变革，建设学校体育馆、教育文化中心、“融创”中心、艺术中心、学科实验室、功能教室、开放书吧等，创设适合学生学习的真实情境，释放孩子的天性，为学生提供亲身经历与体验的机会，学会学习、健康生活。学生的学业质量和学业水平，得到教育主管部门的一致好评，获得家长百姓的好口碑。笔试成绩不优秀的学生，也能找到自己的一技之长，发现自己的优势潜能所在，进而提升学习情感内动力，在省内外各类比赛展演中都能看到东洲师生的身影。

带动教师走上自我成长之路。团队成员感觉到，只有“做”出来、“说”出来、“写”下来、“研”出来、“改”出来、“发”出来，亲身经历了，才会有工作意外的惊喜和收获，才会体验到教师的职业幸福！

老师们拿到用稿通知书、获职称晋升喜讯而奔走告知的情景；展示

课获好评而神态飞扬瞬间；学生课堂积极参与思维的神态；学生中传出“小陆哥哥”“阿正哥哥”老师好评……做学生喜欢的老师！教师走出了一般的工作流程，除了上课、备课、批作业，同时养成了“教学即研究”的行为习惯。情智教育实践研究，带动了全校教师深入课堂变革，深层研发课程，演绎情智教育。学校 228 名教师中，有 130 多名教师收获了专业人才的各类荣誉称号。其中，物理教师姜栋强获得“江苏省教育家型教师”培养称号，数学教师穆金勇、英语教师盛春花获得“江苏省卓越教师”培养称号、物理教师陈钰获得“南通市卓越教师”培养称号……

二、扩大了学校办学的影响力

学校持续稳步高位走强，获得社会百姓的好口碑，成为当地初中教育的品牌，江苏初中教育的一面旗帜。

1. 获得各类荣誉

获评全国实施素质教育先进学校、全国百强特色学校、全国青少年科普基地、江苏省教育工作先进学校、江苏省文明校园、江苏省教师发展示范基地学校、江苏省 STEM 教育项目优秀学校、江苏省心理教育特色示范学校、江苏省“融物理”课程建设基地学校、江苏省青少年科学调查体验“最佳活动学校”、江苏省物理教学优秀基地、江苏省教学管理创新学校、江苏省最具影响力初中、南通市“课改样板学校”、南通市初中物理优秀学科基地……

2. 承办各级活动

承办了全国新教育年会、开放周活动，承办了江苏省“初中物理教师优课比赛及观摩活动”、江苏省青少年科技比赛、全国课堂教学创新博览会、南通市“分层走班”研讨会、南通市德育活动研讨会……

每学期承办南通市初中物理学科基地活动，展示情智物理示范课，专家点评指导、主题报告。滕玉英南通市中青年名师工作室送教下乡、传帮结对、同课异构，课堂的不断打磨、展示、反思、总结、再实践等系列活动的开展，有效促进了情智课堂的价值提升与影响辐射。

三、催生学校文化

情智课堂的理念催生了学校的“情智教育”文化，演绎着新教育“过一种幸福完整的教育生活”、让学校成为汇聚美好事物的中心。“运动让生命更阳光；文学让生命更丰润；科学让生命更睿智，艺术让生命更灵动；实践让生命更精彩，仪式让生命更神圣……”丰富学校课程，促进初中学生健康发展，实现“知识、生活与生命的深刻共鸣！”成为全体教师的共识。让孩子成长为最好的自己，提高教育质量，成为教师的文化自觉。

每年 12 月 19 日，是我们东洲的校庆日。在这个辞旧迎新的冬日，师生共同登上绚丽舞台，载歌载舞，汇报一年的教育成果。

2020 年 12 月 18 日晚上，东洲中学建校三十三周年情智教育成果展暨第六届科技节闭幕式在校体育馆隆重举行。海门区教体局副局长倪强先生，全国劳动模范曾嬿女士，东洲中学教育管理集团师生代表及全体东洲中学师生、家长代表共同参与了这一盛会。

首先由校学生合唱队、1911 班同学、校舞蹈队、校武术队表演的歌舞《少年中国说》拉开了盛典的序幕，唱响东洲学子的家国情怀。歌声振奋人心，武术气势磅礴，将现场气氛烘托得热烈而欢快。

英语学科部演绎《情融东洲》，以朗诵、歌曲、武术、舞蹈等丰富多样的形式，倾诉对东洲的热爱，吐露对教育的执着；政史地心劳学科部带来的歌舞串烧《青春的记忆》，让学生感受到老师们青春的活力和火红的热情；数学学科部的节目《厉害了，东洲数学组》，以三句半表演的形式融合歌舞表演，欢快的节奏，将全场师生的热情点燃；艺体学科部带来的《乘风破浪艺术组》更是以活泼欢快的曲调和轻快灵动的舞姿把全场气氛推向了高潮。

有一道光，是科学之光、神奇之光、智慧之光。物化生信息学科部的老师们拿着实验仪器登上了舞台，立刻抓住了全场观众的目光。“东洲龙”、火、光、雾……舞台光怪陆离，有趣的化学、物理实验，加以表演老师与学生的现场互动，赢得掌声不断。神奇的化学反应、物理光现象让学生感受到了科学的神奇魅力。

语文学科部的《经典育情智　古风颂东洲》，用琴声与歌声、书法与吟诵，把古典名著搬上舞台，精彩演绎了东洲语文人的情怀和智慧。

全国劳动模范、东洲中学杰出毕业生之一曾嫣女士动情回忆23年前在东洲的学习生活。她说笨鸟先行，行行出状元，磨炼心志，勇于创新，定会圆梦，诠释了东洲人不懈奋进，勇于拼搏的精神风貌，也深深激励了在场的东洲学子。

美轮美奂的背景之下，学生表演更是精彩纷呈，舞者翩跹，《鸿雁》南飞；歌声悠扬，《贝加尔湖畔》……令人身临其境，流连忘返。学生才艺尽显：萨克斯、钢琴、古筝等器乐表演不一而足；舞蹈、大合唱、课本剧、诗朗诵、武术表演百花齐放。

本次活动的所有节目由东洲中学的师生利用课余时间自编自导自演，充分体现了东洲中学“教师有专长，学生有特长”的办学特色。这是东洲在“情智教育”理念浇灌下开出的集“人文、艺术、体育、科学”融合育人之花，既提升了学生的审美雅趣，又凸显了师生的幸福成长。

“让教育情怀落地，让教育美好发生，让教育幸福成真！”“相信岁月，相信种子。”相信每一个东洲人都可以蝶舞翩跹！今天，我们龙吟虎啸、歌舞喧腾庆丰收；明日，我们一马当先、勇立潮头续写传奇。

四、带动了集团成员学校的整体发展

2013年始，学校每年承办集团校、市联盟校、省初中科研联盟校之间的交流研讨活动。2014年始，通过江苏省初中物理课改论坛、长三角校长培训班、京苏粤校长培训班、全国初中物理工作室联盟活动、全国新教育开放日活动等，“情智物理”研究成果推广至省内外，得到大家的广泛认同，且在省内外兄弟学校实践应用。集团成员校、省内外友好学校在“情智教育”理念引领下，整体办学水平得到相应提高。

1. 集团成员学校——海门经济技术开发区中学“真文化”建设

开发区中学校长何陈(原来是东洲中学副校长),在介绍学校“真文化”建设中讲到:

在海门教育这片热土上，一直都有这样一个温暖而强大的存在——东洲教育管理文化，她似一位母亲，用潜移默化的心理教育、高屋建瓴的智慧管理,入情入心的情智教育哺育滋养出一个庞大的东洲教育体系。她用她先进的理念、人文的关怀、深层的浸润引领了一大波新兴学校的成长。在东洲文化的辐射下，位于海门东城城郊接合部的海门经济技术开发区中学如一张年轻的教育名片，用“真文化”谱写出一曲奋进之歌、豪迈之歌、胜利之歌。

说起海门经济技术开发区中学，它其实与东洲中学有着非常深厚的渊源。2006 年 4 月学校并入东洲中学，成为其中一个校区，东洲教育集团总校先后委派徐智谭校长、何陈校长主持学校日常工作，他们同时把东洲人的精神与血肉融入开发区中学的文化建设中去。如今十五年过去，开发区中学蒸蒸日上，进步显著，成为老百姓心中响当当的口碑学校。

2016 年 9 月何陈校长临危受命，来到开发区中学，他与教师总说，开发区中学是一个有梦想的学校，每一个教师、每一个学生都有自己的梦想，我要做的事就是让这些梦想开花、结果，让所有的师生都收获到教育的幸福和快乐。何陈校长邀请集团总校校长滕玉英女士多次来校作《情智教育理念引领学校管理创新》阶段成果报告，邀请吴勇主任为全校师生作《让校园文化在展示中生辉》的报告，经过不断的求索、论证，东洲情智文化带给何校长极大灵感，何校长提出打造“真文化”校园文化品牌建设的具体思路，在原有“学做真人”校训的基础之上，进行校园文化的再判断与再校正，积极、主动地去解释文化内涵，构建文化范式。

（1）推进认真管理。

毛泽东曾指出：“世界上最怕‘认真’二字，共产党就最讲认真”。因此，校长的“认真管理”是学校“真文化”的基本前提。包括学校全员教育思想的认真管理、从师生角度完善学校制度并建立落实机制的认真管理和营造师生健康成长环境的认真管理。

目标 + 常规。目标管理是基本的管理策略。不论是年轻教师，还是中老年教师，都要有奋斗成长的目标。要求年轻教师“一年打基础，两年就入门，三年成骨干”；中老年教师要克服职业倦怠，决不能“未老先衰”。

常规好，教育教学的质量就高。进一步突出校长督查、中层导护、教师值班三层次管理模式，把班主任、教研组长、年级组长置于学校管理中的骨干地位，尤其要让年级组长、教研组长真正成为管理领路人、学科带头人、质量把关人。

底线 + 榜样。学校要求所有教职工要拥有规矩意识，遵守师德基本要求。表扬是从底线中涌现出来的优秀者。这些优秀者就是“榜样”。用榜样激励新的榜样，身边的榜样更有力量。每年的“夸夸身边的好同事”、评选“年度十大感动开中人物”总是带给师生无尽的引领与激励。

伙伴 + 搭台。给教师搭建施展才能的舞台，让其在失败中反思，在困难中磨炼，并最终品尝成功的喜悦。近五年来，学校一级教师、高级教师评审通过率稳居高位，各级各类骨干评审亦是捷报频传。

（2）开设顶真课堂。

学校提出“分层教学”的课改要求，强势推进，不容置疑。全体教师深入研究分层教学，不断优化理想课堂，完善学校课程体系，追求最适合的教育，使每一个学生学有所得，身心得到和谐发展。“分层教学的实质就是顶真课堂”。“顶真”就在于充分了解学生的学情差异，分清层次；在于充分利用好课堂教学时间，尝试进行分层指导，包括提问分层、作业分层、评分分层。而且经过试验探讨并结合开发区中学学生实际，确定了初一年级抓好“习惯的改变”和各类社团分层走班教学；初二初三年级数学、物理两门学科，主要进行复习课和习题课的走班教学。

（3）铸就率真教师。

“真文化”建设的主体、主导、主人是教师。“率真教师”的锻造追求以下特质。

做一个追梦人。教师不能囿于寝室、教室、办公室“三点一线”的一天又一天重复着昨天劳作的怪圈中，应该有有所作为、大有作为的理想抱负；应该有教书育人、为人师表的使命担当；应该使自己平凡而短暂的人生成为一株丰姿独特的希望风景树；应该像星星那样划出自己的亮点。

做一个爱阅读的人。没有阅读就没有教育，没有教师的阅读，很难点燃学生阅读的欲望。因此，教师应该成为一个爱阅读的人，成为一个阅读的点灯人，成为一个阅读的榜样。让“率真教师”形象更佳，气质更雅，教育教学水平更高！

做一个拓展生命长、宽、高的人。“率真教师”必须是一个拓展生命长、宽、高的人。首先，以人为本，立德树人，面向全体学生，面向学生的每个方向，做学生的人生导师，做学生的“重要他人”。其次，要立身、立德、立功、立言。以人格陶冶人格，以关爱激发关爱，以责任带动责任，带着理念进课堂，基于研究搞教育，成为教育的开发者、反思者、建设者和文化之脉的传承者、开拓者。再次，要内外兼修，发展自我。既要博学，又要儒雅；既要和悦，又要和蔼，成就学生的同时，也成就自己，使自己生命的长、宽、高不断拓展！

（4）培养纯真少年。

培养纯真少年首先要找准立足点。只有认识孩子、尊重孩子、保护孩子，才能把“本真”还给孩子。“纯真少年”有哪些“本真”呢？三句话——“犯错是少年的权利”“贪玩是少年的天性”“个性是少年的未来”。我们应该善于抓住学生的错误，让孩子在错误中学习，让孩子在犯错中成长，让孩子在挫折中坚强。学生的个性化发展，是学生立足未来的需要。通过分层教学，让使他们各美其美。

其次是狠抓着力点。注重培养学习品质和习惯。“管好自己就能飞”，学生自我约束和控制能力提高了，就能合理安排自己学习时间，制订学习计划，能自己进行预习和复习，能自己发现问题与解决问题甚至表达相关成果，能与同伴合作交流探讨，能自己梳理知识并形成知识体系。注重培养好奇心、求知欲和问题意识；注重保护和发展学生多方面的兴趣、特长，培养学生的思维能力和表达能力。

再次，增强拓展点。通过家校合作共育，发挥学校、家庭、社区的聚合力，变无微不至为有微不至，变喋喋不休为循循善诱，不断提高少年学生晴朗心空的幸福指数。

（5）打造寻真课程。

在保证开足开齐国家课程的基础上，依据学校实际，规划和开发富有学校特色的校本课程。这些课程命名为“寻真课程”，总体目标促使学生全面而有个性地发展。着眼于学校教育主阵地的课堂教学式范研究，践行有效分层教学。着眼于课外拓展性课程和兴趣性课程的社团课程研究，开展综合实践活动，引领创新个体成长。

相信在“真文化”的浸润下，海门经济技术开发区中学一定会放飞新的希望，书写海门初中教育新的传奇！

2. 集团成员校——海门区正余初级中学“多元阅读”课程文化建设

正余初中是一所乡镇初中，校长李晋是一位很爱阅读、很有思想、坚守乡村的校长。2017 年 4 月，依托东洲集团总校优质的教育品牌和全力支持，正余初级中学申报的《“多元阅读”课程的开发建设》在全省 46 家参评单位中脱颖而出，以第二名的优异成绩顺利通过评审答辩，被确立为 2017 年江苏省中小学课程基地建设项目，获专项经费 34 万元。

李晋校长常乐道学校的阅读课程特色文化，《给孩子一生最好的礼物》，他讲到：

（1）给“阅读”一处空间。

教室就像一个微型图书馆。每个班都做到两个“有”：一是“有书可读”。人均藏书至少 10 册，多多益善；二是“有书爱读”。每个学生都拥有属于自己的一格书柜，书柜里摆放的，是他们从家里带过来的、自己最喜欢的书籍。课桌上、窗台上，图书随处可见，触手可及。

图书馆是校园里最具吸引力的地方。2018 年 6 月，学校点点书吧“诞生”——取名“点点”，寓意“每天读书一点点”。在这里，如学生所愿，有地毯、窗帘、空调，有吧台、吧桌、吧椅，有花草绿植，有咖啡机、果汁鼎……还添置了触摸教学一体机、自助借还书机及馆员工作站等智能化设备，全天候、全书架开放，学生可以自由出入、自助借还。

（2）给“阅读”一段时间。

不论春夏秋冬，每天 12：20 之前，为学校“法定”的午读时间。当然，读什么，怎么读，学校是不规定的。我们倡导自由阅读、无压力阅读，也就是不指定阅读内容，不布置阅读任务，不与考试发生关系。午读的时候，可以伴随着舒缓的轻音乐，教室里，空气中，弥漫着的是安静的气息，流淌着的是手指摩挲书页的声音。

1901 班班主任李鉴秀老师，他喜欢和学生共读。共读过程中，他发现，学生们热爱读书的兴趣变得持久。“你读，他读，我也读”是一种氛围，尤其是对阅读兴趣不那么大的学生而言，班主任在教室里的示范阅读，具有强大的磁力……当学生看到老师手里和自己手里捧着同一本书的时候，心理上的暗示与接近，会让他们读起来更带劲……

还有读书之外的收获。比如，在每次的交流分享过程中，学生的表达力和沟通力也得到锻炼——有些学生第一次站上讲台并且发表了自己的观点，有的小组为做出精美的 PPT 而争得不可开交……

最欣喜的是，我发现自己和学生之间的距离拉近了，我们会有很多共同的话题，可谓共同读书，共同成长。如果没有这个师生共读，可能去年我也少读了四本书，而那些午读时间可能也被我浪费了。

师生共读，师生就有了共同的语言密码，就不会成为“同一屋檐下的陌生人”。

除了午读，我们还设置了“悦读”课程，即整本书阅读课。做到两个“固定”：一是固定时间，每周 1 课时，列入课表；二是固定地点，阅读课都在“悦读社”进行。形成三种基本课型，对应三个教学目标——

阅读指导课，旨在让学生有书会读。导读激趣，勾起学生读的欲望；策略指导，教会学生如何阅读一本书、如何写读书笔记；

阅读思维课，旨在让学生有书善读。必读书目是要考的，既然绕不开考试，那我们就直面考试——名著阅读，中考是怎么考的？考查内容和方式，给我们的整本书阅读教学有什么启示？

阅读分享课，主要通过表演、朗诵、竞猜、设计“人物名片”、绘制“故事地图”等多样的形式，旨在让学生有书乐读——之所以叫“悦读”课程，是因为，只有让学生体验到阅读的乐趣，他们才会有阅读的兴趣。

2019年起，从“悦读课程”衍生出“阅读+”课程，试图进一步引导学生深度阅读必读书目，努力让读的整本书“活起来”。

阅读+写作。主要有故事改写、结尾续写等。比如王菊平老师，在《海底两万里》这本书的教学中,她让学生以阿龙纳斯的口吻写信给他的好友，介绍尼摩船长。

阅读+播音。学校晨钟广播台每周三中午定时开播，其中一个栏目是“把书读出来”——每次请两位学生，配乐朗读必读书目中自己最喜欢的段落。

阅读+表演。围绕必读书目，结合读书节和艺术节，开展读书知识抢答比赛和课本剧表演。

（3）给“阅读”一点自由。

学校买两种书。一种是学生“想要读”的书。要真正点燃学生的阅读兴趣，就要让他们有选择“读什么”的自由。每学期，以班为单位，让学生自开书单，然后学校审核、统一购买。还有一种是学生“应该读”的书。尊重儿童，但是，尊重不等于引导缺位——为每一个儿童寻找到此时此刻最适合的阅读书籍，引导他们与人类的崇高精神对话，不仅是必要的，而且是必需的，也是我们一以贯之的努力！新教育研制的中国中小学学生基础阅读书目以及统编版语文必读书目和推荐书目，学校都配齐了。同时，那些经过岁月淘洗的中外经典，常见的，学校也配足了。

（4）给“阅读”一丝约束。

每天大课间，学校都有一个诗词诵读仪式。

诗词是能够修心的，也是能够给予我们力量的，失意、消极、迷茫的时候，也许一首诗，一首词，就照亮了我们的灰暗世界。最初的基本思路是：每学期确定一个主题，围绕主题，挖掘唐诗宋词、中外诗歌中对应的经典篇目，长短适宜，每周两首，每次指定一个班级领诵，流程是“赏析、范读、领诵、齐诵”。

有个语文老师提出，我们是不是不要做加法？教材里的诗词都堪称经典，考试也要考的，能把那些诗词先记住，已经善莫大焉。放弃教材，另起炉灶，不是让学生又多了一层负担？大家觉得她言之有理，于是改变了做法，背诵的诗词以教材为主，仅做少量补充。

（5）给“阅读”一个舞台。

学校每学期举办一次校园读书节，每次历时一个月。活动项目有跳蚤书市、读书知识现场抢答、“你点我背”中华好诗词大赛，以及汉字听写大赛等（由于活动多，课本剧表演就放在了艺术节）。活动的策划和组织，我们努力向三重境界无限靠近：一是娱乐性，能吸引学生参与，让学生觉得挺好玩的，从而让学生觉得读书是蛮有意思的；二是知识性，通过参与，能让学生增益智慧——不仅仅是有意思的，也是有意义的；三是激励性，能激发学生背诗词、读经典的欲望，达到“多角度‘刺激’学生多读书、读好书”的目的。可以说，每次读书节，都是学生的狂欢节。我相信，在“狂欢”中，我们的学生也一定在“静悄悄地”成长。

（6）给“阅读”一份动力。

学校以诺贝尔文学奖获得者莫言的名字设立了一个奖叫“莫言奖”，每年度评选出三位“好读书，读书好”的榜样学生。“门槛”要求：年阅读量在200万字以上，是校园读书节的活跃分子，当年度至少有2篇作品在市级以上报刊发表或获奖。进了“门”，再由评委会现场考核和综合评审，评选出最优秀的前三位学生；年终举办颁奖大会，向获得者颁发定制的水晶奖杯和价值500元的书券。“莫言奖”的设立，对部分学生产生了一定的激励作用。虽然我们没能让每个孩子都喜欢上读书，但毕竟还是有不少学生成了“书痴”。

阅读一本好书，就是点亮一盏心灯。因为相信，所以执着。李晋校长带领团队，以阅读课程特色文化，撬动师生成长，学校发展，现成为海门乡镇学校中的一面旗帜。

五、发挥名校长工作室示范辐射作用

1. 提升了工作室成员校长自身的专业化发展水平

各位校长成员轮流走进各个学校，以问题、项目为导向，开展研究，提升了各自的办学水平，促进了专业发展。

陆振华校长所在的江阴初级中学近三年被评为“全国校园足球特色学校”“江苏省教育科研先进集体”“江苏省少先队工作先进集体”“江苏省体育特色学校”。

徐小明校长近三年荣获市语文学科带头人、市师德标兵、市教育教学先进个人。所在的淮阴区仇桥中学获得了教育部国防教育特色学校、教育部校园足球特色学校。被纳入江苏省教育家型校长创新培育对象。

张松涛校长，立足农村23年，被评为南通市学科带头人；获省乡村骨干教师优秀课评比一等奖第一名；被评为如皋市“‘比贡献、创业绩’十佳模范党员教师”，三年连续被评为如皋市优秀校长。

王燕校长的常州实验初中以高分顺利通过了常州市局属学校第四轮主动发展规划的总结性评估暨第五轮规划的论证。她本人也被评为“龙城十佳校长”。

2. 发挥了工作室成员的示范引领辐射作用

工作室成员大多成立自己所在区域的名校长工作室，更好引领带动周边区域校长办学水平整体提升。

陆振华同志因突出的工作成绩被组织任命为江阴教育局副局长，在更大的区域舞台上发挥自己教育领导力。李丹校长因学校管理能力强，成绩突出，调任苏州高中副校长。杨军校长作为人才引进，现任职于南京市扬子第一中学。陈从体校长，作为省人大代表，因杰出的工作贡献，被属地教育局作为救火队长，哪里有困难就让他上。张松涛校长联谊活动，带动了周边学校的发展，搬经镇三所学校现在均为如皋农村学校的明星。2020年该同志被任命为磨头镇教育管理中心校长，负责全镇8所学校的教育教学管理工作，发挥更大的作用。曹旭校长2019年6月为陕西佳县教育代表团做《办一所温暖而幸福的学校》专题讲座，2019年12月为徐州教育代表团做新时代教师担当专题讲座，主持的省级课题《基于跟进式学习诊断的课前课后学情分析与策略研究》和市级课题《农村学校智慧校园建设研究》均已结题并获市教科院一等奖。

3. 工作室成员校长形成了各校特色鲜明的学校文化

潘金城校长所在的扬中市外国语中学，形成“以人为本、和谐发展”的办学理念和“做最好的自己”的校训。《中国教育报》以“深耕‘一核双翼’GBR 课程”为题报道该校办学特色（2019.11.27）。张松涛校长立足乡土，注重学校内涵提升，打造的“臻实”校园文化，多次获南通政法委领导赞扬。孙为国校长的射阳县长荡初级中学以“长善厚德、惠风骀荡”的办学宗旨，进一步丰富学校“善智”文化的内涵和外延，引领师生弘扬善文化，提升大格局，催生大智慧。石峰校长的江都区吴桥中学以“学为中心，儿童立场”为学校管理的教育理念，在此基础之上实践并提炼出“尚美教育”的理念，曾在专题报道学校“尚美教育”的管理等方面取得成绩。徐正晔校长推行的“石韵”德育课堂、“思源”教师讲坛、“湫水”师生随笔集、“湫风管理”每周集锦、“五环三案”课堂学习模式成为了南京溧水教育对外开放的品牌。工作室的任务和目标达成度远远超过工作室成立初期的预期。

第二节 未来展望

一、人工智能时代更需要爱的时代

国兴贵在教育。近年来，中央国务院相继出台了很多关于教育的一系列重要文件。国家现代化，首先需要教育现代化，需要学校教育的现代化，需要教育人的现代化。我们教育人理所当然要响应国家号召，责任担当，立足中国国情，采取本土智慧行动，“五育”并举，立德树人，培养德智体美劳全面发展的社会主义建设者和接班人。

面向未来的教育，需要培养智商、情商，更要培养爱商。机器只有芯片，人类才有伟大的爱心，人工智能时代更是需要爱的时代。教育缘于爱心，贵于责任心，成于有善心。教育顺应时代发展，更需要我们深化教育改革，人的情智与人工智能融合统整，做新时代的新教育，培养学生正确的价值观，适应社会发展和个人发展的必备品格和关键能力。

人工智能可以代替教师批改作业，互联网可以帮助回答问题，但是教师对学生的关爱，对学生思想、价值观的洞察和引导是机器无法取代的。过去，教师是靠教授知识获得价值；未来，教师要靠引导价值赢得尊重。过去是以制造为中心，未来以创造为中心。创新、创造、创意是人与机器的区别所在。未来孩子在学校不只是学知识，还从艺术中体验到创意和想象力，从运动当中学会尊重包容，学会团队合作，学会责任意识，学会面对失败、面对挫折，学会在冲突中解决问题。今天的学校教育要顾虑的东西很多，要教育孩子们怎么去面对未来的许多不确定性，怎么去面对危险、面对问题。

现代化的学校教育，走向高质量、高品质，要让我们的孩子有全球视野，家国情怀。共建人类命运共同体，要学会尊重，学会学习，学会包容，让我们中华民族更强盛，让世界变得更加和平、更加可持续、更加绿色！

二、五育融合，深耕情智教育

“情智教育”，是学校教育三十多年来的实践感悟，从混沌萌芽、感性认识，行动探索，逐步走向理性思考、深入研究，再回到实践探索，深入、深化的发展追求。一路走来，我逐渐明白，做教师，做校长，做学校，做教育，实质都是在做“人”的工作，是“转识成慧”、修炼自我、“自觉觉人”的过程；做教育，做人的教育，是让人成为人，成为社会人的教育，是让人“成人之真、成人之善、成人之美”的教育行动。

“情智教育”，它是唤醒人的内在美与崇高的价值追求，与遵循外在教育发展规律和人的认知发展规律相融合进行的教育行动。“情智教育”，它不只是一种钟情于做自己从事教师职业的专业态度、专业能力，更是一种肩负国家使命，育人责任、勇于担当的专业精神。

“教天下人事，育生命自觉。”“天命谓之性，率性为之道，修道谓之教。”“大学之道，在明明德，在亲民，在止于至善。”“学问之道无它，求其放心而已矣！”“天地人合一、心脑力合一、做学思合一。”“行动就有收获；坚持就有奇迹。”

面对未来，我和我的团队知道，在前行的路上还有很多问题和困惑，但我们做好了担当使命的准备。面对教师队伍老龄化问题，面对学校设备的更新换代资金问题，面对集团城乡一体化建设，面对来自不同家庭背景个性特殊的问题学生，面对学校课程实施时空调配、质量提升工程，面对突如其来的疫情问题，还有很多我们来不及意料的不确定问题。面对学校“双减”工作、“五项管理”，有很多棘手问题，我们做好思想准备，做好心理准备，在教育部、省、市、区各级领导专家和导师的亲切指导、热心帮助下，我们继续不回避问题，发现问题，诊断问题，科学研究，精准施策，团队合作，坚持与奋进，在“情、理、智、道、法”中寻找解决路径。面对当下“五育”的“不平衡、不充分、不联系”问题，我立志和团队成员继续基于“融物理”经验的“学科融合育人”实践研究，永远做“情智教学”“情智教育”的攀登者、享受者！和志同道合的教育人一起，己立立人，己达达人，立德树人，做好初中教育奠基工程。

尊重人性，做“心脑力”一体的生命教育；尊重理性，做“家校社”一体的智慧教育；尊重超越性，做“身家国”一体的铸魂教育。让校园成为汇聚美好事物的中心，师生共同度过“情智交融、情浓智涌，情智共生、人格至善”的美好校园生活！

参考文献

[1] 斯图尔特·克雷纳 . 管理百年 [M]. 闾佳译 . 北京：中国人民大学出版社，2013.

[2] 苏霍姆林斯基 . 帕夫雷什中学 [M]. 赵玮译 . 北京：教育科学出版社，1983.

[3] 胡晓风，金成林等 . 陶行知教育文集 [M]. 成都：四川教育出版社，2005.

[4] 李醒民 . 科学的文化意蕴 [M]. 北京：高等教育出版社，2007.

[5] 朱小蔓 . 情感教育论纲 [M]. 北京：人民教育出版社，2007.

[6] 周国平 . 人文精神的哲学思考 [M]. 武汉：长江文艺出版社，2014.

[7] 钟启泉 . 课程的逻辑 [M]. 上海：华东师范大学出版社，2008.

[8] 阿尔弗雷德 · 阿德勒 . 儿童的人格教育 [M]. 田颖萍译 . 北京：台海出版社，2016.

[9] 杨仲耆，申先甲 . 物理学思想史 [M]. 长沙：湖南教育出版社 ,1993.

[10] 李政涛 . 重建教师的精神宇宙 [M]. 上海：华东师范大学出版社，2014.

[11] 佐藤学 . 静悄悄的革命 [M]. 李季湄译 . 长春：长春出版社，2003.

[12] 马克斯 · 范梅南 . 教育的情调 [M]. 北京：教育科学出版社，2019.

[13] 李吉林 . 情境教育的诗篇 [M]. 北京：高等教育出版社，2004.

[14] 成尚荣 . 核心素养的中国表达 [M]. 上海：华东师范大学出版社，2017.

[15] 朱永新 . 新教育 [M]. 桂林：漓江出版社，2009.

[16] 朱永新 . 未来学校 [M]. 北京：中信出版集团，2019.

[17] 刘铁芳 . 什么是好的教育 [M]. 北京：高等教育出版社，2014.

[18] 滕玉英 . 初中情智物理教学探索 [M]. 南京：江苏凤凰科学技术出版社，2016.

中国中小学名师名校长领航工程丛书

课程涵育学校精神气质

严忠俊◎著

中国出版集团
世界图书出版公司

丛书序

我在不久前发表于《中国教育报》的一篇文章中提到：必须高度重视我国教育本土实践与智慧的深度研究，这可能是中国教育转型的关键，也是增强教育自信的必由之路。这里摘引其中的几段。

何为“本土”？自然指向的是中国本土，它是中国的，是中华民族的，是在中国教育自身的实践中产生的。但今天的本土，又不是纯粹的孤悬于世界教育文明之外的“孤岛”。近代以来，国门大开，中外交流包括教育的交往从未中断，而且越来越有深度，也越来越融通。因此，可以说，在全球经济一体化的今天，偌大的中国，无论怎样的教育实践和思想，都像今天的中美经济贸易一样，你中有我，我中有你，所以这里的本土应该是指发生在中国大地上却又融汇了全球教育智慧的本土实践，是在实践中产生的智慧。研究本土教育，弘扬本土教育的实践智慧、经验，绝不意味着我们对于他国教育理论和实践的拒绝和对抗。

事实上，许多年来，随着教育部中小学名校长、名教师领航工程的陆续启动，一批又一批原本散落、尘封、不为外人所熟知的教育实践成功的学校、校长和教师典型，经由国家工程的推动，越来越快地成长、发展和成熟。笔者参与教育部中小学名校长领航工程，以江苏基地首席专家的身份，与来自全国15个省市自治区的教育家型校长“互学共进”，见证了他们在一流理论和实践导师的专业引领下自身成长和学校发展的

"蜕变"过程，深感与最为杰出的教育人结伴而行，乃人生至乐，且真正可以教学相长。感受最深的是代表我国现阶段最高水平、最高层次的精英校长，他们在长期的教育和学校管理实践中，在长期广泛学习、借鉴、研究、融会贯通、将世界优秀的教育理论与我国教育实际相结合的过程中，不断地"立功、立德"，成就越来越多的教育辉煌，其中有很多校长已经或者正在形成富于本土教育特色和个性的教育思想。

这样成功的本土实践、这种在本土实践中成长起来的中国教育智慧，对于教育改革的深化，对于教育转型，其借鉴意义和价值深远，一点也不亚于西方教育成功的理论和模式；甚或，因为其同源性、可行性，就显得更加重要。对之视而不见或者置若罔闻，这要么是崇洋媚外的劣根作祟，要么是功利导致的无知和漠视。

到2021年9月中旬，教育部第二期教育家型校长培养工程圆满结业，中国已经培养出近180位教育家型校长。而随着时光流逝，他们中的越来越多的人都将淡出教育的主流场域，这虽然是新陈代谢的规律所致，但对于这一批校长，在这样一个黄金时段，如何最大限度地发挥他们的作用和功能，更好地实现在教育变革中的意义和价值，对此我们又有多少考虑，又有多少顶层设计呢？

作为曾经伴随着他们"走过这一段路"的培养者，作为亲眼见证和感受着他们的优秀、卓越和创造了一方教育辉煌的专家，每每想到这些，只有扼腕叹息，我无法要求国内的教育专家学者转换视角、转变观念，把研究的重点瞄向本土、本土真正杰出的教育实践家、中国一流的教育家型校长群体，也无法突破一般政策的规定，比如校长任职年龄的限制，充分发挥这些领航校长的智慧和才干，不断创造办学和教育的奇迹，引领一方教育顺利转型。我可以做的，或者说力能胜任的，大概就只能是重点关注这些校长中的一部分，调动多方专家力量，如实地呈现他们有关教育的功、德、言，呈现他们的研究成果和创造成果。

这套《中国中小学名师名校长领航工程丛书》正是要通过这些校长

自身成长的轨迹梳理、学校发展的过程回放，通过对其经验与理念、理性思考与实践智慧的展示，特别是通过他们教育思想、管理个性与办学风格的真实表达，以理性开启思维，以经验启迪思想，以成功激励成功，为面广量大的校长人群提供资源帮助，经验参照和方法启迪，推动正行进在改革现实、加快转型、探索未来教育的他们突破、超越，从而为加速建设教育强国、科技强国、人才强国贡献智慧和力量。

不仅如此，通过这种原汁原味的成功样本的“实录”，展示中国基础教育转型期一批勇敢者不息探求的历史，为未来国内有志于中国基础教育研究的专家提供第一手的最真实的素材和资源。也衷心希望越来越多的教育同仁参与进来，开展越来越多、越来越丰富的研究，取得越来越多、越来越厚重的成果。

当中国本土的教育实践智慧被越来越多的教育人、研究者深度关注，当本土教育家型校长和校长教育家的办学思想、成果的研究终于成为“显学”，我国教育改革的深化、教育转型的发展，就进入了花香郁郁、生机勃勃、自信满满的崭新阶段。

本丛书的组织、编写和出版，得到了教育部“国培计划”专家工作组秘书长黄桂珍、领航工程项目办郭磊主任、国教院培训学院于维涛、领航工程北京基地首席专家胡淑云、领航工程广东基地首席专家龚孝华等的大力支持，他们给予本书以较高的评价，在此深表感谢。必须要提到的是，2020 年，北京教育学院校长、培训学院院长胡淑云教授邀我和广东第二师范学院龚孝华教授一同参与了中国教育学会重点课题“从名校长到教育家型校长发展路径研究”，本丛书恰恰是围绕这一课题所做的“研究三人行”之成果了。

严华银

2022 年 2 月星期日于南京老山竹下居

目 录

contents

第一章

教育即发展

第一节　发展：永恒的主题

2001 年，为响应教育部“在有条件的地方尽可能实现初高中分离办学”的号召，浙江省湖州市教育局把原湖州四中、湖州八中、湖州十二中三所学校的高中部剥离出来，组合成了湖州十五中，2004 年 4 月更名为“浙江省吴兴高级中学”，2005 年 8 月，湖州市织里中学并入。建校之初，这是一所不被看好的学校，当时的学校占地 23 亩，有 30 个班，1500 多学生。校园里只有一幢教学楼，一幢行政楼，一条 200 米的跑道，每次开运动会都要到人民广场去借场地，办学硬件老旧乏新……尤其是生源比较差，中考录取分数在市直属学校中是最低的。而且三校合并之初，工作不满五年的青年教师占了一半以上。就是在这样的条件下，应运而生的吴兴高级中学如初生的孩童般迈出蹒跚的脚步，踏上了不寻常的成长之路。

教育家陶行知先生曾说过，“天下事物，合则为强，分则为弱”，先生的教导，至今仍有深刻的现实意义。然而，在中国的教育界，久已存在一种现象：中学合并难发展。由几所学校合并组建的中学，往往因为师资和生源的复杂，很难整合成一所学校应有的凝聚力。学校的发展，自然也成为一大难题。

初建的吴兴高级中学同样存在先天的不足。学校内部的融合、领导班子的组建、师资队伍的协调……放在面前的是一个又一个的现实难题。《孙子兵法》云："取法其上，得其中；取法其中，得其下；取法其下，则得其下下。"令人欣慰的是，学校成立之初我们确定了宏大的愿景——创办一流的学校、实现一流的质量、培育一流的人才。在这一目标的指引下，短短5个月我们便走完了从筹建、招生到开学的过程，用最短的时间跨出前行的第一步；耗费4年时间，实现了从旧校址向现代化新学校的搬迁，完成了硬件设施的一场革命，迎来新的发展契机；而从一所普通高中升格为省一级重点中学，我们只花了6年时间。同样的发展历程，省内的兄弟学校大都需要十多年甚至数十年。短短10年，我们赢得了省市主管部门的认可和好评，更赢得了家长学生的信赖和口碑，让更多学生在家门口享受到了优质的高中教育，帮助他们跨入了理想的大学。吴高的发展和崛起，得益于"教育即发展"的办学思想、雄厚的师资队伍、严谨科学的管理体系和永不止步的追求。

被评为省一级重点中学以后，2008年，我提出了"三个转移"的新目标。即"传统管理向现代管理转移；规模发展向内涵发展转移；争创名校向成为名校转移"，坚持走内涵发展之路。"三个转移"相辅相成。现代管理是手段，内涵发展是关键，成为名校是目标，有效的管理，能促进内涵发展，内涵发展了，更能促使管理有效，二者的相互作用，一定会促使学校成为名副其实的名校。但"转移"不同于"转变"，是一个渐变的过程，“转移”让我们有了起点，也有了方向，“转移”也要求我们承上启下开展工作，一切从实际出发，实事求是，把握好稳定与发展的关系，在稳定中求发展，在发展中促稳定。

学校管理的境界有三个层次：第一个层次，让教师把事情做规范（小教师）；第二个层次，让教师成为该职位上的专家（能教师）；第三个层次，让教师感受到工作是一种生命历程，感受到生命因工作而快乐（好教师）。实践“三个转移”，就是要追求“第三个层次”的管理境界，让越来越多的吴高教师，感受到在学校是快乐的，工作是快乐的，生命的每一天都是快乐的。

在教学管理方面，我们特别研制了《星级教研组创建标准》和《学科教学常规标准化方案》。制定教研组长、备课组长和教师个人在教研组建设中成果评价标准，利用激励因素，突出团队性，将个人荣誉纳入教研组评估，形成评价制度。评价制度中基础分由教学常规、队伍建设、教学质量三部分组成，奖励分由以团队建设、教学质量、辐射引领三部分组成。按比例设置五星、四星、三星。各教研组按照创建标准先自评，并向领导小组申报相应等级，经复评后确定星级标准。加强教研组标准化建设，旨在规范教研组活动，调动教师工作积极性，增强集体创优意识。二轮课改期间，构建了独具特色的“一体两翼”博才教育课程体系，2014 年 12 月我校率先被评为浙江省一级普通高中特色示范学校。

党的十八届五中全会，通过了“十三五”发展规划的建议，提出了必须坚持“创新发展、协调发展、绿色发展、开放发展、共享发展”五大发展理念，如何用五大发展理念指导好学校教育改革发展，有着十分重要的现实意义和深远的历史意义。

作为一个教育工作者，我认为当今社会是一个飞速发展的社会，是知识、经济、文化、网络一体化的时代，对知识的更新和人才的需求与日俱增，我们要建成小康社会，实现“中国梦”，需要的是大量的创新型和复合型人才，而我们当前的教育由于受制于考试指挥棒的左右，始终走不出“应试教育”的怪圈，培养的学生知识结构单一，实践能力和创新精神等综合素质缺乏。

要改变我们教育的现状，必须贯彻“创新发展、协调发展、绿色发展、开放发展、共享发展”五大发展理念，把五大发展理念贯穿于整个教育过程的始终，坚持不懈地推动学校教育改革，促进学校教育创新协调发展。

第一以创新发展激发教育活力。要积极推进学校优质特色发展，探索适应新高考、学考机制的高中教育教学管理体制改革和机制创新。浙江的新考改给普通高中带来了全新挑战：传统的教学秩序被打破，课表怎么排？走班教学怎么“走”？教室不够怎么办？教师是否具有开发选修课程的能力？综合素质评价档案如何记录？因学生选择导致的师资需求波动性的“潮汐现象”如何解决？没有了平行的教学班，如何评价教师的教学质量……这些需要以创新发展的理念去面对。无论是教育结构还是培养模式，无论是教学内容还是教学方式，相对于经济社会发展对人才的巨大需求。这些都需要我们充分发扬创新精神，在教育观念、教育体制机制、内容方式等方面进行改革。

第二以协调发展优化教育结构。我们更关注的是教育内部的协调发展，要求我们必须尊重教育规律，尊重人的发展规律和人才培养的规律。要进一步确立以人为本的教育观念，既要关注师生长远发展利益，也要关注师生眼前的发展需求；正确处理学生升学这个眼前利益与学生长远发展后劲和学生全面素养提升的关系，正确处理教师眼前的物质利益需求与教师长远价值实现的关系，正确处理学校发展近期目标与长远规划的关系，真正把学校办成教师辛勤耕耘的乐园，学生健康成长的沃土。

第三以绿色发展引领教育风尚。以绿色发展引领教育风尚，就是回到教育的本原上去思考教育面临的问题，实现教育和经济社会之间的良性互动，化解内部矛盾，优化外部环境，最终促进教育的健康、和谐与可持续发展。我们要遵循教育教学规律和学生身心发展规律，全面实施素质教育。离开了对教育规律的研究与尊重，无法真正实现教育目标，也不可能全面实施素质教育。只有按照规律办学、按规律育人，走绿色发展的道路，用绿色发展理念，才可能实现每一个人的精彩发展，才有教育系统的“青山绿水”。

第四以开放发展拓展教育资源。实现教育开放发展，涉及教育内外诸多方面，既有扩大教育系统内部的开放共享，使校校协同、要以开放的视野看问题，我们可以面向社会招聘兼职教师，向家长开放，聘请学有所长的家长到学校开设选修课程；向专业协会开放，面向各类专业协会聘用教师；面向社会开放，聘请各类技术人员到学校组建工作室；面向网络开放，以“互联网 +”的思路，充分发挥优质教育资源的平等共享作用……充分利用素质教育基地、公益场馆和乡镇、村、街道社区资源，广泛开展各类社会实践活动，让学生多接触社会，参与实践，亲近工农。

第五以共享发展促进教育公平。教育的共享发展，要解决的其实是社会公平正义问题。我们讲的“提高教育质量”，是对所有学校和受教育者而言的，促进公平是提高质量的内在要求。共享发展就是要分好蛋糕，让人民共享教育改革发展的成果，让每个孩子都能接受公平的、有质量的教育，使全体人民在教育改革发展中有更多的获得感，让人民享有公平的教育权利，经历平等的教育过程，获得公平的教育结果。

第二节　校长：学校发展的灵魂

一个好校长首先是一个好老师。“学会教学是一辈子的事。”这是我教育生涯中始终奉行不悖的工作格言。32 岁破格晋升为中学高级教师，36 岁成为省物理特级教师，2010 年被评为浙江省功勋教师，2017 年又荣升为中小学正高级教师，我的个人成长史，可以说是一名教师自我规划、自我教育、自我发展的样本。

1986 年浙师大毕业后，我被分配到浙江省湖州中学任教，这所百年名校为我提供了广阔的舞台，无形之中也给了我巨大的压力，但我要做一名一流的物理教师。于是，我努力在课程智慧、教学智慧、管理智慧、人格魅力、思考习惯五个方面修炼自己。教是为了不教，授人以鱼，不如授人以渔。为此，我一直在学习、在探索，及时记录教学实践中的疑惑、思考、解决路径及启示，并整理成论文发表。经过坚持不懈的努力，我逐步形成并完善了自己“深入浅出”的教学风格，教学成绩优秀，教学科研成果显著，得到了学生、家长、学校和社会的高度认可。从湖州中学的普通教师到年级组长，再到教务处主任，升为校长助理，最后成为教学副校长，在教育的多个岗位上，我也积累了最宝贵的一线管理经验。

几十年的一线教师生涯，让我对教师的职业充满了感情，也对学校的发展积累了专业而现实的思考。

2001年，我接受湖州教育局的任命，成为湖州第十五中学（2004年6月改名吴兴高级中学）的校长，当时只有38岁。我国著名教育家陶行知曾经说过："校长是一个学校的灵魂，要想评论一个学校，先要评论他的校长。"从某种意义上来说，校长的思路决定了学校的出路，校长的办学思想决定了学校的文化品位，校长的管理能力影响着学校的发展前景。为了挑起这副重担，我多方请教，见贤思齐，阅读了许多教育管理类的书籍。学校要发展，必须遵循教师第一和学生第一这一"双主体"理念。从学校管理和学校发展上看，教师第一；从教育活动的出发点和目的来看，学生第一。

我认定，无论基础设施和生源条件如何，任何一所学校想要可持续发展，教师才是最核心的竞争力。"教师第一"是强调对教师的培养先行。因为任何好的教育思想依赖于好的教师去传播、落实。新生的吴兴高级中学要想走出合并学校的困境，实现快速发展，必须建设一支师德高尚、业务精良的高素质教师队伍。然而，当时三所学校的教师水平参差不齐，教师自身的学习意识不强，怎样才能扭转这种不利的局面呢？我不禁想起了自己从青年教师、教坛新秀成长为教学明星、特级教师的历程。"教师是学校最大的财富"，"走教科研之路，是教师发展的最大捷径"。建校初我们针对学校青年教师多，教师教育思想、教学能力参差不齐的情况，决定实施青年教师"135"校本培训工程，以此为平台，实施全员培训。两年后，我们申报省规划课题《普通高中青年教师校本培训的实践与研究》，用科研的严谨态度、用理性的高度来指导青年教师的校本培训。四年后，我们形成完整的教师校本培训体系，并让培训工作常态化、正规化。通过校本培训，青年教师成长周期缩短，骨干教师的可持续力增强，教师在省市级教科研活动中的影响力增大，学生与家长的满意率提高。

每个教师都有自己的教育哲学。它缄默不语，但植根于教师的心灵深处。它就是那只看不见的手，决定着每一堂课的风格和质量。个体的教育哲学构建，有赖于教师批判意识的觉醒和反思能力的提高，取决于对教育问题作深入的哲学思考。学者肖川认为：教师的职业是一种专业，它包括专业眼光、专业品质、专业技能。因此，教师从新手到专家的过程是教师专业化成长过程。而教师劳动的特殊性、复杂性、创造性决定了教师的专业发展要靠实践性知识的不断丰富、实践智慧的不断提升。吴高的快速崛起，得益于一直持续地抓教师队伍建设，作为学校特色的“135 工程”和“青年骨干教师校本培训工程” 和“名师培养工程”让不同层次的教师都获得了再学习的机会，让每一个教师在专业化的道路上不断发展。

“学生第一”是强调学校的一切教育活动、教师的一切教育行为必须以学生为出发点，并最终成就学生的健康成长。我校的办学理念是“以人为本，促进成长”。作为一所高中学校，高考的鞭策力很强很大，追求知识、提高分数、提高升学率是目前大背景下的必修课。作为校长，我必须把它上好、完成好。但我知道：知识不等于力量，知识需要与人格、能力整合后才能转化为力量。因此，我觉得：负责任的高中教育既要对高考要考的知识负责，又要对高考考不出的人格负责。在多年的管理实践中，我们逐渐找到了一条有效的、有特色的德育路径。发展学生是有方向的、有目的的、有载体的。我校以红十字活动为载体，把学校德育、校园文化和红十字“人道、博爱、奉献”的精神结合起来，建立完整的校本课程体系。从特色项目到学校特色，再到特色学校，我们选择了一条独具吴高特色的内涵发展之路。

著名学者周国平说过：“人生中最值得追求的东西，就是我们应该让学生得到的东西。从哲学上来说，用一个词来概括就是幸福。人要有精神境界，幸福最高的境界就是享受幸福的能力。从这点来讲，教育最重要的目的就是让人的精神能力能健康地生长。”在我理解，生长就是发展。教育即生长，教育即发展。成功的教育就在于对人的潜质的不断发掘与引导自我调整，能帮助人学会认识自我、精准定位，找准前进目标，锲而不舍的为之奋斗，并在其发展的过程中不断培养精神、提升素质、积累知识、彰显个性，从而全面发展，自然而然地走向圆满。

做校长，办教育，一定要以促进学生发展、教师发展、学校发展为己任。我从 2001 年任校长以来，坚持“教育即发展”的理念，立足现实，高站位、深思考，基于学校、教师、学生的发展，合理布局学校的发展架构，提升学校管理水平。学会当校长是一辈子的事情，让我们且学、且思、且行！

第三节　教育即发展

何为教育？古今中外有多少哲学家、教育家对此思考、建树理论。“有为”与“无为”之争，“天赋说”与“白板说”之辩，“外在形塑”与“内在生发”之论……如此种种，皆着力洞悉教育的规律与成长的智慧。

中国教育家陶行知的教育思想对当代中国影响很大，他师从杜威，因此，追根溯源，杜威的教育思想在中国得到广泛关注与深入研究。大家推崇杜威思想：“教育即生活”“教育即生长”“教育即经验的改组或改造”，与此同时，也有人批评杜威把有机体的生长等同于人的生长，诟病“生长”一词具有歧义，因为生长有正向与负向，而教育应该只朝着正向去。

在我看来，杜威思想最可贵之处在于：尊重儿童、顺应规律、引导发展。这些可贵内核都值得我们大胆拿来！在学习先贤的基础上，以拿来主义的态度，同时规避语言的歧义，我提出：“教育即发展”。

在汉语体系里，“发”与“展”都有开展、张开、扩大的意思。在哲学里，“发展”是一种变化，是指积极的、上升的、前进的变化，是新事物的产生旧事物的灭亡，是不断地告别旧我迎接新我的变化。

教育即发展，就是以教育为手段，遵循儿童成长规律，激发学生个体内在的发展力，实现学生永续的发展。具体而言，就是学校教育以学生为发展对象，以人内在的发展力为着力点，建构立体的学校生活作为教育的载体，符合成长规律地实施教育行动，实现学生向上的、永续的发展。

当前国家战略的五大发展理念：创新、协调、绿色、开放、共享，适用于各项工作，教育也不例外。教育即发展，也要从“创新、协调、绿色、开放、共享”五个维度来促进学生的发展。

“创新发展”关注教育手段与方向，即通过创新教育手段培养学生的创新意识、创新精神、创新能力，从而培养创新人才。教育手段的创新要着力在培育教育的新载体、打造教育的新平台、推出教育的新举措，创新教育手段是为了更有效地引发出学生内在向上的可能性，激发出学生“见贤思齐”的发展力，而不是简单地灌输知识。培养创新人才，就要在培养学生独立思考力和判断力上下功夫，培养学生思想者的习惯，培养学生“充满学问和想象力的生活方式”（怀海特语），而不是着力于记住知识的细节。

“协调发展”关注教育对象的内外协调。首先是学生个体的内在协调发展，既包括构成学生发展的德智体美劳各要素的协调，又包括学生发展与其自我的智能类型协调，让发展符合成长规律，符合其独特个性，让学生做自己，成为自己，而不是成为“相同人”、成为“他人”。只有这样的发展，学习者才能“学而不厌”，才能树立起“天生我材必有用”

的自信。其次是学生个体的外在良性互动，即，学生与同伴、老师、家长的良性互动，与学校、社区、国家的良性互动，学生与自然的良性互动。协调发展不是均衡发展，而是强调：学生面对自我是协调的，面对外界是协调的。

“绿色发展”关注教育资源与环境。绿色发展是追求绿色的发展方式与生活方式，就教育而言，就是要教育节约资源，提高资源的利用率，建设良好的教育生态环境。场馆、设备、课程、教材等等都是教育资源，但最有限最要尊重的教育资源是学生的时间与精力，提高教育资源的利用率，要特别关注珍视学生时间与精力，不可无端占用、低效占用，“在希腊文中，学校一词的意思就是闲暇。在希腊人看来，学生必须有充裕的时间体验和沉思，才能自由地发展其心智能力。”卢梭说：“误用光阴比虚掷光阴损失更大，教育错了的儿童比未受教育的儿童离智慧更远。”良好的教育生态是既保持了教育生态的多样性，又保持了教育生态的纯净度；既有课程文化的色彩斑斓，又有核心价值体系的精神引领；既有全面发展的价值追求，又有特色发展的价值肯定；既欣赏优质高分的拔尖人才，又鼓励“不唯分数论”的绿色质量。

“开放发展”关注教育的视野与行动。即，用开放的国际视野促进开放的教育行为。任何事物的发展都不可能是该事物内部“封闭运行”、“体内循环”的结果，因此，学习者的发展是一个与外部环境进行交流、发生互动、生成经验、提升智能的过程，是一个开放的过程。学习者与环境交互的领域越宽、层次越多、方位越全，其经验的积累就越容易发生质变，带来发展。“读万卷书、行万里路”正是一种学习者的开放姿态。

“共享发展”关注教育的落点。共享是分享、是人道、是温暖。共享发展就个体而言，是培养学生分享的意识，让学生与同伴分享知识、分享方法、彼此帮扶；就学校而言，是与社区、与兄弟校、与贫困校分享资源、分享理念、扶困救弱、均衡互补，共享发展体现了教育发展的人道情怀。

综上所述，教育即发展，就是以教育为手段，遵循儿童成长规律，激发学生个体内在的发展力，通过教育的创新发展、协调发展、绿色发展、开放发展与共享发展，实现学生的永续发展，让发展伴随学生终生，生命不止、生活不息、发展不停。教育即发展，人是目的，人的发展是目的，教育不唯功利结果，只为立德树人。

第四节　课程观及实施策略

一、课程观：个性而全面发展

我们一直在追问：社会需要怎样的吴高？吴高以怎样的自我来有效地满足社会的需求？吴高怎样才能成为培育未来公民和社会栋梁的优质学校？我们坚守教育即发展的理念，践行“个性而全面发展”的课程观。学校的一切工作和环境设施都努力体现人性化的特点，基于人，依靠人，为了人，发展人。促进学生品学兼优、教师德艺双馨、学校持续发展。

怀特认为，“教育只有一种教材，那就是生活的一切方面”。我们的教育所追求的就是对人的“完整性”即全面发展的追求。教育要培养丰富的人，必须实现课程观的转变，其实质是向全面发展及个性发展的人转变。德国哲学家、社会学家哈贝马斯对全面发展也给予论述，他认为课程的“完整性”是由文化、社会和个性构成的三维动态结构。文化是指知识储备，社会是指个体与群体之间的协调、沟通的能力；个性是指个体间相互理解的能力，并在其中凸显其本身的特征及能力。为此，我们确定了我们的课程体系——博才教育。

二、课程体系：博才教育

博才是博学、博闻、博爱之才。学校建构多样化的课程推进博才教育，打造独具特色的学校文化。其课程模型为一体两翼。

学校是文化发展的产物、是文化生活的体现，又担负着文化传承与文化创新的使命。不同学校，其人文景观、人际氛围不同，其文化就不同，而学校文化最核心、最根本的是课程文化。

学校管理者在宏观课程建设中会就课程的类别、序列、评价体系等要素建构起共性风格，教育者在微观课程建设中会形成不同学科的个性风格，这两种风格的整合逐渐形成的整体风格，就构成学校的课程文化。好的学校课程文化会关照社会发展需要和学生发展需要，会关照需要的统一性和多样性，通过融合课程知识的科学性与人文性，用课程的文化内涵启发学生心智，提振精神，使学生把握自然律令、体验社会价值、领悟生命意义。

那么，我们是如何认识建设我们课程文化的呢？

浙江省 2012 年的深化课改着力于课程的改革。在我们看来，新课改思路预示着未来发展的方向，因此主动接受，积极跟进，形成特色，办出一个别致的吴高，对教育人来说是很有意思的事。而课改首先从顶层设计做起。

首先，课程规划理念先行，我们是从“一个基于、两个整合、三个体现”来思考的。

一个基于就是基于育人目标、办学理念和办学特色；两个整合就是整合学校育人的时间、空间和资源，整合国家、地方和学校三级课程；三个体现就是课程规划既体现国家对教育的基本要求又体现学校的特色发展，既体现宏观办学目标又反映微观课程内容及教育教学方式，既体现学生的共性要求又满足个性期待。

其次，在做课程系统设计时，注重凸显特色。

作为省红十字示范学校，红十字文化已经成为我校的德育特色，以此为基础，我们确立了课程的“一体两翼”模型，提出：“核心课程保大局，特色课程显魅力”。我们有如下的思考脉络：

第一，“一体”的思考

在今天，高考是国家的人才选拔机制，对于学校、学生来说，高考是大局。而高考所考测的课程是国家课程，它体现基础教育的国家意志。因此，把国家课程放在学校的核心地位，是确保国家对教育的基本要求，是普高学生必须达到的国家标准，是学校课程管理的主体与重点，理所应当在模型中居于躯干的位置。

第二，“两翼”的形成

课程建设要体现办学理念、育人目标和办学特色。那么我们的办学理念、育人目标和办学特色是什么？这些具有全局性的比较“上位”的概念，要提炼绝非一蹴而就的，它需要历史的积淀，也需要思想的追问。学校建设中所形成“一训三风”、红十字特色为办学理念、育人目标和办学特色的提炼奠定了文化基础。

在构建特色课程时，我们发现：没有红十字特色不行，这是多年积累的文化财富。但仅有红十字特色课程也不行，因为其课程的包容度很有限。于是，在顶层设计之初，我们与红色博爱课程相配，设置了绿色旅行课程，并对“旅行”二字做了特别的说明：旅行不仅是地理的旅行，更是思想的旅行，是科技的旅行，是实践的旅行，游走在古今，穿行在中外。这一说明主要是拓宽课程的包容度。于是，这一红一绿的校本特色课程，一个重品行，一个重品质，形成护卫与助飞主体课程的两翼。

第三，“一体两翼”的深化

首先，我们必须强调“一体两翼”的课程地位。“一体”作为国家课程（包括国家必修课程和选修课程），体现国家意志，体现共性要求，就必须放在核心位置。“两翼”是校本特色课程，是在确保国家课程有效实施的同时满足学生个性发展的需要，支持学校特色文化建设，体现多样性、个性化、开放性、选择性、丰富性，提升教育质量。

其次，课程模型建立后，如何深化课程群的建设？

课程群的名称成为我们遇到的第一个问题，名不正言不顺。

国家课程是学生为学的重点，因此，取其“学”，我们把国家课程作为“博学课程”来建设。“旅行课程”容易引起歧义，总需要做烦琐的解释与界定，因此，我们更名为“博闻课程”。这样，“三博”就显现出来了：博学、博爱、博闻。

课程群名称确定后，我们从课程形象、课程目标、学习要求、学生塑性、建设策略等五个方面对三大课程群做了富有特色地定性思考，努力做到视觉独特，贴近学生。

博学课程群：课程形象是“读万卷书”，课程目标是“博学，让生活更自信”，学习要求是“好学、善思、明理、敏行”，学生塑形“自信乐活”。课程结构是国家必修课程和国家选修课程，建设策略是构建高效课堂，重点在国家课程校本化，难点在组织分类分层走班教学。

博爱课程群：课程形象是“怀人道情”，课程目标是“博爱，让生活更温暖”，学习要求是“善良、尊重、感恩、平等”，学生塑形“温暖阳光”。建设策略是从知识、情感、技能的路径培养学生具有博爱之知、之情、之能，着力支撑独具特色的博爱文化。

从人的全面发展的实质来看，我们认识到，学生的学校生活不能仅仅是促进其智力的增长，应该更是促进学生知情意行的整体进步，而且让学生在未来的生活中足以使自己能够协调好与自我、与他人、与自然社会这三个逐渐增大的圈层关系。我们把博爱课程作为道德教育、人格教育、生命教育的重要载体，促进人的社会化。在课程设置上：“博爱之知”可以让学生从知识层面了解国际人道主义事业的缘起与发展；“博爱之情”重在发挥文学艺术的魅力，让学生在道德叙事中潜移默化，净化思想，培养情操；“博爱之能”从体能与技能上促进学生健康生活。这一特色课程是“吴高”符号，会赋予吴高学子“吴高特质”。

博闻课程群：课程形象是“行万里路”，课程目标是“博闻，让生活有品位”，学习要求是“进取、健康、沉毅、践行”，学生塑形“追求卓越”。建设策略是让学生在课程里穿越时空、行走古今，了解人文与艺术、科学与技术、社会与实践，行走在物质与精神的世界里。

如果说博爱课程旨在促进人的社会化，那么博闻课程则是以促进人的个性发展为目标。在博闻课程设置中："人文与艺术"关注学生的人文素养，培养"情"趣，高雅生活。"科学与技术"关注学生的科学素养，培养"智"趣，科学生活。"社会与实践"关注学生的实践能力，培养"能"趣，愉快生活。

第四，"博才教育"的表达

当"博学、博爱、博闻"三大课程群形成后，我们发现必须有一个更加上位的概念来统领它。结合"天生我材必有用"的校训，我们找到了"博才教育"这个较上位的概念，因此，"一体两翼"的博才教育课程体系最终得到了完整表达。

"一体两翼"的博才教育课程体系，其课程模型之所以被形象化地表现为大自然的精灵——"蝴蝶"，是因为，我们在设计课程模型时，有两个想法：一是不想重复，拒绝抄袭，想有所创新，因此没有采用许多样本学校中出现的几何图形；二是我们的"博学、博爱、博闻"课程是一个有机整体但又有层次差异，即它们是"一体两翼"，不是"三足鼎立"。这些关系在模型中必须得到体现。

"一体两翼"的生命体很多，选择蝴蝶不仅因为其形象在结构上能生动表达，更在于其隐喻美好：色彩之美，丰富又独特；蜕变之美，突破与成长；飞舞之美，优雅而灵动；奉献之美，传播且成全。我们希望通过课程建设，让课程给学生插上一双隐形的翅膀，带他们飞，给他们希望，让他们梦想开花！

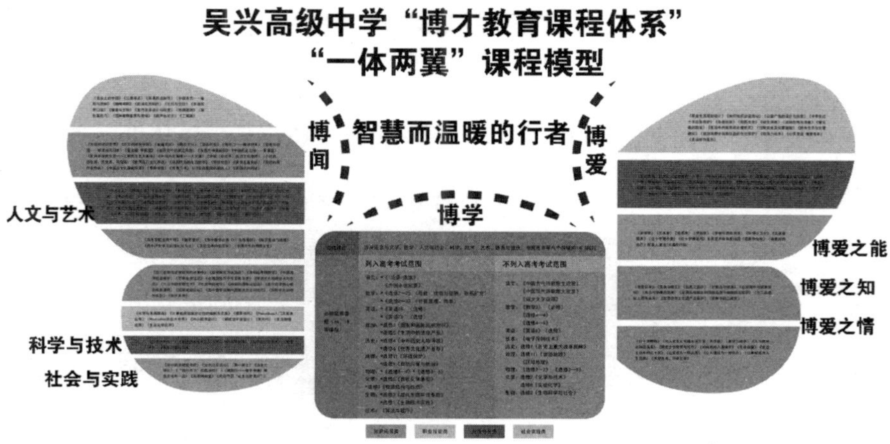

三、实施策略：开发、开设、管理、评价

（一）课程开发积极创新

采用“分类、分期、有重点，有合作”的策略。

分类：国家课程与校本课程区别对待：国家课程强调校本化、二次开发，着力提高基础课程的教学质量，用国家《课程标准》思考每一年段的教学；校本选修课程强调“开发一批、转化一批、引进一批”，有步骤有重点地开发特色选修课程，用未来思考每一细节的教育。

分期：选修课程的开发从无到有、从有到精分为萌芽、成长、成熟三个阶段。目前，我们已开发 123 门选修课程。

有重点：结合我校特色课程群，重点打造，培育精品。我校两门课程在“真爱梦想杯”全国校本课程设计大赛中获奖，《急救技能》等五门课程成为省网络课程，26 门课程入选市精品课程。

有合作：积极开展校际合作开发。分别与市环保局、市红会联合开发《学做环境检测员》、《急救技能》，数学组与12所兄弟学校联合开发《高考原题教学方略》选修课程。

（二）课程开设扎实规范

必修课程及课时设置严格按照要求，在三个年级开齐开足。学考科目必修课程的并开科目不超过8门，高二文科数学尝试分层走班教学。

选修课程周课时不少于9节，开齐四类选修课程，编制《选课指导手册》，下发学生，学生根据自我意愿与特长，利用网上选课平台进行选课编班，开展走班教学，每个学生拥有独立课表，选修课程的开设超过一级示范校标准。

在选修课程的开设中注重关联：

一是建议选修与自主选修相结合。建议选修课程与学校特色有关，例如红十字急救技能、红十字精神等课程，这些课程是吴高符号，以促进博爱文化建设。

二是课堂与活动相结合。知识拓展类课程一般采用常规课堂教学，社会实践类课程主要采用活动形式，职业技能类、兴趣特长类课程则兼而有之。

三是校内自主开发开设与分享校外资源相结合。依托高校、有关部门和校友，为学生开设“吴高博闻堂”，提供实践基地，开阔视野，分享体验。

四是走班、走教与走校相结合。即自我开发课程实行学生走班，利用外校设施设备的课程实行走校，共同分享校际师资，实行教师走教。

走教，如市红十字讲师团到我校现场辅导，聘请湖州职业技术学院褚又君老师开设《公关礼仪》的课程，请校外专家为学生开讲“吴高博闻堂”。

走校，如高三学生到浙大体验高校，中德交流的学生在行走德国中体验异域文化。我们正在筹划利用假期、休息日，教师带领学生到课程联盟单位进行职业技能类选修课程学习或开展社会实践活动。

在课程实施过程中，注重及时调整、跟进。今年9月《浙江省深化高校考试招生制度综合改革试点方案》一公布，我校就积极学习、研究，在最短时间里草拟了《吴兴高级中学2014级课程规划方案》，对学生选考的多样性设计了12种课程实施方案，并进一步征询意见。

（三）课程管理科学有序

加强组织、制度、设施建设，为课程开发、开设提供保障，发挥评价对课程管理的促进作用。

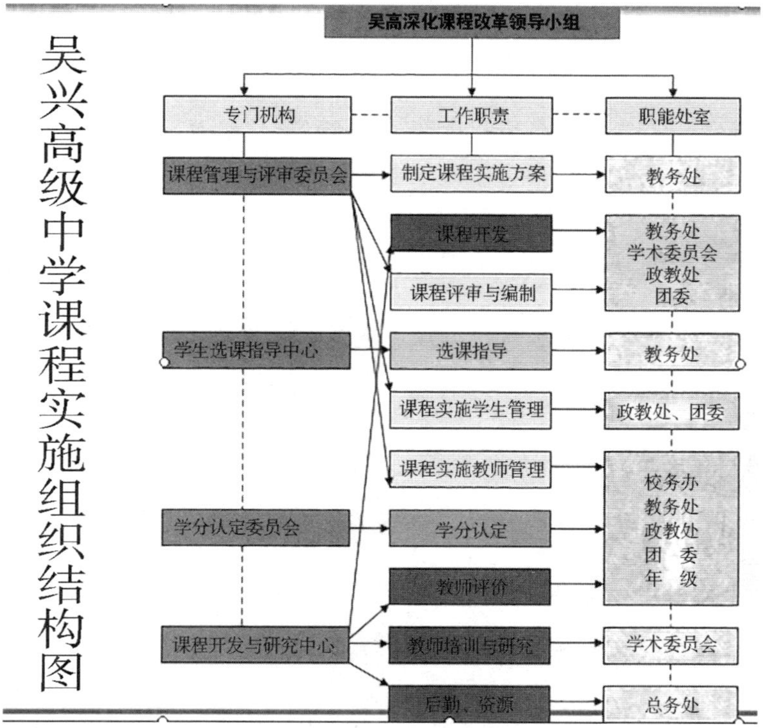

建构组织系统

建立制度体系，加强过程管理。例如，从学生的生涯规划到自主选课、学习管理，再到学习评价，都有制度护航。

在设施方面，主要是完善专业教室、场馆，电子学籍管理系统，选课平台。最近为使选修课程的管理更加精细化、精准化，装备了选修课刷卡考勤系统，充分利用现代科技设备，服务于选修课程的管理及评价。

四、特色与示范

（一）特色建设思路清晰

学校确立了“博才教育”的特色发展道路，特色建设规划思路清晰，基于自身基础与优势，有明确的育人目标和切实可行的培养路径，对已有条件和将积极创造的条件有清晰认知；特色建设规划的系统性强，从课程体系、配套设施到环境文化做了整体设计与架构。

（二）课程方案亮点突出

课程方案充分体现了学校原有的博爱文化特色，并在原有基础上拓展扩容，已形成明显的课程群，符合学校实际及学生发展需求。

学校创造性地提出了“一体两翼”的博才教育课程体系，并形象化地表现为大自然的精灵——“蝴蝶”，课程模型新颖。学校还从课程形象、课程目标、学习要求、学生塑性、建设策略等五个方面对“博学·博爱·博闻”三大课程群做了富有特色地定性思考，视觉独特，贴近学生。

（三）课程建设适切有序

课程开发开设操作性强，调控保障到位，目标达成度高，培育精品选修课程的效果好。努力创造条件利用校外课程资源，对省网络课程的校本化应用进行了积极探索。“吴高博闻堂”汇聚专家、校友，本校教师、学生，开阔视野，交流信息，播种思想，促进学生成长。

（四）博爱文化辐射引领

2006年高中课改我们就着手建构有特色的、有全局性的德育课程体系。2012年深化课改，我们对零散的德育活动进行了有效的整合，我们将红十字德育项目提炼为学校特色，以此为核心，打造了博爱课程群，又设置了博闻课程群，前者重道德的养成，后者重见识的博雅，结合国家课程，即博学课程群，确立了以“博学·博爱·博闻”为特色的博才教育。

正是因为课程给力，我校的青少年红十字工作才独具特色，才能产生广泛的影响力。

2013年5月，由新华社等22家中央驻省和省级新闻媒体记者团来我校采风，吴高作了“博才教育之路”的专题介绍，中国人道网就此事做了题为《吴兴高级中学唱响红十字精品课》的报道。瞄准课程是因为课程有魅力，课程支撑是学校红十字工作的核心优势。

2014年10月21日，第二届亚太地区红十字青年峰会在北京结束，大会邀请了5位观察员，吴兴高级中学是唯一以学校名义被邀请的单位，在大会的开幕式上发表演讲，并详细介绍了学校如何建构“博才教育”课程体系来支持人道主义的传播，我校青少年红十字工作首次登上了国际舞台。

第五节　教学观及教学策略

一、教学观：以人为本

坚持以人为本就是以坚持人的全面进步和发展为本。教育的首要功能就是要使学生有能力把握自身的发展，学会生存、学会做人、学会做事、学会共同生活。以人为本的教育理念的实质就是重视人本身的发展，将个体的全面发展与个性发展统一起来，将个体的人文精神和科学精神的养成统一起来，在信息化的社会环境中能够正确地进行知识的选择和创新。

坚持以人为本就要脚踏实地推进素质教育，勇于进行新课程改革。

新课改背景下的教学观以学习者为本位，旨在促进人的全面和富有个性的发展，要求实现学习者在知识与技能、过程与方法、情感态度与价值观等多方面的发展，实现三维目标的整合。其中，所谓“知识与技能”强调的是学科的基本知识与基本技能，这与传统教学注重知识和技能的学习并无二致，反映了新课改教学观对我国传统教学理念合理内核的继承；所谓“过程与方法”强调的是让学生了解和体验学习的过程和方法，养成善于发现、思考和解决问题的学习习惯，这是对传统教学的发展，体现了教学观创新与飞跃；“情感态度与价值观”关注的是“形成积极的学习态度、健康向上的人生态度、具有科学精神和正确的世界观、人生观、价值观，成为有责任和使命感的社会公民等”。这是对传统教学观的重大突破。

教育是文化创新、传播和应用的主要基地，是培养创新人才的摇篮。教育无论在培养高素质的劳动者和专业人才方面，还是在提高创新能力和提供知识技术创新成果方面，都具有独特的作用。以人为本的教学，重点是培养创新精神和实践能力，培养学生求真务实，勇于创新的精神，要让学生树立终身学习的意识，培养终身学习的能力。为此我们的课堂教学的关键是实现“三变”：变“传递”为“对话”，变“学会”为“会学”，变“教”为“不教”，明确“教”的目的在于“学”，“教”的手段要落实到“学”上，教的目标要体现在“学”上，最大限度地激发和培养学生的积极性和主动性，培养学生良好的学习习惯，培养学生的学习力，为学生终生学习和发展奠基。

二、教学策略：以“课题驱动，实施有效教学”为例

有效教学是提高学校教学质量的关键。华东师范大学崔允漷教授认为，有效教学的“有效”，主要是指通过教师在一种先进教学理念指导下经过一段时间的教学之后，使学生获得具体的进步或发展。有效教学的“教学”，是指教师引起、维持和促进学生学习的所有行为和策略。它主要包括三个方面：一是引发学生的学习意向、兴趣。教师通过激发

学生的学习动机，使教学在学生“想学”“愿学”“乐学”的心理基础上展开。二是明确教学目标。教师要让学生知道“学什么”和“学到什么程度”。三是采用学生易于理解和接受的教学方式。

我们致力于高效课堂的建设，持续研究有效教学，并以课题驱动式引领课堂教学的改革。我们长期坚持与华师大课程所合作，在崔永漷、吴刚平、胡惠闵、朱伟强教授的指导下，以三大课题：《指向改进的听评课制度》《“目标导航”课堂学习模式的实践研究》《“目标导航”下，构建“问来问去”课堂新常态的实践研究》为载体，聚焦课堂，持续研究，探索有效教学的学习方法与教学策略，逐步形成了“问来问去”的吴高课堂教学特色，全面提高教学质量，促进学校跨越式增长，有效提升了学校的美誉度、知名度与影响力。

（一）“指向改进的听评课制度”的研究

该课题研究的核心问题有三个方面：学习目标的确立；基于学习目标的教学设计；基于学习目标的评价设计。

通过研究，我们达成了共识：课题的选题科学，符合我校实际，特别是课题研究前期的调研全面客观，为课题研究奠定了坚实的基础。课题研究从目标分解入手，入口找得准，起点高，理论性较强，直击课堂教学的要害。参加研究活动的教师，无论是在理论的学习上，还是在理念的更新上都有了长足的进步。基于目标的课堂教学，对提高课堂教学效益有着重要意义。从课堂学习目标的确立、围绕目标的教学设计，到学习目标的检测、评价等，可以有效地防止课堂教学的随意性，大大加强了课堂教学的针对性，对教学质量的提高大有裨益。

课题研究取得的主要成效：经过两年的研究，老师们掌握了学习目标的分解技术，通过研究制定合理的学习目标，支撑教学模式的创新；形成了基于学习目标的吴高教学设计模板，并把评价设计作为教学设计的重要环节，最终形成了独具吴高特色的《听评课制度》。

（二）“目标导航”课堂自主学习模式的构建

指向改进的听评课制度是从教师层面来研究有效教学，但学生才是课堂的真正主人．因此，我们以《指向改进的听评课制度》课题为基础，申报了省规划课题《“目标导航”课堂自主学习模式的实践研究》，经过为期一年的研究，我们构建了“目标导航”课堂自主学习模式，课题成果获得省二等奖。在研究过程中，我们重视模式建构，但不模式化、僵化，华东师范大学教授也提醒我们，不要刻意追求模式的华丽，要真正体现我们的课堂理念，实现我们的课堂理想，给教师、学生足够的空间，只要做到“神似”，模式越简单、操作性越强越好。基于这种思想，我们调整思路，经过反复论证，最终构建了“目标导航”学习模式。

“目标导航”学习模式示意图

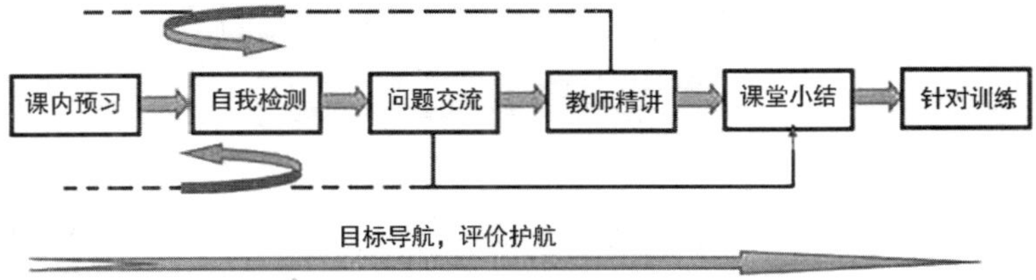

上述六个环节都是在学习目标的导航下逐步运转的，要使得各环节运转高效，教师则必须及时做好科学评价，因此我们认为只有真正做到

“目标导航，评价护航”才能体现“目标导航”学习模式的真谛。在“目标导航”学习模式中有两条不封闭“返回线”，它表示可以返回到返回点前面的任何一个环节，充分体现了模式的开放性和灵动性。“目标导航”学习模式指向明确，集简捷性、灵动性、开放性等于一体，较好地体现了课题研究理念，极具操作性和创新性。

变式 1：对于复习课可以将模式调整如下图：

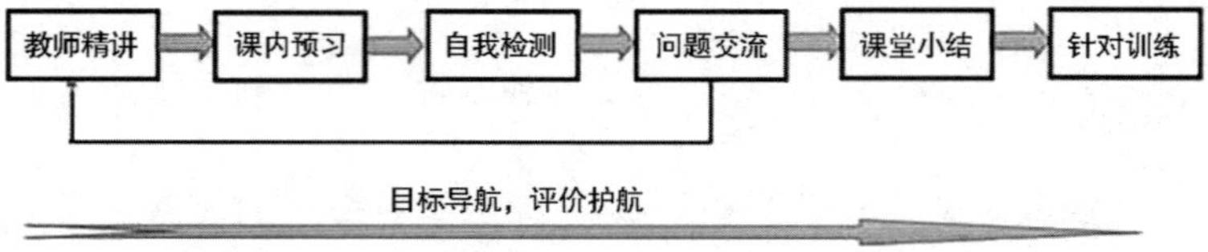

变式 2：对于学习目标比较多的课可以将模式调整如下图：

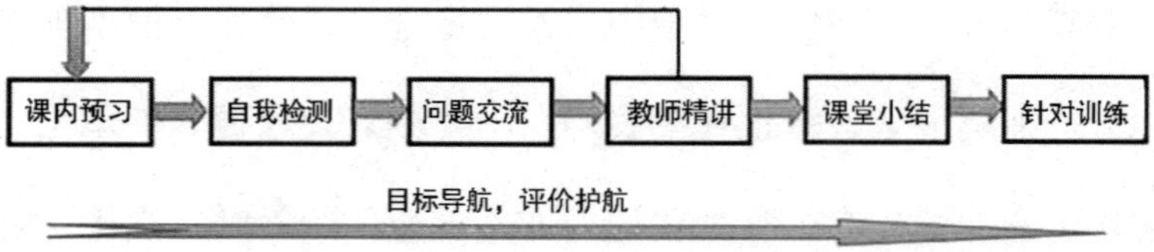

变式 3：对于采用类似小组学习及对话式学习方式的课，我们甚至可以将模式简化为下图：

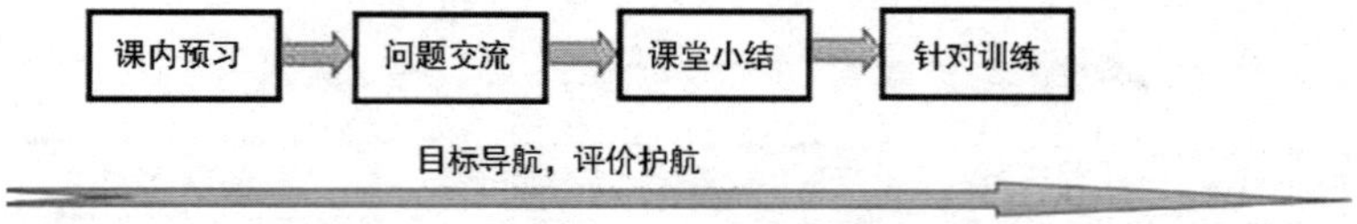

总之，“目标导航”学习模式不是一种僵化、一成不变的固化模式，无论是模式的六个基本环节还是各环节的运行线路，都可以根据课堂的需要、学生的需求进行灵活调整，重新组合，真正实现“一心三主”的

课堂理想。

（三）“问来问去”活力课堂

前两个课题我们分别从教师的教和学生的学两个维度来研究有效教学，事实上，高效课堂是师生共同的课堂，是有机的、生态的共同体，也是不可分离的，为此，我们在前两个课题的基础上，又申报了省规划课题《“目标导航”下，构建“问来问去”课堂新常态的实践研究》，着力打造吴高的课堂品牌与特色，我们聚焦的是活力课堂、生态课堂的建构。“问来问去”活力课堂即以“学习目标问题化，问题解决目标化”为内核的课堂范式。“问来问去”活力课堂力求实现来之即满足其求知、求解的愿望与要求，激活问来之惑，去之即达成其去疑、去惑的目标与目的，升华问去之问。课堂的基本形态是以问题为主线，即包含教师的目标之问，更包含学生的问来之问、问去之问，基本手段是对问题的多元互动，课堂的最终归宿是达成学习目标，带着升华之问快乐离开。

总之，随着深化课改的逐步深入，特别是新高考方案的出台，必将引发课堂教学颠覆性的改革，我校未雨绸缪，在华师大教授的指导下，聚焦课堂教学方法改革，立足于学生学习方式的转变，经过五年的持续研究与实践，以学习目标为切入点，从“目标导航”课堂自主学习模式，到“问来问去”活力课堂，我们力图打通政策要求、学情基础与教学实践的内在联系，解决学习目标的统一性和规范性、差异性和个性化以及操作性和持续性等相关问题，制定出科学合理而又切实可行的学习目标，据此转变学习方式，优化学习方法，在目标导引的视野下，在课堂教学的全过程中，实现“以目标为核心，以学生为主体，以教师为主导，以能力为主线”的“一心三主”的课堂理想，从“目标导航”到“问来问去的活力课堂”，这就是吴高课堂的新样态。

聚焦课堂是我们的态度，创新是吴高发展的动力，五年来，我们借助华东师大课程所这个高端平台，以课题为抓手，坚持每月一次的专题研究，层层推进课堂教学的改革，逐步形成了吴高特色的“问来问去”课堂新常态，课堂教学改革是一个永恒的话题，我们将加大改革的力度，加快改革的步伐，以更大的激情研究课堂，研究高考。我们不忘初心逐梦前行，凝心聚力共谋发展，相信未来的吴高会更有品位、更有活力、更有影响力！

第六节 教师观及发展策略

一、教师观：教师是学校的财富

我们始终认为，教师是学校最大的财富。正如蔡元培先生所说：大学之大，不在大楼，乃有大师也。新加坡《联合早报》记者在采访新加坡原教育部长黄永宏时，黄部长也说过这样一句话：“对于一所学校来讲，教师是最大的财富，优秀教师得之不易，学校不一定要一味追求小班教学，而要注意培养优秀的教师……”。教师是学校的最大财富，学校的一切想法和工作最终都要通过教师去执行和落实，学校的领导有责任照顾好自己的老师，而不是一味地指责和压制，学校把教师照顾好，教师才能把学生照顾好，进而照顾好我们学校的声誉和尊严。正像校长们常说的那样：把我的教师带走，留下了学校，不久就会人去楼空，校园长满了荒草；把我的学校带走，把我的老师留下，不久的将来就会有更好的学校，更多的生源，处处长满了人才和希望。

对一所学校而言，教师是学校办学理念最直接的实践者，校园精神与文化内涵最持续的体现者，教育创新改革举措最关键的执行者，学生成长历程中最亲密的陪伴者。

教师是教育的关键，一流的学校需要一流的教师，学校的进步首先是教师的进步，高素质教师队伍是学校发展最重要的资源，决定着学校的核心竞争力。所以我们认为，学校最宝贵的财富是教师，教师最大的愿望是发展。

教师是学校最大的财富，优秀教师的智慧，是一座富有的矿藏，不过开发有一定的难度，弄不好还会造成环境污染，所以开矿需要技术，不要只看到财富，却忽视了瓦斯爆炸的危险。作为校长，“努力改善办学条件”是重要工作，“着力提升学校形象”是重要工作，“潜心培养名师”更是重中之重的工作，甚至应该视为校长最大的成就。

不重视名师培养的校长是不称职的校长，不擅长培养名师的校长是不合格的校长。

二、三维一体：助推教师快速发展

吴兴高级中学“三维一体”教师专业发展模式即青年教师“一三五培训工程”、“青年骨干教师校本培训工程”和“名师培训工程”三大工程，让不同层次的教师都获得了再学习的机会，开创了教师培训的新境界。近年来，一批有学历、有经验、有个性、有激情的教师不断涌现，用他们过硬的专业技能和崇高的师德修养撑起了吴高教育教学的一片蓝天。在这座充满希望的校园中，他们尽情挥洒着饱满的热情，执着追求着智慧的高度，用一场以人生为赌注的学习长跑，沉淀出教育者最深厚的思考，也流淌出教育最美丽的画面。

（一）“一三五青年教师培训工程”

2001年，学校根据实际推出了“一三五青年教师校本培训工程”（简称“一三五培训”），其目的是将教龄不到5年的60名青年教师组织起来进行校本培训，并提出“一年入门，三年成熟，五年成才”的目标。2003年，学校又在此基础上申报立项了浙江省规划课题《普通高中青年教师校本培训的实践与研究》，进一步引领青年教师校本培训走上了规范化的轨道，形成了长效机制，总结出了不少行之有效的培训模式。

理论学习是青年教师立足专业的保障，“一三五培训”开设的专家讲座就很好地起到了理论引领的作用。学校几度邀请华师大教授、浙江省和湖州市的名师来校讲座，严校长和校级名师也经常为学员开设讲座，内容涉及校园文化、论文撰写等诸多方面。

自学是教师学习的重要手段，学员们经常以小组讨论的形式，对课堂艺术、作业批改等各种问题进行研究。经验加反思是教师成长的捷径，“一三五培训”时常要求教师联系已有的经验、自身的教学、任教的学科和学校的实际来省察、反思和评议课堂。

“案例教学”“主题探究”也是“一三五培训”常用的模式。公开课制度已成为学校的传统，学校长年与华东师范大学课程研究所合作，请高校教授为青年教师指导教学案例、课例的撰写，请市名师为青年教师开设《如何撰写教学案例》等讲座，校内优质课比赛、教学设计比赛、学习目标比赛等等已为常态。有位青年教师老师感言道：“通过观摩案例，我终于明白，好课是飘扬理念的课，是孕育激情的课，是挥洒个性的课，是创造空间的课，是自然而然的课，是不拘一格的课。”

不作秀，不浮夸，经过踏实地科研，《普通高中青年教师校本培训的实践与研究》课题获得了湖州市一等奖、浙江省二等奖。而“一三五培训”也为青年教师的成长搭建了广阔的平台。我们认为：“新教师就如同一棵小树苗，前五年培养好了，以后就会长成参天大树。事实证明，我们的‘一三五培训’抢占了最有利的时机，让青年教师赢在了起跑线上！”

（二）骨干教师和名师培训工程

教师是职业倦怠的高发人群，教师的职业倦态，不仅会误人子弟，更是个人的悲哀。随着吴高教育教学质量、生源质量的不断提高，极个别教师出现了松懈现象，随着年龄的增加，一直重复枯燥的工作，没有更高的追求，就极容易产生职业倦怠。而一些三十出头就评上高级教师的青年教师，也容易失去奋斗的动力，产生教师“高原现象”。为了避免“一到高级就刹车”的情况发生，以高级教师为主体的骨干教师培训提上了日程。

2006年，吴高在青年教师培训的经验基础上申报了又一项浙江省重点规划课题——《普通高中青年骨干教师校本培训的实践与研究》。在该课题的牵引下，学校积极创设各种机制和环境，促使骨干教师脱颖而出，并提出了“在3年内培养两名左右青年骨干教师成为市学科带头人，培养5名左右青年骨干教师成为市教学能手、教学明星、教坛新秀”的新目标。

骨干教师作为有经验的教师，应该跳出基本功训练的范围，将培训内容聚焦于丰富内涵底蕴，实现隐性知识显性化的工作上来。因此，相对青年教师的培训，骨干教师的培训显得更为前沿、专业和细致。培训主要分为三大系列，首先是“学习者系列”，主要开展突显“新”与“博”的教育教学理论学习活动；其次是“实践者系列”，开展“案例教学”“教育教学反思”“精品课”等教育教学实践活动；再次是“研究者系列”，让教师像科学家一样用探索精神和理性眼光开展各种课题研究活动。

学校之名，很大程度上在于教师之名。为了给普通教师树立榜样，凸显名师的引领作用，2006年，吴高又制定了《名师培养计划》，建立了一整套名师激励机制。2008年，10位教师光荣地当选为吴高首届校级名师。这一至高的荣誉为10位骨干教师的职业生涯镀上了最亮丽的颜色，同时也赋予了他们最神圣的使命。校级名师两年一聘，经过自荐、推荐，最终由教研组、校长室讨论决定。每位名师每月享受80块钱的教研津贴，津贴只是象征性的，但名师的头衔却意味着更高的要求、更大的责任、更完美的表现。

自首届名师产生以来，吴高陆续开展了“英特尔未来教育培训”“一堂研讨课”“外访学习”“教学反思百篇文”等一系列名师培养活动，10位名师撰写的读书随笔、交流笔记、教研论文入录《吴高教科研》，成为重要的学术研究资料。每位名师都要尽可能地为青年教师开设讲座、示范课，承担校本课程和科研课题，并承担带徒弟的重任。每学期，校级名师开课总数累计要达到400多节。名师还有较多的机会外出交流经验，他们负责将校外的先进理论和信息带回学校，通过名师讲坛介绍给普通教师。

通过名师工程，现已培养出省特级教师1人、市教学明星1人、市教学能手1人、市教坛新秀3人，先后担任市学科中心组成员十多人，他们的自觉追求，也如同一盏明灯，为青年教师点亮了前进的道路。

第七节　学生观及德育策略

一、学生观：发展中的人

学生是什么？在我们看来，学生是具有独立人格的、发展中的、有着完整生命表现形态的生命个体。我们强调的是学生是发展中的人，有着发展潜质的人。

学生是人。学生是独立存在的、具有主体性的活生生的人。学生不是任何人可以随意支配的附属品，他和成人一样具有独立的人格尊严、丰富的情感和独特的个性，其生命具有完整性。他是具有主体性、独立人格、创造力以及独特个性的人。

学生是人，意味着我们必须真正将学生视作具有独立人格、思想感情、主观能动性和认知潜能的活生生的人，在教育中赋予学生以“人”的含义：在教育中，我们不仅要尊重学生的人格尊严，而且，还必须将学生视作主动的、积极的、有进取精神和创造性的学习者，在教育教学活动中还给学生自由想象与创造的时间和空间，把精神生命发展的主动权交给学生，使学生真正地成为学习活动的主人。另一方面，由于学生是具有独特个性和生命完整性的人，这就意味着在教育中必须要承认和接受学生个体发展的差异性，并将其真正视为人个性形成和完善的内在资源，因材施教，促进学生的个性化发展。除此之外，在教育中我们必须把学生作为完整的人来对待，注意还学生完整的生活世界，给予他们全面展现个性力量的时间和空间。

学生是富有潜力的发展中的人。一方面，学生具有巨大的发展潜能尚待开发，其身心发育还不够完善，需要教育者科学、合理的开发与发掘；另一方面，学生又是已具有一定能力并享有一定权利的主体，他们享有一定的权利并具备行使这种权利的能力，成人不仅不能剥夺或者代替他们行使其权利，相反要给予应有的尊重和适当的保护。

学生是富有潜力的发展中的人，意味着教师首先必须相信每一个学生蕴藏的巨大潜能，自觉地将"让每个孩子都获得成功"作为我们的教育信条，相信、热爱每一位学生，使自己成为每一位学生发展道路上的助燃器和指导者；其次，由于学生是处在成长中的人，因此，我们必须以发展的眼光看待学生，把学生作为一个发展的人来对待，要理解学生身上存在的不足，允许学生犯错误，并努力帮助学生改正错误，从而不断促进学生的进步和发展。在对学生进行有效的教育和管理的同时，还必须注意尊重和保护学生的合法权利。

学生是独特的人，不是"小大人"。一方面，学生时代是人生命历程中最富生命活力，生命色彩最为丰富斑斓，生命成长最为迅速，最为重要的时段。我们不能简单地将其定义为"成人期"的准备，相反，必须肯定其作为人完整生命历程的重要组成部分所具有的价值；另一方面，我们还必须承认学生有着生动的、独特的、成长价值不同于成人的生活和内在世界，理解并尊重学生独特的精神生活、内在感受以及不同于成人的观察、思考和解决问题的方式，肯定充盈着纯真情趣、智慧、和谐和生命活力的学生世界的价值。

学生是独特的人，这意味着我们必须尊重学生并深入到学生独特的内在世界，关注学生内心的奥秘，真正地把学生当“学生”，尊重学生的生活经验和独特体验，充分关注每一个学生身上蕴藏着的丰富、独特的发展“资源”。将教育由以往单纯的“塑造”“改变”和“授予”转变为对学生潜能、灵性的“激活”与“唤醒”，从而实现学生全面人格、自由个性、生命活力以及主体性、创造性的真正“解放”。

总之，要使学生得以健康发展，我们必须“发现学生”，把学生真正地当“学生”，用一种全新的学生观来支撑我们的学校教育，用发展的眼光看待学生，我们才能全身心地去热爱学生、理解学生、尊重学生，为有悠久人文文化历史的中华民族培养出一批批能自立于世界民族之林的人。

二、红十字德育：核心价值观下普通高中德育路径的设计与研究

著名教育学家陶行知曾说过：你的教鞭下有瓦特，你的冷眼里有牛顿，

你的讥笑中有爱迪生，为了使得这些“牛顿”“爱迪生”不过早“陨落”，我们必须探究普通高中的德育路径，学校德育路径可谓仁者见仁，且卓有成效，我们结合学校红十字特色，进行了普通高中德育路径的实践研究，取得了较好成效，产生了广泛影响。红十字德育即在社会主义核心价值观统领下，以红十字活动为德育路径的德育体系，其核心指向博爱校园文化、博爱课程群、红十字德育系列活动等。

（一）我们对红十字德育的思考

1. 红十字精神教育能够促进中学生核心素养落地

在普通高中道德教育中开展红十字精神教育是培养中学核心素养的有效途径，中学生核心素养以培养“全面发展的人”为核心，分为文化基础、自主发展、社会参与三个方面，综合表现为人文底蕴、科学精神、学会学习、健康生活、责任担当、实践创新六大素养，因此，学生的学校生活不能仅仅是促进其智力的增长，更应该是促进学生知情意行的整体进步，而且让学生在未来的生活中足以使自己能够协调好与自我、与他人、与自然社会这三个逐渐增大的圈层关系。因此，在学校开展红十字活动扩大了学生的视野，搭建了实践平台，红十字事业所独具的对人世苦难的悲悯、对人世困厄的援助都是我们很好的促进学生道德成长的鲜活教材。

2. 浓厚的红十字氛围，红十字德育体系雏形凸显

我校于 2006 年成立学校红十字会。学校红十字会成立以来，以创建全国红十字模范学校为目标，加强组织建设，积极开展富有红十字特色的各项活动，探索研究红十字精神与德育相结合的有效形式，使我校红

十字会工作持续健康发展。2007 年，成为市唯一一所“浙江省红十字达标校”。2010 年，成为市唯一一所“浙江省红十字示范校”。2011 年，推荐申报“全国红十字模范校”。学校成功创建红十字德育特色品牌，成为州市青少年红十字活动基地。

我校连续 8 年举办了湖州市及浙江省优秀红十字会员夏令营活动，我校每年都有会员被评为省、市“优秀红十字会员”，仅 2014 年来我校参观、交流红十字德育活动的省内外红会、学校共计 30 多所，学校多次在全国、省，做红十字德育经验交流。我校代表应邀参加了 2014 年红十字会与红新月会国际联合会第二届亚太地区青年峰会，第一次走上国际讲台并做演讲，使红十字德育经验走向世界。

3. 高中德育方式变革与红十字事业相契合

德育改革与红十字事业的契合点是我们在普通高中道德教育中开展红十字精神教育的实践基础。

德育课改强调以学生的生活为出发点建构课程，强调课程应成为学生生命成长的一部分，明确提出了要构建面向生活世界、立足生活世界的德育课程。

红十字事业是在战争的残酷痛苦中诞生的，它的事业不断拓展，从战地救护到贫困救助，从备灾救灾到献血捐赠，从社区服务到青少年教育，它的眼光随时追随着人类的苦难，总是在人类最脆弱的时候伸出最温暖、最坚定的手，让人道的光芒驱散绝境的无助。

红十字事业是始终源于生活，又服务于生活的，始终是带着人道的情怀面对生活开创自己的事业又发展自己的事业的，它必然兼具教育性和生活性。因此，德育与红十字事业有很好的契合点。

4. 红十字精神与青年成长相互促进

中国正处在一个开放的时代，必然在经济、政治、文化、社会等领域出现一系列新情况、新问题，青少年一方面，更加具有自强意识、创新意识、成才意识、创业意识和竞争意识，另一方面他们理想信念模糊、价值取向扭曲、诚信意识淡薄、社会责任感缺乏、艰苦奋斗精神淡化、团结协作观念较差、心理素质欠佳等，在各种矛盾交会、碰撞、对抗的同时，全社会都急迫地渴望美德，因此，我们需要用核心价值观和道德理想来引领学生的思想，而红十字精神与社会主义核心价值观相比是具体价值体系，同时它具有普世价值观的特点，因此，红十字精神的传播是促进青少年健康发展有效途径。

5. 红十字精神与社会主义核心价值观高度契合

党的十八大报告提出的中国社会主义核心价值观“富强、民主、文明、和谐，倡导自由、平等、公正、法治，倡导爱国、敬业、诚信、友善”与红十字人道、博爱、奉献精神具有很高契合度。

从“人道”的角度看，社会主义核心价值观第一层面涵盖了红十字人道主义的宗旨和理念。民主、文明是人类从野蛮、低级社会向高级社会发展的根本标志。实践和弘扬人道主义，是人类向高级社会行进的一条基本路径。在这一点上，红十字人道主义精神与核心价值观在历史前进方向和目标实现路径上是不约而同、方向一致的。

从“博爱”的角度看，社会主义核心价值观第二层面与红十字运动基本原则相通相融。国际红十字运动规定了“公正、中立”的原则，“公正、中立”原则是红十字运动的精髓。再看社会主义核心价值观关于“平等、公正”的表述，恰好与红十字运动基本原则之“公正、中立”相融合，与国人期盼达到的公平社会之美好愿望相对接。

从“奉献”的角度看，社会主义核心价值观第三层面是塑造高素质的公民群体。人们是否具有奉献的精神境界，是衡量社会风气的风向标，是社会成员之间能否和睦相处、真诚相待、友善相爱的基石。红十字奉献精神与爱国、敬业、诚信、友善的价值观有着天然的趋同性。

习近平总书记在会见红十字国际委员会莫雷尔主席时指出，红十字不仅是一种精神，更是一面旗帜。这一重要论述高度肯定了红十字事业，也为新形势下的红十字事业的科学发展指明了方向。

习近平总书记指出，人道主义事业是全人类共同的事业。“人道、博爱、奉献”的红十字精神，与中华民族优秀传统文化一脉相承，与社会主义核心价值观高度契合，是人类社会文明进步的重要体现。传播红十字精神和理念，是繁荣和发展社会主义文化、弘扬社会主义核心价值观的重要内容，也是提高中华民族思想道德素质、推动社会主义精神文明建设的必然要求。

因此，无论是从中国传统文化还是现代理念来看，无论是从中国的历史记忆还是从未来角色来看，在学校开展红十字活动，是在为我们未来的领导者、建设者打好“人道”的底色。

（二）总体框架

总体框架：我们把红十字德育模式的研究框架定义为："三轮驱动"模式，即从博爱校园文化建设、博爱课程群建设、红十字德育活动等三个维度实施。

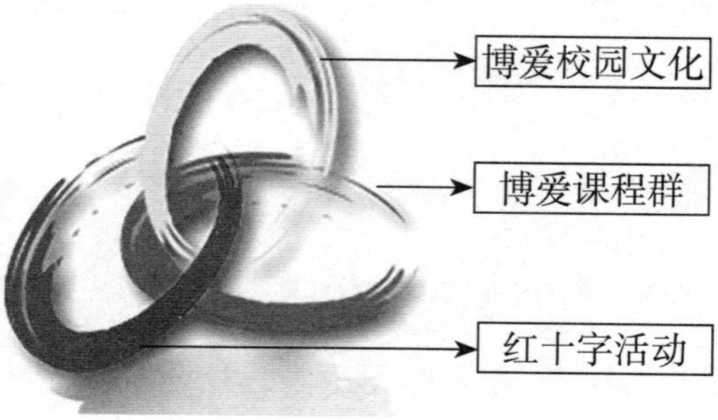

（三）路径设计

路径 1：博爱校园文化建设：主要从博爱教师培养、博爱学生培育、博爱环境建设等方面进行建设与研究，凸显红十字德育特色。

路径 2：博爱课程群建设：进一步丰富博爱课程群容量，将零散的德育活动系列化、规范化，进而课程化，完善红十字德育课程体系。

路径 3：红十字德育系列活动：结合学生年龄特征，开展以红十字为主题的系列活动，如社团活动，志愿者活动，红十字夏令营，生命健康教育等，彰显红十字特色。

上述三条路径不是彼此平行，而是交叉互动的，在研究过程中，我们将整体联动，达成育人目标。

第八节 成效凸显，绽放未来

建校15年，吴高仅用6年时间就完成了浙江省三级、二级、一级重点中学的三步跨越，2014年又凭借鲜明的办学特色率先被评为湖州市省一级普通高中特色示范学校。她独创了以“135工程”为代表的教师培训体系，夯实了教师队伍的根基，使教育教学质量连年攀升。她制定了精准而完善的顶层设计，从“以人为本，促进成长”的办学理念，到“天生我材必有用”的校训，再到培养“智慧而温暖的行者”的育人目标，无不显示出高瞻远瞩的整体规划和教育理想。一切，都折射出吴高的办学层次已经上升到一个新的境界。学校之所以始终行驶在良性发展的快车道上，得益于我们的扁平化管理；得益于“立德树人，见贤思齐”的育人方向、得益于“教师第一”的理念，

以实施扁平化管理的头三年为例， 2005年，高一新生录取线为564分（远高于市属同类高中学校），招收新生21个班，共1050名学生；2006年，高一新生录取线为572分（仅次于湖州中学、湖州二中，列市直属中学第三位），招收新生20个班，共1014名学生。2007年，高一新生录取分数仅次于湖中、湖州二中，继续列市直属中学第三位，共招

收新生 18 个班。新生取录分数线逐年提高的数据，也是学校活力与魅力的体现。学校严谨科学有序的管理实绩，吸引了越来越多的优秀学子。首批实验班毕业生之一，曾就读于浙江大学的吴建斌说：“吴高是他一生的重要阶梯，不仅使他的人生更加丰富多彩，也培养了他各方面的能力，使他能更好地处理一些棘手问题。”和他一样，吴高许多毕业生会常常回母校看看，感受日新月异的校容校貌。以 651 分高分考入浙江大学的程冲说：“母校是我们所有吴高人的骄傲。”

从 2004 年我校第一届高考一本（重点）上线只有 6 个，到 2007 年高考一本（重点）上线达 55 人，是市直属中学中三所获得市教育局高考质量一等奖的学校之一。到 2009 年一本（重点）上线达 93 人，黄克柔同学以 678 分的高分，夺得全市第二名、市直属第一名。到 2012 年一本（重点）上线破百，达 123 人。高考成绩稳步上升，公众对我校的选择率提高，吴高向社会上交了一份满意的答卷。我校每年都有学生在省、市数学、物理、化学竞赛中获一、二、三等奖。

早在 2009 年，我校就被评为市体育特色学校，2015 年被评为浙江省青少年校园足球特色试点学校。在健美操、定向运动、足球等方面取得了很大成绩。多次荣获湖州市中学生健美操比赛高中组团体一等奖；多次荣获省、市中学生定向运动比赛高中组一二等奖，在所有湖州参赛的学校中排名第一。2015 年浙江省第六届中小学生校园足球联赛高中组总决赛中，我校荣获一等奖、省第八名。

我校作为一个在湖州市中小学教育布局调整中组建的新校，在组建初有100多名教师，有60名教师是有5年以上教龄的，我们把剩下那些不到5年教龄的教师都纳入“一三五工程”，进行校本培训。“一三五工程”意味着我们希望青年教师1年成长，3年成熟，5年成才。通过培训，青年教师成长得很快，最初他们在市里面拿个二等奖都有困难，但通过这种培训，两年后，青年教师已有近百篇论文获市级以上奖项或在刊物发表，部分青年教师独立承担市级以上课题，2007年市级个人规划课题我校有8项获奖，一等奖1项、二等奖5项、三等奖2项；市里举行的各学科青年教师比武大赛（包括课件制作、优质课、解题能力、案例写作等）中有80余人次获奖；我校严惠峰老师、肖亮老师在浙江省数学、语文课堂教学比武大赛中荣获一、二等奖。2014年，我校教师连续三年在湖州市班主任能力大赛中摘得桂冠，并代表湖州市参加省班主任大赛荣获一等奖，代表浙江省参加华东地区班主任大赛获得二等奖。2017年，宋春学老师荣获市第九届高中语文优质课评比一等奖。课题《“目标导航”课堂自主学习模式的实践研究》获得浙江省教科研二等奖，校本培训专题《“目标导航”课堂自主学习模式》荣获省首届校本培训精品项目，《“问来问去”课堂学习模式》，在市属第二届校本培训专题展评中，荣获一等奖。

近三年来，我校教师荣获省五一劳动奖章、省春蚕奖、市红烛奖等多个荣誉称号；历史组获全国巾帼文明示范岗荣誉称号。

2006年，随着浙江省全面实施新课改，吴高的特色课程体系建设开始了。与此同时，一项独具特色的德育活动也在吴高生根发芽了！

同年5月，成立了校“红十字会”，并将“人道、博爱、奉献”的红十字精神融入德育实践。18位不同学科的教师组建了一支红十字校本课程开发团队，合作开发了《红十字精神》《生活中的红十字》《红十字应急救护技能》等校本课程。《博爱百年》《红十字精神》《红十字急救技能》等被列为市精品课程，《红十字精神》还荣获第一届“真爱梦想杯”全国校本课程设计大赛特等奖！2010年，学校成功创建“浙江省红十字示范校”，并通过了全国红十字模范校的考评。2014年10月，学校代表应邀参加红十字会与红新月会国际联合会第二届亚太地区青年峰会，在开幕式上做了题为《Red Cross Youth in Action》的工作交流。连续四年荣获全国红十字青少年知识竞赛活动最佳组织一等奖，连续三年获省红十字奉献服务奖。

自2011年起，作为浙江省推进高中新课改的措施之一，“浙江省普通高中特色示范学校评估”取代了省级重点中学评估。新评估打破了以高考成绩论高低的惯例，以创建课程特色为核心内容，鼓励高中多样化发展。2014年，吴兴高级中学凭借“博才教育”课程体系和成效显著的课堂教学改革在第一批省一级普通高中特色示范学校中榜上有名！在“天生我材必有用”的校训指引下，近两年的吴高更是以自信、自强、自主的呐喊，呈现出跨越式发展的强劲势头。学校的影响力不断扩大，知名度不断提升，2016年9月至今，江苏省高中校长、山西省孝义市教育考察团、四川省泸州市高中校长、辽宁省大连市高中校长、河南内乡县教育体育局及高中校长、重庆市酉阳县教委领导及高中骨干教师、西安市长安第五中学校长及中层、嵊州高级中学校长、老师等来我校参观考察。2017 年 4 月江苏省普通高中校长提高培训班学员来校跟岗学习。

各省市的校长们在参观过程中详细了解了吴高的办学理念、育人目标、课程特色和发展规划。严校长主要从国家战略、浙江思路、吴高思考三个维度展开，重点介绍了我校的“博才教育”课程体系。前来参观考察的高中校长们还和我校各年级主任就选课走班、分层教学、课程安排、师资调配等具体问题进行交流。严校长还应邀前往湖师院、浙师大、湖南省长沙市（高中德育副校长培训班）、四川平武中学等作讲座。

《中国教育报》于 5 月发表介绍我校文章《浙北高中的“特色样本”——浙江省吴兴高级中学特色化办学展示》及《严忠俊：一条教育理念奉行 30 年》；11 月发表了《多样可选：课程涵育学校精神气质》。

作为湖州市区首家省一级特色示范学校，未来发展之路再次引发吴高人的思考，凝心聚力求发展，“内提素质，外塑形象，努力把学校办成学生欢迎、家长满意、社会赞誉，市里好口碑、省里好名气、全国好影响的优质名校”已成为吴高的发展愿景。

第二章

“博才教育”课程体系的产生、发展与完善

第一节 “博才教育”课程体系的产生

一切存在，其背后都有支撑其存在的理由。我校“博才教育”课程体系的建构也有其背景。

一、宏观背景

为了满足经济社会对人才培养的需要，为了转变育人模式，促进学生全面且有个性发展的需要，推进教育现代化的需要，浙江省出台了《浙江省深化普通高中课程改革方案（2012年2月）》。这一方案提出深化普通高中课程改革的重要意义：一是适应现阶段形势，满足经济社会对人才培养的需要，改变目前普通高中“千校一面”、高度同质化的局面；二是转变育人模式，促进学生全面且有个性发展的需要；三是巩固和发展课程改革成果，推进教育现代化的需要，实现普通高中特色化、多样化发展，全面提高普通高中教育质量，有力推进教育内涵式发展。

本次深化课改立足于“寻找适合学生的教育”，按照“调结构、减总量、优方法、改评价、创条件”的总体思路，根据有利于培育普通高中学校特色、促进学生个性发展、为国家培养多样化人才的原则，提出“三个交给”：即把更多的课程选择权交给学生，把更多的课程开发权交给教师，把更多的课程设置权交给学校。为此，要加快选修课程建设，构建富有时代精神、多元开放、充满生机活力、多层次、可选择的学校课程体系，使立德树人的教育目标得到落实；要推动育人模式的转变，扩大学校教育、教师教学和学生学习的自主权，促进高中多样化、特色化发展，引导学生自主选择、自主学习、自主发展，实现共同基础上的个性发展。

我校为了贯彻落实课程改革方案，坚持多样化、选择性、可持续发展原则，结合学校实际，围绕学校文化和学校特色，充分挖掘课程资源，尽最大可能为学生提供丰富且有特色的可选择的课程，满足不同潜质学生的发展需要，我校构建了“博才教育”课程体系。

二、微观特色

吴兴高级中学2001年组建，建校基础薄弱，由三所完中的高中部组建，师资不足，生源不理想，建筑面积狭小。2005年异地搬迁，硬件实施得到彻底改善；坚持不懈抓教师队伍建设，通过自我培养、引进等途径，使师资充足、结构合理、品质提升；坚持学校文化建设，培育学校特色，迅速发展成为浙江省一级重点中学，并在2012深化高中课改中，发展为浙江省一级特色示范高中。由此可见，吴兴高级中学是一所年轻有活力的学校。

我们一直在努力思考：什么是教育？教育要培养什么样的人？教师

需要什么样的教育信仰？谁需要吴兴高级中学？为什么需要吴兴高级中学？需要怎样的吴兴高级中学？ 我们在思考中行动，做红十字特色项目想探索青少年德育途径，做教科研想探索有效的教学方法，做文化定位想塑造鲜明的文化形象。我们在行动中提炼，逐渐理清自己的办学理念、育人目标、办学特色，提炼出自己的精神气质。

办学理念——以人为本，促进成长

以人为本，是哲学价值论概念，是讲在我们生活的这个世界上，与物相比，人更重要、更根本，人是目的。在教育中，以人为本，就是说教育的最终目的是对人的成全，是成全人实现自我价值与社会价值。因此，学校的一切工作和环境设施都努力体现人性化的特点，基于人，依靠人，为了人，发展人。

成长是长大也是长成，是过程也是结果，是服从规律又是获得自由。成长是不断变得更好更强又成熟的一个发展过程。促进成长，是促进学生成长、老师成长、学校成长，即促进学生品学兼优、教师德艺双馨、学校持续发展。

育人目标——智慧温暖的行者

有用之才，君子不器。但无论成就学生怎样的未来，培养“具有中国灵魂与国际视野、智慧而温暖的吴高学子”是我们的育人目标。

我们认识到培养兴趣丰富、人格完整的智慧公民，已是当务之急。“智慧”需要知识，但超越知识，在知识背后有天下关怀的大境界在。“温暖”是一种善待的情怀，善待自然、善待人类、善待自我，“温暖”是对生命的尊重，它建构起一种温馨、舒适、宁静的关系。“行者”既是人生旅行的状态表达，又是积极践行的努力姿态，同时还寓意着“我能行”的自信与坚持。

怀揣着人道情怀的智者永远是人性的暖流，是社会的福音。

办学特色——博才教育

作为全国红十字模范学校，红十字文化已经成为我校的德育特色，以此为基础，我们又按照由特色项目到学校特色再到特色学校的三阶段来探索学校的特色化之路。尤其在深化课改的背景下，我们通过系统的课程架构，与我校育人目标的核心要素——“智慧·温暖·前行”相呼应，确立了以“博学·博爱·博闻”为特色的博才教育。

博才教育是我们实现育人目标的文化土壤。我们期待通过博才教育为吴高学子打好人生底色，让他们既秉承优秀的民族特质，又具有世界胸怀。

建设个性鲜明、人文美好的吴高

办学理念：以人为本 促进成长

以人为本，是哲学价值论概念。“人本”是讲，在我们生活的这个世界上，与物相比，大更重要、更根本，更值得我们关注，“人是目的”。

成长是长大也是长成，是过程也是结果，是服从规律更是获得自由。成长是不断变得更好更强又成熟的发展过程。“以人为本，促进成长”就是：学校的一切工作和环境设施都努力体现人性化的特点，基于人，依靠人，为了人、发展人。促进学生品学兼优、教师德艺双美、学校持续发展。

在成长中，我们坚信天生我材必有用，我们见贤思齐、学而不厌，全体教师诲人不倦。

育人目标：培养智慧而温暖的行者

“智慧”需要知识，但超越知识，在知识背后有天下关怀的大境界在。

“温暖”是一种善待的情怀，善待自然，善待人类，善待自我，“温暖”是对生命的尊重，它建构起一种温落、舒适、宁静的关系。

“行者”既是人生旅行的状态表达，又是积极践行的努力姿态，同时还寓意着“我能行”的自信与坚持。

办学特色：博才教育

博学，读万卷书，让生活更自信；
博闻，行万里路，让生活有品味；
博爱，怀人道情，让生活更温暖。

博才是博学、博闻、博爱之才。学校建构多样化的课程推进博才教育，打造独具特色的学校文化。

三、哲学支持

世界是多样的、丰富的，人类社会的发展也拒绝单一，它一方面需要多样性的人才，另一方面又促使人有多样化的愿景。社会发展建立在个人发展的基础上，而就人类总体来说，既符合社会的需要、又体现个性兴趣的个人发展才是最佳的发展。

美国当代著名的心理学家、教育学家罗杰斯所主张的人本主义思想对教育理论和教育实践产生了深远的影响。他认为：人是有自由的意志和自我实现的需要，强调人的主观能动性，强调人的自身内部有理解自己并改造自我概念和指导自己行为的广阔能源，其理论核心在于使个体发现自己的存在，发现他与整个社会团体的关系。在他看来，教育应该关注个人的价值、尊严和主观体验，关注人自身发展的潜能，我们应该坚持以人为中心的教育原则，强调学校的课程要以培养“完整的人”或“自我实现”为目标，课程设置应该适合全体学生的需要，与学生经验建立联系，适应学生不同的个性差异。

我校校训是“天生我材必有用”，其自信发展正是对“我”的特殊性、“我”与他人的差异性的清楚认识；是基于“我”的实际出发培养一个独特的“我”，而这个独特的“我”又是一个有利于有用于群体的“我”。这个独特的“我”不用统一的标准去“制造”、“评价”人的发展，而是真正做到教育要因材施教、学生要因材选教。这与人本主义的理论相契合。

第二节 “博才教育”课程体系的发展

在课程实施过程中，我们深切感受到：课程体系的顶层设计绝不能仅仅只设计课程本身，还需要对课程实施的物理载体与空间环境进行预设，要为课程实施做好物理场馆与文化环境的准备。

一、配套场馆建设

兵马未动粮草先行，同样，课程实施场馆先行。我校围绕课程规划，同时进行场馆配套规划建设。

我们制定了精品场馆建设的三年规划：多学科联合打造，组团建设四大场馆群：博雅人文馆、博见科创馆、博考自然馆、博美艺体馆。

博雅人文馆由语文、英语、政治、历史四大学科联合打造，由青春书屋、西文馆、辩论厅组成。将成为吴高“读书节”的重点平台，着重促进学生人文素养的提升；博见科创馆由数学、物理、通用、信息四大学科联合打造，由 3DF 中心、机器人中心、技术创意中心组成。将成为吴高“科技节”的重点平台，着力促进学生科学素养、动手能力、创意能力的发展；博考自然馆由地理、化学、生物三大学科联合打造，由地理实验室、生化开放实验室组成。将成为吴高“科技节”的重点平台，旨在培养学生探索自然的热情，提高学生实验操作的能力；博美艺体馆由音乐、美术、体育三大学科联合打造，由器乐室、舞台剧场、博美书画坊、尚德武馆、瑜伽馆、舞蹈室等组成。将成为吴高“艺术节”、“体育节”的重点平台，提升学生审美情趣，促进学生艺术素养与健康体能的发展。

我们发现，许多学校在建设“精品场馆”时，主要有以下问题：或只从单一学科着眼，孤立地建设场馆；或只从现时需要出发，短视地建设场馆；甚至只是为了“拥有”出发，攀比地建设场馆。这样建设的场馆在建成之后，或功能单一，或不能满足发展需要，甚至因不对胃口而闲置不用，带来资源的浪费。

为此，我们在坚持四大建设策略。

第一，系统建构策略

我们认为，每一个精品场馆都应该置于系统的网状结构中思考。将其置入学校理念系统、历史人文系统、地理环境系统、学科系统、功能系统以及师生状况中思考，找到这些系统的交集，在这一交集中定位精品场馆。这样建设的场馆才更具适切性，才更彰显学校特色，并充分地发挥作用。

以我校精品场馆“青春书屋”为例。

学校理念系统为：“以人为本，促进成长”是我校的办学理念，培养“智慧温暖的行者”是我们的育人目标，再与“智慧·温暖·前行”相呼应，建构了以“博学·博爱·博闻”为特色的博才教育。因此，建设“青春书屋”，旨在让学生通过阅读，增长知识、涵养性情，承载“博才”，促进“成长”。

历史人文系统来看，我校是一所年轻的学校，办学才十多年，文化传承的资本单薄；从地理环境系统来看，绿色校园地处清丽江南、崇尚文化的湖州。因此，我们用“青春”为书屋命名，契合清丽江南的青春少年在绿意盎然的青涩校园里坐拥书屋，室内设计也强调现代简洁，色调有米咖的理性书卷气，又有绿色的勃发生命力。

学科系统来看，语文是具有根本性的学科，为所有学科提供语言的理解力、分析力、表达力。因此，“青春书屋”的书籍不仅要有文学类作品，也要有科学读物，帮助学生提升科学素养。

功能系统来看，“青春书屋”具有多功能特点，可做阅览室，可做教室，可做教研活动中心，可做会议室，必要时还可做课本剧小剧场。

师生状况来看，我校有一批语文教师重视阅读，热爱阅读，喜欢分享阅读，有开设阅读教学的热情。学生学习能力在全市同龄同级的学生中，处于中等偏上的位次，但前期阅读经历却偏少，阅读水平偏低。一方面教师有能力指导阅读，一方面学生又需要提高阅读，“青春书屋”也就应运而生。

由此可见，我们正是运用了综合思维，整体思考了各类系统的影响，并在这些系统交织的立体网络中找到了自己的位置，从而顶层设计了这一特色空间——“青春书屋”。

第二，激发需求策略

场馆建设的确要满足我们当下的、急迫的、紧缺的需要，但并不意味着我们当下急需什么、紧缺什么，我们就去建设什么，这样的建设属于跟随性建设，具有被动性。“精品场馆”的建设在看到现实需要的同时，更要具有前瞻眼光，这种眼光要看到未来可能会需要什么，会进一步思考可以用“精品场馆”去激发什么新的需要，这样的建设不是跟随，而是引领；不是仅仅满足当下的需求，而是能满足未来的需求，更是创造需求。

以我校“生命与青春教育指导中心”为例。

为满足当时的需要，最初只建设了个别辅导室“开语轩”。为了更好地为学生提供心理健康服务，学校前瞻性地购买了团体辅导活动包、活动凳子、智能拥抱仪，新装修了小型团体辅导室；购买宣泄人，装修基础宣泄室；购买了音乐放松椅，装修了音乐放松室；购买沙盘，建成沙盘咨询室；开辟心理阅览室，增添心理图书500多册，添置红十字博爱教育、生命健康教育、青春健康教育录像片、光盘等影像资料。建红十字电子触摸屏幕，购买了心理测评软件，所有设备于2015年初全部配备齐全并投入使用。

新空间满足愿望，又激发愿望。为我校心理健康工作的开展提供了有力保障。

第三，内涵发展策略

场馆建设不仅仅停留在物理的空间建设，更在于场馆所支持的学科发展、课程发展。换句话说，场馆的土木工程完工、基础设施的完工并不意味着场馆的建设完工，场馆建成后其内涵建设才刚刚开始。内涵发展策略支持场馆建设从物质层面走向文化层面。

例如，“高中数学‘3DF’中心”建成后，我校数学组一方面积极开发精品课程，先后开发了市级精品课程 5 项，省网络推荐课程 1 项；另一方面，积极申报市直属学科协作体，主动搭建外向平台，既筑巢迎凤，引来名师指导；又振臂高飞，提高知名度与影响力。

二、文化环境建设

“办学理念绝不仅仅通过课程体现，办学理念凸显于课程，遍及于校园的建筑、管理，显现于师生的风貌。”我们深以为然，一直秉持“环境即课程”的理念，环境属于“泛在学习系统”，是学生良好行为习惯养成的重要因素。我们将校园文化环境的建设纳入课程建设中进行整体规划，让个性化的校园环境建设体现独特的办学理念、文化基因与课程精神，让“特色”浸润一切人、一切事物，渗透于校园的一切细节。

从精神层面来看，我们通过校风教风学风建设来建设校园文化环境。

我校的校风是“见贤思齐”，其语出《论语·里仁》：“见贤思齐焉，见不贤而内自省也。”大意是见到德才兼备的人就向他看齐，见到没有德行的人就反省自身的缺点。对一个人，要学习他的优点长处，对其缺点短处要引为鉴戒、勇于内省。

“见贤思齐”是中国儒家修身养德的座右铭，这一强调自律、自爱、自强、精进的品德和精神在新时代更加闪耀着智慧的光芒。

“见”是看见，更是发现。“贤”者可以是人、自然，可以是古人、今人，可以是老师、书本，可以是家长、学生，可以是朋友、对手，可以是全能之贤，也可以是专才之贤，甚至可能是坏人身上的优点。“思”是“三省吾身”的内省，是对“各美其美”的认同，是“美人之美”的欣赏，是“贤贤易色”的敬慕，是“信而从之”的愿望。“齐”不是水平上的简单一致与绝对相等，不是形式上的整齐划一，而是内在精神之“齐”，是积极向上的精神诉求，是“与贤者为伍”的价值定位，是“与贤者并进”的实践努力。

作为校园文化与精神风尚，“见贤思齐”旨在营造学无常师、择善而从、君子不器、自强不息的文化氛围。强调学生、教师、学校始终以学习者的姿态，包容欣赏，思进思善，点滴积累，与时俱进，成就最好的自己。它没有时间的限制，没有空间的指定，无论今天明天，无论校内校外，“见贤思齐”是永远的指南！

我校的教风是“诲人不倦”。强调教师用言语、行为，不知疲倦地“诲人”，不让人厌倦地“诲人”。我们认为：要做到“不倦”，“诲人”者必先“诲己”。教师应崇尚精神生活，乐于进行精神对话，并成为精神之旅上的不倦客。要做到“不倦”，教师就要永远有问题意识，有探索的激情。教师能够面对多样性的学生，面对多样性的教育问题，努力学习，乐于寻找开启不同学生心智的独特路径，做有差异的、个性化的教育，并享受探索的快乐。

在我们看来，“诲人不倦”绝不是浅薄单调的喋喋不休，而是因人制宜的传道、授业、解惑，是能够把握“可与言时”的机会，懂得“不可言时”的等待，循循而善诱。

“诲人不倦”作为我校教风，要求教师自我对精神的完善、才智的增进永远有不倦的追求；希望教师在教育活动中，有充满爱心的工作激情，有认真踏实的工作态度，有勤奋努力的工作作风，有因材施教的工作方法，有永不止息的探索精神，并获得身心愉悦的职业幸福。

我校的学风是“学而不厌”。强调一个人应有好学精神，知道学无止境，从不感到满足。在我们看来，一个“学而不厌”者，应该知之为知之，诚实地学；好之乐之，愉快地学；不耻下问，虚心地学；多闻多见，广博地学；学而时习，反复地学；学思结合，智慧地学；切磋琢磨，互动地学；温故知新，创新地学。

从“学”的对象来看：向自然学，恬淡智慧；向书本学，博学多闻；向他人学，见贤思齐；从“学”的内容来看：增进人的“德、智、体、美、劳”各方面发展的一切知识、技能、智慧都可学；从“学”的方式来看：专心读书、积极践行都是学的路径，动手、动脑都是学的手段。一方面，每个人都可以选择自己喜欢的学习对象、学习方式，都可以寻找到自己学习的兴趣点，孜孜以求地学习，健康快乐地成长；另一方面，教育要尊重、呵护、引导学生学习的兴趣点，使之“学而不厌”。

当然，学风首先是对教师的要求，师，生之范也。“唯有好学不厌的先生，才能教出学而不厌的学生。”（陶行知）不勤学则无以为智，教师有了“学而不厌”的追求，才有“诲人不倦”的底气。

“学而不厌”者既备尝学习的艰苦，又尽享思想的快乐；既对“知道”不满足，又对“行道”不厌倦。“学而不厌”作为我校的学风，要求全校师生学知识，刻苦努力，永不餍足；学做人，修身养性，永无止境。

从客观物化层面来看，我校建成勒石文化。石之形，美；勒石之文，雅。校园石头上篆刻的文字不乏“取自《论语》、《道德经》等中华元典，孔、老名言。虽寥寥数字，却承载着悠悠几千年中华文化的优秀传统，其深刻精神内涵为一代又一代人解读并赋予时代含义而继承发扬”。这些勒刻于石上的文字徐徐传大音，中华文化优秀的血脉通过勒石培养着智慧温暖的中国灵魂。

校园里的每一扇窗、每一面墙都可以发挥课程的功能，“以文化人”。这里有关于学校社区、关于国家民族、关于世界的时代信息。在表现形式上，可能是一幅漫画，一个说明，一张榜单；可能是一句格言，一首诗歌，一篇报道。它们都在用正确的价值观去促进学生涵咏性情，修持道德。正如在学生公寓的外墙上，有 26 个金色大字：“让人道成为一种信念”“让爱成为一种品质”“让奉献成为人生亮彩”，雅言浸润人生，吴高学子沐浴着这些文字泛出的温暖光芒。

我们规划校园命名工程，名称来源于特色文化的基本要素。我们希望：路名、楼名在师生反复地称呼中，特色文化以一种更加自然地方式入口、入心。文化育人、环境育人是一个慢活，它似植树，不见其长但日有所增，时间长了，便能养出与众不同的气质。

在细节上，以路牌的设计为例，我们做了如下思考：应该以校园文化为核心体现出四个方面。

一维校园文化：色系与学校视觉识别体系保持一致；

二维校园文化：造型设计与学校建筑风格协调；

三维校园文化：造型设计体现地域风情；

四维校园文化：功能属性新颖化。

在我们看来，路牌的设计，不仅起到导视作用，更是一个诠释路名意义的有效载体，如果我们在每条路的两边配以图文板面对路名的寓意作以展示，那么路牌就不仅仅只是导路，更是导心导行，关注学生的心灵，导引学生的行为，路牌就有了互动与教育的功能了。

吴兴高级中学命名草案

（一）学校路名

博才路（西大门到国旗旗杆）、博学路（问渠桥沿扬塔漾直至学生餐厅）、博闻路（东大门沿运动场直至与博才路交会）、博爱路（学生宿舍前）

（二）教学楼名

好学楼（高一）、善思楼（高二）、明理楼（高三）、效行楼（科学楼）

（三）学生宿舍名

好园（女寝）、冠楼（男寝）

（四）年级橱窗

高一：智慧窗；高二：温暖剧；高三：行者墙

总之，我们围绕“博才教育”课程体系，从平面视觉体系、空间环境体系、学生活动体系、文化传承体系等四个维度来规划建设我们的环境文化。

第三节 “博才教育”课程体系的完善

课程体系必须在具体实施中发现问题，解决问题，经历从不完善到完善的过程。“博才教育”课程体系在课程开发、课程开设中深入思考，逐步走向完善。

一、课程开发

课程开发采用“分类、分期、有重点、有合作”的策略。

“分类”：国家课程与校本课程区别对待：国家课程强调校本化、二次开发，着力提高基础课程的教学质量，用国家《课程标准》思考每一年段的教学；校本选修课程强调“开发一批、转化一批、引进一批”，有步骤有重点地开发特色选修课程，用未来思考每一细节的教育。

“分期”：选修课程的开发从无到有、从有到精分为萌芽、成长、成熟三个阶段。目前，我们已开发 141 门选修课程。

“有重点”：结合我校特色课程群，重点打造，培育精品。我校两门课程在“真爱梦想杯”全国校本课程设计大赛中获奖，《急救技能》等 8 门课程成为省网络课程，39 门课程入选市精品课程。

“有合作”：积极开展校际合作开发。分别与市环保局、市红十字会联合开发《学做环境检测员》和《急救技能》，数学组与12所兄弟学校联合开发《高考原题教学方略》选修课程。

二、课程开设

课程开设分而治之，必修课程与选修课程区别对待。

必修课程及课时设置严格按照教育部、教育厅的要求，在三个年级开齐开足，行政班与教学班并存。在必修课程的开设中注重以下五点：

一是分解课标：逐步对《国家课程标准》进行校本化的分解，依据省学科教学指导意见，研读教材，编撰符合我校学生特点的校本教案。二是分层教学：针对不同层次学生的不同需求开展分层教学。优秀学生注重思维力拓展，学困生则注重知识巩固。三是培养学习力：关注对学生学习力的培养，促进学生改善思维方法，提升思维品质。四是加强研究性学习在各学科教学中的渗透，培养学生的创新意识。五是专题教育：将外塑与内化相结合，注重在社会实践中提高学生的责任意识，培养学生的美好人格。

针对选修课程的开设，我们编制了《选课指导手册》下发学生。学生根据自我意愿与特长，利用网上选课平台进行选课编班，每个学生拥有独立课表，开展走班教学。在选修课程的开设中注重四个关联：一是建议选修与自主选修相结合。建议选修课程与学校特色有关，例如红十字急救技能、红十字精神等课程，这些课程是吴高符号，以促进博爱文化建设。二是课堂与活动相结合。知识拓展类课程一般采用常规课堂教学，社会实践类课程主要采用活动形式，职业技能类、兴趣特长类课程则兼而有之。三是校内自主开发开设与分享校外资源相结合。依托高校、有关部门和校友，为学生开设“吴高博闻堂”，提供实践基地，开阔视野，分享体验。吴高博闻堂，为我校师生搭建了一个广闻博见的场所。登堂贤者有校外专家、校内教师，也有校友、在校学生，设坛开讲只为播种思想。在这里，我们期待用最包容的心态，用见贤思齐的虔诚，遇见传奇，相识精彩，期待豁然开朗。四是走班、走教与走校相结合。即自我开发课程实行学生走班，利用外校设施设备的课程实行走校，共同分享校际师资，实行教师走教。走教如，市红十字讲师团到我校现场辅导，聘请湖州职业技术学院褚又君老师开设《公关礼仪》的课程，请校外专家为学生开讲“吴高博闻堂”。走校如，实验班学生到浙大体验高校，部分学生在中德交流中体验中德互访，同时，利用假期、休息日，教师带领学生到课程联盟单位进行职业技能类选修课程学习或开展社会实践活动。

从教学组课方式来看，根据不同课的难易和学生的接受程度，个别选修课程已开始实行大小课结合，如红十字急救技能，理论部分合班上课，技能操作小班上课，“吴高博闻堂”一般为大课、长课，但大课的规模也会根据教学内容的差异有所不同，可以是全年级，可以是两个班，可以是全体女生等。随着选课走班的进一步推开，长短课、大小课的有机组合将更加普遍。

从教学方法来看，选修课程更加注重学生亲手操作、亲历情景、亲身体验。例如：《跟着世界遗产名录旅行》这门课程主要是任务驱动型课程，教师在完成了基础性教学后，主要由学生自选1~2个自己喜欢的世界文化遗产，要求学生从该遗产入录世界名录的原因、现状、开发经验或问题、发展前景等方面自查资料、自我整理，在此基础上，小组合作、撰写报告、制作PPT、展示分享。《学做环境检测员》则需要学生到学校周围水域提取样本、化验检测、撰写报告。

选修课程能在必修课程之外为学生提供更为广阔的学习空间，满足学生更加个性化的发展需要。

为课程顺利开发开设，我们还建构组织系统，提供组织保障。如课程开发中心、学生选课指导中心；建立制度体系，加强过程管理。例如，从学生的生涯规划到自主选课、学习管理，再到学习评价，都有制度护航；在设施方面，利用电子学籍管理系统、选课平台、选修课刷卡考勤系统，服务于选修课程的管理及评价。同时健全学生综合素质评价系统，用评价促进课程实施，促进学生成长，成为“智慧而温暖的行者”。

三、对“课程”的思考

在西方，英国著名哲学家、教育家斯宾塞在1859年发表的一篇著名文章《什么知识最有价值》中最早提出“课程”一词，意指“教学内容的系统组织”。

课程是指学校学生所应学习的学科总和及其进程与安排。广义的课程是指学校为实现培养目标而选择的教育内容及其进程的总和，它包括学校老师所教授的各门学科和有目的、有计划的教育活动。狭义的课程是指某一门学科。

（一）对“课程主体”的认知

从课程开发的主体来看，有三大主体，即国家、地方、学校，与此相对应，课程分为国家课程、地方课程与校本课程。

国家课程亦称“国家统一课程”，它是自上而下由中央政府负责编制、实施和评价的课程，体现了国家对中小学教育的基本要求，旨在保证教育目标的实现和普通教育的质量，管理权限属于国家教育部。

校本课程是由学校全体教师、部分教师或个别教师编制、实施和评价的课程。在校本课程的开发过程中，课程编制、课程实施和课程评价呈“三位一体”的态势，形成统一的三个阶段。管理权限属于学校、教师。

地方课程介于国家课程与校本课程之间，指由国家授权，地方根据自身发展需要开发的课程。组织编写的原则是有利于地方经济的发展，有利于补充国家课程的不足，有利于学生个性的发展。管理权限属于地方教育行政部门。

国家课程与地方课程、校本课程是不同的课程形式，学校应该如何把握好这三者的关系？

首先，这三者有主次之分，国家课程在中小学的课程体系中占主要地位，因此，我们在推行地方课程、校本课程时，不能贬低或排斥国家课程。

其次，这三者相辅相成、互为补充。“地方课程”“校本课程”是对“国家课程”的区域化、多样性、个性化的补充。因此，在推广国家课程的同时，应该允许开发一定比例的地方课程、校本课程。

在课程改革中，既要坚持国家在课程改革中的主导作用，又要高度重视地方、学校对课程改革的主体参与，国家、地方、学校这三类课程决策的权力主体在相互交融中形成课程变革的“共同体”。

（二）对“课程与文化”的认知

我们谈课程文化，而课程与文化有怎样的关系？长期以来，为了文化传承的需要，课程行使着复制、维持与传递社会文化的功能与使命。课程被仅仅当作工具来看待，学校通过课程来履行和实现教育功能。因此，作为手段的课程，其教学实践成为一种程序性劳动，课程的教学文本以刚性的标准出现在教学计划、教学大纲、教案编写等教学文件之中，教学的任务就只是忠实而有效地传递课程规定的内容，教师只是“课程代理”，学生只是“被动吸收器”。

今天，人们越来越认识到，课程固然是文化传承的重要载体，是国家意志在教育上的集中体现，是学校教育的重要工具，课程更具有主体构建性。就文化主体而言，课程生发学生，课程不是外在顺应与静态复制，不是绝对的知识灌输与机械训练，而是内在超越与动态生成，是人内在心智的发展及其自主创造精神与能力的养成，是主体生命的发现与生长；课程生发文化，通过课程设计、实施与评价，借助文化批判、反思与生成的机制，孕育出、建构起新的文化。

作为工具的课程意图在“学会”，而作为主体的课程则渴望“生成”，前者看重关注知识、智商，后者看重灵魂、智慧。课程应该既关注“学会”又在意“生成”，既看重“知识、智商”又追求“ 灵魂、智慧”，因此，课程既是文化的载体，又是文化的主体。

（三）对“新课程”的认知

教育有两种基本价值：一是促进人的发展，这是教育的内在价值、根本价值；二是承担社会所赋予的人才选拔功能，这是教育的外在价值、工具价值。现行课程体系的根本问题是把教育的两种价值割裂开来、对立起来。选拔功能被强化为教育的根本价值：为选拔而教，为选拔而学，人的发展沦为选拔的副产品，课程变成了使学生在中考、高考中获得成功的工具、手段。课程实施过于强调接受学习、死记硬背、机械训练，课程评价以选拔为取向，使教育沦为功利主义的泥淖。

新课程从基本价值取向上进行教育的回归，即追求：为了每一个学生的发展。在这一价值追求下，为了让每一个学生的个性获得充分发展，培养出丰富多彩的人格，我国基础教育课程体系必须走出目标单一、过程僵化、方式机械的“生产模式”，实施素质教育课程体系。新课程的“新”具体体现在以下几方面：

第一，新的知识观使课程目标走出知识技能取向

新课程不再把知识技能视为凝固起来的供人掌握和存储的东西，它敏锐地发现了知识技能的不确定性，知识技能的本质在于人们通过它而进行批判性、创造性思维，并由此建构出新的意义。由此，新课程的目标超越了知识技能取向，使知识技能的获得过程同时成为学会学习和形成正确价值观的过程。

第二，新的学生观使个性发展成为新课程体系的根本目标

新课程体系对人的独特性给予充分尊重，把学生看成是具有其内在价值的独特存在，学生即目的，而不是被人塑造和控制、供人驱使和利用的工具。因此，个性发展是课程的根本目标。

新课程还进一步认识到：每一个学生的个性既是具有独特性、自主性的存在，又是关系中的存在。所以，必须在关系中去理解学生的个性发展，去规划课程目标，即从学生与自我的关系、与他人和社会的关系、与自然的关系中整体规划课程目标，全面把握学生的个性发展。

第三，课程生活观使课程植根于生活的土壤

新课程体系认为，课程与社会生活是连续的，课程不是孤立于生活世界的抽象存在，而是生活世界的有机构成；课程不是把学生与其生活割裂开来的屏障，而是使学生与其生活有机融合起来的基本途径。所以，回归生活世界是新课程的基本理念之一。帮助学生反思、体验、享受生活并提升、完善生活是新课程的基本追求。增进学校与社会的密切联系，增强学校生活的社会性，培养学生的实践能力、社会责任感和关心社会

生活的态度是新课程的目标、内容和实施过程的重要特色。

总之，新课程体系实现了基础教育课程概念的重建。课程是教师、学生、教材、环境四因素动态交互作用的“生态系统”。学生与教师的经验即课程，生活即课程，自然即课程。教材只是课程体系中的一个因素，这个因素只有在和其他因素整合起来、成为课程生态的有机构成的时候，它才发挥应有的作用。

附录：

“博爱课程群”的典例分析

一、博爱课程群开发的理由

博爱课程群是在我校红十字校本课程基础上生发开来的。

我校在2008年率先开发红十字校本课程，当时开发红十字校本课程是基于我们对我国在学校红十字教育方面缺陷的分析，有补缺与创新的意义。在当时，我国学校红十字工作主要有两大缺陷：

第一是忽视对学生“知情意行”的整体观照。

大部分学校注重了“活动”二字，比较热衷于在行为层面、技能层面举办活动，特别是强调卫生救护技能的培训，甚至在学生中出现把红十字事业等同于卫生救护的误读现象。在技能层面热闹的同时，遗忘了关照学生在认知上对红十字历史的了解，遗忘了关照学生在情感上对红十字精神的体悟，这势必导致学生对红十字精神内涵的理解肤浅化，红十字事业的人道主义内核在学生的头脑中浮云而去，没能内化为学生的信仰和心灵诉求。

第二是以红十字活动来统合学校德育教育，并上升为课程体系，还未见论及。

课程是实现教育目的和培养目标的重要手段，课程的设置体现着办学者对学校教育的具体要求，反映着办学者的教育观、学生观、人才观。课程编制直接关系到学生的知识结构、智力结构、个性结构的和谐发展，更关系到人的素质发展。目前将课程理论引入德育领域，推进德育课程改革，意在完善和强化德育的功能，提高德育的有效性，充分实现德育的目的。因此我们在把红十字活动作为道德教育、生命教育的重要载体时，就不能仅仅止于具体的零散的活动开展，更应该在内容、结构、程序，在编制、实施、评价方面建构起有特色的有全局性的德育课程体系，在感性操作中能够实现理性提升。

随着学校发展，红十字由德育特色衍化为学校特色，在 2012 年浙江省深化课程改革，创建特色示范学校过程中，我们在进行顶层设计时，将红十字课程丰富提升为博爱课程群，成为进一步支持特色学校发展的特色文化。

二、博爱课程群开发的原则

第一，从课程开发的目的来看，遵循学生主体原则。

学校是为学生的学习而存在的，课程本身亦是为学生的学习而存在的。因此，校本课程开发一定是指向学生的，是以学生获得学习的利益、成全生命的成长为终极目的的。学生主体原则要求我们必须根据学生的能力、性向、经验以及现实生活的需要，来设计符合学生利益的课程。

就课程的内容而言，应选取与学生现实需要密切相关的内容；就课程的实施过程而言，要依据学生身心发展的阶段来安排；就教学形式而言，应该灵活多样、新颖独特、符合学生心理发展特点。

第二，从课程开发贯穿的主线来看，遵循教育性原则。

德育课程资源的开发和利用首先要坚持教育性原则，即所开发的课程内容资源应符合国家的教育目标，应包含着对学生品格的养成、对学生的积极生活态度、对提高学生的文化素养、对学生可持续发展等方面的教育因素。

第三，从课程开发的落脚点来看，遵循生活性原则。

从教育来看，杜威说过“教育即生活”，生活是最好的教育，从博爱文化来看，红十字精神诞生于生活，也始终服务于生活，因此我们必须遵循生活性原则。生活性原则要求我们在课程开发时必须面向学生真实的生活世界，要求教师能够从自然界、学生生活以及社会生活的角度去审视课程与活动的主题，将课堂教学和实际生活融为一体。生活性原则甚至在更多时候，要求教师放手让学生去做，让他们走进社会，在社会生活中捕捉材料，然后把这些丰富的素材带进课堂，来分享他们的体验与感悟。

第四，从课程开发的各环节来看，遵循统整性原则。

在进行课程设计时，统整性原则表现在三方面：知情行的统整，即将道德认知、道德情感、道德行为协调起来；师授生行的统整，即将教师的理性传授与学生的体验学习和道德践行结合起来；各课程元素的个性与共性统整，即在尊重差异的前提下，找出各要素课堂间的内在联系，并整合为一个有机整体。

第五，从课程开发的视野来看，遵循开放性原则。

21 世纪的校本课程需要强调“国际理解教育”与“乡土教育”。目前我国的校本课程开发多重视课程的国家性、社区性与乡土性的一面，而对课程世界性的一面相对弱化，这是非常正常且合理的。而本课程却有特殊性存在，因为无论是红十字运动还是红十字组织在西方文化背景中发展的历史比较长，比较完善，因此，我们在课程开发时要有世界视野，坚持开发性原则。

三、博爱课程群框架的设计

博爱课程群开发必须认清课程、学生、师资的特殊性。该课程的特殊性在于传递红十字的精神内核——“人道、奉献、博爱”，了解人道主义的相关知识，培养博爱情怀，培养基本的救护技能。就学生的特殊性而言，我们必须关照高中生成长的特点和需要，与初中学生相比，他们有更急迫的热望去了解社会，他们更急于提高自我认识世界、评价时事的能力，他们对生活有更强烈的参与意识。从师资来看，课程开发主要需要依托本校教师资源，同时可以争取部分外援。

因此，我们基于红十字的精神内核、基于高中生成长的需要、基于学校的师资，从知情意行的维度设计博爱课程群的开发框架，培养学生人道博爱奉献之智、之能、之心。

表一：年级分层的课程目标体系

目标 年级	知识 （人道博爱奉献之智）	技能 （人道博爱奉献之能）	思想品格 （人道博爱奉献之心）
高一	“红十字”相关知识 （班会课、知识竞赛）	急救技能、防病知识与技能 （军训、班队活动）	“博爱”主题教育——情感（感恩主题）
高二	艾滋病相关知识 （班会课、知识讲授、观看影片）	交通安全技能 （汽车驾照考试中交通法规部分内容）	“人道”主题教育——理性（宽容、公正、民主）
高三	无偿献血知识	心理健康维护	“奉献”主题教育——行为（公益、奉献他人、奉献社会） 感动中国人物

表二：“博爱”校本课程体系

学科	内容	目标
语文	主题阅读——战争读本 萨克斯《哦，哭泣的孩子们的夜晚》 夸西莫多《1943 年 8 月米兰》 海明威《战地钟声》、《永别了，武器！》 戈尔丁《蝇王》…… 主题阅读——人道读本 《亨利·杜南传》《特里萨修女》 亨利·杜南《索尔弗利诺回忆录》 主题阅读——博爱读本 主题阅读——奉献读本	1. 感受文学中的理想主义倾向 2. 培养人道主义的情怀 3. 提高对现实行为的判断力 4. 树立青少年关心社会、服务他人、乐于奉献的道德观和价值观。
历史	红十字会的历史渊源	了解红十字会的历史

学科	内容	目标
政治	一、法律章程： 《国际红十字会和红新月运动章程》《日内瓦公约》 《中华人民共和国红十字会法》《中国红十字会章程》 二、红十字事业当代视点	1. 通过法律层面了解红十字会的宗旨，维护红十字标志的尊严。 2. 关注红十字当代事业
生物	艾滋病相关知识、疾病防治、 志愿无偿献血和捐献造血干细胞相关知识 毒品与烟草的危害	1. 让学生懂得自我保护 2. 让学生对献血有科学的认识。
地理	主题阅读——对自然的人道情怀 《增长的极限》 《小的是美好的》 《寂静的春天》……	1. 培养学生对自然的人道主义精神。 2. 认识到关怀自然实质是关怀人类的永续发展
艺体	体现红十字精神的美术、摄影作品欣赏 博爱主题音乐会 健身与健心	陶冶学生的情操，提升学生的审美鉴赏能力，激励学生追求美好人格。
综合实践活动	急救技能： （一）煤气中毒、烫.伤、中暑的知识 （二）校园安全 （三）外伤处理的四项技术 1 绷带、三角巾的包扎； 2 止血的种类及方法； 3 三角巾骨折固足；4 几种伤员搬运方法	1. 让学生掌握相关知识和技能。 2. 提高学生的健康生活能力和自我保护能力。 3. 提高学生对他人的救助能力。 4. 树立青少年关心社会、服务他人、乐于奉献的道德观和价值观。

四、博爱课程群开发的过程

我们设计好课程群的开发框架有两个好处，一是为教师提供开发方向，二是让课程群更具有集聚力，让不同课程从不同角度指向同一目标，成就学生，培育特色。

当课程群的开发框架提供给教师时，它是建议不是限制，对于此框架中的课程，教师可以领养也可以另外自创。我们充分发挥教师课程开发的自主性与创造力，教师们也根据自己的特长提出非常好的开发建议。

目前，我们在博爱课程群中有一个精品课程束。即，围绕“人道、博爱、奉献”的红十字精神开发的一组精品课程：知识拓展类的《红十字精神》、兴趣特长类的《公益广告设计与欣赏》、职业技能类的《现场应急救护》、社会实践类的《人道在行动》。

《红十字精神》由语文学科的教师联合打造，该课程与语文的文本阅读有很好的契合度。一方面从内容来看，文学艺术作品是可贵的德育资源，怀着悲悯之心关注艰难生活中的芸芸众生一直是艺术作品能打动人心的永恒核心，作品中蕴含着丰富感人的人道、博爱、奉献的红十字精神；另一方面从教学形式来看，发挥文本阅读德育叙事的功能，避免了直接说教的枯燥和令人反感的强迫性，具有潜移默化润泽于心的效果。因此，该课程通过向学生介绍文学艺术领域里的著名作品，让学生在欣赏作品、领略知识的同时，感受作品和人物身上蕴含的丰富深厚而感人的人道、博爱精神，提升学生的人文修养，做一个智慧温暖的人。该课程分为纪实类作品、绘画音乐作品、古代文论、文学作品、影视作品、人物传记等六个部分，每一部分对作品中的红十字精神进行解读，引领学生边欣赏边感受边思考，从文学艺术的角度对学生进行红十字精神的濡染。

《公益广告设计与欣赏》这门课程是艺术入手关注公益。海报设计是现代美术的设计课程的基本引用门类之一。海报设计学习领域的活动方式既强调形成创意，又注重活动的功能目的，多方位地开发设计思维，而且能够从中培养创造意识。公益海报具有特定对公众的教育意义，其海报主题包括各种社会公益、道德的宣传，或政治思想的宣传，弘扬爱心奉献、共同进步的精神等。公益海报让学生在生活实际中认识和体会到海报艺术的存在和运用，认识艺术作品和生活运用之间的相互关系，认识生活对艺术作品产生的影响以及艺术作品能够对生活产生积极的意义。彰显公益海报对学生思想行为的良性影响，增强对大自然与人类社会的热爱以及责任感，发展创造美好生活的愿望与能力。使之成为校园文化的一道独特风景。

《现场应急救护》，该课程的亮点是以现场急救为出发点，把自救与互救方法编入教材，让学生掌握因地制宜的现场急救技能。

课程的知识目标是让学生明确救护目的和救护原则，掌握一些救护的基本概念，如什么是伤病现场评估？什么是自我保护？什么是合理使用救护技术？让学生了解现场心肺复苏的意义，了解创伤救护四项技术的用途和意义。技能目标是掌握成人现场徒手心肺复苏术的基本操作方法；掌握现场止血、包扎、骨折固定、伤员搬运的基本操作方法；了解、掌握常见急症、意外事故的现场自救、互救方法。情感目标是培养学生安全意识、救护意识与人道情怀。

该课程如所有课程一样强调科学性，即正确的理解救护原则、知晓救护程序，明确哪些可为，哪些不可为，哪些必须为，哪些必须不为。同时更加强调可操作性，掌握自救与互救的初级技术，可以降低灾害引起的伤残率与死亡率。由于这一课程与生命相关，指导学生认识：时间就是生命，正确的操作技术是抢救生命成功的关键。

《人道在行动》，该课程是让学生明确国际人道法基本原则，掌握国际人道法的根本宗旨；识别违法行为，理解人权法和人道法的互补性；了解旁观者对他人行动可能产生影响，学会如何分析两难困境；理解人道行为的概念，能够在生活和新闻中识别出人道行动；了解在不同情况下实际开展人道行动时所需考虑和实践的工作困境；理解人的生命和尊严是神圣不可侵犯的，培养人道情怀并运用于实际。在教学中，主要通过案例分析、情景模拟、辩论等方法，基于自身的经验和思维方式来审视突发情况，形成新的视角，从而懂得生命的珍贵价值、学会观察和包容世界、培养人道情怀、提高思辨能力。

这支精品课程束关照了课程的聚合力与多向性。在宏观课程设计时，始终围绕育人目标和学校特色建构课程体系，让所有的课程都打在“特色”这个点上，把“特色”做深做透做突出，发挥课程的聚合力量。众多课程捧红“特色”。同时，在课程微观开发时，我们提醒教师注意思考课程目标的多向性和评价标准的多向性，让选修课程既服务于教学又服务于德育，既成全学生成长又成全教师发展，一个课程服务“大家”。这支精品课程束，涉及语文、美术、音乐、体育、政治、心理健康等学科教师，这些教师在开发这组校本选修课程时，既利用了自己的专业知识，又丰富了自己的专业技能；既拓展了国家课程，又支持了国家课程。

具体开发流程图如下：

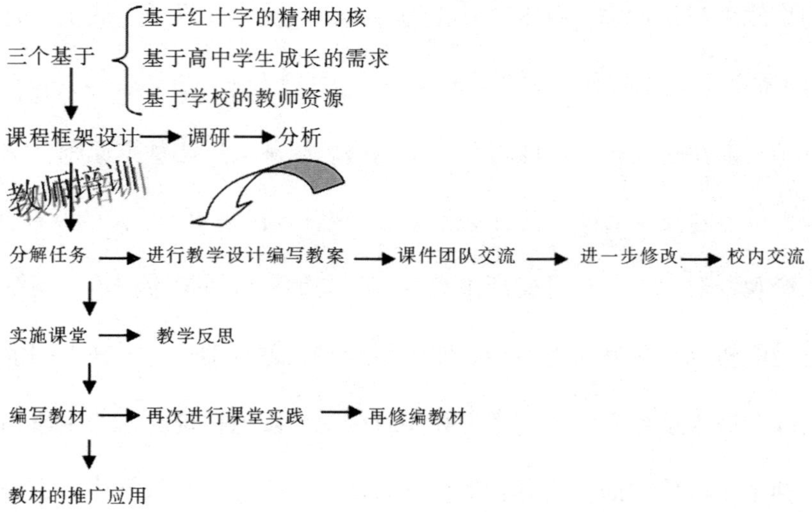

第三章

“博才教育”涵育学校精神气质行动掠影

第一节 顶层设计

创特以来，作为省红十字示范学校，博爱文化已经成为我校的德育特色，以此为基础，我们确立了以“博学·博爱·博闻”为特色的“一体两翼”博才教育发展之路。为此，校长室经过研究，确定了“博才教育”发展规划四大工程建设，其中第一项工程就是“校园文化建设提升工程”。校园文化是学校可持续发展的动力，也是学校个性魅力与办学特色的体现。以下是根据“博才教育”发展规划（2015）的要求，制定的行动方案。

一、指导思想

以社会主义核心价值体系为根本，秉承“天生我材必有用”的校训精神，体现我校“博才教育”的教育理念。努力建设体现历史内涵、时代特征、学校特色的校园文化，不断满足师生员工日益增长的精神文化需求，为广大师生员工构建美好的精神家园和丰富的文化资源，为学校的跨越式发展提供坚强的文化动力。

二、总体目标

制定《“博才教育”中长期发展规划》，通过每年四大工程、N项行动，在做好常规工作的同时，切实推进这些行动。并在四大工程的统一框架下，依托河南大千公司，做好“博爱文化”整体设计方案。

三、“博爱文化”设计整体思路

（一）学校文化的四维思考

学校文化是什么？学校文化，是具有多维度的群体文化。

一维层面：校园平面视觉体系；二维层面：校园空间环境体系；三维层面：校园学生活动体系；四维层面：校园文化传承体系。

（二）理念识别设计

办学理念：以人为本 促进成长；核心文化：博爱文化；办学特色：博才教育；育人目标：智慧而温暖的行者。

（三）设计主题定位

历史的沉淀 VS 现代的发展　具有江南历史沉淀的国际化学校

地域的文化 VS 国际的视野　向世界展示湖州文化的教育窗口

蓬勃的经济 VS 绿色的教育　在蓬勃经济圈内的绿色教育基地

设计主题：博爱文化

根据学校文化特色实际，结合办学特色的三大维度，在校园空间中系统构建以“博爱文化”为核心的具有学校个性特色的环境文化，使办学特色从课程体系深度延展到校园环境，凸显“智慧、温暖、行者”的文化理念，以形象、直观、生动的物质载体渗透到校园各个角落、渗透到师生心中。

（四）二维校园文化

1. 文化主题规划设计

以学校现有校园布局为依据，以学校办学特色“博才教育”的三个维度为主题，将校园规划为三大文化主题区域：教学交流区、生活休憩区、活动实践区。

2. 环境导视系统设计

（1）道路交通导视系统：在学校正门设置校园平面导视图；在道路重要节点设置户外导视系统，包括道路、交通导视牌。

（2）楼宇门牌导视系统：楼宇名称标识牌系统（楼体外）；楼宇内部导视系统，包括楼层总导视和分楼层导视、房间门牌导视牌（办公室、教研室、实验室、会议室等）、警示牌、功能性导视牌等。

（3）楼名、路名命名方案：结合学校办学理念和特色，整合儒学文化和博爱文化，丰富和提升学校文化底蕴和品位。可采用向师生征集的方法。

3. 环境文化节点设计

（1）教学交流区——博学主题

节点设计 1：正门入口，理念广场（博爱广场）；

节点设计 2：主干道沿线，旗台广场（博才广场）。

（2）生活休憩区——博爱·温暖主题

节点设计 3：餐厅前公共绿地，文化长廊（博爱园）；

节点设计 4：宿舍楼中庭。对这个空间的定位是打造一处开放的绿色花园，利用空阔、开放的场地，方便学生在这里举行小型的聚会和课后活动，并设计供学生休息的创意座椅。

（3）活动实践区——博闻·行者主题

节点设计 5：操场周边，在运动场、体育馆等地营造氛围，灵活增加运动、休闲设施，通过各种装饰宣传手段，营造运动、竞技、健身氛围，提高学生的身体素质和竞技能力。

节点设计 6：体育馆室内，氛围营造。体育馆内拥有大量的立面展示空间，考虑采用体育元素予以装饰，激活运动空间的内在精神，增强运动竞技氛围。

节点设计 7：东门附近公共绿地，涵思园。“涵”是包含、包容，是涵泳、涵育。“涵思园”结合东门附近的环境，此处靠近湖边，较为幽静，定位为学生静思、阅读的场所。可适当增设景观座椅，增加文化景观小品，营造一片舒适、安静的精神净土。

节点设计 8：外围绿化带，文化传承景观带。设计像水中涟漪一样形态的石材圆形铺装，几个圆形相互叠加，中心是一个无边缘的水池。每组涟漪象征一届的学生，上面一圈圈的纹样由每届毕业生名字雕刻形成，象征校园文化和精神通过一届届学生向外传播。

四、推进《“博才教育”中长期发展规划》整体行动

1. 结合新一轮三年发展规划的制定，有序推进《“博才教育”中长期发展规划》中四大工程建设。

2. 每年年初，除了制定常规工作计划之外，各部门还需研讨、论证四大工程建设中各项行动项目及实施方案。

3. 在各项行动实施过程中，将在每年的10月份进行中期汇报，12月份进行总结汇报，并整理好过程性档案资料。

五、具体措施

1. 加强领导，科学论证

成立校园文化建设领导小组，统一领导和指导博爱文化设计；建立健全党政工团齐抓共管、全体师生员工共同参与的工作机制；加强项目咨询论证和检查评估工作，确保博爱文化设计保持科学性和前瞻性。

2. 营造氛围，培育品牌

在做好“博爱文化”设计的同时，还要做好“博爱文化”品牌培育与推广工作；做好提升师生“博爱文化”素养建设工作；精心组织系列校园文化活动，推精品、出特色。营造能充分体现吴高办学成就、“博爱文化”精神的文化圈。

3. 保障有力，有序推进

把校园文化建设经费纳入学校预算，在人、财、物方面加大投入，确保建设进程，确保博爱文化各项设计工作顺利开展。

第二节　建设完善制度行动

根据我校博才教育特色发展规划（2015），进一步推进学校内涵发展、科学发展，进一步激发学校内部活力，建立和完善充满活力、富有效率、更加开放、有利于学校科学发展的现代学校制度，特制定本行动方案。

一、指导思想

以科学发展观为引领，尊重教育发展规律，针对我校教育发展中基本的、重大的、亟待解决的制度问题，通过建设、完善、健全长效机制等方式，构建理念先进、法规依据充分、具体运行正常、实践成效显著的现代学校制度框架，使我校成为教育教学质量稳步提升、办学活力不断增强、品牌特色不断彰显、社会声誉与日俱增的现代化品牌高中。

二、总体目标

坚持“以人为本、促进成长”的办学理念，进一步完善学校各项工作的管理条例，加强学校管理的制度化建设，提高学校人文管理的水平，建立民主、科学、开放的管理机制，形成制度管理与人文管理有机结合的新型管理体制，充分调动广大教职工的积极性，使学校工作充满生机和活力。并于2015年度完成《吴兴高级中学管理制度》的修订工作。

三、具体措施

1. 观念引领——建立先进的制度观念基础

学校将利用教师大会及各年级部、教研组会议等形式，宣传学校制度建设的重大意义，认真学习《国家中长期教育改革与发展规划纲要》和省市教育工作会议精神、建设学校制度的理论专著、名校实践经验等，统一思想，充分认识现代化的管理制度建设对提升学校内涵快速发展的必要性。

2. 顶层设计——部分核心制度取得实质性突破

制定《建立完善制度行动方案》，根据方案逐步推进。建立健全学校民主管理制度、安全管理制度、教代会制度、教师专业化发展制度、课程制度，制定全员岗位工作职责等关键性制度，全面激发学校活力。重点突破以下几点：

（1）建立现代学校民主管理制度

继续完善学校的规章制度建设，使学校从校长到教职工，人人都有自己的责任区域，事事都能有章可循。加强在组织各类教育活动中实施分层管理，坚持有分有合，管理到位。鼓励更多的教师参与项目管理，鼓励他们勇于承担责任，发扬主体精神，推进学校管理的民主化建设。

（2）完善学校绩效分配及考核制度

创新师资队伍管理机制，着眼于进行学校师资队伍管理机制的改革。深化以教职工聘用和管理为重点的学校人事制度改革和分配制度改革，完善重能力、重实绩、以绩效考核为核心的用人机制和绩效分配制度，增强教职工的竞争意识、风险意识和责任意识，充分调动教职工的积极性和创造性。

（3）修订相关的内部配套制度。

完善学校内部管理制度，重新修订学校管理制度，包括党务、校务、教务、德育、教科研、师资管理、总务、工会等学校工作的各个方面。

四、实施步骤

第一阶段：准备阶段（2015 年 4 月）：成立制度建设工作领导小组，形成建设完善制度行动方案；宣传发动，学习领会，做好思想、组织、分工等各项准备工作。

第二阶段：修订阶段（2015 年 5 月—2015 年 9 月）：在充分征求部门及教职工意见和建议的基础上，着手修订制度及岗位职责，形成现代学校制度基本框架。

第三阶段：推广与应用阶段（2015 年 12 月）：召开教职工代表大会，通过落实学校各项制度。制度经教代会通过后，学校将建立督查组织，加强制度的落实，规范领导的管理行为、教师的教学行为和学生的学习行为，使学校的各项工作有章可循、有法可依，保证学校各项工作规范、高效运转。

五、组织机构

建设完善制度工作领导小组

组长：严忠俊

副组长：潘悦昌

成员：全体行政干部

六、注意事项

1. 原《吴兴高级中学管理制度》是2008年10月完成的。由于制订时间已久，多项内容已不符合当前学校实际，请各处室认真细读后，根据当前实际，进行重新修订。

工作流程：

确定制度项目➡
- 留：在原有制度项目上选择适用的保留。
- 删：在原有制度项目上觉得不适用的删除。
- 加：根据实际需要增添以前没有的制度项目。

内容修订➡
- 留：好的、适用的内容保留。
- 删：落后、不适用的内容删去。
- 改：内容需要修改或增加的，进行修订。

2. 制度修订完毕后请各相关老师按类别进行分类保存（一类一个文件夹），总的文件夹请标明部门名称，以便整理。

第三节　吴兴高级中学行为规范优化提升行动方案

根据学校博才教育中长期规划，进一步优化我校校风、学风、班风建设，进一步强化学生行为规范养成教育，全面提升和优化学生素养，实现“智慧而温暖的行者”的育人目标，特制定本方案。

一、学生规范优化行动意义

1. 加强学生行为规范教育是奠定成功人生的基础。“播种行为，收获习惯；播种习惯，收获性格；播种性格，收获命运。”可见，加强学生行为规范教育，培养学生良好行为习惯，是学生享用一生的财富和法宝，是奠定幸福人生、快乐人生的基础，

2. 加强学生行为规范教育是创建和谐校园的必然要求，校园是一个个学生和一个个班级组成的，因此，和谐校园的建立离不开学生的和谐发展，优良的校风离不开学生良好的行为习惯和道德品质，只有切实加强学生行为规范教育，培养良好习惯，健全人格，培育快乐心境，发展良好个性，促进学生阳光生活、全面发展，才能真正使校园和谐。

3. 加强学生行为规范教育，是实施素质教育的客观需要，素质教育

是以面向全体学生，全面提高学生的基本素质为根本宗旨，以培养受教育者的能力、态度，促进他们在德、智、体、美、劳等方面生动、活泼、主动的发展为基本特征的教育，加强学生行为规范教育是素质教育的重要组成部分，是素质教育的核心和灵魂，也是教育活动的根本任务和主要内容。

二、学生规范优化行动内容、目标

1. 通过“文明习惯”养成教育，增强学生环保意识，让学生更加爱护校园，注重校园环境保护。

2. 通过“文明礼仪”养成教育，树立做文明学生的成长理念，培养学生尊敬师长、礼貌待人的优秀品质，为学生成为文明公民奠定基础。

3. 通过“卫生习惯”养成教育，促进学生养成讲公德、讲秩序、讲卫生的优良习惯。

4. 通过“学习习惯”养成教育，让学生掌握科学的学习方法及提高学习效率的技巧，促进学生良好学习习惯的养成。

5. 通过“节俭习惯”养成教育，培养学生节俭意识，培养学生崇尚节俭的良好生活习惯，杜绝恣意浪费的行为。

6. 通过“安全意识”养成教育，培养学生的交通安全、防火安全、饮食安全、活动安全等意识，使学生在校能愉快生活、健康成长。

三、学生规范优化行动要求、效果

学生行为规范教育是学校德育的基础工程，核心是培养学生良好的德育品质和行为习惯。项目计划从高一到高三分三年逐步达成。

高一年级：熟知活动内容和行为要求；初步训练各项内容要求，高一结束，60%学生初步达到规定要求。

高二年级：熟知活动内容和行为要求；深化内容要求，将内容要求内化于心，80%学生能够自觉做到规定要求内容，学校校风学风班风初步形成。

高三年级：熟知活动内容和行为要求；95%学生行为规范养成，能够做到自我规范、自我管理；能够互相提醒，相互监督，校风学风班风得到优化。

四、工作推进、实施、举措

（一）成立领导机构，加强组织领导

1. 学生规范优化提升行动领导小组

组长：严忠俊

副组长：吴建新

成员：吴红权　莫幸华　方建华　朱丽萍　卞红莲　鲍明海　严梦丹　陈艳　朱晓莺　李贝　各班主任

2. 明确分工，责任到人

吴建新：负责推进教师层面教育、引导、培训。切实树立人人都是教育工作者、人人都是德育工作者的使命，充分利用课堂教学的主渠道作用，结合学科教学特点渗透德育内容，实现事事育人、处处育人的理念。

吴红权：负责学生行为规范优化行动的策划、宣传、组织、协调；负责学生会、团委、年级部工作的推进；负责日常工作的督查、考评；负责学生规范优化提升行动的资料档案计划总结工作。

方建华：负责高三年级学生规范优化提升行动具体实施工作；负责年级学生自治委员会计划、组织、实施工作；负责高三年级班主任专项行动督查、考评工作。

卞红莲：负责高二年级学生规范优化提升行动具体实施工作；负责年级学生自治委员会计划、组织、实施工作；负责高二年级班主任专项行动督查、考评工作。

朱丽萍：负责高一年级学生规范优化提升行动具体实施工作；负责年级学生自治委员会计划、组织、实施工作；负责高二年级班主任专项行动督查、考评工作。

鲍明海：负责学生会、年级团总支学生干部组织、培训、管理工作；负责学校层面学生自治管理委员会开展检查、反馈、指导管理工作。

班主任：负责本班级学生规范优化提升行动方案的制定、组织、实施、总结；负责本班级学生自治管理工作的开展、督查、评优工作。

预期：健全组织领导机构，明确分工职责，统一全校师生思想，健全各级管理、督查网络，形成齐抓共管的氛围。

（二）宣传动员，规范解读

1. 政教处、团委：制定规范优化提升行动方案，制定六大文明素养的内容、要求，包括“文明习惯”“文明礼仪”“卫生习惯”“学习习惯”“节俭习惯”“安全意识”，利用广播、黑板进行动员；召开各年级学生分会，团总支学生干部召开动员会议，依托学生会、团委成立学生自治委员会。

2. 年级部：落实年级学生规范优化提升行动方案制定，成立年级学生自治委员会；并要求各班级结合本班级实际制定《规范优化提升行动》方案；召开主题班会，宣传解读规范要求和内容；出一期规范优化提升的黑板报。

3. 学生个体：认真学习规范要求内容，熟知《吴兴高级中学学生规范手册》和校纪校规。

预期：提高全校师生对规范优化提升行动重要性的认识，统一思想，认真解读六大文明素养内容要求，基本熟知学生规范手册及校纪校规。

（三）训练落实，推进养成

1. 解读征文：在学生认真学习规范内容、校纪校规基础上举办一次全校学生的“良好习惯，幸福人生”为主题的征文比赛；举办一次学生相关主题的演讲比赛；邀请优秀学生（或优秀毕业生）在吴高博闻堂作一次讲座。

2. 检查落实：成立三级规范养成督查小组，各班级有班内规范检查的学生干部；年级成立规范检查学生干部；学校成立由学生会和团总支为主要成员的检查小组；每天在不同的时间点进行督查、记录。

3. 反馈点评：每日政教处和年级部将规范检查情况反馈给班主任，同时对违规学生进行批评教育，要求整改；每周一思想教育时间，由政教处对上周全校规范养成工作进行总结、点评，表扬先进，指出不足，提出要求。

4. 开展班级风采展示活动：利用学校橱窗大力宣传规范养成优秀班集体，并以此为抓手，进一步推进班风、学风建设。

预期：班级、年级、学校三级管理工作落实到位，学生自治管理工作初见成效，形成齐抓共管的良好氛围，班风、学风进一步好转。

（四）考核表彰，交流提高

1. 表彰考核：在学期末对学生个人规范养成和先进班集体进行考核，并纳入学生思想品德考核内容，设置“文明素养”先进个人奖项；将学生规范养成考核情况纳入先进班集体评比内容，以此激励班主任和学生，提高其积极性和主动性。

2. 总结提高：利用班主任例会时间开展阶段性的总结、反思、交流工作，分批次由各班主任交流介绍学生规范养成教育和班风、学风建设成果，分享成功经验，相互学习，交流得失，改进创新。

第四节　吴兴高级中学校园志愿者活动方案

为了进一步弘扬“人道、博爱、奉献”的红十字志愿者精神，建立、完善青少年志愿者服务的招募机制、培训机制、管理机制、评选表彰机制和保障机制，推动我校红十字青少年志愿服务事业有目标、有步骤地开展，同时让更多的学生参与到校园管理和校园环境建设以及校外志愿服务中来，特制定本校园志愿者活动方案。

一、活动的意义

志愿服务精神是对中华民族团结友爱、助人为乐、见义勇为、尊老爱幼、尊师重教等传统美德的继承和光大，是社会主义核心价值观的一种体现。开展青少年志愿者行动，既是中学生倡导社会新风、奉献自我、回报社会的一种方式，也是在实践中锻炼自我、自学成才的一种途径。对进一步塑造中学生勇于实践、无私奉献的精神，提高中学生的服务意识和劳动素质，促进中学生思想政治教育工作，实现我校育人目标——做智慧而温暖的行者等方面都有着重要的意义。

二、青年志愿者活动的目标

弘扬志愿服务精神，让更多的学生参与到志愿服务活动中来，加强青年志愿服务阵地建设，走志愿服务阵地化、活动经常化、管理制度化的路子，使得志愿服务业成为一个具有广泛影响和社会动员力的工作品牌。让我校志愿者身影出现在学校（包括食堂、教学楼、篮球场、艺体馆、图书馆、各精品场馆等）、校外（包括八里店社区和湖州科技馆）的各个区域，最终让我校的志愿服务成为校园和市内一道亮丽的风景线。

三、志愿服务岗位

主要分三块，由志愿服务岗、校园文明监督岗和校外志愿服务岗组成。

志愿服务岗是由高一、高二各班的33支志愿分队组成，其岗位职责是：高一志愿服务各分队利用中午时段承担食堂、公寓、超市、校园内环境卫生工作，每周一个班，一周一轮换。高二志愿服务分队组要承担各精品场馆的卫生和整理工作，在参加服务前由组长事先联系好场馆指导老师，根据指导老师的要求再去参加志愿服务，每周一次，定在周二。

校园文明监督岗是由高一、高二学生会和团总支干部担任，其主要职责：负责晨跑、整洁卫生、文明礼仪、行为规范及晚自习的检查和扣分工作，共分了两个大组，8个小组，每组5到6人，每个大组有负责人，每组有小组长，执勤时间为周二到周五，每周一中午12点半为文明监督岗列会，反馈一周的检查情况。校园文明监督岗实行交叉管理，此项工作已纳入到班级百分竞赛考核中。

校外志愿服务在高一进行，实行志愿报名，利用已开辟的志愿服务阵地，如湖州科技馆和八里店社区等开展活动。

四、青少年志愿者活动的推进

第一阶段：启动阶段。

学校政教处、团委定于3月13日在红十字基地举行“红十字青年志愿者服务在行动”启动仪式，并对我校寒假生活中的优秀青年志愿者进行表彰，同时部署学校青年志愿者活动相关工作。成立红十字青年志愿者协会领导小组，进一步明确志愿者招募要求、岗位职责、服务范围和考核标准。

第二阶段：实施阶段。

从启动仪式后到5月底之间为实施阶段，立足以上岗位进行实践与磨炼。

第三阶段：总结表彰阶段。

6月份，学校政教处、团委召开青年志愿者工作总结表彰大会，对全校涌现出来的“优秀青年志愿者”“优秀青年志愿者负责人”“ 优秀青年志愿者团队”进行表彰，对这一学期青少年志愿者工作进行总结，对下一阶段的工作提出要求，明确下学期我校青年志愿者工作的发展方向和奋斗目标。

五、青年志愿者活动特色

1. 要求各志愿分队严格按照校团委统一规定进行青年志愿者的招募与注册，统一实行青年志愿者注册登记工作的方式和程序，按照志愿者注册号的编号进行管理，让每位注册志愿者了解注册登记证的使用方法。

2. 学校团委将加强对青年志愿者服务活动的指导，包括青年志愿者的招募、注册工作，确保青年志愿者活动能长期、有效地开展下去。活动开展后确保填写记录，每位志愿者的活动记录均填写在青年志愿者服务证上，以便日后考核奖励使用。

3. 加强对志愿者服务活动的宣传。通过校园网、橱窗、广播等形式展开宣传，一方面要积极宣传志愿者典型，让更多的学生了解我校青少年志愿者活动的现状。另一方面要积极宣传青少年志愿者开展的一系列活动，发挥共青团在实践中育人的优势，在活动中注意发现和培养一批青年志愿者骨干，促进优秀学生脱颖而出。

第五节　生命健康教育特色行动

开展生命健康教育是践行社会主义核心价值观和弘扬一训三风正能量的需要，也是我校在成功创建省一级特色示范学校后一大可行的特色项目。生命健康教育是以“认识生命、尊重生命、珍惜生命、爱护生命、感恩生命”为主线，着重引导学生感受生命的价值；培养对自身、家庭、社会的责任意识；学会感恩惜福、尊重他人、理解生命、热爱生命；提高保持健康心态和丰富精神生活的能力，培养乐观进取的生活态度和正确的人生观。不仅要通过对学生进行生命健康的孕育、生命价值的引导和教育，让学生对自我有一定的认识，在教育的过程中，培养学生对社会及他人的爱心，使学生在价值观、人生观等方面获得全面发展。总之，在学校红十字会基础上，透过生命健康教育的实施，帮助学生探索生命的意义，认识自我，进而尊重自己、热爱自己，提升对生命的尊重与关怀，培养社会能力，提升与他人相处的能力。

一、项目特色与亮点

本项目在学校已有的指导中心基础上，努力整合资源，加速创新。除常规心理咨询室工作之外，针对不同年级有不同活动。充分利用心理测评软件设备，建立学生档案，助力高考。全面加强学校心理健康教育工作，围绕中学生的心理健康教育开展全方位的工作。通过心理活动课、主题讲座、个别咨询、学科渗透、主题班会、团体辅导等，把心理健康教育工作渗透到学校教育、教学、管理、服务等各环节中去。尊重每一个学生，让每一个学生每时每刻都感到快乐。

二、预计达到的效果

使我校生命健康教育工作形成固定形式，全员参与，将生命健康教育渗透到学校教育教学的各个方面、各个环节，多途径、多角度、全方位对学生进行生命健康教育，使生命健康教育与学校的整体教育教学工作相结合，与红十字精神相结合。形成“人人知心理健康，人人学心理健康，人人护心理健康”的良好氛围。

三、项目推进过程

（一）3月：心理健康宣传

1. 制作吴高开语轩、心语月记等宣传板，做好软件测评前期工作。

2. 红十字救护技能培训选修课开设，使高一新生人人掌握 CPR 救护技能。

3. 开展安全知识教育，让学生掌握消防知识、交通安全知识、防溺水知识、防暴力伤害知识以及地质灾害的自救自护知识。每月举行一次安全应急逃生演练。建立安全教育责任制，行政部门、班主任、骑车学生建立安全责任书。

4.3 月中旬全校心理委员会议，指导、布置心育工作。

（二）4 月：心理健康活动月

1. 心理健康普查

通过心理测评软件对高一、高二学生进行霍兰德职业生涯规划测评、中学心理健康水平测评。

高三部分学生考前焦虑以及学习方法、学习动力等方面的量表测评。

建立心理危机识别与干预制度，建立预警机制，通过筛选普查，确定心理高危学生名单，建立完整的心理档案，以便尽早发现有严重心理问题和行为异常的学生。对绝大多数学生则是更好地掌握学生心理状况，有针对性地开展心理健康教育活动，对需要帮助的学生进行辅导。同时通过职业生涯规划测评资料为学生选课、家长会做好交流的资料准备。

2. 心理健康主题讲座

中旬为高一、高二年级学生举办“男女生交往”主题讲座。

3. 心理健康主题小报

下旬充分传承吴高优秀传统，将由高一、高二设计高考心理健康小报设计活动，以班级结对的方式为高三学生送温暖。

4. 心理健康主题教育

（1）与班主任工作室成员合作，由杨敏华老师做心理健康教育主题班会示范课展示。

（2）各班级召开急救常识普及班会；出一刊“珍惜生命、学会生存、幸福生活”黑板报；结合跑操、广播操、宣传栏等不同方式，把医学科学知识传播给学生，提高学生的卫生知识水平，培养良好的卫生习惯，师生能够自觉地、积极地参与各项体育卫生活动，提高自我保护能力，减少常见病、传染病的发生，保护师生的身心健康，增强师生体质，达到“无病知预防，有病能早治，急病会急救”的良好状态。

5. 心理健康主题咨询服务

由严梦丹老师负责，邀请学校心理健康教师和省市红十字心理健康救援队成员为高三学生进行考前心理咨询、减压服务。

6. 心理社团主题活动

对全校心理委员进行培训，开展心理委员会议。同时“心语 e 站”学生社团，利用团体辅导室开展自主活动。侧重于学生心理素质的拓展，通过自主活动提升学生自信心、激发潜能、减轻压力、促进心理素质提升。

7. 心理咨询案例研讨会

（三）5 月：高三心理月

1. 高考减压——高三考前心理放松大型团体辅导活动

结合年级以及体育组，为即将面临高考的高三学生举办一次大型室外心理减压趣味活动，旨在缓解学生高考压力，轻松应考，提高活力。

2. 高考讲座

5 月上旬为高三学生举办“高考考前压力辅导”主题讲座。

3. 吴高博闻堂系列讲座——青春健康教育（费颖）

（四）6 月：靶向与专项

1. 吴高博闻堂系列讲座——做美丽的吴高女生（俞晓瑾，待定）

2. 高三考前心理疏导

3. 心理健康校本课程编写

（五）7月：总结与分享

1. 学期总结，做一份生命与青春健康简报

2. 个案交流

3. 资料归档整理

第六节 教学常规标准建设行动

一、指导思想

教学是学校的中心工作，学校的一切工作必须服从和服务于教学这一中心。加强教学常规管理是全面提高教学质量、实施素质教育和提高办学效益的重要保障。

吴兴高级中学开展教学常规标准建设旨在促进教师教学行为规范，优化教学秩序，促进教学改革，从而有效地提高教学质量。

二、建设原则

1. 坚持遵循学科教学规律的原则
2. 坚持优化教学过程、提高教学质量的原则
3. 坚持培养教师良好的教学习惯与创新精神的原则

三、组织机构

行动组负责人：史文波

行动组成员：田葵、徐莉、曹旭英、李红宇、各教研组长

四、建设程序

1. 由各教研组自行制定本学科的教学常规标准并以此作为学科教学常规检查的依据和教师考评的依据。

2. 各教研组制定的标准需经由校长室、教务处审核批准。

五、检查办法及要求

（一）检查办法

1. 检查采用随机抽查与定期检查相结合的方式

2. 随机抽查

（1）随机抽查由教务处负责。

（2）教务处在检查之前临时组建检查组，检查组成员一般由 1 名校级领导、1 名教务处主任（或副主任）、2 名教研组长、2 名备课组长、2 名任课教师组成。

（3）随机抽查的内容可以是单项检查，也可以是全面检查。

3. 定期检查

（1）定期检查由各教研组自行组织，教务处参与。

（2）每学期分别在期中与期末安排两个“教学常规检查周”，教研组在教务处规定的“教学常规检查周”内实施检查活动，教研组在检查之前要向教务处上报检查的时间、地点与内容。

（3）一学期全面检查至少一次。

（二）检查要求

1. 做好档案工作

所有检查都要有记录，并上报检查结果，交教务处存档。

2. 做好反馈工作

将检查中发现的问题及改进建议与教师个人进行书面或口头反馈，要用图片、文字等形式大力表彰检查中发现的优秀事例。

3. 用好检查结果

所有检查结果将作为教师评级、评优、奖励的依据。

第七节　有效教师实施有效教学行动方案

一、前言

“有效教师”是英文 effective teacher 的汉译，正如“课程”“有效教学”等概念一样，“有效教师”这个概念在特定的教学环境下有着不同的含义。美国唐纳德·R. 克里克山克 (Donald R.Cruickshank) 等人明确地提出“有效教师”的定义：所有的教师都会对他们学生的生活产生一些影响，而某些教师会持续地产生更大的和更积极的影响，他们似乎与学生相处得更好,在教授学生真知方面更成功。我们把这样的教师称为“有效的”教师。美国洛林·W. 安德森 (Lorin W.Anderson) 所下的定义：有效的教师是指能够实现自己预定的目标并能达到学校管理者和教育行政部门为其制定的目标的教师。美国学者哈莫切克 (Hamacheck) 在其所著《好教师的特点及其对教师教育的意义》一书中给“有效教师”所下的定义：“有效教师”是这样一些人，他们充满人性、有幽默感、公正、有同情心，无论是和学生个体还是和学生集体相处都更容易、更自然。他们的课堂似乎是企业运行的缩影，放映出开放性、自发性和灵活性。

总的来说，有效教师界定的标准主要是两个，一个是从社会的要求来界定的，还有一个就是从学生的自身发展来界定的。第一个标准是社会取向的，因此衡量一个教师是不是“有效教师”，关键就在于他（她）在特定历史时期有没有达到社会群体所公认的要求；另一个标准是个体取向的，正如 Donald R.Cruickshank 所说，“有效教师”的标志是对学生的生活产生“更大的、更积极”的影响，更成功地帮助学生获取真知。

“有效教师”是从“有效教学”以及“有效课堂”研究中衍生出来的，它也属于教师专业发展的研究范畴。

二、有效教师的培养行动

（一）行动理念——整合“三大培养工程”，加大培养力度

“一三五工程”是我校针对青年教师的校本培训工程。学校自成立以来一直扎扎实实地做好“一三五工程”，并与时俱进地拓展“一三五工程”校本培训的组织方式和学习方法，深化、细化青年教师校本培训的形式和内容。

职业倦怠和动力不足阻碍了高级教师的发展，甚至在一定程度上导致了优秀教育资源的退化。要改变这一现状，学校实施骨干教师培养工程，一方面需要进行制度变革，建立有效的激励机制，以使骨干教师焕发职业热情、产生发展动力；另一方面需要通过有效的培训活动，不断提升骨干教师的教学观念、教学思维、教学知识和心理品质，获得专业上的可持续发展，让骨干教师在这样的情形下找到自己的价值，产生对教师

职业的认同感，体验到职业幸福。基于此背景，我校实施了骨干教师培养工程。

名教师队伍的数量和质量，直接关系到整个学校教育教学质量的高低，也直接关系到学校能否持续发展。2007 年 3 月，学校被确定为省一级重点中学，现在又被评为省特色示范高中，基于此发展契机来实施“名师培养工程”已成为我校创名校、出名师、显特色，继续提升办学水平和内涵层次的必然选择与现实要求。目前我校有专任教师 200 多人，中青年教师占绝大多数。名师数量与同类省一级重点中学差距悬殊，仅有省特级教师 1 名。构建一个开放、高效的名教师成长平台，加大人才资源开发力度，带动全校教师队伍整体素质的全面提高，已经刻不容缓。

经过实践与反思效果，我们认为，三个工程要分开，因为一方面精力有限，另一方面培训资源也得不到保障。为发挥培训效益，我们准备将三大工程进行有机整合，共享培训资源，做好常规的校本培训工作。

（二）行动方案——聚焦教师需求

1. 方案一：骨干教师高级研修

（1）指导思想

为加大骨干教师的培训力度，进一步促进骨干教师的专业发展，以课堂研究为总体目标，以提高教师新课程教学能力为重点，以提高培训质量为主线，贴近课改，贴近课堂，贴近教师；坚持以教师的可持续发展为本，以提高教师的能力和水平为核心，开展多类型、多层次、多渠道的培训。为提高我校教师的业务水平和教育教学能力，帮助参训教师进一步了解当前国际国内教育的先进理念和实践探索，学习教学改革的目标、方法和路径，提升参训教师的工作使命感、积极性和创新性，为骨干教师的长足发展服务，拟进行《骨干教师高级研修》专项培训。

（2）内容与方式

内容：教育理念、课程改革、教学改革等。

方式：请进来与走出去相结合的方式。

请进来即请省内外名师、专家来校进行专题讲座与培训；走出去即借力高校，到高校（名校）进行集中培训。

（3）培训时间

对于请进来视情况酌情安排。

集中培训：每年 7 月，具体时间视情况确定。

（4）培训对象

校骨干教师（首期为教研组长、备课组长、中层及以上管理人员），每期 50 人左右。

（5）培训考核

培训结束后，参训人员必须提交不少于 2000 字的相关论文或培训感悟，并以此作为报销相关费用的依据。

2. 方案二：“一课一优师”活动

总方案按省、市“一课一优师”活动要求进行。但我校下列教师必须在 5 月之前进行晒课：

（1）“一三五”学员

（2）校教坛新秀

（3）市名师工作室成员

（4）名师培养对象

三、有效教学的提升行动

（一）行动理念——追求有效的课堂教学

实施有效教学，最关键的因素是教师。导致课堂教学效率不高的原因：一是观念旧，拿着新教材，唱着过去的歌谣。二是有惰性，常有“拿来主义”，鲜有创新精神。三是关注点有偏差，教学时只关注教，忽视学生的动态生成。四是反思少。在新课程背景下实施有效教学，我们在以下方面不断提升教师的专业素质，培养教师树立先进的教学理念，理念是灵魂；丰富教师知识储备，知识的厚度增加了，课堂就能深入浅出，左右逢源；培养教师的反思能力。叶澜教授有一句著名的话：“一个教师写一辈子教案不一定成为名师，如果一个教师写三年教学反思，就可能成为名师。”

（二）行动方案——大课题引领下的课堂研究

1. 指导思想

为加大教师研究课堂的积极性和参与力度，加强教学的有效性，我们实施大课题引领下的课堂研究策略，即在校大课题（校长、副校长负责）的引领下，结合教研组特点与实际，选择相应子课题进行研究，并以此为载体，聚焦课堂，聚焦有效的课堂，聚焦有效课堂的研究。

2. 研究内容

研训处协同学校确立大课题研究方向，由研训处负责执笔申报立项；教研组协同研训处确立子课题研究内容，由教研组负责申报立项，当年未能立项的下一年度优先申报。

2015 年度课题研究的具体内容：

大课题：“目标导航”下构建“问来问去”课堂新常态的实践研究

子课题：

数学组：高效课堂下高中数学“目标检测”优化设计的实践研究（市教研课题）

历史组：“史由证来，论从史出”——构建“能力主线”高效课堂的行动研究（市教研课题）

物理组：高中物理课堂学习目标确立的深化研究（市教研课题）

生物组：高中生物错题库的建设与利用的研究（市规划课题）

语文组：高中语文课堂学习活动有效性的实践研究（市规划课题）

英语组：基于学习目标的高中英语听力教学探究（未立项）

地理组：新高考背景下教师主“导”角色的实践研究（未立项）

3. 研究方式

采用教授指导、研训处主管、教研组负责实施的研究方式，每月不少于一次的专项集中研究，研究内容包括开题论证、阶段性成果汇报、中期报告、汇报课、研讨课、展示课、结题报告等。我们认为，通过这样的形式，不仅可以加强课题研究的参与度，更主要的是能够使更多的教师关注课堂，从而加强课堂教学的有效性，提升教学质量。

4. 研究人员

以教研组长为核心，课题负责人（含执笔）为骨干，辐射教研组各成员。

5. 行动评价

评价采取过程性考核和终端性考核相结合的评价方式。

过程性考核主要是对子课题的开题、过程性管理、中期汇报等进行考核，终端性考核由研训处聘请相关专家对子课题研究的结题报告进行考评，评出一等奖二项，二等奖二项，三等奖三项，并适当给予奖励（具体标准待定）。

吴高渴求有效教师，吴高的学生更渴求有效的课堂，我们在行动，我们必须要行动。

第八节 师德师风建设创新行动

一、目标任务

紧紧围绕全面加强思想道德建设，推进学校社会主义核心价值体系建设的目标，以“热爱学生、爱岗敬业、教书育人、为人师表”为核心，以提高教师思想政治素质和职业道德水平为重点。通过师德师风建设创新活动，引导全校教职工，特别是广大教师，进一步增强职业光荣感、历史使命感和社会责任感。形成关爱学生、严谨笃学、淡泊名利、自尊自律，以人格魅力和学识魅力教育感染学生的良好氛围，自觉依法执教、优质施教、廉洁从教、文明执教，造就一支师德高尚、素质精良的教师队伍。

二、师德师风建设创新活动

一是抓好领寻班子带动。重视党员干部，特别是各级班子的先锋模范作用，坚持把先进性要求和广泛性要求结合起来，大力倡导领导干部和共产党员带头实践、模范引导。我们的党员干部要争做师德师风建设创新行动的带头人，以自己的行动带动广大教师，以党风带教风，以党性铸师魂。在此基础上，区分层次，着眼全体，鼓励先进，循序渐进，推动师德师风建设的深入开展。

二是抓好典型示范。榜样的力量是巨大的，着力归纳、挖掘、提炼师德师风建设中的真人、真事、真心、真情，大力宣传师德师风先进典型的好思想、好作风、好经验、好教师，向教师、向学生、向社会不断传递积极阳光的正能量，努力营造尊重先进、学习先进、追赶先进、争当先进的校园氛围，进而践行见贤思齐的校风。

三是抓好师德师风制度建设。在师德师风建设中，思想工作固然重要，但必须与管理相结合。有规矩才能成方圆，用制度来管理、约束教职员工。要建立完善学校的教育、教学规章制度，以规范教师的师德行为。学校将建立完善吴高病事假制度、吴高教师师德师风基本准则、教学事故处理条例、吴高师德师风考核制度等等，让广大教职工明确“应当怎样”和“不应该怎样”。实行师德一票否决制，以此促进师德师风建设，推动学校教育事业的改革、创新、发展。

四是完善日常量化考核监督机制。建立社会、家长、学生三位一体的监督体系，并且向家长、社会公布监督电话，设立“家长联系卡”“家长接待日”。通过学生座谈会、家长委员会、向学生和家长发放“问卷调查表”等形式，及时了解家长对每位教师的评价。开展教师师德承诺活动，并建立师德档案，将《师德师风建设日常量化考核评估》结果归入教师个人档案，为其晋级、评优、聘用、专用能力等级评价等工作提供依据。

第九节　服务师生保障提升工程之校园美化行动

一、指导思想

围绕吴兴高级中学2015年博才教育特色发展规划，为进一步优化育人环境，提升学校文化品位。积极构建“净化、绿化、美化、文化”为主要内容的“四化”长效机制，建设美丽校园、文明校园、和谐校园，促进学校发展。

二、工作目标

1. 抓好校园净化工作，创建卫生校园。巩固现有卫生保洁成果，加强对科学楼空教室的卫生工作管理，重点强化教学楼卫生间的卫生保洁、除臭工作。

2. 整理校园绿化，让校园绿化更有序、更美丽。

3. 翻新教学楼、行政楼、食堂和艺术馆的外立面以及教学楼走廊的顶部和墙面。逐步整理、建设好教研组和备课组集体备课会议室。

三、组织机构

组长：徐国华

副组长：俞作为

四、具体项目、负责人及实施方案

（一）“调整、充实，提品位”绿化行动

1. 项目负责人：俞作为

2. 项目目标

在原有的植被、树木的基础上，分时间、分区域逐步调整部分树木，使主干道有整齐的行道树，各区域有特色明显的绿化分布。

3.2015 年实施方案

时间	内　容
3 ~ 4 月	超市门口绿地——桂花；行政楼北面——茶花；公寓东面（行道树）——香樟
5 ~ 6 月	校园内小灌木集中归类；教学楼教室后面整理；除草、除虫、修剪
7 ~ 8 月	浇水等日常维护
9 ~ 10 月	食堂南面播撒草籽
11 ~ 12 月	行道树修剪

4. 过冬养护

（二）“换新装，显亮色”——校内建筑体外立面、教学楼走廊翻新项目

1. 项目负责人：徐国华、俞作为

2. 实施方案

（1）本年度重点工程：教学楼、行政楼、食堂、艺体馆外立面翻新；教学楼走廊顶部和墙面翻新。

（2）工作要求：精细、规范、优质。

（3）工作进程安排：

A.2015 年 5 月底之前，做好所有的前期准备工作：设计院设计详细的施工图纸；到规范部门办好相关手续；与财政、招投标代理衔接好相关工作；完成招投标工作；与中标单位签订合同；确定好监理并做好衔接工作。

B.6 月初召开施工前的协调会。

C.7 月 5 日起施工单位进场施工，至 8 月 24 日前完工。

D.8 月 25 日，组织相关部门和单位验收。

第十节　服务师生保障提升工程之后勤服务提质行动

一、指导思想

着眼于学生、教师和学校的发展，围绕学校博才教育特色发展规划，结合学校后勤社会化管理的实际情况，巩固已有成绩，着力提升后勤服务质量。确保食品安全，进一步增强服务意识，精细、规范地做好后勤服务工作，提高后勤服务的效率和质量。

二、工作目标

1. 稳妥地调整好食堂餐饮品种结构，确保食品安全，进一步提升学生就餐质量，稳定价格，提升服务水平。

2. 进一步完善和健全食堂和校内超市监督的工作机制，加强监管，确保食品安全和师生满意。

3. 加强对公寓内财产管理，摸查、登记、维修现有财产，加强日常检查和督促。

4. 对校设施和设备做好日常检查维护，确保安全。根据实际需要，按规定做好设施设备的采购工作。

5. 及时修理和维护校内各部门报修设施及设备。确保教育教学设施正常运转。

三、领导小组

1. 组长：徐国华

2. 组员： 俞作为、王金盈、王京平、黄爱爱

四、提质行动篇

（一）“保安全、调结构、增营养”行动——食堂餐饮结构调整项目

1. 项目负责人：俞作为、王金盈

2. 目标

（1）保食品安全，提升学生在校营养，保持高满意率。

（2）减少冷冻荤菜原料，增加新鲜肉类；提高蔬菜的新鲜度；减少油炸类食品。

3. 行动思路

（1）健全学校膳食管理委员会

（2）做好各环节工作

A. 把好原料进口关。食堂从合格供货商进货，并检验和记录；食堂每天通过网络上报进货台账；膳管会抽查原料。

B. 精心安排好一周菜单，菜单提前一周公布。

C. 膳管会加强检查、督促，做好台账记录工作。

D. 膳管会每天安排好大堂经理值班，并认真记载师生意见；每月进行一次意见调查。

E. 每月召开一次工作例会，反馈意见，商讨工作。

（3）“调结构、增营养”具体措施

A. 每日增加以卤肉、鲍鱼、卤鸭等新鲜原料为主的卤制品，每日销售量在 300 份左右。

B. 自主制作新鲜肉类成品：肉饼蒸蛋、千张包、狮子头、肉丸类成品。销售量在 300 份左右。

C. 二楼逐步推出营养粥、吴兴大肉包、鸡腿荷叶饭类。逐步推出湖州浇头面、干挑面系列。

D. 中餐推出精品盘装菜系列，以满足学生日益提高的就餐需求。

（4）文明道德篇

以学校志愿者服务为蓝本，逐步倡导学生文明用餐。自己用餐自己倒餐盘，让学生逐步与大学生活接轨。

（二）“增次数、保整洁”校园保洁行动

1. 项目负责人：王京平

2. 行动思路

（1）加强对保洁人员的思想教育，确立干、净、无臭味的底线意识（重点是老师办公室对面的卫生间）。

（2）精细规定保洁人员的工作时间、工作要求。

（3）总务处和新宇公司保障卫生保洁所需工具。

（4）新宇公司加强每日检查，加强评比，并与经济奖惩挂钩。

（5）学校每周抽查，及时反馈意见。

五、保障措施

（一）合同保障

1. 明确合同时间、明确双方权利与责任，为提供优质后勤服务建立前提条件。

2. 后附吴兴高级中学与浙江新宇后勤管理有限公司签订的关于食堂托管协议一份、关于公寓的托管协议一份、关于校园卫生保洁协议一份；吴兴高级中学与浙大新宇集团浙江新宇贸易有限公司签订的关于校内超市经营协议一份。

（二）制度保障

1. 学校相关管理制度：《后勤社会化项目管理制度》。

2. 受托单位相关管理制度。

（三）人员保障

所有与食品有关的人员，持健康证上岗，资料在总务处备案。日常严格按餐饮行业从业标准来执行。

（四）日常检查机制保障

食堂和超市每日的常规管理、膳管会的常态化检查、督促与学校的抽查相结合，并形成台账记录。

（五）台账资料保障

1. 食堂和超市将以下台账资料保留完整：上岗人员健康证、身份资料；供货商资质材料；每日进货台账；每日验货台账；每日的其他管理台账。

2. 膳管会例会台账、检查台账。

3. 学校抽查的记录台账。

第四章

“博才教育”涵育智慧而温暖的行者

第一节　砥砺品行传承师道
第二节　教师道德发展
第三节　思想教育与政治课深度融合
第四节　班主任是中学德育的中坚
第五节　学科教师是中学德育的主体
第六节　吴高师德风采掠影

第一节 砥砺品行传承师道

师德是教师之魂。习近平总书记在与北师大师生座谈时,明确提出“四有”好老师标准,即有理想信念、有道德情操、有扎实学识、有仁爱之心。作为“塑造灵魂、塑造生命、塑造人”的职业,广大教师要更加自觉地践行社会主义核心价值观,持之以恒地加强师德建设,传承创新中华优秀传统价值理念和道德规范,努力成为党和人民满意的好老师。

传承师道,为人师表。自古以来,高尚的道德品行一直是教师的立业之本,“为人师表”是对教师的根本要求,也是教师之所以为“师”的首要前提。“师者,所以传道授业解惑也。”“传道”是第一位的。每一位教师在德育课程教学、德育活动、学科教学、学校生活过程中给予学生的教化、引领、示范、影响和熏染都有着重大意义和价值。

师德具有时代性,是一定社会道德关系的体现,广大教师在知识传播、人才培养、文化传承创新等方面肩负着神圣使命。由于教师的社会角色、工作性质,使全社会对其思想状况、道德水平、价值立场等有着特殊的要求。加强师德建设,坚定教师的理想信念,规范情操品行,正如习近平总书记所强调的,广大教师要用自己的行动倡导社会主义核心价值观,用自己的学识、阅历、经验点燃学生对真善美的向往，使社会主义核心价值观润物细无声地浸润学生们的心田，转化为日常行为，增强学生的价值判断能力、价值选择能力、价值塑造能力，引领学生健康成长。只有不断加强师德建设，使其成为广大教师内在的、自觉的行动，形成良好的师德师风，社会主义核心价值观才能真正融入教书育人全过程。

砥砺品行，立德树人。教师职业的特殊性，决定了教师道德品质的重要性远远超出了一般的职业道德的意义范畴。基于教师的示范作用和社会期望，好老师要自觉地为学生做表率、做榜样、做示范，好老师的品德和行为要自觉地高于、优于一般社会成员。对教师道德的要求，不仅包括要求教师的道德自觉、道德自律，而且还同时注重要求发挥教师道德的示范作用，引领社会道德风尚。

师德建设需要自律和他律有机结合，主要还是依靠自律。广大教师要坚持价值引领，用社会主义核心价值观作为基本遵循，学为人师，行为世范，以立德树人为出发点和立足点，努力践行师德规范和教书育人行为准则，增强师德建设的主动性和自觉性。每一位教师不光着眼于校园内，更应当关注社会，不光做学校的教师，更应当做社会的教师。要有“以天下为己任”的使命担当，弘扬高尚情操，传承优秀文化，自觉践行和传播正确的价值观念与道德规范，做社会文明的传播者，做良好社会风尚的积极推动者。

第二节　教师道德发展

改革开放40年来，我国教师职业道德规范经历了40年的演进。人们对教师职业道德内涵的认识逐步清晰，我国的教师职业道德教育表现出从“职业”走向“专业”、从课本走向实践、从经验走向制度的发展趋势。

一、修炼人格，实现自我

新时期的教师对待职业要树立“以人为本”的素质教育的理念，要注重人文关怀，精神扶持，成为学生健康成长的指导者和引路人。教师对待自己的道德修养要树立终身学习、与时俱进的观念以适应教育不断发展的需要，以自身良好的师德形象培养学生现代人具有的素养，以奉献的精神实现自我的价值。职业道德修养的方法是多种多样的，不可能千篇一律。每个教师都应该根据自己的具体情况来选择提高自身职业道德素质水平的修养途径和方法。过去我们曾经学过许多有关道德修养的知识并且在实践中证明是有效的，但随着时代的发展，教师职业道德的水准还停留在原来的基础上，是不能适应教育发展的新要求的。尤其是当前新的基础教育课程的全面实施，每一位教师都必须从职业道德的高度去认识新课改，而不是被动地接受这一理念。

加强学习，提高职业道德水准是全面完成基础教育课程改革宏伟目标的重要前提和基础。要提高职业道德水准，环境的影响，老师的传授是行之有效的，但更重要的是加强自身修养，途径之一就是自学。自学是进行道德修养的基础，也是道德修养的一个重要方法，这是因为道德水准的提高离不开知识。知识不仅可以征服自然，改造自然，同时还可以陶冶人们的心灵，推动道德水平进步。一个不善于学习、不接受新知识的教师，是谈不上什么职业道德修养的。作为教师一定要树立终身学习的观念，除了学习政治、教育理论、法律法规和科学文化知识外，当前还要重点学习基础教育课程改革中的有关重要论述，如新课程的转变及其重要内涵、新课程的体系、课堂教学策略以及学生学习效果的综合评价等。当然作为道德修养的读书学习，与一般学习科学文化知识和理论知识的方法不完全相同，前者重在“修心”，后者重在理解应用。道德修养的学习要求我们在读书学习时，必须充分发挥主观能动性，认真对照自己，联系自己的内心观念、内在品质进行。如新课程理念强调：“教师是学生学习的合作者、引导者和参与者。”“合作”“参与”，就意味着平等对话，互教互学，这就要从内心上对照自己已往“以自己为中心，我教你学”的注入式传统教学模式，认真分析其利弊，并从认识、观念上加以改之，尽可能地在教学模式上发生质的变化，决不能流于形式。否则，读书破万卷，“修心”却甚微，职业道德修养就没有到位。努力学习书本知识，加强道德修养无疑是一条重要途径。此外，还可以树立榜样来加强学习。众所周知，榜样的力量是无穷的，学习优秀的道德榜样是活生生的教科书，比书本上介绍的知识更直接、更真实。为此，我们必须从内心上去学习身边的课改能手，认真学习他们钻研的精神、高贵的品质、崇高的人格，以此来鼓舞自己。同时，还可以通过各种信息网络获取在新课改中做出贡献的优秀教师、专家的教学方略来对照自己，弥补不足。闻善者而从之，见不善者而改之，这样也能加强自己的职业道德修养，更好地实现新课改的目标。

勇于担当，大胆实践。如果一个人只学习不实践，仅仅是一个知识的收藏家，不能充分发挥所学知识的作用，就没有知识经济意识，对社会进步没有多大贡献；他的职业道德就很欠缺，思想境界极不完善。教师职业道德修养是一个长期的实践过程，要把所学知识用来指导实践，更好地为实践服务，在实践中不能贪多求全，囫囵吞枣。要一步一个脚印地从点滴做起，从小处做起，不断总结新经验，寻求新方法，这样就能陶冶自己的道德情操，磨炼自己的道德意志。新的课程理念要求教师是教学的研究者、学生学习的促进者、课程改革的开发者、实施者，同时还强调教师要逐步完善个性，展现个人的教学魅力，善于反思等。每一个环节的落实都要求教师在实践中必须认真探究，谨慎实施，有的环节还要进行多次尝试，反复琢磨，不得马虎。要做好这些工作，没有高尚的职业道德情操作支配是难以完成的。与此同时，我们还必须明确一个道理，任何事物都是在矛盾中发展起来的，新课改的实施也是这样，只有我们彻底转变教学观念，严格遵循职业道德准则，发扬高度的意志品质，充分认识素质教育和应试教育的利弊，才能从矛盾冲突中解放出来。

二、教师道德教育发展的新趋势

（一）从“职业”走向“专业”

教师道德从传统的职业道德向专业道德转化是教师队伍专业化的内在构成和重要标志。在我国，教师职业道德建设在很长一段时期内，往往是一般道德规范在教育行业里的简单演绎与应用，而没有从专业特点出发讨论教师职业道德规范的建立，导致师德建设经常停留在口头上，没有得到真正的贯彻和实施。“专业性”实质上是指某一行业行为主体和主体行为的“不可替代性”。教师职业道德向专业道德的转换首先意味着教师应被当作特殊的专业人员来对待，要有其特定的行业道德。其次，我们应当从专业生活的角度理解教师专业道德建设，将教师的职业道德理解为专业生活的需要。当然，教师职业道德向专业道德或专业伦理的转换不是一蹴而就的。但是教师职业道德从“职业”走向“专业”是我国师德发展业已出现的新趋势。从“职业”走向“专业”预示着“通用”的教师职业道德规范即将落幕，“不可替代”的教师专业道德逐步建立。

（二）从课本走向实践

多年来，我国师德教育主要是在职前培训的课堂上完成的，其主要方式是对教师职业道德规范及相关的师德知识进行集中说教和灌输。“道德教育具有的实践性是与知识教育有本质区别的，关注教育实践是重塑师德教育的必然选择。”师德教育从课本走向实践，首先是因为教师的职业道德是在教育教学工作中提升与养成的。在教育教学实践中，教师产生职业道德需要，并逐渐地转化为道德观念，外化为道德行为。其次，师德教育从课本走向实践意味着教师要勇于接受新的理念，通过教育实践，反思自己的教育行为，形成“实践+反思”的教师职业道德成长模式。再次，教师最重要的道德实践表现为与学生的交往。教师作为大众预期的道德楷模，对学生的道德成长有深远的影响。要培养良好的师德品质，教师与学生交往的过程是最好的道德实践。

（三）从经验走向制度

“经验型教师向专业型教师的转变是人类教育生活历史性进步的一个重要表征。”同样，将零散的师德教育经验上升为制度层面，是克服师德缺失的有效途径，也是今后师德建设要努力达成的目标之一。合乎伦理的师德教育制度是加强道德他律的重要措施。教师职业道德规范的确立为师德教育从经验走向制度迈出了重要的一步，但仍有不少制度急需建立。

第三节　思想教育与政治课深度融合

高中思想政治是专门对学生进行德育的学科。政治教师通过各种形式的教学活动，对中学生进行马克思主义指导下的公民道德教育，引导他们树立正确的世界观、人生观和价值观。可以说，以“三观”教育为核心的思想政治教育是学校有目的、有计划、系统地对学生进行德育的一个重要途径，对帮助中学生树立坚定的理想信念、选择正确的人生道路起着至关重要的作用。因此，必须重视高中思想政治课德育功能的发挥。

在新形势下，需要从教育观念、教学评价机制、政治教师素质及社会风气等方面进行相应的变革，保证学生从课堂及课外实践中都能学有所用和学有所得，充分发挥高中思想政治课的德育功能，培养对社会有用的高素质人才。

一、重视政治课的德育功能，精心备好教材中的德育内容

作为政治教师，传授学科知识永远比不上帮助学生树立良好的道德品质、树立正确的世界观和人生观更重要。但是我们的教师在教学中为

了追求分数常常忽视了德育目标的贯彻或者把政治课的德育功能弱化了。其实高中政治教材中的每一节都有思想道德教育素材，我们只有在备课中把这些素材备好，并把教材内容与现实问题结合起来，把它与学生的生活实际结合起来，才能在上课中贯彻并实施好。

比如“企业经营者的素质”这一框题，内容不多也容易理解，但是有位老师讲了一节多课，他用了很多时间跟学生分享他看完《首席执行官》这部电影后的感受。这是以海尔集团的CEO张瑞敏为原型创作的电影，除了让学生了解张瑞敏作为一个企业经营者所具备的素质之外，老师更多的是想让他们知道一个人是如何为了梦想不断坚持，不管碰到什么困难都坚信没有过不去的火焰山；让他们知道只要有梦想，只要努力，只要找到了路，就不怕路远；让他们知道只有把自己变成狼，才能有资格与狼共舞，只有与更优秀的人接触，才能充分地锻炼自己。

二、突出时代特色，把时事政治、探究活动等引入课堂

政治是一门时政性很强的学科，与时代、与社会、与党和国家的政策方针紧密相连，是政治学科区别于其他学科的最大特点。政治教师应该有较强的时政敏感性，及时掌握第一手时政信息。通过时政热点的引入，引导学生关注身边的社会问题，增强他们的社会责任感，这也是充分发挥高中思想政治课德育功能的重要途径。比如，在讲“加强宏观调控”时，可以通过列举当年发生的一些大事，如地震、泥石流、矿难、火灾等，

让学生了解国家的宏观调控是必要的，国家的政策是在遵循价值规律的基础上制定的，从而让学生了解并支持国家的政策，为国家培养未来的建设者。

《国家中长期教育改革和发展规划纲要（2010—2020年）》把坚持“德育为先，能力为重，全面发展”作为未来教育发展的战略主题，怎样落实社会主义核心价值观是当今教育改革中值得深入讨论的重要话题。在必修三《文化生活》模块的第十课第一框《加强思想道德建设》中正是紧紧围绕这个话题展开，使同学们在了解社会主义核心价值体系和社会主义核心价值观的基础上，向英雄模范人物学习，增强思想道德修养，在日常生活中积极践行社会主义核心价值观。为落实教学目标，我校谈老师主要进行了以下三个情景探究活动：

（一）源于生活，让知识又回归生活

众所周知，教育总是与生活交织在一起，教育要为生活服务，因为学生作为一个个体，不能脱离社会而生活，今天的学校教育是为今后更好地融入社会、更好地生活奠定基础。所以，在本堂课的教学设计中，导入环节我以一个探究活动：“说说最美的人”开始，由学生讨论回答后引出“2015年感动中国十大人物”。让同学们感悟到“最美的人”就是那些无私奉献、乐于助人的人，就是那些舍小家为大家、舍己为人的人，就是那些坚强勇敢、不怕牺牲的人。这些人可以是我们身边的普通人——父母、兄弟姐妹、老师、同学，也可以是为国家做出重大贡献的科学家、军人、医生等等。这些人来自各行各业，不同年龄，甚至不同的民族，但他们身上都充满着满满的正能量。这种正能量将会深深地浸润同学们的内心世界，对他们的终身发展产生深刻影响。

通过这个教学环节，同学们的主要收获可概括为以下几点：①学会观察、善于发现，及时捕捉身边美好的事物，发现他人的优点；②学会感恩、乐于奉献，感恩父母，感恩老师，感恩社会，学会体谅和宽容，同时回馈社会和他人；③向先进人物和榜样学习，从他们身上获得无穷的力量；④关心社会、学会生活，聚焦社会热点、关注百姓生活；⑤在讨论和回答问题的过程中，提高思维逻辑能力、语言组织和表达能力等。

（二）思想引领，让核心价值融入于心

在讲述“把建设社会主义核心价值体系，培育和践行社会主义核心价值观作为凝魂聚气、强基固本的基础性工程。必须要用社会主义核心价值体系，引领社会思潮，凝聚社会共识；把社会主义核心价值观的培育融入国民教育、精神文明创建活动全过程，贯穿于社会生活方方面面”这一知识点时，谈老师播放了一段视频：《核心价值记心头》，这是2014年由中共湖州市委宣传部制作的关于践行社会主义核心价值观的一部宣传短片。在短片中，“富强民主文明和谐、自由平等公正法治、爱国敬业诚信友善”这24个字被完美地整合在歌曲中，热情而又清新的旋律唱出了湖州人的勤奋和拼搏，唱出了新时代湖州的快速发展和繁荣。

通过欣赏这一短片，同学们的自豪感油然而生，为自己生活在这样美丽富饶的城市而自豪，为自己是湖州人而骄傲；湖州作为湖笔之都，为书法艺术甚至是中华文化的发展做出了巨大贡献，所有的湖州人都拥有这样的文化自信；同时，我们拥有开放的怀抱，具有全球视野，愿意和世界交流；我们的城市在发展，我们每个人都在与时俱进地努力着。社会主义核心价值真正地融进了每个人的言行里，渗透进每个人的生活中，化作城市建设、发展创新的无限动力。

（三）实践创新，让“小课堂”变成“大社会”

在讲到“加强思想道德建设要全面提高公民的道德素养”这一知识点时，谈老师安排了第二个情景探究活动：为湖州争创全国文明城市出谋划策！在这个活动中，谈老师利用了当前湖州争创全国文明城市这一机遇，首先列举了生活中常见的一些不文明现象，再由同学们讨论商量出解决的对策。

大家的讨论是热烈的，答案是多样的，思维的碰撞是绚烂的。在这个过程中，同学们不是被动地完成任务，而是把自己作为湖州人这一主体，积极主动地承担起相应的社会责任，为城市的发展出谋划策、添砖加瓦。他们明白了，法律需要敬畏，规则需要遵守，环境需要保护，资源需要节约。他们也清楚了，看待任何事物都要进行一分为二的理性分析，正视问题的存在，再根据一定条件提出新观点、新理念和合理的解决方案，正确地解决问题。

小组讨论、合作学习的学习方式在这里发挥了很好的作用，他们懂得了团队的力量远远大于个人的力量，只有团结协作、相互信任和配合，才能提高效率，顺利完成任务，走向成功。

教育的目的是致力于学生的终身发展，这需要全方位、多层次、多领域的配合和协调，需要全社会共同的努力。但只要我们够坚持，坚持把“核心素养”教育贯穿于课堂上，体现在课程上，渗透进家庭教育中，融入社会教育中，则必将迎来未来教育的新图景。为此，广大教师们在课改的道路上向着立德树人的目标，迈着坚定的步伐，努力前行。

第四节　班主任是中学德育的中坚

班级是进行教育教学的基层单位，班主任工作是进行日常思想品德教育和指导学生健康成长的最重要的途径。班主任与学生朝夕相处，对班级的每一个学生的全面发展都负有直接的教育责任，是学生效仿、学习的直接对象，班主任的一言一行，都会给学生留下深刻的印象，对学生的思想、行为产生潜移默化的作用。班主任不仅是学校德育工作骨干队伍的重要组成部分，更是骨干队伍里的中坚力量。

传统学校德育一直囿于校园环境之内，教育途径主要是召开主题班会、升旗仪式、家长会、政教团委定期开展各种主题教育活动和学科渗透等，随着时代的发展，班主任只有不断提高德育技术，丰富德育方法，探索创新德育路径，才能提升德育的有效性。下面是我校潘丽娟老师的班主任工作的一个案例。

【案例】“C+A 评价模式”在“品德考核”中运用

一、“C+A 评价模式”的内涵

“C+A 评价模式”中“C”指的是组合值周，英文翻译是“combine value cycle”，以下简称“C”，就是每周由两位同学搭档对本周所有同学进行周评定，“A”指的是累计，英语翻译是“accumulation”，综合素质申报以周A累加为依据，A多数者获得本学期的最终A等。

二、“C+A评价模式”产生的背景

1. 综合素质评价结果科学公正的重要性

高中学生综合素质评定工作作为浙江省新高考改革的重要组成部分，公布以来受到社会各界的普遍关注。2016年10月浙江省教育厅特别下发了《浙江省教育厅办公室关于做好2014级普通高中学生综合素质评价工作的通知》。《通知》中明确说明普通高中学生综合素质评价结果是高考招生的重要参考依据，高中生综合素质评价，是高中生学业生涯中的重要组成部分，其评价结果是高职提前招生、“三位一体”招生和统考招生中的重要参考依据。

2. 浙江省新课改后高中学生综合素质评价的内容

“高中学生综合素质评价”主要包含品德表现、学业水平、运动健康、艺术素养、创新实践五个方面。学校实行民主评议，组织师生对每个学生的品德表现、学业水平、运动健康、艺术素养、创新实践逐项进行评定，采用学生互评和教师评议结合的办法。评价结果分A、B、C三等，分别代表“优秀”“好”“尚需努力”。而A所占的比例是不能超过整个年段的25%。

三、“C+A模式”在“品德考核”模块中的具体操作

1.“C+A评价模式”下制定品德考核的具体标准

根据《浙江省教育厅关于完善浙江省普通高中学生成长记录与综合

素质评价的意见》，本着让学生易于参与、让老师易于指导、让各方易于监督的原则，结合在校高中生最主要的品德表现就是围绕爱学校、爱老师、爱集体，最直观的表现就是班级中每一个人要发挥主体作用，在律己前律人，在律人中律己，所以对品德表现所包含的家国情怀、尊老爱幼、社会责任、集体荣誉、诚实守信、交流合作、遵守纪律几个方面做具体的规定。如下：

（1）家国情怀。认真严肃参加每周一的升旗仪式，无故不得请假，不允许交头接耳，必须着装校服（以值班人员记录和政教处的反馈为主），违反一次扣1分。记录3次及以上者取消本年度申A资格。奖励：升旗仪式发言、主动升降国旗等行为可以加1分。

（2）尊老爱幼。团结同学、尊敬老师，出现打架斗殴、顶撞老师情节严重者取消申A资格。好人好事情况属实者酌情加1至3分。

（3）社会责任。按时完成教室包干区、寝室卫生的打扫以及值周班的任务。无故不执行扣分达到3分以上者本学期不得申A。主动替别人打扫卫生者情况属实每人每次加1分。

（4）集体荣誉与交流合作。积极参加集体活动，积极参与合作项目。无故缺席一次扣1分，集体活动无故缺席者达到三次本学期不得申A。（为避免重复，此项加分原则分别在艺术修养其他四个模块中体现）

（5）诚实守信。不欺骗同学、老师、家长。情节严重者取消申A资格。

（6）遵守纪律。无故不允许请假、迟到、早退。本学期内达到3次以上取消申A资格。情节严重者降为C等。

品德模块中涉及的面比较广，因此把集体活动的艺术节、红五月大合唱等活动纳入艺术素养模块；出操、军训、跑操、运动会等纳入运动健康；作业上交情况、学科竞赛等纳入学业水平模块；志愿者活动、假期实践活动等纳入创新实践模块。避免重复加分、重复评定，体现公正公平的同时要易于操作。

2.“C+A 评价模式”的具体流程

为了保证这个评价结果的公正性，我们要注重整个评价过程的公平性，评价的结果是基于整个漫长评价过程基础之上的，要求全班同学集体参与，因此有了“C+A 考评”模式，就是组合值周制和 A 等累加制。

组合值周就是把全班 40 位同学分成 20 组，自主配对，两两搭档，每周一组对全班同学品德方面的表现进行记录和打分。一位负责 1—3 条；一位负责 4—6 条。一周按照分数从高到低取前 25% 为本周 A 等。学期末按照 A 等数量进行排序，从多到少取前 25% 为本学期 A 等。如果 A 等人数累加，由高到低排序，人数超过全班的 25%，最后相同个数的同学再通过全班民主投票的办法产生淘汰人员。

3.“C+A 评价模式”的优点

（1）“C+A 评价模式”充分体现了学生既是被评价的主体也是评价主体

之前有关学生主体性的研究非常普遍，但我们关注的重点更多的是教学活动的主体性，很少关注品德考核的中学生的主体性。根据浙江省新考高改革方案，学生主体在评价过程发挥着关键性的作用，特意强调学生的互评。而"C+A 评价模式"下的值周组合累加制充分发挥了学生主体对于主客体关系的自觉性、选择性、创造性。首先在搭档选择和条例制定时明显体现了学生的选择性。因为学生在选择值周搭档时，我们的原则是根据自己的意愿配对，在制定评价标准时由班主任和全体学生对具体条例进行商讨和取舍，这些环节充分体现学生作为主体的参与度和选择性，让评价条例也显得更为科学，相对于单人值周，任务上更轻松，记录结果会更客观和公正。其次，学生的自觉性越来越高。学生从被评价者到评价者角色的转化，作为规定的执行者，对规定的解读也会越发深刻。值周之后也能更好地影响自身，严格遵守各项规定。再次，学生在管理上的创造性也会被发现。各组搭档他们因本组的特殊状况对具体管理的事务会进行再次分工，不拘泥于老师的 1—3 条和 4—6 条的分工，管理的创造性凸显，充分调动了学生的参与热度。

（2）"C+A 评价模式"的最大可能体现评价过程的公正公平

首先"C+A 评价模式"保证评价参与面的最大化。以品德考核为例可以看到，组合值周制两两组合，全员参与，避免了由班主任和班委考核带来主观性和评价固化性。其次"C+A 评价模式"保证了评价结果的公平性。因为"C+A 评价模式"下，本学期最终 A 的生成是建立在每周 A 的累加数量上。以上案例可以看到几乎每位学生拥有 20 次左右争取 A 的机会。避免了期末对考评分数进行一次性结算和一次评定带来的草率。也可以形成一种激励机制，促使部分本周没拿到 A 的同学为了下周争 A 更加努力。

（3）“C+A 评价模式”充分体现了综合素质评价体制与班集体建设的有效结合

“C+A 评价模式”的运行，始终围绕着综合素质评价体系内容展开，对于学校的规章制度重新归类，既细化又可以简单操作。而班集体的建设在综合素质评价下，通过“C+A 评价模式”的推行，条例清晰，同学们各司其职，班级迅速步入正轨，始终朝着健康、正确的方向发展。

总之，综合素质评价作为浙江省新课改的重要组成部分，是一项非常系统而又复杂的工程，身处一线的教师应该不断地摸索，形成一套既符合要求又适应本校也尊重学生的完善的操作机制。

第五节　学科教师是中学德育的主体

在学科教学中渗透德育，是教学具有规律性的反映，无论社会科学，还是自然科学都具有德育因素。正如教育家加里宁所说：“我没有看到一门不能教育青年热爱祖国，并培养他们具有最好的公民情感的科目。”教育家赫尔巴特也认为，教学的最高目的、最后的目的就是要在教学中进行思想品德教育。在学科教学中渗透德育，不仅是教育规律的要求，也是由教师职业道德所决定的。教育家徐特立认为，教书不仅要传授知识，更要育人，教育后一代具有共产主义思想品质的人。在学科教学中渗透德育，教师应从各科教材的教学性质、特点出发，自觉地、有机地把德育贯穿于课堂教学之中，使之与其他教育互相促进、相辅相成，促进学生全面发展。学科教师是中学德育工作的主体力量，只有主体发挥了正能量，学校的德育工作才能取得成效。下面是我校语文教师殷芬的一篇教学感悟。

巧用学科教学资源，为“立德树人”助力。“所有的批评和辩护都标明。仅仅依靠直接道德教学不足以实现学校的道德目的。学校德育目标的实现，与其寄希望于一周一课时的道德课，不如寄希望于更加经常性的、更有活力的学校集体生活以及学科教学。”因此，我在提升德育核心素养的过程中，利用自己是语文教师的优势，以经典文本为载体，多方位提升学生道德修养。经典文本是中华优秀传统文化的载体，而且，在学生核心素养中，传承中华优秀传统文化，特别是道德修养，是落实立德树人根本任务，实现伟大“中国梦”的重要抓手。

但语文学科的主要任务是培养学生运用语言文字的能力，“工具性 ”是语文的根本性质，文化性是语文的重要属性，因此，在语文教学中渗透德育必须牢记“适度原则”。因此，我在语文课堂进行间接德育教学的过程中，选择“适度”的德育内容、采用“适度”的德育方法，在不影响正常语文教学的前提下，开展德育教学。

第一，内容“适度”。在语文课本的篇目中，只选择与优秀传统文化有关的篇目，教学目标集中，即提升学生的道德修养。笔者精选了高中必修课本及选修课本中的部分篇目，并对其中的道德修养内容进行了梳理，具体如下：

篇目	文章蕴含的道德修养
《始得西山宴游记》	作者受挫后不甘沉沦的人格之美
《六国论》	经世济民的高尚情操
《五人墓碑记》	舍生取义的匹夫之责
《陈情表》	孝
《叔向贺贫》	修德
《君子之风》	见利思义、舍生取义

不同的文章，有不同的德育渗透点，教师在教学过程中要结合文本的具体内容，选好点，注意“量”，才能费时少、效率高。

第二，方法“适度”。不同的教学内容，德育渗透的方法是不同的。在借助语文课堂教学实施间接德育渗透的过程中，因文取法是非常重要的。一般来说，有些文章感情丰富，音韵铿锵，可以通过反复诵读，让学生受到情感的陶冶，如《陈情表》，是抒情的名篇，感情真挚强烈，诵读就是学生走进读者感情的最好的方式；有些文章逻辑论证有力，说理透彻，但是感情色彩并不外显，如《六国论》，学生在学习过程中，对于苏洵“不在于总结六国灭亡的教训，而在于警告宋朝统治者勿重蹈六国灭亡的覆辙”这一写作目的并不难以感知，但对其文章背后经世济民的高尚情操却难有体会，笔者选择了比较阅读法，引入苏轼、苏辙的《六国论》，在对比阅读中，课文隐含的中国知识分子“经世济民”的思想就显而易见了。

正如美国教育学者马尔瓦·柯林斯所言，教学的本质是用一个思想去点燃另一个思想。那么，作为学生成长过程中的“重要他人”，当我们积极利用各种资源，培育学生的“核心素养”时，我们也需要关注我们作为育人之师的“核心素养”。苏霍姆林斯基说：“应当记住，你不仅仅是活的知识库，善于把人类的智力财富传授给年轻一代，并在他们的心灵中点燃求知欲望和热爱知识的火花。你是创造未来人的雕塑家。教育创造真正的人，就是你的职业。”让我们在成为“雕塑家”的道路上执着前行吧！

第六节　吴高师德风采掠影

一、浙江省功勋教师、特级教师、正高级教师严忠俊老师

从教 30 多年，无论是当初的普通老师，还是走上领导岗位担任校长、教育局长，严忠俊老师始终坚守自己的教育情怀。拥护党的领导，忠诚于人民的教育事业，贯彻党和国家的教育方针，是他的指导思想；爱岗敬业，关爱学生，为人师表，教书育人，是他的行动指南。

严忠俊校长严于律己，宽以待人，自觉履行教育教学职责，虽然担任学校校长，但一直坚守教学第一线，并多年担任毕业班的教学工作；他尊重学生的人格和合法权益，经常利用业余时间为学生辅导，但从不进行有偿家教；他在业务上精益求精，不断丰富和提高自己的业务能力，逐步形成了自己的教学风格和教育思想。

（一）“红十字德育”，育人模式创新

“热爱学生，关心学生，为学生服务，想学生所想，帮助学生克服生活和学习上的困难，让学生快乐成长，全面发展”，这是严忠俊老师担任班主任时的管理理念，虽然朴实无华，但却是他教育情怀的写照。

从普通班主任走上领导岗位后，严忠俊校长更加关注学生的发展。在严校长的主导下，学校于2006年成立学校红十字会，并以创建全国红十字模范学校为目标，加强组织建设，积极开展富有红十字特色的各项活动，探索研究红十字精神与德育相结合的有效形式，使学校红十字会工作持续健康发展。2007年成为市唯一一所“浙江省红十字达标校”，2010年成为市唯一一所“浙江省红十字示范校”，2011年被推荐为“全国红十字模范校”，学校应邀参加了2014年红十字会与红新月会国际联合会第二届亚太地区青年峰会，并做演讲，使学校红十字德育经验走向了世界，学校也成功创建了红十字德育特色品牌，构建了“113N”红十字德育体系。“113N”：即一个核心，一个体系，三大工程，N项行动。一个核心：社会主义核心价值观。一个体系：红十字德育体系。三大工程：红十字德育活动；博爱课程群建设；博爱校园文化建设。N项行动：即支持体系的系列活动，如社团活动、志愿者活动、红十字夏令营、生命健康教育等，《探索人道法》课程建设、德育活动课程化建设等，博爱教师培养、博爱学生培育、博爱环境建设等。红十字德育体系为学生的健康发展创造了新的平台。

（二）“教育即发展”，教育初心坚守

“教育即发展”，这是严忠俊职业生涯中始终奉行不悖的教育思想。为此，他一直在学习，在探索，并努力将学习和探索的成果施之于教育实践。严忠俊首先是作为一位非常优秀的中学教师而赢得学生的爱戴和同行的尊敬。从教30多年来，先后担任高中物理教师、班主任、学科组长、教研组长、年级组长、教务主任、副校长、校长、教育局长，岗位在变，但教育的初心他一直在坚守。

“学会教学是一辈子的事。”这是严忠俊的教育格言，为此，他一直在努力，高质量的课堂教学使得他所带班级在高考中年年取得好成绩，名列全省前茅，他为学生的发展在坚守。

“学会当校长是一辈子的事。” 2001 年，严忠俊出任由湖州四中、湖州八中、湖州十二中等几所学校高中部分离组建的吴兴高级中学校长一职。他坚持“教育即发展”的理念，在学校就是一切为了学生的终身发展。针对学校创办之初，原三所学校高中部的生源差，同时学校又在老校区，办学条件简陋等诸多问题和困难，严忠俊立足现实，高站位、深思考，基于学校、教师、学生的发展，合理布局学校的发展架构，实施扁平化管理，依托“135 青年教师校本培训工程”（青年教师一年成长，三年成熟，五年成才）和“青年骨干教师校本培训工程”“名师培养工程”，一方面狠抓师资队伍建设，另一方面，确立“以人为本，促进成长”的办学理念，努力建构学校文化，着力打造学校的“一训三风”。2008 年，严忠俊校长又与时俱进地提出了“三个转移”的新目标，即“传统管理向现代管理转移；规模发展向内涵发展转移；争创名校向成为名校转移”，坚持走内涵发展之路，不仅打造出了一支雄厚强大的师资队伍，学校也跨入省一级重点中学的行列，短短 6 年，吴兴高级中学完成了一次华丽的转身，被称为发展得又好又快的学校之一，他为学校和教师的发展在坚守。

二、浙江省五一劳动奖章获得者徐红老师

徐红，1963 年 2 月生，1982 年毕业于湖州师范学院中文系。同年参加工作，1998 年晋升为中学高级教师。从教 30 年来，先后担任初、高中语文教师、班主任、教研组长、政教处副主任、年级部主任。曾荣获浙江省中小学优秀青年教师、湖州市区教坛新秀、湖州市事业家庭兼顾型先进个人、湖州市教育技术装备与信息化工作先进个人等荣誉称号。曾任省青联委员、市政协委员。现为校务办主任、吴高民进支部主委。她致力于党的教育事业，勤恳工作，无私奉献。

（一）勤恳工作，始终在教学第一线

徐红首先是作为一位优秀的中学教师而赢得学生的爱戴和同行的尊敬。

1982 年进入湖州二中任教，后来初高中分离，进入湖州十二中，2001 年进入吴兴高级中学。工作期间，她虚心好学，刻苦钻研教学业务，并勇于开拓创新。其出色的教学成果，爱岗敬业、乐于奉献的教师风范，以及积极进取、勇挑重担的人生态度，获得了领导和业内同行的一致好评。

“学会教学是一辈子的事。”这是徐红教育生涯中始终奉行不悖的工作格言。为此，她一直在学习，在探索，并努力将学习和探索的成果施之于教学实践。她的课堂教学极有特色，课堂节奏松弛有度，处理教材“深入浅出”，尤其注重发挥学生的主体作用。另外，她注重语文学科的德育功能，文以载道，对学生进行社会主义核心价值观教育。她课

堂教学中那种明显的“精”“活”特色，深受学生喜爱和同行好评，多次开设市级公开课、示范课，如在市青语会上，开设《听潮》一课，受到好评。

2000 年开始，担任年级组长、教研组长，在繁忙的日常工作事务中，始终潜心于反思和教学研究，发表教学论文，开设讲座；发挥传、帮、带作用，注重对青年教师的培养，和青年教师结对，对他们进行指导，促使他们快速成才。徐老师结对的费红丽老师，获得了市级优秀班主任称号。

（二）管理到位，工作作风严谨求实

徐红热爱教育事业，一心扑在工作上，全力以赴，勇挑重担。仅以 2004 学年执教高三班为例，她担任年级组长的同时，又挑起二个毕业班的教学工作，为了做好高三工作，晚上经常来校，检查学生晚自修，为了上好每堂课，做到精心备课。一分耕耘一分收获，当年她所教班级在高考中语文成绩优秀，名列前茅。2005 年吴高开始实施年级部管理，担任年级部主任，她始终满怀着热情，以高度的责任感和敬业精神，坚持制度管人，刚柔并济。

首先，每到开学初，她都和各班主任老师认真分析和研究各班学生的学习情况及家庭情况，认真分析班内学生构成、特点及主要问题，重点掌握各班在行为规范方面较薄弱的学生信息。做到知己知彼，并做好资料档案的整理和归档，便于日常的分析、研究等工作的需要，这一基础性的工作在具体实践中起到了很大的作用。

其次，对学生、对各班集体的行为规范，从晨读至放学期间进行全程的跟踪考评和检查，每周一统计公布。充分发挥学生团体、学生干部的作用，培养学生干部的责任心、团队精神；提高学生干部的组织活动能力，通过各班的学生代表共同参与检查评比，从另一个侧面发现自己班级的差距，并及时反馈给班主任，及时调整对班级的管理，从而营造良好氛围，推进良好班风的形成。

最后，定期、定人、定主题开展阶段性年级教育教学工作分析会，研究教学动态、分析学生情况、共商高考大计。通过质量分析会、班主任例会，互传有无，交流心得。让有经验的班主任和教师进行工作经验交流，不仅让青年教师获得了启示，工作中少走了弯路，也提高了工作效率。

通过努力，2007 届高三年级获市教育局高考质量一等奖。市教育局下达的一本指标是 38 个，本届高三上了 55 个一本，超额完成 17 个。

担任校务办主任期间，学习有关的法律法规，把握全局，掌握政策，不谋私利，完成任务不拖拉，能按时按质按量完成上级和学校布置的任务。如起草重要文稿，整理资料台账，网站信息发布，对外友好交流及其他事务性工作。

（三）爱岗敬业，努力关心爱护学生

担任年级部主任期间，建立每日学生谈话工作制。徐老师对年级中各班薄弱生有计划地定期谈心、沟通、引导。她本人兼 1 个班的教学任务，每天有作业要批改，所以说能挤的时间已是极少，再加上学生来问问题，年级的杂事等，有时真的分身乏术。为此，她要把大量工作带回家完成，每天在家中都要备课、做题、查资料等，有时睡眠严重不足。第二天中午还要约学生谈话，和家长沟通。通过这样细致的工作，形成了年级良好的班风班纪。

担任校办主任后，工作事无巨细，十分繁杂，尽管如此，徐老师仍然关心所教班级学生的思想状况，担任所教班级的德育导师。2010 届学生高占杰，高一时，成绩忽上忽下，缺乏自信，有时还受到网络游戏影响。徐老师和他结对后，经常和他谈心，到他家进行家访，并能持之以恒。最后，高占杰过了一本线，考进了浙师大。徐老师所带学生无论处于哪个年级段，她都能有针对性地对学生开展角色转变、学习方法、学业规划、心理困惑、贫困生帮扶等“一对一”或“一对多”的指导工作。

对班级中的后进生，也从不歧视和放弃，经常和他们聊天，关心他们，鼓励他们树立信心，争取进步。今年高三的黄妙高同学，平时对自己要求不高，喜欢打篮球，有时还会出点小纰漏。徐老师从他喜欢体育的特点出发，鼓励他报考体育类大学，平时经常和他谈心，增强他的“自尊、自强、自立”意识。在期末统测中黄妙高同学取得了预想的成绩。

在行政工作中，能兢兢业业，不谋私利，按时按质按量完成上级和学校布置的任务。如起草重要文稿，整理资料台账，网站信息发布，对外友好交流及其他事务性工作。校办主任工作繁杂，事无巨细，徐红老师能踏踏实实，默默付出，甘当铺路石。

三、浙江省春蚕奖获得者田葵老师

她做班主任就以其努力，成为市级优秀班主任。田葵，1988 年毕业于四川师范大学。田老师从事高中政治课教学，她内心里喜欢“教师是微笑的知识”，无论是学科教学还是班主任工作，都富有亲和力。爱、平等、宽容、美好、理性是她对教师工作的理解与追求。她三次收到来自毕业班的惊喜——全班写给她的留言册。来自学生的肯定部分印证了她所获得的荣誉：2001 学年湖州市优秀班主任、2002 年被评为湖州市直教学能手、2007 学年湖州市优秀德育导师、2008 年获湖州市“家庭事业兼顾型”奖。

她负责教科研就努力让学校成为省教科研先进集体。她负责师训就努力让学校成为全市学习的样板。她为学校红十字工作的理性思考做出了突出贡献。她通过研究，敏锐而努力地做好三件事：特色课程、特色读本、特色活动。积极促进吴兴高级中学登上三个台阶：2007 年被评为浙江省红十字达标学校、2010 年被评为浙江省红十字示范学校、2011 年通过“全国红十字模范校”评估。首先，打造红十字特色课程。田葵执笔并架构了《青少年思想道德建设途径的新探索——普通高中开展红十字精神教育的实践与研究》（该课题被确立为 2009 年湖州市哲学社会科学规划课题，2010 年浙江省重点教研课题），从 2008 年起就着手红十字特色课程建设。她从信仰、知识、操作三个维度设计课程框架，培养学生有人道博爱奉献之心、之智、之能。其次，她组织并参与编辑特色读本：《让爱成为一种品质》《让人道成为一种信仰》《让奉献成为人生亮彩》，这三本教材后合编为《红路》，一直成为吴兴高级中学新生入学报到的见面礼；她还组织编辑了学生作品集《做带光行走的人》《让爱把我点亮》，分享学生对人道精神的感悟。最后，她还将学校过去零散的德育活动进行有效整合，建立起系统化的活动序列，从科研的高度、课程的深度来推进学校的德育及红十字文化建设。吴兴高级中学的红十字工作也多次受到省市红十字会的肯定，多次参与省市红十字会工作的经验交流，《中国红十字报》曾在全国红十字青少年工作五年回望中点名表扬吴兴高级中学（2011 年 11 月 4 日《开少年智　促少年强》）。

此外，她还在学校勒石文化、“一训三风”的构建、提炼、释义中做出重大贡献。

她负责课程建设就为学校成为省一级特色示范高中做出亮点。田葵于 2012 年开始接任教务主任工作，为积极申报省一级特色示范高中，学校让她着重负责学校课程建设的工作。

田葵在规划吴兴高级中学课程建设方案时，反复梳理学校办学历史，思考现实条件，提炼出学校的育人目标：培养“智慧而温暖的行者”，结合国家课程、校本特色课程，确立了以“博学・博爱・博闻”为特色的“一体两翼”博才教育课程体系，并形象化地表达为蝴蝶模型。她还对三大课程群的课程形象、课程目标做了富有特色的定性思考：博学课程群的课程形象是“读万卷书”，课程目标是“博学，让生活更自信”；博爱课程群的课程形象是“怀人道情”，课程目标是“博爱，让生活更温暖”；博闻课程群的课程形象是“行万里路”，课程目标是“博闻，让生活有品位”。她还就三大课程群的学习要求、学生塑性、建设策略提出了构想。

2014 年 3 月，浙江省教育厅副厅长韩平用“耳目一新，眼睛一亮”

高度评价了学校在创建省一级特色示范高中过程中的思考、探索与实践。

2014 年 10 月，在吴兴高级中学接受“省一级普通高中特色示范校”评估时，省评估组专家领导充分肯定了博才教育课程体系，认为“把学校的育人目标定为智慧而温暖的行者，这样的办学理念突显了学校的正气、大气”，“学校自己对这个课程的诠释也有些新意，把博学、博爱、博闻理解为‘读万卷书、怀人道情、行万里路’这个构思贴近学生的实际，视角独特”。

2014 年 10 月，第二届亚太红十字青年峰会在北京举行，大会邀请了 5 位观察员，吴兴高级中学是唯一以学校名义被邀请的单位，在大会的开幕式上发表演讲，学校如何建构“博才教育”课程体系来支持人道主义的传播成为发言亮点。学校的荣誉里有她独特的贡献。

她做人大代表就努力做优秀代表。田葵从 2003 年至今连续四届担任湖州市人大代表，2003—2007 年担任吴兴区第一届人大代表。2012 年田葵提出的《关于进一步加大湖州公共交通建设的建议》被列入湖州市人大重点建议议案，并被评为“2012 年湖州市人大代表优秀建议议案”。

2014 年 9 月，在“市县区人大常委会主任读书会暨人大工作理论研讨会”读书会上，她作为唯一的一名基层代表作题为《以代表的名义，切实履职》的发言。她多次参加人大常委会主任、市长与人大代表双向约见活动，富有激情地做了题为《不同主体在道路中的责任》《城市是时间的艺术》《让政府构想变成百姓愿景——保障百姓在政府城市规划中的表达权》的发言。在人大工作中，由于她的工作能力与使命意识，长期担任代表小组联络员，热心为代表服务。她关心民生，深入社区听取选民建议，认真调研，就城市规划、道路建设、教育均衡、生态文明、公共交通、公共执法等问题形成建议议案，积极建言献策。此外，她还连续三届担任湖州市民盟教育支部组织委员。

田葵老师无论是在本职岗位还是社会工作中都表现出她的努力、认真与执着。

四、浙江省特级教师、正高级教师刘晓东老师

（一）倾情奉献，诠释为人师表

刘晓东老师在地处农村的学校坚守教育 38 年，全面贯彻国家教育方针，忠诚于人民教育事业，师德高尚。获得湖州市春蚕奖、湖州市“年代好老师”荣誉称号，多次获得织里镇优秀党员、先进工作者、校优秀党员、校优秀教师等荣誉称号。被评为吴兴高级中学首届、第二届“学生最喜爱的老师”。

刘老师勤恳敬业、乐于奉献，在吴兴高级中学工作 13 年，无怨无悔，坚持每天提前一小时到校，或备课辅导，或巡视教室答疑解惑，被学生亲切地称为“不老翁”；在遇到因教师生病、外培而导致学校师资紧缺时，主动分担教学任务，例如 2014 学年第二学期，同时担任研训处主任、高二年级副主任，跨年级担任高二、高三年级两个班的数学教学工作。2012 届学生计兰在给刘老师的毕业留言中写道：“您是所有老师中批作业批得最认真的。在我看来，红勾勾和圆圈圈，都是您给我们最好的纪念……”马佳丽也写道：“我觉得您工作很敬业，您每次都会提前几分

钟来到教室准备上课，您嗓子不太好，但您仍是坚持为我们很细致地讲解题目，说实话，您很让我们敬佩……”

（二）循循善诱，彰显教育情怀

刘晓东老师富有教育情怀，重视个人与学生的道德修为，担任班主任工作 17 年，多次被评为学校优秀班主任。担任教研组长期间，教研组被评为市属“德育先进集体”。

刘老师追求班主任工作艺术，既有果敢与魄力，又有细致与幽默，他一直强调教育要把握好火候，既要有“民主平等以对话”，又要有“师道尊严以管理”，与学生亦父亦兄亦友。在班级管理中，他所带的班级班风正、学风好，各项工作考核总是名列学校前茅，1999 年所带的班级，虽然是农村中学，基础较差，但经过师生的共同努力，有两位同学被浙江大学录取。在生活上，他十分关心学生。学生生病了，不管白天深夜，及时陪同治疗，端水送药。如 99 届胡旭强同学，在高一期间患病，需在家服中药一至两周，为了不影响他学习，刘老师亲自为他熬药，直至他康复。

（三）潜心研究，创新德育路径

刘晓东老师善于、勤于将教育的感性实践上升为理性表达。无论是在江西矿山的子弟学校、农村的织里中学及现在（2005 年并入）的吴兴高级中学，他都始终关注最先进的教育理论，并将理论运用于实践，创新学生德育工作的有效路径，及时总结实践经验。

在班级管理方面，他不放弃任何一个学生，在扶优的同时，积极关怀、研究“慢进生”“问题生”，并帮助他们改进与成长。他撰写的《高中“慢进生”的成因及矫正》获市德育研究成果一等奖，论文《掌握气质特征，实施疏导教育》获市三等奖。

在教育科研支持德育方面，他探索学校德育路径，所主持的省教研重点课题《整体构建“博爱四季风”德育体系的实践研究》获长三角三等奖；执笔的 2018 年度省规划课题《红十字德育：核心价值观下普通高中德育路径的设计与研究》成功立项。

在德育课程建设方面，他积极开发德育课程，用丰富的课程开阔学生视野，提升学生境界，树立高中生正确的世界观、人生观、价值观。他将德育融入学科教学，主持的省规划课题《高中数学“3DF”中心校本课程群建设的实践研究》获省三等奖，《基于数学非知识拓展类高中选修课程的开发与实践研究》获市一等奖。开发的德育校本课程《走近浙籍数学家》《数学与战争》《垂钓江南》被评为市精品课程，《数学与国防》获第二届全国校本课程设计大赛二等奖，《“探索人道法”校本培训专题》获市二等奖。

第五章

课程建设的反思

习近平总书记在十九大报告中明确提出“优先发展教育事业”“建设教育强国”“深化教育改革，加快教育现代化，办好人民满意的教育”“努力让每个孩子都能享有公平而有质量的教育”。这给我们每一位教育工作者、每一位课程建设研究者提出了明确的任务和要求。

课程是支撑整个教育质量大厦的顶梁柱，是立德树人的基础性工程。课程体现着国家意志和社会主义核心价值观，是学校教育教学活动的基本依据。直接关系到党的教育方针的落实和人才培养的质量。课程体现学校的办学理念，指向育人目标，是学校教育品质的集中体现。

学校是教育变革的最基层单元，也是教育理念转化为教育实践的关键所在，学校变革的方向和力度决定了教育变革的深度和可能。从 20 世纪 80 年代至今，学校变革经历了三个发展阶段。20 世纪 80 年代始，学校的变革主要是教学方式的革新，变革的内容聚焦教学方法和手段的调整。进入 21 世纪，随着基础教育课程改革的推进，课堂教学改革成为学校变革的主流，每个学校都致力于打造独特的课堂教学模式。近 10 年来，学校变革呈现出一种新的态势，即走向学校整体的课程建设。在课程改革深入推进的过程中，我们逐渐认识到，学校课程建设不是简单地做加法，而是围绕学校教育哲学把国家课程、地方课程和校本课程有机整合成具有学校特色的课程体系。基于课程建设的学校变革能够把学校文化、课堂教学改革和教师发展等深度整合在一起，助力学校的内涵发展和特色彰显。

课程理解会直接影响学校的行动方式。因此，要想进行课程建设，必须先厘清课程的本质内涵。在传统的教育视界中，我们通常把课程等同于所教的科目。这种认识由来已久，我国古代的“六艺”课程，欧洲中世纪初的“七艺”课程，都是基于这种课程理解。进入现代社会，培根根据人类认识世界的三种理性能力：记忆、想象和判断，把人类庞杂的知识遗产条分缕析，形成了一个有明晰体系的知识网络， 构建了一个相对完整的知识谱系表。事实上，学生需要的学习内容，远远超出正式列入课程的学科范围。“儿童生活的世界是一片茂密的灌木林，要给儿童一百种经历、一百种创造和一百种富有挑战性的生活。”也就是说，“课程绝不仅仅是一种简单的知识授受，还应该是一种过程经历、一种体验、一种感悟”，即课程是一种学习经验。这种课程理解，回到学生生活现场，打破学科壁垒，主张通过学生的探索性行动，重建知识和经验的联系，让学生在“做中学”“学中用”“用中思”，以情境为场域，以行动为纽带，联通生活世界和意义世界，让完整儿童的培养成为现实。

有了对课程的理解，我们接下来面临的问题是，如何进行学校课程建设。学校课程建设是一个系统工程，进行课程建设要有一个整体的思路和框架。

第一，明确学校教育哲学。学校教育哲学是课程建设的航标，教育哲学的缺失，可能导致学校课程建设的同质化、随意化和碎片化。学校课程一旦没有明确的“航道”，便成了没有主线串联的、散落的“珍珠”。因此，在课程建设之前，我们要通过梳理办学传统，明确办学理念，确定学校的发展愿景，挖掘和提炼学校的教育哲学。

第二，做好学校课程规划。如果说学校教育哲学是课程建设的航标，那么课程规划就是实现发展愿景的蓝图。学校课程规划需要综合考虑各方面的因素，对国家课程、地方课程和校本课程的具体内容和功能进行分析，寻求最合理的逻辑关联。课程规划就是通过不断调适学校的发展愿景和学校现有基础之间的差距，探寻各种形态的课程之间适切的组合方式，使它们围绕学校的教育理念、教育愿景和教育目标，在类型、层次和序列上有机统整，形成一个完整的“课程规划示意图”。

第三，构建课程结构体系。课程结构是课程目标转化为教育成果的纽带，是课程规划的具体呈现，也是课程实施顺利开展的依据。它是一个多序列、多层次的整体结构，包含组成课程的各个部分以及各部分之间的关系。学校要围绕教育哲学，根据课程规划的顶层设计，考量课程要素之间的内在关联及其相互作用，以促进学生全面发展为导向，以培养学生核心素养为主线，运用课程统整的方式，建构合乎育人目标的课程结构体系。古德莱德曾说：“组织要素可以比作一座高楼大厦中的钢筋结构，尽管看不见，但对大厦的强固是极为必要的。”因此，我们要遵循整体规划、要素整合的思想，厘清各类课程的界限，探寻课程要素之间的内在关联，把各类课程整合成结构完整、序列明晰的课程体系。课程结构的构建思路有多种形式，通常来讲，学校习惯采用的是“基础课程+拓展课程+品牌课程”的模块组合方式，通过开发系列功能互补、有机耦合的课程形态，组成完整的课程结构图谱。基础课程是培养学生博学、创新、德行、审美、健康等基础能力的国家课程。基础课程通过国家课程的功能化整合，着眼于夯实学生的知识基础，提升学生的学习能力，最终指向“人的全面发展”，是课程结构中的重要支脉和学生发展的重要基石。拓展课程是国家规定每位学生必须修习并由学生自主选择的课程。它指向“人的个性发展”，旨在让学生根据自己的志趣把属于自己的潜能充分发挥出来。学生如果没有“选择自由”，没有“自我意识”的发展，就无法实现“全面发展”。拓展课程强调开放，注重选择，能够关注个体差异，释放个人潜质，从而让学生找到最佳的生长方式。品牌课程是学校课程体系中最能凸显学校特色的课程，它指向“人的特色发展”。品牌课程是一所学校区别于其他学校最鲜明的标签，也是学生特色发展最有力的支撑。

第四，明晰课程实施路径。课程实施是把课程规划付诸实践的过程。当前，不少学校都具有建构课程体系的意识，但是，在课程实施方面，缺少系统化的思考和设计，导致课程体系缺乏有效的实施路径和保障。学校在课程实施过程中，要优先保证国家课程的主体地位，通过课堂教学校本化的变革，创新基础课程实施的教学范式，使国家课程的育人效应最大化。除此之外，学校还要科学地设计拓展课程和品牌课程的实施路径。作为基础课程的补充，拓展课程和品牌课程具有重体验、重探究、重统整和重兴趣的特点。基于这种教育理解，拓展课程和品牌课程的实施通常采用以下几种活动样态，即强调探究的项目式学习、注重体验的研学旅行、指向统整的主题活动和强调兴趣的社团活动。当然，随着教育空间的不断延展和教育手段的多元化发展，越来越多的活动形式成为课程实施的载体。学校要根据课程建设的目标和任务，创新性地选用适合本校课程建设的活动形式，通过开展结构化的活动，培养学生的创新能力、实践能力和探究能力，进而提升他们的综合素养。

第五，创新课程管理。课程管理是学校课程实施与运行的“助推器”。在学校课程建设过程中，如果缺乏相应的课程管理，课程改革很容易因失去控制而走向混乱。课程管理的价值在于，通过制度设计，力求课程领导者与执行者在课程建设的理念与实践层面达成共识，鼓励课程建设的相关主体主动接受创新思想，积极参与实施行动。为了保证课程的科学设置和有效运行，学校可以引入课程审议制度，成立课程审议委员会。成员组成包括校长、学校中层、课程专家、教师、学生和家长代表以及政府部门相关人员。课程审定委员会负责审定课程决策的合理性和可行性、课程设计的科学性和合法性，明确课程的行动指南，确定课程的设置方案。

第六，夯实课程评价。课程评价是学校课程实施与运行的“调控仪”。课程建设不是一个乌托邦式的构想，而是一个立足现实、面向具体问题的渐进性改革方案。课程建设的推进过程就是不断解决问题、化解矛盾的过程，需要通过课程评价不断地发现和矫正问题。正是在这种意义上，斯塔弗尔比姆认为“评价最重要的意图不是为了证明，而是为了改进”。也就是说，课程评价的目的不是为了检验实施效果，而是为了更好地改进实践。基于这样的定位，学校在课程建设过程中，要坚持发展性评价理念，强调评价的过程性与评价主体的多元性，强调课程评价要贯穿学习全过程，使课程评价成为激发学生发展潜能和改进教师教学行为的手段。

我国的课程建设是基于当前教育发展需求而自觉发生的学校变革。它是我国教育变革在学校层面的宝贵探索，也是原创教育思想萌发的胚胎，我们要肯定和珍视当前学校教育改革实践产生的经验。但是，对于学校而言，课程建设是一个相对陌生且具有专业挑战性的工程。在课程建设的过程中，学校需要寻求外在的理论和技术指导，要学会“借智”，寻求和大学与科研机构的联合，组建课程开发共同体。只有这样，课程建设才能成为撬动学校高品质发展的支点和杠杆。

中国中小学名师名校长领航工程丛书

校长如何展现文化领导力

张文凤◎著

中国出版集团
世界图书出版公司

丛书序

我在不久前发表于《中国教育报》的一篇文章中提到：必须高度重视我国教育本土实践与智慧的深度研究，这可能是中国教育转型的关键，也是增强教育自信的必由之路。这里摘引其中的几段。

何为“本土”？自然指向的是中国本土，它是中国的，是中华民族的，是在中国教育自身的实践中产生的。但今天的本土，又不是纯粹的孤悬于世界教育文明之外的“孤岛”。近代以来，国门大开，中外交流包括教育的交往从未中断，而且越来越有深度，也越来越融通。因此，可以说，在全球经济一体化的今天，偌大的中国，无论怎样的教育实践和思想，都像今天的中美经济贸易一样，你中有我，我中有你，所以这里的本土应该是指发生在中国大地上却又融汇了全球教育智慧的本土实践，是在实践中产生的智慧。研究本土教育，弘扬本土教育的实践智慧、经验，绝不意味着我们对于他国教育理论和实践的拒绝和对抗。

事实上，许多年来，随着教育部中小学名校长、名教师领航工程的陆续启动，一批又一批原本散落、尘封、不为外人所熟知的教育实践成功的学校、校长和教师典型，经由国家工程的推动，越来越快地成长、发展和成熟。笔者参与教育部中小学名校长领航工程，以江苏基地首席专家的身份，与来自全国15个省市自治区的教育家型校长“互学共进”，见证了他们在一流理论和实践导师的专业引领下自身成长和学校发展的

“蜕变”过程，深感与最为杰出的教育人结伴而行，乃人生至乐，且真正可以教学相长。感受最深的是代表我国现阶段最高水平、最高层次的精英校长，他们在长期的教育和学校管理实践中，在长期广泛学习、借鉴、研究、融会贯通、将世界优秀的教育理论与我国教育实际相结合的过程中，不断地“立功、立德”，成就越来越多的教育辉煌，其中有很多校长已经或者正在形成富于本土教育特色和个性的教育思想。

这样成功的本土实践、这种在本土实践中成长起来的中国教育智慧，对于教育改革的深化，对于教育转型，其借鉴意义和价值深远，一点也不亚于西方教育成功的理论和模式；甚或，因为其同源性、可行性，就显得更加重要。对之视而不见或者置若罔闻，这要么是崇洋媚外的劣根作祟，要么是功利导致的无知和漠视。

到 2021 年 9 月中旬，教育部第二期教育家型校长培养工程圆满结业，中国已经培养出近 180 位教育家型校长。而随着时光流逝，他们中的越来越多的人都将淡出教育的主流场域，这虽然是新陈代谢的规律所致，但对于这一批校长，在这样一个黄金时段，如何最大限度地发挥他们的作用和功能，更好地实现在教育变革中的意义和价值，对此我们又有多少考虑，又有多少顶层设计呢？

作为曾经伴随着他们“走过这一段路”的培养者，作为亲眼见证和感受着他们的优秀、卓越和创造了一方教育辉煌的专家，每每想到这些，只有扼腕叹息，我无法要求国内的教育专家学者转换视角、转变观念，把研究的重点瞄向本土、本土真正杰出的教育实践家、中国一流的教育家型校长群体，也无法突破一般政策的规定，比如校长任职年龄的限制，充分发挥这些领航校长的智慧和才干，不断创造办学和教育的奇迹，引领一方教育顺利转型。我可以做的，或者说力能胜任的，大概就只能是重点关注这些校长中的一部分，调动多方专家力量，如实地呈现他们有关教育的功、德、言，呈现他们的研究成果和创造成果。

这套《中国中小学名师名校长领航工程丛书》正是要通过这些校长

自身成长的轨迹梳理、学校发展的过程回放，通过对其经验与理念、理性思考与实践智慧的展示，特别是通过他们教育思想、管理个性与办学风格的真实表达，以理性开启思维，以经验启迪思想，以成功激励成功，为面广量大的校长人群提供资源帮助，经验参照和方法启迪，推动正行进在改革现实、加快转型、探索未来教育的他们突破、超越，从而为加速建设教育强国、科技强国、人才强国贡献智慧和力量。

不仅如此，通过这种原汁原味的成功样本的“实录”，展示中国基础教育转型期一批勇敢者不息探求的历史，为未来国内有志于中国基础教育研究的专家提供第一手的最真实的素材和资源。也衷心希望越来越多的教育同仁参与进来，开展越来越多、越来越丰富的研究，取得越来越多、越来越厚重的成果。

当中国本土的教育实践智慧被越来越多的教育人、研究者深度关注，当本土教育家型校长和校长教育家的办学思想、成果的研究终于成为“显学”，我国教育改革的深化、教育转型的发展，就进入了花香郁郁、生机勃勃、自信满满的崭新阶段。

本丛书的组织、编写和出版，得到了教育部“国培计划”专家工作组秘书长黄桂珍、领航工程项目办郭磊主任、国教院培训学院于维涛、领航工程北京基地首席专家胡淑云、领航工程广东基地首席专家龚孝华等的大力支持，他们给予本书以较高的评价，在此深表感谢。必须要提到的是，2020年，北京教育学院校长、培训学院院长胡淑云教授邀我和广东第二师范学院龚孝华教授一同参与了中国教育学会重点课题“从名校长到教育家型校长发展路径研究”，本丛书恰恰是围绕这一课题所做的“研究三人行”之成果了。

严华银

2022年2月星期日于南京老山竹下居

我的写作缘起

义务教育质量事关亿万少年儿童健康成长，事关国家未来发展，事关民族复兴大业。基层校长作为学校办学的引领者，理应以习近平新时代中国特色社会主义思想为指导，全面贯彻党的教育方针，落实立德树人根本任务。我做校长二十余年，走过了四所小学，凭借国家尊师重教、建设教育强国的政策支持，在时代的洪流中，从边远的乡村到城乡接合部，再到繁华的市区，一路走来，感悟多多，收获满满。

每天清晨，当我走进美丽的翡翠城，看到朝气蓬勃的师生，心生更多的感动与感恩：因为有了宽松的社会发展大环境，有了各级各部门领导的支持与帮助，有了专家的切实引领，有了学校自身鲜明的办学理念，有了全体师生与家长的共同努力，才有了现在一片生机勃勃的景象。谨以此书记录“绿色成长”文化的思考与实践，记录下这些感动与感恩。

翡翠城的 13 年是我快速成长的 13 年，也是学校高速发展的 13 年。学校从一片施工工地到现在的美丽校园，从一所新学校到首批“北京市校园文化示范校”“全国教育系统先进组织”，其间几多艰辛，几多欢笑，几多感动，几多感谢！感动于我可爱的团队，从建校时的十六位老师到现在的一百八十位，我们齐心协力、共同打拼、共同成长。13 年风雨，几多汗水，几多心血！一路走来，艰辛而幸福！我想以此书记录我们教育人生的精彩，并将本书献给我最爱的战友！感动于我可爱的孩子们，他们和学校一起成长，一路幸福走过，他们的纯真、勇敢、自信、善思无不令我惊喜，我想以此书记录下他们成长中的一点一滴！感动于给予我们追梦、筑梦、圆梦帮助的专家们。2018 年 4 月，我有幸入选教育部第二期名校长领航工程，更加有幸走进了江苏基地。江苏是教育强省，在基地展现在我面前的是教育的群星谱：首席严华银教授的睿智，主任季春梅博士的通透，班主任回俊松博士的大智若愚，都对我是一种影响与教育，我的导师李正涛教授和孙双金校长更是对我予以无微不至的关怀与引领，他们的教育情怀令我折服，我想以此书记录下他们对教育事业的殚精竭虑、披荆斩棘。感动于我可敬的家长朋友、社区朋友、上级主管领导，没有他们的支持与理解就不会有学校的发展，我想以此书记录下他们为孩子们每天默默的付出与辛勤的劳作！

此书分为七章。第一章“我所理解的学校文化”，主要介绍我对学校文化含义的个人理解；第二章“绿色成长文化的诞生和发展”，从纵向的视角记录了“绿色成长”文化的诞生和发展历程；第三章“绿色成长的思想内涵”，针对“绿色成长”这一核心理念的丰富内涵进行多角度的阐释，尝试向更深处、更广处不断叩问；第四章“绿色成长文化的构建与深化”，从横向的视角，分别从组织、人、事、条件四个维度介绍了我们是如何构建“绿色成长”文化的整体结构；第五章“绿色成长文化的落实”，聚焦于“绿色成长”文化的具体落实，从思想认识、制定规划、提供动力、整合资源、效果显现五个维度予以介绍；第六章“绿色成长文化的辐射”，从工作室、集团办学、教育帮扶、社区带动等方面阐述了“绿色成长”文化的向外传播和积极影响；第七章“奔向理想的绿色成长学校”，是基于对“绿色成长”文化的思考和总结，展现了我对未来学校文化的畅想与期待。

在本书中，我在依次呈现各章的同时，还在章节体例上增设了两个小环节：一是每一章章首提供一则学者箴言，这些箴言是他们对教育本质和文化建设规律的独到之见，让我很有启发，我也想把它们提供给读者；二是每一节末尾增设“教育纵贯线”，附录了我和学校在文化建设路上曾经发生的那些美好的点滴瞬间，希望它们映衬正文的同时能够折射出翡翠城人学校文化建设智慧的光彩。

在教育的历史长河中，相较一些百年老校，翡翠城还很年轻，成书之时我感觉书中很多认识还很肤浅，有些问题可能还没有抓住本质，本书也反复修订了数稿，在修订的纠结中不断澄清认识，理清关系，这本身也助推了“绿色成长”文化的完善与提升。实践还在继续，探索还在进行，唯愿在“绿色成长”文化的深化建设过程中，翡翠城成为师生实现梦想的地方！正如我们的校歌所唱：

我在翡翠城，种下美丽的梦想。
师爱育桃李，共学有同窗；
理想任驰骋，来日成栋梁；
我们奔放的心灵，迎接未来的希望；
翡翠城啊，那是梦实现的地方！

于美丽的翡翠城

目一录

contents

第一章

我所理解的学校文化

文化由各种形式的要素构成，这些要素使得我们的生活舒适、可以预见并有安全感。在职场，我们依赖周围的人，因为他们履行文化赋予他们的角色，从而形成一种氛围并得以传播和影响周围，进而激发我们自己的工作效率和潜力，了解这些要素有助于认识到某些人是否从属于这种文化。领导者只有将自己从学校文化的影响中抽离出来，才能对其构成要素进行审视，从而对学校有整体上的把握。

——[美]托德·威特克尔 史蒂夫·克鲁奈特[1]

学校不是屏蔽于社会之外的无菌真空堡垒，学校文化不是凭空产生的。周浩波说："学校是社会的一个侧面，社会上各种影响都会在学校中得到反映；同时它又是一个特殊的社会机构，具有自己独特的文化特征。这些社会因素混杂在校园、课堂之中，构成了学校文化的绚丽多彩的总体画面。"[2]当今，努力办好人民更加向往、更加满意的教育是新时代中国特色社会主义发展的时代使命，也是新时代中国特色社会主义教育发展的内在诉求和坚定目标。党的十九大报告指出，要"推进教育公平""努力让每个孩子都能享有公平而有质量的教育"。这是我们每所学校、每个教育人肩负的历史使命，也是学校文化建设的总体方向。在这个总体方向之下，不同地区、不同背景的个人会对学校文化形成不同的见解，会建立不同的"学校文化观"。在本章，我想谈谈对学校文化的个人理解，而这一点要从学校、文化的话题谈起。

[1] 托德·威特克尔，史蒂夫·克鲁奈特.如何定义、评估和改变学校文化[M].刘白玉，等译.北京：中国青年出版社，2019：36.

[2] 周浩波.教育哲学[M].北京：人民教育出版社，1999：254–255.

第一节　我心目中的学校

在很多场合我不止一次讲过，要办一所理想中的学校。在我的潜意识里，学校应该是孩子们的学园与乐园：他们张开思维的翅膀，毫无顾忌，他们发展全面，兴趣广泛，但又懂得规矩与礼仪，尤其喜欢读书；老师们是高品位、高素质、阳光乐观、富有创造性与自主性的；又是花园、家园：美丽温馨，像个读书的地方，可以不豪华但要有文化味，是全体师生、家长有很多美好回忆、永远不会忘怀的地方，是大家共同的精神栖息地。

一、学校是梦想的孵化站

心中有梦想，就会执着远方，无畏于艰难险阻，无畏于雨雪风霜。我觉得，衡量一个校长对学校的贡献不仅仅看当时在任时，更为重要的是看他离开时可以为学校留下什么？物质会在历史的长河中慢慢消散，而精神的东西却可以永远长存。校长对学校的最大贡献是，为学校慢慢累积的精神遗产增添一笔属于自己的财富，这就是学校的办学理念和教育梦想，它应该是学校文化的核心。校长应该善于将学校发展的梦想带给教师，并让其成为校内所有人的共同追求。每所学校都有自己的教育梦想，也正因为如此，才使得学校千姿百态。

北京大学在100多年的人才培养中，第一任校长是谁，更多的人可能已经忘记了，但是却记得第五任校长蔡元培。因为他当时制定的办学理念——“囊括大点、网罗众生、兼容并包、思想自由”——至今仍在沿用，也正是这一理念成就了北大独特的育人文化取向，成为北大人共同追求的梦想，成就了北大的社会地位和品牌力量。

每所学校都有教育梦，但是不管梦想多么五彩斑斓，其出发点和归宿点都是培养什么样的学生这一核心目标，归根结底还是落在让孩子们快乐、健康地成长上！

二、学校是成长的百味园

在学校里，孩子们是正在成长中的生命个体，教师本身就是一本教材，以自己的整个身心对学生施以影响，师生之间互相以生命影响生命，共同成长；同时家长作为学校的重要教育资源，也必须融入其中，领悟学校的育人目标，和学校形成教育的合力，不断提升育子能力。这个过程中不管是成功还是失败，都是一种成长的历练。当收获成长与发展的果实时心中充满香甜；当学生与教师、教师与家长、学校与社会产生龃龉时心里酸酸的；当教师传道授业解惑，数年如一日的耕耘时会有一丝苦的滋味；当每一个遗憾、每一次不完美出现时又感受到辣的味道……学校是师生、家长共同成长的百味园。

上海市进才中学北校是浦东新区的公办初级中学，始建于 1997 年，现有两个校区。办学理念是"进德达才、养正拓新"。学校非常注重内涵发展，有完整的文化体系，共同的价值观，共同的精神文化，常规管理有序规范，法、理、情有机融合。

学校目前有上海市名师后备 4 名，学校区学科带头人 4 名，区级骨干教师 37 名；区学科中心组成员 11 名，无论数量还是比例均列新区同类学校前茅。近年来学校先后被评为全国特色学校、上海市教育系统先进集体、上海市五一劳动奖、上海市文明单位（校园）、上海市教师专业发展学校等荣誉称号，被老百姓誉为性价比最高的优质公办学校。这些成绩的取得让他们心中充满甜蜜；在学校的发展过程中，也面临着很多困难：2019 年学校入学的新生从 14 个班级变为 18 个班级，2020 年又从 18 个班级变为 22 个班级，每个班级的人数将近 50 人，校舍吃紧，专用教室配置以及生均活动空间无法达到国家规定的标准。羽山路校区由于 18 号线地铁站建设，1/3 个操场被占掉，学校改建操场的计划被一推再推，至今尚未动工，初三年级的体育锻炼，受到了很大的影响。这些又让进才人心中酸酸的；学校于 2019 年 4 月被评为上海市信息化标杆培育校，虽然学校有一定信息化的基础，但在三年内要达成标杆校培育的建设目标，需要付出更多的努力，才能让数字化校园呈现进北特色。在追梦的过程中，辛苦自知；当然还会出现一些辣眼睛的事情。比如说现在家长受教育的程度都比较高，他们对孩子的期望值也比较高，甚至部分家长“自以为很懂教育”，往往会在不同程度上干预学校教师的教学以及学校的管理。另外，一些年长的教师对于新技术的接受能力相对迟缓，所以在信息化使用方面会有一定的困难。再比如说，由于学生体量不断增加，学校管理部门的压力也是日趋增大，而干部岗位的增加以及教师的招聘，都受上级部门的严格控制。再比如离异家庭或者亲子关系不和谐家庭，对子女教育出现不和谐、家校教育不一致等问题，容易使学生在身心健康存在这样或那样的挑战，常常使班主任和科任教师苦无良策而身心疲惫。所以学校以家教课题《家庭教育的学校支持研究》为抓手，积极引导家校合作，帮助家长读懂孩子，帮助教师提高家庭教育指导力，呵护学生健康成长。

这就是学校发展与生命成长的真实样态，百味杂陈，多姿多彩。

三、学校是自主的体验场

自主的教师才能带出自主的学生。“无为而为”是一种管理智慧，它是指管理者表面上的、有形的“无为”，隐含着实质上的无形的有为，只有不成为负担的东西才能长久。我们知道教师的工作，很多时候无法量化，而不能量化的部分往往是根本性的、关键性的部分。学校要创造出适合教师成长的环境，给他们足够的自主发展的空间与条件，他们就会挖掘自身潜能，有所建树。

自主发展是孩子的真正成长。首先儿童早期具有巨大的学习能力，这种能力往往超出我们的预期，他们完全可以独立地思考、独立地进行选择、独立地解决问题，我们应该给他们足够的空间让他们去自主探究；其次，教师要激发学生内在潜能，发展他们的自律能力。自我教育要通过内化、自省来实现，“内化”就是自我教育的过程，孩子们只有把教育要求变成自我要求，并付诸实践，教育目的才能得以真正体现。“不管是教导学生还是子女，一定要时时从孩子的角度看事情，不要把让孩子害怕当成教育的捷径。”[1] 这话很经典。在我们的教育中，我们只是一味地让孩子们遵守规则，用各种方式限制再限制，唯独没有为他们耐心地讲解为什么要这样做，这样做的结果会怎样。学生的养成教育靠管、靠压是不行的，这样的做法难成习惯，倒容易使学生滋生“两面派”性格：在学校里言行有礼，走出校门却换成了另一个人。我们施教简单粗暴，学生回馈给我们的是“短期行为”，因此，在出台一个规则之前不能简单地强制孩子们去做，中间的实施过程需要我们倾注更多的心力。我们需要在教育教学中强化孩子们的自觉行为，促进他们由他律向自律转化。

在我的心目中，学校就是一片净土，是一切美好事物的栖息地。我们所做的事情都会踩在孩子的生命成长线上，倾听他们的心声，办孩子们的学校！

我喜欢的学校是：
一个美丽的学校
一个舒适的学校
一个安全的学校
一个倾听的学校
一个可变通的学校
一个相应的学校
一个尊重人的学校
一个没有院墙的学校

[1]　艾斯奎斯．第 56 号教室的奇迹 [M]. 北京：中国城市出版社，2008：6.

一个以人为本的学校[1]

教育纵贯线

初识珲春四中与天津中营小学

珲春市第四中学和天津市南开区中营小学都是教育部领航班第二批学员所在的学校。

初到珲春四中给人的感觉是一种震撼！在这样一个边陲城市，一群教育人在默默奉献。两天的驻留，天气虽然有些冷，但是我却感受到了珲春人的热情与好客，心里暖暖的。

珲春四中成立于1978年，位于吉林省延边朝鲜自治州珲春市，主张幸福教育。对于这所学校，我有三点突出的感受：

一个好的文化传承。学校里最重要的是人，珲春四中的老师们非常值得敬佩，他们将奉献作为一种习惯，具有极强的执行力；从上到下都能够将“不丢下任何一个学生”贯彻落实，不打折扣，我觉得四中的所有学生是幸福的、快乐的，学校并非一部分学生的天堂。

一个好校长。李丽辉校长是我们的学友，从干部的座谈中我感觉到大家对于他们的当家人是充满敬佩的，是引以为豪的。她用思想引领学校发展，以文化立校；她有很高的站位，很宽广的视野，她口中一直会自然流露出要为国家培养人，要做好教育事业的使命感，这是非常值得我学习的。她把学校当成家，十年如一日，甘于奉献，成就师生，学科能力也很强，靠自己的人格魅力与远见卓识带领团队、带领学校奔向他们的理想彼岸。

一个好的切入点。“差异——适应性”教学注重小组合作学习，分层教学，分层考试，学生学业成绩找到了提升的突破点，同时也成为教

---

[1] 伯克，格罗夫纳．我喜欢的学校：通过孩子们的心声反思当今教育[M]．北京：中国轻工业出版社，2006：17.

师专业成长的抓手，大家通过学习借鉴、内化提升，把这一教学思路落实得很到位，使之成为学校的亮点。

走进华联校长的学校天津市南开区中营小学，在参观校园和校史馆的过程中感受到的依然是一种震撼。这是一所百年老校，走在校园中，我们深刻地感受到了这是一所不断言说历史又不断锐意创新的学校。1906 年，刘宝慈先生在天津老城厢开办了中营小学，以“发掘学生潜能培育时代新人”为办学特色，建校伊始就提出了勤、朴、敏、健的校训，成为无声的文化传承，浸染着中营人。学校先后经历了 15 任校长，从没有改变过这些传统，四字校训已经成为优秀学校文化的魂魄。整个校园青砖青瓦，古朴厚重，建筑本身就是一种无声的浸润与教育。

在聆听两位学校干部的汇报中，我们又感受到了学校鲜明的实践特色。学校将立德树人落在日常的点滴之中，非常注重学生的全面发展，特别是修身立德，更是能够持之以恒。每年的 3 月 5 日是毛主席“向雷锋同志学习”题词纪念日，是纪念周恩来同志诞辰纪念日，也是中营小学建校纪念日。因此，从 1963 年开始，学生们始终坚持学雷锋活动，已有 50 年历史。学校紧邻周邓纪念馆，历史的传承与革命精神的散播成为中营小学的文化内核。在校内，他们把阅读同一本书、诵读一条格言、观看一部电影作为“学雷锋”主旋律，还把“学雷锋”活动引入社区，建立校外学雷锋基地。课程不再是一本教材，主题教育、常规活动也都以课程的形式存在，更加系统、力度更大，让学生的成长有所依托；课堂也不再仅仅是一间教室，而是拓展到校园、社区、博物馆等地方，让学生的成长更加扎实。

在和学生的座谈交流中，我更加深刻地感受到学校的教育理念在学生身上得到的显现。孩子们自信大方，表达清楚，积极阳光。孩子们认为学校课程丰富，教师具有科学的专业精神，对学生关爱有加，学生非常爱自己的学校，他们有根、有情怀，很难得。

在走访学习中，我认识到学校办学品质的提升，需要不断反思，不断超越自我，去伪存真，坚守教育本真，也更加感受到学校文化的重要。

第二节　我所思考的文化

“文化”这个词我从小就认识，但是对其深刻含义并未认真思考过。在我的理解里，“文化”正如它的词义，是指前人所留下的、我们正在继承的并正将其传给后人的东西。显然，这个东西是极为丰富的，似乎什么都可以包括在内；但同时又是模糊的，我们很难用三言两语将其说明白。在日常生活中，“文化”一词也常常作为形容词使用，“文化人”“某某有文化”。当我们这么用的时候，似乎是用它来形容一个人有知识、有教养。显然，这是个褒义的形容词。并且，从上述的名词到这一形容词，我们很容易感觉到其间存在着联系——因为继承了所谓的“文化”，才会变得“有文化”——尽管这种联系并不那么好说清楚。进入新世纪以来，“文化”越来越变成一个热词，不仅党和国家在提，媒体热衷于此，而且老百姓也更加频繁地提到它。在日常生活中，我们处处在说着“文化”，常常在很多概念和名称之后加上“文化”，如茶文化、酒文化、饮食文化、建筑文化、车文化等。这种变化，表明大众对“文化”越来越重视和认可。可能是因为“文化”一词道出了人们一直以来想说但概括不出来的东西。

对我自己而言，在有了几十年的人生阅历特别是有了在学校二十几年的教学管理经历和近十年的文化建设经验以后，我对文化有了更多的体会和感受，这些感受和体会反过来，又助力于我的教学和管理。

一、文化是“人化”

从学理上说，“文化”有很多定义和观点，曾有学者整理超过 200

种观点，我在这里不想辨析。抽象的概括由学者去做，我想说说我个人的体会和思考。

通俗来说，文化就是“人化”。因为文化是指人所创造的东西，人是文化的主体，我们所要继承的被称为“文化”的东西，都是由人创造的。试想，我们不会把自然界原始的植物、动物称为文化，更不会把宇宙中的星球、陨石称为文化，因为它们早在人类出现之前就已存在，并非由人类所创造。

“人”是文化的核心，必须非常清醒地认识和把握这一点。因为我们今天谈文化，不是为了炫耀知识，也不只是为了造福于自然，而是为了服务于“人”本身，是为了让生命变得更丰盈。如果谈文化、做文化而忽略了人，无疑是丢失了根本，是把文化给异化了。如建筑文化，我们研究和创造建筑，不是为了建筑本身，而是为了居住于建筑中的人。因而，建筑既是空间的艺术，更是人的艺术。只有深谙人的生活需求、审美趣味和精神追求，才有可能赋予建筑灵魂，才能创造出激动人心的“建筑文化”来。中国工程院院士、同济大学教授戴复东曾说过：“建筑是一项为人服务的学问，建筑师只有真正热爱人、关怀人，才能使建筑环境为人服务得更好。”武汉东湖风景区内一处毛主席生前工作、居住的“东湖梅岭工程群”，是戴复东年轻时的代表作，也成为后来的建筑经典。他的设计依地就势、就地取材，既好看，又环保，而且富有地方特色。其中一个亮点是地板的图案，用原木材锯成一块块的木砧板拼装而成，看上去就仿佛置身于森林环境中，居住其中，感觉天人合为一体。

说“文化”是“人化”，除了强调“人”是主体之外，还表明“化”的过程特点。文化是“人化”，不是“人做”“人造”“人为”，说明文化的产生过程具有一个重要特点：自然而然、默默累积、水到渠成。我们知道，“化”是“随风潜入夜，润物细无声”，是“天街小雨润如酥，草色遥看近却无”的过程，如果想疾风骤雨、雷霆万钧地快速创造文化，那是肯定无法成功的。文化不是拔苗助长，在西欧，“文化”一词来源于拉丁文，原意是指农耕和作物培植。我生在农村长在农村，青少年时期做农活的经历时常浮现在眼前。春天，用铁锹把地翻松，将土捣得细碎一些，就开始播种、浇水，隔段时间放学后再去看一看，浇浇水；苗长出来了，就要间苗，使得疏密相间，让小苗有足够的生长空间，紧跟着除草、再松土，让它们的成长环境宽松一些；越到后面就越放心了，它们每天沐浴阳光、汲取营养、补充水分，一天天地长高；丰收的季节是最开心的，农田里金灿灿的，映着人们红彤彤的脸，那是一幅多么令人陶醉的图画呀！文化就是这样遵循规律、徐徐而进，过尽千帆，蓦然回首，它就在灯火阑珊处。

二、文化是“创造”

文化既然是人化，那么是不是所有人的所有行为，都可以积累为文化。答案是否定的。只要在漫长的人类文明史中简单回溯一下，就可以发现，文化的灿烂星河之中只有一颗颗或大或小、或明或暗的星星，要想占有一席之地，就必须发出自己的光芒。简言之，文化的积淀不是随意和任意的，只有那些具有创造性的行为才能被积淀下来，而那些因循守旧、亦步亦趋的行为早已湮没在历史的长河之中。

当然，说文化是“创造”，不是抹杀那些勤勤恳恳、任劳任怨的人的贡献，而是高扬创新创造的精神：我们不一定能够做到创新，但起码朝着创新的方向去努力，起码学会借鉴更有创新水准的成果。我们要保持一种“创新的姿势”，从而把创造的火种传递下去。例如：淘宝、京东、天猫等电商平台，大大地改变了人们的购物方式，从以前逛街购物变成现在天天在家里收快递的模式。这无形中降低了很多人的生活成本，对整个社会而言，也降低了经济运行成本，提高了效率。这种电商文化就是时代的创新与发展。

说文化是“创造”，还强调要以更加宽广的视角理解“创造”。从无到有、以新替旧，这种“硬核”式创造，当然可嘉；但小处、细节的“微创新”，内容不变而方式、方法创新，乃至于排列组合有所优化的创新，都可以是“创造”。埃尔·迪克森是强生公司的一名职员，刚刚同太太约瑟芬·奈特完婚时，夫妻二人十分恩爱，迪克森太太很喜欢为心爱的丈夫准备吃的，却又笨手笨脚，时常伤到自己。而伤口用绷带包裹好以后，又无法很好地固定，稍不留意就会让绷带脱落。爱情的力量让埃尔·迪克森灵光一现：他开始试着在每条绷带的中间都贴上纱布。这样，当他太太再次受伤时，她就可以用这种绷带快速包扎伤口，这种绷带不仅不易脱落，而且只需不到三十秒便可以将伤口快速处理好，于是世间就有了创可贴。对于中国的传统服饰，例如唐装和旗袍，设计师可融入一些当季流行的色彩或花纹，这样设计出来的服装不仅有传统特色，也有一定的时尚感，更容易得到消费者的青睐。对于中国的传统戏剧，我们可以将其融入影视作品中，也可以编排一些有新时代特点的剧目来演出，这样就可以吸引更多的观众。此外，像书法、绘画、剪纸等文化艺术都可以在原有的基础上融入时代特色，进行创新。

三、文化是“多样”

文化多样性是人类社会的基本特征，也是人类文明进步的重要动力。“多样”是文化最明显的外在特征：多方面、多领域、多层次、多类型、多阶段。哪怕是最小众的文化内容，也会拥有“多”的特征。文化是“多样”，原因在于人是多样的，世界是多样的，甚至“创造”的方式也是多样的。人有男的、女的，有儿童、少年、青年、壮年、老年，有不同民族、不同宗教、不同国家、不同职业的区别。人的丰富性，决定了文化的多样性。

认识文化的“多样”，具有很重要的现实意义。人的思维特点是从多到少，为了认识的方便，我们常常需要将多样性归纳为单一性；但是文化的建设正相反，需要我们以最大的包容和宽广心胸，尊重不同人的正当需求，尤其是弱势群体的需求。因此，正视文化的“多样”，是客观公正、科学对待文化的前提。比如古丝绸之路，犹如一条彩带，将古代亚洲、欧洲甚至非洲的文化联结在一起。中国的四大发明、养蚕丝织技术以及丝绸织品、茶叶、瓷器等，通过丝绸之路传送到亚洲、欧洲和非洲的一些国家。同时，中外商人通过丝绸之路，将中亚的骏马、葡萄，印度的佛教、音乐、熬糖法、医药，西亚的乐器、金银器制作技术、天文学、数学等输入中国，使得中外文化互通，推动人类的共同进步。现今我国“一带一路”战略借助古代丝绸之路的历史符号，积极发展与沿线国家的经济合作伙伴关系，共同打造政治互信、经济融合、文化包容的利益共同体、命运共同体和责任共同体，又赋予了古老“丝绸之路”新的历史使命。无论何时，我们都要避免强势文化对于弱势文化的“霸权”或“殖民”，而应该时刻尊重文化的多样性，使其各得其所，互通有无，优势互补。

如果不去追根溯源，就不会有文化的传承；如果不能时时拷问内心，就不会创造出有生命力的文化；如果不能持之以恒，就只会昙花一现。文化的力量无处不在，它是在长期的历史演化过程中不断固化下来的。文化在规范、塑造人们思想和行为时，其自身也会越发的保守与片面，也会出现发展的瓶颈，因此文化也需要在不断反思和变革中进行更新。它没有国界，总是在发展变化过程之中，我们应该以开放的心态去面对文化和参与文化建设。

教育纵贯线

初识美国文化

2011 年的一月，我第一次踏上美国的国土，在华盛顿乔治梅森大学进行为期 21 天的学习，初识了美国文化。华盛顿市区，所有建筑按照不能超过国会大厦高度的规定建设，有 200 多年历史了，整齐规整，结实厚重。早上七点以前路上基本没有车，九点钟了看到晨跑的年轻人成群结伙，充满朝气，再晚些时候看到一些骑着单车的老人成群结队地去游玩，还有一些墨西哥穷人的孩子在林肯纪念堂边上的草地上踢足球。能够感受到美国人的悠闲惬意，上班就是上班，休息就是休息，市中心周六有的商场还开门，到周日就休息了。他们有的驱车外出，有的去博物馆，各种博物馆聚集在一个区域，走着也用不了多长时间。他们的社会保障系统很健全，市中心公园经常有一些人聚在那里等待救济，到时间政府工作人员就会开车过来为他们送衣物、食品，冷天还会有热饮；时不时地还能看到一群人举着牌子标语在示威游行，警车与警察疏导他们按照路线游行，他们在国会大厦和白宫间穿行，自由与休闲各得其所，互不干涉。我非常喜欢一句广告词："心有多大，舞台就有多大。"当然更为重要的，这次美国之行，使得我对于学校办学有了一些新的思考。

不摆排场，讲求实效。美国的学校重资源整合体现在很多地方。多功能厅真正体现了多功能。乐器排练厅、报告厅、餐厅、体育场馆合几为一，凸显实用性，每个教室都是满满当当的，到处是孩子们的作品、物品，教师办公室和教室就在一起，楼道里还能看到铁皮箱里放着笔记本电脑，很多鼠标和插线，一问才知道这是为了给学生们向老师提问提供方便，他们可以用电脑向任何老师提出问题，不用到处去找老师，为学生服务的思想随处可以体现。他们的学校里没有一块地方是废置的，每块地方都有几个用途。报告厅的舞台是乐器排练场；体育馆铺上垫子就是体操馆，拿开就是球馆，墙上是攀岩，边上是云梯；美术教室里都有一些铁丝做的一层层的物品摆放架，很实用。

为孩子着想。我们去的每所学校，都在楼道或专门的地方为孩子们准备了一个铁皮柜，上锁。孩子们可以把衣服、鞋子等等放在里面，既方便孩子，也尊重孩子们的隐私；他们的课堂都是那么生动活泼，小学基本是围坐在地毯上听讲，怎么坐的都有，他们的教室都是分为两个教学区，当大部分人在这个区域上课时，还能看到助教在另一个区域为一到两个孩子辅导，这就是他们所说的让每一个孩子把所讲的学会；英语课上完后，老师让孩子们读书，然后把书中的人物、所做事情列表，最后一栏由孩子们填写分析这样做对不对，为什么，这不是囫囵吞枣，是做了就要让孩子们有收获，不敷衍了事；化学课上不是讲方程式，而是让孩子们手里拿着花花绿绿的字母，任意拼装学习，动脑动手真正领悟才是他们追求的！校长买了一个大鱼缸放在楼道里，他让孩子们就照着里面的鱼作画，整个楼道里满是花花绿绿的，不管我们看着习不习惯，孩子们喜欢就够了。

以前总认为美国的学生很轻松，这次走进美国高中才知道他们也很辛苦！每天七点半到两点半上课，中午休息25分钟，下午放学后65%的学生坐校车回家，剩下的在校内上各种兴趣班，家庭作业要3到5个小时才能完成，听到我说我们的学生八点之前到校时，他们都惊呼，并睁大了眼睛，那是一种羡慕！孩子们想玩的天性都是一样的，但是要想上名牌大学都必须要付出辛苦，一分耕耘一分收获，这是一个不变的真理！

在美国培训时的一个细节让我至今难忘，早上一起来就拉开窗帘，急着想看看雪停没停，下得有多大。原来雪已经悄无声息地停了，地上厚厚的一层，我出来围着酒店周边赏雪。时不时地看到车辆从小区开出来，司机友好地和我点头微笑，停车场里男男女女在铲车上的雪，铲雪车从路上来回走着，因为我照相站在路边挡住了他的路，他就耐心地停在那里等着我，他的表情安详友好，当我发现影响到他的工作时急忙闪开，并歉意地和他微笑。他继续认真地完成他的工作，不急不慌，那种安详真的让我心动，我的生活状态是什么呢？别说路上有人挡在那里，就是前面的车开得慢一点，都会不耐烦地按喇叭，那种焦虑急躁好像传染病，让大家的内心不能平静下来。这个铲雪工给我的感触最深。他不急躁，不浮躁，他的优雅令我折服；他铲雪一丝不苟，严谨做事的态度更加让我钦佩。我想通过自己的努力坚守一些东西，改变一些现状。我愿和我的老师一起：慢而优雅地生活，严谨认真地做事！通过共同的努力让翡翠城的孩子们快乐健康地成长！

第三节　我所理解的学校文化

作为一名学校管理者，我自然无法回避一个问题：什么是学校文化？

近些年来，我国基础教育领域掀起了一场建设学校文化的火热运动，不管是在教育经费上还是在学校人力物力上，都有巨大的投入，我也是亲历者。在边做边思考的过程中，我一次次在心里梳理和回答“什么是学校文化”的问题，可以说，至今仍未形成令自己满意的答案。以下所述只是我一些不成熟的见解，以求教于方家。

一、学校文化是“生态”

对于什么是学校文化，学术界有明确的结论，这方面的资料很多，而我们要做的，就是将其与学校教育教学实际结合起来，与干部教师的理解水平对接起来，给学校文化一个通俗的描述。从我的经历和感受而言，学校文化就是一所学校在办学中所积淀下来的文化。

身在学校或者曾经深入学校的人都知道，教师在学校培养学生，其行为不是随意的，而是在国家政策、民族文化、地域风俗的基础上，根据自身所确立的教育价值观，结合现有的教育教学成果和科技发展水平来进行的。换言之，任何一所学校的育人从根本上说都是有限制的，因而也是独特的，都具有自己的基础状况和方式方法。从这个意义上看，学校所依据的价值观和所采取的方式，就是这所学校文化的核心内容。我们平时参观一所学校，进入其课堂、校园，最先体验到的就是它的价值观，以及围绕价值观而形成的教学、德育、管理和环境创设等种种实施方式。

基于此，我所理解的学校文化是一种“办学生态”，是一所学校根据它所确立的核心办学价值观，在教育教学中所努力形成的独特的办学方式。我们知道，自然界有各种各样的“生态圈”，是不同物种在特定的自然条件下所达成平衡的一个个小环境。学校也类似，根据不同的价值观和目标，同样也会形成不同的“教育教学生态”，这个生态其实就是“学校文化”本身。

第一，学校文化是“生态”，是具有生机和活力的“系统”。它不是单一层面的东西，也不是不同东西的机械组合，而是不同因素和内容在特定价值观层面的有机统一。换言之，不管是教师还是学生，不管是教学还是德育，不管是校内还是校外，学校办学的各个方面只有贯穿着一个核心——育人价值观，才能形成一个“生态圈”，才能展现出文化的特征来。学校文化不是单薄的一枝一叶，而是一个从思想到行动再到符号的一种整合和结晶。如果没有形成这样的一个体系，就还不能说形成了学校文化。

（1）学校文化不只是教育理念。有的学校对文化侧重于表达一种教育态度，有的侧重于学生培养目标的表达，还有一些侧重于表达教育教学方法上的追求。其实学校文化不只涉及价值问题，也涉及认知问题，不仅涉及教育教学的追求与取向，还涉及学校成员对于工作性质与意义及相互关系等内容的理解与作为。如果把学校文化与学校教育理念简单等同起来，就会窄化学校文化的含义，长此以往，会脱离办学实际，让学校文化只是流于口号。

（2）学校文化不只是环境文化。尽管没有任何一位校长会说，学校文化就是环境文化。但实际上，很多学校文化建设的主要工作和重点投入，都是放在环境方面，从标牌、标语，到文化走廊、文化墙，再到文化景观、文化建筑。我一直认为学校的环境是为教育服务的，它是教育的存在，因此一定不能为了环境而环境，而应该是学校核心价值的物化体现。学校文化是物质文化、制度文化和精神文化的总和，环境固然重要，但不能将文化与环境混同，它是文化的反映，不是文化本身。

（3）学校文化不只是活动文化。有些学校热衷于组织丰富多彩的文化活动，在活动慢慢形成品牌的时候，误以为这些活动等同于学校文化。不可否认，主题鲜明、富于实效的活动确实可以凝聚人心、激发斗志，但是它只是文化的一部分内容，我个人认为学校中多数情况下宜静不宜动，应该留给师生更多的思考、独处的时间，才更利于其成长。

第二，学校文化是特定的“生态”。学校文化具有文化的一般特质，又具有自身的独特性。它既然是一个办学的“生态”，而不是企业生态、机关生态，就具有自身的特征，从我个人的认识来说，其最大特征就是具有独特的教育教学样式。如果说教育价值观是抽象的准则的话，那么，教育教学样式就是一所学校在办学中所展现的外在特征。有什么样的教育教学样式，就具有什么样的文化面貌。

（1）学校文化的内容分为四个层面。学校文化有很多种划分方法，我习惯于将它分为理念文化、行为文化、视听文化和环境文化四类，我觉得这样的划分在校长做学校文化建设的时候比较好操作，不易偏颇或遗漏，统一规划、协调统筹、齐头并进。理念文化是学校文化建设的核心工程，是学校最高层的思想和战略系统，包括办学思想、培养目标、办学目标、校训等；行为文化是学校文化建设的保障工程，规范着学校的教育教学活动，是学校实践办学理念运行模式，包括课程文化、课堂文化、制度文化、物质文化、对外交往文化、教师文化、学生文化等；视听文化是学校文化建设中最外在、最直观的部分，通过个性化、标准化、系统化的视觉形象，体现学校的办学理念和精神文化，塑造独特的学校视觉形象，包括校歌、校徽、校色等；环境文化是学校文化建设的基础工程，个性鲜明的环境氛围会起到“润物细无声”的教育作用，包括建筑风格、精神内涵等。

（2）学校文化的载体是学校中的人，即教师和学生。李政涛认为：学校文化的根本特征是日常性，他涉及每个人平常是怎么思考问题、怎么行动的。换言之是怎么过日子的。[1] 我觉得这话一语中的。学校文化通过“人”不断地生成与进化的，它不是虚无缥缈的空中楼阁，它落在每个人的行动之中、思考之中，它是不用刻意地想起，就能自然而然流淌出来的。学校之所以具有生机与活力就是因为有人，因此发挥师生的主体性，让他们在传承、创造文化的过程中更能够成就自身的发展。

[1]　李政涛 . 重建教师的精神宇宙 [M]. 上海：华东师范大学出版社，2014：93.

二、学校文化建设是一个复杂的过程

我接触过一些校长，他们在学校文化的创生中付出了非常多的精力，但是效果不尽如人意。有的一换校长文化就断了，所以学校文化总是在创生的路上；有的提出的主张与学校里的教育教学活动相悖而驰，自然无法让文化生根发芽，枝繁叶茂；有的理念思想没有与时俱进，还停留在解放初期；有的学校文化只是停留在标语口号上，并没有落在实处……因为学校文化具有复杂性与不确定性，虽然定义学校文化寥寥数字就可以解决，但是它的内涵实则极为丰富，学校中所有的人、物、事都囊括其中，它的形成是一个复杂的过程。

作为一名工作在一线的校长，我走过四所学校，其中有三所都是新建学校，因为一切都要从零做起，因此在圈内朋友们都戏称我为“开荒校长”，这个“开荒”就包括学校文化的创生。对于一所新建学校，我觉得文化的确定，不能急于求成，应该发动全校教师，做出翔实的SWOT分析，尽量系统地去挖掘学校的发展优势劣势、机遇和挑战，依据实际提出教育主张，然后全校师生步调一致去践行文化，在这个过程中让学校文化不断鲜明、丰满起来。

学校文化的生长和建校时间长短没有必然的关系。时间是文化的一个重要变量，但用时间长短判断学校文化水平高低，就在一定程度上误解了学校文化的含义。我们也能看到，一些学校虽然建校时间不长，但是已经凸显出了文化的味道；一些学校虽然有着悠久的历史，但我们却感受不到文化的厚重气息，只剩下一些老物件儿，一些只言片语。学校文化具有相对的稳定性和继承性。它与每一时代的社会历史条件有密切的联系，学校文化的内容由社会历史条件所决定，不存在永恒不变、永远适用的学校文化。不同时代的学校文化都会有时代的烙印，一个时代的学校文化，不是从零起步，而是对原来文化的摒弃与继承。纵观历史的长河如此，聚焦到一所学校的文化也是如此。学校文化忌讳的就是一有风吹草动，就全部、快速的变化，出现钟摆现象，这样的变化就是折腾！

学校文化建设受一定社会的政治、经济、文化的状况所制约，具有社会性。我们是社会主义国家，是在中国共产党领导下办学，坚持社会主义办学方向是教育的政治原则，也是教育的根本问题。党的十八大报告指出："全面贯彻党的教育方针，坚持教育为社会主义现代化建设服务、为人民服务，把立德树人作为教育的根本任务，培养德智体美全面发展的社会主义建设者和接班人。"这是我们思考和谋划教育工作的逻辑起点，我们确定学校文化时，这一条是第一位的，它是方向、是根本，不能有丝毫的偏差。

著名教育家陶西平先生在为《百年汇文》一书所作的序中指出："学校文化必须精心构建，长期培育才行。学校文化是学校的灵魂所在，因此学校文化需要长期坚持。文化建设是要有记忆的，没有记忆就没有积累，没有积累就谈不上文化。"我们应该走文化自强之路，让学校文化不仅产生化育生命、凝聚自身、辐射社区和社会的强大吸引力、影响力，还要激活和焕发出创新教育文化的活力与创造力！

教育纵贯线

读《欣赏型探究：一种建设合作能力的积极方式》有感

读完美国学者弗兰克·约瑟夫·巴雷特和罗纳德·尤金·弗莱合著的《欣赏型探究：一种建设合作能力的积极方式》这本书，我好像豁然开朗，原来换一种视角，换一种思维方式，是可以这样的海阔天空，以前朦胧的意识中也是在运用AI做一些事情，但是没有这么明朗化、清晰化。我读这本书的同时就为班子的每位成员也订购了一本，九月份的同读书目我就推荐了这本书，十月中旬进行了读书分享，大家结合学校发展和自身工作谈了这本书带来的启发。随后又给每位教师买了一本，作为本学期教师的共读书目，因为从学校管理者角度和教师对于学生的教育角度都非常有益，我希望翡翠城里的每个人都能够用这种积极阳光的心态，共同构建绿色成长的学校文化。之所以选择这本书，是源于三个关键词——欣赏、探究、合作。

一、以欣赏为前提的问题发现与解决

欣赏型探究是一种以优势为本的能力建设理论，它首先致力于发现人类系统共同经历中的最好方面，从而推动人类系统向最为积极的潜能方向发展。

如果我们用绿色的眼睛看世界，那这个世界也是绿色的。我们带着什么样的心境看事物，那这个事物就会成为什么样的。我一直在想，其实作为校长，我们可能会遇到各具特点的教师，我们不能说哪一类就是好的，哪一类就是坏的，我们的职责不是在鉴别优劣，更为重要的是发现教师的潜能优势，为他们提供平台，让他们各美其美，这样的管理才是高效的。经常有老师说我：怎么在您的眼里什么都是阳光的？每个人都是好的？其实我们的出发点不同，慢慢地结果也就会跟着改变了。时间长了，老师真的就会成为我们期待的样子。当我们依靠欣赏或者通过欣赏开展工作的时候，这个世界就会以一种极其特别的方式展现在我们的面前。那些积极的品质与富有希望的特征就会变得越来越突出。“我们注意什么，什么就会增值。”根据洛萨达线正面∶负面 =2.9 ∶ 1 可以知道，一个单位里正面负面影响 3 ∶ 1 是正常的，负面情绪是给我们人生的一份礼物。在教师管理上我觉得我一直是在无意识中运用着欣赏、等待、信任的原则，让每位教师成长。“学校好是因为我好”，这是我的口头禅。学校也持续开展“我说我的和谐团队”“校园因我而美丽”等团队分享活动，应该说已经形成了大气、智慧、自信、优雅的教师团队文化。

在管理学校事务上，我的出发点一直是从问题入手，然后确定科研课题进行研究解决，我感觉能够发现问题就是我们还在前进的标志。我会采用问卷、座谈、调研等各种方式，倾听师生的声音，从而发现真问题，作为下一阶段的发展项目。我想以后可以试着转变一下思路，不是聚焦查找问题，而是聚焦寻找优势：我们哪里做得特别好？学校发展到现在是有哪些优势在支撑着？应该会有不一样的结果吧。以欣赏性的态度追问一些焦点性的问题，有助于拓展察看探究对象的可能性，有利于进一步提升探究对象的价值。

二、优势互补中的协作与探究

欣赏型探究本质上是一种协作性的过程，它通过发现各自的优势，并依此来想象、构建和实现一个共同期盼的未来。它是通过开展新型的对话和特定的探究来生成更强的合作能力，并以此为基础，形成一条强有力的变革路径；它是有意识地从优势中学习而不是从缺陷中学习。

在学校发展中，仅凭校长一己之力是无法办好学校的，团队成员应该相互赏识，优势互补，协同作战。我们的学校三年发展规划不是从上至下的规定动作，而是上下几次反复，头脑风暴席卷每个人，在此基础上历时近一年时间才制定出来。这也渗透着我们所提出的拼图文化。其实学校发展遇到问题是正常的，以积极的心态、联合大家的智慧予以破解，我觉得这应该是本书带给我的最大启示。

学校建校十年，取得了一些成绩。我最怕的是干部教师枕在原来的成绩上悠然自得，靠着一种惯性思维做事，或者由于繁忙的工作只是成为飞速转动的陀螺，没有思考，没有质的提升，只是在累加时间，其实这真的很可怕，所以在这个关键的时间点本书出现了，欣赏型合作、探究可以成为一所学校发展的抓手。

三、从故事入手，而非总结会议

社会建构论思想认为，我们创造的这个被称为“真实”的世界，是由对话、符号、隐喻和故事这些语言创造出来的。当我们创造了新的故事，采用了新的隐喻和新的语言的时候，我们也在改变这个组织的结构。分享以往最佳实践故事的行为，推动了彼此强有力的互动，加强了合作与确保变革愿望间的联系。故事并不是一些清单或是挂在墙上的招牌，它深刻地标明了它持有的价值观、一些重大的转折点以及种种神奇的表现，为文化的生长提供温床。

我想从三个层面让翡翠人讲故事，积累具有典范性、特色性的管理案例和教育故事，进行深入的理性思考，进一步凝练核心教育主张和办学思想——鲜明绿色成长文化。

每次的干部例会讲感人的故事。以前我曾经尝试过每次干部例会，每人讲发现的一个问题以及解决的策略，我想这次改变一下思路，每人讲一件感人的事情。

每次的教师例会讲难忘的故事。学校成立十二年了，前三年到校的教师经历了学校的创业阶段，他们奉献着自己的智慧与青春年华，让他们每次会议讲一两个故事，说一说曾经的过往，这对于延续传统，共同构建愿景会有很大的帮助。征询学校中处于最佳状态、最有效率和最为流行时的那些故事和经历，鼓励大家更深入地探究对方的故事，挖掘故事中潜藏的成功因素，努力“开采别人故事中的金矿”。

每学期的“故事汇”讲主题故事。每个学期的总结会也可以采用讲故事的形式，每次设定主题，比如可以说一说家校合作中自己最成功的一个案例，在学生养成好习惯上自己的一个成功案例等等，在这样的分享中，一个个的难题可以轻松破解。

欣赏型探究并不只是将人们聚集在一起，也不只是使人们彼此变得更加积极。这里围绕着生成性、肯定性话题所做的工作，旨在促使人们更好地理解、构想和实现更多的未来的可能性，这在能力建设过程中非常重要。讲故事、听故事，在探索成功的共同因素过程中，倾听和积极分析故事情节成为一件增权赋能的事情，它让每个人都能够参与其中，成为学校发展的主人。

在学校发展中，将每个人都纳入内部的战略圈中不仅是可行的，也是很有益处的。凭借欣赏型探究，我们能够使所有的利益相关者或者成员学习和理解何谓优秀，何谓必要，以及何谓富有生命活力。同样，我们也能推动全系统按照它的最佳样式生长和运行，依靠信息手段，人们势必关注整体，重视合作，进而影响到系统，促进系统合作能力的提升，逐渐形成学校绿色成长文化。

第二章

“绿色成长”文化的诞生和发展

第一节　学校的新生和初步发展
第二节　“绿色成长”文化的诞生
第三节　“绿色成长”文化的发展阶段

学校文化是可以创建和生长的，也是可以凝练和阐释的。但学术定义的学校文化在现实中是无法遇到的，更是无法套用的。研究者和实践者都需要牢记的是：学校文化是活着的、能动的，也是情境的、事实的，不是来自于外面的和概念的。管理者需要在情境和事实中构建、滋养和培育学校文化，研究者需要在事实和情境中考察和学习学校文化。

——张东娇[1]

学校作为一个组织，只要尚在运行，就是一个不折不扣的“活生生”的组织，即具有非常具体而生动的存在环境。它所处的国家、地域、时代是具体的，所内蕴的政治、文化、风俗特点是生动的，这些要素是难以化约和等同的，都是学校存在和发展不可忽视的重要因素。基于此，可以说任何一所学校在文化的诞生和发展上都具有与别人不一样的轨迹。北京小学翡翠城分校自然也是如此。

北京小学翡翠城分校所提出的绿色成长文化是在把握当前小学教育规律的基础上，总结办学实践，吸收和借鉴中外教育的理论成果，经过全校教职工研讨、实践、总结而成的；是根据自身所处的特定的政治、文化和社会环境特点，结合本校师生的文化需求和文化构建能力，着眼于本校的教育追求而逐渐形成。同样的，这也是一条不可复制的发展轨迹。

[1] 张东娇．学校文化管理[M]．北京：教育科学出版社，2013：6.

第一节　学校的新生和初步发展

“名校办分校”是北京市发改委与北京市教委为了扩大优质教育资源供给、促进教育均衡发展而出台的惠民政策。随着北京市整体规划方案的出台，城区人口有序地从市区向外迁移，一些新建的大社区陆续出现在三环以外，但是相应的服务设施跟进不及时，配套的优质学校就是其中之一。因此吸引名校走出本区到城乡接合部人群相对集中的社区办学，可以有效地促进教育的均衡发展，这就像在沙丁鱼中放入鲶鱼一样，使郊县固有的学校被激活，使之相互借鉴，相互切磋，实现整体的跨越式发展。北京小学翡翠城分校就是在这个大的背景之下成立的。

一、学校成立

2008 年 6 月，北京市大兴区教委与北京小学签订协议，北京小学翡翠城分校成立。我第一次到陌生的翡翠城报到时，学校的教学楼从外面看比较宏伟，有了楼体的框架，走到里面才发现没有能够落脚的地方，四壁是水泥，地上是瓦砾，操场是一个大土场。没有过多的时间犹疑，我立刻投入到了紧张的开学准备之中：到交通局、财政局、规划局、卫生监督局、街道办事处等单位办理相关手续，熟悉领导班子、基建施工、购进教学设备、办理法人证书等等，可以说从来没有感受过，身上的担子如此之重。万事开头难，到翡翠城后的短短几个月每天马不停蹄，我半年里体重减了十斤。对于学校内部管理，每天早上到校后，我都会坐在桌前将当天要做的事情，按着急不着急标出序号记下来，然后一件件去做，到下班时再打开本子对一对，完成的画钩，没完成的在边上注明原因，成为第二天的第一项工作。我知道作为校长最重要的是把握大局，把握方向，虽然工作千头万绪，但要始终保持清醒的头脑，条理清晰，有条不紊，只有这样学校才能在正确的轨道上前行。

招聘教师和招收学生都是借用学校旁边的餐厅。招聘教师的时候，我们请来北京小学的专家团队做面试官，经过多方考察，16名有爱心、坚忍不拔、业务能力强的教师组成了翡翠城的创业团队。招收学生的时候，教学楼依然在施工中，操场上沙土飞扬，校园连大门都没有。即使是这样的教学环境，第一批入学的学生竟有67名！这67名学生的家长放心地把他们的宝贝交到了我们手上，这是多大的信任啊！当时我们就立下誓言：必须竭尽所能，对得起家长的这份信任！我们就是怀着这样一份感恩之心开始办学的。开学忙教育教学工作，放假忙基建施工，马不停蹄，这种状态，一下就持续了十年。

非常值得庆幸的是，初到翡翠城，我遇到了原北京小学校长、特级教师吴国通，在他身边，感受他的睿智与风趣，吸纳他的经验与思想，这让我后来的成长迈上了一个新的台阶。第一次见到吴国通校长，他就对我说：不要带着原来的管理思路来工作，要从零起步。他还告诉我，办大校，应该从大处着眼，从每一细微之处打造学校的厚重、大气，从一开始就使学校走得扎实；办学不是只盯在学校内部这个小圈子里，人在校园，眼光要在世界；眼里看到的是孩子的现在，但考虑的应该是十几年后孩子的高考乃至一生。现在回忆起来，当时的这段话对于我来说太重要了。

就这样，在翡翠城，我和老师们开始了新的教育寻梦之旅。我将心灵放空，尽量避免用原来积淀下的惯性思路处理事情，而是以一个学习者的姿态，清零重整，时时处处多和吴校长沟通，在建校的四年间我记写了十余万字的工作随笔，大到办学宗旨，小到具体一个小案例的处理方式，可以说每天都有新收获。正是这种对工作、学习的放空、低头、吐故纳新，才让我每天都会受到冲击，感觉一下子站高了许多。这为后来提炼、探索翡翠城的学校文化提供了很大的帮助。

二、确立发展思路

北京小学翡翠城分校坐落于清新幽雅的大兴新城北部，学校占地 30 亩，建筑面积一万六千平方米，校园紧邻翡翠公园，树木葱茏、幽雅宁静。学校拥有智能化教学楼（内设 890 平方米图书阅览空间、电视演播厅、报告厅、舞蹈房、瑜伽馆等）、文体楼（内设篮球馆、钢琴房、古筝教室、围棋教室、电钢琴教室、书法教室等）；宽阔的国旗广场、多处休闲娱乐园、塑胶操场、宿舍楼及就餐大厅为师生的生活提供了方便。学校预计发展规模为 30 个教学班，其中 12 个住宿班，18 个走读班。从硬件配备来看，这是一所高起点的学校。北京小学与共和国同龄，已有六十几年的建校历史，是一所全寄宿制优质小学，作为北京小学的分校，翡翠城也成为一所百姓高期待、政府高期望的学校。我们第一年招收了两个走读班级，第二年开始面向全市招收寄宿学生，此后连续近十年都是走读与寄宿双轨制并行办学。

借助名校的光环，学校前几年也许会呈现出一派喜人的景象，但是牌子挂上了，并不等于就是名校了，关键是在若干年后能否形成自己的办学风格，具有内生长力。企业界有一个“穿越玉米地”原理：企业发展就好像一些人在比赛穿越玉米地，第一要比穿越的速度，看谁能够更快地穿越过去；第二是要一边穿越一边掰玉米，最后要看谁掰的玉米多，这就是效益；第三玉米叶子是很锋利的，穿越的时候很容易把手弄伤，最后还要看谁身上的伤口少。企业的发展好像穿越玉米地，必须兼顾速度、效益和安全。这就是一种整体的思维。对于一所学校的发展来说，也应该从一开始就有整体的思维与规划，兼顾发展的速度、效益及法律法规。建校之初，我们就确定了学校的整体发展思路：前两年静心学习北京小学，输入理念，取其精华，站在巨人的肩膀上发展，同时在这两年的发展过程中结合区情、校情找到学校自身发展的契机与亮点；从第三年开始确定翡翠城分校的发展之路，并用三年的努力使之鲜明、扎实。

三、发展根基

2008 年学校成立至今，在和北京小学的接触中，我们慢慢地品味与思考，深刻地感受到了一所老校所积淀的深厚底蕴：以服务代管理的扁平化、精细化的自主管理理念，“基础扎实，习惯良好，学有所长，全面发展”的学生培养目标。这些都成为翡翠城学校后来发展的底色，被沿袭下来。在干部教师队伍建设上，我们从一开始就确定了长短期相结合的培训制度，要求校内每位教师都到本校参加一个月到半年的脱产培训。为了使培训更加扎实，教师培训回来后还要为校内教师做培训心得汇报，并上汇报课，在课堂上诠释北京小学的育人理念。他们跟着本校安排的优秀指导老师备课、听课、说课、讲课，感受着北京小学的文化。

每当看到教师们眉飞色舞地谈自己的感触与收获，看到他们在课堂上有些生涩却又充满自信的尝试，我都为之感动。我欣喜于年轻教师接受新事物的速度，没有经验照搬优秀教师的东西有什么不好？在长期的教学实践中，我相信他们会慢慢归总出自己的教学风格。我们有一个统计数字，建校前五年，参训教师 60 人，听课 4200 余节，讲课 90 余节，记写随笔 120 万字。在管理上我们还与本校统一了课程表、作息时间表以及期末检测内容；在教师评价方案上也与本校趋于一致；在学生寄宿管理上，统一一周食谱，统一管理流程，并在原有基础上有所改进。这些都为翡翠城的后续发展奠定了坚实的基础。

教育纵贯线

教师合唱社团带给我的思考

教师合唱社团的组建完全出于偶然。有年区里工会组织教师的合唱比赛，我们自愿报名后利用下班后和中午时间练习。九月份刚开学，老师们都很忙碌，上了一天课了，下班后还要唱歌，我当时觉得真是挺残忍的一件事情，因此没有什么特别的行政要求，让老师们每天根据自己的情况自愿参与练习。

音乐组负责合唱的老师着急了，他们觉得学校在各个方面都非常出色，这次合唱比赛如果成绩不好会影响学校的声誉。他们想了很多办法，比如合唱开始时会互相做一下按摩操，缓解一下疲劳；唱歌时讲清歌曲要表达的情感，教给通俗易懂的发声方法。因为音乐教师也要上一天的课，看着他们那么辛劳，我悄悄对班子成员说：我们帮不了什么，就暗地给他们一些行动上的支持吧。我和班子成员不管多少事情，只要练习合唱时都会准时参加、认真练唱。在练习的过程中，大家渐渐地感受到了音乐的魅力，感受到了同伴的辛苦，更加明确了共同的方向——要把良好的精神风貌呈现给外界。大家克服了很多困难按时参与到合唱中来，经过几个月的练习，大家的心贴得越来越近，合唱技巧方法也提升了不少，更多了一种默契。有时某个声部唱不好，就会在中午时间加练，大家也是非常认真地一次次练习，没有一点怨言，整个过程收获中带着艰辛。

做一件事情我们享受的是过程，只要留心，路上皆是风景。在名利面前，我们没有简单地强制教师而是和风细雨地去浸润，无论什么情况，都保持优雅的姿态，让管理回归理性，绝对不会急功近利，扭曲路径。因为只要是比赛就一定要有输赢，为什么我们就永远是赢家呢？我想作为一个学校领导者，只有把这些都分析清了，看透了，才可以从容地办学。

比赛后，大家觉得练习合唱真的很享受，疲劳一天，唱歌时时间过得特快，身心也得到放松，这也是一种减压与休息。于是这个临时组建的合唱社团被保留了下来。我们的“绿色成长”教育理念倡导，即使有激烈的竞争也要让孩子的成长有尊严、合规律，我们的教师成长不是也应该有同样的坚守吗？我非常庆幸当时的决策，没有强制教师，没有占用过多的时间打长久战，而是以提高效率和练习质量的方式完成了任务。

第二节　“绿色成长”文化的诞生

在吸纳、学习北京小学先进经验的同时，我一直在思考翡翠城自身的发展之路，因为复制永远是缺少生命力的，也很难蓬勃发展下去。作为校长，我如果确定不了本校的文化方向，就会使学校像一艘失去了风向标的航船，全校师生就会茫然而无所适从。我不时地问自己：翡翠城究竟要走向何方？带着这个问题，我和全体教师一起，在建校最初几年时间里一直在探索和思考学校的育人文化，我们一起为了梦想出发。

一、寄宿文化

我们最早注意到的是寄宿文化。本校北京小学在寄宿文化上形成了鲜明的特色，在几十年的实践中积累了大量的管理经验，而我们也有一部分寄宿的学生，加之与北小的特殊关系，因而自然而然就想到要从寄宿文化上寻找突破。对于寄宿管理，我们得益于北小的经验，一开始就是站在巨人的肩膀上发展，但我们努力更加凸显精细化、人性化的特点。

在设施上，学生的上下铺是我们精心设计的，更加适合孩子，安全系数高；我们为每个孩子准备了储物箱、折叠椅；每个房间都配有盥洗室，24 小时供应热水；每个楼层都有淋浴间、卫生间、饮水处、会客空间，并设有服务电梯，让孩子们感觉这里就是他们的家，舒适、安全、温暖。

在服务上，实行三段式管理，每班配有正、副班主任、生活老师三人；每天为孩子们准备六餐，三顿正餐，三顿加餐，更利于孩子们成长；图书室、小花园等场地为孩子们提供了很好的休闲去处；下午放学后、晚上几十个兴趣班供他们自由选择参加，还有庆生会、家长讲堂、小主持人广播、电影展播等让孩子们的业余生活更加丰富多彩。

来校的人都说我们的管理精细、到位，尤其是孩子们的自理能力与交往能力都很强，在大家的赞扬声中，我们感觉这应该就是我们独有的办学特色。但是后来我们发现，对于庞大的学校管理体系来说，寄宿管理只是冰山一角，不能代表学校的整体发展方向，况且寄宿只是一种办学体制，也算不上是学校的办学特色。

二、拼图文化

寄宿文化既然不是方向，那么思考就回到了原点。我在想，自己做了十几年的校长，一直在坚守的东西是什么？我感觉，这个问题的答案对于学校文化方向的确立会有一定帮助。可以说有段时间我就像着了魔，吃饭走路都在想这个问题，偶然的一次和小侄子一起玩拼图，我突然茅塞顿开："拼图文化！"我们走过的路、做过的事，"拼图文化"就是一个高度的概括与浓缩。如果说我带的几所学校都有所建树的话，那么全是得益于有一支和谐进取的团队！而且，当时翡翠城学校领导班子和教师群体在建校过程中形成的团结合作的可贵精神，更是像拼图一样。拼图中的每一小块都各有各的形状，各有各的色彩，这犹如每位教师、学生都有自己的个性，都有自己的精彩，而学校管理者充分认识并尊重这种现实存在，才能具备做好其他事情的前提，同时只有把这些散落的拼图融合在一起才会形成一幅壮观的图画，合作相容又是多么重要！另外，这里还有一层含义就是不抛弃、不放弃，因为少了其中的任何一块拼图，这幅画就都不完整。

在和班子成员、老师们的一次次沟通中，我们异常兴奋。因为这种理念是在我们建校两年多的积淀中提炼出来的，因此非常深入人心：大家嘴上说的，文中写的，时而有"拼图"这个词出现；大家还进一步归总出了"学校好，是因为你好；你好，学校才会更好"的经典语言来进行自我激励。我感觉自己像是产下了一个婴儿，对她呵护有加，有着特殊的感情。我们对拼图文化思考的时间最长、付出的努力也最多。在这个探寻的过程中，我们更加深刻地懂得了，没有一支业务精湛、团结进取的教师团队就不可能有学校的发展。

三、翡翠城文化

正当我们推敲词汇、提炼语言，完善"拼图文化"时，专家朋友却给了我迎头一棒：你们所说的“拼图文化”不是办学理念，它只是一个办学理念之下的管理理念，也就是说是一个下位的概念。同时他们给我提供了一本书——《绿野仙踪》，让我阅读和寻找灵感。

我反复读了几遍。这是一本经典童话，里面讲述了这样一个故事：美丽善良的小姑娘多罗茜与亨利叔叔、艾姆婶婶居住在堪萨斯州大草原上。一天，一场龙卷风把她刮到了一个陌生而神奇的国度——奥芝国。她要回到叔叔的身边（家园、归属），就要到神奇的翡翠城去寻找伟大的巫师奥芝。在沿着黄色地砖去往翡翠城的路上，多罗茜与没有头脑的稻草人（想要一个头脑——智慧）、没有心脏的铁皮人（想要一个心脏——爱心）和毫无勇气和胆量的狮子（想要胆量——勇气）成了好朋友。为了实现各自心中的愿望，四者结伴前行，互相帮助，携手合作，历尽艰险，也遇到了许多稀奇古怪的事情。最后他们凭借着自己非凡的智慧和顽强的毅力都如愿以偿，实现了自己的梦想。

尽管这个故事很有意味，但我还陷在“拼图文化”中很难走出来，一时并没有什么思路，后来干脆就把这件事情放下了，不去想它，我只是想沉淀一下再去梳理。经过一段时间的休整，我想还是听听大家的想法吧。正好暑假到了，我要求每位教师都要花时间去读《绿野仙踪》，而且要带着思索学校办学理念的想法去读，并写下读后感；后来，我们又用了一天时间让大家分享自己的读后感，进行交流碰撞。在分享会上，教师们感言：“学校有着童话故事中同样的名字：翡翠城；有着同样的愿望：实现人生梦想；有着同样的目标：让学生都充满爱心、智慧，用自己的勇敢和拼搏的精神去实现自己的理想；有着同样的精神：团结互助、不畏艰难、勇于拼搏。”“故事中的一句话让我们心驰神往：只要我们一直走下去，总有一天我们能到翡翠城。翡翠城就是孩子们实现梦想的地方。”“故事描述的是对于爱心、勇气、智慧、幸福的追求；稻草人、铁皮人、狮子分别扮演着自我心灵成长的三大因子：智慧、爱心、勇气。”大家异常兴奋，我也从中慢慢梳理，终于可以跳出原来的圈子想问题了。

四、“绿色成长”文化

得益于《绿野仙踪》这本书，我们开始思考如何利用校名和童话内容，将其转化成为学校的价值理念和文化特色。也许因为是女性，我对色彩十分敏感，并对绿色有一份特别的偏爱。在我眼里，绿色，是生命本身的颜色，它所标示、所代表的，正是原生态的、活泼的生命之美。同时，我们美丽的校名“翡翠城”，也与著名童话《绿野仙踪》中那个用无数块翡翠搭建起来的翡翠城堡不谋而合，那晶莹的绿色带给我们无限的向往。从翡翠之绿、翡翠城之绿、《绿野仙踪》之“绿”中得到启发，决定采用“绿色”一词用以描述翡翠城分校所追求的儿童成长的内涵，于是，“绿色成长”一词产生了。

而随着“绿色成长”这一概念的确定，一种朦朦胧胧、模模糊糊但却直击我们心弦的文化体系也呼之欲出：“绿色”代表一种意蕴丰富的价值取向，表示更健康、更有生命活力、更可持续等多种内涵；“成长”代表我们教育教学的根本目标和最终追求，即落实于学生的生命进步和提升上；“绿色成长”代表核心理念，可以为教育教学带来明晰的价值依据；此外，还有梦想、爱心、智慧、勇气、归属等一系列富有意义的概念，可以用于学校文化构建的各个方面。我们感觉，这个概念既通俗易懂，又具备很强的阐释性和应用性，并且是居于学校发展的高度而指出方向，因而正是我们一直以来孜孜以求的。

而此前的拼图文化虽然没有上升到办学理念的高度，却作为学校的管理特色被保留了下来，其尊重个体、合作共荣的精神被融入“绿色成长”的内涵中；我们又将前期的思考进行整理，将寄宿文化中的“学生成长自主性”和翡翠城文化中的“绿色、梦想”等元素融入“绿色成长”内涵中，这样“绿色成长”变得丰满起来。它不是校长凭空的主观臆造，而是融入了教师的实践与思考。

就这样，“绿色成长”文化诞生了，并在随后的若干年中，被不断加以阐释、丰富、应用和实践，引领着翡翠城学校的办学走过了近十个春秋，使之成长为一所生机勃勃、奋发有为的地区名校。现在回想起来，我会感慨，对于一所学校而言，它的文化创生轨迹往往是难以预知的，但是冥冥之中总有天意，许多因缘总是悄悄地汇聚，只要我们不忘初心，循着教育本真踏实前行，就会迎来柳暗花明的美好时刻。

学校文化凝结在学校成员的行事方式之中，与学校掌门人多年办学经验积累密切相关，是学校适应未来发展所表现出来的独有品牌价值和品质保障。它是一种由上到下的贯穿，也是一种由下到上的默契，是上上下下的融合与共识。我们的学校文化方向的诞生历程带给我如下的思考：

注重过程。在探索的过程中我们全体师生共同参与，有些家长也参与其中，这个过程本身就是一种培训和提升，更是凝聚力量与人心的一种方式，在这个过程中我们每个人都在成长，都在越来越贴近教育的真谛，我想我们经历的这个过程应该比结果本身重要。

勇于放弃。《哈佛商业评论》刊登一篇文章，题目是《CEO 必须做的三件事》，意思是一个企业的 CEO 必须做到以下三点：一是管理现在，二是有选择地忘记过去，三是开创未来。其实这是对所有管理者提出的三种必备能力：维持力、颠覆力、创造力。我想，在探索的过程中自己这三种能力都得到了提升，而给我触动最深的是有选择的忘记过去，颠覆，尤其是颠覆自己，是很痛苦的过程，不破不立，枕在过去的成绩上就不会有突破，不会有发展。

基于校本。只有民族的才是世界的，只有在学校的土壤里生长出来的才会有持久的生命力与活力，不照搬，不攀比，沉下心来，静心研究分析，我们都会找到属于自己的精彩。

长期坚持。把握学校文化发展的方向和灵魂，目标始终如一，围绕一个中心，不偏不离。长期坚持，学校的特色和个性就会凸显出来。

教育纵贯线

课程开发助力教师成长

2004 年 8 月中旬，我到北京市大兴区团河小学担任校长、党支部书记，这是我第一次作为法人主持学校工作。

校内干部教师队伍是在开学前一周匆匆组建起来的，教师们来自区内各农村学校，水平参差不齐，互相间也不了解。要想使这所新建校稳步、快速发展，当务之急就是打造一支团结进取、综合素质高的教师队伍。

当看到2001年教育部颁布的《基础教育课程改革纲要（试行）》中“在执行国家课程和地方课程的同时，应视当地社会、经济发展的具体情况，结合本校的传统和优势、学生的兴趣和需要，开发和选用适合本校的课程”这样一段话后，我的眼前一亮，这不就是我开展工作的切入点吗？经过反复论证，我决定发挥教师来自全区的优势，带领教师自力更生，编辑以大兴的风土人情、天文地理为内容的校本教材：一方面创新学校德育工作，培养学生热爱家乡的乡土情感；一方面凝聚人心，提高教师的整体素质。

2004年12月2日，是一个令我难忘与感动的日子，我将想法告诉教师们后，补充道：“这是一个苦差事，我们都有自己的本职工作，教材的编写只能利用业余时间，大家根据自己的情况自愿报名参加吧！”之后，我在会议室忐忑不安地等待报名教师的到来。一个，两个……小小的会议室显得有些拥挤了，在职的23名教师全都站在那里看着我。我当时感动得直想流泪，其实在此之前，我的心里一直都没底，现在我的心里踏实了，原来我和教师之间是在互相支撑着！

编写工作紧张而有序地进行着。确立课程内容，设计编写体例，查找档案材料……真像是一场战役啊！不知度过了多少个不眠之夜、多少个节假日，3个月后，我们终于编出了6册校本教材。区教委领导看到教材后，决定把我们的校本教材升级为区本教材，并且指派大兴教师进修学校的教科研人员指导、参与我们的编写工作，这对于我们真是一份意外的惊喜。

我们又投入到对教材的修改、完善等工作中。为了拍到所需要的照片，我们有时一天要跑一百多公里。在劳累中，我们体验着奉献的快乐。教师们说：“这是为全区孩子做的一件好事，我们累点也值了。”就这样，我们六易其稿，反复推敲，历时一年半的时间，经过市课程中心的立项、初审，最终完成了《大兴——我的家》两册区本教材的编写工作。市基础教育课程教材发展研究中心程舟主任感慨地说：“你们真是创造了一个奇迹，别的区县都是组织全区的特级、高级骨干教师封闭起来编写教材，就这样还有一次过不了，进行第二次审批的。你们能够一次通过审批，真是太不简单了！”目前，这套乡土教材已经在大兴区正式启用，大兴区 1.5 万名 3 年级、5 年级的小学生成为使用者。

从校本课程到地方课程，可以说是一个飞跃。在近两年的编写过程中，我们付出了艰辛与智慧，也收获了快乐与自信。在搜集整理课程材料的过程中，教师们的知识面扩大了，提炼、筛选信息的能力增强了，对其他相关学科的把握能力提高了，教师们的整体素质提升了，形成了勤奋、合作、向上的优良品质和精神风貌，干群之间形成了民主、平等、互信、友爱的关系。教材开发，使我们这所新建校走上了科研兴校之路，在短期内迅速成长起来，积淀了学校文化的底蕴。

第三节 “绿色成长”文化的发展阶段

时光荏苒，弹指一挥间，伏案深思，翡翠城已经走过了十二年的拼搏之路，而“绿色成长”文化也走过了十二年的发展历程。回顾和总结这十二年，“绿色成长”文化基本上经历了三个阶段：一是“融合”阶段，即 2008 年至 2011 年时期；二是“生长”阶段，即 2012 年至 2016 年时期；三是“辐射”阶段，即 2017 年至今。从“融合”以求自立，从“生长”渐至壮大，从“辐射”而初步开枝散叶，“绿色成长”文化走出了一条多彩多姿的发展之路。

一、融合

建校的前三年（2008—2011），那是我们思维碰撞最激烈的一个时期：

北小的学校文化，我们的学校实际，时代的发展变迁，教育的百花齐放，都极大地激发了我们“理实”相生的实践创生，那是绿色成长文化的一个融合期，融百家之长，汲取各方之精华。乱花渐欲迷人眼，我们拨开迷雾，坚守办学的底线与初衷，那就是做一切事想一切事都从孩子的角度出发，紧紧把握住绿色成长文化的发展基调。

首先，关注学生的全面发展，尤重读书。

小学是打基础的重要阶段，我们必须关注孩子综合素质的提高。教育无小事，我们就从细微之处入手。每月的第一个周一，孩子们都会将右手放在左胸前庄严地宣誓：我是中国人，我爱我的祖国，我要使我的祖国更强大！一个没有根的民族很可怕，让孩子们懂得祖国就是我的大家；每天早上到校见到老师、保安、保洁人员都要鞠躬问好，让他们懂礼仪的同时，懂得感恩校内为自己服务的人；快上二年级的孩子都要重新回到幼儿园去为小弟弟小妹妹做事情，让他们知道照顾弱小者；每月我们都要拿出半天时间让孩子们进行义务劳动，擦栏杆、刷厕所、到翡翠公园捡拾垃圾，让他们知道劳动者的辛苦，体会劳动的快乐。每到学期末，学生知识测评结束后，还要进行为期一周的所有学科的能力大比拼，旨在扩大学生视野，让孩子能够全面发展。

“读书”应该贯穿孩子们的小学生活，为此我们首先创设了多样化的读书环境。“书香广场”是一个开放的读书场所，孩子们可以随意阅读。“悦读林”是一个个性化的阅读空间，以森林为主题，更加适合低年级学生阅读；可以容纳一个班上阅读课，在课上孩子们可以选择自己喜欢的方式读书：她们可以坐在椅子上、舞台上阅读，可以斜卧在地毯上读书，可以在梯形桌上摘抄，可以在电脑前电子阅读，可以在语音机前听书；阅读教师还可以利用小舞台组织演讲比赛。“翡翠书苑”更加适合教师和高年级学生阅读：靠里面是一个比较私密的空间“小书吧”，外面是一个比较宽敞明亮、正规的阅读空间。每到课间或者放学后，孩子们三三两两地坐在“书香广场”中陶醉地翻阅，那是学校中最美的画面。此外，我们实施一系列配套措施来推动和保障阅读的有效进行。晨读、书香时间，老师们带领学生诵读经典。每周安排一节读书课，让教师指导学生将读书落在实处。开通了每周一次的阅读展播：或诵读优秀古诗文，或诵读自己的优秀日记、读后感等，为每个孩子提供了展示自己阅读的平台。布置符合语文学科特点的创新作业，如“快乐暑期行”“快乐十一行”“书海漫游”等，让学生走上社会，走进社会大课堂，亲身去参与社会实践活动。

其次，孩子的身体健康从吃开始。

学校食堂自己办有很多难处，也非常牵扯精力，我们退缩过，想将食堂推向社会，但是后来我们在商议中形成共识：办食堂很累，也存在风险，但是为了让孩子更健康的成长，不管多难都必须自己办！因此自食堂开办以来，我们坚持教师和孩子们吃一样的餐，体现与孩子们的平等；教师餐只收取成本费，多余部分学校另外出资补贴，绝不允许因为教师餐的存在而降低学生餐标准。对于学生的加餐奶我们也精心地筹划，比如上午加餐奶要配合小饼干或小蛋糕，这样才易于学生吸收；睡觉前只喝纯牛奶或水果味牛奶，不喝巧克力奶，这样才不至于变成小胖子；对于饭量大肥胖的孩子，我们建议家长配合限制摄入量，使他们能够长得更健康；水果加餐每天两种，保证孩子们每周吃到十种水果。后来发现，家长和孩子们满意度最高的就是我们的食堂伙食，吃得好才能学得好，我们把食堂管理作为服务师生的第一个窗口。

学校有了一个良好的开端，干部教师们在不断规范着自己的言行，适应一种新的管理模式，接受新的挑战。建校仅仅一年，虽然学校还有很多地方在施工，但第二年九月我们就突破原来的招生规模，一年级招满了 5 个班。一位家长在我们的新年联欢会上这样发表感言：“我非常庆幸我和我的孩子选择了北京小学翡翠城分校。咱学校的领导有思路，老师有热情、有水平、有爱心，这个学校硬件一流，没有理由不好。剩下就需要我们家长全身心配合学校，尽家长的那份责任，我们选择名校，不如和老师们共创名校，共成长。把我们狭隘的爱子之情升华成爱校之情，这个学校一定会以十倍百倍的爱心回馈到我们每个孩子的身上！”

二、生长

在学校发展接下来的四年（2012—2016），我们在已有学生观的引领之下，坚定地去做事、想事，慢慢让绿色成长文化扎根、生长。我们不再满足让孩子有学上，上好学，更在学生实际获得和幸福感上下功夫。学校形成了和谐、快速、良好的发展态势，我们扎扎实实的办学风格得到了社会和家长的广泛认可，使绿色成长文化的魅力逐渐显现出来。

优化管理，开放办学。以科学管理为基础，规范各项规章制度，创设美好的平安校园。针对集团化办学，依托“一三五”管理模式，确立一套管理制度，成立三个职能部门，通过五大行动路径，条块相符协调推进学校内涵发展，“一站式”“走动式”管理成为有效抓手；同时依托教代会、工会等组织实行民主管理，激发师生的主人翁责任感，共同建设学校。开放办学，让家长走进学校成为志愿者、教育者、管理者，甚至决策者。广泛吸纳社会资源，“笼式足球场”“种植体验园”、自成一体的家长开放活动都是发掘社会资源的结果，为学生的绿色成长提供了良好的环境。2012 年，学校因为此项目成为“北京市百所特色学校”之一。

深化课改，五育并举。深化课改的关键是课程的有效落地。树立“大的课堂观”，在校园的每个角落都悉心注入教育的元素，将钢琴、计算机、图书等全部开放，让孩子们触手可得，时时可学，处处能学。树立“大的课程观”，将德育活动、校园环境文化也纳入课程之中，建立了“绿色成长课程”体系。学校两次荣获“北京市基础教育课程建设先进单位”，先后四次承办市区级课程建设现场会，多次进行会议交流。翡翠城办学，得到了家长、社会和教育主管部门的积极肯定。学生的整体素质在国家义务教育均衡督导评估中得到专家的一致好评。他们德、智、体、美、劳五育并举，在全国、市区级科技、艺术、体育等各种比赛屡摘桂冠；童话舞剧“绿野仙踪之神奇翡翠城”在市、区内多次公演，一度引起轰动。学校成为北京市金帆舞蹈学校、金帆书画院分校，以“二金”跃居北京市艺术教育前列。

塑德练能，提升队伍。针对教师的职业特点，鼓励教师自主发展。教师群策群力、共同研究制定《翡翠城教师公约》，使大家的共同约定制度化，变“要我这样做”为“我要这样做”；搭建“一基两翼多维”的教师专业发展框架，使每位教师各得其所，在现有基础上都能够有提升点；“以课例为载体的团队成长模式”成为区域内首创；在校内先后成立了14个学科工作坊和7个班主任工作坊，鼓励教师自己设计、规划、管理；支持教师先后成立了古筝、茶艺、瑜伽、书法等十多个社团，各美其美。教师队伍从建校之初的16人，到如今的180人，市区级学科带头人、骨干教师由建校时的13%发展到现在的31%，从没有一个做过课题到现在有7位独立承担市区级课题，教师成长迅速。

三、辐射

2017年至今，学校基本上是一边深耕绿色成长文化，一边辐射带动区域教育的发展，让绿色成长文化走出大兴区，走出北京市，走向了全中国。翡翠城的孩子学得轻松、学得快乐、爱好广泛、充满自信；翡翠城的教师积极向上、充满爱心、极富团队精神；学校干群关系融洽，领导班子的满意度高。因为绿色成长文化的鲜明特色，学校获得北京市首批校园文化示范校，北京市三八红旗集体，北京市党建示范点，全国教育系统先进集体。

2012年，学校在建校第四年于本区又办一所分校，开始进行自身的资源拓生，经历过几年的发展，目前一校三址办学，有六十一个教学班级，两千多名学生，极大扩充了办学规模。2018年率先在区内成立翡翠城教育集团，又牵手区内两所学校协同发展，开始向本区其他学校辐射；在区外，通过教育部领航工程张文凤校长工作室，辐射带动11所北京市远郊区学校的发展，同时又响应教育部号召，选派教师到四川凉山州扶贫支教，助力教育均衡发展。这些年里，接待了来自国内外兄弟校前来参观与培训近万人次。定期安排骨干教师到基础薄弱校送课，建立教师互访制度，实现校际间的经验交流与优质资源共享。学校的事迹先后在《中国教育电视台》《北京电视台》《参考消息》等媒体进行专题报道。

“长风破浪会有时，直挂云帆济沧海”，“绿色成长”文化历经三个阶段的孕育、生长与发展，不断焕发出了勃勃生机，正在扬帆远航！

教育纵贯线

我与绿色成长文化的今世前生

我1989年毕业于北京市大兴师范中等学校，做了七年班主任后，开始从事学校管理工作。从农村完小校长，到九年一贯制小学部校长，再到城区校长，转眼二十几个春秋。在做校长的20年间，我走过四所学校，且做且思，且思且做，逐渐走向成熟。现在想来，“绿色成长教育”虽然是我到翡翠城之后提出的，但它的形成却经历了相当长的一段时间。可以说，它是从长期的办学实践中逐渐“长”出来的一种理念。

一、萌芽——关注教学组织形式的变革

我做校长的第一所学校，是一所农村完小，100来个孩子，14位教师。我就像一个刚拿到驾照的司机，兴奋、新奇，手忙脚乱、歪歪斜斜地上路了。我们力求使校园、教室突出“家”的氛围，让学生有家的感觉，在各年级学生充分讨论的基础上，从班牌上改换了名称，将原来的一至六年级分别改为“小蜜蜂”“向阳花”“蝌蚪”“蓓蕾”“北极星”“百灵”这些名称，教室内的墙壁根据班名由学生自己进行了精心的设计，如五年级“百灵”班，他们的壁画是由四只小脚丫组成，每只小脚丫代表一个学习小组，每组同学的照片都贴在脚心，表明每组同学都团结一心，表达着他们从小做事都脚踏实地，一步一个脚印地向前走。我们除了装置传统的前后黑板外，还增加了侧面黑板和展示板，突出了学生的实践活动，为他们的课内外活动开辟了空间。那是学生自己的天地，他们可以画画、贴手工绘画作品、写诗歌、上板演课等，为的是让全体学生平等参与教学活动，就近找到自己的活动位置，感受成功。

当时国家教育改革的号角刚刚吹响，我便带着老师们穷尽所有智慧，进行小班化教学实验。没有资金，就自己动手改变环境；凭着感觉，转变教学组织形式，将桌椅由以往的“秧田式”变成“品字形”“半圆形”“口字形”“星点形”；教室侧面的黑板和展示板，供孩子们尽情地写画、演练；在课堂上给孩子宽松平等的学习环境，鼓励学生发表自己的见解，允许他们有不规范的举动，允许他们有不着边际的表达，允许他们有不清晰、不准确和不统一的答案。这些变革，在2000年封闭的农村不亚于扔进了一枚炸弹。它打破了校园的沉寂，使孩子们变得自信，不再羞涩；教师也迅速成长，短短几年，这个偏远的小学竟然出了三名区级学科带头人。这种教学组织形式的变革，让我对办学充满了自信与憧憬。当时，我只是直观地觉得孩子们的学校生活不应该是封闭、单调、呆板的，而应该是自由、自主、丰富的。也许，这就是“绿色成长教育”的萌芽吧。

二、发展——关注学生成长空间的拓展

我做校长的第三所学校是一所劳教系统的打工子弟学校。2004年，在国家有关三级课程改革的呼唤下，我逐渐意识到课程作为学生生命成长的“主营养”的重要性。于是，我带领教师们以更好地服务于学生的发展为宗旨，开始尝试课程之变。我们历时一年，编写了我校的第一本校本教材；可喜的是，这本教材后来也成为我区的第一本区本教材。我们以这套教材为蓝本，整合部分国家课程，邀请家长与社会人士共同参与，组织学生以主题单元课程的形式，开展每周半日的实践活动。孩子们的成长空间一下子变大了。这种深层次的变革使孩子们的学习与成长更加贴近生活、更加自主，也更加符合规律。当时，我更多地阅读了陶行知和杜威的著作，我越看越觉得，孩子们只在象牙塔一样的课堂里成长是远远不够的，只有源于生活、在生活中学习，他们的成长脚步才能更加坚实。这一时期，我的视野更加开阔，眼光不再仅仅盯在课堂上，而是开始关注影响孩子成长的多种要素，特别是关注学生成长空间的拓展，这使我对“绿色成长教育”的认识又深入了一层。

三、确立——关注学生生命成长的整体质量

记得做班主任的那七年，我坚定地认为，一个优秀的教师最重要的就是给学生一个好成绩。当年的学生现在都已成家立业，他们经常带着爱人、孩子到我家做客，说实话，看到他们的现在，我当时的想法开始动摇：学习成绩的优劣对孩子们的人生并没有起决定性的作用。当时觉得学习成绩是天大的事儿，但若干年后我才发现，它只是孩子们人生中的一瞬与一隅。我陷入了深深的思考中：作为一名小学教育工作者，我们给孩子什么，才能对他的一生有所助益？我的答案是：只有关注学生生命成长的整体质量、助力学生综合素质的提升，我们才能为学生的未来发展提供无限的可能性，使他们真正具备可持续发展的能力。这一阶段我的提升在于，对“以生为本”的内涵有了更深的理解；开始俯下身子，倾听孩子们的声音，并以他们的成长需求为基点，进行日常管理、规划学校发展。以这样的“思与行”为基础，我最终确立了自己的“绿色成长教育”理念。

综上所述，“绿色成长”文化的形成是一个由朦胧走向清晰、由感性上升到理性，横向上不断丰富、纵向上不断深入的过程。对我而言，它是从自己的实践与思考中“生长”出来的，因此，有“根”、有“源”，不可撼动。

第三章

“绿色成长”的思想内涵

一般来讲，学校核心价值观是有关学校核心价值或基础价值的一整套看法或观念，它是从多样的学校价值观中抽取的带有基础性的或能够为不同价值主体共同选择的价值目标。……简而言之，学校核心价值观从性质上说不是一种个体的核心价值观，而是一种组织的核心价值观。它要激励、维系和约束的并不是学校中哪一个个体或哪一类个体的行为，而是学校中所有成员的行为，是对学校中所有成员行为的期待、要求和规范。

——石中英[1]

文化的创生并不始于概念的提炼，甚至也不始于思想的演进，而是始于行为的积淀。只有实实在在行动起来，将一言一行、一事一物落到实处，使之产生积极的影响，从而将主观与客观有机结合起来，才能促进文化的萌芽和生长。不过，文化一旦萌芽和生长，就会不只是体现在行为层面，而会经由行为的累积，衍生出概念和思想的形式，使之变得更加清晰和可传播。学校文化亦是如此。它并非始于一个概念的提炼，但是一旦被提炼成概念，就表明该文化已经萌生并产生积极影响了。

翡翠城“绿色成长”文化以“绿色成长”这一概念为核心。如上一章所述，“绿色成长”这个概念的诞生虽然很具戏剧性，但它实际上并非凭空而来，而是汇聚翡翠城人对教育、对学校的多年思索，汇聚了我二十几年来对育人和办学的许多理解。因此，在实践上，这个概念具有丰富的现实内涵；而在理论上，它同样有所本，是对古今中外许多教育思想学习和借鉴的结果。在本章中，我们将针对“绿色成长”这一价值理念，

[1]　石中英 . 论学校核心价值观及其形成 [J]. 复印报刊资料，2009，000(002)：14–17.

在理论与实践的场域内不断的追问和思考，使读者不仅要知其然还要知其所以然。

第一节 “绿色成长”的基本内涵

我们提出“绿色成长”这个词，是为了概括我们对学生成长本质和发展方向的理解，也是为推动学校实现办学目标提供指针。它虽通俗易懂，却意蕴丰富，凝聚了这些年来我们在办学实践中所有的感悟和思考。

一、“绿色”与“成长”

“绿色成长”由“绿色”和“成长”两个概念组成，既表示作为目标和内容的“绿色的成长”，也表示作为过程和方法的“绿色地成长”。概括而言，它是指一种更好、更完善、更理想的成长形态。而要理解什么是“更好、更完善、更理想”，首先就要从“绿色”和“成长”两个特定概念中去分析。

所谓“绿色”，原本是指一种颜色，尤其是指植物最具代表性的一种色彩。当植物蓬勃生长的时候，它们往往会呈现出郁郁葱葱的绿色来。因而，绿色后来被人类用以指代生机、活力、春天、自然等多种具有积极意义的内涵。所谓“春风又绿江南岸”，就是一个最典型的例子，一个“绿”字，就将春天、万物复苏、生机盎然的意境表现出来。从19世纪生态学兴起之后，绿色逐渐成为健康、和谐、与环境协调、可持续发展的代名词，进一步扩充了自身的内涵。例如，我们常说“绿色食品”“绿色出行”就是这个含义。然而，“绿色”一词还不仅仅指称生态学的自然意义和农业、制造业等生产意义。随着人们普遍接受“绿色有机是更好”

的价值观念，人们进一步将“绿色”的内涵扩大，用以指称社会生活乃至于精神世界里那些更好、更完善、更理想的东西，如“绿色汇率”“绿色歌曲”“绿色消费”等，而教育领域所出现的“绿色教育”一词，就具有这样的内涵。

所谓“成长”，原本泛指生命的发展和成熟，既包括动物，也包括植物和其他微生物。但是，人们使用“成长”一词一般专指人的生命成长。以往，人们谈到生命成长，往往是指生物学上的成长，即身体器官的发育和成熟。自从 19 世纪生命哲学兴起之后，人们越来越认识到，身体的发育、成熟、衰老不过是人的“器官生命”，远远不足以代表人的生命的丰富内容。人还有情感生命、知识生命、道德生命、审美生命等多方面的生命内容。例如，所谓“有的人活着 / 他已经死了 / 有的人死了 / 他还活着”，就是指人的器官生命与价值生命并不一致。因而，只有尊重和呵护生命本身，将其视为一个丰满的整体和动态的过程，并推动生命各个层面健康、和谐、长远地发展，才能真正认识到“成长”的深刻内容。

二、“绿色成长”

“绿色成长”是建立在上述“绿色”观和“成长”观基础之上的概念，是指以一种绿色的方式推动生命的丰满成长，追求生命成长的最佳形态。这里所谓的“绿色方式”“最佳生命形态”是我们立足于学校发展的实际情况、师生特点以及我们所处的教育和社会“大生态”而言的。细细说来，我们所理解的“绿色成长”包含以下八层含义：

第一，它提倡尊重生命本真，倡导呵护生命的本来状态，因而是一种自然的成长，是反对违背生命规律而使之异化的成长理念。孩子是一粒种子，生来就已经具备各种可能性，我们的职责就是去发现这些可能性，顺木之天，因势利导，在因材施教中“因材”是根本，是“施教”的出发点。“材”就像自然资源，他们通常埋得很深，我们必须去寻找他们，并创造适合他们自我发展的环境。

第二，它提倡尊重生命意志，尊重每一个人的主观意愿和客观能力，因而是一种自主的成长，是反对强制和压迫的成长理念。教育家陶行知说，最好的教育是教学生自己做自己的先生，我想这种从自我教育的角度出发进行的教育才是真正的教育。孩子的内在潜能一旦得以激发，他们的后续发展将不可估量。我们的教育目的是什么？为的是让他们能够自我教育、自主成长，这也是“绿色成长”文化的主旨所在，大胆放手，适当点拨，让孩子们在自我经历中去感悟、去收获。

第三，它提倡尊重生命的整体，倡导从德、智、体、美、劳五个方面推动生命成长，因而是一种全面的成长，是反对局限于某一方面或某几方面的成长理念。现行的分科教学、德育与教学的分别评价把孩子们撕成了一个个的碎片，使孩子们不能完整地认识自己，找不到发展的坐标，因此不能实现整体的成长。孩子作为一个完整的人，他的成长不单纯是知识的累积叠加，而是整体的提升，加之知识本身也是一个有机整体，因而教育必须联系学生的各种生活体验，将他们的社会体验、自身经验与知识相结合，使其内化为一种健全人格的建构，这才是学生的真正发展。

第四，它提倡促进生命的内在和谐，倡导推进生命在身心等方面的有机统一，因而是一种和谐的成长，是反对造成身心失调、德智脱节的成长理念。苏霍姆林斯基说，儿童不仅应当为日后的学习做准备，还应当过一种丰富的精神生活，而不只是为明天掌握知识做准备。在这里，知识不是囤积在孩子脑子里的“货物”，他是用来解决实际问题的。而平时我们对学生评价却是这样的：谁能把知识贮藏在记忆里，一旦教师要求，立刻就能把它倒出来，那么这个学生就被认为是有能力、有知识的。这些脱节、失衡的评价害了多少孩子！

第五，它提倡从长远的眼光推动生命的发展，倡导推进生命各个阶段的连续发展，因而是一种可持续的成长，是反对不可持续、目光短浅的成长理念。我们应该运用增值性评价让孩子自己和自己比，让每个孩子找到自己的生长点，各美其美，美美与共。对于一些特殊的孩子，我们要怀着一份耐心静待花开，努力去唤醒每一颗沉睡的种子。我们的小学教育眼光应不仅在六年的学校生活，更要关注孩子的未来，能够为孩子的可持续发展创造机会、培养能力。

第六，它提倡促进生命的适应性，倡导引导不同个体融入社会，因而是一种共生的成长，是反对缺乏适应性、无视他人他物的成长理念。“独学无友则孤陋寡闻”，集体的教育作用是显而易见的。人如果离开坐标就找不到自己的位置，定义自己的不是自己，而要在社会关系中才能定义自己。孩子们进入学校学习，就是社会化的开始，他们在班集体中学会与人交往，形成价值观。孩子们感到孤独、迷茫，都是因为社会关系被毁掉了，他在集体中找不到自己的位置。苏霍姆林斯基说，只有当教育者时刻关心这条大河流域没有一支溪流干枯、腐败和发臭，那时候集体才能成为人的精神、人的个性的一湾活水。黑格尔认为，个体必须与整体相联系，因为只有在整体关系的情境中，才能发现单一个体的真正意义。

第七，它提倡充分尊重生命的文化属性，倡导从文化的独特性和多样性来包容生命，因而是一种具有人文精神的成长，是反对文化自大和歧视的成长理念。就像每一个生物都从属于某一个生态圈一样，每一个人也从属于某一个“文化圈”，特定的“文化圈”赋予人们特定的文化属性。一个人逐渐成长的过程，实际上也是他的文化属性逐渐稳定的过程。当然，伴随着人的生活和活动的扩大，尤其是全球化的加剧，人们又不可避免要面对其他“文化圈”、其他文化属性的挑战。因而，良好教育应该引导人们既尊重他人的文化属性，又形成文化包容的心胸，建立正确的文化交往观念。

第八，它提倡彰显生命的道德境界，倡导从修养德行角度提升生命的境界，因而是一种具有终极关怀的成长，是反对沉溺于利害和物欲的成长理念。如今的时代是一个急功近利的时代，社会上弥漫着浮躁势利的情绪，许多家长和孩子只是把学习当成获取本领和回报的手段，而忽略了它扩展生命格局、提升人生境界的意义。所以北京大学著名学者钱理群教授会感慨中国教育培养了那么多的“精致利己主义者”。长此以往，教育就在“俗化”的道路上越走越远。正是有鉴于此，十八大以来党和国家把“立德树人”确定为教育的根本任务，就是在汲取古代“重德”传统的基础上引导教育回归“育人”、回归“立德”的初衷，从提升道德境界的角度扩充育人的内涵。我们要努力构建德、智、体、美、劳全面培养的教育体系，把立德树人融入思想道德教育、文化知识教育、社会实践教育各环节。通过我们的努力，让学生打好人生底色，扣好人生第一颗纽扣。

综上可见，“绿色成长”是具有自然、自主、全面、和谐、可持续、共生、人文、立德等八层内涵的成长。具有这样八个特征的成长，才是我们所理解的“更好、更完善、更理想”的成长，即“绿色的成长”。

三、“绿色成长教育”与“绿色成长文化”

当我们将“绿色成长”与“教育”联系起来，将“绿色成长”的内涵作为教育教学活动和学校办学的指导思想和价值依据时，“绿色成长教育”就产生了。

所谓“绿色成长教育”，就是以“绿色成长”理念为灵魂和核心的一种教育生态。这一生态的特点是，在教育的过程中关注师生的生命成长，并促使他们的成长呈现出自然、自主、全面、和谐、可持续、共生、人文色彩、终极关怀的“绿色”形态。具体而言，在教育目标上，它主张将学生和教师的完善成长作为内容，特别强调从丰盈生命的角度来推动师生的发展；在教育方法上，它以自然和谐、自主快乐、全面可持续为内容，强调以一种生态学的、生活化的方式来开展教育活动，真正把握教育的规律。而当“绿色成长教育”生态逐渐稳定和成型时，“绿色成长文化”就诞生了。

我们认为，“绿色成长文化”是这样一种稳定的教育生态：学校就应当像童话中的翡翠城堡那样，成为开启学生梦想的地方；同时，学生在精心安排的教育教学活动中自然地成长，自主地成长，全面地成长，和谐地成长，可持续地成长，共生地成长，并积淀了人文底蕴和终极关怀，从而为实现梦想和人生幸福奠定了坚实基础；并且，教师在这里从容地学习，愉快地工作，舒心地生活，从而获得一段美好的生命旅途；最后，学校通过创造和积淀健康地发展，扎实地壮大，形成鲜明的办学特色，成长为一个充满生机与活力的乐园。

总之，“绿色成长”是一个内涵式的办学理念，它建立在“绿色教育”“自主教育”“生命教育”等教育理念之上而又与之不同，是与翡翠城学校的校情、师情、生情和育人追求紧密结合在一起的，是与学校自创办以来十几年的办学实践和育人探索紧密结合在一起的。

教育纵贯线

我们应该教给孩童什么?

有幸走进了凯瑞的幼儿园，那是一栋别墅楼，有三层。我们来这里是经过预约的，尽管如此，我们还是等了很长时间，莉娜说，我们进孩子的活动室只能一个一个进，因为人进多了就会打扰孩子们的正常活动。联想到我们的学校，如果有客人来，我们首先考虑的可能是客人们的方便与否，对于孩子们的感受可能考虑得很少。“以生为本”应该是从一些实实在在的小事中体现出来的才对呀!

进到孩子们的活动室，我坐在角落里一把指定的椅子上左右环顾着，为数不多的十几个孩子，有的在小厨房里做蛋糕；有的在老师指导下闭眼触摸物体，感受形状；有的在上常规课；有的在画画；有个漂亮的小男孩画完画把椅子放好，就一直在我身边转，不时看看我搭讪两句。他们各行其是，非常安静有序，谁也不打扰谁。不久我就发现在一个角落里，一个小男孩一直在笨拙地用工具打扫地上的粉末，有一段时间了，他不说话一直在做，老师也不理他，我感到很奇怪，因为进来前，莉娜说不能走动，我就把老师招呼过来，小声问他怎么回事。他告诉我昨天放学前这个小男孩把粉末掉在地上了，没有打扫完就放学了，今天早上来了后要继续打扫完才能参与大家的活动，因为这是他该负的责任。

出于好奇我悄悄地来到小厨房门口，坐在门边的椅子上，看到他们穿戴整齐，俨然一个个小厨师，有条不紊地做自己的事情，有的磕鸡蛋，有的在模子里刷油，有的清洗用具，看着他们优雅地做着这些，我几乎忘了他们是才三五岁的孩子。我正看得入神，那个漂亮的小男孩提着一桶水从我身边走过，他投入地蹲在那里用手在桶里摸着什么，我欠着身子想看他从桶里能拿出什么，这时他抬起头正好和我的眼神相碰，他立刻跑过来认真地悄声说："别害怕，有我在。"看到我好像没听清，他放大了一些声音又重复了一遍。我恍然大悟，他一定把我好奇的眼神看成了害怕。这就是一个三岁的小男孩！

责任感是靠从小一点一点培养出来的，如果不懂得尊重，不懂得承担，又何谈孝敬父母，服务人类呢？作为教师，我们在孩子的启蒙阶段该教给他们什么？这次幼儿园之行给我的触动很大，我们的学校教育、家庭教育缺了什么呢？

第二节　"绿色成长"的学理依据

21 世纪以来，随着基础教育改革的不断深入，各种办学新观念、新思路不断出现，有取经于国外的，有镜鉴于本土的，也有自出心裁、大胆创制的，种种新鲜的概念、名词纷至沓来。尽管盲目援用或自创概念有其弊端，但不可否认，这些做法和尝试给我们也带来很多启发。它至少启示我们：应当根据自身的实际提炼合适的办学理念。"绿色成长"作为我们最终确定的核心概念，正是在这样一个心理诉求之下进行提炼的。在提炼的过程中，我们既充分考虑学校的办学实践以及由此产生的各种心得感悟，也充分展开再学习，将眼光投向古今中外浩瀚的教育发展史，向那些彪炳史册的先哲，尤其是教育家、思想家和教育研究者取法。总结起来，"绿色成长"的提炼，参考和借鉴了如下一些教育思想和观念：

一、自然教育与生命教育

自然教育，是注重维护生命本真，反对外在束缚的教育思想。在我国，以老子为代表，他在“道法自然”的哲学基础上，主张“为道日益，为学日损”，追求达到“功成事遂，百姓皆谓我自然”的状态，其实质就是主张教育要尊重人的自然本真；在西方，以卢梭为代表，他在著名的《爱弥儿》一书中提出，教育的天职就是使人摆脱“文明的束缚”，释放天性，“归之自然”[1]，其主张虽然是从启蒙理性的视角出发，但同样也是主张尊重和维护人的本真。我们认为，生命的成长是基于自身规律和特点的成长，每个生命的成长起点和成长轨迹都是不同的，因而教育要正视生命的本然，要有“自然”的视角，“绿色”的成长应当是“自然”的成长，应当吸纳自然教育思想的积极成分。

生命教育，是基于生命哲学而发展起来的教育理念，提倡教育正视生命的实际，引导受教育者珍惜生命、热爱生命和实现生命的价值。在西方，提倡生命教育的代表是美国学者杰·华特士，他在研究死亡教育的基础上提出了生命教育思想，提出教育应当帮助人们理解生命、尊重生活、活出生命的意义。在我国，生命教育传播甚广，其中最有影响的学者是华东师范大学的叶澜教授，她提出了教育要“直面人的生命、通过人的生命、为了人的生命质量的提高”“教天地人事，育生命自觉”的著名观点，就是强调教育要尊重和孕育生命的整体[2]。我们认为，教育面对的是个体生命，是“以生命影响生命”的行为，既然如此，教育应当正视生命的整体，“绿色”的成长应当是全面的、和谐的成长，应当吸收生命教育思想的有益内容。

---

[1] 侯耀先．卢梭的自然教育思想及其启示[J]. 西北民族大学学报（哲学社会科学版），2006：66-69.

[2] 叶澜．“生命·实践”教育的信条[N]. 光明日报，2017-2-21(04).

二、自主教育与生活教育

自主教育，即倡导激发学习者的自主性和主动性，反对过分干预的教育思想。在西方，自主教育的思想早在杜威实用主义教育思想中已经孕育，但正式将其提出的是美国著名人本主义心理学家卡尔·罗杰斯，他从人本主义心理学出发，提出了“以学习者为中心”的著名观点，主张教育应当鼓励学生自主学习并最终达到自我实现[1]。在我国，自主教育最著名的代表是现代著名教育家叶圣陶先生，他提出了“教是为了不教”的著名观点，强调教育要“授之以渔”，使学生获得自主学习的能力。我们认为，人是具有自由意志和主观能动性的高级生命，其成长必然要遵循他的意愿，激发他的主动性，因而教育要尊重人的主观性，要发挥其“自主”的力量，“绿色”的成长应当是“自主”的成长，应当吸纳自主教育思想的积极成分。

生活教育，倡导教育要对接社会和实际生活，强调在真实情景中培养学生。众所周知，生活教育理论成型于我国现代著名教育家陶行知的教育实践中，他提出了为人所熟知的“生活即教育”“社会即学校”“教学做合一”“千教万教教人求真，千学万学学做真人”等观点，就是强调生活情境对于教育的重要性。当然，生活教育理论，还应追溯到陶行知的美国导师、著名哲学家和教育家杜威的实用主义教育思想，后者提出了“教育即生活”“学校即社会”“从做中学”等著名观点，最早指出了生活应用、社会实用对教育的必要性[2]。我们认为，教育要面向生活，不能局限于“温室”或“象牙塔”之中，要使受教育者获得融入生活的应有能力，因而“绿色”的成长应当是“适应”的成长，应当吸收生活

[1] 化得福 . 论罗杰斯的人本主义教育思想 [J]. 兰州大学学报 (社会科学版)，2014(04)：152–155.

[2] 李小丽 . 陶行知和杜威教育思想比较及其启示 [J]. 河南师范大学学报(哲学社会科学版)，2012(03)：256–259.

教育思想的积极成果。

三、生态教育与绿色教育、可持续教育

生态教育，倡导以生态学的视角和思维来处理教育问题，强调从关联性、协调性、整体性、可持续的角度推进教育的发展。这种教育观念，在西方可以追溯到 20 世纪上半叶所兴起的教育社会学，而正式提出则是在 70 年代，美国著名学者劳伦斯・克雷明正式提出了“教育生态学”的学说，指出要将教育视为一个有机的、复杂的、统一的系统，来认识其中存在的“一致与矛盾、平衡与不平衡、动态与发展”[1]。这种以生态学的思维认识教育的观点，极大地影响了此后生态教育在全球的发展。我们认为，毫无疑问教育也是一个独特的“生态系统”，需要从联系的、全面的、发展的眼光来认识和把握，而“绿色”的成长肯定也是在良好生态系统中的成长，因而要吸收生态教育的理念。

绿色教育理念，是生态教育思想的一个具体体现，主要提倡在教育领域加强环境保护意识和能力的培养。在西方，人们一般称其为环境教育（environmental education）。1972 年，联合国在瑞典斯德哥尔摩召开人类环境大会，会后发布了《斯德哥尔摩宣言》，号召全人类人民行动起来，保护和改善环境。随后，在 1975 年、1977 年联合国又连续召开了以环境保护教育为主题的不同会议，发布了《贝尔格莱德宪章》和《第比利斯宪章》，从而使环保教育逐渐落实到全世界各地。这些会议和文件影响深远，对于环保观念的深入人心和环保教育深入学校发挥了巨大的作用。我们认为，如今人们早已接受和认同环境保护的基本理念，尽管“绿色成长”的内涵远不止于环境保护，但是无疑也应包含环保之义。

可持续教育理念，与绿色教育类似，也是生态教育的一个具体体现，

---

[1] 范国睿 . 劳伦斯・克雷明的教育生态学思想述评 [J]. 成都师范学院学报，1995(002)：25–29.

也提倡加强环境保护教育，只不过是从可持续的视角着眼而已。1992年，联合国在巴西召开人类环境保护大会，会后发布《里约热内卢宣言》，号召教育应该关注可持续发展。1994年，联合国教科文组织启动环境、人口和可持续发展项目（EPD），以实际行动推动全球各地学校加入到可持续教育的行列中来。这些会议、文件和项目，进一步推动绿色教育、可持续发展教育走向深入。今天，可持续的理念已经深入人心，并且其内涵已经不局限于环境领域，而是扩展至社会和生活各领域，其中也包括教育领域，因而“绿色成长”肯定也是一种可持续的成长，要吸收可持续教育理念的内容。

四、弘文教育与崇德教育

弘文教育理念，所谓“弘文”，是注重继承弘扬文化传统，强调教育要以传承本民族的人文精神为使命。我国古代具有深厚的弘文精神，尤其是儒家学派，从孔子“文不在兹乎”“任重而道远”开始，到孟子的“舍我其谁”，再到宋明儒的周敦颐、张载、“二程”、朱熹、陆九渊、王阳明等，都强调弘扬和传承民族的“道统”。21世纪以来，优秀传统文化的传承和弘扬不断受到党和国家以及社会各界的重视，逐渐进入国家文化战略，进入教育领域，成为全民的共识。我们认为，人的成长是无法脱离其文化根基的，生命的丰盈也必定包含文化的圆融，因而教育应当具有自觉的人文担当，“绿色”的成长应当是具有足够文化底蕴的成长，应当吸收传统的“弘文”理念。

崇德教育理念，所谓“崇德”，是指推崇德行的修养和超拔，强调教育要培养完善的德行，并从德行的角度引领人迈向更高的境界，引导人学会进行形而上的思考和形成终极的关怀。我国古代具有悠久的崇德传统，不管是儒家还是道家，以及后来的佛家，其理论学说都是引导人们从修养德行入手，追求更高的人生境界。十八大以来，“立德树人”成为教育的根本任务，就是在弘扬传统崇德教育理念的基础上，结合培养中华民族伟大复兴新时代人才的需要而提出的。我们认为，人的成长既需要有健康体魄、全面能力和综合素质，也需要高远的境界、终极的关怀，而这正是从“德行”的角度加以开拓的，因而教育必然要重视崇德的理念，“绿色”的成长要继承“重德”的传统和贯彻落实“立德树人”的要求。

综上所述，“绿色成长”文化不是凭空而来的，不是无源之水、无本之木，而是在参考和借鉴古今中外多种教育思想、教育理念而形成的。从表面上看，它是出自对绿色教育、生态教育、可持续教育的转换；实际上，它的思考范围不限于此，它借助于“绿色”一词的比喻空间，同时也循着生命成长的向上轨迹，将自然教育、自主教育、全面教育等普适性理念以及和谐、弘文、重德等本土性理念吸收进来，从而形成一个适合翡翠城的特定而又三富的教育理念。

教育纵贯线

《教育的哲学基础》摘录与反思

美国学者奥兹门和克莱威尔合著的《教育的哲学基础》出版于2006年，由石中英教授翻译，多次再版。书中以人物为线索，介绍了历史上主要的哲学观点及其发展脉络以及对于教育产生的影响。

一、关于课程

各个哲学流派的观点不同，他们对于课程的认识也不尽相同。但是我觉得“教育者必须意识到，课程总是反映占主导地位的实在论，教育中所重视的内容总是反映当下有关世界的性质和目的的观念。”[1]我们要不断地思考“课程应该包括哪些内容”。要回答这个问题，就要思考学生的本性：“一个人应该学习什么样的内容？学习的价值是什么？”；

[1] 奥兹门，克莱威尔．教育的哲学基础[M]．石中英，邓敏娜，等译．北京：中国轻工业出版社，2006：3.

就要思考应该如何组织课程以及思考组织课程的基本原理。这些都需要理性的推理。前几年有一股学校开发校本课程热，好像学校没有自己的校本课程就不能进入优质学校的行列。“这个课程的内容适合孩子吗？”“这个课程与国家课程的关系是怎样的？”“这个课程与学校的办学特色有什么联系？”“这个课程的评估与监控到位吗？”我的学校也在这股浪潮中开发了一系列的校本课程，我们在开发的时候就没有认真思考过课程背后的这些哲学问题，读完这本书，我就和老师们把建校十年间所研发的十余本教材都拿出来，进行了一次整体的梳理，并对课程框架顶层设计进行了一次理性的反思。

二、关于教育目的

整体与个体。离开坐标你就找不到自己的位置，社会关系是自己的定义者，自我实现是把和大家的关系提升到一定高度。社会关系中断的人对生活无望。要把关系纳入教育目的中，之所以迷惘、孤独，都是因为毁掉了社会关系。目的清楚了，要在个体与团体，规则与自由之间找到平衡点。简塔利说：自我实现是教育的最终目的。黑格尔认为，个体必须与整体相联系，因为只有在整体关系的情境中，才能发现单一个体的真正意义，只有服务于国家，个体才能发现他们的真正意义，为了达到对自身的真正理解，一个人必须把自己与存在的整体联系起来，与宇宙联系起来。我理解就是要做大教育。教育应该鼓励学生具有“不断完善的愿望”，推动他们在教育活动中朝着理想的典范进行自我塑造——这是一项需要毕生的努力才能够完成的任务。个体自我只是一个部分，并且只有在一个较大的情境中才有意义。广泛地阅读美德并不能让一个人变好，如果我们忽视了对学生情感和社会需要的关注，我们就不可能培养出完整的人。学校教育要避免官僚性质，通过要求人们遵从现存的社会标准和价值观念来施加社会化的压力，避免在学校知识和课程上的极权主义。一个真实的自我实现的人会说：“我关注自己的感受，也关注你的需要”，也就是尊重自己，也富有同情心。特别是最近我读的美国批判性思维大师保罗所写的《批判性思维工具》这本书，让我更加清晰地认识到了这一点，以自我为中心和以社会为中心的思维定式，都会让我们失去自我，远离真相，这对于教育很可怕。我觉得应该在集体规则与个性自主之间找到一个平衡点，这才是教育和管理的最佳境界。

秩序与天性。学生的品格发展就是作为学习者的遵从与屈服。哈里斯说，教给学生的第一条规则就是秩序，必须教会学生服从通常的标准，要阻止与学校功能相冲突的所有事情发生。比如，预习课文、按铃声上下课、学习安静和整洁的习惯等，这种品格训练也许能够维护教育和社会的稳定，但他确实是以牺牲创造性和自我指导为代价的。康德在《论教育》中说：“如果儿童做了坏事就受到惩罚，做了好事就得到表扬，那么，他就会仅仅为了得到奖赏而做好事。以后，当他进入一个没有奖惩的世界——做好事没有奖赏，做坏事也无惩罚时，他就会变得只关心自己在世上过得怎么样，行善或作恶完全取决于哪一种行为对他最有好处，准则必须从人自身出发确立起来，在道德塑造中，人们应该尽早向儿童灌输好和坏的观念，如果想要确立道德，那么就一定不能依靠惩罚。道德是极其神圣和崇高的，人们不能把他降格到规则的层次上。”[1]我感觉我们的教育应该在秩序与天性中找到一个平衡点，秩序是保障，给孩子的心灵以自由，通过管理、课程、教学方法最大量地释放孩子的天性，不压抑他们的生长，不把让孩子害怕作为教育的手段与目的。

理论与实践。理念论哲学家强调的一个主要思想就是哲学对真理的追寻。在柏拉图看来，哲学的智慧或者真正的理念是教育的最高目的，在任何情况下，理念论者都更多地强调对非物质和抽象领域的学习，而更少强调对物质及具体领域的学习，重要的事情是获得真理。我们处理当代问题的失败，根本不是由于缺乏事实，而是缺乏对与伟大而包容的思想有关的事实的运用。但是获得真理以后呢？更为重要的是如何把这些真理反馈于社会生活，更好地指导自身成长。做教育更应该尊重规律，依循真理去实践，否则代价极其惨重，因为我们面对的是一个个的生命，

[1] 奥兹门，克莱威尔．教育的哲学基础[M]．石中英，邓敏娜，等译．北京：中国轻工业出版社，2006：43.

他们的成长具有不可逆性。

三、关于教育方法

实在论者认为，学习不是痛苦的或令人厌烦的过程，事实上，他们主张学习应该是有趣且有用的。洛克认为玩对学习有明显的帮助，“应该给予儿童肯定性的奖励来鼓励他们进一步的学习，同时，教师绝不能强迫儿童去做超出他们自然的爱好的事情。从许多方面来说，洛克都是现代教育理论的先锋。他指出不要超出儿童能力和预备去催促儿童。他对一个儿童的自然倾向的认识与现代关于儿童生长与发展的主要观点是非常相似的。”[1] 遵从天性，让孩子在好奇与享受中完成学习，这才是我们做教育特别是基础教育应该去努力探索与实践的。

整体式的学习方法将带给人们更为自由的学习态度。一些实用主义哲学家主张，教师和学生要明白所有的知识都是相关联的，通过发展一种跨学科的方法，使学生理解事情是怎样联系起来的，学生可以选择一个领域集中于一个单元学习。直觉法、研讨法、对话、模仿、辩论、演讲、图书研究、投影等等方法都是为了顺应儿童的接受能力，所有的教育都是自我教育。教师必须认识到，当学习出现的时候，他们不能总是在场，并且应该努力去试着刺激学生，以便当教师不在的时候，学生也能继续学习。自我教育、自主发展，是办学的一种理想状态，也是我从事教育几十年的不懈追寻。

存在主义认为，教育应该具有多样性，这种多样性不仅存在于课程当中，也存在于教学方式当中。应该为学生提供很多选择学习方式的机会。斯金纳在《超越自由与尊严》中说：“在学生获取新的行为方式的过程中，教师应给予他们多大限度的帮助，这是一个很微妙的问题。正如夸美纽斯所说，教师教得越多，学生反而学得越少。我们既不希望别人告诉我们那些我们现在就知道的东西，也不希望别人告诉我们那些我们永

[1] 奥兹门，克莱威尔．教育的哲学基础[M]．石中英，邓敏娜，等译．北京：中国轻工业出版社，2006：70.

远也不能很好掌握的东西。”[1] 就像孔子所倡导的因材施教，因势利导，我觉得是最好的教学方法。教师能否要狠心退出来，能否把学习的主动权还给孩子，这是现在课堂面临的最大问题，我们后面几年会致力于这方面的研究。

第三节 “绿色成长”的现实意义

“绿色成长”作为一个具有丰富内涵和坚实学理基础的教育理念，一经提出并被运用于教育教学，就为我们的办学指明了发展方向，为学校的教学管理和全体师生的学习生活提供了明晰的价值依据。它就像清晨时分的一道明亮光束，投射在初生的大地上，从此万物生辉，天地同流，生命一派生机。在实践过程中我们发现，“绿色成长”还具有更深广的现实意义：它不仅是翡翠城人的价值指针，而且对于当前我国小学生的健康成长，对于小学教育的改革和发展，对于全社会教育生态的完善都具有明显的启发性和指导意义。换言之，“绿色成长”不只是一所学校、一群孩子的“绿色成长”，而是更多学校、更多人群的“绿色成长”。

一、孩子的“绿色成长”

所有的少年儿童都值得拥有更“绿色”的成长。我们所面对的学生，正处于人生的童年、少年阶段。人在这两个阶段的转变是迅速而巨大的，

[1] 奥兹门，克莱威尔. 教育的哲学基础[M]. 石中英，邓敏娜，等译. 北京：中国轻工业出版社，2006：225.

它的成长意义不可估量！叶圣陶先生说教育是农业，而这一时期的教育正像是最初的播种，此时播下的是禾苗还是草种，就决定了他日收获的是粮食还是稗草。童年、少年时期对一个人成长的奠基意义，是不容忽视的。

然而，就当前他们所处的环境和教育现状而言，他们获得足够健康、足够理想、足够完善的成长了吗？在家庭之内，他们虽然得到一份沉甸甸的爱，但这份爱缺乏足够的理性，而使他们变得任性、自我；在学校，应试教育如影随形，成绩压得他们喘不过气来，使他们的生活逐渐“变形”；在社会上，浮躁的现状、道德感的薄弱、精神信仰的缺失，也使他们的成长充满迷惘和困惑。在这样的成长环境中，孩子们并没有得到他们应当拥有的童年。童年应当是天真、无邪、自然、率性、快乐、无忧无虑的，应当是可以恣意地玩耍，可以异想天开，可以轻易地感到幸福的。但是，今天的家庭和学校给不了这一切，虽然人们在物质上很好地满足了孩子，但在心灵上却剥夺了孩子的快乐，强加给他们成人世界太多功利性的东西，使他们逐步丧失了童真和幸福感，使他们的童年趋于灰暗。这不是孩子想要的，本质上也不是我们成年人所希望的。

正是基于此，我们认为当前孩子们的“成长”问题应该得到重视，他们的“成长品质”应当得到提升。要提升他们的“成长品质”，“绿色成长”会是一个很好的观察视角和行动指引。很简单，“绿色”可以作为审视的标准：孩子成长的哪些方面是绿色的，哪些方面不是“绿色”而是“红色”“紫色”甚至是“黑色”的，这样的颜色差别就能够指引人们去思考、去行动、去评价、去改进。“绿色成长”作为一种积极向上的成长理念，如果得到人们的认可和接纳，那么对于孩子们的幸福成长是意义非凡的。

二、学校的“绿色发展”

所有小学乃至所有学校也应当是“绿色发展”的学校。“绿色成长”

本是针对翡翠城分校办学实际提出的办学理念，是我们综合翡翠城、《绿野仙踪》以及各种办学观念而提出的。但是，这一理念随着实践的验证和深化，已经不仅仅具有本校的意义，我想也可以为其他学校提升办学品质提供借鉴。

众所周知，进入21世纪以来，我国基础教育的改革不断迈向深入，教育经费的投入不断增加，教育观念的更新不断加速，教育新技术的革命也不断推进，这一切都促进了学校办学水平的不断提升。这是有目共睹的，但是，学校办学也存在诸多问题，如办学自主性没有得到应有尊重，受到的行政干扰太多，考试评价机制不够健全，教育教学任务安排不科学，社会压力过大，办学的效率和品质不够理想等等。显然，在政府的要求和老百姓的期望里，许多学校的办学现状还是“差强人意”，它们的发展显然不够理想、不够完善，因而还需要所有学校教育工作者继续加以努力。

在此大环境之下，“绿色成长”可以为学校提供一个“绿色发展”的视角。在欧美，20世纪90年代以来曾兴起一股建设“绿色学校”的浪潮，受其影响，世纪之交我国也曾经开展“绿色学校”的创建和评选活动[1]。但此时所谓“绿色学校”，只是生态学和环境保护意义上的，而实际上，“绿色学校”可以拥有更加丰富的办学内涵。例如，在办学运行上，管理可以更科学和民主一些，使学校管理者能够专注于教育教学，使他们的决策能够少受干扰；在教育教学上，可以更符合规律一些，更契合学校的办学条件和师生的实际需求；在考试评价上，可以更周全一些，更契合学生的成长需求和社会的实际需要，能够在统一性和灵活性上达成平衡等等。显然，能够让学校发展得更好、更完善的维度还有很多，它们都是“绿色发展”的题中应有之义。这就是“绿色成长”对于学校发展的积极意义。

---

[1]　余清臣 . 绿色教育在中国：思想与行动 [J]. 教育学报，2011，07(6)：73-76.

三、社会的“绿色健康”

整个社会教育生态也应当是“绿色健康”的生态。在教育管理实践中，我们深切地感受到，学校不是孤立存在的，而只是社会大系统的一个单元，是社会大生态系统之中的一个小小的生态圈。因而，要实现学校和教师的“绿色发展”，要给予学生“绿色成长”，就不仅要在校内努力，而且需要在整个社会系统层面行动起来。只有社会大生态达到“绿色健康”，才能确保学校这个小生态圈得以“绿色发展”。

基于这一点，我们呼吁学校之外的社会各界充分认识各自在少年儿童“绿色成长”过程中所扮演的角色，并尽到自身职责，共同构建一个“绿色健康”的社会生态：首先是家长，应当提升家庭教育的意识和水平，以理性的爱、科学的方法和长远的眼光去教育孩子，创造一个更加健康的“绿色家庭”；其次是社区，应当不断创造和供给更加有益少年儿童成长的环境和资源，并与家庭和学校进行有效衔接，进而构建一个在环境、资源、精神生活等各个层面都更加健康的“绿色社区”；再次是各种社会机构，不管是公共机构还是私人机构，应当秉持一种更负责任的态度，充分发挥自身的公共教育职责，在项目运作、活动开展、课题研究等各方面更好地与学校和家庭对接起来，为少年儿童提供一个更加健康的“绿色社会”。

总之，“绿色成长”首先是一个教育指针，能够启发学校、家庭、社区以及所有参与教育的社会机构，围绕着“少年儿童更美好地成长”这一核心来审视自身行为，进而采取行动，更好地发挥应有的教育角色。我们都明白一个道理：要想让孩子更“绿色”地成长，首先我们自己要更“绿色”，即更健康、更完善。当然，如果循着这一方向继续思考，就会发现，其实何尝只有孩子需要“绿色成长”，每一个人、每一个生命、生命的每一个阶段都应该“绿色”地生存与发展。生命虽然短暂，但是却是一个永不停止的“向上运动”。因为作为人，我们都渴望幸福，渴望成功，渴望实现更高的人生境界。既然如此，我们就必须用“绿色”的眼光审视我们的生活，学会从更高品质的角度引领自己的人生。这就是“绿色成长”给每一个成年人所带来的启示。

教育纵贯线

从“看见”孩子到“发现”孩子

一个根雕艺术家去寻找树根之前，不会是构想好根雕形象后，再按图索骥，去找相似的树根，而是在找到树根之后，再依据树根的形状去雕塑。这告诉我们教育者，要创造适合学生发展的教育，而不是选择适合教育的学生。卢梭在《爱弥儿》中说，教育的影响必须与儿童的自然发展相一致。孩子们站在我们面前，我们非常容易看见的是群生像，但作为教育者，我们更应该善于透过表象看到更深层的东西，发现每个孩子的独一无二之处，挖掘出他们成长中蕴含的多种可能性的种子，顺势加以激发、引导、升华，让每个孩子都成长为最好的自己。

基于此，在北京小学翡翠城分校，我们坚持在教育的过程中关注学生的生命成长，并使其生命成长呈现出自然、自主、可持续的“绿色”形态。本着人人都能成功的学生观，在教育教学中时刻以欣赏的眼光看待学生的优点，以发展的眼光看待学生的缺点与不足，顺应孩子的天性，因势利导，发掘潜能，静听花开。

一、接纳：发现每个孩子的独特

死亡谷是美国最热、最干旱的地方，因没有生物能够生长而得名。2004 年冬天，死亡谷短期内降雨 180 毫米。2005 年春天，奇迹发生了，死亡谷开满了鲜花。这证明，死亡谷并没有死，它只是在沉睡，地底下其实埋了许多种子，在等待时机迸发而出。孩子的成长也是一样，如果我们给予他们足够的时间与机会，那么只要条件适合，他们的生命必然绽放。

我校有个男生，从入学起，他就表现出了一定的特殊性：书写很潦草，根本看不清楚；听讲不认真，注意力不能集中；语言交流存在障碍，一直生活在自己的世界里，医生给出的诊断是“轻微自闭症”。教过他的几任老师坦然接受他的“特殊”，无不给予他极大的耐心与期待——他字写不好，老师就手把手教他；他不和别人交流，师生们就主动和他聊天；他的小动作特别多，不能集中注意力，老师就发掘他的“内秀”，慢慢地，他的动手能力在同龄人中得以凸显。学校专门成立了“巧手翻绳坊”社团，让他任团长，他灵活多变的翻绳技艺让大家叹为观止。这个社团的孩子们在他的引领下，个个都成了小能手，社团被评为明星社团，在全区进行了展示。

在确定去欧洲游学的学生名单时，我们毫不犹豫地接受了他的申请。虽然学校可能因此要承担一定的风险——怕他不能自理、怕他走失，但我们认为，这次出访对他而言很难得，是一次离开家长，锻炼自我管理能力的机会。在整个出访过程中，我们不动声色地给予他更多的关注。虽然他经常丢三落四，但是他的懂事、大方、好脾气，让大家都非常愿意和他在一起。一天，他站在车下大口地啃面包，大家都以为他没有吃好早餐而关心地询问他，而他却认真地说：“这个面包明天就过保质期了，我要把它吃掉，不能浪费，我包里还有两个呢。”他的憨劲儿让我们忍俊不禁，多可爱的孩子啊！

如今，他的字依然让人看不清，他也依然不愿和别人多交流，但是他的个性成长得到大家的认可与赞赏，他没有因自己有些另类而被人嘲笑，他在翡翠城里快乐、简单地成长着。

学校在做好群体教育的同时，更应该给这些特殊的个体以特别的关注。面向全体追根究底还是要落实到面向每一个个体，看见孩子们的共性容易，发现和尊重每个孩子的独特性却很难。这需要教育者的智慧与坚持。我们坚持家访制度，班主任和任课教师一起去孩子家中，了解孩子的生活状态，求得家长支持，与我们齐心协力、聚焦目标去解决问题。珍视每个生命个体，呵护每个生命的成长，这是我们“绿色成长”文化的本质追求！

二、顺应：发现每个孩子的未来

“橐驼非能使木寿且孳也，能顺木之天，以致其性焉尔。”这是柳宗元《种树郭橐驼传》中讲的种树的道理：树木移栽的时候要像养育子女一样精心细致，栽好后置于一旁，不要像把它丢弃一样，这样，树木的生长规律就可以不受破坏，树木就能按照它的本性自然生长。种树如此，育人又何尝不是这样呢？

生命都是五颜六色的，各有各的精彩。我们经常见到一些孩子从入学起，某个学科的学习就存在障碍，如有的孩子今天刚认识的汉字第二天就忘了，无论老师怎么给他们“吃偏饭”，情况依然不见好转。我校有一个男生，入学后数学就是学不好，每次考试都是十几分，家长为此十分苦恼，在经过反反复复地折腾后彻底丧失信心，“老师，您就别为孩子费心了，他也就这样了。”数学老师告诉家长：“您千万别灰心，我们再努力努力。孩子这种情况不是智商问题，我们要相信他，再耐心地等一等。”年轻的数学老师每天和颜悦色地和孩子聊天，课余时间给了他很多学业上的帮助，孩子的数学成绩终于慢慢有了变化：一年级期末考试及格了，二年级期末考试居然考了 96 分。日复一日不曾退减对孩子的信任，日复一日对孩子的点拨帮助，终于创造了奇迹。孩子的父母对此非常感激，他们哭成了泪人儿，泣不成声，感激与感动溢于言表。如果当初老师也和家长一起放弃了呢？我们不敢想象这个孩子会有怎样的现在和将来。

每个孩子都是家庭的希望，每个小生命都有自己的精彩和灿烂。顺应每个孩子的成长节奏，让他在原有基础上有所提升，这是值得我们一生去努力完成的使命。

在办学过程中，我们逐渐形成了这样的共识：即使孩子存在某一方面的不足，我们也不要让他失去做人的自信；我们没有给他们什么，改变他们什么，就不要再从他们身上拿走一些可贵的东西了。自信，对于一个人的一生来说太重要了。一个人如果在小学阶段就失去了自信，那么他一生都将直不起腰身做人，这是多么可怕的事情！眼见孩子的现在容易，发现孩子的未来不易。教师应该给孩子一生受用的东西，而不是只看一时或一面。我们的评价从来不单纯地把孩子们的学业成绩和教师的绩效挂钩，为的就是引领教师们将精力更多地用在育人上。引领教师用发展的眼光看每个孩子，避免因为孩子的某一阶段或某一方面不出色而影响了孩子一生的发展!

三、欣赏：发现每个孩子的潜质

增值性评价起源于詹姆斯·科尔曼1966年向美国国会提交的《关于教育机会平等性的报告》，简称“科尔曼报告”。增值性评价将每个学生的当前成绩与过去成绩进行比较，关注学生的进步和成长。这一评价方法改变了已往将学生的学业成绩与平均值或任意制定的标准进行比较的做法，提醒学校和教师，要从纵向上关照每个学生的发展和进步。

我校有个小女孩，任性、骄纵，经常乱发脾气。她周围的同学都被她打过，教她的老师也无一幸免地被她打过，她的牙印在班主任老师的胳膊上留了很长时间。但只要冷静下来，她又特别懂理，自己会主动承认错误。后来，我们跟家长沟通得知，她在家最小，有两个哥哥，二哥比她大18岁，家里人都宠着她，从小有求必应，这使她习惯了我行我素。

在看到她这些问题的同时，我们也看到了她擅长画画、喜欢读书的特点。我们“主动出击”——选举她当班级文艺委员，让她有足够的发挥空间。她读二年级时，班主任老师提议让她为班级准备节目，以备元旦上台表演。她真的行动起来了，选演员、排练、服装、音乐、场景，经过两个多月的忙碌，童话剧《绿野仙踪》真的登上了学校元旦文艺表演的舞台。她的潜质得以最大地发掘，那一刻的她是骄傲的，也是懂事的，是个有模有样的小导演。读三年级的她偶尔还会情绪波动，但明显懂事了许多：在家里，她会帮助妈妈做家务；在学校，尽量避免和同学发生矛盾。三年的成长，让她找到了更好的自己。

我校全体教师从内心欣赏每个孩子，运用增值性评价让孩子自己和自己比。学校设置多种平台，让更多的孩子从中找到了自信，共同生活在阳光下。看见孩子的表层容易，激发孩子的深层可能、让每一个生命都能绽放精彩不易，但教育的美丽不恰恰就在于此吗?

四、解放：发现孩子自己

全美最佳教师雷夫在《第56号教室的奇迹》一书中写道：“不管是教导学生还是子女，一定要时时从孩子的角度看事情，不要把让孩子害怕当成教育的捷径。”这话很经典。在现实的教育中，我们只是一味地让孩子们遵守规则，用各种方式限制他们，却没有耐心给他们讲解为什么要这样做，这样做的结果会怎样。这不仅难以让学生养成好习惯，而且极易使学生滋生“两面派”的性格：在学校里言行有礼，走出校门就换成另一个人。我们简单粗暴，学生回馈给我们的必定是“短期行为”。因此，在出台一个规则之后，我们不能简单地强制孩子们去做，而要在生活中强化孩子们的行为，促使孩子由他律向自律转化。

学生在公共场所大声喧哗、在课堂上回答问题或喊或让人无法听清，这是常见的问题。受香港一所学校的启发，我们制定了一个“声量指标”（共分四级），把它们张贴在教室内、体育馆里、楼道内，告诉孩子们在听讲、发言、小组讨论、楼道、操场等不同场合应该有的说话声音高度，并通过校园电视台、班会时间等进行播放演示。有人若做不到，大家就会伸出相应的指头告知。我们发现，这种做法效果很好。

其实，有时不是孩子们做不到，而是他们根本就不知道我们的要求是什么。什么叫“声音响亮”？他们认为大声喊就是响亮，可以不分场合地那样讲话；我们要求孩子不要“追跑打闹”，他们以为任何时候老实坐着不动就是好孩子。这实在是因为我们的教育太粗糙了，我们给的规范太笼统了，而孩子们需要的是切实可行的“分解动作”。

陶行知先生说，最好的教育是教学生自己做自己的先生。在没有人监管的情况下，孩子们依然做得很出色，这才是真正有了好习惯。在学校里，我们开放一切可以开放的物品，如图书、计算机、钢琴、画板、各种管乐器等，甚至将科技馆也搬到了楼道里，这增加了管理的难度，但却成为孩子们自我教育、自我约束的“良丹妙药”。将物品束之高阁使得管理变得容易，看管住孩子使孩子的行为不越位容易，而让孩子们发现自己、进行自我教育不易，但这恰恰是我们教育的重要目的之一。

子思在《中庸》开篇说：“天命之谓性，率性之谓道，修道之谓教”；老子说：“人法地，地法天，道法自然”，强调教育要崇尚自然，顺应儿童天性；杜威明确指出：“如果只是放任儿童的兴趣，让他无休止地继续下去，那就没有‘生长’，而‘生长’并不是消极的结果。”这其中道出了教育在儿童生长中的影响与引领作用。一花一世界，学校里发生的每个教育故事，都深切地述说着“绿色成长”文化坚守的学生观：主张生命体的成长是内在生成的，教育必须在这个基础上对学生因势利导，激发他们内在的潜能，促进他们的发展。前者是一切教育活动的前提，后者体现出教育与管理的力量。这是从“看见”孩子到“发现”孩子艰难嬗变的必经通道。

第四章

“绿色成长”文化的构建与深化

学校文化的结构，从发展的意义上来说可以分为三个层面：第一个层面是认知载体，第二个层面是情感载体，第三个层面是环境载体。这三个层面的三种载体浑然一体，相互联系，互为作用，缺一不可。也就是说，学校文化表达的思想体系、内容品质、作用意义，与文化行校、文化育人、文化行政的人文精神，要在理念要素的思想建设中和价值取向的重构中，使精神的信仰与方法路径产生内涵一致的吻合，如此，才能适应社会的发展和创造出“为人民服务”的教育。

——王继华[1]

在确定核心办学理念之后，学校文化建设的主要工作就是围绕着核心理念构建适合本校实际的文化体系。那么，如何把握学校文化的体系呢？显然，既然是体系，学校文化就不是单一的结构，而是复杂而独特的系统，包括多个层面多个领域的内容。从我的理解来看，要把握这一复杂系统，关键是要从它的独特性出发，找到认识和实践的具体维度。学校文化的独特性在哪里？在于它是基于教育者和受教育者而形成的组织文化类型。

从这一点出发，我们认为可以从以下四个维度来把握学校文化的系统：一是组织的维度，既然是组织，就需要具备相应目标、宗旨以及形象标识；二是人的维度，组织本质上是由人构成的，不同的构成人群就体现了不同组织的特点；三是事的维度，组织所从事的具体事情是什么，这与组织特点息息相关；四是条件的维度，组织做事须要依托一定的外在条件。抓住这四个维度，就能把握一个组织的基本特点，从而也就能

[1] 王继华. 学校文化建设与校长文化修炼 [J]. 教育文化论坛，2015(03)：7-13.

够观察和分析该组织的文化结构特点。本章将基于这四个维度，介绍我们是如何构建翡翠城的“绿色成长”文化体系的。

第一节　组织的文化重塑

组织文化是指组织内全体成员所共同认可的价值目标、行为准则、使命愿景等一系列内容的总称。学校作为一种组织，一旦成立，就须要根据自身特点确立相应的组织文化内容。有一位诗人说过：思想走在行动之前，就像闪电走在雷鸣之前一样。学校只有确立明晰的组织文化，才能使全体教职工获得清晰的发展目标、行为准则和愿景使命，从而看清本组织的发展方向，从而积极参与到学校发展战略中，形成了与集体相一致的行动方式。我作为校长，从建设伊始，就开始琢磨翡翠城应该确立怎样的育人目标、办学目标、校训、发展愿景等，并带领团队进行若干轮次的提炼和研讨。经过了几年的努力，这些条目逐渐一一脱胎而成，翡翠城的组织文化随之建立起来。

一、办学目标

办学目标是一所学校发展的目标和定位，是对理想办学状况的描述和评价。翡翠城分校依据绿色成长的办学理念，结合学校的实际和当前基础教育发展要求，确定了如下的办学目标：实施绿色成长教育，促进师生主动发展，建设一所国际化优质小学。

“实施绿色成长教育”是学校的教育价值取向和发展途径，“促进师生主动发展，建设一所国际化优质小学”是学校的办学目标。在这一目标中，“促进师生主动发展”是从教育主体的角度来确定目标，强调发挥师生的主体性、积极性，而“主动发展”其实就是“绿色成长”的内涵之一；“建设一所国际化优质小学”是从机构发展的角度来确定目标，“国际化”是对学校发展内涵的广泛性要求，“优质”是对学校发展的质量要求。“国际化”正是从“绿色”的价值理念出发应当具有的标准，“优质”则是从“成长”的价值理念出发应有的定位。“国际化”和“优质”是从办学目标上对“绿色成长教育”的呼应。

在确定办学目标的过程中，老师们全部参与其中，大家谈了很多自己的想法，比如有的老师说：“经验是获得知识的唯一途径。外面的世界很精彩，不仅是绿色的，还有粉色、红色，甚至黑色、灰色。学生自己去体验、积累，学会靠自己的本领解决问题。不给孩子们营造一个‘理想化的环境’，我们要注重经营一所社会化的学校。”有的老师说：“挖掘自身潜力，任何事情只有靠自己的努力才能实现。翡翠城应该是给孩子们提供发现自己、发展自己、成就自己的乐土。梦想一定靠自己去实现。”有的老师说：“享受过程，在经历中成长。信念是别人所不能给予的，愿望的实现靠齐心协力、克服困难实现。每个人都有自己的优缺点，要努力发掘自己的优点，给自己信心和希望。只有对生命的体验才能带来丰盛的智慧，他会超越理性思维带来的自我限制。”还有的老师说：“翡翠城就是孩子们实现梦想的地方。确定目标就要勇往直前。大家为了各自的梦想聚集在一起，共同为梦想而努力。实现梦想的过程正是成长的过程。”办好学校需要每个教师的付出与努力，我们把大家的这些想法进行汇总、提炼，最终确定了上述办学目标。

二、育人目标

育人目标是对学校所培养出的理想学生的描述，是学校全部教育活动的理想结果。翡翠城分校从自身的价值理念和办学定位出发，将育人目标确定为：培养快乐生活、勇于探索的梦想少年。这个目标的基本元素来自《绿野仙踪》童话中的形象内涵，并将时代所赋予的使命与学生的实际相结合。它主要包括四个元素：一是“有梦想”，翡翠城就像童话中的翡翠城堡一样，是一个让孩子开启梦想并学会为梦想而努力的地方，我们希望孩子要埋下理想的种子；二是“快乐生活”，是希望学生在翡翠城里幸福快乐地学习生活，培养积极、乐观、豁达的品质，这是“绿色成长”的必然要求；三是“勇于探索”，是希望学生获得勇敢的品格，敢于挑战自我、勇于担当、克服困难，为梦想努力拼搏；四是“少年”，这是对学生成长的阶段定位，即为走向社会、步入生活做准备，这是对“绿色成长”的基础性、共生性的体现。

育人目标的制定固然重要，围绕着这个目标规划课程、设计活动更为重要，这是需要在办学过程中一步一个脚印去落实的。比如在勇于担当方面，我们认为在小学阶段重在唤醒，要对学生正确的人生观、价值观、世界观有一个良好的启蒙，特别是要让孩子做大写的我，形成更加宽广的心胸与志向，建立家国情怀和责任感。在2020年初抗击新冠肺炎过程中，学校里有很多孩子看到电视上报道白衣天使不畏危险主动请愿上前线，看到社区工作者坚守岗位，做好大家的防疫工作后，主动拿出自己的压岁钱，或捐款或买来防御物资捐赠。学校里有一个三年级的小姑娘，她的妈妈得了白血病，在找不到配型的情况下，孩子坚强地说她不怕疼，要给妈妈捐献骨髓。像这些孩子那样具有感恩之心与责任担当，就是我们与家庭共同实践育人的结果。

三、校训

校训是对全校师生的训示，是全校师生共同遵守的基本行为准则和道德规范。校训是学校精神和办学理念的集中反映，是学校历史和人文积淀的结晶。根据我们自身的价值定位和文化体系的整体方向，我们将校训确定为：悦己爱人，智勇双修。

这个校训是从翡翠城文化中脱胎的，也凝结了全校教师的教育期盼。

它主要强调四个品格：一是“悦己”，能够快乐地接纳真实的自己，同时客观地评价自己，取长补短，完善自身，这是快乐生活的前提；二是“爱人”，这是一个广义的概念，要爱自己，爱自然，爱家国，泛爱众人，即要友善地对待他人和世间一切事物，实际上是“绿色成长”中和谐性和共生性的体现；三是“修智”，即要求师生拥有智慧，有益于人，有益于国，明智地对待生活中的人和事，智慧的增长也是生命成长的重要体现；四是“修勇”，即要求师生培养勇敢的品格，独立去面对生活的风雨，更加凸显的是责任担当，这是“绿色成长”中自主性的体现。

《论语·宪问》中孔子说：“仁者不忧，智者不惑，勇者不惧。”仁者宽厚爱人，故无忧；智者能明辨是非，故不惑；勇者能临危不惊惧，所以无畏。具有这三种美德的人，就不忧不惑不惧，是顶天立地的君子。孔子又说：“好学近乎知，力行近乎仁，知耻近乎勇”，好学、力行、知耻是达到智仁勇的主要途径。智仁勇是君子的很高追求，当时我们把校训定为“悦己爱人，智勇双修”，就是希望老师和孩子们具有仁爱之心，做智者，做勇者，站位高远，视野开阔，做一个世事洞明，对社会有所贡献的人。这与“绿色成长”的内涵一脉相承。

四、校徽

校徽是学校的象征性标识。我们的校徽是从翡翠城文化中获得灵感的，设计成见图 1 的形状：整个校徽呈圆形，以绿色为主色调，分为外环和中心两个部分，外环是校名的中英文组合，中心由一座宏伟的城堡、一条曲折的道路和四个卡通形象（多萝茜、稻草人、铁皮人、小狮子）组成，整个标识以最为精炼的形式将翡翠城的童话意蕴展现出来。四个卡通形象循着道路迈向翡翠城，象征学生来到学校，努力学习，快乐生活，像多萝茜、稻草人、铁皮人、小狮子一样通过自身努力，实现各自梦想。该标识既有丰富的教育内涵，体现和呼应“绿色成长”的理念，又富有童话色彩和形象性。

图 1 北京小学翡翠城分校校徽

校徽的确定历时将近一年，师生自主设计和专业人士设计相结合，前前后后汇总出预选方案大概有二十几个。我们围绕“绿色成长”的内涵反复推敲，最后确定入围的有七个。班子成员在一起表决，初步确定那个带有拼图元素的方案。然后，我们又通过多种渠道广泛地征求意见：在全体教师会上，我把这七个候选图案一一展现，让大家看一看哪个更加贴切。教师们先是思考着、小声议论着，然后就开始发言阐释观点。有的老师认为校徽应该让孩子一看就能懂，具有趣味性、直观性，他们认为有翡翠城堡的那个方案更好；有的老师认为拼图是我们所追求的育人方向，“尊重每个个体，更注重团队合作”，因此拼图的方案更好。大家各持己见，争执不下，最终就纠结在“翡翠城堡”和“拼图”两个方案上。我说，那我们就投票决定吧，少数服从多数。最终有翡翠城堡图案的被选定，也就是我们现在的校徽。

除了上述两个目标、一训一徽之外，校歌形成也值得一提。校歌的出台也颇费一番周折。我们请戴于吾先生作曲，歌词想自己来写。当时我们成立了一个歌词创作小组，每个人作词一首，然后汇总在一起，隐去姓名，大家进行无记名投票。我也参与了校歌歌词的撰写，结果我的落选，我们一位很有才华的语文老师所写的歌词得票最高。我们就在她所写的歌词基础上进行修订，最终有了我们引以为傲的校歌。

上述一些重要条目的提炼和形成，为翡翠城的发展确立了方向，也为全校师生的言行提供了准则，塑造了学校的组织文化，为学校文化的积淀提供了一个很好的开端。这个过程产生了两点启示：其一，校长示弱也是一种智慧。学校是大家的，每个人都是主人。永远相信集体的力量可以战胜一切困难！其二，过程重于结果。例如校徽的制定，其实最终确定为哪个都会有自圆其说的内涵定义，选定哪个不是最重要的，人人参与，人人知道才是最关键的，校徽作为学校的外显标识，只要她能深入到每个人的心中，那么在这个酝酿的过程中，文化育人的目的就已经达到了。

教育纵贯线

学科成绩抽测带来的思考

学校教育是人类传承文明成果的一种方式和途径。因此，学校的重要任务就是让学生掌握知识。对知识掌握的效果如何，要通过考试来检验。在减负的热潮中，大家好像都是谈考色变。但是我认为一些适当的质量监控还是有必要的，在做一件事情的时候要把握好度，不能在减负的美好愿望中把本该有的监控也一起扼杀了，这就走向了反向，也是对孩子成长不利的。

在不同的阶段，我们也会接受市区级的学科抽测。有一次区里要监控四年级的英语学科，主抓教学的干部找到我说：四年级某某同学英语一直就考十几分，咱们班额少，平均分会因为他受很大影响，如果抽到他们班可就糟了，会影响到学校的声誉。我不动声色地问她，那你想怎样？她立刻说，如果他不参考，我们的成绩会提高几分。听了干部的话，我做了几点分析，先是肯定了她为学校的荣誉殚精竭虑，然后从学校的办学理念出发回忆我们的坚守：即使有激烈的竞争，也让孩子的成长有规律、有尊严。如果这次检测因为这个孩子的缺考名列全区第一，那又有什么意义？我们失去的东西太多了，首先，会伤害到孩子的自尊。这个孩子一直都是英语学不好，但目前却没有失去学习其他内容的自信与快乐。如果让他缺考，可能会让孩子丧失自信与自尊，同伴也会对他另眼相看。其次，失去的是教师的信任。我们一直在大会小会上宣传的是如何关注每个孩子的成长，可是真的遇到事情了却是另外一种做法，失去民心就失去了学校发展力，后患无穷，以后再遇到类似的事情，教师们也会效仿我们的做法，学校办学理念也就失去了存在的真实意义。干部听了后，使劲地点头，她说没有想那么多，为自己的一时功利感到惭愧。

那次监控还真就抽到了这个班级，那个孩子真就只考了十四分，但是我们的成绩在区里依然名列前茅。虽然没有得到所谓的第一名，但是我们得到的却更具有含金量，我们心中感到了无比的踏实与坚定。绿色成长所指向的“绿色质量”，不是单纯指学业成绩的高低，它的内涵远比这个要深远得多，它所指向的是孩子的整个人生。我们时刻警惕取得绿色质量的渠道是否经得起拷问，时时刻刻将孩子的健康成长作为不变的目标。

第二节　人的文化引领

文化是因“人”而生的，“人”是文化体系中的关键因素。既然如此，那么学校文化建设必须“目中有人”，而非只是目中有“物”或“事”；即使在手中有“事”、眼中有“物”之时，也要关注“物”或“事”之于人的“意义”。人是文化创造的主体，在学校里，这个主体就是干部、教师、学生、家长以及职工等若干群体。每个人都有自己的个性和意志，其行为方式也各不相同，我们要将不同群体加以规约，根据不同群体特点将其导向“绿色成长”这个共同的方向。这就是文化建设中对人的文化引领。

一、干部群体：人人重要 合作共荣

干部群体是学校办学理念的传播者与执行者，是校长和教师间的桥

梁与纽带，是学校发展的中坚力量。基于“绿色成长”理念的内涵，结合我校干部队伍的基本特点，我们在构建学校管理文化的过程中，汲取“拼图文化”的内涵，形成了对干部群体的八字要求：人人重要，合作共荣。

人人重要。众所周知，在拼图中，我们要认清和把握每一小块图片的形状特征，并将其放在适宜的位置上，使之各得其所，因而从根本上看，拼图的各个小块相互之间是平等的，每一块都是重要的，缺了哪一块都不行。这个道理体现在学校干部团队上，就是指每一个干部都是平等而重要的。因而作为管理者要眼中有人，充分了解和尊重每一个干部的个性和能力，将他们安排到合适的岗位上，并创造条件促其成长。

合作共荣。在拼图中，各个小块只有汇集起来，才能构成一个完整的图案，可见各个小块只有合作，拼图才能成功。学校干部团队也是如此。作为学校的管理者，要善于将个性不同的干部凝聚成一个团队，大家共存共生、合群合作、创新创造。拼图的结果，大于每一块图片，它的魅力既在于过程之中，更在于结果之上。

在干部分工上，尽可能发挥每个人的优势。性格开朗、情商高适合德育工作，一丝不苟、扎实严谨更适合教学工作，思想深刻、思路清晰更适合做科研工作，乐于奉献、生活知识丰富、观察力强更适合后勤工作。

我们在管理过程中，确立了如下的准则：

管理即服务。以科学管理为基，规范各项规章制度。如针对集团化办学，依托“一三五”管理模式，条块相符协调推进学校内涵发展。在此基础上，有的教师喜欢乐器，申请组办教师乐队，我们需要做的就是置办乐器、给足场地；有的年级组根据教学内容想集体组织学生外出实践，我们需要做的就是联系车辆与场馆；有的教师提出某位学科专家非常棒，我们要做的就是不管多难也要把专家请到学校，进入课堂为他们指导。一句话，管理就是服务，为教师服务好，尽量不要“骚扰”教师，让教师心无旁骛地教好学生，把更多的思考与精力用在孩子身上，只有这样孩子们才会真正受益。自主管理其实和老子所云的“无为而治”一脉相通。在学校里我们没有一块评比专栏，无论是教师的还是学生的，评价是一种导向，大气的管理得到的是大气的教师。

管理即引领。强化责任担当，坚定理想信念，设立“党员先锋岗”，坚持“一个党员一面旗帜”。作为教育教学干部，一定要有自己的学科发展专长，目前学校里86%的干部都在前勤任课，60%是本学科的市区级学科带头人、骨干教师。干部的定位不仅仅是管理教师，更是改革的引领者。学校的教育教学工作非常扎实有效，原因就在于干部的根就在课堂上，他们永远都不会言之无物，脱离实际，其他老师就会心服口服，愿意追随。

管理即参与。实行扁平化管理，不管做什么事情，干部都和教师在一起。每名班子成员兼任年级负责人，统筹安排年级组事宜，与年级组长和组内教师一起策划年级活动，凸显了管理的实效性与人文性。广开言路，依托教代会、学代会、QQ群等多种形式，凸显民主管理，激发每名师生的主人翁责任感，共同建设学校。

二、教师群体：大气智慧 自信优雅

在学校管理各种资源中，人力资源是最具竞争力的，也是学校管理的核心，学校办学的质量提高、持续发展，其关键在于教师。教师群体所展现出来的形象特征、价值取向、行为方式、精神风貌等内容就是教师文化。我们的教师文化主题是“大气智慧，自信优雅”。

大气智慧。“大气”是我们对团队文化的第一要求，因为这关乎教师的积极健康心态，关乎团队凝聚力，关乎成员之间的相互欣赏、相互温暖。任何制度都无法滴水不漏，万分精确，当制度与评价缺失时，就靠干部教师的大气与操守来弥补；从学校所追求的教育理念来说，心胸开阔、积极乐观的心态是教师绿色成长的应有标志。“智慧”的教师具有专业主义激情，将理性的把握与感情的演绎完美结合在一起。从各方面充实自身，以学生为本，以社会为源，旁征博引，因材施教，将知识融会贯通。我们的教师就像向日葵一样，以自信的姿态，昂首挺胸，面向阳光努力向上。

自信优雅。“自信”，是要求我们的教师在强手面前敢于发表见解，在弱势群体面前不盛气凌人，能够虚心倾听别人的建议和意见，善于改进与提升。现代社会的快节奏让我们无暇欣赏身边的美丽风景，只顾低头奔着目标前进。教育是一项“慢”的艺术，只有“慢”，才能领略生命的从容，感悟教育的真谛。让心态慢下来，静下心来体味、享受做教师的过程。“腹有诗书气自华”是一种优雅；博闻强记、兴趣广泛是一种优雅；不急不躁、从容淡定是一种优雅；谈吐自如、衣装得体也是一种优雅。“优雅”是阅历的凝聚，是人生的沉淀。

为了推进“大气智慧，自信优雅”的教师文化，我们遵循如下原则：

人尽其才，唯才是举。充分发挥每一个人的才能，让每一个人的才能都能得以施展。庸才是被放错了位置的人才，它时时提醒我们不要人为地制造“庸才”。要想扬人所长，就要有一双善于发现的眼睛，甚至拿放大镜去找教师身上的优点。在这个过程之中，一种积极乐观的氛围会慢慢形成，它会带来正能量，让身在其中的人都很舒服、惬意；相反，如果我们的出发点是补人之短，时时处处想的是“拯救”教师，“修整”教师，那么校长每天就要睁大眼睛找教师身上的不足，这会使得学校里的天空都是灰暗的，教师在这种环境中又怎么对成长有一种迫切的渴求呢？用绿色的眼睛、绿色的心态看世界，世界也会变成绿色的。有次招聘教师的时候我们引进了一位外地非师范类的教师，他学习的是曲艺和主持专业。这位男教师身上有着引人发笑的天赋，特别善于表达，甚至有点口无遮拦。他的这种性格对于学校原有的教师文化是一种冲击，他刚一来，我就听到了来自不同方面的声音，有的干部说：校长，这个老师您可要注意点，他说根本没想当老师，只是户口先进京再说。他的言论在办公室里带来了一些负面影响，有的教师说：校长，他和咱们学校的文化严重不符，咱们选教师怎么变风格了？我也曾经动摇过，但是我坚信适当地引导与搭建应有的平台会让他尽快融入教师群体文化之中，并闪耀出他该有的光芒。根据他的强项我们让他负责学校电视台的录播，并由他来担任比较擅长的计算机课教学。在办公室安排上我们也动了一些脑筋，信息办原有的两位男老师工作一板一眼，非常勤奋，不善言辞，把他们三个安排在一个工作空间里，会互相取长补短。在一次次的培训之中，在一天天与大家的接触之中，在一次次和孩子们的沟通中，他在慢慢发生变化。开学不到一个月，他身边就围着众多的孩子，放学后也能看到他和孩子们活跃在乒乓球案边；他奔走于各个办公室之间，为大家修理计算机的同时也把欢笑带给他们；每次活动他都扛着摄像机、拿着照相机虚心地向老教师请教，抓拍精彩的瞬间。

才尽其用，促进发展。十个手指伸出来不一般长，教师的综合素质也存在差异，因此，他们的成长速度、呈现状态会有很大的区别。我们要允许教师的个性化发展，或阳刚，或幽默，或细柔；允许他们有自己的一招鲜，或是学科教学，或是班级管理。每个人都有自己发展的空间，百花齐放，百家争鸣，学校里会是一片欣欣向荣的景象。学校有一位刚刚从东北师范大学毕业的大学生，当班主任教语文。一次我在楼道里走，她突然冲上来抱住我的脖子大哭，我吓了一跳，以为发生了什么事。她断断续续地说："这次期中检测我们班和其他班平均分差两分多。"我松了一口气，拍着她的后背，"多丢人呀，别哭了，小心让学生看见。去把试卷拿来，咱们一起看看问题到底出在哪里。"我叫来了主抓语文的教导主任，我们一道题一道题地分析，看看学生试卷中反映出来的问题，哪些是由于学生学习习惯不好导致的，哪些是由于教师教材不熟悉造成的，在柔风细雨中她渐渐平静下来，眼里露出了喜悦的光芒。期末的时候她跑来告诉我："校长，我们班成绩追上来了，已经中等了。"我继而又对她说："在咱们学校里，一直不单纯拿学生的考试成绩衡量你们每一个人，为的是让你们把精力更多地用在学生的综合素质提升上，关注学生的全面发展。期中检测是教研组怕你们刚毕业出现教材的把控问题而进行的一次检测，为的是让你们及时查漏补缺，有所改进，而不是甄别你们谁强谁弱。以后遇到事情不能一味地着急，出现问题不可怕，只要处理得当，坏事也能变成好事。但是必须冷静下来查找原因，这样你就能一步一个脚印地前进。”教师迫切地想快速成长，这些可贵的品质稍纵即逝，必须抓住时机走近教师予以引导，让才尽其用。

融于团队，捆绑成长。随着中小学新课程的实施，教师与教师间的教育教学合作显得越来越重要。就教师而言，合作无论对其个人进步还是对于学校发展，都有重要的促进作用。教师仅仅做好自身工作还不够，还要融于团队之中，珍视团队友谊，要尽自己所能伸出援助之手帮助团队成员，温暖别人的同时，也让自己更加温暖。这让学校不再是单纯意义上的工作空间，更像家，多了一份浓浓的亲情。一个教师只有把自己的发展根植于教师团队之中，才能更加持久，更加有力。教师要眼中有人，尊重每个成员的付出，睁眼就能看到伙伴们的辛勤付出与美好品德，别人给的帮助与关心要能回应，不把这当成理所当然的事情。记得有一次开车在路上，有一辆车从辅路并过来，我自然地踩刹车等他并进来，本来是件很寻常的事情，那辆车进来之后，司机摇下车窗，伸出大拇指冲后点了两下，虽然没有看到他的模样，但是那竖起的拇指却让我印象深刻，他一定是个懂得感恩的人，是个善于传递正能量的人，陌生人都能如此，朝夕相处的人又怎么能忽视身边人的感受呢？懂得珍惜身边的每个人，让大家都能够在一起幸福地工作，这是我们所追求的理想团队。

三、学生群体：主动发展 快乐交往

我们办学的目标是育人，因此一切工作皆指向于学生。学生群体在学习和生活中所展现出来的鲜明的价值取向、行为方式、精神风貌等内容就是学生文化。我们的学生文化主题是“主动发展，快乐交往”。

主动发展。绿色的成长有很多内涵，其中很重要的一条是主动成长、自主成长，即学生能够意识到内在的成长需求，能够发挥主观能动性，积极参与到自我发展的过程中去。在教育教学中引导学生自主成长，犹如在他们身上安装了一台发展的“永动机”，能够取得事半功倍的良好教育效果。因而，“主动发展”是我们对学生文化的首要定位。

快乐交往。孩子到学校，最主要的事便是学会与人“互动”、与自然“互动”、与“自己”互动，学会与世界真正联结，在交往中进行学习和生活。我们对学生文化的第二个定位是“快乐交往”。我们希望学生领悟“交往”的重要意义，学会交往，并且能够快乐地交往，能够在与他人、与世界、与自己的愉悦相处之中不断提升自己。

为了推进“主动发展，快乐交往”的学生文化，我们创设多层面交往平台，让学生的主动发展，快乐交往成为可能：

与自身交往。我们努力让孩子们意识到喜怒哀乐这些情绪都是我们的朋友，他们没有好坏之分，我们要学会的是如何做情绪的主人，而不是让情绪主宰自己。我们引导学生从常规入手，从小处着眼，不断完善自身。我们通过视频播放、国旗下讲话、校园广播、做好“文明礼仪示范岗”等反馈学生常规的情况，巩固一日常规，效果日益显著。在此基础上，各班制定班规、班训，以及近期目标、评价方式等，从“要我这样做”转变为“我要这样做”，从而将其内化为学生的自觉行动。

与他人交往。包括构建平等的师生关系、自主的生生关系、融洽的亲子关系与和谐的社会关系。在构建和谐的亲子关系方面，我们建章立制，全面规划，将家校合作项目融入学校管理的各个层面。制定《家长教师协会章程》和《家校共育方案》，规范家校合作的方方面面，并根据孩子的年龄特点、心理特点分年级设立不同的家长开放主题。比如一年级家长参与的主题是“走进学校，感悟常规”，让孩子们引领家长参观校园的每个角落，并且介绍自己的学校，有的孩子拉着家长的手，不时叮嘱：您要靠右边走，不能并排走；您可不要在学校里吸烟；这是开水，要小心……最后家长们走进课堂听一听孩子们的数学、语文课，了解刚上一年级的孩子在课堂上的表现是什么样子的，了解我们的课堂文化，增强育人合力。五年级的开放主题是“说说心里话”。随着孩子的逐渐长大，他们有的开始进入青春期，出现逆反心理，和家长的心理距离越来越远，家长们很心焦。我们开展系列亲子活动，如青春期教育、个别心理疏导、家长支着会等，指导家长如何与孩子沟通。孩子们处在人生的关键期，更加需要家校携起手来给他们一些引导和帮助，这个关键点抓住了，对于孩子以后的成长将事半功倍。

与客观世界交往。人是大自然的一部分，我们希望学生的在校生活也能融入自然中。我们在校园内种植了四十多种树木，并且给每个树种都做了标牌，让学生能够随时随地学到自然知识。教学楼内，有学生们自己养的各种小植物、小仓鼠和小鱼，每天他们都要进行清理喂食。每学期学生还要进行“一园一馆一实践”活动。“园”主要是让学生走进自然、亲近自然，获得情感体验；“馆”主要是以增长知识、获取能力为主，使学生通过调查研究、亲身体验、总结展示等方式提高探究能力，锻炼不怕困难、勇于挑战的勇气；“实践”主要是以各种专项拓展活动为主，使学生在拓展体验中感受团结、挑战自我。我们还鼓励有条件家庭利用假期时间自发组织出游，让孩子们融入大自然的怀抱。这不仅开阔了学生的眼界，还增进了伙伴们之间的感情。

教育纵贯线

教师公约

完善学校现代治理体系，促进现代治理能力的提升是当务之急。学校制度须注重实效性、针对性和可操作性，须与社会大环境相吻合，并能够走进教师心中。我们建校时留下了一个传统，第一批来校的干部、教师一起起草了《北京小学翡翠城分校教师公约》（以下简称《公约》），每年的新教师培训都有一个固定的板块，就是修改《公约》，这样逐年滚动，随着学校的发展，公约也会有所变动或补充。它来自全体教师，大家坐在一起，共同讨论身为翡翠城人到底应该是什么样子的？每人列出条款，共同研讨和约定。之所以叫“公约”，是因为它是我们全体翡翠城人共同遵守的约定，无一例外。它是在校教师的行为底线，在这个底线之上，教师可以根据自己的专长、特点寻找学科和班级的自主发展空间，自由地施展自己的才华。因为从教师中来，所以不需要用行政手段去监督、评价执行，大家乐于自觉遵守。在每年的修订中，教师们都会提出一些新想法，比如在楼道里见到有生人来访要主动问候，并指引去向，让客人有宾至如归的感觉；后勤人员指出尽量在课间时不去厕所，为上课的教师、孩子们多腾出一些空间。这些有血有肉的行为准则充满人性的关怀与感动，里面暗含的是教师的自我约束，也是他们心目中翡翠城教师的形象勾勒，这不是外部的规范，不是强加给教师的，而是教师内心的渴求，变“要我怎样”为“我要怎样”，这是对教师最大的尊重与信任，也是学校“绿色成长”文化的一种渗透与显现。

《北京小学翡翠城分校教师公约》

守时高效。教师课前要做好充分准备，提前一分钟到岗，按时上下课；不带手机进课堂，课中师生均不随意离开教室取东西；准时参加学校的各种会议，认真做好笔记，确保会议准时开始，准时结束；按时高质上交各种材料、完成各项工作。

团结协作。增强全局观念，个人和局部利益服从全局需要；对于学校发展积极提出合理化建议；贯彻全员教育理念，发现学生各种不良行为有责任予以纠正，坚持正面教育学生；同事之间真诚待人，互相协作，构建和谐的人际关系。

热情有礼。强化主人翁意识，对来电、来访者主动热情；谈吐文雅，举止端庄；学生问好主动回礼，请学生回答问题时，五指并拢伸出；服饰得体，教师穿鞋以不出噪声为标准，穿出教师职业知性美；统一着装，每周一和重大活动穿校服。

爱心包容。工作中认真做自我检查，真诚接受他人建议；悦己爱人，努力营造宽松、愉悦的生活、学习氛围；校园内不吸烟；进校园手机调为振动或静音。

律己垂范。带头保洁，桌上用品摆放整齐，人走桌净；校园内推车慢行，车辆摆放整齐；学校集会，列队站齐，与学生一起活动；坚持站姿授课，声音适度。

第三节 事的文化提升

组织文化既体现在组织规范、群体风范上，也体现在该组织、该群体所从事的主要事项上，其事项如何开始、如何进行以及如何评价与终结，正是组织文化的最为直观、最为集中的展现。对于学校而言，最重要的“事”就是教育教学，在日常运行中体现为课堂教学和德育活动两大方面。因而，学校文化建设，就要抓住课堂教学（包括课程的构建和教学的实施两个部分）和德育活动，以文化的力量推动其发展和提升。“绿色成长”文化的构建，正是秉持这样的思路进行。

一、课程文化：生本构建 因材施教

课程是特定的教育内容及其实施过程。课程文化是指一所学校的课程理念、课程内容以及课程实施情况所展现出来的价值倾向、风貌风格和文化内涵。我们依据国家及地方的相关课程规定，结合本校的课程需要和课程特点，搭建了“绿色成长课程体系”（见图 1）。

生本构建。充分整合三级课程，进行整体规划，在课程结构、内容及形态上，最大限度拓展学校课程建设的时空局限。纵横交错，形成了课程的网状体系，充分体现了关注每个学生的个性化、多样化成长，让我们的培养目标能够落在实处。具有科学性、系列性，更具有开放性、多元性的特点。

因材施教。在横向上将课程分为人文、科技、艺术、健康四大门类，分别以《绿野仙踪》中的四个主人翁命名，希望通过课程的实施，使学生们能够拥有勇气、爱心、智慧、梦想这些核心素养；在纵向上又将课程分为基础、拓展和特色三个层次。自下而上由普及到特殊，整体水平由低向高，满足孩子的不同层次发展需求。

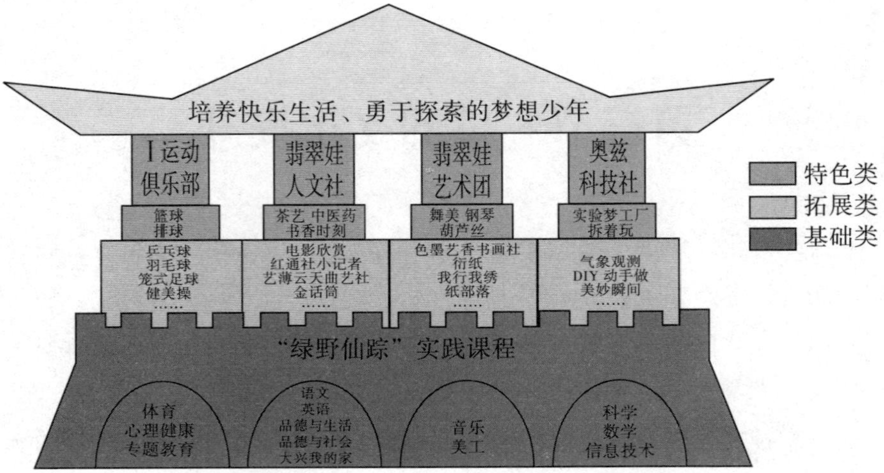

图 1　北京小学翡翠城分校“绿色成长”课程体系

在理念上，体现“绿色成长”理念的要求。

众所周知，课程结构决定了人的素质结构，有什么样的课程就会培养什么样的学生。我们针对培养目标，将不同课程类别以《绿野仙踪》童话中的主人翁命名，分别为小狮子课程、多萝茜课程、稻草人课程和铁皮人课程，突出培养翡翠娃的勇气、梦想、智慧、博爱等核心素养。我校分为南、北两个校区，北校区的生源多为管理人员、专业技术人员和个体经营者子女，孩子们视野开阔，思维活跃；南校区的服务范围多为经济适用房、两限房住户，学生朴实无华，做事比较有韧性。针对两个校区的生源及校舍建设情况，我们进行统筹规划，在绿色成长教育理念之下，两个校区错位发展，让每个学生都能够学有所长，学有所用。基于此，我们确定了课程建设一体两翼、互相补充、齐头并进的发展思路。北校区凸显国际化，如开设钢琴、科技、篮球等特色课程；南校区凸显民族化，如开设葫芦丝、茶艺、中医药等特色课程。

在实施上，凸显普及性、多样化、个性化。

基础类课程凸显学生的全面成长，我们在“实”上做文章，夯实基础。

从整体入手，采取“一体多维”的课程设置思路。如：语文课程中，“一体”指部编版语文课本，“多维”指我们自主研发的课内、外多维阅读体系，保证学生阅读的广度和高度。在课程设置上，每天设有20分钟的书香小课，用于经典诵读，每年级都梳理出了必背篇目，经过七年的总结、积淀，出版了低、中、高三本《书香诵读》校本教材；每周还有一节30分钟的书香大课，进行“1+N一篮子”读书工程，“1”是每个月必读的同读书目，收录在校本教材《书香阅读》里，“N”是与这本书内容相近的自主选择书目，可以自己购买，也可以从学校图书馆借阅，书籍都放在篮子里。这个篮子就相当于孩子的一个微型图书馆。每月的第一次书香大课，老师进行导读，之后学生进行阅读，读完同读书目的学生，自行选择“N”里面的书目拓展阅读，每月的最后一次阅读课，学生们进行读书分享。形式各不相同，如手抄报、知识问答、表演、用思维导图展现书中人物及事件等。这种必选与自选相结合的读书课程深受孩子喜爱，小学六年每个学生底线必读书目60本以上，再加上配套的《同步阅读》《书香诵读》，远远超出了课标所规定的阅读量。学生阅读兴趣越来越浓厚，读书篮成为学生每天的必需品。

拓展类课程更多是满足学生的多样化发展需求。我们在“广”上做文章，拓宽学生的涉猎面。首先课程设置自主化。每周五下午全校大走班。很多课程是孩子们自治的，自己研发、招募团员、组织实施，凸显自主成长。其次课程管理平台化。2014年9月，我们开发了拓展课程选课平台。课程报名、管理和评价等工作都放在平台上进行。再次课程辅导层次化。由社会专业人员、专职任课教师进行辅导，还由某一方面有明显优势的队员主动承担团长任务，指导团员开展活动。

特色课程凸显学生个性化成长，我们主要在“精”上做文章，用以满足学生个性化的成长需求，凸显翡翠城独有的特点。每门必选课程，教师们根据学校实际和学生年龄特点编辑了适用的教材和课程实施方案。每周一节排入课表，由专职教师上课。茶艺课程力求把中华民族传统文化植根于学生的心里，分为茶本源、茶衍生、茶实操、茶实践等环节；舞美课程中，在老师的启发下，孩子们用形体模仿各种事物，“水”“火”“蝴蝶”“小鸡”等，还有抽象的“墨”“云”等，充分发挥想象，将生活中观察到的拉到课堂中来，创造各种造型，在跨学科领域进行了有益的尝试。

二、课堂文化：自主本真 互动生长

课堂文化是在独特的教育理念影响下师生教学所形成的独特模式、精神原则、风貌氛围等内容。杜威说：好的课堂在于精神生命的涌动，是对生活的还原。课堂文化是一种聚合文化，小小的课堂容纳的是学校文化建设的全貌。我们的课堂文化主题是“自主本真，互动生长”。

自主本真。让课堂凸显原汁原味，“活而不乱”，有良好的课堂常规，尊重科学的严谨性，却不限制孩子的思维，让他们能够表达真实的情感与想法，教师顺势而导；同时，倡导激发学生的积极性、主动性，培养学生的自主学习能力，锻炼教师的自主把握能力。

互动生长。让孩子在课堂上实现多维互动，师生、生生之间，学生与课本、与生活经验、与自身之间实现对话，在这种互动碰撞中，促其自然、自主、可持续地成长。

为了实现“自主本真，互动生长”的课堂文化，我们做了一些行之有效的变革：

变“课堂教学评价表”为“学生课堂学习过程观察表”（见表1）。从评价教师的教转为评价学生的学，站在孩子的视角看目标达成、看内容安排，这一转变引领教师更加关注学生每节课的收获，“在学习方式上表现为从各自呆坐的学习走向活动性的学习，从习得、记忆、巩固的学习转向探究、反思、表达的学习；在教学的方式上表现为从传递、讲解、评价的教学转向触发、交流、分享的教学。”[1]

[1] 佐藤学．教师的挑战[M]．上海：华东师范大学出版社，2012：1.

表 1　北京小学翡翠城分校“绿色课堂”观察表

课堂文化核心词：自主本真　互动生长

<table>
<tr><td>授课教师</td><td>听课教师</td><td>班级</td><td>课题</td><td>科目</td><td>日期</td></tr>
<tr><td></td><td></td><td></td><td></td><td></td><td></td></tr>
<tr><td rowspan="2">类别</td><td rowspan="2">评价项目</td><td rowspan="2" colspan="2">评价要点</td><td colspan="2">评价</td></tr>
<tr><td>权重</td><td>得分</td></tr>
<tr><td rowspan="2">学生</td><td rowspan="2">学习习惯</td><td colspan="2">1. 课前准备充分，精神饱满、坐立端正。</td><td>6</td><td></td></tr>
<tr><td colspan="2">2. 课上专心听讲，能独立思考，发言声音洪亮、清晰，表达完整。</td><td>6</td><td></td></tr>
<tr><td rowspan="8">学生</td><td rowspan="2">学习状态</td><td colspan="2">1. 能主动参与学习，对学习内容和形式有浓厚的兴趣。</td><td>6</td><td></td></tr>
<tr><td colspan="2">2. 善于倾听同伴发言，在倾听中思考，在倾听后及时评价、适当补充自己的想法。</td><td>6</td><td></td></tr>
<tr><td rowspan="3">学习能力</td><td colspan="2">1. 在参与互动时，能主动答疑解难、质疑争辩。</td><td>6</td><td></td></tr>
<tr><td colspan="2">2. 善于取长补短，听取正确意见，完善或改进自己的想法。</td><td>6</td><td></td></tr>
<tr><td colspan="2">3. 能够主动发现问题、提出问题，有条理地分析问题，解决问题。</td><td>6</td><td></td></tr>
<tr><td rowspan="3">学习效果</td><td colspan="2">1. 主动获取知识，体验到学习和成功的愉快，学有所获。</td><td>6</td><td></td></tr>
<tr><td colspan="2">2. 积极参与学习活动，有一定的深度和广度。</td><td>6</td><td></td></tr>
<tr><td colspan="2">3. 能求新求异，不满足常规的方法和答案。</td><td>6</td><td></td></tr>
</table>

教师	教学目标	符合课标要求和学生实际程度，教学目标明确、具体，可操作性强。	8	
	教学能力	1.关注全体学生，使不同层次的学生都有所获。	8	
		2.善于倾听学生发言，善于发现、引导、利用生成资源，评价具有针对性、启发性、激励性。	8	
		3.教学过程科学合理，衔接自然，节奏适度，突出重点，突破难点。	8	
		4.教学基本功扎实，体现学科特色。	8	
总分				
备注： 1.学科特色：如“精彩两分钟”展示、英语自我介绍等。 2.教师基本功：教师语言、板书设计、多媒体使用、不拖堂等。				

首创“以课例为载体的团队成长模式”。要落实“自主本真，互动生长”的课堂文化，仅仅局限于关在房间里学理论或者站在教育里论教育是不行的，在教师的头脑中应该有一张知识网，触类旁通，教给学生的教科书里的那些知识，应该只是沧海一粟，这远非是一桶水与一杯水的关系。为了让教师站在更高处，我们在市内网罗志同道合的学科特级教师，从建校时的两位到现在的十四位，组建专家指导团队，其学科涉及语文、数学、英语、音乐、体育、美术等，他们定期走进我们的课堂，和教师们一起备课、听课、说课，在区域内首创“以课例为载体的团队成长模式”（见图2）。在整个课例研究过程中，大家发挥各自优势，分享互助。每一个课例，整个教研组成员全程参与，在一次次的课堂教学、课下研修中，提升的不仅是讲课者，受益的是整个团队，是一种绿色的生态成长。

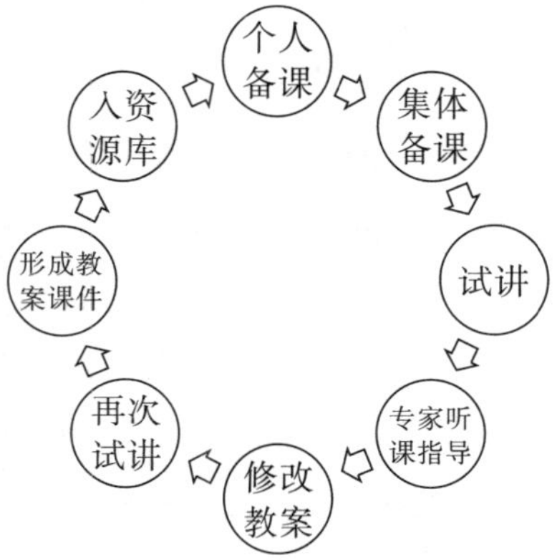

图 2 “以课例为载体的团队成长模式”流程图

丰富学科工作坊的形式内容。在学科工作坊内，教师们围绕课堂教学开展一系列的活动，同课异构、同课同构、上接力课、上主题课例等；个人备课与组内备课相结合，各组都形成了浓郁的教研氛围，大家以课堂为媒介，增进了感情，提升了专业水平。在一次同课同构的活动中，两位大、小刘老师针对《万以内数的认识练习课》，以同一个教案进行授课，呈现出了不同的风格特点：大刘老师有经验，课堂评价非常到位，照顾全体学生，语言严谨，但是关键点没有铺垫，导致学生没有全面达标；小刘老师工作半年，理念新，在关键地方点拨学生，进展顺利，但是明显的评价不到位，缺少处理各种问题、情况的技巧、方法。授课教师和听课教师在对比中更能发现自身的优势与不足，进行自我调整。大刘老师课后进行了这样的反思：在教学过程中，我不断放下陈旧的教学方式，改变了我多年来形成的传统的教学模式，学习青年教师的优点，拉近了我和学生之间的距离，使学生更加喜欢我的数学课堂，驾驭课堂的能力和处理课堂生成的能力也有所提升。小刘老师的课后反思是这样的：相对于新教师的我来说，刘老师更善于抓住课堂中学生的生成并使其成为课堂中的一个亮点，这些是我这个新入职的教师需要加强和学习的地方。

三、德育文化：悦己爱人 智勇双修

德育文化是指学校在道德教育中所体现出来的思想、行为、风格等内容。十九大以来，党中央确立了“立德树人”的教育根本任务，强调了道德教育的重要性。“立德树人”即为立德和树人，立德是树人的前提和基础。小学的六年是孩子人生的启蒙阶段，教书更要育人，要更加重视学生道德品格的培育。从“立德树人”的要求出发，结合我校的育人目标，我们将校训“悦己爱人，智勇双修”作为德育文化的主题。由于德育具有渗透性、丰富性、多样性等特点，我们将课程育人、文化育人、活动育人、实践育人、管理育人和协同育人多措并举，在校内营造全员育人、全程育人、全方位育人的氛围。

全员育人。在校内从教师到保安、保洁、食堂员工等，都是德育工作者，大家统一育人标准，做到人人知晓，要求一致，目标明确，共同来落实；在校外，联合家长、社区工作者等，形成同盟，共同促进孩子的成长。“绿野仙踪主题课程”就很好地诠释了这个理念。如五年级的课程主题是“让梦想照进现实”，他们以语文教材中《四大发明》一课为线索，联合道德与法治、数学、美术等学科进行实践活动。道德与法治老师，从学科知识的角度，给学生讲了四大发明的意义及影响；美术老师带领学生用现代纸张和古代纸张绘画，对比纸张的变化对绘画的影响；数学老师根据火药的威力计算爆炸面积，孩子们特别感兴趣，最后学生们还走进了四大发明博物馆，亲身体验了用纸浆和模板制作纸张，分别用活字印刷术和雕版印刷术印制《弟子规》、组装指南针等。通过这样的主题活动，学生们对中国传统文化的认知更加深入了，对民族文化的认同也随之提升了。

全程育人。我们更加关注过程而非结果，因为过程本身就是教育进行时，教育就发生在那里。我们不放过任何一个可以让学生锻炼并成长的机会，如在学生小干部任命上我们有如下的思考：学校是育人的场所，也是孩子们享受平等教育的地方。在职场我们因为要保证效益、效率，因此要让适合的人在重要的岗位做领导职务。而班级里面的班干部和我们职场中的干部的意义就不同了，这里不存在孩子行不行，能不能干的问题，因为小干部的任职本身更多是一种学习与成长，在这个意义上，机会对于每个孩子都是平等的，况且这也是让孩子们拥有责任感与归属感的锻炼渠道。基于这个想法，我们在班级建设上提出：人人有事做，干部轮流当。各班开展“人人有岗位人人有职责”活动，孩子们自发在班级挖掘各种岗位，大到中队干部，小到水杯管理员，他们自主选择乐于担当的职务，并且轮流体验。这样让每一个学生都成为班级的主人，每一个人都有为班级、为同伴服务的机会。志愿活动是一种公益、奉献的行为。在校内我们有很多志愿服务岗，比如“护绿”“护校”“常规执勤”“年级帮扶”“帮厨”等；同时也有序地组织学生到校外参与义工服务，通过北京志愿者平台、社区活动等，参与“社区垃圾分类我指导”“关爱社区孤寡老人”“社区义卖助贫助残”“学雷锋”等志愿服务活动。有一名学生在参与“护校”志愿服务时说：大家在我们的帮助下多了一份安全的保障，这件事情特别有意义。人人为我，我为人人，通过各种体验式服务，孩子们的责任感与担当意识都在增强。

全方位育人。家、校、社三级联动协同育人，将德育渗透到每一节课中、每一次活动中，从课程到管理，从文化浸润到活动设计，做到无死角。每年我们都会向学生征集节约、防火、环保等标语、宣传画，并把他们制作成提示板放在草坪上，粘贴在水箱旁，印制在消防栓上，这让学生有很大的成就感，也让他们用自己喜欢的方式来提醒大家；在班级中，我们倡导“一班一特色，班班皆风景”个性化班级建设，每个班的老师和学生一起制定班级名言、班级公约、班徽、班歌等，各班还建立了班级宣传平台，如：班级博客、班级微信公众号、班级周刊等，极大地提高了学生的积极性，也增强了班集体的凝聚力。学校的一些制度也是由学生共同研讨、商定，我们向学生征集一日规范，形成《翡翠娃公约》；一起讨论课间 10 分钟如何利用，形成《课间公约》；各班的班级公约也是全班共同讨论确立。我们把学校许多场地的建设权、管理权都交给学生，比如广播站、电视台、记者站、图书馆、空中花园等都交给学生来自主管理，他们在小干部的组织下，集思广益，商定管理办法和制度，安排每天负责的人员。学生通过一点一滴地积累，培养起了自主管理能力。关注学生生命成长的整体质量、助力于学生的综合素质提升，是我们永远的坚守与追求！

教育纵贯线

以美启智，以美育德

立德树人，五育并举，是新时代义务教育阶段的根本任务。《中共中央 国务院关于深化教育教学改革全面提高义务教育质量的意见》指出，各级学校应“注重美育熏陶”。我校以“绿色成长”文化为统领，系统推进美育工作，以美启智，以美育德，让美育浸润每个生命。

我们健全组织机构，明确管理制度，优先经费保障，适时规划发展。我们适应时代的需求，聚焦于学生的绿色成长，确立了艺术教育发展的四个着力点。

一、环境文化

“绿色成长”的校园环境应该是“教育的存在”“为孩子的存在”。我们在规范的基础上优先美育发展。现有艺术教室20间；乐器680余件；演出服装千余套。体育馆、多功能厅，都有专业的灯光音响设备，便于学生们进行舞台实践。我们还把教室延伸到楼道：在“美术天地”，教师可以上写生课，孩子们可以举办个人画展；在“音乐空间”，孩子们可以演奏乐器，在小小的舞台上演绎属于自己的精彩……校园内的花开四季、成长林、叠翠亭、空中“梦想花园”……无不使孩子们沉浸于多彩的大自然，时刻受到美的浸润，在玩中习得美、感受美、维护美、创造美。

二、教师团队

教师心灵的舒展会直接作用于学生，进而在学校形成一条绿色成长的“生物链”。根据教师需求，学校安排了摄影、插花、软陶、扎染等艺术类通识培训；同时还开设了古筝、瑜伽、舞蹈、茶艺、书法等教师社团，教师们自主管理、自得其乐、各美其美。基于学生的绿色成长，音、美工作坊的教师们围绕着教育教学中出现的问题进行小课题研究。共同研发完善美育校本成果如《指尖旋律》（钢琴）、《悠扬音律》（葫芦丝）、《快乐琵琶》等，其中《轻舞飞扬》还由学校舞蹈团的学生录制了示范光盘。

除了国内的培训，学校还选派艺术教师先后赴韩、美、欧洲进行学习。在吸纳国外艺术教育经验的同时，我们感觉更有责任把中国传统文化传递到不同国家，让她们更多地了解中国。我们先后把书法、民族音乐、秧歌、绘京剧脸谱和编中国结等内容带进了国外的课堂和社区，教师们在实践中成长感悟，实现了双赢。艺术教师成长很快，在现有的18名艺术教师中，有研究生9人，区级学带、骨干教师7人，高级教师3人。他们成为学校教师的典范，多次在市区教研活动中引领示范。

三、课程体系

要实现学生的可持续发展，就必须为他们提供充分的营养；而丰富的课程就是孩子们成长的“主餐”。绿色成长课程体系中的稻草人艺术课程自下而上、由低到高，在普及的基础上，下有保底，上有出口。

基础类课程“音乐”“美术”“书法”作为必修课程，每名学生都要进行系统学习，凸显其基础性；拓展类课程更多满足学生的多样化成长需要。校内外师资力量结合，开设了英语戏剧、朗诵、篆刻、版画、纸部落等60余门自选课程，以社团形式呈现，学生100%参与；特色类课程中校本必选课程钢琴、琵琶、舞蹈分别进入一、二年级课表，每周一课时。钢琴、琵琶教学除了学习弹奏技能，还融合音乐欣赏、名家赏析等内容；舞蹈教学更多渗透学科整合的思路，将礼仪、英语、文学、节奏、创编等内容融汇其中，联系生活实际，让孩子们感受到艺术就在身边。为了满足学生个性化成长需求，还开设了双选课程翡翠娃艺术团，内设舞蹈、合唱、管乐、民乐、书画院等各分团，团员600余人，约占全校学生总数的25%。艺术团有活动章程、管理制度，固定的团员、辅导教师、排练时间和场地。

四、实践交流

学校以体验代评价，以实践促成长，整体提升学生艺术综合素质。

学校里有很多节日，这些节日属于每个孩子。每年的艺术节至少要进行一周时间，进行动态、静态展示。动态展示每天一个专场，孩子们自由申报、观看，我们希望每个孩子都能有舞台体验。孩子们在一次次的展示活动中展现的不仅是艺术素养，更是他们的阳光和自信，这定将成为他们受益终生的财富。为了提升艺术团整体水平，自学校成立以来，每年都举办专场演出。几年间，童话舞剧《绿野仙踪之神奇翡翠城》已编排了三个版本，分阶段在专业剧场演出 8 场次，近 7000 人观看演出，得到了业内人士和社会各界的普遍认可和好评。合唱、民乐、管乐团也纷纷进行专场演出，学校艺术教育总体水平大幅提升。

孩子们在艺术教育中感受、欣赏、表现、创造美的同时，更收获了持之以恒、吃苦耐劳、团结协作的优秀品质，有的孩子高烧 39 度依然坚守在舞台，有的孩子摔倒了立刻爬起来继续演出……我们的教师和家长也在孩子们感染下，自发地组成了教师艺术团和家长艺术团，多次登台演出。学校成为北京市金帆舞蹈和书法“双金”学校，区民乐银帆学校和京剧基地校。我们与区内四所学校签订协议，在艺术教育方面辐射带动。“以美启智，以美育德”，我们永远在路上！

第四节　环境的文化升级

环境不仅是文化创造的场所和重要条件，而且本身也是文化创设的内容。孩子们社会化进程的顺利与否很大程度上取决于他们的生长环境，一个生态的、和谐的大环境非常重要，这需要全社会共同努力。从学校的角度来说，内部环境指校园，包括空间、设施、装饰等不同层面的内容；外部环境，指学校与社区、家长及其他部门的关系。我们对内充分利用校内设施的育人作用，为孩子们的成长创设平台；对外广泛开发社会教育资源，充分利用家长、高校、社区等教育资源，为孩子们创设一个广阔健康的育人环境。

一、物质环境文化：开放童趣 自由舒展

物质环境文化是指学校教学生活设施、自然环境建设和人文环境创设所展现的主题、风格和特点。它积淀着历史，传承着文化，蕴藏着巨大的教育意义。它就像一张无言的名片，即使你一句话不说，也能让人知道你在想什么，你的教育追求是什么，它是学校办学思想的外显与诠释，因此校长应该是环境文化建设的第一责任人，亲自挂帅抓落实。追求教育的品质就先从表层的环境做起，它是内核的外显，极具说服力。走过的几所学校我都一直坚持自己设计校园环境文化，好像唯有这样，才可以离自己的教育梦想更近些。由于逐年递进年级，翡翠城的环境建设先是有一个整体的规划，确定整体风格后，根据资金到位情况，逐步落实，每一个项目的规划都要经过几次甚至十几次的推敲，前期设计的时间比施工的时间要长得多，就像一个好教师备课的时间远远多于上课的时间一样，这样整体规划，稳扎稳打，使得校园环境文化有整体的协调美，每做一处就会有一个经典出现。

校园环境对师生的影响潜移默化、润物无声，具有神奇的教育力量！我们对于校园环境文化建设始终遵循"开放童趣，自由舒展"的原则进行规划与设计，去除雕琢的痕迹，追求自然、原生态，力求回归本真。站在生命的高度，让校园安全、整洁、优雅；站在孩子的视角，让孩子们喜欢，让校园的每个角落都富于教育性，让孩子们时时刻刻都能有所获、有所思；还原孩子们的实际生活空间，尽可能开放一切设施，让他们时时处处都能在实践中培养好习惯、习得新知识。我们让校园的建筑、设施带上生命的温度，让孩子们有归家的感觉，让他们更加自由舒展地成长，让学校成为师生最怀念的地方。

在游玩中学习，实现学生的自然成长。

玩，是孩子的天性；学校，是孩子们尽情玩耍的智慧王国。孩子们在玩中领悟、在玩中收获。没有约束与干预，他们自由选择玩的内容与方式，在自然的状态中慢慢成长。在学校里孩子是主人，他们的事情他们做主。应他们的要求，我们为每个班配备球类、棋类、织绳、魔方、长短绳等十余种玩具，每到活动课、课间孩子们各取所需，或安静或欢腾在校园的每个角落。在室外我们可以说是见缝插针，地上的方格图随处可见，孩子们随时可以蹦蹦跳跳；楼群间的四五个小天井里孩子可以荡秋千，可以在石桌凳上下棋、看书，可以观察气象温度，亦可留意植物的生活习性；一处小小活动区域里的攀爬架、单双杠是孩子们“快乐午休”时最愿意光顾的地方，这里曾经是出事故最多的地方，原因是他们的臂力、协调性大不如以前的孩子，掌握不好玩的技巧。我们碰到问题不是躲避、制止，而是迎刃而解，教方法、说注意事项、告诉他们强健的身体和灵活性是在平时一点点的积累中习得的，经过半年的努力，在近两年再也没有出过类似学生受伤的案例。不管男孩子还是女孩子，都掌握了这个本领，他们兴奋异常，那里一直飘荡着他们最纯真的笑声。楼内楼外，亦静亦动，在玩中学习，在玩中成长，不亦乐乎！

在生活中学习，实现学生的自主成长。

我们的“绿色课堂”所追求的是让学生在生活中学习，实现他们的自主成长，小课堂，大舞台。这个课堂是广义的课堂，学校里的每个角落亦是课堂，是孩子们获取知识和能力，养成好习惯的大课堂，可以说学校里无处不课堂。我们的环境文化最大的特点是开放。图书、计算机、打印机、钢琴、视听系统全部放在楼道里，孩子们触手可得，学校本来就是孩子们的，这里的一切都属于他们。与其让这些物件静静地躺在加锁的房间里一尘不染，不如把他们拿出来放在广阔的空间里，如果孩子们养成了读书的习惯，可以随处查阅资料、打印资料，可以欣赏到美的东西，即使有一些损害，又算得了什么呢？况且这正是一个培养孩子们爱惜物品、物归原处等好习惯的绝佳契机，刚开始孩子们把书中喜欢的插图撕掉拿走了，把楼道里悬挂的各种乐器弦弄断了，但是我们依然不回避这些问题，如果孩子们有这样的行为出现，那就是我们的教育没有到位，从问题入手，这就是我们下一步集中要做的工作，借势培养孩子们的好习惯，用一个学期开展爱学校教育，带领每个孩子参观学校，讲每一处这么安排的用意，讲为什么要把学校弄得这么漂亮，为什么要把这些用品都摆在外面。我对孩子们讲：在没有人监控的情况下，你依然做得很好，就说明你已经拥有了某种好习惯，学校这样做的理由很简单，因为相信你们！孩子们一旦懂得了道理，他们的表现好得不得了，不再有破坏，而且时间久了，孩子们的新鲜感过去了，一切变成司空见惯时，他们就能够泰然对待这些物件，好习惯也随之养成了。

我们把教室延伸到了楼道与校园，到处都是孩子们展示的空间。每个楼层有不同的颜色、每条楼道有不同的主题。操场上我们的露天小舞台是孩子们最喜欢的地方，时不时地，孩子们会在那里竖上一块广告牌或张贴一张海报，说明时间和内容，利用中午或放学时间或演讲或表演，邀请大家观看。这本该在大学里才有，但是我想小学生也可以，只有我们给他们舞台，他们会还给我们百倍的精彩。在这里，一年级的一个小男生介绍他喜欢的十余种汽车，让高年级的大哥哥刮目相看；二年级的小女生自己写剧本、自己招募演员、自己排练童话剧，在这个小舞台她们的表演有模有样。让孩子们能够自我教育、自主成长，是我们在校园文化构思中的主旨所在，大胆放手，适当点拨，让孩子们在生活中学习，为生活得更好学习。在这个过程中我们一直在追问：我们还可以为孩子做些什么？就是在这种追问中让以生为本的信念光照到校园中的每个孩子。

在活动中学习，实现学生的持续成长。

我认为在学校里，“活动”是有目的、有组织的“玩”，有意思、有吸引力、精挑细选的活动会对孩子当时或以后产生积极的影响。银杏树是我们的校树，它的树语是思乡与坚韧，这寄托了我们对于孩子的殷切希望，希望他们以后不管走到哪里都记住自己的根在哪儿，希望他们做事情要坚忍不拔，不管学习还是工作生活都能够坚强勇敢。在校园的一个绝佳位置我们专门设置了一片“成长林”，每年九月入学的孩子会在来年的植树节以班为单位，在这里种下一棵银杏树，所挂的铜牌上一面是孩子们为树取的名字，一面是班级所有孩子的名字，他们在六年中呵护小树，和小树共同成长。这样即使他们白发苍苍、即使他们身处异乡，回到这里时也能找到他们的足迹，能寻到他们的根。

二、对外交往文化：自信亲和 开放自主

对外交往文化是学校与家庭、社区乃至社会的联系合作中所形成基本理念、方式方法等内容。我们从自身的办学理念和文化特色出发，积极整合外部环境，为孩子的绿色成长创设一个宽松、和谐的空间。我们的对外交往文化的主题为“自信亲和，开放自主”。为了更好地践行这一主题，我们充分利用社会平台和社区平台，构建家长平台，从而为开展对外交往活动奠定坚实的基础。在具体举措上，我们在以下三方面努力:

完善机制，达成育人共识。

完善家委会机制。我们制定家委会章程，成立领导小组，以“五三一”比例分层设立班级、年级、校级执委会。其中校级执委会共设五个部：课程资源部发掘家长和社会资源，参与学校课程建设与实施；建议部负责搜集家长的意见和建议，完善学校管理；活动部主要是招募、策划、指导家长志愿者参与学校活动；教育部主要对学生和家长进行多种形式的教育工作；宣传部重点做好家校协同育人活动的宣传报道。大家各司其职，每位部长学期末都要进行述职，互通有无；定期进行换届选举、建言献策、反馈总结；每学期表彰“家长翡翠之星”。

办好家长学校。学校每年一次通过“家长学堂”对家长进行通识培训，还提供形式多样的个性化服务指导。比如开设“祖父母学堂”，当前隔代抚养的情况逐渐增多，但是问题也显而易见，为了达成教育共识，找到更适合的教育方法，学校通过互动吧平台让祖父母自愿报名，针对“孩子磨蹭” “不能自理”等焦点问题开展讲座、主题交流活动，满足祖父母的个性化需求，深受老人们的欢迎。针对入学、毕业等特定时期学生

出现的行为、心理等问题，开展“快乐家庭学习苑”活动，每周三下午，在“家长心苑”，不同校区、年级的家长齐聚一起进行沙龙式研讨。成员从最初的二十几人，已经发展到现在的二百余人。针对一年级新生家长，发放入学通知书的时候一并发放学校研发的《走进我们的家》指导手册，让孩子与家长提前了解学校，做好入学准备。

参与管理，形成育人合力。

开展志愿服务，共同参与管理。家长组建“志愿服务队”参与学校管理。校门口执勤、班内消毒、体育节策划、联欢会组织、外出实践助教等，层出不穷，家长还和孩子们共同参与“志愿北京服务平台”活动，在参与活动中他们在付出的同时，也由衷地表示：教师真是太不容易了！这无形中增进了家长与教师之间的相互理解。

开设家长讲堂，丰富课程主体。每学期，根据学生年龄特点，针对当前时事、热点话题、学生兴趣等，请家长作为课程主体为学生开设多彩的拓展课程。学校成立十年间，开设近千场家长讲堂，深受学生喜爱。不同层级的讲堂活动拓宽了学生视野，增长了见识，丰富了“绿野仙踪实践课程”，让家校共育走向了更深处。如三年级主题实践课程主题为“热爱祖国”，在家长讲堂环节，中国人民抗日战争纪念馆的程皓博士，为孩子们介绍抗日名曲《大刀进行曲》的创作始末；周恩来总理生前最后一任秘书纪东将军为学生讲述周恩来总理的故事，极大丰富并提升了课程内容。

多向沟通，共创育人佳境。

畅通渠道，建立调处机制。学校敞开大门，畅通各种渠道让家长能够更好地了解、理解、支持学校。开展“校长家长面对面”“校长接待日”等活动，创设多种渠道与家长面对面交流，宣传学校育人理念，聆听意见和建议。每学期，既开展面向全体的“家长开放日活动”，也开展家长代表参与的“学校考察活动”，家长们走进校园的每个角落，和干部一起与学生共进午餐；“课后 330”、食堂、校服等招标工作，都请家委会成员进入评审团队，促使家长由服务者、教育者逐渐向管理者甚至决策者转变。学校实行“一站式服务”，公开所有职能部门电话，对于家长的诉求，由对应部门直接受理，及时消除隔阂和误解，确保家校关系走在和谐融洽的轨道上。

入户家访，密切家校关系。在入户家访工作上，凸显扁平化管理，每个领导班子成员负责一个年级，班主任和科任教师全员参与。普访与专访相结合，明确家访的原则、内容及注意事项，关注细节，为每位教师配备了鞋套。有这样一个案例：一名学生，因先天性漏斗胸做了手术，班主任得知后，立刻进行家访，去看望孩子，了解病情及需求等；随即在第二次家访时，带着全班同学亲手制作的“早日康复”祝福卡和视频，让孩子在家中观看。一年后在“校长学生面对面”时，这个孩子说：手术后，身体疼痛难忍，但看到老师以及贺卡、视频时，疼痛缓解了很多，到现在想起来还很感动。

经过十几年的实践探索，“绿色成长”文化形成了独特的价值取向、系统的结构组成、稳定的功能和丰富的文化内容。一次次的头脑风暴，一次次的实践反思，查阅了数以千计的资料、书籍，以至于说的梦话都是绿色成长，这是一个充满艰辛却又激荡人心的过程。它就像我们孕育出的一个新生儿，寄予着我们所有人的希望，与我们每个人一起慢慢成长、壮大。

教育纵贯线

办公室是我们的第二个家

办公室文化建设是打造团队精神的一个重要方面。我们以年级组、教研组为单位划分办公室，根据学校自主管理理念，采用自治方法，突出学科特点、年级特点建设办公室文化。在这个过程中大家群策群力，一起布置心仪的环境，一起商议班级特色的打造，一起研讨教育教学中的疑难问题，一起高效率地完成日常事务。

每到开学初在室长的带领下大家就忙活开了，从规划采购到动手操作，将心目中的“理想家园”呈现在同伴和孩子们面前。在设计中老师们总有智慧的火花闪现，总是充满激情，诠释着对生活的热爱和对梦想的追求。有时候更是让人忍俊不禁，他们“密谋”设计方案，布置时门外有一个“放风儿”的，怕有其他办公室偷窥，那种童心的自然流露着实可爱；展示时有的组编出了优美的诗句来介绍他们的设计意图；还有的更夸张，居然找来了饭盆儿、水果盘，打着节奏说着顺口溜介绍；大家在笑声中转过十几间办公室。他们各具风采，有的突出了“家”的氛围，摆上圣诞树与中国结；有的用整面墙做一个“翡翠七星”的栏目，不同颜色的英文单词浓缩了他们的个性追求；有的用一些小花小草、字画凸显出精致典雅。但是共同的地方是每个办公室都有一些名言诠释出他们对于教育的理解，比如“用爱和智慧托起明天的太阳”“取至高之境，开独造之域”“目中有人，行中有样，言中有意，教中有新，心中有情”等。就像一顿大餐，色香味俱全，让大家回味无穷，在这样的环境中工作，怎能不心情愉悦、才思泉涌？人在最放松的时候才易有智慧的火花闪现，并能保持工作的最佳状态，这个空间属于教师，这个地盘他们说了算！在互相的观摩与交流中，大家笑着、品评着，那种自豪感是显而易见的，他们爱这个小家。

数学组办公室体现数学学科的特点，一面墙是从“形”上体现：一棵大树象征着几何知识的整体，从树的根部起分别是点、线、面、体的各种具体表象。树下是加减乘除的四种运算符号，涵盖了小学阶段的基本运算。东墙与西墙对应着一副对联：“点线面体勾勒大千世界，加减乘除演绎无限苍穹”“孜孜不倦画大小方圆，一丝不苟论是非曲直”。对联中间的向日葵象征着孩子们朝气蓬勃的学习生活。

三年级办公室突出学校的办学理念，整面墙壁都是《绿野仙踪》的宣传画，他们说，我们的办公室文化，首先想到学校和我们要走向哪里，体现我们的追求，还要考虑孩子们的感受，让他们喜欢。

四年级办公室没有大的标语口号，看似随意，无主题，实则内涵丰富，只是需要用心感受。他们说墙上的画具有深意，意思是为孩子们打开一扇心灵之窗，同时时刻提醒自己要走近他们的内心世界，去了解、关爱、欣赏他们。循着窗子向外望去，一条小路径直伸向远方，这条路被绿色包围，意为学生在绿色成长教育理念下走向更远的明天。一个小小的办公室设计竟然倾注了教师们这么多的智慧，只有热爱工作与生活的人才会有这样的创造力！

办公室文化是学校物质文化的冰山一角，办公室就是教师们的“贴身空间”。一个温馨、个性十足的环境更能让教师心灵安静、舒畅，提高工作效率。其实每做一件事情，它的起跑、途中与冲刺同样重要，就看我们怎么去挖掘使用了。小小的办公室文化里原来蕴含着这么多的智慧，教师们在设计与操作的过程中，更加深刻地领悟着学校主体文化和梦想追求。

第五章

“绿色成长”文化的落实

学校文化需要精心策划，细心培育。首先校长要努力学习，了解学校的历史，挖掘学校的优秀文化传统，学习当前的形势和教育理论，认真思考办学思路，策划学校文化的建设，提出设想，和全体师生共同讨论，形成共识，然后精心设计，共同努力，把理念化为现实。学校文化建设不是校长一个人的事，而是师生共同努力的结果。师生要积极参与，努力实践，在实践中不断总结、提炼、充实。

——顾明远[1]

学校文化的规划设计虽然不易，但其落地生根尤其是“内化于心、外化于行”就更难；规划设计是 1，而落实和践行就是在 1 之后加 0，加多少个 0，就意味着文化效果的“数”有多大。记得有一位校长曾问我：刚建校的时候你想过学校会有现在的发展吗？我一时语塞，真的是没有想到，但是我能确定的是：来到翡翠城的几千个日子我们没有一天是虚度的，每一天都在认真地思考、实践。而每当我们坐下来思考我们有哪些成绩的时候，我们才发现自己真的没有做什么轰轰烈烈的大事，我们每天做的事情太过琐碎：上好每一节课，判好每一份作业，做好每一次家访，办好每一次活动。然而，正是这些看似平常的小事，汇聚成了丰沃的土壤、充足的水分和温暖的阳光，滋养“绿色成长”文化这棵小树长成为枝繁叶茂的大树。由此可见，学校文化的创生，更为重要的是它的落地生根。对于“绿色成长”文化，我们把更多精力放在实施层面，从思想上、计划上、动力上、资源上多维度切入，予以全面而深入的落实。在这个过程中，“绿色成长”文化向我们敞开了一扇五彩斑斓的大门！

[1] 顾明远 . 论学校文化建设 [J]. 西南大学学报（人文社会科学版），2006(5)：67–70.

第一节 思想引领与群体共识

学校文化的具体落实，首先需要强有力的思想引领和牢靠的群体共识。因为文化实践归根到底是人的实践，是集体的行为，而在集体实践中，必须有明确的前进方向和共同的行动方式，才能取得有效的进展。苏霍姆林斯基说：“领导学校，首先是教育思想的领导，其次才是行政上的领导。”2018年我有幸入选教育部名校长领航工程，我的导师严华银和季春梅不止一次说过：“真正卓越的教育思想，一定是共性与个性的统一、一般与特殊的统一、坚守与开放的统一；真正优秀的教育思想，一定切近人性、尊重科学、符合规律，一定指向道德、关乎人格、追求情怀并合于教育的本真价值。”[1]一名优秀的校长，应该具有鲜明的教育思想，并不断提升领导力，引领和推动师生群体形成共识，去实现既定的愿景和目标。

一、校长展现文化领导力

学校文化的落实，首先需要校长发挥文化领导力。校长的文化领导力，实质上就是在文化层面的指引力和影响力。就校长与学生的关系而言更多的是一种间接的教育关系，中间要通过教师群体来实现；就校长与教师的关系而言，校长不仅自身要与时俱进、不断进步，还要教育他人，引领教师不断成长。

[1] 严华银，季春梅，回俊松.教育家型校长的“立言”之道[J].中国教育报，2019.12.18（7）.

（一）责任与使命：学习引领，率先垂范

终身教育理论的奠基人法国教育家保尔·朗格朗，在具有世界影响的《终身教育引论》中指出终身教育“是完全意义上的教育，它包括了教育的所有各个方面、各项内容，从一个人出生的那一刻起一直到生命终结时为止的不间断的发展，包括了教育各发展阶段各个关头之间的有机联系”。[1] 现今是一个学习化的社会，学习之于生活，不再是一个先行的准备阶段，而是贯穿生命始终，成为我们生活的一部分。

校长身为教育者和管理者，尤其迫切需要树立终身学习的理念。校长不仅需要不断吸纳、内化、运用先进的教育思想和观念，还要带动团队，建立学习型组织，这是时代发展与职业特点赋予的一种责任与使命。

1. 读书学习引领

有效的学习具有一定的深度，在必要的时候能够运用已学的知识。笔记本电脑是我最亲密的伙伴，无论走到哪里它都跟在我身边，那里面有我近二十年的思考，大概有上百万字的记录！每个文件夹分类整齐，计划总结、游记、会议记录、读书摘记、工作随笔、发言讲座、稿件等等，一应俱全，清晰地记载着我这些年的思维脉络与成长足迹。在写第一本书时我只用了一周时间就完成了十一万字的初稿，这完全得益于这些积淀。

读书学习是一个内省的过程，将自身的学习积累活学活用到工作中才是根本，只有和实际生活相结合才能让这些知识活力四射、放出光彩。从建校之初，我就根据学期工作主题，每月与大家分享“校长正在读的书”，不定期的以“校长推荐学习材料”的方式向干部教师推荐一些相关文章，有时会在推荐文章的边角写出自己的所悟所感与大家分享。这已经成为我对教师展现思想引领的一个有效举措。我曾经向大家推荐过陶西平老先生的《返璞归真》《改革发生在课堂上——关于课堂文化建设问题》《要

[1] 保尔·朗格朗. 终身教育引论 [M]. 周南照，陈树清，译. 北京：中国对外翻译出版公司，1985：15.

研磨学生》、华应龙老师的《好课要舍得“浪费”时间》、叶翠微校长的《老老实实“把学生当学生”》等精彩文章，通过推荐好书好文引起大家的深度思考。我们在阅读积累中变得厚重，在讨论反思中变得智慧，就像水滴石穿，时间越久，所得就越多。只有心感受到了眼睛才能看到，才能用敏锐的目光去发现身边或细微或壮观之处，进而不断完善自我。

2. 现场学习引领

“读万卷书，行万里路”，我们的学习很多时候是在现场中进行的。每次外出我都会写游记，对名胜古迹有感而发，对自然奇观由衷赞叹，当然更多的是对比当地教育与自己学校的异同，归来后就会在对比中有所行动。

北京第二实验小学是京城名校，有着深厚的文化底蕴，其“双主体育人”的理念深入人心。干部教师专业精湛，举止优雅，做事平心静气。李烈校长是中国教育学会副会长、中国教育学会小学教育专业委员会理事长、中国小学校长中唯一的国务院参事，她一直是我心中的偶像，以前只是通过她的著作和媒体报道了解她、感知她，由于区里的“名校长工程”，我有幸成为她的学生，终于有机会走到她身边。

每天早上六点，我从家出发，先乘快速公交、再转乘地铁，历时近两个小时到达实验二小，开始一天的“影从”生活。李校长笑言：“文风除了上厕所不跟着我，其余时间与我形影不离。”李校长的工作日历上密密麻麻地排满了事情，几乎没有闲暇时间，有时午饭就在车上简单吃一点，马上又赶去下一个会场。跟着她学习的那段日子，每天时间都过得很快。

我一般晚上六点左右离校，回到家吃完饭后，就马上坐到书桌前，把一天的所见所闻、所思所感记录下来。我的学习笔记主要包含以下几部分：挂职纪实、精彩瞬间、对比反思和要请教的问题四个环节。每天晚上，我都把白天没时间与李校长进行充分交流而自己又感到很重要或困惑的问题记下来，第二天再找时间向相关人员请教，把它们一一弄明白。

按照这几个环节写下来，每天的学习笔记有数千字，伴随我入睡的常常是子夜的钟声。每天早上，我都会向李烈校长交上我前晚完成的“自主作业”。几天以后，李校长动情地说：“文凤，我都心疼你了！你这样太辛苦了！这样下去，你从这里离开时，都可以写一本书了。”正如李校长所说，短短八天的学习，我写出了四万多字的学习笔记。我感觉自己离教育的本真越来越近，越来越知道自己要做什么事、应该怎样做事。每当看到李校长处理事情时，我总会想：如果我遇到类似的事，会怎么处理？把别人的思想和做法简单地拿来是苍白的，是没有生命力的，只有融入自己的思考，结合自己的实际，才能使之焕发出奇光异彩。

3. 项目学习引领

从2000年初到现在，我分别参加了大兴区首批名校长培训班、北京市首批名校长培训班和教育部名校长领航班的培训，这三个持续十年、无缝衔接、拾阶而上的项目学习班，让我脱胎换骨，有自信、有能力始终围绕“绿色成长”文化想事、做事。

特别是教育部领航班的学习，我的站位更高、视野更加开阔。在江苏基地，通过规划导航、理论研修、名著选读、名校寻访、建工作室、汇报展示等各种形式的培训，我的实践理性、实践自信、实践自觉和实践引领各方面都得到了全面提升和发展。基地不是一味强调理论优先，更注重我们真实的教育生态和实践自信；也不是一味强调实践优先，更注重我们对已有教育理论的理解与继承。

在培训中我们识高人、访名校。严华银教授的睿智，季春梅主任的通透，回俊松博士的大智若愚；我的同学卫东的洋洋洒洒，伟杰的机智幽默，丽辉景菲的家国情怀，晓川的敦厚执着，华联的周到细致，王琦的真诚憨直，镜峰的特立独行，这是一个温暖，快乐的家，更是一个胸怀家国，创新进取的团队。在这个团队中我们互相支撑、互相鼓励、共同提高。时代的发展使团队合作显得尤为重要，学校的发展更是离不开校长的精诚团结，每当遇到大事不管中小学校长我们能够坐下来一起商议解决，力求达到最好的发展效果。特别是严华银教授，他的学识渊博，更为重要的是他的家国情怀以及思想高度，在错综复杂中的淡定与从容，执着于自己所爱的教育，坚守自己的追求。他于日常交流中让我领悟了更多做人、做事的真谛；李政涛教授治学严谨，只要到北京一定抽出时间到我的学校，听我的办学思考，参与我们的教育教学活动，并给予切实的指导；孙双金校长儒雅智慧，不仅接待我们多次到校学习，还在百忙之中抽出时间来到翡翠城为孩子们现场上课，为干部教师指导；彭钢教授、张新平教授虽然不是我的导师，在学校三年发展规划、办学思想凝练等方面给了我很多无私的帮助。导师的人格魅力不仅影响我的现在，也将会影响我今后的职业生涯。

学习无处不在，只要留心一切皆为资源，只有校长率先垂范，多读书、多交友、多旅游，在做中学，在思中悟，才能够引领着干部教师成为具有无穷潜力的学习型团队。

（二）教育与教学：教学引领，不离课堂

在学校管理中，校长要全面统筹协调做好各方面工作，但是必须要牢固树立的就是——教育与教学是学校的中心工作，校长要经常深入教育教学一线，以自身言行引领干部教师关注课堂。校长作为教育者的底线应该是“常听课，会评课”，“进得了课堂，讲得出名堂”。通常校长进课堂听课的标准定位应该在于抓理念，把握方向。做校长二十余年，我一直任大兴区的学科带头人。每学期听课百余节，坚持“道德与法治”的学科教学。

作为校长时刻和教师、孩子在一起，才能发现真问题，解决真问题，这本身就是一种示范引领。在听课时，了解教师的教学状况，看看班务管理情况，更重要的是看看孩子们的学习状态，在有限的四十分钟里，孩子们到底收获了什么？通常教师们都很关注孩子们显性的收获，比如当堂学习的新知识，孩子们的常规表现等，这些易检测，好补救，但是在课堂上我还发现一些被忽视的隐性问题。

案例一：

一年级数学讲授找规律，最后检测时教师准备了习题卡让学生找规律涂颜色，教师巡视孩子们的掌握情况，然后集体订正，从课堂环节来讲这无可厚非，但是在孩子们涂颜色的过程中我观察到一个细节，坐在我身边的几个孩子有不同的表现。

男甲：拿出红色的笔，先观察，然后按着规律将所有红色的部分都涂上，再拿出黄色的笔将剩下的空余部分涂完。他涂在方格中的颜色不是很均匀，只是涂满即可，他第一个完成了任务，坐在那里等大家。

男乙：观察后，拿起红色的笔涂完放下，再拿起黄色的笔涂完再放下，就这样依次完成所有涂色。涂色不是很均匀，在规定时间内完成了任务。

女甲：观察后，拿起红色的笔涂完盖上笔帽儿，再拿起黄色的笔涂后盖上笔帽儿，如此依次反复涂色。她涂在方格中的颜色非常细致均匀，在限定的时间内她只完成三分之一的涂色任务。

当老师说停止涂色订正的时候，我估计了一下大概有五分之一的孩子没有完成任务。

在课后研讨时我向教师们提出：涂色的方法不在知识考核范围内，这是一个非常易被教师备课讲课时忽视的细节。但是试想一下，那个女生在没有方法指导的情况下，每节课落下一些，长此以往，是不是我们眼中所谓的学差生就慢慢产生了呢？我觉得教师应该在备课上下足功夫，这不是挂在口头上，而真应该是静下心来揣摩、推敲、分析才能避免的。教给孩子们学习的方法远比传授知识本身重要，这些被我们无意间忽视的东西，却恰恰是在孩子们的未来用处最大的。只有一个头脑清晰，做事有条有理、讲究方法的孩子将来才有竞争力，它是孩子们成长的基础。

案例二：

美术课剪贴彩蝶。课上教师介绍完蝴蝶文化以及彩蝶的剪贴方法以后，学生每四人一组合作剪贴两只彩蝶。孩子们画、剪、贴，默契配合，很快各组的蝴蝶就“飞”到了老师黑板上画的小草与鲜花丛中，但是在孩子们剪贴的过程中我又发现了一些细节。

甲组：负责剪纸的同学先剪了一只黄色的蝴蝶，又剪了一只绿色的蝴蝶，然后用边角料剪蝴蝶上的装饰。

乙组：负责剪纸的同学分别剪了一只黄色和一只红色的蝴蝶，又拿出绿色和紫色的纸剪装饰。

在课后交流时我向教师们阐明了自己的观点：我们都说在课堂上渗透德育，这节课可以进行非常好的节约教育：“我们剪下蝴蝶后，能用的边角料不要轻易扔掉，可以小组之间穿插使用，也可以留在以后的剪纸课上继续使用。别让这些美丽的纸躺在垃圾桶里，这样太可惜了。”其实教师的适时点拨，就能让孩子们收获受益终生的好习惯。正是通过这样对隐性问题的细节点拨，我把“绿色成长”的理念不断传递和渗透给教师，使他们在教育教学中不断予以实践和思考，从而成为学校文化的良好践行者。

（三）信仰与追求：思想引领，文化育人

学校文化是一所学校综合素质的体现，是学校成员的行事方式，也是全校师生共同的信仰与价值追求。刚刚接手一所新的学校，校长首先要做的就是综合分析学校内部构成和外部资源，进行准确的定位，做到心中有数，在这个基础之上才会有校长整体的布局与谋篇。校长思想引领是以正确、独特的学校文化定位作为支撑的。我感觉校长就像树根隐而不露，将自己的思想、理念输送给师生，从而在校内形成一种氛围，一种场，促动大家自觉遵守规范，用行动践行。校长的办学思想又是学校发展的魂，虽然看不到，但他的思想、他的影子却可以在每个教师的身上找见，每位教师都知道所身处的学校要到哪里去，要用什么样的方法去做事、想事。只有这样才能达到校长思想的引领，文化育人，育在潜移默化中，育在无声之处。

校长领导的最高层次就是对于学校未来的发展有很清晰且具体可行的图景，并且能得到全体成员的信任，共同向目标迈进。身为校长，我感觉自己就是同伴中的一员，是平等中的首席。在办学中，掌控大环境，创造出一种充满可能性的空间，这样教师们就会跃跃欲试，所得到的成果定会出乎意料，超出期望。

二、达成群体共识

除了需要校长发挥文化领导力，学校文化建设更需要全体教师的认同和支持。只有全体教师对学校文化定位达成共识，才能有效地进行合作，形成文化建设的完整“拼图”，从而将该文化定位和相关工作落实到位。

对此，我们在以下三方面努力：

（一）将教育梦想化为自身需求

以“绿色成长”为核心构建起来的文化体系就是我们追求的教育梦想，它是我们心中的灯塔。翡翠城——梦开始的地方，全校师生在这里一起追梦、筑梦、圆梦。实践证明，学校正是因为有了与众不同的办学思想和坚持不懈的努力，才焕发出了勃勃生机。在寻梦的过程中，沉稳的心境、扎实肯干的作风尤为重要。教育来不得半点虚假，来不得半点马虎。学校的发展不管是在艰辛的创业阶段，还是在发展中的爬坡阶段，都必须要有定力，不为外界浮躁的环境左右，静下心来探索，戒浮躁，戒做表面文章。既要有老黄牛的务实踏实品质，还要有骏马的雄健与洒脱，敢于创新，把教育梦想化为每个人的发展需求。

“五四”青年节是青年教师的节日，学校里30岁以下的教师占到70%，所以每年我们都要安排一些活动，或是沙龙漫谈，或是外出拓展，或是进行陶艺、插花体验。有一次在大家漫谈时，财务室出纳玲玲给我留下了很深的印象，她拿着一块小黑板，上面书写着三个公式，她讲道：我从网上看到三个公式，觉得应该带给大家：

公式一：$1\times1\times1\cdots=1$

公式二：$0.9\times0.9\times0.9\cdots\approx 1/3$

公式三：$1.1\times1.1\times1.1\cdots\approx 3$

从这三个公式中我感觉到如果我们团队中的每个人都认真做好本职工作，那收到的效果是1；如果每个人的工作稍微打一些折扣那收获就会大大降低；如果每个人在做好本职工作的基础上，多出一点力，那学校的整体工作效果就会成几倍增长。我希望我们每个人都为学校多付出一些，让我们的学校更加美丽。一个财务人员用数据阐明了她对学校的爱！这不是外部的规范，不是强加给教师的，而是教师内心的渴求，这是对教师最大的尊重与信任，也是学校“绿色成长”文化的一种渗透与显现。

（二）将学校文化追求化为自身要求

“一所学校，如果没有共同的价值观念，没有共同的文化管理模式，没有共同的发展目标，那就会是一盘散沙。”[1]共同的价值观会让教师们对学校产生极大的仰慕和忠诚，这种心情常常转化为努力而卓有成效的可持续工作；同时只有每位教师将价值观化为自身发展要求，才能使价值观落在实处，更加凸显其作用。学校的价值观使每个成员产生一种使命感和责任感，每个师生不再是被动地服从而是主动地参与，主动关心学校的发展，关注同伴的发展，把自己的命运同学校的发展紧紧地联系在一起。

学校里的党员教师占到了51%，我们提出了“一个党员一面旗帜”的口号，号召大家在各自的岗位上以自身的言行践行学校文化理念。为了让孩子们每天一到校门口就感受到学校的温暖，我们在门口设立了“党员先锋岗”，每天早上党员教师们轮流在校门口迎接孩子们的到来，为他们正衣冠，并解答家长一些问题。

有一次一位年轻的女教师值岗，一个男家长突然从马路对面冲过来冲着她大嚷，大概意思是，他的孩子见到老师深鞠躬，老师为什么只是点头示意？学校不是倡导师生平等吗？教师也应该给孩子深鞠躬回礼。这位家长指着教师一直在喊叫，容不得教师说一句话，那位女教师一直微笑着听他说，后来我们的带班领导将家长请到办公室，待他平静下来后，和他讲清师生平等具有更深层的含义，并不仅仅是他所理解的简单的仪节等同。后来了解到那位家长是一位博士，因为生意场上失利心情异常烦躁，就把火气撒到了教师身上，他也很后悔自己的言行没有给孩子做好榜样，并请求教师原谅。

事后我找到值岗的女教师对她说：你那天受委屈了。她平静地说：校长，这没什么，我当时就是想我站在学校门口，代表的就是翡翠城，如果不理智和家长争吵，毁坏的是翡翠城的形象，还有那么多家长看着呢。这些朴实的话语我至今记忆犹新，这些可爱的老师们在小我与大我的抉择中总是能够顾全大局。

---

[1] 陶然．学校文化管理的新思维[M]．北京：中国人事出版社，2005：53.

当然，学校文化追求要变为教师的自身要求，这中间还有很长的一段路要走，是需要时间的，我们不能操之过急。

（三）将绿色质量化为自身追求

联合国教科文组织国际教育发展委员会在《学会生存》中指出：把一个人的体力、智力、情绪、伦理各方面的因素综合起来，使他成为一个完善的人，这就是对教育基本目的的一个广义的解说。绿色质量是绿色成长教育的魂，它是真正的生命质量。我们的教育首先承认学生是一个生命个体，是一个完整的人，他们有思想，有其成长规律。不论是教师的专业发展还是学生的成长，一定要从整体入手，最终落在健全人格的构建上，这才是教育的终极目标。

“大家不同，大家都好。”[1] 这话说得多好！如果每个教育者都能够以这样的标准看待学生，定会让学生的成长过程充满幸福与本真。我们知道，有史以来的绝大多数学校都是统一制式学校，教育所有的学生都采用相同的方法和相同的内容，对学生的评估也采用完全相同的方式。这种教育方式表面看起来是公平的，因为对待每个人都是平等的。但是这种教育方式在本质上却是不公平的，因为孩子们毕竟不是流水线加工车间生产的整齐划一的零件，他们各不相同。“绿色成长”文化提倡多一把尺子衡量师生，而非学业成绩一把尺子。早在 1983 年，美国哈佛大学心理学教授加德纳就提出了“多元智力理论”，指出我们每个人的大脑至少由 8 种智力构成，他所提出的“多元智力理论”既向传统的智商测试提出了挑战，又为我们的多元评价提供了依据。对于学生的评价每多一把尺子，就会多出一批好学生。每个人的强项各不相同，教师要尽可能多地去了解每名学生的学习强项和特点，并利用这些信息，创造出适合每个孩子最理想的教育。没有不行的孩子，只有不一样的孩子。

绿色成长教育要求教师时刻关注孩子的全面健康发展。绿色质量的

[1] 金子美玲．金子美玲全集之寂寞的公主 [M]．阎先会，译．北京：中国戏剧出版社，2012：95.

取得，需要有坚定的信念、智慧的方法、科学的评价，这是绿色成长教育的必然要求，是我们追求的育人目标的具体细化，也是教师工作的指导纲领。

教育纵贯线

读书学习是教师的必修课

学习是一个广义的概念，它渗透在我们生活的各个角落、各个时间点，只要留心，处处皆学问。每天教师们的时间总是不够用，总有备不完的课，改不完的卷子，教不完的学生，给家长打不完的电话。正因为如此，只要没人要求，教师一般不愿挤出时间进行自主学习，因此这需要学校里有团队互助的氛围、有相应的交流平台和促进教师有效学习的策略，促使教师通过多种渠道去主动学习，真正做到“给学生一杯水，自己要有长流水”。

莎士比亚说：“生活里没有书籍，就好像没有阳光；智慧里没有书籍，就好像鸟儿没有翅膀。”清光绪二十四年（公元 1898 年），两江总督端方在南京创建了中国最早的公共图书馆之一——江南图书馆。他说：窃维强国利民，莫先于教育，而图书实为教育之母。书籍是学校中的学校，对一个教师而言，读书就是最好的备课，苏霍姆林斯基认为读书不是为了应付明天的课，而是出自内心的需要和对知识的渴求。一个不爱读书的教师怎么能够教出爱读书的学生？因此我校把教师的读书交流与引领，作为主要的校本培训方式。教师在读书交流中与自己的教育教学实践相结合，反思内化，变为行动，有效地提升了理论水平与实践能力。

我们让教师从三个层面进行读书分享：

“会前十分钟”。每周的行政会议开始时，拿出十分钟学习精彩文章。每周一个成员主持，会前打印好下发给大家，并结合自身工作加以解读。我曾经推荐过一篇文章叫《别让“情感吸血鬼”偷走能量》，告诫大家每天喋喋不休的抱怨、牢骚会一点点地侵蚀我们的好心情，使积极的生活态度晃动，这些“情感吸血鬼”导致人心涣散，影响整个工作氛围。号召大家为了身边的朋友与学校的发展，首先不做这可怕的“吸血鬼”，但是对于同伴的困难要予以关心、宽解。如果真的遇到了这样的“吸血鬼”，就要站在坚定的抵制立场，不要让消极的言论剥夺了自己对阳光的追求。加之那醒目的吸血鬼照片一下让大家对于日常工作中的那种“小嘀咕”引起了高度重视，意识到后果的严重性，这对于形成简单和谐的工作氛围起到了引领作用。干部的导读文章涵盖课程、文件解读、新理念、新视角等各个方面，大家都可以从中受益。

“同读一本书”。在翡翠城建校之初，我们确定了自主发展的管理基调，但是干部教师来自不同学校，依然还留有以前学校的影子，如何统一大家的思想是非常重要的一环，我们依靠的就是读书交流。当时我们共同读了袁贵仁的《马克思的人学思想》、周韫玉的《自我教育论》和叶澜的《新基础教育论》，其中第一本是我领读的，后面两本是班子成员通读的，读完后我们又一起研讨交流，然后组织全校教师研读，这一轮下来干部教师在理论层面对于自主管理有了一个背景认识，实践起来就比较有底气了，十几年下来自主管理理念已经深入到校内每个人的心中，大家的积极主动性得到了最大限度的发挥，使得学校呈现出了勃勃生机。为了提升干部的整体理论水平，我们“每月同读一本书”，如《芬兰教育全球第一的秘密》《第56号教室的奇迹》《学习的快乐——走向对话》等，每到交流分享的时候，大家都滔滔不绝，所分享的内容也与学校理念、自己的工作结合得非常紧密。

“读书分享会”。大家的爱好五花八门，读的书也包罗万象，假期里我们基本不限制教师读书种类，让教师自主选择阅读。开卷有益，教师的读书和学生的读书有相似之处，先让他们有读书的兴趣是最重要的。每个学期初大家分组一起进行读书分享，从建校一直坚持到现在，教师们的读书热情也日益高涨。

我们定了上百种报纸杂志，不是罗列在图书馆，而是分散到每个办公室，使得教师们可以利用零碎的时间随时阅读。日积月累坚持下来以后，干部教师的理论水平都在慢慢提升，他们由开始怕写文章到现在的频频获奖与发表，更为可贵的是这种理念直接显现于课堂之上，使得我们的绿色课堂更加自主、自然、和谐；教师们的自身修养也慢慢显现出来，来到学校的人都说我校的教师很优雅、有气质，我想这和书籍的浸染应该有很大关系。

第二节　制定规划与适时调整

要长远而持续推进学校文化的落实，就需要对学校文化的发展进行提前的规划设计，并根据实际情况的变化进行适时而得当的调整。发展规划是一个重要的管理工具，对于组织文化的长期实践和有效落实具有重要的意义。因而，学校在不同的发展阶段应该制定切实可行的发展规划，使得学校发展的各个阶段实现无缝衔接，呈现螺旋式上升的态势，从而实现学校的可持续发展。

一、规划与设计

学校文化的发展是依据社会变革和时代发展不断调整的，所以每三年或五年就要做一次学校发展规划，分析现阶段存在的问题和规划未来的发展方向，通过解决主要问题和明晰发展路径推动学校发展。在规划设计中，我们着重把握以下几点：

准确定位发展现状。每到一定的时间节点，我们会对影响学校发展的各种因素做诊断，邀请专家，社区、主管领导和学校的干部、教师、学生、家长一起共同为学校做体检，开展不同层面的调研、沙龙活动，准确定位发展现状。通过这样的调研，既搞清“我们现在走到了哪里”和“我们走得怎么样”，更为重要的是弄清“下一步我们该如何走”。

明确共同发展目标。学校发展不是个人行为，而是团队行为。通过全校教师上下联动，在调研、研讨、制定规划的过程中，引导全体师生达成共识，形成学校、教师、学生三位一体的发展共同体。我们每次做学校发展规划的时候，都是把个人、部门和学校发展规划融合在一起制定，先是校长结合自身实际和学校所需制定出个人发展规划，然后班子成员据此制定个人规划，后续依次是组长和教师，每个人都明确了自己的短期发展目标。在这个基础之上，我们开始着手制定学校发展规划，用头脑风暴的方式，将自己的发展与学校发展结合起来，分“理想中的学校”“理想中的翡翠城孩子”“翡翠城教师画像”“我们面临的挑战与问题”等几块内容分组研讨，大家各抒己见，然后再进行汇总整理，形成共同愿景。

确定学校优先发展项目。学校发展的每个阶段重点工作不尽相同，我们会在关注整体的基础之上确定两三个重点发展项目，而项目的确定，一方面考虑凸显学校办学特色，另一方面也考虑避免出现学校发展的短板，影响整体的发展水平。

形成学校发展规划文本。一般情况下，我们都是各部门负责人形成各自文本，校长汇总、形成总文本。文本大概包括五个部分：学校发展现状分析、学校发展定位与目标、学校发展的重要项目、学校发展的主要工作、学校发展的保障措施。

二、调整与变化

学校发展规划能够促进学校的长远发展，为学校的持续发展提供内生动力。规划一旦确定，每个学年末都要对标对表，不折不扣地予以落实。但是很多时候计划赶不上变化快，我们在实际工作中可能会遇到各种不确定因素，因此还要随时根据实际情况变化调整规划，以期使规划发挥出应有的作用。

下面以课程建设为例，介绍我们是如何调整规划促进发展的。翡翠城自 2008 年成立以来，一直都致力于学校的内涵发展，在课程建设上做了很多工作。2008 年到 2014 年的六年间，建立了“翡翠城多维校本课程体系”（见图 1），这个课程体系的特点有两个：其一，环境文化作为隐性课程存在其中。新建学校环境文化从零起步，在那个历史阶段，把环境文化纳入到学校的课程体系之中，使得目标更加明确、思路更加清晰，整体规划，逐步推进，在几年的发展中学校的环境文化成了一张无言的教育名片，深受师生的喜爱。其二，校本课程的开发与实施奠定了学校的发展特色。在“自主开发”课程中，以《绿野仙踪》中的几个主人公命名，涵盖 60 余门必修、选修课程。特别是必修课程，教师们针对学情和学校的培养目标，投入了大量的时间和精力，确定课程纲要，编写校本教材，几年中实践、修订、再实践、再修订，15 本校本教材逐步趋于完善，有的已经结集出版，这些都是教师集体智慧的结晶。而钢琴、篮球、葫芦丝等校本课程，更是为学校的整体课程发展奠定了独特的厚重底色。这些实践成果中渗透着每个翡翠城人的智慧与汗水，在制定 2015—2018 三年发展规划时，在课程建设上，我们是这样表述的：“做好成果梳理工作，不断完善翡翠城多维校本课程体系建设”。

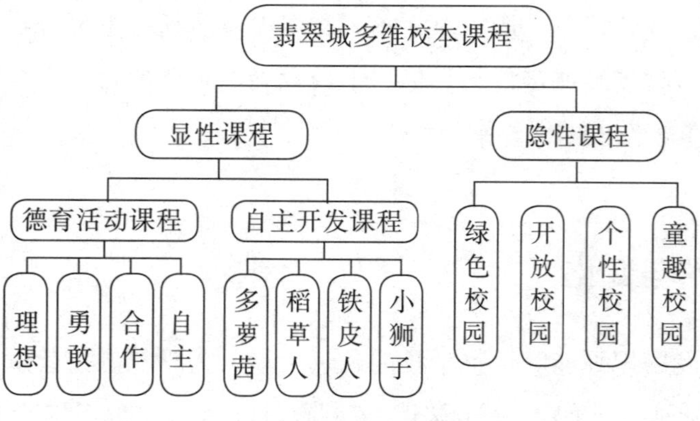

图 1　翡翠城多维校本课程体系

但是在后续的发展中，我们渐渐发现，“翡翠城多维校本课程体系”存在逻辑问题，校本课程过于繁杂，使得培养目标指向不清晰。并且，这个体系最大的问题在于它只是一个纯粹的校本课程体系，而对于国家、地方课程的校本化实施却没有涉及。这些问题都限制了学校课程建设的进一步发展。我们在思考中逐渐明晰：新的发展阶段就应该确定新的重点发展目标，在继承中去发展；必须冷静地做减法，凸显主干，让培养目标更加清晰。因此我们在反复论证的基础上，修改了规划中关于课程建设的表述，由此迈上了学校课程发展的第二个台阶。经过十几稿的推敲，确定了“绿色成长课程体系”的顶层架构。

绿色成长课程体系去除了原体系中的隐性课程，保留了自主开发课程和德育课程，并对各个课程门类进行了重新定义。我们以德育课程为雏形，将德育、教学相融合，从整体入手，打造了“绿野仙踪主题实践课程”；将自主开发课程这些零星的碎片，进行整合，遵循一体多维的课程设置思路，从整体入手来规划。如以前我们的音乐课就是单纯的音乐课，钢琴、葫芦丝这些校本课程各自为战，互不相通，现在我们转变思路，以提升学生的艺术素养为总目标，依托音乐课程这个主体，必选课程钢琴、葫芦丝作为补充、拓展，双选课程合唱，舞蹈、管乐、民乐等注重专业、高端，整体体现校本艺术特色。这种以总目标为引领，以一体多维为课程设置思路在语文、科技、英语等各领域都在有序推进。

总之，在学校管理的各个方面，我们都应该利用好规划这个管理工具，诊断—成文—成事—成人，不仅仅把规划看成一个文本，督促完成日常工作，更要在规划中关注每个人的发展，让每个人找到自己的生长点，让规划促进干部、教师、学生的共同发展。

教育纵贯线

贯彻绿色成长教育，办孩子喜欢的学校

——北京小学翡翠城分校

2018年9月—2021年8月三年发展规划（节选）

北京小学翡翠城分校成立于2008年6月，在“绿色成长”文化的引领下，已发展为一所拥有南北两个校区，一校三址办学的国际化、现代化、

民族化学校，得到了社会各界的高度认可。2018—2021年是学校优质均衡发展、提升绿色成长教育品牌的关键三年，学校在对2014—2017年三年规划实施情况全面总结分析的基础上，从经验与理论、理想与现实、机遇与挑战的关系中寻求改革与发展新的增长点。我们以高起点、高标准、高站位来谋划未来三年发展蓝图，形成共识，努力办人民满意的学校。

一、学校发展SWOT分析

我们对全体家长、教师进行问卷调查，并召开部分家长、学生座谈会；行政会、教代会、全体教师进行头脑风暴；请专家进行论证，对学校外部环境和内部条件进行现状的综合分析，做出了学校SWOT分析。

S：学校发展的内部优势

1. 学校办学理念先进，社会认可度高；北校区的“国际化”特色与南校区的“民族化”特色已颇具气候；硬件设施完善，区内一流。

2. 学校课程体系能够充分回应办学理念、育人目标的内涵要求；校本课程形成特色；从儿童视角构建了“绿色成长课程图谱”，成系统化。

3. 学生喜爱学校，勤奋、博学，喜爱读书，兴趣广泛；家长资源丰富。

4. 教师队伍年轻，学历、业务水平高，培训到位；教师高度认可学校发展理念和教师文化，职业素养高；班子成员业务能力强。学校氛围好。

W：学校发展的内部不足

1. 学校办学理念在各项工作中深入不够；高品质的课程群不足；多学科融合，横纵向课程整合力度还需要加强；课程管理机制不够灵活，需要适应新的改革要求。

2. 年轻教师多，教师发展内在动力仍需要调动和激励；教师视野不够开阔，国际化素养不足，创新能力有待提高；教师队伍建设和管理需要进一步加强；教师干部队伍年龄趋于老化，干部队伍的领导力与执行力还有待加强，在区域内有影响力的干部不多。

3. 南北校区发展不够均衡，除了办学硬件以外，还存在师资和学生发展的差异，如两个校区的教师和学生不熟悉，课程资源只限制于某一校区等；三个校区生源、家长素质差距大，不均衡，对于优质均衡办学提出极大挑战。

O：学校发展外部机遇

1. 习近平新时代中国特色社会主义思想确立，党的十九大和全国“两会”召开，为我们指明了办学方向：全面实施素质教育，全面落实立德树人根本任务，系统推进育人方式、办学模式、管理体制、保障机制改革。中央四号文件和习近平总书记的多次讲话都提出要大力发展教育，因此在新的形势下，办教育有了好政策做坚强后盾；社会更加重视教育，希望有高水平的教育出现；提出要办公平而有质量的教育，整体的大氛围导向明确，要求更高。

2.2015 年审议通过的《京津冀协同发展规划纲要》将北京定位为“全国政治中心、文化中心、国际交往中心、科技创新中心”，这“四个中心”的定位对首都教育发展带来新的机遇。北京教育集全国基础教育之大成，辐射示范全国；拥有先进的教育理念和优质的教育资源。

3. 大兴区教育改革也将在首都教育改革的浪潮中，充分发挥区域优势，整合资源，戮力创新，做出自己的特色。北京整体经济发展、新机场在大兴落成，带来经济的飞速发展，也为教育带来新的机遇。

T：学校发展外部挑战

1. 首都教育改革进入到以习近平中国特色社会主义思想为指引的新时代。这要求学校办学应该立足于首都城市战略功能定位，加快推进教育的现代化。办与国际一流、和谐宜居城市相适应的教育、办人民满意的教育的新要求，对学校发展提出新的挑战。

2. 随着学校近些年的发展，社会对学校的期望值增高，无形中给学校发展带来很大的压力，对学校的理念、管理、课程，教师的综合素质等方面都提出了更高的要求；办学声誉好，使得服务片区内的入学孩子急剧增多，学校硬件设施压力增大。

3. 北京小学翡翠城分校在首都的南大门大兴区，随着大兴区经济的不断发展，尤其是新机场的建成，一大批高精尖端人才入住大兴，他们对于大兴的基础教育提出新的要求，对传统的教育模式提出了挑战。

二、学校发展指导思想及发展目标

（一）学校发展指导思想

以习近平新时代中国特色社会主义理论为指导，全面贯彻党的教育方针，以办好人民满意教育为宗旨，以立德树人为根本任务，以全面提高教育质量为核心，以改革创新为动力，促进学生全面而富有个性地成长。

（二）学校发展目标

1. 学校发展总体目标

坚守绿色成长教育理念，“办孩子们的学校”，让学校办学规模、教师专业发展、家校互动机制、学校管理方略等都立足于为孩子成长服务，建设一所智能化、国际化、开放化、个性化的优质小学，引领辐射市区教育发展。

2. 学校发展重点目标

（1）坚守理念，鲜明学校办学特色

继续坚持绿色成长教育理念，进一步深入理解理念内涵，鲜明翡翠城办学特色；彰显学校的教师文化、学生文化，使学校在主题课程、绿色评价、艺术教育领域再有新突破。

（2）扩大视野，打造智能化校园

做好三校区信息化的整体协调和数字化建设，提升学校智能化水准；加强硬件基础设施和软件应用平台建设，发挥智能化应用对教育教学工作的推进和支持；提高教师应用信息技术水平，促进教师教育教学方式转变，提升学生信息化素养。

（3）优化结构，加强教师队伍建设

建立教师队伍梯队发展机制，打造一支业务能力强、发展动力足、结构合理的高素质教师队伍；进一步提高教师科研能力，形成以骨干力量带动科研的局面，提升科研水平，引领教师专业化发展、教育教学改革。

3. 学校发展年度目标

（1）深度挖掘 系统规划（2018 年 9 月—2019 年 8 月）

以学生为出发点，鲜明“绿色成长”教育理念，全体领悟，全面贯彻，使家校合作、课程建设、教师队伍、管理机制等各方面工作百花齐放、各美其美、自主生长。

（2）实践创新 内涵提升（2019 年 9 月—2020 年 8 月）

在实践中不断丰富、提升、创新“绿色成长”教育内涵，积累具有典范性、特色性的管理案例和教育故事，进行深入的理性思考，进一步凝练核心教育主张和办学思想。

（3）特色凸显 示范引领（2020 年 9 月—2021 年 8 月）

进一步鲜明办学特色，总结办学经验，提炼办学思想，形成可借鉴的案例、故事集锦，为翡翠城进一步发展奠定基础；同时引领辐射带动周边学校，促进大兴区基础教育优质均衡发展。

三、学校三年发展重点项目（略）

四、学校发展常规工作改革（略）

五、学校三年发展策略

（一）人才制胜

加强教师队伍建设，形成教师的梯队化发展，通过优化结构、骨干带动、专业化培训、优化激励措施等方法，建设一支师德高尚、业务精湛、结构合理、充满活力的高素质专业化教师队伍。

加强干部队伍建设，将后备干部梯队培养作为未来几年工作的重中之重；变革管理体制，优化管理模式，明确责任分工，实施扁平化管理，形成点点结合，面面相连的立体网络管理体系，实现三个校区协调发展。

（二）创新驱动

创新技术，创新人才发展模式及管理模式，敢于自我否定，不破不立，打开思路，与时俱进，引进高科技项目，如 VR、互联网 +、STEAM 课程等，与时代接轨；开放办学，拓展整合首都资源，凸显实践育人模式，更加鲜明培养目标，凸显办学特色。创新课程结构和课堂教学模式，努力打造适合学生发展的开放式、研究型课程和课堂教学模式。

（三）标准导航

三校区统一标准与要求：统一硬件设施、统一发展标准和要求。

1. 课程标准：统一课程标准，在保证校区特色的基础上，打破南北校区固有课程设置，实现课程资源的共享。

2. 评价标准：统一学生评价标准，继续落实以实践活动评价育人的模式，探寻新的、更加有实效的评价标准；强化课堂评价导向。

3. 教师发展标准：统一教师发展标准，加强专业化培训、密切南北校区教师交流，加强专项教研活动，打造各种平台展示、重视骨干引领。

（四）开放发展

开放办学，准确定位，借势促进学校内涵发展，引领区域教育发展，推进公平而有质量的教育形成。

六、学校发展的保障与评价（略）

第三节　规范促动与多元激励

文化体系的落实是一个长期的过程，需要全体参与者持之以恒，久久为功。因此，在文化建设进程中，我们要不断为之提供动力：既要点燃人的热情与心气，更要指明做事的规范与方向。“绿色成长”文化的实施只有通过教师才能完成，用幸福才能塑造幸福，用美好才能塑造美好。我们挖掘多种动力因素，进行多元激励，让教师的文化实践既有外在规范可依，又有源源不断的内在动力。

一、规范促动

依法治校，规范管理是学校发展的根基，也是文化实践的基本动力。从宏观层面来看，我们坚决贯彻《中华人民共和国教育法》《中华人民共和国教师法》《学校卫生工作条例》《学校体育工作条例》《中小学德育工作规程》《中华人民共和国未成年人保护法》等法律法规，这来不得半点含糊；从微观层面来看，《校章》就是学校里的“宪法”，其内容必须全员遵守，没有特例可言。其他管理制度的出台要合情合理，领导者的管理方式也要贴近教师，言行一致，让大家心悦诚服地接受。领导要善于处理好变化的问题，拿捏好度。学校中的制度管理是常规管理的基本内容，也是学校常规管理活动的基础性工作，制度是刚性的，但是在执行制度时却要具体情况具体分析，遵照弹性原则，使得冰冷的制度散发出温暖的人性光辉。对待各种问题，不能简单地照章处理，而应该实地考察，识别问题，分析原因，妥善处理。我们的管理层有一个不成文的规定，那就是要高效率地整合工作，做到合理治校。尽可能地撑起一把遮风挡雨的大伞，不去“骚扰教师”，为教师们创设一个相对安静的育人空间，只有这样教师才能够静下心来更高质量地培育好我们的孩子。

首先是改变会风。开会不是工作，我们要把时间用在刀刃上。能不开的会就不开，非要开的会就尽量压缩时间。我们在行政办公区的墙上张贴着一个大大的专栏，上面是师生一年的常规工作安排，包括各种节日、常规教育、课赛展示等等，既然是常规工作就不用开会研究，到什么时间就做什么事，十几年来大家都已经习以为常，工作非常平稳有序；平时充分利用网络便利快捷的优势，有事情通过 QQ 群、OA 办公平台发布消息，每周一上传周工作计划，这样每天的工作也都是井然有序；集会时每位干部事先都要申报自己讲话所用时间，严禁超时。

然后就是整合活动。学校应该有一些质量高、效果佳的活动，但活动不能太多，否则师生心浮气躁，不利于学生养成各种习惯和打下扎实的学科基础。我们从整合各部门工作做起，有时候教师的一些过重负担源于学校各部门的协调与整合不到位，例如同一个主题，教务、德育、少先队都在搞活动，结果教师疲于应付，每天找不到工作的主线，东一榔头西一杠子，这很容易让教师滋生不满情绪，产生职业倦怠。我们特别珍惜、尊重教师的劳动，多替教师考虑，让他们少做无用功，我们常说的一句话是：累要累到点儿上，累要累得有价值。每学期初的计划部署会上都下发学期的月工作安排，重点工作用红色标出，使教师对学期工作有一个大致的了解，做到心中有数。而对于月计划安排，我们要经过几次的会议研究，使各月的工作重点均衡，当然更为重要的是部门工作整合，比如党支部计划中党员教师要讲示范课，教导处也要安排教师课堂展示交流，那么这两个部门就可以进行整合。每周我们还要召开短暂的行政会议，总结上周工作，沟通下周工作，这样从宏观的把控到微观的调整，井然有序。总之，我们采取多种举措，创设静心工作的氛围，确保教师集中精力研究教学、研究学生。

如今这种高效率的工作作风在校内已经形成一种风气与文化，教师们的工作细致却不烦琐，工作思路非常清晰，减少了形式主义，使大家的精力都实实在在地用到了教书育人之中。

二、情感促动

翡翠城是温馨的“家校园”，我们让管理更多的带着人性的光辉。经历过几所学校的管理实践以后，我有了深刻的感触：合情治校，以情动人，人文关怀应给在关键之时，重要之处。不管是为教师过生日、写卡片，还是组织教师参与各种丰富多彩的活动，抑或节日时的家中问候，这些都能使教师深切地感受到人性的关怀，但是这些形式不能一成不变，因为任何一种方式沿用久了就会让大家归于平静，失去应有的感动。作为管理者应该不断更新，变化形式，诚心诚意走到教师心中，急教师所急，给教师所需：教师病了，工会前去探望；孩子高考、中考给教师自主支配的时间；孩子入学、入园予以及时的关照；教师住房有困难，积极帮助协调。这样才能实现真正意义上的人性化管理。

教师管理的本质，在于最大限度地唤醒每一位教师的潜能，最大限度地激发教师教学的积极性、创造性和自主性。正如苏霍姆林斯基所说，对于一个校长最困难的事就是如何使自己的意图被教师所领会，如何激发教师的首创精神。当教师遇到困难时，校长是他们忠实的倾听者与帮助者，倾听他们的苦衷，为他们提供解决问题的各种帮助和指导。学校里有一位三十多岁的女教师，得了严重的肾病，十多年了一直吃中药维持，后来日渐严重开始做透析，2014 年终于找到了肾源，在暑假的时候做了换肾手术。手术非常成功，她的身体恢复得也很好。非常清楚地记得，她找到肾源时是跑着到我办公室的，脸上散发着久违的亮光，说：“校长，有肾源了，我终于可以马上工作了！”看着她重新焕发出的光彩，我的思绪流过了几年间。

为了分解她的负担，我们真是没少做工作。随着她身体的逐渐恶化，我们把她从班主任岗换到科任岗，又到后勤岗，最后让她在家静养。由于编制的问题，学校里教师非常紧张，每一次她的工作调整都会让一些人受到干扰，或增加课时量，或调换岗位，在整个过程中没有一个人有怨言，有的是对她的嘘寒问暖。有一次期末总结会后，她来到我的办公室，哭着说：“校长，我真的羡慕大家可以做那么多事，我真想像他们一样，做些工作。”我安慰着她，说只要身体好了，工作有的是，还怕没得干吗？绩效工资实施后，如果按照正常的考核制度，她的工资会受到很大影响，但我们觉得合乎规范与法则的同时更要考虑到她个人的具体情况。经过教代会商议，我们一方面把她的工作义务分担下来，一方面不扣除她的绩效工资，让她的经济困难能够有所缓解。每年区里的困难党员补助我们也积极帮她申请，学校里工会也不定期地给她一些补贴。换肾的时候，我们通过区工会、红十字会、保险公司多方筹措资金近五万元，老师们更是在关键时候伸出了援助之手，捐款近三万元，当我们把温暖送到这位老师手中的时候，她激动得说不出话。

一个人在困难的时候，更需要集体的温暖；一个有爱心的团队一定是积极阳光、爱憎分明的，一定是乐于奉献、勤勉务实的。在合法的同时更要合情，把握好二者间的度，这是情感促动关键的一环。

三、评价激励

评价直接影响到教师的工作积极性，影响到学校的整体发展，因而是文化落实非常重要的动力。评价是一种导向，它指引着教师向学校希望的方向发展。“绿色成长”文化能否真正实施，评价是关键。比如在现实环境下，为了提升学生的综合素质、帮助学生获得可持续发展的能力，我们可能或多或少地要牺牲一些已往我们看得很重的东西，这对我们来说是一个不小的考验。记得刚建校时，我们就毅然鲜明地提出：为了提升学生的综合素质，学业成绩抽测区域内中等偏上即可，不必一定争第一；同时明确提出，不将学生的学业成绩纳入教师的考核评价体系。当时抽测监控成风，不少领导和教师都对我们的提议心存疑虑：在这种导向下，学生的学业成绩还能保证吗？说实话，当时我心里也打过鼓，但我还是一次次地让自己坚定下来：这样做一定对！同时，我们把更多的精力放在抓教师专业水平的提升上，充分放手，解放课堂，保护孩子们的求知欲和探究的兴趣。我很清楚，只有从传统评价的樊笼中解脱出来，我们才可能为师生创造真正的绿色成长的空间。当时，半信半疑的老师们慢慢地从大量布置作业、批改作业的恶性循环中走出来，把精力更多地用在研读课标、研究学生、精心备课上，让课堂更加高效、自主。

运用增值性评价，让教师自己和自己比。平时的各项常规检查是为了帮助教师找到问题，面对面和他们交流，告诉他们下一步应该怎样去做，第二次整改后的检查才作为年终的评价依据。对于一年一次的评价总结，我们让教师根据学校制定出的标准和平时的工作表现自己申报等级述职，这也是教师自主发展的一种引领。我们对于教师的评价一切皆指向于学生，确保使学生的各项发展成为评价的第一维度，将教师个人专业发展作为第二维度，而且第二维度也是基于第一维度。这两个维度相互结合，水乳交融，在这样的评价体系中，教师才能时时处处以生为本，围绕学生发展明确自身的发展目标与方向，提升专业水准。

以团队评价为主体，提升教师专业水平。一个古老的水桶定理告诉我们：一只桶的装水量，取决于最差、最短的那块桶板。同理，一个学校中教师的整体素质与每一位教师都息息相关。教师的职业特点决定了我们必须重视学校内每一位教师的发展，对外每一名教师代表的都是学校的形象，对内教师的工作质量影响的是几十个孩子的成长，因为丢下一位教师就意味着丢下某个班级或者某个学科的若干名学生，这是对孩子们极大的不负责任。在班组层面，每个师生都是一块块拼图，拼出小团队的多彩与生气；在学校层面每个团队也是一块块拼图，拼出学校的精彩与美丽。因此在管理与评价上我们弱化人与人之间的竞争，凸显团队的支撑与帮助，以团队作为评价主体，这种导向使每个人都很团结自律。学校一直设有“和谐团队奖”，以办公室为单位，根据环境文化、团结高效、信息报送、爱护公物等评选出优秀，还经常组织“我说我的和谐团队”“校园因我而美丽”等活动，增强了集体凝聚力，带动了团队的整体发展。

四、自我驱动

教师的职业特点决定了他们应当得到更多的专业自主权和更多的自主发展空间，因为只有在自由放松的状态下，他们才能充分地释放潜能、主动创造。自主发展能够使教师清晰地认识自己、悦纳自己，有内在的学习需要与成长渴望，有良好的学习策略和学习品质。过去我们的教育将师生统得过死，导致他们的主体性不能够充分发挥，因而缺少创造力，这已经成为教育发展的大问题，因此教育改革呼唤有主体发展意识的创新人才。

我们认为，信任是最好的管理，而信任集中表现为充分尊重教师的专业自主。在翡翠城，课堂属于师生，教师可以选择适合自己的教学模式，选取自己感兴趣的切入点进行教学，如有的从思维导图入手，有的喜欢做信息发布，有的选择做词语闯关，还有的年级实行学生走班……十四个学科工作坊和七个班主任工作坊全部由教师自己设计、自己规划、自己管理，八个教师社团也完全实行自治。全体教师一起起草《教师公约》和《教育教学规范》作为行为准则，在此之上大家就可以自由地施展自己的才华。我们特别注意鼓励教师的主动、多样化发展，倡导“一班一品”“一室一品”“百花齐放”。

教师心灵的舒展会直接作用于学生，进而在学校形成一条自主成长的“生物链”。当教师拥有标新立异的创造力和自由时，教育的奇迹就会发生。教师是用自己的整个“人”来教育影响学生，在知识传授时，在日常话语中，教师们都会不自觉地将自己的人生观、价值观传递给学生，对他们施加影响，并且这种影响是强大而深远的，它是在悄无声息中进行的，不为我们觉察，也无法控制、无法量化、无法评价。因此，对于教师，单单在专业知识方面引领真的远远不够，学校要考虑的应该是对教师的整个人生加以规划与考量，也就是说除了专业，更为重要的是要提升职业道德与个人修养，这才是根本。教师的专业化发展首先为的是学生的质量提升，但是不可否认这里还有更加深远的意义，那就是教师的可持续发展，我们应该让他们拥有美丽的教育人生。如孔子所云“绘事后素”，自主发展是教师专业发展的底色。

教育纵贯线

评价即学习，评价即成长

深化教育领域综合改革的推进，使得我们现在更加关注立德树人的基本导向，更加尊重教育规律和学生成长规律，将“培养什么人”以及“怎样培养人”贯穿始终。我们在《北京市小学生综合素质评价手册》的指导下，开发了具有学校特色的《绿色成长评价手册》，力求通过评价促进学生的绿色成长。

一、尊重规律，促进学生自然成长

孩子是一粒种子，生来就已经存在各种可能性，我们的职责就是去发现这些可能性。顺木之天，因势利导。日本著名的教育家池田大作有一句至理名言：“樱花有樱花的美，梅花有梅花的香，桃花有桃花的色彩，梨花有梨花的风味。百花争艳，才会有花园的美丽。”学生们也是一样，他们各不相同，各有特点，综合素质评价的目标就是要让花园里的这些花儿各美其美，百花齐放。

在绿色质量观的导引下，我们相继设定了多维的绿色评价指标和评价项目，如健康小达人、星级小书虫、书写小明星、环保小卫士、翡翠之星等。同时，我们积极探索符合“绿色成长教育”理念的多样化的评价方式。每个期末考试的前一周，孩子们都最开心、最期盼。各学科教研组都会量身定制丰富多彩的能力测试项目，如音乐的才艺展示，语文的课外阅读分享，数学的手抄报展示，综合实践的跳蚤市场等。在《绿色成长评价手册》中，在学业成绩评价的基础上，增加了对于学科能力和学科实践的评价，还增加了“我的体育之最”“我的新本领”等项目，引导学生既要有爱好，又要有坚持。让每一名学生都能够在评价过程中认清自己，找到自己的闪光点和生长点，在原有基础上不断提升。

二、激发内驱，促进学生自主成长

学校统一评价标准。以班级为单位，评选海棠奖章、银杏奖章和翡翠勋章（银杏树是我们的校树，海棠花是我们的校花）。其中海棠奖章是针对团队的评价，银杏奖章是对个人的评价。每月根据奖章数量和个人成长状况，学校统一颁发翡翠勋章。

为了激发内驱，我们更多地下放评价的自主权到年级、班级和学生个人。比如中年级的翡翠币评价，所有任课教师都以翡翠币评价学生，孩子们在积累和换币过程中不断收获好习惯、好成绩、好身体。有的班级在评价“伙伴眼中的我”这一项时，找一名与自己曾发生过矛盾的同学，互相说说彼此的优点，这样一来，增进了伙伴间的交流，既化解了矛盾，也引导同学们从不同角度了解了自己、了解了同伴。这种发现别人闪光点的评价方式，对孩子们影响深刻。五年级有一个班级在开家长会的时候，小干部在老师不知情的情况下，制作了一个PPT，向家长介绍班里每个学生的“第一”，如“识谱第一 ×××”“跑步第一 ×××”“画画第一 ×××”等等，全班32人，32个第一，在孩子们的眼里伙伴们都是最棒的。我们的教育目的是什么？为的是让他们能够自我教育、自主成长，我们认为这才是教育的根本。

三、注重体验，促进学生可持续成长

在过去的评价中，通常以奖品、奖状等形式对学生进行奖励，我们发现这些奖励对于孩子们缺少深层触动，不具有持久动力。我们深入思考，如何让评价为孩子的可持续发展创造机会、培养能力？让评价本身也成为学习的资源和成长的过程？基于这样的思考，我们变物质的终结性奖励为体验性学习的过程性奖励，以丰富多彩的实践课程去吸引孩子，将奖励的过程也变为教育的存在。

为了使奖励更加贴近学生，触动他们的心灵，我们对全校学生进行问卷调查，征集所有人的愿望：学生们有的想去其他班上课，有的想当校长助理，有的想在学校体验住宿生活，有的想和老师共进晚餐……他们的想法五花八门。我们将这些心愿汇总分类，让学生们根据自己取得翡翠勋章的个数自主选择体验课程接受奖励。每年4月和10月奖励上一学期的获奖学生。

2016—2017学年第二学期体验奖励安排

奖章数量	可兑换的活动（或机会）
四枚及以上翡翠勋章	寄宿体验课程（三天两晚）
三枚翡翠勋章	1. 校长助手一周 2. 南校区半日体验 3. 学做一种美食 4. 参与一次公益活动 5. 和老师一起看电影或演出
两枚翡翠勋章	1. 沙盘游戏体验 2. 在学校集体吃饭 3. 进行一场足球比赛 4. 带着玩具去翡翠公园玩 5. 体验当一天老师 6. 拓展游戏体验
一枚翡翠勋章	1. 优先参加志愿服务岗 2. 半日同年级走班上课的机会 3. 升（护）旗手体验 4. 校园广播点歌 5. 玩一次撕名牌的游戏 6. 社团走班体验 7. 获得一次参加红领巾广播的机会

寄宿体验中，孩子们的收获真是太多了！不同年级、班级的孩子们在课后拓展游戏中互相熟悉；在教师和食堂员工的帮助下，孩子们学习包饺子，虽然奇形怪状，但是他们却说这是他们吃过的最美味的饺子；每个房间中的八个学生，一起洗澡、一起准备第二天要穿的衣服、一起写作业、一起聊感兴趣的话题，他们大的帮助小的，非常融洽。活动还没有结束，他们就在追问下一次寄宿体验的时间。孩子们第一次离开父母的呵护，感受到了同伴的温暖和集体的关爱，体验到了不一样的生活，感受到了不一样的快乐，尤其锻炼了自理能力。家长们对这样的活动也很赞赏，他们通过活动懂得了“有一种爱叫作放手”。

在学生做一周校长助理的体验中，我在周一升旗仪式上为每个孩子佩戴校长助理标志，下发记录手册和相机，让他们作为校长的眼睛和耳朵，去听听看看校园内外令人欣喜的、不开心的事情，随时记录，周末我和他们共同总结一周的见闻与收获。他们有的说做校长助理还是蛮不错的，因为可以到任何办公室去转一转看看什么样子，当然他们更是对我提出了建议，比如中午发现老师们都在工作，让我要给他们休息的时间；让我和交通队去说一说在学校门口安装移动红绿灯，学生过马路会比较安全；还让我在门外安装遮阳伞，为接送学生的家长遮风挡雨……我们很欣喜地看到孩子们的主人翁意识在增强，他们初步懂得了什么是参政议政。

这种以参与体验的形式作为奖励的活动已经开展了近五年，孩子们对自己要参与的活动充满期待，当然也有的学生觉得这个学期没有达成自己的心愿，就把奖章存起来，决心下个学期继续努力……虽然这样的奖励方式给教师们增加了很多工作量，使他们牺牲了很多休息时间，但是看到孩子们在参与活动过程中的成长，看到孩子们在争取勋章过程中的努力，我们觉得再辛苦也是值得的。很多老师也将这种体验式的奖励延伸到自己的班级评价当中，比如奖励优胜小组和老师共进晚餐、共同去郊游，奖励优秀个人做一日小老师、一日小班长等等。

孩子们充满自信，敢于质疑、敢于尝试，对事物充满好奇与热爱，团队意识很强。我们看到了评价带来的学生的绿色成长！

第四节　内部挖潜与资源外联

文化体系的落实是一个系统工程，需要学校管理者带领全体师生经过多年的共同努力，才能有所成就。在这个浩大工程中，做事的人固然重要，但做事的条件也不可忽略。其中，文化实施所需的一个重要条件就是需要足够的办学资源：既包括空间和内容的资源，也包括人力资源、智力资源。显然，在教师具有同等水平的情况下，资源越丰富的学校就越具优势。因而，我们在实施“绿色成长”文化的进程中，不断向内挖潜与向外整合，努力让资源优势发挥到极致。

一、内部挖潜

空间的挖潜。生活在楼房里的孩子活动空间受到极大的限制，我们就在楼道里做文章、想办法。根据楼层中学生的年级不同，我们在楼道墙壁上安装了不同的益智游戏，比如一年级所在的一楼我们设置了“比身高”“连连看”等游戏，二年级所在的二楼我们设置了“汉诺塔”“走迷宫”等游戏，让孩子们在玩中琢磨其中的道理。楼道里所有的暖气罩在保证散热的前提下，正面设计了不同的镂空造型，科学空间里是动植物造型，音乐空间里是乐器造型，读书空间中是激励读书的名言警句；所有的消防设施上的宣传画也都是孩子们自己创作的，在创作的过程中孩子们懂得如何使用这些器具，孩子说给孩子听，他们互相教育，共同成长。我们把教室延伸到了楼道与校园，到处都是孩子们能够操作、活动的空间。每条楼道有不同的主题。“美术天地”里孩子们可以办个人画展，教师可以上写生课，也可以随时练习书法；“音乐空间”里孩子们可以随时选取自己喜欢的音乐聆听、可以弹琴、可以演奏不同的乐器，还可以在小小的舞台上演绎属于自己的精彩；“科学畅想”里孩子们可以喂食小动物、观察花草，也可以瞭望星空、凝视小种子，更可以席地而坐在屏幕中感受大自然的奥秘。我们还在几个校区的楼顶开辟了四千多平方米的“空中梦想花园”，种植多种植物，并设置了授课空间，教师们可以根据需求选择在室外上课。学校里到处都有孩子们觉得有趣、多变的空间，他们的爱好不同，但总有一处适合他们，这也是我们关注每个生命个体的理念使然。

人的挖潜。为了使拓展类课程更适合于孩子们的“口味”，我们没有采取学校想开什么就开什么，或者教师能开什么就开什么的“省事”的办法，而是先听取孩子们的意见，问问他们“想吃什么”“爱吃什么”。每学年开学初的第一个月，我们总是最忙碌的。学校组织力量，调研所有孩子的课程需求，然后归总、统计、筛选，只要有某个课程意愿的学生达到15人以上，我们就举全校之力，创造条件，为孩子们开课。为此，我们的老师可谓“千方百计”“尽心竭力”，他们的潜能得到了最大限度地发挥：数学老师开始痴迷“巧手翻绳”，道德与法治老师带起了“我行我秀”，英语老师做起了音乐剧，体育老师学起了中国象棋……就这样，我们的课程体系和课程实施方式越来越彰显出服务于学生绿色发展的特质，受到学生和家长的普遍欢迎。

随着城市化进程的推进，大兴区一些镇级完小在逐渐减少，教委将停办学校的教师分流到兄弟学校，我们先后接收了三名这样的教师。这些完小教师的业务是无法跟上校内其他教师步伐的，但我们敞开胸怀接纳、拥抱他们，给他们归属感，让他们有施展才华的空间与平台。其中一位老教师我们安排她教数学课，她非常敬业，因为原来没怎么用过多媒体，她就晚上向儿子请教，一点点地学起，后来根据工作需要去管理学校图书借阅，她就像一个老大姐，关心、感染着身边的伙伴，在她来校后赶上的第一个“校园因你而美丽”展示时，组里夸的就是她，在大家的赞扬声中她的脸上洋溢着笑容，不论是在数学课堂上还是管理学校的图书，她都面带笑容、健步如飞地穿梭于校园的角落之间，为师生提供着特别周到的服务。

还有两位男教师，一位经过两年的磨炼、培养，现在做南校区的信息负责人，他经常通过QQ和我交流关于学校发展的想法，并带动大家群策群力为校园里的三个亭子命名，那种参与学校管理的激情也赢得了大家的尊重；另一位是总务处干事，他默默付出自己的智慧与才学，每到节假日我们都会收到他独具风格的温馨祝福与假期注意事项，现在他已走上了学校会计这个重要的工作岗位。其实在学校里没有好教师与坏教师之分，应该给他们每个人平等的发展机会和适合的岗位，让人力资源得以最大程度的挖掘与提升。

二、资源外联

只有家庭教育、学校教育和社会教育三者结合，才能形成教育的共同体。学校有责任也有义务联合校外一切可以联合的资源，与家长、社区、专业机构、兄弟学校等合作，为孩子们创设一个相对安全、健康的绿色成长空间。

我们首先是丰富课程供给主体，将家长、社区等人士作为课程专业性资源的补充。我们将家长、社区人士、高校人员请进校园开设讲堂。班级、年级、校级“家长讲堂”已经开设千余次，讲堂精彩纷呈，极大地补充了学校课程资源不足的现状，使得孩子们的成长更加贴近生活实际，拉进了家长与学校的关系。周边的幼儿园成为我们“幼小衔接”的合作伙伴，高质量的初中又提供了“中小衔接”的合作可能；军队大院为孩子们课外拓展、军营体验提供了帮助；我们的合作单位气象局、环保局也成为孩子们进行社会实践的场所。

根据学校周边社区环境，我们充分挖掘其课程资源，为我所用。学校东墙紧邻翡翠公园，我们在围栏上开了一个小铁门，平时的科学课、美术课、语文课都有不少教师带着学生去公园里上课，孩子们特别开心，在优美、安全的大自然中，去习得知识，感悟美好。为了让孩子们和大自然更加亲密的接触，多一些成长的体验，我们和区园林局、开发商协商，在公园里辟出一片近一亩的土地作为“种植体验园”，里面分隔成不同形状的小花池分给各班，孩子们不定期的到那里播种、施肥、拔草，不同的花种、不定期的开放，或争奇斗艳，或绿意浓浓，看着通过自己辛勤的劳动换来的美景，孩子们的心中充满了喜悦。我们还和体育局协商，在公园内一片空地上建了一个“笼式足球”场，为孩子们的体育活动开辟了新的空间。

教育纵贯线

实践育人，资源全整合

如果想实现学生在生活中的成长，一定是以资源全整合为出发点的。针对实践育人，我们感觉如果把立德树人比喻成漂浮在水面上的巨大冰山，那么露在水面上很小的一部分是实践育人方式，如万绿丛中一点红；藏在水下的巨大山体，是整个教育理念、课程改革、组织协调等庞大的内在支撑。

一、宏观规划，凸显实践育人的整体性

实践育人作为一种育人方式的变革，需要学校的宏观布局规划。我们整体规划学校课程体系，将三级课程整合成促进学生发展的有机整体，“绿野仙踪实践课程”作为“绿色成长课程体系”中的基础类课程，凸显出重要地位。绿野仙踪主题实践课程以学校培养目标为主题（见图1），分重点在各年级实施，以学科整合为基础，以实践活动作为拓展，各年级全体任课教师在学期初共同商议课程方案，并完成学习单的编写。具体实施时间由年级组根据内容自行决定，或集中在一周，或分散在学期中。

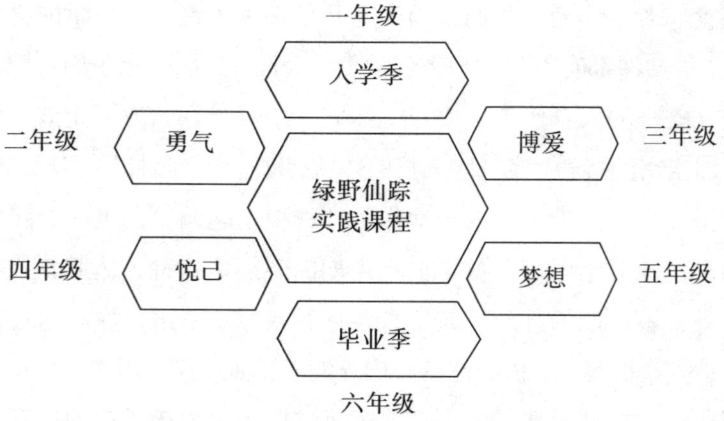

图 1　绿野仙踪主题实践课程

二、统筹资源，凸显实践育人的系统性

实践育人离不开多元开放的教育资源，我们以绿色成长理念统领教育资源观，统筹校内、外资源，构建科学的资源系统，为实践育人保驾护航。

1. 完善实践育人管理机制，统筹资源

校内校外资源五花八门，多种多样，我们在拓展时空，做好资源的补充与拓展延伸的同时，更注重科学合理的搭配、可持续的供给保证和与时俱进的研发。同时建立健全学生实践活动管理制度，构建科学的系统，统筹优化。

2. 校内教育资源开放优化，雪中送炭

我们开放所有校内资源，将课堂延伸到楼道，图书、计算机、钢琴等都放在公共区域，科技馆也建在楼道里，孩子们在玩中学、做中学，这种无意识的学习，不受约束，自然习得。在学校的角角落落，设置不同用途的小舞台，供孩子们实践展示。特别是露天舞台，孩子们会在校园里张贴宣传海报，利用“快乐午休”时间进行朗诵、课本剧、相声、乐器等展示，他们自娱自乐，综合素质在自主实践中得以提升。我们在楼顶建了“梦想花园”，里面种植中草药，设置了露天课堂，使得中医药课程走到了孩子们身边。

3. 校外教育资源精中选优，锦上添花

社区中的科普展览、消防安全体验馆等资源，我们会充分利用。特别是北京市、区教委大力推进育人方式改革，强化实践育人功能，一大批社会大课堂实践基地如雨后春笋般生发出来，为孩子们的实践活动提供了广阔、丰富的空间。我们将基地的介绍下发给年级组长，并有选择地带组长去一些实践基地，开阔他们的视野，为他们设计外出实践方案提供依据，对于校外资源我们重点做好精中选优，让实践基地为孩子们的学习锦上添花。

三、精准落地，凸显实践育人的实效性

我们不断丰富实践活动的内容和形式，不断满足学生的个性化、多样化成长需求，让每名学生每一时间都有实际获得感。

1. 每名学生都参与的主题实践活动

如“绿野仙踪主题实践课程”中的六年级毕业季课程最后一站是在“第五季露营农场”度过的。孩子们在“稻草人破冰”“铁皮人爱心传递”“小狮子极速挑战”的团队拓展中接受训练，虽然烈日炎炎，但是他们精神抖擞，团结协作，努力完成任务；晚上的“翡翠夜话”活动让孩子们印象最为深刻，他们互相依偎，聊着往事，共话未来；第二天一早他们就开始拉练，在徒步的过程中进行“相依为命”“驿站传递”“重走长征路”等活动。活动中有人摔倒就有搀扶的手，有人哭泣就有安慰的话，他们好像一下子长大了，变得更加坚强、友爱、阳光向上，为他们的小学六年生活画上了一个圆满的句号。

2. 无缝对接的假期实践活动

每到寒暑假孩子们就会全员参与到假期实践课程中，这项活动我们坚持了十余年，目前已经成为学校的品牌课程，深受学生和家长的喜爱。“我做志愿者”，孩子们有的到地铁站为有需要的人指路，有的到社区进行好书分享；“我为家里添年味”，孩子们写春联、做一道菜、做一件家务活、晒全家福等；“绘制我家根脉图”，寻找家谱，了解家训；“制作旅游路书”，在地图上标注旅游所到之处的美食、美景等。

3. 自主选择参加的专题实践活动

我们所开设的茶艺校本课程会利用假期带孩子们去武夷山、杭州等地研学旅游，采茶、参观茶的制作过程、和茶农交流等，让孩子们对于我国的茶文化有一个全面深入的了解。除了国内的研学旅游，我们还安排韩国、美国友好校的实践交流活动，让孩子们根据需求自主选择参加。

实践育人的整体性、系统性和实效性的落实，有赖于每位干部、教师、家长的观念转变。只有从根本上有所改变，才会有育人方式的转变；也只有这样，才能培养出德智体美劳全面发展的社会主义建设者和接班人，实现学生真正的绿色成长。

第五节　文化成效与成果分享

只有历经汗水的浇灌，金色的秋天才能到来。“绿色成长”文化经过十余年的具体落实和扎实推进，在不断深化与积淀的过程中渐渐发挥出了积极的效应，推动学校办学不断向前发展。在这个过程中，我们既致力于把握和实现“快的效果”，更着眼于深耕和追求“慢的效果”，将文化建设的短期成效和长远发展有机结合起来，确保“绿色成长”文化从不同层面上助益教育教学的提升。走过了十二年，今天的翡翠城展现了蓬勃的生机与活力，初步实现了学生、教师、学校“三位一体”的发展，得到了家长、社会和教育主管部门的积极肯定。

一、把握快的效果

在学校的办学进程中，相较课程构建和教学提升，硬件设施和品牌活动的效果呈现往往会更快、更可知可感一些，因而，作为新学校，我们非常重视这两个方面,通过精心的设计和有效的落实,使之作为突破口,在较短的时间展现出我校的良好办学风貌和办学效果。当然，这种对“快效果”的把握，绝非意味着省事和取巧，而是抓住办学某些方面的特点，因事利导，有重点有先后地投入，从而有所收获。

以硬件设施为例，我们对此高度重视，投入极大的精力，用了很多心思，终于使之展现令人耳目一新而又会心一笑的积极效果。我们首先在安全性上下功夫。一个让孩子们没有安全感的学校，一定不能算一所好学校。当今校园安全逐渐凸显为社会关注的焦点，各个学校都非常重视。涉及管理方面的安全问题一般比较容易让人关注到，比如来客登记、孩子出入证、食品安全等，学校里都会制定明确严谨的规定，而对于校园内与硬件设施有关的细节问题有时会在司空见惯中被人所忽视，而这些问题往往会成为孩子们日常学习生活中的安全隐患。建学校的时候由于我们没有介入，所以学校在建筑设施方面存在着不少问题，这些地方不整改就会危及孩子们的安全，我们就集中精力一边进行日常教学一边整治这些安全隐患。

原来的国旗广场两侧是由立柱连接起来的一个建筑群，我们发现每个立柱侧面形成了一片片四十五度角的刀锋，而学校建筑应该尽量让外立面圆滑一些，避免学生在游玩时受到伤害，经过调研，我们将这个建筑群全部拆除，变为了现在宽敞的国旗广场，每到周一是师生举行庄严的升旗仪式的场所，平时则是孩子们尽情玩耍的地方。

寄宿部在给孩子们准备储物柜的时候，由于是统一的政府采购，当初配备给孩子们的储物柜是两米多高的铁皮方格柜，一年级的小孩子根本够不到那个高度，况且打开柜门的时候锋利的棱角容易刮伤孩子，我们立即将这些铁皮柜搬到了办公室作为文件柜，到超市为每个孩子买了带轱辘的塑料整理箱,放在床下,既节省了宿舍内的空间,又安全又方便,孩子们可高兴了。

我们的楼道里安装的都是铸铁的暖气片，它的棱角非常锋利，孩子们稍有不慎跌倒时，碰在上面就会头破血流，整体更换不太现实，我们集思广益想了很多办法，最后想了一个妙招：为暖气戴上了防腐木的“帽子”。春夏秋三季“帽子”里面种满各式花草，孩子们自由认领养护，使得绿色充满每个角落，花香溢满整个楼间，冬季送暖时我们换上绢花，依旧装点楼道的美丽，从那以后孩子们再也没有发生过磕伤的事件。我们楼梯扶手拐角处的铸铁是锋利的直角，一、二年级的小学生身高正好和它相仿，孩子上下楼时极易发生碰撞危险，我们就到建材市场上寻找合适的材质，想把它包一下，终于找到一种可以套在上面的软包角，用了一段时间以后发现软包角易脱落，我们干脆用电焊切掉了每个棱角，再加以打磨，使之变为圆滑的。

学校内外的事情千头万绪，有些细节不为我们所察觉。在学校管理中，我们充分发挥学生的主人翁意识，让他们成为我们的“参谋”。在一次学生座谈会上，有的学生反映，他们的球踢到栅栏外的翡翠公园里，有的学生可以钻过栅栏去捡回来，我们听了出了一身冷汗，会后到现场查看，发现开发商使用的栅栏间隙比较大，低年级学生脑袋小的确实可以钻过去，我们当即找来厂家更换了外围所有护栏；对于操场上的单双杠、篮球板、秋千等我们都要定期检查，避免风吹雨淋螺丝松了或者锈住了，对孩子造成伤害。这些看似芝麻小事，却是关乎孩子们安全的头等大事。我总感觉只要留心在意，很多校园安全隐患都是可以避免的，我们把校园改造与学生的自主管理相融合，收到了事半功倍的效果。经过这些年的努力，翡翠城逐渐成为师生安全温馨的家园，许多细节之处的用心得到了家长和外宾的称赞，为学校赢得了极大的赞誉。

二、深耕慢的效果

相较若干“可快”的领域，学校办学大部分事情如理念文化的践行、课程文化的构建、课堂教学的提升等是“慢的”，犹如农业播种，遵循不以人的意志为转移的生长规律，对此我们深深懂得应该静下心来，以足够的耐心和毅力，进行深耕细种，悉心培育。这是一个慢的过程，尽管在如今这个浮躁功利的时代，我们也曾遇到这样那样的问题，遇到许多的干扰，但是我们最终坚守住了，展现了应有的“定力”，不断抓住实践中出现的问题予以解决，及时进行调整、纠偏和改进，最终收获了教育教学的“浸润性”效果。

学校的年轻教师多，他们对于信息技术的使用非常到位，在课上运用这些现代技术手段非常鲜活，吸引孩子的目光，也利于孩子对抽象知识的理解。有一次，有两位年轻教师要讲公开课，学校突然断电，在没有多媒体的情况下，他们束手无策，急得直哭。我感到了问题的严重性，多媒体本来是我们教学过程中的辅助手段，是为教学服务的，但一些教师在教学过程中已经不知不觉地把它们当成了唯一或者重要手段，对其极为依赖，这可能使教师忽视了教学中的生命对话和对教材本身的理解与挖掘。我们立即针对“信息技术使用的利与弊”开展研究，大家渐渐地形成共识：能在书本上找到的就让孩子看书本；多媒体的使用只能用在必须时，比如利用动漫效果可以很容易让孩子们掌握三角形与平行四边形的关系，又如课后知识拓展扩大孩子们的阅读量等等。在使用多媒体时一定要追问自己：这儿必须要用吗？在经得住推敲的情况下才能使用。随后，我们在学校的《课堂评价方案》中也加入了一条新的内容：合理使用多媒体。应该说这对于孩子们的视力及健康也是有好处的。通过这样的纠偏和问题研究，我们引导教师们在发现问题、研讨问题、解决问题的过程中不断提升专业素养和育人的功力。

我校的学生思维非常活跃，视野也比较开阔，但是随之连带的问题就是在课堂上不愿意倾听别人的发言，总想更多地表达自己的观点。这不利于培养孩子们尊重别人的好品质，也使课堂的实效性大打折扣。对于这种普遍性的问题，我们全校任课教师共同努力去解决。学校出台了《学生各学科倾听能力训练实施方案》，教师们以年级为单位制定评价细则，用一些持续性的小鼓励引领孩子们养成倾听的好习惯。首先，和家长沟通，取消了利用校讯通和班级博客部署家庭作业的做法，让每个孩子准备一个作业记录本，老师口述作业，孩子们自己记录，这既培养了孩子们的倾听能力，又使得他们的自理能力得到锻炼，家长们对这个做法非常赞赏。其次，要求孩子们在回答问题时要面对大家，而不是仅仅面对老师，要先点评上一个学生的回答或复述教师的提问，然后才能谈自己的观点。再次，科任教师注重在学科方面挖掘教育内涵，将倾听习惯的培养融入学科教学之中，比如语文和英语学科，更加注重听写和复述的环节，引导孩子们集中注意力，认真倾听，认真思考，因为这是很好的发表自己见解的前提，又如科学学科实验的操作程序更加注重让孩子们先听清要求再进行，让孩子们做事井然有序，而不是毛毛躁躁。经过大家齐抓共管，仅一个学期孩子们的倾听习惯就有了很大改观，他们身上的马虎、懒于深入思考等不良习惯也随之在改善。

三、享受已有成果

在学校文化的滋养中，孩子和老师们共同获得了成长的能力，享受着成长的快乐，学校展现了蓬勃发展的态势。“绿色成长”文化在十几年的实践中被全校师生全面认识和予以实践，并有了深化与发展。它不再仅仅是一个硬邦邦的概念，而是融入了大家的思想、精神、追求，并逐渐形成了一种鲜明而又充满活力的学习和生活“生态”。学校里的一草一木、一砖一瓦，师生的一举一动、一呼一吸间都透露出“绿色”“成长”的魅力，大家怀揣着一个梦想，共同拥有、共同创建、共同发展、共同享受已有成果。

（一）学生的享受

孩子们在美丽多彩的校园里快乐地生活学习着，他们深爱着校园，有的学生在寒暑假也会让家长带着来学校看一看，因为他们想学校了。学校里丰富的课程就像一个超级市场，为孩子们的成长提供了多样化的选择，让因材施教成为可能。在课程学习中，孩子们的成长是全方位的，始于兴趣，结于成功所带来的喜悦与动力，提升了他们做人、做事的自信，促进了他们综合素质的提高和全方位的成长。

学校里有丰富多彩的活动与节日。艺术节、文化节、科技节、体育节、读书节、英语节等，每个节日延续时间一周到一个月不等。比如为期半个月的“英语节”期间，我们会引进一些国际交流项目，分年级设立不同主题的英语活动，低年级单词大比拼，中年级表演英语课本剧，高年级英语演讲，活动从班级到年级，最后是全校的展示交流；有时候，我们还邀请美国的大学生一起过节，为孩子们的决赛做评委，和孩子们一起演出做游戏。几个环节下来，所有的孩子都能参与其中，一起享受英语带来的快乐。艺术节在每年五月的最后一周举行，主题是“七彩艺术路我秀我精彩”。孩子们或个人或结组自行准备节目，先是在各班进行展示，然后在学校层面自由申报进行展示，每天下午放学以后，安排不同的专场，如声乐专场、舞蹈专场、乐器专场、表演专场等，学校下发通知给学生和家长，大家自愿选择观看，而最后一天的综艺演出既是全校的庆“六一”活动，又是整个艺术节的收官总结，同期还会展出学生们的各种书画、手工等作品，那是全校的一次艺术PARTY，全体家长、老师、孩子们都沉浸在节日的喜乐之中。我们各种节日的突出特点是全员参与，孩子们都是演员也都是观众，既欣赏别人也展示自己。天上的云不知哪块有雨，众多的节日中总有一个可以让孩子大显身手，让每个孩子都有自己的平台，让每个孩子都有属于自己的节日，这就是我们设置各种节日的初衷。孩子们的潜能真是一座宝藏，只要给他们舞台，他们就会有巨大的能量爆发出来。

我们的教育应该考虑长远，眼中应该看到孩子的未来，能够为孩子的可持续发展创造机会、培养能力。我们会跟踪毕业的孩子，看看他们后续的成长好不好，用来反思我们现在的教育是否恰当，是否还有改进的空间。我们希望在一批批孩子的成长跟踪中，让我们的教育行为更加贴近孩子，更加顺应他们的成长规律。我们的教育不是局限于孩子在学校的六年间，而是要着眼于孩子的一生，希望他们走出翡翠城的校门时，能够用心感受生活中所有美好的东西，努力做好自己，并能服务他人与社会。

（二）教师的享受

我们非常注重教师的专业化提升，聘请13位市区特级教师到校深入课堂为教师进行定期指导；同时又非常关注教师的个人修养，在学校里倡导的两句口号大家耳熟能详："智慧做事，幸福为师""慢而优雅地生活"。这是我们对教师最大的祝福。"慢"，是希望教师能够静下心来体味、享受做教师的过程；"优雅"，是希望教师们能够有自己的兴趣爱好、一技之长，这既是开发校本课程的需要，也是给教师丰富多彩人生的需要。在校内，我们成立了古筝、瑜伽、球类、书画、乐队、合唱等多个教师社团。为提升教师生活的文化内涵，我们组织教师看话剧、听音乐会，让大家品味高雅，交流放松。十几年下来，在舒心、自主的工作环境中，教师们成长迅速，频频在市区、全国获奖。

学校里的每位教师都是一首感人的诗歌，在"绿色成长"文化的追寻中，他们每天都创造着奇迹，在成就孩子的同时也成就自己的美丽人生。他们在用自己的整个生命浇灌着可爱的孩子们，"教育学就是迷恋他人成长的学问"[1]，校长迷恋教师的成长，教师迷恋学生的成长，在这个过程中，自己也成了让人迷恋的人，这是一件多么美妙的事情！在翡翠城我们深深地感受到：投入工作的教师最美！经过几年的发展，"大气智慧、自信优雅"的教师文化不断凸显，呈现出了非常鲜明的团队特点：

自我教育能力强。很多事情都在年级组内解决，每次活动大家创意百出。

具有大气谦让的风范。学校里教职员工近二百人，大家亲如一家，班组内团结友爱，每组各具特点，有的幽默风趣，有的谦让随和，有的调皮可爱。职评时互相欣赏，评优时互相谦让。什么是伟大？就是这种平凡的欣赏谦让。

具有超强的创造力。可能是这些年的自主管理推动教师自主创造，他们的创造力总是在不经意间闪现，有时让我们流泪，有时让我们捧腹大笑。这样的团队让我们感到自豪！

具有极强的责任心和耐心。在学校里每个教师都各具特点，但是却不存在差班或差老师，每个老师都在认真地工作，我们收到了很多家长

[1] 马克思·范梅南．教学机智：教育智慧的意蕴[M].北京：教育科学出版社，2001：18.

的感谢信。很多教师发出这样的感慨：“我爱翡翠城，因为这里让人温暖，就像一个家。”为谁辛苦为谁忙？只源于我们都爱这个共有的美丽的家——翡翠城！

（三）学校的享受

“绿色成长”文化已经根植于师生、家长心中，形成了一个生机勃勃的绿色“生态圈”：学校充分尊重教师发展的自主权、尊重家长的参与权，教师、家长充分尊重学生的发展需求，最终促进了师生、家长的共同成长。

一位家长在给我写的一封信中这样说：

对于一个家庭可能想着我要把孩子培养成什么样子，整个一家人为了一个孩子都忙得不可开交，而对于一校之长的您呢？可能想的是要为将来的社会培养什么样的孩子，为国家培养什么样的孩子。从我接触到的高老师，到现在的李老师，我都能深深地体会到，咱们的老师不只关注学习成绩，真的是全心全意地考虑孩子的全面发展、整体素质，我相信这是咱们的教育理念使然，我为此深深地感动。

限于我们的自身条件和状况，一直没办法有什么实际行动为学校做点什么，能够做到的就是接送孩子时尽量把车放得离学校门口远点，不给学校门口的交通增加压力；遵守学校的规章制度；全心全意地带好孩子……

我一直在默默地关注咱们学校的发展，学校不断地发展壮大、日新月异，我们都感受得到。学校每上一个台阶，每有一个收获，每一天的进步都离不开您的努力和全体老师的辛勤耕耘，你们辛苦了！我会一直默默地祝福您、支持您，希望在您的带领下，咱们的学校越办越好，成为大兴的骄傲，北京的骄傲，从咱们学校走出的孩子都是金凤凰，将来成为社会的有用之才、栋梁之材。也希望您多注意身体，别把自己累着了，好有更多的精力多替孩子们铺路。

陶西平老先生参加我校活动的时候，这样评价学校：

学校精心地培育下一代，无论是贯彻国家的教育方针，还是学校的教育文化建设，特别是在我们教学的改革过程中，始终以每一名学生的成长作为我们的目标，从而使得学生们能够不仅有梦想，而且有追梦的决心，他们在成长中展现出了许多的才华。

北京市教科院院长方中雄在给我校出版的《教育的翡言翠语》序中写道：

令人欣喜的是，在翡翠城小学我们看到的却是一番朝气蓬勃的景象：孩子们喜欢他们的老师，热爱他们的学校，展现出的是自信、活泼而有礼貌的形象；教师队伍则是个乐于从教、善于合作、勤于工作的和谐团队；校园布置与设施设备决不豪华却处处精致而富有教育韵味。一个地处郊区的新建学校，用短短的几年成了北京市大兴区教育界的一个先进典型，全区家长们眼中的理想学校，北京市许多重大改革实验的项目学校，还引起了许多市内外教育同行的关注，这确实也创造了一个奇迹。

骄人成绩的取得，受益于政府的政策与社会各界的关心支持，更得益于翡翠城小学师生们的不懈努力。其中，最重要的因素之一，是学校有着很好的办学理念。当我第一次踏进这个学校时，学校才开办两年，但无论是学校的整体布局还是图书馆、食堂、宿舍的精致安排，无论是课堂教学还是丰富多样的家校活动，无论是与校长的交流还是与老师们的不经意的聊天，都给我一种十分强烈的感觉——这是一个真正为孩子们办的学校。确实，小学校是为孩子们办的，这是一个很朴素的道理，但在实际办学中，孩子们的想法、视角、便利是很容易被边缘化的，以至于我们在小学校中也感受不到多少“孩子气”的东西了。翡翠城小学的每一块场地、每一次活动都会让你感受到孩子们的生命气息，他们是这里的主人。如今，学校又在几年办学的基础上，进一步梳理了办学思想，提出了“绿色成长”的理念，引导学生“悦己爱人，智勇双修”，努力使翡翠城小学成为孩子们“梦开始的地方”。

从中也让我们相信，在翡翠城小学，老师们的所作所为与校长的所思所想有了很好的默契，而其真正的统一之处就在于所有的干部教师都致力于让孩子能够自然、自主地共同成长，在让孩子们产生梦想、实现梦想的过程中，实现了教师提升专业水平与生命质量的梦想。

学校办学得到了社会各界的广泛认可，中国教育电视台、北京电台城市广播、新京报、现代教育报、京华时报、法制晚报、信报、劳动午报、新浪网、人民网等多家新闻媒体先后对学校进行了报道。然而，对我们而言，更为重要的是每天呈现在我们眼前的是师生自由、舒展的一种生命状态。这是我们最看重的成果，也是让我们感到最欣慰的地方。这种最美丽的“校园表情”使我们确信，翡翠城正在慢慢地向我们理想中的学校靠近。

“绿色成长”作为我们办学的核心价值观和指导思想，它已经成为学校里的一种特殊符号与行动指南。“绿色成长”文化已经根植于师生、家长心中。身在校园中，它是可观可感的一树一草，一桌一椅，是供我们享用的物质文化；它又是如影随形的一嗔一笑，一思一悟，是令我们回味、直抵灵魂的精神文化。

教育纵贯线

“Q萌组合”的成长

在孩子们各种能力的培养中，我们最珍视的还是他们的原创力，它发自孩子内心，寄托着他们的梦想与希望，虽然有些幼稚，但是民族的未来与希望就蕴藏在那里面。

开少代会的时候，孩子们有一个提案是让学校设立奖学金，我当场质疑：“奖学金可以设立，但是想奖励你们哪些方面的表现呢？”孩子们七嘴八舌：学习成绩好、乐于帮助人、实践活动表现突出、各种比赛获奖者……他们说得很全面，我笑着说：“这些是应该奖励，但是我最想奖励的是那些能够发挥自身聪明才智，进行各种创作的学生。”就是这次少代会，开启了孩子们的创作之旅。几年时间里，有的孩子手绘连环画好几十本，故事情节引人入胜，画面充满童趣；有的孩子将读书感悟制作成动漫，供大家分享；有的孩子改编课本剧，师生同台演出；有的孩子把班级和学校里发生的事情写成剧本，招募演员，搬上了学校的舞台。

这里有一个“Q萌组合”格外引人注意。前段时间听一个来校的记者说：你们的学生了不得。细问才知道，他中午在校园里闲逛的时候碰到了“Q萌组合”，当问到她们为什么要在一起创作的时候，她们脱口而出：追求奢华低调有内涵的生活。真是语出惊人！然后她们又具体解释奢华是追求一种高品位、低调是不张扬、有内涵就是希望自己的生活能够丰富多彩，不浪费光阴。这就是刚刚升入六年级的小女生的自白，校内外宽松的成长环境是孩子们自主、快乐成长的肥沃土壤。

“Q萌组合”里面的四个女生，两个编舞、一个作词、一个作曲，从四年级的时候组建，两年间已经创作了五六首歌曲，《千纸鹤》《好运气》《快乐狂想曲》等校内师生都很喜欢。《童心梦工厂》是他们创编的第一首歌曲，词作者说：“这首歌是唱给那些上无穷无尽的补习班，没有了自由的孩子们的。”这话道出了孩子们对于自由的向往。曲作者说：“我们用天真烂漫的曲调，修改了很多遍才完成的。后来是音乐老师帮我们记录下谱子，并进行了钢琴伴奏。”编舞的女生说：“我们在想歌名的时候花了很大的心思，总也想不好，我们很想放弃，但是最终我们互相鼓励坚持了下来，我们学校是梦开始的地方，于是我们想出了《童心梦工厂》这个好名字。”

孩子们的歌词跳跃，里面有童心对梦想的渴望，有她们排练时的影子，更加警醒我们应该贴近孩子倾听他们的心声：

“我们小孩也有秘密，你们大人不要着急，我们的世界就这样简单无比。来到孩子们的乐园，你需要认真发现，要想进入就要有天真的心。水映画面飞向蓝天，梦想会实现。家长给我们报了课外班，我们的梦想已经遥远。放了我们吧，我们需要自由，也需要心灵上的实现。白鹤仰望白云，花朵依然开放，我们在阳光下戏耍玩闹。到黄昏了，安静了，我们的心灵在夕阳下绽放。”

第六章

“绿色成长”文化的辐射

文化传播有多种分类方式，仅从文化传播的方向上来看，可分为两种类型：一种是纵向传播（vertical diffusion），表现为同一文化内知识、观念、价值规范等的传承，与我们通常讲的文化传递（cultural transmission）大体无异；另一种是横向传播（horizontal diffusion），表现为不同文化的接触、采借，与文化输入、文化借用同类。

涵化与濡化作为一对文化范畴，都与教育有着密切的联系。在教育过程中，这两者都是必需的。涵化使受教育者接受不属于本团体、社区的生活方式、价值习俗，既拓宽了其视野，又激发了其创造力，进而为文化变迁提供了动力；濡化使受教育者适应本团体、社区的生活方式和知识观念，促成了其社会化。

——郑金洲[1]

“绿色成长”文化提倡的是一种自然、共生、生活化的教育形态。学校在发展过程中，不仅和教育同行保持密切合作，还走进家庭与社区，发挥家校社的互补共育作用，为学生提供了一个完整的教育空间。在自身不断发展的同时，“绿色成长”文化也在对外合作中不断发挥积极影响，在不同层面上向外辐射，带动或促进了其他学校的办学发展，提升了广大家庭和周边社区的协同育人水平。在本章，我们将介绍“绿色成长”文化十几年来是如何向内深化和向外传播的。

[1] 郑金洲 . 文化传播与教育 [J]. 华东师范大学学报（教育科学版），1994(4)：55–62.

第一节　对学校发展的借鉴意义

经过实践检验而展现勃勃生机的“绿色成长”文化，不应仅仅是翡翠城堡中师生的“成长专利”，更应该成为兄弟学校中所有师生的“成长红利”。多年来，我们一方面扩大办学规模，拓展文化优势效应，另一方面积极和兄弟校间互通有无，取长补短，精诚协作，共同连成一道基础教育的美好风景。

一、对名校长工作室成员校的积极效应

2019 年 3 月，“中小学校长国家级培训计划卓越校长领航工程名校长领航班张文凤校长工作室”成立，成员校覆盖北京市十一个远郊区，师生总数达一万五千人次。工作室建设借鉴城市网格化管理的模式，借助信息化手段，将工作分为三个单元网格，分别为学习与思辨，诊断与改革，辐射与帮扶。将工作和评价分离，充分发挥由党建干部组成的督导评价职能部门的促进功能，使得工作室切实达到预期目标（见图 1）。

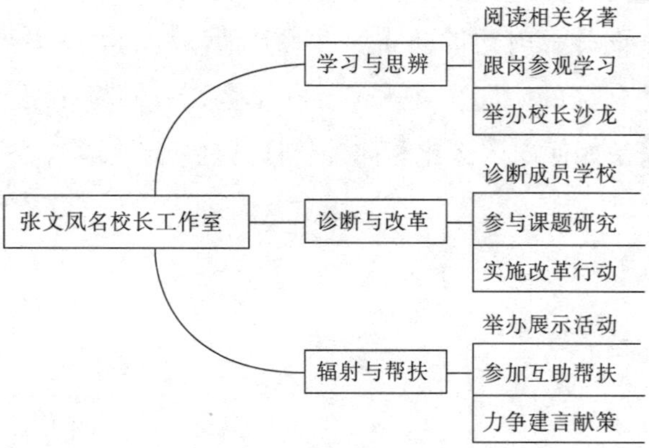

图 1　名校长工作室建设

经过近两年的指导帮扶，工作室成员校有了明显的改变，不论是校长自身还是所带学校，都从翡翠城“绿色成长”文化中汲取营养，然后反哺自身学校，促进自身学校教育教学和文化建设的不断提升，使其焕发出了更加蓬勃的生机。

1. 办学理念方面的借鉴

马驹桥镇中心小学邵学良校长说：

2019 年，我有幸参与了张文凤名校长工作室学习与培训活动。张校长几十年如一日，潜心研究，大胆实践，逐步确立了“绿色成长教育”办学理念。张校长倡导的让生命自然、自主、可持续成长的教育与我校的生长教育特色办学理念有许多共同之处。两年来，我们学习借鉴绿色成长教育理念进行了初步的探索与实践。

北京市通州区马驹桥镇中心小学始建于 1928 年，目前拥有 5 个校区，170 个教学班，5681 名学生，400 名教师。公元 618 年前后即隋末唐初时，马驹桥以及周边地区是放养军马的草场。当时为了便于管理，对公马、种马、仔马（马驹）分养分牧。马驹桥因水草最为丰美适宜放养马驹而得名“马驹里”。此后经历了由地名到桥名，又由桥名到地名漫长的历史演变过程。漫漫历史长河中，马驹桥人秉承舐犊情深的关爱精神，依据核心素养，以马驹桥镇深厚的历史文化底蕴为依托，在杜威教育生长论的基础上，确定了“践行生长，奠基幸福人生”特色办学理念。

怀柔区喇叭沟门满族乡中心小学，位于“京北第一乡”，是深藏在大山深处的一所寄宿制民族学校。作为一所处于大山深处的民族学校，学校受到“绿色成长”文化的启发，从独特的地理位置与历史背景、学生发展的需要和体现时代精神三个方面思考学校的文化建设，明确了以“为山区教师成长发展服务，为满乡学生幸福人生奠基”为办学理念，以“基础扎实、眼界开阔、学有所长、健康快乐”为育人目标，自编了《奏响民族团结的和谐之音》文化读本。

2. 学校管理方面的借鉴

北杨桥中心小学现有中心小学和完小各一所。两个校区各有 6 个教学班，是一所乡村小规模学校。孙桂银校长说：

在“绿色成长”文化的强烈感召下，同时受到翡翠城一校三址办学的启发，让评价引领各校区发展，实现美美与共。两个校区，相同的办学特色、相同的办学理念，共同的办学目标，形成了共同的校风“修己助人不，分享成功”。目前，两校区师资均衡，大官庄完小成绩提升明显，教学质量检测与中心校不相上下。

北京市房山区城关第二小学沙志娟校长说：

我们以“快乐工作、幸福生活”为目标，倡导“融洽宽勉和悦民主”的管理文化。在张文凤校长工作室中，我们确定的研究主题是“学校、家庭、社会协同育人的策略探究与实证分析”，在开题的准备过程中，我越发觉得苏霍姆林斯基多次指出的——教育的效果取决于学校和家庭教育影响的一致性。要调动一切可调动的力量，形成教育合力——这话真的切中要害。因此，我们开始探索1131家校合作之路，即一支家长委员会队伍，每个月组织一次校级家长委员会座谈会，每学期三走进（家长进学校、家长进课堂、教师进家庭），每学期一次家长学校讲座。在课题研究的过程中，我们有效地促进了学校管理，逐步实现了家校之间行动一致，信念一致，志同道合，为学生的健康成长搭建了一个精彩的舞台。

密云区第七小学践行“家长与学生共享阳光、家长与学生共同成长”的理念，设计出家长成长工程，即六年十二个学期的成长规划，对广大家长进行成长培训指导，收效非常显著。

3. 课程教学方面的借鉴

在课程建设方面，马驹桥镇中心小学以国家课程为主导，充分发挥马驹桥地域文化优势，整合校本课程、社团活动、兴趣小组、主题课程、社会实践，倾力构建适宜儿童生长的骐骥课程体系，服务学生内涵生长。骐骥课程又称千里马课程，低年级主题是小马过河，中年级是骐骥一跃，高年级是志在千里。旨在让每一名儿童像小马驹一样，在马小这片沃土上茁壮成长。这充分借鉴了翡翠城基于儿童生活、生命和生长需要的课程理念，使课程真正成为儿童生长的“加油站”和“助推器”，也使学校教育呈现出了万千风景。

北京市延庆区大柏老中心小学郭志强校长说：

北京小学翡翠城分校倡导“自主本真 互动生长”的课堂文化，这一点我们深受启发，经过干部教师的深入研讨，我们充分学习和借鉴了“绿色成长”教育理念，提出了自己的课堂教学追求：“扶”与“露”的课堂。

“扶”的课堂，体现两方面的意义。第一层意义是体现课堂是生命的课堂，就是坚持立德树人，充分尊重每一个学生独立的生命个体，关注学生的生命成长，培育学生健全的人格，关注每一个孩子的个性化发展；第二层意义是体现课堂是生态的课堂，教师遵循科学的知识呈现规律和学生学习过程的规律，把课堂教学的过程转变为学生发现问题，思考、分析问题，最终通过个人或合作解决问题的过程；“露”的课堂也体现两方面的意义。第一层意义是体现课堂是生机的课堂，学生在课堂上的学习过程，就是浸润阳光雨露的过程，是在不知不觉中的成长与发展；第二层意义是体现课堂是生长的课堂。学生在课堂上感受生命的成长，经历知识的构建，体验问题的探究与解决，增强成长的自信。

4. 德育活动方面的借鉴

北京市燕山向阳小学魏慧萍校长办学有自己的坚守与主张，“绿色成长”文化倡导的要结合学生的生活实际促其成长，她特别赞同，将其和自己学校的理念相结合，在实践育人方面有很多探索：

贴近孩子们的生活，让孩子们在实践中学会生存。在家委会、社区、企业志愿者的大力支持下，在学生自主选择基础上开辟了家庭劳动岗、班级值日岗、社区服务岗，开发了《整理课程》，引导学生学会整理环境、整理时间、整理思维、整理情绪、整理人际关系等。经过一段时间的实践训练，孩子们的劳动能力逐步提高；贴近孩子们的需求，助力孩子学会学习。课程开发团队以问题为导向，强化多场景活动体验，丰富学生表象。学校开展的定向猎狐实践课程，让学生充分结合学科课程当中文本解读、观察地图、测量距离等内容，通过合作实践，提升综合能力；贴近社会，唤醒孩子们的家国情怀和社会责任感。孩子们在燕山北台综合实践基地学习翻地、播种，到燕山石化公司展厅、燕山牛口峪生态湿地参观、做讲解员和实践体验，在社区街道参加志愿者服务，到商场学购物，到法庭模拟断案，到税务机关学习纳税知识……丰富多彩的实践活动，让孩子们融入社会，家国情怀和社会责任感被唤醒。

北京市顺义区李遂中心小学姚磊校长收到翡翠城“学生一日常规”的启发，开发出“一日流程管理”德育课程，落实“规则教育”，即《校园1234567》和《李遂小学一日常规》，通过引导、帮助、监督、检查、评价等途径，逐步使学生养成良好的“自律”意识和能力：

《校园1234567》包括：诵读1篇励志名作《少年中国说》。确定2个发展目标：个人目标和社会目标。唱响3首歌曲：中华人民共和国国歌《义勇军进行曲》；《我们是共产主义接班人》；李遂小学校歌《阳光少年》。做好4件大事：学会生活、关爱他人、参加社会实践活动、培养个性特长。做好5件小事：备齐学具；行走有序；倾听发言；分享快乐；谅解他人。做到6个坚持：坚持每天吟唱歌曲；坚持每天锻炼身体；坚持每天赞美他人；坚持每天诵读诗文；坚持每天提出问题；坚持每天鼓励自己。做到7个严禁：即严禁七个不文明、容易造成校园伤害的行为。

《李遂小学一日常规》包括：十五个学习生活的关键指标，即早晨、上学、进校、晨读、上课、课间、两操、升旗、午读、交往、放学、作业、生活、健康、睡眠。每项指标提出了具体的行为要求，如：早晨“起床饮水、随后方便、认真洗漱、吃好早餐”；上课“坐姿端正、倾听发言、静心思考、积极分享”；课间“备好学具、行走有序、健康游戏、按时回班”；生活“做件家务、多食果蔬、收看新闻、睡前读书”；睡眠“九点睡觉、六点起床、午间小憩、课间养神”等。

二、对其他兄弟学校的辐射带动

北京小学翡翠城分校在2018年初，率先在区域内成立了教育集团，牵手另外两所农村校，共同探索促进区域教育优质均衡发展之路，收到了显著成效。史殿柏是翡翠城教育集团大兴区礼贤镇第一中心小学校长，他也是从翡翠城孵化出去的干部。他认为：

大兴区委教育工委、教委领导审时度势、英明决策，将大兴区礼贤镇第一中心小学纳入翡翠城小学教育集团，尝试集团办学模式在大兴区还是首次，我们感到非常幸运。自加入翡翠城教育集团校以来，在张文凤校长的指导下，在“绿色成长”文化的引领下，学校有了更加明确的教育发展目标，办学思路得到更新，学校被激活。

礼贤一小作为一所农村校，师资力量相对薄弱，发展动力不足，教育教学思路、模式相对保守，教育方式单一。教育集团成立以后，我们坚持“绿色成长”文化中“以人文本”“可持续发展”的思想内涵，带领干部教师共同研制学校三年发展规划。集团内开展了一系列行之有效的帮扶活动。

教师轮岗带动。翡翠城每学年给礼贤一小派来两位轮岗教师，都是市区级骨干，进行业务交流和带动。还鼓励骨干教师和短缺学科教师在集团校之间双向流动，盘活教师资源，建立优秀教师引领下的教研一体化，促进教师队伍的专业发展及教育资源的整合。

优质资源共享。在集团校的模式下，我们能够经常参加翡翠城分校的教学观摩研讨、“班主任草根论坛”等活动。通过联合备课、教学研讨、送精品课等活动，充分发挥骨干教师辐射带动作用，产生了正向集群效应，促进了教师教育理念的转变、教学能力的提高、科研水平的提升、学科知识的补充、教学业绩等方面的提高。

视野开阔提升。集团校不定期组织校长、教师外出学习提升。集团先后组织干部教师到淄博、南京、无锡、苏州参加学习交流活动，开展教师去凉山州的扶贫支教活动，让老师们走出去，也把我们优秀的教育教学方法传递出去。

自学校加入北京小学翡翠城分校教育集团以来，干部教师齐心协力，干劲十足。学校在义务教育阶段学校管理标准达标验收工作中，顺利通过验收，被评为大兴区“义务教育阶段学校管理标准达标校”。先后被评为大兴区“文明校园”“养成教育达标校”“校园阅读项目优秀校”“宣传工作先进校”等。

沈玉新校长是我工作室的成员，同时也是集团校的成员，她每次都坚持参加活动，严谨治校，在几年的跟岗中，她觉得“绿色成长”文化中“成长”这个概念，给她的感触最深，在校内，她启动了仪式教育，颇有成效。她说：

仪式是一个人生命的顿挫，成长的标点。学生成长，需要关键事件的涵养，为了让孩子对生命中每一个重要的日子刻骨铭心，亦庄镇第二中心小学站在学生成长的视角精心策划，以“唤醒生命，植入信念”为设计理念，开发了学生自我成长中的节日——仪式课程。即：一年级入学礼、二年级入队礼、三年级志愿礼、四年级成长礼、五年级军营礼、六年级毕业礼。仪式课程不流于形式，本着“全员化、全程化、主题化、立体化”的原则，将“小题”大做、“大题”细作。“六个礼”分别围绕“责任、爱国、担当、感恩、爱军、梦想”主题进行设计，创新仪式内容，注重学生参与，突出过程体验，增强育人实效。对学生的思想引领、价值追求、行为方式有深刻的启迪和教育的作用。每个仪式课程力争做到四个一，即：一徽章、一证书、一首歌、一宣言。通过这“四个一”力求在学生每个成长的重要节点，留下美好的文化印记。

来学校参观的校长络绎不绝，近些年我们接待了上万名的干部教师来访。河北省大厂城区第二小学校长柴东升说：

在翡翠城通过十几天的跟岗学习培训，我受益匪浅。这所创建于2008年的名校，虽然只有短短不到十年的办学历史，但在张文凤校长的带领下，学校已经向我们展示出了大气、平实、优质的首都基础教育形象。

文化引领，人文管理。我在翡翠城分校跟岗学习期间，张校长先进的教育理念和个性的办学思想，大胆创新的管理实践，带给我深深的思考。在张文凤眼中，让生命自然、自主、可持续成长是绿色成长，而这也是每个生命个体的积极诉求，帮助他们实现这种诉求，就是奉行绿色成长教育理念的学校存在的意义所在。也正因为有了这样的绿色成长管理理念和人文关怀，使教师们的心紧紧地凝聚在一起，才成就了今天的翡翠城分校。

教师专业，扎实发展。翡翠城分校重视促进教师发展，并把这作为自己最重要的管理工作，作为办学的着力点。学校以自主发展成就教师的专业发展之路。“拼图文化”是学校遵循的管理理念，坚信“每位教师都精彩”“每位教师都重要”，努力打造“大气智慧，自信优雅”的教师团队，将它作为学校可持续发展的不竭动力与源泉。我校在促进教师专业成长方面，也多是采取走出去、请进来等多种方式，积极为教师搭建成长平台。由于教师平均年龄偏大，在如何促进校内教师自主发展方面翡翠城分校给我很大的启示。

素质教育，硕果累累。在翡翠城分校我体会得最深的是学生的主动、全面、和谐、特色发展，成为每一个教育人首要关注、用力最多的工作。在翡翠城分校，从我直观的感觉，看到的孩子是自然的，这个“自然”的重点体现在遵从孩子的自然成长规律，而不是一味给他拔高，又不压抑孩子的成长。另外，就是遵从孩子的自主发展，让孩子离开老师这根拐棍也知道怎么学习，教给孩子自己成长的本领。

清镇市红枫第五小学是我们非官方的手拉手学校，对他们的帮扶已经进行了五年之久，我们选派优秀教师到他们那里去送课、培训，他们派干部教师来学校学习，每个学期都有条不紊地进行。肖胜兵校长说：

自2015年4月与北京小学翡翠城分校签署友好学校协议以来，清镇市红枫第五小学全体干部教师已经轮流去培训了一次，翡翠城还多次派优秀教师来学校指导，为我们提升教育质量，起到了积极的促进作用。

总之，我们愿以教育为媒，以“为了孩子们更好地成长”为总目标，和各位教育同仁一起，在“绿色成长”文化的氛围中，办好每所学校，教好每名学生！

教育纵贯线

走进绿色成长教育

——跟随张文凤校长学做管理

2019年阳春三月，带着崇敬与期待，我加入到张文凤名校长工作室。至今依然清晰记得3月14日在北京朝阳实验小学，教育部和北京市教委领导为张校长工作室颁牌的激动时刻。第一次见到张文凤校长，她留给我的印象是知性、优雅、大气、干练。接下来的日子里，我和其他12名学员在张校长的带领下开始了办学管理的研究与实践。

3月22日，工作室的学员们第一次走进翡翠城小学，第一次与张文凤校长面对面交谈，第一次了解“绿色成长”文化。那天，喜悦与激动在我心中汇聚成一句话：抓住资源，勤学善悟，助力成长。通过一年多的学习与实践，我的收获颇丰。

一、基于儿童立场的办学主张影响着我

在跟张校长学习的日子里，我听到最多、感受最深的是张校长提出的绿色成长教育。翡翠城学校在绿色成长教育办学理念指导下，收获了很多荣誉，也赢得了学生、家长和社会的认可。通过跟随张校长学习、交流，我体会到绿色成长教育就是基于儿童立场、基于学生主动发展和可持续发展的教育。张校长把这样的教育主张融入学校管理的方方面面并深深影响着我。

记得第一次来到翡翠城学校，我就被学校开放的、温馨的、充满童真童趣的校园环境所吸引。楼道里处处可见图书、计算机、视听系统、钢琴等乐器，孩子们触手可及。学校还根据不同季节举办相应的主题活动，比如秋天会有收获节，孩子们把自己的劳动成果以各种方式呈现出来，放在楼道和教室里与同学们进行分享。亮丽的色彩、多变的空间、好玩的东西带给孩子们的是愉悦的心情，是主动发展和快乐交往。翡翠城学校的“绿色成长课程”体系更体现了张校长基于儿童立场的办学主张。丰富的课程资源，菜单式的供给方式，满足不同学生的需求，为学生的成长提供支持和保障。正是这样的教育主张，使学生获得健康、茁长的成长。记得2019年12月翡翠城学校承办了大兴区语文教研周活动，来自全国的名师与孩子们一起上课，一节节精彩的语文课上，翡翠城学校的学生大胆、自信的表达，积极主动的交流，良好的学科素养使来自全国的教育同行为之赞叹。

在绿色成长教育理念的影响下，我边学习、边实践，在学校管理过程中更加关注儿童的发展需要，借鉴“绿色成长课程”体系完善了学校的课程体系，尝试构建《根系中华——陌上花开》主题综合实践课程体系。同时，在环境育人方面我也借鉴张校长“自由、开放、可持续发展”的理念，着眼于学生的自主发展。通过合并功能用房的办法腾出两间教室，为学生建立了开放的阅读吧；利用楼顶平台，开辟了空中花园和门球训练场地，进一步拓展了学生的活动空间。目前，我们的学校更加充满人文气息和儿童的味道。

二、文化引领团队建设的理念启迪着我

每次走进翡翠城学校，都会看到老师们亲切、积极地打招呼，只要你有需求，他们就会耐心为你引路，耐心介绍学校的一草一木、一墙一室，让人感觉到主人的热情与周到。每次参加翡翠城学校的研讨会，都会看到老师们分工明确、团结协作，他们或承担主持工作，或作为主讲人，都主动发言、踊跃交流，研讨气氛热烈。每次进入翡翠城学校的课堂，你都会感受到老师们把“尊重生命、尊重儿童”的绿色成长理念深度融入每一堂课之中……这些都体现着张校长文化引领团队建设的成功。记得张校长给我们介绍她带队伍的策略之一，就是用校长的文化引领力带动群体对文化的认同，翡翠城学校之所以在短短的十年就办成一所名校，得益于教师团队建设。基于此，我在学校管理过程中也借鉴张校长的方法，用文化凝聚人心，用雁阵思想历练队伍。

上学期初，围绕我校的办学目标“办一所春风化雨的生态学校”和育人目标“培养仁爱 勤思 悦动 日新的春熙少年”，再次展开干部教师大讨论活动。我学习张校长的方法，通过层层培训和讲说，使团队对办学目标和育人目标再理解、再认识、再实践，不断调整和矫正我们的办学行为，使文化追求不跑偏。“办一所春风化雨的生态学校”就是要回归教育的生命立场，以春风化雨的情怀，默默滋润孩子生命的自由成长。围绕办学目标和育人目标，我们重新梳理了教师、学生的评价方案，使教、学、评与办学目标、育人目标保持一致，干部教师的工作动力更足了。

张校长把在学校团队建设过程中的好方法也带到了工作室的建设中。还记得在工作室成立后的第一次活动中，张校长细致讲解了工作室的目标、原则以及年度工作设想，让我们每位学员明白努力的方向。一年多以来，她带领工作室团队进行丰富多彩的办学实践研究与探索。她从学员需求出发，引导我们进行理论学习、学员之间互相入校走访、办学思想汇报交流、聘请专家诊断提升等；翡翠城小学承办全国部编版语文教学展示活动，她优先给我们学员及教师预留听课证；翡翠城学校举办开题论证会，她也会安排我们学员全程观摩；张校长还及时推送全国培训信息，组织我们团队外出学习。在张校长工作室，我感到了团队的力量，学习到更多她带队伍的思路和方法。

三、通过阅读丰盈自己的习惯带动着我

清晰记得，张校长在工作室成立之初就跟我们分享了自己读书促进成长、读书丰盈自己的经历。她倡导工作室学员能做到每月读一本书，用读书交流推动工作室的活动，用读书交流带动学员的成长。她先后向我们推荐了《欣赏性探究：一种建设合作能力的积极方式》《管理的本质》《教育常识》等书籍并进行了读书分享。她认为作为校长，要注重阅读，善于在阅读中寻找智慧，要从碎片化阅读转向系统的、有目的的阅读。阅读能开阔人的视野和襟怀，也能改变我们的心智模式，能使我们更深刻理解教育，感悟人生。

的确如此，“最是书香能致远”。张校长的阅读习惯影响并带动着我，通过阅读使我对教育、管理、教学的思考更加深入、理性。工作室第一次活动之后，我就在自己的学校启动了干部教师读书工程，与现有的“学生大阅读项目”一起推进。教师阅读书目采取自订书单与学校统一购买相结合的方式，利用每周一下午的“春熙大讲堂时间”进行阅读分享。老师们阅读分享了《给教师的建议》《怎样培养真正的人》《静悄悄的教室》《第 56 号教室的奇迹》《混合式学习》，有的老师则分享了儿童文学《青铜葵花》《肖洛的网》《秘密花园》《不老泉》等。如今，我们的读书交流分享活动深受教师喜爱，老师们还带动学生读书，带动家长读书，阅读交流分享时间也是心灵沟通、思维碰撞的时刻。

绿色成长教育有着丰富的内涵，走进翡翠城小学，走近绿色成长教育，张校长尊重学生、尊重规律、崇尚自然的办学思想深深影响着我。在做校长的路上，我将且行且思，在办学思想和实践中大胆探索，向张校长那样做“一切以学生和教师的可持续发展为本”的好校长。

（作者沙志娟为张文凤工作室成员，房山区城关第二小学校长）

第二节　对学生家庭的积极效应

一所学校鲜明的文化势必会通过学生这个媒介传导到千家万户，对学生的家庭产生深远的影响。我们尽可能多地向家长宣传学校文化，通过组织各种活动让家长了解、践行“绿色成长”文化，使其认同这一文化理念并在自家践行。经过十几年的努力，“绿色成长”已经走入了千家万户，为家庭教育的提升和完善贡献了力量。

一、趋同育子观念

如今，家长价值取向的多元直接影响着子女价值观的形成，而有些家长的不良价值观，不利于孩子形成正确的价值观：例如，有些家长对孩子过高的期望使得孩子成长“超重”，孩子失去童年的乐趣，变得老气横秋；有些家长过度的关怀与呵护使得孩子变得娇惯与放纵，难于自立与自强，给孩子今后的成长增加阻力；有些相对封闭的家庭环境使得孩子成长缺少应有的社会交往，缺乏合作意识与社会适应能力，造成很多孩子长大后依然蜗居在家中啃老，抵触社会生活。在问卷调查中，我们了解到家长们对于孩子上学受教育的认识也不尽相同：有些家长认为，孩子送到学校，就全部交给老师负责，自己就可以解放了；有的家长则以为，孩子在学校里快快乐乐就行了，成绩可以不必那么优秀；还有的家长认为，学习好、不挨欺负就行，别的无所谓。家长的这些不同声音直接影响到孩子在学校里的一言一行。我们感觉到在“把孩子培养成什么样的人”上，非常有必要通过交流研讨达成共识，只有认识统一才能采取相应的行动，进而收获好的教育效果。我们从“绿色成长”文化的培养目标解读入手，通过内培与外引两个层面让家长在“家长学堂”中接受有序培训，对“培养什么样的孩子”“用什么样的方法培养”等问题初步达成共识。

在这个过程中，只要发现孩子们成长中一些共性的问题，我们就及时疏导沟通，不让它积压下来。记得当时带孩子出国游学时发生了三件小事，给我很深的触动，我立即以《理智做父母》为题，在“家长学堂”中和教师、家长们进行了沟通。

第一件发生在美国的课堂上。为了传播中国传统文化，我们随行教师带去了几节课，教给美国孩子书法、打中国结、扭秧歌等，因为我们的学生和美国孩子在一个课堂上课，所以对比非常明显，当遇到困难，老师们问谁需要帮助时，我们的孩子有几个同时举手，迫不及待地请求老师帮助，而美国孩子没有一个需要帮忙，他们笨手笨脚、满头大汗，到课间了也不休息，就坐在那里执着地摆弄。这个小细节带给我一些震撼，这个现象的背后是什么呢？我们可能太关注孩子的成长了，无论在学校还是在家里，都是给孩子绿色通道，一有诉求就给予回应，为他们做的很多，以至于孩子们最原始的那种好奇、探究欲被掩盖了，遇到一点困难就退缩，就想抄近路——求助，因为肯定会有人来帮忙，这样可以不费脑筋，孩子们的勇敢、执着、耐性等优秀品质难于形成，这应该是我们教育上的一大隐忧。

第二件发生在比萨联欢会上。游学即将结束，在友好校的花园里孩子和家长、老师们一起进行“比萨联欢”，孩子们上台汇报收获，互相交流，很融洽。吃比萨的时候，我发现大多数孩子吃一块取一块，我们有两个孩子每人一下取了五块，找了一个角落闷头吃起来，吃完后有一个孩子又去取了五块，我悄悄地走过去，轻声问他：“你吃得了吗？”他点着头又吃起来，但速度渐渐慢下来，最后三块说什么也吃不了了，这时我看到来得晚的个别孩子没得吃了。这些现象不带孩子们出来是很难发现的，孩子的旁若无人与占有欲望，应该说是我们的溺爱结下的苦果。

第三件发生在接待会上。我们的家长们在和美国大学生交流，孩子们在旁边的大厅里奔跑、喊叫，完全沉浸在自己的欢乐之中，没有注意到影响了大人们的正常交流，但是家长们没有一个人制止自己孩子的行为。孩子们无法分清公共区域与私人空间的概念，我们家长是否也没有意识到这是一种很重要的公共道德？这种细小的礼仪正是成就孩子未来的重要品质。

我向家长们明确指出无原则的溺爱孩子和以工作忙为由对孩子不闻不问都是不对的，孩子的成长是需要家长和老师的共同引导与陪伴的。我们应该从身边的小事做起，从自身做起，更加理性地爱孩子；要善于构建良好的家风，父慈子孝，夫妻和睦，尊老爱幼，这些老规矩，这些传统美德，不应该丢掉；教育不仅是说教，更是身体力行，它是一种全面的浸润。当你希望孩子成为什么模样，你自己就先成为这样的人，因为孩子就是家长的翻版和影印件。我们抓住孩子身上出现的问题，在一次次与家长的沟通与交流中，不断把正确的育人理念传递给家长！在家长问卷调研中，他们对于学校的满意度排位第一的就是：学校理念好，关注学生全面发展，学生学得轻松，作业量少。这种认同，表明了家长对“绿色成长”理念的认同，也证明了这一理念已辐射和渗透到广大的学生家庭之中。

二、统一合作方向

在很多家长的认知中，家校合作就是家长向学校捐赠一些物品。其实，在捐赠物品上，他们为班级提供一些贴画、盆花等小物品装饰班级文化这是可以的，但是要注意一个度的把握和方向的统一，否则可能使家校合作走偏。学校是一个神圣的育人场所，如果没有方向的引领，家长的捐赠风会越演越烈，严重损害教育的尊严；对于孩子而言，父母捐赠物品会对孩子产生不同的心理影响，捐物的骄傲，没捐的自卑，对他们健康心态的形成是不利的。在家长会上我和家长们交流想法，当谈到我们要在校内创设平等公平的教育时，家长们报以热烈的掌声；我们努力让家长感到学校关注的是每一个细微之处，考虑的是每个孩子的成长，努力让他们心服口服，进而拉近了他们和学校的距离。我们在不同的场合宣讲理念，让家长从捐赠物品转向关注孩子的成长和教育，为学校提供教育资源。比如“家长讲堂”“家长义工”“故事妈妈”等等，是我们大力提倡的方式，因为教育孩子是大家的事情。家校合作方向的转变和达成共识，彰显了“绿色成长”文化的内涵与追求，使家长们慢慢地在活动中理解了自己的职责与担当，促进良好的对外交往文化初步形成。

家长们拿出了极大的热情参与到共同教育孩子的行列中来，经常自主参与到课堂教学中，成为课堂教学的志愿者。他们是“父母助教”，给孩子讲故事；提供自己熟悉的专业知识，开设“家长讲堂”；积极主动参与学校组织的各种活动。亲子趣味运动会上他们和孩子奋勇拼搏，和教师队接力比赛，腿摔破了还笑着连声说：“组织这样的活动老师们辛苦了！”新年联欢会他们和老师一起布置会场，从家中搬来音响，专门置办服装和孩子一起为大家带来精彩的节目。我们的“快乐家庭学习苑”更是引起了家长们的极大兴趣，每到周末孩子和家长们几家自愿结成小组，这周到李家，下周到张家，到谁家谁家家长就负责几个孩子的作业辅导，并有计划地安排参观、游览等社会实践，其他的家长就可以利用周末忙自己的事情了；通过这个活动我觉得家长们在转变一种观念，那就是对孩子的一种大爱，把校内的其他孩子也作为自己的孩子一样爱，在合作中赢得了时间，提高了效率。

三、指导亲子关系

我们对家长提出的主旨性口号是：在陪伴孩子成长的六年中，让我们成为永远的朋友！我们将家长、教师、专家的育子心得在网站上分享，并印制了《走进我们的家——家长手册》，实现更多的资源共享；构建开放的信息系统，让家长能够有多种渠道和学校沟通，班级博客、家访、校访、电话、邮件、不同层面的QQ群、问卷等等，使之便捷化、常态化；每年的“六一”我们都要表彰一批热心公益的家长，让良善得以弘扬；在传达室对面为家长们创设了专门的活动场所“家长心苑”，里面配备电视、沙发、各种家教书籍、CD，方便家长会议研讨、等待学生、和教师交流，让家长们来到学校就有归属感。同时在校本培训中加大对教师的培训力度，将家校沟通作为教师“校本培训课程超市”中的必修课程。这种多管齐下的培训与交流使教师、家长都涌入到家校合作的快车道，使学校管理焕发出了勃勃生机。

在家校合作中，学校除了充分利用家长资源，形成教育合力，还要根据家长实际情况，创新家庭教育指导方式，为家长提供多元化、有针对性的指导服务。在一次以“唠叨”为主题的班会课上，五年级孩子们的心声让我们感到亲子之间存在着严重的代沟。孩子们写出了父母常唠叨的话：“你看那谁多好，再瞧瞧你！”“把玩的精力用在学习上，学习不会更好吗？”“你快点写作业，快点，快点！”“学习不如别人，一点出息都没有。”“吃这个补充维生素。”从这些话中我们不难看出家长的用心良苦，我们归总了一下家长与孩子沟通的误区：盲目地拿自己孩子的弱点和别的孩子的强项比；学习成绩至上；家长对孩子过度关注；社会的快文化波及家庭，一切都是赶着向前跑。家长们怀着美好的心愿为孩子们规划设计好了人生，但孩子们并不买账，甚至因此不愿和家长沟通，产生了逆反心理。我们将孩子们的课上所言制作成视频让家长们观看交流，引导家长能够站在孩子的视角考虑问题，多给孩子一些自主发展的空间，允许他们的多样化成长。

融洽自主的亲子交往就从有效的沟通开始，为此我们搭建了形式不同的平台。在“我十岁了”的主题班会上，孩子们手里拿着家长给他们写的信，大多泪流满面，在这种深度交流中感受到了在自己的成长过程中，父母倾注了多少心血；“亲子阅读”活动中，父母和孩子同读一本书，家长贴近孩子感受他们的乐趣与思考；“亲子趣味运动会”上，一家三口齐心协力，奋勇拼搏，感受着亲人间的互相鼓励有多么重要；“代孕体验”课程中，一年级的小孩子不停地嚷着“太难受了，太难受了”，他们回到家中发自内心地抱住妈妈，喃喃说出“妈妈我好爱你”；在“说说心里话”的家长开放活动中，家长们读着孩子们情真意切的信件哑然失声，“妈妈，看到您为了我的成长那么操劳，我真的很心疼。但是您可知道我的周六周日比上学还要累，您给我报的各种班排得满满的，我连懒觉都不能睡一个，我真的好累”；在家长的“个性化心理辅导”中，他们畅谈自己的苦闷与无助，寻找通向孩子心灵的通道。就是在这些持续不断的活动中，家长的观念在转变，孩子们变得更加理性，融洽的亲子关系在慢慢形成。

总之，“绿色成长”文化对于学生家庭的影响是全方位的，正是在其影响的过程中，教师、家长、学生都在成长。得益于我校文化对家庭的有效影响，家校合作如今已成为学校发展的一个强有力的助推器，成为学校办学一道亮丽的风景线。

教育纵贯线

翡翠城家长感言集锦

※ 翡翠城学校除了正常的书本知识授课外，还开辟了单片机、小篮球等兴趣班。赵欢、赵乐兄弟俩都先后选择了单片机兴趣班。其实最初让孩子选择这个兴趣班的目的现在想来既盲目又可笑，只是希望孩子们能接触点与电脑相关的知识。后来当哥哥代表学校先后参加大兴区和北京市航模、单片机比赛并几次获奖时，我才知道原来孩子还有这个潜质，挖掘出来竟然也不容小觑。哥哥的篮球投篮技术在年级首屈一指、弟弟代表学校去参加区里小学生足球比赛，无不是受益于学校老师的培养。通过参与这些体育活动，我发现两个孩子的集体荣誉感和团队协作感明显增强，弟弟每次比赛前都认真琢磨队里人员的角色分工，比赛后兄弟俩还认真地探讨失误在什么地方，下次怎么避免类似的失误。

绿色成长教育关注爱的传递。每次家长会时总能在风雨大操场聆听到张校长关于教育的深层次思考以及关于学生成长中的问题的肺腑之言，这些真心与真诚又通过老师们传递到家长的心上。翡翠城定期的家长会与公开课搭建了家长与学校沟通的桥梁，科任老师不仅能及时反映两个孩子的学习情况，而且对两个孩子的品性、优缺点的把握连我这个妈妈都觉得诧异。或许，这就是为什么两个孩子虽然先后都有过调换班主任或任课老师的经历，虽然每一次孩子们都对原来的老师仍是那么眷恋，但是又能很快地喜欢上新的老师，这如果不是每名老师的本性的淳朴与至真的关爱又会是什么。还记得第一次读到赵欢写给妈妈的一封信，还记得赵乐作文里写到的妈妈，细微之处都表明了孩子们的心里留下了感恩的烙印。

所以，诚如张校长所言，我们对孩子的爱不是挂在嘴上说出来的，说出来的爱太过肤浅，真正深沉的爱是在一点一滴中浸润的，是在一颦一笑中传递的，是融化在血与灵中无时无刻不自然流露出来的，身在其中的每个孩子都能感受到这种爱，它决不矫揉造作，它充满理性光辉、宽严并济。更为重要的是，孩子们在这之中感受到爱，还能以自己的方式将爱传递出来。

社会纷繁浮躁，张校长的执着与坚守，让学生的成长过程有规律、有尊严，永远不把逐利看作是堂堂正正、理所当然的事，这让作为家长的我也受益匪浅。一句“不能让孩子输在起跑线上”的广告语，让身边的许多家长们蜂拥进入了为孩子报各种各样辅导班的大潮，自己一度也因看到孩子们偶尔不是特别出色的成绩单而心思荡漾，但诚如张校长所言，教育即生长，一切教育和教学必须合于儿童的心理发展水平和兴趣的要求。而人生的经历与阅历也告诉自己，人生真的不是一场赢在起跑点的百米冲刺，而是一场与自己赛跑的马拉松。（赵欢妈妈）

※ 每次和同学同事们聊起孩子的学习生活及孩子学校的时候，每个人对北小翡翠城分校都是赞不绝口，我自己也是一样连连叫好，可是好在哪里，为什么好，大家又都说不出来。在后续的接触中，才真正系统地了解到学校的办学理念及绿色成长文化体系的形成。我慢慢了解到张校长及全体教职员工为了这些所作出的努力和付出的辛勤劳动。但所有的辛勤付出也收到更好的回报，翡翠城的孩子学得轻松、学得快乐、充满自信，家长争相将孩子送到学校，这种信任是对所有教职员工的认可，是对北小翡翠城分校的认可，同时也是对学校发展的最大鞭策与鼓励！“雄关漫道真如铁，而今迈步从头越”，我也要重新规划自己的生活以及职业生涯，把现在作为一个新的起点，重新树立梦想、目标，沿袭追梦——筑梦——圆梦这个动态的、发展的、循环的过程，不懈地努力，努力学习、

努力工作，给孩子树立良好的榜样，让孩子在未来的学习生活中，持续保留在北小翡翠城分校学到的优良品质。（于海鹏爸爸）

※ 张校长说：“作为一校之长其对于学校的贡献应当不仅仅是当时在任时，更为重要的是在离开时可以为学校留下什么。物质会在历史的长河中慢慢消散，而精神的东西却可以永远长存，这就是学校的教育理念和办学思想，校长应该善于将梦想带给教师，并让梦想成为校内所有人的共同追求。”这也就是说，翡翠城要有自己的教育理念，有自己的教育梦。张校长明确提出翡翠城的教育梦——绿色成长教育。在绿色成长教育理念下，我们看到翡翠城城堡里，从校长到园丁，他们很忙，很劳累，然而他们很开心很快乐；城堡里的孩子们，他们热爱自己的学校，热爱自己的老师，喜欢上学，勤于思考，哪怕是奇思缪想，都会得到老师的尊重，所以他们是开心的，爱学习的。城堡里的小生命在健康茁壮地成长，书本知识只是他们学习的一部分，甚至是一小部分，在这里真正体验到了素质教育。（李懂妈妈）

※ 翡翠城是新建校，在孩子刚刚入校时，学校基础建设远不如现在完美，但不断的变化随时发生着，成长林，家长讲堂，空中广场等等，变化速度之快，令人惊叹，这些变化肯定离不开学校的最高领导人——校长。我清楚地记得一次张校长开家长讲堂，足足 2 个多小时，校长全程站着讲话，所讲的故事和感悟均来自实际案例，并从中提取深刻的教育意义分享给各位家长，把所有家长深深地感动了，台下几百人鸦雀无声，静静聆听。2 个小时过去了，一直站着讲话的校长却在微笑着问台下的家长：“坐这么长时间，累了吧！”就这么一句问话，足能显示出校长的心里只装着别人，关心着别人，而忘记了自己站了 2 个小时的辛苦。这时在我们的心里是多么心疼校长。这样的教育家，怎能不让人敬佩？

办一所新学校，所有的事物都是新的，从核心价值观到办学目标、育人目标，从校训、校歌、校徽、校树、校花到主体色，这一切都是校长带领着老师们一同通过寓意结合实际提炼总结而成的，里面凝结了太多的心血和用心。绿色成长教育，是尊重自然、尊重规律、尊重生命的自主成长，多么富有内涵的办学理念和指导思想；“悦己爱人，智勇双修”

是翡翠城的校训，我在学校的电子屏幕上看到这几个字时，内心是满满的感动，短短的几个字，可以概括出整个人生的方向。“给学生一杯水，自己要有长流水”，这是书中的语句，是校长要求老师们的，其实所有的角色都通用，在家庭中，家长不学习长流水，就不能好好地教育孩子；在公司，领导不学习长流水，就不能影响到员工，很难形成凝聚力。通过在学校的学习，我也会经常把这些故事分享给我的朋友们，每次说起时，自豪之情溢于言表。（王佳妈妈）

※ 看到张校长在追梦、筑梦、圆梦的过程中一直都在寻找更好的方法，倾注全部心血，从一件小事上就能体现：对于孩子在公共场合大声喧哗的事上，张校长引用“声量指标”这一方法，教会孩子在什么样的环境用什么样的声音讲话，教会他们自我约束，让孩子们懂得做事之前要懂得先做人，做一个健康、勇敢、自信、优雅的人。我想自己在对待孩子的态度上真的是应该改变，要真正地去了解孩子的内心，多鼓励孩子，相信孩子，能和孩子成为真正的朋友。爱你的孩子吧，无论美丑、无论聪明或迟钝，给予他信任是多么的重要啊！让孩子在我们共同的关注中健康地“绿色成长”吧！（陈香凝妈妈）

第三节 对周边社区的积极影响

社区是学校生存、发展的最密切的外部环境。我校的学生、家长80%是社区的居民，因而社区是学校办学最为重要的公共空间。在多年的办学实践中，我们非常重视与社区进行合作与联动，发挥校社共育的协同作用。而在这一过程中，“绿色成长”文化渐渐走出校门，走进社区，潜移默化地发挥了积极影响。

一、充分挖掘社区资源

通过调研我们发现：在我校上学的孩子家庭66%是三口之家，23%是三代同堂；家长对于学生成长关注的方面前三位是：健康状况占73%，学习成绩占71%，品德或性格培养占56%；家庭教养方式前三位的是鼓励孝顺占98%，鼓励自主性占97%，鼓励自我控制占95%。

学校周边社区资源见图1。

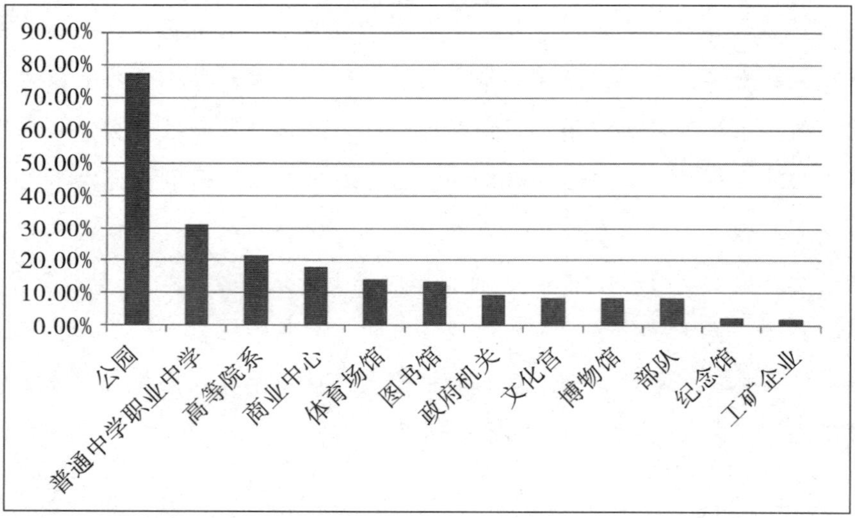

图1　北京小学翡翠城分校周边资源图

根据学校周边社区环境，我们充分挖掘其教育资源，为我所用。学校东墙紧邻翡翠公园，我们在围栏上开了一个小铁门，平时的科学课、美术课、语文课都有不少教师带着学生去公园里上课，孩子们特别开心，在优美、安全的大自然中，去习得知识，感悟美好；社区的相关人士也经常来到学校进行禁烟、消防等讲座，让孩子们增加自我保护意识，他们讲解的同时还会带来宣传展板巡展一段时间，孩子们闲暇时就聚在展板前观看，有的学生看到吸烟后人体器官变化的图片时，大呼：“我要回家告诉爸爸，可不能吸烟了，太可怕了！”有的孩子听完社区叔叔的消防讲座，自行写出宣传语，配上儿童画，在校园里张贴。只要认真挖掘，做有心人，我们就可以给孩子们一个更为广阔的成长空间。

二、学校对社区的贡献

我们不定期地做学校对社区的帮扶统计（见下表），根据统计结果不断改进工作。首先加大图书的购买量，将更多的图书放在书香广场里供大家阅读；对于社区的一些公益活动我们无偿提供报告厅、体育馆、排练厅，让更多的社区居民能够受益；孩子们经常利用假期和老师一起去社区参加公益活动，慰问老人、义务宣传、义务授课等。有的学生参加社区居委会组织的“争做护绿小使者 小志愿者在行动”环保护绿活动，宣读“保护环境、爱护花草树木”倡议书，认领一棵小树，为小树浇水，对绿化丛中的垃圾和杂草进行清理，修剪枝干，忙得不亦乐乎；还有的学生利用假期参与“暑期学生进社区安全讲座”等志愿服务活动；积极参与社区儿童文化节以及经典诵读等活动，参与旧物置换，将中华传统文化传播到社区居民之中；作为小志愿者向小区居民普及全民健身理念，让大家认识到运动有益健康；学校民乐团的孩子们在老师的带领下不定期地走进社区，为居民演奏……

在2020年初抗击新冠肺炎期间，孩子们看到社区工作者每天冒着寒风在小区口测体温、查看出入证，特别辛苦，他们纷纷拿出自己的压岁钱，请家长帮忙购买消毒液、酒精、手套、喷壶等物资，并把这份心意送到了居委会阿姨和保安的手中；有一名学生在给社区工作者的信中写道：今天你们保护了我们，长大以后我们来保护你们！社区工作者特别感动，他们和我说：翡翠城培养的孩子太可爱了！为了大家，我们多累都值得！

北京小学翡翠城分校对社区贡献统计表

		响应		个案百分比
		人数	百分比	
学校为社区提供的帮助	安全教育	236	19.6%	44.1%
	家长学校	193	16.0%	36.1%
	入学指导	184	15.3%	34.4%
	硬件设备	182	15.1%	34.0%
	教育心理咨询	156	12.9%	29.2%
	学科知识	118	9.8%	22.1%
	图书资料	79	6.6%	14.8%
	文体指导	58	4.8%	10.8%
总计		1206	100.0%	225.4%

我们的教师利用休息时间，应邀为小区居民开设茶艺课程、国学经典诵读课程。每年的开学初，我们都会收到不同的居委会寄来的感谢信，感谢孩子们和老师们为社区居民所做的公益事业。十几年来，师生的良好形象赢得了社区居民的一致好评，感恩、有礼、阳光的师生形象已经确立。我们经常收到来自社区的感谢信：

贵校杨书杰老师在康盛园社区“新芽助长乐园”项目启动以来，在寒暑假积极参与到 项目中来，为康盛园社区学生的发展及项目的推动提供了大力的支持和帮助。

三年来，杨书杰同志充分利用自己的业务知识和专业特长，参与为社区居民服务，为群众排忧解难的各项活动。特别是在暑假，社区“新芽助长乐园”项目中，杨书杰老师牺牲了假期的休息时间，为社区的小学生辅导功课，带领社区的小学生开展了各项社区公益活动，深受社区学生和家长的好评。

翡翠城在不断追梦的同时，努力承担起更多的社会责任，让“绿色成长”文化辐射到更多的学校、更多的家庭更多的社区。授人玫瑰，手有余香，我们会一如既往，在这个美好的时代，让“绿色成长”教育为社会带来更多的美好!

教育纵贯线

快乐义卖，为雅安祈福

雅安地震以后，许多好心人都行动了起来，为雅安捐款。我们学校也开始了。老师要求用自己的零花钱，可是我的爸爸妈妈没有给过我零花钱。这可怎么办呢？于是我想了一个好点子：把自己已经不能玩的干净完好的玩具拿到社区公园门口去义卖。说到做到，周日我和婉婷就约好了时间，拿着自己的玩具到了约好的地点。

我们和社区的叔叔阿姨协商好后,就在社区的小公园里摆好了摊子，放好玩具。又戴上我亲手写的“为雅安灾区义卖”的条幅，便开始了我们的义卖活动。不久一位穿裙子的阿姨带着一位小姐姐来到了我们的摊子面前，我和婉婷忙说：“这是我们搞的为灾区义卖的活动，这些玩具都是以前我们玩的，都很干净。”我接着补充说：“大的 15 元、20 元，小的 1 元、2 元、5 元的都有。”“这么便宜啊！”阿姨惊讶地说。我和婉婷一看有希望，又忙说：“是啊，因为我们玩过呀，买大的，还送您一个小的。”介绍一通后，她们开始挑选起玩具来，过了一会儿，我们便成功卖出了两个大毛绒玩具。第一次的成功让我们有了信心，我们继续卖下去。汗水直流，我嗓子都有点哑了，脚也站麻了，但我觉得这一切都是值得的。因为当我们看到雅安变回以前的样子时，当雅安的小朋友能正常上学后，我们也会露出欣慰、灿烂的笑容。

这次义卖活动，让我感受到了挣钱的不容易，虽然这七十多元钱并不多，但表达的爱意却很深很深。让我们一起为雅安祈福，愿他们能够早日回到自己原来那个美丽幸福的家园。

（作者廖翠竹为北京小学翡翠城分校 2010 级学生）

第七章

奔向理想的绿色成长学校

第一节　“绿色成长”文化的反思与改进
第二节　人是教育的出发点——学校文化的本质归属
第三节　未来畅想：我心目中理想的学校

一个人真正的幸福并不是待在光明之中，而是从远处凝望光明朝他奔去，就在那拼命忘我的时间里，才有人生真正的充实。

——（日本）安藤忠雄[1]

教育是促进社会进步、经济繁荣的巨大力量，做好义务教育，对于提高我国民族素质，促进社会主义物质文明和精神文明建设，具有重要的战略意义。义务教育最突显的特征就是基础性，打牢“五育”基础，为学生人生扣好第一粒扣子。“十年树木，百年树人。”十二年办学，翡翠城发展的万里长征迈出了第一步，循着“绿色成长”文化的源头，我们一直努力奔着自己理想中的学校进发，在不断追梦的过程中我们变得越发强大、自信。

第一节　“绿色成长”文化的反思与改进

目前，“绿色成长”文化已经深入人心，不仅在教育领域，在社会上也有了很高的认可度。但是时代在发展，从国际环境看，国际竞争日趋激烈，新一轮科技革命和产业变革蓄势待发，互联网、云计算、大数据、智能机器人、三维（3D）打印等现代技术深刻改变着人类的思维、生产、

[1]　安藤忠雄．建筑家安藤忠雄[M]. 北京：中信出版社，2011：26.

生活、学习方式。构建现代教育体系，培养大批创新人才，已成为人类共同面临的重大课题和应对诸多复杂挑战、实现可持续发展的关键。从国内看，党中央确立了“五位一体”总体布局和“四个全面”战略布局，提出了创新、协调、绿色、开放、共享的新发展理念，落实“中国制造2025”“互联网＋”行动计划、“大数据”战略，“全面二孩”政策的实施和人口老龄化加快，都对教育供给、布局和结构提出了新的要求和挑战。基于这样一个大的时代背景，“绿色成长”文化需要不断加以反思、总结和改进，对时代的新变化和国家社会的新要求做出积极的回应。我们主要从以下三方面进行思考：

一、核心理念更加凸显立德树人

我们的育人目标是培养快乐生活、勇于探索的梦想少年，随着时代的变化，“绿色成长”文化应该有更高的站位和更广的视野，要从更深刻的角度回答好“培养什么人”这个根本问题。进入新时代以来，“立德树人”被确立为教育的根本任务。在“立德树人”中，立德是树人的前提和基础，应该被摆在成人成才更加重要的位置。以前我们一直认为小学生年龄小，对于家国情怀有一些渗透即可，但是根据现今的形势来看，我们的重视程度和所做的事情可能是不够的。

应该引导孩子们从小树立远大志向，更加凸显学生的社会责任感、法治意识、创新精神、实践动手能力，强健体魄，培养劳动能力，提高文化修养，努力培养德智体美劳全面发展的社会主义建设者和接班人。同时，还要结合首都北京四个中心的定位，用明天的思维来做今天的事情；要融入社会主义核心价值观、中华传统文化的内容，更加重视价值观和人文素养的培养。

二、教师队伍更加凸显高素质专业化

2018 年 1 月，党中央国务院发布《全面深化新时代教师队伍建设改革的意见》，对于我国教师队伍的建设提出了全面的部署。确实，教师队伍的素质是学校教育发展的关键因素。学校应对时代变化的最佳方式，是引导教师群体不断成长和提升，只要教师跟随时代发展而不断提升，那么学校教育就能跟上时代的步伐。正是本着对此的清醒意识，我们引领教师根据时代的变化不断提升自身的专业水平和综合素质。

具体而言，我们要求教师在以下两个层面努力：

在知识储备上，必须更加全面。教学就是一种高尚的道德召唤，教师应该成为榜样——他们的生活会被学生效仿。我们现在的大多数教育活动只不过是在向学生的大脑注入某些东西，而不是让本来已经存在于学生灵魂中的真理显露出来。而要做到后者，就要求教师成为一个博学的人，成为一个具有丰富知识和个人特质的人。教师的专业知识储备必须充足，在教师的头脑中，教给学生的教科书里的那些知识，应该只是沧海一粟，这远非是一桶水与一杯水的关系。我们一直在说，学生所学知识要和自身实际生活相联系，那么教师也必须走出象牙塔，更多地接触社会，这样给学生的知识才不是无源之水，软弱无力。教师必须做多面手，具备应变能力、沟通能力、把控能力和社会感知力，将知识与实际生活联系起来，这对于教师专业的视野与宽度提出了新的挑战。教师的专业提升，仅仅关在房间里学理论或者站在教育里论教育不行，应该打开社会的广博视野，去广泛地认知、学习，才可以真正担当起新时代所赋予的使命！

在育人和评价方式上，更加凸显丰富性。不可否认，分科教学以及教学进度分割等在某种程度上限制了我们的教学改革。“绿色成长”需要的教师应该是善于合作，运用多种方式，调动学生的学习积极性……每一个教师都要尽量唤起学生对学科的兴趣，使他们爱上学科。这些学科应该塑造浓厚的探究氛围，引导学生探索知识的海洋，促进他们的全面成长。就像苏霍姆林斯基所说：“儿童不仅应当为日后的学习做准备，还应当过一种丰富的精神生活，而不只是为明天掌握知识做准备。”除了知识的习得之外，教师还应该着眼于育人，关注学生除知识增长之外的精神发展，正视孩子们的整体生命的需求，培养其动手意识，提升其审美品位，提升其道德品质，引导孩子面向社会成长为一个有用和幸福的人。同时，教师在评价上也要更新观念，突破以往单一僵化的评价方式，采用动态的、过程的、全面的方式来进行评价，从而为学生成长提供了源源不断的动力。

三、让教育信息化为学校管理助力

以前我们谈“网”色变，以偏概全，总觉得网络会毒害孩子，许多老师和家长对于孩子的做法大多是“一刀切”：不让孩子接触。其实这是掩耳盗铃，孩子身上的问题并没有解决，只是被我们绕过去了，我们在求得片刻清静的同时却错失了对孩子教育的最佳时机。我们应该做的是以开放与自信的心态，让互联网为我所用，更好地助力于孩子的成长。未来已来，这是一个绕不过去的坎儿。互联网教学的真正意义是促进人类教育教学活动的智能化。未来学校教育会进入“人 + 机器”时代，这意味着互联网、物联网和人工智能技术在教育领域的全面应用，我们深切地呼唤着这种人机融合的新教育时代的到来！未来我们要大力推进教育的“智能化”进程，一切教育教学活动凡是机器能干的，都要交给机器去做，我们必须用新技术重构学校教育教学活动流程，即教、学、考、评、管以及家校合作的各个环节。

在今后的几年，“绿色成长”文化将会在核心理念上进一步丰富内涵，在实施层面上精雕细琢，在成效显现上凸显深层次获得。时刻守牢教育的本质，主动进化和成长，让“绿色成长”文化不断焕发新的生机和活力，更好地为人类进步、社会发展服务！

教育纵贯线

一瞬与一生

儿童早期的发展对以后的成长十分重要。小学教育面对的是六至十二岁的少年儿童，所影响的是孩子人生中的整个童年时期。人在这一时期的转变是迅速而巨大的，对于其生命成长的意义不可估量！我们的小学教育虽然仅有六年，却可以影响到孩子一生的生活质量。

1990 年我当班主任的时候，班里有个非常倔强的男生叫徐晓峰，平时在班里从不叽叽喳喳，他的“坏”主意都是在背地里出的，当我找到他，他永远都是一副无所谓的样子。六年级临近毕业，学校组织足球比赛，我们在场外组织了啦啦队，我和女生们跳着脚加油助威，眼看就要射门了，我们班的“足球健将”徐晓峰一路飞奔过去，突然他摔倒了。我跑到场上，他的脚踝瞬间肿得老高，我和其他教师抬起他就向医院跑。片子结果出来了，是骨折，需要打石膏。他的脚肿得越发厉害，鞋和袜子已经脱不下来了，我拿过剪刀，他本能地向边上躲了躲，我一只手托起他的脚，一只手轻轻地剪开袜子，怪不得，那臭味扑鼻，我看了他一眼，他也很尴尬地看着我笑。

因为临近期末，学习非常紧张，教导主任告诉我，这个学生就不用参加升学考试了，我没有多想就爽快地答应了。我去他家看他时，他一言不发，告辞时，他突然抓住我：“老师，我想上中学，别丢下我。”我的心里像打翻了五味瓶，可以说我是顺水推舟做的决定，但深究一下就可以发现不可原谅自己：能够卸下一个包袱，我的班级成绩不是可以更高一些吗？看似一个简单的决定，却给孩子带来了莫大的伤害！我为自己的决定深深的自责。

再后来的一段时间，我就利用休息时间到他家中为他补课，还买了好吃的给他，他曾经坏笑着对我说：“老师，这些好吃的都是我以前没吃过的，受伤还挺好的。”这傻孩子，那些可是当时我半个月的薪水呀！

二十几年过去了，很多人已经淡忘了我们这个班级是以全学区第一的成绩全部升入中学的，这个孩子数学得了 93 分，语文得了 89 分；但是大家却都看到这个曾经让人头疼的孩子长大了，他也有了自己的儿子，他有责任感，对家庭负责，对工作负责，是家庭的顶梁柱，是单位的精英！我庆幸当时及时纠正了我的错误决定，当时我认为做教师工作的全部就是让孩子们考一个好成绩，那是我最大的荣光，但这件小事引发了我对于教师职业的思考。

教师应该给孩子一生受用的东西，而不是只看一时或一面。在当时我们觉得是全部的东西，后来在孩子整个一生中却只是沧海一粟，我们不能为了一瞬而耽误了孩子的一生！

第二节　人是教育的出发点
——学校文化的本质归属

在追寻“绿色成长”文化的过程中，回头反思，我们一直没有偏离并坚持到底的是什么？那就是把“人”作为一切工作的出发点！在学校里，不论是管理的主体还是客体都是人，没有了人，我们所有的工作也就失去了意义，我们最终的落脚点也必然是人。充分尊重教师、学生、家长作为人的最基本权利，尊重他们的自主性、选择性、独立性、整体性，这是“绿色成长”文化的核心，也是我们发展中最大的亮点。在发展过程中，我们对于“人”的认识更加清晰了。

一、顺应天性还要因势利导

子思在《中庸》开篇阐明：“天命之谓性，率性之谓道，修道之谓教。”这里指出大自然规定了人的本性，自然的人性就是道，修道就是教，进一步阐明了教育应该顺应孩子的成长规律。《种树郭橐驼传》说：“橐驼非能使木寿且孳也，能顺木之天，以致其性焉尔。”当有人问郭橐驼种树的道理时，他说：树木移栽的时候要像养育子女一样精心细致，栽好后置于一旁要像把它丢弃一样，那么树木的生长规律就可以不受破坏，而能按照它的本性自然生长了。种树如此，育人又何尝不是如此呢？孩子的成长也是有其自身规律的。“绿色成长”文化坚持生命成长要顺乎本性，主张生命体的成长是内在生成的，在这个基础之上对学生因势利导，激发孩子内在的潜能，促进他们自身的发展。

我们首先应该顺应孩子的成长规律去引导、教育，孩子的成长没有可逆性，因此需要我们揣摩每个孩子的身心发展规律，给予适当的引导与帮助，任何违背规律的拔苗助长或者压制打压都是不行的；再则，我们要创造适合孩子的教育，而不是让孩子们适应我们大一统的教育，每个孩子都是独一无二的，要让他们在适宜的土壤中健康地成长；再次，教师在儿童的成长中起着至关重要的作用，每个教师不仅运用自己的智慧，更要与孩子的父母保持紧密的合作，因材施教，对孩子的成长提供切实的帮助。

二、以人为本必须做好两个统一

我们的教育面对的是一个个的生命个体，施教者教师本身也是有血有肉的生命个体，以人为本不仅是以学生为本，还要以教师为本，是二者的统一；以人为本不仅是以班级、团队为本，它应该是在尊重师生生命个体的基础上实现的，是个体与团队的统一。这两个统一的和谐并存才是以人为本的至高境界，这是我们在实践中逐渐清晰起来的认识。

“绿色成长”文化从生命价值层面，关注教师作为人的需要和尊严，将教师社会价值的实现与个人生命的成长联系起来。教师以整体的生命投入到学校教育活动中去，在提升学生生命质量的同时促进自身的发展，使人生价值得以实现。我感觉学校就是一个生命的共同体，在其中师师、师生、生生互相鼓励、互相帮助、互相关爱、荣辱与共，互相以生命影响生命。我一直都非常怀念做班主任的那七年经历，当年教过的学生如今都已长大成人，为人父母，他们经常举家来到我家喝茶、聊天。他们时常说：谢谢老师那么用心地教我们！他们哪里知道，我在心里一直感激着他们，因为他们同样促进了我的成长！当年我们玩在一起，学在一起，共同经历着人生成长中的风风雨雨，孩子们让我长大成熟起来，懂得了诚心的可贵；我让孩子们知道了什么是对自己负责，什么才是一个团队。我们在人生的交汇处，互相影响着各自的人生。

独学无友则孤陋寡闻，集体的教育作用是显而易见的。人如果离开坐标就找不到自己的位置，定义自己的不是自己，而要在社会关系中才能定义自己。孩子们进入学校学习，就是社会化的开始，他们在班集体中学会与人交往，形成价值观。黑格尔认为，个体必须与整体相联系，因为只有在整体关系的情境中，才能发现单一个体的真正意义。教师在何种时候都不能忽视集体的教育作用，要让孩子的身体和心灵都找到归属感。但同时，我们绝不能以集体的名义绑架个体，要以充分尊重个体为前提，只有把整体与个体利益有机结合，达到辩证统一，才能真正做到以人为本。

三、孩子是正在成长的生命个体

从人的发展的角度来看，“人生，不是一场赢在起跑点的百米冲刺，而是一场与自己赛跑的马拉松。”[1] 因此“绿色成长”文化更加关注学生在过程中的生长。

首先，孩子是生命个体，不是器皿或玩偶。他们有独立的人格，有独特的思考，我们不能把他们当成容器，将知识一股脑地倒给他们，不管是否消化不良，不管他们是否需要。也不能把他们当成没有思想的玩具，任意摆布。其次，孩子们正在成长中，每天都不一样，因此我们的教育不是甄别三六九等，而是启迪、发现、引导，基础教育的主旨在于启蒙，蒙童养正，在学校中让孩子们养成各种好习惯。最后，要关注孩子们的可持续发展。孩子们现在是发展变化着的，将来也会持续的变化，我们

[1] 陈之华．芬兰教育全球第一的秘密 [M]. 北京：中国青年出版社，2009：36.

现在所做的就是为孩子们的美好人生奠基，让孩子们学会学习、学会生活、学会交往，为他们的可持续发展打下坚实的基础。

外面的世界很精彩，但是做教育却需要沉下心来，走近教师、走进孩子，就像朱自清所言：热闹是他们的，我们什么都没有。“绿色成长”文化让我们始终坚守：即使有激烈的竞争，也要让学生的成长过程合规律、有尊严，永远不把逐利看作是堂堂正正、理所当然的事。

教育纵贯线

放飞每一个心灵

我始终认为，学生有一颗健康美丽的心灵比什么都可贵。而让学生提升心理健康，放飞他们的心灵，需要多措并举。

一、挂“信箱”，解学情

我们在校园里挂起“心里话信箱”，让学生把想说而不敢说的话，写成信放在信箱里。学校每天开箱一次，在为学生保密的前提下，认真分析学生为什么会这么想，从学生的角度去思考，并有针对性的、平等的和孩子们交换意见。由于我们以诚相待，学生越来越多地说出了心里话，不到两年的时间，我们和近百名学生进行了交流，我们了解了学生的真实想法和情况，并为他们排忧解难。

二、设“诊所”，勤沟通

随着时间的推移，我们渐渐地领悟到：矛盾有它的普遍性，更有其特殊性。在干部教师达成一致的情况下，我们又建起了“心理诊室”，为了方便学生，我们还开通了“心理热线”。在诊室和电话里我们与学生谈心，倾听学生的心声，与他们一同查找原因，一同制定重新起步的措施。开始时，学生感到新奇与恐慌，进到“心理诊室”时怯生生的，我们先是和学生聊一些其他话题，使学生放松下来，让他们感到老师是可亲的，并且是值得信赖的。渐渐地来“心理诊室”的学生多起来了，一位四年级学生在“诊室”里说，他三年级时曾拿过别人的东西，现在越是看到别的同学进步，越是想起这件事，心理压力很大。听了他的叙述，教师给他讲起了一些名人知错就改的故事，并找来书让他读，他读着读着脸上笑了，充满信心地说：“老师，您看我今后的行动吧。”

三、辟“小屋”，吐心声

开放了一年的“心理诊室”为很多学生解决了心中的问题，一位很有见地的朋友对我说：“诊室”，容易让学生误认为是“有病”的人或坏学生才去的地方，这个名字会使一些学生望而却步。一句话点醒了我，是呀！现在的精神病院都改叫康复中心了，让人到了那里有回家的感觉。我们却把来谈心的学生定格为有病要治疗，这真是我们工作的疏忽。现在我们把“心理诊室”改名为“心语小屋”，把这个地方作为说心里话、悄悄话的地方。我们重新布置了房间，摆上了精心挑选的瓶花，搬进去了沙发、茶几，布置了卡通角，沙盘游戏，墙上张贴着各种颜色的水果格言和教师的生活照片，照片上方写着：相信我们会成为朋友。不但是孩子，就是大人进了这个房间也会有回到家的温馨感觉。来到这里，可以坐沙发，可以席地而坐，也可以半躺半卧，这里环境优美，人际关系和谐。这里有学生向老师倾吐不快；有教师与学生谈心；有领导与教师的交流；有教师与教师的沟通；还有学生与学生面对面、心对心。在这里可以窃窃私语谈心，可以面红耳赤争吵，可以大声哭笑。有的家长看了我们的“心语小屋”后，恳切地说：这里也向我们开放吧，我们也需要这么个地方和孩子说说心里话。

“心语小屋”虽然开设时间不长，却有更多的学生吐露了心声。有一个学生在小屋里满腹心事地对老师说，母亲对他没有爱只有恨，并列举了不少例子。老师给他讲了一个故事：一位母亲为了救自己的孩子，甘愿挖出心脏做药引。学生听后眼里有点湿，他问老师，他的妈妈会这样吗？可以看出他的心受到了触动。老师不失时机地说：“天下的母亲都是最爱自己的孩子的，只是表述方式不同罢了。”一次，这个学生发起了高烧，母亲送他去医院，楼上楼下、这屋那屋一直背着他，他哭了。在“心语小屋”中他向老师讲述了这一切，并深有感触地说：“以前也有这样的镜头，但他没有感到这就是母爱。”

四、建“卡片”，敞心扉

“心语小屋”的开辟总让我们感到没有真正面向全体，今年在记录学生成长足迹的“成长袋”中我们为每个学生设计了“心语交流卡”，有更多的学生敞开了心扉。原来总认为小学生不会有什么烦心事，现在才发现，原来他们的小心眼儿里竟藏着那么多问题等着我们去解答，我们为孩子们能够敞开心扉而高兴，不论这些问题是写给谁的，都会得到相应的“心语赠言”，从不同方面不同角度，帮助学生解决困惑，这样做解决了“心语小屋”大朋友的工作强度问题，也成为学生快乐起来的起始步。有一位学生的“心语之声”是这样的：

“老师，您好。我向妈妈要了50元钱去买书，左挑右选选中了《十万个为什么》这本书，当我掏钱时发现钱丢了，我懊恼极了。一路上忐忑不安，到家后，妈妈问我：‘书呢？’我说：‘借给同学了。’虽然妈妈没有多问，但我心里非常惭愧，直到今天我还没有告诉妈妈真相，请您告诉我，我该不该告诉妈妈呢？”

心理老师写出了这样的“心语赠言”：

“海红小朋友，你好。我也很为你烦恼，自己喜欢的书要到手了，却发现钱丢了，俗话说：吃一堑，长一智，下次要把钱放在保险的地方。我知道你回家没有告诉妈妈，是怕妈妈生气，从这儿可以看出你是个懂事的孩子。我觉得你可以在妈妈高兴的时候用聊天的方式告诉她真相，妈妈一定会原谅你的，你也就去掉了压在心头的石头，可以轻松地学习生活。大朋友祝你好运！”

师生之间在很大程度上应该亦师亦友，我认为这才是最佳的师生关系。比陆地更大的是海洋，比海洋更大的是天空，比天空更大的是心灵，我们应该努力走在通向学生的心灵之路上！

第三节　未来畅想：我心目中理想的学校

在我的心目中，理想的学校是一种憧憬、向往与追寻，它既面向未来，也根植于我们当下的创造之中。某种程度上，我们现在已经有了理想学校文化的影子了，只不过一直都在圆梦的路上。教育指向未来，我们要努力构建一种新的教育生态，冲破围墙，创造符合学生需求的个性化教育。我理想中的学校应该是这样的——

一、她是一所原生态的学校

原生态，天然去雕饰，是“绿色成长”文化追求的终极生态。这样的学校也许不奢华，但她贴近孩子。有时我们在校园里精心设计一些空间环境，倾注了大量的心血与财力，但是孩子们却很少问津。相反地，倒是校园角落里的一处跳远沙坑，孩子们乐此不疲。所以遵从孩子的天性与意愿，循着孩子的兴趣点去安排学校里的每一处景致，才是该有的校园样态。

这种原生态还体现在学习之中。现在的学校，大多呈献出整齐划一的工业化教育生态：一个标准、一个考试、一个大纲、一个教材，把本来具有无限可能性的人培养成一个单向的人。教室一间间一模一样，桌椅摆得整整齐齐，就像工厂车间，一切都是标准化，无法更好满足孩子的个性化成长需求。哈里斯说，我们学校教育教给学生的第一条规则就是秩序，教会学生服从通常的标准，阻止与学校功能相冲突的所有事情发生。比如，预习课文、按铃声上下课、学习安静和整洁的习惯等，这种品格训练也许能够维护教育和社会的稳定，但却是以牺牲创造性和自我教育为代价的。孩子们每个都不同，各有各的成长节奏与规律，他们是一个个活泼泼的生命个体，如果用这样大一统的教育方式，势必会泯灭孩子的天性，更谈不上因材施教。

杜威说：只有在教育中，知识主要指一堆远离行动的信息，而在农民、水手、商人、医生和实验室研究人员的生活中，知识却从来不会远离行动，我们应该慢下来，彻底改变唯分数论，把学习的主动权还给孩子。在当今的学校教育中，我们很少培养学生思维的坚毅性，反而鼓励学生快速完成任务，然而我们生活中需要解决的问题都是复杂的，更需要的是潜移的能力、卓绝的耐心和毅力，而不是简单的快速反应。学习很多时候是靠慢慢理解感悟的，是自我的一种觉醒，因此需要小火慢炖，静待花开，等待水到渠成。

二、她是一所多彩的学校

小孩子都喜欢多彩的世界。校园里五颜六色，四季变换，植物生长交替，每一个季节在校园里都不枯燥，春有多彩的花，夏有遮阴的叶，秋有各色的果，冬有飘扬的雪。校园里有虫鸣，有鸟叫，有鱼游，人与自然融为一体，校园就是大自然的一个缩影。

学校应该更加灵活多变，桌椅可移动、易于变换，有更多的公共拓展空间，能够更好地服务教学，支持教师开展多样化的教学活动。学习区、活动区、休息区等空间资源相互转化，给学生提供更多的活动与交往空间，促进学生的社会性发展，弥合正式学习与非正式学习之间的界限。虽然我们已经尽可能开放校内的一切教育资源，向着这样的方向努力了，但我感觉还远远不够。

我们的教育改革应该朝着整体性、体验式学习转变。各学科互相融合，通过序列化的问题把各学科知识串联起来，形成一种更加全面、相互衔接、融会贯通的课程结构，帮助学生形成更加完备多样的视角、思维和知识体系。孩子们对学科知识既见树木又见森林，在他们脑中呈现的不仅仅是每个学科独立的知识体系，而是是一个完整而生动的现实世界；要调动孩子们多种感官的参与，使他们从不同角度与侧面形成对某一知识点的诠释。未来应该通过跨学科的课程整合，在不同学科领域之间建立联系，促进知识的活化，让知识向实践创新迁移。通过这样的课程结构和内容，引导孩子们在主动、探究、游戏化的学习方式中，通过课堂感受世界无奇不有，收获更多乐趣。

三、她是一所没有院墙的学校

我们应该走向更多的无边界学习。生活中无处不课堂，学习无处不在。在教室，在课堂，在科技馆，在社区，在公园等，各种场所，都是学习的地方。学校要打开大门，尽量多让孩子们结合自己的生活实际去学习、去感悟。虽然我们现在的研学旅游足迹遍及在杭州、武夷山、韩国、美国等地方，已经走出了一小步，但还不能惠及每个孩子。我们应该致力于让孩子们的社会实践学习形成一种常态，让每个孩子都可以享受其中。未来应该更加开放，学校、家庭、社会之间形成良性互动，家长不再是处于被动的地位，而是真正成为教育者、管理者，甚至是决策者的一部分；课程提供者多元化，教师、家长、农民、医生、运动员等等，任何有专长的人都可以成为教师，走进学校为孩子们开课。

学习是更为广义的概念，要增加孩子们无意识学习的比重，我总感觉，无意识学习才是孩子真正的学习，孩子们的各种品质、能力应该是在一定量的积累中，慢慢通过自我内化生成的。与高人交谈是学习，和伙伴互助是学习，聆听大自然的声音是学习……小草发芽、花儿绽放、小动物的嬉戏、群山的壮美、大海的宽广、音乐的奇妙、运动的魅力，孩子们都能用心去感受，这样他们的心胸就会无比宽阔，内心也会变得愈加强大！

当然，我理想中的新学校还应该是可变通的，有办学自主权的。其实办学自主权在某种程度上意味着遵循教育本身的规律，是专业、被尊重与被认可，如果没有自主权就随时会有被带偏带跑的危险，这样非常不利于孩子的成长，遗患无穷。她还应是令人向往、受社会尊重的，大多数教师秉承中国知识分子的品质，用师德和良知做事，但是令人寒心的事情还时常发生：有些家长对于教育的指手画脚，而自己的孩子却状况百出，教育手段匮乏，比如惩戒教育没有立法保护与明确规范，孩子被无菌保护，不知天高地厚，不知为错误买单，这都让教育处境尴尬。教师让人向往，一方面在待遇，更为重要的在于被尊重与被认可。这和办学自主权其实一脉相通，一个解决了，另一个也会随之破解，希望那一天的到来不会遥远。

回归教育的本原，把更多的选择权交给学生，把更多的创造权交给教师，把更多的办学权交给学校。陶西平老先生说："面向未来的教育改革是一项理论与实践相结合的艰苦的渐进的动态过程，充满着矛盾和困惑，充满着不同观点的争议，充满着传统观念和习惯势力的阻力，需要改革的担当和勇气，需要改革的决心和智慧。"沃尔特·艾萨克森在《乔布斯传》中说："预测未来的最好方法就是创造未来。"让我们共同努力！

教育风景线

未来的翡翠城堡

我的学校有个童话般的名字——翡翠城，每天翡翠城堡都会发生着精彩的故事。现在希望您脑洞大开，跟随我一起看看未来的翡翠城堡是怎样的。

一进校园大门，遍地都是按钮，只要输入准确地址就会到达不同的教室（注意只限于校园），楼梯都是旋转的，只需 1 秒就会从四楼到达一楼（注意，不适宜在上课前 1 分钟玩，否则你就会在醉意朦胧中上课）。如果你去另外一个楼，会有两种途径，第一种是只要你念动魔语，就会把你送到你要去的地方（注意不同的地方魔语不同，这要考验你的记忆能力，如果你念错了，就不能使用这些功能）；第二种是你只要按动一个按钮就会出现不同颜色和不同形状的云彩，只要站在上面，就会送你到另外一个楼（切记，每天不能使用超过五次，否则系统就会取消你使用本功能一周的资格，这些按钮有脚纹识别的功能，记下你这个懒家伙，因为学校怕小胖子太多）。

在教室里，当老师讲到《荷花》这课时，教室即刻就会出现许多绽放的荷花和已经爱上荷花的荷叶，还有在荷花上停歇的蜻蜓和在水里嬉戏玩耍的小鱼。如果老师讲到“翠鸟”时，认为自己是最漂亮的翠鸟都会出现在教室，我们还能听见翠鸟清脆悦耳的叫声，能看到潺潺流动的小河，晃动的苇秆，悠闲自得的老渔翁。

这时的书是非常特殊的，如果你是认真看书的，你书上的字一个个的都会跳进你的大脑，如果上完课后你的书上面只剩一张白纸，就说明你完全懂了，如果你的书上还有字，对不起，再给你一次机会，直到书上没有字为止。明白吗？你的大脑完全是一个知识储备银行。写到这我感觉美极了，因为可以不用天天背书，天天抄书，知识是跳进脑子的，你只要认真就行了。

整个操场是绿油油的，有永远不会被踩坏的草坪，别小瞧了这个草坪，只要是雾霾天，它即刻就会变成一个大大的罩子，把整个翡翠城堡包裹在里面，这些草坪会把雾霾过滤掉，把干净的空气送到城堡里。

每周一升旗，老师们要讲话时，就会出现一个彩虹桥，老师们站在彩虹桥上，这样从每个角度同学们都会看到讲话的老师，还能清楚地看到他们穿的衣服和鞋。

中午吃饭时，美食就会从天而降，你只要拿着餐盘去接你喜欢吃的就可以，切记绝对不能浪费，如果你浪费超过 50 g，那第二天中午的美食就会从你的餐盘拐个弯去别人的餐盘，这叫饥饿惩罚法。

“翡翠书苑”是这样的，需要你乘坐月亮船才能到达，一进书院的门，全都是书，地下、墙上、房顶，多得让你目不暇接，书都有不同的分类，有“招牌书”（注意不是招牌菜）、“最受欢迎的书”等等，书无论如何都是不能被损坏的，否则书上的主人公都会跳出来找你算账，再或者月亮船不会把你带回去的。

在这样的校园，每天都发生着童话故事，童话世界里发生的一切在这里都能找到。如果把这个童话学校里发生的故事也编成童话故事的话，一定会和《格林童话》一样受全世界儿童的欢迎。

喜欢这样的学校吗？如果喜欢就报请校长改造吧(想得挺美，实现的可能性是零)。

（作者是北京小学翡翠城分校2015级学生贾义芳）

我的成长侧记

完成书稿时正值新冠肺炎防疫时期，孩子们不能返校学习，一连几个月的时间，我每天都如期来到安静的校园，处理完公务，就坐下来写作，其间，颈椎病复发，这是一种精神与身体的双重磨炼。书稿完成之时，感觉收获满满，正是有这样一场疫情，也迫使我们放慢脚步，系统思考我们走过的路，做过的事。

“绿色成长”文化，不是一个人的，而是属于所有致力于翡翠城发展的人；“绿色成长”文化不是在一个阶段形成的，而是在几十年的实践反思中铸就的，并且也在不断发展充实。写这本书时，我一直都在回想自己儿时、年轻时的事情，总觉得它们与“绿色成长”的脱胎、成型、构建、落实有着某种悠远而深沉的内在联系：大概它们是我自己的“生长”印记，而正视这样的内心印记，促使我本能地向“绿色成长”的理念靠近吧。因此，我把它们当作“绿色成长”文化的侧记，附在这里与大家分享。

我的学生时代

我的学生时代充满了美好的回忆，每天过着规律而充实的生活，那时所积淀下的是我一生的宝贵财富。

★农活、家务活磨炼了我的意志

我是家中的老大，下面还有两个妹妹一个弟弟，父亲在外面工作，一周回来一天，母亲的身体并不是很好，因此我在很小的时候就挑起了家中的重担，但是一点都没觉得累，反而感受到了无穷的乐趣。

——“爸爸，天上怎么都是星星？”

夏天的玉米地里非常闷热，没有一丝风，刚上小学的我跟随父亲在地里干活，从早上一直干到中午，刚开始痛快地流汗，到后来热得流不出汗了，突然觉得头有点发晕，一屁股坐在地上，抬头看天，像发现了新大陆："爸爸爸爸，天上有好多星星。"爸爸跑过来一把拉起我，背着我就向家走，嘴里还不停地嘀咕着："这孩子是中暑了。"

——我是神投手

我上初中了，个长高了，还是学校篮球队的中锋。初春，家中盖厢房，我在院前的空地上脱土坯，弄得全身上下都是泥巴，邻居都对我赞不绝口："这孩子真像个男孩子，多能干呀！"最后磨房顶我和爸爸当然是主力了，我用提篮向房上拉泥糊，爸爸抹，突然看到一只很大的蝴蝶落在地上，那彩色的翅膀太美了，我突发奇想，顺手拿起一团泥糊向蝴蝶扔去，居然——中了！篮球也没投得这么准呀！

——"再背这么多，我就打你！"

从小叔叔就特别疼爱我，我最爱趴在他的膝前，听他拉二胡，那悠扬的声音让我的心可以飞很远。为了贴补家用我们养鸡鸭鹅，养猪，每到放学书包一放，就要去打猪菜，暑假里更要多打一些，晒干以后垛起来，以备冬天用。我做事总有一种狠劲儿，不服输，每次打猪菜我都把筐按了又按，然后再围着筐沿儿整齐地向高处码，一直没到筐梁，直到这时才心满意足地背起筐回家，由于筐太沉了，背起来的时候就特别费劲，总是先跪在地上，然后悠着劲一点点站起来，走路的时候低着头，腰深深地弯下去。一进家门，叔叔把筐抢下来扔到地上："累得以后不长个儿！再背这么多，我就打你！"

现在想起来也许正是那时候的积淀与磨炼，才让我每天都这么乐观豁达地对待一切，因为总觉得和那时候比起来，这点累真的算不了什么，在后来做教师、做校长时让我很少在困难面前退缩，能扛事，敢扛事。

★母亲的教诲让我做事井然有序

家中姊妹多，我却一直没有感觉到家中有多么困难，我们愉快地上学，过年穿新衣，事情做得漂亮还有好吃的奖励。这可能都源于我有一个很具智慧的母亲。

——北京的金山上

母亲读书时成绩总是名列前茅。我小的时候吃百家饭，大眼睛，嘴又甜，很招人喜欢，四岁母亲让我上了村里的幼儿园。从两三岁开始她就在走亲访友的路上、农忙闲暇的时候教我加减乘除，教我背古诗。夏天的傍晚，凉风习习，妈妈把我叫到屋外的房檐下，一个动作一个动作地教我，一句句的教我唱《北京的金山上》，当唱到最后一句“哎，巴扎嘿”，我的腰弯下去时，妈妈抱着我笑。当时乖巧的我一定给妈妈带来了很多欢乐吧？没有电视、没有网络的生活可以被妈妈演绎得如此多姿多彩，虽然过去了这么多年，这首歌我至今记忆犹新。

——一个煮鸡蛋

弟弟小，我们姊妹三个都上学了，每到寒暑假，我家的墙上就会贴出一张妈妈制作的表格，说白了就是对我们姐仨儿的评价表，上面有一天的作息时间，几点起床，几点写作业，几点做家务，还有我们的家务分工，妈妈每天评价一次，优秀的在表格里画一面小红旗，一周优秀的就可以奖励一个煮鸡蛋，虽然家里养着鸡，但是鸡蛋都是去卖的，能吃上一次也是很不容易的，为了那个鸡蛋我们竭尽所能，自律意识都很强，很有条理地各自做着各自的事情。到后来没有妈妈督促的假期或工作阶段，我都会事先给自己制定一个日程表，规划每天或每个阶段要做完的事情，打出提前量，让自己总是游刃有余，这一点让我受益终身。

——十四岁的纪念

上中学了，自己的想法逐渐成熟起来，也开始为自己的未来设想了，十四岁，是人生一个重要的起始阶段，这是母亲让我懂得的。十四岁的生日那天我收到了妈妈送我的一个塑料皮儿的笔记本，扉页上妈妈用娟秀的字体写着：“文凤，今天是你十四岁的生日，你已经开始长大了，希望你像海迪大姐姐那样去学习、生活。”当时张海迪的事迹铺天盖地，可以说影响了很多人的人生观，在十四岁的那一天我收到了这份至今还珍存着的礼物，它还会伴我走好以后的每一步。

都说一个民族的强大看母亲的综合素质就可以了，母亲对于孩子的影响与教育可以让孩子享用终生，一个智慧的母亲更是可以让孩子在润物无声中变得强大。

★业余生活的贫瘠让我喜欢上了书籍

我的家在郊区，比较偏僻，上小学的时候村里大队部开始有了第一台电视机，放在高高的窗台上，屏幕很小，能大概看清图像，偶尔村里放场露天电影，那时就像过节，早早地吃过饭就去占取有利的位置，业余生活的贫瘠却阻挡不了一颗渴求了解外面世界的心，它使我爱上了读书。

——被子上的蜡油

上学的时候好像除了教科书很难见到其他的书籍，所以能找到一本书来看在那时简直就是一种奢望，没有适合不适合，没有必读选读之分，只要有书就如饥似渴地读。上小学的时候不知从哪里弄来的《第二次握手》《梅》等小说，白天没时间就盼着晚上做完家务、写完作业的那段时光快些到来，那时好像总是停电，我自己一个房间，爸爸是木匠，家里的家具都是他一件件做出来的，一个书桌，一张单人床就是我的天地，床头上满是蜡油，一根蜡烛不知不觉就燃掉了半根，当然枕巾上、被子上也是斑斑点点的蜡油，在投入的阅读中时间总是溜得很快，每晚都是在母亲的唠叨声中依依不舍地入睡。当然后来为了对付母亲也有一些改进，那就是蒙着被子打着手电筒看书，这招儿比较灵，能让我看到深夜不被发现，厚厚的一本书没多长时间就被看完了，有时就再看第二遍。

——珍贵的小人书

现在想起来上学时最大的愿望就是能有大块儿的时间读书，并且有书可读。小时候特别愿意到姥姥家去，当然是有很多的玩伴，更重要的是小舅舅有一个方方正正的木头箱子，平时都上着锁，那里是一箱子小人书，那对于我来说是多么大的诱惑呀！我会想尽一切办法看那些小人书，和他要不给我就哭，一哭姥姥出面我就能得逞；有的时候我就给他唱歌、讲故事，逗他笑，那时我也能看到书；姥姥家外面有一条长长的小路，一面是半人高的土坡，上面有很多杂树丛，夏天的黄昏会有很多蜻蜓落在上面，我就去捉，悄悄过去，只要捏住它的尾巴就拿下了，这也可以换本小人书看。就这样我用了很长的一段时间把那些小人书都看完了，记得很多本第一页都是毛主席语录，内容大概是斗地主、抓坏蛋的。但只是看，拿走是万万不行的，我当时多么希望自己也能像小舅舅一样富有呀！

——听评书

记得那时走在村子里，不时地会从冒着炊烟的房子里传出刘兰芳的《杨家将》《岳飞传》，单田芳的《隋唐演义》。我家里有一台电收音机，每天中午十二点我会准时坐在那里听评书，一边写作业一边听评书，两不误，怡然自得。那时总能听到妈妈说："一边听一边写，能记得住吗？要一心一意。"我应着，每每都是抹稀泥过关。现在想想，看着女儿一边听着音乐，一边哼着歌写作业，我也会唠叨妈妈当年说的同样的话："一边听一边写，能记得住吗？要一心一意。"有时说着说着仿佛隔世，一下就把我拉到了当年。有时我也会看着女儿傻笑一下，"孩子，若干年后，你是不是也会对自己的孩子重复我说过的话？"

——夜晚的深思

村子里的夜晚非常安静，我走在街上，坐在矮墙上，望着天上的月亮，像个大人一样思考自己的未来：我的人生会是什么样子呢？我一定会走出这个小乡村，有自己的一片天！那个夜晚现在回想起来还非常清晰。我的心里一直就藏着一个梦，那就是当一个优秀的作家，写出自己想的，写出很多美美的小说让大家看。我一直就有记日记的习惯，我现在的家里有一个红色的小箱子，那是跟着我的嫁妆一起来的，那里面除了我和先生的情爱点滴记录，就是我的日记本了，厚厚的十几本，她记录了我的整个学生时代生活，是我曾经走过的痕迹，那里记载着我的欢乐与思考，奋斗与彷徨。当然还有几本厚厚的简报和摘抄，那时喜欢读诗，顾城的、泰戈尔的，喜欢看《读者文摘》（就是现在的《读者》），而且一看就是几十年，虽然作家没当成，但是儿时的梦想却历历在目，仿佛昨日。

物质的贫穷不可怕，可怕的是精神的空虚。一个爱读书的孩子再坏也坏不到哪去，一个不爱读书的孩子再好也好不到哪去，这话虽然有些绝对，但值得肯定的是书籍对我们的成长太重要了。他让我们平凡的生活变得海阔天空、多姿多彩；让迷航的小船可以找到方向，勇往直前；更让我们变得豁达、平和、智慧，让我们的人生变得美好、厚重。

我的教师生涯

都说初生牛犊不怕虎，我就是怀着雄心壮志，气宇轩昂地一头闯进了我工作的第一所学校。

★卧薪尝胆

19 岁，一个花季的年龄，充满憧憬与向往，仿佛一切都是新的，按捺不住激动的心情，一溜风地走上了属于自己的讲台。

——自修之路

尤金·葛雷斯说："一次做一件事，做那一件事时，要好像生命就悬在它上头。"是的，我常常感到一种生命的紧迫感，总觉得一天不读书看报，就会被甩在后面很远。我用了六年时间参加全国自学考试，终于拿下了中文大专文凭。了解的人都知道，自学考试之路有多么的艰辛，曾记得多少个节假日，把自己关在房间里苦读，不知什么时候柳树已抽出了嫩芽，不知何时树叶已变黄飘落，不知多长时间没同女儿一同玩耍；曾记得多少个夜深人静，灯下苦读，老公的体贴、理解、支持，使我心中充满了甜蜜；曾记得取得优异成绩后的得意忘形，载歌载舞……所有这些，又怎么是一杆笔所能写清的呢？记得有一个夏季，我上完班后去听辅导，公共汽车上人挤人，人挨人，多种味道让人感到窒息，那时我正身怀有孕，我一手护着自己的腹部，一手抓住栏杆，突然觉得自己的腿发软，车窗外的景物仿佛离我越来越远，车厢内的嘈杂声也渐渐消失了，我仿佛掉进了一个黑黑的深渊里，我瘫倒了……醒来时，我的身上像刚洗过一样，全湿了。下了车，我喝了杯水，坚持听完课，每次到家都要夜里十一点多，可往往晚饭还没来得及吃呢。我深感对不起未出世的孩子，更对不起远在国外对我们母子牵肠挂肚的老公。有多少次我都动摇了，但一想到自己既然已经走上了自学之路，就一定要坚持到底。后来我又参加了教育管理本科和哲学专业研究生课程的学习。

——一鸣惊人

我虚心地向老教师请教，认真地钻研教材，总怕由于自己的疏忽，给学生讲不透。当时没有多媒体，都要自制教具，剪纸、画画、小树棍儿，顺手拈来都是教学资源，记得当时挺有意思的，妈妈有时为我抄学生评语，妹妹为我给孩子们剪小红花，真是“一人当教师，全家齐动员”。我从没有在白天备过课，那些空余的宝贵时间都留给了孩子们，判作业、谈心；晚上很少能在十二点之前睡觉，每备一节课都要翻阅几本资料，我希望自己下的功夫多些，孩子们可以学得省劲些。我工作的第五个年头，在全区二百多名推荐教师中，经过现场备课、讲课、论文答辩，我成为二十一名首届学科带头人中的一员，这在一所农村学校是多么的难能可贵呀！在那几年里我应邀到区内不同的学校送课；为区里的教师做教材分析；到市里与专家探索新教材的修改与编订；和区里几位教师成立专题小组，对朗读、摘抄、听说等项目进行教改实验，进而在全区推广。那应该是我教学生涯的一个转折点，我感到工作不那么东冲西撞了，自己心里有了底气，更感觉到眼前一片海阔天空，这应该就是蜕变后的飞跃吧！

★长者关爱

现在回想起来，那个大大的办公室，里面坐着十来位老教师，她们开朗乐观、敬业务实，这个团队给我的影响是潜移默化的，有时她们为一个问卷答案争得面红耳赤，有时聊起家中趣事开怀大笑，有时伏案扎在高高的作业堆中迅速地打着叉钩，有时对着调皮的学生柔风细雨又或雷电交加，原来这就是真真切切的教师生活。

——老教师的鼓励

刚刚踏上工作的岗位，心中的那份忐忑至今记忆犹新。急切的想得到肯定，怕有一点闪失，那时的自己脆弱到了极点。我的第一节课是教研组长去听的，听完后他大加赞赏：“不像新毕业的老师呀！很老到。”我知道这是他给我的鼓励，现在想起来，他的这一也许无意识的肯定却给了我无穷的勇气，试想如果是否定那可能对于我来说是致命的。有时在办公室里他们会起哄让我给他们唱首歌，不管唱的好与坏，他们都毫不吝啬地对我大加褒奖；班里的难事让我掉眼泪时，他们就逗我开心，告诉我一些行之有效的妙招。这些老教师现在都已经退休了，但是当时的每一个画面我都历历在目，真的很庆幸我一毕业就遇到了他们，那种宽松的、向上的、友好的氛围是我教师生涯的加油站。

——领导的信任

我毕业后教的第一个班级是二年级，我用尽全身的气力带这个班，孩子们比较懂事听话，班级管理好像没有带给我太大的压力，每天认认真真地上每一节课。我有一个学生作业记录本，交没交，改没改，每天一清，一个个地盯学生，无一遗漏，也许就是这样的坚持，这群孩子的期末成绩由原来和其他同轨班级平均分相差十几分，一跃成为年级第一，这一点给我的鼓励是显而易见的，我对自己充满了信心，这一习惯在以后的几年我也一直延续着。期末老主任找到我，让我直接从二年级去接手一个六年级班，这个班的孩子早有耳闻，简直一个无法弄，我愣愣地听着，嘴中嚅嗫着："我能行吗？""没问题，你肯定行！我们会帮你的！"主任的脸黑黑的，那信任的眼光发自心底，我欣然接受了，只为了那份信任和不服输的心。事实证明，那是我六年班主任生涯中最艰难的一年，那一年原本瘦弱的我体重下降了十五斤；但也是收获最大的一年，我和孩子们之间发生了太多的事情，那是令我终生难忘的一年。

★师生情谊

我的童心未泯，和所教班级的孩子相差不了几岁，我们玩在一起，学在一起。

——圣诞树与窗花

刚接班时，孩子们的学习成绩差自不必说，单是班里几个男生组成的小集团所做的事，就让我应接不暇：他们到低年级讲台上去大便；到附近铅场去偷铅；在墙上、门上刻写骂人的话；强行勒索别人的钱买吃的；就连其他班前树上的叶子掉到我们班清洁区，他们也会大打出手……那些日子，我第一次感到了什么叫心力交瘁，晚上我经常被噩梦惊醒，一天到晚，我的神经总是绷得紧紧的，仿佛稍一用力，就会挣断，天性倔强的我默默地承受着，我相信，我一定会改变他们。泰戈尔说："不是锤的打击，而是水的载歌载舞使鹅卵石臻于完善。"我去家访，开始学生不开门或跳墙逃跑，再后来，他们看我不是来告状的，也就去掉了戒备心理，取得了家长的支持后，我开始在班里组织各种各样的活动，培养他们的集体荣誉感。"六一"了，我带着他们剪窗花，把教室布置得漂漂亮亮；新年到了，我领着他们去挖圣诞树，挂上礼物与彩带；假日里，我骑车带他们去野炊、游泳，照片上留下了我们欢快的身影；学生病了，我买了礼物去探望；我还印制了喜报，对学生的每一点进步都及时予以鼓励；我还在学校首创了班里的“心里话小信箱”，它让我和学生成为更亲密的朋友；期末了，我召开了家长会，请进步大的学生家长介绍了教子经验，并把写有“最佳家长”的证书送到他们手上。在一次次的活动中，孩子们的集体荣誉感在增强，他们看到了自己的优点，增强了信心，一个良好的班集体初步形成了。

——“我们是男的”

班风好转了，我对学生的学习抓得更紧了，我知道，一个优秀的班级，学习成绩也应该是顶呱呱的。班里有几个学生落下的内容太多了，我就利用业余时间为他们补课，并且告诉他们学习是自己的事情，你们一定能行！每天我总是第一个来到学校，晚上又总是顶着星星回家。这几个聪明的孩子长进很快，我尽情享受着自己付出后得到的最好回报。有一次为他们补完课骑车回家，不经意间回头发现了几个小身影，太熟悉了，这几个孩子的家和我家方向正好相反，他们要去哪里？我转回头冲他们喊：“你们干吗去？”他们犹豫了一下，还是过来了。追问了半天，他们中的“小头目”搔着头皮说：“老师我们送您回家。”我一听就急了：“老师是大人了，你们还小，回去吧，我没事。”他们争着说：“我们是男的！”再一问才知道，原来他们一直都在偷偷送我回家，看我进了家门他们再折返回去，从未间断过。从学校到我家骑车要半个小时，冬天经常要刮起西北风，天黑得又早，看着他们在寒风中的小身影，我真的不知多少次流过泪，我教的就是这么一群懂事的孩子。

——我病了

那年初春，孩子们即将面临毕业考试，我却由于淋巴发炎住进了医院，病刚好一点儿，我就急着出院，医生不同意，我就偷着出院了，没想到刚上班几天，我的病就反复了，没办法又住进了医院，我的心里像着了火一样，我担心的是那班孩子。几乎每个周末，医院里都有孩子们的身影，他们买来的食品摆满了床上床下，他们坐在我身边哭，坐在我身边笑，坐在我身边说连做梦也想我，孩子们的心真是一块奇怪的土地，播上思想的种子，就获得行为的收获；播上行为的种子，就获得习惯的收获；播上习惯的种子，就获得品德的收获，能得到这么多孩子的心，病痛又算得了什么呢？最后这个班以优异的成绩全部升入中学，并被评为北京市优秀班集体。

我是当了教师以后才开始喜欢这个职业的，喜欢这个职业也是由喜欢孩子开始的。虽然身为校长也是一名教师，但是七年的班主任工作应该说是我真正的教师生涯，因为能和孩子们的心贴得如此近，能切实感受到他们的快乐与痛苦，可以和他们一同呼吸，一同成长，那真是一种最大的幸福。以至后来我总会酸溜溜地说："虽然学校里的学生都是我的学生，却没有一个亲学生。"那种感觉只有曾经做过班主任的人才能体会。

路漫漫其修远兮，吾将上下而求索！

于北京小学翡翠城分校北校区办公室

中国中小学名师名校长领航工程丛书

让孩子拥有幸福的能力

林启福◎著

中国出版集团
世界图书出版公司

丛书序

我在不久前发表于《中国教育报》的一篇文章中提到：必须高度重视我国教育本土实践与智慧的深度研究，这可能是中国教育转型的关键，也是增强教育自信的必由之路。这里摘引其中的几段。

何为“本土”？自然指向的是中国本土，它是中国的，是中华民族的，是在中国教育自身的实践中产生的。但今天的本土，又不是纯粹的孤悬于世界教育文明之外的“孤岛”。近代以来，国门大开，中外交流包括教育的交往从未中断，而且越来越有深度，也越来越融通。因此，可以说，在全球经济一体化的今天，偌大的中国，无论怎样的教育实践和思想，都像今天的中美经济贸易一样，你中有我，我中有你，所以这里的本土应该是指发生在中国大地上却又融汇了全球教育智慧的本土实践，是在实践中产生的智慧。研究本土教育，弘扬本土教育的实践智慧、经验，绝不意味着我们对于他国教育理论和实践的拒绝和对抗。

事实上，许多年来，随着教育部中小学名校长、名教师领航工程的陆续启动，一批又一批原本散落、尘封、不为外人所熟知的教育实践成功的学校、校长和教师典型，经由国家工程的推动，越来越快地成长、发展和成熟。笔者参与教育部中小学名校长领航工程，以江苏基地首席专家的身份，与来自全国15个省市自治区的教育家型校长“互学共进”，见证了他们在一流理论和实践导师的专业引领下自身成长和学校发展的

“蜕变”过程，深感与最为杰出的教育人结伴而行，乃人生至乐，且真正可以教学相长。感受最深的是代表我国现阶段最高水平、最高层次的精英校长，他们在长期的教育和学校管理实践中，在长期广泛学习、借鉴、研究、融会贯通、将世界优秀的教育理论与我国教育实际相结合的过程中，不断地“立功、立德”，成就越来越多的教育辉煌，其中有很多校长已经或者正在形成富于本土教育特色和个性的教育思想。

这样成功的本土实践、这种在本土实践中成长起来的中国教育智慧，对于教育改革的深化，对于教育转型，其借鉴意义和价值深远，一点也不亚于西方教育成功的理论和模式；甚或，因为其同源性、可行性，就显得更加重要。对之视而不见或者置若罔闻，这要么是崇洋媚外的劣根作祟，要么是功利导致的无知和漠视。

到2021年9月中旬，教育部第二期教育家型校长培养工程圆满结业，中国已经培养出近180位教育家型校长。而随着时光流逝，他们中的越来越多的人都将淡出教育的主流场域，这虽然是新陈代谢的规律所致，但对于这一批校长，在这样一个黄金时段，如何最大限度地发挥他们的作用和功能，更好地实现在教育变革中的意义和价值，对此我们又有多少考虑，又有多少顶层设计呢？

作为曾经伴随着他们“走过这一段路”的培养者，作为亲眼见证和感受着他们的优秀、卓越和创造了一方教育辉煌的专家，每每想到这些，只有扼腕叹息，我无法要求国内的教育专家学者转换视角、转变观念，把研究的重点瞄向本土、本土真正杰出的教育实践家、中国一流的教育家型校长群体，也无法突破一般政策的规定，比如校长任职年龄的限制，充分发挥这些领航校长的智慧和才干，不断创造办学和教育的奇迹，引领一方教育顺利转型。我可以做的，或者说力能胜任的，大概就只能是重点关注这些校长中的一部分，调动多方专家力量，如实地呈现他们有关教育的功、德、言，呈现他们的研究成果和创造成果。

这套《中国中小学名师名校长领航工程丛书》正是要通过这些校长

自身成长的轨迹梳理、学校发展的过程回放，通过对其经验与理念、理性思考与实践智慧的展示，特别是通过他们教育思想、管理个性与办学风格的真实表达，以理性开启思维，以经验启迪思想，以成功激励成功，为面广量大的校长人群提供资源帮助，经验参照和方法启迪，推动正行进在改革现实、加快转型、探索未来教育的他们突破、超越，从而为加速建设教育强国、科技强国、人才强国贡献智慧和力量。

不仅如此，通过这种原汁原味的成功样本的“实录”，展示中国基础教育转型期一批勇敢者不息探求的历史，为未来国内有志于中国基础教育研究的专家提供第一手的最真实的素材和资源。也衷心希望越来越多的教育同仁参与进来，开展越来越多、越来越丰富的研究，取得越来越多、越来越厚重的成果。

当中国本土的教育实践智慧被越来越多的教育人、研究者深度关注，当本土教育家型校长和校长教育家的办学思想、成果的研究终于成为“显学”，我国教育改革的深化、教育转型的发展，就进入了花香郁郁、生机勃勃、自信满满的崭新阶段。

本丛书的组织、编写和出版，得到了教育部“国培计划”专家工作组秘书长黄桂珍、领航工程项目办郭磊主任、国教院培训学院于维涛、领航工程北京基地首席专家胡淑云、领航工程广东基地首席专家龚孝华等的大力支持，他们给予本书以较高的评价，在此深表感谢。必须要提到的是，2020 年，北京教育学院校长、培训学院院长胡淑云教授邀我和广东第二师范学院龚孝华教授一同参与了中国教育学会重点课题“从名校长到教育家型校长发展路径研究”，本丛书恰恰是围绕这一课题所做的“研究三人行”之成果了。

严华银

2022 年 2 月星期日于南京老山竹下居

建构一种幸福教育哲学

一个优秀校长就应该有自己关于教育的思考、理解和追求，一所优秀的学校就应该有独特的关于学生、教师和学校成长和发展的教育理念、思想和哲学。构建学校发展比较成熟和稳定的教育哲学，应该是教育家型校长的基本职责、使命和不懈追求。福建省三明市三明学院附属小学校长林启福则为自己的学校建构了一种幸福教育哲学。

三明是一座山环水绕、充满现代文明气息的“桃源”般的山林城市，三明学院附属小学却有着与这所城市不很匹配的逼仄和“古旧”。尽管如此，走进三明学院附属小学，这一点也不妨碍我们对这所学校异常整洁、十分现代观感的深切，不妨碍我们对附小人明亮、诚厚和坚忍印象的强烈，更不妨碍我们对附小教育理念和学校发展优秀和卓越判断的明确。与老师们交流，我们总是为他们的专业、敬业和幸福感而感动。走入教室，我们被教室文化的精细、周到、入心和儿童视角所感染。是的，生活在这样的教室中、校园里的学生和老师，一定是快乐的、满足的，充满幸福感的。哪里仅仅是附小人，即便是偶尔驻足的我们，时刻萦绕在心头并且动辄跳出口来的就是两个词：温馨和幸福。

这一切，当然与林校长的“福泽教育思想，幸福教育”的理念相关。学校的校训是“从小事做起，把小事做好”，恰恰对应了“福泽教育”之“泽”性。涓涓、滴滴、细细、悄悄，可以说，起点在“微小”处，但又落点在大福中。这样一种基于儿童视角和立场的深入人心的简明、质朴的话语方式，很是特别，又是难能可贵的返璞归真。不仅如此，学校已经建构的“七色花”德育课程以及正在建构并完善的“福泽教育”课程体系，都为这样的教育实施到位提供了至为重要的“物质”保证。

什么是一个校长和一所学校的“教育哲学”？美国课程学者泰勒认为，学校的教育哲学指的是对美好生活的看法所持的价值观，以及对社会适应、社会改造和社会分工等问题的态度。它不是一般的学校发展理念，而是带有认识论和方法论意义的教育理念，是积淀在学校中的历史传统，反映了学校的发展背景，体现了校长和广大教师共同愿景的核心教育理念。

以此来观照三明学院附属小学的“福泽教育”，我们会发现，这样一种根植于我国儒家有教无类、因材施教的教育思想，就是三明学院附属小学的教育哲学。他的“福泽教育”哲学，体现的是基于规律的个性、有所根据的原创和极具智慧的表达。

“福泽教育”的践行，开启了三明学院附属小学教师和学生的幸福之门，体现了教育的公平、普惠的温润、细腻之功，这正是现实和未来基础教育所要达成的至为关键的目标任务，这也是教育的本质追求。

严华银

江苏教育行政干部培训中心常务副主任、教授、特级教师

让孩子拥有幸福的能力

有人说：“去哪儿不重要，重要的是和谁在一起？”和林启福校长在一起，无论在哪里，你都会感受到教育的幸福。两年前，我有幸走进三明师范附属小学，并不算大的校园，处处体现一个教育者的用心。墙面上的壁画、廊柱上的装饰、大厅内的展板以及教室、走廊、楼梯，每一个角落都被巧妙地赋予了教育的意蕴，洋溢着无言之美。好的学校，每一面墙壁都会说话；好的教育，耳濡目染，润物无声。对着校墙外一幢拆迁无果的旧楼，林启福校长略带遗憾又满怀憧憬地说：“什么时候拆了，我们的孩子就有敞亮的新教室了。”好的校长，总是把美好的梦想“卖”给每一个师生，让他们对教育的未来、对学校的明天充满向往；更重要的是，他用自己的教育智慧让梦想成真。不久前，听说那幢旧楼终于拆掉了。我可以想象，林启福校长的表情，一定是快乐的；他的老师们和孩子们，也一定是这样的表情；看到师生们的快乐，林启福校长一定是幸福的。快乐是可以传递的，幸福也是可以传递的。一个内心充溢着教育幸福的校长，才能将这种教育的幸福体验悄悄地传递给他的老师们、孩子们。如果我们的教育只给人痛苦，而不能给人幸福，那么就失去了存在的理由。不幸的是，现实中功利主义的教育，恰恰在“爱”的名义下，野蛮地剥夺了师生们本该拥有的快乐和幸福。“福泽教育”，唤起我们对教育的热情，唤醒我们对教育本真意义的追寻。和林启福校长一起走在“福泽教育”的大道上，将是幸福的旅程。

有人说：“幸福是遥远的未来，看得见却到不了。”的确，教育是面向未来的事业，“福泽教育”是一座桥梁，连接当下与未来。“教孩子六年，想孩子六十年”，这是“福泽教育”的责任担当和崇高情怀。要知道，未来是一个高度智能化的世界，今天的很多工作在未来都会被机器人所替代。人所能做的，就是无限地创意和创造；人所追求的，就是自身价值的实现和幸福感的获得。著名未来学家丹尼尔·平克说，未来有六种技能：设计感、讲故事的能力、整合事物的能力、共情能力，还有会玩儿、能找到意义感。一个女孩学了几年小提琴，却没有通过考级，伤心地哭起来。她的父亲对她说：“孩子，我让你学小提琴，不是为了考级，而是想让你在寂寞的时候，可以拉上一曲。”“福泽教育”，不仅仅是让学生追求学业上的成功，更重要的是让学生拥有幸福的能力，不管成功还是不成功，都能从中找到学习的意义感，都能很幸福；“福泽教育”，不是让每个教师都成为名特教师，而是让每个教师在平凡的岗位上，在普通的教育日子里，找到作为教师的职业价值和尊严，获得内心的安宁和满足。如此，“福泽教育”超越了功利的压迫，走向了自由的境界。若要问什么是教育的幸福？那就是“自由地呼吸”“独立地思考”“健康地行走”。

有人说：“幸福就是一场意外的遇见。”结识林启福校长，缘于教育部的卓越校长领航班，我意外地成了领航班导师团的一员。说实话，我长期醉心于语文学科教学研究，常常把校长当成老师来做，极少对如何当校长进行深度的思考和系统的总结。担任导师，诚惶诚恐。当看到林启福校长这本专著，着实吃了一惊。他对教育问题的哲学思考、对“福泽教育”的完整建构、对实施路径的科学筹谋、对教学细节的精益求精，让我深深感叹：好校长，当如林启福！我无法用文字来描述我的感佩，更没有水平用文字做出深度的评价，我只能用这样的一句话来表达我的敬意。有人说，一个教师最大的幸福，是看到曾经的学生成了他的老师。如果是这样，我和林启福校长的遇见，真的是人生中莫大的幸福。是他，让我拥有了幸福的能力！

薛法根

教育部卓越校长领航班学员实践导师、全国著名语文特级教师、

江苏省吴江盛泽实验小学教育集团校长

一千个孩子有一千种幸福

——“福泽教育”概述

孩子是由一百种组成的
孩子有一百种语言
一百只手　一百个念头
一百种思考方式
游戏方式及说话方式
还有一百种聆听的方式
惊讶和爱慕的方式
一百种欢乐　去歌唱去理解
一百个世界　去探索去发现
一百个世界　去发明
一百个世界　去梦想
……

意大利教育专家 Loris Malaguzzi 创作的《儿童的一百种语言》从儿童视角有诗意地阐述了他的儿童教育观：儿童从来就不是工厂流水线里的产品或者机器，尊重和儿童有关的任何一件小事，把儿童看作一个和成人一样的独立个体，悦纳儿童的个别差异，用尽可能多的方式去感知他们的发展需求，激发他们的潜能，教育才能真正成全儿童的发展。“福泽教育”从某种意义上而言，正努力创造“儿童的一百种语言”。

“福”是思想、理念、目标、愿景；“泽”是过程、手段、策略、方法。

“福泽教育”，主张教育的本真，不作甄别，而保持对当下每一个生命个体的深切关怀。“泽有方法”“泽有智慧”“泽有大爱”，学校成为幸福之地，校长和老师是学生生命中的福星，以仁爱之心、智慧之水润泽儿童的成长，传播有益于学生身心发展的福音，增加生命的亮度，让会飞的孩子飞起来，会跑的孩子跑起来，只能慢慢走的孩子也能幸福地走起来，然后从容地走向属于他自己的幸福人生。

基于这样的儿童教育观，学校按照“整体规划，突出重点，分步实施，逐步完善，追求品质”的科学规划，宏观架构“福泽教育”思想下幸福教育“12345”工程，聚焦“五度”教师团队建设、“四生”幸福课堂、“幸福七色花”体验教育活动、“幸福学生的样子”分层序列化好习惯“四轮驱动”战略，努力探索多元化个性课程，多管齐下，稳步推进，在“制度发展、教师团队、学校文化、德育管理、课程建构”等系统中逐步建构“福泽教育”基本物质保障和价值体系，使“儿童的一百种语言”的教育理想变得可践行，满足每个孩子多元化发展的适合教育。

一种清晰、丰盈、立体的教育，一种自由、舒展、从容的教育，在这里开始落地、生根、发芽、开花……

一千个孩子有一千种幸福。“福泽教育”，矢志坚持用教育的梦想追求理想的教育。在柔软美好的教育路上，让每一个儿童都在纯净的、人性的、温情的天空下有尊严地、自由地、个性化地成长！

林启福

目 录

contents

第一章

“福泽教育”引领儿童幸福成长
——“福泽教育”思想探索与实践

“福泽教育”，福之大泽，这是对学校和师生教育教学关系的一种生动描述。学校是一条注满幸福之水的长河，老师是一条水源丰沛的幸福小河。在学校和老师的浸润教育之下，学生未来有机会成为无数条幸福的小河。“福泽教育”，以学校和老师之“福”来润泽学生，润泽他人；学生终有一天也能以自身之福来润泽他人，润泽社会。就此而言，教育，就是人与人之间幸福的润泽，而且是立体交互的润泽。

天地有大，美而不言。走在追寻美好的教育路上，我们笃信：“福泽教育”，是教育的美好过程，最终构建儿童多姿多彩的生活。

第一节 教育人情怀——“福泽教育”缘起

一、基于儿童立场

有一个小故事：

铁棒费了九牛二虎之力也撬不开锁，而钥匙却轻轻一转把锁开了。铁棒问：“钥匙，这是为什么？”

钥匙回答说：“很简单，因为我懂锁的心。”

教育，有时候就是这样，只要你是那把能够打开唤醒成长密码的钥匙，人的发展就水到渠成。这让我回忆起一段往事——“林校长，我的孩子走了，感谢您在他最后的那段日子里，那么认真地呵护一个患病的孩子，那么把我的孩子当回事，让他愉快地在校园里度过一段无拘无束的生活！”1999年就任三明市列东小学（今为三明市实验小学）校长的我意外地邂逅了一个特殊的家庭：一个单亲妈妈和一个患有脑癌的男孩。这个患有脑癌的孩子因为脑瘤压迫脑神经，在学校表现出了异常的狂躁和多动，受到了班主任的多次“调教”。我在偶然中知道这个孩子的事情后，和班主任促膝长谈，以个人体悟代替说教和教师们一起研究教育，关注帮扶，让男孩在生命的最后一段旅程获得了快乐的体验。这个特殊孩子的离去，给了我很多思考和触动。当时，我的脑海中就不时想起孔子“仁者爱人”之说。仁者爱人，这是孔子思想也是儒家学说的最高境界，是儒学主张爱的方式。这种爱的基本原则，触动了我重新审视学校教育的功能和价值。

孔子早在两千多年前就提出了“有教无类”的教育主张，这与当前教育界热议的“教育机会均等”“给每个孩子提供适合的教育”有异曲同工之妙，也与现代儿童观相吻合。现代儿童观强调儿童的主体地位，尊重儿童的天性。作为一名现代教育管理者，我深刻地认识到21世纪的教育强调人与人之间心灵的沟通、精神的相遇、生命的碰撞，是一种人类希望、理想和超越的教育。这样的教育落实到儿童角色中，就意味着我们要以儿童的角度来思考教育，走近儿童、了解儿童、尊重儿童、呵护儿童，既关注他们当下的幸福成长，又为他们将来的发展蓄力。

一组数据显示，小学三至六年级学生每日平均做家庭作业1.41小时，比国家规定最长时间超出0.41小时。39.3%的学生在非周末参加课余特长培训，49.4%的学生在周末参加课余特长培训，学生闲暇的时间少之又少。过度的竞争不适当地强化了学生的自我中心倾向，并使相当多的学生不断面对失败，缺乏求知乐趣的体验，伤害了学生应有的自尊、自信。

当前的教育可能无法改变孩子所处的社会环境、家庭环境氛围，但却有义不容辞的责任：保护孩子们心灵中的精神财富——欢乐和幸福。幼竹拔节，小树生长，每个孩子来到学校，都各有所需，他们有的渴望兴趣得到激发，有的渴望习惯得到培养，有的渴望能力得到提升、个性得以张扬，有的渴望享受学习的快乐和成功的体验……一句话，儿童渴望在学校获得成长。

二、基于学校定位

自 1997 年担任校长以来，我不停地追问自己：什么是教育？教育的目的是什么？什么样的学校才能成为那把轻轻撬动儿童成长的“钥匙”，让儿童蓬勃的生命在教育中获得发展？

一个时期里，我们总认为教育就是为了培养人才，学生接受教育是为未来做准备。这种“人才论”使我们过于急功近利，忽略了教育是最个性化的事，不谈教育是对受教育者本人负责。教育难道不是为了每个人追求幸福美满人生？教育应该帮助每个儿童寻找到独特的“成长钥匙”，使他们从容地开启属于自己的幸福大门，享受自己的人生并帮助别人享受人生。2013 年 1 月，因为工作需要，我从三明市实验小学调任到附小。在附小的两年，我常常仰望门口熠熠生辉的荣誉墙，因为那金光闪闪的辉煌背后凝聚了几代附小人的心血，作为接班人，我不能有辱使命。附小有着全市最好的师资队伍，先后涌现出全国优秀教师 2 名，受国家教育部、人事部表彰 4 人次，省教育厅表彰 20 多人次，市教育局表彰 50 多人次，有省劳动模范 1 名、特级教师 7 名，省、市学科带头人 10 人，高级教师 28 名，市级以上学科带头人和教坛新秀 10 人。优秀的师资来源不断提升着学校的发展水平，也不断凝练成了独具一格的附小人精神：敬业爱岗、无私奉献、勇于担当、追求卓越。正是这种精神，鼓舞着一代又一代的附小教师立德树人、教书育人，培育出一代又一代的附小学子，使附小学子以饱满、阳光、幸福的姿态进入高一级学校学习。

在前几任校长的领导下，这样一支优秀的师资队伍让附小成为有广泛知名度和社会影响力的学校。前仆后继、薪火相传，传承附小沿革发展生生不息的治学精神，传承附小以生为本的办学理念，努力让附小凸显育人的办学特色，产生更广泛的影响力，满足广大人民群众优质教育的幸福期望，更好地引领附小师生实现教育的幸福价值，让学校成为师生共同的精神家园，让附小实现教育新的飞越，这成为交到我手上的接力棒。

三、基于时代需要

在这个信息时代、知识经济时代，我们培养的人才不应该是一批又一批统一规格的工厂“标准件”，人也不应该按部就班地完成标准化动作。我们更应该培养有首创精神、敢于质疑、勇于挑战、善于合作、有个性、有创意的人。社会的需求反映到教育，不仅是升学、应试，单纯强调知识、技能是不能适应社会发展需要的，教育在社会中的重要性越来越明显。21世纪，经济学领域的“幸福指数”和国内生产总值被广泛纳入各国政府评估体系。美国哥伦比亚大学地球研究所发布的《2013全球幸福指数报告》多项数据显示，在156个调查国家里中国位列第93位。幸福，开始作为一个时代的标志，一种文明发展的形态在当今社会被上层建筑纳入国家发展的意识。

三明作为全国文明城市，正在积极构建“开放三明、幸福三明”城市目标，让三明的天更蓝、水更清、景更美、人幸福。在这样的大环境下，今天的教育如果还在拼命单纯追求升学、追求谋生、追求竞争、追求在优秀中挣扎，那么整个国民的幸福生活指数将走向何方？当前，我国基础教育发展进入了一个新时期，人民群众对教育提出了更高的要求，从“有学上”向“上好学”的需求转变。如何办好每一所学校？如何面向全体学生，让每一个学生都得到发展？如何让每一个学生都能享受优质的教育，实现幸福成长？这一切都成为一个从事基础教育的人首先要思考的问题。

四、基于领航励志

2012年，我有幸参加福建省首届中小学名校长培养工程。在三年的学习中，我近距离和教育大师接触，聆听他们的教育理念和治学之道，也有时间反思自己的教育实践，对“校长”这个职业有了全新的认识，对教育家办学追求又有了全新的触动和思考。

当前，纵观全国各级各类学校，不少教育同行都在建构“幸福教育”发展之路，但基于“理念”层面的居多，缺少文化价值的引领、课程体系的支撑和丰富的德育实践载体，降低了幸福教育的目标层次，甚至走向“庸俗化”。

如何通过教育真正让学生走向幸福，提升幸福思维能力，学会创造幸福、分享幸福是我们要不断思考和实践的重大课题。马斯洛的人本主义思想强调人的正面本质和价值，强调人的成长和发展、自我实现，追求的是实现人的“内在价值”。如果能实现这些价值，便可以获得人生最大的幸福和快乐。随着思考和践行的不断深入，我渐渐地发现，教育的过程远远比最终的“幸福”状态更重要：在浸润人文关怀和尊重生命发展规律的认同路上，师生在教育活动过程中获得的心灵滋养、生命获得的拔节成长，就是在当下，在此时发生的。“随风潜入夜，润物细无声”，教育的真正意义就是激发每一个人的生命潜能，于是，“福泽教育”的理念开始萌生。

2015年，我有幸被遴选参加教育部首期中小学名校长领航工程。在全国的八大教育基地中，我参加了江苏教育行政干部培训中心基地学习，得到严华银、季春梅、沈茂德、回俊松、薛法根、张晓东等一批学者和专家的悉心指导，对“福泽教育”的意义和价值有了更进一步的梳理和思考：基础教育阶段，如何看待每一个生命个体？如何真正敬畏教育、敬畏儿童？“福泽教育”，强调教育是一条浸润的长河，流淌着无数条生生不息的小河；教育，尊重每一滴水各自富有的灵性；“福泽教育”，不做甄别和判断，尽可能对当下每一个生命进行深切关怀和帮助，唤醒生命发展的个体意识，找到幸福的原点，润泽个体的成长，实现人的生命价值的提升。一言以蔽之，“福泽教育”，是一种幸福的生活。从这个意义而言，“福泽教育”，让我坚信自己在做一场真教育。

第二节　教育人良言——“福泽教育”诠释

一、“福泽教育”内涵

古往今来，人类对“幸福”的向往与追求始终没有停止。

在古代，“福”乃“福、禄、寿、喜、财、吉”六大吉祥之首，“福”又分为“五福”。《尚书·洪范》“五福：一曰寿，二曰富，三曰康宁，四曰攸好德，五曰考终命”，把福的形式和内容具体化了。

按照《说文解字》，“示”是“神”的本字，“畐”是酒坛子的象形，“福”表示倒酒祭祀祈福，本义为“求福、祈福”，后引申为“幸福，福气”。泽，润泽、光泽、恩泽之本义。

作为一名教育工作者，我主张学校是幸福之地，校长和教师是学生生命中的福星，以仁爱之心、智慧之水润泽儿童的成长，传播有益于学生身心健康的福音，提升生命的亮度，使福至学生心灵，使学生有幸福人生。即以“福泽教育（幸福+润泽）”为思想核心推进学校的幸福教育事业，“福”字是思想、理念、目标、愿景，“泽”是过程、手段、策略、方法。“泽有方法”“泽有智慧”“泽有大爱”。

学生们和我沉浸在无拘无束的交心中

那么，福泽教育作为一种教育主张、理念和思想，其魅力何在呢？

我以为，“福泽教育”，是关于教育的科学的表达。

“福泽教育”，强调教育过程本身就是目的，而学校存在的意义在于成为师生生活、生命的文化家园，成为厚载每个生命不断发展的精神长河。在学校这条注满幸福之水的文化长河中，我们的老师如汩汩而出的溪流，将一眼眼活水注入学生心中，澎湃成无数幸福的支流，汇入时代前进的滚滚浪潮。“福泽教育”，以学校和教师之“福”来润泽学生，润泽他人；学生终有一天又能以自身之福来润泽他人，润泽社会。就此而言，教育，就是人与人之间幸福的润泽，而且是立体交互的润泽。“福泽教育”，泽被天下，泽之所“被”，应该是普惠的，应该是公平的，绝无厚此薄彼的；而“泽”的动态的过程，恰恰是教育应有的姿态，那就是静静地缓缓地浸润，就像诗中所写的“随风潜入夜，润物细无声”。这种舒缓、沉静，内隐着一种精神和哲学，那就是耐心、忍性，期许和等候着生命的幼芽和清纯的儿童悄悄静静地“生长”。

福泽教育，是基于教育现实的理想追求的表达。

二、“福泽教育”情怀

沈茂德导师说过,基础教育不仅应有“基础知识”的传承与“基本技能”的训练，更应有人生价值的引导和思维的启迪，基础教育绝不是要把每个人炼成钢，它应该为每一个学生的终生发展奠定基础，使每一个学生具备经营幸福人生及推动社会进步的憧憬和能力，使每一个学生都能热爱生命、热爱学习，具有人文关怀与国际视野。真正的教育应该让每一个学生懂得什么是幸福和如何去追求幸福。随着日趋激烈的社会竞争，人们又将关注教育的视线过多地放在应试和谋生上。凡此种种，给教育者和受教育者施加了巨大的压力，使教育渐渐远离生命的本质。作为教育工作者，我们须保持警醒的头脑，冷静地思考教育的终极目标，将教育教学行为从功利主义的泥淖中拔出来，对受教育者予以深切的生命关怀。这种关怀，既是对学生自然生命的关怀，也是对其精神生命的关怀；既是对学生未来生命的关怀，也是对其当下生命的关怀。我们主张摒弃那种以明天的幸福为诱饵、以牺牲学生当下幸福为代价的教育，提倡让师生在自由、和谐、开放、创造的教育状态中获得快乐与幸福。把“幸福”作为学校教育追求的目标，既是立足现实、展望未来的逻辑展开，又是凝聚集体意志、激发个人灵性的能量聚变。基于这种缘由，我们把“幸福”作为师生共同的教育追求，把“幸福教育”作为金钥匙送给所有师生。

在校园里，怎样使每一个鲜活的生命都实现有意义的发展？如何让每一个学生在校园里自由地呼吸？这是教育的使命，更是每一位教育工作者的良知。教育的本真，不是甄别，而是对当下每一个生命的深切关怀。关怀生命，让走进校园的每一个学生自由呼吸、幸福成长，让校园里的一切润泽他们生命的亮度，让每一个学生都有机会过一种完整的教育生活，然后从容地走向属于他自己的幸福人生。作为校长，我们要树立“儿童至上”的教育理念，以儿童的角度来思考教育，走近儿童、了解儿童、尊重儿童、呵护儿童，既关注他们当下的幸福成长，又为他们将来的发展蓄力。

校长当具备以下情怀：

（一）敬畏之心

作为校长，我们需要对教育心存敬畏：敬畏学生、敬畏家长、敬畏教师。因为每一个生命都有存在的理由，每一个生命都是家庭的未来和希望。学校不是工厂的流水线，工厂的“次品”可以重新回炉生产，而孩子是不能被复制的，更是不能被替代的。教育不是万能的，但教育至少应该尊重和敬畏每一个生命。处于基础教育阶段，学生年纪越小，我们越要谨慎，否则就有可能伤害他们的身心。

（二）公正之心

义务教育公平，是教育公平的基础。每个学生都应该是平等的，心理上有安全感，并时刻感受到自己在校园中作为“人”的价值，那就是有尊严的、自由的、快乐的、充实的。归根结底，教育公平就是要发展好每一个不同的“我”，为他们提供适合的教育。

（三）悲悯之心

悲悯的教育含义就是关爱学生，给予学生快乐，同感其苦并拔除其苦。作为教育者，至少应该有发自内心深处的悲悯情怀。我们应倡议老师们做到“三多三少”：多一点赏识，少一点抱怨；多一点激励，少一点责罚；多一点沟通，少一点冲动。常怀悲悯之心，我们才能更靠近孩子，更温暖孩子，只有这样，教育才会真正渗透到学生的血液里，融入学生的生命里。面对犯错误的学生，有时包容与等待、宽恕与忽略也是一种教育方法。

校长要从关注每一个学生的生存状态入手，让每一个学生都有尊严地、自由地、有个性地成长！有一天，几个学生跑过来问我：“雷锋厅天花板空洞洞的，可以在上面画上蓝天白云吗？”我觉得学生们的想法不错，于是请美术老师和学生们一起设计，把学生们脑海中“蓝天白云”的梦想变成现实。“蓝天白云”之间悬挂着许多美丽的花伞，每把花伞都是学生们的作品。学生们画了许多把小花伞，可是天花板的面积小，无法一一展示他们的作品。为了给学生们展示的机会，我让美术组的教师每隔一段时间换一批伞挂上去。蓝天白云梦想的展厅，是学生们自己的创意，他们有什么理由不喜欢？著名语文教育专家李吉林说过这样一句话："要想教育好儿童，自己首先就要变成一个大儿童。"

学校应该是个怎样的地方？学校原本就是学生成长的地方，我们理应让学生站在学校的正中央。我们要时时刻刻提醒自己，提醒教师们：我把学生放在了什么位置？我蹲下来和学生交流了吗？我站在学生的立场考虑了吗？

"福泽教育"，是一幅画面——构建"精美雅致、温馨和谐、促学净思、书声琅琅"的幸福校园。

"福泽教育"，是一股力量——彰显"底蕴深厚、品位高雅、助人自助、暖意绵绵"的幸福文化。

"福泽教育"，是一个承诺——成就"仁爱、严谨、友善"的幸福教师。

"福泽教育"，是一份责任——培养"乐学、会学、博学"的幸福学生，开展"体艺熏陶、张扬个性、才艺双全、意趣洋洋"的幸福活动。

"福泽教育"，是一种行动——打造"以生为本，生生发展"的幸福课堂。

三、"福泽教育"基调

赤橙黄绿青蓝紫，这是天真烂漫的儿童喜欢的色彩，因为那是彩虹的美丽，充盈着孩子们五彩斑斓的世界。福泽教育，在走向师生，触动师生的内心时，我希望它像彩虹一样，闪烁着人性的光芒。以下是我思考践行中发现"福泽教育"独有的教育特性：

（一）"四生"发展基调：生本、生长、生活、生态

生本。"福泽教育"的出发点和落脚点在"人"，即保障儿童在学校的绝对主体地位，尊重儿童，热爱儿童，尊重"人"的差异，包容儿童的多样性格；尊重"人"的取向，包容儿童的多元选择；尊重"人"的意见，宽容儿童的偏颇思维；尊重"人"的个性，宽容儿童的棱角特质。

生长。"福泽教育"关注每个学生的成长，关注每一天学生的成长；

珍视学生的兴趣，适度宽容学生的偏好；尊重学生的个性，欣赏学生身上的闪光点。

生活。“福泽教育”主张学校创造一切可能，让学生过一种幸福完整的生活，对受教育者予以生命的关怀，让校园的每一次活动都能成为他们人生中永恒的记忆。

生态。“福泽教育”承诺让学校教育真正从学生的发展需要出发，致力于学生幸福成长和一生幸福的不断探索，最终实现人的可持续性发展。

（二）“五度”教师风采

“福泽教育”传承附小优秀师资队伍建设的发展模式，进一步提炼总结“爱岗敬业、无私奉献、敢拼会赢、追求卓越”的附小精神，以“五度”凝练成教师发展的内生力，呈现出“有教育理想，工作上有热度；有卓越意识，专业发展有高度；有品质需求，生活状态有宽度；能实现成功，生命色彩有亮度；有仁爱之智，服务学生有温度”的幸福教师团队。

（三）“九个”核心价值

学校层面——公正、民主、包容。公平对待每一位教师、学生、家长，不谄媚、金钱、强势；尊重师生，形成管理高度共识，不强权、强迫、专断：不分贫贱美丑，悦纳所有教师、学生、家长，不计较，不旁观，不苛刻。

教师层面——仁爱、自尊、自由。宽仁慈爱，保护弱小，有智慧，不粗暴、冷淡，简单；自我肯定，自觉提升职业认同感，不自负、自薄、自卑；发展个性，解放思想，敢于创新，不束缚、教条、依附。

学生层面——独立、善良、快乐。锻炼意志，提升适应能力，不要过多包办、依赖、随和；纯真温厚，修养品行，不嘲笑他人缺陷；学生的每一天都有笑声，不要过度压抑、严肃、沉重。

春风拂来福泽教育长。“福泽教育”致力于打造幸福校园，成就幸福教师，培育幸福学生，促进学生全面的、富有个性的发展，让他们享受当下幸福，创造未来幸福，为学生的一生幸福打上赤橙黄绿青蓝紫的人生底色，体现学校教育的幸福价值。

四、“福泽教育”架构

（一）宏观实施

按照“整体规划，突出重点，分步实施，逐步完善，追求品质”的科学规划，学校上下一心，家校合力宏观架构“福泽教育”思想下幸福教育“12345”工程：

“1”，即明确“1”个理念：为学生的幸福人生奠基。

“2”，即把握“2”个层面：关注师生当前幸福状态，关注师生终生幸福发展。

“3”，即推动“3”个发展：实施幸福教育，构建幸福学校，成就幸福师生。

“4”，即着力“4”个创新：管理创新，德育创新，教学创新，活动创新。

“5”，即实现“5”个目标：认识幸福的价值，理解幸福的思维，创造幸福的能力，奉献幸福的风格，成就幸福的人生。

（二）微观管理

1.“福泽教育”文化

实施“福泽教育”内涵发展的文化引领管理路径，以“学校精神”为核心，以“校园文化、教师文化、学生文化、家庭文化、课程文化”润泽教育过程，努力使“福泽教育”文化由外显环境形态向师生、家长内在自觉转变，实现学校从考核管理走向高度自觉的文化联盟发展。

2.“福泽教育”课程

课程发展是学生可持续发展的动力和途径，培养学生的综合素养和鲜明个性是实现学生终生幸福的重要支撑。统筹国家、地方、学校三级课程，以校本活动实践课“走班大课堂”为课程突破口，创造性地开发“福泽”校本课程，打造独具特色的校本课程样板项目，以点带面，全力推进课程基本体系建设，让每个学生都能幸福健康茁壮成长。

3.“福泽教育”课堂

我们基于儿童立场，追寻“四生”即“生本、生态、生活、生长”

课堂理念，探索激发学生持续成长的课堂智力因素与非智力因素，建构“关注学、关注研、关注评、关注展”这样一种不断发展、不断成长的学习理念，引导学生逐步形成“先学（先自主学）—合学（合作研学）—展学（展示赏学）—评学（评价促学）—拓学（拓展延学）”幸福课堂教学流程，感受同伴互学的意义，体验探究学习的乐趣，最终实现人的可持续性发展。

4.“福泽教育”德育

探索基础教育阶段影响孩子成长的重要习惯，形成分层序列化培养目标，构建独具附小特质的“幸福学生的样子”；创造性地以“幸福七色花”年级活动情境体验为抓手，践行校训“从小事做起，把小事做好”，引导学生在经典、特色、鲜明的情境体验活动教育中感受幸福、体验幸福、创造幸福、传递幸福，绽放生命成长的精彩。

第三节 教育人践行——“福泽教育”战略

一、聚焦核心：“四轮”驱动

（一）构建幸福教师团队

“师魂工程、青年教师1358工程、继续教育工程、校本研修工程、人文关怀工程”五大工程树立优质教师队伍品牌。我们正在努力让幸福之花绽放在老师的心田，做到“工作有热度、专业有高度、生活有宽度、生命有亮度、服务有热度”，在区域教育中打造出一流的师资品牌。

（二）“四生”幸福课堂

“四生”即生本（以生为本、尊重差异）、生态（师生和谐、可持续发展）、生活（联结生活、提高效益）、生长（享受学习、发展能力），逐步形成“生本角色—生态发展—联系生活—生长心智”幸福课堂共识。学生在老师引导、探知中，感受攀登学习高峰的幸福；在同伴互助中，感受分享质疑的幸福；在训练运用后，体验成功的幸福，最终实现人的可持续发展。

（三）“幸福七色花”体验教育

“幸福七色花”涵盖社会主义核心价值观培养渗透：一年级红色传统教育；二年级绿色生命教育；三年级青色书香教育；四年级橙色感恩教育；五年级金色自信教育；六年级蓝色梦想启航教育及毕业生紫色毕业庆典。学校的“幸福七色花”年级情境式体验活动广受学生、家长欢迎。我们通过体验式活动把成功与幸福的元素融入每个学生的心田，让学生发现幸福、感受幸福、创造幸福、享受幸福，努力让学生在学校的每一天都成为他们生命中阳光灿烂的日子，成为他们一生的幸福记忆。

（四）“幸福学生的样子”好习惯培养

践行校训“从小事做起，把小事做好”，以“好习惯圆人生幸福梦”为主题打造学生精神文化底色，唤醒学生内在发展需求。学校在整合各年级教师智慧的基础上探索推进每个年级两个学习习惯和两个生活习惯，六个年级二十四个好习惯培养序列，引导学生在情境体验教育中养成良好的道德习惯，在细节中唤醒学生成长的自觉性，努力培养学生良好品行发展习惯，引领学生把简单的事情做彻底，把平凡的事情做经典，构建独具附小特质的“幸福学生的样子”。

二、锁定目标：多管齐下

（一）“福泽教育”实践

1. 教师发展是关键

立师德、强师能、铸师魂，是“福泽”教育的前提。有幸福的教师才有幸福的学生。经过多年来的实践和探索，学校把教书育人的责任意识、幸福教育艺术的修炼与追求有机结合起来，通过“师魂工程、青年教师 1358 工程、校本研修工程、继续教育工程、人文关怀工程”五大工程树立优质教师队伍品牌，我们渴望幸福之花绽放在老师的心田，做到“工作有热度、专业有高度、生活有宽度、生命有亮度、服务有热度”，在区域教育中锻造出一流的师资品牌。

近三年来，作为“福建省基础教育师资培训实践基地学校”和“三明市学科教师培训实践基地校”，学校接待了省内外 400 多人参观、考察、学习团队。参观学习的校长们对我校的“福泽教育”理念表示了肯定和赞赏。特别是 2014 年 12 月，福建省第六期小学骨干校长培训班漳州地区 10 位学员跟岗学习后，他们留下了挂职感言：“林启福校长和你的中层干部、教师团队在幸福教育的路上，各司其职，有条不紊：办公室、文化办统筹幸福教育校园文化体系宣传规划层面；保卫科落实‘平安附小共享幸福’保障层面；总务处推进‘绿色环保生态校园’建设层面；教务处、教研室探索‘打造幸福课堂’教学层面；德育室着力‘幸福教育体验活动’育人层面；一线老师们辛勤耕耘、爱岗敬业，用仁爱书写着幸福教育进行时……学校把全体师生幸福发展作为各项活动开展的落脚点，克服了硬件条件上的困难，全面搭建了展示平台。在和谐积极的氛围中，师生伴随学校发展同步幸福成长，达到了幸福的双赢。附小团队迸发的幸福力量和深深的教育情怀，震撼人心！”

2. 文化建设为引领

近年来，学校将校园文化建设作为推进“福泽教育”的突破口，努力从历史积淀与现实的追求中把握学校文化发展的脉络，初步构建了富有特色的文化体系，推动了学校内涵发展和师生成长。一是注重培育学校精神。学校精神是学校在长期教育实践中积淀下来的并为师生认同的文化传统、价值观念和行为习惯等方面的整合和结晶，是校园文化的内核和灵魂。学校通过组织师生调查访问优秀校友、邀请离退离休老教师回校讲学等，让师生重温校史优秀篇章。教代会开展了学校现状和未来发展大讨论，开展办学理念、“师生幸福寄语”“孩子心目中的好老师”征集活动。在此基础上，学校全面规划环境建设、课程设置、教师发展、学生培养等工作，凝练成统领全局的“为学生幸福人生奠基”的办学理念。二是注重优化校园环境。学校向全校学生征集原创温馨提示语，布置了走廊墙面；向学生、家长、教师及优秀校友征集“幸福寄语”，张贴于教学楼的横槛上；开辟了幸福文化长廊，定期展示师生书画、摄影主题作品；开辟了“骄傲的附小人”文化展厅，集中展现校史沿革发展和“福泽教育”远景规划；科学规划了教学楼和科艺楼楼道文化，精心布置了一年级幸福笑脸墙、二年级绿色健康安全链、三年级青色书香园、四年级幸福三明文化民俗展、五年级感恩成长书信长廊、六年级蓝色梦想号列车；组建了特色班级，设计班级“名片”。“天天向上”“孔子班”“向阳花儿朵朵开”等特色班级不仅以外在环境布置突出班级个性，还在家长委员会的支持下出班刊。《一缕童心》《在幸福里》《童心飞扬》等彩印刊物成为学生手中的新宠，悄悄润泽着学生生命的亮度，记录着学生生命成长的旅程。幸福校园成为附小人梦想启航的摇篮。

3. 课程开发为支撑

开展“福泽教育”校本课程体系研发，形成了“福泽教育课程文化节系列”：三月社会责任担当月，四月教学节，五月艺术节，六月儿童节，九月感恩节，十月民族精神月，十一月体育节，十二月英语节，寒暑假社会生活实践节。在这些融入节日主题色彩的系列活动中，学校坚持把工作落到实处、落到细处：从学生身心健康需要着力，改革大课间活动，除了保留传统的眼保健操、广播操等板块，穿插改编了学生喜闻乐见的《小苹果》学生舞。师生共同参与其中，一起锻炼，舞动校园，其乐融融。从学生好习惯教育着力，围绕“做一个讲文明的好学生”养成教育目标，编写了《与文明礼仪同行》校本教材。根据学生年龄特点，根据不同年级、不同学龄段学生教育的重点，我们确定了不同的礼仪教育目标体系。低年级开展“说、学、做”礼仪教育活动，中年级开展“做文明礼仪少年”教育活动，高年级开展“文明礼仪之星”竞赛活动。从学习知识本领、广泛阅读着力，开展“书香少年评选”“读书论坛”“淘宝书市”等活动，积极倡导师生博览群书、弘扬经典、享受阅读、养德励志，营造了浓厚的爱阅读、会阅读、善阅读的书香氛围，并鼓励条件成熟的班级借助家长资源为学生“出书”，让“小小作家梦”承载学生幸福生活的足迹。

从学生个性发展需要出发，着力于学生的特长兴趣培养，鼓励艺术类教师依据专长办学生社团，组建了小杜鹃合唱团、排舞队、花样跳绳彩队、篮球队、足球队、书法社、绘画社、文学社八大社团，传承和培育学校文化；拓宽教育渠道，积极创设家长参与学校教育的平台，更好地发挥优秀家长的辐射示范引领作用，开展了“今天爸妈当老师——家长百家讲坛”课程。课程中家长借助自己的职业优势，或讲家乡美，或支安全招，或做小制作……新鲜的课堂、新鲜的面孔、新鲜的知识文化大餐给学生带来了全新的成长体验。课程浸润“福泽教育”学生，让幸福校园的每一次活动都烙印在学生的记忆中，让他们在不断地参与体验中享受生命的拔节，张扬个性，焕发生命成长的精彩。

4. 课堂架构为阵地

课堂是教育的主阵地。“福泽教育”课堂理念强调面向全体，多一把衡量的尺子，从传统“关注知识技能掌握”走向“关注人的整体和谐发展”，重新定义“优秀”的标准，提出“不断进步就是优秀”。“福泽教育”课堂在评价上，关注学生主体的发展，关注教师的成长，注重“赏识”激励，提倡寓教于乐、体验学习，在两者相得益彰的同时保障学生作为课堂主体的地位，形成“爱教爱学、会教会学、教会学会”三级评价指标体系。附小通过系列教育教学改革，着力构建了幸福、愉悦、高效、生动的“福泽教育课堂”。师生在课堂教学中共同成长、共享快乐、体验成功、享受幸福。在不断的课堂改革实践中，我们感受到课堂上学生的发展犹如登山，有的学生渴望拼命爬到山顶赏风观景，更多的学生享受向山顶攀登过程中的美好。与之相应，“福泽教育”课堂，就是在课堂上创造有利于全体学生成长的环境，为学生提供不同的学习机会和平台，引导学生在充满自主和愉悦的情景下自主地掌握知识，形成技能并体验学习过程的成功感和自豪感，获得心智和人格的发展。

5. 活动创新显特色

“福泽教育”的宗旨就是要让每个学生都能在学校快乐地学习生活，自觉地丰富自我、提升自我、完善自我，健康地成长并学有所成。我们以年级为单位，紧扣“习惯、健康、经典、感恩、自信、梦想、庆典”

主题，开展“幸福七色花”体验活动。一年级红色传统教育，开展“我爱红领巾”主题活动，以音乐故事的形式使学生了解中国少年先锋队成长的历程，通过佩戴红领巾比赛、唱队歌比赛等形式培养学生对红领巾的热爱；二年级绿色生命教育，通过举办“我运动、我健康、我快乐”亲子运动会，让学生体验生命的美好，增强“生命在于运动”的意识，促进家长和孩子之间的交流和沟通，培养亲子情感；三年级青色书香教育，通过举办“且听书语，共品书香”诵读比赛，使学生进一步亲近经典、感悟经典、诵读经典；四年级橙色感恩教育，开展“感恩，我们的幸福约定”盛典仪式，邀请家长参与体验互动，让学生在无声的教育中体验美好、感受幸福、懂得感恩、增进友谊，有幸福难忘的童年回忆；五年级金色自信教育，开展二十公里“远足行动”，让学生在困难和挑战前学会历练自己；六年级蓝色梦想教育，开展“朝着梦想启航——‘写给二十年后的我’”活动，征集学生创意邮戳，召开隆重的“梦想档案寄存”仪式，让学生心存梦想，扬帆起航。近两年来，各年级全面开展“幸福七色花”体验活动，年级组长、班主任在实践中不断调整和完善，把最好的活动创意策划形成书面文字选编校本课程“朝着幸福出发”，构建附小特有的幸福文化特色课程，夯实幸福愿景发展的基础。

6. 评价改革为导向

“福泽教育”的真正落脚点是人，评价的目的是发展。我们通过召开教工大会的民主方式修改完善了面向全体教师的《教工工作考评办法》《课堂教学评价办法》等一系列考核评价、奖学、奖教、奖研评价方式，从人文角度更多地“福泽”教师，激励教师的工作热情。改革学生评价理念，开展全体学生的“三特工程”，即对特长生不满足，实施高起点、高标准的培养工程；对特殊生不放弃不抛弃，实施特别关爱的教育工程；对特困生不嫌弃，实施“捐、减、免、助”帮扶工程，让每一个学生都能在阳光照耀下茁壮成长。在学生养成教育评价过程中，我们树立“重视过程，多元评价”的理念，采取学生自评、小组互评、家长参评、学校综评相结合的评价方式，引导学生在“多元”的评价视角下，自觉反思养成教育行为，不断完善提升自我道德情感，并逐步形成较强的自我教育能力。我们开展了颁发优点卡和“星级美德少年”评选活动，让每个学生“学有榜样，追有目标，赶有动力”。这些有益的尝试，不仅带动了养成教育不断向纵深推进，还促进了学生综合素质能力的有效提升。

三、整体推进：落地生根

（一）“福泽教育”引领幸福学子

通过三年多的实践和探索，学生们的心田已播下幸福的种子，感知幸福、享受幸福和创造幸福的能力正不断提升。

1. 学生们学会感受幸福

两年多来，在这个以“幸福”为主题的校园里，在环境的熏陶下，在活动的感染下，在幸福的课堂中，在教师的悉心引导下，学生们打开了幸福之“门”，他们学会了感受幸福，对幸福有了正确的理解和认识。新学期第一天，看着学生们如快乐的小鸟兴奋地在校园欢快奔跑，我问起了学生们什么是“幸福”：“吃爸爸妈妈亲手煮的年夜饭最幸福”“有家就幸福”“幸福就是和同学老师，和爸爸妈妈开开心心一起学习、生活”“坐在课堂里安静地上课很幸福”“幸福就是在校园里和小朋友们一起开心玩耍”“以自己的能力为别人服务很幸福”……学生们对幸福有自己独特的理解，我很欣慰，他们已经学会感悟幸福。我更欣喜，他们能从不起眼的小事中感受幸福！随即，我写下了一篇微随笔《孩子，我为你的“幸福”点赞》：

新学期第一天，孩子们刚从欢快春节的梦乡中苏醒，“叽叽喳喳”像快乐的小鸟兴奋地在校园欢快奔跑。孩子的身影和笑脸，让因寒假寂静了很久的校园重新充满了生机。

我走在操场上，情不自禁加入了他们的行列。孩子们很久不见，都很兴奋。我一时兴起，随机问几个孩子什么是“幸福”。

兰玉婷同学说：“吃爸爸妈妈亲手煮的年夜饭最幸福。”

韩臻浩小朋友毫不思索地说：“有家就幸福。”

李紫彤说："幸福就是和同学老师，和爸爸妈妈开开心心地一起学习、生活。"

颜奕煊说："坐在课堂里安静地上课很幸福。"

王馨澜说："幸福就是在校园和小朋友们一起开心玩耍。"

傅伯尧说："以自己的能力为别人服务很幸福。"

聆听孩子们一串串铜铃般的幸福告白，我不由自主竖起大拇指，为他们简单又丰富的"幸福"点赞！

2. 学生们学会分享幸福

附小的学生无疑是幸福的。走进校园，学生们随时随处都可找到自己的身影：笑脸墙上找到了自己灿烂的笑脸，楼道张贴的温馨提示语、幸福寄语有自己的作品，书法、绘画、寄送边疆的新书有自己亲手写的祝福……学生们在校园找到了归属感，他们在心理上是安稳的，人格上是平等的，他们感受到了自身的价值。因此，你会发现，校园里处处洋溢着幸福的味道：学生们总是穿戴整齐，迈着欢快的脚步走进校园，他们的脸上总是洋溢着自信和快乐的微笑，他们喜欢上学，喜欢老师和同学们，喜欢校园里的一草一木，惬意地享受和分享着学习和成长的幸福与乐趣。

3. 学生们学会创造幸福

学生们积极参与课堂学习和校内外开展的活动。在丰富多彩的体验活动中，学生们感受着、锻炼着、成长着、幸福着。幸福"体验式"习惯教育以自我教育的方法培养学生、以实践活动锻炼学生、以激励机制调动学生，引导学生们在情境体验中提高认识，感受幸福，丰富情感，养成良好的道德习惯；幸福"七色花"活动，培养了学生的健康意识、感恩意识、自信心，使学生绽放生命的精彩；在"福泽"课程活动浸润下，运动会上学生们挑战自我，勇攀高峰；在特长生展示中，学生们徜徉在快乐的音符中，陶醉在优美的舞蹈里；在"绳彩飞扬"跳绳比赛中，学生们洒下汗水，收获喜悦；在"福泽"课堂上，学生们积极参与、质疑解惑；在亲子社会实践活动中，学生们锻炼能力、增长见识，学会感恩；在家长百家讲堂上，学生们互动交流，学会沟通与合作。在寒暑假社会实践活动中，学生们走上街头，开展文明行为劝导活动；走进社区，义务打扫、清除小广告，宣传文明礼仪，走进福利院，为孤寡老人、残疾儿童送去温暖。学生们学会了奉献爱心，懂得了承担社会责任……

排舞社团载誉归来进行风采展示

在“福泽教育”的浸润和熏陶下，学生们的精神风貌焕然一新，外在的仪容仪表、行为举止，内在的行为习惯、道德修养都发生了显著的变化，校园里洋溢着蓬勃的朝气。去年全市安全教育现场推进会在我校召开，学生池映宽、范子欣作为活动全程的文明礼仪员向来宾展示了附小学生特有的风采，备受好评。全体学生在学校组织下进行了一场地震逃生演练，全程没有一个学生发出不和谐的声音。大家认真演练。训练有素的表演赢得了在场来宾的啧啧称赞。

每学年，学校都要开展评选评先活动：评选“百名学习优秀生”1200多人；评选“三好学生”“优秀少先队员”“优秀学生干部”“进步生”共600余人次；评选七类“特长生”，分别为小表演家、小小书法家、小小画家、小运动健将、小诵读能手、小小作家和小阅读之星，共计900余人次；评选“星级美德少年”500余人次；评选“优秀毕业生”100余人次。学校通过评比活动，力争“让每个学生捧着奖状回家”，力争“让每个学生获得表扬和肯定”，力争“让每个学生得到成功的体验”，力争“让每个学生分享幸福成长的快乐”。学生们在各级各类的比赛中也取得了可喜的成绩。近两年，全校共有800多人次在全国、省、市、区级举办的舞蹈、书法、绘画、写作、羽毛球、乒乓球等比赛中获奖。学校涌现出许多先进典型：林方宇同学入选福建省“学雷锋，我们身边的好榜样”，黄文博荣获省中小学生“诚信之星”荣誉，刘欣洋出演的微电影“男一号”获得全国三等奖，被誉为“三明小百灵”的陈诺圆在全国儿童电视大奖赛的演唱获得特等奖……

（二）“福泽教育”助力教师成长

【案例1】

当那一天，你追着问我：“老师，下学期你还会教我们吗？”当那一天，你从背后抱了我一下，真诚地说：“老师，下学期见。”我就知道，虽然你是那个“状况之外”，但我依然喜欢你。

也许是老师的童年太恬静安逸，无法理解躲在门后把女生吓哭，站在水池边和小朋友过“泼水节”，冲上前去捏别人的脸……是一种表达友好的方式。老师只知道和你接触的第一个月，我头脑里多次蹦出一个词——“状况之外”。从此，老师如同苦行僧一般对你苦口婆心，渴望你能与我一起踏上求取“和谐之经”的道路。于是，每天牵着你的小手离开你制造的“混乱现场”，和你面对面地聊天成了我的特殊工作。后来，我渐渐读懂了你：你有一颗善良纯真的心，握起的拳头是为了被欺负的女孩而挥，坏脾气是因为没有得到他人的理解和尊重。你还会在犯了错（虽然你的错误总是千奇百怪）以后徘徊在我的身旁，“巴结”老师做许多事情，努力改变自己在老师心目中的印象……这一切，老师都看到了。老师愿意在每个日子里和你一起加油，让游离在“状况之外”的你，早日走进“状况之内”。孩子，慢慢来，“状况之外”等你亦是一种幸福。

如果同事好奇，问我：这样也能幸福？我想也许回答起来很牵强，但我依然要说：是的，“状况之外”亦是幸福。有些孩子的成长确实要用比别的孩子更漫长的道路，但陪伴他，见证他成长中的每一个飞越，就是作为教师的幸福。

（摘自附小教师周梦圆“幸福故事”《“状况之外”，亦是幸福》）

“福泽教育”是指向“人”的幸福，理应包括教师浸润的幸福。

1. 精神幸福丝丝缕缕润师德

“福泽教育”事业提升了教师生命的亮度，他们发现幸福、感受幸福、创造幸福并享受幸福。学校精心布置教师创意寒暑假作业：阅读教育名家经典著作并写读后感，启发教师与明哲对话，思考当下教育现状，厘清教育本质，提高教师文字表达水平，享受精神富足、心灵高尚的内涵幸福；撰写围绕“幸福”关键字为核心的微随笔、微案例，启发教师发现自己身上的幸福因子，体验感受教育生活的诗意和精彩，调整反思个人行为，激发幸福教育生活的热情；书法临帖练基本功，不仅提升了教师的技能，也丰富了教师的精神需要，陶冶了教师的性情；撰写教师个人幸福寄语，创造教师幸福微能量，营造校园幸福正能量……在遴选的 60 条教师幸福寄语中，教师对幸福的关注逐渐从物质层面上升到精神层面。如陈玉婷老师说：“幸福很简单，就在课堂上学生闪亮的眸子里，就在活动中学生成长的心灵里，就在学生成功路上沉甸甸的收获里。”邱珍老师说：“看着自己撒下的爱和知识的种子在学生的心田生根、发芽、开花、结果，就是教师最大的幸福……”在“福泽”教育不断探索前行的征途上，越来越多的教师从平凡的教育教学生活中发现了微幸福，撰写了微感动并分享了自己的微快乐，展现了附小“幸福教师团队”的幸福风采。

2. 物质幸福点点滴滴暖师心

学校全面改善办公硬件，给予经费支持布置雅致个性化办公室，购买绿化盆栽，更新教师办公桌椅，为全体教师配备电脑。教师们享受着更便捷的数字化办公条件，享受着更舒适的办公环境，在学校得到尊重，幸福感油然而生；改建校门口商铺店面，购买健身运动器材，供教师闲暇之余运动健身，教师们崇尚的“健壮体魄、幸福工作”理念深入人心，不断带动越来越多的教师加入课余锻炼健身的行列。学校组建教工排球队、教工乒乓球队……教师们的身体素质得到了提高。教师更加关注个人卫生保健。在学校组织的教工体检活动中，全体教师积极参与，体检参与率 100%，体检身体条件满意率超过 80%；在开放的“幸福教师书吧”

里，管理员周到考虑不同教师需要不定期购买各类点心和咖啡，让很多教师在学校里找到了家的感觉；教师购买专业书籍，学校给予一定程度报销，教师们不断感受到学校对其专业成长的物质支持，教学研究的劲头更足了；学校对教工家庭生活以及工资福利、评职称等都积极地给予关心，第一时间组织班子深入慰问困难教工，递上慰问金表达关爱之情；学校成文规定给50岁以上的教师减少课时数，减轻工作量，给学校离退、离休教师举办仪式，并授予学校荣誉、鲜花礼遇，让长期耕耘在一线的老教师更加感受到学校实实在在的照顾、关怀和敬意，教师的职业幸福感、归属感不断提升。

3. 理想幸福方方面面铸师魂

学校通过师魂工程，不断推出“附小榜样”，引导附小教师团队学有理想、赶有榜样，组建了一支优质的师资队伍。学校书记梁小宁是我市著名特级教师，曾获评“全国优秀教师”“省中小学先进德育工作者”“省中小学中青年学科带头人”“省优秀教育工作者”。在社会享有很高声誉的他，被许多家长和同行称为“师德的表率、育人的楷模、教学的专家”！2014年9月，他退休，学校授予他“杰出校友终身成就奖”。他捧着鲜花感慨万千地说：“我深切地感受到附小是一个温暖幸福的大家庭，是一个为学生幸福人生奠基，追寻梦想的大课堂，是一个师生不断进步成长的大摇篮。我深深地爱着这所学校，我对附小有一种不可忘却的、深厚的、特殊的情怀。我虽然退休了，但我对附小的情怀永远不会‘退休’，我和附小老师们的情谊永远不会‘退休’。附小将是我一生永远的记忆。”他带动了附小一批中青年教师的成长成名，为附小做出杰出贡献。学校不断树立梁书记的榜样力量，并于2014年12月邀请他回来讲学，讲学中洋溢的附小情怀深深地感染着附小教师。他的学术精神和学术风采成了广大教师前进的一盏明灯，鼓舞着大家更加坚定教育教学理想。在梁书记等一批“榜样”的带动和影响下，近年来，学校涌现出新生代中坚力量。2014年9月被评为高级教师的幸卫芳、杨乾妹，被授予“特级教师”荣誉称号的李春萍，她们都是“70后”的新生代，现在已经逐渐成为新一代名师；学校少先队总辅导员、三明市少先队兼职副总辅导员饶俪婷是“80后”的青年教师，2015年4月参加福建省少先队兼职副总辅导员公开竞聘，从全省少先队总辅导员队伍中脱颖而出，光荣当选福建省少先队兼职副总辅导员，并作为福建省代表参加了全国第七届少代会，成为全市少先队工作的领军人物。2016年4月，青年教师余晓微在全国小学英语课堂教学现场观摩活动中摘得一等奖和现场“最佳语音奖”。学校有一大批年轻教师敢于担当，正努力成为新生代的接班人。老师们沐浴着福泽教育的光辉，享受着专业成长带来的幸福与喜悦，展示了我校“实施福泽教育，成就幸福教师”的魅力风采。

（三）“福泽教育”辐射家庭教育

学校充分发挥“专业引领”作用，将教育过程延伸到家庭，将理念渗透到家庭，将教育方法指导到家庭，将教育成效影响到家庭，为学生的健康幸福成长提供充分条件。许多学生在学校参加了“跳蚤书市”“跳绳达人赛”“家长百家讲坛”等活动后，带着喜悦的心情迫不及待地和家长分享。在他们的感召之下，许多家长开始自觉关注学校的“福泽”教育，登录学校网站，了解校园动态；自觉添加学校的微信公众号。学校微信公众号坚持教育正能量，推送原创和转载信息保证365天不间断，目前关注人数已超过3 000人，在全国新教育排行榜上，一直保持全国第五名。家长们特别关注学校推送的微信息，从丰富的微信息中了解学校动态、学习家教新理念，渐渐自觉参与“福泽教育”联盟，成为“福泽教育”事业的同盟者。

【案例2】

这学期的家长会上，学校给我们确定的交流主题中，居然会有“给孩子一份营养的早餐”的建议，这样贴心的教育理念着实让我感动。

就早餐这个话题来说，在信息发达、资源丰富、厨房用具便捷的今天，大米、小米、黑米、薏米等各种米，黄豆、黑豆、红豆、绿豆等各种豆，带预约功能的电饭锅、高压锅、蒸锅，甚至面包机都可以预约，做出健康美味的早餐本不该有任何问题，问题是怎样做出孩子喜欢吃的营养早餐。我个人有三个温馨小贴士和大家分享：

1. 要改变观念。如果觉得孩子在外面吃很方便，而全然没有顾及在外面就餐的卫生安全意识，那么你就没有动力给他做早餐，更何况是营养早餐。

2. 给选餐权利。晚上征求孩子对第二天早餐的意见，能做到的尽量满足，不能做到的要和孩子说清楚原因。

3. 营造用餐氛围。睡醒起床后，给孩子一个拥抱，告诉他美好的一天来了。一起坐在餐桌前，喝一杯温度刚好的开水，唤醒我们沉睡的胃肠。一起听听英语，或者聊聊他感兴趣的话题，心情愉悦地品味早餐。

孩子像一棵小树苗，在阳光雨露下正茁壮成长。我们作为孩子的父母，是孩子的第一教育人，应该像学校倡导的教育理念那样体贴入微，除了关心他们的学业，更要从呵护孩子的身心健康做起，从给孩子一份营养的早餐开始。所以，每当迎着朝阳，看着用完早餐后孩子背着书包和我说再见，我觉得美好的一天就从这里开始。

（摘自五年（1）班熊毅阳妈妈幸福家教故事）

2014年以来，学校36个班级都建立了家长委员会（简称“家委会”），并出台了《幸福附小家长公约》。在公约的引导下，家委会组织开展的亲子社会实践活动达到100多次，他们自觉和班主任联系沟通，抓住班级特点和学校活动需要共同致力于学生健康幸福成长的教育大计。有部分热心的家长已加入学校的“家长志愿者联盟”，他们常常在学校大扫除中忙前忙后，身体力行教孩子怎样做卫生；他们常常在运动会上跑前跑后，给运动场上的运动员递水鼓劲；他们认真准备，积极参与班级的家长讲坛活动，利用自己职业之便和个人特长为孩子带来丰富的“第二课堂”，为学校、为孩子们做一些力所能及的事。“家事、国事、天下事，事事关心”，我们的家长开始更加重视家庭教育，更加频繁地和老师沟通联系，表现出对“福泽教育”思想办幸福教育事业的极大支持和热情。在学校组织的“幸福家长寄语”活动中，广大家长积极参与并写下了他们对“福泽教育”思想下幸福教育愿景的期盼和祝福。

（四）“福泽教育”彰显社会和谐

学校充分发挥自身功能，积极参与和指导社区教育，以各种教育活动为依托实践服务社区、影响社区、辐射社区，为共同促进“文明三明、和谐三明、幸福三明”建设添砖加瓦。学校青年教师志愿者积极参与城市环保护绿行动；在以“端午粽香飘，社区邻里亲”为主题的社区活动中，学校接受一路社区举办的“好家风、好家训”故事会和精彩的端午节包粽子大赛邀请，选派部分教师和学生代表参加分享了各自的家风故事并获奖；学校组织书法教师和书法特长生走进一路社区，参与市书协举办的“邻里守望，情暖三明”写春联送祝福活动。学生们用自己的行动“福泽教育”社区、感恩社会，自觉成为“知三明、爱三明”的小小志愿者，广受群众好评；在得知我市血源紧张的情况下，学校积极组织“做孩子身边的榜样”的无偿献血活动，得到了广大教师和家长的支持。先后两天有 90 余位教师和家长积极参与献血献爱心活动。市献血站致信附小全体教师和家长，表达了由衷的感谢和敬意。2015 年在江苏基地中心组织的新疆地区的考察学习中，我得知新疆兵团十四师皮山农场第二小学受地理环境等情况制约，图书对于当地孩子极为紧缺。我组织全体师生开展“同在蓝天下，共享一本书”的图书捐赠活动。3 000 多本图书满载着附小师生的浓浓情谊，辗转 3 个多月于 2016 年 3 月 9 日抵达新疆兵团十四师皮山农场第二小学。“爱出者爱返，福往者福来。”“福泽教育”引领师生做幸福的创造者和传递者，把“福泽教育”帮扶的共同守望的目光投向了边疆……学校影响力、知名度日渐提升：继之前中央电视台、福建电视台和《人民日报》《光明日报》《中国青年报》《福建日报》等媒体曾对学校特色办学多次进行报道后，近两年《中国教师报》《基础教育参考》《福建省基础教育研究》《三明日报》，三明电视台、省教育厅等媒体对学校“福泽教育”进行了多层面、多角度的宣传报道，引发了社会各界的广泛关注，并获得了广大家长与学生的高度肯定和社会的广泛好评。

（五）“福泽教育”推动共同体发展

2014 年 11 月，全国幸福学校共同体暨首届幸福学校论坛在杭州安吉路良渚实验学校召开。我校凭借较好的区域办学影响力和显著的办学成果荣幸成为第一届理事会成员之一。此次盛会召开与高端接轨，联动共享全国幸福学校共同体的优质资源，稳健地推动“福泽教育”的发展态势。开展结对帮扶活动，是落实教育公平，加强农村薄弱学校建设，缩小城乡教育差距，促进城乡教育均衡发展的重要举措。我作为教育部首期中小学名校长领航班培养人选，以“林启福名校长工作室”为依托，充分发挥龙头学校的示范、引领、带头作用，组织开展三明市首届小学校长办学思想报告，与梅列区第二实验小学、青山小学等6所同城化和小片区结对联盟学校开展“同城化小片区”教研活动，和周边乡镇开展“城乡手拉手”活动。近年来，学校共派出30余位优秀教师先后到大田县太华中心小学、三元区星桥中心小学、尤溪县东城中心小学等送教，大力开展结对帮扶活动，促进了100多位名师、校长跟岗助理的成长。我着力通过跟岗学习、名师带徒、送教送培、入校诊断、巡回讲学、教育思想报告会等多种方式，以实施“学校帮扶工程”“教师帮扶工程”为载体，通过“设施帮扶”“教学帮扶”“德育帮扶”“管理帮扶”“活动帮扶”等多种路径，培养出一批有引领示范作用的骨干校长团队，用“高速”火车头带动同城化、小片区兄弟学校和薄弱学校又好又快地发展，将我校“福泽教育”的理念及优质课带到各校，为当地学校带来了新层次的学科教学理念和方法，对当地教师课堂教学能力的提升起到了较大的作用，充分发挥了学校市区优质教育资源的辐射作用，将“福泽教育”思想的理念影响到结对联盟学校，促进了城乡教育优质均衡发展。

第二章

“福泽教育”思想下的团队管理变革

“治理”——原指政府的行为方式，以及通过某些途径用以调节政府行为的机制。党在十八届三中全会提出“推进国家治理体系和治理能力现代化”的要求，为学校管理提供了新思路，“构建学校治理体系与治理能力现代化”强烈冲击着一线实践者的教育理念与教育行动。当课程体系、教学方式、信息技术、师生素养等变革元素发生激烈碰撞，学校治理结构、管理方式、制度文化要做出怎样的调整与回应，这是学校管理者的重要课题。

第一节　探索“福泽教育”下的依“理”治校

按照“整体规划，突出重点，分步实施，逐步完善，追求品质”的科学规划，学校上下一心、家校合力宏观架构“福泽教育”思想下幸福教育“12345”工程。提出管理创新、从管理走向治理，实施“福泽教育”内涵发展的文化引领管理路径，以“学校精神”为核心，把重心落在“理”上，即要讲法理、讲情理达成师生内在自觉行为转变。

一、讲“法理”——约束中共识

懂得约束的花朵，常常能够用警觉的气味驱走害虫；懂得用河床来

“约束”的河流，更能容纳和扩充河水，河床也随之变得越来越宽阔深远，水流更能通向远方。在学校治理进程中，如何才能走在约束里呢?

（一）依法治校和加强制度建设

治理要讲“法理”，也就是要依法治校和加强制度建设，从经验型管理向制度管理转变，可以从下几个方面入手：第一，按照国家的相关规定，制定完善的学校章程、教育教学、学籍管理等各项制度；校规必须透明、公开；校规内容要合法，对不合法、不合理的应适时修改、废止、清理。第二，严格保护学生的受教育权及其他各项权利。第三，完善民主监督机制。校务公开，推进教师代表大会，家长委员会对校务的民主参与和监督。第四，严格教师管理，维护教师权益。

如我校制定学校办学章程，并且以章程形式确定了“为孩子幸福人生奠基”的办学理念，经过师生共同商议，形成学校的发展五年规划，同时学校各部门的责任与义务、各种的决策，校务公示等，都必须经过“校务会、教代会、家委会”的审议并进行民主监督，并不是由校长拍脑门、一时性起而所决定，这样就能从制度上规避了管理者的经验化弊端，提高学校决策的科学性。

所以我们说：“约束，是为了走得更远；约束，是为了走得更稳；约束，是为了避免走弯路”。

（二）在共识中依法同行

一个百来人的交响乐团，为什么在演奏中能表现得那么和谐，对乐曲的诠释如此一致，那是因为每一个乐团要经过多次排练，首先是加强演奏员们对乐曲的理解和认识，即形成“共识”，然后对如何将乐曲更好地表现出来形成一致想法，即达到“共鸣”，最后将共识和共鸣落实到行动上，实现“共行”，最终表现为完美的演奏效果。因而从管理到治理过程中，如何让校长、教师、学生及家长从共识、共鸣到共行呢?

1. 我为人人，人人为我——达成共同愿景

对于一个学校而言，共同的愿景和目标等同于大家的努力方向和向心力所在，是一个组织发展的灵魂。共同的目标具有引导、凝聚、激励等诸多功能，能够发挥引导方向、凝聚人心、砥砺前行的作用。共同的

愿景是一种精神理想，它能让学校每位成员，个人或集体不仅看到现在学校的样子，还可以想象它的未来。

如：学校开展了学校现状和未来发展大讨论，开展办学理念、“师生幸福寄语”“孩子心目中的好老师”征集活动，凝练成统领全局的“为学生幸福人生奠基”的办学理念。明确发展方向，形成我们共同展望的幸福愿景。

2. 倾听心声，采用合理化建议

在日常管理中，我们敞开并不断创新沟通渠道，通过座谈交流、调查问卷、校长信箱、校长热线、QQ及微信群、校园论坛等形式，广开言路，在多层面的对话中，汇聚改进工作的良策，倾听教师、学生及家长心声，采用合理化建议，引导舆情的正确释放，把师生的精力集中到关注学校持续发展的目标上来。

3. 构建平台，鼓励多元参与

我们注重构建平台，鼓励多元参与学校的教育教学中来，第一，发挥学校校务会、教师职工代表大会，家长委员会以及学生的作用，让教师、学生和家长参与学校决策的酝酿生成过程，让学校的决策入脑、入心，与大家达成共识；第二，充分尊重教师、学生和家长的知情权、参与权、建议权、监督权，集中民智，尊重民意，从而赢得更多的民意支持，在实施决策过程中能得到更广泛的资源回应；第三，搭建如“家长百家讲坛”“我与孩子共成长亲子活动”“我为学校发展献计献策”等多种平台，鼓励家长、社区参与到学校的管理和课程建设中，群策群力发挥家长的辐射示范引领作用，弥补学校教育单打独斗、一厢情愿的不足。

如我们搭建家长参与学校教育“同鸣”的平台，开启了“今天爸妈当老师——家长百家讲坛”系列活动。各班的优秀学生家长借助自己职业优势，把五彩缤纷的大千世界带进了孩子们的课堂：或动手做美食，或讲理财小妙招，或教网上购物，或进行科技产品制作……他们创新课堂形式，通过讲故事、团体游戏、做小实验、家长和孩子互动等方式开展活动。孩子们兴趣盎然，情绪高涨，积极参与，收获了知识，陶冶了情操，拓展了视野，新鲜的课堂，新鲜的面孔，新鲜的知识文化大餐给孩子们带来了全新的成长体验。同时家长的辐射示范引领作用，弥补了学校教育的不足，最终家校“同行”形成强大的合力。

二、讲“情理”——担当中人文

（一）教育最核心的问题的要求

学校治理应以人为本，无论怎样进行改革，都不能忽视教育最核心的问题——发展人的教育、是养人的教育。

第一，在学校治理的所有要素中，教师是第一要素。教师具有被管理者和管理者的身份，而教师们具有较强的自主性倾向，学校的工作计划也是通过教师群体来实现的，因此，在现代学校管理中，要凸显其管理者的身份,体现出他们是学校的主人,重视教师的参与意识和创造意识，使教师的才能得到充分发展。

第二，学校治理也应树立起以学生为本的思想，他们自己在管理过程中的一切行为，是否愿意接受管理，是否主动参与管理，总要根据自己的兴趣爱好、需要和动机做出有目的的选择，可能积极接受，也可能完全抵制。所以我们在管理过程中把学生看成发展中的人，独立的人，平等的人。

第三，学校治理注重营造一个相互尊重信任的环境，着重营造一个教师之间，师生之间相互尊重，相互信任的氛围，促进教师的自我管理，促进学校和谐可持续发展。

（二）“福泽教育”办学思想的要求

我校确定“福泽教育”为学校办学思想，倡导教育思想的正本清源，要回到以学生为本的价值轨道上来，学校原本就是学生成长的地方，我们理应让学生站在学校的正中央。以儿童的角度来思考教育，走近儿童、了解儿童、尊重儿童、呵护儿童，既关注他们当下的幸福成长，又为他们将来的发展蓄力。

画面一：我们倾听孩子的声音

学校向全校学生征集原创温馨提示语，“幸福是我与同学们一起在教室学习、看书、玩耍”“努力的汗水是走向幸福的源泉”“有我喜欢的课程、老师和伙伴，这就是我的幸福”“幸福就是读一本好书，享受童年的乐趣，感受大自然的美妙”，用孩子们鲜活的语言布置了走廊墙面，构成校园一道亮丽的风景线。

画面二：我们关注孩子的成长

通过问卷调查，了解学生喜欢哪些活动，组织人员研究可行性后，策划出方案并将其纳入课程管理，形成了每月一活动主题，如社会责任担当月、教学节、艺术节、体育节、英语节、社会实践节等等。学校坚持把工作落到实处、落到细处。

画面三：爱是可以传递的

一次课上，我改作业的红笔刚好用完。于是我随口问道：“谁有带红笔，可以借老师吗？”

“我有带。”辉辉大声喊道。

“我也有带，老师借你。”悦悦边说边跑到我的跟前。

看着我把悦悦的红笔接过来，辉辉不开心地小声嘀咕道：“老师怎么不用我的红笔？”我听见了，走到他身边悄悄地承诺：“下次一定用你的笔，好吗？”第二天一到班级，辉辉笑眯眯地跑到我跟前：“老师，笔给你。”此时正准备掏红笔的我，连忙把自己的笔收回文件袋中。“谢谢你，辉辉！”“不客气，林老师！”那一刻，我笑着告诉自己：了不起，不小心成全了一个孩子的愿望！

还有一次，一阵清脆的早读铃刚响起，班级门口一个男孩的身影摇摇晃晃，气喘吁吁地站在那，高举起手中的保温杯，朝我挥手，是辉辉。我走到他跟前，刚想问“今天早晨还有没有拉肚子，你带了这么大罐的药来喝？”

“老师，你的声音哑了很久，我和妈妈一大早就起来熬这个银耳羹，你赶紧趁热喝了吧？”辉辉闪着明亮的大眼睛把它递到我手上。顿时，一股暖流涌上心头。说实在的，这段期末复习，因为职业病嗓子疼好几天了。此时，我双手托着这罐爱心羹，百感交集……

原来，爱与被爱都是一种幸福！

（摘自附小林彩萍老师的教育微故事节选）

爱是可以传递的，校长通过爱激活教师的积极性，同时教师将爱传递到教育教学之中；学生感恩的行动感染了家长，激发了家长参与学校管理的热情，同时将家长将爱融入家庭教育之中。正因为爱，让学校、教师、学生、家长有了共同的担当，拧成一股绳，劲往一处使，融入学校管理之中。

爱在担当里，让爱福于心，让爱泽于行，以学校和老师之“福”来润泽学生，润泽他人；学生终有一天又能以自身之福来润泽他人，润泽社会，并进而反哺、润泽学校。

第二节　建立以校为本的治理结构

随着教育改革改制的不断深入，中小学校实行校长负责制，学校自主办学、独立管理环境大大改善：如在遵循党的教育方针、依法办学的前提下，学校有个性办学思想的自由权；中层干部选拔任用自主权；校本课程、德育课程自主设置和调整权；教师及其他专业技术人员的职务评聘权；津贴调整和绩效分配独立权；根据学校自身条件，自主开展教学研究、社会服务和教育教学改革主动权。教育管理权利的下放为校本化管理创造了宽松的外部环境。

学校自身发展和管理的问题，要由学校中人来解决，要经由校长、教师、学生和家长的共同探讨、分析来解决，学校发展及管理进程中，学校内部遇到的诸多问题的解决、诸种方案在学校中如何有效实施。真正对学校问题有发言权的是校长、教师和学生，他们对学校的问题有真切的体会和全面的把握。

正基于此，我校依据“求实、创新”和“福泽教育”的办学理念，培育积极向上的群体价值观的需要，结合学校实际顶层设计学校治理结构及运行机制。

一、充分发挥“三会”的民主管理作用

通过章程制定，明确“三会”的职能，三会即“校务委员会、教代会和家长委员会”。

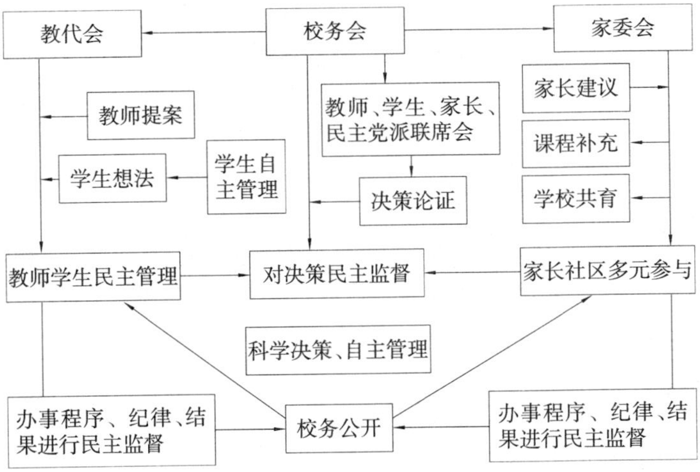

“三会”：学校内部治理结构

现代学校制度的精髓是理顺治理结构。我校坚持以章程制定与实践为核心，建立一套依法办学、自主管理的制度体系；通过校务委员会、代表大会、家长委员会的建构与运行，形成决策、执行、监督有机结合的学校管理体制与运行机制，构建科学决策、民主监督、社会参与三者

相互制约相互协调的治理结构。

（一）校务委员会

校务委员会作为校长负责制的核心决策机构，把校长负责制具体化和固化，是落实校长负责制的具体途径。通过校务委员会完善校长负责制的内涵，促进决策民主化。校务联席会作为校务会的延伸与补充，邀请工会代表、教师、学生、家长代表及民主党派人士参加，对学校的重大决策进行论证，确保决策的合法、合理、合规。对决策的可行性多了份保证，达到“科学决策，自主管理”的基本目标。

（二）教代会

不断健全“教代会”，努力提高民主管理、民主监督的水平。教代会是校内民主监督的重要机构，由教职工代表组成的学校民主议事机构。其主要职责是负责日常教职工对学校工作的参与、监督、评价并负责收集教师的意见和建议，整理教职工群体中的舆情，维护教职工的合法权利，负责向理事会提出学校改革的议案，正确、具体界定教职工代表大会的职能，教职工代表大会监督的实现方式、教职工代表大会与工会的关系，教职工代表大会监督作用的发挥等，以达到“民主监督、民主管理”的基本目标。

（三）家长委员会

积极践行“家长委员会”制，充分发挥社会参与、课程补充，家校共育，民主监督的作用。家长委员会是实现校外监督的重要机构，也是社会参与的重要途径。明确界定家长委员会的职能，研究产生的程序、监督参与方式和载体，以及与学校互动的媒介等，以达到“社会参与，家校共育”的目标。

场景一：“云对雨，雪对风，晚照对晴空。”12月9日，三明市鸿濛国学馆的余养健老师到三明学院附小为四、六年级经典阅读兴趣班的学生上国学启蒙课。余养健老师从国学的基本内容、学习国学的方法入手通过朗诵和唱歌的方式，教孩子们学习《声律启蒙》，让孩子们了解声韵格律，让学生们领略到不一样的国学文化。

我校充分结合社区资源，利用实践课的契机把国学经典引入课堂，丰富了我校幸福课程的内涵，形成了学习传统文化的良好风尚。

场景二：孩子们有秩序地来到格氏栲活动现场进行植树体验活动。天公虽不作美，淅淅沥沥的小雨却没能阻挡大家的热情，同学们分工合作，三五个一群，有的挖坑、有的扶树苗、有的培土……就像一个个“园林大师”在装点家园。转眼的工夫，在同学们的辛勤劳动下，一棵棵小树苗便傲立在和风细雨中。虽然大家裤管和鞋子沾满了泥土，但眼前这一片新生的春意让大家忘记疲劳，满心欢喜。本次亲子植树活动以植树护绿，美化三明为载体，让孩子们在参与绿化活动中，增强绿化意识、环保意识，同时，又为孩子和家长架起了一座相互沟通的桥梁，让孩子和家长增进了感情。

以上只是家委会参与学校管理与孩子共成长的小插曲，学校36个班级都建立了家长委员会，并出台了《幸福附小家长公约》，在公约的引导下，为了共同的目标积极参与班级、学校的管理，充分发挥家委会的作用：一是为了学生更好地成长，参与学校日常事务的管理，并组织学生进行各类社会实践活动。二是参与学校的课程开发，让来自各行各业的家长参与到学校的社团课程、特色课程的开发中去。三是通过恳谈会、征求意见会等，邀请家长参与到学校重大措施及重大政策的实施当中，充分吸取家长的意见。四是通过学校的家庭教育培训课程，及家长沙龙、家长论坛等，不断提高家长对教育的理解程度，从而支持学校的发展。五是参与到学校问题的解决，家委会还是家校之间的润滑剂，在沟通协商家校矛盾时，有重要的作用。学校管理最根本的目的是为了孩子的发展，家委会与学校共同行进在为学生幸福人生奠基的路上。

二、激活不同管理机制的作用

（一）校务联席会议决策机制

校务联席会作为校务会的延伸与补充，成员由工会代表、教师、学生、家长代表及民主党派人士组成，学校教师的评优评先、教师的职称晋升、工程造价及审议，绩效工资方案等重大决策，都必须校务联席会议审议通过才能实施。

（二）部门负责制

	办公室	德育室	教务处	教研室	保卫科
绩效考核	绩效管理的统筹、汇总与公示等	班主任量化考核、教师职业道德考核等	教师工作量核算、考核、教师考勤量化、教学实绩等	科研成效、专业化成果	安全意识、值日到岗、安全责任落实等
日常管理	学校的宣传与报道、岗位设置、上传下达等	学生行为习惯养成、学校等	课程编排与设置、兴趣小组的管理、日常教学秩序管理	教研团队组建与指导、教师成长计划与安排、日常教研组织与督促	学生安全教育、教师的责任意识、各种突发事件的预防与演练、各种安全措施调整与改进等

部门人员的组成由各部门负责人组织推荐，交由校务审议通过，干部评价启动联动责任，进行捆绑考核，每学期向全体教师述职，优秀率达到80%作为科室考核的底线。

（三）年级组负责制

在管理上将“年级组”作为运行主体，将更多的管理和运行放到年级。即“年级组负责制”让管理与育人的重心下移，我们的做法如下。

首先，让管理发生在基层：如实行班级学科教师捆绑，量化积分考核时，以班级为单位，年级长组织年级老师互评，从班级管理的量化积分，担任本班教学各学科教师的质量分值等综合角度出发，评选出本年级的文明班级，根据积分不同，按班级对教师进行绩效考核；学校按一定比例把名额下放至年级，根据年级自评的分数，评定年度考核等级，评选出校、区优秀教师；学校活动以年级组为单位开展，由年级长统一协调开展，本年级如有老师因出差无法上课需要代课时，由年级长进行安排、统计，最后上报至教务部门。学校工会组织的活动，也按年级为单位展开，并评选出一、二、三等奖，由于奖项的不同，活动经费也加以区别。

通过在年级组的小范围内对教师进行有针对性的管理；有利于增强年级组的凝聚力，有助于教师建立对组织的归属感。

其次，让教育落实到学生。如根据学生的年龄特点，分年级制定学生的学习习惯、生活习惯，根据要求层次的不同，由年级长组织开展有针对性，有年级特色的活动，促进学生良好习惯的养成。

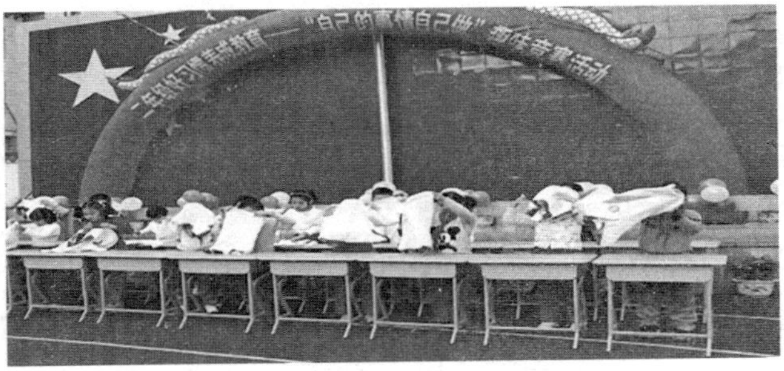

二年段好习惯培养之“自己的事情自己做”趣味活动

年级	学习习惯	生活习惯
一	1. 做好课前准备 2. 规范三姿“站姿、坐姿、握姿”	1. 面带微笑打招呼 2. 干干净净每一天
二	1. 书写规范工整 2. 上课认真听讲，积极发言	1. 自己的事情自己做 2. 学会与同学友好相处
三	1. 每天阅读半小时 2. 及时认真完成家庭作业	1. 每天锻炼一小时 2. 遵守秩序有规矩
四	1. 合理有效安排时间 2. 坚持每天预习、复习	1. 学会感恩 2. 保护环境、爱护公物
五	1. 自主学习、敢于质疑 2. 善于收集、整理和运用信息	1. 诚实守信有担当 2. 自信、自强、不自满
六	1. 独立思考，善于交流与合作 2. 制定并努力实现合理的目标	1. 尊重他人，学会与异性交往 2. 热爱劳动，参与志愿服务

又如布置年级“文化走廊”。“文化走廊”要围绕年段幸福教育“七色花”主题来布置。呈现主体与局部的一致性，要符合学生年龄特征和心理特征，彰显班级个性。

年级工作制赋予了年级以及年级负责人一定的自主管理空间，与学生生活在一起的各个学科教师能够在“年级管理”中及时地沟通和共享各类信息，以实现年级的管理“发生在班级，落实到学生”。

最后，让研究跨越学科边界。年级负责制打破了年级组与学科组的界限，年级部门捆绑、备课组长、教研组长与年级长捆绑考核相结合能有效引导教师跨越学科边界，共同开展富有实效的教育教学活动，共同开发适合本年级学生的综合性课程，实现提高年级质量、务实学生年段学业、促进全面发展的目标。

在年级工作制中，年级负责人是领导年级教育教学活动、关注本年级学生发展质量的第一责任人，管理年级教育、教学等各项工作，能够极大地削减层级传递式管理中的信息衰减。年级长的管理能力得到很大的提高，逐渐能够独当一面，成为学校管理及改革的中坚力量。年级组负责制产生了新的功能，优化了学校管理。

（四）学生自主管理制

学生的自主管理，应该是让全体学生参与管理，参与全面管理，参与管理的全过程，即无论班级的大小事情都让学生参与决策、参与行动、参与评价，从而体现他们在班集体中的主人翁地位。做到充分调动全体学生关心集体、热爱集体、建设集体，为班级及学校的管理做出贡献。

【案例】

“我们的队名是——天天向上。”

“我们的口号是——诚信勤奋快乐向上！”

铿锵有力的集体呼号嘹亮地响彻在附小上空。这是本周一三明学院附小“天天向上”中队集体主持本周升旗仪式的一幕。

在仪式上，中队人人都是升旗手，他们集思广益、自主策划主持人、升旗手宣言、升旗口号，全面展示了这个“福建省先锋中队”先锋集体风貌。

中队集体主持升旗仪式，是基于学校“为学生幸福人生奠基”的办学理念下，面向全体，共同担当升旗使命的新举措，改变少部分优秀升旗手参与体验锻炼的做法。此项改革，展示了优秀中队特色风采，更激发学生的集体荣誉感和班级的凝聚力，成了学校教育的一道靓丽风景线。

这是学生自主管理的一个缩影，我们从一年级开始就灌输“自己的事情自己做”的道理，三年级开始我们倡导“自己的事情自己管”，在每个班级里，“事事有人做，人人有事做”。根据班级工作的需要，设计各个管理岗位，如课间、卫生区、作业、报纸杂志的收分发、门钥匙的保管；日光灯、电视、电脑、电风扇的管理等。每个孩子都有自己的管理岗位，有明确的职责。对一些管理角色还实施动态管理。如值日班长、每周升旗手等职位以竞选方式轮流担任。学生不仅参与班集体的管理，学生自主管理还包括：大队委竞选；学生自己的活动自己策划；校园内部自我管理和自我服务。同时学校文明礼仪岗、小交警队成员、学校升旗手——产生于学生的提议，遵从于学生的推选。

学生的自主管理能从事情的本身出发，更多地考虑学生的心理特点和心理需求等方面的情况，往往更符合学生的客观实际，容易被学生所接受，具有鲜明的针对性，可以大大提高学校管理的效率和质量，调动学生参与的积极性、主动性，有利于增强学生的创新意识，提高实践能力，培育高尚的品格、健全的身心。

第三节 附小教师发展整体规划

当前，我国正处在社会转型时期，各种价值观念充斥于社会之中，这对教师的思想观念、价值取向产生了一定的影响，但教师是教育的基石这一观念没变。“教师是立教之本、兴教之源。”习近平总书记在致全国教师慰问信中，对教师在办好人民满意教育、实现民族复兴进程中的重要作用，做出了新的精辟论述，提到好老师对个人、对学校、对民族的重要性。学校要坚定理想信念，传递正能量，让教师团队在追求卓越的同时，获得内心的幸福感，努力创建“有理想信念、有道德情操、有扎实学识、有仁爱之心”的教师团队。

一、“五大工程”：教师发展的引擎

经过多年来的实践和探索，学校通过“师魂工程、青蓝工程、继续教育工程、校本研修工程、人文关怀工程”五大工程树立优质教师队伍品牌，努力达成“工作有热度、专业有高度、生活有宽度、生命有亮度、服务有热度”的团队发展目标，在区域教育中锻造出了一流的师资品牌。

（一）师魂工程

定期召开师德事迹报告会，举办师德演讲，评选师德标兵、优秀教师等，在实践过程中比、学、赶、帮、超，形成你追我赶争上游的良好氛围，培育“有教育理想、有充沛热情、有扎实学识、有道德情操、有仁爱之心”的幸福教师。实施“234”计划，“2”是两种精神，即合作出智慧的团队精神和对学生终生负责的敬业精神；“3”是三种观念，即把教师的发展视为学校发展的关键、学生发展的根本和教师自我职业生命的重要组成部分；“4”是四种意识，即强化“我是附小人”的主人翁意识、强化质量第一的工作意识、强化一切为了学生的服务意识、强化奉献意识。

（二）青蓝工程

实施“青蓝 1358 工程”（“一年合格、三年成熟、五年骨干、八年优秀”），实现师德和专业发展双提升目标，成立语文、数学、综合学科专家指导组，细化青年教师培养方案，从“入门期、发展期、成熟期”三个阶段提出具体要求，以师德提升、业务学习、课堂发展、课题研究等方面量身定制《三明学院附小教师教育教学能力三年提升行动计划》，抓好师徒结对工作，突出培养年轻有潜力的教师，结合省市各级教学竞赛、送教下乡、磨课教研、教师论坛、开展岗位练兵等形式，扎实教师专业基本功。

（三）继续教育工程

提出“实现省市学科带头人和骨干教师比例达30%，本科比例达到90%”的高品位、高学历、高水平的“三高”目标，要求每位老师根据自身情况拟定个人发展目标。积极鼓励教师参加各种形式的培训学习和学历进修，并规定：凡取得本科学历，学校奖励4000元；取得研究生学历，学校奖励6000元。目前，我校教师大专学历达100%，本科学历达92%，还有两名硕士研究生。

（四）校本研修工程

学校自主开发课程，并通过校本研修平台推动课程设计的合理化、个性化和科学化。每学期组织教师全员参加期初、期末及学科校本培训，老师们通过研讨课例、听讲座、与专家对话等多形式、多途径、多层次的培训，丰富学科素养，提升教育教学水平，重构幸福课堂理念，为学校探究幸福课堂研讨奠定坚实的理论基础。

（五）人文关怀工程

非专业化的人文关怀，对教师专业发展起到重要的推动作用。学校全面改善办公硬件，给予经费支持，布置雅致个性化办公室，购买绿化盆栽，更新教师办公桌椅，为全体教师人手配备一台电脑后，教师们享受着更便捷的数字化办公条件，享受着更舒适的办公环境，最基本的职业条件得到了很好的关照。学校为全体教职工开辟了一间集阅读、休闲、娱乐为一体的“教工幸福书吧”，教师在课余一起读书、品茶、闲聊、欣赏音乐……学校提出“每天健身1小时，健康工作30年，幸福生活一辈子”的口号，开辟了一间180平方米的教工健身房，内置电动跑步机、可调腹肌板、磁控划船机、动感单车、四方位组合训练器、乒乓球桌等，每天下午老师可利用一定的空闲时间放松身心，锻炼身体。由学校工会买单，为女教师提供每年一次的妇科检查。经教代会通过，学校制定了教师慰问制度，已形成常规。如果教师本人或直系亲属生病住院，只要没有重大会议或活动，校长都会带上学校领导班子，亲自到病房探望，送上鲜花，送上慰问金，给予精神和物质鼓励。教师购买专业书籍，学校给予一定程度报销。教师们不断感受到学校对其专业成长的物质支持，教学研究的劲头更足了。学校工会利用妇女节、教师节、国庆节、重阳节等主题假日，组织“为退休教师送鲜花祝福”、排球赛、趣味运动会、登山走绿道等活动，组织开展教工运动会等，掀起师生阳光健康生活新风尚。落实“自主择岗制度”，每学年下发《教师自主选择工作岗位申请表》，尽量使工作适合教师，而不是让教师适合工作。这样就帮助教师发挥了自己的优势，实现了自己的生命价值，温暖了全体职工的心。学校的考勤制度很严格，是不能触犯的“高压线”，但是制度的背后，因为有了隐性的人文关怀，刚柔并济，学校教师的存在感与归属感日益增强。

二、追寻名师成长足迹

【案例1】余晓微：每个孩子都喜欢说“英语”

朱永新先生曾说过这样的一段话：“享受着教育幸福，你就多了一股创造的激情。你会把每一堂课精彩地演绎，你会把每一句话精心地锻造……你会惊奇地发现：幸福是熙熙攘攘的。”我很享受这样的一句话，幸福是熙熙攘攘的。

那天，因为比赛的关系，一年级的课跳过了一两节。走进一年级的课堂，一些小孩在我进门的刹那就欢呼起来，还说了一些逗我开心的话。那一瞬间，心里是暖的。那天，我比完赛回来，人略显疲惫。下课后，一个贴心的五年级的小女孩走到我旁边。当时的我在忙着指导其他孩子英语上的问题，我本能地以为这个小女孩有问题需要请教，结果她突然冒出一句，“你最近是不是不开心呀？”我很好奇为什么她冒出这样的一句话，便问她：“为什么你突然这样说？”她告诉我：“因为我觉得你最近很少笑了。”反思一下，确实，在准备比赛的过程中，在任课班上课时经常匆匆忙忙，因为压力，也很少会与他们开开玩笑。可是心里也莫名感动于这样细心的观察与问候。我很认真地感谢了那个小女孩对我的关心和问候。相信这样的善良，会让那位小女孩收获幸福和美好。

很多家长曾经告诉我，孩子不敢开口读英语。细细斟酌其中的原因，我想是因为孩子不会或者读得不熟练，所以才不敢开口。将心比心，为了让孩子们能敢于开口说英语，我默默进行了一个实验，建立了一个英语交流群，让孩子把自己读得熟练的课文展示到微信群中，一来锻炼孩子的胆量,二来让他们收获成就感。孩子们开始掀起了一股读英语的热潮，也收获到来自家长的许多反馈和肯定。更重要的是，收获到这样的小举动带给孩子们的信心和勇气，这便是我积蓄生长力量的最大动力。

守望孩子的幸福，积蓄生长的力量，这股力量便是源自于教育里细节与幸福的熙熙攘攘的感受。

【案例 2】任晓丹：孩子是天生的“歌唱家”

音乐是世间最美的语言，歌唱艺术是音乐的重要部分。作为一名奋斗在第一线的音乐教师，我深深了解：孩子们是爱歌唱的，在我眼里他们是天生的歌唱家。

在少儿声乐学习中，我生动地范唱让孩子们感到歌声的动听、音乐的美妙，从而对歌唱产生浓厚的兴趣。在发声方法的学习中，多用通俗易懂的语言表达和容易把握的具体手段，切莫语言表达晦涩难懂，孩子们如听天书，无所适从，紧张、拘谨，这种心理不利于声乐学习。在学习的过程中应多给予肯定，给他们自信，不要用刺激性的话来训斥孩子，这样会伤到孩子的自尊心，使孩子们对声乐学习失去自信心。在少儿声乐教学中，不可忽视他们的心理特点，让他们在轻松愉快的学习环境中学习、成长、进步。在我的课堂上，孩子们自由地施展自己的音乐才华，我也从最真挚的歌声中体会到他们的天真无邪，纯净如水。孩子们可爱的肢体动作更能使歌曲生动有趣，充满活力，增强歌曲的表现力。我在课上还注重学生歌唱的表现力，让学生做到声情并茂的演唱，让他们沉浸在音乐的美中，对逐渐培养孩子的想象力、创造思维能力、表现力及审美能力起着很重要的作用。

学会耐心、学会发现、学会肯定，我相信孩子是天生的歌唱家。

【案例 3】邹毅弘：人人都有一双发现美的眼睛

多年以来，我养成了利用相机收集孩子们上课精彩瞬间、孩子们优秀作品资料的习惯，也为了更好地展示孩子们的才华，我于 7 年前在新浪网上创办了博客，专门放置这方面的资料。每次资料上传，都及时通知孩子们和家长上网下载，以留下孩子在小学生涯中的美好记忆。7 年来，博客的浏览量已达 5.6 万人次。我为班级创立 QQ 群，在群里和家长们交流如何培养孩子等家长最为关注的话题，并把班级活动照片及时上传到空间里，供家长们欣赏和下载。这些媒介都很好地为我和孩子们、家长的交流提供了平台，拉近了家校之间的联系、师生关系也更为融洽。

我创办了班刊，结合学校的幸福教育，把班刊命名为《在幸福里》。主要内容有：班级简介、本学年的各种活动照片、取得的成绩，孩子们的作文、日记、个人风采。我告诉孩子们人人都有一双发现美的眼睛，引导孩子们收集各种资料、修改每个孩子们的文章。《在幸福里》成为孩子们和我幸福而又珍贵的回忆，也将成为孩子们幸福成长的档案。以文载道，以教养德，润物无声。小小的班刊，见证着孩子们进步与成长的点点滴滴，也圆了孩子们的小小作家梦。

班级刊物和博客等媒介的交流，使得我和孩子们贴得更近了。这条成功的教学之路，洒下的是汗水，收获的是甜蜜，也再次验证了：教育，从来不是一条捷径，那是树的生长，是根的纵横，是年轮的蔓延，是逐渐地枝繁叶茂，是未来的花与果。

第四节　弥漫与浸润，让制度成为文化

学校制度文化是学校在日常管理要求或规范中逐步形成的，是全体学校成员认同和遵循的精神规范，被个人行为能力、集体所接受的共同标准、规范、模式的整合。制度文化作为学校“福泽教育”文化的重要组成部分，其本质是以人为本，以人的全面发展为目标，通过共同价值观的培育，使全体成员的身心能够融入系统中来，变被动管理为自我约束，是维系学校正常秩序必不可少的保障机制，在实现社会价值最大化的同时，实现个人价值的最大化。

一、共同的契约：从小事做起，把小事做好

制度文化的形成与建设有历史的积淀，在学校发展进程中不断完善，学校历经半百春秋，从岗位管理、教师管理、学生管理、德育管理、教务管理、安全管理和后勤管理七个方面制定了近120条的制度或规定，形成了一个不断传递、认同、强化的过程，书写了历代附小人励精图治、一丝不苟的治校精神。

从小事做起，把小事做好——从某种意义上而言，这是我校制度文化的经典浓缩。制度塑造文化必须从细节开始：学生学会微笑问好，学会规范站姿、坐姿和握姿，学会扫地、整理自己的书包……老师关注每个孩子的喜怒哀乐，帮助学生养成习惯，一丝不苟，小事做实，细节做精……这一件件构成了学校管理的日常，如何将小事做好、做细、做实、做精，这是我们学校制度建设的抓手和着力点。让制度落在实处，让一件件小事不产生“破窗效应”，谨防产生第一块破窗逐渐形成我们的管

理共识。

如学校保卫科接到个别学生反映，课间活动的时间里，有个别同学在走廊里玩篮球，篮球不慎从五楼落到操场，造成了极大的校园安全隐患，学校调查后立即对相关学生做出适度批评教育。为防患未然，学校修订出台了《三明学院附小关于学生携带体育用品管理的规定》。规定强调：在上学放学时携带大件体育用品必须用网袋装好，不得在楼梯、走廊及上学、放学路上打篮球、踢足球等，在上课期间把它们放在学校专门指定的位置。在校园网重新公布值日教师职责及相关的要求，各班主任通过班会课和晨读课带领学生共同学习此项规定，并按照规定要求选拔任命一名小安全员，协助班主任在课间、上学放学时段的督查。此项规定出台后，学生类似的安全隐患排除了，不良行为习惯受到了良好的教育，体现了制度文化建设的真正价值。

制度文化形成的前提是要得到大多数人内心的广泛认同。“学校制度文化建设是学校文化建设的关键一环，我们做出一项规定，拟定一个方案，形成一个制度，要从人性化角度去思考”，这是我校制度建设达成的共识。我们认为制度并不是冷冰冰的，它也能体现温度，一定程度要有人文关怀，这样的制度才会有生命力，才能更好地促进学校“福泽教育”文化的渗透和内化，学校制度文化建设才能深植校园、化进人心。

如学校执行坐班制，强调要加强对老师考勤的严格管理，在一次抽查中，发现一位平时工作非常认真，深爱学生喜爱的老师违反考勤管理规定，提前一节课离开学校。校长与这位老师交谈，了解到她的孩子今年正在读高三，她想提早回家为孩子准备营养的午餐。校长慎重考虑后，将考勤管理制度作了人性化的修改，把自己的修改方案提交到了校务会上，经过学校研究决定，修订为“家中有孩子参加高考的，或孩子尚小正在哺乳期的女教师可以提前向学校提出书面申请，在教务处备案后可以弹性坐班”，从这么一件事，我们感觉到很多制度“刚性规定多，柔性补充少，规定哪些不能做的制度多，怎么体现人文关怀的少”的不足，并以此为契机，学校组织教师进行讨论“对于学校的规章制度，你有什么看法，你认为哪些方面可以改进或补充”，通过集思广益，吸收了不少的合理化建议，通过教代会对学校的制度进行了人性化的修改与补充。

这只是我们人性化管理的一个小片断，我们从一件件小事中反思，从小事中见大事、进而建制度。如针对学校学生大都是独生子女，自我意识比较强，不善于整理物品及与人和睦相处，面对这种情况，我们便制定《三好三做起的规定》即：做个讲卫生好孩子，从会扫地做起；做个有礼貌的好孩子，从会打招呼做起；做个守纪律的好孩子，从不迟到做起。这样的规定就是从小事着手，可操作性强；小事中看管理，进而对制度进行调整：如《三明学院附属小学课堂常规管理制度》《三明学院附属小学教师值日管理制度》；以发展的眼光作制度改进，制定了《三明学院附属小学教师学历提升制度》《三明学院附属小学幸福教师悦读沙龙活动方案》《三明学院附属小学鼓励教师参加心理咨询培训方案》……

我们要有一双问题眼：善于在管理中发现问题，善于从现象中找到本质；要有一双千里眼：以发展的眼光，从小事里看到发展趋势，让制度文化在小事中生长，在小事中弥漫。

二、习惯的力量：让人人敬畏制度

无以规矩，不能成方圆。学校的制度作为学校的“法”，是为了保障学校实现一定目标面制定的全体成员共同遵守的行为准则，是学校管理者与全体成员必须共同维护的“契约”，在学校治理进程中，“法”的呈现是制度化管理，它克服了“人治”的不足，需要人人对制度进行守护，对制度有敬畏之心。

（一）秉执“公平公正”之心，做到“一视同仁”

规章制度是否能落地生根，需要学校管理者率先垂范，成为制度的守护者，“其身正，不令而行；其身不正，虽令不从”，作为学校管理者，更应严格执行学校的规章制度，维护制度的权威。规章制度要发挥效力，更需要决策者秉执“公平公正”之心，无论领导还是教职工，都应统一尺度，不因职务、亲疏和人群的不同而有所不同，一旦违反，都一视同仁接受处罚，这样才能促使师生主动、自觉地遵守各项制度。

（二）杜绝“下不为例”之辞，恪守“敬畏制度”

曾国藩一生始终常怀敬畏之心，坚守基本准则，最终大业辉煌，成就了自我。敬畏是人生的大智慧，不仅是一种人生态度，也是一种行为准则。做到心有所畏，言才有所戒，行才有所止。怎样才能让每个部门及个人对制度心怀敬畏之心呢？

制度执行过程中，坚决杜绝“下不为例”，下不为例是制度破坏的最好借口，它绝不可能是仅此一次。学校管理对全体成员生活、工作与学习活动而提出的具有指令性的行为准则，它与校园文化、道德建设所不同的是，学校制度是一种硬性的管理手段，它明确提出“应该遵循什么”“提倡什么”“禁止什么”。制度执行的过程中，要严格落实“刚性原则”，也就是明确要求学校中的每一位成员，都必须严格遵守制度所规定的日常规范与行为守则。管理有刚性的一面，同时也是管理者与被管理者最容易产生冲突与摩擦的一面，因而，管理者要创造有益于制度顺畅实施的外部环境，并严格执行，对自觉遵守的，要予以表扬；反之，则予以批评和处罚，避免“网开一面”，杜绝“下不为例”，这样才能让每个人对制度心怀敬畏之心，从而达成行有所止。

（三）坚持“刚柔并济”之道，增强推广力度

制度的作用，不仅仅有其刚性的一面，还有激励的功能，由于面向的对象是人，学校管理者不能完全采用刚性的、生硬的和僵化的管理方式，则需要根据特定的问题和情境，按照“理解好、落实好、完善好”的理念，综合运用多样化的管理方式，避免“千篇一律”式的“对号入座”。“学校制度文化建设是学校文化建设的关键一环，我们一定要在执行中注意把制度的刚性约束和人文关怀有机结合”，校长在学校行政会上常常和他的团队这样强调。我们认为刚柔并济，才能更好地促进学校“福泽教育”文化的渗透和内化，学校制度文化建设才能在正确的轨道上早日开花结果，学校才能实现“福泽教育”文化引领下走上内涵式发展的可持续性道路。

总之，我们制定学校规章制度时，要着眼于身边的小事，以发展的

眼光做好制度设计、以公平之心守护制度，做好监督，让人人敬畏制度，做到心有所畏、言有所戒、行有所止。注重刚柔并济，制度才能深入人心，教师的敬业与否及工作状态投入值是无法用制度和数值来量化，它是制度长期坚守下形成自觉的行动。制度文化在师生自觉与不自觉的言行之中，融入师生发自内心的行动理念，最终内化于心、外化于行。

三、浸润式的管理艺术

学校管理的核心是对人心的管理。不仅有文本性的制度，像财物管理、工程招投标……它们体现为文本式，有严格的程序化特征，而任何文本式的都是一种外显制度；而化于自觉，弥漫式、浸润式的管理艺术，则是“隐性制度”，“隐性制度”是对每个人内心的约束和激励作用更为明显，是学校治理中重要的精神财富。“隐性制度”充分运用马斯洛的需要层次论、激励因素、罗杰斯的人本主义等理论，掌握人性的特质，带人带心，实施符合人性的精神管理，达到管理的最高境界——经营“人心”的精神管理。正基于此，我校在学校治理过程中，逐步形成“尊重、赏识、激励”的制度文化。主要表现在以下几个方面。

（一）在尊重中凝心

“一个好校长，就是一所好学校”。校长是学校的灵魂，校长的办学思路、教育行为、管理行为和风格等对学校工作产生全局性影响。作为校长如何把自身的办学思想、办学理念贯穿到师生中去，他的一言一行直接影响着教师的发展、学校的发展和学生的发展。

“福泽教育”倡导教师们做幸福传递者。

林启福校长率先垂范，善待、尊重每一位教师和学生。教师们很少见他发过火，他总是用亲切的话语和他那特有的微笑去迎接每一位教师、家长、同行、领导和来宾。他的微笑给人以亲切，给人以鼓励，给人以奋进。孩子们眼里他是一位平易近人、和蔼可亲的校长；在老师们眼里他像家人、像兄长一样关心爱护他们；家长眼中的林校长，儒雅、和蔼，是家长和孩子们的朋友。

是的，微笑是一种振作，是一种坚强，是一种超脱的魅力；微笑是一种风度，它具有热情和友善，具有接纳和体贴，具有宽容和豁达，具有轻松和乐观。微笑是尊重、是友善、是鼓励、是真情、是赞赏。我总是用微笑感染每一位教职员工，鼓励他们，尊重他们，为教师减轻不少的压力，使学校学生的学习环境变得更加和谐、宁静，师生们能散发出青春的活力，从而提高教与学的激情。

（二）在赏识中聚力

20 世纪美国最伟大的成功大师卡耐基说过，人类最本质的心理需求是渴望获得他人的尊重与认可。对于成人如此，对于孩子来说，他们又何尝不渴望得到父母及老师的爱和尊重？如果我们能让孩子感到轻松，感到被人接纳和尊重，那么孩子就更有可能因为喜欢学习而学习，乐于创造和冒险，乐于接受新观念，如果我们的教师获得赏识，其工作干劲就会越来越高涨，其创造能力将进一步增强。

林校长主动蹲下身来，融入教师和学生中间，了解情况，征求他们的看法，聆听他们的声音，对于学校制定的规章制度是否合情合理，对学校的发展是否有高招妙计等，倡议老师们做到“三多三少”，即：多一点赏识，少一点抱怨；多一点激励，少一点责罚；多一点沟通，少一点冲动。常怀悲悯之心，他身体力行，总是以赏识的眼光看自己的部属，做到“容人之过，用人之长，记人之功，委之以任，代之以礼，施之以惠”。

通过赏识激活教师的积极性，同时教师将赏识传递到教育教学之中，以爱育爱、以心感心、以情移情，才会达到预期的教育效果，同时师生关系融洽，学生才会发自内心的信任教师、热爱教师；通过赏识调动家长参与学校管理的热情，同时将家长赏识融入家庭教育之中。管理团队以赏识的视角和方式融入学校管理之中。这样，使学校的每一个成员都能够学会赏识，将赏识融入学校发展的各个方面，从而形成隐性的制度文化。

（三）在激励中释放

每个人都希望出人头地，马斯洛的“层次理论”告诉我们，人的最高需求是“自我价值的实现”。当自我人生价值实现，人的内心才能出现所谓的“高峰体验”。有了这种欲望之后，人类才会积极成长，努力向前。这就是有效激励，有效的激励会点燃员工的激情，促使他们的工作动机更加强烈，让他们产生超越自我，并将潜在的巨大内驱力释放出来形成良性的循环。

我们不从同的角度，不同的侧面来调动教师积极性，所采用策略之间不是完全割裂的，而是存在着互相交叉甚至部分的互相包容，我们在教师幸福团队构建实践中，根据不同的情况，综合运用各种激励的策略，收到预想的效果，对教师激励的多渠道策略，我们从以下几个方面入手。

1.“共生”激励——团队向心力

自然界中有这么一种现象，一株植物单独生长，往往会因为单调和缺乏生机而难以长大，甚至会枯萎，而与众多同类植物一起生长时，则根深叶茂，生机盎然，人们把这种现象称之为“共生效应”。

“滴水怎样才能不干涸？”“把它放到大海里去。”是的，一滴水的寿命是短暂的，但当它汇入海洋，与浩瀚的大海融为一体的时候，就获得了新的生命，赢得了共生效应。拥有最好的教师，才能办出最好的教育，我们充分利用共生效应，进行教师内在品质的提升，努力为教师成长搭建舞台，关注教师在工作中的精神状态，引导教师共同参与和体验中转变获得职业认同感和体现自身价值，焕发教师的生命活力。

做法一：学校通过创设一个和谐、合作的内部环境，组成一个个共同体，让每一位教师人尽其才、人尽其用，老教师的经验和理性，新教师的冲劲与灵性优势互补，教学相长，产生共生圈的向心力。

做法二：建设“学习型”读书团队，学校每个学期都给每位教师一次“阅读奖励基金”的机会，开展“参与一个课题，精读一本专著，撰写一篇论文、开一次讲座”的四个一活动，不断鼓励教师多读书、读好书，把学习看作生活中的一部分，做到工作学习化，学习工作化，进行自我追问，提升专业素养，产生共生圈的原动力。

做法三：创设开放、自由的学术研究氛围，在学校里开启“幸福教师论坛”，每个学期教师轮流主讲，或谈班主任管理，或谈教学之道，或谈读书心经，鼓励教师大胆说出自己的故事，发表自己的观点，在学习中对话，在争鸣中思考，在思考中创新，在创新中实践，在实践中升华，逐步形成在合作中共同成长，产生共生圈的绩效力。

【案例1】

累并快乐着——我与教研团队的幸福成长

2015年3月至6月的短短3个月，我执教了三节不同课题的公开课，跨出校门，踏上了市、省、闽浙交流的赛课舞台，得到了成长，收获了幸福！这个频繁的比赛经历对我来说累并快乐着，既是痛苦的折磨，更是幸福的成长！无论从选题、备课、磨课、研讨还是最终的上课，每一个环节都凝结着自己和团队智慧的汗水。俗话说“团结力量大”“众人拾柴火焰高”，一个人的眼界是有限的，能力也是有限的，终究也只是一颗璀璨的珍珠，如果能把众多的珍珠连接起来，那才是一串美丽无比的项链，团队的作用与魅力不言而喻。能有这样的成绩，就是因为我们附小有一支非同一般的教研团队：无论是骨干教师还是有经验的老教师，总是不遗余力地出手支着。每一次的磨课、研讨课、比赛课，都可以看到团队一起教研的身影，大家能够就教育教学中的疑难问题进行交流探讨，开诚布公地陈述自己的观点和见解，互相倾听，共同分享，大家出谋献策，群策群力，无私地、默默地给予我力所能及的莫大帮助。

“磨课”已不再是个体的展示，而是群体的研究行为，“磨课”的艰辛大家共同品尝，而“磨课”也“磨”出了一堂堂优质课例。我在一次次不厌其烦的“磨课”中使我的专业逐渐成长，而每年的无数次“磨课”也打造了附小一个专业精英团队。我震撼于我们团结的力量！感动于我们教研团队每个数学组成员的团结互助、无私奉献的精神，能成为这团队中的一员令我倍感自豪与骄傲！

合众人之力，则无往不胜也。我们数学组教研团队正在“福泽教育”的浸润中努力实践着——在研究的幸福中创造，在创造性研究中获得幸福！而我，将在这个集体中不断成长、幸福着！

（摘自附小王广老师参加赛课后的感言）

2.“榜样”激励——典型发动力

榜样的力量是无穷的，我们可以引导教师学习我们自己队伍中的榜样和身边的典型大力弘扬他们的心境自己，使之成为每一位教师学习的榜样和效仿的楷模。

2016 感动附小十大人物颁奖典礼

【案例 2】

聚焦一：2017 年 1 月，学校启动了“2016 感动附小”十大人物评选。这次人物评选范围涉及学生、教师、学校后勤服务人员、家长志愿者、家委会、校园学生社团，涵括了为学校发展服务的所有人员。更令人难以忘怀的是，在其后的“2016 感动附小人物颁奖典礼”上，无论是才二年级身患肾炎依然自强不息的潘镜冰，还是躬耕教坛 37 载的教学神话翁艺青老师，或是刚刚崭露头角的校园足球队……都传递出了附小的正能量，成了有口皆碑的学习榜样。默默无闻、淡泊名利，躬耕教学一线 37 年的翁艺青老师创造了“教学神话”，又成了新生代教师学习的楷模，广大家长赞誉的教书匠。在“2016 感动附小人物”颁奖典礼上，全场师生、家长都给予他最热烈的掌声。学校给予他的颁奖词——三十七年的兢兢业业，三十七年的不辍耕耘；风雨无法撼动他的信念；困难更难改变他的誓言。他无怨无悔，倾情自己的班级；他孜孜以求，奉献自己的课堂；

他37年来所教班级成绩均为年级第一名；他热心于“传、帮、带”，先后指导十多位教师参加省、市教学比武，成绩优异；他用真情诠释了自己的选择；他用爱心谱写了教育篇章；他是学生的师长，他是教育的楷模。

聚焦二：我校开展了一系列主题活动——“毕业典礼感恩”“评教学微故事、做幸福教师”。每年评选教师先锋即：“师德先锋”“学习先锋”“教学先锋”“奉献先锋”“帮扶先锋”“感动附小”校园人物评选，引导老师们从身边的榜样思考教育理想，发现职业价值，寻找幸福源泉。以师爱为主题的教育活动，让老师们时刻铭记自己的使命与职责，让每一位教师牢记用心灵启迪另一颗心灵的理念。教师生日收到校长亲笔书写的生日贺卡和学校送上的蛋糕，组织教师们以备课组为单位互送“生日祝福”，节日里收到校长亲自送上的鲜花……校长的关心感染着教师，教师的爱心传递给学生，师爱生，生爱师，在这种爱的追求中充分发挥教育的力量。

聚焦三：阅读——打开了我的一条阳光大道，我结缘了沈丽新老师的《原来英语可以这样教》。解读沈丽新老师的成长之路，我开始用笔记本记录了教学中的问题和自己的反思，我用起手机微信记录教学点滴……

榜样——关注教学里的能者，寻找他们身上美好的品质，并且用他们强大的正能量感染自己，以此作为前进方向。这是自己坚持的力量来源。遇上学校的梁小宁书记，我看到了坚持的品质。遇上林启福校长，我看到了大教育家的情怀。遇上沈丽新老师，我看到了心目中英语教师的美好……

也许是更多的积累和反思，更多的榜样引导方向，慢慢地，我初尝了教育里幸福熙熙攘攘的感受，如此甘甜，如此美好。我开始享受着教学带给我的快乐。

（附小余晓微老师全国赛课获奖感言节选）

3.“鲶鱼”激励——激活发展力

挪威人爱吃沙丁鱼，但是当渔民将外海捕捞的沙丁鱼运回渔港时，大多数的沙丁鱼已经死了，而死鱼却卖不上好价钱，有一名渔夫，却总能将活鱼运回港口，这引起了人们的好奇，原来这名渔夫用了一个很简单的办法，他在有沙丁鱼的鱼舱里放进了一条鲶鱼。鲶鱼进入鱼槽后，因其活力而四处游动，扰得整个槽里的鱼上下翻滚，也使水面不断波动，增加了水中的氧气，如此这般，就能保证沙丁鱼活蹦乱跳地运进渔港，这一现象产生的效应在心理学上被称为“鲶鱼效应”。

如何在管理工作中发挥“鲶鱼效应”呢？我们做了有益的尝试。

【案例 3】

将“鲶鱼”植入到班主任工作中

根据老师个人特点打破常规，引入体育、美术、英语、音乐等教师担任班主任。美术教师邹毅弘担任班主任的“天天向上”中队，在她个人艺术教育的熏陶下，举办了“爱心献妈妈”中队彩陶艺术展、“在幸福里天天向上暨天天好声音展示活动”春节联欢会、“天天向上杯”厨王争霸赛美食节和“交换空间”“一站到底”“小鬼当家”等创意品牌班级活动，“天天向上”中队被授予“福建省先锋中队”，多次受到市电视台的采访报道。鲶鱼效应出现了，学校纷纷出现了“体育特色班”等各种特色班级，各班都纷纷开展各种特色活动；“天天向上”“孔子班”“向阳花儿朵朵开”等特色班级不仅以外显环境布置突出班级个性，还在家长委员会的支持下出班刊，《一缕童心》《在幸福里》《童心飞扬》《小星星》《恰同学少年》等各种班级个性班刊或报刊成为孩子手中的新宠。

【案例 4】

“家长助教”的鲶鱼效应

“抢球时，要眼观六路，知道跑位随时招呼同伴传球。”

“身体上去卡住，不要光用脚。”

这是家长助教许晗带领附小校足球队常说的话，也是在“2016 年第三届海峡两岸室内五人制足球邀请赛”与澳大利亚布里斯班队教学比赛的场景缩影。这是我校成立校园足球队以来，第一次获得名副其实的国际交流学习机会。在家长助教许晗的大力支持和引荐下，足球少年们在为期四天的学习活动中，有幸获得和大咖切磋交流的实战训练，席间，许爸爸还特别邀请外籍球星和小球员们互动交流。

“家长助教”许晗是三明市足球协会副会长，也是三明学院附小在推动“福泽教育”发展中涌现出的优秀家长代表。在他的感召下鲶鱼效应出现了，家长们纷纷主动申请到学校组建了“国学社”“书法社”“读书会”等，形成了百花齐放的局面。

我们积极探索和实践以幸福文化引领学校管理创新的路子，达到从管理到治理的转变，通过采取系列措施，完善内部管理机构，努力使“制度文化”入脑、入心，从外部的强制转化师生内在自觉行为，凝聚发展力量，促进校园和谐，从而实现学校管理从制度约束到文化引领的跨越。

第三章

“福泽教育”思想下的学校文化建设

学校文化是学校的灵魂。某种意义上而言，我们认为它是一个学校的图腾象征，是经过时间的沉淀，由教师、学生、家长和学校服务人员等一起工作而积淀下来的关于规范、价值、信仰、传统和礼仪等形成的独特校史和文化场。在这个文化场中，“福泽教育”成为附小承前启后的独特标识，载进附小 54 年校史。沿着学校发展的脉络，历数沿革中躬耕教坛的前辈足迹，我们更加笃信：福于心，泽于行。学校文化不会在前方，它应该在前辈和我们大家曾经走过的路上，在那里，我们共同找寻学校文化蕴涵的教育的本真。

一、“写给二十后的自己”

六年级的学生毕业前夕，都要进行这样的一次人生规划，美其名为“蓝色梦想启航教育”。附小就学的孩子在小学六年的时光中，将经历“一年级红色传统教育、二年级绿色生命教育、三年级青色书香教育、四年级橙色感恩教育、五年级的金色自信教育、六年级蓝色梦想启航教育及毕业生的紫色毕业庆典”这样序列化的“幸福七色花”年级情境式体验活动。学校希望每次刻骨铭心的教育体验文化，能把成功与幸福的元素融入每个学生的心田，让学生发现幸福、感受幸福、创造幸福、享受幸福，努力让学生在学校的每一天都成为他们生命中阳光灿烂的日子，成为他们一生的幸福记忆。

二、“幸福教师书吧”

学校的生命力在于教育质量，提高质量关键在于教师。教师需要不断读书，与时俱进学习先进的教育理念，形成扎实的专业知识和学识修养，才能为学生幸福人生奠基。为促进教师提升文化品位和学习积淀，学校开辟了一间集阅读、休闲、娱乐为一体的教工书吧。书吧内环境温馨，整齐漂亮的书柜，丰富的书刊杂志，错落有致的花卉盆景，雅致的藤椅茶座，别致的咖啡器具，精美的茶点……教学工作之余，教师们沉浸在这样的文化氧吧，泡一杯咖啡，读一本好书，品百味人生，享受心灵碰撞的文化之旅。

享受幸福教师书吧的美好时光

三、“今天爸妈当老师”

学校每个学期都定期举行两次全校性的“今天爸妈当老师”家长百家讲坛活动。这项活动是学校家校合力教育的特色活动之一，学校倡导广大家长结合自身职业特点和个人特长走进学堂“当老师”上大课。各班家长踊跃报名，他们的讲坛创新教学内容，将插画、剪纸、艺术气球、学理财、学做美食……带入课堂，极大地激发了孩子的兴趣，带着孩子们探索新的领域；他们创新课堂形式，通过讲故事、团体游戏、做小实验、家长和孩子互动等方式展开教学。丰富的课堂，新鲜的面孔，多领域的教学，增长学生见识，拓展学生视野，将家长与学校的心紧紧相连，提升了家校教育的新水平。

“我深切地感受到附小是一个温暖幸福的大家庭，是一个为学生幸福人生奠基、追寻梦想的大课堂，是一个师生、家长不断进步成长的大摇篮。”附小刚退休不久的书记梁小宁手捧鲜花，在和全校教师的退休感言时如是说。正如梁书记而言，三明学院附属小学是温暖幸福的大家庭，是追寻梦想的大课堂，是不断进步成长的大摇篮。正是这大家庭、大课堂和大摇篮，串起了附小一个个幸福的符号，凝练成了附小今天“福泽教育”的文化旗帜。透过筚路蓝缕的岁月，聆听麒麟山下，沙溪河畔的这所学校沿革发展路上的故事……

第一节 “福泽教育”诠释，建构一种幸福教育哲学

一、“福泽教育”文化内涵阐述

一种教育的文化就是一个校长乃至一所学校的“教育哲学”。这种教育哲学渗透在校园师生的言谈举止和音容笑貌中，展示出广大师生在学校历史传统的积淀中对美好教育的看法所持有的态度与认识，用美国学者泰勒的话说：“它不是一般的学校发展理念，而是带有认识论和方法论意义的教育理念，而是积淀在学校中的历史传统，反映了学校的发展背景，体现着校长和广大教师共同愿景的核心教育理念。”

我们将附小 54 载发展的学校精神凝练成“福泽教育”二字，根植于他个人对中国儒家“仁者爱人，有教无类，因材施教”的优秀教育传统的一种价值认同。“福泽教育”在今天的意义不仅仅是彰显孔子儒学教育的一种基本原则和策略，更表达了“学校这块拥有纯真的教育净土，将回归教育初心办有良知的教育，将努力让每一个孩子都在纯净的、人性的、温情的天空下有尊严地、自由地、个性化地成长，获得应有的发展”

这样一种博大的教育家胸怀和理想。同时，历任校长和优秀教师们传承下来的优秀育人情怀让“福泽教育”文化有了最稳固的依靠。

当代著名教育家叶澜教授指出：当今学校文化建设十分现实和重要的任务,不是回避或以精神否定财富的方式来形成学生积极的人生态度，而是要从财富与精神幸福人生关系的意义上，帮助学生形成健康积极的人生观和生活方式。“福泽教育”文化，正是在一个多元文化的社会背景下，学校群体凝练成的幸福价值体系的认同和共同追求。“福泽教育”文化，努力从历史积淀与现实的追求中把握学校文化发展的脉络，彰显了学校“福泽”教育思想的幸福价值追求。在这里，学校不仅仅是师生教学相长、薪火相继的地方，更是师生在成全生命个体同时，向往美好教育的幸福田园。“福泽教育”思想下的文化体系不断通过学校内部的风俗、礼节、象征、事绩和语言等符号，用“人为现象”来彰显学校文化内涵。

福泽教育，让学校的功能回归初心，如英国哲学家和教育理论家怀特海在他的著作《教育的目的》中指出：教育只有一个主题——那就是多姿多彩的生活。因此，“福泽教育”思想倡导“童年是一段美好的旅程，让走进校园的每一个孩子自由呼吸、幸福成长，让校园里的一切润泽他们生命的亮度，让每一个孩子都有机会过一种完整的教育生活，然后从容地走向属于他自己的幸福人生。”

古人云：“筚路蓝缕，以启山林。”“福泽教育”文化，将在思想的坐标下，从内在的精神涵养出外在的从容姿态，努力显现学校教育的公平、普惠、生长、温润、细腻之功，为学生幸福人生奠基。

二、“福泽教育”文化独特价值

（一）朴素的校训：“从小事做起　把小事做好”

校训，据说由日本引进的词。最早对“校训”概念进行解释的是舒新城主编、中华书局 1930 年出版的《中华百科辞典》，它对“校训”的解释是“学校为训育之便利，选若干德育条目制成匾额，悬见于校中公见之地，目的在于使个人随时注意而实践之。”知行合一，校训成为一个学校的灵魂。附小的校训，传承学校发展的精神，朴素直白地凝练成了“从小事做起，把小事做好”十个大字。

古人云：天下大事必作于细，天下难事必作于易。小事，是多小的小事？学生学会微笑问好，学会规范站姿、坐姿和握姿，学会扫地、整理自己的书包……集一千累一万，最终养成好习惯；老师关注每个孩子的喜怒哀乐，一丝不苟，小事做实，细节做精，帮助学生形成定力，养成好习惯，集小胜为大胜，最终为学生幸福人生奠基。“从小事做起，把小事做好”之校训，就这样站在“儿童视角”，朴素直白地表达学校养好习惯奠基人生的教育目的，巧妙呼应了学校“为学生幸福人生奠基”的办学理念，用言简意赅的教育之道引领师生把简单的事情做彻底，把平凡的事情做经典。历经春秋，书写附小育人之魂，对应了“福泽教育”之“泽”性——“泽有方法”“泽有智慧”“泽有大爱”，“从小事做起，把小事做好”这十个大字在朴素直白中，诠释了附小人做事做人的根本准则。

我们认为，好的校训是学校以文化人、润物无声的抓手，一定要反映时代教育的精神，一定要能感染人、鼓舞人、打动人、引导人，让师生行有方向、行有方法，行有力量，根植内心。因此，我考证学校发展历史，重新确立“为学生幸福人生奠基”的办学理念后，再度明确提出传承附小“从小事做起，把小事做好”之校训，进一步丰实个人对校训的认知与践行。我认为，附小的校训符合基础教育阶段学校对儿童教育的个性化办学思考，基于儿童立场，校训通俗易懂，言简意赅，好记好操作。于是，他让工人把校训的字体颜色调成中国红，端端正正地镌刻在教学楼正中的白色墙体上。校训大字红白相间的色觉效果，醒目突出，更是催人奋进。这样，走进校园的每一个师生步入校园，一抬头就能看见并能深受影响和润泽，以此激励附小师生大志向从小处着眼，大目标从小事情做起，涓涓、滴滴、细细、悄悄，最后深入师生灵魂，最终实现学校提出的育人目标和要求，达到文化育人的效果。起点在“微小”处，落点在大福中。基于儿童立场，又深入人心的质朴校训，长期以来成为附小师生的行为自觉，成为激发附小师生心中的行动力量，更成为附小一道活泼生动的校园风景。

（二）自己的语言：“幸福寄语”

“福泽教育”文化不只是生动诠释学校的教育理念，更是为了浸润师生心灵的幸福成长。2014 年，学校为了让幸福品牌绽放在校园的每一个角落，根植于每一位教师、包括家长的内心，成为全体师生、家长下意识的思维方式和行动方式，一场“幸福寄语”征集活动在全校如火如荼地开展起来，广大家长、学生和老师以个体对幸福的理解和美好教育的向往，挥毫泼墨，积极参与。幸福像一股强大的黏合剂，紧紧地把广大家长、师生的心再次凝聚在一起，让附小人站在新的起点有了一次对当下对教育的一种理性回归和诗意表达。在这种基于学校教育背景下的幸福语言的交流碰撞，使学校的文化场自然创生出一种智慧、一种气场和一种气质，学校文化变得直觉可视、心灵可感、身临体悟。2015 年初，学校从征集的 300 多则“幸福寄语”中反复筛选，遴选了 100 多则“幸福寄语”按照儿童喜欢的卡通造型纷纷制作上墙，绽放在校园的每一个角落。

1. 教师寄语

作为一名教师，看到学生们进步了，成长了，成熟了，我就是幸福的。

——杨乾妹

心中有爱，开心付出，快乐得到，陪着孩子，一路花开，一生幸福！

——刘丽梅

幸福很简单，就在课堂上学生闪亮的眸子里，就在活动中学生成长的心灵里，就在学生成功路上沉甸甸的收获里。——陈玉婷

你柔软的小手，灿烂的笑脸和清脆的童声，是我幸福的源泉。

——丁学洪

2. 学生寄语

努力的汗水是走向幸福的源泉。——余昕雨

有我喜欢的课程、老师和伙伴，这就是我的幸福。

——刘佳荷

幸福就是读一本好书，享受童年的乐趣，感受大自然的美妙。

——阙焱

成功是幸福，努力但是失败了，也是幸福的 ——陈钰

3. 家长寄语

健康是幸福之本，爱心是幸福之源，努力是幸福之路。

——张文超家长寄语

幸福就像影子，只要心中有爱，热爱生活，幸福会如影随形。

——李家萱家长寄语

宝贝，你的每一丝微笑，每一次进步，每一点成长，都是爸爸妈妈最大的幸福。 ——吴笛家长寄语

怕什么路途遥远，走一步有一步的风景，进一步有进一步的欢喜；与你同行，幸福，在路上…… ——傅伯尧家长寄语

（三）庄重的礼节

有意义的仪式。什么是仪式感？法国作家安托万·德·圣·埃克苏佩里在他的著作《小王子》一书里借狐狸之口表达的：“它就是使某一天与其他日子不同，使某一时刻与其他时刻不同。”我们认为师生成长，需要关键事件。怎样才能让师生、特别是孩子对成长中每一个重要的日子刻骨铭心？怎样才能让孩子经历的重要时刻成为助力他成长的重要因素？

教育即常道。在我们常规的学校生活中，也许不经意的一句话、一个动作都会影响到我们的教育效果，因此，不论是多小的事，我们都要充分发挥教育智慧，以建立内心的秩序感。附小作为一所当地的品牌学校，长期以来都很重视通过各种仪式庆典、颁奖活动来启迪孩子的心灵，让儿童的生命与伟大事物交汇在一起，从而形成长久的动力。为了让教育在仪式里发生意义，每个学期的开学典礼仪式上，我总是亲自拟写开学致辞，表达一个与时俱进的教育主题，不仅向广大师生传递问候，还寄予了对大家新学期的教育期许和要求。在附小，每周的升旗仪式庄严而又有创意，不仅有光荣升旗手风采演讲，还有光荣升旗中队风采展示；

在附小，师生在外获奖为校争光，无论荣誉大小，颁奖台上都会得到英雄般的喝彩和欢呼；在附小，孩子们的六年小学生活中不仅有新生入学仪式、红领巾入队仪式、十岁成长仪式等传统仪式、还有护蛋仪式、“10公里远足”的出征仪式和凯旋仪式、“写给20年后的自己”的梦想封存仪式、紫色毕业庆典仪式……在附小，新旧教师的结对子仪式、退休教师的欢送仪式、名师课题启动仪式，都在细微处道出了学校对仪式、节日和庆典的重视，学校希望借力仪式的教育，使有意义的事情或者伟大的事物能够拥有一种伟大的时刻，获得神圣、庄严与尊重。

庄严宣誓，仪式感很重要

我总是在和我的团队们说：“仪式感很重要，我们做的仪式既要保持隆重、热烈，又要让仪式涉及具体教育情境中的人、事、物，只有这样，才能触动师生的灵魂，引起生命的共鸣。”2017年1月，学校启动了“2016感动附小”十大人物评选。为了让更多师生、家长以及社会人士参与进来，让每个人物都尽情释放自己的光彩，这次人物评选范围涉及学生、教师、学校后勤服务人员、家长志愿者、家委会、校园学生社团，涵括了为学校发展服务的所有人员，把育人功能发挥到了极致。更令人难以忘怀的是，在其后的“2016感动附小人物颁奖典礼”上，无论是才二年级身患肾炎依然自强不息的潘镜冰，还是躬耕教坛 37 载的教学神话翁艺青老师，或是刚刚崭露头角的校园足球队……都传递出了附小的正能量，成为有口皆碑的学习榜样。更有意义的是目睹整个活动仪式中的师生、家长，大家在这样一次次隆重而热烈的仪式场中共同经历生命的一段旅程，学校里的每一个个体都在这种自我比照中升华提升，形成了自己独特的文化印记。叔本华曾指出：“世界当然不是指理论上可以认识到的世界，而是在生命的进程中可以体验到的世界。”学校正不断努力，让仪式感为每一位学生营造一个不断汲取正能量的立体场，在不断唤醒沉睡的生命，激活孩子的潜能，点燃生命成长的幸福。

第二节 “福泽教育”印证，让学校成为一个幸福的地方

“福泽教育”作为今天学校教育的关键词，其所继承、衍生的文化作为一种环境教育力量，正在以一种幸福的张力成为陶冶学生情操，发展健全人格，全面提高学生素质的主旋律。学校在历史沿革发展中一路走来，在制度、课程、教师和学生中形成了独具附小特色的文化标识。

一、制度文化——一个学校过日子的方法

学校制度文化是学校在日常管理要求或规范中逐步形成的，是全体学校成员认同和遵循的精神规范，体现着学校个体特有的价值观念和行为方式。制度文化作为学校“福泽教育”文化的重要组成部分，是处于核心精神文化和浅层物质文化之间的中间层文化，它不仅是维系学校正常秩序必不可少的保障机制，也是学校文化建设和学校发展的保障系统。

不以规矩不成方圆。学校沿革发展以来，历任校长在推动学校发展进程中不断完善学校制度的建设。学校历经半百春秋，从岗位管理、教师管理、学生管理、德育管理、教务管理、安全管理和后勤管理七个方面制定了近120条的制度或规定，形成了一个不断传递、认同、强化、体现的反复过程，积攒了厚厚的一笔文化遗产，书写了历代附小人励精图治、一丝不苟的治校精神。

“从小事做起，把小事做好。”从某种意义上而言，这是学校制度文化的经典浓缩。可见，用制度塑造文化必须从细节开始。美国斯坦福大学心理学家詹巴顿曾进行了一项试验：如果有人打坏了一栋建筑上的一块窗户玻璃，而这扇窗户又没有被及时修复，别人就可能受到某些暗示性的纵容，去打烂更多的玻璃。久而久之，这些窗户就给人造成一种无序的感觉。结果，在这种公众麻木不仁的氛围中，更多的破坏就会滋生、蔓延。这就是“破窗理论”。这个理论在学校制度管理中具有很强的教育意义。

【案例1】

2011年6月，学校保卫科接到个别学生反映，课间活动的时间里，有个别高年级同学将矿泉水瓶从楼上扔下，下课和放学时有同学利用水瓶玩水、喷水或者乱扔空瓶，造成了极大的校园安全隐患。学校调查后立即对相关学生做出适度批评教育。为防患未然，学校修订出台了《三明学院附属小学关于学生自带饮用水管理的规定》。规定强调：在上学、放学时（尤其是放学排队时），水瓶一律放在书包的水壶专用侧袋里，不得拿在手上。各班主任通过班会课和晨读课，带领学生共同学习此项规定，并按照规定要求选拔任命一名小安全员，协助班主任在课间、上学和放学时段的督查。此项规定出台后，学生类似的安全隐患排除了，不良行为习惯受到了良好地教育，体现了制度文化建设的真正价值。

当代思想家梁漱溟说：“文化就是一个社会过日子的方法。”所以从某种意义上，我们同理认为：制度文化也彰显了一个学校过日子的方法。“学校制度文化建设是学校文化建设的关键一环，我们一定要在执行中注意把制度的刚性约束和人文关怀有机结合。”我在学校行政会上常常和我的团队这样强调。我认为刚柔并济，才能更好地促进学校“福泽教育”文化的渗透和内化，学校制度文化建设才能在正确的轨道上早日开花结果，学校才能实现在“福泽教育”文化引领下走上内涵式发展的可持续性道路。

【案例 2】

2016 年 12 月某日，请产假满 94 天的教师林某带着其他 4 名教师产妇的共同意愿到校长办公室递交了一份申请书。申请书大致内容是：学校之前制定的《三明学院附属小学教师绩效管理考核办法》中有个别条例不太人文。如发放文明奖的管理规定中指出“请法定假累计超过 3 个月，将不享受文明学校奖金”。林某认为，本人超过法定假 4 天，因此就抹杀了她 3 个月外其他的工作成绩所应得的奖励报酬不合理，而且她代表其他产妇指出，这项规定在其后的年终绩效中也重叠再扣，非常不合理。林启福校长慎重考虑老师们提出的申请后，把这个修订议案提交到了校务会上。经过学校研究决定，2017 年 1 月 15 日，在学校第八届教职工代表大会第五次会议上，全体代表通过了 4 项新的修订规定。林某等产妇反映的制度条例修订为“请法定假未超过 3 个月的正常享受文明奖；超过 3 个月的请假月份不享受文明奖，其他月份正常享受。”此项规定从 2014 年追加执行。重新修订后的制度，充分考虑了教职工切身的利益，保障了教师的合法权益，极大地调动了教师的工作热情。林某得知此项决议通过后可以追加这笔绩效，高兴地说：“不仅仅是钱，我看到了学校对我们这些产妇的尊重和理解。我们打心里有幸福感了！”

打破以往命令式、控制型管理制度模式，从更高的人文关怀中把握学校管理的尺度，进行人本管理制度建设，这就是学校制度文化不断发展的印记。实现学校管理从制度约束走向文化引领的跨越，我着力“福泽教育”发展所折射的现代人本管理理念，引领附小师生从对制度刚性的执行内化为师生高度自觉的文化内需，侧重于体察师生内心，最大限度地调动每个人的激情，让学校成为师生的精神家园。

二、课程文化——一个学校静悄悄的革命

课程文化不仅是学校“福泽教育”文化的组成部分，同时也是学校“福泽教育”文化的核心部分，是学校“福泽教育”文化软实力的重要体现和表征。课程文化充分显示学校文化软实力的内涵和品格。

（一）课程与教学内在地体现了“福泽教育”的教育理念和教育哲学

学校“福泽教育”文化着眼于学校的培养目标提出“为学生幸福人生奠基”的办学理念深入到课程与教学层面，开始一场“静悄悄的革命”：在课程层面，围绕课程实施、课程管理和课程开发，学校充分考虑场地等硬件条件的局限性，因地制宜发挥学科教师特长，于2015年9月创造性开展“走班大课堂”课外活动拓展培养项目的推动。经过近两年的发展，“走班大课堂”涵括语言类的童话创作、古诗词学习坊、英语口语交际等；技巧类的折纸、趣味数学、电脑绘图等；体育类的花样跳绳、足球、健美操等；艺术类的合唱、舞蹈、乐器表演等具体学科和内容，满足了不同群体、不同兴趣特长的孩子学习本领、激扬个性；在课堂层面，“生本、生活、生长、生态”四生教学理念为课堂教学注入新的活力。“四生”强调面向全体，多一把衡量的尺子，从传统“关注知识技能掌握”走向“关注人的整体和谐发展”，重新定义“优秀”的标准，提出“不断进步就是优秀”。“走班大课堂”和“四生”幸福课堂理念的提出和执行已经进入课堂和学科领域。课程文化作为学校“福泽教育”文化建设的重要组成部分，使学校文化建设不再游离于学校日常教学活动之外，而成为教师和学生的日常生活和生存方式。

学校“福泽教育”课程文化呈现外显的特征就不再是局限于传统的短期性、突击性的“文化活动”和“文化节日”，而是立足于把课程文化渗透到师生校园的常态性活动，把学校文化与每一个教师的日常教学工作联系在一起，与改进教学过程、提高教学质量、在学校文化建设中形成学校特色，形成教学品位和追求教学风格相结合，由此学校文化建设成为全体教师和学生共同参与的常态性的学校生活，实质性地促进了

学生发展、教师发展和学校发展，并将三者联系起来，构成学校“福泽教育”教育发展的新内涵、新要求和新目标。

（二）课程与教学丰富学校品牌内涵提升了品牌价值

课程就是一种机会，一种学生发展的机会，一种教师发展的机会，一种学校发展的机会。在实施新课程改革的过程中，我意识到欲形成课程文化，先要形成学校的课程特色，进而在先进思想的指引下，逐渐引领师生进入一种有益的课程文化氛围之中。于是，学校在统筹国家、地方、学校三级课程中，把建设好校本课程作为一个强有力的抓手，开始了课程改革背景下学校文化建设理性认识与实践探索。在近两年的时间，学校主动谋求学校、家庭、社会的密切配合和优势互补，共同为学生的发展创造丰富的教育资源，在传承原有的“校园小交警”安全品牌活动外，陆续开发了德育课程品牌项目“幸福七色花”体验式教育活动，校课程品牌项目“家长百家讲坛”活动等。

2014 年学校《幸福附小家长公约》上墙了

在“福泽教育”文化影响下，广大家长纷纷成为学校“福泽教育”的“幸福同盟者”，他们更加认同学校的文化理念，更加关注孩子的教育动态，更加主动参与家校合力的活动。在学校百千家长志愿者队伍中，许晗家长是学校“福泽教育”的有力践行者之一。2015 年 9 月，学校积极落实“足球从娃娃抓起”阳光体育活动精神，迅速成立了全市首支校园足球队。但是，足球队的发展前景堪忧：一方面学校没有规范的足球训练场地，足球队的训练受到严重的条件制约；一方面足球队员斗志不高，在各类赛事活动中，成绩不理想，足球队内部人心涣散。在市主管部门的关怀支持下，2016年9月学校铺上了绿茵球场和塑胶跑道，解决了足球队的场地训练问题。但是，因为缺乏系统和专业的训练，足球队的整体水平仍然在全市属于中下游。为了摆脱这种困境，足球队员许晨昊的爸爸许晗敢于担当，主动义务挑起学校足球课程开发、建设的工作。从此，作为拥有足球运动协会科班经验的他，不管刮风下雨，不管严寒酷暑，他始终活跃在运动场上，带着足球娃奔跑、带球、过球……在科学的足球课程训练下，足球队的面貌焕然一新。有心的许教练还创造各种平台和机会，让附小足球娃走出去参加各种历练。宝剑锋从磨砺出，足球队终于从阴霾中走出来，开始在各级各类比赛中崭露头角。2016年12月，在全市少年足球邀请赛中，附小足球获得了冠军。今天，学校足球课程从技术含量走向文化体系，许晗家长期待足球队真正成长，期待这群足球少年插上梦想之翼飞得更高、飞得更远。

三、教师文化——做儿童生命成长的贵人

教师文化是校园文化群的重要组成部分，对整个校园文化具有导向、示范、整合、预警等功能。附小从无到有、从小到大、从弱到强，办学历程中起决定性因素的是人——教师。翻开学校教师团队成长的履历：三明市第一个开展“说上评”教师技能提升比赛；三明市第一个以论坛形式举办教师个性化教学主张；三明市第一个以校长名字命名的工作室；三明市第一个举办“幸福教育”教育教学现场观摩活动……一个个金灿灿的光环，一张张熠熠生辉的奖状，写满了附小人追求“首创”的卓越发展意识，学为人师的精湛技能，乐为人梯的奉献精神和对教育事业不离不弃的忠诚使命和责任担当。学校发展54载以来，先后有8位特级教师，1位正高级教师，28位高级教师，是三明地区职称比例最高、最多的学校，

被誉为三明地区“教师成长的摇篮”，被评为“福建省教师培养实践基地校”……荣誉背后，一支高素质教师队伍成为学校发展的重要利器，有力地推动了学校持续、稳定、和谐的发展。近年来，学校在凝练“爱岗敬业、无私奉献、敢于担当、追求卓越”的十六字基础上，鲜明亮出“五度”教师新主张，即着力塑造：“有教育理想，工作上有热度；有卓越意识，专业发展有高度；有品质需求，生活状态有宽度；能实现成功，生命色彩有亮度；有仁爱之智，服务学生有温度”的幸福教师团队。教师文化主体的再度建构，让附小教师走向了更高层次的觉醒与发展。

（一）精神文化，在爱的追求中教书育人

教师精神作为教师文化的灵魂，是学校沿革发展道路上，教学与管理实践形成的教师群体心理定式和价值取向，是教师人生观和价值观在教师行为中的聚合。附小沿革发展中，何家鑫、李承柔、孟桂英等老一批教师不仅是业务上的行家里手，还是教书育人崇高师德的传递者。他们是附小人的一分子，却以一分子的能量传承了附小人“爱岗敬业、无私奉献、敢于担当、追求卓越”的精神，成为学校发展史册上抹不掉的一笔，被历任附小教师所敬重、所仰望。苏联教育家苏霍姆林斯基说：“人只能用人来建树”。在“附小人精神”的引领带动下，学校一批又一批入职的新教师在这里重新找到了职业发展的新坐标，重新找到了教育人洋溢的激情和斗志，重新找到了热爱教师职业的理由和使命，薪火相继，不断书写附小传奇。在这种爱的追求中，附小 38 岁的青年教师李春萍执着教育信念，努力追求专业高度，最终成为三明市最年轻“高级教师”和“特级教师”，一时被传为佳话，为附小年轻教师树立了榜样；躬耕教学一线 37 年的翁艺青老师默默无闻、淡泊名利，创造了“教学神话”，又成为新生代教师学习的楷模，广大家长赞誉的教书匠。在“2016 感动附小人物”颁奖典礼上，全场师生、家长都给予他最热烈的掌声。学校给予他的颁奖词：三十七年的兢兢业业，三十七年的不辍耕耘；风雨无法撼动他的信念，困难更难改变他的誓言；他无怨无悔，倾情自己的班级；他孜孜以求，奉献自己的课堂；他三十七年来所教班级成绩为年级第一名；他热心于“传、帮、带”，先后指导十多位教师参加省、市教学比赛，成绩优异；他用真情诠释了自己的选择；他用爱心谱写了教育篇章；他是学生的师长，他是教育的楷模。

（二）学习文化，在书的浸润中拥有智慧

当今是知识爆炸的时代，现有知识每年在以10%的速度更新。对于教师而言，学习是一种生活，更是一种工作。当前学习型教师的建设是推进新课程改革的关键，是学习型学校发展的不竭动力，或许将来，谁拥有一批学习型、研究型的教师团队，谁就在未来教育占有制高点。近年来，学校倡导建设“和而不同”的学习文化，一方面建设“学习型”读书团队，学校每个学期都给每位教师一次“阅读奖励基金”的机会，不断鼓励教师多读书、读好书，把学习看作生活中的一部分，看作工作的一种基本方式，做到工作学习化，学习工作化，更有智慧地思考教育与人生；一方面创设开放、自由的学术研究氛围，在学校里开启“幸福教师论坛”，每个学期教师轮流主讲，或谈班主任管理，或谈教学之道，或谈读书心经，鼓励教师大胆说出自己的故事，发表自己的观点，在学习中对话，在争鸣中思考，在思考中创新，在创新中实践，在实践中升华，从而使个体充满张力，使教师团队整体充满活力，在论坛上侃侃而谈的教师俨然成为学识的化身，真理的传播者和未来建设者的人格塑造者。腹有诗书气自华，教师们在阅读中构建教育的新常态，从心开始，走近儿童，关注儿童，共同聆听“福泽教育”路上的育人风景。

【案例3】余晓微与她的芨芨草

“沙漠中有一种芨芨草，刚开始发芽的时候，它总是那么缓慢。然而它一夜之间可以长到最高。那么它一夜长高的原因是什么呢？是因为别人在向上生长的时候，它在向下生长。向下生长就是在积蓄力量，就是在培根，就是在养心，就是最好的生长……”

2017年3月13日，全体教师在阶梯教室静静聆听余晓微老师分享《积蓄向下生长的力量与智慧，静待幸福》论坛讲座。

余晓微老师认为，阅读是她成长中最好的礼物；学习是她工作中最好的帮手。她长期以来坚持阅读与反思，且行且思，积蓄向下生长的力量，做孩子幸福成长的守望者，静待花开。在学习中思考工作，在工作中不断学习，沉淀美好，且行且思且记录。在学习中，她还常常通过互联网平台虚心向未曾真正谋面的名师沈丽新老师学习，解决教育教学工作中遇到的困难和问题。就像芨芨草积蓄向下生长的力量，在“福泽教育”思想的引领下，她终于在阅读的积淀中、在学习的阅历中快速成长。大学毕业才第6年，她就在三明市英语教师教学比赛中获一等奖的第一名，并代表三明市参加福建省小学英语教师教学比赛再获一等奖，直至一鼓作气在全国小学英语教师课堂教学比赛中获一等奖和“最佳语音语调奖”。

（三）学术文化，在积极的研究中引领专业

文化即人化，当下教育生态之下教师文化的核心是认识“教师是谁”的问题。新课程改革揭示了一种新的教育价值取向，设置了一种新型的课程安排，也鼓励着教师尝试一种新的学习研究方式，最终生成新的教师形象，解决“教师是谁”的问题。在这里，我们学校认为这就是从传统“教书匠”转化为专业“研究者”的新型角色定位。2015年的冬天，卫生室在班级晨检中发现学生“唇炎”现象较普遍，平均每个班级都有3–5个，约超过100人的大数据。卫生室以“患唇炎的病因和防患研究”为课题导向，通过调查取证了解学生患“唇炎”的性别比例、年龄比例和生活习惯等方面的数据和情况后，向各班发放了“认识唇炎和预防唇炎”的卫生宣传单，教育引导学生加强卫生健康意识。同时，以预防为主要策略，在班级卫生课上开展“向唇炎告别”为主题的学习活动，并把活动延伸到家庭进行巩固。2016年的冬天，卫生室再度进行数据统计时，患唇炎的从去年的100人左右下降到37人。学校教育管理注重发现问题、解决问题，教学管理上更是如此。作为三明市小学数学名师工作室领衔人庄声财副校长，是学校研究型教师的典型个例。作为数学名师工作室的带头人，他倡导用研究性学习的视角关注学生思维品质，提升学生在课堂的思辨能力，并把自己在长期的教学实践中总结的教学经验，结合课题研究上升到学科专业素养的高度，形成个性化的教学风格，在全市小学数学界享有崇高的学术威望。他认为，在新课程改革中，教师不仅要有对教育事业的炽烈的热情与实现教育目标的神圣感和现实责任感，拥有坚定的教育信念，而且要具有教育教学的冷静理智的判断力和洞察力，冲破既有教学习惯的藩篱与羁绊，积极将自己塑造成学者型、研究型的教育专家的新形象。“螺蛳壳里做道场”，学校有意识地通过课题研究引导教师团队在各项具体的教育教学工作不断进行思考和反思，促使从日常教育细节中，磨炼自己的教育教学能力，提升研究性学习的能力。

（四）业余文化，在健康的律动中怡养性情

向前冲，我们迈出健康的步伐跑起来

附小教师圈里有句流行的话：工作要幸福，生活要美丽。这句流行语从一个侧面反映了学校教师积极阳光的生活态度和丰盈舒展的生活品质。附小教师团队中，有的擅长琴棋书画、有的爱好打球种花、有的喜欢摄影旅游、有的痴迷烹饪美食……在教书育人的工作之余，三两同事你邀我，我拉你，有的走进学校精心布置的“教工之家”活动室，打打球，练练身；有的静悄悄地躲进“幸福书吧”沉浸在阅读的快乐中；学校环形跑道上，每天也可以看见不少老师慢跑的身影，良好的健康意识和生活情趣让大家充实快乐，朝气蓬勃。学校认为要培养幸福的学生，教师首先要幸福。教师的幸福不仅应包括“有教育理想，工作上有热度；有卓越意识，专业发展有高度；有仁爱之智，服务学生有温度”，还应包括“有品质需求，生活状态有宽度；能实现成功，生命色彩有亮度”全方位的“五度”发展理念。为此，学校历年来都重视教师课余文化生活的组织和开展，提供各种平台，鼓励教师培养健康的兴趣爱好，热爱生活，做一个身心健康、阳光明媚的人。因为学校致力于“以福泽教育人”的教育，这种尊重生命发展的生态教育理念相信：一个有生活情趣的教师朝气蓬勃、充实快乐，会把教育教学工作做得更好；一位有生活情趣的教师，会把课堂经营得妙趣横生，会让教育充满生命的活力；一个有生活情趣的教师，才能够静下心来，远离浮躁，修炼定力，努力达到人生的丰盈和内心的舒展，成为一个有修养的、完整的人。

1.“三八”丽人行

阳春三月，春意盎然，一年一度的“三八”节又如期而至。学校组织庆祝“三八”妇女节全体教师登山活动。

麒麟山正值玉兰花开、鸟鸣悠悠，81 位女教师沿着蜿蜒的小道拾级而上，一路呼吸新鲜的空气，一路赏风观景，一路谈天说地，一路洒落串串笑声，攀登的脚步给工作和生活自由“吸氧”，释放身心。

登山，自古寓意步步高升。这次“三八”丽人行，像花儿一样美丽的她们亲近大自然、亲近同事、亲近生活，更将亲近教育，以特有的丽人风采展现桃李杏坛靓丽的风景线。

2. 绿色教师节

在第 30 个教师节来临之际，三明市血站的采血车驶入三明学院附小，该校以无偿献血献爱心的特殊的方式庆祝教师节。

在献血现场，教师们有序排队、填表、量血压、抽血……当鲜红的血液通过输血管时，教师们脸上都露出了自豪的笑容。因为这记录着他们又一次为生命接力献上珍贵的礼物。

“以无偿献血方式来庆祝我的最后一个教师节，这对于我个人的教师生涯而言是一个圆满的句号。”即将退休的老教师刘丽娜说。此次献血活动，除了像刘丽娜这样有多次献血的“老兵”外，还有不少第一次献血的“新兵”。适量献血可以增加体内的造血功能，有利于身体的新陈代谢。新入职的女教师也挽起袖子毫不示弱。不少老师以实际行动奉献了爱心，担当孩子的身边榜样，彰显“以奉献社会为荣、做孩子身边榜样”

的社会正能量。

3. 趣味教工运动会

为庆祝元旦，学校举行了一场别开生面的教职工趣味运动会。学校将全体教职工按任教年级及学科岗位分成八个竞赛小组，设立 1 分钟跳绳、50 米跑、转转乐等个人项目和跳长绳、夹球跳迎面接力、春种秋收、螃蟹接力赛跑等五个集体项目。

趣味活动中，教职工们人人奋勇、个个争先：赛场上，矫健的身影，精彩的动作；赛场边，欢呼的人群，热烈的助威声……整个操场洋溢着辞旧迎新的快乐气氛。

此次教职工活动，不但丰富了教职工的课余生活，缓解大家的工作压力，又锻炼了教师身体，激发了大家的团队精神，充分展现了附小教职工文明健康、朝气活力的精神风貌，推动了和谐校园的建设步伐。

山的俊美托起云的多彩，水的甘醇养育人的灵杰。麒麟山下，沙溪河畔的这所学校里的教师是充实的、是幸福的。因为他们有自己教书育人的生活方式，他们有自己传道授业的文化形态，他们是一群脚踏实地又仰望星空的人，是一群愿意真诚善待自己、善待他人，做儿童生命成长的贵人。

四、学生文化——把儿童的世界还给儿童

某种意义上，附小“福泽教育”下的文化磁场从某种意义上而言，也在创造“儿童的一百种语言”“一百种聆听”“一百种姿态”：会飞的孩子飞起来，会跑的孩子跑起来，只能慢慢走的孩子也幸福地走起来……我们努力践行：把儿童的世界还给儿童，把儿童的快乐还给儿童，未来的幸福才属于儿童。

（一）个性班刊

班刊作为构建班级文化的重要元素之一，像一个无形的磁场，弥漫

浸润学生心田，指引着学生前进的方向，无声地影响并制约着每个学生及整个班集体的发展趋势及文化氛围的营造。三年来，学校特色中队“天天向上中队”在家委会的协助下，精美的班刊《在幸福里》彩印多期。班级的杨炀同学曾一脸自豪地说：“班刊有一种强大的凝聚力，把我们全班同学的心聚在一起。”班主任邹毅弘用相机捕捉记录了“交换空间、厨王争霸赛、一站到底”等独具个性的班级活动，引领孩子们用笔记录成长的点点滴滴。随后，她充分发挥学生的主体作用，号召班级组建“班刊编辑部”，开始培养学生的独立精神，逐步形成学生自我教育、自我管理的能力，为学生提供一个自我管理、自我教育、自我升华、自我展示的发展空间。《在幸福里》从无到有，从有到好，渐渐展示出“天天向上”特色中队鲜明的一种文化气象，成了特色中队融合师生文化新风尚的符号。在附小，《一缕童心》《恰同学少年》《芳草地》等各种班级个性班刊或报刊，同样馨香满怀记录着孩子生命成长的旅程，呵护着每一个孩子心中小小的文学梦想，悄悄润泽着孩子生命的亮度，以班级文化精神气象凝聚着“福泽教育”的福祉，助力童年长出绿绿的枝叶，开出最灿烂的花朵……

个性班刊《一缕童心》小人书成为我们的新宠

（二）幸福笑脸墙

为了让一年级的新生尽快融入小学新生活，学校开展了“小小笑脸幸福成长”主题照片征集活动，各班主任精心收集孩子们入校以来最灿烂、最阳光的笑脸照片，制成的“幸福笑脸墙”成为年级楼道文化的一部分。一年级的新生每天在楼道中穿梭，潜移默化感受到“微笑”的力量，明白了走进附小要从微笑生活、快乐学习开始，好好学习，天天向上！基于儿童视角，学校找工人将孩子们喜欢的“蓝天白云梦想”涂抹在了教学楼一楼大厅的顶部，把孩子们自己精心彩绘的油画伞挂上了“天空”，贴心地在大厅的墙柱位置设计了“我和姚明叔叔比比高”的身高体重自测仪器，大厅的墙面上爬满了学生自创的书法作品、绘画作品、剪纸作品和手抄报等优秀作品，成为幸福校园一道生动活泼的风景线。

（三）特色文化节

“文化节”作为一种校园文化的时尚元素，成为附小“福泽教育”的新亮点。为丰富孩子们在校园的文化生活，挖掘和传播优秀传统文化，学校依时间节令开展主题文化节活动，并在不断丰富创新的基础上，衍生了学校特有的文化节品牌活动：五月艺术节“千名特长生评选”，吹、拉、弹、唱、说、写、画、跳……孩子们尽情展示，一千个孩子有一千种幸福在这个舞台得到了最美的诠释；六月“童玩节”，跳蚤市场以物换物和以钱换物的方式，增强学生团队合作意识和交流创造能力，实现学生间幸福资源共享；十月“绳彩飞扬跳绳达人赛”是学校一年一届体育文化节的重头戏，孩子们自愿报名，每人每周有一次机会去找体育老师升段，达到要求领取相应升段颜色绳子，分别为蓝、绿、红绳以及达人徽章四个级别，取得红绳和达人徽章资格的同学在期末或六一将获得展演机会，晋级参加一年一度的“绳彩飞扬”达人争霸赛；十二月英语节开展“圣诞狂欢化妆舞会”，孩子们唱英语歌曲、开展百词赛闯关、自编自导英语情境生活故事，在多元文化体验中培养国际化视野，打开了放眼世界的窗口。

把儿童的世界还给儿童，把儿童的快乐还给儿童，未来的幸福才属于儿童。我们努力印证，我们共同守候幸福花开的愿景。

幸福花开附小

——三明学院附属小学幸福学校愿景

麒麟山下，沙溪河畔，我们是幸福的附小人。

我们坚持“为学生幸福人生奠基”的办学理念。

在这里，老师热爱工作。这里有我们乐于共事的专业伙伴，潜心浇灌的芬芳桃李，激励我们发现幸福、体验幸福、创造幸福并传递幸福。

在这里，学生喜欢学校。这里有孩子们喜欢的老师和同学，喜欢的课程和活动，引领孩子们学习本领、修养品行、锻炼身体并激扬个性。

在这里，家长信任老师。这里有家长们和老师共同致力的教育理想，共同参与开发的教育资源，促进家长们自觉成为子女学习的榜样并与孩子共同成长。

守望相助，我们默默守候花开的时刻；

屏息静气，我们静静聆听绽放的声音——

幸福附小成就幸福教师，幸福教师培育幸福学生，幸福学生成全幸福家庭，幸福家庭奠基幸福中国！

第四章

“多元 + 个性”的“福泽教育”课程体系

在“福泽教育”理念下，我们思考：什么样的学校课程既关注他们当下的幸福成长，又为他们将来的发展蓄力，为他们的幸福人生奠基？如何通过对国家课程、地方课程及校本课程这三级课程的有效整合、补充，使之形成一套拥有科学的课程结构、合理的课程设置、适当的课程内容的课程体系？学校从办学传统、办学特色以及学生与家长的实际需求等情况出发，将学校的育人目标、办学理念、学校文化等，融入学校课程建设，提出了“多元 + 个性”的“福泽教育”课程体系，使国家课程、地方课程及校本课程形成课程的有机整体，在共同的培养目标下，承担不同的任务，履行不同的责任，来满足每一个学生的需求，促进学生的发展。

第一节 “福泽教育”德育课程架构和特色案例

一、确立“多元 + 个性”福泽教育课程体系

我们将我校 54 载发展的学校精神凝练成“福泽教育”二字，提出“福泽教育”办学思想。“福泽教育”二字在今天的意义不仅仅是彰显孔子儒学教育的一种基本原则和策略，更表达了“让每一个受教育者都能公平地受到教育，都能受到适合自己的教育，获得应有的发展的教育理想”。

如何实现这一教育理想？如何将学校“为学生幸福人生奠基”的办

学理念贯彻到课程与教学层面上？什么样的课程是适合我校“福泽教育”的课程体系，并能满足学生的成长，适应社会发展的需要？学校的课程改革之路又将要走向何方？这是首先要解决的问题。

我们从学校课程现状、学校课程资源、可持续发展需要、外部环境以及教师、家长、学生对课程方面的需求和建议等因素反复研讨、考证、思索。再三地考量，学校决定以“符合学校实际，以学生可持续发展为动力和途径，以培养学生的综合素养和鲜明个性为实现儿童终生幸福为目的”为课程方略。学校将国家课程、地方课程、校本课程三级课程统筹起来，以实践课“走班大课堂”为课程突破口，创造性地开发“多元＋个性”“福泽教育”课程体系，打造独具特色的校本课程样板项目，以点带面，全力推进课程基本体系建设。建构主义认为，人的认知结构具有整体性，同时具有发展性，在实践的过程中，通过同化和顺应来实现个体内部知识结构的调整。我们以开发和利用校本课程为突破口，旨在完善课程的三级目标管理，为学生的学习和发展创造更为广阔的空间，在原有的知识结构基础上，使学生自助建构和不断更新自己的认知结构。

“多元＋个性”的“福泽教育”课程体系遵循“三结合”“三坚持”“四原则”。

“三结合”即要把课内外的教学与活动结合起来，把全员参与与个性发展结合起来，把综合基础同特长特色结合起来。

“三坚持”一是坚持德育为先。立德树人，把社会主义核心价值体系融入国民教育的全过程。二是坚持能力为重。优化知识结构，丰富社会实践，强化能力培养。着力提高学生的学习能力、实践能力、创新能力，教育学生学会知识技能，学会动手动脑，学会生活，学会做人做事，促进学生主动适应社会，开创美好未来。三是坚持全面发展。全面加强和改进德育、智育、体育、美育。坚持文化知识学习与思想品德修养的统一、理论学习与社会实践的统一、全面发展与个性发展的统一。全面发展的教育同因材施教和发挥学生的特长并不是对立的、矛盾的。人的发展既应是全面的、和谐的，又应有鲜明个性。唯其如此，才能适应社会主义建设对人才的多方面的需要。

课程开发既要坚持以学生、教师为开发主体，又要注意课程开发的目的性，还要兼顾课程的多样化以及课程的个性特点，因此，“福泽教育”课程开发还要遵循以下四个原则：

主体性原则：所谓主体性原则，既要体现学生的兴趣爱好的需要，又要体现社会发展的需要以及社区和学校发展的需要，使学校、教师和学生成为学校教材开发的主体，改变传统的学校、教师和学生仅仅是教材使用者的角色，使其成为学校综合实践活动校本教材的设计者和开发者。课程的开发是根据学校的特色，依据学生的需要、学生的兴趣爱好来决定，依据是否为将来学生的发展奠基来创意地开发和编制的。

发展性原则：《基础教育课程改革纲要》指出，“教材开发应有利于引导学生利用已有的知识与经验，主动探索知识的发生与发展，同时也应有利于教师创造性地进行教学”。校本教材的开发必须考虑培养学生的认知能力和知识技能，也就是应体现国家对不同阶段的学生在知识与技能、过程与方法、情感态度与价值观等方面的基本要求。教材无论是显性的还是隐性的，在开发之前都应具有目的性，都应思考开发这种教材的目标是什么、能不能促进学生发展。如果在开发过程中无的放矢，只是浅尝辄止、半途而废，那么教材的开发就只能是“金玉其外，败絮其中”，没有任何实在的意义和价值。因此，根据不同阶段学生的生理、心理和学习需求，以及学校的发展情况等方面来确定教材开发的目的，这是教材开发必须具备的基本条件。

多元化原则：课程的开发，无论是课程设计，还是课程实施与评价，必须自始至终贯彻多元化原则。该原则包括三个方面：第一，指向学校。课程开发，其核心理念是以学校为课程开发的场所，是基于学校、立足于学校、为了学校。而所有这一切实际上都是针对每一所学校的不同情况而言的。因此，校本课程开发，必须从学校的师资水准、办学条件、办学模式、办学宗旨等实际出发。第二，指向社区。国家课程以追求基础性与统一性为目标，进而达成共同的理解。而校本课程则应注重社区性与乡土性，要立足于当地社区的特点，要充分考虑当地的风土人情、传统习俗。第三，指向学生。校本课程开发是以学生获得学习的利益为终极目的的。学校以学生为主体，课程本身亦是为学生的学习而存在的。因此，如何适应学生的能力、经验以及现实生活的需要，来设计符合学生利益的课程，应是校本课程设计的最大原则。

个性化原则：校本课程开发最根本的一点就是基于个性化和体现个性化。具体表现在以下三个层面上：一是学生层面。校本课程开发旨在满足资质不一的学生的不同需求，可以更好地促进学生个性的充分发展。学生的兴趣需要肯定是形形色色的，教师在筛选校本课程的时候要考虑周到，尽量针对学生的差异，满足学生的兴趣，满足学生发展的需要，确保每一个学生都能发展。二是教师层面。校本课程开发以教师的专业自主意识与专业自主权力为前提条件，这其实就是教师的专业个性化的反映。三是学校层面。从一定意义上讲，学生与教师个性化的形成会导致学校个性化的形成，会促进学校办学特色的形成。另外，校本课程开发立足于学校的实际，学校的教育理念与办学宗旨均是校本课程开发得以生存和发展的动因。这本身就是个性化问题。在这三个层面中，尊重学生的个性是最根本的。校本课程开发的目的就是要把教学主体的角色还给教师与学生，找回他们在大一统的课程体制中失去的自主性、主体性和创造性。因此，人本化的教育思想是指导或规范校本课程开发的核心思想。

二、确立“多元＋个性”的“福泽教育”课程体系目标

为了丰富和拓展国家课程目标，彰显学校办学的个性理念，为儿童的幸福人生奠基，我们确定了“福泽教育”课程体系的培养目标。

（一）总目标

培养学生“六个学会”，即学会做人、学会学习、学会健体、学会劳动、学会审美、学会创造，为幸福成长奠基。

（二）具体目标

1. 具有良好的品行习惯，爱祖国、爱人民，初步养成关心他人、关心

集体、认真负责、诚实勤俭、勇敢正直、活泼向上等良好品德和个性品质。

2. 具有良好的学习习惯，扎实掌握学科基础知识，形成良好的知识技能，能学会学习、主动学习，具有阅读、书写、表达、计算、信息运用等基本知识和基本技能。

3. 拥有健康的身体和健全的心理。热爱生活，乐于与人交往，有良好的沟通能力，有健康的审美情趣。

4. 具有较广泛的兴趣，尤其在艺术、体育、科技等方面具有较浓的学习兴趣，掌握一定的技能，并能具备一至两项艺术或运动方面的特长。

三、确立“多元 + 个性”的“福泽教育”课程体系内容与架构

国家课程、地方课程和校本课程不可分离，它们构成了学校课程的有机整体，拥有共同的培养目标，承担不同的任务，履行不同的责任，从不同的方面促进学生的发展。

我校将国家课程、地方课程及校本课程按其功能特色创造性地分为学科基础类、人文类、艺体类、学科拓展类、社团活动，共五类。这五类课程分块教学，互相渗透，互相促进，以满足每一位学生的需求。学科基础类课程为学生必修课程，依据《福建省义务教育课程实施计划》，设有品德与生活（品德与社会）、语文、数学、英语、科学、信息技术、体育、美术、音乐、书法等，约占课时总量的 80%。地方课程及校本课程约占课时总量的 20%。（见下图）

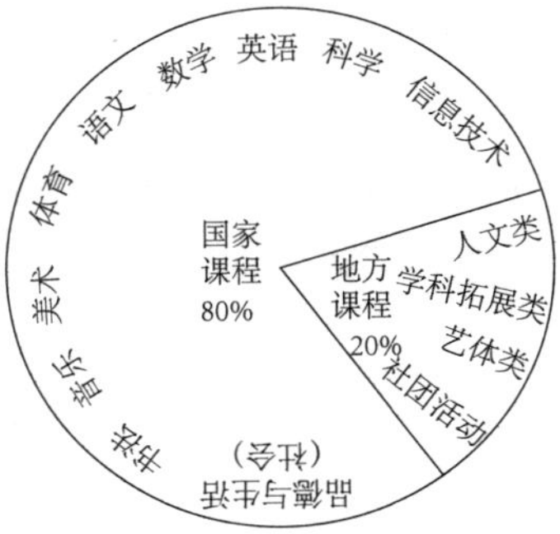

为了弥补国家课程的不足，体现地方及学校特色，我校通过校本课程的自主开发，开设了人文类、艺体类、学科拓展类、社团活动四类校本课程。其中人文类包括习德课程和微课程；艺体类包括创意美术、乐享音乐、武术、篮球、田径、羽毛球、网球、象棋、围棋等；学科拓展类课程包括经典阅读、硬笔书法、童谣赏析、英文歌曲、走进古诗词等；社团活动课程包括合唱团、舞蹈队、足球队、管乐队、文学社、书法社、花样跳绳等。（见下表）

课程架构表

<table>
<tr><td rowspan="7">地方课程及校本课程</td><td rowspan="2">人文类</td><td>习德课程</td><td>养成教育课程、德育活动课程、综合实践活动、劳动</td><td>必修</td></tr>
<tr><td>微课程</td><td>早会、国旗下讲话、新生入学礼、逃生演练、传统节日教育、经典诵读</td><td>必修</td></tr>
<tr><td rowspan="2">艺体类</td><td>艺术课程</td><td>乐享音乐、舞蹈、合唱、打击乐、创意美术、儿童画、中国画、剪纸、彩陶、书法等</td><td>选修</td></tr>
<tr><td>健体课程</td><td>篮球、足球、武术、网球、花样跳绳、象棋、围棋等</td><td>选修</td></tr>
<tr><td rowspan="2">学科拓展类</td><td>科普课程</td><td>科学探究、趣味数学、电脑小报等</td><td>选修</td></tr>
<tr><td>智趣课程</td><td>英文歌曲、数学游戏、童谣、绘本欣赏、走进古诗词、演讲与主持等</td><td>选修</td></tr>
<tr><td>社团活动</td><td colspan="2">舞蹈队、足球队、书法社、合唱团、管乐队、“绳彩飞扬”等</td><td>选修</td></tr>
</table>

校本课程是学科课程的补充和延伸，学校合理设置了课程表，实施大、小课堂及综合课堂，避免了日常教学课程与校本课程安排上的冲突。学生可以根据自己的爱好选择校本课程来学习，这极大地丰富了学生自身的知识结构。

至此，学校形成了综合性的三级课程体系。我们不仅要开好开全国家课程，更要打通国家课程中必修、选修模块，将其注入新鲜的校本课程血液。由此构成必修课程为本、选修课程为干，校本课程与地方课程辅助的三级课程体系。

四、“福泽教育”德育课程校本特色案例

（一）“幸福七色花”特色课程多彩绽放

“幸福七色花”年级特色活动课程是学校德育活动课程中影响面最广，最受广大师生及家长欢迎的课程。

1. 源起

幸福是什么？不同的人有不同的解读，因为它是一种独特的内心体验。在苏联作家瓦·卡泰耶夫笔下，有一朵神奇的“七色花”，珍妮用七色花的花瓣实现了愿望，在帮助他人的同时，找到了真正的幸福。那朵神奇的七色花是孩子们梦寐以求的，我们从这个童话故事中受到启发，自主开发设计了“幸福七色花”年级特色活动课程，“赤橙黄绿青蓝紫”，这是天真烂漫的儿童喜欢的色彩，因为这是彩虹的美丽，内心充盈着孩子们五彩斑斓的世界。学生在基础教育阶段的六年中，每一学年开展一个主题的幸福德育课程，把成功与幸福的元素融入每个儿童的心田，给他们的童年留下幸福的印记，为他们的幸福人生奠基。

2. 构建

“幸福七色花”蕴含着直抵学生生命成长的教育姿态，象征着在丰富多彩的年级特色活动课程中，教师多样化的智慧引领，儿童多样性的个性发展，着力丰富多样的人生底色，开启幸福之门。“七色”指“红、橙、黄（金）、绿、青、蓝、紫”七种颜色，我们对“幸福七色花”进行了诠释，根据各种颜色的寓意，每一种颜色代表一个主题，达成一个教育目标：

一年级红色入队教育课程（红色代表激情、真诚）——学会传承

二年级绿色生命教育课程（绿色代表生命、希望）——学会珍惜

三年级青色书香教育课程（青色代表青春、时光）——学会学习

四年级橙色感恩教育课程（橙色代表阳光、温暖）——学会感恩

五年级金色自信教育课程（金色代表收获、成长）——学会自信

六年级蓝色梦想教育课程（蓝色代表梦想、未来）——学会追梦

毕业生紫色毕业庆典课程（紫色代表智慧、探索）——学会创新

一年级是儿童学习生涯的起始阶段，开设红色入队教育课程，在孩子们的心中播撒爱国、善良、正直的种子。

二年级的孩子已经逐渐有了“生”与“死”的概念，他们对自己是从哪里来的，生命会到哪里去充满了好奇，因此开设绿色生命教育课程，通过开展亲子运动会、亲子植树活动、护蛋行动等，辅以黑板报、倡议书等多样方式传播生命教育的意义，引导学生认识生命、珍惜生命、守护生命，提升生命的价值和尊严。

亲子运动会，洋溢着欢乐，流淌着亲情

三年级的孩子刚刚开始学习独立阅读，应当养成自主阅读的习惯。仅从课本和作业中获取的好成绩可能会带有一定的虚假性，到了初中、高中后续乏力，原因是什么？没有海量阅读。阅读是最廉价的高贵之举，阅读是最美的姿态，因此以“青色书香教育”为主题，通过开展“21 天阅读习惯养成大赛”和“悦读点亮童年”网络阅读测试活动，引导学生广泛阅读，为他们的人生打下坚实的基础。

书韵飘香，童心飞扬

四年级是孩子们人生的第一个十岁，他们渐渐懂得，在自己的成长过程中，离不开家人、老师、同学的帮助，也离不开社会的关爱和大自然的赐予，因此，以“橙色感恩教育”为主题，通过举办“我们十周岁了”盛典仪式，引导孩子们心怀感恩，学会关爱。

五年级的孩子身心逐渐成熟，应培养他们健全的人格，自信是完整人格中非常重要的一部分，金色自信教育课程通过二十公里“远足行动”等活动载体，让孩子们挑战极限、超越自我，经历挫折、磨炼意志，从而收获自信及完整的人格。

六年级的孩子将面将人生的第一个转折点，学业规划意识的培养很重要，以“蓝色梦想教育”为主题，开展“写给十年后自己的一封信”活动，引导孩子们初步学会思考和规划自己的人生。

创意毕业照，献礼母校，见证成长

毕业生的紫色毕业庆典，通过举办别具一格的毕业典礼，圆满地为小学生活画上句号，使孩子们牢记“今天我以附小为荣，明天附小为我骄傲”。

3. 探索

近年来，我们不断尝试，不断探索，以年级为单位，开展“幸福七色花”年级特色活动课程。

（1）注重教育的持续性

个性的形成发展是在教育影响前后衔接、连贯一致的过程中实现的，一种稳定的个性需要长期前后一致的教育影响。

【案例 1】五年级金色自信教育课程

现在的孩子大多是独生子女，从小娇生惯养，二十公里“远足行动”对他们来说是一次强有力的挑战。我们把这项活动分为五个阶段：一是开展为期一个学期的体能训练，以集体跑操和体育家庭作业的形式抓落实。二是报名阶段，我们把“远足行动”分为四个梯级战队，能顺利走完 10 公里的称为“远足队”，能走 15 公里的称为“勇士队”，可以走 20 公里的，称为“尖刀队”，特异体质孩子留校做好宣传和后勤工作，称为“别动队”。三是“远足行动”出征仪式，各班级亮出队标和队名，喊出活动口号，进行庄严的宣誓。四是“远足行动”开始，为了磨炼孩子们的意志，由年段统一配餐，发给每个老师和学生一瓶矿泉水，两个白馒头，不得带零食及饮料。孩子们开展拉歌比赛，捡拾垃圾环保行动，互相鼓励，互相帮助。五是返校时，少先队组织隆重的欢迎仪式，一年级的小朋友和校领导站在校门两侧列队欢迎勇士们胜利归来。六是以“远足行动”为主题召开主题班队会，孩子们纷纷畅谈感悟。这门课程贯穿于整个学年，有计划、有系统、分层次地进行，先前的体能训练是远足行动的有力保障，后面的自主报名、出征仪式，活动的具体细节承接了先前的教育基础，并在程度上逐步深化，因此，达成了较好的效果。

（2）注重仪式感

有人认为，仪式只是一种惯例，一种常规，例行公事罢了，其实不然。

仪式感的营造，能点燃师生的激情，帮助他们树立信念，增强文化的凝聚力，使学校充满生命力。师生成长，需要关键事件，借力仪式的教育，使有意义的事情或者伟大的事物能够拥有一种伟大的时刻，获得神圣、庄严与尊重。

【案例 2】二年级绿色生命教育课程

二年级开展“护蛋行动”，活动之前，举行庄重的“蛋宝宝认领”仪式，林校长亲自把蛋宝宝送到每一个孩子的手中，孩子们小心翼翼地把蛋宝宝捧在手心里。此时，在舒缓动听的音乐声中，主持人深情地说：“同学们，捧在你手中的蛋宝宝就是一个鲜活的生命，如果你爱惜它，它就可以在世上多停留几天；如果它不小心碎了，就再也回不来了，因为，生命不能重来，也没有返程票……”在这种氛围的感染下，孩子们纷纷表达了自己的护蛋意愿，我们在贴纸上看到了他们写的护蛋宣言：“亲爱的蛋蛋，在接下来的时间里我要对你像对自己那么好！”“我保证，我在你也在！”“蛋宝宝，让我当你的妈妈吧！”稚嫩的话语中，无一不表现孩子们坚定的信心！有了仪式的铺垫，神圣感和使命感油然而生，孩子们担起了爸爸妈妈的职责，精心地呵护蛋宝宝。

（3）注重家校合作

学校常常自负地认为，教育就是学校的事、老师的事，其实不然，家庭是孩子最具个性化的学校，家长是孩子最早也是最好的老师，学校应努力探寻家校合作的有效途径。

【案例 3】三年级青色书香教育课程

三年级开展“21 天阅读习惯养成大赛”，通过手机 APP，识别二维码进入主页面报名之后，孩子们每天以图片和语音的形式上传阅读书目、读书心得，完成阅读作业之后，可分享至朋友圈，让亲朋好友为自己点赞加油。活动设最佳人气奖和坚持奖，开学后进行活动小结及颁奖。家长非常支持，他们鼓励孩子报名参加活动，督促孩子每天至少阅读半小时，每天上传图片和阅读心得，然后在朋友圈分享。在这种亲子阅读的和谐氛围中，孩子们逐渐养成了阅读的好习惯。

“幸福七色花”年级特色活动已开展四个轮回，在与学生、老师和家长的交流中，在他们的习作中，我们真切地感受到孩子们那一份份沉甸甸的收获。

年级感恩主题的特色活动落下帷幕，看到学生在活动中发自肺腑的文章，听到他们饱含深情的表达，学生家长落泪的感动……内心一次又一次的受到触动，心中便有了些宽慰。我还抱怨什么，再累再忙，当看到这些时，就足够了。我想：如果让我感谢，我应感谢谁呢？感谢家长、感谢孩子、感谢自己……

——刘丽梅老师

从来没走过这么远的路，当走到妙元山驿站的时候，我的腿脚都迈不开了，但看到大多数同学都选择继续挑战，争当勇士，我想他们都能坚持，我也不能落下……

——胡纯瑀同学

现在的孩子都是在蜜罐中长大的，从来都不知道苦的滋味，平时上放学都要接送的女儿，竟能一次性走15公里，看见女儿精神抖擞地回到学校时，不知怎么的，我的眼泪就哗哗地流下来。

——张婉婷妈妈

在“幸福七色花”德育课程的熏陶下，孩子们经历了一段成长的心路历程，这是弥足珍贵的。十年、二十年之后，当孩子们回想起孩提时代曾经历过的这些难忘的课程时，也许会心一笑，也许思绪连连，也许某一项活动就成了他们人生曲折道路上前行的力量——因为，心里装满了童年的美好，即使阴霾漫天，他们的内心也总有一片纯净的天空。我们期望六年影响一生，为学生的幸福人生奠定扎实的基础。

（二）“分层序列化”好习惯课程助力成长

“积一千，累一万，不如养个好习惯。”每个人都有梦想，但是成功与失败最大的区别，来自不同的习惯。好习惯是开启成功的钥匙，坏习惯则是一扇向失败敞开的门。历史上的成功人士无一不是因养成良好的习惯让他们终身受益。

我们认为，基础教育的本质就是习惯养成教育，但是学校在开展养成教育的过程中，提出的目标往往是笼统的、模糊的，内容宽泛，贪多求全。我们也走过一些弯路，曾提出“小学生十个好习惯”“小学生一百个道德好习惯”。近年来，学校紧扣“福泽教育”办学思想，就如何开展小学生好习惯教育问题进行了认真的思考和积极的探索，广泛征求老师、家长、学生及有关专家的意见和建议，构建了“分层序列化好习惯教育”课程。

1. 源起

“分层序列化”好习惯教育课程源于校训“从小事做起，把小事做好”。正如江苏教育行政干部培训中心常务副主任，教授、特级教师严华银的评价：起点在“微小”处，落点在大福中。

该课程遵循《加强和改进未成年人思想道德建设的若干意见》提出的“三贴近”原则，即“贴近实际、贴近生活、贴近未成年人”，也与习近平总书记提出的“核心价值观要在落细落小落实上下功夫”相吻合。我们认为，学生良好习惯的养成是持之以恒，不断强化的过程，应从小事抓起，从细节抓起，从当下抓起。不同年龄、不同学段的小学生行为习惯教育应各有侧重点。“分层序列化”好习惯教育课程倡导师生做好小事，倡导“习惯修身，细节立人”，并为其赋予了丰富的文化内涵：正心以为本，修身以为基，良好修养乃立身之本，而修养通常来自细节，行为养成习惯，习惯形成品质，品质决定命运，从点点滴滴做起，从身边事做起，从自己做起，从而汇聚幸福人生的强大力量。

2. 构建

按照由易到难、由浅入深、螺旋上升的递进顺序，从“学习习惯和生活习惯”两个维度制订好习惯养成教育目标，提出每个年级 2 个学习习惯和 2 个生活习惯，六个年级 24 个好习惯培养序列，构建了“分层序列化好习惯教育”课程。引导儿童在情境体验教育中养成良好的道德习惯，在细节中唤醒自身成长的自觉性，努力塑造良好品行发展习惯，把简单的事情做彻底，把平凡的事情做经典，构建独具附小特质的“幸福学生的样子”。

三明学院附属小学“分层序列化”好习惯教育课程一览表

年级	学习习惯养成教育课程	生活习惯养成教育课程
一	1. 做好课前准备 2. 规范三姿："站姿、坐姿、握姿"	1. 面带微笑打招呼 2. 干干净净每一天
二	1. 书写规范工整 2. 上课认真听讲，积极发言	1. 自己的事情自己做 2. 学会与同学友好相处
三	1. 每天阅读半小时 2. 及时认真完成家庭作业	1. 每天锻炼一小时 2. 遵守秩序有规矩
四	1. 合理有效安排时间 2. 坚持每天预习、复习	1. 学会感恩 2. 保护环境、爱护公物
五	1. 自主学习、敢于质疑 2. 善于收集、整理和运用信息	1. 诚实守信有担当 2. 自信、自强、不自满
六	1. 独立思考，善于交流与合作 2. 制订并努力实现合理的目标	1. 尊重他人，学会与异性交往 2. 热爱劳动，参与志愿服务

3. 探索

（1）课题引领

我们对《小学生“分层序列化”好习惯养成教育的策略研究》课题的现实背景及意义进行了论证，向老师、学生及家长发放了调查问卷，理性地进行分析，广泛征求意见和建议，确定了课题研究的目标与内容，提出了课题研究基本构想，制订了课题研究进度。2016 年 7 月，该课题入选 2016 年福建省中小学德育 B 类研究课题。

（2）观念植入

①全体师生熟背 24 个好习惯，各年段制订 4 个好习惯的具体达成目标，通过校讯通、学校网站、微信公众平台、班级 QQ 群微信群、家长会等方式向全体家长宣传 24 个好习惯，与家长达成共识。

②以“好习惯圆人生幸福梦”为主题，通过“国旗下讲话”“班主任论坛”“教师讲坛”“红领巾讲坛”“家长百家讲坛”，传播好习惯

理念，交流好习惯培养方法，讲述好习惯故事。

【案例 4】**班主任论坛**

感恩习惯的培养不是一朝一夕的事，感恩教育是教师、家长和学生之间的互动，缺乏任何一方的努力都不能取得很好的效果。

前段时间，学校启动了“家庭幸福早餐”工程。各班级微信群和QQ群里家长掀起了争先“晒”早餐图片热潮，我们班也不例外。孩子们从营养早餐中感受到了家长的爱，吃出了幸福的味道，懂得了感恩。一个孩子在作文中这样写道：“丰盛的早餐，倾注了妈妈对我无尽的爱。我知道，对于工作繁忙、身体不适的妈妈来说，天天变着花样做饭是件很辛苦的事情。所以我以后要在生活中多帮助妈妈，让妈妈也感受到我给她的幸福。”我们班级还针对这个营养早餐开展了家长百家讲坛活动——《营养早餐全家总动员》。一堂课很短暂，却给孩子们带来了一份丰盛的营养知识大餐，让孩子们懂得了很多健康知识，并且学到了做营养早餐最基本的常识。这节课过后，第二天正好是周末，孩子们迫不及待地行动起来，都想通过自己的小手，让父母吃上自己做的营养早餐。家长们纷纷表示吃到孩子们亲手做的早餐很感动、很幸福。此后，班级微信群经常能看到一个个在厨房忙碌的小身影……

（摘自林秀珍老师班主任论坛讲座稿《培养感恩之心，激发感恩之情》）

【案例 5】**班主任论坛**

培养低年级学生良好的书写习惯，“奖励刺激”是激发书写兴趣的好办法之一。平时批改作业时，我会在学生的作业本上打 A，A+，A++这样的符号。孩子们可以根据A+或A++数量的不同，来换取相应的奖品。自从有了这个换购单，每次作业发下去时，孩子们都会迫不及待地打开本子，看看自己得到了什么。有了第一次 A+，学生还想得到第二次，第三次……甚至在同学之间形成了竞争的局面。在潜移默化中，对孩子们的书写起到了良好的推动作用。

期中和期末，我还会应学生的要求，在班级内开展书写比赛。写得好的孩子可以获得奖励。小学生天性好胜，不少孩子为了能在比赛中获得好名次，平时做作业都特别注重规范书写。我班上有个小朋友，一年级时写字特别潦草，龙飞凤舞，没几个人能看懂。后来，为了能在写字比赛中获得好名次，不爱写字的他，居然主动要求妈妈每天监督自己练字半小时……

（摘自刘颖老师班主任论坛讲座稿《培养低年级学生良好的书写习惯》）

（3）情境体验

以年段为单位开展好习惯教育情境体验活动，采取环境熏陶、任务驱动、全员参与、小组合作、成果展示、表彰激励等有效措施抓落实。

【案例 6】“分层序列化好习惯教育”

晒本领，秀技能，争当生活小达人

12 月 5 日上午，六年段“热爱劳动，积极参加志愿服务”好习惯展示活动在校园里热火朝天地开展起来。活动分三个环节进行：劳动技能比赛、颁奖及授志愿小分队队旗仪式、“清理校园卫生死角，为全国文明城市添彩”志愿服务活动……

据悉，本学期以来，六年段扎实开展“分层序列化”好习惯培养活动，着力推进“热爱劳动，积极参加志愿服务”好习惯的养成教育：提出“幸福早餐工程”，倡议学生利用周末时间为家人准备健康、营养的早餐；实施“每天做件家务活 21 天好习惯养成计划”；开展校园安全志愿者、环保志愿者招募、培训及督导活动；举办以“积极参加志愿服务”为主题的手抄报比赛和主题班会；倡议开展“小鬼当家”活动；开展“为三明点赞，为文明点赞”亲子志愿服务；等等。

（节选自 2016.12.07 校园网新闻《六年段之“热爱劳动，积极参加志愿服务”》）

【案例 7】“分层序列化好习惯教育”

集体跳圈，我们一起来锻炼

11 月 29 日上午，三年级“每天锻炼一小时”好习惯养成教育展示活动如火如荼地进行着。

展示活动分三个部分：广播操、集体跳大绳、特色运动。各班同学不仅能在时间上扎实落实“每天锻炼一小时”，还在展示活动中玩出了花样，玩出了特色，玩出了创造力。

三（3）班、三（4）班色彩鲜艳的毽子和花样短绳表演，给冬季的附小带来了阵阵温暖。三（2）班的跳圈圈以及三（6）班的花样运球活动极大地挑战了同学们的协调能力。三（1）班的跳格子和三（5）班的跳皮筋活动，让孩子们感受到传统运动游戏的快乐与魅力，同时也让老师和家长们重温了童年的记忆。

据悉，三年段各班级还围绕好习惯开展了“每天锻炼一小时，幸福生活一辈子”“我运动，我健康，我快乐”为主题的班会活动和手抄报优秀作品展示。同时，将这项好习惯的养成从课内延伸到课外，从班级延伸至家庭，从校内延伸到校外，充分利用课余时间和假期积极参加各种运动，使“每天锻炼一小时”的目标真正落实到孩子生活中的每一天。

（节选自2016.11.29校园网新闻《三年段之“每天锻炼一小时，幸福生活一辈子”》）

【案例8】“分层序列化好习惯教育”

11月28日上午，二年段“自己的事情自己做”趣味竞赛活动在操场上拉开序幕。二年段全体师生和部分家长参加了本次活动。

…………

“自己的事情自己做”好习惯教育注重“家校合作”，很多孩子在家里主动叠被子、拖地、洗碗、穿衣服，有的还帮爸爸妈妈捶背、倒茶、做早餐。家长们纷纷在微信朋友圈及家长群“晒”孩子在家做小主人的图片及视频，获得朋友圈里的点赞和好评。

（摘自2016.11.29校园网新闻《二年段之“自己的事情自己做”》）

（4）家校携手

根植于孩子生命、骨髓和血液中的好习惯一定是来自于家庭的培养。我们通过多种方式，提升学生家长对好习惯养成教育的重视程度。如：成立家长委员会；向全体家长征集好习惯教育微故事，通过学校微信公众平台进行推送；开设家长论坛、家长沙龙，开展“走千家，访万户”活动等。

【案例9】家教微故事

孩子，做公益是“幸福”的

作为一名家长，我由衷支持附小提出的“福泽教育”。这种注重孩子成长先于成功，成人重于成材的培养很有特色。“学相同，做相同，思相近”，我相信，培养孩子的“幸福观”是一项浩大长远的工程，学校正在做，我们家长更要责无旁贷用实际行动共同践行。

我是三明市无偿献血志愿者协会会长，至今已无偿献血212次。在长期开展宣传无偿献血等志愿服务活动中，我总会创造机会带上儿子林星宇一起参与，让他感受与奉献同行的幸福、传递与爱心相融的幸福。

在耳濡目染下，林星宇对公益事业十分热心，他明白无偿献血可以使众多生命垂危的病人重获新生。在多次参加街头献血宣传活动中，他像一名真正的志愿者，向过往的市民发放无偿献血宣传单，热情地回答有关献血的咨询，毫不含糊。有的市民看着孩子这股热情和真诚劲儿，随即走进爱心献血屋参加无偿献血。林星宇会贴心地为献血者端上温开水，用树叶吹奏《学习雷锋好榜样》等歌曲，缓解献血者的紧张心理压力，感谢叔叔阿姨的献血义举。

“孩子，做公益是幸福的。”林星宇渐渐懂得了幸福的意义和责任。一路成长中，无偿献血的公益事业渐渐融入了他的精神生活，附小开展的多次无偿献血活动他都积极响应并在班级动员宣传，他的《热血救人》《献血大王的故事》深深感染了周围的听众，他的作文《爸爸的爱心》讲述了爸爸的献血事迹，在 2014 年培育社会主义核心价值观全国小学生“正能量”作文大赛中，喜获国家级一等奖。他积极参加校内外组织的各种捐资助学、灾区捐款和敬老助残活动……现已经六年级了，他仍常常和我分享校内外发生的“幸福”故事，在他眉飞色舞的讲述中，我发现美好的“幸福观”在他稚嫩的思想里生根、发芽……

家校践行，助力成长。我庆幸，在附小的“福泽教育”里，孩子们更加懂得“幸福”的意义和责任，懂得关爱他人，懂得感恩社会，懂得担当责任才会拥有真正的幸福。

（摘自学校微官网 2016.4.17 六年（1）班林星宇爸爸《孩子，做公益是“幸福”的》）

第二节 “福泽教育”艺术课程的整体构架和特色案例

一、建构“福泽教育”艺术课程体系

《教育部关于推进学校艺术教育发展的若干意见》指出“学校艺术教育是学校实施美育的最主要途径和内容。艺术教育能够培养学生感受美、表现美、鉴赏美、创造美的能力”，要“深化艺术课程教学改革，加强科学研究，大幅度地提高学校艺术教育的教学质量。”可见，艺术课程校本建构是当前艺术教育改革、提高艺术教育质量的有效举措。

以“多元+个性”的“福泽教育”课程体系为指导，学校艺术组建构了“福泽教育”艺术校本课程体系。如下表：

三明学院附属小学“福泽教育”艺术课程一览表

课程类别	参加人员	地点	课程内容
教材拓展类艺术课程	全体学生	各班教室	对教材中合适的内容进行拓展延伸
幸福走班艺术校本课程（周三下午）	全体学生	各班教室	乐享音乐、合唱、舞蹈、管弦乐、打击乐、民乐、演讲与主持、古筝、书法、儿童画、中国画、素描、彩陶、剪纸、折纸、创意美术等
艺术社团（放学后）	部分学生	音乐活动室、部分班级	合唱、舞蹈、打击乐、演讲与主持、书法、儿童画、素描、剪纸、花样跳绳、健美操等

二、“福泽教育”艺术课程的总目标

我校是全国艺术教育先进集体，在20世纪90年代初，学校艺术组编导的童话剧《森林卫士》、课本剧《寒号鸟》获全国少儿戏剧、曲艺录像评比一等奖，并进京演出，得到了中央领导的赞誉；歌舞《瑶山小百灵》获得了全国第四届“校园之春”文艺节目比赛一等奖，还参加了中央电视台的春节联欢晚会演出；童声合唱《静夜诗》《总书记和我们手拉手》获得了国家教育部基础教育司举办的“迈向新世纪童声合唱比赛”金奖；多次应邀参加了福建省农运会、海峡两岸林业博览会、世界客属大会开幕式等大型文艺演出；学生的绘画、剪纸、书法作品在全国、省、市、区频频获奖。成绩只能代表过去，如何在高起点状态下突破创新，以校本课程的形式拓宽艺术教育之路，“福泽教育”到每一位学生呢？我们确立了“让每个孩子都能接受艺术教育的熏染，为他们的幸福人生奠基”的普惠教育理念，“福泽教育”思想下的艺术课程不再是精英教育，不再仅仅培养少数的艺术特长生，而是让艺术课程成为每个学生的“必需品”。

世界客属大会开幕式大型文艺演出我们的风采

学校确立了“福泽教育”艺术课程总目标：通过艺术的感知与欣赏、表现与创造、反思与评价、交流与合作，培养学生的审美能力，提升综合素养和能力，激发学生对艺术的热爱；让每个孩子都学有所长，为他们今后的幸福人生提供自我发展的空间；形成尊重、关怀、友善、分享等品质，塑造学生健全完美的人格，培养他们良好的心理品质。

三、“福泽教育”艺术课程的实施策略

（一）以课堂为主阵地，全面提升学生艺术素养

根据课程方案规定的课时数和学校班级数，配齐配足艺术专职教师，保持艺术课程开课率达到100%。低年段和中年段音乐、美术课程每周2节，高年段音乐、美术课程每周1节。

在艺术课堂上，老师们大胆创新，改变了传统课堂中教师“一言堂”，学生被动接受的授课方式，让学生真正成为艺术课堂的主人。

1. 利用学生的好奇心，让学生当小老师

老师是怎么备课的、站在讲台上教学生的感觉如何，这都是学生特别好奇的事。在高年级的音乐美术课上，让学生自由报名体验，将这些学生组织起来，一起研读教材，再让学生申报自己想执教的内容，然后教学生如何收集资料、如何进行教学设计、如何制作幻灯片等内容，给学生一定的时间准备和制作，再对他进行指导。最后，这名学生充当教师的角色，在课堂上当起小老师。讲完后，再由其他同学进行补充。一方面，有参与体验小老师的同学，积极性特别高；另一方面，其他同学也很好奇：同学来当小老师，到底能不能上好课呀？所以，课堂的学习气氛很活跃，互动也很频繁，学生真正成了艺术课堂的主人。

2. 发挥特长生优势，当好艺术课堂的小助教

从小学习艺术的孩子，到了小学高年级，艺术功底就开始扎实起来，表现欲望也比较强。因此，在上音乐课的时候，让学生自己弹琴，带领同学们进行视唱活动；让唱歌好的同学进行范唱、指导唱歌；让舞蹈好的同学示范和指导舞蹈动作；在教学乐理知识时，也让有特长的学生进行讲解。在上美术课时，特长生做手工、绘画等环节的示范教学。在课

堂里，特长生挑大梁，老师协调指导，学生学习兴趣很高。

声乐特长生杨炀同学带领同学们开心视唱

3. 打破常规，启用艺术教师担任班主任

按照学校的常规做法，一般安排语数教师担任班主任工作。语数教师教学任务繁重，重视学科教学，但对学生艺术特长的培养就不够重视。因此，学校开展班主任竞聘，打破常规，欢迎体育、美术、音乐等艺术教师担任班主任，既可以创特色班级，又可以激发学生的艺术兴趣，培养学生的艺术特长，展示特色班级风采。如：由美术学科带头人邹毅弘老师担任班主任的“天天向上”中队，艺术教育的特色日益突显。班级举办了“爱心献妈妈”中队彩陶艺术展、“在幸福里天天向上暨天天好声音展示活动”春节联欢会、“天天向上杯”厨王争霸赛美食节和“交换空间”“一站到底”“小鬼当家”“研学旅行”等创意品牌班级活动，搭建了班级艺术教育实践活动的平台，开启了班级孩子艺术启蒙的大门，涌现出了陈锘圆、杨炀、陈嘉硕、李响、罗艺航、肖骏等一批拔尖的艺术特长学生，班级也被授予“福建省先锋中队”荣誉称号，多次受到市电视台的采访报道。

这些有益的尝试，使艺术课堂更加生动、活泼、有趣，激发了学生们学习艺术的热情，也大大提升了学生的艺术素养。

“天天向上”厨王争霸赛美食节

（二）开设校本艺术课程，满足学生个性化需求

立足于学校“幸福”特色发展，为儿童提供一个自主、合作的学习机会和空间，使不同兴趣爱好和不同潜质的孩子都能够找到自己的生长点和发展点，使其将知识学习、实践体检、态度养成、能力培养等统一起来形成综合能力，学校每周三下午开设丰富多彩的校本课程，三年级以上的学生开始实施“幸福走班大课堂”。艺术类课程有：乐享音乐、合唱、舞蹈、管弦乐、打击乐、民乐、演讲与主持、古筝、书法、儿童画、中国画、素描、彩陶、剪纸、折纸、创意美术等。为了让活动更加扎实有效，把原来 40 分钟一节课改成 50 分钟。

实行“走班制”后，艺术教师按照学生的学习基础、接受能力及兴趣特长等，确定教学起点和教学内容。学生也可根据自身水平，根据不同教学目标的课程进行有的放矢地选择、安排自己的课程结构。这种做法，充分调动了学生学习的主动性。最大限度地让不同兴趣爱好、不同学习基础、不同学习能力的学生获得与自己最相适宜的发展环境。

（三）组建艺术社团，形成学校艺术教育特色

有的孩子的兴趣爱好非常广泛，既喜欢唱歌，又喜欢舞蹈、还喜欢

绘画，周三校本课程无法满足孩子们的多个愿望，因此，在孩子们和家长们的期盼下，艺术社团开班了。学校开设了合唱、舞蹈、打击乐、演讲与主持、书法、儿童画、素描、剪纸、花样跳绳、健美操等艺术社团，孩子们根据自己的喜好报名，艺术教师利用放学后的时间进行至少1小时的艺术指导。艺术社团活动开展以来，受到老师、学生和家长的好评。

（四）创新艺术活动载体，给每个学生艺术展示的舞台

近年来，我校在普及艺术教育，提升全体学生综合素质的同时，为孩子们搭建了各种艺术展示的平台。

1. 千名特长生评选

每年5月校园艺术节，拉开了特长生评选的帷幕，全校36个班级选送的各类优秀选手准备在学校舞台上展示风采，亮出水平，角逐各项特长生评选。在这支声势浩大的特长生队伍中，孩子们刻苦学艺，各展其能：小歌唱家们百灵鸟一样的金嗓子余音缭绕；小演奏家们十八般乐器各上阵，美妙的音符像清泉、像洪钟、像天籁；小书法家们气定神闲，笔墨生辉，龙飞凤舞；小画家们用五彩斑斓的色彩和奇妙的想象创作了一幅幅的艺术品；小诵读能手们在经典诵读中品味书香的芬芳；小作家们精妙构思，生花妙笔；小英语之星谈吐大方，表演生动……孩子们娴熟的才艺，生动的展示，不俗的技能博得了在场不少助阵家长的掌声和欢呼声。在“千名特长生评选”活动中，很多孩子脱颖而出，成为学校“六一”文艺会演的小演员。

2. 班级联欢会

利用中秋、国庆、元旦等节日，各班举行班级联欢会，让没能在学校“六一”文艺会演上展示的孩子们也有展示的舞台，让所有的孩子享受到艺术的快乐。

3. 英语节

每个班的孩子们一起学唱圣诞歌曲，在英语节上欢快地拉歌、开心地跳集体舞、进行“创意圣诞树”制作比赛、“最萌圣诞老人”的评选等活动，有机地将艺术教育的成果与英语节融合在一起。

4. 开展丰富多彩的比赛活动

为深入推进学校的艺术教育，促进学生全面发展，培养学生个性特长，为学生主动学习、普及艺术教育、发现艺术拔尖人才、健康成长创造良好环境。除了在每年5月的艺术节中“千名特长生”的评选活动，学校还举办了一系列比赛，以赛促练。由于比赛种类多，而且并不限制各班参赛名额，所以，孩子们可以选择自己喜欢的、擅长的比赛报名。再者，班级各类比赛获奖人数和各班文明班级评比挂钩，这就促使班主任老师积极主动地为学校的艺术教育添砖加瓦。

表一　音乐类

序号	比赛名称、种类	比赛时间	参赛人员	呈现方式
1	“我是小戏迷”传统戏剧比赛	3月	爱好者参加（结合“千名特长生”的评选活动）	择优参加“六一”文艺会演
2	“我是故事大王”讲故事比赛	4月	同上	同上
3	“我是小演员”课本剧比赛	5月	以班级为单位参赛（结合“千名特长生”的评选活动）	年段间比赛，择优参加“六一”文艺会演
4	“笑星大联盟”相声、小品比赛	5月	同上	同上
5	“帅气演奏家”“附小好声音”“小舞蹈家”	5月	同上	同上
6	“歌唱祖国”班级合唱、演讲比赛	9月	以班级为单位参赛	择优参加“歌唱祖国”庆国庆活动

续表

序号	比赛名称、种类	比赛时间	参赛人员	呈现方式
7	排舞比赛	11 月	同上	择优参加“六一”文艺会演
8	“家乡的艺术”民俗表演赛	12 月	同上	结合美术类的“家乡的艺术”举行民俗文化节

表二 美术类

序号	比赛名称、种类	比赛时间	参赛人员	呈现方式
1	“我眼中的春节”儿童画、手抄报、摄影、彩陶比赛	下学期开学时（注：布置在寒假实践作业里）	全体同学（班级初选后再进行校级评比）	综合性画展
2	“我有一双巧手”手工艺品制作比赛	3月初(结合“三八节”)	同上	手工艺品展
3	“我们的科学幻想”科幻画比赛	4 月初	同上	科幻画展
4	“我是书法家”“我是小画家”“我是小雕塑家”等比赛	5 月（结合书法特长生的选拔）	全体同学（学生自由报名）	综合性书画展
5	“节日手抄报”比赛	2 月、4 月、5 月、8 月、9 月	全体同学（班级初选后再进行校级评比）	节日手抄报展

续表

序号	比赛名称、种类	比赛时间	参赛人员	呈现方式
6	“我爱中国画”国画比赛	6月初	同上	中国画展
7	“教师节快乐”贺卡制作比赛	9月初	同上（结合教师节的其他活动进行）	校门口展板展出
8	“我和我的祖国”绘画比赛	9月底	全体同学（班级初选后再进行校级评比）	主题画展
9	“家乡的艺术”系列比赛：“剪纸艺术在我身边”“家乡的桥”“风筝飞呀飞”“魅力油纸伞”“京剧脸谱”等各类比赛	10月初到12月底	全体同学（班级初选后再进行校级评比）	结合音乐类的“家乡的艺术”举行“民俗文化节”展示活动

表三　综合艺术类

序号	比赛名称	比赛时间	参赛人员	呈现方式
1	“环保时装秀”	5月	以班级为单位	择优参加“六一”文艺会演
2	“运动会入场式”	10月	各班级全体同学	校动会开幕式

续表

序号	比赛名称	比赛时间	参赛人员	呈现方式
3	“我爱古诗词” 1. 古体诗词创作比赛 2. 为古诗词配画 3. 幻灯片设计制作 4. 配乐诗朗诵（要求幻灯片播放和朗诵同步）	11 月	五、六年段	创作古体诗，朗诵并配上背景和音乐，分别评出 4 个奖项
4	“超级变变变”创意比赛	12 月	以班级为单位（三、四、五、六年段参加）	专场演出
5	“猜猜我是谁”创意化妆变装赛	12 月	全体同学	在“超级变变变”专场演出中展示

这些形式多样的比赛，有很多比赛都是要求全员参与。这么多的比赛，孩子们忙得过来吗？到底该怎么指导呢？我们聪慧的艺术教师有办法：第一，艺术组 11 位教师进行科学的分工合作；第二，有的比赛准备任务安排在寒暑假进行，开学便收集各班的参赛作品进行评比和布展；第三，发挥艺术课堂优势，在课堂上进行专项指导；第四，利用周三“幸福走班制”艺术校本课程进行指导；第五，利用社团活动进行指导；第六，按照比赛的难易程度划分参赛的年段；第七，充分激发出班主任的智慧，由班主任指导；第八，家校密切配合，排练出集体性的节目。以往的“六一”节，艺术教师们总是被文艺会演牵着鼻子走，每个人负责排练几个节目，演员们都是去各班挑选出来的。这几年来，自从用了这些方法，有效地减轻了“六一”节目编排的压力，只需在这些比赛中发现好节目、好苗子即可。以班级为单位参与演出，既普及了艺术教育，也促进孩子们的

全面发展。

“福泽教育”艺术课程全面实施以来，大多数学生都掌握了一到两项艺术特长，还涌现出一批拔尖的艺术人才：“瑶山嘞，山峰哦绿油油嘞……”舞台上那位自信可爱的小女生是我校“小演唱家”称号的获得者陈锘圆同学。陈锘圆同学在近年参加的市、省和全国声乐比赛中，均获得金奖，被记者们亲切地誉为“山城小百灵”；杨炀同学作为福建省的代表，参加了全国艺术特长生的钢琴比赛，获金奖；苏辛同学，从一年级起就开始写歌，短短的3年时间，就创作了20余首儿歌；杨逸鹄同学，作品在省、市赛中频频获奖……这些孩子，是我校福泽艺术教育之树结出的丰硕果实啊！

“福泽教育”艺术课程受到学生、老师和家长们的热烈欢迎：

林晨同学说：“我和我的同伴最喜欢参加学校的‘笑星大联盟’的比赛了。在表演小品的过程中，我发现了不一样的自己。我惟妙惟肖的表演得到了同学们和老师的表扬，心里别提多高兴了！”

晓丹老师说：“虽然，放学后我们再进行艺术辅导，工作时间变长了，任务更重了，但看见孩子们快乐地在乐海中徜徉，在艺术的殿堂里漫步，我们甘之若饴。”

语文老师杨乾妹说：“排练课本剧的过程中，孩子们对课文的理解更加深刻了。同时，我发现，平日里学习成绩不理想、课文怎么都背不下来的孩子，却特别喜欢排练课本剧，才一天的工夫就能把所有的台词背得滚瓜烂熟，真是让人刮目相看！”

陈锘圆妈妈说：“附小在‘福泽教育’办学主张的引领下，着力打造充满艺术氛围的校园，挖掘孩子艺术天分，提升孩子们的审美情趣和艺术修养，在孩子们童年时光种下艺术的种子。我女儿获得的点滴成绩，源于学校的精心培养，也源于林校长拓宽了我们家长的家庭教育思路。我的心里充满了感激与感动……”

四、“福泽教育”艺术课程的评价

（一）对学生的评价

1. 注重发展性评价

俗话说：一样米养百样人。由于每个人的艺术资质不一样，经过艺术课程的学习，就要让所有学生都达到同一个标准，那是不切实际的。“福泽教育”艺术课程注重发展性评价，即评价不再仅仅是甄别和选拔学生，不用同一把尺子衡量孩子们的艺术能力和艺术修养，而是促进学生的发展，促进学生潜能个性、创造性的发挥，使每一个学生具有自信心和持续发展的能力。其实施的关键是要求教师用发展的眼光看待每一个学生。附小艺术课程以“人人学会感受美、欣赏美、创造美”为宗旨，以每个孩子掌握一至两项艺术特长为目标，对一些有艺术天赋的孩子，对他们进行高起点的培养，提出更高的要求。对于艺术天赋一般的孩子，降低标准，遵循普及化原则。也就是说，“福泽教育”艺术课程，让“会飞的孩子飞起来，会跑的跑起来，既不会飞又不会跑的优雅地走起来！”

2. 注重过程性评价

“福泽教育”艺术课程注重终结性评价，更注重过程性评价。从学生进行艺术学习的参与热情程度、分工情况、在学习过程中的合作能力、表现力、成果展示及总结反思等多方面进行评价。

3. 注重多元评价

“福泽教育”艺术课程评价不仅仅关注学科评价，还关注学生美的言行和综合素养。在艺术课程的熏陶下，学生学会区分什么是真正的美，什么是跟风、盲从、盲目追求时尚；什么是哗众取宠，是喧哗与浮躁；什么是高雅和低俗。

（二）对艺术教师的评价

学校对艺术教师的评价，并非只看重教师的一节课上得好不好，或者说，仅仅以教师自身的专业的强弱进行评判，而是进行综合性的评价。既注重教师的专业精神，又注重敬业态度；既注重授课过程，又注重艺术课程的开发能力；既注重艺术教育的成果，又注重对学校管理的奉献。

五、“福泽教育”艺术课程校本特色案例

（一）“乐享音乐”特色课程，让学生享受音乐之乐

【案例】来自四年级孩子的一篇周记

生活中处处有音乐，车上有音乐、手机有音乐、电脑也有音乐；我们学校里也到处都有音乐，升旗时的国歌声、上课的铃声、做操时的音乐声……音乐已经融入了我们的生活中，记忆小帆中，也有一条船儿记录着我与音乐课的故事：

已经下了三天雨了，同学们都被这雨下得心烦！

“丁零零”，上课铃声响了，我们都不情愿地进入了教室。那节课是音乐课，正巧在下雨。老师说：“今天不学书中的歌曲，我们来感受大自然送给我们的最原始也是最优美的歌曲！”之后，他让我们趴在桌子上，我们轻轻地闭上了眼睛。教室里鸦雀无声。听到了，听到了！耳旁响起了清脆的雨滴声。“嘀嗒，嘀嗒。”“听见了吗？大自然送给我们的音乐多么的美啊！多么的清脆啊！”

窗前，薄薄的雾像一片纱似地，在窗外慢悠悠地飘动着。有一种神秘的感觉！“咚咚咚，咚咚咚……”“雨滴声越来越清脆！”因为雨变小了，也就模糊地看见雨滴在“纱”中自由穿梭。“叮叮叮，叮叮叮”雨声中的我浮想联翩：雨妹妹轻盈地跳着舞，唱着歌。姿态是那么美丽，清脆甜美的歌声使周围的一切显得那么安静。雨始终会停下，可我始终不会忘记自然送给我们的最清脆、最优美的音乐课！

这是我校开发音乐校本课程过程中的一个缩影。在音乐课的上课过程中，音乐组的每位教师教授的不仅仅是课本中的音乐知识，音乐元素也不是枯燥的“强弱弱”“四三拍”等，它将生活中的声音融入教学，通过学生已有的生活体验，直观地感受节拍、强弱等音乐要素。同时，将国家课程与地方课程有机结合，将家乡的音乐、传统戏曲欣赏等富有特色的课程融入课堂。选择内容健康向上，适合学生欣赏和传承体验的客家山歌、梅林戏、大小腔戏、肩膀戏、南词、闽剧等地方戏曲让学生欣赏，运用多元手段培养学生感受美、发现美的能力，提高学生的核心

音乐素养。

1.“乐享音乐”课程的内涵

“乐”是快乐，“享”是享受，“乐享”顾名思义就是快乐地享受，是一种感受和体验。音乐是声音的艺术，它以声音为其表现手段，通过音乐意象的塑造，以有组织的音为材料来完成的。音乐是时间艺术，它不同于视觉，它必须在时间中展开，随着时间而流逝。音乐家把他的思想用音符、节奏、旋律等来表达，作为欣赏者是否能感受到作曲家所描绘的意境？在聆听欣赏音乐中是否能得到快乐的体验？作为音乐体验，它是没有标准答案的，因人而异，但是它是心灵的讯息，是要用心来感受的。我们的“乐享音乐”课程就是要培养学生感受和体验音乐中的美。

很多家长说：“我课外让孩子学习乐器，学跳舞等。”首先，我们要肯定家长对孩子培养的重视和付出，但是，学习乐器或声乐、舞蹈，并不是说你就会欣赏音乐了。在你弹奏出的旋律中是否是带情感的？你唱出的歌可以打动人心吗？你跳的舞是否让人心潮澎湃？有多少人弹出的只是音符而没有情感，唱出的只是歌词而没有感动，跳出的只是动作而没有思想。

“乐享音乐”课程也许无法教会你演唱和演奏的技能，但我们给予孩子们的是一双灵敏的耳朵，一双明亮的眼睛，一颗敏感的心。“乐享音乐”课程能听出音乐中的真善美，听出喜怒哀乐，能释放出孩子们心中的感动。

2.“乐享音乐”课程遵循的原则

音乐艺术是凭声波振动而存在，在时间中展现，通过人的听觉器官而引起各种情绪反应和情感体验的艺术。“乐由情起”，音乐也是最富有情感的艺术。黑格尔曾说：“音乐是精神，是灵魂，它直接为自身发出声音，引起自身注意，从中感到满足……”我们在音乐教学过程中，要遵循是以审美为核心，以兴趣爱好为动力的原则，引导学生积极地参与体验和用心聆听感受，享受音乐的美。

因此，我们在音乐教学中：

（1）以聆听为主，注重音乐感受

在“乐享音乐”课程中，注重聆听，以听觉感受体验为主，通过激发学生音乐学习兴趣，感受鉴赏音乐美，情感体验外化等培养学生音乐审美情趣和审美能力。在欣赏活动中教师借助音乐作品进行聆听、联想、想象、模仿、分析、比较等激发学生自觉地学习、促其形成对音乐学习的浓厚兴趣与求知欲望。

（2）以实践为辅，注重音乐体验

在“乐享音乐”课程中，配合体验，以音乐实践活动为辅助，通过老师指导学生亲身参与的各项音乐实践活动，形成与完善音乐技能和发展音乐表现能力。如画旋律线表现音乐、律动感受音乐、即兴创作与表演创作等，通过各种实践活动，将抽象的音乐感受化为具象的表现形式。

3.“乐享音乐”课程的达成目标

我国两千多年前的著名教育家、圣人孔子就是一位音乐爱好者和倡导者，他认为：“移风易俗，莫过于乐。”雨果也曾说过：“开启人类智慧的宝库有三把钥匙，一把是数字、一把是字母、一把是音符。”这些名言道出了音乐教育对提高全民素质的重要性，即音乐教育不光是培养音乐家的专业教育，更是培养合格欣赏者的普及性音乐教育。在素质教育的今天，让所有的学生都受到音乐美的熏陶是每个音乐教师的责任。提高他们的艺术素质和音乐审美能力，并在音乐教学中培养他们的创造性，促使学生德、智、体、美的全面发展是“乐享音乐”课程的目标。通过“乐享音乐”课程，我们希望能激发学生对音乐的兴趣，感受和体验音乐艺术的魅力，培养他们欣赏美的耳朵。在教学中通过教师的引导，通过有趣的音乐活动，学生能熟悉音的高低、长短、强弱和音色，以及节奏、力度、速度、调式等音乐的表现手段，提高学生的音乐感受能力和创造能力。

4.“乐享音乐”课程的整体构架

“乐享音乐”校本课程一览表

“乐享音乐”校本课程	教学内容	要达到的教学目标
一年级	音符消消乐	每个孩子都能认识do re mi fa sol la xi这七个音，并用优美的声音唱准这单音。在课堂中进行“音符消消乐”的游戏，通过多样的形式帮助学生学习，不仅能唱准，还能初步听辨出每个音，为班级合唱教学打下良好的基础
二年级	节奏大比拼	通过认识X、$\underline{XX}$、$\underline{\underline{XXXX}}$这三种基本的节奏型，逐步增加到附点和休止符的学习。通过有趣的竞赛活动，增强学生对节奏训练的兴趣，为合唱和打击乐训练做准备
三年级	视唱我能行	通过两年的音乐学习，学生已经具备了一定的音乐基础知识。通过多样的学习方式，鼓励学生进行视唱训练，边唱边划横拍训练稳定的节奏感
四年级	和声初体验	在熟悉了节奏和旋律的基础上，将二年级学过的柯尔文手势运用到发声练习中，进行单音和简短旋律的和声训练，训练学生的音准
五年级	合唱我最棒	通过卡农和二声部的合唱训练，学生能具备科学的发声方法和良好的音准节奏。在班级合唱教学中，我们承认差异，发挥优秀学生自身的特长和优势，补足后进学生的不足，科学分工合作，不仅有歌唱家，还有演奏家，打击乐手等，合唱教学扎实开展

续表

“乐享音乐”校本课程	教学内容	要达到的教学目标
六年级	乐队指挥家	充分结合学生处于变声期的生理特点，转变教学重点，引导学生多听多欣赏，发挥其主体性，将他们定为小小指挥家，聆听、感受作品，分析情绪等
备注	“乐享音乐”校本课程的参与对象为该年段的所有学生，活动时间是在平时的教学过程中逐步渗透，目的是扎实培养学生的音乐表现力与感受音乐的能力	

5.“乐享音乐”课程的实践探索

合唱是一种多声部的集体演唱形式，具有丰富的艺术表现力和感染力。新课标提出“要更加重视并着力强调合唱教学，使学生感受多声部音乐丰富的表现力，尽早积累与他人合作演唱的经验，培养集体意识和协调合作能力。”合唱教学可以提高学生的音乐素质，增强学生的集体意识，培养团结协助的精神。香港著名童声合唱教育家、指挥家唐少伟先生也说过：“搞好童声合唱最基本、最有效的方法就是加强学校普通班级的合唱教学”。

在“乐享音乐”合唱教学中，我们根据不同年龄段的学生制定不同的学习目标：

低年级学生，着重抓好节奏、音准和正确的发声训练，培养学生良好的歌唱习惯，唱好齐唱，为学习合唱打好基础。学生通过教师引导掌握正确的歌唱姿势，通过气息训练知道合理地运用气息，通过感受与体验初步了解颁腔的位置，能用轻巧的声音、高位置地演唱歌曲。学会柯尔文手势，并能根据手势进行简单的单音和声与旋律和声练习。

中年级学生，进一步掌握科学的歌唱技能技巧，能在声乐作品中表现和谐、统一、均衡、生动富有感情的合唱，着力于审美情感和能力的形成。进一步加强合唱的基本训练，由简单的和声训练过渡到二声部轮唱训练，再由二声部轮唱过渡到二声部合唱。

高年级学生，巩固学生良好的歌唱习惯，加强对学生进行声音控制力的训练，逐步提高合唱要求。每个学员都能用一致的方法来演唱，声音和谐统一，融为一体，让声音流动起来有“漂流感”，能用轻细、明亮的声音演唱童声合唱作品。

在“乐享音乐”的教学中，我们承认学生的个体差异，将学生分成三组：音准好的学生根据音域的不同分别编为高声部组和低声部组，音准稍弱的学生编入打击乐组，分工合作，这样能保证全体学生参与，也能让音乐素养稍微薄弱的学生在演奏打击乐器的过程中，通过聆听和感受，逐步提高他们的音乐素养。这种立足于开发学生的潜能和优势，因材施教的课程设置，让每一位学生通过分层教学，合唱水平得到不同程度的发展，为学生音乐能力及其他能力的持续发展创设了舞台。通过实施，学生的合唱水平得到了很大的提升。只要我们勤于钻研、勇于尝试，不断总结反思与改进，“乐享音乐”教学一定能让孩子们真正享受音乐，体会到音乐带来的快乐和幸福。

“乐享音乐”课程班级合唱训练的方法：

一是培养学生兴趣。兴趣是最好的老师。不同的老师引领学生走进班级合唱的情况各不相同，所以，我们进行了集体备课，有意针对学生实际从简单易行的训练开始，做到循序渐进。利用一些简单的和声游戏，让学生从一开始就感受到和声的美妙，进而喜欢上合唱这种演唱形式。

二是聆听优秀合唱作品。如《好日子》《乘着歌声的翅膀》等，还有维也纳童声合唱团等知名合唱团体的经典作品，让学生在聆听中感受合唱艺术的魅力，激发学生对合唱的喜爱之情。我们还根据各年段中的合唱歌曲教材，适当地补充教材外相同难度的合唱歌曲。通过对合唱作品量的积累从而达到学生对合唱艺术逐步深刻的认识。

合唱是综合性和艺术性很强的艺术形式，要求教师有较高的综合素养，否则对音乐作品不可能有深刻的理解，学生也就不可能正确地、有情感地演绎作品。因此，我们选派了在声乐方面专业水平完成最强的任晓丹老师任校本课程的合唱老师。

我们要求教师要勤于笔耕，总结经验。俗语说“好记性不如烂笔头”，在实践层面一定有许多有价值、有经验的东西，包括对歌曲的改编以及教学设计、教学反思、论文、经验总结、合唱教学随笔等，都有意识地进行积累和保留。

面对全体学生，是我们核心的课程理念。班级合唱的实施者就是全体学生，它是需要相互配合的群体音乐活动，同时也是一种以音乐为纽带进行的人际交流。有助于养成学生共同参与的群体意识和相互尊重的合作精神。希望更多的学生通过班级合唱教学走进音乐，走进美妙的合唱艺术，享受合唱艺术带来的愉悦和幸福。

【案例 2】音乐教师班级合唱教学随笔

以前总觉得合唱是一件很难的事情，不是一般的学生可以完成的。音乐课中歌曲的二声部由于学生经常唱不准，因此都被忽略，直接当成一声部来唱。总觉得要进行合唱训练，就要专门组成一个队伍，精心挑选高素质的学生，一个专门的场地，还得配备至少两名教师才能完成。自从实施班级合唱教学以后，我的这个观点得到了很大的转变。首先，一年级和二年级时，学生就通过形式多样的活动解决了节奏和音准的难点，同时，也进行了合唱的基础训练，如我在上二年级的课时，将“冰雪消融｜冰河解冻”这句简单的节奏进行变化节奏练习，变成“冰雪消融冰河解冻｜冰雪消融冰河解冻”和“冰雪消融冰河解冻冰雪消融冰河解冻”这样三个不同的节奏型，再进行卡农练习和三声部的节奏练习等，二年级的学生很容易就完成了节奏变化练习和卡农练习，同时三声部的节奏练习也不会太困难。这个效果让我大吃一惊，如果学生能长期坚持训练，三年级的卡农形式的二声部歌曲教学对他们来说就一点都不难了。

【案例 3】一个四年级学生的心声

从小妈妈说我没有天赋，五音不全，又是“公鸭嗓”，我从来都不知道自己有一天会喜欢上音乐，幼儿园上音乐课时我都偷懒。刚上一年级时，虽然有正规地上音乐课，但我认为唱歌是女生的“专属游戏”，既无聊又无趣。上课时我总是无精打采，可是不久，居然喜欢上了音乐课。这是怎么回事呢？感谢卢老师，是她打开了我的音乐之门，让我爱上了音乐课。

卢老师上课非常有趣，所以我听得特别认真。起初，老师教的音符我一个都不懂，卢老师告诉我们：“每节课我们都将进行‘音符消消乐’的游戏，请同学们认真学习，争取为自己小组加分哦。”我一听，来劲了，消消乐游戏不是我最擅长的吗，我一定要为小组加分，于是我打起精神来上课了。老师为每个小音符起了好听的名字，编成了儿歌，我一下就记住了它们的名字，在每节课的“音符消消乐”游戏中，我都积极举手，为小组赢了很多分。

二年级时又来了节奏大比拼，由于卢老师激发了我对音乐的兴趣，我发现自己越来越喜欢音乐了，每节课我都特别认真，节奏这个小问题一定都难不倒我。妈妈夸我说：“从没觉得你会唱歌呀，虽然声音依旧哑，但好像不跑调了。”我开心极了。

三年级时视唱训练，由于我完成的不是很好，我很着急。卢老师安慰我说：“别着急，每个人都有自己的特长，你的声音比较沙哑，音域不高，进不了合唱队，就进伴奏队如何，利用你节奏感的优势当好小队长，带领本组队员为合唱队伴奏。我们是一个大集体，大家都是里面的一员。”老师的话让我重新树立了信心，这个小小的音乐小组长带给我莫大的自信。

现在我四年级了，我越来越喜欢音乐课和合唱了。不仅如此，由于我节奏感好，卢老师和李老师还选拔我进了学校的打击乐队，进了打击乐队我如鱼得水。妈妈总是说：“儿子，家里的东西都快被你敲破了。”其实我心里知道，是我太喜欢音乐了，是音乐给我带来了快乐！

（二）“创意美术”特色课程，奇思妙想中的无限创意

1.“创意美术”课程的内涵

“创意”就是创立新意，而新意既包括新思想、新观念和新想法等，也包括新意象、新形象和新表象等。创意是一种思维和意识活动。创意美术与我们通常理解的美术，还是有所区别的。创意美术的重点在于“创意”二字，而美术仅仅是激发孩子创造力、想象力的一个载体！当然，

这个载体还可以是其他的，但是创意美术通过画笔、颜料、纸张和各种工具材料，可以天马行空、任意涂鸦，可以带给孩子更大的发挥空间。

有不少家长喜欢并希望孩子画画的时候，要对照参照物画得能有多像就多像。而创意美术更加注重的是孩子的创造能力，创作不一样的并属于自己的作品：天空可以是方的，谁说树上不能结西瓜呢？孩子们的心思是天真烂漫的，教师要做的就是鼓励孩子把对这个世界上看到的，心里想到的，勇于表达出来！

孩子们为什么喜欢创意美术课程？其实很简单，仔细看看孩子的作品你就会明白了：每一幅画都是孩子自己的作品！老师不仅教会孩子技法，更重要的是教会孩子用艺术表达自己的想法，这也是附小倡导的“美术是儿童的语言”。只有在这样的艺术课堂上，才能解放孩子的天性，释放孩子们创作的小宇宙，让孩子创造美、感受爱和幸福。

2.“创意美术”课程的达成目标

通过创意美术课程，我们希望能够充分挖掘每个学生的潜力；培养学生多方面的素质；体验到合作带来的团队力量和智慧；利用多元化的材料，建立学生从多个角度观察和思考的能力；激发学生的创造力，并能在多元化的艺术创作中，得到满足和肯定、获得成就感，从而促进学生以更大的兴趣和创作热情投入到美术活动中；通过学生们的作品，使老师、家长得以走进他们的内心世界，直观地感受学孩子们的心声和需求。而且，从美术学科核心素养的角度来看，这样的创意美术课程，科学地将“学科知识”“学科活动”融为一体，聚焦于学科精神、学科文化，反映学科之趣、学科之美，从而形成学科核心素养。

3.“创意美术”课程遵循的原则

（1）提倡课程要面向全体学生、面向生活、面向社会。要贴近学生生活，符合学生的经验获得规律，促进学生发展，促进社会的进步和可持续发展。

（2）核心培养目标定位在以学生发展为本，培养学生想象力、创造力、动手能力、协作能力，培养学生终生的学习能力。在注重基础知识和基本技能的同时，更要注重基本能力和基本态度的培养。

（3）进一步注重课程综合化问题，加强和各学科之间的联系。同时也加强与人文精神的整合，培养学生对学科知识的整体认识与综合解决问题的实际能力。

（4）进一步呈现个性化和多样化的趋势，从而为学生个性发展预留了充分的空间。

（5）克服以“书本为中心”和以“教师为中心”的两种倾向。课程内容的载体——教材，将不再是学生获得知识的唯一渠道。那些有利于学生学会学习、学会思考、学会创造和发展的资源在新的教育价值观引导下，将会逐渐占据主要地位。

4.“创意美术”课程的整体构架

创意美术校本课程通过两个方面进行开发：一是与美术教材相结合，把教材中的一部分内容引申为创意美术的内容；二是自主开发出适合本年段学生进行的创意美术课程。

三明学院附小“创意美术”校本课程一览表

教材拓展类的创意美术课程		校本品牌创意美术课程	
一年段	《五彩路》 《漂亮的建筑》 《谁画的鱼最大》	创意游戏节	每个孩子都能通过简单的制作方法，做一个可以玩的手工作品。引发孩子们对学习美术的兴趣，开始体会到美术活动带来的乐趣
二年段	《奇妙的爬行》 《奇妙的小闹钟》 《会变的小手套》	创意纸艺节	通过对纸杯、纸盘、纸条的创意设计，制作出一个属于自己的独特的艺术品。激发出孩子们的艺术创想

续表

教材拓展类的创意美术课程		校本品牌创意美术课程	
三年段	《有趣的拼图》 《面具》 《机器人》	创意帽子节	了解各国、各民族和传统的帽子文化，设计并制作出一顶有创意的帽子。让孩子们的知识面、视野得到拓宽，设计和动手实践能力得到提高
四年段	《快乐的人》 《有趣的属相》 《棋牌乐》	创意舞龙节	了解中国传统民俗“舞龙灯”活动，龙的制作过程，舞龙基本动作。通过讨论、分工、合作、展示，让孩子们感受传统文化的魅力，学会如何高效合作
五年段	《提线纸偶》 《学画抽象画》 《造型别致的椅子》	创意环保时装节	通过欣赏时装、观看环保宣传片，让孩子们用家里的废旧材料，设计制作一套服装，并在年段活动上，各班进行环保时装秀。引发孩子们对环保问题的思考，增强设计和实践能力
六年段	《图形的魔术组合》 《箱板上的新发现》 《神秘的礼盒》	创意插花节	欣赏家居装饰，学习、了解插花艺术。能独立设计并制作出一个富有美感的插花艺术品。让孩子们感受到生活的幸福和生活的美
时间安排	各班的美术课堂上	时间安排	周三下午“幸福走班大课堂”

5.“创意美术”课程的实践探索

【案例 4】美术教师教学随笔

美术老师一定要注意引导学生们利用废旧物品丰富手工创作材料。

材料的多样性对于学生在美术活动中创造力的开发是非常重要的，而生活中废弃的各种易拉罐、瓶桶、大小不一的方形盒子等废旧物品正好可以迎合这一需要。让学生自由选择材料，借助原有的形状、功能，结合学生的经历进行再利用和随意创造。用剪刀剪去瓶颈或瓶底，再用卫生纸、包装纸、谷粒、豆粒、叶子碎片、花布碎片等材料对瓶身进行装饰，就会做成独具匠心的笔筒、物件存放筒等。

利用超轻黏土随意造型，相对于废旧物品的想象造型，黏土的随意性对学生表现力与创造力的发展空间更大。学生可以完完全全根据自己的意愿任意造型，可以表现各种几何图形，表现爸爸妈妈、老师同学的形象或生活情节，可以表现小猫小狗、花花草草等。在捏制的过程中，学生们反复经历“回忆、再现、想象”的思维过程，在不断探索和实践中进行艺术创造。

【案例 5】美术教师教学后记——《卵石的世界》

卵石画是传统纸笔绘画的一种超越，鹅卵石因常年被水冲击变得形态各异，本身就是一件艺术品。我在教学中，引导孩子们仔细观察鹅卵石的形状，联系已有经验，说说它像生活中的哪些物体，需要修改哪些部分可以更像什么，用什么办法可以变成你想象中的东西。比如，有的石头形状像水果，于是便在石头上画上草莓、鸭梨、西瓜等水果；有的石头像昆虫，便在石头上画上瓢虫、蜻蜓、蝴蝶、毛毛虫等；有的石头大大的、圆圆的、方方的，便在石头上画高山、流水、人家、高楼大厦等，孩子们不仅体验到创作的快乐，还能感受石头的神奇变化。

在石头原形想象画的基础上，可以引导孩子们进行简单的石头组合拓展绘画。通过几块石头的拼摆，展示出动态的毛毛虫、小鱼、小马、花草等动植物，再加上必要的线条和色彩，一幅幅逼真的绘画作品就产生了。此外，还可以结合一些故事情节，加大石头绘画难度。还可以用 AB 胶等黏合剂对鹅卵石进行造型的组合。

由于并不限定孩子们用什么形式来创作卵石画，孩子们的创作热情非常高涨。能根据卵石本身的特殊造型或者独特的花纹，创作出各具特色的卵石画和卵石造型作品。

各年段学生们非常喜欢创意美术校本课程。因为在这里，他们的天性得到了释放、个性得到了发挥、独特的想象力和创造力得到了展示。每个学生的作品都得到了老师的表扬。老师会拍照下来，上传到学校网站、博客和家长微信群里。

部分创意美术课程节日的活动流程：

（1）创意帽子节

提前布置本年段的所有学生进行有关帽子知识的收集，每个班分组进行。一组分析和收集古代帽子的作用；一组分析和收集现代帽子的作用；一组分析和收集国外帽子的用途和图片；一组分析和收集民族帽子的设计方法和特色在哪里；一组分析制作帽子的材料可以有哪些。然后，进行汇报和交流，再分析我们可以用生活中的哪些材料来制作帽子，用什么方法可以让帽子的外形进行改变。最后，每个同学制作一顶造型特别、色彩搭配合理的帽子，戴在头上，参加帽子节的展示和比赛活动。每个班评选出最佳创意奖、最佳造型奖、最佳色彩奖、最佳制作奖、最佳上镜奖、最佳表演奖等奖项。每个奖项根据班级人数，分别评选出 8 到 12 位同学。

（2）创意舞龙节

每个班制作龙的方法并不一样。下面这个案例是用废旧纸箱为主材料进行制作的。活动要求各个班分四个组，以小组为单位，利用废旧纸箱等材料，分别设计制作出独具特色的中国龙，并能以小组为单位进行舞龙的表演。

孩子们开心地舞起自己的“中国龙”

【案例 6】

活动流程：

（1）知道龙在现实生活中不存在，是古时候的人们用组合的方法，想象出来的一种神兽。了解龙在历代以来形象上的改变。

（2）欣赏一些欢庆节日的视频。初步了解各地舞龙的习俗和特色。

（3）通过视频，了解民间艺人是如何制作中国龙的。

（4）各小组讨论：可以用我们身边的什么废旧材料来制作中国龙。讨论完交流，和老师同学们一起讨论制作的可行性。

（5）各小组根据讨论的结果，进行细致的分工，选出组长和副组长。组长负责设计和制作龙头，还负责设计龙的整体颜色的搭配；副组长负责设计和制作龙尾；组内的其他同学，每个人按要求设计制作一截龙身。

（6）具体指导中国龙的做法后，每个同学利用课余时间分别在家进行制作。周三下午实践课时，大家把在家做的部分都带到学校继续完成，组长和老师一起检查把关、指导。

（7）请三名民间舞龙队的队员到学校为学生们讲解舞龙的基本动作。

（8）各班完成制作龙的任务后，全体同学在操场进行中国龙的设计、制作展示和比赛。评出最威风的龙、最帅气的龙、最可爱的龙、最鲜艳的龙、制作最精美的龙等奖项。然后，各班进行舞龙比赛（只要求会做简单的翻、摆动作即可），评出最佳舞龙队、优秀舞龙队、最帅舞龙队等奖项。

关于“创意美术”课程，孩子们有好多话想说：

三年级吴梦瑶小朋友：我最喜欢帽子节了，让我们了解到好多有关帽子的知识。比如说，在古代，帽子是人们身份的象征；在现代，帽子除了能为我们遮阳保暖，还能区别人们的职业和民族呢！在外国，也有帽子节，人们戴着各种漂亮的帽子举行活动，我很羡慕。我们年段的帽子节，每个人都做了一顶非常漂亮的帽子，老师还为我们举行了展示和比赛活动，我还获得了最佳创意奖呢！

四年级周艺涵小朋友：我们年段的舞龙节才真是有难度呢！不但要考验每个组的合作能力、还要考验每个同学的动手制作能力、还要考验组长的配色能力。如果龙的配色不好看、龙头制作得不帅气，我们的龙就不威风了！

张可心小朋友：我是组长，负责做龙头和设计龙的颜色，还要和副组长一起去买材料。我觉得完成任务之后，我变得更能干了，还知道了很多有关舞龙的知识。这个赛龙节真是太棒了！

李睿思小朋友：我们组最聪明了！我们想到了用十几米长的绸带来制作龙身的方法。把课桌拼起来，再把绸布铺在课桌上，有的同学负责剪亮片，有的同学负责用订书机把亮片订在绸布上，有的同学负责把牛奶箱固定在绸布下。所以，我们的龙跑起来不会断掉，舞起来也很方便。我们组在舞龙节获得两个大奖哩！

伍翔宇小朋友：2016 年的“六一”节，我这辈子都忘不了这一天，我的儿童画作品获得了三明市的一等奖。那天，我登上了领奖台，市领导亲自为我颁奖，还上了三明电视台的新闻呢！

第三节　筑就幸福花园：综合社会实践活动课程的开发和特色案例

一、课程的总体目标

一是积极开展各种综合社会实践活动课程，鼓励学生积极主动地参与其中，让学生学会沟通、理解，提高学生的语言表达能力、创造思维能力和组织交际能力，提高学生通过互联网搜集、处理信息进行研究性学习的能力，使学生在实践活动中分享幸福、传递幸福、创造幸福。

二是通过综合社会实践活动课程构建家庭教育、学校教育、社会教育“三位一体”的德育活动网络，提高学生的道德素质，让孩子幸福、健康、快乐成长。

二、课程的开发策略

（一）“为学生幸福人生奠基”办学理念的基本要求

所谓的幸福教育，就是能卸掉学生的抵触情绪，让学生爱上学习，能自主学习，并不断体验学习的快乐。换而言之，一所幸福的学校要有学生喜欢而且能够真正学有所获的课程，才能开启学生的多彩人生。例如：我校六年段扎实开展“分层序列化”好习惯培养活动，着力推进“热爱劳动，积极参加志愿服务”好习惯的养成教育：通过“幸福早餐工程”，倡议学生利用周末时间为家人准备健康、营养的早餐；实施“每天做件家务活——21天好习惯养成计划”；校园安全志愿者、环保志愿者招募活动；举办以“积极参加志愿服务”为主题的手抄报比赛和主题班会活动；“小鬼当家”活动；“为三明点赞，为文明点赞”亲子志愿服务等一系列活动。通过近一个学期的养成教育，孩子们能积极参加劳动，积极参加志愿服务，自己的事情自己做，争做一个有社会责任感，勇于担当的小小志愿者，做一名优秀的附小学子。

（二）“从小事做起，把小事做好”校训的有效延伸

古人云：不积跬步，无以至千里；不积小流，无以成江海。说的就是想要成大事、大气候必须从小事做起的道理。在日常教育中，要求同学们从点滴做起，从身边的小事做起。附小地处市区交通主干道，上学、放学期间，学校门口常常拥堵不堪，为此，学校向全体少先队员发出倡议：“低碳生活，绿色出行，做文明幸福三明人”。学校倡议步行路程在半个小时之内的同学们，采用步行或乘坐公交车等绿色出行的方式，用实际行动努力践行“低碳生活，绿色出行”，为“文明城市”增光添彩。通过学校教育让全体少先队员们把“低碳生活，绿色出行，做文明幸福三明人”的理念转达给自己的家长，向家庭、向社会辐射。

（三）“福泽教育”办学主张的充分彰显

苏霍姆林斯基说过，“为了使孩子成为有教养的人，第一要有欢乐、幸福及对世界的乐观感受。”在“福泽教育”思想下家校协作力推的“幸福营养早餐工程”在附小“火”了，我校五年段的孩子们在家务劳动实

践基地积极参加劳动实践。孩子们以小组为单位共同制定菜谱，计算所需费用，进行人员分工，学习烹饪，在活动过程中孩子们体会到了干家务的艰辛。家务实践体验后，许多同学利用节假日，给父母放假，为家长准备丰盛的营养早餐。如今在三明学院附属小学各班级微信群和QQ群里，家长们掀起了争先“晒”孩子利用在家务劳动实践基地学到的本领为家长准备早餐图片的热潮。一份份营养、健康、丰富早餐是附小孩子们利用周末时间为父母准备的爱心早餐。学校家务劳动实践基地活动的开展引起了家长的纷纷点赞，这一举措得到了家长们的大力支持和广泛好评，家长们积极行动起来，“晒”早餐、“晒”幸福……

（四）“多元＋个性”的“福泽教育”课程的幸福体验

早在20世纪，著名的苏联教育家苏霍姆林斯基就曾说过：“在教学大纲和教科书中，规定了给予学生的各种知识，但却没有给予学生最宝贵的东西，这就是幸福。理想的教育是：培养真正的人，让每一个自己培养出来的人都能幸福地度过一生，这就是教育应该追求的恒久性、终极性价值。”著名教育家乌申斯基说：“教育的主要目的在于使学生获得幸福，不能为任何不相干的利益而牺牲这种幸福，这一点当然是毋庸置疑的”。放置在“幸福指数、中国梦、美丽中国”等大背景下，让所有学生都有一个美好的梦，成为幸福的人，是理应追求的教育理想。让孩子享受当下的幸福，为他们的未来储备幸福，让教育充盈幸福感，这不仅仅是一种教育境界，对师生发展、社会进步而言，更是一种责任。把“福泽教育课程”作为学校的“现在进行时”，是追求教育本质的回归，教育因为幸福的方向，才有了特殊的意义。

美国思想家梭罗在《种子的信仰》里说“如果你在地里挖一方池塘，很快就会有水鸟、两栖动物及各种鱼类，还有常见的水生植物，如百合等等。你一旦挖好池塘，自然就开始往里面填东西。尽管你也许没有看见种子是如何、何时落到那里的，自然看着它呢……这样种子开始到来了。”我们尽可能多地为孩子们创造条件，充分发挥社会实践的作用，精心设计社会实践活动课程的载体，大力推动学生参与社会调查、志愿服务、公益劳动、科技创新等实践活动，引导学生在服务他人、奉献社会中升华对社会主义核心价值观的认知理解；引导学生在实践中亲身体验，良好的习惯和品行不断地内化为学生自身的素质，在精神愉悦中感悟“多元 + 个性”的“福泽教育课程”带来的幸福体验。

三、课程的开发模式

学校在综合社会实践活动课程实施过程中注重研究性学习、信息技术教育在内的综合实践活动各系列之间相互渗透与延伸，提倡学生学习方式的多样化，强调研究性学习不是教室内的单调实验，信息技术教育也绝不是简单的上网搜集资料。任何一项综合社会实践活动课程采取多种多样的活动方式，方案设计、资料搜集、调查、考察、观察、访问、实验、测量、制作、宣传、表演、辩论、答辩、讨论、反思等等，通过学习、活动方式的多样化促进学科整合，达成综合社会实践活动课程的目标。

学校综合社会实践活动课程强调学生学习与生活的联系，从学生已有的生活经验出发，让学生亲历研究的过程。学生在研究性学习过程中走向社会，走向生活，亲历实践，获得体验，同时运用网络搜集信息，丰富对课题的探究，对认识理解的加深，培养解决实际问题的能力。在实践中，根据低、中、高年级学生的学情特点，我们的综合社会实践活动课程主要有以下模式，概括如下表：

三明学院附属小学综合社会实践活动课程模式表

分类	“社会实践 + 研究性学习”模式	“社会实践 + 研究性学习 + 网络自学”模式
适合年级	低、中年级	高年级
学习方式	调查法、访问法、实验法	调查法、实验法与资料综合研究法

续表

分类	“社会实践 + 研究性学习”模式	“社会实践 + 研究性学习 + 网络自学”模式
特点	对某个问题进行社会调查或进行一项实验然后小结，形成研究成果	既有实践性活动，也运用网络资源。培养学生的媒介素养，学会收集信息、筛选信息及处理信息
举例	三明市城市居民饮用水的调查、春游（寻找春天）	研学旅行、心理小课题研究课程

四、课程的师资建设

综合社会实践活动课程是一门培养学生跨学科素养的实践性课程，着眼于发展学生参与实践的积极体验和丰富经验，提高学生对自然、社会和自我之间内在联系的整体认识，培养学生的社会责任意识、问题解决能力、实践创新精神。由于综合社会实践活动课程实施的艰巨性和复杂性，综合社会实践活动课程的师资队伍建设显得尤为重要。

（一）组建学科教研团队

学校根据实际情况，选派责任心强、知识丰富、综合素质高、勇于创新的教师担任专职教师，组成学科教研组，具体实施学校综合实践活动课程计划，开发和实施社会实践活动校本课程。

（二）加强对专兼职教师的培训提高

我们通过“请进来，送出去”等各种形式对专兼职教师实施全员培训，使每个教师都清楚课程理念和实施策略，积极参与对综合实践活动的有效指导，适应新课程需要。

（三）聘请专家，优秀家长现场指导

我们聘请专家、优秀家长共同开发课程资源，请优秀家长到校参加“家长百家讲坛”活动。他们借助自己职业优势，给孩子们带来新鲜的知识文化大餐，较好地弥补了学校教育的不足，丰富了学校的综合社会实践活动课程。

（四）设计课程方案，在实践中反复修改完善

在综合社会实践活动课程实施过程中要求不断总结与反思，对课程方案存在的问题要及时修改，便于下一轮学习的借鉴和使用。

五、课程资源的开发

《基础教育课程改革纲要》要求，“积极开发并合理利用校内外各种课程资源。学校应充分发挥图书馆、实验室、专用教室及各类教学设施和实践基地的作用；广泛利用校外的图书馆、博物馆、展览馆、科技馆、工厂、农村、部队和科研院所等各种社会资源以及丰富的自然资源；积极利用并开发信息化课程资源。”开设综合社会实践活动课程，应重视各种课程资源的开发和利用，使之更好地为培养“幸福学生”而服务。

三明学院附属小学课程资源分类表

资源分类	资源列举
自然资源	走进清枫谷、走进陈大瑞云山
社会资源	幸福绿道、人民英雄纪念碑、三明市中小学社会实践活动基地
社区资源	图书馆、科技馆、养老院、福利院、气象局
家长资源（隐性资源）	家长志愿者
人文资源	寻访朱子文化、研究三明小吃

六、课程框架的构建

综合社会实践活动课程框架表

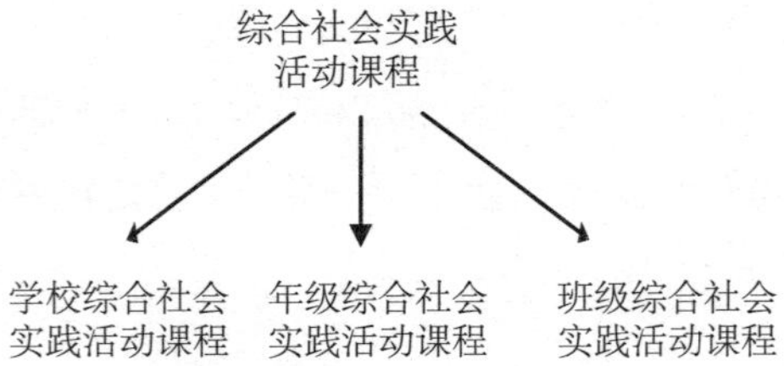

综合社会实践活动课程框架图

（一）学校综合社会实践活动课程

1. 寒暑假综合社会实践活动课程

组织学生参加社会实践活动是培养学生融入社会的意识和服务社会的责任感的重要途径。我校开发了寒暑假综合社会实践活动课程，社会实践活动课程做到“七有”，即有目标、有主题、有方案、有布置、有落实、有评比、有展示。2013 年寒假以“中国梦”为主题，2013 年暑假以“告别舌尖上的浪费，走向文明餐桌”为主题，2014 年寒假以“三爱三节”为主题，2014 年暑假以“家风家训伴我行”为主题，2015 年暑假以“为文明点赞为三明点赞”为主题，2015 年寒假以“践行社会主义核心价值观”为主题，2016 年暑假以“传承伟大长征精神争做民族复兴栋梁”为主题，2016 年寒假以“传统节日我们在行动”为主题。例如：2015 年寒假社会实践活动，很多同学都参加到社会实践活动中，低年段同学在春节走亲访友之际，向亲朋好友征集“社会主义核心价值观”的自创格言，为“社会主义核心价值观”代言；中年段同学用照片和视频记录践行社会主义核心价值观的典型人物和事迹，传递正能量；高年段同学则是践行志愿服务精神，开展“小小志愿者行动”。孩子们走上街头、走进社区、来到敬老院、儿童福利院，来到公园、绿道，送温情、献爱心……

学生自创格言，为“社会主义核心价值观”代言

在寒暑假社会实践活动优秀作品选评和展示时，给予大家很多震撼和感动：四年（6）班爱心小分队的同学和家长前往三明市芦桥敬老院慰问老人，通过送节日祝福语、新春礼物、打扫卫生、表演节目等方式为老人们庆祝新春佳节，还把此次活动录制下来，经过剪辑，加上片头和片尾，制作成光盘。三年（6）班的程好同学，用摄像机和笔记录了爱岗敬业的清洁工人的辛勤劳动。四年(3)班的魏凯昂同学采访了自己的亲人，请他们说什么是诚信，怎么做到讲诚信，录制了光盘《听亲人说诚信》。四年（6）班的施睿捷同学上交的视频《我的三姨》，记录了他的三姨是三明市蓝天志愿救援队的一员，参加山地救援，去寻找失踪的老人等。

2.“家长百家讲坛”综合社会实践活动课程

家长是孩子最好的老师，家长们来自各个不同的行业，有着不同的优势和特长，开发家校合作课程，有利于拓宽教育渠道，创设家长参与学校教育的平台，更好地发挥优秀家长的辐射示范引领作用。学校每学期两期的“家长百家讲坛”课程已开设4年，家长们走进课堂，担任老师。他们借助自己职业优势，或讲家乡美，或支安全招，或讲理财小妙招，或做小制作，或开展心理团体游戏……新鲜的课堂，新鲜的面孔，新鲜的知识文化大餐给学生带来了全新的成长体验，较好地弥补了学校教育的不足，丰富了学校的德育课程。

（二）年级综合社会实践活动课程

学校依托社会资源，结合三明当地特色，在各年级开设综合社会实践活动课程，拟定每学期一次，每次一个主题的方式开展，循序渐进，逐步深入。

三明学院附属小学各年级综合社会实践活动课程表

时间	地点	活动内容（例）
一上	走进清枫谷	跟着唐诗去旅行
一下	陈大瑞云山庄	春游
二上	三明市人民英雄纪念碑	爱国主义教育
二下	城市交通主干道	交通安全劝导
三上	同学家（交换空间）	到同学家中共同学习生活 1–2 天
三下	三明市气象局	观云识天气
四上	拓展基地	亲子综合社会实践活动
四下	东牙溪水库	三明市城市居民饮用水的调查
五上	校外实践活动基地	岩前综合实践活动基地实践活动
五下	三明市心理健康辅导站	“幸福，心的体验”课程体验
六上	尤溪、宁化	研学旅行：寻访朱子文化、探访红色足迹
六下	永安、沙县	了解三明小吃

【案例 1】**成长路上，有诗，也有远方！**

每一首唐诗，都是鲜活的游历图；每一位诗人，都是资深的旅行家。古诗是中华文学宝库中一颗璀璨的明珠，是我国古典文学皇冠上最闪亮的钻石。附小太阳中队的小朋友们，在一年段段长赵伯珍老师及家委们的精心策划下，一年级开展了“跟着唐诗去旅行”主题综合社会实践活动课程。他们带着唐诗走进春天，他们在唐诗中寻觅春天的足迹。

中国古典诗词蕴含着艺术美，为了让孩子们从小就热爱古诗，学校组织了春游活动让学生“学”“游”结合，在学游过程中体验和感悟中国古诗词的魅力。

【案例 2】**小小交通志愿者**

“阿姨，请走地下通道或人行天桥，这样横穿马路很危险。”在三明广场附近，一位身着小交警服装的小学生，拦住一位正要穿过车流过街的女士提醒道。女青年回头望了小朋友一眼，立即退了回去，脸上略显尴尬。

每到周末，三明学院附属小学的小小交通志愿者，在市交警中队谢水森民警的带领下，在马路上执勤，劝导行人和非机动车的不文明交通行为。学校开展的以“我是小交警，出行讲文明”为主题的志愿者活动，以“教育一个学生、影响一个家庭、带动整个社会”为目标，在全校学生中广泛深入地开展交通安全宣传教育活动，使广大学生受到深刻教育，进一步增强学生的交通安全意识，提高文明交通的自觉性，在整个校园内形成“文明交通，你真棒”的浓厚氛围。

如今，三明学院附属小学的“校园小交警”活动受到了省市有关部门的肯定。在全国文明城市检查考评、全市综治安全现场会中，三明学院附属小学被列为全市受检点之一，“小交警”活动获得了好评并在全市推广。

在学生中开展“校园小交警”活动，是我校长期与军分区、市交警大队共建单位的延续，除了出于交通安全考虑之外，更重要的是为了让孩子们从小就明白社会规则，学会适应社会生活。

【案例 3】小小空间　大大友谊

三明学院附属小学三年（2）班组织开展了“交换空间”主题活动。由同学、家长们自由组合，自定时间，邀请一位同学到家中共同学习生活 1 ~ 2 天。

《交换空间》——我家来了“小客人”

此次主题活动受到同学、家长们的热烈欢迎。一周来，已有20余位同学参与了活动。活动不仅大大增进了同学、家长们的交流互动，更提高了同学们的环境适应能力和幸福感知力。在共同学习生活的几天里，作为“小主人”的一方学会了如何热情接待同学；作为“小客人”的一方学会了如何尊重爱护他人的财产与劳动。同学们都说，能在家里和同学一起吃饭、写作业、玩耍、睡觉，觉得特别幸福。家长们则表示通过此项活动使他们从彼此身上学到许多自己没有的优点，发现一些自己在家教方面的问题，让双方家庭都有很大的进步。

近年来，三明学院附属小学高度重视家庭教育与学校教育以及社会教育相结合对“幸福学生”的培养，以年级为单位开设了各种综合社会实践活动课程。此次三年（2）班开展的“交换空间”主题活动，将课堂教育与家庭教育相结合，让同学们学会感恩，享受幸福。

《交换空间》是中央电视台的一个家装类节目，但在三明学院附属小学却是三年级的综合社会实践活动课程，并且深受学生们的欢迎。交流是综合社会实践活动的重要环节，也是有效学习的重要手段之一。人在交流中进步，在交流中成长。综合社会实践活动课程超越书本，超越封闭的课堂，面向自然、面向社会、面向学生的生活和已有经验，在开放的时空中促进学生生动活泼地发展，增长学生对自然、对社会、对自我的实际体验，发展综合的实践能力。

（三）班级综合社会实践活动课程

班级是综合社会实践活动课程实施的有效载体，学校充分利用班级家委会的功能，依托家长资源，根据家长们的特长，在各班级开设了各种丰富多彩的综合社会实践课程。

【案例4】“玩土”

“玩土”，是一项饶有趣味的事情，可以伴随小学生走过精彩的童年岁月，留下难以忘怀的美好人生记忆。家长老师来到学校，给小学生传授超轻黏土制作艺术。高杭的爸爸结合自己制作的“自己动手做黏土”课件，带一帮“小徒弟”玩“泥土”。孩子们听着家长详细生动的讲解并模仿，边摸索边揉捏着，不一会儿工夫，一件件略显粗糙的“漂亮”

作品完成。看着自己的作品，孩子们兴奋不已，脸上露出了天真灿烂的笑容。

像这样生动有趣的亲子实践活动，大大地拓宽了孩子的成长空间。孩子的潜力真的是无限的，腾出一个空间，他可以自己往前走；搭建一个平台，他可以自己去锻炼；提出一个问题，他会努力寻找答案；选择一个主题，他会乐于去探究。

七、课程的评价体系

综合社会实践活动课程虽然是必修课，但与学生“升学”没有直接联系，其评价也更加“模糊”，不像语文、数学等学科可以用分数来衡量。它的评价带有不确定性和主观性，不同主体的体验结果也不尽相同，其成效的显示具有较长的周期性。因此，我们制定了相应的评价表，旨在更好地促进综合社会实践课程的完善和发展。

（一）课程评价整体性

综合社会实践活动课程评价的整体观要求在评价中把课程、教学和评价进行整合，使它们融合为一个有机整体，贯彻到活动中去。以学生在活动中的各种表现和活动产品作为评价他们学习情况的依据，注重把评价作为师生共同学习的机会，提供对课程修改有用的信息，实践于教学。

（二）内容评价过程性

重视学生活动过程的评价。评价内容应揭示学生在活动过程中的表现以及他们是如何解决问题的，重视学生在过程中获得的宝贵经验的发展价值，通过肯定价值，营造体验成功的情景。也应从学生获得了宝贵经验的角度视之为重要成果，肯定其活动价值。

（三）主体评价多元性

综合社会实践活动的评价强调多元价值取向和多元标准。要关注学生在活动中的各种表现，并且注重学生的自我反思性评价，以提高他们辨别是非、自我教育的能力。

（四）评价方式多样性

老师与学生、学生与学生之间可以进行讨论，在讨论中对学生的活动做出相应的评价，并积极地引导学生对自己的活动做出正确的评价。要对活动情况以及活动成果进行交流、对运用信息技术、研究性学习方式的能力进行评价，促使学生积极地学习好的方法和反思自己所采用的方式，共同分享自我探索的体会以及进步的喜悦。

（五）评价结果实用性

重视学生多方面素质与潜能发展的评价，使其在活动中学会学习、学会生存、学会合作、学会做人体验成功的乐趣，让其在自尊、自信中不断发展；侧重对教师在综合实践活动中的组织、规划、管理、指导等方面的能力和实效等方面有利于教师及时自我反思，撰写相关案例及总结。

三明学院附属小学综合社会实践活动课程评价表

评价项目	具体内容	评价等级			
		A	B	C	D
情感态度	1. 积极参与活动				
	2. 主动提出设想建议				
	3. 不怕困难和辛苦				
合作交流	1. 主动和同学配合				
	2. 乐于帮助同学				
	3. 认真倾听同学的观点和意见				
	4. 对班级和小组的学习做出贡献				
学习技能	1. 活动方案构思新颖独特				
	2. 活动方案细致周全，切实可行				
	3. 会用多种方法搜集处理信息				
	4. 实践方法、方式多样				

续表

评价项目	具体内容	评价等级			
		A	B	C	D
实践活动	1. 积极动脑、动手、动口参与				
	2. 会与别人交往				
	3. 活动有新意				
	4. 关注社会、关注环境的意识				
成果展示	1. 成长记录袋				
	2. 表演、竞赛、汇报等				
	3. 成果有新意				
同伴对我的评价					
爸爸妈妈对我的评价					
老师对我的评价					
我对自己的评价					
总的评价					

八、朝着幸福出发——综合社会实践活动特色课程

我校充分挖掘校外各种资源，尤其是学校周边丰富的社区资源，开发出一些满足学生成长需要的综合社会实践活动课程。其中，“亲子综合社会实践活动”“研学旅行——我们在路上”“幸福，心的体验”是我校盘活周边文化资源的综合社会实践活动课程的典型范例。

（一）年段特色社会实践活动课程——亲子综合社会实践活动课程

【案例 5】孩子们的心声

“世界上最遥远的距离，不是生与死，而是，我站在你面前，你却

在玩手机。”

“每天陪伴我虽然是爸妈的肉体，但是他们精力全放在了手机上。”

“爸爸妈妈，到底是我重要，还是你的手机重要！”

“爸爸妈妈，你再不看我，我可能就要嫁人了！”

这是在我们学校开展的一次少先队活动课，向孩子们征集“最想对爸爸妈妈说的一句话”，收到这些令人尴尬又惭愧的答案。我们不由得反思：我们在陪伴自己的孩子时候，是不是也经常“抱”着手机不放？面对孩子们的呼唤，是不是时常传递出不耐烦的态度？亲子间缺少了沟通，也就暴露出让人触目惊心的问题，也就出现了篇头那些令当今父母都汗颜却又触动心灵的话。

亲子是和谐社会的音符。家庭作为社会的细胞，父母作为孩子的第一任老师，而学校作为教化的主要场所，都有责任教育孩子。亲子关系的和谐是家庭幸福的根基，然而随着科技的发展，许多父母在陪伴孩子时手上离不开手机、电脑、iPad 等，父母缺乏了全身心陪伴孩子的时间，他们时常不了解幼小心灵的需求，孩子不懂得大人的艰辛和奉献。因此，我们认为沟通、感恩、关怀都是值得我们学习的功课。亲子课堂，就是一个开始。

附小一贯重视发挥家庭在孩子教育中的作用，注重家校合作。四年级的孩子已到达人生中的第一个“十岁”，他们渐渐懂得潮流的网络语言及现代思想，他们逐渐接纳社会上的高科技产品。在他们的成长过程中，离不开家人、老师、同学的帮助，也离不开社会的关爱和大自然的赐予。因此，我们在学校“福泽教育”思想的引领下，在“幸福七色花”年级特色活动课程带动下，四年段开展每月一次的“亲子社会实践活动课”。具体做法如下：

1.“活”用家委，盘“活”社会实践活动课程

组织孩子们走出教室、走进社区、走上社会。这样的活动，似乎常被家长、孩子定义为“春游”“秋游”，怎样在活动中，将“亲子社会实践活动课”真正的“活”起来，达到意想不到的教育意义？于是，我们成立了家委会，由家委会成员与老师共同拟定“亲子社会实践活动”

课程实施方案，由家委会负责组织班级学生、家长及教师一同到郊外感受着大自然的秀丽风光、开展形式多样的“亲子社会实践活动课”。

三明学院附属小学四年级“亲子社会实践活动”课程一览表

月份	活动主题
一月	亲子运动，为快乐拨乱反正
二月	丛林探险野外生存
三月	心手相牵，牵出母爱如山
四月	我是小小清洁志愿者
五月	我们都一样——关注残疾人
六月	用黑暗中的眼睛寻找光明
七、八月	亲子悦读点亮心灯
九月	牙医爸爸教你爱护牙
十月	烈日下体验“粒粒皆辛苦”
十一月	“陶”冶情操，传递真爱
十二月	我们的足球梦

2.“动”“静”结合，活“动”亲子关系

苏霍姆林斯基曾说：“孩子的心灵不应是真理的仓库，我竭力要防止的恶习就是冷漠，缺乏热情。儿时的内心冷若冰霜，来日必成凡夫俗子。”经过多年的实践与探索，“亲子社会实践活动课程”已形成一套有目标、有策略、有行动的运作程序。“亲子社会实践活动课”的开展，给两代人在课堂之外找到了心灵碰撞的契机。我们也通过一个孩子，带动一个家庭，影响一个社区。

【案例 6】课程精彩瞬间 1

我国第 39 个植树节到来之际，四年级的 300 师生和家长们，在年段家委会的组织下一起到大田参加“拥抱春天播种绿色”植树活动。

到达目的地后，小伙伴们快速地集合、分组，在家长的帮忙下，孩子们有的两个一组，有的四人一队，提水、挖坑、扶树苗、培土……孩子们希望他们亲手栽种下的小树苗，沐浴着春天的阳光和他们一样快快长大，将来长成参天大树。种植完毕，每个孩子都和自己的小树一起合影。“十年或者二十年后有机会我一定会回来看看我和小伙伴亲手栽种下的友谊之树”，这是孩子们的约定！加油，小树！茁壮成长吧！

相信孩子们不会忘记今天他们洒下的汗水，虽是辛苦的一天，但也是快乐的一天，更是收获的一天。今天，他们明白了：走出脚下的每一步，都是战胜自己的一大步。

（摘自三明学院附属小学官网 2017.3.14 黄灵犀爸爸《拥抱春天播种绿色》）

【案例 7】课程精彩瞬间 2

你堆小雪人、我雕玫瑰花，你捏消防车、我做小松鼠……每年 11 月，四年级的孩子都会在家委会的组织下，到梅列区七彩石陶艺科教中心开展“‘陶’冶情操传递真爱”活动课。有的孩子把蓝色、白色、黄色的陶泥捏成可爱的小松鼠；有的孩子和妈妈一起制作车轮、车厢，加上老师帮助制作的云梯，最终，制作成一辆威风凛凛的消防车；有的孩子把红色的陶泥压成薄薄的小片，小心翼翼地卷起来，绕成一朵玫瑰花，再配上用绿色陶泥制作的绿叶，和用黄色陶泥制作的花盆，一盆美丽的玫瑰花诞生于孩子们的巧手……

除了造型各异的小玩偶，许多同学还用七彩的陶泥，制作成手链、耳坠、项链、手机坠等彩陶小饰品，作为节日礼物送给妈妈。陈肇瑞的妈妈收到一对精美的蓝色耳坠，欣喜地说：“收到这份珍贵的礼物，心里特别高兴，我一定好好地保存！”

十一感恩月亲子陶艺课程，让孩子们用自己的双手为家长制作一份“感恩”礼物，唤起浓浓的亲情，不仅增强了孩子们的动手动脑能力，陶冶艺术情操，更是一次将爱传递，架起孩子们和家长之间爱的桥梁。用爱呼唤幸福，用爱传递幸福，承载满满“幸福”的“亲子课堂”，润泽着每一位“幸福”的附小人。

3. 收获“成果”，绽放“微笑”

杨国兰老师说：“教育就是要培养人类心灵的丰富性、多样性，让爱在孩子们的心中生根，从爱父母、爱朋友到爱周围的每一个人，用大写的‘爱’字肩负起他们将来索要承担的责任，让爱来造就明日的社会栋梁。”“亲子社会实践课”开课后，我看到了更多的孩子脸上洋溢着幸福的微笑。

徐凡爸爸说：“孩子们人生第一次参加拓展训练，感触良多。断桥一跃战胜了恐惧，战胜了自我；爬天梯经历了成功，也品尝了失败；鼓动人心教会了要坚持，不轻言放弃，同时也认识到团队协作、合理分工、相互信任的重要性。相信这次的活动，让孩子们在体验中学习，在学习中改变，勇往直前，超越自我！才是今天这个活动的最大收获！”

四年级雨涵同学说：“亲子社会实践活动让我们的爸爸妈妈放下了工作，放下了手机，放下的“父母架子”，安安心心陪伴我们，我仿佛回到了小时候。现在，爸爸妈妈经常抽出时间和我在一起，听我的心里话，陪我看电视，陪我玩游戏，带我出去玩，也不再动不动就‘吼’我了。”

亲子陶艺课程——传递真爱“陶冶”情操

（二）年段特色社会实践活动课程——研学旅行综合社会实践活动课程

我们常常和孩子说，要“读万卷书，行万里路”，古往今来，亘古不变，这是获取知识、涤荡心灵的途径。“研学旅行”课程的开发，我们希望孩子们以研究性学习为主，开阔眼界，陶冶情操，看到更加广阔的世界，塑造更加全面的自己，我们更希望孩子们团结协作，守纪律、讲规则，守时守信，互帮互助，“在活动中沐浴阳光，在欢乐里投入学习”，以“寓教于乐”的独特学习模式，让孩子在玩中学，玩中思，“研学”与文化课程两不误。

1. 课程准备“缜密”

2016 年国家教育部正式提出各中小学要结合当地实际，把研学旅行纳入学校教育教学计划，与综合实践活动课程统筹考虑，促进研学旅行和学校课程有机融合。基于国家教育部对开展“研学旅行”教育的理念，结合我校“多元 + 特色”的福泽教育课程的特点，2016 年 9 月起，我们在六年级的学生中开设了为期一周的“研学旅行”课程。

我们不仅做到“活动有方案，行前有备案，应急有预案”，还要求各班在出发前进行“踩线考察”：由家委会和各班五名学生自愿报名，在班主任的带领下进行实地踩线考察。考察那里的路是否适合大巴车行走？怎么走？什么地点适合同学们考察和集中？在哪里吃饭？在哪里住宿？在哪里写生？分别需要多少钱？存在哪些安全隐患等。踩线回来后，家长、学生、老师一起讨论，制定详细的每日活动方案。这种由家长、学生和老师组成的踩线团，一来锻炼了学生和他人沟通的能力，也体现了社会即学校的理念。再者，向家长和学校、教育局进行研学费用详细的汇报和公示，保证研学旅行费用的公正透明。

三明学院附属小学“研学旅行”课程一览表

班级	研究课题	研究目的
一	朱子故里——尤溪	学生们通过寻访“朱子故里”，了解尤溪具有哪些丰富的“朱子文化”
二	革命老区——宁化、建宁、泰宁	以“寻访红色足迹”为主题，重温红色记忆，追寻红色足迹
三	三明小吃文化	了解三明特有的小吃文化，感受亲手制作美食的乐趣

续表

班级	研究课题	研究目的
四	竹子之乡——永安	探访“中国笋竹之乡、中国竹子之乡”——永安，了解这个集“生态、文化、休闲、商贸、教育、科研、度假、居住、旅游”为一体的“全竹元素”城市
五	独特地质地貌之旅——宁化、清流	通过对宁化天鹅洞、清流天芳悦潭温泉、清流李家乡鲜水村冷泉、清流七星岩等景区的地质地貌进行实地考察，形成研究性报告

2.“学”“玩”紧密结合

为保证学生能“学”“玩”两不误，踩点归来，年段成立讨论小组，确定课程开发的内容、课程负责人及主要成员。根据“研学旅行”课程需要及多次的实践，我们设定了以下与各学科相关的“研学旅行”课程，并在出发前两周开始课程教学，为“研学”做准备。

与语文有关的课程：研学旅行日记。

与数学有关的课程：旅行费用的计算。

与多媒体有关的课程：图文并茂的幻灯片。

与体育与健康有关的课程：运动损伤的预防与处理、旅行常见病防治。

与美术有关的课程：线描写生、色彩写生、舍标的设计与制作、我爱摄影。

与文艺有关的课程：编排小合唱、编排集体舞、编排小品、编排相声。

与研究性学习有关的课程：天鹅洞群是什么类型的溶洞？为什么得名如此？溶洞内的顶板（即天花板）为什么会那么平直？清流的旅游资源有哪些？它们在地质地貌方面各有什么特点？天芳悦潭风景区内的温泉有什么特色？温泉水内有哪些矿物质？李家冷泉属于哪类的泉水？含有哪些矿物质？七星岩为什么如此得名？它是由哪几座山峰组成的？……

与信息技术学习有关的课程：上网收集、整理资料，利用电脑规划出路线图、绘制电脑小报……

在为期一周的“研学旅行”中，除了白天进行考察研究和写生活动，晚上还安排上四节课（语、数、英、自习），以保证学生“研学”与“文化课程”两不误。

3. 课程实施注重“仪式”

“仪式感”有重要的意义，在“研学旅行”课程开始前，我们会举行隆重的“启动”仪式，校长亲自为即将“研学”出征的孩子们鼓舞士气。各班级分别展示孩子们自己制作的中队旗，喊出他们的队名、口号等。不仅如此，各班级进行分组，每个小队都要有队旗、队名、队徽、口号等。如：“天天向上中队”“微笑中队”“向日葵中队”“快乐小队”“团结小队”“活泼小队”“扬帆小队”……

4. 课程力保“全员”参与

有些家庭经济较困难，没能力支持孩子外出上“研学旅行”课。对此，我们要求各班提前两星期上报此类学生情况，经学校研究、考核，为这些孩子承担相应的“研学旅行”课程费用，保证每个学生的参与，让幸福教育润泽到每一位学生，让每个学生全面发展。

【案例 8】

“研学旅行，快乐出行，自信阳光，幸福出发……”2016 年 11 月 7 日清晨，我们学校六（5）中队，这个曾获得“福建省先锋中队”荣誉称号的“天天向上”中队在铿锵有力的口号声中，正式开启三明学院附属小学“研学旅行”活动课程，开创了三明市中小学研学旅行活动先河。

本次活动以研究性学习为主要方式，或采风摄影，或写生绘画，或采访调查，对喀斯特地貌岩溶景观的宁化天鹅洞、天芳悦谭温泉度假村、清流李家乡鲜水村冷泉和七星岩、赖坊古名居等景区的地质地貌进行为期五天的实地考察。一路的同行、同吃、同住、同研学，教师与孩子，同学与同学之间感情更融洽了。有的孩子物品丢了，同伴们主动帮他寻找；有的孩子生病了，其他小伙伴主动照顾；有的孩子初次坐车晕车呕吐，同小队队员帮忙轮流照顾。

“研学旅行”课程结束后，每个孩子都收获满满。他们撰写了研学日记、完成了线描画作品、拍摄了美丽的相片，记录了每一个精彩而难忘的瞬间。最终，孩子们在老师的帮助下，协力完成了地质地貌研究性学习报告，以网页连载的形式展示在三明地质地貌网。网易新闻、新浪新闻、闽南网、福建省教育厅网站也纷纷报道了我校的研学旅行活动。学校就此行在 2016 年 7 月申请了三明市研学旅行专项课题“我行我摄我成长——三明地质地貌研学旅行研究”。

我行我摄我成长——三明地质地貌研学旅行研究

“教育源于生活，教育回归生活”。这种把课堂从校内拓展到校外，“研”有所思，“学”有所获，“旅”有所感，“行”有所成的学习方式，丰富深度的生活体验，提升综合实践活动能力。受到广大家长和学生的广泛好评，也让我校“幸福”少年更好地树立正确的人生观、世界观和价值观。“研学旅行”综合社会实践活动课程的开展，进一步推动了我校“福泽教育”课程朝着“多元 + 特色”努力迈进。

（三）年段特色社会实践活动课程——幸福，心的体验

1. 心理健康实践活动课程的开发目标与设置实施

三明学院附属小学作为三明市首批心理健康特色校，长期以来，在“福泽教育”的倡导下开展学生“快乐学习，幸福成长”的情境体验式教育，

坚持“塑造积极心理，奠基幸福人生”。结合各年龄段学生特点，通过问卷调查找出阻碍学生心理健康的普遍问题和学生现阶段特有的问题，围绕“轻松学习”“快乐成长”“多彩人际”“个人优势”四大主题来开展，涉及学习辅导、人际交往辅导，人格辅导，情绪情感训练，意志力培养，耐挫力培养，青春期辅导等各个方面。

2. 心理健康实践活动课的体系构建

三明学院附属小学心理健康实践活动课程一览表

年级	课程内容	教学目的
低年级	表达性艺术——曼陀罗绘画课程的实施	享受艺术创作的乐趣，充分地表达和宣泄情绪，更加深刻地感受幸福的体验
中年级	1. 以提升抗逆力为主题的团队训练课程 2. 以增强自信心为为主题的团队训练课程	通过体验式的学习方式，培养学生的抗挫折能力和提高自我效能感，以达到提高心理素质的目的
高年级	心理小课题研究课程	通过对心理小课题的研究，使学生乐于学习，学会学习，最终形成研究性报告

3. 心理健康实践活动课的实施

（1）低年级——曼陀罗绘画课程

曼陀罗绘画是一种艺术性的表达，在绘画过程中可以投射自己内心的想法和感受。课前学生们不需要事先具备美术经验和技能，教师也并不是对他们的作品进行评价和诊断，只是提供一个相对安全、轻松的环境，让他们在随兴的涂鸦中，享受艺术创作的乐趣，充分的表达和宣泄情绪，更加深刻的感受幸福的体验。

每个月初，低年级学生在老师们的带领下，走进公园，走进大自然，选用身边的彩笔、树叶、花瓣，涂抹或拼凑成自己心中的曼陀罗记忆，制作出属于自己的幸福曼陀罗。孩子们可以自己独自创作，也可以集体参与。他们身处美丽的公园中，用手上的笔，在纸上尽情地创作，笔尖在纸上涂抹的瞬间，孩子们内心的焦虑、紧张、不开心的感受会随着笔尖流淌出来。当心情烦闷时，涂的颜色会比较凌乱，不规则；当心情比较平和时，下笔徐缓，颜色和线条会显得细腻和流畅。但不管最后涂鸦完美观程度如何，当完成涂鸦后，孩子们慢慢地与曼陀罗绘画在一起，心绪得到安定，内心慢慢地平静下来，那一刻的心情一定是舒畅的。最后，全体学生手拉手围成一个圆，慢慢绕着摆满曼陀罗作品的中心转圈，让每个成员的身体都像曼陀罗一样，开始开花，越来越舒展，越来越自由地散发出曼陀罗的幸福光彩！

【案例 9】

班级里有一名 9 岁学生陈某，他的父母离异，他跟随父亲生活。父亲忙于工作，很少关心他。他在学校不爱说话，自我封闭。上课叫他回答问题，他从来都不说话，只是站起来低着头看桌子。在进行曼陀罗绘画过程中，让他遵循自己的感受绘画涂鸦，并对绘画进行叙述，以缓解心中挤压的封闭情绪。在最开始时，我对他不做任何干预技巧和提示，而是完全提供一种支持性、容纳性环境，因而可以使他积极地、自愿的运用信手涂鸦的手段，将自己人际交往的情绪冲突、通过绘画这种非语言的方式释放出来。第二、三次课程，采用团体曼陀罗绘画形式，即以陈某的六个小组司学为团体，协作完成一幅涂鸦作品，在此疗程中陈某就可以做到和同伴分享自己的绘画经验，分享自己心灵感觉。当第四次课程时，陈某的封闭心理已经基本得到了缓解，社交技巧也得到了提高，可以通过绘画这种媒介和同伴交流了，陈某的社交功能会逐渐好转。

（摘自钟龙清老师教学随笔）

2. 中年级——团体训练课程

中年级以团体训练课程为主，开启体验式学习之旅。在学习的过程中，对于每个孩子来说，再精彩生动的讲授都无法替代个人的亲身感悟和直接体验，哪怕只是一点小小的启发，也能留下深刻的记忆。至 2016 年开始，我校有效利用三明市蓝天社工服务中心社工资源及社会专兼职心理教师力量，在中年级学生中开设了以“提升学生抗逆力”和“增强自信心”为主题的体验式综合社会实践活动课程。通过招募，成立小组，相互鼓励、挖掘潜能、运用优势、寻找自信，共同解决问题，促进其健康成长。

（3）中年级特色心理课程——以提升抗逆力为主题的团队训练课程

三明学院附属小学中年级“童心向阳”

儿童抗逆力提升课程安排表

日期及时间	主题与目标	活动内容
第 2 周	初步建立信任关系、澄清期望，增进组员彼此了解、建立小组规则	1. 幸运随手抛 2. 名字九宫格 3. 共同制定小组规则 4. 绘制背景墙 5. 分享与总结
第 4 周	情绪管理：能察觉与认知自己的情绪，明白情绪的来源	1. 热身游戏：小鸡变凤凰 2. 主题演绎：悲喜交加 3. 情绪对对碰 4. 分享及总结
第 6 周	情绪管理：让组员学会辨识正向的情绪，辨识其在生活中的主要来源	1. 图片分享 2. 开心就动手 3. 搞笑大咖秀 4. 分享与总结
第 8 周	情绪管理：让组员认识消极的情绪并明白其成因、外显行为	1. 新闻共享 2. 情意互联网 3. 情绪放大镜 4. 分享与总结

续表

第 10 周	社交能力：让组员认识沟通的重要元素，并知晓沟通中会有障碍阻碍有效沟通	1. 传声筒 2. 分享不同的沟通渠道及其利弊 3. 传情达意 4. 分享与总结
第 12 周	社交能力：让组员明白非语言沟通包括眼神、表情、身体语言及语气	1. 自相矛盾 2. 经验分享 3. 我是小侦探 4. 有口难言 5. 分享与总结
第 14 周	解决问题：让组员知晓认知问题的重要性，并订立解决问题的步骤	1. 原来如此 2. 齐心协力 3. 分享与总结
第 16 周	解决问题：重新认识自我，认识环境资源，学习如何利用公共资源	1. 创意无限 2. 我的礼物盒 3. 分享与总结
第 18 周	目标制定：让组员明白订立目标的重要性	1. 精明大使 2. 节节高 3. 分享与总结
第 20 周	梦想与祝福：评估服务成效，巩固活动成果，规划未来	1. 我的梦想 2. 分享制定目标的六大原则 3. 寻求祝福 4. 告别仪式

（4）中年级特色心理课程——以增强自信心为为主题的团队训练课程

三明学院附属小学中年级“我自信，
我能行”自信心培养课程安排表

日期及时间	主题与目标	活动内容
第 2 周	澄清目标、形成团体氛围、增进组员间的相互信任与接纳	1. 棒打薄情郎 2. 信任之旅 3. 我们的承诺 4. 相亲相爱一家人
第 4 周	幸福找家：通过活动找到自己的组员，找到集体的归属感	1. 热身游戏：异掌同掌 2. 寻找有缘人 3. 分享与总结
第 6 周	我的性格：探索自我，认识自我，从积极赋义中了解自己	1. 可怜的小猫 2. 循环沟通 3. 积极赋义 4. 分享与总结
第 8 周	克服自卑：利用团体的力量寻找自卑的根源，从而认识自卑，改变可以改变的，接纳不能改变的	1. 比一比 2. 我是个什么样的人 3. 同伴眼中的我 4. 分享与总结
第 10 周	克服自卑：学习和运用非理性信念对质的方法，从而克服自卑，树立自信	1. 秀才的故事 2. 情绪 A—B—C 3. 分享与总结

续表

第12周	赞美的力量：寻找自信的支点，开发自身的潜能，在认识自我的基础上悦纳自我	1. 蜗牛与黄鹂鸟 2. 优点轰炸 3. 赞美卡 4. 分享与总结
第14周	风雨同行：利用团体的力量克服自卑树立自信	1. 心有千千结 2. 风雨同行 3. 秘密大会串 4. 分享与总结
第16周	体验自信，积极行动，尝试成功	1. 我型我秀 2. 星际穿越 3. 分享与总结
第18周	结束团体，处理离别情绪，反思总结收获，自信人生	1. 我最棒 2. 我的收获 3. 温馨祝福 4. 同一首歌

【案例10】课程剪影

学生小雅在总结分享时说道：“来这里上课我很开心，谢谢老师。刚才我在发言时有点紧张，没讲好，可是他们（指小组成员）都没有嘲笑我，下次活动的时候如果可以我还是愿意发言的，因为可以锻炼自己”。在提升儿童抗逆力系列课程中，主题为“Hi！原来你也在这里”这节课中，学生通过“手舞足蹈”和“国际问候”两个破冰游戏，迅速地融入大家庭中。在互动讨论环节，学生们在社工正面引导下，学生积极地参与，不断的舒展内心，逐步自我开放，最终在团体中找到自己的归属感和凝聚力。

在主题为“积极情绪的认知与表达”这节课中，社工讲述一段故事，每当听到“开心”一词时，学员右手抓住旁边学员的左手大拇指，而左右要尽快逃离，不让别人抓住。游戏气氛欢快，引发笑声不断。结束分享环节，社工分享了智慧锦囊“快乐你我都想有，欢欢喜喜共成长”和邀请学生分享能够使自己感到快乐的方法。“活动很有趣，我也能够学到知识，在活动中让我知道每个人都会有喜、怒、哀、惧四种基本情绪，可是情绪并没有好坏之分的，我们要用正确的方法处理消极情绪……”这是学员苏辛的分享。

在增强自信心系列活动中，设置了“风雨同行”活动。学生两人为一组，一人用眼罩蒙住眼睛，扮演盲人，另一人不用蒙眼睛扮演拐杖。在不出声音的情况下，不戴眼罩的学生带着盲人穿过教室，走下楼梯到操场上，要求每个学生都摸摸花草、闻闻花香、听听风声、抱抱一棵树。两个人互换角色。通过活动让学生用心感受身边的事物，学会适应和应对变化的环境，感受同学之间的互助互爱。最后在操场席地而坐，畅谈感受。例如一位学生谈道：“开始时，我扮演盲人，我很害怕摔倒，不敢大胆地向前，后来在队友的帮助和鼓励下，我尝试着开始了盲人之旅，我战胜了自己的胆怯。当我和我的队友互换角色时，我也第一次感受到了被别人信任是一种莫大的幸福，帮助别人的同时也给自己带来了快乐。”

我校中年级“童心向阳”儿童抗逆力提升课程与“我自信，我能行”自信心的培养课程，根据中年级学生发展的现状与特点，紧紧围绕培养学生的抗挫折能力和提高自我效能感，通过体验式的学习方式，开展极富启发意义的活动，来造成学生内心的认知冲突，唤醒学生内心深处潜意识存在的心理体验，以达到提高心理素质的目的。

（5）高年级——研究性学习

高年级以“研究性学习”为实践过程，激发儿童的自主能动性。从“轻松学习”“快乐成长”“多彩人际”“个人优势”入手，完成了一系列的心理健康方面的小课题，以学生活动、体验为主，学生不仅乐于学习，而且心理素质得到很大改善，获得了精神和成果的双丰收。

三明学院附属小学高年级心理健康小课题一览表

板块	轻松学习	快乐成长	多彩人际	个人优势
课题研究	考前焦虑的原因及应对	校园欺凌调查及应对	身边受欢迎的同学特征探究	小学生自我效能感的提高与研究
	提高记忆力的研究和训练	怎样解除“网瘾”	迈向青春期	如何培养发散性思维
	小学生学习兴趣的调查研究	卡通人物对中学生成长的影响研究	身体语言在人际交往中的作用	如何培养对美的欣赏能力
	小学生学习压力调查研究	学生崇拜偶像情况的调查研究	如何看待竞争与合作	认识独一无二的自己
	小学生学习习惯调查研究	乱扔垃圾背后的心理分析与原因	小学生与父母沟通的调查研究	气质类型初探

自我教育包括正确地认识自我、正确地激励自我、正确地调控自我三部分。高年级的学生通过研究性学习，形成内心矛盾冲突，在解决内化矛盾的过程中矫正认知，获得触及心灵深处的感悟，形成积极向上的情感因素，从而对自己的学习行为和心理状态进行反思与调控。学生在一次次的反思调控中更加清楚地认识了自我，了解了自己的心理现状，从而能够更好地进行自我心理构建。这是综合社会实践活动与心理健康教育有机整合的自我教育原理，请看下面两个学生的研究感想。

小程说：“我进行了怎样解除‘网瘾’”课题的研究，虽然我自己不是“网虫”，但是我调查到的每一个热衷上网的同学没有一个不是成绩大幅度下降的，而且弄坏了身体，对我触动很大。我觉得解除“网瘾”除了知道网络是“虚拟世界”之外，关键是要培养良好的学习兴趣，参加适当的体育活动和家庭的温暖呵护……”

小希说：“心理课题的研究，我们学会了很多。学会了小组内的分工合作，学会了换位思考。我们小组在研究中经常把这种方法与社会调查结合起来。研究后，因为我们对自身的认识和心理体验丰富了，心理适应能力、控制能力也就增强了……”

在实践活动的过程中，通过积极心理教育来促进小学生的心理健康，增长心理资本，提升解决问题能力，使学生朝着乐观、向上的心理品质发展，促进了人格的健全发展，从而最终提升他们的幸福感。所以，从一定程度上讲，实施具有心理健康教育特色的综合社会实践活动课程，对促进学生心理健康发展及各种实践能力起到一定的作用。

第五章

“福泽教育”带动市域学校发展和教育生态形成

第一节　“福泽教育”引领下的“生命拔节教育”

“福泽教育”思想不仅在三明学院附属小学绽放，而且深深地影响着工作室的每一位校长成员及所在的学校，“福泽就是静静地、缓缓地浸润，就是耐心、忍性、期许和等候着生命的幼芽和清纯的儿童静悄悄地生长。”工作室成员邓小华校长提出了永安市巴溪湾小学“生命拔节教育”，经过几年的拔节孕穗，不断完善，形成体系，2020 年 8 月 3 日教育部基础教育司吕玉刚司长到该校调研视察，给予了高度评价。

一、“生命拔节教育”思想的缘起

我关爱和关注每个成员的成长，深入成员所在的每一所学校，当我走进永安市巴溪湾小学时，校园内各种竹竞相生长，好一派绿意盎然、勃勃生机，每一位师生都洋溢着快乐和幸福，我认为学校办学思想的提出可以基于以下四个维度综合考虑：

办学要符合时代的要求。三明市全面实施小学“强基”、初中“壮腰”、高中“筑梦”三大工程。小学基础教育要为学生今后成长打好人生底色。教育部提出了关于学生发展核心素养的要求，指出应培养学生具备适应终身发展和社会发展所需要的必备品格和关键能力，要促进学生全面发展。

办学要符合学生的特点。每个孩子在小学阶段学习，或天真可爱，或淘气活泼，或认真勤奋，或大器晚成，一群普普通通的孩子中可能就有未来的科学家、行业精英，又或是普通百姓，无论如何，他们都是社会的公民。永安市巴溪湾小学生源结构相对合理，基本上是按居住地就近划片入学的孩子，学生是具体的、多元的、灵动的生命个体，办学过程中必须了解、关注学生，爱护和尊重学生，促进学生全面而富有个性地发展。

办学要结合地域文化。永安市巴溪湾小学背倚“竹天下”，这里有中国竹具城、万竹山及闽台文化产业创意园。在这样优雅的环境中，竹孕育而生，朝气蓬勃，可以安全、生态、人文、智慧地成长。永安素有“中国笋竹之乡”之美誉，孩子从小接受“竹”的教育，不仅可以对学生进行爱家乡的教育，而且还可以培养学生坚忍的意志。作为新时代的小学生，培育竹子扎根的精神是时代之需。

办学要传承中华优秀传统文化。对于生命的意义和价值，先人们不仅在不断地思考顿悟，而且用亲身的探索来寻找其中的真谛。《关于实施中华优秀传统文化传承发展工程的意见》明确要求，文化是民族的血脉，是人民的精神家园，教育要传承好中华优秀传统文化。

经过广泛征求意见和专家的论证后，永安市巴溪湾小学的“生命拔节教育”办学思想孕育而生。

二、思想的诠释

办学思想既要表达思想、理念、目标、愿景，又要呈现过程、手段、策略、方法。在“福泽教育”内涵表达模型的启迪下，“生命拔节教育”的内涵也进一步显现出来，即倡导通过开展有目的、有计划的教育活动，对学生进行基础性、完整性、人文性的生命意识培养，关注生命的成长历程，重视全面而富有个性地发展学生，开展全面关照生命多层次的生本教育，把教育和生活紧密联系，源于生活，又高于生活，还要应用于生活，让学生自主、自悟、自得，师生建立起民主、平等、和谐关系，引导学生认识生命、珍爱生命、尊重生命、活出生命的意蕴，绽放生命的光彩。生命拔节教育以“厚德行善 涵养生命”为办学宗旨，以“虚怀亮节”为校训，广泛开展生态、生活、生本教育，积极培育“凝心聚气 追逐幸福”的校风，“正直善群 奉献进取”的教风和“坚韧不拔节节向上”的学风。简言之，生命拔节教育是促进学生生命自觉成长的活动。

三、思想的践行策略

“福泽教育”通过构建幸福教师成长共同体，倡导“生本（以生为本、尊重差异）、生态（师生和谐、可持续发展）、生活（联结生活、提高效益）、生长（享受学习、发展能力）”课堂，开展“幸福七色花”体验教育以及“幸福学生的样子”好习惯培养等策略来构造适合学生多元发展的课程体系，为各成员校践行办学思想提供了很好的范式。

巴溪湾小学邓小华校长认为学校是师生互相发生影响的地方，要从师生管控走向行为影响，由此形成一个人文和谐的共同圈。巴溪湾小学设立学校管理服务中心、教师发展部、后勤保障部，真正发挥职能部门的教育教学服务作用，让教师从烦琐的事务中解放出来；科学合理配置人才资源，每学年安排教师任课前，让教师填报志愿，充分了解他们的个性特长及相关情况，从大局出发科学合理布局；中层干部管理建立能上能下的机制，学校和教师实行双向选择，经考核称职并经本人同意，可继续留任；充分挖掘教师的潜能，经常举办主题沙龙活动，并对教师带班效果进行提炼总结和推广；建好、用好家长委员会，驱动社区积极参与学校管理；积极开发校本课程，拓宽思维，向社会聘任兼职教师；关注问题背后的深层次问题，如校园里阳光体育不到位现象，变换阳光体育运动时间，从源头上解决问题；从需要层级理论出发设计，鼓励老师不断攀登，有效破解教师职业倦怠问题；把成功设计成一种危机，让教师查查身边问题，找找自己弱点，帮助教师科学合理制定专业化成长规划，注重培养有幸福感的教师。

生命拔节教育把“真、善、美”作为生命体的理想追求。巴溪湾小学通过《道德与法治》少先队活动课等培养学生“正直”“担当”等品格，

《语文》《数学》《英语》等课程培养学生“虚怀”“奋进”等品格，《综合实践》《科学》等课程培养学生“质朴”品格，《体育》《音乐》《美术》等课程培养学生“善群”“卓尔”等品格。巴溪湾小学积极开发了生命拔节教育校本课程：生命安全教育课程，每天十分钟的安全教育、每周一个安全主题教育、每月一主题的安全演练，增强学生生命自护能力；生命科学课程，开设“STEM+”百项实验、电子百拼、机器人等，增强学生探究创新意识；劳动课程，培养学生自我服务、公益劳动、简单专业性劳动的劳动观念与实践能力；面向全体学生开好阅读与书法课程，提高学生生命涵养；面向全体学生上好象棋课、围棋课，重视开发学生的智力；面向全体学生分别上好每周一节足球、乒乓球课，倡导学生步行上放学，增强学生身体素质；通过每周的竹苑舞台、每月的钢琴会琴、民乐社团，提升每个孩子的艺术素养；组织全体教师编写《竹之韵》校本读物，一共十二册，每册设有 14 个课时，涵盖语文、数学、英语、体育、美术、音乐等所有学科，供每个学期使用。

关注每个生命体都能在课堂上得到全面而富有个性地发展，巴溪湾小学扎实开展“聚焦学科素养培养与发展”的课堂教学研究，探索“三生（生本、生活、生态）六步教学法（定学、自学、互学、导学、练学、评学）”的课堂教学基本模式，以知、情和行相互作用的规律为依据，重点培养学生的自学能力。知，就是使学生认识求知的重要，唤起求知的欲望；情，就是让学生体验获得知识的欢乐和幸福；行，就是让学生了解自身学习活动的方向和规则，提高效率。在这个过程中教学走向学科核心素养在课堂教学中落地生根，调动学生学习积极性，挖掘学生学习潜能，发展学生思维，扩大学生知识面，培养学生发现问题的意识，提升审美能力、创新意识和实践能力。

办好生命拔节教育，第一要义就是把教师队伍建设好。巴溪湾小学制定了“强师德、练师能、立师风、铸师魂”教师成长方案，引导教师积极争当生命拔节教育“七者”好教师（德才兼备示范者、学生人格塑造者、同伴成长合作者、学校管理参与者、家庭教育指导者、教育艺术研究者、幸福生活创造者），践行“为人师表、乐教爱生”职业价值观，智慧地建设好教师这一主力军，真正落实好“教育大计、教师为本”的基本决策，努力完成立德树人这一根本任务。引导教师通过内外兼修，定期举办教师即兴演讲和分享教育故事，不断提升职业幸福感。

巴溪湾小学每一个场地、每一栋楼宇、每一条道路都赋予“竹品德”名称，每个班都以竹名称命名，在校园里随处可见的物品都融入了竹元素，一走进校园，就可以看见“生命拔节教育代言墙”，用儿童化的语言激励孩子们，凸显生命拔节教育的育人氛围。开展品竹树人活动。日常通过诵竹、写竹、画竹、赏竹、用竹、竹文化实践调查等活动，为学生提供展示风采的舞台，让巴溪湾小学全体师生深深地感受到竹文化的无穷魅力，感受到生命拔节教育的幸福。

不断完善生命拔节教育评价体系。每天课堂上教师均对学生课堂表现、学业发展情况、习惯养成等方面实施评价，评选每日的金竹娃（全面发展的学生），每日评出一批有进步的拔节星（某个方面有进步的学生，例如：纪律星、爱国星、科学星等），每月评出金竹班级（团结向上，各方面综合评比领先的班级）。每天通过学校微信公众平台号和校园内的榜样贴对拔节星和金竹娃进行风采介绍。指导每位教师科学制定专业成长规划，每学期末针对各项指标进行自评，学年末学校根据《教师年度考核方案》，从德、能、勤、绩等方面全方位考评教师，日常注重宣传优秀教师的先进事迹，引领教师不断积极向上，从内心深处获得职业认同感、获得感、幸福感。每学年根据章程、发展规划、年度计划等对学校进行自评，举办家长教学开放日，广泛责任督学、家长代表、社区代表、单位代表、师生代表的意见和建议，接受上级教育主管部门和业务主管部门的考评督查。在新一轮教育评价改革的背景下，引入第三方专业力量参与评价，探索用科学、系统、客观的数据全面评价学生在校学习生活质量，动态改进教育教学，探索聚焦学生健康成长关键指标的测评体系。

四、实践成效

学生得到全面而富有个性的发展。孩子们在巴溪湾小学健康、快乐、幸福地成长，身体更壮实，学习更自信，生活更自力，举止更文明。有好多公交车司机对孩子们有序文明候车、乘车赞不绝口。孩子们过斑马线为让行司机竖起大拇指感恩点赞，成为城市一道亮丽的风景线。学生在课堂上静心思考，围绕话题深入讨论，思维在课堂上碰撞，心灵得到润泽。

教师获得满满的职业幸福感和价值感。教师们爱生如子、爱岗敬业、爱校如家，全体教师朝着胜任型、专业型、骨干型、卓越型、教育家型教师不断迈进。三明市第四届小学教师技能大赛结果公布，在一等奖获奖的 9 个人当中有三分之一的教师来自巴溪湾小学。其中还有两位教师分别获得省教师技能大赛美术学科一等奖、道德与法治学科三等奖。

巴溪湾小学呈现拔节向上的事业气象。巴溪湾小学年年被评为“永安市教育工作先进集体”，先后被列为“中国好老师公益行动计划基地校”“全国零犯罪学校”“全国青少年校园足球特色学校”“全国青少年校园篮球特色学校”“全国青少年人工智能特色单位”“福建省美育培育示范校”“福建义务教育教改示范性建设校”“三明中小学党建工作示范点”“三明市心理健康教育示范校”等。

巴溪湾小学构建了教育协同体。生命拔节教育倡导做一个热爱生活、积极向上的人和倡议建设“书香家庭”“书香社区”均得到社区、家长积极回应，学校和社区共建、共享、共育，社区居民邻里和睦，文明候车，尊老爱幼，尊师重教。每一个家庭重视不断提升家教水平，亲子阅读蔚然成风，温馨幸福。

作为永安小学第一教研片的龙头学校，在办学思想的凝练、三级课程的实施、教师队伍的建设与管理、校园文化建设等方面向成员校予以指导和帮助，巴溪湾小学先后接受了宁夏永宁县、厦门、福州、泉州、南平、三明等省内外兄弟学校 600 余名校长及学校教育教学管理工作者参观学习，还对口帮扶革命老区福建长汀策武中心小学及陈坊小学。

该校邓小华校长被列为福建省“十三五”名校长培养对象，三明学院基础教育专家库专家，三明市第二期中小学名校长培养对象导师，现在还兼任永安市教育局副局长，他通过各种平台向省内外传递“福泽教育”引领下的“生命拔节教育”好声音，发挥了很好的示范辐射作用。

第二节　让每一个生命都向往美好生长
——“生态教育”办学思想概述

风是花的种子，山是水的影子，草是地的绿衣，大自然的每一类生命个体都在互相依存中彼此存在与生长。这正如一所学校的生态系统，教育在完成“一棵树摇动另外一棵树，一朵云推动另一朵云，一个灵魂唤醒另一个灵魂”的生命进化。好的教育，更多的是一种影响、一种唤醒、一种激励、一种生态。三明教育学院附属小学的生态系统，学校适应学生，也尊重每一个孩子，悦纳第一，更要看见百千个唯一。

不会忘记每天清晨站在校门口，和陆续进校的师生问好的场景。大多数时候感受到师生行色匆匆，似乎不是特别习惯问好。行色匆匆的师生眼中，缺少洋溢幸福与喜悦的光。也不知道有多少次会情不自禁忆起作家张晓风的话：“学校啊，当我把我的孩子交给你，你保证给他怎样的教育？今天清晨，我交给你一个欢欣、诚实又颖悟的小男孩。多年以后，你将还我一个怎样的青年？”“生态教育”呼唤一所纯粹的学校，这里有儿童，花草，露水，阳光，风……一种更鲜活的生命气息，一种更舒展的生命形态，一个以心、以爱、以休息，触摸的、浸润的，一起成长、一起聆听，同甘苦、共呼吸的生命花园，师生在这里可以体验教育的幸福价值，绽放幸福的光芒。

一、“生态教育”办学思想缘起

（一）基于“生态文明”世界课题提出意义

100多年前，面对突飞猛进的工业文明，马克思曾忠告：“文明如果是自发地发展，而不是自觉地发展，则留给自己的是荒漠。”如何构建地球生命共同体现如今已经是摆在联合国课桌上的重要课题。

早在中共十八大报告中，生态文明建设被首次纳入中国特色社会主义总体布局，与经济建设、政治建设、文化建设、社会建设一起构成“五位一体”。“生态文明建设”还首次载入党章，纳入执政党行动纲领。追溯2018年全国两会，“生态文明建设”载入了国家宪法。十八大以来，习近平生态文明思想指引中国不断深化对发展规律的新认识，不断开创生态文明的新境界，为构建人与自然生命共同体、共建地球生命共同体贡献了中国方案。十八大提出“我们一定要更加自觉地珍爱自然，更加积极地保护生态，努力走向社会主义生态文明新时代”的生态文明建设，“生态”不仅指绿水青山，更是一个目标、一种过程，是认同并践行社会主义核心价值观从而不断提高文明素养的发展历程。而教育，特别是未来教育的使命，“生态”是不可或缺的要义。

（二）把握“绿色三明”城市名片的底色

绿色，是三明的底色。据说“生态文明思想”发源地就在三明。1997年7月，时任福建省委副书记的习近平在三明调研提出“青山绿水是无价之宝，要画好山水画，做好山水田文章。”三明人始终牢记习近平总书记的嘱托和期望，一以贯之践行习近平生态文明思想，一以贯之践行“绿水青山就是金山银山”理念，全面实施以生态建设为主的林业发展战略，努力构建现代林业生态体系，走出了生态高颜值、产业大格局、品牌上档次、康养有特色的绿色产业发展之路。今天，三明森林覆盖率高，森林负氧离子平均浓度达到1500个/立方厘米，是全国平均水平的3.4倍，达到了世界卫生组织规定的“清新”标准。“推窗见绿、出门进园”现已经成为三明市民共享生态福祉的写照。迈进国家发展的“十四五”规划，三明在全力打响“中国绿都·最氧三明”品牌，加快推进“绿水青山”转化为“金山银山”。2021年9月，三明市第十次党代会提出三明今后五年的努力方向——奋力建设“一区六城”。“绿色生态之城”作为“一区六城”一张蓝图的重要部分，被写入了三明未来五年的发展。

（三）肩负转型学校生态发展办学使命

三明教育学院附属小学与沙县湿地公园毗邻，在享有生态湿地美誉的地方，是一所县级城乡接合部学校旧址重建，后改制转型市属办学性质的学校。近年来，三明教育学院附属小学因沙县小吃产业发展带来的外来务工子女及留守儿童超过学生总数的65%。面对这样大比例家庭教育严重缺失的孩子，亟待需要一种更高质量的陪伴与激励的教育质量及时补位，需要一种更可持续的教育让孩子们感受到学校学习生活的美好与意义。这种可持续教育的关键因素还在于教师。三明教育学院附属小学转型前后，历任校长流动快，编内教师不足，校聘教师占学校三分之一，流动性强，师资不稳定，教师的专业发展意识不强，融入学校发展的归属感不足。生逢其时，2017年三明教育学院附属小学和三明学院附属小学开展合作办学。三年多来“福泽教育”办学思想引领和指导着三明教育学院附属小学的发展。“福泽教育”闪耀着教育的人性光辉，“一千个孩子有一千种幸福”的育人观让三明教育学院附属小学的师生找到了幸福的方向。怎样在“福泽教育”思想下，带领三明教育学院附属小学的师生找到一种基于学校自己可持续幸福感的教育，这是全体师生对学校转型发展的叩问，更是三明教育学院附属小学未来走向哪里去的时代之问。这种教育如“福泽”，浸润在校园的每一个角落，影响和传递一种向上、向善、向尚的教育正能量，这种能量能驱动全体师生回归教育的美好状态，找到幸福密码的钥匙，师生共同在和谐发展中把自己锻造成身心健康的人，培育向往美好幸福生活愿望、会传递美好幸福生活能力，会创造美好幸福生活的人。

（四）卢梭“自然教育”哲学启蒙触发

自然，是最好的老师。在卢梭“回归自然”的教育哲学中，教育的目的首先是要培养自然人，即天性得到自由发展、处于自然状态的人。

他倡导教育“顺应自然”，教育应该符合每一个孩子的成长，每一个孩子都有着不同的个性，个体差异极大，因此，在教育过程中，不应该不顾及他们的天性，将其他人的教育强加于任何一个个体，这无异于让他们成为教育的牺牲品，是对孩子自由发展的伤害。“福泽教育”在教育原理上显现的舒缓、沉静的精神和哲学，就是耐心、忍性，期许和等候着生命的幼芽和清纯的儿童悄悄静静地“生长”。“生长”需要“顺应自然”，“顺应自然”才能更好“生长”，这样的教育文化触动了三明教育学院附属小学朱小花书记对学校未来发展定位更深层次地思考与追问：生态教育，是不是可以摒弃原来狭隘的分数论，多一把尺子量学生，从而回归培养人、激励人的发展路径，来实现一种可持续性的“生长”。这种生长，是遵循儿童教育发展规律，让学校为师生的发展状态赋能蓄力，寻求精神生长的生命机体，而不是作为教育机器上的部件，机械地传递来自外面的各种教育行动指令与培养目标。换言之，学校培养的“生态人”必须有自己的心，也就是自己的灵魂，唯其如此，学校才可能作为自组织的肌体而自我生长生成，生长生成出学校自身的灵魂感召力与精神共同体，培养出适合未来世界文明更高尚生活的自然人。

二、“生态教育”办学思想内涵

（一）“生态教育”阐述

生态，就是一切生物的生存状态，以及它们之间和它与环境之间环环相扣的关系。三明教育学院附属小学确定“生态教育”办学定位，依据生态学的这个原理，从生态环境中的“人”中去关照生命的美好，去寻找一所好学校的核心价值观，生成对好教育、好学校、好学生、好老师和好家长的价值判断，并缔造出这所新生校所有人为之共享与坚守的精神，致力于形成一个共容、共生共长的平衡、和谐、发展的新生态教育磁场。

三明教育学院附属小学朱小花书记从办学实践中梳理出“生态教育”

的终极价值，非常明确指向“人”的发展，关注“人”与家庭、学校、社会、自然之间的依存与影响，关注“人”的生理、心理、态度、行为、习惯，特别是“三观”的形成与发展，关注“人”的生命、生活、生存、生成等一系列问题。在这个基础上，三明教育学院附属小学的“生态教育”追求学生生命的样态、生活的状态和生长的姿态，三者圆融一体：

学生生命样态——以身心舒展为前提，彰显生命律动，激活个性发展。

学生生活状态——以尊重生命为根本，看见过程的幸福与完整。

学生生长姿态——以生命共同体为基石，实现师生共同成长，家校合作共育。

“生态教育”遵循教育规律，倡导回归教育本真，尊重人的差异性和兴趣、潜能，提倡个性化的培养目标和培养模式，回归教育的本位功能。生态教育视儿童为教育生态链的中心生发点，以个性化、系统化、多样性、开放性、体验性为基本原则建立大课程观，显性课程与隐性课程并重，变成一种动态的、生长性的“生态课程系统”。基于自身的起点和基础，诸多方面的成长与进步，既关注显性的发展，也关注隐性的萌发，既看见第一，也要看见千百个唯一。一言以蔽之，儿童的发展，是学校存在的全部意义。生态教育，就是让每一个生命都向往美好生长。

（二）“生态教育”核心价值

三明教育学院附属小学提炼生态教育“生态育人、育生态人”办学方向，凝聚“以爱育爱、向美而生”师生发展动力，坚守“师者之仁爱，育同学之友爱，润校园之可爱”的“爱满天下”之生态发展观，依托园林式生态校园内百种植物生长浸润的环境，创造大自然与儿童教育融合的生命家园。十年树木之根，百年树人之基；三明教育学院附属小学倡导家校同行，坚定面向完整的成长，让师生回归教育的本真，在生命唤醒中提升教育的自我觉醒，激发和引导他们的自我发展之路，实现“让每一个生命都向往美好”的办学愿景。

“生态育人”强调通过生态化理念、生态化课程、生态化治理与生态化校园四个维度，为“育生态人”涵养拥有与新时代新青年相适应的生态品德、生态品格和生态品行。“让每一个生命都向往美好生长”包括四个层面——

尊重儿童自然的生命状态，顺应儿童的天性，把儿童当作儿童。

研究儿童真实的发展需求，善待个性的差异，把儿童看作不同。

面向儿童完整的生活世界，遵循成长的规律，让儿童成为儿童。

着眼儿童终生的幸福生活，用六年影响一生，让儿童成就不同。

以爱育爱，是学校教师的核心育人观。我们倡导师生之间，老师用修养、学识化为爱雨浇灌学生，用心血栽培幼苗；学生用心体悟老师授以光明人生的教诲，在成长的过程中，对老师心怀感恩和至诚的敬爱。生态教育，主张师生学校里过一种完整的精神家园生活，我们的师生、同事如家人互敬互爱，共同创造美好的教育。

1. 教师誓词

我是附小教师，我庄严宣誓：

我忠诚教育，敬业奉献，铸教师高尚之魂；

我尊重不同，关爱心灵，显教师仁爱之德；

我精业善道，敏思善行，固教师授业之本；

我与时俱进，开拓创新，树教师时代之风。

我坚定面向儿童完整的成长——

共天地之爱，和生命之美；

以爱育爱，守护儿童向美而生。

2. 学生誓词

我是附小学生，我庄严宣誓：

我代表附小，学校的公物我使用并爱护；

我代表附小，学校的礼仪我学习并践行；

我代表附小，学校的纪律我遵守并共督；

我代表附小，学校的比赛我参与并努力；

我代表附小，学校的荣誉我珍惜并厚爱；

我代表附小，学校的美好我们共创与见证。

三、“生态教育”办学实施构想

伴随着三明教育学院附属小学“生态教育”的雏形统整，在“福泽教育”引领下，按照“整体规划，突出重点，分步实施，逐步提升，追求品质”的科学规划，“生态教育”在文化引领、教师团队、课程设计、课堂建设、德育评价五个维度实施微观探索。

“生态”文化。古人云：取法其上，德乎其中；取法其中，德乎其下。“生态教育”重视“人”的精神，关照师生在学校生活的状态与情绪，所有的氛围摆件都要有利于师生的积极成长。用文化的力量引领学校的发展，讲述附小人的故事。三明教育学院附属小学初步呈现“桃李园”“人文园”“晴耕园”“棋园”“雨读廊”“立先亭”“和美节气步道”等自然人文景观，生态附小文化的自然味、儿童味和教育味，在时光的浸染中生长。

“生态”教师。“一群人，一条心，一件事，一起干，一定成”。生态取向，在倡导同伴互助、团队协商、行动反思的基础上，强调教师群体文化生长，重视通过环境、氛围对教师的影响来促进教师专业成长。三明教育学院附属小学教师团队生态发展，超越知识取向和实践取向中仅仅关注教师教学水平的局限性，转而关注教师专业的背景、场境、文化，强调团队的合作共生与和谐发展，由此构成一种生态优化的共生教师圈。

“生态”课程:“育生态人”目标要通过课程实施评价，实现育人价值。“五育并举”是当前各所学校课程设计的出发点和落脚点。

三明教育学院附属小学初步在“五园联动课程”下规划的家园生活课程、校园责任课程、田园体验课程、职园启蒙课程、创园生长课程，旨在通过劳动教育支点撬动“五育”并举的突破口，结合当前双减背景下附小“5+2+N”课后服务的基础性托管课程和个性特长托管课程，实现学校课程育人功能。

“生态”课堂: 三明教育学院附属小学的核心课堂理念确定为“尊重、唤醒、激励生命”，三明教育学院附属小学追求“四有”，即“课堂常规有序、课堂师生互动有情、课堂思维激活有效、课堂教学形式有趣”。

三明教育学院附属小学向往“三生”，即课堂上拥有基于学生起点的“生本”理念，点亮学生思维的“生活”情境，培育学生素养“生长”评价，实现教学与学生发展真正统一的课堂。

“生态”德育：“生态少年”引进“全明星少年星级评价体系”，通过“美德星、智慧星、健体星、艺美星、创造星”争星争章机制，把德育统整成系统的“五育育人”育人课程，从生态校园素养课程中的路队延伸到集会、用餐、外出参观礼仪等集体活动，把仪容仪表五项常规（手部、头发、面部、着装、书包）延伸到如厕卫生，把公共场所音量标准的文明转化为校园文明公民公共行为，引入“福泽教育”提出的“从小事做起，把小事做好”的育人核心，让每一个生命都向往美好生长。

《麦田里的守望者》为世界贡献了一个温暖的词语：守望。今天，刚刚被推荐申报“全国生态文明教育特色学校”的三明教育学院附属小学，将共同守望“让每一个生命都向往美好”的理想教育开出幸福之花。

第三节 “塔楼”的光照亮出色教育的路

“为学生幸福人生奠基”。它就像“塔楼”的光，照亮教育人追梦之路。一群致力于共同信仰，执着于幸福教育理想的追梦人凝聚在一起，为“办幸福的学校”而努力着。一路上，沐浴“塔光”即工作室领衔人我主张的“福泽教育”思想，工作室成员叶文香寓特色教育于各所学校：在陈大中心小学推行师生“赏识教育”，在梅列区第二实验小学倡导学生阅读经典、营造书香校园的“尚礼文化”。总结来时路，聚光而行。在探索“出色教育”的过程中，我几次指导三元区沪明小学顶层文化的设计，叶文香寄“幸福”于“出色”理念之中，如今在沪明小学提出独具特色的“出色教育”。

一、“出色教育”的源起

“福泽教育”提倡的“为学生幸福人生奠基”是学校教育的底色，也是幸福教育的开启模式。受到“福泽”的办学理念影响，沪明小学“出色教育”基于以下三个特色基础点。

（一）基于学校地域文化的传承

学校核心用地为三明纺织厂（原上海国棉 26 厂内迁而成）。从 20 世纪 60 年代开始，福建省政府和上海市政府协商议定，部分上海轻工企业迁入福建，支援这里的轻工业建设。纺织与底色、染色有着很大关联，也孕育了梅列区所倡导的工匠精神——对自己的产品精雕细琢、精益求精、更完美的精神理念，引领沪明小学的师生们坚守红色、绿色、文明、奉献的发展理念，涂抹人生最佳底色，开创出色人生。

（二）基于小学办学目的

习近平总书记强调：立德树人是中国特色社会主义教育事业的根本任务。在儿童内心几乎是一张白纸的时候，学校有必要去除外界的干扰，植入有价值的元素，帮助他们打好“人生底色”。

（三）基于校长办学思想

文化引领学校发展，基于“福泽”的教育理念，叶文香主张办有儿童样、生活味、人文情怀、国际视野的教育。这一主张体现鼓励学生德智体美劳全面发展，鼓励学生个性成长，鼓励学生勇于追求梦想、敢于创新与超越，这些和“福泽”文化的内在要求是一脉相承。

二、内涵引领下的“出色教育”理念诠释

“福泽教育”主张学校是幸福之地，校长和教师是学生生命中的福星，

以仁爱之心、智慧之水润泽儿童的成长，传播有益于学生身心发展的福音，提升生命的亮度，福至学生心灵，让学生走向幸福人生。这样的教育目的其实和“出色教育”有异曲同工之妙，“出色教育”的核心内核即“打底色、敢出色”。它既有学生的德智体美劳的全面发展的出色，也有“提升生命”“走向幸福人生”灯塔之光，即基础+特长的出色；既有已经具备先露头角的出色，也包含为出色付出的努力；既包含今天的出色，也包含经过努力而获取的明天的出色。“出色文化”目的是培养学生从小立志“与众不同”“出类拔萃”的理念和信念，并激励他们为之努力。

而“出色文化”的内涵在“福泽教育”的辐射和影响下也更加丰富。它承认学生个体生命的独特性与不同个体生命的差异性，欣赏每个生命个体展现出来与众不同的美丽与奇迹，相信学生生命具有与生俱来的成长潜能，依靠学生与生俱来的思维、学习、创造的高级本能，满足学生的心理需求，促进学生生命的自我提升与在获得提升中感受到的幸福感。

三、践行“出色教育”，走向出色人生

“与时代同行，做一个精神明亮的教育人，扎根中国大地办教育，去闯一条前所未有的教育新路。”谋求学生全面发展的新路子是当代教育人的使命，叶文香紧跟脚步，与“精神明亮”的追梦人们一同前进。结合地域文化和学情，秉承“精神明亮”和“工匠精神”反复思考，确定了沪明小学以“出色文化”为主题开展学校主题文化设计，进一步提升学校文化建设的品位，坚持文化人本化的主张，践行“出色文化”理念。

（一）全面浸润文化培育

“福泽”，强调教育是一条浸润的长河，流淌着无数生生不息的小河；教育，尊重每一滴细小的水滴富有的灵性；教育，不作甄别和判断、尽可能对每一个生命进行深切关怀和帮助，唤醒生命发展的个体意识，找到幸福的原点，润泽个体的成长，实现生命价值的提升。跟随这样的

真教育，叶文香聚焦教育中的“全面”和“浸润”，对学校的顶层设计进行了思考：

1. 确立了福润价值观：出色、超越

“出色”即“与众不同”，超越大众，超越自己。无论我们做什么，都要尽最大的努力，尽可能出色！为了自己出色，为了更出色，为了今天比昨天出色，我们就是要做好自己，每天进步一点点。“超越”即超过；胜过。《三国志·魏志·管宁传》：“圣敬日跻，超越周成。”人生，在于不断地超越自己。因为超越自己不但是对自己人生价值的一种肯定，更是一种对生命别样的尊重。生活的意义就是挖掘生命中更深的潜力，让自己的生命在不断地超越中，得到升华，从而让自己更出色。

2. 许下共同的幸福愿景：只为更出色

“只为更出色”，包含为了学生更出色、也包含了为了教师更出色，还包含了为了学校更出色的意思。“只为更出色”，表达了不断追求进步与优质教育永不停步的信心和勇气，以言简意赅的语言表达了沪明人情怀、理念的直接表达和对学校、教师、学生未来发展目标的精准定位。“只为更出色”，绘就了沪明学校的发展蓝图，启迪师生为“出色”不断努力，让沪明小学在每个学生心目中成为求知的乐土、成长的乐园和不断努力超越自己的天地。

3. 融合创新的办学理念：打底色，敢出色

“打底色”即立德树人、“扣好人生第一粒扣子”，是培养社会主义可用之才的基础。立德树人所立的是崇真向善之德、培育的是社会主义中国人，中华优秀传统文化构成魂之底色、育之方式和精神支撑。“打底色”是指继续弘扬“五讲”（讲文明、讲礼貌、讲卫生、讲秩序、讲道德）、“四美”（心灵美、语言美、行为美、环境美）、“三热爱”（热爱祖国、热爱社会主义、热爱中国共产党）光荣传统。“打底色”需要体现中华传统文化的优秀品质，具备体现社会主义核心价值观的红心。

“敢出色”即勇于出色，敢于出色。一是激励师生朝着“更出色”的愿景努力，体现了师生的信念、自信和勇气；二是激励师生具有出色的底气和实力，为了出色打基础，去努力，下功夫，还要讲求方法和合

作；三是“敢”字意味着不断创新，别人都在墨守成规，只有标新立异，才能与众不同，敢于突破；四是正因为“敢出色”，生活和人生才会更加出彩。

4. 培养目标

培养拥有爱国心、智慧脑、成长力的出色少年。一个国家不能没有灵魂，一个中国人不能没有中国心。重视德育和社会主义核心价值观的弘扬，坚持落实立德树人根本任务，学生热爱祖国，拥有家国情怀，心怀报国之志，力行善良之举，勇做新时代的好少年。

“智慧脑”：在认知活动中培养学生的科学认知能力，使之具有自我学习意识、科学学习方法，不断求索真知，以高阶思维、审辩式思维看生活、看社会、想问题，学以致用，形成辩证地看问题的思维品质，拥有思考、分析、探求真理的能力。

“成长力”：学生综合素质高，成长潜质得到充分的开发与利用，每个学生乐于学习、乐于创新、乐于表现，彰显了学习力、创新力、表现力、领导力、健康力、审美力这六种综合素养。

（二）匠心慧智教师成长

一所学校的兴旺必须要有一大批名优教师作为支撑。在“福泽”教育看来，从在教师层面上，沪明小学建立了幸福教师成长共同体。叶文香对此表示赞同，同时她也思考，如何培育一支匠心慧智的教师队伍呢？她从“福泽”教育中的“幸福教师成长共同体”和“体验式教育”受到了启发，确立了沪明小学教师发展俱乐部，在凝练教师专业素养模型的基础上，构建“13555”的教师自主与个性化发展模式，即明确一个发展目标，制定个人三年发展规划，进行微讲座、微报告、微论文、微课题、微课的“五微”研究，努力培养听、说、读、写、思五个习惯，认定校级、区级、市级、省级、全国五个职级，最终实现教师自主个性发展。

为了进一步推进师资队伍建设，使新老教师尽快适应三明市三元区沪明小学教育教学工作，促进教师稳步提升专业理论水平，运用到教育教学实践中去，用高尚的师德要求规范自己，逐步熟悉教育教学常规，熟悉“出色文化”内涵以及教学模式，着力推动学校“出色文化”主题文化建设，提升学校品质，实现以文化人、科研兴校、质量强校、文化名校，培养打造理论与实践结合的专业型务实教师队伍，发现并打造沪明名师，扩大视野，提高能力和实战水平，引领教师专业化发展方向，明确自己专业成长目标，提升教育教学能力和信心。

（1）制定教师专业发展规划机制

通过建立《教师专业发展自主管理业务档案》和教师专业发展记录袋，促进教师在自律和自信良性循环中成长。

（2）搭建多元教师专业发展平台

实施“走出去、请进来、内分享”，组织开展青年教师“艺善享”读书交流会；教师“三笔字”培训；教师信息技术 2.0 培训、学科专业素养测试等等，为青年教师的成长打好底色；同时开展岗位练兵，将党支部建在教学一线，坚持开展“师说篇”创作，党支部书记、班子带头写；教师“三笔字”比赛、技能大赛，每学期组织新进教师见面课，青年教师汇报课，名师、骨干教师示范课晒课活动，让更出色的青年教师脱颖而出。

（3）培养教师“听说读写思”五个习惯

在推动教师专业发展方面，沪明小学重视培养教师“听说读写思”五个习惯：“听”即谦虚谨慎地听取本学科组教师、年级组教师在专业发展方面的建议、讲座（包括网络讲座、专家讲座）。邀请课堂教学专家、学校文化专家、班级管理专家、班级文化专家、课程专家、教研专家、传统文化学者等专家学者到校，采用报告、教学观摩、听课、评课、集体备课、交流研讨、心得体会、演讲展示、实战等培训手段，为全体教师做学校文化、课堂教学、班级文化、班主任及班级管理、教师专业成长、等方面的培训。

（4）教师成长评价与改进

在教师的成长评价与改进方面，学校以校委会和教职工代表大会为主体，研制教师业绩评价方案，用动态的、发展的眼光对教师工作的各个环节进行系统的、全程的、较长时间的、循环往复的评价。

（三）活力真彩课程建设

福泽教育中是通过生本、生态、生活、生长课堂，开展“幸福七色花”体验教育以及“幸福学生的样子”好习惯培养等三项策略来构造适合学生多元发展的课程体系。受其影响，叶文香充分站在学生的立场，确立了特色的学校课程，课程开发体现顶天立地的特点，“顶天”即整个课程结合地域文化和学校的培养目标，体现红色文化、绿色文化、工匠精神，具有体系化、结构化，具有可选择性和可操作性。“立地”即课程开发基于学生的发展需求，有特色，有意义，能够在最短的时间内提升我们的教育教学质量。而这样的设计理念与当前“双减”不谋而合。

学校确立“文化引领，内涵发展”的办学思路，秉持“打底色、敢出色”的办学理念，在保证国家必修课程课时和质量的基础上，创新开展语文“1+N”阅读、“绿·趣”数学以及专题式项目化综合课程。开设了以中外教共同执教的英语、少儿编程、数学思维为特色的近30门选修课程，敞开了多元化的知识天堂，潜心培养拥有爱国心、智慧脑、成长力的出色少年。

在课程建设中，学校围绕“课程素养化”这一核心，依据学校“出色文化”理念，将学生需要、校内外资源进行科学规划和建设，融合学校出色文化，将国家课程、地方课程和校本课程规划整合为基础性课程、发展性课程、活动性课程、个性化课程四大类，着力开发适合学生发展所需要的、融三级课程为一体的活力真彩课程体系。该课程体系的构建与实施涉及学科关系的重组、教育评价体制变化、年级段衔接关系的设计。让每个学生的学习、成长与社会生活真正发生关联，形成一生最难忘记的深刻课程体验。

【案例】拔节成长，成效“出色”

沪明小学自建校以来，良好的校园文化已吸引40余场、千余人次到校参观考察，期间受到来访人员诸多赞赏，以及各级领导的好评。

（一）思想上，讲宣传，为正气而发声。一年来，学校宣传团队在学校微信公众号发文总量1030篇，阅读总量25.6万，点赞总量3万多。其中国家级报道39篇，市级30篇，区级21篇。学校以此让社会了解动态及向社会传播正能量。

（二）教育上，讲活动，养习惯为目的。学校充分利用法定节日、传统节日等重要节日开展道德教育与实践活动。如开展“听党话 跟党走 感党恩——喜迎建党100周年”为主题的教育系列活动、“情满中秋 喜迎国庆”主题活动、“从小学先锋 长大做先锋”建队日等活动大概共30余次。

（三）培资上，讲指导， 以总校求共进。一年来，学校在坚持“一家一体一起”的共同体发展理念，积极邀请顾问团蹲点指导，通过名师示范、青年教师读书会等多项举措，大力培养青年教师成长。线上线下的读书交流会16次，新教师汇报课20余节，举办专题讲座10余次，同时积极引导青年教师参加市区组织的技能大赛，学科覆盖100%，获奖率高。

该校校长叶文香先后被评为“三明市先进教育工作者” “三明市学科带头人”“三明市首批名校长”“三明市名校长工作室领衔人”“三明市教育补短板嘉奖”“福建省五一劳动奖章”等诸多荣誉。如今，在“双减”背景下，寻求孩子全面发展的教育新思路一直在路上，她也将在明亮教育人们的引领下更加扎实地做好“双减”工作，着力打造具有儿童样、生活味、人文情怀、国际视野的教育，追求把学校建成一所能留住童年记忆的校园，把童年真正地还给孩子们，在“十四五”的开局之年，创新融合，提质发展，办好人民满意的教育。

第四节 全人教育的实践和探索

义务教育质量事关亿万少年儿童健康成长，事关国家发展，事关民族未来。改革开放特别是党的十八大以来，在以习近平同志为核心的党中央坚强领导下，我国义务教育取得了举世瞩目的成就，整体水平已经跃居世界中上行列。进入新时代，我国义务教育正由基本均衡向优质均衡迈进，人民群众的教育需求正由“有学上”向“上好学”转变。2019年2月，中共中央、国务院出台《中国教育现代化2035》，提出了推进教育现代化的八大基本理念：更加注重以德为先，更加注重全面发展，更加注重面向人人，更加注重终身学习，更加注重因材施教，更加注重知行合一，更加注重融合发展，更加注重共建共享。人民性是新时代教育最鲜明的价值理念，在这种价值理念引导下的新时代教育展现了对人的终极关怀。2019年6月23日，中共中央国务院发布《关于深化教育教学改革，全面提高义务教育质量的意见》。一系列关于教育改革发展问题文件的出台，标志着党和国家层面也是我国最高层面的新一轮基础教育改革真正拉开了帷幕。随着教育改革的不断推进，学校必须调整办学目标，这对校长来说无疑是新挑战，对学校和学生来说也是一个新机遇。

一、从时代对教育的要求中走出来

在初任校长的时期，三元区建设小学执行校长陈永进的办学治校行走在思考中：学校应该是一个什么样的地方？学校发展应该以什么为中心呢？学校的办学理念和育人目标能否适应新时代的要求，怎样才能实现学生的终身发展？这些，“福泽教育”思想给予了他答案：基础教育就应该让学生充分享受成长的过程，一个人的生命旅程中不能缺失童年的快乐和坚守，缺失童年的人格是不完整的。教育不仅要关注学生当下的幸福，同时要为学生一生的幸福奠定基础。正是在“福泽”教育思想的引领下，三元区建设小学从中国现代教育观出发，提出“全人教育”的办学思想。

心中有梦想，就会执着远方，无畏于艰难险阻，无畏于雨雪风霜。衡量一个校长对学校的贡献不仅仅看当时在任时，更为重要的是看他离开时可以为学校留下什么？物质会在历史的长河中慢慢消散，而精神的东西却可以永远长存。校长对学校的最大贡献是，为学校慢慢累积的精神遗产增添一笔属于自己的财富，这就是学校的办学理念和教育梦想，它应该是学校文化的核心。校长应该善于将学校发展的梦想带给教师，并让其成为校内所有人的共同追求。每所学校都有自己的教育梦想，也正因为如此，才使得学校千姿百态。

北京大学在100多年的人才培养中，第一任校长是谁，更多的人可能已经忘记了，但是却记得第五任校长蔡元培。因为他当时制定的办学理念——“囊括大点、网罗众生、兼容并包、思想自由”至今仍在沿用，也正是这一理念成就了北大独特的育人文化取向，成为北大人共同追求的梦想，成就了北大的社会地位和品牌力量。

每所学校都有教育梦，但是不管梦想多么五彩斑斓，其出发点和归宿点都是培养什么样的学生这一核心目标，归根结底还是落在让孩子们快乐、健康地成长上！

二、思考：新时代校长该如何自我定位

我们曾经想当然地认为，教育就像堆积木一样，把各个学科知识叠加在学生身上，学生就会像我们所期望的那样成长。但这样教育的结果已经证明，我们的学生一旦遇上实际问题，便束手无策，瞬间倒塌。校长只有站在立德树人的高度，认真思考培养什么样的人如何培养人的问题，只有校长实现“转身”，也就是要实现由行政管理者到课程领导者的转型，提升校长课程领导力，通过对课程的整合，构建起培养“完整的人”的学校课程体系，既充分发挥分科教学的优势，又尽量减少分科教学的弊端，让多科知识得到统整和优化，让国家课程得以更有效实施，让课程更有利于培养学生能够适应未来社会发展的关键能力。

三、三元区建设小学的传承与未来发展思路

深入贯彻落实党的十九大精神，在实现国家“两个一百年”奋斗目标和中华民族伟大复兴的中国梦的新时代背景下，积极响应加快教育现代化和建设教育强国的国家战略，全面落实立德树人根本任务，培育和践行社会主义核心价值观，对“十四五”规划形成一个行动纲领，落实三明市基础教育的“强基工程”目标，落实“全人教育”办学思想，成为三元区建设小学新时代的重要使命。

孩子是生命个体，不是器皿或玩偶。他们有独立的人格，有独特的思考，我们不能把他们当成容器，将知识一股脑地倒给他们，不管是否消化不良不管他们是否需要。也不能把他们当成没有思想的玩具，任意摆布。其次，孩子们正在成长中，每天都不一样，因此，教育不是甄别三六九等，而是启迪、发现、引导，基础教育的主旨在于启蒙，蒙童养正，在学校中让孩子们养成各种好习惯。最后，要关注孩子们的可持续发展。孩子们现在是发展变化着的，将来也会持续的变化，我们现在所做的就是为孩子们的美好人生奠基，让孩子们学会学习、学会生活、学会交往，为他们的可持续发展打下坚实的基础。

因此，遵循孩子的发展规律和特点，三元区建设小学的办学核心理念是“生命自觉，和谐完整；个性潜能，顺应发展”；校训“每天向上生长一点点”；校风“润泽生命、滋养心灵”；教风“爱生、爱教、爱业”；学风“求真、求善、求美”；学校还从净化、绿化、美化入手整治校容校貌，按学校规划分批完成学校的净化、绿化工作，力争用三至五年时间使校园环境达到花园式学校的要求；创设各种文化设施，开辟板报栏、橱窗、图书室、阅览室等思想、文化教育阵地；利用功能室展出学生书画作品，开辟楼道文化墙，使学生亲自参与并自我熏陶；在操场升旗台的显著位置展示学校的校徽、校歌、校训等内容，提升校园文化层次。

三元区建设小学充分运用具有特色的“五色花活动”为载体，利用学生喜闻乐见的形式进行教育。组织学生观看爱国主义教育片或优秀影视片；利用各种纪念日，组织开展读书宣传活动；每年组织新生开展红

色入队教育，进行新队员宣誓；举办各种知识竞赛或演讲会等活动，使学生从中受到直观熏陶和潜移默化的教育。积极开展各种健康有益的课外文化活动，活跃学生的课余文化生活，以广大学生爱好、兴趣为纽带，增设让全校学生自主参与的活动，丰富第二课堂。做好校园足球队一队和二队的训练工作，争取再次在校园足球联赛中获得好成绩。

近三年，三元区建设小学共评选出校级优秀生 604 名，为校优秀生提供展示舞台，激发全体学生学习热情；还积极参与省、市组织的文化活动，取得多项团体和个人成绩：校男足勇夺市“第五届足球联赛”中夺冠。三元区建设小学将这些成果通过校园微信公众平台把学校各项文化活动推送宣传，微官网共发布共有 400 余条活动信息。

在一系列活动的实践下，在每一次活动的反思中，三元区建设小学以“五育相融”的指导思想设计“一主”“两翼”“四驱动”：以课堂革命，创建学科育人的特色教学，从学科体系转变为成长体系；以书香和墨香校园建设为两翼，培育学生的童子功，把字写好，把书读好；以劳动与实践、健康与体魄、科技与创造、艺术与审美四个驱动来丰富学校课程。三元区建设小学探索出品牌课程。

（一）校园大阅读课程（全学科）

三元区建设小学以全学科主题阅读课程作为学生五大核心素养的基底，在阅读中培养学生“语言建构与应用，思维发展与提升，审美鉴赏与创造，文化理解与传承”等素养。课外阅读课内化，课内阅读教学化，阅读教学评价化，为学生提供一至六年级的必读、选读书单，包括人文社科、艺术等多个领域，以丰富学生对世界的认知。

（二）“五色花活动”体验式课程

一年级入学礼仪、二年级传统教育、三年级红色文化教育、四年级生日感恩教育、五年级劳动技能教育、六年级梦想教育及毕业典礼教育，共举办各种展演、知识竞赛或演讲等 24 次活动；分层序列化好习惯活动，通过班会、LED 屏、家校合作进行渗透式教育，并通过学校官网推送报道已达 10 篇，让每一个习惯在孩子心里深深扎根；开设阅读、书法、合唱、科技小制作、绘画等多项活动和竞赛，塑造学生文明向上发展精气神。

（三）小规则养成教育

三元区建设小学根据学生在学校和家庭学习与生活的场景，创编小规则儿歌，通过前期班会宣传、后期搭建舞台展示、期末评选“最闪的星”等方式，表彰班级20个和优秀个人12人，培养讲礼仪，明道理，讲规则的集体和个人。

（四）家长百家讲坛课程

家长是学生最好的老师。三元区建设小学从家长职业特长入手，有效地引导家长走进课堂，走进讲坛，建立一批家长讲坛的义工，不定期进校园开展讲坛活动。

外面的世界很精彩，但是做教育却需要沉下心来，走近教师、走近孩子，就像朱自清所言：热闹是他们的，我们什么都没有。“绿色成长”文化让我们始终坚守：即使有激烈的竞争，也要让学生的成长过程合规律、有尊严，永远不把逐利看作是堂堂正正、理所当然的事。

四、从校长成长的感悟中坚定走下去

向内审视自己的教育良知，向外探寻自己的教育梦想，在浮躁的社会环境下，作为校长，有责任守护学校这块纯真的教育净土，办有良知的教育，让每一个孩子都在纯净的、人性的、温情的天空下有尊严地、自由地、个性化地成长；作为校长，有责任产地教育的声音，带着师生们共同努力办好我们的学校，让千千万万个孩子渴望得到更好的教育、追求美好人生的深情厚望得到期许和兑现。

用心做教育，用真情对待学生和老师，让教育暖起来。校长要努力成为这样的校长。去拨开迷雾、清洗出本质，提炼校长的精神元素，他必须是个理想中的“痴者”，抉择时的“智者”，现实里的“行者”，人际间的“仁者”，这既是他的四张精神名片，同时也是他的四种主要精神构成成分。

校长首先要是一名“痴者”，是一个在冰冷的现实中却没有丢失热情的人，是一个虽已成年但都没有忘却做梦的人，是一个一直把理想和信念小心供奉在心灵深处的人。校长办学的过程就是时时拎着自己的头发与地球引力做斗争的过程，因为教育的宗旨就是“用教育的理想打造理想的教育，用理想的教育实现教育的理想”，教育就是教育出理想的人，创造出理想的社会，所以教育要有理想，校长更要有对理想的一颗痴心、一片痴情和一份痴迷，这样学校才有可能抬起精神的头颅睥睨世俗。教育是要有一些高贵的气质的。这样才能使得学校在与周围系统的交流中，作为社会热源、光源，精神的制高点去发散、发射能量。

校长要做一名“智者”，校长要在与现实的较量和磨合中打造出超凡脱俗的眼界、心胸、智慧，勇而有谋，谋而后动。这不是屈服和投降，是鲁迅先生所谓“韧”的战斗，是生存智慧，是管理智慧，是教育智慧。智慧的前提是学习，校长要肯学、会学、善学、乐学。学习是校长终其一生的必修课。在主观与客观、宏观与微观、外部与内部、对上与对下、待人与接物的诸多矛盾中，校长要有外圆内方的通达圆融，审时度势，规避风险，以最小的代价获取最大化、最优化、最长效的发展。但“圆融”绝不是“圆滑”，“智慧”更不是“没有风骨”，“没有操守”。校长既是勇敢的“痴者”，更是谨慎的“智者”，因为教育是“输不起”“输不得”的，一个校长即使可以对自己不负责，但他却不能不对学生、对老师、对教育负责，并通过这些对社会的发展来负责，这是有良知的校长无法选择、无法躲避的责任。

校长要做一名“行者”，一个行动者、实践者，他忠于理想，长于谋划，但更要勇于“行动”，校长必须是信奉行动哲学的人：只有行动才能改变，只要行动就会改变。只有心智健全的校长才能带领着学校、老师、学生穿越沙漠向着理想的目标渐行渐远，而且在逼近同时又拓展出更深远的目标，在这种无止境的追寻中，收集起点点滴滴，同时也实实在在的人生幸福！

校长还要成为一名“仁者”，仁爱之人，因为教育是面对人、基于人、为了人、服务人的工作，校长就处于这个“人一人”系统的枢纽、核心位置。“仁者爱人”同时“仁者无敌”。人们常说教育不是工业，学校不是工厂，教室不是车间，教师不是工人，学生自然也不是产品。但教育也不是“农业”，庄稼在农民的精心呵护下茁壮成长，固然体现了一定的“生命尊重”，但农业今年减产，明年增产，这季歉收，下季丰收，波动和均衡是司空见惯的常态。但就每一颗禾苗的个体生命而言，它的意义和价值绝不该被群体所湮没，不应该被“它者”所代替，因为每个人都是极其珍贵而又独一无二的。教育最崇尚爱，没有爱就没教育。所以校长要铺就一张广博深厚的“仁者”的平台，支撑和驱动“痴者”、“智者”、“行者”来做好教育，做好的教育。

一名校长，当他面对理想一定是名“痴者”，一名“痴迷者”；面对矛盾困难时，一定是名“智者”，“智慧者”；面对现实世界时一定是名“行者”，一名“行动者”；面对鲜活生命时，一定是名“仁者”，“仁爱者”。新时期校长就是这四种精神元素组成的我们时代的教育精英。校长就像个放风筝的人，眼里要有蓝天，心中要有大爱，手下要有分寸，脚底要有土地。他，抬头看天，举手干事。同时还要光着脚，在教育的漫长征途中，趟出一条路来。

“福泽教育”思想的反思与未来展望

教育承载着国家和民族的希望，寄托着亿万群众对美好生活的期盼。国家、省近期密集出台一系列加快推进教育现代化的政策文件，决策力度之大、范围之广，前所未有。党的十九大提出以教育现代化支撑国家现代化，以教育强国支撑社会主义现代化强国。2019 年，中共中央、国务院印发了《中国教育现代化 2035》，提出了涵盖体系结构、普及水平、教育质量、人才培养结构、服务贡献能力等八个教育现代化的目标要求。“十三五”收官和“十四五”开局年，有关激发办学活力、深化教育评价改革，加强和改进体育、美育工作等多份文件出台。党的十九届五中全会更是明确作出要“建设高质量教育体系”的重大决策部署，预示我国将全面开启新时代教育现代化新征程。在新形势、新要求下，教育势必将树立新发展理念，更加关注学校教育的高质量发展。这将是摆在校长面前新的使命与责任。

一、回望来时路，不忘初心

从大山深处一个小小的自然村走出来的农家娃，从乡村走到县城，从县城走向省城，从省城走向首府北京，走向祖国的大江南北，怎么一步步蜕变成今天走在教育家型校长路上的践行者，怎么坚守初心引领山城教育走向广阔的天地？未来扑面而来，以大数据、人工智能、区块链为代表的新一代信息技术正在成为推动教育变革的重要力量，正在改变着教学方式、学习方式、资源供给等教育生态，以发展学生学习与创新能力、培养创新人才或创造性劳动者为目标的新时代教育发展进程中，信息技术的深度融入为教育变革带来了新的机遇。我国实现第一个百年奋斗目标后，正在意气风发朝第二个百年目标迈进，建设现代化强国的中华民族伟大复兴梦想越来越近。教育承担着人才支撑、智慧支持和鼓舞全国人民凝聚力、自信心的使命责任，教育先行的战略成为共识。

回想教育部实施的“校长国培计划”——卓越校长领航工程，使我有幸参加首期中小学名校长领航班为期三年的学习，进一步提升了理论素养，拓宽了教育视野，促进了我对自身教育历程的反思。江苏教育行政干部培训中心的理论导师和实践导师的无私教诲，他们数次莅临学校，问诊把脉、悉心指导及鞭策激励，才有了“福泽教育”思想从梦想变成现实。我深爱着三明市实验小学和三明学院附属小学一天天成长的孩子们，正是他们的天真烂漫和快乐进取，给予我实现教育梦想的空间和大胆实践的土壤。他们每一个欢笑和每一刻幸福绽放，对我来说都是莫大的鼓励，同时也促使我不断反思，唯恐自己的失误给他们稚嫩的心灵带来伤害和挫败感。我反复地提醒自己：心存敬畏做教育，战战兢兢当校长，如履薄冰办学校，教育永远没有最好，只有更好！

20 年的校长管理历练，历经无数次的教育憧憬和实践，走过一段段里程碑意义的精神养育时光，我从一个初出茅庐的青年小伙走过宽厚稳重的不惑之年，逐渐把教育的目光投向更趋向理性、趋向生态的教育原点。与此同时，我发现教育做久了，自己的内心不知不觉中也变得越来越柔软：面对学校里这些纯真可爱的孩子们，我总是不断地，反复地追问自己：家长、社会把一个个天真烂漫的孩子送到学校，他们充满各种发展的可能性，我们给他们怎样的教育？培养什么样的人？怎样培养人？

心存敬畏，语有所规；心存敬畏，行有所止；心存敬畏，不敢懈怠。站在“福泽教育”教育的风景里，站在名校长领航的路上，向内审视自己的教育良知，向外探寻自己的教育梦想，在浮躁的社会环境下，我有责任守护学校这块拥有纯真的教育净土，办有良知的教育，让每一个孩子都在纯净的、人性的、温情的天空下有尊严地、自由地、个性化地成长；我也有责任传递教育的声音，带动区域的共同体，努力办好每一所学校，让千千万万个孩子渴望得到更好的教育、追求美好人生的深情厚望得到期许和兑现。

“高山仰止，景行行止。虽不能至，然心向往之”。我深知，只有投身教育实践的沃土，怀揣教育梦想、坚定教育信仰，在责任与担当、智慧与创造中砥砺前行，才能实现真正的蜕变与升华。

二、反思：校长要站立在什么地方

教育是立德树人，办校是百年基业。一所学校的掌舵人——校长，要站立在什么地方？

参加教育部领航工程培养，同时成立工作室，引领团队的共同成长，于是我就有了一个崭新的教育大“家庭”。在我的工作室团队有这样一批校长，他们深耕三明基础教育的沃土，更仰望星空、不懈追求校长办学教育真理的思想。这批校长从办学思路到办学主张，再到办学信念，最后慢慢内化为办学信仰、成就办学思想。工作室团队以“一家一体一起”学习共同体方式，互相碰撞、互相影响、互相支持、共同迸发出教育的思想之光：邓小华校长以燕城人的改革者胆魄鲜明举起“生命拔节教育”旗帜，谢传银校长展望“绿色教育灵动成长”追求儿童可持续性发展，周丽婷校长植根乡土守望“尚美教育”的大爱情怀，廖明嵩校长在“格物致知”的理性思考中探索“善润教育”的希望，苏元炜校长主张“以真启智、择善而行”在留守儿童心中培善行、种慧根，华起光校长聚焦中华优秀传统文化基因靶向“勤忠教育”，李梅清校长亮出“励行教育”驱动师生向上生长、激励同行，颜肇鹏校长在朱子故里开“本真”教育之道，叶文香校长智慧灵动的“出色教育”传递出梅列人“打底色敢出色”的教育名片……合抱之木，生于毫末；九层之台，起于累土。各位校长立德立言亮出基于本土思考的教育观、教学观、育人观、教师观和质量观，是一次小山区“三明”校长思想亮剑的抛砖引玉之尝试。我们要感谢三明教育催生培植，让一大批校长解放心灵、放开手脚、思维活跃、大胆实践，凝聚人心与力量，构建了校长成长的绿色生态。要感谢这个大时代赋予校长赋能的新思维新品质，让一批批有情怀、有思考、有作为的校长成为新时代教育的弄潮儿。各位校长以“道”为统领，尊重教育规律；以“仁”为原点，观照校园里人的生命发展；以“德”为准绳，营造刚正温雅的学校文化氛围；以“艺”为翅翼，课程推进教育的真正发生和润化，共同培养“全面发展的人”。

校长站立在“思想”的地方，在深化新时代教育背景下将会眺望到更广阔的世界，在理性淬炼的过程中实现一种升华，一种再造，一种涅槃，更可以化为一种力量，去抵达教育的远方与未来。

三、附小的传承与未来发展思路

深入贯彻落实党的十九大精神，在实现国家“两个一百年”奋斗目标和中华民族伟大复兴的中国梦的新时代背景下，积极响应加快教育现代化和建设教育强国的国家战略，全面落实立德树人根本任务，培育和践行社会主义核心价值观，对“十四五”规划形成一个行动纲领，落实三明市基础教育的“强基工程”目标，传承三明学院附属小学“福泽教育”的办学思想，形成“天地人和”的治校理念和“心行合一”的教育理论主张与实践模式，已成为三明学院附属小学新时代的使命。

三明学院附属小学历任校长秉承的“从小事做起，把小事做好”的校训。附小依据学校的历史与文化，确定“福于心，泽于行，育于果，立于人”（简称“福泽教育”）的办学理念，确定校风为“我为附小，附小为我”；教风为“为儿童的品质而教”育人行为理念；确定以“向上、向善、向尚”为学风。未来几年，附小将继续着眼于对三明市“强基工程”的本质的认识和育人目标的明确，纵向从儿童的身心发展规律出发，深化“福泽教育”的落地生根，强化儿童内生机制，推进评价和管理组织变革，促进学校在教育理念、教育内容、教育途径等方面进行内源性、结构性、系统性转型，进而形成三明学院附属小学育人模式新样本。三明学院附小要为国家培养全面发展的人，努力办一所“理念有前瞻、文化有落地、课程有图谱、专业有关注、学生有发展”的理想型小学。

经过历任校长和全体教师的实践探索，附小成了三明市基础教育的窗口学校，附小的每位教师和每个学生都是附小的代言人，学校形成了指向系统育人的福泽教育理论主张与育人模式，找到了在小学阶段落实立德树人的路径。“福泽教育”在实践摸索中，包括三层含义：一是心行合一。教育要唤醒学生的内心，从内心出发，从儿童的生长规律出发，认清儿童的心理特征，从内心向上的追求转化为行为，从而改变自己与改变他人；二是天地人和的治校理念，天地合一。人和育人，学校行事理念要与行为方案一致，尊重每个人，也要尊重学校，附小即你，你即附小，创造民主和谐的育人环境；三是福泽教育既是育人理论，又是思想方法，还是教育过程。学校要砥砺奋斗，探索附小的改革意义，实现价值观、改革点以及附小人改革勇气的价值引领。

学校以“五育相融”的指导思想设计“一主”“两翼”“四驱动”：以课堂革命，创建学科育人的特色教学，从学科体系转变为成长体系；以书香和墨香校园建设为两翼，培育学生的童子功，把字写好，把书读好；以劳动与实践、健康与体魄、科技与创造、艺术与审美四个驱动来丰富“百福园”课程。课程结构横切面体现“五育相融”，纵切面体现四层境界“常识层”“知识层”“智慧层”“精神层”，培育精神完整的附小人。探索附小品牌课程：

（一）校园大阅读课程（全学科）

学校以全学科主题阅读课程作为学生五大核心素养的基底，在阅读中培养学生“语言建构与应用，思维发展与提升，审美鉴赏与创造，文化理解与传承”等素养。课外阅读课内化，课内阅读教学化，阅读教学评价化，为学生提供一至六年级的必读、选读书单，包括人文、社科、艺术等多个领域，以丰富学生对世界的认知。

（二）“百福园”走班课程

补充完善国家基础课程，把“百福园”作为学校的特色课程。完善“百福园”课程体系，从校内结合校外，培养学生的特长。对在某个方面有天赋的特长儿童，适才扬性，为其提供自创课程的“为你定制”展示平台，并搭建校外更大的展示平台；在“百福园”课程中，结合学校工作坊培育名优课程，如管乐队课程、花样跳绳课程、剪纸课程等等。

（三）小公民规则素养课程

让习惯成为自然，让行为张扬儒雅。既尊重学生的个性张扬，又约束学生的行为规矩。从校内到家庭，什么场合，做什么事，什么场合，讲什么话，让附小的文明之花开遍校园内外。

（四）楹联墨香课程

学校将以“合格＋特长”的培育模式，加强学生的书写及书法教育，在写好字的同时，培育学生耐心、恒心、细心的成事习惯，写好字，做好人，结合楹联文化，让有特长的学生书写中国汉字，彰显中国的传统文化。

（五）年级分级体验课程

按年段划分，一年级入学礼仪教育、二年级传统文化教育、三年级红色文化教育、四年级感恩教育、五年级劳动教育、六年级理想教育和毕业典礼。每个学段都进行主题性项目式学习，给学生走向生活，体验生活的课程体系，不断完善与创新。

（六）家长百家讲坛课程

家长是学生最好的老师。学校要从家长职业特长入手，有效地引导家长走进课堂，走进讲坛，建立一批家长讲坛的义工，不定期进校园开展讲坛活动。

四、始终做一个精神明亮的教育人

“道是无形却有形”。立德树人，成全了我和老师们一起做一件对学生生命成长有意义的事，践行做一个精神明亮的教育人成了我矢志不渝的教育信条。我们始终在进行一场师德的修炼：

第一，保持职业的热度。校长首先要带头认识到从事教育，如果你帮助学生体验到成长的价值、尊严与意义，实现从生命此岸到彼岸的美好成全，成就一代又一代人灵魂的成长，这是一件非常美好且富有意义的事。去发自内心保持对教育的热度，把教育当作事业乃至命业，是助力教师师德成长进步的动力和源泉。

第二，发展专业的高度。校长要倡导专业有术，始终激励教师有“源头活水”意识，才能实现师生之间的“天光云影”。精益求精，匠心独树，才能成为“能师、名师、大师”，才能跨越一个又一个高度，让教育达到一种美好的境界。努力做一名学生爱戴、家长信任、同事尊重的教师，实现专业的尊严与价值。

第三，服务学生的温度。师生相处、生命样式，不是可以“包装”出来的东西，也不会是可以短时间内打造或突破的东西。但对教育来说，爱却是最内在、最本质的体现。仁者爱人，要身体力行与老师们一起认识到：每一个孩子来到世界，都有他的生命价值，珍视他们的独一无二的，努力一起感受这个世界给予的美好与善意。有教无类，一千个孩子有一千种发展可能，也就有一千种幸福的意义。

第四，追求生活的宽度。教育的美好，离不开用脚步丈量高峰的日日行走，更离不开丰盈的心灵上路。我和老师们一起走出围墙外的学校，看万物草长莺飞，阅生活人间百味，读人生厚识之书，以更加豁达从容的姿态，去体悟教育即生活之智。生活的波澜壮阔，会让我们的老师更加从容优雅、气定神闲。

第五，实现生命的亮度。有一种说法，教育的魅力源自教师灵魂的亮度。这种说法，我完全赞同。我和老师们始终相信这样一句话：教育是一群有情怀的人做的有温度的事业。于是每个日常的教育生活中，我们努力内心丰盈成“光的行者和思者”，仰望星空，也匍匐扎根大地，怀着一颗奔流不息的心，让自己的教育生命绽放光芒。

为者常成，行者常至。以师德之名，成就名校长之“名”不能是光鲜的头衔，校长要成为精神明亮的教育人，就是“师德的楷模、育人的表率、教学的先锋”，而这要靠一生努力践行。

（一）做教育的思想者

不忘做一根“有思想的芦苇”。校长要做教育的思想者，有机会对着“一棵树发呆”。能站在“为人的终身发展”的高度，仰望星空，高瞻远瞩；匍匐大地，回归虔诚。从至圣先贤“仁者爱人”到卢梭杜威“取法自然”“教育即成长”，探索适合学校的教育理想。

（二）做果敢的实践者

不忘“习其道、学其言、效其行”。校长走出去深度跨界学习、送教送培的精准帮扶、成立工作室的抱团成长，与名师大家的学术切磋，国际视野的考察研修，到凝练教育思想、撰写专著，立言、立功、立德，用不断行走积蓄教育力量。

（三）做情怀的担当者

不忘“达者兼济天下”。校长理应是学校里教育情怀、人文情怀、家国情怀最满格的人。“先天下之忧而忧，后天下之乐而乐”，既把当下的教育与中国梦紧密结合，也与“两个一百年”的奋斗目标紧密结合，用赤子之心坚守“为国育才、为民育子”的教育情怀，矢志不渝培养具有社会担当，面向未来站直、站高望远，具有中国灵魂和世界眼光的创新人才。

（四）做创新的引领者

不忘“行百里者半九十”。今天的教育日新月异，人工智能时代向我们走来，在线课程、大数据……数字化创新正在越来越广泛地影响师生的教育生活，我们应该和老师们一起在未来各种创新方式的教育下借力科技更好地打开育人的广阔天地，去闯一条前所未有的教育新路。

苏格拉底说:“教育具有一种力量，去解放和引领灵魂中最好的部分，去沉思万物之中最好的东西”。校长这只学校教育的“领头雁”，理应这样去引领一批老师、一个团队乃至一个区域的群体，帮助学生体验到成长的价值、尊严，实现教育从此岸到彼岸的美好成全。做一个精神明亮的教育人，师德的力量与修炼正在实现教育的一场功德与圆满。

特别感动于这个新时代赋予我们教育实践的勇气与豪情。我国正从人才大国走向人才强国，需要一大批有教育情怀、教育梦想和教育追求的真正的“教育家型”校长，不断地探索和创新。不忘初心，教育永远在路上……

中国中小学名师名校长领航工程丛书

说以明理 学而至善

王晓川◎著

中国出版集团
世界图书出版公司

丛书序

我在不久前发表于《中国教育报》的一篇文章中提到：必须高度重视我国教育本土实践与智慧的深度研究，这可能是中国教育转型的关键，也是增强教育自信的必由之路。这里摘引其中的几段。

何为“本土”？自然指向的是中国本土，它是中国的，是中华民族的，是在中国教育自身的实践中产生的。但今天的本土，又不是纯粹的孤悬于世界教育文明之外的“孤岛”。近代以来，国门大开，中外交流包括教育的交往从未中断，而且越来越有深度，也越来越融通。因此，可以说，在全球经济一体化的今天，偌大的中国，无论怎样的教育实践和思想，都像今天的中美经济贸易一样，你中有我，我中有你，所以这里的本土应该是指发生在中国大地上却又融汇了全球教育智慧的本土实践，是在实践中产生的智慧。研究本土教育，弘扬本土教育的实践智慧、经验，绝不意味着我们对于他国教育理论和实践的拒绝和对抗。

事实上，许多年来，随着教育部中小学名校长、名教师领航工程的陆续启动，一批又一批原本散落、尘封、不为外人所熟知的教育实践成功的学校、校长和教师典型，经由国家工程的推动，越来越快地成长、发展和成熟。笔者参与教育部中小学名校长领航工程，以江苏基地首席专家的身份，与来自全国15个省市自治区的教育家型校长“互学共进”，见证了他们在一流理论和实践导师的专业引领下自身成长和学校发展的

“蜕变”过程，深感与最为杰出的教育人结伴而行，乃人生至乐，且真正可以教学相长。感受最深的是代表我国现阶段最高水平、最高层次的精英校长，他们在长期的教育和学校管理实践中，在长期广泛学习、借鉴、研究、融会贯通、将世界优秀的教育理论与我国教育实际相结合的过程中，不断地“立功、立德”，成就越来越多的教育辉煌，其中有很多校长已经或者正在形成富于本土教育特色和个性的教育思想。

这样成功的本土实践、这种在本土实践中成长起来的中国教育智慧，对于教育改革的深化，对于教育转型，其借鉴意义和价值深远，一点也不亚于西方教育成功的理论和模式；甚或，因为其同源性、可行性，就显得更加重要。对之视而不见或者置若罔闻，这要么是崇洋媚外的劣根作祟，要么是功利导致的无知和漠视。

到2021年9月中旬，教育部第二期教育家型校长培养工程圆满结业，中国已经培养出近180位教育家型校长。而随着时光流逝，他们中的越来越多的人都将淡出教育的主流场域，这虽然是新陈代谢的规律所致，但对于这一批校长，在这样一个黄金时段，如何最大限度地发挥他们的作用和功能，更好地实现在教育变革中的意义和价值，对此我们又有多少考虑，又有多少顶层设计呢？

作为曾经伴随着他们“走过这一段路”的培养者，作为亲眼见证和感受着他们的优秀、卓越和创造了一方教育辉煌的专家，每每想到这些，只有扼腕叹息，我无法要求国内的教育专家学者转换视角、转变观念，把研究的重点瞄向本土、本土真正杰出的教育实践家、中国一流的教育家型校长群体，也无法突破一般政策的规定，比如校长任职年龄的限制，充分发挥这些领航校长的智慧和才干，不断创造办学和教育的奇迹，引领一方教育顺利转型。我可以做的，或者说力能胜任的，大概就只能是重点关注这些校长中的一部分，调动多方专家力量，如实地呈现他们有关教育的功、德、言，呈现他们的研究成果和创造成果。

这套《中国中小学名师名校长领航工程丛书》正是要通过这些校长

自身成长的轨迹梳理、学校发展的过程回放，通过对其经验与理念、理性思考与实践智慧的展示，特别是通过他们教育思想、管理个性与办学风格的真实表达，以理性开启思维，以经验启迪思想，以成功激励成功，为面广量大的校长人群提供资源帮助，经验参照和方法启迪，推动正行进在改革现实、加快转型、探索未来教育的他们突破、超越，从而为加速建设教育强国、科技强国、人才强国贡献智慧和力量。

不仅如此，通过这种原汁原味的成功样本的“实录”，展示中国基础教育转型期一批勇敢者不息探求的历史，为未来国内有志于中国基础教育研究的专家提供第一手的最真实的素材和资源。也衷心希望越来越多的教育同仁参与进来，开展越来越多、越来越丰富的研究，取得越来越多、越来越厚重的成果。

当中国本土的教育实践智慧被越来越多的教育人、研究者深度关注，当本土教育家型校长和校长教育家的办学思想、成果的研究终于成为“显学”，我国教育改革的深化、教育转型的发展，就进入了花香郁郁、生机勃勃、自信满满的崭新阶段。

本丛书的组织、编写和出版，得到了教育部“国培计划”专家工作组秘书长黄桂珍、领航工程项目办郭磊主任、国教院培训学院于维涛、领航工程北京基地首席专家胡淑云、领航工程广东基地首席专家龚孝华等的大力支持，他们给予本书以较高的评价，在此深表感谢。必须要提到的是，2020 年，北京教育学院校长、培训学院院长胡淑云教授邀我和广东第二师范学院龚孝华教授一同参与了中国教育学会重点课题“从名校长到教育家型校长发展路径研究”，本丛书恰恰是围绕这一课题所做的“研究三人行”之成果了。

严华银

2022 年 2 月星期日于南京老山竹下居

目录

contents

第一章

正确理解和认识教育思想

第一节　教育思想是什么
第二节　教育思想从何来
第三节　尝试拥有教育思想
第四节　寻找凝练教育思想的轨迹
第五节　回避假思想和思想乱象

第一节　教育思想是什么

教育思想是指人们对人类特有的教育活动现象的一种理解和认识，这种理解和认识常常以某种方式加以组织并表达出来，其主旨是对教育实践产生影响。教育思想具有历史性、社会性、前瞻性、继承性等特征。有助于人们认清教育工作中的成绩和弊端，使教育工作更有起色。如陶行知先生的“生活教育”思想，聂圣哲先生的“养活教育”思想。“教育”内含“教”与“育”两个方面。“教”的对象是知识，“育”的对象是价值。一般而言，教育思想的类型包括教育理论、教育学说、教育思潮、教育经验、教育信念、教育信条、教育建议、教育主张、教育言论、教育理想等。

有什么样的理解，就会有什么样的教学行为。一个好校长就是一所好学校，考验的就是校长的教育理解和工作风格。校长认为成绩最重要，那么学校就会紧盯成绩毫不放松。校长认为素质重要，学校就会开设丰富多彩的课程提升学生素养。校长认为管理重要，那么学校就会在管理上精致入微。校长认为教研重要，这所学校的教科研就会红红火火。说这些不是片面的总结，而是想说明校长的教育理解对于一所学校的重要性。同理，教师的教育理解对于一个班级，对于一名学生也是如此。就教育行政部门来说，他们的教育理解也对教育产生极大影响，他们就是指挥棒，决定地区和学校教育的发展方向。譬如名师培养工程，某省把名师培养工程叫作“人民教育家”，体现了他们对陶行知平民教育思想的坚持，该地区校长和教师做教育就注重实际，注重细节，注重研究。某省把名师培养工程叫作“齐鲁名师”，体现了他们对文化历史和齐鲁大地的自信，该地区校长和教师做教育就特别自信，就会注重文化，注重礼仪，注重传统。某市把名师培养工程叫作“优秀管理者”，简称“优管”，体现了他们对优质管理的认识，该地区校长和教师做教育就注重管理，注重细节，执行力超强。大部分地区把名师培养工程叫作“XX名师”，以地方特点命名，说明是哪个地方的名师，不具体指向什么，于是这些校长和教师也就风格俊逸，不呈现具体特质。从这些案例来看，思想决定风格，也就是教育部门、校长、教师对教育的理解直接影响着教育行为。

提起教育理解，好像每个人都能说得头头是道。如此，是不是就可以认为每个人都已经有了教育思想？个人认为非也。教育理解可以是原生态的，就如说话，想到什么说什么。一个人对教育的理解也可以想到什么说什么，但这显然只是心得和体会，不是教育思想。而教育思想就不同了，思想是要经过哲学推敲的，是要符合实际规律的，是要放之四海而皆准的（即便放不了四海，也起码对一个地区或学校的发展起到了至关重要的作用），是要经历实际检验的。李吉林先生的“情境教育”被写进了国家政策，它就对中国教育产生了影响。分析“情境教育”，创造一些情境让学生入情入境，在体验中获取知识。这是符合儿童认知规律的，小孩子就是这样认识世界的。这和陶行知的“生活即教育”“社会即学校”是高度吻合的。把生活作为情境，把情境创造的和生活一样，把社会当成学校，把学校创造的和社会一样。让学生在这样的情境中学习、生活，生活和学习不分你我，这不就是教育这些年追求和向往的吗。“先学后教”成就了洋思中学，成就了永威学校，也引领了近二十年中小学课改。追根溯源，比“先学后教”早一些时候的是邱学华老师的“先试后导”。邱老师鼓励学生先自主尝试，不会了才由老师指导，这不就是先学后教吗？“尝试教学法”在二十世纪风靡一时，全国效仿。再往前数，应该是“以学定教”，陶行知先生说“教什么和怎么教，绝不是凭空可以规定的，他们都包含人的问题，人不同，则教的东西、教的方法、教的分量、教的次序都跟着不同了。”陶行知先生说的就是“以学定教”。继续往前数，应该是“因材施教”，是孔圣人说的。孔子在两千多年前就认为教育对象不同，教学内容和教学方法也要不同。一路追踪下来，你会发现先学后教是有历史渊源的，有线索脉络的，有出处的教育思想。研究了“情境教育”和“先学后教”以后，我们再来对比教育理解和教育思想。显然，教育思想不是随随便便说出口的。尽管教育思想就是人对教育的理解和认识，但思想更成熟，更科学，更具有普遍意义。

如此看来，教育思想应该是一个人对教育有了深刻理解之后，产生的较为成熟的认识和想法。这样的认识和想法对工作有积极的、正面的作用，能够激发一个人的教育情怀、家国责任、使命担当和创造性发挥。因此，我们要鼓励校长和教师们形成自己的教育思想。

第二节　教育思想从何来

教育思想是人对教育活动和教育现象的一种理解认识。考虑校长之于一所学校，教师之于一个班级的重要性，一名校长或教师对教育有什么样的理解和认识就十分重要了。陶行知先生说，在教师手里操着幼年人的命运，也就操着民族和人类的命运。高度定义了教育的重要性，定义了教师的重要性。可是想想一线教师现状，整日奔波于具体事务中，忙得焦头烂额。又有几人想过幼年人的命运，想过民族和人类的命运，想过教育和自己肩负的历史责任。想都不曾想过，何以做到，何以做好。因此，鼓励和引导校长教师拥有教育思想是一件有深远意义的事情。

教育思想可以继承和发展。孔子儒家，老子道家等思想影响中华民族几千年，每一名教师都是这些思想的受益者和传承人。如果教师没有形成自己的教育思想，那么不妨做个传承人，扎扎实实贯彻落实前人的教育思想。如孔子的“因材施教”“学思并用”“学而时习之”，孟子的“持志养气”“启发引导”“循序渐进”，柏拉图的“教育初期应是一种娱乐，这样才更容易发现一个人天生的爱好”，马卡连柯的“培养人，就是培养他对前途的希望”。这些教育思想影响世界几千年，是否是真理已经无须探讨。继承好，落实好，办的就是好教育，做的就是好老师。可怕的是没有思想，脑子里整天啥也不想，只会埋头死教书。可怕的是好高骛远，一知半解，自己没有思想，又对前人思想似懂非懂，只会说不会用，写文章说得头头是道，实际工作毫不相干。教育思想可以在继承的基础上发展，前面谈到的“先学后教”应该算是站在前人思想基础上发展的典范。

教育思想可以全面，也可以局部。纵观古今中外名家教育思想，有全面阐述教育理解的，如孔子，分别从教育目的、作用、内容、方法等各方面提出自己的见解和付之行动的做法，他的教育思想几乎涵盖了教育的方方面面，因此他的教育思想可以理解为是全面的。杜威也是如此，从教育的各个方面提出见解和看法。所以他们的教育思想无法用一句话，或一个词语去描述。说到他们的思想，你就会想到很多条表达，想到很多语录。有的是从普遍意义上理解教育现象，最终形成思想。如陶行知先生把教育和生活结合起来认知教育，认为应该把学生放在真实的社会和生活环境中成长和接受教育，提出“生活即教育”“社会即学校”“教学做合一”，都是从生活出发阐述教育是什么，如何办学校，怎么教育人。他的这种思维方式和王阳明的“心学”主张“心即理”“致良知”“知行合一”如出一辙，都是用一个概念统领思想，还是站在全局上谈思想。还有的则是站在局部就某一方面提出教育思想，如“情境教育”，从学习体验和场景上认知教育。人受情绪影响，情境和环境对人影响极大。同一个学生，在不同的情境中会表现出两种完全不同的学习状态。好的情绪会让学习变简单，坏的情境会让人厌学，这就是情境教育最大的贡献。如“简约教育”，从事理逻辑上认知教育。化繁为简，化难为简，化多为少是简约教育最大的贡献，当今教育繁荣复杂的事情太多了，简单的事情被做得越来越复杂，导致教育累，教师累，学生累，家长累，简约教育去除了太多无用的繁杂。如“说学教育”是从学习方式角度提出的教育思想，一看“说学”就是改变了学习方式。“说中学”“用说的方式学习”，都是在如何学习上做改变。改变学习方式对不对？对的。中国基础教育近二十年的改革，基本上都集中在学习方式改革上。为什么要改变学习方式？因为学生太累，学习效率太低，教育质量需要提高。

细数当下教育思想，基本上是就某一个方面有所得，提出一个理解或主张，这些都被称作教育思想。没有问题，从一个点上谈教育，做教育，形成的主张就是教育思想。也许这就是“教育工作者”和“教育家”的区别，近百年少有人被称作教育家，可能与思想被局限在点上有关系。大家提出来的思想和主张即没有孔子、杜威那样“全面”，也没有陶行知、王阳明那样“以点概全”。“局部”上的思想总是难以和“全面”上的做对比，离成为“教育家”还是有些距离的。但不管怎么说，要鼓励校长和教师提出教育思想，拥有教育思想。不是每个人都要成为教育家，但每个人都有义务和责任做好教育。有了教育思想和主张，即便是局部的、片面的，也能指导教师做好教书育人工作。当然，从局部出发提出教育思想，不可避免带有狭隘性和片面性。因此要谨防以偏概全，用片面的教育理解去统领全部的教育事业。也要谨防空泛的，没有实际意义的教育思想误导教育。有些教育思想太务虚，有说法没内容，这样的教育思想信马由缰无法捕捉，会让教育变得假大空。还有些教育思想玩概念，做文字游戏，以概念解释概念，可以理解为“学术性教育思想”。这样“没有实际意义的见解”，不能被称作教育思想，也就失去了借鉴的意义。

这样一说，是不是就不能从某一个方面，或某一个点提出教育思想了呢？非也。不但能提，而且要鼓励教师多提，人人都提。中国历史上文化最繁荣时期是春秋时期“诸子百家”形成的“百家争鸣”，如果因为鼓励教师人人提出教育思想，再出现一次教育思想的“百家争鸣”，那就是教育最大的幸事。

第三节　尝试拥有教育思想

每一名教师和校长都应该努力拥有教育思想，因为拥有教育思想比践行教育思想要深刻。拥有教育思想，说明教师或校长对教育有深入的探索和思考。不论是从点上，或是面上，这样的探索和思考都会促使教师成长。

拥有教育思想不需要刻意为之。很多事情是强求不来的，有时候特别想做成一件事，反而做起来更难。凝练教育思想也是如此，越想凝练，越词穷殆尽。相反对某个事情有兴趣，持之以恒做下去，一年，两年……十年，八年……坚持不懈，说不定哪一刻灵光一现，教育思想就从天而降了。

当然教育思想也不会天上掉馅饼一样来到面前，必须从苦而生，从难而降。教师或校长不是在某一领域长期坚持，深入实践，极度思考，就不会获取与众不同的经验和体会，也就不会有思想诞生。从这个角度上讲，一线教师和校长提出的教育思想更可信。这就解决了当下一些困惑，大多数一线教师和校长总觉得自己理论水平不够，不敢奢望提出教育思想。寄希望于大专家、大学者帮助自己总结提炼教育思想，而这些专家学者没有切身体会和经验，容易在借鉴中迷失方向，或大概念化。对于理论界提出的教育思想，我们更应该倾向哲学家提出的，而不是教育工作者提出的。

一线教师和校长拥有教育思想没有那么难。沿着自己感兴趣或关注的领域，带着解决问题的思想，一直做下去，最后就能形成独到见解。这种独到见解，就是教育思想。把握教育思想的特点，一般都既是世界观又是方法论，也就是既有问题又有解决问题的办法。把握了这一点，所谓的独到见解就会思考得更多更周密，尤其是在解决问题的办法上出新招，出实招。这样的见解对教育教学是有意义的，能改进和促进教育发展，当然要被称作是教育思想了。

从社会发展看，借助团队的力量提出教育思想更容易。个人拥有教育思想不是不可以，只是推广起来，变成普世思想太难了。教育思想如果不能具有普世价值，压在箱底里又有何用。王阳明从贵州龙场讲起，穷其一生传播心学思想。孔圣人杏坛讲学，三千弟子七十二贤人教诲弟子。这些圣人思想才会从一而众，因为思想光芒万丈而追随者众多。作为普通人的教师和校长，提出教育思想要想实践，最好是组织一个团队，聚集一拨好人，同做一件事情，让想法能产生，能落地。

第四节　寻找凝练教育思想的轨迹

教育思想的立足点是规律。教育思想不是拍脑袋拍出来的，不要以为脑子好，灵机一动，就能想出一个教育思想来。教育思想要遵循社会主义体制规律。要遵循国家教育方针，立德树人，五育并举，为谁培养人是教育思想的基础。校长或老师形成教育思想时，存在价值观是否正确的问题。因为身处一线，容易被狭隘思想影响了眼光，思考问题局限性太大，导致形成的教育思想片面或者错误。教育思想要遵循教育规律。教育是什么，教育的教和育如何做，以及教学是什么，如何做等等领域内的问题，已经被研究了几千年，如何遵循，如何实践都是讲规律的。校长或老师形成教育思想，当然要遵循这些规律，直面教育问题。教育思想要遵循儿童规律，学生认知规律，幼儿成长心理规律，人与人差异规律，都随着年龄变化而变化，一年和一年有着很大差异。校长或老师形成教育思想就必须想清楚，弄明白这些事情。

教育思想的产生点是实践。一般提出教育思想，没有十年二十年以上的实践经验是不科学的。有句话叫实践出真知，只有长期从事教育工作，扎根一线做具体事情，才会积累大量经验，慢慢形成自己的认知，对教育提出一知半解的观点。理论上说，全国几千万人从事教育工作，每个人都有大量的实践经验，每个人都可以提出或形成自己的教育思想。但实际上不是这样的，提出教育思想需要站位高，需要理性思考，需要有信念，有追求。大多数教师更习惯于埋头做具体事情，少一些理性思考和信念追求，于是他们一般不会提出思想和主张来。生活中总会有一少部分人爱琢磨，爱思考，爱总结，这部分人会经常反思工作得失，找到解决问题的办法和策略，时间长了，他们就有了自己的认识和见解，最后就形成教育思想。

教育思想的活力点是创新。很多规律的说法我们的古人和前辈已经总结成熟了，比如因材施教、学而不思则罔、温故而知新，教育即生活，情境教育等等。因为是真理，作为后辈，我们只需要认认真真去落实就行了，为什么还要形成新的教育思想呢？说到这里就不得不想到与时俱进一词。时代在发展，社会现象和事物也在发展，教育当然也在发展。发展就会遇到新问题，出现新情况，这些新问题新情况解决起来就要有新做法，这是教育思想需要发展的基础。另外，教育发展过程中也需要人发展，需要出现新的教育家。教育思想一经形成，就成了静态摆放在那里，只有人把它捡起来才有了灵魂。因此，不论任何时期，需要有人对前人的思想去践行，需要有人总结凝练出符合时代的新思想。我辈要始终坚持推陈与创新，不断提出新主张新思想，让教育思想的光芒时刻生辉。

第五节　回避假思想和思想乱象

教育的发展是一种积淀。中国教育有着几千年的积淀和传承，源远流长，底蕴深厚。但是历史变迁、朝代更替对教育有着不可磨灭的影响。秦王朝灭六国统一文字，焚书坑儒贡献了教育，也有毁灭的一些东西。董仲舒“罢黜百家独尊儒术”传扬了仁义礼智信优秀文化，也失去了百家争鸣的繁华。新中国成立后，教育一穷二白，一切从零开始。教育、学校、校长、教师都是平民教育的代表，人们埋头于工作实际，教育思想没有得到关注和认识，产生的有影响力的教育思想不多。近些年，大家开始关注教育思想，又一下子有点儿泛滥的倾向，什么话都敢拿出来说成是教育思想。

笔者认为教育思想应该是有世界观和方法论在其中的，不能随随便便拿来一个“词语”就作为思想存在。分析一下当下各种教育思想，有不少思想选择了“中性词”。既不包括世界观，也不包括方法论，读起来不疼不痒，但也有错，谁也说不了个啥。这样的思想能指导教育教学工作吗？不好说，好像也能，因为它有给教育指出了一个方向，树立了一种愿景。也好像不能，因为它指出的方向、树立的愿景人们原本就有，有没有这个教育思想人们都是那样生活和工作的。

提出教育思想也要谨防人云亦云，东西抄写。提出教育思想需要积淀，有可能做教师几十年也不一定能提出教育思想。但是眼下急功近利者多，看到身边的校长和教师提出了教育思想，于是自己也捏造一个教育思想。至于说的什么，连自己都解释不清楚。就像学校文化，每一所学校都要规定一个“办学思想”“一训三风”什么的，结果弄得大家抄来抄去，改来改去，编来编去，其实办学校时压根不去想这些思想风训什么的。教育思想要用一辈子去认识，怎么可能当校长一两年，当教师短短几年就能深刻认识和理解的。可是当下教育思想的产出，就是没有时间限制速成的。

提出教育思想还要预防“少年不识愁滋味，爱上层楼，爱上层楼，为赋新词强说愁。”这种校长和教师学究派多一些，从理论到理论，读书看报知晓了一些教育思想，于是自己试着提出一个思想。这样的教育思想有点像“曹刿论战纸上谈兵”，就是空对空研读起来觉得很有道理，一放到工作中去检验立马原形毕露。

第二章

“说以明理，学而至善”教育思想诠释

第一节　“说以明理，学而至善”概念解释
第二节　“说以明理，学而至善”诞生过程

第一节 “说以明理，学而至善”概念解释

“说以明理，学而至善”指在说的过程中明白事理，使学习达到最好的境界。“说以明理”是从学习方法和要求上阐释教育教学的意义。创设一个说的环境，让学生去说，说清楚道理、事理、算理为止。“学而至善”是从结果上描述了学习状态和境界。理说通了，学习就会达到一种最好的境界，学习过程和结果都通透、自然、水到渠成。

“说以明理，学而至善”是世界观。明理是人立世的根本。人来到这个世界，要与人相处，要干事创业，要建立功德，要成就自我。所有这一切，成与败都与明理有关。有些人生是成功的，因为它通晓事理，与人为善，达人达己。也有人生是失败的，因为它目光短浅，自私自利，做事偏激。人们常说性格决定命运，其实说的还是明理。明理之人，遇事客观冷静，在坦然面对中解决问题。不明理者则头脑发热，易于冲动，把人生搞得一塌糊涂。所以教育学生明理，就是在教给他们立世之本，是做人最基本的要求。至善是为高人之根本。没有人来到这个世界愿意平庸，人人都想成为被大家尊敬的人，都想功成名就，成为德高望重之人。

想成为这样的人，就要服务大众、贡献社会，克服利己思想。做这样的人就得有至善思想，也就是真善美的品质，这也是孔子在《大学》倡导的。我们的学校，我们的教育把明理和至善作为培养人的目标和使命，帮助学生建立这样的世界观，国家和社会也就会越来越好，社会主义共同富裕也就会更加和谐。

“说以明理，学而至善”是方法论。如何让学生明理，采取的是说的方式。如何让学习至善，采取的是说学办法。这里体现了一种全新的学习方式，即“说学”。“说学”就是“说中学”。学习方式有很多种，有的孩子喜欢思考，有的孩子喜欢做题，有的孩子善于总结，有的孩子擅长记忆。不论哪种学习方式，发展到今天，不管是输入还是输出都离不开一种策略，或者是一个词语，叫作“交流”。“交流”就要说学，不说何以交流？“说学”是新时代教育产物。“说学”保留了爱思考，爱做题，善于总结和擅长记忆的所有长处，又赋予了“说”这个新的方式。因此“说学”是科学的，是哲学的。“说学”定义为“在说话、交流（对话、质疑、批判）和表达中，学习知识，锻炼能力，提升素养，培育品格”，把说学方式和育人目标紧密结合在一起，阐明了教育的价值和意义，方法和策略。

“说以明理，学而至善”是对“自主合作探究”最好的落实。国家第八轮课程改革提出了“自主合作探究”三大学习方式，至今已经二十年了。二十年来中小学课程改革围绕“自主合作探究”做变革，但显然理解还不通透，落实得并不好。至于应用如何，只能说还在探索和实验中。

也有一些学校和教师早已淡忘“自主合作探究”，甚至出现了批判的声音。是“自主合作探究”不好吗？非也。是一些个别的、典型的、极端的案例繁华后带给了大家认知上的逆反。“说以明理，学而至善”对“自主合作探究”进行了高效整合，是一种实践证明成功的案例。“说学”按照规律，将学习分为“自主（独立）学习阶段”和“合作学习阶段”。“自主（独立）学习”要有自律能力，培养自律行为要经过自管、自修，达到自立才行。“合作学习”要有自觉意识，养成自觉合作要接受他管、互促，达到共赢才行。“说学”理念强调“先预后教”，本身就是一个从自主学习到合作学习的过程。课型设计时又规定了四个动作，即“自主合作、交流展示、补充质疑、教师指导”，自动将学习区分为自主学习和合作学习，又将两者有机结合，一切都十分流畅，一气呵成。学的时候强调独立和自学，说的时候强调合作和交流，“自主”与“合作”如一对亲密伙伴，谁也离不开谁。任何时候都先独立自主学习，然后紧接着合作交流学习，再融入探究思维，“自主合作探究”三大学习方式成为一个整体，而不是割裂思维。困扰专家以及一线学校和教师多年的转变学习方式问题应声落地，难题迎刃而解。“说以明理，学而至善”是站在第八轮国家课程改革基础上的，是对“自主合作探究”成熟理论的应用研究，对一线学校和教师具有可借鉴、可复制、可粘贴的现实意义。

“说以明理，学而至善”与党的教育方针是高度吻合的。党的教育方针指出，坚持教育为社会主义现代化建设服务，为人民服务，把立德树人作为教育的根本任务，全面实施素质教育，培养德智体美劳全面发展的社会主义建设者和接班人，努力办好人民满意的教育。“说以明理，学而至善”将明理和至善作为立德树人的根本，始终不忘以德治校、立德树人原则。“说以明理，学而至善”以“说学”为突破口，实施素质教育，全面提升学生素养和能力，服务社会主义建设。“说以明理，学而至善”将“说学”应用于所有学科，贯穿学习始终，尤其是将德智体美劳全面发展理念真实地落地，使学生健康成长。正是“说以明理，学而至善”给老百姓提供了满意的教育，所以才会被大家所热议和追捧。

“说以明理，学而至善”对提升学生素养有着特别功效。中国学生发展核心素养提出学生在三大领域的十八个基本点提升素养，但学校教育长期以来着眼于文化基础的教育，在学生自主发展和社会参与方面相对要少。近些年受东西方比较教育影响，学校关注和丰富课程设置，尤其是一些游学课程的涉足，令学校教育视野越来越宽阔，孩子们受益匪浅。但是这些课程设置还是不平衡的，有些学校多些，有些学校少些，教育极不均衡。“说以明理，学而至善”系统地整合了学校、家庭、社会资源，调动了教师、家长和社会力量，尤其是以“说学”这种独有的学习方式，将德智体美劳实现融合，培养学生全面发展。就一种教育思想实现学校、家庭、社会教育融合，将德智体美劳五育并举的，“说以明理，学而至善”的贡献是独具风采的。“说学教育”将“说学”渗透进所有学科，所有课程，所有学习时间，所有学习空间，所有评价方式。哪怕是家务劳动的说学，外出游学的说学，预习复习的说学，时刻都在说学。每一个点上，学生都通过自主合作、交流展示、补充质疑、教师指导方式学习，每次学习学生都通过“说和表达”充分展示自己的学习成果，展示自己的思维精华，展示自己的综合素质。在这些说学中，又有明理和至善作为世界观引领，让说学的方向永远充满动力，学生能力随之越来越强。

“说以明理，学而至善”对落实国家“双减”“五项管理”“课后服务”等政策有着创新贡献。早在国家提出“减轻学生课业负担”时期，说学教育就已经凸显了优越性。因为是“说学”形式，不需要大量做书面作业。所以面对一二年级不留书面作业，三到六年级书面作业不超过一小时规定时，说学教育轻松做到了。教学成绩不但没有下滑，还让学生学习了更多知识，积累了更多知识。当“减负”变成“双减”时，“说以明理，学而至善”因为早早培养了学生“自主合作探究”学习，学生学习能力已经建立，不依赖教师也能学习学好，学习起来当然轻松了。“课后服务”早就在“说以明理，学而至善”的范畴内，因为说学，晨午读、大课堂等说学课程研发已经成型，德智体美劳全面发展活动设计已经成型，各种社团和兴趣小组基本成型，开展课后服务只要延续原有做法就行了。至于“五项管理”，因为“说学”这种学习方式，问题也已经得到解决了。

“说以明理，学而至善”与未来国家评价方式改革高度吻合。中共中央国务院关于《深化新时代教育评价改革总体方案》提出改进中小学校评价。义务教育学校重点评价促进学生全面发展、保障学生平等权益、引领教师专业发展、提升教育教学水平、营造和谐育人环境、建设现代学校制度以及学业负担、社会满意度等情况。“说以明理，学而至善”没有只关注成绩，而是关注学生素养，关注立德树人，关注五育并举，从本质上改变了学习方式，改善了育人环境，真正以培养人为主发点和归宿点。

第二节　“说以明理，学而至善”诞生过程

我于1989年参加工作，2002年走上校长岗位，“说以明理，学而至善”是三十多年教师生涯和二十年校长生涯的综合结晶。

在我的职业生涯中，沿着两个轴线教育理解和思想不断发展，基本情况是这样的。在教师的轴线上，始终在研究“教与学问题”，形成了“说学教育”主张。在校长的轴线上，先后研究了管理、文化、教育和办学等问题，形成了多个主张。然后综合教师和校长双重身份，双重收获，凝练形成了“说以明理，学而至善”教育思想。

一、说学教育主张形成主线

（一）种子阶段——尝试教学法（1989—1990年）

我的职业生涯只有一年的数学教学经历，就是刚参加工作第一年。1989年8月我被分配到灵武县梧桐树教委陶家圈一小工作，接了毕业班五年级数学。当时大家都在学习邱学华老师的尝试教学法，经常召开教学研讨会。作为新老师，我对尝试教学法充满了好奇，认真学习，大胆

实践，取得了不错的效果。

那个时候对尝试教学法影响最深的是课堂容量大，学生能力强。做课老师在开课前几分钟会设置一个口算环节，检查学生计算能力，铺垫新课知识点。徐文彪老师长期应用尝试教学法授课，他班学生计算能力特别强，短短几分钟，他们班学生能口算二三十道题，令人刮目相看。最主要的是他们班成绩好，平均分能比大家高十几二十分，比教委平均分都能高上好多。这样的结果对一个新教师的冲击力太大了。他们成绩为什么那么高，学生能力怎么会那么强，成为多年以来我教学生涯时刻关注和研究的方向。之后由于学校紧缺语文教师，我再没有教过数学，但尝试教学法的种子，已经种在了我的心底里。

（二）萌芽阶段——写字进课堂（2002—2004 年）

2002 年，轰轰烈烈的新一轮课程改革在银川拉开了序幕。经过整整一个暑假的培训学习，秋季开学，所有学校、所有老师参与的新课程改革开始了。一开始，大家都不知道怎么改革，不知道怎么上课。但是培训的风暴还是留在了脑海里，必须改——这是人人都意识到了的问题。“不能再一味地由老师讲”“要让课堂活起来”“要和学生平等对话”“要蹲下身子跟学生交流”“甚至要拆去讲台”等等，这样一些理念已经在老师们的脑海里扎下了根。我所在的金凤八小也一样，大家在改革面前，不知所措地被改革的洪流冲着往前跑。

于是我们把桌子并起来，一群学生围起来坐成圈，上课时尽量少讲，余出时间给孩子们上台表演。学生表演的内容有点像情景剧，课文我们不讲了，也不读了，品词析句也省了。课堂上简单读读课文，假装讲一讲，于是，教给孩子们，一个小组几个孩子一起商量怎么把课文内容表演出来。等孩子们商量好了，老师再把事先准备好的头饰发给他们，于是一节课就在孩子们快快乐乐的玩乐中结束了。

语文课堂就这样变了，变得符合新课改精神，学生们快乐学习了。但是一段时间后，大家发现，这样的课堂孩子们是玩好了，可他们的成绩滑下来了，而且滑的还非常厉害。于是我们就开始审视、深思，这是新课程改革的目的吗？新课程改革难道要快乐不要质量了吗？慢慢地学校和老师都变得理性了，觉得新课程改革一定不是这个样子。于是，大家再一次把“双基”训练找了回来，认为学习还是要抓住基础知识和基本技能。

能不能让孩子既自主快乐的学习，又不丢掉了双基。于是，学校里有低年级老师开始让孩子课前不做头饰，改做生字卡。本来学校有现成的教具生字卡片，但没想到老师让孩子自己做生字卡这一小小的举动，却收获了意想不到的效果。由于孩子亲手制作了生字卡，于是他对这个生字的印象非常深刻，结果原来费时最多，却最容易出错的生字关，学生现在轻而易举地记住了，甚至原来的那些学习困难户都轻轻松松记住了生字。于是我们眼前一亮，这就是新课程改革的好课堂吧。

后来，一年级的闫琴老师在课堂上让孩子写生字。这又是一个颠覆，过去大家的做法是上课只教认读，写是下节课的事，用整整一节课，专门让孩子写生字。结果闫老师在教学中留出了十分钟指导学生写字，学生当堂就写会了，而且还写得非常好。教师还在课堂上对学生的书写进行了评价，孩子们的兴致非常高，老师们也看到了其中的好处。从此以后，写生字就正式进入了金凤八小的语文课堂。

（三）出苗阶段——练习进课堂（2004—2005 年）

在闫琴老师的写字进课堂试验成功之后，我们就开始思考，还有什么可以进课堂。老师们的潜力是巨大的，当思想的火花已被点燃之后，大家都跃跃欲试，纷纷在自己的教学中把自己觉得重要的东西都往课堂上放。这样语文学科的写句子、写片段、写小练笔、写小作文就都进了课堂，语文课堂变得丰富多彩起来。

语文课堂已经丰富起来之后，数学课堂相对就容易了，因为数学课堂过去本来就有练习。但此时，大家已经不满足了，觉得过去的练习太少太简单，在新课程背景下不能满足需要了。于是，有些老师就根据自己的教学经验，编写一些练习题放到课堂上。慢慢地，老师们觉得这样练孩子的成绩提高了，信心大增。于是大家找来各种书，开始有意识地收集练习题，课堂变得越来越有深度和宽度了。

（四）深根阶段——讲练结合，突出梯度（2005—2009 年）

进入 2005 年，新课程初期的风风火火已经不再，大家都安安静静地在自己的学校里，在自己的课堂上践行着新课程理念。

我和教导主任李月萍也坐下来开始认真反思走过的这几年，我对李主任说，练习进课堂是个好东西，我们一定要坚持搞下去。于是，我们开始着手研究练习的得与失。经过一轮轮的争议辩论，实践打磨，一个概念清晰的摆在了我们面前，就是课堂不论怎么改，练习不论多有效，课堂上不能缺少了老师的影子，该讲的知识老师必须讲，尤其是小学生，不讲，就会留下夹生饭，课堂教学糊里糊涂地结束了，不懂不会也随之留下了。

当“必须讲”这个概念被确定下来之后，大家的思路就清晰了。讲，没问题，哪个人都讲了几十年，哪个不会讲。当时我们没有在乎这个讲，觉得那就不是个问题。直到后来，我们才发现，讲才是所有问题里最大的问题，以至于很多年老师们都改不掉讲的习惯。当时我们的主要精力还是集中在练习设计上，由于大家都尝到了练习进课堂的好处，于是一股脑的啥都进来了，导致练习有点泛滥。面对这种乱象，我们就研究，到底哪些练习能进课堂，哪些不能进课堂。在研究了一段时间后，我们提出了“讲练结合，突出梯度”的说法，要求老师们课堂上该讲的一定要讲，一堂课必须留出5–10分钟的练习时间，练习的设计必须由易到难，突出梯度，让每一个孩子都能学到知识。

最初对数学学科我们提出的是“讲练结合、突出梯度”，慢慢过渡到语文学科，提出“讲练结合、读写进课堂”。目的就是把课堂上的讲与练作为研究对象，期望减少老师低效的讲课，结余出一定的课堂时间，通过练习进课堂提高课堂效率。在实验了大约三年多后，试验情况得到自治区教研室的关注，于2007年在金凤八小召开了教学研讨现场会，由八小向大家呈现了课堂教学和小专题研究成果，取得良好效果。至此，“231”高效教学模式算是正式下了根。

（五）长叶阶段——学讲练结合，突出梯度（2009—2011年）

2009年对“231”高效教学模式来说是个分水岭，也是一个关键年。我从八小调到了金凤三小。原来的八小是个农村学校，学生只有四百多人，二十多个教师。而金凤三小则不同，学校是真正的城市学校，一建校就招收的是新城区的职工孩子，如今规模达到一千四百多人，有六十多名教师。人力资源是改革最大的资源，这样一个变化，为课改迎来了一个广阔的天地。

于是，我雷厉风行，说干就干，8 月 28 日走进三小，在九月份的开学教育教学会议上就提出搞“学讲练结合，突出梯度”课堂教学研究。不得不说，我遇到了一个好搭档，教学副校长李术萍。刚到三小的最初两个月，我的心思全在管理上，因为之前的三小矛盾重重，干群关系十分尖锐，导致校长被教师连连告状只能调离。作为灭火队员来到三小的我，管理当仁不让的成为我最紧要的工作。两个月后，当我顺利推行了绩效考核之后，回过头来想起开学初提出的“学讲练结合，突出梯度”改革时，却发现李校长不但一直在推行，而且已经把它申报成自治区级课题，一切在有条不紊的向前推进。

这个时期之所以提出“学讲练”，是因为经过八小的几年试验，我们已经发现学生的学才是关键。这个时期，“高效课堂”的概念也已经普遍了，于是我们就在课堂上努力渗透落实“学讲练”，想把学生的学、教师的讲和当堂的练有效地整合起来，探索出一条课堂教学改革的新路来。

（六）抽穗阶段——学讲练 70 分教学模式（2011—2013 年）

2011 年 4 月赴山东杜郎口学习成为一个转折点。那是我第一次正面接触教学改革，它带给我的冲击实在是太大了。整个教室四周都是黑板，整堂课老师说的话不超过十句，整个学习过程学生们自由穿梭，自己组织。我当了二十年老师，从来没有见过那样的教学，也没有想象过会有那样的教学。回来后，我就开始思考我们的改革。算算时间，已经近十年；想想过程，一路扎实的走来；看看结果，麦芽长成了麦苗，起色不大。寻找原因，我们的观念还是太保守，生怕出错，不敢大幅度的改。和杜郎口一比，我们那哪叫改革，充其量就是小打小闹。

思考了一个月之后，我决定放手一搏，成了，就是对十几年课程改革最好的贡献，败了，就当是为教育理想牺牲了。五月份，我就开始行动了。要求课前必须预习，教师要指导预习，设计一份作业帮助学生预习。当时，这份课前指导预习的作业还没有名字，老师们都自发地把它叫作“前置性作业”。

到了暑假，整整一个假期，我没有休息，开始设计我们的改革名称、结构、抓手和改革方案。此时，我们孕育了十年的教学改革名称正式出炉了，叫作“学讲练 70 分教学模式”。核心理念是“231”，即模式分两个模块，课前预习和课堂教学模块，模式讲究三个策略，学、讲、练一个都不能少，模式改革的目的就是培养孩子的自主学习能力。课前用于指导学生的作业叫“学讲稿”，源自于“学讲练”三策略。提前二十天，我们上班了。先是学校管理层的人员到校，我耐心地给他们讲解模式，以及我们改革的决心。接着是老师，召开了动员会之后，我们就一场场地给老师们讲模式，培训大家，预习怎么做，课堂上怎么做，对老师有哪些要求，对学生有哪些要求，对家长有哪些要求，不厌其烦，耐心交流。最后是家长，我们告知家长，学校启动的这项改革其实是学校已经研究了多年的成果，告诉家长高效课堂改革在全国已经很普遍了，告诉家长我们的改革一定不会以降低教育质量为代价的。打消了家长的顾虑之后，我们又给他们耐心地讲解模式，告知他们要做哪些方面的配合。

终于开学了，我们先由主管教学的李校长和教导主任分别就自己主管的语文、数学学科上模式课，经过研讨后，才正式拉开了模式课的序幕。期间，也有过一些插曲，比如老师们的反对，比如课堂流程跟着学讲稿走，比如有些老师像在雨里雾里，比如让家长们给学生讲知识……好在，一路跟头咕噜，摸爬滚打的，我们走过来了。2012 年 11 月，由金凤区教育局检验了我们的研究成果之后，牵头组织了金凤三小高效课堂“学讲练 70 分教学模式阶段性成果研讨会”，邀请自治区、银川市三区两县一市、内蒙古腰坝学校的教育同人们参加，给予了我们极大的支持，为我们增进了动力，继续研究。也就是在这个研究会上，夏正健老师告诉我：“人一辈子能做成一件事就不容易了，王校长，你一定要把教改坚持下去”。

（七）成熟阶段——“231”高效教学模式（2013—2016 年）

2013 至 2014 年，我被确定为宁夏首批塞上名师名校长培养对象，由北师大负责培训一年。因为只有十名名校长，所以我有幸成为北师大小学校长培训中心主任陈锁明博士的弟子。在做培训课题的时候，我就把研究了多年的“学讲练 70 分教学模式”作为自己的研究方向，像导师请教。陈院长不厌其烦，一次次给予指导。2013 年 10 月，他亲自走进金凤三小，对我们的改革进行当面会诊。在他的指导下，我们的模式名称最终改成了“231 高效教学模式”。

随后，我们的研究越来越深入，也出现了各种深层次的问题。

第一个瓶颈就是“作业量太大”。经过研究，我们发现，造成作业量大的原因有两个。一个是“学讲稿”太复杂，老师们啥都想让学生在课前学会，导致越设计越多。第二个原因就是叠加作业，有的老师不愿意改变教学方式，但又怕学校听课、检查，于是就下发一份学讲稿，又按原来的方式布置一堆作业。第一个问题还好办，我们课题组集中研究后，给学讲稿瘦身了，问题得到了解决。可是面对第二个问题，解决起来太难，不论你怎么要求，老师就是不改。尤其这部分老师以老教师居多，打打不成，罚罚不成，后来，我们慢慢地引导，加上一些强制性检查的策略，总算解决了问题。

第二个瓶颈就是教师的讲。之前几年，我们觉得讲不是问题。因为我们认为小学课堂老师必须讲，六七岁的孩子，正是建立习惯和能力的阶段，离开老师的启蒙，是万万不可以的。当改革进入深入阶段，才发现老师得到了可以讲的尚方宝剑，于是，又和过去一样了，一讲起来就没完没了。虽然看时间没问题，他按照模式规定的时间一个环节一个环节地进行着。但是在“学讲”的那个环节里，他根本不给学生学的时间，全是大包大揽的讲。讲的老师眉飞色舞，可是听的学生却各行其是。课堂又成了老课堂。于是，我们不得不下大力气改变。为了彻底改变，我们想出了“订单教研”“走班上课”“跟班管理”“组内公开课”等等土办法，终于是见到了曙光。

2014 年，教育部组织评选新中国成立以来首届基础教育成果奖，我们的研究成果成为宁夏上报的成果之一，经过全国专家的评选，“231 高效教学模式”成为宁夏唯一的获奖成果，获得了国家级基础教育成果二等奖。从此，“231 高效教学模式”作为一项成功经验，成为大家学习的榜样。

（八）凝练阶段——说学教育（2016—2017 年）

2016 年，改革走到了一个新阶段。先是“模式”一词被质疑，从“模式”发展轨迹分析，“231 高效教学模式”已经走过了“建模”和“优模”阶段，到了去模式化阶段。“模式”不再能准确表达课改，反而成了制约改革发展，产生歧义的所在。接着“231”也被大家质疑，都认为“231”需要解释，不解释就不知道数字表达了什么。于是作为创始人，我开始思考重新命名。随着思考的深入，“回归”一词跃然纸上。我们这项改革自始至终没有离开过三个字，那就是“学讲练”，不论是“学讲练结合，突出梯度”“学讲练 70 分教学模式”，还是“231 高效教学模式”，学讲练始终是核心，是关键。既然如此，“学”就是当仁不让的。至于“讲”，已经不能表达课改内涵，因为此时的讲不再局限于教师，它也发生在学生之间，此时的讲不再是会的人单向输出，它也发生在师生或生生之间双向互动。因此，经过推敲，我觉得“说”更能代表课改实际。就这样，“说学”诞生了。

“说学”诞生以后，我们先把它叫作“说学艺术”。因为我们觉得教育是一门艺术，我们的改革也是一门艺术。接着把它叫作“说学课堂”，因为这个叫法最直接，直接描述课堂的结构形式，约定课堂的教学方式。到 2017 年，围绕“说学”的实践和研究已经不再是课堂一个点了，说学课程出现了，说学评价出现了，课堂的改革从语数英向全学科延伸了……于是，“说学教育”瓜熟蒂落。

（九）推广阶段——说学教育好课堂（2016 年至今）

成功需要契机，成功更需要贵人。2015 年原上海建平中学校长，当代著名教育名家冯恩洪先生走进学校听了一堂后，就给了我们极高评价和适时指导。最主要的是他产生了浓厚兴趣，于2016年12月9日再次专程再次走进金凤三小，了解和指导我们的改革。随后在2016年12月22日，带领我们走进珠海容闳学校交流改革成果。这是说学教育第一次走出宁夏，走向全国，具有标志性意义。

从2016年开始，冯校长带领说学教育团队走进了贵州、四川、河北、江苏、北京等十多个省市。在这些地方指导课改时，说学教育也在不断地优化自己，使说学的内涵和外延越来越成熟。同时，说学教育给这些地方带来的冲击力是巨大的。很多地区和学校反复多次安排教师深入金凤三小现场，学习借鉴成功经验和做法。很多方面他们都直接复制粘贴，因为说学教育直观明了，浅显易懂，拿来就能用。

随着金凤三小课改的影响力越来越大，关注的人也越来越多。北京中教市培研究院朱孝忠先生也特别欣赏说学教育，多次在三小设立全国名师工作室会场，也邀请我们到全国现场介绍经验，分享理念。

伴随着说学教育改革成长了一批教师，丁瑞芳就是其中之一。2017年她代表宁夏参加全国优质课大赛获得一等奖，随后中国教育梦邀请她参加全国各地巡回系列培训。就这样，五六年以来，说学教育好课堂已经走进了二十多个省市，传播着独有的课改魅力。

二、其他思想主张形成主线

（一）管理思想——人文＋科学＋严谨（2004年）

“人文＋科学＋严谨”管理思想形成时间大概在2004年。“人文＋

科学 + 严谨”的意思是，管理中多以人文精神和情怀关心照顾老师们，让大家心里有温暖，教学有活力；管理讲究科学合理，公平公正，用一种大家都认可的制度，一个尺寸要求和约束大家，少一些人为造成的怨言和不忿；执行管理的过程态度严谨，不徇私，不舞弊，一碗水端平，一视同仁。

2002 年我走上校长岗位以后，管理是必须迈过去的第一道坎。短短两三年时间，我走了两所学校。一所村小，规模小，人员少。一所城乡接合部学校，规模变大了，管理难度也大了。在这样两所学校工作，我始终在思考降低人为因素，激发教师工作热情。我始终认为，一个人如果不是发自内心的热爱和喜欢，或者是放松，工作结果是要打折扣的。作为校长，我要做的就是让老师们热爱和喜欢上工作或单位，最起码在这里是放松的。就这样，管理中不自觉地多了一些人文关怀，老师们工作起来很放松。同时为了保证工作质量，不放松要求，就希望通过一套科学合理的制度体系和严谨的工作态度解决问题，“人文 + 科学 + 严谨”管理思想就这样诞生了。

（二）办学思想——铸魂塑型立人（2012 年）

“铸魂塑型立人”办学思想是在做校长十年时形成的，时间大约是 2012 年。“铸魂塑型立人”的意思是，一所学校要有灵魂，有价值观追求方向，有活力激扬个性，有底蕴涵养人格；一所学校要有样子，只要一提起这所学校，社会和外界就有一个说法，是特色鲜明，是擅长研究，是干劲十足；一所学校要始终把发展人作为核心目标，发展学生是学校的根本任务，发展教师可以更好地发展学生，发展人是学校永恒不变的动力。

金凤八小六年时间，我的管理在慢慢沉淀。“人文 + 科学 + 严谨”管理让学校有了一个良好的环境，大家工作热情高，劲头足，学校发展欣欣向荣。这时候我就在思考，学校应该怎么发展，学校应该是个什么样子。用马克思主义哲学来说，应该是从物质需要向精神需要在过渡；用马斯洛的需要层次论来说，应该是从安全需要向社交需要在过渡。带着这样的思考，我创办了八小音乐教育，成立民乐队，普及器乐，为农村孩子和进城务工人员子女打开了一扇艺术之窗。后来学校被授予艺术特色学校，民乐演奏获得第二届全国艺术展演二等奖，八小艺术教育在社会上享有影响力，成为八小一个社会招牌，也就是型。2003 年一调入金凤八小，我就申请立项了一个自治区规划课题“城市化进程中农村学生与城市教育接轨研究”，带领全校教师深入研究孩子们如何市民化，尤其是在行为习惯和思维方式等方面如何进化。这项研究持续了我在八小六年全过程，在研究指导下，工作取得了很大进步，学生们变化大，学习方式和目标也有变化，三分之一的孩子可以进入名校上学，吸引周边学校孩子租车就学。这样学校教育就有了魂，把研究学生作为魂，把改变学生作为使命，这样的灵魂追求让八小变得越来越好。立人思想实际上是水到渠成，自然产生的。因为把研究学生作为使命，学生发展就成了当然结果。在发展学生的过程中，逐步凸显教师重要性也是势在必行。2009 年我调入城市学校金凤三小工作，之前一切努力都成了积淀，“铸魂塑型立人”办学思想是在调入三小工作三年后形成的。这个思想的形成离不开八小的拓荒，也离不开三小城市教育对人才的需求，一切都在不经意间发生了，一切都是最好的发生。

（三）教学主张——说学教育（2016年）

“说学教育”是由我原创的教学主张，形成时间大约在2016年。“说学教育”提倡用“说学方式”学习，也就是“说中学”。说学教育具有简明、互动、深度、便捷的特点。《说文》解释说为释也。《广雅・释诂二》解释说为论也。《墨子・经上》则认为说所以明也。现代字典则把说引申为解释、介绍、言论、主张、劝告、责备、谈说、讲说、告知、评议、谈论；把学引申为学习、模仿、讲述、讲学等形式；因此说学，就是通过说话，实现学习、模仿、讲述、讲学等目标和任务。说学教育围绕“说学”构建了课堂、课程、评价、教师培养、教研文化等系统，形成一个体系。

说学教育的提出经历了一个漫长过程。1989年课改的种子就在我心底种下了，2001年第八轮课程改革催生了这颗种子，2011年带领全校师生正式启动改革试验，2014年获得国家级教学成果奖，2016年正式命名为“说学教育”。

说学教育最大贡献就是转变了学习方式，“自主、合作、探究”真正落地，学习不在枯燥使人厌烦，学生在互相交流中就达成了学习目的。说学教育诞生经历了一个漫长过程和思想跌宕起伏的过程。从1989年种下那颗种子，到2016年正式命名为“说学教育”思想长达二十八年，和我上学时学号一致，冥冥之中是否是一种预示。“尝试教学法”“练习进课堂”“讲练结合，突出梯度”“学讲练结合，突出梯度”“学讲练70分教学模式”“231高效教学模式”“说学课堂”“说学教育”，一路名称，一路汗水，一路的思考和研究。“说学”，想想都是一个不错的词语，越琢磨越有味道。“学”是根本，一切的教育教学活动目的和意义都寄托在这个字里。“说”则贯穿在学习的全过程，不论是学习，还是检验学习都离不开说，说和表达是人生最常用的生活方式。“说学”一词的诞生，也许是二十一世纪的一项伟大发明。学生们如果掌握了这种学习能力，并在成长过程中锻炼了这种能力，他的人生也许会更成功。

（四）文化主张——自善文化（2018年）

“自善文化”形成于2018年。

“自善文化”是对学校文化对一种解读。每所学校都有自己的育人目标，围绕着这种目标会形成特有文化。自善文化的核心要义是自立自强，至善至美，这和学校“铸魂塑型立人”办学思想是一脉相承的。自立自强指培养学生首先成为独立自主的人，人人自立，自己能面对学习和生活，解决学习和生活中遇到的困难和问题。在自立的基础上，每个人都在不断进步，即使遇到挫折也不放弃，能够迎难而上，养成坚强不屈的品质。至善至美指追求真善美，高品质要求自己，最终走向或达到至善至美境界。

每个人都有梦，每个人也都对理想学校有一种憧憬。在我的梦想里，学校有井然的秩序，学生什么事情都能做好。于是从当校长第一天，我就早早到校抓校风抓学风。我所走过的学校，学生“进校即入班，入班即学习”已经形成规律，习惯成自然。之所以有着先认识和做法，我想还是因为“自善”的原因。善于自律，善于学习，善于做事这些思想可能早就注入了我的身心。于是从事管理工作后，就自然而然的开始践行。2009 年我在学校启动了感恩知孝德育系列教育，从尊敬师长孝敬父母开始播种善良种子，教育学生树立真善美的世界观。2011 年启动说学教育改革后，则一直主抓学生自主学习和自我管理。2012 年铸魂塑型立人办学思想形成以后，更加成为学校要铸的魂。于是，遵循自善形成规律，将德育过程分为日行一善、意识向善、行为自善三个阶段，慢慢播种，日日熏陶，一点点给孩子们培育善的品行。就这样一直坚持到 2018 年，在得到专家点拨后，自善文化应声而出。

（五）教育思想——说以明理，学而至善（2021 年）

2021 年“说以明理，学而至善”终于诞生了，有点千呼万唤始出来的感觉。

在参加国培计划全国领航名校长江苏培养基地培训之前，我的思想和主张都是零散的。属于一项工作产生一些想法，形成一些做法，总结一些经验那一种。因此，“人文 + 科学 + 严谨”管理思想，“铸魂塑型立人”办学思想，“说学教育”教学主张和“自善文化”文化主张都是各自为阵的。尽管这些思想和主张对办好学校提高教育质量发挥了积极作用，但是由于缺乏系统思维，从来也没有想过要把这些思想融为一体，整合起来。

国培计划江苏基地的培训是高效的。2018 年走进金凤三小时，对学校文化提出的改进意见促成了“自善文化”的诞生，算是一段佳缘。2019 年江苏基地专家第二次走进金凤三小，首席专家提出应该将“说学教育”和“自善文化”予以整合，融为一体。之后我边工作边思考，如何将之融合。后来还是首席专家精心指导，给出建议，打通了“说学教育”和“自善文化”的联系点，形成“说以明理，学而至善”教育思想。

“说以明理，学而至善”形成于 2021 年，但它是三十年探索和实践教育的结果。三十年致力于课堂教学改革，创新了教育主张，改变了学习方式，使学校和孩子们走上一条不寻常的学习之路，“说学教育”在我的教育思想中意义之重不言而喻。身为校长，铸魂塑型立人办学思想是我对一批又一批学子的责任和承诺，教人向善，立人立世也是教育的意义所在。把这两种思想融为一体，产生的就是我的教育思想。“说以明理，学而至善”教育思想就这样诞生了。

第三章

“说以明理，学而至善”相关主张内涵

第一节 自善文化

一、自善

教育在立人，立人当自立；

大学要明德，明德应至善。

自善取“自立”和“至善”之意，合并而成。

自善本义包含自我善于、自我擅长、自我善良等意思。自我善于指在某方面具有特长，比如善于学习，善于运动，善于歌唱等等。自我擅长指对某些东西比较了解，做起来得心应手，比如擅长烹饪，菜做得好，擅长诗词，背诵吟唱经典。自我善良指不断地矫正思想和言行，使心地纯洁，纯真温厚和善而不怀恶意。自善在“自善文化”里还有引申义，就是自立自强，至善至美。自立自强指培养学生首先成为独立自主的人，人人自立，自己能面对学习和生活，解决学习和生活中遇到的困难和问题。

在自立的基础上，每个人都在不断进步，即使遇到挫折也不放弃，能够迎难而上，养成坚强不屈的品质。至善至美指追求真善美，高品质要求自己，最终走向或达到至善至美境界。每所学校都有自己的育人目标，围绕着这种目标会形成特有文化，“自善文化”就是我本人和金凤三小对学校文化的一种解读。学校培育自善文化，就是要教育和引导学生不断自我善于、自我擅长和自我善良，达成“说以明理，学而至善”的教育目的。自善文化与“铸魂塑型立人”办学思想是一脉相承的。

《大学》有说，大学之道，在明明德，在亲民，在之于至善。教育最终在于教人向善，教人明理。在传统文化熏陶下，结合多年教书育人心得，我提出“教育在立人，立人当自立；大学要明德，明德应至善”的论断观点，并由此凝练出“自善”主张。这个提法与我的办学思想有关系，“铸魂塑型立人”办学思想把立人作为教育目标，所以才有了“教育在立人”的说法。“立人当自立”进一步明确自立才是立人的根本，强调独立自主是一个人立于世界的关键。“大学要明德”指大学问就是教人明德，做有德性的人。“明德应至善”则指明德可以追求至善为更高境界。如此一来，取前一句“自立”和后一句“至善”中各一个字，组成“自善”一词，由此提出“自善文化”。

“自善”包含三个内容，即自我管理、自主学习、自行修养。善是至高境界，自善更是强调了自我完善的价值意义，实现起来要更难一点。一个人要达到至善境界，是一个漫长的修行过程。在这个漫长过程中，自我管理是第一步。如果一个人连自己都管理不好，养不成好习惯，去不掉身上的陋习，何以谈自善。人的成长和进步，是在不断学习中完善的。只有不断学习，与时俱进，活到老学到老，人才能进步走向至善。两千多年前，孟子和荀子就分别提出“性善论”和“性恶论”，互相争鸣，各表立场。人的成长就是一个修炼完善提高的过程，一个人成长过程中，如果经常能够通过阅读、阅人、阅事来修正自己，完善自己，最终定会成长为优秀人才。自我管理、自主学习、自行修养是人的成长三部曲，是自善三部曲。

自我管理是一个大概念，应该包含学生学习、生活、行为、品德、与人共处、社会参与等各个方面的自主发展。从人的终身发展来说，自律是走向成功和优秀的必备品格。金凤三小长期致力于学生自我管理，提出创办规则三小，用各种规范约束和引导学生行为。出台“一日常规”，让师生们明明白白一天学校学习生活中的点点滴滴这么做。推出“学生自我管理平台”，把它设计成少先队德育管理模式，在学校和班级内积极营造自我管理文化，让自我管理成为一种文化，成为一种意识，成为一种同学与同学之间的自觉行为。后来又把学生自我管理平台和人工智能相结合，建设完成“人工智能学生自我管理平台”，实现了大数据统计、互联互通、信息采集等技术，在学校里形成了浓郁的自我管理文化。

自主学习是一种学习方式，也是一种学习习惯，更是一种学习能力，一种学习品质。提出用“说学方式”学习，是基于学生转变学习方式，形成学习习惯，提升学习能力和学习品质的改革实验。说是说话和表达的意思，说话是人的基本能力，表达则包含人、表达对象、对表达对象的理解思维以及语言组成等几个部分，说学就是在解决以上问题中学习获取知识。说学教育是基于学习本质的一种理论探索，旨在遵循儿童规律的基础上彻底改变学习方式，以自主合作为基础把学习彻底交还给孩子们。说学教育建构了自己的理论，提炼了三原则、三境界、五大理念、说学八法。建立了课堂、课程、评价体系，全方位整合学习过程，发展培育学生自主学习。

自行修养是一个较高层次的自主发展，在自善文化里追寻学习上的自主学习，行为上的自我管理，还有品德和精神上的自行修养。在五千年中华文化源远流长中，修养文化可谓取之不尽用之不竭。仁义礼智信、道法自然、知行合一等光辉思想理应通过教育代代传承。于是在金凤三小的自善文化里通过阅读途径，从海量丰富的传统文化里汲取营养，自行修养。自善文化对学生品德自行修养分了三个阶段和层次，第一阶段是日行一善，鼓励学生边阅读边行善，知行合一，每天进步一点点，每天至少做一件好事善事。第二阶段是意识向善，还是边阅读边行善，但是在阅读行善中逐步形成初级是非观、价值观、世界观，积淀少年儿童特征的理性思考。第三阶段是行为自善，在行为习惯养成基础上，在意识思维沉淀基础上，做到知行合一，成就一种修养自觉，或者说自善文化的自觉。

“自善”存在三个阶段，即日行一善、意识向善、行为自善。善不会一蹴而就，善需要一点一点积淀，善甚至需要斗争才会拥有。孟母三迁是为了找到一个好环境，这何尝不是为了培养孟子善良的品质。性善论和性恶论争锋相对，又能自圆其说，何尝不是告诉世人人性是有善也有恶的，就看一个人成长为善人还是恶人。教人向善，要一步一个脚印，扎扎实实。日行一善是让人每天做一点好事善事帮助人的事，天天做，天天如此，成了习惯，善良的种子就种进了心里。心中有了善的种子，人的思想和意识就会在潜移默化中改变，会变得善良、乐观、热情、豁达，喜欢帮助人。在思想和意识里充斥真善美以后，人的行为就会自发地变得善良，由此成就了行为自善。

日行一善指每天做一件善事，实际上就是过去多少年提倡的好人好事。真善美是人间大道，“善不可失，恶不可长”“勿以恶小而为之，勿以善小而不为”“君子莫大乎与人为善”“一善染心，万劫不朽，百灯旷照，千里通明”，古今中外，政治观点可以不同，但对善的描述和追求是一致的。传统学校会设置一个好人好事记录本，把每一天发生的好人好事记录下来，鼓励学生多做好事。这种做法在今天也不过时，我们应该把这个本子继续设起来，把鼓励孩子们做好人好事的行为坚持下去。

意识向善指思想深处善的种子已经萌芽。每个人性都有善的一面也有恶的一面，教育仿佛修剪树木，去其枝丫，使其长成参天大树。孩子们天生有一些不好的习惯，如懒惰、逃避、依赖等，只要给一点机会，没有哪个人会不中枪。学校通过日行一善创造一个人人做好事，人人做好人的环境，让学生在这个环境里学习生活成长，从思想深处改变他们。正所谓“蓬生麻中不扶自直”，充满善的环境必定孕育善良的人。

行为自善是无须提醒的自觉。梁晓声对文化解读有一句名言说文化是无须提醒的自觉，真善美教育要实现的就是这种效果。当一所学校因为每个人思维深处善的种子已经开花，从而呈现为所有的人行为自觉向好向善，这样的教育该如何评价。

二、习惯自立

自善文化的根基是自立，自立也是启蒙教育必须完成的教育使命。小学六年，6—12 周岁正是人生奠基阶段，如果不能实现自立，以后的学习生活，甚至人生都可能深受影响。从教育的角度讲，幼儿时期习惯培养十分重要，或者说小学阶段对好习惯的培养要远远大于其他培养。因此，我提出一个新概念，叫作“习惯自立”，意思就是把自立培养成习惯，让自立成为无须提醒的自觉。

“习惯自立”是教育新生态。这是一种什么样的生态呢？这是一种遇到任何事情习惯性自我解决，而不是借助外力或依赖他人。对于小学生来说，就是克服依赖思想，自己一个人独立面对或独自解决。这样的情况存在不存在？可以说无处不在。比如学习时依赖家长记作业、削铅笔，整理书包。比如说学习缺乏自律，有人监督就学习，没人监督就玩耍。比如上课听讲小动作不断，一不注意就思想开小差。比如小学低年级靠父母穿衣服，靠父母叫起床，靠父母洗衣服鞋袜。比如十多岁了，父母不在家就饿肚子，吃不上饭，没法生存。这些都是不自立的表现，“习惯自立”就是要培养学生遇到以上情况不是手足无措，而是坦然面对，想办法，有办法做好以上事情。

2020 年一场新冠肺炎给人类带来了灾难，如今疫情依然肆虐着世界，影响着我们的生活和学习。“停课不停学”“空中课堂”“丁丁在线”等线上教育模式出现，登上了历史舞台，改变了原有的教育生态。适应这种教育新生态，需要改变固有思想和做法。尤其是家中无人，只留一个六七岁的孩子在家里上网课。行吗？缺乏监管的孩子会发展成什么样？一个孩子的网课会上成什么样？空中课堂的教育效果会是什么样？一个个疑问摆在人们面前，如何解决？貌似没有好答案。进入 2021 年，“双减”“五项管理”“课后服务”等教育深改项目又都一股脑出现在我们面前，如何应对突如其来的变化？如何校内校外同时减负却又不降低教育质量？如何保障睡眠时间？如何保证学习成绩？如何把作业量减下来？貌似也没有好答案。互联网时代教育生态、文化、理念、模式，到底应该是个什么样子。作为一名从教三十年的教师，一名管理学校二十年的校长，我思考的解决只有“习惯自立”。

实践是检验真理的唯一标准。经历了网络教学后，“自善文化”提倡的自我管理、自主学习、自行修养培养了学生自立品质，他们在家里学习时慢慢不需要大人陪伴，在小伙伴视频合作交流时，一个个坏习惯被纠正，孩子们已经习惯自立了。自善文化非常适合疫情期间学生居家教育，能够营造独立自主氛围。“说以明理，学而至善”提倡和长期以来培养形成的学生自主学习能力和习惯，十分符合居家学习，学生完全可以实现自我管理和自主学习。“自善文化”是我校长期打造的学校文化，“说学教育”是我校十多年课堂教学改革的成果。“习惯自立”教育新生态就是依托“自善文化”和“说学教育”，就是培养学生学会学习，提高学习质量形成的教育新生态。

“自善文化”作为“互联网+教育”新生态的教育价值在于“自善”。“自善”，我们从学校德育、教学两大块和学生个人自育三个方面，提出了“自我管理、自主学习、自行修养”三个主张。自我管理是对学生行为的自我规范，自主学习是教学生学会学习，自行修养是引导学生提高个人修养。三者都是以“自立”为前提，以“至善”为方向，在我校实验多年，线下教育理论和实操已经相对成熟。互联网时代，需要研究的是如何构建“线上生态”。就线上教育和线下教育区别，仅仅是技术和手段的不同，教育内核和理念方法没有变。因此，在线上和线下教育之间，只要解决了技术问题，再搭建一个“习惯自立”的桥梁就够了。

“说学教育”作为“互联网+教育”新生态的教育价值在于“说学”。由于“说学教育”是“自主学习”文化背景下的教育主张，因此，“自主学习”是基础。但学习方式不会是机械、单一的，往往是各种方式相伴相生。专家提出的三大学习方式是“自主、合作、探究”，于是，“说学教育”也从单一的“自主学习”走向了“自主、合作、探究”。“说学教育”设计了“231模块”，将学习活动分为“课前预习”和“课堂教学”两个模块，学习方法确定为“学讲练”三个策略，最终实现培养学生“学习能力和习惯”的目的。通过“231”串联起以“说学”为样态的“自主合作探究”学习生态。互联网时代，需要研究的同样是如何构建“线上生态”。和子山文化一样，说学教育线上和线下教育之间，除了技术问题，也需要搭建一个“习惯自立”的桥梁。

构建“互联网+说以明理学而至善”的“线上生态”，除了技术外，我们将最核心的文化命名为“习惯自立”。也就是在网络终端学习的学生个体是“自立的”，而且这种“自立”已经成为一种习惯，每一名学生要非常习惯这种自立。

“说学教育”的“习惯自立”。“说学教育”的“说学”就是“说和学”，是“说中学”。学是主语，说是定语。学有学习、模仿、讲述、说、讲学等意思，说有解说、开导、说明、谈说、讲说、告知、告诉、评议、谈论、劝告、责备、介绍、以为、学说、观点、言论、推理、说书、一种文体等解释。于是，我们可以提炼出的“说学方法”有“学、读、仿、练、讲、述、说、解、导、谈、告、诉、评、议、论、思、辩、劝、责、介、背、写”等几十种。可以说，“说学方法”层出不穷，应有尽有。有什么样的思维程度，就会创造出什么样的说学方法。“231”规定了“课前预习”依托“说学稿”学生独立自主完成，然后进入合作学习环节。“课堂教学”部分按照“五环节四动作”上课，渗透“自主合作”“学生主体”“合作学习”“说学艺术”“学以致用”五个要素。要将“说学教育”从“线下”成功嫁接到“线上”，做到“在家里学习”和“在学校学习”学习场景一模一样就能实现。于是，我们选择了“钉钉直播课堂”。“课前预习”还是依托“说学稿”学生独立自主完成，然后学习小组在直播群里合作学习。“课堂教学”继续按照“五环节四动作”上课，学生通过互联网上的还是熟悉的课堂，自主合作、展示交流、补充质疑和线下学习如出一辙，即便一个人对着电脑，隔空与人合作互动，学习是没有多大难度的。因此，“说学教育”的“习惯自立”，既是线下学习时“说学方式”“课前预习”“课堂教学”“课后复习”“说学评测”的“习惯”和“自立”，又是线上学习时，互联网背景下的“说学方式”“课前预习”“课堂教学”“课后复习”“说学评测”的“习惯”和“自立”。

“自善文化”的“习惯自立”。“教育在立人，立人当自立；大学要明德，明德应至善”是“自善文化”起源。我想，作为一名教育工作者，弄清楚教育的意义，明确办学追求，是做好教育事业的基础。“自善文化”提倡“自立”，做到极致，就是“习惯自立”。“好习惯益终生”，诺奖获奖科学家曾说，让他们取得成功的法宝是在幼儿园养成的好习惯。“中国学生发展核心素养”一再提到培育学生的“必备品格和关键能力”，学习能力显然是学生立德树人，学好德智体美劳的关键能力。联合国教科文曾经提出“四个学会”，其中“学会学习”就是其一。时下教育界热搜5C理论，交流沟通、文化沟通、相关联结、比较能力、社区活动出现在人们面前。这些理念，能不能成为“互联网+教育”背景下教育新生态的基础，将取决于教育人的理解与实践。“自我管理”的“自立”，可以通过“学生自我管理”的文化机制慢慢培养。“自行修养”的“自立”，需要开设阅讲、辩论、朗诵、新闻、演讲这些课程循序渐进。当然，任何学习都不会轻松，任何能力和习惯都不会自天上掉下来。学习需要一点一滴积累，能力需要一步一个脚印储备，学生们的成长也需要过程。于是，在创造“互联网+教育”网络教学新生态中，我们开设了“自我管理评价”和“说学课程”。和在学校上学一样，孩子们自我管理，自己准备材料，进行课前预习（练习），在进入钉钉直播空间后，一个个大胆自信的陈述展示，让人感觉经过“说学教育”洗礼的孩子就是不一样。

阅读是一座灯塔，为我们指明前进的方向。“双减”和“停课不停学”的样态是学生居家学习，引发的教育手段是“空中课堂”，重新构建的教育生态是“互联网＋教育”。尽管我们通过“说学教育”创新了“互联网＋教育”背景下教育新生态的“习惯自立”生态语言，但是我们还是要紧紧盯住“阅读”这一教育灵魂。让阅读“习惯自立”，就要孩子们每天阅读。金凤三小的做法是给出阅读时间，推荐阅读书目，实施阅读打卡，开设阅讲课程，落实阅读评价。在“互联网＋教育”背景下，形成这样一个关于阅读的生态链，有效地提升了阅读质量。

习惯自立，这是一个新词。是我们在当前疫情战前，在“双减”和“停课不停学”期间，在创新“互联网＋教育”网络教学全新教育生态时，创造的一个新词。鲁迅说“救国先立人”，梁启超说“少年强则国强”，金凤三小提出“教育在立人，立人当自立”。自立就是学会自我管理，自立就是学会自主学习，自立就是会说学会自修。自立，要到什么程度才算是真正的自立呢？当然是到“无须提醒的自觉”程度。于是，“习惯自立”就诞生了。“习惯自立”固然是“让自立成为一种无须提醒了自觉”，但并不排斥它“让好习惯也成为一种无须提醒的自觉”的引申义。无论哪种说法，都告诉我们，“互联网＋教育”网络教学全新教育生态中，“习惯自立”是一个很有意义的提法。

三、自善少年评价

每所学校都有一套学生评价体系，由德育处或少先队大队部具体负责实施，多呈现为雏鹰争章活动。金凤三小根据学校“自善文化”设计系统，设计了“自善少年评价量表”通过这个量表评价雏鹰争章，最后获得“自善少年”称号。

自善少年评价是自善文化的延续，按照国家教育方针提出的立德树人和五育并举，培养社会主义事业接班人。自善少年评价是一个评价体系，学校用这样的评价体系推动德育工作和学生培养。自善少年评价从德智体美劳五个方面整体设计育人系统，将学校、家庭和社会教育予以整合，调动教师、家长和社会因素系统培养教育学生，使其全面发展，成长为合格公民。

德育方面，评价十个指标。(1)微笑问好：在校园内见到任何成年人，都微笑鞠躬致意，或敬礼，问“老师好”；在校园外见到人微笑致意。(2)出入打招呼：在家里出门进门向长辈打招呼，“妈妈，我上学去了”“妈妈，我回来啦”，在学校因事晚走，向老师打招呼，“老师我回家去了”。(3)自理自立：自己的事情自己做，做一个独立的人。(4)尽职尽责：认真履行自己分配任务的职责，不完成不回家。(5)讲究卫生：衣着干净，每日清洁课桌凳，不丢弃一个垃圾，捡起遇见的垃圾，劝说同学不要制造垃圾。(6)靠右行走：任何时候行走都靠右走，不占他人通道。(7)排队等候：在有两个人以上等待的时候，自觉排队，依次等候，做文明人。（8）轻声细语：在公共场所、办公区域、走廊或室内要轻手轻脚轻声说话，不影响他人。（9）爱护物品：爱护每一件物品，以损坏物品为耻，对学校、班级公物要有保护意识，制止或指出同学损坏公物行为。（10）尊敬师长：对师长态度恭敬，语言文明，善于聆听，主动问好，有一日为师终身为师的感恩之心。

智育方面，评价十八个指标。（1）上课礼仪：上下课起立鞠躬，说“老师好”“老师您辛苦了”；起立时站在课桌两侧，双脚并拢，挺胸抬头，鞠躬90度；回答问题先举手，得到老师允许后起立回答；举左手，五指并拢，指尖向上；回答问题前先呼号“聚焦”，全班同学回应“倾听”；下课时收起书本学具，放回原位，拿出下一节课课本和学具；离开座位把凳子放回原处。（2）下课礼仪：上厕所有序排队，轻声细语，便入池，洗手；喝水接温水，喝完水壶放回原处；玩耍不在楼内奔跑，吵闹；交流保持中等音量，不嘈杂，影响其他人交流；上课铃声响前回到座位，等待上课。（3）完成作业：在时间管理、学习管理基础上，人人自觉完成作业。（4）时间管理：学会管理时间，课间十分钟如何分配时间做哪些事情，学校作业什么时间完成，回家以后时间如何规划。（5）学习管理：确保完成每天学习任务，书写时字迹工整，说学时精力集中，学习完有检查考验，整理学习用品。（6）书包管理：桌头常备课表，每日按照课表整理书包，下午回家时只带有家庭作业的学习用品。（7）书柜管理：学校书柜按照学科依次摆放书本和用品，合理归置水杯和衣物。家中书柜分开放置课本和课外书，多放一些课外书方便阅读。（8）课前预习：把预习培养成一种习惯，养成做任何事之前都先想想看看的习惯。（9）归纳整理：会用思维导图等形式梳理每天或每周学习内容，在归纳中温故而知新。（10）做复习计划：学习和复习散落在每一天，学会做复习计划就能管理好学习行为。按照计划学习，不随意，丢三落四，不低效重复。（11）与人合作：与学习小对子每天交流，互相检查和考评，与学习小组交流时积极参与，积极发言，要始终兵管兵，兵查兵，兵教兵，兵考兵。（12）说学：在书面作业之外，安排说学任务，管理时间，用读背讲说等形式学习。（13）阅读：双减之后增加阅读时间，抵消看电视玩游戏玩物丧志担忧，引导成长方式。（14）项目式学习：按照兴趣爱好，选择一些项目自主学习，如写日记、讲题、演课本剧等，或者按照项目式学习规范程序做一些研究性学习。（15）早读：把早读变成完全自主学习时间，每个人自己管理自己，班级学生管理学生，融预习和复习在其中，借助说学稿和说学卡等素材自主学习。（16）午读：学生常备说学本，摘抄或粘贴阅讲、演讲、辩论、朗诵、新闻等素材，多次练习后进入午读课堂，课堂由学生主持，学生说学，教师组织和点评即可。（17）家里：在家里的学习，不限于只完成作业，要学会自己订计划，选择学习内容自主学习，说学、阅读、晨午读任务就是自学任务，也可以自主设计其他内容。（18）节假日：节假日可以放松，但不能放纵，自主学习是一种品质，成功的人对节假日都有自己的学习安排。

体育方面，评价九个指标。（1）体育课：全勤上好每一节体育课，完成所有训练任务，专心参与课堂学习，熟练掌握运动技能。（2）大课间：以整齐队列上下大课间，跑步、训练、做操、集合听口令、快静齐，有班级荣誉感。（3）课间十分钟：课间十分钟离开座位和教室，上厕所、玩耍、眺望远方，注意安全。（4）放学路队：站队快静齐，行进背诗词，南北两路队，到点再散开。（5）运动队训练：按时报到，认真参与训练，不断总结经验，提高运动成绩，保持运动兴趣，至少掌握一项运动技能。（6）体质检测：参加每年一次的国家体质健康检测，高标准通过。（7）体育成绩：包含每学期期末体育成绩和单项检测成绩。期末成绩为综合几项，单项检测为该学期特训项目。（8）校外体育：校外报体育班或自主训练，每周确保体育运动，增强体质，记录每周运动时间，统计校外体育成绩和荣誉。（9）校外科技：校外报科技班或自主训练，每周确保科技训练，增强科技素养，记录每周科技活动时间，统计校外科技成绩和荣誉。

美育方面，评价九个指标。（1）美术课：全勤上好每一节美术课，完成所有作品任务，专心参与课堂学习，熟练掌握美术技能。（2）美术作品：每人建一个作品集，把每学期创作的绘画、书法作业收集整理，优秀的展出。（3）美术社团：按时报到，认真参与训练，不断总结经验，提高美术技能和艺术素养，保持美学兴趣。（4）美术成绩：包含每学期期末美术成绩和单项检测成绩。期末成绩为综合几项，单项检测为该学期专项学习项目。（5）音乐课：全勤上好每一节音乐课，完成所有训练任务，专心参与课堂学习，熟练掌握音乐技能。（6）音乐社团：按时报到，认真参与训练，不断总结经验，提高音乐技能和艺术素养，保持音乐兴趣。（7）音乐成绩：包含每学期期末音乐成绩和单项检测成绩。期末成绩为综合几项，单项检测为该学期专项学习项目。（8）校外音乐：校外报音乐班或自主训练，每周确保接受高水平音乐艺术教育，提高音乐素养，记录每周音乐学习时间，统计校外音乐成绩和荣誉。（9）校外美术：校外报美术班或自主训练，每周确保接受高水平美术教育，提高美术素养，记录每周美术学习时间，统计校外美术成绩和荣誉。

劳育方面，评价十个指标。（1）教室卫生：门窗明亮干净，墙面张贴美丽，桌凳整齐划一，台面没有灰尘，学具摆放整齐，洁具归入橱柜。（2）环境区卫生：清扫及时，没有垃圾纸屑，杂草异物。（3）卫生工具摆放：专人管理。卫生工具摆放有序，卫生角及时清理，无异味。（4）集会卫生：集会位置就是班级临时环境区。人在场地干净，人走不留一物。有污泽及时清拖。（5）个人卫生：每日保持手脸发髻衣着鞋子干净整洁，讲卫生，习惯好。（6）图书管理：专人管理。书籍摆放有序，不杂乱；书柜及时打扫，无垃圾。（7）个人内务：自己的事情自己做。生活上衣食住行个人部分自己做，如整理衣物、端送饭碗，打扫屋子。学习上纪录作业、整理书本、背书包自己做等。（8）家务劳动：做家务就是责任就是担当。每天在家长的安排和指导下做一件家务活。（9）社会实践：社会就是角色，实践就是生存。每周在家长的安排和指导下参加一次社会实践。（10）公益劳动：让人间处处充满爱。每月在家长的安排和指导下做一次公益。

自善少年标准建立，学生在标准下不断矫正自己的行为，每日争取其中的一两个奖章，每天进步一点点。这样的管理修正，或者说是自我修正，是孩子们成长经历中不可或缺的教育营养。

第二节 说学教育

一、概念

说学教育指在说话、交流（对话、质疑、批判）和表达中，学习知识，锻炼能力，提升素养，培育品格。

有没有一种和当下大量刷题，学生课业负担过重相对立的学习方式，让学习重新变得轻松一点，让学习者变得快乐一点，让学习兴趣重新回到孩子们身边？笔者认为是有的，说学就是这样的学习方式。回归本质，教育最早启蒙时期的学习方式就是说学，最具代表性的是孔子和希腊三杰。孔圣人设立一个杏坛，学生围坐四周，圣人讲学，大家互动。苏格拉底、柏拉图、亚里士多德几人也是与弟子们展开激烈的辩论，最后获取真理和知识。传承中国教育几千年的私塾，学习方式也是说学，先生基本不讲，只是督促弟子没完没了的背诵，然后提问解释其中要义。我当老师的时候还没有各种资料和练习册，不知什么时候突然冒出来大量的同步资料，于是学生们进入了彻头彻尾的刷题时代。

说学教育是一个教学主张，也是一种教育思想。说话就是简单地说出自己的认知和观点，没有多大难度，每一个学生都可以有想法，说想法。交流是发生在两人以上的说话，每个人把自己的想法和做法说出来，与他人分享，互通有无，互判对错。交流时因为个人差异，说出来的话也有差异，这里面已经涉及了低阶思维和高阶思维。因此，对话、质疑、批判等低高阶思维交流模式都在其中。表达除了思维，已经涉及了语言基础和语言技巧，需要用准确的语言准确地表达意思。学习知识是完成基本学习任务，获取新知，夯实底蕴。锻炼能力是开发潜能，培养能力，增强学习和生活能力。提升素养是学科要求，每一门学科都有核心素养，人本身也有基本素质，提升素养就是提升人的素质。培育品格是教育追求，教育在扬善抑恶，帮助人养成高尚人格。在说话、交流（对话、质疑、批判）和表达中，学习知识，锻炼能力，提升素养，培育品格是从教育的方式和目的出发，解释了什么是“说学教育”。

说学，就是“说中学”，是“做中学”的升级版。做中学认为讨论、实践和教授他人是高效学习方式，说中学是把讨论、实践、教授他人用表达、对话、质疑、批判的方式说出来。关于说，古代有“释也”“论也”“所以明也”等说法。因此，说在古代就是一种学习方法。在宗教领域有一种学习方式叫“辩经”，僧人们不去读死书，也不大量做作业。而是聚在一起互相辩论，在辩论中学习知识，明晰思想。以上种种，都说明“说学”是一种可行的、经受过检验的、被历史证明了的高效学习方式。说学教育就是研究说学这种学习方式，提炼学习方法，建构学习模型，形成学习文化，对学生实施教育。

二、特点

说学教育具有简单、互动、深度、开放四个特点。

简单是指这种学习方式容易掌握。因为说话是人类出生自带的能力，用说话的方式学习几乎就是先天能力。说学只需要整理思维所得，组织语言表述，就能把自己的想法说给别人听，从别人的说话中获取知识。

互动是指这种学习方式要在几个人之间进行，也就是合作学习。学习有独立自主，但学习从来都不是孤立的。传统课堂是教师和学生之间的交流，而新式课堂则是师生、生生之间的互动。高效学习方式里讨论、争辩、教授他人已经广泛被大家认同，这种形式决定了说学要发生在几个人之间，只有几个人形成良好、默契、和谐的学习关系，学习效果才会高效。

深度是指这种学习方式要走向深层次。浅层次和低水平学习是一个人就要完成的，现代课堂要求“三会知识”不进课堂，即学生已经会了的，学生能够学会的，学生跳一跳就能学会的知识不进课堂。那么课堂做什么？当然是深度学习。交换思想的特点就是深度，说学是在讨论、思辨、质疑和教授他人中学习，思维越说越清楚，道理越辩越明白，学习走向深层次是肯定的。

开放是指这种学习方式不受时间空间限制。由于说话几乎无处不在，也就使得说中学几乎无处不在。学生的学习时空基本包含课上课下、校内校外、学校家里、作业或游学等情况。过去说到学习，可能就要摆开一个阵势，有板有眼的学习。说学则不一样，不拘一格，在行走中，飞机上，吃饭时……都可以说学，说学的开放程度无人可比。

三、目标

说学教育有敢说会说、善听善辩、融会贯通、学会学习四个目标。

敢说会说。是鼓励学生张嘴说，学会怎么说。孩子天生是有差异的，一个班的学生差异会很大，课堂上的发言机会几乎都被那些能说的孩子占有了。但学习显然不是那几个人的个别事，要想让课堂发言机会均等起来，就得让每一名学生都敢说话。敢说话仅仅是突破了心理障碍，会说话才能建立自信心。会说话就涉及了语言逻辑、思维层次、轻重缓急、言简意赅等方面，需要长期对学生进行训练。

善听善辩。是鼓励学生学会倾听，学会对话。观察周围人说话，你会发现一个人自说自话的现象特别多。说的人说得神采飞扬，听的人压根没有去听，等到对话的时候你会发现两人不在一个频道上，各说各的。说学是要讨论、质疑、教授他人的，如果不在一个频道上根本无法进行。因此，想要说学，首要任务就是学会倾听。只有听明白对方说什么，才能互动。善辩是说学的灵魂，听清楚对方的话，开动自己的大脑，积极思辨中补充、质疑、批判对方所说，才能弄懂知识，有所收获。

融会贯通。是鼓励学生举一反三，把知识系统化。学习是为了应用，只有彻彻底底学懂了，弄通了才会应用。知识不是割裂开来的，各个年级在知识上是逐渐增加难度的，学习时把前前后后所学知识联系起来才会彻底明白。总结、归纳、整理都是传统学习方法，在说学中还要加强这些方法。思维导图是近些年时新起来总结归纳方法，说学提倡和主张应用这种方法学习。强调融会贯通，将知识系统化，本身就是一种学习能力。

学会学习。是教育的最终目的，也是各种各样教学主张和思想的最终落脚点。学会学习必然落实在习惯、方法和能力上，说学教育将通过说学的方式建构一套做法，引领学生学会学习，具有终身学习的能力。

四、设计理念

说学教育有先预后教、学生主体、合作学习、说学形式、学以致用五个核心理念。

先预后教。指课前要预习。凡事有准备，是一个人的做事风格。就学习来说，预习既是掌握一种学习方法，养成一种学习习惯，又是形成一种做事风格。因此，预习的教育功效在学习，也在做人做事。预习是让学生上课前先自主学习，能学会的自己就学了，不会的也因为有了疑惑上课时针对性更强。预习是让课堂更高效，课堂四十分钟时间有限，从零开始会让时间不够用，学生个体差异又会让进程特别缓慢。预习是让课堂教学走向深度，零起点的教学关注了原始体验，同时也决定了浅层次学习。

学生主体。是明确学习者是学生。学习需要理解、体验、练习、内化，因此才有了自主合作探究学习方式。传统式班级教学过度依赖教师讲授，实际上是一种告知、解释、死记硬背、机械训练的学习。传统模式与学习规律的背道而驰，导致了获取知识的功利性、短视性和机械性，知识在考试之后很快被忘记。想要告别讲授式课堂，就必须认可学生主体地位。认可学生主体地位，就把学习过程设计成一些具体的活动和任务，让学生亲自参与、亲自去做，在做中理解、体验、练习、内化知识。

合作学习。指几个人在一起学习。合作学习是被现代教育广泛认可的学习方式，通常指两人以上，学校常见形式有两人小组、四人小组，根据具体情况也有三人小组、五人小组、六人小组等。说学教育倾向于两人小组和四人小组，两人小组叫小对子，是最常见、最基本的合作形式，两人之间更利于时时和事事的检查、监督、评价。四人小组是对两人小组的完美补充，两个人合作松懈时，四人小组从管理上更丰富，两个人解决不了时，四人小组能集思广益解决问题。就合作学习而言，形式不能单一，多种合作形式本身就是学习情境，学生会因为与不同的人、不同的小组合作产生新鲜感，增加学习兴趣。

说学形式。指学习时采取的形式。说学是一个新词，是“说和学”的整合，是“说中学”的简化，其中学是主语，说是状语。强调学是根本，说是方法。既然强调学，那么学该有的特征和规律就都必须有。学习要有目标、计划、任务，要有预习、学习、复习，要有自主、合作、探究，要有兴趣、动机、习惯， 以上都是说学形式关注和构建的点。有了对学的构建，接下来就是如何学，方法自然就是说。既然要说，说也会有具体形式。一种是自己一个人说，一种是两个人说，一种是多个人说。于是就出现了自己说、小对子说、四人小组说和其他小组说等情况。说学形式就是自主、合作、探究学习方式，只不过是以说的方式存在。

学以致用。指学了就会用，举一反三。学以致用有四个层次，一是学了想用，二是学了会用，三是学了就用，四是举一反三。学了想用指学生对于学到的新知识或者新方法有一种冲动，觉得学到的东西特别好，想迅速变成自己的。学了会用指确确实实理解了知识或者掌握了方法，拿起来就能实实在在地用，知道如何去做。学了就用指课堂上或者任何时候，学习了新知识或新方法就地展开练习，去实践，用实践检验是否真正学会。举一反三指在会的基础上能拓展，会用和会拓展、会创造是完全不同的，学习知识就要灵活应用，用一个方法解决多种问题。

五、原则

说学教育有多说少写、以说启思、多种说学三个原则。

多说少写。指多用说的方式学习，少用写的方式，也就是要减少书面作业。学习方式其实是有很多种的，古代教育就很少做作业，而是多以论道和背诵的方式进行。孔子教授三千弟子、七十二贤人如此，希腊三杰苏格拉底、柏拉图、亚里士多德亦是如此。说学教育提倡多说少写，不是不写，而是认为用说的方式可以同样学习掌握知识，在说的基础上写重点的、关键的、困难的。多说少写也不是降低学习质量，而是积极发挥说的学习功能，尽可能用说的方式学会知识，用说的方式巩固知识，用说的方式提高学习效率，写是知识向书面语言转化的途径。

以说启思。指说的时候重点在启迪思维。教育在启智，说学教育自然也在启迪思维。学生个体是少年儿童，他们还没有世界观和方法论，需要一边学习一边建构自己的世界观和方法论。说学教育第一步要求学生说自己的话，复制模仿教科书和成人语言在课堂上是常有的，不破不立，先让学生说自己的话，哪怕结结巴巴也行。第二步要求学生说有思想的话，不论是简单问题还是复杂问题，学生说话时要思考，说出自己的观点。第三步要求说顺溜话，说顺溜话就意味着有了句子的间架结构、语法特点和修辞手法等，甚至还有了精炼语言、准确表达、问题角度等思考。

多种说学。指说学方式相对灵活，不死板，不教条，不受具体时间空间和方法限制，适合的就是最好的。说学是一个概念，不是死板教条的框框。说学是灵活的，时间上没有限制，想学了就可以说学。空间上没有限制，适合了就可以说学。人员上没有限制，四人小组可以说学，二人小对子可以说学，一个人自己可以说学，随便几个人都可以说学。形式上没有限制，不需要先自主再合作，先补充再质疑，先批判再统一，就某个问题的问答是说学，某篇课文的背诵是说学，某次作业的检查也是说学。方法上没有限制，发表意见是说学，讲解习题是说学，探讨问题是说学，转述、复述、背诵也是说学。

六、要素

说学教育植入了问题、合作、表达、思维四个要素。

问题。带着问题学习是所有人的共识，说学教育也一样。问题是学习的源头，说学教育的学习也要起于问题，以问题为主线向前发展。问题的提出，说学教育主张由学生来提出。如何提出问题，说学教育主张“提问题四部曲”。一是看着“主题”提问题，围绕“是什么”“什么是”“是怎么回事”等思路提问题。二是看着“内容”提问题，围绕“讲了什么”“怎么讲的”“如何解决”等思路提问题。三是看着“细节”提问题，围绕“这里写了什么”“这里用了什么”“这里如何解决”等思路提问题。四是本着“归纳”提问题，围绕“学了什么”“会了什么”“应该如何”等思路提问题。

合作。合作学习是说学教育大力提倡的学习方式。说学教育建构的基础是“自主、合作、探究”，因此在提倡合作学习时，前提是先自主学习，在有基础、有思考、有准备的基础上合作。同时，也提倡合作时的探究属性，要有走向深度学习的意识。合作小组的组建有讲究，两个人小对子合作小组如何搭配，四人小组如何搭配人员，多人项目式合作小组如何组成，要老师根据学情、班情合理搭配，定时监督，及时调换。合作学习有层次性，有时候是兵查兵完成基本任务，有时候是兵督兵矫正习惯，有时候是兵教兵互帮互学，有时候是兵考兵检测知识，还有的时候是一个计划大家分工协作共同完成，或者是研究性学习，项目式学习。

表达。表达是说学教育的直接动力。说学教育认为在人的诸多素养中，表达能力是第一素养。任何一个人，无论高贵还是贫贱，无论有文化还是没文化，无论经商还是务农，表达能力都是与人交往、融入社会的第一素养。表达就是把内心的话说出来，有的人不爱说话，有的人不会说话，如果通过教育，从小孩子时期就鼓励、培养说话，能让那些不爱、不会、不想说话的人有进步，就是教育的成功，成功的教育。表达是有知识，有内涵的。想说出满意的话，先得要有组织句子的能力，这就需要懂语法，知修辞，会造句。试想一个人连一句通顺的话都说不出来，如何说出满意的话。想说出满意的话，还得要有脑子，所说的话是经过大脑思考，斟酌，哪些能说，哪些不能说，话应该怎么说，都是有学问的。表达需要锤炼。

思维。思维是说学教育的灵魂。说学教育始终把遵循规律作为建构、发展、优化的原则，每往前走一步都用规律反思走得对不对。教育在启智，从最初的启蒙，到启思，再到启智，始终在帮助学生建立思想，建立世界观，建立人生观。从学科角度看，每个学科都涉及思维培养、训练和提升任务，说学教育不仅要提高学生表达能力，更要提高学生的思维能力。从教学角度看，没有思维的课堂停留在片面和浅层次，只有思维的课堂才会走向深度探究和学习。从生理角度看，表达和思维是一对双胞胎，表达好思维就好，思维好表达也好。从说学教育的目标和任务看，不关注思维，就不是说学教育。

七、说学方法

说学教育主张的说学方法有很多种，只要是用嘴表达的方式，都是说学方法。甚至连写都是说学教育提倡的说学方法，因为说是口头的写，写是书面的说。人类的表达方式不是书面就是口头，不管是书面语，还是口头语，都承载着学习和学习的意义。说学教育有学、说、读、问、仿、讲、述、释、导、谈、告、诉、评、议、论、思、辩、背、诵、练、写等多种说学方法。教师和学生在选择说学方法时，可根据具体学习内容和要求灵活应用。

学指学习。学习者必须是学生本人。学习的起点必须是学生一个人的独立自主，学习有一定的方法和经验，需要学生本人不断总结和提炼，传统的好方法和好经验都是说学教育推崇的。

说指说话或表达。一个人学习的成果是可以用说的方式巩固、提升和检验的。说给自己听，说给父母听，说给伙伴听，说给大家听，每一次说出来，都具有巩固、提升和检验的价值。

读指读书或朗读。读是学习的基本功。听说读写不仅是语文的基本能力，学习文科、理科都需要听说读写。读通、读顺、读懂也需要长期教育才能达成，读懂素材和问题才能开始思考和学习。

问指提出问题或寻求解决问题。古语敏而好学，不耻下问。要想学习好，问是绕不过去的一道坎。学习时遇到困难和不会的问题几乎是常有之事。问不问，敢不敢问，向谁问都是要经历的。

仿指模仿或效仿他人。仿是学习的本能，模仿，照样做，学着说是学习中特别常见的。说学时一个人或两个人甚至多个人的模仿，照样做，学着说是可行的。

讲指讲解。讲的本义是把事情和道理说出来。实际上就是“是什么”和“为什么”两个问题，学习不就是在解决这两个问题，说学教育亦是如此。讲还会发生在几个人之间，变成了互相探讨、交流、问答。

述指描述或复述。述的本义是叙述，描述，论述，综述。学生能把独立自主学习到的知识述出来，说明他学会了，理解了，最次也是照猫画虎有点样了。述的能力需要大力开发，叙述是照本宣科，描述是加入个人观点讲，论述是运用哲学思想和批判性思维讲，综述是整合各种情况讲，学生述的能力越强，个人素养越高。

释指解释。释的本义是解说，说明，解释，注释。释是学习时理解层面必须要过的关，否则就会似懂非懂或一知半解。释在说学操作时，解说、说明、解释、注释都有各自不同的意思，每一个意思实际上就是一种说学方式，需要在学习时更具不同的任务和内容进行针对性选择。

导指引导。导的本义是指导，引导，推导，开导，教导。说学时，可以是接受指导学习，也可以是受某种因素引导学习，还可以是就某些问题一步步推导学习，是在别人的开导下学习，是在师长的教导下学习。

谈指谈话。谈的本义是说，对话。说学在界定意义时专门把对话作为一种形式，强调了对话这种学习方式的重要性。说学需要通过两个或几个人的对话来学习，在对话中既可以把事物阐述清楚，又可以每个人发表不同意见，在交流中获取知识。

告指告知。告的本义是说给别人，告知。在学习过程中，有一种赠人玫瑰手有余香叫“告知”，叫“分享”。在别人有困惑的时候，把自己知道的毫不保留告知对方。在自己有感觉有体验的时候，把收获和所得分享给大家，这些都是说学。

诉指告诉。诉的本义是叙述，倾吐。诉也是一种说学方法，除了将学到的知识叙述出来外，说学鼓励学生之间互相交流学习方法。把自己学习遇到的困难和问题，经验和收获都说给小伙伴听，一诉衷肠，不吐不快。学习是有情绪的，情绪好了效率就高，情绪差了效率就低。小伙伴在互相倾诉中交流知识、方法、问题和情绪，更利于高效率学习。

评指评价。评的本义是评论，判出高下。学生在学习时，有两个因素可能影响学习结果。一个是竞争，一个是对错的评判。竞争氛围需要建立一套机制和教师的评价语言形成，学生会在其中争先恐后，展示自己。评判基本看老师，学生遇到难题时，第一时间一定是目光看向老师，从老师那里寻求正确答案。因此，评判是老师的一份天职。

议指商议。义的本义是建议，讨论，商量。学习时有很多知识需要学生们讨论商量，也有很多地方需要听取他人的建议补充完善。议就是一种说学方法，它往往会发生在出现问题时，会发生在几个人之间。

论指辩论。论的本义是分析判断事物的道理。学习总是希望探寻真理，找到正确答案，理解知识的本质，论就是找到真理和答案的一种途径。很多事情不辩不明，对比多了，讨论多了，就会越说越明白，越说越接近真理，接近正确答案。

思指思考或思想。思的本义是想，考虑，动脑筋。说学拒绝不过脑子的话，减少简单重复的话，把说学界定为表达、对话、质疑、批判就是希望学生用脑子说话。任何一个事物或知识点，都需要学生独立自主去思考，再与人合作丰富思维的厚度，然后才是用精练准确地语言表达出来。

辩指争辩。辩的本义是说明是非或争论真假。事不辩不明，理不辩不清，学习中辩论几乎是不可避免的。说学鼓励质疑和批判，就是激发求异思维，提倡批判性思维。发展求异思维和批判性思维就要增加辩的环节和内容，辩的越激烈，学生的思维越敏捷。

背指背诵。背的本义是凭记忆读出。从古到今，背诵都是一种常见学习方式，说学教育也需要大量的积累和背诵。说学教育更加强调背诵，认为背会了就能写出来。既然背会就能学到知识，干嘛还要一遍又一遍地重复低效率地写呢。

诵指朗诵。诵的本义是用有高低抑扬的腔调念。有些知识，抑扬顿挫的吟诵是很美的，让人陶醉其中。所以说学鼓励学生大声吟诵知识，在知识的海洋里自由荡漾。

练指练习。心理学认为反复进行某一个或某一种操作能使特定技能得以提高，学以致用也是要通过练习来达成，从口语到书面语更离不开练习。练习是说学教育不可或缺的。

写指书写。写在说学里指一锤定音。千说万说，最后都要落在纸笔上。从以上说学方法的介绍上，可以看出说学教育主导的方向。用几十种方法去说中学，最后用写这一种方法落实在纸笔上。说学改变了学习形式，节省了学习时间，也可以促进学习健康。最后用写来保障，还能保证高质量。

说学方法其实有很多种，并不仅仅局限于以上这些方法。只要开发，说学方法还有很多种。只要是口头领域的表达方法，属于表达、对话、质疑、批判属性的自白和交流，都可以纳入说学方法。说学方法的多少，上不封顶，大家可以自由探索。说学方法在使用时不求面面俱到，可以只选一个，也可以选几个，前提是用适合自己的和自己喜欢的方法。要克服乱花渐欲迷人眼现象，说学方法再多，选用的往往就是那几种，方法贵精不贵多，贵巧不贵多，贵实用不贵多。

八、说学课堂

说学课堂是说学教育独有的课堂结构，说学教育的所有理念都在说学课堂中践行。说学课堂基本特征是“说学形式”，实行结构化课堂，教师在“五环节四动作”结构的基础上融入个人风格和教学智慧。“五环节四动作”指“导入、检查、导学、拓展和小结”五个环节和“自主合作、展示汇报、补充质疑和教师指导”四个规定动作。音体美等专业性强的学科把“检查”环节改为“素养”训练，因为这些学科不需要课前预习，要利用有效时间提升专业素养。把“自主合作”动作改为“演示辅导”，因为很多专业性强的学习需要先从演示和辅导开始。说学课堂通过五环节保持了传统教学样态，又通过四动作把课堂改变为说学课堂，构建了说学新样态。

说学教育为了确保了学生学习主体地位，还学习权利于学生。也为了确保流程遵循从自主到合作学习规律，遵循认知规律。更为了确保所有教师一接触到说学教育就能上手，知道如何操作。因此对说学课堂结构进行了规范，形成“五环节四动作”模型。

“五环节四动作”模型设计是在传统课堂教学基础上的改进。“五环节”是对传统课堂“教学环节”的提炼，保留了传统教学的基本环节，融入了衔接课前预习和课上教学的“检查环节”。“四动作”则是把学习主动权还给学生的强制行为，从自学到合作，然后展示交流，发起全班参与补充质疑，遇到困难的关键时候教师点拨指导，由学生唱主角的学习一气呵成。

“五环节四动作”模型只是一个大概念，要灵活应用，切忌死板教条，成为约束创新行为和优秀课堂的框框。在具体应用中，教师要结和学科特点和课型特点灵活把握。

“五环节”指“导入、检查、导学、拓展和小结”五个环节。

导入即传统开课模式。情景模式、任务模式、谈话模式等传统教学导入都可以使用，但要求时间尽量简短，不超过 2 分钟。把握激发兴趣特点，用时越短越好，节省时间用在学习过程上。

检查衔接了预习和课堂教学。课前预习教师无法做到提前批阅，不批阅掌握不了学情，教学就无法以学定教。同时，说学教育不主张以作业判定学情，而是希望在学生身上看到认知过程。于是，当堂检查就成了了解学情的必须环节。检查怎么做？通常是学生拿出预习“说学稿”，汇报“说学稿”上的预习内容。也可以是脱离“说学稿”的任务式检查，朗读、听写、讲题、问题描述都可以是检查内容。课堂检查类似于抽样调查和问卷调查，选择一些学生汇报预习发现问题，或全员默写、计算小组互批迅速得到结果，用这样的方式找到问题，作为教学起点开课。检查是为教学服务的，因此时间不宜太长，一般控制在5分钟以内最合适。

导学即教学新知识。课堂上学习新知识的起点是检查遇到、发现和预设的问题，遇到的问题一般就是拦路虎，学生独立自主学不会，需要合作学习或者教师指导。发现的问题可能涉及系统性、本质性、隐含性等知识，需要教师当即以学定教。预设的问题指教师为了教学有意识把新授内容的主线和关键问题设计到“说学稿”里，学生在课前有初步的接触，在似懂非懂或一知半解之间，这个问题将引申出一节课的学习。导学必须紧扣单元导读、学习目标和教学重难点进行，说学教育改变的只是学习方式，教学任务和学习效果都要高质量达成。导学环节对教师的渊博学识、课堂驾驭能力和学科素养要求较高，说学教育把学习权还给了学生，放得开，教师要是业务能力不强，就会放开了收不住。导学环节在课堂上占用的时间要长一些。

拓展即学以致用。新学到的知识、方法需要用到生活中解决问题，拓展训练会把所学知识、方法外延扩展很多，令其更接近生活。拓展需要教师精心设计，备课时做大量的准备工作，与一节课新授知识有紧密、系统的联系。拓展时间可以根据实际情况和需要设定，常规课拓展时间一般设定为一节课的四分之一较好。

小结即结课。这是传统环节，也是说学课堂必备环节。时间不超过3分钟为宜。

素养指训练学生的学科素养。音体美科学思品信息技术六门学科各有特点，学习目标、方法、要求也各不一样。但有一点是共同的，那就是每一门学科指向一种学生素养教育。所以，针对素养的欣赏、甄别、表演和问答是这几门学科不可或缺的教学环节。以“素养”替换语数英学科“检查”环节，因此这些学科不需要课前预习。但这些学科也讲究“知识链接”，借助旧知识，学习新知识，新旧知识衔接起来，更符合学习规律。

训练也就是课堂练习。任何一种素养，任何一个能力，真正掌握都需要经历扎扎实实的训练。学习一定是勤学苦练的，练习又有当堂训练和温故知新，也有照猫画虎和举一反三。纸上得来终觉浅，所以，安排训练环节是希望把所学知识转化为个人能力和素养。用“训练”取代语数英学科“拓展”环节，因此课堂所学要习得技能，熟练掌握即可，不需要再进行二次创造。

“四动作”指“自主合作、展示汇报、补充质疑和教师指导”四个规定动作。

自主合作即先独立自主学习，在自学的基础上合作学习。说学教育尊重认知规律，学习先从一个人的独立学习开始，通过学习会有收获也会有困惑，于是合作就围绕着收获和困惑进行。合作不需要定规矩、分任务、讲角色，简单的小对子合作，有难度的四人合作。合作时各抒己见，人人参与，以参与学习，探讨问题为主，不以分工负责为主。合作要出结果，不论对问题的争议有多大，都必须在小组内形成一个结果。

展示汇报即自学合作后的全班汇报。汇报一般采取小组或小对子全员参与形式，由一名学生主要汇报，其他组员补充汇报。主要汇报人可以是优等生，也可以是学困生，具体情况根据内容而定。也可以为学困生设计专门的汇报任务，适度降低难度，保障参与实效。

补充质疑即全班大讨论，大辩论。在小组汇报结束后，全班师生参与进来，进行一场讨论式学习。针对汇报不完整的地方，全班同学予以补充完整。针对汇报存疑的地方，全班同学予以质疑，发表个人观点。针对汇报错误的地方，全班同学予以指出错误，陈述正确观点。补充质疑环节就是一场大讨论，大学习，融“表达、质疑、批判”教育意图在其中，是思想碰撞出火花的时刻。

教师指导即教师适时地指导点播。说学课堂的教师指导不是在规定程序里一板一眼的指导，而是出现在学生遇到问题难以解决的时候，是针对问题的适时点拨。在说学课堂里，教师作用更加强大，而不是弱化。教师的指导出现在遇到问题时，要求教师脱离预设，具有立刻解决问题的能力。教师的指导是学生随机形成的，谁也不知道会遇到什么问题，要求教师的知识底蕴要很丰厚。教师的指导要将学生带到一个高度上去，要求教师的学科素养很高，能够给学生一桶水。教师的指导要落实立德树人目标，要求教师具有良好的人文底蕴。

“五环节”和“四动作”如何衔接？“五环节”是一节课四十分钟的流程，“四动作”是一次学习活动的流程，两个流程需要融合，才能合成一堂完美的说学课堂。在“导入、检查、导学、拓展和小结”五个环节中，显然“导入和小结”不需要“四动作”。而在“检查、导学、拓展”三个环节中“四动作”也不需要一模一样。“检查”环节里不需要“自学合作”，由于已经预习，可以直接进入“展示汇报”。当然，低年级和基础薄弱情况下也可以先“自学合作”，再“展示汇报”。“导学”环节可能安排的不只是一次学习活动，不只是一个学习任务，因此，“四动作”可能要出现几次。而且在几次出现时，“四动作”都可以灵活取舍，不是每一次都必须四个动作一个不少。“拓展”环节的“四动作”使用时要更加灵活，根据具体内容设置。

对于新教师和才接触说学教育的老师来说，说学课堂特别简单，一学就会。不信，您试试，下载一个“五环节四动作”模版，在里面填上每一模块的内容。然后拿着这个教学设计，到课堂上操作一下。看看课堂是不是给了学生，看看课堂是不是变成了说学。是的话，就坚持去做，一个月后会有惊喜。至于您担心的教学深度，那要看教材研究的程度。您担心课堂推进，那要看课堂驾驭和调控。您担心学生不会说，能力和素养是慢慢培养和训练出来的。

2009年是说学教育的分水岭，原来的“小松树”依然在成长，
但可以看出树苗有病，向阳的一面郁郁葱葱，向阴的一面面黄肌瘦。
原来，小松树不光要施肥、浇水，他还需要阳光的哺育。

九、学科说学

说学教育细分了每个学科主张，具体名称分别叫作“说学语文”“说学数学”“说学英语”“说学科学”“说学思品”“说学音乐”“说学美术”“说学体育”和“说学信息技术”。细分学科的原因是每个学科各不相同，虽然都在“说学”，都在培养学生表达能力和综合素养，但在课堂结构，预复习要求和学科本质上略有变化。

（一）说学语文

“说学语文”是对应语文学科的学习方式。说学语文主张用说、讲、背、述、辩、写等说学方式学习语文，坚持多说少写、多种说学、说中有思说学原则，紧抓语文学习“听说读写”基本能力，学习“字词句段篇”知识，增加阅读量，大量积累，提高写作能力。

说学语文课堂流程坚持“五环节四动作”，用“导入、检查、导学、拓展、小结”五个环节控制课堂进度，用“自主合作、交流展示、补充质疑、教师指导”四个动作控制学习形式。一课时的语文课堂按照以上流程上课，“导学”环节可以设计多次活动，确保各种问题得到解决，学习目标落实得扎扎实实。确保每次活动都执行“自主合作、交流展示、补充质疑、教师指导”四个动作，做到教师少讲，学生多学，在学习中发现问题，解决问题，答疑解惑，提升学习能力。两课时的语文课堂可以打破“五环节”，根据具体情况取舍环节，不用死板教条执行“五环节”。

说学语文课前预习依托“说学稿”。说学稿要有指导学生自主学习的价值，三会知识（学生已经会的，自己能学会的，借助工具书、查阅资料或动手操作能学会的）要在预习时由学生自己学会，课堂上以检查为主。说学稿要留问题作业，由学生提出有价值问题或记录不懂存疑的问题，课堂上提出来作为教学目标和起点。课堂时间不主张浪费在死板执行教学设计走流程，在学生已经会的知识上重复教学。

说学语文复习贯穿在每一天。每天对所学“字词句段篇”用说学方式复习巩固，布置少量书面作业强化巩固。复习要有计划，课时复习和单元复习融合进行，杜绝割裂开来的机械复习和重复抄写。复习要会用思维导图梳理重点知识，形成结构图，在头脑中建立结构化知识体系。复习要和课外阅读结合起来，推荐一些书籍，让学生无任务状态自由阅读。当然课外阅读要和说学课程紧密结合，设立说学本，采取粘贴或总结撰写方式记录，在说学午读课上展示交流。复习要和写日记结合起来，养成写日记的好习惯，提升写作素养。

说学语文主张“说学＋文学欣赏”。说学语文认为工具性和人文性还不是语文的全部，语文学习还应该关注文学性。学生应该通过语文学习，学会字词句，感受人文情怀时，还要学会如何欣赏文学作品，孕育文学修养和鉴赏能力。并进而把语文学习，尤其是文学阅读作为人生不可或缺的一部分。因此，说学语文提倡“说学＋文学欣赏”，主张把每一篇课文都当成是一部文学作品去学习和欣赏，培育学生的文学修养。“说学＋文学欣赏”追求学科本质，可以理解为用说学的方式完成语文知识学习。学生在掌握语文基础知识和人文精神时，用文学的眼光欣赏课文，爱上语文。把文学美、文章美、语言美、文字美作为语文控制要素，有意识引领学生登上文学高点，养成文学情怀和阅读爱好。

说学语文要关注学生核心素养培养，关注学生必备品格和关键能力的形成。说学是什么？是一种学习方式。说学培养了什么？培养了学生的说话能力、学习能力、语言储备、表达能力、思维能力、合作能力、展示胆识、质疑能力、审美能力，以及学习习惯。说学语文就是要培养学生语文学科学习的各种学科核心素养。

（二）说学数学

说学数学主张课堂是一种回归，回归了教育的本源。厘清“学”和“教”的本来关系，恢复学生、教师、教材的本来地位，发挥学生、教师、教材的本来作用，关注文本的处理和学生学习的情绪结构。

说学数学课堂流程坚持“五环节四动作”，用“导入、检查、导学、拓展、小结”五个环节控制课堂进度，用“自主合作、交流展示、补充质疑、教师指导”四个动作控制学习形式。教师对课堂教学结构、学法、教法进行合理把握和应用，使课堂变得更为清晰、简洁、自然、深刻，进而达到优质和高效。使课堂结构清晰、简洁，课堂进程预设与生成交替呈现，活动开展水到渠成、环环相扣，教师上课自如、心中有数，学生学习积极主动、情绪高涨。要以学生预习反馈的信息为基础，对目标、内容、策略、方法等做出合理有机的安排，使课堂教学更具有针对性和实效性。把预习结果作为课堂教学的切入点，把学生预习所呈现的问题的解决作为课堂教学追求的目标，让学生参与知识的构建，又要促进学生自学能力的提高，让学习真正发生在学生身上。

说学数学课前预习依托“说学稿”。教师必须熟悉数学课程标准，深入钻研教材，明确教学目标、教学重点和教学难点，然后整合课程资源，精心设计学生预学的学讲稿。预习主要让学生整合素材积累活动经验、阅读文本例题找准新旧知识的连接点、思维引导启发为新知作知识铺垫、自主尝试探究获取知识等内容。说学数学通过“学讲稿”和“小对子合作”两个控制要素，落实数学预习。学讲稿需要简洁明了，学生易于操作，学讲稿上要有学法指导，学生在教师指导下自主克服各种困难学会知识。小对子建设的本质就是研究如何发动学生、“利用”学生、解放学生、发展学生，唯有如此，课堂教学才有意义。课前预习培养的是一种良好的学习习惯，它做的是一节课的预习，影响的则是一个人一生的成败。

说学数学复习要贯穿在每一天。把“说题”形式固定下来，每天要求学生说多少道计算题，说多少道应用题。说题按类进行，每一类题型用两天时间强化说学，帮助学生形成学习经验。分类复习时，坚持日日清，把当天学习内容融入按类复习之中。用说学方式复习，布置少量书面作业强化巩固。复习要有计划，课时复习和单元复习融合进行，杜绝割裂开来的机械刷题。

说学数学主张“说学＋数学思维”。说学数学关注文本的处理和学生学习情绪结构，在文本处理时需要思考数学到底学什么？学数学的根本要义在于学习数学原创活动中的人类智慧，人类如何思考、如何实践以解决数学问题。智慧在哪里？智慧在发现问题、提出问题、分析问题、解决问题的活动过程中，在活动积淀的经验里，在此基础上学习知识技能。数学怎么学？关键问题并不完全在于发现还是接受，而在于是否清晰的呈现了知识的原创过程，让学生感悟到蕴含其中的人类智慧。说学数学在文本的整合和开发加工编制学讲稿和教学设计时，已厘清了具体知识点的本质和内涵。在关注学生学习情绪方面采用对学、群学、展示汇报、质疑、讨论、补充、教师点拨等教学策略，体现教学民主。课内和课外允许学生提出各种各样的问题，与教师、与同学进行讨论、争辩，给学生提供产生灵感思维的机会，让师生之间和同学之间的心灵得以沟通，学生的思维避免了限制，学习在愉悦的气氛中进行，奇迹往往就在这些过程中产生，学生的潜能往往在这样的经历中释放，新知往往在学生展示交流中内化，展示和合作成为课堂教学文化，生成质疑成为学生学习的生命状态。这样长期坚持做下去，学生的情绪定能处于比较稳定的状态，也只有这样学生的兴趣才能得到保持。

说学数学要培养学生数学核心素养，让学生在思想能力方面有数学抽象、运算推理、数学建模、数据分析、转化思想的能力。核心素养从哪里来？从学生对数学认知中来，即从数学概念、数学规律、数学关系中得到。核心素养怎么形成？从学生思考自学、合作交流、创新实践中形成。说学数学主张说学并重，学生在小组合作中通过表达，质疑，补充达到学习、理解的目的，积淀人文底蕴。学生之间互相质疑、问难，促使学生探究，积极表达，培养学生理性思维、批判质疑、勇于探究的科学精神。

（三）说学英语

“说学英语”是以说学为主要形式的英语学习方式。它是金凤三小“说学教育”背景下的英语学科全新学习思想。“说学英语”紧紧抓住“学讲练”等基本元素，融入“先预后教”“学生主体”“合作学习”“说学形式”“学以致用”五大核心理念，把英语学习分为课前预习和课堂学习两个模块，将学习彻彻底底还给学生，使学生真正成了学习的主人。

说学英语课堂流程坚持“五环节四动作”，用“导入、检查、导学、拓展、小结”五个环节控制课堂进度，用“自主合作、交流展示、补充质疑、教师指导”四个动作控制学习形式。说学英语略微区别于语文课堂的地方在“检查”环节，英语学习不能向语文字词句学习那样完全放给学生。学生也不可能完全自主的学会单词和句型，该教师教的、示范的，一定要教要示范。由此，英语的检查环节用的时间和承载的任务要少于语文检查。“导学”环节可以设计多次活动，确保各种问题得到解决，学习目标落实得扎扎实实。确保每次活动都执行“自主合作、交流展示、补充质疑、教师指导”四个动作，做到教师少讲，学生多学，在学习中发现问题，解决问题，答疑解惑，提升学习能力。

说学英语课前预习依托“说学稿”。说学稿相对简单，安排学生听录音学习单词、句型，读课文。引导学生借助已有经验、方法和工具书学习，初步掌握基本知识。重点在于帮助学生获得三个成果。第一是“好习惯”，预习学习中，如果学生能够养成提前预习，课堂上就会轻松自如。第二是“有问题”，学习应该从问题入手，问题从哪里来，最简单道理就是“有接触才会有问题”。第三是“真问题”，回避假问题和无效低效问题的唯一的路径就是由学生深度介入，由思考得来真问题。

说学英语的起点是“张嘴说”，过程是“学英语”，终点是“说英语”。传统英语教育往往只关注了中间环节“学英语”，所以在教出不少英语精英人才的时候，也抛弃了很多“张不开嘴”的学生，培养出许多“不能与人对话交流”的考试机器。英语是语言学，语言学的特征就是“说”，说学英语正是紧扣这个特征，教育所有学生开口说英语，在说中学，学会了再使劲说，使之变成学生的一种能力。

说学英语具有四个特征。一是课风简洁。说学英语课堂简明，在“导入（Leading in）、预习检查（Checking）、释疑指导（Instruction）、语言练习（Practicing）和拓展（Extension）”五个环节下，就是“自主合作、交流展示、补充质疑、教师指导”四个规定动作，事情都由学生去做，老师不用记环节，不用背过渡语，从套路中被彻底解放，只是一门心思地去思考知识本质和如何根据学情指导学习。二是起点更高。说学英语合理分配了预习任务，课堂不再从学习单词或句型开始，而是从检查学生自主学习单词或句型的情况入手。这样从学习规律上突破了两点，学生能学会的老师不包办，课前能解决的不留到课堂上占用时间。因为教学是从学生的问题和困惑开始，教学的针对性就特别强，不论是对知识，还是对学生具体人，都很有针对性，教学实效就很强。起点决定终点，入课是从学生自学单词句型的问题和困惑开始，就省去了传统课堂按部就班式的单词句型教学过程，听说和模仿将不再是课堂的主要基调。这样，节省出时间去探索用语言完成任务，用语言汇报成果，用语言作为抓手解决语言等深度学习。课堂终点无限延伸，课堂内涵有了广度深度和厚度。三是强调说学。说学英语特征就是“说学”。课堂上除了“听说”“模仿说”“课文背诵复述说”之外，鼓励学生用简单的英语质疑纠错提问，用学到的语言完成任务，通过完成任务巩固语言。由于课堂时间、空间都给了学生,学生合作说学真正在课堂上发生了。随着课堂“会读—复述—拓宽—创造”层层推进，语言学习和学生能力提升，说学有了“质”的提升。四是渗透文化元素。说学英语提出“说学+文化元素”。文化元素，包含英语语音、语调、特殊词汇，也包含英语国家的思维方式、语言习惯、肢体语言，还包含英语文章著作的阅读理解等等。学习英语是为了走出去进行交流，交流和阅读是学习英语的目的。“说学+文化元素”就是既要“说学特征”，又要“纯英语元素”，为英语教育走向深度、广度、高度指明了方向，铺设了道路。

说学英语打开了三扇门。第一扇门是“学生说学”。英语是一门语言学，学生学英语就是为了说英语与人交流，说学英语的特征就是“说学”，最符合教学本质。为了让学生人人都能张开口说英语，说学英语设计了指导课前预习“学讲稿”，预习要求放的很低，听录音学单词读课文。课堂上考虑到有些孩子表达能力弱一点，在汇报前又安排了两三分钟的“对学环节”，熟悉语言，增强自信，鼓励每一个孩子都参与汇报。长期如此坚持，所有学生都不会掉队，且语言能力越说越强，自信心越来越足。语言是思维的基础，当学生表达能力提升后，说出来的话就越来越有味道，有深度，有了自己的见解。第二扇门是“普通老师也能上出好课堂”。每年各级教育部门都会组织优质课大赛，但是多年经验证明，只有那些具有鲜明个性特质的老师才会获得大奖，一线80%以上的老师特质不鲜明，那么是不是说这些老师就上不出好课堂呢。非也。说学英语通过结构化，规范了“五环节四动作”，辅以“学讲稿”预习，把“说学”作为主要手段和特征，将学习和课堂主人换成了学生，在课上学生表现好就是好课，学生表现差就不是好课，课好不好不再取决于老师本人，更不受教师个性特质所限，因此，就能出现普通老师也能上出好课堂的情况。说学英语中，普通老师上出好课堂，需要做好几件事。一是熟练掌握五环节四动作，天天课堂都如此；二是抓好小对子建设，预习要做到最好；三是培养学生好习惯，让学生说学成为自然；四是课堂关注全面，让每一个孩子都发言；五是善于追问，引发学生深度思维。第三扇门是“优秀教师由量变到质变完美提升”。说学英语从始至终都在强调教师作用，但是教师作用发挥大小确确实实与老师个人潜质有关。当“普通老师也能上出好课堂”时，是不是就意味着优秀教师没有了发展空间。非也。优秀教师在教学中有三种素养可以在说学英语中被激发，一是阅读教材的能力，优秀教师对教材往往具有超出常人的解读，这种能力让他很容易抓住学科本质和核心素养，升华文本，上出精彩纷呈的好课，当说学课堂学生表达能力提升后，学生会和教师在文本关键处配合默契，自然流畅，效果更佳；二是阅读学生能力，优秀教师对学生的差异和类型具有被人比不上的敏感度，这种敏感更利于他统筹学生，对不同的孩子在不同节点处提问交流，使课堂张弛有度，高潮迭起；三是阅读教学过程的能力，优秀教师绝对不是一个“既定教案的执行者”，他的教学一定是在变化中进行，根据学情，适时调整，这种能力，会让他随时随地捕捉到课堂生成，捕捉到学习漏洞，捕捉到学生困难，当这些突发生成得到解决和突破时，一节“完美的课”就出现了。如果优秀教师每节课都能在以上三个点上有突破有提升，我就认为，他的优秀不再是获奖水平，而是大师水平。

（四）说学科学

“说学科学”推行“说学”理念，就是培养学生敢说会说，善听善辩，融会贯通和学会学习素养和能力。因此说学科学课堂也要将“讲台”还给学生，在“五环节四动作”课型基础上设计教学。不要求死板执行“五环节四动作”，要根据学科特点灵活处理，但时间、舞台、机会都一定要留给学生。说学科学不安排课前预习和课后复习，要求在课堂内解决所有问题。说学科学提倡“说学＋科学精神”学科文化，坚持科学属性，用事实说话，没有实验就没有发言权。说学科学要重视培养科学素养，要在课堂上培养学生的科学兴趣（求知本能），科学方法（探究核心），科学知识（概念核心）和科学精神（理念行为）。

（五）说学思品

“说学思品”推行“说学”理念，就是培养学生敢说会说，善听善辩，融会贯通和学会学习素养和能力。说学思品课堂也要将“讲台”还给学生，在“五环节四动作”课型基础上设计教学。不要求死板执行“五环节四动作”，要根据学科特点灵活处理，但时间、舞台、机会都一定要留给学生。说学思品不安排课前预习和课后复习，要求在课堂内解决所有问题。说学思品提倡“说学＋道德修养”学科文化，思想品德是在建构世界观，学习就是面对各种生活事件案例和故事，引导学生正确分析和判断各种事件是学科目标。说学思品要引入一些辩证唯物主义知识，指导学生科学分析问题。

（六）说学音乐

“说学音乐”推行“说学”理念，就是培养学生敢说会说，善听善辩，融会贯通和学会学习素养和能力。说学音乐课堂也要将“讲台”还给学生，在“五环节四动作”课型基础上设计教学。不要求死板执行“五环节四动作”，要根据学科特点灵活处理，但时间、舞台、机会都一定要留给学生。说学音乐不安排课前预习和课后复习，要求在课堂内解决所有问题。说学音乐提倡“说学＋音乐技能”学科文化，坚持音乐属性，指导学生学习音乐知识，用音乐形式表演所学知识，检验是否学会学好。

（七）说学美术

“说学美术”推行“说学”理念，就是培养学生敢说会说，善听善辩，融会贯通和学会学习素养和能力。说学美术课堂也要将“讲台”还给学生，在“五环节四动作”课型基础上设计教学。不要求死板执行“五环节四动作”，要根据学科特点灵活处理，但时间、舞台、机会都一定要留给学生。说学美术不安排课前预习和课后复习，要求在课堂内解决所有问题。说学美术提倡“说学＋美术技能”学科文化，坚持美术属性，指导学生学习美术知识，用美术形式展示所学知识，检验是否学会学好。

（八）说学体育

“说学体育”推行“说学”理念，就是培养学生敢说会说，善听善辩，融会贯通和学会学习素养和能力。说学体育课堂也要将“讲台”还给学生，在“五环节四动作”课型基础上设计教学。不要求死板执行“五环节四动作”，要根据学科特点灵活处理，但时间、舞台、机会都一定要留给学生。说学体育不安排课前预习和课后复习，要求在课堂内解决所有问题。说学体育提倡“说学＋运动技能”学科文化，坚持体育属性，指导学生学习体育技能，用体育形式展示所学知识，检验是否学会学好。

（九）说学信息技术

“说学信息技术”推行“说学”理念，就是培养学生敢说会说，善听善辩，融会贯通和学会学习素养和能力。说学信息技术课堂也要将“讲台”还给学生，在“五环节四动作”课型基础上设计教学。不要求死板执行“五环节四动作”，要根据学科特点灵活处理，但时间、舞台、机会都一定要留给学生。说学信息技术不安排课前预习和课后复习，要求在课堂内解决所有问题。说学信息技术提倡“说学＋信息素养”学科文化，坚持信息技术属性，帮助学生拥有搜集、整理、分析、处理信息的能力。掌握“互联网”时代特征，了解“人工智能”技术，参与“创客”学习。

十、说学课程

说学课程是学校各类课程中的一种，旨在培养学生说学能力，提升说学素养。既然是培养说学，那么这类课程就多以说话为主。金凤三小目前开发的说学课程有演讲、辩论、朗诵、阅讲、新闻、大课堂、大舞台、项目式学习和 ZGT 课堂等。基本利用早读、午读和在家时间开课，晨午读说学课程和 ZGT 课堂进入课表，正式开课。大课堂、大舞台和项目式学习根据情况定期活动。

杜威说，课程即活动。朱熹说，“小立课程，大作工夫”。课程是对教育的目标、教学内容、教学活动方式的规划和设计，它包括学校老师所教授的各门学科和有目的、有计划的教育活动。

说学教育重在培养学生“说学能力”。说学能力包含“说”和“学”两种能力，说学课程就是以培养“说”和“学”两种能力设计的学科或教育活动。按照杜威课程论，学生的每一次学习活动都可以是一次课程建设。按照朱熹课程论，每一次学习活动的目标和任务要设计得小一点，要把大量的时间和精力花在落实上。结合杜威和朱熹先哲的观点，一个崭新的课程论呈现在我们面前。即每一个学习活动就是一个课程，做课程要把目标和任务设计得小一点，把大量的时间和精力花在落实上，让学习扎扎实实出成绩。

说学课程包含目标、内容、计划、标准、说学本、说学课、评价七个要素。目标指课程要实现的具体目标和意图。内容指要学习什么知识。

计划指按照什么样的程序学习。标准指学习要达到什么程度。说学本指可见的学习材料。说学课指列入课表的说学教学。评价指学习成果的评判。

阅讲课程即读书讲故事。该课程目标是引导学生大量读书，爱上读书。内容是课外书，包含名著、经典、童话、绘本等各类书籍。计划是购买或借阅书籍，设定多长时间读完，每天具体什么时间读书，读多长时间，读书时是否做勾画、摘抄、笔记、写反思等。标准是能复述书籍所讲的故事，对人物形象和故事有自己的见解。说学本是读书笔记，既有故事梗概，人物形象，又有个人观点，反思和读后感。说学课是每天进入课程表的具体课堂，教学分三段式进行，第一段小对子互相讲故事，说反思，第二段指名个别小组或个人向全班展示，全班互动，第三段教师总结发言，点评鼓励。评价是教师、小组或家长对阅讲活动效果进行总结。

辩论课程即开展辩论赛。该课程目标是引导学生客观分析问题，培养质疑精神和批判性思维。内容是设计辩论现场，引起激烈辩论。计划是确定辩论主题，搜集素材，进行深度思考，整理辩论语言和流程。标准是思维敏捷，语言精准，分析入微，看待问题客观合理，遵循规律。说学本是辩论课前精心准备的文本材料，对论题、论点、论据以及论证过程有记载，有梳理，要利用网络和大量阅读积淀辩论素材，既有理论又有案例。说学课是辩论赛的呈现场景，同样采取三段式模式进行，第一段小组互相辩论，陈述观点，第二段指名分组向全班展示，全班互动，第三段教师总结发言，点评鼓励。评价是教师、小组或家长对辩论活动效果进行总结。

朗诵课程即展示朗读。该课程目标是引导学生体验朗诵的美感，享受朗诵的美妙，爱上朗诵。内容是选择课本或课外书籍精彩段落或诗歌。计划是找素材，个人朗读，小对子互相朗诵，小组朗诵，全班朗诵。标准是要通顺流利，普通话标准，朗诵有美感，像音乐一样流淌诗意。说学本是用来记录、粘贴搜集来的素材的，学生搜集来素材后，利用说学本多次练习，直到朗诵达到标准为止。说学课是专门提供给学生们的展示平台，课堂分三段式模式进行，第一段小组互相朗诵，取长补短，第二段指名分组向全班展示，全班互动，第三段教师总结发言，点评鼓励。评价是教师、小组或家长对朗诵活动效果进行总结。

演讲课程即演讲展示。该课程目标是引导学生运用语言，针对某个具体问题，鲜明、完整地发表自己的见解和主张，阐明事理或抒发情感。内容按照照读式演讲、背诵式演讲、提纲式演讲，即兴式演讲形式可以自己写，也可以找素材。计划是确定演讲形式、主题，根据形式主题找素材，个人演讲，小对子互相演讲，小组演讲，全班演讲。标准是要普通话标准，抑扬顿挫，有表情、体态语言，能用语言触及人的灵魂世界，打动内心。说学本是个人用来撰写演讲稿，记录搜集演讲素材，以及完成个人演讲练习的。说学课是专门提供给学生们的展示平台，课堂分三段式模式进行，第一段小组互相演讲，取长补短，第二段指名分组向全班展示，全班互动，第三段教师总结发言，点评鼓励。评价是教师、小组或家长对演讲活动效果进行总结。

新闻课程即播报时事新闻。该课程目标是引导学生关注社会，搜集新闻线索，并向别人讲述、播报新闻。内容是看电视、看报纸、听广播、看手机等，整理新闻线索。计划是找素材，整理素材，个人播报，小对子互相播报，小组播报，全班播报。标准是要语言通顺流利，普通话标准，播报优美、顿挫，能吸引人，促人思考，惹人讨论，利于形成正确的世界观。说学本是用来记录、粘贴搜集来的素材的，学生搜集来素材后，利用说学本多次播报练习，直到播报达到标准为止。说学课是专门提供给学生们的展示平台，课堂分三段式模式进行，第一段小组互相播报，取长补短，第二段指名分组向全班展示，全班互动，第三段教师总结发言，点评鼓励。评价是教师、小组或家长对播报活动效果进行总结。

大课堂课程即很多学生一起上课。该课程目标是锻炼学生，说学素养除了语言，还有阅历、视野、心理等要素，大课堂培养的是综合能力，大课堂属于综合性课程。内容可以是阅讲、辩论、朗诵、演讲、新闻任何一种形式，也可以是语文、数学、英语任何一门学科，可以是以前用过的，也可以是重新准备的。计划还是找素材，个人训练，小对子互相训练，小组训练，大课堂上展示。标准是讲普通话，语言通顺流利，抑扬顿挫，观点鲜明，立意正确。说学本是用来记录、粘贴搜集来的素材的，学生搜集来素材后，利用说学本多次训练，直到满意为止。大课堂是专门提供给学生们的展示平台，课堂以比赛形式进行，组与组比赛，班与班比赛，打擂台，比成绩。

大舞台课程即很多学生参与的舞台表演。该课程目标还是锻炼学生，除了锻炼语言、阅历、视野、心理外，还鼓励学生多才多艺，全面发展。

大舞台同样着力于综合能力培养，是属于综合性课程。内容以学生才艺展示为主，阅讲、辩论、朗诵、演讲、新闻、相声、快板、小品、歌剧、课本剧、唱歌、舞蹈、器乐样样都行，一句话，有什么特长就展示什么。计划还是找素材，个人训练，小对子互相训练，小组训练，大舞台上展示。标准是讲普通话，语言通顺流利，抑扬顿挫，观点鲜明，立意正确，表演优美，素养扎实。说学本用来记录、粘贴素材，方便训练，能记录训练过程。大舞台是专门提供给学生们的展示平台，舞台以表演形式进行，每一个上台表演的人都展示最美的一面，每一个参加表演的节目都精益求精。

项目式学习课程即聚焦一个问题合作学习。该课程目标是引导学生发展兴趣，培养兴趣。内容是几个志趣相投的人集合在一起做专项学习，也可以是原来的学习小组确定一个专题共同学习。计划是确定专题，制定学习计划和进度表，设计学习作业和评价方式，有计划地展开学习。标准是直奔专题，坚持学习，循序渐进，有所突破，达成目标。说学本是用来记录、粘贴项目式学习单的。项目式学习最后展示的平台不固化，选择适合的呈现方式，可以是说学课堂、大课程、大舞台任何一种形式。项目式学习要由教师、家长和同学们进行专题评价，以确定其价值和意义。

ZGT 课堂即家长授课的社会课堂。该课程设计目的是让学生融入社会，坐在教室里了解社会，真实的了解社会上有哪些行业、职业、工作种类，比较广泛的接触社会，在了解的基础上知道自己喜欢什么，想做什么，为未来人生明确方向。Z 是真实的缩写，G 是广泛的缩写，T 是特长的缩写，ZGT课堂就是真实再现社会。学校教育把学生关在象牙塔里，学生获取了知识，但空白了社会认知，对人生发展和学习动机的确立影响非常大。导致高考结束后，大部分孩子不知道怎么填志愿报学校选专业，上了大学后悔，毕业了傻眼。在这一点上我们要向西方学习，西方学生进入大学前会有一两年的时间让学生了解社会，选择方向。ZGT课堂让家长上课的原因是社会资源不足和学校经费有限，通过家长义务授课，家长里丰富的行业、职业、工作种类都进入课堂，真实再现于学生面前。学生通过自己的爸爸妈妈，爷爷奶奶了解了社会，也了解了他们的辛苦，那种感觉和那种选择具有深远的教育意义。

除了以上课程，说学教育按照“小立课程，大作功夫”思想，将学生平常学习行为也用课程思想予以规范。一是学习方法说学化。就是学习时“多说少写”，能用说的方式学会的就多用说学，写只是发生在一锤定音确保真正掌握的时候。二是学习行为课程化。每一次学习，哪怕是完成一次作业，背诵一段课文，都用课程思想要求自己，确保目标、内容、计划、资料一应俱全，样样达成。三是说学素养训练化。“小立课程，大作功夫”的意思是学习目标任务要往小往细制定，而训练和功夫一定要往大往深里下，本领和素养不会一蹴而就，必须要扎扎实实地苦学苦练。说学的习惯、能力等素养，以及所学知识和技能都需要扎扎实实刻苦训练，引导学生养成勤奋刻苦学习品质。四是说学实践社会化。说学教育是“说中学”，也是“做中学”，学习要经历实践过程。教育非学校一家功效，家庭教育和社会教育缺一不可，因此，说学实践要有大格局，要融合学校、家庭、社会为一体，让学生的说学实践发生在任何地方、任何时间和任何人群众中。这样的实践活动才接地气，才符合教育规律，才能真正培养学生的说学能力。

课程承载着学校教育的宽度和厚度，因此课程建设需要仁者见仁智者见智，碰撞出思想火花。观点一：课程即教育理解。朱熹认为课程即功课。他说“小立课程，大作工夫”。夸美纽斯认为课程即教材。他说“课程就是向学生传递知识，传递知识的依托是教材”。杜威认为课程即活动。他说“把社会需要转化为课程，并进一步转化为学生活动”。赞科夫则认为课程即发展。他说“把一般发展作为其课程论的出发点和归宿，使学生智力、情感、意志、品质、性格得到发展，即整个个性得到发展”。说学教育认为课程即教育理解。因为从学校来说，工作对象是学生，任务是把教育的功能作用在学生身上使其发展。因而认为课程是从“应用论”角度出发，怎么理解怎么做，知道教育应该干什么？说课程即教育理解，是指“从学生生命成长出发，思考都需要哪些教育，才能促使他们健康茁壮成长；关于这些教育，教育者的理解有多深刻，课程的建设就会有多宽广”。当认识到学生是一个生命，这个生命的成长只有分数、课堂是不行的，他需要各种营养，均衡搭配，全面发展。于是，课程才要从生命成长的角度出发，思考了学生需要什么样的教育，思考了学校需要构建什么样的课程体系。从狭义的角度，也可以把课程理解为“校长的教育理解”。因为从实际来看，一所学校的教育很大程度上体现为校长的教育修养，学校课程建设，自然也多以校长的教育理解为基础。校长理解为学生成长成绩最重要，于是他的关注点就在课堂。校长理解为学生成长能力最重要，于是他做的就是开展活动。校长理解为学生成长需要什么，那么他所做的就一定在那个方面……观点二：现代课程要顶层设计。顶层设计是站在一个制高点上，用俯视的眼光审视生命，彻底弄清楚生命成长都需要什么，都需要哪些教育，然后从总体上进行课程设计，为学生提供所需要的、全面的、适合的教育。因为是从生命成长出发的，所以这个顶层设计就不是空中楼阁，它把生命成长必需的教育都设计成课程，在学校教育中予以落实，就是有根之花，有本之木。也正是从生命成长出发的，所以这个顶层设计就不是无中生有，空穴来风，它把生命成长所必需的教育进行了系统设计，不至于开设了这门课程，丢弃了那门课程，形成“瘸腿教育”。或者做大了这门课程，忽略了那门课程，形成“肿瘤教育”。顶层设计是一个系统，它会全面兼顾生命成长的需要，系统分析分数、能力、学识、胆识、创新精神、社会实践以及国际视野等要素在学生成长过程中的比重、密度和跨度。有了这个系统分析，在转化为教育行为时，就自然会形成系统化做法，不会盲人摸象，到处抓瞎，也不会临阵磨枪，拼凑活动。顶层设计最大的意义就是解决了“为什么开设这些课程，要达到一个什么教育目的；老师们都需要做些什么，具体怎么去做；一个教育周期里都有哪些安排，每一项安排如何实施”。当这些问题得到解释以后，学校教育就不再朦胧，让人迷茫，更不会碎片化，让临时冲击了系统。观点三：课程建设要避免走入误区。这些年，“极端”思想和行为带领教育走了太多极端化的弯路。因为高考，教育一度丢弃了所有，只追求分数；因为新课改，一下子将传统课堂和传统教育批判的一无是处。课程建设要谨防这种“极端思维”。当下，课程建设最怕的误区就是丢弃教学与成绩。因为痛恨应试教育，人们痛批各类考试，使得大家投鼠忌器，不敢谈教学与成绩，分数和排名更是忌讳语言，谁也不提。这样，慢慢地就会让人忘却教学才是教育的根本，成绩才是质量的保障。当下已经出现了一种迹象，不少人热衷于课程建设，轰轰烈烈地搞改革，开发各种各样的选修课，却把基础教育必须完成的知识教育束之高阁。甚至有些地方已经完全放弃考试，一味地声明以培养能力为主，游离到了考试体制外。这是一种可怕的现象，试想，一个没有知识的表演家，一个没有内涵的活动家，一个没有文化的天才，会是一个什么样的“国之栋梁”。

十一、说学评价

说学教育有自己的评价体系。评价就像一个指挥棒，长期指引着教育方向。高考是评价，于是中小学教育体系都是按照高考设计的。每一轮的课程改革是指挥棒，于是新中国成立以来九轮课程改革要求成为阶段性教育主旋律。素质教育是指挥棒，基础教育几十年一直重视学生素质培养。如今五育并举是指挥棒，全国学校都围绕五育并举设计教学目标任务活动和作业，教育学生德智体美劳全面发展。说学教育主张“说中学”，创新了“读、背、说、讲”等几十种“说学”学习方式。因此，评价也自然呈现为“说学评价”特征。“说学评价”可以理解为“口试”，就是用“背、讲、说”等方式测试学习成果。区别于“纸笔测试”的是，“说学评价”没有试卷，不需要答卷，不是综合性测试。多以“单项测试”为主，呈现为“题型单一、内容少、时间短、方便快捷”等特点 。

说学评价提出“1+n”评价模式。即“笔试＋口试”评价，“1”指一张试卷，也就是笔试，检测学生学习成果书面达成情况，“n”是多种测评项目，也就是口试，根据说学项目检测学生学习成果达成情况。“1+n”说学评价是一个十分灵活的评价机制，口试项目、时间、空间不固定，根据每个学期的教学实际，灵活设计考试项目，考试时间、空间也随教学进程而定，成熟了就测试。“1+n”说学评价把学期考、月考、单元考、随堂考、日日清都包含了进去，教师可以把任何一种考试设计成“笔试＋口试”评价任务，随着每天的学习进程就落实了。

语文学科的“1+n”说学评价。从项目上梳理，语文学科“1+n”说学评价可以有“试卷＋整本书知识”“试卷＋某一个单元知识”“默写＋生字”“默写＋好词佳句”“默写＋古诗词”“默写＋课文背诵”“创造＋修辞”“创造＋描写手法”“写作＋口语交际”等多种说学评价形式。“试卷＋整本书知识”指通过复习让学生全部背诵了课文，背诵了古诗词，背诵了生字表，看着生字和园地练习了组词、解释词语、造句、改写句子、片段口语交际、分析短文等口试项目，然后用一张试卷检验学习成果。“试卷 + 某一个单元知识”指通过复习让学生就某一个单元背诵了课文，背诵了古诗词，背诵了生字表，看着生字和园地练习了组词、解释词语、造句、改写句子、片段口语交际、分析短文等口试项目，然后用一张试卷检验学习成果。“默写 + 生字”指学完一课或几课后，专门针对生字进行了背诵、指读、辨析、组词、造句、写话练习后，用默写或听写的方式检验学习成果。“默写 + 好词佳句”指学完一课或几课后，专门针对好词佳句进行了背诵、归类、说话、写话练习后，用默写或听写的方式检验学习成果。“默写 + 古诗词”指学完一课或几课后，专门针对古诗词进行了背诵、解读、分析、讲述练习后，用默写的方式检验学习成果。“默写 + 课文背诵”指学完一课或几课后，专门针对课文进行了背诵、字词句理解和分享、修辞、写作特点、描写手法、人物形象、故事情节练习后，用默写的方式检验学习成果。“创造 + 修辞”指学完一课或几课后，专门针对修辞进行了交流、归类、模仿、口语交际练习后，用创造的方式检验学习成果。“创造 + 描写手法”指学完一课或几课后，专门针对描写手法进行了背诵、分享、模仿、口语交际练习后，用创造的方式检验学习成果。“写作 + 口语交际”指学完一课或几课后，专门针对语文园地里的口语交际进行了训练后，用写作的方式检验学习成果。教师不定期随机可根据不同阶段涉及的学习内容选择合适的评价形式，及时针对性评价学习，鼓励学生，检验成绩。以上各种评价形式也可以成为教导处了解学情的测评方式，教导处可从其中任意选择几个项目组织全校性考试，就可以及时掌握某一领域、某一阶段或者综合学习情况。

数学学科的“1+n”说学评价。从项目上梳理，数学学科“1+n”说学评价可以有“试卷＋整本书知识”“试卷＋某一个单元知识”“默写＋计算”“计算＋创编”“绘图＋创编”“操作＋创编”等多种说学评价形式。“试卷＋整本书知识”指通过复习让学生全部口头训练了填空题、判断题、选择题、计算题、应用题后，用一张试卷检验学习成果。“试卷＋某一个单元知识”指通过复习让学生就某一单元所学知识口头训练了填空题、判断题、选择题、计算题、应用题后，用一张试卷检验学习成果。“默写＋计算”指每天或某几天，学生针对整数、小数、分数、加法计算、减法计算等进行常态化口语练习后，用默写或听写的方式检验学习成果。“计算＋创编讲题”指每天或某几天，学生利用数字，自编数学信息，创编数学问题，并讲述了解题思路后，用计算的方式检验学习成果。“绘图＋创编”指每天或某几天，学生利用数字，自编数学信息，创编数学问题，并讲述了解题思路后，用绘制线段图或实物图的方式检验学习成果。“操作＋创编”指每天或某几天，学生利用数字，自编数学信息，创编数学问题，并讲述了解题思路后，用动手实物拼搭的方式检验学习成果。教师不定期随机可根据不同阶段涉及的学习内容选择合适的评价形式，及时针对性评价学习，鼓励学生，检验成绩。以上各种评价形式也可以成为教导处了解学情的测评方式，教导处可从其中任意选择几个项目组织全校性考试，就可以及时掌握某一领域、某一阶段或者综合学习情况。

英语学科的“1+n”说学评价。从项目上梳理，英语学科“1+n”说学评价可以有“试卷 + 整本书知识”“试卷 + 某一个单元知识”“默写 + 词汇”“默写 + 句式”“默写 + 短文”“默写 + 课文背诵”“创造 + 歌谣童话”“写作 + 专题交际”等多种说学评价形式。“试卷 + 整本书知识”指通过复习让学生全部背会了词汇、句式、短语、课文、应用练习后，用一张试卷检验学习成果。“试卷 + 某一个单元知识” 指通过复习让学生背会了某一单元的词汇、句式、短语、课文、应用练习后，用一张试卷检验学习成果。“默写 + 词汇”指学完一课或几课后，专门针对词汇进行了背诵、指读、辨析、说话、讲故事练习后，用默写或听写的方式检验学习成果。“默写 + 句式”指学完一课或几课后，专门针对句式进行了背诵、指读、模仿、讲故事练习后，用默写或听写的方式检验学习成果。“默写 + 短文”指学完一课或几课后，专门针对短文进行了背诵、复述、创作、讲故事练习后，用默写的方式检验学习成果。“默写 + 课文背诵”指学完一课或几课后，专门针对课文进行了背诵、理解、对话、讲故事练习后，用默写的方式检验学习成果。“创造 + 歌谣童话”指学完一课或几课后，专门针对童话和歌谣进行了背诵、表演、对话、创编练习后，用创造的方式检验学习成果。“写作 + 专题交际” 指学完一课或几课后，专门针对某些专题话题进行了对话、表演、创编、讲故事练习后，用写作的方式检验学习成果。教师可根据不同阶段涉及的学习内容选择合适的评价形式，及时针对性评价学习，鼓励学生，检验成绩。以上各种评价形式也可以成为教导处了解学情的测评方式，教导处可从其中任意选择几个项目组织全校性考试，就可以及时掌握某一领域、某一阶段或者综合学习情况。

音乐、美术、体育、科学、思政和计算机学科的“1+n”评价。1 指每学期期末统一测试，n 指任一项目单项检测。n 单项检测标准按照国家标准执行，检测时间随教学计划阶段性落实，整学期成绩汇总“1+n”评价结果。

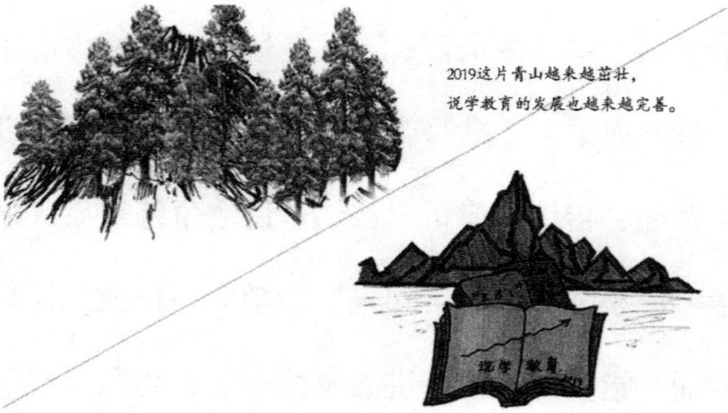

十二、说学教研

不同的教育选择就会诞生不同的教研形式。说学教育改变了学习方式，课堂、课程和评价都以“说学”展开。于是教研也必然以研究“说学”为内容，衍生出不同于以往的“说学教研”。说学教研的基本框架还是传统做法，不同点在于推进说学教育改革过程中的问题解决，也就是遇到问题不绕着走，见招拆招，有什么问题出什么招。所以说学教研不拘一格，形式灵活多样，名称也五花八门。

逐级磨五步走

就是组建一个课改团队，一个年级一个年级去指导。按照逐级磨五步走形式，课堂、课程和评价需要一个年级一个年级去打磨。以课堂为例，打磨的时候分五个步骤进行。第一步，年级组教师编制说学稿和教学设计，有一名教师尝试应用，在实践的基础上提出课前预习和课堂教学具体做法。第二步，学校课改团队与年级组进行集体教研，研究和修改年级组提出的说学稿、教学设计、课前预习和课堂教学具体做法。第三步，年级组选出一名教师执行课前预习和课堂教学预案，学校课改团队与年级组教师进行课堂观察。第四步，学校课改团队与年级组进行第二次集体教研，进一步修改完善说学稿、教学设计、课前预习和课堂教学具体做法。第五步，召开年级或全校观摩课，发起一场年级或全校性的集体研讨。

三三制教研

配合“逐级磨五步走”教研形式，由课改团队集中打磨一轮，接下来调动教研组内生动力，由教研组实施组内打磨。“三三制教研”就是教研组内打磨形式，即在一个教研组内实行“同课、同研、同上，一备、二备、三备”。确保每个人时刻行进在教改之路上。“同课、同研、同上”指一个教研组内，大家共同研究一节课怎么上，共用一个教学设计，同上一节课。“一备、二备、三备”指备写一份教学设计和上好一节课需要经历三次打磨，第一次由一个主备人自己备写打磨，第二次由教研组集体修改再打磨，第三次邀请学科组长或优秀教师参与修改打磨后上组内公开课。

走班上课

每个人的成长不都是高起点，改革也需要“手把手”地教。走班，就是让同年级的优秀教师走进需要指导教师的班级上课，面对面示范，等于是手把手地教。走班上课的好处是，看得见，学得快。同样的学生，在自己的指导下，和在优秀教师指导下的差异对比，就是改革的魅力所在。有了这种对比，教师们的感受是直接的，他们会迫切改变。学生也一样，听了优秀教师的课，他们会渴望自己老师的改变。双向选择，改变会变得相对轻松。

跟班管理

跟班管理与“走班上课”是姊妹篇，走班上课是示范课堂教学，跟班管理是建构课堂文化。说学教育的基础是“自主合作探究”，课堂形式要改变，首先要有良好的自主学习与合作学习文化，学生要有自学能力，有与他人合作意识，要形成自主与合作的好习惯。优秀教师在培养学生自主合作方面做的总是比大家好，因此形成的班风学风要好于大家，跟班管理就是把他们的这些好经验好做法手把手教给所有老师。

订单教研

就是按照订单开展个性化教研。订单教研有两种情况，一种是“自上而下”，由教导处向教师个人下订单，预约什么时候听课，研讨教学。另一种是“自下而上”，由教师个人向教导处下订单，提出听课申请。订单教研是相对个性化的，不论“自上而下”，还是“自下而上”，都是解决个别人个别问题。“自上而下”订单教研需要纳入学校教学工作计划，做整体统筹管理。“自下而上”订单教研需要结合公开课、示范课、观摩课进行，否则主动提出订单的教师会很少。

周周公开课

即周周都上公开课，具体形式是每个学科每周固定安排1—2节公开课，进行全校研讨，在集体研讨中推进课堂教学改革。周周公开课的存在，可以让教师们周周都能听到课改课，周周都集中在一起研究说学课堂。这种形式让每一个人都时刻浸润在课改中，课改研究高频出现。由于是公开课，质量相对要高一点，于是“逐级磨五步走”“三三制教研”“走班上课”“跟班管理”“订单教研”这些教研形式都会被教师们自发地引入到公开课之前，用来打磨一节好课。周周公开课还有一种轮流坐庄思想在其中，由于一个学科就那么几个人，每周都有一位教师做公开课，一学期下来每个人都会轮到一两次，这样大家就都得到了历练，人人都能提升教学水平。周周公开课分校内公开课和组内公开课由校级磨课小组打磨的课上校内公开课，由组内打磨的课上组内公开课，组内公开课经审核后也可以升级为校内公开课。

班级共同体

由于课改文化统一性，“自主合作探究”需要在各个学科中保持一致，这就需要把同一班级的所有教师凝聚起来，做一样的事，组建一样的小组，下达一样的任务。于是，“班级共同体”就诞生了。“班级共同体”就是把一个班级看成一个共同体，在组建合作小组，下达合作任务，形成合作文化时，所有任课教师一起研讨，形成最终方案。执行时同步走，这样就保证不论上什么课，学生都知道自己和谁合作，怎么合作，长此以往，就会成为习惯。“班级共同体”一经建立，会跨越教学，向德育领域，向家校共育，向集体荣誉渗透，学生会把学习上形成的合作，习惯性地延伸到三操、值日、打扫卫生、学校社团、社会实践、家庭作业和小组荣誉等各个方面。

主任带教制

就是由主管教学的副校长、教导主任带教。带教包含两层意思：一是“带课”，副校长、教导主任每学期至少要做一次公开课，起到示范引领的作用，意为带领课堂教学的方向；二是“带人”，副校长、教导主任每学期至少带1—2名教师，每周进入他们所带班级上1—2节常规课，起到手把手教的作用，带领教师快速成长。通过这种方式，将教师和学校里对教学最有发言权的教学管理人员对接起来，能够最大限度地避免新教师走弯路，无谓浪费大量学习时间，实现最快捷成长。进入课改中期，课改的“培优补差”问题就显现出来了，需要有人站出来，做好这件事情，主任带教因此诞生。

名师带徒制

配合“主任带教制”，出现了“名师带徒制”。因为主任数量有限，而需要“培优补差”的教师多，还有每年新补入的青年教师需要入门指导。发动所有名师带徒弟，能最大化使用优质资源，形成多个“一帮一”组合，加快孵化推广先进经验。每所学校都有特级教师、各级名师、各级骨干教师，还有许多无冕之王，这些都是宝贵资源，都能成为课改尖兵。学校建立名师培养、管理、考核机制，成立名师团队，拓宽教师培养渠道，有助于教师成长，快速融入课改之中。

以赛促改

即组合各种形式的教学比赛和技能大赛，通过比赛促进改革，提升教师教学水平。“各学科课堂教学比赛”“各年龄段课堂教学比赛”“各级别课堂教学比赛”“集团校际间课堂教学比赛”“各种说课、观课、评课比赛”等都有计划进入学校教学工作计划，有序推进开展。赛课本来就是学校教研的一种常见形式，说学教研用好了这种教研形式，会事半功倍，助推教学改革。

教学论坛

说学教育改革毕竟是换思想，换方式，换做法的改革，中间出现走弯路栽跟头都是非常正常的。为了少走弯路少栽跟头，经常性交流思想十分必要，这就需要开展各种形式，各种内容，各个层次的“教学论坛”。召开教学论坛，需要把握时机。以解决问题为主的论坛，要根据问题出现的时间、性质、范围，及时召开相应的论坛。以推介某些教师的好经验好做法的论坛，要成熟一个推介一个，论坛不定期召开。以总结课改阶段性研究成果的论坛，要综合各种因素和人员，论坛能推动下一阶段改革。

名师工作室

随着改革深入，会产生一些教学名师。这些教学名师已经有了自己的教学风格，可以对其他教师产生作用。为了充分发挥这些教学名师的传帮带作用，需要为他们建立名师工作室。同时，到了课改后期，需要把一些人集中起来攻坚克难。名师工作室就是把人集中在一个工作室里，确定一个研究主题，大家集中智慧，攻坚克难出成果。为课改建立的名师工作室职责不在于培养人，而在于出研究成果。因此，这样的工作室不宜设定两年或三年时间限制，而是以长期存在为主。这样的工作室成员选择也不宜指派，而是由主持人和教师双向自由选择。

成果分享会

没有什么快乐能超越成就感带来的幸福，老师们辛辛苦苦做了那么多，坚持了那么久，最后需要的就是认可。改革后期要及时分享改革成果，召开成果分享会。把课例、讲座、论文、专著、心得、体会、精彩故事、先进人物都作为分享内容，通过及时分享，肯定成绩，鼓励干劲。

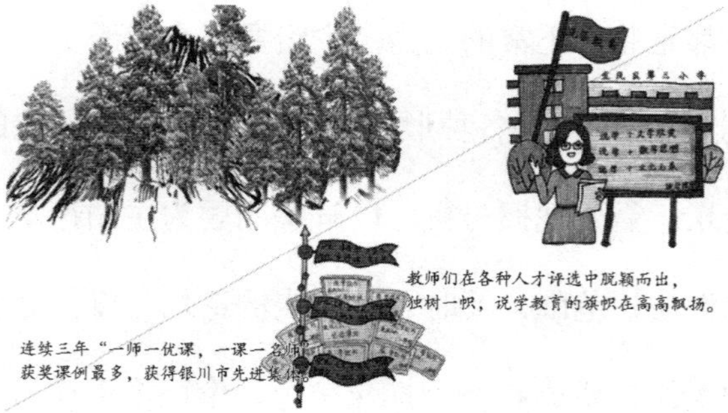

十三、说学教师培养

教师培养一直是学校教研的一个主要内容，说学教育需要培养说学名师。说学名师培养是要建立在说学课堂、说学课程和说学评价基础上的，因此说学名师培养需要从零开始，一步一个脚印，直到完全掌握说学教育，深入研究说学教育，轻松呈现说学教育，再说学教育上有深刻独到的见解。

入门培养

入门是成为说学名师必须经历的第一关。入门培养意味着“拄着拐杖走路”，教师必须严格按照说学教育设定的框框走路。教师先要学习消化目标、原则、要素、方法等，把理论概念的东西记在心里，内化领会，进而指导教学行为。至于教学行为，就要套框框。预习阶段，照着说学稿的模板编写说学稿，学生预习时一个人在家里怎么做，预习完了怎么和小对子和家长互动，教师怎么检查预习作业，按照规定动作做。早读时间，学生如何分配预习交流和复习巩固时间，如何把握一个人自学和几个人合作学习尺度，如何选择读、背、写和小对子互相检查学习方式，也按照规定动作做。课堂教学，要严格执行五环节四动作，检查环节如何既知晓了学生预习情况，掌握学情，又能因势利导，现场设计教学进程，四动作在导学和拓展环节解决执行，确保师生角色转换，学习从自主到合作，沿着展示汇报、补充质疑、教师指导的路子一路顺利走下来。课后复习，杜绝大作业量低效率使用教辅材料，教师按照“多说少写”原则自己布置读、背、写作业，控制作业总量和时间。午读时间，上好说学课程，每课必定提前准备，有一个说学本，把演讲、辩论、新闻、朗诵、阅讲等课程搜集的材料都提前抄写或粘贴在说学本上，课前对着说学本反复练习达到熟练自如程度，课堂上按照小对子说学，全班展示交流，教师点评三段式进行。学生每日行为，在“自善少年（儿童）”智慧管理系统里由教师、家长和小组内完成评价。

培养说学普师

经历了短暂的入门培养后，教师就进入了说学普师阶段。说学普师对入门要求的预习阶段、早读时间、课堂教学、课后复习、午读时间和学生每日行为都已经烂熟于心，并在实际教学中能够轻松驾驭，自如选择。任何教学模式或学习方式，培养的都是习惯，沉淀为文化。说学教育入门阶段的所有严格要求，都是为了帮助教师和学生养成新的说学习惯。到了普师阶段，教师和学生需要的说学习惯和文化已经基本形成，于是在教学中就可以相对自由一些，教师根据实际情况选择更合适的做法，也可以走捷径。但不管如何选择，坚持用读、背、写这样的说学方式不能变，一定要“多说少写”，坚持思、辩、疑这样的理念不能变，一定要“以说启思”。不管如何选择，预习、学习、复习这样的流程不能变，这是做事态度，养成做任何事情先有准备，再去实施，后有反思是伴随人一生的习惯和文化。不管如何选择，先自主，再合作，先交流，再质疑这样的程序不能变，任何事情都是有规律的，道法自然，按规律办事是永恒的哲学命题。不管如何选择，演讲、辩论、新闻、朗诵、阅讲这些课程撬动的是大量读书、看报，小立课程大作功夫，把学生每一点进步建立在大量的勤学苦读上。

培养说学骨干教师

从普师到骨干必定有一技之长。有的教师有课堂教学之长，把说学课堂上得非常精美，所有的过程方法堪称表率，所有的说学理念都落实达成。有的教师有培养学生之长，说学教育要求的课前预习怎么做，课堂教学怎么做，课后复习怎么做，说学课程怎么做，他都能落实在学生培养上，把学生习惯培养得特别好。有的教师有管理班级之长，他能把班级管理得特别好，从班级到大组，从大组到小组，从小组到四人组，从四人组到两人对，他能管理得井井有条，进而把说学理念渗透入微。有的教师有培优补差之长，在他的班级里只有优生没有学困生，仿佛爱的使者，任何学生到了他们班级就变好了。诸如此类，都是说学骨干教师。以此思想论之，任何普师都有成为骨干的可能性，需要认识自我，选择合适。

培养说学名师

名师是有魅力的，注定粉丝万千。看名师的课堂，节节精彩，处理课堂突发事件灵活多样；听名师的报告，神采飞扬，句句珠玑；读名师的成长历程，就会发现名师有共同的内涵特征，那就是个个博览群书、挖掘研究、自省自悟、持之以恒。四有好老师提倡的有理想信念、有道德情操、有扎实学识、有仁爱之心也是名师的特征。说学名师还要具有信仰和研究说学教育的情怀，有推广和福泽更多师生的使命，有说服和引领同事走说学之路的担当。说学教育有大爱，要把学生从作业堆里拯救出来，用说学方式高质量学习，要把学生小眼镜去掉，降低近视率，用说学方式去维护健康，要把学生从超负荷学习中拯救出来，保证每晚睡眠时间达到九个小时以上，要把学生从枯燥和功利中解放出来，让他们可以读喜欢的书，知晓自己的兴趣点，健康茁壮成长。所有这些，唯说学名师高水平教学才能达成。在今天的教育中，教育结果上不去，多好的教育理念都无法生存。若说学名师把以上目标实现，说学教育必将大放光彩。

第三节　铸魂　塑型　立人

一、铸魂塑型立人

铸魂，就是为学校铸造灵魂。

塑型，就是给学校塑造形象。

立人，就是为学校培育名师。

“铸魂塑型立人”的意思是，一所学校要有灵魂，有价值观追求方向，有活力激扬个性，有底蕴涵养人格；一所学校要有样子，只要一提起这所学校，社会和外界就有一个说法，是特色鲜明，是擅长研究，是干劲十足；一所学校要始终把发展人作为核心目标，发展学生是学校的根本任务，发展教师可以更好地发展学生，发展人是学校永恒不变的动力。

“铸魂塑型立人”主张办学校要“由里及表”，从内在的精神灵魂层面，到外显的形象层面孕育文化，创设环境，培养精神、人格、学识、素养全面发展的人。

学校是一个教育场所，更是孩子们生活、玩耍、成长的地方。一个人从三岁到二十二岁，要在学校渡过十九年，有的会更多。而这十九年，也基本完成了一个人世界观、理想信念、道德情操、言语品行以及知识水平的所有建构。如此一个沉甸甸的责任与使命，学校如何来完成，是每一个教育人必须深入思考的问题。如此关乎一个人人生的重大事情，如何才能不误人子弟，也是教育人必须思考的。如果再从大国教育，从中华民族的角度想一想，办好学校更是教育人责无旁贷的历史使命和国家责任。

一个伟大的人，往往有着崇高的理想信念，有着远大的人生目标，有着良好的道德情操等内在修养；还有着平易近人的态度，坚韧不拔的个性，乐于助人的品行等外显特征。我们可以把这种内在修养看成是这个人的高尚灵魂，把这种外显特征看成是这个人的高大形象。伟人是这样，平凡人也是这样，包括那些奸邪小人亦是这样，只不过每个人的灵魂和形象不同而已。

教育就是要把一个个天真稚嫩的孩童塑造成一个个“大人”，学校就是那个塑造人的地方。因此，我常常在想，既然我们要通过教育塑造学生的灵魂和形象，那么，我们办学校是不是也应该塑造学校的灵魂和形象。用一个有高尚灵魂和形象的学校去教育学生，帮助他们形成高尚的灵魂和形象。“铸魂、塑型、立人”的教育主张就是这样慢慢形成的。

铸魂，就是为学校铸造灵魂。文学把灵魂描写为精神的高度，称但丁、莎士比亚、托尔斯泰、曹雪芹等伟大的文学家如星辰般璀璨闪耀。称从《神曲》到《红与黑》，从《楚辞》到《西游记》，人类的灵魂便是在一行文字到另一行文字的书写中给一页一页地承传了下来。学校，就是要用教育的手段把人类这种“精神的高度”，一代一代的传递下去。因此，教育要从办学开始，在办学中一定要渗透一个个灵魂进去，用灵魂孕育灵魂，用灵魂熏陶灵魂。

塑型，就是给学校塑造形象。形象指能引起人的思想或感情活动的具体形态或姿态。形象在文学理论中指语言形象，即以语言为手段而形成的艺术形象，亦称文学形象。它是文学反映现实生活的一种特殊形态。也是作家的美学观念在文学作品中的创造性体现。人的形象包括外貌、神态、语言、动作和精神等。因此，人有高矮胖瘦、俊美丑陋、善良邪恶和高尚低俗。学校也一样，也有优质学校和薄弱学校之分，有各种办学特征的社会评价。比如这所学校是外国语学校，那所学校是艺术学校；这所学校的英语教学好，那所学校的体育很突出……。塑型，就是要遵循这个规律，给学校塑造一个社会影响和舆论评价口碑好的形象，让它以各自最美好的形象存在，去完成教育孩子的使命。

立人，就是为学校培育名师。孔子曰：“夫仁者，己欲立而立人，己欲达而达人。” “己所不欲，勿施于人。”是儒家为人处世准则一个问题的两个方面，前句是从“欲”和“不欲”两个方面，讲述了儒家为人处世的准则。但是，此“立人”非彼“立人”。孔圣人的“立人”是指自己决定对人建立仁爱之心，别人才会对你仁爱；自己决定对人豁达宽容，别人才会对你豁达宽容。而我所提出的“立人”，则是指培育名师、良师、大师。立人，就是立教师。因为教师也有良师、庸师之分，自古先生教师无数，但像孔圣人三千弟子，七十二贤者却不多听说，表明老师对学生的影响是巨大的，因而，老师是优是庸对孩子太重要了。我国教育实行的是班级授课制，一个班往往都是五六十名学生，一名老师，就决定着五六十个学生的成长。一名教师，从教几十年，可能会影响到几百个孩子的成长。如此看来，老师的优秀还是平庸是多么重要。提倡立人，就是要对所有学生负责；提倡立人，就是要避免误人子弟；提倡立人，就是要出更多良师，办更好的学校，提供更好的教育。

二、金凤三小与“铸魂塑型立人”

我是 2009 年调入金凤区第三小学的，当时的金凤三小，还只是一所金凤区普通的城市小学，学校文化建设不够完善，正好给了我按照个人思想创办学校的空间。当时我还没有形成“铸魂、塑型、立人”的教育主张，只是简单的在想，三小现有的哪些值得我们继续传承，哪些已经落后于时代，必须更新换代。经过筛选，我从校训“勤奋、文明、求实、创新”中提取了“文明、勤奋”，用以凝练新的校训。决定把“英语特色”继续做大做强，做成引领区域学科发展的标杆。思考、取舍、继承的同时，我在想，这一次提出的思想和主张要经得起岁月的磨砺，至少要发挥几十年的作用，让学校沿着一条道稳定的发展几十年，积淀成功的印迹。

到了学校需要再一次修改的时候，还能有值得传承的东西。于是，在几年的岁月里，我们就一条一条地往出提，逐渐形成了办学的魂、教育的魂、管理的魂和文化之魂等。

（一）铸魂

学校发展过程，是一个不断注入灵魂，进化灵魂的过程。最初我们注入的是“办特色，兴科研，构建底蕴丰富的校园文化以育人”，其中“育人”是主语，“办特色”“兴科研”“构建学校文化”三个是定语，好记易懂。“办特色，兴科研，构建底蕴丰富的校园文化以育人”以育人为目标，从特色、科研和学校文化三个方面加强办学，努力办出一所拥有自主个性，发挥教师所长，适合学生学习成长的学校。“办特色，兴科研，构建底蕴丰富的校园文化以育人”就是提倡办学校特色，兴学校教科研，丰富学校文化生活，让孩子们在有文化有底蕴的校园里健康成长。这样的灵魂追求带动学校和老师们走上了研究之路，学校发展进入快车道。所以我们咬定办学之魂不动摇，坚持沿着“特色”“科研”和“学校文化”三条线办学，六年如一日。事实证明，长期坚持持之以恒地做同样的事情，就一定能做出成绩。“英语特色”是我来之前三小就有的特色，已经做了五年，获得金凤区教育局的挂牌。我来之后，顺利地继承了这一特色，提出把这个特色办成金凤三小的专长。又经过六年的努力，一共十几年的坚持，金凤三小的英语教育终于走在宁夏前列。不但被教育部外专委授予“全国外语教研工作示范学校”，自治区教研室还在三小召开了全区英语教学研讨会，将三小的很多做法向全区做了推介。“231 高效教学模式”是兴科研办学思想的一个点，由我在金凤八小时期提出研究的，已经研究了六年，到了三小之后，研究从未中断，成为我们继续追求的目标。由于三小是一所城市学校，更容易改革实验，终于在我们坚持了十几年之后，模式得以正式形成，于 2014 年获得“国家级基础教育成果二等奖”。

后来我们又注入“开办学校，校风第一；小学教育，习惯第一；教学知识，方法第一；提质减负，效率第一”，简称“四个第一”。将办学关注点进一步聚焦到校风、习惯、方法和效率几个方面。使得老师们更加清楚学校要干什么，大家应该怎么干。也正是“四个第一”提法，孕育了后来的“自善文化”和“说学教育”。关键词“校风”“习惯”“方法”和“效率”，非常简明的提醒我们，金凤三小的办学就是做好四件事，一是抓校风建设，二是抓学生的各种习惯养成，三是抓教与学的方法，四是抓教与学的效率。也许，正如大师所说，教育是一件简单的事情。当我们确定三小办学，就抓“校风”“习惯”“方法”和“效率”四件事之后，大家的思路更清，做法更简单，抓出的成效却更扎实。也正是这简简单单的四件事，让“办特色，兴科研，构建底蕴丰富的校园文化以育人”的目标根扎得更深，花开得更艳，果结得更大。通过抓“校风”“习惯”，让三小的文化更实在，形成了文化三小、文明三小、规则三小等特征。通过抓“方法”和“效率”，让三小的教研文化在金凤区乃至全区声名赫赫，让办特色和兴科研两条道路在三小变得广阔而辽远。

再后来我们为学校注入了“快乐、文明、勤奋”之魂。“快乐、文明、勤奋”是三小校训，也是三小精神。目标就是培养快乐的人，文明的人，勤奋的人。我们希望通过三小教育，让每一个人身上都具有快乐的心态、文明的素养和勤奋的品格。为了在每一日的教育中，能切切实实培养师生的“快乐、文明、勤奋”精神，我们又对“三小精神”进行了文化解读。把“快乐”解读为“乐文化”，把“文明”解读为“雅文化”和“范文化”，把“勤奋”解读为“书文化”“艺文化”和“健文化”，并进而形成了金凤三小自己的“新六艺文化”。我们提倡，“文明”要做到举止儒雅，行为规范，提倡要把勤奋用在学知识、学艺术和锻炼身体上，提倡每一个三小人都要快快乐乐。“新六艺文化”指“乐、雅、范、书、艺、健”，之所以取名叫作“新六艺文化”，是源自“古代六艺”，我国古代有个“六艺”，指“礼、乐、射、御、书、数”，曾经影响中国几千年，成为中国强大昌盛的基础。我们用“新六艺文化”来解读三小精神，就是想在金凤三小构建出一种新文化，培育孩子们成为栋梁之材。“乐”是关注学生心理教育，“雅”是关注学生素养教育，“范”是关注学生行为教育，“书”是关注学生学识教育，“艺”是关注学生艺术教育，“健”是关注学生健康教育，六个方面几乎涵盖了我们想要提供给孩子们的理想教育。

继续往后给学校注入了“人文 + 科学 + 严谨”和“责任、尊严、价值”之魂。我们常常告知老师，教师岗位是一个平凡的岗位，在平凡的岗位上要活出精彩来不容易，因此，我们必须理清楚三个关系：工作中有责任，就能干出成绩；干出成绩，我们就会赢得尊严；赢得尊严，我们就实现了人生价值。理清这三个关系，对老师，对学校发展都至关重要，三小就是理清了这个关系，形成了积极向上的校风，老师们苦并快乐着。“人文 + 科学 + 严谨”是我在实践中提出的管理主张，主张用人文关怀凝聚人心，用科学制度体现公平合理，用严谨态度保证制度落到实处。经过多年验证，“人文 + 科学 + 严谨”管理主张非常适合学校管理，能够最大化的激发教师的工作热情，产生正能量。后经专家点评，我们的主张正好和当今最流行的人本主义管理思想和科学主义管理思想两大管理思想不谋而合。由此，我们给三小注入了以人为本，尊重人，帮助人的内涵，建立了一个最适宜工作的环境，老师们快快乐乐地发挥着自己的潜能。

直到最后给学校注入了“说学之魂和自善之魂”，让“说以明理，学而至善”成为三小人的精神品质。到目前为止，每一个金凤三小人都以说学人自称，他们身上落上了深深的说学烙印。每一个说学人又都自立自强，在自己的学科领域深耕细作，不断推出研究成果。

（二）塑型

魂是内涵，型是外显。魂是精神存在，型是物质存在。当为一所学校注入灵魂的时候，实际上就已经在为学校塑造形象了。金凤三小呈现给社会一个什么形象和面貌，要让人们一提起三小就想到哪些特点，就是塑型范畴的事情。“型”和“魂”是密不可分的。一个是内涵，一个是外延。离开了学校灵魂，一味地去追求型，再华丽也是无根之型。对于型，不用刻意去想要把学校塑造成什么样，而是要一步步，一年年坚定不移地践行落实办学思想，丰富学校文化，践行教学主张等。

最初金凤三小对外形象有“四大品牌，十大特征”之说。四大品牌指“文化三小”“英语特色”“231高效教学模式”和“ZGT素质培育工程”。十大特征指学校管理、教育质量、教研科研、教师培养、分科建制、经典诵读、单项检测、人文素养、规则意识和勤奋特质。

文化三小是说学校有文化。因为学校提出了“办特色，兴科研，构建底蕴丰富的校园文化以育人”办学思想，“开办学校，校风第一；小学教育，习惯第一；教学知识，方法第一；提质减负，效率第一”办学理念，“乐雅范书艺健”新六艺文化，“快乐、文明、勤奋”校训，“人文+科学+严谨”管理思想等一系列文化主张。学校建筑叫作“三味楼”“三师楼”“三训楼”和“三草堂”。学校校徽、校歌、校服等标识齐整完备。体育方面提出了“因为擅长，所以喜欢；因为喜欢，所以运动”等学科文化思想。加上校园里处处可以看到的墙体文化，以及处处可以嗅到的文化气息。因此，社会和外界人士在介绍和宣传学校的时候总是会说“那个学校挺有文化的”。实际上三小确实挺有文化的，譬如“三草堂”如今已经是金凤三小的精神图腾。在十年说学教育改革进程中，三草堂承担了太多大大小小的会议，三小教师以走进三草堂上一节课或一个讲座为荣。因为那里有太多当代教育名家和全国名师留下的身影，有太多教师与名家大腕同台授课同台献艺。

英语特色是三小坚持了十几年的成果，最显著的就是获得了全国外语教研工作示范学校。为了办好英语学校，我们引进了华东师范大学和英国圣三一学院联合开发的国际口语教程，从一年级开设英语课，自主创新了“英语大课堂”“口语技能课”“校园英语风采大赛”和“单线检测”等多种学习形式，极大地提高了学生的英语素养和展示能力。为了让学生说一口纯正的英语，后来引入北京“微语言”网上外教课堂，孩子们接受来自异国他乡英语原发地的英语教育。说学英语为英语学习改良的不仅仅是课堂，它从根本改变了学生的学习习惯和教师的教育理念。老师们对英语课前预习研究是深入的，对英语课堂教学改变是彻底的，对英语成绩的获取是讲科学讲规律的。一分耕耘，一分收获，到后来金凤三小的英语教育在银川成了当之无愧的 No.1。用上海专家的话说，金凤三小低年级学生的英语口语不弱于上海北京的孩子。用优质初中教师的话说，金凤三小六年级学生的英语口语相当于初中八年级的水平。

“231 高效教学模式”的显著标志就是获得了国家级基础教育成果二等奖。为了探索高效学习模式，老师们可谓费尽千辛万苦，在经过多年孕育之后，2011 年正式启动了改革，当校长在全体教师大会上解读完“231 高效教学模式”后，老师们没有高举双手赞成，而是在私下里传递着一个纸条，纸条上写着：一个敢想，一个敢干。这样一个开头，能想到过程的艰辛。好在大家挺过来了，取得了丰硕的研究成果并最终获奖，为金凤三小树立了一个独有的丰碑。

ZGT 素质培育工程是对比中西方教育差异开展的一种教育形式，有点像校本课程里的选修课，但又不是。Z 是“真实”，G 是“广泛”，T 是 “特长”的拼音缩写，它的意思是真实再现社会各种工作，广泛涉及各个领域，按照学生特长培养兴趣。开展此项教育，目的就是让学生认识社会，了解社会，而不是学习一门技术或者知识。所以 ZGT 授课内容很丰富，没有具体限制，什么高铁、银行卡、天然气、沙拉、寿司都进了课堂。

社会评价名校的首要条件就是教育质量，金凤三小的教育质量，经过几年努力，在改革中突飞猛进，长期保持在优质序列，得到社会和家长的广泛认可，尤其是课程改革和英语教学，深受大家喜爱。

教研科研是三小对外形象最显著的一个特征，在金凤区，只要一提起三小，大家都知道这个学校最善于教研。因为教研搞得好，课改搞得好，所有教研形成文化，青年教师成长比较快，因而教师培养也就成了三小的一个强项。一个时期，大家照着金凤三小做。三小做什么，金凤区就流行什么。很短时间内，三小的做法就会在其他学校实施。

分科建制是学校为了保证各个学科都能优质发展，而采取的一种创新做法。就是对音体美计算机科学等学科实行分科管理，一门学科建立一个学科标准。从学科要求，到内容改编，再到考试改革全都建立标准，真正把每一个学科都管理了起来，不留学科盲区和短板。

经典诵读是三小强项，说学教育赋予了经典背诵以灵魂，学校专门组织教师编写了诵读教材，每个学生经过六年，到小学毕业时都能背诵四五百首经典诗词，积累量非常大。学校把开发学生的背诵功夫作为重要任务，吸取古人长于背诵的优良传统，要求学生不但要背诵经典，还要在每一篇学习的课文里背诵片段或者整篇课文。这样的孩子，肚子里的墨水可不是一丁点，他们是很有文化的大知识分子。

单项检测既是三小的一个创新做法，也是三小的一个亮点。用系统化的思想管理学科，实际上就是考试改革。采取“笔试 + 口试”思维，由教导处组织，对各个学科实行“1+n”考试改革。每学期对语文学科进行经典诗词和课文背诵检测，对数学学科进行计算能力检测，对英语学科进行词汇、句式、对话、儿歌、童谣背诵和课文朗读检测，保障学生真正地学习到东西。

人文素养是对学生道德修养、品行教育的追求。为了把三小办成一所名校，学校提出学校要有名校的气质，师生也要具有与之相符的道德修养和言行举止。为此学校制定了详细的学生评价标准，德育处和少先队师生管理中对养成教育抓的特别严。微笑是世界上最美的语言，在三小随处可见，师生们表现了较高的人文素养。

规则意识是人最基本素质，因此学校把这一项看成是三小教育必须完成的使命。不但提出了“规则三小”这个概念，几乎在校园内所有的地方，都设置了规则标语和要求，以及“金凤三小一日常规”，用细致入微的规则教育学生养成规则意识和规范行为。几年下来，师生脑海里都留下了规则的烙印，逐渐地养成了良好的行为习惯。勤奋特质是我们从校训精神里提炼出来的核心精神，并逐步把它打造成了三小师生共同拥有的特殊品质。

多年来，学校坚持把“快乐、文明、勤奋”校训精神从墙上搬下来，彻底孕育成校风，融入学生心灵，成为学生的行为、习惯和性格。耐下性子教孩子懂礼貌，见人问好。学校专门制定了金凤三小一日常规，帮助孩子建立规则意识。日复一日，持之以恒地打造学校和孩子的勤奋特质，建立良好的学校氛围。

（三）立人

学校把立人视为办好一所学校的根本。楼房盖得再漂亮，无人就是一幢建筑；铸魂塑型理论再好，无人就是一个死物；学生即使聪明伶俐，没有名师教育也无法成长为明日栋梁。一句话，有德高师才是办好一所学校的关键。

立人，当立师者校长。“一个好校长，就是一所好学校”“上梁不正下梁歪”“淮南的橘子到了淮北就成了枳”，这些话都可以拿来形容校长。解读意思，就是说一个好校长一定能办出一所好学校，而一个品行不端正的校长则会把老师们带坏的，甚至出现在别处本来非常优秀的教师，调进某校后变成了不再发光的庸师。由此可见，校长有多重要。校长之立，当先“立德”，德高才能望重。校长是一个什么样的人，直接决定着老师们会不会信任你，把你作为他们的主心骨。老师们如果信任校长了，才会心甘情愿地跟着你干，你才能保证政令畅通，才有办好学校的可能。校长之立，还要“立学”。校长不能光有德，那样只能算是一个好人，办学校干事业你还得有才。所谓师者校长，就是要校长具有渊博的学识，能够成为师者之师。校长要能在教学上指导教师，在研究上引领教师，在干劲上感动教师，在学术上高于教师。所以，校长要形成自己的学术思想，著书立说。校长之立，还要确立信念。校长一定要是一个有追求的人，必须有理想信念。校长有了理想信念，就会像原野上的熊熊火焰，所向无敌，那样就没有干不成的事。

立人，当立名师大家。古有孔圣人三千弟子，七十二贤者，今天每一名教师，从教一生教过的学生都过千了。如果人人都是名师大家，那该要培养出多少贤者、英才。在中小学界，魏书生、霍懋征、邱学华、李吉林、吴正宪、于永正、窦桂梅个个都是名家大腕，对所在学校和地区教育都产生过巨大推力。在金凤三小来说，也能历数出来许多名师。比如刘锦霞老师，是自治区、银川市双料师德标兵；郭新梅老师一个人开始了英语学校的创建；马秀英老师带着反抗校长排斥教改的心理实验“231 高效教学模式”，并最终成为第一个蹚出课改之路的带头人；胡永兰老师的学生经过“231”的洗礼后能力最强，谁承担做课任务谁就抢她的班级；乔凤霞老师能让最差的学生找回自信，在课堂上大胆发言；李文革老师人去了泰国援教，但是心还在金凤三小，在“231”，从泰国一回来就把一年级的改革带了起来……这些教师，就是金凤三小的名师大家。虽然这些人没有走到全国层面，成名成家，但是丝毫不影响她们对金凤三小产生巨大影响。

立人，当立卓越团队，立人更要立名师团队。团队是学校发展的根本，金凤三小早在四年前就启动了名师培养计划。起步早，使得目前三小从塞上名校长，到三小名师四级梯队一应俱全，基本形成了一个较强的名师团队。这支队伍就是金凤三小即将走向辉煌的中坚力量。这样，通过铸魂、塑型、立人之后，一所学校有了长久传承的灵魂，有了赖以立校的型征，有了令人敬佩的大师，它就必然会成为一所富有内涵的名校。有文化，有特点，有名师，就是校长留给学校的财富。以后换校长，只要懂继承，就不会给学校带来灾难性的毁灭。

金凤三小与铸魂塑型立人至少给出了两点启示：一是校长教育主张的出现，代表其思想的逐步形成，其办学实践朝着清晰和科学的层面发展；二是学校教育品位在提升，对教育的思考朝着系统和全面发展，教育越来越关注人（学生）的发展。

第四节　人文+科学+严谨

一、人文+科学+严谨

“人文+科学+严谨”是在办学实践中形成的学校管理思想。带着浓浓的摸着石头过河特质，“人文+科学+严谨”是一步步形成的。由最初“人文”管理开始，不断遇到管理瓶颈，不断解决问题中向前发展，到“人文+科学”再到“人文+科学+严谨”。

不难想象，一位校长的成长，是在对学校管理探索中成熟的。“人文+科学+严谨”管理思想的发展过程，就是这位校长成长成熟的过程。“人文”管理创造了和谐，但过度人文会出现软弱涣散。“人文+科学”管理貌似解决了软弱涣散问题，但科学的制度如果只是挂在墙上写在纸上也只能是空谈误国。“人文+科学+严谨”既有人情，又有规矩，还讲执行力，应该是能产生好的管理效果。简单复原“人文 + 科学 + 严谨”发展成熟历程，也就读懂了管理者思想变化过程。

“人文 + 科学 + 严谨”管理思想核心内涵是：用提倡人文，营造一个和谐的工作环境，使人际关系相对融洽，让教师从心灵上实现真正意义的轻松愉悦，树立自信心，自然迸发工作热情，让学生的受教育环境更加优化。用提倡科学，形成大家都必须遵守愿意遵守的规则，各自形成大家都能认同的行为方式，增加彼此间的和谐性，并在‘付出—得到’‘奉献—收获’‘完成—追求’上有统一的要求和自己的见解，树立正确的质量观和发展观，使各项活动的开展合乎规律。用提倡严谨，来连接‘人文和科学’，严谨是一种管理和执行的态度，其信号就是在工作中会严格执行‘科学的管理制度’，使‘科学’因落地有声而真正科学起来，同时，因为科学管理从而形成真正的一视同仁的公平原则，让‘人文管理’提倡的人的因素、情感体验产生积极向上的效应，让所有工作有序进行。

翻开管理理论丛书，我们可以看到，溯源历史，管理的主线基本上就是科学主义管理和人文主义管理两大管理思想。在最初人们认为，西蒙、泰勒提倡的科学主义管理和孔孟儒家学者提倡的人文主义管理是截然不同的，甚至是背道而驰的两种管理思想，有点水火不相容的味道。到后来人际关系学派和现代行为学派提出了人本管理思想，被认为是人文精神与科学精神的融合，至此，才有了科学主义管理和人文主义管理两大管理思想融合的迹象，于是，出现了民主管理。直到 20 世纪 80 年代在西方国家推行校本管理 (SBM) 的学校内部管理体制改革，在学校才出现了对科学主义管理和人文主义管理融合的探索。但是，校本管理仅仅是一种管理的理念，究竟怎样实行管理，怎样将科学管理和人文管理有机地结合起来，是需要学校去探索总结的。尽管有许多共性的东西，但是，适合各校具体情况的校本化管理特点的东西会更多。

从定义上来说，科学主义管理观，是指认为有一种客观的观点能使人们对管理从事价值中立的研究，有一种科学的知识能使人们去控制组织和改善组织，有一种为人类决策所共同起作用的理性基础和为提高组织的效率和效益的技术管理观。人文主义的教育管理观，是指在教育管理领域中对西蒙等人的实证主义科学管理观批判的基础上所形成的一种管理观。这种管理观不重视组织及其结构，而是关注组织中人的因素；对人不注重其理性方面而是非理性方面，如人的意志和情感等；对人的理性所关注的不是认知理性，而是价值和伦理理性。分析两种管理思想，科学主义管理强调理性的东西，可以理解为对科学制度的建设，但它忽视了人是有思想的这一特点，尤其是教师职业并不像工人可以用计件统计工作成果，抑止了人的主观能动工作。人文主义管理则考虑了人的因素，不考虑组织，考虑了人的情感，不考虑理性，会使管理陷入无政府主义状态。结合这样的认识，我们再来思考学校管理，就会发现在管理中，学校必须找准‘科学’的内容是什么？‘人文’的内容是什么？并且在‘人文和科学’之间，必须有一个纽带，将两者紧密地联系起来，那就是‘严谨’的管理。也就是说，‘人文和科学’是管理的原则，‘严谨’是管理的态度；‘人文和科学’是一种标准，‘严谨’是执行这种标准。这样，我们就形成了“人文 + 科学 + 严谨”的管理思想。

就‘人文’而言，其内涵是很多的。从办学思想说，金凤八小提倡“办特色，兴科研，构建底蕴丰富的校园文化以育人”，强调文化育人，注重历史的传承和底蕴的熏陶。从学校精神说，学校倡导“求真，尚礼，悟美，向上”，要求学生讲诚信、做真人，崇尚中华礼仪之帮的传统美德，去感悟自然的、人际的、社会的各种美，始终保持一份积极向上的人生态度。从学校文化上说，学校多方并举、统筹协调、齐头并进，一边设计校徽、谱写校歌、宣教校训、编辑校刊，挖掘校史，构建团队文化的基调和阵地；一边抓校风、班风、教风，落实团队文化的内容。一边用心地经营学生的民乐队（金凤八小是农村学校）和国画小组，让学生不再受地域的限制，感悟高雅艺术的熏陶；一边搞古诗词诵读、传统节日的庆祝和各种文化活动，在活动中教育学生拥有纯正的品格和良好的美德。一边在校园环境建设上下大功夫，搞庭院式设计、名言警句上墙、文化长廊和伟人成长的足迹，给学生一个感官的触摸，意境的感染；一边重视学生日常行为习惯的要求和检查，帮助学生从小养成良好的习惯。从教师队伍建设说，学校提出“只要你愿意，你就有机会；只要你有能力，你就会有平台；只要你努力了，你就能获得成功”三句话承诺。告诉老师，大家的发展如何？能不能实现自我价值！不是学校环境的问题，而完全取决于自己的意愿和能力，想要做成点事，就必须去努力，就去提高能力。从人际交往上说，学校提倡平等与尊重。学校要尊重教师的人格，与教师平等的对话，尊重教师的权利，不强加于教师职责外又做不了或不愿做的事；教师要尊重领导的人格，与领导和谐相处，尊重学校发展的权利,不因为个人的利益指责学校的管理或者故意扰乱正常教学秩序。教师间同样是平等的，要互相尊重，不搞能力歧视，不搞小帮派。从人的素质上说，学校认为学习是提高的保障，把《世界上最伟大的推销员》等一批好书买来发给大家，引导教师的世界观并适时调整自己的工作观；认为运动是健康高雅的保障，带领教师跳健美操、跳瑜伽，释放身心的压力，树立积极乐观的人生观。

就‘科学’两字，赋予的内涵是完善一套科学的管理细则，构建一种大家都愿意自觉遵守的行为准则。这里强调的是大家自觉遵守的准则，而不是强加遵守的准则，也就是准则的科学性。这里的科学性，包括两个方面。一是内容的科学性。认真分析学校管理，就会发现几乎所有学校的各种管理制度都很齐全，可以说制度的涉及面非常广，而且很细，把一些很小的事情都以制度的形式规定下来,看似管理是无懈可击。可是，反思一下管理实效，就会发现管理并没有产生制定中预期的那样效果。很多制度基本上停留在文字纸张的层面上，并没有体现在管理实效上；甚至有的管理不但没有发挥效应,还成为学校与教师矛盾的发源地。同时，必须承认，学校管理必须要靠制度、靠行为准则、靠严格要求才能保证学校健康快速的发展，认可企业的效益管理对学校的管理有可借鉴性。因此，追求学校管理的最优化，首先应该拥有一套大家认可的、科学的管理制度（细则）。于是，学校结合自身的实际情况以及未来发展的目标，分析教师的身心特点，在‘人文’的大背景下，制定了一套比较科学的管理细则。二是体系的科学性。管理是一个体系，有很多个环节组成，并不是有了制度就万事大吉了，如果考核跟不上，制度就是一张废纸，管理就会流于形式。因此，办法就是制度（细则）和考核并轨。在制定制度（细则）时，我们就将学校的各项工作通盘考虑进去，制定成一个综合的管理文本，然后，在此文本的基础上，制定考核方案。考核方案中又渗透成绩的评价和发展的目标，这样就形成了一个有机地系统，确保了某些环节不出现脱节现象。

就‘严谨’二字，虽然与‘人文’‘科学’不是同一性质的词语，就像前面分析的‘人文和科学’是管理的原则，‘严谨’是管理的态度；‘人文和科学’是一种标准，‘严谨’是执行这种标准。但是，将‘严谨’与‘人文和科学’放在一起是必不可少的。因为‘人文’‘科学’的想法和愿望都很好，但是‘人文’仅是一种思想，‘科学’仅是一种制度与考核办法，只有在具体工作中，让‘人文真的人文到位’‘科学真的科学起来’，那才是一个有效的管理。‘严谨’发挥的恰恰是这种作用，于是，把‘严谨’放进来，由它和人文、科学一起组成一种新的管理思想——“人文+科学+严谨”管理思想。严谨的态度，在管理中往往表现为一视同仁，可以使教师们感觉到公平，心态变得平和，减少一些不必要的矛盾；严谨的态度，可以抑制教师的某些欲望，使他们明白做事情不能随意，哪些能做，哪些不能做，心中有个数，减少一些自由散漫的行为；严谨的态度，会引导着教师慢慢适应学校的节奏，并调整自己的节奏，慢慢认可领导的能力，并不断加强自己的能力。严谨的态度，才能保证各种对学生的教育活动和教育思想的有序开展。严谨了，才能谈人文。因为严谨，每个人在适应与被适应，心态变得平和的同时，就已经是人文了；因为严谨，学校的各项工作得到了保障，得以健康的发展，才能使对学生的各种教育想法落到实处，才有机会考虑教师的待遇问题，人文也就自然来了；因为严谨，领导与教师之间，教师与教师之间有了共同遵循的原则和标准，摩擦少了，和谐多了，这些本来就是人文提倡的东西。

从理论上分析“人文 + 科学 + 严谨”管理思想，是将科学主义管理和人文主义管理进行了融会贯通，符合当前盛行的“校本管理”思想。在具体工作中，有了‘严谨’将‘人文和科学’紧紧地连接起来，并且从更深层次进一步诠释了‘人文和科学’的内涵。这样，就更容易形成良好的管理机制，产生最大效益的管理效果，优化管理环境，利于学生的发展，教师的发展和学校的发展。“人文 + 科学 + 严谨”管理思想是一种全新的、可取的管理思想。

二、金凤八小与“人文 + 科学 + 严谨”

“人文 + 科学 + 严谨”管理思想诞生在金凤八小，诞生过程也是金凤八小完善和提升学校管理的过程。金凤八小是一所城乡接合部学校，规模不大，四五百人。原本是一所农村学校，随着城市化进程改变为城乡接合部学校。对于这所学校来说，方方面面都面临着城市化改变，管理还是第一位的。2004 年校长牵头申请立项了一个自治区规划课题《城市化进程中农村学校与城市教育接轨研究》，在研究的过程中，“人文+科学+严谨”一步步形成。

在“人文+科学+严谨”管理思想影响下，学校建立了利于人发展的平台。教师们从心理上，到学术上都很解放，做事情不受羁绊，对业务的钻研很用心。尤其是对课堂教学的研究，从“练习进课堂”做起，一路“讲练结合突出梯度”“学讲练结合突出梯度”研究下来，奠定了后来“说学教育”的诞生。学校规范了管理机制。寻着科学足迹，学校建立起来一整套管理制度，以及将这些管理制度落于实处的措施办法，为学校管理理顺了机制体制。学校发展不再受一些人为因素影响，一切变得简单起来，老师们只需要默默将自己的工作做好就行了。学校教育质量逐年攀升。人心顺了，研究跟上了，学校教育教学氛围也在静悄悄地发生变化，教育质量迅速提升。前两年还因为农转非成绩差，很短时间跃居前茅，吸引周边学校孩子转学过来，这种反差不可谓不大。教师们开始获得各类奖励。良性发展是会叠加的，当学校一切顺畅起来，老师们获得各种比赛奖励。分析原因当然是随着研究深入，大家的水平能力提高了。产生的结果是好的，每一个人都在获奖中干劲十足，意气风发。学校也开始承办大型会议。由于课堂教学研究成果显著，教育厅教研室将“两阶段两反思教学研讨会”和“农村骨干教师和教学管理者培训”放在金凤八小召开，给全区教师树立了榜样。对比过去，在八小召开这样的活动，那是想也不敢想的事情，这些都是改革带来的红利。后来，金凤八小获得“全国第二届艺术展演二等奖”等几十项表彰，接近40%

等学生通过考试进入名优初中上学，附近家长租车送孩子入八小，“人文＋科学＋严谨”和教学研究给八小带来了跨越式发展。

三、金凤三小与“人文＋科学＋严谨”

2009年，“人文＋科学＋严谨”跟随校长进入金凤三小，又为金凤三小发展做出了积极贡献。金凤三小是一所老牌城市学校，当时二十四个教学班，一千二百多人。后来发展成三十六个教学班，接近两千学生。和优质老牌学校比起来，普通老牌学校有它的劣根性。当时的金凤三小矛盾重重，作风涣散，成绩一般。实施“人文＋科学＋严谨”后，学校迅速建立了“教师考核制”，通过考核理顺了绩效工资、评优评先、职称评聘、岗位晋级、轮岗交流等一系列具体工作。老师们的心气顺了，专注度自然就慢慢地回到了教学研究。

围绕“人文＋科学＋严谨”对金凤三小的改造是全方位的。“说学教育”“自善文化”“铸魂塑型立人”“说以明理，学而至善”这么多思想和主张诞生在金凤三小，就能说明一切。除此之外，“人文＋科学＋严谨”在金凤三小最大的贡献是培养了一大批校长、副校长和中层管理干部。细数今天金凤区校长和中层干部，有很多都是金凤三小培养出来的。甚至在政府、教育局和教研室口上，三小出去的干部都很多。银川市评选高精尖缺ABCDE类人才，金凤区一半以上都是三小培养的，教育系统仅有两个C类人才，都是三小人。2021年宁夏教育厅推选教育年度人物，金凤区入选九人，六人出自金凤三小。其他情况也是如此，由“人文 + 科学 + 严谨”带动金凤三小成了人才基地。

第四章

“说以明理，学而至善”教育思想的落实与价值

一、共识

“说以明理，学而至善”教育思想真正落地的学校是宁夏银川市金凤区第三小学。走进金凤三小，不论是墙体直观文化，还是师生身上的气质，都带有“说以明理，学而至善”教育思想的痕迹。金凤三小的德育体系、教学体系、教师培养体系都是“说以明理，学而至善”教育思想系统的。金凤三小的课堂、课程、评价都是“说以明理，学而至善”教育思想的展示。和金凤三小老师们聊几句，你会发现，也都是“说以明理，学而至善”教育思想的话语。金凤三小教师的研究论文、立项课题、获奖课例也是“说以明理，学而至善”教育思想的延伸，学生学习状态、家长教育支持还是“说以明理，学而至善”教育思想的继续。

我于 2009 年调入金凤三小工作，“说以明理，学而至善”教育思想伴随着“铸魂塑型立人”办学思想，“说学教育”教学主张和“自善文化”文化主张诞生的。所以，全校教师几乎无缝衔接，属于水到渠成一类的。

2009 年刚调入金凤三小，就赶上全国性的中小学绩效工资改革。我把“人文 + 科学 + 严谨”管理思想带入三小，设计了超前的“教师发展性评价细则”，全面实施绩效工资改革。现在回想起来，虽然当时改革异常艰难，但却一举奠定了金凤三小后来十多年的跨越式发展。正是这次绩效工资改革，解决了我初到三小的磨合，理顺了干群矛盾，激发了工作热情，开启了三小发展新纪元。两年后，当我带领大家启动课堂教学改革时，管理改革的红利得以显现。

2011 年 5 月我们大刀阔斧启动全校性课堂教学改革，老师们除了畏难，不想改变几十年的教学习惯外，没有人质疑改革，阻碍改革，大家默默地跟着干了起来。我想，此时老师们对学校和我本人的信任程度已经很高了。正是这种没理由的信任，使改革顺风顺水，让我们每一个人的精力都集中在学术和技术问题上，没有其他杂事。之后十年，我们迎接了一个个新事物，课堂、课程、评价，以及临时性纷繁复杂的工作，都没有干扰到我们的改革，没有动摇老师们的决心，大家的心始终在一起。

二、融入

“说以明理，学而至善”教育思想中“说学教育”主张是核心。我对“说学”的研究长达二十年，在金凤三小工作十二年，因此，不但我的思想里说学说核心，我所管理的学校里说学也说核心，说已经融入了骨血也不为过。2011 年对“说学”的研究仅限于课堂，当时模仿杜郎口学校给课堂时间分段的做法，设计了“1241”“1421”这样的课堂模型，在课堂上突出应用“学讲练”这些技术。课前也设计“学讲稿（改革初期导学案名称，后改为说学稿）”，也就是导学案，但学讲稿设计成了练习册，课堂教学成了盯正预习。这样的改革是什么样子，大家应该能够想得到。好在这样的情况存在时间不长，不到一年时间，我们就完成经验积累，针对学讲稿和课堂教学进行整改，取得了关键性突破。我们给学讲稿瘦身，彻底去除练习册痕迹，语言类学科设计双基知识和提出问题，逻辑类学科设计铺垫知识和启发思维。课堂教学严禁用学讲稿替代教学设计，课堂上不主张拿出学讲稿，必要时用一下即刻收起。这样纠正了预习和教学中的不当行为，教学回归了正途，说学得以延续。在解决了预习和课堂教学问题后，我们开始思考学生能力如何培养。说学的课堂也不是把舞台和机会给了学生，学生就会说了，说学能力需要培养。于是，我们开始尝试改革早读。之前几年我们培养了良好的早读文化，学生一进入学校就自觉学习。有了说学以后，我们不允许教师讲课，也不提倡学生做题，而是读书或者拿出学讲稿和同桌交流预习。这样经过一个时期实践，发现学生课堂上交流预习时头头是道，顺畅多了。同时我们发现，学生开始出现两极分化，经过研究，发现早读合作好的，认认真真说学，交流预习的孩子课堂上表现好。于是，合作学习和自我管理成了新问题。我们开始研究早读时间学生如何自我管理，如何合作学习，自善文化的基因就这样开始萌芽。没有什么比看到成果更令人幸福的了，看到早读改革孩子们巨大的变化，我们想扩大这种成果。于是开发了大舞台、大课堂，把一个年级的学生集中在礼堂里搞活动，把两三个班级集中在一起上一节课。学生们发言和展示的对象不再是五十几个人，而是两三百人，不再仅仅是本班同学，还要其他班的学生，说学的心理学、教育学素质都被启发。为了巩固说学成果，我们又邀请家长做考官，启动了口语考试。一次三百名家长考官，两千名学生人人口试，背课文、背经典、背英文、讲故事、说题等考试形式全来了，学校教学文化实现了大转变。再后来改革午读课堂，演讲、朗诵、辩论、阅讲、新闻等说学课程进入课表，说学教育主导了金凤三小教育教学的全方位全过程。在这整个过程中，兵管兵，兵教兵，兵督兵，兵考兵一直贯穿其中，使自主学习和合作学习融合在一起。为了管理效果更好，自我管理、自主学习、自行修养被相继提出并落于实处，慢慢地诞生了“自善文化”，“说以明理，学而至善”也就瓜熟蒂落。

“说以明理，学而至善”教育从实践中来到实践中去，整合了教学和育人双重目标，真实地将国家教育方针立德树人、五育并举和培养社会主义事业接班人落于实处。且在实际办学中，有很多创新型做法。

（一）正确定义了学校教育世界观

“说以明理，学而至善”将“明理和至善”作为教育目的，引导学校各种教学活动向培养学生正确世界观定位。怀特海说，学生是有血有肉的人，教育的目的是为了激发和引导他们的自我发展之路。也就是教育应该是创造条件，促使儿童与外界相互作用，使认知结构不断成熟和发展，使受教育者建立属于自己的独立的人格，使其具有判断能力和思考能力。赫尔巴特说，教育的目的是培养合格公民和社会成员。不论是培养合格公民，还是让学生拥有独立人格，都与当下学校教育一味追求考试成绩和高升学率大相径庭。“说以明理，学而至善”在研究高效学习，重视质量和成绩的同时，将帮助学生形成正确的世界观作为教育目标，正确的解读了教育意义，端正了教学行为。

学校教育的世界观问题，应该被每一所学校高度重视。正如国家教育方针明确规定教育为社会主义现代化建设服务，为人民服务，把立德树人作为教育的根本任务，全面实施素质教育，培养德智体美劳全面发展的社会主义建设者和接班人，努力办好人民满意的教育。一线学校除了引用外，实际教育活动中很少思考国家教育方针是什么？干什么？怎么干？由于对教育方针淡漠，学生世界观培养当然也就淡漠了。于是，从各方面一股脑集中在考试成绩上，考核、评价、奖励都只看成绩，教育偏离了本源方向。高分低能、厌学厌世、躺平思想、急功近利等等现象的出现，与教育缺失世界观培养不无关系。为人民服务，建设社会主义是什么？是责任，是担当。学生如果从小教育就有这些责任和担当，他的学习就会内生动力，还会厌学厌世吗！周恩来十二岁说出为中华之崛起而读书，他说出来岂止是一句名言，他说出的是一个孩子理想和抱负，一个孩子的责任与担当，那就是世界观。

（二）科学引领了学校文化的方向

教育讲究言传身教，耳濡目染，也就是熏陶，说的是文化的重要性。所谓“蓬生麻中，不扶自直；白沙在涅，与之俱黑。”什么样的环境出什么样的人。学校文化影响着各种教育教学活动的设计，影响每一名老师的教学行为，影响所有人的成长轨迹。因此，学校文化十分重要。“说以明理，学而至善”教育思想明确了育人目标，就是培养明理至善的社会主义接班人。明确了教学文化，就是构建说学教育体系，全面提升学生的能力和素养。明确了德育文化，就是以自善少年为核心建立评价体系，全面引导学生自立自强，至善至美。明确了课堂文化，就是通过五环节四动作让老师走下讲台，学生走上讲台。明确了课程文化，就是围绕自善和说学丰富校本课程开发，为学生世界观的形成和学习方式的改变搭台子。明确了教研文化，就是集中全校力量，持之以恒的研究自善和说学。明确了教师培养文化，就是从一入校就投身于对自善和说学的研究，提升专业水平和素养，更好地做教育。

我们是为国育才，为党育才，“三个代表”指出中国共产党要始终代表先进生产力的发展要求，始终代表先进文化的前进方向，始终代表最广大人民的根本利益。因此，学校文化要和国家文化是一致的。学校的先进生产力就是育人的能力，学校的先进文化就是育人文化，学校教育代表的最广大人民根本利益就是办社会和家长满意的教育。如果把认识统一到这个层面，就会发现只关注成绩，只关注升学率，那是再办让自己满意的教育，办自己满意的学校。国家的要求，人民的诉求没有成为办好教育，育好人才的出发点和归宿点。

（三）全面提升了学生能力和素养

为国育才、立德树人、素质教育、核心素养、德智体美劳全面发展指导中国教育发展七十年，虽有先有后，有迟有早，但学校教育被应试带偏了方向，这些育人目标并没有真正实现。“说以明理，学而至善”教育思想指导下的金凤三小探索了一条新路，正在一步一个脚印落实着以上目标。

“说以明理，学而至善”教育思想依托“说学教育”提升了学生学习能力。“说学教育”目的是教学生学会学习。学会学习，首先就是一个人的独立自主学习，学生有了独立自主学习的能力，并且养成了独立自主学习好习惯，才能称得上是会学习。其次，还要具有合作学习的能力和习惯，才能发挥众人智慧，把学习的品质和层次提升上去。说学教育对学习能力和习惯的构建是全面、系统、科学的。课前利用“说学稿”预习，培养的是预习习惯和独立自主学习能力。为了培养这种能力和习惯，说学稿上做出了各种内容预习时的方法指导。同时在一个人独立学习的基础上，组建了两人小对子和四人小组，以他律促自律。在他律促自律问题上又把在家预习和次日早读时间结合起来，以看得见摸得着的形式促进每个人形成自觉学习的能力和习惯。说学教育提倡“说学形式”，其自身就是方法论。说怎么说，学怎么学？在说学教育里，学不是大量的写，不是题海战术，以大作业量换成绩。但是，说学教育承认“小立课程，大作功夫”，认可学习是要勤学苦读的。于是，勤学在说，苦读在说，提高成绩也在说。如何去说？方法诸多，读、背、说、讲是关键。要想把“说学”变成一种个人学习能力和学习习惯，唯有天天读背说讲。从实验案例分析，成绩最好的班级，不是教师课讲的特别好的班级，而是“说学文化”构建最好的班级。由于说学文化建设好，学生说学能力和习惯基本形成，每天通过说学复习巩固知识扎实有效，成绩当然要好。更为重要的是，这些学生后劲十足，进入初高中以后明显优于其他学生。为什么？因为学生自己拥有了学习能力和好习惯。

“说以明理，学而至善”教育思想依托“自善文化”提升了学生道德品质。教师意义在“传道、授业、解惑”，即在于传学习成长的道，授人生至理的业，解困顿迷茫的惑。如何在学校“传道、授业、解惑”，今天的教育已经不接受说教式，布道式教学。建立一套机制，让“传道、授业、解惑”自动运行起来，是十分必要的。“自善少年评价”就是这种机制，围绕“自立自强，至善至美”品质，建立一套“德智体美劳全面发展”评价细则，调动学校、家庭、社会人力和资源参与到教育中，这样的机制运行起来育人就成了顺其自然了。“自善文化”结合“说学文化”构建了一个全员参与、全程说学、全面发展的育人生态，孩子们在这种文化熏陶下，自觉、自省、自悟、自立、自强、自修、自胜等各种品质都提升了，心理、对话、表达、质疑、批判等各种素质都提升了，学习方法、学习能力、学习习惯等各种潜能都被开发了。这样的教育价值，是影响人一生成功和终身发展的。

学生的潜能是无限的，自善和说学改变了学习方法和做事风格，实际上改变了学习生态和思维习惯。过去就是没完没了的做作业，学生学习被动枯燥，慢慢厌学。说学不然，学生随时随地都可以变换说的形式和方法，随时随地都有展示自我的机会，随时随地都可以和伙伴比赛竞争。过去就是没完没了的说教，学生早就听烦了。自善不然，任何事情交给学生自己去处理，去实践，在处理和实践中他们接受现实，远比说教效果好很多。尤其是对事情的处理，对学生成长的教育意义深远。学生随时随地面对问题和思考解决问题，随时随地都有展示自我的机会，随时随地都可以和伙伴比赛竞争，寓教于乐，学习不再枯燥，各种潜能也就在“说中学”“玩中学”“赛中学”中得到释放。

（四）大面积提高教育质量

“说以明理，学而至善”教育思想改变的是学习方式，培育的是学校文化，提升的是教育质量。质量是立校之本，任何一所学校，忽视了教育质量也就失去了生命力。任何改革，不论理念多么先进，没有教育质量做保障，都注定会夭折。“说以明理，学而至善”所催生的“自善德育”改革和“说学教育”改革，实现了大面积提高教育质量。

“说以明理，学而至善”带给金凤三小最大的收获就是大面积提高教育质量。过去的三小默默无闻，就是一所不起眼的普通学校。如今的三小，则是社会、家长、学生广泛认同的热点学校。

“说以明理，学而至善”质量高在学生学习能力强，习惯好。由于长期自善，长期说学，学生“自主合作探究”已经内化于心，每日说学成为习惯，在说学中理清思维、获取知识已经成为个人能力。带着这样的能力，进入初中学习后，他们在班级里、学校里都能名列前茅。优秀者持续优秀，落后者持续落后。有了小学阶段奠定的说学能力和习惯，孩子们在后来学习，甚至终身学习中都能持续优秀。

“说以明理，学而至善”质量高在学生学习方法多，形式活。因为摆脱了大作业量，用“说的方式”学习，而说又有学、说、读、问、仿、讲、述、释、导、谈、告、诉、评、议、论、思、辩、背、诵、练、写那么多种学习方法，随意选择，总有适合自己的。每个人都找到适合自己的学习方法，学习就不再是一件难事，更谈不上痛苦和厌学，学习成绩自然就上去了。

“说以明理，学而至善”质量高在学生素养好，全面发展。一个“说”能带动的发展太多了，学生以说为中心，各种各样的综合素养都会大幅度提升。心理关、语言关、胆量关、脸皮关样样过关，表达、对话、质疑、批判让学生的倾听、思维、价值观与众不同。这样的素养是影响人生的，意义非凡。围绕“说”字，说学课堂、说学课程、说学评价体系健全，培养学生素养遵循规律，环环相扣，学生得以全面发展。

“说以明理，学而至善”质量高在学生习惯好，自立自强。哲学讲究内因大于外因，鸡蛋从内破开是生命，从外破开就是一盘菜。教育也是一样，要实现立德树人根本任务，让学生德智体美劳全面发展，关键还是激发和调动学生自己行动起来。“自善”建立的自我管理、自主学习和自行修养体系，将学生推到学习和做事前台，学生成了当之无愧的主人，一切事情都自己动手，自主思考，在这样的环境中，将强者恒强，弱者变强。

“说以明理，学而至善”质量高在于全员兼顾，一个不少。由于说学教育基于“自主合作探究”，始终把培养学生自主学习能力作为目标，通过合作学习实现了一对一，兵教兵，其结果就是无差生或差生少。转化差生历来就是所有班级和教师花大力气所做之事，也是头痛之事。一个班级成绩，往往取决于最低成绩有多少。说学教育通过学生一对一，兵教兵化解了教师分身无术，顾不过来的瓶颈，做到一个都不少，一个都不放弃的育人目标。

“说以明理，学而至善”质量高在于出现了小先生，学生师傅。学习金字塔理论描述了最高效的学习方法是“给他人教授”，组建小对子，就有一名学生扮演了师傅角色，要督促、引导、教授另一位伙伴学习。这个角色，扮演的就是小先生，学生师傅，在给他人教授时大幅度提升自己的学识和修养。从我校培养的孩子中，我们发现这样的小先生，学生师傅能力都很强，而且越变越强。进入初中阶段后，几乎都是班干部、课代表什么的。

（五）大幅度提升教师专业素养

“说以明理，学而至善”变了理念，改了方法，是一场大变革。一下子从传统教学模式转变为以学生为中心的合作式课堂，从人人喊苦的作业堆里转变为“说中学”，从凭借个人天赋和教师监督学习转变为自主合作探究学习，这个变化不可谓不大。为了适应这种变化，课堂、课程、评价等一系列教育生态都发生了变化，与之休戚相关的教师和教师教学行为怎能不变。

教师的变化，是教育思想和理念的变化。如果用教书育人四个字来区分的话，有一个时期老师们只管教书的事，眼里只有成绩。而“说以明理，学而至善”引领教师回归本真，把育人作为教育的目的，把教书作为育人的途径。由于把“说学”界定为表达、对话、质疑、批判等意思，“说以明理，学而至善”引领着教师教育学生准确精练使用语言，学会与人交流沟通，能够判断对错是非，敢于提出不同意见锻炼批判性思维。这些思想和理念的变化，对教师的影响是巨大的，教师的成长与提高也是必然的。

教师的变化，是教学行为和水平的变化。说学思想和理念一旦被确定下来，要想培养擅长表达、对话、质疑、批判的学生，就要从实际行为上做改变。否则，就是言行不一，说归说，做归做，两张皮。在教学中，教师就不能霸着讲台从头讲到尾，让学生完完全全接受教师交给他的那点知识，而是要思考怎么才能让学生具有较好的表达、对话、质疑、批判能力。在作业中，也不能为了成绩重复机械训练，而是布置一些能够提高学生表达、对话、质疑、批判能力的作业，很多作业也要从书面作业转变为口语作业。在设计教学和作业时，教师思维的方式和落实行为都要有一个更科学、更教育、更高水平的提升。

教师的变化，是课程观和教育资源的变化。这些年，教师和学生们已经习惯了《XX 全解》《XX 小状元》等一大批教辅用书和练习册。可是从培养学生表达、对话、质疑、批判能力，发展思维品质方面来看，教辅用书和练习册贡献率较低。甚至因为看这些书做这些练习占用了学生大量脑容量和时间，表达、对话、质疑、批判能力和思维品质根本得不到培养和发展。从这个角度看，说学教育必然引发课程观和教育资源的大变化。为了让学生表达、对话、质疑、批判能力和思维品质，就要开设一些相关课程。唯此，让学生发展才会真正实现。

教师的变化，在于他们有了专业分析和判断能力。以往教师面对专业问题和新思想时，只是一味地输入学习，很少有人对问题和新思想提出质疑。经历“说以明理，学而至善”教育思想和改革实践后，教师们已经有了自己对于教育问题的思考和经验。这时候在面对新思想和新问题时，不再是只会低头学习，埋头笔记。而是开始思考新问题，新思想，用自己已有的经验检验这些新思想和新问题是怎么回事，应该如何解决，能产生什么后果，对学生和教育有哪些影响。这样的教师，专业素养、能力水平、道德水准必定越来越高。

（六）利于构建一种教学文化

正如校风一样，一所学校教学也是有文化，讲品质的。

说学教育带来的教学文化是可复制。在学校，教师与教师之间的互相学习是一种传统文化。说学教育最大的便捷就是可复制性，一些优秀教师，在学生训练、习惯培养、课堂教学、课程管理、日常测评、晨午读建设等方面形成了非常好的做法，这些做法又都是基于说学理念，学习相当于复制，比较容易。

确确实实，几年的改革下来，三小创造出的个性化教研品牌能数出一大堆。周周公开课。即周周都上公开课，这是三小为了推动说学教育改革，不分好课坏课，要求老师人人都上公开课产生的教研形式。公开课是一种课堂展示形式，我校则把这种形式演变为一种教师培养方式，周周安排教师上公开课。因为周周公开课是全员性质参加，所以对教师的锻炼和提高优势明显，教师们提高非常快。虽然累点，老师们——痛，并快乐着！年级共同体。“周周公开课”是以学科组存在的大教研形式长，如果只有这一种形式，就会弱化教研，因为它可能冲淡教研组教研效果的现象。于是，我校就又提出了 “年级共同体”概念。提出把教研组用“年级共同体”的建设思路进行建设，从而补全学科大教研和组内小教研形式。“年级共同体”，意即一个年级就是一个共同发展体，一个年级的一个学科就是一个共同发展体，这个共同体将一荣俱荣、一损俱损、共同发展，这个共同体把以往每周一次的组内教研活动分解到平时的每时每刻。比如，组内有人要上公开课了，这个共同体必须以团体的形式出现，集体备课——上课——说课——评课一条龙呈现。比如，编制“学讲练 70 分教学模式”学讲稿，采取一人编，多人用，也就是执笔是一人，思想是大家的，必须在多次研讨后才能成稿，编成使用。逐级磨、五步走。这是为了夯实教研，对一个教研过程进行的创新。说学教育教改实验研讨活动，由学校教改领导小组牵头，一个年级一个年级的过，一个学科一个学科的过。到了具体年级组，在上公开课之前，先要完成五个步骤。第一步，年级组教师编制学讲稿；第二步，课前集体研讨；第三步，课堂观摩。第四步，集体教研；第五步，年级推广。一般这样的一个研讨过程经历的时间大致在三周。因为每个年级组的同学科老师都有四到六位，加上教改小组的三四个老师，在大约三周的时间里，十名左右的教师集中在一起研究一节课，最后研究出来的这节课又让年级组内的几位老师拿回去到自己班里上，使得教研的深度加大，教研结果也最大化了。三三制。这是针对“逐级磨，五步走”教研形式产生的新形式，即同课、同备、同上，自备、组备、校备。因为逐级磨五步走一个周期下来就是三周，尽管我们交叉研讨，但是也只能保证三周跟踪三个学科组，无法兼顾余下的十五个学科组。于是，我们就想出了三三制这个办法。即学校教改小组带领大家逐级磨五步走的同时，余下的那十五个学科组自己在组内三三制。就是以组为单位，几位同学科老师实行同课同备同上；备课时，同学科老师分工备课（一次备课），备好后拿到组里进行集体研讨（二次备课），组里备课后再和学科分管副校长或主任一起进行集体研讨（三次备课）。这种方法的好处就是“集思广益、相互补充、形成团队”。我校每个年级有四个班，这样就在每个年级形成一个四人团队。大家对一节课、一个教学内容进行“同课、同备、同上，自备、组备、校备”，大大提高了每堂课的效率，提高了每个教师对本节课教学内容的理解与驾驭能力，提升了教师个体的业务水平。主任带教制。这是我们为了强调学校对教学改革方向的引领，发明的一种教研形式。由主管教学的副校长、教导主任带教。带教包含两层意思：一是“带课”，副校长、教导主任每学期至少要做一次公开课，起到示范引领的作用，意为带领课堂教学的方向；二是“带人”，副校长、教导主任每学期至少带一到两名青年教师，每周进入他们所带班级上一到两节常规课，起到手把手教的作用，意为带领青年教师快速成长。通过这种方式，将刚刚走上工作岗位的青年教师和学校里对教学最有发言权的教学管理人员对接起来，能够最大限度地避免新教师走弯路，无谓浪费大量学习时间，实现最快捷成长。通过主任带教，每学期都给教师呈现一堂“231”不断进化的课堂，引领着老师走在正确教改的路上。名师带徒制。这又是我们对“主任带教”的一次强化，因为教学副校长、教导主任就那么两个人，由他们上课，面太小，引领方向还可以，引导教师成长的力量就太单薄了。于是，我们把学校所有的名师都发动起来，由学校现有名师带徒弟。学校专门建立了名师培养、管理、考核机制，成立了名师团队，在肯定优秀教师，给大家确立发展方向的同时，拓宽了教师培养渠道。截至目前，我校已经发展了两批名师，第一批入选名师六名，第二批入选名师四名。由学校统筹安排，为每位名师配一至三名徒弟，通过带徒弟的方式提速青年教师的进步。这种方式则是把青年教师和学校里水平最高、能力最强、德行最好的名师对接起来，从教学水平、敬业精神和做人道理等各方面都形成对新教师的言传身教、熏陶感染，潜移默化中培养青年教师。订单教研。在解决了“学校大教研与组内教研”“教研组整体推进和各组自我教研”“教学领导与所有名师”这几对点与面的关系之后，我们发现，还有个别教师需要进一步强化。于是，我们又想到了“订单教研”。就是对具体需要个别指导或者跟踪指导的教师，在学期初或某一阶段，给她下一份听课任务单，既包括学校领导听她的课，也包括她去听别人的课。主要还是以她本人做课，领导听为主。这种研究形式推出之后，对一些确实需要个别指导的教师促进最大，这些教师往往在听过两三节课之后，就能有一个变化，一学期之后，变化很大。走班上课。这又是对“订单教研”的一个推进形式。走班，就是让同年级的优秀教师走进需要指导教师的班级，给她的孩子上课，面对面示范，等于是手把手地教。走班上课的好处是，教师是被学生指导的，学生最了解，优秀教师在这个班级上出的效果，使得学生对优秀教师的课更容易理解接受，也最容易汲取其中的精华，达到学习的目的。跟班管理。跟班管理则是“走班上课”从课堂教学向班级管理延伸的一种尝试，效果非常明显。我们将一些有经验、有办法的老教师，分别分给一些新教师或者班级管理存在问题的教师。这些老教师每天都要在早自习、课间操、放学路队，以及课堂上走进所跟班级，对这些班级在各个方面进行指导，帮助他们尽快掌握班级管理的方法，积累经验，成长起来。

在一个个新经验、新做法、新名词出现的同时，学校的教研文化也就随之形成了。金凤三小正是在这种创新与创造中构建了三小教研文化，既内涵丰富，又形成了较好的社会口碑。

（七）最适合新教师培养的专业模式

各地教育每年都要补充很多新教师，由于大学教育与中小学教育在实践性培养方面存在严重脱节，加之师范类院校的缺乏，以及进入教育口的大学生专业复杂等原因，新教师培训工作已经迫在眉睫，不得不高度重视。

新教师的特点就是无从下手，不知道从哪里开始。说学教育的特点恰恰是规范每一个环节，教老师干什么，怎么干。所以，两者一拍即合。说学教育是最适宜新教师培养的。

其实，在抛出最适合新教师培养这个观点之前，几年来，说学教育在教师培养上已经有一些例证了。例一，学校老教师多，教了十几年，几十年书了，其中还有一些老师很有名，但是大家却都存在一个致命弱点，那就是上课执行教学设计，从开课到下课不折不扣的执行，脑子里想的从来都是不能落下哪个，或者上不完了。而在课前准备教学设计时，又完全依赖教案书，离了教案书就不会写教学设计了。这种现象虽然早被发现，但是却长期找不到解决办法。可是在说学教育试验中，找到了办法。由于说学教育的学讲稿，无处参考，说学教育教学设计，更是哪也没有。于是，这些都必须由老师们亲自思考、亲自编写，结果在实验一年以后，老师们就做到了人人对课堂的几个环节了如指掌，各个离开教案书都能写出教学设计了。例二，学校有一些中年教师，看教龄不短了，但是他们却有一道坎跨不过去，那就是最怕听课。有时候想要走进这些教师的课堂，一点点帮助他们克服恐惧，成长起来。可是，当看到他们那颤抖的身体，听到那结结巴巴的声音，谁愿意再加大他们的压力了。心想，只要他们一个人钻在班里能把学生带好也就算了。但是说学教育改革实验一段时间后，情况变了，这些老师不再那么恐惧听课了。有一年金凤区教育局年终评估学校时，XX老师上完课后主动说，今天的课上的不错，看着她兴奋的笑容，大家都很欣喜，她终于不怕听课了。后来，这名老师到农村联盟学校去交流。在一次盟校教学研讨活动时，她也来了。原来，她是作为授课教师的指导老师回来参加活动的。看着她在集中教研时脸上放光的自信和侃侃而谈的风采，大家都欣慰地笑了。例三，学校每年都有从农村学校交流过来的老师，有个六年的特岗教师，来了以后，大家去听课，结果一节课下来，都糊涂了，不知道这节课到底在干什么。

显然，这名教师是不会上课的。于是，大家把说学教育理念交给她，要求她一边听同年级组教师的课，进行课堂复制，一边学习理解说学教育。结果，两个星期以后再去听课，这个老师的课已经让人大吃一惊。后来分析原因觉得是这样的，一是说学教育模式很清晰，课前怎么预习，课堂有几个环节，每个环节干什么，都清清楚楚，一看就明白，学起来容易；二是天天听课复制课堂，有现成的样子可学；三是现在的大学生知识底子不薄，缺的是方法和经验，说学教育教学体系完成简约，一看就懂，使他们一学就会。

后来学校扩张的很快，有一年一下子缺了十七八位教师，于是，通过引进大学生志愿者、三支一扶，以及自聘的办法，学校进了一批新人。面对这么多新教师，就是手把手教他们也不现实，教导处哪有那么多人去跟踪指导。于是，学校采取了集体培训，培训的内容就是说学教育，要求他们全体学习说学教育，用说学教育模式去上课。为了不让这些新人们走弯路，能彻底理解并掌握说学教育，学校又配套制定了周一备课制和组内公开课。结果，一个月下来，这些新人们的课上的有模有样。

有了以上具体案例，能教会人上课已经是毋庸置疑了。那么来分析一下说学教育的先进性，看看敢不敢把它介绍给新教师。新课程提出的三大学习方式是“自主、合作、探究”，说学教育的理念是“先预习，再教学”，提倡先学后教，让学生先自主学习，再进入课堂合作学习；课堂环节是“导入、检查、导学、训练、拓展”，提倡自主合作、交流展示、补充质疑、教师指导。由此看来，说学教育理念是把课堂还给学生，启发和挖掘学生潜能，培育自主合作学习习惯，这是当下最先进的理念，把它交给新教师完全没有问题。从此，我就形成了一个新观点——说学教育最适合新教师培养。

三、深化

随着说学在语数英课堂上和晨午读课程的深度植入，植入面也在不断扩大。先是面向全学科渗透，思品、科学、音体美、信息技术等学科也开始尝试说学。教学是相通的，语数英课堂交还给学生，思品、科学、音体美、信息技术课堂也应该是学生的。语数英课堂学生自主合作，展示交流，思品、科学、音体美、信息技术课堂上学生也可以自主合作，展示交流。学习在体验和实践中进行，通过交流验证每个人学习成果，知识由学习自己获得。课程上外延也在扩大，在晨午读和大舞台大课堂课程基础上，出现了ZGT课程，“Z”是“真实”首字的缩写，“G”是“广泛”首字的缩写，“T”是“特长”首字的缩写。“ZGT”合起来的意思就是真实再现社会各种行业，广泛涉及社会各个领域，根据学生兴趣培养特长。ZGT课程授课教师全部由家长担任，授课形式全部是说学形式，学生各种素养和能力进一步得以培养。由于主导思想是干什么事就上什么课，所以在专属领域，家长们讲起来得心应手。这种课程开设五六年，没有一人提出不合适，大家都觉得整合了各种资源，开阔了学生视野，培养了学生能力，提升了素养。张紫薇家长“木工制造课”孩子们跃跃欲试。张会平家长是一位木工，他给孩子们制作了一个小板凳，从分选木料、计算板凳尺寸、在木料上画线、用不同的工具切割磨光木料、组装板凳几方面详细给孩子们讲了如何制作一个板凳。之后又给孩子们讲了木工方面的很多知识和见闻，使孩子们对木工有了一个初步认知。罗志坚家长是一位牙科医生，他给孩子普及了一次牙齿保健知识，通过他的介绍，孩子们知道了正确的刷牙方法是顺着牙齿生长的方向刷，先刷外面，上牙从上往下刷，下牙从下往上刷，反复刷动，每刷一个地方，需要往返五至十次。再刷里面，将牙刷竖起来，沿牙缝上下提拉刷动。刷咬合面时，则用横刷方法来回刷。魏朝冉家长是一位驾校司机，他则给孩子们上了一堂交通知识课，通过他的介绍，孩子们知道了路面的车道分为大车道、小车道、公交车道，还有直行车道、转弯车道，知道了黄色线和白色实线不能跨越，知道了安全岛是等待区域，绿灯亮了从人行道过马路。黄博妈妈准备了一堂丰盛的“情系端午”ZGT风味大餐。课堂上黄妈妈播放了精心制作的“端午节”动画课件，让孩子们了解了端午节是在农历五月初五，它是我国的传统节日。然后她拿出各种佐料，组织孩子们包起了粽子。黄妈妈不紧不慢地举起竹叶，讲解包粽子的方法和技巧。孩子们认真地铺开竹叶，用小手把糯米放到竹叶上，然后照着黄妈妈的样子裹了三折，又用线吃力地捆起来。一股浓浓的端午气息弥漫了整个教室，场面让人非常感动。金博宇妈妈在铁路工作，她给孩子们讲了火车的起源、发展历程。通过她的讲解，孩子们明白了火车当时是用煤炭或木炭生火做燃料，所以叫作“火车”，知道了火车就是蒸汽机车，知道火车经历了从蒸汽机到内燃机，到电力机车的演变，知道了城市轨道交通车辆、地下铁道、高架铁路、独轨运输、高铁都是火车。沈韵琪爸爸爱钓鱼，他就拿着渔具走进了课堂。通过他的讲解，孩子们知道了鱼竿有拔节竿和插节竿，知道杆长可以调节，知道不同的鱼钩有不同的绑法，如带环钩、带柄钩、支沟线各有各的绑法，还有钓鱼还有引鱼技术，窝引、逗引、拷须引。郑亚丽妈妈从事餐饮工作，她告诉孩子们自己选择餐饮的原因，"因为喜欢所以就选择了"，简单的原因告诉孩子们喜欢一件事就要用心去做。她现场给孩子们做了三个菜，可乐鸡翅、青椒五香干和蒜香松花蛋，每做一道菜，她都细心地向孩子们讲解购买原材料时应该如何选菜，买什么牌子的调料，如何摘菜，怎样切菜既好看又防止切手。短短二十分钟，孩子们知道了怎么选菜买菜，如何切菜、摘菜，放什么调料，怎么炒菜，最后津津有味地吃上了菜。张金家长是一位拉面师傅，课堂上他通过播放视频介绍了拉面的历史，然后给学生现场演示拉面的做法。他说和面比例是 30 斤面粉加 18 斤水，7 两芃灰水，撬和揉匀，制作过程分选料、和面、醒面，还是溜条和拉面五大步骤。拉的时候，只见他在案子上擦抹上清油，将面搓成条，揪为重五两的条，上面盖上湿条布，然后根据每个人善食的爱好，分别拉成大宽、韭叶、二细、荞麦楞（三角条）、一窝丝等形状的面条下到锅里，面熟后捞入碗内，将牛肉汤、萝卜、肉丁、香菜、蒜苗、葱花及辣子油浇在面条上，并以每个人的口味加上适量的佐料。这节课上，孩子们不仅体会到做拉面的乐趣，还吃到了美味可口的拉面。吕佳睿妈妈在银行工作，她拿了许多银行卡来到学校，给孩子们介绍了工行的牡丹卡，农行的金穗卡，建行的，宁夏银行的……通过她的介绍，孩子们知道了银行卡分为借记卡和信用卡，借记卡是普通的储蓄卡，是活期存款账户，也就是卡上存的都是自己的钱，不能透支。信用卡是透支卡，可以透支消费，信用卡分为贷记卡和准贷记卡，每张卡都有一定的额度，透支期限最长不超过56天，透支要支付一定的利息。她还讲到银行卡分为磁条卡和芯片卡，芯片卡的安全系数高。经过范妈妈的讲解，孩子们懂得了银行卡的相关知识以及如何使用银行卡。谈起当时的“寿司制作课”，林沫然家长董曼女士如今依然十分激动。真没有想到上课的现场，同学们是那样的热情，课堂上我分别请了四位同学跟着我一起来做寿司，我们戴起手套，把那张大竹帘给展开，再铺上一层脆脆的海苔，然后把一些米饭平铺在海苔上弄平整，再把自己喜欢的香肠、番茄酱、菜和沙拉酱给放上去，最后把那张大竹帘卷起来，使劲捏紧，等1分钟打开，用小刀把寿司切成了三到八片，装盘摆放整齐，大功告成。没想到同学们的互动性那么强，许多孩子甚至站起来看寿司的制作过程，吃起来更是津津有味的样子。之后我们继续丰富课程，规范设计了各种社团和兴趣小组活动，使说学渗透进入学校教育的方方面面。

德育方面的渗透主要围绕“自我管理”和“合作学习”展开的。合作学习优势是什么？一是化大为小，原本五十人的班级，分为小组后，两人、三人、四人成了一个班。二是化少为多，原本一个老师一个班，分组后，组长即老师，一下子多出来几十个小老师。三是化辅为主，原本学生处于被动地位，教师讲什么学生学什么，教师水平高低决定班级成绩好坏，分组后，学生成了主角，会出现弟子不必不如师。合作学德育，树立家国情怀世界观，仁义礼智信人生观，理想信念价值观。具体包括各种习惯、一日常规、文明礼仪、实践活动。合作学智育，学习语数英科学等国家课程，安全教育、诚信教育等地方课程，社团、活动等校本课程。合作学体育，学习体育学科，体育活动，运动能力、爱好和习惯。具体包括体育课、大课间、课间、课外活动等。合作学美育，音乐美术学科，艺术活动，艺术技能、爱好和习惯。具体包括音乐美术课、社团、艺术队等。合作学劳育，积极参与家校劳动、社会实践、公益事业。具体包括卫生打扫、田园劳动、生活自理、公益敬老等。自我管理也是从德智体美劳五个方面进行的。学生从礼仪习惯的微笑问好：在校园内见到任何成年人，都微笑鞠躬致意，或敬礼，问“老师好”；在校园外见到人微笑致意。出入打招呼：在家里出门进门向长辈打招呼，“妈妈，我上学去了”“妈妈，我回来啦”；在学校因事晚走，向老师打招呼，“老师我回家去了”。上课礼仪：上下课起立鞠躬，说“老师好”“老师您辛苦了”；起立时站在课桌两侧，双脚并拢，挺胸抬头，鞠躬90度；回答问题先举手，得到老师允许后起立回答；举左手，五指并拢，指尖向上；回答问题前先呼号“聚焦”，全班同学回应“倾听”；下课时收起书本学具，放回原位，拿出下一节课课本和学具；离开座位把凳子放回原处。下课礼仪：上厕所有序排队，轻声细语，便入池，洗手；喝水接温水，喝完水壶放回原处；玩耍不在楼内奔跑，吵闹；交流保持中等音量，不嘈杂，影响其他人交流；上课铃声响前回到座位，等待上课。行为习惯的自理自立：自己的事情自己做，做一个独立的人。尽职尽责：认真履行自己分配任务的职责，不完成不回家。讲究卫生：衣着干净，每日清洁课桌凳，不丢弃一个垃圾，捡起遇见的垃圾，劝说同学不要制造垃圾。靠右行走：任何时候行走时都靠右走，不占他人通道。排队等候：在有两个人以上等待的时候，自觉排队，依次等候，做文明人。轻声细语：

在公共场所、办公区域、走廊或室内要轻手轻脚轻声说话，不影响他人。爱护物品：爱护每一件物品，以损坏物品为耻，对学校、班级公物要有保护意识，制止或指出同学损坏公物行为。尊敬师长：对师长态度恭敬，语言文明，善于聆听，主动问好，有一日为师终身为师的感恩之心。学习习惯的时间管理：学会管理时间，课间十分钟如何分配时间做哪些事情，学校作业什么时间完成，回家以后时间如何规划。学习管理：确保完成每天学习任务，书写时字迹工整，说学时精力集中，学习完有检查考验，整理学习用品。书包管理：桌头常备课表，每日按照课表整理书包，下午回家时只带有家庭作业的学习用品。书柜管理：学校书柜按照学科依次摆放书本和用品，合理归置水杯和衣物。家中书柜分开放置课本和课外书，多放一些课外书方便阅读。课前预习：把预习培养成一种习惯，养成做任何事之前都先想想看看的习惯。归纳整理：会用思维导图等形式梳理每天或每周学习内容，在归纳中温故而知新。做复习计划：学习和复习散落在每一天，学会做复习计划就能管理好学习行为；按照计划学习，不随意、丢三落四，不低效重复。与人合作：与学习小对子每天交流，互相检查和考评，与学习小组交流时积极参与，积极发言，要始终兵管兵，兵查兵，兵教兵，兵考兵。 自行修养的自律：用德育的方法自行修养，培养自觉性和自控力，管理好自己一日常规。自知：用智育的方法自行修养，要有自知之明，熟知自己学习情况，勤奋刻苦。自胜：用体育的方法自行修养，培养战胜困难的意识和毅力，越难越有劲头。自信：用美育的方法自行修养，相信自己能行，善于发现事物的美好，热爱事物。自力：用劳育的方法自行修养，凡事亲力亲为，亲自做，亲自体验，之后总结凝练经验。自省：养成反思习惯，每日想想得失，每天提高一点点。自立：形成独立人格，有思想有判断有自己的世界观价值观。自强：树立理想目标，长期追求梦想，为理想而勤学苦练，阅读实践。准确表达的敢说：让学生敢于说话需要一个过程，一些孩子胆子小，心里怯场，需要提供机会多锻炼。会说：敢说话了，但存在说话颠三倒四、啰里啰唆，或者重复来重复去等情况，通过锻炼，学生会慢慢学会把话说清楚。善听：表达、说话、交流是几个人之间的事，很多时候每个人都只想把自己的意思表达出来，不理会别人说什么，要想形成有效对话，就要先听清楚对方说什么。善辩：听清对方的话以后，自己要有分析、辨别、判断和思考，然后组织语言，陈述观点。融会贯通：准确表达清楚一件事情，需要把事情前前后后联系起来，彻底想明白，再运用丰富的语言，清晰明了地表达出来。深度思考的发现问题：发现问题是一种能力，在诸多问题中发现真问题，关键问题更不容易，长期培养学生发现问题能力。解决问题：发现问题和解决问题过程就是学习过程，解决问题需要知识储备，关系链接和学习方法。经验应用：在已有经验基础上学习，知识和方法迁移，举一反三很重要，培养学生学习和应用已有经验学习新知。信息处理：每一个学习素材都会提供或涉及很多信息，每一个问题的解决都是各种信息处理的最终结果，教学生学会辨别信息、处理信息。逻辑关系：问题间、信息间都存在各种逻辑关系，面对信息时，要能够建立逻辑关系。表达形式：问题解决后，用什么样的方式表达，也需要深度思考和设计。批判质疑的敢质疑：敢质疑是一种意识，引导学生去质疑。会质疑：会质疑是一种能力，教学生知道怎么质疑，从哪些方面分析问题，发现疑问，表达疑问。批判性思维：批判性思维是一种高阶思维，有意识培养学生用批判的眼光审视问题，审视学习等方面全面提升学生素养和能力。

四、显效

“说以明理，学而至善”教育思想的实施，产生了明显得教育效果。首先是学校发生了大变化。对比金凤三小的过去今朝——

1965 年建校，是为了给一小分流学生。

2000 年前，是一所合并了四个企业子弟学校的学校。

2013 年前，只有 24 个教学班。

现在，三小有 36 个教学班。

学校获得国家级教学成果奖，全国外语教研工作示范学校，自治区教科研先进单位，自治区互联网 + 教育示范学校，自治区人工智能助推教师发展示范学校，自治区文明校园，银川市教科研先进单位。带动了金凤教育生态的改变，各校普遍效仿三小做法，三小课堂、课程、评价几乎被原样复制。在全国打出了宁夏教育、金凤教育品牌，说学教育走出宁夏，走向全国，在二十多个省市传播经验。教育厅教师培训项目齐聚三小，继教网、高教社、教师网、培训中心都在三小设点，每年引进跟岗学习和观摩达到数十批次上千人次。中国好课堂、中国梦、全国名师工作室每年组织教师前来观摩或邀请专家外出讲课数十次，三小成了金凤教育和全国联网的桥梁。同心、海原等宁夏区县自愿学习热情高涨，整校建制，多次分批观摩和跟岗学习，说学教育从墙内开花墙外红，变成了墙内和墙外一样红。积极承担国家、自治区教育扶贫行动计划，体现名校担当，跟随领航国培到四川大凉山支教扶贫，跟着好课堂自发走进河北易县、山西吕梁等国家级贫困县教育扶贫。自主联系对接宁夏西吉县、隆德县、红寺堡和海原县、同心县等贫困县扶贫。在获得荣誉，宣传宁夏的同时，积极承担教育责任和使命。

教师同样今非昔比——

出好课：说学教育让教师们的教学水平突飞猛进，丁瑞芳代表宁夏参加全国优质课大赛，李娜代表宁夏参加西部地区优质课大赛，一所学校出现两个人代表一个省参加全国大赛，特别不容易。在每年区市县各级各类优质课和推变课比赛中，三小教师频获大奖，人数多，课的质量高。从2016年开始的全国一师一优课一课一名师评选，金凤三小以规模最小，获奖最多著称。连续四年获部级26节课，自治区优课87节，银川市优课一百多节。

出名师：要说宁夏各级名师最全的学校，金凤三小位列其中。全国领航、塞上名师、凤城名师、金凤名师四级名师金凤三小齐全，并且人数多，质量高。马德虎、丁瑞芳是全国级别的名师，和发到地区名师一样，他们带着自己的课和理念走遍了大半个中国。学校在编教师总共七十人，各级各类名师骨干三十多名。三小教师名声在外，每一次轮岗交流都是大家争抢三小教师的最好时机。这，就是一所普通小学的实力。

出成果：2014年“231高效教学模式”获得国家级教学成果奖，这是迄今为止宁夏中小学唯一的获奖成果。除此之外，说学教育改革出了很多成果。自治区教科所组织的第十二、十三届基础教育科研成果里有三小的成果；自治区教研室组织的第三、第四、第五届基础教育科研成果里有三小的成果；银川市教科所每年组织的基础教育科研成果里有三小的成果；三小教师次次获奖，数量多，门类全。很多课题在区市级立项课题，省级以上教育刊物发表论文在三小蔚然成风。

受表彰：随着近年各地政府人才政策的推出，说学教育培养的名师开始崭露头脚。金凤三小在高层次人才、学科带头人、青年拔尖人才、各级骨干等各种荣誉和表彰中县区占比最高。例如金凤区教育系统有高精尖缺 C 类人才两人都是三小的，D 类、E 类人才和享受津贴的学术带头人也是三小最多，2021 年宁夏教育年度人物，金凤区一共 9 人，6 人出自金凤三小。

出干部：从三小走出去的校长、副校长、主任很多，且很优秀。金凤区六个集团校长，四个和说学教育有关。集团四所学校，每所学校都在探索说学教育，中层干部个个精英。三小教师走到党委、政府、教育局、教研室、民办学校去发挥更大作用，他们都是“说以明理，学而至善”教育体系培养的干部。

学生能力也十分出众——

擅表达：来三小听过课的老师都说三小学生能说会表达，老师们用“震撼”一词频率最高。北京张健教授说三小孩子英语口语不亚于北京上海的学生，唐中雷俊仙老师说三小六年级学生口语水平相当于初中八年级水平。

有思想：2020 年 10 月首届说学教育论坛召开时，举办了一场学生辩论赛，马骥航同学大放光彩，冯恩洪校长说这个孩子具有了成人思辨水平。说学的自主合作、交流展示、补充质疑让孩子们拥有了敢说会说、善听善辩和融会贯通的素养和能力，思想跟着语言走，语言能力强了思维能力也强了。

会学习：三小老师当得智慧聪明，学生合作学习效果非常好，小对子自我管理解放了老师，精妙了学风。胡永兰们老师班的学生成绩好，能力强，各方面都优秀不少，今年九年级她班学生占据了景博、唐南、阅海和银川十三中年级第一，因为胡老师教的是“渔”。

成绩好：允许考试时期，三小学子 85% 的学生上了名校；实行摇号以后，整体提升了一所初中学校的生源质量，多个学校破格招收三小学生。

第五章

“说以明理，学而至善”教育思想在区域教育中的辐射和影响

一、“说以明理，学而至善”的行业影响力

“说以明理，学而至善”在金凤区，或者说在银川市，在宁夏教育系统产生的影响力是巨大的。原因在于南北方、东西部差异。在南方、在东部校长或教师提出一个教育思想引不起太大轰动，但是在宁夏，在金凤区原创一个教育思想反响就很大。这有点好比大家去宁夏看沙漠一样，只是沙漠吸引不了人，但沙漠和水，和绿洲，和河流湖泊在一起就有看头了。在人们的印象里，宁夏是个小省，教育比较落后，在这里原创教育思想，想都没有想过。所以，“说以明理，学而至善”诞生后，反响比较大。尤其是金凤区和宁夏当地的校长和老师们，受到的触动最大，原来我们金凤区也可以诞生教育思想。我们能不能也原创一个教育思想，成了大家最朴素的想法。事情就是这样的，没有人做的时候，谁也不会关注，有人做到了，于是就会激活一潭死水。如今金凤区的水活了，校长和老师们越来越有思想了。

“说学教育”成为大家追捧的改革成果，宁夏大部分县市区都派教师学习观摩过，一半以上的县市区邀请金凤三小说学团队培训教师。银川市区学校大部分学习过金凤三小说学教育，说学课程和说学评价直接或间接几乎渗透了所有学校。自治区教科所、银川市教科所都面向全区和全市专门推介过说学教育，召开了说学教育研讨会。金凤三小因此成

为新名优学校，在自治区、银川市历年历次教育帮扶行动中，都入选帮扶者行列，成为金凤教育的代表。

二、“说以明理，学而至善”工作室发挥作用

引领名师工作室成员学校变革思想。在各级部门关怀下，我承担了金凤名师、银川市名校长、自治区塞上名师和全国领航校长四级工作室主持人，带领的学员比较多。多年来与大家相濡以沫，耳濡目染，“说以明理，学而至善”思想早已深入人心。因为价值观认同，学员们纷纷在自己的学校里实践，取得了很好效果。马辉才老师进入工作室时是一位主任，他热情好学，带领西吉二小老师考察学习工作室经验，回到学校后强化教研，大力改革，迅速在当地形成教研优势，被提拔为校长。桂树新、马永超校长在自己的学校里积极推行改革，多次派出教师到金凤三小跟岗学习，极大地改善了学校教育理念，更新了教师教学方式，实现学校跨越式发展。

三、“说以明理，学而至善”引领集团学校进步

2018 年成立金凤三小教育集团，学校发展为一校四址，是金凤区最大的集团学校。学校被评为自治区文明校园，自治区互联网 + 教育示范学校，自治区人工智能助推教师发展示范学校，银川市教科研先进集体，金凤区教科研先进集体。教师获得英语全国优质课一等奖，自治区数学

英语优质课一等奖，多人次获得银川市优质课一等奖。22 人次获得教育部一师一优课部级优课，56 人次获得自治区录像课一等奖，银川市和金凤区录像课获奖人次更多。2020 年新冠疫情期间，学校承担了自治区和金凤区“空中课堂”授课任务，共有 11 人录制了 56 节自治区空课，16 人录制了 84 节金凤区空课，为疫情期间停课不停学做出了较大贡献。

四、“说以明理，学而至善”带动区域教育发展

说学教育的成功被社会广泛认同，成为宁夏各市县学校竞相学习的样板。2018 年至今学校先后前往指导或接待宁夏同心、海原、西吉、隆德、红寺堡、吴忠、灵武、青铜峡、中卫、宁东、永宁、贺兰、兴庆区、西夏区、银川等县市学校观摩学习数十次，人数达到数千名。学校辐射作用十分显著，尤其是金凤三小集团校校成功，校校有名。为金凤区输出了多名校长、副校长和教学管理人员，发挥了名校效应。学校成为继教网，高教社，教师网，宁夏教育厅，宁夏大学等多家教师培训单位的基地学校，经常性承担各级各类教师培训任务。

五、“说以明理，学而至善”辐射全国中小学

说学教育是宁夏的，也是全国的。由于理念先进，方法科学，说学教育使学生成绩素养能力全面提升。孩子们巨大的变化震撼了所有前来观摩学习的老师，各地学校纷纷前往学习。2018 年至今多次接待贵州、

四川、广西、河北、山西、江苏、内蒙古等省市区观摩团，观摩教师一千多人。2018 年至今接待省内外和集团校跟岗教师近百批次，跟岗教师上千名。2018 年至今说学教育课改团队走到了北京石景山，江苏盐城，四川仁寿，贵州六盘水等二十多个省市上展示课开讲座指导课改。

六、“说以明理，学而至善”参与教育扶贫国家行动

跟随江苏基地，参加了四川大凉山昭觉县教育扶贫行动。本人走进万达爱心红丝带学校结成手拉手友好学校，先后派出教师参加了支教，网络远程培训 6 场，两次捐赠图书 6 万多元。追随教育名家步伐，随冯恩洪先生带着中国好课堂参与了国家级贫困县河北易县、山西吕梁等地区的教育扶贫，为八九十人大班额教学提供方法和策论。作为一名领航工作室主持人，参与了教育厅指定帮扶学校隆德县和红寺堡学校的帮扶，也主动联系帮扶了国家级贫困县同心、海原、西吉、固原，以及移民吊庄地区的多所学校。在官方和民间两个阵地真实的参与和贡献了教育扶贫行动。

第六章

反思和升级

进入新世纪，尤其是近五年，中共中央和国务院连续出台教育文件，指导教育深层次改革。具体出台文件有《关于进一步加强和改进未成年人思想道德建设的若干意见》（2004年2月26日）《关于全面深化新时代教师队伍建设改革的意见》（2018年1月20日）《关于深化教育教学改革全面提高义务教育质量的意见》（2019年6月23日）《关于全面加强新时代大中小学劳动教育的意见》（2020年3月20日）《深化新时代教育评价改革总体方案》（2020年10月13日）《关于全面加强和改进新时代学校体育工作的意见》（2020年10月15日）《关于全面加强和改进新时代学校美育工作的意见》（2020年10月15日）。教育部在中共中央国务院出台文件基础上，又出台了“五项管理”（教育部2021年5月）“课后延时服务”（教育部2021年6月）。从文件数量和涉及领域不难看出国家教育改革的方向和决心。

再看相关文件具体内容，《关于深化教育教学改革全面提高义务教育质量的意见》从五个方面明确了教育质量指什么，如何提高。一、坚持立德树人，着力培养担当民族复兴大任的时代新人；二、坚持“五育”并举，全面发展素质教育；三、强化课堂主阵地作用，切实提高课堂教学质量；四、按照“四有好老师”标准，建设高素质专业化教师队伍；五、深化关键领域改革，为提高教育质量创造条件。其中关于教学方面指出要优化教学方式。坚持教学相长，注重启发式、互动式、探究式教学，教师课前要指导学生做好预习，课上要讲清重点难点、知识体系，引导学生主动思考、积极提问、自主探究。融合运用传统与现代技术手段，重视情境教学；探索基于学科的课程综合化教学，开展研究型、项目化、合作式学习。精准分析学情，重视差异化教学和个别化指导。各地要定期开展聚焦课堂教学质量的主题活动，注重培育、遴选和推广优秀教学模式、教学案例。《中国教育现代化 2035》提出了推进教育现代化的八大基本理念：更加注重以德为先，更加注重全面发展，更加注重面向人人，更加注重终身学习，更加注重因材施教，更加注重知行合一，更加注重融合发展，更加注重共建共享。明确了推进教育现代化的基本原则：坚持党的领导、坚持中国特色、坚持优先发展、坚持服务人民、坚持改革创新、坚持依法治教、坚持统筹推进。《关于全面深化新时代教师队伍建设改革的意见》提出到 2035 年，教师综合素质、专业化水平和创新能力大幅提升，培养造就数以百万计的骨干教师、数以十万计的卓越教师、数以万计的教育家型教师。教师管理体制机制科学高效，实现教师队伍治理体系和治理能力现代化。教师主动适应信息化、人工智能等新技术变革，积极有效开展教育教学。尊师重教蔚然成风，广大教师在岗位上有幸福感、事业上有成就感、社会上有荣誉感，教师成为让人羡慕的职业。《新时代教育评价改革总体方案》从五个方面谈了评价改革方向。一、改革党委和政府教育工作评价，推进科学履行职责；二、改革学校评价，推进落实立德树人根本任务；三、改革教师评价，推进践行教书育人使命；四、改革学生评价，促进德智体美劳全面发展；五、改革用人评价，共同营造教育发展良好环境，树立正确用人导向。党政机关、事业单位、国有企业要带头扭转“唯名校”“唯学历”的用人导向，建立以品德和能力为导向、以岗位需求为目标的人才使用机制，改变人才“高消费”状况，形成不拘一格降人才的良好局面。学习这些文件，对国家深化教育改革目标任务，机制联动，全面改革印象逐渐清晰起来。再加上关于体育、美育、劳育的相关文件，关于五项管理和课后延时服务的文件，此次改革是深入骨髓的。

对照国家教育政策和人才培养需求，“说以明理，学而至善”必须肩负起“引领价值观教育”和“说学高效学习”两大使命。“引领价值观教育”是把握教育方向。有些时候，教育不是教育的样子，教育被认为改变了样子。国家教育方针规定坚持教育为社会主义现代化建设服务，为人民服务，把立德树人作为教育的根本任务，全面实施素质教育，培养德智体美劳全面发展的社会主义建设者和接班人，努力办好人民满意的教育。社会主义核心价值观明确倡导富强、民主、文明、和谐，自由、平等、公正、法治，爱国、敬业、诚信、友善。中华民族五千年文化告诉我们大学之道，在明明德，在亲民，在之于至善。可是教育就是急功近利，就是用成绩代替一切。人品行不行不重要，成绩好了就行。“引领价值观教育”就是要克服急功近利思想，揭开成绩一叶障目的壁垒，使学校教育正确的培养人，培养社会主义事业接班人。“说以明理，学而至善”对“价值观教育”的引领，体现在“明理和至善”上。明理首先是明学习之理，为什么学？为谁学？学什么？怎么学？搞清楚这些学习的道理，学生才可能爱上学习，或者勤奋学习。否则爱学习、勤奋学习就是一句口号。喊口号是获取不来知识的，喊口号是过不了一辈子的。明理就要明人生之理，要信仰仁义礼智信，温良恭俭让，忠孝廉耻勇，知道在家里、在学校、在社会怎么做人，如何做事。上学十多年，受高质量教育如果连做人都不会，是教育的失败还是个人的失败，是家庭的失败还是学校的失败。明理就是要明生活之理。生存需要技能，生活也有规则。生活就是衣食住行，可就在这点上家长包办太多，培养出来的“弱智”孩子很多。教育需要引领，即使在生活这样的细节上，也需要引领才能方向正确。至善首先是求真。如果没有真，善可能是虚善、伪善。社会上虚假的东西太多了，虚假的东西肯定是人造出来的。因此教育不能产出虚假的人，不能容许虚善、伪善存在。至善就是要建立一种大善思维，帮助学生树立报效祖国、回馈社会、帮助他人，也就是大家提倡的公益事业。公益是反映一个社会文明程度的标尺，我们的学校教育还没有这方面的教育，说明教育已经落后了。至善就是要培养美学思维，一个孩子不爱美，没有发现美摄取美的意识和能力，是要命的。发现美拥有美享受美是爱生活爱生命爱世界的基石，培养孩子有一颗浪漫而美丽的心灵是教育的责任和使命。“说学高效学习”是解决“双减”“五项管理”“德智体美劳全面发展”“提升教育质量”“素质教育”各种政策矛盾的“开心钥匙”。素质教育从1980年提出至今四十年过去了，一直落不到实处不是这种理念不好，不是大家不认同，而是一直没有找到好办法既开展素质教育，又保证教学成绩。德智体美劳全面发展在很多时候就是一句口号，就是一种图腾，挤占音体美等学科现象全国都有。为什么？抓成绩呀。五项管理从出来就雷声大雨点小，大家都认为做不到。为什么？九点就睡觉有几个人能做到，还要不要学习了。双减之前是减轻学生课业负担，减轻课业负担不是新名词，1950年就提出来了。结果呢？不减还好，越减越多。今天各学校提高教育质量，拼的是时间，是刷题，是身体，衡水中学在江苏办分校被认为是江苏教育的倒退不是没有道理。这么多问题，长时间解决不了。归根到底，还是没有好办法，好的学习方式。如今，“说学”提供了这种可能，提供了减轻学生课业负担，实施素质教育，提高教育质量，让孩子德智体美劳全面发展的可能性。“说学”“说中学”，不用做题到头晕眼花，不用坐座位到盐酸背痛，用说的方式学习，复古而又创新，是一种好方法。

理想分析，“说以明理，学而至善”还没有彻底完善，需要加大探索力度，出新做法新成果。前面说过，“说以明理，学而至善”是“教育理解”，是从应用论层面梳理的教育思想。既然是应用，那么落地的方式和方法研究是关键。虽然自善文化和说学教育从不同方面研究了教育和教学，对课堂、课程、评价都有涉足。但是显然涉足涉猎还不够宽泛，研究也还不够深入，专业精神和素养能力还有不足，使研究停留在浅表层次。现在的研究主要是实践研究，就是一线教师摸着石头过河的问题解决式探索。下一步需要引入专家学者，引入理论研究，从更高位、更学术、更深度研究上实现突破。突破的点还是在围绕“说学”的课堂、课程和评价建设。

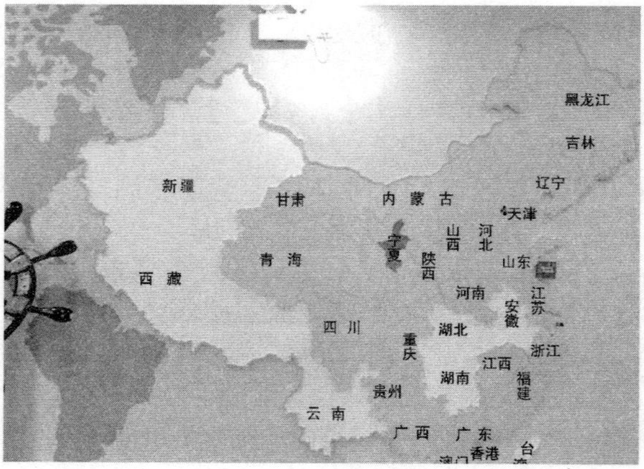

中国中小学名师名校长领航工程丛书

五育德为首

华　联◎著

中国出版集团
世界图书出版公司

丛书序

我在不久前发表于《中国教育报》的一篇文章中提到：必须高度重视我国教育本土实践与智慧的深度研究，这可能是中国教育转型的关键，也是增强教育自信的必由之路。这里摘引其中的几段。

何为“本土”？自然指向的是中国本土，它是中国的，是中华民族的，是在中国教育自身的实践中产生的。但今天的本土，又不是纯粹的孤悬于世界教育文明之外的“孤岛”。近代以来，国门大开，中外交流包括教育的交往从未中断，而且越来越有深度，也越来越融通。因此，可以说，在全球经济一体化的今天，偌大的中国，无论怎样的教育实践和思想，都像今天的中美经济贸易一样，你中有我，我中有你，所以这里的本土应该是指发生在中国大地上却又融汇了全球教育智慧的本土实践，是在实践中产生的智慧。研究本土教育，弘扬本土教育的实践智慧、经验，绝不意味着我们对于他国教育理论和实践的拒绝和对抗。

事实上，许多年来，随着教育部中小学名校长、名教师领航工程的陆续启动，一批又一批原本散落、尘封、不为外人所熟知的教育实践成功的学校、校长和教师典型，经由国家工程的推动，越来越快地成长、发展和成熟。笔者参与教育部中小学名校长领航工程，以江苏基地首席专家的身份，与来自全国15个省市自治区的教育家型校长“互学共进”，见证了他们在一流理论和实践导师的专业引领下自身成长和学校发展的

“蜕变”过程，深感与最为杰出的教育人结伴而行，乃人生至乐，且真正可以教学相长。感受最深的是代表我国现阶段最高水平、最高层次的精英校长，他们在长期的教育和学校管理实践中，在长期广泛学习、借鉴、研究、融会贯通、将世界优秀的教育理论与我国教育实际相结合的过程中，不断地“立功、立德”，成就越来越多的教育辉煌，其中有很多校长已经或者正在形成富于本土教育特色和个性的教育思想。

这样成功的本土实践、这种在本土实践中成长起来的中国教育智慧，对于教育改革的深化，对于教育转型，其借鉴意义和价值深远，一点也不亚于西方教育成功的理论和模式；甚或，因为其同源性、可行性，就显得更加重要。对之视而不见或者置若罔闻，这要么是崇洋媚外的劣根作祟，要么是功利导致的无知和漠视。

到 2021 年 9 月中旬，教育部第二期教育家型校长培养工程圆满结业，中国已经培养出近 180 位教育家型校长。而随着时光流逝，他们中的越来越多的人都将淡出教育的主流场域，这虽然是新陈代谢的规律所致，但对于这一批校长，在这样一个黄金时段，如何最大限度地发挥他们的作用和功能，更好地实现在教育变革中的意义和价值，对此我们又有多少考虑，又有多少顶层设计呢？

作为曾经伴随着他们“走过这一段路”的培养者，作为亲眼见证和感受着他们的优秀、卓越和创造了一方教育辉煌的专家，每每想到这些，只有扼腕叹息，我无法要求国内的教育专家学者转换视角、转变观念，把研究的重点瞄向本土、本土真正杰出的教育实践家、中国一流的教育家型校长群体，也无法突破一般政策的规定，比如校长任职年龄的限制，充分发挥这些领航校长的智慧和才干，不断创造办学和教育的奇迹，引领一方教育顺利转型。我可以做的，或者说力能胜任的，大概就只能是重点关注这些校长中的一部分，调动多方专家力量，如实地呈现他们有关教育的功、德、言，呈现他们的研究成果和创造成果。

这套《中国中小学名师名校长领航工程丛书》正是要通过这些校长

自身成长的轨迹梳理、学校发展的过程回放，通过对其经验与理念、理性思考与实践智慧的展示，特别是通过他们教育思想、管理个性与办学风格的真实表达，以理性开启思维，以经验启迪思想，以成功激励成功，为面广量大的校长人群提供资源帮助，经验参照和方法启迪，推动正行进在改革现实、加快转型、探索未来教育的他们突破、超越，从而为加速建设教育强国、科技强国、人才强国贡献智慧和力量。

不仅如此，通过这种原汁原味的成功样本的“实录”，展示中国基础教育转型期一批勇敢者不息探求的历史，为未来国内有志于中国基础教育研究的专家提供第一手的最真实的素材和资源。也衷心希望越来越多的教育同仁参与进来，开展越来越多、越来越丰富的研究，取得越来越多、越来越厚重的成果。

当中国本土的教育实践智慧被越来越多的教育人、研究者深度关注，当本土教育家型校长和校长教育家的办学思想、成果的研究终于成为“显学”，我国教育改革的深化、教育转型的发展，就进入了花香郁郁、生机勃勃、自信满满的崭新阶段。

本丛书的组织、编写和出版，得到了教育部“国培计划”专家工作组秘书长黄桂珍、领航工程项目办郭磊主任、国教院培训学院于维涛、领航工程北京基地首席专家胡淑云、领航工程广东基地首席专家龚孝华等的大力支持，他们给予本书以较高的评价，在此深表感谢。必须要提到的是，2020 年，北京教育学院校长、培训学院院长胡淑云教授邀我和广东第二师范学院龚孝华教授一同参与了中国教育学会重点课题“从名校长到教育家型校长发展路径研究”，本丛书恰恰是围绕这一课题所做的“研究三人行”之成果了。

严华银

2022 年 2 月星期日于南京老山竹下居

目录

contents

第一章

健康发展教育视域下德育课程的学理性阐述

第一节　健康发展教育的内涵

在《现代汉语词典》中，“健康”有两层含义：一是指（人体）发育良好，机理正常，有健全的心理和社会适应能力；二是指（事物）情况正常，没有缺陷。而“发展”一词，主要是指事物由小到大、由简单到复杂、由低级到高级的变化。

各种资料表明，对健康发展教育的研究更多的是围绕身体健康教育和心理健康教育两方面的狭义的教育研究成果比较多，而广义的健康发展教育研究成果极少。笔者认为，健康发展教育是以促进人的和谐发展为宗旨，用科学的理念、丰富的教育内容、有效的教育方法，促进师生健康成长的教育。

一、关于“健康发展教育”的理解

“健康发展教育”是一种包含丰富的思想。可以说，健康是发展的基础和前提，发展是健康的目标和方向。二者辩证统一，相辅相成。“健康发展教育”看起来挺简单，其实很丰富。它的丰富至少体现在发展主体和关涉范围两个方面。

从发展主体来看，“健康发展教育”思想所强调的，不只是学生健康发展，而是教师与学生共同健康发展。没有教师健康发展，学生健康发展是不可思议的；没有学生健康发展，教师健康发展是没有意义的。同时，“健康发展教育”思想所关注的，不只是部分学生、部分教师的健康发展，而是每一个学生、每一位教师健康发展。进一步来讲，“健康发展教育”思想所期盼的，也不只是学生个体与教师个体健康发展，而应当包括学生集体健康发展和教师集体健康发展。

从关涉范围来看，“健康发展教育”思想要求动员学校工作的所有方面、所有层面、所有因素，它是整个学校全部育人工作围绕的中心。我们知道，有些教育思想并不是整个学校全部育人工作围绕的中心，也不可能成为围绕中心。“健康发展教育”需要设计彰显“健康发展教育”思想的符号系统，需要营造适应“健康发展教育”思想的校园环境，需要构建符合“健康发展教育”思想的学校课程，需要组织渗透“健康发展教育”思想的多种活动，需要开发体现“健康发展教育”思想的评价体系，需要贯彻实施“健康发展教育”思想的学校管理。也就是说，“健康发展教育”是一面大旗，学校的所有力量都在这面大旗下聚集；“健康发展教育”是一个总纲，学校的所有工作都在这个总纲下推进；“健康发展教育”也是一把尺子，学校的所有状况都可以用这把尺子来衡量。

所以说，“健康发展教育”思想看起来挺简单，其实很丰富。具体讲，健康发展教育包括三个层次：即建设“求真至善”的健康校园，打造“严谨善导”的健康教师，培养“勤学多思”的健康学生。通过研讨健康发展教育思想、营造健康发展教育环境、构建健康发展教育课程、开展健康发展教育活动、细化健康发展教育管理，实现学校、教师、学生的健康发展。

二、“健康发展教育”的基本特征

总的来讲，“健康发展教育”具有以下三个基本特征：

一是全面性。健康发展教育的本质是人的全面发展。培养学生健康的品德、敏捷的思维、强健的体魄、健康的心理、健康的审美，养成良好文明的卫生和行为习惯，形成科学的学习生活方式等，是实现立德树人根本任务之所在。

二是群体性。健康发展教育的目标是群体的健康发展。健康发展教育不仅是面向个体的教育，更是面向群体的教育。要培养健康发展的学生，首先需要健康发展的教师；有了健康发展的教师，才能培养出健康发展的学生。有了师生的健康发展，才能实现学校的健康发展；学校的健康发展，更进一步促进师生的健康发展。

三是活动性。健康发展教育的载体是丰富多彩的学习活动。健康发展教育不是空中楼阁，不是标语口号，而是通过多姿多彩的学习生活、形式多样的教育活动，让学生参与、体验、感知、领悟，展示各自才华、增长实践能力、承担角色责任、提高创新能力，进而实现学生健康发展的终极目标。

近年来，在办学实践中始终坚守这三个方面的有机统一，实现了学校、教师和学生共同健康发展。

三、“健康发展教育”的痛点

学校总归是在育人的，因为学校所做的一切都“影响着”教师与学生，都在“育人”。“健康发展教育”这六个字，看上去都极为浅显，一看就懂，无须多做解释。但正是这样一种看似极浅显的教育思想，却直通教育的一个要害之处，那就是健康。

（一）健康的动机

健康的动机就是要以学生发展为本、以教师发展为根，并非以牺牲学生的成长发展、牺牲教师的身心健康为代价，不去追逐学校功利、竞争学校地位。这样的动机，毫无疑问是健康的。

（二）健康的方式

健康的方式就是充分考虑人的正当需要的方式、重视“儿童成长节律”的方式、尊重教育基本规律的方式、恪守教育基本常识的方式等等，这些都是健康的方式。

（三）健康的人

健康的人并非是因遗传因素而弱不禁风的人、心理脆弱的人，缺少善心的人、不说真话的人、溜须拍马的人、胆小如鼠的人、精致的利己主义者等，这些都是不健康的人。反之，才称得上健康的人。

健康发展教育思想，看起来挺浅显，其实很深刻。特别是在教育发展新时期，“健康发展教育”这个看上去极为浅显的思想其实具有振聋发聩的意义。

总之，健康发展教育是助人的，而不是毁人的，所以它是人道的；健康发展教育是遵循教育规律与教育常识的，而不是违背这些规律与常识的，所以它是科学的；健康发展教育是注重整体、注重关联的，而不是厚此薄彼、顾此失彼的，所以它是和谐的。

第二节 德育课程的内涵

著名教育家叶圣陶曾说，教育是什么，往简单了说，只有一句话，就是养成良好的习惯。《说文解字》："教，上所施，下所效也"；"育，养子使作善也"。在西方，教育一词来源于拉丁语educere，由"e"——"向外"、"ducere"——"引领"组成，它最原始的意思是"把人的头脑中原本具有的能力引导出来"。柏拉图说过："教育是为了以后的生活所进行的训练，它能使人变善，从而高尚地行动。""我们可以断言教育不是像有人所说的，他们可以把知识装进空无所有的心灵里，仿佛他们可以把视觉装进盲者的眼里。""教育乃是心灵的转向。"

所以，笔者认为，教育的首要任务是育人，而后是知识的传授、技能的培养。而这，也正是当今德育被多次推到"风口浪尖"的原因所在。育人先育魂、育才先育心。改革开放40年以来，包括德育在内的教育领域的改革随着中国社会的现代化转型不断发展。党的十八大首次提出："把立德树人作为教育的根本任务，培养德智体美全面发展的社会主义建设者和接班人。"党的十九大报告进一步强调，"要落实立德树人根本任务，发展素质教育，推进教育公平，培养德智体美劳全面发展的社会主义建设者和接班人。"政策文本中的这一指向体现的是新时代我国德育的重要价值地位和德育"以人为本"的新局面。

近年来，中营小学一直倡导“时时处处皆课程，一事一物皆教育”就是努力营造德育活动课程化、内容序列化，推进整体化。坚持全域推进、全员融入、全力保障、全面开花，以扎实的行动让德育回归学校教育中心，在育人实践中落地生根，探索出具有学校特色的德育新模式，最终达到“建德育课程育阳光少年”的德育课程目标。

什么是德育课程呢？

一、健康发展教育视域下德育课程的相关理解

德育课程是一个系统化的工程，包括了学校育人的课程框架和校园文化框架，就是说让学生从进入校园，从对学校环境、管理、制度的感受，对学校文化的认同，参与各种德育活动的过程中得到道德品质的教育，这里面有德育活动这样直接的教育形式，也有文化熏陶这样隐性的教育形式，这些都将形成校园文化的重要组成部分。校园文化的功能是以校风、学风、文化传统、价值观念、人际关系等观念形态和优美、整洁、有序的生活环境陶冶人，以特有的精神环境和文化氛围感染人，是生活于其中的每个个体有意无意在思想观念、行为方式、价值取向诸方面与既定文化发生认同，从而实现对人的精神、心灵、性格的塑造。校园文化的功能将对课堂教学起到育人的补充作用。

（一）德育课程设置

小学开设《道德与法治》课程，初中开设《思想品德》课程，高中开设《思想政治》课程。小学和初中阶段的德育课程为综合课程，高中阶段采取模块设置的形式，力求体现课程的针对性。

（二）德育课程的目标

课程目标可以分为每门课程的总目标及知识与技能、过程与方法和情感、态度、价值观等方面的分目标，并随学段不同而有区别。现行德育课程目标突出以下特点：全面性、基础性、序列性。

（三）德育课程的内容

1. 生活化

遵循不同阶段学生生活的逻辑，以学生的现实生活为主要源泉，以提高学生解决生活中的实际问题为任务。

2. 综合化

每一学段课程内容力求体现多重价值，整合多种学科内容。《品德与生活》包含了品德教育、科学教育、社会文化教育等方面的内容。

3. 生本性

课程内容主张从学生成长、发展与生活实际出发，从学生思想品德发展的现状、问题和需要出发，尊重学生已有的生活经验。

4. 开放性

面向学生逐步扩展的整个生活世界，从封闭的教科书扩展到所有对学生有意义、有兴趣的题材。

二、健康发展教育视域下德育课程的内涵及特征

（一）德育课程的内涵

今天，我们倡导的德育课程不应单单指课堂、课程；笔者认为，我们应倡导建立超越学科、超越课堂的“德育课程”概念。课程，是衡量一个区域教育改革站位和认知的重要指标。中小学教育正是依托

课程，也只有依靠课程才能使“立德树人”这一根本任务具体化和落地。这意味着，课程即育人——道德元素是中小学课程系统内所有课程实体的内植“基因”，德育当属课程的内在应有之义。反过来说，德育是借助、通过显性的和隐性的并融合一切有价值的课程来实现的。因此德育课程应该是“大德育”“全课程”，中小学的所有课程都是德育课程，除了国家规定的德育课“道德与法治”等外，还有其他的学科类课程、地方设置的传统文化课程，还有学校自主开发的校内外生活化、活动化、实践化课程，以及隐性课程，如学校精神、物态文化、教师人格、社团组织、管理制度等。

（二）德育课程的特征

1. 以学生发展为本的德育观

现代社会要求以人为本。对学校教育来说，就是以学生发展为本，要求培养学生具有自主人格和独创精神。必须改变过往那种不以人本身、人的需要和人的发展出发，树立以学生发展为本，从学生生活实际出发的人性化的现代德育观念。着眼于全体、使每一个学生都在原有的基础上得到发展。在教育目标上，着力培养学生的道德认知、道德判断和道德选择能力。在教育方式上，应平等地对待每一个学生，对个性特殊、品德偏差的学生要给予更多的关爱，使学生有更好的认识体验和实践。

2. 大德育理念

德育，应该包含政治教育、思想教育、道德教育、法制教育和心理健康教育等五个方面的内容。学校德育工作往往只关注学校内部的道德教育，忽视了德育工作应该贯穿学生整个生活之中，包括学校生活、家庭生活和社会生活。因此，德育课程应充分关注一切有利于学生良好道德行为培养的资源，优化整合，使其能服务于学校的德育目标。

3. 生活化的德育原则

过去的德育工作远离学生生活，脱离学生实际，其教育方式往往是灌输概念，讲大道理，形成假、大、空的现象，实际效能不强，使得学生的行为与认识脱节，学生往往是有道德的认识，缺少道德的情感(认同)，难以实现道德的行为。如今的德育课程，一定要从学生的生活实际出发，而不应是从观念出发。通过对话、关怀、活动实践等生动活泼、喜闻乐见、接近学生生活的形式，让学生进行道德体验、实践，促进其健康成长。

4. 德育课程的目标

所谓德育课程目标，应植根于党和国家的需要、学校的需要和本校学生的需要。着眼于学校德育工作的现状、学生团体的特性、学校附近社区的德育环境特点，拟定适应本校校情、生情的有针对性的德育目标。德育课程目标的设定应有其一定的序列性。在校学生年龄跨度大、不同年龄的学生，认识事物与是非判断能力均有不同。学校德育工作应形成梯度、螺旋上升，形成序列、整体设计。

三、健康发展教育视域下为德育课程正本清源

在笔者看来，德育课程是一个“立德树人”的课程框架，德育课是其核心——笔者认为应将德育课归入学科课程之列，其他学科课程、传统文化课程和实践活动课程是其主体，学校精神、物态文化、教师

人格、社团组织、管理制度等隐性课程是其重要组成部分。

而在现实中，我们痛心地看到，许多学校虽然天天喊着德育的重要性，但在实际工作中确是德育处处为其他教学工作“让路”；有些学校，虽然提出了全员育人、全面育人的口号，但是校长、教师、学生的心中依旧分数至上；有些学校，虽然德育课程按时按点，德育活动“风生水起”，但热热闹闹之后的教育效果不尽如人意。

【德育课程误读案例】

小强是个活泼好动的学生，上课接茬；下课和同学“动手动脚”，惹是生非……班主任多次批评教育，收效甚微。

班会课上，老师开展了“我爱你，中国”的爱国主题教育。课上，老师列举了许多英雄先烈英勇献身的故事，但课后，学生反应平平。

老师组织学生走进社区捡拾垃圾，但许多学生嫌脏怕累，只有少数学生参与了劳动。

……

点评：在我们的生活中，这样的教育实例还有很多。常常教师们一片苦心，最后却弄巧成拙，没有起到很好的教育效果。究其原因，就是我们的德育没有走进学生的心里，不符合学生的年龄特点，没有真正唤起学生心中的爱，唤醒学生真善美的种子。

所以说，德育课程作为学校实施德育的重要途径，其发展情况不仅直接影响着德育目标的落实程度，而且影响着学校立德树人重任的实现程度。德育课程作为义务教育学校德育的重要环节和德育内容的组织形式，其直接体现了德育目标的要求，德育内容的计划、组织和安排，在很大程度上会影响到德育活动的方式和方法。

因此，调查了解义务教育学校德育课程状况，发现其存在的问题，分析其原因，进而提出相应策略，对于加快推进德育课程一体化乃至整体学校德育工作都具有十分重要的意义。

多年来，我校以“大德育”理念引领一体化新格局，努力做到两个创新，打通德育课程不深入、不生动，脱离学生实际的弊端，让德育真正在学生心中“落地生根”“开花结果”。

（一）常年不辍：重在坚持、贵在特色

笔者认为，许多学校的德育实效性不高，原因是多方面的：过分强调德育政治功能；德育作为一门科学，以知识性的学科教学形式进行德育工作，注重了“讲理”而忽略了情感的认同与体验；学校领导受应试教育的束缚，把德育视作软任务，说起来重要，干起来不要，忙起来忘掉，没有把教育摆正位置并有足够的措施保证；观念滞后，信息滞后，方式方法不当，师生关系定位不当，缺乏沟通和了解等。此外，还与德育工作处于被动、“头痛医头，脚痛医脚”、零敲碎打也不无关系。

要提高德育课程实效性，除了提高认识、摆正德育位置外，还应把学校德育提升到课程计划的层面上来，纳入学校实施素质教育的轨迹，通盘考虑，整体设计，分段实施，力求德育内容序列化、德育管理人性化、德育途径多元化，德育方式方法多样化。要从内容上扩充、途径上扩展，方法上整合，措施上落实。重在坚持、贵在特色。

天津市南开区中营小学 50 余年来坚持开展学雷锋活动，促进了学生形成良好的品德和习惯。学校自 1964 年至今，开展以学雷锋活动为主体的教育活动，并随着时代的发展，不断赋予雷锋精神新的内涵。在教育内容上力求深化，在活动形式上力求创新，开展适合各个时代少年儿童成长的各类教育活动，使传统的学雷锋活动在继承中发展，在发展中创新。学校先后4次组织学生赴辽宁省抚顺市81815部队雷锋班开展活动，到雷锋小学参加全国雷锋小学大联盟“相约雷锋城”暨“雷锋精神与未成年人思想道德建设”论坛活动，把学雷锋活动引向深入。引领学生以实际行动同走雷锋路，开展“我们是雷锋班预备役小战士”活动，各班成立了学雷锋小分队，深入到社区开展形式多样的活动，受到社会广泛赞誉，为学生形成良好的品德奠定了坚实的基础。近年来，学校进一步整理、提炼雷锋精神及精神实质，编写成校本课程，开展“远学雷锋近学身边榜样”的主题系列教育活动，学生在“知雷锋、讲雷锋、写雷锋、忆雷锋、做雷锋”过程中，感受着雷锋精神的时代内涵，让雷锋精神融入学生的思想道德之中，养成高尚的思想品质和良好的道德情操。

学校从1985年开始至今，一直坚持开展劳动教育。学校自编课程资源，进行小学生劳动课教学实验，增设了劳技专用教室，建成了9个劳技操作台，聘请劳动模范作为学校的校外劳技教师。学校开展的适合学生特点的劳动教育实践活动，因适合学生的年龄发展特点，寓教于乐、新颖独特，也深受学生的欢迎。3—6年级开展“献爱心，送温暖”社会劳动基地活动，到天津市福利院、养老院、天津市儿童自助中心、武警6中队、消防9中队等进行义务劳动服务。4年级开展“我当一日小家长”岗位体验活动。5年级开展“当一日小义工、环保小卫士”活动，搜集长虹公园、南开公园的变迁史，徒步考察，进行宣传。同时开展“对劳动模范、劳动能手专访”活动。6年级开展到革命历史纪念馆“当一日义务讲解员”活动。丰富多彩的活动，让学生们在潜移默化中学会了爱、懂得了感恩。

多年来，学校坚持开展“读千古美文，做少年君子”的古诗文诵读活动，并将其作为学校文化建设的一项重要的举措。学生们通过古诗文诵读、为古诗配画、写读后感、开主题班会、编小品等活动，培养了学生真善美统一的完美人格，为素质教育提供了有形的载体。

（二）夯实支撑：德育发展立体化、特色化

1. 抓好社会实践教育，让德育“动”起来

新时代的中营小学更加重视拓展教育活动的渠道，实施“自主参与”教育模式，寓教育于实践之中。组织学生担任展览馆、纪念馆、校史陈列馆的小讲解员、当首家红领巾邮局的小营业员、做雷锋班预备役小战士、当电视剧《邓颖超和她的妈妈》的小演员，许多学生成为体育艺术节上的小运动员、大型舞蹈比赛上的小舞蹈演员、科技活动中的小发明家，学生们在丰富的活动中表现自己，建立自信，德能并举有个性，全面发展有特长。

学校将社会主义核心价值观教育渗透在各项教育活动中，强调教育的针对性、时效性，努力尝试分层教育。如雷锋精神教育，对一至六年级我们分别围绕“知雷锋、讲雷锋、写雷锋、忆雷锋、做雷锋”开展教育活动。再如一年级有入学典礼，了解校园生活，熟悉常规；六年级有毕业典礼，引导学生学会感恩，努力做到活动目标与活动设计符合年龄特点、认知规律，将教育活动落到实处。班级管理实行以班主任为核心的教师集体管理班级的机制，充分利用班主任例会、年级例会时间组织学习教育理论、研讨班级管理方略等。学校把每年五

月份定为校园劳动节，至今已 14 届，为学生搭建了展示劳动才华的舞台。充分利用教师、社会和家长资源，辅导校级艺术类社团 20 余个，班级社团 52 个，实现了全员参与。作为区红星艺术团成员校，学校连年在区各类艺术比赛和展演中获一等奖，在国家、市级比赛中获一、二、三等奖多项。

学校开展的丰富多彩、形式多样的活动，让各类学生都能在校园文化活动中寻找到属于自己的空间和位置。活动的本身只是一种形式，但是，当它在学生中产生了凝聚力和实效性的时候，就形成了中营小学的教育文化。

2. 加强和改进家庭教育，让德育“连”起来

学校积极开办家长学校，由校长亲自授课“教育就要培养习惯”，已有 14 讲。充分利用网络平台宣传学校的德育工作，利用班级博客对学生进行思想教育、展示家庭与学校教育成果，实现了家校教育的良好统一。学校成立校、班两级家长委员会，请家长委员会成员研讨学校发展规划，参与学校内部管理和学生社团授课，邀请家长参加学校开放日活动；学校搭建 APP 管理平台，向家长宣传学校各方面工作，传播食品安全、卫生防疫等方面知识，开通校长建议平台，让家长的合理诉求得到及时解决，化解了家校间的矛盾，进一步搭建了家校沟通的桥梁。学校的这些开放开学的做法，使广大家长了解学校、理解学校，进而谅解学校，有力地促进了家校教育形成合力。

3. 规范中小学办学行为，让德育“实”起来

学校以学生良好行为习惯养成教育为基础，实施以班主任为核心的教师集体管理班级的机制，落实德树人的根本任务。修改完善低、

中、高学段学生良好行为习惯标准，制作《中营小学学生一日生活规范》课程资源，组织全校教师、学生和家长进行学习，在日常工作和日常生活中训练学生养成良好行为习惯，通过“讲、树、做、展、评”五个环节，落实学生良好行为习惯的养成教育取得进展。

2007 年，天津市南开区五马路小学编写了德育校本课程资源《习惯养成教育读本及评价成长册》，其中劳动教育专设两个篇章，2009 年开始实施校本课程，逐步形成了“以劳辅德，以劳增智，以劳健体，以劳益美”的劳动教育特色。

学校的德育工作取得突出成绩，曾荣获全国德育科研先进实验学校、天津市中小学德育工作先进学校、区级德育工作优秀校等称号，少先队获天津市优秀少先队大队称号。

第三节 健康发展教育视域下德育课程的影响

走进树木成荫、碧廊环绕的中营园，校园幽静典雅，楼房平房错落有致，青屋青瓦古色古香，置身其中，浓浓的文化氛围和厚重的历史沧桑感扑面而来。作为天津创办最早的公办小学，百年中营蕴含着深厚的文化内涵，学校不仅是近代教育的先驱场所，更是现代教育发展的历史见证！

在首任校长刘宝慈先生的倡导下，建校伊始，就提出了“勤朴敏健”四字校训，它凝聚着中华民族的传统美德，体现着学校育人的终极目标。实践证明，凝练的四字校训已成为学校之魂，是师生共同创造、共同遵守的行为准则和行动指南，形成了中营人独有的精神风貌。

中营小学历任的十五位校长更是丰富和发展了学校深厚的文化底蕴。学校在继承传统教育理念的基础上，结合新形势对教育的要求，赋予了四字校训新的文化内涵，使其更具时代精神，更具生命活力。

——“勤”：勤勉敬业，勤奋好学，乐于奉献，昂扬向上。

——“朴”：生活俭朴、做人纯朴，做事务实、返朴求真。

——“敏”：敏而好学，大胆质疑，注重探究，勇于创新。

——“健”：坚持锻炼，身心健康，乐于交往，坚强自信。

长期的实践证明，“四字校训”形成了优秀的学校文化，并得到了传承和弘扬，已成为学校全面育人的“辐射源”，成为素质教育的“能量库”，成为一部无声的“教科书”。

而这种文化的熏陶，正是一种潜移默化的德育。

一、德育课程是学校发展的灵魂

德育是我国教育工作的灵魂，不管是在遥远的古代，还是在科技发达的今天，我们所提倡的教育模式仍然是实践能力、知识水平、道德素质三者并驾齐驱，三者都要抓，且三者都要硬。青少年是未来社会主义的建设者和接班人，社会大众对其的要求是：不仅有过人的头脑，超前的意识，还要有良好的思想政治素质。古人曾将“立德”作为“三不朽”之一，把“明德”“传道”作为教育的首要任务。这对我们今天培养的人才，教育下一代的学校，德育尤为重要。

列宁曾指出，在任何学校里，最重要的是课程的思想政治方向。毛泽东同志也曾着重指出，不论是知识分子，还是青年学生，都应该努力学习，除了学习专业之外，在思想上要有所进步，政治上进步，这就需要学习马克思主义，学习时事政治。没有正确的政治观点，就等于没有灵魂。

习近平总书记在全国教育大会上强调，要坚持中国特色社会主义教育发展道路，培养德智体美劳全面发展的社会主义建设者和接班人。这无疑对德育工作提出了更高的要求。因此，进一步深化德育改革并构建更加科学完善的学校德育课程框架，是贯彻落实全国教育大会精神的重大举措。德育作为有目的、有计划、有系统地培养受教育者思想品德的活动，在我国各类教育活动中居于首要地位，一直以来受到党和国家的高度重视。习近平总书记在全国教育大会上指出，“在实践中，我们就教育改革发展提出一系列新理念新思想新观点”，“坚持把立德树人作为根本任务”是“我们对我国教育事业规律性认识的深化，来之不易，要始终坚持并不断丰富发展”。《国家中长期教育改革和发展规划纲要（2010—2020年）》提出要“构建大中小学有效衔接的德育体系”“增强德育工作的针对性和实效性”。其中，科学构建作为学校德育主要载体的德育课程框架、合理确定课程的设置及课程标准，是德育体系建设的重点。

由此可见，德育是学校教育工作中的重中之重。育人要先育人的灵魂，只有德育工作抓好了，学校的各项教育工作才能一如既往地前行。德育工作是学校工作的灵魂，它致力于对学生思想品德和人格素质的培养，体现着学校教育的基本目的，贯穿德智体美劳教育实践的各个方面，统领着整个学校教育。它对青少年学生健康成长和学校工作起着导向、动力和保证的作用。小学德育是社会主义精神文明建设的奠基工程，是提高全民族思想道德素质的奠基性教育。

我国学校德育课程建设经过多年来的持续努力已取得了可喜的成绩，但仍存在不足之处。如何构建既能满足新时代新需要又适应学生自身发展的大中小学有效衔接的德育课程框架，并在实践中有效地实施，已成为当前教育理论和实践界共同面对的重要课题。

笔者认为，现行新的教育方针，把立德树人作为教育的根本任务，加强小学生德育课程，应努力做到以下五个方面。

（一）加强学生德育管理顶层设计

坚持学好、执行好新的《小学生守则》《小学生日常行为规范》，让《小学生守则》《小学生日常行为规范》成为学生“人知人晓工程”，真正入脑入心，成为学生的行动指南。教育学生必须要遵纪守法，树立纪律意识、底线意识，模范遵守各项规章制度，养成良好的日常行为规范。

（二）抓好课堂德育主渠道

学生每天绝大部分的时间是在课堂中度过的，引导教师充分挖掘学科课程中蕴含的德育功能，把德育教育渗透到每一节课中，齐抓共管，形成合力，特别是寓德育于语文、数学、英语、音乐、美术等学科教学中，让学生在知识的学习中潜移默化受到教育，是提高教师专业素质的首要任务。

（三）打好学生德育管理的持久战

学生德育课程不能暴风骤雨，一蹴而就；而是毛毛雨，细雨润物，这是由学生青春期的心理特点所决定的。坚持“低起点、小步子、慢节奏”，从使用文明用语、扫好地、做好操、排齐队、不乱扔垃圾、不追逐打闹等小事抓起，警钟长鸣，让德育常态化。

（四）创新德育管理形式

以各种活动为载体，开展喜闻乐见的德育教育活动。利用重大节日（国庆）、纪念日（建党日、建队日）、重大活动（运动会）、升国旗、才艺展演等开展系列主题教育活动，寓教于乐，学生参与的积极性高，才能收到事半功倍的教育效果。

（五）发挥学生自主管理的优势

在强化外因管理的同时，还要发挥内因的主体作用。充分发挥班委会、少先队等学生组织的作用，融入学校日常管理中来，让学生成为管理的主人。因为他们接地气，熟悉学生所想所思，让学生参与学校监督检查、总结评比，明确各自应该承担的义务。只有这样，学生才会具有主人翁意识，努力完成学校老师布置的任务，学会做班级、学校的主人。

二、教师肩负着塑造灵魂的重任

习近平总书记在全国教育大会上强调，要坚持立德树人，解决培养什么人、怎么培养人、为谁培养人这一根本问题。这里强调的立德树人，主要从德育入手，包括整体德育和分层级、分段式的德育。

德育课程固然包含一定的概念、判断、命题等知识内容，但是这些知识性内容主要不是作为客体化的知识体系供学生记忆，而是作为一种学习载体，服务于学生特定思想意识和价值观念的建立。也就是说，德育课程不同于其他课程的显著特征就在于，它致力于改变的是人的主观世界而不是客观世界，因而价值性是其最基本的课程属性。要实现这一课程目标，就必须高度重视学生主体性的唤醒和主动建构，充分肯定学生的生活经验在课程中的重要作用。如果德育课程的内容不能够很好地与学生的生活世界相对接，那么，学生的主体性就很难被唤醒，课程的育人目标也就难以落实。因此，德育课程的变革能否真正达到预期目标，关键就在于能否形成正确的课程观，能否准确理解德育课程的性质和特点。

新课程标准的特点在于“品德培养回归生活”“关注儿童的现实生活”“积极引导儿童的发展”“情感、态度、行为习惯与知识、技能培养的内在统一”“倡导自主、探索性学习”。这五个方面精确地概括了新课程标准在德育课程开发与研制上的创新之处，尤其值得称道的是使课程回归儿童生活的努力。新课程标准一改以往按知识为逻辑的组织方式，关注儿童现实生活，从儿童现实生活出发来组织课程目标与内容标准。《道德与法治》从儿童生活的四个维度或者说四个价值追求出发来精选儿童生活素材，使儿童在健康、安全、积极、愉快、动脑筋、有创意的生活过程中学习道德，重新摆正了生活与道德的关系。《道德与法治》则从儿童不断扩大的生活领域出发来组织内容和素材，力求使课程建立在儿童自身生活经验的基础之上。

所以，新时代，德育课程的特点、儿童成长的特点要求教师不仅是师者，更是使者。课程思政、专业思政理念贯穿于教育教学过程始终的要求，是实现教师教书育人的关键。教师在教学过程中充分发挥主观能动性，切实有效地将立德树人内容与专业课程内容相结合，是促进“三全育人”系统性多元化整合路径的实现。

新时代，教师的育人方式已经面临四大转变，即教学方式由知识育人向文化育人转变；教学内容由单纯知识逻辑向融合知识背景转变；教学链条由单门课程向整个教学体系培养转变；教学任务由普通的灌输式判断学生的接受度向实现立德树人根本任务转变。这“四个转变”的实现就需要教师在做学生的引路人时充分发挥其德育的作用，是教师通过在实施教学过程中体现模范影响、鼓舞动机、智力激发和个性化关怀等方面实现立德树人目标，让教师在教书育人中懂得如何回归本分，认清角色，找准定位，明确职责。

教师是离学生最近的人群之一。教师要成为塑造学生品格、品行、品位的“大先生”，这是在全国高校思想政治工作会议上习近平总书记提出的殷切期望。这也就是从实践的角度要求教师应该把德育内化为教书育人的影响力，在课程教学中针对“只教书不育人”的问题，让教育回归本质，实现知识、能力培养与价值观培育的有机统一。教师在教育过程中坚持“立德树人”为根本，贴近实际、贴近生活、贴近学生，深入挖掘知识本身所蕴含的价值观念和道德内涵，把德育内容融入教育教学的各环节，提高学生的综合素养。并在实际的教学中，在特定的教育教学情境中，应贯穿特定的德育内容和教师良好的情感、态度、价值观，通过在德育中的情境体验模式，促使师生形成一种相互学习、相互尊重的新型的和谐关系。

所以，笔者认为，新时代的教师，应具备“四力”：认识力、规划力、影响力、沟通力。

“认识力”拓宽教师德育课程的主体。教师对于德育课程的价值认同度首先要高。以往普遍存在的“德育工作是思政教师以及辅导员的专项工作”的思维定式便是教师对于德育工作价值认同度低的表现。在课程思政与思政课程并重的大环境下，德育课程的主体也逐渐由思政课教师扩展到全体教育工作者，从这一角度看，转变专业任课教师的职责认识，提升其对于德育课程的价值认同度是十分必要的。

“规划力”明确教师德育课程的内容：教师对于德育课程的规划体现出教师对于未来一段时间所要达成目标的总体设想以及为达成目标所进行的计划安排。从德育角度来讲，规划力侧重的是教师对于塑造学生的价值观、道德观、伦理观等所进行的分阶段实施计划，如根据学生所处的学习阶段、国际国内形势等融入不同的德育内容，从纵向维度推进立德树人任务进展。

“影响力”落实教师德育工作的目标：教师影响力的发挥是一种潜移默化的过程，实际上，我们平常所描述的影响力也是侧重于主体在人格、思维、价值观等方面向客体传达的一种引导方式。从这一角度来说，德育课程影响力实际上是主体教师向客体学生传达思想意识的能力，强调的是浸润的过程，这也正是德育课程所追求的目标。

“沟通力”发挥教师德育课程的作用：沟通力在师生交往中至关重要。提高效率、达成目标都需要发挥沟通力。在教学过程中，专业知识的传授和德育课程的实施以及沟通力的发挥都是十分重要的。学生对于思政的认知不仅需要教师本身对于德育课程的价值认同度，教师的沟通力是德育课程成败的关键一环。

所以说，高素质的师资队伍是德育课程能否深入开展的关键所在。近年来，中营小学通过举行“不担当不作为专项治理”启动会、学习师德建设相关规定、聘请专家到校进行讲学等方式，进一步提高广大干部教师做好教育工作的责任感和荣誉感；通过教师节举行隆重表彰大会，表彰先进个人，请优秀教师介绍先进事迹，每位教师签订“不从事有偿家教”“不接受家长礼品、礼金和宴请”的承诺等方式，进一步增强教师做好教育工作的理想信念；通过举行“团结、奋进、和谐、快乐”主题文艺会演、教师群众活动、心理健康辅导等方式，进一步弘扬正气、凝聚人心、展示才华；通过举行教育教学工作会议，表彰先进，宣传典型，传播先进教育思想，总结教育教学经验；通过教育科研课题的实践研究、聘请专家讲学与现场指导、举行阶段性成果汇报、展示课题引领课、听评课“大家谈”，进一步提高广大教师的科研意识和科研水平，增强广大教师做好教育教学工作的自觉性、主动性和创造性。“十二五”期间，学校和教师个人承担的 44 项国家、市、区级科研课题均已结题，学校承担的市级规划课题《关于“百年中营严谨善导”的办学特色的理论与实践研究》获得 A 级鉴定成果。学校和教师个人的数十篇科研成果或论文在各类刊物发表或在各级论文评选中获奖，王振刚老师出版专著多本。学校被评为区级教育科研先进单位，并做经验介绍。学校教师有 300 余节课在全国、市、区各类优质课评比中获奖或做观摩课，30余名教师晋升为高级教师，1名教师晋升为正高级教师。近年来，学校在区统一质量监测中成绩名列前茅，每年都有近30名学生被天津市外国语大学附属中学录取，有7名体育、艺术特长生提前被优质中学录取。学校荣获天津市“师德建设先进单位”和南开区“教育教学质量综合优秀学校”等荣誉称号。

三、让德育走进学生心灵

苏霍姆林斯基说：“道德准则只有当它们被学生自己去追求、获得和亲身体验的时候，只有当它们变成学生独立的个人信念的时候，才能真正成为学生的精神财富。”这说明德育必须走进学生的心灵，通过学生的内心转化，而不是教育者苦口婆心地说教才能达到实效。

作为百年老校，中营秉承“发掘学生潜能，培育时代新人”的办学理念、“百年中营，严谨善导”的办学特色和“勤朴敏健”的校训，引领学校、教师和学生发展。在110多年的发展历程中，学校积淀了诸多优秀传统文化需要后人继承；并随着时代的发展变迁赋予其新的内涵，在继承中发展，在发展中创新。

办学理念内涵：每一位学生都是一个有思想、有个性的独立个体，他们在各自发展与成长过程中潜能将被不断地开发、挖掘和释放，这就需要学校和教师要尊重每一位学生，要为每一位学生提供公平、均等的学习机会，为每一位学生搭建随时展示自己才能的舞台。因此，让每一位学生健康、全面、个性发展，是我们教育的目标与归宿。特别是党的十九大以来，我们国家进入到中国特色社会主义新时代，习近平总书记对“育人问题”多次做出重要批示，为实现立德树人的根本任务指明了方向。

进入新时代，中营小学师生应具有以下特点：有远大理想，有科学思想，有道德情操，有真才实学；有奉献精神，有奋斗精神，有担当精神，有创新精神。

办学理念指引我们面向全体学生，尊重学生个性差异，丰富课程体系，完善管理机制，科学评价学生，实现学生健康全面发展。在落实好工作规范的基础上，关注每位教师的发展，为每位教师搭台铺路。

“实现师生全面发展”是学校工作的目标与归宿。“全面发展”既指学校各项工作的不断提升，又指师生个体和群体的全面发展、健康成长。

教育的最高境界应该是真正触及孩子的灵魂，应当是引导学生自我教育、自我锻造、自我发展。因此，我们在实施德育课程过程中，始终坚持一个理念，那就是德育“入心”，体验先行。

习惯培养，取得进展。以学生良好行为习惯养成教育为基础，实施以班主任为核心的教师集体管理班级的机制，落实《中小学生守则》和《小学生日常行为规范》的教育目标。修改完善低、中、高学段学生良好行为习惯标准，通过“讲、树、做、展、评”五个环节，落实学生良好行为习惯的养成教育取得进展。

活动创新，典型涌现。坚持开展60年的学雷锋活动取得新进展，三代教师中学雷锋标兵各展风采。学校开展“以身边伙伴为榜样，以雷锋为道德模范，以周恩来为人生楷模”主题教育系列活动。在建校110年纪念日，举行了“庆百十华诞、扬雷锋精神、树人生楷模”主题教育活动，表彰了89名师生学雷锋标兵，命名了4个学雷锋中队。充分利用《永远的丰碑》校本课程资源，深入开展“知雷锋、讲雷锋、写雷锋、忆雷锋、做雷锋”教育实践活动。三至六年级各中队坚持常年到天津市养老院、903公交汽车站、社区绿地等处开展学雷锋实践活动；100余名师生参加了天津市义工队，义务为困难集体和个人服务，得到好评。六年级学生刘璐莹被评为天津市“美德好少年”“学雷锋好队员”等称号。

师生家长，共同发展。坚持以形式多样的教育活动为载体，利用各种机会锻炼教师队伍，师生、家长共同践行社会主义核心价值观。如：举行一年级开学典礼和六年级毕业典礼，激发学生主人翁意识和感恩之心；开展自护演练活动，提高学生法治意识和自护、自救能力；开展小型多样体育运动会，提高学生自觉锻炼的意识，增强学生体质；开展心理健康团体辅导、个体疏导和心育节活动，增强学生勇于挑战困难、抗挫压能力和团队意识；开展艺术节展示活动，张扬学生个性，展示学生才华，增强学生自信；开展庆祝重大节日教育活动，激发学生热爱祖国、热爱社会主义、热爱中国共产党的情怀。总之，通过开展丰富多彩的教育活动，健全学生的人格，促进学生全面发展、健康成长。

体艺科技，成绩凸显。坚持以学校为主体、以社会为依托，开展多种多样的社团活动和兴趣小组，发展学生的个性特长。目前，学校成立了体育、艺术、科技和学科类校级社团60余个，每个社团坚持每周活动2—4次，每次活动1—1.5小时，成立班级兴趣小组56个，每周五下午开展活动。学生们克服重重困难、兴致勃勃地参加每次活动，在辅导员指导下取得可喜成绩。近年来，学校体育、艺术、科学等团队参加全国、市、区级比赛获奖60余项，学生个人获奖几百人次，有数百名学生被认定为体育、艺术特长。积极组织学生开展校、班两级社会实践活动，创建社会实践基地30余个，学生在实践活动中体验、感悟、欣赏和创造生活，提高了学生实践能力和创新精神。

渠道拓宽，家校共建。坚持开展“教育就要培养习惯”主题系列家长学校讲座，传播科学教育方法；坚持开展家长开放日活动，聘请家长走进学校参与学校重大教育活动，参观学校食堂；坚持召开家长委员会，虚心听取家长意见和建议，并结合学校工作及时整改；充分利用APP管理平台，宣传学校校史文化、优秀师生事迹和重大教育活动等内容，让家长及时了解学校工作和活动情况，特别是建立了建议平台，家长与校长直接对话，对学校工作、队伍建设等方面提出意见和建议，直接架起了家校沟通平台，化解了家校矛盾，稳定了社会秩序。积极组织四至六年级学生开展国际理解教育，让学生走出国门，了解异国风土人情和文化特点，激发学生立足国情、放眼世界的胸怀，更加激发学生的爱国情感。活动结束后，参与活动的教师制作教育活动资源，向中营和永基小学全体学生汇报活动过程和活动体会，拓宽国际理解教育的范围。

教育的魅力在创新，德育的价值在育心。学生只有在实践中砥砺，才能丰富人生阅历；学生只有在体验中感悟，才能升华生命素质。体验是“没有教育痕迹的教育”。引领学生体验，为学生搭建成长的舞台，让每一位学生的生命价值都能在德育中得以提升，是每一位师者不懈的追求！

第四节　健康发展教育视域下德育课程之“所以然”

学校为什么要有德育课程？

德育是学校工作的灵魂，它致力于对学生思想品德和人格素质的培养，体现着学校教育的基本目的，贯穿德、智、体、美、劳教育实践的各个方面，统领着整个学校教育。它对青少年学生健康成长和学校工作起着导向、动力和保证的作用。小学德育是社会主义精神文明建设的奠基工程，是提高全民族思想道德素质的奠基性教育。学校作为教育机构，必须承担起塑造孩子们人格的伟大使命。怎么样才能使孩子们在小学时代就建立正确的人生观、价值观、世界观，是现在小学德育教学刻不容缓的研究课题。

习近平总书记强调，要围绕立德树人根本任务，把培育和践行社会主义核心价值观、传承中华优秀传统文化融入国民教育全过程。如何推动社会主义核心价值观和中华优秀传统文化进课程、进教材、进课堂、进学生头脑，是各类各门课程亟待研究和实践的课题。

教育部原部长袁贵仁曾指出，课程教材是学校德育工作的重要载体，是构建德育体系的基础性工作，要整体规划大中小学德育课程。一是坚持正确的导向。要全面贯彻落实党中央对广大学生健康成长、全面发展的系列要求，坚持德智体美、德育优先，教书育人、育人为本的要求，充分体现社会主义核心价值体系，深入总结10年来德育教材建设的成功经验，广泛吸取学术界研究成果。二是坚持科学的态度。要始终坚持思想品德教育的科学地位，遵循教育规律、教学规律、人才成长规律，注重把握思想品德教育规律和新时期思想品德教育工作的特点。三是坚持民主的作风。要充分交流，集思广益，通过多种形式广泛征求各方面意见，特别是一线教师和学生的意见，努力取得各方共识。

国家督学、上海市教育学会会长尹后庆也曾发文指出，在深化课程改革中，开展中小学“德育课程”的研究与实践非常重要。德育要尊重学生成长规律和教育教学规律，改变重理论知识传授、轻学生实践能力培养、忽视德育实效的现状。立德树人，以德为先，只有筑牢思想道德根基，才能确保青少年健康成长、社会发展进步、国家长治久安。

可见，德育课程在促进学校内涵发展方面，起到至关重要的作用。在我国现行的德育课程体系中，中小学德育课程设置原来主要依据教育部2002年颁布的中小学德育课程标准。该课程标准于2003年开始修订，2005年教育部下发了《教育部关于整体规划大中小学德育体系的意见》（以下简称“意见”），对中小学课程设置又增添了新的内容和新的提法。2016年教育部又发出通知，进一步将义务教育阶段的德育课统一更改为“道德与法治”课程。目前，我国义务教育阶段主要开设“道德与法治”课程。

虽然，教育部门这些年经过不断探索和改革，例如2005年教育部“意见”对大中小学德育体系做出了整体规划，从原则、目标到内容、课程设置都提出了明确的要求，我国学校德育课程建设确实取得了明显成效，德育课程体系的科学性和吸引力明显增强。大中小学德育不仅具有针对性，而且内容更加丰富，层次更加清晰。小学开设以公民基本道德素质教育为基本内容的品德与生活、品德与社会类课程；中学开设以提高学生思想道德水平为基本内容的思想品德、思想政治类课程；大学开设“马克思主义基本原理”“毛泽东思想和中国特色社会主义理论体系概论”“中国近现代史纲要”“思想道德修养与法律基础”等课程。这些课程应更加符合与体现我国现在青少年学生身心发展的特点及其生活经验，容易引起学生的兴趣和共鸣。但笔者认为，现行的学校德育课程体系仍然存在诸多问题，有待进一步完善。

一是学校德育课程内容缺失问题。

德育课程的教学内容，必须保证其系统性和完整性，只有科学合理的、适合不同阶段学生的德育课程才能让学生受到系统的、完整的德育教育，然而现实中大多数学校的德育课程内容却存在着严重的内容缺失或者断裂。例如，现在我国的教育依然是九年制义务教育，虽然现在全民的学历水平整体提高了，社会各界大学生、研究生甚至以上学历人员数量明显提高，但不可否认仍然有很多人在小学、中学就辍学进入社会了。对于这些进入社会生活的人来说，他们应该受到良好的德育教育以提升自身的品德和工作素养，以便他们可以更好地适应社会上的工作和生活。然而在小学甚至中学，德育课程内容却存在着严重缺失的现象。例如小学德育课程中，几乎没有爱岗敬业、做事公正、知法守法等职业素养的内容，也没有劳动工作者的权利和义务等内容，这种德育内容的缺失使得他们不能良好地胜任较早的社会生活，甚至影响他们以后的职业发展。

二是学校德育课程内容倒置问题。

教学中的所有课程，都应该有一定的层次性，内容必须适合学生的年龄特点，必须与学生不同的受教育时期相匹配，从小学、中学直到大学，课程内容的难易程度必须有一个层次逐渐提升、内容广度和深度的逐渐加深的过程，学校德育课程也是如此。然而我们现今的学校德育课程体系，却慢慢忽略了这个问题，虽然这些年来，全社会对于学校德育课程的教学更加重视，学校整体的德育意识显著加强，学校德育课程的教学也更加认真，但是还存在着内容倒置的问题。例如，现在很多小学的人教版课本《品德与生活》中涉及“社会主义荣辱观”等比较深沉的内容，这些内容的设定明显不符合正在上小学的学生，他们由于年纪还小，对整个世界和国家还有我们的社会认知很少，基本上不会真正理解社会主义荣辱观深层次的意思，在没有一定生活经历的情况下教给学生们社会主义的问题，起不到其应有的效果；再者，在现在大部分的中学教材中，普遍设置了许多有关马克思主义和政治的内容，可应该教给学生的法律常识、道德品质、心理健康等内容却极少。与此同时，虽说一些学校在选修课内容上涉及一些道德、法律、心理健康方面的内容，但是学校并没有重视起这方面的教学，学生也不在乎这方面的学习，原因就在于，在全国普遍重视升学率、普遍看中分数的情况下，应试教育和应试备考的思想观念早已深入人心。

三是学校德育课程内容简单重复问题。

从我国大部分学校德育课程内容来看，德育课程内容仍然存在着简单重复的问题。学校德育课程的教学，应该从符合学校的实际情况和教学目标出发，同时要考虑到学生年龄、思想素质的发展和形成规律，将德育课程内容划分有层次性的、前后相互关联的课程内容，只有这样呈现阶梯性的教学内容，才是最适合学生的。然而现在的德育课程内容，却简单又反复，而且这种反复存在于学生各个学段。从本质上来说，教学内容应该出现反复现象，但是这种反复却是为新内容的学习打基础的，其内容的深度和广度也必须有适当的提升，这样不仅能起到复习旧知识的作用，还能为学习新知识打下基础。显而易见，德育课程的内容并没有起到这样的作用。

四是学校德育课程内容跨度较大的问题。

学校在学生的受教育阶段开设德育教育，其根本的目的是促进学生思想品格、道德素质的提升，是为了将学生培养成为一名人品端正的社会主义建设者和接班人，虽然在学生的不同阶段，其德育的内容不同，但整体来说都是为了这一目标而服务的。因此，各个教育阶段的德育课程应该相互配合，难度、内容等层层递进。然而我国目前的诸多德育课程教学体系中，却存在着内容跨度太大的问题。虽然不同的教育阶段，其内容侧重点本就是不相同的，高中的德育课程内容在难度上也应该比初中的课程难度大，但是，从初中到高中难度的跨越应该适度，慢慢递进，而不应该是突然加大，这会直接导致学生在学习过程中的不适应。例如，小学中的德育课程，基本上是以思想品德等内容为主，课程内容整体来说与学生的生活联系较多，接近学生的生活，学生理解起来相对容易，课程内容也更加生动。而在中学阶段，德育课程内容以马克思等政治理论为主，学生由于多方原因不易于理解。而且从初中到高中，两者的内容跨度较大，难度跨度也不适当。

所以说，教育在发展，时代在变迁，中国的德育实现现代化，让中国的德育与世界接轨，是当前德育改革的头等大事。经过 40 年改革开放，我们也欣喜地看到，中国的教育事业取得了飞速发展；我们的教育改革与时俱进，在中华大地上处处显露出勃勃生机。特别是有些学校的德育建设、德育课程，更具人性化、时代性、丰富性、前瞻性，真正起到了引导学生们努力做德智体美劳全面发展的社会主义建设者和接班人的教育效果。

1. 优秀案例——上海市长宁区愚园路第一小学

作为上海市长宁区校本课程建设的一个案例，上海市长宁区愚园路第一小学以文化建设引领，动员全校教师参加实践性的校本德育课程的开发，从中得到了行之有效的经验。同时，在文化建设的主题下，学校活用家庭、社区的社会资源，为构建一个视野更加宽广、实践性更强、对学生发展更有促进作用的德育课程而努力。学校推崇“在合作的氛围中自主成长，在文化的熏陶中幸福成长，在和谐的校园中全面成长”的办学理念，少先队组织勇于创新、充满活力，被评为上海市首批少先队工作示范校。以“愚一幸福成长三十事”为主线的综合实践活动、以“成长故事”命名的自主教育课程、以优秀毕业生回归母校服务的荣誉课程……少先队工作贯穿于学校课程计划之中，实现了学校全面育人的目标。

2. 优秀案例——成都七中实验学校

2019年3月，成都七中副校长毛道生出任成都七中实验学校校长。这位曾被评为成都市优秀青年教师、成都市学科带头人、省支教先进个人、省中学化学骨干教师、首届全国教育硕士优秀学员等荣誉称号，并身兼四川师范大学教育硕士生导师、四川省教育学会德育专委会常务理事、四川省普通高中课程改革学科专家指导组成员等职务的“学者型校长”认为，学校不能因为德育在“德智体美劳”的首位，就把德育放在高高在上的位置，与下面的东西割裂开来；也不能因为德育来源于“小事”，就配合教学，德育应始终引领教学。

他认为：一所成功的学校应该有自己的文化魅力，学校文化是一所学校的灵魂。优质学校的内在品味表现在有灵魂、有人味、有追求、有定力、有大师、有生趣。改变一所学校要改变学校的精神文化品位，改变一个教师要改变教师的价值取向，改变一个学生要改变学生的目标定位。优质学校的达成路径要以文化为灵魂、以课程为载体、以教师为依靠、以管理为保障、以变革为动力、以设备为支撑。而成都七中实验学校坚持“自我教育”，鼓励和引导学生在德育上自治、智育上自学、体育上自强、美育上自乐、劳育上自立，成为大写的我、充实的我、独立的我。让学生在这里都能找到适合自己的成长沃土。

3. 优秀案例——天津市中营小学

教学是一门艺术，那是因为课堂教学中融入多种艺术表现形式，如音乐、绘画……教学更是一门慢的艺术，需要学生主动参与，静心思考，时常温习。在40分钟的教学时间里，要尊重学生的认知规律，把握课堂教学的进程。在学生质疑处慢下来，在学生出错处慢下来，在学生分享处慢下来。教师的即时反思与即时的课堂调控，让课堂教学发挥最大效益，向高效课堂迈进。学生亲历了知识发生过程，收获了课本以外的成长。

学生质疑处慢下来。学生在学习过程中，出现了疑问，尤其是没有特意安排质疑环节的情况下，学生主动提问，那一定是学生心中的“真问题”，是经过了深思熟虑之后产生的问题。很多时候，也带有一定的普遍性。因此，教师要即时地进行课中反思，根据学生所提的问题做出判断，或采取即时解决问题的策略，或采取延时解决问题的策略。

笔者曾聆听四年级语文老师执教的《记金华的双龙洞》一课，当学生读到文本中的这句话“山上开满了映山红，无论花朵和叶子，都比盆栽的杜鹃显得有精神”，情不自禁地举手提问：老师，“映山红”不就是“杜鹃”吗？

看来，这个学生不仅知道这个基本常识，而且是认真读书了。恐怕这个问题，也带有普遍性。课堂上，教师肯定了这个爱读书的学生，而后放慢了教学进程，在教学预设中临时决定增加一个环节：请同学都来读一读，看看谁能帮助他解决这个问题，叶圣陶老爷爷为什么说“山上开满了映山红”“盆栽的杜鹃”呢？

学生喜欢质疑，更喜欢解疑。在一遍一遍的读书中，终于发现“映山红”的得名，是因为这种花长在野外，漫山遍野都是，把整座山都映得红彤彤的；“杜鹃”，则是“映山红”的学名。文中的“映山红”不可换成“杜鹃”，原因是“山上开满了映山红”，读着这句话，头脑中就会浮现出满山红杜鹃的美丽画面，文与景融合在了一起。而如果把文中那句中的“杜鹃”改成了“映山红”，那么文与景就不相符了。

一次没有预约的质疑，却在老师、学生的静心读书中释疑了。教师慢下来，引领学生学会学习，不仅让学生习得知识，更收获了尊重。这样的德育课程教育效果虽小处“落笔”，却意义深远。

学生出错处慢下来。学生的出错处是课堂教学中的宝贵资源，也是课堂教学中应该抓住并利用的教学资源，引导着学生经历由“错”到“对”的过程，也是学生由“不会”到“会”的过程。在这个过程中，学生不仅“学会了”，而且“会学了”。教师在课堂教学中要时时捕捉如此宝贵的教学资源。

一堂课即将结束的时候，一位语文老师让学生展示生字本中所写的钢笔字。映入我们眼帘的是一个“徽”字，当学生写第三个的时候，竟然写成了“微”。

也许，教师直接告诉学生，写“徽”字时，要注意什么，也能达到纠正的目的。但是，教师没有简单地告诉，而是让学生看看“徽”和“微”有什么区别。学生不难发现，“微”字中有一个“几”，“徽”字中“横”下面的部分是“系”字底。继而，教师让学生理解它们所代表的意思。“微”字中带有一个“几”，可以组词“茶几”，“茶几”的“几”的意思就是小桌子。与大桌子比起来，就很小了，于是，就产生它的意思——微小。

“徽”字，“横”下面的部分，叫“系”字底，“系”字底表示什么呢？学生知道代表线、绳子。教师引导，现在我们把校徽用别针别在胸前。古代可不是这样，古代，人们要用绳子把招牌或者徽标系在高处。人们在远处就显而易见地看到了。所以，“徽”字“横”的下面是“系”字底。

这样细致引导学生追溯汉字本源，学生还会再写错吗？这样的课堂，正是我们所追求的高效课堂。教师充满艺术地纠正学生学习中的“错误”，不仅锤炼了教师的专业知识和专业技能，更让学生在反复探讨过程中磨炼出不抛弃、不放弃、刨根到底的科研精神，这何尝又不是一种德育课程的再现呢？

学生分享处慢下来。课堂教学中，学生乐于参与集体的分享活动。分享自己的独到见解，不仅是课堂教学的及时反馈环节，也是培植学生自信心的绝好时机。当学生热情参与集体分享时，让课堂教学进程慢下来，会有不曾预约的精彩。

临近期末，笔者聆听了一节语文复习课。教师和学生分享了一篇内涵深刻的文章《人生的标点》。文章中的“我”希望自己的人生是一个句号，因为这样会圆满而充实。“我”身边的人却告诉“我”人生应该是逗号、冒号、引号、省略号。大屏幕上出现了美文中充满哲理的一段话：

“爷爷告诉我：孩子，人生应是一个引号，把经历中最刻骨铭心的片段‘引’起来，藏在心底，让它成为回忆的瑰宝，前进的鞭策。我不禁想起了我的启蒙老师：是她牵着我走向人生大门，是她教会我如何做人。是她在我悲伤时给我心灵的安慰，在我失败时给我重振的勇气。我将这段记忆放在引号中，成为我心灵深处的宝石。”

对于这样一篇充满深邃哲理的文章，老师鼓励学生一连读了三遍。然后，逐一和学生分享了美文后面的习题。当所有内容都结束的时候，老师引领学生静心思考：你觉得人生还会是什么标点？当学生沉思片刻后，他们的思考呈现在了练习卷上。直到下课，我们一直在聆听着学生深刻的思考：

“我觉得人生应该是一个长长的破折号，不断地延伸向前，没有结束，努力绽放出自己的美丽。”

“人生还会是括号，把自己的不快乐，全都‘括’起来，这样就会拥有快乐，忘记悲伤与痛苦地生活下去。”

“人生还会是感叹号，有时能发泄愤怒；有时能表达喜悦……能够表达出不同的心情，使人生更多姿多彩。”

“人生是顿号，因为人生会有许多挫折，需要你停下来勇敢地克服过去。”

“人生还会是括号，因为你可以把自己最珍爱的片段括起来，藏在心底。”

“我认为人生还会是问号，在生活中，你会遇到许多问题。多去问一问，多留意身边的点点滴滴，问号便成了人生最好的生活标点。”

“人生可以是分号，经过了童年，还是少年；经过了少年，还有青年；经过了青年，还有中年；经过了中年，还有老年。人生需要你分别去体会。”

当这堂课结束的时候，我们思考：一篇深邃的文章加上老师的轻轻点拨，引发了学生的深入思考，思考自己的人生。教学，需要慢下来；教学，更需要静下来。慢下来，静下来，给学生以静心思考、乐于分享的时间与空间。学生在品味，在反思，在自我教育。其实，学生的举止也在相互感染。这样的课堂，不正是我们追求的高效课堂吗？这样的内容，不正是我们追求的润物无声的德育课程吗？慢下来，体现了教师对学生的尊重；慢下来，正是教师让生动深刻的教学内容植入学生的记忆中。

教育学之父赫尔巴特曾说过：“教学如果没有进行道德教育，就只是一种没有目的的手段；道德教育如果没有课堂教学，就是一种失去手段的目的。”由此可见，课堂教学中的德育渗透有其现实意义和重要性。

教育部长陈宝生在2019年全国教育工作会议上的讲话中曾指出，习近平总书记提出“五育并举”“六个下功夫”，强调凡是不利于实现立德树人这个目标的做法都要坚决改过来。2019年，要以凝聚人心、完善人格、开发人力、培育人才、造福人民为工作目标，朝着“改过来”的目标下功夫，重点针对长期以来疏于德、弱于体和美、缺于劳的问题，换脑筋、换思路、换办法，改环境、改途径、改习惯，让立德树人回归社会、回归家庭、回归生活，以新的方式推进立德树人工作，培养德智体美劳全面发展的社会主义建设者和接班人。

德育要朝着体系化努力。德智体美劳，德是第一位的，具有根本性、引领性作用。目前德育仍存在“软、浮、虚、乱、散”问题。“软”，说起来重要，做起来次要甚至不要；“浮”，看似活动多、场面大、热热闹闹，但入脑入心不够；“虚”，内容空泛，没扣住对准学生特点，没很好解决学生思想深处的问题；“乱”，家长、校外培训机构和一些社会组织观念有偏差、行为不规范，甚至追求私益忘了公益；“散”，政府、学校、社会各方面力量还不集中，合力还不够。

看来，无论是过去、现在，还是将来，德育永远是社会进步、学校发展的重中之重。

第二章

健康发展教育视域下德育课程的理念描述

第一节　健康发展教育视域下德育课程的形成

马克思关于人的全面发展学说指出：“实现全面发展的唯一方法是教育与生产劳动相结合。”党的教育方针也明确指出“教育为社会主义现代化建设服务，为人民服务，与生产劳动和社会实践相结合，培养德智体美劳全面发展的社会主义建设者和接班人。”因此，促进学生全面发展，是人的全面发展理论所决定的。《国家中长期教育改革和发展规划纲要》中明确指出：“新的课程改革要从单纯注重传授知识转变为引导学生学会学习、学会生存、学会做人。”

为此，我们在不断实践探索中逐渐形成了自己的学校德育工作总思路：在学校“发掘学生潜能，培育时代新人”的办学理念引领下，以指导学生“学会做人、学会学习、学会生活”为目标，实施“自主参与”德育模式，精心设计和开展综合性、主题性的校园文化活动，建构学校文化生命场，营造良好的校园氛围，不断提升学校文化的品质。

而我们的德育课程也紧紧围绕这一总体思路，以立德树人为根基，培养德智体美劳全面发展的社会主义建设者和接班人。

一、南开区咸阳路小学：从“润物细无声”的养成教育抓起

“习惯养成教育是学校常抓不懈、常抓常新的一项基础性工作。习惯养成教育的最佳时期是小学阶段，一旦学生养成良好习惯，将促进学生终身健康发展。”我在南开区咸阳路小学“奋战”了19年，一套成熟、完整的德育系统早已了然于胸。

在此期间，我提出的学校德育工作总体思路是：以指导学生“学会做人、学会学习、学会生活”为目标，以学习习惯为核心的一切行为规范养成教育为基础，以爱国主义教育为核心，以思想政治教育、品德教育、法制教育、纪律教育、心理健康教育为重点，以丰富多彩的教育活动为载体，构建以学校教育为主体、以家庭教育为基础、以社会为依托的三结合教育网络，逐步实现以学校教育为辐射中心的社区教育模式。

德育工作中的着眼点是：充分发挥学生的积极性、主动性、创造性，使学生在近、小、实的喜闻乐见的教育活动中，在接触、认识社会过程中，得到自我教育、获得自我发展、学会自我管理，进而培养学生多种能力和创新精神。

具体做法：一是建设一支德高、业精、开拓、奉献的德育工作队伍；二是在学校、家庭、社会开展系列德育课程和实践活动，培养学生的能力，增长学生的才干。如在校内开展落实《小学生日常行为规范》主题教育活动，规范学生的一日行为；开展校园艺术节活动展示学生的才华；开展以迎香港、澳门回归为主题的爱国主义活动等。在家庭开展“我能行”“做文明小公民”等活动，锻炼学生的生活能力。

长年在社会建立了18个社会实践基地，如与天津市养老院开展的“让孤寡老人同享幸福”的主题教育活动，与滦南县大顾庄中心小学和天津市第二聋哑学校共同开展的“同在蓝天下成长”手拉手主题教育活动，使学生在认识、了解社会的同时，丰富了知识，锻炼了能力，体会到助人的喜悦，感受到社会主义制度的优越。三是优化校内外育人环境，使学生在优美、典雅、洁净的学校、家庭环境中健康成长。四是建立一整套比较科学的评估机制，确保德育工程落实到位。几年来，学校建立了《班主任量化评估标准》《咸阳路小学学生一日生活规范》《三A班集体评估标准》《班主任工作管理暂行规定》，以及学生定期参加社会实践制度、学生评估制度等一系列奖惩、约束机制，使学校德育管理走向科学化、法制化的轨道。

一系列德育课程，不仅让学生们成长成才，也让学校收获累累硕果：学校连年获区级落实小学生日常行为规范示范校、家长学校先进单位、市区级优秀少先队大队等多项荣誉称号；2002年，学校代表南开区迎接市德育督导团接受“落实德育规程”的检查；学校的教育活动40余次在各新闻媒体上报道。

二、五马路小学：让学生在“劳动教育”中成长成才

习近平总书记在全国教育大会上指出，培养什么人，是教育的首要问题，要培养德智体美劳全面发展的社会主义建设者和接班人，培养一代又一代拥护中国共产党领导和我国社会主义制度、立志为中国特色社会主义奋斗终生的有用人才。“有用人才”“时代新人”的一

个重要特征，就是具备劳动的素质，能够弘扬劳动精神、崇尚劳动、懂得劳动最光荣，能够辛勤劳动、诚实劳动、创造性劳动。习近平总书记把劳动教育纳入社会主义建设者和接班人的要求之中，提出“德智体美劳”的总体要求，丰富发展了党的教育方针。

而南开区五马路小学从1985年开始，一直坚持开展劳动教育。学校自编劳动教育课程资源，进行小学生劳动课教学实验，增设劳技专用教室，建成9个劳技操作台，聘请劳动模范作为学校的校外劳技教师。

学校把每年五月份，定为校园劳动节，至今已30余届，为学生搭建了展示劳动才华的舞台。“十一五”期间承担了《构建家校和谐德育，培养学生劳动习惯》国家级科研课题，年年连续被评为全国德育科研先进单位。

2007年，学校编写了德育校本课程《习惯养成教育读本及评价成长册》，其中劳动教育专设两个篇章，2009年开始实施校本课程，逐步形成了“以劳辅德，以劳增智，以劳健体，以劳益美”的劳动教育特色。

长期的劳动教育科学研究和实践探索，积淀了较为丰厚的劳动教育文化，不仅为进一步加强劳动教育提供了有力的实践依据，而且为进一步研究、开发劳动教育系列校本课程，传承和创新劳动教育特色文化，建设有鲜明劳动教育特色的品牌学校奠定了厚实的基础。

多年的不断探索，让学校形成了劳动教育课程框架：依据新课程标准，编写本校劳动教育课程标准和纲要；编写劳动教育课程资源，自制劳动教育校本课程的课件光盘；编写劳动教育评价手册。此课程是融于学军、学农、学工、学科学等为一体的多功能综合性素质教育课程序列。课程内容主要包涵劳动技术素养、军事训练和社会考察实践等，充分发挥本校劳动教育优势，体现“教学生一天，想学生一生”的办学思想。学校也被评为“全国劳动教育先进校”。

三、中营小学：用“榜样教育”激励孩子砥砺前行

榜样教育一直是中营小学五十多年来一直坚持的德育课程特色。学校倡导用典型给学生做榜样，用身边的事教育身边的人，激励他们向积极的方向努力，逐步形成了“以雷锋精神育人，培养学生良好的行为习惯”的德育特色。

从60年代起，中营小学响应毛泽东等老一辈无产阶级革命家“向雷锋同志学习”的号召，先后开展了“做雷锋式的红领巾”主题教育活动。

70年代，学校成立了“学雷锋小组”“学雷锋小分队”，树立学雷锋典型，推动学雷锋活动深入开展。

80年代，学校开展了“雷锋精神代代相传”主题活动。

90年代，学校开展了“学雷锋，比进步，争做好少年”“同走雷锋路，共同做传人”等活动。

进入崭新的世纪，学校提出了“像雷锋叔叔那样，做了不起的中国人”。

2010年开始，学校开展了以“弘扬雷锋精神做勤朴敏健中营人”

为主题开展活动。

在校内，学生们通过读书、演讲、主题班会、评比等活动放眼雷锋平凡而伟大的一生，挖掘一件件小事所蕴含的精神。同时，学生们还走出校园，以“我们是雷锋班预备役小战士”为主题，开展走进雷锋生前担任校外辅导员的抚顺雷锋小学、雷锋生前所在班——沈阳军区雷锋班，开展夏令营活动。在和雷锋班战士学习与交流中深刻感悟雷锋精神的内涵。

从2012年开始，学校以“远学雷锋精神，近学身边榜样”为主题，将雷锋精神教育序列化，在不同年级开展适合学生年龄特点的学雷锋活动，2013年将活动贯穿全年的始终，让雷锋精神教育始终伴随师生成长，每年都要评选出200名学雷锋小标兵，他们像雷锋叔叔那样勤奋学习，热爱劳动，勤俭节约，成为同学们身边的榜样。

近年来，学校又将“雷锋活动”与“学习人生楷模——周恩来活动”紧密结合起来，积极落实“心中有楷模身边有榜样”教育实践课程。表彰学雷锋、学楷模先进集体和师生个人，激励前行。参观周总理青年时期在津活动遗址，寻访其足迹；听、讲、看周总理故事，追忆其感人事迹；抄写周总理诗词、名言，感受其优秀品质；进行网上祭扫，激发学生“为中华之崛起而读书”的情怀。市文明办、文明网为学校授旗“热心公益　服务社会　惟宏隆德　情系教育”。

一系列活动、一系列课程，引导学生们发扬雷锋的热爱集体、乐于助人和艰苦朴素的精神。学校用榜样的力量来培养学生们的好习惯、好品质。

第二节　健康发展教育视域下德育课程的形成原因

党的十八大明确“立德树人”是教育的根本任务。“立德”强调培养学生践行社会主义核心价值观、培养学生良好德行、培养学生公民意识和社会责任；“树人”就是要强调培养全面发展、学有所长、踏实奋斗、意志坚定的建设者和接班人。所以，加强和改进未成年人思想道德建设，已成为关系国家前途和民族命运的希望工程，关系上亿家庭切身利益的最大的民心工程，是摆在我们面前的一项十分重要而紧迫的任务。

一直以来，学校没有停止德育课程探寻的脚步，从无到有，从有到优，充分体现学校全员、全程、全面育人的德育课程观。

一、以德立身，其行也远

“学高为师，德高为范。”作为一名合格的校长，首先应该具备良好的德行。校长成为一名德才兼备的学校管理者，才能为师生的言行举止树标杆，催发群体的正能量，使学校的各项工作向着更好的方向发展。一次，我在与教师谈话时，发现她面带疲倦，提不起精神。

当了解到她家中老人患了重症，自己既要工作，又要在医院陪伴老人时，我二话没说，主动承担这位教师的一半课时量，并多次到医院看望老人。像这样的例子，还有很多。无论哪位教师家中有困难，我要第一个出现在教师面前。“靠制度管人，越管越死。制度建设是有形的，而人文关怀是无形的，只有将有形与无形相结合，才能调动教师的积极性。教师拥有幸福感，最终受益的是学生。”笔者认为，德育课程建设的根本在教师，而自己一定要成为教师们的典范。

二、以艺养德，发展特长

艺术教育是素质教育不可或缺的重要内容，对中小学生提高审美修养、丰富精神世界、培养创新意识，促进全面发展具有其他教育学科所不可替代的作用。调到南开区五马路小学当校长后，给了他更大的施展舞台。五马路小学始终坚持“让学生在艺术的氛围中欣赏美、感受美、理解美、追求美，进而创造美，培养高尚的道德情操、高雅的审美意识、能动的创新思维”的总体思路。学校根据学生的个性特长爱好，聘请校内外艺术教师，坚持定期开展舞蹈、长笛、合唱、鼓号队等 10 余项艺术社团活动，让学生充分享受艺术带来的快乐；每年举办艺术节，成为学生展示艺术成果的大舞台；每年用万余元奖励艺术教师、支付艺术活动费用、改善艺术教育设备等。2007 年 9 月，学校承办了“天津市音乐课堂教学展示”活动，并取得圆满成功。

笔者调入天津市南开区中营小学主持工作以来，仍然大力发展学校艺术教育，鼓励师生参加各级各类艺术比赛。近年来，学校各艺术社团参加市区级比赛取得优异成绩。舞蹈《凉台争艳》《哈尼族小姑娘》《天津大鸭梨》《喜庆秧歌》《童年的梦》等在市、区级比赛中均获一等奖，特别是400人大型集体舞《圣洁》在全国体育教学研讨会、市优秀体育课展示会、区体育文化艺术节开幕式上演出。学校培养了众多艺术特长生，有的在全国、市、区各类艺术大赛中获奖。

学校用丰富多彩的文化艺术活动，不仅让学生们在耳濡目染中得到美的熏陶，提升了文化品位和艺术修养，更让学生们在艺术教育中懂得了真、善、美，实现个性化和多样化发展。

三、以劳辅德，自立自强

现在的孩子，可谓是用蜜水泡大的，家庭生活条件的优越，现代化程度的提高，反而使他们的劳动意识变得淡薄。所以，学校必须重视培养学生良好的劳动习惯。

学校秉承几十年形成的“以劳辅德、以劳增智、以劳促艺、以劳健体、以劳益美”的劳动教育特色，每年举办一次校园劳动节活动，为学生搭建展示才华的舞台。那高超的劳动技艺让人赞不绝口，学校也因此被评为“全国劳动教育特色学校”。特别是，学校创建了“小手拉大手，我们一起走”的互帮互助的校内劳动基地、“与父母共建美好家园”的家庭劳动基地和“同在蓝天下，共享幸福”的社会劳动基地。先后开展了以“学习惯、促养成，创文明班级，做文明学生”为主题的系列教育活动；形成了以“热爱劳动为荣，好逸恶劳为耻”的氛围；在一次次劳动中同学们的社会责任感被悄然唤醒。

很多家长来校反映孩子在家中的可喜变化，其中一位爷爷给学校来信，信中提到：“小孙女的变化令全家惊喜，孩子主动写作业、叠被、收拾碗筷、洗漱自理。看到孩子可喜的变化，我们高兴极了。学校从小培养他们爱劳动，为他们今后自食其力的生活打下了基础，实在是好啊。”劳动习惯的培养使学生提高了自主参与劳动的自觉性，促进了学生全面发展。

四、习惯养成，打下根基

习惯养成教育是学校常抓不懈、常抓常新的一项基础性工作。习惯养成教育的最佳时期是小学阶段，一旦学生养成良好习惯，将促进学生终身健康发展。学校深入开展了市“十一五”规划课题《培养小学生良好学习习惯构建自主课堂的实验与研究》的研究，以指导学生利用预习成果上课为突破口，以指导学生学会预习、上课、复习、做作业和课外阅读为着力点，以课堂教学为主渠道，提高课堂教学的有效性，减轻学生过重的课业负担。课堂上“问题让学生提；思路让学生想；评价让学生说；答案让学生讲；主角让学生当；快乐让学生尝”，千方百计促进学生真正成为课堂学习的主人。

学校还组织教职员工学习《教育就是培养习惯》一书，树立了“教学生一天，想学生一生”的主体教育思想，增强全员育人的意识和责任，提高自身的教育能力；在“用心做教育，创新育好人”的工作要求下，研究制定了《学生良好学习习惯的细则》，出版了《五马路小学习惯养成教育读本》及《习惯评价成长册》，并作为校本课程进行认真实施；按照“讲、树、做、展、评”五环节培养学生良好习惯；举办以“教育就要培养习惯”为主题的家长学校，提高家长科学管理学生的水平和能力，加强家校教育的沟通，实现学校与家庭教育的合力。

在中营小学期间，学校以《教育就要培养习惯》为题向全体家长做系列培训，向家长传播科学的育儿理念和方法，落实以班主任为核心的教育集体管理班级的机制，以形成班级管理的合力；制作学生在校一日生活习惯系列课程资源组织全体教师、学生及家长共同学习，以达成习惯养成教育统一标准要求。

不断摸索、不断挖掘、不断改进、不断完善……一系列德育课程的探索，让学校、让师生有了诸多变化。正是因为学校在德育工作中选准了着力点，才有了今天的成绩。学校充分发挥了学生的积极性、主动性、创造性，使学生在近、小、实的喜闻乐见的教育活动中，在接触、认识社会过程中，得到自我教育、获得自我发展、学会自我管理，进而培养了学生多种能力。

第三章

健康发展教育视域下德育课程产生、发展和完善的过程

第一节　“健康发展教育”思想的教育实践

一、研讨“健康发展教育”思想，指引师生价值取向

随着时代的发展、教育改革的深化，笔者认为学校文化早已成为学校教育的重要组成部分，也是师生精神风貌、思维方式、价值取向和行为规范的综合体现，更是提升教育内涵、促进学校健康发展的重要途径。为此，学校组织全体教职工历经一年的学习研讨，将健康发展教育思想与百年中营传统文化进行整合，确立了承“勤朴敏健”之校训，秉“求真至善”之校风，袭“严谨善导”之教风，兴“勤学多思”之学风，立“发掘学生潜能，培育时代新人”之办学理念，扬“虚心志坚，胸怀高远”之学校精神，并进一步明确了以“唤醒、激励、关爱、服务”为管理理念，以“让每一位学生健康发展”为育人目标的基本办学思路。

二、营造“健康发展教育”环境，创建良好育人氛围

苏霍姆林斯基曾说：“用环境，用学生自己创造的周围情景进行教育，这是教育过程中最微妙的领域之一。”环境文化是学校的显性文化，是最直观的学校文化，所营造的健康发展环境就是营造出一步

一景的活文化，让广大师生在校园生活中一点一滴地浸润陶冶。

“校史陈列馆”中的一帧帧照片浓缩了记忆，见证学校百年来发展前行的荣光。悠悠百年，弹指一挥，校史墙就像流动的课堂，熠熠闪光的丰碑。

楼道、教室中的每一个布置都是学生探究、实践的园地，展示才能的舞台。紫藤飘香，廊亭相望；光影幢幢，岁月流淌；书声琅琅，个性张扬。广大师生以健康发展为主题，以自主创新为原则，以素质提升为目标，积极营造健康向上的班级文化。每月一个主题的板报评比、反映“个人成长”“班级荣誉”的各种园地板块、温馨雅致的图书角等形成了整洁、愉悦、明快的班级环境文化氛围，让学生在文明、高雅、欢快的空间学习成长。

学校在注重显性文化建设的同时，更加重视隐性文化的建设。在全校师生中开展“话说中营”主题教育活动，30 年教龄的老师讲自己的健康成长经历、讲学校的发展历史；请老教师回来讲学校传统的课堂教学；请孩子们讲自己心目中的好老师感人故事；老校友们回到学校和大家一起追忆美好的童年生活……大家在讲和说的过程中，不知不觉地进入有趣的故事中，进入感人的事迹中，进入文化熏陶之中。

三、构建“健康发展教育”课程，培育学生核心素养

学校在认真实施国家课程的基础上，积极构建健康发展教育课程，让以“导学 · 多元 · 探究 · 健康”为核心的课程文化，走进课堂，贴近学生，培育学生核心素养，涵养中营学子特质。

从课程的功能来划分，健康发展教育课程包括基础课程、实践课

程和探究课程。

（一）落实基础课程，深化健康发展教育课堂教学的实践研究

学校健康发展教育课堂教学是以“导学式”教学模式为载体，以课堂为主渠道，认真落实国家和地方课程。学校每学期举行教育科研阶段性成果汇报交流活动，提炼出健康课堂教学的基本框架和评价标准。学生在教师指导下，利用预习成果上课，运用网络平台实现了“E-Leaning”，学生的学习潜能得到充分发挥，学习的积极性、主动性和创造性得到充分展现。

为了确保国家和地方课程的有效实施，进一步激发学生学习的欲望，学校组织全体一线教师基于课程标准，以教材为依托，以满足学生学习健康发展为目标，以符合国际规范的 moodle 平台为核心，制作课程资源，搭建学校健康发展课程资源平台，实现了课程资源的开发、共享与应用，提高了课堂教学效益，促进了教师专业健康发展。目前，教师已经开发出课程资源四万余件。同时，学校的健康课程资源平台向甘肃省、四川省昭觉贫困地区学校开放，实现了跨省市的共享，促进了贫困地区教师专业健康发展。

（二）促进学生健康发展，不断研发实践课程

学校的实践课程是基于学生个性发展、特长发展、健康发展需求所设置的课程。分为三大类：

第一类，与学科教学密切联系的实践课程。如：每天 10 分钟 1—6 年级学生的硬笔书法课程；三、四年级纳入课表的信息技术课程；根据教学需求重点在一、二年级开设的“融合互促”识字课程和课本剧、古诗文诵读等等。

第二类，以培养学生兴趣爱好和个性发展的艺、体、科技类实践课程。此类课程面向全体学生自主选择，利用每天放学以后的时间开展。共分体育、艺术、科技三大类，50余门课程。如：艺术类课程包括舞蹈、合唱、鼓号队、书法、绘画、手工等；科技类课程包括科技实验、创新体验课程等；体育类课程包括足球、篮球、排球、棒球、田径、啦啦操、桥牌等。

第三类，教育活动类实践课程。包括校级社会实践课程、班级社会实践课程、公益体验课程、心理健康教育课程、法治教育课程、安全教育课程、良好习惯养成教育课程、学雷锋实践课程、国际理解教育课程等。此类课程主要是利用集体教育、集体活动和假期的时间落实。

（三）培养学生探究精神，不断完善探究课程

探究课程主要是围绕学生在课堂学习过程中感兴趣或有困惑的问题，教师组织学生在课余时间利用网络空间进行探究式学习的课程，即主题探究式网络课程。

多年的课程建设与实践使笔者体会到：课程建设是一个动态发展的过程，课程框架的确立也不是一成不变的。要教育学生懂得感恩，感谢那些负重前行的人，他们不畏艰险逆向而行，要以他们为榜样，从小学先锋，长大当先锋！在已开设的“学雷锋、学恩来”的课程中增设“学时代英雄楷模课程”，在学生中开展“远学雷锋、恩来，近学时代楷模”主题实践课程，让学生在说英模、讲英模、写英模、忆英模、学英模的过程中进行自我教育，实现自主发展。

教育是为生命奠基的事业。因此，在学校已经建立的“勤朴”课

程框架中的实践类课程中完善“遇突发事件应急处置流程课程”“遇突发事件应急处置方法课程”“个人卫生保健课程”“珍爱生命教育课程”等，进一步增强师生公共卫生防疫意识，提高师生处置突发事件的能力和水平。

（四）保证课程实施，建立健康发展评价系统

学校严格落实课程建设、实施和管理各项制度，在进一步完善健康发展课程评价体系的基础上，特别研究和使用了学生健康发展评价系统，对学生实行综合性、多元性、开放性、增值性的评价，极大地调动了广大学生的兴趣，提高了学生的能力，促进了学生的健康发展。

四、开展“健康发展教育”活动，促进师生健康发展

学校健康发展教育活动是以“自主参与式德育”为载体，不仅成为学校德育工作的特色，更成为师生和谐发展的缩影。在实施“自主参与式德育”过程中，学校以健康教育活动为载体，努力做到“一班一特色，一班一品牌”。多年来，班级特色文化异彩纷呈，师生通过班级特色创建活动、楷模教育活动、“节文化”活动、公益活动、仪式教育等多种形式夯实“自主参与式德育”的主阵地，敬老院、福利院、公交汽车站留下了学生们的足迹，中营师生走出校门传递正能量。陈茹老师在凉山支教期间，积极组织两地学生开展“同在蓝天下成长”主题教育活动，将支教工作延展到对学生爱国主义和民族团结教育之中，收到良好效果。近年来，学校连续荣获市级三好班集体、区级周恩来班等优秀集体光荣称号，学生们在活动中自觉提高道德水准，锻炼意志品质，健康成长。

培养健康的学生，首先要拥有健康的教师队伍。学校以“立德树人”为核心加强师德建设，培育教师良好的职业心态和职业情感，老师们定期家访、组织读书沙龙、班主任素养训练、聘请专家现场讲学、新教师技能竞赛、优秀骨干教师示范引领、开设“健康讲堂”等增强教师的师德修养、专业素质及育人品质，提升教师幸福指数。让幸福的教师影响幸福的学生，造就师生幸福的人生。

五、细化“健康发展教育”管理，营造民主管理环境

制度文化是学校文化不可或缺的重要组成部分。健康发展教育在管理层面重点体现在现代学校制度的落地并使之形成机制效应上。

全校上下群策群力制定了学校三年发展规划并使之落地有声，行动有依，考核有据。进一步修订、完善了学校办学章程，加大学校民主管理建设，开设校长邮箱，积极调动师生民主参与意识，充分发挥教代会作用，构建民主融洽的学校管理环境，促进各项工作的健康发展。

学校积极探索年级组管理运行机制，充分发挥年级组长、学科组长的能动作用，明确职责，细化分工，努力使学校的扁平化管理一竿子插到底。认真实施绩效工资分配准则，体现优绩优酬。组织教师参加各项教学和科研活动，积极搭建平台，促进教师的专业发展和快速成长。

学校充分利用“云瀚竹生”APP 管理平台宣传优秀教师事迹和各类教育活动，让家长了解教师、了解学校、了解学生的在校生活；邀请家长深入课堂、参加学生活动、参与学校管理事务，让家长理解教师的辛劳、理解学校的困难，进而使家长谅解学校和教师工作。学校

开设校长建议平台，进一步架起家校沟通的平台。

综上所述，对“健康发展教育”的探索与追寻可以集中反映笔者的教育思考与教育实践。但是，并不具备理论创新意义，也不具备缜密的逻辑性和完善的体系架构。这些思考和实践仅仅只是笔者在个人的职业生涯中，在自己的办学实践中，对经典教育理论和教育思想的学习和运用所收获的一点经验和感悟，在今后的教育实践中仍需不断地探索与完善。

第二节　德育课程在教育教学管理实践过程中产生

德育课程是对学生实施思想影响、陶冶情操的一种重要教育途径和方式。德育课程的形成有着渐进性和阶段性。德育课程教学的质量直接影响人才培养的素质。

学校在继承传统教育理念的基础上，结合新形势对教育的要求，确立了承“勤朴敏健”之校训，秉“求真至善”之校风，袭“严谨善导”之教风，兴“勤学多思”之学风，立“发掘学生潜能，培育时代新人”之办学思想，扬“虚心志坚，胸怀高远”之学校精神，并进一步明确了以“唤醒、激励、关爱、服务”为管理理念，以“让每一位学生健康、全面、个性发展”为育人目标的基本办学思路。坚持以全面落实国家和地方课程、开齐课程、开足课时为重点，以实现学生全面发展、健康成长为目标，实施学校课程文化建设，回归原点，探索“健康发展教育”课程，并取得了可喜成绩。

一、“健康发展教育”课程建设取得的初步成效

（一）寻找到了“健康发展教育”课程建设的理论基础

学校以课程论、学习论和建构主义等现代教育理论为支撑，构建了“勤朴”德育课程框架。

（二）寻找到了“健康发展教育”课程建设的实践根基

学校从20世纪80年代进行“导学式”教学法的研究到“十二五”和“十三五”期间进行“导学式”教学模式的研究，从“导学式”教学模式的研究到近年来进行的“健康发展教育”课程的研究，现在正在把“健康发展教育”课程的研究推向“健康发展教育”的研究。在如此研究过程中，“导学式”教学法是我们实践的基础。

（三）“健康发展教育”课程建设的过程是学校文化建设的过程

广大教师的敬业精神、钻研精神、创新精神进一步增强，专业素质得到进一步提升；学生自主学习、自主探究、自主合作的意识不断增强；家长参与学校课程建设的积极性不断增强。

（四）学生的综合素质得到进一步提升

学生在各类课程学习过程中，不仅学到了知识、养成了习惯、掌握了方法、提高了能力，还增长了见识、锻炼了意志品质、培养了团队合作精神、张扬了个性，更感受到了幸福和快乐。学生在国际、国内、市区举办的体育、艺术、科技、文艺比赛中捷报频传。

（五）学校与社会各界的合作更加紧密

在课程文化建设过程中，学校与社区、家长和社会各界的联系更加紧密，既得到社会的广泛支持，又进一步扩大了学校的社会影响力。

二、“健康发展教育”课程建设过程中遇到的问题

在“健康发展教育”课程文化建设过程中，我们既看到了所取得的成效，也发现了存在的问题。

（一）思想认识参差不齐

“经验即课程、生活即课程、自然即课程”的理念在有些干部教师甚至家长的头脑中还没有形成，有的干部认为课程建设只是教育教学部门的事情，与己无关；有的教师认为只要上好课、批阅好作业就行了，开发学科课程的积极性不高；有的家长过于关注孩子语、数、外三科的学业成绩（家长自发地把学生综合评价中的学业成绩进行排名），不关心孩子其他方面的发展等等。

（二）课程开发种类不均衡

学校开发的课程中大部分是教育实践类和学科实践类课程（依托素质拓展），而与学科密切相关的探究类课程开发的数量较少。因为这一类课程的开发，更需要教师具备开发课程的洞察力、广博的学科知识、厚重的专业素养和指导调控学生进行探究学习的能力。由此，深刻感到，我们教师队伍的专业素养亟待提升。

（三）专业人才的短缺

随着各类课程的开发，特别是传统文化类课程（如戏曲）的开发与实施需要非常专业的人才。

三、“健康发展教育”课程建设深入开展的思考

为了深入“健康发展教育”课程建设与实施，学校将做好如下几方面工作。

（一）加强理论学习，提高认识水平

我们将采取理论自学与专家讲学相结合的方式，开展课程建设与实施相关理论学习、研讨、论坛等活动，提高广大干部教师对于课程的理解和认识水平，牢固树立“教育即课程”的理念。加强课程建设与实施的校本教研和校本培训，召开多层面经验交流会，推广课程开发与实践的成功经验和有效方法，激发广大教师开发课程、落实课程的积极性、主动性和创造性。

（二）组成合作团队，开发探究课程

充分发挥名优教师、领航教师的辐射引领作用，以他们为核心，以年级或学科为单位，组建老、中、青三代教师共同参与合作团队。每个团队人数不超过 8 人，由名优教师或领航教师任组长，组内成员有明确分工，有所开发课程的主题、课程目标分析、课程内容组织、课程制作标准、课程实施方案、教学设计方案、课程资源制作脚本及课程实施成果的展示与评价等方面。

（三）采取多种方式，提高师资水平

一是通过自培的方式，提高教师的专业化水平，提高教师进行课程开发与实施的能力。二是通过走出去的方式，鼓励、支持教师到先进地区和学校学习课程开发与实施的经验。三是引进专业人才弥补学校师资的不足。积极和区内体育局、文化局、社会团体、大学等相关

部门密切合作，引进师资为学校的课程建设、为学生的全面发展服务；充分挖掘家长的特长和潜能，引进家长资源进行课程的开发与实施。在引进资源的同时，还要及时发现校内教师的特长爱好，由这些教师参与到课程建设过程中，同时接受相关课程的专业培训。

（四）展示课程成果，纳入绩效考核

学校经常开展课程建设过程中的成果展示活动，由教师合作团队与学生一起汇报成功经验，进行课程实施过程中的课堂教学展示，学生探究过程中的成果汇报会，开展优秀课程评比，表彰在学校课程建设过程中的优秀师生等，并将表彰结果记入学校绩效考核。

第三节 德育课程在学习、进修、专家引领的过程中成形

课程意识是课程论研究者比较关心的一个问题，然而关于什么是课程意识，众说纷纭。笔者认为，课程意识是教师对学科的一种系统认识，是教师的“教学哲学”。具有课程意识的教师往往会以自己对学科的独特理解为基础，从目标、课程、教学、评价等维度来整体规划教育活动和行为方式，从而成为课程的建设者。在长期的教育教学实践中，学校基于学校特色文化，升华构建德育课程意识，并形成了关于德育课程建设的四种意识。

一、德育课程的问题意识

在学习、进修和专家引领中，笔者不断提升自己对办学中若干问题的关注与思考。诸如，有的同行和专家提出：“学校的治学思想及校长如何实现教学思想引领？”“您是怎样提升教学领导力，带领教师开展教学改革的？”“在培训中，您获得了哪些指导教学实践的提升和帮助？”“请谈谈您的教育理想。”

渐渐地，笔者形成了这样的认识：一是靠校长自身善于学习、勤于研究、务实工作的精神状态和工作作风带领教师开展教学改革；二是靠教育科研课题的引领带领教师开展教学改革；三是靠专家和典型的引领带领教师开展教学改革；四是靠日常教学管理带领教师开展教学改革。

中营小学的治学思想是“严谨善导”。实现教学思想引领的主要方法或渠道有：一是通过教育宣传，使全体教职工人人皆知、人人理解内涵、形成共识；二是通过创设“严谨善导”的学校文化引领教师的言行；三是通过典型的示范引领学校的发展；四是通过现代化的学校管理引领教师发展。

参加培训的过程，令笔者受益匪浅，特别是在指导教学实践方面的提升和帮助更大。首先，提升了自身的教育理论水平和认识水平；其次，提升了自身的教育科学研究的能力和水平；再次，提升了自身教学管理的能力和水平；最后，结识了诸多教育专家和教育同仁在学习与交流中拓宽自己的视界。

青年教师的专业发展要有所成就，就要在热爱教育事业、热爱学生的大前提下，坚持以下几点。一是终身学习。通过学习提高自身的理论修养，汲取先进的教育经验。二是务实工作。扎扎实实地做好每天的教育教学工作，教好每一名学生，并不断地积累工作中的得与失。三是勇于创新。要积极投身教育科学研究，把日常工作中的各类问题作为自己的研究对象，在破解问题的实践中，提高自身的教育科研能力和水平。

笔者的教育理想就是教育好每一名学生，发展好每一位教师，实现学校的整体发展和特色发展。

二、德育课程的目标意识

关于目标意识，在这里，要明晰两个概念：一是德育课程的教学目标；二是德育课程的目标教学。通常，在制定德育课程的目标时，要首先明确培养目标是什么，要求学生具备怎样的基本素质，包括思想、情感、态度、技能、知识等；其次是先修与后续内容的教育目标及主要活动内容；最后以此为根据，确定德育课程的教育目标，设计德育活动内容。这样，所定课程目标就比较科学和可行。

强化目标意识的另一个关键是实行目标教学，即将课程目标分解落实到各阶段、各活动和各课时的教学中去。我们知道，教学目标愈笼统、宽泛，教师课堂教学的主观随意性就愈大，对其教学评价也就愈缺乏客观标准，学生作为“不知”或“少知”者，常常是盲目地跟随教师，主动性难以充分发挥。而实行目标教学将有效地帮助师生实现德育课程教育目标。教师为实现目标而教，学生为达到目标而学。

三、德育课程的资源意识

课程资源通常是指一切有利于实现课程目标的各种因素，是课程实施的前提和基础。如果课程在实施时没有考虑所需的资源，而且没有必要的资源，学校、教师和学生就会处于要求得不到满足的尴尬境地。同时，课程资源的丰富程度以及对课程资源的开发和运用水平也决定了课程实施的范围、水平以及实施效果。

通常，课程资源包括隐性课程资源和显性课程资源。教师能直接获取并为课程所用的，诸如教学仪器、设备应属于显性课程资源。在这里，笔者强调的是，隐性课程资源。隐性课程资源的建设主体是人，即教育工作者（主要是教师）。在德育课程资源中，应发挥教师的主动性，鼓励教师不断挖掘德育课程资源。有学者认为，从某种意义上讲，现实社会中所存在的一切资源都属于隐性课程资源的范畴。特别是在德育课程建设中，可以聘请能够胜任德育课程的地方党政干部、退休公务员、社科理论专家、爱国主义教育基地负责同志以及各行业先进模范、英雄人物等担任德育课程资源的开发者。

四、德育课程的生成意识

实际上，教学过程本身也是一种课程开发，因此要着力于预设，着眼于生成。在开放式无结构的育人环境下，学生不仅仅只是教育的对象，同时也是促进其自身发展的一种资源。首先，要善于树立生成意识。教师必须用动态生成的观念来调控，提高直觉灵感思维能力，随时准备适应可能出现的种种“意外情况”，以渴望的心态来期待非预期性的出现。其次，要善于增强捕捉能力。僵化的思维使很多教师失去了把握非预期性因素的能力，这样，非预期性因素中活跃的生命力便会被断送，生成性资源便会被扼杀。最后，要善于筛选有用资源。不是所有的非预期性因素都具有开发和利用价值，我们必须借助筛选机制进行过滤。

教师应该充分了解学生的学习风格、已有经验、兴趣爱好和学习资源，从而大致推测、整体估计非预期性因素可能产生的环节、时机。在一次次刻苦钻研、细致观察、换位体验和细小环节的临机处理中，提高直觉灵感思维品质，建立捕捉新课程资源的超链接，培养敏锐地捕捉生成性课程资源的意识和能力。

总之，课程建设是我们学校建设的核心工程，课程建设永远在路上，需要我们研究和探索的东西很多很多。我们将始终在学校办学理念的指引下，为了实现师生的全面发展、健康成长，以只争朝夕的精神不断推进学校课程文化建设。

第四节　德育课程的形成和发展阶段

一、问道诊断：在碰撞中升华

根据“国培计划”中小学名师名校长领航班江苏基地培养方案的要求，为了进一步提升名校长办学实践能力和学校高品质发展，2019年3月25日，江苏教育行政干部培训中心名校长导师团队与8位名校长，走进了天津市南开区中营小学进行诊断调研。

本次学校诊断调研活动分为七个环节：考察中营小学学校办学实践环境；听取德育、教学课程建设的实践情况；与中营小学干部、教师、学生面对面交流；华联名校长工作室授牌仪式；学生素质拓展展示；对学校办学实践进行诊断调研反馈；对名校长工作室三年发展规划论证。

江苏教育行政干部培训中心、江苏省教师培训中心常务副主任严华银教授与8位名校长走进中营园，感受“百年中营，严谨善导”的浓浓校园氛围。

江苏教育行政干部培训中心导师团队与名校长和南开区教育局的领导们倾听了中营小学孙宏玲副校长题为《构建“导学教育”德育课程，落实立德树人根本任务》和付文琦主任题为《构建“导学教育”课程体系，促进师生全面发展》的汇报，共同感受到了“巍巍南开，浩浩中营”，历经113年的发展，中营小学已铸就了“以德治校、严谨治学、厚师重能、人才辈出”的中营学校文化。

江苏教育行政干部培训中心导师团队与名校长同中营小学的干部、教师、同学进行面对面交流，切身感受“导学教育”课程的实施在全校师生中取得的成效，结出的硕果。

“紫藤花开，白玉满园”，3月25日下午，“华联校长工作室授牌仪式”在中营小学健身馆准时召开。大会由江苏省教师培训中心、江苏教育行政干部培训中心合作交流部主任回俊松博士主持。由江苏省师干训中心常务副主任严华银教授和天津市教委副主任刘欣为“华联名校长工作室”授牌。授牌仪式结束后，与会领导、专家、同仁共同观看了中营小学学生素质拓展活动。无论是体育馆内的健美操、箱鼓、京韵大鼓、民乐小合奏、合唱队、舞蹈表演，还是操场上的足、篮、排、棒、垒球和田径等运动项目的展示，这些丰富多彩的课外文体活动，为孩子们提供了展示的舞台。学校不断加强课程建设，拓展建设渠道，开辟课程实施的场所，彰显了中营园深厚的文化底蕴和课程建设的深度与广度。

3 月 26 日上午，江苏教育行政干部培训中心、江苏省教师培训中心常务副主任严华银教授等专家和名校长们对中营小学办学实践活动进行诊断反馈。6 位名校长一致感到中营小学课程丰富多彩，已形成“导学教育”课程体系，活动落地，学校课程建设落实到位，有实践积淀，受到了师生的欢迎，取得了一定成效。领导、专家们感受到中营小学有丰厚的历史积淀，有丰实的领导管理，有丰富的学校生活，有丰硕的办学成果，相当厚重、相当朴实、相当温馨、相当静谧。专家们建议中营小学在课程建设理念方面需要更加科学的表达；学校文化建设需要进一步澄清，如何突出特色；课程体系建设需要更加系统；教育信息化与学校整体工作要深度融合。

笔者在名校长工作室三年发展规划论证会上介绍：“工作室首批选择的十位优秀校长来自本市 3 个区，下一步，我们以办好每一所老百姓家门口的优质学校为目标，每一位工作室成员校长将与本区校长结成对子，通过影子培训、定期交流等方式，促进更多学校共同发展，让更多孩子得到更好的教育。”

二、制定目标：规划引领发展

通过认真分析，在基地聘请专家、教授的帮助下，笔者进行了清晰规划，并按照预定方案逐步落实。笔者一方面制定了教育部第二期中小学名校长领航班个人三年发展规划，另一方面思考了德育课程体系的未来发展趋势。

（一）自我发展状况分析

1. 优势

专业优势：笔者从事多年数学教学工作，形成“指导自学、自主学习”的教学风格，有 10 余节课获奖，所指导的 40 余名青年教师在天津市、南开区优质大赛中获取优异成绩，至今仍然坚持深入课堂指导教学工作，带领教师进行课堂教学改革实践，发表论文 20 余篇。笔者曾任天津市小学数学专业委员会副理事长，现任天津师范大学小学教育学院硕士研究生指导教师。

管理优势：笔者担任一把校长 17 年（其中：在本地一所西部学校任校长 3 年，在本地一所较大规模学校任校长 6 年，现在这所历史名校任校长已满 8 年），致力于学校文化建设和课程改革，所承担的天津市“十二五”规划课题获得 A 级鉴定成果，承担的天津市教育学会“十二五”规划课题已经结题，现承担的天津市“十三五”规划课题正在研究过程中。学校获得荣誉共计 300 余项，办学水平日益提升，成为高品质的国办小学，赢得老百姓的好口碑。个人也因此荣获南开区“名校长”称号，被评为“高级校长”。学校作为国家级校长培训基地，每年有很多接待任务，有机会与全国各地的教育同仁相互学习切磋。

个人潜质：对教育执着、充满激情；对新鲜事物敏感、喜欢探究；有坚定的个人信念，对追求真理有极大的热情，善于思辨；对哲学、艺术、体育等方面有广泛的兴趣。在管理中思考问题和解决问题一般愿意先倾听他人的意见和建设，并把建议转化为个人的决策，集体决定的事情就会坚持做到底。

2. 劣势

客观方面：每天被各种会议活动和上级指派的工作围绕，时间经常被打断，内容也常常被异化，高速运转和碎片化思考成为工作的常态，学校管理所涉及的更多的是点状或片状。

主观方面：因为工作压力和对工作追求完美，所以经常感到身心疲惫，时间长了便会松懈学习和反思，对目标和未来没有清晰的规划。同时，会有一些不良情绪左右自己，对事对人的好恶直接言表。对学校工作缺乏宏观的思考与规划，缺乏理论功底和科研能力。

专业发展：小学数学和学校管理领域还有很多值得研究的主题，如“互联网 +”的背景下学生的学习方式、学校德育等，有很多想法，但是没有付诸行动。

3. 挑战与机遇

挑战：社会已经进入“互联网 +”和“人工智能”时代，我们学校的办学模式、课程设置、教师教学方式要适应时代发展，要满足学生的学习需求，学校要成为师生围绕学习过程中出现的问题进行相互争鸣，这就需要我们的学校模仿社会生活构建一个虚拟的社会，把学校变成具有真正意义上的家长向往的平台。

机遇：学校具有 110 余年的发展历史，拥有比较厚重的传统文化。

学校传统文化与现代文化有机融合，并形成引领学校发展的核心价值观，进而成为学校的共同愿景和办学目标。参加中小学名校长领航班，让自己在系统论、方法论和哲学观上有进一步提升，能对各种事实进行辨证、系统的科学分析，分清主要矛盾和次要矛盾，提炼出更具深层次、触及本质问题的判断，从而走出困境。更重要的是厘清办学思想和新的办学目标，向教育家型校长迈进。

（二）自我发展目标确定

1. 总目标

在导师的指导下，凝练自己的办学思想，厘清并构建学校办学体系。建立领航校长工作室，促进学员所在学校的教育改革，同时在天津市发挥辐射作用。

2. 年度目标

第一年：对自己的办学经验进行反省与思辨，厘清“强基铸魂教育”（暂定）的内涵与外延。成立领航校长工作室，建章立制，进行多种形式的读书沙龙等活动，养成学习思辨的习惯。梳理“强基铸魂课程”（暂定）体系。第二年：推进并完善“强基铸魂课程”改革，为区域课程建设提供样板；推进领航校长工作室建设，走进学员学校进行教育诊断，举办各类展示活动；架构“强基铸魂教育”的研究路径与操作方法，尝试在学员学校推广相关理念。第三年：总结提炼领航校长工作室的经验成果，举办校长论坛，传播办学思想。完成著作撰写，出版相关专著。

（三）自我发展路径分析

第一年：根据自身专业发展状况，明确今后发展方向，进行自我剖析，找准提升方向，制定个人三年规划。向导师和同学汇报规划方案，经研讨指导修改完善后报备，签订责任书。根据“自我发展总体状况分析”情况进行梳理诊断，在导师指导下提炼并选定适切的研究课题和专著选题，形成研究和撰写大纲方案。根据《“走近教育家”分类阅读活动指导计划》的要求，精读、研读教育学、管理学、哲学、中外教育家典籍著作。聘请基地专家莅临学校分析、诊断学校的各项工作，梳理学校的办学思想，规划学校的发展。筹建“名校长工作室”，遴选工作室成员，在导师的指导下，制定工作室建设方案和规章制度，明确工作室培养目标、任务、人员分工、研究进度等。开展教育改革实验，探索并完善“强基铸魂”课程体系建设。分年级探索影响孩子成长的最重要的好习惯，制定各年级学生习惯养成教育阶段目标。充分发挥学校教研团队的力量，推进学校“十三五”课程实践研究，聘请专家开展实证性论证。

第二年：在专家指导下，研制年度研究计划，明确培养任务，制定名校长工作室培养过程中跟岗学习、学校诊断等实施方案。通过高端讲座、高端论坛，与大师对话，导师指导、自主研修，走进理论前沿，进一步明晰以人为本的教育思想，促进师生全面发展的主张，至少在本市范围内作办学思想专题报告 1 次。精读、研读教育学、管理学、哲学、中外教育家典籍著作。全面推进“导学式”教学模式的实践研究和“强基铸魂”课程建设，为撰写《“强基铸魂”课程建设实践研究》收集、整理素材。工作室研修共同体开展研修学习，让学员感受与领悟笔者的管理思想；开展现场诊断，指导入室学员凝练办学思想，改进办学实践，形成研究成果。建立名校长工作室网页、微信公众平台、QQ群等，为全国各地的校长提供学习、交流和对话的平台。积极参与有关学术交流活动，在理论研习、创新实践的基础上，对自己的教育思考与实践进行总结，积极回应教育问题，在国内权威教育报刊发出正能量的教育家声音，引导社会舆论和教育发展。

第三年：继续精读、研读教育学、管理学、哲学、中外教育家典籍著作。继续开展名师工作室活动，通过个人成长带动团队发展，实现个人与团体的长足发展。进一步做好学校的全面发展规划，提升办学理念，打造管理水平更高的领导团队，通过专业团队的集体努力，实现市内知名的发展目标。在专家、导师的集中指导下，形成个人研修成果、工作室建设成果、课题研究成果和争取出专著。展示体现教育思想、创新实践及学校办学等方面的成效。举办1—2次教育思想报告会，展示教育思想和办学成果；进行巡回讲学，传播教育思想，区域内教育共同发展进步。

三、研讨反思：在实践中成长

笔者参加国培计划——第二期名校长领航班江苏基地的学习与培训已经一年了。在这一年里，我们在江苏基地的带领下，聆听导师们对自己个人三年发展规划的指导与论证；走进全国教育改革先进地区南通与扬州进行学习考察；与理论导师、实践导师和教育大家——李吉林老师进行面对面交流，聆听他们的教诲；走进13所学校进行诊断调研，学习兄弟学校先进的办学经验；与全国名校长进行办学思想和办学实践的交流与研讨，不断开拓我们的视野；同学之间相互交流、相互学习、共同提高；我们每个人不断学习教育理论，与理论导师面对面交流学习体会，不断提升我们的思想内涵。总之，一年内丰富多彩、形式多样的学习培训感受多多、收获多多，用千言万语也难以表达内心的激动与感激。

（一）丰富的教育内容，激励立德

江苏基地高端的顶层培训，激励我立德。从国培计划——第二批名校长领航班的开学典礼，到笔者被江苏基地录取后参加第一次集中会议，从江苏基地开班仪式到我们一年来参加的每一次集中培训，从江苏基地第一批领航班培训成果到我们一年来参加培训的收获，从对江苏基地培训的整体规划设计到为每一名学员安排有个性的理论和实践导师，无不使我深深感受到江苏基地在严华银教授带领下的团队对教育的执着追求，对国培的高端设计，对每一位学员的真心指导。特别是在每次培训活动中，严华银教授精彩的点评，既有理性思考又耐人寻味，既有理论的指导又有实践意义，既有严谨的表达又不失奇言妙语，让我感受到他对教育、对我们学员的至真、至情、至爱。季春梅主任看似严厉而不失关怀与期待的眼神，让我感受到她对教育工作和对每一位学员的火热与激情。回俊松博士作为我们的班主任，每次活动前的安排、活动中对大家无微不至的照顾和活动后的总结，无不体现出他对此项工作的热爱。他们对教育的执着追求和无限热爱，激励我不断地向他们学习，努力做好每天的各项工作，认真地参加每一次的学习培训，积极完成各项学习研讨任务。

导师们严谨的治学、治校精神，激励我立德。一年来，我们走近理论导师吴康宁、李政涛、彭钢、张西平等教授，聆听他们对教育的理解，拜读他们的书籍，与他们面对面地进行读书交流，深刻感受到这些理论专家对教育的深刻感悟、对教育改革的积极投入与引领、对改造教育中的顽疾与弊端的关切与努力以及他们对中华民族教育的腾飞充满坚定的自信与自豪。我们的实践导师先进的办学思想和办学成果，也激励着我不断地努力学习教育理论，不断地思考与反思办学实践中的问题，并按照党的教育方针、教育规律和学生身心发展规律，不断地探索教育实践。最让我敬佩的是著名教育家李吉林老先生，“在一所学校、一个身份、做一件事情”。一位80岁的老人用了将近两个小时的时间，给我们讲述她从教62年的教育故事，讲述她从情景教学到情景教育的改革历程，讲述她对学校、对工作、对学生的热爱之情，无不浸润着这位教育家热爱教育事业、热爱学生，用毕生精力为教育献身的家国情怀。另外，吴康宁教授在《重新发现教师》一书提到的斯霞、李政涛教授在《倾听着的教育》一书中多次提及的叶澜先生，都是中华人民共和国成立以来著名的教育家，他们用自己的言行诠释着作为一名教师的誓言——立德树人。

名校长们身上的优秀品质，激励我立德。一年来，我与来自全国各地的名校长一起学习交流，特别是和伙伴们一起研讨学习，他们身上的优秀品质和对办学高品质的追求，对师生的关切与关爱，激励着我不断前行；与他们的交往、交流中，使我不断增强自信，重新认识自我、重新认识自己的学校，更加自觉和主动地规划学校的发展、梳理自己的办学思想，努力创办“让学生昂首直立的学校”。

（二）深邃的教育思想，鼓励立言

当我每每捧起一本本理论导师的专著细细品读之后，他们对生活、对教育本身、对一切事物敏锐的观察力和洞察力，他们直面各类问题的反思力和批判力，他们对各类事物多角度的思维力和严谨的逻辑表达力等，无不让我佩服甚至折服。实践导师们每每谈及自己的办学思想、办学实践、办学成果时，清晰的办学思想、先进的办学经验、严谨的语言表述和丰硕的办学成果，令我赞叹不已。因此，我努力把握每一次研讨交流机会，在认真倾听他们发言的同时，汲取他人的优点，不断梳理自己的思路，尽最大能力提高自己的发言水平。努力把握每一次做作业的机会，认真理解每一天的学习收获，学习导师和同学们的优点，尽最大努力把自己的学习收获表达清晰完整。努力把握每一次对外交流的机会，把每一次集中培训学到的经验、体会和收获，丰富和完善自己的办学实践，积极地向来访的教育同人介绍自己的办学思想和办学实践。一年来，我接待来自美国、英国和国内教育学访团10余次，努力把握各种机遇向社会媒体宣传自己的办学思想和办学实践，宣传自己的学校。一年来，笔者和所在学校多次接受《中国教育报》《天津教育报》和天津电台媒体采访，多次在全国、市区交流办学实践。

（三）先进的办学成果，鞭策立行

通过一年的学习培训，我们在江苏基地的引领下，走进了全国13所名校进行学习诊断调研，每一所学校都有自己独特的办学特色，取得了突出的办学成效。每一次学习后，我都会认真品味每一所学校的办学经验和特色，结合自己的办学进行较为深入的思考，向班子集体和全体老师汇报交流自己的学习收获和学习感悟，并将一些可行的经验与做法融入自己的办学实践中。一年来我参加了三次论坛，受益匪浅。就拿刚刚结束的“全国高品质学校与课程建设”研讨会，晏婴小学的课程改革经验、金凤三小的“说学教育”课程建设、铁岭市昌图县实验小学的“心智教育”课程建设、三亚市三小的“小水滴”课程建设，给我们学校的课程建设与实践以很大的启发，我将会把他们的成功经验与自己学校课程建设与实践紧密结合起来，提高学校课程建设与实践的品位与特色。

四、读书学习：用理论武装头脑

（一）领悟什么是教育

今天，笔者就研读美国教育家菲利普·杰克森的著作《什么是教育》一书与大家交流读书体会。听到这个书名，相信大家和我的感受相似，这个题目很大。什么是真正的、真实的教育？对教育本质的追问，是一个亘古常新的话题。人们普遍认为：教育是一种人类道德、科学、技术、知识储备、精神境界的传承和提升行为的过程，也是人类文明的传递。然而，当我们仔细思索，就会发现我们所给出的一些常见定义，很难涵盖教育的全部。当我们追问“教育的真谛到底是什么”时，恐怕很难可以真正说清楚或说得全面。而对此话题的论述又会由于不同的社会背景和政治背景有不同的观点；也会随着社会、历史的变迁而不断地发展。

就这个问题，我和学校里的老师做了一番交流。有的老师认为，教育就是教好课、带好班，具体表现为备课、上课、批改作业、管理学生、参加教研活动等。各位校长同人，其实作为一所学校的管理者，我们平时关注更多的是学校的日常工作，我们思考更多的是“什么样的教育是有效的？”换言之，我们更加重视具体的做法和途径。教育中，我们采用的大多数方法，都遵循严格的经验轨迹，旨在找到实用的解决方案。也就是说，有一种“试错”的意味：前人实验过哪种方法有用，我们就采取哪种方法；没有用，就换一种。至于为什么有效？我们很少关注。身处这个快节奏的时代，终日的忙碌使我们无暇思考教育的本质。

作者菲利普·杰克森认为，作为教育者，我们需要了解的不仅仅是如何提高目前的实践做法，而且要思考教育究竟意味着什么——简而言之，我们要不断地从根本上反思教育。《什么是教育》这本书，阐述的就是深刻的教育哲学思想。虽然“哲学”二字听起来有门槛，但其实这本书并不难读。今天，就让我们沿着作者的思考脉络，尝试对教育的本质进行一次深刻的凝视，探究到底什么才是教育。

1. 作者其人

严华银教授在我们的第一次读书活动中指出，读书一定要了解、研究作者的背景。所以首先，我们来了解一下作者其人。

菲利普·W. 杰克森出生于1928年，是美国最著名的教育家之一，曾获戴维·李·西林杰出贡献奖。他发表过诸多著作，包括《课堂中的生活》《教学方法与传统》《约翰·杜威与哲学家的任务》等，被称为“继杜威之后世界最伟大的教育学研究者”。

对于“继杜威之后”这个限定语，我们再多做一些拓展了解。谈到杰克森，就必须要提到杜威，因为这两人的教育理念与思想是一脉相承的。杜威自不必说，谈到现代教育，就必须要谈杜威，他被视为二十世纪最伟大的教育改革者之一。那么，杰克森和杜威之间有什么联系呢？

对于杰克森来说，杜威是他最为尊敬的前辈。当他还是一个本科生的时候，就读到了杜威的教育学著作，当时就非常认同杜威的观点；研究生期间，他去哥伦比亚大学，杜威曾在哥伦比亚大学任教，所以那里的老师们不仅研究杜威，而且见过杜威本人，使杰克森对杜威的思想萌生了更加浓厚的兴趣。

1952 年杜威去世；三年后，杰克森来到芝加哥大学任教。值得一提的是，杜威也曾在这里任教。当杰克森第一次走进芝加哥大学图书馆时，杜威的塑像就矗立在大厅正中。在这种环境下，多年来，他一直专注于研究杜威的教育思想，甚至还曾担任杜威创办的实验学校的主任。可见，这两人有很深的渊源。纵观全书，字里行间都充满了对杜威的推崇与敬仰。

此外，在读书时，笔者还明显感受到，作者是一个较为推崇理性的人。他仔细研究了德国哲学家康德和黑格尔的思想，并将之融入自己的教育理念之中。比如他对“真理”的分类，就是受到了黑格尔“偶然真理”与“内在真理”的启发。

基于上述几位学者的观点，以及作者本人多年教育实践所获得的生动体验和深刻思考，杰克森教授写成了《什么是教育》一书。

2. 研究缘起：杜威之问

了解了作者的研究背景，我们再来看本书关注了哪些重点问题，提出了哪些主要观点。这本书的起源可以追溯到 1938 年，当时杜威应邀向一群教育从业者发表了一次演讲，他敦促人们思考“何为教育”这个问题，此问又被拆分成了四个子问题：

什么称得上是教育？

在没有任何修饰的情况下，教育的本质是什么？

教育的纯粹、简单指的是什么？

满足什么条件，教育才能成为现实，而不仅仅是一个名称或口号？

可以看出，杜威十分关注教育的纯粹性。20世纪40年代末，当时还是学生的杰克森首次接触了这次演讲的文字稿，于是就将杜威的问题铭记在心，在接下来几十年的漫长时间里，一直反复思索杜威所提出的问题。为了寻找到一个简短且有效的答案，他开始对教育的价值进行思考，询问教育的基本价值是什么，为什么教育对人类的幸福来说如此重要。

要想获得这个答案，他首先思考：教育的使命到底是什么？杰克森提出了这样一个疑问：教育所致力于传播的，究竟是知识，还是真理？让我们也来思考这个问题。知识和真理有什么不同呢？我的理解是，比如在课堂上，教师与学生分享知识和他人的思想，这就是传播知识；而如果教师更愿意看到学生能够独立思考，由自己确定所学内容里包含的真理，这就是对真理的传播。简言之，真理是经过学生自己咀嚼过并相信为真的知识。

在杰克森看来，当我们面对生机勃勃的孩子们时，教育的首要任务是传播真理。

3. 教育的使命："贩运"真理

杰克森教授进一步提出，教育的使命就在于"贩运"真理。他将真理归结为五种类型：事实性真理、系统性真理、工具性真理、道德性真理和主观性真理。事实性真理是教育内容中最简单的生活常识，所提供的信息通常可以在一瞬间或以易于验证的感觉进行传达（可以理解为直白的事实知识）；系统性真理是知识内容的体系，一般以复杂的结构形式呈现出来（比如某个学科的知识结构）；工具性真理是关于方法论的知识，涉及做事情的方式方法，即人们采取行动的规划和步骤（比如学生的学习策略）；道德性真理是内化并植根于人类道德意识中的礼仪和规范（类似于我们所说的品德教育）；主观性真理是个人采取的真实看待自己、他人以及整个世界的真理。

杰克森教授认为，教师在课堂上所做的就是“贩运”真理。但是首先，在对这五种真理进行“贩运”时，教育者必须赋予这些真理以生命。

对于这个观点，我的理解是：在我们日常教学中，如果教师单纯地把某个知识告诉学生，这个知识是没有生命的，它不能走进受教育者的心里，教育的效果就会不尽如人意，所以教育要“贩运”的真理必须是容易获取的、有趣的，也就是一种主观性的真理。

所以，杰克森认为，教育最重要的使命在于将前四类真理转化为第五类真理，即主观性真理。那么，我们应该怎么做才能完成这种转化呢？杰克森教授认为，应该建立一个民主的课堂，允许学生能够独立思考，能够自己确定所学内容中的真理，即教师要将学生在知识学习过程中的反对和异议当作建议对待。

我认为，在日常教育教学工作中，这是一种对教师的“修炼”，因为对教师而言，这意味着他们要容忍学生打断授课，对学生意外提出的问题感到愉快，注意学生在课堂上困惑的面部表情，并乐于为学生答疑解惑。回归当前的日常教学生活，教师选择授课的内容，讲课、布置课堂作业和课后作业等活动，课堂活动的组织过程和形式，几乎是由教师一手操办。然而，在理想的课堂生活中，知识应该由学生自主建构，只有在学生心里发生的知识学习才可能是最高效的。正如杰克森教授所言，只有“对真理‘贩运’的控制转移到了个人手里，此时，它才处于自由社会中。在最好的条件下，其最终的管理者不是别的，正是思维本身，思维在做自己的事情，行使自己的自由，沿着自己的轴线转动，发挥自己的潜力”。

4. 教育的终极目标：爱与承认

如果说教育的任务在于“贩运”主观性真理，那么教育的终极目标又是什么？杰克森教授指出，教育的最终目标是追求人类生活的真、善、美，这也是全人类努力追求的完美顶点。我们今天寻求并思考教育的终极目标，这本身就是一种高价值的人类努力。

为了实现教育的终极目标，我们需要建立什么样的师生交互关系或学校与学生的相互关联呢？杰克森在书中第 139 页写到，威斯康星州瓦克夏的卡罗尔大学校门口有一块标语牌：“卡罗尔大学：大，足以服务你：小，足以认识你”。这句话令他极为震撼。“大，足以服务你”主要是指学校环境中必须要有足够的物质设施，充足的、训练有素的工作人员和教师，以及丰富的课程设置，从而能够为学生提供广泛的、发挥智慧才能的选择和机会。“小，足以认识你”主要意味着在这所学校里，学生不会没人管，不会在人群中迷失自己，表明学校的教师和管理人员要将学生视为个体对待，不仅仅是知识的受众，这背后的支撑是学校与教师对学生所做出的道德承诺，这种道德承诺其实是基于对学生的爱意或人性关怀而实现的。

在基础教育阶段的师生关系中，彼此的承认与尊重能够实现教与学的良性互动。杰克森引入“爱”和“感情”以揭示教育的本质。他认为，在教育中，“爱扮演着至关重要的角色，正是爱的胶水将事物粘在一起，让它们凝聚一处”。

因此，在杰克森看来，教育归根结底是一项道德事业，他将彼此承认与尊重看作是教师与学生交往关系之魂。杰克森认为，黑格尔所说的“彼此都承认”是让我们成为更完整的人的条件，正是基于此，我们得以发展个性鲜明的独立人格。教育的根本目标是让学生以及教师，进而每个人，都变得更好。我们都知道生活中他者的存在是多么重要，世界之大，我们总仰仗陌生人的善意。尤其在师生之间，存在着一种特殊的交往关系——“告知”和“塑造”。杰克森将“告知”称为“模仿”，“是因为它提供一个将事实和程序性知识，通过一个基本上是模仿的过程，从一个人传递到另一个人的中心地”。而“塑造”是一种质的变革，“将包括为整个社会最为真实的所有性格特征和个性”。由此，可知学生独立人格的养成与教师的承认与尊重之间有莫大的关系。教师在某种意义上是学生最信任和崇拜的人，教师的任务不仅是言传身教，更重要的是学生道德和精神心灵的伟大导师。杰克森指出，师生之间的相互承认是人类繁荣的必要条件。

我认为，在师生交互关系中，正是这种对彼此的承认与尊重，成就了师、生作为独特鲜活的个体而存在。当代德国哲学家霍耐特认为，爱、尊重和社会重视是承认的三种形式。获得承认是个性中的自然倾向，是每个人进行交往的动机。教育中的交往是一种相互承认的关系结构。学生作为完整的人，其精神人格是通过教育对他的“特殊性”

的承认而得以发展的。在这种承认关系中，学生形成了独特的、完整的、有尊严的自我，培养了主体间的道德感和共通感，教育本身也形成了一种有爱的共同体。教育过程是一种交往过程，或者说教育是在交往中进行并实现的，道德和知识的学习都是在教育者与学生之间交往互动中进行和收获的。互动和交往是人们获得承认或接纳的根本方式，而承认或接纳是形成社会认同和个人认同的方式。

5. 教育的本质：向好

在书的末页，看到作者经过形而上学的深入思考，总结出他心中对教育本质的理解时，我的内心自然而然地产生了共鸣和感动："教育是一种促进文化传播的社会活动，其明确的目标是让受教育者的性格和精神（人格）福祉产生持久的好转变化，而且，间接地，让更广泛的社会环境发生好的变化，最终延伸至整个世界。"换言之，教育的本质应该是一项道德事业，教师与学生都应成为"更好的人"。教育的底线在于教育归根结底是一项道德事业，在于它的目标就是要改善人的精神。教育试图让接触它的每个人，如教师、学生的精神比现在更好。这一任务是无穷无尽的，它试图让全社会乃至全世界变得更好。每一代新人都需要接受教育，都可以自由地在前人的基础上继续前行，创造更美好的生活。教育是一项道德事业，就是使我们自己重新致力于对它的服务，重新认识这项事业的崇高和神圣，这样，人类的生活才可能因自己的努力而更美好。

总体来看，《什么是教育》一书中，杰克森深刻探讨了教育的本质，把教育看作生命与生命的交往与沟通的过程，而彼此承认和爱则是这一道德事业得以生成、发展的根基。杰克森认为，教育是平等的对话和自由的交流、是尊重与承认。因此，无论对于教育者还是学生来说，承认、爱、尊重都是不可或缺的最有价值的东西。只有将教育视为一项道德事业，才能让其真正发挥唤醒灵魂、促进自我完整发展的意义。正如杰克森所说，教育应让每个人变得更好、更幸福。

6. 批判与反思

读后掩卷，这本书给我带来的思考很多，与各位同人交流、分享一二。

第一点思考：杰克森认为，师生应当给予彼此足够的爱与承认，师生之间的相互承认是人类繁荣的必要条件。然而，无论是其所举出的卡罗尔大学标语牌的例子（提到了学校对学生的服务与关怀），还是他所描述的师生关系——告知、塑造、模仿……这些词汇与事例，似乎都写满了粗大的“单箭头”，反映的是教师对学生单向的传递与影响。包括作者在前文论述真理时提到的对真理的“贩运”，在这些词句中，学生似乎始终处于一种被动承受的地位。我们总说“教学相长”，显然，爱、承认、尊重，应当是师生间的一种双向行为。那么，学生对教师的爱与承认，会对教师产生什么影响呢？教育的根本目标是让学生以及教师，进而每个人，都变得更好，但作者在教师变化的方面似乎着墨不多。

第二点思考：学生除了领受教育者给予的爱与承认之外，其自身有没有主观能动性？显然答案是肯定的。我认为，更应受到重视的，是学生身处这样充满爱、承诺、道德的环境里，其内心所自然而然生发出的情感：对自我的肯定，对师者的尊敬，对真理的热爱。这种自发的情感，能够催生学生的深层次学习动机。作者似乎对学生的情感提及较少。在阅读过程中，我不止一次想起我校从20世纪80年代起就开始探究的“导学式”教学法。所谓导学，实际包含了五个“导”：导趣、导情、导思、导法、导疑。其中，导情是十分重要的组成部分。我国古代有“道而弗牵”，西方有苏格拉底之“产婆术”，教育者的最佳位置是引导者，学生最深沉、最内核的情感应当是由自己生发出来的。教师对学生的爱与承认固然非常重要，无可辩驳。然而，学生是否能够借由这种爱与承认，生发出起于内心对自己的爱、对老师的爱、对知识对真理的爱，能否承认自己、承认世界，我认为这更加重要。

第三点思考：杰克森认为，教师的任务是传播真理。这使我难免感到一种“惶恐”。当我们自诩为真理的传播者，那么真理又是什么呢？它能够由我们来定义吗？真理是否只存在于人们的想象中？如果说真理是人们根据自己的经验、判断其为真的东西，那么它岂不是一个见仁见智、千人千面的存在？教育的过程是如此复杂，不同的学生，不同的教师，不同的教学过程——最终，我们如何才能知道，学生学到的是“正确”的“主观性真理”？主观性真理如何做到“准确无误”？又如何能够确保每个教师都具有传播主观性真理的自觉呢？这恐怕还是我们需要思考的问题。

另外，作者认为，教育的目标是让受教育者乃至整个社会产生持久的好转。但首先，如何界定什么是“好转”？往往此时认定的“好转”，彼时却是“祸害”；此时的“好转”，彼时却被认为是“恶化”。道德也从来不是单一的，多元论者会认为有无数种互相对抗的道德，追求道德纯化的后果是付出巨大的社会成本。

谈到这里，笔者不禁想起严教授极富启发意义的文章《做“四有”

教师》。文中提到，所谓教育，就是生活在今天的一群被称为“教师”的人，用昨天的知识，教着生活在未来的今天的学生。做教育的人应当时刻保持警醒，无论如何都要建立未来眼光、战略思维。否则，教育越多，可能危害越大。教师之于教育、之于学生、之于人才，比天还要重要。教师怎样，教育便怎样；教育怎样，未来中国便怎样。你我今天做怎样的教育，未来也就会有着一个怎样的中国。可见，教育者在传播主观性真理时，必须要对什么是教育、我们应当传播怎样的真理，保持一种清醒的头脑和理性的思考。我国在不同的发展时期，对于教育的需求、对于学生的要求，也是不一样的。在 2018 年的全国教育大会上，习近平总书记指出，要德智体美劳五育并举、均衡发展，这无疑是当下我国教育者应当坚守的信念与前进的方向。

教育者专业的精确性要求我们更加清醒地认识教育；可是，教育专业对象——人的复杂性，又决定了我们对所从事的教育专业未必有一个万全的认识。作者在整本书中也在告诉着读者，“什么是教育”是一个永远都触及不到完美答案的问题，我们的思维只能无限去接近完美，但是永远都达不到终点，但这并不能阻止我们去进一步思考和完善，因为正是有了这样深入的思考，才能实现本质与存在更完美的结合，才能使存在不断向真理的方向去完善。

著名教育家雅斯贝尔斯曾说：“对话便是真理的敞亮和思想本身的实现。在对话中，可以发现所思之物的逻辑及存在的意义。”笔者看来，我们的读书活动也是一种对话，在这种对话中，“什么是教育”也许没有明确答案，但这种思考、讨论、再思考的过程，本身就是意义所在。或许当我们忙于应对日常事务性管理工作的时候，偶尔应当抬起头，仰望教育哲学的星空。人们常说，哲学是晦涩难懂的，是高不可及的，其实通过阅读本书，可以发现恰恰相反，哲学是最贴近我们心灵的学科，它无处不在、最为直白。一花一世界，当我们沉静下来，某种属于哲学的思辨就开始了。

（二）教育要干什么

《叶圣陶教育名篇》一书在几年前笔者已认真拜读，此次再次捧起此书更感亲切。叶圣陶老先生语言亲切、质朴、风趣，仿佛身临其境；老先生以杂谈的方式指出教育工作中存在的问题，揭示教育的目的、教育教学的方法，使笔者深受启发，感同身受。本书共三辑：教育杂谈、教学杂谈、评议杂谈。下面，笔者就读第一辑教育杂谈，围绕“什么是教育？教育要干什么？教师要干什么？”谈谈自己的思考与认识。

教育的意义究竟是什么？许多人认为，教育是“成熟的人对未成熟的人，以一定的目的、方法使能自觉”，杜威所谓“教育即生活”，舒新城所谓“教育是启进人生的活动，其目的在于为社会创造自立的个人，为个人创造互助的社会；其方法在利用社会刺激，使受教育自动解决问题，创造生活”。叶圣陶先生在《教育与人生》一文中指出：“我以为教育应该指学校教育而言。所以，教育是用学校作为工具，把旧有的知识系统传授给继起的青年，使他们养成一种适合于既成社会的人格，以维持和发展这个社会。所以，教育是人类获得生存资料和经营生活的一种工具。教育本身并非目的，而是工具。这种工具，大而言之可以挽救国家社会，小而言之可以指导个人，改造个人的错误，实现个人的本能，它的作用是很大的。”

笔者以为就学校教育是促进学生全面发展、健康成长，并为他们积蓄和储备适应未来社会发展所需能量的过程。

全面发展就是坚持德、智、体、美、劳全面发展，其中德育是其他各育的核心、首要，它是我们盖房子时使用的四梁八柱中的顶梁柱。做好德育工作是我们的教育，特别是小学教育的首要任务，关系到培养什么人的重大问题。习近平总书记在全国教育大会上的讲话指出，我们的教育必须把培养社会主义建设者和接班人作为根本任务，培养一代又一代拥护中国共产党领导和我们社会主义制度、立场为中国特色社会主义奋斗终生的有用人才。我们要在习近平总书记提出整体育人目标要求下，结合学生年龄特点、心理特点，遵循教育规律落实到学校的德育工作，使学生在各种教育活动和教育体验中受到自我教育，得到自主发展。其他各育也要在整体育人目标指导下，结合各自的分目标，对学生实施教育，形成教育的合力，进而使学生逐步树立起正确的人生观。正如教育学家杰克森在《什么是教育》一书中指出“教育归根结底是一项道德事业”。

学生的健康成长，笔者认为既包括学生的身体和心理健康，也包括要培养学生树立健康第一的思想，引导学生养成健康的生活方式、科学的锻炼方法，以及积极的、乐观的、崇尚的心理状态。后者是基础和前提，前者是结果和状态。

之所以说，学校教育是为学生积蓄和储备适应未来社会所需能量的过程，是因为：第一，学校教育是终身教育体系的一部分，而小学教育既是以幼儿教育为基础，又为高一级教育打基础的阶段。第二，学生在小学阶段的学习生活也是人生的一部分。要让学生明确现在的学习就是人生的一部分，就要端正学习态度、明确学习目标，这样才能会产生源源不断的学习动力。

上文阐述什么是教育的问题时，已经讲到教育的首要任务是道德教育。教育特别是小学教育的第二个重要任务就是培养好习惯。在谈及好习惯时，叶圣陶先生说：“无论怎样好的行为，如果只表演一两回，而不能终身以之，那是扮戏；无论怎样有价值的知识，如果只挂在口头上说说，而不能彻底消化，举一反三，那是语言的游戏；都必须化为习惯，才可以一辈子受用。”所以，笔者认为，教育就要培养习惯，好习惯受益终身。叶圣陶先生在谈及如何培养习惯时说：“养成小朋友的好习惯，我将从最细微、最切近的事物入手；但硬是要养成，决不马虎了事。”笔者非常赞同老先生的观点，特别是我们做教育的一定要守得住寂寞，对学生发展有利的事情一定要一竿子插到底，干好！我们在培养学生良好习惯时，建立了以班主任为核心的教师集体管理班级的机制，形成校内教育合力，通过“讲、树、做、展、评”五个环节落实习惯养成教育，在培养学生良好习惯时还特别注意近、小、实。“近”就是贴近学生日常学习生活，“小”就是从细微处着手，“实”就是要实实在在地落实、扎扎实实地推进。为了更好地推进习惯养成教育，我们制作了良好习惯课程资源，组织全体师生和家长学习，在日常学习生活中训练学生。同时，我们开展教育就要培养系列家长学校培训，指导家长在家庭生活中培养学生习惯，形成家校教育合力。在培养学生养成良好习惯的过程中，非常重点的一点就是教师要做到为人师表，要求学生做到的，教师要首先做到；学生要养成的好习惯，教师要做好示范。正如叶圣陶老先生所说：“一个学校的教师都能为人师表，有好的品德，就会影响学生，带动学生，使整个学校形成一个好校风，这样有利于学生的全面发展，对学生的成长大有益处。”

明确了教育目的和学校教育中最重要的两项任务，那么，教师要做什么呢？笔者以为教师重要的是做好两件事：一是关爱学生。老师要用真心、用真情，要让每一名学生感受到老师是真心地爱自己的，要让每一位学生家长感受到教师是为自己孩子好的。只有这样，我们教师的爱才能转化为无穷的教育力量，才能收获好的教育效果。正如叶圣陶老先生所说：“我如果当小学教师，决不将投到学校里来的儿童认作讨厌的小家伙……我都要称他们为‘小朋友’。那不是假意殷勤……而是出于忠诚，真心认他们做朋友，真心要他们做朋友的亲切表示。”二是教学生学。“教是为了不教”是叶老的一句名言。教师不是教书匠，不能教学生读死书、死读书。教材只是范例，教师要用教材教而不是教教材。学生也不是瓶子，瓶子里少些什么，就给装进什么。教师教书只是一种手段，知识只是一个载体，教师在教知识的同时，必须使所学的东西融化在学生的思想、感情、行动里，学生的思想、感情、行动确实受到所学的东西的影响，才算真有了成效。正如叶老所说：“能够‘躬行实践’，才是名副其实的教育。”

第五节 理论学习和专业指导的重要作用

在领航班组织的几次活动中，专家的点评、反馈，同行的互相帮助学习，对德育课程建设产生了深远影响。

一、加强理论学习，增强“看家”本领

在领航班的学习理解对教育工作者大有裨益，但是读懂、领悟、再实践需要一个过程，需要勤奋和探究。我还在学习领悟之中。

很多专家、同人提出了中肯的建议，比如：对学校校史的修订可以做成教科书式；楼道文化应当加强；基础课程做得较好，但实践课程、探究课程还有提升空间；班级多、人数多、空间小，离图

书馆远的孩子看书不太容易，随处可读、随时可学；生均空间不足，源于老百姓对优质教育资源的期待。需借助外部力量，如政府部门，在任期内进行协调，形成动态有序的局面；课程架构中，实践性、探究性课程较多，但似乎没有得到充分呈现；不仅应让学生了解校史，还可以让学生书写校史，分三个板块：一是传承过去、总结理念；二是书写现在的校史，学生六年的成长史就是学校的校史；三是毕业时，学生对学校未来发展的展望。

“不识庐山真面目，只缘身在此山中。”有时，我们要通过他人来认识自己。在领航班的活动中，同学们的诊断调研分析透彻，既实在又到位。这里面，特别是这样几位同人的点评让笔者记忆犹新。

江苏省常州市局前街小学校长李伟平提出：一是对学理的推敲。如“传承中营百年文化，实现师生全面发展”是办学理念还是办学目标？办学特色：百年文化、严谨善导，是否能作为办学特色？二是阐述历史与现在的关系。应当在传承中发展创新，不能沉湎于历史而没有新的发展。如导学教学模式，如今进一步发展为“导学教育”，涵盖了学校的领导管理、课程教学、德育。这种设计是否合适？“导学”是不是更侧重于学习？字眼是否站得住脚？三是对逻辑的推敲。学校理念、课程分类分成了几大块。但应当讲究逻辑关系，在同一个逻辑层面上分类，不能把几个事情罗列在一起分成一二三，交叉重复。如基础、实践、探究课程，分类标准是什么？似乎有互相包含的关系。划分依据是否具有科学性？通识、体验、选择，是否在一个层面？分类的标准似乎不一致。再如：三类课程的目标表述，不在一个层面，词语也不一致。应该怎么表述？又如：导学教学模式的六个导，导思、导疑，怎么区分？四是对理念的传承。导学模式，导什么？怎么导？应当看实实在在的课堂，而不是活动。五是对校训的转化。新的历史时期，校训怎么落实到领导管理、课程建设中去？“引导教育”“导引教育”比“导学教育”好。六是要学习理论导师的自学精神、思维方式，由点状、割裂扩散到整体融通。不要局限于条件论的思维，应当是主动可为的思维。教天地人事，育生命自觉。

诸如以上这些观点，李伟平校长以其风趣幽默、才华横溢的点评和亲民的作风，令笔者受益匪浅。

南京师范大学教育社会学博士生导师吴康宁老师谈及现今的教育，深刻的观点引人深思。首先，现在有些学校的网站感觉不够丰富，维持更新还需要更多人手，作为学校的动态展示，需要花更多功夫，呈现出学校即时的发展动态。学生在网站里也应有活动，老师、学生应当看到自己的成绩被展示出来，作为激励方式。其次，应让更多学生获得班级管理、班级治理的机会。班干部的产生，仅民主选举有弊端。有的学生长期管理班级，拥有更多权力，大部分学生没有更多机会参与管理。班级和医院、车间不一样，不是仅讲效率，能力强才做领导。学校当中的一切都是为了学生的成长，而不能为少部分学生的成长。在班干部的遴选机制上下功夫，班级管理轮值多样化，不需要与成人社会一样。再次，校园文化应有更多学生自己创作的产品，发挥学生的潜能，书写自己的校史。学校的教育理念、办学理念、办学特色、教育目标等，都属于学校的符号。这套符号是否需要在现有基础上进行反思、超越？不能原地踏步，需要提升。

在几次交流中，吴康宁老师都讲，“校长需要引领整个学校全部育人工作的基本方向，需要构建整个学校全部育人工作的基本框架，需要确立整个学校全部育人工作的基本机制。校长不能仅仅强调某些方面的教育，不能仅仅重视某些板块的运行，也不能仅仅关注某些人群的需要。”人们现在很喜欢讲“高质量教育”“教育的高质量发展”，其实，一所学校，首先得“像学校”，然后才谈得上“高质量教育”。什么叫“像学校”？吴康宁教授曾写过一篇随笔，题目便是《一个称作学校的地方不应当是什么》：“第一，一个称作学校的地方不应该是官场。学校是需要奉行真理至上的，不能容忍官场规则横行于其中。第二，一个称作学校的地方不应该是商场。学校是需要聚焦精神成长的，不能允许商场文化侵蚀于其中。第三，一个称作学校的地方不应该是战场。学校是需要和睦友爱的，拒绝无情竞争，不能让战场铁律肆虐于其中。第四，一个称作学校的地方不应该是剧场。学校是需要讲真话办真事做真人的，来不得半点虚假，不能让剧场表演行为充斥于其中。第五，一个称作学校的地方不应该是游乐场。学校是需要把促进学生成长发展放在首位的，需要张弛有度，不能让游乐场氛围弥漫于其中。第六，一个称作学校的地方不应该是养鸡场。学校应当注重内涵，关注品质，鼓励多样，不能让过度强调规模、效率及统一标准等养鸡场特征体现于其中。”

严华银教授给学校提出了未来发展的时代命题“百年老校文化从何而来？”在他看来，学校文化不只是老校长的校训，而应当是现在进行时，传承要与现代融合。文化是生长出来的，不是一个人定下来后不变的。

二、把握成长规律，发挥领航作用

新冠肺炎疫情的爆发使得领航班线下交流培训活动不得不按下“暂停键”。然而，诸位学员的学习和培训需求被临时转移到线上，从而促使云端交流由以往的教学辅助手段一跃成为主导的教学方式，线上的讲演和点评在疫情期间被按下“快进键”。

笔者在演讲中提出一个问题，“作为新时代的校长，特别是要发挥辐射引领作用的‘领航’校长，我们的特异之处在哪里？我们应当具备哪些素养和品质、心怀哪些追求？”这个问题也是笔者此时此刻想与大家一起讨论的问题：领航校长如何领航？自己优秀已属人中龙凤，天分和努力使然，如何引领其他校长成长为优秀者？其他几位领航校长也从不同角度讲出了自己的心声。这一重要问题值得大家在这样一个交流场合进行积极的回应和讨论。

通过交流和学习，笔者非常赞同江苏基地首席专家严华银教授的观点，严教授提出：校长，尤其是“教育家型校长”（领航校长），应具备四个核心素养，即领导力、思维力、创造力和表达力。这是非常有见地的见解。笔者认为教育家型校长最核心的素养是思维力，应从三个方面不断建构自己的理性思维，例如教育本质的理性思考、躬行实践、反思成败等，这些观点解读形成了一个工作中理性思维的实践闭环，让大家很受启发。

笔者认为，领航校长的胜任力特质表现在他们在教育工作中把握理性和感性冲突之间复杂性的平衡能力。例如我们学校的校训——“勤朴敏健”，这四个汉字中的每一个字都饱含着情感的坚守，理性的坚定；又如我们在疫情中的工作处理方式，对于家校诉求不和谐处理中的灵活性、包容性，也是校长价值引领力的直接体现。

在理论中探究，在实践中升华。今天的德育课程不仅要加强课程育人、实践育人、文化育人、活动育人、管理育人、协同育人等，更要与时俱进，大力推进德育课程的专业化、前瞻性和现代性，加强专业教师队伍培养和建设。未雨绸缪早布局，德育课程新谋划，最终达成培养德智体美劳全面发展的人才目标。

第四章

健康发展教育视域下德育课程的实践与落实

第一节　达成“健康发展教育”德育课程共识

培养什么人，如何培养人，历来是党和国家教育的根本问题。党的十八大以来，以习近平同志为核心的党中央，要求全面贯彻党的教育方针，坚持教育为社会主义现代化建设服务、为人民服务，把立德树人作为教育的根本任务，培养德智体美劳全面发展的社会主义建设者和接班人。习近平总书记着眼全局，把握关键，立意深远，深刻回答了培养什么样的人、为谁培养人以及如何培养人等一系列重大问题，是中国特色社会主义教育理论的精髓，是推进我国教育现代化的指导思想和行动指南。

中华人民共和国成立后直至党的十六大，在党的教育方针的表述中，始终强调受教育者德智体美全面发展。毛泽东同志在 1957 年指出：“我们的教育方针，应该使受教育者在德育、智育、体育几方面都得到发展，成为有社会主义觉悟的有文化的劳动者。”1978 年，邓小平同志在全国教育工作会议上指出：“应该使受教育者在德育、智育、体育几方面都得到发展，成为有社会主义觉悟的有文化的劳动者。”1982 年，《中华人民共和国宪法》第四十六条规定：“国家培养青年、少年、儿童在品德、智力、体质等方面全面发展。”1995

年，《中华人民共和国教育法》第五条规定："教育必须为社会主义现代化建设服务，必须与生产劳动相结合，培养德、智、体等方面全面发展的社会主义事业的建设者和接班人。"2002年，党的十六大报告提出："坚持教育为社会主义现代化建设服务，为人民服务，与生产劳动和社会实践相结合，培养德智体美劳全面发展的社会主义建设者和接班人。"

党的十七大报告提出，"坚持育人为本、德育为先，实施素质教育，提高教育现代化水平，培养德智体美全面发展的社会主义建设者和接班人，办好人民满意的教育"，首次提出了"育人为本、德育为先"。党的十八大报告则进一步强调把立德树人作为教育的根本任务，培养造就中国特色社会主义事业的建设者和接班人。将"立德树人"的定位置于"全面发展"之上，这是以习近平同志为核心的党中央继承、丰富和发展党的教育方针的集中体现，是对党的全面发展的教育方针的重大发展，是党的教育理论创新的最新成果。

而身为一名老教育工作者，立德树人一直是我倡导的育人核心，无论是身为一名普通教师，还是一名教学骨干；无论是在中层管理岗位，还是今天作为一校之长，德育一直是我时时思考、处处践行的教育课题。著名教育家陶行知先生说过，"千教万教教人求真，千学万学学做真人"，"先生不应该专教书，他的责任是教人做人，学生也不应当专读书，其责任是学习人生之道"。世界著名教育家艾伦·德瓦艾特认为，教育有两个目的：一个是要使学生聪明，一个是使学生做有道德的人。爱因斯坦在《论教育》中也说"学校应该永远以此为目标，学生离开学校时是一个和谐的人，而不是一个专家"。和谐的人要靠和谐的教育来培养，它要求教育要有全局观念，不仅传授专业知识和技能，更重视人的综合素质的培养，促进德智体美劳全面发展。

苏霍姆林斯基说：“领导学校，首先是教育思想上的领导，其次才是行政上的领导。”一所高质量、有特色的学校，不仅要有先进的办学理念，明确的发展目标和规划，更重要的是把先进的办学理念，通过全体教职员工的共同追求和不懈努力，转化为学校的办学实践，从而实现学校发展的目标。所以，无论在哪所学校，在德育工作中，我一直思考“三定品质”和“四个着力”。

一、校长要具备“三定品质”

践行“健康发展教育”思想并非是一件轻而易举的事情，因为它特别需要校长具备“三定”品质。这里的“定”是确定的定，坚定、锚定、淡定。

第一，坚定。坚定，说的是执着地坚守育人这个教育的原点。（这里所说的“育人”自然是简称，它的全称其实是“以健康的动机、健康的方式育健康的人”）教育实践正反两方面的大量事实证明，只有坚守育人这个教育的原点，一切以育人为本，一切以学生的健康发展为本，而不是有意无意地以牺牲学生的健康发展为代价，不是有意无意地连带性地以牺牲教师的身心健康为代价，那么，学校才有可能成为学生学习、发展的乐园，才有可能成为教师工作、发展的乐园。

第二，锚定。锚定，说的是在坚守育人这个教育原点的前提下，在认真研讨、细致琢磨的基础上有了自己的教育主张之后，便“咬定青山不放松”，持续探索，持续前行，不断拓展，不断深化，将贯彻教育主张进行到底。需要说明的是，“健康发展教育”这一思想的表达虽然是近期最终确定的，但健康发展教育这一思想的具体意涵是这些年来笔者在育人实践中、在头脑里不断形成的。

第三，淡定。如果“坚定”更多地说的是一种情怀，“锚定”更多地说的是一种意志的话，那么，“淡定”更多地说的是一种心态。在实际工作中，管理者往往很难真正定下心来坐在书桌前，安安静静地、认认真真地读一点真正有价值的书；很难安安静静地、切切实实地思考办学中的一些真问题。管理者即使有炽热的教育理想、独特的办学主张，甚至有比较充足的办学经费，也很难不受干扰、心无旁骛，按照自己的教育理想和办学主张，遵循教育的基本规律，尊重教育的理论常识，安安静静地、扎扎实实地办学。

二、校长要做到“四个着力”

（一）转变观念，在思想认识上着力

“师者，所以传道、授业、解惑也。”其中“传道”是最重要的。然而，现实生活中，德育工作的重要性却不是每个人都能意识到的。有不少教师重教书，不重育人，他们的着眼点放在学生智育上，只关心学生的分数，德育责任感和育人实际工作都不到位，对德育工作的认识模糊，在思想上和精力上向“应试”方面大角度倾斜。针对这一情况，学校成立了德育工作领导小组，校长亲自任组长，下大力气，坚决改变“抓智育一手硬，抓德育一手软”的现状，充分发挥教师在德育中的主导和核心作用。

首先，加强师德建设，强化教师在育人中的主导作用。优秀的教师队伍是学校发展的基石，是学校全员育人的关键。应从思想、理念、制度、环境等方面采取措施，加强师资队伍建设，充分发挥教师在育人中的主导作用，强化教书育人工作。要引导教师树立育人为本、以德为先的教育理念，明确育人职责。一方面，教师要充分认识教书育人是教师的天职，关系到国家的前途和民族的命运，增强责任感和使命感，在教育教学过程中不断提升自己的思想道德素养，以良好的思想、道德、品质和人格给学生潜移默化的影响。另一方面，教师又要全方位关心、爱护学生，充分尊重学生，促进学生人格的完善。要引导教师正确看待学生中存在的问题，主动将思想教育融入专业教育的各个环节，渗透到教学、科研和服务的各个方面，在传授知识的过程中加强学生的思想政治教育，使学生在学习和生活过程中，自觉加强思想道德修养。

其次，进一步深化改革，建立健全科学有效的教师评价体系，用制度落实“全员育人”。建立发挥课堂教学主渠道作用的长效工作机制，把教书与育人紧密结合起来，确保所有教师都履行育人的职责，所有课程都发挥育人的功能。对以教学或科研为主和教学科研并重的教师分类制定考评体系，对于那些热爱教学，教书育人，取得突出成绩的教师应加大奖励力度，实行积极有效的激励机制，鼓励教师发挥教书育人的主导作用。采取措施，完善教师职业道德规范，坚持“德育一票否决制”，将教书育人状况纳入教师考评奖惩制度。

最后，要以“教书育人”为切入点，通过评选师德优秀群体和师德标兵等活动，树立师德先进典型。深入开展职业道德教育，推动师德建设，促进学校良好的学风、校风的形成，积淀学校精神品牌。大力弘扬恪守师德、教书育人的忠诚情操，默默耕耘、不计名利的奉献精神，严谨治教、刻苦钻研的敬业作风，积极顽强、无怨无悔的执着追求，构建良好的教书育人环境。引导广大教师继承中华民族的优良师德传统，结合时代要求，树立“学为人师，行为世范”的崇高目标，严于律己，以德施教，以高尚情操、丰富学识和人格力量影响教育学生。引导教师发掘蕴含在各门课程中的思想政治教育资源，提高德育水平，增强学科育人魅力。

（二）营造氛围，在育人环境上着力

校园文化对于学生的思想观念、道德品质和行为习惯的发展具有不可忽略的影响。“学校无小事，事事皆育人。”因此，在学校，我们努力营造育人的文化氛围，创造优良的育人环境。

首先，学校十分重视环境道德教育。学校在各班教室悬挂伟人画像及名人名言标牌，在教学楼醒目位置悬挂名人画像，在校园醒目位置书写校训、校风警句和名人名言。同时，学校利用有限的资金，修建草坪和亭廊，绿化美化校园的生活环境，使人与自然达到高度和谐。校园环境的设计布置与德育活动相配套，形成育人的整体氛围。

其次，我们特别注重将环境道德教育与日常行为规范教育相结合。学校制定学生养成教育中长期规划，将学生良好行为习惯的养成教育细化到月，每月一重点，每周一目标，一周一反馈，一月一总结。俗话说“嫩枝容易弯也容易直”，这说明了加强小学生行为规范养成教育的重要性，他们年龄小，知识少，行为习惯正处在形成之中，可塑性大，可变性强。

例如在南开区中营小学，以学《小学生守则》为载体，培养小学生行为习惯，落实新《小学生守则》与养成教育相结合。

学：班主任带领学生集体晨读新《小学生守则》，让学生真正熟记、理解和认同，并结合《中营小学校园环境保护细则》，对新《小学生守则》的内容进行逐条解读。促进良好班风、学风、校风的形成。

看：学期初，结合新《守则》规范的具体要求，组织各班观看自行录制的《中营小学学生在校一日行为规范》《坐立行走》录像片，对于这些视频资源和新《小学生守则》内容，我们还将其传送到“云瀚竹生”学校管理平台上，学生在家里也可以和父母观看学习研究，提供一个范式，明确学校的各项要求。

议：召开主题班会，围绕“学习新《小学生守则》，养成好习惯，争做好少年”的主题，对照新《小学生守则》内容，排查自身差距，反思存在不足，讨论确定“勤朴敏健”中营人的形象标准，通过形体训练、习惯培养等途径，强化对学生的训练。各班根据自己班级的具体情况制定和修订了符合自己班级发展方向的治班理念、班规、班纪，制作特色班级管理手册，使得新守则更好地落实到班级活动中。

查：值周中队、卫生检查员、文明礼仪监督员、课间活动护导员上岗定点值勤，监督检查同学们的行为。

评：从路队、升旗、进校礼仪、板报、环境卫生、晨检记录、眼保健操、大课间常规评比、学科阶段监测、校操评比、运动会等方面进行综合评比，确定“养成好习惯，成长乐无限”优秀班集体。各年级分别以“人走地面净，扮美中营我能行”“课间生活真丰富，文明休息你我他”“正确读写好习惯，明亮双眼常相伴”“牢记守则规范，争做文明小学生”为主题开展活动。

做：掀起“争做勤朴敏健中营人”的热潮，开展一系列教育活动的同时培养了学生的责任心，使学生形成了自我管理能力，增强了责任意识。

最后，学校充分发挥宣传橱窗、黑板报和广播的作用，让学生在自我参与中受到思想教育。学校在节日和重大纪念日，组织各班举办规定主题的板报和橱窗，每组织一次都先布置，后检查评比，给学生以充分的时间准备。学生在创办过程中，积极搜集资料，认真设计版面，精心书写，在活动中既自觉接受了教育，又锻炼了能力。学校利用“校园之声”广播宣传报道校园的新人新事，报道国内外大事，培养学生的主人翁意识和责任感。

（三）狠抓教研，在学科渗透上着力

“人人都是德育老师，处处应做育人工作。”这是学校对每一位教师的要求。为此，学校提出并精心组织实施了学科渗透的德育方案，要求各位老师充分挖掘学科德育因素，结合本学科特点，找准结合点，让学生在接受文化知识的同时接受思想教育。例如：思品课教师充分利用思品课的德育优势，精心上好每一节课，使思品课成为学校德育工作的主阵地。语文教师把握“双纲”，挖掘教材中的爱国主义、集体主义，团结协作精神、尊老爱幼的传统，以及中华优秀传统文化积极因素，培养学生积极向上的精神风貌。数学教师结合教材，在教学过程中充分再现知识发生和发展过程，对学生进行辩证唯物主义教育，培养学生热爱自然、热爱科学的精神……总之，课堂教学是学生接受思想教育的主要形势，各学科的德育渗透，让学生在潜移默化中既陶冶了情操，又接受了教育。

（四）真抓实干，在活动载体上着力

开展德育活动是学校教育的重要实践领域，也是全面育人的任务落到实处的有效载体。我们深知，学校德育工作是一个系统工程，要做好这项工作，保证学生健康成长，需要全社会来重视、关心、支持、配合，以形成各方面齐抓共管的良好态势和学校家庭互动交流的立体教育网络。

其一，探索了一条学校教育与社会教育相结合的路子。学校组织了一些退休老干部、老教师组成关心下一代工作组，组织劳模、先进人物担任校外辅导员，形成一支有经验、素质高的辅导员队伍，由他们分期分批组织学生开展有益的社会实践活动。他们用经历、事迹和一颗颗火热的心为孩子们编织了一个精神的家园。

其二，加强对家庭教育的指导和管理。学校开办家长学校，在家长学校中，家长们通过经常参加学校组织的家庭教育讲座，系统地学习家庭育人知识，帮助家长们树立正确的教育观、质量观，提高家长的育人水平。而且，利用节假日举办学生、家长、老师的联谊活动，促进亲子交流，也在无形中进行爱老师、爱家长、爱学校、爱生活的教育。这些活动得到了家长的全力支持，得到了社会各界的一致认同。

其三，学校通过德育处有计划地组织学生开展丰富多彩的德育活动，让学生心灵得到净化，行为得到规范。例如，每周举行一次升国旗仪式，通过国旗下讲话，有意识地培养学生的爱国情操和荣誉感。每学期评选一次“三好学生”“文明小天使”“环保小卫士”等，充分发挥优秀学生的模范作用，带动更多的学生上进。每学期举办文化节、劳动节活动，充分展示学生的能力和特长，让所有学生都能找到自己的用武之地。开展营造书香校园活动，引导学生阅读大量有益的课外读物。组织学生观看爱国主义题材的优秀影片等，培养学生的爱国主义情怀。聘请综治办和派出所的同志进行法制讲座，增强学生的法制观念。这些丰富多彩的德育活动，可以净化学生的心灵，塑造学生良好的品德。

总之，小学生的思想教育工作是一项复杂的系统工程。我们学校紧扣“德育为首”的办学思想，积极探索小学思想品德教育的途径和方法；在实践中，紧扣以理服人，以情动人，以励激人，让学生在活动中受到潜移默化的教育。

古人云：“德是才之帅，才是德之资。”如今，“身教重于言教”已成为每位教师的共识。作为学生接触知识、接触社会的引导者，每位教师都深感责任重大、使命在肩，不仅要把知识教给学生，更要把良好的学习习惯、生活态度传授给学生；要让学生学会知识，更要让学生学会做人；要让每一个孩子在校园里享受最优质的教育，享受最人本的关怀，更要享受最幸福、最阳光的教育。

第二节　促进“健康发展教育”德育课程融合

加强中小学德育工作，提高德育工作的针对性和实效性，实现课程育人、实践育人和文化育人，是中小学教育的重要任务。提高德育工作的针对性和实效性，就要切实消除德育内容抽象化，脱离学生生活实际，口号化、概念化现象，增强针对性和感染力。既要重视品德与生活、品德与社会、思想品德、思想政治等德育学科的主渠道作用，也要加强其他学科的德育功能。要符合学生认知规律和成长规律，将德育课程与学习融合在一起，与学生的实践活动融合在一起，与学生的真实生活融合在一起，让学生的学习过程、生活过程成为道德行为规范认知和形成的过程。所以，我们通过顶层设计，将德育课程理念融入办学过程中的所有核心要素中，让德育真正发挥功效。

一、让教育在细节中绽放光彩

行为形成习惯，习惯决定品质，品质决定命运。小学阶段是培养习惯的关键期。中国教育鼻祖孔子谈及从小养成良好习惯的重要性时认为："少成若天性，习惯成自然。"从小养成良好习惯，优良素质便犹如天性一样坚不可摧。中国青少年研究中心副主任孙云晓曾说，成功教育从习惯养成开始。教育的核心不只是传授知识，而是学会做人。习惯是一个人存放在神经系统的资本，一个人养成好的习惯，一辈子都用不完它的利息；养成一种坏习惯，一辈子都偿还不清它的债务。蔡元培先生也曾说："教育者，养成人格之事业也。"教育的核心是培养人的健康人格，而培养健康人格应从培养良好行为习惯入手。所以，我在咸阳路小学时，注重从细节抓起，从学生自身做起，扎实有效地对学生进行文明习惯养成的教育。

多年来，学校深挖养成教育细节，从方方面面严格要求，让学生有章可循、有"法"可依。学校各级领导、教师高度统一思想后，认为：

加强未成年人思想道德建设，应先从养成教育开始，养成教育要坚持以人为本，为其终身学习与发展服务的思想，要以课堂教学为主渠道，实现知识与技能、过程与方法、情感态度和价值观"三维"目标达成，要把养成教育变成学生生命生长、生成、发展的过程，要贴近未成年人的生理、心理和学习实际，要从“近、小、实”抓起，让未成年人在学习与生活实践中感悟升华。

加强未成年人养成教育要做到“三有”，即有目的、有计划、有组织。

加强未成年人养成教育，要有高的目标、标准、规格、要求，要形成上下一致的严格管理，特别是要构建以班主任为核心的教师集体管理机制，定期召开教师会议，分析、研究班级学生的状况，反思自己的育人行为，并制定下月工作计划；要组织学生开展丰富多彩的交流、反思等活动，使学生在形式多样的活动中得到自我教育、学会自我管理。

另外，要加强学校教育与家庭教育、社会教育的整合，形成以学校教育为主体，以家庭教育为基础，以社会教育为依托的三结合教育网络，以达成对未成年人教育的一致性。

“尊老爱老”系列活动是咸阳路小学开展养成教育的一项重要内容。目前，绝大多数学生都是独生子女，他们在家中“衣来伸手、饭来张口”，事事都由长辈为其操劳。同时，长辈过分的呵护、宠爱，更加重了孩子们以我为中心的心理和行为。在家中，有的孩子不仅不会独立生活，不顺心意时还大噪、大闹，更有甚者打、骂长辈，俨然是个小皇帝、小公主；有的孩子从来不去考虑长辈的疾苦和感受，更不关心长辈的身体和生活，自私自利，唯我独尊；有的学生在学校和社会上不懂得谦让，更不懂得关心、照顾他人，不会与人相处……上述孩子们的表现与我国传统尊老、爱老、敬老的美德及我国教育目标“培养学生德、智、体、美、劳等方面全面发展的社会主义建设者和接班人”相背离，是不适应现代社会发展需求的。为此，学校于20世纪80代就开始进行“发扬传统美德，提高学生素质”的研究与实践。这样的养成教育，不仅让学生懂得尊老爱老敬老，更让学生在学校组织的丰富多彩的活动中学会了爱，学会了宽容，学会了感恩。

例如：天津市南开区咸阳路小学与天津市养老院开展了20余年的“与孤寡老人共享幸福”主题教育活动，学校组织学生利用周二下午、周日和节假日时间到养老院去看望孤寡老人，与爷爷、奶奶认亲，为爷爷奶奶做力所能及的家务，向爷爷奶奶学习各种才艺，为爷爷奶奶表演节目，为爷爷奶奶送去可口的食物……孩子的行动感动了家长。在孩子的带动下，家长也积极地参与到此项活动中来，全家人为老人过生日，把老人接回家中过年，为老人养老送终……孩子的行动唤醒孤寡老人的生命渴望，他们企盼着自己孙子、孙女的到来，他们用自己仅有的一点点零用钱为孙子、孙女买一支笔、一个本，他们毫无保留地为自己的孙子、孙女传播才艺……孩子们的行动影响了社会，中央电视台、天津电视台、天津日报等各大媒体给予了40余次的新闻宣传，孩子的行动更改变了自己，他们学会了孝敬长辈，学会了尊重他人，学会了相互谦让，学会了互相理解，学会了独立生活……这一短暂的活动经历为他们的人生留下美好的记忆，他们在中学作文中经常追忆这段幸福的生活。这就是教育的魅力和教育的本质。

二、让孩子有幸福的生活能力

《国家中长期教育改革发展纲要》中明确指出：“坚持以人为本、全面实施素质教育是教育改革发展的战略主题，是贯彻党的教育方针的时代要求，其核心是解决好培养什么人、怎样培养人的重大问题，重点是面向全体学生、促进学生全面发展，着力提高学生服务国家、服务人民的社会责任感，勇于探索的创新精神和善于解决问题的实践能力。”因此，我在五马路小学时，紧紧围绕“培养学生热爱劳动、热爱劳动人民的情感”的主要内容，加强劳动教育，让孩子们从小学会劳动，学会生活。

五马路小学的办学理念是“以人为本，和谐发展，日新月异”。“以人为本”是教育的目的和归宿，一切工作为了学生的发展，促进学生全面提高，一切成果看学生；“和谐发展”是在全面发展基础上的和谐，促进学生德、智、体、美、劳全面发展，实现学生在知识、技能、情感、态度、意志、品质、价值观等方面和谐发展。“日新月异”是要让学生天天有进步，月月有提高，年年有发展，让学生体验成功，感受成功的快乐。

学校的劳动教育，从建校初以“讲究卫生自理衣服”为主要内容的纯朴教育开始，历经半个多世纪探索与实践，如今已发展成为今天的劳动教育特色，是历届领导集体带领广大教职工，奋力拼搏、勇于探索、继承发展的成果。学校始终坚持党的教育方针，全面实施素质教育，不断探索各个历史时期劳动教育的方法与途径，不断积累各阶段劳动教育的成果与经验，不断创新劳动教育的实践与研究，逐渐形成了“以劳辅德，以劳增智，以劳健体，以劳益美”的教育思想，提高了学生的动手能力，培养了学生爱劳动的品质，促进了学生全面发展，形成了自己的办学特色。

从 1985 年至今，学校一直坚持开展劳动教育。学校从顶层设计就非常重视劳动教育，成立了由一把校长挂帅，副校长具体负责，主任、教师共同实施，学生与家长共同参与的劳动教育课题小组，保证学生劳动习惯培养的协调发展。学校自编教材，进行小学生劳动课教学实验，此项工作被列为天津市“七五”科研项目。投入3万余元建成了9个劳技操作台，增设了劳技专用教室。聘请劳动模范作为学校的校外劳技教师。2003年，学校又参与编写了供全国使用的劳技教材。1991年，学校举办了首届以“不做小皇帝，争当劳动小能手”为主题的劳动小能手竞赛活动。1994年，学校又把“磨难教育”纳入到劳动教育中，组织学生徒步到农村野营实践，培养学生勇敢顽强的意志品格。

学校把每年五月份定为校园劳动节，每年一届的劳动节为学生搭建了展示劳动才华的舞台。“十一五”期间，学校承担了《构建家校和谐德育，培养学生劳动习惯》国家级科研课题，近4年连续被评为全国德育科研先进单位。2007年学校编写了德育校本课程《习惯养成教育读本及评价成长册》，其中劳动教育专设两个篇章。如今，学校基本形成了以“热爱劳动为荣，好逸恶劳为耻”的校园氛围。学校曾被评为全国劳动教育先进校，中央教科所原所长滕纯同志为学校题词“劳动教育先锋”。

经过不断探索，学校总结出自己的劳动教育特色。劳动教育的总体目标是：传承与创新劳动教育特色，研发劳动教育系列校本课程，建设“以劳辅德，以劳增智，以劳健体，以劳益美”的特色学校文化，创办具有鲜明劳动教育特色的品牌学校，为学生成长、成才和一生幸福奠基。劳动教育的育人目标是：（1）培养学生树立正确的劳动观点（热爱劳动和热爱劳动人民的思想感情，以热爱劳动为荣，以好逸恶劳为耻）、磨炼克服困难、坚韧不拔的顽强意志，学会科学、简单、基本的劳动方法和技能，养成良好的劳动习惯，提升劳动素养，促进学生身心健康发展。（2）学习有关劳动技术方面的基础知识，学会使用一些劳动工具，掌握基本劳动技能，培养遵守劳动纪律、爱护劳动工具、珍惜劳动成果，勤于实践、勇于创新的优良品质，促进学生学会生存、学会生活、学会做人，着力培养创新精神和实践能力。

学校长期坚持劳动教育的实践证明：劳动教育具有辅德、增智、健体、益美的作用，是实施素质教育，实现全面育人的重要途径。同时，还应进一步利用、开发劳动教育资源，校内校外结合，学校、家庭、社会形成合力，共同建设综合劳动实践教育“场”，使劳动教育的潜在功能得到充分发挥，为学生的终身发展奠定坚实的基础。

三、让每个学生都成为“大写的人”

加强德育课程建设是中营小学落实立德树人根本任务的关键环节。多年来，中营小学坚持以“发掘学生潜能，培育时代新人”为办学理念，以四字校训为文化引领，以培养“勤朴敏健”中营人为办学目标，加强学校德育课程建设，积极发展素质教育，培养学生核心素养，落实立德树人根本任务。

通过不断完善、创新，目前，中营小学的课程建设涵盖校园文化课程、实践课程以及楷模德育课程。同时，学校在德育课程中还积极倡导导学教育，建设与实施过程中，强调教师在与学生的交往互动中，要充分发挥主导作用，积极引导学生实现主动学习和全面发展。

德育是学校教育的有机组成部分，德育课程在学校课程框架中占据重要位置。学校遵循“发掘学生潜能，培育时代新人”的办学理念，以国家和我市教育政策为指引，以导学教育思想为指导，以科学的课程和教学理论为依据，以提升德育课程的引领性、教育性和实效性为宗旨，突出德育课程建设的时代性和前瞻性，结合学校自身德育课程资源优势，确立了“传承百年文化，秉承办学理念，铭记校训精神，促进学生发展”的德育课程建设思路。

学校确立了养成良好道德素质，促进学生生命成长，实现学生全面发展的德育课程培养目标。从某种意义上说，课程实施的成效决定着学生培养目标的达成度。学校以课程建设总体思路为指针，高度重视课程实施环节的落地、落实，通过对教材的处理与开发、活动的设计与实践、资源的挖掘与整合等多种途径和方式，全力保障学生培养目标真正得以实现。

在理念层面，学校秉持“经验即课程”的德育课程理念。笔者认为，学习始于经验，个体的道德成长必须以个体的道德经验为参照，并与个体的生活发生紧密的联系。德育课程的目的就是引导学生通过社会活动，在与人、自然和社会的互动交往过程中，不断发现自己、认识自己和提升自己的道德素养。

在实践层面，德育课程的实践与学校各学科的教学改革是一脉相承的。学校的学科教学改革先后经历了从“导学式”教学法到“导学式”课堂教学模式的变革，再到“健康发展教育”课程的探索，并进一步推向“健康发展教育”的学校特色的形成。“健康发展教育”德育课程的理念与实践，是学校形成“健康发展教育”特色的一个重要组成部分。

“健康发展教育”德育课程的内容主要包括两类：

一类是校内教育课程。主要包括习惯养成教育课程、心理健康教育课程、法治教育课程、安全教育课程、楷模教育课程、校园文化教育课程等。校内教育课程主要以活动课程为主，它较为集中地体现了学校德育课程的特点。

另一类是校外实践课程。主要包括社会实践课程、义工体验课程、国际理解教育课程等。校外实践课程主要以自主参与、自主体验为主，是对校内课程的丰富和拓展，更加突出学生的主动参与、自我体验和自我实践，让学生在各类实践活动中受到自我教育，得到自主发展，展示个人才华，体验成功快乐！

这里，笔者还要特别介绍一下学校的“楷模德育课程”。作为百年老校，中营注重榜样教育，引导学生从小有理想、有追求、有信念，用榜样的力量引导学生做新时代的建设者和接班人。

学校的“楷模德育课程”重点研究行为习惯的养成，以周恩来总理为人生楷模，引导学生们从生活中的点滴小事做起，向周总理学习。在“以周恩来为人生楷模，践行社会主义核心价值观”活动的引领下，培养学生良好的行为习惯与品德修养。了解恩来，讲读故事；走近恩来，寻访足迹；学做恩来，关心他人；践行恩来，服务社会。周恩来总理的光辉形象、伟大事迹和为人民服务的精神，都在学生们的心中扎下了根，引导学生们争做文明有礼的中营学子。

认真组织好学生行为规范训练周活动，强化养成教育，以“养成好习惯，成长乐无限”为主题开展系列教育活动。通过“学、看、议、查、评、做”掀起“争做勤朴敏健中营人”的热潮，一系列教育活动培养了学生的责任心，也让学生形成了自我管理意识，增强了社会责任感和使命感。“从中营走出的孩子都是充满正能量的阳光灿烂学生。”这是学校周围许多老百姓的共识。

第三节　推进“健康发展教育”德育课程实践

德育课程要想实现自身的教育目标，就要贴近学生实际，以生活为基础、目标为引导、兴趣为前提、内容为依托、活动为载体，让学生在知识学习中感悟生活，在潜移默化中陶冶情操。让每个学生在活动中，都能感受到参与的乐趣，都能拥有自我展示的舞台，让每个人的个性和才能都能得到最大限度的发展和张扬，这样的德育才是学生需要的德育，才是最有魅力的德育。

多年的教育教学经验告诉笔者，走进学生生活，生动、创新、开放地创建有魅力、有实效的德育课程，才是为每个学生的全面发展提供最适合的教育，为每个学生的个性培养提供最有特色的教育。而让德育课程“落地”，才能让课程真正发挥其独有的功效。

一、知书达理，知行合一

在咸阳路小学时，平日的教学工作中，学校严格落实小学生习惯养成教育的各项内容，引导学生们从细节做起，从我做起，一丝不苟。

1. 学会倾听的习惯

（1）上课不做小动作，不玩玩具及学习用品，不做与学习无关的事。

（2）认真倾听其他同学发言，看他们发言是否正确，有没有需要补充的。

（3）要倾听老师讲解，并按要求认真练习。

2. 善于思考的习惯

（1）上课专心听讲，认真思考，积极发言。

（2）善于发现，大胆发表自己的见解，对不懂的问题要主动向教师请教。

（3）课前预习知识，不明白的问题提前做好标记。

3. 敢于提问的习惯

（1）勤于思考，敢于质疑，与人交流，不怕说错。

（2）发言时，站得直，口齿清，讲普通话，声音要洪亮。

4. 与人合作的习惯

（1）主动和同学、老师合作，学会表达自己的观点和见解，共同解决问题。

（2）与同学交流时，要尊重别人的意见和观点。

5. 自主读书的习惯

（1）养成边读边想、圈点勾画、写读书笔记的良好习惯，注重知识的积累。

（2）乐于读书，愿意和书交朋友，养成阅读的好习惯。

（3）不阅读不健康书籍，不看不健康光盘，不浏览不健康网站。

（4）爱护书籍，不在公用书籍上乱写乱画。

6. 认真书写的习惯

（1）读写姿势端正，会正确执笔，认真做到“三个一”——眼离书本一尺，胸离桌子一拳头，执笔处离笔尖一寸。

（2）书写端正大方，保持卷面洁净，不乱用涂改液和修正纸。文字和符号都要规范，格式要美观。

7. 自评互评的习惯

在学习过程中，要逐渐让学生成为评价的主体，让学生学会激励性的评价，既会评价自己，又会评价别人。

8. 搜集资料的习惯

（1）能利用查阅图书、上网浏览、实地考察、走访调查等渠道主动搜集与学习相关的材料，拓宽自己的知识面。

（2）对搜集的各种资料能进行分析、归类、整合。

9. 动手操作的习惯

学生能独立完成教科书上所要求的各类操作实验，操作步骤正确。

10. 按时完成作业的习惯

（1）能复习巩固当天所学的知识，认真完成并细心检查作业。

（2）注意运用所学知识解决实际问题，培养自己的各种能力。

不仅是在学校的一言一行要文明有礼，学校更要引导学生做一个有爱心的人。学校开展的“尊老爱老”教育活动，从多方面入手，让德育真正走进学生心里，落到实际生活中。

首先，坚持课内外教育相结合，继承传统美德。

根据课程标准的要求，在思品课、语文课等课程的教学过程中，教师针对教材的内容，结合学生的实际对学生进行敬老、爱老的教育。教材中一个个生动典型的事例，为学生们树立了学习的榜样，教师精心备课，自制幻灯片，在课堂上利用多媒体教学手段，激发学生的学习兴趣，组织学生讨论，使学生明辨是非，达到明理、导行的教育目的，也充分发挥了学生的主体作用。同学们访问自己的长辈，了解老人坎坷的一生、辛劳的一生，从而懂得了要孝敬长辈。为了巩固教育的成果，学校开展了“我为长辈献爱心”等系列活动，要求同学们做到四个“一”：即为长辈送去一句问候，为长辈敬一杯茶，为长辈做一件好事，改正自己的一个缺点。在与家长的联系卡中学校了解到，孩子在家中非常尊重老人，学会了关心他人。同学们不仅尊敬自己的老人，而且懂得了关心照顾身边有困难的老人。六年（3）班的假日小队坚持三年到军烈属家中慰问，给老人收拾房间，为老人表演节目，给老人带来无限的快乐，军烈属多次给学校送来了感谢信。该小队被评为市级优秀雏鹰假日小队。像这样自发形成的慰问军烈属、孤老户的假日小队还有很多。据统计，有12支假日小队帮助照顾15位老人，得到了社会的赞扬。同时，学校还先后请到战士作家——学校名誉校长高玉宝、“雷锋班”第十八任副班长李有宝、老山前线英雄孙长亭等英模人物现身说法，收到了很好的教育效果。

其次，开展实践活动，提高学生素质。

实践活动是学生进行自我教育的过程，是学生的素质不断提高、教育步入良性循环的轨道。针对当前孩子们的心理特征，自 1993 年开始，学校与天津市养老院开展了“与孤寡老人共享幸福——‘一对一’认亲”活动，先后有百余位老人认了“孙子和孙女”，学生参与活动的共计三批 120 余人。开展这次活动的目的就是要增强孩子们的社会责任感，培养他们的爱心，帮助他们树立“心中有他人，一切为他人”的意识。在活动中，学生们继承了中华民族敬老爱老的传统美德，培养了自我管理能力，锻炼了克服困难的意志，丰富了真情实感，取得了自我教育、自我学习、自我管理的教育效果。

学生们在为老人的服务中锻炼了技能，增进了情感。学校每半月组织学生到养老院看望一次老人，学生利用双休日和家长去养老院。他们用平时积攒的零用钱给爷爷奶奶们买去各种食品，还为老人做力所能及的服务劳动，比如打扫房间、擦玻璃、整理被褥、为老人剪指甲、梳头、倒脏水、洗衣服等。学生们的到来为老人们带来了欢乐，欢声笑语洋溢在各个房间。学校还适时组织学生开展有意义的活动，召开了“春天般的温暖”主题中队会，邀请老人参加并请老人介绍自己的亲身经历。通过新旧社会的对比，同学们懂得了只有社会主义的中国才会使孤寡老人过上幸福的生活，从而受到了爱国主义教育。八月十五中秋夜是团圆的日子，也是老人们感到孤独的时候，学校的领导、教师、同学以及家长放弃了自家的团圆，来到养老院与老人共同过节。有的同学带着月饼，有的同学端着老人爱吃的饭菜，有的同学给老人拿来了鸡蛋、奶粉等营养品，老人激动得热泪盈眶。每年的“九九重阳节”，学生们都精心编排节目为老人演出，同时还举行消夏纳凉品果晚会，为多位老人集体过生日，从而加深了与老人们之间的感情。

二、教学生一天，想学生一生

五马路小学曾被评为全国劳动教育先进校。多年来，学校始终坚持开展劳动教育，逐步形成了“以劳辅德，以劳增智，以劳强体，以劳益美”的劳动教育特色。“十一五”期间，学校承担了国家级科研课题《构建家校和谐德育，培养学生劳动习惯》，连续被评为全国德育科研先进单位。学校的主要做法是将劳动教育与班队会、劳技课、校本课、家庭和社区结合，形成了以“热爱劳动为荣，好逸恶劳为耻”的校园氛围。

（一）打造精品师资

教育事业发展的核心是教育思想，关键在教师。首先，建设一支理论水平高，善于管理和指导劳动教育的干部队伍。其次，建设一支热衷劳动教育实践的教师队伍。我们将通过自学、集体学、聘请专家讲学，提高教师理论水平，增强自觉从事劳动教育工作的责任感；通过劳动教育实践研究，指导劳动教育活动，提高教师开展劳动教育的实践能力；通过课题引领、积累总结推广经验，打造一支骨干教师队伍。最后，通过请进来、走出去等方式，建设一支热心从事劳动教育的社会志愿者队伍。

（二）打造精品课堂

以课堂为主渠道，深化劳技课的实践与研究，正确处理教师主导与学生主体的关系，让学生自己动脑、动手，创造劳动成果。加强劳技学科的教学管理与校本研修，制定校本劳技课程纲要、课程实施计划，编写1—6年级劳技教材及相应教辅资料，并进行教材试用。同时，学校还将建立激励性评价机制，调动教师及社会各界人士从事劳动教育和学生参与劳动教育活动的积极性、主动性和创造性。

（三）打造精品活动

积极开展学生喜闻乐见、丰富多彩的精品活动，让学生在活动中比拼劳动技能、体验劳动快乐、畅谈劳动体会、展示劳动成果，增长劳动技能和创新能力，得到自我教育、自我锻炼、自主发展。

（四）打造精品基地

大力开发五马路劳动教育基地：它是融于学军、学农、学工、学科学等为一体的多功能综合性素质教育基地。将劳动基地活动呈现课表化，使之成为德育校本课程。活动内容主要有劳动技术实践、军事训练和社会考察实践等，充分发挥本校劳动教育优势，体现“教学生一天，想学生一生”的办学思想。

学军课程实施的主要内容有单个队列动作训练、内务卫生、作风纪律等，目的就是培养学生的国防意识，增强爱国主义观念，培养学生严明的纪律和团结合作的精神，培养学生自信、自强和坚忍、顽强、勇攀高峰的精神品质。

劳动技术实践课程主要包括学农劳动（松土锄草，蔬菜种植，花木管理，家禽养殖等）、工艺劳动（制作衣架、绣十字绣、制作风筝、制作贴画等）、生活劳动（缝制纽扣、帮厨、洗衣服、打扫卫生等）。劳动，使学生们体味到劳动的艰苦、生活的艰辛，增强了对劳动人民对父母的感情，更加珍爱生活、珍惜劳动成果，同学之间、师生之间的情谊也得到了升华。

社会考察实践课程主要包括参观革命历史纪念馆（如去周恩来邓颖超纪念馆做义务小讲解员），开展“献爱心，送温暖”活动（到天津市福利院、养老院、梦工厂、武警6中队、消防9中队等进行劳动服务），远足考察长虹公园、南开公园、意式风情街等（寻求变迁史、当一日小义工、环保小卫士）。

学生们凭借这些“平台”，可缅怀革命先烈，了解革命历史，可以通过实地考察，义务服务实践，不仅磨炼了意志品质，还展示了时代风采，品尝了成功的喜悦，培养了主人翁责任感，培养了勇于承担社会责任的意识，学会了保护环境、关爱他人。

总之，学校在不断实践中，培养了学生的劳动习惯，训练了学生的劳动技能和开拓创新能力，促进了学生的个性发展，为学生的成长、成才、成人打下了坚实的基础。

三、榜样力量引领，做新时代英才

教育无处不在，教育无时不在。所以，中营小学注重挖掘身边的楷模，用榜样的力量引导学生形成满满的正能量。学校德育课程的实践遵循全方面、全方位、全覆盖的原则，我以下面三个课程的实施为例进行阐述。

（一）落实校园文化课程

校园文化课程的实施，以校史馆为中心，重在挖掘校训、校史、历任校长和优秀教师、优秀学生的文化价值，发挥其文化育人的功能。

1. 校训文化

1906年，刘宝慈先生在天津老城厢创建了中营小学。建校伊始，学校就提出了“勤朴敏健”四字校训，这四字校训凝聚了中华民族的传统美德，体现了学校育人的终极目标，在一代又一代中营人身上传承延续，并不断发扬光大，历久弥新，成为学校全面育人的辐射源，成为素质教育的能量库，成为一部无声的教科书。每周一升旗仪式中全校师生都要振臂高呼催人奋进的校训。

2. 校史文化

校史馆是学校形象的文化名片，是激励师生共同成长的文化土壤，是落实立德树人根本目标的主阵地，它浓缩了学校百年发展的光荣历程，展示了积淀深厚的学校文化。中营小学校史陈列馆占地 113.89 平方米，设有四间展室，每一间展室呈现的物品都见证了学校百年的历史和辉煌，同学们在争做小讲解员中了解学校发展历史，感受了中营文化的熏陶。

3. 校长和教师文化

百年来，在十五任校长的领导下，中营小学得到了发展壮大，形成了一支师德高尚、专业精进的教师队伍，涌现出像胡定九、许大本、张淑英、靳家彦、杜蕴珍等一批全国名师，他们为中营学校文化注入了新的活力和绚丽色彩，成为引领和推进学校教育改革和发展的一支生力军。在寻访校友足迹活动中，戏剧家焦菊隐、书法家龚望、医学家朱宪彝等校友都是同学们争相学习的优秀代表。

校史馆的朴素典雅深深吸引着各界人士，校史馆是实施素质教育的重要基地，是创建文明校园的有效载体：在每学年新一年级“筑梦启航”开学典礼活动中，安排学生和家长参观校史馆，了解学校发展历史，增强学生的光荣感和自豪感；在每届六年级“童年感恩启航”毕业典礼中，组织学生和家长走进校史馆重温学校历史，鼓励学生继承传统，为校争光，在“勤朴敏健”的中营精神指导下创造新的辉煌，感染身边的人，扩大校园文化课程的感染力。

（二）落实“心中有楷模身边有榜样”楷模德育课程

中营小学从1963年坚持开展学雷锋活动，至今已有50余年的历史。雷锋精神已扎根于美丽的中营园，学雷锋活动成为引导师生自觉培育社会主义核心价值观的有效途径。

1. 与雷锋班书信往来，传递雷锋精神

从20世纪60年代起，学校就开始了与雷锋班的书信往来。半个多世纪，这一传统的联络方式在中营小学和雷锋班之间始终延续。

2. 召开主题班会，感受雷锋精神

阅读一本书籍，诵读一条格言，观看一部电影，成为中营小学班会课的主旋律，让学生走进雷锋，读懂雷锋。

3. 参加夏令营活动，体验雷锋精神

雷锋纪念馆、雷锋生前所在部队、雷锋大道、雷锋辅导过的学生、雷锋生前的战友等，这些鲜活、宝贵的教育资源把学雷锋活动引向深入，把英雄模范的伟大精神融入学生的思想道德之中。

4. 组织辩论会，传承雷锋精神

学校以“新的世纪，我们是否还需要艰苦朴素的精神”为主题召开辩论会，使学生明白虽然人们的物质生活水平有了巨大的提升，还应倡导适度消费，因为节约资源、艰苦朴素的精神是任何年代都不能丢掉的。

5. 开发校本课程，将学雷锋活动课程化

我们结合校情、学情，开发了学雷锋校本课程《永远的丰碑》。通过知雷锋、忆雷锋、找雷锋、悟雷锋、赞雷锋、做雷锋，将雷锋精神教育真正落到实处。

6. 在社区活动中弘扬雷锋精神

学校充分利用资源，与五马路消防支队、南开区检察院、南开区司法局、南马路交通支队、903 公交车队、天津市儿童福利院、天津市第一养老院、太阳村等 12 个单位签订协议，建立了中营小学学雷锋基地。以实践基地为依托，开展不同主题的社会实践活动。

在“以周恩来为人生楷模”的教育中，学校制定了《中营小学“周恩来班”和南开学子创建活动方案》《中营小学“以周恩来为人生楷模做优秀南开学子”主题教育系列活动实施方案》，针对不同年级学生实际设定有针对性的教育目标、教育内容和教育策略，通过课程引领、活动深化、实践提升三个步骤加以落实。

学校开发了“鸾翔宇内”校本课程，旨在以周恩来精神为引领，培养学生高尚的道德情操和务实奋进的生活作风。学校把周恩来总理的生平事迹、人生足迹、求学经历等大量资料，以适合学生学习的方式，编入课程资源，引导同学们了解恩来，讲读故事；走近恩来，寻访足迹；学做恩来，关心他人；践行恩来，服务社会。与此同时，学校组织学生参观周总理青年时期在津活动遗址，以寻访其足迹；听、讲、看周总理故事，以追忆其感人事迹；抄写周总理诗词、名言，以感受其优秀品质。

（三）落实良好习惯养成教育实践课程

实施南开学子形象养成工程。制定《中营小学学生在校一日生活规范》，围绕60个好习惯的养成，组织全校教师、学生和家长进行学习，引导和督促学生在日常生活和学习中培养良好的行为习惯。开展“教育就要培养习惯”主题系列家长学校讲座，传播科学教育方法。开展“养成好习惯，成长乐无限”评比活动，通过“讲、树、做、展、评”五个环节，树立典型、宣传典型，落实学生良好行为习惯的养成教育。在学生良好习惯养成教育过程中，学校更加强调以班主任为核心的教师集体管理班级的机制落实，更加注重家校教育的有机结合，形成家校教育合力，使教育活动更深入、更有实效。

第四节　创造“健康发展教育”德育课程成果

“十年树木，百年树人。”教育作为一项系统工程，已有千百年的历史。德育作为小学教育的重点内容，若要在新时代达到新课程标准的要求，或许还有较长的路要走。但是贴近学生生活的德育课程，以指导学生“学会做人、学会学习、学会生活”为目标，实施“自主参与”的德育模式，始终赢得了学生的喜爱、家长的认可以及社会各界的交口称赞。

一、让每个孩子先成人，再成才

咸阳路小学开展的尊老爱老活动得到社会的广泛关注并给予高度评价。天津电视台《枫叶正红》《生活快车》《太阳帆》节目、中央电视台新闻节目相继进行了报道，《天津日报》《今晚报》曾多次报道了学校的认亲活动，市养老院被评为市级优秀雏鹰行动基地，高玉宝来校与师生共度儿童节的活动先后在天津电视台的《太阳帆》《生活快车》《天津日报》《老年时报》《南开报》等进行了报道。

不是为了荣誉，不是为了宣传，关键是敬老爱老活动取得了一定的教育效果，对孩子们健康成长和健全人格的形成起到了促进作用。据天津市养老院时任院党委书记反映，开展活动八年来，老人的“三率”明显降低，即死亡率降低、矛盾率降低、向领导要吃要喝、发牢骚的降低。学生们也发生了可喜的变化：同学之间互相攀比的少了，与老人顶嘴的少了，乱花零用钱的少了。家长们普遍反映，孩子们在家也变得勤快懂事了，收拾房间、学做饭菜，更孝敬自己的长辈了。父母生病时能主动照顾，让父母安心养病。同学们更懂得了奉献后的快乐。学生冀翔在看望养老院的奶奶时发现老人的手干裂了，第二天双休日她走了 20 分钟到光辉药店买了一盒冻疮药，连家都没回，赶紧跑到养老院，用细嫩的小手轻轻地为老人敷药，还不时用嘴吹吹，生怕老人疼。老人抚摸着冀翔的头说：“这真比我的亲孙女还亲呐！”1999 年过，她用平时积攒的五十多元钱给老人买了一个拐杖。孙玉同学在和老人聊天时得知奶奶冬天胃不好，她问妈妈这是怎么回事，原来老人冬天一着凉肠胃就不好，于是双休日和妈妈一起到劝业场，花了 70 多元钱给老人买来一件棉坎肩，老人穿上时真感到心里热乎乎的。学生李圆看到奶奶的牙掉了，吃东西比较困难，于是她把花生剥掉皮，用擀面杖压成粉，把苹果弄成苹果酱给老人送去。李圆同学毕业后，她还多次到养老院看望病危中的奶奶，老人微笑着离开了人间。

孙金铂同学在养老院认了一个爷爷已经 83 岁了。一次，他在同爷爷的谈话中无意间发现了老人的布鞋上破了一个窟窿，他想老人穿这样的鞋走路一定不舒服，鞋里进沙子会硌脚，问爷爷穿多大号的鞋，爷爷告诉他是穿 39 号的，他怕买鞋不合适，于是趁爷爷不注意，在地上放了一张白纸，扶着爷爷到外面走走，爷爷的脚正好踩在白纸上，他趁机把纸拿到外面，用铅笔画了清晰的轮廓，放进口袋里。星期六，他拿着剪好的鞋样和爸爸骑车半个多小时到“老美华”鞋店为爷爷买了一双合适的布鞋。当老人穿上“孙子”精心挑选的新布鞋时，热泪盈眶，紧紧地把他搂在怀里，嘴里不住地叨念：“真是我的好孙子！”时间一长，他的父母也参与到活动中来。有一次是老人的生日，孙金铂一家把老人接到家里，生日宴会上，全家共同举杯，祝爷爷生日快乐、健康长寿。他的妈妈对老人说：“您一生无儿无女，我们就是您的儿女，孙金铂就是您的亲孙子。”老人用颤抖的手端起酒杯，激动得哭了，四双手紧紧地握在了一起……

孩子们的真情感动了老人，老人们也用各种方式表达对“孙子、孙女”的疼爱。周颖认的奶奶已经年过古稀，做一手好针线活。平时周颖每次去看望奶奶总是带去精心准备的礼物，问寒问暖，有几天不去，奶奶总是翻看着和孙女的合影照片。周颖生日那天，一家三口来到养老院，去接奶奶一起回“家”团聚。奶奶拉着周颖的手，从怀里拿出一个车鞍套和一个坐垫，送给她作为生日礼物。当周颖听工作人员说这是奶奶托他们买来的布料，花了好几天的时间亲手缝制的时候，按捺不住心中的激动心情，扑到奶奶怀里……

同时，此项活动也得到家长们的大力支持。家长们认为这项活动开展得非常有意义，也积极主动地参加到活动中来。有的家长请假和孩子们一起到养老院看望老人。每逢春节，家长们把第一锅煮好的饺子放进饭盒用毛巾裹好送到老人那里，让老人吃上了热腾腾的新年饺子。平时舍不得给孩子买的新鲜水果，也给老人带去。赵箐全家经常到养老院看望老人，她的爸爸用车推着老人到自己家过节。张林的妈妈是残疾人，她也由张林的爸爸背着上下楼到养老院看望爷爷。王维的父母临走时悄悄地为老人留下 50 元钱。李洪涛的妈妈每月按时给老人理发。八月十五中秋夜，孙金铂的爸爸亲自开车接老人回家，吃饭后全家人去天塔游览，使老人度过了一个难忘的中秋节。八年来，先后有 30 多位老人被接到孩子家中，有 18 个家庭为老人庆祝过生日。学生自开展此项活动以来，为老人送去生活用品、纪念品、衣物总计 5000 余元。

二、让每个孩子扬起“热爱生活”之帆

五马路小学开展劳动教育的成功实践证明：学校的办学理念作为指导学校工作的核心，落实在劳动教育及教育活动中，并内化为全体教师的自觉行动，逐渐形成一种学校文化，最终形成了学校的办学特色，让学校处处散发着光彩。

（一）以劳辅德

通过对比验证，劳动教育使学生的道德品质得到了提升，劳动教育不仅培养了学生的劳动技能和劳动观点，而且对培养学生良好的品德行为起着至关重要的作用。劳动教育增强了学生文明劳动的自觉性、主动性。劳动中打闹的现象少了；增强了劳动安全意识，在家主动做

家务的多了；在校坚持做值日，自觉为班级、为同学服务的现象多了；在社区参与公益劳动，热心帮助老弱病残，做力所能及的劳动，活跃在社区的小义工多了……乐于助人的好人好事层出不穷。劳动教育培养了学生的劳动习惯，磨炼了学生的意志，增强了学生的社会责任感。连续有穆宇航、任雷洁等多名学生被评为“天津市学雷锋，树美德”先进个人。学校也被评为“天津市德育先进校”“天津市行为规范示范校”。

（二）以劳增智

劳动习惯的培养，促进了学生的智力发展。学生在劳动教育实践中，丰富了劳动知识，掌握了劳动技能，拓宽了视野，开发了智力，学到了书本上学不到的知识。学生们通过劳动实践写出的日记和劳动征文，篇篇有内容、中心突出，真实生动，提高了写作水平。同时，劳动教育的多样性、实践性，促进了学生的求知欲望，提高了学生的观察力、想象力、思维力等，促进了学生智力品质的迅速发展。连续多年来，学校在市、区科技活动中所取得的成绩就说明了这一点。

在天津市青少年科技创新大赛机器人制作活动中，王一臣、张津瑞获市级二等奖，高文龙、冯博旭等7名同学获三等奖；天津市青少年科技创新大赛活动中，朱作良的《保护家园——抵制不可降解塑料袋使用的调查报告》获市级一等奖，李卓霖的“家用中水处理”获市级二等奖，李颉的“二极管极性及好坏测试电路”，甘睿的“光控路灯”，陈铭喆的“家用三通阀门导流转换节水装置”，徐嘉懿的“种植秋大豆初探”，胡雨杉的“人或动物的生存与植物的关系”均获市级三等奖，王贺楠的科幻画《人与动物和谐相处》获市级一等奖，张之鸥的

“电子食物识别器”获市级三等奖。近两年科幻画7人分获市一、二、三等奖。南开区模型比赛2人获一等奖，6人获二等奖，13人获三等奖。数十名同学被认定为科技特长生，还有多名同学被认定为科技尖子生。学校获得2010年“天津市科技创新优秀组织奖”“天津市中小学模型教育活动开展活动先进单位”及“2009年度模型竞赛团体一等奖”。学校还连续被命名为“天津市青少年科技活动先进校”。

（三）以劳健体

学生参加劳动实践的过程也是健身强体的过程，尤其目前学生大部分是独生子女，他们娇生惯养、怕苦怕累、心理脆弱，通过劳动，磨炼了意志，增强了毅力，强健了体魄，学校的体育达标率和获奖情况均有提高。学校乒乓球队的小队员们，经过刻苦训练，在市、区比赛中一直均名列前茅。2009年，学校被评为“天津市阳光体育先进校”。

（四）以劳益美

劳动创造美。学生们在丰富多彩的劳动实践中使自己的兴趣爱好和个性特长得到了发挥，培养了审美情趣，激发了创造美的欲望。学校培养了一大批艺术特长生，他们被重点中学优先录取。劳动教育同时促进了学校艺术教育的发展，学校舞蹈《妞妞娃娃闹新春》《摇奶呓语》等在市文艺展演中获二等奖。

总之，劳动习惯的培养，促进了学校、家庭、社区三结合教育，使之形成合力，调动了家庭和社会力量共同参与劳动教育，促进了学生各方面和谐发展。很多家长来校反映孩子在家中的可喜变化，其中一位爷爷给学校来信，信中写道：“小孙女来我家小住几日，孩子的变化令全家惊喜，孩子主动写作业、收拾房间、叠被、收拾碗筷、洗漱自理。看到孩子可喜的变化，我们高兴极了。学校从小培养当今娇惯的独生子女爱劳动，为其今后自食其力的生活打下了基础，实在是个好方法。”劳动习惯的培养使学生更加明确爱护环境、关心他人、孝敬长辈、爱惜粮食等是做人的本分，提高了学生自主参与劳动的自觉性，可见，以劳动教育为突破口，加强了学生的思想道德建设，促进了学生的全面发展，使学生为今后人生奠定了坚实的基础。

三、让每个孩子成为更好的自己

中营小学学雷锋教育活动历经50余年，现已形成了学雷锋教育系列化、学雷锋课程校本化、学雷锋活动常态化这一鲜明特色。一个个“小雷锋”在中营校园成长，一大批雷锋式的先进集体和模范人物不断涌现。学校被授予全国百所德育示范校、天津市德育工作先进学校等多个荣誉称号。学校有教师标兵数百人次、学生标兵千余人受到表彰，25个班级被评为校级雷锋班，多位优秀学子和班级做典型经验介绍。如今，传承雷锋精神成为“中营人”的一种自觉和担当，已经成为“中营人”的一个鲜明的文化符号，也必将对每一个“中营人”的生命成长产生深远的影响。

学校将周恩来总理在对国家、人民的朴素情感中、在对事业的不懈追求中、在对生活的乐观态度中、在对同志、朋友的真挚友情中、在对亲人纯真质朴的关爱中所显现的“爱国、敬业、诚信、友善”等核心价值观提炼出来，通过对人物的认识、对事迹的学习、对精神的理解和对思想的升华，使社会主义核心价值观内植于心、外化于行，从而提升学生的核心素养。近年来，我校在学习楷模精神的教育活动中取得了一定成效，市文明办、文明网为学校授旗《热心公益　服务社会　惟宏隆德　情系教育》。

为了进一步调动广大教师投身课程建设与实施的积极性，学校还建立了“讲方法、树典型、做示范、展成果、奖先进”的激励机制。奖励在课程建设与实施过程中涌现出的优秀师生，并为教师支付课程资源制作费用、为学生支付参加各类体验活动费用等。

在严格落实课程建设、实施和管理等各项制度基础上，学校进一步完善了课程评价制度，制定了学生综合素质评价系统。该评价系统具有以下特点：

一是综合性。在德育板块方面，包括学生的思想品德、良好行为习惯、参与实践活动、人际交往等评价内容。

二是多元性。从评价方式上看，包括个人评价、小组评价、家长评价、教师评价和综合评价五个方面；从评价的呈现方式上看，有标准化测试、个人感言和参加活动的获奖作品或证书及测试结果的图表等。

三是开放性。评价结果向全体教师、学生及家长公开。评价结果按照不同的权限，采取点对点公开的方式。学校管理者可以看到全校学生的评价结果，年级组长和学科组长可以看到本年级和本年级学科的评价结果，班主任和学科教师可以看到本班学生的评价结果，学生及家长只能看到本人的评价结果。学校管理者、教师、学生及家长把评价结果作为调控教学管理、调整教学方式和指导学生学习的重要依据。

四是增值性。如果学生对自己在标准化测试中所得结果不满意，可以选择再测，直至完全掌握；如果学生对自己其他方面的测试结果（学业水平测试除外）不满意，可以向教师申请重新测试，直至自己满意为止。

五是过程性。整体评价系统记录了每一位学生成长和学习的轨迹，对于其一生的成长具有一定的指导意义。

学校德育课程建设日益完善，学校的精神面貌也发生了明显的改变。广大教师的敬业精神、钻研精神、创新精神进一步增强，专业素质得到进一步提升；学生自主学习、自主探究、自主合作的意识不断增强；家长参与学校课程建设与实施的积极性不断增强；学校与社区、家长和社会各界的联系更加紧密，既得到社会的广泛支持，又进一步扩大了学校的社会影响力。

每走过一所学校，每用崭新的教育理念去改变一所学校……看着孩子们一张张笑脸，看着孩子们一天天的成长变化，看着家长表达着由衷的感谢之情，作为一名教育工作者，我时常在想：在德育课程研究的道路上永远没有止境、没有终点，不能停步，我们只有不断去开辟、去创新、去耕耘、去尝试，学校的德育工作才能真正走出平庸，呈现五彩缤纷的新成效；学校的德育工作才能真正走出模式化，走进学生的心里，并在学生的心里生根发芽、开花结果。

第五章

健康发展教育视域下德育课程的辐射与影响

第一节　德育课程对名校长工作室成员的辐射与影响

立德树人是教育的根本任务。习近平总书记在主持召开学校思想政治理论课教师座谈会时强调，办好思想政治理论课，最根本的是要全面贯彻党的教育方针，解决好培养什么人、怎样培养人、为谁培养人这个根本问题。为深入贯彻党的十九大精神，落实立德树人根本任务，名校长工作室以习近平新时代中国特色社会主义思想为指导，以“突出主体性，促进自主发展；突出合作性，促进共同发展；突出研究性，实现成果引领”为指导方针，以“学习创新促发展，模范辐射创特色”为工作理念，按照新时代新要求，把握德育工作新特点，创建德育工作新机制，涵养德育工作新生态，成就德育工作新作为。

名校长工作室以教学实践中的问题为研究对象，充分发挥名校长工作室的示范、引领和辐射作用，通过“理论学习”“专家引领”“考察观摩”“交流探讨”“课题研究”“个人自学”等内容多样、形式丰富的培养方法，培养成员校在办学过程中形成自己的特色意识和品牌意识，取得了一大批具有鲜明时代特色和区本价值校本意义的德育工作新成果，促进了我市义务教育均衡发展。

一、理论学习

围绕名校长工作室确立德育研究课题，成员校教师每天学习 1 小时，每学期必须深入研读 1 本以上德育理论专著，坚持写读书笔记和反思，每月一次读书交流（包括在线交流）等。通过德育教学理论知识的学习，提升工作室成员校教师的专业素质，增强工作室成员校教师的专业意识。通过在培训过程中开展基本理论著作的解析、专题报告等，促使成员校教师在先进教育思想的引领下，办出有真正意义的德育特色课程，成为新时代的德育名家。

二、专家引领

在工作室学习过程中，工作室还将邀请全国、全市名校长工作室指导中心教育专家为工作室学员讲课，内容紧密围绕“养成良好习惯，打好德育根基”“打造有特色、有品位的德育课程”等德育课题。教育专家们站在理论研究的高度结合实践操作的经验，能给予工作室学员既高瞻远瞩又不失现实意义的引领指导，使学员们能深刻认识到德育课程与特色教育、品牌教育的关系。

三、考察观摩

通过考察观摩活动，学员们提升了将理论转化为行动的自觉意识。学员们走访各类学校，考察不同情况，就是在为自己的学校寻找新的生命力。通过考察观摩，成员校教师们实地感受知名学校的办学思想、办学理念以及德育特色，切实领悟各类德育课程的内涵。

四、交流讨论

在每次“理论指导”“专家讲座”或“考察观摩”后，要适时安排一些相对宽松的交流讨论时间（包括网络在线交流），使工作室成员校教师能在接受大量的信息后第一时间进行梳理、消化、扬弃，并相互交换所思所想，使得“理论指导”“专家讲座”“考察观摩”得以在第一时间发挥其价值。

五、课题研究

工作室将以研究课题为抓手、以研究成果为标志，要求成员校根据自己学校的德育特色与特点开展德育课题研究，进一步提高各学校的科研水平和理论素养，进而使各学校在德育管理水平和专业能力等方面均踏上一个新的台阶，向着专业化、特色化发展。

六、个人自学

工作室倡导各成员校教师在工作之余根据自身实际情况有目的、有步骤、有计划地开展个人自学，自学内容以经典德育理论著作、教育教学著作等为主。在日常生活中养成经常学习的良好习惯，不断与时俱进，更新自己的知识结构，扩展自己的知识范围。

在名校长工作室的指引下，各学校密切配合、迅速成长，秉承“资源共享、智慧共融、提升自我、形成特色”的工作思路，以集中理论研修、跟岗学习、在线交流和学习效果展示等培训方式，努力使工作室真正成为研究的平台、成长的阶梯、辐射的中心，达到“促进自主研究、促进共同发展、促进成果转化”的目标。同时，各学校不断创新发展、不断推陈出新，结合各学校德育课程建设的特点，多角度、多维度开展学生思想政治教育，让德育课程不仅在课堂上，更行走在广阔天地间，体现在学习与生活的时时处处，更营造出团结合作、现代高效、和谐融洽的校园文化氛围。

天津市河北区宁园小学校长张弘认为，通过名校长工作室系列活动，学校的德育课程渐渐明晰，德育理念逐渐完善，教师队伍更得到长足发展。如今，学校将课程建设作为学生核心素养培育的载体，从实际情况与办学特色出发，着眼于促进学生习惯的养成和人的全面发展，促进教师教育教学水平的提高，促进学校整体育人质量的提升，探索国家课程、学校课程、实践课程的有效整合，建设出生本化、特色化的养成教育课程体系。实践中，学校发现仅利用国家课程进行习惯的培养，还很不全面、很不系统，学生也很难有清晰深入的认知，教育效果自然一般。为落实立德树人的根本任务，提高习惯养成教育的实效，秉承关注学生、适合学生、发展学生的原则，学校确定了“全方位推进、多渠道浸润”的总体思路，构建“国家课程学科渗透、学校课程明理导行、实践课程巩固提升”的养成教育课程体系，六年一以贯之、循序渐进，培养学生良好的道德习惯、学习习惯、生活习惯、健身习惯，提升学生的综合素养，为学校特色发展、教师专业发展、学生全面而有个性发展提供了强大的动力。

通过名校长工作室的系列活动，南开区艺术小学在传承中发展，在发展中创新。学校始终坚持深层次发挥“以艺强德、以艺促智、以艺健体”的教育功能，在历任校长的不断探索下，初步形成了以京剧国粹艺术为主，以其他姊妹艺术为辅的艺术教育内容，以探索走班制、学分制为形式的艺术教育格局。在艺术教育架构上定编定岗，成立了专门的负责机构——艺术部；硬件上加大投入增加设备，现拥有服装室 1 间（内有累计价值五六万元的专业服装）、排练厅 1 处、琴室 1 间、艺术教室 3 间。同时，学校与天津电教馆合作录制了视频版《京剧课程》，完善了艺术学科的内容体系。通过学校德育课程的逐渐完善，孩子们在校园内接受国粹京剧的浸染，在艺术的海洋里任情翱翔。六一儿童节，孩子们走上中国大戏院的舞台尽抒才情：场上精彩纷呈、场下掌声雷动；场上美轮美奂、场下如痴如醉，孩子们俊美的扮相、流畅的行腔让所有的观众感受到了国粹的博大精深，感受到了中华传统文化的无穷魅力。现在的南开艺术小学诗书谋报国，盛世习华章，孩子们在艺术的殿堂里自由成长，也让中华优秀传统文化薪火不息，代代相传！

通过名校长工作室各成员校之间相互学习、借鉴，南开小学逐渐形成了自己的德育课程体系和理念，学校以科学发展观和新课改核心价值观引领德育工作，在已经形成的德育经验和特色的基础上，立足学校实际和发展需要，寻求学校德育工作创新的生长点和突破口，为适应教育发展方式转变的新形势，确立了课程是教育的核心，充分发挥课程建设在学校德育工作中的重要功能，构建一系列德育课程结构，探索知与行的统一，完善德育课程构建与实施的思路。同时，学校对德育教育资源进行整合，归纳德育要素，开设德育课程，使之规范化、集约化、精细化，把原有的德育活动方式、德育教育方式纳入广义的德育课程中来，形成学校“CMEP”德育课程建设体系，确保德育工作在时间与空间上予以更大保证，能持久、有效地开展。“EP”德育课程尊重每一个学生自己的需要、兴趣、特长和个性，尊重他们自己独特的认知方式和学习方式，尊重每个学生个性发展的独特性、具体性，使他们的发展不仅仅是通过书本知识的学习而获得的。“EP”德育课程的实施除了转变学生的学习方式外，还给学生的发展带来多方面的变化：有效地调动了学生学习的积极性，发展了学生的个性，提高和发展了学生多方面的能力，有效地促进了学生情感、态度和价值观的发展。EP课程给学生带来的这些变化是任何一门学科课程无法替代的，让孩子们真正爱上了学校、爱上了学习、爱上了这里的老师。

水，处逆境不卑，处顺境而不傲。人，也应如此，任何挫折都应保持平和的心态。通过各成员校之间不断学习、交流、借鉴，南开区水上小学找到了自己的德育发展特色和理念。因为学校的校训“上善若水，厚德载物；龙马精神，全面发展”是以“挖掘水之内涵、丰富水之精神、提炼水之品性”为切入点，所以学校力求在校园里营造出浓浓的“善水文化”，打造出独特的“似水少年”。学校的德育工作紧紧围绕“水文化”重视学生思想道德建设，开展水之沉稳、水韵活力的德育活动，开设“水之灵动”特色心理校本课程，让学生感悟到最美好的品格、最高尚的情操就应像水一样，以宽广深厚的胸怀、好的品行来承载万物，善于包容。学校培养学生特长的宗旨是“多”而不滥：力求活动内容丰富，但是一切从学校实际出发，做到不模仿、不照搬、不作秀。“动”而不乱：每项活动都要让学生动起来，学校有组织、有制度、有指导、有监管。“发”而不限：就是尽情发挥每个学生的特长，做到不禁锢、不限制，让学生们敢于冒尖、敢于创新。“续”而不断：“续”就是连续、就是坚持，因为“特色”必须以坚持不懈为保证。“水文化”不是一种急功近利的文化，而是对润物无声的追求，恒久悠远。所以，学校努力做到注重理论联系实际，在不断提高自身素质的同时，用高尚的师德去影响人，用良好的品德去塑造人，用发展的眼光去审视人，用渊博的知识去培养人。让学生在优秀教师的指引下、在优秀文化的熏陶下健康快乐地成长。

塘沽博才小学确定了“办适合孩子发展的教育，成就学生做最好的自己”的办学理念。“博爱博学，立志成才，暨用‘爱’的阳光把学校办成优美整洁的花园、温馨和谐的家园，用‘学’的雨露浇灌出充满书香的学园、个性发展的乐园”现代化学校的办学目标，全方位整合学校特色资源，使学校发展有品位，教师发展有思想，学生发展有特长，家长发展有内涵。教师们秉承博学、善教的教风，爱岗爱生、博学敬业，形成了良好的师德师风；同学们秉承明理、乐学的学风，努力学习，健康快乐成长。结合学校“开放教育”德育特色，以不断加强学校德育工作的时代性、科学性、实效性，营造出德育一体化的新格局，让学校的德育课程、德育活动，真正适应孩子的发展，办孩子喜爱的教育和学校。同时，积极发挥以学校为主体，家庭、社区、社会紧密相连的新型德育协作机制，构建全方位、立体化、开放性的德育工作网络。

天津市实验小学滨海学校传承市实验小学的办学理念：为学生的

全面发展和终身发展奠基。学校开展了主题教育：根教育。人和树一样，根养好了，才能为成长提供源源不断的动力。教育的根在育人，培育根基扎实且适应未来社会的人。小学教育的根本任务是让孩子们的生命之根深扎、广延、牢固，为生命之树的成长提供充足的养料，让一棵棵小树蓬勃生长、枝繁叶茂。学校的“根教育”着眼于培育学生的五大生命之根：养品德之根，育高尚之人；培智慧之根，育好学之人；炼体魄之根，育健康之人；蕴审美之根，育高雅之人；植劳动之根，育自立之人。

党的十九大报告提出“深入挖掘中华优秀传统文化蕴含的思想观念、人文精神、道德规范，结合时代要求继承创新，让中华文化展现出永久魅力和时代风采”。多年来，河北区红星路小学构建独具学校特色的课程体系，提高学生的核心素养，使学生成为一个终身学习者和负责任的公民，做好全面准备。学校从师生书写技能抓起，通过写字练习，培养良好习惯，陶冶性情，增强文化底蕴；继而将写字课确立为校本课程，根据学生的身心特点和认知规律，遵循循序渐进的原则，不断调整、丰富书法教学内容，促进学生个性健康发展，为学生终身写好字奠定基础，逐步完善、发展学校书法工作；后又坚持以书法教育教学为载体，探寻书法背后所蕴含的人文精神，充分发挥浸润灵魂的育人功能。红星路小学的书法之路应该说是从特色项目发展为办学特色，以特色促进学生的全面发展。近年来，学校聚焦课程建设，落实学生发展核心素养，努力由特色学校向优质教育发展，逐渐形成了德育课程体系，取得了一定的成效。学校坚持“立德树人”的根本导向，把课程建设纳入深化课程改革工作之中，以“端端正正写字，堂堂正正做人”培养目标为引领，通过国家课程、校本课程、实践课程、家本课程的有效整合和立体开发，突出中华优秀传统文化特色，把学生核心素养的培养渗透到课程之中，逐渐构建出全员参与、全程体现、全方位实施的“书以达理、行而悦心”的红星德育课程体系，引导每个学生成为具有民族精神和时代精神的中华好少年。

第二节　德育课程对本区域其他学校的辐射与影响

中营小学作为天津市南开区的历史名校，遵循“发掘学生潜能，培育时代新人”的办学理念，以国家和我市教育政策为指引，以导学教育思想为指导，以科学的课程和教学理论为依据，以提升德育课程的引领性、教育性和实效性为宗旨，突出德育课程建设的时代性和前瞻性，结合学校自身德育课程资源优势，确立了“传承百年文化，秉承办学理念，铭记校训精神，促进学生发展”的“健康发展教育”德育课程建设思路。而这一德育课程思路也给兄弟校以学习和借鉴的经验，兄弟校再结合自身办学特点，不断创新、不断发展，均形成了自己的德育课程特色。

一、南开区艺术小学：艺术教育，让优秀传统文化代代传

南开艺术小学原名红旗路小学。为弘扬民族传统文化，1996 年 10 月，学校成立了少儿评剧团。短短三年后的 1999 年，学校就有 12 名学生考入天津艺校，如今以刘洛涵（小花玉兰的弟子）为代表已成长为天津评剧院第四代评剧传人的担纲演员。2000 年，学校更名为艺术小学，成为天津市唯一一所国办艺术小学。2008 年 9 月，学校领导班子研究决定，把京剧作为学校办学特色，引入音乐课堂，以响应教育部“京剧进课堂”——继承传统艺术从娃娃抓起的课程改革的教育部署，成为团市委命名的首批“京剧进校园”试点校。2008 年 9 月，学校首先利用学校广播开设“京剧鉴赏”，让学生从感性上了解京剧；然后挑选骨干成立兴趣组，由社区票友给予指导，共同开展活动，初步形成了京剧走进校园、学生走进社区的格局。2008 年 12 月，学校成立了“弘扬国粹红领巾京剧社团”，固定每周二下午活动。2009 年 9 月，学校将京剧引入课堂，低年级进行京剧知识的普及，中高年级进行京剧唱段的学习。2011 年，学校的京剧课堂教学分行当学习，双轨教学时男生集中学习老生行当、女生集中学习青衣行当。2015 年，试行走班，学生不分男女，分别自愿选择学习老生、武生、武丑、青衣、老旦、京胡，使得学生根据自身条件学得有兴趣、有成就感。2016 年，在传承京剧的基础上，学校还逐步开展昆曲的继承发展，现雏形初显，《惊梦》已是保留曲目。2017 年，学校成为天津市艺术职业学院戏曲系招生训练基地，学生的艺术之路越走越宽。

从京剧知识鉴赏到小段学唱；从清唱到表演、彩妆；从生、旦细化到老生、武生、青衣、花旦、老旦多个行当。从兴趣小组到组建社

团，进而成为校本课程；从社区京剧票友授课到专业演员授课；从校园内到走上中国大戏院的舞台；从一所普通的国办艺术小学成为天津市艺术职业学院戏曲系招生训练基地。在“京剧进课堂”的教学实践中，学校进行课程以外的兴趣培养与拓展提升。确立了一、二年级京剧兴趣培养，三、四年级课程教学普及，五、六年级重点提高展示。同时，重点推出“艺术教育档案”，尝试实行“艺术教育学分制”，记录每一个孩子在艺术教育上留下的清晰足迹、取得的点滴进步，让孩子们像大学生一样，对自己感兴趣的艺术课程进行选修，所得学分记录在个人艺术档案上，以艺术教育为突破口，以弘扬国粹为着力点，从容布局，稳步推进。

一系列艺术课程的开发，一系列艺术活动的开展，让孩子们在艺术的海洋里快乐成长，艺术文化和艺术素养也在潜移默化中逐渐形成。孩子们更在辛苦付出的同时收获了累累硕果。2010 年，学校应邀参加了天津市政协举办的新年京剧演出，学生的京剧表演受到了领导和各界同行的好评。“弘扬国粹”红领巾京剧小社团由于表现突出，荣获“童趣杯”全国红领巾优秀小社团光荣称号。2011 年 7 月，为庆祝建党九十周年，学校师生用戏曲、舞蹈诠释红色经典——《红梅赞》。学生分别用京、评、梆、昆、越、豫、花鼓戏、清音、黄梅戏九个曲种加上舞蹈对作品进行演绎，在中国大戏院上演，得到区政府、教育局领导的高度赞扬。《今晚报》等 7 家媒体对此项活动进行了宣传。2016 年 5 月，学校举办了国粹风华现代京剧专场汇报。2017 年 5 月，举办了“迎接十九大——艺术小学国粹风华传统京剧汇报演出”，多家媒体予以报道，腾讯视频全程直播。2017 年 7 月，《今晚报》对学校京剧特色进行报道。2017 年 11 月，天津电视台新闻频道《点赞新时代》栏目组，对我校传承、弘扬传统文化工作进行专访。

艺术教育让孩子们的校园文化生活丰富多彩，更让孩子们在学习展示中收获自信、收获成长。

二、南开小学：五五培养，为孩子的全面成长夯基

南开小学构建了“CMEP”德育课程体系。课程遵循“固化基础，有效拓展，多彩活动”的思路，以发展每个学生为主线，以培育小学生品德素养、身心素养、学习素养、创新素养、国际素养、审美素养、信息素养以及生活素养八个核心素养为目标，以“五五培养”为实施模式，形成“CMEP 课程”体系。其中“CM”指班会课程，“E”指拓展课程，“P”指基地课程。

班会课程：按照课程计划要求，每周一节的班会课是一节可以自由支配的课。为了发挥这节课的最大功能，不浪费、不随意，为此学校将班会课程化管理。从学校德育工作的整体安排和需要出发，结合不同年级学生的身心发展以及班级发展实际水平，对班会课做整体设计和规划，从而促进学生身心健康、生动活泼发展。让班会课不仅成为学生自主发展和展示的舞台，还成为联系家庭、学校、社区的桥梁和纽带。一切对学生发展有利的教育资源都可以引入其中。“CM”课程包括六大主题：①楷模与责任；②读书与理想；③法治与安全；④身心健康；⑤习惯养成；⑥生活与生命。

拓展课程包括：①修身健体课：包括乒乓球、武术、足球、啦啦操等；②民族精神课：包括国学经典、古诗诵读等；③艺术熏陶课：包括素描、

舞蹈、声乐、儿童画等；④科技创新课：包括手工制作、虚拟机器人、玛酷机器人等；⑤传统文化课：包括书法、围棋、剪纸、国画等；⑥多元发展课：包括全脑开发、物理好玩、国际象棋等。利用每周三、周五放学后的时间，主要以学生选修，吃“自助餐”的方式满足不同学生的不同基础、不同方向和不同层次的发展要求，既有普惠课又有选修走班课，为学生的个性化发展和素养的提高，提供了一条有效途径。

在实施基地课程时，学校提前与南开文化宫、天津市儿童福利院、周恩来邓颖超纪念馆和天津文庙等基地签订共建协议，排好课表，在不同时间、不同地点，组织不同学生到基地上课。其中，包括“①文化浸润课：天津市文庙博物馆。②传统民俗课：南开文化宫。③楷模教育课：周恩来邓颖超纪念馆。④爱心陪伴课：天津市儿童福利院。⑤社团活动课：管弦乐队、舞蹈队、合唱团、中国鼓队、足球队、乒乓球队。⑥社会实践课：各种场馆探索及大自然拓展体验”，让学生吃“特色菜”，使学生了解社会，拓宽视野，丰富知识，提高社会实践能力和综合素质。

同时，学校实施“五五培养”模式及考评，分两个层面，即学生层面为①热情参与、②感知体验、③领悟内涵、④理解运用、⑤总结升华。教师层面为①教法渗透、②手段渗透、③内容渗透、④语言渗透、⑤指导提升。学生通过学校“云屏系统”发布的课程计划，根据自己的兴趣、爱好，在网上自主选课；申报拓展性课程的教师要提交课程名称、课程目标、教学内容、课时安排、组织形式、评价方法、课时讲稿提纲等相关资料。学校根据学生的反馈情况，对已开设的课程进行必要的修改、补充和调整，使其更符合学校的育人目标，更贴近现代生活和学生实际。以“科学性、趣味性、启发性、实践性、完整性”为原则，以作品、作业、学习体会(收获)、展览、表演、成长记录等为主要形式呈现。

最好的德育是怎样的？李镇西曾说：“德育是一种积极的生活方式。所谓‘积极’说的是行为文明规范，符合公民精神；所谓‘生活’指的就是我们（不只是学生，还包括教师和学校的所有成员）每时每刻彼此交往的状态。南开小学的德育更多的是一种情境、一种氛围、一种气息、一种感染……如何让日常生活充满德育因素而又尽可能了无痕迹，这是该校的德育追求。”自然而然，了无痕迹，这也是我们心中最好的德育。

三、水上小学：无痕教育，争做新时代文明儒雅学子

水无定性，不同的容器呈现不同的面貌，但是我们总想让水展现出最好的一面。真正的教育应是似水无痕、变化万千的。教师不仅要教会学生课本上的知识，更要在课余生活中对他们细心呵护、多加关心；同时要以身作则，为学生树立正确的垂范榜样，通过潜移默化的方式对他们的人生观和价值观加以引导。

结合“建若水校园，做如水师生”的工作思路，南开区水上小学开展了“以周恩来为人生楷模，做文明儒雅的南开优秀学子”主题教育活动，充分挖掘周恩来思想道德教育的丰富资源，弘扬周恩来热爱祖国的深厚情怀、脚踏实地的崇高精神、严于律己的优秀品质、笃学修身的博大素养，促使全校学生“文明儒雅、勤劳笃行、明礼守法”。

同时，开展“追寻伟人足迹，向周总理致敬”系列活动。组织学生参观平津战役纪念馆，让学生了解周恩来总理在平津战役中做出的伟大贡献，了解伟人的生活点滴和为国操劳的日日月月、学习伟人无华的生活作风、毫不利己的奉献精神、一心为民的工作作风、严于律己的高尚品格。

学校开展的各种志愿服务活动也是围绕一个主题开展。结合雷锋纪念日组织学生参加社区活动，目的在于锻炼学生的能力，让学生敢于与人交流，点燃学生的爱心，培养学生的社会责任感、团队精神等。与天津文庙、鼓楼博物馆开展共建活动，开展了《纪念周恩来诞辰120周年专题连环画展》《孝德展》。为学生提供良好的教育素材。带领一年级新生感受“开笔礼”，让刚进校的一年级新生在古韵飘香的仪式中通过端正衣冠、朱砂启智、击鼓鸣志、启蒙描红、敬茶亲师等环节，领略中华民族的文化精神，迈出勤奋好学、尊师孝亲的第一步。通过庄重的仪式让刚入学的一年级新生真正感受到入学是人生中的一件大事，是开始学习、走向成才的起点，以此激励学生们珍惜读书机会、勤奋学习。

为了让学生们全面成长、健康成长，学校还把心理健康教育贯穿学校教育教学活动中。学校将心理健康教育纳入学校整体发展规划和年度工作计划，成立了心理健康教育领导小组，在校长领导下，以专职心理健康教育教师为核心，以班主任和兼职教师为骨干，全体教职员工共同参与工作机制，分工负责，各司其职。同时，每学年召开专题工作会议，让全体教师认识到不仅仅是只有心理有问题的学生才需要进行辅导和咨询，而是通过对全体学生开展心理健康教育，能增强学生承受挫折、适应环境的能力，培养学生健全的人格和良好的个性心理品质。

学校每学期开展一次大型心理健康教育活动，活动的设计根据各年段学生身心发展特点。低年级主要包括帮助学生适应新的环境、新的集体、新的学习生活与感受学习知识的乐趣，乐于与教师、同学交往，在谦让、友善的交往中体验友情。中、高年级主要包括：帮助学生在学习生活中品尝解决困难的快乐，调整学习心态，提高学习兴趣与自信心，正确对待自己的学习成绩，克服厌学的心理，体验学习成功的乐趣，培养面临毕业升学的进取态度；培养集体意识，在班级活动中，善于与更多的同学交往，健全开朗、合群、乐学、自立的健康人格，培养自主参与活动的能力。

每周，学校还固定开展心理社团活动课。包括心理训练、情境设计、角色扮演、游戏辅导、心理知识讲座等。同时，学校还为每位学生建立心理档案，有的放矢地开展心理健康教育活动，变被动为主动，同时帮助学生正确认识自己、帮助家庭更全面地了解自己的孩子、更好地教育孩子。

为了更好地实施素质教育，学校充分利用学校资源，调动每一位学生，以“全员参与，形成技能，快乐成长”为思路，培养学生的个性特长。多年来在全面了解学生兴趣、特长的基础上结合学校实际，开设了铜管乐队、竖笛、软笔书法、陶艺、舞蹈、合唱、朗诵组等艺术课程，国际跳棋、象棋、足球、篮球、排球、田径、击剑等课外体育课程，科技、机器人、3D 打印、无线电测向、无人机等探索类课程，让学生接受良好的科技教育，形成勤于探索、勤于研究、勤于思考的习惯。

第三节　德育课程对其他区域的辐射与影响

在全市，百年中营闻名遐迩。学校坚持以“发掘学生潜能，培育时代新人”为办学理念，以四字校训为文化引领，以培养“勤、朴、敏、健”中营人为办学目标，加强导学教育德育课程建设，积极发展素质教育，培养学生核心素养，落实立德树人根本任务，受到全市各类学校的交口称赞。中营着力构建德育课程、学科课程、传统文化课程、实践活动课程的“四位一体”德育课程体系，也引导着许多同行学校形成了自己的德育特色，创出了自己的德育品牌。

一、河北区宁园小学：养成教育，为学生的一生发展奠基

宁园小学养成教育课程框架的建构是基于“为学生一生的发展奠基”的办学宗旨和“做更好的自己”的学校精神，更服务于“培养良好习惯奠基美好人生”的办学理念，让学生“学会做人、学会做事、学会合作、学会学习”，培养学生具备良好的道德习惯、学习习惯、生活习惯、健身习惯，促进学生健康全面地发展，提升学生的核心素养，为学生一生的发展奠定坚实的基础。

作为与新中国同时代的学校，学校始终注重学生德智体美劳全面发展。近年来，学校依据外来务工随迁子女比例较高、学生行为习惯问题较为突出的实际，以问题为导向，迎难而上、寻求突破，确立了“培养良好习惯，奠基美好人生”的办学理念，凝练出团结、勤奋、务实、创新的校风，厚德、启智、敬业、爱生的教风，勤学、善思、知礼、笃行的学风，以及“言行一致、持之以恒”的校训。在推进习惯养成教育的过程中，采取“进管理、进课堂、进家庭、进活动、进环境、进实践”的实施策略，营造教育氛围，取得了突出效果，逐步形成了“以习惯养成教育，助推学生全面发展”的办学特色。近十年的深入研究和扎实实践，为学校养成教育课程体系的建构和实施打下了良好的基础。

学校整体架构养成教育课程框架，为深入落实习惯养成教育，制定了校本课程建设方案，成立了以校长、德育主任、教务主任、骨干班主任参与的课程研发小组，先后研发了 3 套校本课程资源，并不断修订完善。2011 年编印了《与好习惯交朋友》教育读本，周会课由德育主任和班主任分别讲授；2012 年研发并实施了一、二年级校本课程《礼仪在我身边》，从举手投足、接人待物、学习生活的点滴细节给入学新生以教育和指导，教材获全国综合实践活动优秀课程资源评选一等奖；2017 年，在课程研发小组的带领下，组织全体干部教师参与课程建设，共同为学校习惯养成教育融慧发力。经过广泛学习、整体架构、充实丰富和细化整理，研究制定了小学低、中、高阶段需要培养的习惯目标和具体内容，分列到六个年级 84 个条目，螺旋式上升，逐步深入，并创编了一至六年级《习惯养成教育系列读本》。

读本中，一、二年级在教育方法上以示范、启蒙为主，目的是树样板、立规矩，以学歌谣形式展开教学活动。三、四年级以明理导行为主，目的是明辨是非、指导行动，以故事会、讨论会、课本剧为基本课型。五、六年级以养成、提升为主，目的是养成教育、内化素质、付诸实施，以活动课为主要课型。

同时，学校在礼仪教育进课堂的基础上，为巩固礼仪教育的效果，还专门制定了一系列规范要求，建立了常规检查评价制度，强化了学生的行为规范训练，开展了丰富多彩的活动，从而促进了学生行为规范的养成。通过读书节、艺术节、体育节、书法节、心运会等学生乐于参与的校园文化活动，在活动中助推学生良好行为习惯的养成。与此同时，鼓励学生在家中做力所能及的家务，定期参加环保护绿、敬老助残等志愿服务，在深入社会实践中锻炼、检验、内化、升华，逐步固化为习惯，积淀为素养。

主题适切、设计精美的仪式，对净化学生心灵、提升学生的道德情操有着特殊的教益。每年的元旦艺术节，是学校开展艺术校本课程《手工灯笼制作》的成果盛典，一盏盏融书法、剪纸、绘画技艺创意无限的灯笼，培养了学生的良好习惯和动手能力，陶冶了学生的艺术情操，传承了中华传统文化，绽放着时代的华彩乐章；为一年级举办“亲子入队活动”，让家长见证最为激动人心的一刻；为六年级举办“毕业典礼”，颁发毕业证书，让即将毕业的学子泪洒现场，感动满满，立志一生奋进，做更好的自己。

养成教育不是一日之功，建立一套完整的管理体系和工作制度是持之以恒抓好养成教育的重要保证。学校成立了校长负责的养成教育领导小组，将养成教育纳入每学期的教育教学计划，扎实推进，年年出新。学校制定了《宁园小学教师师德规范》《教师20个好习惯》，引领教师率先垂范、科学育人。学校还集全校师生智慧制定了《宁园小学文明公约》《好习惯分学段目标》等，为学生习惯养成提供标准、指明方向。同时，全力打造校园文化，以养成教育文化墙、主题文化长廊、教育警语彰显教育特色，让每一面墙壁说话，让每一个角落育人。

二、塘沽博才小学：开放教育，办适合孩子的教育

塘沽博才小学的德育工作以爱育德，润泽童心，让爱心伴随学生的成长。学校突出爱心特色，优化育人环境，重新更换了校风校训；重新设计了教学楼前厅、植物角、科技长廊、阳光心灵长廊、足球长廊、国学长廊、足球体验长廊、足球文化墙等。在学校前院设计了充满传统文化气息的景观，由太阳花和“砚田皆粟味，心地有兰香”的文化牌匾组成，其寓意：教育不忘初心，精神高雅不俗的师生文化理念，引导教师践行博爱做人，创建养师德、修师行、育师魂的师德师风，将校园足球、传统文化与校园文化融为一体，体现了学校文化传承与体育精神的完美结合。同时，在原有花坛里开辟了“红领巾种植园”科技实验园圃，种植向日葵、月季花、黄瓜、西红柿等花卉植物，营造错落有致、清新优雅、馥郁芬芳、姹紫嫣红的育人环境，起到润物无声的教育效果；突出让墙壁说话、让花草传情、让校园的每一面墙、每一个角落都成为活生生的教育素材，突显环境文化的教育魅力，营造了浓郁的校园文化与特色氛围，在学校发展愿景中不断丰富和拓展学校文化内涵。

学校围绕校训和办学目标，凝练提出了“开放教育”的德育特色，确立“三个层面、29个德育目标”的德育管理体系。三个层面即“博爱、博学、博才”。“博爱”培养师生“爱我、爱校、爱国”，“博学”培养师生“学习惯、学知识、学特长”，“博才”培养师生具有“求学路、好人生、中国梦”的美好愿景。“爱我”从“自我认知、自我接纳、自主发展”三个方面，培养学生的兴趣特长、自律自强、全面发展；“爱校”分爱同学、爱师长、爱班级、爱校园四个方面，旨在培养学生关爱友善、尊师感恩、爱校如家、责任奉献的品质；“爱国”分爱家庭、爱家乡、爱社会、爱传承四个方面，教育学生孝亲敬长、品味乡情、热心公益、弘扬传统等；“学习惯”分学会生活习惯、文明礼貌习惯、道德习惯三个方面培养学生独立生活、团结友爱、和谐相处、爱护公共、追求美好等良好品质；“学知识”分学世俗知识、科学知识、人文知识、社会科学知识、艺术知识五个方面，为学生开阔眼界、增长才干，提升学生的综合素养；“学特长”分学艺术、学体育、学动手制作三个方面培养学生的特长，使学生在小学阶段培养一项艺体特长；“求学路”分联盟各类学校、学习名家励志故事、体验科技团队三个方面激发学生励志向上、发奋读书的意志品质；“好人生”分为名优学子讲坛、足球名将联谊、科技参观体验、劳模英雄事迹聆听等四个方面培养学生不怕困难、刻苦学习、学有所长、奋发有为的优秀品质；“中国梦”分为我的理想、校为我荣、实现理想三个方面培养学生从小树立远大理想，好好学习立志成才，为实现中国梦而努力。

学校注重抓好德育课程改革，推进课程建设。依据中小学教育目标和任务，整合国家、地方与学校课程，建设贴近社会、贴近生活、循序渐进、学段衔接、符合学生认知规律、富有特色的德育课程与教学体系：建立各学段的德育课程、校本课程；强化学科课程德育功能，增强学科课程教育的时效性；强化学科与德育融合，发挥课堂育人功能。建立德育学科的评价机制；加强心理健康教育，注重培养学生阳光健康的学生形象；提高学科教学工作的德育实效，注重学科德育渗透。

同时，学校积极开展中小学生思想道德教育实践活动，大力推进德育实践活动体系建设。促进校内常规德育实践活动制度化、特色化，校外德育实践活动规范化、系列化，增强主题德育实践活动的实效性、针对性，丰富学生的道德体验，改善学生的道德行为：首先设计系列化德育主题教育实践活动。其次，规范学校外德育主题教育实践活动，丰富校外“实践基地”的活动内容，科学合理规范安排好校外研学活动。再次，积极开展少先队活动。同时，将“开放教育”德育特色与学校各项工作相融合，提升德育工作的水平；开展艺体实践活动，以校园足球、剪纸等特色为龙头，提升艺体活动水平。

同时，学校强化“文化育人”的功能。加强中华优秀传统文化教育，在潜移默化中培育学生良好的道德素养：①大力弘扬中华优秀传统文化。丰富学校版画、剪纸、古诗词诵读与创作等传统文化社团活动内涵。②建设现代学校文化。注重学校文化建设的时代性，与快速发展时代城市相匹配。③设计出具有时代性、教育性于一体的校园文化。④营造具有自身特色的校园足球文化。

三、天津市实验小学滨海学校：品行教育，以心育心，以德育德

天津市实验小学滨海学校逐步开发出“根教育”系列课程，目前开设的课程有四类：学科类课程、素质拓展类课程、德育微课程、活动类课程。

（一）学科类课程

充分发挥课堂主渠道作用，将立德树人放在首要位置，融入渗透到教育教学全过程，以心育心、以德育德、以人格育人格。

学科类课程包括国家地方开设的基础性课程和学校开发的校本课程。校本课程设置：一年级为绘本阅读，二年级为衍纸画，三年级为手工编织，四年级为名著导读。

（二）素质拓展类课程

素质拓展课程分为三个层面，包括四大类。三个层面分别为校级、年级和班级，四个类别为书法艺术类、体育技能类、阅读思维类、运用创新类。课程建构做到了全员覆盖，学生参与率 100%，每位学生每周至少参加 2 次，每次不少于 80 分钟。校级素质拓展课程以艺体教师为主、外聘教师为辅，针对学校特色、各项赛事和活动的需要成立各支队伍。目前学校共开设素质拓展课程 27 门。

艺术书法类：非洲鼓、衍纸画、硬笔书法、传统文化、合唱、塑作、戏剧社。

体育技能类：空竹、篮球、足球、啦啦操、羽毛球、围棋。

阅读思维类：小主持人、思维训练、故事会、名著导读、儿童诗

创作、自然拼读、豆豆圆舞曲、天才建筑师。

运用创新类：英语歌曲类、Scratch 编程、折纸、十字绣、魔方、航模。

（三）德育微课程

立足于学生成长的关键期，为培养学生良好的行为习惯开设微小课程。以短小视频、微课为载体，明确习惯的养成标准，强化训练，达成目标。

目前学校的微课程有课间活动指导、升旗行为指导、中午就餐指导、劳动技能指导、学生人际交往指导等。

（四）活动类课程

活动类课程分为“美德少年”评选活动课程、研学实践类课程及能力冲关活动课程。

1.“美德少年”评选活动课程

按照学校“品德树”的八种美德来评选美德少年，每学年评比一次，美德少年分别是自信美少年、有礼美少年、责任美少年、活力美少年、节俭美少年、博雅美少年、创新美少年、友善美少年。

实验滨海学校是一所新生的学校，也将是一所激扬生命活力的学校、一所生机勃勃的学校。学校设计一棵枝繁叶茂的大树，取名为“品德树”。“品德树”所代表的意义是：积蓄生长的力量，努力成长为最好的自己。“品德树”的每一根树枝乃至树干都代表着一种美好的品德，分别是自信、尊重、责任感、活力、节俭、审美雅趣、敢于尝试、合作分享。这些是人类共同追求的美德，也将会是滨海学校师生引以为荣的美德。

2. 研学实践类课程

每学年至少安排一次外出实践活动，帮助学生了解家乡、了解社会、了解环境。

3. 能力冲关活动课程

学校以培育学生发展核心素养为目标，以指导学生养成良好的学习、生活习惯为重点，以培养学生的表达、思辨能力为突破口，开展于每学期期末在一至三年级举行冲关活动。每学期期中阶段，学校会制定冲关标准，各学科教师帮助学生做好充分的准备。冲关活动分为八大板块、14—16 项内容，分别是：语文板块的听说、朗读、写字讲述等内容；数学板块的动手摆、测量、讲题等；英语板块的单词记忆、课文表演、小组合作情境表演等；音乐板块的小组合作表演唱、音乐知识过关等；体育板块的广播操、跳绳测试等；美术板块的绘画展示；校本课程板块的围棋测试及德育板块的生活技能比赛。

四、河北区红星路小学：书法教育，让学生堂堂正正做人

河北区红星路小学的德育课程框架由“习书”“达理”“躬行”“悦心”四大课程板块构成，突出中华优秀传统文化特色，把学生核心素养的培养渗透到课程之中，从而实现“书以达理，行而悦心”的红星德育课程目标。

学校加强顶层设计，完善课程建构，彰显特色课程，提升办学品位，以四个课程板块完成学生培养的四个目标，形成红星德育课程体系，以点带面，四位一体，从而实现“书以达理，行而悦心”的课程目标。

（一）习书课程板块——写好汉字，悦人之目，树中华自信

学校将书法相关课程重新整合形成习书课程板块，立足国家基础性书法课程规范书法学习，立足校本课程提升书法技能，立足家本课程提供自主学习平台，以书法为兴趣点激发学生各学科学习热情，完成对学生文化底蕴、学会学习等核心素养的培养。学生习字习德，正人正心，从热爱中国书法到了解中华民族优秀文化传统，激发热爱祖国的民族自豪感。

1. 落实国家课程，重在技能普及

学校依据国家课程《书法练习指导》资源序列，录制配套微课讲解，逐课设计，突出重点难点，系统示范指导。同时，学校研发国家课程教材配套书法练习册，逐课设计编制，一课一练，强化落实效果。

2. 研发校本课程，重在积累提高

学校坚持多年，开设每日 15 分钟的微型校本课，全校师生坚持每天练习书法；每周一节“书法名师精讲课堂”的个性课程，重在培养特长生。学校还积极研发配套校本课程资源，已经编写出本校第五套校本课程资源——《红星书学》。

3. 创新家本课程，搭建自学平台

为将习书课程延伸至家庭，学校以“打开手机，书法学来”的全新理念，特别设立了家本课程。通过学校“红星书学”APP 设置四个习书栏目：“每日一字”“每日一析”“每日一赏”“每日一展”。同时，为将校内学习延伸到课外，书法教师录制了 4000 多节微课视频，上传至“红星书学”APP 平台，极大满足了广大学生自主学习的需求。

（二）达理课程板块——经典育人，悦人之言，传中华文化

为让学生学习中华优秀传统文化，学校从一年级到六年级开设“明礼”系列经典课程，为每个年级的学生选择适合的文学经典、名篇佳句、美德故事，分别通过“知诵、知文、知美”三板块内容，最终完成各个年级的“知礼”教育内容，即一年级知拱手之礼、鞠躬之礼、劝谏之礼、寒暄之礼，二年级知尊师之道、居家之礼、克己之礼、待客之道，三年级知迎接礼仪、谈话礼仪、如厕之礼、勇于担当，四年级知勇敢之士、勤奋之士、清廉之士、仁义之士，五年级知长幼有序、称谓之礼、用餐礼仪、祝寿礼仪，六年级知筷子礼仪、孝敬父母、敬茶礼仪、爱国志士。

（三）躬行课程板块——践行美德，悦人之心，有中华担当

躬行课程板块包含校内和校外两部分：校内以学生社团为基本单位，开发社团多元课程，为学生提供丰富的选择，拓展自身素质；校外以课题研究为主要形式，开展不同系列的社会实践课程，让学生在学习、探究、实践中提升自身素质与能力。

（四）悦心课程——励志振兴，悦人之行，立中华精神

悦心课程通过走进家庭，融入社会，意在把学生培养成为“德才”兼备、“品行”俱佳的新型人才。学校通过社会爱心课程让学生树立社会责任感，形成中华担当的精神。

社会爱心课程分日常志愿服务和主题公益服务两部分。学校开发了以志愿服务为内容的校本教材——《红星路小学志愿者读本》；学校还明确要求每名学生每学年至少参加一次以上、累计 7 小时以上的志愿服务，并计入评优。

除了日常服务内容外，社会爱心课程在每月都有系统的课程计划，并不断创新拓展志愿者服务的形式和内容：一月份，在校内成立校园环保小分队，开展“垃圾回收”活动，用实际行动来保护环境；三月份，通过校园义卖帮扶特困生，并开展各种捐款捐物活动；五月份，在校外完成“全国助残日”志愿服务工作；九月份，走进“敬老院”为老人们送温暖……

该校的红星德育课程体系始终围绕21世纪的学生应具备哪些核心素养这一前瞻性战略问题，最终将学生培养成具有综合实力的新型的新时代建设者和接班人。

交流孕育优秀，交流助推成长。名校长工作室的全体成员，共同分享德育课程经验，畅谈德育活动心得，共谋未来发展策略。大家以人为核心，以文化人、以德育人，将德育落实在各科课堂教学之中、渗透在校园生活的各个环节、延伸到学生发展的方方面面，实现了德育工作师生全覆盖、校园空间全覆盖、教育教学内涵全覆盖，形成了具有鲜明德育特色的教育大格局、大情怀。

站在教育领域综合改革的潮头，名校长工作室的成员们精诚团结，砥砺前行，迎接新挑战，理直气壮落实好德育课程一体化，为办好人民满意的现代化高品质学校而努力着。

第六章

健康发展教育视域下德育课程的反思与升级

2019年8月，中共中央办公厅、国务院办公厅印发《关于深化新时代学校思想政治理论课改革创新的若干意见》（以下简称《意见》），指出要“统筹大中小学思政课一体化建设，推动各类课程与思政课建设形成协同效应”。打通大中小学思政课“任督二脉”，推动不同学段思政课一体化建设势在必行。

在学校思想政治理论课教师座谈会上，习近平总书记曾指出：“要把统筹推进大中小学思政课一体化建设作为一项重要工程，推动思政课建设内涵式发展。”这一重要论述为当前思政课建设指明了方向。在新时代，不同学段的思政课既要“守好一段渠，种好责任田”，更要树立起整体性的思维，接力培养、上下贯通、形成合力。

不可否认的是，在中小学德育课程的探索之路上，虽然一代代教育人不断探索、辛勤付出，但科技发展日新月异，知识更新层出不穷，总在倒逼我们不断加快德育改革创新的步伐。德育目标碎片化、德育课程专门化、学科教学知识化、德育脱离生活化、校内外教育割裂化……传统的学校德育工作模式和方法，已不能满足当前中小学生发展成长的需要，我们唯有不断探索、不断跟进、不断创新，才能实现今天的教育永不落伍。

一、构建大中小学德育一体化育人新格局

为切实加强党对教材工作的全面领导，提高教材建设科学化、规范化水平，前不久，国家教材委员会印发《全国大中小学教材建设规划（2019—2022 年）》（以下简称《规划》）。《规划》提出，到 2022 年，教材建设全面加强，教材管理体制基本健全、体系基本完备、质量显著提升，更加适应中国特色社会主义发展要求，更具中国特色和国际视野，育人功能显著增强，开创教材建设新局面。

教材的核心功能是育人，为确保教材全面落实习近平新时代中国特色社会主义思想，《规划》提出三项具体任务：一是系统设计大中小学课程教材，落实习近平新时代中国特色社会主义思想实施要求；二是整体设计大中小学思想政治课课程教材；三是分类分段修订其他教材。“《规划》是对新时代教材建设蓝图的描绘，揭开了新时代教材改革的新篇章，是一个划时代的文件。”中国教育学会名誉会长顾明远这样评价《规划》的意义。

《规划》以习近平新时代中国特色社会主义思想为指导，贯彻党的十九大和十九届二中、三中、四中全会精神，落实全国教育大会精神，对未来一个时期我国教材建设进行了全面部署。《规划》要求，提高大中小学各学段教材综合质量，使教材成为落实立德树人根本任务的重要载体。大中小学德育一体化是提升教材质量的一个重要维度。为此，《规划》要求加强教材内容的思想性，促进知识教学与社会主义核心价值观融合，将知识传授、能力培养与思想理论、理想信念教育有机融合，使思想性、科学性与时代性有机统一，在不同学段、不同学科和不同类型学校实现德育一体化，提高教材的育人功能。

笔者认为，所谓大中小学德育一体化，是指将立德树人的德育要求落实在大中小学课程、教材和教学中，形成各学段纵向衔接，各学科（专业）横向配合，教育内容逐层递进、螺旋上升的一致性连贯体系。在世界格局大变革、媒体手段日新月异、价值观念多元复杂、意识形态斗争激烈的形势下，《规划》强调党对教材工作的领导权，使教材建设立足于中国特色社会主义，体现党的教育方针，助力培养德智体美劳全面发展的社会主义建设者和接班人。

笔者认为这是非常重要，也是非常必要的。当前，不容忽视的是，虽然我们的德育工作者都在自己的岗位上尽心尽力，但由于没有沟通、没有形成体系，不同学段学校间的德育割裂、传承等问题不容忽视，所以，我们要在改革实践中逐渐突破原有德育理念的局限，形成德育一体化建设的新理念，以此来全面统筹推进德育改革，增强德育的系统性、精准化和适切性，打造德育改革的升级版，建设整体育人的新格局。

教育要为每个学生树立民族精神之根，铸就爱国主义之魂，德育要润物无声、直指人心才能有效，不同年龄段的教学方式和内容应是不同的，适合学生的才是最好的，而大中小幼德育一体化工作，就是要让各学段学校在德育上各有分工又相互衔接。

首先，要加强大中小幼德育一体化的整体性设计。在大中小幼德育一体化设计过程中要充分遵循青少年“拔节孕穗期”的规律，整体设计德育目标，为少年、儿童从小打好理想信念的底子、思想道德的底子和健康身心的底子，埋下共产主义、社会主义、爱国主义的种子，以及道德情操、良好行为习惯的种子，扣好人生的第一个扣子。

其次，要加强大中小幼德育一体化的差异性设计。结合不同学段学生认知规律的特征，按照循序渐进、螺旋上升的规律，对各学段德育目标实现程度和表现形式进行差异化设计。幼儿园阶段重在感性认知，培育良好天性。小学阶段重在启蒙道德情感，养成良好品行。初中阶段重在打牢思想基础，塑造完善人格。高中阶段重在提升政治素养，树立良好志向。大学阶段重在建立政治信仰，增强使命担当。

最后，要加强大中小学德育一体化的深刻性设计。德育课程是其他课程的导向标和灵魂，学科课程、文化课程和实践课程则是在德育课程的总目标下，共同承担起促进学生道德发展的目标和任务，且后三类课程对学生道德的发展都有其独特的不可替代的责任和作用。只有通过全员德育、全科德育、全方位德育、全过程德育、全社会德育，积极培育和践行社会主义核心价值观，才能让习近平新时代中国特色社会主义思想真正“进教材、进课堂、进头脑”，培养出真正“内外兼修”的优秀学生。

二、构建特色德育课程，唤醒学生美好心灵

其实，今天的德育课程，重点不是法律条文、道德事例的分析，而是精神的传扬，不是知识而是信念，不是口号而是行动……是从书本出发，更要回归生活，情理结合才能讲好故事，传递理念。

真正的教育在于唤醒，德育亦是如此，在不知不觉中开始，在潜移默化中理解，在循序渐进中掌握，在春风化雨中提升。所以，德育课程的关键在于，丰富德育内容，创新德育方法，拓宽德育渠道、打造德育特色，让学生在不知不觉中打好人生的底色。

不能否认，在有些学校，很多德育课针对性不强，内容空泛，形式单一，灌输、说教多，互动、共鸣少，实效性差，对学生缺乏足够的吸引力，德育课枯燥乏味，德育效果不佳的问题较为突出。

首先，让德育课程回归生活。德育课程改革，直指德育课程、教学、评价与生活世界的疏离。回归生活成为德育课程改革最响亮的理念。生活是道德存在的根据与形态，整体性、实践性、生成性是生活世界道德的主要特征。回归生活世界的道德教育要走进方方面面的生活、生活的方方面面；道德学习应是生活的、实践的，而非简单归结为知识的、思想的。道德教育应回归学生真实的道德生活，真实的道德生活所体现的是真确的道德事件，所引发的是真正的道德冲突，所获得的是真情的道德体验。德育课程资源的开发与运用应围绕、体现学生真实的道德生活。这样的德育课程改革，在价值取向上实现了道德观从知识道德向生活道德转变，课程观从唯知识论走向生活经验论，学习观从单向传输转向交互作用。这样的德育课程才是有效的、受欢迎的，适应当今社会发展的。

其次，让德育课程灵动起来。习近平总书记在学校思想政治理论课教师座谈会上指出：“推动思想政治理论课改革创新，要不断增强思政课的思想性、理论性和亲和力、针对性。”

而温州市第五十一中学提出的“灵动课程”，是结合当下高中生的成长需要、学校的办学优势和教育资源，在总结前期课改经验和听取多方意见的基础上形成的，该课程体系致力于促进学校特色发展和学生的个性成长，深受学生们的喜爱和教育同行的夸赞。

而其中“灵动德育课程”包含三个层次：能动课程，心动课程，行动课程。学校通过“三全”德育途径，让学生充分、自主地“动”起来，以培养立身、立德、立志、立行、立学的灵气学子。

“能动”德育课程，以《学生发展指数操作细则》实施为主导，完善以加减分、谈话、预警、约谈家长、行规课程学习、表彰先进和纪律处分为主要手段的常规教育实施过程。同时研发有特色的学生行规教育课程与自主管理课程，将德育过程性评价推向纵深。

“心动”德育课程，以主题班会为主要载体，分年级开展系列主题班会，触动学生心灵，提升学生灵魂境界。同时辅以自我成长课程、自主提升课程和德育导师活动开展，三年一贯地培育学生，达到立德、立志的德育目标。

“行动”德育课程，立足课外，通过开发责任体验类、兴趣特长类、研学实践类和心理与生涯规划类课程，将校园主要德育主题活动，如艺术节、体育节、寝室文化节、主题团日、青年志愿者协会活动、新生军训、励志远足、成人礼、毕业典礼、社会实践等进行整合，构建行动系列德育课程。

这样的课程，来源于学生生活，又回归于学生生活。真真切切，近在咫尺。其实，德育的关键是切合实际、触动心灵。教育是心灵对心灵的呼唤，情感对情感的温暖，灵魂对灵魂的引导，智慧对智慧的激发，需要不断拓宽育人途径，不断创新育人模式，才能促进学生全面而有个性的发展。

三、构建“三位一体”全方位育人大格局

立德育人，协力同行。教育，光靠学校是远远不够的，需要全社

会的共同参与，协同育人。

当前，必须树立一种全新的德育观念，打破学校和家庭、社会的界限，把三个方面力量有机组合起来，努力构建“三位一体”的紧密关系。校外教育是一个全方位的综合性的社会工程，它与学校教育各有特点、相互补充，它可以进行各种教育改革和教学实践，开辟青少年的智力和体力，并培养青少年的社交能力和独立创新能力，所以，社会教育、家庭教育、学校教育缺一不可。

首先，倡导家庭教育助力学校德育。家庭教育是整个教育的基础，父母是孩子的第一任老师。如果学校教育得不到家庭教育的支持和配合，即使学校再努力，也是难以起到应有的教育实效。今天，大多数都是独生子女家庭，一部分家长对子女的教育不能与学校德育“步调一致”，对子女百依百顺，娇生惯养，这非常容易让学生产生错觉甚至迷茫。所以，加强家庭教育尤为重要。

苏联教育家苏霍姆林斯基曾说：“两个教育者——学校和家庭，不仅要一致行动，要向儿童提出同样的要求，而且要志同道合，抱着一致的信念，始终以同样的原则出发，无论在教育的目的上、过程上，还是手段上，都不要发生分歧。”因此，要发挥家庭教育在学校德育中的重要作用，首先必须加强家、校的双向协调。学校只要在教育活动中与家长们建立信息沟通的渠道，就可以避免出现“双方目的相同而手段各异，造成受教育者茫然不知所措，最终收效甚微”的现象。

同时，发挥家庭教育在学校德育中的重要作用，还必须重视和加强对家庭教育的个体指导。应该承认，目前大部分家长的整体文化水平是提高了，家庭教育能力也相应增强了，但有些家长缺乏教育的专业知识和理论修养，缺乏科学的教育方法，不利于孩子的健康成长。为此，学校要明确自己肩负的重任，要不遗余力，想方设法，寻找和利用一切可行机会，诸如，请学生家长进学校听专家、学者的家庭教育报告，利用家访的有利时机对学生家长进行个体指导。要知道，德育是否能持续、连贯，家庭教育起着至关重要的作用。只有家校真正形成合力，真正心往一块想、劲往一块使，才能真正教育出走到哪里都积极阳光、乐观开朗的新时代好少年。

其次，拓展“学校、家庭、社会”协同育人平台。其实，在这方面，上海已经走在了前面。上海市中职学校的德育工作者们积极探索，不断创新，形成了许多德育工作经验和成果。例如：上海商业会计学校一直致力于深化“协同德育”，传承着“手脑并用”“做学合一”的历史使命，关注学生综合素养的提高，最终在清荷文化的品牌下初步形成了四大子品牌：“荷美商会，会育商才”教育教学品牌（通过校企合作，开展课程思政和企业文化育人）；“荷你莲心，助力成长”协同德育品牌（利用社会和家庭资源协同共育）；“荷携同行，党建引领”党建带团建品牌（通过主题党日和主题团日活动，从学校小教室走向社会大课堂）；“荷作共赢，交流互鉴”国际交流与合作品牌（通过 SCT 国际交流志愿者团队进行先进职教经验与文化的交流）。

让孩子们有更多机会走出校门、走进社会，让各种德育活动更加系统化、常态化，让社会多方力量积极参与到学校的办学发展中来，这样的教育不仅接地气、开眼界，更让家校间、亲子间、学校与社会间有了更多相互理解和包容的机会，而且让学校教育有了更多的思路和思考，也更加能得心应手、与时俱进。

爱因斯坦曾说，“人类最重要的努力，是在我们的行为中追求道德……只有道德的行为才能给生命以美和尊严。”学校教育就是营造让道德的行为给生命以美和尊严的氛围，激励学生下决心去做一个高尚的人、一个纯粹的人、一个脱离低级趣味的人、一个有益于人民的人。

百年大计，教育为本。教育工作，育人为先。站在新的历史起点上，中小学德育要不断丰富德育内容，创新德育方法，完善德育载体，打造德育特色，增强德育实效，提升德育队伍，拓宽深入实施素质教育的渠道，才能推动中国梦早日实现。德育工作事关重大，影响深远；做好中小学德育工作时不我待，任重道远。我们既要追求“人修骏德，天锡鸿禧”，更要向往“山川竞秀，物我皆春”，才能为实现中国梦，奠定良好的育人基础。

中国中小学名师名校长领航工程丛书

创设“有意义的人生”教育现场

卢建新◎著

中国出版集团
世界图书出版公司

丛书序

我在不久前发表于《中国教育报》的一篇文章中提到：必须高度重视我国教育本土实践与智慧的深度研究，这可能是中国教育转型的关键，也是增强教育自信的必由之路。这里摘引其中的几段。

何为“本土”？自然指向的是中国本土，它是中国的，是中华民族的，是在中国教育自身的实践中产生的。但今天的本土，又不是纯粹的孤悬于世界教育文明之外的“孤岛”。近代以来，国门大开，中外交流包括教育的交往从未中断，而且越来越有深度，也越来越融通。因此，可以说，在全球经济一体化的今天，偌大的中国，无论怎样的教育实践和思想，都像今天的中美经济贸易一样，你中有我，我中有你，所以这里的本土应该是指发生在中国大地上却又融汇了全球教育智慧的本土实践，是在实践中产生的智慧。研究本土教育，弘扬本土教育的实践智慧、经验，绝不意味着我们对于他国教育理论和实践的拒绝和对抗。

事实上，许多年来，随着教育部中小学名校长、名教师领航工程的陆续启动，一批又一批原本散落、尘封、不为外人所熟知的教育实践成功的学校、校长和教师典型，经由国家工程的推动，越来越快地成长、发展和成熟。笔者参与教育部中小学名校长领航工程，以江苏基地首席专家的身份，与来自全国 15 个省市自治区的教育家型校长“互学共进”，见证了他们在一流理论和实践导师的专业引领下自身成长和学校发展的

“蜕变”过程，深感与最为杰出的教育人结伴而行，乃人生至乐，且真正可以教学相长。感受最深的是代表我国现阶段最高水平、最高层次的精英校长，他们在长期的教育和学校管理实践中，在长期广泛学习、借鉴、研究、融会贯通、将世界优秀的教育理论与我国教育实际相结合的过程中，不断地“立功、立德”，成就越来越多的教育辉煌，其中有很多校长已经或者正在形成富于本土教育特色和个性的教育思想。

这样成功的本土实践、这种在本土实践中成长起来的中国教育智慧，对于教育改革的深化，对于教育转型，其借鉴意义和价值深远，一点也不亚于西方教育成功的理论和模式；甚或，因为其同源性、可行性，就显得更加重要。对之视而不见或者置若罔闻，这要么是崇洋媚外的劣根作祟，要么是功利导致的无知和漠视。

到2021年9月中旬，教育部第二期教育家型校长培养工程圆满结业，中国已经培养出近180位教育家型校长。而随着时光流逝，他们中的越来越多的人都将淡出教育的主流场域，这虽然是新陈代谢的规律所致，但对于这一批校长，在这样一个黄金时段，如何最大限度地发挥他们的作用和功能，更好地实现在教育变革中的意义和价值，对此我们又有多少考虑，又有多少顶层设计呢?

作为曾经伴随着他们“走过这一段路”的培养者，作为亲眼见证和感受着他们的优秀、卓越和创造了一方教育辉煌的专家，每每想到这些，只有扼腕叹息，我无法要求国内的教育专家学者转换视角、转变观念，把研究的重点瞄向本土、本土真正杰出的教育实践家、中国一流的教育家型校长群体，也无法突破一般政策的规定，比如校长任职年龄的限制，充分发挥这些领航校长的智慧和才干，不断创造办学和教育的奇迹，引领一方教育顺利转型。我可以做的，或者说力能胜任的，大概就只能是重点关注这些校长中的一部分，调动多方专家力量，如实地呈现他们有关教育的功、德、言，呈现他们的研究成果和创造成果。

这套《中国中小学名师名校长领航工程丛书》正是要通过这些校长

自身成长的轨迹梳理、学校发展的过程回放，通过对其经验与理念、理性思考与实践智慧的展示，特别是通过他们教育思想、管理个性与办学风格的真实表达，以理性开启思维，以经验启迪思想，以成功激励成功，为面广量大的校长人群提供资源帮助，经验参照和方法启迪，推动正行进在改革现实、加快转型、探索未来教育的他们突破、超越，从而为加速建设教育强国、科技强国、人才强国贡献智慧和力量。

不仅如此，通过这种原汁原味的成功样本的“实录”，展示中国基础教育转型期一批勇敢者不息探求的历史，为未来国内有志于中国基础教育研究的专家提供第一手的最真实的素材和资源。也衷心希望越来越多的教育同仁参与进来，开展越来越多、越来越丰富的研究，取得越来越多、越来越厚重的成果。

当中国本土的教育实践智慧被越来越多的教育人、研究者深度关注，当本土教育家型校长和校长教育家的办学思想、成果的研究终于成为“显学”，我国教育改革的深化、教育转型的发展，就进入了花香郁郁、生机勃勃、自信满满的崭新阶段。

本丛书的组织、编写和出版，得到了教育部“国培计划”专家工作组秘书长黄桂珍、领航工程项目办郭磊主任、国教院培训学院于维涛、领航工程北京基地首席专家胡淑云、领航工程广东基地首席专家龚孝华等的大力支持，他们给予本书以较高的评价，在此深表感谢。必须要提到的是，2020年，北京教育学院校长、培训学院院长胡淑云教授邀我和广东第二师范学院龚孝华教授一同参与了中国教育学会重点课题“从名校长到教育家型校长发展路径研究”，本丛书恰恰是围绕这一课题所做的“研究三人行”之成果了。

严华银

2022年2月星期日于南京老山竹下居

序

什么样的教育是有意义的？对人生有意义的教育应该是什么样子的？教育又该如何为有意义的人生奠基？学校又如何创设有意义的人生教育现场？本书就是对这一系列问题的回答。如果你对这些问题感兴趣并抱有疑问，那么不妨来读一读这本书。

长期以来，学校教育致力于塑造一种知识人。学生是用知识一片一片搭建起来的，充塞学生心灵的就是知识，塑造知识人俨然已经成为教育的一个根深蒂固的信条，而过“有意义的人生”对于学生而言似乎只是一个美丽的泡影，他们在浩如烟海的题海中挣扎，喘不过气来。2021年5月21日，中央全面深化改革委员会第十九次会议审议通过《关于进一步减轻义务教育阶段学生作业负担和校外培训负担的意见》，昭示着国家减轻学生负担的坚定决心，也释放出营造良好教育生态的信号。在“双减”政策背景下，卢建新的这部著作站在教育实践者的立场上，无疑是为“双减”如何落地、如何构建区域教育良好生态、校长和教师应该如何做有意义的教育提供了良好的实践指南和模范样本。

自1987年任石河子油泵油嘴厂中学校长至今，本书作者卢建新在4所不同的学校执教，经历了副校长、校长、书记等不同岗位的扎实历练，面对每个新岗位遇到的新问题，都本着对学生负责、对学校负责、对教育事业负责的态度，坚持问题导向，围绕着教育实践积极探索、身体力行。卢建新的这部新作，汇集了他对兵团教育与学生的热爱，以及对古今中外诸多教育理论的吸收与思考，是对教育一线问题的深刻反思。在我看来，本书遵循哲学思辨—理论构建—实践探索—深化反思这四个步骤，详尽地阐述了“教育奠基有意义的人生”这一教育理念的创设和实践过程，为学校创设“有意义的人生”教育现场做出了有益探索。

知是行之始，唯有在理论上构建起了清晰的认知，才能化作行动上的自觉。卢建新老师意识到当前仍有许多教师和校长甚至一些专家对“办什么样的教育，如何办教育”等问题存有疑惑或误解，他通过三个追问对这些问题进行了澄清：人生的意义为何？教育的意义为何？教育的定位为何？答曰：人生的意义在于选择；教育的意义在于决定我们的选择；教育的定位是由时代决定的。在对这些问题给出自己的解释的同时，卢建新老师结合自身工作经验，提出自己在教学管理、教师职业成长、学生发展和师生互动等过程中的一些实际做法。

卢建新老师结合义务教育阶段学校“双减”政策背景下的教学管理对当前校长提出的新要求，阐释了“教育奠基有意义的人生”教育思想形成的内在逻辑演化过程与外在实践表现。到底什么是“教育奠基有意义的人生”？作者用悬挂于教学楼大厅的一句标语进行了概括：“让明德修身成为生命的底色，让奉献助人成为人生的自觉，让追求卓越成为永恒的追求”。其中，明德修身指向个人品德，明德就要明大德，修身就是修身性；奉献助人是对个人行为方面提出的要求，希望师生古道热肠，以助人为乐；追求卓越，是对人生态度方面提出的要求，卓越是不断挑战自己，追求更好的境界，不负宝贵生命的态度。

先进的教育思想须得真正落实到教育实践中才能发挥最大的效用。卢建新老师结合自己在石河子一中的办学实际，着重从学校管理、德育管理、课堂模式等三方面介绍了如何创设“有意义的人生”教育现场。“让墙壁会说话，让墙壁教育人”的宿舍文化墙建设体现了卢建新老师的管理智慧；致力于学生自主成长的“共同成长伙伴计划”以及缓解班主任压力的“全员育人导师制”则体现了卢建新老师的德育工作智慧；以标准化的“烹饪手法”尽量保障“口味”正宗的课堂模式的研究与实践，则体现了卢建新老师应对时代变迁的改革实践智慧。随着工作岗位的调动,卢建新老师从一名中学校长转型为省级教育科研部门的管理者，这也意味着他有更多的机会将自身的教育理念辐射到更广的地方，造福更多的学校。从在学校任职期间如何帮扶薄弱学校到建立学校联盟，再到建言组建起教育集团，再到就职兵团教研室后如何继续推进兵团教研工作的相关做法，卢建新老师让已然成熟且成效显著的教育理念发挥了更大的效用。

历来没有任何一种教育思想是放之四海而皆准的，唯有随着时势不断更新发展的教育理念才能不断焕发出新的光彩。卢建新老师结合新形势下学校面临的发展机遇及挑战等方面来反思自身教育思想有待完善之处，提出了要办有信任感的教育、办有温度的教育、办均衡发展的教育、办有活力的教育的未来畅想。

华东师范大学的李政涛教授曾说，教育是这个世界上最重要的十字路口，通往不同的方向，铸造不同的人生；但是，教育也有限度，是对人生限度的有限突破，它在个体身上最大的成功，就是最大限度地克服了这个人的人生限度。卢建新老师的新作不仅仅对他个人而言是如此，对每一位教育人来说亦是如此。美国著名女诗人艾米丽·狄金森也曾说过，没有一艘非凡的战舰，能像一册书籍把我们带到浩瀚的天地。这本立足兵团情怀、关照教育实践、呼应教育理论的著作显示了卢建新老师作为新时代教育家型校长的使命与担当，不仅为教育实践者提供了引航的明灯，照亮前行的道路，也为新时代教育人如何思考教育与人生的意义提供了方向。

尹后庆

目录

contents

第一章

教育奠基有意义的人生
教育思想的哲学分析

第一节　对人生意义的追问——选择即是意义
第二节　对教育意义的追问——教育决定选择
第三节　对教育定位的追问——时代决定教育

没有理论上的清醒，就没有行动上的自觉。作为教育工作者，我们必须能清楚而准确地回答出什么是教育以及“培养什么人、怎样培养人、为谁培养人”等事关教育的根本性问题，才能坚守好为党育人、为国育才的初心，才能完成好立德树人的根本任务，才能办好人民的满意教育。

当前，有些教师甚至一些专家和学校校长仍对“办什么样的教育，如何办教育”等问题存有疑惑或误解。本章节主要通过对教育奠基有意义的人生教育思想中的人生选择决定人生意义、教育对人生做出正确选择所起的重要作用、在新时代对教育提出的新要求的背景下我们要办什么样的教育和如何办教育等概念进行科学界定，对教育是如何为学生有意义的人生奠基进行学理性分析。结合笔者自身工作经验，提出对教学管理、教师职业成长、学生发展和师生共处中的一些做法，希求教育同人在阅读过程中体会本人教育思想对校长、学校、学校治理等方面有所启示和借鉴。

第一节　对人生意义的追问——选择即是意义

“鱼，我所欲也；熊掌，亦我所欲也。二者不可得兼”。面对这道选择题，我们很容易做出和孟子同样“舍鱼而取熊掌者也”的选择。那么，当我们面对“生，亦我所欲也；义，亦我所欲也。二者不可得兼”这样一道选择题时，是否还有足够的勇气和智慧去做出和孟子同样“舍生而取义者也"的选择？恐怕，很多人不是很容易做出选择。毕竟，"生存还是毁灭，这是个问题"。

可见，无论是东方还是西方，不管是过去还是现在，人都同样面对着人生的选择问题。不同的是孟子直接给出了自己的结果，而莎士比亚却是借助哈姆雷特的内心独白展现了自己艰难抉择的过程。法国著名思想家帕斯卡将人类比作"一根能思想的苇草"，并认为"人的全部的尊严就在于思想"，指出"由于空间，宇宙便囊括了我并吞没了我；由于思想，我却囊括了宇宙。"的确，人不同于其他动物极为重要的一点就是人能通过意识来感受这个世界，并能通过意识改造这个世界。从这个意义上来说，人们面对世界所做出的不同选择也就代表了各自不同的世界观、人生观、价值观，此生做出的所有选择也就共同构建起了自己这一生的价值和意义。

出于对生命的珍视，人们往往会探究什么样的人生才有价值，以及通过何种方式可以使自己的生命无限延长。于是，便出现了唯心主义的人生三问：我是谁？我从哪里来？我要到哪里去？和唯物主义的人生三问：如何更好地认识宇宙世界并解决关于宇宙的问题；如何更好地认识人类社会并解决关于人类的问题；如何更好地认识自我人生并解决关于人生的问题。通过归纳，我们不难发现唯心主义的人生三问其出发点都是"我"，即解决"我"也就是"思想"的问题，寻求精神的慰藉与皈依。唯物主义的人生三问其出发点是"我"与"世界"的关系，即寻求自我如何与他人、社会、世界更好相处的方法与路径。

以东西方两个神话故事做通俗解释。同样面对大洪水，有人是寄希望于上天垂怜，幻想着能有一艘"挪亚方舟"带自己躲过灾难，重获新生；有人则是寄希望于自己或自己的同伴，"堵"的方法不行就"疏"，即便三过家门而不入，"大禹"们总是在想办法治水，而不是躲水。以上两类人虽然都源自神话传说，但也可以清晰分辨出其中蕴含的不同价值判断和人生选择。前者是通过幻想、祈祷被动地等待事物可能有向好变化，可以被划到唯心主义者的行列；后者则是通过观察掌握事物变化的规律，借助自身努力引导事物向着对自己有利的方向发展，可以被列入唯物主义者的阵营。当然，我们应当看到在一定历史时期内，囿于当时的客观条件以及与之相应的认知水平，前者在注重自我反省、与人为善、引发对事物的深入思考方面起到过一定的作用。但从推动人类生存发展的角度来看，显然是后者的人生选择更有正面意义和价值。

从某种意义上，我们可以说唯心主义者的思考方式是“向内”——寻求与自己内心的和解；而唯物主义者思考方式则是“向外”——寻求与世界的和谐。这也就不奇怪，宗教氛围浓厚的时代，人们会不惜将自己的财富捐给教堂、寺庙、道观等宗教场所，将自己很大部分时间都花在打坐、冥思、忏悔以及虔诚的祈祷上。他们是想通过这种方式寻求“内心的安宁”。在当时的历史时期，这种做法对劝人向善、慰藉心灵起到过一定程度上的积极作用。但正如马克思所说“批判的武器当然代替不了武器的批判，物质的力量只能用物质力量来摧毁”，仅靠精神的自我安慰甚至是自我麻痹是不能从根本上解决问题的。毕竟，这个世界的本源是物质的，事物发展的规律也是不以人的意志为转移的。唯物主义者则会把自己的财力、物力、精力花在诸如如何兴修水利等具体的工程性建设上以及如何变革生产关系使其更为符合当时生产力的发展上，在“制天命而用之”的想法指引下，力求用自身的汗水、智慧为自己、为同代人、为后代人创造更为有利的生存条件。夸父追日、精卫填海、愚公移山、刑天舞干戚等虽都是神话故事，但都在传递着关注当下、救民水火、敢于抗争的务实民族气质。当然，囿于生产力水平及与之相适应的社会条件所限，古人大都是唯心与唯物想法兼有，不同的是总体的侧重程度有所差别。但即便是因为侧重程度上的较小差别，也会影响到最终做出的截然不同的人生选择，从而决定了自身的人生意义。

如果能有这样的基本判断，社会上的一些错误言论本不应有什么市场。很多校外辅导机构常用的广告语就是“您来，我们培养您孩子；您不来，我们培养您孩子的竞争对手。”这是典型的通过贩卖教育焦虑而牟取私利。虽然他们打着为了孩子前途着想的旗号，但这种超前教学、给孩子施加过重负担的行为很明显就是没有尊重孩子成长的规律，也违背了基本的教育规律，只是在片面强调分数的重要性，根本没意识到教育是为孩子能成为全面发展的人而服务的。有些家长和部分学校也是只从自己的主观愿望出发，认为通过提前教学、超负荷训练就能得到一个好分数，就可以考个好大学，就可以找个好工作，就可以早日实现财务自由，就可以赢在起跑线上，就可以成为人生赢家，就可以……但唯独没有考虑到受教育的主体——学生的真正需求，没有认真思考这样过重的课业负担必将消磨孩子对学习的兴趣，影响孩子的身心健康，影响孩子德智体美劳的全面发展；当然更没有考虑到社会的发展需要不同类型、不同层次的人才——只有科学家和只有技术工人一样，都不利于社会健康可持续的长远发展。正如叶圣陶先生指出的那样："教育是农业而非工业。"社会发展到当今程度，需要的是多层次、多类型的人才，而非像是标准化的流水线上生产出来的"做题机器"。这就需要我们再次明确一个常识——因材施教。

所谓的因材施教不是没有施教者的统一要求，而是在根据学生不同认知水平、学习能力以及性格特点来采取不同的教育方法，让其在现有水平上发挥自身长处，弥补自身不足，激发其学习兴趣，树立其学习信心，从而促进其全面发展，进而成长为可以促进社会更加美好的有用人才。这里的有用人才既包括于敏、孙家栋、袁隆平、屠呦呦那样推动国家科学技术取得突破性进展的科学家；包括像张富清、李延年那样战争年代冲锋在前、和平时期默默奉献的革命英雄；也包括像钟南山、张文宏那样在疫情来临时白衣为甲、迎难而上，用生命拯救生命的医务工作者；还包括像黄文秀那样放弃大城市繁华，把双脚扎进家乡泥土中，为脱贫攻坚事业无私奉献的扶贫干部；更包括虽平凡如你我但也兢兢业业干好本职工作的千千万万一线工作人员。正如毛泽东主席所说："革命工作只有分工不同，没有高低贵贱之分，我们的同志不论职务高低，都是人民的勤务员。"个人才能有大有小，只要能尽职尽责，在努力创造幸福人生的同时，也在参与创造伟大时代。习近平总书记在 2019 年新年贺词中称赞所有普通劳动者"我们都在努力奔跑，我们都是追梦人。"也正是这些千千万万民族伟大复兴梦想的追梦人让"一个流动的中国，充满了繁荣发展的活力。"那些眼里只有学生分数的人，怎么能算得上是合格的教育工作者？又怎么可能培养出有家国情怀全面发展的人？

被尊为万世师表的孔子，早在两千年前就已提倡“因材施教”的教学方法和教育原则。较为经典的教学案例出自《论语·先进篇》，子路和冉有同样问孔子“闻斯行诸”的问题，即听到（道理或正确的主张）就立刻去做，可以吗？孔子对子路的回答是“有父兄在，如之何其闻斯行之”，意思是要先听取长辈们的意见再去决定；对冉有的回答则是“闻斯行之”，意思是应该马上去做。面对弟子的疑惑，他解释说：“求也退，故进之；由也兼人，故退之。”意思是冉有为人性格谦逊，做事时容易犹豫不决（错过好的时机），所以我鼓励他要果断（大胆去做）；子路为人逞强好胜，办事毛躁（考虑不周），所以我就劝他遇事要多听取他人意见，三思而后行。虽时隔千载，但每每读来，仍能清晰地感受到这位智者的教育智慧与教育温度——教育者最需要关注的是受教育者本身，而非其他。

笔者在 2014 年担任石河子第一中学校长期间，就大力倡导“大数据背景下的高效课堂”及“作业限时管理”。那么何为“大数据背景下的高效课堂”？简言之，教师在上课前要通过大数据分析充分了解学情，再结合自己的教学经验及随堂反馈得出哪些知识属于学生的易错点、临界点，先做到“三不讲”——绝大部分学生已掌握的不讲，学生小组互助可以弄明白的不讲，根据综合分析老师讲了大部分同学还是掌握不了的不讲。教师将课堂时间着重花在学生临界知识的讲授及变式训练上，做到难点各个突破，实现一课一得。那么什么是“作业限时管理”呢？一是规定今天没有上课的科目不允许布置作业。二是规定每门科目布置作业不得超过一节自习课时间。三是规定每节自习课下课后不管有没有做完都必须上交。四是每门作业上交后，将书面答案印发给学生，让学生先自主纠错然后小组探究。五是不定期以问卷调查方式向学生及家长了解老师们的执行情况。对违反规定的老师视情况进行约谈或通报、扣发绩效等处理。这样做的初衷有三：一是避免教师为提高本科成绩而恶意挤占学生时间。二是倒逼教师精心备课，提高课堂质量和作业设计质量。三是让学生将真实的学习状态和作业水平呈现给教师，为教师及时调整教学策略及教学重难点提供有效反馈。

当时，国家还没有明确提出“双减”政策，笔者在推行以上两项决策时遇到不小阻力——主要是教师不理解。教师们的担心主要有两点：一是觉得一张卷子，这也不讲那也不讲，是不是课堂容量太小。二是觉得学生就那么一点儿时间做题，训练量不够，成绩不可能有保障。其实，老师们就是犯了唯心者常犯的错——凡事都是从“我”出发而不是客观实际出发：一说话都是我觉得、我认为，一干事都是凭老经验、老办法。他们只片面强调了教师在教学中的主导作用，恰恰忽视了作为教育主体的学生。教学，教学，就是要教会学生学。学生都已经掌握的问题，教师再讲就是低水平重复、浪费时间；学生合作探究可以解决的问题，教师再讲就是越俎代庖、扼杀学生自主学习积极性；讲了大部分学生也不会的问题，教师硬要讲，说明教师对学生的现有水平没有掌握，只能是事倍功半甚至徒劳无功。这里必须申明一点，所谓不讲那些讲了也不会的问题，不是说永远不讲，而是缓一缓再讲，机会成熟了之后再讲。讲了也不懂，说明以学生现在的知识水平还不足以理解这些较难的内容。教师要学会给学生“铺路搭桥”，让他们逐步提高，等基础打牢了，自然也就理解了，所谓“功到自然成”。其实，作业管理也是如此。给了限定时间，就是倒逼教师要精选习题。我们不少教师在很多时候是不将作业设计纳入备课范围内的，每次布置作业也不分层，自己也不全批全改，就是一本练习册让学生从头做到尾，学生做不完就罚，做不好就骂。学生迫于教师“威严”，只能是牺牲自己休息时间；牺牲休息时间还做不完，就只能去抄、去搜题，甚至组建QQ群、微信群“交流答案”。这种做法用八个字归纳就是：简单粗暴、效率低下。倘如此，即便给学生布置再多作业又有什么意义和价值？这不就是一场“皇帝的新装”的现代校园版吗？大家都在小心翼翼地进行表演——教师假装很敬业、学生假装很勤奋，却不曾想结果不会陪谁去演戏，演来演去那“小丑”就是我们自己。

我们有些教师不明白这个道理，了解不清学情这个最大的客观实际，把握不住循序渐进这个基本的教育规律，嘴上都是学生、心里全是分数，胡子眉毛一把抓，工作只是靠蛮力。育人效果不好、教学成绩不佳，也是必然的结果。正如法国作家拉伯雷所说：“孩子不是一个需要你灌水的瓶子，而是一堆等着你点燃的火焰。”教师不能只顾着“灌水”，为图一个自己主观上“心安”也不管“瓶子”在客观上是否需要；而要去想办法“钻木取火”，让自己的灵魂与学生的灵魂进行碰撞，摩擦出智慧的火花，点燃学生求真、求善、求美的心灵，照亮他们成为更美好自己的前路。古人感叹经师易得，人师难求大概就是这个道理。从这个角度来说，教师们的不同选择也决定了自己的职业价值。

2020 年教师节，习近平总书记对广大教师提出要“积极探索新时代教育教学方法，不断提升教书育人本领”的要求。这启示我们站在新的历史起点上，作为教育工作者，尤其是一线教师更是要始终心怀“国之大者”，牢记自身所肩负的为党育人、为国育才的光荣历史使命，把眼光从紧盯学生一时的“分数”转到如何提高自身教书育人本领上来。要与时俱进地改进自身教育教学方法，以自己“跳入题海”换取学生“跳出题海”，不仅要学会怎么教书，更要学会怎么育人。作为学校的管理者，校长要采取“主题读书分享”“外出学习心得分享”等形式多样的活动，鼓励教师在储备学识上持续发力，不断“充电”，提醒教师不仅要学习与本学科相关的专业知识，还要学习教育学、心理学方面的育人知识；同时，还要利用校本教研、小课题研究等载体，倡导教师们选取和当前教育教学实践密切相关的课题，不断提高发现问题、解决问题的能力，不断攻关、总结经验、推广好的做法，让教师们把自己从“拼体力”“耗时间”的“粗放型”发展模式中解脱出来，实现自身从“经验型”到“研究型”“智慧型”教师的蜕变。当然，实现这个蜕变需要付出很多艰辛努力。有一个可怕的现象，很多一线教师甚至部分学校管理人员“安于”将自己陷入平时的事务性工作，并以此来自我宽慰，认为没有整块时间进行理论学习和课题研究就是自己“一套教案教到老”的最好借口，没有问题导向，没有本领恐慌，因此从毕业后便拒绝学习。苏霍姆林斯基曾明确指出“无论就其本身的逻辑来说，就其哲学基础来说，还是就其创造性来说，教师的劳动不可能不带有研究的因素。”他本人的知名著作《给教师的一百条建议》就是利用课余时间对日常工作反思的总结与提炼。有人说人与人之间的差距是由下班后不同的选择拉开的。北京师范大学顾明远教授在 2018 年获得高等教育国家级教学成果奖一等奖时已年近 90，直至现在仍著书立说、笔耕不辍。有的老师在远未到退休年纪便已借口“老迈”，开始“躺平”。我们想成为一个什么样的教师，能不能达到“四有”好老师要求，很大程度取决于我们每天的选择。

小到每堂课的问题设置，中到教育教学常规工作完成，大到自身的专业成长和职业生涯规划，不同老师的每次具体选择都会看似不同，具有偶然性和随机性：有的人会倾向于为自己获取更大利益，有的人会倾向于被动完成任务，有的人会倾向于有助于学生健康成长……但如果将每个作为个体存在的教师所有选项进行“大数据”分析，我们会发现其所有的选择会呈现一致的倾向性——人生的价值判断。比较通俗地来说就是两个字——为人。正是日常的一次次选择，决定了我们此生在别人心中是什么样的老师。化用臧克家先生的那首著名的诗歌：有些人走了，但他却从未退场；有些人一直都在，但他却从未出现。有人说人的一生有三次死亡：第一次是心脏跳动停止，宣告生理死亡；第二次是追悼会结束，代表社会关系的死亡；第三次是从人们的记忆中消失，代表彻底故去。人都有延长自己生命长度的本能，但并非所有人都意识到生命的长度我们无法把握，但却可以无限拓展人生宽度，以自身正确的选择赋予自己最为宝贵的生命以更为重大的意义。

“中国古时候有个文学家叫司马迁的说过：‘人固有一死，或重于泰山，或轻于鸿毛。’为人民利益而死，就比泰山还重；替法西斯卖力，替剥削人民和压迫人民的人去死，就比鸿毛还轻。”这是毛泽东主席关于人生选择、人生意义极为经典的论断。“人最宝贵的东西是生命，生命属于人只有一次，人的一生应当这样度过：当他回首往事的时候，他不因虚度年华而悔恨，也不应碌碌无为而羞愧。在他临死的时候，他能够这样说：我的整个生命和全部精力，都献给了世界上最壮丽的事业——为人类的解放而斗争。”这是《钢铁是怎样炼成的》一书中最为脍炙人口的片段。

如果我们将时间轴拉长，每个生命个体最终都会走向消亡。这也就是“人固有一死”“生命属于人只有一次”。那么为何有人死得比泰山还重，有人比鸿毛还轻？为何有人在临终前会觉得悔恨和羞愧，有人在临终前可以骄傲和坦然？这是因为他们的人生选择不同——前者为人，后者为己。不同的人生选择决定了不同的人生意义。同样，为了让自己的生命有不同寻常的意义，我们必须做出非同寻常的选择。

以往，在读史书时总不解为何很多英雄豪杰明明有暂且蛰伏以求东山再起的可能，偏偏要选择慷慨就义？这里我想讲两个故事。相信能让大家从中得出答案。

第一个是一位校长的故事。他是享受国务院特殊津贴的专家，他是教育部中学校长培训中心兼职教授，他退休前是国家重点高中杭州市学军中学的校长。但让他走进大众视野的是他决定放弃百万年薪去偏远山区国家级贫困县支教的选择。他就是陈立群。2016 年，陈立群校长卸任校长职务后，没有应邀去民办高中就职拿百万年薪，而是选择远赴千里之外的贵州黔东南苗族侗族自治州台江县一所高考成绩在全州垫底的民族中学任校长。这一选择连台江县教育局局长都没想到：为什么明明有机会在大城市工作获得更为丰厚的物质报酬，偏偏要跑到偏远地区办教育？而且开出的唯一条件竟然是解决吃住，分文不取。面对社会上的疑惑、好奇乃至质疑，陈立群在《我的教育主张》一书中给出了自己的回答——“给钱总是要花光的，给物资总是要用完的，唯有把农民的孩子培养好，才能使家庭的贫困不会成为世袭。”也就是说，他想通过自己的这一选择给贫困地区学生一次改变生活选择，改变命运轨迹，改变家族前途的机会。于是，陈立群校长以行为习惯培养为抓手，利用国旗下演讲、成人仪式等一切机会渗透励志教育、感恩教育，激发学生内在学习动力，鼓舞学生必胜信念斗志……陈校长还狠抓教师队伍建设，用制度规范教师教学常规，曾一个月内对不遵守劳动纪律、上课没有教案的两名教师做出撤岗处理；以情动人，挽留因家庭经济压力过大而要求辞职的优秀教师；除了向当地教育部门争取增设目标考核奖、教学质量奖等办法千方百计提高教师待遇外，还捐出自己所获国务院政府特殊津贴和杭州市杰出人才奖20多万元奖金设立台江县民族中学陈立群奖教金用以每年奖励9名教师，千方百计为教师提高待遇。他还号召老师走进苗寨、走进学生家庭，通过正面宣传帮助村民树立教育脱贫、教育阻断贫困代际传递的意识……苦心人天不负，终于，陈立群校长的付出取得了回报：2017年6月，他带的首届高三毕业生，有100多个考上一本，比往年翻了一倍还不止；2018年，全校共有901名学生参加高考，其中有450人超本科线，本科上线率近50%；2019年，全校共有885名学生参加高考，其中有561人超本科线，本科上线率超63%。单看这些数据，不要说和他原来所在的学军中学无法同日而语，就是相较于一般重点中学的成绩都显得那么“不值一提”。可对于这样一个落后地区，这数据却意味着考出一个孩子、脱贫一个家庭、带动一个寨子的理想正在逐步地变为现实。知识改变命运，不再是一句遥远口号，而是身边一个个真实并可复制的例子。陈立群校长不仅通过“心灵唤醒”“精神教育”为千百个苗家孩子赢得美好改变自身命运，通过教育，阻断贫困代际传递。

第二个故事是一双眼的故事。1949年，中国人民解放军西北野战军二军、六军在王震将军的带领下，和平解放新疆。按理这支部队可以回去了，但王震将军却说，这支部队应该留在新疆搞建设。为什么？因为新疆这个地方革命基础比较薄弱，没有一支部队是不行的。最后，这支部队遵照毛泽东主席的命令，于1954年就地转业，成立新疆生产建设兵团。

从那时起，他们就把战斗的武器保存起来，拿起生产建设的武器。为了不和老百姓争水、争地，兵团都是去最艰苦、最边远的地方开荒造田。当时开荒造田的主要目的就是养活部队，部队不能让人民增加负担，粮食多了还要给老百姓。就这样他们开始了屯垦戍边事业。

“一双眼”的故事就发生在那个激情燃烧的岁月。兵团成立之初十分艰苦，大家缺衣少吃，工作条件也十分恶劣，战士们一天到晚劳动强度非常大，平均每天开荒都在12个小时以上，但是吃的只有萝卜、土豆、白菜，后来连这些蔬菜也断了，就只能吃咸菜，咸菜断了以后就吃馍馍沾盐水。吃了几个月之后，这些开荒造田的战士们因极度缺乏营养，好多都得了夜盲症。得了夜盲症后，晚上回来看不见路。

为什么晚上才回来呢？因为当时军垦战士早上早早地起床干活，晚上很晚才能回家。为了节约时间，紧张的时候一天三顿饭全都在地里面吃，吃完以后接着干，一直干到天黑。战士得了夜盲症后，看不见，回不了家。这个团的领导就以班为单位召开会议解决夜盲症回不来的问题。那时一个地窝子里住了一个班，开会时提到，我们一个班必须要保住一双眼睛，把我们班里所有的菜给一个人吃，让这一双眼睛不得夜盲症，晚上回来的时候领着我们，手牵手一块回来。班里通过了这个决议，那么保住谁的眼睛呢？按照常理，人人都会抢着保护自己的眼睛，但是他们却刚好相反，人人都互相推脱，都说我不行、我不行，他的眼睛好，保他的。

班长一看解决不了，就说："这样吧，谁岁数小就保住谁的眼睛，现在开始报岁数。"可是一些战士明明 25 岁，却报 30 岁，明明 30 岁却报 35 岁。班长没办法就从团部拿上花名册，点到了一个最小的，就给他传达命令："从今天开始这些菜我们都不吃了，只给你吃。"

作家蒋巍 2012 年来到兵团，当他听到这个故事后，当时就热泪盈眶，哽咽地说："伟大的战士、伟大的精神、伟大的兵团！"

这两个故事，前者说的我的同行，后者讲的我的父辈。为何他们都做出了在常人看来会显得有点儿"傻"选择？我想这是因为他们心中不仅有自己，还有他人、有集体、有国家，有强烈的社会责任感，有浓烈的家国情怀，有壮烈的牺牲精神。他们心怀"国之大者"。

理解了他们做出选择的内在逻辑和价值判断，再读"人生自古谁无死，留取丹心照汗青"时，就更能理解文天祥为何拒绝元朝的高官显爵诱惑，选择慷慨赴死，因为祖国在他心中高于一切；再读"苟利国家生死以，岂因祸福避趋之"就更能理解林则徐为何明明是禁烟英雄却被革职发配伊犁，顶着这么天大的委屈还要修渠垦田，因为在他心里百姓利益至上；再读"取义成仁今日事，人间遍种自由花""砍头不要紧，只要主义真。杀了夏明翰，自有后来人"等红色诗篇时就更能理解陈毅、夏明翰这些革命者为何可以藐视死亡、视死如归，对自己的信仰矢志不渝，因为他们把民族的解放看得比个人得失更重……法国作家巴尔扎克曾说，一个人决意赴义时，那么他的头卖给刽子手就要卖得值得。巴金先生也直言：为着追求光和热，人宁愿舍弃自我的生命，生命是可爱的。但寒冷的寂寞的生，却不如轰轰烈烈的死。当然，慷慨就义只是牺牲奉献的一种表现形式，更多的人是以默默工作来为社会做出贡献。慷慨就义更像一颗流星划过天际，照亮漆黑的夜空，让更多的人看到前进的方向，短暂而壮烈；默默工作则更像一颗红烛静静燃烧，照亮周边，为他人带来温暖和便利，沉默而低调。虽形式、作用、意义不同，但都值得赞扬。因为明确了人生的价值和意义，他们不再畏惧死亡；因为坚守正确的选择，他们是为国为民的侠之大者。

再回到开始的第一个问题，再面对“生”和“义”不可得兼时，相信你已有了正确答案。在正确的价值判断形成后，相信我们在对于生活中、工作上遇到的形式各异的问题，也能做出正确的选择。

正确的“三观”并非天生自然树立，这就需要教育发挥作用。

第二节　对教育意义的追问——教育决定选择

《中华人民共和国教育法》是中国教育工作的根本大法，为我们依法治教、依法从教、规范办学提供了法律依据。2021年新修订的《教育法》第一章第五条明确规定：“教育必须为社会主义现代化建设服务、为人民服务，必须与生产劳动和社会实践相结合，培养德智体美劳全面发展的社会主义建设者和接班人。”这标志着已经将党的教育方针落实为国家法律规范，也再次明确完成立德树人根本任务仍是一切教育工作的出发点和落脚点。

那么何为立德树人？关于“立德”，最早见于《左传·襄公二十四年》："太上有立德，其次有立功，其次有立言，虽久不废，此之谓不朽。"这也就是古人常说的"三不朽"。那么何为"立德"呢？如果我们参照"立功"——建立功业的解释可以将"立德"解释为树立德业。业一般可以解释为业绩、功业，即重大的成就或功劳。再参照孔颖达对《易·系辞上》："盛德大业，至矣哉！"一句所做的注解"于行谓之德，于事谓之业"的理解，我们可以将"立德"通俗地解释为具有高尚品德。古人将"立德"放在立功和立言之前，可见对品德的重视。所谓"国无德不兴，人无德不立"这是这个意思。《礼记·大学》开篇第一句话就是"大学之道，在明明德，在亲民，在止于至善"也是为了强调德的重要性。

"树人"，最早见于《管子·权修》："一年之计，莫如树谷；十年之计，莫如树木；终身之计，莫如树人。"树，本意有种植的含义，可以引申为栽培。"树人"，顾名思义就是培养人才。立德树人可以简明地解释为：崇山品德，培养人才，但并不能被简单地理解为是"立德"和"树人"两者概念的简单叠加。离开"立德"这个前提条件去"树人"，容易偏离正确方向，离开"树人"这个具体实践谈"立德"容易陷入形而上学。只有将两者有机融合才能既有明确方向又有实践抓手，取得良好效果。具体到学校工作，我们不仅要对学生传授知识、培养技能，还要创设有意义的教育现场，引导和教育学生自觉践行社会主义核心价值体系。

"时代楷模"陈立群校长在他的《我的教育主张》一书中这样说道："教育者最为重要的就是把外在的严格要求转化为学生自发、内驱的强大动力。舍此，便不成其为教育。"对此，我是极为赞同的。有执教经验的教师都懂得一个常识：如果课堂没有秩序，那么教学效果为零；如果课堂过于秩序，那么教学效果也不会太好。教师组织教学的第一能力是课堂掌控力，高明的教师都是"收放自如"。一般是起始年级或者新接手一个班级，先要立规矩，要求学生做好"制定动作"；等基本所有同学都能守规矩的时候，再开始逐步放手，让学生充分发挥个性，完成其"自选动作"。没有教师的主导，课堂秩序混乱，学生的主体地位也很难得到保障；不尊重学生的主体地位，只强调教师权威，要求课堂整齐划一，这样的教师主导又有何意义？对于完成立德树人根本任务，也是如此。第一步就是立规矩，狠抓日常行为习惯养成。第二步是引导学生“自我管理、自我教育、自我服务”。没有第一步就实现不了第二步；只有第一步，我们的“教育”就只能被称为“管理”，没有完成“育人”任务，也更谈不上实现“立德”目标。

不可否认，即便在“五育并举，德育为先”已经成为共识的当下，仍有部分家长、学校受片面应试教育的影响，教育价值观、人才观未完全端正。只关注分数不注重孩子心理健康和人格养成的现象依旧存在，“剧场效应”“劣币驱逐良币”等不良现象时有出现，功利化、短视化的思想仍影响着教育事业健康发展。再加上一段时期以来，社会上存在“以金钱论英雄”“读书无用论”的错误价值导向，不少人沉溺于拜金主义、享乐主义。这种不良风气也已向校园蔓延，对学生产生了不良影响。据我观察，大体上分为以下三类：一是沉溺享受，不思进取；二是利己主义，不愿奉献；三是唯利是图，不顾大义。

第一类最可惜。大部分是因为自身家庭条件相对较好，加上家庭引导不当，导致学生进取心不强，没有青年学生应有的阳光向上心态，虽然未经世事，但总是一副看破红尘的样子，以所谓的“佛系”“躺平”为主要表现特征。按照马斯洛的需求理论，这类学生长期在低层次徘徊，只能靠买名牌等物质享受以及盲目追星来填满内心空虚。他们全然没有“不义而富且贵，于我如浮云”的文人风骨，更不必说“一箪食，一瓢饮，在陋巷，人不堪其忧，回也不改其乐”的高尚境界以及“髀肉复生，潸然泪下”的危机意识；面对学业困难，多表现为怕吃苦、易逃避，没有远大志向，缺少斗争精神。诸葛亮在《诫子书》中说道：“非志无以成学，非学无以广才。”长期沉溺享乐，只能消磨意志、蹉跎岁月，到头来一事无成，只能落得个“悲守穷庐，将复何及”的结果。当前还有一种“寒门贵子”尤其值得警惕，即本身家庭经济条件并不好，甚至是“贫寒之家”。孩子却为所谓的面子攀比，花钱大手大脚，盲目追求名牌，将自己包装成“贵公子”，全然没有君子坦荡荡的坦然，也没有对父母的感恩之心。这种爱慕虚荣、不体恤父母的行为尤为不可取。或许有人会以“孩子还小”“长大就好了”等借口来为他们开脱，也的确有不少浪子回头”自古至今，我国都极为重视家庭教育、注重家风养成。古有谚语：“求忠臣必于孝子之门。”一个对父母都不能尽孝的人，一个不能承担家庭责任的人，又怎能指望其将来能成为报效祖国，服务社会的有用人才？

第二类最可怕。“任何一种不为集体利打算的行为，都是自杀的行为，它对社会有害，也就是对自己有害。”苏联教育家马卡连柯曾直言利己主义者的危害。我国自古就强调“家国同构”的观念，有着“家国情怀”的自觉。所谓“路见不平，拔刀相助”“天下兴亡，匹夫有责”都是集体主义的体现。在抗击疫情中，我们的集体主义精神集中迸发释放，发挥了极为积极的作用。武汉疫情严重时，全国物资驰援疫区，隔离群众高唱《歌唱祖国》互相打气……最终，众志成城，战胜疫情。相较于西方的“自由主义”，我们的民众即便在疫情得到控制后，仍自觉“戴口罩、不聚集”。当本地发现疫情需要封闭管理时，我们从个人到家庭再到社区乃至整个城市都能自觉居家，不给国家添麻烦。如果每个人都“各人自扫门前雪，休管他人瓦上霜”，那么社会将会何其冷漠？我们又将为此付出多少生命的代价？我们长期进行集体主义教育，倡导“爱人者，人必从而爱之；利人者，人必从而利之”，将未来交到这些自私冷漠之人手中，又怎能放心呢？钱理群教授还指出“精致的利己主义者”更为可怕：“他们高智商，世俗，老到，善于表演，懂得配合，更善于利用体制达到自己的目的。这种人一旦掌握权力，比一般的贪官污吏危害更大。”金一南教授曾用“‘账房先生’永远算不出伟大”对这些人进行辛辣讽刺。不愿为社会服务，不愿为他人付出，这样的人才华再高、财富再多、虚名再盛，其人生又有何价值和意义？

第三类最可恨。“谈到好的，都是外国的，不好的，都是中国的”“呲必中国”这是2014年《辽宁日报》以致高校老师一封公开信形式刊发的题为“大学老师，请不要这样讲中国”报道中的两句话，指出了一些高校教师在课堂上有不良行为的问题。虽然不少人对这篇报道进行批评，认为存在以偏概全、对高校教师不公，但这种现象背后折射出的问题还是值得我们警惕。习近平总书记深刻指出：“青少年阶段是人生的‘拔节孕穗期'，最需要精心引导和栽培。"作为党的教育工作者，我们要想完成好立德树人根本任务，首现自己必须要坚定"四个自信"，真正做到有信仰的人讲信仰。鼓吹"美国空气香甜论"的杨舒平，诋毁抗疫政策的许可馨，发布虚假信息抹黑新疆棉花的许秀中……虽然只是个别案例，但也反映出极少数青年学生存在为攫取个人不当利益不惜颠倒黑白，罔顾民族大义的错误世界观、人生观、价值观。著名教育家蔡元培先生曾直言："若无德，则虽体魄智力发达，适足助其为恶。"当我们谴责这些学生的时候，是不是也应该反思——他们从小到大就没有一个老师教他们"有国才有家"的道理吗？他们能到国外留学，说明她们对知识的掌握还是不错的，至少外语知识学得不错。果真，他们在国内的毕业院校也都算不错。如果单从学习成绩这一个维度来判断，他们应该属于"高考的赢家""好学生"。但恰恰是这些所谓的"赢家"让我们某些育人者"输光"了"脸面"。有人说，教育并非万能的。的确，人的成长受多方面因素影响，家庭、学校、政府、社会都担负着青少年成长成才的责任。但教育也绝非无能的，哪怕只是狭义上的学校教育。学校教育是立德树人的主阵地，作为教师，我们必须要守好自己的阵地。

"你是中国人吗？你爱中国吗？你愿意中国好吗？"这是南开大学张伯苓校长在1935年9月17日新学年提出的"爱国三问"。虽距今已近百年，但每每读来仍然振聋发聩。虽然时代发生了变化，但励志教育、感恩教育、集体主义教育、爱国主义教育等仍旧是我们德育教育的主要内容。以上反面例子虽代表不了当今学生爱党爱国、乐学善学、团结协作、积极向上等总体风貌，但也足以提醒我们，德育教育并不是可有可无要为考试让步的；也足以警示我们"长着中国脸，不是中国心，没有中国情，缺少中国味"的教育，是绝对行不通、绝对要不得的。我在石河子第一中学任职期间，总是不厌其烦地给老师们、同学们宣讲凝聚着"热爱祖国，无私奉献，艰苦创业，开拓进取"兵团精神的军垦故事、老兵故事，组织编撰、编写《兴国之魂——社会主义核心价值观》《成长》《传承兵团精神，城乡手拉手——综合素质实验班文集》《高中生经典诵读读本》等书，组织学生参观军垦博物馆、周总理纪念碑，组织党员教师到小李庄军垦旧址举行主题党日活动，组织全校师生徒步往返36公里到军垦第一连远足，聆听老连长讲军垦故事，举办“十八岁成人礼”；还在校园内安放了三块大的文化石，其中有一块就镌刻着“祖国高于一切，才华服务社会”，以此时刻提醒全校师生思考什么才是“有意义的人生”，当我们面临人生抉择时，什么才是正确的选择。

浇花浇根，育人育心。“要给学生心灵埋下真善美的种子，引导学生扣好人生第一粒扣子。”这是习近平总书记为我们提出的明确要求，也为我们指明了前行的方向。由此上溯，孔子在《论语·学而》中也提出“弟子入则孝，出则悌，谨而信，泛爱众而亲仁，行有余力，则以学文。”由此看来，我们很多时候迫于一些现实因素，过于关注“智育”，忽视了基本的教育常识：孝悌、谨信、仁爱等品行是放在知识学习之前的。陶行知先生曾说：“千教万教教人求真；千学万学学做真人。”陶先生是这样说的，也是这样做的。有个“三颗糖”的故事分享给大家。有一天，他在校园里看到两个学生在打架。准确地说，是一个年龄稍微大的学生在用泥块砸另一个年龄稍微小的学生。先生当即走上前去进行制止，在基本了解清楚来龙去脉后，让那个年龄稍微大的学生放学后去办公室找他，随后就离开处理其他事情了。先生忙完，回到办公室，见那个年龄稍大的学生已经在等自己了，就马上拿出一颗糖送给他。此举大出学生意外，迟疑着没敢接。先生解释道：我让你来办公室，你就来了，并且很准时，说明你心里有我这样一个校长，这是奖励你尊敬师长的。学生不再那么紧张，伸手接了过去。先生随即又拿出一颗糖给学生。学生再次诧异了。先生又接着说道：我已经调查清楚了，你打另外一名同学，是因为他欺负女生。你这个属于见义勇为，见义勇为值得表扬。学生反倒不好意思了，但还是欣然接下了第二颗糖。先生趁此机会问学生，你觉得有没有更好的办法来解决这件事情呢？学生连忙道歉：我错了，制止他就可以了，不应该打人。先生闻此，又拿出一颗糖，说道：知错就改，善莫大焉。你能认识到自己的过错并承认错误，还能想到不贰过，再奖励一颗糖。当然，还有其他“四颗糖”的版本，这里不做考据。可想而知，这位同学再面对类似问题的时候，一定能想到先生对他的教诲，做出正确的选择。这或许才是教育真正的意义——让学生学会做出正确的选择。

作为学校校长或一线教师，我们除了要学习他高超的育人方法，还要学习陶行知先生的教育情怀。一是冷静。先生发现学生打架后，并没有暴跳如雷，马上对犯错学生进行训斥，而是在了解基本情况后做"冷处理"——让打人的孩子放学后去办公室找他。这个过程既是让自己进一步了解真相的过程，更是让当事人冷静下来的过程。我们可以想象，这个孩子在等待的过程中肯定有所思考。二是尊重。犯了错的学生还是学生，我们不能因为其犯错而将其看低一等。先生从开始到最后都对学生保持了尊重，为学生尊重他人做出了榜样。三是智慧。按照一般老师的做法，要么对犯主要错误的学生进行训斥或惩戒，要么对双方各打五十大板。而先生则是用了启发式教学的办法，没有空谈大道理，而是一步步引导学生发现自身错误。四是仁爱。遇到此类问题，一般的校长大都会选择在问清楚他们所在班级后，将其交给班主任或年级主任、德育主任处理。除非事情到了不可收拾的地步，很少有校长会耐下性子亲自去处理这件"小事"。也正是这所谓的"小事"体现了先生的仁爱之心。这一点也最为重要。"一切为了学生，为了一切学生，为了学生的一切"这样的标语挂在很多学校的墙上，但未挂在很多人的心上。

北京四中原校长刘长铭在谈及教育价值的终极目标是什么时这样说道："我认为，是生活，是人生。生活不仅是教育过程，也是教育价值的终极指向。我们说教育要以人为本，就是说教育要全面关注人的生活。"这与陶行知先生"生活即教育""社会即学校"的提法一脉相承。我所提的"教育，为有意义的人生奠基"其实也是将教育的目的指向了人生和生活。那么，通过我们的教育，学生应当过怎样的生活呢？全国政协委员、江苏省锡山高级中学校长唐江澎在2021年两会时的发言给了我们很好的启示。他认为好的教育要给孩子们健全而优秀的人格，赢得未来的幸福，造福国家社会。并将理念具化，提出四个维度：终身运动、担当责任、解决问题、优雅生活。关于责任担当，前面已从不同侧面就每个个人应当对本人、对家庭、对学校、对社会、对国家都要承担责任进行了分析，在此就不再赘述。下面，我从体育和美育两方面谈一下自己的理解。

终身运动首先是要培养终身运动的习惯。按照有关政策要求，学校要开齐开足体育课，要保障学生每天校内、校外各1个小时体育活动时间。硬性规定体育锻炼时间就是为了避免体育课被挤占、体育老师“被生病”、学生每天的锻炼机会被剥夺，实现培养学生运动习惯，进而掌握体育技能，最终健康发展的目的。其次培养健康的生活方式。身体是1，其余是0。所有的0只有放在1后面才有意义。人生路很长，不在于一时能跑多快而在此生能跑多远。健康的生活方式是保持健康的重要因素。路虽远行则将至，事虽难做则必成。下定决心一生做此一件事，终归可以做出一些成就。再次，通过身体锻炼保持积极心态。“文明精神”和“野蛮体魄”看似矛盾实则相辅相成。强健的体魄往往能令人意志力更为坚强。参加体育运动除增强体质、疏解压力外，还能让人更容易融入集体，找到志同道合的朋友。毕竟，运动场上交朋友比自习室容易得多。最后是珍爱生命。我经常跟孩子们说，你的生命不仅仅只属于你一个人，至少还属于你的父母。这倒不是宣扬“身体发肤，受之父母，不敢毁伤，孝之始也”，而是想传递给学生要对父母的养育之恩心存感激，要对自己的家庭负有责任，更重要的是要学会敬畏生命——敬畏自己生命、敬畏他人生命。

有人说现在的孩子都非常“双标”：在论及“物质”的时候，要求父母是“中式”的——给钱出力、无怨无悔；在论及“自由”的时候要求父母是“西式”的——充分放手，不得干涉。在平时的工作中，我发现很多所谓的“问题学生”在跟父母说话时极为不礼貌，总摆出一副“你凭什么管我”的架势。曾遇到过这么一个极端的案例。有名学生沉迷手机游戏，已经严重影响到了正常的学习和生活。班主任找这名学生谈了多次，也“没收”过手机。不过家长溺爱孩子，感觉问题并没有那么严重，于是每次从老师这里将“没收”手机领回后，都会还给孩子。如此几番，老师也是有心无力，只能勉力维持。在一个大型考试后，家长发现孩子成绩退步较大——其实这个结果他应该能预想的到——一怒之下把孩子的手机摔个粉碎。孩子情绪激动，爬上窗台，威胁如果不给买个新手机就从楼上一跃而下。家长无奈，只得屈服。我在得知这个案例之后，虽然也知道这名学生是一时气愤，只是威胁家长，但也担心他因为一时冲动而做出傻事。我不禁思考：为一个手机就要跳楼，值吗？随即，我发现这不是个单纯的手机问题，也不是仅仅因为家长的教育方式问题，而是我们的“生命教育”没有到位的问题。

蒙特梭利说：“只有正确认识了死亡，才能更好地理解生命的意义，更加尊重生命，热爱生活。”学校不能只教学生理解公式和定理，还要教学生理解生命的价值和生活的意义。同时要通过家长学校引导家长关注孩子学业成绩外，还要关注孩子有关生命价值的认知。于是，我们让心理教师有计划、有针对性地举办心理健康知识讲座，开设“心理屋”“知心热线”，举办“5·25”心理健康节，还以班为单位利用节假日、寒暑假组织学生到养老院、福利院参加志愿活动，体悟生命健康的宝贵。此外，我们通过家长学校约在医院工作的家长来学校通过讲座形式宣讲健康知识，还组织开展“我和爸妈同上一天班”主题活动，让学生利用寒暑假到自己父母或同伙伴小组成员父母的工作岗位实地体验，激发同学们的感恩之心。

作为校长，我还提倡教师要有积极的生活态度，过健康生活。为此，学校多方筹措资金利用学校地下室为老师们建起职工之家，有阅览室、有健身房、有练歌房、有舞蹈室、有休闲区。当然，职工之家也对学生开放。我常说：不油腻应该成为一个成年人的人生自觉。在身体机能随着岁月流逝不再如年轻时，中年人至少可以保持优雅的老去。海德格尔有个著名的论断“向死而生”——常人只能看到眼前的生，不能预见未来的死，哲学有无穷智慧可以记录死亡，因此向死而生提醒我们珍惜当下，珍惜生活。

优雅生活，并非小布尔乔亚情调，而是让学生学会发现美好、欣赏美好、创造美好，让自己成为一个更为高雅的人，影响更多人过上高雅的生活。

“生活中不是缺少美，而是缺少发现美的眼睛。”这是艺术家罗丹的名言。当前，我们的学生迫于繁重的学业压力，很难有时间、精力发现生活中的美好。我们就要制造契机让学生学会偶尔慢下来，去寻找、去发现身边的美好。比如，我们将“摄影比赛”列为成人礼系列活动的一项，通过比赛的形式让学生去感受家乡的大美风光。比如，我们会举办艺术节，让学生充分展示自己在书法、绘画、舞蹈、乐器等方面的才艺。比如，我们会举办运动会，让学会体会健康之美、运动之美；比如我们举办朗诵比赛，让学生体悟诗词的音韵美、意境美。在发现美好之后，我们再引导学生学会欣赏他人之美，学会包容和体谅。比如我们开展“最美教师”评选，让学生发现教师的奉献美，以更加体谅教师；比如我们开展“六类模范”表彰，让学生发现身边同学身上不同侧面的闪光点，感悟“各美其美”。我们还通过树立榜样来引导学生创造美。比如我们进行“最美宿舍”“最美教室”评选，让学生自己动手布置自己的学习、生活空间。这样学生就能更为爱护自己教室、宿舍环境卫生。此外，对于教师，我们还通过进行“最美工位”的展示解决了教师办公桌、办公室物品堆放杂乱的老大难问题。

美，是一种治愈。给我印象最深的一件事是用“美”来解决学校教学楼大厅卫生问题。教学楼大厅每天人来人往，难免有纸屑垃圾。虽然安排学生进行保洁，但不能保证实时整洁。派专人值守只能治标却不治本，负责大厅卫生的班级叫苦不迭，甚至还引起了班级之间的小矛盾。为此，我想用寻找“最美弯腰者”的办法来教育学生爱护校园环境。在上学、放学的高峰期，我安排电教老师在大厅的不起眼处架设摄像头，看有没有哪位同学能弯腰捡起地上的垃圾。然后将学生弯腰捡垃圾的截图发到班主任群，寻找那“最美弯腰人”。班主任们积极“认领”。我又安排德育处、班级对这名学生进行表扬，还安排电教老师将这段视频进行了剪辑，在校园电视台播放，并配文字启发学生思考：为什么他的一弯腰会这么美？其实，我有丢垃圾同学的截图，但我没有把这些图发到班主任群里。一是怕班主任嫌丢人不认领，发了也等于没发。二是因为有些同学并非故意，是风将垃圾从他手里的垃圾桶里吹出来。最重要的还是不想让同学们感觉自己生活在别人的监视之下。如果他们是迫于别人监视，而非自己的主观意愿，还是没有起到教育的作用。因此，在播放视频前，我还特意让电教老师在剪辑时将丢垃圾的瞬间避开。正如苏霍姆林斯基所说："只有能够激发学生去进行自我教育的教育，才是真正的教育。"寻找了几次"最美弯腰人"之后，同学们在经过大厅时都能自觉随手捡起地上的纸屑，倒垃圾的同学还给垃圾桶盖上了盖子。最可喜的是我们的老师也加入了这个行列。有人跟我开玩笑说，问题的解决是因为有摄像头，怕被你查到。还有人说，他们主动捡垃圾是为了求表扬。但我更愿意相信，他们是因为心中的美好被唤醒——原来我也可以成为那位"最美"的人。

这虽然是一件小事，但我想立德树人不正是通过这一件又一件小事实现的吗？广渠门中学教育集团校长吴甡认为学校之间的差距来自于每一个教育碎片。我认为只要我们做好每一个教育拼图就能拼就一整张教育蓝图。

在石河子第一中学任职期间，我带领大家对学校的德育工作进行梳理、归纳，将原本零散、无序甚至有些随机的各项活动以课程的方式固定下来，使德育工作成为系统的、有目的、有计划的教育行为。依据活动内容，将学校德育体验活动归结为八大系列"体验式德育活动课程"。具体内容将在第三章介绍。

形成课程之后，便安排德育处排课程表。与日常的课表不同，德育课程的课表是一个为期三年的总课表。在德育主任的牵头下，经过班主任、年级主任讨论，分管德育副校长审核形成草案，再征求各班、各年级意见，丰富完善。最后由班子讨论决议确定课表，将德育工作从原本的活动提升到课程高度。课表确定之后，我们便开始集体备课。以主题班会课为例，每月由学校（含德育处、年级组）统一规定主题的班会有 3 节，由班主任自行确定主题的有 1 节。将本学期确定主题班会课分解给每位班主任，每人备一节主题班会的公开课。主备人提前一周上班会公开课，其他班主任、年级主任、年级分管领导到场听课。课后，先由主备人说上课构想及上课反思，然后听课人评课，提建设性意见。主备人根据评课意见对自己的班会课教案、课件进行完善，当天共享到年级工作群。其他班主任结合本班实际情况进行二次备课后给本班上课。再加上有了德育的总课程表，我们许多年轻的班主任便可以对照"课程"进行提前备课，在此过程中对高中三年的德育工作有了一个总体认识，育人本领提升很快。原本，每到学期末、学年末人员调整，就会有年级主任跑来要人，想多要几个能干的班主任；学生家长托各种关系想“走后门”挑一个好的班主任。通过对德育工作的课程化管理，我们就将班主任这个变量因素对班级管理效果及育人效果的影响降到最低。我经常化用一句广告语来劝找上门的“不速之客”：都是一样的配方，自然是一样的味道。另外，“一张蓝图绘到底”的最大好处是能确保“一茬接着一茬干”，即便中间因为分班或教师支教等因素出现换人，也不会对总体的育人效果影响太大。当然，这个课程体系是开放的，每学期尤其是每届高三毕业后，都会让年级主任和他的管理团队就本年级的德育工作进行总结，对课程体系进一步完善充实。以下为 2018 年高考结束后，时任年级主任总结德育经验时提出的“激情德育”4 条主要做法，有些内容是上文提到的“必修课”，有些内容则是本年级德育团队增设的“选修课”。

一是把班会课变成学生“加油站”。同样跑一千米，一个是把一千米当成一千米跑，一个是把一千米当成十个一百米来跑，谁能跑赢？显然是后者！跑十个一百米可能会累，那么就需要班主任给学生加油。高三的班会课由周五改成周一下午，一节班会课激励学生三天，再在周四加一节心灵配餐，点燃激情，凝聚力量提升素质。年级将本学期每月、每周已确定的班会课主题在暑假放假前分给每一位班主任，即每个班主任精心备好一堂课，大家共享资源，并结合本班实际修改使用，提高质量，体现集体智慧，重在激励和唤醒。

二是把挑战制度打造成“竞技场”。我们年级同层次的班级两两对抗，本学期我们在每层楼都设置 PK 榜，把卫生、纪律、跑操、周练习四项考核结果上墙，公开挑战结果，做到每周一总结、一公布、一评价，让学生切实感觉到自己的一言一行都关系到集体荣誉，努力的每分每秒都关系挑战成败。

三是把表彰激励转化为“封神榜”。各班都在门口设立了宣传墙。有本周达人推荐，提醒同学们先进就在身边、榜样引领前行；有优秀作业展览，提醒同学们向规范要进步，向习惯要提高；有本人目标展示，提醒同学们心中有梦、砥砺前行；有伙伴小组评比，提醒同学们团结友爱、心向集体。年级督促各班每周更新，表扬优秀班级。

四是把大型活动设置成“狂欢节”。年级通过举办表彰大会、百日誓师大会、趣味运动比赛等一系列大型活动，把表彰活动办得仪式化、节日化，确实做到奖励先进，鼓舞后进，释放压力，凝心聚力。

当时的设想是经过几年的积累，我们不断总结提炼成功经验，修订改正错误不足，推广好的做法、扩充德育资源、充实课程内容，最终可以形成一套完整的《石河子第一中学德育行动指南》。即便我们“最能干”的班主任、年级主任、德育主任调离了当前工作岗位，我们的管理经验也能不断地积累和传承，降低试错成本。当一中做到足够优秀，有兄弟学校需要我校帮扶，可以拿出一整套的完整德育管理模式供其参照，提高帮扶效率。

当然，这只是第一步。我们在构架起完整的德育体系后还探索出以“共同成长伙伴小组”、六类模范评比等系列将外在要求内化于心的做法。具体内容将在后续章节介绍德育工作时详细阐述。

再回到本节的第一个问题——立德树人。我们在明确了立德树人的重要性，懂得了忽视立德树人的危害，探讨了如何立德树人的具体实践路径后，还要回答一个关键问题——立什么德？结合今年的党史学习教育，我想这德就是对党和国家忠诚的大德、为民造福的公德和严于律己的私德。

“德者，才之帅也；才者，德之资也。”有了这样的“德”作为统帅，我们树起来的“人”才能在面对人生重大选择时做出不负国家、不负社会、不负家庭、不负良知的正确选择。从这个意义上来说，只要完成好立德树人根本任务，教育就可以决定学生未来的重大选择，教育也就为“有意义的人生”奠基了坚实的基础。

第三节　对教育定位的追问——时代决定教育

教育的本质是培养人，这是古今中外的共同认识。对于“培养什么人”这个教育的首要问题，不同时代的人给出的答案也是基本共同的——“合格的建设者”和“可靠的接班人”，不同是“合格”的标准和“可靠”的依据。回顾历史，我们很容易发现：在不同的历史时期，教育会呈现出不同的特点。虽然教育思想流派纷杂、主张各异，但都与其所处时代密切相关，是政治的延伸。

先秦时期是我国教育大发展的第一个时期，呈现“百花齐放、百家争鸣”的特点。代表不同阶层利益的思想家、教育家纷纷宣扬自己学说，给我们两千年以降的教育奠定了丰厚的理论基础，成为我们收益至今的文化宝藏。

以老子、庄子为代表的道家提出：虚静无为、柔弱处下、知足不争等道德教育思想和行“不言之教”“图难于易，为大于细”的教育原则和方法。这和道家“小国寡民”的政治主张是一脉相承的。道家认为当时战乱是因为人心不纯，为名缰利网所羁。《老子》中有“绝圣弃智，民利百倍”的说法，《庄子》也有“绝圣弃知，大盗乃止”的主张。他们因对所谓的“圣人”保持着高度的警惕，认为普通人如果没接受这些“圣人”的“教育”，或者说没受到这些所谓“圣人”的鼓动，能保持最初的自然和淳朴，处于“自然”状态，最好“邻国相望，鸡犬之声相闻，民至老死不相往来”，当然也就没有了战争。所以，他们提出：“人法地，地法天，天法道，道法自然”，也从自然中寻找到了一些符合规律的教育方法，比如由易入难、由小及大、尊重学生个性成长、注重辩证思维、逻辑思维培养、善用形象比喻解释抽象道理等。在相当长的一段时期，很多教师在不同程度上都偏重关注知识和答题套路的传授，倡导甚至要求学生“死记硬背”，忽视了对学生思维的训练。道家思想中蕴含的辩证思维，是非常值得我们借鉴的。

以商鞅、韩非子为代表的法家强调：“以法为教，以吏为师”“以法成德”“以法为教”的教育原则。特别强调“法”即制度的重要性。法家倡导的教育在形式上更类似我们所说的社会教育。政府官员向百姓宣传国家的法律制度，让他们明白哪些是国家鼓励做的，哪些是可以做的，哪些是被明令禁止的，从而将百姓的行为统一规范在国家意志之下。他们的本意是为国家培养积极生产的“温顺的奴仆”和奋勇作战的“无畏的战士”。这样就能在最短的时间里将处于“蒙昧”状态的民众迅速组织起来，在最大可能保证国家安全的基础上为统治者掠夺更大的土地和财富。在现代人看来这种教育思想是较为冷酷、甚至是残酷的，不过也的确反映了当时的时代背景。不过，我们还是能从中得到有益的启发，比如法家指出：“母厚爱处，子多败，推爱也。父薄爱教笞，子多善，用严也。”如果我们把“笞”从字面的体罚延伸为与“厚爱”相对的“严管”，就会发现古人已有“严管就是厚爱”的教育观念。有人说，没有惩戒的教育是苍白无力的。我们是否也应该反思片面强调“快乐教育”和“解放天性”是否并不符合教育规律？是否也应该回归“严师出高徒”“养不教，父之过，教不严，师之惰”的教育常识？2020年教育部颁布《中小学教育惩戒规则（试行）》是把“戒尺”还给老师的积极探索。

以墨子为代表的墨家则主张以“兼爱”为核心培养“兴天下之利，除天下之害”的“贤士”。与法家不同，墨家是反对战争的。他们提出的“兼相爱，交相利”，是真诚地希望人们可以做到相互友爱，互惠共利。这种崇尚和平、平等的人际关系，倡导积极承担社会责任的教育思想即便放到现在也是较为领先的。社会主义核心价值观中个人层面的“爱国、敬业、诚信、友善”就有墨家教育思想的影子。我们在平时的教育中也应当注重对学生在这方面的培养，为和谐社会的构建贡献教育力量。

以孔子、孟子为代表的儒家在诸子百家中对教育的贡献最大。孔子的教育主张主要有以下三点：一是“有教无类”的办学理念，办“私学”打破“官学”对教育资源的垄断。二是“德育为先”的教育理念。倡导“弟子入则孝，出则悌，谨而信，泛爱众而亲仁。行有余力，则以学文。”三是“以人为本”的教学思想。如：因材施教、启发诱导、学思结合等。其实仅凭第一条，孔子就足以被尊为“至圣先师”。在孔子之前，教育机会多被贵族所独占，这就导致普通民众因为没有文化知识丧失了很多改变自身、家族命运的机会。孔子收徒授业并不看重其门第出身，也不因贫富、贵贱、智愚等原因把一些人排除在教育对象之外，广招门徒，传道授业解惑，对中华文明的传承贡献极大。故而宋代大儒朱熹感叹：“不生夫子，万古如长夜。”孟子的“民为重，社稷次之，君为轻”有着极为强烈的“民本”思想，这与习近平总书记提出的“江山就是人民、人民就是江山，打江山、守江山，守的是人民的心”有共通之处。

但有一点我们也不必为贤者讳，先秦阶段的教育家其着眼点多在个人品行方面，以“忠”“孝”等私德为抓手，强调修身。

自秦朝统一六国，我国封建大一统王朝的教育，又有新的变化。因篇幅有限，只采撷几个典型事件：秦始皇“焚书坑儒”；汉武帝“罢黜百家，独尊儒术”；隋唐创建科举，唐太宗笑谈“天下英雄尽入我吾彀中矣！”；宋代完善科举，减少考试科目，王安石任参知政事后，取消诗赋、帖经、墨义，专以经义、论、策取士。真宗皇帝赵恒在《劝学篇》标榜“书中自有千钟粟，书中自有黄金屋，书中自有颜如玉”公然用金钱、美色、权力笼络读书人；明清两朝“八股文”取士，康雍乾更是大兴“文字狱”，规定阐述《四书》义，必须根据朱熹的《四书集注》，否则不予录取，以致“士子所诵习，主司所鉴别，不过《四书》文而已”。

可见，在皇权社会，教育发生了异化，成为统治者控制思想，笼络人才的手段，他们最需要的“温顺的奴才”而非“干事的人才”。读书人埋首故纸堆，思想腐朽。近代中国屡遭欺凌，与其说“器不如人”或“技不如人”不如说“制不如人”和“智不如人”。其根源仍是教育脱离了时代，培养不出适应时代发展的人才。

五四运动，有志青年一声呐喊，打倒“孔家店”，教育又出了新转机。

较为典型的是蔡元培提出“五育”并举教育方针及“思想自由，兼容并包”的办学原则；陶行知提出了“生活即教育”“社会即学校”“教学做合一”的教育理念；黄炎培提出“手脑并用、做学合一、理论与实际并行、知识与技能并重”教育主张；梅贻琦“所谓大学者，非谓有大楼之谓也，有大师之谓也”的大师论；蒋梦麟提出“教授治学，学生求学，职员治事，校长治校”的办学方针。其中，以蔡元培、蒋梦麟等为主要成员的“教育调查会”，提出了“养成健全人格，发展共和精神”的教育宗旨，并将“健全人格”界定为四个方面：一是私德为立身之本，公德为服役社会国家之本；二是人生所必需之知识、技能；三是强健活泼之体格；四是优美和乐之感情。民国教育的成果也相对较为丰硕，仅诺贝尔奖获得者就培养出李政道、杨振宁等 5 人。但毕竟受时代所限，它偏重为资产阶级、大地主阶级培养人才，存在只关注“精英教育”不关心“大众教育”，只依靠个人魅力而无健全制度保障等问题。有些人盲目推崇民国教育的所谓“自由”，正是没有看清这一点。

在新中国建立初期，我国充分借鉴苏联教育家优秀成果，如苏霍姆林斯基“全面和谐教育理论”、维果斯基的“建构主义”、马卡连柯的“集体主义教育”原则，结合我国实际，着力推行大众教育，创造了穷国办大教育的奇迹。对于“人”的要求，毛泽东同志指出：“我们的教育方针，应该使受教育者在德育、智育、体育几方面都得到发展，成为有社会主义觉悟有文化的劳动者。”当然，任何事业都不可能一帆风顺。文革十年，不尊重知识、不尊重人才，教育事业遭到巨大破坏。直到正式改革开放开始的前一年，邓小平同志决定恢复高考，才使我国的人才培养重新步入了健康发展的轨道。他提出“教育要面向现代化，面向世界，面向未来”，学校就是要“为社会主义建设培养合格的人才，培养德智体全面发展、有社会主义觉悟的有文化的劳动者”。在总结新中国 60 年的教育发展成就时，时任教育部部长周济将之概括为：“两个跨越”——即全面普及九年义务教育和实现高等教育大众化；“一个突破”——职业教育不断发展，教育宏观结构调整取得重要突破；“一个重大步伐”——实现教育公平迈出重大步伐；“一个确立”——确立中国特色社会主义教育体制的基本框架。江泽民、胡锦涛同志都提出要培养德智体美全面发展的社会主义建设者和接班人。

党的十八大以来，习近平总书记不仅继承而且深化了党的几代中央领导人对教育要培养什么人的思考，多次做出重要论述，指出“新时代贯彻党的教育方针，要坚持马克思主义指导地位，贯彻新时代中国特色社会主义思想，坚持社会主义办学方向，落实立德树人的根本任务，坚持教育为人民服务、为中国共产党治国理政服务、为巩固和发展中国特色社会主义制度服务、为改革开放和社会主义现代化建设服务，扎根中国大地办教育，同生产劳动和社会实践相结合，加快推进教育现代化、建设教育强国、办好人民满意的教育，努力培养担当民族复兴大任的时代新人，培养德智体美劳全面发展的社会主义建设者和接班人。”在2018年全国教育大会上更是将教育的定位提升为“国之大计、党之大计”，再次明确教育的根本任务是“培养社会主义建设者和接班人”。这是习近平总书记站在实现“两个一百年”奋斗目标的高度为新时代教育工作提供的根本遵循。时代越是发展，知识和人才的重要性就愈发突出。国家富强、民族复兴，关键在人，基础在教育。教育是民族振兴、社会进步的基石，是提高国民素质、促进人的全面发展的根本途径。当今世界的综合国力竞争，说到底还是人才竞争。实现中华民族伟大复兴的中国梦，归根结底靠人才、靠教育。

“培养什么人、怎样培养人、为谁培养人”自然蕴含着“谁来培养人”的问题。这就需要我们教育工作者自觉对标对表“四有好老师”“四个引路人”“四个相统一”要求，在“六个下功夫”上着力，立德修身，潜心治学，开拓创新，把为学、为事、为人统一起来，立志成为“心怀国之大者”的“大先生”。

何为大先生？在我国，先生是一种尊称，是对父兄长者和教师的称呼。这里要有必要来界定一下长者。长者一般指年纪大、辈分高、德高望重的人，后来在我们的言语体系里会更侧重于德高望重。所以，宋庆龄、杨绛等女士也可以被称为先生。那么，大先生则是对有德业者的尊称。《礼记·曲礼》中“从于先生，不越路而与人言。遭先生于道，趋而进，正立拱手”。这里的先生特指老师，要求学生对老师要恭敬、有礼貌。老师只有在人格、品德、学业上能为人表率者，也就是“学高为师，身正为范”才能被称为大先生。

第一，教师要做大先生，要有坚定理想信念。

教师要关心国家大事、世界大事，心怀祖国，在日常的教育教学实践中自觉全面贯彻党的教育方针。“风声雨声读书声，声声入耳。家事国事天下事，事事关心”不应只是我们对学生的要求，更应该将之转化为自己的行动自觉。只有自己关心国家大事，才能引导学生关心国家大事。作为学校的管理者，要把理论学习，尤其是对党的最新理论成果的学习抓实、抓好，充分发挥党员教师的模范带头作用。注重将党员教师培养成学科专家，也注重从表现积极、教育教学成绩突出的青年教师中发展党员，真正做到让有信仰的人讲信仰，让有情怀的人讲情怀。此外，我们还要注重引导老师，特别是党员自觉将历次主题教育活动的学习成果自觉地与学科教学相结合，进行德育渗透。德育工作不是班主任或思政课教师一家的事，是全体教师大家的事。这也符合了“三全”育人的要求。例如，在党史学习教育活动中，我们可以创新学习形式，让语文、历史、政治等不同学科教师结合本学科特点从不同侧面对同一历史事件进行分析，让老师们以更接地气的方式接受知识、经受洗礼，从而更为将抽象的理论知识自觉转化为具体的教育教学实践，以更高的政治站位来看待自己所从事的事业，以更宽的理论视野来开启学生智慧，以更深的教育情怀来处理职业理想和现实处境之间的矛盾，在明理、增信、崇德的基础上切实做到力行，为学生办好事，为学校做贡献。当然，在注重对重大历史事件的学习之外，还要注重对各类英模先进人物先进事迹的学习。事迹的选取要注意普遍性和行业性的统一——作为学校，可以侧重在党的教育战线上做出卓越贡献的人物，如黄大年、张桂梅等。开展形式也可以结合党员活动“三会一课”“主题党日”及“道德讲堂”等。

在此过程中，作为兵团教育工作者，我们还要注重结合新疆、兵团的发展史。比如，兵团精神和南泥湾精神密切相连，而南泥湾精神又是延安精神的重要组成部分，这样就形成了系统的脉络。南泥湾精神，是以八路军第三五九旅为代表的抗日军民，在著名的南泥湾大生产运动中创造的，是我军在困境中奋起、在艰苦中发展的强大精神力量，凝聚起来就是“自力更生、艰苦创业、同心同德、团结奋斗”。这与兵团精神的“艰苦创业”的提法有相同之处。当前，西方对我们的高科技发展进行封杀和围堵，我们更是要发扬“艰苦创业”的精神，靠自己突破技术瓶颈、实现突围。当年的经济封锁没有困死我们的前辈，现在的科技封锁也注定困不住当今的中国。我们今天课堂上的学生有可能就是明天带领中国克服技术困难的专家。由此，引导我们的教师要以更为务实、更为负责的态度传授知识，以更为长远、更为远大的眼光教育学生。结合当今学生特点，也要提醒我们的老师们要善于利用革命历史故事，特别是改革开放四十多年来取得的成果和鲜活事例结合多媒体的教学手段来教育广大学生，引导青少年将个人理想同祖国和人民利益联系在一起，将个人梦想与中华民族伟大复兴中国梦有机结合起来

第二，教师要做大先生，要有扎实的学识。

马卡连柯所曾说：“学生可以原谅老师的严厉、刻板甚至吹毛求疵，但不能原谅他的不学无术。”这里的学识包括既指学科的专业知识还指教学知识、教育科研能力。丰厚的学科专业知识是老师站稳讲台、站好讲台、成就讲台的基础。在学校每学期末组织的评教评学中，我们可以清晰地发现：扎实的学科知识是教师尊重乃至敬佩的最基本条件。我在担任校长期间，特别注重教师的专业素养提升，以校本教研、推门课、一中大讲堂、新课标等主题学习和教研、教学大检查、学科社团活动辅导等具体活动为抓手，打造专业型教师队伍。在此，仅选推门课和一中大讲堂进行介绍，以做引玉。

以“推门课”抓好常态课堂。促进课堂改革，常常会重视通过让教师上公开课来提升教学技能。但公开课不等于常态课，公开课上的好，不代表常态课就优质。公开课就像一场表演秀，但谁也不会穿着高跟鞋和时装逛街，接地气、聚人气、显才气的多是常态课。而恰恰是常态课才是真实的教育教学现场。为此我校“推门课”就是不打招呼，随时推门去听老师们的常态课。坚持问题导向，为做到用数据说话、科学评价，

制定课堂观察指标，为常态课进行等级评价。

课堂观察指标

观察项目	A	B	C	D	备注
学生课前准备					
教师课前准备					
教师精神面貌					
教师表达					
板书或课件效果					
师生互动效果					
课堂管理效果					
教学模式					
教学任务完成度					
教学效果					

在最开始推进的时候，无论是观察者（学科主管领导，以中层干部为主）还是授课者都没有表现得如学校预想的那么积极。观察者多以事务性工作较多为借口，不能保证听课的频次和评价的质量，听课数量有限，短期体现则意义不大，长时积累又反馈滞后，且提交课型有些并非“推门课”，导致数据失真。同时，评课浮于浅表，多有应付之嫌，针对性弱。授课者主动性差，以“被推门”为灾难，不能很好地认识此于己的意义和作用，紧张拘泥或刻意表现，并非常态。

第一学期，在以上各项课堂观察指标反馈中，仅有“学生课前准备”和“教师课前准备”评价尚可。被推门教师普遍课前备教认真充分，注重引导学生课前准备，方法基本到位。“教师精神面貌”“师生互动效果”“课堂管理效果”“教学任务完成度”有较大的提升空间。在学生的习惯养成上，教师可通过进一步规范化的要求，使学生更易进入学习状态；被推门教师普遍年轻，因此在课堂管理艺术上不甚纯熟，略显生硬，有时偏颇，致事倍功半，可在此方面着意锤炼，以更艺术的“课堂管理”来收获更优质的“师生互动”，使课堂“热闹”而不“胡闹”。“教师表达”“教学效果”是教师们尤其应当注意的两个方面，这需要授课教师有更充分的预设并合理取舍。课堂教学的环节流动需授课教师相机引导，巧妙点拨，这需要老师充分的教学智慧和更充分的教学准备，对每一个环节可能出现的问题事先考量，提前设计应对策略，便可在很大程度上避免词不达意。同时，课堂时间有限，课核宜鲜明，中心应突出，一课有一得，若旁逸斜出处过多，则必然湮没重点，处处不舍，处处难得，时间花去，学生依旧茫然难有收获。“板书或课件效果”的数据反馈也不甚理想。部分教师多媒体依赖症，整堂课似乎没有幻灯片就难以为继，整课上完，黑板上无一字；或者老师全凭口述，无课件增色，无板书提挈，老师讲得意识流，学生听得云雾中。

问题越多，就证明开展此项工作越对。为此，学校对负责听“推门课”的学科主管领导进行逐一约谈，抓住这个“关键少数”。在每周的校务会前由主管教学副校长对本周听课的节数进行统计，并在会上进行结果公布。当时只是对数据进行客观公布，并未做点评。果真“响鼓不用重锤”，他们都积极行动通过推门课切脉，为常态教学的高效优质把关。同时，也指导他们有智慧开展工作——有选择性地推开一些课堂的门。选择依据以学生评教评学的反馈为主。有些教师的课可以作为学习课，有些教师的课要作为问诊课。自己在听课的过程中，还可以约新进教师一同去表现优异老教师的课。对于一些教师对新课程改革理念更新不及时，掌握不到位，导致课堂始终老调重弹，了无新意或游走边缘，难触核心。除了要求这一部分教师应主动进行业务和理论学习，一段时间后，学科主管领导通过进行横向观察，纵向对比，还要对其课进行“回头看”，不仅要为其列出“问题清单”，还要集全备课组之力帮助其确定“整改方案”。对于教师这个群体，指导往往比批评起到的作用更大。我时常告诉老师们，虽然我们不能只做个“教书匠”，但要以“匠人精神”对自己的课进行打磨。狠下心来，通过一到两轮的时间把自己的常态课全部打造成公开课。

以“大讲堂”致力专精一业。一中大讲堂是鼓励教师结合自己兴趣、特长与学科的特点利用每周五下午的社团活动时间开办专题讲座。老师可以亲自开讲，也可邀请校外专家。学校只对讲座内容进行方向性审核，并提供场地、用车等方面的物力支持。这个活动一经开展，深受学生喜爱。现将相关评价，摘录如下：

梁付春老师理论与实验结合，讲授与互动辉映，气氛热烈，欲罢不能；景晓龙老师从生活经验出发，平实浅易的语言道尽幽微精深的变化，动图展现云层变化更是十足吸睛；李凌云老师从大片儿切入，将“无处安放”的物理难题料理得明明白白，也将呼之欲出的家国壮怀妥帖地安置在学生最火热的心房之中；陈发涛老师满满干货，销路广阔，座无虚席，了然的笑意也从未间断；两位能力同样“剽悍”的数学老师，颜波老师用爱玩儿的心省去了大量抽象的运算，用线条演示出以常衡变的奇幻，谢秋霞老师用浪漫的心带领大家漫溯去方法星河的最深处，一线贯通；还有地理组张琪老师请来的石河子大学南楠博士，围绕国家能源热点问题，立意于民族发展需要，将课内与课外结合，以问题促思考，以格局立使命，两个多小时的时间里，同学们仍觉意犹未尽。

老师们从最初的担心畏怯，慢慢找到乐在其中的趣味，学生们从最初的懵然无知，慢慢咂出专业指向的深味，可以说渐渐走上正轨。大讲堂与社团同时开展，这无疑是一种竞争，究竟是专业本位的理论至上，还是个人选择的兴趣优先？我们认为，大讲堂是将二者有机结合的一个奇妙结点，既拥有学术性，也体现了兴趣性。伴随着大讲堂日渐规范化，相信学生的关注点会慢慢从“谁来讲”转变到“讲什么”，使之不仅作为提升学生核心素养的加油站，也能作为评价教师核心素养的度量衡，更能作为一中教学科研的新名片。

在调入兵团教科院工作后，我发现教师们往往舍得在教育教学上下功夫，做教育科研的意识和能力都有所欠缺。我认为在“双新”背景下，只有会研究的老师才能培养出会研究的学生。况且，每个人的才能各不相同。有些教师特别擅长组织教学，有些教师特别喜欢钻研课题。我们要为不同的人才提供不同的舞台，以让其充分展示自身才华。针对一线教师教育科研基础较弱的现实，我倡导老师们可以从小课题研究着手，针对教育教学实践中遇到的问题，就上级关心、社会关注、家长关切的教育热点难点问题，开展深入调查研究。比如，今年我们就组织了基础教育小课题研究、综合类实践课题研究，并结合“双减”政策开展了作业管理、作业设计等主题研究，以求总结出鲜活的成功经验，提升到理论高度，对兵团教师队伍的建设起到推动引领的作用，对一线教师破解教育教学的实际困难起到启示作用。

第三，教师要做大先生，要落实好立德树人任务。

“师者所以传道授业解惑也”，“传道”是第一位的，教师既要精于授业解惑，更要以传道为己任，做到既是经师，更是人师。对于青年学生而言，教师是他们天然的模范对象。小到老师的书法、口头禅，大到如何为人处世、思考解决问题，学生都会有意无意地对自己的老师进行模仿。在早期的革命者中，有很多人就是因为从自己的老师那里接受了先进思想而走上革命道路。杨沫的半自传小说《青春之歌》就是讲述这样的故事。作为教师要以身作则，为人师表，做学生为学、为事、为人的榜样。为此，我特别注意选树身边的先进。学校开展了“最受学生喜爱的十佳教师的评选”。最开始是每学期集中投票一次。后来发现，每学期评一次有很大的偶然性——投票前几天的作业布置少、老师恰好上了一节好课等等都会影响投票结果。后来考虑每天投票，但担心会影响到正常的教学。后来是信息技术老师开发了一个电脑小程序，无须网络，自动计票。我们就确定为每天的自习课学生在不受老师的干涉情况下自主对喜欢的老师进行投票。下午放学后，由班长统一拷贝到年级组，年级组每周一报教务处，教务处通过程序解压统计结果并在工作群每周做公布。由此，确定当月、当学期、当学年的“最受学生喜爱的十佳教师”。学校每年都会在教师节以“感动中国十大人物”颁奖礼形式进行表彰，并宣读由其学生撰写的颁奖词。老师们对由自己学生评选出的这个荣誉极为重视，也就在平时更为严格要求自己，以此形成正向循环。现将部分颁奖词摘录如下：

汪曾祺在《人间草木》中形容说，“山丹丹长一年，多开一朵花。……山丹丹记得自己的年岁。”每棵树都永远是诚实的，年复一年的阳光、雨露和风霜都一圈一圈地印在年轮上。

这个学期，陈发强老师在高三年级担任两个理科班的语文教学工作，高三，是人生的关键期，但部分同学，却始终处在心理的动荡期，他从课堂入手，上好语文课，更上成文化课，如同惠特曼诗中的“船长”一样，穿过统一的校服，穿过成绩的排名，用责任和意义为生命赋能，带着惶惑的学子穿越迷雾，去寻找丛林里的光。

陈老师对学困生和学优生一视同仁，悉心呵护，不忘鼓励，每一次充满耐心的谈话，每一题循循善诱的讲解，动之以情，晓之以理。他始终站在学生的角度，尊重、理解、信任，他用无声的行动赢得了学生和家长的信赖，为全面激发学生的学习动力、提高学业成绩奠定了坚实基础。向光而生，如沐春风，草木以新绿报之。

他总是不计较个人得失，挥一挥手，简单一句“我来吧”；他总是疏朗显豁，睿智一笑，蹦出一句“都不是事儿”。他身上，有文人气度，却不酸朽；他身上，有江湖豪气，却不鲁莽。他如草木繁盛，始终以浓荫翠盖给人以庇护。

许多人喜欢草木，是因为它常常与人的秉性和感情相通，以草木之心生活，就是安然坚定，真诚简单，从容自适，于自己，也引他人。

李仕龙老师，自1992年工作至今，已在教坛耕耘28载，荣誉于他，恒河沙数——从师市优秀教师，到兵团优秀教师，再到全国杰出中青年优秀教师，从师市首届“名师”评选，一直连任三届9年，再到自治区特级教师——哪一个称号不是熠熠生辉？

然而，他始终持心自守，敬业如初。他的课堂永远重点突出，循序渐进，针对培养，深入浅出。他在“最基本的知识”和“最基本的技能与方法”上做了大量研究，上课时总提醒自己：能少讲的时候自己是否多说了几句？他注重调动学生的学习积极性，注重培养创造性思维。他的退一步，促成了学生的进一步，在学生眼中，数学是自然的，是清楚的，是有用的，是能提高能力的。

李老师曾作为访问学者，参加全国数学教育专家罗增儒教授开办的数学教育研究生班，他一有时间就泡在数学教育专业资料室中，或与各位专家交流，废寝忘食，如饥似渴，记录了数十万字的心得体会。在平时的教学中，李老师也不断对教学方法进行探究与实践，把握学生学习心理，准备、制作教具。

李老师说：“教育工作，是一项常做常新、永无止境的工作。社会在发展，时代在前进，学生的特点和问题也在不断变化。没有任何一种教学方法是万能的、一成不变的，没有任何一个问题是可以解决得十全十美的……只有努力才能完成肩负的神圣历史使命。”

有时候，思想愈发自由，人的存在感与意义感愈发退缩，独立之精神，需有所判断，有所担当。当思想自在如风，需心底持守如磐，耕耘着时间，没有快进，抑或快退，只在无数个细碎的当下，步履不停。

学校还通过为被评为当年度优秀党员的教师授牌，挂在本人的工位上；为刘芸、贾颖、聂新生等老师拍摄了宣传片；为竞赛获奖的老师制作海报……充分激发老师的职业荣誉感、幸福感、自豪感。我常说，学生的幸福是老师给的；老师的幸福是校长给的；校长的幸福是学生给的。当然，反过来也是成立的。学校只要充分尊重老师、激励老师，老师就会将爱和激情传递给学生。只要老师们的主动性被调动起来了，就会在如何立德树人根本任务的具体实践上迸发无穷的创造力：实现课程育人、教材育人、课堂育人、管理育人、活动育人、生活育人。不必刻意强调全面融入、落细落小落实，就可以使社会主义核心价值观具体化、形象化、生活化，成为学生日常生活场景。

此外，学校为全面落实“三全育人”要求，减轻班主任工作负担，把班主任从繁杂的事务性工作中解放出来，有充足时间思考创造性开展德育工作的好点子，提高班主任幸福指数，同时培养班主任后备力量，积极推行“导师制”，建立以班主任为核心的班级育人团队。简单来说，就是将常规德育工作进行分解，每班分设纪律、卫生、“两操”三名德育导师。导师由班级任课教师担任。教师结合自身实际选择承担相应导师任务。年级做总体协调：确保每名教师都能担任导师，每个导师都有教师充任。学校制定导师考核办法，对导师进行绩效考核，考核办法及结果运用参照学校德育管理常规标准。此外，每名导师还需负责本班 2–3 个“共同成长伙伴小组”，侧重掌握这 10 名左右学生的思想动态，一般问题自己及时处理并和班主任及时沟通。在教师的办公室安排上，也是就近安排教师工位，方便老师们随时交流。这样就通过具体的事务性工作将科任老师和班主任进行了“绑定”。这样才让学校聘班主任、班主任聘任课教师是“双向聘任制”进一步落实落地。以班主任为核心的育人团队是以干“育人”事业共同目标凝聚的大团队，而非仅靠私人感情维系的“小团体”。当然，在日常的共同工作中的沟通协作，团队的老师们也逐渐培养起了深厚的情感，我们将之称为“革命友谊”。

德国的著名教育学家斯普朗格曾说过：“教育的最终目的不是传授已有的东西，而是要把人的创造力量诱导出来，将生命感、价值感唤醒。”马克思也说：“教育绝非单纯的文化传递，教育之为教育，正是在于它是一种人格心灵的唤醒。”在前文厘清了“为何要唤醒”和“要唤醒什么”这两个问题的答案之后，我们自然也就能回答了“如何唤醒”和“谁来唤醒”的问题。

当前，我们已经实现了第一个百年奋斗目标，进入了向着第二个百年奋斗目标迈进的新征程。站在“两个一百年”的历史交汇点上，作为一名长期工作在兵团教育一线的党的教育工作者，我在倍感振奋、倍受鼓舞、倍增信心的同时，也更为深刻地体会到“为党育人、为国育才”这八个字对于教育人的责任与意义。“行百里者半九十”。正如习近平总书记指出的那样，中华民族伟大复兴，绝不是轻轻松松、敲锣打鼓就能实现的。我们必须要准备好付出更为艰巨、艰苦的努力，越是到了爬坡过坎的关键时刻越是不能松劲儿——做好本职工作，为党、为国、为这个伟大时代培养“合格的建设者”和“可靠的接班人”而不懈奋斗。

人的世界观、价值观、人生观决定了他在面对生命中重大问题时会做出何种选择，而此人一生的所有选择也成了社会评价其人生意义的依据。作为教育工作者，我们的使命和任务就是通过我们的教育教学活动让受教育者树立符合时代发展要求的正确的“三观”，构建推动时代发展进步的相对完整的知识体系，帮助他们做出正确选择。正确的“三观”

确保他的人生方向不会偏航，丰富的知识助力他的事业走得更远；正确的“三观”可促使受教育者明白“为谁而学”进而努力向学，丰富的知识可以让其更为科学地认识世界进而巩固正确的“三观”，两者相互促进，有机融合。这也就是我“教育奠基有意义的人生”教育思想的出发点和落脚点。

第二章

教育奠基有意义的人生
教育思想的基本内涵

苏霍姆林斯基就校长如何领导一所学校有个经典论断：“领导学校，首先是教育思想上的领导，其次才是行政上的领导。”校长是一所学校的掌舵人，校长的教育思想决定了一所学校的发展方向。显然，“教育思想的领导”是一名校长的核心价值所在。

在新的时代背景下，学校教育改革不断推向深入，高中新课程新教材实施的“双新”改革，义务教育段学校“双减”政策背景下的教学管理都对当前的校长提出了新的要求。本章节通过对“教育奠基有意义的人生”教育思想的形成过程回顾及思想内涵的界定为大家介绍本人教育思想形成的内在逻辑演化与外在实践表现，希望能对读者形成自己的教育思想或解决当前学校面对的一些具体问题提供些许启示。

江苏丹阳正则小学陈国钰校长在谈及自己接手百年名校时，学校已研究著名的吕凤子教育思想十余年，形成了“正则”教育体系，他考虑自己作为新任校长是否应该有新的教育思想。最后他的答案是——“从旧思想来，向新内涵去”。也以此与各位教育同人共勉——读“故”事，解“新”题。

第一节　教育思想简述

教育界有个基本共识：一个好校长就等于一所好学校。这充分肯定了校长在学校事业发展上所起到的重要作用。高明的领导者善于用“思想”来领导，平庸的领导者忙于用“权力”来领导。在教育高质量发展的时代背景下，校长要思考如何努力成长为与“官员型校长”对应而言的“教育家型校长”，用自己先进的教育思想引领全体师生朝着共同的愿景走向更加美好的明天。

上海建平中学校长程红兵在谈及校长教育思想从何而来的时候，指出了一些存在的误区：有些人的思想来自于政府文件，以上级的指示为思想；有些人的思想来自于左邻右舍，以兄弟学校的做法为思想；有些人的思想来自于专家评论，以专家论述的只言片语为思想。他认为，思想应来自于思想。前一个思想是名词，后一个思想是动词。进而提出校长教育思想的四个主要来源：对现实社会的深刻反思、对当下教育的深度批判、对未来学校的浪漫想象，以及对技术世界的颠覆性革命。

受程校长启发，我也在思索自己“教育奠基有意义的人生”教育思想究竟缘起何时，何处，何人？通过对自己的成长、求学经历进行了回顾，想到一句话：你的经历决定了你的现在。于是也就得出了答案：生我养我的兵团、见证了我奋斗的学校、启迪我成长的导师。

一、成长经历中的兵团情怀

有人说：“家乡是一生的坐标。”中国人都有很厚重的乡土情结，总是以家乡为参照物来认识新的世界。我的父亲是第一代军垦人，我是一名生在兵团、长在兵团、工作在兵团的标准“兵二代”，因此，我身上有着鲜明的兵团印记。父亲是一名解放军战士，1949 年在王震将军带领下和战友们和平解放新疆，后来转业到石河子最偏远的团场——132团。我们兄妹就出生在这里。

儿时最深的记忆就是饥饿。当时是按每人每月 32 斤的标准限额供应面粉，其中白面只有 10%，其余是玉米面。平常主食是玉米面里掺高粱面和豆渣，常常是刚吃过饭没多久又饿得头昏眼花。父亲是连队主管畜牧业生产的领导，却从未往家里多拿一点儿粮食、多拿一个鸡蛋。他常教育我们：我多拿了，别人就得少拿；连里要都多拿，国家不就少了？

后来，我才知道当时的新疆、兵团虽然人少地多、粮多，但要匀出粮食支援内地建设。父亲对我们兄妹管教很严，常拿他当兵的经历教育我们，在他看来人要踏踏实实做事，不要怕花力气，能帮助别人尽量帮，不要占别人便宜，节俭是最大的美德，一个人吃什么不重要，重要的是怎样做人……

从教后，我总是一遍遍不厌其烦地对身边的学生、老师讲着兵团故事。后来，有机会去内地，我更是抓住一切机会给他们诉说老兵故事、兵团精神、胡杨精神。我毫不掩饰自己作为兵团人的骄傲：每当别人介绍我是来自祖国边疆时，我总会补上一句：我是来自祖国的边疆，亚洲的中心——亚洲大陆地理中心位于兵团农十二师西山农牧场旁的永丰乡；当别人在介绍自己所在省份或单位的援疆工作成就时，我都会在诚挚地表达感谢后带他们重温邓小平同志提出的“两个大局”的伟大构想……

其实，地球是圆的，任何一个点都可以被看作地理上的中心；“共同富裕”“全面建成小康”早已成为社会共识，介绍援疆成绩是出于亲切和善意。即便面对朋友间的半开玩笑，但我仍旧试图用机变的言语打破内地朋友对新疆的刻板印象，让他们了解我可爱的兵团、可爱的家乡。在那段激情燃烧的岁月里，父辈们把自己最美好的年华献给了兵团，也在随后的日子里把对兵团的这份热爱给了“我”。

“热爱祖国、无私奉献、艰苦创业、开拓进取。”父亲和他的战友们用自己平凡的一生为这伟大的精神做出了兵团老兵最朴素、最生动的注解，也给我留下了宝贵的精神财富：老一辈无产者的坚定信仰，艰苦创业的奋斗精神，屯垦戍边的家国情怀，以及代代相传的奉献人生。我从儿时起就想：人这一辈子就得去干值得的事。只要值得，再苦都不觉得苦，再累也不觉得累。这就是我教育思想中“有意义的人生”的最初萌芽。

二、教育实践中的思考体悟

有人说，人生就是你经历的总和：你经历了什么，你就是什么。自

1983年开始踏上讲台至今已有将近四十年了，我特别感谢在我执教生涯里遇到的每位学生、家长、老师和领导。我很庆幸自己能遇到他们，是他们成就了今天的我。

毕业后，我到一个偏远团场学校任教，在那里我遇到了朴实的家长——农场职工。我至今仍感谢那些对当年那个初上讲台、极为青涩少年极为包容的学生和家长。虽然他们生活清苦、不善言辞，对教育的理解非常朴素，对孩子的教育方式更是朴素到有些原始，但他们仍会以每次家里做了好吃的都要托孩子给我也带上来表达对老师的感谢和尊重。虽然我多是婉言谢绝，但也有了对自己职业生涯的第一次严肃思考：作为老师，我的工作能匹配得上学生以及学生家长对我的尊重吗？

2004年，我调到石河子十八中学担任校长。这是一所刚从企业收编的中学，办学基础较差：师资危机、生源危机、经费危机……面对种种困难，我带领全体教职工自己动手：架线路，打地坪，建校园电视台，建校园网络平台……当年学校就被评为师市精神文明先进单位。三年半后，学校就由原来只有1名市级优秀教师，到有十几位兵团、自治区级优秀教师，2位全国先进教师，成为自治区德育示范校、兵团精神文明先进单位，中考重点上线率名列前茅，并勇夺2006年地区第一名。这源自我对自己职业生涯的第二次严肃思考：作为校长，我是只能一味诉苦、抱怨博取别人的同情还是能带着大家干点儿什么把这个学校变得更好？

后来，我调入石河子一中任职。学校一直是全市教学质量最好的高中，那年却因各种原因遭遇了高考“滑铁卢”，承受着巨大的社会压力。我就是在这样的背景下接任校长的。我想：学校有光荣传统就证明师资力量、生源质量这样影响成绩的“硬件”没有问题。于是，我开始走访，看“软件”上出了什么问题？长期的高强度工作让老师们产生了职业倦怠是根本原因。再加上校内激励机制不健全，福利待遇未与兄弟学校拉开差距：老师们感觉干多干少都一样。我知道通过抓干部队伍建设，抓德育常规管理，抓周测制度改革，抓集体教研备课，抓学生励志教育……可以迅速干出成绩，扭转不利局面。可然后呢？我对自己职业生涯进行了第三次严肃思考：作为校长，我是靠着严格管理，让老师学生回到拼体力，拼消耗的老路上，还是带着这所老牌名校走出一条新的创新发展之路？

跨越 30 年的 3 次思考，其实都将我引向同样一个问题：为何而教？如果想把事业干好，我们都要回答好 3 个问题；我们是干什么的？为什么要这么干？怎样才能干好？教育，就是教书育人：当时只是朴素地这么想，还没上升到“教天地人事，育生命自觉”的高度。教书和育人都在指向同一个对象——学生。那么，我们教他们什么？又想把他们培育成什么样的人？当时，有一位年轻老师在介绍班主任工作经验时，有个很新鲜的提法给我不小启发：像培养未来女婿那样培养男学生，像培养未来儿媳那样培养女学生。那时，大部分的老师眼中好学生标准只有一条——成绩好。你会把自己最好的学生介绍给自己的孩子作为结婚对象吗？怕是会有不同答案。我们高考考场上的“常胜将军”到了另一个人生考场上怕会成为“手下败将”。可见，人生的评价标准并不唯一。或许有人说，这样想是不是想得太多，管得太宽。推己及人应该是我们育人者的自觉。好老师不就应该为学生做长远的打算吗？于是，我对自己职业生涯进行了第四次严肃思考：我们到底要培养什么样的人？

逐渐有了模糊的答案：我们应该培养具有健全人格、全面发展的人。什么样的人可以胜任这一任务？我想是另一群健全人格的人。

三、理论学习中的升华提高

叶澜教授说：教育是直面人的生命、通过人的生命、为了人的生命质量的提升而进行的社会实践活动。我教育生命的质量因参加首届教育部名校长领航班（工作室）而得以巨大提升。在一位实践导师和一位理论导师的具体指导下，在首席专家的率领下，经过为期三年的理论学习及岗位实践，我一步步地走向成熟，有效增强了自身治校办学实际操作能力和理论研究能力。在我的理论导师、教育部中小学校长培训中心副主任、教育学博士、华东师范大学教授刘莉莉等专家启发指点下，我逐渐将原本碎片化的思考形成了系统性的教育思想。

教育决不能培养精致的利己主义者，人生的意义与价值，在于创造过程，完成一件又一件有意义的事情，从而帮助学生成长为有人性的人，帮助孩子扣好人生的第一粒扣子，其根基就是要引导学生有家国情怀与责任担当。要教育学生激情奉献与自我超越，要助推学生团结合作与务实创新。又因为石河子是一个特殊的城市，流淌着军人的血脉，热爱祖国和建设兵团应该成为每个新时代兵团人不懈的追求与信仰，教育的作用就是唤醒那些精致的利己主义者，告诉他们，没有精神信仰的人，就算物质再富有，那也是行尸走肉。

作为校长，我要“像实践家那样去思考，像思想家那样去行动”，用自己的思想去指导实践，去扎扎实实地办教育，去培养时代新人。聪明是一种天赋，而善良是一种选择。作为一名兵团老兵，我的选择是：让每一个孩子，有意愿、有能力度过有意义的一生。

第二节　教育思想内涵

涂尔干说：所谓教育，即是为孩子们提供“对待生活的各种可能的终极态度”。教育并不能为学生复制社会生活，也不能把原本的社会作为模版，套在每个孩子的身上。相反，教育应该为孩子们提供面对这个世界“各种可能”的“终极态度”。教育是属于明天的事业，既给予学生当下的幸福，更为学生的终身发展奠基。

有很多人问我，能不能用一句话概括什么是“教育奠基有意义的人生”？我想了许久，应该就是悬于学校教学楼大厅的那条标语：让明德修身成为生命的底色，让奉献助人成为人生的自觉，让追求卓越成为永恒的追求。这也是我理想中在一中学习 3 年后的学生都能有的集体精神画像。

明德修身，是对个人品德方面提出的要求。明德就要明大德；修身就是修身性。于个人，爱国就是最大的德行，孝亲则是修身的开始。学校教育以“忠”为内核，以“孝”为抓手培养学生的“家国情怀”。“家国情怀”是对国家的高度认同感、归属感、责任感，是对国家和人民的深情大爱，是对国家富强、人民幸福的理想追求。作为兵团的孩子，还要把爱家、爱校、爱兵团融入其中。“夫子之道，忠恕而已。”此处的忠就是忠于职守，对朋友言而有信，对团队尽心竭力，对国家满腔赤忱。具体到教师，就是要忠诚于所从事的教育事业，忠诚于自己立德树人的光荣使命。对学生最好的教育是教师示范。我常说，你想学生在将来成为什么样子，你就先做成那个样子。教师要先在“忠孝”上为学生立个榜样。学校定期开办“道德大讲堂”，请教师传授育人经验，请自治区教科院等专家讲授中华传统美德；高考结束后，送全体高三教师到党校参加为期一周的封闭式“中华传统文化”学习。我还常对老师们说：“爱人者，人恒爱之；敬人者，人恒敬之。”对学生的“爱”要挂着嘴上——敢于表达、善于表达、勤于表达；要记在心上——是把人放心上，不是把分放心上；要体现在行动上——想各种办法关心鼓励学生；一句话、一封信、一段评语、一张奖状，哪怕只是一个鼓励的眼神或者直接竖个大拇指。教育是点燃，点燃就需要表达。火山不喷发，谁也知道岩石下的炽热。教师不表达，学生们怎么被点燃？怎么被唤醒？怎么去模仿？我希望我的学生都有“忠孝”的人生底色。

奉献助人，是对个人行为方面提出的要求。在兵团，一直流传着这样两句话：献了青春献终身，献了终身献子孙。无私奉献是兵团精神的重要内涵，体现了兵团人关于国家、新疆各族人民、兵团集体和个人的价值取向，对兵团精神的其他内容提供基础性的支撑作用，构成兵团人基本的价值观。如果没有无私奉献的道德取向作支撑，热爱祖国、艰苦创业、开拓进取等内容就变成一句空话。不少人将兵团精神称为“吃亏精神”。上海知青李梦桃在哈萨克族牧民为主体的农六师北塔山牧场当医生，多次放弃返城的机会，在牧场一干就是42年，赢得牧民的尊重与爱戴，亲切地称他为“哈萨克人民的好儿子”。物质上是吃亏了，精神上却富足了。我不希望自己学生将来成为“账房先生”——凡事都要衡量再三，做什么事都要算算有没有好处。对人生而言，最重要的东西恰恰是算不出来的，比如幸福。对于什么是幸福，复旦大学教师陈果给出了一位教育工作者的回答。“世上只有两件有价值的事：第一，你幸福地活着，使更多的人幸福地活着；第二，你好好地活着，帮更多的人好好地活着。”古道热肠、助人为乐，我希望我和我身边的师生不仅有这样的思想自觉，更有这样的行动自觉。

追求卓越，是对人生态度方面提出的要求。卓越是一种态度，不断挑战自己，追求更高的境界，才能激发自身最大的潜能，不负宝贵的生命。这既是我对学生提出的期望，更是对学校提出的要求。古语云：“胜人者有力，自胜者强。”强者都是在跟自己较劲儿，因为他已经不需要再向外界证明什么，他只需要给自己一个交代。这在本质上和当前提倡的“匠人精神”有相似之处，就是想把自己的技艺打磨得更加高超。我常对学校的中层干部说：要尽快地成为行家里手。以年级主任为例，一届学生毕业，先不管成绩怎样。一定要静下心来把这三年的做法梳理一遍。总结哪些举措是切实有效的，如何才能再做得更细、更实、更好。一届更比一届好，学校也才能健康可持续发展。学生也是如此。大型励志表彰会上总希望看到他们挑战的环节。挑战的内容倒是其次，喜欢的是他们身上那种年轻人永不服输、永不止步的精神状态。因为，你优不优秀不重要，重要的是你要和优秀的人在一起，你能不能跟优秀的人在一起取决于你有没有追求卓越的心。我希望，即便从一中毕业多年后，我的学生还能保持着这份不断调整极限，不断突破自我的人生追求。

习近平总书记对“有意义的人生”这样定义：“有信念、有梦想、有奋斗、有奉献的人生，才是有意义的人生”。信念确保方向正确，梦想确定具体目标，奋斗才能梦想成真，奉献则决定了奋斗的价值和意义。我们所做的就是给孩子们埋下这样的“种子”。

作为学校的管理者，我们都清楚地知道：任何好的理念若想落地，必须要有科学、高效、操作性强的配套评价体系。为达成“奠基有意义的人生”的目标，我们以“爱国奉献”为内核，围绕“家国情怀与责任担当”“激情奉献与自我超越”“团结合作与务实创新”梳理出了评价三个维度。

“重德”（立德）：热爱国家、遵规守纪、诚信友善、自尊自立、合作担当、感恩包容。

“重能”（显能）：学会求知、学会探究、学会数字、学会实践、学会运动、学会审美。

“重新”（唯新）：思维更新、方法求新、实践出新、发展全新、合作纳新、技能创新。

基于此，我们又设计出“体验式德育活动课程”。以体验式德育活动课程为纽带，将德育教育目标转化成成果，促进学生的全面发展；培养了一支具有科学精神、科研能力以及能开设体验式德育活动课程的稳定的教师队伍，促进了教师的专业成长；落实了学校的办学理念，促进教育教学工作良性发展，为进一步进行德育创新奠定了基础。

新的评价体系抛弃以“分数”来衡量学生的固有标准，而是立体式还原作为“人”的价值存在，达到挖掘学生潜在能力的目的，让评价成为学生发展的推动器。下面以“共同成长伙伴计划”为例，做简要说明。

自 2014 年起，学校开始试行“共同成长伙伴计划”，使之成为学校撬动教育教学改革的支点。“伙伴计划”打破了以往课堂分组的模式，重新将班级学生按照性别、城乡、学习程度等多种维度考虑分成若干组，使组内学生成为研究学习、社会实践、家长联谊的生命伙伴，达到共立共荣、互帮互助的效果。

随后，建立导师制，加强对伙伴小组的指导，实现学生成长指导的精准化。为了让“伙伴计划”有具体的抓手，更为重视发挥评价的激励、诊断和发展功能，引导老师更关注学生的每一步成长过程，让每一个学生闪耀其特有的光芒，学校为每位学生建立成长记录袋，让每个学生留下成长的足迹，同时以“十个一”社会实践活动等各项活动为载体，实现综合素质评价的校本化；同时通过评价主体多元化，支撑了“共同成长伙伴计划”。以上具体内容将会在本书的第三章和第四章具体阐述。

诚如广东实验中学全汉炎校长所言："没有分数就没有今天，只有分数就没有明天。"教育是属于明天的事业，我们要既给予学生当下的幸福，更为学生的终身发展奠基。这就是我们作为师者的人生意义。

第三章

教育奠基有意义的人生
教育思想的形成发展

上一章节，以笔者跨越整个教育生涯近40年的4次严肃思考作为导引，简要介绍了“教育奠基有意义的人生”教育思想的形成过程及内涵界定。

在本章节，将通过更为丰富的教育实践案例及理论学习体悟来更具体地介绍笔者教育思想形成发展的完整过程。正如恩格斯在《自然辩证法》中所说：“由矛盾引起的发展或否定的否定——发展的螺旋形式。”任何事物的发展都不可能是一帆风顺的，呈现出“螺旋上升”和“曲折中前进”的具体表现形态。自1987年就任石河子油泵油嘴厂中学校长至今，笔者在4所不同的学校执教，在副校长、校长、书记等不同岗位历练，面对每个新岗位遇到的新问题，都以对学生负责、对学校负责、对教育事业负责的态度，坚持问题导向，围绕立德树人根本任务献计献策、积极探索、身体力行。取得了一些成绩，总结了一些经验，但最重要的是汲取了很多教训。笔者不揣冒昧，将自己的一些做法一一列出，就是希望各位同人可以从中汲取所做不当之处，以为警示；若对大家能有些许启迪，则更是意外之喜。

第一节　热爱兵团——深厚的情感基础

“一方水土养一方人。”我出生在兵团、成长在兵团、工作在兵团，50余年的生活变迁见证了兵团发展，也感受过父辈艰苦创业的心酸。在血液中，自然一直沸腾着父辈奔涌的激情。军垦战士是最有激情的一群人，他们在王震将军的带领下和平解放新疆，为了促进新疆发展，“放下战斗的武器”“拿起生产的武器”——就地转业；为了“不与民争利”，他们主动让出自然条件好的地方，去沙漠边缘、去国境线上开荒种田；为“多为新疆人民办好事”，他们把自己开垦好的良田、建设好的工厂无偿转让给地方……他们默默无言，始终以热切的目光凝视这片土地，始终用自己的行动践行着对祖国的忠诚。他们就像伫立在军垦博物馆前的王震将军铜像一样，是笔者心中永远矗立的丰碑。

毕业后，怀揣着为兵团教育事业添砖加瓦的理想，我在一个偏远的团场学校任教，在那里开始了自己的从教生涯，也是在那里我认识到：作为教育者，我们首先要明确自己的职业定位——教师这一职业注定了要做奉献者，既要照亮自己，还要照亮他人；既要实现自己“有意义的人生”，更要帮助每一个教师和学生实现“有意义的人生”。

作为军垦后代，又是教育人，我天然认为必须时刻牢记兵团精神，把兵团精神落实到教育事业上，使兵团精神内化为每个教师和学生的文明品格，外化为每个教师和学生的自觉行动，把文化软实力锻造成发展的硬脊梁，从而推动兵团经济和精神文明建设发展。不能坐享其成，要勇于超越自我，把兵团的教育事业推向新台阶。

我常对老师们说：“身为教育工作者，血液中，要饱含着对孩子的挚爱，流淌着对教育的赤诚；行为中，要体现着善良、丰富、高贵的人性，闪现着现代教育理念的灵光；追求中，要蕴含着对学生的尊重与期盼，铭刻着对职业价值的理解和生命意义的探求；梦想中，要演绎着强国、富强、幸福的中国梦，诠释着师生一路同行、一起成长的精彩人生。”唯如此，我们才能在“三尺讲台”上干出关系国家“百年大计”的大事业。

我常对学生们说：“我是兵团的子弟，我爱这片热土，我总想，还能为这里做些什么。你们是兵团的新希望，是祖国的未来，你们血液里流淌的，是兵团精神，你们肩上扛着的，是中国梦。无论将来，你们是走出去，还是留下来，还是走出去以后再回来，你们身上传承的忠诚、热血、坚守，一定可以帮你们创造奇迹！”唯有如此，才能不负青春年华、不负母校培养、不负家乡养育。

我常对疆外的教育同行说："被称为'沙漠的脊梁'的胡杨，是我最喜欢的树。它们扎根荒漠，千年不死；死后，千年不倒；倒后，千年不朽。在兵团，始终有一群老兵，如胡杨，屹立不倒。如果说新疆、兵团的教育人有什么不同，那就是他们身上或多或少流淌着兵团的热血。"不了解这种情怀，就很难懂得我们为何如此坚守。

今天的兵团人虽然早已放下了坎土曼，但却带领着我们的后代依旧从容地坚守和传承老一辈军垦人的本色和信念，屯垦戍边、书写大爱，面对这个缤纷的世界，面对经济利益的强烈冲击，这方热土本身就是一本生动的红色教科书。

石河子一中学子是兵团后代，更要有为兵团各项建设事业做出贡献的本土情怀；将国内外一流文化理念与视野吸收到自己的学识构架当中，开放视野；追求高深、高尚、高雅，勇于担当，敢于挑战的精英素质和关注弱势群体，安贫乐道的平民意识。这些优秀基因要通过我们的教育实践让其流淌在一中学子的血液中，成为一中人的精髓，形成学校独特的校园精神、团队精神、教师精神、学生精神。

为实现这个目标，就要把以"热爱祖国，无私奉献，艰苦创业，开拓进取"为主要内涵的兵团精神、社会主义核心价值观以及传统文化作为德育教育的主要内容，编入校本课程教材，作为学校的传家宝和精神旗帜；就要廓清发展思路，优化组织体系，实行双向聘任、量化考核制度，坚持"条块结合、以块为主"，重心下移，优化扁平化管理结构，"贴近式服务、走动式管理"的道路不动摇；就要把自己摸索出来的一整套行之有效的管理方案和经实践检验的具体做法毫无保留、毫无附加条件地向薄弱学校传授，通过名校长工作室等平台将创设学校"有意义的人生"教育现场扩大到整个兵团、整个新疆地区。

今天的兵团正处在党和国家提出的"一带一路"这一国际合作发展理念的重要核心区。作为兵团教育的一名老兵，我认为，紧紧抓牢这一历史变革当中的珍贵机遇，去培养和引领我们兵团人的后代立足地域特色，追求开放视野，已成为兵团教育人新的历史使命。我们要鼓舞和带动我们的学生以悦纳他人的情怀和海纳百川的勇气，去借鉴和吸收祖国大江南北乃至与“一带一路”密切相连的周边国家的人文风俗、思维学养，来锻造与开阔自我的认知体系，培养自身的大视野、大思维、大情怀。接过历史的接力棒，更加美好的未来要靠他们去实现。

第二节　问题导向——坚实的实践基础

我长期在教育一线工作，从教师到中层干部，再到走上学校领导岗位，思考最多的、花心思最多的、耗心血最多的就是如何才能让学生、让学校发展得更好。这就使我养成了“问题导向”的思维模式。作为学校的管理者，不能眼睛只盯着成绩，耳朵只听到赞扬，更要善于发现问题。俗话说，成绩不说跑不了，问题不说不得了。人若只提“当年勇”，便证明现在没有新突破。

问题导向，要“就事论事”，但不能“只就事论事”。要就事论事是相对就“人”论事而言。人非圣贤，孰能无过？古人说的不能“因人废言”也不能“因言废人”即为此理。不能“只就事论事”是说要学会找出问题产生的根源，从而达到“治标”也“治本”的效果。“不谋全局者，不足以谋一域”，如不能系统地解决问题，校长整天忙得像个“救火队员”，哪还有时间、精力去谋划学校长远发展呢？

结合多年的管理经验，个人认为一名合格的校长至少要从以下三个方面着手：一是通过科学的评价考核抓好干部队伍建设；二是通过沉浸体验式的德育管理抓好立德树人；三是通过务实高效的教研活动抓好教师专业素养及组织教学能力提升。以下，主要结合石河子一中在德育管理和教研活动中的实践进行具体阐释。

一、大德育观背景下的立德树人实践

（一）建教育生命共同体，促学校和谐化发展

马克思认为“人的实质也就是人的真正共同体”。习近平总书记统筹国际国内两个大局，深入思考“建设一个什么样的世界、如何建设”等关乎人类前途命运的命题，提出“我们要构建以合作共赢为核心的新型国际关系，打造人类命运共同体”是中国关于全球问题提出的中国方案。

受此启发，着眼为学生终身发展奠基，我校提出构建教师（学校）、学生、家长共同成长的“教育生命共同体”，并在此构想下开展系列工作。

为了让学生在实践活动中去体验“人生的意义”，去思考生命的价值，我们在德育创新上做了如下尝试。

1. 构建“德育体验式课程育”人，助推“有意义的人生”

石河子一中通过构建“体验式活动德育课程设计方案”，把原来无序的德育教育通过课程的方式固定下来，使德育工作成为系统性的教育行为，助推学生“有意义的人生”。

（1）以入学教育、开学典礼、毕业典礼、成人仪式、主题班会课为主的“理想成长”系列体验活动课程。

（2）以“十个一”实践活动小组、志愿服务小组为主的“公民意识”系列体验活动课程。

（3）以“新丝路六校联盟”篮球赛、排球赛、足球赛，艺术节、迎新文艺会演、毕业晚会、“一中好声音”比赛为主的“文体”系列体验活动课程。

（4）以经典诵读、励志班会、征文、演讲、辩论、班级文化、社团活动为主的“校园文化”系列体验活动课程。

（5）以航模、车模、机器人、手工制作等科技大赛为主的“科技教育”系列体验活动课程。

（6）以青春期专题讲座、心理辅导、心理知识培训、“心语屋”“5·25”活动为主的“心理健康”系列体验活动课程。

（7）以安全疏散演练、安全知识讲座、法制教育讲座为主的“法制

安全”系列体验活动课程。

（8）以家长学校、街道社区、共建单位、德育基地为主的“校外实践”系列体验活动课程。

苏霍姆林斯基说好：“道德，只有当它被学生自己去追求，获得亲自体验的时候，才能真正成为学生的财富。”传统德育教育一个致命的弱点就是在教学过程中只重视对学生进行大道理式的教育，不仅不能触及学生的“道德灵魂”，反而激起学生强烈的逆反心理，从而导致德育陷入“假大空”的说教境地。“体验式”德育强调体验，注重学生主体地位，注重教育的过程，着力组织和引导学生全身心地参与实践，用心体验，用心感受，不断把全面发展的要求内化为自身的素质。学校力求引导班主任老师们关注异常，关爱所有的学生，尤其是单亲家庭的孩子、留守儿童、心理异常的学生等，对典型学生要进行特殊关爱和个别追踪研究。通过这样的方式，达到“体验式德育活动”开展各项教育引导活动，不忘记关爱所有学生的初衷。

2. 提升品位，推进文化育人建设

石河子一中是一所兵团学校，我们希望我们的学生是忠诚感恩、担当奉献的人，也是心系故土、反哺兵团、具有家国情怀的人。下面，简要介绍我校如何创新德育模式，提升文化品位，推进以文化人，为学生终身发展奠基的。

（1）环境文化打造。在石河子第一中学的大厅内挂着石河子第一中学校园精神、教师精神、学生精神等，使德育思想根植于学生和教师的内心；把校史馆安置在明德楼大厅，让每一个师生了解学校的历史与发展，促进学校传承和发扬优良的教育教学传统；放置孔子铜像，言传身教，万世师表；建设绿色德育长廊，使道德模范、美德少年的事迹深入人心；布置班级读书角，营造书香班级的良好氛围，让学生与人类崇高精神对话；努力让每一面墙壁、每一个橱窗说话，营造良好的育人氛围。

（2）精神文化引领。学校以“传统节庆日”“重大事件纪念日”等德育教育为载体，依托校园电视台、广播站，充分利用“阳明心学读书分享”“开学典礼”“毕业典礼”“升旗仪式”“主题班会”等教育活动途径，引导学生不断增强“国家意识”，逐步培养“文化认同”，塑造“公民人格”，形成了独具特色的一中校园精神、团队精神、教师精神和学生精神。

（3）制度文化落实。制度建设上，学校制定了《班级量化考评制度》《全员育人导师制度》《学生违纪处分制度》等，以公平、公正、公开为原则，促进广大师生形成良好的行为习惯和积极向上的精神风貌。通过学习《中学生守则》和《中学生行为规范》，开展“美德少年”“道德模范”“十个一志愿服务先进个人”评比等，引导学生整体提高道德行为水准。

钱穆说：“一切问题由文化产生，一切问题由文化问题解决。”文化是人存在的根和魂。为此，我在全校推出“1+X”实施策略，奠定文化基础，培养具有人文底蕴、科学精神的人。

1 是指一个载体，就是着力加强校园物质文化建设，凸显环境育人的教育效果，如德育理念上墙、校训上墙；把校史馆安置在明德楼大厅；放置孔子铜像；建设绿色德育通道；布置班级读书角。

“X”是通过开展多种活动，培养有文化基础、有更高精神追求的人。我校通过“诵经典”“读书分享会”“书香家庭评比”“演讲比赛”“摄影作品展”“语文课本剧”“桃园赛诗会”等一系列活动形成人文积淀，培养学生的人文情怀和审美情趣。

科学精神方面，我校注重培养学生的理性思维，批判质疑，勇于探索的能力。例如在学生对民族、宗教问题的认识上，我们开展“有关民族团结”的班会课，写“有关民族、宗教问题的手抄报”，开展“民族团结一家亲活动”，对少数民族同学在生活上支持，学习上帮助，思想上提升。在学校每一个老师都与一位少数民族结对子，我要求老师们每个学期要到结对子对象家去拜访，了解他们的思想动态，在生活和学习上给予一定的帮助。与校长结对子的少数民族家庭贫困，所以我把孩子的父母请到学校来安排适合的工作，解决孩子家庭困难的问题。

3. 提高品质，活动育人多元化

近年来，我校在符合疫情防控的要求下，采用“变换形式、化整为零、线下与线上相结合”的方式，创新开展各项德育活动。认真开展学校的特色活动，如：雪雕大赛、5·25 健康心理活动、一中好声音活动、成人礼活动、感恩母校毕业典礼活动等，注重活动的仪式感，最大化提升活动效果，在活动中把德育认知内化为学生的德育行为，实现陶冶情操、提高审美、服务社会的德育目标。

（1）把爱国主义教育放在首位，开展系列教育活动。学校结合《爱国主义教育实施纲要》，充分利用“红色教育资源”，开展了持久的弘扬“兵团精神”的社会实践活动，取得了良好效果。学校先后组织团员青年参观工厂、军垦博物馆、军垦第一连；开展“诵读革命家书”朗诵比赛；开展“弘扬兵团精神，再造兵团辉煌”的手抄报、征文比赛；请老军垦、劳动模范做报告……学生在实践活动中受到爱祖国、爱兵团、爱石河子等多方面的教育。

（2）以传统节日、纪念日为契机，开展系列教育活动。通过每个传统节日的特点，结合实际，为学生精心设计实践体验活动，让学生在参与中获得体验，养成品德。“清明节”开展以“缅怀革命先烈，继承革命传统”为主题的团队活动；利用植树节组织学生植树造林，对学生进行环保教育；母亲节结合感恩教育以“妈妈我想对您说”为主题开展情感沟通活动；国庆节开展“厉害了我的国”主题班会、“我爱祖国”演讲比赛等活动，增强新时代中学生的历史使命感和社会责任感。

（3）展现特色、打造亮点，开展主题教育活动。高一年级学生到 143 桃园欣赏桃花、赛诗吟诵，感受大自然的魅力，不仅释放了压力，更增加了班级的凝聚力；高二年级举行成人礼活动，加冠礼、拜谢礼、携手共入“成人门”……隆重的仪式感将责任感、使命感深入学生内心；高三年级“感恩母校，回报石城”毕业晚会，把优秀学子的父母、小学初中高中班主任请到舞台中央，为他们颁奖感谢他们多年的辛勤付出。

（4）心理教育新颖有效，促进学生心理健康发展。心理健康教育已成为学校德育工作的重要组成部分，学校现有心理健康教师 4 人，设立了心理咨询室、心理社团、宣泄室等。定期开展心理健康知识讲座，心理沙盘展示，学生心理问卷调查；通过心理健康讲座、素质拓展活动，编排校园心理剧、5·25 活动等，使学生主动学习关爱自己的心灵，提升了学生的心理健康水平，促进了学生健康人格的形成，增强了育人的科学性、实效性。

（5）实效性和恒常性结合，保证月月有活动主题。学校开展的活动既注意实效性，又注意恒常性，把每年三月定为“学雷锋、树新风月”，四月定为“环保月”，五月定为“文体活动月”，六月定为“法制教育月”，八月定为“国防教育月”，九月定为“弘扬民族精神月”，十月定为“科技活动月”，十一月定为“读书活动月”，十二月定为“迎新年，比成绩，献爱心”活动月。通过恒常而有序的活动，为德育工作提供了持之以恒的保障。

（6）打造魅力班会课，让班会成为学生精彩生活的起点。班会课是班主任与学生共同交流进行德育教育的最好平台。我们根据不同阶段对学生的要求，由低到高，由感性到理性，分层递进，螺旋上升，制定出各年级的德育内容：高一年级以“立足规范，协作共赢”为主题，高二年级以“肩负使命，勇于担当”为主题，高三以“家国情怀，张扬梦想”为主题，形成科学化、系统化的德育体系。

形式上，我们打破常规，以活动为载体，以体验感悟为方式，鼓励把班会课开成《艺术人生》，开成《感动中国人》，开成《中国达人秀》，努力让班会充满欢笑，充满感动，充满收获。我们会把关于诚信的班会开展成辩论会，我们会把关于信任的班会开展成“盲人与拐杖”活动——让学生搀扶着蒙眼的同伴通过重重障碍。我们会把改正班级陋习的班会开展成《超级模仿秀》，重现陋习带来的影响。我们还会把关于团结的主题班会设置成“水果拼盘”“涂石膏娃娃”等活动，让学生在活动中形成团结。告诉我的，我将忘记；给我看的，我会记住；让我参与的我会理解。我们把课堂还给学生，班会课老师没有过多说教，却很好地实现了团结合作，努力创新的教育目的。

操作上，我们的班会课流程是：以年级为单位，每个班主任根据本年级班会的主题，精心拟定或选择班会题目。班主任先说课，校领导及其他班主任议课，集思广益，齐心协力共同打造精品班会课。公开班会课展示，校领导、班主任、副班主任集体听课。共同评课，吸其精华，共享资源，制定出适合自己班级的班会课。

4. 形成特色，打造实践育人品牌

学校为实践素质教育，让学生成为有健全人格、崇高品格的人，梳理出石河子第一中学“十个一”志愿服务活动。为了让志愿服务具有长效性，学校还给每个班级都安排了对接的养老院和社区，石河子市 28 所养老院 52 个社区，每个养老院和社区都有对应的班级进行服务。每个星期，每个养老院和社区都能看到石河子第一中学学生志愿者的身影，孩子们在实践活动中体验“人生的意义”，思考生命的价值。

“十个一”志愿服务活动包含 8 个必选活动，12 个自选活动，这是每个学生在每个学期都必须要完成的内容。

必选活动：

（1）进行一次养老院慰问

（2）进行一次福利院慰问

（3）进行一次入户访谈或者对孤寡老人、空巢老人的生活照料

（4）进行一次文明行为劝导

（5）进一次社区进行志愿服务

（6）进行一次保洁护绿活动

（7）进行一次文明交通志愿服务活动或执勤活动

（8）参加一项“文明社团”活动

自选活动：

（1）进行一次农村、连队、工厂参观学习

（2）进行一次反邪教宣传

（3）进行一次反对暴力恐怖宣传

（4）进社区进行一次“大手拉小手”主题活动

（5）到原初中进行一次高中生活宣讲活动

（6）进行一次科普宣传活动

（7）进行一次全天家庭小主人活动，承担全部家务、尽孝心

（8）给原初中、小学老师写一封信汇报高中生活，感恩老师培养

（9）给父母写一封信感谢养育之恩

（10）给初中、小学一位同学（有过节的）写一封和解信

（11）到军垦博物馆、艾青诗歌馆、周恩来纪念碑进行一次主题教育

（12）交一个少数民族朋友，搞好民族团结

我在学生十个一志愿活动表彰大会上这样说：如果我们不能改变生命的长度，但我们可以拓宽生命的宽度，做一个服务社会，追求卓越的人。志愿者们做的事也许并不轰轰烈烈，然而却用自己的力量去推动一点点，去改变一点点。他们的行动必将汇集成一股巨大的暖流，让世界更加美好。

通过学生以伙伴小组的形式去养老院、福利院，陪伴孤寡老人、残疾儿童一天，让学生了解弱势群体的真实生活处境，通过自己的亲身体验，对生命的终极关怀，使学生学会尊重人，理解人，关爱人，使学生感受到因为自己的存在让别人更加幸福所带来的快乐，获得一种精神上的力量。人生的教育方式是丰富的，给学生指个方向让他们活动，指引学生亲身去参与，体会人生的价值，辅助他们主动去选择、摄取、追求人生最有意义的事，学生就可以自己发现人生的意义。

5. 创新管理，提升管理育人实效

（1）健全工作机制，发挥班主任工作的内驱力。学校把班主任队伍建设工作纳入学校重点工作，整体规划，统筹安排，建立了《石河子第一中学班主任工作制度》《石河子第一中学班主任工作考核实施细则》，进一步明确了班主任任职条件与工作职责、考核与奖惩办法。学校通过日检查、周评比、月总结的量化考核，将班主任工作的追求点转移到注重教育和管理的过程上来，使班主任工作更加制度化，规范化。在班级月量化考核中，学校采用年级组、德育处、团委分别打分的多元评价方式，年级组占 60%（主要考虑年级组和班主任接触得多更能够反映班主任的日常工作），德育处占 30%，团委占 10%，从不同层面，不同角度对班主任工作做出全面、客观、公正的评价，以此将班主任费拉开差距。

（2）推行“首席、星级班主任”聘任。为鼓励优秀教师长期持续担任班主任，充分发挥先进典型的引领和示范作用，学校提出了评选首席

班主任、星级班主任，落实星级待遇。

此聘任在一中已经推行两年，激发出许多优秀的班主任自愿继续奋战在班主任工作岗位上，出现了音体美老师争相承担班主任工作的现象。“星级班主任”的评选不仅充实了班主任群体的骨干力量，还带动了全体班主任的共同进步，形成了“点的引领、面的推进、整体促进”的相互学习与良性竞争格局。

（3）推进班主任专业化发展，夯实德育主阵地。一个好班主任，影响的不只是孩子的现在，而是孩子的一生。我校从以下七个方面提升班主任的素养。一是加强培训。学校将班主任培训纳入到每学期德育工作计划中，定期开展年轻班主任培训、优秀班主任经验交流、班主任沙龙、邀请知名班主任讲座等方式提升班主任班级管理水平。二是师徒结对。学校每年召开拜师会，把新老班主任结成对子，通过传、帮、带，快速提高年轻班主任素质。三是每学年开展班主任基本功大赛，通过微班会评比，班主任故事分享等方式，以赛促研，不断提升班主任工作水平。四是“走出去、带回来”。每学期学校选派优秀班主任到内地参观学习，教师返校后及时撰写研修心得并在全校大会上分享学习到的优秀管理经验。五是积极阅读。学校为全体班主任订阅班主任管理方面的报刊杂质，让班主任最大限度接受新思想，改良管理方面和工作技巧。学校组织全体教师阅读王阳明心学等中华优秀传统文化书籍，并在全校大会进行读书分享，启迪老师们用心学的智慧塑造和引领自己的人生。六是定期召开班主任例会。多年来，学校坚持每周召开一次班主任例会。通过班主任例会，总结剖析工作中存在的问题，研讨改进工作的措施和应对策略。七是公开班会课展示。学校组织班主任每学年进行一次公开班会课展示，学校领导及全年级班主任听评课，使老师学到其他班主任好的策划和创意，弥补班会课中存在的不足，实现学习、交流、提升的活动效果。

6. 协同育人，共促学生健康成长

家长学校开设家庭教育讲座，真正做到计划、教材、课时、师资“四落实”。通过开展问卷调查、家长座谈会、亲子运动会、家长开放周等形式多样的家庭教育活动，丰富家长学校的内容。引导学生家长参与学校的部分管理服务工作，承担社会实践及学生社团导师角色，提高参与社会实践在老师考核中占比，打造家庭、家校、师生相互影响、共同成长、相互交融的生命共同体。

（1）家长会的现状及分析。家长会本来是学校和家长互动交流的一个平台、家校联动的一座桥梁，对促进学校的教育教学很有帮助。可长期以来，很多的家长会基本就是班主任的“单口相声”，结果老师说得口干舌燥，而家长们往往无动于衷或不知所措，收效甚微。

家长会变成“告状会”。很多家长会上，班主任对那些学习表现差的学生反复点名批评，把一道道罪状呈现给家长，让家长回去后帮着“教育”。

家长会变成“新闻发布会”。受应试教育影响，教师运用大量会议时间来向家长宣读每个学生本次考分、上次考分、进步幅度和其在班内同学中所排的名次等。不仅浪费了时间而且成绩名次又会造成学生家长的“难看”。

家长会成家长“包袱”。有的家长害怕开家长会，唯恐孩子哪些地方落后于人给自己丢脸。而且，家长会往往都在上课期间举行，很多家长“鱼与熊掌不可兼得”：来了影响工作，不来老师又不高兴。

（2）改进家长会的对策。为了解决以上长期存在的家长会问题，石河子第一中学从以下几个方面进行了一系列积极有益的探索。

智慧数据家长会。每次家长会，只允许班主任进班和家长见面，同时兼任主持人角色，任课老师提前录好视频，每人限定时间为 5 分钟，要求简洁高效，分析数据有理有据，点评学生准确到位，不浪费家长时间。

汇报式家长会。老师们提前一周帮助学生收集汇报资料，指导他们高效完成汇报任务。家长会时，每位学生从自身问题、解决方案、阶段目标三个角度汇报，向家长和老师汇报本学年学习情况，并自我剖析，总结经验，拟定目标。家长和老师通过学生的学习汇报，针对薄弱点提问，并协商解决办法。

亲子活动式家长会。把家长会办成一个学生学习生活的展示会，展示学生丰富多彩的课外生活。把家长会办成一个学生成果的介绍会，介绍学生取得的各项成果，获得的奖项。把家长会办成一个家长正确认识孩子的评价会。在家长会的前一天我们会在班级中评选“班级之最”，有的学生不一定是成绩最好的但他可以是最努力认真的，可以是劳动最积极的，可以是最有爱心的。把家长会办成一个科学育人的提高会。班主任要善于积累科学育人的文章，用文章启迪家长。把家长会办成一个家长和家长交流的讨论会。每次开家长会的时候会让伙伴小组的父母坐在一起，组成伙伴家长小组，给时间让伙伴家长们相互交流，或者让家长们对成绩优秀的学生家长进行提问。把家长会办成一个增进家长和学生感情的交流会。家长会前，家长学校会给家长和学生布置作业，针对家长的有：《孩子，我想对你说》《我为我的孩子感到——》《孩子的成长记录》，针对学生的有：《给父母的一封信》《关于这次月考，我想说——》用这些文章来增进家长与孩子的感情。

在父亲节时，有位班主任组织孩子们为父母唱歌，一部分学生选择唱《父亲》，班里有个孩子，以前经常和父亲吵架，可是那天他强烈要求站在中间，唱完后痛哭流涕。歌德说过，不管努力的目标是什么，不管他干什么，他单枪匹马总是没有力量的。合群永远是一切善良思想的人的最高需要。

校外采用“家庭分片式伙伴合作小组模式”，即学习小组的原始分配，是按照学生所在的家庭社区划分的，即将同在一个社区的学生分配到同一个学习小组。借鉴小组合作学习“组内异质、组间同质”的原则，对小组内的学生进行再细化，小组内学生进行编号和任务指派。这种模式的家校共育让家庭能够参与到日常的教学工作中去，让学校教育能够渗透到每一个边缘角落的家庭当中，这正是“家庭分片式伙伴合作小组模式”家校共育的目的所在。

（二）体验式德育课程收效

1. 调动了学生参与德育活动的积极性，增强了学生的道德修养

与传统的德育活动比较，体验式活动的开展模式区别于传统的说教的德育模式，体验式德育活动新颖生动，学生参与度高且积极，而体育类的德育活动尤其受学生的欢迎。在学校德育中，通过主题化的体验式

德育体验活动能使学生获得一种道德体验和人格力量，在巩固已有道德理论的同时获得新的认知，使自己的道德修养获得更显著的提升，从内而外地在观念和行为方面约束自己，并对道德行为做出正确的评价和判断。

2. 实现了体验活动与新课改的有机融合

依据体验式德育活动课程的性质，将体验活动与新课改进行有机的结合。我们“科技教育”系列体验活动课程与通用技术课和课外小组进行有机的结合，开发了手工制作等课程，拥有专门的教室、稳定的教师队伍和学生体验活动小组，取得了很好的成绩。依据体验式德育活动课程的性质，深入挖掘校内师资资源。由音体美组教师负责“文体”系列体验活动课程的开发与组织实施，学校提供保障；“学校文化”系列体验活动课程对于语文组教师来说，既可以作为课外小组活动，又可以将这种活动固化成以重大节庆日、纪念日为主的主题体验课程。完善体验式德育活动课程建设，丰富“整体 + 体验”德育工作模式，促进教育教学工作良性发展，落实学校的办学理念，为进一步进行德育创新奠定了基础。

3. 丰富学生道德情感，提升德育活动的有效性

在德育过程中，学生的道德情感是丰富多彩的，教育者以体验式主题活动的开展启发学生发挥情感力量，实现道德素养的自我完善。增加学生与自然、社会的接触机会，促使学生内心的情感产生微妙变化，给参与者的内心留下深刻印象，丰富学生道德情感。开展体验式主题活动，能最大限度调动了学生参与的积极性，提高学校德育活动的有效性。

4. 促进德育内化，强化学生体验

开展体验式主题活动能充分体现参与者的需求。体验式主题活动从社会的和谐发展与个人的长远发展设计活动方案，规范参与者行为举止。它是有效的德育形式，实现了德育资源开发的生活化、个体化。开展体验式主题活动，强化学生体验，提高了德育的可感和可信。开展体验式主题活动，实现了个人价值与社会价值的融通。开展体验式主题活动实现了社会性德育目标，又满足学生自身需求和发展愿望的实现；尊重了

青少年成长规律，满足青少年对理解、娱乐、交往、表现等多方面的合理要求；引领青少年感受和创造现实生活、学习的快乐与幸福，并为长远的发展和未来的幸福奠基。

二、“大数据”背景下的高效课堂及教学方式变革

石河子一中是1981年就被自治区确定的首批省级重点中学，在2004年又被评为自治区示范性普通高中，是当地教学质量最好的高中，因而办学规模较大。学校每个年级均有24个教学班，每班人数在60人上下，全校学生数在4500人左右。最近几年，随着政策调整，学校教学班数、班额有较大压缩。

但在当时，面对如此庞大的办学规模，在教学上的确存在一个悖论：讲得过易，成绩优秀学生“营养不良”；讲得过难，普通学生“消化不良”——如何在培养名校生和保证高升学率之间保持平衡，让学校的教学质量保持在高位运行以满足社会对学校的较高期望，一直是我和学校领导班子面临的重大课题。这也是很多同样办学规模较大的“县中”面临的共同难题。为此，我们在多年的实践中逐渐探索出一条符合学校发展实际的新路，这对“乡村振兴”背景下“拯救县中”也应有启示之处。

（一）分层教学

分层次教学，适度提高科学课程学术标准，最大限度地优化师资配置，最大限度地满足不同学的发展需要，充分调动各方面积极力量，培养多层次人才。当时，我校实际分为以下5个不同层次体系：

自强体系，每届文理各两个班，两套教师队伍，以学科深度学习、奥赛辅导为主要抓手，定位为学生可以考入“985”等级院校。

实验体系，每届文理各两个班，部分主要科目由自强体系教师兼任，也称之为“协作班”，以研究性学习、学术性社开展为主要抓手，定位为学生可以考入“211”等级院校。

标准体系，每届的其他班级均为标准班，以国家高中段课程标准为

教学依据，主抓基础教学，定位为学生考入理想的一本或二本院校。

国际体系，经教育主管部门同意，我校与美中国际合作开设留美国际班。由我校负责完成高中段国家课程的学习，参加学业水平考试，获得高中毕业资格，由美中国际派专职英语教师和外教负责完成托福课程的学习。学生参加托福考试，获得出国留学深造的资格。

其他体系，在地区教育主管部门的大力支持下，组建了两个由本地区优秀初三学生组成的“素质教育创新班”，以初、高中衔接课程教学，综合素质、创新能力培养为抓手，目标是为高中培养综合性的高水平人才。

后期，随着政策变化，学校按照要求取消了“国际班”和“素质创新班”。分层教学在当前的教育界还存在着一定的争议。反对者的理由主要有以下两条：一是要分层就意味着要按照成绩将学生划分层级，这不符合均衡教育的理念；二是分层还意味着在一定阶段的学习之后，要按照学生学情的新变化进行人员调整，学生之间、老师之间都要有个适应的新过程，不利于学生在稳定的班级环境中成长。

我们也做了针对性调整：一是以统一的德育课程来保证育人质量和学生全面发展的机会，即学生在学校参与的德育活动、所享受的德育资源都是同样的，不以其所处班级层级设限。二是减少人员调整的频率并设置保护区间。具体来说，就是高一按照学业水平测试成绩直接分班，不再组织入学后的分班考试；文理分班时按照其程度及意愿进行人员调整；对上一层级学生设置保护区间——防止学生分分计较；对下一层级学生调整前预先争求本人及家长意见；对调整后个别不适应的学生进行“一人一案”妥善处理。经过几年的实践，学生和家长都能较为理性地做出选择。

但正如唐江澎校长所言：学生没有分数就过不了今天的高考，但只有分数恐怕也赢得不了将来的大考。我们的做法也应随着最新的政策要求以及教育新理念进行调整。在当前的“双减”背景下，学校更应严格执行均衡编班的政策导向和相关规定，切实做到均衡配置师资。“重点班”或者变相的“重点班”的确都应当成为历史，即在班级的组织形式上不能简单以成绩这个单一标准来划分。但前期探索出的资源仍旧可以通过加工再运用。比如，作业分层管理。备课组应通过集体教研将作业至少分为基础型、拓展型两类，来满足不同程度的学生需求。教学进度要严格按照课程标准和学校计划进行。对于有特别需求的学生，可以给他设置“个性化作业套餐”，利用面批等方式解决个性化问题。

随着新课程新教材的实施，高中段学校还面临一个课题：如何落实选课走班。实施“走班”时也要考虑是要推行“分层走班”还是大学式的网上“抢课”？“分层走班”是学校统一把控，“抢课”则是学生“先到先得”。是侧重“机会均等”还在侧重“效率优先”？这都是值得教育界同人探索的课题。

（二）月考、周练习制度

通过听“推门课”、学生评教评学、教师经验分享、每届的三年工作反思等多种渠道的反馈，学校发现教师在课堂上存在“重讲轻练”甚至是“满堂灌”的情况，在布置作业时又存在盲目超额布置作业、作业质量不高的问题。为此，我们考虑能否将两者有机融合起来，把两个问题一并解决。于是，开始推行周练习、月考制。

这里首先要澄清一个误解：组织考试不等于搞“应试教育”。这个前提就是学校要淡化对考试成绩的成果运用——不把成绩排名与对教师的考评直接挂钩，不以成绩优劣给学生贴标签，不将成绩作为学生评优、排座位等依据。这样考试才能真正发挥其诊断、评价、反馈方面的积极作用。

周练习虽然以“考试”形式呈现，但并不是每周一次的“月考”，而更像是由备课组集体教研决定的“周作业”。周练习是利用周二至周四3天的下午2节自习课时间集中做2科的“周作业”。一般都是一个“大科”（语、数、外）带一个“小科”（政史地或理化生），方便时间及人员调整。如是高一年级未分文理，“大科”每周进行，“小科”隔周进行。学校规定凡当天有周练习的科目不允许布置其他作业。

这样就解决了两个问题：一是让老师们更重视集体备课，严格按照学校规定的进度授课。又因为课时固定，这样倒逼教师精心备课，不再“信马由缰”。二是让老师们更加重视作业设计，不再是一本册子全做完，而是布置有针对性题目。但也带来了两个问题：一是传统“手工阅卷”效率太慢，等阅卷完毕再分析数据，然后再讲题的模式时效性太差。二是周练习制挤占了教学时间：每周的课时有限，教师还要拿出一两节课时间讲授练习卷，新课上不完。

为此，我们并没有停止变革的脚步重回老路，而是经过论证，借助新的技术手段，试行“网上阅卷”，具体原因如下：

网上阅卷自身的优点。一是老师们都是集体批阅，备课组长可以通过后台实时监督进度、给分曲线，保证学生的练习老师都认真批阅。二是可以解决学生不适应答题方式而造成无谓失分。据统计，熟练答写的学生平均成绩可以提高 13 — 15 分。我们不能唯分数，但也不能不要分数。三是网上阅卷为每道题的知识点提供了详细分析数据，教师能及时了解学生掌握情况，调整教学策略。

现实操作的需要。使用网上阅卷省去了传统阅卷过程中装订、翻阅、传递等中间等待环节；省去了卷面各小题分的累加统计环节；省去了动手合成学生整体成绩的环节。另外，老师们可以利用各种碎片化时间阅卷且互不影响。据对学校实际阅卷的统计，以语文学科为例，每次考试平均批阅 2 个班 120 名学生试卷，传统手工阅卷从批阅到整理出报表需要 20 个小时以上的工作量，而采用扫描网上阅卷系统只需要 6 — 8 小时，比传统阅卷方式节省了 60% 以上的时间。

及时反馈教学情况的要求。网上阅卷系统翔实记录了每一名学生答题信息和评分信息，可以对学生答题情况、评分误差、评分离差与评分效度等进行统计分析。教师在阅卷过程中可通过相关标志及时标注学生答卷中的问题，利于学科教师查漏补缺，在第一时间调整教学方法与策略。从学校管理层面来看，可以准确地分析各个班级的发展和任课教师的教学情况，及时发现问题，找准策略，调整措施，进行阶段性反思。

拓宽家校联系渠道。家长可通过互联网来查询自己孩子的学习情况，加强对学生的督促和了解。每位学生都有自己专属账号和密码，利于保护个人隐私。因为有学生答题情况的详细数据，老师与学生家长之间的沟通也就能由宽泛的学习态度、努力程度等较“虚”的话题深入到如何改进提高等较“实”的操作性话题。这样就提高了家校沟通的质量。

此外，为解决讲评周练习挤占教学时间的问题，我们做了如下调整：一是通过淡化学校层面利用周练习分数对教师评价以减轻教师紧张程度。二是在当天练习结束后，将详细答案印发给学生，让学生通过小组探究方式解决疑问。三是通过选树典型，推广先进做法，避免出现“一张试卷讲到尾”的低效课堂。经过一段时间的摸索，我校制定了《大数据背景下的高效试卷讲评课标准（试行）》，并将此标准应用于试卷讲评课中。

1. 课前——精心备课，奠定基础

备好试题内容。（教师在试卷上要有详细的做题过程与批注信息）

认真及时阅卷，汇总主观题存在的问题。（周测、月考阅卷组内分工合作，将自己所改之题、学生存在的问题和典型案例截图汇总组内共享）

挖掘各项考试数据，做好分析统计。（必须有本班客观题各选项答题百分比、本班与各班主观题小题均分对比等）

做好试题归类分析。（参照出卷双向细目表、试卷数据分析，取舍讲评内容，准备针对性变式训练等）

制定教学方案、制作和撰写包含数据分析图表、典型样卷截图、变式训练和解题技巧的课件与教案。（电子稿，组内集体备课可共享）

督促学生做好准备工作。（学生要提前纠错与订正，教师要批阅）

2. 课中——精讲合作，成功关键

总体评价，明确目标。（运用数据做试卷总体评价分析，列出本班各题的正答率，合理取舍，明确本节课要讲评的试题）

精讲典例，变式拓展。（针对要讲试题做到：共性问题重点讲解、典型试题变式讲解、综合试题拓展讲解、总结解题思路技巧）

师生互动，生生互助。（鼓励学生合作参与点评，剖析思路，激发动力，提升能力）

3. 课后——静心反思，逐步提高

教师在课后要及时反思，总结成功，改进不足。（撰写教学反思与考后总结）

学生要总结失分原因，提出努力方向。（撰写考后总结）

讲评课后根据讲评课反馈的情况进行矫正补偿。（进行错题考点日后再考后的数据跟踪与对比分析，追求突破，不留隐患）。

学校还通过听公开课，举办“大数据背景下的高效课堂讲课比赛”的方式综合各科教师在实践中摸索出的有效做法进行再提炼，进一步细化完善总体授课思路。由教研室制定《大数据背景下的高效试卷讲评课评分标准》。让各备课组根据评分标准，结合本学科实际，再通过集体备课、听评课的方式确定本学科试卷讲评课授课模式，并通过“三课”（高级教师示范课、中级教师优质课、青年教师汇报课）的形式对全体教师进行培训。经过几个月的实践，命题、制作答题卡、印刷试卷及答题卡、扫描答题卡、网上阅卷、数据分析、试卷讲评、课后变式训练等形成一个完整的闭环。

在此过程中也就形成了校本教研资源库（题库、数据分析库）。学校教研室可选用一些经典题目来作为“锚题”，进行不同届次的成绩数据分析，这样有助于对不同届教师的教学效果、学生的学习情况进行横向对比，对教学效果进行过程监管、动态监管。避免出现因缺少参照而盲目乐观从而在最后的高考中“跌个大跟头”。

我还清楚地记得有位同学还就月考的“可怕”写了一个堪称“绝对”的上联：“月考月考月月考，越考越难。”但如果学校淡化月考成绩结果的运用，那么月考也就不再那么令人“恐惧”，会更像是对本月前三次周练习的一次总结。这套制度也极大地减轻了老师们的负担。以语文组教师为例，以往都是逼着学生去默写古文，消耗了大量的时间和精力，效果还不好。自从周练习、月考制开始后，他们将需要默写的篇目列出计划，将本周或本月的测试题目中要考的默写篇目提前一周告知学生，并且加大了默写的分值。

于是，学生便开始利用碎片化时间——睡觉前、起床后、打饭排队时、上厕所时进行主动背诵。于老师而言，减轻了负担，把更多的时间和精力用于突破教学难点上；于学生而言，则因缩小了测试范围，降低了难度，缓解了畏难情绪，提高了学习的积极性和主动性。在这一点上，从心理学来说和游戏的“及时反馈”容易令人“上瘾”的原理相似。

教育部《关于进一步减轻义务教育阶段学生作业负担和校外培训负担的意见》虽未直指高中段学校，但高中学校的校长也要主动参照，从中反思：高中是不是就一定需要这么大量地做题训练？我们让学生做的题目有没有经过老师的精选？精讲精练的效果是不是会更好？这些值得深思的问题都也可以成为我们的研究课题。

（三）课题提升

学校连续四年，全面深入进行“对自治区普通高考试题分析、学生学科能力评价与教学关系的研究”的课题研究，该课题由前三年的自治区级课题升级为国家级“十二五”课题。特别是在 2014 年高考全疆该课题总结汇报大会上，我校六门学科获得课题阶段性成果一等奖，五门学科的备课组长做了大会交流讲座与展示，本人作为课题先进学校在与会的全疆校长会议上做了汇报讲座。与此同时，我校还申请并立项了国家级课题“学生学习质量监测与评价研究”。现从学校组织管理的层面介绍“大数据背景下的高效课堂”。

1. 配备阅卷系统

三个年级都分别配备了各自的阅卷系统，全部实现机读阅卷、网上评卷，24 小时全部出成绩。依靠数据分析进行有效的试卷讲评和动态评价管理。

2. 注重数据分析使用

特别是试卷讲评课，注重用数据说话。教师通过对所教班级的数据分析，选择讲评题目，控制讲评难度。原来两节课讲不完的试卷，现在半节课就可以完成，余出的时间就可以进行变式训练，提升教学效果和效率。至于网上阅卷中卷面没有批改痕迹、不能针对性辅导等问题，可以实行网评与面批相结合的办法，有针对性面批。

3. 研究命题技巧，规范命题行为

无论是教研组长（9 科教研组长，实施半个工作量待遇）出月考试卷，还是备课组长或老师出周测试卷，每份试卷都要按要求撰写“双向细目表”，并在印卷之前交学科主管领导审核，审核通过后才能交文印室印刷，努力做到确保信度、控制难度、提高区分度。每次考完要在备课组内进行试卷分析会，对比分析每一道题的预估难度和实测难度差异。

做研究就是要研究真问题，真研究问题，真解决问题。在新的历史背景下，我们要学会与时俱进结合国家的新政策确定教研方向，为调整教学策略及教学组织形式指明方向。一线教师多把精力放在教学组织上，对教学研究、教育科研常常忽视。作为学校管理者，我们要引导、支持、鼓励我们的老师结合学校所遇难题来做课题。以上，所列我校所做课题内容仅供参考，但我校做课题研究的做法希望大家能够采纳，支持教师向“专家型”“研究型”转型，建立起本校的“专家库”。

（四）创新教研方式

学校以“增效减负”为指导思想，结合新高考改革的契机，不断推进有效教学和教师队伍专业化发展，追求减少教学工作的盲目性和重复率。具体做法如下：

一是制定全校所有学科三年统一的教学进度，三年教学一盘棋战略，有效防止教学进度和练习的随意性和盲目性。可以用周练习和月考制倒逼教师按进度教学。

二是降低个人备课权重。教研组长和备课组长按照统一要求，将备课任务分解给每位教师，然后由组长召集成员一起讨论、修改，达成共识，形成一份有效的教案，组内教师都以该教案为基础备课（一次教案）。教师根据班级学情不同，进行二次备课，并在课后撰写教学反思。在此基础上每届都不断完善，最终形成符合我校质量标准的教案。这样既控制了教学质量的底线，又减轻了教师的备课负担，同时也利于教师个性化发展。

三是取消早读课，推迟早晨上班时间。不能让语文老师、英语老师和班主任每天都来得那么早，长此以往既影响身体健康也影响家庭生活。把读书、背书的时间还给学生，积极引导学生主动读书、背书，教师上课动用智慧，艺术性地加强检测与反馈即可。

四是加强课堂教学的研究力度，积极探索新的课堂教学模式，坚决摒弃“满堂灌”的老路，提高课堂教学的有效性。学校层面的高级教师示范课、中级教师优质课、青年教师汇报课或组内的公开课，都要倡导新的课堂教学理念，把课堂教学的出发点从“教”转到“学”上，让学生自己学会学习。

（五）促进教师专业化发展

学校建设与发展的核心是教师队伍的建设与发展，如何打造一支作风优良、业务过硬的教师队伍，是学校事业成败的关键。我校在这方面进行了以下工作：

1. 倡导教师“十个一”工程

教师的“十个一”具体为：每学期精读一部教育教学理论著作；每学期撰写一篇高质量教育教学论文；自觉培养一方面专长；每学期对学生进行一次学法专题指导；每学期进行一次学生家访；每学期看一本好的业务书并做好笔记；每学期精心上好一堂公开课；每学期结对一个尖子生、结对一个贫困生；参加每一次的教研活动；对每学期的教学进行反思并写一份心得总结。

2. 提升专业技能

继续完善公开课管理，以教研组为单位，全员参加听课、评课。活动结束后，依据考核标准，教研组全体成员要评价得失并赋分（要拉开差距），教研组长汇总并撰写活动小结，以电子稿形式上报教研室。教研室根据上报结果评出优秀者进行表彰。在全校或分年级进行特色教研活动大赛，如教师现场说课大赛、教师现场讲题大赛、教师读书心得报告会、教师辩论赛、专业技术考试大赛等，起到以赛促学、以赛促训的效果。

3. 加强青年教师培养

坚持组织选拔优秀教师参加各级各类教学竞赛活动，安排一位资深教师作为教练随行，并安排教研组作为后援团队通过网络提供资源支持。发挥名师、学科带头人的引领作用，为新老教师结对牵线搭桥（要求自愿结合，可以跨年级，可以多名年轻教师选择一名老教师，要有面向全校的拜师仪式，要有培养计划）。明确新老教师各自的责任和任务，教研室加强过程考核，组织教案、听课记录、业务笔记等评优活动。将“徒弟”获奖与“师父”获奖绑定——徒弟获“最佳新秀奖”，师父随之获“新秀指导奖”。

4. 加大联片教研力度

积极“请进来，走出去”，主动和疆内外各名校结成友好学校。通过考察学习、交流挂职等多种方式提升教师队伍的理念和素质。在疆内，我校与克拉玛依高级中学等 5 个地区 6 所地区一流高中建立了“新丝路六校联盟”，开创了区域联片教研新模式，为师生打造了一个全方位多层次的交流平台。与此同时，积极邀请疆内外教育名家和名校校长赴我校进行交流讲座和研讨会，免费邀请兄弟学校参会。

（六）加强社团建设

我校学生社团分为两类：教研室主抓的学术性社团，团委主抓的兴趣爱好类社团。学术性社团主要在学科深度学习研究方面开展活动，每个学科下设至少两个以上的主题社团。比如，文学社、建模社、原子社、国际关系社、天文社等。兴趣爱好类社团主要在特长发展、爱好培养方面开展活动，多数由学生自主建立，但也都由指导教师统筹管理。如，模型社、舞蹈社、动漫社、街舞社、合唱团、爱心社、话剧社等。全体学生都要自由选择参加一个社团，固定在周五下午开展活动。现已初步建立了 18 间学术性社团实验与活动室，并将部分研究性学习课题与学术性社团整合，开发科学创新类活动课程；邀请高校专家定期举办讲座和现场指导课题研究；和一些企业联合建立实验室，加强学生对社会的了解。学校运动会、艺术节、元旦晚会、毕业晚会等演出活动大多数直接由兴趣爱好类社团成员策划完成。

（七）打造人才孵化池

学校依靠现有优势资源，打造品牌学科，并最终以品牌的辐射作用引领其他学科共同进步。近两年，由我校资深骨干教师申请，上级领导部门考察，先后批准成立了生物、数学、物理、化学、政治、历史、体育共 7 个学科的自治区级和地区级教学能手培养工作室。这些主持人敢于担当，激情奉献，率先做到了树立一位名师，带动一门学科，带出一个团队，产生一批成果，使我校教学能手培养工作室成为骨干教师的聚集地和孵化池。

第三节　博采众长——丰厚的理论基础

“未来的文盲，不再是不识字的人。而是没有学会怎样学习的人。”在这个知识爆炸的时代，我们要保持自身知识体系的随“时”更新。这才符合联合国教科文组织提出的“学会学习”教育目的要求。在学校大门口的橱窗里，有我向全校老师推荐的古今中外24位教育家及习近平总书记关于教育的重要论述。这都是我在教育教学实践中，不断汲取智慧的宝库，也帮我构架起了自己的理论知识体系。

中华优秀传统文化。中华优秀传统文化博大精深，关于教育的经典论述浩如烟海。此处且以“水”为切入点，以作管窥。儒家的“君子之交淡如水”启示我们：学校班子成员之间、干部与老师之间应该是“清清爽爽的同志关系，规规矩矩的上下级关系。”我常对班子成员说，要想学校事业发展就不能搞“团团伙伙”，要搞“五湖四海”任人唯贤；“智者乐水”启发我们做事要学会变通，要根据时代的要求调整教育策略，要“多为成功想办法，少为失败找借口”；“逝者如斯夫，不舍昼夜”启示我们要珍惜时间干事创业，不要把宝贵的时间浪费在无谓的争执上。道家的“水善利万物而不争，处众人之所恶，故几于道。”启示我们对学生要有仁爱之心，在单位埋头苦干，不计名利才是正道。当然，学校管理者也不能让“老实人”吃亏；“天下莫柔弱于水，而攻坚强莫之能先，以其无次易之也。”启示我们只要认准目标，坚持到底就一定能实现梦想。我们不仅要传授学生知识，更要培养他们矢志不渝的精神。“水之积也不厚，则负大舟也无力。”启示我们做教育要有耐性，在确定正确的方向后以时间做杠杆，自然会有好的结果。“从水之道，而不为私焉。”启示我们做教育要学会“因材施教”“因势利导”，所有决定都要符合教育规律以及学生成长规律。

还有一个小故事，学生问老师：“昨晚我见一盲人打着灯笼走路。他自己看不到，打灯笼有何用？”老师回答说：“如果他怕别人看不清路，这是儒家；如果他是怕别人撞到他，这是墨家；如果他认为黑夜出门就必须打灯笼，这是法家；如果他认为想打就打顺其自然，这是道家；如果他借此开示众生，这是佛家。”这也从不同侧面启示我们：办教育要学儒家有仁爱之心；要学墨家有底线思维；要学法家有规矩意识；要学道家能顺其自然。扎根中国大地办教育，要求我们必须回到先哲那里寻找我们民族的根和魂。只有了解我们是从哪里来的，才能看清我们现在所处的位置，才能更好地走好之后的路。此外，好的教育者首先是一个好的领导者，领导自己的学生从厚重的历史中走出，走向未来各自有意义的人生。

苏联教育名家。在我求学期间，读得最多的教育学书籍就是苏联教育名家的经典著作。对我影响最深的是苏霍姆林斯基和马卡连柯。苏霍姆林斯基在巴甫雷什学校倡导“相信一切孩子都能被教育好”的教育观念。他说学校里没有“差生”只存在困难学生或“难教育的学生”，要求全校老师都要自觉承担起教育“难教育的学生”的责任。他详细记录了如何记录教育高里亚的故事，强调了家访的重要性。受此启发，我们也推行了“导师制”和“大家访”等制度。第一次开展家访是为了摸清在校外租房子学生的实际住宿情况，排查是否存在未在监护人陪同情况下单独居住的情况。主要目的是排除安全隐患。学校的老师们在核实情况的同时就学生在校表现与家长进行深入交流。这受到了家长们的热烈欢迎，纷纷邀请老师来家访查，社会反响很好。学校也就此思考在当前这个通信如此发达的时代，为什么家长还希望老师家访这种“土”办法？我的答案是教育需要生活的温度。人与人只有在生活的状态而非工作的场景才能看到学生在校外的真实表现，才能理解学生在校内表现的根源所在，才能真正基于学情因材施教。但老师们平时的工作已经非常辛苦，学校不忍心再强求老师们对全部学生进行家访，就规定在每学期的第一个月月底由班级“导师”两人一组按照班主任的分配就近选择3到4名学生（在外租房学生、“难教育的学生”、心理测试负面情绪较为严重学生等）进行家访，深入了解其成长环境，真正形成家校育人合力。其他学生，由班主任视情况以打电话、线上视频会议等形式进行家访。这样的深入接触就让家长、学生、教师“同频共振”，拉近彼此距离，化解了很多矛盾。最近国家新出台了《中华人民共和国家庭教育促进法》，在给家长提出育人要求的同时，也给了我们很大启示——用好“家访”这个“传家宝”，沟通家校，实现“家校共育”。

马卡连柯强调集体教育。他认为形成良好的集体必须有共同的目标，一致的行动；必须形成正确的集体舆论；制定必要的制度和纪律，培养集体义务感、责任感、荣誉感。这和我们兵团学校的气质高度一致。石河子一中作为兵团学校，就是要弘扬兵团精神，就是要讲求集体主义，我们对学生的评价既有个体评价，更有集体评价（年级组以班级为单位考核，班级以“伙伴小组”为单位对学生进行考核）。我认为一名优秀的校长要善于打造符合学校气质的校园文化，以“文”化人。石河子一中校园精神——崇尚卓越、追求一流、拒绝平庸的拼搏精神；解放思想、实事求是、与时俱进的科学精神；不畏权威、不唯书本、不贪名利的求实精神；目标明确、悦纳他人、家国情怀的团队精神。

我们的干部应该坚决将一中团队精神落实到工作的点点滴滴当中，即一个字：干；两个字：主动；三个字：让我来；四个字：积极思考；五个字：责任是我的；六个字：有谁需要帮助；七个字：目标一定会实现；八个字：一切的工作为了爱；九个字：我要成为多给予的人；十个字：只有结果才能证明实力。也只有这样的态度和作风，才能使我们的干部先成为一中事业的排头兵和领头羊。我们在教师团队中倾力落实“和谐的人际关系，温馨的人文环境，奋发的精神风貌，昂扬的工作状态”四个目标，不断引导大家由职业型教师向事业型教师的转变；我们在学生团队中大力弘扬“培养适应未来社会发展的、素质全面的一中人”的目标，通过系列教育活动，让学生走出小我，放眼世界。师生在竞争氛围中共同诠释“追求卓越”的理想信念。也只有如此，我们才能真正实现打造兵团第一、新疆一流的目标。

马卡连柯还强调“前景”教育，认为培养人就是培养其对前途的希望。这与苏霍姆林斯基提出“让学生都昂着头走路”非常契合。记得当年温家宝总理曾说：信心比黄金还重要。当前，在新的时代背景下我们更应培养学生们牢固树立“四个自信”。青年学生当立足家乡，胸怀天下。当今的学生有幸生长在一个伟大的时代，他们已不需仰视谁，他们已可以平视这个世界。我们学校要和过去苦大仇深的“悲情教育”说再见，用更为积极向上的方式为社会培养出更具自信、更有气魄的大国公民。

现当代教育名家。给我留下最深印象的是杜威和陶行知两位先生。他们都一个提倡“教育即生活”，一个倡导“生活即教育”，都强调了教育与生活的关系、学校和社会的联系，反对将生活和教育分离，认为生活含有重要的教育意义，承认教育对改造生活的重要作用等等。我也坚定认为学生不能学成“书呆子”，要懂如何与人相处，要能为社会做出贡献，要会用自己学习到的知识来解决生活中实际遇到的问题。尽管顶着怕耽误学生学习，怕路上出现交通安全等诸多反对意见以及为了要扩大影响而有作秀之嫌的质疑，学校还是推行学生“十个一”社会实践活动。只有他们亲身到了福利院，才能体会到什么叫作关爱弱势群体；只有他们到了敬老院，闻到“老人味儿”才能体会到什么叫“老吾老以及人之老”；只有当他们走上街头保洁护绿、维护交通，他们才能明白什么叫作“创建文明城市人人有责”……“纸上得来终觉浅，绝知此事要躬行。”有位名叫魏佳钰的学生给我留下非常深刻的印象，因为她在校的三年每年都会组织“福利院手工艺品义卖活动”，每次都会向我“推销”一件“艺术品”。她是班级的劳动委员，日常热心公益事业，自从去过福利院后，便决心为他们做点儿什么。我非常赞赏她的爱心和勇气。每次都会“慷慨解囊”。后来，她以优异的成绩考入香港大学，到大学后仍热心公益。她们班同学还以“一朵绚烂的向阳花”为题录制宣传片申请在校园电视台播放，借以号召更多人向她学习。生活就这样通过教育一点点变得更美好，孩子们就这样通过教育——学校教育、社会实践教育、自我教育——一点点变得更美好。

党和国家领导人对教育的重要论述。我们党的历届中央领导同志都极为重视教育，尤其是重视“育人”工作，留下了许多“金句”。党的十八大以来，习近平总书记关于教育的重要论述更是为我们的教育工作提供了根本遵循。

字里行间，我们可以读出习近平总书记对教育的重视，对青年学生的关爱，对教育工作者的殷切嘱托。校长要自觉将办学理念与习近平总书记关于教育的重要论述对标对表，带头贯彻落实党组织领导下的校长负责制，不断强化党员教师的身份意识、主人翁意识、担当意识，确保社会主义办学方向，全面落实立德树人根本任务。

第四节　专家指导——教育思想的形成完善

参加教育部首届中小学名校长领航班是我教育生涯的一次重大转折，经过系统理论学习、同学思维碰撞、办学经验交流以及最为重要的专家指导，使我渐渐明晰了自己 30 多年来的教育实践背后的驱动力——“教育奠基有意义的人生”教育思想。

如果说，之前都是怀着朴素的对家乡的热爱、对兵团的热爱、对教育事业的热爱去做一些自己觉得“值得”的具体事务性工作，经过这次系统的高端培训，让我之前在工作的实践中形成的具体做法与浅显思考逐渐形成了一套相对完整的思想体系。如果将围绕“解决问题”而产生的好做法和思考总结比喻为单颗“珍珠”，那么教育思想就是将之串联成整条“珍珠项链”的丝线。这无论是对我个人，还是对于学校发展以及对其他学校的辐射引领都是意义极为重大的。在此我要真挚地感谢对我教育思想形成产生巨大帮助的同学、老师和班级。

记得在首届中小学名校长领航班启动仪式上，我提出了三点办学经验。

一是引导广大师生深深扎根于以“热爱祖国，无私奉献，艰苦创业，开拓进取”为主要内涵的兵团精神与军垦精神这片沃土，将其每一个方面丰富的内涵，生动的实践积累，感人的事迹，尤其是几代军垦人奠定的现实基础，作为我们的传家宝和精神旗帜。同时，把社会主义核心价值观以及传统文化作为德育教育的主要内容，深化师生道德使命，在实践中具体实施德育教育，体现德育成效的动态发展过程，完成立德树人的根本任务，从而不断引领与淘染师生，使其形成了共同的价值追求与理想信念。

二是着力培养学生坚持本土情怀与开放视野的融合，精英素质与平民意识的结合。作为兵团后代的我校学子，应当以自己成长在兵团各项建设事业均是排头兵、领头羊的石河子而感到骄傲与自豪，应当以自己是军垦名城、戈壁明珠的一员而发自肺腑的热爱与眷顾，这就是本土情怀；作为西部落后地区的青年，应当追求远大的人生理想、强烈的责任意识、较强的创新与合作能力，将国内外一流文化理念与视野吸收到自己的学识构架当中，这就是开放视野。同时，追求高深的学识、高尚的精神、高雅的情趣，勇于担当，敢于挑战，这就是精英素质；始终牢记自己是老百姓中的一员，一生关注弱势群体，安贫乐道，不论何种境遇，都能保持精神愉悦，这就是平民意识。这些优秀基因已经流淌在一中学子的血液中，成了一中人为人的底色。

三是带领班子廓清思路，优化组织体系，实行双向聘任、量化考核制度，坚持条块结合、以块为主、重心下移，优化扁平化管理结构，贴近式服务、走动式管理的道路不动摇。坚持以提升品位，推动教师专业发展方向不动摇，请进来，走出去，立足国家级学习质量监测与评价研究课题，高考学科能力与教学关系研究课题，通过给各个年级配置阅卷机，充分利用大数据分析的手段，测量和评价我们讲评试卷、布置作业等教学行为是否科学合理，努力从提高教师信息化评价手段入手，打造高效课堂。

现在看来，仍能感受到自己当时对兵团教育、对学校学生的那份纯朴的热爱和满怀的激情，但也能感到自己因在理论学习上的不够系统、不够深入而产生的青涩。

现在回想起来，导师华东师范大学刘莉莉教授及实践导师西北师范大学附属中学校长刘信生教授对我采取的是“赏识教育”，我并没有干出什么成绩，他们为了鼓励我，应该是勉为其难拿着“放大镜”概括出我的 4 条优点：

一是有理想和追求。人生的意义与价值，在于创造过程，完成一件又一件有意义的事情。教育者要帮助学生成长为有人性的人，帮助孩子扣好人生的第一粒扣子，根基在于引导学生有家国情怀与责任担当。要教育学生激情奉献与自我超越，要助推学生团结合作与务实创新。

二是有责任和担当。责任和担当来自兵团血脉。在工作中就要雷厉风行，要说干就干，干得对就坚持，发现问题就立刻纠正。责任和担当还需要坚持，只要有利于学校发展的事，马上去做，只要有利于师生进步与成长的事，马上去干，不惧困难。成功就在于坚持那么一点点。

三是有唤醒精神。以自己对祖国和新疆生产建设兵团有一种发自内心的热爱，唤醒自己，去唤醒他人，坚信热爱祖国建设兵团应该成为每个新时代兵团人不懈的追求与信仰。用家国情怀和兵团精神唤醒师生，用兵团艰苦奋斗的历史唤醒师生，没有过去就没有未来，背叛过去就会失去未来。

四是有实践精神。“像实践家那样去思考，像思想家那样去行动”。作为校长，不仅要仰望星空，还要脚踏实地。学生的“十个一活动”、教师到薄弱学校支教帮扶都是实践证明选择，实践释放善意，实践落实设想。

同时，还为我指出了成为一名卓越校长应该努力的 5 点具体建议：

一是校长应该善于抓住发展机遇。校长要善于学习，有广阔的全球视野，同时要善于思考，深刻把握事物的本质和发展规律，在别人看不清楚的时候提前看清楚，提前做出决策，于是，学校就在这机遇中不知不觉地走在了别人前面。

二是校长应该善于提高执行力。上下同欲者胜。作为校长，要通过各种途径让中层领导和老师理解自己的想法,从而自觉的执行各项决策。

三是校长应该善于注重细节。如果没有细节，执行力就会打折扣。实际上就是校长在制定决策的时候，要重视决策在每一个实施过程中的细节，包括环节设置和流程设计，提高决策的可操作性。校长教育思想是正确的，如果决策方案的细节有问题，就会影响决策的实施，甚至会让老师对教育思想的正确性产生怀疑,进而导致老师的执行力降低。另外，在决策的实施过程中，校长还要对实施过程进行动态关注，关注过程中出现的新问题，因为任何决策的实施都不是一帆风顺达到目标的，它是一个动态的完善过程,校长要关注实施过程的细节,制定出新的调整方案。

四是校长应该善于设置合理课程。课程设置就像学生的菜单，合理搭配，学生就会茁壮成长，菜单有问题，学生就会营养不良。校长要为学生提供一个荤素搭配的“营养套餐”。教育思想并非高在云端，而是贴近地面的，让自己的教育思想“落地”的一个重要载体就是加强课程建设。

五是校长应该善于关注被忽略的事物。我们的教育似乎过多地关注了那些浮在表面上的功利性的东西，而有意无意地忽略了那些实质性的有可能影响学生一生的内容。在选择与坚守中办善良的教育，就是让我们的功利心淡一些，多关注一下那些被我们忽略的东西。

以上五点，一直指引着我在“教育奠基有意义的人生”之路上不断前行。当然，我觉得这五点对每一个有志于办好学校的校长而言都有很强的指导价值。

此外，教育部中小学校长和幼儿园园长国家级培训管理办公室副主任于维涛博士到石河子一中访查后提出了“通达灵魂的教育”的评价。他的四点意见也对广大的中小学校长有很强的指导意义。

一是胸有崇高气自雅。《纲要》指出高中阶段教育是学生个性形成、自主发展的关键时期。校长要通过开展“励志班会”“家校合育”“学生共同成长”等丰富多彩的活动，奠基学生丰富多彩的未来。

二是奠基教师有意义的人生。使教师摆脱单调乏味生活的“幸福道路”有很多，并不限于教育科研，“优秀的性格和钢铁般的意志比智慧和博学更重要”。校长不是用尽一切力量去搏“应试之名”，而是全身心地、不讲功利地去奠基教师有意义的人生。通过“做好优秀教师经验的分享与传承”“唤醒教师的读书天性”“教学展示及技能大赛”“联片教研对外交流学习”“打造品牌学科特色教师”“关心教师八小时之外生活”等奠基教师有意义的人生。

三是让学生以不同方式存在。学校要尽最大努力为学生提供多元开放自主的选择学习时空。“学段衔接”“欲成学先成人班会”“大数据下的试卷讲评”“社会实践活动”、社团活动让学生多了一种青少年应有的气质，多了一份难得的成熟和理性。

四是结对帮扶彰显生命价值。每一条河流路径不同，目标一致。名校长工作室有线上与线下、集中与分散、研究与实践等路径。基础教育是教育工作的重中之重，是脱贫攻坚的基础性事业。扶贫扶智、扶贫扶志无疑是最有价值的路径之一。作为名校长应当自觉担负起应尽责任。“教师是塑造灵魂、塑造生命、塑造人的工作”。教育是行善积德的事业，“行善不以名，而名从之；名不与利期，而利归之；利不与争期，而争及之。故君子必慎为善。”

“教学相长”，其实校长与本校教师也应是这样的关系。校长通过自己的教育思想影响教师创新教育教学实践，老师则通过自己的创新实践给校长以反馈，让校长不断丰富自己的教育思想。孔子说三人行必有我师。我认为“教育奠基有意义的人生”教育思想不是我个人的成果而是全校师生的集体智慧。有很多好的做法就是受到师生的启示。“独行速，众行远。”良好的师生关系是互相成就，也同样适用于校长和教师。

我在调离石河子一中之后，仍和学校的新一届领导班子保持着密切的联系。他们在面对新问题时又在原有的教育思想之上继续生发，提出了不少好的做法。在名校长工作室的引领下，不少工作室成员将“教育奠基有意义的人生”教育思想“嫁接”到了自己的学校，形成符合本校实际的教育思想……这正是我希望看到的。教育不仅要为学生有意义的人生奠基，还要为教师、为校长、为其他学校有意义的人生奠基。

第四章

教育奠基有意义的人生
教育思想的实践成效

教育思想来源于教育教学实践，是对被实践证明行之有效方法的总结归纳，是不断完善的思想体系，是全校师生的智慧结晶。上一章对“教育奠基有意义的人生”教育思想的形成和发展进行了总体介绍。先进的教育思想如何在日常的德育教育中、课堂的教学实践中落地却是一个问题。如果教育教学思想不能由教师队伍落实到学生中去，那么教育思想思想就只能沦为空想，对实践毫无益处。那么，执行工作应当从哪里着手推进呢?

本章将结合石河子一中的办学实际，着重从学校管理、德育管理、课堂模式等三方面介绍“教育奠基有意义的人生”的实践成效。

第一节　营造和谐向上的校园文化

石河子一中一直奉行“条块结合，以块为主”管理原则。“条”指的是教务处、教研室、德育处（工会、团委、妇联）的纵向管理，上承学校分管领导业务指示，下达相应部门、个人落实，主要负责政策的出台和实施效果的检查、评比、反馈。“块”指的是各年级组进行横向管理，凡涉及本年级教师、学生的相关具体事务都要管理，主要负责组织实施和过程管理。“以块为主”是因为学校的各项决策都需要年级来负责具体落实。“结合”则是指处室和年级在分管校领导的统一领导下配合开展工作。这样“扁平”化的管理架构最大的好处是执行力强。

同时，学校领导班子倡导“贴近式服务、走动式管理”，学校领导不能只坐在办公室里听汇报，还要走进教师办公室去听、去看、去问，了解一线教师的需求，解决一线教师的实际困难。同时由校长、书记带头按照领导干部“十个一”活动的要求，去听“推门课”，参加分管年级组的班主任会，参加自己分管学科的备课活动。此外，还结合民主生活会、“不忘初心，牢记使命”等主题教育活动以及“三进两联一交友”活动,找党员教师谈心谈话,找学生代表了解学校在管理方面举措的得失。

因学校事业发展等多种因素，高一年级的师生要从位于市区的校本部搬到郊区的新校区。于是，学生的吃饭、住宿等问题便成了学校的大课题。我当时指出：要把 70% 甚至更多的精力放在搞好学生的生活管理上。管不好生活，基本的教学秩序都难以维持，更不必说教育教学质量。在最开始的三个月，我带着分管后勤的副校长蹲守新校区，逐一理顺各项工作：食堂管理（从供应商的选择、供货流程的监控、加工环节的检查、留样、台账记录等多方面严把食材关；建立食堂卫生质量考核体系和饭菜质量考核体系，完善制度管理；举行了厨师、面点师技能大赛，相互切磋、比拼，不断提升个人的业务水平和服务能力；由年级选出两名家庭困难但表现优秀的学生作为食堂监管员。每日将员工服务质量和饭菜质量中存在的问题反馈给膳食科。学校对品尝员的饭菜价格给予一定的优惠）、错峰吃饭（错峰放学、引导排队）、宿舍管理（设立楼长、生活老师进行专人管理；安排班主任和导师进行午休和晚自习后的查宿；组建学生会干部进行晚自习后查宿；开设宿舍楼内自习室；召开主题班会教育学生如何与室友和谐相处，召开座谈会了解住校生的实际困难；安排专人值班为周末不回家的学生提供后勤服务）以及综治维稳、消防安全、甚至包括放假时的交通疏导。在了解到老师因距家较远上下班不方便时,寻求上级领导支持,联系公交公司为老师们开设了 2 条公交专线。

在基本的“硬件”理顺之后，学校又安排负责后勤管理的中层干部抓好“软件”建设。成效较为突出的是宿舍文化墙建设。后勤部认为良好的寝室文化有助于培育学生良好的思想政治素质和营造健康向上的学习氛围，提出“让墙壁会说话，让墙壁教育人”的设想。他们规定了文化设计内容，包括爱国主义教育宣传、中华优秀传统文化、励志寻梦传递正能量等，组织学生手绘公寓文明标语、彩绘主题文化墙、收集“最佳寝室合影”制作照片墙，多角度反映出一中学子们团结协作、锐意进取、文明和谐、追求卓越的良好品质。通过类似的活动，丰富了学生的课余文化生活，提高了实践动手能力，营造了公寓“家”文化，也加深了同学们的爱校荣校意识。

此后，班子选派了一名管理经验丰富、原则性强的副校长驻守新校区，及时处理具体事务。经过艰苦的努力，学校未出任何安全问题，师生的正常学习生活得以保障，封闭办学的优势开始显现，取得了良好的社会效应。

此外，学校通过“强化理论武装，补足信念之钙”“加大宣传引导，营造浓厚氛围”“加强组织建设，夯实党建基础”“丰富活动形式，增强工作实效”“深化廉政教育，促进行风建设”加强班子及党员干部队伍建设，严格落实“一岗双责”“三重一大”等党内制度要求，对绩效奖励定等、干部选拔任用、职级晋升、评优选先等事关广大教职工切身利益的重大事项及学校大额资金使用严格按照党委会议事规则进行民主决策，任用“想干事、能干事、干成事”的干部，真正做到“以实绩论英雄，凭实绩用干部”，营造良好的政治生态，还采取“双向聘”任制、绩效考核、星级班主任评比、导师制等举措，激励全体教师干事创业的进取精神。

第二节　打造共建共享的“生命共同体”

我认为，把主动权还给学生，让学习自主发展；把话语权还给学生，让课堂充满活力；把管理权还给学生，让学校充满生机；把体验权还给学生，让人生充满智慧。学生培养须立足课堂，又要超越课堂；立足教材，又要超越教材；立足校内，又要超越校内。学生在学校的生活，其实是为他们走进社会做准备，因此团体合作式学习与生活能力的锻炼就十分必要。在我的倡导下，学校开始尝试推行“共同成长伙伴计划”，使之成为学校撬动教育教学改革的支点。

共同成长伙伴小组是基于学习、生活、活动关系而形成的组织结构，是由若干个学生构成的团体。班主任将班级学生分为若干个“伙伴小组”，以组为单位对学生进行综合考评。伙伴小组的成员具有共同的目标，他们相互交流沟通，分享资源，分享彼此的情感，共同完成一定的目标任务。他们具有共同的目标，他们相互对话、交流与沟通，分享资源，分享彼此的情感、体验和观念，共同完成一定的目标任务。

伙伴小组是学习的小组，相互竞争的小组，社会实践的小组，十个一活动的小组，生活互助的小组，研究性学习小组，社团活动小组，通过共同活动形成民主和谐的人际联系，大家目标一致，齐心协力，责任共担，荣辱同享，从而使成员对这个团体具有很强的认同感和归属感。同时，在实现以小组为单位合作探究学习、参加社会实践的基础上，加大老师及家长的参与力度，引导学生家长参与学校的部分管理服务工作，承担社会实践及学校社团导师角色，提高参与社会实践在老师考核中的比例，打造家庭、学校、师生相互影响、共同成长、相互交融的生命共同体。学生得以发展，为学生有意义的一生奠基。

从伙伴小组管理模式的起源看，“伙伴小组管理模式”借鉴于“小组合作学习制”。合作学习在20世纪60年代末70年代初兴起于美国，并在70年代中期至80年代中期取得了实质性的进展，很快在欧美各国及日本等国流传开来。德国兴起了“交往教学论”流派，苏联提出了“合作的教育学思想”等。如今，合作学习策略在美国、以色列、加拿大等几十个国家的中小学得到了广泛应用，成为一种主要的教学理论和策略，被誉为“近几十年来最重要和最成功的教学改革”。

我国自20世纪80年代末开始引入并进行合作学习的实验研究，浙江、山东、江苏、上海等地陆续有一些合作性教学的研究成果。浙江省杭州市“促进初中学生个性最优发展”课题的一个子课题尝试运用了合作学习小组教学。其实验结果表明，采用小组教学，能给课堂带来生机和活力，培养了学生在集体中的合作精神和交往能力，对后进生也有很大帮助。山东省教育科学研究所主持的“合作教学研究与实验”研究结果在实践上证明，合作学习有助于学生成绩的提高、创新精神和实践能力的发展。另外，还有江苏的“合作教学操作初探”、上海的“分组教学的构想和实践”等。

随着新课程改革的日益深入，素质教育的理念正日益深入人心。实现从原来的“以教师为中心”到时下的“以学生为中心”，这是一个巨大的变化，也涉及教育环节的方方面面。长期以来，由于传统教育理念的束缚，在班级管理中存在着教师包办代替，学生忙于应付；管理手段单一，以罚代管现象严重等问题。针对上述现状，只有大胆进行改革，逐步建立有效的激励机制，才能让学生通过自我管理、自我约束，最终达到自我管理的最佳培养效果。“伙伴小组”为学生创设了一个能积极交往的机会，对于学生形成良好的人际关系及在交往中养成良好的合作意识，培养合作能力等方面都有极大作用。

一、生命共同体的构建

（一）学习互助伙伴小组——生命共同体的雏形

1. 组建原则

教师在构建合作小组时，应注意结构的合理性。分组时应注意以下原则：第一，小组人数要合理，一般以 4–6 人为宜。人数太多不利于学生间的交流和个人才能的充分展示，人数太少也不利于学生间的交流和互助。第二，分组应遵循“组间同质，组内异质，优势互补”的原则。教师应按照学生的知识基础、学习能力、性格特点的差异进行分组，让不同特质、不同层次的学生进行优化组合，使每个小组都有高、中、低三个层次的学生。这样分组不但有利于学生间的优势互补，相互促进，而且为全班各小组之间的公平竞争打下了基础。第三，小组成员应是动态的。可以是组间男女生的互换或流动，也可以是组间某些角色的互换或轮换，还可以按活动主题的需要让学生进行自由组合。这不仅使学生有新鲜感，提高合作学习的兴趣，而且还可以改变学生在小组中长期形成的地位，给每个学生提供发展的机会。

2. 小组成员分工

组内成员是一个整体，小组是一个团队，强调集体行动，不搞个人主义，组内对于各种任务要有明确分工，并且要明确落实到人。

正组长。在以身作则的基础上，对组员的学习、行为、思想等进行监督、督促和指导。包括随时与班主任及各任课教师联系，在同学和老师之间架起一座沟通的桥梁，起到上情下达、下情上报的作用。在其带领下，对组规中不合理的部分进行阶段性的修改。负责本组的学习情况。同时，负责填写本小组一周内在校表现情况。负责开好周一的小组会议。

副组长。协助组长处理组内一切事务，同组长一起加强组内的向心力和凝聚力。负责本组的学习情况及整个小组课前、课中、课后的学习情况。

学科组长：分管各科作业的收交、检查、记录，并及时将作业完成情况汇报给各科课代表，课代表核实后，将各小组作业完成情况登记到量化评比栏中。同时，负责统计一周中组内成员在该学科的发言次数并填好统计表。

纪律监督员：负责本小组的课堂纪律维护，对于上课出现的说话、嬉笑、睡觉等现象及时制止。

得分记录员（各学科组长）：负责记录本组的得分情况。避免误加或误减分数，造成不必要的纠纷和混乱。下课后及时汇报给各科代表。

检查员：负责检查本组成员导学案及讲义等的完成情况。可以一人检查语文、数学、英语。一人负责检查地理、历史、政治等其他科目。

3. 班级管理记分细则

记分项目：作业情况、课堂发言、组内默写及背诵过关情况、组内成员考试名次进退步情况、课堂纪律。记分标准：

作业：每天不完成每人次（包括没带、没做，完成情况潦草；允许有少量不会的题目）扣 1 分。当天没有补完每人次再扣一分，如果第三天仍旧没有完成，则加倍扣分。抄袭作业者一次扣 2 分。

课堂发言：课堂发言积极加 1 分；没有发言扣一分。

默写及背诵：默写的收发一律按小组为单位。每次默写全对则小组加 2 分，二次过关通过的小组不加不减，但仍旧没有通过的小组减 2 分，下课后由小组成员留下为其辅导过关。（基础较差的同学有最低标准线，由任课老师和组内同学共同制定最低标准），如果有人举报作弊者，经核实后组内一次性减 10 分。

纪律：有下列情况之一者，每人次扣所在小组 1 分。

上课违反纪律者，如说话、走神、睡觉、看课外书、玩手机、吃东西等。上课迟到，在校园及走廊追逐打闹者。

4. 奖励与惩罚

第一，根据一周来，课堂发言情况、作业情况、考试情况及课堂纪律等，由任课老师每周评出“最佳语文小组”“最佳英语小组”等 6 个最佳学科小组，奖 1 个红五角星。第二，奖励标志。每周进行一次统计，奖励前四名，分别为 4 颗、3 颗、2 颗、1 颗红五角星。最后一名为 2 颗黄五角星，倒数第二名为 1 颗黄五角星，以作警示。最后一名的小组周一班会后由班主任召开小组会议，每名成员分析本组落后的原因，并商讨出相应的对策。第三，每月进行一次统计，红五角星最多的小组获胜。第一名的小组所有成员为三好学生候选人。组内黄五角星超过 10 个者，无权参加任何的评比。

5. 实施策略

最有效的伙伴小组合作学习应该是学生学习的自发性行为，成为学生的一种学习习惯和学习策略，而不是只有在老师的要求下才进行的，因此要想在课上课后有效地开展伙伴小组合作学习，应注重培养学生的合作意识。我们可以在学生平时的学习中通过以下方法来实施。

第一，建立长期的合作小组。经过长期的合作学习之后，使之感觉到我们是一个学习小组，不管课堂上还是课后，我是这个小组的一员，潜移默化地培养学生的合作意识。

第二，举办学习方式专题讲座。在班级中利用一定时间进行学习方式专题讲座，向学生宣传各种先进的学习方式，介绍小组合作学习方式的优点、一般的操作策略，使学生产生合作学习的欲望。

第三，开展伙伴小组合作学习竞赛活动。开展一些伙伴小组合作学习竞赛活动，定期不定期地进行评优，激发学生合作的积极性，逐步将合作学习内化为学生的学习品质。

第四，教给伙伴小组合作学习的技能。伙伴小组合作学习作为一种新的学习方式，学生在学习的方法上不免有些生疏，合作时要么七嘴八舌乱讲一通，要么干脆不说坐享其成，要么人云亦云盲目随从，对小组内的意见根本无法提出真正意义上的赞成或反对。因此，要想有效地开展伙伴小组合作学习，作为教师，应该教给学生一些基本的合作技能。比如：在伙伴小组分工学习时，要教给学生分工的方法，根据不同成员的能力，让他们承担不同难度的任务，保证任务的顺利完成；在小组讨论、交流学习时，教给学生要尊重对方，理解对方，善于倾听别人的意见；有不同意见，也要等对方说完，自己再补充或提出反对意见；碰到分歧或困难，要心平气和，学会反思，建设性地解决问题。

当然，我们应该看到，这些技能和品质，是不可能一朝一夕练成的，我们要有意识地长期培养，潜移默化。这种长期培养，仅仅依靠课堂的训练也是远远不够的，应重视学生课后小组合作学习的延伸。

自主、合作、探究是目前学校积极提倡的有效学习方式，其中自主应该是基础。举个很简单的例子，几个人合作开办公司，各合作者自己必须要有一定的经济基础或能力基础，也就是他们的合作必须建立在个人努力的基础上才能进行。学生的合作学习也是如此，如果小组成员没有一定的自主学习能力，那么他们的合作也是虚无实效的。因此，要想有效地开展伙伴小组合作学习，我们还应重视发展学生的自主能力。值得一提的是，学生自主能力的培养功在平常，注意循序渐进，不可拔苗助长。

教师要特别关注伙伴小组合作学习中的弱势群体。学生是学习的主体，应积极主动地参与学习。然而在伙伴小组合作学习时，我们常看到优生活跃的身影，听到他们独特的见解，俨然成了主角。而后进生总是静静地旁听，成了配角，有的甚至完全成了一个局外人，处于被动地位。这样学生之间并没有进行真正的合作，不利于全体学生的全面发展。因此，教师应特别关注合作中的弱势群体。首先，在分组时关注弱势群体。然后在小组讨论、交流时多采用轮流发言的形式，使每个学生不得不参与思考、讨论。这样使那些后进的学生在合作学习中得到锻炼，不断进步。

伙伴小组合作学习的评价应着重考察学生的探究精神和创新意识，尊重和保护学生自主合作、大胆探究的积极性。因此要注重让学生在合作学习中开展学生自评、学生互评和教师评价相结合。

第一，学生自评。因为每一次活动的评价主体是学生，评价的对象也是学生，教师应放手让学生自主评价，思考自己在整个活动过程中的表现，谈认识，谈体会，谈收获，同时能够明白自己在活动过程中的不足，明确自己今后的努力方向。学生的自我评价可以通过让学生自己填写学习过程自我评价表的方法，反映出自己学习过程中的情感、态度、困难和经验，反映自己的学习情况，使学生全面了解自己的学习过程，感受自己的不断成长和进步。

第二，学生互评。在学生自我评价的基础上，还应进行伙伴小组成员之间的相互评价。互评时，主要从参与是否积极、合作是否友好、工作是否认真负责等方面进行，要求学生之间相互找出优、缺点，最后由小组长根据大家的意见，记录评价结果，交给任课教师。目的是在同学之间形成良好的心理环境，营造团结合作、互相勉励、共同提高的氛围。在伙伴小组学习过程评价中要注重对学习过程中伙伴小组成员的合作态度、合作方法、参与程度的评价，要更多地去关注大家的倾听、交流、协作情况。可以让每个伙伴小组都填写一张伙伴小组合作学习过程评价表。

第三，教师评价。伙伴小组合作学习重在过程评价，强调的是学生会学。但这并不是说可以完全排除学生学习活动的成果考察。相反，教师要尽力让学生感受、体验成功和收获的乐趣。所以，在重视学习过程评价的同时也要重视学习结果评价。总评时，教师可要求每个伙伴小组选出一名代表把自己伙伴小组的学习情况和讨论结果向全班同学进行汇报，把伙伴小组讨论拓展为全班交流。鼓励其他伙伴小组的同学在听完汇报后提出问题，并可由该组的任意一位同学来回答，让学生在交流和探讨中，使思维得到充分发展。平时可以采取伙伴小组竞争，如每课、每天、每周、每月评比，实行量化积分，充分激励伙伴小组合作学习的积极性，维持长久的伙伴小组合作激情。

教师的评价对激励学生的参与合作，提高合作学习的质量有着十分重要的作用。因此教师的评价一定要有鼓励性、指导性和全面性。要注重个人评价和伙伴小组集体评价相结合。要重视对后进生的鼓励，对表现突出的伙伴小组和个人及时给予充分肯定。

从听课情况看，当堂对各伙伴小组划分数的评价方式存在诸多问题：教师打分的客观性、公平性，能否各小组统筹兼顾，伙伴小组成员是否对所得分数有意见等等，难于把握。操作不当容易造成评分失真，造成打分形式化，学生会对评分不重视，从而失去评价意义。实施对伙伴小组的评价可采用延缓评价的方式：课堂上先让各伙伴小组检查员（监督员）组织填评价表进行伙伴小组自评，课后教师结合伙伴小组自评及各小组课堂表现综合考虑进行打分，下一节课公布伙伴小组得分。这样评价更真实、郑重，对学生能够起到积极的引导、激励作用。

任何教学形式，均有其适用的教学内容与教学场合，不能武断地认为某种教学方式“无所不能”。因此，在实际的教学过程中，老师们一定要敢于探索，勤于总结，善于发现，这样课堂教学才能更加精彩，更能吸引学生积极参与，提高教学质量。

（二）德育活动伙伴小组——生命共同体的发展

在学习互助小组的基础上，我们又探索将对学生的评价从学习这一单一维度扩展到德育工作的多个维度。不能再像以往出现只要学习好就能“一白遮百丑”，产生错误的价值导向。

组内分工依据学生的兴趣特长，组长总体负责，组员中 1 人负责日常值日卫生情况执行，1 人负责组员学习情况的记录（平日作业收交情况、背诵默写检查等），1 人负责组内文体组织，1 人负责纪律情况记录，1

人负责组员生活。真正实现所有学生“人人有事干，事事有人干”。

在此基础上，重新讨论小组管理细则，使每位学生都参与班级管理，明确分工，细化管理任务，保证管理有章可循。老师利用班会时间向学生明确各小组管理分工和细则，同时明确评价考核办法。主要针对班规执行中普遍性问题及具有小组个性的问题适时指导，比如：如何解决小组内管理成员之间的合作协调问题，如何激励学困生快速进步的问题，如何解决班级管理中的种种矛盾问题等。为保证良性竞争和公平考核，倡导组与组之间相互监督，组内成员相互监督，以此确保班级合作管理是在监督机制下健康发展的。

小组成员合作学习，共同完成班级常规德育任务（卫生、两操等）互相激励、互相竞争、互相监督，小组各成员的表现都将影响到小组的班级排位，以此培养小组成员的团队精神。定期开展学习经验交流会和伙伴小组管理经验交流会，形成班级内部的同学共进的氛围。最终根据小组总分评选最佳小组。每周、每月、每学期对每个小组的管理情况进行评价，对表现突出、成绩显著、考核优异的小组予以表扬和奖励。

此外，个人以小组的名义报名参加运动会、学科竞赛等各项比赛，对获得名次的组员要予以奖励，并对其所在小组予以加分。班级考评由个人考核到小组考核，小组内再进行个人考核。班级考核决定小组整体排名，小组内考核则决定组内排名。这样较为优秀的学生就不能只顾自己，还要帮助其他后进学生。组员也可以根据组长表现，商讨是否需要更换组长。这样就给了不同学生同样的话语权。具体考核项目如下。

1. 课堂表现与作业完成情况

课堂上积极主动举手发言，答对者每次加 X 分；上课无睡觉、跑神、能提出有价值问题者加 X 分并记录。对于任课教师布置的作业，小组成员互相督促，遇到疑难问题相互探讨解决。小组的科代表在收作业时将不交或迟交作业的同学，实行扣分将结果进行记录。

2. 纪律和劳动卫生情况

要求学生认真遵守学校的《日常行为规范》，如：按规定时间到校，主动捡拾垃圾，不在楼道、教室里追逐打闹，有秩序地上下楼梯，对人有礼貌等。讲好个人及公共卫生，及时打扫室内外卫生。表现突出的表扬并按班级的日常行为量化办法加分，违反者扣分。

3. 其他与伙伴小组评价相关的班级活动

主要是“十个一”社会实践活动，表现较为积极、成果较好的根据情况加分，再根据获奖情况额外加分。此外，学校运动会、文艺会演等大型活动根据学生的报名和获奖情况加分。如文艺会演需要多小组间合作，则根据小组人数比例及贡献程度加分。一些临时性活动，积极参与者可以根据情况适当加分。根据上面各项考核细则，每周进行汇总。既有小组的捆绑量化，又有各小组成员的个人量化值，并将表彰结果公布在家长群。每周进行一次总结，总结时要总结到每一位小组成员，按照量化评分标准，对每名组员取得的成绩进行充分肯定和表扬，对存在的问题客观公正地指出，并进行善意的提醒。每个成员轮流进行总结。总结时既注重小组整体，又注重个人，且改变了过去那种单一的评价方式，让每名小组成员既是评价者，也是被评价者，从而增强了每位同学自我管理意识，也增强了个人荣誉感和上进心。

经过实践，“德育活动伙伴小组”模式大大协调了组员之间的人际关系，促进学生间的互相帮助。原本没有“利益关系”的几个人组合在一起，为了自己小组能够比其他小组更好，都各自发挥自己的特长，努力维护小组的利益。由于我们的合作交流学习以小组活动为基本教学形式，以团体成绩为评价标准，整个团体成绩的取得，需要全组成员的共同努力，促进小组成员间的互帮互助。这样，在提高学生的学习兴趣和浓厚氛围的同时，也使整个班级的层面上减少落后面，使得整个集体的成绩有很大的提高。同样，在年级的考核中，也发现违规违纪情况大为减少。

当然，在实施伙伴小组模式之后也些困惑，例如，有些班级以小组可以自由挑选座位来激励优秀的小组，刚开始学生们的积极性还是很高的，大家都想坐到前排的座位上。小组内有个别拖后腿的同学大家也都乐意去帮助他，即便成绩一时半会提高不多，但是在其他方面他也有进步，同样可以为小组的总体成绩出力。但是，“冰冻三尺非一日之寒”，这些孩子的问题不是一天两天形成的，所以，也不是一天两天能改变的。半学期过后，不仅是这些孩子回到原来的样子，其他帮助他的孩子也没了之前的激情。毕竟都是孩子，管自己都勉勉强强，哪有那么多精力一直管别人。因此，即使有好座位来吸引，他们坚持不了多久就打回原形。

所以，又有其他的激励方式，比如，少写作业。这个倒是很受学生的欢迎，大部分学生都很积极。但是，真的实施起来就出现很多问题，例如改作业不能统一，还有更深层次的问题，长期这样下去不会因为练习量不够而形成恶性循环等。有了这些困惑之后，又有了新的探索。比如，组长轮换制，比如“六类模范”评比制，比如“十个一”活动优秀小组表彰制等。

还有的班主任认为单纯从激励奖励着手，会使得目的变得功利化，反倒让一些为人宽厚的学生吃亏。于是，又探索在人文关怀方面下功夫。比如为了让每个组员更加有归属感，让每个小组的成员商议，给自己小组起个名字能代表本组成员个性的组名，并且确定能够表现小组团结合作口号。学生们的潜力还是无限大的，他们自己所起的小组名称我都想不到。例如，灼月组、玉珏组、菁优组、五音六律组、任重道远组，还有颜值爆表组、地理战斗组、求知组、弘徽组、紫荆组、是实组，等等。不仅名字特别，寓意也是个个绝妙，例如，“是实组”，取自“实事求是”，寓意做学问一定要踏实、真是、实事求是；再如“紫荆组”，寓意大家要向紫荆花一样团结在一起，互相促进，相互补充。用孩子们喜欢的偶像口号也是各个气势逼人，例如，“你要么出众，要么出局”，“凡不能毁灭我的，必使我强大”，“含泪播撒的人定能含笑收获”等。经过大家一致通过，为了能促进小组之间的竞争，在教室前面最醒目的位置设置了“琅琊榜”，表彰每组选出的“身边模范”等。想办法在规则明确的前提下加强班内的团结并弘扬谦虚礼让的好传统。

从理论成果上来说，伙伴小组模式只是众多小组合作形式的一种，它有它的普遍性，但也有它的特色之处。“伙伴小组模式”是以异质学习小组为基本形式，又兼顾其他综合因素对学生进行分组，以团体成员为评价标准，共同达到班级目标的一种管理评价机制。在一个大集体中，学生很难找准自己的位置，但小组中，无论你是什么程度的学生，都在这个“集体”中“被需要”，因为这个集体中每个人都根据自己的特性有不同的分工，都是这个“集体”的管理者，同时也是被管理者，这种归属感比大集体带给他们的要强很多，而且每个小组都会制定适合本组成员特点的激励和奖惩机制，既考虑到每个人的能力大小，又关注了每个人被尊重的需要，因此更能让学生感受到自己的存在感，能更加清晰地认识自己，并在薄弱方面加以改正。

在大集体中很难协商的事情，小团队更好实现，大家互相帮助，共同的目的就是为了让小组更好。在相互交流、磨合中，不仅增加了了解，更让彼此相处更加融洽，从而能更好地自主管理和自我教育，这也符合人的主体性特质。每个学生来到学校都有受教育的需求，但在于老师如何启发、引导，如何创造一个和谐、宽松、民主的教育环境，从而把受教育者培养成为自主地、能动地、创造性地进行认识和实践活动的社会主体。

建构主义学习理论认为，学生是认知的主体，是知识意义的主动建构者，只有充分体现了学生作为学习的主体地位，学生才能更加自主、能动地参与到学习中去，而不会把学习理解成为一个被动吸收、反复练习和强化记忆的过程。实行伙伴小组模式进行协作学习，承认并接受了学生的差异,而这种差异正是学生间可以进行交往与合作学习的前提。“只有在有交往、有知识和经验存在差异的人的场合，才会有教学的出现”。每个人的特长和擅长的学科都不尽相同，而在伙伴小组中就是要扬长避短，发挥每个人的特长，同时通过自己努力和组员之间的互相学习，弥补自己的薄弱方面。在课堂教学评价体系和学生综合评价中，不完全以成绩作为评价的标准，更注重学生在学习过程中的表现和在小集体中的贡献。

伙伴小组管理模式在培养学生主体意识、合作意识，提高自我管理和约束能力方面确实起到了很大作用，在日常班级管理中也找到了一些特别对策和独特方法。例如安排座位，通常在大集体中很难兼顾到所有好差互相搭配、上课纪律不好或者爱说话的，除了座位稍微分开，中间由优秀的学生岔开或者找个能管得住他的人在旁边之外，就是要老师在上课的时候多盯着点了。但是，伙伴小组在分配座位时，以小组为单位坐在一起，前面三个后面三个，由组长根据小组情况把好差搭配、调皮的分开，并且上课专人管理，这样，比之前多了一个管理者，而且就在自己身边，自己的行为直接影响了小组的成绩，相比全班他更在乎小组同学的认可和关注，逐渐地会收敛并自觉遵守课堂纪律。

在安排值日问题上，一般班级都会有室内、楼道和室外卫生，显然，大家都不愿干室内，因为太琐碎而且每节课要保持，所以哪个小组都不愿意被分配到干室内，尽管轮流对大家都公平，但是学生积极性也不是很高。采用伙伴小组后，劳动委员制定出这样的规则，每次安排三个小组分别完成三个区域的卫生，每周一哪个组的同学到校早，可以自由选择本周做值日的区域，来得最晚的就没有选择的权利了。当然，无论是选择了哪里都要按照要求完成，否则将受到惩罚并且扣小组相应的分值。这样不但学生打扫卫生的积极性提高了，而且，以前周一升国旗总有些同学迟到，采用这个方法后迟到现象也有了明显的好转。

再例如在背诵课文和听写单词上，采用“连带责任制”，就是本组同学都完成了，小组加分并且可以少布置作业。但是，如果有人没有按照要求完成，其他组员也要跟着一起受罚。学生都是有自尊心的，虽然有些表现得不明显，但是，如果因经常不完成任务而导致其他同学受罚，他们自己也会过意不去的，慢慢地也会改变自己，不让自己成为别人的拖累。其他组员也会主动去帮助他们，这种主动不仅帮助了集体，也会慢慢形成自觉，从而带动整个班级呈良性发展。

在培养学生的学习自主性和小组之间竞争性方面，伙伴小组模式起到了积极的作用，在很大程度上达到了“管是为了不管”的目的。一些行之有效的激励性措施，既灵活多变又能激发学生学习或者其他方面的积极性，在培养学生自主学习的同时，促进了彼此的合作交流，加强了学生的集体荣誉感。

（三）社会实践活动伙伴小组——生命共同体的完善

在进行“十个一”社会实践的过程中，学校发现有一些班级的家长主动参与进来，起到很好效果。我们开始考虑结合新型家长会将德育考核实践小组将家长也列入其中。最初的想法是现在的孩子多为独生子女，家庭多为三口之家，在孩子的教育上缺少了力量。按照自愿原则，将家长纳入后，学生就能多了解一些社会职业，多一些好的学习榜样。比如，我校教师发现，如果父母双方都是教师，自己的孩子眼界所及可能都与学校有关。潜移默化，孩子的职业生涯规划除了教育行业很难真切了解其他领域。同样，不同家庭背景成长起来的孩子在思维方式、处理人际关系上往往都带有父母的职业影子。如果能让学生在社会实践中了解不同职业背景的长辈，也能多一些阅历，有助于对自己的职业生涯早做规划。

此外，有些父亲因忙于工作，对孩子的教育不太关注。加上学校女教师较多，男孩儿因为可模仿的成年男性模板而容易“女性化”。有了社会实践，学生家长也有契机参与到孩子的成长中，学生也有了更多了解社会的机会，这对于教育是两全其美。当然在此过程中，要注意引导学生家长正确评价孩子，应多从品行、行为习惯方面进行而非单纯的学习成绩。现将两次班级活动记录如下。

“温暖在冬季，爱是九班亲”

——记高一九班一堂特别的班会课

为了迎接这场在冬至日附近的班会课，班级发动家长朋友一起参与。当听说要举行包饺子活动时，家长积极性特别高涨，纷纷报名参加，但考虑到南区的条件有限，班级首期邀请了21位家长朋友。为了不影响同学们的紧张学习，在刘可嘉妈妈的统筹安排下，家长们分工合作，买料剁馅，添置工具，配制调料，精心准备了这场饺子盛宴。

室外寒冬凌厉，室内温暖如春。欢乐的气氛溢满着整个合堂。同学们热闹而幸福地吃着饺子，不时地大赞美味，热闹开心处，举起杯中的饺子汤，向老师们祝福“饺子就酒，越喝越有，感谢老师们的辛勤培养”；并不时地给忙碌的父母帮忙，或者深情地喂上饺子，事后不少父母坦言：“这是孩子为数不多的给自己喂饭的经历”，说着话，擦拭着幸福的泪水。

年级主任殷切寄语九班学生：“要懂得感恩父母，感激父母，用自己的成绩为父母争光，不负父母对我们深深的爱；为老师争光，不负老师对我们辛勤的教诲。将来学成之后，回报家乡，回报社会。”班主任老师深情地说：“这种其乐融融的氛围，这种亲情，是我们最大的收获，也是我们最值得铭记于心的。它成为孩子与家长的桥梁，也成为孩子与老师的桥梁，也将成为后期我们不断努力和奋斗的最大动力。”并号召同学们向辛勤付出的家长和老师们表示感谢，大家热情高涨，掌声如潮。

两位同学代表大家发言，感谢家长们的辛苦付出、学校的大力支持、老师们的辛勤陪伴，一定不负亲情，不负师恩，努力学习，用最好的成绩来回报亲情。不少同学都说：“没见过这样的班会，也从来都没有参加过，太过瘾了，太开心了！”这样不仅增进了同学之间的友谊，更增强了班级的凝聚力，还让我们体会到了父母无私的爱和付出，这场班会，将铭记于心。

最后，一曲《当你老了》，整个活动在悠扬而抒情的歌声中拉下帷幕，但拉不掉的却是寒冬里的这段笼着深深温暖爱意的青春记忆。

“十个一”活动心得体会

户外志愿服务见天见地，是与大自然接触的最好方式，对现在比较忙碌的高二学生而言是极佳的休息和健身方式；文明劝导服务都比较简单，如果用心能够服务劝导到极致，容易达至完美，是养成良好习惯的好方式；劝导小组比较善良、真诚，对于文明的劝导志愿服务是感到开心的、快乐的；成员重在积极主动，信守承诺，坚持付出，这样定会获得支持。一天的服务结束了，几天连续作战，人虽然比较累，但心情会很好，能为石河子市的文明精神做出贡献，为文明城市出一份力，更是我们的责任！

作为志愿者的我们，是自愿为树立城市良好的新风而奋斗的，应以文明的行为和实际行动树立文明新风，上下车、过马路等场合，扶老携幼，帮残济弱，热情的帮助那些有困难的人们，倡导“奉献，友爱，互助，进步”的志愿者精神。虽然我们的力量微薄，但我们将会用最真诚的心去感染身边的人，形成良好的社会风尚，促进社会和谐的发展，“学校是我家，文明靠大家”，构建文明和谐的学校是我们每一个文明志愿者的美好愿望，也是我们义不容辞的责任。也许我们每个人的力量都是微薄的，但绝不是可以忽视的，人们常说“星星之火，可以燎原”，力量再小但只要甘愿奉献给文明事业，那就是一堆星火，聚在一起就定能燃成燎原之势，要想把这熊熊的文明之火一直燃烧和传递下去，就需要更多更多的人加入我们的队伍，延续我们践行文明的行动，传递我们文明的火炬。

（四）推进导师制——构建师生命运共同体

教师除了教书更多的任务是要育人，如果把班主任的工作分给任课老师就可以减轻班主任的压力，每个老师都有育人工作，营造全员育人的氛围，让所有教师都承担起全面育人的工作，使德育与智育有机结合，切实做到“全员育人、全程育人、全方位育人”，实现“为每一个学生创造主动发展的无限空间”的教育理念，推动师生之间积极平等的充分互动、教书育人的和谐统一，做到教师人人是导师，学生个个受关爱，促进每一位学生的全面健康成长。

为班主任工作减负增效，学校大力推行全员育人导师制。其实，现在很多学校都在倡导全员育人，而全员育人面临的最大困难是什么？——落实，目前，很多学校的学生管理主要由班主任一人负责，其他教师只要把自己的课教好，就是一名称职的老师了。但班主任一肩挑的管理方式使得大多数教师游离于班级管理之外。这一边，班主任筋疲力尽，另一边，任课教师对班级事务、学生身心健康不闻不问。如何将任课教师的积极性调动起来，是改善班级管理的一个重要思路。

我校制定了全员育人导师制，打包班主任工作。采取定人、定责、定标的方法，建立班主任为核心、成长导师为补充的班级成长导师工作团队。导师是具有高尚的师德情操、广博的知识领域和扎实的专业基础，能言行一致、以身作则，能给予学生以学业引领、特长培养、生活咨询、品行指导、心理辅导和人生规划的优秀教师。导师的职责就是全面关爱学生，把学生当作鲜活、灵动的生命对待，指导学生自主和谐发展、可持续发展，实现学生成长指导的个别化，促进学生综合素质不断提高。导师制是学生综合素质评价的重要保证。

1. 建立导师制的目的

适应实行新的高中课程方案的需要，完善对学生的学业水平和综合素质评价制度；根据学生个性需求，发挥教师个人特长，指导学生全面健康个性化成长。

2. 导师的产生

教师公布自己的教育理念、培养目标、学术特长、工作方式、个性特点等个人情况；伙伴小组内的学生根据自己的学习、生活、心理现状及成长需求，综合讨论从自己现在的任课教师中自主选择一位成长导师；年级组根据学生自主选择情况统筹兼顾，在征得学生和教师同意的条件下适当调整，每位导师指导学生不超过 2 个小组。

3. 导师的职责

分析学生现状，肯定成绩，指出不足，帮助学生制定学习目标和成长规划；对学生全面成长负责，指导学生课业学习、课外阅读、心理品德行为、研究性学习、特长发展等；通过小组会、个别谈话、电话、网络等途径给学生解疑释惑，导师与每个学生面谈每月不少于一次；指导学生制作、完善成长记录袋，每学期指导学生撰写一篇写实性自我记录；与家长沟通，每学期不少于一次。

学校在组织时要注意以下具体要求。

定人——每个成长伙伴小组选定一名导师，导师就是本班的任课教师。导师双向选择，成为某个班级的纪律、卫生、两操导师的同时，选定成为 1–2 个伙伴小组的导师。这样就把任课教师分配到了每一个班级，与班主任形成工作团队，分工、合作、共同负责一个班级的管理。

定责——每个班级的卫生、纪律、跑操等分别由对应的任课教师负责，分解班主任工作任务，工作承包到每一个教师，共同管理班级事务。导师要履行教书和育人的双重职责，不仅要在学习上关心、帮助学生，还要从思想、生活、心理素质、道德品质等各方面关注学生的成长，使每位学生在成长过程中受到充分的关爱。

定标——德育处对导师制定统一的要求及考核标准，考核是对工作的检验，是对工作业绩突出的老师的一种认可。分类设项对导师进行考核评比，将每个老师的考核与其负责的班级考核紧密结合起来，使广大教师与每个班集体结合成有机的共同体。学校将对导师每月考核结果纳入年终考核，与绩效奖励、评优选先挂钩。这种方式，将一个班级的老师凝聚为一个团队，避免了以往“一个人干，一群人看”的尴尬局面，将全员育人、班级共同体的理念落地生根。

4. 建立制度

（1）根据导师选择的工作任务（卫生、纪律、两操），建立工作台账。导师的工作要有计划、有步骤、有目标。

（2）建立学生德育档案。内容包括：学生家庭及社会关系详细情况；学生的个性心理特征、行为习惯、道德素养、兴趣爱好等一般状况；学生心理、生理、身体健康状况；要对学生每月的表现及每次考试成绩逐一登记，分析对照。

（3）谈心辅导与汇报：每周至少与受导学生谈心（面谈、书信、周记、电子信箱等）辅导一次，并记录辅导内容，学生每周一次向导师汇报生活学习情况。

（4）建立家长联络：每月至少一次电话访问，每学期至少一次家访，导师必须对学生本人及其家庭有清晰的了解，对家庭情况进行简要分析，包括家庭的结构（重点是单亲家庭、重组家庭、留守家庭）。

（5）建立个案分析：班主任每月集中组织导师进行个案分析，必要时对重点案例进行集体会诊，提出解决办法。

（五）家校及社区构建“三位一体”的育人共同体

习近平总书记指出，办好教育事业，家庭、学校、政府、社会都有责任。所谓学校、家长、社区教育共同体就是共同遵循一致的教育范式的学校教育群体和家庭、社区教育群体的统一。以学校为龙头、社区为平台、家庭为基础，把学校、社区、家庭三个方面力量有机组合起来，形成“三位一体”的育人模式。

1.“三位一体”的育人模式意义

古人曰：“蓬生麻中，不扶自立”“染于苍则苍，染于黄则黄”，这形象地说明环境对人的影响是巨大的。在对人与环境的关系的研究中，有学者将影响人的环境因素分为社会宏观环境、社区中观环境、家庭微观环境。这种影响既有直接的，也有间接的，既有可能是积极的，也有可能是消极的。在现实生活中，一个不成立的公式 5+2=0 却成为困扰未成年人教育的难题：有些在学校接受 5 天教育的孩子，双休日受到社会不良文化的侵蚀，学校的教育成果大打折扣，甚至付之东流。

一般认为学校是教育的主阵地，但家庭及社区的教育功能不应衰退，学校与其周围的共同体之间不应隔离。因此，石河子一中在变革中发现一条重要途径在于重建“功能共同体”，也就是重建其中的社会资本，把学校教育、家庭教育和社会教育组合起来，使之一体化，做到资源共享，优势互补。将学校、家庭、社会三方面教育有机地组合起来，需要更新教育观念、整合教育力量、调整教育组织，以及改革教育管理体制。学生的学习不仅受学校和家庭的影响，而且受学校和更大范围的共同体中的社会网络、规则和信任的影响，家长和共同体的合作在推进学校教育的改革中发挥着中心作用，建立“以社区为本”的家、校、社合作教育模式，构建整体的“教育共同体”应该是比较可行的、有效的教育设想。

2.“三位一体”的育人模式成效

（1）权责到位，协同发展

“三位一体”共同体的构建需要家、校、社三方明确各主体的责任承担与边界划分。首先，学校作为专门从事教育的机构，由专业的师资队伍选择恰当的教育内容，对学生有目的，有计划，有组织地施加教育影响，对学生有不可代替的作用。育人是其重要责任。其次，教师在“三位一体”共同体构建中起到桥梁的作用，老师应正确认识到自己的责任，践行终身教育理念，不断提高自身能力，拓展合作沟通渠道，更好地开展家、校、社合作。家庭应认识到家长应在学生思想道德、个人品质等方面起重要作用。社区应该是共同体建设的助推器。家庭教育虽然涉及很多方面，但最重要的是对孩子进行品德教育，教会他们如何做人。

（2）多元互动，共同成长

石河子一中家长学校结合年龄、学段特点，联合年级定期开展讲座、家长会，组织家长相互交流，树立正确的家校合作观，尝试参与“校访”、家长会、学校开放日活动，在老师的允许范围内，参与班级的一些教学活动，主动作为学校志愿辅导员，多为学校建设献计献策。

石河子一中发展观认为，学校教育不仅仅是政府、学校的事。首先，家校合作制度的主导是学校，学校除继续完善家长学校、家长委，还深入了解学生家庭，区分家长的背景，如家长职业、收入、对孩子教育的重视程度等，将其划分为不同层次，以便选择不同的方式，来处理好和这些不同层次家庭的联系策略。但学校绝不允许以家庭背景来给孩子贴标签，也不允许教师借助家长为自己谋私利。其次，学校让家长参与一些决策工作、参与新课程的教育教学实践等。比如校本课程就可以请家长进行全方位的合作，比如请家长做指导教师，提供实践基地等，这样充分调动了家长的积极性，家校互动就达到了良好的教育效果。再次，不断挖掘家长中的专家、劳模等人力资源，利用家长提供的一些场地，来服务学校的教育工作。学校在家长的支持下，成立社区教育委员会，协调家庭、社区和学校的合作，学校也承担社区教育的一些义务，使社区居民（当然主要是家长）的终身教育落到实处。此外，学校的一些设备、场所，在符合疫情防控政策的前提下，于节假日向社区成员开放，并请其参与到这方面的管理，让家长认识到家庭自身的教育责任，提升自身的修养，了解学校的教学情况，与学校共同完成学校教育目标。学生、父母、教师，三个方面相互合作、一起进步、共同成长，最终形成“教育命运共同体”。

第三节　打造科学规范的课堂模式

和全国大部分地区的“县中”一样，石河子一中也面临着优秀教师流失的问题。这个问题是个综合性的社会问题，但仅靠学校难以彻底解决。

优秀教师的流失使学校的教师队伍的梯队建设出现了一定程度的断档。

如何保证教学质量，除了加强集体备课、加紧培养新人之外，课堂组织模式也是我们重要的努力方向。课堂模式是校本教研成果的集中体现，和集体备课形成的教案一起成为我们保障教学质量的重要抓手。如果说集体备课的教案是“菜谱”，能保障学生所需“营养要素”齐全，那么课堂模式就是标准化的“烹饪手法”，能尽量保障“口味”正宗。下面，就我校各教研组研究形成的课堂教学模式做核心部分摘要，以供大家批评指正。

一、语文“一三四”课堂教学模式

“一三四”语文高效课堂即一个核心，三种课型，四个步骤。一个核心，即一切语文教学活动都以“培养学生的语文学科素养”为核心；三种课型，即基于语文课程特点的三种不同课型；四个环节，即每种课型的四个具体步骤。

具体来说，一种素养，即语文学科核心素养，即一切的语文课堂教学活动的最终目的都是为了培养学生的“语言能力”“思维能力”“审美情趣”“文化修养”等核心素养。三种课型，即阅读鉴赏课、测试讲评课、写作训练课。

“阅读鉴赏课”的具体授课步骤为：

1. 课前预习，自主达标；
2. 精讲点拨，合作探究；
3. 课外链接，拓展延伸；
4. 对点训练，总结提升。

“测试讲评课”的具体授课步骤为：

1. 分析数据，确定范围；
2. 案例评析，解读答案；
3. 精讲巧练，总结提升；

4. 变式训练，巩固强化。

"写作训练课"的具体授课步骤为：

1. 明确目标，解读材料；

2. 佳作评析，病文诊断；

3. 廓清概念，探究规律；

4. 对点训练，检效优劣。

通过三种不同课型落实"语文学科核心素养"各个维度。

阅读鉴赏课。这种课型是集"语言构建与运用""思维发展与提升""审美鉴赏与创造"为一体的语文活动，体现的是语文核心素养中"语文能力""思维能力""审美情趣"三个维度。

测试讲评课。这种课型是集"语言构建与运用""文化传承与理解"为一体的语文活动，重在强调积累丰富的语言材料；能理解并掌握语言文字运用的基本规律；能通过梳理和整合，将自己获得的言语活动经验逐渐转化为富有个性的具体的语文学习方法和策略，并能在语言实践中自觉地运用。

写作训练课。这种课型是集"语言构建与运用""思维发展与提升""文化传承与理解"为一体的语文写作活动。旨在将自己获得的语言材料实践书面表达，有效地完成口头交际和书面交际活动。同时通过表达与交流，活用语言运用的能力和提升思维的深刻性、灵活性、敏捷性、批判性和独创性。

二、数学"111"课堂教学模式

"111"模式：即一种理念，一种课堂以及一种评价。一种理念即建构主义理念。一种课堂是高效课堂，包括预学、交流、展示、检测、总结或反思共五个基本环节。一种评价是结合我校的评价系统，一课一小练，一周一评价和一月一检测的评价模式。"111"模式高效课堂的实施过程如下：

（一）课前

预习导学案。每次上课之前，提前一天把导学案发给学生，要求在阅读教材之后完成预习交流部分的内容，以高中数学为例，根据统计，普通学生可以在 15 到 25 分钟之内做完。

（二）课中

第一，导学案预习反馈。表扬先进、激发学生的学习动机，调动学生学习的积极性；引领合作、形成竞争，让学生感受到学习的乐趣所在。发现问题、以学定教，只有这样，才能更好地因问题施教，分层施教。

第二，知识梳理。学生把概念、公式、定理等有关基础知识进行整理、填写，理清有关知识的形成过程，整理好方法和疑问。

第三，合作探究。课堂上，不会的同学找会的同学帮助，寻求到正确的答案、方法、思路；优秀的同学在讲解的过程中，不断巩固新知，对知识的理解进一步升华。

第四，展示分享。把教学班分成若干个学习小组，明确组长、组员、讲解员、听众和教师的责任。展示方式：讲、写、多媒体等；展示小组讨论后的结果，展示的准备和自我价值实现给学生提供最大的学习动力。

第五，学生点评质疑答疑。质疑可分为老师质疑和学生质疑。

第六，回头看，点拨提升。一是肯定式的点拨。在有些情况下，学生取得了一定的学习成果之后，认为已经达成目标，从而造成了学习过程的终止。二是提示式的点拨。当学生对完成学习内容有了一定的困难时，教师要及时发现，并给予一定的提示，让学生找到继续学习的途径。三是突破式点拨。在学生合作学习到了关键时刻，“一捅即破”的时候，教师往往可以“点睛式”的点拨，使得学习目标一步达成。

第七，总结检测。高一高二的总结注重章节，高三的总结注重整体与回归。在巩固训练时，教师要分层出题，必做题、选做题、思考题。通过训练与检测，能及时反映学生对知识掌握的程度。

第八，对学生所学知识和课堂的过程性评价。针对问答、练习、讨论、质疑答疑等课堂中的各个活动环节。课堂积分表和测试统计表按周公示时，教师要写评语，评语要有鼓动性，宣扬上进和竞争的同时还要弘扬团队精神。每个月要对学习进行一次总评，主要是给优秀的小组和进步的个人发奖，小组设有最给力奖、非你莫属奖和最有潜力奖，获奖的个人每人发一个小本子，扉页上有教师写给他们的赠言，都是一些鼓励的话。

三、英语“364”课堂教学模

英语“364”课堂教学模式中3是基本的三个课型模式；6是一堂课的六个环节；4是课中处理教材的四种方法。

（一）三个课型模式

以对话交际为主的课型、以话题阅读为主的课型和复习课课型。

（二）不同课型的不同环节

1. 以对话交际为主的课型分为以下环节：课前热身；创设情景；操练；实际性操练；思维拓展（这一阶段，可拓展知识点，可进行文化意识参透）；回扣课本。

2. 以话题阅读为主的课型分为以下环节：导入；教学情景；提出问题；开展讨论；归纳总结；回扣课本。

3. 复习课课型：每节课都有不同的侧重板块：听力板块、口语交际、阅读板块、写作板块，无论什么板块都是导入、练习、分析错因、找出规律、变式训练、回扣教材。

（三）教材使用的四种方法

1. 删（Leave something out），就是删掉一些东西。不适合本阶段学生的，就删掉。

2. 补（Add something），要补充一些东西。语言主要在于积累，量越大，它的积累速度就会越快，在教材处理过程中应建立一个大的教材观。

3. 换（Replace something），就是取代一些东西。有些部分，有些东西，不合适或已经过时了，就应用别的内容来代替。

4. 修（Mend something），就是要修补一些东西。任何东西，没有绝对的完美。对教材不能太迷信，在解读的过程中要学会修补一些东西。

四、物理“552”课堂教学模式

（一）舞动课堂：百家争鸣

“舞动”谐音“五动”，有效授课要让学生“五动”。在听课评课中，我们常常说要“以学论教”或者说“以学评教”。言下之意就是：判断一节课是否属于好课，并非看老师说得怎么样或教得怎么样，而是要看学生学得怎么样以及学到了什么。衡量学生是在真学还是假学，关键是看学生是否真的“动”了起来。归纳起来就是“五动”：即“动眼、动脑、动手、动口、动耳”。要学生动起来的主要前提是：老师要为学生提供足够的时间与空间进行活动，然后在学习过程中认真落实这“五动”。

1. 动眼

动眼就是阅读、观察与发现。老师要给学生足够的时间进行个体的阅读，重拾物理课本，回归课本，只有在阅读的基础上才有信息的输入，只有在信息输入的前提下，才有可能按不同的目的对相关的信息进行加工。

2. 动脑

对获取的信息进行加工的过程就是动脑的过程，包括分析、比较、判断与迁移等，而动脑又必须是个体的脑力劳动，而并非是直接分享别人脑力劳动的成果。为此，老师必须留给学生思考的时间与空间，让学生进行独立的思考与判断。

3. 动手

老师必须强化学生在课堂中的动手意识。动手通常包括随堂做笔记和动手尝试用笔头来表达。一是对老师重要的解释或同学表达的独到见解或观点有选择性地及时记录下来；二是按照老师随堂安排的同步练习，自觉动手尝试完成笔头的学习任务，不能光是停留在想象中或口头上的夸夸其谈。该计算的马上就计算，该表达的就马上表达。

4. 动口

老师要注意培养学生主动开口的意识。动口就是要让学生敢于并且善于主动在同学之间探究、讨论、交流与主动求助。让学生对学习的困惑感到焦急，还不是老师急与给学生解答，在小组合作学习中，其中一个重要的环节就是在组员之间开展有效的讨论与探究。需要讨论与探究的问题通常是比较难的，所以很有必要通过口头来交流与探究。当然，当问题解决后所获得的学习成果也要通过口头来表达与分享。

5. 动耳

老师要重视培养学生的“动耳”意识。动耳就是要认真、细心、虚心倾听别人在说什么。一是听老师讲，二是听同学讲。在平时听课中，认真倾听往往被师生所忽视。比较常见的情况是：老师讲学生也在讲，当一个学生代表在讲，其他学生也在讲。在这种情况下，反馈的效果往往是比较差的。综上所述，如果老师在每节课中都能让学生落实以上“五动”，并且保证“动”的时间总量与质量，其教学效果就是比较理想的。

（二）五彩缤纷：回归主体

五彩即指“五步教学法”。五步：激情导出—目标解读—自主探究—内化巩固—小结质疑。五步教学法教学注重训练和培养学生的多种能力。把教学过程有机地划分成若干环节，并辅之以一系列环环相扣的问题，促使学生自学、讨论、实验、练习，去独立思考和探索。在整个教学过程中，既有学生的积极参与，拾级攀登，又有教师的点拨引导，及时调控。通过师生、生生多边的信息交流，不断地将教学活动引向深入，使学生在获取新知的同时，还训练和培养了探索精神、协作精神、自学能力、观察与实验能力、创造能力、与他人交流的能力、语言与书面表达能力、分析和解决问题的能力，有力促进了学生智力的发展。

“五步教学法”主要培养学生五种习惯：审题、提炼、表达、思考、追问。“让学习发生在学生身上”，这是“活力课堂”一直追求的。在“活力课堂”体系中，教师是指路人而不是领路人，教师由知识的传授者、课堂的独裁者转变成学生学习活动的策划者、组织者、指导者、合作者、推进者、研究者。

（三）成双成对：神采奕奕

1. 点评拓展——学习的升华

学生方面：点评规范（步骤、书写、布局）、对错、思路分析（易错点、关键点）、总结规律方法、拓展变形；点评拓展言简意赅，高度概括，点评结束都要问一句“同学们都明白了吗”“哪位同学还有补充？”对点评精彩的同学，同学们要掌声鼓励；非点评的同学迅速记录问题要点，注重问题总结，学会质疑、补充；不能自己解决的问题，可求助同学，也可求助老师。

老师方面：针对学生的点评，表扬好的方法，也要指出同学点评时出现的问题；对学生模棱两可的问题，指导学生反复讨论，直到得出正确的解答，学生确实不能解答的，教师再给出正确答案；对重点问题再以跟踪练习加以巩固，并总结这类问题的解题方法和解题规律；根据各小组展示和点评的情况，准确评价小组，做到小组评价激励到位，充分调动每个小组、每个同学的积极性。

2. 反刍总结——当堂检测

学生方面：学生对所学内容进行总结梳理，反思学习目标达成情况，学生要有强烈的目标意识；画出本节课所学内容的知识树和能力树；学生迅速完成当堂检测题，测评达标情况。

教师方面：根据学习目标，梳理所学知识，指导学生总结，构建知识树；根据学习目标出示早已设计好的2—3个题目，限时完成，立即批阅（可以学生之间互相批阅），发现问题；检测学习目标达成度，发现问题，立即予以纠正，以期全面达成学习目标。

五、化学“2026”课堂教学模式

化学“2026”课堂教学模式中“20”是指教师在一节课中讲授时间不超过20分钟；“2”是指“小组协作交流展示—老师检测点拨评价”学生与学生，老师与学生之间两种课堂互动；“6”是指课堂教学中“情境入题—小组讨论—展示评价—归纳提高—当堂检测—课后反思”六个具体实施环节。

（一）"2026"教学模式6个环节具体实施

1. 情境导入

应用魔术、图片、视频、化学故事、有趣实验等去吸引学生的注意力，唤醒学生的求知欲，使学生处于积极的思维状态。或者以学生已有认知相冲突的实验现象、错误的理论等激发学生学习新知的动力。

2. 小组讨论

教师根据学生已有知识，结合课程特点，设计恰当的、有梯度的问题，逐步推进，学生根据教师设计，问题以小组为单位，进行小组内交流、合作，通过争论、讲解、操作、帮扶等形式，形成小组共同意见。学生在共同交流讨论的过程中互教、互学，逐步形成正确的学科知识，并达成共识。

3. 展示评价

每个小组选出中心发言人，对探究的过程、成果予以展示，师生对小组发言情况进行评价。这是一节课的核心部分。通过师生互动、生生互动，探究知识，形成能力，实现学生和教师的共同成长。

4. 归纳整理

师生根据学生自主学习、小组合作探究中发现的问题，对重点、难点、易错点进行梳理，归纳知识点记忆法。对于问题解决的方法，要进行提炼和升华，使学生进一步明确解决问题的策略和方法，促进思维模型的形成。设计此步骤是为了将新旧知识、理论和实际之间衔接在一起，形成知识的连接，强化学生的技能，提高学生的科学素养。

5. 当堂检测

每节课教师留出5分钟左右的时间进行课堂检测或总结评价，当堂的课堂任务当堂检测。根据学生有效学习的要求进行同步的、有针对性的训练，以达到精选、精讲、精练的目的。

6. 课后反思

学生通过当堂检测的反馈，及时发现自己在课堂上没有及时掌握的知识，反思自己接受的新知识在哪些方面没有理解到位。课后教师通过检测的结果进行二次备课、反思与总结。

（二）不同课型的六个实施环节

1. 基本理论与基本概念课的六个环节

（1）呈现问题，激发动机。在概念、原理教学过程中创设能引起学生产生认识冲突的教学情境，使其作茧自缚，不能“突围”，激发学生的学习兴趣。

（2）小组协作，相互交流。教师设置多角度帮助学生理解概念原理的问题，学生在逐步解决问题的过程中，更新学生已有认知，深入理解概念原理，形成新的概念原理。学生通过自学、小组合作、小组交流讨论的方式解决问题，小组讨论中学生互教互学，教师穿插指导，既可以让部分优秀学生在教学困生的过程中加深对知识的理解，同时可以扩大对学困生的辅导面积。

（3）成果展示，评价提高。小组派代表对问题的思考过程和结果进行汇总展示，有不同意见的小组进行补充和给出评价，教师穿插评价，在不断补充和评价的过程中梳理出正确的概念原理。

（4）归纳整理，知识建构。在学生展示评议的过程中，启发学生对所学知识进行总结归纳，学生小组总结，老师补充说明，逐步全面认识概念原理，升华形成解决基本概念原理问题的思路和模型。

（5）创新练习，培养能力。练习要典型，概念原理的典型题型，能有效帮助学生提升理解，提升学生学科素养；有针对性，能有效地检测学生对概念原理的掌握情况；有梯度，能够兼顾不同层次学生水平，满足不同学生需求，树立学生学习信心。

（6）课末反思，相互提高。通过当堂检测的情况，学生反思学习过程中的不足和对概念原理掌握的不足之处。老师思考教学设计、教学环节、教学方法等存在的问题，进行二次备课。

2. 关于元素化合物课的教学实施环节

（1）实验激活，激发探究欲望。

（2）查阅资料，讨论交流。培养学生查阅资料的能力及团结协作精神；提前安排小组学生查阅相关元素化合物性质的资料。小组长分配查阅资料的任务，不同学生分工不同。课堂上此环节，小组内部交流，互相补充，达成对元素化合物性质的统一认识。

（3）共同评价，归纳整理。安排小组展示他们对部分元素化合物性质的认识，不同小组互相补充评价，教师及时指导，形成全面正确的元素化合物知识，了解学习化合物的意义。启发学生归纳整理，学生交流讨论，建立元素化合物知识网格和学习模式。

（4）构建知识网络。

（5）创新练习，提升能力，点拨评价。

（6）课末反思，培养学生的反思意识，形成学习元素化合物的方法。

3. 关于有机化学课的教学，体现证据推理，模型认知的核心素养实施的六个环节

（1）出示情境，激发动机。利用有机物的结构差异或是不同性质的实验，引发学生对有机物性质的思考，激发学生学习的动机。

（2）活动探究，理论推测。结合有机物的结构，大胆推测物质的性质，小组讨论交流，形成共识。

（3）实验验证，解释说明。小组实验、演示实验，验证假设。讨论解释出现实验现象的结构原因，加深学生对物质性质的认识。

（4）归纳整理，思维建模。学生整理有机物的性质，并对有机物的结构和性质分类，发现二者的对应关系，建立结构决定性质、性质反映结构、性质决定用途的观念，建立学习有机化学的思维模型，揭示有机物的本质特征和规律。不同小组整理的信息，可以相互补充说明，对不同观点可以提出改进和优化的建议。

（5）练习反馈，提升能力。典型习题，突出有机物的性质与结构特点，巩固重点知识，帮助学生全面认识物质，加强模型的应用。

（6）总结反思，形成方法。

4. 关于化学实验，体现实验探究与创新意识的核心素养设计课的流程

（1）物质的合成制备实验具体操作流程。理论上分析合成路线，写出具体可能发生的化学反应方程式；设计实验方案，小组内讨论试验方案的可行性；每小组成员分享实验方案，其他小组参与评价；教师从实

验的安全性、经济性、绿色化学方面给出综合评价；分组实验，培养学生动手能力；归纳实验步骤，完成实验报告。

（2）物质的性质探究实验具体操作流程。问题激活，诱导学生理论推测，激发探究欲望；讨论交流，培养学生相互协作及创新思维能力；互相评价，找准探究点；学生实验，培养学生的动手能力和发现问题的能力；创新练习，使学生在运用知识中形成技能，培养学生迁移与创新的能力；课末反思，培养学生的反思意识及形成实验题的解析模式。

5. 关于化学计算课的教学模式流程

（1）学生审题，提出问题。学生自己审题、小组互助、学优生帮助学困生，通过审题，培养学生发现信息、提取信息、分析归纳信息的能力。

（2）教师引导，学生板演。学生板演展示，学优生指导学困生板演展示，展示中不同小组提议、评价、补充，完善优化，老师在学生都存在问题的点适时点拨。在展示过程中学困生强化知识理解，增强学习信心。

（3）教师归纳，拓展深化。

（4）课末反思，掌握方法。

6. 关于章节复习的教学六个实施环节

（1）根据知识结构的特点及学生的掌握情况设计问题衔接链。根据复习内容，学生掌握情况，设计问题将章节知识串联起来，学生在解决问题链的过程中逐步消除知识点的遗漏。

（2）学生进行单元知识回顾并开展讨论交流。对老师设计的问题进行逐一解决，通过学生自学、小组讨论，学生互教等形式，初步形成章节知识整体认知。

（3）学生自评、互评及师生共同评价小结。展示小组讨论的结果，对比、补充、评价。

（4）总结归纳结成知识网络。在学生展示评价的过程中，教师学生共同讨论、总结归纳章节知识网络，真正提升学生总结归纳的能力和学习化学学科知识的能力。

（5）迁移训练。

（6）反思学习过程，熟悉学习知识的方法，形成能力。

六、生物“1442”课堂教学模式

1.“1”代表一条主线“能力培养，素质提高”，以“基于方法观传授知识、基于过程观培养能力、基于综合性提高创新意识”为教学理念，构建“一条主线”的教学目标新体系。

2.“4”代表教师的四种角色，即引领者、组织者、合作者、评价者。

引领者：引领学生在学习中善于发现问题，帮助学生围绕问题进入学习情境，引导学生在观察、实验、思考、猜想、推理等活动中分析问题，最终达到解决问题的目的。

组织者：帮助学生确定探究课题，学生学习小组分工合作制定探究方案并实施，撰写探究报告，小组间交流分享。

合作者：“教学相长”，课堂上师生互动，在探究合作中前行，实现师生发展的“双赢”局面。

评价者：善于发现学生小组的闪光点，多维度、客观评价学生的质疑、探究过程及合作能力。

3.“4”代表四学，“四学”即学生在课堂中要发挥主体作用，要实现“独学、对学、群学、评学”。

每班设计分配学习小组，先是独学，独学就是独立学习，自主学习，自觉学习。对学就是一对一的交流学习，就是结对子学习。独学是基础，对学是常态，群学是升华，在一个小组中一定有小组长。当一些问题个人无法解决，对子之间也探究不出来的时候，可以借助群学的方式来探究。最后经过小组展示，相互评价，使疑难问题迎刃而解。

4.“2”代表我校高一（生物圈社团）和高二（萌芽生物社）的两个社团活动室，依托丰富多彩的社团活动，调动学生的学习兴趣，在实践活动中加强对核心概念的理解，引导学生主动参与、乐于探究、勤于动手，逐步培养学生收集和处理科学信息的能力、获取新知识的能力以及分析和解决问题的能力。

七、政治“246”课堂教学模式

政治“246”课堂教学模式中“2”是指教师要紧紧围绕“培养什么人”和“怎样培养人”两大问题进行教学设计并组织课堂教学，力求打破应试教育的束缚，培养学生思想政治学科核心素养；“4”是指要围绕核心素养来构建“四式”课堂——“体验式课堂”“议辩式课堂”“综合型课堂”“实践性课堂”；“6”是指课堂教学中的六个环节。现将六个环节介绍如下。

1. 高效预学——明确目标，初探重难点

备课组根据学情，提前编写导学案。导学案包括理论和实际应用两个部分对于知识生成和能力生成有问题的知识点，老师在施教的过程中重点解决。

2. 时政导入——时政引领，以视角促思考

利用政治组的“国际关系社团”的每周时政展示和点评的平台，选取富有正能量和适合的教学导入，营造积极探究的氛围，创设能激发学生学习兴趣的场景。老师要选取“真实”并“适合”的时政事例，直面我国社会发展取得的重大成就，让学生有成就感;引导学生全面看待问题，让学生有是非感；正视社会存在的问题，让学生有真实感；激励学生为社会的进步和问题的解决而奋进，让学生有奋进感，增强公共参与的能力。

3. 小组探究——明确设问，自主探究

在探究问题的情景设置上，要创设一种让学生“有话可讲”的教学情境，利用“量力性原则”和“可接受性原则”，立足学生“现有的发展区”，让小组成员“身临其境”，把课堂的话语权还给学生，增强小组探究的主动性和积极性。努力引导小组成员内的生生对话，培养成员们用富含教育性的倾听和言说相互尊重彼此的独特个性，自由平等地交换意见，促使知识增值，活跃小组成员的思维，打造和谐高效的学习小组。

4. 展示与评价——突出主体，张扬个性

动员学生以学习小组的形式汇报展示，让学生在课堂上轻松地“说、谈、演、写、悟”。此环节分为生生评价和师生评价。生生评价时，要

善于培养学生的思辨能力，课堂辩论是中学生交流思想、探求真理、明辨是非的重要途径。课堂辩论给学生提供了一个去伪存真、除误求正、摒弃悖谬、确立真理的过程。与此同时，老师也要适时适度的“拨乱反正”，释难纠偏，进行价值回归。在这一环节中，老师的评价用词要严谨，奖励机制不可或缺，合适的奖励机制能最大限度地激发孩子们的参与热情，锻炼逻辑思维的张力。

5. 总结与拓展——概括生成，开阔眼界

有效的课堂小结是帮助学生巩固所学课堂教学内容、增强政治认同的最佳方法。学生在听课过程中，会有所感悟，有疑惑，有收获，我们要鼓励学生先自己总结本堂所学，并指出重难点和易混易错点，然后老师加以补充和纠正。老师在总结之后，可以根据学情进行适当的知识拓展和能力拓展，课堂拓展要有底气即施教者要有足够的知识储备。知识拓展要接地气，将课本知识和我国当前的大政方针、国际形势紧密结合；知识拓展要蕴灵气，要有扎实的语文功底，用富有感情的语言魅力引领学生的知识感悟和价值感悟；知识拓展要扬正气，在拓展中要有正确的价值观引领和法制思想的渗透，要让学生明白自己应有的价值担当。

6. 实时检测——当堂巩固，分层训练

本着“一堂一清”的原则，当堂巩固，课下分层训练。避开了只着眼于精英课堂的误区，完成学生的梯队提升，加强教学与社会生产和生活实际的联系，改善学生对知识的情感体验和价值认同。

八、历史“153”课堂教学模式

“153”模式，即在高中历史课堂教学中注重 1 个本体（以学生为本体），突出教学的 5 个环节（主题预习、合作探究、成果展示、检测反馈、拓展延伸），最终实现 3 个目标（夯实基础、提升能力、修习素养）。

（一）突出教学的 5 个环节

1. 主题预习

在高中历史教学中，关于预习，主要是以导学案的形式来实现。我们以唯物史观为导向，制定与课程相关的主题，编制相关的导学案，对于重要的知识点，可以以填空的形式出现，帮助学生提前从结构和细节上对所学内容有所了解；对于教学重难点要设计思考题，供学生在预习时思考。

2. 合作探究

把重难点的问题设计成材料题，让学生进行小组探究。在小组合作探究的过程中，竞争、合作和个体化行为并存，小组成员之间可以相互交流，彼此讨论，互教互学，学生之间通过融洽的合作既提高了自己，又帮助了他人，他们学到的知识更多，学得也就更愉快，从而大面积地提高学生的课堂学习效率。

3. 成果展示

当各小组合作探究完成后，每个小组派一个代表到讲台负责本组的成果展示。教师可以通过他们的展示，来摸清他们哪些知识学会了，哪些知识还需要教。同时，各小组在展示合作成果的过程中，不仅分享了学习经验也提高了学生的能力，发挥了学生的主体作用。

4. 检测反馈

根据学生的实际情况编订与课程相关的检测题（目前有课时练习、周练习以及纠错卷）并及时批改，之后，利用大数据为学生分析反馈。在反馈信息时教师与学生平等相处，诚恳地和学生一同探讨，调动学生的积极性与主动性，鼓励全体学生参与。

5. 拓展延伸

课堂拓展延伸教学是对本堂课所学知识的一个拓宽、加深，目的在于加深学生的理解，增加学生的知识积累，激发学生探求知识的愿望，培养学生的家国情怀。这些知识虽然不是本节课的教学内容，但与本节课的内容有很强的关联，引入的这些知识对于历史教学三维目标的实现有较好的支撑与帮助作用。

（二）实现三个目标

1. 夯实基础

从新课程新高考来看，虽然一再强调考查能力，而准确记忆性的基础知识的分数比重仍是相当可观。教师要指导学生清楚历史考试说明中历史知识的考查范围，并注意形成学科知识体系。在教学中，将大量的时间用在基础知识落实上。

2. 提升能力

教师应在传授历史知识的同时，启发学生思维并着力培养学生的各种能力，增强学生学习兴趣，提高教学质量，提高学生素质。教给学生记忆历史知识的方法，培养学生的记忆能力，提供方法，培养学生的自学能力。运用所学知识，培养学生的分析、综合、比较能力。在历史教学中，要恰当地选择和运用历史教学方法，从多方面着手，努力培养学生的各方面能力，这是时代的要求，也是历史教育责无旁贷的义务。

3. 修习素养

要始终将培养和提高学生的历史学科核心素养作为重心，使学生通过历史学习逐步形成具有历史学科特征的必备品格和关键能力。

九、地理“115”课堂教学模式

115 模式：一个理念，一个依据，五个环节。

（一）课堂教学基本理念

以学生为本，奠基有意义的人生。以学生自学为主，在自学中实现知识网络建构——奠基教育的现在和未来；在小组合作中学会交流、交往，培养团队精神。“团结合作”与“务实创新”助推“有意义的人生”；在探究中增长能力，学会和掌握学习方法、技巧。“激情奉献”与“自我超越”奠基“有意义的人生”；在展示中增强信心，体验和享受学习成功的快乐；在失败和反思中培养求真务实的顽强毅力和追求卓越的精神，导引“有意义的人生”。

（二）高中地理课堂教学目标确立的依据

依据《普通高中地理课程标准》，贯彻课程三维目标（知识与技能、过程与方法、情感态度与价值观），达成学生地理核心素养（人地观念、综合思维、区域认知和地理实践力）。

（三）地理课堂教学基本环节

1.“导”

（1）温故知新。复习检验巩固上节课所学知识，督促学生及时复习巩固，为新知识的学习做好铺垫。

（2）创设情境。教师依据本节课的内容、课标及学生实际，创设适合学生学习的情境,激发学生的学习兴趣。产生对本节内容进行深入学习、探究的激情。

（3）提出问题。教师依据所设情景，提出问题，并依据学生能力基础拟定适合学生完成本节自主、合作学习的学法及流程，并逐步养成良好的学习习惯，引导学生学会学习。

（4）展示目标。教师充分解读教材，结合学生实际，制定本章节的学习目标并展示，让学生心中有数，明确学习目标。

2.“学”

（1）自主学习。问题导引，独立思考，学生自主学习理解基本概念、基础知识，自主学习探究基本原理、基本规律，在自主学习过程中解决教师所设问题或对疑难问题存疑、待解，或生成新的问题。

（2）合作学习。对存疑、待解和新生成问题进行小组合作交流，充分互学互帮。对于仍未解决的问题，小组成员分工合作，进行资料查询、辨析、求证，组织观测、实验、演示及已有成果印证。对于在合作探究过程中仍然存疑和又生成的新问题，鼓励小组间进一步合作探究。

在小组学习中，让每人都有机会与他人交流，取长补短，共同提高，并逐步学会交往，学会合作学习，让学生了解知识的形成过程，探究知识的基本原理、基本规律，培养严谨的学风和不倦追求的精神，逐步养成科学的探究方法。

3.“展”

（1）学生或小组学生代表展示学习成果，师生共同评价，让学生在展示中感受同伴的风采，体验学习的乐趣，培养团队精神。

（2）学生或小组学生代表质疑，教师答疑，或已学会的学生答疑，师生补充。在师生评价、反思错误和不足的过程中，培养求质求真的顽强毅力和追求卓越的精神。

（3）教师展示随堂验收题，学生当堂检测学习效果，师生评价，确认、补充、拓展，促进学生知识、技能提升，达成学习目标。

4.“测”

（1）随堂检测，验收当堂教学效果。

（2）自助训练，学生利用当天学科自习巩固当天课堂学习成果。

（3）周练习，检验阶段课堂教学效果；月考，测评阶段教学效果。

5.“评”

师生对当堂教学过程进行总结、评价，梳理、构建知识网络；对课堂表现好的学生、学习小组及学习过程中的闪光点进行表扬、激励。

十、体育“355”课堂教学模式

355即为3阶段、5环节、5课型。

（一）三阶段

三阶段是课前准备、课中基本、课后回顾。课前准备是指备教案、备学生、备场地、备器材，指导学生预习与巩固，为课堂上学生高效学习、教师的精讲做准备。课中基本是“五环节”的展开，主要呈现教与学互动的过程。课后回顾是针对本堂课的教学内容布置作业，巩固教学成果，教师总结本堂课的得失。

（二）五环节

五环节是：设定目标、自主学习、精讲多练、达标测评、巩固提升。

设定目标是学生根据自身的学习能力和体育基础水平设置学习目标。

自主学习是在教师的引导下，发挥主观能动性，能自己解决的问题就自己解决，能小组合作解决的就在小组内部解决，解决不了的问题，等待教师在讲解示范时找答案。自主学习改变了传统教学中教师一言堂现象，给学生更多自主发展的空间。

精讲多练是指在学生还没有熟练掌握运动技能时，教师采用精练的语言进行点拨，帮助学生找到关键点，然后，利用大量时间进行有针对性的练习。把时间还给学生，让学生真正成为学习的主人。

达标测评是学生通过一定时间的练习后，进行自我测评或同伴、教师的评价，使学生对自己掌握技能情况有清楚的认知。

巩固提升是在前四个环节的基础上学生对运动技能有了较为系统的认识，只是不牢固，要通过有效的训练进一步巩固提高。教师经常用展示、比赛、游戏等形式对主要内容进行复习巩固。

（三）五课型

五课型是：技术技能学习课、技术技能提高课、实践拓展课、理论与健康知识课、检测考核课。

操作程序以篮球—原地单手肩上投篮为例：学生在教师指导下根据自己的学习能力选择投篮距离（如 2 米、3 米、4 米）；学生根据自己的情况设置 1 分钟投篮命中的次数目标（如 1 分钟投中 3 次）；学生思考“如何投准”（可以请教老师或同学）；学生尝试练习和体验；学生自我测评；达到目标的学生总结成功的经验，并设置新的目标进行练习，未达成目标的学生进行反思，并改进练习方法。

十一、美术“443”课堂教学模式

“四四三”是指“四步、四模块、三环节”。

（一）美术高效课堂基本模式解读

四步：课前准备—课内探究—课内实践—课后自主练习；四模块：写字模块、透视模块、手绘模块、美术鉴赏；三环节：观摩共赏，课前准备；精讲示范，合作探究；对点训练，拓展提升。

（二）美术高效课堂基本模式流程的阐释

1. 课前准备

首先，学生为选择的模块准备相应的工具材料，其次，学生在课前自主去搜集与课堂内容相关的资料。

2. 课内探究

要明确哪些内容是老师讲解点拨，哪些部分是老师示范，哪些部分是学生自我实践探究。做到该示范的地方亲自示范，能点拨启发的地方，绝不约束学生自我创新、自主探究。

3. 课内实践

做到每节课明确完成的目标，有针对性地进行实践练习。为加强学生的完成度，确保课堂效率，避免学生懒散行为的出现，规定最低完成目标和最高完成目标。

4. 课后自主练习

在掌握学习方法和要领后，课后针对自己的问题加强练习。

5. 课前、课内、课后“四步”要求与关系

（1）课前准备。课前准备是实现高效课堂的基础，如果学生出现工具材料不齐全的问题，那高效课堂可以说就很难实现，因此，在要求学生准备工具材料方面一定要严格，同时还要注意方法。鼓励学生在课前多去自主了解与学习相关的内容知识，可以是图片资料、视频、文献资料等。

（2）课内探究与实践。在老师明确课堂内容后，老师通过提问、引导、启发等手段鼓励学生自主探究，通过学生合作探究解决自主学习中遇到的疑难问题，通过小组学习成果的展示，找出难以解决的问题，提交给老师。必要时，老师根据学生的集中问题亲自示范，在这里要注意的是，不可示范过度，要让学生自己在掌握要领的情况下，发挥自己的创造力、想象力，最大限度地展现出创意。

（3）课后自主练习。老师应针对学生集中出现的问题，鼓励学生课后自主加强实践练习，对课内未完成的部分加以完成。培养学生课后自

主练习习惯，激发学生对美术的热爱。

（三）四模块

1. 写字模块

这一内容包括书法、美术字两个大的模块，通过书法教学使学生对汉字的结构和用笔有重新的认识。学生平时忙于应付各种作业，很难静心写字，通过书法教学让学生写字慢下来、少下来、静下来、好起来。美术字教学是让学生研究汉字的间架结构、经营位置，变体字考验学生的创造能力、想象能力，帮助学生把丑字转化成美字。

2. 透视模块

透视对于学生的绘画能力无疑是一种提高，帮助他们从原来的平面绘画提升到立体绘画。

3. 手绘模块

高中阶段开展手绘模块，目的是培养学生绘画能力的同时，激发他们的想象力和创造力，以及培养和提升他们的审美能力。

4. 美术鉴赏

长期欣赏美术作品，不仅能培养学生的美感，积累丰富的审美经验，提高辨别美丑的能力，逐步形成审美观念，还有助于扩大学生的知识面，提高道德修养，树立正确的艺术观，确立科学的人生观。

（四）三环节

1. 观摩共赏，课前准备

让学生通过观摩欣赏美术作品，打开学生的眼界，提升审美情趣，以及学习借鉴其中的方法，直观教学，从而实现高效课堂。在观摩环节中，老师可运用音频视频、图片，亲自示范等手段来完成。

2. 精讲示范，合作探究

以美术为例，小组合作可以以学生绘画水平分组。比如 4 人一组，两强两弱，两强互相学习交流的同时，指导帮助两弱进步。两弱在老师照顾不到的时间，可以通过向两强学习获得进步；比如 6 人一组，合作探究共同完成一次作品，分工合作，在实践的过程中，找到自己的长处和短处。在这个过程中，首先，老师要注意能力较差学生的行动力，避免在合作探究的过程中插科打诨。必要时老师应督促能力较差的学生完成相应的任务。其次，老师应该引导学生怎么合作，而不能仅仅依靠学生“抱团”式合作，在学生自主合作的基础上，教师要体察小组成员的整体实力水平，合理化分工。最后，也是最关键的一点，就是在课堂时间的把控上不可怠慢，不可采取“放羊式”模式，做到严格把控时间和学生完成的进度，在充分备学生的情况下，规定和明确完成目标。

3. 对点训练，拓展提升

一对一训练。在学生练习的过程中，老师一对一的指导很关键。要即时找出学生的问题加以引导和示范。同时，对于普遍问题的出现，老师要即时指出现象，避免更多的学生走进误区。

在大部分学生能够掌握基础学习方法的情况下，适时地进行内容上的拓展，激发和引导学生打开思路，鼓励学生自主创作，实现在打好基础的前提下，放飞学生的想象力和创造力。

十二、信息技术“花瓣”课堂教学模式

花蕊：教学目标。

花瓣 1——激趣导课。好的开头是成功的一半。教师要注意采用各种形式，激发学生的兴趣和求知欲，沟通师生感情，使学生愿学、乐学，主动地去学。

花瓣 2——任务驱动。在任务驱动教学中，体现的是“学生为中心、教师为主导”的教学策略，“任务”设计时要注意学生的特点、知识接受能力的差异。

花瓣 3——小组学习。针对学生参差不齐的信息技术水平，信息技术教师利用小组强弱组合来解决这一问题，它的评价标准也是以团体成绩来评价，共同达成教学目标。

花瓣 4——利用好导学案。导学案承载了新课程的教育理念，体现了高效课堂教学的要求，集“导”“学”“练”“测”“评”等功能于

一体，把教学过程由“灌”变为“导”，学案与导学密切结合，学案指导导学，导学依据学案，为学生积极主动参与式的“我要学”提供平台。

花瓣5——教师讲解设疑并演示。学生的讨论结果一般是不全面、不系统的。教师这时可通过设疑，根据学生特点，提出一些学生们未能考虑到的条件。

花瓣6——评价学生作品。学生之间自评、互评，学生能从作品中找到优点，当然也要发现缺点，找出问题所在，让他们保持这份学习热情，继续完成后面的教学内容。

花瓣7——教师总结评价，拓展延伸。在学生实习操作一段时间后，教师可以及时对成果进行总结和反馈，有利于及时纠正错误，形成正确的技能技巧，又能通过良好的实践效果增强学生学习的兴趣和信心。

“教学有法，但无定法，贵在得法。”在教学中如果仅用单一的教学方法，就不能很好地完成教学任务并达到预期的目标，这就要求在讲课时将各种基本教学方法有机综合，使其融汇一体，这样才能提高教学的有效性，从这个意义上说模式是一种必要的措施，但无论采取哪种模式都要服从和服务于教学有效性，模式也是可以改变的。

第五章

教育奠基有意义的人生教育思想的辐射作用

2018 年 9 月，笔者被任命为兵团教学研究室主任兼任兵团教师培训中心主任，从一名中学校长转型为省级教育科研部门的管理者；2019 年 4 月，兵团教育学会完成了第五届理事换届选举，又被推选为会长；2021 年 10 月，兵团教育科学研究院（兵团教师发展中心）正式成立，被任命为教科院院长兼教师发展中心主任。岗位虽然发生了变化，但始终不变的还是我心中对学生成长的挂念。

在新的岗位上，笔者有了更多的机会将创设学校“有意义的人生”现场教育理念推广到兵团、新疆、全国更多的学校，从而为更多的学生“有意义”的人生奠基。本章将介绍从学校任职期间如何帮扶薄弱学校到建立学校联盟，再到建言组建起教育集团，再到就任兵团教研室（教科院）后如何继续推进“教育奠基有意义的人生”的相关做法。一路走来，看到自己的想法被更多教育同仁接受，能为学生尤其是为兵团的学生做出一些贡献，为他们埋下“真善美”的种子，心中满是幸福感和获得感。“得天下英才而育之”是作为教育人最大的快乐和幸福，“为有意义的人生奠基”则是我毕生的追求。

第一节　立足提高办学质量，推广成功经验

在新疆，“兵地融合发展”是兵团履行特殊使命的有效形式，也是兵团不断探索的重大课题。作为兵团教育人，我们天然地担负着在探索

出高质量发展路径后将先进经验向地方薄弱学校推广的责任和义务。

成功的办学经验离不开先进教育思想的引领。教育思想的推广离不开成功办学经验的支撑。每所学校的校长一般都不会在听到一种理念后，就马上接受实行，而是从学习一些好做法开始起步。因此，我在推广自己教育思想的时候不是以单纯的理念阐述为先，而是介绍成功做法在前，渗透思想在后，逐步实现本人教育思想对帮扶校的转变。

笔者之前任职的石河子一中，是一所有着光荣历史的兵团学校，也是自治区首批重点高中、首批示范高中，自觉担当，与沙湾一中、奎屯高级中学、独山子二中、乌苏一中、克拉玛依高级中学结为“新丝路六校联盟”，以教科研活动为主要载体，共谋学校事业发展，目前联盟学校共有教师 1650 余名，学生 27000 余名。每年，“新丝路联盟”都至少组织八次学生及教职工活动。主要活动包括：学生课本剧（中文、英文）大赛，中学生辩论赛，教师同课异构大赛，数学、物理、化学、生物趣味知识竞赛、各学科集体备课交流研讨会，高考备考研讨会，师生篮球、排球、足球、乒乓球、羽毛球比赛，班主任德育交流论坛，校长年会论坛等。各种丰富多彩的活动，为“新丝路六校联盟”的师生们提供了一个相互借鉴、相互交流、相互学习、取长补短的机会，对提升各校的教学水平和专业能力有很大的、积极的指导作用。

后来，笔者在名校长领航班期间作为名校长工作室主持人，按照兵团教育局的要求，工作室将北疆兵团的第四师、第五师、第七师、第十师的各直属高中，以及第八师本地的 9 所高中选定为最初的工作室成员学校。在此基础上，工作室又积极响应“兵地融合发展”“帮扶结对手拉手”，按上级要求与北疆的额敏县第一中学和南疆的库车县第二中学建立了帮扶结对关系；与此同时，学校又接到新疆最北部阿勒泰地区边境县县政府的请求，邀请与福海县和富蕴县高级中学进行帮扶结对。以上这 17 所不同类型的学校都纳入到了工作室成员学校序列。作为联盟中唯一具有兵团属性、教学成绩全疆相对靠前的学校，石河子第一中学在联盟事务中一直起着推动和引领的作用。

笔者认为，学校的帮扶应该由“漫灌”走向“滴灌”。“滴灌”式的帮扶会主动地根据受帮扶学校的实际情况，不是被动地应付上级的任务，不是想当然地把自身的经验做法在受帮扶学校进行简单的复制，更不是“眉毛胡子一把抓”，而是有针对性地在其“根部”用力，在精准上下功夫，力求让帮扶产生一定的效果。

“结对帮扶”，因其对象是有着不同需求的不同团体，所以，我们除了要制定一些常规性质的“共性”计划要求，更要结合“结对帮扶”的团体需求，制定符合团体实际、满足团体需求的“个性”计划。而此类计划的制定是基于对“结对帮扶”双方的充分了解，共同研究，集体帮助，互帮互学，取长补短，才能将一方的优势与另一方的需求完美地结合，从而为实现“结对帮扶”的最大效率而打好基础。为此，工作室做了大量调研工作，根据不同情况，将全体成员学校分为四个层次，采用不同方式进行引领与帮扶。

一、活动引领

教学质量、师资水平相对较好的学校，共5所，分别是与石河子一中同属八师的石河子二中以及兵团北疆其他四个师的各直属高中。这些学校的校长都是经验丰富、理念先进、年富力强，勇于创新的校长。在这个层面上，主要采用校长论坛、集体研讨、团队分享、同课异构等交流活动，互帮互学、共同提高，通过开展内容丰富的活动和相互访问交流，达到相互拓展辐射、合作共赢提升的效果。

二、政策帮扶

八师范围内的市区普通高中和团场中学，共6所，分别是八师高级中学、八师第二高级中学及121团、142团、143团、148团四所团级高中。其中4所团场高中由于地理位置和经济发展的首要影响，发展更为困难。在这个层面上，作为牵头校制定并践行了《石河子第一中学支持团场教育的框架设计》，通过校际领导和中层管理人员，定期互访，交流管理经验，完善各项管理制度；牵头校选派各学科名师骨干交流互访，上示范课，传授课改经验，定期开展公开课研讨会，通过说课、听课、评课、议课，交流课改方案，切磋教学方法；下派各学科优秀一线教师到团场开展为期一年的支教活动，同时邀请团场教师到校任教培训，提升业务能力；为团场学校学生提供到牵头校借读机会，给他们的学习提供更好环境，让他们更快地提升自己。如牵头校开设的初三素质提升拓展班，吸纳了来自各团场的优秀学子，得到了社会各界的广泛赞誉；开展校际间学生的交流与协作，通过艺体特长交流，综合素质展示，学科竞赛等形式，相互学习，共同提高；利用网络资源，开放教学设施设备等途径，为兄弟学校提供教学资料等措施，实现学校优质教育资源的共享。同时，在力所能及的范围内学校也给予适当的设备、资金等方面的扶持。

三、挂职引领

对于少数民族学生较多的北疆额敏县一中和南疆库车县二中，我校选派了德育处主任、教研室主任分别去这两所学校进行了为期一年的挂职交流，参与被帮扶学校的常规管理。除了将挂职分管的工作带领到新的高度外，持续不断地给被帮扶学校领导出主意、想办法，将石河子一中一些行之有效的经验和方法，与当地实际情况相结合。以库车县第二中学为例，挂职的是我校教研室主任。他根据该校年轻老师众多、教学水平参差不齐的现状，与学校其他部门配合，开展了每月一次的全员教师业务考试，并做试后数据分析；每个年级根据学科分别组成 4 个“推门听课”小组，组员由各年级学校领导及备课组长组成，每周检查听课记录并做汇总反馈；在全校范围内开展了“教师风采”展示暨青年教师课堂教学大赛和高级教师示范课观摩活动。通过这些举措和活动开展，多方观察学校，深入课堂，了解校情校貌、校园文化氛围、校风学风，了解老师教育科研开展情况、教学成果等。以此为基础反馈给帮扶与被帮扶学校领导，及时诊断，做到精准扶贫，再通过中层干部挂职时期的纽带作用，促成两校有针对性的相互回访，为被帮扶学校提升提供及时的新方案和新设想。

四、办班帮扶

富蕴和福海两个边境县，地处民族地区，生源复杂，教育质量差，师资力量薄弱，生源外流严重，当地群众为了享受更好的教育资源，需要花费很多的资金把孩子送到较远的地方求学。我们结合学校教师支教帮扶任务，派遣优秀教师团队，在当地办“石河子班”。每年向这两所学校各派六科教师，担任年级主任、班主任、各建 2 个石河子班，从高一开始招生。三校教育资源共享，统一教学计划、统一教学进度、统一考试评价，实行联网大数据下的远程教学管理。第一届石河子班首要的任务是把相对优秀想赴外地求学的学生留在本地，通过我们支教教师团队的敬业精神、榜样示范作用来影响和引领当地教学管理，同时他们积极与当地老师结成友好互助对子，互相听课，认真评课，为当地教研活动的开展出谋划策，率先垂范，在各学科中都有突出表现。同时这两所学校也相应派遣骨干教师团队赴我校交流、任教、培训一年。这种“走下去，请上来”的双向交流，对两地教育教学工作的开展带来了新的模式、新的思考，也带去了新的发展契机。

在一年的帮扶的过程中，我们创造性地践行了多层次的帮扶工作，更是从中汲取了管理的智慧，增进了办学情谊，坚定了办学信念，端正了办学思想，丰富了办学经验。因此，我校同样也是帮扶其他薄弱学校的受益者。

我认为，校长的价值领导力就是校长提炼、引领、转化、提升学校的核心价值观，使之成为师生共同的价值追求和理想信念，以学校的核心价值观引领教师、学生、学校发展的能力。任何一所学校都有其固有的文化底蕴和相对稳定的办学传统，校长的办学思想只有与之相吻合，才能在不断地融合中形成学校的价值理念。作为校长，需要从更高层面上追问教育本质，追求教育价值，让师生达成价值共识，学校的核心价值观才能去影响、带动个体价值观。所以帮扶的核心的任务是对薄弱学校校长领导力，特别是价值领导力的研究与培训。不能把“帮扶”变成“复制”。

在就任兵团教研室主任之后，我的目光从一个学校、一个联盟，放远至全兵团十四个师从基础教育到高中阶段的整体布局。这更需要坚持按“因地制宜、优化布局、均衡配置”的布局调整各区域间联盟帮扶方案。自2019年以来，逐步建立起以兵团二中为龙头的东部联盟，成员由六师、十一师、十二师、十三师所属高中组成；以华山中学为龙头的南部高中联盟，成员由一师、二师、三师、十四师所属高中组成；以石河子一中为龙头的西部联盟，成员由四师、五师、七师、八师、九师、十师所属高中组成，以及兵团机关所在乌鲁木齐片区义务教研段联盟、乌鲁木齐片区高中联盟。

根据在石河子一中教育联盟办学的丰富经验，我注重发挥集中优质教育资源的辐射作用，推动各师各地区利用本区域内的名校，成立了教育联盟。不同层面的联盟涵盖多种合作模式，跨越链接不同学段，在推进优质教育均衡发展的同时，促进集团内各校之间的共赢成长。在这期间，教育集团战略并非单纯地“输出”品牌，而是通过交流合作共享达到“共赢”的效果。在双方合作中，名校输出教育理念和管理经验，为分校和友好学校提供干部师资培训和教研交流的支持。同时，各分校、办学合作校、友好校为名校教师创设学习和实践的平台，来自不同地域、不同角度、不同层次的思想和经验互相碰撞，为学校的发展提供鲜活的经验借鉴。

我们坚持强校与弱校捆绑结对，构建起管理资源、师资资源、课程资源、前沿信息资源、设施资源融通使用的长效机制，有效地扩大了优质教育资源辐射范围。教育联盟给联盟学校老师互相学习的机会，在教育教学中，把好的资源放大，把好的方法进一步拓展，把好的思路进一步提升，使教育资源不断优化，不断把教育教学工作做好。教育发展联盟以优质教育资源为依托，主要采取“城区学校 + 农村学校，优质学

校 + 薄弱学校”的方式，组建中小学教育发展联盟。推进教育均衡发展，实现教育公平的新举措。为各联盟校的优势互补和共同发展创设了广阔的机遇和平台。秦都区教育发展联盟依托名优学校的资源优势，提升和发展农村学校，改造城市薄弱学校，促进区域教育均衡发展。通过实践探索，实现教育理念、资源、方法、成果和利益共享，使学校逐渐成为标准化学校，逐步实现“高品位、精内涵、强特色、有质量”的发展目标。

以兵团第三师图木舒克市为例，当地以提升教师国家通用语言文字教学教研能力为着力点，在兵团教研室的指导下建立区域教育联盟，实现国家通用语言文字教研能力均衡发展。按照距离就近、班额适中、师资强弱搭配等原则，将 27 所义务教育阶段学校分成六个区域教育联盟，确定 7 所基地学校。7 所基地学校统一制定区域国家通用语言文字教研工作计划，根据成员校国家通用语言文字教研水平，确定了 9 对“结对帮扶”校，制定帮扶方案，每学年派 1 名中层和 5 名语文教师对受援校进行驻校帮扶，从“备、讲、批、辅、考”等细节入手，以身示范，带动青年教师扎根课堂，有效开展教学教研活动。师市教育局制定国家通用语言文字教学考核细则，各学校每周抽查一次教师的“二次备课”“教学反思”“日日清”记录本，7 所基地校每两周抽查一次各成员校教师的工作完成情况，六个区域教育联盟间每月互查一次，兵团和师市国家通用语言文字推进组每两月抽查一次，主要通过听课、走访学生、检查资料等，对国家通用语言文字教学情况进行检查评比。构建区域教育联盟成员校间、区域教育联盟间的竞争格局，形成了比、学、赶、帮、超的良好氛围。

兵团（乌鲁木齐片区）高中联盟校的成立，其目的是为了校际间的资源共享、优势互补，达到共享互赢，从而实现联盟体成员办学实力和办学效益的显著提升。为了联盟校各项工作高效开展，计划落到实处。兵团乌市教育联盟自 3 月成立至今，在兵团教研室的指导下，联盟核心成员高度重视、精心部署，各学科理事长、秘书长积极开展主题教研会、高考研讨会、公开课展示、新课程新教材培训及试水课展示、教师专业发展性高端培训、名家讲座、优秀班主任班会课展示、联盟校论文评比等丰富多元的活动共计 80 余次，其中优质公开课 50 余节。

联盟组织各类以集体备课为抓手开展丰富多彩的教研活动，如高考研讨会系列活动开展，如何上好试卷讲评课，如何上好专题复习课校际间同课异构展示课活动优秀课案例展示（以优秀课观摩、评课、议课等各种形式开展）集体备课活动展示等。同时强化教师业务素养和基本功，组织青年教师校本培训工作、教研组长培训及沙龙活动、如何观课、评课、议课微讲座、新课程新教材培训工作。在进一步规范和加大教科研力度方面，开展论文撰写、投稿、发表微讲座，开展信息技术微讲座、课题研究微讲座，组织教师积极参与校级、市级、兵团自治区级论文比赛、微课比赛、十四五课题开题申报等工作（如：新疆陶行知研究会学科论文评比，十四五课题申报、立项、研究，优质课比赛）。联盟教研活动联盟校的各项教研活动以新课程国家级示范校建设为契机，以教促研、以研引思，有效提升了兵二和各成员学校的联合教研能力；携手并进、砥砺前行，切实唤醒了教师们的集体科研意识，在理论与实践的打磨中，逐渐形成了有特色、有活力、有担当的教研共同体。

第二节　立足学生长远发展，促进教育均衡

近年来，随着教育水平的不断提高，教育资源不均衡所引发的“择校热”和“学区房”受到广泛关注，而导致这一现象的主要原因是由于片区内教育资源不均衡。

高中段学校一般不按学区而是按照县（市）行政区域范围内的初中学业水平考试即社会上所说的中考成绩招生。但结合多年的教育教学实践，我们发现随着中考压力不断增加，不少初中段学校出现了“考试决

定论”的不良倾向，一些薄弱校也开始照搬“应试经验”——学校间“内卷”愈发严重。有不少初中段“名校”的毕业生因“应试训练”的影响明显缺少学习的后劲——只关心所谓的答题技巧，不关心学科素养；只关心考试分数，不关心集体事务。仿佛考高分就是人生的目的，对为何而学，为谁而学都没有概念。从长远看，这都不利于学生健全人格培养和健康成长。在一中教育集团取得较好办学成效的基础上，笔者积极向八师教育局及政府建言献策，着力推动义务段教育集团的成立，希望通过义务段学校均衡发展来遏制“超前教学”等违背教育规律和学生成长规律的现象发生。

教育局领导非常重视我的建言，在多方考察考证后，成立了八中一小教育集团进行试点——以办学质量最好的初中段第八中学、小学段第一小学为核心校，带动十二所学校集团化办学，提出“1186”工作机制：即一个办学理念：和而不同，各美其美。一个总体目标：实现集团优质均衡。八个中心建设：党建工作中心、学生发展中心、教师发展中心、家校共育中心、民族团结进步创建中心、心理健康教育中心、综合治理中心、后勤服务中心。六个常态活动：每月一次党建例会，坚持党对集团工作的全面领导；每月一次集团理事会，统筹集团化办学工作；每月一次主题活动，发挥各校办学特色优势；每月一次督导检查，促进各校规范办学行为；每月一次全面考核，激发各校办学活力；每学期至少一次质量分析，确定教学管理重点。随着集团化进程的推进，八中一小牵头校先后出台并完善了各类方案。结合成员校特色设立八大发展中心，即学生发展中心、教师发展中心、民族团结进步创建中心、家校共育中心、心理健康教育中心、综合治理中心、后勤服务中心等。

随后，八中一小教育集团由总校牵头，按照“总量不变、结构合理、促进均衡、盘活优化”的原则，根据集团各成员校的实际情况结合学科需要与特点采用点对点交流、结构补缺、跨校执教等方式，建立积极有效的集团内教师交流和领导交流模式。两年间参与交流轮岗教师数达296人次，约占总人数的26.8%。通过推进集团教师柔性流动项目，使得教师由“学校人”变为“集团人”。

在此基础上，八师正式组建五大教育集团，涵盖垦区所有中小学校，正式完成师域内教育集团建设，实现教育集团义务教育学校全覆盖。

现在回想起来，从朴素地为了学生长远发展而提出的集团化办学思路是一条义务教育均衡、协调、可持续发展的道路，是破解“上好学难”问题成本最低、风险最小、成效最大的一条路，也是一条推进优质教育均衡化、平民化、普及化的成功之路。

当然本地区在推进过程中，还存在集团化办学“捆绑”力度不够，教师队伍交流轮岗、管理干部交流任职力度不够，对牵头校政策倾斜力度不足，管理机制不够健全，集团化水平亟待提升、集团文化凸显不足、教师专业化培训和提升有待加强、区域优质牵头校有限造成集团体量过大等诸多问题。集团化不是目的，而是实现优质均衡的手段。

第三节　立足岗位职责要求，推动改革发展

在从学校校长到兵团教研室主任、兵团教学学会会长，我都从立足岗位职责着手，积极推动教育事业的改革发展。

笔者就职于兵团教学研究室之后，教研室缺编严重，教研员配备不齐，主要集中在高中阶段人员空缺，虽然招聘了兵团优质高中兵团二中的一线教师作为兼职教研员力量的介入，但仍无法满足当前教科研工作的需要。一些教研员，脱离一线较久，参与性活动多，上升到学术层面的少，缺乏在自己学术领域发表学术论文及开展课题研究的能力，学术基础能力和创新能力还有待提升，不能完全适应广大一线教师多样化、个性化的需要。

教育部 2019 年发布的《关于加强和改进新时代基础教育教研工作的

意见》中指出，省级教研机构要加强对教研工作的统筹指导，市、县级教研机构要重心下移，深入学校、课堂、教师、学生之中，紧密联系教育教学一线实际开展研究，指导学校和教师加强校本教研，改进教育教学工作，形成在课程目标引领下的备、教、学、评一体化的教学格局。

兵团教研室紧紧围绕兵团党委关于深化改革推动基础教育高质量发展的决策部署，要求岗位教研员既是教科研工作的引领者，又是教师队伍培训的组织者。确保每年每人接受培训不少于 72 课学时，深入课堂听评课，每年不少于 120 节，集中业务学习不得少于 30 次，实行包师包校制度，跟踪指导服务学校开展各类教育教学活动，使每位教研员的身影烙印在“停课不停学”线上课堂、线下集体教研、继续教育、国培课堂的现场，融入新课程新教材改革、千难万难也要向南的支教事业中去，从 2019 年至今，已先后有六位教研员深入南疆一线教学岗位参与支教。

在加强教研员队伍建设的同时，我深知单靠兵团教研室现有的人力很难保证每一项工作的落地落实。但教育发展等不得，学生前途等不起。为此，我还特别注重发挥兵团教育学会及分支机构的作用。2019 年 4 月，兵团教育学会完成换届改选。截至目前，兵团教育学会陆续设立了 25 个分支机构，建立了体系完备上对接中国教育学会，下辐射全兵团 326 所幼儿园和 274 所学校的“兵—师—校”三级学会组织体系。

兵团教育学会主要承担了以下六个方面的工作。

兵团教育系统幼儿园幼小衔接示范区试点园打造，幼儿园课程游戏化改革培训和教育部“安吉游戏”试验区试点园引领指导。

组织开展了义务教育阶段各学科学段教学研究和课堂教学评比活动，包括各学科学段教师基本功大赛，优质录像课、现场课比赛观摩活动；同时指导各专委会开展学术研究、交流、成果评比、竞赛、培训等高中教育阶段课程改革活动及相关培训。

积极开展教育科研课题研究与指导工作，仅 2021 年度兵团教育学会就成功申报国家社科课题一项，立项省级课题 195 个。

做好各学科学段教师专业化提升培训和优质教育资源平台搭建和推广，为一线教师成长搭建平台。

促进薄弱地区教育水平提升，通过南北疆结对帮扶、名师送教、普通话教学质量检测、专项课题研究等多种方式，对南疆薄弱地区教育质量提升发挥实效。

协助教育行政部门专项调研和完成《兵团教育》杂志编纂，指导推进师级学会专委会成立健全等工作。

下面介绍三项重点工作，以具体阐释在转岗到兵团教研室后如何立足岗位实际，推进“教育奠基有意义的人生”教育思想。

一、全面推进国家通用语言文字教育教学工作

从少数民族学生长远发展来看，熟练掌握国家通用语言文字的重要性不言而喻。同时，全面推广和使用国家通用语言文字是实现新疆工作总目标的奠基工程。

普通话作为中国通用语言，其普及使用，有利于各族人民的日常生活，有利于各族人民的相互了解、相互交流和相互理解。在少数民族中普及国家通用语言教育，有利于少数民族的幼儿接受爱国主义教育，有利于促进中华民族文化的传承，更利于促进民族团结，推动社会的稳定和发展。重视通用语言学习的必要性和实践路径，如此才能有效融合中华各民族文化，有效促进语言文化的大交流。2018 年秋季，兵团中小学幼儿园实现国家通用语言文字教学全覆盖，但教学质量不高成为当前教育教学的首要问题。从推进义务教育均衡发展、整体提高教育质量、促进教育公平的目标出发，为贯彻落实《关于印发兵团少数民族中小学及幼儿园国家通用语言文字教学质量提升行动计划的通知》文件精神，按照兵团教育局的部署要求，兵团教研室结合兵团中小学校实际加强对南疆和少数民族聚集团场、边境团场、贫困团场薄弱学校的教育教学调研工作，强化专业指导，通过现场诊断，不断改进教科研工作，尤其重视推进兵团地区国家通用语言文字教学质量提升工作，制定了《兵团义务教育阶段国家通用语言文字教学质量收官攻坚实施方案》，并先后三次开展全

兵团国家通用语言文字教学质量检测。

一是国家通用语言文字质量监测情况。兵团教研室分别于 2020 年 4 月 12 日、2020 年 10 月 10 日、2021 年 1 月 15 日在第一、二、三、四、十三、十四师等少数民族学生主要集中的六个师进行了三次国家通用语言文字检测工作，共计 53 所民汉合一的义务教育学校全部纳入检测范围，检测对象为上述学校一至九年级学生，共计 76033 人（其中少数民族学生人数为 55032）并做出详细质量分析，从各师平均分对比、各校平均分对比、各年级平均分对比、各次检测成绩对比等方面进行了分析。从测试整体情况可以看出，师域间的差距在逐渐缩小，各师普通话教学质量提升工作取得明显成效。每次检测过后，针对学校各个年级的情况，分别从命题、成绩、试卷等方面进行了细致分析，并针对以后的教学提出了策略。教研室先后牵头制定了《第三师图木舒克市义务教育阶段国家通用语言文字教学质量提升行动计划方案（2019—2020）》《兵团巩固提升国家通用语言文字教育教学质量行动计划（2021—2025）》，并在反馈会上由本人做了《巩固国家通用语言文字教学成果，提升少数民族地区教育教学质量》的现场发言，明确了今后普通话教学努力的方向和目标。从本次测试各年级总平均分及格率、优秀率情况来看，各年级成绩整体上升，差距缩小，平均分均在及格线以上。随着年级的递增，平均分、及格率、优秀率大致呈现递减趋势，符合学生认知规律及教育基本规律。

二是深入一线指导教师开展调研。为切实掌握普通话教学实际情况，笔者先后十几次深入一线，就南疆片区开展国家通用语言文字教学工作开展调研活动。通过现场查阅资料、深入课堂听课、召开师生座谈会等方式，从常规教育教学管理、国家通用语言文字教学推进、学科教学质量检测评价体系建立、教研活动开展和学校信息化数字平台建设等五个方面，对第一师、第三师、第十四师等义务教育阶段学校国家通用语言教育教学质量提升工作进行了调研，并形成调研报告。督促学校严格落实《关于增加少数民族中小学国家通用语言文字教学时间的通知》（兵教电发〔2018〕139 号）要求，并在此基础上指导各师根据实际情况研制《"一校一策、一年级一策、一班级一策"国家通用语言教学实施方案》，落实分层教学；调整课程设置方案，增加国家通用语言文字教学课时，做到每天增加一节课，每周增加一天课，每月增加一周课；利用寒暑假对少数民族师生进行国家通用语言文字教学集中培训和强化训练；严把教材使用关，义务教育阶段语文、历史、道德与法治三科全部使用国家统编教材，其他教材全部在中小学国家通用语言文字教学教材目录中选用。

指导各学校结合自身实际制定"一校一策""一班一策""一科一策""一人一策"，依据学生的国家通用语言文字综合水平，按照两头小、中间大的原则，将学生分成"A、B、C"班。A班按照国家课程标准开展正常的教学活动，B、C班除开足开齐国家标准课程之外，同时"每天增加一节课，每周增加一天课，每年增加一月课"，B班"国语加强课"，将少数民族学生按国家通用语言文字水平的差异，进行重组编班，分别开设"普通话基础班""诵读班""阅读写作班""课本剧表演班"等，让教室固定，学生走动，全面提升学生的国家通用语言文字水平。对国家通用语言文字提升快的学生开设不同的社团活动，以此作为奖励，每学期调整两次，并把"学困生"全部纳入课后服务。C班"国语加强课"，采用游戏、演讲、表演、比赛等多种方式，放缓进度，拉长学时，加大"国语加强课"的教学研讨，消除存量，严防增量，切实为打赢脱贫攻坚战，全面建成小康社会奠定良好基础。

同时注重以赛促研，以研兴教，提高教师教科研能力。通过开展学校、区域、师域层级的同课异构、教学论文、小课题、教学设计等比赛活动，细心捕捉师生在"创设开放式教学情境，构建体验性教学模式"的课改理念下的教学细节，进行详尽的诊断、分析、交流与指导，激发教师的教学教研热情，打造一批批教学新秀，建立学科骨干教师库。依托各方优势资源，成立教科研小组，充分发挥"兵团名师指导团"、援疆教师、支教教师的示范引领作用，指导教师选题、撰写开题报告，实地指导课题研究。

三是以课题促普通话教学提升情况。开展《基于文化认同背景下提升义务教育阶段民族学生国家通用语言应用能力的实践研究》课题研究，下设 19 个子课题，涵盖普通话推进各师及重点学校，以课题为引领，深入研究提升国家通用语言文字教学途径。

今后，要继续扎实推进“兵团教研室领导包师、教研员包校”“师教育局研培中心领导包校、师教研员包年级”“校领导包年级、校中层包班级、教师包学生”的方式靠前指挥。针对工作开展相对靠后学校，继续由兵团教研室组织一年两次的兵团国家通用语言文字教学质量检测工作，以提高成绩分析的针对性，指导各校各年级及时调整教学计划，计划利用两年时间提升教学质量。进入巩固提升阶段的学校，由各师市自主制定以夯实基础、提升质量为重点的普通话教学方案，由师研培中心组织一年两次师级国家通用语言文字教学质量检测工作，注重成绩分析及成果运用，要以课题研究为抓手，制定有针对性地提升普通话教学质量方案。

各校继续实施“一校一策”“一班一策”和“一科一策”，严格落实分层教学模式，针对不同层次学生制定符合其能力和发展的教学策略并进行固化、常态化落实。发挥教师主体作用以教学研究促质量提升。在课标、考点、研读教材、课堂教学等方面对教师进行专题培训，短期内帮助教师明确教学目标、提升教学能力，各师市联盟间进行制度化校际教研交流，以弱带强，定期对学校教育教学常规工作进行检查、反馈督促整改情况。继续大力推进集体备课制度，引领教师深入钻研教材，学习《课程标准》，提高运用教材的能力，从学生的实际情况出发，将教学目标制定的细而精，做到“三统一”（即统一目标、统一内容、统一进度），组织学生开展有效的教学学习活动，扎实开展“三清”活动（即“堂清”“日清”“周清”）。创新普通话教学方式，丰富国家通用语言文字教学的内涵。通过讲述传统节日的由来、演讲比赛、红歌赛、“小手拉大手”等活动，进行中华传统美德教育，加强学生普通话的使用水平，加强中华民族共同体意识。

二、扎实推进“停课不停学”工作

2020年，新冠肺炎疫情席卷全球，学校教育面临严峻考验。但教育教学活动不能因此而停止。根据上级统一部署，兵团各级各类学校均实施线上授课，针对延迟开学期间中小学生因疫情无法正常到校集中上课的现实问题，为解决好广大学生、家长对延迟开学后学习生活的担忧，切实做好疫情防控期间对中小学生学习、生活的管理与指导，实现延迟开学期间“停课不停学”“离校不离教”。

笔者带领兵团教研室全体人员在居家办公期间，部署拟定“停课不停学”工作实施方案，确保“思想统一和行动统一”，为“停课不停学”工作提供了坚强的政治保障。由我牵头带领全师教研室工作人员坚决履行一岗双责，下沉到各师，教研员全部加入到各区的学校教学群，开展同步听课、调研，同时进入所包师域参与师级教学研讨会，及时指导线上教学，针对三师下沉到各学校齐抓共管停课不停学工作，确保工作落实生效。期间先后制定并印发《关于利用网络平台开展“停课不停教、不停学”工作实施方案》《关于做好兵团中小学“停课不停学”线上教学工作的通知》《关于兵团开展中小学“停课不停学”有关工作的报告》，明确了教研员职责分工，强化工作措施，帮助指导师、学校解决线上教学困难问题。其次是发挥义务教育区域联盟作用，加强联盟间的联系合作，互通有无、共商良策、共建平台、共享资源，以强带弱，切实提高线上教学实效。兵团教研室把兵团所有学校组合成合作共促、组团帮扶、优质共建、示范引领四大区域，各区域基地校充分发挥自身优势，加强联盟间的联系合作，互通有无、共商良策、共建平台、共享资源，切实提高线上教学实效。第二师、第六师、第八师加强对帮扶南疆地区的学校教研帮扶，特别是二师华山中学对十四师二二四团学习开通同步在线课堂。同时利用北疆优质资源，加强线上教学研讨。停课不停学期间，联络、牵线、协助开展南北疆线上教学研讨，提升教师教学水平。每周制作简报宣传下沉师、校“停课不停学”工作中的具体做法。

课程资源建设是顺利开展在线教学的关键，而“停课不停学”不仅是学科课程的学习，兵团教研室在指导各师及直属学校在分类定制不同年级、不同学科资源的同时，着力开发出学科之外的通识课程，包括爱国主义教育、卫生防疫知识、心理健康课堂、艺术欣赏等内容。要求各中小学校通过视频开学典礼、升国旗、网络主题班会、主题征文等活动，激发广大学生爱国热情；遴选国内外优秀音乐、美术、影视作品等，提高学生审美情趣；加强对学生的居家学习指导，教会学生善于选择利用多渠道的教育资源；为家长提供家庭教育基本知识等。兵团各师、各学校鼓励学生家长利用疫情防控期居家时间，陪伴孩子，参与孩子课堂教学，与孩子一道学习了解疫情防控知识、心理健康知识，观看抗击疫情励志视频，阅读兵团“最美逆行者”的感人事迹，为他们点赞，为武汉加油，为中国加油。

疫情防控期间，兵团 19 个名师工作室、5 个名校长工作室在防疫背景下依托网络平台，立足兵团教育发展现状，以优质均衡发展为契机，根据教学、教研工作的需要，借助新媒体的手段和各种数字资源，通过专题研讨、案例分析、经验交流、课题研究、实践反思、诊断工作方法，等形式，开展研修活动达 100 余次。通过多次研修活动生成了大量优秀的教学设计、理论文章、经验成果、视频和文本资源。兵团教研室引领各师、各直属中小学充分利用“互联网 + 教育”模式，积极开展网络直播课堂，在各自的学科领域起到指导、引领、辐射作用，收到良好效果。兵团高中英语沈箐名师工作室在兵团教研室、兵团二中的支持下，主持人沈箐老师带领工作室成员，以语法专题为切入点，通过微课形式，向全兵团宅在家中的莘莘学子推送精选语法微专题 15 节，辐射高一至高三学段，引领全疆高中英语教师、学生突破语法学习的重难点。微课程播出后也同步直接传到腾讯视频上，全疆各地学生观看后纷纷留言“权威性强、指向性强，讲得明白、听得清楚，平时难得一见的名师这次可以看个够啦。”“课程内容好，老师讲得生动、实用，确实体现了名师风采。”沈箐老师本人在本次“停课不停学”在线教学中，承担自治区教育厅组织的新疆教育电视台首批名师面向全疆的录课任务，负责执教高二英语阅读课、高三高考专题课，并被自治区教育厅聘为新疆教育电视台后三周录课审查组组长。

为进一步优化、运用、共享资源，兵团教研室于2020年3月组织开展了《2020年兵团中小学微课大赛》活动，活动面向全兵团小、初、高19个学科，通过教师个人申报、校级初评、师级复评和兵团终评四个阶段逐级开展。此活动历时三个月，涉及面广，组织评审专业、规范、公平，各师参与度极高，活动收到作品质量高。教师个人申报作品7935件，师域级审核通过4339件，师级一等奖报送兵团作品1253件。所有参加兵团级大赛的作品全部上传至兵团教育资源公共服务平台，供兵团教师共享使用。此次活动提升兵团中小学教师信息技术应用能力的同时，丰富和优化了兵团教育资源公共服务平台的微课资源。

三、“双减”背景下构建区域良好教育生态

近年来，按照党中央、国务院决策部署，各地深入开展减轻义务教育阶段学生作业负担和校外培训负担工作，取得了积极成效。但现在义务教育最突出的问题之一还是中小学生负担太重，短视化、功利性问题没有根本解决。一方面是学生作业负担仍然较重，作业管理不够完善；另一方面是校外培训仍然过热，超前超标培训问题尚未根本解决，一些校外培训项目收费居高，资本过度涌入存在较大风险隐患，培训机构“退费难”“卷钱跑路”等违法违规行为时有发生。

作为党的教育工作者，当前的重要任务是通过采取做好区域顶层设计、加强校本教研力度，建立健全组织架构，科学调控作业完成时限，促进家校协作等举措确保“双减”政策落实落地，摆脱片面应试教育不良影响，重构本地区教育生态，取得实质性育人成效。为此，我撰文参加中国教育学会组织的论坛，并将此中想法结合工作实际进行推广。文章摘录如下。

中共中央办公厅国务院办公厅《关于进一步减轻义务教育阶段学生作业负担和校外培训负担的意见》的颁布和《关于加强义务教育学校作

业管理的通知》《关于进一步减轻义务教育阶段学生作业负担和校外培训负担的意见》等文件陆续出台，整治义务教育阶段学生作业负担和校外培训负担较重的“双减”工作进入了新阶段。习近平总书记在中央深化改革委员会第十九次全体会议上强调，义务教育最突出的问题之一是中小学生负担太重，短视化、功利化问题没有根本解决。可见，“双减”工作是中央着眼教育高质量发展，着力减轻家庭课外补习过重教育支出负担，促进教育公平的重大举措，是站在实现中华民族伟大复兴的战略高度做出的重要决策部署。

长期以来，受片面应试教育的影响，社会教育价值观、地方政府政绩观遭到扭曲，教育生态受到冲击破坏，中小学生健康成长受到严重影响，功利化、短视化思想影响着教育事业健康发展。全面推动“双减”工作落实，坚持立德树人思想，变只重分数到全面关注孩子心理健康和人格养成、促进学生身心健康发展，亟须重构良好的教育生态，避免“剧场效应”“劣币驱逐良币”等不良现象出现。

作业是教育教学的重要环节和教育评价的重要载体，是教育减负增效的重要对象。做好作业管理，既能够缓解教育焦虑情绪，强化学校教育主阵地作用，还可以有效检测课程教学效果，从而提升课程教学质量，促进学生全面发展，以确保“双减”政策的落实落地。

当下，探索一套既符合国家政策导向又能指导兵团各校执行落实的作业管理办法成为摆在兵团教育人面前的重要课题。结合多年的一线教育教学实践，笔者认为应从以下几个方面着手。

（一）完善区域作业教研体系

1. 做好区域顶层统筹设计

加强学习过程评价育人，要树立全面发展的质量观和科学的教育评价观，建立“多元评价”体系，对其内容、维度、标准有具体要求，把作业体系列为重点研究对象。兵师两级教研部门、教育学会、名师工作室要加大对作业的研究和指导力度，对各校的作业总量、内容、难度分学段进行科学评估、诊断，指导各校建立作业题库。在充分把握学情的前提下，将作业总体设置为必做的基础、保底性作业和拓展、选择性作业两大类，既能满足不同学习能力学生的需求，又能以作业为抓手督促学校落实素质教育要求，避免赶进度超难度等乱象出现。

2. 加强校本教研力度

各校要建立教研室—备课组—教师三级作业研究体系。教研室加强学情教情分析，将作业设计纳入学校集体教研、集体备课范围，组织各教研组、备课组在上级教研部门给出诊断的基础上重点研究作业的育人功能、质量控制以及科学设计等问题。年级各备课组分解学科任务，科学研判课堂教学的重点和难点，将作业设计纳入教案，注意内容的差异化及时间设置，发挥集体教研效果着力加强对教师作业设计能力的提升，形成校本作业。教师按照备课组统一要求，充分结合本班学情，科学分层细化，精准把控难易度、易错点，在临界知识上精准发力，合理适量设计班级作业，经备课组统一审核后再行布置。

控制作业量，不是简单地减少题量的布置，而是要对作业的有效性进行研究。因作业的题量、思维量、难度系数、讲评情况都会影响作业完成时间。达成对作业总量有效控制，各学科作业设计应综合考虑学生综合素养、学习习惯与课堂表现、学习能力与创新精神等多方面的因素，充分利用课堂观测、随堂练习、实验操作、课后作业等多种方式，并通过定期交流、主题演讲、成果展示、作业展评等方式开展多样化作业阶段性评价。

3. 形成作业反馈指导与课堂教学相促进的良性循环

高效课堂是学生作业高质量完成的“源头活水”，而作业完成过程中暴露的问题则是课堂教学效果的“晴雨表”。教师不仅要把作业布置、批改、反馈作为日常教学的重要环节，还要把如何强化作业对学习的正向反馈作为当前教学研究的重要课题，通过自身教研能力的提升，不断促进个人教学能力的提高。

课后作业与课堂教学是相辅相成的关系，作业的类型不同，作用也不同。教师应依据作业反馈及时调整教学重难点，选用更高效的教学方法组织课堂教学。如课前预习作业，可以有效促进课堂重点和难点的前置；限时训练能够提高思维的速度和准确性；整理性作业有助于建构知识体系，捋清知识与知识间的联系。

加强作业结果反馈育人，依据作业结果及时发现学生学习中存在的各种问题并精准分析，继而有针对性地对学生进行点对点帮扶辅导，防止学生形成“知识技能缺陷积累”，以切实高效改进课堂教学，不断提高课堂教学效果。

（二）构建区域作业管理体系

1. 成立监管领导小组

结合教育部《关于加强义务教育学校作业管理的通知》《关于建立“双减”工作专项督导半月通报制度的通知》等文件有关规定，成立兵、师两级义务教育学校作业管理工作监管领导小组。结合各师实际，在兵团统一领导下，充分发挥各师领导小组作用，具体负责师域内义务教育学校落实作业管理改革的督导、检查等工作；指导各校成立相应作业管理工作监管机构，具体开展日常监管工作。严格按照严禁超额布置作业，严禁布置机械、重复、惩罚性作业的总体要求，对违规行为要及时叫停，并对相关责任单位、责任人进行诫勉谈话、绩效考核降低等次等处理；对工作成效显著的单位和个人进行先进经验推广。

2. 强化学校主体责任

全面落实校长负责制，建立学校教务处—年级组—班级三级作业管理体系。教务处结合学校课程安排及课后托管服务将作业纳入学校课程表，确定每天的作业科目设置及每科完成时限，明确当天没课的科目不能布置作业或只能布置非书面的预习作业，协调课后托管、晚自习应完成科目的时间安排。班主任负责具体实施，年级组负责监督执行。建立以班主任为核心的班级作业协调机制，班主任根据各科教学进度、学生实际、家长反馈情况等合理确定并及时调整作业总量。如，语文学科当天布置写作任务，超过本学科预设作业时间，班主任与其他学科教师协商，进行适当调整，并在本周内将其超额占用时间返还。坚决杜绝考试科目挤占或变相挤占非考试科目作业时间。

作业管理体系建立健全的基础是学校管理体制的科学合理以及对班主任的充分赋权。以笔者曾工作过的石河子第一中学为例，采取双向聘任制——学校聘班主任，班主任聘任课教师，教师选择班主任——构建以班主任为核心的班级育人团队，可以有效避免“九龙治水，各管一段”，较好地破解学科教师无序布置作业盲目抢夺学生时间的难题。

教研部门联合学校定期采取分学科抽样方式进行调研，并加强对作业检查结果的分析，对教学质量做出科学研判，有针对性地加强教师指导和培训，切实提高学校课程教学和育人质量。

（三）聚焦时间管理

1. 严格执行时间总量管理

严格按照小学一至二年级不得布置书面作业；三到六年级书面家庭作业总量每天不得超过 1 小时，初中作业总量每天不得超过 1.5 小时的总体要求，制定各学段具体完成作业时间，实现小学高段学生能基本在托管时间内完成书面作业，初中学生能在校内完成大部分作业的目标，从而保证小学生不少于 10 小时、初中生不少于 9 小时的睡眠时间。对未能完成作业情况，由学生或其家长在第二天向班主任进行情况说明，班主任根据学情灵活处理，以此要求教师更为贴近学生实际，优化作业设计，合理布置作业。

2. 提高单位时间效率

一是要求学生独立完成作业，反馈真实水平，养成良好习惯，提高学习效率。二是通过限时完成、准时提交、答案反馈、自我纠错、教师批改的模式，及时高效反馈作业完成情况，提高教育教学质量。三是要求教师对学生作业进行全批全改，不得要求学生代为评改，在批改中通过批语等方式规范学生完成方式，掌握学生的完成情况，提高作业讲解的针对性。四是充分发挥学习小组的互助作用。对较为简单的问题，鼓励小组内生生互助，通过合作探究解决；过于较难问题，由教师通过个别辅导方式解决；对普遍存在的问题，由教师通过面向全班的讲解解决。教师在讲解过程中应注意进行相关变式训练。通过教师举一反三，学生举三反一，巩固所学知识。

（四）引导做好家庭管理

一是在坚持不能给家长布置作业或变相布置作业，在严禁要求家长批改作业的前提下，鼓励家长履行家庭教育的主体责任，与学校形成协同育人合力，避免“校内减负校外增负”。二是鼓励家长在学生回家后督促其在限定时间内独立完成力所能及范围内的作业，定时上交、按时休息，杜绝抄袭或请家教协助完成作业，通过作业向老师呈现自己真实的学习水平，为老师调整教学难度提供可靠反馈，不允许学生超时完成作业，加重学生负担。三是引导家长树立科学教育观，合理安排孩子的课余生活，比如坚持每天都进行体育锻炼，参与符合年龄特点的家务劳动，培养健康的兴趣特长。四是充分发挥家长委员会的作用，强化舆情正面引导，及时反馈学生情况，做好政策落实监督工作。

作业管理是个系统工程，需要各方协作，共同探索改革管理新方式，取得既切实减轻学生负担又促进学生核心素养培育、身心健康发展的成效，重建促进和保障学生健康成长的教育环境，重构良好区域教育生态，真正让“双减”改革变为科学育人。

随后，我又牵头出台了《教学常规管理》和《作业设计管理》的文件，并以举办大赛的方式促进各校对照学习，对照执行。当前已完成典型案例评比及“双减”经验交流会。今后还将通过抽查敦促各师、校将政策落实落地。

无论是国家通用语言教学还是“停课不停学”，还是为“双减”建言献策，我的出发点都是为了学生的全面发展和健康成长。路漫漫其修远兮，吾将上下而求索。谨以此与教育界同人共勉。

第六章

教育奠基有意义的人生
教育思想的反思提升

教育思想的主要价值是提供价值导向和方法论，而不是如同医书能开出“包治百病”的药方。即便列出了一些具体案例，也是希图能给读者以启发。在本书第一章中就已提到，在很大程度上，时代对于教育思想有着决定性的影响作用。在新的时代背景下，随着“双新”的推进及“双减”政策的落地，我们在学校事业发展上都面临着一些新的共性课题。如果能解决好，就又为学校发展争取到了一次“弯道超车”的机会。

本章主要通过对新形势下学校面临的发展机遇及挑战和对于新问题的思考等方面来介绍本教育思想存在着一些需要继续完善之处，并就新的形势背景下学校发展所面临的一些共性问题发表拙见，以做抛砖引玉，希望对各位读者有所启示。

第一节　如何平衡教育的温度与效率

学校管理千头万绪，但教学质量提升、教师队伍建设、学生的健康成长与全面发展绝对排在校长任务清单前几位。如何满足家长不断增长的对优质教育的需求，如何平衡当前教学成绩和学生未来发展，如何实现教师队伍管理纪律要求和人文关怀的有机统一……都是摆在每位有志于推动学校健康可持续发展的管理者面前的重大课题。结合多年的办学实际，现提出以下问题与大家探讨。

一、给受教者以信任

2021年上半年，教育部办公厅接连印发《关于加强中小学生手机管理工作的通知》等事关中小学生手机、睡眠、课外读物、作业管理等5项工作的通知。对我们对学生的德育管理给出了5项明确任务。提到关于学生的管理，我们过去多以纪律要求为主，强调规矩意识。这样做的优点是见效快、出错少；缺点是需要管理者的时刻在场。其实，我们应该对学生更有耐心，选择给学生以更大的信任。通过发挥学生会自治作用、申请免监考考场、聘请学生校长助理等有益尝试，培养学生“自我管理、自我服务、自我教育”的意识和能力。不然，有些学生就会感觉到了高校，没有了高中老师“监工”式的管理和家长“保姆”式的服务，就会感觉空荡荡的——是自由了不少，但感觉一下找不到方向。其实，手机等5项管理，其实归根到底还是要帮助学生学会时间规划，树立起“慎独”的行动自觉。

毋庸讳言，当前最难开展的是手机管理。我常说，一部智能手机就相当于一个小型“网吧”。有很多学生因为不能正确使用手机造成了沉溺游戏、视力受损、影响睡眠等不良后果。有时还会将线上矛盾转到线下，甚至引发现实冲突。老师们管理多是采取暂时“没收”随后返还给家长的方式。于是，有的孩子还会想办法把老师“没收”的手机“偷回去”……所以，有位班主任在总结带班经验时感叹：“如果你恨一个孩子，你就给他一部手机，然后再给他连上WiFi。”一线教师在处理此类问题时仍旧失之于缺乏耐心，缺乏智慧，缺乏信任。

当你埋怨学生太笨的时候，你也应该自问：什么叫诲人不倦。正如英国教育家斯宾塞所说的“野蛮产生野蛮，仁爱产生仁爱，这就是真理”。唯有信任才能产生信任。良好的师生关系是教育产生的重要前提，正所谓：亲其师，信其道。比如在语文教学中，情感为纽带是贯穿在整个教学过程中的，师生的情感随着课文情况的起伏而推进延续。课堂教学因为有了情感纽带的牵动维系，变得更有诱惑力。教学如此，育人更是如此。

在处理“难教育的学生”时，我总倾向于能再给他们一次机会，经常教育学校的中层干部：惩戒只是手段，教育才是目的。作为教育工作者，我们一定要一再明确：处理的是“学生的问题”，而不是“问题的学生”。坚持按校规校纪要求与违规违纪行为“做斗争”只是学校管理者开展工作的起点，让学生能在思想上认识错误，并帮其找到改正错误的具体路径，实现“惩前毖后，治病救人”的目的才是教育的终点。下处分是很简单的，但不能“一下了之”，更不能“一训了之”。否则，非但起不到教育转换的预期效果，反倒有可能出现激化师生矛盾、家校矛盾，将学生推向自暴自弃、逆反叛逆等另一面。要敢于斗争——对不良现象，敢于旗帜鲜明地说不，敢于理直气壮地制止；要善于斗争——在遵循教育规律和学生成长规律的前提下，用更为灵活的方式方法处理问题。学校在管理教师时也是如此，特别是对于那些“不拘小节”甚至有点儿“刺头”的老师，凡不是涉及违反工作纪律的事，还是“用人用长处”。在具体实践过程中，一些班主任（老师）确实存在工作方法简单、工作态度生硬的问题。还有少部分教师没能做到就事论事、就事说理、一事一了，而是总翻旧账，借事说人，不断对学生进行“负面强化”。这些老师并未真正领会教育的真谛。

我常说：学生学会如何面对自身错误是成长路上的重要一课，这属于挫折教育的重要组成部分。学生如果不能接受错误和失败，也不可能真正享受胜利、珍惜成功。我们可以用“完美”作为培养学生的“愿景”，但不能作为“标准”。因此，师生之间的“斗争”应该是“思想上”的斗争。教师要有“霹雳手段”，更要存“菩萨心肠”。这是由教育的性质决定的。孔子说，如果有哪个字可以奉行终生，应该就是“恕”，己所不欲，勿施于人。学生在班里是平凡的五十分之一、六十分之一，但在家里大部分都是闪亮的唯“一”。推己及人，教师只有相信学生可以被教育、可以被转化，他所采取的教育手段才是有价值、有意义的，才是真正地为学生有意义的人生奠基。

二、给育人者以温度

为了抢抓机遇，推动事业高速发展，学校在制定政策时往往优先考虑工作效率，强调服从行政命令，在日常工作中对老师们提出工作要求多，进行方法指导少；指责批评太多，关心帮助过少；有些领导的工作方法还有失于生硬，把老师们当成决策执行者而非是育人者，忽视了对学生"心灵鼓手"的关心关爱。

记得有次开老教师座谈会，一位老同志问我："校长，这几年学校发展很快，成绩连年攀升，生源越来越好。不过，你有没有感觉哪里不对劲儿？"我知道老师的设问一般都有答案。不过，这位老师没给我明确的答案。我想他可能是想"启发式教学"，可能是慑于我这个校长的"权势"，也可能是当着大家想给我这个校长留些"面子"，抑或是觉得这个会就是"面子工程"，我根本不会听从他的建议……我想，答案可能是少了老师们"日常式"的欢声笑语，可能是老教师感觉自己有点儿跟不上学校的快节奏而心生了些许落寞，也可能是其他什么别的答案。

一中的教师队伍总体敬业度很高，当工作压力增大时，老师们往往是选择去跟自己较劲，去跟学困生较量，去跟考核分小数点后的几位数较真儿。时间一长，整体的氛围就会显得压抑。学生的幸福是由老师决定的；老师的幸福是由校长决定的。一般的管理者看到"下属们"奋勇争先地搞业绩高兴还来不及，哪会担心？可我们是教育工作者。雅思贝尔斯说过："教育就是一棵树摇动一棵树，一朵云推动一朵云，一个灵魂唤醒另一个灵魂。"如果教师的灵魂是焦虑的，那么他唤醒的灵魂又怎能不焦虑？

记得有次校务会刚散会，学校的团委书记让各年级主任给本年级青年教师转达周末有师市团委联合多部门组织的联谊活动，希望未婚教师积极参加。一位年级主任随口说：团委直接在校务群发通知，没必要逐个单独通知。团委书记回答：感觉在工作群发这样的信息不严肃。我在当时并未太在意。但年级主任接下来的一句话却提醒了我："男大当婚，女大当嫁。没什么不严肃的。"我们现在不去深究那位主任是心直口快，还是怕麻烦不想去做。但作为校长，我的思考是青年教师的终身大事的确影响教师队伍稳定。当年，王震将军率大军进疆后，为了能让战士们安家立业，更好地扎根边疆、建设边疆，留下了“八千湘女上天山”的佳话。我们学校的干部往往只把教学、教研、德育看作当紧事、要紧事，其他的都是私事、小事、散事。这说明，我们的管理者过于重视“产出”——工作完成的速度、数量、质量，却忽视了“产出”的人——没有树立“教师是学校的第一生产力”的最新教育理念，更没有把对教师的关心、爱护提高到“国将兴，必尊师重傅”的高度。

彼得·德鲁克曾对企业的管理者提醒：企业的资源有很多，但真正的资源只有一项——人力资源。同样，学校的资源也有很多，但真正促进学生成长、学校发展、教育进步的关键资源也只有一项——优质的教师资源。印象中，有 3 名住在同一间宿舍的青年教师在一学期内相继离职——一位因不小心滑倒而骨折，在返回千里之外家中修养一段时间后，向学校递交了辞呈；一位因想和姐姐生活在同一个城市，也向学校提出辞职；在学期末的时候，第三位老师也向学校申请辞职，理由是家里给介绍了对象。这样回想，如果当初他们找到对象，在石河子安下家，会不会有另外一种结果？学校对“双职工”（夫妻双方都在我校工作）如果能多一分关切，会不会能让老师们在干好工作的同时可以更好地兼顾家庭？

当今社会，虽不是物欲横流，但收入仍对人才的流向仍有着巨大影响。虽然我们在绩效考核分配上做了一些工作，但在“总盘子”不大的前提下，与省会及其他发展条件较好的城市相比，与东部经济发达的地区相比，我们很难靠待遇吸引人才、留住人才。近年来，我很难招到六所部属高校的公费师范生。很重要一个因素就是人才的“孔雀东南飞”。偶尔可以招到，大部分也是我校毕业生。这一点的确也令我欣慰——自己培养的学生愿意回到母校来做贡献，说明我们的育人工作见了成效，至少受到学生认可。毛泽东主席曾说：“人是要有一点精神的。”待遇不能留人，那就要事业留人、环境留人、感情留人，校长一定要相信教师的情怀，培育教师的情怀，呵护教师的情怀。

三、给优质均衡以灵魂

教育的主要矛盾是人民对美好教育的向往与教育发展不充分不平衡之间的矛盾。在这样的时代背景下，校长不能仅以“单位人”进行自我认定——认为把本校发展好就够了；更要以“教育人”自我定位——为教育的优质均衡贡献力量。一名有情怀的校长不能只打本单位发展的“小算盘”，还要站在维护本区域内良好教育生态的角度上“算大账”。

如果当地的龙头校都不能满足社会对教育的期望，那么就有可能在客观上造成家长想办法把学生送到异地“名校”接受教育，这就会导致“负向循环”——高中没有办学质量，优质初中毕业生流失；优质毕业生流失，高中办学质量继续下降。长此以往，高中师资力量也会流失。建设一支高素质教师队伍短则需要几年，长则需要十几年；优秀教师流失，即便短短两三年也会让学校大伤元气。更为甚者，生源流失会呈现“低龄化”，有些家长想既然早晚都要走，还不如趁早把孩子送出去，于是通过各种办法初中阶段就将学生转出。当地的教育生态就会造成严重破坏。

作为兵团教育人，我自知我的一切都来自这片土地，就要尽自己的特长和能力为这片土地做些什么。于是，在卢建新名校长工作室基础上成立了一中教育集团；后来，师市又成立了义务教育段的五大教育集体，推进集团化办学。我自身则又依托名校长工作室、“新丝路六校联盟”、“兵团高中西部联盟”等载体对薄弱学校进行无附加条件的帮扶引领，让“创设有意义的教育现场”在更大范围内呈现。其实，这些都指向同一个目标：均衡——让兵团的孩子不管在哪里都能享受到同等次的教育资源。

火车跑得快，全凭车头带；学校发展好，得有好领导。我们的帮扶措施还主要停留在榜样引领示范层面，如课堂教学、师资培训、行政管理、课程建设、资源共享等。但对于学校校长领导力，特别是价值领导力培养还存在着“缺课”，今后的帮扶，要抓好校长这个“关键少数”，为当地学校发展树立“灵魂人物”。

结合双向挂职，我校连续多年派出中层干部到南疆薄弱学校挂职，派出骨干教师到薄弱校支教。经过多年的实践，派出一个团队到一所学校进行“组团式”帮扶是当前支教帮扶手段中见效最快、效果最好的方式。

中国教育报以《从“输血”到“造血”的跨越——新疆石河子一中薄弱校帮扶记》报道了我校教研室主任何铮带领教师团队到第三师图木舒克市第二中学支教帮扶的故事。最重要的一条经验就是在当地创办“石河子班”——抽调各科骨干教师，全面接管当地一个教学班，该班的管理模式全部采用一中模式，学生的学习进度、课程内容、习题作业都和一中本部一样，以便使当地老师更全面深入、直观高效地了解一中办学经验。这就有点儿像打造一个“示范区”，让当地学校最直观地了解一中的教育模式，借此进一步完善当地校的管理体系。其次，注重双向交流，发挥共振效应。一方面，通过挂职支教、名师工作室送课、举办专家讲座、共享教案及练习题等核心资源，把一中的先进做法送过去；另一方面，通过参观访问、跟岗学习、线上会议等方式，把当地校的人员请过来。通过双向交流，互通有无，最终促进当地办学发展的跨越。

四、给办学以活力

激活办学活力的关键一招就在于用好绩效考核。学校在出台量化考核方案，在绩效考核向班主任倾斜，向一线教师业绩突出的倾斜方面力度很大。我校从 2014 年起在全师范围内率先探索双向聘任，即学校聘年级主任，年级主任聘班主任，班主任聘科任教师，以岗定人，双向选择，学校协调骨干优秀教师按比例聘到三个年级，适当向高三倾斜；继而打造以班主任为核心的生命成长共同体，全面推进“三全育人”；同时在绩效考核上拉开档次。办学活力得以极大激发，教育教学质量得以全面提升。但还能否找到新的着力点进一步激发办学活力，仍旧值得继续探索。

第二节 未来工作的展望

未来的教育会是什么模样？未来的学校是什么样子？或许，不同的校长会给出不同的回答，但有几个愿景应该是共通的。

一、办有信任感的教育

没有教不好的孩子，只有不会教的老师。这应该是教师发自内心的自我激励而非外界强加的苛刻要求。从心理学上讲，我们选择相信什么，就会格外注重这方面的信息，然后这些信息又会给出反馈，进一步坚定想法。所以，我们既要相信自己，更要相信学生。学校要充分利用好学生会的作用，尤其是寄宿制学校。学生从日常的德育检查（考勤、卫生、课间操、眼保健操、晚自习纪律）到生活习惯养成（宿舍卫生、纪律和食堂排队）都可以发挥作用，在此基础上，畅通校长信箱、热线，本着相信学生本心向好，可以也应该参加管理的想法来听取学生意见。

有这么一件小事给我留下深刻印象。一天，两个小姑娘来到我办公室，大着胆子询问我学校铃声能不能更换。理由是来回就是那几首歌，听得都不爱听了。学校为了对学生进行励志教育，同时防止教师拖堂保障学生课间休息，就选了一些励志歌曲作为铃声。既然学生能鼓起勇气提出这个建议，我就安排德育处论证此建议是否可行？后来通过调研，结合学生意见，更新了一批励志歌曲。事情虽小，但启示管理者：学校是大家的学校，只要学生提出的建议合理，就可以采纳。人大附中校长翟晓宁说：也许随着时代的发展，掌握知识已经不是人类所面临的主要任务，也许随着人类的发展，我们为生存而做的很多工作将会为智能化的科技所取代，但是可能更需要注重人心灵的成长、精神的成长和灵魂的升华，这是真教育。于是，我开始思考可否进行学校工作答辩会？学生代表组建问题委员会，全校中层干部前去答辩，直接正面回答委员会提出的问题。是否能建立学生校长助理？定期轮换人员，让校长直接听到学生心声。

陶行知先生曾说：人人都说小孩儿小，小孩儿人小心不小，你若以为小孩小，你比小孩还要小。我们如果永远把孩子当成孩子，那么他永远长不大。我们要把孩子当作未来的建设者和接班人，他们才能成长为我们希望的样子。

二、办有温度的教育

学校必须加强对教师队伍的人文关怀。不仅限于通过工青妇开展各项文体活动：元旦教师歌唱比赛，教师文艺会演；冬至包饺子；慰问退休老同志等。不止步于“丧必吊，婚必贺，病必探”等大事的出席，还要在平时多观察、多了解，及时解决日常的困难——老教师的排班问题；青年教师的成长问题；孩子的接送问题；不停步在按照国家规定按时足量发放节假日福利等物质，还应更注重让教师获得精神满足，让学校更有温度，像个“大家庭”而非“大工厂”。

我离任后，一中的新一任校长傅祖勇同志（我任校长时的副校长）在教师的人文关怀上又有了新的举措。最令我感动的是，学校每半年给在本学期退休的老教师举办一次“荣休仪式”。一中老教师多年传承下来，形成一条不成文的规矩：要站好最后一班岗——为了把教师更换对学生、对学校正常教学的影响降到最低，老同志们只要身体允许都会选择干到学期结束再退休——哪怕要多干几个月。这是对学生负责，是对学校负责，更是对自己的教育生涯负责。于是，学校也想通过这样一个仪式来给一辈子都在一中奉献的老教师画上一个圆满的职业生涯句点。再和傅校长交流的时候，他谈及这样做的出发点，也是在召开老教师座谈会上，有位老同志感叹：有时候，一学期开学，又发现一位老同事不再来上班了。按说光荣退休是一件值得高兴的事儿，但就这样默默地离开自己奉献了一辈子的学校，让人难免有些伤感。俗话说：家有一老，如有一宝。作为学校管理者，我们要想办法用好这个“宝藏”。学校今天的发展成就得益于一代又一代一中人的艰苦奋斗。各位荣休教师是学校事业建设、发展和进步的亲历者、建设者和贡献者，大家用自己的行动诠释了"团结，勤奋，严格，创新"的一中校训，给在校师生树立了光辉的榜样，为学校"争创一流"提供了强大的信心。

学校的第一次退休教师"荣休仪式"取名为"教育芳华永不老　峥嵘岁月总是诗"，班子成员和全校教职工全部参加，欢送刘军、周斌、王奔、王新惠、刘金兰5位老师光荣退休。活动从播放五位教师的执教回忆拉开序幕，从曾经意气风发到现在的华发满头，五位教师用知识的甘露滋润着学生的心田，用无悔的青春演绎着诗意的人生。他们为一中的发展、为学生的成才贡献了力量，奉献了自己的最美青春。校长代表学校充分肯定了老师们对一中的贡献：莫道夕阳近黄昏，最美不过晚霞红。老教师是学校的宝贵财富，是年轻教师奋发向上的精神动力。如果人生是一场考试，那么我们这些老教师用"一辈子立德树人"的行动交出了一份精彩答卷，取得了令人瞩目的优异成绩。

同组教师走上台分享与退休教师共事的回忆。有位老师说："落红不是无情物，化作春泥更护花。老教师给予我们的帮助和支持非常大，作为后辈也必将承担起为一中这棵参天大树浇水施肥的任务，让一中这棵大树更加枝繁叶茂。"学生一曲《老师好》表达了对老师的依依不舍、对老师的无限感激，学生们纷纷献花，祝愿五位教师身体健康，万事如意。每一位退休教师都上台和大家分享了他们的工作感言。老教师们的一生，既是平凡的，平淡的，平安的，也是充实的，有意义的，生动的，光荣的，他们在一中发展的历史篇章中留下浓墨重彩的一笔，这是每一位一中人的宝贵财富。

简单而隆重的欢送仪式，既是对老教师工作的充分肯定，也是对青年教师的一种激励，进一步增进了教师的归属感，有利于促进学校全面、和谐发展。活动画上句号，但一中关心教师的暖心行动将一如既往。为众人抱薪者，不可使其冻毙在街头。我们希望孩子感受到教师的温暖，就要给教师以更多的温暖。

三、办均衡发展的教育

“一花独放不是春，万紫千红春满园。”校长带领全校师生把本校发展好只是开始，把自己的成功经验推广给薄弱学校，帮助其取得事业发展才是发展的目的。名校长工作室主持人、教育集团的龙头校要主动作为，以“专递课堂”“名师课堂”“名校网络课堂”三个课堂的建设为契机，充分发挥集团内名师、名师工作室、教学能手培养工作室作用，推进薄弱学校和薄弱科目“双师课堂”实践，最大化利用集团优质师资和教学资源，为学生的个性化学习提供优质的课程资源，拓展学生线上学习的学习场域，提升学生的自主学习能力，实现教育的共享、均衡和公平，整体提升学校和集团的教育教学质量，逐步实现优质均衡。

针对在教师队伍交流轮岗、管理干部交流任职上力度不足的问题，建议借鉴兵团第二师华山中学的模式，由龙头校华山中学托管两所中学，实行一校三区一体化紧密型管理，结合华山教育集团指导引领几所学校松散型多样化特色化发展相结合模式。同时建议教育主管部门考虑加大对龙头校倾斜力度。集团龙头校应合理分担教育局考核成员校的部分工作，逐渐给予成员校校级干部推荐权，在编制核定、岗位设定、经费下拨方面给予一定倾斜，为后续的校长职级改革打好基础。

著名教育家于漪提出：校长的使命发展教师第一，发展学生第二。北京十一学校李希贵也说：要想使学生得到好的发展，首先要使教师有好的发展，校长不可能面对每位学生，每天直接面对学生的是教师，校长直接面对的也是教师。所以促进教师的专业发展是校长的第一使命。那么，想要办好学校，就要着力培养校长。传统的做法一般是两种：选育和嫁接。选育，即从原学校来选人培养，通过他的改变来带动教师队伍改变，然后带来学生的改变。嫁接，即从龙头学校选派优秀干部到薄弱校担任校长，带去新理念、新办法、新举措。其实，当前北京等地的探索，给了我们新的启示：轮岗——区域内的优秀校长、教师在规定年限内（比如 5 年）整体到另外学校轮岗。当然，学校要按当前发展水平划层次，教师按当前水平划层次。着力推动跨层次的人才流动。

四、办有活力的教育

2020 年，教育部等八部门联合印发了《关于进一步激发中小学办学活力的若干意见》，针对管得过多、激励不够、保障不够、管理机制不健全等影响和制约中小学办学活力的突出问题，重点提出了保障学校办学自主权、增强学校办学内生动力、提升办学支撑保障能力、健全办学管理机制等四项重大举措。这对中小学校长而言是个重大利好消息。不过权力的下放也代表着责任的下放，校长应当从树立教育情怀、提高办学治校的实际工作能力、完善学校内部管理机制、激发教师的积极性和创造性、深化教育教学改革等方面着手，充分调动全体教职工的积极性和创造性，避免出现"鞭打快牛"甚至"逆向淘汰"的情况。

活力的激发无非就是如何科学配置资源——人、财、物。有人说，未来学校的功能也将发生转变——从"电影院形态"转向"超市形态"。这意味着，每个人的个性选择将越来越重要，而学校需要做的是，尊重个性和差异，提供精准教育服务。而课堂上，混合制学习、合作学习将逐渐成为主流，这种"混合"不但是线上线下混合，也是多种课程形态的混合。信息技术可以丰富资源、提高效率、加强反馈，但不能替代的是人的情感体验、精神交流，而这正是学校价值所在。由此来看，人、财、物三者中最为核心的因素还是人。财和物都是为打造师德高尚、业务精湛、结构合理、充满活力的高素质专业化教师队伍而服务的。有了这样一支队伍，立德树人的根本任务落实也就有了最为有力的保障。

对于队伍的管理，最为核心的则是尊重规律：教育规律、办学规律和学生成长规律。只有尊重了规律，学校制定出的决策才是科学合理、有价值、有意义的。记得有位老师说了一句特别朴实的话：我不怕干活，是怕干那些没有什么意义的活儿。作为校长，在推行改革、出台政策、发布命令之前，不妨也问自己一句：这么做对学生的长远发展有没有好处？对教师的专业成长有没有好处？对学校的持续健康发展有没有好处？这三问，其实也指向了同一个问题——这样做对完成立德树人根本任务有没有好处。

再回到本书开篇的第一个问题："办什么样的教育，如何办教育？"我想在各位的心中应该有了一个更为明确而坚定的答案——办为"有意义的人生"奠基的教育，用自己的生命为自己学生的生命奠基。

中国中小学名师名校长领航工程丛书

课堂就是关键

左　鹏◎著

中国出版集团
世界图书出版公司

丛书序

我在不久前发表于《中国教育报》的一篇文章中提到：必须高度重视我国教育本土实践与智慧的深度研究，这可能是中国教育转型的关键，也是增强教育自信的必由之路。这里摘引其中的几段。

何为“本土”？自然指向的是中国本土，它是中国的，是中华民族的，是在中国教育自身的实践中产生的。但今天的本土，又不是纯粹的孤悬于世界教育文明之外的“孤岛”。近代以来，国门大开，中外交流包括教育的交往从未中断，而且越来越有深度，也越来越融通。因此，可以说，在全球经济一体化的今天，偌大的中国，无论怎样的教育实践和思想，都像今天的中美经济贸易一样，你中有我，我中有你，所以这里的本土应该是指发生在中国大地上却又融汇了全球教育智慧的本土实践，是在实践中产生的智慧。研究本土教育，弘扬本土教育的实践智慧、经验，绝不意味着我们对于他国教育理论和实践的拒绝和对抗。

事实上，许多年来，随着教育部中小学名校长、名教师领航工程的陆续启动，一批又一批原本散落、尘封、不为外人所熟知的教育实践成功的学校、校长和教师典型，经由国家工程的推动，越来越快地成长、发展和成熟。笔者参与教育部中小学名校长领航工程，以江苏基地首席专家的身份，与来自全国15个省市自治区的教育家型校长“互学共进”，见证了他们在一流理论和实践导师的专业引领下自身成长和学校发展的

“蜕变”过程，深感与最为杰出的教育人结伴而行，乃人生至乐，且真正可以教学相长。感受最深的是代表我国现阶段最高水平、最高层次的精英校长，他们在长期的教育和学校管理实践中，在长期广泛学习、借鉴、研究、融会贯通、将世界优秀的教育理论与我国教育实际相结合的过程中，不断地“立功、立德”，成就越来越多的教育辉煌，其中有很多校长已经或者正在形成富于本土教育特色和个性的教育思想。

这样成功的本土实践、这种在本土实践中成长起来的中国教育智慧，对于教育改革的深化，对于教育转型，其借鉴意义和价值深远，一点也不亚于西方教育成功的理论和模式；甚或，因为其同源性、可行性，就显得更加重要。对之视而不见或者置若罔闻，这要么是崇洋媚外的劣根作祟，要么是功利导致的无知和漠视。

到2021年9月中旬，教育部第二期教育家型校长培养工程圆满结业，中国已经培养出近180位教育家型校长。而随着时光流逝，他们中的越来越多的人都将淡出教育的主流场域，这虽然是新陈代谢的规律所致，但对于这一批校长，在这样一个黄金时段，如何最大限度地发挥他们的作用和功能，更好地实现在教育变革中的意义和价值，对此我们又有多少考虑，又有多少顶层设计呢？

作为曾经伴随着他们“走过这一段路”的培养者，作为亲眼见证和感受着他们的优秀、卓越和创造了一方教育辉煌的专家，每每想到这些，只有扼腕叹息，我无法要求国内的教育专家学者转换视角、转变观念，把研究的重点瞄向本土、本土真正杰出的教育实践家、中国一流的教育家型校长群体，也无法突破一般政策的规定，比如校长任职年龄的限制，充分发挥这些领航校长的智慧和才干，不断创造办学和教育的奇迹，引领一方教育顺利转型。我可以做的，或者说力能胜任的，大概就只能是重点关注这些校长中的一部分，调动多方专家力量，如实地呈现他们有关教育的功、德、言，呈现他们的研究成果和创造成果。

这套《中国中小学名师名校长领航工程丛书》正是要通过这些校长

自身成长的轨迹梳理、学校发展的过程回放，通过对其经验与理念、理性思考与实践智慧的展示，特别是通过他们教育思想、管理个性与办学风格的真实表达，以理性开启思维，以经验启迪思想，以成功激励成功，为面广量大的校长人群提供资源帮助，经验参照和方法启迪，推动正行进在改革现实、加快转型、探索未来教育的他们突破、超越，从而为加速建设教育强国、科技强国、人才强国贡献智慧和力量。

不仅如此，通过这种原汁原味的成功样本的“实录”，展示中国基础教育转型期一批勇敢者不息探求的历史，为未来国内有志于中国基础教育研究的专家提供第一手的最真实的素材和资源。也衷心希望越来越多的教育同仁参与进来，开展越来越多、越来越丰富的研究，取得越来越多、越来越厚重的成果。

当中国本土的教育实践智慧被越来越多的教育人、研究者深度关注，当本土教育家型校长和校长教育家的办学思想、成果的研究终于成为“显学”，我国教育改革的深化、教育转型的发展，就进入了花香郁郁、生机勃勃、自信满满的崭新阶段。

本丛书的组织、编写和出版，得到了教育部“国培计划”专家工作组秘书长黄桂珍、领航工程项目办郭磊主任、国教院培训学院于维涛、领航工程北京基地首席专家胡淑云、领航工程广东基地首席专家龚孝华等的大力支持，他们给予本书以较高的评价，在此深表感谢。必须要提到的是，2020 年，北京教育学院校长、培训学院院长胡淑云教授邀我和广东第二师范学院龚孝华教授一同参与了中国教育学会重点课题“从名校长到教育家型校长发展路径研究”，本丛书恰恰是围绕这一课题所做的“研究三人行”之成果了。

严华银

2022 年 2 月星期日于南京老山竹下居

序

左鹏校长的专著《课堂就是关键》就要出版了，这无论是在他作为校长和教师的职业生涯中抑或在作为学者的学术生涯和人生旅途中都是一件大事。他嘱我为该书写序，我欣然应允。因为，无论是作为左鹏博士的导师，还是作为课程教学论学者，抑或作为小学整体开展“四生课堂”教学模式实验的合作伙伴，我都无任何理由拒绝。

我关注课堂很久了！早在王姣姣读博时我就指导她，把课堂的教学行为研究作为她博士学位论文的选题，后应《湖南师范大学教育科学学报》主编徐超富先生之约撰写一篇短论发表于该刊 2013 年第 2 期上，明确提出了“课堂比课程更重要”的鲜明独特观点。我自学生起就不满意人们习以为常的大中小学课堂教师讲学生听的教学模式，当大学老师后力图改变这种课堂教学状况，自觉嵌入了“讨论”“合作”“探究”“实践”等要素，强调学生的“自主”“主动”“主体”等作用。后来，为了改变学生课堂上积极发言的不多、课堂外自觉看书的不多、学习中联系现实生活的不多的“三不多”现象，在长期实践探索和理论探究基础上融合中外古今教学理论，提出“生为本、学为主、大主题、全开放”的课堂教学模式，后进一步凝练为“生命性、生长性、生成性、生活性”的课堂教学模式，即“四生课堂”教学模式。

为什么我要关注、研究和改革课堂？因为我认识到，立德树人是学校教育的根本任务，学校是以培养人为专门职能的地方，学校培养人的中心和主阵地在课堂！离开了课堂教学这个中心和主阵地，学校就不成其为学校了。然而不是任何课堂都是培养人的好课堂。那种“呻其占毕，多其讯言，及其数进而不顾其安。使人不由其诚，教人不尽其材。其施之也悖，其求之也佛”“故隐其学而疾其师，苦其难而不知其益也”（《学记》）的教师讲学生听的满堂灌注入式课堂，绝对不是好课堂！而《论语·先进》之“子路、曾皙、冉有、公西华侍坐”章所描述的孔门师徒“言志”教学情形，则是理想的课堂教学情形！

理想的好课堂应当具备以下特性：第一，整个课堂都充满着生命性。每个人的主体地位都得到高度尊重，每个人的作用都得到充分发挥，师生全身心投入，充满热情、激情、活力和朝气，积极性、主动性很高，想教想学爱教爱学。第二，整个课堂都充满着生长性。课堂不仅达成了课程计划、标准规定的即预设的“双全”（全体学生、全面发展）“双基”（基础知识、基本技能）教学任务，而且满足每个学习者的不确定性的，个性化的发展需要。“生长”不仅意味着纵向地向上向前发展即水平的提高，着眼于未来，指向终身学习和未来生活，而且意味着横向地向左向右发展等内涵的丰富性，即不仅着眼于知识能力，还指向道德、审美、个性人格、情感态度和价值观念。第三，整个课堂都呈现出生成性。教学过程不仅是教学设计（教案）的落实、执行过程，而且是在执行、落实教学设计的同时，随时随地（适时）根据实际进展情况加以调整、校正和改变，使其呈现出开放性、多元性和弹性的过程。第四，整个课堂都充满着生活性。课堂教学不仅着重死记硬背、熟读诗书，不仅传递书本上的现成的或者说是死的知识，还能关注和联系现实生活并将所学知识运用于现实生活（生成性知识、活知识），将其引入教学内容以作为其补充和丰富，并且突破课堂空间的限制，将现实生活作为实施教育教学的重要途径和方式。“四生课堂”合乎“保证教学质量的好课堂”的四大标准，即具有生命性、生长性、生成性和生活性等特性，所以“四生课堂”是提高课堂教学效率、保证教学质量的好课堂。《基于学生发展核心素养培育的“四生课堂”建构研究》（《陕西师范大学学报》哲学社会科学版2017年第5期）、《“四生性”：我的课堂教学观》（《湖南师范大学教育科学学报》2019年第1期）等文，对“四生课堂”的内涵、理念、特点、理论依据、结构模式、操作程序、实施策略等做了全面深刻的理论阐述。

左鹏也对课堂有着同样的认识。他作为校长，自然知道课堂对于教育质量和人才培养的重要意义，所以一直抓住课堂不放，始终把课堂教学置于学校全部工作的中心位置。特别是当他接触到“四生课堂”理论后，认为在教育高质量发展的现阶段，“四生课堂”能够改变中小学死板、沉闷、低效的课堂教学状况，因此非常适合中小学，表示愿意将其引入小学课堂，落实到小学教育实践中，开展课堂教学改革实验。他先后带领湖南长沙高新区明华实验小学校和麓谷中心小学开展小学全科“四生课堂”教学模式实验，并以此带动学校工作的全面推进，促使全校教职员工观念的全面更新、教改行动的全员参与，促进了各科课堂面貌的全面改观和教师专业的全面提升，学校办学面貌焕然一新。在他的带领下，“四生课堂”教学模式正以“教育部领航名校长左鹏工作室”为组织形式，以“四生教育研究院（筹）”为科研平台，继续深化“四生课堂”实验，并向“四生德育”“四生管理”拓展，向“四生教育”联盟学校延伸推广。“四生教育”是一项创新未来学校建设的伟大事业！

对于作为校长的左鹏来说，尽管课堂教学对于办学非常重要，本书也做了初步的阐发和论述，但终究不是其全部的理论和实践工作。他的目标和着眼点是要创办新时代所需要的每个教师都能发挥积极作用，每个学生都能得到充分发展，每个生命都充满朝气和活力的高质量创新型学校。他从乡村教师走来，向教育家型校长迈进。他虚心好学，勤奋踏实，从一个中师毕业生成长为具有一定理论水平和研究能力的博士生和学习型校长；他勤于思考，务实肯干，把每一所学校都办成知名学校，使自己也成为远近闻名的改革型校长；他不落俗套，不守陈规，锐意改革，勇于创新，不仅把每一所学校都办成创新型学校，他本人也成为全国知名的创新型校长；他思维敏捷，不断探索，深入研究教育教学规律和学校办学规律，不仅发表了多篇具有一定理论深度和学术水平的文章，还带动老师们一起研究和写作，把学校办成研究型学校，他本人也成为全国知名的研究型校长。我期待他继续发扬“闯创干”的精神和作风，勇立时代潮头，不忘初心，牢记使命，更进一步。

是为序。

张传燧
壬寅年正月元宵佳节于黔闾湘语书斋

在回答新时代教育之问的实践中凝练教育思想

时代是思想之母，我们正经历着一场由深刻的社会变革带来的教育变革，也正进行着一次人类历史上最为宏大而独特的社会实践创新带来的教育创新，中国特色社会主义进入新时代，中国教育也进入了新时代。作为一位基础教育工作者，我对教育新的认识、理解和教育理性的自觉都源自对这个伟大时代的教育之问的启发。实践是理论之源，是形成、丰富和发展一切教育理论的源泉；唯有教育实践，才能孕育出真正的教育思想。二十多年如一日，在中小学教育实践的沃土里耕耘，让我的教育思考和教育经验散发着“泥土”的芬芳。“校长教育思想的直接来源是教育实践，是教育主体对教育客体的能动改造过程，即经过对教育实践信息的‘去粗取精、去伪存真、由此及彼、由表及里的改造制作’而形成。教育科学实验是产生教育思想的重要途径，是一种特殊的教育实践。校长和教师既是教育者也是研究者，他们能够针对问题选定课题，制定方案，探索规律，发现和创造新的教育思想。”的确，培养小学生发展核心素养的“四生课堂”教育思想就是源自对新时代教育之问的实践回答。

新时代教育之问激发我教育思想的生长。党的十八大以来，习近平总书记围绕“培养社会主义建设者和接班人”做出一系列重要论述，深刻回答了“培养什么人、怎样培养人、为谁培养人”这一根本性问题和“办什么样的教育、怎样办教育、为谁办教育”这一方向性问题。这两大问题激发着我不停地思考“如何立足自己的学校、自己的教学、落实立德树人根本任务”。从2017年开始，在博士生导师、全国著名课程与教学论专家张传燧教授的指导下，我找到了进入宏观问题领域的“小切入点”——中小学生发展核心素养的培养。2018年初，我申报的湖南省“十三五”规划重点资助课题“基于小学生核心素养培养的‘4S’课堂教学模式研究”正式立项。在课题的驱动下，导师指导我从理论和实践层面研究“学生核心素养，为什么要从小学抓起？”“学生发展核心素养培养，小学应该抓什么？”“学生发展核心素养培养，小学应该怎么抓？”“小学生发展学科核心素养如何培养？”等问题。这一系问题都是基于新时代“培养什么人？”“怎样培养人”的回答，都是“立德树人如何在小学阶段落地生根的回答”，就是基于这些“真问题”的研究，让我走到了新时代教育的前沿，生长出了“课堂就是关键”的教育思想。

新时代教育之需激发了我教育实践的动力。行走在中小学的课堂里，我发现，虽然新课程改革已经二十多年了，但是无论是在乡村薄弱学校的课堂里，还是在城区优质学校的课堂中，大多数学校、大多数老师的课堂教学还是处于传统课堂教学的状态，虽然较之前照本宣科，灌输式、填鸭式的课堂教学方式有了一定进步，但是还没有质的突破，仍然处于“以教师为中心”（主体），“以教为主”（方式），“以教知识为主”（内容），从这样的课堂中成长出来的学生仍然没有得到“全面而充分”的发展，仍然“分数高，能力弱”，仍然“在为考试而读书”，仍然在“被动地学，而不是主动地学”。在这样的课堂里，学生的核心素养难以得到充分的发展，立德树人更难以高质量达成。无论是作为教师，还是作为校长，我都深深地感到，如果我们的课堂不改变，无论有多么美好的顶层设计，多么高远的教育目标，无论有多么前沿的课程理念，把学校建设得多么漂亮，无论投入多少经费，我们的育人目标都难以实现，育人质量也难以提升。面对教学变革之需，我苦苦思索：什么样的课堂才能够更好地发展学生的核心素养呢？在跟随导师张传燧教授攻读博士研究生的过程中，我从他提出来的“四生课堂”理论中顿悟，十多年一直在摸索的“兴趣课堂”“三生课堂”，要的不就是这种师生生命活力焕发的课堂，学生全面生长的课堂，学生在学习过程中不断有智慧生成的课堂，学生们联系鲜活的生活而学，学了又联系真实的生活而用的课堂吗？这不正是我追寻的理想的课堂吗？在这样的课堂里，学生的核心素养不就会悄然生长吗？我欣喜若狂，恳请导师允许并指导我把“四生课堂”的种子播撒到中小学的沃土里。我愿意做一个辛勤的“农夫”和“生产队长”，带领同事们培植新的课堂，培育新时代的学生。

新时代教育之责激发了我教育领航的使命。当自己在教育的沃土里用心思考、潜心耕作时，党和国家给了我更大的学习机会和培养舞台。2018 年我有幸被遴选为“教育部第二期全国中小学领航名校长工程培养对象”，进入了教育领域的“国家队”，接受更高水平的培养，担负起领航者的使命。作为一位年轻的校长，以什么样的思想领航呢？我想课堂始终是教育的核心阵地，是学校办学质量提升的关键，是教师和学生成长的摇篮。当代著名的教育家型校长，无论是崔其升校长，从变革传统课堂教学模式，构建以学生为中心的教学模式，到变革杜郎口学校的发展，“做适合学生发展的教育”，还是姜怀顺校长，构建“334”课堂教学，改变临沂第二十中学，“走向真正的教育”，还是刘京海校长，构建“试讲练”课堂，改革上海市闸北第八中学，探索“成功教育”，还是宁致义校长，构建学案课堂，改变山西省新绛中学等，都是以课程与教学思想引领教育的变革与发展。虽然指向小学生发展核心素养培养的“四生课堂”教学模式改革实验还只是在“积跬步”，只结出阶段性的“果实”，但是如果我们一直在课堂里、在校园里实践下去，久久为功，将来定能“致千里”，定能把思想和理论化为行动的力量，并在实践中收获累累硕果。

这本书呈现的是实施“四生课堂”教学模式实验培养小学生发展核心素养的理论与实践研究的初步总结。全书分为六个部分，分为学理阐述、思想内涵、发展过程、价值实现、辐射影响和升级反思等。

第一章：学理阐述。主要论述了“学生发展核心素养培育应该从小学抓起”“学生核心素养培养重在各科课堂”“‘四生课堂’培养小学生发展核心素养”三个问题，系统阐明“小学生发展核心素养培养与‘四生课堂’的互动关系”的思想原理：我国小学教育发展的历史，教育的性质和作用，以及小学生身心发展阶段的需要，表明学生发展核心素养培养从小学抓起的必要性。目前，我国小学阶段普遍采用分科教学，学生发展核心素养培养落地的主要路径应在各学科核心素养培养，在课堂中得以生成。“四生课堂”教学模式改革实验正是基于小学生发展核心素养培养的实践探索，“四生课堂”围绕“生”做文章，其内涵是指具有生命性、生长性、生成性和生活性等属性特征的课堂教学模式，其目标是指向学生核心素养的养成乃至“全面发展的人”。

第二章：思想内涵。主要论述了“四生课堂”的基本内涵，“双向五维五环节”结构模式，“学为主、生为本、大主题、全开放”活动特色，系统阐明了“四生课堂”的思想内涵。基于小学生发展核心素养培养的“四生课堂”是指遵循小学生教育教学规律和儿童认知规律，关注课堂中师生主体的生命状态，学生学科核心素养目标的生长状态，学生学习过程的生成状态，以及教师教学和学生学习内容与生活深度融合的课堂教学模式。简而言之，就是关注课堂教学中四个关键要素的四种关键属性即主体的生命性、目标的生长性、过程的生成性和内容的生活性的课堂教学模式。其中“双向五维五环节”结构主要为：课堂教学中的师生双向，主体、目的、课程、空间、时间五个维度；情境导入—整体感知，任务布置—自主学习，点拨指导—合作探究，答疑解惑—质疑理解。评价激励—交流展示五个环节。在这样的结构中凸显“学生学为中心”“学习任务为驱动”，学生在课堂中“学”的活动和教师“教”的活动环环相扣，紧张愉悦，生动活泼，妙趣横生。

第三章：发展过程。主要阐述了“课堂就是关键”思想形成发展的过程，主要为四个阶段：第一阶段，萌芽：“兴趣课堂”改造农村薄弱学校。主要记述了在乡村中学工作十年间，担任初中英语教师，探索激发农村初中学生学习英语的兴趣，引领学生乐学英语，改变农村薄弱初中英语教育质量的过程和感悟。第二阶段，生长：“课例研修”激活县城百年老学校。主要记述了在县城小学担任校长期间，立足英语课堂教学，引领学校教师开展课例研修，提升教师课堂教学设计、实施、评价能力，激活一群经验型老教师，帮助一所百年老校重新焕发出青春活力的过程和感悟。第三阶段，拔节："三生课堂"引领集团校青年教师成长。主要记述了在集团学校工作期间，探索"三生课堂"教学改革，引领青年教师走好专业发展之路的过程和感悟。第四阶段，成型："四生课堂"振兴薄弱城乡接合部新校。主要记述了在城乡接合部创建新校期间，引领教师们开展基于小学阶段学生发展核心素养培养的"四生课堂"教学模式改革实验研究，科研兴校，实现城乡接合部薄弱学校"弯道超车"的过程和感悟。

第四章：价值实现。主要论述了"四生课堂"教学模式改革实验在长沙高新区明华小学的校本整体实施，包括学校整体部署、各部门协同合作、各个学科全面开展、全体师生参与、促进学生全面发展等；实施设计包括确定实验研究目标、研究队伍、研究假设、收集研究资料等；实施的过程包括实施准备阶段、全面实施阶段、总结推广阶段等；实施策略有课题带动策略、管理推动策略、教研驱动策略、观点引动策略、课堂行动策略等。从学生核心素养在发展、教师专业素养在突破、学校治理水平在提升三个方面呈现了实施效果。列举了指向小学生英语学科核心素养培养的"四生课堂"个案研究，呈现了"四生课堂"校本整体实施产生的促进学校整体提质发展的价值。

第五章：辐射影响。主要展示了《中国教育报》《中国教师报》等媒体对作者引领教师开展课堂教学改革，建设现代化研究与创新型小学，追寻教育理想，做事业型新时代中国好校长的专题报道及产生的影响力。记述了作者主持国家级名校长工作室，成立"四生课堂"

教学改革实验联盟学校，引领教育同行推动“四生课堂”教学模式改革实验的辐射引领情况。《为了理想的学校而奔跑》一文，中国教师报记者吴绍芬报道了作者行走在做专业型校长，让学校华丽转身，让学习成为生命行走常态，做事业型校长，为教育家办学逐梦的成长之路。《在建设研创型学校中成长》一文，中国教育报记者赖斯捷讲述了作者引领一群教师从解决问题到寻找课题，从研究课题到研究课堂，从研创型校长到研创型学校的课改故事。《新时代校长应具有研究与创新特质》一文，作者阐述了新时代校长应具备研创特质，应修炼内驱力，提升学习力，培养研究力，彰显创新力。

第六章：升级反思。主要论述对“四生课堂”教学模式改革实验进一步深入研究的反思，对影响“四生课堂”教学实施效果的主体因素、评价因素和管理因素进行问题剖析，并基于此提出下阶段“四生课堂”走向“四生教育”研究的设想，包括“四生课堂”文化研究，基于“四生”理念的生成性评价研究、研创学校建设研究、五育并举研究等。

目录

contents

第一章

“四生课堂”，培养小学生发展核心素养的学理阐述

第一节　学生发展核心素养应从小学抓起

学生核心素养培养已经成为基础教育阶段深入落实党和国家立德树人根本任务的重要课题。学生发展核心素养主要是指“学生应具备的，能够适应终身发展和社会发展需要的必备品格和关键能力”或“是学生在接受相应学段的教育过程中，逐步形成的适应个人终身发展和社会发展需要的必备品格与关键能力”。[1]这两种说法是一致的，前者强调的是核心素养的必备性，后者强调的是核心素养的形成性和层次性。这就说明，学生核心素养在不同的人生阶段和不同的教育阶段（学前教育、小学、初中、高中和大学教育）发展和培养的重点各有不同。小学时期是人生发展的关键期，小学教育是基础教育之基础，学生核心素养的培养应当从小学抓起。

一、学生核心素养，为什么要从小学抓起

我国著名儿童教育家陈鹤琴认为：“小学教育是国民教育，是造就人才的开端，是发扬文化的始基，所以比中学、大学教育更加重要。国家的发展、青年的前途，全在小学教育的改进。”[2]我国小学教育发展的历史，教育的性质和作用，以及小学生身心发展阶段的需要，

[1]　林崇德.21世纪学生核心素养研究[M].北京：北京师范大学出版社，2016：29.

[2]　陈鹤琴.一个理想的小学校[M].南京：南京师范大学出版社，2012：9.

表明学生核心素养培养从小学抓起的必要性。

（一）我国小学教育发展历程与核心素养培养

我国古代社会的小学教育主要由“小学”“义学”“书馆”“私塾”等组织实施，内容主要是以启蒙知识教育为主，教育目标偏重于小学生知识和伦理的基本素养培养。近代社会的小学教育，从清末“癸卯学制”开启了教育改革之路，《奏定学堂章程·初等小学堂章程》中规定“凡国民七岁以上者入焉，以启其人生应有之知识，立其明伦理爱国家之根基，并调护儿童身体，令其发育为宗旨”[1]，开始开设修身、读经讲经、中国文学、算术、历史、地理、格致、体操八门课程。民国时期临时政府颁发的《小学校令》，规定6~14岁的儿童入读，规定“以留意儿童身心之发育，培养国民道德之基础，并授之以生活所需之知识技能为宗旨”。[2]课程主要有：修身、国文、算术、手工、图画、唱歌、体操、地理、理科等，男子增加了农业，女子还增加了缝纫等课，有条件的小学还可以开设外语等，可见，我国近代小学教育开始注重小学生知识、能力和情感等综合素养的培养。中华人民共和国成立后，小学教育经历了多次改革。到1986年国家颁布《中华人民共和国义务教育法》，将小学教育确定为义务教育的初级阶段，以法的形式明确了小学教育的全民性、义务性和公益性。到1999年，中共中央、国务院作出了《关于深化教育改革全面推进素质教育的决定》，明确小学教育改革的方向是培养学生的综合素质，决定指出，“实施素质教育必须将德育、智育、体育、美育等有机地统一在教育活动各个环节之中，使诸方面教育相互渗透、协调发展，促进学生的全面发展和健康成长”。到2001年国务院颁发了《关于基础教育改革与发展的决定》，进一步关注学生“全人”的发展，明确了小学以

[1] 张传燧．中国教育史[M]. 北京：高等教育出版社，2010：340.

[2] 舒新城．中国近代教育史资料（中册）[M]. 北京：人民教育出版社，1979：449.

综合课程为主，开设语文、数学、体育、艺术、品德与社会等课程，以“三维”（知识与技能、过程与方法、情感态度与价值观）为具体目标，来促进学生的全面发展。百余年来，我国小学教育发展轨迹是沿着培养学生的知识素养、全面发展的素养，走向核心素养培养，学生发展核心素养培养成为当下小学教育的应然性任务。

（二）小学教育的特性与核心素养培养

小学教育所独具的基础性、全民性和全面性等特性使其在学生核心素养培养中具有独到的地位。

小学教育的基础性决定它是人的素质养成的基础。这种基础性体现在：一是身体发展的基础，小学阶段帮助儿童养成锻炼身体的习惯，掌握锻炼身体的基本技能，保证儿童健康成长是首要任务；二是道德品质发展的基础，小学阶段道德教育的主要任务就是引导学生认识、了解与他们生活经验相关的道德观念，养成相应的文明行为习惯；三是智慧品质发展的基础，小学阶段是儿童智力发展的快速期，又是知识学习的启蒙期，是为学生终身学习打基础的关键期；四是个性品质发展的基础。小学阶段是儿童心理、性格品质的萌生期，这个阶段形成了的个性品质将影响他们终身。

小学教育的全民性强调它以提高全体国民的素质为目标而进行非定向、非专业的教育，它不是为某一领域培养专业人才，而是为社会的所有领域和行业培养专业人才打基础，这种功能不是为了选拔、升学、择业，而是尽可能地为人的身心全面发展创造最有利的条件，为儿童的身心发展奠定有利的基础，为儿童养成好的习惯，激发学习情感和生活情趣，启蒙人生观和世界观打基础。小学教育的全民性决定其义务性，表明我国每一位公民既有享受小学教育的权利，又有接受小学教育的义务，通过小学教育来培养每位公民的基础素养既是每个公民自身发展的需要又是国家发展的需要。

小学教育的全面性强调小学教育的目标是促进全体儿童德智体美等方面全面发展，使他们成为具有现代社会所需要的基础素养的合格公民。核心素养正是全体公民在21世纪的社会生存和发展所必备的基本素养。这种素养应当而且必须从小学教育阶段抓起。

（三）小学生身心成长特点与核心素养培养

小学阶段是儿童身心发展的起步阶段，这一时期身心发展的特殊规律决定其是核心素养培养的黄金启蒙时期。历代教育家都十分重视儿童阶段的教育。他们说："人生小幼，精神专利。故须早教，勿失机也。""人之幼也，知思未有所主。""必使其讲而习之于幼稚之时，欲其习与智长，化与新成，而无扞格不胜之患也。"在小学阶段，学生的身体无论体质还是体魄都处于快速成长中，这一阶段的身体状况将为他们终身体质健康打下良好的基础；学生的智力特别是逻辑思维能力发展快速显现，好奇心、求知欲、记忆力、想象力、探索精神非常旺盛，这正是他们学好文化基础知识、培养探索创新精神、科学启蒙精神的重要时期，更是养成良好用脑习惯和学习习惯的关键时期。小学生进入学校这个"小社会"后，随着活动范围的扩大，交往对象的增多，他们也由"自然人"快速地成为"社会人"，他们面对的人与人之间的交往问题、社会道德问题在不断增加，对人生和世界的认识在逐步形成，所以这个时期是启蒙学生个体人生观、世界观、价值观，为人生的思想品质打好底色的重要时期。

小学阶段更是开展儿童启蒙教育的关键期，儿童教育家颜之推说："幼而学者，如日出之光。"许多研究都表明，错过了这个关键期，将"扞格不胜""勤苦难成"，日后儿童要构建更高阶段核心素养是很困难的，甚至有些核心思维和心理品质将无法补救，只有抓住这个时期（"勿失机"），才能"无扞格不胜之患"。

二、学生核心素养培养，小学应该抓什么

根据我国所公布的《中国学生发展核心素养》总框架，我国学生的核心素养可以概括为"一三六一八"，"一"即一个目的：培养"全面发展的人"；"三"即三个维度："文化基础、自主发展、社会参

与”；“六”即六大素养：“人文底蕴、科学精神、学会学习、健康生活、责任担当、实践创新”；“一八”即十八个基本具体素养要点。对于“六大素养和十八个基本点”，小学阶段学生素养培养是要面面俱到、全面开花还是要有所侧重呢？“核心素养具有终生发展性，也具有阶段性……在个体不同人生阶段中的着重点有所不同，不同教育阶段（小学、初中、高中、大学等）对某些核心素养的培养也存在不同的敏感性，即一些核心素养在特定的教育阶段可能更容易取得良好的培养效果，这为核心素养的培养提供了便利的条件。”[1]在小学阶段，以下六大核心素养应成为培养的重点。

（一）审美情趣

长期以来，我国基础教育对于抓智育和德育已是深入人心，而审美情趣教育在小学阶段却显得相对薄弱，农村学校尤其如此。其主要表现在：小学的音乐、美术等艺术学科课程被视为“副科”，很多学校尤其是农村学校没有专业的艺体教师，往往由语数教师兼任，导致课程教学目标不能很好地实现，学生艺术能力和审美能力不达标，甚至很多儿童成为五音不全的“音盲”或艺术想象力匮乏的“艺盲”。苏联教育家苏霍姆林斯基认为：“对美的东西的感受能在少年心灵中反映出一种极其敏捷的力量，使之成为刚毅果敢、宽宏大量、心地善良而又十分热忱的人。如果一个人在他的童年时代没有领略到人的心灵的美的话，他就不可能成为有教养的人。”[2]学生审美情趣始自个体发展早期阶段的审美教育，在小学阶段审美情趣教育可以发展儿童的情感和美感，为他们今后的健康生活和学会学习等素养的提升奠定基础。《中国学生发展核心素养总体框架》（以下简称《框架》）提

[1] 林崇德 .21 世纪学生核心素养研究 [M]. 北京：北京师范大学出版社，2016：32.

[2] 苏霍姆林斯基著 . 蔡汀译 . 怎样培养真正的人 [M]. 北京：教育科学出版社，1992：13.

出，“审美情趣”的主要内容是：“学生具有艺术知识、技能与方法的积累；能理解和尊重文化艺术的多样性，具有发现、感知、欣赏、评价美的意识和基本能力；具有健康的审美价值取向；具有艺术表达和创意表现的兴趣和意识，能在生活中拓展和升华美等。”据此，小学阶段学生“审美情趣”培养主要包括：

积累最基本的审美知识，如：学习和掌握音乐基本要素、常见结构、体裁形式、风格流派和演唱、识谱、创编等基础知识；了解和掌握基本的造型元素，美术媒材特性，设计与工艺知识，美术和书法作品的题材、主题、形式、风格与流派，艺术家和艺术作品，艺术与生活、历史、文化的关系等。

培养最基本的审美能力，如：学习和掌握识谱和用谱、演唱、演奏、创作音乐的初步技能，能够自信、自然、有表情地演唱歌曲和演奏课堂乐器，表演综合性艺术节目等；发展基本的艺术感知能力和造型表现能力，设计创意和工艺制作，理解与评述美术和书法作品能力等。

掌握最基本的审美方法，如：了解识谱用谱、演唱歌曲、演奏课堂乐器、音乐创作的基本方法等，学会设计创意与工艺制作、美术欣赏和评述的基本方法等。

激发初步的审美意识和情趣，如：在音乐和舞蹈学习中激发小学生对声音和形体艺术的兴趣，体验音乐和形体艺术的美感，能自信和有感情地演唱、演奏，进行音乐和舞蹈的表演，进行简单的音乐艺术创造活动，从而形成乐观的态度和友爱的精神，形成较好的集体意识等；在美术学习中激发小学生对造型表现的兴趣，根据美术媒材引发丰富的想象，激发他们对设计应用的兴趣，体验设计与制作的乐趣，激发对欣赏评述的兴趣，会主动搜集、了解中外美术作品及美术家信息，激发对综合探索活动的兴趣，乐于从生活中发现美。

（二）勇于探究

小学阶段的学生，求知欲特别旺盛，好奇心特别强，并且特别好动好问。他们喜欢观察各种自然现象，花草树木、昆虫和动物等，并提出各种稀奇古怪的问题。他们更喜欢动手操作各种用具，制作和拆卸各种物品等。他们似乎始终是一个探索者，并且是一个不会甘心失败，也不厌恶重复的尝试者和探索者。当然，小学生的这种探索欲与他们的思维发展是密不可分的。皮亚杰通过心理实验发现，儿童对自己发现的东西具有极大的好奇心，容易被积极的同化而产生深刻的理解，为更高层次的思维发展做好积淀。只有在这个时期保护好儿童的好奇、好动、好问的品质，并鼓励他们在学习和生活中带着志趣和疑问勇敢地探索，才能更好地激发他们思维的活力，促进他们未来理性思维和批判思维的生成。当然，儿童在探究的过程中通常是手脚不停地在实践，眼耳鼻也不停地在运转，这种动手动脚的探究更有利于儿童身体的发育和成长。

《框架》提出，“勇于探究”的主要内容是“具有好奇心和想象力；能不畏困难，有坚持不懈的探索精神；能大胆尝试，积极寻求有效的问题解决方法等。”据此，小学阶段学生“勇于探究”素养培养主要包括：

保持天生强烈的探索意识，如：保持与发展小学生想要了解世界、喜欢尝试新的经验、乐于探究与发现周围事物奥秘的欲望，善待周围环境中的自然事物，对自然界充满想象，充满友好的态度，知道用科学已经能解释世界上的许多奥秘，但还有许多领域等待我们去探索，并乐意参与这些领域问题的学习与讨论活动，学会在探究过程中勇于面对困难，克服困难，注重事实，善始善终，尊重他人意见，敢于提出不同见解，乐于合作与交流等。

培养基本的探索能力，如：在探究过程中能具有提出问题，猜想结果，制定计划，观察、动手实验和制作，搜集证据，进行分析和解释，表达和交流等基本能力。

掌握简单的探索方法，如：有针对性地提出问题，有逻辑地猜测结果、制定计划，正确地观察、实验、制作，科学地搜集证据，清楚地进行解释，清晰地进行表达和交流等基本方法。

（三）乐学善学

我国教育家无论是古代孔子、朱熹还是近代的陶行知、陈鹤琴都非常重视儿童的“好学”“乐学”和“趣味教学”。德国教育家赫尔巴特和美国教育家杜威也都认为兴趣是小学阶段重要的教育内容之一。纵览我国多个义务教育课程实施计划和课程改革纲要发现，培养学生的兴趣一直是我国小学阶段的主要培养目标之一。《框架》提出，“乐学善学”的主要内容为：“能正确认识和理解学习的价值，具有积极的学习态度和浓厚的学习兴趣；能养成良好的学习习惯，掌握适合自身的学习方法；能自主学习，具有终身学习的意识和能力等。”据此，小学阶段学生“乐学善学”素养培养主要包括：

1. 激发强烈的学习兴趣，如：在语文学习中，培养学习汉字的浓厚兴趣，养成主动识字的习惯，喜欢阅读，能感受阅读的乐趣，乐于书面表达，有习作的自信心，愿意与他人分享习作的快乐等。在数学学习中，培养了解社会生活与数学的相关信息的兴趣，主动参与数学学习活动，能获得运用数学方法解决数学问题的乐趣等。在英语学习中，培养对英语语言知识和英语国家文化的兴趣，乐于运用英语进行阅读，交流、表达和表演等。在音乐学习中，培养听赏音乐的兴趣，能自信地演唱、演奏和综合表演，并获得成功的快乐。在美术学习中，培养对造型表现、设计创意与工艺制作活动的兴趣，乐于参与欣赏学习活动等。在体育学习中，培养和激发运动的热情和兴趣，对自己喜欢的 1~2 项运动能够形成强烈的爱好等。在科学学习中，培养他们了解世界、尝试新经验、探索周围世界奥秘的兴趣和欲望，并乐意参加一些简单的科学探究活动，乐意猜想、观察、实验、制作、解释、表达和交流等。

2. 掌握基本的学习方法，如：在语文学习中，学会汉字书写的方法，学会默读，朗读，诵读的方法，学会阅读叙事作品、诗歌、说明性文章、非连续性文本的方法，学会写简单的纪实作文和想象作文，学会积累习作素材，学会有条理、语气、语调适当的表达方式，初步学会了解查找资料、运用资料的基本方法等。在数学学习中，学会探索分析和解决简单问题的有效方法，了解问题解决方法的多样性，掌握测量、识图和画图的基本方法、学会合情推理、猜想、实验和验证的数学学习方法等。在英语学习中，学会英文单词的正确发音和书写方法，学会句型构成的方法，学会浏览、跳读、细读的英文阅读方法，学会用英文写短篇和交流的基本方法等；在音乐学习中，学会识谱用谱、唱歌、演奏和创编的基本方法等。在美术学习中，学会简单的造型表现方法、创意设计和工艺制作方法，欣赏和评述美术作品，用多种美术媒材进行策划、创作和展示的基本方法等。在体育学习中，掌握测量运动负荷的常用方法，知道科学锻炼的基本原理，知道如何制定个人运动计划，学会评价体育锻炼效果的基本方法等，在品德与社会学习中初步认识自我，掌握一些调整自己情绪和行为的方法，初步掌握收集、整理和运用信息的能力，能够选用恰当的工具和分析方法、说明问题的基本方法等；

3. 养成良好的学习习惯，如：在语文学习中，养成写字姿势正确，有良好的书写习惯，每天阅读，有良好的阅读习惯，学写日记，有良好的写作习惯，尊重和理解他人，有良好的交流习惯等。在数学学习中，养成认真细致、独立思考、合作交流、反思质疑等学习习惯。在英语学习中，养成正确发音和书写，尊重不同文化，乐于交往和表达的习惯等。在音乐学习中，逐步养成欣赏音乐的良好习惯，在美术学习中，逐步养成欣赏美术作品的良好习惯。在科学学习中，逐步养成科学的行为习惯和生活习惯。在体育学习中，逐步养成坚持锻炼和健康生活的习惯。在品德与社会学习中，养成安全、健康、环保的良好生活和行为习惯等。

（四）珍爱生命

小学是儿童生命的初始期，身体器官还非常的稚嫩和脆弱，但他们的身体迅速发展，由于不懂得也不会意识到要保护自己身体和各种器官的重要性，因此，增强小学生的健康意识、安全意识，养成良好的卫生习惯，保护他们的健康成长，培养小学生“珍爱生命”的素养是小学阶段教育的首要任务。《框架》提出，“珍爱生命”内容重点是：“理解生命意义和人生价值；具有安全意识与自我保护能力；掌握适合自身的运动方法和技能，养成健康文明的行为习惯和生活方式等。”据此，小学阶段学生“珍爱生命”素养培养主要包括：

1. 生命教育

帮助学生初步理解生命的价值，感受生命的美好，在地球上有很多生物，但人是唯一有思想并懂得创造的生物。感受生命是独特的，世界上没有完全一样的两个人，让学生为自己的独特而感到自豪。感受生命是宝贵的，不同的人生各有精彩，但是无论是谁，生命都只有一次，因此要把握好自己的人生，珍惜生命。

帮助学生理解生命的可贵性，让学生学会珍爱自己，正确认识自己与周边环境的关系，用自己的实际行动爱自然、爱生命、爱万物，在这个过程中体会爱与被爱，体会到生命的价值和意义，从而珍爱生命。

激励学生关爱生命，通过锻炼拥有健康的身体，通过交往拥有健康的心灵，通过学习提升自己的本领等。

2. 安全教育

主要帮助学生初步懂得交通安全，了解交通规则，遵守交通规则。了解校内外活动安全要求，如防止触电、落物伤害、楼道安全、危险物品安全、出游安全等，懂得基本的火灾或地震时紧急逃生方法和逃生技能。了解实验和操作安全，懂得实验操作规范。了解体育活动安全，懂得在运动中保护自己的身体不受伤害。了解饮食卫生安全，养成健康的饮食安全习惯。了解传染病防治，懂得预防常见传染性疾病。了解消防安全，懂得在学校和家庭内防止火灾和火灾中逃生。了解意外伤害事故，懂得如何保护自己的人身安全等。

3. 体育教育

学生体验体育活动的乐趣，形成积极参加体育活动的态度和行为，积极学习各项运动的基本知识，初步懂得用科学的方法参与体育活动，掌握简单的运动技术动作，养成良好的运动习惯，养成身体健康的意识，知道营养、环境和不良行为对身体健康的影响。初步了解体育对身心健康的作用，学会通过体育活动调控情绪，形成克服困难的坚强意志品质。初步学会建立良好的人际关系，养成合作精神和基本的体育道德等。

4. 行为习惯教育

养成举止文明的习惯，诚实守信的习惯，尊重他人的习惯，守时惜时习惯，懂得感恩习惯，勤俭节约习惯，遵守秩序习惯，勤于动手习惯，锻炼身体习惯和讲究卫生习惯等。

5. 生活教育

学会过一种健康的家庭生活，了解家庭经济来源和生活必要开支，知道家庭成员之间应该相互沟通和谅解，懂得邻里生活要遵守道德和守规则等。过一种快乐的学校生活，能珍惜时间，学习合理安排时间，养成良好的学习习惯，体会同学之间真诚相待、互相帮助的友爱之情，学会和同学平等相处，知道班级和学校中的有关规则，体会民主、平等在学校生活中的现实意义；过一种文明的社区生活，能够了解本地区的自然环境和经济特点与人们生活的关系，关心周围不同行业的劳动者，学习选购商品的初步知识，具备消费者自我保护意识，体验公共设施给人们生活带来的便利，形成爱护公共设施的意识，自觉遵守公共秩序，注意公共安全，体会社会对老人和残疾人等弱势群体的关怀，了解在公共生活中存在不同的社会群体，各种群体享有同等的公民权利，了解本地区的民风、民俗和文化活动，体会其对人们生活的影响等。

（五）社会责任

小学阶段培养学生的社会责任意识，既是帮助他们从“自然人”成长为“社会人”的基本要求，又是国家基础教育应当实现的基本目标，还是“国家认同”和“国际理解”素养培养的基础。《框架》提出的“社会责任”的主要内容是：“自尊自律，文明礼貌，诚信友善，宽和待人；孝亲敬长，有感恩之心；热心公益和志愿服务，敬业奉献，具有团队意识和互助精神；能主动作为，履职尽责，对自我和他人负责；能明辨是非，具有规则与法治意识，积极履行公民义务，理性行使公民权利；崇尚自由平等，能维护社会公平正义；热爱并尊重自然，具有绿色生活方式和可持续发展理念及行动等。”据此，小阶段学生“社会责任”培养的内容主要包括：

1. 公民教育

初步了解公民应有的权利、责任和义务，知道基本的公民道德，知道社会主义核心价值观，学会做有文明素养的现代小公民。

2. 集体主义教育

认识自己是集体的一员，应该关心集体，积极参加集体活动，维护集体荣誉，认识到对自己承担的任务负责，通过学校和班级等集体生活，体会民主、平等在学校生活中的现实意义，学会做一个热爱集体的人。

3. 法治教育

通过了解未成年人的基本权利和义务，懂得规则、法律对于保障每个人的权利和维护社会公共生活具有重要意义，初步形成规则意识和民主、法制观念，崇尚公平与公正，学会做一个知法守法的小公民。

4. 生态教育

了解本地区的生态环境，参与力所能及的环境保护活动，增强环境保护意识，了解不同地区自然环境的差异，知道并理解这些差异对人们的生产和生活方式的影响，了解地震、洪水等重大自然灾害，知道大自然有不可抗拒的一面，感受人们在灾害中团结互助的可贵精神，学习在自然灾害中自护与互助的方法，初步了解全球环境恶化、人口急剧增长、资源匮乏等状况，体会珍惜和保护人类共同居住的地球的含义，初步学会做一个环保主义者等。

（六）劳动意识

劳动实践是小学阶段学生学习知识、了解和认识社会的重要途径，是他们身心成长发育的需要。但是，一段时间以来，我国学生的劳动教育还存在着诸多的问题，学校和家庭普遍不太重视劳动教育，究其原因有以下几方面。

1. 家庭不重视劳动教育

随着物质生活水平的提高，电气化和人工智能时代的到来，原来很多的家务劳动已由机械设备或智能人工设备如机器人等所代替，这给人们带来闲暇的同时，也减少了家务劳动任务。家长对于孩子的衣食住行特别是学业成绩非常关注，不停地为孩子买教辅资料，为孩子请家教，送孩子上各种辅导班培训班，等等，很少把孩子的劳动教育放在心上。还有，现在家庭中独生子女较多，家长看得重，包办代替过多，孩子在家几乎不用做什么家务劳动。

2. 学校不重视劳动教育

“新课改”以来，学校的“劳动教育”课程已正式被所谓“综合实践活动”课程所取代，而“综合实践活动”课程在很多中小学校也形同虚设，并未实质性地开展。不仅没有了劳动课教师，“综合实践活动”课程也未设专任教师而是由其他学科教师兼任，劳动教育越来越淡化。以前由学生做的一些校园劳动如环境绿化、清洁卫生等已由工人所取代，学校已经没有了可供学生们劳动的场所。时尚的“明星热”“娱乐潮”也对学生产生了不良导向，看不起普通劳动者，偏向追求“白富美”“高富帅”。当学生从小脱离了劳动教育的基础，缺失了劳动意识的培养，那么培养出来的学生将不仅是行动上的“懒惰者”，而且也将会是精神上“懒惰者”。《框架》提出，“劳动意识”的主要内容是：“尊重劳动，具有积极的劳动态度和良好的劳动习惯；具有动手操作能力，掌握一定的劳动技能；在主动参加的家务劳动、生产劳动、公益活动和社会实践中，具有改进和创新劳动方式、提高劳动效率的意识；具有通过诚实合法劳动创造成功生活的意识和行动等。”据此，小学生“劳动意识”素养培养主要包括：

1. 劳动情感的培养，如：初步了解工农业生产方式，以及工农业生产与人们生活的关系，知道工人、农民付出的辛勤劳动与智慧，尊重他们的劳动成果，知道各行各业不同劳动方式的特点，懂得尊重各行各业的劳动者和他们的劳动成果，懂得勤劳是一种美德，初步树立积极劳动的态度和热爱劳动的精神。

2. 劳动技能培养，如：学会料理自我生活的基本技能，家务活的基本技能，社会公益劳动技能，基本的工农生产劳动技能，基本的手工和科技劳动，等等。

3. 劳动方法培养，如：自理生活劳动的方法，家庭劳务的方法，社区公益劳务的方法，工农生产劳动的方法，基本手工和科技劳动的方法，等等。

以上“六大素养”的“六个基本点”应是小学阶段学生发展核心素养培养的重点。当然重点抓好这六大素养的六个基本点，并不是要忽视其他素养基本点的培养，而是要将普遍性与特殊性、整体性与局部性、长期性与阶段性、应然性与实然性、独立性与整合性相结合，将学生核心素养培养的“一三六十八”融会贯通，围绕中心，突出重点，兼顾整体，才能系统提升小学生的核心素养的发展水平。

三、学生核心素养培养，小学应该怎么抓

“学生发展核心素养”要在小学教育教学中“落地”，深化课程教学改革是关键，主要有以下六项实施策略。

（一）发挥各学科课程教学的作用

当前，我国小学普遍采用分科的方式进行教学。小学开设的科目共有 9 门。各个学科由于其独特性质，在培养学生核心素养上又具有自身特色。发挥各学科课程教学的作用，应当做好两方面的工作。

1. 明确共同使命

将六大核心素养贯穿到学科教学中去。基于核心素养培养的学科教学，要求我们应当以“一三六一八”的核心素养目标体系来设定课程教学目标，编排课程教学大纲，确立课程教学评价标准，这将是基于核心素养培养的学科课程改革必须做好的顶层设计；在各学科教学内容上采用以核心素养为核心的单元模块的方式来进行编排，一个“模块”就是一个相对完整的核心素养培养单元。在这个单元的内容上体现核心素养的导向功能即一个“模块”的内容安排既有指向“人文底蕴”培养的知识学习，又有指向“科学精神”培养的学科思维训练，还有指向“学会学习”的学科策略培养，指向“健康生活”和“责任担当”的品行培养。

2. 彰显各学科特色

小学各门学科都有自己独特的核心素养培育功能。如：小学体育的学科特色是“运动能力和运动精神”，有助于学生珍爱生命素养的培养；小学音乐和美术的学科特色是“艺术之美”，有利于学生审美情趣等素养的培育和形成；小学语文的学科特色就是“母语文化和母语思维”，对小学生的中国传统文化积淀、人文情怀和国家认同、母语思维等核心素养有着独特的培育价值；小学数学学科是“思维体操”，它对学生的理性思维、批判思维、勇于探究精神培养有独特的学科价值；小学英语学科特色是“跨文化品格”，它对学生国际理解这个核心素养有独特的作用；小学品德与生活（社会）的学科特色是“文明习惯和公民道德”，对于培养小学生健康生活和责任担当素养具有独特价值；小学综合实践活动课程特色就是“实践体验”，对“勇于探究”、实践创新素养的培养有着独特的价值。

（二）推动综合实践活动课程建设

综合实践活动课程“作为基于学生的直接经验、密切联系学生自身生活和社会生活、体现对知识的综合运用的一种课程形态”，它“以学生的直接经验和现实生活为核心”[1]，具有整合性、主体性、体验性、实践性、生活性、开放性、生成性等特征，是小学生发展核心素养培养的重要课程类型。在综合实践活动课程中，小学生可以通过亲身经历、亲自探索来积淀“人文底蕴”；可以通过“实做”“考察”“实验”“探究”，去“感受”“体验”“热爱”生活，从而培育“学会学习”和“实践创新”的素养；可以引导小学生直接接触自然、社会、人类璀璨文明，从感性上深刻体悟对社会的责任感，对国家的认同感，对世界不同文化的理解力和对自己、他人乃至整个人类的关爱情怀，从而激发他们的“责任担当”素养。

当前，小学在综合实践活动课程建设方面还存在着诸多问题。

1. 课程的管理机制不健全，学校在课程开设、课程资源开发、实践活动组织和课程效能评价等方面均存在问题。

2. 课程资源的开发和利用不够，学校没有因地制宜去开发身边的课程资源，学校综合实践活动处于“校门内”封闭状态。

3. 综合实践活动的课程化不够，很多学校每学期都要举行名目众多的德育活动、教学活动，这些活动多但是都较为零散，没有整合成可以循环使用的课程体系。

4. 综合实践活动课程教师的教学能力不足，大多数学校综合实践课程由其他学科教师兼任，这些兼任教师精于学科教学，往往把综合实践课程看成“副业”，因而也导致综合实践活动课程流于形式。

为了更好地发挥综合实践活动课程在学生发展核心素养培养中的积极作用，可以从以下三方面改进：

1. 健全综合实践课程的管理机制，包括课程设置、课程标准修订、

[1] 张传燧．综合实践活动课程论[M]．广州：广东教育出版社，2004：10.

课程资源开发、课程教学管理、课程评价方式设置等。

2. 充分开发和利用课程资源，包括实践基地和场所的开发建设，网络资源、实物资源的开发，课程成果的交流和展示等。

3. 提升综合实践活动课程师资的课程资源开发和课程教学能力，做好师资的培养和培训工作。

（三）改进课堂教学方式

“学校教育中培养目标的实现，不可能离开课堂教学这一基本途径。”[1]学生发展核心素养培养主要靠课堂教学来完成。当然，我们所指的课堂教学不仅是“教室内”师生的互动活动，也包括“教室外”师生的互动活动。在新课改的推动下课堂已经有了很大的改观，自主学习、合作探究、学生主动、教师主导的课堂已经成了“新常态”。但是在小学课堂教学中忽视课堂内的生命存在状态，忽视课堂内的学生生长目标，忽视课堂教学的生成过程，忽视教学内容的生活知识等情况还比比皆是。以知识教学为中心，以教师为中心，以讲授为主要方式，以分数为主要评价标准的课堂是无法培育出小学生真正的核心素养的。那么，什么样的课堂教学才是适合学生发展核心素养的课堂教学呢？这样的课堂应当凸显学生中心，学生热爱学习、主动学习、善于学习；这样的课堂应当凸显素养目标，学生学习知识、发展思维、增长能力、丰富情感；这样的课堂应当凸显过程生成，学生勇于质疑、善于批判，敢于发表自己的意见和见解；这样的课堂应当凸显内容生活，让学习源于生活，回归生活，又超越生活。只有这样的课堂才是小学生发展核心素养生长的沃土，才有利于它们从学生的身体里生根发芽。

[1] 叶澜．“新基础教育论”——关于当代中国学校变革的探究与认识 [M]. 北京：教育科学出版社，2006：240.

（四）改进学生评价体系

小学生发展核心素养的培养，还须改进现行知识、分数、考试成绩为主的学生评价方式，构建以核心素养为主要评价指标的评价体系。对学生核心素养的评价，传统的以分数为主的单一评价和终结性评价方式将不能满足对学生“核心素养”培养的评价要求。对学生的评价应当从以下几方面加以改进：一是评价内容上，改“以学科成绩为主”的单一评价为“以核心素养为主”的多元评价。美国著名教育家加德纳认为：“人类至少拥有八种相对独立的智能，即语言智能、数理逻辑智能、视觉空间智能、音乐智能、身体运动智能、人际关系智能、自我认知智能、自然认知智能。”这八种智能在儿童身体上会各有差异，《框架》提出的六大核心素养指向人的全面发展所必备的品格和能力，因此只有评价内容多元，才能准确而全面地反映出小学生综合素养的发展水平。二是评价类型上，改“终结性评价”为“发展性评价”和“生成性评价”。终结性评价仅仅是对结果的判断，而“发展性评价”和“生成性评价”重在评价过程和对学生发展提供改进意见和建议。核心素养的形成是一个长时期、持续渐进的过程，发展性评价能更好地促进学生发展核心素养的培养。三是评价主体上，变“单一主体评价”为“多元主体评价”。学生“核心素养”评价主体应包含“三方”即教师、学生、家长，通过以教师为“文化基础”评价的主要评价者，以学生为“自我发展”的主要评价者，以家长为“社会参与”的主要评价者，对学生“核心素养”发展进行全面、立体、客观的评价。

（五）提升教师核心素养

“教育是一棵树摇动另一棵树，一朵云摇动另一朵云，一个灵魂唤醒另一个灵魂的事业。”在小学生核心素养培养的发展过程中，对教师的核心素养提出了更高的要求。因此，加强对教师专业发展的引领，提升教师的核心素养是在实际教育教学过程中培养学生核心素养的关键。欧美、日本等发达国家和地区提升21世纪教师核心素养的相关举措给我们提供了有益的借鉴。譬如，美国在促进教师专业发展、提升教师核心素养方面发布了三份报告：《专业发展：21 世纪核心素养实施指南》《21 世纪的教师专业发展》《职前教师的 21 世纪知识与技能》；欧盟在 2005 年就通过并发布了基于学生核心素养培养的教师能力和资格标准，认为基于学生核心素养的教师必备素质有：团结合作，运用知识、技术和信息，融入社会三个方面，其核心素养包含学科素养、教学素养、数字化素养、学会学习、人际关系素养、跨文化和社会素养、公民素养、创业精神和文化表达。[1]

为了更好地培养学生发展核心素养，教师也需要提升以下几方面核心素养：一是自身修养，如教师的健康生活、文化底蕴、科学精神、学会学习、实践创新等公民素养。二是师德修养，如责任担当、教育情怀、教育思想等职业道德素养。三是教育素养，如教育教学理念、专业知识、专业技能等教育教学专业素养。四是数字化素养即运用信息技术教学的意识和能力。21 世纪我们已经身处信息化、大数据、云计算的数字化变革时代，这将带来教学方式的革命性变革，需要提升教师运用信息技术提升教学水平的能力，并将这种信息社会的创新发展意识传递给学生。五是国际化素养即跨文化理解和交流的意识和能力。21 世纪的我们已处于真正的“地球村”时代，全球多元化和“一带一路”下的国家对外开放发展的大格局时代，这需要我们提升对民族文化的自信，对教育发展的自信，同时增进对世界文化的理解，对世界教育的理解，并将这种自信力和理解力传递给学生。六是终身学习素养即读写能力，资源检索、整合、运用的意识和能力等。我们也已经处于终身学习的时代，信息技术的发展已经带来了知识的大爆炸，带来了知识的极速更新，这需要我们教师提升终身学习的能力，并将

[1] 林崇德 .21 世纪学生核心素养研究 [M]. 北京：北京师范大学出版社，2016：260.

这种学习力传递给学生。

（六）优化家庭和社会环境

小学生发展核心素养培养的途径和环境不仅仅局限于学校范围内，也离不开家庭和社会环境的支持与配合。美国为学生21世纪核心素养的培养构建了一个学校教育、普通民众和公司企业的推进系统，营造良好的家庭和社会环境来支持学生核心素养的培养。

1. 创设良好家庭环境

1966年，美国人科尔曼博士发表了一份教育调查报告，人们把它称之为《科尔曼报告》，该报告认为“影响孩子成绩的主要因素不是学校，而是家庭”。2007年日本人三浦展发表了一篇教育调查报告，《三浦展报告》认为“父母生活习惯影响孩子的学习成绩”。2013年学者刘良华团队对我国2所小学二至六年级2225个家庭进行了一次教育调查，发现家庭教育中的隔代教育、父母陪吃饭频率、父母在家睡觉频率、吃零食频率、看电视频率、听故事频率、劳动频率、运动频率、艺术特长以及排便频率10个因素影响孩子学习成绩。的确，家长素养直接影响到学生核心素养的养成，提升家长核心素养重在提升其公民素养和教育素养两个方面，其中公民素养主要包括遵法守法、道德文明、健康生活等，其教育素养主要包括科学育儿理念、知识和方法，优良家风家训建设等。

2. 创设良好社会环境

社会环境也是培养学生发展核心素养的广袤土壤，什么样的土壤培育出什么样的果实。良好社会环境应当是充满健康生活、文化底蕴、绿色生态、创新发展气息，充满国家自豪感、文化自信感的自由平等、公正法治、富强民主、文明和谐的环境。进一步净化青少年成长的社区环境、网络环境，建设公益性青少年社区书屋、网络学习中心、体育运动场所、实践活动场所，开展社区民俗文化活动、实践创新活动、健康生活活动等，将有利于青少年特别是小学生核心素养的培育和生长。

总之，小学是个体成长的基础阶段，小学教育更是基础教育的基础阶段，这个阶段对于学生发展核心素养的形成十分重要和关键。学生核心素养的培养需要从基础开始抓起，从教育的起始处开始着力。我国现代教育家叶圣陶先生曾将教育比作农业，只有培植好了学生核心素养之根，才会在未来更好地绽放核心素养之花，结出核心素养之果。布鲁姆也曾将教育的目标比作“金字塔”，同样，只有在小学阶段奠定好了学生核心素养之基，才会帮助他们将来到达核心素养的“金字塔”之尖。

第二节　学生发展核心素养培养重在各科课堂

一、小学生发展核心素养培养的重点在学科

“学校教育总是通过一定的教育内容影响学生的，这些教育内容又不是笼统地、杂乱无章地堆放在一起，而是按照一定的方式分门别类地组织起来的，每一门类构成一个大的教育内容‘模块’。”[1]这个“模块”是指的就“科目”，它是教育者把受教育者培养成身心健康，适应社会发展需求的人的经验基础。当前，我国小学普遍采用分科的方

[1]　陶本一 . 学科教育学 [M]. 北京：人民教育出版社，2002：50.

式进行教学，根据教育部颁发的《义务教育课程设置实验方案》（教基[2001]28号），现在小学主要开设的科目有9门，即：品德与生活（社会）、语文、数学、外语、体育、科学、艺术、综合实践活动和校本课程等。各个科目都有自己的目标，小学生核心素养的培养落实到学校教育中，必须与学科教学相结合，由各学科承担其任务。核心素养是一个不可分割的整体，是全面发展的人必备的综合指标体系。因此，将小学生发展核心素养纳入学科教学之中，从学科设置的横向来看，这一综合指标体系须由小学所有的学科来共同支撑，每个学科都会有共同的“核心素养”培养任务，如：人文底蕴、学会学习等。当然，从学科目标的纵向来看，现行的“三维目标”应朝着“六大核心素养”目标转变。如：数学学科的教学目标中既要有“科学精神”，又要有“人文底蕴”，还要有“学会学习”等。当然，各学科也有各自的学科特色，凸显核心素养培育的学科侧重点。

（一）小学生核心素养培养各学科具有共同任务

通过研究我国现行小学各学科课程标准（2011版），发现各学科课标对于核心素养“六个”方面的培育有共同任务的规定。以“人文底蕴”和“学会学习”素养的培养为例。

1. 在人文底蕴素养培养方面，现行各学科的课标对于学科教学相关目标规定如下，小学语文：“认识中华文化的丰厚博大，汲取民族文化智慧。关心当代文化生活，尊重多样文化，吸收人类优秀文化的营养，提高文化品位。”小学数学：“获得适应社会生活和进一步发展所必需的数学的基础知识、基本技能、基本思想、基本活动经验。”小学英语：“通过英语学习使学生了解西方的文化和习俗，形成初步的综合语言能力，提高综合人文素养。”小学音乐：“学习并掌握必要的音乐基础知识和基本技能，拓展文化事业，发展音乐听觉与欣赏能力、表现能力和创造能力，形成基本的音乐素养。丰富情感体验，培养良好的审美情趣。”小学美术：“激发创意，了解美术语言及其表达方式和方法，学习美术欣赏和评述的方法，提高审美能力，了解美术对文化生活和社会的独特作用。”小学体育：“通过体育与健康课程的学习，学生掌握和应用基本的体育与健康知识。”小学科学：“通过科学课程的学习,知道与周围常见事物有关的浅显的科学知识，并能应用于日常生活。”从各科标准的规定我们可以看出，掌握学科基础知识是小学生学习的共同要求，通过掌握学科基础知识来完成小学阶段文化积淀，这种文化积淀不是高级的，而是基础的；不是单一的，而是综合的；不是零散的，而是系统的。学科知识作为学科文化的载体，有着一定的价值和情感取向，在学习这些学科基础知识的过程中，小学生开始感悟着各学科共有或特有的文化情感即人文情怀。语文的人文情怀是热爱母语，数学的人文情怀是理性认知，英语的人文情怀是理解多元文化，音乐、体育、美术的人文情怀是热爱生活、崇尚美好等。当然，各学科知识的特点和价值的取向构成了学科之美，如：语文的母语之美，数学的逻辑之美，英语的西方语言之美，音乐、美术的艺术之美，科学的自然之美，体育的健康之美等，学生在学科的学习之中，共同浸润着各学科之美，涵养丰富的审美情趣。

2. 在学会学习素养培养方面，各学科标准的相关规定是：小学语文：“养成良好的语文学习习惯，初步掌握学习语文的基本方法，学会使用常用的语文工具书。初步具备搜集和处理信息的能力，积极尝试运用新技术和多种媒体学习语文。”小学数学：“了解数学的价值，提高学习数学的兴趣，增强学好数学的信心，养成良好的学习习惯，具有初步的创新意识和实事求是的科学态度。”小学英语：“在学习中乐于参与、积极合作、主动请教，初步形成对英语的感知能力和良好的学习习惯。”小学科学:“逐渐养成科学的行为习惯和生活习惯。”小学品德与生活：“培养具有良好品德和行为习惯、乐于探究、热爱生活的儿童。”小学体育：“培养运动的兴趣和爱好，形成坚持锻炼的习惯。”小学音乐：“培养学生对音乐的持久兴趣。”小学美术：“学习欣赏和评述的方法，提高审美能力，获得对美术的持久兴趣。”从上述课标的相关规定，我们发现，各学科标准对学生学习策略掌握虽各有侧重，但是也有着共同的目标，那就是都强调学生良好学习习惯养成、良好学习兴趣培养和学习信心的建立。根据《框架》，“学会学习”素养主要包括三个基本点：乐学善学、勤于反思和信息意识，这些基本要求在所有学科的目标中都有体现，都是学生通过学习后要形成的学习素养。

（二）小学阶段学生发展核心素养培养各学科也各具自身特色

小学各学科课程目标对于核心素养“六个”方面的培育各有侧重。以“科学精神”和“责任担当”素养的培养为例。

1. 对于“科学精神”素养培养，小学语文课标规定为：“在发展语言能力的同时，发展思维能力，学习科学的思想方法，逐步养成实事求是、崇尚真知的科学态度；能主动进行探究性学习，激发想象力和创造潜能，在实践中学习和运用语文。”小学数学课标规定为：“体会数学知识之间、数学与其他学科之间、数学与生活之间的联系，运用数学的思维方式进行思考，增强发现和提出问题的能力、分析和解决问题的能力。”小学科学课标规定为：“了解科学探究的过程和方法，尝试应用于科学探究活动，逐步学会科学地看问题、想问题；保持和发展对周围世界的好奇心与求知欲，形成大胆想象、尊重证据、敢于创新的科学态度。”。由此，我们可以看出，对于小学生“科学精神”素养培养主要由小学语文、数学和科学三个学科来完成，三个学科的侧重点有所区别，小学语文侧重于语言逻辑等思维的培养，小学数学学科侧重于数理逻辑思维的培养，小学科学则侧重于质疑探究思维的培养。

2. 对于“责任担当”素养培养，小学语文课标规定为：“在语文学习过程中，培养爱国主义、集体主义、社会主义思想道德和健康的审美情趣，发展个性，培养创新精神和合作精神，逐步形成积极的人生态度和正确的世界观、价值观；培育热爱祖国语言文字的情感，增强学习语文的自信心。”小学英语课规定标为：“英语课程承担着提高学生综合人文素养的任务，即学生通过英语课程能够开阔视野，丰富生活经历，形成文化差异意识，增强爱国主义精神，发展创新能力，形成良好的品格和正确的人生观与价值观。”小学思品和社会课标规定为“品德与社会课程旨在促进学生良好品德形成和社会性发展，为学生认识社会、参与社会、适应社会，成为具有爱心、责任心、良好的行为习惯和个性品质的社会主义合格公民奠定基础。”从上可知，小学语文、英语、品德与社会承担着“责任担当”素养主要的培养任务。但三个学科有不同的要求，小学语文学科凸显对母语文化的传承和对国家的认同，小学英语学科凸显对英语国家文化的理解来增强文化自信意识，小学品德与社会凸显社会责任素养的培养为重点。

二、小学生核心素养培养的学科策略

小学生核心素养的培养离不开各学科教学，只有把核心素养的培养融入各学科教学中，才能实现核心素养培养的目标任务。为此，小学各学科教学应当采取以下有效策略。

（一）明确共同使命

核心素养是一个不可分割的整体，在培养过程中必然要求各学科的课程目标紧紧围绕核心素养来设置，明晰共同使命，将人文底蕴、科学精神、学会学习、健康生活、责任担当、实践创新等核心素贯穿到学科教学目标中去。我国现行小学各学科课程标准（2011 版），在课程性质、理念、课程目标与内容上主要围绕“三维”目标来展开，基于核心素养培养的学科教学要求我们在各学科课程标准的设置上以“一三六十八”的目标体系来进一步明确各个学科在各个年级段核心素养培养的主要任务和评价标准，这将是基于核心素养学科教学改革必须做好的顶层设计工作。

然后，在各学科教学内容上采用以核心素养为核心的单元模块方式来进行编排，一个“模块”就是一个相对完整的核心素养培养的单元。在这个单元的内容上体现核心素养培养的导向功能，即一个“模块”的内容安排既有指向“人文底蕴”培养的知识学习，又有指向“科学精神”培养的学科思维训练，指向“学会学习”培养的学习策略，还有指向“健康生活”和“责任担当”培养的体验感悟等。

最后，在学科课程设置上我们还可以进一步探索以核心素养为核心的“学科统整”[1]进一步推动指向小学生“核心素养”培养的综合实践活动课程开发和实施。“综合实践课程是在教师引导和参与下学生自主进行的一种批判性、反思性、体验性、探究性、实践性的学习活动过程。”[2]从综合实践科目的课程性质、理念、内容和教学方式我们可以看出，这门课程对培养学生核心素养有着较大的作用，学生在学习中可以突破学科壁垒，打开学习视野，将知识学习、体验学习和动手实践相结合，从而更好地将知识转化为素养。

（二）彰显学科特色

学科是认知规律的体现，有着自身知识体系和内容“边界”[3]。学科的特点就是学科的价值所在，这些独特的价值之处往往就是某种核心素养培养的关键所在。例如：小学语文学科特色就是“母语文化和母语思维”，它对小学生的中国传统人文积淀、人文情怀和国家认同，母语思维等核心素养的培养有它独特的学科价值；小学数学学科特色就是“思维体操”，它对学生的理性思维、批判思维和勇于探究这些核心素养的培养有它独特的学科价值；小学英语学科的特色就是“跨文化品格和文化思维”，它对学生的国际理解这一核心素养有它独特的学科价值；小学品德与生活（社会）学科特色就是“生活习惯”

[1] 钟启泉 . 课程的逻辑 [M]. 上海：华东师范大学，2008：92.

[2] 张传燧 . 综合实践活动课程论 [M]. 广州：广东教育出版社，2004：30.

[3] 孙元涛 . 教育学学科边界问题的再认识 [J]. 上海：教育发展研究，2010：31.

和“公民道德”，它对小学生的健康生活和责任担当素养有它独特的学科价值；小学音乐和美术学科的学科特色就是“艺术之美”，它对审美情趣的素养有它独特的学科价值；等等。

在小学教育中我们可以通过充分发挥各学科独特的学科价值，来培养学生学科素养底子，为学生进入更高阶段的学科学习打基础。如小学语文学科教学应当十分重视书写、表达和阅读习惯的培养，注重我国优秀传统文化知识的积累，练好人文素养“童子功”。小学数学教学应当十分重视计算能力、数理逻辑思维的培养，打牢科学精神“硬底子”。小学英语教学要十分重视学生英语语言能力和跨文化品格的培养，播下国家认同和国际理解的“好种子”。小学科学要十分重视学生的观察能力和动手能力培养，激发学生实践创新的“大梦想”。音体美学科要十分重视学生良好的审美习惯和兴趣的培养，树立学生健康生活的“好方式”。各学科发挥学科优势，让小学生在学科特色文化的浸润下，润物细无声地生成各种核心素养。

（三）优化课堂教学

“学校教育中培养目标的实现，不可能离开课堂教学这一基本途径。”[1] 核心素养的培养要靠基于核心素养培育的课堂来完成，纵观当前小学课堂，在新课程教学理念的引领下，课堂教学情况已经有了较大的改善，但是在小学课堂教学中忽视主体的生命性、重视目标的预设性、强调过程的结果性、注重内容的知识性等情况还比比皆是。[2] 这种传统单一的以知识掌握为中心的课堂教学，凸显的是知识目标的达成；应试技能的训练；“大而空”的情感态度和价值观的灌输等；

[1] 叶澜．“新基础教育论”——关于当代中国学校变革的探究与认识 [M]. 北京：教育科学出版社，2006：240.

[2] 张传燧．课程改革在路上：历史、现状与未来 [J]. 课程·教材·教法，2015：3.

适应不了小学生核心素养培养的需要。

那么什么样的课堂才是适合小学生核心素养培养的课堂呢？我们认为，具有生命性、生长性、生成性和生活性特征的“四生”课堂，即能够突显教学主体的生命性、教学目的的生长性、教学过程的生成性和教学内容的生活性的课堂，才是指向小学生核心素养的课堂。[1]“四生”课堂既强调学生和老师两个主体生命意义的双重建构，又强调课堂主体核心素养培养与课堂教学活动关联的双重建构；既基于生命、关注生长、指向小学生核心素养培育目标，又重在过程，联系生活、指向小学生核心素养的培育过程。只有这样的课堂才具备小学生核心素养生长的土壤，才能真正让核心素养在小学生的身体里生根发芽。

（四）提升教师素养

学生核心素养的提升离不开教师核心素养的提升，对于教师核心素养的研究我们才刚刚起步。近年来，国家在进一步明确新时代教师核心素养建构导向，2012年教育部出台的《小学教师专业标准（试行）》（以下简称《标准》）提出，从教师专业标准“三个维度”：专业理念与师德，专业知识和专业能力构建教师的核心素养。2014年习近平总书记在同北京师范大学师生代表座谈时，提出了新时代要有理想信念、有道德情操、有扎实学识、有仁爱之心，“四有”成为新时代教师需要具备的核心素养。在学术界一些研究者也开始基于国内外学生发展核心素养框架开展了教师核心素养建构研究，如：苏敏提出小学全科语文教师的核心素养的“三向九维”结构：在“人与符号”向度综合表现为“语言应用”“学科整合”“媒介融合”三个方面；在“人

[1] 王煌．中学课堂现状的“四生”教育观[D].长沙：湖南师范大学，2014：16.

与自我”向度综合表现为“思维发展”“审美创造”“学会学习”三个方面；在“人与社会”向度综合表现为“人格完善”“文化传承”“国际理解”三个方面。李琼等人通过对北京市800多名中小学教师的量化研究发现，“教学组织与管理、学科教学知识、教学反思与研究是中小学卓越教师共同的关键特征；学生观与教学特色是小学卓越教师的关键特征，而学科知识与专业精神是中学卓越教师的关键特征”。刘英杰等人则对我国教师核心素养进行了回顾和展望，认为我国学术界对教师核心素养概念、结构、特征、影响因素、培育路径已经形成了一定的成果，但是展望未来，仍要进一步厘清教师核心素养的概念，探索教师核心素养的结构，分析教师核心素养的生成机制，构建教师核心素养的评价体系，重视研究方法多样化运用等。当然，从实践研究视角，本书认为，新时代教师的核心素养仍可以参照中国学生发展核心素养，依据教师应具备的核心特质，同样从六个维度进行建构，即健康生活、学会学习、责任担当、教育创新、教育精神、专业能力。

（五）激活学生潜能

小学生核心素养的培育关键还在于激活他们本身的学习兴趣、学习动机和能力潜能。美国知名教育家加德纳认为：“人类所有个体至少拥有八种相对独立的智能即：语言智能、数理逻辑智能、视觉空间智能、音乐智能、身体运动智能、人际关系智能、自我认知智能、自然认知智能。”这八种智能在儿童个体身上会各有差异，为此在小学学科教学中我们要充分发现不同儿童身上不同的禀赋，对于语言智能更强的学生我们通过语文、英语等学科教学充分激发他们“人文底蕴”素养的潜能，对于数理逻辑智能更强的学生我们可以通过数学和科学教学充分激发他们的“科学精神”素养的潜能，对于视觉空间智能或音乐智能更强的学生我们可以通过美术和音乐学科教学充分激发他们的“审美情趣”的潜能，对于人际关系智能或自我认知智能更强的学生我们可以通过思品学科教学充分激发他们“责任担当”的潜能，对于身体运动智能更强的学生我们可以通过体育教学来充分激发他们“健康生活”的潜能，对于自然认知智能更强的学生我们可以通过科学教学、综合实践活动课程等来充分激发他们“实践创新”的潜能等。

总之，当前我国小学教育的组织形式决定了，对学生核心素养培育途径的落实关键在学科，以核心素养培养为目标的学科教学，既要求我们善于整合各学科共同的培育任务，明确共同目标，挖掘各学科共同的培育功能，又要善于保持各学科的特点，运用学科独特的育人价值来激发学生身上蕴含着的独特的素养潜能，做到在学科教学中核心素养培养“共育”和“个育”相得益彰，每位学生的生命成长“共性”和“个性”并进发展。

第三节　“四生课堂”培养小学生发展核心素养

《中国学生发展核心素养框架》提出了以培养全面发展的人为目的六大核心素养体系。小学阶段是人生的启蒙阶段，更是人的核心素养发展的奠基阶段，核心素养培养应该从小学抓起，但小学阶段学生核心素养培养应该重点抓什么？怎么抓？这是核心素养在小学教育中落地的两大关键的问题。我认为小学阶段应该抓好核心素养中的“基础素养”。[1] 教学阶段学生核心素养培养的重点在学科，关键在课堂。

[1]　张传燧，左鹏 . 核心素养培养应从小学抓起 [J]. 湖南第一师范学院学报，2017：9.

本文就基于小学生核心素养培养的“四生”课堂模式做出以下理论构想。

一、“四生课堂”模式的提出

（一）基于当前小学课堂教学现状和问题的思考

纵观当前小学课堂，新课改以来在新课程理念和“三维目标”课堂教学导向的指引下，课堂教学情况已经有了较大的改善，主要表现在：课堂上学生的主体地位有所凸显，教学的目标由传统的单一的知识目标逐步转向知识和技能、过程与方法、情感态度价值观三维一体的教学目标，教学的内容也开始由“以纲为纲，以本为本”逐步转向课内外的资源结合，教学的方式从传统的讲授为主走向启发式、自学式、合作探究式等多样化方式，教学手段由“一支粉笔”走向多媒体信息技术的运用等。即便如此，在当下小学课堂教学中仍旧存在着诸多的问题，值得我们关注。比如：部分教师仍旧主宰课堂，而忽视儿童生命主体的存在，甚至压制学生在课堂中闪现的好奇心及好问好动的表现等，而另外一部分教师则在课堂上过度放大学生的主体作用，缺失了教师的主导性，课堂散漫拖沓，效率较低；部分老师的课堂教学目标仍是主要指向应试教育而非素质教育，只注重知识而忽视能力和情感培养；部分老师过分注重教学结果而忽视儿童的学习过程，教学过程中过于强调目标预设及过程的结果性；还有部分老师只注重教学内容的知识性而忽视其生活性，教学内容脱离儿童当下的生活情境，甚至生活实际等。“四生课堂”正是针对小学课堂中这些存在的问题和时弊提出来的，力图通过构建“四生课堂”教学来突破存在问题，构建起教学中能体现师生两个主体的生命性，教学目标的生长性，教学过程的生成性和教学内容的生活性的理想课堂。

（二）基于对小学生核心素养培养的思考

首先是核心素养为什么应从小学抓起？小学阶段是学生生命成长的基础阶段，这个阶段他们无论是体质还是体魄都处于快速发展中，良好的身体状况将为他们终身体质健康打下良好的基础；小学阶段是学生智力发展的快速显现阶段，这阶段正是他们学好文化基础知识、培养良好学习品质、养成良好用脑习惯和学习习惯的关键时期；学生进入小学后，随着活动范围的扩大，交往对象增多，由“自然人”快速成长为“社会人”，他们面对人与人之间的交往问题、社会道德问题在不断增加，在处理这些问题的过程中，他们逐步形成了对人生和世界的意识观念，因此，这个阶段也是道德品质形成的重要时期。因此，核心素养的培养应从小学抓起。

（三）基于核心素养小学阶段应重点培养什么素养的思考

20 多年的中小学教育管理和教学实践工作经验让我认识到，小学阶段应重点培养学生这些核心素养中的“基础素养”。

1. 人文底蕴素养中最基础的人文积淀。如：通过语文学科学习，学会 3000 个左右的常用汉字，其中会写 2500 个，背诵优秀诗文 60 篇，课外阅读量不少于 100 万字，能够用硬笔和毛笔书写楷书，有良好的书写习惯，能用普通话正确、流利、有感情地朗读课文，能够默读课文每分钟不少于 300 字，能够在阅读中了解文章的表达顺序、表达方法、体会不同标点符号的用法，懂得通过写作来自我表达和与人交流，能写简单的纪实作文和想象作文，能够有条理，语气、语调适当地对自己身边的、大家共同关注的问题和焦点进行口语交际等。最基本的人文情怀，如：通过语文学科的学习能够体会汉字的优美，能够辨别词语的情感色彩，体会作者的思想感情，受到优秀作品的感染和激励，向往和追求美好的理想，能够与人交流时尊重和理解对方等。

2. 科学精神素养中最基础的理性思维、批判质疑思维，特别是基本的勇于探究能力的培养。如：保持他们天生强烈的好奇好问等探索意识，培养他们提出问题、猜想结果、制定计划、动手实验和制作、搜集证据等基本的探索能力，掌握有针对性地提出问题，有逻辑地猜测结果、制定计划等简单的探索方法等。学会学习素养中最基本的勤于反思、信息意识素养，特别是乐学善学素养，如：首先是激发兴趣，在语文学习中，激发他们学习汉字的浓厚兴趣，喜欢阅读，能感受阅读的乐趣，乐于书面表达等。在数学学习中，激发了解社会生活与数学的相关信息的兴趣，主动参与数学学习活动，获得运用数学方法解决数学问题的乐趣等。在英语学习中，激发对英语语言知识和英语国家文化的兴趣，乐于运用英语进行阅读，交流、表达和表演等。在音乐学习中，激发欣赏音乐的兴趣，能自信地演唱、演奏和综合表演，获得成功的快乐。在美术学习中，激发造型表现、设计创意与工艺制作活动的兴趣，乐于参与欣赏学习活动等。在体育学习中，激发运动的热情和兴趣，喜欢上 1~2 项运动。在科学学习中，激发了解世界、尝试新经验、探索周围世界奥秘的兴趣和欲望，乐意参加一些简单的科学探究活动等。其次是学会学习方法。各学科应学会的学习方法前文已有叙述，在此不再赘述。

3. 健康生活素养中最基本的健全人格、自我管理，特别是珍爱生命素养，如：生命意识，让学生初步理解生命的价值，感受生命的美好，理解生命的可贵，激励学生关爱生命等；生命安全，即让学生初步懂得交通安全、校内外活动安全要求、实验和操作安全、体育活动安全、饮食卫生安全、传染病防治、消防安全、意外伤害事故等；生命健康，即通过体育学习让学生体验参与体育活动的乐趣，具有积极参加体育活动的态度和初步掌握简单的运动技术动作等；生活习惯，即勤俭节约习惯、遵守秩序习惯、勤于动手习惯、锻炼身体习惯和讲究卫生习惯等。

4. 责任担当素养中最基本的国家认同、国际理解，特别是社会责任素养。如：公民素养，即初步了解公民应有的权利、责任和义务，学会做有文明素养的现代小公民；集体主义素养，即知道自己是集体中的一员，初步学会做一个热爱集体的人；法治素养，即通过了解未成年人的基本权利和义务，学会做一个知法守法的小公民；生态文明素养，即了解本地区的生态环境，参与力所能及的环境保护活动，增强环境保护意识，初步学会做一个环保主义者等。

5. 实践创新素养最基本的技术运用、问题解决，特别是劳动意识素养培养，如：劳动情感的培养，初步了解工农业生产与人们生活的关系，知道工人、农民付出的辛勤劳动与智慧，尊重他们的劳动成果，懂得勤劳是一种美德，初步树立积极劳动的态度和热爱劳动的精神等；劳动技能培养，学会料理自我生活的基本技能、家务活的基本技能、社会公益劳动技能、养殖技能等；劳动方法培养、自理生活劳动、家庭劳动、社区公益劳务的方法等。

（四）基于对导师张传燧教授的基于学生发展核心素养培育的“四生课堂”教学理论的实践运用的思考

湖南师范大学张传燧教授多年来一直从事一般课程与教学论研究特别是基础教育课程改革研究到本土课程教学论理论构建性研究，他也一直在自身课堂教学实践进行的课堂教学模式的创造性探索。他认为，理想的课堂教学活动应是主体生命的活动，是着眼于生长发展的活动，是不断开放生成的活动，是反映社会生活的活动。他提出的“四生课堂”教学理论，根源于孔子、《中庸》、孟子等传统生命教育思想，是对中国传统生命教育思想的继承和创新，具有原创性和本土性。同时，“四生课堂”的提出又是他近年来基于学生核心素养及其培养的思考，具有很强的前沿性。他提出“四生课堂”围绕“生”做文章，其内涵是指具有生命性、生长性、生成性和生活性等特性的课堂教学模式，其目标是指向学生核心素养的养成乃至“全面发展的人”。[1]小学阶段正是儿童生命力迸发，身心快速生长，人生观、价值观和各

[1] 张传燧．基于学生发展核心素养培育的“四生课堂”建构研究 [J]. 陕西师范大学学报：哲学社会科学版，2017，46(5)：149.

种素质及能力生成，并乐于接受生活化教育方式的时期，因此，笔者认为张教授提出的“四生课堂”理论也特别适用于小学课堂教学。于是笔者依据他提出的“四生课堂”教学理论，构建基于小学生核心素养培养的“四生课堂”，并用于教学实践。

二、“四生课堂”与小学生核心培养的关系

（一）生命性是“四生课堂”的关键

生命个体不仅是教育的对象和出发点，更是教育活动得以具体开展的最基本的主体因素，离开了儿童生命的活动，教育活动就无从谈起。这一特性要求教师在课堂上高度尊重儿童生命的人格地位，发挥儿童的能动性，关注儿童课堂中每一个孩子的发展，建立起师生生命交融的师生关系。

（二）生长性是“四生课堂”的宗旨

生长是生命的本性，是课堂教学的最终目标。“教育即生长”是杜威的名言，他认为：“教育就是不断地生长，在它自身之外，没有别的目的，学校教育的目的在于组织保证生长的各种力量，以保证教育得以继续进行。”从这种意义上来讲，生长是一个过程。教育的过程就是一个持续不断的促进生命生长的过程。小学课堂教学的最终目标就是促进和实现儿童生命的成长。赞可夫说：“只有当学生永远走在发展的前面的时候，才是好的教学。”[1] 在教学过程中，教师要科学地设计各种有利于孩子提升知识、方法、能力、情感态度等素养提升的教学活动，在这些活动的体验中实现他们核心素养的不断成长。

[1] 杜殿坤．原苏联教学论流派研究 [M]. 西安：陕西人民教育出版社，1993：153.

为此，“生长性”是“四生课堂”之生命性、生成性、生活性的航标。”[1]小学课堂教学中我们要时刻以生长性为目标指向，让课堂真正成为儿童核心素养生长的摇篮。

（三）生成性是“四生课堂”过程的要求

课堂其他三性的实现，都需要在这样一个过程中实现。教学是在师生互动的活动中完成的，具有动态性。在课堂教学中，孩子的差异性会给课堂带来新情况、新问题和新结果，这就是课堂的生成。“生成性成为‘新课改’背景下课堂教学的一大亮点，它表现为丰富性、开放性、多变性和复杂性，激发了师生的创造性和智慧潜能从而使课堂真正地焕发出生命的活力。”[2]课堂教学的复杂性决定了课堂教学的生成性，师生生命的独特性及创造性也赋予了课堂教学的生成性，正是在具有生成特性的课堂中学生的勇于探究精神、批判性思维、审美情趣等素养才会真正地生长出来。当然，生成性也是课堂教学的难点，特别是在应试背景下，知识教学仍是课堂教学的重点和主要目标，为了追求教学进度和教学效率，教师往往做了较强的教学预设，然而生成与预设往往是对立的，教师为了完成教学预设，经常扼杀了教学过程中学生的生成。在这种情况下，儿童的创新思维、批判性思维是得不到充分发展的。因此，课堂教学我们不应该视其为现成知识的传授与掌握的简单过程，而是要成为师生生命共同成长的旅程。教师要从依赖课堂知识教学的预设转向关注学生课堂个体生命的成长，真诚地尊重学生的生命，呵护学生的生命，积极营造民主、平等、和谐的教学氛围，让课堂成为师生心心相印、思维互动、情感互动的生命自

---

[1] 张传燧．基于学生发展核心素养培育的“四生课堂”建构研究 [J]. 陕西师范大学学报：哲学社会科学版，2017，46(5)：150.

[2] 张传燧．基于学生发展核心素养培育的“四生课堂”建构研究 [J]. 陕西师范大学学报：哲学社会科学版，2017，46(5)：151.

由场所，从而让学生的核心素养得以在教师课堂春风雨露般的滋养中自由地生长、生长。

（四）生活性是“四生课堂”教学内容的基本要求

教育是人类生活的一部分，教育的目也是为了人更好地生活。在小学阶段，好的课堂教学需要源自生活的课程资源来支撑，应该基于学生的生活经验来展开，更应该指向学生在生活中的运用，实现教育回归生活。“生活即教育”“教育即生活”。关于教育与生活的关系，导师张传燧教授认为：一是教育源于生活，教育是生活的一部分；二是教育是生活的全部，即学校是生活的一部分，当然也只是教育的一部分而不是教育的全部，学校不等于教育；三是现实生活在教育中，即生活是教育的一部分，应该把生活纳入教育的视野来观照，赋予生活以教育意义；四是说教育是生活的需要，即为了生活向前向上的需要而教育，亦即教育源于生活而高于生活，其使命在于引领和超越生活。概括起来讲，就是：教育在生活中，生活在教育中，教育即生活。”[1]因此，生活性是小学课堂教学的主要特性。课堂教学的生命性、生长性和生成性都离不开生活性这个基础。生活性的课堂是小学生核心素养成长的沃土，无论是他们人文底蕴的积淀，还是科学精神的培育，无论是学会学习，还是健康生活，也无论是责任担当意识还是实践创新意识和能力的培养，都是从人类积累的生活经验和生活经验中概括出的普遍性规律即知识开始，通过接受教育后内化成自己的认知和行为，又回到生活的运用中去。生活性课堂的构建应当进一步成为核心素养时代背景下课程与教学改革的突破口和关键点。

通过上面对小学核心素养培养和“四生课堂”的分析和论述发现，二者在理念、内涵、目标、特性等方面都有着共性。“四生课堂”所

[1] 张传燧．寻觅乡村教育的根魂——基于个体体验的立场 [J]. 教育文化论坛，2016：31-16.

要关注的课堂主体的生命性正是儿童以核心素养为主要体现的生命特性，所要实现的课堂目标正是儿童的全面发展与生命的生长，所要实现的课堂教学过程也正是学生核心素养生长的应然路径，所要实现的课堂教学内容的特性也正是学生核心素养生长所需养料的基本特性。因此，“四生课堂”无疑是小学生核心素养培养的最佳课堂模式，只有在这种师生生命相融、教学相长、思想自由、充满生活情趣的课堂中儿童的核心素养才会真正地、自然地、充满力量地生长，长成他们生命的核心文化基因。

三、“四生课堂”的理论依据

基于小学生核心素养培养的“四生课堂”的提出，除了前述的对现实课堂的理性思考，对小学生核心素养的培养的思考和导师张传燧教授的“四生课堂”理论基础之外，还以哲学之生命论与人本论，教育学之生命教育论、教育目的论、教育过程论、生活教育论和课程教学理论等理论为基础，具有坚实的理论基础。

（一）哲学理论基础

1. 生命哲学理论

与小学生核心素养培养及“四生课堂”构建直接关联的哲学思想主要是哲学之生命论与人本论，它们为本理论构想提供价值观和方法论，同时还提供了很多的思想观点作为其理论依据，对“四生课堂”的“生命性”以直接启发。首先，生命哲学家叔本华认为，人的心灵满足程度的直接源泉取决于人的内在生命性质，环境只对其产生间接的影响。生命哲学家尼采则认为，生命是最高的权利意志，权利意志和生命是合二为一的东西，除了生命以外，我们没有别的关于存在的概念。因此，生命哲学告诉我们，生命是事物存在的基础，我们应当关注生命状态，激活生命潜能，守护生命尊严，追求生命境界，在课堂教学过程中更应充分重视师生两个主体的生命的价值，尊重生命、发展生命、提升生命的质量。其次，生命哲学运用到教育领域就形成生命教育哲学。所谓的生命教育，简言之，就是基于生命、顺应生命、尊重生命、养护生命、激活生命、发展生命的教育活动。我国传统教育思想中蕴含着丰富的生命教育思想，《中庸》、孔子和孟子的教育思想里，均可以找到生命教育观的表述。现代国外生命教育论的主要代表有日本学者谷口雅春和美国詹姆斯·唐纳德·华莱士（James Donald Walter）。谷口雅春出版的《生命的实相》一书，呼吁生命教育的重要作用，詹姆斯·唐纳德·华莱士（James Donald Walter）则明确提出了生命教育思想，并在美国加州开展了生命教育实践。我国当代研究生命教育的代表性人物主要有叶澜、冯建军、刘良济、朱永新等。叶澜 1997 年发表的《让课堂焕发出生命活力——论中小学教学改革的深化》一文，提出“教育是直面生命，为人的生命质量的提高所进行的活动。”[1] 冯建军出版的《生命与教育》一书，认为“生命教育是一种遵循生命本身特性，全面提升生命品质及品味的教育。”刘良济出版的《生命育论》，认为“教育是以学生个体的生命为基础的一种活动，是直面生命并要唤醒生命意识的一种活动，生命教育就是在遵循学生个体生命规律和生命发展特点的基础上，通过一系列的有计划、有目的的教育活动，对个体生命进行完整的生命意识培养，从而引导其追求生命价值。”[2] 朱永新则提出：“应该尊重学生的身心发展规律，以学生的生命发展为主要目的，实现知识、生活、生命三者之间的深刻共鸣。”[3]“尊重学生的生命特性，注重学生生命体验，让教师生命个体与学生生命个体达到交流融合，让师生双方都能以独

[1] 叶澜 . 让课堂焕发出生命活力——论中小学教学改革的深化 [J]. 教育研究，1997(9)：3–8.

[2] 刘良济 . 生命教育论 [M]. 北京：中国科学出版社，2005：2.

[3] 朱永新 . 研发卓越课程——朱永新在 2013 年全国新教育实验研讨会主报告 [J].《读写月报：新教育》，2013（9）：54–75.

立的生命个体忘我地投入到教育教学活动中去，燃放出生命之光，绽放出生命之花，这就是生命教育的基本宗旨。”因此，在课堂教学中作为“完整的人”的师生都是课堂的主体，同时又是独立的生命个体，课堂教学中应当尊重师生生命的主体性，发挥生命的主动性、达成生命的生长性，从而实现生命的价值。这是基于“4S”课堂“生命性”之理论基础。

2. 人本哲学理论

人本哲学的出发点是“人”。人本哲学在我国先秦儒道两家和古希腊先哲那里找到萌芽。现代的哲学家马斯洛和罗杰斯是人本哲学的主要倡导者。马斯洛基于个体的生命出发，提出了“需要层次论”。马斯洛在《人类动机理论》中写道：“人类的需求构成一个层次体系，即任何一种需要的出现都是以较低层次的需要的满足为前提的。人是不断需求的动物。”另一位人本哲学家罗杰斯则从人的生命本性出发，乐观地相信人的本性是善的或者是向善的，每个人都有“再生自己”及自我实现的本能倾向。这是生命本质的集中体现。他把这种“再生自我”或曰“自我实现的人”称之为“完人”“全人”（fully functioning person）。因此，人本哲学告诉我们：在课堂教学中应当以儿童为本体，以儿童为中心，以发展儿童为目标，尊重儿童在课堂中的主体地位，根据儿童已有的生活经验、知识经验开展教学，尊重儿童课堂中的创新思维、质疑和批判思维，满足儿童的好奇心和求知欲，努力培养“全面且充分发展”的人。

（二）教育学理论基础

教育学理论中的教育目的论、教育过程论、生活教育论、课程教学论，都为基于小学生核心素养的“四生课堂”的提出和研究提供了直接而坚实的理念、思想和方法论依据。

1. 教育目的论

它所要论述的首要问题是教育要培养什么人、培养人的什么的问题。古今中外众多教育家对此进行过深入论述。我国先秦孔子主张培养“君子、成人”，孟子强调应当通过“存心养性”“明人伦”来培养“英才”等。近代以来，严复、王国维、蔡元培等都分别提出过具有时代精神的教育目的观。如：蔡元培 1912 年发表《普通教育与职业教育》的讲话，主张用“体智德美”四育来培养“健全人格”的共和国公民。在西方，古希腊苏格拉底从“美德即知识”的前提出发，提出教育应培养具有“德行”的治国人才。到近代，德国教育家赫尔巴特认为“道德是人类的最高目的，因此也自然是教育的最高目的”。[1] 英国教育家斯宾塞认为“教育的目的在于为人的完满生活做准备”。[2] 美国教育家杜威则认为教育的目的就是促进个体的生长，“除此之外，教育没有其他任何目的”。其他教育家如卢梭、裴斯泰洛齐、凯洛夫、赞可夫、布鲁纳、罗杰斯等人都对教育目的阐发了独特见解。无论古今中外，教育目的的讨论都是指向促进学生德智体美方面的全面和谐发展，其生长性取向十分明显。国内外各种教育目的论虽然在表述上各有差异，但基本内容及其实质大体一致，都强调不仅要关注人的知识、能力的发展，更要关注学生道德和情感、个性方面的不断生长。这对我们探索小学生的核心素养及其培养以及“4S 课堂”的“生长性”提供了深深的启发。

2. 教学过程论

它是“指教学活动的必经程序，体现了实现教学任务的活动进程，表现为具有时间和逻辑顺序的一系列环节、步骤及阶段。”[3] 对教学过程这个教学基本问题的探讨很早就开始了。最早可以追溯到我国伟

[1] 张焕庭 . 西方资产阶级教育论著选 [M]. 北京：人民教育出版社，1979：259-260.

[2] 赵祥麟，胡毅译 . 教育论 [M]. 北京：人民教育出版社，1962：8.

[3] 张传燧 . 课程与教学论 [M]. 北京：人民教育出版社，2008：255.

大教育家孔子，他从“以学论教”观出发，把教学过程划分为“学—思—习—行”四个基本环节。其中，学是教学基础，行是教学目的，思和行则是教学的深入。围绕这一教学过程，孔子提出了多闻多见、常习温故、切问近思、听言观行等教育原则。同时，还主张要乐学好学，注重兴趣、意志、情感等积极因素。之后，墨子持“亲—闻—说—行”说，荀子持“闻—见—知—行”说，《中庸》持“学—问—思—辨—行”说，朱熹持“学—问—思—辨—习—行”说，都是典型的教学过程论。当代则有李秉德的感知、理解、巩固、应用四段法，王策三的感知、理解、巩固、应用、检查五段法等。[1] 在西方，最早建立教学理论的教育家昆体良将教学过程划分为摹仿、讲述、练习三个阶段；教学论之父夸美纽斯认为教学过程由感觉、记忆、理解、判断四环节；赫尔巴特将教学过程明确为明了、联想、系统、方法四阶段，其后，莱茵氏将其拓展为准备、呈现、联想、概括、应用五步，这五步成为19世纪末20世纪初统治欧美学校教学过程的经典模式。这些教学过程理论，特别是中国传统教学过程理论，具有以下特点：第一，知行统一，即将教学过程看成是理论知识学习和实践能力训练相统一的过程；第二，以学论教，重视学生的学习，将学生学习过程与教学过程看作是等同的；第三，开放生成，将教学过程看成是学校社会家庭一体化的过程，认为教学过程并不是封闭、固定、预设的，而是开放、弹性和生成的。古今中外各种教学过程理论尽管存在缺陷，但它给我们思考“四生课堂”的“生成性”很大启发：在教学过程中，要关注教学活动的动态性，更要重视教学过程的生成性。

3. 生活教育论

它主要指的是将教育与生活密切联系起来，教育活动密切关注社会生活的思想观点。在中外教育史上，无论中国先秦儒家的孔子、荀

[1] 张传燧. 中国教学论史纲[M]. 长沙：湖南教育出版社，1999：166-190.

子、《中庸》，墨家的墨子以及后来的朱熹、王守仁、颜元和近代的陶行知，还是近代英国的斯宾塞抑或现代美国的杜威都论述过生活教育问题。其中，贡献最大的当数杜威和陶行知。《论语》引子夏的话说：“贤贤易色，事父母能竭其力，事君能致其身，与朋友交言而有信，虽曰未学，吾必谓之学矣。”[1]又说：“诵诗三百，授之以政不达，使于四方不能专对，虽多，以奚以为？”这两句话的意思是说，教育应联系生活，教育在生活中进行，生活就是一种教育，反映了孔子的生活教育思想。荀子说：“学恶乎始，恶乎终？曰：其数则始乎诵经，终乎读礼；”“学至于行而止矣。”《中庸》说：“博学之，审问之，慎思之，明辨之，笃行之。”都是强调学习是一个理论与实践、学校与社会生活一体化的过程。墨子更强调“士虽有学而行为本”，将教学坚定地建立在社会实践生活之上。南宋教育家朱熹说：“论先后，知为先行为后；论轻重，知为轻行为重。”[2]王守仁反对这种说法，他主张“知行合一”：“我今说个知行合一”[3]“知行原是两个字说一个功夫。”[4]这和孔子的意思如出一辙。颜元继承墨子的“行为本”思想，主张“习行”之学，“人之为学，心中思想，口内谈论，尽有百千义理，不如身上行一理之为实也。”“吾辈只向习行上做功夫，不可向言语文字上着力。”到近代陶行知，在“生活即教育”观指导下主张“社会即学校”，做到“教学做合一”。他认为，生活是教育的源泉，生活是教育的内容，生活是教育的途径，生活是教育的目的，因此一方面教育为生活所应有，教育在生活中进行，教育用生活来进行，一方面教育为生活所必需，教育为生活而进行。在国外，英国近

[1] 张传燧．中国教学论史纲[M]．长沙：湖南教育出版社，1999：167.

[2] 黎靖德．朱子语类・卷九・学三・论知行[M]．北京：中华书局，1994：148.

[3] 王守仁．王阳明全集・卷三・传习录下[M]．上海：上海古籍出版社，1992：96.

[4] 王守仁．王阳明全集・卷六・答友人问[M]．上海：上海古籍出版社，1992：209.

代教育家斯宾塞在《教育论》中提出，教育目的就是“为完满的生活做准备。”人生最主要的问题在于如何生活，如何谋求现世的幸福，这意味着一个人必须能够在各种情况下于生活中的各个方面做出合乎理性和社会准则的行为。教育的目的和主要任务正是在于教会人们怎样生活。美国教育家杜威不同意英国教育家斯宾塞“教育为未来生活做准备”的说法，持“教育即生活”观，他指出：“教育是现在生活的过程，而不是将来生活的预备状态。”所以学校应当呈现真实的生活情境，并且课程内容应为当下生活做准备，也就是说课程内容要着眼于当下生活。生活教育论这些思想观点给我们把握“四生课堂”模式下教学内容的“生活性”提供了思想参照和思维框架。当下教育过度地封闭在教室里进行，过分重视书本知识，与社会和生活几乎完全隔绝开来。“四生课堂”力图打破这种状况，开放地进行教学，立足学生生活来教育，努力让学生了解现实生活，努力使他们获得日后参与社会生活必备的知识技能。

4. 教学主体论

它是在长期的课程与教学实践活动中，教育家们通过对教育规律的理解和掌握，逐渐概括出关于教学主体的系统理论知识，具体讲就是关于课程与教学的师生地位观、师生作用观、师生关系观、对师生的素质要求等方面的知识体系。[1]对教学主体的界定向来就存在着有许多分歧和诸多不同的观点。其中最为常见的有以下几种，一是单一主体观，这种观点的主要内容是：在课程与教学活动中教师是主体，学生是客体或者是学生是主体，教师是客体；二是双主体观，这种观点认为教师和学生都是课程与教学活动的主体，即教师和学生不仅是各自教或学的主体，更是教学整体活动的主体；三是复合主客体观，这种观点认为，在课程教学过程中，教师和学生既是主体也是客体，

[1] 黄林 . 我国传统教学主体理论研究 [D]. 长沙：湖南师范大学硕士论文，2011.

存在复合主客体关系。[1] 事实上，无论哲学上抑或教育学上，主体都是通过主动的行为（意识行为和动作行为）作用于并控制客体的一方，客体都是被主体行为作用和控制的一方。“主动的行为”正是生命的特征及其表现。课程与教学活动的主体包括教师和学生，教师和学生不仅是教学活动的主体，而且是教学的客体，同时又是各自活动（“教”或“学”）的主体和对方活动的客体。“课程”是被师生主体“主动的行为”作用和控制的对象，“活动”则是师生主体“主动的行为”作用和控制课程的表现过程。在课堂教学中，教师和学生作为教学的主体都具有生命性，因为教师和学生都是活生生的人，都是具有主观能动性的生命个体。教师和学生作为课堂教学的主体，应该充分发挥自身的主动性和自主性，同时也应该尊重教师与学生双方的生命特性和注重教师与学生的生命体验。教学主体论为我们研究“四生课堂”的“生命性”“生长性”“生成性”提供了广泛的视角。

5. 课程内容论

它是对课程教学内容进行理论探讨的理论知识体系。对于课程内容的探讨由来已久，中国的孔子、荀子、董子、朱子等都表达过他们关于课程的思想。在西方，夸美纽斯提出了著名的“泛智课程”主张。英国教育家斯宾塞 1859 年提出的“什么知识最有价值？”一致答案是“科学”即是著名的课程论命题。美国二十世纪著名教育家布鲁纳的“结构课程论”将学科课程理论推向了顶峰。目前，课程内容选择的价值取向主要有以下三种：“课程内容即学科知识”“课程内容即当代社会生活经验”“课程内容即学习者的经验”。课程内容是一个内容丰富的综合复杂系统，即包括必要的学科知识，同时也包括社会生活经验和学生个体生活经验。课程内容论给我们研究和实施“四生课堂”的启示是：在“四生课堂”模式中，在课堂教学内容上，要求

[1] 张传燧 . 课程与教学论 [M]. 北京：人民教育出版社，2008：108.

我们打破就知识谈知识、就学科谈学科的局限，树立开放、广泛的课程资源观，要求我们把课堂教学内容向社会现实生活和学生个体生活经验开放，将社会丰富的知识信息引入课堂教学内容，从而密切课堂教学内容与当前和未来社会生活的联系,从而促进学生的生长与发展。

第二章

“四生课堂”，培养小学生发展核心素养的思想内涵

第一节　“四生课堂”内涵

第二节　“双向五维五环节”模式

第三节　“生为本、学为主、大主题、全开放”特色

第一节 “四生课堂”内涵

基于小学生发展核心素养培养的“四生课堂”的基本内涵是指遵循小学教育教学规律和儿童认知规律，关注课堂中师生主体的生命状态，学生学科核心素养目标的生长状态，学生学习过程的生成状态，以及教师教学和学生学习内容与生活深度融合的课堂教学模式。简而言之，就是关注课堂教学中四个关键要素的四种关键属性即主体的生命性，目标的生长性，过程的生成性和内容的生活性的课堂教学模式。

一、课堂教学主体的生命性

“生命性是课堂教学活动的基本属性，课堂中师生的生命性意味着课堂教学应遵循生命的特性，依循生命的规律，开发生命的潜能，促进生命的发展。”小学课堂教学的生命性首先要激扬学生的生命活力，同时也要关注教师的生命状态。

（一）激扬儿童在课堂中的生命活力

1. 尊重儿童的主体性

在课堂中儿童虽然是未成年人，但是他们仍是一个个鲜活的生命主体，我们不但不能忽视，而且应该尊重他们的主体地位，充分发挥他们的主观能动性，尽可能让儿童的生命尤其是精神生命得到充足的发展。

2. 激发儿童的自主性

“自主性是指课程教学行为主体在课堂教学活动中的独立性和主动性，表现为能够自由地、独立地支配自己言行的状态。”儿童在课堂中的自主性主要表现为能够自己做出判断，完成学习任务，并独立表达自己的想法和意见。课堂中可以通过启发儿童主动思考、鼓励儿童主动发言、引导儿童自主探究等方式，让儿童学习的自主性得以展现。

3. 关心儿童的差异性

在课堂教学中“与其守成法，毋宁尚自然，与其求划一，毋宁展个性”根据加德纳的多元智能理论，每个儿童的潜能都各有异，因此关注儿童的差异性是“四生课堂”倡导的课堂教学关注生命性的重要方面。

（二）关注教师的生命状态

1. 尊重教师的主体性

毫无疑问，教师是课堂中最为中心的生命个体，教师是否具有良好的师德品质、教学理念、教学素养，是否用心地做好了教学设计，抓住了教学的重难点，采用了科学的教学方法，是否具有良好的教学智慧和艺术，是否热爱课堂中的孩子，这些都将直接影响到课堂教学效果，因此在课堂教学中我们有必要肯定教师的主体作用，发挥出教师的主观能动性，创设充满生机和活力的课堂氛围。

2. 激发教师的自主性

教学是创造性的劳动，教师是创造性的职业，教育行政部门和学校要让教师从诸多束缚性的制度和繁杂的应付性的检查中解脱出来，给教师进行教学创造的空间和时间，鼓励教师潜心育人，与时俱进，超越自我，形成风格，最大限度地实现生命价值。

3. 关心教师的差异性

每位教师都有自己的人格、个性、思想和精神，也都有自己的教学理念和教学方法。学校应当关心教师的差异，根据“教无定法、贵在得法”的理念，激励教师在遵循师德要求，遵循教育教学规律的前提下用自己独特的人格魅力，精神风尚，教学艺术去感染学生，涵养学生生命。总之“教育是最具生命的事业，它不仅关注生命的发展，而且要基于生命的需求。”“教学中尊重教学主体生命，这应是把握课堂教学实质的关键所在。”这也正是把握基于小学生核心素养培养的课堂教学实质的重点所在。

二、教学目标的生长性

生长是生命的发展特质，是生命的发展规律，更是生命的发展目标。教学目标的生长性意味着我们的课堂应当以促进儿童的正向发展为目标。

（一）学生的生长具有未完成性

这意味着一方面他们处于不停的变化之中,具有无限发展的潜能，另一方面他们需要通过不断地学习来逐步走向成熟和完善。

（二）儿童的生长具有自主性

他们有着积极了解世界的欲望，有着强烈的好奇心，乐于尝试，勇于探究，不厌其烦，不惧失败。因此，在课堂上教师应当发挥学生的主动性，激发学生的学习兴趣，鼓励学生敢于失败。

（三）儿童的生长还具有选择性

儿童是能动的个体，有着自己的独特个性和兴趣爱好，会自主的选择自己感兴趣的学习内容和方法，因此，老师在课堂上应当尽可能提供丰富多样的教学方式，教学内容，让不同特质的学生都能够得以较好地学习。

（四）学生的发展还具有不确定性

这主要是指他们的发展处于启蒙阶段，可塑性很大，容易受到外界环境的影响，因此课堂上老师应当帮助孩子们做出正确的选择，引领他们朝着良好的方向发展。

三、教学过程的生成性

“生成”是相对于“预设”来讲的，在课堂上是指师生活动偏离或超越原有教学设计的设定，原有答案的出现或原有教学主题或内容的呈现而偏向另外新的程序、结果或主题等。在生成性的课堂，教师要依据学情，及时地调整或改变教学内容、过程、进度、方法和组织形式，也要开放式地吸纳孩子们的奇思妙想，甚至是胡思乱想，使教学呈现出一个灵动的、创造的、开放的和互动的教学状态。根据过程哲学的观点，世界是过程的集合，一切事物都处于发展过程中，都处于永恒的变化之中，都是动态生成的。因此，生成性就是用运动的眼光来看待事物的发展，用变化的视角来看待人的发展。教学过程的生长性要求教师在课堂上“取其左右而逢源。”“教学有法，教无成法。”根据儿童课堂上的学习情况灵活、智慧地进行教学调整，激励学生能够创造性地学习。

四、教学内容的生活性

生活性课堂是相对于当下一些以书本知识为本，以传授学生应试知识为本的课堂来说的。“教育源于生活，又高于生活，教育不能够离开生活，倘若一旦离开生活，那就成了无源之水、无本之木，教育不仅要反映生活、联系生活，更要超越生活。”生活性的课堂要求：

教师重视和了解学生已有的生活经验，在学生已有的生活经验的基础上开展教学活动。

教师要将生活的情境、生活中的素材和生活中的体验带入课堂，整合书本知识，将知识教学融入生活教学，小学阶段儿童学习的特点决定了以学习感性的知识为主，因此，在知识与现实生活的联系上有着独特的优势。

小学阶段的课堂教学的最终目的就是要让学生在做中学，学中用，学会在生活中观察和发现，在生活中运用各种常识解决基本的问题。正如陶行知所说：你所受的教育取决于你的生活。[1] 教育只有通过生活才能变为儿童发展的需求和发展的力量，也才能成为真正的教育。

[1] 陶行知 . 为生活而教育 [M]. 北京：外语教育与研究出版社，2012：163.

第二节 "双向五维五环节"模式

基于张传燧教授提出的"四生课堂"的"双向五维五环节"[1]教学模式。应用到小学阶段的课堂教学中，基于小学阶段学生的认知规律和学习规律，教育教学规律进一步构建具有小学教学特色的"双向五维度五环节"模式。（如图 1–1 所示）

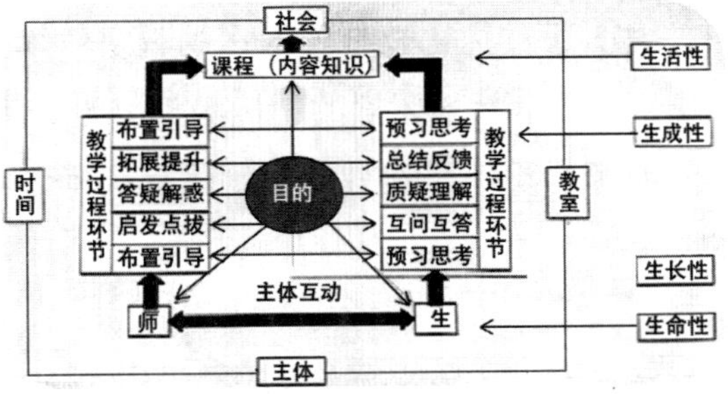

图 1–1 "四生课堂"的"双向五维五环节" 教学模式

（一）双向，即师—生

课堂中教师的教和学生的学，都属于主体及其过程 / 行为要素，它们两两对应，双向互动，彼此配合协调，并行共进。"主体""双向"，反映了课堂教学的主体—生命—行为特性，是"四生课堂"之"生命性"特性的具体行为展现。在小学阶段，学生上课主动举手发言、参与讨论、上台展示的特点是十分鲜明的，这是课堂上学生"生命性"的鲜活体现，为此教师要十分重视学生在课堂上的这种积极表

[1] 张传燧．"四生性"：我的课堂教学观 [J]. 长沙：湖南师范大学教育科学学报，2019(1)：111.

现，在课堂上就需要更好地担当好学习情境的创设者、学习兴趣的激发者、课堂参与的激励者、展示平台的搭建者、学习表现的评价者等角色，在课堂教学中通过自己的智慧引领和激情投入，在师生的水乳交融之中、自然的起承转合之中，让师生生命力芬芳四溢。

（二）五维，即主体—目的—课程—空间—时间

这是“四生课堂”教学模式的五个坐标节点，整个课堂教学活动就是这五个要素的碰撞、耦合、叠加、纠缠，是教学主体（师生）围绕（并指向）教学目的作用于课程内容在一定时（课时）空（教室）内展开的连续性活动，课堂教学活动的状态及其质量取决于这些要素的状态、位置、作用。“四生课堂”就是力图活化其状态、耦合其位置、主动其作用，力图通过优化教学要素达到教学效果最佳的目的。在小学阶段课堂中，这五个教学要素的碰撞更加频繁、耦合更加灵动、叠加更加充分、纠缠更加交融，在教学中则体现为师生的语言共鸣，行为共生，情感共振。

（三）五环节

情境导入—整体感知，任务布置—自主学习，点拨指导—合作探究，答疑解惑—质疑理解，评价激励—交流展示。这五个环节以“学生学为中心”，以“学习任务为驱动”，在教师的引导下课堂教学活动“环环相扣，紧张愉悦，生动活泼，妙趣横生”。教学活动突出学生，凸显学习，强化问题，注重过程，注重生成，凸显“生为本、学为主、大主题、全开放”特色。

第一环节，情境导入—整体感知。“把孩子们带入到真实的特定的情境中，不仅可以加深他们对课文语言的理解，而且可以激起情感，使语言活动与情感活动融为一体，可以把孩子的观察、思维和想象结合起来，又可以使得他们感悟语言的神韵。总而言之，观察情境的确可以把他们带到课文的活的源头中去！智慧的启迪、审美的享受、身心的释放、让孩子们流连忘返。”根据小学阶段儿童的认知特点和

学习心理特征，教师创造符合课堂教学主题的情境来导入课堂是一个必要的，而且十分有效的教学环节。因为，人为地创设特定的富有典型意义的情境，使某一学习情境强化，作用于儿童的感知，往往能引起儿童观察、思维、想象一系列智力活动，同时由于情境本身有丰富的美感、鲜明的形象，伴以教师情感的抒发、渲染、又激起儿童热烈的情绪，使儿童带着纯真的情感参与学习活动，从而能够在课堂的开始环节就激发学生的学习兴趣、学习热情和学习动力，在悄然中已经开始激发学生内在的学习动机和生命活动。由此，教师可以采用带入情境，把儿童观察与思维结合起来；创设情境，描述画面，发展想象力和语言表达能力；体验情境，扮演角色，发展儿童的交往能力和激发合作学习。当然，伴随而来的，孩子们的学习活动就是整体感知，儿童发展心理学理论认为小学阶段学生直觉思维的形成是从整体到局部，最后回归到整体上来，通过整体感知学生走进学习内容，感知主题内容，了解学习要求，体会学习情感等，这个环节也是学生课堂上学习活动的开始，学生可以带着老师提出的“大问题（主题）”，通过各种学习资源载体走进学习内容，获得整体认知，激发学习动机。因此，这也就要求教师把课堂还给学生，留给学生充足的阅读时间。当学生在进行整体感知时，教师要做好精心设计“大主题”，精心选择能够激发学生展开猜想、探究和讨论的教学资源，采用学生自主默读、诵读、聆听音频资源、观看视频资源、体验式活动等方式，这样才能帮助学生有效地进入课堂学习。

第二环节，任务布置—自主学习。任务布置的目的是为学生提供学习目标和实现目标的路径。学生在任务的驱动下，激发出学习动机，同时根据任务可以找到学习的具体路径。“任务布置”教学环节的设计蕴含了皮亚杰的“认知发展论”、布鲁纳的“发现学习论”、奥苏贝尔的“意义学习论”和“社会建构主义学习理论”的原理。当然这里所讲的“任务”并不仅仅等同于我们生活、工作和学习中任务的概念，而是于“四生课堂”教学研究领域的特定学术概念。因此，“四生课堂”教学中的“任务”是指意义是首要的，有具体的交际问题需要解决的，与真实世界中相类似活动存在某种联系的学习活动。学生在这个环节完成任务是首先必须考虑的事情，对任务完成情况的评价主要根据任务完成的结果来进行等。在“任务”的驱动下学生开展自主学习。基于人本主义心理学的影响，教育对象和教育方法的转变，21世纪新课程改革以来，我国教育领域逐渐重视学生的“自主学习”。自主学习强调的是学习者本身的情感需要，体现的是“以学生为中心”的课堂教学理念的转变。“四生课堂”倡导教师在课堂教学中大胆放手让“学生自学”，帮助他们养成自主学习的习惯，掌握自主学习方法，发展自主学习能力，一般来说在这个环节学生自主学习的方式有自主阅读、自主思考探究、自主实验操作等，通过自主学习来完成老师布置的学习任务，发现自己学习中的问题，为下一步的合作学习做准备。这个环节也是课堂为学生的过程生成和个性学习、全面生长做准备的阶段。

第三环节，点拨指导—合作探究。当学生通过带着教师布置的学习任务，通过自主学习，在一定程度上完成了学习任务，解决了一些问题，发现了一些问题的时候，课堂便走向了学习的高潮，那就是合作学习、探究、交流环节。在这个环节学生将在自己小组内与同伴一起交流“任务”的解决方案，交流学习中的困惑和问题，同时又通过同伴相互解决一些问题，实现“学生与学生之间基于问题解决的对话”，这时候课堂的学习是全员参与的，气氛是十分活跃的，生成的教育成效是十分有价值的。在这个环节点上教师的主要角色成为发现者、指导者、知识的首席官员，学生们通过小组讨论后还解决不了的问题，或者难以真正突破的问题，将由老师来进行点拨和指导，助力学生进行问题的解决和任务的完成。于是在这个环节课堂的“生成性”既自然的呈现，又是鲜活的发生了，课堂中师生的“生命性”也渐入佳境。

第四环节，答疑解惑—质疑理解。这个环节学生的“质疑理解”活动是在继他们通过小组合作探究后发现的，或产生的共性问题、难点问题，由学生代表提出质疑，放到整个班上来进行解决。这个质疑的过程往往是学生发展综合、分析、归纳、推理、批判等思维最为宝贵过程。皮亚杰的“认知发展理论”提出：“小学儿童认知和思维一方面开始具有较大的变易性，出现了可逆性，能解决守恒问题，能凭借具体事物或形象进行分类和理解逻辑关系；另一方面能对具体事物进行群集运算，包括组合性、逆向性、结合性、同一性、重复性或多余性等运算。但由于这一阶段儿童的运算仍脱离不了具体事物或形象的支持，所以，其运算还是零散的、孤立的，难以组成完整的系统。”[1] 这种“可逆性”思维是儿童“批判”思维的萌芽，由此在课堂教学中我们应当高度重视，创造机会让它能够得以充足的发展，从而帮助他们的思维慢慢走向联结、系统和完整。“质疑理解”环节给了儿童大胆提出问题，质疑所学，批判性学习的机会，为学生的思维生长创造了可能性。当然，在这个环节教师的角色就更多的是“传道授业解惑”的教育者、教学者，教师可以采用文本解读、操作演示、例证提供等方式，助力学生的问题解决，从批判质疑引领学生学习的真实发生，实现深度学习。

第五环节，评价激励—交流展示。“交流展示”环节是小学阶段课堂教学中值得特别重视的环节，教师常用的形式有角色扮演、小组成果展示等。在课堂教学中运用角色扮演模式，提倡的是通过直接感受来培养角色意识。大量研究结果表明，角色扮演是一种具有较高教学价值的群体参与模式，尤其适用于小学的课堂教学。许多国内外学者对它在教学中的实施效果，给予了高度的评价。美国学者当菲和瑟

[1]　吴庆麟．教育心理学 [M]. 上海：华东师范大学出版社，2003：33

格 (M .Dunfee & H .Sagal,1966) 在对角色扮演式教学进行大量研究之后，得出了这样的结论："角色扮演对于解决个人和社会机构的行为与立场问题，是一种有效的探究方法，学生可以在其中尝试解决社会问题，提高对复杂价值矛盾的判断能力。" 社会心理学理论则认为：每个人在社会中都要扮演一定的角色，它是一个社会成员的思想、情感、行为和责任的集中体现，反映个体与自己、周围人群和客观事 物之间发生作用时独特和一贯的行为方式。个人角色的形成与接受的教育、所处的文化背景、社会制度规则和人际交往作用等因素有着直接而密切的关系。一个人要想很好地融入社会，对社会做出贡献，就必须对自己以及他人的角色有一个正确、完整的认识。如果缺乏角色意识，不清楚自己的角色定位，也不了解别人的思想、情感和价值观念（即不能做到移情），就会在社会生活中失败。[1] 模仿和表演是小学阶段学生最为热衷的学习活动，从教学实践中，我们可以发现采用"角色扮演"等教学方式深受学生们的喜欢。为了让学生们能够在这个环节体验到成功感，老师可以指导学生们做好表演情境的准备，做好演员的角色分工，搭建好角色扮演的框架，培训好"小观众"等。当然，这个环节教师要做的就是评价激励，"交流展示"的最大难点是对学生学习成果的评价。由于"展示活动"不再以获得书本知识为教学的重点，而是把情感、态度和价值观的培养作为主要的教学目标，这就要求教师要采取学生自评、"大众"点评等生成性评价的方法，来评价学生经过多次角色扮演等展示活动后所发生的变化与取得的进步。

[1] 周晓虹．现代社会心理学［M］．上海：上海人民出版社，1997：41.

第三节 “生为本、学为主、大主题、全开放”特色

基于“四生课堂”一般特性和主要特色，发展小学生核心素养的“四生课堂”同样体现出“生为本、学为主、大主题、全开放”的教学特色。

一、生为本

这是“四生课堂”教学主体观的转变。小学阶段学生还处于启蒙阶段，在小学的课堂教学中，教师的主导作用是不可忽视的，学生学习兴趣的激发、学习习惯的培养，学习方法的掌握、学习活动的组织都需要教师在课堂中帮助他们逐步构建、训练提升、不断养成，虽然如此，“四生课堂”在小学教学中依然坚持“生为本”的“主体观”。强调教学自始至终要“以学生为中心”，无论是在备课环节老师应当充分备好学情，依据学生的学情来确定教学目标，选择教学内容，设计教学活动，还是在上课环节，让每一个学生参与到课堂，为每一位学生创造交流、表达和展示的机会，激发每一位学生的生命活力，还是课后根据学生的学情不同安排课后作业，进行课后辅导等，都是围绕学生的学习需求、发展目标、学习情况来展开教学，以学生为本凸显学生的主体地位与主动作用，打破了小学传统课堂教学模式“师为本”，教师以教学“预设”来垄断课堂的话语和教学行为的局面，在课堂中更好地解放学生的头脑、嘴巴、身体，让学生自主地“动”起来，“活”起来，学习的生命力“强”起来。

二、学为主

这是“四生课堂”教学方式的转换。由于小学阶段的学生处于启蒙阶段，很多教师认为只有教师“教”，他们才会“学”，因此在课堂教学方式上很多教师都是“以教为主”，千方百计地设计各种教学活动，以此来吸引学生的眼球，让学生参与到自己设计的“问题”“重点”“难点”中来，期待着学生说出“老师心中想好的”“备课预设的”“教参上标准的”答案，一般来说学生的教学参与就是“学生举手回答老师的问题，老师给予标准答案的对错评判”。“四生课堂”则认为这样的教学方式是难以发展学生的学科素养的，为此，“四生课堂”倡导的教学方式是“从关注教师如何教，走向关注学生如何学”。课堂教学活动应该根据学生的认知和学习规律来设计。教师根据学生学科核心素养应达成的课堂教学目标，设计一个个环环相扣，循序渐进，由表及里，深入浅出的学习任务，以此驱动学生全员参与“说一说，听一听，看一看，想一想，议一议，练一练，演一演，评一评”等自主学习，合作学习，质疑提问，交流展示的学习活动中来学会知识、习得思维、发展能力、激发兴趣，提升情感等等。从而“让学习真实发生，思维生长的过程看得见”，从而把课堂真正还给学生，让课堂成为真正的学生的“学堂”，让学生在学习过程中生成更多属于他们自己的知识、思维、能力和智慧。

三、大主题

这是“四生课堂”在教学内容上的凸显。教学内容上它倡导与生活紧密联系，通过内容整合支持学生学科核心素养的生长。显然传统课堂教学是以“知识为主线”按章节内容进行的有明确主题（知识点）的教学的，这种按照章节分设来开展的教学，由于教材内容的限制，教师只能以文本为中心开展教学，而文本的编排不一定符合学生学习的实际需求，无法联系生活经验进行学习，仅仅是“为读书而读书”“读死书，死读书”，无法较好地实现学科核心素养培养的目标。有专家认为“小学阶段开展大主题教学有三点主要意义：首先是符合课堂教学发展的追求。随着从教到学的课堂革命的转型，以学为中心，逐渐丰富成为基于立德树人的教学、基于课程意识和学科本质的教学、基于学生学习的教学三大基本观念。”有一线教师从教学实践中总结出“‘大主题’教学的核心价值是基于教生活的大情境，以教学勾连生活情境，抓住学科素养，教学活动突出完整的大过程，让学生构建系统的知识网。”[1] 大主题是相对以前的单元主题而言，主要是同一单元或几个单元进行学科内的内容和资源整合，或者不同学科相似的教学主题内容进行整合。因此“四生课堂”的“大主题”教学主要是指围绕学生学习和生活需要，依据学生核心素养，基于学科，瞄准学生的生活和学习规律，针对小学阶段的教材和学科，以达到综合育人的目的教学方式。课堂教学中学生的学习活动围绕一个“大问题”展开，基于“大问题”引导学生联系生活展开知识学习、思维训练、能力提升和情感培养，从而让学生融学习和生活于一体，从整体性学习走向整体性生长。

四、全开放

这是“四生课堂”在教学过程上的倡导。“四生课堂”提倡课堂生命性、生长性、生成性、生活性，决定了课堂教学过程必须从传统的封闭式课堂走向开放式课堂。开放式教学理论认为“开放式教学方式是区别于传统的、单一的、封闭的教学方式，是在充分吸收人全面

[1] 林彩英．语文立人：基于核心素养的大主题教学设计 [J]. 福建基础教育研究，2020：43–45.

发展理论、现代认知科学、构建主义学说、人本主义理论及混合学习理论、教育信息化理论等教学理论精髓的基础上，重新构建的新的教学理念，主张教学的目标是培养学生的自由、平等、互助、自信的理念，为学生提供开放的环境以促进学生思想的连贯性和发散性。”“四生课堂”主张课堂“全开放”主要是教学过程全开放。

在教学过程中教学主体不再拘泥于师生的活动，可以是师生、生生、生师互动，从而在教学中努力创造民主、平等、向上的教学氛围，以提高学生学习的热情，挖掘学生的学习潜能。教师在教学过程中主要引导学生进行学习，重点是加强学生参与活动，充分了解、指导学生的学习活动，充分尊重和信任学生，将学生看作知识的主动探求者。开放式教学理念中的师生互动主要强调师生的多边互动，教师要发挥教学的引导者、组织者、发现者等角色作用，保证学生在教学过程中的主体地位，引导学生自主学习。

在教学过程中教学内容也不再拘泥于书本知识，可以是书本上的、超越书本的、也以是生活中的，还可以是师生创造的。教师将教材视为教学的辅助材料和工具，而非教学内容的全部，视为学生的学材，引导学生运用书本，联系其他课程资源，或者联系生活进行学习。教学内容要在遵循课程标准的基础上，适当创新和丰富，重组原有教学内容，将与生活相关的教学内容融入教学中，防止教学内容过于抽象，与生活相脱离、与时代相脱离的弊端，而融入时代鲜活的气息。

在教学过程中教学的形式不再拘泥于传统的从新授输入，到操练巩固，再到学会输出，可以采用大翻转、小翻转、先学后教，以学定教，也不再拘泥于教师的预设教授，而是充分基于对学生学习生成的相机而教。有学者认为“开放式课堂教学可以创设恰当的问题情境，将学生引入‘开放’的教学环境中。情境教学法有利于激发学生的学习兴趣，是开放式教学的基础。”教师可以在教学设计中精心创设与教学内容相关并有利于学生发展的开放式教学情境，将学生纳入具体的教学情境中，使学生处在虚构的真实场景中，激发学生的学习积极性，从而更好地开展开放性教学活动。问题情境的选择可以是课内的，也可以是课外的，可以以教学内容为背景，也可以以生活实际为背景，创设出开放的教学情境，既能够反映出教学内容的本质，又将教学内容延伸至生活中。除此之外，教师还可以引进开放性的教学问题，实现小学阶段学生思维过程的开放性。开放式教学离不开开放性问题的应用，将与课程教学内容相关的开放性问题引入教学课堂中，通过问题开发学生的思维，促进学生开放性思维的培养。教学问题要具备任务性、多元化、启发性等特点，体现教学形式的开放性。

在教学过程中教学活动的开展更加凸显学生小组合作学习和探究。加强学生小组合作学习，在合作的过程中学生与学生之间相互讨论重点难点，总结分析知识点的运用，并帮助其他学生达到共同进步。学生合作学习中的质疑和问题更体现教学过程的开放性，学生在教学过程中充分发挥出其主体作用，老师发挥教学指导作用，在学生合作学习中给予适当的点拨、引导，体现了师生之间的合作性。在动态的、开放的教学过程中，加强学生与学生之间、教师与学生之间的交流与合作，促进二者的共同进步。开放性的教学过程不拘于传统的合作学习方法和活动空间，学习小组的组合可以按照学生学习能力、性格等多方面因素，也可以实行自由组合，体现出教学的开放性。学生学习的座位也可进行多样化的排列组合，例如“圆形、马蹄形、口字形、田字形、凸字形、星点形”等。

第三章

“四生课堂”思想的发展过程

“课堂就是关键——发展小学生核心素养的‘四生课堂’”历经了萌芽、生长、拔节和成型四个阶段。四个阶段也是我对“以改变课堂，去改变学校发展的生命样态”的感性认识，逐步上升到理性认识，再上升到理性自觉实践的过程。在这个过程中，我发现一所学校只有课堂才能呈现出发展的真实样态，课堂不改变，学校的管理效能、课程设置、教师发展都将事倍功半。不仅如此，我也深刻地感受到在这个过程中，我渐渐由一位年轻的经验型校长，逐渐成长为专业型校长，成长为一位事业型校长。

第一节 萌芽：“兴趣课堂”改造农村薄弱学校

一、经历与背景

2000 年，我从湖南省浏阳师范学校毕业，被分配到了浏阳市澄潭江镇大圣中学工作，学校所位于湘赣边界罗霄山脉脚下的澄潭江镇大圣村，是一所偏远的农村学校。学校创建于 1965 年，原名“大圣农业中学”，1968 年更名为“大圣中学”，2007 年教育改制后，与原大圣完小合并，更名“大圣学校”。学校规模不大，通常 15 个班左右，学生 700 人左右，都是山里的孩子，留守儿童很多，教师 40 人左右，很多是“民办教师”转正过来的。受办学条件、师资和生源的影响，90年代学校办学质量非常落后，一直是浏阳市教育质量薄弱的学校。2000年到2010年，我在大圣中学工作了十年，在这十年里，我担任了初中英语教师，其中担任了八年的初三英语教师，同时兼任过班主任、年级组长、政教主任、教导主任、副校长等工作。2007年，我担任大圣学校的校长。在大圣中学任教十年，我无论是做老师，还是任校长，都在与老师们一起想方设法提升这所山村中学的教学质量，因为只有质量上来了，这些山里的孩子才有考入市里高中，走出大山，继续深造的机会，也才有改变人生命运的可能。

二、过程与收获

如何才能改变大圣中学落后的教育质量？作为一位青年校长，我对破解学校发展中的“最大难题”还没有系统思考和成功经验，一切都得摸着石头过河。于是我经常虚心地向中心学校领导蔺传次，高可，陶贤波等同志，前任校长胡小平，老教师刘光荣、缪传文、谢贤德、张宜江、周益元、张名树、汤文胜、胡耀波、宋文峰老师等请教，也经常与班子成员骆彪、胡耀海、张义、胡正春、邹祖宏等同志商议，与学校各个学科的老师们讨论，听取村支两委和家长委员会同志的意见和学生在校学习的感受。最后，我们找到了破解“质量难题”的路径就是“全力抓好课堂，向45分钟课堂要质量。”

“什么样的课堂质量才会更高？”很多的领导和老师提出了宝贵意见和建议。中心校校长，蔺传次同志提出：“抓好大圣学校的教学质量，一方面要针对教学抓教学，就是要抓有效课堂，另外一方面要跳出教学抓教学，就是要抓学生的习惯养成教育和德育。”资深教师刘光荣，一位在大圣中学工作了近三十年的、初三化学教学质量非常优秀的老教师，提出：“课堂教学要出质量，关键要靠教师，教师要能吃透教材、研透考试，让学生们学得更轻松愉快，学习效率更高，更好地掌握重点，突破难点。”骨干教师张义，一位从事过多年小学数学教学，并担任了多年教导主任的老师，认为：“课堂要出质量，关键是调动学生学习的积极性，让学生由被动地学变为主动地学。”等等。很多老师都给了我很好的意见和建议。再加上自己多年来，对改变乡村初中英语课堂教学的摸索，我们大圣中学的40多位教师，依据新课程改革理念，开始了一场以改变教师教育教学方式，激发乡村学生学习兴趣，提高农村学校课堂教学有效性的“兴趣课堂”教学改革。由于地处边远农村，没有较好的图书馆，也没有畅通的互联网，我们没有做过多的文献研究，也没有去探究“兴趣课堂”的原理和理论依据，只是凭着教育的直觉，教育的经验，在实践中去摸索和总结课堂上激发学生学习兴趣的教学方法，2009年，基于自己英语“兴趣课堂”的实践经验总结，我撰写了一篇《巧激兴趣，引领学生乐学英语》的文章，阐述了我对农村初中英语“兴趣课堂”的看法。

巧激兴趣，引领农村中学生乐学英语

左鹏

2009年11月

我国古代教育家孔子说“知之者不如好之者，好之者不如乐知者”，著名科学家爱因斯坦也认为“兴趣是最好的老师”。在近十年英语教学中，我发现农村初中的学生缺乏对英语学习的兴趣是阻碍中小学生学好英语的最大障碍。学生一旦缺乏学习英语的兴趣就会失去学习的热情，就感受不到学会英语的快乐。再加上英语的学习需要日积月累、持之以恒，而中小学生身心发展规律决定了他们在这个年龄阶段缺乏一定的自制力和自觉性。因此在这个过程只有兴趣是他们学好英语的最佳帮手。因此在教学中我始终围绕不断激发学生的兴趣，使学生时常体验英语学习的成功感和快乐感做文章，取得了不错的效果，由此，我发现了三条重要原则：

一、情感激发原则，让学生亲其师信其道

在英语课堂的讲台上我的英语课堂即是疯狂英语世界。用我对英语的热爱与激情去感染学生，使他们对英语充满激情；用我对西方文化知识的广泛了解为学生构造一个五彩的西方世界，使他们感触西方民族特别是语言的独特魅力；用我漂亮的语音语调使学生感触英语的悦耳，以及对能说一口流利英语的无限向往；用我对英语自学的体会引导学生懂得英语是“勤快人学的学科、而不仅仅是聪明人学的”英语的学习需要日积月累、需要持之以恒。用我严爱相济的教育方式、面向全体讲究民主的上课方式、关爱每个学生特别是后进生、赏识每个学生、相信每个学生的教学态度来取得学生的喜爱和亲近。当学生对我产生了兴趣的那一刻，我已经带他们开启的英语世界的神奇大门。

二、简单易学原则，让英语学习简单有趣

在教学中我永远要做的是如何使学生学起来更简单一些，只有从简单的开始，才使学生容易入门，才容易产生“兴趣”，才容易把事情进行下去。英语听、说、读、写都应从最简单的开始，简单原则有巨大的优点：（1）造就成就感，培养自信；（2）增加兴趣；（3）语言朗朗上口；（4）易于学以致用。在教英语单词的时候，我喜欢将单词的拼写和音标拼读相结合，使学生学会了读就大致掌握了写。对于一些特殊单词我还结合方音使学生乐于其中一学就会，如：rose读成肉丝、usually 读成“牛舌里”等等。在教学语法的时候我喜欢将语法规则通俗和生活化使学生易于理解和运用，如：（1）教学英语的几种时态时我让学生反复领会各个时态的特点，再借用一个线段图进行系统地比较分析，然后让学生用动词正确时态填空，再用不同时态结合生活实际造简单句进行练习等；（2）在教学宾语从句、定语从句、状语从句时，我引导学生概括出：一个小句子在一个大句子中做宾语叫宾语从句；后面的一个小句子修饰前面的一个名词做定语叫定语从句；when/while/where/because/if /although 引导的表示时间、地点、原因、条件的句子都是状语语从句等等。在教学阅读的时候我喜欢教学生们一些易于运用的阅读技巧来提高阅读速度和效率，如：

抓住文章每段的首尾句；抓住文章中时间、地点、人物、数字之处；看到 but/however 表示句子前后意义相反，看到 and/too/also/either 表示句子前后意义相同，难单词就是“救命草”等。在写作教学时我喜欢让学生先围绕写作主题收集单词，再让学生练习根据句子大意补全单词，再到让学生用英语写单句，最后再到文章写作；背诵英语是学好英语的最佳途径，在组织学生背诵时首先我喜欢安排学生背诵 2-4 句的简单对话，再背诵百字左右的小短文等。抓住简单原则我几乎能引领所有的孩子轻松地遨游在英语世界。

三、成功激励原则

学生的兴趣源于从成功走向更大的成功，课堂上我通常会组织每个学生都能参加的活动，根据任务的难易程度不同，安排不同层次的学生来完成，让每位学生都体验成功，如：（1）每天 5—10 个单词的 words dictation，完成的好的和进步的都会得到我的表扬和肯定，甚至奖励；(2) 学完新词句后我通常会安排 one by one 的训练，让每位学生体验掌握了新词句的成功感受；(3) 在进行了 pairwork 后我总是创造机会进行学生与我的对话，生生对话，小组对话，让学生在不同层面体验做成功者的自豪；（4）每周一次的小测试，我将测试题分 a，b，c 三层准备，c 层“菜鸟”题，b 层青鸟题，a 层蓝鸟题让学生自我挑战擂台看是否能晋级成功，达到蓝鸟级的奖励、能越级成功的奖励等等。只有让学生每天都能体验学习英语的成功感，学生才会有源源不断的学习兴趣和动力。

四、活动激趣原则

以活丰富多彩的活动为载体激发学生运用英语的兴趣，从而让学生体验“外国人”的快乐，教学中我始终想尽办法设计一些能吸引学生眼球的课外活动，在活动中让学生情不自禁地运用英语，如：英语书写赛看看谁的英文写得最好，英语歌手赛看看谁的英语歌唱得最棒，英语朗诵会看看谁的语音最动听，英语单词接龙看看谁的词汇积累得最多，英语电影节看谁搜集的英语电影最多，英语角角主擂台赛看谁的英语最牛，西方风情录看谁的西方知识最丰富。开心的活动使学生们乐在其中，仿佛自己已是一名地地道道的外国人，忘记了学习的艰难和枯燥。兴趣是我找到引领孩子们进入英语世界的最好钥匙。

“兴趣课堂”让很多乡村的孩子们从厌学转变为了乐学，也让我们这群乡村教师们感受到了教育的快乐，感受到了在研究教材、研究考试、研究学生、研究教法的过程中，自身专业的成长。从2007年开始学校的教育质量逐步提升，中考毕业质量从浏阳市的落后学校转变为质量优异的农村学校。2018—2010年，学校初中中考和联考质量连续三年位居全市前列，学校中考录取率均达到75%以上，平均每年正取高中学生超出教育局分配名额20多人，为当地群众减免计外录取费60于万元；小学联考质量连续三年位居全镇（澄潭江辖区）前列。学校连续五年来获得学校绩效管理镇一等奖，从我校毕业考入高中的学生，通过高考考入北京大学、清华大学、华中科技大学、武大、哈尔滨工业大学等重点大学的有50多名；2009年被教育局授予“调考教学质量优秀学校”。课堂一旦改变，不仅是教学质量更优了，而且学校管理走上了规范化管理之路，以课堂教学质量提升为抓手，学校全体教师凝心聚力共同研制了《学校教学质量管理制度》《学校教科研制度》《教职工目标管理考核制度》等。2008浏阳市市政府授予学校“浏阳市文明单位”“浏阳市最美乡村学校”等称号。

三、反思与梦想

（一）反思乡村教育的症结

十年的乡村学校工作，让我真切地认识到乡村教育之痛和教育之难在教育质量的提升，而教育质量的提升关键在课堂。乡村教育质量之所以薄弱，就因为这里的课堂仍然是“涛声依旧”，老师们上课“照本宣科”“以教为主”，“填鸭式”和“灌输式”教学方式习以为常。课堂上学生的学习都是在跟着老师走，以听讲为主，学生自主学习、合作探究的学习活动很少，久而久之，“静悄悄”课堂成了课堂的常态，主动参与、举手发言的学生很少，很多老师还会认为这种“课堂上学生听话、守纪律”的课堂是一种“好”课堂。正是在这样的传统课堂中学生的学习兴趣被教师的“严格管理”束缚了，学生感受不到学习本身的快乐，如果说还有一丝快乐的话，也仅仅来自考试之后获得的“及格”或“优秀”的分数，而非学习的本身。

在乡村学校开展的“兴趣课堂”教学改革，让我对课堂上关注学生的学习、激发学生的学习动机、让学生们易学、乐学、想学有了一些感性的认识。对于农村学校如何从课堂教学改革开始，去改造教师，去改造学校，让学校管理的核心指向课堂，让学生快乐而有效地学积累了初步的实践经验。当然，我也真切地意识到课堂教学改革的密码还未真正打开“‘兴趣课堂’背后的原理是什么？”“为什么兴趣会影响学生的学习成绩？”“学生学习兴趣的本质是什么？”“‘兴趣课堂’给课堂带来什么样的教学理念变革？”这些问题都有待深入的研究。除了课堂本身之外，还有“课堂变革对学校管理的核心影响究竟有哪些？”“如何通过课堂促进教师的专业发展，开展校本研修？”“如何通过课堂变革促进学校向着现代治理转向？”这些新的问题驱动着我在教育之路上不断前行。

（二）梦想乡村教育的未来

实践铸就梦想，变革产生力量，乡村教育十年探索孕育了我的教育梦想，努力探索一条“面向未来，改变乡村课堂，改造乡村学校，振兴乡村教育的道路。”十年乡村教育教学改革实践探索发现的诸多的问题，产生的诸多的困惑，激励着我鼓起勇气去攀登教育理论的高峰和去探寻教育实践的前沿，突破自己事务型和经验型的校长的角色定位。

第二节　生长："课例研修"激活县城百年老学校

一、经历与背景

（一）县城任校长经历

2011年1月，组织安排我调入浏阳市示范性小学——浏阳河小学，担任校长，接手这所有着近120年办学历史的县城中心小学，开始城区学校办学实践探索。

（二）学校发展背景

浏阳河小学是一所县城优质小学，始建于民国初年，办学历史悠久，人才辈出。学校占地面积26660平方米，建筑面积达11358平方米。学校有教职工72人，26个教学班，学生共1635人。校园布局合理，环境优美，校舍雅致优美、宽敞明亮。济川河蜿蜒而过，思邈阁俯首向望。校园内花坛点缀、树木葱茏、绿树成荫、鸟语花香，置身其中令人心旷神怡。学校设施设备齐全、管理规范，办学宗旨为"为了每一位师生的终身发展和人生幸福"，校训为"做最好的自己"。学校确立了办"学生开心成长的乐园、教师舒心工作的家园、家长满意的和谐校园、社会公认的品牌学校"的教学目标和"文化立校、质量强校、科研兴校、名师扬校"的办学策略。学校教育质量优异，为教育部"中华经典诵读实验学校"，学校先后被评为湖南省红领巾示范学校、长沙市绿色校园、长沙市现代教育技术实验学校、长沙市学雷锋先进单位、长沙市校本研训示范校、浏阳市科技示范校、浏阳市示范性小学等。

随着新课程改革的不断深入推进，这所百年老校也面临着新的发展挑战。一是作为城区老校，学校的教师年龄普遍偏大，教学理念和方式都非常传统，制约着学校教学质量的进一步提升；二是教师工作积极性不高，职业倦怠感明显，教师的职业幸福感不强；三是学校的教学硬件设施、工作待遇与同类学校相比有点滞后。面对这样的办学优势和办学挑战，作为新任的青年校长如何带领这群老师们突破职业倦怠，重新焕发出百年老校的生机与活力？这既是挑战也是机遇，在乡村学校十年课程与教学改革的探索，让我不由自主回归到学校教育工作的原点——课堂，引领老师们重新发现课堂，解放学生，激活教师，激扬老校的生命活力。

二、过程与收获

（一）带班上课，引领教师重新发现课堂

“校长的引领首先是思想的领导，其次才是行政的领导。”苏霍姆林斯基的这句教育箴言一直影响着我的办学思考和实践行动，领导力源于身体力行的行动。于是，我让学校教学部门给我安排了三年级85班的英语学科教学。由于长期以来，我一直在初中任教，没有任何的小学教学经验，如何上好小学英语课既是一次挑战，又是一次涅槃。于是，一方面我认真研究小学阶段学生英语学习的认知规律和学习心理特征，研究小学阶段英语教学法，另一方面我优化运用“兴趣课堂”的教学原则，对“兴趣课堂”的原理进行深入研究。由于在这个时间段，我正在湖南师范大学攻读教育硕士，研究生课程中的教育科研方法对我产生了深远的影响，通过研究相关文献，我在不断发现“兴趣课堂”的原理。

"兴趣课堂"的教育教学原理

1."兴趣"是一个有趣而有价值的心理问题。教育心理学家认为"兴趣一直为心理学家们所感兴趣，有关兴趣的研究几乎存在心理学研究的每个领域——研究者在情绪、认知、发展、教育、审美、人格、动机以及职业发展等诸多方面，探究兴趣的表现、作用及其运作机制"。[1]"无论在心理学还是教育学中，几乎没有比'兴趣'更重要的问题了。"[2]苏联教育心理学家包若维奇提出："兴趣问题具有重大的意义，很久以来它是许多心理学家特别是教育家所留意的问题。"美国课程论专家坦纳夫妇提出："关于兴趣在学习中的价值，在理论上已经形成共识。研究表明当学习者对学习感兴趣时，学习比较有效。"[3]。

2."兴趣"是一个历史而热门的教育话题。从古至今，"兴趣教育"是中国教育家研究的问题。孔子倡导"好之""乐之"（《论语·雍也》），宋朝二程阐发的"教人未见趣，必不乐学"（《二程集·河南程氏遗书卷二上》），除此之外，近代中国一些教育家还提出了"趣味教育""兴味""兴趣"的思想主张，形成了中国的兴趣教育思想理论。当然，"兴趣教育"也是西方教育家们广泛研究的问题，"兴趣是求知和学习的最大动力，这不单单是一种方法，而且包含人类获取知识的一个充满智慧而古老的法则"[4]，正如麦克默里所言："整个教育学思想的大事年表表明，古代和现代的教育学已经引起教师注

---

[1] P.J.Silvia.Exploring the Psychology of Interest.New York:Oxford University Press,2006,Preface and Acknowledgments.

[2] W.Ostermann.Interest,in Its Relation to Pedagogy.New York:Barnes,1899(possible copyright status,Preface).

[3] 丹尼尔·坦纳，劳雷尔·坦纳.《学校课程史》[M].崔允漷，译.北京：教育科学出版社，2006：306.

[4] 斯宾塞.斯宾塞快乐教育书[M].张建威等，译.北京：中国妇女出版社，2009：87.

意的就是兴趣的原理，它是唯一特别着重感情生活。”[1] 为此，从古希腊哲学家、教育家苏格拉底、柏拉图、亚里士多德有关兴趣或愉快学习的论述，古罗马昆体良有关教学“乐趣”的问题阐述，到文艺复兴时期的思想启蒙和人文主义教育观使得愉快教育和兴趣教学的思想萌芽壮大；再到17、18世纪代表自然主义教育的三位著名教育家——夸美纽斯、洛克和卢梭，分别就愉快教学、乐趣教学和兴趣教学思想的奠基；再到19世纪教育“兴趣说”的建立，赫尔巴特通过“多方面兴趣”说，把教育理论，特别是课程教学论完全建立在“兴趣说”的心理学分析的基础上，他把“多方面兴趣”作为教育教学的直接目的或较近目的（最高目的为德行），用兴趣状态下的专心和审思活动的交替运动的四种连续心理活动——注意、期待、探求和行动作为说明“教学形式阶段论”的心理依据，随之赫尔巴特学派奥斯特曼撰写《兴趣及其与教育学的关系》、魏斯曼撰写《兴趣》、格罗斯勒《多方面兴趣》等；再到20世纪，美国心理学家桑代克有关兴趣测量和“兴趣标准”，法国心理学家比奈有关儿童兴趣和驱力的调查测验，德国“实验教育学”倡导者拉伊关于儿童兴趣和注意发展阶段的结论等。还有美国德加莫的《兴趣与教育——兴趣学说及其具体运用》、阿诺德《注意和兴趣——一个关于心理学和教育的研究》、杜威的《教育中的兴趣与努力》、桑代克的《需要、兴趣和态度的心理学》以及法国彪勒的《儿童兴趣发展》等。

3. 兴趣的本质。兴趣是一种伴随着自我表现观念的情感。它起源于兴奋、力量感、掌控感，它伴随着内部的动力以实现自我生存的某种条件，不管这种生存触及的是人的自我的哪一个方面，因此兴趣具有动态性。它最初生根于遗传而来的生命冲动。真实的兴趣不是别的，而恰恰就是情感，一种伴随着通过具有对象性或观念行为而获得的这

[1] 康内尔．二十世纪世界教育史 [M]. 张法琨等，译．人民教育出版社，1990：131.

种自我认同的情感。这样努力就成为兴趣的结果，兴趣则成为目的的价值意识和达到目的的手段意识。

4. 兴趣与教学方法的关系。我们必须力求使大量的知识具有生气（生命力），必须提升直接目标并赋予其生气，利用方法的魅力、心智的机敏性和讲述技巧，去帮助学生获取知识并发展头脑的灵活性和肌肉的灵敏性。

5. 教学中教师个人因素对兴趣的影响。如果教师的心智是敏锐的，学生也将如此；如果教师的心情好，散发温和亲切的影响力，儿童的心灵就会像六月的玫瑰那样盛开；如果教师使用正确的、有说服力的语言，学生就会努力去使用同样的语言。如果这样我们的学生心智是机敏的、热切的、热情的，那么他们的兴趣就在生长。

基于对“兴趣教育”原理的理解，为了在课堂上激发小学三年级学生的学习热情，我充分采用学生自主模仿学习、小组合作学习、任务型教学法、全语言教学法等教学方式，解放孩子的嘴，让孩子们在英语课堂上“说起来”，解放孩子们的手脚，让孩子们在英语课堂上“动起来”，鲜活的英语课堂给孩子们带来了不一样的乐趣，也给老师们带来了不一样的感受，慢慢地，万跃华、张自玲、张义、唐玲、张乐等一些志同道合的老师们与我一道开始了“兴趣课堂”教学改革研究。

（二）进班听课，了解教师的教育心声

只有走进教师的课堂才能真正走进教师的内心世界，学校因为教师内心世界的改变而改变。在浏阳河小学工作的三年，我一直坚持基于课堂与老师们进行学校发展对话，通过吸取老师们的智慧，研制了《浏阳河小学“十五”发展规划》，运用《规划》准确确定学校新的发展目标和发展路径——“提质硬件、发展内涵（课程教学改革）、构建特色、彰显文化、追求幸福”。当老师们的课堂悄然改变的时候，学校也走上了一条突破发展难题、迈向“幸福教育”之路。

（三）校本研修，引领教师发现教育的幸福

支撑学校课堂教学变革的一项重要工作就是校本研修。浏阳河小学把立足课堂变革开展的校本研修称之为“快乐草根式”课例教研。

“草根式”就是把教研作为贯穿学校日常教育教学的一条主线，立足课堂促进教师自我发展的主要途径，让校本教研基于课堂、在课堂中服务课堂，就是引导老师们把教室当成教学改革实验室，把日常教学当成科研实践，在教育教学中发现了什么问题就研究什么问题，探讨解决什么问题，总结提炼问题解决的方法的课例研修。“快乐”就是在教学改革研究中让教师体验同伴互助、共同研究的快乐，体验自我专业不断发展带来的成功感和成就于职业的幸福感，让每一位教师真正漫步在做研究型教师的幸福大道上。

浏阳河小学“快乐草根”式校本教研

1. 搭建活动平台，激活教研热情

学校认真开展“十个一”活动，即教师每课有一次教学反思，每两周向教研组提出一个本人遇到的值得探讨的问题，每两周教研组从教师提问中筛选具有代表性和研究价值的问题组织集体研讨，每两周一篇教育随笔，每两月向学校提供一个典型个案，每学期上一节校级研讨课，完成一篇有价值的教学论文或经验总结，每学期制作一个课件（45 岁以下教师），每期开展开放活动一次，每期组织全体教师开经验交流会一次。

2. 举行教学开放活动，展示教研成果

每学年，我们将校本教研聚焦课堂教学，开展了一系列的研究活动：每周集体备课，年级备课组组织同年级同学科教师研究教材、分析学情、讨论教案，发挥集体智慧，共享优质资源；每月随堂听课，学校行政事先不通知，随机进入课堂听课，检查教师日常课堂教学；每学期示范研讨，组织各学科名师骨干教师上示范课、研讨课；每学年，学校举办一次教学开放活动，一是全体教师人人申报一堂公开研讨课，由教研组有计划地分散安排，让学校每周都有教师课堂研讨的氛围和教学交流的声音，全体行政人员和全组教师参与听课和评课，不断锤炼教师课堂教学基本功；二是每年面向家长，集中一周，开放一个年级的所有学科课堂，汇报展示，征求家长对教育教学工作的意见和建议，由家长、学生投票评选“学生最喜欢家长最满意的老师”，激励全体教师不断提升自身素质和工作质量。

3. 建设书香校园，开阔师生视野

学校提出“做书香教师，建书香校园，育书香学生”智慧教育策略目标，全力打造学习型学校。一是班子团队率先学习，坚持每周一次的学习和反思研究工作的例会制度，不断提高行政人员的业务素质和管理水平；二是倡导教师“读书成为习惯、研究成就事业”，坚持平时个人自主学习，提倡基于自己“小课题研究”的专题学习、通过网络向各地名校的网站学习、通过教育书刊向案例式的文章学习；三是坚持两周一次的教研组集中专题学习交流研讨；四是开展“以书香滋养心灵，让阅读成就人生”读书系列活动，一年一届评选“书香教师”“读书之星”“书香家庭”，在教师、学生、家长中营造出浓浓的学习氛围。

4. 创办学术讲坛，共享教育智慧

教师学术论坛是一种由教师轮流主持交流、探讨教育教学中的问题的论坛。讲坛为教师交流经验、展示成果、获取信息、分享成功提供空间，教师思想、情感与智慧在讲坛上碰撞出美丽的教育火花。其具体做法：学期初，面向全体教师征集论坛主题。论坛主题分别纳入学校、教科室、教研组工作中并组织相关教师学习明确，平时教科室、教研组组织的集中教研活动，主要就以期初定下的专题以论坛的形式进行，让全体教师全员参与，有备而来，集中力量，专题探讨解决问题。学校全体教师参与的教师学术论坛每月一个主题，全体老师至少围绕其中一个主题广泛收集资料、大量阅读学习、积极教育实践、自主反思研究，然后提前一周上交案例式的书面体会文章。学校组织评比，评选出的最具研究价值的文章为一等奖，一等奖的教师即本专题论坛主讲人，轮流将教师请上主讲台，每月 4、5 位，原则上两年里，人人都要做一次论坛的主讲人。每一次的“论坛”主讲人，可以提供解决问题的各种方案，也可以将问题细化分解抛出一个个小问题，组织教师展开自由讨论、平等对话，达到“论坛”激励教师参与、合作、交流与共享的目的。为了提高参与的积极性，学校对获得一等奖的主讲教师以及自由发言有价值的教师还给予相应的奖励。如我们就“如何与家长沟通”“学生的惩戒艺术”“习惯养成与学生成长”“怎样精心设计作业”“有效课堂之我见”“我的小课题研究”“校园文化建设与教室布置”“综合实践活动课程怎么上”“书香班级建设策略”“家长会议怎么开”“学生犯错时怎么办”“打造品牌浏小之我见”“浏小教师形象之我见”等校园文化构建的专题进行了交流与探讨。

5. 建立了教师博客群

建立了浏阳河小学教师博客群，鼓励教师在博客上发表教育思想、教育调研、教育新闻、教学风格、教学案例、教学反思、教学策略、教育技术、诗歌散文、生活随笔、绘画摄影等原创作品，并进行相互交流。学校定期对博客进行检查评比。学校的博客群点击率达 500 万次， 2009 年被中国教育报、湖南教育、浏阳日报等省市教育报纸杂志专题报道。

三、反思与展望

（一）“兴趣课堂”反思与展望

从课堂教学变革着手，走进老师们的课堂，聆听师生的心声，引领老师们以走上课堂教学研究之路，寻找到教育内在的幸福，激发孩子们课堂学习的兴趣，在课堂上解放孩子，让孩子们更加乐学，进而激活了这所百年名校，使它重新焕发出了新的生命活力。这让我愈发认识到了课堂对一所学校的重要。只有在课堂里才能让孩子们绽放出生命的活力，只有通过课堂教师才会找到真正的职业幸福。

（二）办学反思与展望

对于这个阶段而言，对课堂教学认识的局限性，仍然制约着我没有以课程与教学的思维来思考教学改革，对于课堂的认识还仅仅停留在理念层面，并没有找到建构“兴趣课堂”教学模式的最好路径。

第三节 拔节："三生课堂"引领集团校青年教师成长

一、经历与背景

（一）省城校长经历

2013 年，我调入长沙高新区明德麓谷学校工作，担任副校长，负责学校的教育科研工作以及小学部工作。

（二）名校集团新校发展背景

明德麓谷学校位于长沙高新区保利麓谷林语小区旁，地处长沙市大河西"两型社会"先导区的核心位置，是由长沙高新区主办，百年名校明德中学委托管理的一所高品质九年一贯制公办学校。学校 2011 年正式开学，学校共有小学部 46 个班，初中部 27 个班。学校有学生 4000 余人，基本为小区业主子弟，学生的生源质量较好；学校有教师 200 余人，大多数教师为青年教师，毕业于湖南师范大学、湖南第一师范学院等知名师范本科院校，学历和专业程度高，但是教学经验不足，教师的专业成长需求大。作为一位主管业务的副校长和小学部负责人，我的工作重点有两项：一是教学改革和教育科研工作，二是教师专业发展和团队建设。此时，明德中学教育集团开始全面实施"三生课堂"教学改革，按照学校安排，我的重要工作就是研究并推动"三生课堂"教学理念的落地，探索出一条有效的教学改革路径，引领青年教师立足课堂发展专业能力。农村中学"兴趣课堂"的教学改革经历和深刻感受，让我对这项工作产生了浓厚的兴趣。于是我一边认真学习和领会“三生课堂”的思想内涵、基本目标、课堂教学特点、教学模式和实施指导意见，一边带领青年教师们扎根课堂，探索“三生课堂”改革的实践路径。

明德中学“三生课堂”基本内涵[1]

一、“三生课堂”的基本立意

“三生课堂”即“生命化课堂、生态化课堂、生活化课堂”三位一体的课堂，是一种课堂理念。其基本立意是基于生命，立于文化，志于创新。

首先，“生命化课堂”的含义：一是让课堂焕发师生的生命活力，课堂要适合孩子们的生命规律；二是让孩子从课堂中得到生命的启示。

其次，“生态化课堂”的含义：一是要达成课堂教学的自然生成，也就是说课堂教学是一种生态环境；二是课堂教学要适合孩子们的生存状态。

再次，“生活化课堂”的含义：一是课堂要充满生活情趣，包括课堂环境、课堂进程以及整个课堂的价值体系；二是课堂要与生活实际联系，要充分挖掘课堂教学的生活元素，让课堂教学充满生活情趣。

二、“三生课堂”的基本内涵

（一）学科规律。“三生课堂”教学，不能用一个模式来驾驭一个学校的所有学科，各个学科应该追求具有学科特色的教学模式。

（二）学生的认知规律。“三生课堂”教学要求教师在教学中符合学生的由表及里、由浅入深、由此及彼的认知规律。

（三）身心发展规律。“三生课堂”教学要求教师在教学中尊重学生的身心发展规律，不能过多地增加学生的学习负担，影响学生身心健康。

---

[1]　陈立军 . 文化立校——明德中学办学方略 [M]. 湖南师范大学出版社， 2013.9:147-151.

（四）大班教学规律。“三生课堂”教学要求要面向全体学生，让每一个学生发展。

三、“三生课堂”教学基本目标

（一）高效。就是课堂效益要高，通过“三生课堂”让孩子们焕发出生命活力，掌握知识，锻炼思想，实现思维突破等等。

（二）低耗。及时低成本，在教学过程中保持低成本运行，包括条件、环境、学生的心灵损耗，都要低成本。

四、“三生课堂”教学建模

（一）单元模块五步教学法——说、授、评、测、结五个环节

（二）课堂教学模式——教师引导、师生讲义、学生演绎和演练、学生检测。

二、过程与收获

学校成立了“三生课堂”教学改革课题小组，由我担任执行组长，课题小组的教师们一方面自己带头上示范课，另一方面深入老师们的课堂，特别是青年教师的课堂观课议课，在课堂中探索如何让师生在课堂上焕发出生命活力，如何能够实现师生在课堂上教与学的高效低耗，如何让课堂充满生活情趣，如何构建“三生课堂”学科教学模式等问题。同时课题小组从课堂教学改革的问题出发，系统构建出了教师团队建设的实施方案。

明德麓谷学校

“三生课堂”教学改革课题研究与教师团队建设实施方案

2013 年 10 月

总体思路：立足“三生课堂”教学改革，抓住教研为教学服务、教研为教师成长服务这两个工作重心，坚持用三年时间做好教师专业发展六项工程，做好三件实事，引领教师构建学习共同体，做学习型、反思型和研究型教师，漫步在“痛并快乐”的幸福教研路上。

（一）做好教师的“谈心”和“对话”工程，给教师的专业成长之路营造心灵的港湾

成长就意味着“鹰之重生”“蛇之蜕皮”“凤凰涅槃”是老师们不满足于工作的现状，为追寻教育的理想和幸福，而自愿选择通过阵痛和磨砺后的前行；成长就意味着老师们勇于发现自己的不足，直面自己成长中的问题，重新审视和剖析，冲破迷雾的过程。这一工程中老师们需要来自学校的关注、关怀和帮助，更需要有一个心灵的港湾来卸下他们成长的劳累、压力和痛苦，给予他们无穷的信心和力量。因此，做好教师的“谈心”和“对话”工程，对教师团队的专业成长工作极为重要。在这三年里，我们通过学校行政人员，分工联点到教研组的方式，和教研组长一起，每个学期与老师们谈一至两次心，与老师们平等对话，聆听老师们成长过程中的困惑，对学校工作的意见及帮助老师们解决成长过程中的困难。让老师们感受成长中的温馨和自信。学校将制定“明德麓谷学校构建教师学习共同体谈心和对话记载本”。

（二）做好教师的读书和写作工程，给教师的专业成长之路撒上宁静的书香

书是教师成长路上最好的营养，读书是生命的化装，能使老师们保持思想的活力，让老师们得到智慧的启发，让老师们滋养浩然之气，寻找到教育独有的幸福。为此，在这三年里，学校将大力推进教师的读书工程，系统地引领教师读专业书籍、教育教学理论书籍、文史哲学书籍、自然和生命科学的书籍、生活闲暇的书籍等，引领教师从读自己最喜欢的书籍开始，每年看 6 本书，3 年看 18 本书，学校以每年 4 万元的预算经费，给教师添置新书和报纸杂志、音像制品等，以教研组为单位引领教师每月开一次教师读书交流会，让每一位教师都参与到读书交流的发言中来，每学期学校开展一次读书行心得笔记评选（与教师硬笔书法训练相结合），通过《和风》校刊开设读书和好书推介专栏，出 1—2 本读书文集等。

（三）做好教师的校本研训和“青蓝”工程，给教师的专业成长之路点亮引航的明灯

教师的成长需要专家的引领和同伴的互助，校本研训是基于教师在教育教学中问题解决的研训，是教师成长的高效平台。在这三年里，学校将从学校管理人员、教研和备课组长、班主任三个层面开展校本研训，每月行政和管理人员、教研备课组长和班主任进行一次集体学习，刊出集体学习的学习简报。教师校本培训采取集中培训和化整为零的方式，整合“沙龙研讨式”“小组合作研讨式”“专家主题讲座式”的主题培训方法，让全体教师参与研修和发言而不仅仅作“听众”和“旁观者”，系统地针对教师教育理念的更新、教师师德涵养和职业幸福的提升、教师“三生课堂”教学组织和实施的方法、教师如何开展微课题研究等进行培训，通过每学期举办1—2次“明德麓谷论坛”来进行。每期通过征求教师的意见，由行政会议确定研训主题，期初定好，全体教师参与撰写发言稿，学校通过评选优秀发言稿，确定几位发言人，对于论坛发言者学校给予物质和精神的奖励。

学校将未评职称的和中高级职称的教师或教龄3年以内的教师和教龄10年以上的教师，以一带一或一带多的方式，引领教师结交教育教学业务上的师徒对子，师傅对徒弟进行业务指导，给徒弟每学期上2—4节示范课，听评徒弟上常规课6—8节，指导徒弟上一节公开课，写一篇有价值、获市级以上奖励的论文等。学校给予师徒结队经费保障，评选最佳师徒搭档，每期召开一次表彰和交流大会，予以表彰奖励。

（四）做好“三生课堂”深水区改革工程，给教师的专业成长搭建腾飞的平台

课堂正在发生宁静的革命——建立以倾听和对话为基础的学习共同体。这不但是当前欧美、日等教育发达地区课堂的现状，更是我们当前学生对教育的渴求，也是学校整体变革的基点，而这一课堂变革的目标在于学校和教师的责任并不在于传统的“上好课”，而在于实

现每个学生的学习权，提供学生挑战高水准的学习机会，让学习成为孩子们同新世界的“相遇”和“对话”。挑战学习的儿童是灵动的、高雅的，而且是美丽的，挑战学习的课堂是生命的、生态的和生活的。而这一课堂变革的哲学基础就是教育的“公共性”“民主性”与“卓越性”。

因此，在这三年里，我们将成立明德麓谷“三生课堂”改革小组，由校长任组长，系统制定改革实验方案，通过教师自主申报在3—8年级挑选6个普通班级作为实验班，挑选12—24位有教育理想、有教育激情、有教育情怀、有教育研究和改革精神及敢于挑战、不辞辛劳、不畏困难的教师作为实验教师，进行宁静课堂教学革命的试点，学校将在2014年上期开始改革实验的筹备工作，选好班级、选准教师，组织实验教师做好相关的理论和课堂组织方法的学习储备，做好充分的准备工作；2014年下学期开始正式实施课堂教学实验班的课堂改革。学校将通过以学习为中心的课堂观察的课例研究方式，对实验班的教师教和学生学的方式、课堂效果和学生学习质量的变化情况等进行全程跟踪研究，以确保课堂沿着以构建师生“相互倾听、合作学习，凸显课堂中的生命场”的方向前行。引导教师设计好有利于学生进行自主探究的“课前预案”，设计学生“好学”的课堂，做好课后改革反思的撰写工作，为可持续推动积累实践经验，到2016年学校的课堂改革经验积累基本成熟，改革实验的成功经验向同年级组非实验班辐射，带动更多的课改实验班级。学校给予专项的课堂改革经费保障。

（五）做好“草根式”校本微课题研究工程，给教师的专业成长装备可持续的引擎

微课题研究是以教师在自己的教育教学实践中遇到的问题为课题，运用科研的方法，由教师个人或不多的几个人合作，在不长的时间内共同研究，促进对问题认识的提高或解决小型的教育科学研究。微课题研究的特点：一是真，教学实践中存在的真实问题。它是“面对真问题，展开真行动，获得真发展”的实践研究方式；二是实，从

实践中来，为实践服务。立足于当前教学实际，针对教师教学中遇到的盲点、热点、疑点问题开展实实在在的行动研究。即课题来源于教学“实际”，放在教学活动中去“实践”，研究活动要“真实”，研究过程要“踏实”，研究结果要“务实”；三是小，切口较小，一个问题，一个现象，一种方法，一个活动等；四是活，自主发现教育教学中的问题，是教师“手边”的问题，自己感兴趣的问题。它不需要严格的研究程序，没有固定的研究模式，存在于教师日常的工作生活中，时时都可以开放，处处都可以进行，在兴趣中生根，在实践中开花，在过程中结果；五是快，收效快，一个问题解决了，就可以得到一点收获，由于样本较小，它不需要该问题的方方面面，更不需要形成系统的经验总结。关键是要让自己体会到“眼前一亮”“心头一喜”的愉悦。因此，在这三年里，我们将把微课题研究作为学校教师主要的课题研究方式，也将把它作为评价教师提升教研力的主要评价指标，学校将从2014年上学期前开始出台《明德麓谷学校微课题研究实施方案》，对教师进行微课题研究培训，组织30—45岁的教师或中级职称以上的教师人人进行微课题的申报和研究工作，在2014年下学期举办明德麓谷学校第一届教师微课题研究成果展。到2016年起逐步形成人人会做微课题研究，人人都有微课题和研究小成果。学校将给予专项的经费保障。

（六）做好校级青年教师的培养、骨干教师和名师的评定和管理工程，给教师的专业成长制度铺设星光大道

根据马斯洛的层次需要理论，人在不同的阶段对自己的尊严和自我价值实现的需求是不同的，教师的成长需要一条星光大道，需要引导他们从教坛新手，通过挑战，迈向成熟、找到成功，形成自己的教育理念和教育教学风格。因此，在这三年里，我们将通过科学的研制《明德麓谷学校青年教师培养、骨干教师和名师认定和管理办法》来为教师搭建一条系统发展的“大道”。我们将从教师的师德和教育信仰力、学生、家长、同事对其工作的认可率、所教学生的学习力、教师的教

研力四大方面来比较全面地来认定一个教师的成熟度和卓越度。每年组织不同专业发展层级的教师进行课堂赛课或课堂成果展示活动。对于达到不同发展层面的教师，学校结合上级的职称评定、岗位设置和绩效分配、评优评先的政策要求，给予不同的物质精神奖励和教研待遇。学校将对认定教师进行动态管理，于每年下学期进行校级骨干教师和名师认定，被认定的教师任期三年，学校颁发认定证书。每年上学期对认定教师进行考核，对考核优秀的教师进行表彰，对考核不能通过的教师进行督促谈话或取消资格。对于学校认定的名师，学校挂牌成立以教师姓名命名的名师工作室，给予专项的研究经费，鼓励名师作为学科带头人进行个性化的教育研究。学校将于2014年上学期出台《明德麓谷学校青年教师培养、骨干教师和名师认定和管理办法》，筹备准备认定工作，下学期进行明德麓谷学校第一批校级骨干教师和名师的认定工作。力争到2016年学校的骨干教师达到总人数的85%左右，名师达到总人数的15%左右，每个学科都有一名名师。

（七）为教师做好“成长档案记录本”和“明德麓谷新教师空间群”两件专业发展的实事，为教师成长记录下五彩的足迹

教育工作是积淀的事业，教师的成长更需要积累，教师的成长档案记录本是教师在积累中发展的良好途径，因此学校将从2014年起为老师每人每年建立一个成长记录本，内容涵盖：个人小档案（年成长计划）、年教师继续教育培训记载、我的教育故事、教育随笔、读书心得、听课、讲座、论坛发言记载、我最满意的一堂课、我成长中的“三笔字”、我的年度获奖微课题成果、小论文等；同时，2014年下学期学校将利用湖南基础教育资源网、QQ平台或校园数字管理平台——校园网站，建立《明德麓谷新教师空间群》，开展“云”教研交流工作。

这些教学改革的研讨活动给明德麓谷学校带来了浓浓的教育科研气息，青年教师们的学习和教研之风弥漫了整个校园，课堂上充满了学生们的欢声笑语，学生们在课堂上自主学习、合作探究、阳光展示

成为常态。在这个过程中，基于校长思想引领的使命和职责，我常常把研究“三生课堂”的课例、心得体会、研究思考等记下来，以此引领青年教师们来共同进步。

让“三生课堂”成为孩子与英语的美好相遇

左鹏

2015 年 11 月

叶澜教授说：教育是直面人的生命，通过人的生命，为了人的生命质量的提高而进行的社会活动，是以人为本的社会中最体现生命关怀的一种事业。培养优秀的人才和有质量的生命是教育的天职，而有质量的生命应该具有丰富的知识和情感，正确的价值观，充满灵性和智慧。英语作为一门语言类的课程是帮助人发展的工具和人文的学科。学科的特性、学生语言学习心理发展的规律决定了生命化、生态化、生活化的课堂给小学生学习英语带来了一块充满生机的沃土。本文将以外研社版的“新起点”小学英语教材为例，浅谈如何运用“三生课堂”理念进行小学英语的课堂教学。

一、激扬生命，让英语内化成孩子生命成长的动力

当前小学英语课堂教学中，由于大多数教师仍以追求课堂的效率、追求教学进度和追求考试成绩为目标，在课堂教学就体现出较严重“师本”偏向。教学目标、重点、难点均由教师自己对教材的理解来确定，教学的每一个环节都由教师怎样好教来设计，课堂的生成往往就是教师预设的“结果”。忽视了孩子自主学习英语的能力，呈现出来的课堂几乎大多是“老师牵着学生的鼻子走”。这样的课堂状态严重偏离了以生为本的教学理念，扼杀了孩子生命的自主成长。为此，笔者在教学中完全颠覆“师本”课堂的设计理念，把学生自主成长摆放在教学的第一位，一切的课堂教学活动以“为学生的好学”而设计，坚持让学生的英语习得经历先学后教、以学定教、自主学习、合作探究的过程，真正让语言学习的过程成为语言自主内化的过程和浸润生命的过程，让课堂充满生命的关怀。

花絮一：

在新知学习时（presentation），我创设了一个学习情境：孩子们马上要随 Stephen（笔者英文名）去美国开展夏令营了（我校每年六月份组织一次与加州大学洛杉矶分校附属小学的校际交流活动），美国老师 Smart 女士想知道同学们喜欢吃些什么？不喜欢吃什么？以方便她为我们做好饮食的准备，同学们请完成一张 Smart 女士寄来的问卷表：

I like... . 			I don't like... . 		
	apples			tomatoes	
	milk			meat	
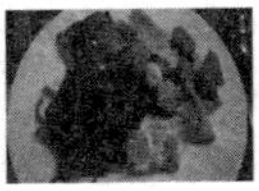	noodles			sweets	

Notes：1. 自己会用英语说的请画“√”；2. 自己还有其他喜欢的食物请在表格里画出来或用中文或用英文写下来，课堂上与朋友探究怎么用英语说。

T：Can you tell Ms Smart “I like ...” or “I don't like...”

S：I like milk./I don't like meat.

（让学生人人参与将自己会说的喜欢或不喜欢的食品用英语表达出来，把自己想说但不知道说的食品通过向同学和老师请教自己学会，老师在课堂上扮演答疑、指导和鼓励的角色，学生在自然的交流中学会了新词 meat/noodles/sweets/rice 等，变老师教为学生自己要学，激发出学生生命成长的欲望）

二、低负高效，让孩子在寓学于乐中习得英语

人天生具有表演的欲望和需求，儿童尤其喜欢表演。在小学英语教学中，课堂表演活动独具魅力，是教学成功的一条捷径（鲁子问，2008）。笔者在教学中根据所学内容设计当堂的学生小组合作表演活动，当学生沉浸在表演活动中时，他们将主动地展示他们的所学和所得，这样寓学于乐的教学组织方式，使学生学习起来感觉很轻松而又充分训练了儿童的听说技能，收到了很好的效果。

花絮二：

T：Look at the picture please.(教师展示 Part 2 的教学插图) Who are they？

S：They are Ling Ling,Amy,Daming,Tom,Sam.

T：Yes,What are they doing？

S：They are asking baby Sam "Do you like...？".(他们在给小 Sam 喂食)

T：Yes,let's watch the cartoon of the story and imitate it.

S：...(Watch the cartoon 2 pieces and learn some difficult words)

T：Now,let's act the story with your pairs(8 minutes).Then we'll show the little play,the best pairs will get "Oscar" reward？（老师将对当堂表演最好的评选小小奥斯卡奖）

S：...(5 人一小组分角色练习准备，排演课堂小剧，教师巡视帮助解答)

T：(8 minutes later)Stop now,Which pairs can show your little play？ Who is LingLing/Amy/Tom/Daming/Sam？（老师准备好课本人物的头饰）

S：...(学生踊跃表演，很开心)

三、学以致用，让孩子在生活中学英语用英语

英语学习目标之一是使学生能"用英语做事"，即培养学生运用所学知识解决实际问题的能力。语言学家克鲁姆说过："成功的外语教学应该是创造更多的情境，让学生有机会用自己已学到的语言材

料。”因此，笔者在课堂上通过设计学生真实的任务，帮助学生从现有的知识经验出发，在真实的生活情境中，通过操作、对话、协作等拓展语言运用的范畴，从而实现“在做中学，在学中练，在生活中用”。

花絮三：

通过学习了Module 2 Unit1“I don’t like meat.”的新授内容之后，我就设计了一个学生当小记者用英语采访自己最好的朋友、父母、邻居喜欢和不喜欢的食品、动物、衣物的采访活动，完成采访的表格：

Do you like... ?					
I like...			I don’t like...		
Names	Picture（图画）	Words（单词）	Names	Picture（图画）	Words（单词）

Notes：尝试用今天所学的英语知识参访一下你非常想了解的人吧。完成参访记录表，下堂课我们来交流汇报。

日本教育家佐藤学说：“学习是相遇与对话的学习，是对意义与关系的在编。”“三生课堂”正是让英语在课堂中与孩子们的生命成长相遇，在这里他们找到学习的快乐，感受自主成长的幸福，感悟到学习是生活的一部分，是生命成长的一部分。

三、反思与展望

（一）对“三生课堂”的反思和展望

“三生课堂”让我从“兴趣课堂”仅仅追求改变教学方式去改变学生课堂学习状态的单一视角上升到了关注课堂“学生生命性”的教育哲学的视角，感受到了课程与教学理论对于课堂教学的系统建构的魅力。“三生课堂”至少让我明确了“好的课堂”至少要关注三个维度：

学生（主体）的生命性、过程的生态性、内容的生活性。当然，在实施过程中也产生了疑惑：一是课堂上学生的生命性如何激发？教师的作用在哪里？教师是不是课堂教学的主体？教师需不需要有生命性？正如我在农村中学教学过程中感悟的课堂上“我即是英语”，“我”的生命性对“学生”的生命性激发的作用何在？二是过程的生态性，到底是什么？“高效低耗”是教学过程的目标还是学生发展的目标？“高效低耗”是过程，这是一个怎样的过程吗？课堂上怎样才能高效低耗？这些问题都呈现在我们面前，让人琢磨不透，理念落地到课堂的时候难以准确把握。当然，教学改革之路不可能是一马平川，要改革就会有新的问题的产生，改革就是在曲径通幽中寻找光明大道，虽然面临着诸多的问题，我和课题小组的老师们还是保持着进取的心态，期待通过不断的学习和研究来找到解决这些问题的办法。

（二）对学校办学的反思和展望

“三生课堂”教学改革把青年教师们吸引到课堂研究中来，我们在课堂研究中做课例研修，在研修中学习、思考和习作，青年教师们成长得非常快，办学不到五年，明德麓谷学校便有了许世群、王娜、黎薇等多位青年教师获得了全国教师教学大赛一等奖，学校的每个学科组都洋溢着青年教师们拔节生长的气息，学校的课堂已经开始彻底摒弃传统课堂的教学理念和方式，学生的自主学习、合作探究学习在课堂上已经是常态，学生的综合素养在不断提升，教育质量名列全区前列。当然，在这期间我们课题小组的同志们也意识到，由于对“三生课堂”内在的教育逻辑和教学原理还没有彻底弄明白，“三生课堂”还处于探索阶段，还没有构建起一套行之有效的教学改革整体实施的方式。以课堂教学改革带动青年教师的培养也还处于摸索阶段，如何以课堂教学改革课题来驱动老师朝着“学习型与研究型”“研究型与创新型”教师发展与转变？如何以课堂教学改革课题来撬动学校的现代治理体系的建构？如何以课堂教学改革来改变学校，引领学校朝着研究与创新型学校、教学与学术型学校迭代，走出一条科研兴校的路子？这些问题都还有待在后续的研究和实践中解决。

第四节 成型：“四生课堂”振兴薄弱城乡接合部新校

一、经历与背景

（一）恩师指点

2015年春季，端午节的前一天，湖南师范大学原教育科学学院副院长、国家二级教授、博士生导师张传燧教授带着他的儿子张淼、侄儿新阳来到明德麓谷学校看我。这次见面是我人生转折的一次关键事件，对我教育人生的发展产生了至关重要的影响。

张传燧教授是我在湖南师范大学攻读硕士研究生时的课程与教学论导师。他上课的方式与其他研究生导师上的课都大为不同，课堂上从不照本宣科，也从不按照PPT或《课程与教学论》的教材讲课，也从不直接给学生划重点、讲答案，而是让学生们围绕上课主题先提问题，提出问题后学生先相互作答，学生们解答不了的，他才进行精要的点拨或启发。在课堂上张教授也很少指定学生答问，总是说："谁来说说？"上他的课，学生们的"脑筋"总要转个不停，参与课堂提问或者答问。或许是对张老师的这种上课风格从心底里喜欢，也或许是对课程与教学论这门课程着迷（在研究生阶段，这门课程我完整地上了两遍），还或许是张老师的课堂与自己在工作中实践过的"兴趣课堂"有很大的共鸣，我感觉与张教授十分亲切，十分投缘，自然课堂上发言也十分踊跃，无论是提出问题，还是回答问题，张老师都喜欢让我走到台前去讲我的观点和看法，所以张教授对我的印象特别深，我对他倡导的"三劲"课堂（教师起劲，学生来劲，师生有劲）以及

“四生课堂”（生命性、生长性、生成性和生活性）也很认可。

在明德麓谷学校的办公室我们师生聊了很多，其中两件事是牵涉到我专业成长的大事：一是鼓励我考博士，进一步提升自己的教育理论，努力做一位教育家型校长，并说如果有可能，指导我攻读博士学位；二是鼓励我深入课堂教学改革实践研究，他送给了我一本《综合实践课程与教学的理论与实践》的专著，推荐我看看他撰写的有关课程与教学论方面的论文。正是这次见面，进一步坚定了我考博士的梦想，也为我考博士指明了方向，朝着课程与教学的深处去钻研。之后我在中国知网下载了张教授撰写的所有论文一一研读，并重新研读了他主编的《课程与教学论》一书。其中两篇文章对我影响最为深远。

第一篇是《课堂比课程更重要》，在文中张传燧教授鲜明地提出：“课程是学校教育活动的内容及其科目设置，它只有而且必须通过师生课堂的活动才能为学生所掌握，从而转化为学生内在的知识与素质结构。所以，课堂是课程落实的最主要、最有效的场所。对于学校人才培养来说，课堂比课程更重要。这是因为从根本上说，课堂教学就是教师和学生围绕教学目的而展开的共同活动，亦即师生双方通过行为作用于课程促进学生身心发展的活动。因此，从整个教育活动来说，师生的课堂教学行为良否决定着课程实施状况好坏和教学质量的高低，最终决定着人才培养质量的优劣。未来 10 年深化课程改革，应当确立“三个重要”（课堂比课程重要、教师比教材重要、学生比学科重要）新理念，实现“三个转向”（C→C，T→T，S→S），即从“课程”（curriculum）到“课堂”（classroom）、从“教材”（textbook）到“教师”（teacher）、从“学科”（subject）到“学生”（student）的转向，关注师生、关注课堂里师生的行为表现，应当成为未来基础教育课程改革的必然走向。”[1] 从文中可以真切地感受到

[1] 张传燧．课堂比课程更重要 [J]. 湖南师范大学教育科学学报，2013.3：1.

张传燧教授对于当年前国家基础教育改革的研究十分透彻，研判十分准确，通过读这篇文章我清晰地找到了未来课程改革深入到课堂的方向，也更加坚定了我的治校思想——学校办学课堂是关键。

第二篇文章是《课程改革在路上：历史、现状与未来》，在文中张教授提出：“未来课程改革，要求课程教学理论工作者走出书斋，走进学校、走进课堂、走进师生，与广大教师一起关注和研究课程教学实践中的问题，并围绕这些问题扎扎实实地开展实验，对实验和实践经验从理论上进行总结和提炼，形成扎根于实践、来源于实践、生成于实践、还原并指导实践的本土课程教学理论。”从这篇文章里我不但从纵向深入了解到了国家课程改革的历史脉络，也从横向扩展了我对当前国家课程改革的现状的了解，更重要的是我从文章中找到了未来在基础教育课程与教学实践的方向，也感受到了张传燧教授不仅是大学里课程与教学的理论研究者，而且有理论应用实践、构建中国本土教学论的深厚情怀。

在这两篇文章的启迪与鼓舞下，我对“为什么考博士”有了更多理性的思考，我想通过读张传燧教授的博士，在他的指导下深入研究国家基础教育阶段的课程与教学改革，构建中国本土课程与教学论。人一旦有了想法，便产生了无穷的动力。虽然对于只有中师学历、通过自考获得本科学历和学位、只读了在职硕士研究生的我来讲，考取博士是何等的困难，但是在自己教育梦想的召唤下，在对教育本质和教育规律求知若渴的驱动下，在张传燧教授的鼓励下，我不断克服工作与学习时间冲突、教育理论基础薄弱等困难，在搞好日常教育教学以及学校管理工作的同时，全力以赴，工作之余利用一切可以利用的时间学习和准备考试。2016 年至 2018 年，三年拼搏，三次考博，终于梦想成真，成为张传燧教授的博士研究生。2018 年开始在湖南师范大学教育科学学院攻读课程与教学方向的博士学位。

（二）城乡接合部新校办学背景

2016 年 8 月组织上安排我到长沙高新区东方红街道开办一所城

乡接合部新校——明华小学，这是一所因为新区扩张征地拆迁需要，由农村小学异地搬迁新建的一所学校。虽然自己在明德麓谷学校这所优质城区学校工作得得心应手了，“三生课堂”教学改革和青年教师队伍建设也有了较大起色，学校办学成效也得到了社区居民和上级领导的广泛认可，还有在准备攻读博士学位，学习时间很紧，但是我还是很高兴地接受了组织的安排，到城乡接合部去创办新校，因为到这里离我未来的教育梦想很近。

明华小学由原来农村小学——明华老校异地搬迁而新建的学校。明华小学搬迁新校之前是一所规模为 6 个教学班的农村小学，学校教学设施、师资配备和教育教学质量都比较薄弱。学校虽然历经了 2000 年以来国家的新课程改革，但是学校的课程与教学情况变化不大，教师的课程观与教学观、学校的课堂教学组织基本上处于 20 世纪 90 年代的水平。学校的教研工作比较薄弱，没有开展任何的教育教学改革课题研究，也没有较好的教育教学研究成果产出，是一所典型的农村薄弱学校。2016 年秋季学校搬迁到新校区，新校区硬件设施优良，多媒体教学设备、图书资料等齐全且先进，学校有 12 个教学班，教师增加至 30 人，主要由原来明华小学的部分骨干教师和新招聘的青年教师组成，教师队伍有了新的活力，但教师的专业成长亟待提升。学校学生增加到了 500 人，主要是当地拆迁户子弟和进城务工农民子弟，这些来自农村的孩子，由于家庭教育条件的局限性，学习基础相对薄弱，知识视野较为狭窄，很多孩子缺乏一些自信，内心比较封闭，但是在他们内心渴望老师关爱，渴望获得公平而优质的教育。这些孩子的父母大多数以务工和做小生意谋生，家庭教育的时间和教育能力都十分有限。明华小学这样的城乡接合部学校应该是我国城镇化进程中城乡接合部学校发展势态的典型代表。如何将这样一所薄弱新校在比较快的时间内实现“弯道超车”，“让每一个孩子都享有公平优质的教育”，办好一所让人民群满意的优质小学？这个问题一直萦绕在我心里。

从“兴趣课堂”改造质量薄弱的农村中学获得的成功办学经验，到课堂入手激活百年老校获得的成功办学经验，再到推动“三生课堂”，引领青年教师成长，办好明德麓谷学校的成功办学经验，我的办学思路再次聚焦到了课堂，无论在什么样的学校，课堂始终是学生综合素养提升、教师专业发展和学校质量提升的核心所在，只有改变城乡接合部学校的课堂，才能改变城乡接合部办学薄弱的困境，才能走出一条“以课堂改革，带动科研兴校，质量立校的城乡接合部学校特色发展之路。”

明华小学的课堂怎么改？还用“兴趣课堂”“三生课堂”吗？此时张传燧教授新发表的《基于学生发展核心素养培育的“四生课堂”建构研究》给了我巨大的启示和震动。张传燧教授在文中提道：“学生核心素养培育无疑是学校教育的核心任务，重点和最佳途径在课堂。“四生课堂”围绕“生”字做文章，其内涵是指具有生命性、生长性、生成性和生活性等特性的课堂教学模式，其目标是指向学生核心素养的养成乃至培养全面发展的人。”[1]的确，要落实立德树人根本任务，关键就在课堂，张传燧教授所倡导的“四生课堂”能否应用到小学课堂教学改革之中，基于对老师深厚的教育实践情怀的了解，我再次到湖南师范大学拜访张教授，表明了我对他提出的“四生课堂”理论的敬仰，并诚恳地邀请老师到我刚刚创办的城乡接合部学校——明华小学开展指向小学生核心素养培养的“四生课堂”教学改革实验，聘请他为首席指导专家。或许是被我们对办好这所城乡接合部薄弱校的诚心所打动，也或许是对这段多年的师生情谊的认可，老师欣然接受了我的邀请，答应我助我一臂之力，驻点明华小学指导我们开展“四生

[1] 张传燧．基于学生发展核心素养培育的“四生课堂”建构研究 [J]. 陕西师范大学学报：哲学社会科学版，2017（5）：146–157.

课堂”教学改革实验，办好一所新时代发展学生核心素养优质课改实验学校。

二、构建与实施

（一）课题申报

为了让明华小学的“四生课堂”教学改革研究更加科学、系统，教育科研品质更高，在张传燧教授的建议下我们申报省级“十三五”规划课题。2017 年 12 月，我主持撰写了明华小学《基于小学生核心素养培养的“四生”课堂模式建构研究》省级重点资助规划课题申报书，2018 年该课题成功立项。获得湖南省教育厅“十三五”重点资助规划课题的支持，我们感到特别的兴奋，因为这既是对这项课题研究价值的充分认可，又是对明华小学这所薄弱学校的最大支持，让我对做好这次教学改革实验，办好明华小学充满了信心。

（二）开题论证

2017 年 10 月，在明华小学举行了《基于小学生核心素养培养的“四生”课堂教学模式建构研究》开题报告会。为了课题开展学术上保持严谨性，此次会议邀请了湖南省教科院原院长、博士生导师姜正国教授，湖南师范大学原教科院副院长、博士生导师张传燧教授，湖南大学教科院副院长、博士生导师唐松林教授，湖南省教科院规划课题办李小球同志，长沙市教科院龙迪辉、刘正华同志，高新区教育局原局长罗和平同志等参加指导课题开题。开题报告会上专家们对于课题提出了很多十分宝贵的意见和建议，如姜正国教授提出“四生”课堂研究最重要的价值和意义是在于课堂教学改革实践，要在实践中促进教师和学生的发展，真正展现小学生核心价值的培养水平；张传燧教授提出了“四生”课堂整体实施的建议；唐松林教授提出了理清“四生”课堂与小学生核心素养培养的关系问题等。省、市教科院和区教育局的负责同志给予了课题研究的政策和经费支持意见。课题的开题论证，为明华小学进行“四生”课堂教学改革研究的整体实施明确了方向、争取了保障，拉开了整体实施的序幕。

（三）理论建构

按照研究规划，2017 年 11 月和 12 月课题组开始进行基于小学生核心素养培养的“四生”课堂教学模式建构进行理论梳理，2018 年 2 月，我撰写的理论文章《发展小学生核心素养的“4S”课堂模式理论构建》，刊发在《湖南第一师范学院学报》第 1 期，全面阐述了基于小学生核心素养培养的“四生”课堂的内涵、价值、意义以及教学模式建构的基本策略。

（四）规划实施

按照省级重点资助课题《基于小学生核心素养培养的“四生”课堂模式建构研究》的实施方案，明华小学推动“四生”课堂整体实施的规划主要有：

1. 人员规划

基于学校办学现状和课题研究需要，学校聘请了著名课程与教学论专家张传燧教授为本研究课题的首席学术顾问和指导专家，全面负责指导“四生”课堂的整体实施，聘请了湖南师范大学 3 位课程与教学论硕士和 2 位课程与教学论博士为课题组研究员参与理论研究和实践研究，指导学校科任教师进行比较专业化的学术研究活动。学校成立了以校长和书记为组长的课题研究领导小组，作为学校党政“一把手”工程，发挥学校管理杠杆的作用，形成举全校之力开展此项课题研究的态势，可以有效调度学校各部门的力量，保障课题的有效实施。学校负责教育教学教研的副校长、中层干部和各学科的教研组长为核心研究成员，着重引领实验教师开展各学科“四生”课堂教学模式的理论建构研究和实践研究，开展学生核心素养培养的评价研究，这些副校长和中层干部既是引领者也是实验研究者，他们通过自己课堂上的实践研究，引领全体实验教师的研究。学校所有教师均为实验教师，负责立足常规课堂教学开展“四生”课堂教学的课例研究和学生评价研究，撰写实验研究的教学案例。

2. 进度规划

2017 年下学期至 2018 年上学期，学校进行“四生”课堂教学改革实验研究课题申报，同时进行“四生”课堂理论建构研究。2018年下学期至2019年上学期，学校以开展课堂教学观察和诊断的方式对学校实验教师进行“四生”课堂教学培训；2019年下学期至2021年上学期，学校主要开展各学科“四生”课堂教学的模式建构研究、课堂教学评价和学生学习能力发展的评价研究；同时开展科研型小学管理变革研究和学校文化变革研究；2022年下学期至2023年上学期，开展“四生”课堂教学改革开放活动和学术研讨活动，准备结题资料和成果申报资料。

3. 成果规划

一是理论成果，通过文章发表和专著撰写系统建构中国本土化教学论之“四生”课堂教学原理，教学模式，教学评价等理论；二是实践成果，这也是“四生”课堂教学改革整体实施的核心成果所在，通过实验研究帮助明华小学重塑课堂教学样态和课堂教学文化，培育学生良好的核心素养，促进教师专业发展，提升学校现代化科研型小学的管理水平和教学质量，实现对一所薄弱的城乡接合部小学的现代学校文化塑造。

第四章

“四生课堂”的价值实现

第一节　校本整体实施

理论的价值在于实践，模式的价值在于实施。基于学生核心素养培养的小学“四生课堂”教学模式理论。如何实施才能够产生最大的效用呢？本节将阐述“四生课堂”以校为本的整体实施内容范围、实施过程及其策略措施。

一、“四生课堂”校本整体实施的内容范围

“四生课堂”校本整体实施包括哪些方面的内容？所谓“校本”，简单来说，就是在（in）一所中小学范围内以整所学校为“四生课堂”应用性实验研究的对象，主要依靠（on）学校各科教师为“四生课堂”应用性实验研究的主体，以（for）促进学生核心素养的养成及全面发展最终促进学校的创新性发展为目的。所谓“整体实施”，就是学校在系统整体思想指导下，以“四生课堂”为中心，从以下几方面展开应用性实验工作：学校整体部署，各部门协同合作，各个学科全面开展，全体师生参与，促进学生全面发展。以此带动课堂教学面貌改变，学校治理体系变革，学校文化转型，学校办学质量和办学水平整体提升。

（一）学校整体部署

这是“四生课堂”校本整体实施的领导管理因素及其功能的总体调动与发挥。学校将“四生课堂”的实施提升到学校办学的高度来认识，加以高度重视，从领导管理的决策层面将“四生课堂”实施所涉及的主体、客体、向量、环境等要素统筹安排，整体部署。按照系统论原理，结构的整体功能大于结构的各要素功能之和。只有当这些要

素围绕“四生课堂”的实施协同配合展开工作，才能产生“1+1 > 2”的效果。只有学校从零到管理角度将各方面的工作进行整体部署，使大家共同围绕“四生课堂”教学实施协同和谐地开展工作，才能减少各要素之间的内耗，将学校系统之熵降到最低，才有可能有效地推进“四生课堂”教学实践。在推动“四生课堂”整体实施工作中，学校校级管理部门的校务委员会主要负责实施规划的制定、对实施过程中的人、财、物、事进行总体分工、调度与考评工作；党支部委员会主要负责教师及相关人员的思政工作，特别是发挥党员在课堂教学改革与创新中的先锋模范作用。校级部门通过制定《“四生课堂”整体实施规划》来明确“四生课堂”整体实施的对象、目标、内容、步骤、措施以及条件保障等，将学校的行政、学工、教务、教研、后勤等工作围绕“四生课堂”实验，心往一处想，劲往一处使，协调合作，全面推进“四生课堂”实验，并通过“四生课堂”实验改变各科课堂教学面貌来推动学校的整体发展。

（二）各部门协同合作

这是“四生课堂”校本整体实施的组织保障因素及其功能的全面调动与发挥。各部门通过对教学时间（时间环境）、空间（物质环境）和心间（心理环境）调控，来营造浓郁的“四生课堂”改革氛围。一般来说，中小学校校级部门包括校务委员会和支部委员会，中层部门包括教学处、学生处、教研处、后勤处、办公室。“各部门协同合作”主要是指中层部门的协同合作。在推动“四生课堂”整体实施工作中，学校中层部门的教学处主要负责组织师生开展“四生课堂”实验，具体负责学期计划、教师安排、教学管理、质量检测、反馈与分析等工作；学生处主要负责学生学习习惯的培养、进步和优秀学生评选、学风优秀班级的评选等工作；教研处主要负责教师培训、课题申报、教学共同体组建、教学过程研究以及“四生课堂”教学改革成果的总结、提炼、发表等工作；教师发展中心主要负责“四生课堂”整体实施中教师的培训和教学评价工作；学生发展中心主要负责学生“四生课堂”

实施中学习习惯的培养等；后勤处主要负责教学资源、设施设备、经费保障和校园物质环境的建设工作；办公室主要负责对各部门落实校务委员会布置的推进“四生课堂”教学模式实施的具体工作和日常工作的组织协调，以及“四生课堂”教学改革的对外宣传推广工作。各部门在学校整体部署下，统筹协调，通力合作，共同推进“四生课堂”实验，改变各科课堂教学面貌，并以此带动全校工作的改革。

（三）各个学科全面开展

这是“四生课堂”校本整体实施的课程内容因素及其功能的全面调动与发挥。“四生课堂”是基于教学的共性提出来的教学基本原理，因此对各个学科课堂教学都具有普适性。它不受各个学科具体教学目标、教学内容和教学组织形式的制约，因此各学科可以全面开展。并且可以根据“四生课堂”特定的“双向五维五环节”基本教学模式，分别建构小学语文、数学、英语、科学、思品、音乐、体育、美术等既体现“四生性”又具有学科特性的课堂教学模式。无论哪个学科，课堂教学都应使师生的生命状态高度激扬、和谐、高尚和高雅；教学目标都应指向和促进学生学科核心素养的生长和发展；教学内容或教学资源尽可能密切与现实社会生活的关系，都应当挖掘和发挥生活的课程资源作用；教学过程都应更好地体现以学习者为中心，关注学生学习的真正发生，关注学生的创新性和生成性学习成果，关注学生的批判思维发展等。这些都是“四生性”在各科课堂教学活动中的具体体现，因此，各科都可以也都应当全面进行“四生课堂”教学。

（四）全体师生参与

这是“四生课堂”校本整体实施的主体因素及其功能的全员调动与充分发挥。课堂教学活动是师生教与学行为的有机结合，课堂属于每一位老师和每一位学生，每一堂课都会有师生生命活动的存在，都离不开教学目标的生长，教学过程的生成。“四生课堂”不是独立于一般课堂之外的某种特别形式，也不局限于教师教学风格的类型和教学能力的高低，更不局限于学生城乡差别和成绩好坏。“四生课堂”

是一种教学思想和理念，可融入于每一位教师每一位学生的具体教与学的过程之中。“四生课堂”是课堂教学的一般性教学流程，可以变换于不同的课堂教学之中，不变的只是“四生”理念。“四生课堂”与全体师生的各科教学，始终处于变与不变的动态转换之中。“四生课堂”具有无限的包容性和普适性。因此，我们所倡导的“四生课堂”校本整体实施，具有全局、全面、全科、全体、全面等“五全”特点，“全局全面全科”前面分析已详，后一个“全面”指学生的全面发展，将在下一点叙述。“全体”就是要面向全体师生。首先是应面向全体教师，将“四生课堂”理念及其模式融入每一个教师的常规课堂教学中，引领每位教师在每一堂课上都关注学生生命状态、关注学生全面发展、重视学生创新生成、重视学生从生活中学，学以致用到生活中去，让学校每位老师的课堂都在当下的基础上发生质的改变，避免教学系统中的“木桶效应”。其次是应面向全体学生，“四生课堂”激发每位学生课上积极主动地学、知行结合地学、大胆创新地学、学以致用地学。“四生课堂”将促进学生学习观念、学习行为、学习方式的转变，最终促使学生各科核心素养亦即综合素养的养成。最后是面向全体师生强调的就是让每一位师生都积极主动地参与到各科“四生课堂”的实施实验中去，在每科每堂课上都焕发生命的活力，“因为只有在这样的课堂上，师生才是全身心的投入，他们不只是在教和学，他们还在感受课堂中生命的涌动和成长；也只有在这样的课堂上，学生才能获得多方面的满足和发展，教师的劳动才会闪现出创造的光辉和人性的魅力，教学才不是与科学而且是与哲学和艺术相关，才会体现出育人的本质”[1]。激励师生确立“四生”理念，掌握“四生”方法，投入“四生”教学，反思“四生”差距，总结“四生”成果，全面参与“四

[1] 叶澜．让课堂焕发出生命活力 [J]. 教育研究，1997（9）：6.

生”课堂教学改革。“四生课堂”在各科课堂教学中的实施，只有且必须依靠全体师生的积极参与和主动投入，才能真正收到应有的成效。

（五）促进学生全面发展

这是“四生课堂”校本整体实施的目标因素及其功能的全面确立与发挥。“四生课堂”的目标是指向学生核心素养的养成乃至培养全面发展的人，“四生课堂”教学模式是培养学生核心素养并使之成为“全面发展的人”的最佳途径。[1]影响学生“全面发展”的因素诸多，无论是学生“德、智、体、美、劳”的养成，还是“核心素养”和“关键能力”的培养，都离不开课堂这个核心阵地，课堂教学活动的效果是诸多因素作用于学生的结果。就课堂教学而言，“四生课堂”通过学校的整体实施，所要追寻的目标就是激扬学生向学、向上、向善的生命活力，帮助学生知识、思维、能力、情感的充分生长，帮助学生享受学习过程中发现、质疑、批判、创造的快乐，帮助学生感知生活、理解生活、应用生活、创造生活；就学科课堂教学而言，通过“四生课堂”的实施，建构起体现“四生课堂”理念的一般性或者普适性教学模式，统筹协同育人，促进学生“全面发展”；就学校教育而言，通过“四生课堂”的整体实施，调动学校管理者、学校工勤人员、各学科教生及家长等的积极因素，让人人都往“四生课堂”上使劲，人人都积极支持并主动参与到“四生课堂”的实施实践中，使学生生命激扬、全面生长、相生相成、享受生活。

综上所述，“四生课堂”校本整体实施是一项系统工程，需要调动学校系统一切积极因素，诸因素在学校的统筹规划下相互协同合作，激扬师生生命活力，激活学校办学潜力，产生出整体功能大于部分功

[1] 张传燧．基于学生发展核心素养培育的“四生课堂”建构研究 [J]. 陕西师范大学学报：哲学社会科学版，2017（5）：146–157.

能之和的效果，共同构成“四生课堂”校本整体实施系统（如图 1）。

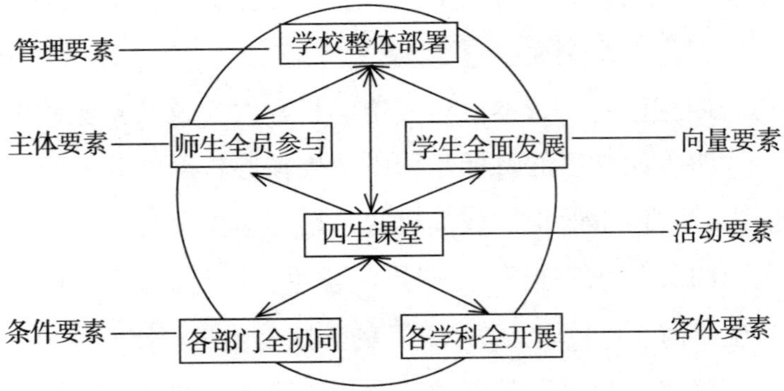

图 1：“四生”课堂整体实施生态系统图

它也是一个具有生命的生态系统，其基本特征是自组织性、适应性、丰富性与多样性，即系统在与环境所给予和限定的条件之间进行积极地主动调适，表现为“多元共生”。[1] 整体实施能够让“四生课堂”持续产生良好的课堂效益和持久的生机与活力。

二、“四生课堂”校本整体实施的设计

“四生课堂”校本整体实施设计的内容包括：确定实验研究目标，组织实验研究队伍，确定实验研究假设，收集实验研究资料，设计实验实施过程等。

（一）确定实验研究目标

通过“四生课堂”校本整体实施，一是改变学校各科课堂的师生生命状态，变革学生学习方式，提升教师专业发展水平，改变课堂教学面貌，提升课堂教学质量，落地学生核心素养和关键能力培养；二是推进学校教育科研工作，带动学校治理体系变革和学校文化发展，

[1] 裴娣娜 . 现代教学论基础 [M]. 北京：人民教育出版社，2015：122-125.

推动学校向研究型、创新型转型，最终推动学校向现代学校发展。所以，“四生课堂”校本整体实施能够收到“牵一发而动全身”之功效。

（二）组织实验研究队伍

该研究项目的主持人是明华、麓谷两校校长左鹏博士，顾问和首席专家是湖南师范大学博士生导师、全国知名课程教学论专家张传燧教授。左鹏是教育学博士，一位有教育思想和教育追求的校长，想就城乡接合部薄弱学校和普通学校如何实现创新性高质量发展进行深入的理论与实践研究。他认识到课堂是教学质量提高的主阵地，是学校一切工作的中心和重心，于是引进张传燧教授提出的“四生课堂”理论并将其应用推广到明华和麓谷两校各科课堂教学中开展实验研究。课题研究团队分成理论指导组、领导管理组、实验（实践）研究组和后勤保障组。理论指导组成员由张传燧教授、张绍军副教授和段小红、张新春、宋文等学科教研员等组成；领导管理组成员由校长、党总支书记、副校长以及各科室主任组成；实践研究组成员由朱孟英、曾佳、肖德武、刘华立、胡美蓉、肖瑶、唐兰艳、黄冰雷、雷波、卢德铭、宋月、陈丽萍、胡莎、王正辉、谭胜辉、翟鹏、谭艳等组成；后勤保障组成员由刘华立、王伟、谭胜辉等组成。各组分工明确、各司其职、各负其责，协同合作。

（三）确定实验研究假设

假设一：“四生课堂”的校本整体实施能够改变学校课堂中师生的生命状态，让课堂呈现出生命激扬的状态，学生学科核心素养和关键能力得到很好生长，学生的学习过程充满乐趣，思维灵动，联系生活，学以致用，整体素养全面发展；假设二：“四生课堂”的校本整体实施能够找到提升教师专业发展的可行路径，引导教师树立起“四生”教学理念，掌握“四生”教学方法，形成“四生”教学能力，成为学习型、研究型和创新型的新时代教师；假设三：“四生课堂”的校本整体实施还能够改变学校传统管理方式，建立起民主、多元、协同、共生的现代治理方式，让学校呈现出师生生命活力焕发、学生全面发展的学校文化新气象。在实验这一系列假设中，自变量是“四生课堂”，因变量是课堂师生的生命状态、课堂学生发展的生长状态，课堂师生活动过程的生成状态，教学内容或教学资源生活化的整合和运用情况，课堂教学效果和小学生学科核心素养的培养，教师教学和教研能力的提升效果，以及学校的治理模式和文化氛围等。如下表。

自变量	因变量		
	一级指标	二级指标	三级指标
“四生课堂”教学模式	生命性	教师	教师的教学激情
		学生	学生的学习热情
	生长性	学生发展	学科知识的掌握
			思维与技能的培养
			情感态度与价值观的生成
	生活性	教学内容	知识性资源的生活性
			条件性资源的生活性
			环境性资源的生活性
	生成性	过程方法	学生问题提出
			学生创新性回答
	课堂教学效果（状况）	模式	教学模式的科学性
		状态	教学状态的展现
	小学生核心素养	文化基础	人文底蕴
			科学精神
		自主发展	学会学习
			健康生活
		社会参与	责任担当
			实践创新
	教师专业发展	教学观念	教学态度
			教学精神
			教学主张
		教学能力	教学设计
			教学组织
			教学评价
		科研能力	研究能力
			写作能力
	学校面貌	教育理念	办学宗旨
			学校校训
			育人目标
		教师队伍	师德师风
			专业水平
		学生风貌	校风学风
			综合素养
		学校管理	管理机构
			管理制度
			管理机制

（四）收集实验研究资料

搜集实验研究资料的方法主要有量化方法和质性方法。量化研究的方法主要有：（1）教育测量法，编制教师专业发展水平，课堂教学效果，学校管理效能等测量表格；（2）量化观察法，设置系统化、结构性、标准化的课堂观察表和学生课堂学习情况记录表；（3）问卷调查法，发放学校管理者、参与研究的教师、学生调查问卷。质性研究的方法主要有：（1）访谈法，在开展实践研究前、中、后分别访谈学校管理者，参与研究的授课教师和学生在参与“四生课堂”教学改革中的感受、收获、发现、困惑等；（2）定性观察法，事先不制定系统的观察项目清单，只做大致的观察主体、观察思路或注意方向，组织研究者在真实课堂中开放式观察学生的学习情况和教师的教学情况，记录课堂教学原始情况，然后对照“四生课堂”教学模式进行比照分析；（3）叙事研究法，组织参与教师以叙述故事的方式记录“四生课堂”研究中教师、学生和学校等发生的故事。

三、“四生课堂”校本整体实施的过程

校本整体实施的过程总体分为实施准备、全面实施和总结推广三个阶段。如图 2。

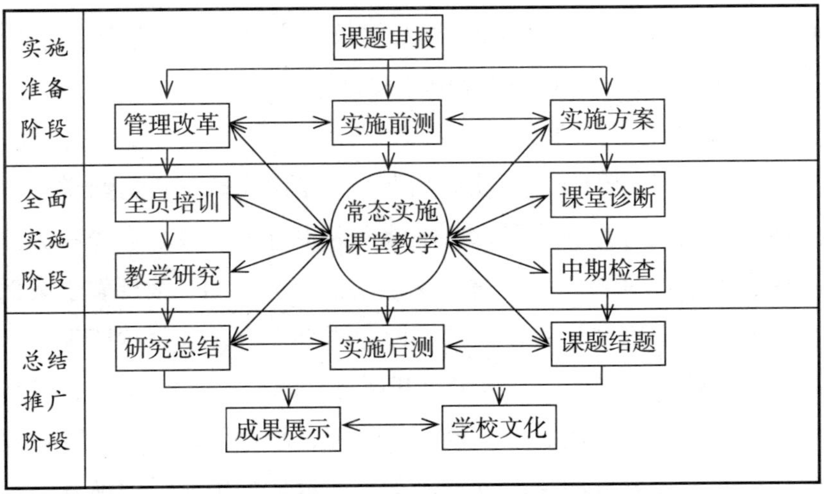

图 2 “四生课堂”小学整体实施技术路线图

（一）实施准备阶段

主要是完成课题申报、制定实施方案、领导管理机制、研究团队建设和实施前测等工作。“四生课堂”校本整体实施采用课题研究的方式推进，以确保教学改革工作的系统性和可持续性，课题研究小组研究制定《基于小学生核心素养培养的“四生课堂”教学整体实施规划》，提交学校校务委员会和教职工代表大会审议之后公布。课题研究小组起草课题管理机制提交校务委员会审议后执行。课题研究小组组织教师进行教学理念、专业能力、教学质量等核心因素的前测，组织学生进行课堂学习方式、课堂满意度、知识掌握、能力发展水平等核心因素的前测。

（二）全面实施阶段

主要是把“四生课堂”的理念、方法和策略运用于各科课堂教学的改革实践中，进行整体性、开放性、应用性实践研究，教师加强对自身课堂教学实践的反思，提升自身专业素养，培养学生的核心素养等。具体工作主要是：（1）理论指导组组织教师、学生和家长多次开展全员“四生课堂”主题培训；（2）各科全体师生进行“四生课堂”常态教学实验；（3）组织课堂观察和诊断，各学科组开展校本教研，及时处理、总结和调整“四生课堂”实验中出现或存在的各种情况；（4）撰写课例研究、教育叙事以及学校校本管理等课题阶段性研究论文；（5）组织进行课题研究中期检查等。

（三）总结推广阶段

主要工作是：（1）进行实施后测，一是组织教师进行教学理念、专业能力和教学行为的检测，二是学生课堂行为、核心素养和关键能力发展水平进行检测；（2）进行课题实验研究总结，编撰教学案例、教育随笔、教学论文等专辑，撰写课题研究报告；录制“四生课堂”各科教学案例视频等；（3）组织召开课题结题会以及省级“四生课堂”教学改革现场会，全面展示学校现代管理、教育科研、教师专业发展和学生核心素养养成的情况及其成果，展示学校生命活力焕发，教师专业素质优良，学生核心素养良好，学校科研成果丰硕，研究型学校文化浓郁。

四、“四生课堂”校本整体实施的策略

“四生课堂”的校本整体实施采取了课题带动、管理推动、教研驱动、观念引动、课堂行动等五大策略，取得了很好的效果。

（一）课题带动策略

“四生课堂”校本整体实施是以课题立项的形式带动进行的。我们意识到，课题研究是按照一定的学术规范和科学方法探索某一对象内在基本规律的一种实践方式。科研课题是引领老师们系统、深度开展教育教学研究的重要方式，通过科研课题带动教师立足课堂和教学来深度思考和研究教学问题，不仅是改善课堂状况提升课堂质量的重要方式，也是促进教师专业发展提升教师专业水平十分重要和必要的方式。2017 年，我们以《基于小学生核心素养培养的“四生课堂”模式建构》为主题，以明华小学为实施对象范围申报了湖南教育科学规划“十三五”重点资助课题并成功获得立项。通过课题申报，我们对“四生课堂”在小学的实施进行了系统而深入的理论构建和实践设计：一是明确了两个问题的出发点：如何让学生核心素养在小学“落地生根”？什么样的课堂才更有利于小学生核心素养的培养？二是明确了两项研究的意义：用理论与教育实践相结合的方式，研究小学培养学生核心素养的课堂路径具有较大的理论和实践价值；开展指向学生核心素养培养的小学“四生课堂”模式构建的理论研究和各学科课堂的实践研究，对丰富中国本土教学论具有重要的理论和实践意义；三是明确了两个研究目标：指向小学生核心素养培养的“四生课堂”教学模式及其整体实施路径；四是明确了课题研究的具体内容：（1）指向小学生核心素养培养的小学“四生课堂”的理论基础研究；（2）指向小学生学科核心素养的“四生课堂”教学模式改革实践研究，主要对小学语文、数学、外语、科学、音乐、体育、思品、综合实践等

学科的“四生课堂”的教学目标设定、教学内容选择、教学过程设计、教学组织实施和教学评价开展等五方面进行典型性教学个案研究;（3）“四生课堂”教学改革与小学教师核心素养提升研究；（4）“四生课堂”教学改革与学校现代治理体系变革研究；（5）“四生课堂”教学改革与学校高质量发展研究；五是明确了课题研究技术路线等。通过课题的方式来推进“五生课堂”整体实施，带动学校其他各项工作的改革，引领整个学校向研究型和创新型迈进。

（二）管理推动策略

学校党政领导管理是为了提高学校教育的方向性和有效性而对学校各项工作进行系统的思想引领、方向引导、统筹协调和组织安排的活动。在“四生课堂”整体实施中，学校党支部主要负责全体人员的思想教育工作，强调发挥共产党员的先锋模范作用，以保证课堂教学改革实验的方向性，调动全体人员的课改积极性；学校校务委员会主要负责制定《“四生课堂”整体实施规划》以及人财物事的总体分工、调度与考评。“四生课堂”校本整体实施要求学校党政领导管理系统的坚强领导和有力推动，要求领导管理系统调动学校各个要素，将其集合成整体，发挥出整体协同作用。学校领导管理的核心要素有管理主体、管理客体、管理方法和管理目标四个方面。其中，管理主体是指在管理活动中处于主导地位起支配作用的人和组织，是管理活动和管理职能的承担者、实施者。“四生课堂”整体实施成立以校长和书记为组长，学校副校长任副组长，各个中层处室主任为成员的领导机构。学校党政“一把手”主要负责“四生课堂”整体实施的总体规划、协调调度，以保证整体推进的执行力和工作效力。学校副校长主要负责整体实施工作方案的制定、执行、落实和情况反馈。其他各部门分工明确、各司其职、各负其责、协调合作。学校党政领导管理部门和各职能部门通力合作，统筹协调，共同推动“四生课堂”校本整体实施实践。“四生课堂”校本整体实验开展得好坏及质量的高低，管理推动至关重要。管理客体是管理主体的管理活动作用的对象，包括人、财、物、事等，在“四生课堂”整体实施过程中，具体指教师和学生、项目经费、设施设备、各项具体工作，特别是各科“四生课堂”教学活动等；管理方法是管理主体采用的作用于管理客体手段、技术、措施、途径等的总称。管理目标是指管理活动预期要达到的结果，是管理系统在一定时期追求的境界。“四生课堂”整体实施要达到的管理目标首先是改变课堂教学方式，提升课堂教学质量，但是更重要的是以此为支点去改变学校教师的精神风貌和专业能力，改变学校的传统管理方式和保守落后的教育教学文化，最终实现整个学校的文化变革，即通过这种方式带领薄弱学校实现“弯道超车”，走上科研兴校和特色发展之路。

（三）教研驱动策略

“校本教研是以学校的改革与发展为最终指向的，其目的在于改变学校实际状况，提升学校教育教学水平。”[1]校本教研是驱动“四生课堂”整体实施的关键环节。这是因为，第一，构建由大学教授、博士和硕士研究生、学科教研员和小学教师组成的“四生课堂”教研共同体“UAS”（University-Academic-School），对其实施过程中出现或存在的问题及时进行研究及时加以解决，既可以推进“四生课堂”实验实践的顺利进行，也可丰富“四生课堂”乃至课程教学理论。第二，构建“四生课堂”教学改革校本教研工作机制，既有利于中小学学科教师加强“四生课堂”实验的理论研究，也有利于丰富大学博士硕士研究生和青年教师的中小学课程教学改革经验、深化对课程教学改革规律的理解和认识。这些机制主要有：（1）协作机制。学校可以通过成立“四生课堂”研究中心来进行人员整合和资源整合，以中心为“四生课堂”教学理论研究和实践研究阵地，统筹“四生”课堂新教师培训、“四生课堂”学术研讨、研究成果交流和对外宣传等工作；（2）引领机制。学校建立“四生课堂”实验“导师制”，聘

[1]　郑金洲 . 校本研究指导 [M]. 北京：教育科学出版社，2002：35.

请大学教授为“四生课堂”首席专家，指导和培养各学科“四生课堂”带头人，再由学科带头人培养“四生课堂”骨干教师和教坛新秀的方式来引领全体教师“四生课堂”实践；（3）激励机制。学校建立“四生课堂”评优奖励方案，对“四生课堂”教学改革成效显著、贡献突出、能力优异、教学进步明显的教师和学科组、年级组进行奖励。学校出“四生课堂”专刊，刊发典型教学案例、教师的教学论文和随笔等，对“四生课堂”先进教师进行报道。第三，重点抓好“四生课堂”课例研修。课例研修是中小学教师团队和大学教授、学科教研员共同开展的，以帮助中小学教师在常态课堂教学中学会做课例研究为主要内容、以应用教育理论改进教学实践，提高教师专业发展水平为主要目的的团队研修。课例研修重视对学生需求、教学效果和教师教学能力的研究，倡导教师团队在课堂观察和分析中改进教学行为，建构学习型和研究型的团队。[1]“四生课堂”整体实施在课堂教学改进环节主要通过课例研修来完成，一般分为三个步骤进行：首先是教师根据“四生课堂”之生命性、生长性、生成性、生活性的某一个特性研究课，或者从综合“四性”上研究课，首席导师——大学教授带领博士和硕士研究生团队、学科教研员和同学科的其他教师参与观课，然后课后所有观课教师集中研讨，由授课教师进行教学设计解说和教学反思，观课的教师进行观课提问和评价建议，首席导师进行点评和指导，再然后授课教师根据修改意见进行二次备课和异班上课，最后再由首席导师进行二次评价和总结，提炼成典型课例。总之，教研驱动“四生课堂”实验持续、深入发展。

（四）观念引动策略

思想是实践之母，行动之向导，改革之动力。“四生课堂”的整体实施最为重要的任务就是引领全校师生突破传统以纲为纲、以本为

[1] 刘悦．课例研修助推骨干教师及其团队的专业发展 [J]. 中国教师，2019（7）：53.

本、以堂为堂、以师为师的教学观，确立“课堂比课程重要、教师比教材重要、学生比学科重要”新理念，[1]重塑“生命性、生长性、生成性和生活性”的课堂教学观，学生是发展中的、独立的、能动的生命个体的学生观，教师既是课堂教学主体的首席、也是课堂教学的研究者的教师观，学校高质量发展是基于学习型、研究型和学术型组织的建设，科研兴校是其根本路径的学校发展观。只有在这些新观念的引导下，学校“四生课堂”实验正在深入，现代治理体系正在建立，新型学校文化正在创新。学校从以下几方面进行观念重塑：一是师生校本培训。教师校本培训是实施“四生课堂”教学改革的十分重要的工作，其目的是为了教师更好地掌握新理念和新方法，培训的形式有全体教师的通识培训，学科组组内的学科新教材培训，培训的内容主要是课堂中如何激发师生特别是学生的生命活力，如何促进学生核心素养的生长，教学内容如何整合现实生活中的课程资源，学科课程知识如何转化为学生的生成性成果即综合素养，等等。学生校本培训主要是教学生学会自学的方法、讨论交流的方法、质疑思考的方法和课堂展评的方法等；二是课例研讨。首先是通过开展“生命性、生长性、生成性、生活性”各个分主题的分解式专题课例研讨，较好地让新教师上课和听评课都能从四个方面深入、透彻的理解“四生课堂”理念，掌握“四生”要义及实操方法。然后是通过“双向五维五环节”教学模式课例研讨，让教师熟练地掌握“四生课堂”的教学流程；三是学校管理。学校通过制度化管理形成“四生课堂”教学模式的常态机制，如：将开展“四生课堂”教学改革写进学校的《学校“十三五”发展规划》，出台《学校关于推进“四生课堂”教学改革的工作方案》《教师“四生课堂”教学改革校本研训制度》《教师“四生课堂”教学考

[1] 张传燧．课堂比课程更重要 [J]. 湖南师范大学教育科学学报，2013（2）.

核评价制度》《学生“四生课堂”公约》等，通过制度化的管理塑造“四生”观念；四是学校文化。文化是一所学校的灵魂，更是一所学校师生的精气神所在。充满生命性、生长性、生成性和生活性的学校文化彰显的是优良的办学品质。学校文化的核心在师生行为，学校文化的根基在课堂。“四生课堂”整体实施是孕育学校的“四生课程”文化和“四生管理”文化是科学有效的路径。因此，学校从小处着手，培育师生的“四生”文化，学校刊出《“四生课堂”教师行动纲领》《“四生课堂”学生行动公约》《“四生课堂”研教手册》《“四生课堂”研学手册》《“四生”教师和学生评价手册》等，在校园内营造浓厚和良好的“四生文化”氛围，让这种文化浸入每位师生、家长的心灵和血脉中去，让它成为师生血液和骨子里流淌着的特有气质，从而真正完成了最高意义上“四生观”的塑造。

（五）课堂行动策略

新世纪基础教育课程改革以来，课程动，教材动，就是课堂不动，即所谓“理念先进，课程完备，教材多本，课堂依旧”应当认识到，课程改革的重点难点都在课堂，课堂比课程更重要！[1]课程改革亟须一场深刻的“课堂革命”，深化基础教育人才培养模式改革！[2]“四生课堂”校本整体实施以课堂教学模式改革为中心，全校发动，全科参与，全员行动，全面投入到“四生课堂”课堂教学改革实验，特别是各科全体师生从观念到行为都积极主动地投入到其中。在“四生课堂”教学实践中，课堂教学的主体师生的生命得到高度尊重，潜能被极大激活，作用得到充分发挥，生命性极大地凸显出来；教学目的即学生的成长发展得到高度重视，生长性充分地显现出来；教学内容与现实社会生活双向开放，即教学教材知识密切联系现实社会生活的同时引入现实社会生活

[1] 张传燧．课堂比课程更重要 [J]. 湖南师范大学教育科学学报，2013（2）.

[2] 陈宝生．努力办好人民满意的教育 [N]. 人民日报，2017-09-08.

以充实丰富课程内容，从而使学校课堂教学与社会生活的关系更加融洽，课堂教学的生活性得到充分张显；教学过程不是计划和教案的实行和落实，而是师生充满理智和情感的行为表现，即教学活动合逻辑地自然展开，充满了弹性、变化和丰富多彩，教学的生成性得以完全展现。总之，课堂行动策略就是学校全体人员特别是师生自觉主动地、充满激情地投入到课堂教学模式改革事件中，整个课堂生命彰显，生动活泼，变化多样，充满活力，生机盎然。

第二节　实施效果呈现

“四生课堂”教学改革在明华整体实施三年多后，学生的核心素养在教改中发展、教师教育科研能力在教改中突破、学校的现代治理水平在教改中提升，取得了很好的成效。

一、学生的核心素养在发展

“学生发展核心素养培育必须通过学校课堂教学这个主渠道来进行，是学校课堂教学的根本目标和基本内容。”[1] 三年多来，明华小学的老师们在“四生课堂”教学理念引领下扎根课堂去思考和实践小学核心素养的培养，抓住课堂教学这个主阵地来培育学生发展的核心素养。

[1] 张传燧．基于学生发展核心素养培育的“四生课堂”建构研究 [J]. 陕西师范大学学报：哲学社会科学版，2017(9):148.

课堂上，老师们更加解放学生，充分发挥其主体作用，更加关注学生学习，关注学科思维品质、学习能力和文化品格的培养。明华小学的孩子们在课堂上的表现，由原来“不自信、被动学、单个学”变为了“自信大方、主动参与、积极讨论”，焕发出旺盛的生命活力。虽然目前我们还没有一个最好的测量学生学科核心素养达成度的工具来精准检测通过“四生课堂”学生的核心素养增长的程度，但是我们从课堂观察记录表的记载中可以发现，学生核心素养在快速增长。下表是唐兰艳老师任教的三年级 1401 班学生 2018 年 9 月到 2019 年 6 月的 4 次课堂观察记载的学生课堂上的学习状态的平均情况。

表 1：明华小学 1401 班学生 2018 年 9 月与 2019 年 6 月课堂学习状态对比。

项目 / 数据（人次） / 时间	学生举手较高质量发言人数	学生参与讨论和交流人数	学生掌握基本知识人数	能够进行拓展学习学生人数	学生上台展示交流的人数	对学习充满兴趣专注度高	学生生成性问题和答案	能够将知识运用到生活人数
2018.11	15	20	32	5	5	20	5	4
2019.06	42	42	40	25	38	42	20	16

就英语学科而言，学生的核心素养包括学生掌握的语言知识、获得的思维品质、生长的语言能力和形成的文化品格。这四个方面核心素养的生长，我们从唐老师的课堂变化中感受得到发展变化很明显。从学生举手较高质量发言人次到学生讨论交流的人次再到学生上台展示的人次我们可以看出，学生语言能力素养提升的人数在增多；从学生掌握的英语知识我们可以看出，学生语言知识素养提升的人数在增多；从学生课堂生成性问题和回答情况以及学生能够参与拓展性学习的人次来看，学生的思维品质在提升的人数增多；从学生的学习兴趣和课堂专注度来看，学生的文化品格素养在提升的人数也在增多。我

们从二至六年级每个班级分别找 5 个孩子访谈，要学生谈谈对过去课堂和现在课堂的感受，几乎所有孩子都会说：“我们更喜欢现在的课堂，因为课堂上讨论、展示的机会更多了，课堂上老师将生活中的故事和例子融入教学中，十分有趣，课堂上老师提的问题也更有趣了”“我们喜欢自己学习新知识，然后去告诉同学……”“四生课堂”课题的实施使我们深切感受到陶行知先生“六大解放”理论所产生的课堂效果，深切感受到“四生课堂”的本质在于课堂上充分的解放儿童、丰富儿童、激活儿童和成就儿童。

教育质量是衡量“四生课堂”教学改革成效的硬指标。实施“四生课堂”教学改革两年来，明华小学的教育质量已经由原来区里的薄弱学校、落后学校开始向优质学校转变。首先，从 2017、2018 和 2019 三年高新区教育局组织的六年级毕业语数外质量监测和音体美科学抽测情况看，学生的合格率在较大幅度上升，到 2019 年已经进入全区 A 级等次。见表 2。再从 2017、2018 和 2019 三年明华小学学生参加省市区各项竞赛和展演活动成绩看，学生获奖人次也在不断增多，学生的综合素养和个性化教育成果正在彰显。见表 3。2017 年学校办学质量年度综合评价位居区一等奖第一名。2018 年学校接受长沙市义务教育学校督导评估获得 95.8 分的高分，督导组一致认为，明华小学的办学质量有了跨越式发展，已经初步达到优质教育学校的标准。

表 2：明华小学 2017、2018 和 2019 三年六年级语数外质量监测和音体美科学抽测情况

学科 / 平均合格率 / 时间	语文	数学	英语	音乐	体育	美术	科学	区综合分等
2017	75%	85%	63%	52%	70%	55%	63%	C
2018	87%	90%	82%	78%	88%	80%	78%	B
2019	94%	98%	96%	92%	95%	95%	90%	A

表 3：明华小学 2017、2018 和 2019 三年学生参加省市区各项竞赛和展演活动成绩

省市区项目 / 获奖人次 / 时间	演讲 写作 阅读	科创 发明 信息	英语演讲 英语阅读 英语剧	田径 篮球 足球	舞蹈 合唱 三独	绘画
2017	5	0	0	5	5	3
2018	20	8	10	20	30	20
2019	40	20	30	60	50	30

二、教师的专业素养在突破

（一）教师对“四生课堂”理解更透彻

明华小学高级教师、副校长曾佳说：“以往我只知道学校的中心工作是课堂教学，研究课堂教学时只会去思考如何导入、新授、操练和课堂拓展这些具体的操作性问题，虽然经教了近二十年书，但是从来没有像‘四生’理念这样清晰、系统地影响我对课堂教学如此深度的思考，‘四生’课堂让我在二十年教学经验的积累上突然有了质的飞跃，特别让我感受到关注学生课堂生命状态是当下作为骨干老师应当担当的为青年教师示范引领的使命所在。”明华小学青年教师黄冰雷说：“‘四生’引领我在课堂上真正关注学生的生命状态、生长状态和生成状态，让我找到了教书育人的方向，也开始尝到了教书的乐趣，让我走出了对职业选择的迷茫期，找到了教师的职业价值。”

（二）教师“四生课堂”的实践操作能力增强

“四生课堂”不仅是对课堂理念的引领，更是对课堂实践操作的指导。“四生课堂”实施需要教师从教学设计到教学组织再到教学评

价等各环节教学能力的提升。经过两年多的实践研究，明华小学青年教师卢德铭的课堂状况变化很大，可以说发生了质的飞跃。他深有感触地说：“以前上课我总是担心学生学不会，于是课堂上我放不开，学生被我‘牵着鼻子走’。现在在‘四生’理念引领下，我在课堂上充分相信学生、完全解放他们，采用学生先自学、再交流、再讨论、再展示的方式进行教学，我讲得少了，学生学会的反而多了！”另一位青年教师胡莎说：“以前我看一堂课，不知道从哪里去评判它的好与不好，现在我终于明白了，从‘四生’的角度去观察、评价，一堂好课就十分清楚了。”

（三）教师的教育科研能力增强

明华小学以前几乎没有老师真正做过课题研究。通过两年来“四生课堂”课题的申报立项、开题论证和实践推进，老师们基本掌握了“如何开展课题研究”“如何构建教师发展共同体”“如何撰写教育科研论文、教育案例和教育故事”的方法等。骨干教师、教师发展中心主任胡美蓉说：“我教了18年书，但是一直没有真正做过系统的课堂教学课题研究。‘四生课堂’课题研究，让我更加明白了如何发现课堂中的问题，用什么方法去研究这些问题，怎样做文献综述，如何撰写课题开题报告等，我感觉自己开始走上了教育研究之路。”青年教师王正辉说：“张教授手把手教会我们怎样写课堂实录和教学反思，我发现我的教育论文写作能力有了明显的提升。”

以上这些代表了明华小学32位教师通过开展“四生课堂”教学实验推进专业发展的真实感受。两年来，明华小学这所城乡接合部薄弱新校已经有王正辉、杨文月等老师参加全国课堂教学比赛获得了一等奖，唐兰艳、黄冰雷、唐素娇等5位老师获得了长沙市课堂教学比赛一等奖，陈佳、肖瑶等6人获得了区级课堂教学比赛一等奖；胡美容、王正辉、胡莎、金婷婷等老师的教学反思论文在国家级和省级刊物上发表或获得了省市论文评比一等奖。

三、学校的治理水平在提升

（一）学校构建出“四生”治理体系

学校现代治理体系由办学理念、行政架构、学术组织三部分构成。两年来，明华小学以“四生课堂”实施为切入点，带动学校整体转型。首先，办学理念上，办一所学习型、研究型和创新型的“爱与美”的明华小学已经深入到了全校每一位师生家长的心中，大家对明华小学的办学定位有了共识，也有了共同的愿景；其次，行政架构上，学校现代治理的组织架构、管理制度和运行机制初步建成，民主管理、多元参与与协同育人的各条渠道已经打通，为进一步深化改革，解放师生，释放潜力做好了准备；最后，学术组织上，学校初步建立起非行政性学术组织，教师发展共同体、学生学习共同体、家长育儿共同体等组建，以及学科带头人、首席班主任和首席家庭教育师的建构将在我校建设学术型学校过程中发挥不可估量的作用。

（二）学校生长出“四生”文化

两年来，我们惊喜地发现，“四生课堂”的实施不仅仅是一种课堂教学模式的建构，更是一种“四生”学校文化的生成。这种文化是一种更加关注师生生命状态、关注学生全面生长、关注学校教育与社会生活密切联系的文化。这种学校文化在课堂里扎根和发芽，直接进入到师生身体的血脉，深入到师生的骨子里去了。它为教师带来的是以生为本、尊重差异、关注生命、热爱生活、潜心育人、成人之美的职业文化；它为学生带来的是阳光向上、德明气华、不惧困难、自主学习、合作探究、勇于展示、热爱生活、追寻梦想的团队文化；它为家长们带来的是相信孩子、欣赏孩子、鼓励孩子、支持孩子的家庭文化。因此，当这种“四生”文化的向心力从课堂迸发出来在整个校园里弥漫开来之后，我们就已经出发，行走在了“爱与美”的明华小学办学之路上。为此，学校也获得了多项办学荣誉“长沙高新区课改示范学校”“全国足球特色学校”“湖南省‘国培计划’中国移动项目影子校长培训基地学校”“教育部边远贫困地区农村学校校长培训基地学校”等。

第三节　学科教学个案

担任校长十五年，无论是任大规模学校校长还是小规模学校校长，无论是农村学校校长还是城市学校校长，无论多忙，我始终坚持与老师们一起行走在课堂教学一线，坚持带班教学，坚持立足自己的英语课堂开展教学改革研究，以下是我基于“四生课堂”教学理念所做的一项小学阶段学生英语学科核心素养培养的个案研究。

一、“四生课堂”发展小学阶段学生英语学科核心素养

《普通高中英语课程标准（2017 年版）》已经明确提出的“英语学科核心素养由四个维度构成，即语言能力、文化意识、思维品质和学习能力。”学生学科核心素养培养需要各个学段一以贯之，为此在最新版《义务教育英语课程标准》出来前我们参照《普通高中英语课程标准（2017 年版）》提出的英语学科核心素养的“四个维度”来进行研究阐述。“四生课堂”（Four-Nature Classroom Approach）从课堂主体、教学目标、教学过程和教学内容上，追求其生命性、生长性、生成性和生活性四个价值取向，引领英语教师重新审视课堂教学设计的合理性和有效性，优化学生学习方式、改变教学组织形式和内容呈现形式，来创设具有关联性、综合性、实践性等特点的英语课堂教与学的活动，以促进小学阶段学生“四个维度”英语学科核心素养的生长。

（一）激发学生生命活力，提升学习能力

“学习能力是指学生积极运用和主动调试英语学习策略，拓宽英

语学习渠道、努力提升英语学习效率的意识和能力。”提升学习能力的根本在于激活学生课堂上的生命活力和学习动力。生命是课堂教学的基础和前提，课堂教学的立足点、出发点、依靠点和着眼点都在生命。课堂教学活动是作为生命存在的师生之间的互动，生命性是课堂教学活动的基本属性。课堂的生命性意味着课堂教学应遵照生命的特性，依循生命的规律，开发生命的潜能，促进生命的发展。[1] 由于当前小学课堂上很多英语老师还是采用翻译法、讲授法等传统方法教学，课堂上学生更多是被动地学课文、机械地练词汇、枯燥地做习题。他们的生命能动性和学习热情被课堂上枯燥的单词朗读、语法学习给压抑了，课堂既看不到大多数学生眼睛里迸发出的那种好奇、欣喜的眼神；脸上流露出的那种欢乐、欢畅的神情；也听不到学生朗读、复述、讲述语篇故事的笑声、惊讶声、欢呼声和交流讨论声等。学生感受不到阅读图文并茂语篇故事的趣味，体会不到语篇故事的内在思维逻辑，激发不了丰富的想象力，更感受不到语篇交际之乐。

“四生课堂”（Four-Nature Classroom Approach）的首要价值取向就是让师生在课堂上充分彰显“生命性”，要让课堂要“鲜活”起来，焕发出学生向学、乐学、善学，这样一种生机勃勃的生命样态。“‘生命性’课堂意味着课堂教学应当全面体现和高度重视教学主体（即师生）生命的存在，将作为生命存在的教学主体真正当成‘人’来看待，极其尊重教学主体的地位，充分发挥其在教学活动展开过程中应发挥（应起到）的积极作用。尤其是应特别尊重学生的生命，发挥其在课堂教学活动那个过程中的积极主动作用。”[2] 为此，要更好地激发学生英语课堂的生命性，就要更加以学生为

[1] 张传燧．基于学生发展核心素养培育的“四生课堂”建构研究 [J] 陕西师范大学学报：哲学社会科学版，2017(9)：149.

[2] 张传燧．“四生性”：我的课堂教学观 [J]．湖南师范大学教育科学学报，2019(1) :109.

中心，尊重学生的主体性，充分发挥学生的主观能动性和自主性，留给学生独立学习和主动学习的时间和空间，激励他们自由地、独立地支配自己学习过程中的言行状态，以促进他们在听说、阅读、交际运用英语语篇的过程中不断地螺旋式提升学习能力，促进学科核心素养整体提升。当然，“教育的本质就是一棵树摇动另一棵树，一朵云推动另一朵云，一个灵魂召唤另一个灵魂”。要激发学生课堂的生命性，同样还需要教师在课堂中充满教育激情、教育热情，要能够民主平等的对待儿童，做他们的生命呵护者，生命激扬者。

（二）着眼学生整体生长，提升语言能力

“语言能力是指在社会情境中，以听、说、读、看、写等方式理解和表达意义的能力，包括在学习和使用语言的过程中形成的语言意识和语感。”语言学习的一个重要目的是获得综合性语言运用能力，英语学习的过程是学生发展英语语言运用能力的过程，是学生语言能力不断生长的过程。生长是生命的基本特性，也是生命的本能反应，更是生命的根本目的，教育的天职就是为了学生的生长，杜威认为：“教育就是不断地生长，在它自身之外，没有别的目的，学校教育的目的在于组织保证生长的各种力量，以保证教育得以继续进行。”[1]从这个意义上讲英语教学应是一个不断促进学生成长的过程，学生学习语篇的过程应是听、说、读、看、写各种语言能力，语言意识和语感不断生长的过程。“四生课堂”倡导教学目标具有生长性：一是认为学生的生长具有未完成性，即主张学生的语言能力具有无限发展的可能性，可以通过教学等外在因素的作用和学生后天努力让语言能力逐步走向成熟和完善。二是认为学生的成长具有自主性，即主张教师在学生学习语篇过程中应鼓励学生自主生长，在强烈的好奇心的驱动

[1]　约翰·杜威．民本主义与教育[M]. 王承绪，译．北京：人民教育出版社，1990：3.

下，乐于尝试，勇于探究，不惧失败。三是认为学生的生长具有选择性，即教师提供多样化的学习任务和学习方式，鼓励儿童在学习语篇时，选择自己感兴趣的学习任务和方法等。四是认为学生的成长具有不确定性，学生语言能力发展的可塑性大，容易受到外在社会环境的影响。教师应关注学生语言能力的弹性生长，帮助学生在语篇学习过程中，借助语篇素材，营造良好的语言环境，充分开展听说读写活动，使学生语言意识和语感朝着良好的方向发展。

（三）注重过程生成，提升思维品质

“思维品质是指思维在逻辑性、批判性、创新性等方面所表现的能力和水平。思维的逻辑性主要表现为思维的规则和规律，具体涉及概念、判断和推理等心智活动。思维的批判性在于质疑、求证的态度和行为，不茫然接受一种观点，也不武断地拒绝一种思想，通过正确的途径，求证事物的真假。思维的创新性侧重于求异、求新，不墨守成规，敢于想象，善于改变，推陈出新。”在英语学习过程中，小学阶段学生在英语课堂学习中的思维活动也是无处不在的，主要有：逻辑思维活动，特别是观察、比较、分析、推断等心智活动。观察是获取信息的一种知觉活动，在课堂的教师通过设置语篇学习任务，引导学生通过听、读、看等各种方式获取各种信息，在信息获取的过程中生成专注观察、细致观察、有条理的观察以及多角度观察等思维品质。比较是判断两种事物之间共同点与不同点，在语篇学习过程中小学生会遇到各种各样的语言现象，如发音、拼写、词义相似的单词，结构、功能相似的功能句型，跨文化表达的形式等，教师通过让学生自己探究，比照异同，从而习得语言知识，形成同向类比、反向类比、横向类比、纵向类比、中外类比等思维品质。分析是将观察对象的整体分为各个部分，并加以考察的认识活动，在语篇教学过程中教师可以引导学生简单地从语境、信息、结构等层面分析主题与细节信息、段落与段落、段落与篇章等关系等，帮助学生初步生成把握整体与局部、局部与局部、局部与微观、微观与整体的思维品质。推断是根据事实或者前提进行推理，判断事实的因果关系的心智活动。在语篇教学过程中也有教师基于语篇设置简单的判断性、推理性的学习任务，引导学生在完成任务的过程中形成敢于推断、有据推断、合理推断等思维品质。

小学阶段学生对世界充满了好奇、是一个天生的探索者和创新者，在一定的情境中，往往会提出有别于常规或常人思路的各种想法和观点，同时语言学习本身也就是一种创新，小学生学习英语不仅仅是生搬硬套语篇中或老师所教学的知识，他们会在学习中逐步学会依据信息表达的需要，依据语言情境用英语表达自己的观点和想法。著名课程论专家斯腾豪斯认为：“教育即引导儿童进入知识之中的过程，教育成功的程度即是它所导致的学生不可预期的行为结果增加程度。”[1]这种不可预期的行为结果往往主要是学生创新思维的生成成果。“课堂教学的复杂性决定了课堂教学的生成性，师生生命的独特性及创造性赋予了课堂教学的生成性，社会生活的多变性也让课堂教学过程充满了生成性。课堂教学不是现成知识传授掌握的简单过程，而是师生的生命体验和共同成长的一段旅程。”[2]在与学生语言学习的旅程中，意义建构和语言学习的基本单位是语篇，学习语篇实际就是帮助学生学习如何用英语获取信息，加工信息、输出信息，从而建构意义的过程（Learning how to mean in English）。个体的差异性决定了学生在课堂学习过程中不可能都是一个步伐，一条道路，个体意义建构的方式和路径都有所不同，在英语教学中教师要充分重视和尊重这种学生的不同，在教学设计时可以基于语篇设计更多开放性的、综合性的学习任务，来培养学生获取信息、整理信息、处理信息、加工信息和利用信息的能力，唯有这样才能够给学生留有逻辑思维、批判思维、创

[1] Stenhouse,L. An Introduction to Curriculum Research and Development[M]. London:Heinemann Educational Books Ltd,1975 :82.

[2] 张传燧 . 基于学生发展核心素养培育的“四生课堂”建构研究 [J]. 陕西师范大学学报：哲学社会科学版， 2017(9)：151.

新等思维的生长空间。为此，重视课堂上学生学习过程的生成性，使课堂真正成为师生互动、生生互动、动态生成的课堂，重视学生超越教师预设答案或者是问题解决办法，生成出来的意料之外的、与众不同的、非常规的、奇思妙想的思维火花或者思考结果，在指导和引导学生完成思维驱动任务的同时，给学生留有必要的实践时间和空间，才会真正地让学生的思维品质生长地更好。当然，到了小学高年级阶段学生的批判性思维也开始萌芽，这种反思性思维、依据一定标准的评价思维、改良思维的发展在英语语篇教学中同样值得我们重视。

（四）紧密连接生活，培养文化意识

“文化意识是指学生对中外文化的理解和对优秀文化的认同，是学生在全球化背景下表现出的跨文化认识、态度和行为取向。”语言是文化的载体，也是文化的重要组成部分。从小学阶段开始，学生英语学习的过程也是文化学习和品格塑造的过程，培养和发展学生文化意识，既要帮助学生感知语言学习中的文化意蕴，树立世界眼光，增进国际理解，认识世界文化的多样性，对不同文化持尊重和包容的态度，又要引导学生能够从人类文明的角度认识中华文化，通过比较、深入认识中华文化，增强爱国主义和文化自信，具备一定的用英语“讲好中国故事”，传播中华优秀文化的能力。在比较和判断、认同和传播的过程中，形成跨文化的敏感性，学会与来自不同文化背景的人交流时调整交际策略，有效进行跨文化沟通，同时养成积极的道德情操，树立正确的价值观，生长自尊、自信、自强的良好品格。

学生文化意识的培养是离不开生活的，一旦离开了生活语言学习也将是无法持续进行的。从小学阶段开始，学生在大量口语和书面语的语篇学习中接触大量的社会现象和文化内容，但是仅仅通过语篇中有关文化知识的学习是难以生长出学生的文化意识的，只有教师在英语的语篇教学过程中引导学生紧密地链接生活，将语篇学习向生活体验敞开，或者将所学文化知识运用到真实的生活中去，学生才会真正地体会到中西方文化的同与不同，才能体会到学习语言就是为了更好地生活，生活交往需要才是学习英语最重要的。当前小学阶段基于真实生活模拟的语用情境是当前小学英语教材语篇中的显著特点。每一个单元主题都是通过语篇图文并茂地呈现出真实生活的语用交际话题，因此生活性也是小学英语语篇的基本属性。“四生课堂”理论提出“教育离不开生活，生活是教学的主要内容之一。良好的教育需要生活的支撑。应该在教学内容中融入生活世界的内容，密切联系生活实际，实现教育回归生活。”[1]由此，“四生课堂”理论以课堂教学融入生活、回归生活、超越生活为价值取向，倡导英语教师在语篇教学过程中通过挖掘生活素材、整合生活资源、创设生活情境，引导小学生在贴近真实生活的学习环境中学英语和用英语，在贴近真实生活的、直观的、鲜活的语言学习和运用过程中比较、判断、感悟与鉴别中外文化的异同，调适、沟通、认同与传播对东西方文化的理解，从小开始增进他们的爱国主义和文化自信，增进国际理解力和跨文化交际能力。

二、“双向五维五环节”教学模式的小学英语学科建构

基于小学阶段学生语言习得和认知能力发展的基本规律，根据“四生课堂”理论所提出的“双向五维五环节”[2]教学模式，结合英语教学中流行的任务型语言教学法（Task-Based Language Teaching Approach）、交际语言教学法（Communicative Language Teaching Approach）和全语言教学法（Whole Language Approach）等方法并运用到语篇教学中，我们建构出基于“四生课堂”理论的小学英语“双向五维五环节”教学模式（“Bi-direction-

[1] 张传燧．基于学生发展核心素养培育的“四生课堂”建构研究 [J]. 陕西师范大学学报：哲学社会科学版，2017(9)：151.

[2] 张传燧．“四生性”：我的课堂教学观 [J]．湖南师范大学教育科学学报，2019(1)：109.

teaching-Five dimensions-five links” teaching mode)，（图1）：

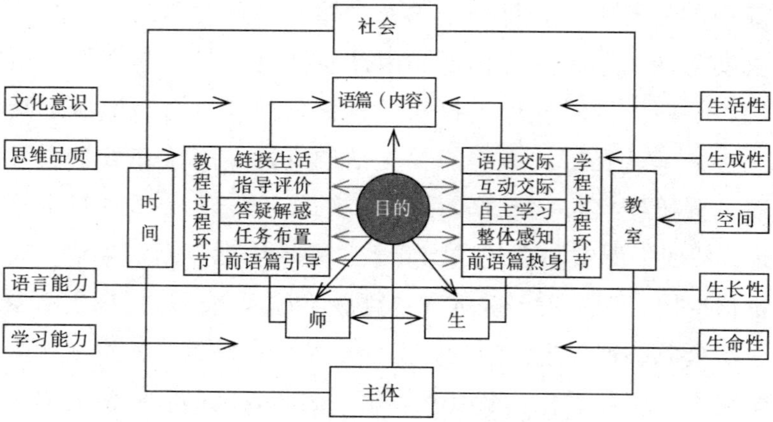

（图1）基于“四生理念”的小学英语语篇教学模式

基于“四生课堂”理论的小学英语“双向五维五环节”教学模式具体分析如下：

双向（Bi-direction），即师—生双向，师生是课堂教学中主体及其过程/行为的要素，它们两两对应，双向互动，彼此配合协调，并行共进。“主体”“双向”，反映了课堂教学的主体—生命—行为特性，是“四生课堂”之“生命性”特性的具体行为展现。[1]“四生课堂”理论指导下小学英语教学教师和学生是民主、平等、和谐的教与学的关系。课堂教学突出学生中心，教师是学生学习的陪伴者，学习任务安排的组织者或知识首席官，学生答疑解惑的指导者，而学生始终是自主学习、语篇学习、语用交际的主体，始终是语言知识积累、语言意义建构、语言思维生长、语言兴趣激发的主体。这也正是全语言教学理论倡导者（Whole Language Approach）Goodman所强调的语言学者应该是“全学习者”（Whole Language Learner），语言教师应该是“全语言教师”（Whole Language Teacher）“全语

[1] 张传燧．“四生性”：我的课堂教学观[J]．湖南师范大学教育科学学报，2019(1):111.

言教师认为所有儿童都有学习语言的能力，教师的作用在于帮助儿童发展他们已经具有的语言能力，对学生的语言学习耐心地给予期待。”[1]Goodman的“全语言教学”师生观与“四生课堂”所倡导的师生观十分吻合，两者都认为教师在学生的语言学习过程中应该是引导、支持、指导、鼓励和促进学生的学习，激发其生命活力，而不是控制其学习，抑制其学习的自主性和创造性。在小学英语“四生课堂”教学过程中师生不仅是“双向”，而且鲜明的体现“双向互动”的特点，师生在各个教学环节中是互动耦合，同行并进的，如教师的启发引导与学生的思考回应，学生的质疑提问与教师的答疑解惑，学生的交际展示与教师的指导评价，教师拓展延伸与学生实践创新等都充满了双向互动性。

五维（Five Dimensions），即主体之维（师生）—目标之维（学科核心素养）—内容之维（语篇）—过程之两维（空间 × 时间）等教学要素组成的五个维度。小学英语“四生课堂”教学模式五个维度相互联动、呼应、交错、融汇、生成。师生围绕学科核心素养培养目标、作用于英语语篇内容，在一定时间和空间范围内展开连续性教与学的活动。课堂上学生学习状态、学科核心素养生长质量都取决于这些要素的位置、状态和作用。Goodman认为：“当语言是整体的、真实的、关联的时候，当语言是有意义的和体现其功能的时候，当语言是在实际使用的语境中呈现的时候，当学习者有选择地使用语言的时候，语言是易学的。”[2]张传燧强调“‘四生性课堂’就是力图活化其状态、耦合其位置、主

[1] Goodman K. What’s whole in whole language?:A Parent/Teacher Guide to Children’s Learning[M].Portsmouth,N.H.:Heinemann,1986:25.

[2] Goodman K. What’s whole in whole language?:A Parent/Teacher Guide to Children’s Learning[M].Portsmouth,N.H.:Heinemann,1986:26.

动其作用，力图通过优化教学要素达到最佳教学效果的目的。”[1]为此，“五维”就是为学生构建一个立体的、整体的、真实的、关联的语篇学习环境，从而能够为学生提供一个听、说、读、看、写都能够关联的浸入式的语言学习环境，让学生更易学、更好学，更好地生长学科核心素养。

五环节（Five links），是指基于“四生课堂”理论的小学英语课堂教学过程中的五个环节即：“激活‘前语篇’导入（Pretext leading）——‘前语篇’热身（Pretext warm up），任务布置（Task arrangement）——语篇整体感知 (Appreciate text)，自主学习 (Autonomic learning) ——答疑解惑 (Answer and help)，语篇交际 (Pretext communication) ——指导评价 (Comments and guidance)，链接生活（Link to life）——语用交际（Pragmatic communication）”这五个环节是师生在小学英语课堂教学上随着时间推移，在不同阶段，依次展开的具体行为表现和具体实践活动，所体现的基本理念是“教学过程不是用成人的认识方式逐步替代儿童的认识方式的过程，更不是把成人的认识方式强加于儿童的过程，而是在尊重儿童认识方式特殊性的前提下使儿童的认识获得充分得发展的过程。”五个环节具体分析如下：

第一环节“前语篇”导入（Pretext leading）和“前语篇”热身（Pretext warm up）。这个环节主要任务是激活师生的生命性，特别是学生的对语篇学习的学习兴趣、知识储备和思维准备，引导学生进行学习预热，着手培养学生的学习能力。因此这个环节的主要活动是“预测”（Predicting），在学生没有阅读语篇文本内容，只看到语

[1] 张传燧．“四生性”：我的课堂教学观 [J]．湖南师范大学教育科学学报，2019(1)：111.

篇标题的情况下，通过猜测，预估语篇的内容或者相关问题。“预测”的活动形式可以是基于语篇话题展开充分想象的“头脑风暴”（Brainstorm）、“讨论”（Discussion）、“提问”（Questioning），或者预先教学关键性生词（Pre-teaching difficult key words）等，龚海平认为“对学生进行语篇阅读的‘预测’能力培养，既是一种阅读技能的培养，更是一种阅读策略的培养，其重要性不可低估。”[1]这些“前语篇”环节的教学活动将激活学生进入语篇学习的生命活力，为学生对新的语篇学习打下良好的动力基础。Widdowson 认为：“前语篇与语境相同，是语篇理解的一个重要条件；语篇阅读的过程，就是理解、匹配作者前语篇意识的过程；语篇阅读理解的本质就是为了实现读者与文本、读者与作者的对话契合。”[2]当学生的生命活力被激活之后，这样的对话就有了生命热度。当学生的学习兴趣、动机被激活将会直接促进学生英语学习能力即主动学习、积极调适、自我提升意识、品质和潜能的生长等。

第二个环节，任务布置（Task Arrangement）和语篇整体感知(Appreciate Text)。这个环节主要任务是促进学生语言能力的生长。任务型语言教学法（Task-Based Language Teaching, 简称“TBLT”）是十分必要的教学方法。“教师要创设接近实际生活的各种语境，采用循序渐进的语言实践活动，以及各种强调过程与结果并重的教学途径和方法，如：任务型语言教学途径等，培养学生用英语做事的能力。”这个环节教师可以根据语篇的主旨情境、主题内容和主要问题、主题文化等设计学生开放性、探究性、综合性的任务，例如：Learn and

[1] 龚海平．龚海平的小学英语教学主张 [M]. 北京：中国轻工业出版社，2015：125.

[2] Widdowson HG.Text,Context,Pretext:Critical Issues in Discourse,Analysisi[M]. Oxford:Wiley-Blackwell Publishing,2004:79.

make a report/survey/conversation，Learn and act out 等，引导学生带着一个真实任务去学习语篇，根据任务完成的需要走进文本，整体感知文本，抓住文本主题，学习文本中的新知，体会语篇的逻辑性、整体性和语篇中蕴含的文化，而不是陷入语篇碎片化的词汇和句型学习之中，从而失去了对英语学习的兴趣。当然对于任务设计要求具有真实性，任务的完成要有真实的目的，引导学生采用听、读、看等多种方式去理解语篇，初步形成整体性的语言意识和语感。

第三个环节，学生自主学习（Autonomic learning）——教师答疑解惑(Answer And help)。这个环节主要任务是进一步促进学生英语学习能力、语言能力的生长，同时关注学生学习过程中的生成，促进学生思维品质的发展。学生学习能力具体表现为："主动与进取，监控与调控，选择与收获，合作与探究"自主学习是学生英语学习能力培养的重要组成部分，包括：学生有积极主动的学习态度和成就动机，有主动参与语言实践的意识和习惯，能对学习过程和学习情绪进行自我监控和有效管理，面对学习困难能够自我激励、自我调适、适时反思和评价学习效果，并对学习目标和方法等做出必要调整，主动适应等。因此，我们应当通过课堂上"自主学习"（Autonomic learning）这个环节，从小学阶段开始就培养学生主动学习的意识，让学生认识到学习是自己的事情，需要自主承担起英语学习责任。让学生了解学习的主动性和自主性，培养学生的学习需求以产生学习的饥渴感，同时能对自己的学习及时而有效地进行评价，对学习目标和学习策略做出适时必要的调节等。教师可以设计一些激励学生自主学习语篇知识的学习活动（Learning activities），如："阅读语篇找出关键词句"（Reading and finding key words and topic sentences）、"根据语篇内容，判断句子的正误"(True or false sentences written on the blackboard to be checked,according to the text)、"代词的指代判断和生词的词义猜测"（Pronoun checks and guessing unknown words）等。

在学生自主学习的过程中学生肯定会产生很多的疑问，会有很多的不解之处，这个时候教师就要发挥“知识首席官”（ Chief Knowledge Officer）的作用，为学生自主学习提供指导和帮助，为学生个体或者群体答疑解惑，在这个过程中激励学生观察、比较、分析、推断、归纳等逻辑性思维，勇于提问，敢于质疑的批判性思维，有别于常规和常人思路的创新性思维品质的生长。当然也是在引导学生自主学习，深入掌握语篇具体信息，理解语篇中的重点、难点词汇和句型的过程中，进一步促进学生理解语篇、表达语义、形成较好的语言意识和语感等语言能力的生长。

第四个环节，语篇交际 (Pretext communication) ——指导评价 (Comments and guidance)。这个环节的主要任务是进一步发展学生的学习能力、语言能力和思维品质，关注学生语篇交际中的生成性。“语言学习究竟是为什么的问题是语言学习的根本问题。毫无疑问，语言学习的目的在于交际，这里所说的交际，既包括口头语言交际，也包括书面语的交际（阅读和写作）。”[1]这个环节是语篇学习十分必要的一个环节，小学阶段的英语教学倡导学生“在学习中乐于模仿，敢于表达，能在老师的帮助下表演小故事或小短剧……初步形成对英语的感知能力等。”学生通过任务驱动整体感知语篇，到自主学习深度理解语篇，再到语篇交际，才能生长出较好的语言综合能力，形成一个从输入到输出的完整语篇意义建构链。为此，在这个环节教师可以根据语篇特点设计一些可以激发学生语言综合能力提升的交际活动，如：“在小组或全班复述语篇故事”（Retell the story in small groups or as a class），“角色扮演”（Role Play），“学生配对或分组讨论故事，讲

[1]　龚海平．龚海平的小学英语教学主张 [M]. 北京：中国轻工业出版社，2015：15.

出自己关于语篇故事的看法、观点，还可以把故事的结局改写”（Discuss the story in pairs or small groups,giving their opinions of what they have read,or suggesting different endings）等。这个时候教师就主要是学生进行语篇交际的指导者（Mentor）和评价者（Evaluator），指导学生如何在一定的规则下开展语篇交际活动，肯定、鼓励或提示学生语言表达的准确性，交流的得体性等，当然这个时候教师也可以是语篇交际的参与者（Participants），师生互动让课堂上呈现出民主、和谐和水乳交融的生命样态。也就是在这种综合性的语篇交际活动过程中，学生的英语学科核心素养悄然地得到整体发展。

第五个环节，链接生活（Link to life）——语用交际（Pragmatic communication）。这个环节的主要任务是引导学生从英语语篇学习走入到真实生活中的英语应用，发展学生的文化意识。语言产生于人的社会交往活动，源自于生存和生活的需要，语言也只能在真实社会人际交往活动中被更好地掌握。学生只有在真实社会人际交往活动中学习和尝试运用语言才能够真正地理解语言中所包含的文化意蕴。我们英语教学的最终目的是要培养英语的实际使用者，而不是语言专家。为此，链接生活、引导学生基于语篇所学进行真实的语用交际是“四生课堂”所倡导的英语语篇教学的最高环节，当然也是必要环节。在这个语言输出的高阶阶段，我们最要关注学生文化意识和语用能力培养。在这个阶段教师引导学生链接生活，设计一些直接指向生活的、真实的、综合的、适宜的真任务，当然也要是学生喜欢去做（Prefer to do）的任务，如：现场采访（Interviewing），实地调查（Doing a survey），戏剧创编（Drama Playing）等，这些真实的语用交际任务将激发学生带着语篇所学知识进入鲜活的生活世界中，去交流、观察和体验，逐渐习得较为得体的语言交际习惯（Communicative Habits）和真正感悟语言与社会文化的关系。

三、“四生课堂”小学英语学科教学实施案例

为了进一步阐明发展学生学科核心素养的“四生课堂”小学英语“双向五维五环节”教学模式的实际运用效果。我们以义务教育教科书人民教育出版社（三年级起点）五年级上册 Unit 3 What would you like? 语篇教学为例（如图 2），从“语篇分析”“教学设计”“教学实施”“实施效果”四方面来进行课堂教学实例及其效果分析。

（图 2）Unit 3 What would you like?

（一）语篇分析

基于这篇语篇材料我们对文本进行三个方面的分析：

1. 语篇场景分析

这是一份“理解书面叙述”性的语篇材料，由两个场景组成，一是家庭用餐场景，Sarah,Oliver 与 Mother,Father 一起用餐，桌面上展示了 Sarah 母亲为家人们做的西餐（冷餐）美食 salad，sandwich，porridge，juice，water 等，询问母亲和父亲最喜欢的食物，Oliver 在语篇中没有语言信息，此处为学生留白了语言表达的想象空间；二是在公共餐厅用餐的场景，很多同学在自主选择用餐的食物，Mike and

Chen Jie,Zoom and Zip 正在对话谈论他们喜欢的食物及喜欢的原因 It’s healthy.It’s my birthday. 等。

2. 语篇主题与功能分析

主题句“What would you like? I’d like...”是一个表示“有礼貌地询问他人需要或喜好某类食品或饮品”的语用功能句型，与这个句型相似的句型有“What do you want?”“What’s your favourite food/drinks?” 以这个句型为主线构成的语篇包含的语言知识有各种中西方食物的词汇，有表达喜好及原因的词汇和功能句型，有包含对健康饮食价值观的渗透和对中西饮食文化差异的跨文化理解，在这个主题功能语篇的学习过程中能帮助学生积累关于食物、感受、健康等词汇基础知识，能够帮助学生发展听、说（交际）、读语言的能力，帮助学生培养围绕饮食喜好积极交流，表达自己选择的学习能力，在学生表达自己喜好的食物的过程中帮助学生培养比较、分析和综合的思维品质，在引导学生体验中西方饮食习惯、食物选择和餐具使用的差异中，培养他们的跨文化理解力。

3. 语篇学习重难点分析

语篇学习的重点是对功能句型“What would you like? I’d like...”的学习与运用，这个句型在本套教材的四年级上册 Unit 5 Dinner’s ready. 学生已经学习过，有了初步认知，不属于新学语言结构，因此，语篇学习的难点是对选择需要和喜好的食物原因的表达，特别是对健康食物，饮食健康，食物感受的语言表达。

（二）教学设计

基于“四生”课堂教学理论指导，以发展学生学科核心素养为价值取向，可以从三个方面来做好教学设计：

1. 教学目标

（1）语言能力：主要是发展听、说、读、看等语言能力，帮助学生通过听、说、读、看四种方式理解和表达 rice/noodles/salad/sandwich/hamburger/ 等词汇，What would you like to eat? I’d like.../Don’t eat too much./Happy birthday! 等功能句型的意义，并且在语篇学习过程和使用目标语言过程中发展学生运用英语礼貌地表达征询他人想法的语言意识和良好的语感；（2）思维品质：主要是发展学生的逻辑思维，即通过观察、比较、判断食物健康，比较、分析中西方人们在饮食文化的差异，学会选择自己喜欢的食物，并简单说明理由；（3）学习能力：激发学生学习饮食主题词汇，体验饮食文化和与他人交流自己喜欢的食物的兴趣，能够激发通过自主学习、合作学习和探究学习方式，在完成学习和语用任务的过程中，初步学会观察语言现象和语用规律；（4）文化意识：通过学习礼貌地征询朋友喜欢的食物，初步了解饮食文化，包括健康饮食文化、中西方孩子饮食习惯文化的差异，引导学生们在全球化背景下发展跨文化认识、态度和行为取向，以培养学生对中国传统健康饮食文化的自信力，以及对西方饮食习惯和在饮食过程中礼貌交际的理解力。

2. 教学内容

（1）语篇 What would you like? Part1. Let’s try; Part2.Let’s talk 部分；（2）语篇重点词汇和句型 salad/sandwich/delicious/healthy.../What would you like to eat/drink？ I’d like...It’s....;（3）生活语用表达 noodles/dumplings/tea... 等中餐食物和饮品，salad/sandwich/hamburger/ice cream... 等西餐食物和饮品，表达健康饮食的提示语，表达饮食喜好的习惯用语等。

3. 教学方法

以“四生课堂” 教学理念（Four-Nature Classroom Approach）为价值取向的综合教学法（Integrated teaching method），包括：综合运用任务型教学法（Task-Based Language Teaching Approach ）、交

际语言教学法（Communicative Language Teaching Approach）和全语言教学法（Whole Language Approach）等教学法。

（1）教学实施

Step 1（第一环节）:“前语篇”导入（Pretext leading）和“前语篇”热身（Pretext warm up），Activity: 头脑风暴（Brainstorm）

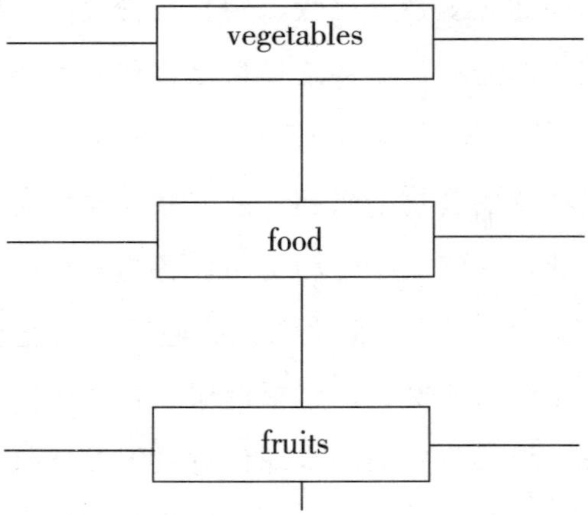

教师以头脑风暴（Brainstorm）的教学活动作为“前语篇”导入（Pretext leading），引导学生对已经学过的知识进行复现，以激发学生的兴趣，激活学生的思维，调动学生学习的能动性，让学生成为学习的主体，走向学习中心，从而达到知识、思维和情感的“前语篇”热身（Pretext warm up），开始激发出学生课堂生命活力，并催化“学习能力”素养的生成。

Step 2（第二环节）:任务布置（Task Arrangement）和语篇整体感知 (Appreciate Text)

Task: 假如你要举行一个同学聚会，邀请 Sarah，Sarah’s mother &father，Mike，Chen Jie，还有你其他好朋友参加，请你通过电话、微信或 QQ 做一个调查（Do a Survey ），（如表 3）了解他们喜欢或想要吃的食物，为每个人到来做好贴心的准备。

What would you like to eat, ______? I’d like... . It’s... .

Names	I’d like to eat...	It’s...	Suggestion（建议）	
			eat much (√)	Don’t eat too much (√)
Sarah’s mother				
Sarah’s father				
Mike				
Chen Jie				
my best friend 1				
my best friend 2				
...				

表 3　调查表：What would you like to eat ?

教师可以通过设计一个 Do a Survey 的真实任务，驱动学生去学习语篇、理解语篇、运用语篇，从语篇交际走向真实的生活交际。教师在为学生明确任务后就可以引导学生通过试听或阅读文本等方式整体感知语篇 (appreciate text)，探究两个有关语篇的人物和场景问题：

Activity 2:Watch and tick “ √ ”

Q1：Who are there in the text?

□ Sarah　□ Oliver　□ mother　□ father

□ Chen Jie　□ Mike　□ Zoom　□ Zip　Others________

Q2：Where are they in the text?

1.Sarah,mother,father and Oliver are ________.

□ at dining room　□ at canteen

2.Chen Jie，Mike，Zoom and Zip are ________.

□ at dining room　□ at canteen

Q3：What are they talking about ?

□ food　□ friends

《中国英语能力等级量表》提出对学生“理解书面叙述”性质的语篇材料二级能力水平包含有“在读简短的日常书面对话时，能获取人物、地点、事件等信息，能理解其中的人物关系。”学生通过探究两个有关语篇人物和场景的信息，不仅从整体上感知了语篇，而且在过程中生长一定的语篇理解能力和组构学习策略等，当然为学生设计这样的主旨性问题探究也能更好地激发学生学习的主动性和能动性。

Step 3（第三环节）：学生自主学习（Autonomic learning）——教师答疑解惑 (Answer And help)。

Activity 3 .Read and match（如表 4）

names		foods	It’ s...
Sarah’ mother	would like...	noodles	delicious
Sarah’ s father		ice cream	healthy
Mike		salad	sweet
Chen Jie		sandwich	birthday
Zoom			

表 4 Activity3：Read and match

Activity 4 .“生词的词义猜测”（Guessing unknown words）：根据词义选择恰当的食物补全句子。

（1）Salad,it's healthy

________ is healthy . ________ is not healthy.

（2） The sandwich is delicious.

The____is delicious. The______ is not delicious.

（3）Fill in the chart of Sarah’s mother, Sarah’s father, Mike, Chen Jie。

在自主学习环节，教师设计一些诸如上述解决语篇细节性知识问题的学习活动和完成任务卡（表3）的部分内容学生可以通过自主阅读语篇以及在活动中去解决这些新授词汇，语言结构和语篇信息等问题。这样的自主学习任务能够最大限度地调动学生学习的自发性、能动性和探究兴趣，激活学生的比较、分析和综合等思维品质。在这个过程中教师可以走到学生中答疑解惑、指导帮助、提示学生个体或者是群体解决个性化的难题等，从而培养学生的学习能力，生成学生良好的思维品质等。

Step 4（第四环节）：语篇交际（Pretext communication）——指导评价（Comments and guidance）

Activity 5 .Role Play：学生可以选择语篇中的1-3个场景角色进行扮演。

（1）Sarah,mother&father;

（2）Mike&Chen Jie;

（3）Zoom&Zip;

这个环节学生基于语篇素材进行角色扮演（Role Play），并在角色扮演的过程中学生入情入境，可以鼓励基础较好的学生可以调动原有的语言知识，进行一些语言的拓展。在这个环节，教师担任的主要任务是指导学生开展合作表演，对学生的角色扮演进行评价，鼓励学生大胆表达，带着情境表达，鼓励学生在语言、语态、肢体动作等方面有一定生成性表达，力求活灵活现，同时也帮助少数学生纠正表演中语音或语句表达出现的问题。

Step 5（第五环节）：链接生活（Link to life）——语用交际（Pragmatic communication）。

这个环节是课堂走向开放，也是引导学生走向语言能力、学习能力、思维品质和文化意识四大核心素养的高阶发展阶段。教师运用课堂布置的真实任务“参与聚会人员的调查”（Do a Survey of the participants），引导学生从语篇交际走向真实的语用交际，发展学生的语用能力，同时在语用中深度激活学生的文化意识。

（2）实施效果

从教学实践中我们发现孩子们学习英语“活”起来了，陶行知先生认为课堂上“把小孩子的头脑、双手、嘴、空间、时间都解放出来了，我们对小孩子的创造力予以适当之培养。”[1]“四生课堂”里这种儿童“创造力”的培养具体表现为：在学习能力培养上，孩子们学习“餐饮”主题英语知识的兴趣更浓了、语言习惯更好了、学习意志更强了、学习方法和策略更多了，他们的学习品质、自主性、发展性、可迁移性、可持续性等都得到较好的彰显；在语言能力培养上，通过听、说、看、读“餐饮”主题语篇，他们的理解和表达意义的能力，语言意识和语感明显提升；在思维品质上，他们观察、比较、推断，甚至分析与语篇中有关“餐饮”主题信息，创造性学习和使用语言进行“餐饮”交际的思维得到一定的发展；在文化意识上，学生对世界“餐饮”文化的多样性，对不同国家或地区人们的饮食文化有了初步的尊重和包容的态度，初步意识到文化差异，注意到语言礼节差异，对中华健康饮食文化有了更深的认同，也形成了更加积极、自信的审美情趣和道德情感。

[1] 陶行知．陶行知文集 [M]. 南京：江苏教育出版社，2008：919-922.

第五章

“四生课堂”的影响与辐射

第一节　成长引领：为理想的学校而奔跑

2018 年 4 月 1 日，《中国教师报》的“教育家周刊”以《为了理想的学校而奔跑》为题，专题报道了本人如何从一位中师毕业的山村校长，成长为一位事业型校长，全文报道如下：

左鹏：为理想学校而奔跑[1]

本报记者　吴绍芬

【思想力校长】生于乡村，中师毕业，24 岁就做了中学校长。辗转于农村和城市的学校办学，历经不同学校的发展阶段和样态，他总能对症下药，办出特色。在这位校长眼里，学习力和办学力是如此的重要，似乎与生俱来，又似乎一辈子在为之奔跑，成为永远的希望之光。

做专业型校长让学校华丽转身

2006 年，24 岁的左鹏走向学校领导岗位，担任湖南省浏阳市大圣中学校长。这么年轻就做中学校长，在当地一时引起轰动。

而彼时的大圣中学，是浏阳市出了名的“落后学校”：校舍破旧、资金匮乏、校风不好，教师作风散漫，教学质量落后。教师有时连工资都拿不到手，有的干脆在工作之余做起了“小生意”，有的甚至上完课就去麻将馆消遣……

左鹏看在眼里，急在心里。经过调研，左鹏得知每个教师每月的

[1]　吴绍芬．左鹏：为理想学校而奔跑 [N]. 中国教师报 .2018.4.1.

平均工资只有800元左右，学校也无其他福利。为了生计，一些民办身份教师不得不边教学边在家种地，一些上有老下有小的教师不得不利用工作之余赚“外快”。

为了解决教师生存危机，左鹏迅速召集学校管理团队想出路，办乡村公办幼儿园、建乡村学校劳动实践基地，教师的工资和基本福利渐渐有了着落。

看到一些学生上学和放学路途较远，加之许多家长南下打工，他们只好由爷爷奶奶照管，左鹏又和教职员工一起商量推行学校“寄宿制管理”，为孩子们当起了“保姆”。这样一来，孩子上学路途远、翻山越岭的问题解决了，孩子们回家没人照看的尴尬也解决了，他们的学业也有了保障。原来一些住校无事可干的教师，晚上也可以辅导学生、备课、批改作业，工作充实了，待遇也提升了，外出消遣的少了，学校教学质量很快有了改观。短短几年，学校教学质量在全市领先。

为了改变学校设施老旧的状况，左鹏向教育局积极争取，利用学校作为山村均衡教育示范学校并纳入湖南省首批“合格学校建设”项目的契机，学校专款专用，将专项资金用于新修学校操场、新建综合楼，全部教室新增班班通投影设备等。学校由破旧的山村校华丽转身，加之教学质量大大提升，学校很快成为浏阳市最美乡村学校。

出生于农村，在大山深处的学校任教，左鹏深感“中国的教育之重、之痛、之难都在农村”。为了把山村里的学校办好，他潜心了解近代中国乡村教育的先驱陶行知、晏阳初等著名教育家的办学理念，充实自己的办学实践；并希望像这些教育家一样，能以更加开阔的视野提升办学能力和管理水平。

2011年，左鹏调到城区浏阳河小学担任校长。从初中到小学，从农村到城市，左鹏面临全新挑战：如何从初中校长转型做小学校长？如何从办农村学校转型办城市学校？

与山村学校不同，左鹏执掌的浏阳河小学是市里一所名校和老校，已经有110多年的办学历史，但受城市大开发的影响，学校处于发展周期性的“衰退期”，教师流动性不大，并且平均年龄已达47.5岁。

学校办学质量和教师福利待遇日益滑坡，优秀教师和生源正在流失，以前在任的校长也不看好学校的发展而辞去职位。在这样的危机面前，左鹏如何扭转学校办学现状，化“危”为“机”？

为了迅速打开工作局面，左鹏深入课堂、深入教师、深入学校办学历史，寻发展机遇。加上当时正值教育部《中小学校长专业标准》酝酿出台，那些校长专业标准内容有如一盏明灯，点亮了左鹏的治校之路。

“规划”，成为左鹏治校理念的重头戏。邀请学校管理团队、教师队伍、学生群体谈学校发展建议，左鹏根据调研结果撰写出1万多字的《浏阳河小学办学调研报告》，并在此基础上凝练内容、征求意见，通过教代会审议形成《浏阳河小学“十一五”五年发展规划》。从此，“提升硬件、发展内涵、构建特色、彰显文化、追求幸福”的学校办学目标镌刻在师生心里，也化为具体的行动路径。

短短3年，左鹏为学校争取到1000多万元资金，全面改善校园硬件条件，改造学校食堂、操场、建设花园和多功能教室；提升教师工作待遇，激发教学热情；彰显学校合唱特色和中国传统文化特色，让师生在这样的绿色校园里教得有劲、学得有趣、幸福生活。

“校长，你在浏阳河小学工作的3年，虽然时间短暂，但激发了我们这所百年老校新的青春活力！”教师们异口同声地道出心里话。

让学习成为生命行走常态

不熟悉左鹏的人或许会说，如此年纪轻轻就能做校长，并且还从农村做到了城市，要不家里有后台，要不学历高。然而，左鹏只是来自一个普通的农村家庭，1997年考入湖南浏阳师范学校。3年中师毕业后，来到浏阳市偏远的山区学校——大圣中学任教，成为一名山村教师。

就连左鹏自己都万万没有想到，为学生上的第一堂课竟是如此糟糕，甚至可以用“痛苦”来形容。

左鹏回忆说，当时为了上好第一课，他专门把节衣缩食省下的钱从镇上买了新衬衫和新鞋子，从头到脚打扮一番。课堂上还设想着用英语按体系、按图表给学生“建模”，可是，由于孩子们没有英语基础，许多都是零起步，左鹏只好用汉语组织英语教学。即使这样，一堂课下来，左鹏讲得口干舌燥、衬衫湿透，台下学生还是一头雾水，有的学生干脆直接趴桌上睡觉了。

看到学生们一脸的茫然和沮丧，左鹏心急如焚。用什么办法才能让学生喜欢上自己的教学？

他情不自禁地想起了自己在中师三年教师教书的情景。英语教师甘静纯，是一个能说纯正英式英语的老太太，讲话幽默、活泼、风趣，和学生互动性强，“极具伦敦范儿”；音乐教师兼班主任陈森根，亲切随和，教学极为生动，充满生命活力和艺术美感；计算机教师蒋峰，在教学中富含时代气息，总感觉比社会还要快一拍，讲课内容显得新奇、前沿而梦幻；哲学课教师何伟奇雍容大度，上课充满激情，深邃的思想总会和学生碰撞出智慧的火花，总是引领学生去触碰未知；还有心理学教师李吉山，带着学生做心理实验，让这些和左鹏一样的山里孩子大开眼界。

老前辈上课、教学的经验，自己不刚好能嫁接、借鉴过来吗？左鹏觉得茅塞顿开，犹如醍醐灌顶。既然自己教的学生是初中生，那就应该熟悉初中学生的特点、立足他们的英语现实和学习兴趣点。很快，左鹏灌输式的教学很快变成了师生交往式、合作式的教学，他将联想记忆法、游戏教学法、趣味小实验、英语闯关法全部用到了课堂。

左鹏慢慢有了自己的教学主张和教学风格。他说：“通过联想记忆，让冰冷的英语单词变成有温度的语言，让学生感受语言之美；通过游戏不断激励孩子，让学生觉得英语好学、易学；带动学生做英语游戏、加强互动，让学生觉得英语也很有趣、过瘾。”

这样一来，学生渐渐喜欢上了英语。后来，左鹏被直接提拔到初三教学班，专职任中考英语的把关教师。

有教师前来讨教教学经验，左鹏哈哈一笑说：“非要说有什么经验，就是注重学生兴趣和有效学习。让学生找准兴趣点，学到点子上”。

看似简单的经验之谈，但后面是他自己持之以恒的学习力在作支撑。在大家的印象中，左鹏基本没有休过假期。他总是在忙碌着，每天清晨，天刚蒙蒙亮，左鹏就会从教工宿舍跑出来，跑到学校后边的山林里去背单词、读英语书。等孩子们放学后，他抓紧时间批改完作业、备完课，然后把自己关在宿舍里听英语磁带，研究教法。每到周末，左鹏不是在学生家里家访，就是待在学校看书。进修大专英语，自学英语本科，自费参加各种有益的英语培训学习。

“时代在变，我要拼命补基础，有时恨不得把这些书撕碎，全部装进肚子里”。左鹏扶起眼镜腼腆地说，“我没有退路，只能勤能补拙，迎难而上”。

这样的生活方式，有些人觉得很累，而左鹏却很喜欢，他说“学习是我每天生命行走的常态，我享受与孩子们在英语的世界里共同成长，我相信自己的课堂一定会变成孩子们最喜欢的课堂”。

左鹏坦言，从中师毕业到继续学习成为博士研究生，20 年的无悔坚持，尽管有时学习慢如蜗牛，在学校教书和管理中有失败也想放弃，但学习的压力一直在化为动力，如同一双无形的手，一块无形的磁铁石，永远托举和吸引着自己。

“一步步前行，尽管遇到荆棘困难，但就像柏拉图《理想国》里面看到的‘洞穴之光’的人们那样，我的生命在上升，梦想在生发。”谈到这些，左鹏眼睛里闪出耀眼光芒。

做事业型校长为教育家办学逐梦

正是有这样的学习力，左鹏无论是做教师，还是当校长，都能找到症结，对症下药。2013 年，左鹏调到省城长沙，任高新区麓谷学校副校长兼小学部校长。这所九年一贯制学校是一所新建校，教师队伍平均年龄只有 27 岁左右。如何带好一个年轻的教师团队？这是摆在左鹏面前的新考题。

为了交出完美答卷，左鹏运用学习中积累的精辟理论和自己一步步蹚出的实践经验，首先从顶层设计上进行了明确。在他看来，创办一所研究与创新型小学，培养面向未来更具创新素养的师生，恰逢其时。“教师研教、学生研学、家长研育、学校研治”的办学思路，是他和团队经过细致调研、缜密思考后得出的答案，通过这四条路径让师生的核心素养和关键能力在校园里落地生根。

在顶层设计的基础上，他将工作重点锁定在了“研创型教师”培养。调研、讨论，左鹏与管理人员、教师团队一起撰写形成《研创型教师专业发展三年行动规划》。“教研助力发展，以教师学习和教研共同体的组建引领成长”，研创型教师专业发展之路在左鹏头脑中清晰起来：做好教师的“谈心”和“对话”工程，营造心灵的港湾；做好教师的读书和写作工程，为专业成长之路送上宁静的书香；做好教师的校本研训和“青蓝”工程，为成长之路点亮引航的明灯；做好课堂深水区改革，为教师专业成长搭建腾飞的平台；做好“草根式”校本微课题研究，为教师的专业成长装备可持续的引擎；做好校级青年教师的培养、骨干教师和名师的评定和管理工程，为教师专业成长铺设星光大道；做好“教师成长档案记录”和“研创教师空间群建设”，为教师成长记录五彩的足迹。

为了让这些以拆迁户和农民工子弟为主的学生享有好的教育，左鹏十分关注课堂的生态。左鹏和教师们一同备课，一同上课，一同研修，一同反思，通过每一次实战，他打造出彰显“师生主体生命性、教学目标生长性、教学过程生成性、教学内容生活性”的“四生”课堂。为了让课堂案例上升为经验、模式，他进行“科研兴校”的校本探究，并成功申报了省级重点资助课题《基于小学生核心素养培养的“四生”课堂模式建构研究》，研究成果荣获湖南省第二届课程改革研究成果一等奖。

管理是变革的重要保障，左鹏带领管理团队推动学校现代治理，重构“三维度两系统”（STPPS）人本治理结构，设置学生发展中心、教师发展中心、家庭社区教育中心、校务公开中心与后勤服务中心，建构“章规制”（CPS）治理机制，如此，学校激活了学生、教师、家长的“共治力”和“善治力”，让学校充满了教育的生命活力。

实现理想教育、追逐教育家梦想的关键事件，在左鹏看来，是2年前入选为教育部“国培计划”中小学名师名校长领航班。左鹏深知，要想成为教育家型校长，要想实现教育家办学目标，还需要有深厚的理论基础、敏锐的思想意识、缜密的逻辑思维和批判思维，还要有在理论指引下的教育实践智慧，能在每一天的办学中执着追寻教育本质规律，勇于思辨教育现实问题，在实践中敢于创新方法策略。

这些年，左鹏根据基地研制的“LACIR”培养方案，努力朝向具有“赤诚教育之爱（Love）、理性思维能力（Academic）、创新实践能力（Creative）、宽阔国际视野（International）和自觉责任担当（Responsibility）”的“教育家型校长”目标迈进。

“在您眼里，办出什么样的学校才理想？”采访结束，记者把这些问题抛给左鹏。

这位年轻而阅历丰富的校长——左鹏，给出了这样的答案：“古典与现代相融，当下与未来相融，在这所学校里，有仁爱之心，有思想之光，有书房之香。”

第二节 思想影响：校长新时代应具有研究与创新特质[1]

校长是教师的教师，一位好校长能够带出一群好老师，办出一所好学校，什么样的校长才能引领更多的骨干和卓越教师成长为教育家型教师？校长如何办学才能培植教育家型教师生长的土壤？通过研究建党 100 周年以来我国几十位中小学教育家或教育家型教师和校长的

[1] 左鹏 . 新时代校长须具备研究与创新特质 [J]. 学校品牌管理 . 2021.5.

特质，结合本人担任城乡中小学校长十五年的工作经历和办学实践感悟，我认为面向未来中小学校长要努力成为具有研究与创新特质的教育家型校长，办好研究与创新型高质量学校才能引领更多的优秀教师成长为教育家型教师。

一、研究与创新是中国教育家型教师和校长的共同特质

走进近代中国教育发展历史进程中那些为众人所熟悉的教育家，寻找他们之所谓“教育家”的共性。“平民教育家”陶行知先生，1927 年在南京创办了中国第一所试验乡村师范学校——晓庄学校，开创了中国现代师范教育之先河，在重庆创办了中国第一所培养特殊才能的儿童学校——育才学校，是中国“天才儿童”培养之先驱。陶行知先生创新性提出了“生活即教育”“社会即学校”“教学做合一”[1]的生活教育理论，撰写出了《中国教育改造》等伟大著作。中国著名儿童教育家陈鹤琴先生，1923 年在南京开办鼓楼幼稚园，试验科学化、中国化的幼稚教育，1927 年与陶行知、张宗麟一同创办中国最早的乡村幼稚园——燕子矶幼稚园。他创办了《活教育》月刊，创新性地提出了“活教育”理论，主张中国儿童教育的发展要适合国情。[2]与之相似还有“中国现代教育的创造者”教育家张伯苓先生，中国革命教育家徐特立先生，情境教育创始人、中国儿童教育家李吉林先生等。在他们的身上我们不仅可以感受到深厚的爱国之心，鲜明的教育思想，更可以发现在他们身上闪耀着熠熠生辉的研究和创新的特质：他们扎根于中国教育的沃土，基于中国教育的现实问题和难题，运用古今中外教育科学或原理开展中国现代教育理论和实践研究，在实践中创造

[1] 陶行知 .《陶行知教育文集》[M]. 北京：人民教育出版社， 2011.10.
[2] 柯小卫 .《陈鹤琴传》[M]. 南京：江苏教育出版社， 2008.4.

性地提出了具有中国本土特色和中国气派的教育教学理论体系，为我国教育和世界教育发展做出了贡献，可以说没有这些教育家们的研究与创新就会没有今日中国教育的进步。

二、研究与创新是新时代校长专业发展的应然要求和实然现象

中共中央国务院《全面深化新时代教师队伍建设改革的意见》提出“努力造就一支政治过硬、品德高尚、业务精湛、治校有方的校长队伍，支持教师和校长大胆探索，创新教育思想、教育模式、教育方法，形成教学特色和办学风格，营造教育家脱颖而出的制度环境。”由此来看做一名研究与创新的教育家型校长已经是新时代校长专业发展的应然要求，党的十八大以来，习近平新时代中国特色社会主义思想进一步明确把教育摆在优先发展的战略地位，明确了立德树人根本任务，明确了社会主义办学方向，明确了以人民为中心发展教育，建设中国特色世界水平的现代高质量教育体系等。而新时代这些国家重要教育方针和政策的落地，重大教育实践活动的开展都需要我们的校长在实践中研究，在研究中创新，在创新中去实现。当然从实然的角度来讲，这个时代也正在涌现出一大批研究和创新特质的教育家型校长和老师，如：“人民教育家”于漪基于语文教学中学生自学能力培养起研究，创新性提出了“教文育人”思想；当代著名教育改革家、原景盘市实验中学校长魏书生在基于学生自主学习能力培养研究，创造性提出了“六步教学法”；北京十一中学校长李希贵基于面向个体的教育研究，创造性提出“走班选课”教学；北京市第二实验小学校长李烈基于学校管理和教学主体研究，创造性提出了“双主体育人”的办学思想等。由此可见，研究与创新已经是当今所有教育家型校长和老师的实然表现。

三、做研究与创新型校长，引领教育家型教师生长

作为一名 80 后校长，在成长之路上我始终在对标近代教育家陶行知先生，当代教育家型校长李希贵先生等提升，不断地厚植爱国情怀，高尚师德，不断提升教育研究与创新能力。十五年的城乡中小学校长经历让我深刻地认识到做一名研究与创新特质的教育家型校长必须练就“四力”：一是修炼内驱力，这是一种源自灵魂的对教育的热爱，也是一种纯粹而深厚的教育情怀，更是一份对民族复兴，乡村教育振兴使命的担当，还是一个永不停歇对美好教育梦想的追寻，就是这种内源性的动力，驱使着我不停学习，从中师到教育博士，不断攀登教育理论高峰，驱使着我不停实践，从乡村薄弱到省城优质学校，不断地行走到教育实践的前沿，而这一切的努力正是为了有朝一日能到祖国教育最需要的地方去贡献力量；二是提升学习力，这是一种生命行走的状态，这也是一种每日生活的习惯，这更是一种依靠学习走向未来的信念。通过学习，我逐渐读懂了时代，能较好地握住信息化、人本化、法制化的时代脉搏，在时代中育人，育时代所需要的人；我逐渐读懂了政治、经济、社会发展与教育的关系，能够较好领会和落实国家教育方针政策，敏锐觉察国家经济和社会发展的变化，为国育才，培养顶天立地的人；让我逐渐学懂了科学的教育管理和课程教学的专业知识，能娴熟地运用中小学教育原理、管理学、课程教学、教育评价理论等办学和育人；让我逐步懂得教育即生活，生活即教育，过一种完整的教育人生的深刻意义等，从而拥有了自己终身追寻的教育理想和人生信念；三是培养研究力。这是一种视教育问题为教育契机的思维方式，是一套开展教育实证或循证的工作方法，是一种教育实践中的求真精神。作为一名新时代校长，工作中我既立足立德树人、高质量发展党和国家教育方针政策进行校本化实施研究，也基于学校办学过程中教师的专业发展，学生的学习方式变革，教育评价改革等真实问题进行研究，在研究曲径通幽，逐步走入教育的核心地带，收获了教育的幸福；四是彰显创新力。这是对培养什么人和如何培养人

的理性回答，是对当前教育热点和难点的有效回应和问题改良，更是对教育前沿问题的突破性探索，是教育内驱力、学习力和研究力的作用于教育理论和现实探索的呈现。目前，围绕立德树人根本任务的校本化实施，基于当前中小学生“身、心、德”的普遍性问题，我引领工作室里来自全国各地的一群优秀校长和卓越老师们正在建构“自然养生、经典养心、实践养德”的“三养”教育高质量课程体系，也正在探索基于中小学生核心素养培养的高质量课堂教学理论即“生命性、生长性、生成性和生活性”为基本特征的“四生”课堂，以此为身边的所有优秀教师和校长铺设研创之路，培育生长之土，点亮教育家之梦。

第三节　办学影响：在建设研创型学校中成长

2020年9月9日，《中国教育报》的“中国好校长周刊”以《在建设研创型小学中成长》为题，专题报道了本人如何在麓谷小学开展“四生课堂”教学改革，建设研究与创新型小学，全文报道如下：

左鹏：在建设研创型小学中成长[1]

本报记者　赖斯捷

在湖南省会长沙的小学校长圈里，左鹏拥有如下特质——

80后，男性，博士，历任农村中学、县城小学、城郊薄弱小学、城区优质小学校长。

[1]　赖斯捷．左鹏：在建设研创型学校中成长[N]. 中国教育报：校长周刊，2020.9.9.

年龄不到40，当校长已近15年；起始学历不过中师，却一路深造到了博士。边办学边思考、边学习边实践的左鹏，将他担任过校长的每一所学校，都视为一篇“学术论文”：乡村初中如何解困、百年老校如何创新、城郊薄弱校如何突围、城区优质学校如何转型升级。

一张年轻的面孔，一位资深的校长。

在打通“实践”与“理论”的任督二脉之后，左鹏说，“建一所研创型小学”，已日益清晰地成为他的职业追求——贴近教育的本质，在校园里研究、创新，朝着学术型校长，向上生长。

从解决问题到寻找课题

左鹏的校长生涯，起于2006年。

那一年，24岁的他，教初中英语的他，获得长沙市“自学成才奖”的他，被任命为浏阳市大圣中学校长，在当地教育界引起了轰动——首先，当然是因为年轻；更重要的，是多数人心中有一个共同的“疑问”。

地处农村的大圣中学，当年是浏阳市出了名的“薄弱学校”：校舍陈旧、资金匮乏；校风不好、教师作风散漫、教学质量落后；教师每月平均工资800元，学校再无其他福利，为了生计，部分民办教师不得不边教学边种地，部分上有老下有小的教师，不得不利用工作之余赚“外快”……

这样一所学校，交给刚参加工作不过6年的左鹏，可以吗？他，能搞好吗？

“我中师毕业就分配到这里，对学校还是有所了解的。”从前的储备，再加上上任后的调研，左鹏将大圣中学面临的问题，在心中列了个清单。按照事情的轻重缓急，他给清单排了个序。

列在第一位、必须马上解决的，是教师的“生存危机”和学生的安全问题。

办乡村公办幼儿园、建乡村学校劳动实践基地，在校行政团队的共同努力下，大圣中学教师的工资和基本福利渐渐有了着落；推“寄宿制管理”，让上下学路途较远、家中只有老人照看的学生，可以在校寄宿，减少安全隐患。

看似两道难题，其实互为“解药”。

一方面，寄宿制在排除学生上下学安全隐患的同时，还解决了学生回家后没人照看、学业辅导没有保障的问题。另一方面，部分原来住校、放学后无事可干的教师，可利用晚间辅导学生、备课、批改作业。

工作充实，待遇提升，师生友爱……偏远的大圣中学，一片勃勃生机。不过几年时间，学校的教学质量便跃至全市领先。与教学质量同步提升的，还有校园“颜值”：班班通、新操场、新综合楼，将大圣中学塑造成浏阳百姓心目中的最美乡村学校。

2020 年，当 38 岁的左鹏再度与 24 岁的自己对话，这位博士校长觉得，山村，是自己教育研究的起点。（反复斟酌您这句话还是最好）

山里长大、山里就业的左鹏，在大圣中学当校长时，更加深刻地感受到“中国教育之重、之痛、之难都在农村”。为了把山村里的学校办好，他系统研究了近代中国乡村教育先行者陶行知、晏阳初等教育家的办学理念，一颗名为“教育家型校长”的种子，也正是在那时的左鹏心中，破土、发芽。

左鹏开始主动寻找：一是可能成为“课题”的教育问题，二是提升研究能力的途径。

从研究课题到研究课堂

2011 年，左鹏调入浏阳市浏阳河小学任校长；2012 年，他考取湖南师范大学教育硕士。

浏阳河小学，是一所位于城区的百年老校，一所教师流动性不大、平均年龄已达 47.5 岁、优质生源正在流失的学校。改变学校的办学现状，已势在必行。只是，努力的方向在哪里？

正在研读教育硕士的左鹏，想到了借鉴学位论文的研究路径：选题、开题、研究、成文。渐渐地，课堂、教师、学生、学校的办学历史，还有教育部刚出台的《中小学校长专业标准》，都成为左鹏研究“浏阳河小学”这一课题的重要素材。

一番调研下来，左鹏撰写出1万余字的《浏阳河小学办学调研报告》，并以此为基础，写成《浏阳河小学“十一五”发展规划》，并提交教代会审议通过。“提升硬件、发展内涵、构建特色、彰显文化、追求幸福”的学校办学目标镌刻在师生心里，也化为具体的行动路径。

在浏阳河小学担任校长的三年里，左鹏先后为学校争取到1000多万元资金，全面改善校园硬件条件，改造学校食堂、操场，建设花园和多功能教室；提升教师工作待遇，点燃教师教学热情；同时，做大做强学校的合唱特色和传统文化特色，百年老校焕发出新的青春活力。

焕发出活力的，除了百年老校，还有左鹏自己。

在湖南师范大学教育科学学院，一群学术精湛、师德高尚的导师，点燃了左鹏“当学术型校长”的理想。尤其是当过中学校长的导师陈牛则教授，更是鼓励左鹏边办学边思考、边学习边实践，做研究型的教育管理，并从研究方向、研究方法和研究思维上给予他全方位指导。

2013年，左鹏考入长沙市高新区明德麓谷学校，担任副校长，负责小学部工作；同时，继续坚守课堂教学一线，担任小学二年级英语教师。正接受学术熏陶的他，开始尝试将自己的思维层次从“术”——课堂教学策略的研究，提升至“道”——对课堂教学原理的思考：究竟什么样的课堂是好课堂，什么样的教育是好教育？

学校正在开展的“三生”课堂教学改革，给了左鹏启发。

他申报省级课题《发挥小学生课堂学习微共体作用，提升小学生英语学习效果》，尝试彰显“生命性、生态性和生活性”的“三生”课堂教学。

“课堂教学效果并不太理想。”对于几年前的“三生”课改，左鹏如此评价。对于“不太理想”的原因，左鹏也做了分析：作为课改的实施者，自己缺乏课程教学理论专业知识。

2016年，明华小学创办，左鹏被调去当校长。

该校前身是一所乡村小学，共有110余名学生、11名教师。异地新建后，规划班级36个、学位1800个。新校位于城乡接合部，校舍建设投入达到1.5个亿，前坪、中庭、后院，连廊、绿植、跑道，颇有设计感的学校，成为片区内的重点景观。然而，拆迁户子女、农民工子女为主的生源构成；校园文化建设的一片空白；师资队伍整体业务参差不齐有待提高……软实力的不足，让左校长又一次陷入思考：基于目前的生源现实，学校到底该怎么发展？

思考中，左鹏偶然读到两篇论文：《中学教学现状的“四生”教育观透视》《小学数学“四生”课堂实践研究》，发现湖南师范大学张传燧教授在指导硕士生毕业论文中提出了“四生课堂”教学模式理论，即具有“主体生命性”“目标生长性”“过程生成性”“内容生活性”等特性的课堂教学模式。左鹏读后有了新的感悟，思路豁然开朗。“三生”课堂之所以难以落地是因为它没有抓住教学的核心要素，没有形成系统、逻辑的理论体系和教学方式。于是左鹏拜访张传燧教授，在他的指导下将明华小学当作研究主体，聚焦课堂改革，申报省级重点资助课题《基于小学生核心素养培养的“四生”课堂模式建构研究》，开展“四生”课堂教学改革实践。

“说是课堂改革，其实我更想改变的，是明华小学这所城郊薄弱学校。”在左鹏的计划中，“四生”课堂改革要实现的目标是，助推学校突破发展瓶颈。

从研究型校长到研创型小学

看似一位资深校长，但细看左鹏的履历，不到15年的时间里，他先后在4所学校任校长，平均下来，每所学校任职时间不超过4年。并且，大圣中学、浏阳河小学和明华小学，在他接手时，都是薄弱学校；虽都是薄弱学校，但各有各的校情，无法用一种方案解决各校问题；然而，在他调离时，几所学校的教育教学质量都得到了明显提升。

有何秘籍？

回答之前，左鹏打了个比方——如果将教育理论设置为X轴，教育实践设置为Y轴，两轴交汇之处，便是学校。校长办学理念、办学思路的形成，一定是“X”与“Y”的完美比例融合。换言之，校长既要有处理实际事务的能力和经验，更要有理论研究、创新的学术能力。

学术能力的获得，能帮助一位校长更贴近教育本质。哲学说“透过现象看本质。”“当一位校长对教育的本质有了深刻认识后，遇到各种‘现象级难题’，总能找到解决方案”，左鹏说。

“X轴是我的弱项”，为补强弱项，左鹏2018年考取了湖南师范大学教育科学学院张传燧教授的博士研究生。

中国教育经典、课程与教学论史、中外教育哲学经典原著、生命哲学、技术哲学与课程教学、教育科研方法、课程与教学策略、教育现象学和质性研究、定量研究……长长一串的研读书目背后，是左鹏攀登教育理论高峰的信念，与寻求教育本质、教育规律的兴趣。

2019年，他被调入麓谷小学担任校长，并将这种信念与兴趣带入这所城区优质小学。

生源好、师资好、硬件好、地理位置好，按照常规走，不出意外的话，麓谷小学将继续它的优质发展之路。

但一所学校，怎么可能不存在问题？又通过什么方式，让这群优秀的老师意识到，学校的发展其实存在不确定性？

左鹏将自己攻读硕士和博士后的状态做了分析：经过数年的学术熏陶，自己主动发现、主动探究的能力以及创新性解决问题的能力明显提升。这就是一种学术能力，也是左鹏为麓谷小学找到的发展转型路——建设研究型与创新型小学。

教师研教，学生研学，家长研育，学校研治，左鹏决定从以上四个方面，推动研创型小学建设的落地。

多项改革，同时在校内推开——

取消年级组长、教研组长，分年级建立班主任专业发展共同体，选出首席班主任，示范、引领、指导其他班主任的专业成长；分学科建立学科教学专业研究共同体，选出学科带头人，示范、引领、指导其他教师的专业成长。

设立学生个性发展会诊制，将在教室中发生的一切问题当成课题来研究：为什么有学生撒谎？为什么有学生上课总是开小差？为什么有学生成绩就是上不去？将发生在个体上的问题，邀请班主任、德育主任、心理老师、校长、家长以及学生本人参与会诊，由家长陈述学生在家情况、班主任陈述在校情况、学生陈述内心想法，其他人分析、综合后，给三方分别提供解决方案。

实施项目性学习，课前教师给学生布置探究性题目，由学生自主猜想、验证、发现、收获、解决。

无论老教师，有行政职务的教师，抑或刚入职的新教师们都踊跃参与，学生们主动探究，课堂充满勃勃生机……一场“四生课堂”全员教学比武正在进行。如今麓谷小学的每间教室里开始呈现出一种“生为本、学为主、大主题、全开放”的课堂样态，学生的学科思维、学习能力和学习情感在不断的生长，一种“双向五维五环节”的“四生课堂”教学模式逐渐在实践中生成。

……

“借助这些改革，我希望麓谷小学，从教师到学生到家长，都能具备研究教育的素养。”左鹏表示，在接下来的任职岁月里，他将进一步推动更多改革，来支撑这种素养的获得，并最终生成研创型小学的校园文化。

第四节　办学辐射：第二期领航名校长工作室辐射引领

教育部《关于进一步完善中小学名校长领航班工作室建设的指导意见》（校国培办〔2016〕14 号）提出："名校长工作室建设作为中小学名校长领航班的核心环节，旨在以工作室为载体，通过名校长专业引领和辐射带动，营造名校长、中青年校长团队合作和共同发展的良好环境，积极探索名校长培养和辐射带动作用机制，培养造就一批具有共同教育理想与追求、较强研究与创新能力的高素质中小学校长队伍，带动全国中小学校长队伍整体素质提升。"2019 年，在教育部中小学校长和幼儿园园长国家级培训项目管理办公室，教育部小学校长培训中心，湖南省教育厅的指导下，左鹏校长工作室成立，工作室成员包括来自湖南省各个地市州 28 人城乡骨干校长，工作室理论导师为北京师范大学郑新蓉教授、湖南师范大学张传燧教授，陈牛则教授，工作室实践导师为北京朝阳区教育学院刘飞教授，长沙高新区东方红小学周大战校长，长沙市育英小学周方苗校长。作为工作室主持人，我的主要职责就是发挥领航名校长团队引领和辐射带动作用，引领全省中小学校长专业成长，推动中小学课堂教学改革的理念。努力构建理论与实践结合、传承与创新结合、引领与扶持结合的未来教育家型校长和教师发展共同体。工作室成立三年来，我和工作室成员校长们基于教育的热点、痛点和难点共同学习，扎根课堂，开展教学改革和学校现代治理实践研究，引领和带动了一批中青年校长朝着专业型校长转变，带动了一批城乡学校推动了基于小学生核心素养培养的"四生课堂"教学改革，提升了学校的办学质量。

一、引领校长们立足课堂，改变办学理念

思想决定行动，理念引领发展。只有校长们的在办学理念上走对了方向，抓住了关键，才能高质量的办好学校。在工作室成立之初，我们对于工作室的成员校长做了成长情况需求分析和专业能力发展诊断，我们发现：90% 的校长都是中师或大专毕业后，通过函授或自学考试获得本科学历，所学专业大多为中文等学科专业。90% 的校长从教 15—20 年，担任校长 5—10 年，还处于经验型教师和校长阶段。80% 的校长没有教育科研经历，没有发表过教育教学科研文章。在需求分析调研中，校长们反馈希望在工作室能够提升自己的办学理念，专业能力和教育科研能力等。基于上述情况，工作室从以下几方面做好：

（一）学习改变理念

在教育之路上的成长经历，让我深刻地感受到，唯有学习才能改变校长，从经验型校长，转变为专业型校长，成长为事业型校长的必经之路就是坚持学习。学什么？怎么学？是关键！由此，首先引领工作室校长们解决学什么的问题：精心挑选了学习的书籍，大致有四大类型：一是教育思想和哲学类的，如：《习近平总书记教育重要论述讲义》，刘铁芳教授的《什么是好的教育？》等；二是学校管理类的，如：李希贵校长的《学校如何运转》，德鲁克的《卓有成效的管理者》；三是课程教学改革类的，如：佐藤学的《学校的挑战——创建学习共同体》《教师的挑战——宁静的课堂革命》《静悄悄的革命——课堂改变，学校就会改变》，朱永新的《未来学校——重新定义教育》；四是教育科研方法类的，如：吴昌义的《如何做研究型教师》，费伦猛的《如何做小课题研究》等。其次，引领校长们解决怎样学的问题。我们采用每天自学，写学习反思和“相约周六晚”线上读书会的方式进行学习分享，在线上我们已经召开了 15 期线上读书分享会，更重要的是引导他们将读书和工作实践结合起来，在工作中读，遇到了解

决不了的问题，向书本学，学了就实践运用等方式。通过学开始理解为什么要开展课程与教学改革，理解“四生课堂”教学改革与小学生核心素养的内涵，开始树立了“改变学校从改变课堂”开始的办学理念。

（二）课堂改变理念

“学而不思则罔”，只有学习还不够，做教育必须贴地而行，推动学校的课程与教学发展，更是如此，一位真正的好校长，必须立足课堂，自己带班上课，自己每天与孩子打交道，才能够真正地理解课堂变革的外因与内因。于是在工作室的线下活动中，我们开展校长们的课堂教学展示，我也亲自为工作室成员校长们上示范课和研究课，用我自己的真实课堂来向他们解读什么是“四生课堂”，上完课之后，我们进行“四生课例”研讨，通过自我剖析，同伴品析，专家点评的方式来研究课堂，研究老师，研究学校的管理，研究学校的办学理念和办学文化等。

（三）管理改变理念

工作室引领校长们不但是要改变课堂，更要改变学校。从课堂出发改变学校的逻辑：改变课堂，改变老师；改变老师，改变管理，改变管理，改变学校；改变学校，改变文化；改变文化，改变学生。改变课堂的学校管理，需要通过优化学校管理将学校最优质的资源放到教学一线去。什么样的学校管理才能保障课堂一线有着最丰富、最优质的资源呢？我们在工作室的学习和研究中发现了新的管理法则：一是由学校管理机构要由事务型组织变革为以人为中心的学术性组织，学校的管理分为管理部门（学科组和年级组等）、支持人员（学生发展中心、教师发展中心、家庭社区中心、校务公开中心、后勤服务中心等）和研发人员（研创中心，学术委员会等）；二是学校管理除了实行层级管理外，还要融合扁平化管理和项目化管理等多元管理方式，采用多元的管理方式来调动一切教育教学资源支持课堂；三是学校管理要凸显以师生为中心，依靠师生、服务师生、激扬师生在课堂内外的生命活力，生长学生的向学之心和教师的向教之心。

二、开展“四生课堂”教学改革为主题的集中研修

工作室成立以来，开展了10余次线上和线下主题研修活动。其研修主题主要基于课堂教学改革研究。

（一）小学生核心素养培养与“四生课堂”教学改革主题研修

2020年11月28日，在教育部小学校长中心和湖南省教育厅的指导下，工作室长沙高新区麓谷小学召开了“小学生核心素养培养与‘四生课堂’教学改革”校长论坛。论坛主要内容包括：落实立德树人根本任务与学生核心素养培养，小学生核心素养培养与“四生课堂”教学改革。主要形式有课例研修、家庭讲座和校长论坛。我们邀请了全国中小学教育培训专家郭垒教授来校做有关教育哲学思想的专题讲座，中南大学人工智能教育专家肖云龙教授来做有关人工智能专家的专题讲座，共有来自全国各地的名校长和骨干教师200余人参会。邀请了全国领航名校长周大战校长、余卫校长、杜伟强校长、彭娅校长、肖方明校长、寇爽校长、王羽校长、张捷校长等参加了研讨会，通过此次主题研讨工作室成员们进一步了解了国家基础教育改革的方向和重点在课堂，其重要的引领价值有：

1. 理念的辐射引领

校长们认识到在国家落实立德树人的背景下，“一场深度课堂革命”正在悄悄地发生，改变课堂教学主体观，凸显“学生中心”，改变课堂教学目的观从“三维”目标走向“核心素养培养”，改变课堂教学过程观“关注学生的生成性学习”，改变课堂教学内容观“关注教学内容的生活性”，改变课堂教学评价观“注重学生的生成性评价”等。

2. 管理的辐射引领

校长们认识到人工智能时代来临，学校管理将迎来智慧校园交涉和智慧管理。智慧管理的终极指向是进一步解放教师的教育力和学生的学习力，核心目的还是要通过提高管理效率来保障课堂教学质量的提升，通过课堂教学培育更加全面发展的人。当然通过论坛，也抛出

了问题“未来的课堂将是什么样的课堂？”未来课堂老师应该怎么教？学生应该怎么学？等等。

（二）“四生课堂”教学改革与激活学校办学活力主题研修

2020年12月16日，工作室将主题研修的现场放到了张家界市永定区山岔口中心学校。山岔口中心学校是一所典型的农村薄弱学校，校长田金初同志有着深厚的教育情怀，也有迫切解决农村薄弱学校教育质量不高的强烈愿望。工作室把“四生课堂”教学改革与激活学校办学活力主题研修活动安排到这里，就是要把“四生课堂”送到农村学校，引领农村学校的校长们通过改变课堂去改变学校，提升教育质量。这次研讨活动，麓谷小学温俐丹老师和刘晓艳老师将“四生课堂”示范课送到了这所山区学校，得到了师生的一致好评！湖南师范大学陈牛则教授、长沙高新区真人桥小学张爱平校长和我本人为张家界市永定区的校长和老师们做了关于激活学校办学活力，推动“四生课堂”教学改革，提升课堂教学质量的专题讲座。通过这次主题研讨活动，产生的引领价值有：

1. 要将“四生课堂”辐射到农村学校，改变农村学校传统的课堂教学

以三岔口中心学校为典型代表的农村薄弱学校，让我们再次深切地感受到，虽然国家的课程与教学改革实施已有20年的时间，但是农村学校教师的课堂仍然以“传统教学为主”，老师们在课堂上仍然以“教师和书本为中心”，仍然“重在教知识，教分数”，学生的学习力仍然没有得到解放。把“四生课堂”的教学理念和模式推广到农村学校，彻底改变农村教师传统的课堂教学，攻克农村学校教育质量薄弱的“拦路虎”和“硬骨头”，这是工作室的重要使命。

2. 通过“四生课堂”教学改革提升校长的领导力

新时代振兴乡村的事业中，教育振兴是重要组成部分。振兴乡村教育，就得振兴乡村学校，办好乡村学校关键在于提升农村学校校长的专业能力，特别是校长的课程与教学的领导力。“四生课堂”教学改革的推动，有利于农村校长的课程与教学理念的革新、教育科研方

法的掌握，课堂教学方式的变革等，能够帮校长成为教师中教学的示范者和引领者。

三、组建“四生课堂”教学改革联盟学校

为了引领工作室校长们深耕课堂，改变学校。我们发起了“四生课堂”教学改革联盟学校的倡议，首先吸引一批有特别的教学改革意愿和追求的城市和乡村校长带领他们的团队一起来研究“四生课堂”，研究基于“四生”理念的学校管理。目前有湖南双峰县芙蓉学校、湖南省浏阳市人民路小学、湖南省常德市武陵源区第五小学、贵州省石阡县第一小学等学校率先加入联盟校，开始开展“四生课堂”教学改革实验，这些联盟校的具体情况有：

（一）“四生课堂”教学改革实验学校——娄底双峰芙蓉学校

1. 基本情况

这所学校位于双峰县城乡接合部的土乔村，是一所九年一贯制公办寄宿学校，主要招收村和社区适龄儿童以及招生区域内贫困户子女，系省长工程学校。2021 年 9 月 1 日开学，开设一至七年级共 35 个班，学生共计 1636 人，其中小学 25 个班，1139 人。通过县教育局在全县公开招聘，选聘 12 名骨干教师任学校管理人员，班子成员平均年龄 38 岁，遴选 61 名骨干教师，选聘了 20 名特岗教师，教师队伍平均年龄仅 33 岁，其中市、县级骨干教师 9 人，心理健康教师 4 人。拥有县级名师工作室 1 个。学校面临的问题和困难：一是如何进行课堂教学改革？学校管理，课堂是关键、是核心。但现有教师来自各个区域，观念理念不一，教学经验不一。另外，学校事务性、非教学工作任务较多，教师不能集中精力开展教学研究，教师研究课堂的时间较少造成课堂效益较低，需要考虑如何让教师从繁忙的事务性工作中解脱出来，专心教学和教研。二是如何系统开展教师培训。学校教师来源为城区调动 30%、乡镇选调 40%、特岗招聘等刚入职教师 30%，

有经验丰富的教师，有刚毕业的大学生，还有些之前不是教师行业的，教师层次复杂水平不一，培训难度大。希望能引进“四生课堂”将所有教师的课堂教学理念进行更新，并进行系统的培训，以便学校下阶段能有更好的方式推动课堂效益的整体提升。

2. 推动“四生课堂”改革的原因

（1）目前学校教师的课堂，过于注重习题训练，忽视能力培养，学生核心素养的养成，教学重点没有放在揭示知识规律的形成上，没有让学生主动去发现真理，掌握规律，而是简单使用题海战术，把学生训练成答题的机器，却没有提高学生的思维能力。课堂注重教师的教，忽视学生的学，教师教学中的主要表现有教师独霸课堂，以“灌输”为主。教师对学生一百个不放心，对自己所教的内容一百个不放心，不能放手让学生自主学习、探究学习与合作学习。教师以教定学，学生围着教师转，顺着教师的思路、教师的设计被动学习，教师思考最多的是我讲什么？很少指导学生应该怎样学？长此以往，学生习惯于被动学习，主体性逐渐丧失，学生能力、思维能力及分析问题和解决问题的能力不能得到有效地提高。

（2）学校已建立了学科组，但目前学科组集体备课与教学研究流于形式，不会开展主题式教研活动，没有真正发挥集体的智慧。即使教研活动搞得比较好的教研组，所研究的也仍然是浅层次的教什么，而没有深入到深层次的怎么教和为什么要这样教的问题。为此，学校需要突破现在的课堂现状，让学生终身受益，让教师专业成长，让学校教育均衡发展。

3. 推动“四生课堂”教学改革的措施

（1）成立以校长为组长，教学副校长为副组长的领导小组，加强对教学改革工作的领导。修订学校绩效考核方案，从制度层面引领教师参与课堂教学改革。

（2）加强理论学习和专业引领，营造良性的教研氛围和教学改革环境。分为学校集中学习和年级组、学科组、各科组分层学习教学改革的理论。组织老师对“四生课堂”的学习方式进行研究，探索适合芙蓉学校教学的新模式，重点从教与学的转变、课堂教学有效性的探索、目标导向和课堂设计等方面入手。

（3）邀请“四生课堂”发起人湖南师范大学张传燧教授，湖南省“十三五”重点规划资助课题“基于小学生核心素养培养的‘四生课堂’教学模式研究”主持人左鹏校长，来校为老师们讲学和培训。

（4）邀请“四生课堂”教学改革实验学校长沙高新区明华小学和麓谷小学优秀教师来校送教送研。

（5）部分学科和部分骨干教师先行先试，尝试运用“四生课堂”教学理念和教学模式开展课堂教学改革实验和教研组课例研修。领导小组深入教师的课堂教学，进行观课议课，深入参与课堂教学改革，加快课改课的成型；对成型的课改课不断完善并在全校执教公开课，做好传帮带和自我完善。

（6）学科组和备课组总结“四生课堂”实施经验，做整体实施推广。

（7）参加“四生课堂”教学改革联盟校召开的教学改革研讨活动。

4. 预期目标

（1）改变学校教师传统的“以教师为中心”“以教为主”的课堂教学理念和教学模式。

（2）改变学生在课堂上的生命状态，让课堂充满生机和活力，学生的学科核心素养培养将初见成效。

（3）通过“四生课堂”教学改革促进教师的专业发展，改变教师的教学理念，提升教师的教学技能，提升教师的教育科研能力。

（4）通过“四生课堂”教学改革撬动学校的现代治理，走出一条教育科研兴校，建设学习型、研究型和创新型小学的发展之路。

（二）“四生课堂”教学改革实验学校——浏阳市人民路小学

1. 学校办学情况

湖南省浏阳市人民路小学创办于 1948 年，坐落于浏阳市梅花小区，是一所历史悠久的老城区学校。学校现有教学班 37 个，在校学生 1800 多人，在岗在编教师 100 名，其中本科以上学历 88 人，正高级职称 1 人，副高级职称 6 人，中级职称 60 人。各级名师、骨干教师、优秀教师、教坛新秀 30 余人。学校秉承“为学生的终身发展和幸福奠基、为教师的专业成长与成功领航”的办学理念，以“拥抱阳光、相信美好”为校训，始终将教师发展放在第一位，让儿童站在学校教育的正中央，坚持“以人为本、以生为本”，创设精致典雅的书香校园文化、打造和谐质优的师生活动文化。在教师专业成长方面，学校通过青年教师成长营、骨干名师工作坊、名师工作室、教师论坛、教师读书会等团体创建，为教师专业成长提供了有益平台。近三年间，学校成功承办了浏阳市校本研训开放活动、省国培校长、名师教学交流活动、浏阳市爱阅读善表达活动、共青团长沙市委城乡少年手拉手等开放展示活动，接待兄弟学校来学校千余人次。近三年，学校荣获了“湖南省小学优质教育网络联校授课学校”“湖南省安全文明校园”“湖南省优秀示范家长学校”“湖南省优秀德育工作基地”“长沙市校本研训示范学校”等荣誉称号。但学校教师年龄结构老化，在教学研究和创新能力方面还有待提升。特别是在有针对性的教学引导层面，存在研究不深入、不透彻，学科性不强，针对性不强的问题。此现状需亟待改善，教师整体水平需不断提升。

2. 推行“四生课堂”教学改革的原因

（1）学校注重学生核心素养培养，分别在语文、数学、道法、体育、音乐等学科里多次开展核心素养训练的研究，但在研究过程和课堂实践中，发现核心素养的提升并未落实到实处，没有针对学科特点，且在课堂的呈现中随意性较大，不少教师心中有目标，但到了课堂又回了原型。有“穿新鞋走老路”之疑，课堂上还是不能以生为本，不能以学定教。不少教师讲解过多，生成性太少、互动性太少、给予学生联系生活思考与反刍的时间太少，课堂仍然在以师为主导的位置上徘徊。课堂改革中需要更加科学的模式进行深入研究与探讨。

（2）学校虽有不少名师骨干，但青年教师队伍整体素质也有待提升。学校现有代课教师30名，占了教师总人数的30%，这部分教师虽年轻、可塑性强，但由于缺乏教育实践经验，且流动性较大，专业提升空间大。虽有校内师徒结对、青年教师成长营的活动引领，但没有强有力的教研模式和探究方向给予青年教师，他们的课堂随意性大，且需关注度较高。

（3）“四生课堂”教学模式的研究有理论指导、实操性强，对于提升我校学生核心素养、提升教师整体水平有很强的指导意义，值得深入推广与学习。

3. 推动实施措施

学校开展“四生课堂”校本整体实施，分为实施准备、全面实施和总结推广三个阶段实施，并制定每个阶段的目标、任务和具体措施:

（1）实施准备阶段：为全面深入推进“四生课堂”课题实施，促使全校教师从理论上了解课题内涵与意义，我校将邀请“四生课堂”发起人湖南师范大学张传燧教授，湖南省“十三五”重点规划资助课题“基于小学生核心素养培养的‘四生课堂’教学模式研究”主持人左鹏校长，来校为老师们讲学和培训；成立学校课题实施领导小组，召开学科组长专题会议，选择重点学科试行“四生课堂”；进行学科教师问卷调查，进行课题前期教师情况分析，便于形成教师课题研究的对比图，及时调整研究方法，力促研究成效。

（2）全面实施阶段：邀请“四生课堂”教学改革实验学校长沙高新区明华小学和麓谷小学优秀教师来校送教送研；确定语文、数学、音乐、美术组部分骨干教师先行先试，尝试运用“四生课堂”教学理念和教学模式开展课堂教学改革实验和教研组课例研修；定期开展课题研讨实施会，进行阶段性反馈与总结。

（3）总结推广阶段：定期总结学科组和备课组经验，总结“四生课堂”实施经验，在市级经验上进行整体实施推广；组织教师撰写“四生课堂”实施过程中的故事、心得与感受，征集教师参与课题实施后的成果集；在总课题组的指引下，努力参加“四生课堂”教学改革联盟校召开的教学改革研讨活动，开展后续学习与推广运用，并辐射到全校教师群体，力促学校师生整体发展。

4. 实施预期目标

通过课题实施，在近三年内，主要要达到以下成效目标：一是改变课堂教学面貌，即改变学校各科课堂师生的生命状态，变革师生课堂教学的方式，特别是教师教的方式和学生学的方式的转变；重点引领青年教师课堂教学模式的创新与进步，力争在三年内培养出 8—10 名卓越的教坛新秀；二是提升课堂教学质量，落地学生核心素养和关键能力培养；通过四生课堂实施，达到“五育并举”，在多个学科领域促使学生高质量发展，努力促进学生核心素养提升，力争在三年内学生综合艺体活动获奖幅度提升 20%；三是提升教师专业发展水平，推动教师专业由“知识型”“经验性”向“反思型”“科研型”发展。以语文组、数学组、音乐组、美术组为牵头课题组，重点试行“四生课堂”课题研究，力促各组子课题推行顺利完成；四是推进学校教育教研工作，带动学校治理体系变革和学校文化发展，推动学校向学术型、创新型转型，最终推动学校向现代学校发展。通过“四生课堂”构建，带动学校综合性水平提升，在区域内办学水平监测中再上新台阶。

（三）贵州石阡小学

1. 学校办学情况

贵州省石阡县第二小学原名城关三小、汤山镇长寿长乐希望小学，始建于 1965 年，2016 年 9 月正式更名为石阡县第二小学，是一所大型一类小学。学校现有 45 个教学班，2634 名学生，115 名教职工，县级以上骨干教师 12 人。学校积极实施“科研兴校”战略，现已圆满完成 3 个国家级子课题、一个省级德育课题、五个县级微型课题；正在进行三个市级课题研究工作，正在实施一个省级课题研究工作，一个省级德育课题研究工作。2015 年以来，学校积极主动实施课堂改革战略工程，“23456”心态新课堂教学模式已初步成型，我校现已发展成为全县课改示范校，正朝着全国区域课改名校的目标迈进。

2. 推行“四生课堂”教学改革原因

基于学生核心素养的培养；基于改变学校传统课堂教学模式的需要；基于学校教师专业发展，通过教学改革提升学校教师队伍建设；基于促进学校教育均衡发展。

3. 推动实施措施

（1）邀请“四生课堂”发起人湖南师范大学张传燧教授，湖南省“十三五”重点规划资助课题“基于小学生核心素养培养的‘四生课堂’教学模式研究”主持人左鹏校长，来校为老师们讲学和培训，邀请“四生课堂”教学改革实验学校长沙高新区明华小学和麓谷小学优秀教师来校送教送研。

（2）计划将语文、数学、英语三个学科的老师以及县级骨干教师先行先试，尝试运用“四生课堂”教学理念和教学模式开展课堂教学改革实验和教研组课例研修。

4. 预期成效

（1）改变学校教师传统的“以教师为中心”“以教为主”的课堂教学理念和教学模式。

（2）改变学生在课堂上的生命状态，让课堂充满生机和活力，学生的学科核心素养培养将初见成效。

（3）通过“四生课堂”教学改革促进教师的专业发展，改变教师的教学理念，提升教师的教学技能，提升教师的教育科研能力。

（4）通过“四生课堂”教学改革撬动学校的现代治理，走出一条专属于石阡县第二小学的教育科研、创新发展之路。

四、在“三区三州”教育精准扶贫中推广“四生课堂”教学改革

（一）四川凉山州教育扶贫。

（二）云南怒江州教育扶贫。

五、教育部第二期中小学名校长领航班结业典礼发言

笃定教育理想　争做新时代“大先生”

“云山苍苍、江水泱泱，先生之风，山高水长。”上午孙尧副部长的讲话，于漪先生，顾明远先生、谢维和先生关于“大先生”的主旨报告，深深地触动着我们的教育之魂，笃定了我们的教育理想，激发了我们为国家和民族的伟大复兴而争做新时代“大先生”的志向与追求。

“恰同学少年，风华正茂。”在国家领航名师名校长工程培养的三年里，我们意气风发，向着做新时代的“大先生”而努力成长。我所在的培养基地——教育部小学校长培训中心为我们系统构建了“LACIR”校长素质模型，引领我们成为具有赤诚教育之爱（Love）、理性思维能力(Academic)、创新实践能力（Creative）、宽阔国际视野（International）、自觉责任担当（Responsibility）特质的教育家型校长。

三年来，在中心的培养下，我们赤诚的教育之爱在校园里不断升华，立足校长岗位，坚定教育理想与信念，增强教育自信与自觉，潜心办学，用心育人，激发每一位老师，关爱每一个孩子，为每一个孩子提供适合的教育，落实立德树人根本任务，把最好的论文和最美的故事写在校园里和孩子们的阳光般的笑脸中。

我们的教育理性思维在课堂里生长，顾明远先生、朱旭东先生、毛亚庆先生、陈锁明先生等10多位高水平理论导师，或以讲学，或以座谈，或以项目引领，带着我们深入教育经典，探寻教育原理，认识教育本质，掌握教育规律，让我们认知和理解教育的历史唯物主义思维和辩证唯物主义思维悄然形成。

我们的教育创新实践能力在研究中生长，三年里，在李烈先生、王欢先生、窦桂梅先生、刘飞先生等10多位高水平实践导师的引领下，我们以课题研究为抓手，以教研教改为驱动，探索高质量教育的实现

路径。我们基地的校长同学们，无论是刘希娅校长在谢家湾小学开展的“红梅花儿开，朵朵放光彩”的素质教育课改，还是彭娅校长在东风东路小学开展的“AI+ 教育”教育信息化改革，还是余卫校长在南大附属学校开展 “新劳动教育”课改，还是郑爽校长在郑州师范附小开展的综合实践课改，还是王羽校长在北师大附校贵阳分校开展的生态文明教育课改，还是李欣欣校长在启功二校开展的“项目式学习”课改，还是闫华英校长在包头钢三小开展的“提升小学生健康教育的有效路径研究”，肖方明校长在重庆人和街小学开展的“‘人和’学校文化建设研究”，张捷校长在澳门青洲小学开展的“‘学得更好’学生学习方式变革研究”，张锡钊校长在澳门明爱学校开展的“特殊儿童创造能力培养研究”,还是杜伟强校长在许昌实验小学开展的“‘大单元学习’教学改革研究”，还是我本人开展的指向小学生核心素养培养的“四生课堂”教学改革实验等，都取得了阶段性创新成果。

我们的教育国际视野在交流互访中生长，三年里，我们先后参与了庆祝大陆与台湾两岸教育友好交流十周年学术研讨活动，参加了中加和中芬教育交流暑期高级研修班，参加了赴俄罗斯教育交流和考察活动等。这些交流活动中大大开阔了我们对世界教育发展潮流和新动向的认识，也向两岸和世界各地的教育同行们传递了中国基础教育改革的好声音，讲了中国基础教育改革的好故事。

我们的教育自觉与责任担当在响应党中央号召，践行国家教育扶贫行动中生长，三年里，我们先后参加了凉山彝族地区教育扶贫行动，南疆地区校长帮扶行动，安徽金寨教育扶贫行动，云南怒江傈僳族教育扶贫行动等，这些扶贫帮困的行动中让我们更加坚定了教育初心和使命，让我们肩负起促进国家教育均衡，乡村教育振兴的责任愈发强烈。

“众里寻他千百度，蓦然回首尽在灯火阑珊处。”三年一路走来，我想我们在座的每一位校长都感受到了成长的力量和涅槃的喜悦，这份沉甸甸的结业证书印证着我们的成长足迹，当然也凝聚着教育部领导和基地导师们的深深关爱和辛勤汗水。为此我诚挚地代表我们第二期全体领航校长们对教育部，国培项目组的领导们，对各个培养基地的导师们表示深深的感谢！感恩党和国家对我们的栽培，感恩领导和老师们为我们的辛勤付出。

“雄关漫道真如铁，而今迈步从头越。”结业不是终点，而是新生。站在建党100周年，国家建成小康社会的历史节点上，站在国家进入“十四五”高质量发展阶段的起点上，身处“百年未有之大变局”的迭代时期，“大先生”归来，既是这个时代对我们的呼唤，又是这个时代对我们的要求。我想作为中小学校长的领航者，我们肩负着引领全国50多万中小学校长和1800多万中小学教师“扎根中国大地办好基础教育，发展具有中国特色、世界水平的现代基础教育”之重任和大任，为此，做新时代的“大先生”舍我们其谁呢？面向未来，我们只有继续努力：

一是继续坚定理想与信念，修“大先生”之魂。诗人艾青说“我眼里常含泪水，因为我对这片土地爱的深沉。”对教育深沉的爱，源自于我们每个人心中的教育理想和信念，我们的教育理想是什么？我们的教育信念在哪里？尽管每个人的回答都有所不同，但是我想我们的共同一点就是为孩子们提供和创造更美好的教育生活，立德树人，培育全面发展的人，就是为国育才，为党育人，而这一点我想就是大先生应有之魂。

二是继续坚持学习和提升，修为“大先生”之能。习近平总书记说：“我们党员干部只有依靠学习才能走向未来。”未来已来，这个时代唯一不变的就是变，时代在变，教育在变，对人才的要求在变，而应对这种不确定性最有效的方式就是我们这群为师为校长的人不断地学习和提升，我们要不断地学习和领会新时代中国特色社会主义思想，学习习总书记教育重要论述，增强“大先生”应具有的教育自信和行动自觉；我们要不断学习教育理论、教育政策、教育史学等，修为“大先生”应具有的理论素养和实践能力。

三是继续坚持研究和创新，修“大先生”之成。“大先生”陶行知谈到《一流的教育家》就要：敢探未发明的新理，敢入未开化的边疆。作为新时代的“大先生”仍然要去“探明新理”，仍要“敢入新疆”。我们要基于中国基础教育的沃土，基于中国基础教育的实情，基于“为谁培养人？”“培养什么样的人？”“如何培养人”三个大问题上去研究与创新，要聚焦如何落实立德树人，五育如何并举，评价如何改革，双减如何落地等这些教育热点和焦点问题去研究与创新，从而形成具有中国基础教育特色的理论和实践成果。

路漫漫其修远兮，吾辈将上下而求索。各位名师名校长们，各位“先生”们，做时代的“大先生”方向已经明确，有为者虽远必行！让我们再次携起手来肩负新时代领航者的大任，争做新时代“国之大者”“国之大先生”吧！

第六章

“四生课堂”的反思升级

第一节 反思：“四生课堂”教学模式改革实验如何深化

从2018年至今，长沙高新区明华小学和麓谷小学发展小学生核心素养的“四生课堂”教学改革实践研究已四年时间。在这个阶段，我们厘清了小学生核心素养培养与“四生课堂”的关系，建构了“四生课堂”教学模式，并且基于学科教学实践对其发展学生学科核心素养的效果进行了初步检验。当然，在研究过程中，我们也发现对影响“四生课堂”教学实施效果的一些关键因素还有待深入研究。

一、主体因素

课堂教学实施的主体主要是教师和学生，包括师生在课堂上的教学语言和教学行为等，学生的学习行为等。这些主体关键因素不研究清楚，那么“四生课堂”理念所构建的教学模式只能是停留在表面，而无法真正发挥出课堂的育人价值，对发展学生的学科核心素养也将大打折扣。

（一）教师因素

1.“四生课堂”中教师课堂教学语言还要深入研究

“教学话语的价值在于保障课堂教学质量。但在实际的课堂教学中，教学话语的价值却很少得到全面的挖掘和利用。原因在于教学话语自身出现问题。”在实践研究中我们发现老师们在从传统课堂向“四生课堂”转向的过程中，教学语言仍然重要存在以下三方面问题：

（1）教师主宰课堂的教学话语造成学生主体的缺失

“四生课堂”倡导教师以“民主、平等、开放”为教学语言原则，倡导课堂中回响的话语应是师生话语的自然而有意义的交汇。但在目前看来，课堂中还是时常出现教师话语替代和淹没学生话语，课堂上充斥着教师的声音，学生在大多数时候处于“失声”状态。没有话语权就意味着没有主体地位，学生在教学中只是被动地接受，不能主动地探究知识，难以自主地建构个人知识，从而难以保证教学质量。

（2）教师教学话语所营造的语境不利于激发学生的学习兴趣

在目前，教师在课堂教学的过程中仍然较多地采用“姿势，坐好”“姿势，端正”“小嘴巴，停下来”等教学组织语言，营造的语境过于压抑，难以使学生的手、嘴和脑获得解放，造成学生沉重的心理压力。学生在焦虑和压抑的氛围中学习，不利于学习效率的提高，难以保证教学质量。

（3）教师没有很好地将文本语言转化为人本语言

一般来说，学生学习的课本书面语言形式的晦涩程度和文本话语意义的难度应符合学生的认知规律和水平，当文本出现超越学生理解力的时候，教师语言作为文本话语的同质异形，应该为学生解读文本内容起到“脚手架”的作用。但是在实际的教学实践中，教师常常照本宣科，对超出学生的理解能力的知识，没有很好地进行转化，从而阻碍着或影响着学生的学习质量。那么，“四生课堂”所倡导的“民主、平等、协商、开放”的课堂话语体系如何构建？这是一个值得今后要深入研究的内容。

2.“四生课堂”的教师教学行为还应深入研究

课堂教学活动是由教学行为来完成的，教师的每个教学行为背后都隐藏着教师行为发生的原因、意向与意义，与过去的行为和将来的行为都有着直接的联系。用“行为”去解释错综复杂的教学活动可以更加直观和有效促进教师认识教学、深入研究教学。教师教学行为是影响课堂教学效果的关键因素。一般来说，教师在课堂教学中为了完成某一具体教学目标或者教学内容，主要采用讲述行为，提问行为、讨论行为、演示行为等。在传统课堂教学过程中，教师存在采用单项讲述行为较多，封闭式和预设提问较多，没有思维含量的形式性讨论和缺乏组织指导的讨论较多等问题。“四生课堂”所提倡的教师的教学行为应该激发学生的生命性和生长性，应该关注学生学习过程中的生成性和教学内容选择的生成性，因此，采用什么样的讲述方式和提问方式？在教学中安排什么样的讨论方式和演示方式？都还值得深入研究，在课堂观察中总结提炼。

（二）学生因素

“四生课堂”发展小学生核心素养，倡导“以生为本”，“以学生为中心”，关注学生课堂上主动学习、有效学习和深度学习，关注学生学习过程中学习的发生和学习的生成。在传统课堂潜移默化的影响下，课堂上学生们逐渐失去了自主学习、合作学习、探究学习的热情，也没有较好地发展好自主学习能力，掌握自主学习的方法，如自主阅读的能力和方法、思考的方法、记笔记的方法等；也没有发展好合作学习的能力，掌握合作学习的方法，如合作学习如何履行角色分工，如何提出问题和探究问题，如何吸收和采纳他人的意见和建议等，很多时候就导致课堂小组学习低效、流于形式等；也没有发展好学生探究学习的能力和方法，很多学生不知道学习如何发现问题、设计探究解决问题的方案、总结和提炼探究中的发现成果等。为此，在“四生课堂”中需要帮助学生逐步培养好良好的课堂学习行为，只有教师“教”的转变与学生“学”的转变结合起来才能真正产生更高质量的课堂效果。为此，学生课堂上的学习行为需要深入研究。

二、评价因素

课堂教学评价是影响“四生课堂”教学实施的一个重要因素。对“四生课堂”教学效果的评价以及评价信息的反馈将有利于我们检验“四生课堂”教学目标的完成情况，还可以反映出预期目标与完成结果之间的偏差程度，从而对课堂教学效果加以修订；另外，只有通过“四生课堂”教学评价的反馈，也才能进一步揭示它与发展小学生学科核心素养的关联度，才能真正区分与传统课堂教学相比，“四生课堂”对人的发展影响究竟会在哪些地方更好。当然，进一步研究“四生课堂”教学评价还有助于我们对教学过程进行有效的监督，使其更好地朝着对学生核心素养的目标发展。关于“四生课堂”教学评价的研究涉及评价目的——为了学生更好的学的研究：评价内容的研究——教师课堂教学态度、教学能力和教学语言的研究，学生课堂学习态度、学习行为和学习效果的研究；评价方法的研究——定量评价和定性评价结合研究；评价方式的研究——过程性评价、结果性评价和生成性评价；评价主体——学生自评、同学互评、上课教师评价以及观课教师评价。

在这个阶段，我们已经研制了“‘四生课堂’教学评价量表”，但是“量表”的科学性和完备性需要进一步在实践研究中去检验和修订，基于“量表”需要进一步构建“四生课堂”评价模型，以便于采用“课堂教学行为 AI 分析系统”进行课堂数据采集和分析，通过课堂教学行为分析进一步做好学生学科核心素养培养的关联性分析。而对于“四生课堂”评价目的、评价内容、评价方式、评价主体等的研究需要在后阶段继续深入。

三、管理因素

“四生课堂”教学改革是一个整体行动，单靠改变课堂是不能达到预期效果的。要保证“四生课堂”教学改革能够形成常态，不断地持续推进，深入推进就必须通过学校管理调度各方影响因素构建良好的支持体系。目前，课题组虽然制订了“四生课堂”教学改革整体实施方案，开展了整体实施工作，也进行了整体实施的成果总结与提炼，但是还没根据教学实验设计，系统地构建起支持教学改革的组织管理系统、制度管理系统、评价系统和保障系统等。为此，如何构建“四生课堂”教学改革支持体系需要进一步深入研究。

管理组织系统主要是通过研究构建一个研究与创新型学校组织。这种组织系统变革的核心理念是构建学校的学习、研究和创新共同体，其组织形态主要为学校教学研发机构（如课程与教学研究中心、学术委员会、名师工作室等）学校教学支持机构（如教师发展中心、学生发展中心、课程教学评价中心等）学校教学管理机构（如学科组和年级组等）。管理制度系统主要是通过研究构建一个支持研究与创新型组织建设的制度体系。这种管理制度体系主要为研创教师培养与评价制度，研创学生培养与评价制度，学校课程教学改革管理制度，学校名师工作室、学科组共同体管理与评价制度，教育科研成果评选制度等。研创学校运行保障系统，如教学资源、教学设施和经费、宣传和氛围营造保障等。

第二节 升级：从“四生课堂”走向“四生教育”

经过第一阶段的理论和实践研究，我们对“四生课堂”的理论建构、“四生课堂”与发展小学生核心素养的关系、“四生课堂”的校本整体实施与学科策略，“四生课堂”教学评价等方面的研究已经取得了一定成效，但是就办学而言，改变课堂只是基本目标，通过“四生课堂”改革，改变学校，乃至改变传统教育的积弊，创造新的教育生态才是最高目标。这种新教育生态是生命性教育，师生在校园里阳光向上、快乐向学，焕发出勃勃生机与活力；是生长性教育，每个学生都在校园里自主生长、全面发展，个性化生长；是生成性教育，每个学生的独立思考、批判质疑、学习发现和观点表达都能得到老师们的足够重视、鼓励和指导；是生活性教育，学生们在生活中学，在学中生活，让学习回归生活、融入生活，又超越生活。为此，下一步研究工作将在现有的研究基础上从以下四方面开展升级研究。

一、“四生课堂”文化研究

当前，我们构建“双向五维五环节”教学模式，只是为了帮助老师们更好地理解“四生课堂”理念，更好地把握与学生核心素养培养的关系。“教学有法，无定法”，当教学模式在课堂中被熟悉和运用到一定程度的时候，师生“双向”水乳交融，“五维”融会贯通，“五环节”深度关联、自然耦合叠加。课堂上教师讲解、示范、演示等“教”的行为，学生自主学习、合作学习和探究学习等“学”的行为将自然融合成师生民主、平等、开放的新交往方式，或者说新生活方式。“在理解与对话的教学中，教师不再仅仅是授业者，在与学生的对话中，教师本身也得到教益，学生在被教的同时反过来也在教育教师，他们合起来共同成长。”这种共同生长的课堂文化就是“四生课堂”所要追求的新的教育生态。后现代生态教学观认为，课堂文化作为一种局部的、情境性的文化，必然要到人类的整个文化背景中去解释和构建，让学生知道怎样与世界共同生活，发展一种整体的生态观。“四生课堂”是一个有生命力的师生生态交往圈，师生的交往存在于课堂这个有机体之中，相互之间没有主次之分，只有主体间的相互尊重。教师把学生的生命存在和生长作为活动的前提，师生共同致力于营造一种和谐共生的课堂氛围，以此激发出每个学生生命活力，还课堂以生命的温度、生长的高度、生成的热度和生活的广度。课堂上师生的行为、语言、情感融合为激扬生命，欢乐学习的乐章。为此，下一阶段“四生课堂”文化研究的主要问题包括课堂教学语言文化研究、行为文化研究、精神文化，课堂教学艺术研究等。

二、基于“四生”理念的生成性教学评价研究

教育评价是将来较长一段时间内教育改革的热点和焦点，2020年10月份，中共中央、国务院下发的《深化新时代教育评价改革总体方案》提出了：“坚持科学有效，改进结果评价，强化过程评价，探索增值评价，健全综合评价，充分利用信息技术，提高教育评价的科学性、专业性、客观性。”课堂教学评价是教育评价的重要组成部分，一堂课是否达成了教学目标，是否较好地发展了学生核心素养？是否学生喜欢，学习效果好？都需要依靠科学的评价理论和技术来进行度量。基于“四生课堂”第一阶段的教学评价研究，在下一阶段，我们将重点开展基于“四生课堂”教学理念的生成性评价理论与技术研究，这是一个基于目标评价理论、发展性评价理论、过程性评价理论、表现性评价理论以及增值性评价理论的基础上构建的打通目标评价，过程性评价和结果性评价理论的一种新的评价范式，通过对生成性评价理论与技术的建构要较好地反馈课堂上师生的生命状态、学生的核心素养的生长情况、学生学习中生成的情况等，实现评价过程与结果的统一、评价现在与未来的统一、评价结果与发展的统一、评价单一与综合的统一、评价学生与教师和学校发展的统一。由此，基于“四生”理念的生成性评价理论与技术研究的主要问题包括基本内涵、理论基础、评价的主体和客体、评价的标准、评价的实施过程，评价的技术（评价工具、评分规则、任务设计）等。

三、研究与创新学校建设研究

课堂教学是学校教育的中心工作和基本工作。当前，对“四生课堂”教学改革研究，我们以“校本整体实施”的方式推进就是在力求通过改变课堂来变革学校管理，“这是因为它所产生的教育作用最全面、最深刻、最系统，占的时间最多。一个学校的教育质量如何，主要就是由它的各科教学质量来决定的。”因此，推动研究与创新型现代化高质量小学建设也是下一阶段研究的主要目标。

我常常在“四生课堂”教学实践研究中思考，从课堂出发，面向未来，我和老师们要为孩子们办一所什么样的学校？我不断地从两个维度去审视，寻找办学突破点：一是未来学生培养。《中国教育现代化 2035》提出：“创新人才培养方式，推行启发式、探究式、参与式、合作式等教学方式以及走班制、选课制等教学组织模式，培养学生创新精神与实践能力。”的确，面向未来，信息化时代的来临，人工智能时代的开启，都能让我们强烈地预感到，我们所需要的不再是“高分低能”的学生，而是具备“探究精神和创新能力”等核心素养的时代新人，创新能力将是一个人未来发展的关键因素。当然，教育学原理也为我们提供了理论支撑，建构主义理论和实用主义教育理论，都强调儿童是天生的探索者。小学阶段的学生，求知欲特别旺盛，好奇心特别强，好动好问。他们喜欢观察各种自然现象，如花草树木、动物等，并提出各种稀奇古怪的问题。他们更喜欢动手操作各种用具，制作和拆卸各种物品等。他们似乎始终是一个探索者，并且是一个不会甘心失败，也不厌恶重复的尝试者和探索者。为此，无论是从教育未来的视角去思考，还是回归教育的原点去追溯，办能够更好地激发学生探究与创新的学校是发展的必然趋势。

二是未来教师培养。2018 年，国家出台的《关于全面深化新时代教师队伍建设改革的意见》提出：“到 2035 年，教师综合素质、专业化水平和创新能力大幅提升，培养造就数以百万计的骨干教师、数以十万计的卓越教师、数以万计的教育家型教师。教师管理体制机制科学高效，实现教师队伍治理体系和治理能力现代化。教师主动适应信息化、人工智能等新技术变革，积极有效开展教育教学。”面向未来，研究与创新能力是未来教师的必备能力和关键能力，教师不再是传统的“教书匠”，而是教育的“研究员”，教育的复杂性决定了教师只有不断地去研究每个学生成长和学习中的问题，才能行之有效地帮助学生解决成长中的问题，不断激发学生的向学之心。当然，从教师本体的发展角度讲，只有在教育过程中研究与创新，才能更好地感受到职业的幸福。正如苏联教育家苏霍姆林斯基所言：“如果你想让教师的劳动能够给教师一些乐趣，使天天上课不致变成单调乏味的义务，那你就应当引导每一位教师走上从事研究的这条幸福的道路上来。”为此，研究与创新型学校既是引领教师朝向未来提升自己的专业能力的做新时代合格教师的应然要求，也是引领教师不断提升幸福感，突破倦怠感的实然需求。

为此，下一阶段研究与创新型学校建设研究的主要问题包括基本内涵、理论基础、办学理念迭代、组织机构变革、组织机制变革、校本研修、五育并举、学生发展评价等。

四、基于“四生”理念下的五育研究

19 世纪以来，我国近现代思想家、教育家蔡元培，马克思教育理论家杨贤江等基于对国家命运、民族危机和“人的全面发展”深刻认识和实践基础上提出了“五育并举”思想。2018 年 9 月，在全国教育大会上，习近平总书记旗帜鲜明地提出，要努力构建德智体美劳全面发展的教育体系。当前，立德树人、“五育”并举成为全体教育人的共同目标。“在方法论上，‘五育’融合实践的突破口可以从课堂教学融合、跨学科学习方式融合、校本课程价值融合、学生综合素养评价融合、学校治理方式融合等方面进行，切实做到因地、因校制宜。”“四生课堂”教学改革在“五育并举”的教育时代潮流中不断向前，从课堂教学改革出发，其未来走向也必将走向“四生教育”。为此，下一阶段在“四生课堂”文化研究、基于“四生”理念评价研究，研究与创新型学校建设的研究之中和研究之上，开展“四生教育”研究，其主要研究的问题，除了当下“四生”理念下智育——课堂教学改革之外，还有“四生”德育、体育、美育、劳动教育等领域的研究，以及“四生”理念下的五育并举研究等。

参考文献

一、专著类

[1] 林崇德 .21 世纪学生核心素养研究 [M]. 北京：北京师范大学出版社，2016.

[2] 陈鹤琴 . 一个理想的小学校 [M]. 南京：南京师范大学出版社，2012.

[3] 张传燧 . 中国教育史 [M]. 北京：高等教育出版社，2010.

[4] 舒新城 . 中国近代教育史资料（中册）[M]. 北京：人民教育出版社，1979.

[5] 苏霍姆林斯基 . 怎样培养真正的人 [M]. 蔡汀译 . 北京：教育科学出版社 .1992.

[6] 张传燧 . 综合实践活动课程论 [M]. 广州：广东教育出版社，2004.

[7] 叶澜 . “新基础教育论”——关于当代中国学校变革的探究与认识 [M]. 北京：教育科学出版社，2006.

[8] 钟启泉 . 课程的逻辑 [M]. 上海：华东师范大学，2008.

[9] 陶本一 . 学科教育学 [M]. 北京：人民教育出版社，2002.

[10] 杜殿坤 . 原苏联教学论流派研究 [M]. 西安：陕西人民教育出版社，1993.

[11] 刘良济 . 生命教育论 [M]. 北京 . 中国科学出版社，2005.

[12] 张焕庭 . 西方资产阶级教育论著选 [M]. 北京：人民教育出版社，1979：259–260。

[13] 赵祥麟，胡毅译 . 教育论 [M]. 北京：人民教育出版社，1962：8.

[14] 张传燧 . 课程与教学论 [M]. 北京：人民教育出版社，2008.

[15] 张传燧 . 中国教学论史纲 [M]. 长沙：湖南教育出版社，1999.

[16] 黎靖德 . 朱子语类 · 卷九 · 学三 · 论知行 [M]. 北京：中华书局，1994.

[17] 王守仁 . 王阳明全集・卷三・传习录下 [M]. 上海：上海古籍出版社，1992.

[18] 王守仁 . 王阳明全集・卷六・答友人问 [M]. 上海：上海古籍出版社，1992.

[19] 陶行知 . 为生活而教育 [M]. 北京：外语教育与研究出版社，2012.

[20] 吴庆麟 . 教育心理学 [M]. 上海：华东师范大学出版社，2003.

[21] 周晓虹 . 现代社会心理学 [M]. 上海人民出版社，1997.

[22] 丹尼尔 . 坦纳、劳雷尔 . 坦纳 . 学校课程史 [M]. 允漷译 . 北京：教育科学出版社，2006.

[23] 斯宾塞 . 斯宾塞快乐教育书 [M]. 张建威等译 . 北京：中国妇女出版社， 2009.

[24] 康内尔 .《二十世纪世界教育史》[M]. 张法琨等译 . 北京：人民教育出版社，1990.

[25] 陈立军 . 文化立校——明德中学办学方略 [M]. 长沙：湖南师范大学出版社，2013.9.

[26] 裴娣娜 . 现代教学论基础 [M]. 北京：人民教育出版社，2015.

[27] 郑金洲 . 校本研究指导 [M]. 北京：教育科学出版社，2002.

[28] 约翰・杜威 . 民本主义与教育 [M]. 王承绪，译 . 北京：人民家教育出版社，1990.

[29] 龚海平 . 龚海平的小学英语教学主张 [M]. 北京：中国轻工业出版社，2015.

[30] 陶行知 . 陶行知文集 [M]. 南京：江苏教育出版社，2008.

[31] 陶行知 . 陶行知教育文集 [M]. 北京：人民教育出版社，2011.

[32] 柯小卫 . 陈鹤琴传 [M]. 南京：江苏教育出版社， 2008.

[33]P.J.Silvia.Exploring the Psychology of Interest.New York:Oxford University Press,2006,Preface and Acknowledgments.

[34]W.Ostermann.Interest,in Its Relation to Pedagogy.New York:Barnes,1899(possible copyright status,Preface).

[35]Stenhouse,L. An Introduction to Curriculum Research and Development[M].

London:Heinemann Educational Book Ltd.1975 .

[36]Goodman K. What’s whole in whole language?:A Parent/Teacher Guide to Children’s Learning[M].Portsmouth,N. H.:Heinemann,1986.

[37]Widdowson HG.Text,Context,Pretext:Critical Issues in Discourse,Analysisi[M].

Oxford:Wiley-Blackwell Publishing,2004.

二、期刊类

[1] 孙元涛 . 教育学学科边界问题的再认识 [J]. 教育发展研究，2010.

[2] 张传燧 . 课程改革在路上：历史、现状与未来 [J]. 课程·教材·教法，2015.3.

[3] 张传燧，左鹏 . 核心素养培养应从小学抓起 [J]. 湖南第一师范学院学报，2017.9.

[4] 张传燧 . 基于学生发展核心素养培育的“四生课堂”建构研究 [J]. 陕西师范大学学报：哲学社会科学版，2017，46（5）：149.

[5] 张传燧 . 寻觅乡村教育的根魂 [J]. 教育文化论坛，2016.

[6] 叶澜 . 让课堂焕发出生命活力——论中小学教学改革的深化 [J]. 教育研究，1997（9）.

[7] 朱永新 . 研发卓越课程——朱永新在 2013 年全国新教育实验研讨会主报告 [J].《读写月报：新教育》，2013（9）：54-75.

[8] 张传燧 .“四生性”：我的课堂教学观 [J] . 湖南师范大学教育科学学报，2019(1)：111 .

[9] 张传燧 . 基于学生发展核心素养培育的“四生课堂”建构研究 [J]. 陕西师范大学学报：哲学社会科学版，2017（5）:150.

[10] 林彩英 . 语文立人：基于核心素养的大主题教学设计 [J]. 福建基础教育研究，2020：43–45.

[11] 张传燧 . 课堂比课程更重要 [J]. 湖南师范大学教育科学学报，2013.3.

[12] 刘悦 . 课例研修助推骨干教师及其团队的专业发展 [J]. 中国教师，2019（7）.

[13] 左鹏 . 新时代校长须具备研究与创新特质 [J]. 学校品牌管理，2021.5 .

三、其他

[1] 王煌 . 中学课堂现状的“四生”教育观 [D]. 长沙：湖南师范大学，2014：16.

[2] 黄林 . 我国传统教学主体理论研究 [D]. 长沙：湖南师范大学硕士论文，2011.

[3] 陈宝生 . 努力办好人民满意的教育 [N]. 人民日报，2017.9.8.

[4] 吴绍芬 . 左鹏：为理想学校而奔跑 [N]. 中国教师报，2018.4.1.

[5] 赖斯捷 . 左鹏：在建设研创型学校中成长 [N]. 中国教育报，2020.9.9.

梦想：行走在教育家型校长生长的路上

不知不觉从乡村到城市，从中学到小学、幼儿园，我已经在教育之路上探索有二十余年，在教育之路上我一直立足课堂，创生学校，不断地学习、实践、反思和总结，慢慢地也从一位经验型和事务型校长，逐渐成长为研究型、专业型，乃至事业型校长。在引领着老师们把一所所不同类型、不同发展阶段的学校办好，培育出一群群健康活泼、阳光向上、生命绽放、全面发展的孩子们的过程中逐渐找到了教育人生的幸福，生长出了终生教育的梦想——改造乡村教育，振兴乡村教育，为培育新时代乡村少年奋斗终生。一路走来我要感激遇见过的恩师们、同事们、孩子们以及家长们，正是你们的教导、指点、帮助、宽容和支持让我不断地打开教育的世界，寻找教育的光芒，陶行知先生说“人生天地间，为一大事而来，为一大事而去”，我想以陶先生的遗志明鉴自我，在教育之路上且行且反思，且行且总结，不断努力，继续向前。

一、学习是生长的阶梯

（一）中师的经师与人师

1997 年 9 月，我搭上中师包分配的“末班车”，考入了湖南省浏阳师范学校。我的学习兴趣、学习习惯和学习梦想都是从这所知识的殿堂开始的。在中师三年，我们接受的是指向“全面发展”的素质教育。现在想来，曾经教授我们课程的每一位老师都令我喜欢和钦佩。班主任陈淼根老师教授我们音乐课程三年，一直陪伴我们到毕业，既是我美学启蒙老师又始终是我的“人生导师”，语文学科张禹铭老师是一位温文尔雅，富有文采的先生，数学课程李大年老师风趣幽默，课上得极为生动，英语课程甘静纯老师能说一口纯净的英式英语，极具“伦敦太太范”，对我后来的英语教学影响深刻，物理课程李叶华老师英俊潇洒，充满智慧，还引着我走向了“学校志愿者服务队的工作岗位”，生物课程彭汉龙老师上课生动形象，鼓励我们“做中学”，化学课程黎谟吉老师教学严谨，让人敬畏，体育课程黄海老师为人随和，课堂有收有放，美术课程黄忠文老师具有艺术家风范，计算机课程蒋峰老师教学思想和教学内容都是十分具有信息时代味道的，哲学课程何伟奇老师雍容大度，上课充满激情，历史课程寻益人老师头发总是一丝不苟，他的课总能让我入迷，心理学课程李吉山老师专业味十足，心理实验让我们大开眼界。小学语文教学法课程张银珠老师教法和情感总是恰到好处等。这些可敬的老师们教学都有共同的特点：不仅教授我们知识，更多的是教授我们的学习这些课程的方法；他们不仅是我的“经师”更是我们的“人师”。

（二）自考的艰辛与收获

2000 年 6 月，我完成了三年的中师学习，毕业后被分配到浏阳市偏远的山区学校——大圣中学任教。由于山区学校很少有英语专业教师任教，由于我在师范上的是英语班，学校就将我作为英语专业教师安排我任教初中英语学科。由于在中师我仅仅学了高中三册英语教材，要教好初中学生的英语觉得无论是知识储备还是教学方法都很不够，在课堂上没有扎实的英语专业知识和良好的教学方法是很难吸引学生们的。另外还让我紧迫的是晋升中学二级教师必须有大专学历，正是这种教学的需要和成长的需求，激发了我参加成人高考和自考提升自己的想法。2001 年，我到市里报名参加了英语专科成人高考，考取了湖南师范大学外国语学院的专科班，利用寒暑假修学英语专科课程。同时我又报考了自考英语本科课程，一个没有完整学习过高中英语课程的人，要跨越式的学习英语大专和本科学历课程，学习之路的确很艰难。《高级英语》《英语词汇学》《英语写作》《英语翻译》第二外语《日本语》《英美文学史》等学科对我来说，每一门课程都有很多“拦路虎”，都有数不清的不认识的单词，都令人学得“抓狂”，有时候甚至“恨不得把这些书撕碎，全部装进肚子里。”但是我没有退路，只能勤能补拙，迎难而上。于是我每天随着山村的清晨鸡鸣起床背单词、读英语专业书籍，每天放学后，除了备课、给学生批改作业，上晚自习辅导课之外，就是在房间闭门学习，听英语磁带，直至听着英语入睡。周末除了上学生家家访外，就是整天在学校看书。记得在学校外面有一条山溪，山溪边有一处幽静的树林，这里便成了我周末读书的天堂，因为我可以在这里 crazy 般的朗读英语文章，而不至于让“蹩脚”的英语惊扰到其他同事。十年如一日坚持自学，我顺利地拿到了英语大专和本科文凭，获得了学士学位，2006 年我获得了长沙市“自学成才奖”；十年如一日坚持自学，我与孩子们在英语世界里同成长，英语课成为孩子们最喜欢的课堂，教学质量走到了同行的前列；十年如一日的学习更让我收获了两笔人生宝贵财富：一是养成了每天清晨起来读书的习惯，这种习惯成为无论是过去还是当下，我每天生命行走的常态；二是掌握了自学的方法，懂得了如何有效阅读，如何有效应对考试，如何将知识内化成学习能力。这些都为我以后的学习之路打下了坚实的基础，也点亮了我不断攀登教育理论高峰的勇气和信心。

（三）硕士学习的提升与突破

本科学历完成之后，我萌发了继续攻读硕士研究生的想法，但是由于在乡村学校工作，当时还没有网络，信息很封闭，一直没有找到报考硕士研究生的机会。直到 2010 年我打听到湖南师范大学教育科学学院招收教育硕士的消息，我欣喜若狂，立即赶赴长沙报考，通过努力，2012年我终于如愿以偿地考取了湖南师范大学教育硕士，开始了我的硕士研究生阶段的学习。在湖南师范大学教育科学学院，我又遇到了一群学术精湛，师德高尚的好导师。教育管理学课程教授陈牛则先生是我的导师，他治学严谨、耐心细致，也曾经担任过中学校长，当他了解到我的工作经历和教育梦想后，十分关爱我的学习和成长，鼓励我多多静下心来边办学边思考，边学习边实践，做研究型的教育管理，他从研究方向、研究方法和研究思维上都给予了我很多的指导，在他的指导下，2015年10月我顺利完成了硕士论文《名校集团化管理模式下学校协同管理策略研究》答辩。陈老师退休的时候，他把所有讲义和一些十分珍贵的书籍都赠予了我，希望我能够传承他的学术精神，这令我十分感动。另外一位对我产生终生影响的是张传燧教授，之后我拜读他门下成为他博士研究生，对于张教授的介绍我在博士研究生学习阶段再做详细叙述，除了两位恩师之外，我还认识了博学多识的常思亮教授、孙俊山教授、姚少怀教授、郭亚玲教授、顾正平教授、燕良轼教授等，正是在这些教授们的指导下我开始系统地学习教育管理学、教育哲学、课程与教学论、中国教育史、教育心理学、教育社会学、教育法律法规、德育原理、教育科研方法等教育理论，我开始研读褚宏启教授、常思亮教授等著作的《教育管理学》、檀传宝教授著作的《德育原理》、孙俊山教授著作的《教育原理》、张传燧教授著作的《课程与教学论》《中国教育史》、刘铁芳教授著作的《给教育一点形而上》等系列著作以及现代著名教育家张楚廷先生的系列学术著作等。开始学会用研究的思维去发现学校发展中的问题，并能够运用正确的教育科研方法对学校问题进行系统研究。考取教育硕士，并顺利完成硕士研究生阶段学习成为我从事务型校长向专业型校长转型的关键性事件，正是通过这个阶段的学习，我不仅在教育理论上有了跨越式的突破，逐步登堂入室，而且在理论的指导下我的教育实践工作也取得了更好的成效，特别是“规划学校发展能力”的提升，让我获益匪浅，让我突破困难办好了县城的百年老校——浏阳市浏阳河小学和省城新区的高起点九年一贯制新校——明德麓谷学校。

（四）博士学习的梦想与追求

“书山有路勤为径，学海无涯苦作舟。”当我打开教育理论这座宝库的大门的时候，我欣喜地发现了一个更加宏大的“学海”，这让我感觉到学识的浅薄，也感受到人生的幸运，就像柏拉图《理想国》里面看到“洞穴之光”的人们那样，生命在上升，梦想在生发。我萌发了继续攀登教育学术理论高峰的想法，继续攻读教育学博士，但是要实现这项更高学习平台的跨越，又谈何容易呢？于是我为自己定下了三年争取考取的目标。三年里，在工作之余我一方面继续坚持每天学习英语，将考博30000多单词熟记于心，另一方面潜心拜读预考导师张传燧教授等博导的专著和学术文章，申报和撰写科研论文和课题。“功夫不负有心人”虽历经了一些波折，但是在恩师、领导和同事的鼓励下，2018年5月份，我终于如愿以偿，顺利通过了博士研究生考试，正式成为了湖南师范大学教育科学学院的一名博士研究生。我的博士生导师是当代知名的课程与教学论、教育史专家张传燧教授。我在读研究生课程的时候就非常喜欢张传燧老师的课程与教学论课，这门课程我听了两遍，越听越来劲，越听越着迷，越听越享受。在上第一节课的时候我坐在大教室的角落，对他提出的问题，我并没有准备发言，但是他关注到了坐在最后一排的我，就点名“左鹏，你来说说！”正是这句简单，但又充满关爱的话，成为我和他一生的师生缘，此后，我经常在他的课堂答问，经常向他请教课程与教学问题。他非常关心我的学习和成长，有一次还带他的儿子和侄儿到我们学校来看我，我甚为感动。入读博士研究生两年以来，张老师指导我并不断训练我的理论思维，同时还专门指导我申报课题，还到我学校指导我开展“四生课堂”实践研究。博士阶段的学习，让我真切感受到学术研究的快乐，时常感受到“有读不完的经典，只有只争朝夕”，感受到“教育实践中原来有如此多值得研究的问题，以前习以为常的教育现象后面原来还隐藏着这么多深层次的教育原理”，感受到“攀登到学术更高峰的无比快乐”。这两年在师大教科院博士生导师张传燧教授指导下我研读了中国教育经典、课程与教学论史等，在博导刘铁芳教授的指导下我更加深层次、系统地研读了中外教育哲学的经典原著，在博导辛继湘教授指导下研读了生命哲学、技术哲学与课程教学，在博导刘要悟教授指导下研读国外教育名著，在博导刘德华教授指导下研读了教育科研方法，在博导刘旭教授的指导下研读了课程与教学策略，在博导王卫华教授的指导下研读了教育现象学和质性研究，在博导钟定华教授指导下学习了定量研究等。在张传燧教授的指导下我先后撰写了《核心素养应从小学抓起》《核心素养培养的学科策略》《“四生课堂”教学模式的理论建构》《中国传统文化传承的校园逻辑》《小学英语阅读理解能力培养新策略》等学术文章，并发表在国家级和省级核心期刊上。申报了湖南省“十三五”重点资助课题《基于小学生核心素养培养的“四生”课堂模式建构研究》等。

从中师毕业到如今博士研究生，整整二十年里，在学习之路上我不断地攀登，不断地跨越，不断地梦想，尽管有时候学习困难起来慢如蜗牛，有时候失败后也想过放弃，但是攀登教育理论高峰的信念，寻求教育本质：教育规律的兴趣就如一双无形的手，一块无形的磁铁石，托举着我，吸引着我，跨过大大小小的门槛和山丘不断地向前，让我一次次感受到艰难困苦之后的豁达，失败之后的甜美。更让我感受到作为教师也好，校长也好不断向上生长的路径在于坚持不懈的学习，让学习成为生命行走的状态。

（五）岗位培训的提升与进步

除了正规学历的学习之外，岗位继续教育培训也是我学习提升的

第二条重要路径。我很庆幸生活、工作、成长在国家教育振兴的时代，在工作岗位上我有很多的机会去参加继续教育培训，在这些培训中对我影响最大的培训莫过于“湖南省小学校长高级研修班培训”“湖南省未来教育家高级研修班培训”和“教育部领航工程名校长培训班培训”培训。2009 年—2010 年，我参加了“湖南省第九届小学校长高级研修班培训”，这次培训是我朝向专业型校长转型之路上的一次关键性事件，在为期两年的省内小学校长高级研修班培训过程中，我不仅结识了知名心理学专家、管理学专家彭剑飞教授等一师范的教授们，认识了自全省各地市州的三十多位优秀校长，而且让我对学校文化建设，校本研究、校长领导力提升等办学实践工作有了全新的认识和理解，让我第一次感悟到一位好的校长应当是学校文化的引领者、文化的建构者、文化的推动者，一位好的校长应当具备规划学校发展，实行科学管理，领导学校课程与教学改革，营造良好的学校育人文化氛围等能力，这段时期令我十分崇拜省内的小学名校长一师二附小的余宪校长、桃江县第一小学的黄丽君校长、冷水滩红日小学的王励勤校长、株洲银海实验学校的杨碧琼校长等，他们的办学思想、治校理念和方略至今都在我脑海中。2015 年—2017 年，我又参加了“湖南省第二期未来教育家高级研修班学员”，这次培训是我朝向事业型校长或者说教育家型校长成长的一次关键性事件，在湖南师范大学教育科学学院为期三年的省内未来教育家高端研修培训过程中，我较为系统地了解了人民教育家应有的教育信仰、理论素养和教育实践素养，点燃了我朝向教育家型校长成长的梦想。在培训期间我认识了许多国内外著名的教育理论专家和实践专家，印象最深的有北京师范大学的毛亚庆教授、郭华教授，华东师范大学叶澜教授、刘良华教授、彭正梅教授、周勇教授等，华中师范大学的王炳坤教授、郭元祥教授，湖南师范大学周仲秋教授、张青教授等，江苏省教科院的成尚荣教授，集美大学施茂枝教授，中国台湾地区东屏大学简成熙教授、成功大学李坤崇教授等，美国波士顿大学华裔教授严其潘教授等，还有学者张文质老师和蔡朝阳老师，全国名师名校长宁波滨海教育集团李庆明校长，江苏千灯小学褚昌楼校长，山东泰山中学名师孙明霞老师等。正是从这些导师们的身上，深刻地感受到教育哲学、史学、心理学、课程与教学、社会学理论的重要，一个教育家必须有深厚的理论基础，必须有敏锐的思想意识，必须有缜密的逻辑思维和批判思维，也深刻地感受到了教育实践是一种智慧，这种智慧是在实践中执着追寻教育本质规律，在实践中勇于思辨教育现实问题，在实践中敢于创新方法策略。2018 年 5 月，我又幸运地进入了“教育部第二期领航名校长高级研修班”，我想这将是我教育人生路上实现教育梦想，朝向教育家型校长又一次关键性的培训，将对我整个事业生涯带来终身的影响。培养基地——教育部小学校长培训中心为我们制定了“LACIR”培养方案，通过三年的培训引领我们我朝着具有“赤诚教育之爱（Love）、理性思维能力（Academic）、创新实践能力（Creative）、宽阔国际视野（International）和自觉责任担当（Responsibility）”的“教育家型校长”提升。在这里培训两年来，我感受到了前所未有理论和实践高度、广度和厚度，中心为我们配备了理论和实践双导师，我的理论导师是郑新蓉老师，我的实践导师是芳草地国际学校的刘飞校长，中心为我们聘请了全国泰斗级教育专家顾明远先生为我们授课《教育的本质》，石中英教授为我们授课《陶行知教育思想》、朱旭东教授为我们授课《做教育家型校长》、毛亚庆教授为我们讲授《未来好学校的标准》、石克灿教授为我们讲授《中西方教育史》、沈湘平教授为我们讲授《马克思主义学说的自我规定》、鲍传有教授为我们讲授《学校现代管理》等，从这些教授们的学术讲座中让我深刻地感受到教育理论的魅力，对教育前沿思索的快乐，对教育问题辨思的深刻。中心还为我们聘请了北京第二实验小学教育集团的李烈校长、清华附小的窦桂梅校长、北京市海淀区中关村第三小的刘可钦校长、北京市东城区史家小学的王欢校长、人民大学附属小学的郑瑞芳校长、首都附小的宋继东校长、北师大附小吴建民校长，北京第一师范学校附属小学张忠萍校长，北京市朝阳区呼家楼小学马俊校长等为我们的实践导师，两年来我们一一走进这些导师的学校进行跟岗学习，他们的办学思想和实践智慧冲击着我的内心深处，这些全中国最好的学校都彰显着民主、开放、科学教育的气息，这些校长们都彰显出深厚的教育情怀、深邃的教育思想、专业的教育思考和蓬勃的创新精神。

二、教学是生长的沃土

（一）摸索农村初中英语“有效课堂”教学

至今还清晰地记得，上第一堂初中英语课的痛苦感受，因为没有英语专业知识背景，不熟练英语课堂用语，只能汉语组织英语教学，因为没有学过中小学英语教学法，对于学生的语言学习规律和英语教学规律一窍不通，课堂上只是一味地灌输知识。当我看到学生在课堂上的木讷、茫然、沮丧，我心急如焚。我用什么办法改变我的课堂，能让学生喜欢我的课堂呢？带着这种阵痛和理想课堂的追求，我开始努力寻找提升课堂教学效果，让学生喜欢我的课堂的方法。一方面我努力扎实英语专业知识，重新学习初中英语课本、高中英语课本，进修大专英语，自学英语本科，自费到武汉参加新东方《新概念全册》英语培训学习等；另外一方面，我努力学习外语教学法，通读舒柏梅、陈佑林教授编著的《外语教学法》，章兼中教授编著的《英语课程与教学论》等书籍，订阅《中小学外语教学研究》《中小学英语教与学》等杂志，认真研究了《英语新课程标准》《初中毕业考试英语大纲》等，从这些理论书籍和杂志中我发现了“交际性和交互性是英语教学的本质特征”“英语教学内容分为陈述性知识教学和程序性知识教学”“英语教学可以采用直观教学法、联想教学法、游戏教学法、任务型教学法等”，从课标和考纲研究中我了解了“三维目标”“识记、理解、运用三个层面的英语考试要求”等。在此期间，福建师范大学余文森教授写的《有效教学十讲》，给我当时的教学带来了很大的影响，从这本书我开始深入理解“有效教学”：“有效课堂的三大内涵是：有效果即学生的学业成绩、认知变化和态度变化；有效益即社会效益和个人效益，在实践中学会应用、学会学习、学会做人，有效率是一定的教学投入内产生了尽可能大或多的教学产出，解放学生，减负增效。”我逐步地把灌输式的英语课堂变成一种英语交往式的课堂、合作式的课堂、游戏式的课堂，在课堂上让学生们带着任务去听、说、读、写，依靠学生自己的学习内驱力实现知识与技能的提升，方法与策略的掌握，情感与态度的深化。终于通过几年的努力，我的英语课堂有了较大的改变。校长看到了我教学的进步、学生英语成绩的进步，就安排我做了初三中考英语把关老师，之后连续八年我都带初三课程。在带着孩子们系统地梳理文本，梳理考标，梳理单词、语法等语言现象规律的过程，我又进一步总结出农村初中学生学习英语的有效方法和策略：将单词融入句子中记诵，将句子融入语篇情境中体会，将语篇融入“听说读写”目标任务中理解和运用，这样就解决了农村初中学生学习英语单词记不住、语法不理解、语篇看不懂、考试答不出的难题。在带农村初三年级学生备战中考过程中，我和学生们做到了既基于教材，又超越教材，按照中考知识图谱的方式重构学习内容，进行“模块化学习”。到了教学初中英语的第八年，我逐步形成适应农村初中学生教学的“有效课堂三步教学法”模式：“步骤一，学生听读自学感知文本，同伴互助帮助解决单词认读等础性问题；步骤二，任务驱动，理解文本，完成听说读写语言任务，教师帮助答疑解惑；步骤三，运用语言，超越文本，学生采用知识图谱形式语言进行交际和综合运用”。十年坚持不懈的努力，我课堂产出了良好的效果，所带的班级学生学习英语的热情十分饱满，学生的学习成绩进步很大，中考毕业成绩领先全市，创造出农村学生“英语学习质量奇迹”（家长和同事的评价），“浏阳日报”进行了专刊推介，2010年被评为了浏阳市“魅力教师”和名师。

（二）摸索小学英语“兴趣课堂”教学

2011年，我调入小学担任校长，在中学十年英语教学的摸索历程，让我对教小学英语也产生浓厚的兴趣，何不给自己一个新的学习机会？学校教务主任听说我要上一个班的英语课，十分惊讶说“校长，我们的校长是可以不上课，你真的要任课吗？”“是的，与老师们始终一起行走在教学第一线才能够真正引领老师们进行课程与教学改革，才能和老师们在教学中心把浏阳河小学办得更好。”教务处安排我任教小学三年级85班的英语，从初中英语教学转到小学英语教学，我发现教学对象变了，教学方法也需要改变。在课堂上孩子们并不把你当成校长，如果不精心设计教法、组织教学，很难把小学生的学习积极性调动起来。小学英语教学重在语感即语音、语流和语速的培养，难在教学过程的组织，小学生语言学习的特点决定了课堂教学要直观形象，并且寓学于乐。于是，我开始探索“兴趣课堂”，特别是游戏教学在小学英语教学中的运用，研究小学英语课堂教学的导入游戏，新授词汇游戏，对话交流游戏、语篇阅读游戏和拓展延伸游戏等。在游戏课堂中训练学生的“听说读写”能力，培养他们的语感和学习兴趣等。三年小学英语让我对英语教学有了新的思考：英语课堂不应该是教学“英语”，而应该是教学生“学习英语”，培养学生听、说、读、写能力，激发学生对于英语的学习兴趣和欲望。三年小学英语教学也让我开始由教书匠向着研究型教师转变。形成了英语教学基本主张：第一，我就是英语，通过我让冰冷的英语单词变成有温度的语言，让学生感受英语的语言之美；第二，持续不断地给孩子学习成功的激励，让他们感觉英语好学、易学；第三，在游戏中学习，让学习变成孩子运用英语进行交际的活动。我把这些实践研究形成了教学成果——《巧激兴趣，引领学生乐学英语》获得了湖南省首届基础教育改革成果一等奖。

（三）摸索基于中小学生核心素养培养的“四生”课堂教学

无论是在大圣中学任教十年初中英语，还是在浏阳河小学任教三年小学英语，我所思考和实践的是怎样从方法策略上去改变我的英语课堂，始终还没有上升到对课堂教学原理的思考。2013 年我考入长沙高新区明德麓谷学校担任副校长，负责小学部工作，与往常一样我继续坚守课堂教学一线，担任了小学二年级 1402 班的英语教学，我开始从课堂教学策略的研究上升到对课堂教学原理的思考即“究竟什么样的课堂是好课堂，什么样的教育是好教育？”此时明德麓谷学校的正在开展的“三生”课堂教学改革给了在这方面思考和实践的机会。结合“三生”课堂即“生命化、生态化和生活化”课堂教学理念，我和老师们一起开始摸索课堂中如何激发学生学习的主体作用，凸显学生的生命活力？如何实现课堂中低消耗高效能，凸显课堂的绿色生态？如何在课堂中融入生活的元素，引领学生从生活中学语言，将所学的语言用到生活中去，凸显课堂的生活特性？由此，我开始跳出方法思考教学，我开始学习生命哲学、生态学、生活教育论等著作，从《论语》中的“性相近，习相远。”《中庸》中的“天命之谓性，率性之谓道，修道之谓教。”伯格森的《创造进化论》中关于生命的“延绵”“直觉”和“创造”等经典中感悟“生命哲学”与教学的关系，从《道德经》的“道法自然”的哲学观上去感悟“生态哲学”与教学的关系，从《陶行知生活教育论》儿童“五解放”等教育教学理念感悟创造性教育理论与课堂的教学关系。对“三生课堂”的探索，让我从教学之“术”的追求开始上升到教学之“道”反思，让我逐步走上了打开“课堂密码”的路上。这段时间我申报了省级课题《发挥小学生课堂学习微共体作用，提升小学生英语学习效果》，我开始尝试以学生为中心，微共体为学习形式，以学习任务为载体，以思维训练为重点，以生活运用为驱动的“三生”课堂教学，但是由于课程教学理论专业的缺乏，这种“形而上”的课堂教学理念在明德麓谷的三年实践中并未得到很好的课堂教学效果，但还是收获在实践中继续摸索的宝贵经验。直到，2016年创办明德明华小学时，读到湖南师范大学教育科学学院张传燧教授指导他的两位研究生撰写的两篇硕士论文《中学教学现状的“四生”教育观透视》《小学数学“四生”课堂实践研究》，我有了新的顿悟，“三生”课堂之所以难以落地是因为它没有抓住教学的核心要素，没有形成系统的、逻辑的教学方式，而要将生命课堂、生态课堂、生活课堂理念真正落地，必须要依据教学主体理论、教学目标理论、教学过程理论和生活教学论来进行更加科学的设计。于是，我拜张传燧教授为师，邀请他到我的新学校开展“四生”课堂教学实验。在张教授的指导下，我申报了省级重点资助课题《基于小学生核心素养培养的“四生”课堂模式建构研究》，我开始在我自己任教的小学六年级和五年级英语课堂中开展“四生课堂”教学改革研究，开始构建彰显师生主体生命性，教学目标的生长性，教学过程的生成性，教学内容的生活性的课堂，在这样的课堂中激发学生的主体作用，让学生在课堂上充满学习的兴趣、学习的乐趣、学习的自信、学习的喜悦等；让学生在课堂上知识、技能、方法、情感态度都能得到全面生长；让学生在课堂的参与过程中能够在思维上更具有批判性、创造性，更加能够把自己的思考和收获表达出来，有他们的生成空间；让学生能够学会联系生活学、联系生活用等。三年多课改实验以来，我先后在湖南第一师范学报发表了《核心素养应从小学抓起》《核心素养的学科培养策略》《发展小学生核心素养的“四生课堂”模式建构》等学术文章。不仅如此“四生”课堂也将成为我一辈子不断去追寻和探索的理想课堂，用一辈子去坚守的课堂教学实验。

三、办学是生长的高地

（一）做事务型校长，改变一所山村学校

二十年前读《海尔制造》，总裁张瑞敏的箴言：“把简单的事情千百次地做好，就是不简单。”影响着我日后的工作方式。虽然当时刚刚踏上讲台，理解不到“教育是一件复杂事情”的真正含义，认为教育就是“日复一日，年复一年”的备课、上课、批改作业之类简单而亦让人枯燥的事情，而我当时想“就算一辈子做‘这样简单’的事情，我也要把它做到极致，让校长和同事放心，让学生和家长满意。”到大圣中学任教的前六年时间里，我先后担任过班主任，兼团支部书记、出纳、政教主任、教务主任、副校长等岗位工作，历经了彭桂兰、杨端夫、胡晓平三位校长的领导，从2004年秋季开始，我担任副校长，协助胡晓平校长办学，胡校长是一位非常年轻、有工作魄力和情怀的校长，他硬朗的工作作风，清晰的工作思路，艰苦朴素的生活作风至今也影响着我。在2000年左右那段时间大圣中学是当时浏阳市有名的“落后学校”。学校校舍破旧，资金匮乏，校风不好，教师作风散漫、教学质量落后等。村民们看不到子女教育的希望，老师们在这里工作是没有尊严可言，由于工作待遇不好、有时甚至连工资都发不出，老师的工作状态非常比较消极。当这些消极思想充斥着学校的时候，老师们就开始“不务正业”，想方设法自己“挣钱”或者“消遣”，有的工作之余做起了“小生意”，有的工作之余沉迷于打“麻将”，教学成了一种应付，工作成了一种“负担”。2004年至2006年，我担任副校长，负责教育教学管理工作。我全力支持校长的办学思想，想方设法解决老师们的工资发放和工作待遇问题，抓紧对教师师德师风和教学常规的管理，推动初三学生全寄宿制管理等。学校办学风气和办学质量开始好转，这也为我之后接任校长工作打下了良好的基数。2006年12月，浏阳市教育系统推行教育机构改革，上级安排我接任大圣学校的校长。六年不同岗位的工作经历让我对学校各方面的管理工作有了基本的认识，六年扎根这所学校的教育教学第一线，也让我对学校发展的深层次问题有了深入的了解，但是对于一个新手来讲，要办好一所农村初中，并且是带好一所困境中的学校是具有较大的挑战的。诚然，老师们的期盼、孩子们的渴望和家长们的诉求告诉我必须要担起这份担子，必须要带着师生们突破我们的困境，这既是信任也是责任。要让家长们对我们的办学更加满意，学生们在校学习更有信心，关键在于提升教育质量，要提升教育质量关键又在于教师能静心教书、潜心育人，而要调动老师们的积极性，关键在于能够解决老师们的工资和生活难题，优化学校管理，凝聚教师人心。由此，我尝试着和老师们一起做好这些事情：首先，解决学校管理乱的问题。对于我这样一个仅仅24岁的年轻校长而言，没有资历能够给我带来所谓的校长“权威”，加之我又是在这所学校成长起来的，很多的老教师和同事对我都有过很多的关心和帮助。如何过好管理的“人情关”是对我的考验，在工作过程中我深刻地感受到，学校之所以教学质量上不去与学校管理的“混乱”有关，这种“乱”主要表现在学校各项工作比较随意，制度化管理十分欠缺，教师工作缺乏科学合理的评价标准，导致教师的思想混乱、教学行为随意、学生管理松散，校园里发生的“教师换课打牌”“学生报复老师”“社会青年到学校校闹”等很多不正常的事情，这些问题背后的根源是校长在管理上采用“人治”，“依法治校，依制度管理”做得很不够，所以产生了很多工作中的矛盾。出于这种实情，我开始推行“学校管理制度第一，校长第二”，所有学校的重要管理要求都通过教职工代表大会形成制度，让制度成为全校教职工的集体意志。在制度的执行过程之中作为校长我以身示范、率先垂范，“要老师们做到的，自己先做到！”这样在制度的刚性约束下，学校逐步走上了制度化管理的正轨，直接影响到教学质量和办学水平的跨越式提升。其次，解决老师待遇低的问题。乡村教师待遇低是当时我所在地区较为普遍的现象，每个教师每月的平均工资大约在800元左右，除此之外，学校里是没有其他的福利发给老师们的，因此大多数老师的生活是过得很清苦的，所以为了生计，一些民办教师出身的当地教师不得不还在家种田地，一些有小孩上高中和大学的老师也不得不还利用工作之余赚些稍有技术含量的“外快”。作为校长，我必须要去面对，由于待遇低所带来的老师们工作积极性不高的问题，而解决这些问题的关键就是经费的筹集。于是，既从有利于学校工作的角度出发，又有利于教师待遇提升的角度出发，办起了“乡村寄宿制学校”“乡村公办幼儿园”“乡村学校劳动实践基地”等，以此“开源”，同时学校开始节约开支，确保上级拨款专款专用，钱用在刀刃上，以此“节流”来保证教师工资和基本福利发放到位。通过几年时间努力，学校不但解决了教师发工资不及时的问题，而且教师的福利待遇步步上升，一部分老师开始到城区买房，开始买汽车等，由此老师们的工作积极性也高涨，再也没有出现之前消极怠工的情况，老师们的工作干劲上来了，教学质量开始步步上升。再次，解决教学质量差的问题。乡村学生学习成绩不好，不仅是受学校教师教学的影响，而且也受农村家庭不重视教育思想的影响。当时大圣中学接受附近五个行政村的学生读书，学校辐射面宽，学生们上学和放学路途较远，稍远的学生骑自行车到学校要1个小时，同时我还发现很多村民南下打工，他们的孩子放学回家大多数都是爷爷奶奶照管，这些留守学生大都无法按时完成课后作业，很大程度上影响着教学效果。于是我和老师们共同做起了“保姆”，推行学校“寄宿制管理”，这个办学方式的出台赢得了家长们的欢迎，孩子回家没人照看的问题解决了，孩子上学路途远，翻山越岭的问题解决了。果然学校自从实施寄宿管理之后，学生们的学习时间和学习效果都有了更好的保障，我们的教育质量开始整体性稳步提升，寄宿制学校也提升了教师工作的责任心，原来住校无事干的老师，晚上就在教室给学生做辅导，备课，批改作业，老师们的工作也更加充实，当然老师们的工作待遇也有了很大的提升。从2007年开始，我们的初中毕业班质量开始追上其他较为优秀的学校，到2009年我们开始超越一些优秀学校，到2010年我们成为市里面教育质量领先的最美乡村学校。最后，解决学校设施旧的问题。从改变管理，改变队伍，改变质量，最终我们开始改变学校的硬件设施的建设。2009年市教育局将我校作为山村均衡教育示范学校，纳入湖南省首批“合格学校建设”项目学校，投入了近400万元的资金，新修了学校的操场，新建了综合楼，全部教室新增了班班通投影设备等。学校由破旧的山村校华丽转身，成为浏阳市最美乡村学校。正是在乡村学校十年如一日的坚守和全心付出，我深深地感受到“中国的教育之重和教育之难都在农村”，也深刻地感受到国家富强和振兴对农村教育带来的改变，也正是从这里开始孕育我的教育梦想“为振兴国家乡村教育而奋斗终生”。于是，我开始了解近代中国乡村教育的先驱陶行知、晏阳初等著名教育家，我发现真正地要做好新时期的乡村教育必须有更加深厚的教育理论储备，更加开阔的办学实践视野，更加丰富的人生阅历，正是受这些著名乡村教育家的启发，我决定在办好这所山村学校以后，要走出大山到更加广阔的天空去历练一番，然后再回归乡村教育。

（二）转专业型校长，办好两所城区学校

2011年1月，我考入到城区浏阳河小学担任校长，从初中到小学，从农村到城市，我面临两个新的挑战：如何从初中校长转型做小学校长，如何从办农村学校转型办城市学校。这两个挑战使我必须由一个经验型校长朝向专业型校长转变。专业型校长应该具有哪些专业能力？2012年教育部出台了《中小学校长专业标准》，明确了六项专业型标准：规划学校发展；营造育人氛围；领导课程教学；引领教师成长；优化内部管理；调适外部环境。这六条标准给了我转型发展的方向，在浏阳河小学三年，我一边坚持学习攻读教育硕士，提升自己的专业能力；一边坚守讲台与老师们行走在教学一线，引领老师们进行课程与教学改革;一边研究办学,优化学校管理,激活学校发展活力。在此期间，我做的最重要的一件事就是开始运用《规划》，以实现系统的、科学的、民主的管理学校方式。浏阳河小学是市里一所名校和老校，已经有110多年的办学历史，师资力量和教学水平都较为雄厚。但是由于受城市大开发的影响，学校正处于发展周期性的“衰退期”，财政经费投入不足，导致学校设施十分老旧。教师流动性不大，年龄老化，平均年龄达到了47.5岁。学校办学质量和教师福利待遇滑坡，导致优秀教师和学生生源流失。学校的工作当时很难开展，上任校长主动提出辞呈等。正因如此，对新任校长的能力要求非常高，照惯例这所学校的校长是选拔乡镇上的文教办主任，或者是城区其他学校优秀的校长来担任。我接任校长时是在浏阳教育历史上最年轻的城区小学校长，这既是组织的信任，又是组织对我的考验，市教育局领导对我的十分关爱，为了让我顺畅地打开工作局面，返聘了刚刚退休的刘汉明老书记协助我一学期。刘书记曾经是浏阳市七宝山乡镇的文教办主任，2000年左右，任浏阳河小学校长，在浏阳河小学已经工作了十年之久，对学校办学情况十分熟悉。刘书记十分正直、善良、充满智慧，老师们对他的评价很高。在那个学期，他总是想法设法帮我在老师们面前树立威信，也十分热心地告诉我学校的办学情况，以及各种问题的解决方式。在刘书记的帮助下，我较快熟悉了学校的基本情况，融入老师们之中，比较顺利地打开了工作局面。于是我开始着手深度思考，如何系统地去梳理这所学校百年小学积淀的办学文化，提炼其精髓，重新激发她的活力，如何系统地去明晰当前发展遇到的挑战，抓住问题的根本，科学地去解决，突破发展的瓶颈，如何系统地去设计未来五年发展的目标、发展的路径，推动学校办学再上新台阶。通过深入课堂、深入教师、深入学校办学的历史，综合老师们对学校发展的各方面建议和意见，我撰写出了一万多字的《浏阳河小学办学调研报告》，继而在《调研报告》的基础上，通过行政班子成员集体研究讨论和全体教师意见征求，通过教职工代表大会的审议形成了《浏阳河小学"十一五"五年发展规划》，在这份规划中，我们明晰了学校办学的优势、面临的挑战、新的发展愿景和目标、发展路径和保障等。通过它让师生和家长们形成学校未来发展的共识，凝聚学校人心和发展力量，通过它向市教育局、街道工委等各部门争取政策的支持。在《规划》中我们把浏阳河小学的办学新的目标确定为：提质硬件、发展内涵、构建特色、彰显文化、追求幸福。按照这份发展《规划》，我和老师们逐步优化人本管理，盘活社会资源，凝聚教师队伍，提升办学质量。三年里，学校共争取了1000多万元资金，全面解决了学校食堂建设、操场建设、学校花园建设、教室和功能室建设等问题；全面改善了教师的工作待遇，激活了教师队伍的教学热情；学校的教学质量有了进一步的提升；学校的合唱特色、绿色学校和中国传统文化特色的建构等有了一定的起色。2013年当我离开这所学校赴长沙工作的时候，老师们赠给我一本在浏阳河小学工作的相册，并写道："校长你在浏阳河小学工作三年，激发出我们这所百年老校新的青春活力！"

2013年8月，我考入长沙高新区明德麓谷学校，担任副校长，小学部校长，这所学校是由明德中学和高新区管委会合作办学的九年一贯制学校，2011年创建，共计60个班个办学规模，由于是新建学校，教师队伍十分年轻，平均年龄只有27岁左右，因此，教师的专业成长成为学校的工作重点，也成为学校的工作难点。针对这些问题，我又开始做学校教师团队发展的工作调研，整整用了半年时间，我与老师们一起撰写出了《明德麓谷小学教师专业发展三年行动规划》，明确了教师专业发展的总体思路：立足“同僚性”校本研训，抓住教研为教学服务，教研为教师成长服务这两个工作重心，坚持用三年时间做好教师专业发展六项工程，做好三件实事，引领教师构建学习共同体，做学习型、反思型和研究性教师，漫步在“痛并快乐”幸福教研之路上。明确教师队伍专业发展的七条路径为：第一，做好教师的“谈心”和“对话”工程，给教师的专业成长之路营造心灵的港湾；第二，做好教师的读书和写作工程，给教师的专业成长之路撒上宁静的书香；第三，做好教师的校本研训和“青蓝”工程，给教师的专业成长之路点亮引航的明灯；第四，做好“三生”课堂深水区改革工程，给教师的专业成长搭建腾飞的平台；第五，做好“草根式”校本微课题研究工程，给教师的专业成长装备可持续的引擎；第六，做好校级青年教师的培养、骨干教师和名师的评定和管理工程，给教师的专业成长制度铺设星光大道；第七，为教师做好“成长档案记录本”和“明德麓谷新教师空间群”两件专业发展的事实，为教师成长记录下五彩的足迹。根据《规划》，我以身示范带领学校的老师们坚持每天读写，每天研究学生、研究课堂、研究微课题等，通过几年努力，学校的青年教师们发展迅速，一大批教师在省市区的教学竞赛中崭露头角，各个学科的学科带头人和名师开始涌现。学校的教学质量也大幅度提升，位居全区前列，办学水平得到了家长们的赞许。在这六年的转型发展过程中，我深刻地理解了苏联教育家苏霍姆林斯基关于“校长的领导首先是思想的领导，其次才是行政的领导”和“要让教师感受到职业的幸福，就引领他们走上教研之路。”等思想论述。的确与事务型校长不同的是专业型的校长不但是要用心做事的同时还要系统、科学的想事，专业的校长应有教育的专业精神，专业的理论素养和实践能力。

（三）成事业型校长，创办城乡接合部新校

《易经》曰“举而措之天下民，谓之事业”。“所谓‘措’，是指安定。举措之间能使国家社会都安定了，这就叫事业”（南怀瑾）。当代教育家吕型伟先生认为：“教育是事业，事业的意义在于奉献；教育是科学，科学的价值在于求真；教育是艺术，艺术的生命在于创新。”的确，教育是事业，更需要事业型校长和教师为之实现。在农村十年的工作磨砺让我感受到国家的教育事业短板在于乡村教育，当前教育发展的不均衡，教育脱贫攻坚需要有教育梦想、教育情怀、教育专业能力的事业型校长去担当。2016 年 8 月应组织需求，我主动提出了到高新区城乡接合部东方红街道华龙村创办新校，尝试开展城镇化进程中城乡接合部学校办学研究。面对以拆迁户子弟和农民工子弟为主要生源对象的新办城乡接合部小学，怎样带领老师们办好这类学校呢？在学校第一个《五年发展规划》前言，我这样寄语老师们：“明华双语实验小学是一所全新的学校，我们为了一所理想的学校而来，为了一种理想的教育而来。这种理想源于我们这群人对这个美好时代的梦想、激情，源于我们对人生价值的追求，更源于我们对教育事业的无限之爱。就是在这么一个以中国梦、民族复兴为主旋律的时代，就是在这么一个以创新、协调、绿色、开放、共享为发展主题词的时代，就是在这么一个教育信息化、现代化、人本化为教育基本特征的时代，我们在寻找教育的理想，在寻找理想的学校，想涵养出理想的师生、理想的教育。”理想的教育是什么样的教育？我们将之描绘为“古典与现代相融合的教育，东西文化相融合的教育，当下与未来相融合的教育”。理想的学校是什么样的学校？我们将之描绘为“有爱爱之心，有思思之光，有书书之香，有音音之韵，有美美之味的学校”。理想的师生是什么样的师生？我们将之描述为“德明气华的师生”。于是我们提出了“以爱育美”的办学理念，“德明气华”的办学目标。我们提出走学校现代治理之路，办中国“现代化农村学校”；我们提出走科研兴校之路，培育中国“现代事业型‘四有’教师”；我们构建“基于小学生核心素养培养的‘四生’课堂模式建构”载体，聚焦学校课程与教学改革，为中国农村新时代好少年的核心素养发展奠基。同时，我们还设立了家庭教育中心，引领农民工和拆迁户做中国新时代的好父母。开创新校的这段岁月，虽然非常的艰辛，但是我和老师们累并快乐着，因为我们都在追寻着教育的梦想，为了理想的教育，为了时代的呼唤，在属于我们事业的道路上努力前行。

2018年4月23日，受组织安排我出任长沙高新区麓谷小学校长，虽然组织的安排打破了我想扎根明华小学，办好一所城乡接合部学校，破解城乡接合部学校教育难题，振兴乡村教育的事业梦想并未曾打破。根据麓谷小学发展需求，我和老师们研究出从经验型、事务型小学转型发展建设研究与创新型小学的新的办学思路、理念和行动策略，继续推动基于小学阶段学生发展核心素养培养的“四生课堂”教学改革，从改变课堂着力，改变老师，改变学校，建设高质量的研创型未来小学。

四、著作是生长的动力

在中小学课堂里、校园里二十多年的辛勤耕耘，思考感悟，研究探索的处女作即将付梓，心中甚为喜悦和感激，写作的过程是我主持的湖南省教育科学规划“十三五”重点资助课题《基于小学生核心素养培养的“4S”课堂教学模式研究》成果凝练的过程，也是参加教育部第二期中小学领航名校长高级班研修培训过程中对成长总结、行动反思到教育思想涅槃的过程，是行走在教育朝圣之路上的一次关键事件，给了我笃定教育理想，做新时代“大先生”莫大动力。在这个过程中我要由衷地感谢主编严华银教授对我的信任、指导与帮助，他是一位十分有教育情怀、教育思想和学术水平的导师，“凡是领航校长们有需求，我千方百计克服困难一定帮助解决。”疫情期间，他克服了诸多困难为我做办学和写作指导，这令我十分感动；我还要由衷地感谢我的博士生导师张传燧教师对我撰写著作严谨而细致指导，严格而真挚的教诲，让我谨记切勿粗制滥造。春节期间，他克服身体小恙为我的新书写序，并且反复推敲和修改，这种严谨治学的精神真是让我终身受益，“亲其师，信其道”这样的人生导师处处令我肃然起敬，时时令我心向往之；要由衷地感谢我的硕士生导师陈牛则教授对我出书的悉心帮助，帮我细审文稿，纠错纠偏，校阅至深夜，而不知疲倦，这种“爱生如子”的精神，让我感动不已，心生敬佩，自觉传承；还要由衷地感谢出版社为本书的辛勤付出，以及在澄潭江大圣中学工作时蔺传次、胡小平、杨端夫、骆彪、李卫东、刘光荣、周益元、邹祖宏等老师，在浏阳河小学工作时刘汉民、胡双飞、周安明、张自玲、戴永玲、万跃华、暨朝新、张毅等老师，在明德麓谷学校工作时陈迪夫、唐振、龚玲、刘常华、瞿群、王伟等老师，在明华小学工作时朱孟英、肖德武、刘华立、曾佳、胡美容、许世群、黄冰雷、卢德铭等老师，在麓谷小学工作时郭胜、黄意斌、廖拥红、刘小勇、叶宗文、彭翠、王树坤、黄艳丽、向桓继等老师们在工作中和书稿撰写过程中的帮助，感谢一起工作过的同事，一起成长着的学生们，是你们让我时刻感受到源源不断的教育幸福。由于时间、精力和学术能力还有限，本书还有很多不如意的地方，敬请恩师、同事和读者朋友们批评指正！在教育研究之路上，我将以此为新的起点，新的动力，力向未来，力争更好！

左鹏

2021 年 12 月 18 日

中国中小学名师名校长领航工程丛书

让师生享受教育的幸福

郭长宇◎著

中国出版集团
世界图书出版公司

丛书序

我在不久前发表于《中国教育报》的一篇文章中提到：必须高度重视我国教育本土实践与智慧的深度研究，这可能是中国教育转型的关键，也是增强教育自信的必由之路。这里摘引其中的几段。

何为“本土”？自然指向的是中国本土，它是中国的，是中华民族的，是在中国教育自身的实践中产生的。但今天的本土，又不是纯粹的孤悬于世界教育文明之外的“孤岛”。近代以来，国门大开，中外交流包括教育的交往从未中断，而且越来越有深度，也越来越融通。因此，可以说，在全球经济一体化的今天，偌大的中国，无论怎样的教育实践和思想，都像今天的中美经济贸易一样，你中有我，我中有你，所以这里的本土应该是指发生在中国大地上却又融汇了全球教育智慧的本土实践，是在实践中产生的智慧。研究本土教育，弘扬本土教育的实践智慧、经验，绝不意味着我们对于他国教育理论和实践的拒绝和对抗。

事实上，许多年来，随着教育部中小学名校长、名教师领航工程的陆续启动，一批又一批原本散落、尘封、不为外人所熟知的教育实践成功的学校、校长和教师典型，经由国家工程的推动，越来越快地成长、发展和成熟。笔者参与教育部中小学名校长领航工程，以江苏基地首席专家的身份，与来自全国15个省市自治区的教育家型校长“互学共进”，见证了他们在一流理论和实践导师的专业引领下自身成长和学校发展的

“蜕变”过程，深感与最为杰出的教育人结伴而行，乃人生至乐，且真正可以教学相长。感受最深的是代表我国现阶段最高水平、最高层次的精英校长，他们在长期的教育和学校管理实践中，在长期广泛学习、借鉴、研究、融会贯通、将世界优秀的教育理论与我国教育实际相结合的过程中，不断地“立功、立德”，成就越来越多的教育辉煌，其中有很多校长已经或者正在形成富于本土教育特色和个性的教育思想。

这样成功的本土实践、这种在本土实践中成长起来的中国教育智慧，对于教育改革的深化，对于教育转型，其借鉴意义和价值深远，一点也不亚于西方教育成功的理论和模式；甚或，因为其同源性、可行性，就显得更加重要。对之视而不见或者置若罔闻，这要么是崇洋媚外的劣根作祟，要么是功利导致的无知和漠视。

到2021年9月中旬，教育部第二期教育家型校长培养工程圆满结业，中国已经培养出近180位教育家型校长。而随着时光流逝，他们中的越来越多的人都将淡出教育的主流场域，这虽然是新陈代谢的规律所致，但对于这一批校长，在这样一个黄金时段，如何最大限度地发挥他们的作用和功能，更好地实现在教育变革中的意义和价值，对此我们又有多少考虑，又有多少顶层设计呢？

作为曾经伴随着他们“走过这一段路”的培养者，作为亲眼见证和感受着他们的优秀、卓越和创造了一方教育辉煌的专家，每每想到这些，只有扼腕叹息，我无法要求国内的教育专家学者转换视角、转变观念，把研究的重点瞄向本土、本土真正杰出的教育实践家、中国一流的教育家型校长群体，也无法突破一般政策的规定，比如校长任职年龄的限制，充分发挥这些领航校长的智慧和才干，不断创造办学和教育的奇迹，引领一方教育顺利转型。我可以做的，或者说力能胜任的，大概就只能是重点关注这些校长中的一部分，调动多方专家力量，如实地呈现他们有关教育的功、德、言，呈现他们的研究成果和创造成果。

这套《中国中小学名师名校长领航工程丛书》正是要通过这些校长

自身成长的轨迹梳理、学校发展的过程回放，通过对其经验与理念、理性思考与实践智慧的展示，特别是通过他们教育思想、管理个性与办学风格的真实表达，以理性开启思维，以经验启迪思想，以成功激励成功，为面广量大的校长人群提供资源帮助，经验参照和方法启迪，推动正行进在改革现实、加快转型、探索未来教育的他们突破、超越，从而为加速建设教育强国、科技强国、人才强国贡献智慧和力量。

不仅如此，通过这种原汁原味的成功样本的“实录”，展示中国基础教育转型期一批勇敢者不息探求的历史，为未来国内有志于中国基础教育研究的专家提供第一手的最真实的素材和资源。也衷心希望越来越多的教育同仁参与进来，开展越来越多、越来越丰富的研究，取得越来越多、越来越厚重的成果。

当中国本土的教育实践智慧被越来越多的教育人、研究者深度关注，当本土教育家型校长和校长教育家的办学思想、成果的研究终于成为“显学”，我国教育改革的深化、教育转型的发展，就进入了花香郁郁、生机勃勃、自信满满的崭新阶段。

本丛书的组织、编写和出版，得到了教育部“国培计划”专家工作组秘书长黄桂珍、领航工程项目办郭磊主任、国教院培训学院于维涛、领航工程北京基地首席专家胡淑云、领航工程广东基地首席专家龚孝华等的大力支持，他们给予本书以较高的评价，在此深表感谢。必须要提到的是，2020 年，北京教育学院校长、培训学院院长胡淑云教授邀我和广东第二师范学院龚孝华教授一同参与了中国教育学会重点课题“从名校长到教育家型校长发展路径研究”，本丛书恰恰是围绕这一课题所做的“研究三人行”之成果了。

严华银

2022 年 2 月星期日于南京老山竹下居

让我的每一个孩子幸福着

当岁月的光影
投射在成长的长河
你我从懵懂中苏醒
把目光锁定在幸福的方向

我是一名教育者，也是一名管理者，我最幸福的事就是行走在校园中，无论经历过什么，无论现在面对什么，只要看到校园天边的那缕晨光，仿佛一切都是崭新的开始。

我始终相信抛开聚光灯下的七彩光斑，还原了最初的纯粹和率真，才能遇见人生真正的高度和态度。这不禁让我想起了一首诗：“从前有个牧羊人，他的思想和那山峰一般崇高，他的山峰上有一群羊，时刻都需要他的喂养。”最单纯的执着与追寻，才是最美的时光。人生总是这样，一步一步向前，一次一次跨越。

从一名语文老师，到历任班主任、共青团书记、政教主任、教导主任，最终成为一校之长，回顾这三十多年的教育生涯，很多艰难、困惑都在实践中变得清浅而模糊，唯独每一个孩子的笑脸成为我脑海里难以磨灭的印记。我感谢这样的教育经历，它让我能够成为一个有温度的人、一个有情怀的人，让我看到生命最美好的历程，让我有幸参与到这丰富多彩的青春里。我珍惜这样的教育经历，它让我有所思考、有所体悟，更让我有机会去实践，去创造，去追寻。

基层乡村学校的工作经历，启迪了我的教育智慧，滋养了我的教育生命，锻造出我专业成长的雏形。在由一线教师向管理者蜕变的过程中，我深刻体会到“教师之责，爱心浸润，立德树人；校长之责，理念引领，成长教师”。带着这样的收获，我满怀欣喜砥砺前行。

2009 年 9 月，经过晋中市教育局公开选拔校长的竞聘后，我走进一片从未接触过的陌生天地——晋中市特殊教育学校。在这里，看着一群特殊的孩子，我想要大声疾呼——同一个世界，可他们却似乎被世界所遗忘。作为教育人，我要让他们拥有同样的权利、自由和梦想。在这里，是艺术教育让残缺的生命绽放出了最美的华彩，是爱让教育变成最温暖的语言，我的教育思想似乎也更接近教育的精魂。

当看到破败的校舍焕然一新，当看到天真的脸庞扬起自信，当看到孤独的身影有了陪伴，当看到曾经的两个世界成为一个圆满，我的心底升腾起一抹清浅的微笑。这是前所未有的幸福体验，或许这就是我的那份初心吧。

有了踏实的教育实践，有了曾经的教育思索，有了不断的自我反思与学习，我的教育蓝图越发明晰——办学生喜欢的学校，办适合学生成长的教育，才是真正的“回归本真”。

2014 年，我从晋中市特殊教育学校调至晋中师范高等专科学校附属学校，这是一所九年一贯制的新建校。我想让我的初心在这里生根发芽、落地开花，我想让这里的孩子爱上这座朝气蓬勃的校园。要让学生喜欢，学校必然要具备一定的吸引力，那么学校拿什么来吸引学生呢？答案可能是优雅舒适的校园环境，民主和谐的育人氛围，自主参与的快乐课堂，丰富多彩的实践活动，释放个性的多彩课程……

三十多年的工作实践让我坚定了一个信念，那就是教育，尤其是义务教育，它应当是以人的终身幸福为目的的。因而，在反复对比论证的前提下，我以学校过去的两年发展为基础，与校委会成员审慎定位学校未来的发展方向和策略，在江苏基地各位导师的深入调研、精心指导下，提出了“为学生一生储备幸福”的理念。围绕这一理念，在全体附校人的共同努力下，我们从校园文化、学校管理、课程建构、师生成长等方面入手，构建了较为完整的“幸福教育”文化体系。

幸福的教育，就是把幸福作为教育的内容，使师生拥有理解幸福、体验幸福、创造幸福、享受幸福的能力。

幸福的教育，就是把幸福作为教育的过程，使教育的过程成为体验幸福的过程，使师生从中领悟幸福的真谛。

幸福的教育，就是要让学生拥有幸福的现在。对人生而言，教育不能以牺牲今天的幸福为代价来换取明天的幸福。学生享受幸福是现时的、当下的、此时此地的。幸福既是教育的目的，也贯穿于整个教育过程中。同时，教育也为学生的未来幸福做准备。

教育是你的，是我的，更是我们的。同一片星空下，带着幸福的教育初心，揣着幸福的教育梦想，怀着幸福的教育使命，我长风破浪，直挂云帆。当岁月磨平了棱角，当时光磨皱了容颜，当流年磨损了记忆，唯一不变的是我那份执着的坚定——我会让我的每一个孩子幸福着，过去、现在，还有未来……

郭长安

目　录

contents

第一章

幸福教育的孕育

年少的时光，不管经历了多少，回忆都是美好的，那些吃过的苦、受过的伤，都成为生命成长的力量，回头想想，幸福满满。

第一节　青春印记播撒幸福幼苗

我的家乡在山西省平遥县城南一个偏僻的小山村，进村有一段弯弯曲曲的盘山小路，一侧沟壑纵横。有歌谣传唱："平遥城，六道门，三十里路枣树坪，枣树坪，是好村，弯弯曲曲像条龙。"

说是枣树坪，却少见枣树，漫山遍野种满了核桃树、花椒树、宾果树。秋天一到，全村人都忙碌起来了。孩子们猴子似的上树摘果子，女人们踩着高低不同的凳子剪花椒，男人们挥舞着木棍子啪啪打核桃……沟沟梁梁上，男男女女，老老少少，欢声笑语。

我家人口多，勤劳耿直的父亲、善良厚道的母亲，养育了我们兄弟姊妹七个。我是家里排行最小的，上面有五个姐姐、一个哥哥，所以是在全家人的百般呵护中长大的。那个年代，农村生活虽然苦，但我内心却是开心快乐的，每天放学后帮着家里干点农活，上山割草时追野鸡、野兔，在山下河里打水战，腰间别个木制手枪，学着各种英雄人物飞檐走壁……

徐徐的山风，清澈的河水，芬芳的泥土，飘香的果实，温暖的家，懵懂的心，那年我 12 岁，第一次一个人离开家去镇上读初中，留恋与不舍，胆怯与孤独，渴求与期盼，身后这片热土就是我走出去的力量。

走出去之后才知道世界的精彩，在那片知识的海洋中，我如饥似渴。同为农家孩子的我们，因贫穷而更加努力。我们翻山越岭，笑声一路，口袋里的干馍片，茶缸里的白开水，教室里课桌上我们趴着午睡，刺骨的寒风中我们跺着冻僵的双脚，呵着冰凉的双手。饥饿和寒冷在四季里轮回，少年的我们也在四季里越蹿越高，我们的梦想也在四季里生根发芽。

那个年代，男孩子心中都有一种英雄情结。我喜欢读各种人物传记，荆轲刺秦王，“风萧萧兮易水寒，壮士一去兮不复还”；精忠报国的岳飞，“怒发冲冠，仰天长啸”；赤壁周郎，“谈笑间，樯橹灰飞烟灭”；汨罗江畔徘徊的屈原，“路漫漫其修远兮，吾将上下而求索”；断头台上的谭嗣同，“我自横刀向天笑，去留肝胆两昆仑”；卧薪尝胆，忍辱负重的王者；腰上常挎带血刀的将军……与这些灵魂为伴，我热血沸腾。读他们金戈铁马，挑灯看剑，醉卧沙场，大雪满弓，沧海一笑，在他们的悲壮与豪迈、乐观与豁达、从容与自信、胆识与勇气、寂寞与伤痛的世界里，我做着自己的英雄梦，这种梦想陪我成长，给我力量。

1988 年，我走入山西省太谷师范学校的大门。现实与梦想的落差让我一度困惑。在这个琴棋书画、笔墨纸砚的世界里，我该去哪里找我的刀光剑影呢？我不愿像小女子那样带着一群小孩子玩老鹰捉小鸡的游戏，可是我又该去哪里呢？我开始在迷茫中挣扎。白岩松说过：“没有一代人的青春是容易的。”我们的青春就像奔流不息的江河，呼啸着追求我们想要的一切。

虽然我一度迷茫，但总被校园里的一种青春的力量牵引着。他们的才华，他们的活力，他们的智慧，他们的笑脸，就那样光芒万丈地照进了我的心里。他们就在我的身边，我看得见，摸得着。我第一次开始思考我为之奋斗的人生目标——人民教师。那个目标不像我那个虚无缥缈的梦飘在空中，它让我实实在在地走在路上。教师那么平凡，却能让梦想开花；教师那么细微，却能让春风化雨；教师默默无闻，却芬芳四溢。

我要迈出我人生坚定有力的第一步，从珍惜每一片时光开始。我一点儿一点儿积累着，教室里的埋首，操场上的坚持，各种活动的积极参与……在这个充满才华、学问，又充满竞争与挑战的小舞台上，我努力充实自己。

在学校组织的一次演讲比赛中，我认识了即将毕业的同学A。在众多佼佼者中，她属于最朴实的那一个。瘦弱的她站在演讲台上，阳光照着她清秀的脸，她就那样娓娓道来。身为农家孩子的她，和我有着相同的经历，深爱着家乡的那片山山水水。她说，毕业后她要回到那里去，她希望家乡的孩子也能接受最好的教育，她要带他们诵读最美的文字，让他们的童音与心灵共舞；带他们去看流水，听泉水叮咚、小溪潺潺；带他们去闻花的清香，静听花开的声音；带他们去看山，让他们感受仰视与俯视的角度；带他们走过四季的小树林，让他们寻找春天的欣喜、夏天的繁茂、秋天的飘零、冬天的荒芜；带他们去听鸟叫，看燕子筑巢、大雁南飞；带他们去数星星、看月亮；带他们去聆听小雨滋润万物的沙沙声，看小雪花顷刻间飘满山谷的银装；带他们堆雪人，打雪仗，陪他们笑，陪他们闹，在他们心里播种一粒粒美美的种子，用爱的力量去滋养，静待他们开花结果，那是怎样的一种幸福成长呢。

我彻底被她融化了，那是怎样的一种用心，一种慈爱，原来用心做一名教师可以如此幸福。

我的恩师是一位满头花白头发、有着和蔼笑容的长者。从第一眼见到她时，我们就被她身体内散发出的静水深流的力量深深地吸引了。她娟秀的字迹清晰有力，柔和的语调掷地有声，平实的话语扣人心弦。她曾经历过“文化大革命”的浩劫，却在那样的动乱中依然潜心治学。她说这是她的志向所在，站在讲台上的时光似乎是她最幸福的时刻，她觉得这就是意义，因为教育有所期待，生活才有希望，人才会有坚持下去的力量。

那节课上她讲了一个源于古希腊的美丽的传说。

相传古希腊雕刻家皮格马利翁深深地爱上了自己用象牙雕刻的美丽少女，并希望少女能够变成活生生的人。他真挚的爱感动了爱神阿劳芙罗狄特。爱神赋予了少女雕像生命，最终皮格马利翁与自己钟爱的少女结为伉俪。

这个看似虚无的故事，在教育的世界里却呈现出最真实的光彩。你期待什么，你便会得到什么，你得到的不是你想要的，而是你期待的。你充满自信地期待，相信事情会顺利进行，事情才会顺利进行。反之，如果你认为事情会不断受到阻力，这些阻力就会产生。成功的人都会培养出充满自信的态度，相信好的事情一定会发生。

赞美、信任和期待都具有一种能量，它能改变人的行为。当一个人获得对方的信任、赞美时，他便感觉获得了外界的支持，从而增强了自我价值感，变得自信、自强，获得一种积极向上的动力，并尽力满足对方的期待，以免令对方失望，这就是心理学上所说的皮格马利翁效应。

师范学校的三年生活中，有太多难以忘怀的点点滴滴，也有太多能引领我成长的人和事，但所有的一切都融进了责任、期待当中。我有责任做好我所承担的一切。

走出校门的那一刻，我少了些懵懂，多了些坚定，找到了前进的方向。

第二节　普教经历沉淀育人初心

毕业后，我回到了我的母校，它是家乡的一所乡办中学。熟悉的校园，熟悉的老师，让我备感亲切，从这一刻起我的校园角色发生了翻转——我不再是学生，而是三尺讲台上的老师。

还记得第一次以这样的身份穿梭在校园中时听到的那一声稚嫩的“老师好”。那是一个满脸洋溢着笑容的女孩，她清澈的眸子中倒映着阳光的影子。记得陶行知先生曾经说过：“在教师的手里操着幼年人的命运，便操着民族和人类的命运。”“老师”这样一个称呼，让我不经意间挺直了腰板，坚定了步伐，我的心变得沉甸甸的。环顾校园，杨柳依依，随风轻扬；笑靥如花，映射朝阳；书声琅琅，回荡天际……这里，有即将属于我的那高高的三尺讲台。

登上讲台前的那一夜，我一次次地练习着明天见到学生时要说的话，一次次地问自己明天想给学生留下怎样的第一印象，一次次地从床上坐起来翻看讲课教案……就这样从深夜看到黎明，前所未有的紧张袭满全身。第二天，我一步步走向那间教室，觉得这条路好长好长，仿佛走不到尽头。我紧紧地抓着自己的书本，强作镇定地充满气场地站定。

“上课！”

“起立！”

“老师好！”

看着这群满脸稚气的孩子，我渐渐地放松了心情。第一节课，作为语文教师的我首先要树立我的“师道尊严”，不是威严震吓，而是语言征服。爱因斯坦曾说过：“使学生对教师尊敬的唯一源泉在于教师的德和才。”

在拿到班级名单的那一刻，我就在思索，怎样向孩子们传达我的期待，虽然我们素未谋面，虽然我们不曾了解。对，诗歌，古诗词蕴藏着巨大魅力，我把我的期待、我的要求、我的希冀以及孩子们的名字都藏在诗里，送给每一个孩子。我为 43 个孩子每人都写了两句诗。我揣摩他们名字中所蕴含的父母的期待，转而以古诗词的形式呈现出来，传递到孩子们手中。

孩子们都瞪着好奇的眼睛望着我，期待着自己的这一句，也静静地听着别人的那一句，心中被好奇填满。看着他们忽闪忽闪的大眼睛，我悬着的心慢慢放下，我的目的似乎就这样达到了。

后来一次家长会后，一位家长特意提及此事，说她的孩子放学回家后硬要让父亲补出诗句的后两句，并把我写的这两句诗小心翼翼地夹在日记本里，轻轻地说了一句：“我会努力的。”

这是我第一次感受到教师工作的意义——带给孩子以希望，让他们能够对自己充满信心，相信自己会成为更好的自己。陶行知一再强调：“你的教鞭下有瓦特，你的冷眼里有牛顿，你的讥笑中有爱迪生。你别忙着把他们赶跑。你可要等到：坐火轮，点电灯，学微积分，才认他们是你当年的小学生？”这让我清晰地认识到，作为教师，我所做的每一件事都是有作用的，也许微小，也许烦琐，但都会在孩子的心里投射下大大的光晕。

工作与生活相似，有信心满怀、春光灿烂的日子，就有阴霾满天、狂风暴雨的时刻。

下课铃刚刚打响。

“老师，快去教室，有人疯了……”

我抬腿便跑，还未靠近教室，就已听到沉重的敲击声。我急速跨入教室，只见那个平日里闷声闷气的男生拿着拳头用力地捶打着课桌，拳头早已青紫，所有人沉默在侧，不知所措。

“孩子，快停下……”我冲过去一把按住他的胳膊，却看到他充满泪水的眼睛。“走，去办公室……”

这暴风骤雨般的一幕，多少让我有些紧张。可这样行为的背后，一定有这个孩子不为人知的隐痛。等待，也许是这时最有力的语言。我等着，等着他平复心情，等着他擦干眼泪，等着他愿意说出他的小秘密。我就这样静静地坐着，虽然我的心里充满疑问。

他本就不是一个普通的孩子，从入学第一天起，他的既定动作就是进入教室，放下书包，掀起校服，趴在课桌上，不说话，不交流，如此循环往复。班主任曾提及从未见过他的父母，他跟着奶奶生活。

“老师，他们说我是傻子，说我没人要……”低低的声音把我的思绪拉回现实，我看到那个刚刚舒展的小拳头又紧紧地握住，再一次重重地落到了桌子上。

每一个孩子都是有尊严的，无论他以怎样的形式呈现在我们眼前，他以怎样的表现映射在别人眼里。

“你显然不同意他们的说法，对吧？可是你用伤害自己的方式来反驳他们，有用吗？反驳别人最好的方式是结果，是行动。你需要用行动来证明自己，你跟他们一样聪明，一样优秀。你愤怒是因为他们伤害了你的尊严，但要赢得尊严一定要用事实说话，而不是伤害自己……”

那一天，我看到了一个成长在不完整家庭的孩子内心的无助，也明白了每一个孩子在做出不可思议的行为背后总有他当时无法跨越的深渊。在工作的第一年中，在与孩子的交流接触中，我开始学会沉下心来等待，慢慢说，慢慢做，而不是一出现问题就急于寻求原因，加以苛责。我也看到了家庭教育在孩子成长过程中的重要意义。完整和谐的家庭、积极健康的教育，是孩子正确认识自我和认识世界的重要途径。

肖川在《教育的方向与方法》一书中说：“当我们学会用等待的心情去看待学生时，我们就能对学生少一点苛责、少一点失望、少一点冷漠，而多一分理解、多一分信心、多一分亲切。”我想，当教师学会用等待的心情去看待学生时，学生就能得到教师更多的关爱、理解、信任和鼓励，教师也会看到学生慢慢成长和进步的希望。

正如苏霍姆林斯基的呐喊：“爱人吧！对人的爱是你道德的核心！应当这样生活：让你的道德核心健康、纯洁、强大无比！做一个真正的人，这就是说要为你周围的人贡献出自己心灵的力量，让他们更美好，精神上更富有、更完美；让你生活中接触的每一个人从你那儿，从你的心灵深处得到一点最美好的东西。”

教师更应如此。当面对调皮和不懂事的学生时，我们要心平气和地教诲，耐心等待他们取得的哪怕一点点进步，不要期待一次谈话、一次教导、一次表扬就能取得立竿见影的效果；当面对后进生时，我们要悉心辅导，多鼓励和表扬，挖掘闪光点，不能要求一次辅导、一次鼓励就能使他们取得很大的进步；当面对常犯错误的学生时，我们要调整好心态，用宽大、包容的胸怀去接纳他们的所作所为，不能因为自己的一时冲动而放弃对他们的教育。

有人曾经说过，虽然每一粒种子都会发芽，但是最终的结局却不尽相同，有的会长成参天大树，而有的却永远是一棵平凡的小草。可是那又怎样呢？树有树的价值，草有草的意义！

在做语文教师的这些日子里，在与学生共读书、共成长的过程中，我渐渐明白，对学生的尊重、宽容和等待是教育的原动力，这份爱才是照亮学生和自己心灵的灯光！

在做语文教师的这一年中，我一直在学习如何成为教师，如何成为更好的教师。从教第二年，我的身上多了另一个称呼——“班主任”，这个世界上最小的似乎也是最充满挑战的“主任”。

班主任们在一起时常常开玩笑说："我们是在和孩子们斗智斗勇。"记得第一次带班时，班中男生占了绝大多数，调皮捣蛋者不乏其数，尤其在自习课、晨读中他们更是花样百出。最初我从教室后门的那一方玻璃上可以一窥全貌，但久而久之，孩子们似乎掌握了规律，于是我只能另辟蹊径，好出其不意，随时监督。教室外面紧邻一片园子，我便变成了身手敏捷的"猴子"，借助枝丫翻上墙头，从他们认为我不会出现的侧窗一看究竟。可这终究不是长久之计，我不能时时都把学生放在自己的监管之下吧！

班主任，该如何把握管理的尺度？管理的终点又是什么？为了弄清楚，我开始从各种名家言论中探寻答案。

魏书生在《班主任工作漫谈》中提道："我们不能把学生当作没有思想、没有情感的被动的受管理者，而应该把他们当作有思想、有意志、有情感的主动发展的个体。成功管理的前提是尊重他们的意愿，尊重他们的人格，把他们当作实实在在的'人'，而不是驯服物。"

学校、班集体绝不是制造同一型号、统一规格的升学零件的机器，而应是学生向前行驶的渡船。班主任是渡船上的摆渡人，学生拥有一定自主选择航向的权利，但是班主任应保证渡船的整体航向不能偏移。结合《中学生守则》，参考国外的学生守则，我提出了班级基本要求。这些要求更多的是精神层面的引导，如能够正确地认识和评价自己；看到自己是一个广阔的世界，尊重并忠实于自己的善良意念，在矛盾纠结中做出正确的选择；尊重别人，从对别人的尊重、理解、帮助、爱护中得到别人对自己的尊重、理解、帮助、爱护，并从对别人的帮助中获得自豪感和幸福感；"己所不欲，勿施于人。""勿以善小而不为，勿以恶小而为之。"正如余秋雨所说："最让人动心的是苦难中的高贵，最让人看出高贵之所以高贵的，也是这种高贵。凭着这种高贵，人们可以在生死存亡的边缘上吟诗作赋，可以用自己的一点温暖去化开别人心头的冰雪，继而，可以用屈辱之身去点燃文明的火种。"一场优秀的教育，并不只是让学生学会披荆斩棘，还要让他们学会面对人世的幸福态度。

"快，有个家长找你，下面都快炸锅了……"

来不及细想，我快速向下走去。只见两位家长围着邻班班主任喋喋不休地说着什么，一看到我，便齐刷刷地向我走来。

“B是您班的学生吧？这个小姑娘问我闺女借钱不还，还威胁我闺女……”家长火冒三丈地说，“请他家长来一趟吧，我们当面说说……”

我们尽量一边安抚家长的情绪，一边了解事情的来龙去脉。待各位家长全部到位后，我们让孩子们做出解释，可孩子们的说辞却大相径庭，各个都理直气壮，家长也在旁边各护各的孩子。瞬间，整个办公室乱成了一锅粥。家长们的情绪越发激动，言语也越发不客气。我与邻班班主任看着眼前这一幕不知该如何解决。

这时，平素关照我们的吕老师悄悄把我们拉到一边，这是一位拥有20年班级管理经验的教师。

“先把家长跟孩子分开，然后安抚好家长，请他们先回去，再跟学生好好做做思想工作，了解清楚到底是怎么回事，不能冤枉孩子，但也不能纵容孩子犯错……再这么纠缠下去，问题还是没办法解决……”

听了吕老师的话，我们分头行动，安抚家长，询问情况，舒缓孩子的情绪……终于第二天我们班的孩子开口了：“老师，我的确借了钱没还，昨天那么多人，我不敢说……”

借钱风波在吕老师的帮助下顺利解决。在后来对孩子的引导教育中，很多经验丰富的教师也一再提供帮助，并提醒我谈话中应注意的问题。这一次小小的风波，让我看到了自己身边的这座宝库——前辈的经验，这是从实践中积累的灵活处理问题的方法，是书本中的间接经验所无法替代和弥补的。

李镇西老师在《你还可以更幸福》中如是说：“是的，如你所说，你的确遇到了很多很多困难，这些困难是你参加工作之初没有想到的。你说，读师范的时候，你想到过学生的调皮，想到过上课的挫折，甚至想到过被学生气哭，但就是没有想到，在应试教育的铜墙铁壁面前曾经有的教育理想是那样的苍白无力！你读了很多教育理论著作，包括读了我的书，可是面对现实，面对学校和上级的种种这个‘不准’，那个‘不准’，还有上面对‘教学质量’的任务和指标，你感到自己被逼到了教育的悬崖绝壁……于是，你不得不退缩，向你过去所不齿的‘野蛮教育’缴械投降。于是，你很累，不停地喘息，有时还感到窒息……我只想说的是，这一切就是‘教育本身’。教育的复杂性，教育的艰巨性以及教育过程的不可预测性……都在其中了。但是，教育的挑战，教育的智慧，还有你所期待的也就是我经常所说的‘教育的幸福’也在其中了……问题只能你自己去解决。我只能帮你分析，我可以建议你改变思维方式，拓展胸襟与视野，调适好心态……可最终问题的解决还得靠你自己……其实，这里应有一个思维方式的转换：作为一个基层的教育者，无论校长还是教师，要打碎‘镣铐’是不可能的，这也不是我们的任务与使命；既然‘镣铐’不可能打碎甚至卸下‘镣铐’都不可能，那我们要思考的就是，如何在‘镣铐’的束缚之下把舞跳得相对自如一些甚至优雅一点……给你一个班，作为班主任，在不违背上级总体要求的前提下，如何让这个班充满生机，富有特色，尤其是对孩子富有吸引力，给孩子的未来留下温馨而富有人性的记忆？在这些方面，你都不是一点创造的空间都没有的。从某种意义上说，在现行教育体制下，真正的教育艺术，就是‘戴着镣铐跳舞’的艺术。在与应试教育的‘周旋’（‘周旋’就包括了应对与超越）中形成自己的教育个性，就是我们的教育大智慧。”有了意义，有了价值，有了尊严，你就可以更幸福。

在团体的影响下，在自我的提升中，我渐渐找到了作为班主任的“三项基本原则”：爱、尊重和唤醒。我也给予了这三个词新的内涵：爱，是给孩子温暖的心灵感受；尊重，是“己所不欲，勿施于人”，是学会站在别人的角度思考；唤醒，是帮助每一个孩子发现自己的光芒。教育需要的不是虚伪的理解，也不是矫饰的微笑，更不是空洞的说教，而是真诚。真诚才是为师者最大的魅力。

在班级管理中我经常会发现：学生们很容易被感动，却很难被说服。他们并不是愿意出现问题，而是想要引起注意或提出抗议。因此，我深深地感受到作为教师、作为班主任不断修养身心的重要性。己所不立，又何以立人？因而，我把反思作为职业生涯中的基本行为。通过反思，我调整自己的教育观、教学观、学生观，使自己在教学中始终保持清醒的头脑。

就这样，在书香的浸润里，在前人的辅助下，在自我的反思中，我看到了教育更真实的样子——不仅有困惑与纠结，还有顺遂与感动；不仅有磨砺与艰辛，还有相扶与相携；不仅有挑战与超越，还有坚守与执着。在这样的征途中，其实我们都可以更幸福！

七年的教学生涯，浸染着我全部的青春，包括心血和汗水。正如冰心的小诗中所提到的："成功的花，人们只惊羡她现时的明艳，然而当初她的芽儿，浸透了奋斗的泪泉，洒遍了牺牲的血雨。"我不敢说自己是一个成功者，可我是一个追求者，慢慢地追求着自己的教育梦想。从教以来，我先后做过班主任、团支部书记、政教主任、教导主任。在追梦的路上我一直追问自己：教育的精魂到底是什么？我还没有找到确切的答案，但这样的追问必将会伴我一生。也正是在这样不断的追问中，我才拥有了尝试的勇气和探索的毅力。

1998 年 5 月，在一次学校校长换届选聘中，我有幸从一名普通教师走上了校长岗位，并有幸留在自己所在的学校继续工作。

我所在的学校虽是一所乡办中学，却有着深厚的文化底蕴，无论校风，还是教风都是严谨的，成绩也是首屈一指的。当我从老校长手里接过这根接力棒时，真可谓是小心翼翼、战战兢兢。我甚至怀疑我能否胜任这一重任，我太清楚历任的校长是如何披星戴月、呕心沥血的。他们的荣耀，我必须坚守。他们对我的信任与嘱托，我一定会铭记在心！

从一线教师到管理者，角色的突然转变让我一时间难以适应。从专业发展到如今的全面统筹，从关注自我修养到关注学校的宏观发展，工作给了我太多需要突破的命题。我唯有全面整理思路、调整角色、加强学习、努力工作，才能在实践中把握工作的脉搏，适应岗位的要求。

角色的转变对于我而言虽是挑战，但我更愿意将之视为人生的机遇。我将这个岗位视作自己发展的全新舞台。在这个舞台上，我可以触摸到教育的精魂，将自己多年所思所想大胆审慎地进行实践！我期盼着：舞出学校新的风景！

陶行知曾经说过："做一个学校校长，谈何容易！说得小些，他关系到千百人的学业前途，说得大些，他关系到国家与学术之兴衰。”没有走上工作岗位时，我并未意识到道路会如此艰辛。我相信只要我不怕付出，找到方法，就一定能建设好一所学校，一定能培养出一批批优秀的学生，也一定能塑造好一支强大的教师队伍。我信心满怀，以为自己已经做好了准备，可当我真正开始投入工作时才意识到，我远远低估了我将要面对的困难。因为在最初的日子里，我感受到的不是甜与乐，而是困惑与迷茫、困难与压力。

作为新任校长，身份与责任转变了，所以很多之前认为得心应手的事变得复杂了。当我同时面对很多事的时候，如学校的内部管理、运行情况，领导班子成员之间的合作，教师队伍总体的合作，教师与学生的关系，教师与家长的关系，学生与家长的关系……就像进入了巨大的漩涡，忙乱与无助是最大的感受，要管的事情很多，却找不到切入点；要了解的情况很多，却找不到信息源头……“剪不断，理还乱”，李煜的词我可谓感同身受。但无论怎样，我从来都是一个不服输的人，于是我开始全身心地投入到工作中，没头绪就找个头绪出来。正因为有这种想法，我每天总会第一个走进校园，最后一个离开校园，在家、校两点间奔波，学校成了笼罩在我心头的一片暗影。

可是，尽管我披星戴月、全力以赴，但工作的成效并不明显。很长一段时间里我都埋首于纷繁复杂的事务中，只顾低头拉车，却忘了抬头看路。对于教师与学生的成长、教学的管理以及学校的发展我都欠缺全盘考虑，教师们没有因为我的付出而有更多的改变，学校的统筹工作依旧不能十分顺利地开展。我第一次在工作岗位上被巨大的孤独感所淹没，此时的我陷入到了被动、无助的境况。

古语云：“欲速则不达。”当我静下心来，不再急于求成、想要改变时，想起了老校长的一句话：“人，无论出于什么样的身份地位，都要学会思考，作为教育工作者，更要学会反思。”正如威廉·杜拉姆（William Dulam）在《思维的革命》（*REVOLUTION IN THINKING*）一书中指出：“假如一个人掌握了思维的力量，那么他就会加速成功的频率。”我知道，我在工作方向上出了问题。

于是我开始静下心来反思。我清晰地知道，只有明确方向，才能找到前行的路径，所以我首先要做的就是对自己的角色进行定位。西方学者玛莎·斯佩克（Marsha Speck）认为校长有三种职业角色：教育者、领导者和管理者。校长作为教育者的主要职责：不断学习并反思；建立学校远景目标；审查远景计划和教育活动方案；指导并促进合作研究；实施教学计划并进行教学评价；改进校园文化；改进对学生的服务质量；检测学生的发展情况。校长作为领导者的职责：准确定位学校的现状；预设学校的远景目标；促进全校师生就远景目标达成共识；界定学校变革的能力和限度；规划并实施变革；为全校树立榜样；授权给教职工；建立起相互信任的人际关系；检测和评价学校的发展；欣赏并表扬他人取得的成绩；关心员工、学生和学校；激励员工和学生；改善人际关系。校长作为管理者的主要职责：筹备和计划；组织；通过循环反馈系统进行管理；指挥和施行；评价和改进。斯佩克将校长作为教育者、领导者和管理者的社会角色及其任务与职责表述得非常详尽，为我认识校长角色的整体轮廓、掌握校长角色的任务与职责提供了权威的借鉴。我认识到，校长不仅仅是单纯意义上的领导者，更是教育者和管理者。

苏霍姆林斯基曾说过：“校长对学校的领导，首先是思想的领导，其次才是行政领导。”前段的工作经历——那巨大的孤独无助感告诉我，仅凭一个人的力量是绝对无法正常开展工作的，任何时候，我们都需要团队的帮助和支持，需要大家的力量。班主任工作带给我的有益经验之一是，一个优秀的班集体是每一个人共同付出的结果。学校不就是一个扩大化的班级吗？只有每一个人都目标一致、携手共进，我们的学校才能成为充满生机与活力的共同体。于是融入团队、建设团队成为我的首要切入点。

教育是学校之本，教师是教育之根。我的首要职责是激发教师的活力，发挥教师的主观能动性，让所有教师都自觉自愿地去工作。美国管理学教授弗朗西斯指出：“你可以买到一个人的时间，可以雇一个人在指定的时间到一个指定的岗位去工作，你可以买到按时或者按日计算的技术操作，但是你买不到热情，你买不到创造性，你买不到全身心的投入，你必须设法去争取这些。”

因而，我不再急于颁布一系列的规章制度，而是先走进教室，走进办公室，站在全新的角度去观察和了解师生，倾听师生们的呼声。校长，更通俗一些讲就是一个学校的大家长，不仅要关注学生，还要关注教师、中层以及其他职工。教师是学校建设的基石，中层是上下沟通的纽带，职工是一切顺利进行的保障，缺一不可。

众所周知，教师的工作烦琐、辛苦，尤其是中青年教师，他们不仅是学校教学工作的中流砥柱，还是家庭的顶梁柱，他们肩负着较为沉重的生活负担。因而，我找到了我的工作策略：尽可能减少教师的课外负担，只要求提高工作效率，不超负荷要求，不提倡延长工作时间；校长、主任能够协调完成的各类事务，绝不要求教师参与；与工作相关的各种会议以及事项放在正常工作时间内完成；各种活动突出重点，立足解决实际问题。

不知不觉中，一切都在改变：楼道里的问候声多了一点，办公室里的嘈杂声低了一点，脸上的笑容灿烂了一点，讲话的语气轻快了一点……就是这一点一点的变化，让我看到了进步的曙光。但学校的另一个突出问题开始呈现在眼前，学校资金短缺，办学条件相对落后，学校除了有限的办公经费之外，几乎无任何财源。如何改善办学条件呢？求人不如求己，先节流再开源。在学校领导的倡议下，节水节电、爱护公物等好习惯养成教育轰轰烈烈地拉开序幕。“涮洗拖布要入桶，各种抹布要入盆，盆中水再入桶，洗洗涮涮细水流……”这样一系列的小要求以顺口溜的形式通过班主任传达到每个学生耳中。大家积极行动起来，习惯渐渐养成。在大家的共同努力下，水资源得以重复利用，公共资源的使用时限得以延长，用电量比之前少了很多。节流做到了，我又开始组织个人、团体交流会以及学校开放日等活动征得社会的帮助与支持，虽困难重重，但也有所收获。一些企业愿意捐助一些新的桌椅板凳，一些企业愿意捐助学生奖学金，以鼓励学生们继续努力学习……

在领导班子成员的通力协作下，在全体教职员工和学生的不懈努力下，校园环境不断改善，教学设施不断更新，教学成绩稳步提升，良好习惯不断养成，学习风气不断浓郁。

看着校门口的那片草地，枯了又荣；看着校园里树上的那窝鸟雀，飞走又飞回；看着校园里的孩子，走了又来……内心涌动起一份莫名的欣喜与感动，这似乎就是我一直在追寻的教育的意义吧。

作为校长，我开始站在另一个高度和角度来审视教育，行走在教室之间，看到一张张天真稚嫩的面庞，面对大家的微笑和问候，我清醒地认识到，校长与教师的最大区别就在于校长的思想对整个学校的发展具有更深远的影响力，是一个学校建设的核心所在，同样，校长也更容易将自己的思想转化为具体的校园生态文化。对此，身处校长岗位的我必须慎之又慎，因为成为一个好校长就如同成为一个好教师一样，绝不是一朝一夕的事，需要实践的积累、深入的思考、持续的创新，更需要有涵养的人格、升华的理想、前瞻的目光，这些都为我持续探索、勇于实践创造了大好的机遇。把握机遇，打造精彩，这就是我人生的方向。

第三节　特教岗位升华幸福含义

“我在时光里莅住，期待，在每一个风轻云淡的日子，可以写出锦瑟如歌的暖字，依着阳光安然，悄然开出一朵潋滟的花。等待着，当春天的光影落在时光的蒹葭，你们眼中的那份寂静的妥帖，便是我在花间筑下的梦想。”这是在我教育随笔当中的一段文字。在从普通教师到一校之长的蜕变与成长过程中，虽有过坎坷和忧愁，但更多了一些从容、平和与积淀。

2009 年 9 月，我参加了晋中市教育局组织的公开选拔校长竞聘，并如愿走进一片从未接触过的陌生天地——晋中市特殊教育学校。这是我从事教育管理工作以来又一次新的挑战和历练。一座陌生的城市，一片陌生的教育领地，这是我的选择，我无怨无悔。

晋中市特殊教育学校建于繁华闹市区，对面是榆次区太行小学和榆次一中。仅隔着一条马路，却是两番天地，那边是书声琅琅，琴声踏歌，操场上孩子们的欢笑声、呐喊声不时传来，还有那些相拥着走出校门的青春明媚的男孩和女孩，他们笑着、闹着、高谈阔论着。相比之下，这里显得冷清多了，紧闭的校门，安静的教学楼，装满防护铁架的窗子，破旧的食堂……坐落于僻静角落里的几间昏暗的宿舍，潮湿单薄的被褥，没有表情的稚嫩面庞……看到这一幕的那一刻，我莫名地心酸起来。

面对着这个特殊的群体，作为跟他们不太相同的生命体，我们该如何融入彼此的生命呢？

回顾我们生活的现实世界，我们很少能在公共场合看见这类儿童。平常他们都生活在什么地方呢？是否是家长的虚荣心或是社会的排斥，使他们被残忍地隔绝在大多数人的生活之外呢？我所面对的是一群折翼的天使，他们可能不会成为国家的“栋梁之材”，但是，只要是降生在这个世界的生灵，都有存在的意义。作为一个人，他们有生存、学习、爱与被爱的权利。作为教育工作者，我清晰地知道这一点。

在担任这一职务之前，我的工作和生活从未与这群特殊孩子产生过交集。对于他们的教育现状、生存状态、生活境遇，我没有丝毫的了解。我对于特殊人群的了解，仅限于知道曾经在舞台上耀眼夺目的邰丽华，她曾带给每个人深深的震撼，她让我们看到了特殊人群绽放出的生命光芒。作为校长，我该如何让这群特殊的孩子绽放光芒，感受到生活的暖意与明媚呢？

自从看到校园的第一眼泛起心酸的那一刻起，我已在心底许下了一个承诺：亲爱的孩子们，上帝为你们关上了一扇门，我要为你们打开一扇窗。为了让你们和健康孩子拥有同一片蓝天，我愿成为你们的眼睛，将春天草长莺飞的熙攘，将夏日朵朵摇曳的嫣然，将秋时硕果累累的收获，将隆冬白雪皑皑的纯净都放入你们眼里、心中。

开学第一天，我便把家搬到了学校，每天和孩子们吃食堂，陪他们在操场上跑步，和他们一起上课，晚上陪着他们上自习。看着他们熄灯睡觉后，我才开始整理我一天的工作。

裂缝的宿舍楼怎么办？我开始找专家评估，打报告请示，规划重建。没有宿舍，孩子们去哪里住？我开始找各种关系让紧挨学校的出租楼、商铺帮忙腾地，能腾出多少算多少。为此陪了多少笑脸，吃了多少闭门羹，现在早已记不清了。好在有各级领导的支持、爱心人士的关怀，孩子们总算有临时宿舍可以入住了。

在开始着手规划新的宿舍楼时，新的问题又出现了。拆迁涉及周边的住户，意见有了分歧，有的支持，有的坚决不拆，我不知说了多少好话，讲了多少道理，依旧是各种不配合。面对这种情况，我必须拿出我足够的耐心、诚心，终于，在大家的共同努力下，宿舍楼的建设能如期进行了。

特殊教育学校和普通学校的教育不一样，没有竞争与升学压力，因此不少教师比较松散，没有把过多的心思放在教学上，只是一味地看管学生。一味地看管必然会导致学生的逆反。

记得开学后不久，初中的一名女学生在回家途中走丢了。家长着急地哭天抹泪，找学校要人。老师们也为她的安全担忧，大家都紧张起来：社会这么复杂，一个小姑娘，耳朵听不见，沟通有障碍，遇上坏人可怎么办？我安慰他们，一定要冷静下来，想想是哪个环节出了问题，并仔细询问她的父母、她身边的同学、朋友，事情总算有了点眉目，她好像有一个比她年长的朋友在外地打工。顺着这一线索，我们让她最好的朋友在 QQ 上给她留言，终于有回信了，知道她安全，大家悬着的心才暂时放下了。可还得想办法把她找回来，于是我们又打听到她的地址——竟在千里之外的湖南并很快赶了过去，结果是一场空。茫茫人海，想要找一个人实在是太难了。线索断了，大家又开始紧张起来，并做出各种猜测：怎么办？回去？可万一她在这里呢？火车站里，大家不忍离去。

“这里是唯一的线索，咱们再等等吧。”

后来大家又想出了一个办法：让她的好友继续和她保持联系，并装作打工的样子来找她，让她到车站来接站。刚开始怎么说她都不信，要么就是没有回复，这又是一场对耐心的考验。多次 QQ 留言，车站三天的守候，就在大家即将灰心报警时，她小小的身影出现了，老师们都激动地哭了，抱住她久久不敢松开。孩子也泪眼朦胧，看到这么多人为她担心，这么多亲人来找她，她终于想回家了。

通过这件事，我进行了反思：学校一味地看管，管得了人，管不住心，如何去打开这些孩子的心扉，让他们感受到温暖，看得到希望，才是最重要的。

学生的教育，就是一种爱的教育。在学校教师大会上我反复强调，以爱育人，以爱育爱。身体的残疾已经让这些孩子处于弱势了，我们必须给他们更多的爱，让他们有阳光的心态，有直面挫折的勇气，让他们有自己的独特之处。作为特教老师，我们要有足够的耐心，把他们当作我们的孩子，在他们身上倾注更多的爱心，要相信他们，绝不能抛弃他们。上帝夺取了他们的光明，必然给他们甜美的歌喉和听风一样的耳朵；夺取了他们甜美的声音，必然给他们聪慧的大脑和美丽的眼睛。我们要慢慢地、静静地去注视他们，发现他们身上最美、最闪亮的东西，等待他们绽放光芒。

有的孩子喜欢打篮球，我就帮他们找最好的教练去指导他们；有的孩子喜欢跳舞，我就给他们修最宽敞明亮的舞蹈室，让他们穿上最美的舞蹈衣服，透过大大的落地镜看见自己优美的身姿和自信的笑容；有的孩子喜欢做手工，我就给他们买七彩的丝线、漂亮的珠子，让他们亲手编织精彩生活，我还把他们制作的活灵活现的小物件挂到教室里、楼道里、展厅里；有的孩子喜欢画画，我就给他们买画笔、宣纸和五颜六色的水彩，并把他们的精品一幅一幅装裱起来；有的孩子喜欢看书、写作，我就把他们的作品存起来，让他们打着手语大声朗读。虽然言语不清，但我相信，我们都能听懂，那是他们最美的梦想。

我不再把他们关起来，我要带他们走出去，和正常的孩子一样，呼吸清新的空气，享受大自然的美丽。我也让更多的人走进学校来关注他们，来欣赏他们。他们不仅活泼可爱，而且心灵手巧。他们的舞蹈惊艳四座，他们的歌声震撼人心，他们的作品值得收藏。他们就这样唱着、跳着、笑着，走出了校门，走出了榆次，走出了山西，走进了北京央视的舞台。一届一届的孩子就这样带着满满的自信走进了理想的大学，走入了社会，这是孩子们的幸福，也是我们做教育人最幸福的时刻。

如今我离开这里，走向下一个征程。环顾校园，宽敞明亮的宿舍楼，干净整洁的床铺；洗衣房里晾着孩子们的漂亮的校服；操场上，洒满金色阳光的跑道上男孩子们矫健的身姿；舞蹈室里，孩子们练功时踩在地板上的有节奏的律动；展厅里，孩子们那些精美的作品，那些可爱的小物件；现代化的教学楼，设备齐全的活动室、电脑室、阅览室；教室里那些熟悉的身影；楼道里向我挥手告别的同事……又一次我的眼眶湿润了，这里有太多的不舍和留恋，虽然我要离开了，但我并未觉得孤单，因为一路上我都有他们带给我的幸福陪伴。

在晋中市特殊教育学校担任校长的五年中，学校职业教育硕果累累，学生精心制作的美工作品曾多次在全市、全省乃至全国获奖，受到各级领导和社会各界人士的一致好评。文艺、体育方面也是人才辈出。学校先后荣获“山西省特殊教育示范校”“山西省特殊教育先进学校”“山西省残疾人之家”“晋中市花园式单位”“全国教育系统先进单位”等称号，还多次被评为市直工委先进党支部。衷心感谢上级领导和社会爱心人士的大力支持和关怀，没有这些，就没有孩子们今天的幸福。

窗外，阳光依旧温暖，透过玻璃洒落在身上。突然很留恋这个季节，恋着窗外那一抹葱茏的绿，美得扣人心弦。这个春天，有花香，有疏影，有呢喃，有烟雨，它们便是妥帖安放在心上的三寸日光。在这段时光里莅住，感动于他们的坚韧与不屈，感念于他们的成功与坚持，生命的馨香，就这样萦绕在身旁。

五年的特教工作实践让我坚定了一个信念，那就是：教育，尤其是义务教育，它应当是以人的终生幸福为目的。

幸福的教育，就是把幸福作为教育的内容，使师生拥有理解幸福、体验幸福、创造幸福、享受幸福的能力。

幸福的教育，就是把幸福作为教育的过程。使教育的过程成为体验幸福的过程，并从中领悟幸福真谛。

幸福的教育，就是要让学生拥有幸福的现在。教育不能以牺牲今天的幸福为代价换取明天的幸福。学生享受幸福是现时的、当下的、此时此地的。幸福既是教育的目的，也贯穿于整个教育过程。同时，教育也为学生的未来幸福做准备。

教育是你的，是我的，更是我们的。同一片星空下，带着我幸福的教育初心，揣着我幸福的教育梦想，怀着我幸福的教育使命，我长风破浪，我直挂云帆。当岁月磨平了棱角，当时光磨皱了容颜，当流年磨损了记忆，唯一不变的是我那份执着的坚定——我会让我的每一个孩子幸福着，过去、现在还有未来……

第二章
幸福教育的植入

教育是一项思想活动，思想决定行动，有什么样的教育思想，就会有什么样的教育实践。只有把握正确的思想航向，教育实践的价值才能够真正展现。而思想的形成又是需要一个过程的。很多鲜活的教育思想正是在实践的土壤中孕育萌发、潜滋暗长的。

有专家说过：童年的快乐是会为其一生的幸福奠定基础的；相反，不快乐的童年也会为未来积淀下痛苦与悲伤。同时，童年又不只是玩，也不只是快乐，还是成长中的生命，所以，要尊重儿童的生命主体意识，开发蕴藏在他们身上的巨大发展潜能。人只有一个童年，童年生命成长的快慢与优劣，不只是显现于当下，更会影响到未来。

学校教育不仅要关爱好每个生命，更要发展好每个生命，尤其是关注好每个儿童生命成长中的点点滴滴。我认为，孩子的心灵需求是我们教育的第一信号！学校的价值就在于满足学生健康发展的需要，让学生体验到成长的喜悦，人格上健全发展、学习上潜力显现、心理上个性张扬、身体上体魄强壮。在大课堂里有效学习，在学校中健康生活，从小让孩子体验、感悟正确的社会性情感——幸福感，为他们正确的价值观体系的确立、科学的人生观的形成奠定无可替代的基础。

校园生活将给学生打下怎样的人生底色？我们的选择是，为学生的一生储备幸福。

第一节　教育的目的

我常常想：教育的目的究竟是什么？

每当想到这个问题时，我就不由地想到台湾作家张晓风。有一次，她送儿子去学校，当她看着儿子走进校园的背影渐行渐远时，感慨万千。回到家后，她写下一篇散文，题目是《我交给你们一个孩子》。其中有这么一段话："今天清晨，我交给你一个欢欣、诚实又颖悟的小男孩。多年以后，你将还我一个怎样的青年？"这一句发问，敲击着每一个有良知的教育者的心。我们的所有教育行为，不都是为了回答这位母亲的发问吗？为了千千万万个母亲的孩子，为了我们每天面对的每一个孩子，这就是教育的朴素的起点。我们的教育就应该是从这里出发的。

对于一个孩子来说，"教育"首先意味着让他成为一个现在就感到快乐的人。这个"快乐"显然主要不是指吃得好、穿得好，甚至也不是指将来谋得一份好职业以便过上好日子，而是指孩子在受教育的过程中，不仅能充分体验到求知的快乐、思考的快乐、创造的快乐、成功的快乐、禀赋潜能和良知美德不断开发的快乐，而且能充分体验到纯真友谊的快乐，来自温暖集体的快乐，来自野外嬉戏的快乐，来自少年天性被纵情释放、青春的激情被随意挥洒的快乐……而且，我还要说，这个"快乐"，是孩子现在成长过程中的快乐，而不是遥不可及的将来的所谓"快乐"。

一个日子，一个孩子，就是教育。擦亮每一个日子，呵护每一个孩子，这就是教育的全部。孩子每一天的成长不可逆转，教师每一天的生活也不可重现——教育的严酷与责任都在于此。

我常常想：在孩子的眼中，我们的教室是一个有梦想的家园吗？我们的学校是令孩子心灵向往、没齿难忘的地方吗？

每年高考最后一天的晚上，我们总能看到类似的报道：学生宿舍前火光冲天，还伴随着阵阵欢呼。那是刚刚考完最后一科的高三毕业生们在烧书，他们以这种方式庆祝他们的"解放"与"自由"，欢呼那值得诅咒的日子终于一去不复返了！

看着火光映照着的一张张年轻而狂喜得有些扭曲的脸，我不禁想，12年前，同样是这样一群人，在他们跨进小学的头一天晚上，该是怎样的兴奋——明天就要上小学了，从此就是"学生"了啊！小书包放在枕边，看了又看，摸了又摸，就是睡不着。妈妈一遍遍地催促："孩子，快睡吧！

明天好早点去学校报名。”孩子可能才勉强闭上眼睛，可心里还憧憬着美好的明天。

然而，12年过去了，他们怎么如此仇视自己曾经那么向往的校园生活呢？难道孩子天生就不爱学习吗？当然不是，是我们的“教育”造就了孩子对学校的仇视。

苏霍姆林斯基在《给教师的建议（上）》一书中写道，一个10岁的女孩流着眼泪打开写满了2分的记分册，恳求妈妈说：“妈妈，咱们搬到没有学校的地方去住吧……”对此，苏霍姆林斯基语重心长地指出：“我们，尊敬的教育者们，时刻都不要忘记：有一样东西是任何教学大纲和教科书、任何教学方法和教学方式都没有做出规定的，这就是儿童的幸福和充实的精神生活。”不少孩子之所以厌恶学校，就是因为他们的学校缺乏儿童的幸福和充实的精神生活。

所以，办学生喜欢的学校，办适合学生成长的教育，才是真正的“回归本真”。学校拿什么来吸引学生？答案可能是优雅舒适的校园环境，民主和谐的育人氛围，自主参与的快乐课堂，丰富多彩的实践活动，释放个性的多彩课程……

我常常想：教育，就是用超越知识的人性之光、智慧之光、思想之光，用自己生命的纯净，去唤醒孩子内心的良知，去擦亮孩子的美德光辉。作为校长，我们怎样才能为孩子的生命创造一个美好的空间，让生命在这个空间里以美好的姿态绽放呢？

苏霍姆林斯基有一句话：“共产主义教育的英明和真正的人道精神就在于：要在每一个人（毫无例外的每一个人）的身上发现他那独一无二的创造性劳动的源泉，帮助每一个人打开眼界看到自己，使他看见、理解和感觉到自己身上的人类自豪感的火花，从而成为一个精神上坚强的人，成为维护自己尊严的不可战胜的战士。”人的充分的表现，这既是社会的幸福，也是个人的幸福。

苏霍姆林斯基所说的“帮助每一个人打开眼界看到自己”，意思是说：教育必须针对每一个独一无二的孩子，并满足他“自己”无与伦比的精神世界——性格、志向、兴趣、智慧、能力……这方方面面的独特性，都是我们教育者应该也必须关注并满足的。其中任何一个方面，都可能成为“这一个”孩子的精神制高点，成为他一生的自豪所在，促使他“成为维护自己尊严的不可战胜的战士”！

著名的教育专家李镇西在《教育为谁》一书中说：“研究并发现每个孩子的特点和潜力，就是我们教育的起点；唤醒并发展他们的潜能，帮助他们成为最好的自己，就是教育的终点。”他在《花开的声音》一书中还写过一段话：“能够给我的学生留下充满人性的温馨记忆，就是我的教育追求。如果他们感到在李老师身边生活的三年，是他们生命中一段阳光灿烂的日子，我便有了职业幸福。”

如此，我们是不是可以这样表述一所幸福学校的教育理想：让每一个学生都因为遇上自己的学校有一种幸福感，并拥有温馨记忆。

第二节　学校教育的出发点

一、幸福的理解

幸福是一个比较宽泛的概念，是主观形式与客观内容的统一。主观是指人的主体感受，是一种让人觉得快乐的心境。这种幸福可以传染给他人，从而让身边的人也觉得幸福。但是一个人是否真的觉得幸福，并不是取决于个人的意志，而是取决于他的欲望、人生需要是否得到满足，是否从内心觉得快乐。

人生有两种需要，一种是生存需要，另一种是发展需要。生存需要是人需要的基础，如果没有物质和精神作为基础，那么人就不会从内心深处感到真正的幸福。人们对生存需要都有自己的追逐，需要注意的是在与生存追逐的时候要保持适度原则，不然就会产生贪婪的思想。发展需要是对目标的确定和追求以及最后的实现。这种需要是要在人的发展中不断得到补充，从而成为人们进一步发展的动力。

由此可见，幸福的客观内容包含人生重大需要、欲望和生存发展。更贴切地说，它是以主观形式的方式表现出来的，即快乐的心理体验，作为一种标准来衡量主体产生幸福的心理感受，从这个角度来说，幸福是一种客观性的主观存在。

我们需要明确的是，主体需要、欲望的满足以及生存和发展的完满都是具有相对性的。对于一个相当贫困的人而言，也许他拥有了别墅，味蕾上天天享受着美味的滋养，那么他就会从心里觉得他是一个非常幸福的人。但是，对于一个亿万富翁而言就不一样了，兴许就是一碗农家菜就能带给他无比的快乐，而这是贫困的人每天都能感受到的平常事儿。因此我们说它是相对的，这种相对源于主体的不同，不同的主体会有不一样的主观感受和需要。

所谓幸福感就是一种内心感受，它的形成是因人而异的，要以个人的价值标准为基础。只有在某种价值标准得到个人的认可的时候才能形成相应的幸福感。因为每个人的感觉和需要不同，从而使每个人对幸福感有不同的认识。

“需要”就是还没有得到满足的要求，如果一种需要得到满足了，我们就不会再追逐了，也就不再是我们的需要了。同时我们也要明白一件事儿，每个人的需要是无限的，是没有终点的。因为人是不断成长与发展的，在成长与发展的过程中我们还会产生许多需要。人类社会的发展就说明了这个道理，当人们的物质生活得到满足后，就会慢慢追逐精神的满足。从这一方面上说，人们的需要是不可能全部得到满足的，所以，每个人总会有感觉到不幸福的时候。

甚至有的时候我们还会发现主体的需要是相互冲突的，我们将造成的主体幸福的差异以幸福度为尺度来进行衡量。所谓幸福度，我们可以引用哲学的思想：事物的质变与量变是辩证统一的来进行解释，同时它需要经历“量变——质变——量变——质变”这一个循环过程。如“祸兮福所倚，福兮祸所伏”一样，当达到幸福这个度时在往前发展就会超过这个度，福就会变成祸，幸福的事情就会变成不幸的事情。

幸福度包括三个方面的度，其一是物理上的度，这一度指的是要有一定的客观物质作为基础。如果一个人食不果腹，那么就不会感到幸福，因为他没有幸福的物质基础。其二是心理上的度，即内心感受，这个就要因人而异了，不同人的精神层面是不一样的，如果一个人在人生追求的过程中，享受自己所得到的一切，尊重自己得到的一切，学会给自己留下余地，那么就会知足常乐，同时他的幸福度就会高，相反，如果刻意追求一些自己根本就不可能完成的事情，一味地苛求自己，那自然是自寻烦恼，从而郁郁寡欢，事事不随心愿，那么幸福度就会很低。其三是伦理上的度，从这方面来讲它的衡量标准就和前两个不同了，是以他人的幸福为尺度。这就和奉献精神相互联系了，当面临集体幸福和社会幸福时，我们要以大无畏的精神来对待，牺牲自己的幸福来保全集体和社会的幸福，从而我们也会从他人的幸福中得到幸福。

由此可见幸福度是很复杂的，它集主观性和客观性于一身，社会尺度和个人尺度相结合，同时它又因人而异，具有相对性。总之，幸福感是一种很微妙的东西。

二、当前中小学生幸福感的现状分析

当前，在我国中小学生的教育中，还存在很多的问题，我们对部分中小学进行了调查，结果显示在目前的中小学教育中，主要存在以下问题：

1. 学生课业负担沉重

我国的教育模式还是比较传统的应试教育，虽说素质教育一直在提，也一直在施行，但是有“高考”这个拦路虎的存在，始终无法放开手脚去推行。以分数论英雄的情况短期内还无法得到改善，学生从幼儿园开始，到小学、初中、高中都要面临残酷的升学压力，要想上好点的学校，必须考得高分。目前我国大部分学校的教学模式就是灌输、讲解，学生要想考高分，取得好的成绩，就必须深埋在题海战术里，将大部分的时间和精力投入在学习和课业上。在很多学校，小学生在学校的课外活动很少，音体美的课程设置也较少，而初中生的课外活动就更少了，音体美的课程更少，有的甚至没有，被需要参加考试的其他科目直接取代。所以，总体来说，中小学生用于娱乐、社团活动和体育锻炼的时间非常的少，有的学生甚至被学业压迫的连最基本的睡眠时间都无法得到保证。

另外，受中国国情影响，我国国民普遍存在教育忧虑的现象。这种现象在现实生活中是非常普遍的，家长总是忧心自己孩子的学习成绩。家庭条件好的家长存在攀比心理，生怕孩子的成绩比别人差，或者无法达到自己的期望，而生活在中下层的父母，又希望自己的孩子能够通过学习改变自己的命运，跻身上层社会。最终，这些焦虑都被投射到孩子的身上，导致孩子们被动地接受来自父母的压力。在这些情况的作用下，导致目前我国中小学生普遍存在课业负担过重的现象。

2. 心理问题突出

中小学生还存在心理问题突出的现象，需要社会多加关注。调查显示，常见的心理问题主要有：

（1）紧张、焦虑

由于受到繁重课业的束缚，又缺少放松的时间，很多孩子长期睡眠不足，精神压力大，而家长和教师又无法及时帮助疏导，使得孩子内心容易出现紧张、焦虑的状态，充满压力感。

（2）人际关系紧张

有很多中小学生还存在人际关系方面的问题。现阶段的孩子大多为独生子女，从小在家受家长的溺爱，缺少与人相处的能力，导致在集体中不会与人交往，缺少团队协作能力。这些学生给人的感觉就是缺乏耐心、性格孤僻、爱发脾气等。

（3）情绪状态不佳

当前很多中小学生缺少的不是物质，而是缺少关爱，尤其是很多农村的留守儿童，由于父母长期不在身边，导致这些孩子叛逆、孤独、悲观，甚至产生一些破坏性、攻击性、违抗性行为、逃学、偷窃等，这些情绪会对他们的正常生长带来极大的负面影响。

3. 人文精神缺失

作为教育者，不仅要关注学生的学习成绩，也应该关注学生的全面发展和人文价值精神。人文教育可以帮助孩子正确地理解人生观和价值观，自觉树立起高尚的人文理想，培养良好的素质修养。而当前的中小学教育中，学校忙于将孩子培养为考试机器、解题机器，缺少对孩子精神上和心理上的关心，使得孩子们普遍缺少人文价值精神。具体表现为如下几个方面：

（1）理想危机

很多孩子不知道理想的含义是什么，不知道应该树立一个什么样的理想。还有些孩子粗浅地将理想定为赚钱、变为富翁等，这反映了我们教育的缺陷，缺乏对孩子的人文价值关怀和引导。

（2）情感危机

很多中小学生存在情感上的危机，表现为情感冷漠，缺乏感恩之心。认为别人对自己的关怀是理所当然的，不会回报。

（3）厌学危机

很多中小学生受繁重课业的压迫，讨厌上学，讨厌学校的一切。

（4）责任危机

责任缺失也是当前中小学生出现的常见问题。一是表现为对自己不负责任，不管是学习、生活还是自己的未来，都没有很强的责任。二是表现为对他人的不负责任，表现为自私自利、我行我素。

三、学校教育应该以追求学生幸福为出发点

“教育是培养人的事业，是一个通过培养人，让人类不断走向崇高，生活得更加美好的事业。”所以，我们应该正确认识教育的目的。从教育的目的出发，将教育的工作重点不再局限于学业成绩的提高，而是要综合培养学生的美好性格、完善品质以及勇于追求幸福的勇气。

美好的性格和完善的品质都必须从小学阶段就开始培养，要让孩子

们从小学阶段不仅学到知识，还能体会到属于他们的快乐童年。这也是我一直以来追求的目标。学校生活是人一生中重要的阶段，尤其是中小学阶段，处于人生的启蒙阶段，很多习惯和性格的养成，都影响着人的一生。学生在这个阶段，不仅要学会基本的书本知识，同时也需要学会如何树立正确的世界观、人生观、价值观，如何为自己的终身幸福奠基。教育要培养学生追求幸福的能力，要有助于学生的长远发展，所以，在教育中要注重培养孩子感受生活、追求幸福的能力。

教育的过程是一个需要不断探索和改进的过程，需要不断地结合社会需求、人的发展来进行调整，教育过程中的经历和体验都可以丰富和完善学生的人生发展，同时还能为学生的终身发展奠基。面对当前我国高强度的竞争压力和严峻的生活压力，我们不得不反思教育的真正意义。只着眼当下功利性的追求而忽视学生个体长远发展是否正确？我们的教育模式是否存在问题？如何教会学生在体会当下幸福的同时追求明天长远的终身幸福？这些都是学校需要考虑的问题。

第三节　“幸福教育”的提出

2014 年 9 月，我从晋中市特殊教育学校调任晋中师范高等专科学校附属学校书记兼校长。晋中师专附校位于晋中市区北部的“城中村”，北靠山西高校园区，区位优势明显，文化氛围浓厚，发展潜力巨大。

当时，学校建校仅两年，如何审慎定位学校未来的发展方向和策略，成为摆在我们团队面前的首要课题。在反复对比论证的前提下，在江苏基地各位导师的深入调研、精心指导下，我们提出了“为学生一生储备幸福”的办学理念。

一、以人为本要求我们践行幸福教育

幸福是人的追求，也是人的需要。德国哲学家费尔巴哈说：“同其他一切有感觉的生物一样，人所进行的任何一种意志活动，任何一种追求都是对幸福的追求，然而人的幸福感的获得需要教育来实现。”

1990年通过的《世界全民教育宣言》宣称：教育是人的权利，教育应该造福于人，使人幸福。“幸福”不仅是教育的最终目标，它同时也贯穿于整个教育过程中。学校是师生生命活动的重要场所，关注师生的校园生活质量，关注师生学习、工作和生活的幸福指数，是以人为本精神的重要体现。

二、教育实践告诉我们应该践行幸福教育

三十多年的教育实践让我坚定了一个信念：教育，尤其是义务教育，应当是以学生的终生幸福为目的的；应当在教育中创造、生成丰富的幸福资源，培养出能够创造幸福、享受幸福的人；应当引导每个学生有理解幸福的思维，有创造幸福的能力，有体验幸福的境界，有奉献幸福的人格，成为和谐社会里的“幸福人”；应当让教师享受教育的幸福，让学生体验幸福的教育，让师生在教育中获得成功与幸福。

三、学校的发展愿景需要我们践行幸福教育

作为一所新建学校，虽没有丰厚的人文积淀，没有现成的经验可享，但学校配有一流的硬件设施、一流的师资团队。让学校成为教师的精神栖息地和实现生命价值的场所，让学校成为学生向往的幸福乐园，成为学校师生共同的理想。

于是，我们共同描绘着这样的学校发展愿景：这里应该有一种真诚互信、尊重赏识、理解宽容的和谐氛围，这里应该有一种自觉自律、严

谨认真、精益求精的治学态度，这里应该有一种通力协作、互助共赢、责任共担的团队力量。这里应该有歌声相伴，有童话相牵；这里应该有生动的课堂，有精彩的活动。这里的孩子应该健康、自信，充满阳光！这样美好的愿景需要我们通过践行幸福教育来实现。

四、伟大的中国梦呼唤我们践行幸福教育

习近平总书记曾指出："实现中华民族伟大复兴的中国梦，就是要实现国家富强、民族振兴、人民幸福。"实现中国梦就是要实现人民幸福，而教育是实现人民幸福的根本途径。教育寄托着人民对未来美好生活的希望，教育的核心是实现人的全面发展，让人人获得最大福祉，让社会获得和谐和可持续发展，因此，我们必须办好人民满意的教育。

基于上述思考，我们的"教育幸福储备观"越来越清晰，提出了"为学生的一生储备幸福"的办学理念，确定了"为学生的快乐成长奠基，为学生的个性发展奠基，为学生的幸福人生奠基"三维目标，以期让幸福教育的理念在师生的生命历程中生根、发芽、开花、结果。

第三章

幸福教育的实践

围绕幸福教育理念，我对幸福教育进行了大胆实践和探索，主要包括幸福文化构建、幸福教师历练、幸福课程实施、幸福课堂研磨、幸福学生成长五个板块。

第一节　幸福文化的构建

我从精神、环境、制度、行为四个层面入手，构建了学校的幸福文化体系，用精神文化引领学校的幸福内涵，用环境文化营造校园的幸福氛围，用制度文化保障师生的幸福发展，用行为文化丰富师生的幸福素养，彰显了学校幸福教育特色品牌。

一、用精神文化引领学校的幸福内涵

1. 校训：立德、启智、健体、尚美

“立德”即培养学生的至善之心；“启智”即培养学生的灵慧之气；“健体”即锻炼学生的康健之体；“尚美”即修炼学生高雅之行。善良、智慧、健康、快乐的人即为幸福的人。

2. 校风：求真、求善、求美

（1）求真

“真”为真心、真学、真做。真心就是教育师生怀有一颗赤子之心，光明磊落，以诚待人。真学就是教育师生潜心做学问，学以致用。真做

就是教育师生用心去做，用情去做。要求全体师生求真知、说真话、办真事、做真人。

（2）求善

善是好品德，好思想，好学问，好语言，好行为。“己所不欲，勿施于人。”要求全体师生积善心、行善事、得善功。

（3）求美

美为发现美，欣赏美，创造美。求美即要求师生弘扬美德，反对丑恶；创造美景，清除污秽；讲究文明礼貌，反对野蛮粗俗。

求真、求善、求美六字中，真为源，善为本，美为功，求为行动准则，具有真、善、美的人也就是幸福的人。

3. 教风：敬业、谨严、精进

（1）敬业

“敬业为立业之本，不敬业者终究一事无成。”敬业是对公民最基本的职业道德准则，是对待工作的一种精神。一个以尊敬虔诚的心灵对待自己职业的人，必是一个有尊严的人，一个充满幸福感的人。

（2）谨严

“博弈之道，贵乎严谨。”谨严，就是严格自律、一丝不苟，是对待工作的一种态度。从严治教，博采众长，方能充实自我，提升境界。

（3）精进

“日日精进，久久为功。”精进，就是锐意进取，不断超越，努力向善向上，是对工作的一种追求。教无止境，教师应当自我修炼，厚积薄发，唯有成长，才有幸福。

4. 学风：乐学、善思、笃行

（1）乐学

“知之者不如好之者，好之者不如乐之者。”乐学就是乐于学习，就是要在学习中寻找快乐。兴趣是最好的老师，只有喜欢学习，乐于学习，才能激发起更强的学习动机，才能真正提升学习的境界。

（2）善思

“学而不思则罔，思而不学则殆。”善思就是善于思考，要学思结合，提高学习效率。思考乃是人生最大的快乐，是打开一切宝库的钥匙。作为学生，只有善于思考才能获得真正的发展。

（3）笃行

“纸上得来终觉浅，绝知此事要躬行。”笃行就是要勤于实践，身体力行。要有坚定的方向，要有明确的目标，要有求真的态度，要有踏实的行动。

5. 学校的育人目标

为社会培养合格公民，为家庭培养优秀子女，为学生奠定幸福人生。

6. 校歌

《我们是幸福快乐的附校人》体现了学校的办学理念和价值追求。

7. 校徽

校徽的整体造型设计是由“高师附校”的首拼变化而来的。首先，字母“G”作为圆形的外轮廓，寓意全校师生同心协力建设附校的未来，两边的翅膀是“S”的变形，寓意附校插上理想的翅膀展翅高飞；其次，中心部分是“F”和“X”的变形。“X”形似师生昂首挺胸、充满自信的精神状态面对每一天，“F”形似一把打开成功之门的钥匙，成功掌握在学生手中。校徽颜色以紫色、绿色、橘色为主。紫色象征激情、活力。绿色象征了顽强的生命力和希望。橘黄色象征热情、稳重。整体色彩和谐，清新自然。构图线条简单却不失内涵，生动地体现了高师附校的学校形象。中心字母 FX 代表附校，调过来字母 XF 也代表着幸福。

二、用环境文化营造校园的幸福氛围

1. 主题鲜明的楼层文化

为引领师生追求幸福教育，坚守教育，乐享生活，学校精心设计了主题鲜明的楼层文化，包括行知长廊、读书长廊、科技长廊、艺术长廊四大主题。于是在我们的师生展台出现了这样诗意的文字：

那满园盛开的花 / 不曾有相同的色彩 / 那满山挺立的树 / 不曾有相同的姿态 / 我们和而不同的心 / 你有你的色彩 / 我有我的姿态

我不做辛勤的园丁 / 将你剪成千篇一律的模样 / 我不做前行的灯塔 / 将你指向唯一神圣的理想 / 我们之间 / 是智慧与智慧的碰撞 / 是生命与生命的牵手成长

2. 幸福教育“每日四问”

学校还围绕“幸福”这一核心，在教学楼层设计了温馨的幸福教育“每日四问”：今天我微笑了吗？今天我读书了吗？今天我努力了吗？今天我行善了吗？问话的主题是“我”而不是“你”，不言而喻，这个“我”既包括学生，更包括老师。我们认为微笑是幸福的表情，读书是幸福的源泉，努力是幸福的姿态，向善是幸福的根本。而对于教师而言，微笑面对学生，用心上好每一节课，真诚帮助每一位学困生，仔细批阅好每一次作业，热情帮助每一位同事，这都是“行善”之举！

3. 幸福教育“五点”

点启人生梦想——真正的成长始于一个人为梦想所鼓舞。点燃成长激情——催生自主发展的原动力是优秀教师的第一要务。点明成功路径——为学生画一张自主成长的线路图。点化人性光辉——教育的本质就是发现人性，涵养心智与灵魂。点亮幸福人生——幸福是教育的最终指向。

4. 幸福教育“六个一”

一笔一画练好字；一词一句读好书；一点一滴养习惯；一朝一夕学本领；一言一行修身心；一生一世做真人。

温馨而诗意的语言，暖暖的关怀，美美的期待，悄然间激起心中幸福的涟漪。在校园环境文化上我更注重安静，一所安静的学校，一间安静的教室，一名心情平静的教师和一群能自由思想的学生，是我对教育的期待。只有学校静下来，有价值的教育才能发生。

三、用制度文化保障师生的幸福发展

教育教学质量不单单就是教学成绩，还包括教育思想与办学追求、课程设置与实施水平、办学条件与教师素质、制度建设与治理水平，制度文化也是学校教育教学质量的重要体现。多年的管理经验告诉我：没有制度也谈不上以人为本，就好像没有法制不要谈民主一样。教学成绩来源于教学常规的落实，没有好的教学常规，学校不会有好的教学成绩。离开制度约束，团队会成为一盘散沙，错误、烦琐会变成一种习惯。制度的生命力在于执行，好制度不执行，就是吓唬人的烂摆设，有了制度不执行，比没有制度更糟糕。制定制度要参考教职工的意见，制度大家定，定好大家共同执行。制度不能随便更改，要做到制度面前人人平等，制度拒绝反反复复。执行制度要灵活，在执行制度的过程中，做到宽严有度，制度执行会更好。制度最大的好处，就是给人带来安全感。它通过肯定师生权益，让师生明白什么事情是被允许的，什么事情会被惩罚。好的制度就是一种刚性而又公正的力量，推动学校健康长远的发展。

1. 以《章程》引领，构建现代教育制度体系

主要包括:《晋中师专附校学校章程》《晋中师专附校发展规划》《晋中师专附校规章制度》《晋中师专附校工作职责》《晋中师专附校教师绩效工资实施意见》《晋中师专附校评优评模晋职晋级交流方案》《校长职级制团队绩效发放方案》等。在制度制定上学校充分听取教师意见，经过教职工代表大会讨论通过，做到制度大家定、定好大家共同执行，使学校各项工作有章可循，也初步形成了“谁的事情谁负责，个人的事情个人做”的现代管理模式。

2. 以“重构师生发展生态”为抓手，提升学校管理向治理的提升

管理和治理的最大区别在于，管理是控制，治理是服务，传统意义上的管理，突出的是简单机械的“管”，师生处于被教化、被规范和被约束的地位，忽略了师生作为发展主体的自我成长意识和自我规划管理。为了让制度变得让人愿意接受，增强制度的心理认同感，我们从命名上让制度变得温馨可爱。比如教学常规制度可以变名为《教师工作手册》；班级规章制度可以变身为《家庭公约》；学生一日常规可以变身《校园为人处世 10 条修身宝典》。如此一变，给人的感觉却截然不同，一个是倡导美好行为的，一个是约束人的，就这样，让制度传递温馨幸福的人

文关怀，引导师生自觉追求生命价值的升华。

四、用行为文化丰富师生的幸福素养

1. 习惯奠基幸福人生

著名教育家陶行知说过：“教育就是培养习惯。”作为一所九年一贯制学校，要用九年的时间将好习惯的种子深埋学生心田，使之发芽抽枝长叶开花。在学生行为习惯的培养上我们践行八大习惯八大重点、八大习惯九年落实：

一是培养良好的文明礼仪习惯，特别是待人接物的习惯。

二是培养良好的学习习惯，特别是自主预习的习惯。

三是培养良好的阅读习惯，特别是在阅读中思考的习惯。

四是培养良好的写作习惯，特别是每天写日记的习惯。

五是培养良好的健体习惯，特别是每天锻炼一小时。

六是培养勤俭朴素的习惯，特别是不穿名牌服装、不吃垃圾食品的习惯。

七是培养良好的卫生习惯，特别是不随地吐痰、不乱扔废弃物的习惯。

八是培养良好的安全习惯，特别是增强安全意识的习惯。

当然习惯的培养也是一把双刃剑，既可能把人培养成为主人，也可能把人训练成为奴隶，我们在习惯培养上要做到遵循尊重孩子、尊重学生主人地位的原则。

2. 读书浸润幸福人生

高尔基曾说：“书籍是人类进步的阶梯。”我们始终坚信阅读的力量，阅读可以改变人生，书籍是人的精神食粮，有福方读书、读书方有福。我校高度重视师生的阅读，读经典，读好书，读社会，读人生。积极探索“阅读 + 作业”的设计与指导，适当布置学科阅读作业，每天阅读不少于 30 分钟，积极倡导全员阅读、全科阅读，要求学生不仅读文学、国学，还要读科学方面的著作，以此来提高学生学科阅读能力，并在各个楼层建立图书交换屋。

3. 活动助力幸福人生

顾明远先生说过：没有爱就没有教育，没有兴趣就没有学习，教书育人在细微处，学生成长在活动中。我校高度重视各种活动，让学生在各种活动中感悟、体验和分享幸福。通过开展各种课外活动，对学生进行情感道德、心灵智慧、生命意义的引导教育，着力培养学生们忠诚、负责、高雅、大气的君子品性。

4. 艺术点亮幸福人生

教育应遵循孩子们的天性和教育的自身规律，“幸福校园”的核心应该是充分关注每个学生的终身发展，真心实意地提高学生学校生活的幸福感知度。在追求学生学业进步的同时，让学生身心健康、快乐地成长。因此，学校加强和普及艺术教育，让学生从小受到艺术的感染和熏陶，用行为文化提升师生的幸福素养。

学校以“幸福校园”为愿景，致力推进师生的幸福成长，把精神层面的东西树立好让大家共同追求，把环境层面的东西建设好让大家共同享受，把制度层面的东西设计好让大家共同遵守，把行为层面的东西落实好让大家共同践行，让幸福教育成为师生幸福生活的历程。

第二节　幸福教师的历练

教师群体的幸福指数影响着整个社会的福祉与和谐，只有幸福的教师才能培养出幸福的学生。我们坚持“尊重、赏识、激励、服务、唤醒”的原则，关注每一位教师的专业成长，努力让每一位教师都能够感受到专业成长带来的职业幸福感，从而成就一支敬业乐教的幸福教师团队。

一、关注教师的师德修养——根本

我认为，一所学校就是一个大家庭，师德师风就是一个学校大家庭的“家风”，学校应把师德师风建设作为学校工作的重中之重。

1. 聆听楷模

每学年初，学校都要邀请教书育人楷模、模范教师进行专题报告。通过聆听楷模报告，使全体教师的职业认同感大大增强，教师的成长意识大大增强，教师立志从教的信心大大增强。青年教师孙永昌在培训心得中这样说：“学校领导给我们请来了身边的、平凡岗位中涌现出来的杰出教育工作者。他们对教育的解读，不是那些高深的理论，缥缈的艺术，而是从心底散发出来的最为朴实的人性芬芳，这也让原本并不轻松的教育，变得亲切自然，真实有趣。他们的讲解，与平凡有关，与亲情、感悟有关，但所有这些哪一样不与爱息息相关？而正是这份爱深深地感染着我们，滋养着我们。让我也更加坚信自己的选择：七尺男儿，选择教师，奉献教育，把自己澎湃的激情化作对学生点点的关爱，这也不失一种别样的胸怀。我愿意就这样在各位前辈老师的指引下，带着爱上路，幸福地做教师。”

2. 践行师德

学校每学期都要组织开展“寻找附校最美教师”专题活动，引导教师践行师德标准，牢记“爱与责任”，争做“三心四有五情”老师。“三心”：一是做心中有光的教育人，要做有理想之光的“明人”，要做志存高远的“明师”，要做擦亮星星的“点灯人”；二是做心中有爱的教育人，要做拥有家国情怀的大爱之人，要做拥有教育信仰的虔诚之人，要做拥有务实精神的行动之人；三是做心中有度的教育人，要有专业的高度，要有创新的法度，要有教育的温度。争做有理想信念、有道德情操、有扎实学识、有仁爱之心的“四有”教师。做教育上有情怀、生活上有情意、对学生有情感、专业上有情操、工作上有激情的“五情”教师。

3. 分享感动

学校每学年都要组织主题征文活动，引导教师发现身边的典型，学习身边的榜样，树立教师积极的工作心态，以此来增强教师教书育人的教育情怀和职业幸福感。2012 年的主题为《师魂绽放》；2013 年的主题为《红烛情怀》；2014 年的主题为《珍藏感动》；2015 年的主题为《幸福回望》；2016 年的主题是《美在心中》；2017 年的主题《学习十九大，放歌附校梦》；2018 的主题是《温暖的力量》；2019 年的主题是《守望初心》；2020 年的主题是《同心战役》……

4. 凝练附校《论语》

你所站立的地方，正是你的附校；

你怎么样，附校便怎么样；

你是什么，附校便是什么；

你有光明，附校便会发光；

你若成长，附校定会发展。

温情德育净化着师生的心灵，凝聚着高尚的师魂。在潜移默化中，教师信念已经变得坚定有力：干一行、爱一行、钻一行。教师价值目标正在悄然生根：用力、用心、用情做好每一项工作。一支爱岗敬业乐于奉献的教师团队在不知不觉中形成，为享受教育幸福奠定了基础。

二、关注教师的专业素养——关键

（一）开展教师共读活动

我始终坚信，只有读书，才能让教师过上真正有品质的教育生活，厚积薄发才能算得上是一名优秀教师。教师要有学习精神、钻研精神、反思精神，使自己拥有厚重的语言表达，厚重的课堂引导，厚重的文本理解，厚重的学法渗透，厚重的人文关怀……因此，学校在坚持“师生共读”的同时，更关注教师的专业阅读。学校每学期都要为教师购买十几种教育书籍，要求教师每学期至少共同精读一本教学专著。为了将教师共读落在实处，学校利用教师例会，推出“读书心得交流”，由教师轮流登台讲心得，谈体会。一本书，往往引发一次深刻的反思，引发一个课题的研究，引发一次教育行为的变革。久而久之，教师读书成为一种专业自觉。

（二）开展教师技能练兵

为促进教师专业化成长，造就一支业务精湛的高素质教师队伍，学校狠抓教师六项技能训练，做到在教学中训练，在训练中提升。

1. 六项技能内容

“读”：普通话诵读。诵读是中小学教师为师从教的一项重要技能。教师诵读要准确把握作品，做到正确、流畅、有感情，音量、语速适度，恰当运用停顿、重音等诵读手段，充分表达自己对作品的理解及感受。开展此项活动要达到四个目的：一是教师普通话水平要达到规定要求；二是促进教师普通话的应用，使普通话真正成为校园语言；三是使普通话诵读成为全体教师的自觉行为；四是通过普通话诵读提高教师的人文素养。

“写”：规范汉字书写和教学作图（画）。规范汉字书写和教学作图（画）是教师目前需要提倡的基本功。汉字书写要做到写字姿势端正，能用正楷或行楷书写规范的简化汉字、学科符号、字符等。做到笔画规范、笔顺正确，结构合理，字迹工整，字体美观，行款整齐。书写板书时能及时、自然、连贯，做到板面整洁，布局科学，层次分明，重点突出，无错别字，有一定的速度。教学作图（画）要求：能根据学科需要，边讲课边把教学内容所涉及事物形态、结构等用简洁、流畅的图画出来（数学教师能熟练使用教具在黑板上作图），画面清晰，色彩运用美观得当，能直观、形象地表现教学内容，有效帮助学生理解和掌握。

“作”：教学课件制作。教学课件制作活动要求教师运用现代教育技术与课程整合的相关知识，选取适当的内容结合自己的教学实际制作相应的教学课件。制作教学课件应做到教学目标明确，能解决教学中的重点、难点问题，教学内容组织结构合理，教学资料典型、新颖，语言、文字和符号规范。交互界面直观、亲切，颜色搭配观感舒适，动画或其他媒体的设计和选用有创意，有利于培养学生学习能力，有利于发展学生思考和创造能力。

“说”：说课。说课活动应按照统一要求，在规定时间内独立完成备课、说课等内容，重在考察教师的教学理念、教学能力和教学水平。说教材：教材分析要到位，教材处理要恰当，重点难点要突出，教学目标要明确；说教法：要说明通过什么途径有效地运用这些教学方法，要达到什么效果。如何发挥教师的主导作用；说学法：要阐述如何引导学生运用正确的学习方法完成本节课的教学活动，怎样让学生进入角色充当课堂教学的主体，怎样帮助学生自觉、生动地进行思维活动。使学生既学到了知识又掌握了学习方法，既培养了能力又发展了智力；说教学程序：要将导入新课，讲授新课，例题示范，反馈练习，归纳总结各个环节阐述清楚。

“教”：课堂教学。课堂教学活动要以“高效课堂、深度学习”为主题，以提高教师课堂教学能力为目标。教师所制作的课例应能体现新课标、新教材、新课堂和新学情，能关注学生在学习过程中的主体地位和创新精神以及实践能力的培养。注重学科教学特点，教学过程中恰当地使用多媒体教学课件和其他资源（教具、学具等），鼓励教学设计上的创新。教学目标、教学内容、教学方法、教学过程、教学效果构成一个有机整体，技能目标突出，素质目标突出，学生主体突出，学生活动突出，学科特点突出，课堂效果突出。

“评”：课堂观察与评课。课堂观察是提高教师教学水平，反思课堂教学行为的专业研究活动，包括课前准备、课堂观察记录和课后评议三个环节。课堂观察有四个基本要求：有明确的观察目的；有适当的观察内容；有科学的观察方法；有清晰的观察分析和结论。评课要坚持“以学生的发展为本”，从学生全面发展的需要出发；从有利于对教学的诊断和正确的导向出发；要坚持评教与评学相结合，把评课的重点放在“评学”上面。要提倡创新，培育个性；要从实际出发，从观察到的、感受到的、测量到的情况出发，不能想当然。评课要将评教学目标、评教材处理、评教学程序、评教学方法和手段、评教师教学基本功、评学法指导、评能力培养、评师生关系、评教学效果有机地结合起来。

2. 六项技能要求

“读”技能要求：每位教师普通话水平必须达到规定等级；每位教

师课堂上必须使用普通话，在学校努力使用普通话；每人每周至少完成诵读两篇美文，每周填写两次记录手册；语文教师要将课文朗读贯穿于语文教学中。

“写”技能要求：教师个人教案必须用规范汉字书写，每人必备一块小黑板进行练习，每周一次黑板展示；每人每周至少填写两次记录手册（钢笔字）；鼓励更多的老师进行毛笔字训练；课堂教学中需要的教学作图（画），在教案上必须体现出来。

“作”技能要求：每月制作一件精品教学课件，上传到学校的网络平台，并填到记录手册；每月填写一次记录手册；每学年参加一次课件制作培训，并做好学习笔记，填写到记录手册；每学年参加一次学校组织的优秀课件比赛，填写到记录手册；学生实验和演示实验每周做一次训练记录。

“说”技能要求：每名教师在评教评学等公开课中所用的教学设计、说课材料要留档备查，有公开课时要填写公开课的相关内容；每人每周结合自己平时的课堂教学填写一次记录手册。

“教”技能要求：每人每学期至少参加一次课堂教学竞赛活动；每人每周根据教学实际填写一次记录手册。

“评”技能要求：每人每周至少参加一次课堂观察和评课活动；每学期听课不低于二十节，并且要在相关教研活动中认真对所听课堂教学做出点评；每周填写一次记录手册。

3. 六项技能练兵做到“六个坚持”

即坚持在“活”上求特色；坚持在“悟”上求效果；坚持在“精”上求质量；坚持在“用”上求水平；坚持在“评”上求效率；坚持在“展”上求提升。

（三）全力打造科研团队

一个人可以走得快，但是，一群人一定走得更远。专业发展要靠团队合力、集体智慧，因此，学校关注团队的培养培训，落实教师专业成长“四个一”。

1. 研磨一节好课

教师的专业成长需要历练，而历练的舞台就在课堂。学校充分发挥师资优势，为每位青年教师都配一名老教师作为指导教师，并建立学生评教机制，围绕“上好一堂课”练就一支优秀教师队伍。

一是把好课前关，以老带新传好“接力棒”。每学期初，学校要组织校内名师示范行动。该行动涵盖所有年级、所有学科，旨在为青年教师树立样板，明确标准。每次学科组教研时，教师们都要进行集体备课，对下一周的教学内容、教学重难点进行梳理，并提出具体的教学方案。对于个别青年教师，我们还提出了“先听后上”的要求，即必须先听了本年级同学科教师的课后，自己再进班上课，这样保证了教师课前准备到位。

二是优化上课关，以点带面变革教学方法。学校要求每位青年教师每学期至少研磨一节好课。研磨的基本流程：与师傅一起研读教材，一起设计教学；青年教师第一次试讲，师徒一起反思改进；青年教师第二次试讲，师徒一起二次反思改进；师徒同课同构，青年教师面向学科组展示。在不断研磨改进中，青年教师的教学理念得到了进一步明确，教学策略得到了进一步优化，教学设计能力、教学反思能力得到了进一步锤炼，教学自信心得到了进一步提升。

三是注重课后关，以评促教赢得教学相长。每学期期中、期末时，我们都要组织学生进行评教活动，组织学生代表开展座谈，如“印象中最精彩（最糟糕）的一节课”“我最喜欢的一位老师”“我心目中的好课”等。我们及时听取来自学生的评价，了解学生的心声。当然，我们也十分注重引导教师开展有质量的教学反思，使其在反思评价中提高教学能力。

2. 凝聚一个团队

事实上，在“研磨一节好课”活动中，我们强烈地感受到：研磨一节好课，成长一名教师，凝聚一个团队。关于学科团队建设方面，我们依然是抓好四项常规教研活动。

一是课例展示。学校要求学科组每月推出一节展示课，并以此作为评价学科组教科研能力的重要依据。“捆绑评价”提升了学科组的科研意识、团队意识和成果意识，更增进了团队成员之间的友谊。

二是共读共写。新教育倡导教师专业发展的“三专模式”，即让教师在专业阅读、专业写作、专业发展共同体中获得应有的发展。学校坚持学科组教师共读共写活动，整体提升了教师的学科素养，同时也营造了浓浓的书香氛围、学术氛围。

三是倡导“无痕教研”。“无痕教研”是指教师在上完课后趁热打铁，利用一两节课或课间十分钟的时间，与同伴探讨课堂得失的“同伴互助式”教研。这样的随机教研让教师们品尝到成长与成功、成事与成人的双重成就感，有效地增强了大家的事业心，也自然地提升了大家对幸福感的理解。难怪有教师会说：“能够和大家一起分享成长的喜悦、烦恼和困惑，也是一种幸福。”

四是开展“三微”展示。“三微”即微课题、微课堂、微成果。学校定期组织“三微”成果展示，以学科组为单位，分工合作，集体亮相，营造了良好的团队竞争氛围。

3. 坚持一月一引领

教学不仅仅是技术活，更是思想活。正确的教学思想方能引领教学改革的方向。为全面提升教师的教育教学思想，进一步更新课堂教学理念，我校坚持“一月一引领”，即聘请省内外知名专家开课、做讲座，大大开阔了教师的视野，提升了教师的从教境界。

4. 坚持“五位一体”校本教研模式

我校坚持“五位一体”校本教研模式，即研课——磨课——答课——引课——辩课，其操作流程如下。

（1）研课环节

研课作为教研模式的第一环节，有着举足轻重的作用，它决定着整个教研活动的研究目标、方向，甚至决定着活动的成败。研课的根本目的在于提炼教师的教学困惑、改造教师的教学观念以及生成实践性教学知识。研课前，教师应确定主题并组织观课活动，在选择主题时，应把握以下要求：切口要小，指向要明，内容要新，并选择好研究的视角和着眼点。研课强调多主体参与和互动，强调“自下而上”“就课论课”。

研课具体包括提炼主题、集体备课、立体说课、教学观摩四个步骤。立体说课和教学观摩这两个步骤，一般由综合素质较强的优秀教师承担。

（2）磨课环节

磨课是指教师在一定时期内，在教研组成员的协助下，采取多种形式，对某课教学进行反复、深入的学习、研究与实践的过程。磨课环节是在教师研课基础上进行互动交流、集体反思从而提升课堂教学水平的一个重要环节，旨在围绕研究主题，结合课堂教学实际，对课堂教学提出更优的改进策略。一般情况下，磨课应关注以下几个方面：磨目标——这节课究竟要干什么？磨教材——课堂需要怎样的教材？磨环节——哪些是课堂必备的环节？磨学生——学生可能出现哪些问题？磨细节——该提什么问题？如何反馈？具体包括执教者现场反思、集体互动磨课、形成新的教学方案三个步骤。

（3）答课环节

答课环节主要包括两个步骤：二次上课、互动问答。在同伴互助、二次备课的基础上，执教者进行二次上课，以教学实践来验证教学设计是否优化、教学方法的实施是否有效、教学环节的设计是否合理、学习方式的选择是否恰当等。执教者进行展示之后，听课教师就课堂教学的预设和生成对执教者提出疑问，在互问互答中深化教学理念与教学实践的融合。

（4）引课环节

引课环节主要是专家的指导。专家从理论和实践两方面对教学环节和教学艺术进行指导，并预测出在实践中可能出现的问题、困惑，从方法和对策上进行点拨。专家通过指导，处理疑点，化解难点，启发创新点，激活教师的灵感。必要时，专家可以进行示范操作。

（5）辩课环节

辩课，即在答课、引课的基础上，教师们再次围绕研究主题，结合课堂教学实际提出问题，展开辩论，真正促进上课教师与听课教师的共同提高。教师们通过辩课，真正反思教学过程中的成败得失，明白哪些是值得肯定的，哪些是需要改进的，从而明确方向。在辩课环节中，选好辩论主持人十分重要。辩课环节包括同课异构、展开辩论、反思总结、形成成果四个步骤。

“五位一体”教研模式，基于课堂教学中的现实问题，以改进教学为目标，按照“发现问题，确立主题；设计方案，形成课例；行动研究，案例反思；交流研讨，集体判断；自我反思，形成新例”的研究思路，采取“一课多人上”“一人多次上”等形式，引导教师不断反思和改进教学实践，提升实践智慧和专业水平。“五位一体”教研模式调动了主体（教师），创设了情境（问题），营造了氛围（互动参与），实现了“三个有效”，即有效的专业引领、有效的同伴互助和有效的自我反思。

总之，唯有幸福教师，方可成就幸福学生。教师的幸福感源自个人的专业成长。学校就是要让教师的专业发展拥有最大的可能。以上“四个一”就是我校教师专业发展的重要抓手，以此推动教师且教且思，且行且成长。

三、关注教师的精神需求——动力

教师这一职业是平凡中孕育伟大、清贫中享受幸福的职业，他们的幸福感更多是来自精神层面的。因此，要关注教师的精神需求，对他们的工作进行支持和帮助，给予他们更多的鼓励和关怀，使教师感受到更多的幸福。

（一）陪伴——走进教师心灵的“密钥匙”

学校通过各种活动，与教师一起做事、共同经历和体验，拉近领导、中层和教师的距离，这是学校开展工作最重要的前提。学校关注教师的身心健康和生活质量，每年都会组织教师体检，提倡全体教师通过做广播操、做佳木斯健身操、打乒乓球、打篮球、跑步等锻炼身体，保持良好的状态；为教师解决生活上的后顾之忧，开办食堂，精心准备一日三餐；提供宿舍，满足不同教师的休息需求；开设心理咨询室，配备专业的心理咨询师，为教师释放心理压力提供了科学有效的方法和途径。学校工会每年在“三八妇女节”“教师节”“元旦”这些重大节日时都会组织卡拉 OK 大赛、联欢会、趣味运动会等丰富多彩的活动。这些活动，提高了教师之间的合作与协作意识，增进了教师之间的沟通与交流，增强了教师队伍的向心力和凝聚力。每当有教师过生日时，学校还会送上生日祝福。对于那些家庭困难的教师，学校也会及时送去温暖和关怀……学校领导对教师群体的关注和关怀，使每一位教师都感受到学校这个大家庭的温暖，提升了教师的幸福指数。

（二）激励——点燃教师正能量的“发动机”

德国哲学家雅斯贝尔斯有这样一句名言：“教育意味着一棵树摇动另一棵树，一朵云推动另一朵云，一个灵魂唤醒另一个灵魂。”如果说，刚性制度是学校常规的保障，那么，柔性的引导与激励就是一种有效的唤醒。学校领导要善于通过柔性的唤醒，营造一种温馨和谐的氛围，在无声之中激发正能量，增强凝聚力。

我利用教师微信群，每日发送“早安问候”。“早安问候”中有美好的早间祝福，有真诚的激励表扬，有温馨的工作提示，有细致的工作指导，有及时的工作反思。“早安问候”于无声中传递着正能量，于无痕中激发着凝聚力。在晋中师范高等专科学校附属学校，教育就是温柔地坚持。管理者需要戒骄戒躁，以一颗平常心，持之以恒，一以贯之，坚持不懈地做好每一件小事。

附：早安问候

9 月 1 日

开学第一天，想说的是，成长无止境！每当面对新的开始，我总会觉得莫名的惊慌，深感自己能力有限，生怕自己担不得这份责任！从教近 30 年了，我开始加倍地敬畏这份工作。高师附校就要开启第五个学年的征程了，是到了真正走向一流名校的关键时刻了。希望大家记住我在昨天开学动员大会上的一句话：“坚持苦干实干，再创附校辉煌！”

我想说，优秀的团队从来都是讲究效率的。开学第一天，请自觉创优争先！看好你们！加油，小学部！

9月2日

早上好！一年级新生入学礼8:30准时在操场举行。请各就各位。今天，你就是主角，你就是附校最美的风景！请用你的行动为小学部代言，为高师附校代言！

……

（上午11:00）为团队的每一位成员点赞！点赞也许不值钱，但至少可以让我们会心一笑——一笑值千金！相信我们的团队，新的征程，让我们牵手成长！

……

（中午12:00）我还在想，小学部的精神是什么？开学仅一天，各年级通力协作，呈上如此绚丽的开学礼！我想，应该就是女排精神！创造新高度、创造新精彩的精神！因为我们拥有共同的目标：不怕吃苦，不怕受累，用心编织属于我们的美丽梦想！

另外，第一个双休，不要让作业的烦恼困扰学生，更困扰我们。很多时候，作业带给学生的是厌学情绪的增加，带给我们的也是糟糕的坏心情！轻负高效，只因你是附校人！

9月5日

真心爱附校、爱我们的团队，才能真心爱学生、爱工作，才能真正全身心投入工作。愿我们都是真心真意的附校人！

早上好！新的一周，我愿感受晨诵的琅琅书声；我愿看到您课间候课的身影；我愿您的课堂少几分随意，多几分精心；我愿楼道中少几分喧闹，多几分宁静……我愿和大家一起用激情和责任奏响爱的交响，我愿和大家一起用爱和汗水把学生的每一天擦得锃亮……

9月9日

做最好的自己。这是对学生的期待，更是对每位教师的期待。最好的自己首先应该在课堂。一周的观察，发现我们的课堂存在共性的问题，那就是讲得多，练得少；动手多，动口少。每一节课，我们都要全力训练学生：善思、会听、能写、敢说。特别是要让孩子大胆地开口说话。让课堂的训练感多一些，再多一些……

9月20日

中国有一所名校叫清华附小，附校有一位名校长叫窦桂梅。窦校长长期坚持每天早上迎候师生，并称这种“迎候”是“一种持续和稳定的关怀”。窦桂梅校长认为，作为教育学意义上的校长，他必须像苏霍姆林斯基一样，天天与儿童打交道，认识、了解甚至熟悉学校的每一个儿童。于是，每天早晨，她披着清晨的霞光，站在学校门口迎接每一个学生走进校门，很少间断。有时出差，学生们几天没有看到她，回到家里就要跟家人说，“今天没有看到窦校长”“今天又没有看到窦校长”。孩子们把每天在校门口看到校长当成了一种期待。在窦校长的带动下，学校的相关教师，甚至学生、家长义工，每天早晨也站在路口或校门口进行鞠躬，竖起大拇指，互相问候与赞美、击掌和拥抱。走过多少个清晨，就会有多少个故事。

如果你读过苏霍姆林斯基《给教师的一百个建议》这本书，你就会从书中了解到苏霍姆林斯基每天早上五点半起床给孩子们写童话、编教材，八点钟伴着灿烂的朝阳，迎接每一个学生的故事。教育就是以这样朴素而美好的方式将真切的关爱化为阳光般的纽带，将教师、学生、家长和学校联结在一起，形成了无限信赖的合力。这种坚持带给我们的不仅仅是感动和震撼，更是一种文化的坚守。简单的事坚持做好，就是不简单。让楼道静悄悄，简单却不简单！你能！早上好！

这些真实的故事告诉我们：短短几年，在“幸福教育”理念引领下，学校文化的根须正在悄然无声地向学校管理的每一个细节处延伸，学校文化的血液正在润物无痕地在全体师生的每一个生命中流淌！

（三）展示——提升教师职业幸福感的“催化剂”

当教师在专业发展方面取得一定的成绩之后，如何让他们发展得更好、享受更多的职业幸福呢？为每一位教师搭建平台，展示自己，欣赏自己，悦纳自己，提升教师的职业幸福感。比如学校对例会进行了改革，给教师提供展示自我的舞台，将例会分为四个部分：

1. 好书分享

教师讲述自己最近的读书感受，跟大家分享体会，交流心得。此举旨在营造良好的读书氛围，将阅读这一教师最好的修炼方式渗透到教师日常生活中，而且避免了读书成为一种应景式的作秀。

2. 有事说事

发布学校最近的重要时事、特别事。要求发言者直奔主题，句句干货，让教师很快明白为什么干、干什么、怎么干。因此会前对发言内容要有思考，可说不可说的、无关紧要的、正确的废话都不说，大大节约了时间，提高了开会的效率。

3. 且教且思

教师交流自己对教育教学的思考，可以是自己的经验和智慧，也可以是教育教学中遇到的难题和困惑。抛出的问题，不指望得到标准答案，而是引发大家进一步思考，共同寻求策略、途径和方法。这个版块的目的就是让教师们不只埋头急匆匆赶路，还要适时停下来，为的是反观、审视、洞察过往的教育教学生活。变例会为教师的经验分享会、才华展示会、专业成长会。

4. 领导讲故事

校委会成员讲学校故事，内容涉及方方面面，要通过一个故事，传递某种思想和理念，给教育教学工作，带来些许思考、启迪或借鉴。有智慧的领导，大脑里要装很多的故事，要善于讲故事，把自己想说的话通过故事讲出来，这种以讲故事来传递观念的方式特别好，因为很多的东西不需要校长说透，教师也会听出言外之意。

现在学校的例会不只是响着领导的高亢声音，而是听到更多教师发出的声音，使例会真正成为教师展示的舞台、历练的场所、成长的阶梯。

四、关注教师的生命质量——保障

教师是学生幸福的源泉，幸福教育的根基在教师，教师的幸福成长在学校。学校通过青蓝工程、教学竞赛、论坛交流、名师演绎、名师工作室、外派学习等系列活动，为教师提供发展时空。鼓励教师建立教育博客传播自己的教育思想；支持教师进行教改实验，使教师形成自己的教学风格；通过课题研究拓展教师的眼界和思维，让教师在专业成长中感觉到幸福，在享受工作中享受生活。使教师不仅成为学生幸福成长的同行者，更成为学生幸福人生的领航者。

第三节　幸福课程的实施

陶行知先生曾说：“盖课程为学校教育之中心，假使课程得有圆满解决，则其他问题即可迎刃而解。”课程质量决定着学校品质，课程生态彰显着学校内涵。学校有什么样的课程，就会有什么样的校园生活，就会有什么样的生命成长。为切实落实“为学生的一生储备幸福”的办学理念，构建全面培养体系，落实“五育并举”要求，促进学校的内涵发展和品质提升，我根据教育规律和学生成长需求，基于学校现状、基于国家课程、基于学生实际探索构建了“博雅情趣”幸福生本课程体系，全面培养学生健康的心理品质、广泛的兴趣爱好、广博的文化知识、深厚的人文积淀和良好的习惯修养，为师生真实、善良、健康、快乐的人生打下坚实的根基，涂上幸福的底色。

一、问题的提出

1. 时代新人培养需要全面培养体系保障

在全国教育大会上，习近平总书记指出，培养德智体美劳全面发展的社会主义建设者和接班人是教育工作的根本任务，也是教育现代化的方向目标。但现实中，“长于智、疏于德、弱于体美、缺于劳”的现象普遍存在。如何培育德智体美劳全面发展的时代新人，需要基层学校全面贯彻党的教育方针，全面执行国家课程计划，构建全面培养体系，落实五育并举要求，真正把国家关于学生发展的目标要求落实到办学治校的方方面面，促进学生全面而有个性地发展。

2. 一流名校建设需要内涵发展引领

学校紧邻高校聚集的“大学城”，地理位置优越，文化氛围浓厚。一流的教学设备、一流的教师团队为学校发展提供了基本保障。创建“一流名校”的办学定位，需要我们走“内涵发展”之路。我们认为，一所学校的内涵取决于课程的质量。如果把学校看作是一个“生命体”，那么，课程就好比“传递主要生命物质的血液循环系统”，课程质量决定着学校品质，课程生态彰显着学校内涵。

3. 办学理念落地需要多元课程支撑

一切课程的合理开发，都需要基于学校的办学理念，而办学理念的有效落地，也需要与之适应的课程做支撑。有什么样的理念，就会有什么样的课程，有什么样的课程，就会有什么样的校园生态。健康的心理品质、广泛的兴趣爱好、广博的文化知识、深厚的人文积淀、良好的习惯养成，应成为学生追求终身幸福的基本要素。基于此，学校需要构建起完善的多元课程体系，并以此为载体，稳步践行“幸福教育”理念。

4. 当前问题破解需要系统思维推进

在片面追求升学率功利思想的影响下，一些地方唯分数、唯升学率盛行，导致出现“考什么教什么”“考什么学什么”的现象，音体美以及地理、生物等非考试科目开不全开不足，校本课程开发力度不大、开设效果不佳。由此，带来了厌学危机、情感危机、责任危机、理想危机等一系列学生人文价值问题，出现了学生紧张焦虑、人际关系紧张、情绪状态不佳等一系列成长中的“烦恼”。因此，应该坚持基于学生、为了学生、成就学生的以生为本的理念，需通过丰富课程来解决存在的问题。

鉴于以上情况，我借鉴国内外先进地市经验和实践成果，对照学校发展实际和目标定位，探索构建“博雅情趣”的幸福课程体系。“博课程”：包括国家课程、地方课程和学科拓展课程；“雅课程”：学校自主研发的国学诵读课程；“情课程”：学校自主开发的德育序列化课程；“趣课程”：学校自主研发的兴趣类课程。

二、解决问题的过程与方法

（一）在实施前，突出整体谋划，强化全力保障，具体落实“四个到位”

1. 组织领导到位

一是成立了推进领导组。学校成立“博雅情趣”幸福课程建设办公室，由校长兼党支部书记牵头主抓，分管副校长具体负责，校委会成员分工落实。同时，下设了课程开发、实施、检查、评估小组，形成各司其责、分工负责、联动尽责的落实体系。二是成立了专家指导组。聘请省内外专家、学者、辅导教师成立专家指导团队，实现全程指导和参与，确保幸福课程体系稳步推进。

2. 规划引领到位

在推进中，我们实施了三个阶段：第一个阶段为整体设计阶段，从2014年9月到2015年8月，主要是准确把握党和国家的育人方针，明晰学校办学目标和理念，整体构建“博雅情趣”幸福课程，并进行专家论证、实践研究、反思完善；第二阶段为循序递进阶段，从2015年9月到2018年8月，主要是按照四大板块课程分步实施，稳步推进，不断优化实施策略，研发配套的课程文本，完善课程评价体系；第三个阶段为总结推广阶段，从2018年9月到2020年6月，主要是优化管理模式、资源配置和激励机制，全方位推进、多渠道拓展，并建立20多个实践学校。

3. 制度保障到位

“博雅情趣”幸福课程的实施离不开一套完整的制度。为此，学校先后建立《学科课程纲要编写与教学研究制度》《课程审核制度》《课程计划实施督查通报制度》《课程开发实施制度》《课程实施经验交流和展示汇报制度》《课程选修制度》等近20项制度，形成了有章可循、遵章执行的制度体系。同时，我们重点强化制度执行、突出收集反馈、落实奖惩兑现，保障课程计划的真正执行。

4. 资源配置到位

在人员配备上，通过学习、培训、反思，储备师资。仅近两年，围绕“博雅情趣”幸福课程，外派教师学习达120余人次。同时，利用地处大学城的优势，与山西传媒学院、晋中学院、晋中师范高等专科学校建立了长期合作关系，聘请相关专业教师和实习学生为课程指导教师。在经费投入上，调适学校支出结构，确保课程研发、管理和实施的必备经费，确保课程建设的场地、设施、设备、网络资源及物资需求，每年用于“博雅情趣”课程建设的经费达到40余万元，占学校公用经费近20%。

（二）在实施过程中，突出系统推进，强化全面发力，真正做到“四位一体”

1.“博课程”

指向学生扎实的学科基础和广博的学科视野。“博”即广博而精深，具体体现在两个方面：

一方面，体现面上求效度，高质量开齐开足。学校严格按照国家课程计划，保证课时、保证师资、保证规范、保证质量。这些基础性课程可以保证国家对九年义务教育目标的基础性要求，在促进学生全面发展的基础上，强调基础学力的提升，使学生广泛涉猎各科知识，力求优学博学。

另一方面，体现在点上求深度，挖掘学科拓展性校本课程。以激发兴趣为出发点，以培养深度思维能力为目标，以探究性学习为主线，以解决问题为基本策略，引导学生深度学习。一是扎实推进“读写绘”一体化课程。“读写绘”课程是对语文课程的拓展延伸，是专门为低中年级儿童开设的将阅读和情感表达整合为一体的课程。旨在提升孩子听说读写能力，让孩子在读绘本、赏故事、悟温情、写作品的过程中提升语文素养。具体推进策略：年级组统筹，齐力做课程；一周一主题，一班多体会；一行一阅读，一书一课程；一课一核心，一文一桥梁。二是创新“随笔化写作”课程。随笔化写作课程是一种以随笔为主要写作方式的生命化写作教学体系，是在总结我校日记教学实践经验基础上开展的一项新的教学实践研究。随笔化写作旨在顺应人的言语生命生长规律，以激发写作兴趣、养成良好的写作习惯、提高书面表达能力、丰富和发展言语生命、培养健全的言语人格为目标，力求贴近新课标，贴近学生实际。我们确定四种基本课型：情境随笔课——读悟评改课——生活随笔课——展评转化课。这是一个较为漫长的循序渐进的成长历程。四种课型中，“情境随笔”是基础的基础，是“打根基”的重要环节。运用“情境随笔”激发兴趣，激活思维，让学生乐于表达也易于表达，从而克服学生对于习作的“畏难”心理。当“情境随笔”做到一定程度，教师即可通过“读悟评改课”的有效推进，将学生的视野引向生活，鼓励和启发学生开始大量的“生活随笔”写作。这是一个大量积累作文素材的过程，也是真正擦亮学生的双眼去发现生活、唤醒生活的过程，是学生进行“广积粮”的过程。这一阶段，首先强调“量”的积累。其次，教师需要做的就是尽可能和学生“共写共分享”。当生活之门真正被打开，学生写作就有了源源不断的素材。在此基础上，通过“生活作文展评课”的巧妙引导，实现由“随笔”向“考场作文”的有效转化。最后是研发数学拓展性课程《数学思维》和《魔法乐园》。课程涵盖小学一至六年级，共 12 册教材。数学思维这部分主要是对教材的补充、拓展和延伸，可以满足不同学力水平的学生对课程内容的不同要求。魔法乐园这部分内容主要是以数学游戏和综合实践活动为主，重在提高学生数学学习的兴趣，打开一扇通往数学研究的大门。

2.“雅课程”

指向学生深厚的人文积淀和儒雅的君子之风。“雅”即言行雅正，气质儒雅。“雅课程”即指国学诵读序列课程。我们将构建关联“国学根基”的课程作为“雅课程”中最重要的内容，目的就是要以兴趣为导向，培养诵读兴趣，养成诵读习惯；以积累为基点，提升语文素养，夯实人文基础；以“品、悟”为方法，体验审美境界，拓展灵性空间；以生活为原点，丰富生活体验，点燃生命激情；以生命为底色，滋润精神生命，养育心灵睿智。

（1）落实课程配套，保障“日有所诵”

课程研发小组自主编写了一套国学诵读系列读本。该读本“九年一贯”整体规划，每年级一册，包括《弟子规》《三字经》《千字文》《笠翁对韵》《论语》《孟子》《大学》《中庸》《道德经》。学校坚持每日 20 分钟晨诵，确保学生“日有所诵”。

（2）落实模式构建，保障“诵有所获”

聚焦每日晨诵，我们通过反复研磨，形成国学诵读的“四读”模式，即悦读——激活诵读动力；熟读——做足涵泳工夫；悟读——唤醒主体智慧；化读——积淀文化底蕴。让学生在反复诵读之中有所积淀，有所感悟，有所收获。

（3）落实活动开展，保障“知行合一”

结合诵读课程，开展《论语》日修活动。利用校园电子屏、微信等平台，每日推送“论语一则”，配以视频讲解，并要求全体教师利用每节课课前三分钟组织学生集中背诵当日推送内容，形成了全员学《论语》的浓厚氛围。此外，学校还坚持每周组织 1 次“班级诵读展示”，每月进行 1 次“诵读观摩研讨”，每学期举办 1 次“诵读成果展示”，每年召开 1 次“诵读成果表彰”。通过具体活动的推进，促进学生知行合一，争做儒雅少年。

3.“情课程”

指向学生良好的习惯和健全的人格。“情”即家国情怀、个人情操。“情课程”即指德育序列化课程，包括自主管理课程、习惯养成课程、公民素养课程、心理健康教育课程等七大板块。

（1）践行好自立、自尊、自信、自强、自控、自省管理，夯实学生生命的强度

这一课程主要以“六自”管理为内容，分为学生自我管理、班级自主管理、学校自主管理三大模块，从一年级到九年级分层推进，循序渐进。

（2）培养好八大习惯、公民素养，加强心理健康教育，增加学生生命的厚度

将“八大习惯”细化为“每月一事”活动课程。将公民素养分解在具体情境体验之中，让学生在模拟情境中感受责任担当、合作共享、宽容谦让、勇于创新等公民必备素养，从而唤醒学生的公民意识。将“六大美德”“24 个积极心理品质”纳入心理课程。通过“每周一节团体心理辅导课”，引导学生正确认识自己，唤醒自我，从而培养学生 24 个积极心理品质，增强心理教育的实效性。

（3）开展好各类传统节日教育，拓宽学生生命的宽度

中国的传统节日形式多样，内容丰富，是我们中华民族悠久历史文化的一个组成部分。传统节日的形成过程，是一个民族或国家的历史文化长期积淀凝聚的过程，凝结着中华民族的民族精神，承载着中华民族的文化血脉和思想精华，蕴涵着丰富的历史文化、伦理道德、哲学思想、审美意识、价值观念等，既是传统文化的重要载体，也是传统文化的集中体现，更是对青少年进行思想政治教育的宝贵资源。学校深挖传统节日内涵，建设和弘扬节日文化，创新节日活动形式，发挥传统节日在思想政治教育中的功效。我们充分利用除夕、春节、元宵节、清明节、端午节、中秋节、重阳节等传统节日，开展形式多样的实践体验课程，既丰富了学生的文化生活，又培养了学生的一颗“中国心”。

（4）组织好各种大型主题活动，增强学生生命的亮度

我们还精心打造特色主题文化课程：五四青年节，用青春的名义立下誓言；六一儿童节，用赤诚的童心向党倾诉；七一建党节，用红歌颂党恩；十一国庆节，与国旗共合影；建队节，党史教育润物无声；每年元旦，主题征文凝聚人心……浇花浇根，育人育心。丰富多彩的主题教育活动引导师生坚定了理想信念、厚植了爱党、爱国的情怀。

（5）孕育好爱与感恩之心，感悟学生生命的温度

这一主题课程主要通过一年一度的“开学礼”“成长礼”“毕业礼”来完成。通过活动，引导学生围绕主题讲述身边人、身边事，从而铭记生命中的爱与感恩。

（6）设计好磨难与挫折教育，打造学生生命的韧度

这一课程主要是针对小学高年级和初中学生设计的，包括一年一度的远足活动、军训活动等。通过这样的实践体验，培养学生的生存能力、克服困难的能力。

（7）落实好社会主义核心价值观，奠定学生生命的高度

社会主义核心价值观是社会主义核心价值体系的内核，体现社会主义核心价值体系的根本性质和基本特征，反映社会主义核心价值体系的丰富内涵和实践要求，是社会主义核心价值体系的高度凝练和集中表达。

如何让社会主义核心价值观在校园落地生根？除了营造氛围、课堂渗透之外，我们研发了践行核心价值观的活动课程——“我为社会主义核心价值观代言”“班级誓词”等主题实践活动课程。

4. “趣课程”

指向学生健康的兴趣和高尚的审美。“趣”即广泛的兴趣、高尚的志趣。“趣课程”即指由学校自主研发的兴趣类课程，主要包括体育类、艺术类、书法类、语言类、传统文化类、科学探究类、社会实践类、劳动技术类等8大类课程。

（1）规定项目常态化

学校统筹安排，明确规定项目。如体育类，规定项目有足球、篮球、柔力球、跳绳、武术、自编操、啦啦操、田径、队列、形体等。书法类有硬笔和软笔。艺术类有素描、中国画、水彩、扎染、葫芦丝、二胡、陶笛、合唱、舞蹈（古典舞、民族舞、现代舞、芭蕾舞）、器乐（民乐、民鼓、管弦乐）等。

（2）社团活动课程化

课程研发小组围绕学校社团活动，研制出配套的课程标准和规定教程，包括《硬笔书法》《软笔书法》《国画》《创意美术》《感知绘画》《葫芦丝》《童声合唱》《形体》等，为社团活动的有效开展提供了资源保障。

（3）实践体验全员化

学校规定，每天下午一小时社团活动时间：周一硬笔、周二绘画（小学为创意美术、国画、水彩画；初中为速写、素描和水粉画）、周三软笔、周四器乐（一至五年级为葫芦丝；六年级为二胡；七年级葫芦丝、八、九年级为陶笛）、周五合唱和校级社团。每天一小时的活动，让学生感觉学得轻松、玩得愉快。社团活动提升了学生的综合素养，彰显了学生的个性特长。通过全方位、立体式推进，人人都能参与课程体验，人人都有展示特长的机会，兴趣课程实现了实践体验全员化。

（4）教师资源社会化

我校地处大学城，周边有大学院校14所，这些院校艺术体育人才济济。我校与晋中学院、晋中师范专科学校、山西传媒学院等携手，签订了长期合作协议，一方面，高校派出专业师资参与我校美育活动的指导和训练，另一方面，我校也为高校学生提供实习实践的平台。特别是我校“每天一小时的体艺社团活动”，晋中师范高等专科学校、晋中学院每天都要有 70 名专业老师来校进行指导，这一合作已经坚持了 7 年。

（三）突出评价跟进，强化诊断完善，更加关注“两个评价”

1. 更加关注运作过程

从课程政策和课程方案的解析、学校课程愿景的建立、课程管理目标的分解、课程运行过程到课程管理效果的评价，每项管理方案的落实情况，人员的匹配、合作情况，机构运行的顺畅性和效率，随机发生的问题及其调节结果，课程管理每个步骤的连续性，课程管理方案持续发展的可能性等等，每个环节和步骤都需要观察、记录、讨论和调整，以求时刻与课程目标保持一致，最终以优化的方式全面实现课程管理目标。

2. 更加关注发展性评价

加强评价的过程性、综合性和个性化。建立标准体系，对各学科各种课型的现代课堂教学评价、综合实践活动课质量、选修课开设情况等，包括学校开设的全部课程建立了一整套课程评价体系，并且根据国家新课程精神，对各科考试从内容到形式，都制定了新标准，逐步形成了学校、家长、学生三级教学综合评价系统，新的评价方式对课程改革的深入起到了全面助推的作用，并有力促进学生的自主全面发展。

三、成果的主要内容

“博雅情趣”课程的构建与实施历时 7 年，从顶层设计到校本序列开发，从常态实施到系统评价，边研究、边实践检验、边推广，成效显著。

1. 实现了“一个贯通”“四个结合”

“一个贯通”即素质教育、民族教育、现代教育思想与实践的贯通。“四个结合”即基础目标和发展目标的结合、统一性与个性化的结合、稳定性与动态性的结合、科学性与人文性的结合。

2. 构建了“1+X”的学科课程体系

比如语文学科在统编教材的基础上，拓展了国学诵读、“读写绘”、随笔化写作等课程，构建起“课内外读写一体化”的生态语文格局。学校特色课程文化充分彰显。

3. 形成了配套的校本课程资源

包括“九年一贯”整体规划的国学读本、小学一至六年级数学拓展课程、社团兴趣类课程等。

4. 促进了教师的专业发展

“研用并重”的课程开发与实施机制，唤醒了教师的课程意识，提升了课程开发能力。近3年，有14人次先后被评为省特级教师、教学名师、教学能手、学科带头人，43人次在国家级赛课中获奖。

5. 推出了一批优秀的科研成果

我主编的教育专著《做幸福的教育》由北京师范大学出版社正式出版，该书被列入教育部领航校长丛书序列。国家级课题《初中生主观幸福感现状调查及提升策略探索》获优秀成果一等奖。学校德育课程案例《德育课程滋养心灵》入选2018年度教育部中小学德育工作典型经验。

6. 提升了学生的综合素养，促进了学生个性特长发展

课程的实施，为学生提供了多姿多彩的学习生活，潜移默化中，培育了学生的家国情怀，提升了学生的个人修养，塑造了学生阳光自信的精神特质，培养了学生实践创新的能力，增强了学生勇于担当的社会责任感，铸造了学生健全的人格。近五年，我校学生参加全国和省市各种大赛获奖500余人次。郭卓伦同学两次应邀参加央视戏曲频道的暑期节目，荣获中央电视台戏曲和音乐频道《过把瘾》栏目“最佳宝贝奖”。校足球队李佳豪同学参加2018全国青少年校园足球夏令营总营小学组秦皇岛站获最佳阵容称号；学校啦啦操社团参加全国啦啦操联赛总决赛，取得规定套路与自编套路的两项冠军，我校被评为“全国啦啦操实验学校”……

7. 彰显了名校效应

本成果在全国20多所学校推广，产生了重大影响。该课程，正在逐

步转化为具有变革意义的教育实践。《中国教育报》等媒体均做过相关报道。2017 年 7 月 11 日，教育部部长陈宝生视察我校，对我校“整体设计——循序渐进——形成合力”的“博雅情趣”课程的推进与实施予以高度评价。

第四节　幸福课堂的研磨

课堂是学校理念落地的主阵地，是“核心素养”落地的主阵地。如何让学习在课堂真正发生？如何让学生在多元的学习实践中提升学习力，最终获得“终身学习”的能力？构建以生为本的幸福课堂就成为继课程之后的又一重要工作，建校以来我校在课堂研磨上经历了三个阶段。

一、“五环五学”课堂模式的构建

建校之初，我校生源结构差，教师队伍年轻，没有教学经验，急需一种课堂教学模式规范课堂教学，提高课堂教学质量。在这样的背景之下我提出了“五环五学”课堂教学模式。即“问题导学——独立自学——交流互学——点拨助学——检测悟学”。

（一）基本理念

“五环五学”课堂教学模式以关注学生的“学”为重点，以“问题导学——独立自学——交流互学——点拨助学——检测悟学”为基本流程，以“让学生学会学习”为核心目标，研究“学”、设计“学”、落实“学”、指导“学”，从而构建不同学科、不同学段的学导型课堂教学模式，打造焕发生命活力的高效课堂。

（二）流程解读

1. 问题导学

问题导学是学生学习之旅的开始，是由教师根据课标、教材以及学情，精心设计的引领学生将学习不断进行深入的导学单。一般来讲，问题导学是学生开展有效独立自学的凭借。因学段的不同而不同，但要突出问题引领，实现学思结合。问题导学的基本要求：体现学科本质；符合学科的性质、功能；体现学科的思想、方法；指向学科主干重点知识；具有深刻的思维价值；指导学生学会提问。

一般情况下，低年级问题设计要具体；高年级要趋向简洁，可以提出核心问题，让学生研究；初中可以由学生预习生疑。问题导学的呈现方式：导学单（案）或者多媒体课件。

小学特别是低年级问题导学呈现在课内，当堂先学，而不是盲目的“前置”，加重预习负担，加重课业负担。

2. 独立自学

“独立自学”是指学生在问题导学基础上独立进行的课前（或课中）先学，也叫作“前置性学习”。这一环节的学习是有目标指导下的自主学习，是为新课做预备、做铺垫、做指引。学生通过独立自学，对新知识有了初步感受和浅层理解，从而更有目的性地进行课堂的学习，提升课堂教学的有效性，它属于备学的一部分。

教师要充分重视这一环节的指导，培养学生的自学习惯，明确学生的自学方法，设计学生的自学流程，规范学生的自学检测，训练学生的自学质疑。“前置性学习”不仅是一种全新的理念，而且是一种可行的实践方式，前置性学习方法和能力培养任重而道远，需要日复一日，持之以恒。

3. 交流互学

交流互学环节是指学生在独立自学的基础上，在小组内、班内交流自学成果，提出自学疑难，互相学习、相互促进，从而增强合作意识，体验学习的乐趣，从中获得恒久的学习动力。让每个学生的潜能都得到发展，感受前置学习的乐趣。从不同方面锻炼他们自主学习的能力，为学生的课堂学习打下一定的基础。

组内交流时，教师要规范小组交流行为，加强学生合作意识的引导和合作技能的培养，充分发挥小组长作用，科学实施小组评价，确保小组学习的实效性。

全班展示时，教师应注意引导学生展示和质疑同步进行，营造争论的氛围，使学生在辨析的过程中形成共识。要鼓励人人展示，组组展示，展示的方式也要多元化，是黑板板书还是口头讲解，是动态演示还是质疑互动，是过程讲解还是要点归纳，是典型析错还是提炼反思，是点到为止还是追问不止……总之，展示哪些问题，如何展示，展示到什么程度，任务如何分配，要由问题本身的教学价值而定。教师在点拨的同时要进行鼓励，学生要学会倾听与适当追问。

4. 点拨助学

点拨助学可以在展示过程中相机进行，也可以是在展示完毕后，教师集中点拨指导。不管哪种形式，教师首先要有充分的预设和准备，在知识的重点难点处进行及时有效的点拨，而且，教师的点拨要和相应的训练巩固相结合，真正使学生熟练掌握，形成技能，达到“当堂学会”的效果。

5. 检测悟学

当堂检测即课堂教学之末，针对本节课的知识点、学习重难点、易混点、易错点，设计题组，可通过问答、书写、小组竞赛、演练等不同形式检测本节学习效果。当堂完成、当堂反馈、当堂矫正。原则上，每节课应空出 5—10 分钟进行当堂检测反馈。小学低段尤应如此，确保课堂作业课上完成。中高段、初中还应培养学生在检测的基础上进行当堂反思的习惯。

检测题的设计要注重基础性、层次性、针对性、现实性、趣味性和科学性。让所有的学生都有参与练习的机会，都能享受成功的快乐。

在检测中了解学生对新知识的掌握情况，发现问题，及时纠正，正确引导，巩固成果。一课一测，精当适用，人人过关，课课达标，学习目标“堂堂清”，真正提高学习效果的达成度，开创高效课堂新局面。

当然，“五环五学”不是缺一不可的环节递进，而是学习完整学习过程的基本流程。一节课上也许只应用其中的几个环节，也可以是上述流程的几个轮回，也可以由课外课内共同完成一个轮回。总之在具体实施过程中可以根据不同年级、不同班级、不同学科、不同教师的教学风格灵活应用。

（三）文化特征

“五环五学”课堂因充分尊重学生学习的主体参与，因而重构了平等尊重的课堂生态，体现出以下课堂文化特征。

一是安全的课堂。教师不仅仅关注学生学习活动的设计，更加关注学生生理健康、性别平等、环境优美、空气流通、墙壁文化等。

二是尊重的课堂。课堂从维护最后一名学生座位尊严做起，保证充分的“独学”时间，保证充分的交流展示时间，教师所做的是悦纳赏识，点拨提示，调整学生情绪。

三是均衡的课堂。特别是小组的设置，充分考虑学生个性差异，较好地实现了性别互补、品质互补、个性互补，为每位学生的均衡发展提供了可能。

四是互助的课堂。帮助同伴是我的光荣，看到同伴的错误也是一种学习，课堂建立起师生公认的学习规则。

（四）模式优势

“五环五学”课堂模式的构建，实现了“四个转变”：

一是变重知识为重能力。“五环五学”关注学生的课前预习、课上的互动交流、课后的自我反思。这就要求教师既要关注教学知识本身，更要关注学生学习方法的指导、学习品质的培养，教学目标指向多元。让学生自主预习、自主探索、自主表现、自主发展 。

二是变教参至上为学情至上。传统备课有四个误区：照搬教参，按教参理解教学内容、教学目标；照搬教材，一字不漏复制教材的内容、结构；照搬外来教案；重知识、轻能力。

“五环五学”课改模式，让教师重新树立正确的备课理念：为了学生的学而备课；课程标准决定教学范围、教学难度，而学生决定具体的教学范围和教学难度；教学对象决定教学目标、教学内容；怎么教比教什么更重要。

三是变教师的教为学生的学。“五环五学”改变了传统的教学过程，优化了学生的学习流程。真正把课堂还给学生，把学习的主动权还给学生，把教学过程转变为学生学习的过程。课堂上，教师调动一切手段和方法，让每一位学生参与到学习中去；营造民主、互尊、向上的课堂氛围，让学生在精神愉悦中学习；通过自主学习、合作学习、对话交流，让学生经历分析问题、解决问题的过程体验，在学习中学会做人、学会学习。特别是鼓励暂差生展示自我，开展优生帮困活动，让学生当老师。

四是变改复习巩固性作业为预习探究性作业。

“五环五学”将教师的关注点聚焦在有效作业设计上，由以往的重知识巩固为现在的预习指导。当然我们在课后作业也提倡：作业具有质量性，坚决杜绝从第几页到第几页的作业；作业具有层次性，选择适合不同学生学习的习题，让学生有必做题和选做题的选择；作业具有趣味性，选择学生感兴趣的习题，使习题与学生生活、心理接轨，学以致用；作业具有协调性，力求减负增效。

总之，我们构建幸福课堂，就是要努力让学生在课堂收获学习的兴趣、探究的欲望，收获良好的习惯、成长的自信，收获幸福人生必备的品质和能力……

二、由“五环五学”课堂模式向三类课堂模型的转变

教学中我们发现很多老师会不自觉地把“五环五学”这种课堂模式固定下来，而且有些会不恰当地放大它的所谓功效，好像是放之四海而皆准的，如果长此以往都是这样的话，可能也是有问题的，将会模式化。课堂不能一种模式，我们想能不能由过去程序化的构建、程序化的模式，走向模型、要素的提炼。为此，我们进行了大胆的改革，根据学生的情况，根据课堂教学实际情况设计了三种不同的课题模型：规范课堂、高效课堂、

智慧课堂。

规范课堂注重“三维度”：目标适当、内容恰当和方法得当；高效课堂注重“三维度”：目标精确、内容精当和方法精准；智慧课堂注重“三维度”：思维层次、开放程度和文化意味。规范课堂让教师带着教材走向学生，高效课堂让教师带着学生走向教材，智慧课堂让学生带着教材走向教师。这种课堂模型使课堂有弹性、有张力、有生命、有活力，教师的教学模式更加开放，教师的活动设计更加科学有效，课堂教学更加规范高效和智慧，更加注重学生发展核心素养、学科核心素养、课堂核心问题的研究。教师可以根据自身实际去选择适合自己的教学模式。

三、全面开展“五环五学基本式加变式”的深度课堂教学

（一）深度教学的内涵

深度教学是核心素养理念下倡导的一种新型课堂教学，就是让学生的学习动机更有深度，让学生学到更有深度的知识和让学生更有深度地学习知识。

（二）目前教学存在的问题

课堂缺乏情感的体验、思维的碰撞与智慧的刺激；缺乏深切的体验、深入的思考、深透的理解和深远的影响；缺乏内涵、品质和意义；缺乏深度。课堂有知识而缺乏力量；有知识而缺乏美德；有知识而缺乏学科核心素养。

（三）课堂需改进的方向

让学生更有深度地学习知识（过程）+让学生学到更有深度的知识（结果）——深度学习（格物致知）。

（四）解决深度教学的三条途径

让学生学习触及心灵深处（从身体参与到身心俱在）；深入学科本质（从表层知识到知识内核）；展开问题解决（从知识获得到实践参与）。

（五）解决深度教学的四种方法

1. 让学生的学习动机更有深度

注重激活学生的深层动机、精妙巧妙的学科问题、学习动机的触发点（新奇处、困惑处、共鸣处、挑战处）。

2. 让学生学到更有深度的知识

注重学科的方法与思想、知识的产生与来源、事物的本质与规律、知识的关系与结构、知识的作用与价值。

3. 让学生更有深度地学习知识

注重基本依据为问题情境是核心素养发展的场域、基本模式为让学生在问题解决中学习、操作前提为高质量的学科核心问题设计。

4. 让教师展开更有深度的知识教学

实施五环五学基本式加变式的课堂教学模式。

（六）深度教学的解决策略

1. 深度教学策略一

深度教学需要教师在教学中解决好五方面的问题，即教学的价值、活力、生成、情境和本质问题。深度教学的五个问题与中国的古代哲学的“五行”说不谋而合：“金”即价值问题，“木”即活力问题，“水”即生成问题，“火”即情境问题，“土”即本质问题，五行“金木水火土”构成了人类生存生活的基本自然规律，做到了天人合一。为使深度教学做到和谐高效，做到课人合一，这就需要教师在教学过程中注重教学的价值问题即学科的思想和方法；教学的活力问题即知识的关系和结构；教学的生成问题即知识的产生和来源；教学的情境问题即知识的作用和意义；教学的本质问题即知识的本质和规律。

《道德经》中说：“万物之始，大道至简，衍化至繁”，意思是把复杂冗繁的表象层层剥离之后就是事物最本质的大道理。教学亦是如此，深度教学就是做“减法”的智慧。毕加索的《公牛图》便是对教学做“减法”的完美诠释：从第一幅到第十一幅，形体逐渐概括，线条逐步简练，到最后一幅只剩下寥寥几根线条，却精炼地表现了公牛的形与神，达到了艺术的巅峰。这一幅图又和深度教学的五个问题异曲同工，坚挺有力的牛角如同深度教学的价值导引；灵活跃动的四肢和尾巴如同深度教学活力的承载；生殖器则预示着深度教学之源；强健高大的躯干则是深度教学之本；地面的投影，便是深度教学的作用和意义。生命生生不息，教学周而复始。

幸福教育导向的深度教学图

2. 深度教学策略二

“金”的意象，让我们想到金光闪闪的高贵，让我们联想到教学的价值问题，教学的价值就在于学科的思想和方法。一是教学需要“金果子”，教学不仅应该先学会知识，还应该让学生产生智慧，产生思想。二是教学需要“金点子”，教学不仅让学生看到别人看不透的内容，还应该让学生想到别人想不到的方法。

“木”的意象，让我们想到拔地而起的生机，让我们联想到教学的活力问题，教学的活力就在知识的关系和结构。一是教学需要“枝的脉络”，教学不能只让学生观看到知识的“叶”的画面，也要厘清“叶”的画面下“枝”的脉络，不仅让学生欣赏知识画面的风景，也应该让学生在知识风景里领略到知识的意蕴。二是教学需要“根的深入”，教学不能流连于表面的“欣欣向荣”，而应该始终不忘“树的根本”。教学要从“山是山、水是水”的纯净水状态走向“山不是山、水不是水”的矿泉水状态，但最终要让学生达到“山还是山、水还是水”的境界。

“水”的意象，让我们想到随遇而安的灵活，让我们联想到教学的生成问题。教学的生成就在知识的产生和来源。一是教学需要“水的灵动”，教学不仅要备教材，还应该备教师、备学生，让教学真正成为生本教学和生成教学。教学设计应从重“设”转向重“计”，计量学生“已经学了什么”“已经会了什么”，计较学生“可能说些什么”“可能做些什么”，增加教学设计的弹性。二是教学需要“水的包容”，教学不仅是师生之间的交流活动，还应该注重倾听、等待、耐心和包容心，留给学生讨论、评价、消化的时间。

“火”的意象，让我们想到热火朝天的温暖，让我们联想到教学的情境问题。教学的情境就在知识的作用和意义。一是教学需要“热情”，教学不仅是知识的传递，还是师生间情与情的交流，是碰撞是点燃是唤醒，这样才会感染、感动学生。二是教学需要“情境”，教学不仅是让学生学到知识，还应该是让学生学以致用，在情境中培养学生分析解决问题的能力。

“土”的意象，让我们想到脚踏实地的淳朴，让我们联想到教学的本质问题。教学的本质就在于知识的本质和规律。一是教学需要“土的质朴”，教学中，我们反对排练，反对包装，反对作秀，别让外在的功利“污染”了我们的教学，教学需要的是“原生态”，需要一种“自然美”。教学不能只满意于内容是否丰富、形式是否多样、环节是否流畅、手段是否先进，还应多问问学生“不需什么”“还需什么”或“急需什么”。课不能不像课，但也不要太像课。二是教学需要“土的质地”，教学中，我们允许有教学方式的“粗犷”，允许有教学内容的“粗糙”，允许有失败和不成功，可以让学生在“跌打滚爬”的磨炼中自然成长。

“金”让教学价更高，“木”让教学势更强，“水”让教学流更长，

“火”让教学情更烈，“土”让教学质更实。五行的“金木水火土”构成人类生存生活基本的自然规律，讲究天人合一，我们的课堂也要做到“金木水火土”和谐一体，做到“课人合一”，那么我们的课堂将成为学生成长的“乐园”和“果园”。

第五节　幸福学生的成长

现在，教育最突出的问题是中小学生太苦太累，办学中的一些做法太短视太功利，唯分数、唯升学、唯文凭、唯论文、唯帽子的顽瘴痼疾长期存在，更严重的是大家都知道这种状况是不对的，但又在沿着这条路走，越陷越深，越深越陷！实践中总有人为应试教育辩护，其中有一个重要原因，就是将应试技能训练与应试教育等同起来，将精英教育与应试教育等同起来。应试教育作为一种教育制度，是以考试、升学为主要目的的教育体制，考试、分数、升学成了教育的核心，出现了分数、时间、刷题（作业）、补课四大陷阱，学生变成了一种工具，学生变成了考生，学生的主体性、创造性都让位于考试、升学，教育的道德意义和学生的幸福感都不见了。

一、重新认识素质教育

素质教育是针对应试教育提出来的，但素质教育并不反对提高应试能力；素质教育反对的是片面追求升学率，但素质教育不能牺牲升学率；素质教育与提升升学率从来都不矛盾，分数应藏于学生优秀的思想品德养成之中，分数应藏于教与学的规律遵循之中，分数应藏于学生科学协调发展之中，真正的素质教育有助于提高应试能力；素质教育不只是“吹拉弹唱”，素质教育不只是“发展兴趣特长”。素质教育是全面贯彻党的教育方针，落实立德树人根本任务，促进每一个学生全面发展、自主发展、和谐发展和可持续发展，着力提高学生服务国家服务人民的社会责任感、勇于探索的创新精神和善于解决问题的实践能力的教育。

二、重新界定素质教育

素质教育的目标就是立德树人，就是坚持德育为先、能力为重和全面发展。德育为先就是以德为先，就是要培养学生的社会主义核心价值观，即爱国、敬业、诚信、友善。能力为重就是要培养学生的关键能力，即学生的认知能力、合作能力、创新能力和职业能力。全面发展就是培养学生的综合素养，即培养学生人工智能所不能取代的阅读素养、运动素养、艺术素养、语言素养、生活素养和全球素养，这就是学校的今后的教育目标。为使学生健康快乐幸福成长，学校必须大力开展素质教育。

“幸福学生”的核心是充分关注每个学生的终身发展，真心实意地提高学生学校生活的幸福感知度。在追求学生学业进步的同时，让学生身心健康、快乐成长。这就要求学校以“释放学生个性”为目标，培养智慧阳光的幸福学生。

三、幸福学生成长“五个一”

（一）坚持每天 20 分钟的晨诵课

“与黎明共舞，与经典同行。”近年来，学校坚持每天 20 分钟的晨诵课。坚持落实“五个一”：每日播放一个经典诵读作品、每周组织一次“班级晨诵展示”、每月组织一次“晨诵观摩研讨”、每学期要组织一次“晨诵成果展”、每学年要组织一次“晨诵工作表彰评选”。目标在于启迪心智，涵养生命。通过诵读美文，使全体学生能够丰厚语言积淀，实现厚积薄发。通过诵读经典，使学生受到高尚情感的熏陶，从小志高气远，丰厚学生的人文底蕴。日有所诵的晨诵课程，推进了书香班级、文化校园的建设，为学生的诗意人生奠定了基础。

具体做法：

一是以兴趣为导向，培养诵读兴趣，养成诵读习惯。晨诵有一个意象的说法：“与黎明共舞”，希望孩子们在每一天太阳升起的时候，充满期待，以快乐饱满的精神状态开始一天的学习。以多种形式的吟诵，激发学生的兴趣，让诵读充满激情，充满韵味，让孩子们的灵魂、精神在每一个早晨因诵读美文而获得充分的舒展。

二是以积累为基点，提升语文素养，夯实人文基础。我们所说的“积累”，不刻意强调记忆未来可能用到的知识，更不是为了进行记忆力的强化训练，而在于丰富儿童当下的生命。晨诵课程从童谣、儿歌开始起步，随后是大量优秀的儿童诗和浅易的诗词，再到诵读人类最优秀的诗作，意在开阔视野，发展语言修养，丰富学生的精神世界，让学生成为一名思想活跃、志高气远、情趣高雅、气质儒雅的有附校特质的学生。

三是以“品、悟”为方法，体验审美境界，拓展灵性空间。晨诵以“诵、品、悟”为方法，在诵读过程中注重调动学生语言、视觉、听觉等多个感觉通道，激发学生丰富的情感，让学生徜徉在诗的海洋里乐此不疲，体验不一样的审美境界。

四是以生活为原点，丰富生活体验，点燃生命激情。生活既是学生学习的源头活水，又是学习的应用和实践天地。诵读经典，心有所悟，情有所动，经典能点燃孩子们心中灵性智慧的火种。在生活中，我们也要引导孩子去使用在诵读中的经典名句，去感受其中所蕴含的道理，以使晨诵最终回归生活，丰富孩子们的人文情怀，增加生命的厚度，实现学校的育人目标。

五是以生命为底色，滋润精神生命，养育心灵睿智。晨诵的过程不仅是吟诵，还是情感、态度全身心投入的生命涌动。语言是思想的外壳，是情感的流淌，通过对传统朗读、背诵方式的变革，实现诵读过程中的心灵对话、人格感召、艺术感染、生命感悟。让诵读提升人文素养，让吟诵丰盈生命底色。

（二）坚持每周一节中华优秀传统文化课

2015年起，学校开设校本课程——中华优秀传统文化经典诵读。“九年一贯”整体规划，并编印了中华优秀传统文化经典诵读系列读本。

我们的规划：一年级《弟子规》、二年级《三字经》、三年级《千字文》、四年级《笠翁对韵》、五年级《论语》、六年级《孟子》、七年级《大学》、八年级《中庸》、九年级《道德经》。

我们的目标：在学生心灵深处播下优秀传统文化的种子，为学生的幸福人生打下厚实的精神底色。

我们的策略：

悦读——激活学习动力；

熟读——做足涵泳工夫；

悟读——唤醒主体智慧；

化读——积淀文化底蕴。

（三）坚持每天一小时社团活动

每天一小时的社团活动，学生人人参与，受到师生、家长一致好评。学生们也认为每天一小时的活动，让他们感觉学得轻松、玩得愉快。社团活动提升了学生的综合素养，彰显了学生的个性特长。

（四）坚持间周一节心理课

学校从2014年开始将心理健康教育纳入学校教育教学总体计划之中，学校在幸福教育“博雅情趣”课程体系下，对心理健康课程重新进行系统的建构，在此过程中我们做到了四个突出：

1. 突出组织保障

一是构建了以校长负责组织管理，政教处负责协调安排，专兼职心理健康教师和班主任具体实施的心理健康教育工作体系，建立健全管理运作机制，营造健康、健全的育人环境。

二是形成了多方位服务体系，第一级为班主任，负责从心理健康角度管理和引导学生发展；第二级为学校所有教师，为学生营造健康、和谐、人文的人际空间；第三级是学校心理教师，对全体学生进行心理健康教育宣传，对个别学生进行心理诊断与辅导。

2. 突出硬件配套

一是师资配备。目前学校有专职心理教师两名，均持有国际二级心理咨询师证，两名专职心理教师分工合作，分别从学生和家长层面进行工作。另外有兼职心理老师若干名，持有二级或三级心理咨询师证，并具有丰富的班主任工作经验。

二是硬件建设。心理辅导室是开展心理健康教育工作的重要场所，在市教育局、学校领导的支持下，我校心理辅导室于2016年建成并投入使用，建筑面积260平方米，共有办公接待区、心理测评区、沙盘游戏区、心理咨询区、团体活动区、宣泄区、放松区、阅览区等功能区。

3. 突出课程开发

培养积极心理品质最为直接的途径就是开发相应的课程，针对目前国内心理健康教育课程百花齐放、难以适应各地学生真实需求的状况，我们开发了学校特色的积极心理品质培养课程。

附：晋中师专附校心理健康教育课程

表1：课程目标和内容（小学4—6年级）

版块	目标	积极心理元素	内容
积极自我	帮助学生进行正确、合理的自我评价，体会到每个人都是独一无二的，从而悦纳自己	发现并发挥自己的24项优势，构建积极自我认知	我是独一无二的
			你比想象中更优秀
			你的兴趣是什么
			你是哪一个我
			我的优点有多少
			学会爱自己
积极学习	对学生的学习兴趣和态度进行辅导，让学生体会学习乐趣	创造力、好奇心、热爱学习、勇敢、坚持、自律、谨慎	神奇的记忆术
			提高你的学习效率
			展开想象的翅膀
			有一种幸福叫专注
			学习让我更开心
			你会考试吗
			做自己的小管家
			我想学习更有趣

版块	目标	积极心理元素	内容
积极情绪	帮助学生认识和表达常见情绪，体验和管理自己的情绪，学习关注正面事件，培养积极情绪，获得更多的幸福体验	希望、热情、感恩、自律（自我心理调适）	多彩的情趣
			理解他人情绪
			如何让自己更开心
			不做情绪爆破筒
			用美好的眼睛发现世界
			我的情绪我做主
积极关系	帮助学生感受家庭成员之间的关爱与温暖，学会友谊的建立与维护，学习社会规则，体验善意与助人快乐	真诚、友善、爱、社会智力、感恩、宽容、谦虚、公平、领导力、团队精神等	我的友谊之花
			做一个会欣赏的人
			学会说“不”
			合作中的力量
			换位思考，更好相处
			别让误会使我们分开
			我爱我家
积极生活	培养学生健康的生活情趣、独立自主的生活习惯，启发学生对生命的思考	希望、审美、幽默、信仰	自己的事情自己做
			手机想说爱你不容易
			合理安排闲暇时间
			对诱惑说不
			做自己的小管家
			珍爱生命，珍惜每一天

表2：课程目标和内容（初中7—9年级）

版块	目标	积极心理元素	内容
积极自我	让学生对自己有全面的了解，关注如何发现和利用自己的特长，学会培养和发挥优势的方法	探索自己的24项优势，构建积极自我认知	探索我的小宇宙
			不断刷新的我
			魔镜魔镜告诉我（优势）
			看见标签
			寻找我的能量球
			天生我材必有用（多元智能）
积极学习	对学生的学习动机、学习方法策略进行训练和辅导，帮助学生探索学习意义，进行学习目标管理	创造力、好奇心、热爱学习、勇敢、坚持、自律、开放思想、洞察力、谨慎	记忆规律知多少
			创造心流
			成长型思维
			我的学习风格
			快乐打靶行动（目标管理）
			做时间的主人
			学会合理归因
			战胜拖延

版块	目标	积极心理元素	内容
积极情绪	让学生掌握控制消极情绪、提升积极情绪的方法，培养学生的心理韧性，获得更多的幸福体验	希望、热情、感恩、自律(自我调适)、洞察力	觉察情绪
			接纳情绪
			心理弹性弹弹弹
			面对心中的暴风雨
			我的幸福指数
			幸福中学生
积极关系	帮助学生学会处理与同伴、父母、老师等之间的关系，学习一些沟通技巧，感受人与人之间的美好情感，构建积极人际关系	真诚、友善、爱、社会智力、感恩、宽容、谦虚、公平、领导力、团队精神等	因为爱，好好说话
			走近我的老师
			换位思考，同理心
			学会倾听
			赠人玫瑰，手有余香（赞美）
			巧用我向信息，做沟通大人
			爱情向左我向右
积极生活	培养学生以积极、乐观的心态面对生活，发现生活的美好，热爱生命，学会合理规划自己的未来，并朝着美好的愿景奋斗	希望、审美、热情、幽默、信仰	我理想的初中生活
			我的兴趣岛
			“抖音”伤害不了有准备的人
			拍卖你的生涯
			预见方能遇见
			我的生命线

在课程开发过程中，我们以积极心理学为指导，以学生成长需求为导向，以模块化开发课程为思路，以校本课程建设为路径，遵循了以下几个原则：

一是融合性原则。我们分别从积极自我、积极学习、积极情绪、积极关系、积极意义五个方面对课程进行设计，将六大美德 24 项积极心理品质融入五大模块中，每一节课中都包含相应的积极心理元素。

二是普适性原则。心理课堂是在学校“博雅情趣”课程体系下展开，是“情课程”，即德育序列化课程的一部分，面向全体学生开展，关注学生整体积极心理品质，将五大模块的内容贯穿于小学和初中。

三是序列化原则。针对我校九年一贯制学校特点，我们在课程设计中充分考虑不同学段学生心理发展特点，做到课程目标和内容有梯度，注重课程之间的层层深入，让整个课程形成一个连贯的系统。每个主题相互区别又有所衔接，如“记忆力”主题中，是从记忆技巧到记忆规律的探索。

四是目标性原则。根据我校心理健康教育的三级目标——初级目标：面向部分学生，消除心理障碍、预防心理疾病；中级目标：面向全体学生，增强心理调节能力，提高心理健康水平；高级目标：面向全体学生，重点开发积极心理品质，培养学生健康人格，帮助学生树立积极幸福观，培育幸福品质。根据我校心理健康教育三级目标确立课程内容，帮助激发学生自身内在积极力量，形成积极心理品质，获得持续幸福的能力。

4. 突出课堂教学

一是构建幸福课堂。我校从“五环五学”课堂模式，到三类课堂模型，再到全面开展深度教学，一直致力于探索构建以生为本的幸福课堂，通过幸福课堂，进行学生发展核心素养、学科核心素养、课堂核心问题的研究。

二是开设心理课程。心理课程纳入学校总体教学计划，面向全体学生开展，采用间周上课的方式，由专职心理教师负责组织教学。课堂以体验式教学为主，通过角色扮演、案例分析、行为训练等各种团体心理健康教育活动，注重合作互动、交流分享，让学生在活动中有所收获。另外，我们始终坚持传统的心理辅导，重点对一些弱势群体学生进行积极的心理干预，包括团体心理辅导、团体沙盘、心理放松、个别心理辅导等，构建学生心理健康的保护性因素。

三是重视学科渗透。积极心理品质的培养并非某门课程可以完成的任务，还需要通过各个学科渗透培养，所以我们将学生积极心理品质的培养融入日常的教学之中，在不同的学科中，学生的积极心理品质也在潜移默化中得到提升：人文学科（语文、历史、地理等）培养学生仁爱、宽容等心理品质；科学课程培养学生严谨、审慎、好奇心、创造力等积极心理品质；体育课程培养学生团队精神、坚持、勇敢、公平等积极心理品质；艺术课程培养学生审美、创造力等积极心理品质。学科的多样化，为积极心理品质的培养提供了更完整的途径。

（五）坚持每月一展示

为充分展示学生的综合素养，张扬学生的个性特长，学校坚持每月一展示，给学生搭建展示自我的舞台。

三月，举办读书节，开展读书之星评比；

四月，组织写字大赛，开展书法之星评比；

五月，举办艺术节，开展艺术之星评比；

六月，组织优秀作业展评，开展习惯之星评比；

九月，组织习作大赛，开展写作之星评比；

十月，举办科技创作大赛，开展发明之星评比；

十一月，举办诵读大赛，开展诵读之星评比；

十二月，组织冬三项比赛，开展健体之星评比。

教育的根本任务是立德树人，一所学校，必须守住学校精神、校园文化的“魂”，扎稳课程建设、课堂教学的“根”，更主要的是发展一个个鲜活的“人”。而我们现在的学校提到人才就是分数，提到素质就是会音体美。我认为素质就是本真的、不加装饰的、发自内心的品质，品质在教育里有四个维度：第一是品行，即学生的言谈举止、待人接物；第二是品位，就是审美情趣，格调是否高雅；第三是品性，淳朴友善、落落大方、开放包容；第四是品格，如创新、进取、自信等。具有以上品质的学生就是高素质学生，能培养出这样学生的学校就是素质教育抓的好的学校。

第六节　幸福文化的图释

多年来，学校围绕“为学生的一生储备幸福”的办学理念，从幸福文化构建、幸福课程实施、幸福课堂研磨、幸福教师历练、幸福学生成长五大板块对幸福教育进行实践和探索。从精神、环境、制度、行为四个层面入手，构建了学校的幸福文化，用精神文化引领学校的幸福内涵，用环境文化营造校园的幸福氛围，用制度文化保障师生的幸福发展，用行为文化丰富师生的幸福素养。学校实施“博雅情趣”校本课程，“博课程”指向学生扎实的学科基础和广博的学科视野，“博”即广博而精深；“雅课程”指向学生深厚的人文积淀和儒雅的君子之风，“雅”即言行雅正，气质儒雅；“情课程”指向学生良好的习惯和健全的人格，“情”即家国情怀，个人情操。“趣课程”指向学生健康的兴趣和高尚的审美，“趣”即广泛的兴趣，高尚的志趣。学校研磨“五环五学”课堂教学模式，并实现了向“三类模型”的转变，目前学校积极尝试“五环五学基本式加变式”的深度课堂教学模式。学校加强幸福教师的历练，关注教师师德修养之根本，关注教师专业素养之关键，关注教师精神需求之动力，关注教师生命质量之保障。幸福学生成长共同指向培养具有至善之心、灵慧之气、康健之体、高雅之行、勤劳之风的时代新人这一目标，引领学生健康地生活、快乐地学习、和谐地发展。

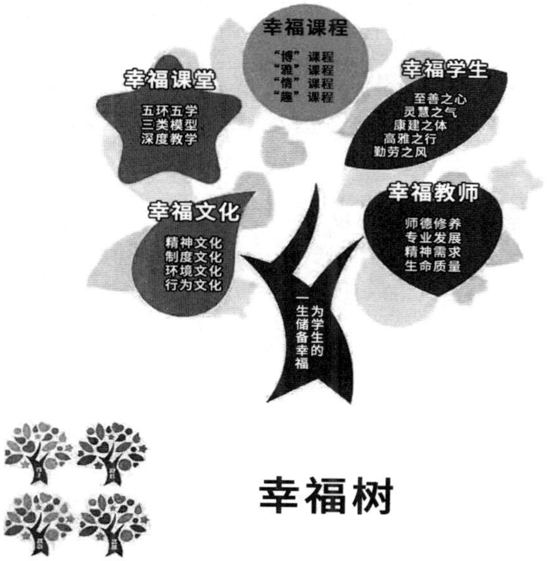

幸福树

幸福树树干由XF组成，代表幸福，四种颜色代表春夏秋冬，嫩绿代表春天，深绿代表夏天，黄色代表秋天，蓝色代表冬天，寓意春生夏长秋收冬藏。树型由幸福教育五大体系组成，四个小水滴代表幸福文化构建的精神文化、制度文化、环境文化和行为文化四个层面，小水滴寓意文化的源远流长；四个圆形代表幸福课程实施的“博雅情趣”课程四大类型，圆形寓意课程的开足开全开好；三颗五角星代表幸福课堂研磨的五环五学、三类模型、深度教学三种模型，五角星寓意课堂的个性化和多元化；四颗心代表幸福教师历练的师德修养、专业发展、精神需求、生命质量四个方面，心寓意教师的爱心；五片树叶代表幸福学生成长的至善之心、灵慧之气、康健之体、高雅之行、勤劳之风五个目标，树叶寓意学生的茁壮成长。

我们认为，对于办学历史不长、文化积淀不深的新建校而言，要努力烹制好一份“文化大餐”，让师生在这份大餐中品尝到“幸福的味道”。幸福文化构建精神家园，打好成长底色；幸福课程彰显办学特色，插上腾飞翅膀；幸福课堂传递人文精神，成就更美自己；幸福教师积淀情怀力量，引领学生成长；幸福学生绽放本真光彩，奏响生命乐章！

第四章

幸福教育的成果

2021年10月28日下午，在全区中小学教学质量推进会中，我校初中部再获“教学质量先进单位”荣誉称号，这是我校连续第九年获此殊荣。这份荣誉是教育行政部门对兢兢业业的附校人的高度评价和充分肯定，更是我校践行“幸福教育”的最好诠释。这也标志着，经过多年的探索、推进，我校幸福教育“开花结果”，让学校的每一位教师、每一名学生都充分感受到成长的快乐和幸福。

第一节　党建领航发展

晋中师专附属学校党支部成立于2012年11月，现有69名党员，支部设有书记1人，副书记1人，支部委员3人。近年来，校党支部以《关于加强中小学校党的建设工作的意见》为基本遵循，牢固树立“抓好党建是最大的政绩”的观念，紧紧围绕“把方向、揽全局、抓思想、建队伍、促党建”这一总体目标，始终把加强基层组织、基础工作、基本能力建设作为学校党建工作的长远之计和固本之举，凝心聚力破除党建工作和教育教学业务管理相脱离等问题，理顺党建管理体制，引领学校高质量发展。

一、聚焦“深度融合”，强化基层组织

1. 将支部与校委会有机统合

支部推行党支部与行政领导班子成员双向进入，交叉任职，党支部书记、校长“一肩挑”，支部委员由校委会成员担任。共同确立“好书

记带出好班子，好校长办出好学校”的工作理念，明确了党支部与校委会领导班子的共同目标和职责。

2. 将特色小组和科室有机融合

支部设立五个特色党小组，分别与办公室、教研室、教导处、政教处、总务处等科室进行融合。每个党小组均有自己的工作理念、专业精神和目标要求，在不同的领域发挥着先锋模范的引领和示范作用，整体推动了学校的发展。

3. 将教育教学工作与党建工作有机整合

主要包括：学校办学思想与党组织的政治核心作用相整合；教师争先创优活动与发挥党员先锋模范作用相整合；校长负责制和党组织的民主监督机制相整合；学校德育工作与党建工作相整合；教师队伍建设和党员队伍建设相整合；教师管理和党员管理相整合；师德师风建设与党风廉政建设相整合；学校办学理念与党的初心使命相整合；校务公开与党务公开相整合；学校教育教学的常规工作与党组织开展的专项工作相整合。学校形成了支部扎根学校，小组落户科室，党员深入班级的党建新格局。

二、突出“六个强化”，夯实基础工作

一是强化阵地建设，提供基础保障。支部按照“十有”（党旗、党的指导思想和基本路线、入党誓词、党员的权利和义务、党支部基本情况、支委职务分工及照片、支部的基本任务、党支部委员会的职责、支部成员的职责、党内有关制度）标准配备了支部活动室、党小组活动室、党员活动室，为“三基建设”提供了充足的物质保障。

二是强化党建文化营造，提供精神保障。支部精心设计“党建文化长廊”，以“初心不忘，梦想永恒”为主题，设立“光辉历程、走向复兴、奋进新时代、领袖引领、中国骄傲、先锋风采、幸福教育”7个板块。“党建文化长廊”成为全校师生开展党史教育和爱国主义教育的鲜活教材。

三是强化支部班子建设，提供组织保障。支部班子坚持民主集中制，提高班子科学决策、民主决策的水平。强化集体领导观念，重大问题由集体讨论和决定。增强民主意识和民主作风，集思广益，博采众长。

四是强化党员信仰教育，提供政治保障。支部始终把“信仰教育”放在党员教育的首位，逢会必讲，引导全体教职工坚定理想信念，把终身从教、立德树人作为自觉信仰和追求。

五是强化党政工团联动，提供制度保障。建立起全员、全过程、全方位育人新格局，形成了学校教育、家庭教育、社会教育立体育人机制。教育引导师生热爱党、拥护党、听党话、跟党走，为实现中国梦奋斗不止。

六是强化“主题党日”活动，提供过程保障。在“主题党日”活动中，支部做到规范操作，做到了“四个确保”：活动标准有章可循，确保“不走样”；政治属性贯穿始终，确保“不跑题”；服务群众讲求实效，确保“不空谈”；载体机制适时创新，确保“不僵化”。创新“6+N”模式，丰富了活动内容。“6”指集中学习、现场交纳党费、为党员过“政治生日”、开展民主议事、推选“敬业微故事”、“党员展风采”等6项“规定动作”。“N”指结合实际开展的创新特色项目，比如开展党性教育基地参观学习、体验活动、志愿服务等。形成五项特色，提升了活动质效。民主议事让“党员主题活动日”成为“民情预报日”；敬业微故事让“党员主题活动日”成为“不忘初心日”；党员展风采让“党员主题活动日”成为“教学引领日”；志愿服务让“党员主题活动日”成为“党员奉献日”；红色教育让“党员主题活动日”成为“党性锤炼日”。

三、坚持“示范引领”，提升基本能力

1. 领导干部示范，实现文化引领

支部领导班子带头实践研究，围绕“为学生的一生储备幸福”的办学理念，积极推行“五环五学基本式加变式”的深度学习课堂教学模式，稳步实施研课、磨课、答课、引课、辩课“五位一体”校本教研，潜心

研发“博雅情趣”校本课程，构建起了“幸福教育”文化体系。

2. 党小组示范，实现内涵引领

第一党小组致力师德师风建设，第二党小组聚焦课程研发，第三党小组助力教师发展，第四党小组潜心立德树人，第五党小组关注文化营造。五个党小组结合自身工作，定期组织“示范周”活动，推出新成果，弘扬正能量。

3. 党员教师示范，实现业务引领

支部实行党员包班制，设立党员示范班，坚持党员教师“五个一”示范引领活动，即每月上 1 节示范课、每学期主持 1 个行动研究课题、每月向学校提出 1 条合理化建议、每学期撰写 1 篇高质量的教学论文、每学期帮扶 1 名学困生。支部制定《晋中师专附校党员量化考核方案》，调动了广大党员的积极性，形成了浓厚的“创优争先”氛围，树立了党员教师良好形象，赢得全校教职工一致好评。

四、党建工作取得的成效

1. 党建工作彰显了学校活力

近年来，学校荣获晋中市示范型党组织、晋中市先进基层党组织、晋中市学校标杆党组织、晋中市文明单位、山西省平安校园、山西省文明校园、山西省巾帼文明岗、山西省教育系统先进基层党组织、全国国防教育特色学校、全国中小学足球基地校等荣誉。

2. 党建工作提升了学校内涵

2017 年，教育部陈宝生部长莅临学校视察工作，全国名校长工作室落户我校。2018 年，学校教育专著《做幸福的教育》由北京师范大学出版社出版发行。2019 年，学校课题《基于幸福理念下的“博雅情趣”课程的构建与实施》荣获山西省基础教育成果特等奖。学校丰硕的办学成果在《中国教育报》、《中国教师报》、新浪网等主流媒体大篇幅报道。

3. 党建工作促进了师生的品质发展

学校形成了“学生全面个性发展，教师充分自由成长”的品质发展良好格局，近年来，省级以上大赛获奖的学生层出不穷，省级以上名师不断涌现，成为学校持续发展的宝贵财富和精神支撑。真实、善良、健康、快乐的平民本色，精神、学识、情趣、创新的精英气质已成为附校学生的特质。

学校能够在短时间取得大发展，最根本的一条就是始终坚持强化党建引领，以钉钉子精神对标强化学校“三基”建设工作，为学校幸福文化品牌注入了强大的内驱动力。

第二节　教育回归育人

“培养什么人、怎样培养人”是我国社会主义教育事业发展中必须解决好的根本问题。党的十八大报告提出：“坚持教育为社会主义现代化建设服务、为人民服务，把立德树人作为教育的根本任务，培养德智体美劳全面发展的社会主义建设者和接班人。”十八大报告明确把“立德树人”写进教育方针，它坚而有力地回答了这一事关党和国家前途命运的问题，具有里程碑式的意义。

立德树人，既是一个永恒的主题，也是一个时代的主题。说它是一个永恒的主题，因为树人是教育的根本，只有立德，才能成人；只有在“以人为本”的时代，教育才能回归人。说它是一个时代的主题，因为当代中国出现了道德危机，迫切需要立德。“国无德不兴，人无德不立。”

教育的对象是人，人的发展的未完成性，决定了教育的必要性。人只有受过教育，才能够成为人。促进人的发展和完善，是教育的唯一目的，也是教育存在的唯一依据。因此，育人是教育的原点，成“人”是教育的真谛。教育要落实科学发展观，就是使教育回到人。2010 年《国家中长期教育改革和发展规划纲要（2010—2020）》，正式把“育人为本”作为教育工作的根本要求。

人作为人，不是片面的政治人、经济人，而是全面发展的、德才兼备的人。司马光《资治通鉴》指出：“才者，德之资也；德者，才之帅也。才德全尽谓之圣人，才德兼亡谓之愚人，德胜才谓之君子，才胜德谓之小人。”我们需要德才兼备之圣人或君子，但“苟不得圣人，君子而与之，与其得小人，不若得愚人”。俗话说，有德无才是废品，有才无德是危险品。德不立，不能为人，也不能成才。这是成人、成才之道。

然而，当前的中国社会，伴随着经济的发展，却出现了人的道德滑坡。2011 年 4 月 14 日，温家宝在同国务院参事和中央文史研究馆馆员座谈时感慨：“近年来相继发生‘毒奶粉’‘瘦肉精’‘地沟油’‘彩色馒头’等事件，这些恶性的食品安全事件足以表明，诚信的缺失、道德的滑坡已经到了何等严重的地步。”我们的时代不得不正视这种道德危机。

面对道德危机，我们的教育逃脱不了干系。因为在应试教育的今天，我们关心的是知识，是成绩，是升学率，唯独不是人格，不是道德。我们的教育教人如何谋生，把人打造成优质的人力资源，但却没有了人性，没有了道德，丧失了“安身立命”之本。这是中国教育的最大危机。

立德树人，使教育回归人、道德植于人，使人有了立根之基，成为一个大写的人、有人性的人。在立德树人中培养健全的人格和高尚的品格，促进人的全面发展，这是教育的神圣使命，也是立德树人的根本诉求。

一、服务和引领：学校管理文化的价值追求

江苏省天一中学沈茂德校长关于学校管理有这样的论述：“学校管理的基础在于服务过程之中，增值于学校文化建设的引领之中。”的确，在中国的传统文化中，管理总是以“管”为主的，积淀着厚重的官本位意识，这种自上而下的管理理念，使很多校长把管理的价值取向定位于建立“规

范”和“秩序”。我们通常看到的学校管理模式是校长居于学校管理层的顶端，然后向下逐级形成了金字塔形的管理网络。这种基于工业革命的企业化管理模式，其特点是可以高效实施标准化的运作，但它的弊病也是同样明显的，就是极大地削弱了学校的主体——师生群体的个性和主动性，往往进入管理中“人不见了”的尴尬境地。

事实上，学校管理的目的是为了获得我们想要的效果——“促进人的发展”，而不是为了便于管理。“规范”和“秩序”的建立是管理的一种基础性架构，它不是管理的真正意义。管理应该使一所学校充满活力，使每一位师生充满生命的激情，为了心中的信仰，为了找到自己的人生价值而自觉工作、学习。

基于这样的理解，学校具体管理行为就应该从“法官行为”（结论评价）转变为“医生行为”（预警与医治），由自上而下的“命令”，转变为彼此平等的“互动对话”。比如，“诊断性听课”，其目的不是为了给教师打一个等级，而是在随堂性的听课中发现问题并提出改进意见，真正促进教师专业的成长。再如每周的“教师会议”，在开会之前，我会进行一些面向学生、年级组的调研，在深入分析的基础上提出自己的理解与建议。这样一来，教师会议就会成为一种颇有深度的校本性培训，在长期的这种校长、教师心灵的对话、问题的解决性的研讨中，校长的办学理念逐渐被教师所认识、认同，并渐渐演变成为一种积淀的文化，进而转变为师生的一种自觉行动。因此，现代学校管理决不能出于评价与控制的目的，而是要富含人性光辉的善意帮助与服务。

当学校发展到一定阶段后，“超越规范”就成了管理的一种内在诉求。“超越规范”不是不要规范，而是建立在较稳定的规范基础上的一种更高层次的文化管理，表现为更加关注实践精神与行为的引领。

如今，“关爱”“服务”“引导”“唤醒”已经成为我校管理文化的基本元素，更犹如“无形的手”，在影响和调控学校运行的品质和师生的行为。

漫步美丽校园，看到忙碌而幸福的教师和学生，仿佛置身于气息浓郁的“文化场”：一群脚踏实地的耕耘者，引领着几千名充满青春朝气的学子，在这块生生不息的土地上孕育着青春的梦想，编织着人生的彩练。每当面对这样的画面，一种欣慰感油然而生，这是服务和引领带来的生命的愉悦！

二、德技双馨：教师文化的自觉追求

每年九月，是我校的“师德主题教育月”。学校会面向全体教师认真完成3项“规定动作”：聆听师德报告、分享身边感动、许下师德承诺。对于办学历史不长、文化积淀不深的新建校而言，尤其需要在文化育人上“补短板”，要营造具有学校特色的校园文化氛围，努力烹制好一份“文化大餐”，让师生在这份大餐中品尝到“信仰的味道”。学校将文化建设与师德师风建设紧密结合，努力培育“德技双馨”的教师文化，探索走出一条立德树人的新路。

习近平总书记说，要把家风建设摆在重要位置，足见家风家训对于一个家庭的重要性。一所学校就是一个大家庭，师德师风就是一个学校大家庭的“家风”。学校应该是文化氛围最浓的场所，好教师也是在良好的文化氛围里被熏陶出来、培养出来的。我国传统师德的内容十分丰富，在几千年的教育实践中形成了一系列规范和原则，学校要传承中国传统师德文化的精华，要求教师具备高尚的道德水准并坚守道德原则，引导教师谨记在授业解惑时莫忘“传道”，并努力成为校园文化的引领者、传承者，在传承积淀中形成一所学校独特的文化气质。

当然，学校还要将传统师德文化与现代师德的要求紧密结合起来，在践行社会主义核心价值观、弘扬具有时代特点的先进道德观念等方面赋予师德师风新内涵，以一名党和人民满意的好教师要具有的“四有”“四个引路人”和“四个相统一”为标准，形成对广大教师思想道德、执教情怀、学识能力、作风纪律等全方位的要求，打造具有鲜明时代特征的师德文化。

学校还结合工作实际，在全体教职工中开展“修师德，争做四有好教师”系列活动，把“修师德”活动做实做细，将师德师风修炼工程长效化、机制化，让遵德守范成为教师的自觉行动、爱岗敬业成为教师的自觉追求、成就卓越成为教师的共同理想。

系列活动包括：“四评议三自查”活动、“明理修身、雅言雅行”问卷调查活动、“比作风比业绩树标兵”活动、“做最美教师”主题征文活动。

“四评议三自查”活动：即通过深入开展学生评教师、教师评党员、党员评支部、家长评学校“四评议”活动和党员干部查作风、党员教师查师德、中层科室查服务“三自查”活动。该活动的开展，使全体党员干部都把师德反思作为常态。经常提醒自己：工作作风和师德师风方面有没有问题？从事教育教学工作的宗旨意识牢不牢？自己爱岗敬业、服务学生的观念强不强？自己依法执教、廉洁从教的意识浓不浓？自己关心学校服务大局的工作做得好不好？

“明理修身、雅言雅行”问卷调查活动：每年九月为我校“师德主题教育月”，学校会组织“我赞赏的教师行为”“我喜爱的教师形象”和“我不赞赏的教师行为”等问卷调查，推进“明理修身、雅言雅行”主题教育活动，逐步摒弃坐着上课、仪态不整、上课接打手机等不规范教学行为。并相继出台《教师上课十条纪律》《党员教师十表率》《教师文明用语 20 句》等规定。

“比作风比业绩树标兵”活动：通过签订师德承诺书、开展师德师风事迹交流、师德师风大家谈等活动，对在师德师风建设中实绩突出、成绩显著的党员教师进行表彰，强化先进典型的示范作用。

“学高为师，身正为范。”我们认为师德是教师的立身之本，也是教师的魅力之源。因此教师应当拥有先进的思想和理念，应当对社会的善与恶、真善美有一个明确的价值取向，应当是社会精神生活的开拓者和领路人，这样的教师才有潜移默化、润物细无声的能力。教师应该因了解自己的职业而敬业，因敬业乐业而努力进取，因努力而领略更深刻、更崇高的人生价值，在奋斗的过程中因努力和收获享受教育的幸福。总之，有了良好的师德形象，才能有谨严的教风学风，才能有潜心的教科研实践，才能有高质量的教学保障，才能有润物无声的教育效果。从这个意义上说，

“师德”永远引领着教师的成长、引领着学校的发展、成就着学生的幸福人生！

三、体验式学习：让社会主义核心价值观落地校园

社会主义核心价值观是社会主义核心价值体系的内核，体现社会主义核心价值体系的根本性质和基本特征，反映社会主义核心价值体系的丰富内涵和实践要求，是社会主义核心价值体系的高度凝练和集中表达。十八大以来，党中央高度重视培育和践行社会主义核心价值观。习近平总书记多次做出重要论述、提出明确要求。中央政治局围绕培育和弘扬社会主义核心价值观、弘扬中华传统美德进行集体学习。中共中央办公厅印发《关于培育和践行社会主义核心价值观的意见》。党中央的高度重视和有力部署，为加强社会主义核心价值观教育实践指明了努力方向，提供了重要遵循。

2017 年 10 月 18 日，习近平同志在十九大报告中指出，要培育和践行社会主义核心价值观。要以培养担当民族复兴大任的时代新人为着眼点，强化教育引导、实践养成、制度保障，发挥社会主义核心价值观对国民教育、精神文明创建、精神文化产品创作生产传播的引领作用，把社会主义核心价值观融入社会发展各方面，转化为人们的情感认同和行为习惯。

如何让“社会主义核心价值观”在校园落地生根、入心入脑？我们做了如下尝试。

1. 在活动中践行核心价值观

“我是教师花蕾，民主就是尊重学生，解放学生，弘扬学生主体性，与学生共同发展，共同进步”“我是学生史新章，爱国，就是做任何事心里都装着国家，不做背叛祖国和人民的事，主动参与学校组织的爱国活动”……

自 2015 年以来，我校每年 10 月份都会开展“我为社会主义核心价

值观代言”主题实践活动。活动中，围绕社会主义核心价值观，师生们在卡纸上郑重写下自己的认识体会。通过“代言”，价值观成为其“行为名片”，帮助师生从单纯的“知晓”到深层次“理解”，再延伸到实实在在的“行动”，做社会主义核心价值观的践行者和引领者，传递正能量。

走进校园，随处可见核心价值观标语，浓郁的宣传氛围，让核心价值观的24字深入人心。不少班级还以社会主义核心价值观的12个词语为主题，设计每周晨诵的“班级誓词”，润物无声中，让核心价值观入心入脑。

同时，学校通过国旗下讲话、主题班会、黑板报、手抄报等形式，讲解核心价值观的内容，通过文明礼仪主题教育活动、青少年爱国主义主题教育读书活动、经典诵读、评选“美德少年”、“我们的节日”主题教育等系列活动，让社会主义核心价值观转变为具体的行动。

2. 在课堂上渗透核心价值观

丁零零，一阵清脆的电话铃声响起，接着是一段令人为之感动的对话：

“噢！是你，很对不起，我不小心把你汽车的反光镜碰坏了。”

“没有关系，已经换上了。我打电话是向你表示感谢的。”

“不，是我要向你表示歉意。请你把购货单据寄来，好让我把钱寄给你。”

“不用了。你在无人知晓的情况下主动给我留下字条，这使我很感动。”

“这是应该的，这笔费用应由我来支付。”

“不，人与人之间还有比金钱更重要的东西，你给我留下了诚实与信任，这比金钱更重要。我再一次谢谢你！”

……

没错，这是发生在语文课堂上的精彩一幕。学生们正在表演课本剧《诚实与信任》。学生们入情入境地表演深深地感染着在场的每一位。表演结束，大家纷纷表示为人首先就要讲诚信。

践行社会主义核心价值观，课堂是“主阵地”。我们要求全体教师要紧密结合教学内容，将社会主义核心价值观融入其中。

再来分享一个教学片断：

在教学《半截蜡烛》一课时，老师请同学们自由朗读课文，比较《半截蜡烛》和《卢沟桥烽火》两篇课文在内容和写法上有什么异同？

有一位学生在交流中这样说道："老师，两篇课文还有相同的地方，就是都表现了一种强烈爱国的精神。"

老师语重心长地对同学们说："其实，爱国是一种流淌在血液里的情感，每一个人都应该深深地爱自己的国家，爱自己的家乡，爱自己的学校，爱自己的亲人，爱自己的老师……爱是一种义务，也是一种责任……"

更让人为之点赞的是，教师在下课的时候，还推荐学生阅读都德的短篇小说《最后一课》。

当社会主义价值观融入师生血液时，一切行为就变得自然而然。我们的老师已经将这种价值观的引导融入了自己的教学思想之中，以至一切都变得润物无痕。

在一次课堂教学展示中，我们读到了这样一篇来自学生课堂小练笔：

散步

清晨，初升的太阳把温暖的阳光洒向大地。小鸟也开始欢快地歌唱。我和妈妈一起去公园散步。

刚进公园，一阵清香扑鼻而来。啊！公园里的桃花开了！远远望去，一大片一大片，像灿烂的朝霞。我和妈妈快步走了过去。满枝的桃花一丛丛，一簇簇。有几只蜜蜂在花间嗡嗡地穿梭。我想，要是折几枝桃花，放在阳台上该多美呀！于是，就伸手去折桃花。

"不许折桃花！"妈妈一把握住了我的手。

"为什么？"我看看四周，周围没有人。

妈妈似乎猜出了我的心思，笑着问："你不是学过一篇关于钓鱼的课文吗？"

我恍然大悟。我忽然想起了学过的课文《你必须把这条鱼放掉》，想起了文中的一句话："不管有没有人看见，我们都应该遵守规定。"

于是，我把手收了回来。

沐浴淡淡的清香，我和妈妈继续向前走去……

我们可以看出，孩子们在学习课文《你必须把这条鱼放掉》之后，不仅仅知道了“规则意识”，更可贵的是能在实际生活中遵守规则。

其实，核心价值观进课堂形式多样。4 月中旬，一场以“诚信友善伴我成长”为主题的“道德讲堂进课堂”活动在我校各班开展。活动由学生自己组织、策划、主持，互动性很强，因而受到学生欢迎。每次活动，都按照“学唱一首歌曲、诵一段经典、讲一个故事、做一番点评、做一个承诺、向德鞠躬、送一份吉祥、一堂一善事”流程开展。活动中，有学生这样感言：“诚信立身，友善待人。在人生的渡口上，让我们点亮诚信和友善这两盏明灯，照亮我们成长的道路。”

3. 在经典诵读中深化核心价值观

“兄道友，弟道恭，兄弟睦，孝在中。或饮食，或坐走，长者先，幼者后……”每天清晨，我校学生都会诵读国学校本教材。我校的国学校本教材针对不同学段学生，运用深入浅出、通俗易懂的方式，诠释优秀传统文化，深受师生喜爱。“读了《宋史·岳飞传》里的《精忠报国》篇，我被岳飞的爱国主义情怀所感动，激发了我发奋学习、报效祖国的斗志。”学生在诵读心得中这样说。

建校以来，我校就积极推进国学诵读活动，并将社会主义核心价值观与诵读活动紧密结合，收到了良好的效果。具体做法如下：

一是保证每周一节国学课，落实“育灵童”国学教材的教学时间。

二是合理分工，保证“育灵童”国学教材的教学效果。以小学为例，整套教材共 12 册 52 个单元，我们分别安排 52 名教师负责备课上课，确保国学课的质量和水平。在教师队伍中形成“人人学国学，人人讲国学”的浓厚氛围。

三是构建关联“国学根基”的课程。比如我们的每日 20 分钟晨诵活动，周一、周三、周五为学校国学校本教材的诵读；周二、周四为“育灵童”教材的诵读。再比如我们尝试开展《论语》日修活动，利用校园电子屏、微信等平台，每日推送“论语一则”，并配以视频讲解，并要求全体教师利用每节课课前三分钟组织学生集中背诵当日推送内容，形成了全员学《论语》的浓厚氛围。再比如我们还利用暑假，安排以“亲子诵读”为主要形式的全员诵读活动。这些实实在在的活动，让国学慢慢浸润学生心灵，潜移默化中影响着学生的言行。

四是做好国学课程的评价活动。我们的评价分为三个部分：一是过程性评价，即对各班的每日晨诵、每周一节国学课的落实情况进行评价。二是展示性评价，即每学期组织一次班级诵读展示活动。三是成果性评价，即每学期对班级国学开展的阶段成果进行抽检，包括班级工作汇报、实物展示和班级学生国学抽测。特别是对于小学高年级和初中我们还实行笔试抽测。在今年的抽测中，我们设计了这样一道题目：有位企业老板，生意做得风生水起。因为特殊原因，企业倒闭了。老板便痛不欲生，觉得无法面对家人，尤其觉得对不起年幼的儿子，甚至想到了自杀。你能用《论语》中的相关语录劝说这位老板吗？欣慰的是，大部分同学都会引用孔子“君子忧道不忧贫”这句劝说老板，只要不把做人之道丢了，就算现在贫穷，以后还会做好的。所以，您是用不着担忧的。孩子有了《论语》这一思想文化底色，小小年纪便能“不怨天，不尤人”。

总之，体验式学习，正是基于儿童视角，站在孩子的角度用儿童的眼睛去观察，用儿童的耳朵去倾听，用儿童的大脑去思考，用儿童的兴趣去探索，用儿童的情感去热爱，用儿童喜欢的方式开展教育教学活动，“社会主义核心价值观”才得以在校园落地生根、开花结果。

四、共读共写：引领师生道德长跑

我认为，教育应该是诗意的。一所有文化氛围的学校必然是书香四溢、诗意盎然的。于是，我校十分重视师生的阅读，通过丰富多彩的读书活动，用阅读改变师生的行为方式，用阅读丰富师生的精神世界，用阅读修炼师生的书香之气，最终，引领师生在阅读中走向温润美好，走向丰厚与深刻。

特别是在开展班级共读、教师共读、师生共读的基础上，我们还深入开展了师生“共写”活动，营造了格调高雅的校园文化氛围。实践证明，共读共写，本身就是一次道德修行、道德长跑。

先看一则“早安语录”。

2017年4月18日

一个有情怀的人，一定是忘记我们的年龄，忘记我们的处境，不断学习，持续成长的人。

一个有教育情怀的老师，一定会无私地给予学生关爱，真诚地陪伴学生成长，源源不断积蓄好故事的好老师。

早上好！带着无限美好问候大家！

是的，还在回味昨天的读书分享会，还在被昨天的故事感动着！这应该与单纯无关。

段晓娟老师说：做一个有情怀的人，做一名有教育情怀的老师，情怀，应该是一种人生而有之的品质。

我想，情怀更是一种自觉，是一种敏感，是一种责无旁贷的担当。我始终相信，教育的每一天都是新的，因为生命的每一天都是那样的与众不同，因为每一天的创意都会是那样的无穷无尽。

李倩老师分享的题目是《梦在哪里开始，你还记得吗？》。

是啊，我们每个人在初为人师的那一刻，一定都有过瑰丽的梦想，梦想做一名名师，梦想陪伴孩子的一切美好，而如今，我们的梦想还在吗？李倩老师关于学困生的态度的确令我感动。她这样鼓励孩子：你负责优秀，我负责创造奇迹。这就是一种真正的情怀。

一句话，好故事，讲出来，总会充满温暖的力量。也许，这就是教育。

亲爱的老师，无论你是谁，无论你在哪里，教龄长短，让学习与成长成为我们共同的主题吧！

是的，为了更便于教师交流读书心得，我们坚持开展了“全员同读一本书”“学科共读一本书”“读书三个一工程”（即读一本好书、写一篇读后感、参加一次读书沙龙）等活动，督促教师有目的、有计划地阅读。我们在教师中开展“好书推荐”活动，大力倡导教师读好三类书：读温润生命、丰盈精神底蕴的书，读开阔教育视野、引领专业成长的书，读适合少年儿童阅读的书。为了增加教师阅读交流的机会，我们开展“每日三读”活动，即“晨间交流读”“午间休闲读”“睡前放松读”，引领教师抓住点滴时间，让阅读变得有规律，让生活变得有质量。

特别是每周“悦读分享”，极大地提高了教师的阅读效果。

我们坚持每周利用例会时间进行读书交流活动，教师们相互倾听，彼此启发，提升了阅读品位、质量和效率。

渐渐地，老师们真心喜欢上了阅读。大家一致认为，教师需要阅读，更需要在阅读中培养自己的学习力。初中部青年教师韩颖娟在一次交流中这样勉励大家：“拥有学习力，才是拥有这个时代终极的竞争力。”

不是吗？

倒推二十年，一个人是靠知识的数量形成认知优势——因为市场经济，我们知道得越多，获得的收益就越大。

倒推十年，一个人是靠知识获取的速度建构认知优势——因为互联网，我们知道的知识，需要不停地迭代，才能够跟上时代的变迁与发展。

倒推三年，人们开始需要通过知识的深度构建认知优势——因为移动互联网，我们获取信息已经变得如此容易，知道已经不重要，从知道、到选择、到行动力、到创造力的整个过程，才变得越来越重要。从知道、到选择、到行动、到创造，这才是对一个人学习力的真正的挑战。

有一种很流行的“T型人才观”，是全球企业界正在流行的人才培养模式。

什么叫T型人才观？T的一横是你学习的宽度，一竖就是你学习的深度。

一个人的学习要有深度，并不一定要只专注地扎在一个理论体系、专业领域里面。其实你还可以有另一种方式，就是把T的上面这一横加重。当你上面这一横足够重的时候，围绕一个目标，它自然而然就往下扎得很深。你的宽度有时候会决定你的深度，那么只要你用一种结构来让宽度所带来的重量由一个点来承载，就会深深地扎下去。

如此看来，只有这样的老师，才能够从容面对越来越多海阔天空的学生。这也是我们未来引领教师成长的方向所在。

再来分享两则“微信语录”。

2016年9月19日

“新故相推，日生不滞。”太阳下的日子每天总是新的，新意源自人们生生不息的创造力。

早上好！新的一周好！

还想从上周作文讲座和教学说起。聂闻总编说：“种一颗种子很重要。”“日记就是用笔记下生命当中属于这一天的所见所闻所思所想所悟所感所得所失……”“用日记把丰富的内心世界铺展开来。”

生命！心灵！这让我再一次感到教师责任的神圣。

是的，日记能让人的心灵变得细腻，能让人的心变得沉静。日记是写作的起点，也是心灵沟通的起点。让我们站在真实的起点，来一次真实的出发！

不惧路途坎坷，我们的方向只有一个——明亮那方！

老师们，生活如此美好，用我们的单纯勾勒生命的多姿多彩吧！

让我们和孩子们一起笔耕不辍，勾勒属于自己的生命图像，执着地期待思想开花的那一天吧！

2017年4月19日

如果不曾体验，就无法知道，你所做的一切将带来什么样的美，这是一种对一件事用心呵护、倾注心血与爱之后所带来的美。

早上好！请珍惜每一个充满光亮的早晨。

今天想提一提“班级循环日记”的事。开启此项工作大约该有一个月了吧？不知道大家运行得怎样？昨天在五年级办公室，我见到了五本风格完全不同的循环日记本，的确令人爱不释手。在师生互动的字里行间，我能强烈感受到生命成长的气息。这是何等珍贵的成长足迹啊！

莫若荷锄田野去，晴光烂漫好耕耘！让我们用真心、用真意，共同创造教育之美！

分享着这样两则微信语录，您一定猜出来我想交流的内容了：随笔化写作教学、班级循环日记……是的，营造师生共写氛围，让书香丰盈校园的每一个生命。这就是我校近年来积极深入开展的“共读共写”系列活动。

我们通过“随笔化写作教学”，让师生自由地写起来；我们通过“校园读写大赛”，让师生坚持写下去；我们通过“班级循环日记”，让师生用“写”的方式精彩互动起来……

再引用两则“早安语录”。

2017年5月8日

很开心，和大家一起迎接又一轮崭新的太阳！一起开启第13周的校园生活。

早上好！新的一周好！

距离高考还有一个月，衷心祝愿所有备战高考的教师子弟能调整心态，保持状态，赢战高考！

今天想和勤于动笔的老师们聊几句。我觉得，写的习惯，思的状态，更是对人的尊严、对自我的尊严的基本维护。当我们在某一个早上或晚上，在室内或在路上，点亮手机或电脑屏幕，开始写、开始思的时候，我觉得，我们是在作为一个人而活着，有尊严地活着。

上周我们收回班级循环日记进行评选，不少班级教师不间断参与共写共评，用心设计着每一天的内容，字里行间溢满师爱，传递着温情，很是感动。工作就应该这样，用心，走心！

2017年12月28日

早上好！

寒风中走出家门的你是否准备好了满腔激情？此刻的我，还在想着一封信，一封老师写给全班同学的信，字里行间充满浓浓的师爱和满满的感动。这封信来自今年的教师征文，征文的作者是咱们的白晓亮主任。

我想：这封信一定会深深触动每一个孩子的心！

我们常说：教育即唤醒。很多时候，唤醒孩子的可能就是一声问候、一句鼓励、一个眼神、一个微笑……如果我们的点滴真诚能够影响、塑造和改变学生，这将是一种最高境界的幸福！为着这样的幸福，让我们点燃心中的激情，驱散冬日的冷冷的风，阔步出发吧！

我们就这样一起读着，写着……

我想，也许未来的某一天，我们会写出一片溢满幸福的教育新天地！

总之，在人的思维与行为中，有一种“荷尔蒙”起着关键的引导，这种“荷尔蒙”就是植根于心灵，外显于言表的人生价值观和稳定的行为习惯。而对学校改革与发展起基础性和决定性影响的力量绝对是那种弥散于校园中的“文化空气”，在全体师生言行间不经意流露的“行为文化”，流淌于师生血液中的“基因文化”。

第三节 文化浸润校园

文化建设是一所学校的灵魂，是学校内涵发展的本质所在，学校的高楼大厦和管理的规范化并不能体现其存在的价值，其文化底蕴深厚程度及文明传承的历史才真正体现出其存在的全部意义，也代表着学校内涵发展的历程。这好比一个健康的人，他仅仅有健壮的体魄（物质条件）、合理的习惯（生活规范）还不够，还必须有良好的精神风貌和理想信念，它才真正代表着这个人的生命和价值，我们才说这个人有“内涵”。

一所名校的成长离不开其深厚文化底蕴的积淀，正所谓“名校的一半是文化”，它体现在环境文化、制度文化方面，更体现在精神文化方面。环境文化反映了学校建设的外在美观程度，制度文化体现了学校管理的优质化，而精神文化则成为学校的“主心骨”，体现了学校成长的价值和实质，也就是我们平常从管理学角度所讲的“环境反映文化”“制度决定成败”“学校精神创造持久生产力”。可见，促进学校文化的落地和价值实现，核心在于铸造学校的“精神和灵魂”。

一、理念文化——构建学校精神家园

人活着，得活出一种精神！一个有着健康向上、积极进取精神的人，走到哪里都能传递着一种正能量，走到哪里都能带来强有力的人格磁场。一所学校也是如此，需要一个共同的信仰、一种向上的精神。这种信仰和精神就是学校发展的共同愿景，是学校文化的核心所在。鲜明的理念文化能够迅速凝聚人心，鼓舞士气，激发师生斗志，能够跨越时间和空间，给师生的一生以深刻的影响。

苏霍姆林斯基曾说过：“学校的领导首先是教育思想的领导”。一所学校要树立自身的品牌，必然要求具有科学的办学理念。“为学生的一生储备幸福”是从我校实际出发，由全体师生共同提炼出来的办学理念。如何落地？就需要将这一理念发展成师生共同的愿景，需要积极宣传倡导学校精神，以此激励师生努力进取，需要从学校的现实教育资源中提取有特点的基因，使之升华为学校共识的价值标准，并积淀为学校优良的教育传统和校风、教风、学风，以此引导学校、教师、学生的良性发展。

学校围绕“理念文化”开展系列研讨活动。第一步，畅想美好愿景，酝酿办学理念；第二步，开展“三风”研讨，提炼学校精神；第三步，缔结共同目标，坚定教育信仰；第四步，设计学校校徽，内化学校精神；第五步，共创学校校歌，唱响学校精神。

于是我们憧憬这样的校园：一是让校园成为一本五彩缤纷的书，校园文化以春风化雨、润物无声的形式，弥散着自由与自主的气息，从而使校园生活充满着童真和童趣。二是让校园变成充满童趣的大自然，未来的附校校园中不仅要有大楼、大广场，还要有千姿百态的花草树木，有水禽出没的湿地，甚至，草坪上应有奔走的松鼠、嬉戏的山羊……孩子们在校园就可以聆听自然的声音，欣赏四季的色彩，亲近可爱的小生命，由此，生成感性和心灵深处的善性。三是让校园成为蕴藏丰富课程的宝藏，营造人性的校园文化，让每一个孩子都喜欢上学；开发多元的课程和活动，让每个孩子有自己的个性和舞台；超越学科中心，推进跨学科学习，精进教学内容与方法，让每个孩子有成功的喜悦；倡导广泛阅读与丰富经历，让每个孩子有人文的翅膀；培养运用英语与资讯处理的能力，让每个孩子都能适应国际化的未来……

于是，我们共同凝练出这样的办学理念：为学生的一生储备幸福。于是，我们共同确立了这样的校训：立德、启智、健体、尚美。于是，我们一起推崇这样的教风：敬业、谨严、精进。于是，我们一起引领这样的学风：乐学、善思、笃行。于是，我们共同唱响这样的校歌：《我们是幸福快乐的附校人》。

构建幸福校园，成就幸福教师，奠基幸福人生，成为全校师生共同的目标和信仰。每周一升旗，我们都会听到教师的庄严宣誓："我是高师附校教师，面对国旗，面对学生，我庄严宣誓：我要立志做一名有理想信念、有道德情操、有扎实学识、有仁爱之心的好老师。我要努力为学生的一生储备幸福！""我宣誓：我是高师附校学生，学习是我的天职，成人是我的本分。我要努力做一名真实、善良、健康、快乐的人。在家做一个好孩子，在校做一名好学生，在社会做一名好公民。"这是我校学生的誓言，朴素却坚定，执着而从容。

在构建学校理念文化的过程中，我们鼓励全体教师、学生、家长参与其中，达到了很好的效果。我们清醒地知道，我们的手中是许许多多正在成长的生命，每一个都是如此不同，每一个都是如此重要，他们都对未来充满着憧憬和梦想。他们渴望得到教师的深爱，需要教师的帮助、引导以及培育。让他们成为最好的个人、幸福的公民和杰出的社会栋梁是我们的追求，也是教育的使命！

二、环境文化——彰显润物无声的育人功能

环境文化是学校文化的有形载体。学校环境文化是一种潜在的课程，是学校内涵的外在表现，建设过程中要坚持“以人为本”，不断对学校的环境文化进行整体规划。坚持环境文化建设的“文化品位、人文精神和时代气息”，力求“突出特色与个性，突出人文与科学”，努力融情感陶冶、人文关怀、生命价值于其中，以适应新课程对学校环境文化生命性的要求。重点进行两方面建设：一方面是努力改善办学条件，建设“整洁、规范、和谐、文明”的校园；另一方面是在基础设施的建设中，准确把握学校文化建设方向，坚持民族性和时代性相结合，实现“让每面墙壁说话，让每个角落育人”，让“激励、关爱、和谐、文明”在整个校园里“无处不在、无时不有”，真正实现环境育人，催人奋进，鼓励创新。

舒适的环境能唤醒师生对美的自觉追求，能使师生保持一份愉悦的心情，能激发师生工作学习的热情。学校积极营造诗意和谐的环境文化，既关注硬件环境的建设，又关注人文环境的建设，尽量做到精益求精。

在楼道内，你随处都会看到这样的温馨提示：安静是一种素质，让我们为了安静的学习环境，一起努力！

走在读书长廊，你会看到醒目的标语：享受阅读，你就多了一份生活的诗意。

温馨而诗意的语言，一定会让你备感亲切。暖暖的关怀，美美的期待，悄然激起心中幸福的涟漪。

记得有这么一件事：建校之初，有的家长由于对学校不是很了解，来到学校大声嚷嚷，甚至和老师无理取闹。怎么办？我们在校门口立了一块牌子，上面写着：“您彬彬有礼、轻声慢步走进校园的高雅举止，不仅是对我们的极大支持和鼓舞，更显示了您良好的人文修养和高尚品质。”

这还真管用，从此以后，我们再也听不到家长大声嚷嚷了。

环境文化的魅力就在于此。

当然，教师的言传身教也是环境文化的重要组成部分。教师的言谈举止、师生关系较之自然环境更加直接、更加深刻地影响着学生。良好的师生关系能促进学生健康成长，使学生形成良好的道德品质和世界观。教师的一言一行、一举一动，都应该体现自己的精神风貌和文化素质，都应该成为学生的楷模。所以，一名好教师，应时刻注意自己的服饰打扮、言谈举止，要求学生做到的，自己要先做到，处处为学生做出表率。“身正为师，学高为范”，不是真正幸福的教师，很难培养出真正幸福的学生。为此，学校坚持开展“我是正能量”等系列活动，通过微信平台，每周推送一名正能量教师，用身边人教育和感染全校师生，引导全校师生学有目标，行有榜样。

三、制度文化——传递温馨人文关怀

制度文化是学校文化的重要组成部分，是学校发展的动力系统。办学行为的规范、教育教学工作的有序运行与创新，都必须依靠较为完善的制度体系。它是一个不断朝着民主管理和依法治校相结合的方向迈进的历程。制度文化又是学校的基础文化，也是学校内涵发展所必需的内容。在制度文化建设过程中要做到：制度要健全、要合理、要体现严肃性、要体现延续性、要以人为本、要因事而异、因人而异。并且善于用制度规范人，保证学校有一个健康的工作秩序；用制度激励人，以调动和保护教职工的积极性；用制度培育人，以增强教职工的遵纪意识、守法行为。那么该如何充分发挥制度的规范约束功能以及引导激励功能呢？我们从改变教学常规管理制度的表述做起。比如，我们要求教师“到岗”要准时并尽可能提前。

我们这样提示教师：假如你是每天提前半小时到岗的人，你必定是一个有出息的人；假如你是每天提前十分钟到岗的人，你只是一个遵守规范的人；假如你是经常无故迟到的人，你可能就是一个难成大事的人。记住，以身作则，言传身教，你永远是学生的榜样！建议你每天早到半小时，带着微笑，带着激情，带给学生和同事一天的好心情……

如今，教师提前候课已经成为校园中一道靓丽的风景线。青年教师史健强说：“从教的第一天起，我就坚持每天早到30分钟，久而久之，养成了一种习惯。每日30分钟，也成为我和学生心灵沟通的最好时机。更为可喜的是，在我的影响下，学生也养成了守时、高效的做事习惯。”

“不以规矩，不能成方圆。”规则意识是未来公民的基本素养。要“依法治校”，学校就要形成科学完备的制度体系。很多人不喜欢制度，并不是因为制度本身不好，而是因为制度这个名称已经约定俗成，带有强制性、刚性和约束感。其实，制度最大的好处就是给人带来安全感。它通过肯定师生权益，让师生明白什么事情是被允许的，什么事情会被惩罚。它用一种刚性的力量，引导着师生的校园行为。

四、行为文化——拓展梦想自由飞翔

任何层面的文化，最终都要转化为实实在在的行动，因此学校因地制宜，注重学生行为习惯的养成，注重学生的阅读，注重学生的体艺，开展丰富多彩的活动，并在坚持中不断创新，在创新中积淀自己的行为文化。

自建校以来，我校每日坚持20分钟的经典诵读，每日坚持1小时的艺术社团活动，每日坚持1小时的阳光体育运动。同时，为进一步检验活动效果，我们定期组织专题展示活动，原则上每月一次。渐渐地，我校形成了初具特色的行为文化——“每月一星”评选。

我校“每月一星”评选的基本日程如下：三月，阅读之星；四月，写字之星；五月，艺术之星；六月，智慧之星；七、八月，创造之星；九月，习惯之星；十月，写作之星；十一月，健体之星；十二月，诵读之星；一、二月，实践之星。

在此我以“写作之星”评选为例来介绍我校的行为文化。为了更好地落实学生素质测评，避免“为评价而评价”的简单操作，切实提高评价对教育教学过程的导向作用，每年九月，我们推出为期一个月的学生“随笔大赛”，这项活动就是为配合“写作之星”评选而设计的。大赛主题可以变化，但参赛要求基本不变，即真实，有创意。我们提倡全员参与，提倡每日一记。

请大家先来看一个五年级学生的一组随笔题目：

2016年10月2日《我又挨骂了》

2016年10月3日《“运气”让我吃烧烤》

2016年10月4日《可恶的老爹》

2016年10月5日《妈妈最好别回来》

……

通过这组题目，我们是不是又一次触摸到了真实的童心？学生多彩的童年生活被历时一个月的“随笔大赛”真正唤醒。五年级语文教师马莉婷感慨地说：“近一个月的大赛，极大地调动了学生们的写作热情。更重要的是学生的表达明显变得流畅了，日记的内容越来越彰显童真童趣了，而且，此次大赛也充分调动了家长的积极性。”有家长打来电话说：“如果不是这次比赛，我还真没太关注过孩子的日记呢！”事实上，近一个月的活动，点燃的不仅仅是学生写作的热情，更是全体小学部教师共享研讨的热情。活动过程的价值远远超出结果本身。

文化活动是行为文化的重要载体，但是无论我们设计什么样的文化活动，都必须关注学生的心理感受。规模的大与小、花样的多与少，都不应是学校文化活动追求的目标。符合学生的需要，使学生在参与活动的过程中获得一种愉悦的心灵感受和富有启发的心灵触动，才是学校文化活动乃至文化要素设计的基本出发点。只有符合学生需要、重视学生感受的文化建设，才能让学生获得真正有价值的文化体验。

“人生天地间，各自有禀赋。”学生是成长中的生命，每一个生命都与众不同，每一个生命都值得精心呵护，这就要求我们必须一切从学生的成长出发，充分考虑学生的各种需求。在此理念的引导下，我们尊重每个生命个体的差异，给学生更多的展示机会，全方位、多角度对学生进行表彰，培养学生多方面的兴趣爱好，让每个学生都能充分发挥自己的特长，让每个学生都能做最好的自己，让多彩的行为文化带着孩子的梦想飞翔！

附：校歌创作过程简述

一首朴素而真挚的歌

小学部11班史新章同学家长　史进智

晋中师范高等专科学校附属学校校歌初稿由儿子史新章起草，题目是《美丽的高师附校》。原文如下：立德启智，健体尚美，我们以附校为荣。学习是我们的天职，我们的红领巾，我们的队旗，在鲜艳的五星红旗下飘扬。我们是共产主义接班人，让我们去创造美好的未来，美好的未来！

2015年11月28日，我和儿子商量，听取了他对学校校训、办学理念以及附校誓词的介绍，并再次阅读了任可敬同学的国旗下讲话。在参阅最新中小学生守则、分析附校发展前景的基础上，我结合儿子初稿中提到的“美丽的高师附校”“立德启智，健体尚美”等学生心目中的附校形象以及附校的幸福教育理念，开始下手修改、编撰歌词。

20天以前，儿子开始写初稿，他很认真，参阅了很多资料，包括一些创建材料。当我看到他抱着头在那里苦思冥想时，很受感染，便决定帮助他完成心愿。校歌全文如下：

晋商故里，大学城旁，荡漾着附校的魅力风光。文化铸魂，科研兴校，一生的幸福在这里储备，人生的梦想从这里起航。成长、成人，成人、成才，我们是幸福快乐的附校人。啦啦啦啦，啦啦啦啦，一代代师长同心托起幸福的希望。

乌金山下，潇河之畔，留驻着我们的美好时光。立德启智，健体尚美，科学的奥妙在这里探索，中华的美德在这里传扬。成长、成人，成人、成才，我们是幸福快乐的附校人。啦啦啦啦，啦啦啦啦，一辈辈学子携手绽放智慧的光芒。啊，美丽的附校，可爱的附校，前程灿烂辉煌。

上述歌词共两大段落，高潮部分是“成长、成人，成人、成才，我们是幸福快乐的附校人”与“啊，美丽的附校，可爱的附校，前程灿烂辉煌”。

虽然歌词不算太好，也不尽专业，但总体上令人满意。因为这首校歌的歌词，不仅呈现出高师附校的文化，而且再现了高师附校的发展背景，还体现出高师附校的办学理念和管理思想，是一首朴素而真挚的歌。

愿这首歌曲经久不衰，越修改越好！

第四节　专业成就教师

学校的发展靠教师，教师的培养靠学校。没有教师的专业成长，就没有真正意义上的教育教学改革，就不可能实现“为学生的一生储备幸福”的办学理念。从建校起，我们本着“自我反思、同伴互助、专家引领”的原则，立足课堂，一直关注教师的专业发展与成长，为努力成就每一位教师保驾护航。

一、开展自我反思，增长教师教育智慧

美国著名的教育心理学家波斯纳提出了教师成长的公式：教师成长 = 经验 + 反思。“自我反思”是教师专业成长的有效途径。为此，我校重点引领教师从以下四个方面进行反思。

1. 学习反思

学校要求教师在每一次的学习和培训活动中，认真反思自己的教学理念，认识自己在教学实践中存在的问题和不足，“有则改之，无则加勉”，使自己的教学理念和实践有一个质的飞跃。

2. 重点课例反思

在“同课异构”“师徒结对展示课”“课堂教学技能展示活动”“小

课题研讨课”等多项课例研讨活动中，学校要求教师在每一节课后都要在教研组内认真研讨，深刻反思。反思时教师要做到“三个关注”，即关注个人已有经验的原行为阶段，关注新理念之下课例的新设计阶段，关注学生的学习方式和效果。

3. 日常课堂教学反思

叶澜教授说：“一个教师写一辈子教案，不一定成为名师；如果一个教师写三年反思，有可能成为名师。”为此，学校倡导教师一课一反思，教师备课时在教案上预留空白，上完课后将教学得失记录于教案之后，可以写教学过程中好的做法和经验，也可以写教学体验，还可以写自己教学中存在的不足以及自己对教学的思考和从中获得的灵感。这样的日积月累，加强了教师对日常教学工作的理性思考，促使每一位教师养成了爱反思的良好习惯，同时有助于教师将日常工作中的点滴经验凝聚与升华，提升教师的教育教学素养和理论水平。

4. 期末总结反思

反思是教师的一种教育智慧。正如初中部教师韩颖娟《突破教育之霾——语文教学反思》中写道：教学的日子琐碎而平凡，经历过后，总禁不住回望，收获也罢，教训也算，总是一个整理自己思想的过程。……“必须改变我的教学思路，必须唤醒学生的自主学习意识”，这是我心底发出的声音。……不管周围的人怎么做，我要坚持自己，站在学生发展的角度，朝着有思想、有智慧的教师行列迈进。

在每学期结束时，学校要求每位教师对自己一学期的教育教学工作进行深刻的反思，要认真撰写一份教学反思、一份教学或教育案例、一份教学设计。目的是使教师通过反思，认识自己的不足，总结经验，提高专业化水平，唤醒职业幸福感。

二、加强同伴互助，促进教师专业发展

同伴互助是校本研修的一种重要形式，也是教师专业发展的一项有

效策略。更重要的是，同伴互助有助于突破学校中教师之间的相互隔绝，形成一种相互协作、相互支持、相互促进的新型的学校文化，而这种新型的学校文化又能有效地促进教师在互补共生中成长。同伴互助主要有对话、协作和帮助三种形式。

1. 倡导专业对话，实现智慧经验共享

研究表明，教师间的广泛交流是提高教学能力最有效的方式。交流对话的过程是教师学会教学、学会研究、学会合作的过程。为此，学校提倡教师之间要经常互动，开展专业对话与交流；要求教师在校本教研活动期间开展“微论坛”活动，同组教师对本学科的教育教学进行信息交换、交流讨论和经验共享；组织教师进行深度会谈（即课程改革沙龙）。学校教研室针对我校进行的课堂教学改革先后组织了多次专题研讨，如“左权宏远学校访学研讨”“四环四学课堂教学模式研讨”“五环五学专题研讨”“规范课堂、高效课堂、智慧课堂研讨”“深度课堂教学研讨”。在这些研讨活动中，教师们畅所欲言，把自己的想法表达出来，把自己的智慧展示出来，丰富彼此的思想，共同提高对问题的认识，形成了很多有价值的新见解。现在是“互联网＋教育”的时代，学校积极引领教师开展网络教研，要求人人在晋中教育网上建立自己的个人工作室，鼓励教师们积极撰写、上传教育故事、教学论文、教学随笔、教学反思等教学资源，加强与其他学校同行之间的交流研讨，学习和吸收各地一线教师的经验。通过各种形式的专业对话，教师们在交流中碰撞出思维的火花，共同收获着研究的乐趣和成长的喜悦。

2. 加强教师协作，在合作中共成长

教师之间是有差异的，每个教师都有自己的兴趣爱好和个性特长，在教育教学实践中也形成了自己的风格。学校提倡加强教师之间的合作，充分发挥每个教师的特长，使彼此在互动、合作中成长。学校每学期都会组织各教研组开展集体备课，在校本教研活动时组织同年级、同学科的教师，就教学进度、教学内容、教学方式、教学手段、教学过程、练习测试等内容进行商量和讨论，群策群力，达成共识；坚持组织听课、评课活动和课堂教学研讨活动，通过“同课异构”、骨干教师示范课、青年教师汇报课、课改研讨课等活动加强教师之间的互听、互学，使教师通过相互切磋，取长补短，实现共同提高。

3. 实施“青蓝工程”，实现以老促新，共同成长

我校是一所年轻的学校，教师团队以青年教师居多。为了使他们尽快适应教育环境的要求和教育角色的需求，学校从建校起就重点实施了“青蓝工程”。2014 年，我校聘请了全市范围内的优秀教研员和一线名师作为学校骨干教师的“师傅”，指导他们尽快成长为学校的中坚力量，安排学校的骨干教师做青年教师或新任教师的师傅，从而实现了教师队伍的梯队培养。“师傅”要关心“徒弟”的成长，要通过传、帮、带指导他们研读课程标准，钻研教材，备好课和上好课。“徒弟”应虚心向“师傅”学习，多听“师傅”的课，用“师傅”的宝贵教学经验不断充实、提高自己。通过几年的教师梯队建设，我校的教师队伍形成了一个良性循环。通过以老促新，以点带面的教师培养方式，青年教师在短期内得以快速成长，同时“师傅”团队的专业素养也不断得到提升。这种同伴互助的方式，有效地促进了教师的共同成长。

三、磨炼师能，提高教师的教育教学能力

师能是指教师从事教育教学工作的能力和水平，是一名教师的教学基本功。教师应苦练教学基本功，提高师能。自 2014 年起，学校通过开展“六项技能大练兵”活动，强化教师“书、诵、说、讲、评、做”六项技能的训练。首先狠抓教师的钢笔字、毛笔字、粉笔字、朗诵基本功的训练。为此，学校聘请了许多书法和诵读专家对教师进行指导。同时，在校本教研活动中，各教研组进行“说、讲、评”的课堂教学技能训练和展示活动。基本功的训练加速了青年教师的成长，提高了教师的教育教学能力。

四、实施专家引领，提升教师专业素养

教师的专业成长离不开自我反思、同伴互助和专家引领。教师在平

时的自我反思和同伴互助中，往往只是局限于自身行为，缺乏先进的教育理念和理论知识，在专业发展的过程中经常会遇到“瓶颈”问题，这时专家的引领和指导对于教师的专业成长就起到了事半功倍的催化作用。学校非常重视专家引领的示范作用，本着“走出去，请进来”的原则，每年组织教师外出学习与培训。从建校至今短短的几年里，已经有 160 多人次参加了“国培”项目和其他项目的培训学习，有部分教师还参加了网上“国培研修”学习。学校每年都组织学校骨干教师去省内课程改革名校学习交流。学校规定教师参加学习培训后要开展“成果汇报”活动，凡参加外出学习与培训的教师，无论个人还是团队，返校后都要把学习心得向全体教师汇报，或在教研组内以专题讲座、上汇报课、开展座谈会等形式进行成果展示，从而发挥学习与培训的辐射作用。学校每年都会举办“名家进校园”活动，邀请省内外的教育专家进校做专题讲座，深入课堂指导教学，对我校教师进行有的放矢的指导和示范引领。通过专家引领，教师们开阔了视野，更为深刻地理解了新课程理念的内涵，提高了教育科研的理论素养。

五、搭建展示平台，点燃教师成长激情

教师的专业成长是一项长期而系统的工程。当教师的教育力、学习力和基本功都得到提升时，我们该如何激励教师继续努力前行呢？“问渠哪得清如许，为有源头活水来。”这“源头活水”就是要为每一位教师搭建展示自己、欣赏自己、悦纳自己的平台，以点燃教师的成长激情。

1. 组织“六项技能”比武活动

学校组织了硬笔书法大赛、软笔书法大赛和黑板字大赛以及“说、讲、评”大赛等一系列技能比武活动，同时选拔出一批优秀教师参加了山西省和晋中市的技能大比武活动。其中有 12 位教师在活动中获奖，有 3 位教师被晋中市劳动竞赛委员会记功。

2. 组织各级各类公开课赛讲活动

学校每年都会组织全校教师的赛课活动，活动中涌现出一大批优秀教师。他们代表学校参加省、市、区组织的“三优课”、“教学能手课”、“骨干教师评选课”、“中兴杯”、微课大赛、课件制作大赛，他们在赛讲中都取得了优异成绩。目前，我校有2名省级名师，9名省级学科带头人，10名省级教学能手，7名省级骨干教师，52名市级学科带头人和教学能手。

3. 组织“一师一优课，一课一名师”的网上“晒课”活动

我们通过“研课——磨课——答课——引课——辩课”“五位一体”的研课模式，再推出优秀，教师们通过“研究一课”达到了“受益一群”的良好效果。我校在2015年的“晒课”活动中共晒课23节，有6节课获得部级优课。2016年，我校的网上晒课达95节，其中有14节课获得部级优课。

第五节　教研提升质效

新基础教育改革多年的研究与实践表明，校本教研是一种以行动研究为主，教学、研究、进修一体化的学校教研模式。2014年以来，我校充分发挥学校师资优势，立足高起点、提出高目标、追求高品位，开展了卓有成效的“以校为本”的教学研究活动，营造了“尊重欣赏、自由表达、共同分享”的校本教研氛围；形成了“以说教为乐事、以研课为趣事、以论教为常事”的校本教研文化。

其实，说到教研，我们还是会想到这句话：“一个人可以走得很快，一群人可以走得很远。”“一群人”就是一个“团队”！

随着课改的不断深入，我们越来越感觉到，靠一个人教好一门学科的时代已经过去了。特别是从2017年起，我们先后启动了以下校本课题研究：

“随笔化写作”的实践与研究

单元整体教学的尝试与实践

“五环五学基本式加变式”的深度课堂教学模式研究

“前置作业”背景下的课堂教学变革

“项目式学习”的实践与研究

且教且研，且思且行。记不得从哪天起，我们渐渐形成了“学科团队”共学共研的教研新格局。到 2018 年，我们已经形成了“校本教研”的三个规定动作：名师引领周 + 青年教师赛课 + 学科团队成果展示。

于是，我们从 2019 年秋季开始了“基于学科团队的校本教研”模式变革。

一、组建学科研究团队——给校本教研一个磁性的场

（一）学科研究团队的组成

1. 基础性学科研究团队

“基础性学科研究团队”是以“学科”为单位组建而成。既有同年级同学科组成的“小团队”，也包括按学段组建的“学科联动团队”。成员一般为 5—8 人，团队成员兼顾新老教师和职称高低搭配，做到结构均衡合理。主要负责开展以“学科”为载体的教研活动。

2. 引领性学科研究团队

“引领性学科研究团队”是以“师徒结对”为单位形成的。每个团队都有一名市级以上教学能手、学科带头人作为团队引领人（其实，相当于“名师工作室”的一种模式）。这些学科研究团队主要负责全校性的示范引领（课例打样），成果展示，负责校本课题的持续性研究实践。

3. 跨学段学科研究团队

这里的跨学段主要指小学低、中、高学段和初中学段的联动研讨。主要由各基础性学科团队负责人组成。每学期至少组织一次跨学段的“同课异构”研讨活动，初中老师和小学老师同上一节课。

4. 跨学科研究团队

“跨学科研究团队”完全打散原有教研组形式的备课团队，让那些有共同话语、相同愿景的教师走到一起。为了吸引教师们参与，我们倡导“三自主”的原则和团队的“自邀制”。这一团队，主要由教研室、教导处等科室牵头，致力于课堂行为研究、跨学科整合课程的设计与研发。比如学科拓展课程、跨学科整合课程等。

（二）学科研究团队的角色构成

学科研究团队，应该是一个有共同目标、愿集体担责、会全面评价、能主动反思的团队。团队成员分为五种角色：一是组织调控者，二是讲座培训者，三是课例展示者，四是评课组织者，五是活动反思者。

这五个角色的稳定，能够确保校本教研活动的完整开展和有效研究。

学科研究团队，根据学校安排的主题内容或者团队确定的主题进行角色的分工，并作角色分工要求，角色要轮流担任，使人人有机会，人人有发展，人人都能获得成长的体验。

（三）学科研究团队的教研内容

学科研究团队教研的主要内容分为两类：一类是以年级学科团队开展的针对学科内存在的难点、热点问题的研究。一类是各级各类课题研究。

“想法即问题”“问题即课题”。课题不求有多么亮眼的名字，不求有多么前沿的术语，实实在在从改进课堂做起。

如我们这样研磨课例：

青年教师赵晓玲老师执教《王戎不取道旁李》获得好评。成绩背后，是我们对课堂精心地研磨。

初备：研课标——研教材——研学生——研目标——研资源——研活动设计——研教学流程——研教师自身——研 PPT 设计

第一次试讲：寻找课感，充分暴露问题。

（教学改进，确定教学总思路和主要活动，研磨教学细节和时间分配，师徒模拟课堂）

第二次试讲：关注时间分配，关注学生状态。

（基本成型）

第三次试讲：基本就是一个小的成果展示。

（完成书面反思 + 美篇制作）

课堂研磨必须一磨到底，善始善终。其实，所有的研究都必须扎根课堂，让教研从课堂生长。

再如我们思考这样的话题：一节好课的标准。

这似乎并不是一个很有学术感的议题，但却绝对值得研讨且常思常新的话题。于是，我们的课堂评价标准会不断更新。比如，我们研制出台最新课堂评价标准。

附：晋中师专附校课堂教学评价标准

评价维度	评价细则	得分
教学目标（20分）	1. 基于《课标》，基于学段学情 2. 落实单元要素，目标分解得当 3. 整体关照，不越位，不缺位	
教学内容（20分）	1. 根据目标，选择恰当的教学内容 2. 教材为我所用，合理整合资源 3. 将教学内容转化为具体的学习活动	
教学过程（30分）	1. 学生学习充分，“学教用”一体化 2. 教学环节简约，易操作 3. 教学方法简单，有针对性 4. 关注核心素养，引导思维发展 5. 体现学科本质，“学教评”一体化	
教学效果（20分）	1. 一课一得，教得有用 2. 习得方法，学以致用 3. 学生兴趣浓厚，精神状态佳	
教师素养（10分）	1. 教学基本功扎实，有亲和力 2. 学科素养丰厚，教材解读新颖 3. 灵活调控和驾驭课堂	
特色加分（10分）	教学理念、教学方法、教学效果等方面有突出特色的，酌情加分。	

（四）学科研究团队的教研方式

“团队式”校本教研，以集体教研为手段，以课例研磨为载体，以教师专业培训和教学质量提升为目标，通过“教研训”一体化的方式，组织本学科的校本研究。

二、成立“学术委员会”——给校本教研一个助推的力

以往的校本教研，往往学校设定活动，任务上派下发，忽略教师的真正需求，教师的积极性不高。为改变这种现状，我们多次与教师沟通交流，把过去冷冰冰的例会变成了温暖和谐的谈心沙龙，和教师们自然轻松地聊聊教学、研究、育人的那些事，摘掉过去研修的高帽子，打破教科研高大上的形象，很接地气，很受教师欢迎。

于是，我们想：如果设立一个能够俯下身子倾听教师需求、能主动服务教师研修的学术引领团，是不是可以助力校本教研品质的提升呢？

有想法，就要去尝试。我们组建了由省级教学能手、学科带头人和校委会成员组成的“学术委员会”。根据工作需要，将学术委员会成员分组与“学科研究团队”一一对接，定期开展 3 项工作：

1.“教学巡诊”：着力调控才会灵动和谐

学校立足学科研究团队建设，建立了“教学巡诊制度”。每周确定“教学巡诊”日，“巡诊”日当天，学校所有行政干部全部深入课堂听课，与学术委员会成员共同组成课堂教学“巡诊”小组，针对教师课堂执教情况及时进行教学诊断。基本程序为：

第一步，分类“诊断”，对不同层级教师的课堂教学进行“诊断”。

第二步，厘定“处方”，探讨解决问题的途径和策略，提出改进的意见和建议。

第三步，跟进“复诊”，就此次教学巡诊亟须解决的问题再一次进行效果反馈，或反思得失，或同课异构。“教学巡诊”实现了对教师个体日常教学工作的跟进与问效。

2. 行政调研：悉心呵护才会亮点频现

立足学科团队，完成了对学科团队规范教学行为、团队教研成果的

评估与考量。学校每月选择一到两个学科团队，所有行政领导深入其中，利用一上午的时间，走进团队内教师的课堂，查阅相应的备课笔记、校本教研记录及学生各科作业，了解学科团队的活动及特色教研工作。反馈时，进行亮点工作采撷，注重引领学科组的平等分享、过程探究和主动发展，以激发教师群体参与研究的积极性，使教师个性化教学与团队智慧同频共振。

3. 名师导教：悉心扶持才会蓄势升华

“学术委员会”成员是一支内涵丰富、业务精良、行动领先的教师团队，其合作力与辐射力都将极大地带动学校整体教研工作的跨越式提升。因此，学校着力建设好这支团队，用这支团队感召一线教师，带动全体教师，学校对他们提出“三带四领先”的要求：

三带：带好一门学科，带好一个学科团队，带好一个科研课题；

四领先：学习领先、观念领先、科研领先、创新领先。

这支团队中的名师每学期至少开设二节校级以上公开课，做客“附校讲坛”，为各学科教师提供鲜活案例和经验，梳理有效做法和主张，搭建教学示范与交流高地，为学校教师队伍建设做好先导引领。同时，学校还定期组织“请进来，走出去”研修活动，实现了“名师导教”的高端引领。

4. 教学开放：亲历实践才会精彩纷呈

学校开放课堂教学，让研究回归本源。通过“教学开放周”“教师专业化发展促进月”“教学节”等活动，促进教师和团队开放自己的教学，展示自己的成果。

“教学开放周”，各层面分主题的课堂教学及校本教研全面开放，“点击名师”之魅力课堂、“牵手同伴”之高效课堂、“百课汇报”之争鸣课堂、“好课推介”之教研月论坛、“且行且思”之常规教学展示，相应教学研究模块精彩纷呈。全方位、多角度地促进全体教师在备课、研课、诊断、研讨、反思中全面提升。

教学开放活动，已成为师生个性张扬、品尝成功、人本回归的乐园，师生的成长与发展和着幸福的节拍稳步向前。

三、开展小课题研究——给校本教研一个实在的点

小课题研究拉近了课题研究与教师的距离。我们以“任务驱动”“成果倒逼”的方式，引导学科团队开展小课题研究。积极倡导“做中研，研中做”的行动研究。

例如：小课题案例《解密“日记教学”》。每次教研，分享一篇优秀日记；共同研讨如何让学生坚持写下去；开展为期一个月的“就在今天”日记大赛……最终，形成了较为完善的教学体系。也为后来“随笔化写作”的深入开展奠定了基础。

小课题研究这个实在的“点”，让小成果直接转化为教学实效，对教师也有了直接的作用力。

四、举办年度征文活动——给校本教研一条反思的线

每年 12 月，组织教师“幸福回望”，认真抒写自己一年度的教育感怀。要求以叙事形式，真实记录成长点滴，真实记录心得感悟。“桃李杯”作为教师科研交流的平台，展示成果的舞台，学习反思的高台，让教师们在活动中学习，在学习中思考，在思考中提升。坚持数年，已经成为教师成长路上最为隆重的一个仪式，一场最有意义的精神邂逅。

五、举办幸福学术节——给校本教研一个幸福的舞台

我们不仅注重研修成果、教师专业发展，还关注教师在研修过程中的精神感受和愉悦体验，因此我们举办了师专附校学术节。学术节有四项幸福行动。

1. 规划幸福生涯，揭秘成长档案袋

教研室为每位教师建立一个研修档案袋，为每一个团队建立团队档案，并特意设置成一面“成长墙”。学术节开始时学校举行一场宏大的“揭

秘仪式”，由教师们自己开启档案袋，展示一年来的成果。

2. 打造幸福家园，展示学术成果

一共四道“菜”：学术委员会年度工作报告、教师研修成果集、研修邀请卡、年度幸福研修幸福大片。

3. 晒晒幸福成长，举办幸福颁奖礼

每年元旦，对有突出贡献的研修团队和个人进行表彰，给他们发水晶杯，让他们走红地毯。精神的成长，才能拔开生命的高度，用心灵的靠近，用幸福的感召，让我们的校本教研走得再远一点。

总之，一所学校，校本教研活动的主体应该是教师，教师是各种教研活动的主要实施者和受益者，把教研活动的主动权让给教师，能够最大程度地激发教师的教研热情和参与教研的主动性，同时按年级和学科组建不同的教研团队，可以在教学活动的制定和实施上具有很大的灵活性和针对性，也便于教研活动的随时开展，在组织各种各样的教育活动的过程中，让教师的各种能力得到不同程度的提高，这是开展教师学科研究团队的目的所在。

德国教育家第斯多惠说过：“教师对于学校，犹如太阳对于宇宙，是推动整个学校机器运转的力量和源泉。”学校发展，关键在教师，所以我校一直将发展教师作为内涵发展的核心命题。“团队式”校本教研就是引领教师发展的一个探索路径。“团队式”校本教研更加注重教师个人自身能力的修炼、内在价值的自省、个人素养的修为，所以更契合能动教育理念。

用研究聚力团队，让教研彰显活力！

第六节　课程彰显特色

教育的目的就是培养人的各方面能力，培养人的各种兴趣爱好，使受教育者适应社会的发展要求，实现自己的目标。“立德启智，健体尚美”作为我校的校训，是希望教师做师德高尚、身心健康、业务过硬的好教师，希望学生做德、智、体、美、劳全面发展的好学生。

建校以来，我校通过挖掘校内外教育资源，发挥教师特长，着力开发了一系列能满足学生个性发展的、注重激发学生兴趣的、能让学生习得一技之长的、有利于促进学生人生观、价值观形成的以及有利于提高学生艺术素养、科技素养的课程，为学生提供了较多的参与体验的机会，为每个学生全面而有个性地发展提供了充分的空间，让学生通过学习、参与这些课程活动，在习得知识的同时，得到身心发展，提升综合素质，真正感受到教育的“幸福”。

一、德育滋养心灵

康德说：“那最神圣恒久而又日新月异的，那最使我们感到惊奇和震撼的两件东西，是天上的星空和我们心中的道德律。”

道德是爱，道德是真理之花，道德是自由的保障，道德是科学的指路明灯。德育课程，似闪闪的明星启迪孩子们的智慧，似涓涓的细流滋养他们的心灵。

在幸福教育理念的引领下，经过几年的探索、实践，我校确立了“以德启智，立德树人”的德育培养目标，建成了包括自主管理、八大习惯、公民素养、心理健康、传统节日教育、大型主题活动教育、爱与感恩教育、磨难与挫折教育、社会主义核心价值观教育的德育“情”课程体系。其中学生自主管理和心理健康教育是最具特色、最有成效的项目。

（一）自主管理承载学生八大习惯

“没有自我教育，就没有真正的教育。”2014年秋季开学伊始，我校开始正式启动“自主管理模式”，将其作为培养八大习惯的主要抓手。

我国著名教育家叶圣陶说：“教育就是培养习惯。”好习惯是学生一生受用的东西，因此，学校德育工作将习惯养成放在首位。我们的做法是：八大习惯，八大重点，九年推进，月月有主题，周周有考核，自主抓落实。八大习惯主要是指：第一，培养良好的文明礼仪习惯，特别是待人接物的习惯。第二，培养良好的学习习惯，特别是自主预习的习惯。第三，培养良好的阅读习惯，特别是在阅读中思考的习惯。第四，培养良好的写作习惯，特别是每天写日记的习惯。第五，培养良好的健体习惯，特别是每天锻炼一小时的习惯。第六，培养勤俭朴素的习惯，特别是不穿名牌服装、不吃垃圾食品的习惯。第七，培养良好的卫生习惯，特别是不随地吐痰、不乱扔废弃物的习惯。第八，培养良好的安全习惯，特别是增强安全意识的习惯。

对于八大习惯的培养，我们本着从长效着眼，从细节入手的理念，将八大习惯目标具体分解到九年当中，对于同一种习惯，不同年级有不同的侧重，目的是使学生反复训练，螺旋式上升。月月有主题是指把八大习惯目标的培养具体分化，以“每月一事”活动为载体，重在细节，贵在坚持，这样就形成了“每月一主题”的德育序列活动。周周有考核，是指每周教师根据各班不同学情，制定出“八大习惯”周目标，学生与教师，学生与学生互相监督完成，并做好考核与记录，纳入学生综合素质评价中。

附：“八大习惯九年落实”

一年级具体目标落实表

项目	内容
文明礼仪	见到老师和客人要主动问好。 公共场合不大声喧哗。
学习习惯	按时完成作业。 养成正确的读书写字习惯。
阅读习惯	能阅读拼音小故事。 课外多看书、多识字。
写作习惯	用铅笔写字，养成先看“范字”再写字的习惯。
健体习惯	按时做两操。

项目	内容
勤俭朴素	不买小摊食品。 按时吃饭，不吃零食，爱惜粮食。
卫生习惯	早晚刷牙，饭前便后要洗手。 不乱扔果皮纸屑。
安全习惯	同学之间要友好相处，不打架、不骂人。 不与陌生人交往。

二年级具体目标落实表

项目	内容
文明礼仪	会用礼貌用语。 每天要佩戴红领巾，见到老师要问好，行队礼。
学习习惯	认真听讲，独立完成作业。 每天预习半小时。
阅读习惯	养成利用工具书、生活渠道主动识字的习惯。 自觉阅读课外书。
写作习惯	能试着用简短的语言来进行表述。
健体习惯	每天锻炼身体一小时。 出操集会快、静、齐。
勤俭朴素	早饭尽可能在家里吃，不买路边摊上的食品。 节约水电，及时关掉水龙头和电灯。
卫生习惯	不随地吐痰，不乱扔垃圾。 主动捡拾废物，能自觉维持环境卫生。
安全习惯	路边行走靠右行，横穿马路要当心。 不单独去河边、井边玩耍。

三年级具体目标落实表

项目	内容
文明礼仪	用文明语言和别人交谈。 主动排队上下车。
学习习惯	独立学习和思考问题。 作业干净整洁。

项目	内容
阅读习惯	主动阅读课外书。
写作习惯	学写钢笔字，做到规范、整洁。 养成及时、认真完成作业的习惯。 留心观察周围事物，学习写日记。
健体习惯	每天坚持锻炼身体。 有良好的用眼习惯。
勤俭朴素	养成节约用电的好习惯。 合理使用零花钱。
卫生习惯	勤洗澡，勤换衣。 值日工作能认真完成，并能保持学习环境的清洁。
安全习惯	离家、离校要向家长和老师打招呼，征得同意再出去。 不玩刀具，不做危险性游戏。

四年级具体目标落实表

项目	内容
文明礼仪	自觉遵守公共秩序。 用文明语言和行为与他人交往。
学习习惯	自主学习，积极思考。 作业干净整洁并且正确率要高。
阅读习惯	养成静心阅读、带着问题阅读并试着和同伴一起解决问题的习惯。 每天坚持静心阅读书报，养成摘记的习惯。
写作习惯	及时将自己的所见所闻写成周记或日记。
健体习惯	每天锻炼不少于一小时。 有良好的心理素质。
勤俭朴素	自己的事情自己做。 为父母做一些力所能及的事情。
卫生习惯	衣服干净整洁。 认真完成值日工作，保持校园、教室的清洁。
安全习惯	遵守交通规则，上下学靠右行。 不闯红灯，不在路上追逐打闹。

五年级具体目标落实表

项目	内容
文明礼仪	热情大方，友好真诚，关心帮助朋友。 与积极健康的人做朋友。
学习习惯	耐心专注地倾听，在边听边想的基础上，养成听后及时发表自己观点的习惯。 养成大胆地响亮地说完整话、连贯话的习惯。
阅读习惯	读书时勤做笔记，注意积累材料。 养成不动笔墨不读书的好习惯。
写作习惯	养成勤做笔记的好习惯，学会交流心得。
健体习惯	每天积极锻炼。 用积极健康的心态对待生活与学习。
勤俭朴素	勤俭节约，不乱花钱。 爱惜粮食不浪费，养成节约粮食的好习惯。
卫生习惯	认真完成值日工作，保持校园、教室的清洁。 遇到破坏环境的行为主动制止。
安全习惯	不玩火，不玩电，不乱动家用电器。 注意饮水安全卫生，不喝生水。

六年级具体目标落实表

项目	内容
文明礼仪	不欺负、不侮辱小朋友。 不给别人起绰号，也不叫别人的外号。
学习习惯	课堂上积极回答问题，提出问题。 写完作业要认真检查，要严谨，要认真负责。
阅读习惯	养成主动带着问题静心读课文、自觉解疑的习惯。 认真而有选择地阅读书报，养成摘记的习惯。
写作习惯	养成先列好提纲再落笔，写后自觉修改习作的习惯。
健体习惯	走路抬头挺胸，步伐有力，精神面貌良好。 挤时间锻炼，坚持每天“阳光体育一小时”。
勤俭朴素	不挑食、偏食，少吃零食。 随手关掉水龙头，养成节约用水的好习惯。

项目	内容
卫生习惯	能自觉维持环境卫生。 自己可以洗手绢、袜子、小衣物等，保持个人卫生。
安全习惯	遵守公共秩序，不急追猛跑。 注意安全，不做有危险的游戏。

七年级具体目标落实表

项目	内容
文明礼仪	使用文明礼貌用语，在校在家都用普通话。 每天穿校服，衣冠整齐、干净，文雅端庄，举止得体。
学习习惯	学会倾听的习惯，上课时不做小动作，不做与学习无关的事，能认真倾听其他同学发言，能给予积极的评价，能仔细倾听老师讲解，能按要求认真练习。
阅读习惯	每天至少阅读一篇文章，要有简单的读书笔记。
写作习惯	培养写作兴趣，保持勤动笔的习惯。
健体习惯	按时上两操，做操态度认真，姿势正确，做到“快、静、齐”
勤俭朴素	珍惜自己和别人的劳动成果，对家里、他人、集体、国家的财物都要爱护。
卫生习惯	不随地吐痰，不乱扔垃圾，主动捡拾废物，能自觉维持教室和卫生区的环境卫生。
安全习惯	了解重大传染病和食物中毒、生活水污染的知识及基本的预防、急救、处理常识，了解简单的用药安全知识

八年级具体目标落实表

项目	内容
文明礼仪	不带五类禁带物品。 爱护公物，不毁坏集体财产。
学习习惯	善于思考，上课专心听讲，认真思考，能积极发言，善于发现，并能大胆发表自己的见解，课前能预习，不明白的问题能做好标记。

项目	内容
阅读习惯	每天安排 20 分钟的自由阅读活动。
写作习惯	养成观察感知、体验积累的习惯。 养成多阅读、多思考、多练习、多修改的习惯。
健体习惯	挤时间以各种方式锻炼，坚持每天“阳光体育一小时”
勤俭朴素	每日三餐按时进食，不挑食，不偏食，不吃零食，不暴饮暴食，朴素节俭，不乱花钱。
卫生习惯	培养学生良好的公共卫生习惯和个人卫生习惯，形成讲究卫生、健康第一的风气。
安全习惯	了解青春期常见问题的预防与处理。 了解艾滋病的基本常识和预防措施。

九年级具体目标落实表

项目	内容
文明礼仪	不贪图小便宜，做到拾金不昧。 尊重他人，孝敬父母，为人处事诚实，与人和睦相处。
学习习惯	与人合作的习惯，能主动和同学、老师合作，共同解决问题，与同学交流时，能尊重别人的意见和观点，能清楚地表达自己的观点和见解。
阅读习惯	多读书，读好书，与图书交朋友。
写作习惯	要有选择地摘抄，选择特别感兴趣的片断。 养成写日记、记随笔的习惯。
健体习惯	到阳光下、操场上、大自然中去活动，形成运动爱好和特长，养成经常进行户外活动的好习惯。
勤俭朴素	在打扮上不要过分追求新奇时髦，更不要互相攀比。
卫生习惯	良好的饮食习惯和饮水习惯
安全习惯	了解校园暴力造成的危害，学习应对的方法。

培养八大习惯的一个重要抓手就是学生的自主管理。学校的自主管

理、班级的自主管理、学生的自主管理都为培养学生的六自品格（即自立、自信、自尊、自强、自控、自省）而服务。

一是自立。唯有自立方可驾驭人生。自立不仅代表一种自理能力，更代表一种心智的成熟。学生应在日常生活中锻炼自理能力，学会自己洗红领巾，自己整理书包，自己打扫房间，从而具备最基本的生存能力。随着年龄的增长，学生们更应明白自立的真正内涵，明白“空口袋不能自立”的道理，努力学习，提高自身的道德修养和文化素养，提升自我，完善自我。

二是自信。成功的人生始于自信。自信，是发自内心的自我肯定与相信。自信，可以使一个人从绝望中看到希望；自信，可以使一个人从平庸走向辉煌。在成长的过程中，学生们难免遭遇挫折、失败，甚至打击，这时如果失去了自信，就像鸟儿失去了翅膀一样可怕。教师要教育孩子们永远保持自信，相信自己，相信未来，要让成功之花开在自信的枝头，当然，还要防止学生的盲目乐观和自信，避免自负情绪的滋长。

三是自尊。自尊是一切成功的原动力。自尊，即自我价值感，是自己对自己综合价值的肯定，受社会比较、他人评价以及自己做事成败的影响。自尊的培养以教师师德为保证，因此，学校要求教师对待学生要宽容，要豁达，要有耐心，对犯错误学生的处理要讲究方式、方法，用爱心去唤醒学生的上进心、自信心，帮助他们消除自卑感，排除他们的烦恼和忧伤。学校创设积极的氛围，鼓励学生努力做好每一件事，并乐在其中。

四是自强。自强，就是对未来充满希望，永远向上，奋发进取。自强，就是志存高远的雄心，百折不挠的信心，勇往直前的决心。我们学校地处城中村，许多孩子家里分到了拆迁款，由此导致家长们不重视子女教育，孩子们也缺乏进取心。针对此种现象，学校通过主题班会、专题讲座等形式，教育孩子们要志存高远，奋发努力，不要躺在父辈的“功劳簿”上，甘心做个“拆二代”。

五是自控。自控，即自我控制。人们只有学会控制自己，才能获得人生的成功。能征服自己的人，才是最了不起的胜利者。当今社会，学生们面临的最大诱惑就是网络、手机、游戏。如何使学生们远离手机，拒绝不良诱惑，是摆在每一个教育工作者面前的难题。除了组织学生学习《中小学生守则》《中学生日常行为规范》，普及网络法规教育外，学校开放图书室，组织学生积极参加各种社团活动和社会实践活动，培养他们的高雅情趣，对一些网瘾特别大的学生，展开一对一心理辅导和行为矫治。

六是自省。在自省中矫正自己，从而走向成功。曾子曰：“吾日三省吾身：为人谋而不忠乎？与朋友交而不信乎？传不习乎？”学校倡导良好的德育氛围，强调感恩教育和自省教育的结合。每天放学前，孩子们都会“暮省”，总结反思自己的一天。无论成功还是失败，都是一种收获。班主任有计划地给学生布置感恩作业，让学生学会自省，通过每天的观察反思，善于发现别人的优点，学会自律，学会对帮助过自己的人心存感激，培养学生的健康心态，进而塑造健全的人格。

（二）心理教育助力学生健康发展

作为德育工作的重要组成部分，学生心理健康教育是实施素质教育、提高学生综合素养的重要途径。我校心理健康教育以学生的幸福感提升为目标，关注和挖掘每个学生的积极心理品质，加强人文关怀和心理疏导，把握不同年龄阶段学生的心理发展任务，运用心理健康教育的知识理论和方法技能，培养学生积极乐观、健康向上的心理素质，充分开发他们的心理潜能，促使他们身心全面、和谐地发展。

1. 服务学生

（1）心理健康必修课

目前我校在四到九年级开设心理健康必修课，根据学生不同年龄和学段最易出现的心理问题对症下药，以解决其心理问题。例如，面对刚刚升入初中的学生，为了让他们尽快适应初中生活，学校安排了寻找Xman、我的老师、从“新”开始、我的自画像、背后留言、优势取舍、拜师学“忆”、自我暗示的魔力、自信“不倒翁”、自我诊断、时间分割等课程。到第二学期，面对进入青春期的学生，学校有针对性地安排了情绪万花筒、管好你的愤怒怪、非语言的情感交流、写给自己的祝贺信、我的友谊之花、你会倾听吗、爱的天平、亲子之间、成长的代价、偶像大比拼等课程。

（2）团体辅导

针对八、九年级学生的心理健康教育主要以团体辅导为主，学校通过定期举行团体辅导，培养学生一些积极的心理品质，如“自我管理与自我控制”“勇于承担责任”等。另外，根据教师的反馈及调查问卷的结果，学校针对学生最需要解决的问题，确定了一些团体辅导主题，如“同伴互助”“创新思维训练”“考试焦虑缓解”等，在确定了活动对象、活动时间、活动场所后，在全校范围内以海报、广播的形式公开招募小组成员，筛选之后定期组织小组活动，使学生在与小组成员的互动中逐步解决自己的问题。

（3）专题讲座

学校定期开展诸如“新生入学适应心理辅导”“初三考前心理训练”“怎样欣赏和喜欢你的老师”“你想恋爱吗”等针对全校学生的普及性专题讲座。

（4）心理社团活动

为普及心理学知识，学校开展了一系列走进心理学、有趣的心理实验、色彩心理学、如何看待心理测验、神奇的错觉现象、走进梦的世界、心理暗示与算命、囚徒困境、沙盘体验、神奇的催眠等心理社团活动，教师通过讲授一些有趣的心理学知识，呈现日常生活中一些典型的心理现象，让学生充分参与和体验，帮助学生缓解压力，提升个人的心理品质。

（5）一对一辅导

学生每天都可以在社团活动时间和自习时间去心理咨询室接受一对一辅导，以解决在学习、生活和成长中遇到的问题，排解心理困扰，实现更好的发展。心理咨询老师可以及时识别有严重心理疾病的学生，并将其转介到相关医疗机构。

2. 服务家长

家庭氛围以及父母与子女的关系直接影响学生的心理健康状况。我校充分利用“家长学校”，定期开展一些针对家长的讲座，如“怎样读懂孩子”“如何与孩子进行良好的沟通”“如何看待孩子的考试成绩”

等等，向家长普及心理健康常识，为家长提供促进孩子发展的指导意见，协助他们解决孩子在成长过程中遇到的心理问题，并指导家长改善家庭教育环境，注重自身良好心理素质的养成，以形成对孩子的积极影响。

此外，学校的心理咨询室也对家长开放，有针对性地帮助家长了解和掌握孩子的成长特点、成长规律以及心理健康教育的方法。

3. 服务教师

教师是构成学生幸福生命的重要力量。积极心理品质的形成离不开良好环境的创设，建立一个良好的学校生态系统可以更好地帮助学生健康成长，幸福生活，促使他们以积极的方式应对未来的压力和挫折。

为了创设良好的心理环境，我们邀请校外心理健康教育专家或本校教师，针对教师工作或生活中存在的一些心理困惑及心理需求，采用团体心理辅导的方式，通过各种体验式活动，如职业生涯的探索、沟通的艺术、竞争与合作、开拓与创新、意向对话、沙盘体验等，关注教师的幸福感，同时也努力营造学生健康成长的环境。

在心理健康教育过程中，我们融入了人文元素，关注学生、家长和教师的心理品质优化和健康人格的培养，努力让幸福教育从“心”开始。

德育序列化活动与学校的幸福教育理念一脉相承。幸福很抽象，但也很具体，幸福是遇到同学时一个甜甜的微笑，幸福是看到一片废纸后的一个弯腰，幸福是排队打水时的一个文明礼让，幸福是课间操的井然有序，幸福是上下楼梯的不拥挤，幸福是细节上的微不足道，幸福是风雨来临时的大爱无言。对于附校的莘莘学子而言，幸福无时不有，幸福无处不在。

我们的目标只有一个，那就是不断做优德育活动，将优秀的德育活动固定化、序列化、课程化。我们要以幸福的教育润泽学生，培养学生的幸福感。

二、艺术点亮生命

为了更好地开展“幸福教育”，我校近年来开展了多种形式的艺术活动课程，并以此来助力学生的特长发展。学校围绕“每班形成一个特色，每生拥有一个特长”的目标，积极开发活动课程，利用教师资源，并特聘校外专业教师进行指导，利用每周下午活动时间开展社团活动。目前，我们开设了书法、美术、舞蹈、二胡、葫芦丝、陶笛、古筝、花样跳绳、十字绣、健美操、脸谱、科技等多个社团，保证学生人人参与。社团定期开展活动，受到师生的一致好评。学生们一致认为每天一小时的社团活动，让他们感觉学得轻松，玩得愉快。

1. 上好音乐课，让孩子们从内心爱上音乐

音乐能够给人带来快乐的感受。人们可以通过音乐调节自己的情绪，情绪激动时，可以听一些低缓的乐曲，情绪低落时，可以听一些欢快的乐曲。人们只有学会调节自己的情绪和管理自己的情绪，才能够让自己保持一个良好的状态，从容应对各种状况。

为了更好地让学生了解音乐，享受音乐，利用音乐充实自己，我校的音乐教学分为声乐教学、律动教学、器乐教学三方面内容。

目前我国大部分中小学的音乐教学都还是局限于简单的唱歌教学，因为唱歌教学不需要太多的设施，教学过程更加简单，但是长此以往，学生会逐渐失去对音乐课的兴趣。为此，我校鼓励教师进行器乐教学，这样可以提高学生的学习兴趣。

我校安排每周四在小学部进行器乐教学，主要是葫芦丝教学；在初中部进行分年级教学，初一进行口琴教学，初二、初三进行笛子教学。

在每年大型节日的时候，学校会组织歌咏比赛，以此来激发学生的兴趣。器乐教学已经是一个流行趋势，人们可以通过演奏乐器表达情感，提升个人素养。一些来自农村的学生之前可能没有机会学习乐器，因此学起来花费的时间可能会更长，教师经常鼓励这些学生，并及时给予专业辅导。

葫芦丝由于其音色独特优美，简单易学，小巧易携带，受到广大音乐爱好者的喜爱。近年来，学校对葫芦丝进行了推广教学，使之成为中小学教学的主流。学生们非常喜欢学习葫芦丝，当然想要学好一门乐器光靠喜欢是不行的，还需要教师的专业指导。学好葫芦丝需要有一个好

的习惯，这个习惯需要教师在课堂上进行培养。学习乐器并不是一学就会，而是需要坚持不懈地练习，除了基础练习外，教师还可以针对教学情况安排一些日常练习，并鼓励学生之间互相学习，让学得快的学生带动学得慢的学生，使大家互相帮助，互相促进。有的学生可能会碍于面子或者其他原因不想去请教他人，这时就需要教师能够善于观察，帮助有困难的学生学到知识，鼓励学生迎难而上。对于能够突破自己的学生教师要给予适当的鼓励。学生只有在受到鼓舞认可的时候，才能够激发潜力，从而更加热爱学习乐器，在快乐学习的同时快乐成长，并拥有一技之长，受益终身。

2. 丰富美术活动，让孩子们感受生活之美

青少年思维和心灵健康发展的基础之一就是美术教育，因为美术可以唤起青少年早期的精神活动。学生可以借助美术的形式自由地表达自己内心的感受及其愿望，同时还可以在看似简单的美术创作过程中得到心灵的满足。美术教育并不是闲暇时的消遣和调剂，而是一种智力活动，一种良好的思维方式。在美术教育的帮助下，学生可以获取他们需要的内部力量，从而勇敢地面对现在及今后在生活和学习上遇到的困难，并获得更多的幸福感。

为了更好地发挥美术教育在青少年健康成长方面的作用，我校在美术活动课程中，一是倡导回归生活，注重在生活素材中挖掘学生的艺术天性和潜能，丰富学生的艺术感受和体验；二是关注自然，坚持大自然就是课堂的教学理念，让学生在大自然中感受美。

此外，我校还利用传统节日培养儿童的民族情感，发展其创造力和动手能力。传统节日承载着浓重的文化色彩和丰富的内涵底蕴，是我国民族文化发展的结晶。在教学中，教师借助节日文化开展了丰富多彩的活动。比如，利用春节这个最具有民族特色的传统节日，鼓励学生动手制作新年礼物，送给父母或朋友。中秋节时会讲述“嫦娥奔月”的故事，使学生感受节日的丰富内涵，带领学生制作月饼，增强学生对传统节日的兴趣。元宵节时会组织猜灯谜、制作花灯等活动，使学生了解相关常识，如“闹花灯”的来源以及猜灯谜、吃汤圆等习俗。这样的课程活动融知识性、

文学性与趣味性于一体，不仅紧贴儿童生活，而且也易于儿童接受和理解民族文化。

这些美术教学活动，极大地提高了我校学生的美术学习兴趣和审美情趣，同时丰富了学生的学习生活，使学生感受到民俗文化的魅力，激发了学生的爱国热情和归属感，为学生获取幸福能力奠定了人文情怀。

3. 丰富体育活动，让孩子们拥有健康的体魄

基于“幸福教育”这一理念，我校提出“幸福体育”。在课间我校会开展形式多样的体育活动，让学生们在活动中获得身心发展。这些体育活动不仅丰富了学生的课间生活，而且活跃了校园文化氛围。学生们通过这些体育活动不仅可以强身健体，还可以提高学习热情和效率，同时增强幸福感和快乐感。每天一小时的体育锻炼时间，保证了学生的全方位发展，可谓益处多多。

我校根据自身的资源和学生的生理特点，开发合适的活动项目，增加有趣的内容，如校操、跑操、韵律操、健美操、器械操、武术操、啦啦操、校园集体舞、街舞等，同时根据本地的风土人情创编了一些活动和民族舞蹈，这些体育活动不仅使师生达到了锻炼身体的目的，而且提高了师生的综合素质，还增强了学校的凝聚力。爱锻炼就是爱祖国，爱父母，爱自己。因为祖国在伟大复兴的历程中，需要千千万万个身体健壮、意志坚强、朝气蓬勃的人，而体育锻炼恰好可以培养出这样的人才。“身体发肤，受之父母，不敢毁伤，孝之始也。”我们每个人的身体、毛发、皮肤都是父母给的，爱惜我们的身体就是我们行孝尽孝的开始。拥有健康的体魄是我们做人做事的基础，就如“身体是革命的本钱”一样，只有懂得爱自己的人才懂得爱他人，如果没有健康的身体就没有爱他人的本钱。我相信如果学生们懂得了这三爱，那么他们的精神品质就会得到提升。我校充分利用与地方俱乐部的合作关系，每天下午安排固定的活动时间，进行专业的足球训练。每学期全校组织足球联赛，初中生和小学生都参与，分年级进行，设有冠军奖杯，这样就激发了学生的兴趣，提高了参与度。

这些丰富有趣的活动，成功地吸引了学生的目光，使他们在这样一

种奋发向上的校园文化氛围中不断成长。近几年的体测报告显示，学生的健康状况得到极大改善。随着活动的不断丰富，学习氛围变得相当浓厚，学生的精神状态得到了极大的改观，学习效率也提高了不少。

综上所述，在幸福教育理念的引领下，我校大力发展音乐、体育、美术等社团活动，为学生们带来快乐的学习体验，提高了学生的思想道德素质和综合能力。实践证明，社团活动对我校的文化建设和学生的身心发展都起到了巨大的推动作用，是促进我校学生综合素质提升和能力全面发展的不可替代的教育形式。

三、实践绽放幸福

综合实践活动可以让学生通过亲身的体验，探索自然，亲近社会，发展自我，用探究的眼光和方法进行学习，从而培养他们的创新精神和实践能力，促使他们形成良好的社会责任感和使命感，促进他们健康积极品质的形成及良好素质的全面发展。

自建校以来，我校就积极开展了丰富多彩的实践课程，主要包括机器人编程、学生自管会、校园小记者、参观游学等。经过不懈的努力，我们取得了较好的成绩，得到了家长、社会和教育系统的广泛认可。

1. 实践中培养了自信

随着中国学生发展核心素养的提出，科学精神、实践创新成为学生应具备的，能够适应终身发展和社会发展需要的关键能力和必备品格，而各学校的学生社团以其对学生兴趣培养、能力培养等方面的优势越来越受到青睐和重视，社团已成为学生施展才华、展示自我的舞台，社团发展的好坏对于学生创新能力的培养、综合素质的提高以及幸福感的体验都起着举足轻重的作用。

在这样的教育大背景下，我校的社团活动也开展得如火如荼，机器人社团就是其中之一。机器人编程是我校在实践课程方面的社团之一，也是我校大力推广的教育活动之一，对学生创新能力的培养以及综合素质的提高有着重要的意义。

一是培养了学生的科学思维能力。软件编程是机器人设计中很关键的一环，程序的设计关系到机器人功能的最终实现，不断的调试关系着实现的质量与操作的准确性。优秀的程序设计需要操作者思路清晰，具有科学的、创新的思维能力。

二是锻炼了学生的抗压受挫能力。在活动中，学生需要完成程序编写，让搭建好的机器人在虚拟的跑道上运行，但由于调试的难度，学生需要不断地修改程序，不停地进行调试，只有这样，才能让机器人按既定跑道运行。每一次尝试的失败，都会带给孩子们沉重的打击，给他们造成很大的心理压力，此时，教师的鼓励犹如雪中送炭，可以让学生沉着冷静、从容应对，逐渐提高学生的抗挫折能力。

三是提高了学生的团队合作意识。因为机器人项目的比赛需要组队进行，所以不管是硬件设计还是软件编程都要求学生之间必须携手合作。学生之间只有相互配合，才能在制作与比赛过程中获得成功，在这一过程中，学生的团队合作意识在不知不觉间得到了提高。

四是增强了学生的自信心。我校自建校以来，积极投入机器人课程教育，努力创造机器人教育特色，尽全力培养学生的科学精神和创新能力。学生通过实践活动，学会了积极地分析问题和解决问题，参加了省市的各级比赛并取得了优异的成绩，他们在体验成就感的同时也享受着实践学习的幸福。

学生在“做中学、玩中学”的同时，培养了乐于实践和勇于探究的精神。另外，学生的语言表达能力、动手能力、合作学习能力、社会交往能力等都得到了发展，这种成功后的喜悦感增强了学生的自信心。

一门综合实践课程，融合了不同的学科知识，点燃了学生探究未知世界的热情。通过实践，学生找到了属于自己的那份自信，更体验到了学校教育的幸福感。

2. 实践中凸显了责任

苏霍姆林斯基说：“只有能够激发学生去进行自我教育的教育，才是真正的教育。”英国教育家斯宾塞在《教育论》中也指出：“记住你的教育目的应该是培养成一个能够自治的人，而不是一个要别人来管的人。”

学校对学生的管理不应是用教师来约束学生，而是让学生在教师的引导下从被管理者变为主动管理自己的管理者，让学生学会自我约束，自我教育，充分发挥学生的主动性和积极性。

学生自管会是我校学生自主管理的主要机构。自管会在学校政教处的指导下开展工作，由主席、副主席全权负责，下设学习部、纪检部、宣传部、劳卫部和体艺部等部门。每学期开始时我校中小学部自管会都要举办一次招新仪式，先由学生自主报名，然后在班内进行演讲，选出优秀的学生参加学校自管会成员的竞选演讲，最终选出学校自管会成员，他们便会成为学校自管会新的血液。自管会成员以“自我管理、自我教育、自我服务”的原则严格要求自己，用“以学生为本”的宗旨来服务同学，他们的奉献精神和严谨自律受到了全校师生的一致好评。自管会成员除了做好每天自管会内部的日常检查工作外，还积极主动地拓展自主管理空间，参与协助学校各科室、各部门的检查评比等工作，在我校的校园文化建设中起到了很重要的作用。每学期结束时，学校会召开学生自管会总结表彰大会，表彰在本学期工作中认真负责、表现优秀的自管会成员，对他们的付出和强烈的责任心给予充分的肯定和鼓励。这样不仅坚定了学生自我管理的工作信念，又激发了他们的学习和工作热情。

在“我为学校代言”主题活动中，来自七年级25班的武轩伊同学这样说：“在进入自管会的这几个月里，我有很多感受。自管会不仅要管理别人，也要帮助别人一起进步，自管会帮助我成为一个自律的人。自管会是一个很好的平台，给我们提供了锻炼、提升自己的机会，使我们在规范别人之前，首先学会管理好自己。更重要的是，我学会了担当，真正懂得了责任的意义。”

责任心是一个人生命的纤绳。有了责任心，一个人才会把自己的生命与别人的生命联系起来，才会产生自我价值感。学校自管会为学生提供了一个很好的平台，使学生通过自主管理、自我教育增强了责任感和自信心，培养了自主发展的品质，为个人的终身发展以及未来适应社会生活奠定了良好的基础。

3. 实践中点燃了梦想

每个人都有梦想，是谁点燃了你心中的梦想？是老师的苦口婆心，还是家长的谆谆教导？

初中部九年级 15 班闫佳蓉在《我的新闻梦》中写道：“作为校园记者的经历培养了我阅读的好习惯，每当我觉得生活无聊或者感觉寂寞的时候，我都会手捧一本喜爱的书籍品读。”

初中部八年级 23 班易彤璟在《我的播音梦》中说：“加入校园广播站，我再一次听到了内心的声音，我愿意去尝试，无论成功与否。于是，我‘报名’了，感觉很开心，因为我觉得那是一份责任和承诺。”

以上两个孩子的梦想均源于一门学校的实践课程。一个展示自我的平台，让她们开启了自己的新闻梦、播音梦、文学梦，甚至人生梦。

我校的小记者站亦是校园文化建设中一道亮丽的风景，它成立于 2014 年，由小记者和播音员组建而成，担负着我校各种活动的新闻采访、撰稿和宣传工作，他们穿行于校园的每一个角落，奔走在校园新闻的第一现场，为全校师生传递着校园的最新消息。在青春的岁月中，他们在路上，追求理想的激扬。

2017 年 12 月 7 日，为认真贯彻落实十九大精神，提高学校播音员的朗诵能力，我校广播站组织开展了“校园情、幸福声”诗歌朗诵比赛，为播音员提供了一个展示自我的平台，也是对我校广播站精神风貌和朗诵水平的检阅。此次比赛将幸福之声传遍了学校的每个角落。

2018 年 1 月 19 日，我校召开了 2017 年度新闻发布会，对 2017 年度学校的工作进行了总结和表彰，并对小记者站的发展进行了展望和规划，对不足之处提出了改进意见与方向，希望小记者们能充分利用小记者站这个平台，多观察、多学习、多思考、多写作，坚持锻炼和提高，长大后实现自己的梦想，成为一名真正的记者。

蒙台梭利认为，教育就是激发生命，充实生命，协助孩子们用自己的力量生存下去，并帮助他们发展这种精神。教育应该是“人”的教育。仅仅依靠汲取书本知识或许很难实现学生的成长，心智的发展，人格的健全和社会责任感的培养。我校的小记者实践课程给孩子们提供的不仅是一个很好的实践梦想的平台，还是一次校园文化建设的幸福体验。

4. 实践中提升了能力

著名教育家陶行知早就提出“做中学，学中做”的理论，实践能力不是通过书本知识的传递来获得发展的，而是通过学生自主地运用多样的活动方式和方法，尝试性地解决问题来获得发展的。从这个意义上看，综合实践活动的实施过程，就是学生围绕实际的活动任务进行方法实践的过程，是发展学生的实践能力和基本“学力”的过程。

蒙台梭利说：“教育首先要引导孩子走独立的道路，这是我们教育关键性的问题。”学生在学校培养不了独立解决问题的能力，如何走入社会中生存？校园周边课程资源的利用，就揭开了这个谜底。

异彩纷呈的综合实践课程，作为一种新的课程形态，已成为我校新课程实施的亮点，也体现着我校“为学生的一生储备幸福”的现代教育理念。实践课程以活动为主要形式，引导学生走出校门，走向社会，在各种活动中主动实践。教师通过引导，让学生能够发现问题，提出问题，并运用所学知识去解决问题，获得真实的经验，提高解决实际问题的能力。每学期我校都会积极主动地与相关单位及行业进行联系，给学生提供外出参观游学的机会，锻炼和提升学生的实践能力以及综合素质。

外出参观游学是我校学生非常喜欢的实践课程之一，学校本着“以学生的发展为本”的原则，为学生提供了丰富多彩的社会实践课程。例如，每学期我校都要组织学生去参观航空航天飞机模型展，让学生亲自感受中国航空工业的发展历程，观看最新的航空军事实战演练短片，其中深受学生喜欢的环节是登机体验，学生在学习航空知识的同时，更好地了解了飞机各部件的功能及飞机的飞行原理。活动最后的环节是学生在教练的指导下制作航模飞机，锻炼了学生的动手操作能力，随之航模放飞比赛将活动推向了高潮，学生们争先恐后地将自己制作的航模放飞，带着希望，载着梦想，乘风起航……这何尝不是一种幸福体验呢？

晋中市中小学示范性综合实践基地是我校初中部每一届学生都必须去参加实践的课程活动基地，基地设有创新科技实践区、素质拓展创意区、主题文化交流区、生命安全体验区 4 个主题区，有生活科技中心、数码科技中心、虚拟科技中心等 9 个中心和 25 个实践教室，室外主题设置体能拓展区、竞技比赛区、军事拓展区、传统农林区 4 个主题区，我校学生在这里通过开展各种课程实践活动，养成了良好的行为习惯，积累了宝贵的生活经验，提升了自身的综合素质。在孩子们心中，这里便是他们学习的乐园。

每学期，我校小学部都要与晋中银行联合举办“金融与诚信”主题教育活动。体验日活动学生们不仅能把在《金融与诚信》《诚信伴我行》两本书上学到的理论知识与实践进行很好的结合，更重要的是体验课是一堂教学生做人的教育课，“诚信”的种子已在孩子们心中深深扎根。

总之，随着我校综合实践课程的深入推广，学生的学习方式发生了很大的转变，由传统的课堂学习延伸至课外游学，由课本的理论知识拓展至校外的实践操作，学生的学习积极性和自信心得以极大的提高，学生对事物的认识和体验也在不断地丰富。

在快乐的实践活动中学习，学生养成了良好的学习习惯，体验到了创造的乐趣，发展了创新思维和创新能力，提高了动手操作能力和解决问题的能力，实现了真正意义上的快乐学习、幸福体验。在深厚的文化底蕴中学习，学生加深了对民族传统文化的理解，增强了对民族传统文化的认同感，培养了正确的情感态度和价值取向，逐步形成了适应个人终身发展和社会发展需要的必备品格和关键能力。

第五章

幸福教育的辐射

晋中师范高等专科学校附属学校是晋中市教育局直属的一所九年一贯制学校。学校成立于2012年，占地面积83亩，建筑面积33000平方米，目前共有70个教学班，教职工220人，在校学生3600余人。

在党建引领下，学校围绕“为学生的一生储备幸福”的办学理念，扎实构建“幸福教育”文化体系，积极推行“五环五学基本式加变式”深度课堂教学，稳步实施“五位一体”校本教研，大胆创设“博雅情趣”生本课程，学生个性得到充分张扬，师生在幸福的氛围中快乐成长。

学校荣获“晋中市文明单位”“晋中市博爱功勋单位”“晋中市优秀基层党支部”“晋中市标杆学校党组织”“山西省平安校园”“山西巾帼文明岗”“山西省文明校园”“山西省教育系统先进党组织”“全国国防教育特色学校”“全国家校共育数字化学校”“全国中小学足球基地校”“教育部国培计划基地校”等荣誉称号60余项，初中质量连续9年荣获榆次区中考质量先进单位。

全国名校长工作室落户学校，教育部陈宝生部长莅临学校视察工作，学校教育实践专著《做幸福的教育》出版发行，《基于幸福教育理念下“博雅情趣”课程的构建与实施》课题荣获山西省基础教育教学成果特等奖……学校丰硕的办学成果在《中国教育报》、《中国教师报》、《教育家》、《教育学》、《山西日报》、新浪网、中新网等媒体报道。

作为教育部挂牌的名校长工作室领衔人，名校长工作室吸纳了山西省内11所学校为成员校。工作室以“领航示范、精准帮扶”为己任，以“沙龙交流”“课题研究”“实地诊断”“任务分担”为主要工作形式，定期组织“请进来”“走出去”“晒实力”等活动，积极构建名校引路、资源共享、协作共赢的发展网络，着力构建山西本土的“校长学习共同体”，与成员校携手共筑“教育梦”。

近年来，工作室组织“送培送教”活动50次，足迹遍布省内外50

余所学校，有效提高工作室骨干校长理论修养和实践能力，实现办学思想与办学行动的统一。

第一节　教师谈幸福教育

牵手附校，幸福一生

小学部教师　白晓亮

2018 年来了，不知不觉已陪伴附校走过了 5 个半年头，不禁回想起 2012 年 8 月来附校报到的那一幕，从 8653 部队大门对面巷子走进了聂村，看到了一个五楼楼顶的大圆球。在聂村的迷宫巷溜达了十几二十分钟也没找到校门。还得感谢一位老爷爷的指引，我从学校东面的工地小蓝铁皮门入校，见到了要在未来很长一段时间，甚至一生要朝夕相处的同事们。此时，我还是有些不敢相信也许自己的后半生就要奉献给聂村这片热土了，有些欣喜，有些忧伤。欣喜的是我和爱人同时被招聘到了附校工作，可以天天陪着爱人、守护着可爱的儿子；忧伤的是有些不甘心，本来还想去南方一线城市去工作，还没玩够，但未来就要过着程式化，一眼望到头的生活。

2012 年 9 月第一个学期，我被学校安排到了小学六年组工作，担任六年级二班数学老师兼班主任，段晓娟老师任六年级二班语文老师，邓文妍老师任英语老师，我们三个成了黄金搭档。郝彩宏老师任六年组年级组长，很有个性、很豪爽的一个女人，后来成了我的好哥们儿。还有童心未泯的李立老师，是我们六年级办室的开心果。会做菜的温剑敏老师，经常拿好吃吃给大家分享，我们大家尊称她为温师傅。李永慧老师的女儿和我儿子同在一个幼儿园上学，又在同一个年级，每天互相帮衬着接送孩子，两个小孩子也成了死党，像一家人一样。电脑高手晋璐老师每天都有很多生活小妙招分享给大家，是个会过日子的小女人。还有我们樊花蕊大姐、周梅大姐，如今已是两个公子的妈妈了。现在的小学 11 班教室是当时的六年级办公室，还记得刚开学还没有办公桌，每位老师一张学生课桌就 OK，没有一位老师有怨言，只记得大家常说的一句话，牛奶会有的、面包也会有的。还清晰记得十一月底还没有暖气，为了取暖老师们在办公室打一会“嗒嗒球”。忘不了第一次用上新办公桌的欣喜，忘不了刚接上暖气时的激动，忘不了开学初跟孩子们在操场除草，忘不了和孩子一起用洗衣粉把楼道一寸一寸洗出来，忘不了老师们亲自把一大卡车桌椅搬到教室，忘不了六年级二班那群调皮娃儿。王子灏居然用凳子把水磨石地面钻出一个洞，梁国豪放学路上把连续几天把某村民家总电源关掉，忘不了……没有一个老师叫苦、叫累，因为老师们已经把这里当家了，大家心中都有一个附校梦，相信附校明天更美好。2012 年我们在附校扎根了。

2013 年 9 月，我被学校分到了教研室，负责小学教研工作，从此和刘庆波老师并肩奋战，冲到了学校教研工作的第一线。刘老师为人和善、对工作精益求精，工作上对我帮助很大，生活上也成了我的知心大姐。在杨校长的引领下，学校教研工作有序开展，集体备课流程及具体操作方法形成；“青蓝工程”起动，校内、校外两个梯队的师徒团队形成，每个师徒团队定期开展活动，促进了青年教师快速成长；“四环四学”学导型课堂教学模式起动、实验、总结，全体老师经过一年努力探索，我校教学模式初步形成，对我校课改推进起到了促进作用，也为青年教师快速成长提供了保障。2013 年我在附校找到了自我，工作上进入了状态。

2014 年 9 月，郭校长来到附校工作。在郭校长的引领下，学校教研工作扎实推进，在原有“四环四学”教学模式基础上，加入了“问题导学”这一环节，变为今天的“五环五学”课堂教学模式。郭校长也被选为全国首期名校长领航班成员之一，成立了“郭长安名校长工作室”，引入了很多优质教育教学资源，把我校的教研工作引领到了一个新的高度。这一年我也有幸去上海参加了为期10天的“晋中市小学教研员研修班”学习，看到一线大城市教育的先进，发现了自己的很多不足。2014年是奋进的一年。

2015年9月，我校选为国培基地校，9月2日就迎来了首期国培学员，这一年我们借助这一平台，老师开展公开课教学150节次，专题讲座30多场次，邀请校外专家10余场次。老师们在实践中成长，有国培的任务驱动，大家不断反思、总结自己的教育教学工作的得与失，一大批青年教师成长了起来，受到了国培学员的一致好评。

这一年我们附校有了自己的塑胶操场，学校各种功能室先后投入使用。9月份开学第一天，孩子们成群结队地在操场上打滚，每个孩子脸上都洋溢着幸福的笑。我儿子参加了学校的动漫社团，感受着高科技带给他的惊喜。在这里他第一次认识了3D打印机，在这里他第一次接触到了机器人，在这里他第一次用显微镜了解到了微观世界，在这里有了他人生中好多第一次。2015年学校是飞速发展的一年。

2016年9月，我校迎来了教育名校长领航班专家组成员指导工作，学校幸福教育理念形成体系，幸福文化、幸福课程、幸福课堂、幸福学生、幸福教师已植根于每个附校人的心中。

2017年9月，所有教师搬到了教师宿舍楼，每位教师和同伴有了自己温馨的小窝。校管弦乐团成立，短短三个多月的训练，已能合奏小型曲目。“一师一优课、一课一名师”活动，再创佳绩，三年来小学部已被入选部级优课10节，省级优课20余节，市级优课80余节，浓郁的教研氛围终结出硕果。教育部长莅临我校考察调研，对我校幸福教育给予肯定，中央深化改革小组来校视察对我校取得的办学成果给予高度评价。

展望2018年，我们信心满满，借着十九大的东风，我们昂首阔步，追逐我们的附校梦。

我是附校人，我骄傲，牵手附校，幸福一生。

我是幸福附校人

初中部教师　郝丽萍

匆匆那年，匆匆岁月。每到年末总是会感叹时间的流逝，感叹岁月带走了我们的青春，留给我们沧桑，但用心总结我们会发现，岁月带给我们更多的是收获和感动。

作为一名教师，在我心灵的深处，带给我触动的往往是某个学生或一个画面，它深深地印在我的脑海中，每每回味都感动异常。但今年能与我心灵深处发生共振的不是一件事而是好多场景的叠加，好多事情的累加，这些都来自我工作的这个大环境——晋中高师附校！

有好多人都提出过，你幸福吗？幸福是什么？甚至有的专家和学者提出给幸福一个定义！可我真的认为，幸福本来就不是一个物质，不是一个概念更不是一个结论，无法定义，我认为幸福是一种感知和感觉。是当我急匆匆走在教学楼里，经常会有认识或不认识的学生在我面前敬礼并说“老师好”，面对这些单纯善良可爱的孩子，此时我真的很幸福！当我踏着清晨的第一缕阳光漫步校园中，听到孩子们琅琅的读书声，此刻我感觉我在这样一个美丽而有书香气的校园工作，我是幸福的！

当我上完课回到办公室，桌子上一杯温开水让我感觉温馨而幸福。同伴的鼓励和关心，领导的肯定和关怀等等这些工作中的小得不能再小的小事让我觉得身为一个附校人，我是幸福的。每到年底我们都有写教育叙事这个惯例，其实我早早就有谋划，我是写学生给我的ASCII码明信片，还是写学生为我画的漫画像呢？而事实是在我思量许久后得出的结论是，2016年的每一天感觉都有收获，这一年我参与了学校的建设，见证了学校的成长，而这些经历让我自身也得到了锻炼，得到了成长了，这是我最感欣慰的。

从校长到中层到每一位教师，我都能从他们身上发现值得我学习的优点，我更感叹于在郭校长的带领下，学校发生的变化，自从“郭长安名校长工作室”在我校挂牌，我们足不出户就可以享受大师级人物带给我们的讲座和名师名家带给我们的教学理念，我感动于那些国家级特级教师对教育的情怀，感慨他们对教学研究的严谨态度，感谢他们没有一丝保留把自己多年的教学以及管理经验教给我们。这一年我聆听了季春梅博士的《心理资本在学校教育教学应用与开发》让我重新对我有了自我认知，悦纳自我，同时也知道了“有效沟通”的意义。我深深地记住了一句话“用爱的名义实施着伤害的事件，是非常不道德的行为！”且不断反思自己的行为，作为老师、作为妈妈、作为女儿、作为妻子我是不是也这样做过。季博士的讲座不仅对我的工作，对我的生活也有很大帮助。通过聆听全国特级教师薄俊生的《以学习语言文字运用为中心改革语文教学》让我对语文这个科目有了彻底的改观，薄老师那慢条斯理的讲授让我静下心来，享受一场文字与语言的洗礼！而令我最为感动的是江苏省特级教师王文英老师对于教材解读独到的见解，王文英老师对待课堂教学的钻研精神更加值得我们学习，她能在每上完一节课都要写一篇文章，这也就是王老师与我们普通老师最大的区别，她把教学中的点滴反思全部记录了下来，通过不断的积累，慢慢提炼出王老师的教学智慧和研究成果。听专家的讲座，如沐春风，沁人心脾！感谢领导对教师队伍专业化发展的重视，我才能有机会和专家面对面，我衷心希望我们附校这种浓浓的学习氛围可以持续下去或者做得更好，我渴望学习，渴望进步，渴望成长。

附校于我而言不仅仅是工作场所，附校还是我的另一个家，它带给我安全感、自豪感、幸福感！更重要的是能够让我在学习锻炼中成长。现在我以附校为荣，我希望有一天附校也能以我为荣，也能够让附校的其他人感觉到因为我的存在而增加大家的幸福感，我爱附校。

师专附校“幸福文化”教育叙事

小学部教师　任爱芳

我们晋中高师附校，成立于 2012 年 9 月，是一所由晋中市教育局直属的九年一贯学校。自从2014年郭长安担任校长以来，学校提出了“为学生的一生储备幸福”的办学理念。幸福教育是以培育人的情感为目的的教育，是培养能够创造幸福、享有幸福的全面发展的人的教育。注重学生全面发展，立德、启智、健体、尚美，在追求学生全面发展的同时，让学生身心健康，快乐成长。可以从课堂上、校园生活中、课外综合实践活动中等方面来引导学生获得幸福。

首先我们高师附校老师能打造出幸福的教育教学课堂。没有教师的幸福，就没有学生的幸福课堂。例如我们的杨志坚副校长，他对工作充满了激情！生命热情迸发，血液激情流淌。就拿我们每位老师每天都能享受品尝到的一道精神食粮——微信早安问候来说，自从杨校长建立小学部微信群半年多以来，他能坚持每日对老师们进行早安问候。例如今天的早安问候：“早上好！新的一周好！教育，是用超越知识的人性之光、智慧之光、思想之光，用自己生命的纯净，去唤醒孩子的内心！上周，我发现有数学老师主动坚持在课上讲魔法数学故事，深受孩子们热捧，如此用心良苦，带给孩子对数学的浓厚兴趣。我还发现有班主任布置了这样的作业：每次回家至少喝两杯温开水。如此温情的作业一定温暖了孩子的心。进入冬季，谨防感冒。本周第一天，不妨用心做好冬日安全专题教育，用我们真挚的爱驱走冬的寒冷，温暖成长中的生命。本周还有知名专家莅临指导，让我们在专家的引领下再次点燃激情，点亮思想！当然，还有近百名外校领导教师参会，让我们一起携手，亮出一个最具活力的精彩的附校！再次问候大家：早上好！新的一周好！”如此这样充满激情洋溢温暖人心的问候，我们附校老师每天都能在清晨刚刚梦醒的时候品尝到，确实是我们每位老师的荣幸！正如郭校长对杨校长持之以恒这一举措的高度评价：“杨校长每天清晨给大家的是一道丰盛的精神食粮，望老师们细细品味！”在这样激情四射的校领导带领和影响下，相信每位老师在课堂上的一言一行也都会激情展现，通过激情影响学生、震撼学生、感染学生，同时也通过激情感动自己。打造出高师附校幸福的课堂！

高师附校的校园生活丰富多彩！每天下午的社团更是附校一道亮丽

的风景线。书法、绘画、乐器、舞蹈、合唱、柔力球、足球、机器人、科技等丰富多彩的课外活动，如今在高师附校开展得如火如荼。孩子们在活动中陶冶情操、开阔视野，提高了综合素质，更受到艺术的熏陶！10月份，全国首期领航校长（江苏基地）、晋中市部分中小学校长以及来我校参加国培的老师，来我校进行学校文化建设专项调研活动时，150多位领导参观了社团活动，特别是我们的民乐、民鼓给各位领导留下了深刻的印象。学生们出色的表演令前来参观的各位领导赞叹不已！江苏教育专家严华银深情地对学生们发出感叹："高师附校的幸福教育是实实在在的，你们能在这样的学校学习、成长就是幸福的、快乐的！"

课外综合实践活动是现代教育中的个性内容、体验内容和反思内容。高师附校宣教室组织小记者的各项活动都是深受校领导、学生以及家长的一致好评！每次学校搞调研活动，宣教室都会召集几个小记者前去参加，而且还安排好分工：摄像制作、编辑撰稿，每次这样做对小记者都是很好的锻炼！宣教室组织小记者制作的图文并茂小记者周报，更是他们的杰作。有一次，还组织小记者去晋中市中级人民法院参加模拟法庭庭审活动，更是给了孩子们别样的社会实践锻炼机会。在这次活动中，孩子们身穿正装，不但观看了真正的庭审活动，体验到庭审的庄严，更从中学到了好多法律方面的知识，这是学生在课堂上难以学到的。

本学期在我校最后一批参加国培的一位校长，在一周的观摩培训后发出这样的感叹："丙申冬，赴晋中高师附校培训。其间，遍览学校之面貌，聆听校方之汇报，细察师生之情态，幸福二字充溢耳目。心感之，作拙诗以记。三晋一方天，杏坛幸福园。师生齐畅畅，无处不郸颜！"

岁月如歌，奋进留痕。在各级领导的亲切关怀下，在全体附校人的团结拼搏下，高师附校的幸福教育在规范中求新，在创新下发展。高师附校的明天会更加辉煌！

最美敬业风景线

初中部教师　洪瑛

晋商故里，大学城旁，有一颗璀璨的明珠，她就是我们的高师附校。她就是我人生第二春开始的地方，在我的心中，这是一块凝聚了附校人心血与精魂的地方，这里，由敬业凝铸的风景线最美。

冬之砥砺

有一种人生最平凡，那就是教师的人生；有一首歌曲最动人，那就是师德的弘扬；有一道风景线最美，那就是敬业的执着。对于每一个附校人来说，2012 年都是让人难以忘怀的一年，那是我们人生的一个拐点，从另一个意义上来说更是一个起点。

8 月 27 日，那是我们附校人第一次相聚的日子，欢天喜地收拾行装，兴高采烈前往附校。可到了榆次，我们却遇到了一个做梦都想不到的难题，附校在哪？相信每一个附校人都铭记着千打听、万询问的经历。记得我当时是找到了一处正在施工的建筑工地，建筑的各种材料散落一地，建筑的间隙长满了野草，建筑的简易围墙大大地围着一块看不到人影的空地，一个我饶了好几圈都找不到入口的地方，一个散落着几座孤零零楼房的地方……然后，一个村里人异样的眼神告诉我，这里就是附校。这就是附校？这里就是我即将工作的地方吗？这里就是我舍弃已经奋斗取得的一切又要重新开始的地方吗？

我瞬间石化，一遍遍地在内心问着自己，真的要来这里吗，真的要从这里开始吗？真的要让自己的梦想在这里启航吗？

在那个初秋夕阳快要落山的时候，在背后野草的飒飒呼啸声中，在铁皮围墙一声声沉闷的撞击声中……最终，我们留了下来。留在了这个仅用几张课桌一拼，就可以办公的地方，留在了这个让我们有巨大心理落差的地方，同时更留下了我身后大屏幕上有着诸多荣誉，如今一切都要从“0”开始的兄弟姐妹们。因为我们坚信：放下过往，会遇到更美的自己！我们会用自己柔弱的肩膀架构起附校的第一道美丽风景线！

春之耕耘

不是每个人都有机会见证并亲身参与一个学校的创建，作为一个先驱者，我们是幸运的，作为一个创建者，我们又是艰辛的。我们每一个附校人，就像一个个辛勤的绣娘，用自己的心血一针一线绣出我们心中的附校。整洁的教室是我们三番五次打扫出来的；干净的楼道是我们费了九牛二虎之力用鞋刷、洗衣粉一下下刷出来的；桌椅板凳是我们一个个肩扛手抬搬上去并码起来的；操场是我们一根一根草铲出来的……每天除了教学，就是劳动，就是打扫，就是拔草。所以，你随处可见，我们的校领导大汗淋漓卷起袖管，挥汗劳动的情景；你也可以欣赏到我们的帅哥靓妹衣着光鲜，却弯腰使劲刷地的样子；在这里，上至校级领导，下至普通职工，每一个人都在劳动，每一个人都在奋斗，每一个人都在奉献，但是没有一个人喊累，更没有一个人叫苦，爽朗的笑声时时充满着我们的校园，阳光始终照耀着我们的心田，浸润着汗滴的笑脸构筑起一道道美丽的风景线。

你看，
那个最最年轻的男教师，
打扫教室，挥汗如雨，
依旧在甜甜地微笑；
你看，
那个娇滴滴的女教师
擦拭玻璃，布置版面，
忙碌着的她格外俊俏；
你看，
那个早生华发的老教师，
字斟句酌，圈点勾画，
手扶花镜依然其乐陶陶……

夏之华章

为育人才附校人殚精竭虑，争创辉煌附校人披荆斩棘。在我们附校，提起敬业爱岗，堪称我们每一个附校人精神楷模的，当首推王耀光王老师。

“茶亦醉人何须酒，书自香我何须花。”美丽的王老师是我们学校的时尚达人，旅游、品茶、插花、读书、作诗……端庄大方，气质高雅，引领着我们学校的时尚潮流。同时她也是我们学校年龄最大，干活最多，工作最拼的一位老师。清晨，她迎着朝阳第一个踏进校园，扫地、拖地、擦桌、倒水……当老师们陆陆续续来到学校的时候，她已经精神抖擞地走进教室辅导学生去了；傍晚，静悄悄的校园依旧有她伏案工作的背影，她伴着夕阳最后一个踏出校门的画面是我们学校一道永恒的风景线。

在2014年春天，王老师病了，做了胆囊切除手术，我们想：这下，王老师总该歇歇了！王老师也终于请假了，这可是破天荒的呀！我们几个想跟上去看她，她头发松松散散随意地披在脑后，身体佝偻着，腰也直不起来，一只手还使劲捂着肚子，看到一向爱美的她、坚强的她被疾病折磨成这样，我们都不禁伤感起来，嘱咐她好生休息。

可做梦也没有想到，就在我们看她的第三天，她竟然拖着病躯来上课了。看着她脸色苍白，一说话就直喘粗气的样子，我非常怀疑自己的眼睛。这样的情节不是应该出现在电视剧里吗？坐在王老师的旁边，看着她边喘气，边辅导学生，一句话都要歇上好几次的样子，心里不由得愧疚的很，我还有什么资格去埋怨？还有什么资格不去努力？与高尚的人为伴，我们的灵魂也逐渐变得高贵起来。这就是我们附校人高贵而纯粹的敬业灵魂，在熠熠阳光下构筑着美丽的风景线。

秋之收获

敬人者，人恒敬之；爱人者，人恒爱之。教育界同仁们一定非常熟悉这幅“孔子讲学图”，夫子和他的学生之间亲切默契、宛如父子。夫子是高悬晴空的皓月，是润泽田野的清源。在我心中，他更是一座山，不可逾越，却可攀缘，虽不能至，但心向往之。老师们的辛勤教诲、敬业奉献，换来的是桃李的芬芳，学生的爱之敬之。

“期待，期待，一个重大的秘密！”“郭老师，一个大大的惊喜等着你哟！”……班级微信群里突然热闹了起来，班主任郭文玉老师要生日了，莫非这帮小鬼要密谋筹划什么。

第二天早读，文玉拿着书，像往常一样走进教室。一推门，全班沸腾，“祝你生日快乐！祝你生日快乐……”质朴的童声，夹着哗哗的掌声，瞬间惊天动地地响了起来。只见教室的窗帘拉着，莹莹烛光下，全班同学笑语盈盈地站着，兴高采烈、七嘴八舌地祝福着，多媒体上，“郭老师生日快乐”几个大字在荧幕上快乐地跳动着，讲桌上是一个大大的生日蛋糕，上面点着生日蜡烛，还有 43 颗火热的心……文玉的眼泪瞬间就流了下来，“老师！老师！许愿！许愿！”……同学们不由分说将文玉簇拥到香香的蛋糕前，吹蜡烛，分蛋糕，献祝福，师生之间其乐融融，他们的快乐连上帝也要感动的啊！当文玉向我们讲述这一切的时候，看着她脸上的幸福表情，脑补着当时的温馨画面，我们都被陶醉了。而且，这场祝福的策划者居然是被郭老师批评最多的调皮鬼张秀川同学，在我们的嘴都张成“O”字时，张秀川的一张生日卡片为我们揭开了谜底。“郭老师，您将您的全部生命与精力都献给了我们！”谁说枯木不逢春，谁说铁树不开花，在我们附校人敬业精神的感召下，哑巴也能让他说话！

如今，走在附校美丽的校园，扑面而来的是新的气息。有花草的清香，教师的优雅，还有书声的琅琅……领导高屋建瓴，员工朝气蓬勃，学生意气风发，放眼四望，满眼都是流动的绿色，满眼都是文化的芬芳。

时光流转
周而复始
砥砺四季
收获人生
蓦然回首
却见我们的来路
虽曲折却步步踏实
虽坎坷却笃定坚毅
当露珠滴落在夜间
当灯光映照着夜晚

当秋风拂过树叶
当雪花飘落在地面
幸福就会溢上我们的脸庞：
敬业风景线，这里最美！

回望来时的路

小学部教师　齐杰

2015 新年的钟声还回想在耳畔，
2016 年的新年即将到来，
回望来时的路，
一路欢歌，一路笑语。
三月的读书节，
师生经典诵读蔚然成风，
校园里处处都是琅琅的读书声，
好一个书香校园！
四月的运动会，
小运动员们拼搏在赛场，为荣誉而战，
我们洒下了汗水，我们收获了荣誉，
好一个运动校园！
五月是花的海洋，
共青团员的歌声嘹亮，
我们青春，我们活力，
好一个欢歌的校园！
六月是我们儿童的节日，
我们唱呀，我们跳呀，我们画呀，我们写呀，
笑脸洋溢在我们脸上，

好一个快乐的校园！
暑假到了，
我们校园内机声隆隆，
日夜赶工，只为开学换新颜，
好一个繁忙的校园！
九月是绿色的，
我们走上了宽阔的马路，
我们见到了高标准的操场，
好一个充满生机的校园！
十月是红色的，
一年级的新生在这里加入了中国少年先锋队组织，
胸前的红领巾映着他们的笑脸格外灿烂，
好一个火红的校园！
十一月是大家的，
科学探究实验室，地理探究室、计算机室、
录播室、舞蹈室、图书室……
让我们所有家长的大开眼界，
好一个高大上的学校！
我们的校园，幸福的家园，
为学生的一生储备幸福，
为老师的成长搭建幸福的平台，
好一个幸福的校园！
我在校园中成长，
我在校园中欢笑，
回望来时的路，
我们的幸福一直在路上……

于细微处见幸福

初中部教师　唐中瑞

记得那时初见附校，我正处于人生的转折期——即将大学毕业，不知在众多的招聘学校中如何选择，也不知道自己该何去何从。每日面试的我疲于奔命，众多的学校于我来说好像跑马灯，那个时候只知道面试完这个，就准备下一个，那些学校对我来说如出一辙，没什么区别，附校也一样。对附校的第一印象，并没有多么深刻，只觉得山遥路远，建筑也似未竣工，天空是灰色的，墙壁也是灰色的，冬日里的附校，可能是因为这些原因，总觉得冷得很。

面试并没有什么特别之处。结束之后正准备走，突然碰到一个孩子，在楼道里匆匆而过，看到我，他突然定住，朝我敬了个礼："老师好！"我蓦地怔住了。面试这么久，也曾有幸在众多面试者中被选中，当然也曾碰过壁，只是在这一刻，我突然感觉到有什么不一样——心底有什么被触动了。没错，这所学校不一样，很不一样。出门，抬头，我懂了。"为学生的一生储备幸福"几个大字，仿佛闪着光，唤醒了我麻木的心。幸运如我，刚来到这里的第一天，我就收获了幸福。此时的天空依旧是灰色的，但是在此刻，我发自内心地笑了。

于是我的工作生涯，开始了。

在这里，我见到了亲切友爱的前辈，遇到了天真烂漫的学生，成了一个班的班主任，也开始有幸尝试小记者站的管理。每日的生活看似单调，千篇一律，实则状况百出。这对于我这个新手来说，实在有些茫然无措，力不从心。但是这一个学期，我还算平稳地度过了。其中离不开领导和前辈的包容和帮助，离不开家长们的大力支持。无论是从来不会"倚老卖老"、不会摆架子的前辈极其热心的指导，还是受挫时同事关爱的眼神，又或是孩子们在些微小事上给予的感动，或者是食堂不停变换的新菜色，还有日日新、又日新的校舍，都在这短短的五个月里，给了我莫大的幸福感。我想，十九大提出的不忘初心，提升幸福感，就教师而言，也不过如此了吧。

在此，不禁想说一些话，给亲爱的附校：

晋水汤汤，乌金泱泱。有所附校，在城一疆。沉舟侧畔，万树迎春；星河千帆，风鹏正举。丁酉已逝，春入戊戌。四时更替，韶华流光。皎皎乎明月，冉冉兮曙光，巍巍乎楼宇，朗朗兮华章，欣欣乎学子，孜孜兮师长。寸土尺地，无尽欢畅。

遥想当年，黄沙之漫漫，师生之寥寥，校舍之简陋，声名之不称，屈居一隅；而今时移世易，志上青云，屹立北方，问鼎古城，跻身金榜，缘美人兮，在此一方；得鸿儒兮，德馨名扬；学子齐心，征帆远航。

困则思变，穷且益坚！美哉我附校，生意盎然；壮哉我附校，幸福无疆！

观师专附校记

初中部教师　代嘉乐

丁酉年末，盘点往昔，悠悠岁月，与附校同行四月有余，承蒙附校同仁关爱，鄙人在此担任教书先生一职。今日，虽窗外寒风料峭，但观教学楼内书声琅琅，笑脸绽放，朝气蓬勃，此情此景，思绪万千，于是作文以记之。

众所周知，吾师专附校，三晋名校也，地处魏榆之北部新城，毗邻文教圣地，拥近百亩之地，校园之辽阔，设施之齐全，可谓堂皇威仪，洋洋大观也，当属魏榆第一学府。壮哉，美哉！

吾师专附校乃晋中市教育局直属之九年一贯制学府，虽建校仅五载有余，但硕果殷实，厚重博大，荣誉等身。吾将四月内所见所闻，略作小序，以表敬佩。

首观吾校风光，入西门，极目四望，橡胶跑道平旷如砥，学生嬉戏之声不绝于耳，其往来运动操练者，青春焕发，并怡然自乐也。放眼再望，有芳草美池鲜花之属，屋舍俨然，熠熠生辉，似琼楼瑶台玉宇也。楼宇之内，分区合理，功能完备，一应俱全也，真可谓美轮美奂尽其极。

再观吾校教育教学理念，展鸿鹄之志，创幸福教育，树示范校之标本。吾校良师贤才集聚，才华舒展，意气昂扬，业有专攻，可谓桃李满天下也。丁酉年夏，吾校中考再创佳绩，声名大噪，远播内外。

再观附校莘莘学子，均践行立德、启智、健体、尚美之规矩，深造学业，陶冶情操，积淀内涵，为品学兼优之国家栋梁矣！

五载以来，吾校蒸蒸日上，继往开来，披风斩棘。望未来，必将长风破浪会有时，直挂云帆济沧海。

打造魅力课堂，做幸福教师

初中部教师　徐嘉

初入校园，被一句话打动——“为学生的一生储备幸福”。在校园走廊随处可见这条朴实又诚恳的办学理念，我一遍遍地在心里默念与思考：一个人能感受到幸福很简单，如何让学生的一生储备幸福，却值得我去深思和践行。站在 2017 年的终点，2018 年的起点，回味这学期的教学点滴，方才尝出一丝收获幸福的滋味。

魅力课堂篇

秋风习习，扬起发梢，吹动飘逸的裙摆，也吹乱了我内心的节奏。面对一切如新的校园，还未熟悉，又在学期过半带上新班，一丝忧虑涌上心头。未知的学情，未知的状况，我也只能硬着头皮，抱着挑战自我的态度开始了在附校全新的教学生活。

看戏，表面上看的是戏里的人，实际看的是演员的个人魅力。要把戏演出魂，演员自己要有魂，内心要有东西有厚度。做音乐教师跟做演员差不多，三尺讲台就是舞台，灵魂有温度，内心要强大，人格有魅力。现代音乐的课堂教学要求听觉艺术与视觉艺术、感知觉艺术有机融合，对教师提出了更高的要求，也需要学生的完全融入与配合。从心理学角度上看，若想让正值青春期的学生大方表现，首先要认可自己，在生理与心理高速发育的特殊时期，建立身体变化后的接纳和认同。引导学生乐于表现与参与教学活动，不单单有语言的激励，还需教师身体力行的影响。

在六年的中学音乐课堂教学中，我总结出营造魅力课堂，教师需要具备的“六个力”，它们是：亲和力、感染力、同心力、知识张力、组织教学力、内动力。我认为这也是成就魅力教师的关键所在。让课堂具有光泽感，一课一得，总有亮点。在这条探索之路上，我会一直坚定地走下去。

教师用人格魅力打动学生，用幸福感打造教学课堂。才上了两周的音乐课，我已经感受到学生们微妙的变化：下课铃声响起，意外地收到22班一位女同学送给我的棒棒糖。小学生喜欢把对老师的喜爱溢于言表，中学生则更喜欢把喜爱放在心里。当时我也不太确定学生是否认可我、喜欢我，仅仅是猜测，但是在后来的相处之中，我确信了这一点。棒棒糖的关怀很甜，也让我对魅力教学更有信心。

魅力教师打造魅力课堂，就是要在互相尊重、心有崇拜、愿意为伍、思想碰撞的氛围下转变学生的学习状态，化被动为主动，从要我学到我要学。课堂上环环紧扣、生动有趣，引导学生进入自我探求的高度，激发内动力，主动聆听音乐、感受音乐、触摸音乐，直到掌握所学。

幸福教师篇

《幸福在哪里》中有句歌词写得特别好：“幸福在哪里，她在辛勤的工作中，她在艰苦的劳动里，在你晶莹的汗水里；她在精心的耕耘中，她在知识的宝库里，在你闪光的智慧里。”幸福文化是一棵大树，历经苦难，经过人格奋斗才会开出幸福之花。为学生储备幸福，前提是教师自己就是善于感受幸福的人，用自身的光与热打动孩子、感染孩子。我们以爱的名义出发，以课堂教学为媒介，正三观启智慧。我相信，学生的感受和老师是相通的，教师幸福，学生就会感受到幸福，在轻松愉悦中，因为喜欢，所以坚持。

教师灵魂是幸福的，就会有幸福的回应。有一天，我收到22班王志欣同学发来的信息："老师，我们班郭艳茹特别喜欢您，我们是好朋友，她快要过生日了，我想让您录一段祝福的话作为生日礼物送给她。"同学间浓浓的情谊，学生对老师深深的信任，使命感、幸福感在我胸中升华。作为教师，不仅是课堂上的良师，在生活中更是可以信赖的益友。我用心写好祝福语，配上温馨的背景音乐，一句句一遍遍地录制，录制到第六遍方才觉得满意，这段祝福至今还保存在我的手机里。在给她的祝福语中我这样说道："生日是成长的仪式，也是人生下一站的开端，愿你把握身边的美好，笑得更灿烂。人生是一场难得的修行，不要轻易交白卷，记住，越努力越幸运。"从那以后，我感觉心与八年级的学生贴得更近了。幸福感是可以传递的，有一次，21 班的一位男同学对我说："老师，为什么你每次进我们班都笑得那么慈祥？"是啊，学生们喜欢上音乐课，我当然高兴了。这种幸福的引力也把学生的目光从我的身上转移到对音乐课的关注和喜爱上。他们有时会追出教室问我歌曲中咬字和节拍的问题，还会跟我分享最近看的一部电影里的插曲……我也会把在课堂上齐唱的声音录下来，听说要录音，孩子们各个清嗓子坐端正，一副准备"放歌千里"的样子，然后我们一起回放录音，分析哪里唱得好，哪里有问题，接着再录再唱。有时我也会把我唱的歌分享给他们听……我感受到学生们上课的那份专注和掌握知识后的那份喜悦和自豪。成人面对擅长的事情总是乐于去做，学生更是如此。

幸福是耕耘后收获的喜悦感，幸福是从内心愉悦中产生的。与此同时我还兼代五年级的音乐课，我喜欢被小朋友们围绕在身边问问题的幸福感觉。我常在中学和小学不同年龄、不同班级中进行教法的转换，不变的是幸福的我和魅力课堂的营造。

学生在 2018 年的新年留言中这样写道：徐老师，我们班同学都特别喜欢你，你从来不生我们气，我会带动我们班好好上音乐课，也祝老师在新的一年遇到更好的自己。是啊，来到高师附校，融入其中，我看到了一个不一样的自己，心脏为每一个激动的细胞而跳动。中午放学时分，校园总会响起幸福的歌，伴着灵动的旋律，讲述着幸福的意义。我做着幸福的事业，努力耕耘教育的沃土，同时也告诫自己，在学生面前要放得下脸面，摆得下姿态，宽严并济，与学生同探讨共进步。

冬日暖阳，暖在心上。这个冬天有温情有憧憬还有希望。我深深地热爱这份职业，把每一次上课都当作快乐的开始，用“六个力”打造魅力课堂，扎实基础力求突破，用实际行动践行十九大精神，让幸福在每一个学生灵魂中绽放。

附校，您明天更牛

小学部教师　任秀芬

我虽然不是领导，但某些时候喜欢站在“学校全局”打量校园，因为我是学校的一员，我有责任爱我的学校。

前几天，我走过几个学校，太行，逸夫，窑上，羊毫街等，每到一个学校，单从环境和面貌看，每个学校都有其个性特点，有精雕细琢的标语，有催人奋进的校训，有独具匠心的展厅，有整洁美观的学生活动场所，更有其得天独厚的地市中心的地理位置。尽管如此，当我回到我的校园时，别的学校那么多的优越感瞬间在我脑海里模糊，模糊……莫非是作为附校人的情感作用吗？坦诚地说：不完全，真的。

五年来，我亲眼见证了附校的成长，附校从稚嫩走向成熟，走向强壮。“为学生的一生储备幸福”的办学理念及其校园文化，扎实有效，落到实处，从课内到课外，一切为学生的长远发展出谋划策。课堂上，倡导“五环五学”的教学模式，突出培养学生的自主学习能力，为学生的创新思维搭建平台。课外活动彰显学生个性，能歌善舞，琴棋书画，尽其所好。不愧为学生成长幸福的摇篮！再看看校园的硬件设施：气派敞亮的舞蹈室，神奇科幻的科学实验室，奥妙无穷的地理实验室，气势宏大的音乐厅，精美别致的电脑室，高雅端庄的图书室，给人温馨愉悦的心理咨询室。难道你不为身为附校人自豪吗？

再看我这支钢铁般的队伍，我虽然是小学部的一名教师，但从小学到初中大部分教师的课，我几乎都听过，究其实力多厉害？记得教研室调研我校时，我是这样评价的，本校的老师，虽然只有二至五年的教龄，但教学技能和教学功底不次于其他学校有着十年教龄的教师，尤其在郭长安名校长这个高层次平台的搭建下，全国各地名师名课，层出不穷，为本校教师更快更好的成长搭上了高铁速度！

此刻，在新年来临之际，我不由吟诵一副春联：

国学经典，浇灌花香四海

名师名校，积淀千秋智慧

横批：师生同福

追寻教育的“诗和远方”

师专附校副校长　杨志坚

我始终坚信，教育应该是诗意的、美好的！

回望走过的2017，每一个日子都充满激情和活力，每一个足迹都写满了执着与坚定。最难忘，便是11月份为期一周的“新疆行”。

初冬，新疆库尔勒，胡杨林穿上了一年中最灿烂的盛装，在宛如镜面的湖水上翩然起舞。这个地处中亚腹地，离海最远的地方，正静静地上演着一场“教育的盛会”。11月7日至13日，教育部首期名校长领航工程江苏培训基地校长办学思想研讨会在兵团第二师华山中学隆重举行。非常荣幸，在郭校长的带领下，全程参与了这一盛会。历时一周的会议，既有名校长办学思想的研讨，又有专家的专题讲座，还有下基层的送教活动。这次活动着实令人心潮澎湃，聆听首期领航校长的激情演说，感慨良多，散记如下：

一

没有智慧和激情，就没有教育。

教师应当有教育智慧，学校应当是一群聪明人组成的教学集体。教师是学习的引领者，他自身必须是热爱学习、善于学习的人；他有一个宽阔的知识背景，他观察问题有高度，他的课堂体现着正常的情感态度价值观；他能直面复杂严峻的现实，辨别是非真伪，他能判断事物发展的趋势，从容应对突发情况；他从不附和别人的观点，总是独立思考，保持理性客观的态度；他有一套独特思考问题的方法，总能在教学实践中有所创造，让课堂有智慧之光；他启发学生思考并发现问题，对教学内容有个人见解，能让所有的学生关注方法，轻松学习，渐入佳境。

我想，富有智慧的各科教师群体，才是学校教育品质的“标高”。学生怀着对文明与智慧的向往从师而学，如果他在学校不被当作有尊严的人，而只是升学率的“分母”，他必然丧失学习的激情。当他看到野蛮的“教育 GDP”，看到学校管理像集中营，看到教师像看守机器的操作工，看到自己不过是等待灌输的容器时，“教育”于他就不再是一件美好的事，反倒成绝境中的跋涉，是苦难之路、荆棘之路，而他不过是通过教育摆脱可能的苦役，通过教育获得进入上层社会的阶梯。那么，他会怎样认识“童年”和“青春”？他又如何获得“智慧”和“创造力”？

在学生眼中，教师善于学习，并富有生活激情；学生所能接触到的教师，都是聪明人、有趣的人。如此，学生对“教师”“学校”便会有“热爱”“敬重”；如果在未来社会见到大批平庸无趣的人，他就会特别珍惜、怀念学生时代。

我们能做的，就是用自己的智慧和激情给学生一个值得怀念的“学生时代”！

二

校长应当是有教育理想、也有理智的知识分子，他的智慧一定要超越“执事”式的行政官僚，否则他无法管理学校，无法领导一群有智慧的教师。他的领导力不在于他握有的权力，而在于作为优秀管理者的远见卓识、博大胸襟和诚实守信。学校的教育教学管理不仅仅关注学生的当下，还要关注他们未来立于社会的精神姿态，这就需要领导学校的人有高于一般知识人的责任感；需要学校包容来自教师的不同意见，容许不同声音，提倡风格不同的教学实践，保护教师的自由思想和教学个性。只有这样，学校才可能成为有现代文明意识的精神家园，教师和学生才能发展他们的创造力。

而未来的学生应该具有超乎寻常的思维力、不同一般的创造力和卓越的人格。未来的教师应该由“教师”逐步向“导师”转变，由“教人”向“育人”转变，由“教学者”向“学习者”转变，由“教书的匠人”向富于理性的“思想者”转变。未来的校长应该是可生的设计师、文化的引领者、专业的导航人。未来的学校则应该是师生围绕学习中出现的困难进行对话与交流、研讨与争鸣的平台，应该成为模拟社会生活的“准社会”，应该是令家长心向往之、乐而忘返的“家长学校”。

记得佐藤学曾说过：如果说19世纪和20世纪的教师都是“教的专家”，那么，21世纪的教师则必然成为“学习行为的设计者”“学生学习的帮助者”。

教师角色转型，我们准备好了吗？

三

在此次研讨会上，有幸认识了江苏省天一中学沈茂德校长。他在点评发言中这样说：“学校应该是一片丰富的森林，学生则是一群调皮的小松鼠，而学习应该是一群鲜活的小松鼠在丰富的森林里活跃地跳动，自由地选择喜欢的坚果吃。”

够形象够精彩吧？

恰好，在《江苏教育》杂志上，我读到沈校长的一篇文章《教育，是可以美丽的》，题目本身就溢满了诗意，张扬着激情。

摘抄几个片段如下：

“我期望校园成为一本五彩缤纷的书，校园文化以春风化雨、润物无声的形式，弥散着自由与自主的气息，从而使校园生活充满着童真和童趣。”

“孩子们的生活世界应该是充满童趣的，校园中不仅要有大楼、大广场，还要有千姿百态的花草树木，有水禽出没的湿地，草坪上应有奔走的松鼠、嬉戏的山羊……孩子们在校园就可以聆听自然的声音，欣赏四季的色彩，亲近可爱的小生命，由此，生成感性和心灵深处的善性。”

“校园即课程，生活既课程。经营人性的校园文化，让每一个孩子都喜欢上学；开发多元的课程和活动，让每个孩子有自己的个性和舞台；超越学科中心，推进跨学科学习，精进教学内容与方法，让每个孩子有成功的喜悦；倡导广泛阅读与丰富经历，让每个孩子有人文的翅膀；培养运用英语与资讯处理的能力，让每个孩子都能适应国际化的未来……”

……

我想，这种美丽、灵动、浸润的环境既是一种教育理想和追求，也是一种教育实践与行动。相比之下，现实中我们的孩子似乎还是显得沉重一些呢？

更多时候，我们应该考虑：我们是否认同每一颗种子都有自己的成长基因？我们有没有给每个孩子提供适合其成长的环境？

我们工作的对象是鲜活的生命。他们可以是春天的绚丽，可以是夏天的灿烂，可以是秋天的收获，可以是寒冬中的骄傲！

常说“永远在路上”，更期待看到“从容而坚定”的步伐！我们可以的！

是的，我的思考还在继续……

如今，郭校长的“幸福教育”蓝图已经绘就，十分期待这样美好的理念能逐渐为全体教师认识、认同，并渐渐演变成为一种积淀的文化，进而转变为师生的一种自觉行动。捷克教育家夸美纽斯说：“每个孩子心中都有爱，知识和虔信的三颗种子，教育的责任就是使这三颗种子得以萌发，最终长成参天大树。”

就让我们一起携手，共同追寻教育的“诗和远方”！

一路前行，一路芳华

师专附校副校长　许慧

时光如水，日月如梭。2017将离我们远去，2018已悄然而至。每到年关岁末，总要回望过去，回望走过的路程。是啊，从2012到2017，附校建校不觉已是整整五个年头，这五年是学校发展伴随着党的十八大到十九大的五年。这五年，留下的是我们坚实的足迹、辛勤的汗水和繁忙的身影；这五年，我们结下了累累硕果，也积累了更多的经验；这五年，我们用平凡的脚步，丈量伟大的行程；这五年，我们砥砺奋进，为附校的发展欢欣鼓舞。回首这五年，作为附校的一员，见证了附校的成长与发展，欢乐与梦想，骄傲与荣光……

五年的基础建设，五年的厚积薄发，学校先后修建了标准的塑胶操场，建齐了一流的功能室，装修了行政楼大厅，开辟了更多的活动休闲场所，绿化美化了校园的角角落落……学校的校园文化已逐步形成。

五年的花开花落，五年的春华秋实，我们不会忘记，师生共建家园，垒砖砌路，挥汗如雨的热情；我们不会忘记，师生共求进步，同场竞技，挑灯夜读的情景；我们不会忘记，那些上下求索，坚定豪迈，为学校、为学生无私奉献的老师们。

五年的斗转星移，五年的日新月异，给学生自主的课堂，给孩子探究的空间，一切因学生的需要而存在，一切因百姓的满意而发展。书法、绘画、探究、3D打印为附校增添了美丽的色彩；器乐、舞蹈、合唱、心理课程成为附校一道道亮丽的风景线。

五年的时光荏苒，五年的征程豪迈，一切为了学生，为了一切学生，为了学生的一切，千教万教教人求真，千学万学学做真人……这些最朴实的话语引领我们开拓进取，我们一路前行，一路芳华。高师附校在风雨中前行，在前行中发展，在发展中崛起，在崛起中壮大。

五年的砥砺前行，五年的开拓创新，我们解放思想，大胆改革，实现了发展质量的明显提升，幸福理念落地生根，课程建设、课堂教学改革快速推进、教育教学质量持续进步、师生幸福感大幅提升。

“为学生的一生储备幸福”是每个附校人的梦想。2017年，细心的附校人一定会发现，我们的校园更美丽了，教师更精进了，学生更可爱了。

时光飞逝，岁月留痕，五年时间，转瞬成为过眼烟云。追逐逝去的五年，在这五年，我亲身感受着学校日新月异的变化、分享着学校每一点成绩带来的自豪喜悦；这五年，我经历了学校发展的重大改革，体验了学校奋进的艰辛与不易。这五年，我们赢得的是学生的幸福与快乐，老百姓的尊重和满意，这不正是每个附校人为之付出所换取的最丰厚的回报吗？更值得骄傲的是，我们身为附校发展的见证者、点赞者，更是附校成长的创造者、建设者，每个附校人在五年里达成的小目标、实现的小梦想，都如同涓涓细流，汇聚成“附校梦”“中国梦”的浩瀚江河。

第二节 专家评幸福教育

循着学校文化之路，回归教育“初心”

江苏教育行政干部培训中心常务副主任 严华银

在学校内涵发展的追求中，学校文化建设成为热点。而在学校文化建设的热潮中，许多重要的问题却一直难有定论，比如学校文化究竟是什么、学校文化建设的重点是什么、学校究竟应该如何建设学校文化等。

郭长安校长是一位年轻的校长，其所在的山西晋中高等师范专科学校附属学校（以下简称晋中高师附校）也建校不久。任晋中高师附校校长以来，郭长安领着团队一班人在建设学校、管理学校、发展教师、促进办学质量尤其是教学质量不断提升的同时，用心着力建构学校的“文化”，并且已经初步建立起带有学校特点的“幸福教育”体系，书写了一篇新兴学校也可以建好文化的大文章。

“幸福教育”是晋中高师附校的教育哲学观，也是学校文化建设这篇文章的“主题思想”。这一主题源自郭长安校长个人对于教育的理解和主张。他认为，校长为一校之魂，而校长之魂实际就在于校长的教育思想和办学理念。有了科学优秀的学校发展理念和科学的学生发展观，就抓住了学校工作的核心。他在语文教育和学校管理的经历中，深感让孩子的学习生活幸福就是教育的应有之意，就是为孩子的一生储备幸福，也是为孩子未来的发展奠基。这样一种教育理解和理想，应该说是回归了教育的“初心”，十分难能可贵。

有了这样的初步理解，郭长安校长就开始带领班子成员深入学习，反复研讨什么是好教育、什么是好学校、学校教育要培养什么样的人等课题。这样一件事，表面上看似简单，但于今天的中国教育而言，却十分切题。现实教育之改变，最为困难的就在于国人对于教育共识的重构。全社会需要一场全新的“教育启蒙运动”，让人们对教育有一个基于当今时代背景的清晰定位。而郭长安校长与这所新办校快速成功的实践，则给予了我们很多启示。

学校文化应该是一个相对完整的体系。幸福教育作为一种教育哲学，并非晋中高师附校所独有，也不是郭长安之独家发明。但借助教育理念和教育目标来做出合适的解说和阐释，并构建相关的课程体系来支撑，通过优秀的课堂模式来实行，这就是郭校长和他所在的学校的“专利”了。

当然，学校文化是一个非常复杂的系统，其建构的过程是一个漫长的过程。成熟的学校文化可能需要一所学校中的多少代校长和教师甚或学生共同努力、代代积淀、千锤百炼而成。也就是说，文化的主体应该是内生的，真正的学校文化主要不是外显出来的物质、有形、文字和图片的东西，而应该是精神或者说可以转化而为精神层面的东西。所以有人说，学校文化就是我们这一群人“在这所学校学习、生活和工作的方式”。而这需要一代又一代校长和师生的努力奋斗才能够达成，这样的“内生”过程，才是学校文化的关键。

如此而言，郭长安校长和他的团队，就晋中高师附校的文化建设而言，已经开了一个好头，破了一个好题。学校文化建设永远在路上，只有进行时，没有完成时。学校文化作为学校发展形而上的价值观，还需要与学校课程体系的建设紧密结合、同步开展，因为文化最终的落脚点在学生。但文化作用于学生，必须借助、经由、依靠课程，所以才有“有什么样的课程就有什么样的学生”的教育观。

目前，郭长安校长与学校领导班子成员发挥集体智慧，在短短四年的时间里，他引领全校教师，基于“幸福教育”的教育价值，不断开发相关校本课程，不断探索并梳理、总结课堂教学模式，逐渐构筑起具有晋中高师附校这所新办校个性特色的“学校幸福文化——幸福课程系统——幸福课堂模式——学生幸福成长”的教育思路和线索。他们写就了一篇新兴学校成长和发展的大文章，真正回归了教育的育人本真。

（本文原发表于 2016 年 10 月 19 日《中国教育报》）

“转型”中的领导力与创造力

江苏教育行政干部培训中心常务副主任　严华银

教育家型校长应是怎样的校长？领导力、思维力、创造力和表达力缺一不可。其中，最为核心和关键的应该是领导力和创造力。

领导力，是基于校长人格、教育品格和管理品格逐渐生长出来的“文化品格”，它决定了一位校长带领学校发展的高度和境界。创造力，则是基于思维力而产生的开拓新局面、创生新事物的执行力。对于现代学校教育和校长职责而言，所谓创造，更多应指向学校发展的内涵领域，比如课程建设、教师队伍建设、文化建设与内化方面。纵观国内外名校长和名校发展过程轨迹和成功经验，几乎无一例外。

郭长安校长工作室工作的开展，则将教育家型校长的理念传递给了更多的校长。对于工作室成员的引领和指导，郭长安校长重点抓“思想”

引领、“境界”提升与“课程”建构及实施能力的引领和提升。这正是抓住了校长成长发展的要害，抓住了根本，解决了校长的教育理解和思想问题，消弭了校长的修养和境界提升之困，校长的情怀、格局和境界就自然远大起来。这是最为优秀的、难能可贵的“领导力”。

现阶段，学校探索通过课程领域改革，实现对原来应试教育体系的“解构”，并逐渐建构有利于学生全面而有个性发展的“新时代”课程体系。而且，学校教育“转型”，是实现教育现代化的应有之义。从这一意义而言之，郭长安校长工作室的工作思路、目标和价值追求是十分精准的，真正实现了“精准施治”。

他依托自身所在学校颇具创造力的“幸福教育”课程体系的建设与实施，为更多与他志同道合的校长提供学校转型发展的思路和启迪。而这一切，正是他作为教育家型校长的个人领导力和创造力在办学实践中的集中呈现。

孔子说：“己所不欲，勿施于人。”反其意而用之，是不是可以说，以自己之所为所成所体验所体会，分享和惠及他人——这个“他人”，不是别人，乃是有志有能的年轻时候的“自己”，这便是“名校长工作室”最佳的思路、最好的策略。

（本文原发表于 2017 年 11 月 8 日《中国教育报》）

做出来的精彩

江苏教育行政干部培训中心副主任　季春梅

“一年好景君须记，正是橙黄橘绿时。”值此金秋收获的季节，很高兴读到《做幸福的教育》之书稿。高兴之余，我为郭长安校长的快速成长备感欣慰！更真诚感谢“卓越校长领航工程”这个高端的平台，给予郭长安校长先进的教育理念、高远的教育理想、开阔的教育视野、务实的教育行动。

我知道，在郭长安二十多年的教育生涯中，他先后当过语文教师、教导主任、初中校长、特殊教育学校校长，现在是晋中师范高等专科学校附属学校校长。他深知，校长是学校之魂，思想是校长之魂，一个真正的好校长才能办一所真正的好学校。他坚信教育，特别是义务教育阶段的教育应当面向全体学生，为学生的一生储备幸福！它应当以人的终身幸福为目的，在教育中创造、生成丰富的幸福资源，培养出能够创造幸福、享受幸福的人。它应当为每一个学生打下这样的基础：有理解幸福的思维，有创造幸福的能力，有体验幸福的境界，有奉献幸福的人格，成为和谐社会里的幸福人。它应当是既让教师享受幸福，又让学生体验幸福的教育，它应当让每一个孩子都能获得成功与幸福。

基于这样的教育情怀，郭长安校长在自己的学校中潜心实践探索，努力构建以“幸福文化”“幸福教师”“幸福课程”“幸福课堂”“幸福学生”为主要内容的“幸福教育”文化体系。更难能可贵的是，他将一系列的理念转化为一个个实实在在的行动，让学校的每一位教师、每一名学生都充分感受到成长的快乐、教育的幸福。

在学校内涵发展的追求中，学校文化建设成为热点，而在学校文化建设的热潮中许多重要的问题却一直难有定论，如学校文化究竟是什么，学校文化建设的重点是什么，学校究竟应该如何建设学校文化等。本书真实地记录了一名基层校长专业成长的足迹，更真实地记录了一所学校的发展历程。鲜活的案例、朴实的语言、炽热的教育情感必将引发每一位基层教育工作者的深深思考。

我也曾多次深入郭长安校长所在的学校，在那里，我能强烈地感受到浓郁的文化氛围和多彩的课程文化。在那里，我能强烈地感受到教育就是一种唤醒，就是一种推动，就是一种成全。在温暖的教育旅程中，他们在乎的不是目的地，而是沿途所看到的风景和陪伴自己看风景的人以及看风景的心情。在那里，我能强烈地感受到一种朴素的坚守，一种安静的姿态有人说，教育的本质，就是为下一代编织一场关于人生愿景的“美梦”。对个人而言，“美是一切人生追求的总纲”；对学校而言，“美是教育的手段，也是教育的目的”。郭长安校长遵循教育规律，基于学生立场，用心设计着学校的每一个细节，用独有的方式表达着自己对教育的理解读完本书，心生这样的感慨：教育，只有做出来的精彩！

（本文是作者为《做幸福的教育》一书做的序言，该书于 2018 年 8 月在北京师范大学出版社出版）

第三节　媒体看幸福教育

牵手孩子　储备幸福

对于教育界来说，“幸福教育”这个词并不新鲜，但由于幸福教育本身概念宽泛且无固定的模式，不少学校自成一体。晋中师范高等专科学校附属学校（以下简称晋中高师附校）校长郭长安探索“幸福教育”理念多年，也曾见过其他学校推行“幸福教育”做法，但他却不愿意做“拿来主义”者，而是另辟蹊径，将自己 20 多年教育生涯中对教育的体悟糅在了“幸福教育”理念中，通过文化建设这支笔，绘制出了具有晋中高师附校底色的学校蓝图。

一封邮件，打开幸福教育的思维“盒子”

晋中高师附校地处晋中北部新城，靠近山西高校园区，2012 年 9 月作为山西省晋中市教育局直属的唯一一所九年一贯制学校正式投入使用。2014 年，已有多年校长工作经验的郭长安来到这所新校。新校人文积淀不足，更没有现成的经验分享，且特殊的地理位置、重要的教育使命，使得学校的社会关注度极高，这些情况一一摆在郭长安面前，要想办好这所新学校，他就必须一一跨过这些“障碍栏”。

在过去长达 20 多年的执教生涯中，郭长安已经接触过太多的个案，对于教育的价值和意义等命题进行了长时间的思考。曾经有家长找到他，直言对学校并不抱多大期望，只要求有个地方看好孩子“不会变坏”，能顺利毕业就行——学校成了“托管所”；也有家长对孩子的成绩很看重，担心孩子输在起跑线上，不停地调班转校……不同的家庭背景有不同的诉求，郭长安在与家长访谈时，也不断追问自己：学校教育的定位是什么？

调研走访中，郭长安收到曾执教过的一名学生专程写来的邮件，感谢他曾经的教导，“最大的收获不仅是知识，而是让我储备了今后拥抱幸福的基础和本能”。这封信给郭长安带来了深深的触动。回想过去的从教经历，从农村中学语文教师、农村中学校长、特殊教育学校校长等各个岗位的实践，他最终印证和坚定了自己的信念——学校教育是储备而不仅是兑现，特别是基础教育主要是为一个人的发展奠定学习基础的过程、学识储备的过程。

“只有做一个好校长才能办一所好学校。”郭长安认为，教育应当是以人的终生幸福为目的，在教育中创造、生成丰富的幸福资源，培养出能够创造幸福、享受幸福的人，这也是一种使命。它应当是让教师享受教育的幸福，让学生体验幸福的教育，让每一个孩子在快乐中获得成功与幸福；也应当让学生接受磨难教育，这才能提高他们未来适应社会的能力和生存能力，这也是储备幸福的具体体现。

随着自己脑海中“教育幸福储备观”越来越清晰，郭长安开始把它运用到学校建设中去，将“为学生的一生储备幸福”作为学校的办学理念。几年来，晋中高师附校紧紧围绕这一理念，在课堂教学模式、校园文化建设、师资队伍建设、学生兴趣培养等方面进行了大胆创新实践，不断向着“为社会培养合格公民，为家庭培养优秀子女，为学生奠定幸福人生”的育人目标迈进。

多样社团，为学生储备个性成长能量

六一儿童节，晋中高师附校由100余名学生组成的管弦乐队的精彩演奏赢得阵阵掌声，和他们一同登上舞台的还有其他40多个社团，覆盖全校所有学生。让每一个花朵都幸福绽放，这是郭长安“幸福教育”的愿景。他介绍说，学校每天下午的活动时间，各具特色的社团活动就成了一道道亮丽的风景线。

在对学校“幸福教育”蓝图构思的过程中，郭长安意识到，要实现帮助师生储备幸福的教育目标，需要文化、环境、制度、行为等各个层面的系统推进，但更核心的在于通过体系架构来激发师生内在向上的力量，做到细雨润物、花开有声。于是，他分别针对学校建设的精神层面、环境层面、制度层面、行为层面提出了自己的构想：用精神文化引领学校的幸福内涵，用环境文化浓郁校园的幸福氛围，用制度文化保障师生的幸福发展，用行为文化丰厚师生的幸福素养，让幸福教育成为师生幸福生活的历程。

在这样的构想下，晋中高师附校“班班形成一个特色，生生拥有一个特长”，倡导和鼓励积极开发活动课程。学校目前已成立了书法、古筝、舞蹈、足球、绘画、机器人等40多个社团，涵盖了经典传统、科技创新和缤纷艺术等领域，不仅拓宽了学生享受幸福的资源，构建了品位高雅的幸福文化，更彰显了学校幸福教育特色品牌。

“与黎明共舞，与经典同行”是郭长安在晋中高师附校立下的又一个“规矩”。2014年以来，学校坚持每天20分钟的晨诵课。此外，晋中高师附校还自主编印了国学经典诵读系列读本，旨在在学生心灵深处播下优秀文化的种子，为学生的幸福人生打下厚实的精神底色。

如今，晋中高师附校以“五环五学”学导型课堂模式构建为抓手，已初步形成“问题导学——独立自学——交流互学——点拨助学——检测悟学”为基本流程的课堂教学模式；以“三类一体”课程构建为突破，积极构建适合学生发展的课程体系；必修课程确保开齐开足的同时，开设必读课程，以国学经典诵读为重点，形成了独具特色的校本教材；社团活动课程化，整体提升了学生的艺术修养。学校文化氛围日渐浓厚，学校教育教学水平日渐提升，学校办学效益初步彰显。

两个法宝，助教师储备专业提升动力

教师队伍同样是“幸福教育”中不可或缺的一环。郭长安始终相信：没有一个教师不愿意把工作做好，因此，他将“欣赏每一位教师、尊重每一位教师”确立为学校的工作准则。为成就敬业乐教的幸福教师，郭长安在学校开展了青蓝工程、教学竞赛、论坛交流、名师演绎等系列活动，在教师专业成长中提供助力。

“温情师德”教育是郭长安培养幸福教师的一个重要法宝。通过“附校讲坛”的校本培训和“师徒结对”的引领，“温情师德”教育不仅提升了教师的教科研水平，更引领了教师的精神成长。“学校给我们请来了身边的、平凡岗位中涌现出来的杰出教育工作者。他们对教育的解读不是那些高深的理论，缥缈的艺术，而是从心底散发出来的最为朴实的人性芬芳，这也让原本并不轻松的教育，变得亲切自然，真实有趣。”这是晋中高师附校青年教师孙永昌参加在“温情师德”培训后写下的心得。近年来，晋中高师附校名师不断涌现：特级教师、山西省名师培养对象、全国赛课特等奖等。

郭长安帮助教师成长的另一个重要法宝则是“师生共读”。晋中高师附校不仅为学生开展国学诵读，也要求教师每学期精读一本教学专著，并为教师赠送书籍，培训教师学习精神、钻研精神、反思精神，使教师逐渐拥有厚重的语言表达、课堂引导、文本理解、学法渗透能力。“只有读书，才能让教师过上真正有品质的教育生活，厚积薄发才能算得上是一名优秀老师。”郭长安深信不疑。

为让教师自觉成长，他还在教师队伍中倡导“无痕教研”，鼓励教师在上完课后趁热打铁，长则一两节课，短则十来分钟，与其他教师一起及时探讨课堂得失，进行“同伴互助式”教研。郭长安认为，教育就是培养习惯，当教师与学生有了共同的精神信仰与价值追求，当丰富自身文化内涵、提升自我成了全校学生共同的自觉行动，学生的幸福人生便不再遥远。

在晋中高师附校的师生展台，有这样一段诗意的文字：“我不做辛勤的园丁，将你剪成千篇一律的模样；我不做前行的灯塔，将你指向唯一神圣的理想。我们之间，是智慧与智慧的碰撞，是生命与生命的牵手成长。”这或许正是“幸福教育”理念在晋中高师附校的真实写照。

在办校过程中，郭长安对于教育的体悟也在不断深入。他认为，幸福从来不应局限于一隅之地，“幸福教育”理念应当向更深、更远处辐射。早在2014年，郭长安促成学校与平遥县东良庄中心校的结对帮扶，学校以生为本的“五环五学”教学模式也在东梁庄中心校成功“嫁接”。欣喜之余，郭长安为自己定下了新目标，他要将晋中师专附校的幸福教育因子传递给更多的学校，生出带有各自特色的幸福教育之花。

（本文发表于2016年10月19日《中国教育报》，系“中国好校长·领航者系列”专题报道）

描绘同心筑梦“幸福指南”

“中国好校长·名校长工作室系列”，围绕领航着力，集中反映这些教育家型校长如何通过名校长工作室平台，发挥种子的作用，实现在领域内和区域内的逐级传递和领航。

——编者

坐落于山西晋中高等师范专科学校附属学校（以下简称“晋中高师附校”）的郭长安校长工作室最近越来越热闹，也越来越忙了。

自2015年工作室挂牌成立，郭长安校长工作室吸纳了山西省内11所学校为成员校，并将山西省晋中市范围内有学习需求的校长都确定为工作室培养对象。两年来，郭长安带领工作室以“领航示范、精准帮扶”为己任，以“沙龙交流”“课题研究”“实地诊断”“任务分担”为主要工作形式，积极构建名校引路、资源共享、协作共赢的发展网络，着力构建山西本土的“校长学习共同体”，与成员校携手共筑“教育梦”。

思想引领：幸福课堂落地生根

教育的终极目标指向人的幸福。义务阶段的教育更应当以人的终生幸福为目的，在教育中创造、生成丰富的幸福资源，培养出能够创造幸福、享受幸福的人。基于这样的教育情怀，郭长安潜心实践探索，努力构建以“幸福文化”“幸福教师”“幸福课程”“幸福课堂”“幸福学生”为主要内容的“幸福教育”文化体系。更难能可贵的是，他将“为学生的一生储备幸福”这一办学理念转化为一个个实实在在的行动，让学校的每一位教师、每一名学生都充分感受到成长的快乐、教育的幸福。

如何用自己的“幸福教育”思想引领成员校的内涵发展？郭长安在深入成员校调研诊断的基础上，提出了抓好“四个一”的工作思路，即抓好一个常规，推动一项改革，突出一个特色，形成一个品牌。

入室校长杜勇林所在的晋中市榆次区道北西街小学是一所规模不大的城郊学校，外来务工人员子女较多，学生行为习惯相对较差，教师年龄结构偏大，教学理念相对滞后。针对学校现状，郭长安和工作室校长对症下药，提出了“抓实习惯养成，强化教师培训，突出传统文化，形成国学教育特色”的发展思路，并帮助学校确立了“崇善至信，成就幸福人生”的办学理念。两年来，道北西街小学坚持让国学成为校园文化主色调，通过开展一系列的国学教育活动，让全体师生在传承老祖宗的智慧中学会做人，学会做事。

学校一步步转型，杜勇林感慨道：“一所学校只有让教师真正享有教育的幸福，让学生真正体验幸福的教育，才能成为师生真正意义上的精神家园。”

教学引领：结对帮扶“同气连枝”

学校的办学理念要想真正落地，核心阵地在课堂。郭长安聚焦课堂，围绕“校长教学领导力提升”这一专题展开深入调研，充分利用名校长领航班这一强大的专家团队资源，开展专题论坛。郭长安校长工作室以课堂教学为切入点，形象具体地向工作室成员展示先进教育理念指导下的课程实施。

晋中市榆次区第九中学（以下简称“榆次九中”）是郭长安校长工作室的成员校之一，该校年轻教师居多，迫切需要加强业务能力提升培训。2016年，该校与郭长安所在的晋中高师附校签订了《教师结对帮扶合作协议》，明确了“结对帮扶”的三项规定动作：第一项是学科专家讲座，主要由晋中高师附校教师到榆次九中进行教师培训和专题讲座；第二项是教师跟岗培训，是由榆次九中选派教师到晋中高师附校进行跟岗培训；第三项是学生互访活动，是由学校双方根据实际需求选派学生开展互访活动。在此基础上，两校教师形成“一对一”结对帮扶格局。为使“结对帮扶”更加有效，工作室还制定了相应的考核评价制度。

两年来，两校教师在教学理念、课堂教学模式、个性课堂等方面开展了形式多样的交流展示。目前，结对帮扶已由最初的有形“捆绑”变为无形的“学习共同体”“发展共荣体”。

课程引领：校本研发文化先行

近日，郭长安校长工作室组织了一年一度的校本课程成果展示会，榆次区太行小学的“语文学科拓展课程”得到了与会专家的一致好评。该校在研发语文课程的时候，以“具体的人”即学生为出发点，为一、二年级的孩子设计了“读写绘”课程，把生命这个阶段最需要的营养——故事带给他们，让他们用生命这个阶段最擅长的方式——绘画来表达，拼音教学延后。除了传统的语文教材外，太行小学又增加了晨诵课程、读写绘课程、整本书共读课程、文言文课程、童话剧课程。缤纷多彩的活动，瞬间释放出学校在文化建设中积蓄的活力。

之所以搭建这样一个舞台，其实是郭长安与工作室校长交流多所学校考察见闻后，郑重做出的决定。工作室成立之初，他就敏锐察觉到，很多学校根本不重视课程文化的构建，学校课程单一，学校缺乏生机活力。于是，让“好课程”扎根成员校，成为工作室的又一重要任务。

郭长安将自己所在学校编制的国学校本教材捐赠给各成员校，并派出学校国学骨干教师深入各校进行国学课程培训。同时，为了及时展示各校校本课程研发的新成果，工作室每学期都要举办校本课程成果展示交流活动，大大促进了成员校课程建设的深入开展。

两年来，工作室组织“送培送教”活动 27 次，足迹遍布全省 50 余所学校，培养出了一批具有引领示范作用的骨干校长，带动了成员学校和薄弱学校又好又快发展。工作室还定期组织“请进来”“走出去”“晒实力”等活动，提高工作室骨干校长理论修养和实践能力，实现办学思想与办学行动的统一。

2017 年 5 月，工作室组织了“江苏教育行”跟岗学习交流活动，到苏州市吴江区盛泽实验小学、常州清英外国语学校、南京市陶行知小学、苏州景范中学等名校进行考察学习。“走出去”的骨干校长经历教育思想的冲击与碰撞，破除了他们的思维定式，重新点燃他们的办学理想与激情。

视野开阔了，境界提升了，格局放大了，教育也就变得更有智慧了。唯有实现视野、境界和格局的突破，才可以帮助自身实现从高原到高峰的蜕变，郭长安校长工作室全体成员校长一以贯之。

（本文发表于 2017 年 11 月 08 日《中国教育报》，系“中国好校长·名校长工作室系列”专题报道）

坚守初心　储备幸福

——晋中师范高等专科学校附属学校郭长安的教育初心与幸福追求

灵感总是青睐爱思考的人。与“牛顿与苹果树”的故事异曲同工，2014 年，晋中师范高等专科学校附属学校（以下简称晋中高师附校）新任校长郭长安收到一封学生写的邮件：“最大的收获不仅是知识，正让我储备了今后拥抱幸福的基础和本能。”就是这封邮件开启了郭长安“幸福教育储备观”的思学践悟之旅。

作为一种教育哲学，“幸福教育”历来见仁见智。但对于历任语文教师、教导主任、初中校长、特殊教育学校校长的郭长安而言，20 多年的教育生涯使他对这一教育哲学思想的理解尤为深刻、生动。为此，郭长安确立了“为学生的一生储备幸福”的办学理念，并在实践中逐步构建以“幸福文化、幸福课堂、幸福课程、幸福教师、幸福学生”为主要内容的“幸福教育”文化体系，精心打造“博雅情趣”课程体系，扎实推进以“问题导学、独立自学、交流互学、点拨助学、检测悟学”为基本流程的“五环五学”幸福课堂模式。由此，郭长安被评为“全国名校长领航班”首期学员。获此殊荣的全国共有 64 人，我省仅有两人。

坚守初心，储备幸福。2015 年 10 月，教育部为“郭长安名校长工作室”授牌；2016 年，全国首期“领航校长”调研组走进晋中高师附校；同年，由晋中高师附校校委会成员的集体智慧汇聚成为近20万字的“幸福文化”构建书稿……如今，文化引领、内涵发展的晋中高师附校凝聚了一流的教师团队，拥有一流的教学设备，成就了一流的办学品质……该校连续4年被评为“中考质量优胜单位”；学校民族乐队、舞蹈队、健美操队、机器人代表队等在国家、省级大赛中屡夺桂冠；该校先后被评为“先进党支部”“市文明单位”“全面工作先进单位”“教研教改先进单位”“体育示范学校”等，获“博爱功勋金奖”。

2017年“五一”前，该校校长郭长安再获殊荣：晋中市“劳动模范”。

倾一腔心血为学生“储备幸福”

“幸福教育”并没有“前车之辙”，但晋中高师附校校长郭长安一班人在探索和实践中却未将其固化为绝对的“后车之鉴”。

科学研判，客观审视，辩证取舍。晋中高师附校日趋成熟的“幸福教育”文化体系之所以成为个性化亮点，难得之处就在于郭长安一班人基于理论探究与深入调研后，对教育及学校文化的反观深思。正如郭长安所说：“文化引领才是学校管理的最高境界。文化是有力量的！学校文化成为一种文化基因，沉淀到全校教师的心里，就会化成一种自发的行动。而学生，则在这种文化的感召下，拥有了一种美好的品质。教育，就是用超越知识的人性之光、智慧之光、思想之光，用自己生命的纯净去唤醒孩子的内心。我们所能做的，就是要为孩子的生命创造一个美好的空间，让生命在这个空间里以美好的姿态绽放！”

四载潜心探索，晋中高师附校尊重并遵循学生成长之路，不断完善课程体系，围绕“博雅情趣”课程体系构建这一中心，着力规范课程开设，完善课程评价，通过构建适合孩子个性发展的课程体系，倾力“为学生的一生储备幸福”。

四载驰而不息，以“班班形成一个特色，生生拥有个特长”为目标，该校积极倡导开发活动课程。截至目前，该校已成立了书法、古筝、舞蹈、足球、绘画、机器人等40多个社团，涵盖了经典传统、科技创新等领域。特别是该校坚持不懈地“与黎明共舞，与经典同行”，每天开展1小时“阳光体育运动”、1小时社团活动和坚持每月一展示，如3月读书之星、4

月写字之星、5月艺术之星、6月科技之星、7月和8月实践之星、9月习惯之星、10月写作之星等做法，挖掘学生享受幸福的资源，使学生在幸福文化的浸润中幸福成长进而化作该校“幸福教育”的特色。

四载不断升华，晋中高师附校以“五环五学”学导型课堂模式构建为抓手，以“问题导学—独立自学—交流互学—点拨助学—检测悟学”为基本流程的课堂教学模式更趋成熟；以“三类一体”课程构建为突破，学校课程体系始终与学生发展同频共振。尤其是确保必修课程开齐开足的同时，学校把国学经典诵读作为重点开设的必读课程，已形成鲜明的校本特色……这一切，使学校文化氛围更加浓厚，教育教学水平不断提升。

桃李不言，下自成蹊。统计显示，目前晋中高师附校在校学生近2300人，平均每年增加500人。

用无限挚诚助教师“幸福成长”

“为学生的一生储备幸福”，教师能否实现“幸福成长”至关重要。为此，以“欣赏每一名教师、尊重每一名教师”为准则，晋中高师附校深入开展青蓝工程、教学竞赛、论坛交流、名师演绎等系列活动，确保教师在幸福中成长，在成长中感受幸福。

助力教师“幸福成长”，郭长安一班人循着教师发展之路，重点落实教师专业发展“五个一”。在加强师德教育的同时，持续强化对教师的专业引领，努力营造积极向上的“研、教、学”氛围。以“温情师德”教育为着力点，该校通过“附校讲坛”的校本培训和“师徒结对”的引领，不仅提升了教师的教研水平，更促进了教师的精神成长。与“温情师德”教育相得益彰的另做法就是“师生共读”。4年来，该校不仅为学生开展了国学诵读活动，同时也要求教师每学期精读一本教学专著，并为教师赠送图书，培养教师的学习精神、钻研精神、反思精神，使教师逐渐提高语言表达、课堂引导、文本理解、学法渗透的能力。

助力教师“幸福成长”。该校积极倡导并实践“无痕教研”，鼓励教师在上完课后趁热打铁，长则一两节课，短则10分钟，与其他教师一起探讨课堂得失，进行“同伴互助式”教研。“教育就是培养习惯，当教师与学生有了共同的精神信仰与价值追求，当丰富自身文化内涵、提升自我成了全校学生共同的自觉行动，学生的幸福人生便不再遥远。”郭长安一语道出其深刻认识。

事实胜于雄辩。如今的晋中高师附校名师梯队不断扩大，现有特级教师 1 人，省级名师培养对象两名，省级学科带头人 6 名。2016 年又有 4 名教师被评为“山西省骨干教师”。

一枝独秀不是春，百花齐放春满园。

郭长安认为：“‘幸福教育’的理念应当向更深、更远处辐射。”知行合一，早在 2014 年，郭长安就与平遥县东良庄中心校结对。如今，郭长安更是“把晋中高师附校的幸福教育因子传递给更多的学校”的追求绘入他“幸福教育”的蓝图中。

观“幸福教育”成果，悟“幸福储备”真谛。全国首个领航校长（江苏基地）“学校文化建设”专项调研组在该校观摩调研时，新疆华山中学团队即兴赋诗抒怀，盛赞晋中高师附校及校长郭长安：“三晋大地郭儒生，办学路上带新兵，4 年新校凝一笑，幸福教育遵本性。”

（本文发表于 2017 年 6 月 12 日《山西工人报》）

校长访谈：让孩子们幸福的教育到底是啥样？

办学理念是学校办学的灵魂，是指引学校科学发展、和谐发展的核心价值观。可以说，一个学校若想得到长足发展，须有科学的、先进的、相适的办学理念为指导。

“一个好校长就是一个好学校”，校长是“学校之魂”，其办学理念实质就是学校的工作思路，“办什么样的学校”和“如何办好一所学校”，关键在于校长奠定什么样的办学理念。

在与晋中师范高等专科学校附属学校校长郭长安一次零距离的交流中，让我们深刻感受到：他在任该校校长近 3 年来，以“面向全体，为学生一生储备幸福”的幸福教育理念为指导，让这座办学不到 5 年的学校，文化氛围日渐浓厚，名师梯队初步形成，课程特色日益彰显，办学品质稳步提升。

本报记者：郭校长，首先我们想了解贵校的“幸福教育”是指？

郭长安：“幸福教育”，就是围绕为学生的一生储备幸福的办学理念，帮助师生树立正确的幸福观，培养师生理解幸福、体验幸福、创造幸福、享受幸福的能力。著名教育学者朱永新先生倡导“过一种幸福完整的教育生活”，我们把这一理念植入我校，并结合实际确定了“为学生的快乐成长奠基，为学生的多元发展奠基，为学生的幸福人生奠基”三维目标，幸福不是简单的快乐，而是恒久的心灵能量，幸福不是一种感性状态，而是一种精神内存，这里说的是储备，而不仅是兑现。以期让幸福教育的理念在我校的生命摇篮中生根、开花、结果。

幸福教育，就是要让学生拥有幸福童年，让他们建立正确的人生观、价值观。幸福教育，本身是体验幸福的过程，并使人在体验幸福的过程中领悟幸福真谛。幸福既是教育的目的，也贯穿于整个教育过程。同时，教育也为学生的未来幸福做准备。通过教育，为学生终生幸福奠定基础。

本报记者：那么在办学实践中，为什么要提出“幸福教育”这一办学理念为引领呢？

郭长安：2014 年 9 月我调入晋中师范高等专科学校附属学校，这是一所晋中市教育局直属的九年一贯制学校，2012 年 9 月正式投入使用，位于晋中市北部的“城中村”，虽已建校两年，却只有一批年轻的教师，一群朝气蓬勃、精力旺盛的孩子。人文积淀不足，更没有现成的经验分享，由于特殊的地理位置、重要的教育使命，使得学校的社会关注度极高，急需要注入办学理念。而 20 多年的基层教育实践，尤其之前在晋中特殊教育学校担任校长期间，更让我对开展“幸福教育”有了直观的感受、经验的凝结和理论的累积。在来到晋中高师附校后，通过调研和与同仁们共同探讨下，确定了“幸福教育”的理念。通过三年的实践证明，这也契合了以人为本、教育实践、学校的发展愿景的要求。

本报记者：在确定了“幸福教育”这一理念，附校是如何践行的呢？

郭长安：“幸福教育”是一个系统的工程，结合我校的实际，基本上可以概括为提出了“面向全体，为学生一生储备幸福”理念，加强文化建设；以“欣赏每一位教师”为理念，建设敬业乐教的幸福教师队伍建设；以“释放学生个性”为目标，培养智慧阳光的幸福学生。理念是方向，文化是载体，只有相适应的文化建设，才能保障理念的贯彻落实。因此我们以“幸福校园”为愿景，构建品位高雅的幸福文化，具体包括四个层面：

用精神文化引领学校的幸福内涵。学校树立了立德、启智、健体、尚美的校训。提出了为社会培养合格公民，为家庭培养优秀子女，为学生奠定幸福人生的育人目标。在这个基础上建设求真、求善、求美的校风，敬业、谨严、精进敬业的教风，乐学、善思、笃行的学风。

用环境文化浓郁校园的幸福氛围。我们为引领师生追求幸福教育，坚守教育，乐享生活，学校精心设计了主题鲜明的楼层文化，包括行知长廊、读书长廊、科技长廊、艺术长廊四大主题。特别是围绕“幸福”这一核心，我校着力于点启人生梦想、点燃成长激情、点明成功路径、点化人性光辉、点亮幸福人生五点。开展幸福教育的“六个一”：一笔一画练好字；一词一句读好书；一点一滴养习惯；一朝一夕学本领；一言一行修身心；一生一世做真人。几年来，我们真心实意地提高师生在校生活的幸福感知度，“幸福教育”的内涵也因此不断丰富。

用制度文化保障师生的幸福发展。学校的教育教学质量包括教育思想与办学追求、课程设置与实施水平、办学条件与教师素质、制度建设与治理水平，所以说制度文化也是学校教育教学质量的重要组成部分，我们在充分听取教师意见的基础上，制定了《教职工绩效考核制度》为核心的 14 种教师的常规管理制度，制定了《学生一日常规》《学生自主管理》等学生管理制度，并经过教代会讨论通过。在此基础上，各科室制定和完善相关工作制度。有了以人为本的制度保障，学校各项工作都有章可循，也初步形成了谁的事情谁负责，各人的事情各人做的现代管理模式。

用行为文化丰厚师生的幸福素养。一是习惯奠基幸福人生。著名教育家陶行知说过：“教育就是培养习惯”。因此，作为九年一贯制学校，要用九年的时间将好习惯的种子深埋学生心田，使之发芽抽枝长叶开花。

在学生习惯的培养上我们践行了八大习惯八大重点、八大习惯九年落实；二是读书浸润幸福人生。高尔基曾说：“书籍是人类进步的阶梯。”我们始终坚信阅读的力量，阅读可以改变人生，书籍是人生的精神食粮，有福方读书、读书方有福。因此，学校高度重视师生的阅读，读经典，读好书，读社会，读人生。三是活动助力幸福人生。顾明远先生说过：没有爱就没有教育，没有兴趣就没有学习，教书育人在细微处，学生成长在活动中。因此我校高度重视各种活动，让学生在各种活动中感悟、体验和分享幸福。通过开展各种课外活动，对学生进行情感道德、心灵智慧、生命意义的引导教育，着力培养同学们忠诚负责高雅大气的君子品性。四是艺术点亮幸福人生。教育理应遵循孩子们的天性和教育的自身规律，“幸福校园”的核心应该是充分关注每个学生的终身发展，真心实意地提高学生学校生活的幸福感知度。在追求学生学业进步的同时，让学生身心健康、快乐成长。因此，加强和普及艺术教育，让学生从小受到艺术的感染和熏陶，我们责无旁贷。

以“幸福校园”为愿景，致力推进师生的精神成长，把精神层面的东西树立好让大家共同追求，把环境层面的东西建设好让大家共同享受，把制度层面的东西设计好让大家共同遵守，把行为层面的东西落实好让大家共同践行，让幸福教育成为师生幸福生活的历程。

本报记者：就教师层面，幸福教育是如何做的？

郭长安：就教师层面，“欣赏每一位教师”，建设敬业乐教的幸福教师队伍建设，这是关键。

教师是学生幸福的源泉，幸福教育的根基在教师。教师在学校幸福成长，才能将幸福传递给学生，让幸福教育在质和量双提高。因此我们把欣赏和尊重每一位教师作为工作的基本准则，一改以往检查督导的做法，将教学管理变为成果展示。让教师都找到了自信，让教师都明确了努力的方向，也让精益求精成了可能。三年来，我们坚持抓好温情师德教育、开展教师共读活动、教师技能练兵、构建活力课堂、全力打造教研团队、关注教师的精神需求和生命质量来提升教师的幸福指数。

本报记者：幸福教育理念、模式下会培养出什么样的学生？

郭长安：基于学校幸福办学理念，我们围绕学校育人目标系统设计学校课程，以“释放学生个性”为准则，积极打造适合每一位学生成长的“博雅情趣”课程，具体指：必修课程（博）（国家课程）、必读课程（雅）（校本阅读课程）、德育课程（情）（隐形、默会课程）、活动课程（趣）（兴趣体验课程），彰显了学校的课程特色。并通过“五环五学”课堂模式和“规范、高效、智慧”三类课堂模型以及“五位一体”的教研模式来提升师生的幸福指数。

具体做法为：坚持每天 20 分钟的晨诵课；坚持每周一节国学课；坚持每天 1 小时社团活动。如硬笔、软笔、器乐等；坚持每月一展示。如三月，举办读书节，开展读书之星评比；四月，组织写字大赛，开展书法之星评比；五月，举办艺术节，开展艺术之星评比等；就是全面实施“序列化”的德育课程。

所谓“序列化”的德育课程是指根据不同年龄层次学生的生理和心理特点，积极构建“系列化”德育教育课程体系：践行好自主管理，夯实学生生命的强度；培养好八大习惯、核心素养、心理健康教育，增加学生生命的厚度；开展好各种活动，拓宽学生生命的宽度；孕育好爱与感恩之心，让学生感悟生命的温度；通过磨难与挫折教育，打造学生生命的韧度；培养好兴趣特长，增强学生的生命亮度；树立好远大理想，奠定学生生命的高度，做一个真实、善良、健康、快乐的高师附校人。

“序列化”的德育课程不但丰富学生的德育体验，也促进了学生对隐性知识、默会知识的学习，切实提升了学生的品格修养。正如周一升旗学生所说的那样，晋中高师附校学生正在朝着“文雅知礼，懂得感恩”的目标努力前行。

本报记者：幸福教育产生的效果如何？

郭长安：我喜欢季羡林老先生对幸福的概括，幸福有三要素：一是要有希望，二是要有事做，三是要有幸福的心。有事做并能做成事，才会有成就感和幸福感，比如开车，熟练驾驭才幸福，我们做教师的更是如此，只有有了足够的教育经验，甚至是上升为教育的艺术，能信心满满的走进教室，教学得到家长和学生的赞扬，什么时候就有幸福感了。

晋中师范高等专科学校附属学校近年来涌现了一批优秀的老师。目前学校现有特级教师 1 人，山西省名师培养对象 2 人，省级学科带头人、教学能手 20 人，市级学科带头人、教学能手 28 人。青年教师中有 60 多人次在省市课堂教学大赛中获奖，2015、2016 年分别有 6 节、14 节优质课喜获部级优课。高素质的教师队伍，让“幸福教育”在附校生根结果。“系列化德育”“五位一体”“四大文化”，晋中高师附校在践行“幸福教育”上，学生的成绩也是有目共睹的，通过这几年的实践，可以说“幸福教育”在促进学生全面发展上，发挥了重要的作用。

（本文刊登于 2017 年 3 月 15 日《现代校长微讯》）

紧扣生命成长脉搏　践行幸福教育理念

——晋中师范高等专科学校附属学校校长郭长安访谈录

《晋中教育》编辑部副主编　史进智

学校文化建设是学校内涵发展的重要内容。对于学校文化的一些观点和认识，目前理论界众说纷纭，比如：学校文化究竟是什么？学校文化建设的重点是什么？学校文化究竟应该如何建设？等等。郭长安同志担任晋中高师附校校长以来，与团队一道积极探索具有自身特色的“幸福教育”文化。在实践中，他们提出了“教育应当是一种唤醒”“教育幸福储备观”“欣赏每个教师”的理念，开设了幸福教育“博雅情趣”课程，短短几年时间，取得了良好的效果。2014 年，郭校长被吸收为全国名校长领航班成员，教育部在高师附校挂牌成立了“郭长安名校长工作室”。三年来，工作室不但为全国名校长定期交流创造了条件，还主动吸收我市基础教育领域的 11 名优秀校长，组建校长学习共同体，定期开展学习交流研讨反思。参与工作室研究活动的校长们说：“郭长安名校长工作室”不仅是他们的教育管理“研究斋”，还是共同提高的“加油站”。近日，

《晋中教育》编辑部专访了高师附校校长郭长安。

《晋中教育》：办学理念是学校发展的灵魂和价值观。高师附校在实践中确立了“幸福教育”的理念。请阐述一下你的“教育幸福储备观”。

郭长安：我校之所以确立“幸福教育”的核心理念，主要源于三方面考虑：一是源于对工作经历的反思。自己在20多年的教育工作中，当过班主任，带过语文课，担任过农村中学、特教学校、九年一贯制学校的校长，特别是在特教校工作期间，那些盲生聋生多么渴望能有一双明亮的眼睛，一对聪慧的耳朵！对他们而言，能看一看这个可爱的世界，能听一听鸟叫、风声就是莫大的幸福。于是我想，教育应当是一种唤醒，在温暖的教育旅程中，我们在乎的不是“目的地”，而是沿途所看的风景、陪伴自己看风景的人以及看风景时的心情，学生在经历了有品位的教育生活后，他们的心灵会发生根本转向，成为雅趣而高贵的人。实际上，教育更应该是一种朴素的坚守，遵循教育规律，尊重个体差异，扎扎实实做事，安安静静育人，这是每一位教育人的追求。二是源于对教育事业的理解。个人认为，教育应当是以人的终生幸福为目的，在教育中创造、生成丰富的幸福资源，培养出能够创造幸福、享受幸福的人。幸福教育应当为每一个学生打下这样的基础：有理解幸福的思维，有创造幸福的能力，有体验幸福的境界，有奉献幸福的人格，成为和谐社会里的幸福人。它应当是让教师享受教育的幸福，让学生体验幸福的教育。朱永新先生在《教育的使命》中，积极倡导“过一种幸福完整的教育生活”。这种观点与我的理解相互碰撞，使我的“教育幸福储备观”越来越清晰。三是源于对学校现状的分析。晋中高师附校是一所九年一贯制学校，如何让九年的人生启蒙为一生的幸福奠基是非常重要的一件事。而学校又云集了一批怀揣梦想的优秀教师，让他们在附校实现自己的人生价值、体验教师职业的幸福与美好，理当成为办学的重要目标。一所学校应该帮助师生树立正确的幸福观，培养师生理解幸福、体验幸福、创造幸福、享受幸福的能力。所以，我校将“为学生的一生储备幸福”确立为办学的核心理念。当然，幸福不是简单的快乐，而是恒久的心灵能量；幸福不是一种感性状态，而是一种精神内存，这里强调的是“储备”，而不仅仅是“兑现”。当然，“幸福教育”是一个系统的工程，几年来，我们这个团队紧紧围绕这一理念，努力用精神文化引领学校的幸福内涵，用环境文化浓郁校园的幸福氛围，用制度文化保障师生的幸福发展，用行为文化丰厚师生的幸福素养。在校园文化构建、教师团队培养、课堂模式创新、校本课程开发、学生素养形成等方面进行了不断探索，初步形成了较为完善的“幸福教育”体系。

《晋中教育》：据了解，在教师培养方面，你校秉持“欣赏每个教师”理念，充分尊重信任每一位教师，努力为每一名教师搭建专业成长的平台和舞台。在“一师一优课，一课一名师”评选活动中，有20名教师荣获部优奖。请谈谈你们在教师专业化建设方面的做法。

郭长安：我校教师平均年龄31岁，他们专业成长需要一种氛围。在实践中，我们努力为教师营造读书的氛围、研讨的平台、展示的舞台。围绕营造读书氛围，我们改革传统的例会形式，将例会分为“智慧故事，分享身边的感动”“好书分享，交流共读心得”“且教且思，讲述教学偶得或困惑”“有事说事，安排具体工作”“四个板块”，这样就把周一例由以往的“领导一言堂”变为“教师共分享”，让好书引领教师专业成长。围绕营造研讨的平台，我们借助“领航班”平台，每月请一位教育专家和教师面对面交流，在观摩体验、交流互动中生成新的教育智慧。同时，我们通过“名师工作室”“教师发展学校”等形式，以科研团队开展课例研磨、同课异构、师徒结对等活动，营造了浓厚的科研氛围。我校小学部白洁老师参加全国语文教学大赛荣获特等奖，就是学科团队集体智慧的结晶。围绕营造展示的舞台，我们在“问题导学——独立自学——交流互学——点拨助学——检测悟学”“五环五学”教学模式的统一引领下，提出了“开放课堂”的概念，由过于程序化的课堂教学模式逐渐转变为对模型、要素、核心问题的提炼，积极鼓励教师形成个性化教学风格。每年的“五环五学”教学展示，每轮的规范课堂、高效课堂、智慧课堂“三类模型课堂”展示，都是教师展示“个性课堂”的舞台。目前，正在有计划地推出优秀青年教师外出讲座交流，以此提高他们的课堂实战能力。

《晋中教育》：课程应该是一所学校的生命力。学校的理念如何落地，学生的核心素养如何落实？关键在课程。作为一所九年一贯制的学校，如何关注小初衔接、初高衔接，如何规划建设一贯制的整体课程体系，显得非常重要和必要。你们在这方面是如何实施的？

郭长安：华东师范大学课程与教学研究所胡惠闵教授指出：学校课程规划是学校阐释国家课程和地方课程方案的具体体现，也是学校实现教育价值观和培养目标的有力保障。从2014年底开始，我们全面启动了幸福教育“博雅情趣”课程的重新构建，目的就是“适应学生全面发展之需，构建适合学生的课程体系”。所谓“博”，就是指国家课程的开全开足开好，这是学生在校的必修课程，是基础、底线。所谓“雅”，就是指校本课程中的必读课程，包括国学诵读、整本书阅读。在国学经典诵读课程开设方面，我校初步形成了《弟子规》《三字经》《千字文》《笠翁对韵》《论语》《孟子》《大学》《中庸》《道德经》等涵盖一年级到九年级的一整套校本教材，为学生打好传统文化的精神底色。在整本书阅读方面，我们推出“全员阅读”系列活动，包括师生共读、班级共读、亲子共读，每项活动都有具体的实施规划，完整的实施流程，完善的成果呈现。必读课程在学生的心中播下了一颗读书种子，为学生一生的幸福奠定了基础。所谓“情”，就是指德育序列化课程，包括默会、隐形课程、积极心理品质培养课程等。个人认为，情商和智商同等重要，学校教育既要关注学生的智力发展，更要关注学生的情商培养。在实践中，通过实行自主、自立、自尊、自信、自控、自省、自强等一系列“组合拳”，培养学生良好的习惯、健全的人格、阳光的心态、自律的品格，以此来夯实学生生命的强度，增加学生生命的厚度，拓宽学生生命的宽度，打造学生生命的韧度，增强学生的生命亮度，奠定学生生命的高度，让学生感悟生命的温度，教育引导他们做一个真实、善良、健康、快乐的高师附校人。所谓“趣”，就是指校本课程中的兴趣类课程，主要包括体育类、艺术类、书法类、语言类、传统文化类、科学探究类、信息技术类、综合实践类等八类课程。特别需要说明的是，我校将艺术类课程进行社团化实施，要求学生全员参与，旨在为学生提供一种艺术的熏陶和启蒙，从而让学生发现、发掘自己的个性特长。近三年，学校与晋中学院、晋中师专密切合作，开设了每天一小时的艺术课程，包括葫芦丝、笛子、陶笛、口琴、二胡、国画、水粉、水彩、硬笔、软笔等，面向全体，专时专用。通过丰富的课程设置，让学生能够经历尽可能多的体验，在丰富的课程体验中形成自己的兴趣特长，从而培养孩子们高雅的情趣、创新的意识，为个性化发展奠定基础。当然，幸福教育永远在路上。我们会在一点一点的积累、反思中不断完善，紧扣生命成长脉搏，践行幸福教育理念，真正为孩子的一生储备幸福！

（本文刊登于 2017 年 6 月《晋中教育》）

为学生一生储备幸福

——晋中师专附校坚持党建与教育教学深度融合的生动实践

在 2018—2019 学年，晋中师范高等专科学校附属学校（以下简称晋中师专附校）党建工作赢得了上级党组织的高度肯定，晋中市标准化党建工作推进会和“改革创新奋发有为”组织生活会标杆单位现场会在该校召开，晋中市教育工委命名该校为“示范型党组织”。

在教育教学工作上，该校这一学年也涌现了诸多亮点：

该校荣获全国首批家校共育数字化试点校、国家级国防教育特色学校、全国中小学 + 高校创客联盟实践基地校、山西省文明校园等一系列殊荣。

教师队伍围绕立德树人，以良好师德师风促教学教研水平提升，新研制了 7 本涉及育人特色的兴趣类校本课程。《德育课程滋润心灵》工作经验入选《教育部中小学德育工作典型经验》。马莉婷等老师在榆次区、国家级课例赛讲中荣获一等奖；赵兰芳、薛峰老师双双荣获山西省中小学教师技能大赛一等奖；赵敏等 30 余名教师的论文在省级以上刊物发表。

学生全面发展再迈新台阶。啦啦操社团荣获全国啦啦操联赛第一名；机器人社团荣获省第 18 届中小学机器人超级轨迹赛小学组和初中组的二等奖；足球社团荣获榆次区小学生足球联赛第二名；柔力球社团荣获晋中市柔力球比赛二等奖；舞蹈合唱社团《四季的问候》等四个节目荣获榆次区校园文化艺术节一等奖；初中质量综合评估位居榆次区第三，晋中市第五，初中部连续6年荣获榆次区中考质量先进单位。

这些可圈可点的成绩，是晋中师专附校党支部和校委会坚持党建与教育教学深度融合，齐心协力践行“为学生一生储备幸福”办学理念的结果！

强化班子，带好队伍：“为学生一生储备幸福”提供政治和组织保障

晋中师专附校自2012年建校以来，坚持党建引领教育教学发展方向这一根本原则，使践行“为学生一生储备幸福”这一办学理念的政治和组织保障不断强化。特别是2018年全国教育大会召开后，该校党支部和校委会组织全体教职员工认真学习习近平总书记在这次大会上的重要讲话精神，围绕“立德树人”根本任务，进一步改善和加强了党支部对教育教学工作的全面领导。

“我校将党支部与校委会有机统合，”晋中师专附校党支部书记、校长郭长安向记者介绍说，“我把支书和校长两职‘一肩挑’，支部班子成员和校委会班子成员‘双向进入，交叉任职’，明确了党支部与校委会领导班子的共同目标和职责。”

同时，该校党支部设立了5个特色党小组，分别与办公室、教研室、教导处、政教处、总务处等科室进行融合，使这些党小组在不同岗位发挥着先锋模范、引领和示范作用；把党的政治核心功能打造、党员先锋模范作用发挥、党风廉政建设推进、党组织民主监督机制实施等与党建有关的重要工作,与教育教学各环节的工作有机整合,使党的建设有内容、有靶向、接地气，有效地推动了学校各项工作的开展。

在此基础上，晋中师专附校加强校级领导班子建设，聚焦“习近平新时代中国特色社会主义思想”，聚焦“十九大精神”，在“三个结合”“三个贯通”上下功夫，以学促做，切实提高了班子成员的政治站位；在全省“改革创新、奋发有为”大讨论活动中，校级领导班子从行动上聚焦“六

个破除、六个着力、六个坚持”，完成了规定动作和自选动作，并自觉对标省市要求、对标全国一流名校——辽宁盘锦市魏书生中学，坚持问题导向，认真查摆问题，提出整改措施，取得了一系列成果；创新推出“6+N”“党员活动日”模式，其中的“6”，指集中学习、现场交纳党费、为党员过“政治生日”、开展民主议事、推选“敬业微故事”、“党员展风采”6项“规定动作”，“N”指结合实际开展的创新特色项目；在率先垂范上，校级班子成员在完成规定课时的同时，积极带课、听课、评课、参与教研活动，深受教师好评；学校中层以上领导把规矩纪律挺在前面，强化作风建设和党风廉政建设，使党支部的战斗堡垒作用得到充分发挥，增强了党的号召力和凝聚力。

为打造一支德才兼备的教职工队伍，该校党支部带领5个党小组，多方发挥党员的先锋模范作用，分别对立德树人、课程研发、教师发展、学生成长、校园文化建设等重点工作进行示范；支部实行党员包班制，坚持党员教师“五个一”示范引领活动，形成了浓厚的“创优争先”氛围，带动了全校教职工队伍的建设。

据记者了解，在党建引领下，晋中师专附校教职工队伍建设出现了许多新亮点：坚持师德考核与业务并重，把师德表现作为教师考核、聘用和评价的首要内容；通过开展“四评议三自查”等系列活动，“德技双馨”成为教师自觉的价值追求；青蓝结队帮扶的实效不断提升，一大批优秀青年教师脱颖而出；开设“附校讲坛”，利用每周例会，让老师及时分享教育教学新思想、新经验；组织“请进来”“走出去”系列活动，为教师提供高品质的教学示范和引领。

由此我们可以看出，晋中师专附校党支部与校委会有机统合、特色党小组与科室进行融合、党建工作与教育教学工作有机整合，解决了党建工作与教育教学工作“两张皮”的难题，形成了党支部扎根学校、党小组落户科室和党员深入班级的党建新格局，真正实现了党建工作与业务工作“双提升”。通过强班子，带队伍，践行“为学生一生储备幸福”的办学理念有了坚强的政治保障和组织保障。

教学改革，彰显特色：“为学生一生储备幸福”构建校本课程体系学校应培养什么人？为谁培养人？习近平总书记在全国教育大会上的重要讲话中旗帜鲜明地回答了这一问题：坚持中国特色社会主义教育发展道路，培养德智体美劳全面发展的社会主义建设者和接班人。

“为把习总书记这一重要讲话精神落在实处，”晋中师专附校党支部书记、校长郭长安告诉记者：“我校党支部和校委会进行了深入研究后提出，坚决摒弃‘唯考分论’和‘音体美’就是素质教育的片面观，严格贯彻党的教育方针，结合我校‘为学生一生储备幸福’的办学理念，坚持党建引领立德树人的大方向，精心培养全面发展的时代新人。”

基于这一认识，该校勇于改革创新，推进在课堂教学改革的基础上，继续构建并开设了立足学生全面发展、适合学生个性与特长的“博”“雅”“情”“趣”四位一体的“幸福课程”体系。

“博课程”从“面”上讲，就是高质量开展好国家规定的课程；在“点”上讲，就是针对相应的学科，经挖掘拓展，研发相应的校本课程。“面”与“点”的结合，可使学生既有扎实的学科基础，又有广博的学科视野，这就是“博”课程的概念。

该校的“博课程”，有“读写绘”一体化课程，它是对语文课程的拓展延伸，专门为低中年级学生开设，让学生在读绘本、赏故事、悟温情、写作品的过程中提升语文素养；有“随笔化写作”课程，是一种以随笔为主要写作方式的生命化写作教学体系，由情境随笔、读悟评改课、生活随笔课、展评转化课组成；数学拓展性课程，该课程由《数学思维》和《魔法乐园》组成，涵盖小学一至六年级，共 12 册教材，重在提高学生学习数学的兴趣。

“雅课程”指国学诵读序列课程，以培育学生深厚的人文积淀，养成学生儒雅的君子之风。为此，该校课程研发小组自主编写了一套国学诵读系列读本。该读本“九年一贯”整体规划，每年级一册，学生每天坚持 20 分钟晨诵读本，确保学生“日有所诵，诵有所获”。

“情课程”中“情”即家国情怀，个人情操，“情课程”就是德育序列化课程，包括自主管理课程、习惯养成课程、公民素养课程、心理健康教育课程等 7 大板块。通过这些课程学习，旨在培养学生良好的习惯和健全的人格。

“趣课程”指为学生社团自主研发的兴趣类课程，主要包括体育类、艺术类、书法类、语言类、传统文化类、科学探究类、社会实践类、劳动技术类等8大类课程，主要在每天下午1小时的社团活动时间内学习，实现了学生兴趣实践和体验全员化。

“博”“雅”“情”“趣”四位一体的“幸福课程”体系，为学生的共性和个性发展提供了广阔空间，彰显了晋中师专附校鲜明的幸福教育特色品牌。师生在德智相扬、情智共生、教学相长的幸福课程中，在充满挑战、同伴同乐的活动体验中，找到了自己的兴趣点和成长点，德智体美劳各个方面均得到了全面发展，成为现实生活和精神世界的“幸福的人”。

以文化人，滋润心灵：“为学生一生储备幸福”营造育人环境

在晋中师专附校党支部精心设计的“党建文化长廊”前，记者看到，“初心不忘，梦想永恒”的主题格外醒目，由光辉历程、走向复兴、奋进新时代、领袖引领、中国骄傲、先锋风采、幸福教育这7个板块组成的党建文化内容，已成为全校师生开展党史教育的鲜活教材。

这是该校“为学生一生储备幸福”营造的育人环境之一。

晋中师专附校党支部书记、校长郭长安认为，优化育人环境是学校坚持党建引领教育教学发展方向的重要组成部分。它是课堂、课程以外的育人方式，如同春风化雨，润物无声，但它体现的是“以文化人”的软实力，是根植师生思想深处的优秀校园文化“基因”。

记者在采访中了解到，在环境育人方面，该校除党建文化长廊外，还布设了行知长廊、读书长廊、科技长廊、艺术长廊，构成了主题鲜明的楼层文化，成为师生学习各类知识的文化平台；党支部按照“十有”标准，配备了支部活动室、党小组活动室、党员活动室，为“三基建设”提供了完善的物质保障；在班级文化建设上，借鉴魏书生中学班级建设成功经验，将班级文化纳入文明班级考核之中，从而使班级文化建设成为引领学生成长的精神家园；在教学楼外，硬化了校园前广场，移栽了大树，各个角落得到了绿化美化，育人氛围充满了诗意和幸福。

该校在“为学生一生储备幸福”这一办学理念的基础上，还确立了“依法治校、以德立校、科研兴校、质量强校、特色润校”的办学思路、“三

风一训”、校徽、校歌等，以此作为该校的精神文化，在学校打造育人的幸福内涵上形成共识。

在制度文化的建设上，制定了14种教师的常规管理制度，制定了8种学生管理制度。在此基础上，各科室制定和完善相关工作制度，学校各项工作都走向了制度化的正轨。同时，充分发挥教职工民主参与管理的积极性，使各项管理制度不断完善；严格执行预算、结算、收支、审批、资产等管理制度；党务公开、校务公开、师生和家长监督学校工作等各项制度的制定与执行，更彰显了该校制度文化建设的自信。

在行为文化建设上，利用青年节、儿童节、国庆节等重要节日，持续开展习惯培养、经典浸润、创新探索、艺术熏陶等丰富多彩的主题教育活动，引导师生坚定了理想信念，厚植了爱党、爱国情怀。

环境文化、精神文化、制度文化和行为文化的营造与优化，是晋中师专附校党支部在党建引领下，“为学生一生储备幸福”的“第二课堂”。它与“第一课堂”相辅相成，为学校教育教学工作指明了正确方向，为学生全面发展奠定了坚实基础。

由此记者坚信，晋中师专附校党建与教育教学深度融合的实践，不会因目前取得的成绩而止步，该校定会站在培养德智体美劳全面发展的社会主义建设者和接班人这一高度上，按照党的教育方针，在践行“为学生一生储备幸福”的办学理念过程中，创造更多值得我们期待的精彩篇章！

（本文刊登于2019年7月31日《山西日报》）

聚焦特色教育　打造幸福校园

——晋中师范高等专科学校附属学校走特色之路创品牌学校

晋中市自古有立德树人的教育传承，历史文明传承几千年而不断，先进思想播撒几千年而不枯。

近年来，晋中师范高等专科学校附属学校以其浓郁的文化氛围、全新的办学理念、雄厚的师资和办学力量、先进的教学设施、优质的教学资源、良好的社会信誉，成为这片沃土上璀璨夺目的教育明珠。

成立于2012年的晋中师范高等专科学校附属学校是晋中市教育局直属的九年一贯制学校，占地面积83亩，位于晋中市纬三街南侧、中都路以西，目前有教职工174人，教学班61个（小学部43个、初中部18个），在校学生3100余人。

大道坦荡君行健，志存高远万里翔。办学8年来，该校秉承“为社会培养合格公民、为家庭培养优秀子女、为学生奠定幸福人生”的办学目标和“立德启智、健体尚美”的校训，大力弘扬“阳光自信、励志力行”的校风、“敬业奉献、精业求真”的教风和“乐学善思、明礼笃行”的学风，坚持立德树人，走“依法治校、以德立校、科研兴校、质量强校、特色润校”的内涵式发展之路，不断培养和提升学生的人文素养与创新品质，为学生终身发展负责，致力建设一所“为学生的一生储备幸福”的现代化、高品质的学校。

立德树人体现学校责任担当

德育是学校教育之本，需要用洋溢的激情、温润的精神去探索。

晋中师范高等专科学校附属学校坚持“立德树人”的宗旨，以省级文明校园创建为重要抓手，积极开展丰富多彩的德育教育实践活动，实现了德育工作的经常化、制度化，整体提升了学校的办学质量与品位。

狠抓师德建设，让德艺双馨成为教师自觉的价值追求。“善之本在教，教之本在师”。一所学校真正的吸引力在于雄厚的师资力量。

学高为师，身正为范。该校将传统师德文化与现代师德的要求紧密结合起来，结合工作实际，在全体教职工中开展了“修师德，争做‘四有’好教师”系列活动，包括“四评议三自查”活动、“明理修身、雅言雅行”问卷调查活动、“比作风比业绩树标兵”活动、“做最美教师”主题征文活动等，同时积极开展寻找身边的“六好”榜样系列活动，用身边人教育和感染全校师生，引导全校师生学有目标、行有榜样。

在加强教师职业道德建设的同时，该校着力提高教师的专业技术能力，多方面为教师提高专业水平创造条件，在开展“师徒结对”“名师引领”

活动的基础上充分挖掘校内优质资源，开设“附校讲坛”，利用每周例会，及时分享教育教学新思想、新经验，并组织教师到辽宁、北京、重庆等地的名校学习交流。目前，该校形成了以省、市教学能手以及中、高级教师为主体的、阵容强大的学科师资群，其中100人次青年教师在部级、省、市课堂教学大赛中获奖。2015年9月，“全国名校长工作室”在该校挂牌成立，为学校内涵式发展提供了更为广阔的空间。

抓体验式教育，让社会主义核心价值观落地校园。“随风潜入夜，润物细无声”。为了让社会主义核心价值观落地校园，该校通过国旗下讲话、主题班会、黑板报、每周晨诵的“班级誓词”、手抄报等形式讲解社会主义核心价值观的内容，通过评选“美德少年”“我们的节日”等主题教育系列活动，让社会主义核心价值观转变为具体的行动。

在此基础上，该校通过每周一节国学课和每天20分钟国学晨诵，将社会主义核心价值观与诵读活动紧密结合，诠释优秀传统文化，收到了良好的效果。

心理教育让阳光自信成为该校学生的精神特质。心理健康教育是该校德育教育的又一亮点。办学以来，该校将心理健康教育纳入课程计划，针对四年级到九年级学生每周开设一节团体辅导课。同时，该校心理辅导室面向全体家长开放，定期组织家长培训与咨询活动。心理辅导室还结合学校实际，自主开发心理辅导课程，形成了以24种积极心理品质为主要内容的心理健康教育课程。2017年，该校承担的国家级心理教育课题顺利结题，并获得优秀成果一等奖。2018年，该校德育工作案例《德育课程滋润心灵》入选教育部全国中小学德育工作典型经验，并成为晋中市心理健康教育试点校。

撒下一粒种子，长成一片绿荫；播下一个希望，成就一番辉煌。以德育德，该校的文明之花越发绚烂。2019年，该校被评为山西省文明校园。

创新模式提升学校办学水平

如何让师生在校园里度过一生中最美丽、最宝贵的时光，决定着学校的长远发展。该校持续深化教育教学改革，在“细”字上下功夫、在“实”字上求效果，致力用精神文化丰富学校的内涵，用环境文化营造校园的学习氛围，用制度文化保障学校的发展，用行为文化提高师生的素养。

教育教学质量不断提档升级。教育质量是教育发展的透视窗口，是衡量教育好坏的重要标尺。提升教学质量，必须在课堂这一主阵地上下功夫。该校扎实推进以问题导学、独立自学、交流互学、点拨助学、检测悟学为基本流程的“五环五学”课堂模式，尊重学生主体，遵循教学规律，致力学习活动的设计，形成让学生行为参与、思维参与、情意参与的深度学习课堂，从而使学校教育教学质量稳步提升。

人文兴校促进学校内涵式发展。科学求真知，人文尽善美。该校精心打造“博、雅、情、趣”课程体系，积极满足学生兴趣爱好的持续发展需求，特别是中小学衔接课程，促成学生教育的无缝衔接。社团课程涵盖国学、美术、音乐、舞蹈、书法、摄影、动漫、机器人等 30 多种，为学生自主发展提供了广阔空间。

该校丰富的校园生活挖掘出每一个孩子的潜力，激发了每一个孩子的活力，并取得了一系列骄人的成就。该校民族乐队、舞蹈队、合唱队、柔力球队、机器人代表队在省级大赛中屡夺桂冠。该校连续多年被评为“榆次区中考质量优胜单位”，先后被评为全国首批家校共育数字化试点校、国家级国防教育特色学校、全国中小学 + 高校创客联盟实践基地校、山西省文明校园、山西省小学信息技术教育教学培优创新项目先进校、晋中市心理健康教育试点学校、晋中市平安校园、晋中市第 14 届中小学电脑活动最佳团体等荣誉。2017 年，教育部部长陈宝生亲临该校视察工作……

这是一组给力的信号，这是一组闪光的荣誉，这是一组跨越的步伐。晋中师范高等专科学校附属学校如将赴万里征程、如将攀千仞险峰，心存高远，厚积薄发。

今年荣获山西省“劳动模范”称号的该校校长郭长安说：“公平而有质量的教育是党中央对教育事业提出的新要求，也是中国教育砥砺前行的新坐标。实现公平而有质量的均衡教育是贯彻党的十九大精神的最好行动。破解教育均衡问题没有统一的标准和完全照搬的方法，在由不均衡到均衡的这条道路上，因地制宜、因时制宜是至关重要的。唯有坚持政府统筹，优化资源配置，注重以质图强，才能推动义务教育高位均衡发展。这需要我们教育工作者一个目标干到底，一任接着一任干，一锤接着一锤敲，脚踏实地才能厚积薄发。”

晋中师范高等专科学校附属学校更优质、更公平的均衡教育已经在路上，也必将走得更远！

（本文刊登于 2019 年 8 月 21 日《山西工人报》）

课程引领　让师生绽放本真光彩

——晋中师范高等专科学校附属学校基于“博雅情趣”课程的教育思考与实践

陶行知先生曾说：“盖课程为学校教育之中心，假使课程得有圆满解决，则其他问题即可迎刃而解。”课程质量决定着学校品质，课程生态彰显着学校内涵。学校有什么样的课程，就会有什么样的校园生活，就会有什么样的生命成长。为切实落实“为学生的一生储备幸福”的办学理念，构建全面培养体系，落实“五育并举”要求，促进学校的内涵发展和品质提升，晋中师范高等专科学校附属学校根据教育规律和学生成长需求，探索构建了“博雅情趣”幸福生本课程体系，全面培养学生健康的心理品质、广泛的兴趣爱好、广博的文化知识、深厚的人文积淀和良好的习惯修养，为师生真实、善良、健康、快乐的人生打下坚实的根基，涂上幸福的底色。

整体谋划，全力保障，夯实课程实施基础

为保证课程改革和特色课程建设的稳步顺畅推进，学校成立了“博雅情趣”幸福课程建设办公室，由校长兼党支部书记牵头主抓，下设课程开发、实施、检查、评估小组，形成各司其责、分工负责、联动尽责的落实体系。成立专家指导组全程指导和参与。先后建立了“课程审核制度”“课程开发实施制度”“课程选修制度”等近 20 项制度，形成了有章可循、遵章执行的制度体系。确保人员配备，通过学习、培训、反思，储备师资。近两年，围绕“博雅情趣”幸福课程，外派教师学习达120余人次。同时，利用学校地处大学城的优势，与多所高校建立长期合作关系，保证了科学有效的课程构建和实施。

系统推进，四位一体，丰富完善课程体系

作为学校幸福教育的关键一环，“博雅情趣”幸福课程体系完善，内涵丰富，涵盖了四大板块、110余个课程模块：“博课程”是国家课程、地方课程和学科拓展课程，“雅课程”指学校自主研发的国学诵读课程，“情课程”为学校自主开发的德育序列化课程，“趣课程”则是学校自主研发的兴趣类课程。四大板块课程协同推进、相辅相成，为学生全面而有个性发展提供了充足空间，搭建了多彩平台，让学生在广泛参与中增智长才，收获幸福。

“博课程”：打造学生扎实的学科基础和广博的学科视野。“博”即广博而精深。一是在面上求效度，高质量开齐开足相关课程。基础型课程更加强调基础学习能力的提升，使学生广泛涉猎各科知识，力求优学博学。二是在点上求深度。挖掘学科拓展型校本课程，如“读写绘”一体化课程、“随笔化写作”课程和“数学思维”“魔法乐园”等课程，以激发兴趣为出发点、以培养深度思维能力为目标、以探究性学习为主线、以解决问题为基本策略，引导学生深度学习。

“雅课程”：化育学生深厚的人文积淀和儒雅的君子之风。“雅”即言行雅正、气质儒雅。“雅课程”指国学诵读序列课程，引导学生以兴趣为导向，培养诵读兴趣，养成诵读习惯；以积累为基点，提升语文素养，夯实人文基础；以“品、悟”为方法，体验审美境界，拓展灵性空间；以生活为原点，丰富生活体验，点燃生命激情；以生命为底色，滋润精神生命，养育心灵睿智。课程研发小组自主编写了一套国学诵读系列读本，学生每日20分钟晨诵，确保“日有所诵”。形成国学诵读的“四读”模式，保证学生“诵有所获”。开展《论语》日修活动，并坚持每周组织一次“班级诵读展示”，每月进行一次“诵读观摩研讨”，每学期举办一次“诵读成果展示”，每年举办一次“诵读成果表彰”，促进学生知行合一，争做儒雅少年。

“情课程”：塑造学生良好的习惯和健全的人格。“情”即家国情怀、个人情操。“情课程”指德育序列化课程，包括七大板块：践行自立、自尊、自信、自强、自控、自省管理，夯实学生生命的强度；培养好八大习惯、公民素养、心理健康，增加学生生命的厚度；开展好各类传统节日教育，拓宽学生生命的宽度；组织好各种大型主题活动，增强学生生命的亮度；孕育好爱与感恩之心，感悟学生生命的温度；设计好磨难与挫折教育，打造学生生命的韧度；落实社会主义核心价值观教育，提升学生生命的高度。团体心理辅导课、特色主题文化课以及“开学礼”“成长礼”“毕业礼”活动、“我为社会主义核心价值观代言”主题实践活动课程等，生动活泼、寓教于乐，有效培养了学生的行为习惯、意志品质、家国情怀和社会责任感。

“趣课程”：培养学生健康的兴趣和高尚的审美。“趣”即广泛的兴趣、高尚的志趣。“趣课程”指由学校自主研发的兴趣类课程，包括体育类、艺术类、书法类、语言类、传统文化类、科学探究类、社会实践类、劳动技术类等八大类课程。学校力求做到“四化”，即规定项目常态化、社团活动课程化、实践体验全员化和教师资源社会化，增强课程实施的实效性。通过全方位、立体式推进，使学生人人都能参与课程体验，人人都有发展兴趣和展示特长的机会，人人都能学有所得、学有所乐。

协同发展，特色彰显，构建幸福教育家园

“研用并重”的课程开发与实施机制，增强了教师的课程意识和课程开发能力，促进了教师的专业发展。近 3 年，有 14 人次先后被评为省特级教师、教学名师、教学能手、学科带头人，43 人次在国家级别赛课中获奖。学校涌现了一批优秀科研成果，郭长安校长主编的教育专著《做幸福的教育》由北京师范大学出版社正式出版。国家级别课题“初中生主观幸福感现状调查及提升策略探索”获优秀成果一等奖。学校德育课程案例“德育课程滋养心灵”入选 2018 年度中小学德育工作典型经验。学生综合素质全面提升，个性特长发展成果丰硕，近 5 年，参加全国和省、市各类大赛获奖 500 余人次。

依托“博雅情趣”课程的有效构建与实施，学校实现了“一个贯通”

和“四个结合”，即素质教育、民族教育、现代教育思想与实践的贯通；基础目标和发展目标的结合、统一性与个性化的结合、稳定性与动态性的结合、科学性与人文性的结合。特色课程文化充分彰显，构建了“1+X”学科课程体系，形成了配套的校本课程资源，保证了学生自主全面个性化的发展。学校课程建设成果在全国 20 多所学校推广，“整体设计—循序渐进—形成合力”的课程推进与实施模式受到各方赞誉。2019 年 11 月，“基于幸福教育理念下‘博雅情趣’课程的构建与实施”获山西省级基础教育教学成果特等奖。

路漫漫其修远兮，吾将上下而求索。晋中师专附校将始终坚守“一流名校”的办学定位，坚持走内涵发展之路，从幸福文化构建、幸福课程实施、幸福课堂研磨、幸福教师历练、幸福学生成长等维度全面推进幸福教育体系建设，让师生体验幸福、创造幸福，成就更美的自己；促学校深化特色、打造品牌，绽放本真光彩！

（本文刊登于 2021 年 3 月 2 日《中国教育报》）

第四节　同行学幸福教育

国学教育注入校园新活力

山西省晋中市榆次区道北西街小学校长　杜勇林

一个人可以走得很快，但不可能走得很远，只有一群人才能走得更远。加入郭长安校长工作室，于我而言，便是一个“走得更远”的契机。我与工作室其他成员校长一起经历着有温度、有生命成长的教育历程。

第一次听郭长安校长关于办学思想的专题讲座，我就被他的办学理念所吸引——“为学生的一生储备幸福”，这不正是教育的终极目标吗?接下来的学习观摩，我更感受到他的幸福教育真正落地生根、开花结果。印象最为深刻的是，郭校长向全校师生提出了“每日四问”：今天我微笑了吗？今天我读书了吗？今天我努力了吗？今天我行善了吗？看似日常的问题，却在不知不觉中营造了师生自觉追求上进的浓厚氛围。让每一个生命都在幸福中沐浴，每一个心灵都在幸福中萌芽成长，也成为我的办校目标。

郭长安校长多次来到我所在的学校，和我一起研究诊断学校存在的问题，并提出了具体的解决策略。他了解到我们学校是一个外来务工人员子女多的学校，学生行为习惯不好，学校文化氛围不浓的现状，帮我们确立了“传承国学，奠基幸福人生”的主体思路，让国学成为校园文化主色调，通过全体师生国学的学习，打造以传统文化为主题的校园文化，让他们从老祖宗的智慧中学会做人，学会做事，从而为一生的幸福奠基，成就幸福人生。在此基础上，学校明确了“崇善至信”的校训、“言必信，行必果”的校风，努力打造“以信为本”的传统文化教育模式。

我们以诚信教育为核心，开展传统文化进课堂系列活动，营造了以“崇善至信”为主题的校园文化。剪纸、刺绣、国画、书法、面食、脸谱、武术、舞蹈、吟诵、古诗配画等丰富多彩的社团活动，激活了师生的校园生活。

如今，我校国学经典的诵读声伴随着日升日落。我校吟诵组学生在全国中小学生吟诵比赛中获得了优秀奖，两名学生参加全国“青少年蒲公英书法大赛”，获得了银奖的好成绩……孩子们脸上洋溢着自信，优秀传统文化已铭刻在他们心中。

我想，文化就是一所学校的灵魂，学校有了文化，校园就有了无限生机与活力。

（作者系郭长安名校长工作室成员）

个性化教育演绎独特风景

山西省晋中市榆次区第九中学校长　何成喜

我加入郭长安校长工作室已两年有余，两校的研讨团队从起初有形的“捆绑”到现在无形的“共同体”，实现了课堂的同频共振。

在郭校长“幸福教育”理念引领下，我校从办学理念、办学目标、管理机制都进行了重新定位。通过广泛深入开展校际教研，我校和郭长安校长所在的学校形成了教师交流机制、教育资源共享机制；定期组织领导和教师研讨，共同确立工作目标、商讨改进措施，同步实施，统一考核。学校各项工作取得了显著成绩。

两年来，我校秉承“以人为本，和谐发展”的办学理念，带领全体教职工求真务实，大胆创新，积极构建“幸福高效课堂”，打造学校的个性化教学模式。

“管理之道，仁者无敌”“爱是无坚不摧的力量”，这是我校在学生管理中坚守的信条。让学生在爱中学会了关爱，在尊重中学会了尊重，达到“春风化雨，润物无声”的最佳教育效果。

我校潜心构建“三步导学”个性化教学模式，在把握教育规律的基础上，从尊重学生个性差异、发挥教师的个性特点出发，针对不同学科进行有效教学。在有效教学的探讨过程中，我校的课堂面向全体学生，尊重个性差异，注重对学生学习兴趣的培养、素养的提升、情感的激发，从而让学生热爱学习，不同的学生得到个性化发展，不同的教师展现独特的风格。

不论教学模式如何推陈出新，教学方法如何灵活多样，“保护天性，尊重个性，关注差异性，体现开放性，突出自主性，倡导探究性，注重合作性，展示创造性”早已成为内生于学校一切工作、活动中的特质。

教育需要回归本真，需要学校在课程设置中，全面开展综合实践活动，精心设计特色课程。学生走出教室参与社会公益活动，履职尽责，敢于担当，在职业体验中培养社会责任感，提升公民素养。让学生走进生活，走向自然，实地考察，在观察、记录和思考中获取知识，在分析解决问题和动手操作的过程中提升其实践能力、创新能力。

回顾两年来学校转型之路，郭长安校长工作室所倡导的“为学生的一生储备幸福”的理念也已经成为我继续前行的动力。

（作者系郭长安名校长工作室成员）

理念落地　幸福花开

——榆次区使赵小学践行“幸福教育”纪实

榆次区使赵小学校长　耿开伟

校园文化是一所学校综合实力的反映，对学生的健康成长有着潜移默化的教育作用。榆次区使赵小学是一所乡镇所在地小学，近年来，在“郭长安名校长工作室”的引领下，借鉴郭校长的幸福教育理念，以校园文化建设为突破口，从课程、制度、活动等方面发力，用幸福文化，开启了学生的幸福人生之路。

打造课程特色，播种幸福之种

郭校长提出的“博雅情趣”课程为学生全面和谐发展提供了坚实基础。结合我校实际，我们尝试探索出“1+X”群文阅读课程，构建起了“问题导学”教学模式。孩子们在课堂上进行小组合作学习，提高了其分析和解决问题的能力。国学和阅读课上，孩子们查阅资料、感情吟诵，图文结合记录心得，体会诗词意境，品味中华文化之美。校本延伸课上，师生共同赏析名家大作、进行想象思维训练、开展趣味英语比赛，让学有余力的孩子“吃得好、吃得饱”。

完善管理制度，耕耘幸福之田

“习惯形成性格，性格决定命运”。我校对学生运用评价手册开展“八大习惯”养成教育，做到全面实施，天天查、周周公布、月月评比，强化孩子们的“一日常规”管理。班级内的所有事务实行“物事承包责任制”，做到了人人有事做，事事有人管。学校层面实行“班级轮流值周制”，每周有孩子对全校的卫生、纪律、安全、文明礼仪进行监督管理。

开展常态活动，收获幸福之实

我校立足实际，在学习和借鉴的基础上，精心打造了“三大活动”。一是每月的主题教育活动。如一月卫生防疫教育、二月校园安全教育、三月学雷锋活动、四月清明祭扫等，孩子们在小报制作、演讲比赛、实践活动过程中受到了教育，能力得到了提升。二是每年一届的校园文化艺术周活动。孩子们的科技作品构思独特、精美绝伦，音体艺术展示动作整齐、韵律优美，心理活动和游戏释放个性、魅力十足。三是每天的阳光体育大课间活动。孩子们利用课间操时间，进行跳绳、柔力球、啦啦操等活动，提高身体素质，健康快乐成长。

理念落地，幸福花开。我们将继续深入学习和探索“幸福教育”理念，致力于实现郭校长提出的“为学生的快乐成长奠基、为学生的多元发展奠基、为学生的幸福人生奠基”三大目标，让我校的幸福教育之路走得更快、更远、更稳！

（作者系郭长安名校长工作室成员）

第六章

幸福教育的再认识

截至 2018 年 4 月，教育部首期教育家型校长培养工程圆满结业。我有幸和来自全国 8 省份 8 位“教育家型校长”走过了 3 年的学习和研修过程，在一流理论和实践导师的专业引领下，一步步完成了自身成长和学校发展的“蜕变”。欣喜之余，回首我自己的教育思想，尤其是我校“为学生的一生储备幸福”的办学理念，我深刻感受到确实有许多方面需要顺时而进、充实完善。

纵观当今世界，新一轮科技和工业革命正在孕育，新的增长动能不断积聚。中国特色社会主义进入了新时代，开启了全面建设社会主义现代化国家的新征程。我国社会主要矛盾已经转化为人民日益增长的美好生活需要和不平衡不充分的发展之间的矛盾，人民对公平而有质量的教育的向往更加迫切。值此大发展大变革大调整之际，要发展优质均衡的基础教育，需要成千上万的校长们突破自己，超越自己，为加速建设教育强国、科技强国、人才强国贡献智慧和力量。

2019 年 2 月，《中国教育现代化 2035》印发。其中提出了推进教育现代化的八大基本理念，“更加注重以德为先”被放在了首要位置。同时，《中国教育现代化 2035》聚焦教育发展的突出问题和薄弱环节，立足当前，着眼长远，重点部署了面向教育现代化的十大战略任务，强调全面落实立德树人根本任务，广泛开展理想信念教育，厚植爱国主义情怀，加强品德修养，增长知识见识，培养奋斗精神，不断提高学生思想水平、政治觉悟、道德品质、文化素养。增强综合素质，树立健康第一的教育理念，全面强化学校体育工作，全面加强和改进学校美育，弘扬劳动精神，强化实践动手能力、合作能力、创新能力的培养。

不难看出，全面落实立德树人根本任务已成为当今教育的重中之重，这也是摆在所有教育工作者面前的迫切任务。多年来，我校始终把德育工作放在学校一切工作的首位，坚信并坚持“品德教育，滋养心灵”，从而为学生的健康成长和全面发展保驾护航。如今，面对新形势、新任务，我觉得更应该把“落实立德树人根本任务”纳入学校幸福教育体系之中，并加以突出和强化，使之更加完善，更有实效。

一、再识幸福教育

1. 幸福教育是一种唤醒

雅斯贝尔斯有一句大家耳熟能详的观点：“教育的本质是一棵树摇动另一棵树，一朵云推动另一朵云，一个灵魂唤醒另一个灵魂。”

我想，我们不应该仅仅停留于智慧的唤醒，我们更应该唤醒深埋在他们内心的爱国情感。爱国主义是世界上最朴素、最真挚而又最热烈的情感，无论何时何地，它都汩汩流淌在每一个炎黄子孙的血液里，是每一个中国人最显著的民族基因。我们面对的中小学生，他们还远远没有摆脱稚气和单纯，他们的内心就像一张白纸。我是谁？我的祖先是谁？我生在一个怎样的国度？我的民族又是怎样一个民族？我们的幸福生活怎么来的？我的国家又将会怎样发展？天真烂漫的孩子们，内心对这些并不一定知道。我想这些问题看似无关紧要实则无比关键。作为教育者，我们有义务让他们获得对自己的国家、民族以及自己身份的认知，我们有责任唤醒它们的爱国情感，在孩子稚嫩的心灵里厚植爱国主义的思想，播下热爱祖国、热爱人民的种子。这样，他们的内心有了依托的港湾，自然会有满满的幸福感，民族自豪感和自信心油然而生。由此看来，孩子的自我觉醒，幸福成长才是教育最本质的追求。

2. 幸福教育是一种推动

所谓推动，就是将孩子引导至人生发展的“高速路口”。这就需要我们培养孩子积极向上的心理，良好的习惯，好奇心等，同时我们更要打通课内和课外，让学生和祖国和人民同呼吸，共命运。我们利用建党一百周年、建国七十周年、纪念抗美援朝七十周年等有利契机，开展党史知识竞赛、英雄故事讲解；烈士纪念日当天，孩子们到烈士陵园扫墓、献花，缅怀先烈，铭记历史；国庆节前夕，全校师生高歌《歌唱祖国》《今天是你的生日，我的中国》，以快闪形式为祖国送上真挚的祝福；双休日里，孩子们走进社区，向居民们发放“绿水青山就是金山银山”的宣传画，详细讲解垃圾分类的方法和意义；博物馆里，孩子们近距离感知晋中历史文化的脉搏，领会晋商精神的内涵和精髓；面对河南及我省局部突发的严重水灾，学生们纷纷掏出自己的零花钱，为灾区人民献上一份份爱心……形式多样、喜闻乐见的实践活动，促进孩子们明理增信，崇德力行。泰戈尔有一句浪漫的表达：“使鹅卵石臻于完美的，不是棒槌的敲击，而是水的载歌载舞。”孩子在不着痕迹的“载歌载舞”中，实现着心灵的转向。他们在“向着太阳出发”，他们实现了生命的舒展，找到了幸福的坐标，而且必将抵达生命的美好。而我们，也看到未来的曙光，感受着职业的幸福感。

3. 幸福教育是一种成全

我想说，真正的教育，不是所谓社会化而来的种种“服从”和“统一”，而是要面向人人，面对一个个活泼泼、乐陶陶的“野性而高贵”孩子做出的协助、帮助和成全。著名社会学家费孝通的表述，就是“各美其美，美人之美，美美与共，天下大同”。所谓教育是一种成全，不仅是为了成全每一个学生，也是为了成全每一个教师、每一个校长，甚至成全所有的人。让每一个人在教育当中得到一个确定的、安全的、健康的价值。几年来，我校接纳了数以千计的来自全国各地的农民工子弟，面对一个个综合素质相对低下的学生，面对操着一口南腔北调的难以理解的方言的家长，不少老师有不解，有埋怨。我记起了一百多年前著名教育家蔡元培先生提出的“兼容并包”的办学思想。先生认为，教育的目的在于造就有“自由之意志、独立之人格”的民主社会的建设者。学生的个性发展都是以承认、接纳、尊重和珍视多样化的存在为前提的，个性就意味着差别和多样化。我们接纳学生的个体差异，尊重学生的多样化，既成全了孩子们，也成全了我们自己；他们在学校获得了幸福感，我们也幸福着我们的幸福。

二、反思

在且行且思中，我们对于“文化”这一概念有了更多的感知和理解，我深深感受到“文化”无处不在，它真实而又有温度地存在于我们身边。它可以宽泛，宽泛到海阔天空，然而，它却又可以精致，精致到每一处细节！其实，学校的一砖一瓦，一花一树，包括每一位老师学生都是学校文化的一部分，学校文化的建设就是一个一个细节的推敲与打磨，一个一个平凡的用心与坚守。

1. 学校文化就是师生过文明日子的方式

关于文化，著名国学大师梁漱溟先生说过这样一句话：文化就是一个社会过日子的方式。由此，我们是不是也可以这样认为：学校文化即指师生过文明日子的方式。

如今，我校师生已经习惯了这样的美好：

沐浴晨光，漫步校园，孩子们一张张幸福的笑脸，一声声稚嫩的问候，让我倍感温暖。他们在附校的怀抱里茁壮成长：行为一天比一天文明，习惯一天比一天好转，学习一天比一天用心，兴趣一天比一天浓厚，个性一天比一天张扬……

旭日初升，传来了晨诵的琅琅书声。孩子们在老师的陪伴下，与黎明共舞，与经典同行，让我倍感欣慰。《弟子规》《三字经》《千字文》《笠翁对韵》《论语》《孟子》，国学校本教材引领孩子们亲近国学，积淀厚重的人文底色。

落日余晖，彩霞满天。孩子们在奔跑，跳跃，转身，射门……矫健的英姿，迸发的激情，洋溢的青春活力。操场上，迎来了校园足球队、柔力球队、田径队的竞技时刻。多彩的体育活动，不仅强健了体魄，更培养了孩子们的竞争意识、合作意识和能力。

走进课堂，动静相谐，孩子们在老师的指导下，徜徉书海，汲取营养，让我倍感振奋。五环五学教学模式、三类课堂教学模型，让孩子真正成为课堂的主人，学习的主人。他们在学习中感受快乐，他们在体验中自信成长。

二课活动，异彩纷呈，孩子们在琴棋书画中接受艺术的熏陶，让我倍感欣慰。教室、舞蹈室、合唱室、民鼓队……孩子们或奋笔疾书，或翩翩起舞，或引吭高歌，随处可见他们蓬勃的身影。

在日复一日的忙碌中，在年复一年的耕耘里，我们挥洒激情和汗水，我们奉献激情和智慧，我们体验教师职业的崇高与美好！

我想：教育本应该是朴素而平凡的坚守，“顺木之天，以致其性”；春种夏耘，秋收冬藏……

安安静静，朴朴素素，却舒适自然。这不就是最纯正的学校文化吗？

2. 学校文化绝非一蹴而就，需要慢慢积淀

学校文化是在一定的社会历史环境中，学校全体成员在长期的教育实践中，逐步创造和形成并共同遵循的具有独特凝聚力和稳定性的思想观念和行为方式，它需要慢慢积淀。

很荣幸，借助“名校长领航班”这一平台，我认识了著名的顾苏云校长以及她所经营的江苏省苏州市景范中学。一位心忧天下的文化先贤，一条流淌千载的教育血脉，共同定义了苏州市景范中学得天独厚的办学特质。在宋代名相范仲淹创办的“义庄”、“义学”旧址上，担负“先忧后乐”的道义与责任，今天的景范人正以“上善若水”的情怀，演绎着理想中至真、至美的教育境界。景范中学注重学校的文化建设，充分挖掘学校深厚的文化底蕴：给学校的十大建筑命名都体现文化，如“文正殿”，取范仲淹的号；“先忧楼”“后乐楼”，摘自范仲淹的《岳阳楼记》中“先天下之忧而忧，后天下之乐而乐”；“岁寒楼”取自“松竹梅”“岁寒三友”。顾校长的一句话发人深思：“墙面会说话，草木成课本，景色也育人。”在景范中学，一草一木、一砖一石，都有着浓郁的文化气息。校园里有一棵高大的枇杷树，每年的6月都结满了果实，果实被赠送给一届又一届的毕业生，取名“成功果”。如果不是现场聆听顾校长的精彩报告，如果没有身临其境去体验，我们无法真正领悟这千年积淀的学校文化的厚重。可以说，景范中学，利用学校的文化底蕴，让学生深刻了解自己学校的文化内涵，用德育文化浸润学生的精神世界，“以文化引领发展”。

当一种思想深入学生的内心时，它就会转化成一种力量，这种力量引导着学校的学生走入高中，走向社会，走向多彩的人生！

3. 学校文化是一种坚持，一种创新

我读到了一本家庭教育的著作，书名是《最美的教育最简单》。这是家庭教育专家尹建莉的第二部家庭教育著作，在内容方面和《好妈妈胜过好老师》并列。本书仍采用案例写作的手法，紧贴当下教育现实，还原教育真相，让大家看到美好的教育并不复杂，有效的教育往往是朴素而简单的。其实，在儿童的教育问题上，不需要学富五车，只要让心态回归自然，回归常识就可以了。家庭教育如此，学校教育依然。我想，教育需要克服浮躁，教育就是以一颗平常心，持之以恒、一以贯之、坚持不懈地做好每一件小事。

比如：有的老师坚持每日一个成语故事，坚持下来，就形成了“成语故事”课程；有的老师坚持一份每周班报，坚持下来，就形成了班级特色文化；有的老师坚持班级循环日记，坚持下来，就出版了班级成长专著……在温柔的坚持中，在细节的创新中，教育积淀为鲜活而灵动的学校文化。我坚信：学校文化需要这样朴素而温柔的坚持。

教育的目的是让生命得以更好地发展。把学校文化做细做实做好，让每个生命得到最大可能的发展，让每个个体都成为最好的自己，这就是最好的教育，这就是学校文化最伟大的意义。

经过近十年的努力，学校形成了以“幸福教育”为核心价值的文化建设新体系，形成了从容的教育节奏和高远的教育追求。在我们看来，没有谁是一座孤岛，教育就是一种唤醒，向孩子传送生命的信息，培养他们“面对一丛野菊花而怦然心动”的情怀；教育就是一种推动，在温暖的教育旅程中，我们在乎的不是目的地，而是沿途所看的风景和陪伴自己看风景的人以及看风景的心情；教育就是一种成全，虽然我校孩子大部分来自农村，入校之前整体显得阅历浅、视野窄、不自信，但是经过几年具有学校特质的有品位的教育生活后，心灵发生了根本的转向，成为雅趣而高贵的、民族而国际的、传统而现代的附校学生。只要我们坚守初心，坚持“做有故事的教育，办有温度的学校”，学校就一定会成为孩子的文化圣园、精神家园、成长田园。总之一句话：文化育人，幸福溢满心田；生命写诗，梦想照亮未来！

结束语：教育是农业，需要慢下来，静等花开；教师是农夫，需要精耕细作，做麦田的守望者；学校是“沃土”，需要营造适合学生个性发展的学校文化和一流的教师团队；学生是种子，需要阳光、雨露，需要“沃土”“农夫”……让玫瑰成为玫瑰，吐露芬芳；让小草成为小草，绿满天涯；让乔木成为大树，撑起栋梁。教育不会有波澜壮阔的场景，更多的是春风化雨的滋养；教育不会有天翻地覆的变化，更多的只能是滴水穿石的坚持。学校需要干干净净、安安静静、朴朴素素、扎扎实实，教育真的不简单、好教师真的很伟大。

幸福教育不是简单的快乐教育，而是恒久的心灵能量，幸福教育不是一种感性状态，而是一种精神内存。幸福教育，永远在路上。

中国中小学名师名校长领航工程丛书

校长的教育思想形成与提炼

李丽辉◎著

中国出版集团
世界图书出版公司

丛书序

我在不久前发表于《中国教育报》的一篇文章中提到：必须高度重视我国教育本土实践与智慧的深度研究，这可能是中国教育转型的关键，也是增强教育自信的必由之路。这里摘引其中的几段。

何为“本土”？自然指向的是中国本土，它是中国的，是中华民族的，是在中国教育自身的实践中产生的。但今天的本土，又不是纯粹的孤悬于世界教育文明之外的“孤岛”。近代以来，国门大开，中外交流包括教育的交往从未中断，而且越来越有深度，也越来越融通。因此，可以说，在全球经济一体化的今天，偌大的中国，无论怎样的教育实践和思想，都像今天的中美经济贸易一样，你中有我，我中有你，所以这里的本土应该是指发生在中国大地上却又融汇了全球教育智慧的本土实践，是在实践中产生的智慧。研究本土教育，弘扬本土教育的实践智慧、经验，绝不意味着我们对于他国教育理论和实践的拒绝和对抗。

事实上，许多年来，随着教育部中小学名校长、名教师领航工程的陆续启动，一批又一批原本散落、尘封、不为外人所熟知的教育实践成功的学校、校长和教师典型，经由国家工程的推动，越来越快地成长、发展和成熟。笔者参与教育部中小学名校长领航工程，以江苏基地首席专家的身份，与来自全国15个省市自治区的教育家型校长“互学共进”，见证了他们在一流理论和实践导师的专业引领下自身成长和学校发展的

“蜕变”过程，深感与最为杰出的教育人结伴而行，乃人生至乐，且真正可以教学相长。感受最深的是代表我国现阶段最高水平、最高层次的精英校长，他们在长期的教育和学校管理实践中，在长期广泛学习、借鉴、研究、融会贯通、将世界优秀的教育理论与我国教育实际相结合的过程中，不断地“立功、立德”，成就越来越多的教育辉煌，其中有很多校长已经或者正在形成富于本土教育特色和个性的教育思想。

这样成功的本土实践、这种在本土实践中成长起来的中国教育智慧，对于教育改革的深化，对于教育转型，其借鉴意义和价值深远，一点也不亚于西方教育成功的理论和模式；甚或，因为其同源性、可行性，就显得更加重要。对之视而不见或者置若罔闻，这要么是崇洋媚外的劣根作祟，要么是功利导致的无知和漠视。

到2021年9月中旬，教育部第二期教育家型校长培养工程圆满结业，中国已经培养出近180位教育家型校长。而随着时光流逝，他们中的越来越多的人都将淡出教育的主流场域，这虽然是新陈代谢的规律所致，但对于这一批校长，在这样一个黄金时段，如何最大限度地发挥他们的作用和功能，更好地实现在教育变革中的意义和价值，对此我们又有多少考虑，又有多少顶层设计呢？

作为曾经伴随着他们“走过这一段路”的培养者，作为亲眼见证和感受着他们的优秀、卓越和创造了一方教育辉煌的专家，每每想到这些，只有扼腕叹息，我无法要求国内的教育专家学者转换视角、转变观念，把研究的重点瞄向本土、本土真正杰出的教育实践家、中国一流的教育家型校长群体，也无法突破一般政策的规定，比如校长任职年龄的限制，充分发挥这些领航校长的智慧和才干，不断创造办学和教育的奇迹，引领一方教育顺利转型。我可以做的，或者说力能胜任的，大概就只能是重点关注这些校长中的一部分，调动多方专家力量，如实地呈现他们有关教育的功、德、言，呈现他们的研究成果和创造成果。

这套《中国中小学名师名校长领航工程丛书》正是要通过这些校长

自身成长的轨迹梳理、学校发展的过程回放，通过对其经验与理念、理性思考与实践智慧的展示，特别是通过他们教育思想、管理个性与办学风格的真实表达，以理性开启思维，以经验启迪思想，以成功激励成功，为面广量大的校长人群提供资源帮助，经验参照和方法启迪，推动正行进在改革现实、加快转型、探索未来教育的他们突破、超越，从而为加速建设教育强国、科技强国、人才强国贡献智慧和力量。

不仅如此，通过这种原汁原味的成功样本的“实录”，展示中国基础教育转型期一批勇敢者不息探求的历史，为未来国内有志于中国基础教育研究的专家提供第一手的最真实的素材和资源。也衷心希望越来越多的教育同仁参与进来，开展越来越多、越来越丰富的研究，取得越来越多、越来越厚重的成果。

当中国本土的教育实践智慧被越来越多的教育人、研究者深度关注，当本土教育家型校长和校长教育家的办学思想、成果的研究终于成为“显学”，我国教育改革的深化、教育转型的发展，就进入了花香郁郁、生机勃勃、自信满满的崭新阶段。

本丛书的组织、编写和出版，得到了教育部“国培计划”专家工作组秘书长黄桂珍、领航工程项目办郭磊主任、国教院培训学院于维涛、领航工程北京基地首席专家胡淑云、领航工程广东基地首席专家龚孝华等的大力支持，他们给予本书以较高的评价，在此深表感谢。必须要提到的是，2020年，北京教育学院校长、培训学院院长胡淑云教授邀我和广东第二师范学院龚孝华教授一同参与了中国教育学会重点课题“从名校长到教育家型校长发展路径研究”，本丛书恰恰是围绕这一课题所做的“研究三人行”之成果了。

严华银

2022年2月星期日于南京老山竹下居

目录

contents

第一部分

“人就是目的”教育思想的学理性阐述

一、对于“教育目的”的追问
二、教育现象述评
三、教育思想照亮学校前行的道路

一、对于“教育目的”的追问

教育是国之根本，教育的意义和目的是教育的核心问题。教育的目的是什么？弄不清楚这个问题，就会导致很多不同形式的本末倒置和歪曲错位。

（一）“教育”一词古今中外的多维阐释

我国自古以来对教育的阐释便有诸多不同。《学记·礼记》曰：“教也者，长善而救其失者也。”《中庸》道：“天命之谓性，率性之谓道，修道之谓教。”《大学》云：“大学之道，在明明德，在亲民，在止于至善。”朱熹认为教育的根本任务在于“存天理，灭人欲”，使人得到教化，去除私欲。孟子建立在性善论基础上的教育“扩充善端”说，荀子建立在性恶论基础上的教育“化性起伪”说，或从内发或从外铄，都从机理上阐明了教育的真谛。到了近现代，人们对教育的理解又前进了一步。陶行知主张“生活即教育”，梁启超认为教育之意义在于“开民智”“伸民权”，蔡元培提出“五育”并举的思想主张，顾明远在《教育大辞典》中对教育的解释是：“传递社会生活经验并培养人的社会活动。”

西方学者对于教育的定义也不尽相同。古希腊哲学家柏拉图认为，教育就是训练身体和陶冶心灵，是改造人性、陶冶德性、实现理想国的唯一手段。捷克教育家夸美纽斯曾说：“只有受过恰当教育之后，人才能成为一个人。”认为教育的实质是培养人成为人的活动。伟大的科学家爱因斯坦秉持这样一种观点：如果人们已经忘记了他们在学校里所学的一切，那么所留下的就是教育。他强调教育是培养人的能力而不是获取特定的知识。美国教育家杜威主张教育即生活，教育即生长，教育即经验的改造，强调教育是为了人更好地适应生活。德国教育学家雅斯贝尔斯认为，“教育是人的灵魂的教育，而非理智知识和认识的堆集。”教育的本质是培育人的精神、安顿人的心灵。

可以看出，自古以来人们对教育的阐释便具有多维视角，有的从目的层面，有的从功能层面，有的从内容层面，还有的从手段层面，这既展示了思想家、学者们的智慧，同时也充分体现了教育定义非同一性这一现象的广泛存在，它伴随着教育实践和教育理论的整个发展历程。

而之所以会在教育的界定上产生诸多分歧，是因为有人将教育视为一种动态的过程，有人将教育看作静态的结果。

教育价值取向的左右摇摆除了对教育的性质持不同见解外，对教育价值取向的不同判断也是教育定义非同一性的外在表征之一。

1. 欧洲教育史上的形式教育派与实质教育派之争

形式教育派认为教育的主要价值是发展学生的智力。如英国哲学家洛克强调：学校需要开设不同学科，用以训练学生的思维，至于学科内容的实用意义则是无关紧要的。实质教育派则认为教育的主要价值在于传授给学生对实际生活有用的知识。如英国教育家斯宾塞主张：学校要传授给学生能够直接或间接保全自己的知识、做父母的知识、作为公民的知识，以及文化知识。

2. “教育究竟是为了什么”这一基本问题的个人本位论与社会本位论之争

个人本位论认为教育的目的是培养健全发展的人，增进受教育者的个人价值，而不是为社会服务。如法国教育家卢梭认为：教育的最高目的是培养自然人，教育是一种以个人为本位发展的活动。社会本位论则强调教育目的要根据国家利益、社会需要来制定。如法国社会学家涂尔干认为：“教育在于使年轻一代系统地社会化。”主张教育的目的在于使个人社会化，教育主要是培养公民，使青年一代成为社会需要的人。

教育价值取向的对立与分歧反映在整个世界教育发展史上，也反映在对教育的认识上。不同社会性质的国家、不同的社会历史发展阶段、不同的教育理论流派或者持不同立场的教育理论学者，在教育的价值判断上或秉持形式主义的观点或秉持实质主义的立场。在教育目的的确立上也如此，或坚持个人本位论，或坚持社会本位论，出现了所谓的“钟摆现象”。

也正是基于此，教育领域呈现百家争鸣、百花齐放的勃发样态，因此也在教育思想领域呈现出其应有的多元性与纷繁性。

教育的诸多不同，甚至互相竞争的概念和“教育”一词的多种用法是否建立在同一标准之上？英国教育学家沃尔什提出：无论有多少种教育的概念，都应该建立在一个基础上进行讨论，这些概念间应该存在某些共通点，并且理应互相补充。

人们一直试图为教育作出某种具有共识性的真正的定义，并因此产生了诸多分歧。在为教育的定义争论不休之前应该认清一个现实：由于以上种种宏观与微观的因素，教育是难以被统一定义的，也是没有统一的必要的。因此，与其对教育的定义争论不休，不如转而重新审视“教育”。在这个问题上，我国学者陈桂生赞同这样一种观点：将教育本身视为衡量教学活动的价值标准，教育以教学活动为价值判断的对象，而教学活动以教育为价值判断的标准的“教育”实质是指“教育一般”，而非指某个特定时代、特定社会文化中的教育。虽然无法对“教育一般”作出明确的界定，但是，从“教育一般”到一定时代、一定社会文化中具体的教育，其内核是应该也是可以被挖掘的。因此，将教育作为衡量教学活动的价值标准更趋于教育的本真含义，自然也就探寻到了教育定义同一性的合理内核。中国自古以来将“使人为善”作为教育的价值标准。但“善”的范畴过于广大，使得教育难以与道德进行区分。并且，随着时代、社会的变迁，教育的内涵也不免发生历史性的变化，这种变化主要是从古至今对教育价值追求的变化。中华人民共和国成立以来，教育作为实现人的全面发展的重要途径，“培养什么人、怎样培养人”始终是教育的基本问题。党的十九大报告强调：“落实立德树人根本任务，发展素质教育，推进教育公平，培养德智体美全面发展的社会主义建设者和接班人。”2018 年的全国教育大会指出：“培养德智体美劳全面发展的社会主义建设者和接班人，是教育工作的根本任务，也是教育现代化的方向目标。让学生德智体美劳全面发展，归根到底，就是立德树人，这是教育事业发展必须始终牢牢抓住的灵魂。”因此，如果将教育理解为衡量教学活动的价值标准，并结合新时代对教育的需求和理解，将教育定位于培养德智体美劳全面发展的建设者和接班人，那么该价值标准毫无疑问就是立德树人。

（二）关于“教育目的”的述评

有关教育目的理论有宗教本位论、社会本位论、个人本位论和教育无目的论。

1. 宗教本位论

主张使人在宗教的影响下，以皈依上帝为其生活理想，把人培养成虔信的宗教人士。宗教本位的教育目的论将教育为神学服务、以神压抑人道推到了极端的地步。奥古斯丁：教学的目的，在于使学生发现心中的真理，而不是去认识客观世界。

2. 社会本位论

社会本位教育目的论主张教育的最终目的是满足社会的需要，个人没有价值，不能作为教育的目的。因此，要倡导民族主义，培养爱国主义精神。该观点强调社会需要，在此基础上发展成为国家主义的教育目的观，即视国家利益高于一切，把为国家服务作为教育的最高目标。

这一思想的代表人物有赫尔巴特：教育的目的是为了培养合格的公民。柏拉图：一个完美的理想的国家必须由三部分人组成：哲学家、军人和劳动者，教育的目的就是培养和选拔这些人，使其各司其职。教育因此成为社会政治的附庸。孔德：真正的个人是不存在的，我们个人的发展都依赖于社会的发展。涂尔干：社会高于个人，因为人生活在社会中才是人。斯宾塞：继承了赫尔巴特的思想，培养合格的公民。凯兴斯泰纳：一切的教育目的是教育有用的国家公民。诺笃尔普：事实上个人是不存在的，人之所以成为人，只是因为他生活在人群中，并参加社会生活。洛克：培养有用能干的绅士为国家服务。

3. 个人本位论

从个体本能需要出发，强调教育要服从人的成长规律和满足人的需要；注重教育对个人的价值；主张教育的目的是培养“自然人”，发展人的个性，增进人的价值，促使个人自我实现。卢梭：培养自然天性充分得到发展的“自然人”。教育的根本目的就是人的本性和本能的高度发展。帕克：一切教育的真正目的是人，即人的身体、思想和灵魂的和谐发展。爱·伦凯：强调教育过程中不能对儿童进行压制，而应该促进他们自由自主地发展。罗杰斯：教育的目的是培养知情合一的“完人”和“功能完善者”。福禄贝尔：教育提供外部条件解除对学生身体和灵魂束缚。裴斯泰洛齐：教育是促进儿童各种天赋才能的种子的和谐发展。康德：人就是目的而非实现目的的手段。

4. 教育无目的论

由杜威提出来的，他在《民主主义与教育》中指出“教育的过程，在它自身以外没有目的，它就是它自己的目的。”杜威所否定的是教育的一般的、抽象的目的，强调的是教育过程内有的目的，即每一次教育活动的具体目的，并非主张教育完全无目的。基于这样的教育目的观，杜威倡导儿童“在做中学”，不仅使儿童有兴趣，而且能调动儿童的学习自主性。建立在“教育即生长、即生活、即经验的继续不断的改造”这一教育本质的认识基础之上，杜威指出：“教育的过程，在它自身以外没有目的；它就是它自己的目的。”他还说：“教育本身无目的。只是人，即家长和教师等才有目的。”从而鲜明地提出了“教育无目的”理论。杜威的“教育无目的”理论认为：教育目的只存在于“教育过程以内”，不存在有“教育过程以外”的目的；主张儿童的本能、冲动、兴趣所决定的具体教育过程就是教育的目的；将社会、政治需要所决定的教育总目的看作是“教育过程以外”的目的，并指斥其为一种外在的、虚构的目的表现。

在反对由教师给年幼儿童树立空洞而遥远的教育目的方面，杜威的“教育无目的论”是不为无功的。他对教育的外部目的的缺陷和其可能带来的危害的阐释，以及对良好教育目的特征的论述，丰富了教育目的理论，为我们认识、制定教育目的提供了全新的视角和可资借鉴的依据。尤其是他的关于“教育无目的”论亦提醒我们：仅有抽象的目的是不够的，更为具体的目标也是必须的，因为抽象的目的并不总是具体标明在课程目标中，有时体现在过程原则（principles of procedure）中。“‘目标’论者声称，只有行为上的（behavioral）目标才令人满意。”但是，杜威只讲过程，硬说教育没有目的，这不仅是一种理论错误，而且是一种理论遮掩。事实上，杜威的“教育无目的论”只是对于脱离儿童而由成人决定教育目的的纠正，并非根本放弃教育目的。在杜威的心目中，教育是有目的的，也就是祁尔德所说的“民主的生活方式”和“科学的思想方法”。杜威也说过，“儿童是教育的出发点，社会是教育的归宿点，在两者之间构成教育历程，教育历程是使儿童社会化。”这与他自己所说的“教育无目的”显然是自相矛盾的。杜威的“教育无目的论”的意旨，实则在否定教育的社会政治目的的外衣下，又使教师与家长通过所谓符合教育者需要的、能指导学生活动的和眼前的、具体的教育目的来实现实质上是由社会条件、阶级意志所制约的目的。

（三）对康德哲学中的“人是目的”伦理思想的理解与思考

康德从历史发展的合规律性与合目的性统一的角度提出了“人是目的”的思想，对“人是最终目的”的命题进行了论述。

康德的目的论的核心其实就是确立人是目的的观念。他认为，大自然的目的性不是单一的，而是有层次的。在大自然复杂的目的结构中，必有其最终的目的。在康德看来，人就是现世上创造的最终目的，而且是大自然的最后目的，因为只有人才有理性，才能形成目的的概念，也只有人才有自由的能力，而且是唯一适用道德律的存在。总而言之，在康德那里，人就是创造的最后目的，没有人，一连串的一个从属一个的目的就没有其完全的根据，而只有在人那里，我们才碰见关于目的的无条件立法，因此，人是整个自然在目的论上所从属的最后目的。康德正是抓住了人高于其他一切事物的根本特点，并站在人的立场上，提出了关于人是世界万物最后目的的观点，即“人是目的”的观点。

“人是目的”伦理思想的理论内涵：“人是目的”，就是把人（包括自己和他人）都当作行为的目的，而不是手段。也就是说，人的行为无论是对自己或是对他人，总应该把人当作第一位的目的，世界上的一切只对人才有价值，单纯的东西一旦离开人就无所谓价值了，而且，一切道德法则和义务要求之所以应该这样而不应该那样，不是基于其他任何目的，只是为了人本身，以人为“最高绝对目的”。正是在这个意义上，人是一种理性的存在，同时人也是主体的、自由的，人在目的王国中是有尊严、有价值的。

1. 人是理性存在的

1789 年康德在《实用人类学》一书中写道：“人具有的一种自己创造自己的特性，因为他有能力根据他自己采取的目的来使自己完善化，因此可以作为天赋有理性能力的动物而自己把自己创造成为一个理性的动物。”也就是说，人是一个理性存在者，因此，人在任何情况下都不能随心所欲，必须按着自律与他律的法则行事。人的理性存在，赋予了人的自由意志，这也是人和动物的根本区别之所在。而人的自由意志又强化了人的自由自觉的主体性地位，因此，人在自己的道德实践活动中可以发挥自己的主观能动性，从而为自身确立行为之法则。

康德进一步指出，人更是有尊严的理性存在。正如康德所说：“你永远要像对待你自己一样地待人；对待其他一切人，要像对待目的一样，任何时候都不要仅仅像对待工具一样。”这就意味着，一个人既不能把自己看作实现别人目的的手段，也不能把别人看作实现自己目的的手段，而是按照人的尊严去待人处事。一句话，人是理性存在的，而且是有尊严的理性存在。

2. 人是主体的

康德认为，人是道德行为的主体。从生存角度来说，人是一个自然体。而从生活角度来说，人则是一个有意识、能思考的理性主体，是具有理性的理论活动和道德实践活动的自律而又自由的主体。人能够成为目的，是因为人有纯粹的实践理性，并能给自身立法。康德还指出，正是人具有自我意识，才把自身与他物区别开来，并形成主体性和目的概念，而主体性使人将自身视为目的，同时将他误作为实现目的的手段。体现了人的认识对自然的主体性。

康德进一步说明，人作为主体有两方面：一是认识的主体，一是实践的主体。而实践的主体总是高于认识的主体，这就是实践高于认识，实践是认识的来源和动力；自由高于必然，正如马克思所说的，人类的最高目的就是解放全人类，实现人的全面自由发展；道德高于知识，正所谓的小胜在智，大胜在德。人作为实践的主体，其本质在于做一个自由的人，做一个真正有尊严的人，这无不体现了康德哲学关于人的主体性思想的实质与灵魂，同时也表明了康德把人的主体性及主观能动性抬高了。

3. 人是自由的

“人是目的”的核心内容就是“人”。“人的自由”，是人的自由、自在、自然中的最终实现。康德指出，自由是一切有理性的东西的意志所固有的性质，而理性只有人才具备，故而人的本性就是自由。自由是指主体在选择当中选择他自己目标和行为方式的力量。自我决定，自我主宰是自由的根本所在。这也正如黑格尔所说:“所有的人都是有理性的，由于具有理性，所以就形式方面来说，人是自由的，自由是人的本性。”换言之，一个人如果为了一些物质利益而丧失人格，那他实际上就是不把自己当作目的而是当作手段了，是把自己当作谋取物质利益的工具，从而他也就丧失了做人的自由。可见，自由是康德哲学思想的核心，人的目的只有理解为提高为自由人的目的，才有它自身的意义；只有在自由人的条件下，人与人才有可能相互把对方视为目的。康德所谓的人是目的而不是手段的观点，强调的就是自由这个概念，而且这种自由不是任意的，而是自律，即意志自己为自己颁布道德律，并把他作为绝对命令加以执行。也就是说，自由就是理性给自己立法，人之所以是人，关键问题是自己，意志自律其实就是自由的直接表现，自律与自由本身就是两个密切联系的概念，道德的普遍规律总是伴随着自律概念的。

综上所述，康德语境下的“人是目的”无非就是要求一切从人出发，一切为了人，并克服自然的轮回，这是人类社会进步的重要体现，也是人性完善的回归。显然，在此确立的“人是目的”、人在世界中的首要地位、第一因素的观念与“人是目的而不是手段”的观念本质上是一致的，而且“人是目的而不是手段”也是一个具有永恒意义的哲学命题，它将人的存在、人的价值、人的尊严等人之为人，人区别于世间其他一切的本质属性置于中心地位，唤起了人们期盼已久的心声。

从教育的角度理解即“人是目的”的主体是对受教育者来说的，他的本意是要让受教育者达到“人就是目的”这样一个目标，反过来对我们教育者来说，应该思考我们怎样遵循受教育者的目的去设计教育策略、去确定教育理念、去实施教育，怎样按照“人是目的”的目标来培养人，怎么才能让人达到“人就是目的”的目标？就是要思考我们要培养什么样的人？怎样培养这样的人？而不是从教育者一端来确定办学理念、实施教育行为，把受教育者作为教育者实现教育目的的工具，以实现教育者目的来实现受教育者的目的。

人的本质是一切社会关系的总和，探讨教育的目的，不能把受教育者从家庭、社会、时代这些现实场所中抽离出来，孤立地展开，更不能一味地实施教条主义，让理论脱离实际。教育不仅要适应个人发展的需求，更要适应时代和社会发展的需求，这也是教育工作者应有的一种理性态度。

（四）中国共产党关于“教育目的”问题的百年探索

习近平总书记指出，培养什么人，是教育的首要问题。教育目的问题既是教育的一个基本理论问题，也是党领导教育实践的一个基本问题。教育目的起到定向的作用，厘清了教育目的，才能进一步确定实现教育目的的途径与方式方法。如果没有一个明确的教育目的，教育工作必然是无章可循的，教育也难以发挥其在社会发展与人才培养中的重要作用。

中国共产党成立一百年来，高度重视教育目的问题的研究，在不同的历史时期对教育目的产生了不同的认识，这些认识体现了党对社会主要矛盾及人本身认识的发展与深化，体现了党在治国理政方面的不断探索。研究中国共产党探索教育目的问题的百年历程，探究党的教育理论与具体实践，有利于我们从宏观与微观两方面进一步深化对具有中国特色的马克思主义教育理论的认识，进一步增强对中国特色社会主义教育发展的道路、理论、制度和文化自信。

正如马克思指出的那样，需求是理论应用的第一推动力，马克思主义经典作家在其丰富的理论建构蕴含着教育目的理论的思想因子：教育应服务于无产阶级的政治；教育应服务于经济社会建设；教育要促进人的自由而全面的发展。这三个基本构想，从政治、经济、个体发展三个需求层面规定了马克思主义教育目的体系的主要内容。一是教育应服务于无产阶级的政治。由于革命发展阶段的不同，又具有两层含义：一是服务于无产阶级的阶级斗争，二是服务于无产阶级的政治统治和对资产阶级知识分子的思想改造。三是教育应服务于经济社会建设。四是教育要促进人的自由而全面的发展。“每个人自由而全面的发展”的理论，是构建未来共产主义社会的基本原则和最高价值追求，也是马克思主义教育理论的最高命题和社会主义的终极教育目的。每个人的自由而全面的发展，是确定性与不确定性的统一，它作为人类不变的一种美好追求，会随着经济社会的全面进步而实现其内涵的逐步丰富与层次的逐级提升，教育目的亦是如此，其内涵与体系也是随着历史的发展而不断赋予新的时代内容，这也是马克思主义发展开放性的一种印证。

恩格斯指出：“每一个时代的理论思维，包括我们这个时代的理论思维，都是一种历史的产物。”中国共产党关于教育目的的认识，也是应时代的呼唤产生和发展的，在中国的社会阶级关系、政治、经济、文化传统的基础之上形成并逐渐趋向成熟的，它与每一历史时期的社会主要矛盾、历史任务及中国共产党人对主要矛盾的认识相契合，这也是教育目的确立的基本依据，由此中国共产党关于教育目的问题的探索历程可以大致分为以下五个阶段。

1. 对教育目的理论的自主“引进”与初步探索（中国共产党成立前后）

二十世纪初的中国，封建思想依然束缚民众的头脑，传统的教育理论根深蒂固，显然无法适应反对帝国主义与封建主义的时代趋势。新文化运动顺应了反帝反封建的迫切需要，形成了一场思想解放与教育理念革新的潮流，十月革命的胜利又促使中国的知识分子将目光转向世界上第一个社会主义国家，马克思主义经典作家关于教育目的的基本构想与苏联教育实践的理论成果也被引入中国，引发了早期共产党人关于教育目的问题的思考与初步探索。

2. 对教育目的问题的“中国化”探索（土地革命至新中国成立）

革命战争时期，中国共产党开始独立领导武装革命，组建苏维埃政府，广泛建立根据地，开展教育实践的基本条件日益成熟。中国共产党逐渐将马克思主义教育思想应用于革命实践，关于教育目的的认识也随之进一步中国化，这种教育目的的中国化主要体现在把反对帝国主义、封建主义、官僚资本主义作为最高需求导向，由此确立的教育目的体系的主要内容具有鲜明的中国特色。这一时期中国共产党科学判断斗争形势，不仅抓住了贯穿始终的社会主要矛盾，还抓住了不同时期社会主要矛盾的主要方面，并由此适时调整并丰富了相应的教育目的，使中国化的教育目的成为引领根据地教育事业发展、进而推动革命胜利的重要理论力量。

3. 对教育目的问题的“波浪式”探索（新中国成立以后至改革开放前夕）

1949 年 10 月 1 日，新中国成立，新民主主义革命取得完全胜利，这是教育目的发展的重要节点。首先，反对帝国主义、封建主义与官僚资本主义的任务基本完成，党对于教育目的的认识也应当随之发生改变；其次，党的工作重心逐渐转移到开展经济恢复与建设，迫切需要培养国家建设所需的人才；最后，党的教育政策与主张开始在全国范围内施行，迫切需要体系化的教育目的对教育工作进行指引。这一时期党对于教育目的的认识可以分为两个阶段。第一个阶段，中国共产党正确把握社会主要矛盾与基本国情，探索出并遵循了符合社会主义改造与社会主义建设需要的教育目的。第二个阶段，在“左”的思想与政治运动等因素的制约下，党关于主要矛盾的认识发生偏差，对教育目的问题的认识与贯彻也相应出现了一些曲折与偏差，这使得我国在社会主义人才培养方面出现了长期停滞甚至倒退的现象。

4. 对教育目的问题的“体系化”“制度化”探索（改革开放至党的十八大）

1976 年“文化大革命”结束，政治领域、思想领域、教育领域迫切需要进行一场拨乱反正，而教育领域亟须率先实现教育目的的拨乱反正。

在教育目的拨乱反正以后，党关于社会主要矛盾的认识也重新步入正轨，在各领域形成了以“改革开放”为主的强劲旋律，经济建设成了党和国家的工作重心，党对教育目的的探索也在教育的改革中进一步深化。总的来看，随着工作重心的转移与教育现代化进程的推进，党对教育目的的认识逐渐趋向体系化与制度化：一方面，教育从单一的政治要求走向多维度的实践导向，服务社会主义现代化建设的实践倾向日益凸显；另一方面，在坚持个人发展与社会进步辩证统一的同时，在个体培养方面逐渐确立了素质教育的价值与以人为本的取向，更加关注受教育者德、智、体、美等方面的全面发展，并以法律法规及发展纲要等形式集中体现党对教育目的的认识。

5. 对教育目的问题的“现代化”探索（党的十八大以来）

党的十八大开启了中国特色社会主义的新时代征程，党的十九大明确了新时代我国经济社会发展所面临的主要矛盾已经转化为人民日益增长的美好生活需要和不平衡不充分的发展之间的矛盾，社会主义现代化的新动态、完善现代国民教育体系的新进展、加快教育现代化的新要求，共同推动了教育目的的“现代化”探索。面对百年未有之大变局，以习近平同志为核心的党中央统筹国内国际两个发展大局，面向社会主义现代化的需要，开辟了马克思主义教育目的理论的新境界，进一步发展了对教育目的的认识。一方面继续强调教育要服务中华民族伟大复兴、服务人民、服务中国共产党治国理政、服务中国特色社会主义制度的巩固和发展、服务改革开放与社会主义现代化建设；另一方面，更加注重以德为先，更加注重人的全面发展与人民群众的幸福感与获得感，这体现了马克思主义唯物史观的思想精髓和新时代以人民为中心的教育理念。

着眼教育强国，构建具有中国特色的教育目的。习近平总书记指出：“建设教育强国是中华民族伟大复兴的基础工程。”所谓具有中国特色的教育目的，就是坚持中国特色社会主义的教育目的，也就是兼具实践特色、理论特色、民族特色、时代特色的教育目的。以理论特色为例，西方自由主义指导下的教育目的也提倡培养全面发展的人，这就具备了一定的迷惑性，事实上，只要明确了马克思主义的基本立场与观点，就很容易破解这种迷惑。我们强调的全面发展，是“每个人”的全面发展，而不是一个人的全面发展，这本身就是一个集体主义的命题，与西方教育目的功利主义与个人主义的倾向完全相反。

二、教育现象述评

学校教育究竟培养什么样的人？这是教育工作者首要关注的核心问题。纵观近二十年来的教育，我们在这一问题上摇摆、变化较多，不少区域、学校，假以改革、文化建设之名，通过所谓的课程和教材建设，包括国家课程校本化等一系列似是而非的做法，推出了一些貌似新颖抢眼，却与教育规律、国家教育方针貌合神离甚或严重背离的理念、观点和主张，其形成的某些混乱和危害可能还需要相当长的一段时间才能被逐渐消除。比如把为个人的幸福奠基作为教育的根本目标，比如“重德轻智”“重教书轻育人”，比如片面地、绝对地强调儿童立场，比如教育教学过程中一味地、极端地“表扬”和“激励”，导致学校教育、校长办学理念杂糅、行为怪异。当下之中国学校教育，首先需要在价值观层面正本清源，对照教育方针，反思办学实践，回归教育初心，将“立德树人”作为新一轮文化建设、价值观建设和课程建设贯穿始终的纲领和核心。

党的十九大报告中指出：教育“要全面贯彻党的教育方针，落实立德树人根本任务，发展素质教育，推进教育公平，培养德智体美劳全面发展的社会主义建设者和接班人”。又一次明确了中小学教育的几个关键词：立德树人、素质教育、德智体美劳全面发展。那么，当下的基础教育是什么样的生态呢？按照这样的路子继续走能不能达到教育目的？我们以初中教育为例对基础教育的生态影像做一些描绘和剖析。

来看两个镜头：

画面一：天还没亮，学校教室里已经坐满了学生，不仅是住校的学生，走读的学生也是顶着朦胧的月色就来到学校上课，为什么到校那么早？要取得一个好分数啊！“三更灯火五更鸡，正是男儿读书时。”话没说错，可是，这句话只适用于发自内心愿意勤奋的学生，对于大多数学生来说，“三更灯火五更鸡”的生活是一种身心的摧残。

画面二：一位教师疲惫地说：今天我已经上了4节课了。为什么，是因为该学科学生考试分数差，不得不加课补习，一门学科一天上了4节课，教学内容是什么？是提高学生的学科综合素养吗？不是，就是应付即将在试卷上出现的题目，除了那些题目，教师别的什么也不讲，直到学生把那些题目的解题步骤达到能背出来的程度为止。

当下，不少地区对中小学的评价几乎把分数作为唯一标准了，没有上乘的分数就成了低质量的学校，对于城市学校来说，学生的家庭普遍有着殷实的经济基础，还有的学生全面发展。农村中小学的学生呢？钢琴？舞蹈？美术？还是体育？有多少家庭愿意拿钱去培养孩子？

（一）基础教育的生态影像之一：始于片面追求分数

一些落后地区的基础教育在片面追求分数观念的支配下，教育管理者想尽办法，追求符合上级要求的“教学质量”，在他们看来，教学质量就是分数质量。不少学校琢磨的教育发展，就是如何考出好分数，有的甚至提出“只要分数上去了，采取什么手段都可以”的口号。

1. 伪课改：营造教育改革繁荣假象

一种被叫作“课改”的发展形态被越来越多的学校标榜，只要分数上去了，就会被称为“课改”。那么，这样一种“计谋”（或者叫策略）其核心内容有哪些？检索媒体上有关文章，研究一些学校所谓的课改经验，我们似乎能归纳出以下两个方面：

一是都以提高文化学习分数为目的，甚至是唯一目的。不是先研究在尊重学生身心发展规律的基础上采取什么样的方法提升教学质量，而是不要基本素质，不要人品习惯，一切以分数提升为标准。分数提升后，再总结出“ABCD”经验步骤，冠以某名称，就是课改模式。来人听课，展示一套；观众走了，拿出另外一套。对学生进行机械知识灌输，变相体罚，都被作为经验向参观者传播。普通学校如此进行“课改”也就罢了，在闻名全国的某些学校的课改里，我们同样能看到这样的一种操作程序。

二是都为提高学生的学习分数不择手段。主要表现为课改下的学校都在不断延长学生的学习时间，学生从天蒙蒙亮起床到晚上 22 点睡觉，几乎所有时间都和学习联系在一起，学生成了考试的机器，成为学校提升名气的应试机器。山东、河北等地被报纸捧红的“名校”，俨然就是一所“学习童工”生活的工厂。

在应试与分数肆意横行的今天，一些地区的教育管理者就是这样，为了提高分数而用类似的“妙计”建设着一所又一所“学习童工”的工厂，这已经是不少所谓“优质”学校的“标杆”。

2. 驱赶学困生：编造反科学虚假数据

保守地推测，初中毕业辍学率预计不低于 15%—20%，在有些地区的学校可能更高，不知道有关部门上报的数据是否如此。这些学困生本应当在基础教育的小学、初中阶段全部完成学业，可是，因为学习成绩差，就被驱赶出校园，走上社会，其中不少成为问题少年，几年之后就成为社会包袱、成为社会不稳定因素。

为什么要驱赶学困生？上级考核平均分、低分率，把平均分作为学校教学质量的重要标准，同时要求过低的低分率，那么，基层学校就有“魔高一丈”的办法应对，只有上级想不到，没有下级做不到的：在参考率与低分率之间，低分率更为教育主管部门所关注，所以，学校就明示或者暗示教师采用软性说服、加压逼迫、直接驱赶等各种手段将学困生赶出校门，目的是在考试中达到零低分率，以求得上级的表扬。

我们知道，任何一种数据的测量结果都应当是正态分布的，金字塔的底座是最大的，而且有一定的自然规律，这个规律也不是说用“人定胜天”的努力就能做到的，我们必须尊重科学，不是人为地想当然。一所学校，特别是农村的学校，怎么可能会是零低分呢？如果有零低分，只能说明正态分布的科学金字塔是错误的。有关部门的领导“不管别人信不信，反正我信了”。这种违反常识的数据都能得到上级表彰，岂不是滑稽？

教育评估，就像当年亩产十万斤一样能被人相信，这样的教育评估意义何在？“楚王好细腰，宫中多饿死”，片面追求分数的考核只能催生许多违法违规行为，最终的结果是：学校办学是冷酷无情的，不择手段驱赶学困生。考试数据显示一片大好，其实完全不负责任，留下了很多社会问题。大而言之，就是给国家、给民族的伟大复兴平添障碍。

（二）基础教育的生态影像之二：片面追求分数，扭曲了师生关系

片面追求分数导致的问题越来越多，比如，2016年发生的安徽蒙城师生互殴事件，进一步证明这个问题的严重性，人们都在站在不同角度分析问题的时候，似乎忘记了一个重要的东西，那就是这场师生互殴的本质根源是什么。笔者以为，诸如教师严重体罚学生、学生家长殴打教师、学生自杀等经常见诸媒体的恶性事件，根源是学校片面追求分数的主流取向，导致教育者与被教育者之间的关系不断恶化。表现为个别教师师德沦丧，极少数学生品德恶劣，个别家长素质低下。

片面追求分数，让教师失去了“传道授业解惑”的良好品性，走向强制学生提高分数，使之成为提高自己教学业绩的重要手段。当下，各级部门考核教师，都以能不能教出考出高分数的学生为最重要的标准。教师，特别是主要学科的教师，都在重重分数的压制之下：教育主管部门用考试分数考核学校，校长要教师出分数，家长要教师出分数，教师的良心也要让教师出分数。因为，当下分数已经成为不少地区基础教育的“教育核心价值观”。在施教者教育技能相对薄弱的时候，只有通过体罚与变相体罚、恶语相加等手段把压力传递给学生，造成师生关系日趋紧张，甚至剑拔弩张，以至于出现师生人身伤害。

片面追求分数，让学生失去了上学的兴趣，具有极端思想的学生越来越多。学校本该是学生学习、生活、成长的乐园，当下的基础教育学校，特别是初中、高中，俨然已经成为制造考试机器人的工厂，学生进入校园，几乎唯一的事情就是学习，学习唯一的目的就是考试，考试唯一的目的就是要得高分。不是所有孩子都适合走金榜题名的路子，甚至只有少部分学生可以名上金榜。但是，当下的教育价值取向，把所有孩子无一例外地都推上了提名金榜的独木桥。只要你是学生，你就得爱学习，你就得考出好分数。强扭的瓜不甜，与封建社会的包办婚姻一样，片面追求分数必然会引起学生的强烈反抗，学生反抗的目标，要么是家长，要么是老师，因为这两类是强迫学生过着不开心生活的人。

基础教育能不能弱化一些分数的价值？完全可以。台湾的学校管理者说：“二十年前，台湾的初学教育也是片面追求分数，但如今，从事教育的人们，价值观在逐渐改变，上级部门已经不把分数作为考核下一级的重要标准，这样，分数压力就明显减小；家长也在教育部门舆论的影响下慢慢改变。我们总有一种说法：说分数的压力是社会给的，实际上，分数的压力都是教育系统内部给自己上的枷锁。我们完全有理由、也有可能在小学、初中阶段逐步脱离片面追求分数的状况。基础教育界有一种谬论——没有分数，就无法考核下一级的教育质量，这样的谬论正在统治着从事中小学教育的每个人。

（三）基础教育的生态影像之三：家长对基础教育片面追求分数的态度

在片面追求分数愈演愈烈的今天，在探讨问题根源的时候，不少人都把原动力推给社会，推给学生家长。比如《人民日报》（2013.10.31）就发表过一篇题为《教育改革要从家长教育开始》的文章，多次被有关人士引用作为家长是教育问题源头的依据。其实，文章作者强调的是教育家长仅仅是开始，而不是关键。该文结尾处有这样一段话：“教育改革，首先应当从改变家长入手，让家长们明白自己的责任，树立正确的人才观，真正懂得如何引导孩子成长成才。”也就是要家长树立正确的人才观，那么家长到底有没有正确的人才观呢？

为了了解家长的真实心态，2017 年 11 月，某地对所在学校的 615 名学生家长进行了问卷调查。通过对调查结果的分析，我们得出了与教育人士几近相反的结论。

1. 在学校里一直表现为学习品质优秀的学生

他们的家长把走“大学、名牌大学”之路作为最终目标，这些孩子的学习压力也是最大的。这样的学生家长占到被调查对象的 20%，这些学生在群体里有着良好的学习品质和学习成绩，也是走金榜题名的料子，家长对他们的期望值很高，希望他们心无旁骛，一心用在提升学习成绩上，最终把成绩考到最优秀。在这 20% 家长眼里，只有升学才是学生的最佳出路。

2. 在学校里学习品质一般，学习成绩一般的学生

这部分学生的家长对孩子也抱有很大希望，希望孩子能考取理想的学校，但对孩子走“大学、名牌大学”之路的期待就比第一类学生家长要小得多，他们更希望孩子能全面发展，有备用的道路可以挑选，他们对孩子的基本要求是：你自己努力，学成什么样就什么样，只要你努力了，我们不会埋怨你。这样的家长占到被调查对象的50%左右，他们对学校的主要期待是：建立有利于学生成长的环境，让学生成绩提升，但同时要给学生更多的其他方面的锻炼机会，希望孩子在校期间，除了学习上，还能在其他方面得到肯定，钢琴或舞蹈，换个角度看，抓好了美术、体育，家长会说这是优质学校吗？有关部门能肯定这所学校的办学水平吗？

3. 在学校里表现较弱，学习品质较弱，学习成绩较弱但能遵守校纪校规的学生

这些学生最大的特征是没有特长、为人本分，成绩落后。这一类学生家长占到被调查对象的近25%，他们“望子成龙、望女成凤”之心就很弱了，他们对孩子升学不抱有希望，对学校最大的期待是让孩子学到一些文化知识，走上社会之后能找到适合自己的工作，养活自己，不求找到最理想的工作，只求生活稳定，没有更多的追求。这样的家长对学校的“分数”持无所谓态度或者有一定的反对倾向，因为他们的孩子不可能有一个好分数回家向他们汇报，分数对孩子的未来可有可无，当学校实施严格的分数教育时，他们就会走向反对的一方。

4. 在学校里表现较差，品德较差，成绩较差的“三差”学生

这些学生是学校的问题学生，最大的特点是不喜欢学习，在学校里惹是生非。这些学生家长占到被调查对象的5%，他们对学生几乎没有什么“望子成龙、望女成凤”的想法了，就是想让学校能帮助自己管教孩子，孩子不惹事，到了能干活的年龄走上社会打工，他们是“分数”的反对者，因为孩子没什么学习技能，也不想学习，家长觉得走金榜题名的路子已经毫无希望。就只希望孩子能长大成人。对于这些家长来说，学校是孩子长身体的场所，对于这些学生来说，学校是束缚他们的牢笼。

以上，根据调研了解到的初中家长对学校“应试教育”的基本态度

做了简单分析，得出的基本结论是：虽然家长都有“望子成龙”之心，但只有20%的家长希望孩子走金榜题名的独木桥。50%的家长希望学校不仅仅是抓分数，希望孩子能在分数以外的其他方面有更好的发展。有高达30%的学生家长反对分数教育。这些家长对孩子的未来设计比较简单：有基本的文化知识和基本的生活能力，过普通人的平凡生活。职业选择是技术打工者、无技术打工者、农民、小生意人等自由职业者。

看到这些数据，作为教育研究者和教育执业者，是不是想当然地认为家长都是要学校出分数？要孩子出分数？调查数据可以说明的问题是20%的家长与当下教育管理者持相同观点，即：不管什么方法，有分数就行。一半的学生及家长希望学校不仅仅要抓分数，还要抓好品德教育与其他技能教育，近三分之一的学生及家长反对当下的教育方式。那么，“学校‘片面追求分数’的根源是家长”这样的结论来自何处？是不是作为有话语权的教育人用部分学生家长的应试教育观绑架了社会舆论？应当反思的是：作为一名教育人，我们给“片面追求分数”出了多少力？烧了多少火？

（四）基础教育的生态影像之四：教育管理者错误的教育政绩观

辩证唯物主义认为：任何事情的发展，内因都是主要的，外因仅仅起到一定的促进作用，把事物的发展归结为外因起决定作用是完全错误的。所谓“家长期待”导致了教育发展出现了问题，是教育管理者推卸责任、不敢担当的表现，当下基础教育出现诸多问题的根源都来自教育管理者内部。

在一些经济落后地区，片面追求分数的教育也在飞速发展，正在走到极致，有些地区官员生活的区域，经济发展依然滞后，社会价值观大多还停留在物质和精神双重“温饱”阶段，特别是精神的温饱。这些官员大多从小就发愤读书，走出农村，步入仕途，都因为有了分数才成为现在的“人才”，以其生活经验认为：不能通过考试这一关的人只能到农村就业，教育只有出了分数，才是成功的教育。没有分数，只能面朝黄土背朝天，只有通过考试能解决孩子未来的出路问题。

经济飞速发展，农民的生活方式已经发生了巨大变化，他们前往经济发达地区打工、生活，接受着全新的生活理念，越来越多的人已经改变认识：考试取得高分数不是唯一出路。但就是这样一种改变却被应试教育的引领者认为是新的“读书无用论”，大加鞭挞。我们呼吁的是“知识改变命运”，但却被只追求分数的固守者改成了“分数改变命运”。打工的农民都已经认识到仅在学校考个好分数是不行的，不是唯一的出路。各级官员依然抱着“分数至上”的错误观念不放，几乎依然以分数作为考核基础教育的唯一标准。

“上为之，下效之”，有关部门都用考试成绩来考核下级教育主管者，作为升迁上位的关键标准。教育管理者唯上级考核是瞻，必须把分数考核作为唯一生命线，为了完成相关考核，采取各种办法提高分数成为必然。在教师教学管理、学生的学习管理出现了很多被称为军事化管理的措施，有的做法很极端，甚至不够人性，学生从早晨6：00到晚上22：00几乎都排满了课程，除了吃饭、上厕所，有些学校甚至连吃饭、上厕所的时间都没有给足，每天都有几门学科的考试……就这些看似奇葩的做法，却经常得到有关部门的肯定，甚至作为经验推广。有些地区甚至出现了“没有升学率，再好的办学经验只能是空话，有了升学率，即使是空话也是办学经验”的对应试教育的极端认识。应试的方法越来越残酷、师生关系越来越紧张、矛盾越来越对立、师德问题越来越突出、学生如吃药长大的鸡鸭一样，耐挫性越来越差，走极端的例子越来越多。这不是笔者的虚构，而是正在我们身边逐步成为现实。

人们还会记得，20世纪80年代，伴随着改革开放的兴起，学术界曾经开展过一次关于人、人性、人权、异化、人道主义等问题的争论。这其中的一个争论焦点就是，人在马克思主义理论中究竟应该居于什么样的地位、人是不是马克思主义的中心和出发点等等。这次争论虽然没有结论，有些问题的分歧一直到今天仍然没有取得一致的看法，但是，它毕竟是中国理论界的一种觉醒：人的问题终于提到了最重要的位置上了。可想而知，既然要下决心搞改革开放，又回避人的问题，那岂不是缘木求鱼吗？其实，从中世纪结束、启蒙时代开始，人的问题就已经成为思想家们的研究中心了。人是什么？人与自然界的关系是什么样的？

人在社会中应该具有何种位置？人与人之间应该是什么样的关系？人生的意义是什么？这是自古以来哲学家们争论不休的主题，而且，一直到现在，仍然在争论着，大概只要有人存在，关于人的争论可能还会继续下去。可见，人的问题，是哲学研究中一个古老而又常新的话题。关于人的问题，为什么有这么大的吸引力呢？这是因为迄今为止，在整个宇宙中，只有地球上的人才有自我意识，人是唯一有思想的主体。所以，古代哲学家说，人是万物之灵，人是万物的尺度，人是宇宙的主宰，等等。但是，随着人类社会的进化、发展，人本身又开始分化，由于经济、政治、文化上的地位变化，不同的人有了不同的处境，甚至出现了人压迫人、人剥削人、人奴役人的现象。

因此，哲学家和思想家们在对人的研究中又进一步提出了一些新的问题。这些问题，涉及人的价值、人的解放等问题，这样就把关于人的研究提高到了新的历史水平。这其中有代表性的观点，是十八世纪德国启蒙哲学家康德提出的“人是目的”这个理念。为什么说“人是目的”呢？康德说，最根本的原因，就是因为，人，这是一种有理性的动物，而有理性的动物，就是作为目的本身而存在的；而人所追求的对象、爱好的对象，比如某物，它们之所以有价值，是由于人的追求、爱好，否则，它们也就没有价值了。也就是说，除了人之外，其他一切的生物和非生物的价值，都是有条件的。但是，人的价值，是其本身所固有的，因此是无条件的。这就是说，人是有自我意识的，有理性的动物，是这个世界上最高的价值主体。所以，对于人自身，还是别人，都要把人作为目的来对待，而绝不能当作手段。康德所说的“人是目的，不是手段”这个命题，虽然看起来很抽象，但是，如果放在当时的历史背景中去研究，就可以看出在这个命题中，实际上包含着很深刻、很具体的内容。那就是它直接指向了当时仍然存在着的封建专制制度。因为，大量的事实证明，封建专制制度的一个本质特点，是不把人当人对待。所以，康德“人是目的，不是手段”这个命题的本意，就是必须把人当作人来对待！这在今天看来，只不过是一个平凡的真理而已，但是，在康德的那个年代，它却有着革命性的启蒙意义。在当代中国，要真正推动改革开放的历史进程，也必须伴随着一次思想启蒙运动，而思想启蒙的核心问题，就是继承历史上启蒙运动的传统，进一步提高对人的价值的认识。在这方面的一个突出成果，就是“以人为本”理念的明确提出。很显然，在改革开放的今天，提出“以人为本”，这是有明确针对性的。在“文化大革命”中，个人崇拜曾经使我们长期陷入蒙昧状态；目前，各种各样的权力拜物主义，成为滋生腐败的意识形态基础。从根本上说，这一类的拜物教育，都否定了人本身的价值，使社会的价值观出现扭曲，因而就使一些腐朽思想大行其道。这就是说，无论是在经济活动、政治活动中，还是在文化活动中，决不能把人作为“物”，要毫不含糊地把人作为“人”，始终把人作为中心，作为根本，作为目的。

随着现代政治文明的发展，我们越来越清楚地认识到，保护人的生命，保障人的幸福，促进人的自由全面的发展，无论是对于国家还是对于政党来说，都是第一位的任务。也就是说，我们的一切纲领、政策，都必须以人为中心，以人为目的，归根到底都是为了人的幸福。

三、教育思想照亮学校前行的道路

人们的思想通常或以语言（其中包括书面语言）表达，或在行为（其中包括肢体语言）中表现出来。这便是内在思想的外化（或对象化）。

（一）什么是教育思想

如果我们把“教育思想”作为一个名词加以解释，360 百科中是这样定义的：教育思想是指人们对人类特有的教育活动现象的一种理解和认识，这种理解和认识常常以某种方式加以组织并表达出来，其主旨是对教育实践产生影响。教育思想具有历史性、社会性、前瞻性、继承性等特征。有助于人们认清教育工作中的成绩和弊端，使教育工作更有起色。

教育思想可以从广义和狭义两个层面进一步理解：广义的教育思想是人们对教育现象的各种各样的认识，无论是零散的、个别的、肤浅的，还是系统的、普遍的、深刻的，都属于教育思想的范畴。狭义教育思想主要是指经过人们理论加工而形成的，具有思维深刻性、抽象概括性、逻辑系统性和现实普遍性的教育认识。以时间为维度，教育思想可以分为古代和现代教育思想，在我国现代教育思想是以我国社会主义教育现代化为研究对象的教育思想，是以我国新时期以来改革开放和现代化建设为社会基础的，是以近代以来，特别是 20 世纪中叶以来世界现代化进程及教育理论和实践的发展为时代背景的。在理论与实践层面，教育思想可以分为理论型教育思想、政策型教育思想和实践型教育思想。理论型教育思想是指由教育理论工作者研究的教育思想，这是一种以抽象的理论形式存在的教育思想。理论型教育思想的出现是现代教育发展的结果。理论型教育思想的形成和发展是现代教育区别于古代教育的一个重要标志，是现代教育不断变革、发展和进步的重要动因。政策型教育思想是指体现于教育的法律、法规和政策中的教育思想，这是国家及其政府在管理和发展教育事业的过程中，以教育法律、法规和政策等表达的教育思想。政策型教育思想既有实践意义又有理论价值。面对当前教育事业的发展和现实教育实践活动的开展，也强调思想概括性、逻辑严密性、客观规律性等等。实践型教育思想是指由教育理论工作者或实际工作者面向教育实践进行理论思考，以解决现实教育实践问题的教育思想。实践型教育思想以它对教育实践问题的研究，解决教育活动的技术、技能和方法问题，而实现了教育思想指导和服务于教育实践的功能。实践型教育思想是教育思想的重要类型，是其不可缺少的组成部分。

如此看来，可以肯定的是，作为教育实践工作者的校长一定是有思想的，只不过一般校长的教育思想可能是零碎的、片段的、没有系统的，由普通校长走向教育家型校长的过程就是将零散的教育思想深刻并系统化的过程。

教育思想的特征：

1. 教育思想具有实践性和多样性的特征。

2. 教育思想具有历史性和社会性的特征。

3. 教育思想具有继承性和可借鉴性的特征。

4. 教育思想具有预见性和前瞻性的特征。

教育思想的类型：

一般而言，教育思想的类型包括教育理论、教育学说、教育思潮、教育经验、教育信念、教育信条、教育建议、教育主张、教育言论、教育理想等。

教育思想的功能：

1. 有助于人们理智地把握教育现实，使人们依据一定的教育思想从事教育实践。

2. 有助于人们认清教育工作中的成绩和弊端，使教育工作更有起色。

3. 有助于人们合理地预测未来，勾画教育发展的蓝图。

（二）校长的教育思想从哪里来

伟大领袖毛泽东主席曾写过一篇文章《人的正确思想是从哪里来的？》：是从天上掉下来的吗？不是。是自己头脑里固有的吗？不是。人的正确思想，只能从社会实践中来……人们的社会存在，决定人们的思想。而代表先进阶级的正确思想，一旦被群众掌握，就会变成改造社会、改造世界的物质力量。

1. 刘京海校长谈校长的教育思想从何而来

在“2014 年度全国教书育人楷模”64 名候选人中，闸北第八中学校长刘京海校长成为上海市的两位候选人之一。闸北八中曾是一所全市知名的薄弱学校，生源处于全区中下水平，刘京海校长一直坚持“成功教育实验”。为每个孩子寻找成功的路径，是他的梦想。

刘京海校长是一位名副其实的实践型教育家，基于学校、基于学生、基于学校中真实的问题，摸索出自己的实践解决策略，刘校长在闸北八中基于学情提出的“合格 + 特长”的教育思想对我的办学影响很大，我在办学初创期受刘校长教育思想的启发，曾提出“让每个孩子都有一项特长”“从最后一名抓起，一个都不能少”。

刘京海校长写过一篇文章《校长的办学思想是从哪里来的》，在文中刘校长对于校长的办学思想从何而来，首先提出自己的观点并举例说明：校长的办学思想不是关起门来写出来的，也不是造出来的。他指出，他曾经多次听到一些年轻校长侃侃而谈他的教育思想，应该说这些“教育思想”中也不乏可取之处，然而极少有可圈可点、令人赞赏不已的东西。他说他接触过一位年轻校长，这位校长整天待在办公室面对电脑，很爱写文章，也常常发表文章，或者到外面去作报告。然而，他几乎不进教室听课，甚至对学校的教学骨干也缺乏了解，学校办得真不怎么样。刘京海校长认为，校长的教育思想是与治校紧密相关的，是有学校教育教学个性的，是能够给人以理念上、操作上的启示，并且成功解决问题的，而不是贴在外面的，没有具体内容的。

刘校长特别强调校长的教育思想是从实践中来的，校长的教育思想必须贴近学校的教育教学实践。对学校的教师要熟悉，了解他们各自的长处与短处；对课堂要熟悉，了解各学科不同的教法学法，了解学生的层次以及他们的评价与需求；对各学段、年段的学科教学要求也要熟悉，了解进度、重点与难点，了解教师的整体安排；还要从横向上了解本校各学科与兄弟学校之间的差距，更要熟悉了解本校的历史与文化氛围，以及与所在地区互动的情况；等等。离开了这些，教育思想就没有根，没有根的树木是不可能常青的。

校长的教育思想来自对教育教学中存在问题的解决。校长总要处理问题、解决问题，比如干群关系问题、教与学的问题，有的是观念问题或者思想问题，有的是具体的、可操作的问题，最大量的问题应该是教什么、怎么教、怎样教好的教育教学的“技术”问题。你不关心这些问题，党和人民任命你当校长干什么？你不能解决问题，怎样体现你的真实的教育思想呢？有问题就要解决，怎样解决的，又是怎样提高的，效果如何……校长的思想就在这些具体事务之中。校长的教育思想最重要地体现在办学个性、办学特色之中。在同样的条件下，你办的学校比人家好；在条件很差的情况下，你能带领全校师生走出一条新路。扬长避短，彰显卓越。校长的教育思想主要在于实践、经验层面。不少人说，基础教育缺的不是实践，缺的是理论。于是出现了一个很怪的耐人寻味的现象：一些专门研究教育理论的教授专家去指导中小学，甚至亲自下去办学；而一些中小学的校长又拼命地研究理论，学这个国家那个国家，学这一流派那一大师。这样也就乱了套，不是在扬长避短，而是在扬短避长。

教授不习惯、不擅长解决实际问题；校长呢？要么吃力不讨好，要么把擅长的功夫丢开，使问题越积越多。没有否定理论家要接触实践，实践家要研究理论，问题在于如何自我定位。偏离了自己的本职，事情就做不好，甚至会走到邯郸学步、适得其反的地步。刘校长把这种现象称为教育上的瞎折腾。他说有必要为校长定位，校长是教育家？是教育思想家？还是教育实践家？在刘校长看来，成功的校长都可以被称为教育家、教育实践家。如果非要称为教育思想家，我想也未必不可，但是这个教育思想主要仍然在于实践、经验层面。因为校长的责任不是发明而是发现。不是发明什么惊天动地的理论思想，而是在办学中发现教师的甚至自己的成功经验。在此基础上加以总结、提炼、推广、检验，这才是校长的责任，也就是校长教育思想的来源，校长的教育思想一定源于并属于所在学校。我们校长的目光常常是向着外面的。一听说人家有什么经验，有什么新方法，就急着上门去讨教，请来作报告。其实，更重要的是，校长的眼光要向自己的学校看，向自己学校的老师看。常言道：“百步之内必有芳草。”这就特别需要我们当校长的去发现、去总结。

校长必须倾尽全心研究学校里正在进行的教育教学实践，学校里有许许多多的问题，校长也必须想办法去解决。据我的观察，有不少的校长忙于发明，疏于发现。大概他们觉得发现是低层次的，而发明创造才是高层次的。我想这种认识是不正确的。在实际的办学过程中，发现的作用未必比不上发明，比不上理论上的创造。

校长的正确教育思想不应该是拍拍脑袋就能想出来的，是必须被本校的教育教学实践验证并且认可的。从这个意义上说，校长的教育思想一定凝聚着重要的历史因素，而这一点是任何一位校长不花上几年时间就不能表现出来的。学校的历史厚度和文化积淀，常常被人有意或无意地忽视，这是非常可惜的。有一些新校长一上台就急于推行自己所谓的“教育思想”，而置学校历任校长的建树于不顾，有的甚至把前任校长的功绩轻易地抹杀。我想说，这是不值得称赞的，在做法上也是不科学的，在效果上是不会有太大发展空间的，甚至会起到相反的作用。校长不是完人，校长要到教育教学的实践中去，校长要善于发现，善于传承，校长要有自以为非的谦虚精神，要有海纳百川、和谐包容的气度。总而言之，校长的教育思想可能是校长概括提炼出来的，但一定是源于并属于自己所在的这所学校的。

一个人的教育思想是在特定时代背景下，在前人思想的基础上，受社会历史条件所限制、随社会展而发展的，又表现出共同性的一面。

在工作中，深受刘校长德行影响，一心办学，心无旁骛，十四年安心在一所学校，研究一个问题，即教育何以成就师生的幸福成长？

2. 叶翠微校长谈校长的教育思想从何而来

2012 年作为吉林省首批中小学杰出校长培养对象的我，有幸进入杭州二中跟岗学习，跟随叶翠微校长实习一周。叶翠微校长在杭州二中做了 17 年校长，他被学生们亲切地称为“叶大”，是位个人色彩非常鲜明的“明星”校长。他的“让学生像人”的教育主张，对我的影响很大。“让学生像人”即尊重学生的天性，让他们享受童趣，享受好奇，享受游戏。席勒有言：“只有当人充分是人的时候，他才游戏；只有当人游戏的时候，他才完全是人。”。鼓励特立独行，让学生敢想，敢闯，敢试，保持一股“初生牛犊不怕虎”；允许学生犯错误，学生往往因错误而可爱，让“错误”化作师生共同成长的资源。

叶校长在《让教育思想永驻办学之路》一文中说，校长在主持一所学校时，他的办学思想究竟是从哪里来的？首先，办学思想应该是校长头脑里的东西，也就是根植于校长心中的教育思想以及教育思想与实践智慧的结晶。教育思想是“皮”，办学思想是“毛”，“皮之不存，毛将焉附”。叶校长自 1995 年起，出湖北、上广西、恋杭州、进海亮，他始终坚守的是自己的教育思想：学生是人，仁者育人。正因为这份信守，才有了广西北海中学“思想解放，行为规范”的办学思想；才有了杭州二中“三个三”的办学追求，即三宽（宽松、宽容、宽厚）、三开（开明、开放、开化）、三性（人性、理性、灵性）；才有了海亮教育集团的“人皆有才，人人成才，让每个生命出彩”的办学理念。可谓只有深耕的教育思想之根，才有繁硕的办学思想之果。

其次，一所学校的办学思想一定不是前设的，它必须是基于校情、基于师生、基于时代的，它也一定是生长型的。鉴于此，我认为要提炼一所学校的办学思想，一是要把“脑门”打开，要在一种开放、多元、共建的话语体系中打磨提炼。我们在海亮提出“育一个大写的‘人’”的办学追求，把“人的完整与完整的人，人的幸福与幸福的人，人的未来与未来的人”实操化，就是一个开放、汲取、凝结，打开“脑门”的过程。二是要把“心量”扩大，用博大的胸怀，迎八方之才思。在湘湖公学的创建过程中，我们不畏权威，不惧权威，以学习为重，以使命相托，强调头脑风暴，强调思想解放，让每个人的意见和观点都受到尊重。三是要有“慧根”加持，也就是要把自己的所思、所悟、所行，在大智慧视角下一以贯之。

再次，在教育思想与办学思想两者关系的平衡上，一定是“先鸡后蛋”的关系。由这个朴素的道理出发，我们不妨让自己的教育实践更为厚重、更为深刻。正如黄公望画山水，没有他在富春山水中的浸润，哪来传世的《富春山居图》。我们不妨让自己的学养更为丰厚、更为坚实。当下校长不仅要读教育学、心理学、社会学，也要读哲学、艺术、脑科学，要跨界、跨学科学习。文学史、艺术史、人物传记，都是极好的学养之所在。我们不妨让自己的思想更为丰盛、更接地气。校长既要仰望星空，更要脚踏实地。我们可以如蒙田所言，有三个头脑：一个是天生的头脑，一个是从书中得来的头脑，一个是从实践中习得的头脑。三脑合一，涵养思想之树。

3. 严华银教授论教育家型校长与理性办学

2018 年入选教育部二期中小学校长领航工程，成为江苏省师干训中心（江苏基地）学员，基地首席专家，语文特级教师严华银教授是我的理论导师，他在多篇文章中都论及校长的教育思想。严华银教授说：教育思想的生成是教育家型校长成长并走向成熟的标志，教育家与一般的教育工作者最为鲜明的区别性特征就是“思想”。丰富的教育教学及其管理经历，对于学生、学校、教育的深度思考和研究，加之自身独特优秀的思维品质，日久天长，关于教育的理解、主张进而升格为思想，便是水到渠成的了。

“教育家”区别于一般教育人的，主要是教育思想。思想何来？思想是在实践大地上生长出来的理性之芽。富于理性和思想的校长，才有可能引领教师的理性思考，办出理性的教育，培养出理性的人才。我们今天还不大可能要求所有的校长都有自己的教育思想，但要求所有的校长要有成为教育家的追求，要有教育家的特质，要有理性，应是理所当然。

校长的理性修炼和成长需要价值观的引领，需要在校长价值实现中锤炼，需要从经典哲学中汲取智慧，需要通过放权赋能以解放自己的大脑，需要在决策和管理实践中磨炼。中小学管理杂志社社长柴纯青认为，现代教育家应至少具有两方面特质。一是有现代意义上的儿童观。即尊重每一个儿童作为独立的生命主体，尊重每一个儿童作为创造者的生命存在，并且在办学实践中充分践行。二是在办学过程中体现现代性。如当年合川育才学校的现代性就体现在其领域化的课程、社会化的资源利用、人本化的组织机构设置等。陶行知先生正是在教育救国的背景中塑造了那一代教育家的特质，由此开启了对中国教育的伟大变革。北京教育学院教育管理与心理学院（校长学院）院长胡淑云认为，重温教育家精神的重要意义在于激发大家的思考，为接下来开展创造性的实践活动厚植根基。在她看来，现代教育家至少有三大特征：一是懂教育，有符合教育规律的思想和科学的思维品质；二是爱教育，有站在国家高度办学育人的情怀和大爱；三是干教育，教育家一定是脚踏实地、鞠躬尽瘁的。重庆市合川区育才学校前任校长沈小燕认为：爱满天下的大爱精神、实干精神、创新精神，以及广泛涉猎历史、社会、文学等领域的杂家精神，应是对教育家精神的现代诠释。北京市中关村第三小学校长刘可钦提出，心系国家民族兴衰的家国情怀、立足当下的实践行动、呵护儿童美好人性的人文关怀，是教育家的重要品质。江苏省苏州市第十中学原校长柳袁照提出，真正的教育家，不是看他在演讲台上的表现，而是看他在日常的教育生活中的呈现。上海行知中学原校长陈振华认为，勇担责任、尊重学生，创新和大爱，是教育家型校长所必备的精神。

践行教育家精神，提升校长领导力。重庆市江北区教师进修学院院长李大圣认为，践行教育家精神要做到“知行合一”：一要一往无前，作为教育人要有担当、有使命，要义无反顾；二要一往情深，作教育人要为了每一个孩子，为了每一个中国家庭，为了建成一个伟大的创新型国家，时时做，时时想，时时改。

面向 2035 的学校变革，要坚持为党育人、为国育才的价值追求，要培养学生坚定的理想信念，不仅关注学生掌握知识和技能的厚度，更要关注他们品质、品格和涵养的高度；要尊重学生的发展规律和个体差异，关注学生的终身成长，为其提供适切的教育，促进每个学生主动的、生动活泼的发展。云南省玉溪市第一小学联盟总校原校长杨琼英认为，教育家型校长应具备领导力（人格魅力和文化品格）、思维力、创造力、表达力这四项核心素养，其源泉就是一心热爱教育事业的情怀。清华大学附属小学校长窦桂梅提出，校长的领导力主要体现为带动群体的领导力、突破和创造的创新领导力以及社会领导力。她还围绕厚植、激励、共生三个关键词，通过生动鲜活的管理故事指出，校长要通过仪式教育厚植办学使命，将国家方针转化为校本的办学行动纲领；要用互相欣赏的态度、公开的仪式，激励教师个体智慧和自动力的萌发，最终实现大家在团队中彼此成就、共同成长的目的。教师对于引领者和决策者的个性、品格、领导力有了越来越深刻的认识和了解，于是便从心底里产生了钦佩和折服，认同和追随便成为自然。有了这样的基础，教育家型校长的理念和思想之火花迸发并进而成燎原之势，便都在预料之内了。思想作为校长精神的内核，源于本校文化和校长自身的才干和魅力，这是任何学校文化所不愿错失的“财富”。这才有可能被师生所接收、文化所吸纳、历史所认同。并再经由如沧海桑田般的“裂变”升华，变化融汇，这才成为其真正的有机组成部分，从此，校长的教育生命和文化生命获得拓展和延伸。

创造力的源头是思维力，思维力是创造力产生源源不绝的动力。但创造力又反作用于思维力，旺盛的创造力和丰硕的创造成果，又带给优秀校长以自信、激情和灵感，促进思维力的不断发展和强劲，于是，创造的火种便又绵延不绝地绽放。在当今中国行政强势的背景下，创造力的发展和发挥需要组织和领导的支持、宽容和保障。在以烟草闻名的云南玉溪市，有一所百姓交口称誉的第一小学，其前任校长杨琼英荣膺教育部全国首批“领航校长”64 人之列。当培训基地导师赴玉溪一小调研诊断、梳理杨校长及学校的成长轨迹时，发现该市分管副市长杨洋博士，市、区两级教育行政部门领导的管理理念给大家留下极为深刻的印象：教育的投入和环境建设是政府的事，具体办学、学校发展是教育专家和校长的事。据杨琼英校长介绍，在得知自己被教育部审批参训“领航班”时，杨副市长竟然设家宴为之庆贺，并感谢杨校长对玉溪教育的贡献，令杨校长特别感动。青海西宁 21 中的于大伟校长是教育部领航班学员中的另类校长，他对于现实应试带给中国学生和教师的“灾难”深恶痛绝，他基于大量教育经典阅读和学校教育教学改革实践而产生的教育理解、主张绝对超前和领先，他在西北这片并不肥沃的教育土地上，办成了一所“西北风、江南味”的特殊学校，他并不以应试成绩作为办学的唯一目标追求，而是以一种名为“智慧币”的载体，推进一种社会化实践活动，培养学生的生活能力、自主精神和综合素养，而且努力促成师生教学生活的真正愉悦和快乐，享受学校教育的快乐。这所学校的建设和发展，于校长的特立独行，主要得益于几任市、区教育行政领导的鼓励和支持。

校长又如何修炼提升自己的理性呢？从教育家型校长的成功实践中，我们得到如下启示：

（1）立意高远：通过价值观引领理性健康发展学校和校长的价值观问题不容忽视，这与理性息息相关。价值观的认同是人理性思维和选择的结果，但人的理性思维又总是受制于一定阶段的主流价值观。而基于理性的价值观认同，相较于强行灌输，则更有生命力，更能持续。这种认同，又反过来保障思维的方向和基准，保障思维的价值理性高度。鉴于此，校长的理性培养也必须从价值观的确立出发。今天，国家核心价值观的认同，应统领教育的一切观点、思想以及实践。人生的意义，在于有所发现、有所创造，给世界和未来留下有意义的东西，其追求远远高于物质价值。同时，教育自身的价值，比如立德树人，不仅利己，而且利他、利国、利民；育人以爱而不是恨，授之以鱼不如授之以渔，教人以思而不仅仅是“知”和“能”，这些需要捍卫并孜孜践行。对于上述所言的价值观，我们一方面要在科学理解的基础上认同和坚守；另一方面则应以此对照现实教育、本校教育的是非、长短和优劣，并引领教师或传承发扬、或修补完善。领航校长班中的张勇，是海南陵水中学校长，他率领全校教师，用两年左右的时间，梳理、整合、凝练出“仁智教育，山水文化”的办学新理念；天津南开中营小学华联校长，在很多学校大搞“运动式”文化建设时，坚守百年前建校之初刘宝慈校长确立的“勤、朴、敏、健”的校训。两位校长一南一北，一变一守，却都经由审慎、细致、缜密的思考、分析与研究。这样的价值认同，是校长引领团队理性思维的结果。而这一过程，又充分体现着价值观的引领。价值观与理性的频繁互动，可以大大提升校长的思维品质。特别是在当下，科技竞争、未来挑战推动着各行各业的发展，我国教育的改革也进入攻坚克难期，而应试升学的压力依然不减，如何顺利度过学校教育的“胶着”时刻，需要所有的校长在工具理性与价值理性之间找到平衡，这需要思维和行动的智慧。

（2）精准定位：在校长价值的实现中锤炼理性校长的职能在于按照教育规律、人才成长的规律，引领教师“因材施教”，立德树人。人是活生生的个体，教学则是发展个体的思维和个性，这就要求教师也必须富有创造意识，在教学中学会量体裁衣。教师的这种理性思维，当然得靠校长引领、示范和带动。在现代社会中，学校绝非孤立的存在，行政和社会对于学校的管理、影响和干预或多或少存在，这就要求校长必须努力成为确保师生安静教学、学习的“过滤器”“安全阀”，而不是一般行政和社会的“传声筒”和“路由器”。在这一过程中，对上级文件精神、各地先进经验、媒体宣传典型、校长与教师“合力”进行比照分析，提炼整合，融会贯通，择其大要而不为琐屑干扰，为我所用却又不被牵引左右。

（3）筑稳基石：从哲学经典中汲取智慧，如何才能具有理性思维？一方面，需要校长和教师掌握思维的基本工具和方法，这必须通过逻辑知识、思维理论的学习和积累。校长与教师要阅读哲学，特别是教育哲学经典，要阅读哲学大家的传记，从中获得思维品质的提升。一般人总认为西方人重理性，东方人重感性，一谈哲学便是古希腊三杰。这些我们当然需要学，甚至崇尚理性教育的很多教育哲学家我们都应该虚心学习；但万不可忘记，我国先秦时期也曾经涌现出灿若星辰一般的哲学大家，如孔、孟、老庄的儒、道哲学一点也不逊色于人。

所以在学习和借鉴方面，我们还是要秉承博采众长、兼收并蓄的原则，汲取古今中外的哲学精华。关键的问题还不在于此，而是我们的阅读、借鉴，侧重点究竟在哪里？是理念的接受，主张的移用，还是思想的传承？从现实的状况看，这三种情况都普遍存在。我以为在这一问题上，还是要去伪存真，去粗取精，剔除其糟粕，汲取其精华，我们要汲取的精华理性，是理性思维、理性精神和理性人格，其次是那些经由历史验证、千锤百炼的真理性“思想”。

青海西宁第二十一中学的于大伟校长，从杜威和陶行知的“教育生活”观中深悟并提炼出“过一种丰富多彩的有意义的教育生活”的主张；宁夏银川金凤第三小学的王晓川校长深研儒家价值观和“六艺”教育，创立“说学教育”模式，提炼出“说以成理，学而至善”的教育思想。这些，就是根据传统和学校历史并进行理性思考后的教育原创。

（4）变革治理：通过放权赋能解放大脑治理喊了这么多年，变革依旧缓慢。除了管理系统的惯性，还在于校长自身的管理理念和自觉，也在于一时难以找到切入口和抓手。如今，信息技术和人工智能给治理变革插上了翅膀，问题是校长肯不肯、敢不敢“放权”和“赋能”？敢不敢在“放权”中让“治理”真正落地，做到人人各得其所，管理者有权、有事、有责、有担当？肯不肯在“赋能”后，使人人心灵自由，主动作为，勇于探求，敢于创造？关键是，一旦实行，校长从此可以从权力掌控的自我陶醉和管理事务的繁杂琐屑中“解放”出来，最终“解放”的是自己的大脑。总有校长调侃，自己的大脑从来就不长在自己头上。他们渴望头脑能静下来想点问题，真正的教育问题、教育的真问题。而“大脑”一旦真的归位，校长就可以阅读和思考，探索学校教育的本真和初心；就可以登高望远，畅想和勾画学校发展的愿景和学生发展的真谛；就可以放低姿，沉下心来，观察教学，听取意见，博采众议；就可以斟酌和权衡，集思广益，去粗取精，去伪存真，从而科学决策。山东临淄晏婴小学的孙镜峰校长正是通过赋能、放权，通过机制激发，保障教师自我管理、自主发展，从而让自己跳脱出来专注思考、探究农村小学教师发展、课堂教学以及学生学习中长期存在的僵化、机械、刻板问题，寻找学校严重缺乏生机的原因。在理论学习和专家帮助下，他终于找到解决问题的切入点和抓手。他从引导教师围绕国家课程标准在各学科教学中的具体实入手，在短短数年时间里，让教师的水平大幅度提升，教学质量得到提高，学校师生的教学生活丰富多彩，充满活力。校长“大脑解放”之后的“慢思考”，以静制动的大智慧，真正让校长回归校长角色，进而让学校真正回归教学。

（5）反思成败：在决策和管理实践中磨炼人格，人的正确思想源自哪里？只能是社会生产和生活实践。北京市中关村第二小学的杨刚校长很年轻，常被人戏称为“年轻的老校长”。言其“老”并非言年龄，他还很年轻；也并非言“老态”，他还相当年轻。“老态”，是夸他的沉稳、练达，“每临大事有静气”。杨校长并非天生如此。中关村第二小学也经历过一些曲折，杨校长一开始也很紧张，感到压力很大，但他经过慢慢调整，让自己逐渐冷静、理智下来，客观分析原因，努力寻找事实和真相，与班子和团队细致研读文件、政策和法规，商讨解决问题的思路和策略。通过汇报行政部门请求支持，借助媒体舆论正确导向，调动社会资源合力调解，与相关人员积极沟通，校长和团队按分工积极主动作为，很快化难为易，化危为机，解决了问题。杨校长以此为契机，与班子成员、全校教师反思既往，吸取教训，总结经验，让危机及其处理成为自己与教师理性发展的过程和机会。领航校长身上独特的理性人格，几乎都是在这样的历练中逐渐磨炼出来的。

4. 校长教育思想形成与提炼

（1）持续自我改进，不断思考。教育思想智慧是长期研究和不断思考的结晶，校长要学会思考，既要高屋建瓴，也要脚踏实地。校长在教学管理之余，要常思考三个问题：本校是个什么样的学校？本校应该个什么学校？本校将是个什么样的学校？本校是个什么学校，这个问题不仅在学校开创时期就要解决，也是在学校的发展时期和学校非常成功时期更应要自问的一个非常重要的问题。校长总是按照一定的办学价值观在管理学校，处理学校各项事务。这种办学价值，始终左右着学校的办学方向。本校应该是什么学校，出色校长善于找到本校的特色优势。学校的特色及与众不同的优势，不是学校固有的，要靠分析研究学校内外部各种因素，整合重组产生适合本校发展的特色，做到“以特取胜”。本校将是什么学校，出色校长善于明确本校的发展目标。在办学理念指导下，要制定学校的办学目标，不仅要知道今天做什么，更要知道明天做什么。研究办学目标，必须了解外界对学校的要求，包括国家对基础教育的要求和社会对人才培养的需要，也必须了解学校内部可持续发展的条件，制订能鼓舞全体教师士气，被大家认同并能为之共同奋斗的办学目标。

（2）做好学校诊断。首先校长要对学校进行好“微观”上的调查研究。研究学校所处的社区环境、研究学校在区域性教育中的位置及学校的发展历史，尤其是要研究自己学校现在面对的问题、困难、积淀下来的优势。任何学校的内涵发展，都建立在学校自身基础之上。发现自己学校的问题，就是发现了学校发展的空间。能否意识到学校发展的有利因素，也关系到学校发展的现实路径问题。当校长将视野从向“外”看转为向“内”看时，当校长能在外界背景下关注自己内部的发展问题时，也许会发现，每所学校都是独特的，每所学校的发展都是具有挑战性的，每个校长都面对着不同的发展任务。而正是这一“丰富的独特”，对校长整体的思维方式、观念体系、管理能力、生命情态等提出挑战，并具有了提升校长成长水平的可能。其次，校长还要对学校进行宏观上的调查研究。校长要用心观察自己的学校，把学校现状调查清楚，对学校有一个总体的了解，研究学校存在的主要问题和潜在的发展可能性。还要分析当代社会转型的大背景到底向学校提出了哪些挑战，又为学校提供了什么资源，产生了什么新的需求和问题。既要看清一个学校的内部问题，又要把它放在整个社会环境中去认识。只有这样，才能正确地制订学校发展规划，充分挖掘学校发展过程中可能形成的特色，才能让学生有特长，教师有个性，学校有特色。

（3）批判与创新。校长的思想从批判中来，要有新的思想，就要具备创新精神，要具备创新精神，就要学会否定，敢于否定，没有否定哪来的创新思考，需要怀疑，怀疑也就是思考。如果说问号是打开一切科学大门的钥匙，那么，批判性思维则是打开思想大门的钥匙。一个真正的思想者，应该拥有这把金钥匙。也就是要不唯书，不唯师，不唯上要敢于发问，敢于怀疑，敢于批判。一个现代校长不应再迷信权威和书本，应该坚信，一切现存的文明都是对人类过去经验的总结，他要做的是如何站在过去人的肩上向新的高度攀登。不应再迷信自己，不把自己的职业角色神化，要敢于批判自己，甚至敢于否定自己。事物在发展，时代在前进，校长不可能穷尽过去和未来，他要做的就是在批判中继承，在继承中不断创新与发展自己的思想和见解。

（4）理念迸发。由于实践丰厚，也由于有大量的学习、考察和比较，再加上求异创新以至超越一般的欲望的驱使，常常自觉不自觉总会有一些思维的火花闪现。在校长层面，假以理念和文化名义的“某某教育”“教育就是某某”也一时风行全国，令人目不暇接，比如“教育就是欣赏”“智慧教育”等。这样的提法在一个特殊学校的特定时期，面向特定的学生群体，肯定有其合理的因素，但认为教育真的仅仅是“欣赏”，教育真的主要是为了培养“智慧”，显然是不稳妥、不合适，甚至是背离教育的原则和规律的。但我们不必因此否定这样的理念和思想火花的进步意义，这实际是几乎所有优秀的校长在其发展过程中难以绕过的阶段，这是思想散点和碎片化的阶段，这是思想成长的初级阶段，相当于思想的“学语学步”。

（5）矫正、调整和修补。理念提出者总会与团队成员或者追随者在教育教学实践中力行，而不管你认为多么正确、优秀的教育观，一旦践行，一旦与教育教学结合着实施和推进，其无论是正能量还是负能量，无论是先进还是落后，都会暴露无遗。因此，倡行者的反思跟进就显得异常重要。于是，清理、修补、矫正和调整的工作就是再正常不过的了。

（6）逐渐展开并渐成体系。散点的理念不断被提出，修补和完善的工作不断地开展，久而久之，由点及面，就极有可能勾连出学校教育的思想系统，正所谓触类旁通，一通百通。观察中国优秀的名校，其发展过程中一定有几位“先知先觉”的教育家型校长曾经高视阔步、长袖善舞，曾经真正占据过教育大局的制高点，以其教育理解、主张和思想“经营”学校，引领学校实现跨越式发展，其独树一帜的思想的“建构”是一般人无法企及的。

教育思想产生和发展的源泉是社会变革和教育实践，社会变革提出了新的课题，而解决时代课题的教育探索积累了教育经验，对教育经验的理性认识和思考产生了教育主张、理论和学说。而教育思想一旦产生，又会对教育实践活动产生反作用，表现为对教育实践的规范、指导和促进。教育思想与教育实践成为教育发展的两只轮子，它们的互相联系、互相作用形成张力，成为教育事业不断进步的动力。教育思想是历史地形成的。这既是指教育思想都是在一定的社会背景和时代条件下产生的，也是指教育思想总是在继承前人思想基础上发展形成的。今天的教育理论和教育学说，是由历史上一代代教育家的教育思想凝结而成的。以前人们用“教育学是教育史的最后一章”来形容教育学理论与教育思想史的关系。但准确地说，今天教育学的理论体系是在历史上逐步形成的，每一代教育家的教育思想贡献（提出概念、命题、观念、原理），则是构成这一理论体系的相关组成部分，是历史上的杰出教育思想凝结成今天的教育学理论。几千年来，人类在各自不同的生存环境中开展着教育实践，形成了各具自身特色的教育思想，影响着各自民族的教育实践。

第二部分

我的教育思想简述

一、为什么是幸福

2017 年 10 月 18 日，习近平总书记在党的十九大上指出，中国特色社会主义进入新时代，中国共产党人的初心和使命，就是为中国人民谋幸福，为中华民族谋复兴。实现了有学上后，人民对上好学期望更高，对教育的获得感、幸福感要求更多。联合国每年发布的《全球幸福指数报告》将教育摆在九条评价标准的首要位置，将个人和社会幸福确立为学习的终极目标。可见，只有教育搞好了，人们幸福起来的本领才会增强，建设幸福家园、幸福社会、幸福国家的愿望才会实现。

人有着自我赋值和意义建构的内在需要，否则就会陷入“一种无归宿的漂泊感，无意义的反常感和无价值的冷漠感之中”。对人而言，“教育到底意味着什么”不仅重要，而且涉及人之存在的生存论意义。教育从诞生之日起，就指向了个体生命处境乃至人类整体命运，它从来都是人类进行自我赋值的实践。使人幸福、活得更好，正是教育的核心追求。

人从其诞生起，就具备着“自然性、肉身性”与“社会性、价值性”的双重规定性。但是，“自然性、肉身性”并不等同于“自然而然地活着”，人需要思考“人为什么活着”“人应该怎么活着”。马克思指出，人“从经验的、肉体的个人出发，不是为了……陷在里面，而是从这里上升为‘人’”。因此，“自然性、肉身性”只构成了人的自在基础，“社会性、价值性”才是人之为“人”的深层规定。换言之，人是向价值世界敞开的存在，人要完整成就“人是其所是”的本体论意义，就必须进行自我赋值与价值超越。而这种超越性，体现的正是人之所以为“人”的本质规定。也“正因如此，人的生命活动就不再是纯粹适应自然以维持自身存在的生存方式，而是改变自然以创造人的世界的生活方式”，从而才可能使人活得更好，活得更有意义。就人性的本质与需要而言，人作为“社会性、价值性”而非纯粹“自然性、肉身性”的存在，就有“幸福”的需要与实践追求。因为，“幸福”本身是有价值的事情，它是“自成目的性”的，从而也就具备了人性上的价值正当性。最为关键的是，“追求幸福是每个人的生活动力，这是一个明显的真理”，“如果不去或不能追求幸福，生活就毫无意义”。这种出于人性的价值需要，为个体自我赋值与超越准备了内生动力，它引导着“人、人性”不断趋向于完善。同时，由于这种价值需要是基于内在人性的，它就不是“应该”，而是“必然”，毕竟“应该”式的伦理劝导极可能就是无效、无根的。而且，“任何一种‘应该’都可能是不应该的。这才是真正的无根性。”亚里士多德认为，幸福应当是“因其自身而不是因其他事物而值得欲求的实现活动”，“因为，幸福是不缺乏任何东西的、自足的”。康德指出，“幸福是我们对所希望的生活的一种理想，是依据理性和想象创造出来的。它基于经验性的期待或者偏好。这种理想部分源于我们的自然本性”。费尔巴哈也提醒，“生活和幸福原来就是一个东西。一切的追求，至少一切健全的追求都是对于幸福的追求。”可以说，“幸福”是个体生活、生命意义的呈现，而对“幸福”的追求，正是面向“人”及其在整体世界中的存在目的与意义的一种人性事业。

二、我校幸福教育研究回顾

我们学校是珲春市内的一所公办汉族初中，现有 46 个教学班，学生约 2200 人，教师 167 人，现一校两址，生源全部来自学区内的两所小学，其中有一所学校是外来务工子女学校。

回顾自己的幸福教育办学之路，大致分为三个阶段，2007 年至 2012 年办让学生喜欢的学校；2012 年至 2017 年办有幸福感的学校；2018 年至今正在进行新时代幸福学校的理论与文化进阶。

（一）“幸福教育”育人思想的缘起

1. 基于校情，从学生“流失”说起，引发我对“什么是教育”的思考

我的教育观：教育即发现，发现学生的优势智能，发现学生内动力的开关按钮。

教育即唤醒，即“禀受才智与自然，回复灵性以全生”。唤醒的方法有爱的唤醒法，相信唤醒法，共情唤醒法，角色唤醒法，目标唤醒法，兴趣唤醒法，榜样唤醒法，实践唤醒法，成功唤醒法，挫折唤醒法。

没有爱就没有教育。爱有形，教无痕。

2. 基于学情，从学生与老师的冲突说起，引发我对“学生观”“教师观”和“质量观”的反思

我的学生观：“大家不同，大家都好”。差异是和谐之基，差异是发展之源，差异很珍贵。

我的教师观：目中有人是最大的师德。

我的质量观：以牺牲师生生命健康为代价获得的成绩有“毒”；以牺牲学生对知识和学习的热爱而获得的成绩有“毒”；揠苗助长获得的成绩浪费公共教育资源有“毒”。

3. 基于感受，从我的个人成长经历说起，萌发“学校文化”

欣赏人；赞美人；闯与创。

4. 基于社情，从央视的一个节目说起，引发我对“幸福”的认识与思考

2012年中秋、国庆双节期间，中央电视台推出了《走基层·百姓心声》调查节目，深入基层对几千名不同各行业的人进行采访，面对的问题都是“你幸福吗？”一时间，“幸福”一词成为媒体热词，也引发了中国人对幸福的思考。

在和广大师生及家长的座谈中，在对学校进行SWOT分析之后，2010年我提出“让教育成就幸福，让人生别样精彩”作为办学理念，确立了“大家不同，大家都好”的师生观，在“十二五”和“十三五”期间，学校分别立项了《差异适应性教学研究》和《差异视阈下初中适应性教

育研究》两个省规划课题，“差异—适应性”教学的内涵及关键界定如下：

“差异——适应性”教学一方面指在班级集体教学中，立足于学生的个性差异，满足不同学生的学习需要，促进每个学生最大限度发展的教学；另一方面指学生主动适应学习内容和成长环境，主动构建自主的成长体系，实现更好的自我发展。这一概念强调关注学生共性的同时，也要照顾学生的个性差异，在教学中将共性和个性辩证地统一起来，使教学和每个学生的学习及发展最大限度地匹配。

其教学的关键点主要表现在七个方面：

第一，以测查和评估作为施教的前提。测查是指通过测量和调查分析，全面了解学生心理上“量”和“质”的差异，发现学生的优势和不足。评估是对学生的学业水平和学习情况进行考核与评价，以促进每个学生的发展为目标贯穿于整个教学过程的始终。

第二，以建构系统的、多样化的教学策略为施教的途径，即从教学的整体上来构建教学策略体系，全方位地适应学生的差异性需要。

第三，以开发每个学生的潜能、促进人的生命精彩为目标，为不同智能结构的学生提供多元的发展机会，通过多种策略，使每个人的潜能都充分发挥出来。

第四，以平等、和谐的教学环境和多方合作为依托，同时，合作也是“差异教学”中的重要支持。

第五，着眼于学生群体，将个别学习、小组学习和班集体学习结合起来，教学中追求共性与个性的和谐统一。

第六，主张学生表达方式的多样化，鼓励标新立异，在使用“标准参照评价”和“常模参照评价”的同时，也重视“本位参照评价”。

第七，教学追求的价值不是考试分数和升学率，而是每个学生最大程度的发展，是真正意义上的教育机会均等。

新时代以来，随着《中国教育现代化2035》《中共中央 国务院关于进一步深化教育教学改革全面提高义务教育质量的意见》《深化新时代教育评价改革总体方案》等政策文件的出台，需要各级各类学校从根本上思考为什么办教育、什么是人民满意的教育，回答培养什么人、怎样培养人、为谁培养人的问题。

基于新时代党和国家对教育的要求，反观教育现实和办学实际，从2019年开始，我对幸福教育的育人思想进一步提炼和发展，提出“新幸福教育”育人思想。

（二）“新时代幸福教育”育人思想内涵

1. 何为新幸福教育

新幸福教育是新时代幸福教育的简称，又称立德树人幸福教育新体系。其根本宗旨就是以习近平新时代中国特色社会主义思想为指导，落实党的为人民谋幸福的初心和使命。

新幸福教育是为人民谋幸福，为民族谋复兴的教育；是造福人民、造福社会、造福子孙后代的教育；是五育并举立德树人的教育；是因材施教、差异适应性的教育；是轻负高质、激发内驱力的教育；是让学生喜欢、家长满意的教育；是让师生体验幸福、分享幸福、创造幸福的教育；是树立新的幸福观、奠基幸福人生、幸福社会的教育。

2. 新幸福教育育人思想内涵

“新幸福教育”以人本主义为理论基础，依据马斯洛的需要层次理论，其办学宗旨是“为了人的幸福成长”。人本主义主张应当把人作为一个整体来研究，而不是将人的心理肢解为不完整的几个部分，而且更应该关注人的高级心理活动，如热情、信念、生命、尊严等内容。人本主义的学习理论从全人教育的视角阐释了学习者整个人的成长历程，以发展人性；注重启发学习者的经验和创造潜能，引导其结合认知和经验，肯定自我，进而实现自我超越。人本主义学习理论重点研究如何为学习者创造一个良好的环境，让其从自己的角度感知世界，发展出对世界的理解，达到超越自我的境界。

“新幸福观”：不同文化、不同时代、不同价值、不同制度、不同个体对幸福的认识、理解和追求不尽相同。西方主流幸福观从传统的感性主义快乐论与理性主义完善论的对立，发展出了当今与之对应的主观幸福感和心理幸福感两极，前者追求享乐，后者追求自我实现。但二者的共性都是立足于个体，而忽视了社会。为弥补此不足，出现了社会幸福论。但是，三者之间依旧是各行其是。而中国主流幸福观从一开始就将个体与社会融合成为有机统一体，儒家的“格物、致知、诚意、正心、修身、齐家、治国、平天下”深刻揭示了由内及外、由己及群、由小及大、由近及远、奋斗不息的幸福思想，为构建新时代中国特色世界视野的马克思主义幸福观奠定了传统文化基础。

马克思主义在吸收了感性主义和理性主义的合理成分的基础上提出：幸福是指人之所以为人的真理与自己同在时的心理状态，包括一切真实的事物、人性的道理、他人的生命甚至动物的生命与自己同在等等，是一种心理欲望得到满足时的状态，是一种持续时间较长的对生活的满足和感到生活有巨大乐趣并自然而然地希望持续久远的愉快心情。“那些为最大多数人们带来幸福的人，是最幸福的人。”马克思主义幸福观既肯定了生命、健康、快乐、美德对幸福的意义，又将个人幸福与他人幸福结合起来，独具辩证唯物主义特色。

按照马斯洛的第六需求层次，人类天性中还有一种固有的精神维度，那就是作为最高需要层次的精神的自我实现或超越的自我实现。缺乏超越的及超个人的层面，我们会生病，会变得残暴、空虚，或无望，或冷漠。

以此为指导，我们提炼出幸福的体验是美好，幸福的感觉是快乐，幸福的性质是成长。而理想信念保证这种快乐沿着正确方向进步成长，理想信念成为快乐的保障。这充分体现了中国传统“厚德载福”论的精华和西方“理性”与“感性”幸福观的有机统一，即福德观、德福观以及福德并存观。因此，主观上的愉悦体验即“快乐”，加客观上的有为成长即“有成”，构成了我们所主张的幸福的要义，而身心健康是“快乐有成”的前提和载体。其内涵具体体现为十个有机统一：主观与客观、理想与现实、物质与精神、感性与理性、生理与心理、个人与社会、眼前与长远、付出与回报、吃苦与享乐、过程与结果的有机统一。

由上可见，新幸福教育要培养学生的利他精神，更加关注理想信念教育，教会学生将平凡赋予意义，帮助学生过一种有意思、有意义的校园生活。新幸福教育把劳动作为首要教育内容，树立劳动是幸福之源，劳动最光荣，只有劳动才有幸福的观念。树立职业不分贵贱，职业没有高低的思想。新幸福学校把“禀受才智与自然，回复灵性以全生”作为校训，把“身心健康，视野广阔，志向高远，热爱生活”作为培养目标，把“让别人因我的存在而更加幸福，让世界因为有我而更加美好”作为学校的价值观。

三、新幸福教育与五育并举

五育并举是新幸福教育的崇高使命。马克思主义关于人的全面发展学说认为，“人的全面发展”是指人的智力与体力多方面的、广泛的、充分的、自由的发展；而“五育并举”的平衡充分发展指的是德育、智育、体育、美育、劳动教育要做到结构合理、配合融洽、发展协调。五育并举作为有机整体可以细分为三个结构层次：一是主体的心灵——精神发展层次，包括德育、智育、美育；二是主体的生理——物质发展层次，主要是体育健康；三是主体的实践——创新活动层次，主要是劳动教育。在五育中，以德为先，形塑修身文化；以智为源，形塑成才文化；以体为基，形塑健康文化；以美为趣，形塑尚美文化；以劳为乐，形塑实践文化。德育侧重解决学生的世界观、人生观和价值观问题，重点指向灵魂的善，主要体现“善”的要求，即脑知善、心爱善、身行善；智育侧重开发学生智能，重点指向大脑的善，主要体现“真”的要求，即脑明真知、心悟真理、身体真情；体育旨在促进学生身心发展，重点指向身体的善，主要体现“健”的要求，即健脑、健心、健身；美育旨在陶冶学生情操，塑造学生心灵，重点指向心灵的善，主要体现“美”的要求，即脑创造美、心鉴赏美、身体验美；劳动教育侧重培养学生劳动观念、知识和技能，重点指向外在的善，主要体现“实”的要求，即脑致新、心求真、身务实。劳动融合到德智体美的全过程，通过以劳育美，提升人的精神品位和人生价值。五育并举既要避免单一或片面的畸形发展，也不能搞“齐头并进”，而是要在发展中走向全面而平衡。

第三部分

我的教育思想的形成历程

一、孕育阶段(1991年—2006年)：教学经历孕育了我的教育思想底色

二、初创阶段(2007年—2012年)：办一所让学生喜欢的学校

三、发展阶段(2012年—2018年)：让学校成为充满幸福感的地方

四、成型阶段(2018年—至今)：新时代幸福教育再出发

回顾三十年的教育经历，十四年的校长经历，我的教育思想的形成从时间维度看，大致可分为孕育、初创、发展和成型四个阶段。本部分主要通过不同阶段学校教育教学变革、会议发言及学校出台的一些方案等能记录我的心路历程的“言说”，透过文字归纳整理出我在不同阶段的教育思想。

一、孕育阶段（1991 年—2006 年）：教学经历孕育了我的教育思想底色

1991 年我从吉林省通化师范学院化学系毕业，被分配到珲春市第四中学工作，做校长之前十六年的教育工作经历奠定了我的教育思想的底色。

我的教育经历

1991.08-1995.08	珲春市第四中学 初三化学教师
1995.08-1999.08	珲春市第四中学 初三化学组组长
1999.08-2003.08	珲春市第四中学 教导处科研主任兼教导副主任（2001 年州骨干教师，2001 年首届州名教师培养对象）
2003.08-2006.03	珲春市第四中学 副校长兼政教主任（2003 年破格考试获得高级职称，2004 年州首届省教学新秀；2004 年首届州名教师认定，2005 年省首届十佳教师，2005 年中考命题组组长）
2006.03-2007.03	珲春市教师进修学校 副校长兼副书记；2006 年全省化学研讨课，2007 年 1 月全国化学教学大奖赛
2007.03——至今	珲春市第四中学 校长兼初三化学教师（2008 年省骨干教师，2009 年首届省杰出校长培养对象 2012 年省学科带头人，2014 年正高，2016 年国务院特殊津贴，2018 年入选国家卓越校长领航工程）

1989 年父亲工作调转至珲春，1991 年 7 月我大学毕业，妈妈带领我们姐妹三人从吉林省的浑江市（现在的白山市）举家搬迁至珲春。

珲春市隶属吉林延边朝鲜族自治州，与俄罗斯陆路相连，与朝鲜隔图们江相望，是一座边境城市。1988 年取消了进入珲春需持有的边境通行证的规定，1989 年开通 302 国道，结束了走盘山路进出珲春的历史。

珲春市第四中学是室内的一所普通的汉族初级中学，记得我刚上班时学校每个学年有四个教学班，学校当时校风比较乱，外界对这所学校的评价是脏、乱、差。

（一）兴趣是最好的老师

1991 年 9 月，在我刚刚上班不到两个月的时候，参加了学校组织的导言课大赛，在备课的过程中偶然读到了爱迪生的故事，被人们称为“发明大王”的爱迪生，是美国著名的科学家和发明家。他的一生，仅在专利局登记过的发明就有 1328 种。一个只读过三个月书的人，怎么会有这么多发明创造呢？我想，如果你听说过“爱迪生孵小鸡”的故事，就一定会明白，他的成功源于强烈的兴趣。很小的时候，爱迪生就显露出了极强的好奇心，只要看到不明白的事情，他就抓住大人的衣角儿问个不停，对任何事情都有强烈的兴趣。一天，他为了搞明白为什么鸡能孵蛋，便蹲在鸡窝里，屁股下放了好多鸡蛋孵小鸡。父母看了以后，哭笑不得。还有一次，他想：人为什么不能飞呢？于是，他找来一种药粉。为了让小伙伴飞上天空去。结果，小伙伴差点儿丧命，爱迪生也被父亲狠打了一顿。好不容易，8 岁了，父母以为从此以后他能安安分分上学了。谁知，他仍然爱追根问底，经常把教师问得目瞪口呆，窘迫不堪。他认为爱迪生是个捣蛋鬼，三个月后，被老师赶回家了。仅上了三个月的学，能成为伟大的发明家，可见兴趣是他最好的老师！爱迪生的母亲没有责怪他，她发现爱迪生兴趣心重，对物理、化学特别感兴趣，就给他买了有关物理、化学实验的书。爱迪生照着书本，独自做起实验来。长大后的爱迪生，学会了无线电收发报技术，就设计了一个电报机，自动按时拍发讯号，这就是电报机的雏形。应该说，爱迪生的每一项发明都是和他的兴趣紧紧相连的。

兴趣是最好的老师。为提高学生对化学学习的兴趣，在导言课大赛上我采用了“空手点灯”的魔术作为开场实验，神奇的酒精灯真的自燃起来了，奇妙的实验吸引了现场每一位老师，毫无争议地获得了导言课大赛一等奖的第一名。入职之初的这次成功体验使我在之后的教学中特别注重对学生学习兴趣的激发，有一些不爱学习的孩子逃课打篮球，但一听说下节课是化学课，便自觉回到班级了。

我认为教师最为了不起的是唤起学生的好奇心，上有意思的课，让学生对你所教的学科产生兴趣。2007 年我从教师进修学校返回四中做校长时，看到 30％的学生流失率，提出的 1.0 版的办学目标便是“办一所学生喜欢的学校”，后来又提出“引领师生过一种有意思、有意义的校园生活”，再后来又把“培育有趣的灵魂”写进了学校的核心价值观。

兴趣是人们活动强有力的动机之一，它能调动起人的生命力，使大家热衷于自己的事业而乐此不疲。人对自然产生兴趣，就能引发出对事物的体验，对问题的思索，人对生活产生兴趣，就能引发因好奇而实践，因验证而发现。古往今来，许多成就辉煌的成功人士，他们的事业往往萌生于青少年时代的兴趣中，沿着兴趣开拓的道路走下去，找到了自己事业成功的路径。

（二）爱是教育之源，没有爱就没有教育

陶行知先生说：“待学生如亲子弟。”“爱是教育的基础，没有爱便没有教育”，苏联教育学家马卡连柯这句话道出了陶行知先生师德教育的核心。爱生不仅是教师人品、学识、情感与亲和力的展现，实际上是倾注了教师对祖国、对人类、对未来的热爱。

让师爱充满校园

作为一名从教十年的青年教师，在我每一本的教案扉页上都附有这样一首小诗：

如果学生生活在批评中
那是你失去了宽容
如果学生生活在友谊中
那是你有一个平易近人的心胸

如果学生生活在敌视中
那是你待人不公
如果学生生活在受欢迎的环境中
那是你爱深情浓

一个学生就是一个五彩的世界，一本内容丰富的“书”，更是为人师者的一面“镜子”。在过去的三千六百多个教学日子里，我用心研读过近万本“书”，用情感悟过近万面“镜”，实践让我深深理解了爱是教育之源，没有爱便没有教育的真谛。我是这样品味师爱的：

师爱首先是奉献。说到奉献，我不由得想起了马宪华老师，我的耳边至今还回荡着马老师八岁孩子在她入学那天的哭喊：“妈妈，你不要去果树小学了，你去那儿上班我可怎么办，我自己上学害怕呀……”说到这里我又一次感到鼻子酸酸的，老师——母亲的心也是肉长的啊！可马老师却擦干眼泪头也不回地把爱奉献给了大山的孩子。是什么使得这位瘦弱的女性能在物欲膨胀的今天甘愿恪守这份清贫？——是爱，是浓浓的师爱，是对事业的执着之爱！

在我的学校里也有这样一群“狠心”的母亲——黄晖、马峥、吴洪波等等，她们接手班主任工作时，孩子都只有二、三个月大，有时忙于班级工作，一天只回家送一次奶。舐犊之情人人都有，更何况是年轻的母亲。她们深知年幼的孩子更需要母亲的关怀和爱抚，但在学生和儿女不能兼顾的情况下，老师把更多的爱给予了我们的学生。

师爱还是一种等待。记得美国通用电气公司原总裁杰克·韦尔奇在总结自己的成功经验时说，他的成功应归结为母亲小时候对他的鼓励赞赏与耐心等待。杰克小的时候口吃，受人嘲笑，过度的自卑让他变得萎靡不振。他的母亲对他说，这并不是什么缺陷，只是你心里想的比嘴巴说的快而已。别急，慢慢来，让我们一起努力。我想，经过一段时间的锻炼，你的嘴巴肯定会和你心里想的一样快。

这一事例让我看到了美妙而珍贵的人生赞赏，让我明白了教育不能拒绝等待，教育不能拒绝哪怕是看似漫漫无期的等待。

在教育过程中，由于学生个体之间的差异，出现一些学习暂时有困难、行为一时有过失的学生是很正常的。对于这些学生，我们应该耐心地等待他们的成长与进步，指望他们能一蹴而就完成所谓脱胎换骨的转变是不现实的。也许是生活节奏的加快，现代社会倡导的高效率，让我们渐渐疏远了等待；也许是急功近利的心理影响，让我们多了一份浮躁，不再习惯于等待；也许是因为“恨铁不成钢”吧，于是在等待的过程便平添了更多的烦躁。正是因为如此，在我们的队伍出现了这样一些现象：有些老师动辄对学生批评指责，不顾情面；有些老师则喜欢越俎代庖，揠苗助长；更有甚者对班级的“弱势群体”不闻不问，弃之不顾……他们放弃了满怀信任的期待、美丽安详的等待，竟让“别急，慢慢来”成了一句久违的话语。

其实教育中的等待是一种遵循教育规律的理性选择。它是皮格马里翁式的期待与固守；是爱、宽容、信任、尊重的化合物，是学生成长与进步的催化剂；是孕育欣喜，播撒爱的过程。唯有等待、积极的等待才会让我们的学生在前进中体会到柳暗花明的欣喜与自信。

师爱又是一种真诚。真诚是平等交流的基础，是人际沟通的渠道。教师只有发自内心，表里如一，言行一致的完美人格，他的教学活动才能在学生心中激起共鸣。

您听说过因为不考试停课而引发全班同学伤心、哭泣的事儿吗？您又见过中考抽签结束，学生还坚持要再上一节本来中考已经宣布不考的课吗？

这是我亲身经历的一件事情——

那是六年前四月的一天下午，敲门声过后，我的教研室进来了三年八班的化学课代表，他走到我的面前说，老师，今天下午的第一节是我们班的课。我愣了一下说，傻孩子，中午电台不是已经公布了今年中考抽签的结果是考物理吗？化学课进度已经完成，课程也就结束了。他还是坚持着，老师，你快去吧，同学们都在教室等你呢！我有些不解地来到了班级，同学们已经整齐地坐在了那里。“起立”，随着班长的一声令下，大家都站了起来，“老师，再给我们上最后一节课吧，老师……”，不少学生哭了。此时此刻，我只能任凭幸福的泪水尽情地流淌。这不正是同学们对我真情付出的真诚回报吗？不也正是对我——一名普通教师的最高奖赏吗？

在备战中考的紧张氛围中，我就是这样流着泪和一群我最可爱的学生们共同上完了这届学生初中化学的最后一节课！

假如我们不能为教学活动注入真实的情感，我们就不可能获得教学活动的成功。失去了成功的体验，教师的情感生活是可悲的。如果从来就没有成功的体验，那么我们的教学生涯是苍白的、遗憾的。

师爱更要求平等。一天，一个学生匆匆塞给我一张字条，上面写着：李老师，我要到职高上学了，临走前想告诉您，我爱上您的课不是因为我喜欢化学，而是觉得您对我那么好，我再不好好学也太不对了，你是除同学以外没把我当差生的人……孩子渴求平等，渴求被平等地对待。我们应该相信，每个学生身上都有天分，每个学生都有其独特的潜质，即便是最差的、最调皮的孩子。千万不要因为我们的冷眼而埋没了未来的“瓦特”，也不要因为我们的歧视、嘲笑而泯灭了未来的“爱因斯坦”。教师的责任应是用他那充满慈爱和宽容的心怀去发现每一个学生的“世界第一”,并帮助学生去发掘和实现可能连他自己都不知道的“世界第一”。

这是我在 2001 年参加全市教师演讲大赛时所写，透过文字可以清晰地看到我当时的教学观、学生观、教育观。作为教师时的我是这样理解和践行教学观的，从教师走上校长岗位，教学观上升为教育观，我还是这样理解教育，也是这样办教育的。

（三）学生是人，而非容器

2003 年我入选延边州首届名师评选培养活动，培养期限三年，这一年恰逢吉林省启动第八次课程改革，我的教学思想深受第八次课程改革的理念影响。新课程理念强调以人为本，即突出对学生的人文关怀，要把学生看成有情感、有需要的“人”，而不是知识的“容器”和考试的“机器”，要积极营造一个轻松、愉快、和谐的学习氛围。在教学过程中，要求通过挖掘学生潜能、提高学生潜质达到教育目标，要善于发展学生的优点并帮助其提高，不要唯成绩论、唯表现论，要让每一个学生都有自己的发展空间。课堂教学注重过程，教师应关注学生的“会学”，而不是只关注学生的“学会”，教师的教学设计应以改变学生传统的接受式学习方式而设计，应让学生最大限度地参与教学过程。新的学生观即学习的主体，人格独立的人，有个体差异的人，个性丰富，富有潜力的人。提倡自主、合作、探究学习。

下面的实录是我于2007年1月参加全国新课程大赛后所写，时任吉林省教育学院初中部化学教研员赵宁老师点评，2008年发表在《中学化学教学参考》，并被《人大复印资料》转载。新课程理念在本节课得到充分诠释，此课也是我的教学思想在课堂上完整的诠释。

初中化学复习课《非凡试管》的教学实录与点评

2007年1月在哈尔滨举行的全国初中化学优质课（东北片）的评比活动中，李丽辉老师做的复习课《非凡试管》打破了常规教学的模式，为新课程理念指导下的初中化学复习课教学做了很好的探索，获得了大赛一等奖。下面是李老师的教学实录以及笔者对本节课的一些感想和体会。

师：非常高兴能与在座的各位同学上一节化学课。我们都知道，化学是一门以实验为基础的学科，在实验过程中我们最常用到的玻璃仪器就是试管。但是，你真正了解试管吗？这节课就让我们走近试管，一同领略试管的非凡魅力。

（投影课题：非凡试管）

点评：李老师的导言简洁、幽默，把学生常见的试管说得如此神奇，瞬间就抓住了学生的心，将学生的注意力牢牢锁定在本节课的内容上，产生了强烈的学习愿望。

师：（手拿两支试管）这是大家非常熟悉的两种规格的试管“大试管和小试管”，除了这两种试管外，同学们还见过别样的试管吗？

（学生摇头）

师：请和老师一同欣赏形态各异的试管。

（用展台展示各种规格、形状的试管：12×70的小试管、32×200

的大试管、平底试管、离心管、带支管的试管。介绍各种试管的简单用途）

点评：各式各样的试管展现在学生面前，加上老师对试管的简单介绍，大大开阔了学生们的视野。因为仪器本身就融入了人类的智慧，因而展示各式各样的试管也使学生感悟到了人类不断地向自然科学进军的进步思想，同时还给了学生科学美的熏陶。

师：认识了各种试管后，在实验中就可以根据药品用量、实验条件的不同而选择不同的试管来进行实验。实验中出于对防止试管破裂和实验安全等因素的考虑，使用试管时千万要小心，你能说出使用试管时应注意哪些问题吗？

生：加热时，试管外壁不能有水，试管底部不能触及焰心。

师：回答得非常好，一位非常勇敢的女生。还有哪位同学想说？（老师及时鼓励举手发言的同学）

生：给试管加热，要先进行预热。

师：咱们班的男同学都比较深沉，一般不轻易说话，那老师就点名了，找一位与老师距离最近的男生——王延飞。

（学生沉默）

师：（提示）回忆一下，我们曾那么多次用过试管，给试管加热时……（老师拿一支试管，现场演示害怕管内物质喷出伤着自己，将管口朝外，对准王延飞）

生：（受到启发）加热时管口不能对着人。

师：答得多好啊，还应注意哪些问题，请秦瑞思回答。

生：加热时，先撤导管，后撤酒精灯。

师：做哪一个实验时？

生：做“高锰酸钾受热分解的实验”。

师：加热高锰酸钾制氧气，排水法收集氧气后，先撤导管，后撤酒精灯。好，秦瑞思是个非常英俊、善于动脑的男生。还有哪位同学想回答使用试管时要注意的问题？

生：加热时，使用酒精灯外焰。

生：给固体物质加热，管口向下倾斜。

师：还有最后一个机会，哪位同学想回答。

生：加热后的试管不能用凉水冲洗。

师：针对这一问题，老师也进行了归纳，请同学们看大屏幕。

（教师总结“使用试管的注意事项”，学生边看边识记）

点评：在回顾试管使用注意事项时，李老师非常具有亲和力的语言拉近了与刚认识的学生的距离；形象的动作提醒调动着学生们积极思考，踊跃地回答问题，使这部分内容很自然地起到了承上启下的作用。（这节课是李老师第一次和哈尔滨的学生接触，课前师生不熟悉，课程开始时让每个学生把自己的名字做成卡片放在桌子上。）

师：刚才我们对使用试管的注意事项做了简单的回顾，细心的同学能发现，试管的放置方向与试管内所进行实验的内容是紧密相关的。（出示五种摆放方向不同的试管插图）

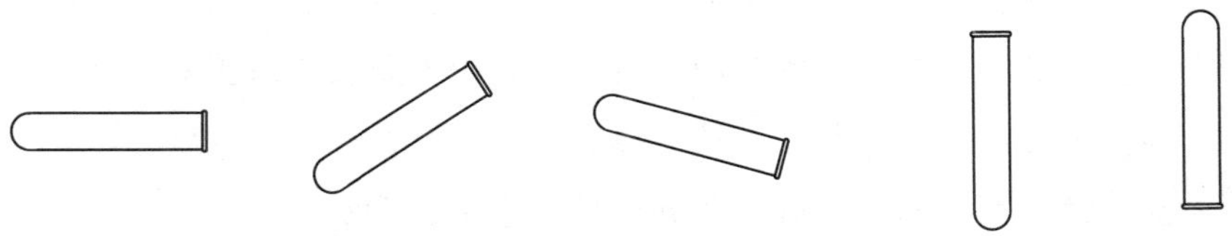

下面就请同学们回顾一下，你学过的实验中，有哪些实验可以分别在这样放置方向的试管中进行？看看谁回忆起来的实验多！

（几位同学举手，想急着回答。）

师：在这么短的时间内，有的同学就想好了。先不急，因为老师看到大多数的同学还在思考中，下面的时间留给同学们，可以同学间相互交流，也可以自行翻书查找，在一定的时间内看哪些同学能解决的问题多。

（同学们交流、讨论或独自整理或查工具书；老师行走在各组之间，时而参与学生间的讨论，时而给思维受阻的同学以及时的帮助。）

师：刚才老师到同学们中间去，发现咱们的同学就是了不起，在时间短、实验已做过很久的情况下，都能独立或合作解决上面的一个或几个问题，下面请同学们将刚才整理的结果做以汇报。

师：请第一小组的同学回答。

生：取用块状固体药品时，试管平放。

生：检查装置气密性时，试管竖直放置。

生：加热固体药品时，管口向下倾斜。

生：给液体药品加热，管口向上倾斜。

师：老师感受到了，第一小组的各位同学还有很多想法要和同学们交流，但老师建议能不能留一些机会给其他组的同学？下面请老师旁边的这一组同学代表回答。

生：检验氢气纯度时，管口向下倾斜。

师：请徐梦琦组回答。

生：做氢氧化钠和硫酸铜溶液反应的实验时，试管口向上竖直放置。

师：非常细心的一位同学，这是刚开始学化学的时候，书上的一个实验。常温下，有液体参加反应时，管口朝上竖直放置。

生：做过氧化氢制取氧气的实验时，试管也是竖直放置的。

师：同组的同学想补充，请回答。

生：做水电解的实验时，装满水的试管倒放于水中。

师：把刚才同学们整理的结果概括起来，我们再一起回顾一遍（投影，五种放置方向的试管内进行的实验名称）。

（学生通过整体回顾，补充原有认识的不足。教师重点讲解学生没总结出的实验，如：试管正、倒放时可收集、存放少量气体等）

点评：教师在引导学生回顾了有关试管使用的一些最基础的知识后，用了一个全新的角度即以试管不同的摆放角度为切入点来对有关试管的问题进行了更深层次的讨论。作为一节复习课，李老师这样的处理不仅能更好地帮助学生回忆、巩固已有的知识，更为帮助学生如何学好化学开辟了一条崭新的途径。

师：通过刚才对试管用途的回顾，我们发现试管的用途与集气瓶有相通的地方——都可用来收集气体。对于这一点，希望同学们能把思路打开，其实试管不但与集气瓶有相通的地方，而且与锥形瓶、烧瓶、烧杯等仪器在用途上也都有相通的地方（投影几种仪器依次转变的动态演示图）。

比如：常温下，大量的液体间进行反应，就可用烧杯来替代试管进行；再如：如果用过氧化氢制备较多量氧气时，就可用锥形瓶（烧瓶）替代试管。

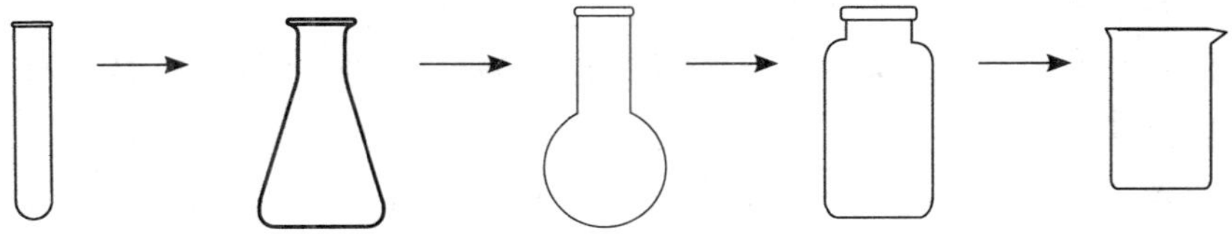

点评：通过仪器的（动态）转换，拓展了学生的认识空间，教给了学生研究问题的思维方式，为建立良好的化学学习方法打下了的基础。

师：下面请同学们根据老师手中的实物装置进行一下实例辨析：这样的一套装置内可进行哪类反应？

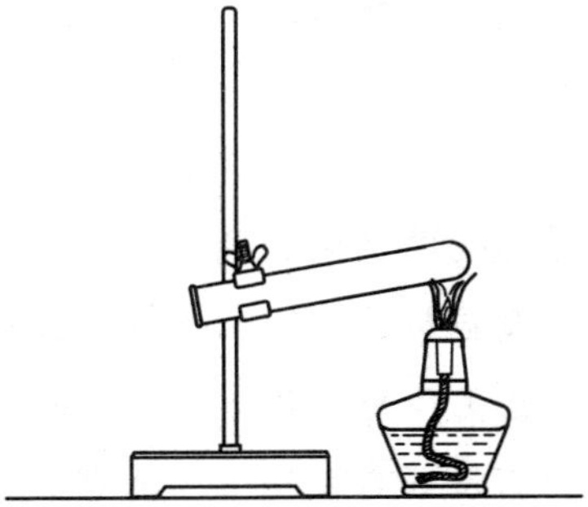

生：加热碱式碳酸铜。

师：这是一个具体的反应，不但加热碱式碳酸铜，加热高锰酸钾、加热氯酸钾都可以用这套装置。哪位同学能概括一下可进行哪类反应？

生：能进行分解反应。

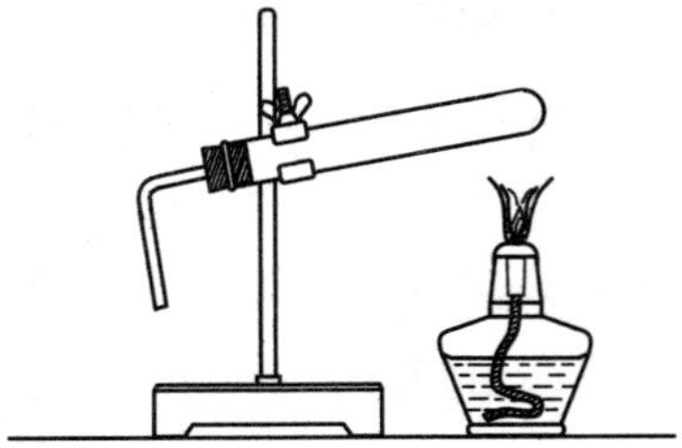

师追问：分解反应是一种反应的类型。通过观察管口方向，反应条件再来判断。

生：可进行给固体物质加热的反应。

师：老师对这一装置做变动，在管口放一个带导管的单口胶塞，又可在其中进行哪类反应？

生：给固体加热制取气体。

师：现在老师把刚才实验中的试管方向调整为管口向上倾斜，推测其中可以进行哪类反应？这是一个我们不曾见

过的全新的装置，哪位同学能勇敢地推测一下？（学生举手踊跃）

师：已经有一位同学想好了，还有吗？两位、三位（对于面带迷惑的小组，教师引导学生从试管口方向推测反应物状态，反应条件）。

生：给液体加热制取气体。

师：有想对这一说法做进一步阐述的吗？（追问）装置内只能放液态反应物吗？

生：不知道。

师：如果反应物既有固体，又有液体，反应条件是加热来制取气体，能用这套装置吗？

生：能。

师：那你能概括性地说一下这样的装置中能进行哪类反应吗？

生：反应物有液体，通过加热制取气体。

点评：引导学生思维认识从特殊到一般，教师通过一系列的设问使学生们顺畅地归纳出了根据反应装置的不同，可推断出反应物、生成物及反应条件不同的规律，进而提高了学生根据反应物及生成物的状态、反应条件的不同而设计不同的反应装置的能力。

师：刚才的三个问题，都不算简单，但大家能勇于挑战自我，表现得都非常好。老师这儿还有四组装置，请同学们帮助老师分析一下，其中可进行什么实验？（投影四组装置）

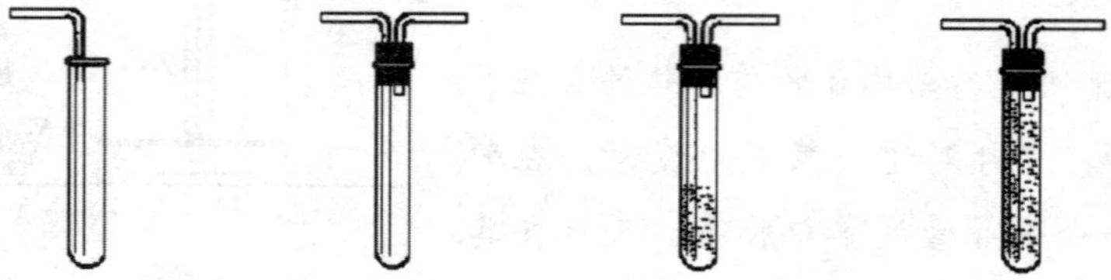

（1）　　（2）　　（3）　　（4）

（学生间讨论）

师：同学们都反映问题有点难，可能想法目前还不太成熟，没关系，让我们交流一下。小的火星有碰撞就会生成大的火种，有哪位同学愿意与大家分享你的思想？一个组、两个组……

生：我想说一下第四组装置，长管内通入气体，水从短管排出。

师：你的这个实验可命名为排水集气。通常状况下，一套装置内长导管是进气管，短导管是出气管，这种认识是对的，但请同学们注意分析一下：不溶于水的气体，当它从长导管进入后要浮于液体之上，这样短管排出的不是水而是气体。

生：气体从短管进，水从长管排出。

师：这是一种特殊的排水集气法。对于排水集气法，大家并不陌生，实验室收集氧气时，我们就使用过排水集气法，比图中的这种装置要简单得多。那么，这套装置的存在有价值吗？

生：能根据需要收集一定量的气体。

生：可用来收集对空气有污染或有毒的气体。

师：刚才不少同学说，第四套装置和第二套装置类似，第四套装置内可完成排水集气实验，第二套装置内则可进行排空气集气的实验。如果用这套装置收集密度比空气小的气体时气体从哪一端进入？

生：气体从短管进入。

师：有关这四套装置应用的探究，由于时间的关系，同学们可能意犹未尽，回家后可继续研究。

点评：这一部分的设计，使本节复习课达到了知识升华的目的。教者通过对实验中变量变化的讨论，引发了学生思维层次的深入，提高了分析、归纳、总结的能力。学生在不断的探究中使学到的理论得到了应用，而在应用中又对学到的理论加深了理解。

师：这节课的课题是“非凡试管”，通过一节课的学习，你体会到它的非凡之所在了吗？

生：试管用途多。

师：（板书）　非凡试管

↖　↙

用途多

师：这节课我们通过试管这一媒介，旨在引导大家在今后的学习中，注意运用化学的思想、方法去研究和解决化学问题。试管的非凡之二，是它能引发我们无限的思考。

师：（板书） 思考多

↙ ↖

非凡试管

↖ ↙

用途多

点评：板书是教学内容的加工和提炼，体现着教学内容的设计思路。本节课的板书用图示展示出了知识的联系与综合，试管用途是本节教学的显性目标。以讨论试管的用途为起点，在不断的研讨中学生全面了解了试管的实验教育教学功能和使用试管的技能技巧，进而感悟到了一个很普通的试管竟有如此的非凡之处和无穷的魅力。这才是本节课深层次的教学目标——教给学生用化学的视觉、思想和方法去看待、研究和解决化学问题。

师：一个普通的试管，因为注入智慧的力量才变得非凡起来。可能今天的你、我还都是平凡的人，但只要以智慧为伴，相信在不远的将来我们都能实现心中不平凡的目标。祝同学们今后学习好，生活愉快！谢谢大家！

点评：结束语话虽不多，但有一定的高度。教者从对试管的赞许迁移到鼓励听课的学生，这种结束语很有艺术性也很有鼓动性。

小结：《非凡试管》是一节复习课，李老师在课的设计中巧妙地以试管为引子，把初中阶段学生接触到的与试管有关实验进行回顾、整理。在回顾整理的过程中引导学生掌握学习化学的方法和一些重要的化学思想。

由于初中阶段的化学实验多与试管有关，所以本节课虽以试管为主线，但实质上几乎囊括了初中阶段所有实验。从药品的取用到物质的加热，从气体的制备到集气、洗气、贮气，课堂容量很大。

复习课讲究概括性和网络化，李老师在设计课的时候注意引导学生把零散的知识点进行整理归纳，形成知识的网络，也教给了学生怎样用化学的思想去思考化学问题。

复习课讲究温故而知新。在温故的基础上如何知新，李老师的课上出了自己的特色。首先以试管为引子进行讨论，几乎涉及了初中化学的全部实验，这教给了学生可以用一个全新的视角去研究你所学过的知识；其次李老师的设计由浅至深，从最基础的试管使用到最后四套装置用途的讨论，步步深入地教给学生怎样将已知的知识迁移到对未知问题的应用上。

复习课忌简单重复，重复让人感到厌倦。本节课以试管为主线，增减酒精灯、加减胶塞、变化导管的数量、试管中加减液体……让学生们在不断变换的情境中复习旧知构建新知，同时感受到了变化的奇妙、试管的非凡，对化学复习课怎么能不感兴趣！

总结一下："赞美""温暖""爱""真""差异""美好""用心工作，用情育人""学生第一""创新"这些观念奠定了我的教育思想的底色，后来也成了我的教育思想里很重要的一部分。

二、初创阶段（2007 年—2012 年）：办一所让学生喜欢的学校

（一）学生怎么了

2007 年 3 月 21 日，37 岁的我重返学校担任市区最大规模初中的校长兼党支部书记。记得我刚回到学校任校长的时候，两个现象看得我很痛心。一是学生流失：小学升入初中的时候，每个班级的学生应该在 60 至 65 人之间，但一到九年级快毕业时班级就只剩下 40 至 45 人了，近 20 人哪里去了？过早地流失了。二是上课学生的状态：走到九年级的课堂一看，班级里仅有的 40 至 45 名同学还分出三类，前面三排的孩子在专心地听老师讲课，最后两排的同学趴着的、睡觉的、玩的，干什么的都有。那当时我就想，一家就这么一个孩子，如果家长看到孩子在学校、在班级、在课上是这样一种状态，会怎么想呢？越想心里越痛。

我来到学校两个月之后就是期中考试。数学考试时，当我巡视到最

后一个考场时，当时已经开考有一会了，可原本30几名学生的最后一个考场，当时坐在考场里面进行考试的就只剩下不到20人了，那10来名学生哪去了？监考员老师说不清楚，上科考语文的时候在呢。在我的一再询问下，有的同学说了实话："校长，那些同学在厕所抽烟呢。"为了让学生都参加考试，找我们的男领导上厕所把同学都找了回来，一番批评教育后，这科去考了，等下科学校领导要不是去看着，就又有几个孩子翻墙跑了。可想而知当时学生的厌学状况。

2007年刚回学校做校长的我，对于如何做校长，怎样才能成为一名好校长可以说是一头雾水。面对学校的现状，我的思考是：怎样才能把逃离校园的孩子们重新再拉回校园，使那些厌烦学习的孩子能有一点点喜欢学习，喜欢学校。提出挽回一个失学的学生与把一个学优生打造成重点高中的学生相比，前者的价值在我心中更大。

（二）北京之行奠定了我的办学思想之基

2008年3月17日至31日，在我刚满校长一周年之时，带着办好学校的热望，带着积攒一年的困惑，参加了市教育局统一组织的由上海方略公司在北京主办的"走进名校，走进名校长"高级校长研修班，冯恩洪校长主持了开幕式和第一天的会议。在两周的时间里聆听了郭福昌、孙云策、郭振友、陶西平、胡新懿等中国教育的名家围绕素质教育与教育家办学、德育的实效性与针对性、新课程改革与学校文化建设、校长的使命等专题的精彩报告，这些报告起到了正本清源的作用，让我明确了什么才是好的教育，对于我的教育观的确立起到了决定性的作用；在学习期间我们走进北京府学小学、北京十一学校、史家小学、北大附中、景山学校实地参观考察，聆听了王欢校长、卓立校长、康健校长、李金初校长、李希贵等校长的办学经验，这些名校长的教育情怀、开拓创新的精神、先进的办学思想深深地打动了我。对于专家的报告和北京的这些名优学校的办学实践，一同学习的很多校长都认为可望而不可即，我们这样的偏远地区学不来，只能看看而已。而我却暗下决心：做一个像这些名优校长一样的人，办一所理想中的学校。

这次学习对于我的教育观念影响太大了。"虽然我展开双臂，也绝不能飞上天空，会飞的小鸟却不能像我，在大地上奔跑，虽然我晃动身体，也不会发出美妙的声音，会响的铃却不能像我，会唱许多歌谣，铃和小鸟，还有我，大家不同大家都好”从北京回来之后脑子里总是不由自主地跳出这首小诗。这首诗是陶西平先生给我们做培训的时候出示的，大屏幕上这首小诗一出现，我就被打动了，真美。当陶先生问谁能给大家读一下时，我举手了，非常荣幸，陶先生请我当场朗读，美好的意境打动了在场的人。“大家不同，大家都好”后来成为我教育思想的核心理念之一。

因为和陶先生有这样一次交流，回来后我特别找来先生的文章读。陶先生关于教育的论述对我的教育思想的形成影响很大。

如何理解基础教育？陶老认为，基础教育的任务是为孩子切实打好基础。打好什么基础？一是品德基础，为学生学会做人奠基。二是智力基础，为学生做事和继续学习奠基。三是体质基础，为学生一生的生活和发展奠基。他认为，能不能在这三方面都打好基础，最重要的检验尺度就是是否形成了良好的习惯。品德形成的习惯体现在对事物的反应倾向，智力形成的习惯体现在对问题的思维方式，体质形成的习惯在于生活和发展的方式，最终都体现在行为习惯上。基础教育的任务就是养成良好的习惯。好习惯的养成就是基础教育最重要的质量标准。

陶老认为，我们给未来留下了什么样的孩子，也就给孩子留下了什么样的未来。而基础教育就承担着为未来留下什么样孩子的责任。他特别强调德育和美育。他指出，要懂得道德比智慧重要。破解青少年道德教育困境，一是将至虚归于至实，二是将至繁归于至简。陶老出行途中常常播放青少年流行歌曲，他说，只有知晓青少年喜欢什么，才能有针对性地做好教育工作。陶老特别重视学校美育。他指出，美育的目标，不仅是培养和提高学生对美的感受力、鉴赏力和创造力，而且是要美化人自身，帮助学生树立美的理想，发展美的品格，培育美的情操，形成美的人格。因而，美育的根本宗旨是培育学生的人格和心灵。陶老将对基础教育的研究上升到对整个教育的深度思考，进而指出，人永远是目的——全部教育活动的出发点和归宿。在任何情况下，始终要把人作为目的而非手段。陶老认为，教育是科学，教育是艺术，教育更是一种修炼。

教育的真谛永远处在理想和现实的矛盾之中。它要求你有追求理想的激情，又要求你有面对现实的冷静与清醒，你不能希冀一夜之间解决面临的所有问题，必须忠实地、一步一个脚印地向高处攀登。

如何正确地开展教育改革？陶老指出，我们的教育改革是基于时代、目标、问题而展开的，教育改革的内容就必然聚焦国际社会的关注点，聚焦我们党和政府以及广大群众的关注点，从而形成教育改革的动向和趋势：更加重视教育公平，更加重视核心素养，更加重视教育过程，更加重视开放办学。教育改革要抓好以下三个关键点：有规矩——严格落实依法治教，有技术——充分应用科学技术，有人——全面提升教师素质。陶老指出，课程问题是学校建设的根本问题，也是关系到教育质量的关键问题。积极向上的课堂文化是学生智慧、能力、人格生长的必要条件。改革当然不仅仅发生在课堂上，但可以肯定的是，没有发生在课堂上的改革，不是真正的改革。通过创造课堂教学，促进学生个性化学习，使不同的学生都能打好全面的素质基础，这就是最好的课堂教学。这种课堂教学对教师的专业发展、对达成教育目标具有本源性意义。他力主改革必须发生在课堂上，好课堂应该有笑声、掌声、辩论声。掌声，说明深刻与精辟——有感悟；笑声，说明生动与精彩——有兴趣；辩论声，说明启发与探究——有参与。他强调，我们所进行的每一项改革，都必须是为了进步，而不是为变化而变化，不能将旧货贴上新的标签，更不能表面抓新，实际护旧。从只看“冷冰冰的分”到关注“活生生的人”，是推进教育改革的有力措施，为高校选拔人才提供了更为全面科学的依据。我们进行任何改革都需要信心、耐心和坚不可摧的决心，对显效相对滞后的教育改革尤其如此。

教育如何创新？陶老指出，当今世界，改革创新已成为教育事业的主题。面对教育价值取向的多元、教育目标实施途径的多样以及教育政策的多变，要求我们在教育改革创新过程中，必须牢牢把握世界教育发展态势，避免在这个多元、多样、多变的教育环境中，出现工具理性和价值理性的背离。“仰望星空、脚踏实地”是当代教育工作者在改革创新过程中应该坚持的原则。仰望星空，就是要视野开阔，兼容并蓄。脚踏实地，就是要坚持实验，知快守慢。多元、多样、多变的时代，挑战着教育的智慧，为所有的教育工作者提供了广阔的研究空间。陶老指出，教育需要理论创新、制度创新，更需要教育工作者在教学实践中创新。创新要做三件事：一是没做过的事，二是不愿做的事，三是不敢做的事。教育创新，无论是观念层面、制度层面，还是方法层面，归根结底是要实实在在地使教育事业的发展得到实惠。先进的教育理念引领正确的教育创新。没有正确理念引导的、随心所欲的、排浪式的“创新”，会使创新的倡导者成为匆匆过客，使创新成果难以融入优秀传统，甚至可能造成优秀传统的断层。基础教育的创新不能只是“加法思维”，必须有加有减，要倡导“精益管理”。学校层面的教育创新，当然包括顶层设计的体制性创新，但更多的是“微创新”。“微创新”也是生产力，也能创造巨大的财富。“微创新”看起来小，但它不仅可以丰富教育科学的宝库，而且可能引发我们对教育大问题的突破性思考。教育事业的发展过程是一个创新过程，同时是一个积累过程。扎扎实实的积累和蓬蓬勃勃的创新有机融合，才是教育发展的保证，也才是校长健康成长的保证。

陶老心目中的教育家有三个重要标志，一是有执着的教育追求，二是有成熟的教育理念，三是有成功的教育实践。我们现在需要的就是这样一批既能在传承中守正，又能在变革中出新的教育家。陶老指出，造就一批教育家绝不是选一批苗子进行专门培养就可以实现的，而是要为教育家成长创造宽松的环境。如果校长只是一个执行者，那他就永远不可能成为教育家；如果把一位教育家只放在执行者的位置，那他也就无法展现教育家的本色。要使教育家们不被那些无视教育规律、容不得半点不同的“一刀切”式的管理捆住手脚，那才是中国教育家之大幸，当然，更是中国教育事业之大幸。中国目前最需要教育家，也最有可能产生教育家，而且已经有一批教育家从理论和实践结合的角度探索着中国教育改革与发展的道路。每位教育家都有一个自身成长的过程，没有任何人可以去培养另一个人成为教育家。因为教育家不是温室里的花朵，而是迎风斗浪的海燕。教育家都是在发现问题、研究问题、解决问题的过程中，克服重重困难和阻力，经受次次失败与挫折，最终寻找到解决一个或者多个问题的途径，从而引导教育的改革与发展的。教育家可以有乐观的心态，但教育家成长的过程不会是一部浪漫史。他会面对很多的坎坷、很多的指责，甚至很多的痛苦。但是，时代需要教育展现新的面貌，教育家正是理想教育的追梦人。什么是教育家精神？有定力、有创造、有担当，这就是教育家精神。

陶老指出，目前，世界各国都开始关注教育过程。必须重视由教育思想支配的教育过程，重视教育过程和教育过程中反映出来的教育思想。因为真正良好的教育效果，存在于正确教育思想指导下的教育过程之中。他说“应试教育”与素质教育的重要区别之一，就是“应试教育”比较重视结果，就是考试的结果。只要你考得好一切就都好。而素质教育最重要的是重视过程，因为素质教育中内化为学生品质的那些东西是在过程中实现的。第二是“整体”，包括各级各类教育的方方面面，办好每所学校，教好每个学生。不只是关注学生某方面的发展，而是关注学生的全面发展，要求学生要有广博的知识、高尚的道德、充沛的激情、科学的思维、审美的能力、创新的冲动。陶老建议，把“让失败率为零”作为“紫禁杯”优秀班主任的共同口号，让所有学生都在原有的基础上得到发展。他指出，素质教育的任务是要创造适合每个学生的教育，而不是只选择适合教育的学生。第三是“优化”，不仅要优（好），而且要化（成为一种固定的性质或状态）。关键是“实现”，而不仅仅是一种理念、梦想、奋斗目标。

“实现教育过程的整体优化”。受陶西平先生教育思想的影响，我提出了“让师生过一种有意思又有意义的校园生活”的办学主张，“十三五”和“十四五”期间，连续开展“差异适应性教育”研究。

北京回来之后，每每在工作中遇到苦恼、困惑时总要回看一下当时的学习笔记，想想那些闪光的灵魂……

（三）变革——把学校变成学生喜欢的模样

“国家把整个的学校交给你，你要用整个的心去做整个的学校”。这是著名教育家陶行知先生说的，也是我的座右铭。从北京回来之后，学校发生了静悄悄的革命。

2007 年 8 月，变革传统的开学典礼，表彰的项目由原来的几项变成了 20 多项，有勤学善思奖、最具礼仪奖、最具爱心奖、关心集体奖、作业规范奖、进步生奖、特长生奖、优秀团员奖、三好学生奖、优秀学生干部奖等等，学校还精心地为每个奖项都制作了颁奖词。受表彰的同学们听着颁奖词，走过红地毯。

2008 年 7 月，举办首届毕业典礼暨校园艺术节活动。活动从下午四点到凌晨一点，校园被装点成节日的气氛，学校所有的柳树都挂上了霓虹灯，在操场中间燃气熊熊的篝火，美术和物理教师联手制作火炬，毕业典礼上设计了象征学校精神传承的围绕操场的火炬传递跑，活动高潮时校园里放起了烟花，凡是愿意登台的学生都可以上台进行表演。用我们珲春人的话说，我们学校的这个“毕业典礼”就相当于中央电视台的《同一首歌》。

2008 年 5 月组织学生春游。给每个班级补贴 300 元钱，每班租一辆大客车。说到春游一开始老师比较抵触，害怕出什么危险。为确保安全，班主任提前去踩点，确定路线，和同学们一起制定预案，邀请家长和科任教师进班做安全协管员。一切妥当之后，明媚的五月份最后一周的周五，每个班都打着班旗，列着队，集体登上停在校门口的大客车，一路欢笑一路歌声。有的班级来到了珲春的吉林八景——防川，领略一眼望三国的风光；有的班级来到了土字碑，来到了吴大澂像广场，那段屈辱的历史激励同学们努力学习，报效祖国；还有的班级来到了满族文物陈列馆，理解满族文化；来到了美丽的红旗河畔，来看自己的家乡，了解自己的家乡。

走进农家，走进军营，中俄互访，远足拉练，全员参与的趣味运动会……通过这一系列同学们喜爱的活动的开展，学校变得有意思起来，原来逃学的学生也找老师说要回来上学，辍学生明显少了。经过两年的实践，教师的观念有了一定的转变，学生课堂上放弃学习，甚至流失的问题有了明显的改观。

2009 年，为了不让一个孩子掉队，改革课堂教学。我们提出：学生动起来，课堂活起来，效果好起来的课堂目标；确立了先学后教，以学定教，多学少教的课堂原则；进行课堂教学改革，改革座位方式，变插秧式为小组合作式，实施小组合作学习；变关注升学有望的少数学生为从最后一名抓起，一个都不能少。

（四）关注个性差异，实践人本教育

2010年4月延边州校长论坛上，我在大会上作了《关注个性差异促进教育教学质量的提高》的主题发言，该文全面反映了当时我的办学思考与实践。全文如下：

1. 对人的认识

就教育学而言，我以为教育发展的内在核心问题是对“人”的认识。从宏观功能的角度看，任何时代的教育都是社会更新性再生产与人类发展的历史的具体统一，它集中反映在不同历史时期社会对人的发展的要求和人对自身价值的追求上。从具体实践的角度看，教育是直面人、通过人和为了人的一种独特的社会事业，人既是教育的直接对象，又是教育过程的重要构成，还是教育成效的终极体现。因此，无论是对学校的宏观策划，还是各类教育实践的进行，都不可能没有对“人”的认识的支撑。在一定意义上可以说，有怎样的“人”的观念，就会有怎样的教育和怎样的学校。古今中外教育学发展史上的重要流派纷争和时代性的转换，都以对“人”的认识的重大区别和变化为标志。就我们目前教育的现状来看，在有关“人”的认识上，主要缺失的是“具体个人”的意识，需要实现的是从“抽象的人”向“具体个人”的转换。

“抽象的人”在教育学中的典型表现，是把“人”当作与客体相对立的独立主体，把“人”的发展看作是由遗传与环境这些不能由发展主体控制的因素相互作用的结果，强调教育对人的塑造作用，突出教育目标的划一性、教育内容的统一性和教育过程的操作性，教育常常被比喻为“生产”，教师是“灵魂的工程师”，学生则成了加工的“对象”与“产品”。

在这样的教育学中缺失的是“具体个人”，而教育真正面对的恰恰是“具体个人”。“具体个人”作为教育学的一个基础性观念，至少意味着我们对“人”的认识要发生一系列的变化：要承认人的生命是在具体个人中存活、生长、发展的；每一个具体个人都是不可分割的有机整体；个体生命是以整体的方式存活在环境中，并在与环境一日不可中断的相互作用和相互构成中生存与发展；具体个人的生命价值只有在各种生命经历中，通过主观努力、奋斗、反思、学习和不断超越自我，才能创建和实现，离开了对具体个人生命经历的关注和提升，就很难认识个人的成长与发展；具体个人是既有唯一性、独特性，又在其中体现着人之普遍性、共通性的个人，是个性与群性具体统一的个人……有了这些认识，教育的立足点和视角会发生诸多相应的变化：我们不会只关注教育的社会价值，忽视教育对每个人在社会中生存、发展和实现人生价值和幸福的意义；不会把个体成长只作为起点去研究，而是作为教育中个体重要的内在需求与动力去研究；不会把教育只看作是知识、技能的传递过程，而是看作必须提升人的自我超越的意识和能力，提升人的生命质量和创造能力的过程；不会把个体之间的差异看作问题，而是当作教育的资源和财富去开发；不会只根据人的今天去判断、决定他的明天，而会把发现人的发展的可能并使这种可能转化为现实，作为教育研究的重要课题。

2. 基于人本的办学理念提出与办学实践

思想理念：人皆有长，关键是发现并点燃

培养目标：健康自信、乐善好群、智能初显、可持续发展

管理理念：尊重人，完善人，发展人

班级创建目标：无流失生班→无差生班→全合格学科→全合格班级→全合格学校

结合以上的理念和目标把我校正在做和在未来的一段时间着手要做的一些工作向各位同仁做以介绍：

（1）实施人性化管理，增强师生的学校归属感，打造积极向上的和谐学校。尊重人的前提是认识人——人非抽象而是具体的人；人具有多种智能，每个人一定有至少一种优势智能；儿童的学习是有多种风格的；其次是理解人——就是要体谅、尊重师生，平等地对待、欣赏师生，诚心诚意地去帮助他们、鼓励他们、感化他们。

学校注重管理的伦理艺术，努力实施人性化的管理，把“科学规范”

与“人文关怀”融为一体，致力于“智慧型管理文化”的建设。学校不断完善以“理解人、关心人、凝聚人”为主要内容的凝聚力工程建设机制，以校为本、以人为本，实施了送温暖、送清凉活动：为教职工过生日；考勤制度实施差异管理；2009年新年的时候，学校138名老师，每位老师都收到了附有校长亲自写祝福语并且带有自己工作画面的贺年卡；2010年元旦，学校又为每位教师制作了印有自己和家人照片的台历，为离退休教师送花；学校计划从今年开始为退休教师开教育思想报告会，并且邀请老师们的学生参加等措施，充分调动教职工主动性、能动性，使教职工在愉悦、宽松的环境中，全身心地投入到提高教育教学质量的教学工作中去，将人心凝聚到学校的目标和任务上来。

（2）通过差异管理，调动各层次师生的积极性，减负增效。根据学科的不同，差异要求。学校要求语数外老师必须有文本式学案，其他学科可以是课件式导学案，学案格式由教导处统一规定。学案由集体备课主备教师承担主要内容，修改意见和教学后记由上课教师填写。使用课件的教师修改意见和教学后记用电子文档进行记录。3年以下教龄的教师必须写教学详案，而且必须在备课组长审阅签字后，才能上课。

根据师生年龄、程度的不同，差异要求。例如：要求青年教师每月发送两篇、中老年教师每月发送一篇不少于350字的教学反思到珲春四中网站教学论坛中进行交流；要求每学期校长听课40节，副校长、主任听课60节，教研组长听课35节，45周岁以下的教师听课30节，45周岁以上的教师听课20节；英语组、数学组根据学生程度不同布置差异性练习等。

针对学校年青教师比较多的情况，成立“青年教师沙龙”，制定青年教师培养计划，间周开展活动，读书汇报交流、教学研讨、名师答疑解惑和基本功过关。督促和帮助青年教师成长。学校计划用三年的时间在青年教师中每科至少培养出一名校级以上名师。

根据学生爱好、特长不同，差异要求。本学期后半期将在体育和非考试科目中开展发展学生特长的走班上课尝试。

（3）通过层级管理，明确各级工作职责，优化管理效果。明确教导处、教研组、备课组责任。教研组长担当对本教研组教师队伍建设，教师培训和教研活动的指导职责，对本组的教学质量负责。备课组长担当带领组内教师开展教学研究的工作，对本备课组教学质量负责。备课组长督促组内成员严格执行教学计划中的常规工作，如候课，作业批改，听课等；检查组员对教学计划中教学常规执行情况，对组员进行量化（检查、督促）的责任。教导处负责检查、指导、评定教研组长、备课组长的工作。

层级管理实施一年以来，逐步发挥了应有的作用：通过层级管理，增强了教研组长、备课组长的责任意识，使得集体备课、磨课、周周清、学案编制等常规工作落得更实；通过层级管理，增强了基层组织的质量意识，变原来只是学校抓质量为教研组、备课组齐抓质量。开学以来九年级的集体备课、磨课等活动上经常出现七、八年级备课组长老师们的身影，他们在教研组长的带领下积极为九年级传送复习经验，进行指导；通过层级管理，对备课组实行捆绑考核，变原来的单打独斗为合作研究。学期末对优秀备课组进行总结表彰，八年级数学备课组由于在探索新的教学模式的过程中迎难而上积极探索，组内团结，课堂效果好而受到校级集体嘉奖；九年级英语备课组因学案设计科学、实用性强而受到校级集体嘉奖；九年级的数学备课组今年主动申请争创州级优秀备课组。本着教学即研究的思想，要求各教研组备课组注意搜集、反思教学困惑，形成研究主题（即组内研究课题）。教研组备课组结合所选课题，利用组会时间围绕课题进行集体备课、磨课、反思、学习等教研活动。

磨课作为一种深度教研方式，得到广大老师的认可。本学期实行三级磨课制度——备课组内磨课、教研组内磨课、校内磨课。要求备课组内主题磨课保证每两周至少一次，教研组内以备课组为单位进行汇报式主题磨课，学期末学校将以教研组为单位进行展示汇报式主题磨课。每学期每个备课组都要向教研组展示备课组活动成果，主要是小课题研究进展情况，展示时既要有研究情况综述又要有上课，教研组经过评定推选一个备课组在学期末的教学研讨会中向全校展示。年末学校拟召开科研成果汇报会。在整个过程中学校将积极争取上级科研部门协助做好培训和指导。

针对班级后三分之一学生的转化，继续开展青年教师导师制工作和坚持每周班主任至少给一名进步生家长写汇报信的工作。在这两项工作中学校将对有典型做法和效果的教师给予奖励。按照“注重情感体验，关注学生需求”的德育策略，在今年的德育活动安排上一改以往自上而下的主观臆断式的活动安排，注重学生的需求，学生在什么问题上感兴趣我们就在什么问题上大做文章，想办法创新德育活动，通过创设生动的、学生喜欢的情境给学生以真实的情感体验而不是反复地说教，因势利导实现德育的实效性。关于春游很多学生从小学就盼望但一直没机会得以实现，今年的5月，我校组织了一、二学年28个教学班进行了春季踏青活动，各班都制订了形式各样的、有意义的确保安全的活动方案，活动结束后各班学生都对写了自己的感受：兴奋、珍惜、想到了环保、发现了家乡的美、增强了团队意识、更加喜欢自己的班集体、感受到老师的伟大、勇于挑战自我等等。关于开学典礼是各校开学初都必须进行的一项活动，但由于活动形式单一，多少年不变样，使得原本很有意义的典礼活动引不起学生兴趣，收不到应有的效果。我校今年秋季的开学典礼大胆创新，买来100米红地毯把前后楼从操场中间连接起来，增加奖励项目，变原来三好学生、优秀学生干部等几项奖励为20几项奖励，特别添加了像关心班级奖、学习进步奖、乐于助人奖、好学善思奖、作业规范奖、最具爱心奖、文明礼仪奖、有特长奖等，此次开学典礼共有454名学生听着颁奖词走过红地毯，规模如此之大、气氛如此隆重的开学典礼对于学生们来说还是有生以来第一次。通过这次活动学生能意识到不仅只有学习好才能受到表彰，使很多同学受到触动。近7个小时的从下午4点到半夜11点的毕业典礼有毕业学生对母校的留恋、有往届优秀毕业生对母校的问候、有意味着传承的火炬传递、有学生的才艺展示。秋季校趣味运动会以“我参与我快乐、我运动我健康”为主题，把比赛项目和平时的大课间联系起来，活动内容淡化竞技突出趣味性——开火车、跳大绳、投准、定点投篮、踢毽、兔子跳、呼啦圈……90%以上的参与率让学生感受到运动的乐趣。通过此次活动提升了学生的运动、健康意识。此次活动州教育局组织人员前来观摩，我校在会上做了经验介绍，金英虎局长对我校体育工作给予了高度评价。今年我校在迎奥运市长跑赛中分获男女冠军、在全市中小学运动上荣获初中组第一名、全州运动会荣获乒乓球团体第一名、田径第三名，学校被评为州级体育工作先进集体。中俄学生互访，还有即将到来的元旦学生经营活动等等，形式新颖、内涵丰富的各种活动增强了德育的时效性。

学校成立了学生社团——科技社团、艺术社团、公益社团、体育社团、文学社团，社团配备专职教师，坚持开展活动，学生在全市七巧板竞赛、航模比赛、省科技大赛、全国邮票设计大赛中获奖 97 人次，金香的科技作品（省二等奖）是我州唯一初中获奖的学生，李季烨荣获全国邮票设计大赛一等奖的第一名，中央电视台日前还做了报道。学校有综合实践基地，城区是友好社区和迎春社区。周六、周日、假期学校组织学生去参加社会公益活动 70 余次。

开展了迎奥运系列活动、读书系列活动，“激情奥运，阳光校园”主题黑板报评选，“迎奥运、促和谐”演讲大赛，“迎奥运阳光体育”春季长跑赛，“激情奥运，阳光校园”征文大赛；班班设立图书角，周二、周四中午为全校读书时间；开展了学生经典诵读大赛、口头作文竞赛、语文阅读古诗文竞赛、校内读书王评选，组织学生参加省州市的相关的读书征文活动均取得了优异的成绩。有 13 名同学在全国青少年主题教育“知荣明耻树新风”读书活动中获奖；组织学生参加了环保征文竞赛并取得了集体一等奖。利用假期时间，团委号召各班团支部开展丰富多彩的社会实践活动，打工赚钱、慰问孤老、体验社会，在社会的大课堂里拓宽学习途径。此外像本学期要开展的主题春游活动、卡拉 OK 大赛、街舞大赛、棋类比赛、迎世博演讲赛，走班选课等活动和工作引导学生课内外学习相融合。

三、发展阶段（2012 年—2018 年）：让学校成为充满幸福感的地方

（一）办有幸福感的学校的提出

2011 年 11 月，学校搬入崭新的教学楼，尽管 17544 平方米的教学楼里除了每班一块黑板是新的以外，其他都是旧的，但老师和同学们都很开心。新的教学环境，学校要有新的气象，下一阶段，学校何去何从？这时，央视的一档节目引发了我的思考？

2012 年中秋、国庆双节期间，中央电视台推出了《走基层·百姓心声》，深入基层对几千名不同各行业的人进行采访，面对的问题都是“你幸福吗？”一时间，“幸福”一词成为媒体热词，也引发了中国人对幸福的思考。

2012 年 10 月 11 日，莫言获得诺贝尔文学奖，接受央视采访时表示，在被主持人追问“你幸福吗？”时，莫言干脆地回答说，“我不知道，我从来不考虑这个问题”。“我现在压力很大，忧虑重重，能幸福吗？”莫言说，“我要说不幸福，那也太装了吧。刚得诺贝尔奖能说不幸福吗？”

一位清徐县北营村务工人员面对记者的提问时，首先推脱了一番：“我是外地打工的，不要问我。”该位记者却未放弃，继续追问道：“您幸福吗？”这位清徐县北营村务工人员用眼神上下打量了一番提问的记者，然后答道：“我姓曾。”

一位 73 岁的捡瓶子的老人再次爆出神回复：“我耳朵不好。”

改革开放 40 多年来，我国人民物质生活水平大为提高，伴随而来的价值观、人生观和生活方式的变迁，对当代中国人特别是青年人幸福观的形成产生了重大影响，中国人产生了新的选择困惑和幸福困惑；当前世界各国在关注经济发展的同时，越来越将注意力转向国民幸福问题，我国政府对此问题的重视程度也不断加强，时任国务院总理温家宝就曾经指出“要让人民生活得更加幸福、更有尊严”，将提升国民的幸福感作为一项涉及民生的重要工作。重提中国人的幸福观，既是时代发展的新要求，也是党和政府关注民生的新表现。

当时，不但成年人幸福感缺失，青少年被作为流水线上的产品成批

地送入学校，又被批量性地输出，无视学生的个体差异性，异化的知识教育，一切以升学为指向，目中无人的现象在学校中普遍存在。当时北京大学儿童青少年卫生研究所最新公布了一项调查结果显示：过去12个月感到孤独的报告率男女生分别为50.1%、56.9%，因学习压力或是因成绩问题感到心情不愉快的男生和女生分别是64.6%和72.6%，分别有37.1%和39.9%的男女生经常或总是因担心某事而失眠，17%的男女学生连续两周或更长时间感到非常伤心或绝望而停止日常活动。该项调查还显示中学生中每5个人就有1个人曾经考虑过自杀，占样本总数的20.4%，而为自杀做过计划的占6.5%。中学生，特别是初二、初三和高一年级，男女生自杀意念和自杀计划报告率远高于其他年级。男生自杀未遂报告率维持在3%左右，初二、初三和高一女生自杀未遂报告率远高于其他年级。如此高的不幸数据反映了中学生的生存状态，也从侧面反映中学教育危机存在的程度。“为了僵化的知识，考试成绩和升学而心力交瘁”。我们不禁试问：心力交瘁的人如何能真正地成才，如何能幸福，如何能实现自我价值和社会价值？

在当时的社会背景下我们提出了办“有幸福感的学校”的目标。有幸福感的学校是什么样的学校？为此，学校多次开展师生大讨论，进行学校的SWOT分析，围绕学校的文化、管理、课程、课堂进行系统分析与规划，幸福学校的模样逐渐清晰起来。我们把“让教育成就幸福，让人生别样精彩”作为办学理念，用烫金大字高高镌刻在学校教学楼的外墙上。在这一阶段，围绕有幸福感的学校进一步明确学校的价值共识。

（二）有幸福感的学校的价值共识

1. 有幸福感的学校一定是目中有人的学校。学生是人，不是“物”。而人是有差异的，差异不是差距；差异是工作起点；差异是宝贵的资源；尊重差异，依靠差异，锻炼差异，发展差异；确立了学校的学生观：大家不同，大家都好。

2. 有幸福感的学校为师生创设的是有温度、有意思、有意义的校园生活。

3. 有幸福感的学校里的每一个人都把让别人因为我的存在而感到幸

福作为座右铭。

4. 教师幸福学生才会幸福。有幸福感的学校，把理解人、尊重人、完善人、发展人作为管理的理念，善待每一位教师。

5. 有幸福感的学校是用价值凝聚共识而弱管控的学校。

6. 有幸福感的学校是底线要求不高，有美好愿景感召，底线和愿景中间有很大空间供广大师生自由成长的学校。

有幸福感的学校不能只停留在观念层面上，如何让幸福感慨看得见又摸得着？

在学校的环境文化的布置上，我们用足了心思：打破学校陈旧刻板的印象，让学校比校园周边的网吧、咖啡厅的环境对孩子们更有吸引力，有家的温馨，比家里更具有成长功能性。学校是孩子们的，学校里的环境设施孩子们可以随便动，随时用。

经过反复征求师生对于学校即将进行的环境文化建设的意见，2014年底确定了学校环境建设思路：现代化、家居化、重体验、可选择。学校的一期环境文化建设重点打造了“四区 + 一园 + 一堂 + 一轩”，即琴、棋、书、画区，植物园，润德堂以及虚静稹轩。当崭新的环境展现在全体师生面前的时候，学校的朋友圈沸腾了，这哪是学校呀，像咖啡厅，像植物园，像书吧，太喜欢学校了！

进行学校的校本课程建设。基于尊重差异，发展差异的原则，2012年8月，七、八年级全面开设选修课，时间为每周五的3：00—4：30，学生依据兴趣爱好自主选择课程，七、八年级所有学生实行选课走班上课。2014年1月，把研究性学习、假期综合实践活动课程纳入课程体系，提升课程体系的宽度和深度。

（三）进行有幸福感的学校管理探索

尊重是现代学校管理的前提，尊重主体的人格和尊严，关注人的内心世界，激励人的情绪精神，这是现代学校管理的出发点。

1. 实现对教师的情感管理，体现人文关怀

首先，要尊重教师的人格。学校领导与教师在政治上和人格上是平等的；校长与教师之间除了是领导与被领导的关系外，还是同事和朋友

的关系，是教师的良师益友。为了实现学校的办学目标，校长要善于把广大教职工团结在自己的周围，随时了解教职工思想脉搏，发现问题，及时引导和解决。校长的人格魅力和亲和力可以给教师精神上的鼓舞。

其次，要尊重教师的职业自由权。作为学校领导，要允许教师在履行职责上享有学术自由,有资格对最适合于学生的教具及教法做出判断，在选择运用教育方法方面起主要作用，学校任何监督制度都不得损害教师的自由权和创造性。要创设宽松的环境，让广大教师既成为合格教师，又能努力成为优秀教师和有个人特色的教师。

再次，对教师要宽容。校长要“严于律己，宽以待人”，要有“海纳百川”的胸怀，在关注群体教师需求的同时，注重需求的个性化，对性格鲜明或弱势者、受挫者应给予更多的理解与关怀，从而调整他们的心态，平和情绪，激发热情。学校如能创设宽松的环境、民主的氛围，就能使教师有安全感、归宿感和集体荣誉感。

最后，尊重教师专业发展，对教师进行人性化的评价。对教师的劳动成果要给予客观公正的评价。学校对教师的一切考核评价过程中，要把教师看作是学校的主人、事业的根本。把教师视为朋友和合作伙伴基础上，制订出定性和定量相结合的科学评价体系，重绩兼量，分类操作，从而达到激励的作用。现代学校管理要变传统的对教师工作绩效的静态结果性考评为关注教师行为的互动发展性的评价。考评的重点是教师的过程改进及行为的进步。通过听课、评课、组织研讨、反馈交流等途径建立指导教师专业发展的主动考核机制，帮助教师较为客观地明确自己的优势与劣势，指导教师规划自己的专业成长，划分教师成长阶段，并为教师的继续教育创造条件，以增进教育教学的质量和效能，推动教师的专业发展。

2. 优化学生管理途径，体现主体性

培养学生的自主管理能力，在班级形成“人人有事做，事事有人做”的局面。试行学生校长助理、学生班主任的方法，引导学生参与自主管理，从学校层面到班级、从教室到校园公共区域，学生们自主管理的场面随处可见。通过学生的自主管理，给学生以充分的信任，极大地焕发了学生的责任意识和自主意识，架起了学生与学校管理沟通的桥梁，确立“最优化的管理是自我的管理”的观点。

（四）形成中的有幸福感的学校办学思想

在原上海北郊学校郑杰校长的帮助下，通过与师生问卷，与中层以上领导、教研组长备课组长、教师代表座谈，结合学校的发展历程，确立了学校的理念文化。下文是2014年应吉林省教育学院干训部邀请到吉林松原送培，我当时对自己的办学思想所做的梳理。

1. 办学理念

我校的办学理念为：让教育成就幸福，让人生别样精彩。

这里的“幸福”是一种持续时间较长的对生活的满足和感到生活有巨大乐趣并自然而然地希望持续久远的愉快心情。

“人生”是人们渴求幸福、寻找幸福、创造幸福和享受幸福的过程。每个生命都是平凡的，教育应使师生的个人价值得到实现，使其人生过程充满精彩的瞬间。

2. 培养目标

一个幸福的人一定是一个其个人价值得到实现的人，一个个人潜能得到发挥的人。因此，本校认为“学会自主”是幸福的关键。自我效能感所谓自主是指“自己做主，不受他人支配”。特征是我选择，以我的方式，我对结果负责。当一个人得到平等尊重的时候，他就会自主，一个人越自主，就越有成就感，他的幸福感就越强。

我们认为自主是一种能力，学校教育的目的就是要使学生具备这种渴望幸福、寻找幸福、创造幸福和享受幸福的“自主能力”。

一个自主的人，应具备三个方面的素质，一是视野广阔，唯有广阔的视野才能使他做出自主的选择；二是热爱生活，唯有精心安排和设计自己的生活，才有自主的进取心和对生活的耐受力，也才能理解生活和享受生活；三是志向高远，唯有高远的志向才能使其生命更有意义，其自主行为方能长久和坚韧，也才能不断地挑战自己、完善自己和超越自己。

本校认为，真正的教育最终要化为自我教育，自我教育的过程是克服自身种种障碍的过程，是跳出人生密布的重重陷阱的过程。这一过程充满了失败和绝望，人必须学会为抵御它们而付出艰巨的努力。学校要让学生体会生命之艰难与沉重，进而果敢地承担起这些重负。

所以本校的培养目标：广阔的视野，精致的生活，高远的志向。

3. 办学目标

本校的办学目标：共享、共创、共成长的精神家园。

办学目标的含义：

学校应该是一个精神的高地，在这个精神领地，师生在一起生活和学习，共同享受，令人神往，倍感幸福。

幸福是一个创造的过程，本校强调师生之间、师师之间、生生之间的伙伴关系，通过合作学习和探究，共同创造一个幸福的家园。

学校的使命是帮助人们成长，不仅是学生，教师也应该在这个精神领地里获得最大的发展。

4. 关于办学理念的思考与实践

理念其实就是对“为什么要办学校”的一个理性思考。对于一个学校来讲，办学理念相当重要，可以说有什么样的办学理念就有什么样的学校，就有什么样的教风、校风、学风和学校文化。办学理念回答的是办学校的目的，培养目标回答的是培养什么样的人的问题，有什么样的培养目标就有什么样的学校课程（活动也是一种课程）。而办学理念和培养目标的确立一定潜藏着校长的教育价值认同。而校长的教育价值认同一定深受他认同的教育理论影响（加德纳的多元智能理论对我的影响较深）。校长的教育观、学生观、质量观、人才观都直接左右着校长办学理念的确立。

关于什么是教育的解读有100多种，我对什么是教育的认同是：教育即唤醒和激励。所以我校的校训为：禀受才智于自然，回复灵性以全生。意思是学生的才智来自于自然，学校和教师应回复灵性以促进其生命成长。

我的学生观是：学生在学习方面个体间的差异源于智能类型的不同而非智商上的差别，学生是智能类型不同有差异的个体。学校应通过各种活动和平台让学生认识自己、悦纳自己、发展自己。在学校生活中强调自己和自己比，鼓励自我的超越。

我的质量观：没有考试成绩的学校不是好学校，只有考试成绩的学校也不是好学校。

尖子生考得好不是真正质量高；后三分之一的学生不掉队才是质量高。对自己学校定的质量目标是：三年后中考学生个体平均分全及格（关注到每一位学生）。学生可以承认自己确实不擅长某个科目的学习，但不能一无所长。

真正的高质量办学，不但让学生中考考得好，还要让学生到高中有发展的潜能和后劲（变教师死看死守为学生自主管理、变传统教学方式为先学后教）。

真正的高质量是学生不流失（一个不掉队）。

质量好 = 质量（1）【成绩高】/ 耗损（2）【零损耗】× 幸福感（3）【零抱怨】

我的人才观：国家现阶段对于人才的需求已由 20 世纪八九十年代经济又快又好的发展转为了又好又快发展阶段，对于人才的需求也由对少数高精尖人才的需求转为对普通高素质劳动者的需求。我认为我们学校对于人才培养的定位不是追逐于少数几个高分学生的培养，而应该立足于培养合格公民（最大限度地满足师生需求程度的学校是好学校）。

基于对以上几个概念的思考和反复求证，通过师生座谈、问卷，结合学校 34 年的发展历程，全校师生达成共识后又进一步明确：教育的人本位和社会本位问题。最终全校在教育的以人为本的教育内涵，突出强调人的发展上达成共识。

学校设计：

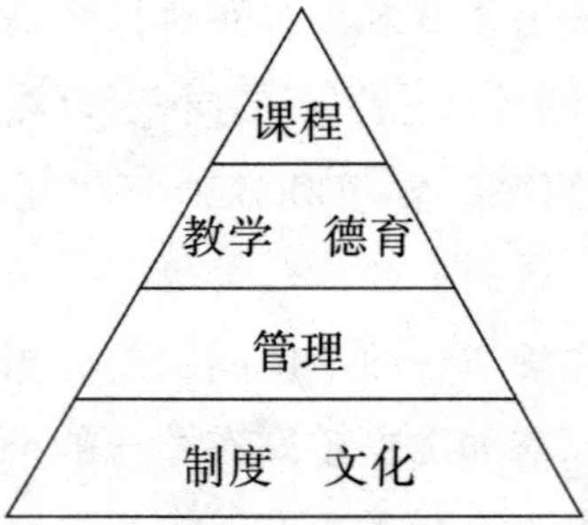

如果三角形表示学校的话，则一个完整的学校要做好内部七个设计，其中最基础的设计为人、制度和文化（幻灯片学校的组织设计、质量手册等）。而顶端设计应为课程，如果说课程之上还有内容的话，就应该是学校的培养目标，而课程、教学、德育、管理、制度、文化则依学校的办学理念而生。学校底座牢靠，发展才能长久，所以学校的发展进程中要先进行制度、文化和组织构建方面的架构，这是学校正常运转的保证（质量手册、学校文化、差异——适应性教学），同时我们看一个学校各层次设计、实施情况，也可粗略估计学校的发展阶段，从 2011 年开始，进行校本课程开发后的实施。

既然课程之上是培养目标，不同学校课程应该是有所不同（校本课程的开发），不同学校同一学科同一内容的教学设计也应有所不同（即国家课程校本化）。教师即课程，学生即课程，学校即课程。

差异、自主、合作、课程这四个关键词是我校办学思想的内核，而其中课程又是内核中的核心，下面我就围绕课程建设阐述在办学过程中是如何实践办学思想的：

（1）课程建设总目标。围绕“广阔的视野，精致的生活，高远的志向”的培养目标，在“让教育成就幸福，让人生别样精彩”的办学理念指导下，以富有特色的学校课程体系响应学生成长的需要，从而丰富学校发展内涵，持续提升学校质量和竞争力。

国家课程的校本化实施过程中注重“合作”。学生是有差异的个体，学生的学习基础、学习风格、学习能力各不相同，教师“一言堂”的课堂很难满足学生个体的差异，从 2009 年开始，学校围绕“怎么教”开始了国家课程校本化教学研究。本次课堂教学改革把“课堂活起来、学生动起来、效果好起来”作为课堂教学的基本研究目标；把基于差异——“先学后教，以学定教，多学少教，以学论教”作为课堂教学的基本原则；把利用差异——“小组合作学习”作为课堂教学的基本组织形式；以面向后 1/3、不放弃任何一名学生为改革重点，以培养学生学习能力为根本，把发展差异——“选修课的开设”作为课堂教学的补充。

传统课堂一个老师管理五六十名学生，要想关注到每位学生，往往是心有余而力不足。因而课堂上出现大量的学困生，甚至是流失生也就自然而然了。学生是有差异的个体，我校是大班额，学生之间差异大，在课堂教学和班级管理中，如何有效地利用学生之间的差异，实现关注后1/3学生,关注每一位学生的新课程理念？常言道,三分教七分管。所以,我校的课堂教学改革第一阶段重点放在改革管理模式上，基于学生间的差异，按照组间同质、组内异质的原则，将学生分为若干个学习小组，每组设一名组长，作为小老师负责组织组内同学学习，帮助和督促组内学习能力差的和行为习惯差的同学。按学生的性别、知识基础、学习能力、组织能力、性格特点的差异进行分组，在小组中保持差异可以有效地促进优势互补。六个同学分别管理学习、量化、纪律、卫生、作业、备品，每人负责一个科目的学习组织和指导工作。由于这种管理方式赋予每个人一个责任，人人都有评价管理权利，捆绑式管理量化增强了小组的凝聚力，组荣我荣，组衰我耻，个人量化分加入考试总分，学生的积极性被调动起来。学困生逐渐减少了。

为更好地进行小组管理，每学期开学初，学校都利用一周的时间不上课进行室内小军训，内容有：重新调整小组（期中期末两次根据组长和组员的双向选择重新划分小组）；讲解、示范、训练学校出台的各项规范和标准（课前准备的规范、预习的规范、对学的规范、课堂讨论的规范、展示的规范等）；重新学习学校的校规校纪；优秀小组长经验介绍；学习方法交流；小组讨论制订自己的组名、组徽、组歌、组训和组内公约；制订学期班级阶段评价细则，班级评价标准根据班级阶段主抓重点动态变化，班级哪方面有问题，学生哪方面需加强就重点赋分进行哪方面的评价，实现以评促改，发挥评价的导向作用、引领作用。

建构主义认为，学生的学习要在充分暴露相异构想的基础上通过碰撞、重组完成对该部分知识的建构。而这种碰撞、重组仅靠老师讲是无法做到的，它需要多方面的交流，可以是师生之间的，也可以是生生之间的，也就是我们说的利用学生的差异进行合作学习。

基于差异—自主预习。自主预习是基于差异的需要。预习的目的是为了让学生通过自己学和思，暴露学生潜意识里的相异构想，为合作学习打基础。学生带着问题或学习提纲、学案进行预习，预习可课上也可课下。预习要解决的问题是对教材关键词、观点原理的理解，提出问题。

利用差异—合作解疑。组内互讲的目的是利用差异，两个小对子进行小交流，产生疑问拿到六人组大交流，经过两次思想碰撞把预习中暴露出来的相异构想全部或大部分否决，基本完成对新知识的建构。

师生解疑是把组内学习没有解决或核心知识的问题拿到班级，由生或师进行讲解点拨，完成对新知的建构。

教师的管理：学年组行政管理和教研组、备课组业务管理相并行。备课组负责日常常规的检查和评定（学校出标准，学校工作计划其实就是本学期各项工作要达到的目标），每月28号将检查和评定上交教导处，学校每学期至少抽查每位教师一项常规工作，作为备课组此项工作的学期末量化得分（共享、共创、共成长——办学目标）。

教师量化考评学年成绩占10%，教研组占10%，备课组成绩占40%，个人成绩占40%。

备课组长对本组教学质量负责，针对去年同期考试成绩，学校和备课组共同商议出本学期各项质量目标（见质量目标，在学校教学工作计划上）。

带领本组开展教研活动，“差异——适应性”教学研究，“独学——对学——群学”的有效实施（怎样通过差异评价、问题设置、组织形式让学生学得有趣）。学期末各组推选代表参与展示，评定结果作为本组期末课堂教学的得分；备课组享有开展教研活动的自主权后，创造性明显增强，像语文组的走廊名鉴贴作文法，徐绍文老师考场作文研究，循环作文、英语单词条、化学课桌实验法；七、八年级同台读书汇报；花样跳绳等（休息天带领学生到广场展示）。

根据教师年龄、心理、工作能力等差异，在教师备课、教案书写、听评课等方面差异对待、差异要求；对学校教师普遍认可、教学质量突出、师德高尚的教师实行常规教学工作量化全免、部分减免和单项免检制度；进行教师工作安排和任务布置时，从教师长处入手，发挥教师工作最大积极性。学校通过下移教学管理重心，加强备课组团队建设，发挥每位教师个性，结合学年常规比拼、磨课研究、体验式备课、青年教师沙龙、研修推介展示、教师讲坛等活动，让教师进行最适合自己的“差异展示”。

师生管理充分赋权，课代表、学有对子、班级男女比拼、值周班长、值日班长等负责机制和意识。学期初教学和德育问题征集，各组选择研究问题，两周进行一次“我的教育故事分享”活动。

每年两次研究成果分享会。每年的7月份是教学研究成果分享会（以备课组为单位），1月份是德育研究成果分享会（以学年组为单位），每次分享会都是学年组、备课组自己挖掘整理成果，自己设计布置展室和展位（有相关的图片和成果）。

（2）校本课程的开发注重自主。根据“广阔的视野，精致的生活，高远的志向”的培养目标，本校校本课程开发设定“博约”“博雅”“博大”等三个课程模块。

“博约”模块的课程目标为：开阔学生视野，满足学生兴趣，培养学生爱好。这些课程应能使学生的智力潜能得到发展。

“博雅”模块的课程目标为：应努力使学生的教养、涵养、气度等得到很好的发展。这些课程应教会学生热爱生活，使之情趣高雅，使心灵世界愈加美好。

“博大”模块的课程目标为：应使树立远大理想，使学生的意志品质得到提升。这些课程应教会学生学会根据目标安排自己的学习和生活，使他们坚忍不拔、持之以恒，使他们学会自我评价并修正自己的行为。

三个模块的课程由教师自主开发，开发模式为创生型，即充分释放教师和学生作为课程主体的创造力，使课程价值重心转向个体生命本位，关注学生个体的学习兴趣和经验，使学生真正“富有个性地学习”。

德育与实践活动课程建设：根据“广阔的视野，精致的生活，高远的志向”的培养目标，本校德育与实践活动设定为学校层面、年级层面、班级层面等三个层面的课程。

学校层面的活动课程——社团活动、成长时间（大课间时间）、升旗仪式活动、才艺展示——节日活动（重在让每一种智能类型的学生都有展示的舞台）。

年级层面的活动：

初一年级组织学生“军训”活动。

初二年级组织学生举行“青春仪式”活动。

初三年级组织学生举行“毕业典礼”活动。

班级层面的活动课程：

主题班会应强调学生远大志向的培养，强调与学生日常生活经验相联系，强调形式创新，使之更符合学生发展需要。

具体课程介绍：博大类——自我认识课程。1996 年，学校借鉴部队管理模式，每月抽出 2 节课，进行学生思想品德月考评。2004 年，中共中央国务院《关于加强和改进未成年人思想道德建设若干意见》出台后，我们丰富学生思想品德月考评内容，拓展评价维度，实行学生综合素质月评价。2009 年，学校开展“差异——适应性”教学后，学生变插秧式坐法为小组围坐，实行小组管理；班级实行值日班长、值周班长轮换制，班级所有事务都由每个学生负责，实行班级学生自治。在原来月评基础上，实行日小结、周反馈、月评价、学期综合评定相结合的动态、多元评价；通过突出日评，实现督促学生自省、自律、自觉。现在，学校德育科研室组织部分班主任正尝试学生差异评价研究保证每天放学前的日小结（每天 20 分钟左右），学校的下午课改由 45 分钟为 40 分钟一节。学生日评分数累加折合最高分 20 分最低分 12 分计入期中期末总分。

有明确目标和规划的孩子，像是装了一台发动机，自己不断地主动寻求发展；而缺少目标和规划的孩子，总是靠家长、老师或者考试的外在助推。开学初，确定一个梦想，制订一个目标，拟定一份未来规划。“确立人生目标，必须首先从认识自己开始”。帮助孩子们正确地认识自己、认识社会，不断地修正自己的人生目标，以期最终接近或者找到一条适合自己的、通向伟大的人生道路。

为帮助学生从个性、志趣、特长，到多元智能、情商、财商等多方面认识自己、了解社会，学校把从业最多的 30 个行业作为重点，开发了职业体验课程，在每一学年里安排 4 次考察活动，让学生根据自己的需要选择参与。职业考察课程，让孩子逐步明白我喜欢什么，我能干什么，我将来要干什么，让他有一个人生目标规划，有了这样的规划，每个孩子就会自觉地成长。

学生的成长是家长和教师无法替代的，只有他盼望成长，愿意为之付出汗水，成长才有可能。如果学生在中学期间就对自己的兴趣、爱好、个性、能力有所了解，知道自己以后将从事什么职业，并对这一职业和涉及的内容进行一些研究，那么，他们在选择专业和职业的时候就不会盲目，在职业生涯的道路上就不会盲目，在职业生涯的发展道路上就会少走弯路，将来从事的也必将是自己喜欢的充满个人激情的职业。

博约类——选修课程。每个学生都是有差异的个体，每个学生的优势智能都各不相同，在学校教育中怎样基于差异、利用差异实现学生的差异发展，学校梳理3年多课堂教学研究的过程和成果，申报了省级课题“差异——适应性”教学研究，通过增加课程的选择性，开设选修课实现学生的差异发展。

学会选择这恐怕是学生走向成功的第一步。如果一个学生在选择大学专业的时候，选的是父母喜欢的：在大学里选修课参加的是容易拿学的；挑选工作岗位的时候，选的是赚钱最多的……如果一个学生，从来都没有在乎过自己的意愿，听从过自己的内心，那凭什么会拥有自己喜欢的幸福的人生呢？事实上，当学生在校园里被尊重、有选择的时候，他就会变得自主。

①体育课分项选修，学生走班上课。七、八年级七位体育教师根据自己的擅长分别为学生开设了足球、排球、网球、篮球、健美操、花样跳绳、田径七门课程，学年以七个班为一个选课单元，学生自主选择，走班上课。体育课每周三节，三年下来力争每个四中毕业的学生能形成两项体育特长，一项终身体育爱好。

②为适应并发展学生的差异，开设了以学科为依托的选修课。从2012年3月开始尝试开设选修课，上学期开设了40门，本学期开设了42门，DV摄影、戏剧、营养与健康、播音主持、国画、卡通画、合唱、戏剧……内容既有兴趣爱好类的，也有学科延伸类，每周五的三点到四点半开课。上学期末进行了优秀选修课展示：花样跳绳、健美操、合唱、

英语配音、戏剧等课进行了汇报演出，学生排演的45分钟话剧《雷雨》全校公演。

③开展丰富多彩的活动类课程，丰富学生的精神生活，展示差异发展的成果。走过百米红地毯的开学典礼、持续到凌晨的毕业典礼、成长时间、春游、12·9经典诵读、校园街舞卡拉OK大赛、中俄互访、假期职业体验活动、每月一次的主题班会、艺术节、体育节，学科竞赛、科技大赛、邮票设计大赛等，活动设计力争兼顾各种智能类型。

这一时期的办学理念，基于人本主义的理念，将学生发展作为学校办学的基点，将学生的差异作为逻辑起点，遵循学生的问题即是教育教学内容，教师备课的关键就是怎样能让学生暴露出问题，要求教师对于问题要做好充分的预设，将“大家不同，大家都好”作为办学学生观，将唤醒学生的内力自觉作为方法论，学校为学生发展提供丰富的课程，努力发完更多学生的潜能，让学生成为更好的自己。

四、成型阶段（2018年—至今）：新时代幸福教育再出发

2018年入选教育部二期中小学名校长领航工程，在三年的培养时间里，通过广泛阅读，深度反思，交流表达，在导师的指导和督促下，对原有的“幸福教育”办学思想进行了系统的梳理。

（一）通过阅读和思考丰富新时代幸福教育的内涵

1. 从中国传统幸福观中受到启发

中国历代儒释道的典籍当中记载了诸多古代智者关于幸福的追问和反思，集中体现了中国古人对美好生活的向往，对于幸福人生的理解。

一幸福不在外面，只能向内求索。从古至今，人们都习惯于将幸福寄托于财富、权力和名望的积聚，穷其一生来追逐这些外在之物，并且坚信“如果拥有更多，我将会更幸福”。然而，在现实生活中，一个人占据更多的财富、获取更大的权力、拥有更好的名声，并不一定就比普通人更幸福。儒家主张“反身而诚，乐莫大焉。”在先秦儒家那里，孔

子提出“见贤思齐焉，见不贤而内自省”。曾子注重“吾日三省吾身”；孟子提倡“行有不得者，皆反求诸己”，都是强调反躬自省，向内探求；明代大儒王东崖也提出“古今人人有至近至乐之事于其身，而皆不知反躬以自求也”；道家强调“顺则为人，逆则为仙”；佛家更是强调“但向己求，莫从他觅”。

总之，当一个人习惯性地将自己的注意力聚焦于功名利禄等外在之物，这些东西看上去确实很诱人，能够给人一份安全感，但由于它们来来去去，并不真实，终究会成为烦恼的来源，故而那是假乐；当一个人的注意力转向内在的世界，在表面上什么也没有得到，只是体验到一份宁静，但它是长久的、不变的，那才是真乐。在中国古代智者看来，真正的幸福并非来自外在世界，更不是某种能够求取的外在之物，而是来自内在，它是我们内在世界和谐一致而无支离破碎的那个感觉，它不依赖于外在的条件，也不受外境的干扰。

二是安住当下。在生活中，人们习惯于将幸福寄托在过去或将来，不是留恋过去，就是憧憬未来，很难安住当下。而实际上，所有的一切都是在当下发生的，过去和未来只是一个无意义的时间概念，我们只能活在当下，活在此时此刻。正如维特根斯坦所言：“如果我们不把永恒理解为无限的时间的绵续，而是理解为非时间性，那么我们就可以说，生活在当下的人就是永恒地生活的人。”正因如此，“只有并不生活在时间中而是生活在当下的人才是幸福的。”事实上，注重此世、安住当下，乃是中国文化的一个重要精神品格，它蕴含在中国古代儒释道的典籍当中，这也是中国传统幸福观的另一个重要向度。对于现代人来说，心不在焉、心神不宁，食不甘味、辗转难眠，已成为一种常态。回到当下，就是要时时保持警觉，将注意力集中在此时此地，全心全意地接纳和体验当下的这一切，不滞留于过去，不执着于未来，全然地活在此时此刻，安住于此时此刻。安在当下意味着一种以过程为导向的生活态度，它并不注重目标，也不看重结果，而是注重过程，享受当下的每一个片刻。换言之，我们并不缺乏幸福，而是缺乏安住当下、感知幸福的能力。

三是开启智慧。幸福是人类的永恒追求。胡伟希先生曾指出：“人是为幸福而生的。”然而，迄今为止，人类对幸福的追逐在客观上却酿成了人类的苦难史：无休无止的战争、日益频繁的自然灾害，微妙复杂的人际争斗，中国古代的智者指出：幸福不在于获取，而在于开启智慧。

2. 从内尔·诺丁斯幸福教育思想获得启发

诺丁斯的《幸福与教育》一书谈到从事教育的人，其重中之重是帮助学生获取幸福。目前，孩子的幸福感有所不足，生活中出现了幸福匮乏的现象，同学关系问题，应试教育的压力，家庭或校园暴力。这一切，都严重影响他们的幸福感，诺丁斯针对这个问题，提出了帮助孩子找回幸福的方法，她的答案写在了《幸福与教育》一书中。

（1）全面培养关怀的能力。

（2）发展自我理解能力。她说“若要获得个人幸福，重中之重是自我理解”。孩子只有深化自身的认知，才能明白自己想要什么。成人在和孩子交流时，要确保身份平等，对他们不同的需求予以尊重和理解。

（3）学校应丰富学习的内容。在学校中，孩子可以通过学习生活获得幸福，这是一个较为重要的途径。通过非正式学习，能获取更长久的幸福感。

3. 从苏霍姆林斯基的幸福教育思想中获得启发

在教育学史上，苏霍姆林斯基虽不是第一个提出“以幸福为教育目的”的教育家，却是第一个从理论和实践上全面探索幸福教育并为之奋斗一生的教育家。他的著作（中文版）中出现“幸福”一词达 2020 余处，苏霍姆林斯基的幸福教育思想归纳如下：

（1）适应人性需求的“幸福教育”。苏霍姆林斯基指出：对幸福的追求是人性的永恒追求，教育者的天职就是爱惜、保护、培育、发展、巩固这种追求。他注意到孩子往往分不清“快乐”与“幸福”，常常专注于当下的快乐，因而他的“幸福”也与“快乐”相通。他在参观二战“死亡集中营”遗址时发现：这里曾关押着 15000 名儿童，孩子们在陆续被法西斯分子残忍杀害之前，在墙壁上留下许多恐怖情景：绞杀、枪杀。同时，图画中也有大量色调鲜明、翩翩起舞、姿态优美的蝴蝶。这让苏霍姆林斯基意识到：对死亡的恐惧压制不了儿童对欢乐的追求；对欢乐的信心与向往是儿童本性所在。他多次指出：教育学方面真正的人道主义精神，就在于去珍惜孩子有权享受的欢乐和幸福。“教育的目的是使所有的人幸福，也就是使每个个人都幸福。”

（2）“幸福”的教育学诠释。苏霍姆林斯基贬抑“庸俗的幸福”，提倡高尚的精神追求。他肯定幸福需要一定的物质基础，同时强调：物质方面的满足只是世俗意义的幸福，是“第二位的幸福”；“第一位的幸福”则是精神生活的丰富，是人自身完美的幸福。基于“教育就是赋予人以高尚的精神”的信念，他对“幸福”的精神内涵做过全面阐述，其主要观点有：信仰理想，这是幸福最细最深的根源；智慧，给人以享受文化财富和审美财富的幸福；自由劳动是人类最大的幸福；只有那些能主宰自己愿望的人才是幸福的；创造善良和用自己心灵的力量抗御邪恶是珍贵的幸福；幸福首先是一种乐观主义；没有个人的尊严感、荣誉感和自豪感就不可能有幸福；真正的幸福在于履行义务；为别人谋福利的人是最富有、最幸福的人；等等。一句话：“幸福是一种精神状态。”“人最可怕的不幸，就是精神空虚。”

他尤其强调幸福的道德和审美内涵。他指出：没有一般的幸福，只有根据道德标准和审美标准所说的幸福。对道德美的追求就是对幸福的追求。个人的幸福应以与整个社会的道德准则和精神要求和谐一致为道德底线，只有自己感到没给别人带来灾祸、没使别人受到委屈和给别人增添麻烦时，才会觉得安宁和幸福。为此，要让学生“以自己的道德上的纯洁、美和高尚作为个人幸福的源泉”。与此同时，“幸福不是无所用心地‘消费’他人赐予自己的抚爱、善良和满腔热情，形象地说，只有往火堆里添柴取暖的同时想到要为明天点燃火堆添柴时，幸福才是合乎道德的。”

对学生而言，全面发展是最大的幸福。苏霍姆林斯基回顾说：全面发展思想最初就是作为一种关于幸福、关于人的完满的精神生活的抽象观念产生的。在现实生活中，强壮健康的身体，高度发达的智力，高尚的道德品质，体现着人的最大幸福。因此，所谓“给人以真正的幸福”，就是促使其享受身体上、道德上、智力上、审美上全面发展的幸福。这里最重要的则是个性和谐发展，他写道："一个人的个人幸福……归根结底取决于在人的身上将展现出哪些才能，取决于他在哪一方面的才能表现突出并将使他的一生闪耀出光辉。"

（3）幸福教育的主要内容与鲜明特色。苏霍姆林斯基将形成学生的正确的幸福观视为"教育的最高目的"。具体的教育举措有三。一曰比较，特别是通过今昔对比和不同社会制度的对比，引导学生用心体察、感悟，以获得对幸福的真切感受，增进学生对幸福的敏感性。二曰溯源，即引导学生追寻幸福的源头。他通过家长学校与家长共同讨论，如何让学生懂得劳动是幸福的重要源头。"生活中的一切幸福和快乐都是劳动创造的，而且只能用劳动来创造"。三曰体验。即着力引导学生通过劳动（包括学习这样的脑力劳动）获得好奇心、求知欲和创造性的满足，在这些精神性满足中体验到最大幸福。"如果一个人不去体验、不去感受为自己的创造而自豪的感情，要达到个性全面和谐的发展也是完全不能想象的。幸福和充实的生活的源泉就在这里。"

学校与学生共同创设当下的幸福生活。苏霍姆林斯基指出：中小学时代是一个人道德、智力、情感、身体、审美发展的最重要的时期，应当让儿童在今天就过着丰富的精神生活，享受充实的生动活泼的精神发展的幸福。"如果我们要求人现在忍受困苦而答应在冥冥的未来给他以幸福，那就是伪善。"

幸福的反面是苦难，幸福教育的阳光首先要照亮身处不幸的孩子。如果孩子的痛苦、悲哀、屈辱、不安和孤独无人理睬和分担，就会使所有的教育化为乌有。"力求使学校以其有趣的、令人振奋的、滚滚向前的生活像磁石那样吸引人（这时候学习也会像磁石那样吸引人）"。他极力主张尽可能地增加学生自由支配的时间，相信学生需要自由活动时间就像健康需要空气一样。帕夫雷什中学实行的作息制度颇为独特：上午上课，下午自由活动，就是为了确保学生个性自由自觉发展的权利。

"要使人的个性得到充分的发挥，就要让他从事他喜爱的劳动，而且，他越深入到这种劳动中去，他的能力和天资就会得到更好的发展，他的生活也会更加幸福"。为了扩大学生发现自己劳动兴趣的机会，扩大学生对劳动项目选择的自由度，帕夫雷什中学成立了各种各样打破班级界限、由学生自愿结成的兴趣小组。教师鼓励学生在这些兴趣小组中尽情地尝试、流动，直到专注于其中的一项或几项活动停下来为止（此时发现真正的兴趣），每个学生的兴趣爱好和潜能都能得到较为充分的发现和发展。

激励学生主动追求战胜困难的幸福。苏霍姆林斯基在极力让孩子享受当下幸福的同时，指出："童年不应该总是沉浸在节日之中"，他鼓励学生主动完成有一定难度的学习和劳动任务，从中获得"自己的""心潮翻滚的"自豪感、幸福感。

让学生体验"做一个好人是最大的幸福"。苏霍姆林斯基所说的"好人"不是那种毫无原则、明哲保身的好好先生。他强调好人以善良情感与奉献精神为特征。他希望每个孩子都不要局限在自己幸福的小圈子里，而能以敏感的心灵去觉察他人最细微的内心活动，在他人需要的时候伸出援手。

（4）引导教师以深切的幸福体验感染学生。苏霍姆林斯基注意到：幸福教育需要教师以高度的情感修养和思想水平，在学校营建真挚坦诚的氛围，使学生在与老师志同道合的学习生活中感受健康成长的幸福。这里，教师的职业光荣感、幸福感至关重要。

从岗位入口处开始关心教师的职业幸福。对教师幸福的关心，始于对"不幸教师"的深切同情。给教师充分的休闲时间。保证教师的读书时间，让他们从书籍这个最重要的文化源泉中尽量地充实自己的精神生活。给教师提出自我修养的建议。教师要根除对学生的不信任感，因为它会遮住教师的眼睛，使教师看不到学生的优点；而不相信学生恰恰是教师产生愤恨的重要原因，常常使教师心灵疲惫，神经衰弱。鼓励教师增进教育修养，信任与放手学生成长，逐步品尝教育工作的甜头，体验到教育工作的幸福。

"把每个教师引上进行研究的幸福之路"。苏霍姆林斯基指出：教师工作本身包含着研究性因素，因为每个儿童都是一个独一无二的世界，而且每天都是新的。没有一条教育规律可以对一切儿童同样适用；只有善于针对每个儿童进行研究，才能找到打开其心扉的唯一钥匙。因此，应当“把每个教师引上进行研究的幸福之路”。在学生研究中，重点是发现学生的丰富潜能，发现每一个学生的特殊禀赋，为他们开辟广阔的活动场所。他强调：“学校的使命，就在于去寻找每一个学生本身的创造才能的源泉，甚至在他的童年就要去发现其生活、劳动、创造的唯一幸福的源泉。”

鼓励教师在与学生精神交往中感受幸福。苏霍姆林斯基指出：教育是教育者和受教育者在精神生活上的一致，是他们的理想、愿望、志趣、思想和感受的一致。所有这些都要求师生在精神上的一致达到双方都感到志同道合的那种程度。这意味着师生之间的心心相印，高度默契。教师不必通过语言而只需通过眼神，就能了解学生的内心；学生则善于理解教师的语言、眼神、姿态乃至沉默，能敏感地理解和领悟其深沉含义，感受教师教育意图的真、善、美。面对这样敏感的孩子，教师的教育将会是含蓄的、高效的。在帕夫雷什中学，每个教师不仅力求让所有学生都喜爱自己所教的科目，而且力求自己能拥有一批“铁杆”追随者，追随者越多越“铁”，教师就越会增进幸福感。教师们还千方百计增加与学生课外的精神交往，与孩子同享喜悦，共担忧伤。在这种非正式的民主交往中，学生会忘记自己是学生，教师也会忘记自己是教师；“这样的欢乐将永远铭刻在教师的情感记忆里，由于它，与学生交往的一个个小时，一天天日子，将成为一生中最幸福的光阴，常常被回忆起来”。

4. 从马克思与习近平的幸福奋斗观中受到启发

马克思认为，幸福要着眼于人的现实世界，通过人的自由自在的活动，获得个人的幸福进而实现全社会、全世界、全人类的幸福。《辞海》中定义：“幸福是人们在为理想奋斗过程中以及实现了预定目标和理想时感到满足的状况和体验。”幸福描述的是个人对于现实生活状况的满意程度，不同的人有着不同的幸福观。但习近平奋斗幸福观继承了马克思、恩格斯的幸福理念，强调幸福不仅仅是个人的幸福，而是体现“以人民为中心”的人民幸福观。它以人民对美好生活的向往作为奋斗目标，激励广大人民群众通过奋斗实现幸福。习近平总书记说，“幸福都是奋斗出来的”“奋斗本身就是一种幸福”，这些表述揭示了奋斗与幸福的辩证关系，是新时代的奋斗幸福观。奋斗和幸福相生相伴，幸福离开了奋斗作支撑，将会变得虚幻，奋斗没有以实现幸福作为目标，就会迷失方向。实现目标需要不断奋斗，只有奋斗才会获得幸福人生。奋斗本身其实也是一种幸福，人们在奋斗中运用自己的脑力和体力优势，在追求幸福生活的过程中不断地实现个人的目标和理想，这样他们的生活就会变得充满生机、活力和热情，获得的幸福感就会更加真实。在奋斗过程中去感受幸福，才是最懂得享受幸福的人。奋斗幸福观是习近平新时代中国特色社会主义思想的重要组成部分，是全体人民过上美好生活的价值引领和行动指南。

（二）聚焦学生的适性成长，进一步完善差异适应性教育思想

1. 理念

基于差异、利用差异、发展差异。

2. 理论

差异理论、自我教育与自我管理理论。

3. 规律性认识

差异是客观存在、是发展的潜能，是学生生命成长的基础和条件。学校的教育教学活动只有保证基础、发展差异，才能使学生的自然生命和精神生命都能得到健康、快乐、幸福的成长。

4. 理论探索

（1）差异与差距的关系：差异不是差距，不应该单纯地以抑制特长、补充短版的形式促进学生发展。差异是发展之基、发展之源。

（2）学生的发展观：不能单纯以知识与技能掌握的程度定性学生的发展，而应从全人教育的视角出发，系统关注学生的生命成长。

（3）学生生命成长教育途径：学生生命成长是一个系统的复杂过程，需要建立全员、全程、全方位的教育体系，才能满足学生个性成长的需要。

（4）学生是生命教育的主体：学生是生命教育的主体，只有学生有了深度参与教育实践，才能产生良好的情感体验。所以，应发挥学生自我教育、自我管理的能力。

（5）学生的生命力教育应从激发学生的内驱力开始。应建立能够满

足学生个性需要的评价体系，激发每名学生成长的内驱力。

（6）自我定标达标、自主个性成长，实现了学生成长的自主教育和管理。认识自我、报标，加强自我教育和管理，达标和省标。

（7）构建多样课程、适应成长需要，满足了学生的差异选择需要。搭建多元一体的选修课程体系，满足学生差异需要。满足多样化的情感体验。（分为哪几类课程？）

（8）实施五阶教学、促进差异成长，实现每名学生生成目标、达成目标。报阶——定阶——阶教——达阶——验阶。使每名同学都能得到积极的情感体验。

（9）小组协同共享、引发主动发展，解决了学生厌学倦学问题。兴趣驱动——团队协同——任务导引——多元发展。具体怎么做的？

（10）师生共研活动、丰富成长体验，使学校各项活动生长于学生的生命成长需要。

（11）全程多元评价、激发内驱动力，深度解决学生的内在动力。全程、多元、多主体评价体系，激发学生发展的动力和需要。

（12）差异适应性教育内涵。学校不断完善教育生态环境以满足学生差异发展的需求，也指学生不断调整自己的行为，以完成对学校生态环境的适应，以此实现每一位生命个体全面而有个性的成长。

（13）差异适应性教育的实施。在不取消行政班的情况下，通过建构高选择性、自主性、自我教育性和欣赏型、合作型的教育生态，从实践的角度为教师和学生搭建适合个性差异发展的平台，运用差异教育理念培育“差异——适应性”育人模式，实现面向每一位个体的教育。

（14）明确“目中有人”的学校核心价值观，实现大家不同，大家更好。①大家不同，大家都好要欣赏自己，悦纳自己；②不为中考，赢得中考，重点是一个都不能少，人人都合格；③国事家事天下事，事事关心，让国家的明天因为我的存在而变得更加美好；④过一种有意义又有意思的校园生活，培养有趣的灵魂；⑤在工作中要相信学生，依靠学生，锻炼学生，发展学生；⑥每当老师们对学困生失去信心的时候，总要提醒：小心，你的冷眼里有瓦特；⑦工作中遇到困难时，善于运用合作解决自身无法解决的问题。

（15）我校的“差异——适应性”教学原则。第一，以测查与评估为施教前提。测查是指通过测量和调查分析，全面了解学生在心理上的量的差异和质的差异，发现学生的优势和不足。评估是对学生的学业水平和学习情况进行考核与评价，它贯穿于整个教学过程的始终，评估以促进每个学生的发展为目标。第二，以建构系统的、多样化的教学策略为施教的途径。要从教学的整体上来构建教学策略体系，全方位地适应学生的差异性需要。第三，以开发每位学生的潜能，提高教学效率为目标。为不同智能结构的学生提供多元发展机会，通过多种策略使每个人的潜能都充分发挥出来。第四，以平等和谐的教学环境和多方合作为依托。第五，着眼于学生的群体，将个别学习、小组学习和班集体学习结合起来，力争达到共性与个性的和谐统一。第六，学生表达方式可以多样化，鼓励学生标新立异。第七，教学追求的价值不是考试分数和升学率，而是每个学生的最大限度的发展，是全体学生都能接受有效的高质量教育，追求的是真正意义上的教育均等机会。

（三）立足新时代探索适性课程新路径

1. 单学科拓展类

教师通过选择、改编、整合、补充、拓展等方式，对国家课程和地方课程进行再加工、再创造，使之更加符合学生德智体美劳全面发展的需要。这需要各学科教师站在“五育”并举的高度，超越学科原有视野，汲取德智体美劳各科教师的经验，融入自己的学科教学之中，从而提高“五育”并举学科化水平。

我校久思戏剧社就是学科拓展类的典型代表。通过建设开放而有活力的戏剧教育课程，让学生在演绎中国戏剧经典中，寓教于乐，寓情于理，情景交融，实现教化功能。从而引导学生弘扬真善美，批判假恶丑，使精神境界得到升华，心灵得到洗礼，继续发扬中华优秀传统文化，对以文化复兴助推民族复兴。通过拓宽语文学习和运用的领域，并注重跨学科的学习和现代科技手段的运用，使学生在不同内容和方法的相互交叉、渗透和整合中开阔视野，提高学习效率，初步获得现代社会所需要的语文素养。《如果国宝会说话》《汉服设计》《走进先秦文学》《生物模型制作》《一线贯通的数学》《花样跳绳》《时政新闻播报与评论》《从影视剧中赏析历史》《国学》《演讲与口才》等课程在国家课程中融入我校新时代课程目标和要素，力求特色化实施。

2. 学科融合类

基础教育阶段落实核心素养的重点是提升学生的必备品格和关键能力，帮助学生学会统率知识技能，进而能够解决实际问题。传统课堂中“教师讲授、学生聆听”的模式很难完成这一过程，所以教师在进行课堂教学设计时应该更多地考虑如何搭建一个平台，促进学生将知识与经验深度整合。这种整合既包括各学科知识体系的融合，又包括多种学习方式的融合与促进。

如《万国嘉年华》课程是地理、历史、道法、语文、美术等多学科整合的课程。该课程实施时间在我校体育节。每年我校的体育节，我校会举行隆重的万国嘉年华田径趣味运动大会。每一个班级会抽取一个代表国家，并要求撰写所代表国家的入场词。要求检阅词内容包括所代表国家的风土人情，以及和中国在政治、经济、军事等方面的对比。该课程由五个备课组教师联合教授，打破学科界限，以撰写检阅词为主线，从整理归纳出某一国家的自然环境，历史文化特征及政治体制、自制代表国家特色服装等到语文教师教授如何撰写解说词。让学生站在一个更高的角度、用多元的视角去分析，多领域学习，课内外探究，体现了学习的深度和广度。该课程打破学科界限，让学生站在一个更高的角度、用多元的视角去分析，多领域学习，课内外探究，体现了学习的深度和广度。通过对知识的整理和搜集，倡导学生主动参与，交流合作，探究发展等多种学习方式，使学生真正成为学习的主人，通过转变方式，在主动、积极的学习环境中，促进学生德智体美劳全面发展。在发现问题，分析问题，解决问题的过程中，为我国悠久的历史和文化感到骄傲，体会到中国在世界中，发挥着不可替代的作用增强学生的爱国情怀与民族自豪感。

学校开设多门学科融合的校本课程，鼓励学生运用多种学习方式，倡导学生进行综合探究。如：校本课程《长幅文卷手绘》，将语文、历史、美术进行相融合。校本课程《彩绘中国》，针对省级行政区的轮廓和内部主要要素的绘画调查研究，并且地理和美术两学科的结合，更能完善对版图的完善化。与道法融合，进一步普及学生版图知识，增强青少年的版图意识及辨别“问题地图”的能力，对于营造自觉维护国家版图尊严与国家主权和领土完整、抵制“问题地图”的社会氛围具有积极意义。

3. 项目学习类

学校的《我是造船师》课程，是由项目学习到综合学习课程纵深发展的成功之例。此课程学习经过三个阶段：第一阶段，学习造船所具备的基本物理知识、数学知识、明白造船的基本原理。第二阶段，经历设计、制作载人船的全过程。第三阶段，进行跨学科融合学习，培养创新人才。两个突破：一是从对船的一般文化认识到拓宽人文社科领域学习的深度；其二是学科融合，在制作船的过程中，让学生感受美、理解美、欣赏美、创造美，发展对知识的综合运用和创造能力。

4. 活动课程类

这一类把所有学生的活动课程化，用课程理念去管理活动。不再只关注基本的求知精神和探究习惯与技能培养，还关注人的全面发展，引领学生精神追求。活动课程包括四大类：一是关注学生成长关键点的课程，包括入校课程、开学典礼、休业仪式、离校课程、毕业典礼；二是满足学生发展需求的课程，包括阅读节、体育节、科技节、英语节、艺术节等节日课程；三是学生自主发展课程，包括日小结、周计划、月评价三规三省课程、主题班会课程。四是综合实践活动课程，包括“走遍珲春、走近东北亚”研学课程、《东方第一村》研学手册设计课程、学工学农综合实践等课程。

第四部分

“人就是目的”的教育思想在学校落地和价值实现

一、实施价值引领，落实“人就是目的”的教育思想

二、从管控走向赋能，落实“人就是目的”的教育思想

三、实施差异适应性教学改革，落实“人就是目的”的教育思想

四、优化了多元一体课程体系，落实“人就是目的”的教育思想

学校的育人体系一般包括理念体系、课程教学体系、管理体系和评价体系等四大子体系。理念体系重点解决的是学校中“人”的发展定位和目标方向问题；课程教学体系重点解决的是学校中“人”的发展载体、通道途径和方法问题；管理体系重点解决的是“人”的发展过程保障和支持支撑问题；评价体系重点解决的是“人”的发展走向，起到智慧引领作用。“人”的问题是四大体系问题的核心。

一、实施价值引领，落实“人就是目的”的教育思想

学校每三年都会召集教师代表对学校文化进行讨论和梳理，在一次次对学校文化的解读、思辨、修补和进阶中，完成价值认同，在教育教学的过程中将理念转化为实际的行动。

（一）学校文化定位

1. 学校为珲春市普通市民提供优质服务，为培养受高中欢迎的优秀毕业生，创设自主成长的美而好的教育环境。

2. 学校在传统文化基础上，致力于打造一所充满现代气息的优质学校，并以卓越的服务赢得社会的赞誉、家长的满意和学生的喜爱。

3. 学校着力践行现代教育的“生命幸福”理念，通过唤起师生的内力自觉，促进他们的和谐成长。

（二）学校的愿景

请沉思，教育是要为每个人自由地呼吸。

请宽容，人们如此的良善，那拳拳之心是为护佑生命的成长。

请表现，这里为学生撑起一片天空，一片尽情翱翔的天空；这里为教师舒展一幅画卷，舒展那壮丽的人生画卷。

请享受，一切都是那么的恬静和安详，执着和坚韧，当东方第一缕曙光开始播撒到校园的时候，每个人的心智都被净化，每个人的灵魂在升华。

（三）学校核心价值观

1. 大家不同，大家都好，欣赏自己，悦纳自己。

2. 创造适合每一位学生发展的教育，办人民满意的学校。

3. 一心办学，心无旁骛。

4. 追求卓越，反对平庸，拒绝低劣。

5. 不唯中考，赢得中考，追求五育并举与优秀升学成绩的统一实现。

6. 干部行为准则：关怀，支持，共情，看见。

7. 看见儿童，学校才会改变。

8. 相信学生，依靠学生，锻炼学生，成就学生。

9. 绝不以牺牲师生的生命健康来换取考试成绩。

10. 国事家事天下事，事事关心，让国家的明天因为我的存在而变得更加美好。

11. 过一种有意义又有意思的校园生活，培养有趣的灵魂。

12. 每当老师们对学困生失去信心的时候，总要提醒：小心，你的冷眼里有瓦特。

13. 工作中遇到困难时，善于运用合作解决自身无法解决的问题。

（四）学校的办学理念：让教育成就幸福，让人生别样精彩

1. 办学理念含义

“幸福”是一种持续时间较长的对生活的满足和感到生活有巨大乐趣并自然而然地希望持续久远的愉快心情。

“人生”是人们渴求幸福、寻找幸福、创造幸福和享受幸福的过程。每个生命都是平凡的，教育应使师生的个人价值得到实现，使其人生过程充满精彩的瞬间。中国主流幸福观从一开始就将个体与社会融合成为有机统一体，儒家的“格物、致知、诚意、正心、修身、齐家、治国、平天下”深刻揭示了由内及外、由己及群、由小及大、由近及远、奋斗不息的幸福思想具体化就是：教师幸福，学生才能更幸福；当下幸福，

未来具有幸福的能力；国事家事天下事，事事关心，让国家的明天因为我的存在而变得更加美好。

2. 我校的培养目标：身心健康、视野广阔，志向高远，热爱生活

培养目标的含义：

一个幸福的人一定是一个其个人价值得到实现的人，一个个人潜能得到发挥的人，一个有益于他人的人。因此，本校认为“学会自主”是幸福的关键。

认识自己，喜欢自己（身心健康）。

国事家事天下事，事事关心，有利他精神（视野广阔）。

让世界因我的存在而更加美好，有家国情怀（志向高远）。

把平常的工作、学习和生活变得有意思和有意义起来（热爱生活）。

所谓自主是指“自己做主，不受他人支配”。我们认为自主是一种能力，学校教育的目的就是要使学生具备这种渴望幸福、寻找幸福、创造幸福和享受幸福的“自主能力”。

一个自主的人，应具备四个方面的素质，一是身心健康，认识自己，悦纳自己，养成自觉运动的好习惯，身心健康是幸福之根；二是视野广阔，唯有广阔的视野才能使他做出自主的选择；三是热爱生活，唯有热爱生活，才有自主的进取心和对生活的耐受力，也才能理解生活和享受生活；四是志向高远，唯有高远的志向才能使其生命更有意义，其自主行为方能长久和坚韧，也才能不断地挑战自己、完善自己和超越自己。

本校真正的教育最终要化为自我教育的，自我教育的过程是克服自身种种障碍的过程，是跳出人生密布的重重陷阱的过程。这一过程充满了失败和绝望，人必须学会为抵御它们而付出巨大的努力。学校要让学生体会生命之艰难与沉重，进而果敢地承担起这些重负。

3. 我校的办学目标：共享、共创、共成长的精神家园

办学目标的含义：

学校应该是一个精神的高地，在这个精神领地，师生在一起生活和学习，共同享受，令人神往，倍感幸福。

幸福是一个创造的过程，本校强调师生之间、师师之间、生生之间

的伙伴关系，通过合作学习和探究，共同创造一个幸福的家园。

学校的使命是帮助人们成长，不仅是学生，教师也应该在这个精神领地里获得最大的发展。

4. 校风：竭尽所能，力求卓越

“竭尽所能”“卓越”，强调做事要尽力。尽力是一种人生态度，卓越不是优秀，优秀是要超越别人，甚至不惜手段将他人踩在脚下，而卓越是自己跟自己比，强调自我超越的意义和价值。

5. 教风：爱有形，教无痕

爱学生，为学生的发展服务，为学生的终生着想。

教育无时不在，无处不有。像无痕的空气时刻围绕在孩子们的身边，像母亲无声的关爱时刻回荡在孩子们的胸怀，像无色的泉水滋润孩子每一寸心田。

6. 学风：敏思能言，专注能群

勤于思考，动如脱兔，静如处子，专心致志学习和做事，擅表达，会合作。

7. 校训：禀受才智与自然，回复灵性以全生

出自《庄子·寓言》：子谓惠子曰：“孔子行年六十而六十化，始时所是，卒而非之，未知今之所谓是之非五十九非也。”惠子曰：“孔子勤志服知也。”庄子曰：“孔子谢之矣，而其未之尝言。孔子云：‘夫受才乎大本，复灵以生。’鸣而当律，言而当法。利义陈乎前，而好恶是非直服人之口而已矣。使人乃以心服，而不敢蘁立，定天下之定。已乎已乎！吾且不得及彼乎！”该理念阐释为：大自然启迪了我的智慧，赋予了我才干，恢复了我原有的灵性和德行来保全自己的天性。意为在教育教学和做事时要遵循自然规律，不可急功近利。

8. 我校的管理理念

建立现代学校治理的“成人”哲学思想；确立了尊重人，欣赏人，发展人，成就人的管理理念；实施价值领航，目标导航，过程护航，底线保航的管理思路；实行目标管理，诚信管理，差异管理，团队管理，名誉管理，自我管理的管理方法。

9. 我校的口号：今天我以四中为荣，明天四中以我为荣

10. 我校的环境文化

校园里的每个角落都可以赋予更多的教育契机，为此我们借鉴了心理学中的“环境场”效应，依据现代化、家居化、重体验、可选择，让校园由封闭式的教室变为开放式的情境体验区，围绕两个群体——学生和老师，让他们在这些多元、开放性的非正式学习空间中相互赋能，从而创造更大的价值。

（1）琴棋书画区。我们依据雅人嗜好——琴棋书画，设计了完全开放的音乐区、棋区、读书区和书法绘画区。

在音乐区，孩子可以自由地拿取乐器演奏，课间相互交流，每周三中午我们还要在这里举办迷你音乐会。音乐情境区的创建既为学生在音乐方面创设展示的平台，同时也是学生陶冶情操、休息娱乐的绝佳去处，更满足了不同学生的个性化需求，学生们在这里学习音乐、欣赏音乐、展示音乐赋予他们的美好，是学生美育的重要体现，这对学生提升艺术能力和审美能力是非常有价值的。

在棋区，我们把能够收集到的各种棋都放在这里，学生们随时可以来这里下棋，每天我们都能看到那些下棋后还未尽兴的学生留恋的身影。学生会体育部每周三中午都要在这里举行小型的棋类比赛，每学期还要推出百人的棋类大赛，评选出各种棋类达人。这里是学生们，尤其是男孩子们的幸福乐土。

在读书漂流区，每学期都由学生会学习部倡议进行图书捐赠活动。学生们可以在这自由地读书，自由地取阅，拿走一本书的同时再放入一本书——让图书漂流起来，旨在提高学生自由阅读的能力。每周三中午在这里都会有“百家讲坛”“好书推介”等小型读书会，同学们在这里介绍书籍、畅谈读书体会。将自己精心制作的读书推荐卡和读书漂流卡真诚地夹在书籍中，满怀期待着下一个“有缘人”读到自己分享的书籍；在这里书香浸润了校园，更浸润了每一个孩子的心灵。

在“画”区，我们依据我国传统教育——六艺“礼、乐、易、御、诗、数”为题，由教师、学生共同创作了百米师扇长廊，书法选修课、绘画选修课、

剪纸选修课的师生们和家长、毕业生们共同创作了学校的画区。

（2）生态情境体验区。它是我校的生物课体验区，这些花花草草，小动物平时是由学生会生活部还有生物教师，以及选修课“生物百汇园”的同学们共同管理，寒暑假时，我们在学生中间招募“义工”，认领小动物拿到家里去照顾、喂养。生态区的创建净化了室内空气，也提供了桌椅书籍，学生课间漫步于“百草园”会感到空气清新、鸟语花香、书声琅琅，也会激发学生学习生物的兴趣，有效提升了学科学习的效率，也是身心放松的好去处。

在提倡绿色校园、自然教育的新时代，能够让趣味多变的创新生态体验区成为新型的学生学习生态场，引导学生自发的感悟动植物的故事，体验动植物美学带来的知识赋能，同时引导跨学科融合，让学生在潜移默化中体验到非正式学习空间带来的学习革命。

（3）开放的工作室——虚境稹轩。虚境稹轩，这几个字缘起自老子的“道德经”，虚和静都是形容人的心境是空明宁静的状态。稹：细致的意思。当老师步入这间工作室，它告诉老师们要以“捧着一颗心来，不带半根草去”的心态踏踏实实地做教育，当学生们步入这间教室，它告诉学生们要学会认认真真做事和学习。说它是一间开放的工作室，是因为它兼具以下功能：它是教师们的休息室和读书室，因为这里备有很多书籍、也会有咖啡和茶点，闲暇之余老师们可以在这里看看书、喝喝茶；其次，各备课组、项目组还可以在这里开会，做头脑风暴、小型沙龙会议等，学生们还可以在这儿开小型的聚会，当然这里也是选修课咖啡与西点文化和烘焙选修课的场所，学生们可以在这里学做咖啡、西点等。这里是一个多功能的工作室，也更像是一个新型的学习社区。

二、从管控走向赋能，落实“人就是目的”的教育思想

在做校长的这十四年里，一直致力于学校管理的优化。常常思考管理的目的到底是什么？是为了管控，还是为了激发？管理者和教师到底

是什么关系？是管理和被管对象，还是合伙人？学校从2009年开提出理解人，尊重人的理念后，2012年进行了下移管理重心的实践探索，将常规管理、检查和评定权交给备课组，教导处做抽查；2014年进行了捆绑式评价改革的探索，即个人业绩+备课组业绩=本人业绩；2018年开始进行全面赋能管理，变管理部门为赋能中心，全面实施学年负责制。

（一）基于“成人”哲学思想，探索现代学校治理路径

确立了尊重人，欣赏人，发展人，成就人的管理理念；实施价值领航，目标导航，过程护航，底线保航的管理思路；实行目标管理，诚信管理，差异管理，团队管理，名誉管理，自我管理的管理方法。

（二）“共建、共治、共享”，建立现代学校治理结构模型

现代社会是一个对话、协商、民主甚至相互妥协的新时代。按照现代社会治理结构的要求，我校建立起结构完整、指向明确、开放共享、运转有效的“决策—执行—反馈”管理模型。

其一，决策系统。学校决策机构由校务委员会、教师决策团和教师代表大会构成。在决策流程上，首先由校务委员会提出决策议案，然后按照议案的重要、重大层级，分别提交教师决策团和教师代表大会进行投票；赞成率低于70%的议案，退回再议。这个决策过程把学校重大事项的最终决策权交给了教师集体，使得学校出台的任何方案都是经过代表学校的校务委员会和代表教师利益的教师决策团和教师代表大会良性互动达成的共识，既突出和发挥了教师在学校中的主体地位和重要作用，也解决了决策的公平性、科学性和公开性等问题。

其二，执行系统。学校的核心业务是课程与教学，学校管理的目的是保证教育教学的有序运行和质量提高。学校取消了教导处、政教处等科层式管理部门，组建了“一部”即学校的党支部，“一室”即校长办公室，“三组”即三个学年组，“六中心”即教师发展中心、学生发展中心、课程研发中心、质量监测中心、信息中心和生活服务中心。党支部和校长室是决策系统；教师发展中心、学生发展中心、信息中心和生活服务中心是支持系统；课程研发中心是设计系统；年级组是执行系统；质量监测中心是诊断系统。

其三，反馈系统。学校的质量监测中心对行政和学术部门是否完成了决策系统的决议案进行全面、及时、持续的综合性诊断，通过评价得出科学结论，提取经验，发现问题，然后向决策系统反馈。决策系统和执行系统根据反馈结果修正决策，提高决策执行的效能与质量。当然，质量监测中心作为诊断系统特别要保证诊断结论的中立性、客观性和有效性。整个诊断信息一方面来自于自我测查，另一方面来自上级督导部门、社会第三方、教师、家长、学生、居民以及全国各地的参访者。

（三）“办、管、评”分离

构建新型学校运行机制传统上学校内部管理“办、管、评”不分，往往处于岗位不明、职责不清、奖惩不力的低效运行状态，常常会出现互相扯皮、推诿、指责的现象，造成学校内部人际关系紧张。推进“办、管、评”相对分离，目的是厘清学校内部的权责，构建起新型责权利关系，形成相互制约、共同促进、有效提升、有序发展的运行机制。“办”即学校办学。学校作为教育行政的终端，要体现国家的教育理念、意志和愿望，全面贯彻国家的教育政策、法规，依法办学，依法治教。“学校办学”主要体现在三个方面：一是制定学校的发展战略、目标和愿景，建构学校文化；二是制定和落实保证办学目标实施的学校制度体系；三是保障规划、计划、学年的工作目标和教育教学计划的执行落地。学校通过与级部签订协议，把教育教学任务分配给级部的全体教师，同时明确学校对级部人、财、物的赋权，使之权责对等，权力清单明确，以保障级部工作的顺利开展。“管”即级部管理。学校聘任级部主任，然后级部主任根据级部岗位设置、教师的考核情况以及现实表现，自主选择教师，教师选择年级组，通过“双选”组成一个新的教师团队。其中每位教师根据自己的特长“认领”一个社会性管理岗位，如有的教师负责整个级部的卫生，有的教师负责整个级部的安全。所有教师不仅履行自己的教学岗位职责，还要参与团队的管理和服务，形成了一个教师团队的利益共同体。按照学校制定的教育教学和管理运行标准，级部对教师管理、学生管理、日常运行等工作负责。学校各个部门则基于教育教学标准每月对级部进行评价，根据一个学期的评价结果对级部团队进行赋分、奖励。通过大力推进“级部自治”，提升了每个人的领导力，让全体教师成为学校发展的主体，人人成为关心学校发展的“责任校长”。“评”即引入第三方评价。学校成立质量监测中心，通过开展电话访谈、学生座谈会、问卷调查等方式，借助于第三方平台的评价保持客观、中立、科学和公正，评价关键是充分了解和评定预设的效果以及存在的问题。质量监测中心使用学校提供的教育教学和管理标准对级部进行评价，一个学期分三次进级部：开学初进入级部，向全体教师宣讲评价的标准、内容、评价方式等，让全体教师知道评价什么，导向什么，如何按照标准去做到位；学期中按照标准进行初步诊断，发现问题，梳理问题清单，向全体教师反馈并提供帮助，组织教师进行反思，回归标准轨道，改进工作；学期结束严格按照标准进行全面诊断和评价，把评价结果交给学校。学校则按照第三方的评价结果对级部全体教师进行评定、奖励。评价的过程，是帮助教师成长的过程，更是导向正确的办学方向的过程。

（四）兼顾团队与个人，探索教师评价新体系

传统上，学校通常通过考试分数一个维度对教师进行评价，其结果是进一步导向了应试教育，也造成了教师人际关系的恶性竞争。也有的学校实行教师之间互评或学校干部对教师测评，这样容易使评价带有强烈的主观色彩或出现“老好人”行为，其考核结果难免不够客观公正，最终也就无法使用评价结果进行奖惩，甚至造成人人自危的局面，反而撕裂了教师团队的良好关系。教师的职业特点一方面强调形成教师团队的合力，这就要求通过评价促进建立和谐、互助的团队关系；另一方面要发挥教师个体的独特作用，这就要求通过评价促进教师个体的专业成长。为此，我们在教师评价方面开展了如下探索。

首先，在教学方面实行团队管理，实施捆绑式评价，任课教师得分 = 个人业绩 40% + 备课组 35% + 学年组 25%。首先，在促进团队合作方面，建立了“级部团队赢分”评价驱动机制。学校根据教育教学标准向级部每月赋分 1000 分，涵盖级部应该完成的教育教学和管理任务。只要级部全体教师团结一致地按照标准开展工作，没有出现问题，级部就可以得到 1000 分，学校按照 1000 分对级部全体教师进行赋分、奖

励；但是如果级部出现问题，没有按照标准完成教育教学任务，丢分到了 800 分以下，那么学校就要取消级部全体人员当月级部分数。这样，全体教师就自然地组成了一个利益共同体，因为只有每个人维护级部的集体利益，才能实现级部每位教师的个人利益。为了保持级部教师团队的持续发展动力，允许教师团队在某些方面犯错误、丢分，学校另外留置 200 分作为级部的加分项，促进每个级部达到 1000 分，亦即达成教育教学的质量和效益标准。因此，每位教师为了团队利益，就必须积极地投入到教育教学中，努力做到不丢分；而一旦丢了分，就要通过自己的努力为级部团队赢得加分，从而调动起全体教师教书育人的积极性、主动性和创造性。

其次，在促进教师个人专业发展上，实行“个人学术积分”评价机制。学校制定学术积分标准，每位教师在学术发展上的点滴成绩和进步都会被记录，都会成为个人学术积分的一部分。学期末，学校统计出每位教师在各个学术领域的积分，按照比例折合成每位教师的学术总积分，成为教师个人专业发展的重要标志物。学校根据教师的积分多少，计入个人年末量化，量化的结果计入个人的职称评审、岗位分级、评优评先等，并对个人学术积分设立单项奖进行奖励。在这里，个人学术积分与他人没有关系，只与自己的学术行为相关。这种基于教师自我发展的评价方式，有力地促进了教师的职业自觉和专业成长。

附件 1：

珲春市第四中学教师诚信管理办法

诚者，真诚、真实；信者，诚实、不欺。诚信者，诚实而守信也。著名教育家陶行知曾说：千教万教教人求真，千学万学学做真人；德高为师，身正为范。诚信理当成为教师的修身立业之本。为在全校教师中树立底线意识、规则意识、大局意识，大兴求真务实之风，摒弃弄虚作假等不良行为。经学校支委会研究决定，从本学期开始对全体教师实行诚信管理，建立教师诚信档案。具体管理办法如下：

一、诚信评价对象：珲春市第四中学全体教职员工

二、诚信评价等次：

诚信评价等次分为 10 级，上有封顶、下不保底，最高等级为 10 级（满分 10 分）。

三、诚信评价内容及方法

1. 教师无故缺课，学校教学查课小组每查出一次扣 2 分，降两档。

2. 无故不按时参加学校各项会议，（如：教师大会、教研备课组会、学年组会、班主任会议、集体备课等）第一次扣 0.1 分，第二次扣 0.2 分，第三次扣 1 分，降一档；迟到扣 0.5 分。

3. 无故不参加培训或中途早退，每次扣 1 分，降一档。

4. 工作期间有事外出不在东门卫登记，不请假私自外出，查岗时一经发现每次扣 1 分，降一档。

5. 将学校公共物品占为私有，借用学校各种物品不按时归还者，每核实一次扣 1 分，降一档。

6. 在校同事之间发生口角、出言不逊、滋事闹事，每发生一次扣 5 分，降五档。

7. 参加各级各类公开考试找人代考或者替人考试，抄袭或作弊者，每出现一次扣 2 分，降两档。如果被上级通报造成学校影响的一次扣 5 分，

降五档。

8. 在晋职评聘、岗位分级、评优评模时，提供虚假证件者，每出现一次扣 2 分，降两档。

9. 传播谣言，在群众中散布不实言论，背后诽谤他人，一次扣 1 分，降一档。

10. 违反教师师德管理规定，被举报查实，一次扣 5 分，降五档。

11. 其他不诚信行为，参照上例酌情界定。

四、诚信评价结果的应用

1. 建立教师个人诚信记录，从发布之日起诚信记录放入组织部个人档案里；每学期统计通报一次。

2. 诚信考评得分加入年度教师量化考评中（诚信量化满分 10 分）。

3. 每次考评后进行通报，把通报结果利用微信或信函向个人反馈。

附件 2：

珲春市第四中学卓越学生养成之卓越行规25条

1. 与大人应对，要有礼貌，有分寸。与父母、师长等比自己年长的人说话时有用敬语“您”而不是“你”；对某一问题有意见应主动把自己的想法说出来，不能对大人大喊大叫；上学（放学）要主动和父母愉快打招呼：爸爸妈妈我上学去（回来了）了。

2. 与人互动，眼睛要看着对方的眼睛，要知道视线接触的重要性。如果有人在说话，眼睛要一直注视着说话的人；如果有别的人发表意见，则要转过身去，正对着那个人。

3. 别人有好的表现，要替他高兴；要对游戏获胜者或把某事做得特别出色的人表示祝贺。鼓掌至少持续 3 秒钟，两个手掌充分接触，以便掌声足够响。

4. 尊重别人的发言与想法；在讨论问题的时候，要对其他同学的评论、观点和想法表示尊重。要尽可能地这样说：“我同意某某的观点，同时我也感到……”“我不同意某某的看法，尽管她抓住了问题的核心，但我觉得……”或者“我认为某某的观察真是太精彩了，他让我意识到……”

5. 自己有什么好表现，不要炫耀，输给别人也不要生气。

6. 如果别人问你问题，你也回问他问题。

7. 打喷嚏、咳嗽都要说对不起。

8. 不可以有不礼貌的小动作；不要咂嘴、发啧啧声、转眼珠或做出对人不敬的手势。

9. 别人送你任何东西，都要说谢谢。

10. 接到奖品和礼物，不可以嫌弃。

11. 用小小的贴心，为别人制造惊喜。

12. 改同学试卷时要特别谨慎。

13. 全班一起念课文时，要看着课文的一字一句，如果哪个学生在我们读书的时候眼睛没盯着那一页，或者叫一个学生接着读，他却不知道我们刚才读到哪里了，那么这个学生的名字就会被记在黑板上。习惯成自然，以后孩子们集中注意力的能力会很高的。

14. 以完整的句子回答所有的问题；第一复述问题并给出答案，第二给出主要理由，第三展开说明理由，最后重复问题并给出答案结束。

15. 不要主动讨奖品（加分）；尽力做好每件事不是为了奖品（加分），而是为自己。学会肯定自我奋斗的价值。

16. 每天都要做完作业。

17. 换科目的时候，动作要快、要安静，要守秩序。

18. 做什么事都要有条理。

19. 老师在指定作业的时候，不要叫苦；如果谁违反了，他就必须做两倍的作业。

20. 科任老师来上课，更要守班规。

21. 课堂上发言，要起身，应该讲规矩。

22. 不可以上课上一半，起身去倒水。

23. 见到每个老师、外来客人，都要说老师（客人）您好；如果能说出老师的名字，即某某老师您好，就更好了。

24. 注意洗手间的卫生，把身边的病原减少到最少；必须冲厕所，如果按钮很脏就用手纸垫着。如果是脚踏式冲水，脚按下去，如果水流不止，则再用脚向上提一下，直至水停为止。

25. 让客人有宾至如归的感觉；如果有人要参观我们教室，我会派两名学生在教学楼前等候，并举着一个欢迎牌。当我们的参观者到来时，接待者要和他们握手，向他们作自我介绍，并致欢迎辞，然后，在带他们进教室之前，先领他们简单地参观一下校园。

附件 3：

“一部、一室、三组、六中心”组织架构

根据新时代国家教育教学改革的精神和要求，结合学校发展的实际，变管理为治理，突出管理的发展性、专业性和支持性功能，取消原来的政教处、教导处、科研室、总务处，成立六个中心，即学生发展中心、教师发展中心、课程研发中心、质量监测中心，生活服务中心，再加上原来的信息中心，即“六中心”。

1. 工作分工

一部：党支部。

一室：校长办公室主任马云慧。助理一名，委员若干。

三组：七学年——学年主任孙继刚，德育助理 2 名、教学常规助理 2 名，分管领导李红梅；八学年——学年主任张玉明，德育助理 2 名、教

学助理2名，主管领导李丽辉；九学年——学年主任陈淑娟，德育助理2名、教学助理2名，主管领导黄晖。

六中心：

（1）学生发展中心主任刘霞，副主任孙继刚、张玉明、陈淑娟，助理若干，委员班主任，学年德育负责人，家长代表，主管领导黄晖。

（2）教师发展中心主任关丽红、郭志颖，主任助理：教研组长、备课组长，委员：学年教学常规负责人。主管领导李红梅。

（3）课程研发中心主任石晓月，主任助理若干，委员选修课教师。主管领导李丽辉。

（4）质量监测中心主任许佳文，主任助理若干，质量顾问、委员教师代表、家长代表、学生代表、校外专业人士。主管领导李红梅。

（5）生活服务中心主任左振波、于海燕，主任助理若干，委员：校内外相关人士。主管领导孙继刚。

（6）信息中心主任隋泽强，主任助理一名，委员信息组成员等若干。主管领导李丽辉。

2. 工作职责界定

党支部（对应局党办、法制科）：党建工作、师德建设。

校长办公室（对应局办公室、人事科、督导室，各宣传平台与媒体）：人事、教师工作纪律管理、学校形象宣传、督导工作、收发文件、校长工作室工作。

学年组（对应一部、一室、六中心）：团队建设，调动全体学年教师的积极性创造性，带领学年教师达成学校质量目标；做好常规性工作，保证教育教学规范运行；配合各部门落实好学校的各项要求。

学生发展中心（对应局普教科、体卫艺、进修综合部、老关协、科技馆）：德育活动的设计、组织和开展、学生生涯规划、团和学生会的工作、心理健康、家校共育、班级管理、学籍管理、德体美劳的工作。保证与其他部门协同。

教师发展中心（局普教科、成职教、招生办、进修中教部、培训部）：把好教师入口关；促进、帮助教师的专业成长；着力课堂教学质量的提高；逐年增加优良教师率，减少不合格教师率；调动教师的工作积极性。负责组织设计教学活动和学生学习活动，保障教学常规规范进行。做好保证与其他部门协同。

课程研发中心（市科研所、校内与学生发展中心、教师发展中心的协同）：学校的课程规划与建构、项目学习的开展、学科间课程的整合、选修课的高质量开设、学校科研、校本教材开发、课程实施的指导。

质量监测中心（学生和家长，学校的决策智囊）：对于学校的发展进行诊断和定位，对各发展中心工作开展持续性的调查与访谈（每月至少一次），对学校教育教学质量进行分析，提出监测报告，把关各种质量检测，组织非纸笔测试类考试。

生活服务中心（市工会、局党办、法制科、安全科、后勤管理中心、基建办、装备部、退休支部）：为教育教学的顺利进行提供及时有效的服务与保障；校园校舍的维护和维修、美化；功能室的管理；实施依法办学、发挥教代会在加快现代学校建设方面的价值和意义；做好工会工作，为前勤做好安全和生活保障、排忧解难、解除学校和教师工作中的后顾之忧，增强教师的爱校情感；活跃校园文体生活，调动后进力量，增强学校的向心力、凝聚力；联系校内外的力量为学校发展争取支持。提高资金使用的有效性，避免浪费。

信息中心（电教馆，科技馆、学校各部室中心的协同）：保障学校的设备正常使用和运转；学校大型活动的技术支持；创客空间；资源平台；学校教学和管理的数据化、现代化转型；好的技术及平台的引进：阅卷系统管理及成绩的分析管理。

附件4：

现代学校治理视阈下的部门岗位职责

校长办公室

部门定位：本部门是落实党的教育方针，规划学校发展的决策系统之一。

工作目标：为了学生全面而有个性的成长，为了教师专业而有情怀的成长，为了学校的美誉度。

服务理念：倾听，共情，看见。

工作职责：

1. 落实党和国家对学校办学的要求；
2. 规划学校的发展，设计学校的发展战略；
3. 确保学校的育人理念和发展规划落实到教师、家长和学生当中；
4. 协同学校各中心、部门为师生成长和学校质量提升贡献力量；
5. 推广学校的办学经验和办学成果。

学生发展中心

部门定位：本部门是全面贯彻学校的办学理念，促进本校班主任专业成长和学生综合素养提升的支持系统之一。

工作目标：实践让教育成就幸福，让人生别样精彩的学校理念，用理性与爱为班主任和学生的发展赋能。

服务理念：为班主任和学生的幸福成长提供专业的支持，为学校的发展贡献智慧。

工作职责：

1. 积极探索五育并举的实践路径，规划设计学校的德育（包括团和少先队工作）工作；

2. 支持与服务学年组开展工作，切实推进全员育人目标；

3. 发现与培育优秀班级、优秀班主任、优秀学生的典型经验，以点促面，帮助更多的班级和师生实现优质发展，形成本校的育人体系，促进育人质量的进一步提升；

4. 设计开展丰富多彩的特色教育活动，进一步培育和践行社会主义核心价值观，提高我校学生的核心素养；

5. 配合学校各中心、部门为学生成长和学校发展贡献力量。

教师发展中心

部门定位：本部门是落实学校的办学理念，助力本校教师专业成长和学生学习素养提升的支持系统之一。

工作目标：实践让教育成就幸福，让人生别样精彩的学校理念，用理性与爱为师生的发展赋能。

服务理念：为满足教师个性化、专业化发展而努力。

工作职责：

1. 统筹制定学校教师队伍建设和发展规划；

2. 带领项目团队开展教学常规改进实验，破解教师教学发展难题；

3. 以学术评价引领教师专业发展，以团队评价推进教师专业共同体发展；

4. 指导各学科开展丰富多彩的学科主题活动，提高我校师生的学科素养；

5. 培育、发现和推广典型教研（备课）组的经验，优秀教师的经验，优秀学生的经验，以点促面，帮助更多的组和师生更好地成长；

6. 配合学校各中心、部门为师生成长和学校质量提升贡献力量。

三、实施差异适应性教学改革，落实“人就是目的”的教育思想

学生是有差异的个体，学生的学习基础、学习风格、智能类型各不相同，教师一言堂的课堂无法满足差异个体的成长需求。班集体授课制的情况下，如何实现学生的适性成长？学校在“十二五”和“十三五”期间，分别立项吉林省教育规划课题《差异适应性教学研究》和《差异视域下初中适应性教育研究》两项课题，持续十年聚焦课堂，聚焦差异开展研究。

为做好课题研究，学校在 2010 年至 2014 年期间邀请郑杰校长每年两次每次一天对中层干部开展咨询式,促使中层以上干部专业素养提升，树立正确的教育观；2016 年至 2019 年学校的 60 位教师跟从郑杰校长开展每学期一次，每次半天的合作学习培训；2021 年学校邀请郑杰校长为骨干教师和班主任进行“教学设计”和“教育就是关系”的培训。学校在郑杰校长培训后主要是带领老师们进行实践，理论与实践相结合，完成老师对“人就是目的”理念的坚决转变。

（一）第一阶段：2009 年至 2011 年末，聚焦所有学生，为实现一个都不能少，思考如何教

我们的思路。实施小组管理，尝试先学后教，从最后一名抓起，不让一个孩子掉队。

主要做法。一是转变全体教师特别是班主任老师的教育观念，从关注少数升学有望的学生变为关注全体学生。二是实行小组围坐，组建学习小组，培养小先生，实施组长（小先生）负责制，建立面向全体的班级量化考评机制和教学质量评价指标。三是提倡教师编制导学案，尝试“先学后教”的教学策略，确立“学生动起来，课堂活起来、效果好起来”的课堂目标。经过两年的实践，教师的观念有了一定的转变，学生课堂上放弃学习，甚至流失的问题有了明显的改观。

（二）第二阶段：2012 年至 2015 年，聚焦有差异的生命个体，为实现学生的适性成长，思考怎样教我们的思路。围绕学生的差异，以课

题为依托开展“差异——适应性”教学研究。

主要做法。依据“大家不同，大家都好”的学生观和“让教育成就幸福，让人生别样精彩”的办学理念，按照“基于差异，依靠差异，为了差异，发展差异”的学生培养理念，一是提出“先学后教，以学定教，多学少教”的课堂教学基本原则，学生自主学习时间不少于教师集中讲授时间的时间分配原则。二是明确课堂教学基本流程：即情境设疑或出示教师根据教学目标设置的问题→学生阅读教材思考问题→小组内交流→全班展示→教师点评和讲解。后来抽象为“独学、对学、群学、展学、点学”的课堂实施流程。三是对国家课程进行二次开发、优化。如语文组进行了模块教学、化学组课桌实验、英语的模拟语境教学、历史的情景教学、思品的情境教学等等。四是进行校本选修课开发，2012 年即开设选修课 42 门，每周五的 3：00—4：30，七、八年级所有学生实行选课走班上课。同时把研究性学习、假期综合实践活动课程纳入课程体系，提升课程体系的宽度和深度。

经过四年的探索初步创建了“差异——适应性”教育教学体系，其内容包括：多元一体的课程体系、“五阶适应性”教学范式、依靠差异的“合作学习”教学策略、“五阶自成”的个性化学习支撑体系、“三规三省”的自我教育模式。通过四年的实践学生的生命样态发生了较大的改变——自信、开放、乐观、向上；学校的教学质量有明显提升，中考中一分三率远超同类学校。

（三）第三阶段：2016 年至 2019 年聚焦核心素养，为实现“为了合作的学习”，思考为何而教

我们的思路。实施三步走战略：从“为了考试”的学习走向“为了合作”的学习再到“为了学习”的合作，让学习有教养、有美感的发生。

主要做法。一是培育合作型文化，以评价为导向，从评价个人转向评价团队，从评价教师的教转向优先评价学生的学。二是跟从全国合作学习专家郑杰校长进行一年两次的体验式培训，让教师通过自学和体验掌握合作学习的相关策略和技能。进行班主任和任课教师过关式展示，进行适用性探索。三是对学生进行合作技能的训练，让学生学会如何合作，

获得合作技能。“大家好……”“我的观点是……”“谢谢你为我们提供了这么好的……”等等，学生在课堂上经常运用合作语言，进行合作学习的过程是彬彬有礼的、富有美感的、享受的是学习过程。在教学中强化落实合作学习的要求和责任，学习成效跟个人是否尽责紧密联系在一起，每个人要对自己的学习负责。通过任务或责任分配使每个人都承担小组任务中的特定责任，杜绝“滥竽充数”。在单元检测或学业小测验中，小组成员必须靠自己的力量独立完成测验，统计分数时也要计算每个人的个人成绩，这就迫使每个成员都要尽自己的努力不放松。我校常用的课堂教学合作学习策略和使用范围如下表：

合作学习策略	认知水平						知识类型				合作类型		问题类型	
	记忆	理解	应用	分析	综合	创造	事实性	概念性	程序性	认知	互助	协同	封闭	开放
1. 小先生法	√	√	√	√	√	√	√	√	√	√	√	√	√	√
2. 叽叽喳喳法				√	√	√			√			√		√
3. 切块拼接法	√	√					√	√			√		√	
4. 接力法				√	√	√	√		√			√		√
5. 坐庄法				√	√	√	√		√			√		√
6. 四角站立法				√	√	√			√	√		√		√
7.MURDER	√	√	√				√	√			√		√	
8. 组际评价法	√	√					√	√				√	√	
9. 记记法	√	√					√	√			√		√	
10. 内外圈				√	√	√			√	√	√			√

四是以备课思维导图为抓手，回归本真课堂，做有根据的备课，设置有意思的问题，上有过程的课，让老师在不断实践中提升自己的专业能力。

1. 有根据地备课

首先要求教师备课要研读课程标准并把课标要求写在备课思维导图的最上面，强化课标意识；其次要研读教材，明确教材设计意图，预设学生的困难点；再次是研读学生，做好学情调查，之后确定教学目标并转化为学习目标，分别写在备课思维导图上。

2. 设计有意思的问题

提倡知识情景化，情景问题化，问题意义化。在这个过程中让知识和学生产生意义关联，提高学生学习的能动性。如化学课教师在讲授“水的净化时”把这一内容转化为“怎样帮助非洲小朋友喝上纯净的水”等等。

3. 上有过程的课

要能看到学生由不会到会，不好到好的过程。一是强调真认知。通过课前提问，课中学生回答或展示，课尾检测，把握学生的认知状态，及时调整教学进程。二是强调真思考。在任务驱动下，让学生自主学习，保障自主学习要充分，不可草草了事。三是强调真交流。合作学习时，每节课合作学习技能的使用数量不多于两种，规范合作学习操作，注重合作学习技能的培养。四是强调真精解。讲解时间不要超过学生自主加合作学习的时间。五是强调真监测。每节课结束前都要对学生进行口测或笔测，检测教学效果。

（四）第四阶段：2020 年至今聚焦三大学习理论，依据学习目标（知识的类型）确定教的方法

我们的思路：从形式走向内容，走向学生的学习内容，确立基于事实性知识的讲授式教学、基于程序性知识的直导式教学、基于概念原理性知识的指导——发现式教学、基于创造力培养的探究式教学。

我们的做法：实施主题研修，教师边学边做边改进。

我们的收获：学校以课堂教学为核心的综合性改革，不仅涉及课堂教学，还涉及管理、评价、文化建设等方方面面，教学改革是“牵一发而动全身”的事情。这些年来，大家走得很艰难、很辛苦，但欣慰的是，

改革给学校带来了勃勃生机。通过教学改革，教师的教育观、学生观、质量观进一步端正，功利性弱化，个人的研究意识和整体的研究氛围明显增强，学生的综合素质得到显著提高，毕业生质量以及家长对学校的满意度也逐年提升。

我们的反思：教师第一，教师教育素养、专业素养的提升是校长的第一要务。

总之，学校教育唯有尊重学生的独立性与独特性，把握不同学生的差异特质和成长需求，肯于花时间和精力去研究“自己的学生”，将学生的认知、思维、情感、行为等特点作为学校教育教学活动的起点，进而寻求适合“自己的学生”的教育内容和教学方法，才能更好地促进每一个生命个体的幸福成长。

课堂文化是指师生在课堂上所坚守的教学理念与学习理念、态度、情感、教学方式、学习方式的相互作用、积淀、升华而形成的具有普遍性的课堂风气、课堂习俗、课堂教学境界以及课堂教学的价值诉求。

课堂文化是学校文化的重要组成部分，是学校文化中最核心、最灵动、最有磁性、最具魅力的部分，同时也是对学生成长影响最大、烙印最深的精神要素。课堂文化潜移默化地影响了学校教学的质量，也影响着学校师生的发展。

我校课堂文化基于学校“理解人、关心人、尊重人、发展人、幸福人”的文化理念，构建自由、平等、民主、文明、尊重、共生的新型师生关系，注重教师与学生的生命互动，形成一种和谐、合作的课堂文化，从而使课堂教学达到“教师乐教，学生乐学”的良好效果。

四、优化了多元一体课程体系，落实“人就是目的”的教育思想

（一）课程核心

要实现“为了每一位学生发展”的教育目标，学校就必须面向全体

学生，承认差异、尊重差异，从关注学生差异出发，力求探索一种学生全面发展，个性充分张扬的校本课程模式，补充国家课程对学生培养的不足，满足学生个性发展的需求。因此，我校建构了差异——适应性课程体系，针对学生需要潜能和兴趣的丰富性，尽可能地挖掘可利用资源，如教师资源、社区资源、环境资源等，为学生提供丰富的课程，适应学生发展需要的选择性，使学生在课程的学习和体验中发现自己和发展自己，实现生命成长。我校的课程体系主要由三部分构成：

1. 国家（地方）课程校本化。

2. 校本选修课程开发。

3. 特色课程建设。

（二）课程升级

我校的课程建设自2009年开始，始终伴随着“差异——适应性教学”研究过程，至今经历了四个发展阶段：

1. 第一阶段：搭建德育常规管理课程（2009年至2011年7月），保障课堂教学改革顺利进行

我校初期课改的主要内容是改变课堂管理方式和教学方式，它需要评价作支撑。为了探索和完善以小组管理和学生综合素质月评价相结合常规德育课程，本阶段我校课程建设的主要任务是建立小组管理模式下的学生评价方式，把学生综合素质月评价由一月一评改为日评量化加周评再到月评的方式，把原来评个人和评小组相结合，形成了日量化、周反馈、月评价为主要内容的班级管理课程。这种常规管理课程框架不仅为课堂改革奠定了组织管理基础，而且有利于更多老师转变观念，投入课改，同时创新了我校实行13年的学生综合素质月评价。

这一阶段课程建设还加入了成长时间、开学初小军训等小课程，唤醒学生的自省意识，引导学生自主管理。为现在我校德育活动课程体系建设提供了基本模型。

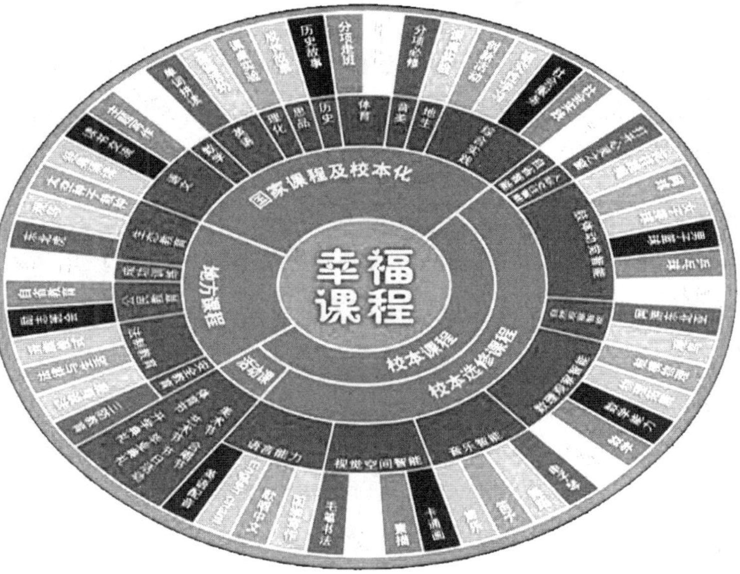

珲春市第珲春市第四中学课程架构图 1.0

2. 第二阶段：构建“差异——适应性”课程体系（2011 年 9 月开始至 2013 年末），推动课改由自主探索向课题研究转化

2011 年开始我校进行“差异——适应性教学”研究课题立项，开始进行差异教育研究。差异教育是追求学生潜能发现和发展的教育，追求学生自我教育、追求全体学生多方面发展的素质教育，它从关注学生的差异出发，承认与接受差异，发现与研究差异，正视与成就差异，从而使学生获得不同领域、不同程度、不同层次的成功，它需要学校提供多层次的课程。这个阶段学校制定规划，开始理性思考课程建设，确立了课程建设总目标：围绕“广阔的视野，精致的生活，高远的志向”培养目标，在“让教育成就幸福，让人生别样精彩”的办学理念指导下，以富有特色的学校课程体系适应学生成长的需要，从而丰富学校发展内涵，持续提升学校质量和竞争力。

本阶段学校课程建设具体目标主要有三个：第一，对国家课程进行优化；第二，开发校本选修课程；第三，建立德育活动课程体系。

对国家课程进行二次开发、优化。每一位学生都是有差异的个体，现有的国家课程、地方课程不能完全满足每一位学生的发展需要，学校应尽量创造最丰富的课程资源，让不同的学生获得不同的发展。本着这样的认识，语文组进行了模块教学尝试，把文言文、现代文、作文等教学内容做专题化教学尝试。化学组则发起了课桌实验，把教材中的演示实验变成分组实验，增加了学生参与实验的机会，提高了学生动手能力，调动了学生学习的兴趣。在这些先行学科带动下，我校的所有学科都在对国家课程进行增、删、整合等优化，出现了英语的模拟语境教学、历史的情景还原、思品的情境模拟等优化尝试，形成了校园十项课堂教学专利（在全州课程改革现场会上已经做过展示）。这些优化基于我校学生的差异，适应学生的差异，力求为每一位学生的发展搭建平台，缓解了国家课程与学生发展需求不相适应的矛盾。（导学案，预习）

2001 年国家启动了新一轮基础教育课程改革，确立了校本课程开发理念，学校有了课程开发自主权。为落实我校的办学理念和培养目标，我校校本选修课程开发设定三个课程开发模块：

（1）开阔学生视野，满足学生兴趣，培养学生爱好模块。这些课程开设的目的是使学生的智力潜能得到发展。表演话剧《茶馆》的“麒麟戏剧社”等一批课程即为此类课程。

（2）学生的教养、涵养、气度等发展模块。这些课程教会学生热爱生活，使之情趣高雅，使心灵世界愈加美好。红烛诗社、声乐、卡通画、素描、中国画、DV 摄影等课程就是基于这样的目的设计的。

（3）使学生树立远大理想，意志品质得到提升模块。探寻中国古代枭雄、科普与科技、花样跳绳、网球等课程就要教会学生学会根据目标安排自己的学习和生活，使他们坚忍不拔、持之以恒。

在实施校本课程开发、研究、应用的初期，我们根据学校、老师的实际情况，采取循序渐进，不断探索，逐步深化的做法，不断完善课程的开发和实施。

第一，体育课分项选修做先导。七、八年级七位体育教师根据自己的特长，开设了足球、排球、网球、篮球、健美操、花样跳绳、田径等七门课程，以七个班为一个单元，学生自主选择，走班上课。半节课做体能训练，半节课做选修，既落实了课标要求，又落实了国家体艺“2+1”项目，力争使学生在校学习期间，形成两项体育技能，此举受到了学生的普遍欢迎，学校的体育课面貌大为改观，体育选项走班现在变为学生不动，老师走班，每一位学生都能体验七个项目，然后选出自己喜欢的项目进行选修。体育选修的成功使老师们对选修课程的性质、目标等认识、理解逐步清晰和加深，消除了原来对选修课程构建的误解，真正明白了选修课是一门体现学科知识综合，活动目标综合，能力培养为主，注重参与，注重过程积累的活动课程，任何一个老师，不管是执教哪个学科，都可以结合个人的风格，充分发挥个人所长，设计、组织选修课程。

第二，以点带面，逐步推进。2012 年 3 月，学校决定在七、八年级全面开设选修课，时间为每周五的 3：00—4：30 分，七、八年级所有学生实行选课走班上课。学校出台《珲春四中选修课实施方案》《珲春四中选修课管理办法》，教师共设计了 54 门课，后经学生选课淘汰开设了 42 门。期末有 7 门选修课向全体教师和部分学生做了精彩展示，让我们看到了选修课的希望，从此选修课成为老师尽情展示教学水平的新平台。

第三，积极探索，总结完善。选修课的成功尝试使我们对课程的设计、目标的设定、资源的开发和利用、活动的组织评价都有了比较全面的认识，老师们对选修课的开发、研究越来越感兴趣，在老师们的积极参与下，课程的开发无论是数量，还是质量都越来越有所提高，也越来越凸现教师个人特色和风采。

德育活动课程的丰富和完善。在德育常规课程的构建中，我们深深感到，学生品德的提升、行为习惯的养成靠的是自省，是活动体验内化，为此我校不仅通过综合素质评价体系、自主班级建设等常规德育课程进行习惯养成，而且设计系列活动课程唤醒学生的道德意识。经过几年的努力，形成了走过百米红地毯的开学典礼、难忘今宵毕业典礼、成长时间、春游、12·9 经典诵读、校园街舞卡拉 OK 大赛、假期社会综合实践活动、艺术节、运动会等学校层面的德育活动课程，新生军训、开学前小军训等年级层面的活动课程，日小结、周计划、月评价、主题班会等班级层面的活动课程。

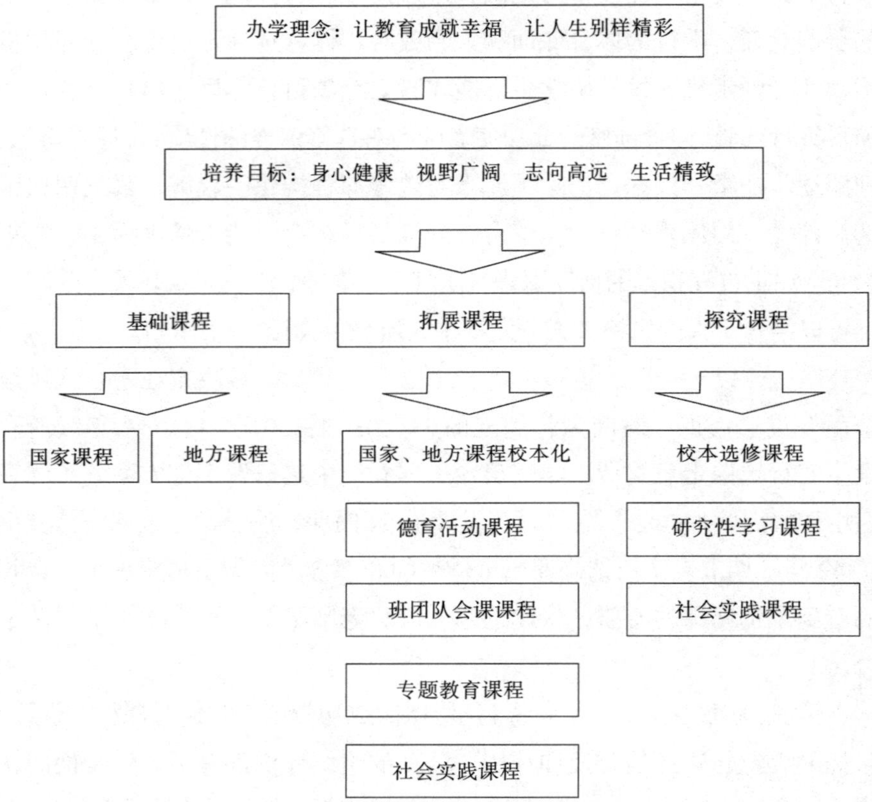

珲春市第四中学课程架构图 2.0

这一阶段的课程，不再只关注学科学习，还关注人的差异发展、个性成长。学校生态发生了根本变化，但没有解决学科课程的个性化学习问题，离适合每个孩子的教育还有很远的距离。

3. 第三阶段：课程 3.0

教育是唤醒，是激发，是自我生长，因此必须有适合学生的课程。在3.0阶段，我们把研究性学习、假期综合实践活动课程纳入课程体系，提升课程体系宽度和深度。在新的基础教育课程体系中，“研究性学习”课程是“综合实践活动”课程的有机构成部分，与“社区服务与社会实践”“劳动与技术教育”课程一起由国家指定。研究性学习在某些学科的课标和教材中也有渗透，但因其与考试还没有建立直接的关系，所以不被重视，但我们每一个做教育的人都知道，研究性学习无论是作为一种学习方式还是一种课程，都对学生的终生发展有益。

2013 年暑假开始我校在学生的假期作业单中增加了一项研究性学习内容，做研究性学习初步尝试，在寒假作业单中每一科都布置了研究性学习任务，并在 3 月进行了展示，全校有 15 名学生介绍了开展研究性学习的过程及感受，使我们受到了极大鼓舞。2014 年暑假，我们全学科留了研究性学习作业，开学初，学校用了一天的时间，组织了三场研究性学习报告，共有 28 组学生登台展出自己在假期研究性学习中的成果，而且八、九年级选出 10 组学生为新七年级做了示范性展示，受到了师生的好评。

2013 年寒假开始，我校进一步规范了由团支部开展的学生假期综合实践活动，对学生的活动给予参考主题，增加了职业体验、一日当家、关注身边感动故事等内容，而且把学校的小组合作学习方式延伸到了家庭，使学生的体验活动落地生根。而且本学期我们各班还建了自己的学生实践基地，德育活动课程更加丰富，学生体验具有了连续性，课程实效更强。

学生需求的多样性要求学校建设多元一体的课程体系，多元是指学生因智能、风格、基础、个性等方面的多种倾向所需要的多种发展路径。一体是指学生个体。多元一体课程体系建构将实现学生全面而有个性的发展，将全面发展为底线、个性发展为上线。我校课程 3.0 版是以国家课程为基础课程、以国家课程校本化实施和地方课程为拓展课程、以校本选修课程和德育活动课程为延伸课程的多元课程体系。目前，培养“身心健康”的课程占 28%，培养“志向高远”的课程占 15%，培养“视野广阔”的课程占 33%，培养“热爱生活”的课程占 24%。

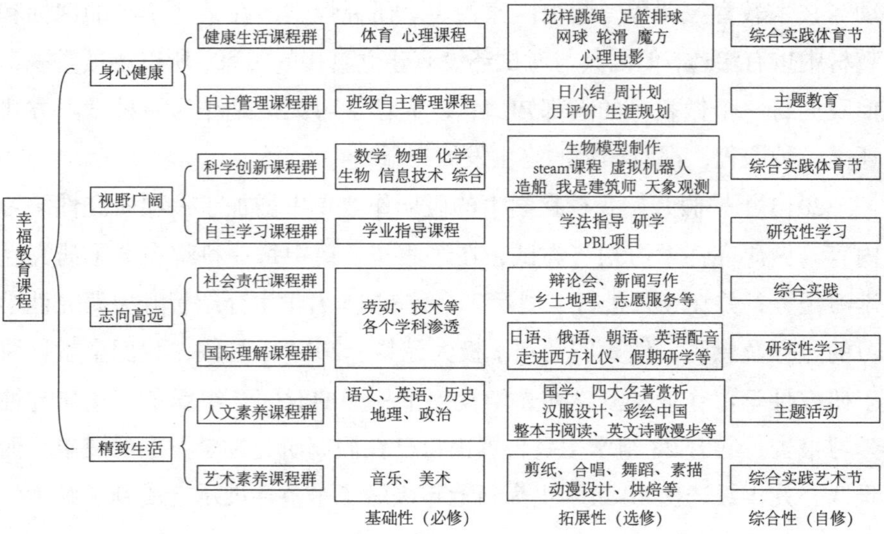

珲春市第四中学课程架构图 3.0

4. 第四阶段：课程 4.0

2018 年至今，为链接学生真实的生活世界，拥抱真实世界的不确定性而设计，增加了课程内容中的生活性和研究性内容。

目前学校的课程有选修课，仪式课程（开学典礼、毕业典礼、休业礼），节日课程（科技节、阅读节、艺术节、体育节），研究性课程（研究性学习、假期研究性作业），实践类课程，自我教育类课程总共 100 余门。

演一部剧、写一部书、造一艘船、配一部电影、装一台电视、常搞搞研究，我是牛人……学生在丰富的，富有挑战性的课程中实现了个性的成长。

第五部分

“人就是目的”的教育思想在区域教育的辐射和影响

一、“人就是目的”的教育思想在区域教育中的辐射作用综述

珲春市第四中学是珲春市内的一所普通初级中学，在过去的十四年里，遵循“人就是目的”的教育思想，积极探索素质教育在初中学校的发展之路，曾经名不见经传的普通中学现已发展为吉林省的一所名校。

“创造适合师生发展的教育，将四中学生塑造成为一个值得信任的卓越的品牌，把四中学校建设成为一所受人尊敬的伟大的学校。”是这所学校的价值追求。

近10年来，遵循“禀受才智于自然，回复灵性以全生”的校训，秉承“让教育成就幸福，让人生别样精彩”的办学理念，把办一所“适合每一位师生成长的学校”作为办学目标，大胆尝试，实现了差异——适应性教学的全面实验成功。

近8年来，毕业学生优秀率、及格率均居全州领先行列，连续四年考出中考全州最高分，学校成为全省课改的一面旗帜。

近6年来，全面探索基于“以学定教”的课堂教学新探索，成为全国合作学习示范校。

近5年，学校的“差异——适应性”教学研究成果在安徽、湖北、山东、广西、吉林5省作成果汇报；在吉林省长春市、松原市、靖宇县、延吉市等地作报告18次；国培项目讲座50余次；省内外先后有100多所学校校长、教师到我校考察学习。研究成果先后在东北师大附中初中部，吉林省辉南永康学校、敦化一中、图们三中、德惠教师进修学校等10余所学校得到推广。

2016 年 3 月中国教育报校长周刊以《李丽辉：把应试教育副作用降到最低》为题对我的办学主张进行了整版报道。作为吉林省的一所名校，近五年国内外近万人到学校参观学习，外出讲学近百场、学校教师外出送课百余节。

2014 年在吉林省第四届基础教育教学成果评审中，我校《初中学生综合素质评价体系研究》荣获省级一等奖；2018 年《实施差异——适应性教学研究，促进学生生命成长》研究荣获吉林省第五届基础教育教学成果一等奖，学校现已跨入全省教育科研领先行列，成为吉林省科研兴校核心示范基地；2020 年学校的省规划课题《差异视阈下初中适应性教育个案研究》结题并被评为优秀课题；2021 年 4 月学校的《创建差异——适应性教育教学体系，促进城镇初中生的生命成长的研究与实践》获延边州课堂教学改革成果特等奖。

近三年在中国教育报、江苏教育、吉林教育等期刊上发表文章七篇，出版专著一部，其中《浅谈中小学校本课程的建构与实施》发表于《吉林省教育学院学报》，《促进差异个体实现全面而有个性的成长》发表于《江苏教育》，《建设合作型教研组织促进教师的专业自主发展》作为特稿发表于《吉林教育》，2021 年出版专著《为了孩子的幸福成长——从学校文化建设的视角谈起》。

近五年承办省级以上大型学术会议五场。2018 年 9 月，我校承办吉林省科研兴校示范基地校际学习交流；2018 年 9 月，我校承办全国智慧教育改革现场会；2018 年 10 月，我校承办全国第三届合作学习专题研讨会；2018 年 12 月，我校承办国培计划 2018 年吉林省乡村校长（园长）三段式培训项目；2019 年 9 月，我校承办中陶会生命教育专业委员会第七届年会暨全国生命教育骨干教师培训会；2020 年 12 月，我校承办吉林省第三届区域主导课题局长论坛暨区域高品质教育现场交流会。

近五年，在省内外做培训交流二十余次。2018 年 2 月，在全州中小学（幼儿园）骨干教师培养对象培训班做了《今天，如何做骨干教师》的专题讲座；2018 年 4 月 10 日，李丽辉校长在全州中小学校级领导及后备干部培训做了《基于生命幸福的学校建设的思考与实践》的专题报告；2018 年 9 月 27 日，在全市党支部工作现场会上李丽辉校长做了《深刻思考抓党建加强实践促发展》的经验交流；2018 年 10 月 17 日，在全国第三届合作学习上，李丽辉校长做了《整体布局重点突破做好合作学习的校本化表达》专题报告；2018 年 11 月，国培计划 2018——乡村学校青年骨干教师培训项目（初中化学）培训班做《从化学教师到卓越校长的成长之路》专题讲座；2019 年 7 月 1 日，李丽辉校长受敦化市教育局邀请为全市校长及后备干部做《基于差异适应性教育的学校管理》专题报告；2019 年 7 月 9 日，李丽辉校长在教育部第二期中小学校长名校长领航工程李丽辉名校长工作室授牌仪式暨新时代高品质学校建设研讨会上做《基于自我改进的学校重构——高品质学校建设的思与行》经验交流；2019 年 7 月 24 日，李丽辉校长在柳河县第三期中小学副校级以上领导干部培训班做了《如何办一所好的学校》专题报告；2019 年 9 月 12 日，李丽辉校长在珲春市“区域高品质教育理论与实践研究”总结会暨全市校长论坛会做了《实施分布式领导，促进学校管理品质提升》专题讲座；2019 年 9 月 26 日，在中陶会生命教育专委会第七届年会暨全国生命教育骨干教师培训会上，做了《为了每一个生命的幸福成长》专题报告；2019 年 9 月 23 日，在校长国培计划（2019）——教育部边远贫困地区农村校长助理工程，做了《基于师生成长的学校管理思考与改进》专题讲座；2019 年 10 月 12—14 日，在教育部凉山帮扶行动江苏基地“昭觉县乡村骨干教师培育站”座谈会上，“李丽辉名校长工作室成员”李红梅副校长做了《基于校本的团队建设策略》讲座，刘霞和石晓月主任分别做了《新型班集体建设基本范式》和《英语教学示范课》；2020 年 6 月 13—14 日，教育部名校长领航工程清华基地与江苏基地联合论坛——《价值赋能创新新时代教育家型校长的“领航”使命与担当》，李丽辉校长在论坛上做了《激发办学活力：现代学校治理路径的实践探索》；2020 年 8 月 25 日，教育部领航校长李丽辉名校长工作室，珲春四中部分领导与昭觉县万达爱心学校的领导召开视频会议，就万达学校的德育工作计划、教学工作计划、学校考勤及总务后勤工作计划等给出了修订意见和建议，此次会上李丽辉校长做了《“爱有所依，学有所成”理念下的学校管理与评价》专题讲座；2020年08月23日，李丽辉校长被民革吉林省委应邀参加贵州毕节市教育扶贫活动，作为授课专家做了《赋能：现代学校管理变革路径的设计与实践》专题讲座；2020年8月31日，李丽辉校长在吉林省中小学校长任职资格培训项目（通化1班）学员授课中，做了《基于生命幸福的学校建设的思考与实践》专题讲座；2020年11月4日，吉林省净月一实验邀请教育部领航校长李丽辉名校长为该校做了《将合作学习进行到底》的专题讲座；2020年12月14日，李丽辉校长在吉林省第三届区域主导课题局长论坛暨区域高品质教育现场交流会上做了《激发办学活力：现代学校治理路径的实践探索》专题报告。

二、“人就是目的”的教育思想辐射带动工作室成员校

2018年5月，教育部李丽辉名校长工作室成立，成员校有长春市第一五六中学、四平市第三中学校、白山市长白县第一中学、吉林市蛟河第二中学校及柳河、梅河、辽源、延吉等省内的15所学校。

在培养基地的指导下，工作室通过支教大凉山昭觉万达爱心融创红丝带学校、巡回讲学、论文发表、校长论坛等形式，引领工作室成员校优化办学行为。工作室成员吉林省长白县第一中学王永彪校长和吉林省柳河县罗通山学校李彬校长是两位笔耕不辍，办学有特色、教育有思想的校长，“国家把整个学校交给你，要你用整个的心去做整个的教育”，我办公室外墙上的这句话，引发了二位校长的共鸣。王永彪校长用“悦读”引领孩子过一种有意义又有意思的校园生活，李彬校长则是带领孩子们在学校的开心农场里过上了有意义又有意思的校园生活。

附件 1：

国家把整个学校交给你 要你用整个的心去做整个的教育

王永彪

走进珲春四中，为一个发展的梦想，这个梦想牵涉我所在学校的老师和孩子的当下，也有可能影响他们的未来，还有我生活的区域。

珲春四中，原本于而我而言，就是一个未知数，祖国广袤的大地上，到处都有令人心生敬畏、敬意、敬重的学校，学校的背后是一个人，一群人。

月初，接到一个陌生的电话，她自我介绍，珲春四中马老师。我知道，我在做的一个梦将圆了。

教育部第 38 期初中骨干校长培训归来，不久就接到局里的通知，申报教育部领航校长的名校长工作室，希望我可以试试。

一个走了远路的人，对任何皆有憧憬，特别是专业发展领域的。我仔细看了，果断地申报了李丽辉校长工作室，唯有这一位是初中校长，其他两位，一位小学，一位高中，于我不太合适。

我们总是不自觉地寻找合适的，不自觉，透着一种不好解释的预见。5 月末上报，等到临近 7 月，我突然觉得渺茫了，又不方便打电话询问，干脆就放下了。从发展的角度，被列为省专家型校长培养对象，又有机会到华东师大培训了一个半月，已是莫大的福分，这个不来，日后必有其他机会，于是放下了。

放下的时候，它来了，好似翩翩而至的蝴蝶。我掩饰不住兴奋，我这“大”酒量，当晚还喝了白酒，近一两，以示庆贺。我深知进入一个团队的力量，特别是进入一个具有发展力的教育团队，其前景不可估量。

李丽辉校长的资料，此前已反复看过了，与我同龄，但她是首届吉林省杰出校长，教育部领航校长。对一位校长来说，这两个算是达到一定制高点了，特别是后者，列入其中，教育部就派导师专门跟踪了，跟学校，跟指导，跟提升，自然还有跟辐射，因为星星之火，可以燎原。

马老师建了群，才发现内里有我的三位同学，陈君、李彬、刘金枝。

我们在一个班内，已经一年半了，虽然不常见面，但大家都彼此关注着，若得喜讯，皆兴奋不已。从当下发展的角度看，陈君校长做得更突出一些，刘校长比较低调，李彬校长五十出头了，我是最了解的，我们外出学习，几乎都在一个房间，我写微信公众号，他也下定决心去写，而且写得最有韧劲。

和李彬校长一起走进珲春四中，就被学校所在的环境吸引了，简直就是花园式的小区。对珲春四中，自8日中午见面，李彬校长就向我做了介绍，他此前到过这所学校，阅读做得特别好。一所走进阅读的学校，必定是一所有发展前景的学校；阅读，是学校发展的必经初始阶段，也是学校深度发展的必要因素。

好美的基调，教学楼设计得大气恢宏，色调调配得和谐优雅，一看，就令人醉了。“让教育成就幸福，让人生别样精彩”，这教学楼主体上的，深深地吸引了我；幸福与精彩，都是我们渴盼的，也是可期的，只要努力，一切皆有可能，而学校，就是一个让一切皆有可能实现的地方。

一所学校走向何方，与办学理念和办学目标密不可分，其导引作用是巨大的，耳濡目染，必会成为所在学校师生的共同价值追求和发展愿景，自然就具备了看得见的导引作用。

看得见的，在校园里，一个硕大的软塑膨胀而起的水池，一群孩子围着，抬着或拖着各自的“舰艇”，从楼里出来，汇集于此。初中的孩子，玩这个？我吃了一惊，走近才发现，他们带来的，都是自作的，材质色泽各个不同。

一个孩子坐到“舰艇”上下了水，那“舰艇”竟然随着孩子的操作运行了，宛若在大海上，自由自在。好家伙，孩子的创造力不可小觑的。

这看似不起眼的“家伙”，背后藏着玄机的，我们的教育，最缺少的就是实践，纸上谈兵，我们不缺的，一旦经了实践，我们才会发现有困惑，有撞击，唯有经了此，方会悟得“纸上得来终觉浅，绝知此事要躬行”，而“学以致用”确是终极目标。

学校里学的什么时候用呢？平素不在我们的关注范畴，我们只要求他们记住，或会运用公式、原理演绎、推理，至于在生活中怎么用，似乎是不值一提的事情。

“不值得一提的事”让我们的教育脱节了，两层皮的问题，在我们的校园里普遍地存在着。那么，珲春四中，用这样的方式，在调整和改进吗?

正思量时，一位女士过来，老朋友般和我打招呼，原来是我的一位文友。她向我介绍了李丽辉校长的情况，原先执教化学，离开又回来，大刀阔斧、雷厉风行，女中豪杰；而我的这位文友，也在李校长的帮助下迅速发展，成了学校的语文教研组组长。

那么,这是一所成就他人,也成就未来的学校了,内部有什么奥秘呢?

怀着疑惑进了楼，我又被震撼了，这是一所写满尊重，激发梦想的学校。老的校友名录，都在墙上，一届一届的，收集起来，不知有多大的难度；“永远的记忆”呈现的，何止是过去呢?

任何一所学校，一定是基于历史发展起来的，特别是伟大的学校，陈旧的历史，可能更有挖掘价值。站在“永远的记忆”前，我想到了千年的景范中学，想到了南方学校的温润。

这样想，必有理由的。专家入场时，我竟然看到了立达中学的顾苏云校长，气质典雅，光彩照人。我是领略过她的魅力的，景范中学、立达中学，都写着她的历史，写着她的行走。

看日程表，还见了一个熟悉的名字，严华银教授，教育部“国培计划”中小学名师名校长，领航班江苏基地首席专家。以往，经常看到他关于语文教学的论述，此番在这里，以此种身份相见，恍悟，发展是永久的课题。

张岩主任，也进来了。获悉参加这项活动时，向张岩主任汇报了，得知她也过来参加剪彩仪式；我们参加培训间，她和陈贺主任给我们无微不至的关照，心怀感激，今日得见，分外亲切。

李丽辉校长，也见了，清新干练，事业型女性，喜悦里又有些我说不清的东西，可能是承办大型活动必有的压力吧。偌大的会议室里，坐满了人，来自全国各地的校长，也有我们这些省内的校长，还有珲春市的校长和部分教师代表。

李丽辉校长、王琦校长、金卫东校长就高品质学校建设从三个视角做了分享，不跟风，不盲从，是发展到一定程度的人的必然体征。从他们三位身上，我看到了冷静，也看到了前瞻，更看到了这些优秀校长对国家政策的把握，特别是他们都高度关注国家新推出的通知或相关论述。教育，从来不是孤立的，只有站于社会的大视角，才能居高远眺。

跟风，往往是普遍存在的。当跟风成为一种状态时，教育就失去了独立的前行权，教育人的迷失并不鲜见。教育，是有规律可循的，这是历史的论证，也是我们必须高度认知的，唯有此，我们才能时时保持清醒，不被所谓的热闹或喧嚣裹挟，保持冷静办学，以必要的坚守执着向前。

李丽辉校长强调，将教师引到学习之路上，“相约周四”，利用晚上的时间，组织欲培养的卓越教师参与学习。彭钢教授点评时，指出“没有学习，就没有研究”，也提到了如何以一致性的话语体系让孩子获得指导和帮助；我想到了夸美纽斯的《大教学论》，他提出，我们的教育存在的问题，是忽视了教育的一致性，各唱各的调，教育成效就减弱了。

贵州省王琦校长发言的标题为：改进碎片化校本课程的几点思考。校本课程，于我是一个跨不过去的坎儿，走到今天，一直忐忑不安，因为我们基本上是站在门外往里看。外出学习时，很多学校提到的校本课程开发，我也不愿表态，各有土壤，如果能够很好地落实好国家课程，已面临考验和挑战。若有余，则可于此探索，但形成有价值的校本课程，非沉淀是无法完成的。国家针对此出台的规定，给我们指明了方向，也消除了我的顾虑，无须为此再费心思。

南京溧水东庐中学陈康金校长对王琦校长的思考给予高度评价，强调我们的教育实践要求真、务实、创新。陈康金校长告诫大家：势变道不变，培养德智体美劳全面发展的社会主义建设者和接班人。作为学校，牢记国家育人目标是基本前提，也是重要保障。

上海市进才中学北校金卫东校长谈了“校长的文化自觉与实践自信”，从人治、制度治到文化治，关于学校的治理层级，我们在什么层级上？我也在思考，文化治，是我们所求的，但一定要建立在制度治的基础上，空中楼阁是不长久的。针对学校发展的运行格局，金校长从管理、经营、领导三个方面进行表述。现实对校长的要求是多元的，单一的形式肯定是无法适应工作需求的，黑脸白脸都要唱，糖果鞭子都要拿，只有以高远的规划和坚定的行动，才能完成既定的使命和肩负的职责。

立达中学顾苏云校长提出学校工作要抓住三个点：教师、文化、课程，前者是起点、次者是要点、末者是突破点。顾苏云校长有足够的管理实践，她建议，文化发展可拓展，将学校核心价值观转化为师生员工的行为方式，更要考虑学校的关注点，要以满足个性化的需求实现师生的幸福成长。

首席专家严华银主任总结点评，严先生跳出教育看教育，以任正非的演讲和论述谈我们的学校实践，鼓励校长要修炼，“立德立功立言”。立的基础是什么？又是一个广泛的范畴。“领导力就是影响力”，严主任此言，给我们的启迪是什么？当我们离开一所学校时，我们留下了什么？是学习的教师，还是进取的氛围，或已内化于心的力量？

严主任，我以往读过他写的大量有关语文教学的文章，《语文教学通讯》《中学语文》等先后大量刊载等，今朝于此相见，有些惊喜。

趁着会议间隙休息，我请顾苏云校长、严华银主任移步到舞台前合了影，算是满足了与心仪者同行的愿望。

李丽辉校长名校长工作室剪彩仪式，组织得令人激动，我等原本居于乡村的教师，有机会和最优秀的教育同仁在教育部和省教育厅的关心下，组建为一个学习或发展共同体，着实令人兴奋。

张岩主任宣读工作室成员名单时，我听得懂她的殷殷期望。来之前，已经在网络上报了信息，即将于合适时间到北京师范大学做我们那个班的最后一次研修，其意义是深远的。

我们这些经过培训的种子，如何在各自的领域内发挥示范引领作用呢？我一直在思考，也在践行，以专注和行动，不断将预期化为现实，也逐渐内化为师生的自觉行为。

跟随导引老师观看校园内部文化布置和社团活动时，我又一次见了李校长的厉害，专业教室、专业教师，令人羡慕。其实，我们也可以做的，关键是要想到，才能做到。

13点30分，我们应李校长安排，到507室汇合，李丽辉名校长工作室首次会议于此召开。李校长对未来做了明晰的定位：优势互补，共同成长，造福下一代，为未来带来幸福。

李校长借此介绍了将要开展的七年级修业仪式，基于项目的探究性学习，为了促进人的真正成长。我懂了，“舰艇”等背后隐藏的目的。

“潜精研思明志笃行”2018—2019学年度七学年下学期修业典礼盛大开幕，孩子幸福而自信的面庞、铿锵而有力的话语，让与会者，也让到现场参加修业仪式的孩子深感震撼。

我们得记录，留下孩子常态的生活，他们的常态恰恰反映着我们的教育现实。我们梦想的，只能在孩子这里看到，或获得验证。

类似的修业仪式，我觉得耳目一新，也让与会者大开眼界。孩子们配合着投影和实物进行解说，讲述他们的构想，讲述他们的探索，讲述他们的困惑……而他们的幸福，都在脸上。

临到末尾时，“鸡妈妈”上场了，两位大男孩，阳刚之气，不逊常人。他们的故事，让我想到了居于乡村的日子，那时和小鸡是有紧密的联系的，孵化小鸡的过程也有过。在人世行走了半月的鸡宝宝闪亮登场了，更巧的是，两位“鸡妈妈”带来了一公一母两个鸡宝宝，它们毫不畏惧，在舞台中央唧唧地唱着，仿佛要宣告孩子的探索与实践。

李丽辉校长就坐在我的前排，她一直幸福地给孩子竖大拇指，就差站起来，走到舞台中央和孩子拥抱了。

深入的学习一定要和阅读联系起来，珲春四中的阅读，李彬校长多次称道。这番，我也见了，在开阔的厅里，分门别类的藏书，就在师生途经的廊道里，还有一个“读书论坛”台，在书架不远处，与开放的阅读厅浑然一体，对面的阅读树，则见孩子的思考。

为了呈现亲子阅读成果，一对母子登台了，她们看的是涉及网络的小说，内容看似有些阴暗，而此间的故事与认识，却让我们觉得这对母子绝非寻常之辈，不单学养可赞，且有独特的见地。

“当我还是孩子时，吃过很多食物，现在已经记不起吃过什么了。但可以肯定的是，它们中的一部分已经长成了我的骨头和肉，读书对人的改变也是如此。”

阅读的作用，她们以此向我们做了诠释。是啊，阅读究竟给我们带来了什么？不是一两句话可以说清的，但我们长成今天这个样子，的确有阅读的印记。

这一场修业典礼，真是别开生面，人文情怀、科学精神，合作能力、探究能力等，皆得到呈现。这一场学期末的精神盛宴，不仅激发了孩子深度学习的热情，也深刻启发了与会的我们，珲春四中以此给我们上了最好的一课。

听课，研讨，听李丽辉校长的同学和导师点评，我们的活动一直持续到近七点才结束，虽然天色已晚，仍觉意犹未尽，解渴啊！

即将离开学校时，我看到了校长办公室附近墙面上赫然写了陶行知先生的一句话：国家把整个的学校交给你，要你用整个的心去做整个的校长。

摸摸自己的胸口，我暗暗地问自己，离此有多远的距离？我的身边，有许多这样的榜样，永吉十中的王艳春校长，珲春的李丽辉校长，包括与我同道的李彬校长，还有我外出学习时认识的省内和省外的优秀校长，他们都是我的榜样，我愿意以他们为榜样，奋力向前，做一个思索者，也做一个践行者，仰望而舞，贴地而歌！

（此文摘自王永彪校长的微信公众号——悦者一首清扬的歌）

附件2：

国家把整个学校交给你 要你用整个的心去做整个的教育

李彬

作为李丽辉名校长工作室成员之一的我，在五天培训过程中，正值全县教育系统领导班子大调整，事后知道有许多新校长被提拔，也有一些老校长退居二线，我依然在原学校工作。这几天，我在思考着，教育其实就是一条清澈洁净、潺潺流淌的溪水，只有流动着、活跃着、欢歌着才会律动着学校的生机活力，过滤残渣败俗，才会创造一所所全新的学校，如此，学校才会有个性、有尊严，才会蓬勃发展。

有一个好校长就会成就一所好学校，这就是校长的责任和使命。六年来的校长历程，让我深深地体会到一位校长就是一所学校的灵魂，就是为每个家庭带来希望和未来的人，也是激励教师昂扬向上、扬眉吐气生活的人。好校长永远是学校的领路人、顶梁柱、遮雨伞，总是在关键时刻不退缩、不气馁，带领全校师生豪情满怀，信心百倍面对任何困难挑战，永不言败！

到珲春四中学习时，李校长办公室外墙上赫然写着一排大字“国家把整个学校交给你，要你用整个的心去做整个的教育”，又读我们工作室成员长白一中王永彪校长的一篇文章，题目就是《“国家把整个的学校交给你，要你用整个的心去做整个的校长”》，这是著名教育家陶行知先生《做整个的校长》文章中的一段话，今天读来，还是令人振奋激动。这篇文章原载1926年2月5日《新教育评论》第1卷第10期，至今已93年。文章虽短小，却字字真情，似一位老校长的谆谆教诲，既是治校经验，又是做人体会，这些话语对于今天的校长同样是肺腑之言，倍感鼓舞。

当我担任校长的第一天，我常常问自己：“你凭什么当校长？”今天我又在追问自己：“你作为校长称职吗？”当阅读了《做整个的校长》文章时，我又在反思自己：“你做到整个校长了吗？”回想起自己工作的得与失，脸红与内疚，有愧校长这一光荣的称谓，学校还有许多问题没有妥善解决，教师队伍建设、课程建设、学生品德养成还存在众多不足，尤其是教学质量提高，依然是学校的一道难题。

有的老师说，新教师补充上级部门派不来，再有老师还年老体弱；硬件建设不齐全，缺东少西，这种报怨非常可怕，会让一所学校萎靡不前，负能量聚集，最终是淘汰出局。不自救就会灭亡，这是优胜劣汰的规律。此时，校长要挺身而出，化作春风细雨，注入正能量。

做整个的校长就是要为学校描绘共同愿景，实现教育远大目标。校长要有教育美梦，学校才会“起死回生”或者是蒸蒸日上。要敢想敢做，做别的学校没有的，唯一才是特色；做强学校薄弱的，第一才是个性；做大学校已有的，领头才是旗帜！要亮剑，面对高手不自卑；要冲锋，出手才会胜出，即便倒下，也要化作一座丰碑！

做整个的校长就是要仰望星空，脚踏实地，心无旁骛办好学校。校长要“一根筋”“倔黄牛”，只要扎根这片乡土就要挚爱她，为她一生守望，待到山花烂漫时，“我”在花丛中笑。校长的责任重于泰山，做教育就是做功德，做教育就是最大的善！

做整个的校长就是要学生过一种完整而健康的幸福生活。学校要培养健全、完整、幸福的人，就需要深化教育教学改革，全面提高教育教学质量，坚持五育并举，强化课堂主阵地，建设高素质教师队伍，需要关键领域协同办学。畸形的教育是摧残人的，是人类的悲哀！

做整个的校长就是做最好的自己。学校永远要有自己的文化基因，学校元素要成为师生生活的一分子，人要活出自己的精彩，而不是造假、跟风、瞎折腾。拒绝东施效颦、邯郸学步，不忘教育初心，回归教育本真。

做个好校长，这是我永远的追求，努力，努力，再努力！

（此文摘自李彬校长的微信公众号——山村李子）

附件 3：

李彬：农村学校不能丢了“乡土味”

本报记者　赵准胜

“这是在樱桃树上嫁接了李子树，一半是李子，一半是樱桃……”“那边的野玫瑰花开放了，所以香味很浓……”吉林省柳河县罗通山镇学校（以下简称罗通山学校）极富乡土气息的校园风景吸引着来自全国各地的教育人前来参观。面对客人的好奇和疑问，校园里的小导游们一一解答。

2012年10月，罗通山学校由原罗通山中小学整合为一所九年制义务教育学校。合校时，因学生流失严重，初中生只有65名，初三毕业生仅剩9名。学校如何在困境中求生存，弱势中寻发展？面对严峻的挑战，校长李彬充分利用校内外原生态资源，不断加强生态校园建设、强化劳动教育、丰富校本课程，带领师生走出了一条普教与职教融合的农村学校特色发展之路。

校园东北角有一个简易的塑料大棚，钢筋骨架，占地60㎡。刚合校时，大家建议应取缔大棚，理由是立在校园不雅观，对提高教学质量也无益。李彬却如获至宝，不仅保留大棚，还进行加固翻新，安排专人负责，陆续引进一些花卉、蔬菜苗种植、栽培。小学部楼后有个狭长的畦子，足有100㎡，到了五月初，土层仍旧没有融化，如果移栽大棚花苗，时间久，成活率低。“贯众（一种药材）和猴腿（一种野菜）喜阴凉、潮湿，何不到大山里挖来栽培呢？”自小在罗通山脚下生活的李彬突发奇想，便带上几位男老师到大山里去挖，劳动实践课教师聂洪璋及时指导学生在校园里栽植……果然，不到半个月，贯众和猴腿都发芽了，像婴儿的嫩手，慢慢伸开，还散发出沁人心脾的清香。接下来，食堂前的三块畦子栽种了韭菜，食堂后的空地栽植了大叶芹、刺嫩芽、猫爪子等山野菜，既可观赏又可供食用。

第二年春天，学校从全国各地精选30多种树木、花卉品种，栽植到校园。在李彬的倡导下，学生会组建了“园艺社团”和“嫁接社团”，课余时间他们承担起校园内花卉栽培、病虫害防治等工作，除了育苗、锄草、打药、移栽、定苗，还积极尝试在山丁子树、山杏树上嫁接苹果、李子等。令人欣喜的是，同学们第一批嫁接的苹果第二年就开始结果了，而且同一棵树上竟然嫁接了三种苹果。不仅学校的花卉苗、蔬菜苗自给自足，各类苗移栽之后，在大棚里又种小白菜、培育葱苗，初冬之际，种植一茬秋菠菜，春季开学即可食用。后来，学校还采取以生带户形式，向学生家庭推广技术6项，捐送苗木4万株，组织学生与父母一道在庭院栽植各类花卉、苗木。通过这些活动，孩子们不仅了解了植物的生长规律，掌握了多种劳动技能，还充分体验到父母的艰辛。渐渐地，孩子们的学习劲头更足了，写出的作文更有真情实感了。

2013 年在校园东南角栽的 90 颗白桦树已茂密成林，一群群小鸟在白桦林中停落——飞起——停落，成为校园中一道亮丽的风景。冬天，每次大雪过后，李彬都会及时提醒后勤人员清除一块空地，撒一些食物，帮助小鸟们安全过冬。

2019 年 6 月的一天，有学生告急：学校室外厕所墙壁上的透风口空隙里发现了一窝刚刚孵化出来的小鸟。课间由于学生上厕所，大鸟不敢来喂食，饿得小鸟“喳喳喳”直叫，有一只雏鸟掉下来摔死了……李彬立即安排后勤人员，在鸟巢旁边写上提醒文字：“小鸟刚出生，怕惊吓，让小鸟健康长大。”自从张贴保护小鸟的提示语，学生进入厕所后不再喧闹了。时间久了，大鸟就不怕人了，课间照常喂食小雏鸟。为了让更多的小鸟落户校园，李彬和当过木工的校车司机张师傅合力制作了 6 个鸟巢，错落有致地固定在白桦林中。鸟巢用什么板材、做多大、什么颜色，甚至鸟巢里的小滑梯，李彬都是从网上认真查阅资料、反复看视频后才定下来的。李彬对学生说：“一只小鸟儿，就像一位新落户的同学，需要我们的接纳、帮助、爱护。”

如今，校园绿化面积达 2330 ㎡，建有梦幻园、圆梦园、启航园、腾飞园等 18 处劳动实践活动基地，每个班级均有承包的实践基地。通过锄草、捉虫、清理卫生、写观察日记等极大地丰富了学生综合实践活动。学校经多次修订，编写出《我爱家乡》（上、中、下）、《实用种养殖技术》（上、下）、《职业规划指南》等校本教材，按教学计划每年级每班每周都上一节劳动实践课。李彬亲自担任实践课教师，和孩子们一道参与各种劳动实践。“校长让我们拿着一根 20cm 长的木棍作为株距，特别实用。”六年级的苏展说：“栽土豆时，听了李校长的讲解，自己才明白为什么土豆的芽眼要朝上，合拢的土层为什么不宜太厚。”九年级的姜世林说：“栽大葱时，校长从大葱的历史、食用药用价值讲起，又从大葱的品种讲到栽培要领。”

罗通山学校坐落在风景秀丽的 4A 级旅游景区罗通山脚下，其众多蕴含革命传统、体现风土人情的景点，不仅为学校提供了得天独厚的乡土教育资源，又为学校开展综合实践活动创造了优越条件。依托这些资源条件，学校组织编写了校本教材《罗通山景点解说词》《罗通山学校校园解说词》，通过组建小导员解说社团，分年段对学生进行实地景点解说训练。“在提高表达能力的同时，希望孩子们都熟悉并热爱这一方水土，能够主动宣传罗通山，使罗通山文化代代相传。”李彬说。

“学校应该是孩子们生活的家园、学习的乐园、实践的田园。”去年，为进一步优化教学环境，李彬带着班子成员仔细考察、论证，承包了毗邻的村民耕地 4335 ㎡，作为学校的“生态农业示范园”。园内安装了节水灌溉设施，划分出九个劳动基地，分别种植土豆、高粱、大豆、花生、谷子、向日葵、玉米等。每班推选三名家长和实践导师组建了专兼职农艺辅导教师团队。劳动实践课教师在示范园内现场为学生上课，讲解操作农作物栽种方法，把课堂真正上到了田间地头。“我们上的都是农家肥，不用化肥、农药、除草剂，所以生产出来的都是纯粹的绿色食品。”聂洪璋老师告诉记者，暑假期间，土豆已收完，仅半亩地就收成 2200 多斤。“我们亲自栽的土豆，感觉真的特别好吃！”六年级的付佳宁说。

“农村学校不能丢了‘乡土味’，农村学校有得天独厚的优势办有生活的教育！”这是李彬校长常说的话。目前，全校学生达到 722 人，其中初中生 220 人，教学质量稳步提升，中考成绩一年一个新台阶。学校两次荣获柳河县“控辍工作先进集体”称号，两次荣获“吉林省绿色学校”称号。李彬被评为“吉林省专家型校长”。结合办学实践，他撰写了多篇教育随笔，其中《莫让问题沉睡下去》《“校歌”要大声唱出来》《学校要有自己的“语录”》等文章发表在《中国教育报》上。

今年秋天，刚升入初三的同学每人收到两个苹果。其中一个苹果上印着“我一定行”。原来，暑假期间李彬在校外实践基地“采摘园”看到苹果上的“恭喜发财”字样，便和果农商议给初三的孩子们一个特别的礼物。字是在县城打印、镂空的，把这些字用特殊胶布一个个粘贴在精选的苹果上，经过 20 多天的日照才呈现出来的。收到这份特别的礼物，同学们都很激动，李彬建议孩子们把无字的苹果送给父母，让他们尝一尝，感谢他们的养育之恩。把有字的那个留给自己，最好合影留念，再大声喊一声“我一定行！”，给自己一个甜蜜的承诺……“我们的校训是‘做最好的自己’，‘我一定行’是期待，更是激励。”李彬说：“孩子们来自全镇21个村屯，都是土生土长的农村娃，希望他们个个自信、阳光！”

（此文发表于2021年中国教育报）

三、通过言说传播“人就是目的”的教育思想

附件1：

让教育成就幸福　让人生别样精彩

——珲春市第四中学四十年发展纪实

这是一所与共和国改革开放同龄的学校……

“创造适合师生发展的教育，将四中学生塑造成为一个值得信任的卓越的品牌，把四中学校建设成为一所受人尊敬的伟大的学校。”是这所学校的办学目标。

40年，艰苦办学，不懈追求，薪火相传；40年，敢闯敢创，竭尽所能，力求卓越；40年，初心不改，积极探索素质教育在初中学校的发展之路，现已走进全国教育教学先进学校行列。

近10年来，遵循“禀受才智于自然，回复灵性以全生”的校训，秉承“让教育成就幸福，让人生别样精彩”的办学理念，把办一所“适合每一位师生成长的学校”作为办学目标，大胆尝试，实现了差异适应性教学的全面实验和成功。

近8年来，毕业学生优秀率、及格率均居全州领先行列，连续四年考出中考全州最高分，学校成为全省课改的一面旗帜。其“差异——适应性”的教学模式和“学生综合素质月评价”在全州推广，全省各地的校长、教师纷纷前来参观学习。

2014年在吉林省第四届基础教育教学成果评审中，《初中学生综合素质评价体系研究》荣获省级一等奖。2018年《实施差异——适应性教学研究，促进学生生命成长》研究荣获吉林省第五届基础教育教学成果一等奖，学校现已跨入全省教育科研领先行列，成为吉林省科研核心示范基地。

这所学校就是珲春市第四中学。

艰难中起步：自力更生，社会支持，励精图治，从涣散走向规范，闯出一条自我崛起之路

1978年，改革开放的号角吹响，教育事业迎来了明媚的春天。

1978年，珲春一中生额剧增，校舍紧张，在这种形势下，珲春县教育局决定将珲春一中高中录取后剩余的200名学生，初中录取后剩余的260名学生，于8月17日组建为珲春县四中。当时有28名教师，初高中各4个班级，是学制四年的一所完全中学。校舍设在原珲春镇第三小学旧校舍东侧（因校舍老旧三小弃用）。1978年底，珲春县教育局决定珲春县四中与珲春县镇郊中学合并，校址迁至镇郊中学，校名为珲春县第四中学。此时，教学班增为15个，学生680名，教职工50名。首任校长为牟云祥同志，支部书记胡庆风同志。

第四中学创建至今已走过了40个春秋。自建校以来，学校始终沿着求真务实之路，致力于学校改进，奋力前行，改革创新。40年的梦想与追求，40年的奋斗与拼搏，谱写了一曲曲收获的乐章。学校支部书记兼校长李丽辉介绍说。

合址并校，学生增多，教室少，怎么办？在校领导们的多方奔走之下，当时的603地质队、珲春电厂、珲春金矿、珲春矿区等单位先后出资，为学校扩建教学楼，加建宿舍，解决了当时学校教室不够用的难题。学校初建时校址坐落在一片稻田边，地势特别低洼，小雨蹚泥、大雨划船。为了治理操场水患，时任校长王登义同志动员社会各界和家长，有钱出钱，有力出力，连续五年，共填埋土方5000多立方米，修排水沟260多延长米。操场垫高了，平整了，结束了一下大雨就得停上体育课的状况，教学秩序得以保证。

……

1992 年 3 月 9 日，国务院批准珲春为进一步对外开放的边境城市，伴随外来人口的涌入，学生数逐年增多，学校教室严重紧缺时出现了 70 多人的大班额，还实行了二部制。为了改善办学条件，学校建起了印刷厂、冰棍儿厂、预制板厂，盖新教学楼资金不够，一方面争取社会支持，另一方面，向每个家长借资 300 元（毕业时还），建起了学校后楼二层教学楼，增加班级 14 个，微机室 2 个，印刷室 1 个，多功能教室 1 个，总面积 2400 平方米。新楼盖好后，市政府投资 82.56 万元，还了家长的借款。

20 世纪 90 年代初，学校确立了抓中心、促全面、创特色的办学目标。针对当时散、乱的现状，学校借鉴部队管理模式，在班级中开展“学生思想品德月考评”，提高学生的道德品质和情操；对教师开展“教师量化考评”“班主任量化考评”，以评促教。这些办法使得校风、学风和教风得以极大改观。学校还紧紧抓住课堂教学这一中心，开展教学研究，“青年教师大奖赛”“科研课题汇报课”“百花奖课堂教学竞赛”“导言课竞赛”“师徒结对”等活动，使中年教师大踏步前进、青年教师稳步提高。学校加强体育教学和训练工作，成立了男子篮球队、田径队，开展校级体育队训练，学校连续多年蝉联全市体育运动会第一名和篮球比赛第一名，在省州体育比赛中夺银摘金。

学校发展至 20 世纪 90 年代末，在社会各界的关心帮助下，在历任领导班子和全体教师的共同努力下，在求索中前进，在步履铿锵中积极进取，终于逐步走出困境。学校多次被评为全市师培工作先进单位、全市科普工作先进单位、全州优秀教育学会、州德育工作先进单位、全州养成教育先进集体、全州办学水平一类校等先进单位，中考成绩连年提高，多次进入全市最佳行列。

创新中发展：从一个都不能少，到为了每一个生命的激扬而教

走过 40 年的春秋，历经 40 年的寒暑，珲春市第四中学愈加英姿勃发。

一进入学校的教学楼大厅，便能看到这样一首小诗：虽然我展开双臂，也绝不能飞上天空；会飞的小鸟却不能像我，在大地上奔跑；虽然我晃动身体，也不会发出美妙的声音；会响的铃却不能像我，会唱许多歌谣。

我和小鸟和铃，大家不同，大家都好。李丽辉校长说，每个学生都是不同的个体，在班级授课制的情况下，如何实现大家不同，大家更好，是学校创新发展的逻辑起点，也是学校发展的目标。

2009年学校申报了省级规划课题《差异——适应性教学研究》，率先在全省发起了“差异——适应性”课堂教学改革；2012年又在全省率先依据加德纳的“多元智能理论”开始了“差异——适应性”课程建设探索，首期开出42门选修课供学生自主选择；改革随着时间的推移逐步走向纵深，管理改革、评价改革接续进行……一系列的改革组合拳，学生的热情和潜能被激发了。2012年延边州课改现场会在珲春市第四中学召开，经验在全州推广。

变学生间的差距为差别，变只关注少数升学有望的学生为关注全体学生；明确教育即唤醒，唤醒学生成为最好的自己，实现了学生动起来、课堂活起来、效果好起来的目标。

2009年针对学生流失现象偏高、厌学现象突出、课堂效率偏低、学生课业负担偏重等教育顽疾，学校以“先学后教、多学少教、以学定教”为课堂基本原则，以“小组合作”为基本组织形式，大刀阔斧地开展了不让一个学生掉队的“差异——适应性教学”改革。开展“差异——适应性教学”后，学生变插秧式坐法为小组围坐，进行小组管理，班级实行值日班长、值周班长轮换制，班级所有事物都由每个学生负责，实行班级学生自治。

从1996年借鉴部队管理模式的学生思想品德月考评到现在的综合素质月评价，22年探索学生自我教育之路。每月一次，每次两节课，通过自我评价，同学之间的互评，给家长的一封信，家长回信，总结自己在一个月内的优点和不足，重新制订自己的目标和前进的方向，促进自我反思。日小结、周计划、月评价、学期综合评定相结合的动态、多元评价唤醒了无数个“沉睡中的巨人”，学生“自省”管理文化初步形成。综合素质月评价共20分，计入大型考试个人总分。

学校积极探索符合教师专业发展的管理体制。“根据教师教龄、能力等差异，在备课、教案书写、听评课等方面差异要求。安排教师工作和布置任务时，从教师长处入手，调动教师工作积极性。通过下移管理重心，加强学年组、教研组、备课组团队建设，发挥每位教师的个性潜能。结合学年常规比拼、磨课研究、体验式备课、青年教师沙龙、研修推介展示、教师讲坛等活动，让教师各尽所长，各显其能。”

8年的教学改革给学校带来了勃勃生机。

8年来，家长对学校的满意度不断提升；8年的课改，培养了一批校内外的名师；教师的教育观、学生观、质量观进一步端正，研究意识明显增强；毕业生的质量逐年提高，综合素质不断增强。

学校的学风、教风越来越好，学生自主学习蔚然成风，“每天都在研究”的工作理念已深入到每一位教师心中。

江苏省教师干部培训中心常务副主任严华银到校调研考察后说：“珲春市第四中学是全国县域初中的一所样板校。”

课堂教学改革实践证明，珲春四中的教学模式已经取得了阶段性成功。

建设美丽学校：提升师生的幸福感、获得感

学校应该是最具有吸引力的地方，应该是能满足更多学生更多需求的地方。

初冬时节，走进珲春四中，整洁清爽、格局大气的校园环境，端庄古朴而又具有浓厚时代气息的校园文化，令人赏心悦目，充分感受到了“竭尽所能，力求卓越”的优良校风。

走进红色的教学楼，一种蓬勃向上的书香之风迎面袭来。宽敞明亮的教学楼可以容纳3个年级44个教学班、每班50人同时上课。物理、化学、生物实验室一应俱全、设备齐全；情景教室、录播教室、校园电视台、心理咨询室、微机室、音乐教室、美术室、创客教室应有尽有、功能齐备，图书馆藏书10万余册。

数次规划设计，几易其稿，2010年珲春市政府决定在原址重建第四中学。一校两地（一个年级借用老八小），历时两年，总投资近6000万，17544平方米的教学楼，4200平方米的食堂宿舍楼拔地而起。占地3.5万平方米、校舍面积2.4万平方米、宽敞明亮的新学校于2011年底投入使用，

2014 年塑胶运动场投入使用。

这是一个洋溢着传统和现代气息的求学乐园。走进四中五层高的现代化教学楼，独特的校园文化展现在眼前。副校长李红梅说，学校每一个楼层，都有一个比较大的学生情景体验区，按照雅人嗜好——琴棋书画四方面进行了智慧设计和精心布置，让 2061 名学生、159 位教师在此幸福成长。

走进一楼正厅，首先看到的是墙上的一幅幅标语："四中学生应该身心健康、视野广阔，志向高远、热爱生活，敏思能学、专注能群，是具有幸福能力的卓越公民。""伟大的学校是一所师生品格崇高、有社会责任感、肯担当、不功利的学校、是竭尽所能力求卓越的学校、是敢为人先的学校。"这些愿景和目标时时提醒和激励着四中的师生，要成为一个卓越和幸福的人。

正厅的顶棚，绘有一幅巨大的世界地图，意在提醒广大学生脚踏实地，仰望天空，身在珲春、心系祖国、放眼世界。

二楼的主题情景区——琴区：摆放着二胡、琵琶、扬琴、古筝等民族乐器，学生们可以自由拿起乐器演奏，相互交流学习。每周三的中午开展"迷你音乐会"。

三楼的情景主题区——棋区：摆放着各种棋类，课余时间，学生可以到棋区下棋、交流，进行棋类比赛。

四楼图书漂流区为七层全开放式的图书馆，上万册图书由学生们自愿捐献，学生可以在这里自由读书、自由取阅，也可以把书拿回家阅读，每周三中午都在这里进行《读书论坛》活动，学生们互相交流读书心得，介绍自己喜爱的书籍。

五楼是琴、棋、书、画情景主题区中的绘画区：学校从教师作品、学生作品和聘请的选修课教师的作品中选出优秀作品，结合校园环境文化，设计了传统文化诗扇长廊。五楼还有高清录播室、校园电视台、心理辅导教室、国学教室、戏剧社、虚静稹轩、和由省教育厅命名的李丽辉名校长工作室等。

学校的发展得到了市委市政府的大力支持，市领导多次深入学校调研。在市教育局高品质教育，高品位学校的总体布局下，幸福学校的模样初见雏形。

创造适性课程：实现学生全面而有个性的成长

“大家不同，大家都好”，“即使我的头上长了一棵树，我也一样快乐，有谁能像我这样，天天听到鸟叫，闻到花儿香”，“身心健康、热爱生活、视野广阔、志向高远”，四中的学生应该长成上面的样子。

自2010年起，体育课开始走班上课，学校开设了足球、排球、网球、篮球、健美操、花样跳绳、田径七门课，学生根据自己的爱好和特长选择不同的班级走班上课，力争三年让学生形成两项体育特长，一项终身体育爱好。

为了适应学生身心发展的差异，学校于2012年在全省率先开设了选修课，在七、八年级共开设了42门选修课，麒麟戏剧社、礼仪、国画、卡通画、书法、剪纸、观鸟与垃圾分类、汉服制作、造纸术、朝鲜语、俄语等等。

“学校为了给有特长的学生搭建舞台，学校还首创设计了60多项牛人竞赛，手绘地图达人、交通知识达人、历史故事王、足球射门、篮球投篮、魔方达人、我爱猜歌名达人等，内容多元，不局限于学科知识，而是培养学生的个人兴趣”。

每年新生军训活动、每学期开学三天小军训、每年春季和秋季校园篮球争霸赛、校园足球选拔赛、春秋两季各班社会实践活动、万国嘉年华运动会、纪念一二·九运动诗歌朗诵文艺会演、每学期期末选修课展示活动、开学典礼、毕业典礼，富有创意丰富多彩的活动，让学生既感受着校园火热激情的美好生活，又有机会展示自己的才华和特长，让兴趣成为孩子们成长中的一粒粒种子，明天必然长成参天大树。

面向未来：卓越的教师团队实现学校的卓越发展。

好校长成就好学校，珲春四中取得的诸多成绩，是李丽辉校长带领全校师生共同奋斗的结果。

作为教育部二期卓越校长领航工程人选、国务院津贴获得者、吉林省首批杰出校长、吉林省化学学科带头人、正高级教师，李丽辉校长是一个对事业充满热爱，对教育倾注真情的人；一个从2007年走上校长岗位，一心办学，心无旁骛的人；一个把“让别人因为我的存在而感到幸福”作为自己的座右铭，一心奉献，不求回报的人。

十几年来，在教育改革的大潮中，她就像一名勇敢机智的舵手，带领她的学校，乘风破浪，直驶理想的彼岸。2018年进入全国校长领航班学习的她，秉承立德、立言、立功的领航主旨，正在带领全体四中人探索全面践行党的教育方针、落实立德树人根本任务的未来学校建设。

珲春四中跨越式的发展、长足的进步得益于有一支特别能战斗的干部和教师队伍。学校现有省州骨干教师的有67人，评为市学科带头人、骨干教师、教学新秀等43人；学校教师现主持省级课题2项，州级课题7项，市级课题7项；现有国家级名校长工作室1个，入选省级名教师工作室1人，入选州级名师工作室4人，市级名师工作室2个。

一年又一年，一月又一月，干部率先垂范，教师紧紧跟随，他们披星戴月，努力拼搏，奋发进取，用自己的青春和汗水改变着学校，影响着学生，发展着自己。许多老教师年过半百，仍坚守在班主任岗位上，老骥伏枥，志在千里。中年教师兢兢业业，耕耘不辍，不用扬鞭自奋蹄。青年教师用激情点燃青春的岁月，用奉献书写教育年华。四中教师不计报酬，爱生如子，他们是学生的贴心人、引路者。他们勇于创新、乐于奉献，在教学改革的进程中，没有可以模仿的模式就自创模式，没有可以重走的道路就开拓新路。

四中的教师们在校长李丽辉等校领导带领下，个个焕发了献身教育事业，做“四有”好老师的热情，全体干部教师团结一心，努力拼搏，正为把四中建设成为全国一流的初中而努力奋斗。

珲春市第四中学的教师们把自己的青春和智慧献给祖国的教育事业，他们的誓言是——

我是人民教师，我的职业重要而伟大，我每天的工作关乎国家的明天和孩子的未来。我深知学高为师身正为范，我会自觉遵守教师职业道德规范，按照中学教师专业标准的要求，履职尽责，践行爱有形、教无痕的教风，竭尽所能、力求卓越的校风，为学生的人生幸福，为中华民族的伟大复兴，我愿奉献出全部力量！

立德树人：毕业学子报效祖国，奉献社会

在四中建校 40 周年之际，已有数名校友回到母校，介绍自己的成长经历，举办音乐会、知识讲座等，激励四中学生“竭尽所能、力求卓越”。2018 年 7 月的毕业典礼上，著名钢琴家汪洋再次回到母校，为大家奉献自己创作的钢琴曲《阿里郎之歌》；9 月，著名曲作者郎恒回到四中开演唱会，并把自己创作的歌曲《珲春的孩子》献给四中学子；10 月，控股投资人郎晓聪、吴昊，11 月，著名国际猫科动物专家郎建民来到四中……四中计划请回一百位卓越校友来学校作报告，为师生奉献一个个自强不息，砥砺前行的人生故事。

四十年来，珲春市第四中学共培养了一万八千余名毕业生，在二十世纪八十年代就有中央军委命名的“为人民英勇献身的好战士”、抗洪英雄李秀海。如今，毕业生们在各行各业展示着卓越才华，成为国家和家乡建设的中坚力量。他们中间有诺贝尔奖物理学奖获得者杨振宁的博士生、有受到习近平总书记接见的北京市优秀青年、有国家部委的干部、有在麻省理工等世界名校学习的要为世界做点什么的莘莘学子，有学者、有实业家、有各种专业技术人才、有各行各业普通的劳动者………从国际到国内，从城市到农村，从工厂到部队，从企事业单位到自营职业，四中校友都在奉献着他们的智慧和汗水，为实现中华民族伟大复兴的中国梦而奋发图强。

多年的奋进，换取今日的佳绩频传；多年的耕耘，换来今天的誉满边陲。

学校先后荣获吉林省教育系统先进集体，吉林省未成年人思想道德建设先进单位，吉林省中小学校园文化建设示范校，吉林省核心科研示范基地，全国青少年生态道德教育先进学校，全国青少年集邮示范基地，全国青少年科学调查体验活动优秀示范校，全国职工书屋等荣誉称号。

1978—2018 年。

40 年的砥砺前行、四十年的奋斗拼搏，成就了什么？

珲春市第四中学的回答格外清晰：不仅书写了教育事业壮丽的发展篇章，使珲春的孩子在家门口就能享受到优质的教育，而且成就了万千学子幸福精彩的人生！

（此文发表在 2019 年 1 月图们江报上）

附件 2：

让教育成就幸福 让人生别样精彩

——记珲春市第四中学好校长李丽辉

臧云娟

“今天的教育什么样，明天的国家就什么样”，这是珲春市第四中学校长李丽辉常说的一句话，作为珲春四中历届校长中最年轻的一把手，她把教育当作自己崇高的使命，践行着“让教育成就幸福让人生别样精彩”的理念。

说起珲春四中，珲春人都纷纷伸出大拇指，夸奖它对学生要求严格，教师水平高，教学质量好。可是为了这一天，有谁知道李丽辉校长付出了多少辛勤和汗水，付出了多少智慧和力量，她虽然只有四十多岁，可是却已经两鬓斑白，韶华渐逝，许多毕业生纷纷感叹，学校变美了，美女校长见老了。

她是一位创新进取，锐意改革的好校长。2011，珲春四中进行了差异——适应性教学模式改革，一步步的艰辛、一步步的探索、一步步的磨炼，李丽辉校长带领四中教师走过了迷茫——质疑——探索——徘徊——坚持——成功这样一个艰苦的历程，今天，改革成果初见成效。

2010 年开始，中国基础教育教学改革倡导承认学生的差异，鼓励学生带着差异成长，四中按此思路，推出了小组合作学习的教学模式，让学生独学、对学、群学、汇报。那时，没有可学的样板，没有照搬的模式，家长质疑，学生反对，教师犹豫，李校长在大会小会上讲课堂教学改革的重要性，亲自参加教研组会、备课组会、教研组长和备课组长会，对全校教师进行培训，讨论和学习差异适应性教学的方法，亲自写教案，做成模版，并亲自讲解学案的使用方法，大力推行差异适应性教学，还请来教育理论家来学校讲课，带领大家进行差异适应性教学，实行小组合作学习，教师按新的教学模式进行备课、教学，改革艰难地进行下去。现在，三年过去了，四中没有因为搞教学改革影响升学率，它在珲春市的升学率年年保持第一，在全州中考成绩名列前茅，还创出了史无前例的语文 109 分的全州历史新高。

做校长贵在使命感和责任感，李丽辉校长就怀着一种崇高的使命感和责任感在做教育事业，她说，“‘国家把整个的学校交给你，你要用整个的心去做整个的校长’，这是著名教育家陶行知先生说的，也是我的座右铭”。她以一个教育家的精神境界去做教育，开创了四中的多个第一。

2008 年，她就建议把每年的秋季运动会改为“秋季趣味运动会”，用各种趣味性的运动代替竞技性体育比赛，改变了以往少数运动健将场上较量，大多数人围观的局面。

2009 年，她又建议将每年的“12·9 文艺会演”改为经典诵读大赛，让学生在诵读文学经典中体会中华民族五千年文化传统的博大精深。

2011 年，全国集邮文化先进城市评选小组到珲春考察，四中是唯一一个迎检单位，在炎热似火的假期，李校长和老师起早贪黑准备各种材料，讲解四中集邮的历史，讲集邮课，圆满完成了迎检任务，使珲春市顺利晋级“全国集邮文化先进城市”行列，成为东北三省唯一获得此项殊荣的城市。

2012 年，在教育改革的春风影响下，李丽辉校长倡导学校开设了 47 门选修课，没有专门的教师，除了一少部分在社会上聘任以外，都是四中教师自己兼任，其中有合唱团、舞蹈班、科技制作班、英语配音班、戏剧社、剪纸班、篮球、排球、足球等，如今，周四下午成了学生最盼望的一天，这一天的7、8节课，七、八年级的所有学生都按自己的爱好去参加选修课。选修课也成了珲春中小学的一大特色。

四中还常年对学生进行保护野生动物特别是保护东北虎及保护环境的宣传工作，多年进行观鸟爱鸟活动，2013年，珲春四中被全国野生动物保护协会命名为“全国青少年生态道德教育先进单位”。

作为校长，为了能让老师在自己的岗位上兢兢业业，无私奉献，李丽辉自己率先垂范，她深入到教学一线，与老师一起经历课改，一起想办法提高学生学习兴趣，她亲自做后进生的思想工作，每个班的问题学生她都亲自找来谈话，抓住每一个机会鼓励他们做一个品德高尚，爱父母爱老师爱同学的好孩子。她多年来担任一个班的化学老师，讲课形象生动，待学生亲切热情，学生亲热地叫她“我们的李老师”。

办人民满意的学校，是李校长的办学目标，她为学生制定的座右铭是“竭尽所能，力求卓越”，她在学校二—五楼装修了琴棋书画的活动场所，让学生下课就可以与琴棋书画密切接触，进而陶冶情操，培养高雅的艺术兴趣爱好。体会学校生活的幸福感受，她倡导读书漂流活动，在一周之内，全校师生就捐献图书一万多册。

由于李校长在教学工作中的出色表现，她被评为吉林省化学十佳教师、吉林省化学骨干教师、学科带头人，2014年，又被评为吉林省名校长，并担任吉林省校长工作室负责人。2014年还被评为延边州劳动模范。

不论是假期还是工作期间，她都特别关心老师们的身体健康和心理变化，谁有了心事和困难，都瞒不过她的眼睛，她心里装着每位老师和学生。学校有一位体育老师的妻子得了重病，她亲自去看望，还发动学校老师捐款，现在这位老师的妻子已经恢复了健康。她要求工会开设教师选修课，开设声乐、舞蹈、绘画、书法等课程，搞职工篮球赛、爬山比赛等，既陶冶情操，还放松心情。

她是敬业进取的好校长，她是待老师如兄弟姐妹的好领导，她是大家的贴心人，她以自己的人格魅力和负责精神引领着大家向更高的目标迈进。

捧着一颗心来，不带半根草去。李丽辉校长把自己的一颗忠心，捧给珲春的教育事业，以一个教育家的情怀，为珲春人民打造最好的学校，她是一个值得所有人学习的好人。

由于学校老师由原来眼中有课、眼中有分转变到了眼中有人，学校和一些老师还看到了不同的人，看到了不同的人的不同需要，为不同的人设计了小组合作学习，课上学生都动起来了，课堂活起来了，还为不同智能的人设计了不同的课程、活动，一是探讨体育课分项选修，学生走班上课。七、八年级七位体育教师根据自己的特长，分别为学生开设了足球、排球、网球、篮球、健美操、花样跳绳、田径等七门课程，学年以七个班为一个选课单元，学生自主选择，走班上课。体育课每周三节，三年下来力争每个四中毕业的学生能形成两项体育特长，一项终身体育爱好。二是为适应并发展学生差异，开设了以学科为依托的选修课。从2012年3月开始尝试开设选修课，上学期开设40门，本学期开设42门，DV摄影、戏剧、营养与健康、播音主持、国画、卡通画、合唱、戏剧……内容既有兴趣爱好类的，也有学科延伸类，每周五三点到四点半开课。上学期末花样跳绳、健美操、合唱、英语配音、戏剧等课程进行了汇报演出，学生排演的45分钟话剧《雷雨》准备全校公演。三是开展丰富多彩的活动类课程，丰富学生精神生活，展示差异发展的成果。走过百米红地毯的开学典礼、难忘今宵毕业典礼、成长时间、春游、“一二·九”经典诵读、校园街舞卡拉OK大赛、中俄互访、假期社会综合实践活动、每月一次的主题班会、艺术节、体育节等等，活动设计力争兼顾各种智能类型。校园火起来了，学校真的成了学生喜欢的乐园，老师们的职业热情也受到了鼓舞，学校一派生机勃勃，学生考试成绩也明显提高。

（此文发表与2014年图们江报上）

附件3：

李丽辉——把应试教育的副作用降到最低

本报记者　赵准胜　刘文彧

2011年7月9日，地区中考成绩刚刚发布，珲春四中的中考成绩再次轰动了“一眼望三国”的边境小城珲春市：自然对口升学的一所普通初中，有三名学生进入延边州前五名，其中有一名学生并列全州第一，全市总分前十名均为该校学生，有16人进入全市前20名，有39人进入全市前50名……

尽管学校连续三年中考成绩在州、市遥遥领先，但如此振奋人心的成绩还是让珲春四中的教师特别是毕业班的老师们抑制不住内心的激动。

然而，面对这样的成绩，李丽辉校长却显得格外平静，平静得有同事忍不住问她：“校长，难道您对今年的成绩还不满意吗？”平静得连她的爱人都诧异：“难道这样的成绩你都不满足？”

就在老师们推测学校会给新初三制订什么样的中考目标时，在这一年的中考总结会上，李丽辉代表学校宣布：“未来三年努力实现中考平均分全及格。”

调整中考目标，引领区域教育健康发展

之所以高调表态重点抓及格率，李丽辉校长有自己的忧虑和思考。

随着珲春四中连年中考成绩突出，越来越多的家长为了让孩子能够进入四中读书，纷纷改户口、在学区内买房子。这样一来，给其他学校带来了很多压力。有的学校甚至为追赶四中暗自办起了“尖子班”，一个班不够，两个班，以集中优势师资打造高分学生。

李丽辉看在眼里，急在心头：“如果我校的中考成绩影响到区域教育的秩序，逼得其他学校办学行为变形、办学思想扭曲的话，我有负罪感，我们必须要考虑进一步弱化考试成绩，在提高学生的综合素质方面下更

大的力度。”

在珲春市，李丽辉是唯一评为正高级职称的校长，是吉林省化学学科带头人、师德标兵，又是吉林省首批“杰出校长培养对象”，曾当选为吉林省党代表。作为当地知名校长，她认为自己应该担负起引领区域教育良性发展的重任，应努力争当全市素质教育的领跑者，而不应领衔升学率、优秀率之争。

目前，在基层学校为了眼前的成绩不顾学生未来发展等现象比比皆是。回顾自己的心路历程，李丽辉坦言，对于教育事关眼前还是着眼长远的时候，自己也曾有过摇摆。“如果一所学校举全校之力只为打造出几个高分学生，其意义有多大？”李丽辉曾这样叩问过自己。作为教育人的良知在警示她：为了打造几个高分学生而忽视其他学生特别是后三分之一的学生，高分几乎没有意义，如果几个高分学生的分数是靠加班加点、题海战术训练出来的，分数和学习力，分数和学生的综合素质不相匹配的话，就更没有意义。作为一个有担当的校长，不应只顾眼前，急功近利，而应在为了每位学生的幸福成长方面有所作为。

面对学校发展现状，面对很多学校一味地强调升学率、优秀率，李丽辉旗帜鲜明地提出“只有考试成绩的学校绝不是好学校”，强调“尖子生考得好不能说明质量多好，后三分之一的学生不掉队才有说服力”。由此，她把学校未来三年的中考目标确定为“中考平均分全及格”，以关注每一位学生的发展。

在李丽辉看来，教育的本质是唤醒和激励，教育应该是让人认识并悦纳自己、完善自己、发展自己的过程。学校把“禀受才智于自然，回复灵性以全生”作为校训，把培养目标确立为“身心健康、视野广阔，志向高远、生活精致。”学校明确规定，班主任不许给学生排名次，教导处张榜公布的是在原来的基础上有进步的孩子的名单，每个孩子只知道自己的成绩，只知道自己在原来基础上的变化幅度。这种“淡化成绩”的做法现已在老师当中形成共识。学校“淡化成绩”的同时，注重学生综合素质评价，通过“日小结、周计划、月评价”促进学生自省、意在唤醒学生的内力自觉。

听说有的学校唯恐安全出问题运动会都好几年不开了，李丽辉曾激动地说："为了安全，就这不做那不敢做，其实就是不负责任！"游学——"走遍珲春，走进东北亚"、郊游、趣味运动会、谁是棋王、幽默故事大赛等等，以及走过百米红地毯的开学典礼、持续整整一天的毕业典礼，她想尽一切办法为孩子们营造文化乐园，学生活动课程在四中开展得丰富多彩，如火如荼。每个人都能参与各种活动和充满仪式感的典礼，也逐渐把孩子们的心思从校外吸引到校内。

"从责任的角度，越是好的学校越不应该带头掀起过分追逐成绩的'军备竞赛'，如果连这样的学校都过分追逐成绩的话，那中国的素质教育如何来实现？"东北师范大学教授、东北师范大学附属小学校长于伟在珲春四中考察后这样感慨道："一个好校长应该引领区域内各学校树立正确的质量观，担负起引领区域教育方向的责任，李丽辉校长为我们树立了榜样！"

坚持课程改革，只为不让一个孩子掉队

2007年，李丽辉刚到四中任校长时，学生流失状况非常严重。初一刚入学的时候，每个班级的学生数还比较多，但一到初三快毕业时班级就少了几个，甚至十几个学生。当时老师们都习惯于按成绩排座，学习越差越往后面坐。班级里面剩下的同学只有前面三排在听老师讲课，而后面几排的同学趴着的、睡觉的、聊天的，干什么的都有。直到今天，李丽辉还清晰地记得自己来到四中的第二月巡视期中考试的情景。走进一个考场，咦，怎么没有几个人？看考生名单本来也是30几名同学，坐在考场里的却只有10多人，那20来名学生哪去了？这时，有个学生小声告诉她："校长，他们在厕所抽烟呢……"

针对学校学生流失现象严重、厌学现象普遍、课堂效率偏低、学生课业负担偏重等教育顽疾，从2008年开始，学校大刀阔斧地开展了以"先学后教、多学少教、以学论教"为课堂基本原则，以"小组合作"为基本组织形式，"以学生动起来、课堂活起来，效果好起来"为基本目标，

旨在不让任何一个孩子掉队的“差异——适应性”教学改革。针对学生学习发展过程中客观存在的个性、心理、兴趣、能力差异，通过差异定标、差异预设、差异点拨，以尊重差异、善待差异为依据，最大限度地开发差异资源，提高学生学习能力，力促每个学生都能获得学习成功的体验。开展“差异——适应性”教学后，学生变插秧式坐法为小组围坐，进行小组管理，班级采取值日班长、值周班长轮换制，所有事务都由学生自主负责，实行班级学生自治，以日小结、周计划、月评价为载体的学生“自省”管理文化逐步形成。

与此同时，学校积极探索符合教师专业发展的管理体制。根据教师年龄、心理、能力等差异，在备课、教案书写、听评课等方面差异对待、差异要求。安排教师工作和布置任务时，从教师长处入手，调动教师工作最大积极性。通过下移管理重心，加强学年组、教研组、备课组团队建设，发挥每位教师个性潜能。结合学年常规比拼、磨课研究、体验式备课、青年教师沙龙、研修推介展示、教师讲坛等活动，让教师各尽所长，各显其能。

经过几年的努力，学校的学风、教风都发生了巨大变化。学生自主学习蔚然成风，“每天都在研究”的工作理念已深入到每一位教师的心中。珲春四中成为全州课改的一面旗帜，其课堂教学模式和“月评价”在全州被推广，全省各地的校长、教师纷纷来参观学习。在这里跟岗研修的抚松县实验学校的刘海龄深情地说：“这里有震撼人心的教育，教育可以如此美好，真心为他们点赞！”通化市第八中学的王暖云说：“珲春四中带给我崭新的教育理念，坚信这里的每一位学生都能实现自主成长！”

“大家不同，大家都好”，回顾学校几年的教改历程，李丽辉颇有感悟：“无论教师，还是学生，都是富有独特个性、具有独立意义、可持续发展的人，‘差异——适应性’教育的核心就在于满足师生在学校工作、学习与生活中的不同需求，让个人的潜能得到发展，个人价值得到最大限度的实现，从而享受教育赋予的人生幸福。”

创设宽松环境，着力发展学生综合素养

由于历史原因，珲春市从1996年至2006年十年没有引进大学生到学校任职，2006年珲春四中123位专业教师中有38人专业不对口，不对口率达到30.9%，有31人学历不达标，不达标率占25.2%。并且，生源是自然对口升学，并没有择校生，全校单无亲学生460人，占23.3%。

对于这样的教师队伍和学生群体来说，中考能够取得这样的成绩，大家的付出可想而知。很显然，师生们已经拼尽了全力。在这种情况下，如果学校再提高目标要求的话，必然会导致老师们陷入更“八股”的应试教学与备考中，学生们陷入更深重的题海战中。其他学校的师资和生源与四中区别不大，也都存在类似的问题。

基于这样的思考，李校长毫不犹豫地发表自己的看法：“尽管我知道如果我们不进步，不追逐，别人可能就会超越我们，尽管考试成绩对于校长的脸面十分重要，但我还是要说，如果只满足于题海战术练出来的成绩，只靠钻营得分技巧‘八股’出来的成绩，只靠牺牲师生的生命健康换来的所谓优秀成绩，我宁可不要！”

自2009年以来，李丽辉始终没有离开课堂，一直坚持教初三一个班的化学课，乐此不疲。而且每年她都选择学年里较弱的班级任教。孩子们是学校办学的一面镜子，能折射出在办学中存在的问题。所以，她更懂得师生的诉求，更体谅学生和教师的不易。

与其追逐考试成绩提高，不如把时间和精力放在教师的自我学习，自我反思、自我提升上来，与其追逐所谓的考试成绩，不如把做题海的时间还给学生，让学生个性潜能得以自由发展。为此，李丽辉大胆地尝试为师生减负。每学期开学的第一周，学校都不上课，而是做室内小军训，这一周每班要制订出详细的学期计划，比如每小组制订组名、组歌、组规、组训、组徽，班级确立学期目标，组织文化建设。正式上课之后，每周四最后两节是选修课，每月末周五的最后两节又是综合素质月评价的时间，每天还要留出一定时间进行日小结。这样，无形中一个学期少上很多节课，但是，学生的自主学习能力加强了，学习效率提高了。

学校调整了中考目标，给教师们创设了非常宽松的教学环境，但是，老师还是放松不下来，尤其是毕业班的老师，加班加点者有之，压堂晚放学者有之。针对这些情况，学校想尽办法应对：下课后马上放广播，让压堂的老师没法讲题；放学后马上拉电闸、锁大门，以杜绝放学后补课的现象……

学校在每一个楼层都精心修建了情景体验区。棋区、乐器区、图书区，分别位于每个楼层的一角，成为珲春四中一道道亮丽的风景线。每到课间，老师和同学们分别到各自喜欢的情景区活动。其中，二楼的主题情景区最为热闹。电子琴、吉他、二胡、横笛、小号、小提琴、古筝，甚至还有钢琴、架子鼓，应有尽有。课间，孩子们可以自由地吹拉弹奏。而每周三中午，这里都有一场小型音乐会，有乐器专长的学生轮流进行表演展示。

为了让同学们真正从题海中解脱出来，满足个人兴趣爱好、个性发展需求，以学生自我选择为原则，学校逐步开设了多门选修课供同学们选择。鼓励有特长和具有教学风格的教师开设体现学科特色的课程，同时，对学生进行细致的指导，使每个人都能选到合适的课程。目前，学校开设多种选修课，礼仪表演、生物标本制作、DV摄影、电子报制作、健美操、营养与健康、播音主持、国画、卡通画、合唱、红烛诗社、麒麟戏剧社……应有尽有，选修课的开设不但使学生的爱好、特长得到培养和发展，同时也使教师的专业、专长得到了有效的拓展和提升。

“从尊重学生个性化成长出发，李丽辉和她的团队真正做到了让学生全体发展、全面发展和主动发展。”珲春市教师进修学校校长于德成说。

（此文 2016 年发表在中国教育报校长周刊上）

附件 4：

建设合作型教研组织　促进教师的专业自主发展

李丽辉

[摘要]教师的专业发展，既有赖于教师个人的学习、实践和反思，又需要学校提供平台、创新机制。传统的观念和做法比较注重教师的专业化和个体性，认为教师工作具有较大的独立性和个人性，教师专业发展主要是以个体反思的方式实现的。但是，随着时代的发展、教师职能的转变，教师工作已不再是单向度的文化传递，而是文化的融合、精神的建构、主体间的相互理解，建设合作型教研组织已成为教师专业发展的重要途径。

[关键词]合作型教研组织 实施原则专业自主发展

教育改革的成败关键在于教师，只有教师专业水平的不断提高，才能造就高质量的教育。从教师专业化的整个发展历程来看，已历经了从群体专业化到个体专业化，再从个体被动专业化到个体主动专业化的过程。在这一过程中，教师个体在专业化中的自主性和主体地位逐渐显现并受到重视，教师职业的专业化由此逐步走上个体自主发展的道路。

学校的发展在很大程度上依赖于教师，既依赖于教师个体的才能，更依赖于教师团队的努力。然而，在现实工作中，教师之间很难建立真正的合作关系，而学校也很难形成以教与学为焦点的合作文化。富兰和埃克指出，任何一个学校，如果希望形成专业学习共同体，就必须解决重塑学校文化的问题。教师合作文化的缺失，是制约学校发展的瓶颈。如何突破瓶颈，打造和谐的合作文化？我校从 2012 年开始着手合作型教研组织的建设，营造合作共享的教研文化，有效地促进了教师的专业化发展，促进了学校办学品质的提升。

一、为什么要建立合作型教研组织

合作型教研组织是指在保持原有正式组织结构（年级组、教研组）不变的基础上，学校（或教师间自发）建立的一些专业取向组织，为各个层面的教师提供更可能多的平等合作机会，促进他们反思与改进的意识和能力的提升。

合作型教研组织要求成员有改进教学和学生学习的共同愿景，成员之间为实现共同的目的而相互支持和合作，在合作中对改进教学和自身学习不断进行反思性的专业探究。

为什么要建立合作型教研组织？教师追求专业发展的过程既是个人努力的过程，也是需要与同事合作分享专业知识和情感体验的过程。因此，基于同事合作的教师专业发展过程是一种开放式的、生成式的专业探索与成长的过程，是个体发展与群体发展融为一体的过程。这种专业发展过程由于汲取了多方面的经验，不断促进教师在协商的基础上形成知识，使得教师知识在群体中不断地流动，并逐步增值。因此，合作型的教师专业发展不仅有利于教师个体专业发展目标的实现，而且也有利于教师群体专业发展目标的达成。

我们现行的教研组（备课组）是学校最基本的教研单元，它在执行教学计划，研究教材教法，指导教师教学，组织开展各项教学改革实验，总结交流和推广先进的教学经验，根据教学需要组织编写教学参考资料等方面起到很大的作用。

然而反思教研组的工作，它更多地体现为研究教材、教法和学生学业成绩的提高，对教师的专业发展关注不够，这导致有的教师从教近十年其专业发展水平还只停留在入职初期水平。虽说传统的以老带新的师徒制对新教师的成长起到了一定的作用，但整个教研组制度运行中的个人主义文化和教师之间的相互隔离，以及教师对教研任务的得过且过和被动敷衍的倾向，妨碍了教师的专业成长和提高。

放眼西方国家的教学研究，他们虽没有中国式的教研组制度，但他们的教师专业共同体思想能给我们以启迪，能让我们以另一种眼光审视教研组制度。彼得圣吉在其 1900 年出版的《第五项修炼》一书中提出学习型组织概念，他把学习共同体定义为一个组织，在这个组织中，人们持续地为拓展自身的能力去创造他们所真正期望的结果，这个组织中新的广阔的思维方式得到培养，合作的渴求得到释放，人们不停地学习怎样进行合作学习。

我校历来重视教研工作和校本研修，也很关注教研组建设，教师用于集体备课、集体研究的时间是不少的，可是效益却不高。也就是说，教研活动也好、校本研修也好，因为存在着教师马赛克文化，教师或是独来独往的个人主义，或是小团体主义。所以，以前好长一段时间学校里的教研专业活动多半是形式主义，走过场，没有太大的实效。教师们对于参加集体研究性活动的兴趣始终不高。在这种状态下，教师只是埋头于自己的教学工作，专研自己的业务，而不关心同事的工作。他师们甚至将课堂看作是自己的私人领地，拒绝与同事分享教学经验和技术。

随着2010年学校启动省级课题“差异——适应性教学”研究和2015年市“合作学习”试点校的项目实施，学校在课题研究的过程中通过合作型教研组织的建立，有效解决了上述现象。

二、我校的合作型教研组织类型

（一）教研（备课）组团队

弱化教研组的行政职能，强化教研（备课）组是教学研究组织的功能，给教研（备课）组以最大限度的专业自主权，每学年度开学初各组围绕学校的主课题，自定研究点，用研究方案取代教研组工作计划。学校下移管理重心，常规检查交由组长负责，实行常规抽查制，个人代表集体，以一当十，实行个人与团队捆绑考核。关键是团队要合理利用每一个成员的知识和技能协同工作，解决问题，达到共同的目标。备课组团队在备课思维导图的研发、基于差异的任务单导学，七年级单词拼读、八年级英语节日文化课程开发、基于学生的问题前测等方面都有研究成果，学校每学年度举行一次教研成果发布会。

（二）平行班合作共同体

首先是平行班班主任结成共同体，两位班主任共同管理两个班，带班理念的确立、班级文化的制定，具体的日常管理方法等都由两位班主任共同研究完成，实现 1+1 ＞ 2。其次是班主任和科任以及学生间的合作共同体。共同体强调同呼吸共命运。共同体每月一次联席会，班主任和科任共同分享上一个月的经验，研究确立班级下一个月的改进目标，共同研究目标达成措施，会后各负其责分头开展工作。

（三）教育研究自愿者组合

这一组织主要面向具有研究兴趣、愿意参与研究的教师，目标是要培养“现代人师”“作为研究者的教师”。学校现有省级主课题 1 个，各组和教师立项省级课题 2 个、州级课题 7 个、市级课题 6 个，学校研究项目组 5 个，校级以上名师工作室 5 个。以“古诗词积累与运用”课题为例，此课题凝聚了一批热爱诗词研究诗词的师生和家长，课题研究的两年来，教师、学生和家长共创作诗词 2000 余首，连续 16 周进行网上诗会，课题主持人也在去年光荣地被评为省语文教学新秀。

（四）合作学习项目组

2015 年市教育局引进上海著名的教育学者郑杰的合作学习，郑老师每学期到学校培训半天，每次教授 3 种合作学习的方法。郑老师走后学校对全体教师进行二次培训，并通过班主任合作学习训练达标课、任课教师过关课、达标课、精品课等晒课活动，有效促进合作学习方法在课堂上的有效落实。在这种情况下，学校倡议由优秀教师牵头，把热爱合作学习，主动研究并使用合作学习做得好的教师组织起来，每两周进行一次课例研究，定期进行师生培训，进班协助班主任和任课教师进行学生合作学习训练。

（五）信息技术与学科融合项目组

学校倡议，普通教师作负责人，成员由学校信息中心的教师和乐于接受新事物、有较强的学习力、有一定的计算机操作基础的教师组合而成，主要负责教师的技术培训。新技术的使用和推广，每两周活动一次。此项目组正在进行码书码课的制作。

（六）青年教师专业发展小组

它主要针对 5 年教龄以内的新教师，并有专家型教师进行指导。每月固定时间举行一次活动，以解决教师在教育教学中遇到的问题为主。每次活动前，由若干教师带着自己在教育教学上的实际问题走进小组，针对问题作中心发言，然后进行小组研讨，从中寻求解决问题的方法，制定并实施方案，带着体验再次进行小组反馈交流。

（七）学科代表群体

在学校中，除了年级组长、学科组长、备课组长之外，还有一批专业能力较强的教师，他们这部分人职称高、荣誉多，有时自认为继续上升的空间有限，从而缺少一种继续发展的动力。将这部分教师组合在一起，利用他们的专业强项，做学校的专项培训。如：由具有三十年以上的班主任工作经验的优秀班主任组成培训师团队，对新入职班主任开展系列培训，成立教师命题组，校学术中心等等。

（八）名师工作室

学校现有省级名校长工作室一个，市级名师工作室 3 个，校级名师工作室 2 个。

（九）建立跨学科的综合性教研组，实现课程内容的有机整合，教育观念、方式方法的融会贯通

遵循新课程所倡导的学科综合化的基本理念，要求各学科教师加强联系，增进了解，共同探讨相关问题。建立跨学科的协作教研组，通过对各学科教材内容的共同分析研究，有机整合其他学科中的相关知识，利用、借鉴其他学科相关知识和教学方法，促进学生综合素质和能力的形成。教师在这个过程中开阔了视野，实现了专业的增值。

（十）构建区片学科教研网络，有效实现教研资源共享

这种区域内学科教研网建立在原有学科教研组织的基础上，定期就共同面临的问题展开研讨，拓展教师之间互动的空间，使势单力薄的教师，尤其是农村教师，走出封闭的圈子，在多途径的互动中，发挥集体智慧，共谋解决问题的策略，实现教师的专业成长。

此外，学校还针对一些大型的活动类课程和攻关项目成立项目组，如毕业季课程设计项目组，校园环境文化设计项目组等。项目组依项目的成立而生，随着项目的结束而终结，灵活使用，时效性强。这些合作

型教研组织的出现，有效改变了过去教研组活动形式化、走过场的问题，促进了教师的专业自主发展。

三、合作型教科研组织的实施原则

（一）强合作而弱竞争

在教师之间建立一种亲密无间的朋友关系，弱化教师之间的竞争，使彼此间的关系坦荡与真诚。采取有效措施，积极鼓励与支持教师之间的合作。

（二）强动力而弱压力

想方设法为教师的教学发展开掘动力，减轻教师教学发展的压力和教学发展过程中的压力，加强教学指导和减少教学检查，营造强势教学发展文化和关怀性、支持性与赞美性人际关系。

（三）强对话而非辩论

给教师教学交流以充分的自由,使之不带任何责任与义务地去交谈。教师间的对话既不需要结论，更不讨论对错，不像辩论那样，一定要分出青红皂白来。

（四）重亲历而非评判

教师要坚持多看、多诉说、多倾听和多记录，要采取多种有效措施，积极推动教师更多地观摩同事的教学，倾听同事的教学做法与观点，但却不需要做公开的评判。

（五）共赢而无失败

要使教学教研团队的成员成为教学发展者和被发展者，要坚持群落发展与合作发展的路线，彼此之间既帮助别人发展，同时又谋求实现自我发展。共赢是此模式的基本目标，此模式不能有失败者和只帮助别人发展的未发展者。

（六）介入但非强迫

要想使教师教学发展充分而有效地进行，需要积极而努力地作为，但不能直接与生硬。不能就事论事地思考与处理问题，要坚持全面、综合地考虑多种因素，尽量采取迂回与策略的方式，以求曲径通幽。要坚持以间接推动、鼓励与支持等为主，尽量不要采用直接要求或强迫等措施。

四、合作型教科研组织实施时应注意的问题

（一）最大限度地减少教师间的不良竞争

我校通过将个人业绩与团队业绩捆绑在一起的方式，尽力消解由竞争而带来的不良反应。2015年新学期伊始，我在全体教师会上解读《珲春市第四中学2015—2016学年学校教职工考核方案》，新“方案”中的“完善教师评价系统，探索个人代表团队评价的方式，采用个人实绩得分占总分40%、备课组实绩得分占35%、学年组实绩得分占25%的比重进行评价。”譬如在集体备课的过程中，每个人的参与情况、主备人等都被赋予一定的分值；在期末检测中，团队的平均分、及格率、优秀率的数值在哪个区间就被赋予本区间的分值，区间分值差距越大，团队得分越少。

（二）最大限度地减少对教师专业活动的干预

为了消除教师的马赛克文化负面影响，哈格里夫斯（Hargreaves）等学者开展了自然合作文化的研究，他们主张通过自然合作文化呈现出的自发、自愿、自主发展和超越时空等特点，使教师主动地相互学习，一起分享和发展他们的专长。

（三）最大限度地减少由学校举办的正式活动

学校应促进教师非正式群体的形成，鼓励更多的教师为了钻研业务而自发结群，互相切磋。学校应因势利导，强化各群体之间的渗透性和各群体成员的流动性，打破教师马赛克文化的低渗透性和高持久性。

（四）最大限度地减少灌输式的理论学习

灌输式理论学习使教师越来越远离专业成长的道路，学校帮助教师专业成长，应更多地让教师在经验中学习。这就是说，学校应该鼓励教师坚持实践与反思，将团队的实际经验作为学习资源。只有团队成员们自己提出教学中的问题，并通过集体性的实践和反思，在解决具体的问题过程中，教师专业成长才能得以真正的发展。

在合作、互动中教师的专业自主发展就其性质而言是个体性的，依赖于自身主动的反思和研究。但不可否认的事实是，教师总是在群体中获得专业成长。这个群体包括教师与教师之间、教师与学生之间的合作和互动。这种合作和互动不仅能敞亮真理，而且有助于拓宽教师的理论视野，撞击教师的理论思维，提升教师的理论境界，深化教师的理论研究，从而促进教师的专业自主发展。

就其意义而言，教师与教师之间的合作、互动，首先是有助于教师调节情绪，减轻压力。越来越多的研究表明，教师的情绪、情感品质或状态在一定程度上决定着教师的行为。不良的情绪、压力、职业倦怠会影响教师的专业成长。而教师间的合作、互动能使彼此间互相学习、互相关怀，不仅可以改善同事间的关系，而且可以增进教师群体的情感健康，减轻教师的压力和职业倦怠，为教师的专业成长提供一种宽松的心理空间。其次是有助于提升教师的反思和研究能力。同事之间不仅可以相互扮演形成性评价的角色，使教师的教学行为得到及时反馈和协助，提升教师的反思和研究水平，而且还可以通过听课、观摩、讨论、交流等合作形式，帮助教师反思和研究教学，减少教师独立反思的偏差，促使教师个体的反思研究走向深化。再次是有助于教师的个人知识、实践知识的总结、推广和相互吸收。如前所述，教师的个人知识、实践知识对教师个体的成长起着十分重要的作用，而“教师之间的积极互动与经验交流，则可以使教师的经验条理化、明晰化、结构化和概括化，从而有助于教师知识的获取、创造和传播”，这对于教师专业教学的成功具有核心意义。

（此文发表在2018年吉林教育）

附件 5：

深化“差异——适应性”教育研究　实现学生全面而有个性成长

李丽辉

2016 年《延边州全面深化课堂教学改革五年规划（2016—2020）》颁布，规划开宗明义，“全面贯彻党的教育方针，落实立德树人根本任务，更好地培养每一个学生实现全面而有个性的发展”。学生是有差异的个体，如何在班级授课制的校情下，实现差异个体的适应性成长？

“十二五”期间，我校立项了《差异视阈下初中适应性教育研究》的省级规划课题，课题围绕学校文化、课堂教学、学校课程、学校管理、评价如何适应和引导师生差异发展开展了系统研究，现将研究情况汇报如下：

一、改革的基本情况

（一）确立差异适应性教育的内涵，培育支持型学校生态

1. 差异适应性教育内涵

学校不断完善教育生态环境以满足学生差异发展的需求，也指学生不断调整自己的行为，以完成对学校生态环境的自适应，以此实现每一位生命个体全面而有个性的成长。

2. 差异适应性教育的实施

在不取消行政班的情况下，通过建构高选择性、自主性、自我教育性和欣赏型、合作型的教育生态，从实践的角度为教师和学生搭建适合个性差异发展的平台，运用差异教育理念培育“差异——适应性”育人模式，实现面向每一位个体的教育。

3. 明确“目中有人”的学校核心价值观，实现大家不同，大家更好

（1）大家不同，大家都好要欣赏自己，悦纳自己。

（2）不唯中考，赢得中考，重点是一个都不能少，人人都合格。

（3）国事家事天下事，事事关心，让国家的明天因为我的存在而变得更加美好。

（4）过一种有意义又有意思的校园生活，培养有趣的灵魂。

（5）在工作中要相信学生，依靠学生，锻炼学生，发展学生。

（6）每当老师们对学困生失去信心的时候，总要提醒：小心，你的冷眼里有瓦特。

（7）工作中遇到困难时，善于运用合作解决自身无法解决的问题。

（二）确立“差异——适应性”教学原则，基于课例开展课堂教学改进研究

1. 我校的“差异——适应性”教学原则

第一，以测查与评估为施教前提。测查是指通过测量和调查分析，全面了解学生在心理上的量的差异和质的差异，发现学生的优势和不足。评估是对学生的学业水平和学习情况进行考核与评价，它贯穿于整个教学过程的始终，评估以促进每个学生的发展为目标。

第二，以建构系统的、多样化的教学策略为施教的途径。要从教学的整体上来构建教学策略体系，全方位地适应学生的差异性需要。

第三，以开发位每学生的潜能，提高教学效率为目标。为不同智能结构的学生提供多元发展机会，通过多种策略使每个人的潜能都充分发挥出来。

第四，以平等和谐的教学环境和多方合作为依托。

第五，着眼于学生的群体，将个别学习、小组学习和班集体学习结合起来，力争达到共性与个性的和谐统一。

第六，学生表达方式可以多样化，鼓励学生标新立异。

第七，教学追求的价值不是考试分数和升学率，而是每个学生的最大限度的发展，是全体学生都能接受有效的高质量教育，追求的是真正意义上的教育均等机会。

2.“以三个走向”为内容，以课例研究为抓手，持续进行课堂教学改进

（1）从小组学习，走向合作学习。我校从2010年开始把学生围坐起来，组建学习小组，学生动起来、课堂活起来、实施自由讨论，一开始同学们比较新鲜，但由于小组学习组织随意，时间一长我们发现说闲话、

搭便车、话语霸权等问题凸显，课堂热热闹闹，效果不得而知。2015年珲春市教育局引进全国合作学习专家郑杰校长为试点校做培训，合作学习作为一个学习流派，有理论、有策略、有范式，是一项专业性极强的技术活，在两年的时间里，老师们在合作学习中学习合作学习。回到班级，班科任合作对学生进行合作技术训练，学校以班主任过关课的方式验收。

合作学习的课堂是彬彬有礼的、分工明确的、积极互赖的、教会学生合作的、指向高阶思维的、每一位学生都能充分参与的、目中有人的课堂。

（2）从一味强调模式的教学，走向以“学”定教的教学。改革初期，学校注重课堂模型的建构，建立了“五阶适应性课堂模型”即：情境设疑或出示教师根据教学目标设置的问题→学生阅读教材思考问题→小组内交流→全班展示→教师点评和讲解，这一模式的好处是避免教师一言堂，学生的主体地位得到彰显，可问题是不管教什么样的知识，都是这一个模式，课堂僵化。

通过学习和反思我们知道，学习的知识类型不同，教学的方法选择也应该不同，依据“学”的内容选择“教”的方法，讲授法、直导式、指导发现式、探究式，教法是多样的，好的教学就如医生看病，要依据内容的不同选择不同的教法，这样才能实现课堂教学效果好、效率高和富有吸引力。

（3）从以知识为中心的教学，走向以意义为核心的教学。我校教学改革的目的是：为了让学生感到学习“有意思”“有意义”。学习理论告诉我们，意义其实就是和你产生关系，学习的意义就是让学习和学生的生活建立关系。为此，我校将课堂教学延伸到了社会、家庭，项目制、学科融合式学习、实践体验式学习，让学生体验知识的价值不仅是应试，学习最大的价值是解决生活中的问题。

确定了学校好课的标准：在教学目标准确定位的前提下，教师设计有意思的问题，上有过程的课，对学生进行指向学科价值的指导；学生真研究、说真话、真合作。

以课例为抓手，走进课堂、走进老师，听课、磨课、研课，在这五年里我和学校负责教学的领导，每学期听评课均在百节以上，一直行走在课堂教学改进的路上。

（三）优化了多元一体课程体系，解决了学校同质化的课程难以满足学生差异成长需要的问题

1. 按照“基于差异，依靠差异，为了差异，发展差异”的学生培养理念，对国家课程进行二次开发、优化

如语文组进行了模块教学、化学组实施课桌实验、英语的模拟语境教学、历史的情景教学、道德与法治的情境教学等等，尝试大单元教学。

2. 进行校本选修课开发，同时把研究性学习、假期综合实践活动课程纳入课程体系，提升课程体系的宽度和深度

我校的校本课程设计经历了两个阶段，第一阶段：2010 年到 2018 年（课程设计 1.0 版）为了“大家不同，大家更好”而设计，突出课程的丰富性，特点是门类多。学校每周四的三点到四点半，七、八年级学生选课走班，课程主要以校内教师自主开发为主，课程种类一般为 50 到 60 门，课程的内容一般为与学科相关的，新鲜的学生感兴趣的内容。

第二阶段：2018 年至今（课程设计 4.0 版）为链接学生真实的生活世界，拥抱真实世界的不确定性而设计，增加了课程内容中的生活性和研究性内容。

目前学校的课程有选修课，仪式课程（开学典礼、毕业典礼、休业礼），节日课程（科技节、阅读节、艺术节、体育节），研究性课程（研究性学习、假期研究性作业），实践类课程，自我教育类课程总共 100 余门。

演一部剧、写一部书、造一艘船、配一部电影、装一台电视、常常搞搞研究、我是牛人……学生在丰富的、富有挑战性的课程中实现有个性的成长。

（四）探索现代学校治理模型，建构了学校差异治理策略

1. 在“成事中成人”，把激发人的生命活力作为治理目标

把“尊重人、理解人、欣赏人、发展人、成就人”作为管理理念，把“价值领航、目标导航、过程护航、底线保航”作为管理思路，把“目标管理、诚信管理、差异管理、团队管理、名誉管理、自我管理”作为管理方法，

成事中成人。

2.“共建、共治、共享”，建立现代学校治理结构模型

建立起结构完整、指向明确、开放共享、运转有效的“决策—执行—反馈”1136管理模型。组建了“一部”即学校的党支部，“一室”即校长办公室，“三组”即三个学年组，“六中心”即教师发展中心、学生发展中心、课程研发中心、质量监测中心、信息中心和生活服务中心。党支部和校长室是决策系统；课程研发中心是设计系统；教师发展中心、学生发展中心、信息中心和生活服务中心是支持系统；年级组是执行系统；质量监测中心是诊断系统、反馈系统。学校的质量监测中心对行政和学术部门是否完成了决策系统的决议案进行全面、及时、持续的综合性诊断，通过评价得出科学结论，提取经验发现问题，然后向决策系统反馈。

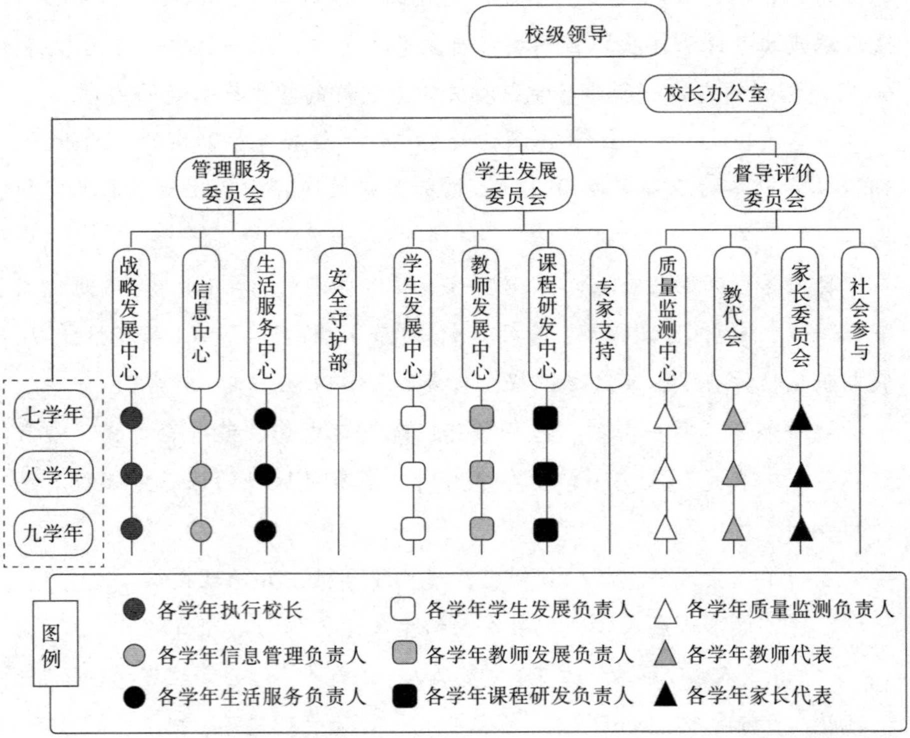

北京十一学校李希贵校长常说“能用结构解决的就不用制度解决”，

我们学校用这套结构，为学生的发展保驾护航。

二、改革取得的成果

1. 形成了促进学生适性成长的学校生态

通过研究得出差异是发展的潜能，是学生生命成长的基础和条件这一规律。创建了多元一体课程体系、五阶适应性个性化学习支撑体系、三规三省自我教育模式、合作学习教学范式等教育教学体系。

2. 促进了学生的生命成长

据上一级学校反馈我校学生在自主学习能力、口头表达能力、人际交往能力、合作能力、创新实践能力以及学生的个性特长、责任感、自信心方面优势明显。

3. 实现了学校优质发展

学校省级规划课题《差异视阈下初中适应性个案研究》于 2020 年 9 月结题，获优秀课题；学校《实施差异适应性教学，实现每一位学生的幸福成长》获得 2018 年吉林省基础教育教学成果一等奖、学校先后获得吉林省核心科研示范基地、吉林省教育学院初中教研基地校、延边州课改基地校等称号，教学质量逐年提升，位于全州前列。

4. 教师的教育观念和专业素养得到了提升

五年中教师申报省级教育科学规划课题 6 个、州级课题 7 个、市级课题 14 个，实现教师工作由经验性向研究型转变；在吉林省教学新秀和教学精英评选中，我校有八个学科的教师入选；有一名英语教师入选中国外专委学术联盟顾问，两次被邀在国际英语教师大会发表专家演讲；在延边州“十三五”优秀课题成果评选中，化学组的研究成果被评为一等奖。

三、改革落地基本经验

1. 课堂教学是学校的核心和中枢，牵一发而动全身，所以课堂教学改革一定是系统化而非点状变革。

2. 改革要持续进行需整体架构，要建立完善的保障体系。学校一部一室三组六中心的组织架构，决策、设计、支持、执行、反馈五大系统的建立，尤其是全面学年负责制的实施，实现了动车组效应，保障改革措施落地生根。

3. 教师是促进学生发展的核心要素，成事更要成人，促进教师专业素养提升是校长最大的主业与各领域专家面对面，把全国合作学习专家郑杰校长、主题研修系统创建人李元昌老师、3461 学习法创始人张晓峰老师等专家学者请到学校为领导和老师们做体验式培训，促进教师教育素养提升。

4. 校长要能蹲住课堂，耐住寂寞。沉下心，从“十二五”到“十三五”，连续十年围绕一个问题持续开展研究。

四、提质减负，教学改革的新探索

近年来形成的中小学生学业负担过重的局面，虽然原因是复杂的、多方面的，但急功近利的教育质量观无疑是最根本的原因。中小学生学业负担过重，并不是我们的学生学得太多太难了，而是急功近利的教育给孩子们施加了太多有害的、无意义的压力。今后我校将在：

1. 树立正确的质量观，在探索学生综合素质评价上下功夫。

2. 在激发学生学习兴趣上下功夫。在落实“双减”政策的过程中，减轻学生过重学业负担，并不是简单地让孩子们学得少一点、学得简单点，而是要让孩子们学得轻松活泼一点，在兴趣盎然的状态下学得更多、学得更快、学得更好。

3. 在现代化学校课程体系建设上下功夫。进一步优化学校的课程体系，建立基于真实学习生活的、丰富多样、更具实践性的现代学校课程体系，为孩子们提供更加适合每个人个性发展的教育。

4. 在五育融合上下功夫。以抓课堂教学质量为中心，以教师专业素养提升为保障，认真探索五育融合视阈下国家课程的校本化实施路径。

（此文是 2021 年 12 月延边州“十三五”课堂教学改革经验总结交流会上的发言稿）

第六部分

“人就是目的”的教育思想的反思与升级

一、教育与人的关系问题

教育是培养人的活动。故我们首先应该关注的就是教育与人的关系。一方面，教育助力人的发展，在人的发展中具有主导作用。另一方面，人才是发展的主体，教育必须适应人的身心发展规律。基础教育高质量发展，从这一维度上首先要解决的就是如何科学地培养人的问题。教书育人的前提是要读懂人、要了解人、要研究人。过去我们一直强调的是要处理素质教育和应试教育的关系。而今天我们特别要处理好的是“育分”和“育人”的关系。在新时代，我们要研究的是“育分”中怎么“育人”，怎样以“育人”来“育分”？这是接下来要重点研究的课题。

李希贵校长说：一所好学校会注重学校中的“关系”，特别是“同伴关系”和“师生关系”。“为什么这么说，一方面，‘同伴关系’是孩子衡量一所学校的最重要的特征。一个孩子到学校里来，不是为了学习，而是为了寻找同伴；另一个方面，‘师生关系’的主导方是教师，但判定方是学生。所以，从这两个关系延伸出来，一所好学校的核心因素就是‘教师’。”

回顾我的整个教育思想发展史，从办学生喜欢的学校，到办有幸福感的学校，再到办新时代幸福学校，要想实现学生的幸福成长，要先有幸福教师的成长。很难想象一个不幸或自感不幸的人，会自然自觉地提出和实施幸福教育。马克思说：“最幸福的人是致力于使尽可能多的人成为幸福者的人。”但在我的教育思想里对如何成就教师的幸福思考和研究较少。

二、教育与社会的关系问题

教育目的的达成不能仅仅靠学校作为，而是会受制于政治、经济、文化、科技、人口等诸多因素的影响。这就要求我们必须关注教育与社会的关系问题。这不仅包括家校社合作的问题，更深层次的应该关注教育治理的问题。怎么让家庭教育力、社会教育力、学校教育力三力融通、整合，怎么发挥教育治理的力量，把不同的主体和不同的要素发挥出教育的协同力，形成叶澜教授特别倡导的社会教育力，这是推动基础教育高质量发展要综合考虑的问题。

在我的十五年办学生涯中，还是沉浸在关起门来办教育，在社会协同、家校合作方面思考不足。

三、教育与技术的关系问题

无论是信息技术还是人工智能都提醒我们，技术已经成为今天我们的孩子、我们的教育无法逃避、无法脱离的一个成长环境，包括教育教学的环境。怎么在技术背景之下更好地育人，是我们不得不深入思考的问题。不能让技术变成妨碍育人的工具，要让技术真正具有教育的正能量，发挥教育的力量。《中共中央国务院关于深化教育教学改革全面提高义务教育质量的意见》明确提出，要“促进信息技术与教育教学融合应用”，“推进‘教育＋互联网’发展”。如何让“教育＋互联网”切实落地，助力基础教育的高质量发展，在我的教育思想里还是空白。

四、教育与自然的关系问题

叶澜教授将中国哲学、文化传统融入“教育”这一教育学基本概念的内涵建构，提出“教天地人事，育生命自觉”的中国式表达。这里的“天地”就是指自然。中国教育传统十分重视自然对生命的育化功能。现代科技文明让人越来越远离自然，疏离自然，越来越形成了对技术、对工具的依赖，失去了对自然的依赖、对自然的敬畏之心。而人是自然之子，怎么把育人安放到天地自然之中，回到自然里面去育人，让孩子的生命成长回到自然之中，处理好教育与自然的关系，这是未来探索的方向。

当今这个时代非常浮躁，每个人都在急功近利，每个孩子都面临着应试教育的巨大压力。很多老师全部的任务可能就是要把孩子的成绩拉上去。搞不出分数，出不了成绩，一切免谈。

学校引领教师发展，这是一个比较宏大的问题，各种各样的培训、专业发展计划，但是除此之外有一个根本性的问题——作为学校，要帮助老师建立意义感。

现在很多老师缺少的不是专业，不是教学能力和方法，缺少的是工作的意义感。他感觉不到自己工作的价值，在各种评比、各种应试压力下常常非常沮丧。为什么老是会“内卷”，因为失去了工作的意义感。人的工作状态，潜能的发挥，专业的发展，都需要良性的情绪去主导烘托。因此作为学校，应当通过文化营建等各种机制，让老师感受到工作的价值，感受到自己的意义，感受到自己的工作给孩子的生命带来的影响，从而始终满腔热情地工作。从某种意义上来讲，过去的好老师、今天的好老师和未来的好老师，本质并没有什么变化。

教师归根结底是“人师”，是孩子的人格的导师。未来的教师，肯定和今天我们要求的一样，不仅仅要有专业的素养、敬业的精神，而且是作为一个丰满、有情趣的人，站立在孩子面前，始终以完整的人格来打动孩子，而不仅仅是用学科来影响孩子。

未来的教师，应该是完整丰满的、有趣好玩的、热爱生活的、跨界综合的老师，能够洞察人性，理解和接纳多元文化，同时要对自己的民族文化有着认同与热爱。

当今的中国，尤其是教育学界，不能简单地满足于“对人的发现”，还应向前跨越一步，那就是“对儿童的发现”。

参考文献

[1] 严华银 . 表达力：教育家型校长的思想之翼 [J]. 人民教育，2017（22）：35–39.

[2] 姜书良 . 儿童本位：卢梭的教育思想及其影响 [J]. 社会观察，2015（02）：78–80.

[3] 周佳慧，经柏龙 . 教育定义非同一性的诠释与破解 [J]. 沈阳大学学报（社会科学版），2021，23（04）：416–420+431.DOI：10.16103/j.cnki.21–1582/c.2021.04.009.

[4] 李宜江，吉祥佩 . 近二十年中国教育史研究的考察——以《教育研究》等三种教育学术期刊论文为例 [J]. 教育史研究，2020，2（02）：169–182.DOI：10.19876/j.cnki.jysyj.2020.02.019.

[5] 严华银 . 理性：教育家型校长素养的核心 [J]. 中小学校长，2020（06）：10–12+20.

[6] 刘黎明 . 论卢梭的自然教育人学思想：目的与路径 [J]. 武汉科技大学学报（社会科学版），2021，23（06）：658–665.

[7] 张云丽，虞满华 . 论习近平奋斗幸福观的人民立场及其哲学底蕴 [J]. 商丘师范学院学报，2021，37（11）：47–51.

[8] 陈桂生 . 略论孔子“教育思想”问题研究 [J]. 当代教师教育，2017，10（03）：7–12.DOI：10.16222/j.cnki.cte.2017.03.002.

[9] 秦龙，赵永帅 . 马克思共同体思想的三重逻辑及其思维变革 [J]. 江西师范大学学报（哲学社会科学版），2020，53（05）：3–9.

[10] 李炜钦 . 马克思幸福观的当代价值探析 [J]. 品位 · 经典，2021（19）：26–28+45.

[11] 叶翠微 . 让初中校长绽放生命的荣光 [J]. 中小学管理，2021（02）：58.

[12] 陈丽莹 . 如何培养有道德的人——读内尔 · 诺丁斯《培养有道德的人：从品格教育到关怀伦理》[J]. 思想政治课教学，2019（08）：95–96.

[13] 苏霍姆林斯基的教育思想

[14]郭永福 . 陶西平：杰出的教育思想者 [J]. 中国教育科学（中英文），2021，4（01）：138–143.DOI：10.13527/j.cnki.educ.sci.china.2021.01.016.

[15] 王乐，蔡泽文 . 我国社会教育目的的发展与展望 [J]. 宁波大学学报（教育科学版），2022，44（01）：45–53.

[16]彭文超 . 现代教育的幸福取向批判 [J]. 当代教育科学，2017（10）：3–6.

[17] 杨亚维 . 以教育之光点亮人生——谈教育的目的与意义 [J]. 求知导刊，2021（33）：2–3.DOI：10.14161/j.cnki.qzdk.2021.33.001.

[18] 谢青松 . 中国传统幸福观的三个精神向度 [J]. 云南师范大学学报（哲学社会科学版），2021，53（05）：139–145.

[19] 杜成宪 . 中国教育思想史研究散论 [J]. 河北师范大学学报（教育科学版），2016，18（02）：5–11.DOI：10.13763/j.cnki.jhebnu.ese.2016.02.001.

后记

三年的卓越校长培养工程已经结束，这三年通过阅读、言说、写作、导师同学间思想碰撞，使得我的教育思想逐步走向成熟。回顾三年的学习生活，最难忘的就是江苏基地的各位导师和全国各地的校长同学不远千里，从四面八方两次入校诊断指导。下面记录了各位导师和各位同学第二次入校调研学校改进情况后的反馈节选（重点摘取的是鼓励部分），以示纪念。导师和同学的鼓励之声时常绕耳，成为我们这样一所边境口岸城市学校继续前行的力量，鞭策我们以更饱满的工作热情，更理性的专业精神，更有责任有担当的为县域初中的高质量发展，办好新时代人民满意的初中教育而不懈努力！

近些年来，累计有几百所学校的校长和教师因为参加在我校举办的学术会议，而从全国各地走入珲春四中；因为国培计划走入珲春四中；因为专门前来学习走入珲春四中。在此也将部分老师参观学习后的感言摘取少量，列于文后。感谢兄弟学校的领导、老师对学校的鼓励和信任！

江苏省行政干部和教师培训中心常务副主任季春梅博士：

第二次来到珲春四中，感动、激动，又带给我深深的思考。珲春市第四中学的课堂和课程展示带给与会的每个人以美好的心理感受，幸福教育有文化创生，学校的课程有聚焦感，聚焦学生生命成长的原点；有统整感，聚焦学生的核心素养；有原创性、连接感，把学校生活与学生生活有效连接。相信在李丽辉校长的带领下，珲春四中定能创造出幸福教育的更加美好的明天。

江苏省语文特级教师，国培计划首席专家严华银教授：

再次走进珲春四中，对学校有了进一步深刻的认识。下午在观看同学们的研究性学习展示时，欣喜地看到闪耀在孩子们身上的科学精神、科学之光，很难得，也很珍贵。欣喜于珲春四中在对学生科学精神培育方面已走出了珍贵的一步。希望我们李校长在未来这样一个特殊的时期，在具有战略地位的边境小城，能够一枝独秀，能够像海鸥一样展翅高飞，把我们的四中，把我们的珲春教育做成功，至少做成我们中国县域教育初中的一张名片。

江苏省教育科学研究院研究员，国家督学、江苏省教育学会副会长彭钢教授：

幸福教育的魂已在学校落地。学生在享受着健康的、快乐的、发现的学习文化；教师开发了大量的课程支持学生的幸福成长，可见教师的专业能力、教师的专业成长和发展就是他的幸福的本源；学生们在课程中的表现非常出色，给我留下了深刻的印象，他们真诚、质朴、一点儿都不比教育发达地区的孩子逊色。

江苏东庐中学原校长、讲学稿创始人陈康金教授：

两次走进珲春四中，孩子的灵性给我留下了深刻的印象。珲春四中连续五年获得延边州中考状元，中考考得的是学生的意志品质、学养水平，是学生的综合素质。通过中考可见珲春四中的办学成效，可见学生的综合素质。

江苏立达中学原校长顾苏云教授：

校长有怎样的视野，学校便有怎样的格局。再次感受便是非常的感动，我感到珲春四中的师生是幸福的。我很幸运，看到了我想看到的学校，我看到珲春四中在引导学生关注身边的世界，思考现实的问题。从课堂到舞台，我看到了学科育人很到位，也看到了五育并举，看到了珲春四中的学生站在了舞台的中央且自信满满，看到了四中的老师站在了学生的中间且自信满满，看到了李校长站在了师生的背后大象无痕。

希望四中有自己的幸福文化表达，希望四中早日走向全国。

第二期国家教育部中小学名校长领航班同学评价：

山东淄博临淄晏婴小学校长孙镜峰：

珲春市第四中学是一所让孩子感到有意思的学校，是一所让孩子们的想法能落地、可以实现的学校，是超越了考试层面的有深度的学校，是一所高品质的学校，是一所令人印象深刻的学校。

安徽池州一中学校长汪炜杰：

一位好校长，一支好队伍，一群好学生，一所好学校。

宁夏银川金凤三小校长王小川：

走进珲春四中的课程和课堂，深刻感受到了学校课程和课堂的魅力。孩子们在课堂上神采飞扬，合作交流，有思想的表达让我们很震撼。

贵州道真民族中学校长王琦：

学校有内涵，有深度，有高度。注重对学生合作学习、探究学习和实践创新能力的培养。小组合作效果好，组里学习真思考、真说真辩真交流、注重聆听有礼貌，师生互动见真情。希望第三次再来珲春市第四中学。

上海进才北校校长金卫东：

作为丽辉校长的同学很骄傲，很自豪。珲春市第四中学的课堂教学改革实践在孩子的身上得到了具体的体现，四中的孩子逻辑清楚，表达流畅，彬彬有礼，孩子们在课上课下都展现了别样的风采。向丽辉校长学习，向她的团队学习。

黑龙江鸡西十八中校长刘景菲：

珲春四中在高品质学校建设的路上不断地探索和实践，通过观课让我们看到四中教师的专业发展品质，通过研究性学习的展示，孩子的思维、表达、自信、向上的姿态，让我们看到孩子们极高的素养，很钦佩。

天津中营小学校长华联：

来到珲春市询问售货员同志得知四中是一所老好的学校，向出租车司机询问得知每年都有来自全国各地的校长到四中学习，今天进入四中亲自感受，果然名不虚传。

来访者对学校评价（部分）

心语

在珲春四中跟岗研修期间，我学到了很多东西，深受启发。

一、学校领导有思想有作为；

二、学校文化建设有品位；

三、班级文化有个性；

四、选修课程有特色；

五、课外活动有秩序；

六、教研活动有点子；

七、德育活动有目标。

希望四中在李丽辉校长的领导下越办越好。

希望四中全体同仁来通化做客。

通化县大川学校 左洪文 2016 年 3 月 2 日

到珲春四中跟岗研修，通过李丽辉校长的精彩讲解，一线教师的经验介绍，深入班级参观考察，学生的精彩展示，我明白了学校办学理念、培养目标，如何落实到具体的教学活动中和班级管理中。

珲春四中小组合作如此完美有效，学生能力得到提升，各性得到发展，活动搞得有声有色，课程开发丰富多彩。

珲春四中带给我一个崭新的教育理念，相信每一个学生都能实现自我教育。

通化市第十八中学 王暖云 2016 年 3 月 2 日

这里有着震撼心灵的教育，教育原来可以这样美好。真心为你们点赞

抚松县实验学校 刘海龄 2016 年 3 月 3 日

作为青年教师的我，非常幸运来到珲春四中参加跟岗研修活动，时间虽短，但留给自己的是一种激励，一种积极向上的奋斗精神。感谢教育的天空中有你们这样的天使在引领我们前行。加油！珲春四中，相信你的明天会更美好，期待不久的将来还会与你相见！

吉林市龙潭区缸窑中学 张琳琳 2016 年 3 月 3 日

理念行动团队型

立志课改四中情

回复灵性以全生

优化课程别样红

松原前郭白依拉嘎乡中学 陈瑞轩 2016 年 3 月 3 日

我希望四中成为中国最好的学校

今天的四中有着翻天覆地的变化

刘慧君 徐成芳 2018 年 10 月 3 日

感谢这一届领导班子及全体教师，把中学教育做到了全国领先水平。你们的接力让曾经所有的教师感到无上光荣，你们的业绩让曾经所有的学生感到无比自豪。谢谢你们！

宋梅 2018 年 10 月 3 日

唯珲春有材，

於四中为盛。

这是建校四十年取得的璀璨成绩，望我们再接再厉，百尺竿头更进一步。

一个四中老人 黄国基留念

也是新年新的祝福

2018 年 12 月 31 日

中国中小学名师名校长领航工程丛书

教育家型校长这样炼成

严华银◎著

中国出版集团
世界图书出版公司

图书在版编目（CIP）数据

中国中小学名师名校长领航工程丛书 / 严华银主编
. -- 北京 : 世界图书出版公司 , 2022.3
ISBN 978-7-5192-9465-6

Ⅰ . ①中… Ⅱ . ①严… Ⅲ . ①中小学—校长—学校管理 Ⅳ . ① G637.1

中国版本图书馆 CIP 数据核字（2022）第 039701 号

书　　名	中国中小学名师名校长领航工程丛书
（汉语拼音）	ZHONGGUO ZHONGXIAOXUE MINGSHI MINGXIAOZHANG LINGHANG GONGCHENG CONGSHU
主　　编	严华银
总 策 划	吴　迪
责任编辑	王林萍
装帧设计	包　莹
出版发行	世界图书出版公司长春有限公司
地　　址	吉林省长春市春城大街 789 号
邮　　编	130062
电　　话	0431-86805551（发行）　0431-86805562（编辑）
网　　址	http：//www.wpcdb.com.cn
邮　　箱	DBSJ@163.com
经　　销	各地新华书店
印　　刷	阳信县卓越盛达印务有限公司
开　　本	787 mm×1092 mm　1/16
印　　张	280.75
字　　数	4316 千字
印　　数	1—5 000
版　　次	2022 年 3 月第 1 版　　2022 年 3 月第 1 次印刷
国际书号	ISBN 978-7-5192-9465-6
定　　价	960.00 元（全 20 册）

丛书序

我在不久前发表于《中国教育报》的一篇文章中提到：必须高度重视我国教育本土实践与智慧的深度研究，这可能是中国教育转型的关键，也是增强教育自信的必由之路。这里摘引其中的几段。

何为“本土”？自然指向的是中国本土，它是中国的，是中华民族的，是在中国教育自身的实践中产生的。但今天的本土，又不是纯粹的孤悬于世界教育文明之外的“孤岛”。近代以来，国门大开，中外交流包括教育的交往从未中断，而且越来越有深度，也越来越融通。因此，可以说，在全球经济一体化的今天，偌大的中国，无论怎样的教育实践和思想，都像今天的中美经济贸易一样，你中有我，我中有你，所以这里的本土应该是指发生在中国大地上却又融汇了全球教育智慧的本土实践，是在实践中产生的智慧。研究本土教育，弘扬本土教育的实践智慧、经验，绝不意味着我们对于他国教育理论和实践的拒绝和对抗。

事实上，许多年来，随着教育部中小学名校长、名教师领航工程的陆续启动，一批又一批原本散落、尘封、不为外人所熟知的教育实践成功的学校、校长和教师典型，经由国家工程的推动，越来越快地成长、发展和成熟。笔者参与教育部中小学名校长领航工程，以江苏基地首席专家的身份，与来自全国 15 个省市自治区的教育家型校长“互学共进”，见证了他们在一流理论和实践导师的专业引领下自身成长和学校发展的

“蜕变”过程，深感与最为杰出的教育人结伴而行，乃人生至乐，且真正可以教学相长。感受最深的是代表我国现阶段最高水平、最高层次的精英校长，他们在长期的教育和学校管理实践中，在长期广泛学习、借鉴、研究、融会贯通、将世界优秀的教育理论与我国教育实际相结合的过程中，不断地“立功、立德”，成就越来越多的教育辉煌，其中有很多校长已经或者正在形成富于本土教育特色和个性的教育思想。

这样成功的本土实践、这种在本土实践中成长起来的中国教育智慧，对于教育改革的深化，对于教育转型，其借鉴意义和价值深远，一点也不亚于西方教育成功的理论和模式；甚或，因为其同源性、可行性，就显得更加重要。对之视而不见或者置若罔闻，这要么是崇洋媚外的劣根作祟，要么是功利导致的无知和漠视。

到 2021 年 9 月中旬，教育部第二期教育家型校长培养工程圆满结业，中国已经培养出近 180 位教育家型校长。而随着时光流逝，他们中的越来越多的人都将淡出教育的主流场域，这虽然是新陈代谢的规律所致，但对于这一批校长，在这样一个黄金时段，如何最大限度地发挥他们的作用和功能，更好地实现在教育变革中的意义和价值，对此我们又有多少考虑，又有多少顶层设计呢？

作为曾经伴随着他们“走过这一段路”的培养者，作为亲眼见证和感受着他们的优秀、卓越和创造了一方教育辉煌的专家，每每想到这些，只有扼腕叹息，我无法要求国内的教育专家学者转换视角、转变观念，把研究的重点瞄向本土、本土真正杰出的教育实践家、中国一流的教育家型校长群体，也无法突破一般政策的规定，比如校长任职年龄的限制，充分发挥这些领航校长的智慧和才干，不断创造办学和教育的奇迹，引领一方教育顺利转型。我可以做的，或者说力能胜任的，大概就只能是重点关注这些校长中的一部分，调动多方专家力量，如实地呈现他们有关教育的功、德、言，呈现他们的研究成果和创造成果。

这套《中国中小学名师名校长领航工程丛书》正是要通过这些校长

自身成长的轨迹梳理、学校发展的过程回放，通过对其经验与理念、理性思考与实践智慧的展示，特别是通过他们教育思想、管理个性与办学风格的真实表达，以理性开启思维，以经验启迪思想，以成功激励成功，为面广量大的校长人群提供资源帮助，经验参照和方法启迪，推动正行进在改革现实、加快转型、探索未来教育的他们突破、超越，从而为加速建设教育强国、科技强国、人才强国贡献智慧和力量。

不仅如此，通过这种原汁原味的成功样本的“实录”，展示中国基础教育转型期一批勇敢者不息探求的历史，为未来国内有志于中国基础教育研究的专家提供第一手的最真实的素材和资源。也衷心希望越来越多的教育同仁参与进来，开展越来越多、越来越丰富的研究，取得越来越多、越来越厚重的成果。

当中国本土的教育实践智慧被越来越多的教育人、研究者深度关注，当本土教育家型校长和校长教育家的办学思想、成果的研究终于成为“显学”，我国教育改革的深化、教育转型的发展，就进入了花香郁郁、生机勃勃、自信满满的崭新阶段。

本丛书的组织、编写和出版，得到了教育部“国培计划”专家工作组秘书长黄桂珍、领航工程项目办郭磊主任、国教院培训学院于维涛、领航工程北京基地首席专家胡淑云、领航工程广东基地首席专家龚孝华等的大力支持，他们给予本书以较高的评价，在此深表感谢。必须要提到的是，2020年，北京教育学院校长、培训学院院长胡淑云教授邀我和广东第二师范学院龚孝华教授一同参与了中国教育学会重点课题“从名校长到教育家型校长发展路径研究”，本丛书恰恰是围绕这一课题所做的“研究三人行”之成果了。

严华银

2022年2月星期日于南京老山竹下居

教育变革：关键在祛除教育自身的功利

一

以立德树人为目标的教育应该是天底下最为纯粹和纯洁的事业。

所谓纯粹，就是承认教育本身的独立和单纯。它是社会的，但又是超越社会的；它是现实的，但又是指向未来的。无论如何，让教书育人、立德树人的学校，无限度地承担与之有关和无关的一切社会和现实的非教育功能，这样的现象再也不能继续下去了。

所谓纯洁，就是与市场保持距离，杜绝逐利勾当，警惕功名利禄的纠缠；在世俗生活之外，在经济活动之外，心存诗性，默念牧歌，安享一片净土和乐园；教育、学校、教师和学生，就是在这样一片神奇的田园，生长知能和智慧，成熟道德和人格。教育人即使深入社会和生活，也与生活中人不一样，他们一定是“风声、雨声、读书声，声声入耳；家事、国事、天下事，事事关心”；他们一定会如陈独秀、李大钊、胡适、蔡元培、毛泽东、鲁迅那代人一样，带着本真和纯粹，携着阳刚和豪气，“书生意气，挥斥方遒，粪土当年万户侯”。

也就是，所谓教育的纯粹和纯洁，就是要杜绝一个叫“功利”的东西。

二

教育苦功利久矣！

可喜的事件正在发生，“双减”政策正掷地有声地落实。紧随社会力量办学机构被依法依规清理和整治，还有许多常人一看就知的反教育现象正在被分析、研讨和热议，民办教育的畸形扩张，教辅市场的野蛮泛滥，等等，这些都昭示着教育即将或者说正在迎来重大改变。马克思主义哲学原理告诉我们，外因是变化的条件，内因才是变化的依据。也就是说，指望仅仅通过外因、外部事物的改变来从根本上变革教育，几无可能。古今中外，概莫能外。也就是说，教育的变革，还是需要从教育内部做起。

三

教育行政。

主政者当然是官员，但教育行政官员，主政一个地方的教育，需要政德政声，也需要甚至更需要教育的专业素养和精神。如果纯粹用一刀切、与社会经济等别无二致的治理方式治理一个区域的教育，自然会使教育失去本真和纯粹，必然会导致其急功近利和市场化。

教育行政官员也应该成为教育家。因为教育家办学，前提是需要懂教育的行政官员的支持，无此，就不可能有教育家办学，也难以产生办学的教育家；因为纯粹和纯洁的教育事业，需要主政者有教育理解和认同，有教育理念和智慧，更得有大情怀。这情怀，不仅包括教育情怀，还得有人文情怀和家国情怀。

四

教育专家。

第八次课改催生了一批又一批教育“专家”，最近几年，自诩为“教育家”的也偶有出现。也因此，一向为人们所敬畏的“专家”，其内涵和品质被慢慢解构。留心观察教育发展的状态，几乎所有的教育事件和现象背后，都活跃着一些“专家”的身影，这原本是一种教育发展的必需，应属正常，专业支撑恰恰是教育发展的定海神针。但其中的某些不正常，倒真的发人深省：极个别的，今天为无序扩张的民办教育张本，明日又为肆意疯涨的社会力量办学机构站台；甚至巧构某一教育口号，假借改革创新之名，玩着商业经营的路数，明修栈道，暗度陈仓，算计着实实在在的经济利益。

教育专业人士的功利化，其危害远甚于教育行政决策的“功利”，因为他们的潜在影响更大更广，且隐蔽性极强，苦求突破的一线的校长和教师病急乱投医，哪里能一眼识透！好在这只是仅有的个别现象。如果优秀专家学者摆脱功利，超越自我，在目光向外的同时，也能目光向内，不仅内修以臻于知行合一，而且潜心关注、研究本土教育典型，梳理、总结中国教育经验，以大视野、大情怀、大格局和大境界，为中国校长、教师和学校提供卓有成效的专业引领，那就可以重新找回教育专家的内涵和尊严，合力重塑教育的纯粹和纯洁。

五

校长与教育典型。

最近20年间，一些课改典型学校纷纷出笼，红极一时，顺带也成就了一些校长。这些教育典型的共性特征是，一个口号，一种管理、教学或课堂模式，一个时段的中考或高考成绩。其出名的路数大体一致：先是校长借助某些活动介绍，专家学者高度评价；接着媒体主动或被动夸张宣传；后来就有四面八方的校长、教师趋之若鹜来参观考察；有的再后来便有利益推手参与运作，最终整出规模，成为名声煊赫的教育经济“巨无霸”，门票、收费能让企业家眼红。

在第八次课改的中期，成千上万的校长、教师都争相以曾经前往这些“教育经济体”观摩考察为急为荣。这一方面反映出教育人的焦虑和恐慌。如今，很多校长的共识是，没有分数，过不了今天；仅有分数，过不了明天。这明明是在向应试妥协，向现实的功利投降，也是为自身背离教育初心辩护。试想，只要承认了“没有分数，过不了今天”为真，就不可能有“仅有分数，过不了明天”同时为真。数十年教育改革的实践表明，承认了追逐分数的合理性，就不可能有“仅有分数”实现的可能性。这前后自相矛盾的表述被校长们共识，本身就表明校长、教师在办学和教育教学实践中的无奈。

另一方面也反映出长久的焦虑和恐慌必然导致的非理性思维。古往今来，何时有过一种教育理念和模式可以打遍天下无敌手的呢？但转型期的我们偏偏“宁可信其有”。功利驱使而制造的典型，利用其善于扩张和侵蚀的优势，加上某些校长和“专家”的“巧舌如簧”，便进一步、大范围地不断催生功利，功利于是便一步步、一点点蚕食吞掉教育人原本不多的理性。而这种趋势迄今还未被有效遏止，更未见多少实质性改变的迹象，可见，未来教育和课程教学改革真是“路阻且长”！

六

教师。

经常有人问我，应试碾压下的教育伤害最大的是谁？我以为是教师。学生受了伤害，毕竟还能在未来青春期、成人期、大学生活和社会生活中疗救和修补，教师受了伤害几乎很难有复原的可能。功利之极的教育生活，天长日久，除了心理和精神的煎熬，还有教育素养和教学能力的被侵害甚或摧毁。

我曾问很多校长，应试既久，假如哪一天忽然要回归教育初心，废应试而素质，还有多少教师会教书呢？课改之后，最让教师们喜出望外的，是几乎一夜间陡然流行的一种冠以“集体”的备课“高招”。备课，是教育生活中的必要程序，也是最艰难的工作，是上好一节课的基础和前提。优秀的教育人都心知肚明，所谓课上得好，书教得好，关键是课备得好。课备得好，要靠教师独立思考，个体劳动。大量优秀教师的成长历程一再证明，其所以卓越和杰出，其能力提升、专业发展、主体价值实现，主要靠的是备课的过程，也就是研究、深思、设计、反思和完善的过程。

最近这十余年间，在为数众多的学校，大量教师尤其是青年教师，早已不知独立备课为何物何事。假如有人逆势而动，试图恢复教学的本义、重温备课的内涵，那必然要触犯众怒。如今，在一些培训现场，假如不谈课堂如何出效率，教学怎么获高分，而是谈情怀和理想，谈奉献和尊严，谈理性和崇高，可能多半要被轰下台去。

功利的教学，催生教学者的功利，长此以往，理性的眼迷惘朦胧，就极有可能睁一只眼眯一只眼，不以功利为功利了。

七

历史悠久、幅员广大的中国，自古从来不缺英雄，教育也是。

任正非说：我国每年有七八百万大学毕业生，加上中专生大约有1000万，聪明人很多，如果允许差别化的教育，就是姹紫嫣红。

教育部启动名校长领航工程，已完成两届，重点培养了近两百位教育家型校长。他们正以其卓越的教育功德和思想，在卓越学校建设、区域教育发展乃至国家教育精准帮扶等众多领域发挥出越来越重要的领航作用。他们身上最为鲜明的特质就是：具理性，重理想，有情怀，远离和拒绝功利。

笔者幸逢其盛，参与两期领航工程，与数十位领航校长一起学习、生活，常受感染，总被触动，很多顿悟。比如，教育人太需要人格和尊严了，但这人格和尊严不是别人和上级赋予的，而是自己通过教育行为和社会行为赢得的。比如，为什么我们不声不响就把教育做成了完全“被动”而且总是“挨打”的“工作”？我们总是埋怨被这被那绑架，但我们真的忘了教育从来就是主动的伟大而崇高的“事业”，为此，我们做了多少抗争和坚守？比如，教育当然要满足现实社会和经济对于人才的需求，这是顺应；但教育还应该担当促进先进文化、优秀文明的发展和前行，这是引领。比如，教育人不仅应该教书育人，还应该是一个区域的文明高地、道德高地，是泰山北斗般的文化标杆。只是，这样的教育人，不是太多，而是太少了！拒绝功利之事，远离功利之人，你会逐渐纯粹和纯洁，你会渐近伟大和崇高，才可能成就卓越的教育。

功利，是教育的天敌。教育自身的功利不除，教育无望；祛除教育自身的功利，才有未来。

尽管功利并非全都由教育人自身引发，但自身功利之祛除，还得靠教育人自身，这应该是教育人一次刮骨疗伤的革命！

目—录

contents

第一篇

内核篇

试论高品质学校的“高品质”
高品质学校，呼唤高品质的教育家型校长
校长，首先是教师之“长”
领导力：教育家型校长的文化品格
思维力：教育家型校长的创造之源
创造力：教育家型校长的功德之基
表达力：教育家型校长的思想之翼
理性：教育家型校长素养的核心
情怀：教育家型校长核心素养的动力源

试论高品质学校的“高品质”

一

还是在习近平同志接任总书记提出“中国进入转型期”不久，有学者指出：中国社会转型，首先需要教育转型。因为只有转型的教育，才能培养出适应中国转型需要的人才。

适应中国转型、支撑中国转型的人才，从何而来呢？毋庸置疑，只能从转型的教育、转型的学校来。在现阶段，提出学校转型，转型学校，学校转往哪里？自然是转向如参与讨论的各位领航校长——教育家型校长所向往的理想的学校。

综合9位领航校长所发表的意见看，大家遵循教育和人才培养规律，把脉教育现实、社会需求和未来趋势，也融入各自对于教育、办学、学校管理、教学应试等的实践反思，提出了“理想”和“设计”，很多感性，也不少理性，其中上海金卫东校长基于近现代教育纵横发展历史经验的梳理，管窥未来我国学校教育改革发展的方向和思路；北京张文凤校长根据自己对于教育的准确理解和办学实践，特别是针对人性发展、高端人才成长培养的规律，高站位地提出“三自”办学观，都十分前瞻而精准。

其他校长的观点，都围绕学校教育的各元素，各元素建设的某些关键领域，或言理念，或论操作，或谈经验，或说思路、策略和方法，可谓各擅胜场，各有千秋，十分难得！

但我以为，站在转型节点，畅想未来教育、办学理想，纵议教育价值、人才培养，还是要回归教育初心，还是要回到教育背景，还是要对接国家战略、未来经济社会事业发展对于人才的需求。

转型中国、中国未来究竟需要怎样的人才？这个问题是研究教育和学校的最为基本的问题，也是前提和基础的问题。

中国教育在为中国现代化的发展提供了大量优质人才支撑、为我国经济和社会事业飞速发展做出了有史以来从未有过的卓越贡献，可以说没有教育，就没有今天的小康。与此同时，我们也应看到，愈演愈烈、积重难返的应试，特别是据此而逐渐演化而成的应试模式，也对国家越来越迫切需要的杰出人才、创意精英的成长和发展形成了越来越多的阻碍。也就是说，曾经成就了某一“阶段发展”的教育模式，也可能成为阻碍另一“阶段发展”的教育模式。

不仅如此，当下之中国，处在国际关系纷繁复杂、国际竞争异常激烈的大局之中，处在互联网无所不在、人工智能一日千里、人类生活和生存方式急剧变化的特殊时期，这样的格局和变革，乃为中国乃至世界文明史数百年之未见，适应、应对甚或驾驭它，需要大视野、大格局、大胆略、大气魄。

正是在这样的社会转型、国际竞争特别是科技日新月异的时代背景下，党中央国务院针对我国教育成就斐然却也问题并出的现实，从 2018 年年初发布《关于全面深化新时代教师队伍建设改革的意见》开始，拉开新一轮教育改革的序幕。两年来，文件连续出台，新政不断发布，可以说搭建了未来教育发展的四梁八柱，完成了影响中华民族未来的人才队伍建设的顶层设计。就基础教育而言，我以为，假如简而括之地描述这幅蓝图的要点的话，就是“五育并举，立德树人”。一言以蔽之，就是用德育、智育、体育、美育、劳动教育等全面发展的教育，培养德才兼备的社会主义事业建设者和接班人。

二

面对“未来已来”的科技变局，面迎刀光剑影的全球政治霸权、经济竞争，中华要崛起和复兴，我们又需要具有怎样的能力和素养道德人才，才能与之对等和抗衡，才能适应和超越呢？

我以为，只有具备下列“关键能力和素养”的人，才能与人工智能“和平共处”，才能适应未来中国社会的顺利转型并快速发展。

一是超乎寻常的“思维力”。以“深度学习”为标志的人工智能从人类获得了“智能”，但其“跨界”“整合”“增值”的学习和思维方式，使之顺利实现了对于人类的超越，人类只有反过来向人工智能学习，学习它们的学习，才有可能反超之。这就需要我们的教育、我们的教学打破单一应试的藩篱，在学生个性、好奇心的保护，在思维品质和科学精神的培养，在求异和批判特质的培育方面做出艰苦的努力。

二是不同一般的创造力。人类的核心价值就在于创造，创造的核心在于突破创新，以推动文明进步。这恰恰为以应试为导向、功利为目的的当下教育所严重忽视。远离现实社会，远离自然生活，分数之“一叶”障目，无以见天地之高远；知行不一，高分低能，口惠而实不至。这已经越来越为教育内外的有识之士所共识。国内某杂志的主编 2018 年上半年在考察国外教育归来，有感于应试的愈演愈烈，在博客中写道：“发达国家的教育早已换了赛场，而我们还在旧跑道上拼命。”说得虽有偏执，道破的却是无情的事实。

以色列青年历史怪才尤瓦尔·赫拉利则正告当下之学校教育：未来孩子、未来人，究竟需要什么呢？现实教育、今天的学校，当下究竟应该教给孩子什么呢？学校现在该教的就是批判性思考、沟通、合作、创意。想跟上 2050 年的世界，人类不只需要发明新的想法和产品，最重要的是得一次又一次地重塑自己。联系前引任正非的访谈，深觉所言在理。这需要以非凡的勇气和气魄力促力改。

三是卓越的人格。血肉之躯要想抗衡“类人”的“机器”，必须具有强健的体魄、百折不挠的意志与矢志不渝的“价值观”。如果软骨、无恒、摇摆，像豆芽菜和山间竹笋，那将不堪一击。回想 20 世纪 80 年代，中国女排首次参加世界杯，原本可以进入前三登上领奖台，就因为稳获冠军的日本队故意输球韩国队，让我们无缘奖杯。这教育了我国所有排球女将：任何比赛，要的是主动权，受制于人，永无出息，永无出头之日。

这成为后来中国女排自励自强的意志产生的动力源。当美国前总统特朗普高举制裁大棒，发起中美贸易争端，我们最为需要的是站上“制高点”，夺回“发球权”，掌握自己的命运。没有超强的意志力，何以成就这番壮举？

三

这样的人才从哪里来？当然要靠教育，要靠学校。那么要依靠怎样的教育和学校呢？

2017 年下半年，教育部学校规划建设发展中心发布《未来学校研究与实验计划》提出“未来学校”的六大特征：绿色、智能和泛在互联的基础设施；集成、智慧、因变的新学习场景；灵巧学习及创新的赋能场；开放融合的学习生态；创新的知识和信息网络拓扑结构；人工智能融合的教师—课程智慧系统。

不仅如此，党中央国务院则从内涵的角度，提出要通过教师和校长两支队伍建设，“打造高品质学校”。

据上分析，我们不难看出，未来学校，培养支撑转型、参与国际竞争的一流人才的高品质学校必须具备如下“高品质”。

第一，从育人的本质追求看，高品质学校应该全面聚焦培育“发现”能力。

立德树人，培养上述具有三种特质的人才、创意精英，其最为重要的品质就是“发现”。发现生活中的矛盾和问题，从精神层面的道德，到自然领域的现象，从矛盾产生的根源到问题解决的方案。所谓发现，是一种能力，是一种推动社会文明进步、变革甚至飞跃的动力，这也是人区别于动物乃至人工智能的重要元素。发现，源自人类天性中的好奇和兴趣；正是这种好奇心和兴趣点，引导人主动、自觉地认识自然和社会，认识自己，并探究世间万物之来龙去脉以及本质。发现，从根本上看，是一种思维品质，思考及思考后的发问、追问是其典型特点。因此，发现水平的高低，与生命个体的思维品质的高低有关，这也是有人将思维能力的培养作为教育本质的原因。指向思维能力培养、思维品质提升的教学，重在引领、激发和保护孩子的兴趣、好奇心，而“发现学习教学”，才可以在知识的“掌握”之外，引领学生学而生疑，疑而有思，思而有问，进而探究，进而解决。这是高品质学校必须孜孜以求的教育目标，这也是传统的掌握学习教学所难以实现的。

一向以掌握知识作为教育教学主要目标任务的现实教育，与“发现”鲜有关联。因为只要应对终结性的考试，考试考查是学习者对知识掌握的状态，所以只需操练、反复操练；只要刷题，不断刷题；最终掌握，熟练掌握，直至拿到满足升学的考试分数。这种教学，不排除有思，也不排除有问，但其思其问，其所指在单向，在一元，在求同。最终只会固化、僵化思维，其中的不在少数，则极有可能成为巨婴、粉丝，甚或高低智商精致不精致的利己主义者。当下的应试其问题和弊端已经和正在被越来越多的有识之士所共知共识，但其问题之解决仍然还需要假以时日。

第二，从外延看，高品质的未来学校应该是一个充分的完全的开放结构。

教育生活原本就是生活的一部分，学校生活原本就是社会生活的一部分。美国近代教育家杜威提出“教育即生活”；陶行知师承杜威又发展性地提出“生活即教育”；正是从教育本质、学校价值的高度，做出的精准的教育论断。适应生活，引领社会和时代，正是学校教育培养人的“初心”。如果教育与学校背离生活，远离社会，隔绝时代，仅仅将学校规划成为教育对象谋职、晋级的职业培训机构，将教育教学演化为学习某种生活生存、赚钱逐利的技术的操练平台，这当然令人不能容忍。但现实教育由于多种因素的合力作用，这样的发展态势已经越来越明显，越来越严重。有人说，今天的学校教育就是在为学生烧制一块砖头，一块敲开各级各类学校大门的砖头；学校似乎已经越来越成为超然尘世之外、不食人间烟火的“孤岛”“桃花源”。说得可能有点绝对，但其揭出的问题很值得深思。

也许我们无法在一夜之间终结应试的雾霾，但我们在现有教育生态下，至少可以让学校回到“学校”——从社会中来，学习生活，最终还是要回到社会，而不是回不了或者难以回到社会；让学生回到“学生”——到学校来学习更好地生活，最终还是要回到生活，而不是回不了生活或者很难回到生活。所谓回到“学校”和“学生”，就是要联系生活。通过课程，通过课程资源，让学习生活与人类生活、人间烟火，源流相接，星火同辉；所谓回到学校和学生，就是要联系社会。通过网络，通过教师，通过社会各界精英，让学校和社会，让学校活动和社会活动，不分彼此，浑然一体。所谓回到学校和学生，就是要联系家庭。通过教师和家长，通过家风和校风，在彼此分工又充分合作的教育中实现孩子品行人格的健康成长。所谓回到学校和学生，就是要联系时代。通过传媒，通过网络，通过现代技术和工具，通过广泛的阅读，让学生始终关注社会进步，关注国际潮流，研究时代发展的趋势，并最终融入人类科技文明的大潮。

有人说，未来学校，也许就是最不像学校的地方。有了上述的关注和面向，也许就可以让今天太过像“学校”的学校，来一个稳妥的“翻转”。

第三，从内涵看，高品质的未来学校应该富有正确、厚重、稳定的教育价值观。

学校教育究竟培养什么样的人？这是教育工作者首要关注的核心问题。纵观近二十年来的教育，我们在这一问题上摇摆、变化、混乱较多，不少区域、学校，假以改革之名、文化建设之名，通过所谓的课程和教材建设，包括国家课程校本化等一系列似是而非的做法，推出了许许多多貌似新颖抢眼，却与教育规律、国家教育方针貌合神离甚或严重背离的一些理念、观点和主张，其形成的某些混乱和危害可能还得相当一段时间才能被逐渐消除。比如把为个人的幸福奠基作为教育的根本目标，比如长期一成不变痴心不改的“重德轻智”“重教书轻育人”，比如片面地绝对地强调儿童立场，比如教育教学过程中一味地极端地“表扬”

和“激励”，导致学校教育、校长办学理念杂糅、行为怪异、模式乱眼，莫衷一是。

所以，叶澜教授在接受新闻周刊记者采访时，严正指出：“我认为，学校教育当前最大的问题，就是以“成事”替代了“成人”。“价值观是一切教育教学改革的起点，价值观危机，是中国教育根本的危机，教育转型应从价值观转型开始。”(《价值观危机是中国教育的根本危机——专访华东师范大学教育学终身教授叶澜》《中国新闻周刊》2018 年第 19 期)笔者深以为然。想到 20 世纪 90 年代初，江苏省锡山高中便确立“做站直了的中国人”校训；尤其考察美国普林斯顿大学——一所资本主义国家的私立大学时，竟发现其教育的理念，居然是“普林斯顿——为了给国家服务”。相较现实教育中功利实用至上、个人利益独尊、精致的利己主义张扬的某些口号，不禁感慨系之。

当下之中国学校教育，首先需要在价值观层面正本清源，对照教育方针，反思办学实践，回归教育初心，将“立德树人”作为新一轮文化建设、价值观建设和课程建设贯穿始终的纲领和核心。

第四，从教育的策略和方法看，高品质学校应该信守、秉持培育的育人观。

长期以来，“教”而育人，为人所共知，以为教师教，学生就能成才；当“教”异化为传抄和贩卖，异化为知行不一、有口无心，人们寄希望于学习者的“学”。但仅有其“学”，包括“兵教兵”的互学，又难以实现德性之养成，思维品质之提升。学校教育的价值一定在于教师引领和指导下的学生学而习之、行而成之。区别于传统的“教”，教师的功能和价值主要体现在两个方面：一是示范引领。就为人处世之道而言，就是“育人”的人做给“被育的人”看，“我怎么做，你就怎么做”；二是指导。就知识学习而言，给予学习者学习过程和思维方法的点拨、帮助，也就是“我怎么学，就怎么教”。就是说，在学生道德人格的养成和知识能力的学习过程中，教师自身对于道德和知识的亲身体验、感同身受，教师自身的率先垂范、以身作则，比任何告诉和说教都重要。这样一种教学,才是真正的教育。我把这样的学校教育教学行为称之为“培育”。

这样的培育，对于教师提出了极高的要求。德才兼备、货真价实，知行合一、行为世范，方可以有培育，也才可以实现立德树人育人理想。

第五，从办学、领导、组织和管理看，高品质学校应该全面走向“赋能”。

上述种种，迫切需要学校教育教学组织形态的变革。我国的学校从来是一个带有明显行政化的管理结构，严谨缜密的管理系统。直到20世纪70年代，伴随着改革和市场化，我们引入竞争和激励机制，从此诞生了与管理糅合的激励系统。管理系统和激励系统，可以说维系了我国教育数十年的稳定发展。

但是，走向未来的高品质人才培养，我们要分析和研究这样的传统机制和系统的问题和缺陷。

管控和激励，从来是与质量、效益特别是大面积的质量和效益的追求相关联。但是我们一般人难以意料的是，这样的管控和激励也不可避免地产生负效应。

管控是基于人性散漫的假设而设置的，学校管控教师，管控到位，教师无以松懈，工作就少有跑冒滴漏，于是教学及管理无微不至；教师管控学生，管控到位，学生无以松懈，学习没有“偷工减料”，所以学习及效率认真高效。激励则是基于人性的怠惰的假设而设定的。学校激励教师，激励到位，教师教学热情高涨，工作积极，绩效增长；教师激励学生，激励到位，学生学习热情增长，好胜心增强，表现和成绩突飞猛进。

问题就在于，假如有一天，管理松懈了，激励淡化了，一直在管控和激励状态中的教师和学生又会出现怎样的变化呢？再进一步，假如忽然没有了管控，没有了激励，又会发生怎样的变化呢？

少教、少学，怠教、怠学，不教、不学，是不是会或多或少或轻或重地出现呢？这就是说，管控的教育一定难以避免被管控者产生不同程度的“管理依赖症”，激励的教育一定难以避免被激励者产生“激励依赖症”。这带来的最为直接的后果便是，人源自内心的发展动力、活力的逐渐消失。主动、进取、顽强意志、自觉精神，这些成就发现、创新和突破能力的人格，自然很难或者无论如何也不可能在这样的教育生态和情境中生长出来。最新的企业管理研究专家认为，未来组织最重要的功能不再是管理或激励，而是赋能。什么是赋能？顾名思义，即赋予能力或能量，相关组织通过去中心化驱动组织扁平化。组织自上而下赋予人才开放创新的思想，锐意进取的动能，自主决策的权力，主动工作的态度，勇敢积极的行动以及心情愉悦的氛围，以充分发挥人才的个人才智和潜能。教师作为学校组织中的一员，作为教育教学系统的终端，每一个体的教育教学行为都将受到学校组织和学术系统的管控和影响。其管控和影响力的大小强弱应该直接或间接地决定了教师能动性和创造力的发挥，因而也决定了教育教学质量的高低优劣。从此前大量的教学改革的结果看，组织化程度、一元化程度、模式化程度的偏高可能是进展不顺、成效不彰的重要因素。弱化限制，淡化管控，更多信任，大胆放手，充分激发所有教师的主观能动性，让他们积极作为，个性张扬，在主流教育价值的引领下，按照自己的教育理解、主张，实施富于个性的教学，才有可能涌现出越来越多共性观照下的个性鲜明的教育思想和流派。这样的教师也就会赋能其所教育的学生，其所成就的学生才有可能是创意精英、杰出人才。

可喜的是，中共中央十九届四中全会，庄严提出：推进国家治理体系和治理能力的现代化。教育的治理体系和治理能力的现代化建设已是“箭在弦上”。与“管理”迥然有别的“治理”在学校的落地指日可待，我以为，从一定意义上说，教育治理的表现形式主要在赋能教育，其本质就在于尊重人性，尊重教育的本质规律，激发作为教育主体的教师学生人的主观能动性，自主地自由地更好地成长和发展。我以为，这是未来学校管理转型、教育转型、社会和中国转型的最为重要的政治保障。

高品质学校，呼唤高品质的
教育家型校长

中共中央、国务院《关于全面深化新时代教师队伍建设改革的意见》中指出：“加强中小学校长队伍建设，努力造就一支政治过硬、品德高尚、业务精湛、治校有方的校长队伍。面向全体中小学校长，加大培训力度，提升校长办学治校能力，打造高品质学校。”这是站在中国未来发展的制高点上，指向未来人才培养的战略目标，对我国未来校长发展与未来学校建设提出的高屋建瓴的战略要求。我们以为，如果说学校发展已然进入“高品质”时期，那么，校长发展，更应迅速跨入“教育家”时代。

转型，需要高品质的人才

当政治家断言，中国社会进入转型期，有专家进言，中国社会要转型，首先需要教育转型；之所以如此说，是因为，教育需要为中国转型培养适应并推动转型的人才。

中国转型、中国未来发展究竟需要怎样的人才？我以为，当下之中

国，处在国际关系纷繁复杂、国际竞争异常激烈的大局之中，处在互联网无所不在、人工智能一日千里、人类生活和生存方式急剧变化的特殊时期，这样的格局和变革，乃为中国乃至世界文明史数百年之未见，适应、应对甚或驾驭它，需要大视野、大格局、大胆略、大气魄。尤其当许多科学家纷纷预测，到2040年前后，人类与人工智能之比将达到1 ： 1，人类将进入“人机并存”时代，而且，与此同时，极有可能，人工智能将全面超越人类智能。面对彼情彼景，未来人类又需要怎样的能力和素养才能与之对等和抗衡呢？分析人工智能的发展趋势和固有特点，研究未来世界发展之大势，我们以为，只有具备下列“核心素养”的人才能与人工智能“和平共处”，才能适应未来中国社会的顺利转型并快速发展。一是超乎寻常的“思维力”。以“深度学习”为标志的人工智能从人类获得了“智能”，但其“跨界”“整合”“增值”的学习和思维方式，使之顺利实现了对于人类的超越，人类只有反过来向人工智能学习，才有可能反超它们。这就需要我们的教育、我们的教学打破单一应试的藩篱，在学生个性、好奇心的保护，在思维品质和科学精神的培养，在求异和批判特质的开发等方面做出艰苦的努力。二是不同一般的创造力。人类的核心价值就在于创造，创造的核心在于突破创新、生产执行，推动文明的进步。这恰恰为以应试为导向、功利为目的的当下教育所拒斥，远离现实社会，远离自然生活，分数之“一叶”障目，无以见如“泰山”之天地；高分低能，有学历，无能力。这已经越来越为教育内外的有识之士所共识。这需要以非凡的勇气和气魄力促力改。三是卓越的人格。

血肉之躯要想抗衡“类人”的“机器”，必须具有强健的体魄、百折不挠的意志与矢志不渝的“价值观”。如果软骨、无恒、摇摆，像豆芽菜和山间竹笋，那将不堪一击。

高品质人才培养，需要高品质学校

这样的“高品质”的学生和未来公民只能依靠“高品质”的“未来学校”来培养。“高品质学校”首先应该顺应“高品质”人才培养的要求，必须针对现实学校教育人才培养中存在的问题特别是重大问题，进行深度变革。以色列青年历史怪才尤瓦尔·赫拉利在继 2014 年《人类简史》、2016 年《未来简史》之后，2018 年又推出《今日简史》。在他看来，未来孩子、未来人，究竟需要什么呢？现实教育、今天的学校，当下究竟应该教给孩子什么呢？学校现在该教的就是“4C”：批判性思考、沟通、合作、创意。更广泛地说，学校应该别再太看重特定的工作技能，而要强调通用的生活技能。最重要的是能够临机应变、学习新事物，在不熟悉的情况下仍然保持心理平衡。想跟上 2050 年的世界，人类不只需要发明新的想法和产品，最重要的是得一次又一次地重塑自己。这恰恰是我们现实学校教育教学从内容到形式面临的最大问题和挑战，以分数、升学和功利为基本导向的教学“应试”，以问题定向、答案“客观”、思维求同为基本价值追求的教育定势，无论如何也难以或者说根本不能适应未来人类发展的基本需求。

高品质的学校还必须顺应现代科技进步的潮流。互联网、人工智能、量子计算等已经和正在迅速、不断地冲击和改变着现代教育的内容、形式和方式。因为互联网和电脑，传统的只能通过学校和学校教育供给的学习资源、学习场所，如今早已为家庭和社区所“共有”。比如图书、图书馆、阅览室，手机和电脑实际就是最大、最新、最便捷的图书阅览室。更有甚者，新型的学习资源如微课程、微视频、翻转课堂等正被大量的好事者以各种目的大量推送，如果假以时日，当网络运营成本降低至零，一个正常人，又何时何地不可以学习呢？如果这样，学习的概念、学校的概念、教学的概念、课堂的概念，是不是都该重新考量和认定呢？

可以说，互联、物联网已经并正在迅速改变学校教育的形态。教育一定不会消亡，但极有可能，作为实体意义的“学校”会逐渐被“虚置”。

又何止如此，几乎与互联网同步而至的“人工智能”，如今正以人类自己也难以设想的态势迅速发展。从2016年一个叫“阿尔法狗”的围棋机器人战胜韩国围棋九段李世石，引发世界恐慌，人工智能的“智能”发展势如破竹，其对金融、运输、医疗、教育等生活各个领域的冲击，已经完全超越了人类的想象。有专家预言，2030年前后，人工智能的智能，将全面超过人类的智能。

研究人工智能，自然要研究人工智能的产生及其特点。人类制造了人工智能，应该说赋予了它最初的智能。关键是，人工智能的智能却不仅仅止步于人类赋予的最初的状态，否则，人工智能又凭什么战胜人类呢？原来，人工智能自身被人类还赋予了“学习和发展”智能的功能。

人工智能的“深度学习”技能，人工智能学习的“跨界”“整合”“增值”的特点，恰恰是人类暂时不具有、不擅长的。

也可以说，人工智能正在或者即将改变人类的学习形态。假如人机并存是一个难以回避的未来事实，那么人类向人工智能学习，学习它们的“学习”，将是一个无法回避的选择。

正是基于此，教育部学校规划和建设发展中心于2017年发布《未来学校研究与实验计划》，其中对于未来学校形态的描述令人遐想、发人深思。《未来学校研究与实验计划》认为，具有以下内在特征的学校可以称之为未来学校：绿色、智能和泛在互联的基础设施；集成、智慧、因变的新学习场景；灵巧学习及创新的赋能场；开放融合的学习生态；创新的知识和信息网络拓扑结构；人工智能融合的教师——课程智慧系统。这其中，“泛在”“灵巧”“融合”“创新”等核心概念一方面揭示了未来教育、学习的基本样态，一方面则让我们在与现实学校教育的比较中感受到了巨大差异和压力。因为尽管《未来学校研究与实验计划》指向的是“未来”，但可怕的是“未来”真的“已来”。

高品质学校建设，需要高品质的教育家型校长

这样的“高品质学校”，只能由高品质的“教育家型校长”来创造。适应上述所言的“高品质学生”的培养、“高品质学校”的建设，现实中国学校的校长们就应该在下列四方面做出实实在在的“转型”。

第一，由教学与质量的一般保障者转变为课程设计师。当学习“泛在”、教育“灵巧”、各种教育“融合”，“课程”便成为学校教育价值和意义实现的主要内容和载体。校长一方面需要通过国家课程的坚定执行，以实现教育的国家意志、情感和主流价值；另一方面则必须建构基于国家课程又带有区域和学校个性的完整的课程体系，比如人文课程、思维课程、生活课程，以实现学生的个性成长和“全人”发展。其中，优秀的虚拟社会实践课程体系的建构，未来人类生活平台的模拟，十分必要，唯此，方可以实现学校教育“社会生活化”，实现学生由“学校人”较快转变为“社会人”。在这一过程中，遵循课程及课程体系的科学性，坚守并维护国家课程的神圣地位，尤其是矫正假借“校本化”改革之名突破课程的基本价值观、解构课程实施的规定性和规范性的理念和行为，强化对于课程及实施的监控和审核，可能比什么都重要。

第二，由一般的制度和规范的建设者转变为学校文化引领者。未来的学校不过是学生学习的场所之一，学生在学校的的生活时间将会大大缩短，传统的学校制度和规范将会越来越与社会其他场域接近或者同步，于是学校用以影响和熏染学生的，除了课程便是“文化”，学校文化实际是隐性的精神层面的另一种课程。卓越的校长往往高度重视学校文化建设。其重视主要表现在，一是引领全体教师基于历史，梳理并提炼学校文化元素；在专业指导下，提炼学校传统的核心价值观，并在此基础上，逐渐完善学校文化体系。二是最为关键的，促进学校文化的不断转化，引领全体师生践行学校的核心价值观，努力实现学校优秀文化的真正的“人格化”。这也是优秀的教育家型校长区别于一般校长的重要特质。在这一问题上，要谨防部分学校和校长身上出现的矮化文化、有“文”无“化”的现象。以为“文化”就是历史，“文化”就是曾经的“阔绰”和“辉煌”；将建设“文化”演变为编概念、造理念，喊口号、贴标语，将学校文化建设，演变为一场堆砌豪言壮语、打造教育空想的“运动”。问题是，这一切的一切，与学校中的师生，与师生的教学生活，常常毫不相干。所谓“文化”建设，从本质上看，就应该是确立科学的教育价值观，并且一以贯之、孜孜不倦地引领师生向着它，渐行渐近，直至“内化”为精神，外显为自觉的行为，从而实现真正意义的“知行合一”。说白了，未来学校就应该是未来校长引领下营构出的一个“文化场”。

第三，由关注技术与事务的“教育看护”转变为教师专业发展的导航人。评价单一和标准化、唯知能是图以及知能教学的固化，如此几十年一贯制的教育应试，不独危害孩子的成长，对于教育的主体教师的最大的“伤害”，便是使之逐渐丧失了专业发展的欲望和动力。当下，通过管控、考核评价、道德感化等外在因素，完全可以“激励”教师较好地应对方向明确、道路清晰、教学内容稳定的“应试教学”。但未来学生通过“泛在”的“灵巧”的学习，带给传统学校、教学、课堂，尤其是带给教师及其教学的冲击，几乎是颠覆性的。学生学习过程中无穷无尽的“不确定性”，让课堂、教学、教学的所有环节充满完全并不确定的挑战和威胁。这时候，校长通过自身出类拔萃的教学专业发展，通过自身一枝独秀的管理和办学实绩，赢得公信力和话语权，以此，采取“抓高端、补短板、促全体”思路，引领教师在学科素养、专业能力、综合素质等方面不断发展、持续发展，真正实现教师的专业化，实现德才兼备，从而能在瞬息万变的未来课堂和未来教学中，左右逢源，游刃有余；这就成为学校工作的当务之急，重中之重。

第四，由教育、办学的一般的执行者转变为富于理性的“思想家”。理性，是以培养学生思维品质和科学精神为己任的优秀教育工作者特别是教育家型校长的基本要求。这里的所谓理性，一是认同。对于教育方针的坚决贯彻，对于国家课程及其价值的坚定捍卫，对于国家课程的不折不扣的实施到位，理当毫不含糊地高度认同，并且引领全体员工达成共识。二是质疑探究。新理念、新理论，对于专家观点、媒体经验，对于名校模式、名师主张，敢于通过静心沉思、比照分析，在冷静的判断推理中，在不断质疑、深入探究中，渐进真相、真理和教育规律。唯此，当“国家课程校本化”渐成风尚时，就会生发“国家意志”和“国家价值”有可能被肢解的隐忧；当“校本课程开发”如火如荼时，就会产生“校本课程”的科学性尤其思想性和价值观谁来监控的疑问，于是生发关于校本课程建设标准、审核、监管等诸多重大原则问题的思考。这样的校长，才有可能对于教育尤其未来教育，有自己的独立理解、个性主张，才有自己的办学思想与教育理想，也才能在反思自我、完善文化、建构课程、成长教师、发展学生的过程中，逐渐发现、清晰、凝练自己的教育思想。唯此，也才能在教育转型、在未来学校建设和学校治理的转型中“华丽转身”，成长为教育家型校长，办出“高品质”的学校。

这样“高品质”的教育家型校长，也就是“新时代新型学校的创造者”，也就是促进和引领中国教育转型的英雄。

校长，首先是教师之“长”

当我们说校长不是行政官员的时候，实际就是约定俗成了一种理解，校长的“长”一定不是理解为“首长”的“长”。当然，教育生活中也一定不是所有的校长都认同这种理解，也不是所有的校长都践行这样的理念。那么，校长的“长”是什么意思呢？我理解，校长是学校“首领”。什么叫“首领”？《辞海》释为“集团的领导者；为首的人”。无论“领导”还是“为首”，这学校中的“首领”，都一定是相对于一群人而言，没有这一群人，又何来这一校之“长”呢？那么，在学校中，校长领导的这一群人，主体应该是谁呢？教师还是学生？我以为是教师。道理很简单，就学校教育而言，校长一般较少直接面对学生，面对学生、直接实施教育教学的是教师。

正是基于这样的理解，当有人问起“你心目中的好校长是什么样的校长”，我总是毫不犹豫地回答，好校长就是将自己所在学校的教师发展好了的校长。

这道理也非常简单。教师即教育，没有教师，就没有学校，也没有教育。所谓好学校一定是因为好教育，好的教育教学自然来自好的教师。所以，多年前，有人声称学校中“学生第一”，政治上虽然正确，但无视教育的基本事实和规律，这是典型的哗宠取宠。而且，这一“口号”也直接引发了许多负面的教育倾向，比如择校、抢生源，比如漠视师道，轻忽教师身心健康，践踏教师尊严等。近几年来，从中央到地方，教师发展和教师队伍建设的重要性和急迫性越来越为执政者所共识，文件频发，声势不小，这实际是回归教育初心，步入教育改革发展的正轨。

有一句几乎共识的国际教育公理：一个好校长就是一所好学校。古今中外，似乎暂无例外。我理解，当然也是我观察分析得出的结论，这里的“好”，集中到一个点上，那就是，这个校长一定是扎扎实实地将这个学校的教师发展得非常好的校长，这所学校自然是一所教师非常优秀的学校，而其学生喜欢、人民满意、社会公认的，一定是这所学校的教育教学质量。这质量何来？全靠好教师的劳动和智慧。所以，有人说，什么择校？还不就是择的好“教师”。这真的是一语道破天机。观察教育大省、强省的江苏，江苏的南通和常州等地，其基础教育的成功主要取决于校长和教师两支队伍的建设实力。

那么，校长又怎样引领教师发展呢？

还是要回到“长”的本义“首领”，校长实际应是站在教师队伍的“首位”，“领导”教师成长发展并务实教学的人。校长首先应该是专业成长的典范。这几年，特别流行“领头雁”“领头羊”“带头人”“领军人才”等诸多概念，正是对于教育和万事万物发展规律和本质的揭示。原清华大学校长梅贻琦说：“学校犹水也，师生犹鱼也，其行动犹游泳也，大鱼前导，小鱼尾游，是从游也，从游既久，其濡染观摩之效自不求而至，不为而成。”这说的是教师之于学生，教之于学；而校长之于教师，又何尝不是如此呢？观察国内一流的中小学，其发展的最辉煌阶段，总是连续有数任校长其自身的专业绝顶优秀，而且将教师发展工作做到了极致。

已成专业发展典范的校长应该千方百计引领和促进教师不断发展。这许多年来，学校和教育在获得从上至下极度关注和重视的同时，也招来条条块块的青睐和事务，有些是必需，有些则是干扰。校长的大量精力和时间，教师的不少时间和精力被耗在这些与教育教学关系若有若无的事端上，不少校长被折腾得团团打转。但也有一些校长理性冷静，异常清醒，“任尔东西南北风”，就是“咬定青山不放松”，狠抓、持之以恒地抓教师发展工作：抓关键的少数，抓师德修炼，抓教育教学素养提升。学校有规划，个人有计划。启动名师培育工程，通过读书、研修、名师工作室、名校跟岗、专家学者来校指导等丰富多彩的活动，充分地、极大限度地调动了全体教师的精气神，教师发展一年一小变，三年一大变。

这样一来，校长的意义和价值就是很清楚的了。不是“教官”，更不是管控教师的行政长官。所以西方人对于企业主，对于校长，特别热衷研究其“领导力”。至于什么是领导力？那真是百人百解，但共识的一点是，领导力就是影响力，有无影响力的标志就是作为校长的你有没有追随者。

不排除一些校长为了助手或者教师的发展主动退后、“让贤”，结果从名分上来看，很多部下反而超过校长的情况，这不但无损于校长的形象，反而越加表现出校长的卓越的领导力。

领导力：教育家型校长的文化品格

2015 年 5 月，教育部正式开启中国名校长培养的“领航工程”，相关文件称，本项工程“旨在培养造就一批具有较大社会影响力的教育家型校长”。对“教育家型校长”，我理解就是校长中的“准教育家”，距离教育家最近的校长，已经具有教育家模样的校长。这个“模样”应该是有模有样，是由外到内，从形到神的“模样”。我认为，教育家型校长的最为重要的模样之一，是“领导力”。

“校长领导力”是近几年在校长发展研究领域的“热词”。但对其内涵之理解，却是众说纷纭。不少人将其理解为一种以管理为中心的综合能力和素质，我认为校长的“管理力”与“领导力”是既相关又有别的不同层级的概念。“管理力”是单纯依靠权力而有的“管制”和“治理”

能力，“领导力”则是淡化权力因素，更多地基于个性品格和综合素养而有的“率领”和“引导”魅力。“带头”“示范”和“做表率”，“引领众人前行”，这样的极少权力因素的“领导”方式，与主要通过权威、制度和相关规定包括处罚措施促使员工被动劳作这样的“管理”方式，有着天壤之别。

观察那些富于领导力的校长，少有官派，从不摆谱，常常把自己“混同”于普通的“老百姓”。绝少号令，几无呵斥，甚至不需要太多的会议，他自己可能永远都不知道自己究竟有什么“领导力”。其团队阳光透明，和谐温馨，如同家庭；其成员则任劳任怨，主动进取，每个人都知道什么时候在什么位置做什么事儿，对校长则尊崇钦敬，折服信任。“同呼吸，共命运”是这类学校——实际是真正的“共同体”——的文化氛围和共同价值。

如是而言，校长领导力则是教育家型校长超越了权力和管理的、赢得师生尊崇并追随的特殊影响力。

根据我对江苏乃至全国数十位优秀的教育家型校长的长期观察和分析，校长领导力是这类校长期的教育及管理实践中，其“人格”“教育品格”和“管理品格”不断提升、逐渐完善，并有机融汇、“化合”和“升华”的结晶。

人格是领导力的基础。这里所言的“人格”实际所言乃是“有魅力”的人格，常常又被称为“人格魅力”。它所指的是一个人在性格、气质、道德品质等方面具有的很能吸引人的力量。优秀校长为团队成员所折服，几乎无例外地首先总是因为其人格之优异。比如，言己，则勤奋进取，自励自谦，律己以严；待人，则诚厚友善，怜悯恻隐，乐于助人，宽以待人；情绪上，平和稳定，乐观开朗，豁达自信，总能传递欢乐、舒畅和正能量；理智上，敏锐机智，富于想象，敢于突破创新，却又严谨缜密，有较强的逻辑性；意志上，自觉主动，果决坚韧，一旦认定目标，便奋不顾身地坚持到底；在领导团队方面，总是率先垂范，行胜于言，自能才求人能，示范多于指令。司马迁在《史记》中，借孔子言评价“飞将军”李广，“‘己身正，不令而行；己身不正，虽令不从’，此李将军之谓也”，一语道破了“身正”这样的“人格魅力”。作为领导力之基础，对于首领之重要，远超过作为权力表征的“命令”意义和价值。无数企业家、政治家事业成功的事实都充分地证明了这一点。校长引领的是知识分子最为集中的教师团队，现阶段，我国校长的产生机制决定了校长最能让教师服膺的，一是教育教学的真能耐，二是优良人格的真魅力。我以为，作为教育家型校长，你很难做到前者永远最优，但完全可以也应该做到后者永远最好且越来越好。比如博爱、慈悲、敬畏，求真崇德、与人为善等。而这恰恰是“身正为范”“正己而后正人”的学校教育的真谛。

如果说人格是领导力的基础，那教育品格就是校长领导力的基础。从教学、教育到管理是我国校长成长发展的基本路线和轨迹。正是在这样漫长的教育生涯中，优秀的教育实践主体总是基于自己的学识、修养和人格等因素，形成自己对于教育的独特认知和理解，且一以贯之地践行自身所理解或者理想的教育。这样一种稳定的教育理解和教育践行，我把它叫作教育品格。教育家型校长的优秀教育品格，主要表现在如下几个方面：出类拔萃的教育教学能力。所谓教育教学能力包括学科素养、教学素养和教育素养。对于优秀的教育工作者而言，在成长和发展的不同阶段，各有其表现的重点和侧重的方面。独特而科学的教育理解和理想。教育、学校教育、教育关系、课程建设、学科教学、人才及培养、教师发展等关键问题，经由自身的长期实践体验和感悟，经由历史的和国际的比较分析，有着超乎现实和常人的认知并逐渐形成了自己独特的教育理想和办学追求。坚韧而智慧的执行和推进。一旦认准认定了的教学、教育目标，突破创新的教育设计和安排，总是会不遗余力，坚持不懈，奋不顾身地落实、执行并推进到位，但又不是只顾埋头拉车，必要且适度地避让、转弯、折中、调整、妥协，使得原先的观望甚或反对派逐渐转而成为铁杆的支持者、赞助者和追随者，工作的开展越到后期越加顺利。此外，卓越的学习素养和综合素质也是教育品格的重要内容。具有优秀教育品格的教育实践者，做教师，绝对是一个优秀教师；做班主任，一定是一个优秀的班主任；而做校长，就没有任何理由不成为优秀的校长。假如我们仍然信服“一个好校长就是一所好学校”的判断，那么，我们就可以分析，“好校长”之“好”，关键就在于卓异的教育品格，这是校长带领师生沿着教育、办学和人才发展规律顺利前行的前提、基础和保障。

管理品格是校长领导力的核心。校长首先是学校的主要的管理者。尽管现实中国“强势行政”背景下，教育行政掌控学校的格局未有大变，真正的办学自主权和法人实有地位并不到位，但不同学校还是有着很多不同的管理理念、策略和方法。同类型的学校间从制度和文化的层面看还是差异很大。我以为，这一切与校长的管理品格的高低关系极大。比如，新形势下，对于学校管理和治理、依法治教、现代学校制度的认识和理解；比如对于校长职能、价值的认识和定位；比如对于学校民主管理、治理结构的安排和落实；比如对于学校课程建设和文化建设的“领导”和决策；比如对于团队成员学习发展规划及机制设计；等等。富于优秀管理品格的校长可能更多的不是谋略弄人，而是分权放权，协商研讨，尊重保护；不是管控和限制，而是人文关怀，背景支持，责任担当；不是细节上的指手画脚、说三道四，而是确定方向，把握大势和大局。有人说，高明的学校管理往往是精神上的儒家“有为”、行为上的道家“无为”。优秀的管理品格似乎可以说是儒、道哲学的集成。在富于如此管理品格的校长领导下工作，师生应该是教学紧张，但生活愉悦；心灵自由，但言行自律。无管理其名其行，却得治理之实之神。在这样的学校里，师生享受到的才是真正幸福的教育生活。

优秀的人格、教育品格和管理品格在优秀校长身上，分别或者交互成长，只有当各自发展到一定高度和层次，才开始渗透、会聚、交融，化合而为一种新的“物质”，这就是“校长领导力”。校长领导力，与人格有关，与教育品格有关，与管理品格有关，但校长领导力，又不是单单的人格、教育品格和管理品格，它是“品格”之上的“品格”。按照冯友兰先生对于人生境界的分层，校长领导力已然临近了一般校长难以企及的“天地境界”。

校长领导力有些什么特点呢?

校长领导力作为一种特殊的影响力，它特殊在综合、丰富、博大、高远、内隐，常常无处可见，却又无所不在，正如古诗所谓“江流天地外，山色有无中”“平常看不见，偶尔露峥嵘”。可见，校长领导力是一种精神层面的“虚像”。校长领导力又相对比较稳定、持久，富于耐性和定力，如缓缓东风轻轻唤来绵绵春雨，滋润万物，化人于无形。这种不管而治、不教而成的“化育”之功，呈现出的是一种“软实力”。校长领导力也还是一种“慢教育”。它在校长管理学校的过程中慢慢显现，团队成员在学校生活中慢慢感受，由单向到互动，由线到面，再由平面到立体，由被动到主动，由认同到融入，最终与之浑然一体。这种具有“虚像”“软实力”“慢教育”特征的校长领导力，已然具有了“文化”的特质、价值和魅力。所以，我把教育家型校长特有的校长领导力称为“文化品格”。我以为，正是一代代优秀校长尤其是教育家型校长的“文化品格”的示范、引领和影响，逐渐积聚而为一所所优秀学校的“文化品格”，把学校带入了“文化管理”至高境界，从而让生活其间的教师和学生，耳濡目染、潜移默化，富于“自由之思想，独立之精神，创造之才干”，使得教育实现其理想的真价值，使得教育尤其是学校教育真正成为人生之必需。

思维力：教育家型校长的创造之源

众所周知，思维是智力的核心。对于生命个体的成长和发展而言，越往后来，越到高处，决定其快慢、高低、优劣的一定是思维力的强弱大小。对一般校长而言，也许按部就班、循规蹈矩、率由旧章或者求同、服从、遵守，就能让自己和学校发展到比较稳定、成熟和适应现实、让社会和领导认可的阶段；若是要出类拔萃、一枝独秀，成为引领区域教育发展的排头兵，自己成为校长中的教育家型校长、领航校长，优异思维力的如尖端新锐武器一般的威力和价值就越发显得重要甚或不可或缺了。纵观这许多年国内最为优异的企业家的成功秘诀，关键是他们超常的思维力，比如王石的“简单思维”，马云和张瑞敏与时俱进的“互联网思维”。所以有一位学者说，校长教育家就是赢在“思维力”。这与我长期的观察、分析和研究的结论高度契合。

与优秀的教育家型校长交流，我觉得与一般的校长比，就思维而言，至少有如下几点尤为值得关注。

第一，冷静和理性是教育家型校长思维的底色。

多年前与一位资深校长交流，其一段话迄今不忘：校长面对的上级领导和部门着实太多，真的无法计数，从行政到事业，从政府到党委，从教育到与教育相关的部门，从正式的到非正式的，只说最对口的教育行政和事业这两块，如果算上省、市、县三级，直接、间接发号施令的就有几十个部门和单位。一年中这些部门只要分头下发三五个文件，含自发的和转发的，你可以想象，一所如我这样最基层的学校，一年中总共要收到并落实的文件指示和精神有多少。如果再加上每年几乎每天都不间断的各级各类重要会议部署的安排事项，那要累计一下真是不可胜数。其中还不乏重叠的、交错的、打架的。一个校长在这样的生态中如果真的全都按照上级和领导的文件会议精神做教育，干工作，践行教育梦，又怎么可能？我的策略是，凡文件来了，请相关校长分头认真学习，看看哪些可以融入我们正常的工作中去，哪些需要等一下，观望了以后再说。我绝不会见到风就是雨，“雷厉风行”执行的，如果那样，我的学校永远也不会有今天，我自己也早已有身无魂，不知是谁身在何处了。更遑论什么功德、荣誉和地位了。

心中有“我”，有“我的学校”，有当年毛泽东所言的“中国实际”，即使是上级文件，即使是领导讲话，都要追问是否与“我”适合，是否真的可以为“我”所用。因为越往高层的政策、指示和精神，往往都是从较大的范围，从整体、全局的大面而论的。即便是最近的教育行政的指令，也不是专门为某一所学校“量身定制”，当然应该学习领会其核心要素，斟酌梳理出符合我校实际的关键要点，将“普遍真理”与我校实际紧密结合起来，反复研究，认真消化和吸收，制定出真正适合“我”、适合“校情”的思路、策略和举措。这样对待上级会议和文件，落实领导指示和精神，才是在上者决策和文件发布的真正意图，这样的贯彻落实和执行才最有利于学校的真正发展和成功。这与虚与委蛇、弄虚作假的糊弄和应对无关。

第二，求异和思辨是教育家型校长的思维特质。

就思维而言，求异和批判是最为优异的品质。所谓教育，从根本上说，就是为了培养人的个性和求异思维，这应该是一切创造之源头。作为校长，依据教育价值、教育政策和学校发展的大势，我们当然需要保持与党和国家大政的高度一致，但就具体的发展路径、策略、措施和方法的层面，我们则必须百花齐放。近几年来，学校文化成为热词，许多学校开始借用某种据说是放之四海而皆准的“程序”，只需大投入，据说短时间内就可以“打造”炮制出上档次的“学校文化”。不少学校正是以此迅速完成了学校文化的建设工程，据说还在不少评比中获得好评和大奖。到一些学校考察，你会惊奇地发现，本应各具特色、斑斓多彩的“文化”在很多学校几乎是千篇一律的“程式”和“标准件”，犹如中国的中小城市的布局和建筑风格。这期间，除了一些校长对于学校文化的无知，还无以排除思维的品质和方法的低幼和弱智。当各种学校发展模式和教学模式风起云涌、席卷中国大地时，我们是跟风、赶潮，还是应该有自己的独立思考和坚守，或者另辟蹊径、独树一帜，走自己的道路，这是衡量一个校长、一所学校思想层次和高度的试金石。教育家型校长选择的总是后者。

当然，另行开辟，自出机杼，也不是一件稀松平常的事儿。建设学校文化，你得研究学校文化是怎么一回事儿，建设又有什么规范和要求，弄清楚并再来操作，那多费心劳神，哪有程序化省事省力。但问题是，你如此建设出来的是“文化”吗？是你这个学校的“文化”吗？现成的课堂教学模式，被别人实践证明有用的方式方法，借鉴和移植，这本没有错，但是“我校”学生和老师教学时候的适应性如何？对于教学的正面、负面影响有哪些？在此基础上考虑，可以拿来吗？还是应该改造了以后为我所用？那么又如何改造和完善呢？与徽州古城的歙县中学陈玉明校长、南京拉萨路小学严瑾校长交流，才明白，在学校发展和文化建设问题上，遇事多问几个为什么，多做探求分析，纵横比较，正反对照，前前后后想清楚，上上下下说明白，思辨，正是他们“弄潮儿向涛头立，手把红旗旗不湿”（宋代词人潘阆《酒泉子》）的奥秘之所在。

求异和批判常常会有创造，而思辨又可以确保创造突破的稳妥和周全。

第三，反求诸己和反思是教育家型校长的思维常态。

反求诸己和反思是教育家型校长最重要也是最有价值的思维品质、方式和习惯。孟子说：“行有不得，反求诸己。”（《孟子·离娄上》）其意思是说，事情做得不成功，遇到了挫折和困难，或者人际关系处理得不好，就要自我反省，一切从自己身上找原因。学校工作千头万绪，要与上下左右、方方面面的人、事打交道，每天不知要处理多少涉及教师和学生的事儿，问题、困难、矛盾、焦虑、痛苦可以说是数不胜数。

作为领导，完全可以居高临下，占据道德和权力的制高点批点江山，问责部下，批评教师，怪罪当事人，而且还煞有介事，八面来风。但这样的校长要想赢得人心，赢得追随者，进而将学校建设成为发展“共同体”，那几乎是不可能的。教育家型校长几乎无例外的，首先是“反求诸己”，从自己出发，寻找自身作为领导者的责任；换位思考，分析当事人的问题所在，主观和主观之外的客观因素；这表现出的是一种十分优秀的思维品质、方法和习惯，同时，理解、善解人意、宽容并担当，这也体现了管理者优良的道德人格境界。

反求诸己的校长也自然是一个成熟的反思者。反思几乎伴随优秀校长成长和发展的始终。按照哲学家约翰·洛克和黑格尔的观点，反思是心灵以自己的活动作为对象而反观自照，是对自己的思想和心理感受的思考，是对自己体验过的东西的理解或描述，它是个体经验的主要来源。当一种来自本校教师的并不很起眼的教学主张推行之后获得成功并广泛认同，或者当一种外来的模式在本校倡行遭遇不同程度的反对和抵制，最应该做的就是寻找问题的关键，分析问题产生的原因，梳理实行过程中的得失，进而总结出成功之经验和失败之教训。还不仅仅如此，关键是发现有益于未来工作的改善和提升的策略和措施。“经一事，长一智”，便是因为当事人用心反思的勤勉和智慧。这也是教育家型校长即便顺畅地走到熟练型校长的层次，也依然能够攀升不止的方法论基础。

第四，想象和思想是教育家型校长的思维至境。

教育家型校长都是极其富于想象的。想象是人在头脑里对已储存的表象进行加工改造形成新形象的心理过程。它能突破时空的束缚，达到“思接千载”“视通万里”（刘勰《文心雕龙·神思》）的境域。想象并不是一般人都能具有，就校长而言，想象之生，源自自身对学校发展和自身发展的现状的不满足和不满意，想象是进一步发展和自我超越的“先头部队”，而想象最为重要的价值在于可以预见未来。与文学的想象有别，教育家型校长总是基于形象又不忘理性，纵情放胆而又适“度”合“格”，与某些校长虚夸的想象相比，教育家型校长从不高调大言以玄虚惑众，更不炒作炫技以沽名钓誉，他们总是脚踏现实之大地，仰望蔚蓝之星空，借鉴优秀者的经验和成果，经由科学的分析和论证，描画未来学校发展的愿景和蓝图。

教育家型校长正是在这样不断的管理实践中滋生和丰富想象，又在这样的想象中探索践行，思想的火花便在其间逐渐绽放开来。

思想是思维运动的成果，思想是教育家型校长成长的标志。在教育和学校管理实践中，对于教育的独到的理解，对于实践的深入且持久的反思，某些零星的或者成型的“结论”“意识”“理念”“观点”就自然生成了。教育家型校长的教育思想成长一般经历着下列四个阶段：第一，长期的认同和追随之后，对于教育开始逐渐产生自己的理解，比如对于“应试”的反叛和突围；第二，对于现实、自我乃至所谓的成功和成就的俯视和超越，比如对于学校文化的认识和建设，从开始流连于外显的“形”的打造到后来专注于内在的“神”的追求；第三，从开始的散点和碎片化的教育理念、观点的凝练、锻造，到用系统思维和整体观念来建构自己的集束的成体系的教学观、教育观和学生发展观；第四，着眼于锤炼、精粹和简括，将个人的教育思想转化、升华而为学校文化的一部分，潜移默化地引领师生自主、自由地生长。教育家型校长也许不一定是一个完美圆满的思想家，但是他的思想集中体现了其思想和精神的文化因子一定会渗入此学校的血脉，积淀、孕育、喷薄，从而光耀未来。

新疆兵团第二师华山中学邱成国校长，积几十年民族地区教育教学及学校管理的经历和经验，针对区域社会发展现实，思索学校教育、学校课程与民族和谐、社会稳定的关系，提出“文化认同与融合”的教育理念，表现出他对教育的深度理解和个性化主张，也展现了一个富于责任和担当意识的教育家型校长的高尚情怀。

思维决定成败，思维的高度决定发展的高度。正是优秀的思维力的不断作用，优秀的教育家型校长才能够在自己的成长和发展历程中，即使风云变幻，尽管饱经沧桑，依然如中流砥柱，定海神针，执掌学校，引领师生，同构共生，一路高歌猛进、建功立业，在成就教育的同时，成就了自己。思维力是教育家型校长的创造教育功德的源源不绝的动力源泉。

教育家型校长的优秀的思维力是如何锻炼出来的呢?

一个人优秀的思维力是基因遗传加上教育引导和培养的结果。家庭和学校的大爱、宽容，教师正确的引领和指导，特别是对于已经彰显的个性和求异品质的鼓励、保护和培育，就是思维力的“温床”和“摇篮”。蒙台梭利说，教育与阅读不是教给学生相信，而是教给学生思考和斟酌。在这样的理念指导下的教育活动中，思维力的增长和增强才可能成为现实。

优秀的思维力也是发展主体自我训练的结果。个性独立、解放，思想自由、舒展，凡事多问为什么，永远不轻信，不迷信，绝少崇拜，始终“有我”“有心”，这样的修炼、不断修炼才有可能成长起生命个体的优秀的思维力。

现实的中国教育，具备优秀的思维力的校长还不是多数，中国教育应试之“惨烈”，中国国民对于教育和孩子成长的众多误解和误区，与我国校长群体的思维力的“柔弱”有一定的关系。求同、顺应、适合、从众，几乎是多数校长的共同思维和追求，对于教育问题的真相不敢言说，对于学生成长的规律少有发声；对于教育应试之弊端，不敢揭露和捅破；对于科学的教育不敢主张更不能实行；甚而至于因长期浸渍于“应试”之泥淖而被逐渐同化，固以为教育就应该是如此这般，就应该是应试加分数。之所以如此，这除了校长群体本身的思维品质的问题，再有就是社会、行政对于学校、校长和教育教学的横加干预和指责。反过来说，如果全社会真的呼唤教育家型校长群体的涌现，必须从培养校长们的优秀的思维力开始。而思维力之成长，又与行政、社会息息相关。

全社会尤其是行政对于校长办学、校长发展的理解、尊重、宽容和保护，是优秀的教育家型校长思维力成长和发展的必要环境和条件。

创造力：教育家型校长的功德之基

衡量教育家型校长最为重要的指标是功德。校长是办学、做教育实践的，没有办学成果，没有超乎寻常的实绩，怎么能称之为“教育家型校长”？古人言圣贤完人有“三立”——“立功、立德、立言”，“功”是排在第一位的。而“功”从何来？自然得之于创造之力。而创造力是怎样的一种“力”？教育家型校长的创造力又从何而来呢？

创造力，是由知识、智力、能力及优良的个性品质等复杂因素综合优化构成，能够产生新思想、发现和创造新事物的能力。创造力是人类特有的一种综合性本领，其主要成分是发散思维，即无定向、无约束地由已知探索未知的一种特殊的思维。按照美国心理学家吉尔福德的看法，发散思维当表现为外部行为时，就代表了个人的创造能力。可以说，创造力就是用自己独到的方法创造新的、别人不知道的东西的一种能力。

如此说来，具有了以人格奠基的卓异的“领导力”和以知识奠基的优秀的“思维力”，教育家型校长的创造力便在此基础上，自然而然地逐渐生成了。

那么，凭借此“创造力”，教育家型校长又是如何“建功立业”的呢？据我对大量优秀教育家型校长的观察分析，我以为他们的呕心沥血、建功立业一般都经历传承、开创、成业并进而锤炼精神、产生思想、丰厚文化等几个环节和阶段。

教育家型校长的创造力首先表现为传承之智

传承是传统和文化得以延续的主要方法。一个国家、一个民族，其历史悠久、文化丰厚，全得益于传承之功。一所学校，百年甚至数百年老校，其“老”之关键不在于其“年龄”，而在于代代传人——校长的传承之功。与某些视校长职位为“权力”、办学就是为了产出即时“政绩”的校长不同，优秀的教育家型校长，总是对学校的历史、文化、传统包括历任校长的功业、思想充满敬畏，把继承、捍卫、发扬光大视为自己的神圣使命，绝不轻易否定，也从不敢推倒重建。到国内外很多优秀学校，每见数百上千年前的建筑和树木还是精气神十足地斑驳而立，且还依然焕发着青春活力，发挥其原本的实用，总让人感慨系之。当然，继承也不是毫无原则地一股脑儿地全盘接受，以至于“食古不化”，进而导致故步自封；而是如鲁迅先生之所谓“拿来”：“运用脑髓，放出眼光，自己来拿”。这也就是如毛泽东所言，剔除其封建性的糟粕，吸取其民主性的精华。历史长河中如星光闪耀的那些校长、教师“英雄”，那显示着教育的普世价值，如春风化雨般潜移默化地影响了多少代莘莘学子的校训，它们几乎历世事沧桑、朝代更迭、政治变幻而无有少变，应该已经具有了灵性甚或神性，岂可以以一人之权势和意念而轻易改易之。不仅如此，需要致力的是不断研究、挖掘其神韵和精髓，并使之在新形势下进一步发扬光大。也不仅如此，学校的财富尤其是堪称文化的财富是一个经由长期的积累而形成，每一代校长和每一位教育工作者都为之付出艰辛，倾注心血，洒下汗水，这自然少不了一代又一代传人在传承基础上的“开创”之功。

教育家型校长的创造力第二表现为开创之识

就一所优秀学校的文化成长史而言，传承从来都是主流，但仅有传承又何来发展？传承基础上的开创才是文化不断进步和完善的“活性炭”。就现实教育而言，我们一方面鼓励大胆创新，努力提升和发展，但教育和其他社会事业尤其是经济发展大有不同，教育是“农业”，是慢工出细活，需要文火微风温柔的阳光，所以开创之“识见”尤显重要。

开创是基于对于既往历史文化深度了解的发展，这是一个学校文化修炼的必由之路。与时俱进，才可能生命之树长青。但这样的发展，它需要理念、设计和思路。摸清家底，知晓优劣，理性分析，集体研讨，改造什么，修补什么，增加什么，一块石头、一棵大树、一幢新的建筑，都需要斟酌、论证，在专业引领下做出顶层设计并拿出具体的行动策略和思路，以确保文化的存续和越来越精纯。开创应该是在敬畏历史和文化的前提下谨小慎微地 “添加”和完善。开创不是大开大合，不是我行我素，而是在前人的基础上多做加法，少做减法，对自己的欲望则多做减法，少做加法。更需要克制和收敛一己之个性、私心和政绩的冲动。而且要么不做，一旦决策，新做的必须做成精品，添加的必须做成极品。开创需要秉持规律，追求和谐，需要从整体性上来观照和考量。某些急功近利的校长总是希望主政一方，能够大干快上，立竿见影，心想事成，做有实绩，从而达至青史留名。教育家型校长则恰恰相反，从不急于事功，而是站在高处，审视历史文化的来龙去脉，发现俨然浑金璞玉的整体功用，以及这一整体中可以进一步雕琢的部分，部分之美原来是从属于整体的美感和谐和的。很多年前，我到江苏南通的一所高中，那应该是第二次前往，发现校园临水的一个角落焕然一新，精致的建筑配以绿化带和小园子，沾着水的灵气，亭亭玉立，与整个校园的格局浑然一体。我惊叹于其如斯美轮美奂，后来才知道，这是现任校长用多年时间，动用多种资源甚至包括欧美建筑设计师的力量精心完成。这样的创造，堪称经典，将与学校的发展相始终，成为学校文化的有机体。

教育家型校长的创造力第三表现为生成思想

教育思想的生成是教育家型校长成长并走向成熟的标志，教育家与一般的教育工作者的最为鲜明的区别性特征就是“思想”。丰富的教育教学及其管理经历，对于学生、学校、教育的深度思考和研究，加之自身独特优秀的思维品质，日久天长，关于教育的理解、主张进而升格为思想，便是水到渠成的了。教育家型校长思想之生成也不是一个早晨就“灵魂深处爆发革命”，一下子就冒出一个体系，实际总是经历下列几个阶段。一是理念迸发阶段。由于丰厚实践，也由于有大量的学习、考察和比较，再加上求异创新以达超越一般的欲望的驱使，常常自觉不自觉总会有一些思维的火花闪现，比如我国语文教学领域最近几年很多极富个性色彩的语文教育观如“某某语文”一类，可谓风起云涌，成为中国语文教育的世纪奇观，现如今对其意义、价值以及对于语文课程建设和语文教育的发展的影响还很难估量。而在校长层面，在大量的小学，假以理念和文化名义的“某某教育”“教育就是某某”也一时风行全国，令人目不暇接，比如“教育就是欣赏”“智慧教育”等。这样的提法在一个特别学校的特定的时期,面向特定的学生群体,肯定有其合理的因素，但以为教育真的就仅仅是“欣赏”，教育真的主要是为了培养“智慧”，显然是不稳妥、不合适，甚或是背离教育的原则和规律的。但我们不必因此否定这样的理念和思想火花的进步意义，这实际是几乎所有的优秀校长发展过程中难以绕过的阶段，这是思想散点和碎片化的阶段，这是思想成长的初级阶段，相当于思想的“学语学步”。二是矫正、调整和修补阶段。理念提出，提出者总会与团队成员或者追随者在教育教学实践中力行，而不管你以为再多正确、优秀的教育观，一旦践行，一旦与教育教学结合着实施和推进，其无论是正能量还是负能量，无论是先进还是落后，都会暴露无遗。果如此，倡行者的反思跟进就显得异常重要。于是，清理、修补、矫正和调整的工作就是再正常不过的了。三是逐渐展开并渐成体系阶段。散点的理念不断被提出，修补和完善的工作不断地开展，久而久之，由点及面，就极有可能勾连出学校教育的思想系统，正所谓触类旁通，一通百通。观察中国优秀的名校，其发展过程中一定有几位“先知先觉”的教育家型校长曾经高视阔步、长袖善舞，曾经真正占据过教育大局的制高点，以其教育理解、主张和思想“经营”学校，引领学校实现了跨越式发展，其独树一帜的思想的“建构”是一般人无法企及的。

教育家型校长的创造力第四表现为泽及文化

优秀校长的优秀教育思想毕竟属于校长个体，这样的思想常常可能会成为该校文化的一部分，但也有可能出现异变，“人走茶凉”“人去政歇”，这在现实中不乏成例。优秀校长杰出的创造尤其思想的创生，只有融汇成校长个体独特的文化品格，显示出无比强大的生命张力，才能够渗透、化合而为学校文化的一部分，从而实现超越，达至生生不息。校长之文化品格要想融入学校文化的“血脉”，一般要求校长的精神品格异常高尚，创造的成果足够丰硕，成就的思想真正卓越。这似乎是一个优秀校长在一所学校被该校文化、历史“接纳”必经的三个阶段。当你用三五年时间率领师生勤于耕作、精于开拓、勇于求索，不断进取和超越，在继承的基础上有创新，实现了从教学质量到学校文化的突破和超越，可能才会有学校师生、家长、社会乃至行政的认可和接受；而经历过风雨同舟、艰苦备尝，共同体成员对于引领者和决策者的个性、品格、领导力有了越来越深刻的认识和了解，于是便从心底里产生了钦敬和折服，认同和追随便成为自然；有了这样的基础，教育家型校长的理念和思想之火花迸发并进而成燎原之势，便都在预料之内了。这一方面是校长自身的发展境界的必然，另一方面，追随者的参与和投入便如“众人拾柴火焰高”，于是所谓校长的教育思想往往是集体智慧的结晶了。学校的物质财富增加并增值，那是文化的外显；校长的精神品格逐渐彰显，成为师生效行的典范，这是校长个体文化品格的伟力辐射。而思想作为校长精神的内核，源于本校文化和校长自身的才干和魅力，这是任何学校文化所不愿错失的“财富”。这才有可能被师生所接收，文化所吸纳，历史所认同。再经由如沧海桑田般的“裂变”升华，变化融汇，这才成为其真正的有机组成部分，从此，校长的教育生命和文化生命获得拓展和延伸。

创造力的源头是思维力，思维力是创造力产生的源源不绝的动力。但创造力又反作用于思维力，旺盛的创造力和丰硕的创造成果，又带给优秀校长以自信、激情和灵感，促进思维力的不断发展和强劲，于是，创造的火种便又绵延不绝地奔突和绽放。

在当下行政强势的中国背景下，创造力的发展和发挥需要组织和领导的支持、宽容和保障。在以烟草著称的云南玉溪市，有一所百姓交口称誉的第一小学，其校长杨琼英最近荣膺教育部全国首批“领航校长”64人之列。当培训基地导师赴玉溪一小调研诊断、梳理杨校长及学校的成长轨迹时，该市分管副市长杨洋博士，市、区两级教育行政部门领导的管理理念给大家留下极为深刻的印象：教育的投入和环境建设是政府和行政的事，具体办学、学校发展是教育专家和校长的事。据杨琼英校长介绍，在得知自己被教育部审批参训“领航班”，杨副市长竟然设家宴为之庆贺，并感谢杨校长对玉溪教育的贡献，令杨校长异常感动。而青海西宁21中的于大伟校长是教育部领航班学员中的另类校长，他对于现实应试带给中国学生和教师的“灾难”深恶痛绝，他基于大量教育经典阅读和学校教育教学改革实践而有的教育理解、主张绝对超前和领先，他以一片近乎虔诚的教育情怀，执着得近乎痴迷和疯狂的追求，在西北这一片并不肥沃的教育土地上，办成了一所“西北风、江南味”的特殊学校，他并不以应试的骄人作为办学的唯一目标追求，而是以一种名为“智慧币”的载体，推进一种社会化实践活动，培养学生的生活能力、自主精神和综合素养，而且努力促成师生教学生活的真正愉悦和快乐，享受学校教育的快乐。这所学校的建设和发展，于校长的特立独行，主要得益于几任市、区教育行政领导的鼓励和首肯。

领导的重视和支持，会带来校长的自信，对自身的积极的肯定；而宽容和保护，则给予创造者无限的安全感。教育家型校长与生俱来的创造潜质，长期积累的教育及管理的知识、能力以及综合素养，在这种自信和积极精神和态度的推动下，加上这样友善环境的保障，其创造的才干将以“当量”的层次迸发出来。

我们从这些优秀校长和学校发展的故事中，发现了当下仍很强势的行政背景下教育发展、校长创造力激发的关键所在。

教育家型校长创造力的发展和壮大尤其需要全社会培植起对于教育专家的尊重和敬畏。我们总是讲要以学生的终身发展为本，要尊重教育规律，要尊重青少年学生成长、发展的规律。问题是，这些规律究竟是怎样的，谁最懂得这些规律，似乎并没有人深究。因为，习以为常的是，几乎所有与教育有关无关的社会人士、家长代表、行政官员，都可以对于教育说三道四，吆五喝六，都可以对学校、对校长指手画脚、发号施令。教育的应试演变到今天这样的惨烈、非人的地步，与全社会的以“考分”“升学名次”为唯一指标的“绑架”有着重大的关系。学校教育是极为专门的科学，正如同外科医生和医学专家才有资格对于手术之成败有发言权一样，对于教育，只有教育专家才有发言权。敬畏教育专家，尊重他们的意见和建议，才有可能办出科学的教育。而一旦全社会真正尊崇和服膺校长的教育主张和思想，校长便可以自由放任地思考思想，舒心大胆地探索探求，心无旁骛地实施践行，创造力、创造精神就不仅仅是火花闪烁，而应是星光璀璨、光耀人寰了。

表达力：教育家型校长的思想之翼

什么是表达力？广义而言，表达力是人类主要用言说、书写兼及其他方式表情达意的能力。这几乎是生活中的每一生命个体都具有的能力。即便是身有残疾的生命个体，他（她）也仍然可以借助神态、表情、手势和其他肢体动作来表达意图、抒写情感。这是一般的表达力。就团队领袖而言，某种程度上，表达力就是鼓动、激励、引领、号令、影响团队、实现“领导”的精神利器。马克思和恩格斯靠一部《资本论》征服世界、影响人类发展进程和历史走向，列宁和毛泽东其演说的魅力几乎可以说不仅感化世道人心，而且征服整个国家民族，改变了相当长一个阶段里时代发展的节奏、格局和进程。

对于教育家型校长而言，表达能力，或者说有力度的表达，其意义和价值怎么强调都不过分。

在北京中关村二小，杨刚校长和他的团队确立了“桃红李白，心暖百花开”“绽放最美好的自己”“儒雅点亮人生”等办学理念，表达的是对于儿童教育目的、目标、价值取向的理解和主张；“二小是大家的，二小的发展是靠大家的，二小的发展是为大家的”“把简单的事情做彻底，把平凡的事情做经典，把每一件小事都做得更精彩”，则从学校管理、教育教学策略、学校文化氛围营构的角度，表达了他们的办学理解和理想。这样的文化呈现，合“童心童性”，合教育规律，又简洁明了，如清水芙蓉般天然无饰。

与青海西宁21中的于大伟校长交流，很多人感受最深的，是他教育演说家的“天生丽质”。只要言及教育、办学、师生成长，他就会侃侃而论，从夸美纽斯的《大教学论》，到杜威，到陶行知的生活教育观，旁征博引，以理证事，谈其教育理想，热情洋溢；论其教育主张，理据丰盈；言及课程建设，条分缕析。于大伟校长总说：“我在西北地区办学校，就是要圆一个梦，圆一个理想教育梦。”所以他提出“用教育的坚守成就我们的梦想”：就是要办一所心中的学校，这个学校有西北风，更有江南味；就是要培育出心中的学生，既有北国豪情，又富于江南气质；就是要坚守心中的教育，崇尚博雅，立意天地。这样的教育梦想，是中国底蕴，有国际视野；这是典型的中国教育梦。而这样的表达，我们不难看出，是一种极富个性和意蕴的英雄校长、教育家型校长的表达。

上述两所学校的优异，与两位校长优异的表达力有着不可或缺的关联。而这也带给我们关于校长表达力的许多启迪。

二

对于优秀校长特别是教育家型校长而言，表达实际也是一种创造。这样一种带有创造性的表达主要集中在哪些方面呢？

1. 凝练办学理念

优秀校长区别于一般校长的极为重要的方面，就是思想。思想源自思维，思维过程中需要借助语言；思想需要凝练，思想需要完善和提升，这也离不开语言。在与来自全国多个地区的领航校长交流研讨中，我们发现几乎无例外的，他们的办学能力、实绩绝对是一流的，各有其个性、特点和“落地”的招数，无论学校还是校长本人，在当地甚或省内外都有一定的知名度和影响力。而一旦论及教育理解、办学思想，则立时有高下之分。问题的关键就在于，思维品格、理性层次尤其语言能力，较大程度制约了理念凝练的水平。

2. 感染团队成员

在具体的学校工作中，优秀校长更多的是通过其优秀的领导力引领团队，发展学校，但其办学理念、人文情怀和教育思想也需要言说、演讲来解释和阐明。优秀的言说和演讲自会产生优秀的表达效果，团队成员易于理解、接受，易于被打动、感染，从而受到促进、鼓舞；相反，言不及义的表达，则大大削弱、消解和损害内容、理念和观点的精髓传递。上述北京中关村二小杨刚校长的表达如清水芙蓉、质朴无华，直抵师生心灵，自能让人心领神会，心悦诚服。青海西宁 21 中于大伟校长一向立意高远，高屋建瓴，尤善引经据典，以与教育现实、学生学习现实比照而论，富于穿透力和震撼力，因而能顺利地征服人心，率领全体师生展开无论规模还是声势都很浩大的教学改革实验。或如春风化雨，或如重锤响鼓，优秀艺术的不同表达，可以深度感染和激励团队成员积极探索和改革，践行教育理念和思想，实现教育目标和理想。

3. 展示领导风范

学校管理者的至高境界在于人格和领导力的逐渐成熟。古人云：“己身正，不令而行；己身不正，虽令不从。”（《左传·襄公二十年》）但作为现代中国的教育家型校长，担当着引领和成就学校未来，辐射并影响区域教育进步，甚或示范和改变国家教育的某些领域和层面等重大使命和责任，则必得有高超的语言表达功夫不可；否则，教育理念、思想的“引领”，办学价值、经验的“影响”，管理实践、艺术的“示范”又何以实现？或者即便实现，其效果又能如何？在如今这样网络互联、信息壅塞、传输极速的时代，简明精要、直抵本质、富于感染和穿透力的表达，可以说是校长领导魅力的不可或缺的有机组成部分。

此外，对于教育家型校长而言，学校文化的表达可能应该是最为重要的表达。校长的教育理解、教育主张，校长的教育思想、教育理想，几乎都可以从各类文化标识、符号、理念、训词中体现出来。而且这些也是最为直接地影响、感染、潜移默化学校师生员工的教育因子和教育元素，其中的优异者，常常可以留在很多学生和教师记忆深处一辈子。

校长的表达又不仅仅限于此，从口头而言，还表现在为获得员工、学生乃至社会各界信任、支持的演讲能力；从书面而言，还表现为言事明理、阐发观点、传布思想、铺叙成篇的论证能力。

二

教育家型校长表达，有别于一般职业人员，有别于一般校长，他们的表达应该是思维的灵动闪现，应该有着鲜明的教育特点和文化水准。虽然说内容决定形式，但表达的优秀也可以提升思维的层次和思想的水平。灵动的成熟的教育表达一般具有如下特点。

1. 教育家型校长的表达应该高远而不失信实

这是由学校教育的本质特点决定的。教育是涵养人性、改善心智、提升素养、修炼精神的事业，确定教育核心价值，明晰学校发展目标，描述人才培养理想，自然需要站位高远以触摸星空，立志宏大以播惠山水。但临星空之浩瀚还需足踏大地之坚实，望宏阔之山水还需珍惜溪流之涓涓和抔土之细细。高远和信实间的折中和平衡从来都是教育工作者始终把握的辩证大法。对着小学生，炫示“培养有中国灵魂、世界胸怀的大美学生”的理想，尽管政治上绝对正确，但表达的信实度显然有问题。别说小学生，即使成人要真正准确理解“中国灵魂”“世界胸怀”和“大美”的内涵，也极其困难。再加之又没有切实有力的相关理念、思想的详细精准的阐释和相关教育思路、策略的支撑，没有务实高效的教育教学操作的跟进，这样的所谓“高远”和宏大叙事，就只能是广告式的教育忽悠。在福建三明学院附小，校长林启福引领团队成员艰苦奋斗、励精图治，尤其注重切用、本真的学校文化蓝图的勾画，而这样的建构又反过来影响和促进了学校尤其是学生素质的成长和发展，使这样一所占地相当局促的小学跃升而为三明乃至福建最为优秀的小学。理想、先进、前瞻，可能是校长表达、学校文化表达的基本特点，但必须谨循信实这一根基，方可致宏大久远。

2. 教育家型校长的表达应该优美而不失质朴

表达的目的是要引领，是要说理，是要征服，是要感染和影响，是要鼓动和激励，这就决定了表达本身必须富于美感和魅力，于是，“优美”

便成为表达的外显的特征。所以古人说："言而无文，行而不远。"（《论语·雍也》）看上述杨刚校长从儿童视角面向孩子的学校文化的表达，形象生动，富于诗性之美；而于大伟校长关于教育理解和理想、教育目的和价值的阐释则基于本土，切合实际，遵从事理，力求辩证，富于理性之美。但不管是表达的诗性还是理性，都是有所本，有所据，从实情，究真理，不是花言巧语，言过其实，耸人听闻，因而让人始终感受到美的表达之中的教育大道之"正"。这就很好地回避了华而不实，言过其实的非常态的表达。这许多年来，学校文化建设成为"热点"，很多学校以之作为"项目"、作为"工程"，大干快上出许多"口号"，假以理念和文化的包装和外衣粉墨登场，或浓妆艳抹如演员之脸，或务虚谈玄如老道"卦辞"，像"只有不会教的老师，没有教不好的孩子""一切为了学生，为了一切学生，为了学生的一切"等，虽然有着"绕口令"和"转蘑菇"的回环之"美"，其所言教育理念之"虚"、之"绝对"，总让人闻到文化掮客哗众取宠的广告之味，至于骨子里想什么又能究竟做得怎么样，实在叫人难以揣摩。比如，这世间有谁能够"为了"某人的"一切"，连上帝也从未曾夸口，即便是党和国家领导人也未曾轻言，作为校长就敢如是说，这是"包天"之诺，也是大言欺世，这几乎表征的就是一种极具典型性的教育"忽悠"。这就似乎给古人不幸而言中："文胜质则史。"（《论语·宪问》）"有言者不必有德。"（荀况《荀子·劝学》）

3. 教育家型校长的表达应该凝练而不失澄明

表达是要别人接受的，校长的表达是要教师和学生接受的。接受的关键是记住、理解并逐渐认同。这就要求其丰富的思想结晶表达为简明扼要的语言，短小精悍，却又明白晓畅。江苏张家港的一所百年历史的小学校，主体建筑正对校门的墙壁不很显眼的一角，镶嵌着一块方方正正的古砖，上面镌刻着三个楷体阳文大字——端、勤、毅，其与青砖同色，虽不醒目，却让人思之味之，记忆深刻。仔细揣摩这三字，一字一顿，字字义丰，却又不艰深晦涩，稍做思考就能逐渐味出其微言大义，即便是小学生也能知晓得七不离八。江苏南京师大附中是一所百年老校，其校训“嚼得菜根，做得大事”，其言也简，“人生为一件大事而来，为一件大事而去”；其义也明，吃得“菜根”之苦，方可为成大事之人。“菜根”之喻，朴素，生活化，却又形象、生动，令人会心得意，永志不忘。现实中不少学校的文化表达主要是校长的表达，唯恐不古奥深邃，唯恐不独树一帜，唯恐不高屋建瓴，因而引经据典，因而华词丽句，大有古人吟诗写词之“语不惊人死不休”之气概。最为常见的就是，很多学校的校训或者价值观的表述，都需要在本就“冗长繁杂”句子之外，另加更为“长篇大论”、条分缕析的“注解”，读其文尚且不易，不知有多少学生有耐心把注解读完；即便读完，又有多少学生会一下就记住。这一类机械之极的形式主义表达如今已经蔚然成风，而且大有逐渐蔓延之势。殊不知，以形式雕琢之美淹损文化表达之真义真谛，这是典型的“买椟还珠”之翻版。言虽简而义明晓，语虽凝而旨清晰，不以文害义，不以形伤神，这是表达的要义。

三

教育，顾名思义，首先是从“教”开始的，离开了言说表达的“外显”，教育有时就几乎无以顺利实现和达成。这其中，校长的言说号令、校长的以文论理、校长寄寓了教育理想和理念的文化表达，都是至为重要的教育工具和手段。那么，校长的教育表达，这样一种重要的表达的艺术，何以修炼才能获得呢？

1. 教育思想的厚重是核心

马克思说，语言是思想的物质外壳。任何一种形式的表达都是生命个体情感和思想的外显。所以，优秀的表达一定是源自优秀的思想。这就决定了，优秀校长的优秀，其基本的前提是思想的优秀。表达问题，其根本在于思想，在于教育思想的根深叶茂，博大精深。青海21中于大伟校长，十余年间，孜孜于“虚拟社会化实践课程”的体系建设，与专家诚恳谦虚地交流对话，向学校教师不遗余力地游说传布，得专家首肯，获老师认同，终于成就了21中独树一帜的“综合实践活动课程”体系，在当今如日中天的应试背景下居然如“星星点灯”，长盛而不衰。究其理，就在于于校长之交流、之游说，其最大的魅力就在于其秉持的教育理念、思想和理想，教育价值观，传承了从中国孔子到古希腊亚里士多德，到杜威、陶行知、胡适等历代教育先贤的教育哲学，旨在借助生活、虚拟社会，通过教师引领下学生的主体体验，逐渐由“家庭人”顺利地、循序渐进地转化而为“社会人”。因而这样的课程理念、设计和实施科学，切合教育本质和“初心”，坚守了“求真向善审美”的教育之正。于是，即使在如今“茫茫”横流中国、塞满苍天的应试雾霾里，仍然以其科学和卓越的伟力巍然屹立而无以撼动。

2. 教育人格的完善是关键

校长的言说之正，还应该契合自身的行为之正。知与行，说和做，照理是一枚硬币的两面。一个人的外与内，一个校长的神与形，是“合一”的，“统一”的。但现实教育中，校长、教师中，教育言说与教育践行，教育行为与生活行为高度一致、完全一体的究竟有多少呢？正好像当下之官场，一个贪得无厌的“老虎”只要还没有“东窗事发”，只要有机会“教育”和“训诫”他人和下属，他都可以毫不脸红、一本正经地就反腐倡廉问题而高谈阔论。一个热衷“有偿家教”的教师仍然可以在课堂上认真教导学生“无私奉献”。校长呢？即使已经把师生带向应试的“水深火热”，却时时宏论“素质教育”的“桃源胜景”。现实中国基础教育问题成堆、隐患深重，与一些教育当事者、教育当局者的知行两分、口是心非有着绝对的因果关系。从表象看，局中人各有其难，为着单位、部门、学校的利益，为着学生和家长的当前利益，似乎事出有因，情有可原；但从本质看，从长远看，则是为己为私，而尽误天下苍生和民族未来。有教师和校长坦言，自身数十年的教学和教育经历，一直信守，面对学生，言说“我”自己相信的话，要求他们做“我”自己已经或即将做到的事；在与所教近十届学生“后来”的交往交流中，其最深的体会是，学生们所尊崇的一定是那些“知行合一”的老师。如今，很多学生厌倦当下之教育，除了应试的极端化和负担的极度化因素，某些区域的“忽悠”式教学、“忽悠”式教育，一定是不可忽视的方面。

3. 教育实践的驾驭是基础

作为办学核心主体的校长，其所表达，主要是办学，主要是教育实践、教学生活。优秀的表达一定是源自表达者优秀的教育实践。尽管知识、经验、理论借助互联网、云平台已经信手可得，尽管借助云计算、翻转课程也可以重组知识，生成新的理论，但是，就具体的教育而言，实践出真知，仍然应该是一条颠扑不破的道理。就因为时代社会在不断发展进步，教育实践尤其是转型期的中国教育实践不断出现和遭遇新的困难和问题，一方面某些旧有的理论已经很难解释当下教育的现实，另一方面新的教育实践尤其是不断解决问题和困境的探索也催生新的教育理论和思想。如是，一个经过教育实践的艰难困苦历练的校长，才有最为真切和深切的教育感悟和教育思绪，才可能有最为贴地和接地的教育理念和教育言说。更为重要的是，纵观古今中外的教育历史，真正堪称“教育家”的，直到今天思想和理论还能百读而不厌的，一定是那些在教育的实践领域做出重要探索和重大成就的实践家。孔子、孟子如此，苏格拉底、柏拉图、亚里士多德如此，杜威、陶行知、苏霍姆林斯基莫不如此。于是我们可以说，没有能力驾驭教育实践，没有丰富的教育实践的经历，要具有优秀的教育表达几乎是不可能的。即使能够，也是很难有生命力的。

4. 表达艺术的学习是路径

学校的文化表达、校长的教育言说，更多地表现为明理以服人，抒情以感人。口头的言说需要“感染”，形成鼓动人心的力量；书面的阐述，需要条分缕析，丝丝入扣，产生震撼魂魄的效果；学校理念的昭示，需要精粹凝练，“增一字则嫌长，减一字则嫌短”，才能发挥引领号令的作用。所以，同样是弹琴，伯牙就可以使“六马仰秣，游鱼出听”。那么，古人推崇的、决定“言”之“行而久远”的“文”又从何而来呢？除了一般的语文素养和语言素养的修炼，下列几个方面不可不格外重视。一是提升修辞力。斯坦福大学的校训“让自由之风吹拂”是诗化的抒情，诗意盎然；哈佛大学的校训“与柏拉图为友，与亚里士多德为友，更要与真理为友”则是排比再加上层递，逸兴遄飞。二是增强逻辑性。教育，教书育人，言传身教，几乎片刻也离不开“说理”。说理，是要让人心悦诚服，就需要符合理性和事理的阐释、分析、判断和推理，而不是强词夺理、蛮不讲理的“大言”说教、唬人；就是要让受教者既知其然，且知其所以然。这就需要施教者的循循善诱，因势利导；这就需要有章法，有顺序，有张弛，有缓急。不少学校中问题成堆、教师心气不顺、工作执行不力、质量难以保障，很多都是因为学校成员对于学校文化、学校发展缺乏认同，而这种格局之造成，与主要领导人的交流能力的缺乏尤其是有深度有层次富于科学和理性的表达缺失是极有关系的。三是充实文化味儿。表达与“文化”密不可分。因为任何文化都必须借助语言来呈现，而富于厚重文化内蕴的表达则可以丰盈思想的张力。南京师大附中的“嚼得菜根，做得大事”，正因其“菜根”这一富于中华农耕文化特点的朴素而含蓄的比喻，才让我们感受到其教育意义的丰富和开放。如今，领袖人物论及国计民生，甚至在国际关系领域的交流，恰当的诗文经典恰切地引据，几乎是讲好中国故事的必备。其间的内涵、深意、韵味、想象空间和弦外之音，非同小可。

表达，对于教育家型校长而言，是传布思想、抒写情感、发号施令、推进执行的不可或缺的“工具”和“利器”，甚至是“思想的翅膀”。但表达不过是一种言说，或口头，或书面，假如仅止于言说，仅止于言说的“思想”，仅止于言说的“情感”，仅止于言说的“号令”，它就永远成不了真正有生命的、可以飞翔且久远飞翔的翅膀。其言说的背后、言说的基础、言说的内核，还是灵动的“思维”、坚实的“创造”以及言说者的精神风范和文化品格。

理性：教育家型校长素养的核心

与抗击新冠病毒流行之役几乎同步，网络骂战也此起彼伏、声浪威猛，一时“风雨满楼”“搅得周天寒彻”。但稍稍深入其中，就会发现，就事论事，平心静气因事说理的不多，多的是并无什么特别的动机和目的而没事找事、发泄不满、唯恐天下不乱。权威《报告》显示：近 9 成中国网民没有上过大学。其中初中学历的网民群体占比为 38.1%，高中、中专和技校学历的网民群体一共占比为23.8%；受过大学专科、大学本科及以上教育的网民群体占比分别为10.5%、9.7%。（2019年《中国互联网络发展状况统计报告》）这一信息略给人一些安慰，网络舆情目前似还难以主流民意晴雨表、风向标视之。但由此也引发另一层忧思。如此面广量大、接受过基础教育的90%的中国网民为何是现在这样情绪化、非理性的状态？问题究竟出在哪里？他们毕竟接受过基础教育至少也接受过义务教育？

稍一深究，就觉得一切并非偶然。看看微信和各类网络媒体，参与这类虽非骂战却也选派站队论争的教师校长也不在少数，问题是，这些原本属于问题讨论中的争鸣，当以“持之有故，言之成理”为原则，但从文章看，从论述看，“拉大旗，作虎皮”，情绪化、政治化倾向的，也是主体。这让人想到经久不衰的“应试”，我们一方面责咎于社会和家庭对于学校教育的“绑架”，我们很少想到，还有另一方面，学校自身的随波逐流甚或推波助澜也是应试愈益加码的因素。我们曾经说，有什么样的课程就有什么样的学生，顺理，有什么样的学生自然就有什么样的社会。可见，网民之非理性与教育的某些非理性，有着千丝万缕的关联，它肯定不是唯一却一定是非常重要的影响因子。

何为理性？理性是指人在正常思维状态下时，为了获得预期结果，有自信与勇气冷静地面对现状，并快速全面了解现实，分析出多种可行性方案，再判断出最佳方案且对其有效执行的能力。从思维角度，有专家说，理性就是培养对终极知识的追求兴趣及随之而来的怀疑能力、强调直达问题核心并剥离其周边因素、超越并克服自身弱点、强调实证而非感觉等。理性既是思维方式，也是行为方式，还是一种为人处世的态度、精神和人格，所以我们评价优秀者常常谓之富于理性精神。

富于理性精神的人，一般认识全面，对于人、事或物能够从多个方面去了解再总结；详细分析，准确预知，它是根据从感性的多个方面进行了解和总结并换位的客观分析、判断、推理的结果；富于自信与勇气，冷静谨慎、泰山崩于前而面不改色；具备独立自主、勇敢担当的人格。

与理性相反的是“不理性”和“非理性”，非理性的人，常常表现为虽思维正常，但不以正常思维结果行事，常常情绪化，走极端，叫任性；大脑机理正常，但因反应紧张、慌乱，相对迟钝，造成瞬时思维断路或者输出困难，导致的所谓不加思考的行为，这叫无意识。网络骂战现象大概就都可以归结于此。

理性不彰的教育，在中国，流害甚广，非止一日。但也仍有那么一群校长，理性办学，坚守理性的教育，做出迥异一般甚或一流的教育。从 2015 年开始，笔者以首席专家的身份与教育部名校长培养基地的两届 17 位领航校长共同学共进，教学相长。深入其学校，观摩课堂，参与教研，与师生座谈，发现了与一般学校很不一样的教学生态。教师普遍自尊自信，气正言直，富于鲜明个性和勃勃生机；学生思维活跃，敢于追问，像教师一样热爱并关心学校，尤善于“建言”，为教育和学校的发展和未来。待深度了解、分析并梳理领航校长的“言行事功”，发现万里挑一的领航校长，其脱颖而出绝非偶然，他们总是站位高，谋事远，持念久；从来多质疑，想透彻，不轻信；一旦认定，则一意执行，绝不左顾右盼，所以常有突破和创新。这些恰恰是理性思维、精神和人格的集中体现。

“教育家”区别于一般教育人的，主要是教育思想。思想何来？思想是在实践大地上生长出来的理性之芽！富于理性和思想的校长才有可能引领教师的理性和思想，做出理性的教育，培养出理性的人才。我们今天也许暂时还不大可能要求所有的校长都有自己的教育思想，但要求所有的校长要有成为教育家的追求，要有教育家的特质，要有理性，应是理所当然。因为没有理性，就永远也难以有思想，有了理性，你就会在理性的办学实践、教育实践中逐渐生长出思想。

习近平总书记2016年9月第32个教师节前夕，在北京市八一学校考察并发表重要讲话：广大教师要做学生锤炼品格的引路人，做学生学习知识的引路人，做学生创新思维的引路人，做学生奉献祖国的引路人。其中，引导学生“锤炼品格”和“创新思维”，似还没有引起广大教育工作者特别是校长的足够的关注。学校教育、教师发展的关键是校长。校长是学校发展的核心和灵魂，理性的校长才能引领和发展教师学生的理性。

那么，校长又如何修炼提升自己的理性呢？从教育家型校长的成功实践，我们获得如下启示。

立意高远：通过价值观引领理性健康发展

专家们共识，现实教育最大问题，是价值观偏离。其根源当然可以归结到应试，归结到社会，归结到教育外许多客观因素；但学校和校长的价值观问题更加不容忽视，这与理性息息相关。价值观认同是发展主体理性思维和选择的结果，但发展主体的理性思维又总是受制于一定阶段的主流价值观。而基于理性的价值观认同，相较于强行灌输而有的“服从”，则最有生命，最能永续；这种认同，又反过来可以保障思维的方向和基准，保障思维的价值理性高度。有鉴于此，校长之理性培养也必须从价值观的确立出发。今天，国家核心价值观的认同自应“居高临下”，一切教育的理解、观点、思想以及践行，都应顺承这一框架体系；人生的意义，比如有所发现，有所创造，给世界和未来留下有意义的东西，追求远远高于物质价值的精神理当信守；同时，教育自身的价值，比如立德树人，不仅为己，而且利他利国利民，育人以爱而不是恨，授人以渔而不是鱼，教人以思而不仅仅是知能，则更需要捍卫且孜孜践行。对于上述所言的价值观，我们一方面要在科学理解的基础上认同和坚守，另一方面，则应以此观照现实教育、本校教育教学的是非、长短和优劣，并引领教师或传承发扬，或修补完善。领航校长张勇“空降”海南陵水中学，他率领全校教师，用两年左右时间，梳理、整合、凝练出“仁智教育，山水文化”的办学新理念；天津南开中营小学华联校长在很多学校大搞“运动式”文化建设时，坚守百年前建校之初刘宝慈校长确立的“勤、朴、敏、健”校训。两位校长一南一北，一变一守，却都是经由审慎、细致、缜密的思考、分析、研究，这样的价值认同，是校长引领团队理性思维的结果；而这一过程，又充分体现着价值观的引领。如此价值观与理性的频繁互动，可以大大提升校长的思维品质。特别在当下，科技竞争、未来挑战冲击巨大，教育变革进入转型攻坚，而应试升学压力依然不减，如何顺利度过学校教育的“胶作”时刻，需要所有的校长在工具理性与价值理性之间找到平衡，这需要思维和行动的智慧。

精准定位：在校长价值的实现中锤炼理性

与一般“上传下达”上行下效的行政职能不同，校长的功能在于按照教育规律、人才成长的规律，引领教师“因材施教”，立德树人。人是活生生的个体，教学则是发展个体的思维和个性，这就要求教师也必须富于创意，教学量体裁衣。教师的这种理性思维当然得靠校长引领、示范和带动。而现代社会，学校绝非孤立的存在，行政和社会对于学校的管理、影响和干预或多或少存在，这就要求校长必须努力成为确保师生安静教学的“过滤器”“安全阀”，而不是一般行政和社会的“传声筒”和“路由器”。在这一过程中，对上级文件精神、各地先进经验、媒体宣传典型，校长与教师“合力”进行比照分析、提炼整合，融会贯通，择其大要而不为琐屑干扰，为我所用却又不被牵引左右。领航校长分布全国各地，有些区域行政的官僚主义和形式主义泛滥，事无巨细，管头管足，令人无所措其手足，有校长说：如果我们真的将所有的来文一一传达和落实，就什么教学的事儿也做不成了。领航校长超越一般校长的，还是理性应对的智慧。其智慧就在于善于化腐朽为神奇，与教师共同研讨，巧用化解和整合，最终将形式大于内容的条文、要求和规定，消弭于无形。这一过程，倒反而成为教师与校长理性思维成长的最好的锻炼机会。

筑稳基石：从哲学经典中汲取智慧

理性思维，一方面需要掌握思维的基本工具和方法，这必须通过逻辑知识、思维理论的学习和积累。这许多年来，基础教育阶段从教育理念到课程教学不知为何泛滥起轻思维反逻辑甚或“反智”的倾向，以语文为例，教材中几十年一贯的“逻辑知识”被不明不白地删除，习称的“字词句章，语修逻文”，居然以缺胳膊少腿为常态。其他学科这方面的问题也或多或少地存在。校长们应予以重视并引以为戒。不仅自己而且引导教师在这方面的学习上费心。另一方面更需要阅读哲学特别是教育哲学经典，阅读哲学大家传记，以从中获得思维品质的提升。一般人总认为西方人重理性，东方人重感性，一谈哲学便是古希腊三杰，这些我们当然需要学习，甚至崇尚理性教育的很多教育哲学家我们都应该虚心学习。但也万不可忘记，咱们的先秦时期也曾经涌现出如星汉灿烂一般的哲学大家，孔孟老庄儒道哲学一点也不逊色于他人。所以在学习和借鉴方面，我们还是要秉承博采众长，兼收并蓄原则，古今中外，中体西用。

关键的问题还不在此，而是我们的阅读、借鉴，究竟侧重点在哪里？理念的接受，主张的移用，还是思想的传承？从现实的状况看，这三种情况都普遍存在。我以为在这一问题上，还是用得上伟人之论：去伪存真，去粗取精，剔除其糟粕，吸取其精华。我们最要汲取的“真”“精华”，是理性，是理性思维、理性精神和理性人格；其次是那些经由历史验证、千锤百炼的真理性“思想”。青海西宁21中于大伟校长从杜威和陶行知的“教育生活”观深悟并提炼出“过一种丰富多彩的有意义的教育生活”的主张；宁夏银川金凤三小王晓川校长深研儒家价值观和“六艺”教育，创立“说学教育”模式，提炼出“说以成理，学而至善”的教育思想。这些就都是根植传统和学校历史却有理性思考后的教育原创。

变革治理：通过放权赋能解放大脑

治理喊了这么多年，2019年中央专门发文，致力的变革迄今并未真正发生。学校亦然。除了管理系统的惯性，也还在于校长自身的管理理念和自觉，还在于一时难以找到切入口和抓手。如今，信息技术和人工智能给当下的治理变革插上了翅膀，问题是校长肯不肯、敢不敢“放权”和“赋能”？敢不敢在放权中让“民主”真正落地，人人有权、有事、有责、有担当？肯不肯在“赋能”后，使人人心灵自由，主动作为，勇于探求，敢于创造？关键是，一旦实行，校长从此可以从权力掌控的自我陶醉和管理事务的繁杂琐屑中“解放”出来，这最终“解放”的是自己的大脑。

总有校长调侃，自己是屁股指挥脑袋；大脑从来就不长在自己头上；头脑何时能静下来想点自己的问题、真正的教育问题、教育的真问题。一旦当“大脑”真的归位，校长就可以阅读和思考，探索教育和学校教育的本真和初心；就可以登高望远，畅想和勾画学校发展的愿景和学生发展的真谛；就可以放低姿态，沉下心来，观察教学，听取意见，博采众议；就可以斟酌和权衡，集思广益，去粗取精，去伪存真，从而科学决策。山东临淄晏婴小学孙镜峰校长正是通过赋能、放权，通过机制激发和保障教师自我管理，自主发展，从而让自己跳脱出来，专注思考、探究农村小学教师发展、课堂教学、学生学习中长期存在的僵化、机械、刻板，严重缺乏生机的状态产生的原因，在理论学习和专家帮助下，终于发现了问题解决的切入口和抓手，那就是，引导教师围绕国家课程标准的“校本化解读”，着力研究“标准”在各学科教学中的具体落实，短短 [数年时间，教师发展水平大幅度提升，教学质量大面积提高，学校师生的教学生活丰富多彩，充满活力。校长“大脑解放”（《解放你的大脑》）之后的“慢思考”（《慢思考》），以静制动的大智慧，真正可以让校长回到校长，进而让学校回到学校。

反思成败：在决策和管理实践中磨炼人格

人的正确思想源自哪里？只能是社会生产和生活实践。在理性的教育实践的历练中成长理性，可能最真切最有效。这种实践，失败的也许比成功的意义更大，这就如古人所言“吃一堑，长一智”。北京中关村二小杨刚校长很年轻，常被人戏称为“年轻的老校长”，言其“老”并非言年龄，他还很年轻；也并非言“老态”，他还相当青春。“老”，是夸他的沉稳、练达，“每临大事有静气”。杨校长并非天生如此。中关村二小最近几年曾经经历过“危机”，个别事件还引发社会关注。杨校长从开始时紧张、焦虑、压力大状态，慢慢调整，逐渐冷静、理智下来，客观分析事件发生因果，努力寻找事实和真相，与班子和团队，细致研读文件、政策和法规，商讨解决问题的思路和策略。最终通过汇报行政请求支持，借助媒体舆论正确导向，调动社会资源合力调解，与涉事家长积极沟通，而校长和团队则既各自按分工积极主动有序作为，很快化难为易，化危为机。风波平息，杨校长以此为契机，又与班子成员、全校教师反思既往，吸取教训，总结经验，让危机及其处理成为自己与教师理性发展的过程和机会。领航校长身上独特的理性人格，几乎都是在这样的历练中逐渐磨炼出来的。

当下的校长群体状态堪忧，应试竞争，生存压力，发展特别是转型的挑战，使之身心俱疲，多年前，我曾疾呼“校长：谁来保护？”呼吁采取强有力的机制“宽容和保护校长”，（《校长：谁来保护？》）这个问题到今天并无多少大的改观。而发展理性思维、精神和人格也或可以就此从校长自我的角度做出积极的改善，但这还需要行政、社会多方力量的帮助和支持。教育行政需要从管控激励走向赋能放权，要从培训单一的思想灌输、理念传布、模式推广甚或复制，走向思维启迪、精神引领和人格塑造。另一方面，校长在修炼自身理性的同时，更应该始终不渝关注和重视教师理性的培养，通过放权赋能，通过决策示范、民主协商、良性互动，通过这样自主、宽容、安全的教育生活，教师与校长的理性互学共进，比翼齐飞。

情怀：教育家型校长核心素养的动力源

在此前的系列文章中，我把领导力、思维力、创造力和表达力看成是教育家型校长的四大核心素养，并且强调，最为关键的是“领导力”，这是教育家型校长建功立业的前提条件。因为任何学校管理者，缺少了影响力，缺少了成批的心甘情愿且赤胆忠心的“追随者”，又怎么可能创造出什么教育奇迹？而最为核心的是思维力，这是教育家型校长建功立业的基础工程。因为任何优秀管理者，其创意泉涌，理念频出，都源自于思维这一条四通八达的溪流。所以才有人说，思维方式是人生和事业成功最重要的变量。而创造力是突破创新、理念和思想落地执行并转化为成果的能力，表达力则可以让自己的教育思想和办学经验八方辐射，普惠众生。所以，“四力”齐具，也就能支持优秀校长实现立德、立功、立言的教育家理想，登临优秀校长发展的泰山极顶。

宋代大儒朱熹诗云：“问渠那得清如许，为有源头活水来。”假如上述四力是一架风车的四轮，冲击这风车转轮的风源、水源，其源在何处呢？

遥想战国时代，屈原所以愿“路漫漫其修远兮，吾将上下而求索”，正因为其“长叹息以掩涕兮，哀民生之多艰”；诗圣杜甫“丈夫誓许国，愤惋复何有”，面对“为秋风所破”的自家茅屋，感慨“安得广厦千万间，大庇天下寒士俱欢颜”，也是因为其“感时花溅泪，恨别鸟惊心”的善感和悲悯……“力”由“心”生，“神”从“情”来。我觉得教育家型校长核心素养的源头正在于“情怀”。

什么是“情怀”？情怀是以人的情感为基础与所发生的情绪相对应的一种高尚的心境、情趣和胸怀。这种情怀，常表现为高尚、大雅、正能量和动力十足，一旦形成或者成型，就会如同永动机一样为一个人的生活、工作和事业追求，提供勃勃生机和源源不绝的发展潜能。

从在教育部名校长领航工程江苏基地两期近20位教育家型校长身上，我们清晰地发现了这样的堪称原动力或称动力源的元素。情怀，是他们成功的最为重要的密码。

首期学员山西晋中师范高等专科学校校长郭长安在其办学实践中，一向秉持“幸福教育”理念，强调爱即教育，以大爱育人，以大爱培植大爱。之所以如此，除了其自身与生俱来的仁厚善良的天性因素，还与他长期在特殊教育学校工作的经历有关。关注每一个孩子，尤其是关注身有残疾、身有障碍的孩子，悲天悯人、恻隐之心，敬畏每一个生命及其价值，这是作为一个高尚者应有的人文精神。

二期学员天津南开区中营小学校长华联总跟我说，他虽然不再总是站在课堂里，但他做得最多的一件事，就是利用校长的特殊身份，关注并且致力一些班级中那些有着特殊个性甚或比较顽劣的孩子的转化工作。不放弃任何一个孩子，不轻易让一个孩子掉队，“一个都不能少”，这是华联校长的教育理念也是理想，几十年来，这样的转化工作，转化成功的案例，不知做了多少，也不知有多少孩子和家庭受惠。华联说：这是一件最有成就感的事儿。挽救一个孩子，就是挽救一个家庭。这是与郭长安校长同样的众生拯救情怀、人文情怀。

所谓“人文情怀”，应该是承认“人”的价值，保护“人”的尊严，追求人与人之间的相互尊重、宽容的情怀。教育家型校长，就应该尊重和保护学生个性独立、思想自由，捍卫学生尊严和权利，为学生的健康成长提供符合规律的教育资源、环境和条件，并且以身作则、率先垂范。而不是相反。

首期领航校长于大伟来自青海西宁 21 中，这所学校原是青海大型国企西宁钢厂子弟学校。上世纪末，学校体制改革，划归地方政府。其时，早已离开学校、担任企业管理干部的大伟，毅然决然放弃国企优厚待遇，回校担任校长。大伟钟爱教育，喜欢学生，他对学校对教育有思考、有理解、有主张，也有大胆的实践。在应试教育中，他坚守杜威和陶行知的教育思想，坚定不移走“教育”“生活”结合之路，通过开发虚拟社会实践活动课程，让学生在一般课程的学习之外，在社会生活的体验中理解社会和人生，获取生活真知，完美和健全高尚人格。致力于生活在黄土高坡、个性品格能南北兼容且又能胸怀中国和世界的中国公民的培养，可以说创造了现实背景下一个领航校长可以成就的最好的教育业绩。

二期领航校长孙镜锋来自山东淄博市临淄区晏婴小学。孙校长少有一线教育教学和管理的经历，从教育行政机关一下子担任一个由三所普通农村学校合并而成学校的校长，初任校长，走进学校，几乎一眼黑。但他喜欢孩子和教育，他似乎有天生的教育敏感。他用不长的时间发现了这样一类农村学校的最大的问题，教师问题，教师问题的最大问题，是国家层面的高大上的课程标准与教师教学之间的严重脱节。如何解决这样的脱节问题，打通课程标准落地的“最后一公里”？孙校长拍板了一个也许深耕教育几十年的内行校长无论如何也不会或者不敢做出的决策，那就是借助高端专业的力量引领最底层的教师进行国家课程标准的校本化解读，在学习、理解、体验、反思、解读的过程中，提升全体教师的课程实施能力和水平。才短短五六年的时间过去，晏婴小学教师团队的蜕变、晏婴小学教学质量的快速提升，充分验证了毛泽东的一个论断：只要有了人，什么人间奇迹都可以创造出来。这里的人，绝非寻常之辈，就教育而言，一定是富于教育情怀的教育家型校长。

所谓“教育情怀”，主要表现为，基于教育的深刻认知、理解而生成科学的教育主张和办学实践，以及由此而生成的对于学生发展、学校发展和教育发展的深爱、使命感和责任担当。是的，只要有了于大伟、孙镜峰这一类饱含教育情怀的教育家型校长，就可以化腐朽为神奇，就可以创造越来越多的教育奇迹。

“人文情怀”“教育情怀”之外，还有更为高尚的“家国情怀”。

所谓“家国情怀”，是一个人对自己国家和人民所表现出来的深情大爱，是对国家富强、人民幸福所展现出来的理想追求，是对自己国家的一种高度认同感和归属感、责任感和使命感。“家国情怀”一定起因于“家”，也许从“小我”出发，但它径直指向“天下”太平的襟怀和理想，总是汇流向“国”，它从来真诚、厚重，沉甸甸，活生生，身植于大地，而其义直抵云天。就校长而言，身处一校之教育，为了一群学生，但从来立意在千万家庭、民族未来和祖国的命运和前途。于是，一己之私利，分数之近利，升学之急功，就不可能是教育家型校长追求的主要和终极目标。

首期领航校长来自新疆生产建设兵团二师华山中学的邱成国是一位成熟，稳健，声名远播的名校长。如果是一般校长，在如今很多校长都在“两耳不闻窗外事，一心只教‘升学’书”的时候，而邱校长却从一般办学、教育学生的“一己”格局中突围，针对南疆教育存在的现实问题，采取切实有效的行动，分期分批将自己学校的优秀教师派驻到南疆广大地区的学校，真正做到了不仅“口惠”而且“实至”。邱校长为什么要不遗余力地支持、援助南疆广大区域的学校，并且已然用非常切实的行动做出实实在在的实绩呢？他的响亮的口号是“教育维稳”。这其中，饱含的是对于民族团结和谐的美好期盼、家国一体稳定的责任担当。

同是首期，云南玉溪一小杨琼英校长在最近的几年里，按照省教育厅和教育部领航项目办的要求，带领学校骨干以及名校长工作室成员，足迹遍及云南各边远山区。她通过优秀校长培养、典型学校文化培育、进校观摩和诊断指导等多种方式，对接、互通、交流，真正实现了一所学校、一个校长这样的“点”对“面”的精准帮扶。

在全国领航校长对口支持四川凉山州的首次行动中，江苏基地两期 19 位领航校长，各自所在学校联合行动，一次派往凉山州昭觉和布拖两县支教的教师达到 35 人，成为所有基地之最。时间正值新学期开学，工作千头万绪，而华联校长和吉林珲春四中的李丽辉校长作为江苏基地领航校长的代表，克服重重困难，亲自将首批支教教师送往支教学校，并直接参与相关工作。这其中，自然有广大教师的主动自觉，而领航校长自身的人格魅力、领导风范尤其是家国情怀是不可或缺的感化和鼓动力量。

正是这人文情怀、教育情怀和家国情怀三重情怀，推动教育家型校长的“四力”并举，致力走向“立德立功立言”境界，逐渐成长为校长教育家，实现“教育家办学”的崇高理想。

情怀何来？虽然不排除阅读学习、学校教育和社会环境等种种因素的影响，我则以为，基因、慧根和家风传承，个性、人格和品德修炼，信仰、精神和英雄崇拜，如此种种的内修、自律，才是情怀生长的最重要的泉源。上述领航校长的言行事功，就是最好的证明。

第二篇

价值篇

课程设计力：校长领导课程教学的关键
校长使命：课程建设与教学推动
教育自信：源于教育本土的实践与智慧
发展教师理性：校长领导力的核心
赋能教育：为拔尖创新人才培土奠基

课程设计力：校长领导课程教学的关键

“有什么样的课程就有什么样的学生。”可见，学校教育全程中课程的意义和价值。就一所学校而言，优秀的课程从哪里来？当然从优秀的设计和建设而且首先是设计来。就此言之，学校成员主要是校长和老师的课程设计力，将决定一所学校学生培养的层次和学校发展的水平。什么是课程设计力呢？先看课程。广义而言，课程是指学校为实现培养目标而选择的教育内容及其进程的总和，它包括学校老师所教授的各门学科和有目的、有计划的教育活动。再看设计。设计是一种有目标有计划地进行技术性的创作与创意活动，它是把一种计划、规划、设想通过某种形式传达出来的活动过程。所谓课程设计，是指按照一定的教育目标，有计划地进行的学校课程规划、开发、建设的创造活动。而有关这样的创造活动的能力，就是“课程设计力”。在学校中，必须具备这样的课程设计力的，主体是老师和校长。

与一般教师的学科课程、单项课程的设计能力有别，校长的课程设计力则主要体现在学校课程的价值确定、整体规划和系统建构等诸领域。

确定学校课程价值，是课程设计的核心。不论是什么样的学校，其课程的核心价值自然体现为教育的目的。为了人的发展，为了孩子的终身发展奠基，这是几乎所有教育和学校教育、所有学校课程孜孜以求的共通的目标。在这样的通识和共性追求下，不同的学校又是可以有着自己独特个性的追求的。这种独特追求往往表现为致力于学生素质素养的某一和某几方面的侧重点的不同。比如有的追求学生全面、综合素养的培养，有的追求道德和人文素养的培养，有的追求学生审美素养的培养，有的则重在学生的思维品质的训练，还有的更加强调学生运动素养、生存规则和体育精神的培养。这就需要课程设计者根据学校发展历史、具体情况，根据教师素质特点、整体水平和能力来做出客观分析和精准判断，从而确定学校的课程价值追求。

课程整体规划是课程设计的主体。学校课程从价值观确立到建构、实施和评价是一项宏大的工程，必须要有站位高端的总体构想，要有符合教育规律和逻辑的框架结构，要有保障推进执行到位的环环紧扣的制度设计和机制安排。

课程体系建构是课程设计的关键。我国学校的课程体系建设自课改后才有比较明确的概念，教师课程意识、课程开发能力的培养和增进也才由此而得以强调。所以，近许多年来，校本课程才被一些学校或自发或自觉地以零星的分散的方式“开发”和“建设”。但课程只有形成体系，才能发挥其“整合”和“集束”的威力，真正实现指向明晰、重点突出的“育人”功能。优秀的校长正是要以学校文化内核和价值观为核心元素，整合国家课程、地方课程和丰富多彩的校本课程，构建基于学校历史传统、体现教育教学个性的课程体系。现实教育应试依然“刀光剑影”，教师专业成长遭遇应试教学和分数比拼的制约和“瓶颈”，学生发展尤其是作为人的发展和终身发展依然还只是“理念”。改变此格局和怪相，正需要一群对教育有理解有追求的校长寻找到突破口和抓手。我以为，这个突破口就是“课程建设”，这个抓手，就是校长引领教师设计和开发课程，建构和完善学校课程体系，进而精准实施，到位落实，由此，学生的真发展、教育的真价值，获得真实现。

校长的课程设计力的强弱大小，取决于下列因素。一是对于教育特别是学校教育价值的科学认识和理解。20多年的应试几乎“摧毁”了社会对于教育的科学“认知”，而且这样的对于教育少有科学认知的“社会”又反转来“绑架”了学校教育。教育人最需要的是理性回归教育“初心”，深思什么是教育、孩子为什么要接受教育、孩子应该接受什么样的教育这样一些教育“本源”问题。教育人的自觉才有可能“启蒙”和引领社会，从而才有可能在社会的支持下推动教育的顺利“转型”。二是对于课程特别是课程价值的科学认识和理解。这许多年来，各类教育观念、课程理念、教学模式纷至沓来，往往一个口号方才唱罢，另一个理念又忙着登场，校长、教师疲于应付，逐渐失去理性和科学判断。特别是我们在不知是谁的引导或者“误导”下，陷入了永无休止的关于“学习者中心课程”“社会中心课程”和“知识中心课程”的扯皮纷争中，厚此薄彼，非此即彼，少了客观分析，少了融通综合，导致关于课程问题的认识“一地鸡毛”。殊不知三类课程各有其特点，各有其价值。对于学校教育而言，应该是兼收并蓄、互补长短。这需要校长引领教师认真辨析清楚，从而在课程设计中综合权衡。而就具体的课程设计、建设的总体目标而言，就是要在学生全面发展的基础上，“尊重和满足学生的差异性特点和多样化需求”，提供选择，彰显自主，达成个性和创造精神的更充分更主动的发展。这样的“高位”实际是教育的本质要求，与现实的教学之间并非水火不能相容，只要上下一心，真抓实管，尤其是行政科学“作为”，所有的办学主体切实按照课程规范实施教学，课程对于学生发展的真价值就能真正实现。三是学校文化与课程设计和课程体系建构的关系处理。就一所学校而言，文化是其“精神”和价值观的集中和凝聚，是上位概念，学校课程设计和课程建设应该紧紧围绕学校文化内核而开展。可以说，有什么样的学校文化，就应该有什么样的课程，进而有什么样的学生。因此，学校课程设计和课程体系建构应该与学校文化建设同步进行。文化的充实和完善，课程的设计和建设，上下联动，左右逢源，共同推动学校内涵和品质提升、教师能力和素养发展，从而使得丰富多彩的课程满足所有学生既全面又个性的发展需求。

校长使命：课程建设与教学推动

校长的第一使命究竟是什么？仁者见仁，智者见智。观察十余位正在培养和发展中的教育部“中小学名校长领航班”学员——未来的“教育家型校长”，他们本人及其学校之所以有今天，比较一致的原因便是，他们十分重视学校课程建设与教学推动。由此我深感，这也就是校长最为重要的使命。有人不禁要问，难道明确方向、价值观引领不重要？建章立制不重要？教师发展不重要？文化建设不重要？实际上都是重要的。但是，这些问题中，有的是某一时段的重点，有的是学校工作的局部，还有的是如陆游所言的“功夫在诗外”，需要教学工作之外的时间和精力来加以解决的。唯有课程建设和教学推动是学校工作的主体，也是学校一切工作的核心，是一个学校校长必须时刻牵挂于心，时刻关注到位，时刻小心“经营”和打理的；唯有课程建设和教学推动，是学校一切工作的枢纽和牛鼻子，是牵其一发便可动其全身的。试想想，前此所述的哪一项工作不可以通过课程建设与教学推动来加以体现和落实？

如果说，课程建设与教学推动是优秀校长的主要使命和责任，那么，担当这一责任，完成这一使命，必须具备的能力和素质——课程领导力，就应该是校长的核心素养。

那么，什么是课程建设？在现阶段，当课程改革的“红利”早已释放殆尽、教师对课程改革普遍感到疲累的今天，我们又该如何进行学校课程建设呢？

课程建设是一所优秀学校发展的基础工程，好学校的主要标准就是看其课程。好的校长、优秀的校长，主要是在课程建设领域有卓越成就的校长。道理很简单，有什么样的课程就有什么样的学生。一所学校相对比较稳定的课程体系的建构实际标志着一所学校的成熟和稳健，标志着校长教育理解和教育主张，教育观点、理想和追求的成熟和稳健。进入此境界的校长也就意味着已经具有了教育家的情怀和教育家的模样，或者说已经是教育家型校长。

有人也许要说，从课程的角度而言，课改之初，不是已经提出了国家课程、地方课程和校本课程的三级课程架构了吗？还要提什么课程建设呢？问题关键也就在这里。

从理念看，三级课程体系是一个非常理想化的顶层设计，但胎里带来的缺陷十分鲜明：国家课程的开发主体是顶级的教育部及其所辖机构，校本课程开发的责任主体当然是办学单位——学校，地方课程的责任方是谁呢？谁是代表地方的呢？是省级、市级，还是县级甚至乡镇级？所以你看今天的学校，究竟有多少所学校有完全意义上的三级课程体系呢？不仅如此，第八次课改以来，尽管国家级行政强势推进，省级教科研部门摇旗呐喊，但办学主体却并无多少冲动和热情，高调忽悠，虚应形势，口头的“素质教育”，实质的“教育应试”；对上“素质”漫天，对下“应试”遍地。几乎就是现实教育的常态，所有的局中人都心知肚明。不过是少有人捅破那一层窗户纸罢了。不久前有关衡水高中教育现象的争论就是一个很好的证明。

问题就在于这一场耗资巨大的教育改革运动，少了经过科学论证的顶层设计和系统安排，尤其没有教育教学评价机制和监管机制的配套跟进，应试的高烧不退，分数比拼的“动能”不减，冠以“质量”提升实质分数比拼的“交易市场”正方兴未艾，要求地方最善于追求“GDP”的官员放弃经济成本最低的教育政绩的狂热，要求帽子握在死盯着升学比例的这样的行政领导手里的校长们实行真的“课改”，无异于虎口夺食，缘木求鱼。

所以，即便是责任主体甚为明晰的校本课程，在多数学校又有多少实质性进展呢？即使有所“进展”，仔细观察你会发现，其建构的目标指向又有多少是指向学生的个性成长和创新能力发展的呢？多数还主要是有利于升学、考试，有些甚至假校本课程之名开设的就是直接指向应试的系列讲座、活动或者训练。不仅如此，有些中学假“国家课程校本化”之名，对部分涉及考试课程，从主体内容、知识要点和序列、教学进度等方面，一律按照考试的“标准”，实行伤筋动骨的“校本化”——实际是极端功利的“考本化”。不少学校 5 个学期甚至 6 个学期才能完成的课程任务，只用三四个学期便教学完毕。这样的课程实施，既沾了应试的实惠，还落了个“课程改革”的美誉。既然已经明确了国家、地方和学校三级课程体系，各自的职责、功能都有着明确的界定，比如国家课程就应该是国家意志、主流价值人才培养的目标和导向的主要体现和实现。若都这样“校本化”了，国家意志和价值“消解”了，那代表国家层面的教育目标和价值又如何实现呢？

实际上，所谓的“国家课程的校本化”，指向的是“学校根据学校自身的实际情况创造性地执行国家课程，更好地实现国家课程的目标。这包括学校根据学校的特点和条件，就课程资源、单元进度、授课顺序、教学方法等课程议题进行自主决策”（《校本课程开发》，吴刚平著，四川教育出版社 2002 版）。不愿意在自己应该或者说可以“作为”的领域施展拳脚，却要偏偏在不可以随意“下手”的领域“兴风作浪”“兴师动众”，其用心不言而喻，其价值取向是危险的。

显见，国家课程应该是国家意志的体现，代表的是主流价值和人才培养的目标和导向。在三级课程体系中，它应该是权威的通识课程，是应该受到尊重、遵守，是不可随意更动、改变的。而真正体现学校和地方教育特色、个性，满足学生个体的创造性发展需求的，则应该是地方课程尤其是校本课程。无视国家课程的权威地位，无意于校本课程开发的努力，这是对于课程政策、规范的背离，也是对于课程建设的无知。

从这一意义而言，狭义地讲，我认为，一所学校的课程建设，实际主要是校本课程建设，或者说是以校本课程开发为主体的课程体系建设。课程建设实际主要目的和价值就在于，通过学校课程的整体建构，通过积极开发富于个性色彩的校本课程，弥补国家课程通识和共性教育之不足，满足本地、本校以及每一学生个体个性和创新精神的成长和发展。从这一意义而言之，校本课程建设、课程建设就是学校个性、特色的建设，也就是特色学校建设。

一般而言，学校课程建设，大都经历如下几个阶段。

一是零星“课程”的开发阶段。往往是少量的先知先觉者，常常是一些年轻教师，因为思想和理念的适度超前，因为不甘于现状，根据自己的兴趣爱好，也为满足部分学生的个性发展需求，突破应试的藩篱，在校长的默许下，开选修课，创建兴趣小组，进行校内外实践活动。这样的“开发”，一般不是有意或刻意而为之，也没有什么专家或专业的引领和指导，甚至有人对“课程”和“校本课程”的概念还没有弄得很明白，但自己热衷，而学生又喜欢。赶上“课程改革”，便借船下篙，稍加提拎和完善，便演化为这样那样的“校本课程”。而这时的学校，对于课程建设还处于“草创期”，尤其对于国家课程还心存朴素的敬畏，根本谈不上什么“校本化”国家课程。这应该是学校课程建设的初级阶段，也是自发阶段。

二是有一定规模的“课程”开发阶段。因为课改深化的要求，因为在上者的造势推动，“校本课程”被作为检验“课改”的硬性材料，一些课改前锋学校一时超乎寻常的重视，有些高中很短时间开发出数十上百种校本课程。但这时的开发，尽管有对于校本课程的理性认识，但还是就“校本”而“校本”，满足于校本课程之“有”和“数量之众”，还未能从更高的课程视域来认识校本课程的意义和价值，因而内涵不丰，质量不高。与此同时，少量学校开始启动“为我所用”“为应试所用”的“国家课程校本化”运动。这是课程建设的中级阶段，也是较为低级的自觉阶段。

科学规范的课程建设必须超越这两个阶段，进入学校主体的高度自觉阶段。它不应是零打碎敲，也不可以剑走偏锋，更不能瞒天过海以“邀功请赏”。它应是在科学的课程规范下，按照教育规律和学生成长规律科学设计，统筹安排。它的出发点和归宿点，就在于学生的身心健康全面完整的成长和发展。一般而言，有如下几个环节值得高度重视。

第一，价值追求高位。课程建设的总体目标就是要在学生全面发展的基础上，“尊重和满足学生的差异性特点和多样化需求”，提供选择，彰显自主，达成个性和创造精神的更充分更主动的发展。这样的“高位”实际是教育的本质要求，与现实的考学之间并非水火不能相容，只要上下一心，真抓实管，尤其是行政科学“作为”，所有的办学主体切实按照课程规范实施教学，课程对于学生发展的真价值就能真正实现。

第二，构建强调整体。对于一所学校而言，成熟的标志应该是课程的成熟，课程成熟的表现就是体系化。所谓课程体系化，我以为就是课程的自成体系并与学校文化、学生发展的三位一体。学校文化的核心是学校的教育哲学思想、办学旨趣，整个课程体系的架构、单一课程的建设都必须在这样的思想和旨趣的观照下进行，正所谓纲举目张。特别要注意的是，在这一过程中，对于国家课程必须有高度的尊重，所谓“校本化”，只能是“持正守本”前提下，主要表现在形式、方式上的微调。如此，由文化而课程，由课程而学生，这样的学校才可算是有文化品格的学校。

第三，机制实现联动。课程是学校实力的核心，兼具软硬、静动之特点；课程建设是学校工作的宏大“叙事”，是学校发展的关键“工程”，需要多方联动，多管齐下。学校文化的成熟和基本成型，课程理解和主张的达成共识，课程建设的理论、策略和方法指导到位，都是必要条件；校内部门、年级组等之间纵横关系的和谐协同，是基本保障。仅靠校长的“强推”，少数先行者的“自发”，必将流于“游击”式的琐碎和散乱，难以成气候，难以走得久远。

第四，参与必须全员。课程实施的关键在教师。只有从教师群体中内生出来的课程才有健康旺盛的生命力。改变精英开发、编写课程、教材的传统模式，倡导每一位教师直接参与、开发课程，在课程改革深化的今天尤为重要。自己开发建设，自己实施教学，甘苦自知，驾轻就熟，这自不必多说。更为重要的是，开发课程的过程实际是教师研究教育、研究学生、研究教学的过程，自然是自己成长发展的过程。长期应试导致的中国教师教学知识、能力、观念和素养的僵化、固化、陈旧化，正需要如课程建设一类的学校发展新举加以刺激、突破以使洗心革面、脱胎换骨。否则，基础教育的“转型”，又怎么可能顺利实现？

好的课程要实现好的价值，需要有好的教学实施。优秀的教学实施，来自优秀校长在引领课程建设之后的科学的教学推动。从笔者接触的教育部中小学名校长领航班的多位校长的实践看（如北京中关村二小的杨刚校长、新疆兵团二师华山中学的邱成国校长、浙江湖州市吴兴高中的严忠俊校长和青海西宁21中的于大伟校长……校长亲力亲为的引领，教学模式的建构和共识，倡导而不是强制的推广方式，渐进而不是一窝蜂的策略，教师自主、选择的原则），下列几个方面可以说是确保课程教学推进有序、有效的十分可贵的元素。

第一，校长亲力亲为地引领最为关键。

第二，教学模式的建构和共识是重点。

第三，自主选择、多元并存是原则。

第四，柔性策略，鼓励多元。

考察一所所学校课程建设和教学推动的成功经历和丰富多彩的历史，我的十分强烈的感受是，它集中展现的是该校校长的核心素养，也就是课程领导力的卓异。

教育自信：源自教育本土的实践与智慧

最近，又有人炒作这个国家那个国家的教育成功和成功模式一类的新闻，想到自己曾经完整经历的课程改革，不禁有感要发。

任何时代、任何国家紧靠背离本土的搬抄和移植，都难以获得教育的成功。

清末以来，层出不穷、前赴后继的改良、改革、革命派从来不乏洪钟大吕之声：中学为体，西学为用；马克思主义的理论必须与中国革命的实践相结合；中国不应是西方教育理论的跑马场；我们的教育还是要努力从“为证”走向“证伪”，直至走向“自为”，也就是自我创造；西方教育不全是真理，中国教育也有“正道”。可谓言犹在耳。继提出包括“理论自信”的“四个自信”之后，习近平总书记在全国教育工作会议上，严肃指出：坚持扎根中国大地办教育，以人民为中心发展教育，服务中华民族的伟大复兴。这样的声音振聋发聩！从根本上说，复兴中华民族的教育还是离不开本土经验和智慧！这既是树立教育自信的需要，也是未来教育深化改革的需要。

近观世界各发达资本主义国家的教育，似乎还没有完全照搬他国教育模板而一举成功的先例。即便是我们奉为至宝的“建构主义”理论，无论美国20世纪80年代，还是我们港、台地区90年代前后的教育改革，均以其作为理论纲领，而最终则均以失败而告终。所以，不分青红皂白，将一种在小面积、少人口、后现代国家成功的教育理论和模式照搬至泱泱中国，以为可以“放之四海而皆准”，事实无情地证明是书生之论。

而且也正因为这许多年来西方教育理论的“热销”，某些理论家对于本土实践的轻忽甚而蔑视，一线校长、教师甚而其中的优秀者，逐渐丧失了实践自信，并进而淡化了探索和突破的热情。反思课改，不少原本自信满满的教育实践者，面对理论家居高临下的颐指气使，导致自惭形秽、畏首畏尾、缩手缩脚，不敢遵从内心，遵从自己的教育理解，不敢越雷池半步，应该是其中最大的问题。

最重要的是，改革开放四十年火热的教育生活迫切需要有识之士关注而不是商业之手染指。记得1953年，毛泽东在关于农业互助合作问题的谈话中曾经说过，对于农村的阵地，社会主义如果不去占领，资本主义就必然会去占领。借用来观照当下之教育，我以为，我国的教育理论界，应该顺应中国教育转型的大势，将长期以来的目光向外，转向到既目光向外，又同时目光向内，聚焦近几十年来中国优秀的校长教育家们创造的本土实践和智慧，梳理、总结中国教育的本土经验、思想和理论。

开放背景下的本土实践和智慧，早已不是封闭结构的教育存在。

何为“本土”？自然指向的中国本土，它是中国的，是中华民族的，是在中国教育自身的实践中产生。但今天所谓的本土，又不是纯粹地孤悬于世界教育文明之外的“孤岛”。近代以来，国门大开，中外交流包括教育的交往从未中断，而且越来越深度，也越来越融通。因此，可以说，在全球经济一体化的今天，偌大中国，无论怎样的教育实践和思想，都像今天的中美经济贸易一样，你中有我，我中有你，所以这里的本土应该是指发生在中国大地却又融汇了全球教育智慧的本土实践、实践中产生的智慧；研究本土教育，弘扬本土教育的实践智慧、经验，绝不意味着我们对于他国教育理论和实践的拒绝和对抗。

事实上，这许多年来，随着教育部中小学名校长、名教师领航工程的陆续启动，一批又一批原本散落、尘封、不为更多的外人所熟知的教育实践成功的学校、校长和教师典型，经由国家工程的推动，越来越快地成长、发展和成熟。在长三角，我们有像江苏无锡天一高中、锡山高中这样的名校，几十年初心一贯，依然坚守和彰显教育的本真和初心；在新疆生产建设兵团，尽管校园外，市场化、功利化喧嚣之声越来越高，但是兵团二师华山中学在邱成国校长的率领下，依然可以倡行教育维稳的理念，将教育精准帮扶七八年如一日延伸到南疆的广大地区广大学校。在青藏高原边沿，青海湖脚下，于大伟校长为了教育的梦想和理想，在西宁21中，一以贯之地践行杜威和陶行知的“生活教育”观，创造出“虚拟社会实践活动课程”，让三四千孩子在接受“智育”的同时，将美育、劳育发展到了极致，让北方的孩子也能享受到博雅课程、精致教育直至身心的全面生长。让黄土高坡下的孩子，通过学校中“虚拟公司”的生产和经营活动，成长为不仅仅简单、不仅仅粗犷的“五育并举”的中国人。笔者从2015年到今天，参与教育部中小学名校长领航工程，以江苏基地首席专家的身份，与首期8位、二期9位来自全国15个省市自治区的教育家型校长“互学共进”，感受最深的一点就是，代表我国现阶段最高水平、最高层次的精英校长，他们在长期的教育和学校管理实践中，在长期广泛学习、借鉴、研究、融会贯通、将世界优秀的教育理论与我国教育实际的结合过程中，不断地“立功、立德”，成就越来越多的教育辉煌；其中的很多校长已经或者正在形成富于本土教育特色和个性的教育思想。

这样成功的本土实践、这样的本土实践中成长起来的中国教育智慧，对于教育改革的深化，对于教育转型，其借鉴意义和价值，一点也不亚于西方教育成功的理论和模式；甚或，因为其同源性、可行性，就显得更加重要。对之视而不见或者置若罔闻，这要么是崇洋媚外的劣根作祟，要么是功利导致的无知和漠视使然。

研究本土教育实践，需要处理好四个关系。

当下，我们如何践行和研究“本土”？我以为需解决好四个问题，处理好四组关系。

第一，研究“本土”，必须十分关注基础教育的时代背景、改革方向，正确处理好教育现实与时代发展的关系。

不同于20世纪从“文革”泥淖中走出的改革开放之初，以低端制造为主体的劳动密集型企业对于人才的要求和需求，经济发展转型、高新技术竞争时代对于人才的追求，应该是高标格、高品质。还在继续发酵中的中美贸易争端，虽然带给未来中国发展的诸多不确定因素，但也由此暴露出中国经济发展领域的许多深层次问题。从某种意义上讲，这未尝不是一件好事。比如说，华为任正非在答记者问时就多次强调，我们的科学人才还是难以独立担纲和引领如芯片核心技术的研究和突破。其问题的症结何在？我们不能不关注最近许多年的教育现实。在强调最近数十年教育成就的同时，我们也应看到，愈演愈烈、积重难返的应试，特别是据此而逐渐演化而成的应试定式，也对国家越来越迫切需要的杰出人才、创意精英的成长和发展形成了越来越多的阻碍。也就是说，曾经成就了某一“阶段发展”的教育模式，也可能成为另一“阶段发展”的阻碍。

不仅如此，当下之中国，处在国际关系纷繁复杂、国际竞争异常激烈的大局之中，处在互联网无所不在、人工智能一日千里、人类生活和生存方式急剧变化的特殊时期，这样的格局和变革，乃为中国乃至世界文明史数百年之未见，适应、应对甚或驾驭它，需要大视野、大格局、大胆略、大气魄。尤其当许多科学家纷纷预测，到 2040 年前后，人类将进入“人机并存”时代，与此同时，极有可能，人工智能以其特殊的“深度学习”能力，其多种能力将全面超越人类。就在 2017 年，沙特阿拉伯宣布，世界第一例人工智能机器人公民诞生；“量子霸权”“脑机接口”正在争抢人们的眼球，考验人们的心理承受能力。

正是在这样的社会转型、国际竞争特别是科技日新月异的时代背景下，党中央国务院针对我国教育成就斐然却也问题并出的现实，从 2018 年年初发布《关于全面深化新时代教师队伍建设改革的意见》开始，拉开新一轮教育改革的序幕。两年来，文件连续出台，新政不断发布，可以说搭建了未来教育发展的四梁八柱，完成了影响中华民族未来的人才队伍建设的顶层设计。就基础教育而言，我以为，假如简而括之地描述这幅蓝图的要点的话，就是“五育并举，立德树人”，就是用德育、智育、体育、美育、劳动教育等全面发展的教育，培养德才兼备的社会主义事业建设者和接班人。

这样的建设者和接班人，应该是支撑未来社会转型迫切需要的人才，其中德才兼备尤其创造才能的出类拔萃理当成为重中之重。而处在中国转型发展的交接点上，我们必须时时关注教育价值领域的民众的现实功利与未来社会需要、学生学习领域的机械性学习与创造性思维、教师教育教学中的掌握学习教育与发现学习教育等多组矛盾的稳妥处理。这必须成为当下教育研究的特别关注。

第二，研究本土，必须专家与实践者深度携手，正确处理好理论与实际的关系。

改革开放以来四十年，中国基础教育在开放、改革的大潮中，在大量的大胆的积极实践进取中，在取得教育的重大辉煌、为中国的经济社会事业发展培养出大量的人才之后，一定有大量的教育成功的典范和典型，一定有大量的优秀的教师、校长和办学的实践、经验，一定有很多可以研究、分析、总结甚或可以上升到理论的卓越的人和事。前此所论及的很多高中名校、名校长，即便在应试的参天雾霾中，依然可以坚守和彰显教育的本真和初心；在北京，有中关村二小、北京小学翡翠城分校，坚守教育初心，坚持教育立场与儿童立场本位并重；在云南，玉溪一小杨琼英校长将优质教育的种子撒遍边陲；在海南，陵水一中的张勇校长正在培植“有质量”的“仁智”教育。

这许多年来，由于课改研究中“建构主义”一股独大，理论家与实践者之间疏离、隔阂，导致卓越的实践智慧和经验无以进入主流，个别模式甚或演变为某些商业人士发财谋利的“利器”。组建以教育理论专家为主导、以扎根于中国大地的广大教育实践家为主体的研究队伍，理论家主动转型，纡尊降贵，俯身作为；实践家自觉自信，积极主动，深度参与。发掘卓异典型，选择优秀人事，在专业引领下，由浅入深，由现象到本质，由个别到一般，深度挖掘，直抵本质；也或者比较分析，由点及面，由近及远，发现新异，彰显个性，获得关于中国教育的实践自信和理论原创。

第三，研究本土，必须确立科学的研究思路，处理好传统与现代的关系。

关注本土教育实践，当然要研究本土教育实践的来龙去脉。这其中，千百年来中华民族的教育传统自然不可忽视。仅以儒家教育为例，春秋以降的我国古代教育，从孔孟、朱熹、王夫之、王阳明，直到民国、新中国建立之初，我们有乡校、公学并举，我们有私塾、书院同行，我们早已有“格物致知，正心诚意，修身齐家，治国平天下”的教育价值观，我们还有民主教育、启发式教育、因材施教、教学相长绵延数千年而不衰的教育原则。言及教学之“教”，可以《论语》为鉴；论及教学之“学”，可以《学记》为本。清末以降，西学东渐，博采西学之长的教育精英如陶行知一类先哲在本土实践中的创造更加值得我们尊崇和重视。新中国成立特别是改革开放以来，国门大开，新的理论、经验、典型如山呼海啸而至，成功教育的典型在广大的城市和乡村都不乏成例，其生成的经验和智慧很多也广有影响。研究者怎么可能无视这样的教育历史、教育现象，身立中国大地，双眼不见“泰山”，出言必称希腊？

事实是，近 20 年来，不少教育教学改革中涌现出来的典型，在少量专家的笔下和口中，却被削足适履，以为如何如何符合先进国家的某种教育理论。优秀校长和教师几十年如一日苦苦探寻而得的成果，居然仅成为其他国理论正确的又一个实证材料。理论家的“他信”以极为不良的“示范”破坏了本土教育原本就很脆弱的生态。可以说，在当下中国所有的领域，教育自信最为紧缺。

兼收并蓄，传承优秀教育传统，同时借鉴吸收发达国家先进的教育理论，以对本土实践和经验做出精准解释，深度阐述，全面提炼。尤其对那些根植于传统土壤又借鉴吸收了“他山”理论的成功典型，应该紧抓不放，追踪研究，追本溯源，知晓其来龙去脉，发现其原创之处。在此基础上，帮助典型梳理、总结，促进其反思、修正、完善，最终发生从感性到理性的质的飞跃，直至形成卓越的可以推广的教育思想。

这可能也是确立中国教育自信的必由之路。

第四，研究本土，必须创新教育研究的策略和方法，处理好量性研究与质性研究的关系。

方法的科学是最为重要的科学。这几十年来，我们最为崇尚、使用最多的研究方法，是量性研究和定性研究。作为主流的研究方法，这当然正确且十分重要。但我们的思考和研究也常常有着下列偏颇，那就是从概念、理念和他人既有的观点、理论出发，导致最终将我们的某些实践甚或某些原创典型，当成了西方教育理论的验证材料。而这种研究方法、思路一旦成为共识并渐成风气，我们的教育自信又何时从何而来？因此，从具体的研究策略进而方法而言，在传统的量性研究与定性研究之外，倡行质性研究方法，尤其通过此，打破常规和定势，改变共识和风气，确立富于中国特色的教育研究和教育改革思维。

质性研究是一种遵从客观、从事实出发的研究。面对鲜活的成功教育案例和典型，不是从本本出发，不是从既有的理论模式和框架出发，也不是从既有的观点和判断出发，而是从感性、从鲜活的材料出发，从中发现新经验、新观点、新思想，实际上，很多的教育原创就蕴藏在其中。这就要求，研究者需要面对和重视现场，重视原创；需要暂时清空自己大脑中可能的成见、既有的理论、惯用的逻辑框架，绝不先入为主，削足适履，为典型穿靴戴帽；需要研究者沉浸在资料中，准确理解材料的含意，然后将相似的材料归纳，形成主题，再对所有主题进行阐述和说明；最后将材料组织成对研究现象有意义、个体化的解释或框架。如此，才可以“自为”而不是“为他”，归纳而不是演绎，从而逐渐生成源自本土、真正本土的研究，逐渐生成本土经验和智慧。

倡行质性研究不是否定其他各种研究，而是强调当下这种研究之必需和急用。多种研究的多管齐下，才是我国教育研究特别是本土研究的必由之路。费孝通先生《乡土中国》之成为关于中国问题的世界级学术经典，其中的因素很多，但其最为重要的因素之一，就是坚守中国立场，从中国乡村问题出发，主要运用质性研究而获得了关于中国乡村的最为精准科学的解释。

胸怀世界，改革现实，绝不是要丢弃自我。“中体西用”，中学为体，西学为用；他山之石，可以攻玉。重温近人智慧，建立主体人格，走向文化自觉，这尤需要作为主体的理论研究工作者领航、引路，走出当下之迷茫和困境。去年，叶澜教授在接受记者采访时说：“当下的中国教育学建设需要改变‘依附’心理，太需要有一批具有独立人格、矢志不移，而且具有大爱心、大智慧和大境界的人，一起努力，改变这种状况。由这样的人组成的队伍，不能指望只在书斋中产生，更多的要在教育变革实践中经历理论与实践的双向互动，才能形成。”她针对的教育学研究领域，我以为，同样适用于教育研究的所有领域。

唯此，我们放眼全球和未来，立足中华本土，博学、审问、慎思、明辨、笃行，才有可能创造、越来越多地创造中国教育的中国表达，在国际教育舞台上，努力发出、越来越多地发出中国教育的中国声音。

发展教师理性：校长领导力的核心

受校长领导力理论的影响，这许多年来，校长们往往关注道德领导力、文化领导力、课程领导力的修炼，这自有道理；假如与此同时，强化对于教师理性思维、精神和人格的引领和培养，则意义非同小可。一方面，人的思维决定人的思想，道德、文化、价值观和课程都是一定思想支配下呈现的，当然都受到实行者自身思维的约束。可以说，思维以及思维决定的思想是各项领导力范畴的“核心”。就校长而言，抓教师理性思维的培养，就是抓住了教师发展的“牛鼻子”，就可以“纲举目张”，事半功倍。习近平总书记不止一次强调，广大教师要做学生锤炼品格的引路人，做学生学习知识的引路人，做学生创新思维的引路人，做学生奉献祖国的引路人。其中，引导学生“锤炼品格”和“创新思维”，似还没有引起广大教育工作者足够的关注。另一方面，学校管理变革的历程一再表明，从某些空洞的概念和无所着落的“部位”入手，难以改变教师的精神面貌，撼动现实应试的冰山，当然也就更加难以改变学生的心理和精神世界。引领教师成长和发展理性，提升学校教育教学的内涵和品质，从而培养出富于理性精神的合格公民，则可以牵一发而动全身，应是一条捷径。

何为理性？理性是指人在正常思维状态下时为了获得预期结果，有自信与勇气冷静地面对现状，并快速全面了解现实分析出多种可行性方案，再判断出最佳方案且对其有效执行的能力。从思维角度，有专家说，理性就是培养对终极知识的追求兴趣及随之而来的怀疑能力、强调直达问题核心并剥离其周边因素、超越并克服自身弱点、强调实证而非感觉等。理性既是思维方式，也是行为方式，还是一种为人处世的态度、精神和人格，所以我们评价优秀者常常谓之富于理性精神。

富于理性精神的人，一般认识全面，对于人、事或物能够从多个方面去了解再总结；详细分析，准确预知，它是根据从感性的多个方面进行了解和总结并换位的客观分析、判断、推理的结果；富于自信与勇气，冷静谨慎，泰山崩于前而面不改色；具备独立自主、勇敢担当的人格。现实社会，现实教育，最缺这种精神。

校长如何引领教师理性思维的培养和发展呢？关键做好如下四方面工作。

第一，引领价值观认同。

价值观认同自然是思维主体理性思维和选择的结果，但发展主体理性思维又总是受制于一定阶段的主流价值观。而基于理性的价值观认同，相较于强行灌输而有的“服从”，则最有生命，最能永续。这种价值观认同，又反过来可以保障思维的方向和基准，保障思维的价值理性高度。有鉴于此，优秀校长培养教师理性就总是从价值观的确立和共识出发。今天，国家核心价值观的认同自应“居高临下”，一切教育的理解、观点、思想以及践行，都应符合这一框架体系；同时，教育自身的价值，比如立德树人，育人以爱而不是恨，授人以渔而不是鱼，教人以思而不仅仅是知能；人生的意义，比如有所发现，有所创造，给世界和未来留下有意义的东西，追求远远高于物质价值的精神；教师自身的价值，比如行胜于言，育重于教，德性和思维品质的影响远远大于知能和教条的灌输。这些理念和思想，早已为千百年来的教育实践证明为科学真理、崇高价值，既可感且可行。问题就在于校长们是否真的能够拨云见日，披荆斩棘，以显豁的智慧、可敬可亲的方式，逐渐内化为教师的思想和精神，并逐渐外显为教育教学行为。新疆兵团二师华山中学，七八年来，先后近百人次教师自愿奔赴南疆地区学校支教帮扶，正是校长邱成国长期以民族和谐的国家战略、自身的家国情怀教化引领的结果。2019 年，教育部对凉山教育帮扶方案甫定，两期名校长领航班江苏基地的校长们雷厉风行，10 余省市的 16 所学校，不等命令，不需先导，教师们争先恐后自愿报名。这一选择，自主、理性，源自教师们内心的无私奉献、博爱精神、“先天下之忧而忧”的高尚情怀。这恰恰是领航校长们长期注重价值观引领的结果。相反，缺少价值观，固守工具理性，教师们就只能囿于书斋，也许学富五车；死抠知识点，也许教尽天下题；空言道德，就是不问窗外事；只求分数，就是不知未来变局，说这样的教师能够培养出富于价值理性富于复兴梦想的民族未来，谁信?

第二，理性决策以示范。

校长即学校，这一命题的内涵一定包括有什么样的校长就有什么样的教师。校长的言行、校长的管理个性、校长的思维品质，直接影响着教师的教育教学生活。校长的理性思维、教育理性，是教师理性成长的标杆和榜样。比如校长自主思考，而不总是人云亦云；民主决策，而不是主观武断；冷静审慎，而不是随意拍胸拍脑；敢于质疑，而不是谨奉教条；灵活变通，而不是机械照搬，削足适履；追求实效，而不是虚应形势……这就自然而然引领成长出一批求真务实、个性鲜明、思维卓异、敢于担当的教师。山东淄博临淄区晏婴小学孙镜峰校长中理性思索，民主协商，科学决策，带领教师，在专业引领下，扎实推进“国家课程标准的校本化解读与实施”工作，取得了令人瞩目的成效，一批富于理性精神和卓越教学能力的专家型教师应运而生。教育部两期名校长领航工程江苏基地 10 余位领航校长身上，最为鲜明的共性，就是沉着冷静，三思而后行；凡需学校落实、执行的指示、精神，都必须过脑子，都要消化处理，而不是照单收转；他们善于整合，惯做减法；他们精于化繁为简。校长是什么？不是上传下达的“路由器”，而应该是过滤网、安全阀；这可谓对付形式主义的利器。在这样的学校，教师们享受到平安生活、安静教育的愉悦，同时也潜移默化，渐生出理性思维和精神，渐生出富于理性思维的教育教学。

第三，思维方法指导。

我国自古就有理性思辨的传统，“博学之，审问之，慎思之，明辨之，笃行之”，就是千百年来一以贯之的学者思维、大家精神和君子人格。这其中带给我们不仅有方法论的启迪，更有情感、态度和价值观的指引。从古代传统中汲取营养的同时，优秀校长还应该指导教师掌握理性思维的工具，比如包括概念、判断和推理在内的逻辑思维，比如“大胆假设，小心求证”的策略；还应指导教师不断修炼提升思维品质，比如深刻、敏捷、灵活、求异、批判和独创等；还应引领教师不断提升思维的层次，比如从感性质变到理性，从工具理性飞跃到价值理性。校长在引领教师理性思维发展过程中，还要积极引导、鼓励、支持教师自主、质疑、追问，将学校管理工作作为教师锻炼“理性”的演兵场。经济和科技强国的以色列人的共识是：一个不会提问的人，连睡觉的资格也没有。这种全民“问学”之风何来？以色列的学校里，教师习用的课堂语言是：“同学，你有问题吗？请给我一个好问题，好吗？”相比而言，我们的大量课堂恰恰与之相反；教师呢，则较多的“三动”型——听听激动，想想冲动，回到课堂则一动也不动。在培训、报告的现场，专家、权威、来头不小的名家，文学典型化了的案例和理据，精致包装美化了的渲染性煽动性表达，往往晃得我们目眩神迷，我们的思维永远滞留在感性层面。突围的唯一路径，就是冷静思之，理性辨之，质疑其真伪，追问其来去，探求其与现实和行为的关联，最终发现学以致用的可能和可行。

第四，治理变革以赋能。

校长们应该为广大教师“放权赋能”，让教师们在教育规律、科学价值观的引领下，深度理解教育，审慎辨别教育生活，自主取舍教学策略和方法，科学建构富于个性的教学理念和模式，用充满理性的教育教学引领学生理性思维、精神和人格的成长。北京中关村二小杨刚、新疆兵团二师的华山中学邱成国、吉林珲春二中李丽辉、天津南开区的华联、宁夏银川金凤三小王小川、山东淄博临淄区晏婴小学的孙镜峰等校长在这方面做出了成功的实践。领航校长之所以能够领航，关键就在于他们的学校治理的卓越，其核心就在于“领”，而不是“管”。“领”的要义，就是引领、示范、指导，就是放权、赋能，所以，才有教师们的自主能力、独立精神、教育教学个性和思想。

毕达哥拉斯说过：“别的动物也都具有智力、热情，但理性只有人类才有。”但理性并非与生俱来，而是需要教育。而教育又有多种，仅指向知识，只关乎昨天；仅指向技能，只关乎今天；唯有指向知能基础上的理性思维，才关乎明天，关乎未来。指向学生未来的思维的教育，如果教师的理性缺席，又从何谈起呢？校长们任重而道远。

赋能教育：为拔尖创新人才培土奠基

随着中美贸易争端的风势渐缓，处在风口浪尖的华为也终于可以缓出更多劲儿谋求更大的发展。但是任正非在2019年初答记者问时，针对我国科技和教育的所思所言，令我等教育工作者久久难以释怀：

“今天大家看到华为有很多成功，其实成功很重要的一点是外国科学家。因为华为工资高于西方公司，所以很多科学家都在华为工作。我们至少有700名数学家、800多名物理学家、120多名化学家、六七千名基础研究的专家、六万多名各种高级工程师、工程师……形成这种组合在前进。因此，我们国家要和西方竞技，唯有踏踏实实用五六十年或者百年时间振兴教育。”

就是说，支撑华为芯片核心技术研究与突破的主体，还不完全是中国科学家，听罢令人不可思议。其问题的症结何在？研究这一问题，不能不关注最近许多年的教育现实。中国教育在为中国现代化的发展提供了大量优质人才支撑、为我国经济和社会事业飞速发展做出了有史以来从未有过的卓越贡献，可以说没有教育，就没有今天的小康。

新年伊始，教育部颁发《关于在部分高校开展基础学科招生改革试点工作的意见》，明确建立“强基计划”，把选拔和培养“拔尖创新人才”作为未来高校工作的一个重要方面，文件明确提出：选拔“一批有志向、有兴趣、有天赋的青年学生进行专门培养”，“聚焦高端芯片与软件、智能科技、新材料、先进制造和国家安全等关键领域以及国家人才紧缺的人文社会科学领域”；“培养有志于服务国家重大战略需求且综合素质优秀或基础学科拔尖的学生”。这份文件可以说是对上述问题的高度认同和最积极的回应。

接下来，我们迫切需要回答的是，这样的“创新拔尖人才”究竟如何培养呢？

人才的培养当然涉及很多方面很多领域，包括顶层设计的方针政策、社会环境制度、人才成长发展的体制机制以及学校教育及其管理等多个领域。现在看来，万事俱备，只欠东风，最近距离的最直接的就是学校教育。学校教育，教育部文件主要指的是高校教育，实际上，拔尖创新人才的培养也相关到中小学教育。没有中小学教育的基础强化，又何来拔尖创新人才强化的基础？

拔尖创新人才是一类个性卓异的群体

但在具体申说培养之道时，还是得首先明确“拔尖创新人才”的个性特质，这才可以“因材施教”。

拔尖创新人才，是怎样一群人？或者说，什么样的人，才能具备创新发明的才能？在北师大刘嘉看来，拔尖创新人才具备如下三大要素：具有包括数理能力、言语能力和计算能力的“科学技术能力”，包括设计思维、创造性思维和批判性思维的“发明创造思维”以及包括人格、情商和社会交往等在内的良好心理素质。

围绕拔尖创新人才的素养问题，2014 年 5 月，多位大学校长在一个小型论坛上曾经各抒己见：西南交通大学校长徐飞说，他认为人才应该具备五项素养，责任担当、创新人格、想象力、好奇心和批判性思维；四川大学校长李言荣认为人才稀缺，是在“跟跑、并跑、领跑”中担任“领跑”角色的那一个。他说：“拔尖人才做的是从 0—1 的事情，不是从 1—N，要具备无中生有的原创能力。”上海交通大学校长林忠钦表示，在学习方面要勤奋好学、刨根问底、努力认真，在品格方面应该具备责任心、感恩心和积极阳光的心态。重庆大学校长张宗益提出五项标准：一是对目标充满热情：二是要有理想和抱负：三是质疑，但必须是通过理性的方式合理表；四是有非凡的勇气可以将心中的质疑表达出来；五是坚持。

可见，拔尖创新人才，区别于一般性人才的本质特征，实际就是一流的思维和杰出的人格。从思维的角度言之，就是兴趣、好奇、质疑、敢于求异和批判；从人格的角度言之，就是责任、勇敢和坚持。

这与西方人眼里的“创意精英”的特质是高度一致的。

在埃里克·施密特等人看来，谷歌的成功得益于一批卓异的创意精英，创意精英“是新颖原创构想的源泉”，他们“充满好奇心，喜爱冒险，自动自发，心态开放，一丝不苟，善于沟通”；“这些人共同的特点是认真努力、乐于挑战现状、敢于从不同的角度切入问题”。同时，他们也看到，“创意精英是一个极其难以管理的群体，在老旧的管理体制中尤其如此，因为无论你付出多少努力，都无法指挥这些人的想法”。对于这些精英群体，他们最终采取的管理策略是，“如果你无法管理创意精英的想法，就必须学会管理他们进行思考的环境，让他们乐于置身其中”。这也就是谷歌成功的奥秘。这给我们培养拔尖创新人才尤其是学校教育及其管理提供了十分难得的可贵的启示。

传统教育管理模式难以适应拔尖创新人才的生长

作为拔尖创新人才培养的摇篮、平台和主阵地，各类大中小学都应该因时而动、顺势而为，在教育教学管理方式和培养模式诸多方面，改善改良，做出重大调整，才能真正适应其特质和成长规律，才能使之顺利发展，有朝一日成长为真正有个性、有创造力的、杰出的创意精英。

这是因为，长期以来我们习以为常的学校教育管理模式已经很难适应这样的拔尖创新人才的成长和发展，或者说，正是这样的模式和方法，使得原本可能的创新人才难以脱颖而出。

20 世纪 70 年代，伴随着改革和市场化，我们引入竞争和激励机制，从此诞生了与管理糅合的激励系统。管理系统和激励系统，可以说维系了我国教育数十年的稳定发展。

管控和激励，从来是与质量、效益特别是大面积的质量和效益的追求相关联。我们经常会听到这样的口号：“向管理要质量”“物质刺激”。学校之间的比拼，更多地表现为全员、集体性的整体“厮杀”，这样一种管理模式面向全体，自然能够带来全员效益、大面积质量提升。所以它们成为很多学校应试制胜的重要法宝。但是我们一般人难以想到的是，这样的管控和激励也不可避免地产生负效应，而这样的负效应对于拔尖创新人才的成长和发展，一定程度上反而发挥着严重的制约作用。

先说管控的教育。

管控是基于人性散漫的假设而设置的。行政管控学校，主要是通过管控校长进而管控学校。管控校长到位，校长无以懈怠，学校办学水平和能力得以保障，从而办学质量与效益能够确保不断提高。校长又是按照教育行政的严格要求确保学校管理水平和教育教学质量稳步提升的呢？靠校长对所有教师和教学过程、行为的严格管控，管控到位，教师无以松懈，工作就少有跑冒滴漏，于是教学及管理无微不至，教学质量便能确保稳步提升。但教师又是如何使自己的教育教学落地生根、实现有效优质的呢？还是靠对学生的严格管控。教师从课堂到课堂之外的管控到位，学生无以松懈，学习没有“偷工减料”，所以学习及效率自然快速高效。

激励则是基于人性怠惰的假设而设定的。层层级级通过管控较好地实现了对校长、学校、教师、学生各类教育教学相关活动“疏而不漏”的“整理”和“约束”，几乎做到了“无缝焊接”。同样，学校激励教师，激励到位，教师教学热情高涨，工作积极，绩效增长；教师激励学生，激励到位，学生学习热情增长，好胜心增强，表现和成绩突飞猛进。

问题就在于，假如有一天，管理松懈了，激励淡化了，一直在管控和激励状态中的教师和学生又会出现怎样的变化呢？再进一步，假如忽然没有了管控，没有了激励，又会发生怎样的变化呢？

少教、少学，怠教、怠学，不教、不学，是不是会或多或少或轻或重地出现呢？这就是说，管控的教育一定难以避免被管控者产生不同程度的“管理依赖症”，导致惰性疯长。激励的教育一定难以避免被激励者产生“激励依赖症”，导致功利心日重。这带来的最为直接的后果便是，人的源自内心的发展动力、活力逐渐消失。天长日久，恶性循环，人性恶的因子逐渐被激发，被强化，终至于难以救药。这对于一般人，也许无关紧要，只要我们施之以持续的不断追加程度的管理或者激励，比如“盯人战术”，比如“绩效奖励”；而对于拔尖创新人才，面对这些，则要么抵触、拒绝，要么漠视、放弃，要么虚与委蛇，装模作样以敷衍；也或有少量的，在潜移默化中逐渐淡去个性终至于随波逐流，堕落为俗世凡尘。但最终，主动、进取、顽强意志、自觉精神，这些成就发现、创新和突破能力的人格，自然很难或者无论如何也不可能在如此教育生态和情境中生长出来。所以，曾经获得过两度奥斯卡金像奖最佳外语片奖的伊朗导演阿斯哈·法哈蒂在回答记者提问时说：“获奖对电影是好事，但对电影创造者可能比较危险。”就因为，获奖会让电影人从此“非常谨慎地往前走”，你“每一次就想要胜利，一直要胜利”，“这时候你就失去要实验的感觉”。与管控可以“降解”个性之张扬一样，激励则可以通过“功利”的诱惑轻易消灭“要实验”、想突破、“非常享受”的创造欲望。

赋能教育是拔尖创新人才成长的摇篮

最新的企业管理研究专家认为，未来组织最重要的功能不再是管理或激励，而是赋能。什么是赋能？顾名思义，即赋予能力或能量，相关组织通过去中心化驱动组织扁平化。组织自上而下赋予人才开放创新的思想、锐意进取的动能、自主决策的权力、主动工作的态度、勇敢积极的行动以及心情愉悦的氛围，以充分发挥人才的个人才智和潜能。教师作为学校组织中的一员，作为教育教学系统的终端，每一个体的教育教学行为都将受到学校组织和学术系统的管控和影响。其管控和影响力应该直接或间接地决定了教师能动性和创造力的发挥，因而也决定了教育教学的质量。从此前大量的教学改革的结果看，组织化程度、一元化程度、模式化程度的偏高可能是进展不顺、成效不彰的重要因素。弱化限制，淡化管控，更多信任，大胆放手，充分激发所有教师的主观能动性，让他们积极作为，个性张扬，在主流教育价值的引领下，按照自己的教育理解、主张，实施富于个性的教学，才有可能涌现出越来越多共性观照下的个性鲜明的教育思想和流派。

这样的教师也就会赋能其所教育的学生，在少有管控也就是宽松、自由、宽容、安全的教学生态中，在无须激励也就是自主、主动、任性、不带有目的和功利的纯粹氛围里，野蛮个性、放飞思维、纵横思想，恣肆想象，在价值观认同的大前提下，可越雷池，敢破戒律，怀疑且勇于质疑，求异且善于批判，其所成就的学生才有可能杰出，富于创意，拔尖创新人才才可能从此出发，像无边旷野中挺拔的高树，像苍茫大海上翱翔的海燕，生长，进击。

现阶段，中小学应该在现行、传统学校教育管理体制内，把握评价制度、考试制度改革的契机，调整办学思路，改革管理模式，弱化管控，淡化激励，通过分层、走班，通过兴趣班、课题组，通过导师制、学分制，给超常群体、精英人群以越来越多、越来越大、越来越自由自主的空间。大学则应该按照教育部文件精神，为拔尖创新人才“单独编班，配备一流的师资，提供一流的学习条件，创造一流的学术环境与氛围，实行导师制、小班化等培养模式”，其中“一流的学术环境和氛围”在当下的教育生态中，可能最为要紧。

一味地教育管控和激励，也就是人才生产的机械流水线；如果真的需要拔尖创新人才，我们只能选择尊重、适应人才成长规律的教育，也就是赋能教育。在这个问题上，我们必须转型，必须改变，别无选择。

中共中央十九届四中全会，庄严提出：推进国家治理体系和治理能力的现代化。教育的治理体系和治理能力的现代化建设已是“箭在弦上”。与“管理”迥然有别的“治理”在学校的落地指日可待，我以为，从一定意义上说，教育治理的表现形式主要在赋能教育，其本质就在于尊重人性，尊重教育的本质规律，激发作为教育主体的教师、学生的主观能动性，让学生自主地自由地更好地成长和发展。尤其是拔尖创新人才在此中才更可以像“鹰击长空，鱼翔浅底，万类霜天竞自由”，终至于顺利成长为像屠呦呦、袁隆平、黄旭华一类富于科学报国、勇攀高峰的爱国情怀，严谨治学、求实奉献的科学精神，诚实守信、淡泊名利的崇高品德的一流的杰出的科学家。

第三篇

功能篇

其言不立，何以成家？
——教育家型校长的立言之道

当我们把教育家型校长的发展目标定位在“立功立德立言”的高度，且将“立言”作为其发展的至高境界时，在教育家型校长成长与培养的过程中，发展主体和培养主体都会全力关注：如何培育教育家型校长的教育思想？如何帮助校长凝练教育思想？而最无法绕过的问题则是，我们今天究竟需要怎样的教育思想？

改革开放后，中国教育经历过短暂的辉煌后，忽然在商业化、市场化的大潮中受到强烈冲击，很快，外延扩张式发展与内涵跟进不及发生矛盾冲突，直至今天，以分数为评判标准的应试升学的热情从来就高烧不止。课程改革、核心素养改革，一场又一场倡导素质教育、立德树人的改革，尽管取得了令人瞩目的成绩，为我国几十年的经济、社会事业发展提供了强有力的人才支持，但我们也不能不看到，整体上，青少年的道德素养、综合能力、创新精神的培养还有明显不足，在一流杰出科技人才队伍的打造方面，还存在很多困难。从最近几年出现的问题看，人才品质问题、高品质人才教育问题，可能是影响和制约中国未来发展的至关重要的问题。

教育的问题当然不仅仅是教育本身的问题。但作为教育人，也还是要较多地考虑从教育本身来着手解决教育问题。参与了两届国家层面的教育家型校长培养工程，走进这些校长的内心和他们所在的学校，了解他们成长和发展的历程，我们最为深切的体会就是，校长、学校、教育的根本问题，一定是教育思想、教育价值观问题。尤其是校长，假如我们仍然认可有什么样的校长，就有什么样的学校，那么我们就可以说，有什么样的教育价值观，就有什么样的校长。从这一角度看，研究近几十年来的教育，研究教育的问题，首先必须关注教育思想和价值观的问题。

最近这几十年间，我们究竟有什么样的教育思想和价值观呢？比如说，我们有“为学生一生的幸福奠基”的“奠基说”，有“坚守儿童立场”的“立场说”，还有“没有教不好的学生，只有不会教的老师”“办孩子喜欢的学校”“教育就是服务”“让学生永远站在课堂的中央”等一系列被某些人认为富有创意、极为宏大甚至伟大的教育观点和追求。但这些从某一角度和维度看非常正确的教育思想，联系教育方针确定的培养目标、学校教育和学生发展的实际，联系近年来教育和社会出现的种种问题，就会发现其中的偏执和矛盾，就会发现其给具体实行教育的学校管理者和教育者带来的问题不可小觑。一国教育的终极目标，是不是仅仅就为着生命个体一己之幸福，还要不要对家庭、家乡和家国的关怀和奉献？过分强化一己之幸福，无限滋长个人和利己主义倾向，与现实中许多社会问题的集中出现有没有某些关联呢？教育的意义在于引领成长，片面强调学生单向的“喜欢”，片面强调“儿童立场”，那教师、学校和教育的立场还有没有、要不要呢？如果没有和不要，那孩子是不是就可以野蛮生长，或者永远停留在儿童时代呢？一味地强调学生的可塑性，否定教育的复杂性，将教师置于无可再退的墙角，将教育和学校的责任增至“无限”，意义何在呢？原本教师主导、学生主体的非常正常的课堂关系，一句浪漫主义的文学夸张，让教师们不能不愕然：课堂里，学生站在“中央”，那我“站着”还是“坐着”，又在哪里是好呢？许多年来，有这样一种观点，凡不管用什么方法、怎样的表达，只要是为学生讲话，再怎样过分地讲话，从来都是正确的，一片叫好并跟风；相反，为教师讲话，讲传统和传统教育，讲孔孟、《学记》，讲朱熹、王阳明、陶行知，讲几十年教育中的本土实践、经验，响应者、问津者似乎寥寥。我们以为，上述种种轻忽教育立场、弱化教育力量、虚化教师地位、教育理念表达“文学化”的现象，与“教育领域中某些教育者唯西方是从，漠视国情、漠视教育传统，轻视甚或蔑视本土实践和本土经验的教育研究风气”紧密相关。于是，这些人要么把教育做成了西方教育哲学的跑马场，言必称建构主义，到处必说佐藤学；要么就是信口开河，语不惊人死不休，把原本属于科学的教育，几乎化作了浪漫想象、天马行空的“文学”。

今天，中国教育“转型”发展，“高品质学校”建设任重道远，尤其需要成千上万的教育家型校长突破现实某些教育思想和教育实践的误区，努力建构自己的卓越的教育思想，“领航”千千万万学校，“领航”区域教育，“领航”中国教育，解“唯分”困局，破“应试”冰山，实现党中央、国务院提出的完善“德智体美劳全面培养体系”，健全“立德树人落实机制”的改革目标。

何为教育思想？教育思想本不神秘，并不像某些人理解的那样高深莫测。它实际所指就是办学思想，即校长对于教育的认识、理解，见解、主张、理念、观点，在具体的办学实践中的执行和落实，或者说是从学校的教育教学和管理行为中梳理总结出来的教育理念和思想。它包括教育观、课程观、教学观、教师观、学生观等。这为任何一所学校任何一个校长所具有。

但从上述分析可知，由于种种因素，不同学校、不同校长，其教育思想又有高下之别。真正卓越的教育思想，一定是共性与个性的统一，一般与特殊的统一，坚守与开放的统一。真正优秀的教育思想，一定是切近人性，尊重科学，符合规律的；真正优秀的教育思想，一定是指向道德，关乎人格，追求情怀的；真正优秀的教育思想，也一定是基于本土，博采他山之石，合于教育价值的。

据此，我们来研究教育家型校长卓越的教育思想的建构问题。

第一，崇高道德必须成为教育思想的内核。让“社会主义事业的建设者和接班人”与“立德树人”的方针、目标和价值观落地，就必须旗帜鲜明、大张旗鼓地弘扬人格与道德、情怀与境界的教育追求。以善良诚厚为本，不断锤炼个性、意志、品格，正确处理好己与人、私与公、个体与群体的关系。传承中华传统，见贤思齐，修身齐家，奉献祖国，达成个人价值和民族伟大复兴的统一。美国普林斯顿大学以“普林斯顿——为了给国家服务”为校训；清华大学以“厚德载物，自强不息”为校训；南开大学以“允公允能，日新月异”为校训；江苏省锡山高中以“做站直了的中国人”为校训，可以说，这些都是办学主体对于教育本质的精准理解和把握。将教育思想的内核由过于偏重个体、个性和个人的幸福的“小我”追求，“转型”至对于家乡、家国、民族的大爱与奉献，达成个人价值与民族复兴统一的“大爱”情怀，既是时代发展的迫切需要，也是社会主义核心价值观的体现，更是教育的根本意义和价值所在。而这一问题的解决，需要校长们站位高远，秉持理想，需要校长们全神贯注、全力以赴。

第二，建构教育思想迫切需要校长们思维理性的修炼和提升。教育思想的重要特点是富于个性，是校长在教育教学实践和办学实践中基于教育的个性化理解而逐渐成熟的办学理想和育人理想，但任何教育思想又必须契合国家主流的教育价值观。个性与共性的统一可以说是教育思想确立的基本原则。教育思想是关于教育问题的本质表达，所以需要拨开云雾，不被表象所迷惑。就育人而言，道德、人格、思维、理性、创新都应是其不可或缺的元素。不仅如此，在凝练教育思想的过程中，还得借助辩证思维、逻辑思维等，处理好传统与现代、人文与科学、传承与创新、借鉴与坚守、专家引领与自主建构的关系。

第三，教育思想的成熟，从来都伴随实践，且伴随实践反思。教育思想首先是优秀校长的，是优秀校长在办学实践中逐渐形成的。办学和教育实践是教育思想之根。从实践之根出发，长出教育之参天大树，并最终凝结为思想之果。这一浩大工程、漫长过程，伴随的是实践主体——校长的不断修剪、打理、矫正和选择，也就是说，反思、改进、践行、循环往复，追求最好，走向更好，是教育家型校长教育思想成熟的必由之路。福建三明学院附小林启福校长带领学校教师，借助专业支持，经过十余年艰苦探索，从“幸福教育”走向“福泽教育”。本期领航校长，宁夏银川金凤三小王晓川校长，在领航专家团队的启发引领下，将原本“说学”并重的教育理念，逐渐明晰为“说以明理，学而至善”，直抵教育本质，实现了教育思想的一次蜕变，正是其实践反思、理性辩正的成果。

第四，教育思想的表达，从来都需要严谨缜密，抓住要害和关键。近年来，在某些区域校长培养过程中，某些校长教育思想的凝练，表现出经院式、标签化、概念性、文学风倾向，助长了办学和教育教学的浮躁、功利和知行不一，这尤其需要教育家型校长通过理性思维，明辨真伪，去粗取精，并最终找到最为科学的表达方式。新疆生产建设兵团华山中学邱成国校长的“才丰似花，德厚如山”理念，海南陵水中学张勇校长的“仁智教育”理念都是十分经典的表达例证，值得借鉴。就教育思想在校园中的呈现而言，育人理念和思想最为根本；就育人文化的呈现而言，校训最为根本。因为学校的价值就在于育人，校长的训词则是对被育对象的严肃训诫和要求，突出呈现这些，就是突出学生主体，就是突出教育的本质。目前，一些区域学校，校园中贪多务全的思想和文化表达，常常淹没了发展主体、教育主旨和核心，其成效适得其反。

教育家型校长，又被称之为领航校长，所谓“家”，“家”在何处？所谓“领航”，究竟引“领”什么？“航”向哪里？至关重要的还是教育思想问题。尤其是在今天这样一个价值多元、教育转型的特殊时期，教育家型校长通过卓越的教育思想，发挥其领航价值，推动我国基础教育快速稳步发展，意义十分重大。

致力实现传统文化与学校教育的深度“融合”

一

近几年来，“传统文化”一时成为热词，传统文化进校园，进教材，早已成席卷之势。这一方面令人欣喜。这许多年来，包括课程教学在内的学校教育，疏离经典和传统“久远矣”，有识之士眼看着道德滑坡、精神溃退、信仰缺失，可谓心急如焚，拨乱反正几乎是众望所归；但另一方面，“传统文化”之回归，应该是以什么样的内容和形式，什么样的方式和方法，似乎暂时还无定见和定论，“摸着石头过河”，各行其是，自说自话的占绝对多数。

笔者在国内很多的学校主要是小学，看到在不同的位置但一般是比较显眼的位置——有的是学校围墙的外部，有的是学校围墙的内部，有的是校内的宣传长廊，有的则在特别的德育或者文化建设的展示大厅——画有配以文字表述的“二十四孝图”，而且常常与社会主义核心价值观的宣传“联袂演出”。只记得当年鲁迅先生著有《二十四孝图》的散文，对“二十四孝图”中的许多愚“孝”故事进行了辛辣的批判。如今，这些故事居然在弘扬“传统文化”的名义下，不作甄别、堂而皇之进入学校，以之为社会主义核心价值观的有机组成部分，真不知设计者是何眼光，有何居心？

课堂中，有不少教师，只要发现知识点中、课文中涉及传统文化元素，都得勾连放大，铺陈展开。比如如果提到京剧，那就得让宝贵的国粹，在课堂里淋漓尽致地呈现；如果关联上饮酒，那就必须将酒文化相关的内容详细地梳理。诸如此类，不一而足。

乍一看来，现在的学校课程内容丰富了，教育教学好看了，尤其是“传统文化”似乎真的进入了学校，进入了学校课程，进入了学校教育教学，但细究之，这还是学校教育吗？传统文化应该用这种方式进入学校吗？

二

泛泛而论“传统文化”，几乎谁都可以说三道四。但如果局限于学校教育而言，那个走进学校和学校课程的“传统文化”究竟是怎样的呢？

研究这一问题还是要回到问题的本源，究竟什么是传统文化？我们一心要弘扬的传统文化的核心内容又是什么？

所谓“传统”，指的是，历史沿革下来的、对人们的社会行为有无形的影响和控制作用的思想、文化、道德、风俗、艺术、制度以及行为方式等。（《辞海》P4365，上海辞书出版社 1999 年。）所谓“文化”，广义而言，“是指人类在社会实践过程中所获得的物质、精神的生产能力和创造的物质、精神财富的总和”（《楼宇烈：中华文化，不能再“失魂落魄”》，《中国青年报》2017.4.21）；狭义而言，“是指精神生产能力和精神产品，包括一切社会意识形态：自然科学、技术科学、社会意识形态等”。（韩丽颖《立德树人：生成逻辑·精神实质·实践进路》，《新华文摘》2017 年第 3 期）合而言之，这里的传统文化，自然指的是中华民族的传统文化；这样的“文化”，假如从形而下的角度看，可以分出无数的品类和内容，如饮食、服饰、诗歌文化、戏剧文化，中医文化等，而每一大门类中又可以细分为好多小类，比如东坡肉、沛公酒等文化就从属于饮食文化的分支。假如从形而上的角度看，则是指从中华传统中梳理、整合和凝练出来的精神和价值观。这种“文化精神”，简言之，就是某一群体在生活方式、社会行为模式，尤其是价值观上所表现出来的感情特质和精神品质,体现了一群体相异于他群体的文化特色。再说具体一点，这种中华民族的文化精神，则集中表现为，中华民族在数千年的文明生活中对于每一生命个体在社会中生存生活无论如何都无法回避的三大关系的正视和准确处理。这三大关系便是，人与自我的关系，人与他人的关系，人与自然的关系。据此，北京大学楼宇烈教授认为，中国传统文化的核心观念就是“为己之学，为人之道”。东北师大韩丽颖教授也认为，我国“传统文化”，区别于由古希腊文明开启的把认知、思辨和逻辑的力量作为理解世界依据、“向外部求真”的“理性世界观”和由古印度、古巴比伦文明开启的以超越于世俗生活的神作为理解世界的依据和尺度、“向彼岸求善”的“宗教世界观”，我们走的是另一条道路，那便是，我们是将人与世界、人与人的伦理承诺作为理解世界的根本依据，强调人对“德”的体悟以及“德”对人的“完善”，也即“人德共生”的“德性世界观”。

做了这样的梳理，我们就会清楚，假如从社会的角度论传承传统文化，我们自然应该从文化“形”“神”两个方面，认真研究，全面思考，该继承的要继承，比如国粹和一些传统习俗；该发展的要发展，比如武术、中医等；该创新的要创新，比如很多地方非物质文化遗产都可以在现代理念和技术的支持下获得新生。当然，优秀的传统精神尤需要通过主流宣传，通过传媒载体，通过产品推广，通过丰富多彩的艺术形式，在交流、体验中让国民逐渐认同，从而实现文化共识，同时获得精神的滋养。

三

那么学校教育呢？是不是也应该像社会和公共教育那样做呢？

学校教育是为实现孩子从家庭人向社会人过渡的最为便捷的桥梁和最为宽大的平台。它与家庭教育相区别，家庭教育主要是家庭成员通过身体力行、耳濡目染的方式给孩子以个性品德、待人接物方法等方面的教导和影响。其中受时空和家长自身素养的限制，家庭教育的意义和价值，一般指向家庭和小范围的社会，指向现实和生存生活的基本需求，指向经验和物质层面的实用。

学校教育中的基础教育，更是重在打基础，所谓基础，主要应是指作为人，作为未来在世界上生活生存的人，所必需的基本技能和综合素养。于是，基础教育的以国家课程为主体的各类各门课程的开设就是为满足这样的需要。在这样的课程实施和教学过程中，关注人的审美、思维和想象力的成长，关注人的人格、品德和精神的成长，这些和综合素养中的核心元素，就成为理所当然，自应在通识的智能层面和精神价值层面的引领培养上着力。所以中国艺术研究院终身研究员、中国文化研究所所长、著名国学研究专家刘梦溪先生说，是其主要任务和目标。

从这个意义上讲，基础教育阶段学校中的“传统文化”教育，与一般的社会教育、文化宣传，与专事传统文化样式传布、普及的机构，有着显然的不同，基础教育学校所致力的应该是传统文化隐性的精神层面的教育。

四

在明确了“传统文化”的精髓，弘扬“传统文化”的意义以及学校教育弘扬传统文化的重点之后，我们可以对传统文化与学校教育的关系做出如下判断。

第一，精准定位：传统精神、传统价值观、传统文明风范，是学校教育弘扬传统文化的主要目标和任务。

文化几乎可谓是近乎“哲学”的上位概念，是指向古老民族精神和价值观层面的一种概括和表达。就一个国家和民族而言，文化当然需要形成和传承下来许多合适的表达、精粹的载体，但从学校教育的角度看，绝不可以窄化和矮化文化已有的品质和品位。所以，进入学校，对于学校教育的文化，就不可以简单理解为“三教九流”一类的文化流派，某些流派的某些个性化甚至偏执的思想和观点；就不可以简单地理解为如中医、武术、地方戏曲一类的极为形而下的文化样式；也不可以简单地理解为某一个或者某几个思想家的代表性思想和理念。学校教育中最需要融入的应该是基于上述领域和方面的文化载体而凝练出来的共通的情感、态度和价值观。比如仁、礼、和、义、信等。其最为本质的特征是精神层面的抽象，最大范畴的认同。也正是从这一角度言之，片面地夸大国学，倡导读经，办儒学培训班，仿私塾和经院式教学，我们都必须保持必要的高度的警惕。

需要警惕的是，切不可将狭义的文化比如儒家经典中的价值观理解为传统文化的全部，也不可将人文思想和传统理解为传统文化的全部。因为，中华古老传统中，熠熠生辉、至为重要也最为值得传承的，还有六义经传中固有的哲学思维，以及曾经创造出影响世界古代科技文明进程的重大成果的科学精神等。

第二，清晰内容：优秀的古诗文，沙里淘金而有的经典文化著作，是学校教育弘扬传统文化最为切合的载体。

而传统文化在学校教育中的落地，也需要最为合适的工具和载体。要求学生在少年时代过度接受抽象教条的说教，既违教育初衷，也难以让学习者喜闻乐见，必至于实施中难以落地，敷衍塞责。那么，就学校教育的特点而言，最能够体现传统文化内核又最为学校课程体系接纳的“载体”是什么呢？千百年的学校教育的实践一再表明，是经由大浪淘洗的优秀的古典诗文，沙里淘金而有的经典文化著作。这一点如今已成为很多中小学的共识。如今，大量的中小学在校本课程体系中，大多编有“国学读本”“名著选读”等。但因为一拥而上，难免良莠不分、泥沙俱下。比如表达道家的某些消极避世观点的诗文被较多地选入，比如某些宣扬愚忠愚孝乃至执迷不悟的文图进入教学，就自然会带来认知、思维和价值观的混乱。这就需要如鲁迅所言的那样，对待传统文化，要“放出脑髓，运用眼光，自己来拿”，像毛泽东所言的那样“吸收其民主性的精华，剔除其封建性的糟粕”。去伪存真，去粗取精，可能是当前各地各校经典读本编写中必须坚守的原则。当然这需要编选者的慧目识真。

还有一个问题，当国家课程编写体制做出重大调整，更多体现国家意志的文科教材编写权“上收”，传统文化内容在教材中得以充分体现。以最新人教版的语文教材为例，集中体现传统文化的经典文本已经接近教材选文总量的三分之二。学校是否还有必要兴师动众另编相关类读本，我觉得这需要各校依据学校特点、学生发展需求，做出慎重的抉择。

第三，在弘扬传统文化，强调民族精神的同时，吸纳域外古今传统文明的成果，这是传统文化与学校教育融合必须遵从的原则。

面向大海，可以春暖花开；兼收并蓄，取长补短，实现与世界先进文化的交融贯通，也是我国古老文化成长发展的传统精神。一方面，我们当然要通过古老传统和民族精神的弘扬，“文起八代之衰”；另一方面，西方人文传统、科学精神，同样是我们振兴和光大中华文化的力量之源。习近平总书记在各种场合也反复强调“洋为中用、开拓创新”，做到“中西合璧、融会贯通”。所以，大力倡导传统文化进校园、进教材的同时，同样不能忘记，集中体现西方乃至世界法治文明、博爱情怀、质疑探究哲学和理性思想光辉的经典著作，同样应该占有重要的比例和份额。

第四，传统文化内容的教学，需要慎选策略和方法。

传统文化的到位落实，还是要在富于传统文化的各学科课程和活动课程的常态教学、活动中自然而然地实现，而不是另起炉灶，又自成一体，过多地增减学生负担。传统文化进校园原本是为了学生身心更为健康发展，决不可画虎不成反类犬，将这样一顿高尚的教育精神大餐做成一锅稀里糊涂的麻辣烫。传统文化的教育融入，是学校教育内容的一次深度变革，应该如“好雨知时节”“随风潜入夜，润物细无声”，而不是兴师动众，电闪雷鸣，高调空喊，一窝蜂，大呼隆，形式主义，只会走过场，最终毁掉的还是传统文化本身。

适合学生的身心特点、认知规律、学习规律，在平时的学科教学中，较多地挖掘教材中已有的传统文化教育资源，有所深化，着力强调；也或者根据教材的特点和教学的需要，可以引入传统文化的内容，有机迁移，融会贯通，以实现潜移默化之功。一言以蔽之，不总做加法，不增加负担。传统文化的融入应该让学生更加身心健康，学习生活更加愉悦快乐。

第五，教师自身的“传统风范”和“文化品格”的修炼，是传统文化与语文教育融合的根本。

按照韩愈的“教师观”，“传道、授业、解惑”三大功能中，“传道”之“道”应为“传统”之道，“道德正义”之道。若是“传道”者，本身不知“道”，不行“道”，又何以“传”之？在传统文化融入学校教育的过程中，由于语文和其他人文学科的“人文教育”功能，文科教师就应该比一般教师更加儒雅，更加温良恭俭让，更加具有传统道德坚守，更加具有人文和家国情怀；他们更应是进德修业、待人接物、立身齐家诸方面的楷模。

哪里仅仅是文科教师，所有的教师都应该是传统文化的代言人。基础教育课程体系中充满文化意味，充满人文精神，教师天文地理、道统历史、民俗风情，均有知晓；四书五经、秦汉文章、唐宋诗词，无不精通。教师还应是传统教育思想的传承人。尽管单一的死记硬背不足取，但积累、熟读成诵、品味感悟以及理解基础上的阐释“评点”、质疑问难等读书作文的传统方法，恰恰是我们今天可以学习借鉴的，有些正可以改善现实应试所致的单一、枯燥、乏味的课堂和教学生态。

教师应该有科学的“传统文化观”。现代化，虽言“现代”，但都是从“传统”而且主要是自己的“传统”中“长”出来的。尽管我们也应学习和借鉴世界先进的古今文明成果，但“根”一定是中国的传统。当然，也永远不要忘了，传统中也有糟粕，不能一味地“照单”全拿，要“运用脑髓，放出眼光”，去粗取精，去伪存真。

五

这许多年来来，基础教育学校负担、学生负担问题成为全社会关注的重点。“减负”几乎是每隔一个时段都被高调“重申”的热门话题，但问题几乎从未有过实质性的解决。

精准领会和解读中央关于传统文化与教育关系的讲话精神，精准做好传统文化进校园的“教育安排”，学校教育和与学校教育“利益相关方”需要三思而慎行。

沈茂德：校长教育家的江苏样本

在江苏名校长队伍中，省天一高中的沈茂德无疑是一位极具魅力的教育家型校长，或者也可以说，沈校长是一位名副其实的校长教育家。

关于“校长教育家”，著名的教育理论专家孙孔懿先生在他的代表著作《论教育家》（人民教育出版社 2006 年版）中这样阐述：

校长类教育家应该是学校管理专家，属于教育实践家，或者说是实践的教育家。孙先生认为，校长类教育家，是指有创新、有贡献、有影响的教育实际工作者；和所有的教育家一样，崇高的人格、闪光的思想和丰硕的业绩，构成其内涵和影响力的主要元素。

一

天一中学最近 20 年的发展几乎是跨越式，超常规的。这主要源自于沈校长及其团队崇高的教育理想和理念，优秀的教育理解和主张，以及在此基础上的踏实的教育践行。在应试异常惨烈的现实背景下，他们不讳言教育教学质量，但是绝不仅仅只有单一的学科教学质量、高考升学质量，而是放眼世界，对接国际教育，着眼未来，指向学生一生发展。天一人，艰苦备尝，收获的是一届又一届学生的高质量、真素质。由此，天一高中成为省内外国际化程度最高最优的学校之一。

天一中学与世界教育最为发达的国家和区域有着广泛的联系和合作，很多一流高校将天一作为国外重要的生源地，而且授权沈校长可以直接选荐录用优秀的高中学生。这是自身的开放赢得的高度信任和尊重，更赢得的是对方的更大程度的开放的回报。

二

那么这个学校的“掌门”沈茂德又是怎样一个校长呢？

一位曾经从南京到该校借读的学生自豪地告诉我：“我们天一的学生与校长是平等的，有时甚至不分彼此，比如说，我们总是称沈校长为‘茂德兄’。”纡尊降贵，敞开胸怀，把自己置于普通学生的同等地位，与学生平等对话交流，说真话，说普通话，与学生推心置腹地说话，其赢得的不独是学生的尊崇，关键是潜移默化地培养起孩子的民主意识、平等观念和自由精神。

不仅仅是沈校长本人，天一中学由于沈校长坚持不懈的苦心引领和“经营”，其团队和教职员工同心同德的不息奋斗，逐渐积淀、生长并完善的学校课程体系以及由此支撑起来的学校“文化”成为她最为卓越的学校元素和教育亮色。

天一中学有着十分独特的课程系统。如“柔性课程”，通过学校环境、学习资源的精心建设，让学生在绿树森林、田园牧歌的自然温馨中，获得人文情怀、浸润和滋长；内容丰富、博大精深的综合课程和家庭课程，通过自主学习、自选研修、主动探索和个性追求，超越学科中心，在奠定核心素养的同时，夯实基础，并拓展学养的长度和宽度；特别“定制”的名人课程和家庭课程，点燃梦想激情，丰富养成教育，在家校一体中实现学生道德的真正成长；基于本土实践的国际课程，让学生打开全球视野，生长国际意识。

正是依靠这样的课程体系，天一中学的教育充满了人文情怀：在教师眼中，“每个孩子都是一座金矿”，学校努力“让每个学子在天一校园享受成功的喜悦，让每个学子的个性和才能得到最大限度的发展”；正是这样的“天一”教育理念，教师们形成了“敬业奉献、崇尚科学、追求卓越”的“天一精神”，致力于培养“积极的生活者”；而由此一批又一批富于“天一气质”的优秀学生被培养出来。永不可轻忽的是，“诚”作为校训，是天一中学课程体系的最高纲领，更是天一中学文化的精神内核。

这些在沈茂德校长身上体现得异常充分。

三

每年的下半年，天一中学都会有一个大型的面向全国的教育教学的对外开放活动，来自全国的千名以上的高中教师和校长汇聚“天一”，共话教学改革，共谋教育发展。该活动免费、无偿，没有门槛，不设条件和界限，来者为客，上门是亲，天下教育是一家。宽厚大度，赤诚无私，这是真正的教育家型校长的教育境界。

2015年暑初，因为教育部名校长领航工程的相关工作，沈校长以参训名校长学员的实践导师的身份与我一同前往新疆生产建设兵团名校华山中学及其相关对口支持学校，进行教育的“精准帮扶”。所到之处，他为相关学校出谋划策，提供思路，提供策略，将自己一些优秀的教育资源一无保留地奉献出来，现场办公，即时解决，并慷慨表态，用联谊的方式，对口支持相关学校教育教诸多领域的快速进步和发展。这样的真情奉献、这样的“干货”推送，这样的视他校为己校，表达的是沈校长的赤心、博爱和极为难得的家国情怀。

在南疆教育帮扶的现场，是南疆皮山团场学校一个民族孩子的家里，我们专家组成员都被该家庭的极端贫困和艰难所震惊。家徒四壁，一贫如洗，没有母亲，只有一个神志不清的父亲，带着两男一女三个孩子过着有一餐没一餐的日子。晚饭似乎是在不能叫灶膛的柴火堆上烧一锅清水，将一堆干面烫熟，然后又在面盆里用凉水凉过，最终一家人在全无菜品和佐料的情况下，慢慢地吃下。我们是在夕阳西下时分走进这个家庭，家里其他人都不懂汉语，除了最小的女孩因为正在上学懂汉语可以沟通。正是做饭时候，我们几乎全都静静地站在女孩——那一个家里最小正在上小学三年级的学生——做饭的现场，观看了她下面条的全部过程。全程中，没人帮她。我们全都看得惊心动魄，泪奔难抑。我走出屋外，坑坑洼洼的乡村泥道上，正洒下一点半点夕阳的余晖。只见沈茂德校长也从屋子里快速奔出，来到我面前，他一把掏出身上全部的现金，对我说：“怎么会这样？这点钱，算是我的一点心意，你代我们一起表达吧！”

四

在我的眼里，沈茂德十分开放。

开放是一种品质，它表现为胸襟博大，气度宏阔；它表现为海纳百川，泰山不让细土，故而有“风雨兴焉”“蛟龙生焉”；教育的开放品质，表现为高瞻远瞩的教育视野，广收博览的学习风范，唯有这样的校长，能成就一所所老百姓真正满意的国际化名校，唯有这样的教师才能成就出或者教学实践或者教材建设等如星光耀眼的辉煌。

开放是一个空间概念。“不畏浮云遮望眼，只缘身在最高层。”开放者总是居高临远，因而取法乎上，常能领风气之先。教育的开放就是要定位高远，放眼全球，与最优秀的国际教育交流，与最优秀的教育模式对话；为民族和家国的命运着想，为儿童和国人的未来负责。局限于一隅，用小农经济的视角，死盯着一两个所谓教育致富甚至成功的样本，并放大而为“中国皆准”的真理，自然会在衡水应试的“温水”中昏昏睡去。

开放还是一个思维概念。开放的思维一定是立体而非平面的，一定是多元而非单向的，一定是批判地吸收而非认同着照搬的。教育的开放思维，总是在国情和现实的基础上，在深度的国际比较中，如鲁迅先所言的那样“运用脑髓，放出眼光，自己来拿”的。

开放更是一个实实在在的内容的概念。兼容并蓄，博采众家之长，如习近平总书记所言，世界上的一切文明成果都要借鉴，都可以拿来学习。教育的开放，从内容角度，就是要从理念到模式，从课程到教学，有利的有用的，大胆的勇敢的，慧眼识真，取真取精，取长取优。如此，我们的教育才可以以技术换时间，以理念换空间。借此赢得与世界教育的同步共舞，和谐发展。

开放成就了沈茂德和他的学校。

五

在我的心中，沈校长极富情怀。

沈校长对于教育之爱、学校之爱、学生之爱，可以说赤诚、至厚。他以名校长和专家的身份走南闯北，但几乎从不会因此而耽误学校中任何重要事务和关键活动。到省中心来参与各类学术交流活动，几乎都是来去匆匆。留他吃饭，他都会告诉我们："晚上高三学生情况分析会我不能不参加。""下午有一个家长会我必须到场。""市里或者区里有领导现场办公，为学校办学争取 ×× 项目。"学校就是他的家，就是他的生命，这种教育情怀之于他，如影随行，如魂附体。

沈校长对于师生的尊重，罕见的真诚待人的平等，特别是对于师生情感、态度的关注，对于师生生活和生命的关爱和保护，对于师生成长和发展的维护和促进，集中表现出他身上极为难得的人文情怀。沈校长是一个佼佼者，这也是他被广大师生尤其是历届学生一致好评如潮的主要原因。

尤为重要的是，沈校长身上鲜明的家国情怀。

"家国情怀"是一个人对国家和人民的深情大爱，是对国家富强、人民幸福的理想追求。它是对自己国家高度的认同感、归属感、责任感的体现，是一种深层次的文化心理密码。这种家国之爱，在中华民族的历史上，它如浩浩江河，载满浩然正气，源远流长，代有传人。从屈原"哀民生之多艰"到杜甫"丛菊两开他日泪，孤舟一系故园心"，从文天祥"臣心一片磁针石，不指南方死不休"到顾炎武"天下兴亡，匹夫有责"，慷慨悲歌，呈现的是一腔爱国热血；肝脑涂地，展现的是赤诚的"死国"

情怀和精神。这情怀，惊天地而泣神鬼；这精神，感日月而动江河。中华古国因为它而总得圆满，中华文明因为它而总得存续。富于家国情怀的校长，从来关乎教育的立意高远。天一中学的教育是着眼于长远，他们不仅仅关注孩子的今天，更为重视他们的未来。他们从来不回避质量，但这种质量的获得，是在基于孩子身心健康和教育基本规律之上的，依靠教师教育教学智慧的辛勤努力。

身处一所学校，情系整个教育，由一校之进步进而关注整个教育的变革，并且能够为现实教育的改变殚精竭虑，苦心孤诣，理性思索，踏实创造，智慧表达，“出”有用之“谋”，“划”务实之“策”，那才是校长教育家；由教育进而重视教育的社会责任、国家使命，其言其行，始终以家国为己任，洋溢着家国情怀，那才是教育家型校长的大智慧、大胸襟、大气派，也是校长教育家的至高境界。在今天，对于教育现实的忧虑和关切，对于求真、向善、审美教育的坚守和倡导，对于教育理想的深切呼唤和切实力行，对于一校进而一个区域教育改革和改变的机制和策略性设计和安排，特别是从一校小环境的微观变革做起，进而辐射和影响区域学校和教育的大环境，这种种的“言行事功”，既是现实中国教育对于优秀校长和教师们的殷切期盼，也是校长教育家们的精神追求和毕生使命。

这情怀，是沈茂德校长建立教育功德的精神之源。

茂德兄正当盛年，却就要退出他用一生中最为重要的青春年华耕耘出教育辉煌的天一高中，他自然会有许多的难舍和不舍；虽然说，长江后浪推前浪，一代更比一代强，但每当想到江苏大地乃至泱泱中国，像沈校长这样的校长教育家如此罕见，真如凤毛麟角，而且其成长真的如跋山涉水，我的不舍中又更加了可惜，而且引发了对于当下我国校长选拔任用机制问题的诸多深疑。砍树何易？种树何难？十年树木，百年树人，校长教育家的树成，可是既要假以艰难时日，又要借助天意偶然！岂非难上加难？我们可都应该重视、珍惜！

当然，花甲之年，在经历岁月的沧桑和生命的较多透支之后，更多地享受自由的生活，尽情感受生命的美好，也是理当应有的回报。从这个角度而言，这样一种制度性安排，倒未尝不是沈茂德校长命运的福音书，而且可以相信，这样的福音定然会唤醒并迎来其浪漫人生的第二春。

如此，我心稍安。并以一个教育朋友的名义祝他天道酬勤，仁者福寿！

第四篇

培养篇

领航：从“创新型校长”走向“教育家型校长”
内修外助，走向“教育家型校长”
工作室：名校长成长的最佳平台
实内涵　高品质　正价值——工作室主持人引领名校长发展的重点
一纲高举，五线并行——名校长工作室的工作思路和策略

领航：从“创新型校长”走向“教育家型校长”

随着高层“教育家办学”和“需要涌现一大批好教师”的呼唤，教师、校长专业发展问题已经成为教育事业的重中之重，被推入科学化和规范化的快车道。2014年，教育部启动“旨在培养造就一批具有较大社会影响力的教育家型校长”的“校长国培计划——中小学名校长领航班”，首批64位校长迅速产生，并于2015年4月在北京集合并参加教育部举行的既高端又简朴的“起航式”。可以说，随着本项目以及与之相关的一批项目的开展和实施，一个由名校长“领航”的“教育家办学”的时代即将或者说已然到来。

问题也由此产生，“教育家型校长”是什么样的校长？是不是就是校长中的教育家呢？首批由省乃至国家层面遴选出来并加以重点培养的这64位校长，应该是怎样的校长？在整个校长发展的过程中，他们应该处于怎样的发展阶段？这类校长又应如何培养使之早日成长为教育家型校长呢？

这些问题也是如今校长发展领域绕不开的话题，需要回应；而恰当的回应，更有益于教育部名校长领航工程包括各级各类校长培养工作的有序高效优质地开展。

目标定位：具有教育家基本模样的校长

在国内外关于校长发展的理论研究中，在很多校长培训实施方案中，常见“骨干校长”“优秀校长”“卓越校长”这一类表述。这类概念，似乎也可大致看出校长发展某几个阶段的一些特点，可以将校长中的优秀与一般区隔开来。但形容词所描述，其局限显而易见，几乎无法清晰界说任一概念的基本内涵，比如何为“骨干”？何为“优秀”？何以区别“优秀”和“卓越”？“骨干”与“优秀”“卓越”孰前孰后？都比较含混模糊。

“教育家型校长”这一概念的引入，恰恰为优秀校长发展的层级和阶段划分提供了一个切口。

什么是“教育家型校长”？所谓“型”，原意为“铸造器物的模子”，引申为“式样”“类型”。顾名思义，我以为，教育家型校长，就是具有了教育家基本模样的校长。

弄清这一问题，必须首先弄清什么是教育家。按照孙孔懿先生在《论教育家》（人民教育出版社 2006 年版）中的分类，校长类教育家应该是学校管理专家，是属于教育实践家，或者说是实践的教育家。孙先生认为，校长类教育家，是指有创新、有贡献、有影响的教育实际工作者；和所有的教育家一样，崇高的人格、闪光的思想和丰硕的业绩，构成其内涵和影响力的主要元素。

所谓教育家模样，则是指一定的教育家底色和特点，部分的教育家品格和品质，比如在人格和教育品格、教育理解和思想、办学实践和实绩等某些领域基本接近教育家的程度、层次和方面。

于是，我们可以这样说，教育家型校长，就是准教育家，他们已经初具教育家的风姿，可能还稍缺那么一点教育家的神韵。教育家型校长更进一步，再上层楼，就应该是形神兼备的教育家。

基于此，我们可以试着“回溯”，什么样的校长最具有发展为“教育家型校长”乃至校长教育家的潜质呢？

我以为，应该是那些相当成熟、比较稳健，同时又富有创新品质的资深校长。由此，我们可以试着建构优秀校长发展的基本路线和主要阶段：入职校长—称职校长—（稳健）成熟校长—（有个性）创新型校长—教育家型校长—（校长）教育家。

在这六个发展阶段中，不难发现，成熟阶段，自然是校长发展的高原期；创新阶段，是瓶颈期，从培养的策略而言，在此处着力，就是抓住了高端校长发展的关键。

发展起点：成熟稳健而有创新的校长

教育部名校长“领航工程”遴选的培养对象，就应该是在成熟校长之上的富于个性的创新型校长。这类校长，刚刚突破自身发展的“高原”，他们最具有成长为校长教育家的潜质，以此为起点，最能达到四两拨千斤、顺势行千里的效果。而这类培养的示范和典型价值，也是以一当十的。

这一层次的校长一般具有如下特点。

一是有比较丰富的教育实践和稳定的办学实绩。这类校长的教育教学经历一般在25年以上，担任副校长、校长至少10年以上。就管理而言，其中的多数，一般都有多所学校办学经历。他们几乎一律学科教学十分优秀，教育工作尽心到位，管理卓有成效，是学校内外尤其家长和社会公认的优秀老师、优秀班主任和优秀校长。

二是有比较前瞻的教育理念和丰富的管理经验。好学、善学，扬长避短，又取长补短，是这些校长的理性和智慧所在。极为重视学校教学质量，在应试问题上，绝不含糊，以之共识为学校生存发展的基础工程。但其超越之处就在于，又高度重视学校文化建设，其理念和思想，其教育价值观的确立，富于国际视野和哲学高度，企求以此引领师生提升内涵，全面发展。尤善反思，漫长而丰富的实践的纵向观照，与优秀的左邻右舍的横向比较，不断分析总结，不断再战再思，积淀下非常圆熟的治校经验，与自己的个性品格“合成”而为独特的管理风格，从而确保治下的学校几乎无例外地长期稳健发展。

三是富有胆识和“经营”艺术。当学校发展到相对比较成熟的阶段，又不甘于现状，进取人格、职业敏感、对团队和学校的责任和担当，特别是“停滞即落后”的忧患意识，使得这一类校长总是或主动或被动地在这一阶段，艰难而不懈地寻求在学校发展的某些领域“突围”，有些甚至还常常会被他人不解地冠以“会折腾”，比如真正践行和渐近实质性的“素质教育”“不让一个孩子掉队”，国际合作；比如课程开发，学习型组织建设，名师培养等。但这类校长又总能恪守中庸，绝不动摇基础，绝不影响大局；他们的个性呈现，总是如夏初时候的小荷“尖角才露”，不轻易张扬，永远不会刺目；宏观大势的把握、世道人心的揣度、教育与行政关系的处理，恰到好处，犹如一个高明的舵手，行舟于三峡，自如躲闪，游刃有余，总能领先他人，又快又好地直达终点。

相较于“教育家型校长”和校长教育家，他们的不足和欠缺也很明显，集中表现在下列两个方面。

他们有丰富的教育业绩，但还够不上“丰硕”。什么是“丰硕”？我以为，从教育成果的角度看，更多体现为学校内涵和文化、学校品格和品质的博大宏阔、内蕴精深；学校教师团队的师德崇高，学识卓越，教格超拔，真正堪称师表；而学生则不独为“高分”之子，而应为优能优品之才，不是少许的出类拔萃，而是群体的超凡脱俗。其学校和教育的影响力不仅仅是现实的社会好评，而应是深远的历史回声；不仅仅是一届届学生今天的美誉，而应是未来的他们心头悠远的怀想。

他们有自己的教育思想，但还不够“闪光”。什么是“闪光”？应该是集束出现，辉耀大地，亮丽久远。这就要求校长对于教育、学校、学生发展，对于人才、人才培养，具有科学、系统的认识和把握，并在自己的办学、管理中有着切合实际的运用和富于创造性的践行，且取得令人服膺的成效。在此基础上，建构带有本人和本校鲜明个性特色的治校理念和教育思想。理念零星、琐碎、散乱，甚至还淹没于自身的教育行为和管理故事中，长期缺乏专业理论支持，总是依靠政策文件和直觉，反思的层次和深度不够，因而难以将感性和经验上升为理性和系统性的“思想”。这大概是这些校长虽有“思想”而一时还难以“闪光”的主因。而这一因素又直接影响了其教育业绩的“丰硕”程度。

成熟稳健型校长之上的创新型校长是本次领航工程“教育家型校长”

培养的起点人选。只有明晰了这类校长的基本状况、整体特点，我们的“领航”和出发才能立足准、起步稳，这几乎是这一工程成功的前提。尤为重要的是，这也是在上者遴选培训对象的基本条件和标准。从本次已经产生的64位校长学员看，总体十分优异，但也不必讳言，个体间差异、差距还是较大。这与我们的研究滞后和遴选机制未能完善有关。

培养模式：理论、实践双导共进，课程、平台立体融通

清楚了“从哪里来，往哪里去”，我们就可以研讨这一培养工程的实施问题。

一是“双主体发展”战略。教育家型校长是未来的实践性的教育家，不管如何，其身份仍然是校长，其根基和立足点、其发展的载体是学校。因此，如同人之“灵肉一身”，“长”和“校”也难以片刻分离。因此应该确立此一工程“发展与成就”的培养理念、目标和思路：发展校长，成就学校。两者相辅相成，互动共进，“螺旋式”上升。“双主体发展”战略，不仅使培养效率倍增，而且使发展效益扩大。

二是“理论与实践双导”策略。对于一线教师和校长的专业发展，“实践导向”，经由培训和指导，引领发展对象着重修炼和提升具体的教学和管理的操作层面的能力，那是理所当然的。而对于在这一层面已经相当成熟的创新型校长而言，一方面当然需要继续在实践领域“取法乎上”，技术、策略和方法的学习、借鉴依然重要，但另一方面可能十分需要专业理论的系统研读，这不独是未来一般的提升理论素养，关键是要以之解释现实的教育现象，解释自己的教育和管理行为，尤其是要以此为指

导，梳理、整理进而凝练自己的教育经验、理念和思想，使之更为科学、系统和符合教育规律，并反过来观照和矫正自己的教育和管理行为。

三是层次不同的基地构建立体的研修平台。本项培训由国内八家单位分别承办，八家分领学员，分头培训。理论上说，每一承办单位都是一个理论研修基地，每一承办单位还会以自己所在区域最优学校作为实践研修基地，这样的理论和实践“双导”“双修”，当然不错。但对如此起点的发展群体，这样的平台仍然过于单一和平面。就理论基地而言，可以突破“单一承办”的局限，建立全国性的“领航工程”协作共同体，两三家机构自愿组合，合作“办学”，开放培训。具体培训实施过程中，有分有合，有行有止，有放有收，为的是广视野，扩胸怀，长见识。就实践基地而言，可以突破“跟岗学习”的局限，建立“示范跟岗学校”“在职学校”和“帮扶学校”的三级基地网络。在专业引领下，到跟岗基地体验求知，回在职基地践行并修正，去帮扶基地辅助并指导，三重体验，多重感悟，自有无限收获。大开放的理论基地加上多层级的实践基地组合为真正立体的研修平台，其意义和价值是可以预期的。

四是为滋养多重知能、素养而设的高端研修课程。除一般常规的理论、实践课程外，这一类校长根据其发展阶段和重点，应该着重加强下列课程的研修：教育启蒙类，如哲学与教育、教育哲学，中西方教育史，中西方教育家思想，《四书》选读，苏霍姆林斯基与陶行知研究等；政策法规类，如党的十八届三中、四中全会“决定”，中长期教育改革和发展规划纲要，有关“依法治教”的一系列法律法规，有关教育的一系列“标准”等；课题类，如中国近代以来的教育发展历程，走向国际化的未来中国基础教育等；综合拓展类的，如转型期的中国政治、经济和文化，互联网与全球一体化，未来经济形态与人才需求等。这类课程，貌似不甚关乎教育，但实际都是做教育、办学校的人素质养成之必需。多方汲取，养气养神，对完善学校教育、完善自己的教育理念和思想，其裨益莫大。

仰望星空，跳出教育，纵横比较，有背景，深底蕴，厚高度，开阔胸襟，舒张气度，再来看教育，就会别开生面，别有洞天；再来做教育，就能业绩由“丰”而“硕”，就能思想由散“点”而成“束”，进而“闪光”并“闪闪放光”，直至光耀天地，久久不息。

内修外助，走向“教育家型校长”

2018 年 5 月，首期中国名校长领航工程顺利结业，第二期名校长领航工程又鸣锣启航。与之相关联，全国部分省市也都纷纷启动类似的培养工程。我以为，一个由名校长“领航”的“教育家办学”的时代即将或者已然到来。

连续两度承担教育部“领航校长培养工程”，我们始终关注并探求如下问题的解决：培养目标中的“教育家型校长”应该具备怎样的特质？这样的特质依靠怎样的动力源泉来支撑？这样的校长又应如何培养？应为之提供怎样有效的帮助？

这些问题，培训者首先要思考清楚，参训的领航校长也应该思考清楚。想清楚，说明白，培养和发展工作才有正确的方向和科学的思路，也才能落地生根，开花结果。

“三立”：教育家型校长的特质

什么是“教育家型校长”？所谓“型”，原意为“铸造器物的模子”，引申为“式样”“类型”；顾名思义，我以为，教育家型校长，就是具有了教育家基本模样的校长。

弄清这一问题，必须首先弄清什么是教育家。按照孙孔懿先生在《论教育家》（人民教育出版社2006年版）中的分类，校长类教育家应该是学校管理专家，属于教育实践家，或者说是实践的教育家。孙先生认为，校长类教育家，是指有创新、有贡献、有影响的教育实际工作者；和所有的教育家一样，崇高的人格、闪光的思想和丰硕的业绩，构成其内涵和影响力的主要元素。

我们可以这样说，教育家型校长，就是准教育家，他们已经初具了教育家的风姿，可能还稍缺那么一点教育家的神韵气质。教育家型校长更进一步，再上层楼，就应该是形神兼备的教育家。

这也就是我国古人所言的“立德、立功、立言”，这是教育家型校长的显性元素。

古人常将“立德”“立功”“立言”合称“三立”。《左传·襄公二十四年》载，春秋时，鲁国叔孙豹与晋国范宣子二人，就“死而不朽”问题展开讨论。范宣子觉得，他的祖先从虞、夏、商、周以来世代为贵族，家世显赫，香火不绝，这就是“不朽”。叔孙豹则不以为然，他认为这只能叫“世禄”而非“不朽”。在他看来，真正的不朽应是，“太上有立德，其次有立功，其次有立言，虽久不废，此之谓三不朽”。

对于这“三立”或者“三不朽”的理解，唐人孔颖达《春秋左传正义》里说：“立德谓创制垂法，博施济众。”这是就道德操守而言；“立功谓拯厄除难，功济于时。”这是就事功业绩而言；“立言谓言得其要，理足可传。”显然，“立言”指的是把真知灼见形诸语言文字，著书立说，传于后世。

就教育家型校长而言，所谓“立德”，应该是指树立崇高的师德、管理者崇高的人格魅力，引领教师，用自身的高德大行潜移默化一届届一代代学生的品行道德素养。

所谓“立功”，应该是发挥自己的教育思维和教育创造，与学校师生员工一起，遵循教育规律，遵循学生成长发展的规律，通过发展优秀教师群体，进而培育出一批批一群群既全面发展又个性鲜明的学生，成就一所所卓越的学校，创造不断的教育辉煌。

所谓“立言”，应该是在立德、立功的基础上，或者说与之同时，彰显自己的教育理解，提出自己的教育主张，践行自己的教育观点，最终披沙拣金，凝练、闪现自己具有独特个性魅力的教育思想。

这“三立”，当然是对于校长教育家的要求。而“教育家型”，即“教育家模样”，则是指一定的教育家底色和特点，部分的教育家品格和品质，比如在人格和教育品格、教育理解和思想、办学实践和实绩等的某些领域基本接近了教育家的程度、层次和方面。也就是说，在教育品德的“崇高”、教育功德的“丰硕”和教育思想的“闪光”方面，也或者是其中的某一方面，还稍差一点火候，稍逊一点色彩，稍低一个层级。相比于校长教育家，这当然是一些不足和欠缺，当这也昭示着可能和可望，展开着无限的空间和想象。

“四力”：教育家型校长成长的动力系统

要渐进和达成如上所述的境界，追求和实现这样宏大的人生教育理想，在观察、分析了江苏及全国的一批卓越的校长并在我们江苏干训中心参训的来自全国八地的8位领航校长之后，深感就每一发展主体而言，领导力、思维力、创造力和表达力等四个方面的动力支持非常重要。它们可谓是教育家型校长发展缺一不可的重要素养。

第一，领导力是教育家型校长的文化品格。我所理解的“领导力”是指淡化权力因素，更多地基于个性品格和综合素养而有的“率领”和“引导”魅力，也即超越了权力和管理力，赢得师生尊崇并追随的特殊影响力。校长领导力之产生并形成，是这类校长在长期的教育及管理实践中，其“人格”“教育品格”和“管理品格”不断提升、逐渐完善，并有机融汇、“化合”和“升华”的结晶。其中，人格是基础，教育品格是关键，而管理品格是核心。

第二，思维力是教育家型校长的创造之源。对于生命个体的成长和发展而言，越往后来，越到高处，决定其发展快慢、高低、优劣的一定是思维力的强弱大小。思维力强主要体现在下列方面：十分冷静、理性，敢于求异、思辨，总是反求诸己、反思，富于想象和思想。尤其是在教育的许多基本问题和根本问题上，从来都有自己独立的追问、深思、探究，故而有自己独到的理解、主张和践行。

第三，创造力是教育家型校长的功德之基。创造力是杰出者超越于一般人的基于思维力转化为生成的重要特质。就一所学校而言，其卓越的教育功德，主要来源于一代又一代优秀校长的薪火传承的创造积累。所以，我以为创造力之要点就在于，富于传承之智、开创之识、突破之能，能够生成思想，泽及文化，并落地生根，播惠莘莘学子。当下，教育尤需要富于原创的教育理念和理论、内生的教育实践和模式。

第四，表达力是教育家型校长的思想之翼。对于优秀校长而言，作为其思想翅膀的表达必须高远而不失信实，优美而不失质朴，凝练而不失澄明。求真、有证、讲理，指向善和美的教育正道；其根基在扎实的管理实践、科学的教育理解、丰富的理论积淀、厚重的教育思想，其关键在校长本人高尚的人格和教育品格；优秀的语言功夫、卓异的语文素养则是不可或缺的基本条件。

在这四大重要素养中，最为关键的是“领导力”，这是教育家型校长建功立业的前提条件。因为任何学校管理者，缺少了影响力，缺少了成批的心甘情愿且赤胆忠心的“追随者”，什么教育奇迹都休想创造出来。而最为核心的是思维力，这是教育家型校长建功立业的基础工程。因为任何优秀管理者，其创意泉涌、理念频出，都源自于思维这一条四通八达的溪流。而“四力”齐具，也就能支持优秀校长实现立德、立功、立言的教育家理想，登临优秀校长发展的泰山极顶。

“三情怀”：教育家型校长发展的力量源泉

假如我们再深究一层，领导力、思维力、创造力、表达力，作为教育家型校长的动力元素，又是从何而来呢？“力”由“心”生，“神”从“情”来。我觉得其源头在“情怀”。什么是“情怀”？以人的情感为基础与所发生的情绪相对应的一种高尚的心境、情趣和胸怀。这种情怀，常表现为高尚、大雅、正能量和动力十足，一旦形成或者成型，就会如同永动机一样为一个人的生活、工作和事业追求，提供勃勃生机和源源不绝的发展潜能。从8位领航校长身上，我们清晰地发现了这样的堪称原动力或称动力源的元素。这几乎是他们成功的最为重要的密码。其中，最为关键的是三重情怀：教育情怀、人文情怀和家国情怀。

所谓“教育情怀”，主要表现为，基于教育的深刻认知、理解而生成科学的教育主张和办学实践，以及由此而生成的对于学生发展、学校发展和教育发展的深爱、使命感和责任担当。

所谓“人文情怀”，应该是承认“人”的价值，保护“人”的尊严，追求人与人之间的相互尊重、宽容的情怀。教育家型校长，就应该尊重和保护学生个性独立、思想自由，捍卫学生尊严和权利，为学生的健康成长提供符合规律的教育资源、环境和条件，而不是相反。

所谓“家国情怀”，是一个人对自己国家和人民所表现出来的深情大爱，是对国家富强、人民幸福所展现出来的理想追求，是对自己国家的一种高度认同感和归属感、责任感和使命感。“家国情怀”一定起因于“家”，也许从“小我”出发，但它径直指向“天下”太平的襟怀和理想，总是流向“国”，它从来真诚、厚重，沉甸甸，活生生，身植于大地，而其义直抵云天。就校长而言，身处一校之教育，为着一群学生，但从来立意在千万家庭、民族未来和祖国的命运和前途。于是，一己之私利，分数之近利，升学之急功，就不可能是教育家型校长追求的主要和终极目标。

正是这三重情怀，推动教育家型校长的“四力”并举，致力走向“三立”境界，逐渐成长为校长教育家，实现“教育家办学”的崇高理想。

培养助力：推动教育家型校长全面快速成长

这“三立”“四力”“三情怀”，作为教育家型校长的内在精神特质，一方面需要发展主体坚持不懈地长期“内修”；另一方面，培养主体卓有成效的外力支持，包括培养目标的准确设定、方案的科学设计、计划的适切安排，则发挥着十分重要的促进、催化、转换、生成作用。在承担教育部第一、二期领航校长培养工程的实践中，在对江苏乃至全国优秀教育家型校长成长个案的研究中，我们逐渐摸索出培养教育家型校长行之有效的思路、策略和方法。

第一，从目标的角度，我们把教育家型校长发展的内涵定位在实践创新能力提升与教育主张、思想凝练两个方面。在我们看来，教育家型校长首先是实践的教育工作者，是办学的实践家，建立教育的功业是其主要的功绩，也是衡量的重要标准。当然，办学功绩之成就，也离不开教育理念和理论的引领和指导；而长期办学的实践和创造，也一定会产生独到的教育理解、主张和思想。这其中，教育规律的遵循、科学精神的坚守、思维理性的导引都发挥着至为重要的作用。那么，引领和培养教育家型校长就应该既重展示其功德的实践创新能力的发展，也重显示其教育境界和理想高度的教育主张和思想的凝练。而后者，我们也依据校长和学校发展的实际，尽量回避常见的所谓“思想凝练”中玩概念、掉书袋、钻字眼等将办学和教育“玄虚化”的做法，努力将“思想”的理解和定位平实化：或者是办学主张，或者是课程理念，或者是文化理解，或者是师生观、教学观，只要有关于教育和学校价值的深度认识，具有个性和独特性，符合教育规律，就可以是“教育思想”。这样的定位，一方面较好地切合了教育家型校长“三立”的特质，另一方面也很好地避免了长期以来传统经院式校长培训领域“重理轻实”“务虚求怪”的倾向。

第二，从发展主体的角度，我们把教育家型校长与其所在的学校作为同步发展的对象。“双主体发展”应该是培养实践家和实践智慧的重要理念和路径。“在战争中学习战争”，在办学实践中不断提升办学水平、实践创新能力，在自己发展的同时成长学校，在学校发展的同时成长自己，这就是一流校长培养的必由之路。但现实中，“见人不见物”“见树木不见森林”的培养模式很常见。其最为直接的后果是，一些校长越来越擅长纸上谈兵，一些校长的“知”与“行”越来越南辕北辙。将学校与校长的发展等量齐观，就要求培养主体、专家团队不仅为校长而且为学校发展提供支持和帮助，比如进校诊断，就需要通过个别交流、座谈研讨、调查问卷等多种过细的方式，不仅对校长而且对学校做出精准的诊断，并为学校和校长今后的发展提供改进提升的切用“指南”。“双主体发展”，自然增加了培养的难度，但提升了工程的内涵、品质，尤其是促进了培养对象的知行合一和人格坚守，促进了学校的师生发展和文化进步，这恰恰是“教育家型校长”培养的真正价值之所在。

第三，从培养思路的角度，我们将实践创新力与理性思维力的提升紧密结合，引领和指导培养对象在学校发展诸元素的“建构”实践中，逐渐修炼思维理性，凝练并完善教育思想。首期领航校长培养过程中，八位校长通过回顾自身“成长经历”，践行学校“治理变革”，发展“教师和团队”，开发建设“德育课程”“艺术课程”“综合实践活动课程”，并构建具有本校历史传统和文化特色的“学校课程体系”，在此基础上，也是在这一过程中，逐渐清晰从而凝练出自己的教育思想。这一思路，从“实践”进入，从“思想”出来，符合办学规律，符合校长发展规律，也符合认知规律，而且操作实施简便，真正扎实有效，为参训校长所乐见。

第四，从培养策略的角度，我们从领航项目中的规定动作——两级领航，延伸出“双重帮扶”，在提升其能力的同时高尚其情怀。所谓“两级领航”，是指领航基地专家领航培养对象，而培养对象又通过各自的“名校长工作室”领航其工作室成员，据此以培养领航校长 的实践创新能力和“领航”区域教育发展的能力。在首期领航工程实施过程中，我们从新疆生产建设兵团二师华山中学邱成国校长和云南玉溪一小杨琼英校长“区域教育帮扶”的卓越实践中受到教益和启迪，在规定的双重领航之外，要求各位领航校长在完成名校长工作室成员的领航、帮扶工作之后，还应伸出援手，对于区域乃至边疆欠发达地区的教育给予精准帮扶，是为“双重帮扶”。我基地的 8 位领航校长三年间对新疆的南疆、云南的怒江数十所学校结对帮扶，其产生的效益巨大、影响深远，赢得帮扶对象及所在区域教育行政的高评。而帮扶者本身在其间的精神成长、情怀厚重与德行修炼和提升更难以估量。邱成国、杨琼英团队也因此获评为全国“四有好老师”奖励计划的优秀支教团队。

内外兼修，从来是高层次人才发展的必由之路。内修需发展主体明晰内在追求，需从源头活水处着力；而外力的支持、帮助和推动，则需助力者明晰目标方向、思路和策略。教育家型校长的发展与培养工作也绝无例外。

工作室：名校长成长的最佳平台

长期以来，我国的名校长队伍建设采取教育行政统筹管理、师范院校和专业机构参与，相关基地和专家团队培养，形成了一定规模，取得了较好成绩，也积累了较为丰富的经验。但因为种种主客观因素制约，校长培养和培训一直没有形成专业体系——从专业院系、专业课程到专业教师。因此，有人说，尽管校长有专业标准，却未有专业培养，这是一支“自学”而成的教育人才。但事实是，在校长成长和发展的过程中，从来也没有或缺过教育行政和专门机构的培训和培养。

校长培养，有许多成功的实践和经验，也存在许多问题

培训整体不成系统。各级各类培训，并没有十分严格的界限，按照

相关文件中设定的校长发展的四个阶段——合格校长、骨干校长、卓越校长、教育家型校长，各阶段校长究竟由谁来培养和培训，各级培训机构似乎迄今并没有明确分工。教育部从2015年启动教育家型校长培养工程，但几乎同时，全国不少省、市、县，同样在做着这一工程。

培训课程随意化。时间地点，培训者、专家及其团队，内容和形式，评价标准和评价方式，各行其是的多，科学规范的少。即便在教育部名校长领航工程的十余家国家级基地中，除了大致的目标、方向和要求较为一致，培养思路和策略，课程内容及其实现形式，小同而大异。虽然这是一种探索，可以促进百花齐放，但课程的非专业性问题是显见的。

培训内容过于偏重理论导向。不是否定理论对于实践的指导作用，对于领航校长相反显得尤为重要。问题是，将教育实践者作为研究者和理论专家来培养，有悖培养和发展的初衷。要求实践家数年时间里，做单一的务虚的课题研究；或者每每集中，安排连篇累牍的理论报告，完全是传统的培养教育博士的模式，其常见的结果，导致一些校长思维理性和实践自信逐渐丧失。总是听到许多办学实绩明显创造一流教育功德和一流名校的校长慨叹自己理论欠缺、理性不足，我则以为，理性不足，问题，理论欠缺，也许是条条框框的新概念和新思想接受不多，也许与理论专家比，差距太大，但这对于教育实践家来说，并不值得焦虑，因为以办学为要务的校长记住或者口必称原理并不很必要，关键是原理在办学中的真正运用，尤其办学实践过程是不是遵循、切合了原理。

习见的情形是，经由这样的经院式培训，有些人口若悬河，能言善辩，说什么都头头是道，可谓“神乎其技”，至于办学实际能力、治理水平、教育质量提升的策略和方法，直至行政与社会评价，则无从谈起，近乎“口惠而实不至”。

经院式的理论导向的培养模式严重轻忽实践能力、理性思辨和创新精神的培养。

优秀校长，最为理想的追求，迅速成长为教育家，按照教育规律，实现教育家办学。对照这一标准，我们可以说，办学的教育家，也就是教育的实践家，与一般的言说、研究型教育理论家，与一般的决策、管理型行政教育家有所不同，他得在道德、功业和思想领域均有所建树，尤其是在教育功业这一领域卓然超群，照搬古人的标准，即是“立功、立德、立言”。因此，从专业的校长培养工程而言，最为重要发展目标，是其办学治校、成就名学校、培育拔尖创新人才的能力和素质。陶行知与胡适成为近代以来直至今天仍然令人敬仰的伟大教育家，如果没有晓庄师范的实验和北京大学的办学成就，又何以言之？

显然，这样办学的教育家仅仅靠单一的经院讲堂、理论研究，难以培养出来。

卓越的管理能力，需要在管理实践中培养

小时候在农村，观察工匠生活，印象最深的是木工带徒。过去老百姓打家具，造房子，离不开木工。木工上门工作，几乎全都是“组团”：一个师傅带着一两个徒弟。干活时，新徒弟基本上干粗活，下手活。比如用斧头砍削树皮，用锯子断开整木，用刨子将木板的表面刨光滑。这是初级阶段。到了中期，用墨斗取直，用凿子开榫眼，做榫头，徒弟会

有所涉及。在木工工作的现场，你只听到工具的交响，很少听到师徒“谈笑风生”，即便说话，也很少听到师傅教导训诫。最多只有徒弟出错，或者怠慢，师傅会轻声慢语地提醒、批评。在师徒生活工作的过程中，你几乎看不到师傅给徒弟上课、教学、辅导，更没有书面的文献和专著必须阅读，可极少例外的是，三年之后，徒弟绝大部分都会圆满出师，从此开始自己的木工生涯，而其中，不乏创造出卓越工艺和工艺美术杰作的“大国工匠”。

这一工匠培养的过程，有道理可说。自始至终在情境中学习，而且是在真实的生活情境中学习，这与情境学习理论、杜威的教育及生活观、陶行知的生活即教育观如出一辙，也与伟人所言“读书是学习，使用也是学习，而且是更重要的学习”完全一致；徒弟在师傅的陪伴中学习，这与教育的“育”的真谛高度切合；师傅之“远远地看着”，而绝不整日居高临下、指手画脚，这更是古老的《学记》所言的“时观而弗语，存其心也”；而偶尔出错时的点拨、指正，则是“道而弗牵，强而弗抑，开而弗达”，是一种相机而动的“因势利导”，而这样的教学，极大地保护了学习者的自主性和独立思维，有利于其知识和能力系统的“自主建构”，也保护了其个性和自信心。不仅如此，这样一种工作中的学习和培养，还能够直接产生效益，徒弟的每一项劳动，不管是下手和辅工，所从事的劳动都显现出或多或少或大或小的成果，师傅承接的“工程”最终完成，一点少不了徒弟的汗水。这样的成就感自然会转化为继续学习和持续发展的动力。这些与成人的学习心理和习惯是高度吻合的。

后人将这种工匠培养的模式称之为“工作坊”。

教育部从2015年启动首期名校长领航工程。这一工程的实施，其实际所采用的也就是“工作坊”制度。以第一期工程为例，在全国遴选8家优秀基地承办，经双选产生8位学员。每一基地设一位首席专家，另配一到两人组成管理团队。为每位学员配备一位实践导师和一位理论导师。在管理团队的部署、管理和协调下，首席专家率领专家团队通过为期三年有分有合的活动，将8位学员培养成为教育部文件所设定的“教育家型校长”。这一工程后被统称为“领航工程”，“领航”之谓，可谓一语中的。实际就是由首席导师、领衔校长与各类实践、理论专家组成专业团队，在特定时空里，引领卓越的学员校长，一步步走向完善，走向成熟，最终达成目标。这就是最为高端的旨在培养教育家型校长的“工作室”。

我在多篇文章中强调，处在当前时期的优秀校长，最需要共识教育价值，探索教育正道，修炼理性人格，培养经验质感，升华情怀和境界，凝练个性和思想。究竟用什么方式和路径实现上述功能和价值？最近10年，笔者以管理和研究者的身份、以专家和首席专家的身份，全程参与两届教育部名校长领航工程，参与江苏和全国多地教育家型校长培养工程的经历，越来越感受到，与传统的培训方式——班级教学、专家讲座、典范观摩、论文写作等相比，“工作室”方式在培养名校长方面有独特优势、价值和魅力，其成效无与伦比。我觉得这是迄今最好的名校长培养方式。

名校长工作室平台，也需要要素支撑

意义虽明，而名校长工作室要想顺利实现其价值，达成其目标，其自身的建设至关重要。梳理和总结教育部领航工程和各地名校长工作室工作，我觉得需要重点把握如下四点。

一是卓越的首席主持。木工带徒的成功，关键在师傅，所谓“名师出高徒”。从领航工程和各地工作室开展的成效看，虽然按照要求，组成了由实践和理论专家组成的高层次专家组，但首席专家或者主持人的素质是工作室成败的核心和决定因素。那谁能胜任首席专家或者主持人、组长的工作呢？我觉得一类是那些具有丰厚的教育功德，同时又兼具教育理性和一定的理论素养的教育实践家，一般而言，至少应该是地市级以上名校长；一类是那些具有丰厚的教育理论素养同时对办学和学校管理工作有精深了解和准确把握的教育理论家。当然，要求一个教育工作者真正能够“两美兼具”很难，因而这样的专家也很稀少。从实际效果看，教育实践家型的主持人其工作的开展更务实，更利于校长们的实践转化和改变，因而也更受欢迎。而为弥补自身理论素养的不足，很多主持人会聘请院校理论专家加盟，构建实践与理论导师并重的指导团队。也就是说，用卓有建树的名校长来培养名校长，正如同高明的木工师傅带徒传艺，实际是一种真正的“传承”。而对于主持人而言，按照教学相长的原则，培养名校长的过程实际也是自求进步和继续发展的过程。与优秀者结伴而行，一群智慧的大脑碰撞，从人生到社会，从教育到生活，互动互学，互联互通，研讨争鸣，远近高低，自能够越走越远，越攀越高，包括主持人本人。这倒是木工师傅可能没有想到也很少做到的。

二是层递的学员团队。学员校长作为工作室发展的主体，其质地和品位尤为重要。名师之所以能出高徒，徒弟本身的出身很关键，尤其与师徒之间的“气味相投”、总能“和谐共振”相关联。所以，很多区域工作室主持人确定之后，教育行政往往邀请主持人参与学员遴选工作，在双方充分互为了解的基础上，采用互选机制，自由组合成队。不仅如此，教育部领航项目还要求各学员所在省教育厅为各参训校长选配10名左右优秀校长，组建名校长工作室。名校长在国家级工程中接受领航，同时又通过工作室，领航省内优秀校长，达成双重领航，形成层递与放大效应。关键是，立竿见影，学以致用，在发展他人的过程中，教学相长，进一步发展自己，这已被证明是一种自我培训的极好机制。

三是共识的发展目标。与传统的工匠带徒一致，一般名校长工作时间为三年。对入门校长进行了解、评估，并恰当定位，是第一项也是至关重要的工作。知己知彼，百战百怠。知道从哪里启程，才可以知道可以在某一时段行走或者攀登到什么样的终点。如果是骨干校长，则三年中努力成长为卓越校长；如果是卓越校长，则向教育家型校长发展。多年多轮培训实践，我们最深的体会，校长发展，或者说工作室发展校长的目标定位，一定得确定为双主体发展——校长自身与所在学校共同发展，校长自身卓越与学校卓越必须双轮驱动。这可以最大限度地避免不切实际的空头理论与空头理论家的出现。就名校长工作室主持人而言，必须自始至终牢牢把握实践的教育家，而不是理论的教育家这样的培养目标定位。此前某些经院式、理论型培训导致的一些空头理论家满天飞、满嘴跑火车的现象，给一线校长带来许多负面影响，必须遏止。

四是严谨的学习计划。有别于工匠带徒，优秀校长除了实践能力，还需要培养其精神、人格等综合素养，还得发展其理性思维，逐渐生成自己富于个性的教育思想。仅仅靠随机操作、反复历练又是远远不够的。在发展目标确立之后，主持人就得围绕目标，与所有学员校长一起精心研制三年工作即发展计划。其中有几个关键点必须十分明确，安排到位：一是三年中一以贯之的核心工作。比如读书，读什么书，写多少心得，开几次读书报告会；比如诊断学校，诊断多少次，去哪些学校，每次重点解决什么问题，都得清清楚楚。二是三年中每一次活动的时间、地点、活动主题、内容和形式。这样的明确安排加上主持人与学员间的共识，实际其本身就是一种互相间的约束机制，成为后续培养工程成功的重要保障。

此外工作室内部组织的建设，严格的纪律要求，加上教育行政年度考核和终结评价，就可以保障工作室工作有序有效地开展，并最终实现既定的目标。

实内涵　高品质　正价值
——工作室主持人引领名校长发展的重点

作为促进名校长发展的最佳平台，作为核心的主持人或首席专家，要把优秀校长培养成为卓越校长或者教育家型校长，在特定地点和有限时间里，又应该从哪些方面着手着力发展其哪些能力和素养呢？

这 20 余年间，教育所呈现的乱象也并不少见，一些校长所作所为，与教育家办学的要求似乎并不相干。一些耸人听闻的教育口号假以改革之名，到处攻城略地，以改革试验区、课题实验校等名义，施行着与主流教育若即若离的教育；一些主旨含混、指向不明的教育理念和观点，比如“成就最好的自己”“为了孩子一生的幸福”，以学校价值观和文化的名义，赫然成为为数不少的中小学印在纸上刻在石上的核心价值；特别是十余年间，被少量的专家和媒体有意无意炒作而成的“课改”典型，一下子名声大噪，成为成千上万的校长、教师朝觐的“圣地”，令人不可思议：何朝何代居然会有一种管理模式、教学模式可以打遍天下无敌手，放之四海而皆准？迄今为止，尽管随着中国学生发展核心素养的颁布，新一轮课程教学改革的启动，延续近20年的课改无疾而终，但其余绪余波甚至有些错误的理念和思想，还没有得到认真的反思和清理。在某些地区，一些校长奉行分数为王；笃信权力至上，漠视治理和赋能的管理潮流和趋势；与教师争利，在评选评优、职称晋升领域“一事当前，先替自己打算”。到某些名声煊赫的所谓“名校”，你很少看到教育的元素和影像，反倒或像机关，或像军营，还有的像卖场，像私家作坊，就是不像学校。这当然说的是极端的例子。

但是，学校必须回到学校。有专家言，中国社会转型的关键在于教育转型。面对西方国家从高科技领域合围中国的严峻现实，2020年9月，习近平总书记提到，我国面临的很多“卡脖子”技术问题，根子是基础理论研究跟不上，源头和底层的东西没有搞清楚。李克强总理也强调，许多‘卡脖子’的问题，最终都‘卡’在基础研究上。这就是说，现实和未来的教育尤其需要在高品质人才、拔尖创新人才的培养上着力。

教育部两届领航班已经圆满结业的180余位教育家型校长，在其所在区域，均以其卓越的价值坚守、切实的办学举措、显豁的办学业绩，引领其所在区域的教育走向规范、健康和可持续发展。

就此而言，旨在培养能够“立德立功立言”、引领基础教育转型发展的卓越校长的工作室，自始至终应该围绕共识教育价值、探求教育正道、修炼理性人格、培养经验质感、升华情怀和境界、凝练个性和思想等六个方面扎实开展工作。

第一，共识教育价值。现实教育的怪象和乱象是，原本不是问题的问题，很多成了校长和教师眼里的问题。教育的意义究竟在哪？学校的价值何在？办学从教究竟是为了什么？这些从有教育以来几乎亘古不变、一以贯之的常识，却一下子在最近20余年，而且是教育一直不断改革着的20年，变得越发迷惘、模糊、不知所以起来。2013年的十八届三中全会，党中央旗帜鲜明地提出“立德树人”的教育目标，但迄今落实不多。但令人难以理解的是，几乎与此同时，一些似是而非的教育理念和主张，以改革创新之名，标榜“新”“幸福”“生命”以危言耸听，在全国攻城池，建基地，扩队伍，俨然游离主流和体系之外的一支“教育独立大队”，但明眼人都知道，其背后的逻辑和目的究竟何在。与之相关联，一些区域和学校，片面追求所谓“个性”“特色”和“品牌”，生造概念，乱喊口号，为新而新，几乎走进“怪异极端”的死胡同。究问其理念、口号的内涵和核心价值，大多指向个人、自己、自利，比如“最好自己”“一生幸福”；有些则信口开河，自说自话，而少有与教育初心本真相关联的求真求美、向上向善、利人利他、理性思维、人文精神、家国情怀。

教育有规律，立言须谨慎。上述等等不一的所谓理念、思想，所谓创新、求异，在一定的区域几乎普遍可见，尤需要主持人在工作室工作中，通过办学示范、典型解剖、案例分析和文件学习，引领学员校长观察与分析、深思和反思、交流与研讨、批判和争鸣，逐渐厘清辨明，逐渐认同并达成共识。

第二，探索教育正道。近几年，中共中央、国务院密集发布数十份关于教育改革的文件，其指向十分明确，就是要通过体制机制变革，通过教育内外力量协调，突破功利藩篱，走向教育的科学规范，以培养社会主义事业的建设者和接班人。主持人正是要在工作室平台上，引导校长们深度研读中央教育文件、研读教育改革的顶层设计，研读教育原典；研究分析正反典型，精准发展定位，谨遵五育并举，谨遵拔尖创新人才成长规律，将教师发展、队伍建设放在学校一切工作的首位，将价值引领、文化浸入作为教育的第一课程，将国家课程为主体和核心的学校课程建设作为学校的中心工作，将独立自主、个性和差别化的备课、教学和学习，作为师生教学活动的不二法则。也就是说，引导校长学员祛魅纠偏，矫枉过正，一切的一切，回归立德树人的教育正轨道，迫在眉睫。

第三，修炼理性人格。理性既是思维方式，也是行为方式，还是一种为人处世的态度、人格，所以我们评价优秀者常常谓之富于理性精神。就校长而言，所谓有理性人格，也就是对于教育意义、学校价值、办学目标、育人理念和学生发展这些教育的基本问题有清晰的认知和坚守，对于教育现象和教育问题有基本的独立的分析和判断，即便在改革潮流、专家观点和成功样板强势来袭时，也能“咬定青山不放松”，静得下心，沉得住气，三思而后行。领航校长身上最为鲜明的共性，就是沉着冷静，三思而后行；凡需学校落实、执行的指示、精神，都必须过脑子，都需消化处理，而不是照单收转；他们善于整合，惯做减法；他们精于化繁为简，化腐朽为神奇。理性人格内核就在于一个字“思”。《中庸》里说：“博学之，审问之，慎思之，明辨之，笃行之。”这段话揭示了人生成长和发展的重要密码：由知到行的过程中，万万不可或缺“问、思、辨”这三位一体的环节。实际上，上述教育新老问题，症结就在于，有些教育人，被功利牢笼，自闭了视听，滞涩了思维，停止了思想，在某些理论和典型面前，见到风就是雨，俯首帖耳，顶礼膜拜，与现实社会层出不穷的“圈粉”之形状别无二致。就是说，引领学员校长静下心来理解教育，理解育人，理解办学，理解各种经验和典型，在此基础上，逐渐形成自己的教育和办学主张，矢志做适合自己学校、自己区域的教育，可能是当务之急。在校长自身发展过程中，跳出教育，走出学校，眼光向外，虽然必需，但自问内省，而成长理性人格，以抵御“内卷”，在反思既往、走向未来的今天，可能尤为重要。

第四，培养经验质感。卓越校长普遍需要具有一种透过现象看到教育本质的能力，一种特殊的教育敏感，或称之为经验质感；因为“具有经验质感的社会科学研究者可以轻易地从纷繁复杂的现象中提出问题，找到症结和要害，透过现象看本质，从现象中提炼出一般性的规律性认识”。（贺雪峰《中国研究中的学风和文风问题》）名校长既是学校教育的实践主体，也得参与一些教育科学的研究工作，最重要的还得去主持自己的工作室的工作，没有这样的经验质感，又拿什么去指导他人？

经验质感是基于办学实践、丰富经验和一定的理论，逐渐训练形成的身体本能，类似于说话时的语感，骑车时的平衡感，最同于中医望闻问切而有的直觉判断。因此，工作室主持人应该发挥自己与学员校长共有的实践与经验优势，通过现场观察、经验交流、问题研讨，实际是一种类似中医的把脉问诊的方式，率领大家，在现场，在实践领域，在感受、体会和领悟学校情境、故事、细节的过程中，拨云见日，精准判断学校发展的优劣与校长办学的得失；去伪存真，精准判断教育问题和现象的本质与因果逻辑；直击要害，精准指导学校和区域教育的思路和方向；关键是，反求诸己，时常回望来路，总是默念初心，让自己和所在的学校坚守本真和规律，成为始终不渝的领航者。

第五，升华情怀和境界。就卓越校长而言，最需要直指教育、人文乃至家国的高尚的大情怀，最需要由良善个性、教育功德与家国情怀支撑的理性精神、人格魅力和综合素质。这许多年来，管理学层面的“领导”理论被引进、被推广，校长们耳熟能详，但实质性的“领导”理论并没有获得真正的落实。不仅如此，一方面口头的“领导”概念正在被毫无边际地滥用，另一方面，背离“领导”内核的校长行为时时发生。何为“领导”，作为管理的一种基本形式也是高级形式，实际就是淡化威权和管控之后的引领和指导，类似于我国古人所崇尚的身先士卒，以身作则，率先垂范，以及由此而引发的“不令而行”。唯有这样的校长，才可以带给教师、学生和学校理性和理想，信心和安全感；像遮阳伞、防火墙，在当下提供教师静心教书、学生定性学习的太平绿洲。校长的“领导”力提升，才会放弃威权，淡化管控，远离公权滥用甚或私用，才会民主、治理，才会赋能师生，从而促进师生教学的独立、自由和创造。不仅如此，这样的校长才可以在学校发展、自己发展的基础上，带动兄弟学校，引领区域教育，乃至伸出援手，支持和帮扶边远穷困地区学校和教育共同进步。

第六，凝练个性和思想。不“立言”，何以称卓越校长？何为卓越校长的教育思想？教育思想实际是办学思想，即校长对于教育的认识、理解，见解、主张，理念、观点，在具体的办学实践中的执行和落实，或者说是从学校的教育教学和管理行为中梳理总结出来的教育理念和思想。思想何来？一定来自优秀校长带有独特个性的思维。思想是思维的结果，有个性的思维才会有闪光的思想。没有个性和独特性，何以称思想？但最近许多年来，有个性的校长，敢于张扬个性的校长，似乎并不多见，按部就班的校长比较多见。所以一旦与之谈论教育理解、主张和思想，则不知如何张口。主持人凭借工作室平台就是要因势利导，善于发现成员校长中的优秀者、优秀者办学实践和经验中具有思想萌芽的因子，启迪和引导他们，并与他们一起挖掘、梳理、分析、综合直至整合提炼，最终凝结出各自的带着其个性印记的“每一个”教育理解、主张、理念和观点。思想需要以教育功德为基础，思想需要扎根传统教育文化；思想需要以现代价值理念为纲要，思想需要依据教育理论；思想需要博采借鉴以为“用”，也需要思想者的持续改进以成“体”；最终思想还必须锤炼表达以求传之久远，惠及他人。在所有教育家型校长思想凝练的过程中，这都需要主持人精准把握和引导。

一纲高举，五线并行
——名校长工作室的工作思路和策略

由名校长主持，以培养名校长为目标的名校长工作室，现阶段，一般应由地市级以上相关级专业机构在教育行政领导下组织开展。这一方面是因为名校长本身数量有限，另一方面，可资名校长培养的资源也十分稀缺。但不管哪一级的名校长工作室，其学员一般都是当地校长骨干，具有比较出众的教育素养、管理能力和办学实绩，具有超越一般的学习和发展能力。虽然说，进了工作室，就是学员，但作为工作室主持人，则不可以等闲视之，而应以之为共同体之一员，是共同学习和发展的伙伴。不仅如此，学员在自觉尊重主持人的同时，也应该明确自己的目标和责任，积极主动学习、进取和发展。双方都应该知道：任何成长都是主体自身的成长；任何他人都无以代替发展主体的发展。没有学员的勤勉和智慧，主动和自觉，再多高明的师傅和专家都无法培养出所谓的“高徒”。从这一意义上，主持人和学员必须教学有道，各尽其责，这才能各显其能，最终实现教学相长，当然主要是学员的成长。

主持人在工作室工作中，应重点发挥组织、引领、示范指导和帮助之功。所谓组织，是指工作室工作目标、计划，每一次工作活动的开展，以及与工作室相关活动的所有安排。这并非要主持人事必躬亲，很多具体的事务可以在顶层设计后交由班级组织完成。所谓引领，是主持人认为教育教学、办学、管理诸领域中至关重要而学员普遍缺失的理念、理论和方法的教导、讲解。所谓示范，是主持人就办学实践的关键环节和领域，在自己所在学习给学员的现场展示、现身说法，比如行政会议的议事和决策，教师备课环节的科学安排。所谓指导，是主持人在学员遭遇问题和困难时的有机启发、点拨、提示和警醒。所谓帮助，是满足学员个性化需求提供的支持。

在主持人的所有工作中，严格信守和遵循以学员为主体，满足需要，提供支持，绝不好为人师，越俎代庖。从这一角度讲，根据我个人的体会，传统的讲座、整班教学、全时段上课，将受到严格限制，降至最低比例，直至摒弃。

学员作为学习主体，秉持自觉求进、自主建构、学而时习、学思一体的原则，重点扎实开展博采、思考、践行、改进、发现和发展等活动。其中，思考是至为重要的核心环节。针对最近许多年来，教育领域典型推广和模式学习中存在的严重问题尤其生吞活剥、照搬照抄的弊病，须重温《中庸》申明的学习之道：“博学之，审问之，慎思之，明辨之，笃行之。”从第一环节的“博学”，到最后环节的“笃行”，原本要经历“审问”“慎思”和“明辨”三个质疑思辨的过程。现实中多快简省的结果，便是将基础教育做成了一种理念、一个模式、一个追求；教师备课唯有依靠“集体”，学生课堂学习唯有仰仗“小组”，而学校价值就只有“成就最好的自己”。这最需要花费大力气予以矫治。其中，发现和发展，是对于学员学习的至高要求。学员必须主动追求自身教育、管理、办学的个性，发现共性之外有别于他人，而且在管理实践中有卓有成效的教育理解、主张和观点。从此出发，在主持人和专家的引领下，逐渐发展和提升，凝练和完善，最终建构独具一格的教育思想。这一过程，实际也是在坚守主体，保持理性，彰显个性，形成风格。所有学员心里都应明白：我的大脑，当然需要学习和接受，但一定不是他人思想的跑马场。

这就可以形成工作室工作的重要特点：主持人充分赋能；“师生”间高度平等；学员自主自由；于是思维与思想，就可以如春笋一般涌动舒展；个性与创造，就可以如天马一般纵横行空。这就是海德格尔所言的区别于传统的现代“共同体”。

在这样的共同体里，三年时间，我以为围绕卓越校长“立功、立德、立言”的三大发展目标，紧扣与目标相关的共识教育价值、探索教育正道、修炼理性人格、培养经验质感、升华情怀和境界、凝练个性和思想六项基本内容，主持人应该引领学员校长，在丰富多彩的学习过程中，重点突出“五线”，开展一以贯之的系列活动。

一是经典阅读线。

阅读，是提升教育人学养的基本路数。对于优秀校长，自应该博览群书，但更应该聚焦教育经典，真正读深读透几本经典原著。比如关乎生命的，《活出生命的意义》；关乎教育本身的，《教育的目的》《陶行知文集》等；比如关乎教学的，《论语》《学记》等。也还可以读一点包括逻辑在内的哲学著作。最近多年来，新著特别是译作多如牛毛，教育人阅读赶潮跟风的势头很盛，我的体会，真正的经典，都有一个共性特征，一定是在成功实践的基础上总结凝练而成的理论集成；或者是被实践反复证明为科学的真理。阅读经典，不是为寻找教条以作说写的工具，也不是在现实管理实践中寻找理据以证明其理论和观点的正确，而是要借鉴其核心的思想，从中获得教育和办学的启迪；或者联系自身的理解和实践，发展和建构新的理念和思想。所以，就名校长而言，学习经典教育理论时的深思、联想、学校观察以及对照办学实际的比较分析，可能比阅读本身还要重要，这也就是古人所言的“读万卷书，行万里路”。对于经典教育著作的阅读，主持人应通过报告会，现身说法，激发深度交流，在相互碰撞和触发中，实现价值共享、放大和延伸，关键是实践运用中的联系和收获。这样有计划安排的深度阅读与不辍的实践、联系、思考有机融合。

二是专业研究线。

课题研究，是名师名校长培养的传统课程。教育部领航工程实施过程中，成功的范例很多。其中有几点值得重视。精心设题。主持人应引领学员校长反复斟酌，选择并聚焦学校发展或者个人发展最为切身的教育问题进行集中研究并致力解决。可以设计一个总课题、数个子课题，每一学员主攻一个子题。课题应该就是问题，问题应该是个性化的，是某一自己最为关注的问题。切实研究。因为问题是自己的困惑，正在寻求解决，这就与那些为研究而研究的“级别课题”的处理方式完全不同，就不会虚应形势，玩形式主义。主持人与学员一起大量阅读，广泛征引，不断思考，多方探求，实现理论与实际的融通，达成对这一问题的通透理解。重在运用。围绕课题的每一点思考，设计的每一个理念和方法，学员们都会结合办学、教育教学实践予以验证，在反思和矫正中予以调整和完善，这一过程，便是经验和思想产生、形成的过程。课题研究，真正解决了一些发展难题和困境，真正清晰和深化了自己的教育理解，真正完善了自己的办学思路，还会从中发现自我，从而引发顿悟。如果写作并发表了一两篇富于理性、富于实用和指导价值的高质量教育论文，那就是最重要的成果。主持人应充分利用课题这一杠杆，合理调控，分合有度，提纲挈领，带动三年左右从理论到实践的研修，尤其是引导学员办学品格和教育思想的提升和凝练。这将会使三年的培训工作重心更为聚焦，重点更加突出，从而更有效率和质量。

三是学校诊断线。

进入办学现场、学校实境，对学校和校长进行观察、调研、分析、梳理，在此基础上，对学校现状做出判断，对学校未来发展提出建议，类似于中医之望闻问切并开出药方。这样类似中医治病的学校诊断，应该是最好的名校长工作室课程。

学员作为优秀校长，办学有成绩、有心得，在富有教育理论和丰富实践经验的主持人的引领下，对一所所不同层次和状态的学校进行规范系统的诊断，类似于医生一次次的临床，学员自身与专家各抒己见，发表个性化的诊断意见，侧重不同，感受不同，建议有别，就可以互相触发、碰撞，引发深思和领悟，在这一过程中，不断提升自己对办学思路、规范和规律的认识和把握。这就为自己实践能力不断增强、管理水平不断提升、教育思想逐渐成熟奠下厚重的基础。不同类型、不同层次学校的反复诊断，就好像不同病人不同状态的不断诊治，历练了自己的专业素养，提升了自己的经验质感。一个具有优秀经验质感、可以对大量学校做出精准诊断的校长，没有理由办不好自己的学校。

四是实践反思线。

办好自己的学校，提升学校的发展层次和水平，最为重要的是专业引领下的实践，实践中的反思、改进和提升。今人普遍以为孔子所谓“学而时习之”的“习”，就是“练习”，“复习”就是做题，反复地训练。实际上，此“习”非彼“习”，此“练习”也非彼“练习”。这里的“习”指的是见习、实习，就是践行。理论学习、专业指导加上全程参与的对于他校的诊断，融会、内生而成办学的理念、思路、策略和方法，就需要在自己的办学中践行、验证，就需要此后的反思、反思后或者理念或者实践的修正和改进，这样反复地开展，就可以使自己在理念和实践两个领域获得螺旋式上升，不仅自己的专业素养获得提升，学校的发展水平也会与日俱升。这样的实践与反思并举的过程，也就是自己的教育思想逐渐清晰、完善、聚焦和凝练的过程。所以，学员在主持人引领下的学习和训练，与学员自身学校管理的践行和改进的紧密结合，“学而时习之”，正是工作室模式成功的秘诀所在。

五是精准帮扶线。

从现实教育和校长的状态看，教育人的情怀、精神和境界对教育的转型发展起着关键性、决定性作用。这也是领航校长们身上最为闪光的元素。首期领航学员的杰出代表邱成国、杨琼英校长，分别率领团队精英对南疆广大地区、怒江州及云南各边疆地区义务帮扶近十年之久，用优质的教育资源，引领一大批学校同步发展，产生巨大的社会效益。关键是这一过程，提升了两位校长及其团队成员和所在学校全体员工的教育、人文和家国情怀。在两期领航校长的培养中，江苏基地将对三州三区的教育帮扶作为必修课程，以此锻炼校长们的精神，提升其境界，产生了出乎意料的成效。在名校长工作室工作开展中，一方面主持人自身需要具备这种利他、奉献、帮助的自觉，另一方面，更得有引领学员校长借助帮扶课程实现薄弱学校的改变和提升，更为重要的是，着力提升学员校长们的高尚情怀。校长的情怀、精神、人格和境界是实现卓越的核心，这也是现实中拒绝功利渗入的屏障和利器。有了这些，校长才可以超越平庸、高屋建瓴，着眼长远，就可以对自己随波逐流、背离教育本真和初心担责，就可以在一切违背教育规律、反叛教育的言行面前勇于拒斥，敢于喊“不”。

五线并举，再辅以情境教学、跟岗研学、专题研讨和教育随笔写作等诸多路径，工作室工作形式的多样和丰富，与工作内容的饱满和立体，正可谓表里合一，水乳交融，这便可以确保其任务和目标在三年左右的时间顺利达成。

中国中小学名师名校长领航工程丛书

让办学思想成为校长的文化符号

柯中明◎著

中国出版集团
世界图书出版公司

丛书序

我在不久前发表于《中国教育报》的一篇文章中提到：必须高度重视我国教育本土实践与智慧的深度研究，这可能是中国教育转型的关键，也是增强教育自信的必由之路。这里摘引其中的几段。

何为“本土”？自然指向的是中国本土，它是中国的，是中华民族的，是在中国教育自身的实践中产生的。但今天的本土，又不是纯粹的孤悬于世界教育文明之外的“孤岛”。近代以来，国门大开，中外交流包括教育的交往从未中断，而且越来越有深度，也越来越融通。因此，可以说，在全球经济一体化的今天，偌大的中国，无论怎样的教育实践和思想，都像今天的中美经济贸易一样，你中有我，我中有你，所以这里的本土应该是指发生在中国大地上却又融汇了全球教育智慧的本土实践，是在实践中产生的智慧。研究本土教育，弘扬本土教育的实践智慧、经验，绝不意味着我们对于他国教育理论和实践的拒绝和对抗。

事实上，许多年来，随着教育部中小学名校长、名教师领航工程的陆续启动，一批又一批原本散落、尘封、不为外人所熟知的教育实践成功的学校、校长和教师典型，经由国家工程的推动，越来越快地成长、发展和成熟。笔者参与教育部中小学名校长领航工程，以江苏基地首席专家的身份，与来自全国15个省市自治区的教育家型校长“互学共进”，见证了他们在一流理论和实践导师的专业引领下自身成长和学校发展的

“蜕变”过程，深感与最为杰出的教育人结伴而行，乃人生至乐，且真正可以教学相长。感受最深的是代表我国现阶段最高水平、最高层次的精英校长，他们在长期的教育和学校管理实践中，在长期广泛学习、借鉴、研究、融会贯通、将世界优秀的教育理论与我国教育实际相结合的过程中，不断地“立功、立德”，成就越来越多的教育辉煌，其中有很多校长已经或者正在形成富于本土教育特色和个性的教育思想。

这样成功的本土实践、这种在本土实践中成长起来的中国教育智慧，对于教育改革的深化，对于教育转型，其借鉴意义和价值深远，一点也不亚于西方教育成功的理论和模式；甚或，因为其同源性、可行性，就显得更加重要。对之视而不见或者置若罔闻，这要么是崇洋媚外的劣根作祟，要么是功利导致的无知和漠视。

到2021年9月中旬，教育部第二期教育家型校长培养工程圆满结业，中国已经培养出近180位教育家型校长。而随着时光流逝，他们中的越来越多的人都将淡出教育的主流场域，这虽然是新陈代谢的规律所致，但对于这一批校长，在这样一个黄金时段，如何最大限度地发挥他们的作用和功能，更好地实现在教育变革中的意义和价值，对此我们又有多少考虑，又有多少顶层设计呢？

作为曾经伴随着他们“走过这一段路”的培养者，作为亲眼见证和感受着他们的优秀、卓越和创造了一方教育辉煌的专家，每每想到这些，只有扼腕叹息，我无法要求国内的教育专家学者转换视角、转变观念，把研究的重点瞄向本土、本土真正杰出的教育实践家、中国一流的教育家型校长群体，也无法突破一般政策的规定，比如校长任职年龄的限制，充分发挥这些领航校长的智慧和才干，不断创造办学和教育的奇迹，引领一方教育顺利转型。我可以做的，或者说力能胜任的，大概就只能是重点关注这些校长中的一部分，调动多方专家力量，如实地呈现他们有关教育的功、德、言，呈现他们的研究成果和创造成果。

这套《中国中小学名师名校长领航工程丛书》正是要通过这些校长

自身成长的轨迹梳理、学校发展的过程回放，通过对其经验与理念、理性思考与实践智慧的展示，特别是通过他们教育思想、管理个性与办学风格的真实表达，以理性开启思维，以经验启迪思想，以成功激励成功，为面广量大的校长人群提供资源帮助，经验参照和方法启迪，推动正行进在改革现实、加快转型、探索未来教育的他们突破、超越，从而为加速建设教育强国、科技强国、人才强国贡献智慧和力量。

不仅如此，通过这种原汁原味的成功样本的“实录”，展示中国基础教育转型期一批勇敢者不息探求的历史，为未来国内有志于中国基础教育研究的专家提供第一手的最真实的素材和资源。也衷心希望越来越多的教育同仁参与进来，开展越来越多、越来越丰富的研究，取得越来越多、越来越厚重的成果。

当中国本土的教育实践智慧被越来越多的教育人、研究者深度关注，当本土教育家型校长和校长教育家的办学思想、成果的研究终于成为“显学”，我国教育改革的深化、教育转型的发展，就进入了花香郁郁、生机勃勃、自信满满的崭新阶段。

本丛书的组织、编写和出版，得到了教育部“国培计划”专家工作组秘书长黄桂珍、领航工程项目办郭磊主任、国教院培训学院于维涛、领航工程北京基地首席专家胡淑云、领航工程广东基地首席专家龚孝华等的大力支持，他们给予本书以较高的评价，在此深表感谢。必须要提到的是，2020 年，北京教育学院校长、培训学院院长胡淑云教授邀我和广东第二师范学院龚孝华教授一同参与了中国教育学会重点课题“从名校长到教育家型校长发展路径研究”，本丛书恰恰是围绕这一课题所做的“研究三人行”之成果了。

严华银

2022 年 2 月星期日于南京老山竹下居

永做教育的“捞仔”

柯中明校长把他最新的书稿《让办学思想成为校长的文化符号》发给我，希望我为它作序，我是非常乐意的。这不仅仅是因为我曾经是他参与过的一个校长培训项目的理论导师，更是出于对他真挚和炽热的教育情怀的钦佩。与柯校长几年来的交往使我认识到，他确实是喜欢孩子，喜欢教育，真心真意、全心全意做校长的，努力为孩子们的健康成长创造一个最优的成长环境，完美呈现了一位教育家型校长应当具有的情怀、远见和责任感。从与他以及其他中小学校长们的交往中，我学到了很多东西，也更加坚信中国的教育是有希望的。

《让办学思想成为校长的文化符号》这本书是柯中明校长20多年来办学实践和经验的总结与凝练，比较系统和完整地呈现了他的办学思想和教育教学理念。这本书的篇幅不大，一共有六章：第一章“中心，为儿童存在”，说明自己教育思想的价值立场或价值原点；第二章“从‘捞仔’到‘根哥’：我的‘根教育’之旅”，回顾他自己教育思想的形成过程，里面有非常生动的办学故事；第三章“学东学西学以致用　习今习古习为自强”，讲述他是如何不断提高自己的办学领导力，是实践校长领导力提升的一部“活教材”；第四章“心系师生安校园　胸有琼林化乾坤”，阐述如何建设学校文化，其中特别谈到让办学思想成为校长的文化符号；第五章“是非功过听君言　依道而行铭于心”，介绍民主治校思想的形成与实践；第六章“务求忙而不乱　无使躁而伤身”，探讨如何静下心来去探索教育规律并遵循教育规律办学校，将自己的办学思想提升到一个新高度。六章之间逻辑关系紧密，层层展开，夹叙夹议，于日常教育生活叙事中感悟深刻的教育哲理，构造出一个真诚而开放的教育思想空间。

柯中明校长是真爱教育，对办好一所学校充满了渴望。他借用陶行知先生“人生为一大事来”的格言，提出“我只为一件大事而来，那就是办一所好学校”，读来令人动容。校长是学校办学的核心。校长这个职业的存在，当然可以帮助校长个人实现自己人生的一些理想与抱负。但是，校长这个职业，就如同教师的角色一样，本质上并不是为校长本人而存在的，而是为孩子、为学校、为社会而存在的。任何看不到这种价值的人，都不可能成为一名好校长。只有成为一名好校长，才能成就一所好学校。一所学校，不管其历史有多长、升学率有多高，如果没有一位好校长，它就永远不可能成为一所好学校。柯中明的这种价值愿景，毫无疑问，为他办好一所学校提供了根本性的价值动力和永不枯竭的教育激情。

在办学过程中，柯中明校长提出了“根教育”的办学理念。说实话，这个概念一开始我不是很能接受，但是后来听他说得多了，慢慢地也能理解他的教育主张。在我看来，“根教育”与“素质教育”类似，或者说，体现了素质教育的理念，就是要从人的发展所需要的最基础的素质培养着手来开展教育，循序渐进，由近及远，以便能够使学生健康成长。这就像种庄稼一样，无论是浇水还是施肥，都要从根部开始，“根”壮才能“叶”茂，才能获得好收成。正如他自己在书中所说，“根教育”是教育方法，也是教育过程。“根教育”主张“培根固本”，主张解放儿童、唤醒生命，致力于帮助师生开启卓越和幸福的人生。这种理念，对于长期主宰我国基础教育的唯分数论或应试教育来说，不啻为一场思想的革命，有触动心灵的力量。

教育的对象是儿童，学校就是儿童学习和成长的地方，这是教育的基本常识。但是，在现实中，这个常识却常常被人所遗忘，学校成为成人谋生的地方，儿童在学校中处于被控制和被遗忘的境遇。柯中明校长在办学过程中鲜明地提出“学校是孩子的，校长是为孩子的存在而存在的”，表达了他作为一名校长对于“孩子”“学校”“校长”等教育价值关系及其秩序的认识，鲜明而生动。基于这种认识，在学校工作中，他通过建立以孩子为中心的学校文化、以孩子为中心的课程体系、以孩子为中心的对话方式，尽可能地将学校的时间、空间、资源等还给孩子们，让他们的天性在学校的学习、生活和交往中得以自由地绽放。我曾经到过他的学校，感受到他与孩子们之间那种基于相互尊重的教育关系，既有温度又有尺度。

良好的教育关系对于教育意图的实现来说至关重要。师生关系紧张了、有隔膜了，就不能指望有好的教育。这一点在以往的学校教育中也是重视不够。许多校长和老师长着一张“教育的面孔”，即见到孩子就“板起面孔”，以高高在上的姿态对孩子们评头论足、指点要求，让孩子们避之唯恐不及。奇怪的是，不少人还将这副面孔当成是标准的“教育的面孔”，主动戴在自己的脸上。柯中明校长在办学过程中，很注意改变传统的教育面孔模样，提倡亲切友好的教育新面孔。他明确提出，“惩罚与辱骂不是好的教育方式，它只会让学生产生恐惧并感到羞耻。教育的真谛应该是宽容和鼓励，这样会让学生在过错中吸取教训”。我是非常赞成这一观点的。俗话说，“亲其师”才能“信其道”。如果做老师的，都不能或不愿让学生亲近自己，那么老师又如何能够走进学生的内心世界从而担负起学生“心灵导师”的责任呢？！

柯中明校长做教师30多年，做校长20多年，已经从一名普通的教师成长为一名教育家型校长。他在该书中所展现的教育思想是鲜活的、接地气的，也是符合教育规律并具有鲜明时代特征的。相信阅读这本书能够给读者带来很多启迪，使读者产生共鸣。2002年9月，他通过公招成为广州市番禺区红基学校校长，当地人把他叫作南下打工的“捞仔”。这个带有地方味道的称谓很有意思，我觉得用它来称呼一名校长也是挺合适的。作为校长，他应当就是为学生、为学校、为教育、为国家和人类未来的打工人——普通而又伟大。

石中英

2022年3月2日于清华园

目—录

contents

第一章

中心，为儿童存在

第一节　守中心明：办学思想背后的名字

题记：年过四十，您应对自己的名字负责

美国前总统林肯亲自面试一位应聘者，幕僚觉得那人不错，但林肯没录用他。幕僚不解地问林肯：“您觉得他能力不行吗？”林肯直接回答：“我不喜欢他的长相！”幕僚更加不解：“一个人长得不好看，也是他的过错吗？”林肯回答：“一个人40岁以前的脸是父母决定的，但40岁以后的脸却是自己决定的。”林肯总统的观点深深地启发了我：我除了对自己的脸负责意外，还应该对自己的名字负责——用自己的言行来诠释自己名字，用自己的业绩来证明校长责任之伟大。

“中明”作为父母为我取的名字，经过这几十年的工作特别是任校长这十八年来，我有如下的新体会和新理解：古人云，知人者智，自知者明。所谓明，则是透彻、通悟之意，是一个人自我认知的最高境界，知天命，知责任，知教育，知学生，我应该知校长该有的人生观、价值观、事业观，更应知教育观。所谓中，和也（出自汉·许慎《说文解字》）；中，权威之意，如“公来自中，天子所倚”（出自唐·韩愈《祭董相公文》）；中，正，端正之意不偏不倚，如“头颈必中”（出自《礼记·玉藻》）；中，有忠诚之意，如“中和，祗庸孝友”（《周礼·春官·大司乐》）。因此，中明就是应该彻底了解教育的内涵，掌握教育的基本真谛，遵守教育的基本规律，在实施的过程中严格按照党和国家的要求，忠实履行党的教育方针，忠实实施素质教育，忠实完成立德树人的根本任务。

一、守中心明，只为办一所好学校

如果你问我广州是个什么样的地方？我就会用以下的方式来回答：苏轼在《定风波·常羡人间琢玉郎》里写道：“万里归来年愈少，微笑，笑时犹带岭梅香。试问岭南应不好，却道，此心安处是吾乡。” 在广东工作了二十二年，生活了二十二年，细细品来，这就是一种让我心安的韵味！ 2002 年应聘到广州，我开始了校长的任职生涯。18 年来，我经历了三所学校，一直坚守着校长的办学价值，发展每一所学校。

二、中庸自明——保持勤勉的本色

熟悉我的人，总是用“六个一”来介绍我。

拥有了一个外号。学生总是叫我“可可”或干脆叫“蝌蚪”，因为学生喜欢我；同行喜欢叫我“根哥”，因为我提出了“根教育”办学理念；坊间则称我为“专家”或“教授”，因为我受聘教育部和有关高校；刚做校长时，当地人则叫我“捞仔”，因为二十世纪九十年代我从老家江西九江来广东打工。我是何人？我是人们心目中当初南下打工的“捞仔”。

叫响了一句理念。做老师工作已经 30 年了，我始终把教育当作一场春雨，使其润物无声；我把教育当作一束阳光，使其照亮人的灵魂；我把教育当作一种生活，使其如空气般成为生存的根本。因此，我的教育理念总能用非常通俗易懂的话语来表达，比如“如其听六年，不如秀一次”（让每个学生都能成为光荣的升国旗手）。

浪得了一些虚名。我是教育部首期领航校长，也是教育部影子校长指导老师、“国培计划”专家、华南师范大学等高校的兼职教授、广州市名校长广东省名校长工作室主持人。

养成了一种习惯。日读万言，夜记千字，二十多年来，从未间断，我认为这是一个小学校长应该做的基本功。近五年，承担了共青团中央、省教育厅等单位的 6 个规划课题，参与了 3 个省部级课题，先后在《中国教育报》等核心报刊发表文章一百多篇，被评为2011年全国推动读书十大人物候选人。

凝练了一种思想。我结合工作实际，提炼了“守住教育之根，培养全面发展的人”的办学理念，恪守教育的基本规律，实施全人教育，让师生快乐学习，健康成长，幸福生活。《中小学管理》等杂志对“根教育”进行深度报道并出版《文化，改变学校》等5本专著。

成就了一所名校。我任校长十七年来，先后在三所学校任职，把学校办成了当地老百姓心目中的好学校，成为同行眼中的名校，从三十一年前的一个师范毕业生成为一个具有硕士学位的专家型校长。

守中心明，我只为一件大事而来，那就是办一所好学校。

三、执中厥明——我的成长经历

1. 学困生也能拿奖状

1984年9月我因为语文46分、数学23分、英语12分的成绩被迫在初一留级。那时，同学的欺负、老师的批评对于我这个全校闻名的笨学生来讲那时家常便饭，当时读书对我来讲是件非常困难的事情。曾经有次因为“明明一个绝对值‘a’为什么会变成‘a、0、–a’这三个了呢”去问数学老师，结果老师说：“你就是这么笨，这么简单的问题都不懂！”在同学们的哄堂大笑中，让我彻底丧失了读书上学的信心，当然也恨透了老师，恨透了学校。但因为当时政府严格控制流生，我不得不回到学校。

曹祥文老师是我初一留级后的新班主任，上课很幽默，不喜欢骂人，也从来不动手打人。一个星期下来，我好像有点喜欢上了他的语文课，但成绩依然没有大的起色，在学校受到的待遇依然没有任何改变。一天晚修做完了语文作业后，由于其他作业不会做，无聊之中我便就点起蚊香在纸上打点烧字，当把“肇陈中学”几个字像绣花一样一点一点烧好后，突然耳边有人小声地说：“你现在烧好了？”扭头一看，原来是曹老师，当时我呆了。再看看其他同学，居然和我一样完全没有发现曹老师的到来。

一阵惊慌以后，我反而镇静了下来，等待着老师的打骂和同学们的嘲弄。然而，曹老师却轻轻地示意我外出。来到曹老师的宿舍，曹老师请我坐了下来，不但没有提起刚才那件事情，反而和我聊起了他自己的学习与家庭情况。就在我疑惑之际，曹老师说：“我知道你以前的情况，其实一点也不重要，因为它已经过去了。重要的是现在，要学会管住自己。”曹老师的这些话，终于使在其他老师眼中水浇不进，脸皮厚得像猪皮（老师骂我的原话）的我，泪水哗然而出。“行了，哭说明你知道自己该怎么做了。你这就悄悄回教室吧，不要让其他学生知道你来过我这。”我一边擦拭着眼泪一边低头转身走出房门，“回来，擦干眼泪洗好脸再走，要不同学们会笑的。”

没有声嘶力竭，没有粗鲁的拳脚，没有似箭的冷语，没有不分青红皂白地指责，但曹老师的这番教育却深深地打动了我，从此使我的学习态度有了根本性的改变，学习成绩突飞猛进。这年年末的散学典礼上，我这个学校留级的差生居然位居学校三好学生之列，还破天荒地拿了一张奖状回家过年。85 年的春节是我学生时代最幸福的一年，这是因为全村读书的孩子中，我是唯一拿奖学金，也是我第一次靠自己的成绩挣到压岁钱的。曹老师保护了我的自尊心，激发了我勤奋学习的愿望。如今，我作为一个老师，作为一个校长，作为一个校长的指导教师，我始终让对方明白教育的一个真谛：惩罚与辱骂不是好的教育方式，它只会让学生产生恐惧并感到羞耻。教育的真谛应该是宽容和鼓励，这样会让学生在过错中吸取教训。一味对学生进行惩罚的老师是师德缺失的表现，师德的最高境界是在和风细雨中让学生能产生心灵的震撼和道德的内省。

2.“捞仔”也能做校长？

2002 年 9 月，通过公招，我成为广州市番禺区红基学校校长。报到后，才知道这是一所村小。学校所处的地方叫“紫坭村”，位于广州市番禺区与佛山市顺德区交界处。当地人喜欢把外来人员称为“捞仔”。“捞仔”的大意是“捞世界”的外地人，来挣钱的外地人，来争夺资源的外地人，来抢占机会的外地人。

在红基学校的七年时间里，我这个“捞仔”校长一开始被抗拒，遇到的阻力重重，到后来慢慢融入当地，成为“紫坭村”的一员，并让一所村小实现了“弯道超越”。

融入当地，走进基层，方能落地生根——这对“捞仔”校长来说尤其重要。

我到紫泥村报到的第一天，村主任很豪爽，也很直接，一见面就用不标准的广东普通话讲：“欢迎欢迎啊，终于来了个知识分子，等下我们村支两委的所有领导在酒店设宴欢迎你！”还没容我表白自己的办学雄心，村主任就领着我直接来到当地最好的酒楼。

珠三角就是珠三角，一进酒店就觉得非同一般，看来传言中的“小村富可敌县”是有道理的。“哐哐哐”，随着村主任那熟练的倒酒声，每人前面那容积350毫升大酒杯里的酒刚好与杯沿持平，真所谓“多一点则溢少一点则亏”。这倒酒术让我惊叹不已，不由得想起白居易笔下的卖油翁来，这一身绝活了不起，果然是高人！

就在我遐想之际，喝酒仪式正式启动了！

“我代表村支两委和3000多个村民，欢迎你来我们这里！”此时，村主任的普通话居然标准了很多,那架势就像外宾的祝酒。村主任一讲完，大家全部起立，端起酒杯，“咕咕咕”几下，酒杯就见底了！

我突然被这阵势给吓住了，因为我天生不会喝酒，也从来没见过这样的喝法。没办法，我只好也礼貌性地端起杯子，深深地鞠了一个躬，对大家说：“大家的热情让我非常感动！我一定好好工作，报答各位的关心和支持！”说完，便轻轻地抿了一下，放下了杯子，双手向后拉椅子准备坐下。

“阿彪，把椅子搬走！不喝酒就想坐下，简直无聊！”村主任一改刚才的热情，阴沉着脸发出指令，那语气没有一点开玩笑的味道，没有一点商量的成分，也没有一点退让的空间。酒桌上的气氛急转直下，刹那间，我从一个受欢迎的贵客变成了一个被驱逐的对象。刚才还壮志满怀，雄心勃勃，此时却遭受了一盆从天而降的冷水，从头冷到脚。

我呆呆地站在那里，因为椅子搬走了。坐，已经没有了位置；走，一时还真没有找到理由！

“做校长哪有不喝酒的，我们村不要这样的人！”虽然我不能完全听清楚村主任用粤语讲的这句话，但是我还是能理解村主任的意思。“喝酒就是校长的一项基本工作，不喝怎么能做好工作呢？怎么能把花了一个多亿建好的学校办好呢？”他说完，端起酒杯，一仰脖子，一大杯酒又喝下了！

看村主任那架势，我真有点害怕，也有点后悔！就这样僵持了几分钟后，还是当地的一位长者打了个圆场，才给我下了一个台阶！

真是不打不相识，后来我居然成了村主任无话不说的朋友。在村小干了7年，村主任给了莫大的支持。一个校长，尤其是农村小学校长，如果没有当地村干部的支持，不要说把学校办好，就连在那里呆也成问题。

后来我调进城区，我和村主任还经常相聚，继续为他的工作出谋划策。总开玩笑地说我是他的“高级幕僚长”！

3. 城里也有问题教师

我在三所学校担任过校长，每所学校都会遇到一些相对能力欠缺的老师，也就是别人眼中的“问题教师”。这类教师，农村学校存在，城市学校也同样存在，如何对待和转化他们，考验的是一个校长的办学能力和办学智慧！

（1）创新，让农村教师走出自卑。

农村教师的自卑感很强。2002年，我刚当村小校长的时候，就把老师派到城里去学习。但是，老师回来后却向我哭诉，在城里被看不起，要求再也不要到城里去学习。当天晚上我写了一首诗：“昨日入城市，归来泪满襟。遍场高人者，不是农村人。”为了给这位老师找个突破口，我利用综合实践活动课程的“三无”性：无课标、无教材、无教师，手把手教这个老师带着学生探索“生锈的秘密”。开始的时候这个老师很疑惑，但是我坚持让这个老师来做。通过引导学生观察生锈与材质和空气的湿度有关，并辅导学生写出高水平的研究报告，这个课程项目获得了广州市综合课改的一等奖，当然辅导老师也获得了一等奖。这事对老师触动非常大，并带动了其他老师，让问题老师能找到自己的长处和优点。

（2）创新，让“问题教师”找到归宿。

问题教师就像是豆腐沾了灰，拍不得、吹不得。如果校长没有真正让这些教师暖心，最后依然很难获得这些教师的支持。

我调到城区实验小学之后，该校就成为中美学校交流的基地，因为每年都有很多交流活动，那么可以送什么礼物给美国学校呢？反复思索后，我决定送一些可以体现中国传统文化意味的书法作品。但是一时又没有办法找到书法大家的作品，所以我就盘点了一下哪位老师在这方面有特长。结果发现，果然有一位老师在书法上很有造诣，但这位老师同时也是那块“豆腐”。

有一天，我在学校车棚碰到了这位老师，让把在村小上学的女儿转学到城区的实验小学。原以为这样就一定可以获得她的信任，结果她却拒绝了。后来发现，这位老师书法虽好好，但是她教数学。再细看，她是广州美院书法专业毕业，又是广州市书法协会的会员，她本来应该教美术吧，可是她怎么会教数学呢？看来她一定有不得志的感觉。

于是，我又找到她，撒了一个小谎。我说：“昨天与书法协会会长一起吃饭的时候聊到你，你的书法很厉害啊！”她就表现得很积极。我就顺势提出，与美国学校交流的礼品希望用她的书法作品，她很快就答应了。几天之后，这位老师就送来了四个卷轴，是她自己的书法作品，装裱非常精致完美。从此，就让这个教师上学校的书法课，效果非常好！渐渐地，本职的数学也教得越来越好！这就是我对老师的尊重。

（3）创新，让倦怠教师焕发活力。

倦怠是正常人的正常表现。产生倦怠的教师大部分是距离退休还有五至八年的教师。做校长的要有人文情怀让倦怠的教师不再倦怠。我同样也是尊重和发扬一位倦怠老师的特长——刺绣，让她在倦怠期不再倦怠。教师创新，需要的就是激发教师的活力。

我是幸运的！作为一个“捞仔”，来到番禺，当地的领导、同事、家长给予了我很大的帮助和支持，让我躬身实践，潜心办学。正因为一心一意为了学校、为了教师、为了学生，我能端正办学思想，强化自身学习，没有功利，没有躁动，最终成为一个名校长！

第二节　价值追问：办学思想背后的思辨

为培养造就一批具有较大社会影响力、能够在基础教育事业发展中发挥示范引领作用的教育家型校长，国家教育部启动了“中小学名校长领航班”的国家级培训工程。经过广东省的推荐，该工程项目办公室的审核，北京师范大学培训基地的录取，我有幸成为其中的一员，深感荣幸，倍感压力。因为，通过三年的培训，我们的目标就是要成为具有“赤诚教育之爱、理性思维能力、创新实践能力、宽阔国际视野和自居责任担当”的教育家型校长，对于这样的期待，我有种强烈的时代使命感：作为一个校长，能遇上这样好时代，我理应在自己的工作岗位上做出应有的成绩，使自己的专业成长与时代使命和中华民族伟大复兴的“中国梦”有机地结合起来。如何实现这样的融合？我认为要解决以下认识问题。

一、教育家型校长应该具有哲学思辨能力

教育家型校长与一般的校长就其基本使命和责任担当而言，两者是一样的，但这种使命和担当背后所折射的哲学思辨能力，则是两者最大不同。哲学是一种思维方式，也是一种精神结构，它充满了一种理性的智慧，洋溢着一种理性的激情，喷发出一种突破性的精神力量，它是我们科学认识世界和自己的最有力的工具。教育哲学是教育思想的集中体现，对教育实践起着领航的作用。有什么样的教育哲学就有什么样的教育实践；任何教育实践的背后都隐含有自己的教育哲学。古今中外的教育家基本上是哲学家，例如苏格拉底、亚里士多德、卢梭、福禄贝尔、杜威、孔子、老子、朱熹、陶行知等。这里在教育史上熠熠生辉的巨人，

其背后的教育思想无不折射着哲学的光芒。因此，作为教育家型校长，一定要具备哲学思辨能力。

教育家在具体的历史年代，他们能坚守真理，恪守教育基本规律，不会因为外在的诱惑、压力、干扰而迷失自己的方向。在我们当下的教育领域，迫切需要这样的教育家。现如今，各种急功近利的思潮、各种喧嚣浮躁的信息、各种光怪陆离现象纷至沓来，整个社会处于躁动状态——今天你搞一个模式，明天我弄一个经验；今天你搞一个现场会，明天我弄一个推介会；今天你申报一个课题，明天我出本专著。更加令人惊叹的是，在我们的身边还在重复着“工业学大庆，农业学大寨”般的集体躁动；在我们身边还在发生这“人云亦云”“拾人牙慧”的故事。写到这里，我想起了一个故事：

宋朝时期，在河南有一个著名小镇，小镇车水马龙，十分繁华，一日，小镇大集，集市上，一个卖枣的老翁高声吆喝：“卖枣啦，卖枣啦，大枣小核，小枣没核！”这吆喝声还真灵，一会儿他的枣就卖完了。旁边一个卖核桃的小伙子见此情景，也学着老翁大声吆喝起来：“卖核桃了，卖核桃了，大核桃小仁儿，小核桃没仁儿！”

当我们在嘲笑“卖核桃”的小伙时，可否把眼光回到我们自身？这样浮躁、盲从的做法和想法在我们身上是否也存在过？当我们沉下心来，冷静思考一下，就不难发现这样的想法和做法只能是揠苗助长、功亏一篑。从这个意义上讲，努力克服这些弊端，回归教育的本真，恪守教育的原则就成了教育家型校长的必然选择。

二、教育家型校长的价值追问

问题是时代的声音，是时代的呼唤，也是时代的印记。哲学家是善于思考、敢于思考的人，不会回避问题。哲学发源于困惑、疑惑与问题。一部哲学史，从一定意义上说，就是面对时代问题、分析时代问题、解决时代问题的历史。教育同样如此，教育家型校长就应该勇于面对教育各种问题，科学、冷静分析我们教育面临的各种难题，最终能找到解决这些问题的办法与措施。作为具有哲学思辨能力的教育家，他心中一定具有强烈的问题意识。

表面看，教育领域面临的困难基本可以概括为教育体制不合理，教育评价不科学，教育资源不均匀，教育目的不明确，教育心态不平静。冷静分析这些问题，我们不难发现这些问题背后所折射的就是教育价值取向的扭曲。基于此，我们就应该进一步追问并明晰：教育是什么？学校是什么？儿童是什么？校长是什么？等等

1. 教育是什么

“教育是什么”这是我们每个教育工作者必须要认真思考和回答的问题，尤其是教育家型校长。这个问题没有弄清楚，会直接导致教育思想的缺失，教育价值的错位。古今中外的教育家对此早就做出了精准的解释，比如梁启超先生认为教育就是教会人学做“现代的”的人；陶行知先生认为“教育即生活”；杜威先生认为教育就是“生活、生长、经验的改造”。教育作为一种社会化的活动，它指向的是心灵的净化，传递的是经验、知识、技能，增长的是智慧，陶冶的是情操，丰满的是思想。正如福禄贝尔所讲的那样“人的教育就是激发和教导作为一种自我觉醒中的、具有思想和理智的生物的人有意识地和自觉地、完美无缺地表现内在的法则，即上帝精神，并指明达到这一目的的途径和手段”，我认为，教育就是按照自然的规律、天性，构建好的外在环境，让人能自由、完满发展的一种文化活动和文化过程。这种文化活动和文化过程，不是工业的规模生产，而是一种农业个性耕耘。

2. 学校是什么

在完成对“教育”的追问后，校长要追问的就是“学校”是什么了。不同的办学思想，就会营造不同的学校生态。不同学校生态，就会产生不同的教育结果。因此，对于“学校是什么”的追问就显得十分的必要了。在古希腊语中，“学校”有“闲暇之地”的意思。按照这种理解，我认为学校就是一个自由的、宁静的、安全的场所了。我认为，学校是师生共同生长的物理空间、情感空间和思想空间。在这个空间里，校长

的使命就是使之洋溢着自由、轻松、快乐、愉悦。在这里，知识的获得、情感的交流、技能的提高、思想的熏陶、品行的养成与周围的世界构成了一个和谐、自然的生态圈。

在这个生态圈里，校园里的一草一木是景观，是资源，是课程，也是文化；校园的每一个人，是相互学习的对象，也是相互教育的对象。在这个生态圈里，师生的心灵可以自由绽放，师生的生命可以快乐绽放。在这个生态圈里，无论是身体还是精神，都是自由的，是安全的。在这个生态圈里，有种温馨的气息，关爱、友善、真诚、尚美如同涓涓的溪水，时刻滋润着彼此的心田。

3. 儿童是什么

我们的工作对象是儿童，与此同时，儿童也是我们的服务对象，还是我们自身发展的载体，离开了儿童，教师（校长）就失去了存在的必要。因此，教育家型校长一定准确地回答“儿童是什么”这个命题。在这个命题前，不同的人有不同回答。有人认为，儿童是一张“白纸”，等待我们去描绘；有人认为儿童是个“容器”，等待我们去灌装。我认为：儿童是颗种子。它在等待我们提供生长的土壤，等待我们提供肥料，等待我们提供水分，等待我们把它放在阳光下，等待我们给它充足空气。只要我们按照这颗种子生长的自然规律，精心地、细心地、耐心地耕耘，它一定就能破土而出，茁壮成长，就一定能枝繁叶茂，结出累累的硕果。对于我们学校而言，就是把“德之根、智之根、体之根、美之根、劳之根”的种子播撒在儿童的心田，让儿童在学校文化的熏陶下，在教师的精心培育下，成为具有至善之心、灵慧之气、康健之体、高雅之行、俭约之品的“新时代的追梦人”。这样的儿童，一定是有着强壮的体格、健身的技能、善良的品质、正直的情怀、高远的志向、宽广的胸襟、雅致的修养、学习的兴趣、阅读的习惯、坚忍的意志、科学的思维、创新的智慧、沟通的本领的好儿童！

4. 校长是什么

通过上面的追问，我们可知：教育是种个性化极强的“农业”文化，学校是师生生命共同成长的“闲暇之地”，儿童是一颗“种子”。有了这些追问，对于“校长是什么”这个问题就很自然地得到答案——校长是农夫。当“农夫”成为教育家型校长的符号时，我很自然地想到福禄贝尔在《人的教育》中说过这样一段话：“为了进一步接受大自然的教训，葡萄藤应当被修剪，但修剪本身不会给葡萄藤带来葡萄，相反的，不管出自多么良好的意图，如果园丁在工作中不是十分耐心地、小心地顺应植物本性的话，葡萄藤可能由于修剪而被彻底毁灭，至少它的肥力和结果能力被破坏。” 由此可见，校长与学生的关系，就像园丁和葡萄藤。站在“农夫”这个角度来审视校长的工作，那么就意味着我们在对待儿童的时候，必须严格尊重儿童的本性、天性和个性，严格遵循教育的规律，精心、耐心、细心地对待他们，要学会等待，学会关爱，学会包容，学会尊重。拒绝一切功利的、浮躁的、专横的、粗暴的干预和训斥。

教育家型校长是时代赋予我们的重要使命，也是时代对于我们的呼唤。我们要站在历史的高度，顺应社会发展的潮流，恪守教育基本规律，用哲学思辨的价值观来办学，这样就能端正办学价值取向，树立正确的办学思想，生成并凝练自己的办学理念，营造出积极向上的学校文化。也只有这样，才有可能成为教育家型校长。

第三节　淡定坚守：办学思想背后的底色

随着各学段校长专业标准的颁布，“校长核心素养”顿时成了一个热词！作为国家教育部中小学名校长首期领航班的学员，我觉得有必要从校长的思想引领和实践创新这个角度来把握校长核心素养问题。思想是素养的内核，实践是呈现素养的载体，二者相辅相成；引领是时代的使命，创新是时代的要求，二者都需要明确而正确的价值导向。这种价值导向聚焦在领航班校长的身上就是要有“纯粹的教育信仰、深厚的人文底蕴、强烈的创新意识、过硬的专业能力和成功的教育实践”（注：语出教育部教师工作司王定华司长）。当前我国已经进入工业化、信息化、城镇化、农业现代化“四化”统筹发展的关键时刻，教育也迎来一个更加复杂、更加关键的发展阶段。面对风起云涌的教育改革大潮，为作为一个领航班的校长，应该让“淡定”成为核心素养的底色，保证信仰不变、方向不变、价值不变、追求不变、情怀不变，在实践中采取科学有效的策略，办好学校，把每个孩子都培育成建设未来社会合格的接班人。具体而言就是有为国育才的教育情怀，有四两拨千斤的办学智慧，有咬定青山不放松的办学韧劲，有求实创新的教育灵性，有厚德流芳的人格魅力，有令人信服的办学业绩。

一、保持淡定，涵养为国育才的教育情怀

坚定的教育信仰，正确的教育价值观是校长素养的核心，它直接作用于校长的办学思想，并在“培养什么样的人和怎样培养人”的回答中得到体现。放眼世界，回顾历史，我们很容易发现培养具有爱国情怀的人才是教育的基本要求之一。在国际化和价值追求多元化的时代背景下，校长一定要立足于“社会主义核心价值观”上，一定要立足于“立德树人”这个根本的目标上，进一步端正自己的办学思想，进一步明确自己的办学信仰。在学校文化建设中，要渗透爱国主义思想；在课程实施中，要强化爱国主义情怀；在师生行为导向上，要以爱国主义为航标；在对外交往中，要以爱国主义为基石。校长只有要用自己的家国情怀才能培育出具有“家国情怀”的学生；只有把爱国内化于心外化于行，才能成为师生学习和模仿的标杆。作为新时代的校长，我们应该感念伟大的祖国，只有国家好，我们才能有好的育人环境；有了好的育人环境，我们就应该培育出建设更加美好国家的人才。

二、保持淡定，培育四两拨千斤的办学智慧

校长处理的事务繁杂，大致学校文化的建设、课程体系的建构，小到教师的情绪调整、学生间的纠纷处理。这些事务的处理方式方法，最能体现校长的办学智慧和办学思想。同样一件事情的处理，有时需要“高高举起却轻轻放下”，有时则恰恰相反。在进行师德建设的时候尤其能体现这点：对于大部分教师而言，工作中所出现所谓的“严重问题”我往往把它归因为“心理情绪”，而非“道德品质”。只要我们从心里抚慰和人文关怀的角度出发，绝大部分教师都能达到“教书育人，为人师表”这个要求；反之，如果一味跟风，不假思索地、机械地按有关部门甚至是家长的要求去处理相关老师，往往会导致小问题反而酿成了大纠纷。这种四两拨千斤的办学智慧，背后就是校长能抓住师生的心，懂得尊重他们、关心他们、引导他们、鼓励他们。离开了对人的尊重，对人的关怀，所谓的“四两拨千斤”就不是智慧而是一种权术——而权术往往被师生所不齿！

三、保持淡定，坚守咬定青山不放松的韧劲

领航，字面理解就是船长驾驶着船要成功抵达彼岸，在这一过程中，船长不会因沿途的风景而迷恋；也不会因暴风骤雨而退缩。这就是说，我们在办学过程中遇到困难要保持淡定，遇到诱惑更要保持淡定。在当下，很多学校做出了很多有意探索，形成了很多新的模式，也产生了许多新理论。面对这种状况，我们是静下心来按照国家要求、遵循教育的基本规律来办学，还是选择急功近利去盲目跟风？这就是校长素养的具体体现。近日，我有机会再次到北京第一师范附属小学参观学习，并且同张忠萍校长进行探讨交流，深受启发：张校长带领着她的团队把“快乐教育”一做就是30多年！这30年，就是坚持的30年！这30年就是咬定青山不放松的30年！张校长的30年，体现的就是校长对正确办学行为的坚守！

四、保持淡定，润泽求实创新的教育灵性

校长除了有坚守的韧劲，还要学与时俱进的办学灵性。社会是发展的，教育也要因时代的变化而变化。在坚守的同时，我们校长也要与时俱进，因时而变，不可因循守旧而故步自封。但凡一个有成就的校长，总是能紧跟时代的步伐，让学校的发展踏上时代的列车。回顾我就任三所学校校长的 14 年，其实就是求实创新的 14 年。当初在村小，我根据农村小学的办学条件与现状，抓住新课改的机遇从综合实践活动课入手，从而整体提升学校的办学实力，赢得了同行与社会的赞誉；调到城区实验小学后，我则从学校核心办学理念入手，整体建构了学校的发展规划，全校师生一同努力，创生“根教育”办学理念，为学校成为广州市首批特色学校奠定了扎实的基础；现如今，我调到区的中心小学，这是一所具有辉煌办学历史和办学成就的名校，虽说到任几个月，但是我已经完全融入师生之中，我和师生之间已经产生了情感的共鸣，学校正朝着“优秀”走向“卓越”，很多方面正悄然无声地变化着。作为一个领航班的校长，创新是时代赋予的责任！我认为这种创新的境界就是灵性，这种灵性就是“闲花落地听无声、细雨湿衣看不见”式的浸润，而不是轰轰烈烈的走秀。

五、保持淡定，彰显厚德流芳的人格魅力

校长做久了，尤其是所谓的名校长这顶帽子戴久了，很容易让人产生飘飘然，从而忘记了为人的初衷，为师的初衷；也忘记了教育的本质，忘记了校长的身份。在荣誉面前，在成绩面前，甚至是在困难挫折面前保持淡定，保持一份悲天悯人的情怀，不居功不自傲。只有对人谦卑，对人诚恳，校长方能彰显厚德流芳的人格魅力。近日与全国知名的刘彭芝校长进行交流探讨，我有幸聆听了她的报告，得到了她的教化。作为

一个全国乃至全世界知名的校长，“名校长”对她而言已经从物质走向了精神，从精神走向了道德，最后聚焦到“爱”上来。刘校长讲“爱是教育的最高境界，爱是自然流溢的奉献；尊重是教育的真谛，尊重是创造的源泉”。与刘校长深入交谈将近一个小时，从刘校长的笑容、坐姿、握手乃至合影等细节中，我都能感受这位当代大教育家背后的人格魅力——让人感觉亲切而自然，敬仰而和蔼——这就是校长最关键的素养。

六、保持淡定，创造令人信服的办学业绩

校长的任务就是带领全体教师一道教书育人，培养合格的接班人是检验校长办学业绩的唯一指标。我深深地牢记这一点，在农村小学担任校长时，我从文化自信入手，激发师生积极进取的内动力，强调农村学校的错位优势，通过独特的校本资源的开发与利用，以综合实践活动课程带动其他课程的建设，提高了学生的学业成绩，改变了学生的不良行为习惯，提升了这所农村小学的整体办学实力，优化了整个村的精神文明风貌，这一点不但同行称赞，就连当地的老百姓也是赞誉有加。到城里的窗口学校，遇到的问题和困难不再是生源素质参差不齐、教师专业能力不强、设备设施老化等问题了，而是学校文化的定位、学校精神的凝练等问题。面对这些新问题，我深入老师当中，了解情况、分析问题，全校上下拧成一股绳，通过文化的建设来凝聚起强大的办学精神，从而使学校成为我们市首批特色学校。这些办学实践告诉我，在办学过程中一定会遇到这样或者那样的问题，正所谓“家家有本难念的经”一般。在困难面前，我从不怨天尤人，而是针对学校的具体情况，因地制宜，因时制宜，顺势而为，做出令人信服的成绩。

美丽的中国梦正向我们走来，在中华民族伟大复兴的关键时刻，我们有责任去履行时代赋予我们领航班校长的责任。在这个快速发展的历

史阶段，一定会出现这样和那样的问题。面对这些，唯有“不管风吹浪打，我自闲庭信步”的淡定。只要有“淡定”作为底色的核心素养，领航校长就能运用其专业的基础知识和专业技能解决学校发展过程中的各种问题，就能完成“立德树人”的历史使命，就能在解决问题的过程中表现出稳定的思维方法、价值观念和办学信仰。校长的核心素养最高境界是什么？是“能攻心则反侧自销，自古知兵非好战；不审势自古宽严皆无，后来治蜀要深思”背后的智慧；是“不管风吹浪打，我自闲庭信步”背后的淡定。

第四节　回归原点：办学思想背后的特色

一、现象：特色学校不是“猪鼻子插葱”

“作为县城的窗口学校，我们本来就是全面开花，样样活动都开展了，都取得了一定的成绩。比如，我们的田径虽说不是第一，但是也能进入前几名；我们的游泳虽说没有出冠军，但是孩子们喜欢；我们的足球场虽说不是很标准，但是我们也开设了普及课。但是，前不久领导请来一批专家，在我们学校待了两天后，说我们的特色不明显，思想不聚焦，品牌不凸显，在临走前给我们开了个‘药方’——强化特色建设，彰显办学品牌。”一位校长如此地向我们吐苦水。“最可怕的是，专家的药方居然成为领导要求我们的政策，成为我们这里的一项工作制度，要求所有的学校统一要进行特色建设，要求所有的学校要彰显办学品牌。所以，我们只好选择了篮球作为我们的特色聚焦项目，全校一千多人，每人一个篮球，每天要进行一个小时的篮球训练，力争人人会篮球，个个能上场。”校长越说越激动，继续向我们诉述。

“你觉得这样能彰显你校的办学特色吗？”我们问校长。

“不要说彰显我校的特色了，这样弄下去，就连我们原有的好做法，好传统全都给丢弃了！为什么要全校开展篮球、足球、跳绳或葫芦丝等就叫特色，我校原来丰富多彩的、学生乐于参加的都不叫特色啦？这不就是硬要‘农民穿西装’吗？这不是‘猪鼻子插葱’吗？这样能有特色吗？”这位校长的回答，引起了我对特色学校建设的价值思考。

二、价值澄清：特色学校为了谁？

为了学生的健康成长！我想这是特色学校建设的根本出发点和落脚点，离开了学生的发展来谈特色学校建设，是没有意义的；离开了学生的发展来进行特色学校的建设，是十分荒谬的。培养合格的社会主义事业的建设者和接班人，是学校存在的基础，也是特色学校建设的基本价值认知和基本价值取向。我们办学者根据时代的发展和社会需求，选择不同的办学路径和方法，这是应该的，且是必要的。与此同时，我们根据办学实际，因地制宜，开展各种丰富多彩的特色活动，开发适合学生发展的特色课程，提炼具有学校个性的特色思想，也是很有必要的。所有的这一切，我们都要回到“人”身上来。对于小学而言，“这个人”就是社会主义事业将来的建设者和接班人；“这个人”是具有家国情怀、健康的身心、远大的理想、良好的习惯、向上的追求、纯真的童年、创新的思维、丰富的想象、探究的精神、科学的方法、鲜明的个性等特征的具体人。

因此，特色学校建设就应该做到心中有人！这个人是活生生的，这个人是有着巨大潜能的，这个人的将来是有着“无限可能”的，这个人的可塑性是很强的，这个人的个性是鲜明。站在这个角度上讲，特色学校的发展思想应该是为了“这个人”的全面、和谐、健康发展的；特色项目的选择应该是具有针对性和适切性的；特色模式是百花齐放、千姿百态的；特色文化氛围是个性张扬、轻松和谐的。任何功利的、强制的都是违背“这个人”的本性的，其结果必然是扼杀个性、泯灭天性，丧失任性的。

三、价值回归：特色学校的发展方向

人生发展的决定性因素是价值观，如果没有正确的价值观做引导，就会出现人生目标模糊，人格扭曲，生活既没有成就感也没有幸福感。同样的道理，特色学校的建设也是如此。正如著名学者杨东平先生认为，学校在办学过程中如果“没有一个清晰的价值目标，现实中就很可能迷失方向，沦为没有灵魂、见物不见人的教育工厂”。当下各地在特色学校建设方面进行得如火如荼，涌现出了很多好的经验、好的做法、好的典型，值得我们去学习和借鉴。但是，面对如此热闹的现状，我认为需要冷静思考，需要回归——价值回归是特色学校的发展方向。这种回归要在教育原点的再确认、儿童生活的再丰富、学校文化的再浸润、课程建设的再建设以及时代需求的再回应上得到体现。

1. 回归教育原点

校长身处学校这个特定的教育场域，要把教育的本质内化到一切教育行为当中。说到教育本质，赫尔巴特认为教育的本质就是用各种观念来丰富儿童的心灵，把他们培养成具有完美道德品格的人。在特色学校建设的过程中，我们也应该回到教育的本质上来，回到教育的原点上来，那就是为了儿童的发展打好基础，让他们成为具有完美道德品格的人。我们开展特色活动，建设特色学校的目的是为了儿童的发展，是为了培养道德完美的人，离开了这点就是偏离了教育的原点，就是远离了教育的本质。

如果说，特色学校建设是功利主义驱使下的行为，那么这样的特色学校对于儿童而言，就是一个摧残其个性、泯灭其天性，扼杀其潜能的牢笼。如同前文中那所以篮球为特色的学校，如果其出发点是以整齐划一、气势宏大、阵势雄壮为目的，不顾教育任务的完成，不顾孩子个性的差异，不顾学校优势的长短，只是为了一味超越其他学校，一味追求新奇，一味追求评比获胜，那么这样的特色学校就是“伪特色”，就是“假特色”，甚至是“毒特色”！如果其出发点是基于学生的个性，基于学校的实际，在开展篮球特色的过程中，增加趣味性、互动性，避免强制性，同时又不影响儿童正常学业的完成，不影响儿童正常校园生活的进行，不影响儿童成长环境的生态，在开展活动的时候充分体现个性化，因人而异，因材施教，那么这样的篮球特色是有益于儿童成长的，有益于特色学校建设的。

在特色学校建设的过程中，我们要积极推进差异化、个性化教育，促进学生全面而有个性地发展，以体现义务教育基础性、全面性和公平性，这也是回归教育原点的体现。曾经有所学校以开展管弦乐来作为学校的特色项目，但是在海选学生时，有些学生尽管有学习管弦乐的天赋，但是由于买不起昂贵的乐器，导致这些孩子落选。这样的结果是，随着管弦乐器活动开展的深入，这些孩子受伤害的程度就越深。这个问题怎么办？我觉得既然是学校开展的管弦乐活动，就应该对学校里的每个孩子都要做到公平！让每个符合条件且有意愿参加的孩子参加，绝对不能因为购买不起乐器而让他们落选。除非管弦乐的活动是社会机构组织的，那就另当别论了。

2. 回归儿童生活

特色学校的建设应该回归儿童的生活，那是因为“真正的儿童教育，应该以活动为中心，观察、激发、发展儿童的天性，这才是教育的根本意义所在。”儿童天性好奇，天生爱活动，特色活动的开展就是去发现孩子的天性，顺势而为，让这种优势潜能发扬光大，并用优势来带动其他非优势潜能的开发。一次，学校的德育主任在检查学生工作时，发现校园里悄然玩起了魔方。于是学校顺势开设了一项“玩转魔方”的游戏活动，得到了孩子们的普遍欢迎。接着，我们发现对魔方感兴趣的绝大多数是男孩子。在开展这项活动的过程中，我们没有强制要求每个孩子参加，而是把它作为一个切入点，通过这种“玩”的方式来训练孩子的手眼协调能力，提高他们的记忆力、观察力和思维能力。于是，我们根据女孩子的兴趣和个性，为她们开设了剪纸和编织项目。 在工作中，我们绝对不能站在成人的角度来看问题，绝对不能想当然地来强制孩子们参加，因为这样的结果就是禁锢他们。正如纪伯伦在《先知》中写道：“你们可以庇护孩子的身体，但不可禁锢他们的灵魂。孩子的灵魂栖息于明日之屋，那是你们在梦中也无法造访的地方。”

3. 回归学校文化

通过特色学校的建设，最终让学校出特色、出经验，出品牌当然是好的，也是值得提倡的，问题的关键是要立足于学生、教师，要立足于学校，立足于当地，因地制宜，也就是说特色学校的建设要回到学校的文化上来。正如德国历史学家斯宾格勒认为，每一种文化都植根于她自己的土壤，各有自己的家乡和故土的观念，各有自己的风景和图像。学校的土壤不同，特色学校建设的路径和方式就应该不同；学校的土壤不同，特色学校呈现的风景和图像也应该是不同的。在实验小学工作时，我根据“做有根的现代中国人”这一校训，带领全体师生开展经典诵读的特色活动。通过几年的努力，经典诵读已经成为学校一张亮丽的名片。与此同时，经典诵读和学校文化之间彼此滋养，彼此丰盈。实现了特色学校建设和学校文化发展的同步、和谐发展。如今，我调到一所新的学校。经过调研，新学校少先队活动开展得如火如荼，尤其是红领巾社团活动。因此，对于新学校的特色活动，我要走的无疑就是在学校原有的文化传统方面来做文章，来继承发展，而不是另起炉灶，来追求所谓的“创新”和“特色”，更加不是把以前的经验简单复制到新学校。

4. 回归课程建设

为了保证特色活动的规范发展，避免随意性和盲目性，就应该把活动纳入到学校的课程体系中来，使之能沿着科学的道路、健康的道路、规范的道路来发展。在实施的过程中，我们要以课程建设的高度，保证特色活动能拓展学生的知识，激发学生的兴趣，培养学生的能力，陶冶学生的情操，发展学生的特长，提高学生的全面素质，首先要让这些特色活动在学生的认知领域、情感领域和动作技能领域、核心价值观等领域要有具体的规定。其次要保证在活动内容、活动方式、活动时间、活动空间、活动器材乃至师资配备上得到充分的落实。最后要保证评价反馈机制的有效进行。这样有目的、有计划、有组织的特色活动，就能融入学校的课程体系当中，就能让特色活动保证独立的课程形态，就能实现课程的有效整合。

5. 回归时代要求

在全社会以实现“中国梦”为时代背景的当下，特色学校的建设还要回归时代的要求。也就是讲，特色学校的建设必须是以培养学生“具有初步的创新精神、实践能力、科学和人文素养以及环境意识；具有适应终身学习的基础知识、基本技能和方法”为时代指向的，以追求民族的伟大复兴为己任，任何特色项目的开展都不能离开这点。在具体的实践过程中，我们要立足当下，展望未来；我们要立足学校，放眼全球。

当今世界面临多元化、全球化、信息化的挑战，社会形态发生着巨大的变化，学校要发展就必须顺应时代的要求，办出特色，办出品牌。在特色学校建设的过程中，要澄清价值认识，以学生的发展为立足点，回归教育原点，回归儿童生活，回归学校文化，回归课程建设，回归时代要求，这样的特色学校才有意义和价值。

第五节　中庸自明：中心，为儿童存在

教育的基本价值取决于人的全面发展，这是教育的基石。在办学的实践中，我倡导“守住教育之根，让生命快乐绽放”。作为一个校长，这种教育主张源自于教育家斯宾塞的影响，同时也源自顾明远先生对我校的题词“实施全人教育，让师生快乐学习、健康成长、幸福生活”中

所含的期待与鼓励。

一、快乐教育背后的斯宾塞

1. 不是父亲的伟大父亲

我觉得斯宾塞是个非常伟大的父亲，尽管他终身未婚。《斯宾塞的快乐教育》这本书我有两个版本，一本是商务印书馆出版的，一本是北京理工大学出版社出版的，这两本书，我觉得就是写给父母的书，主要讲的是家庭教育问题，讲的都是孩子的教育问题。尽管，斯宾塞从来没有做过父亲，但我从教育的角度来看，以一个父亲和校长的身份来读，同样获益匪浅。从人的发展过程和成长过程来看，家庭是人的港湾，父母是孩子第一任也是永远的导师，因此家庭教育就是学校教育的基础，学校教育就是家庭教育的延伸。赫伯特斯宾塞出生在英格兰中部德比城郊的一个不知名的小镇，是个书香之家或是教育世家，他祖父、父亲和两个叔叔都是教师。本来一个幸福之家，只可惜原本有很多兄弟姐妹，但不幸的是先后有六弟妹夭折。斯宾塞多次提及的儿子小斯宾塞其实并不是他的亲生儿子，而是他的远房兄弟丹尼斯宾塞的遗孤，但赫伯特斯宾塞为了这个可怜的孩子，竟担当起了父亲的角色，甚至为此终身未娶。为了这事，有一次他在路上遇到两朋友。一个朋友问他："你不为你的独身主义后悔吗？"斯宾塞愉快地答道："人们应该满意自己所做出的决定。我为自己的决定感到满意。我常常这样安慰我自己：在这个世界上的某个地方有个女人，因为没有做我的妻子而获得了幸福。"正因为是这样的成长经历和家庭背景，所以斯宾塞特别看重快乐，把快乐成长看着健康成长的基础和前提。

2. 科学的思想体系

读完斯宾塞的书，我感觉他的教育理念揭示了人性和心智发展的规律，是科学而符合规律的。相比于他，我所提出的"守住教育之根，让生命快乐成长"这一办学主张，无论是思想的系统性、科学性、全面性等，在斯宾塞面前显得多么幼稚而可笑。虽说当初提出的时候，不知斯宾斯这一教育思想，现在来看就是“拾人牙慧”！在阅读这两本书的时候，我深深地被斯宾塞富于人性的教育思想所震撼，为他奇妙的、开创性的教育方法所吸引，为一百多年前他那先进的教育理念而惊讶。在这位巨人面前，我真正理解了为什么许多科学家、教育学家称斯宾塞为“人类历史上的第二个牛顿”，理解了哈佛大学校长艾利奥特称他为“一位真正的教育先锋”，“他的思想值得每一位家长和老师聆听”等对他评价背后的含义了。

读完斯宾塞这两本书，整体上把握了他的教育核心理念：提倡科学教育，反对古典主义教育；提倡自主教育，反对灌输式教育；提倡快乐和兴趣教育，反对无视学生身心发展规律的教育方式。在这一核心理念的指导下，他认为教育的目的和任务在于教导每一个人怎样去过“完美”的生活。他把人的活动分成五类，并依据活动的种类，确定了教学内容：直接保全自己的活动，它要求了解解剖学、生理学及卫生学；获得生活资料，间接保全自己的活动，除了掌握读、写、算等基本技巧外，还要掌握逻辑学算术、几何学、力学物理学、化学、天文学、地质学、生物学、社会学以及外国语知识等；种族保存（即教养子女）的活动，它要求研究生理学、心理学和教育学，以便正确地实施对儿童的体育、智育和德育，履行社会义务，需要研究历史，研究“自然的社会史”，即社会发展的现象；满足兴趣爱好和感情的需要的休闲活动。这些教育活动和教育内容，在当下新课改背景下来审视，其启发意义非常重大：教育目标的实现是建立在具有完整性、系统性的课程体系之上的，而这种课程体系的完整性和系统性又是由其内容所决定的。

3. 儿童的视角才能给予儿童快乐

对于教育问题，现实生活中很多人都会说很重视，但是实际上呢？我感觉有些人其实把小孩连猫狗都不当！教育小孩的重要性比开汽车都要低！现在开车都考驾照，生小孩呢？养小孩呢？教育小孩呢？统统都不要执照——只要具备最基本的生理功能，就可以做父母了。

站在这个角度讲，我非常认同斯宾塞的观点：教育者要有效地教育孩子，就必须做一些教育的准备。这些准备既包括态度上的、技能上的、情感上的，也包括教育原理和心理学原理方面的准备。作为教育工作者或家长，我们要钻研教育的基本理论，在面对孩子的时候要有机智、要有忍耐，还需要自我克制。斯宾塞在书中这样讲："在教育你的孩子的时候，也要进行对自己的教育"。这就是教育者首先要接受教育，教育者只有在自己具备一切教育条件的情况下才能教好孩子，这些观点在当下尤其有很强的实现意义。

斯宾塞对我最大的启发就是如何处理刻苦学习和快乐成长的关系。我始终认为，在当下很多人曲解了"快乐"的真正内涵，有些人甚至还以尊重孩子的个性，促使孩子健康快乐成长而对孩子一味地放任自流。我觉得这是错误的！对于这一点，斯宾塞认为：痛苦的功课使人感到知识讨厌，而愉快的功课会使知识吸引人。那些在恐吓和惩罚中得到知识的人们，日后很可能不继续钻研；而那些以愉快的方式获得知识的人们，不只是因为知识本身是有趣的，而且许多快意和成功的体验将促使他们终身自我教育，这不就是教育的真谛吗？

对于斯宾塞的观点，我更加坚信让孩子"快乐绽放"的信心了。作为校长，我应该带领全体教师把我们的课堂变成为愉快的课堂，把我们的校园变成愉快的乐园，编制丰富的课程，安排精彩的活动，教授科学的方法，传递善良的道德，提炼真确的思想，"寓教于'玩'，寓教于'动'的快乐教学"；"让孩子在游戏中体验劳动创造的乐趣，培养动手能力"；"让学生进入生活角色的快乐教育"；"教育生活化，让学生从有趣的现实生活中学到有用的知识。"该严格时，要严格要求；该严肃时，要端正态度；该严明时，要及时纠正。让孩子快乐，不是让他们放任！我带领全体教师让孩子们去"享受学习的快乐"，"顺应孩子的兴趣，让他们多学习自己喜欢的东西，他们才会觉得是在为自己读书，才会感到学习的乐趣。"当下，我们的孩子之所以学得苦，原因是多方面的。学校里的知识只是主要以传授为主，对于孩子的个性发展，兴趣活动关注不够。学生的学习主要以机械的理解背诵记忆为主，以应试为目的。学习动力不足，学习兴趣不浓，无疑是不快乐的根本所在。我提倡的"根教育"

就是根据我的成长经历和教育经历，认为人的成长与自然界万物的生长一样，需要一个宁静、和谐、自然的成长环境，需要教育工作者耐心的等待，更加需要自身的努力和奋进。对于我们教师而言，那就是按照孩子的自然成长规律，怀着一个爱心，陪孩子慢慢地成长，要善于抓住生活中那些小小的喜悦和感动，然后和孩子一起分享，我们种下了一颗种子，只需要给他提供阳光和雨露，然后就是静静地等待，一棵参天的大树一定会拔地而起。这就是我国一个古语：温室里长不出参天树，庭院里练不出千里马。我们给孩子提供一个快乐成长的空间，营造快乐的学习气氛，创造机会，带给孩子快乐的成就感，这是尤为重要的。

在让孩子快乐成长的时候，我们也要想到会遇到一些挫折，这些挫折既有来自我们成人的，也有来自孩子自身的。尤其是面对失败的时候，斯宾塞是这样做的：当孩子失败的时候，告诉他：一切都可以重来；当孩子遭遇不公的时候，告诉他：这不是你的错；当孩子悲观的时候，告诉他：你已经开始走向成功了；当孩子怨恨时，告诉他：每个人都会出错的，宽容一些，对大家都有好处。

4. 快乐，从最简单的游戏开始

读了他这两本书，反观自身的教育，我觉得他的教育被证明是普遍适用的，因为揭示了人性和心智发展的规律而使孩子和家庭受益无穷。作为一个校长也好，作为一个家长也罢，首先要知道孩子在什么样的状态下学习更有效。我认为，孩子在快乐的状态下学习是最有效的。快乐的内核是爱，如何学会爱，如何表达爱？斯宾塞这样说：“爱，真的需要说出来。美好的情感当你说出来时，也会唤起别人同样美好的情感。”他不但说到了，也做到了，最令我印象深刻的就是“斯宾塞纸牌”，通过这样快乐的游戏，通过简单的 12 个问题，斯宾塞轻易走进了孩子的内心，成为他们的朋友。我呢？更要这样！

斯宾塞的快乐教育理念在其主张的教学方法和道德教育方面也有体现。首先，在教学方法上，斯宾塞反对当时学校中流行的形式主义、经院主义，主张把教学建立在学生的主动性上面，强调兴趣在教学过程中的作用，指出“应该引导儿童自己进行探讨，自己未推论。给他们讲的应该尽量少些，而引导他们去发现的应该尽量多些。”其次，在道德教育方面，斯宾塞提出个人自我保存是最重要的道德原则，认为利己主义和利他主义必须互相协调。并且杜撰了道德进化公式：利己主义（集中）；利他主义（分化）；道德的最高阶段——利己主义和利他主义的调和、平衡。在纪律方面，他反对惩罚，鼓吹自然后果的原则。

捧卷读斯宾塞，静心想自己，快乐成长、快乐学习、快乐生活，与其说是对小孩而言的，还不如说是对我的一种警醒！

二、把校园还给孩子

作为校长，在学校经营过程中一定要建立一个基本原点：学校为什么而存在？细加思考，这个问题不难回答——为了孩子而存在。既然这样，我讲“把校园还给孩子”就有道理。在我的办学实践中，我总是在追求一种理想的、自然的教育境界：我如同农夫，细心照料着这些茁壮成长的幼苗，不辞辛劳，虽苦也甜；孩子就如同庄稼，春华秋实，自然而快乐地生长着。在我的校园里，不需要激素、不需要膨胀剂、不需要助长剂，需要的是农家肥，需要的是自然的阳光、雨露。经过十几年的积淀，我凝聚成一句话“守住教育之根，让生命快乐绽放！”在日常工作中，我时刻引领着我的团队“要把学校的一切伸张到大自然去”（叶圣陶），这样的目的就是让教育的价值、教育的目的、教育的结果真正落实到教育的原点上来——教育即自然生长（卢梭）。

把校园还给孩子，目的是让我们的学校成为孩子生活的家园，学习的乐园，创新的花园。正如美国思想家梭罗认为的那样“好学校是一方池塘”，让孩子成为校园的主人后，我们的校园就是自由的、闲暇的、平等的、博爱的、友善的、真诚的、求真的、唯美的。在这样的学校里，就会吹拂着关爱之风、涌动着创新之情、洋溢着快乐之感、流淌着求真之美。

作为一个生于农村，长于农村的教师，我非常崇敬自然，向往自由快乐的学校生活。我提炼的“根教育”在很大程度上就源于我的成长经历。在很多时候，我希望我的学生有辛弃疾描写的这样可爱：“西风梨枣山园，儿童偷把长竿。”还有“茅檐低小，溪上青青草。醉里吴音相媚好，白发谁家翁媪？大儿锄豆溪东，中儿正织鸡笼。最喜小儿无赖，溪头卧剥莲蓬”。有杨万里所追求的童趣：“篱落疏疏一径深，树头花落未成阴。儿童急走追黄蝶，飞入菜花无处寻”；“一叶渔船两小童，收篙停棹坐船中。怪生无雨都张伞，不是遮头是使风”……也有袁枚所描画的聪慧的牧童：“牧童骑黄牛，歌声振林樾。意欲捕鸣蝉，忽然闭口立。”即使是相对沉重的杜甫，也曾如此轻松地缅怀自己的童年：“忆年十五心尚孩，健如黄犊走复来。庭前八月梨枣熟，一日上树能千回。”（《人民日报》2013年6月1日）。可爱、童趣、聪慧——这就是童年，这就是小学教育所应该追求的！作为校长，首要使命就是把校园还给孩子！

1. 保持同一视线——与孩子一起对世界充满好奇

小学生童心未泯，对世界的一切充满好奇。文翁同学，能画一手好画：在他的笔下，校园的花是可以说话的，校园的树是可以谈心的，校园的草是可以聊天的。他对一切都充满好奇，一只爬行的蚂蚁，一条游动的小鱼，一朵飘动的云朵都能让他产生丰富的联想。可是，在有段时间内，教师家长对这样的好奇心颇费脑筋：认为这样影响了学习，耽误了学业。甚至对我讲：“画那些乱七八糟的画能考上好学校吗？”据调查，在现实生活中，这样的家长和老师还不少！作为校长，我不能对此熟视无睹。一面耐心地说服家长，一边引导老师改变观念，一边创设适合孩子幻想的空间。在学校里，我留出大量的空间建设生物园，开辟实验探究室等。所做的一切，就是保护一颗好奇的心，不让成人的视线代替了那好奇的眼睛！

2. 保持同一话语——与孩子一起做梦

“校长，您说过让我们春游的，怎么现在还不去啊？”前两个月，总是有孩子来办公室问我，有的甚至在路上“逮住”我问。有的班主任见此情形，都来制止这些“越级上访者”。我倒是非常享受这样的待遇，并鼓励老师让孩子来找我，来和我聊天。

小学生有他们独有的话语——低年级的天真、烂漫；高年级的扮酷、青涩，“装成熟，扮内敛”。但是，无论哪个年级的孩子，她们心中都有一个梦想，都希望自己能得到老师的关心和同学的帮助。我呢，根据孩子的年龄特征，跟低年级的孩子讲话就“懵懵懂懂，稀里糊涂”，同他们一起幻想；遇到高年级的孩子，我讲话就扮酷，卖萌，网络新词也不时讲几个，要不真的被他们认为“out”了！在讲话的时候，我努力和他们保持同一个话语，与他们一起欢乐、一起“忧伤”，一起激动，一起“沉思”。这样久了，他们真的把我当朋友了，什么事都同我讲，什么话也同我说；平日里，校园中，我们总是一起聊天。要是我不在学校，他们就会追到“QQ”中，或用“微信”和我联系！

3. 保持同一心态——和孩子们一起自由呼吸

美国哲学家怀特海在《教育的目的》中说，“通往智慧的唯一道路是在知识面前享有自由”“自由是教育的必然目标之一”。自由，对教育，对孩子来讲太重要了！没有自由，我认为就会没有教育。我努力和孩子保持同一个自由心态，与他们一起呼吸，与他们一起奔跑！

为了给他们营造自由的成长空间，我反复做教师和家长的工作，不要给孩子太多的作业，不要给孩子太多的压力。孩子只有在自由的环境中才能成才、成人，过多的作业真的是“饮鸩止渴”！为此，我在校内制定了考评制度，严禁教师布置过多的作业；在校外，与家长一起协议——无家庭作业日。在这一天，学生不做任何的书面作业，有的只是和家长聊天半小时，做家务半小时和亲自阅读半小时。我们称之为“三个一”。这个举措，看似没有给孩子布置作业，没有让孩子去学习，其实背后所蕴含的教育意义和教育价值远远不是那几道练习题所能比拟的！

写到这里，我突然想到“学校”是什么这个问题。“学校”是什么？很多人认为这个问题太简单了，不就是学生学习的地方吗！这样的回答应该讲没有错误，但是他的立足不在学生那里，不在教育的基本意义那里。教育的基本点是发展、是成长。而人的发展和成长只有在适合的环境中才能得以顺利完成。因此，我非常欣赏希腊文中关于学校的解释。在希腊语境中，学校的词意就是闲暇，学生必须有充裕的时间体验和沉思，才能自由地发展其心智能力。这就是我心目中理想的学校！这就是我讲的把校园还给孩子的意义所在！只有把校园还给了孩子，我们才能真正实现校园里的一切都是属于孩子的，学习的兴趣是孩子的，学习的主动权也是孩子的。这样就能让孩子在发展和成长中拥有健康和快乐！这也是“根教育”所倡导的“守住教育之根，让生命快乐绽放”的深层价值所在。

4. 保持同一微笑——和孩子一起快乐

快乐成长，快乐学习，快乐生活，这是我对孩子的承诺！

孩子天生是快乐的，我们做校长的如何让孩子把这样的快乐延续和伸张下去，这是一个很有意思的工作。“请把眼睛看着我的眼睛！哦，对了，你的眼睛里有我的影子；你发现没有，我的眼睛里有你的影子？”“我看到了，我看到了！校长，您的眼睛里真的有我！”这样的情形经常发生在我和孩子当中。遇到羞涩的孩子，我不是去责怪他，而是让他和我坐在一起或蹲在一起，做刚才那种游戏。凡是经过了这样的互动后，我们的孩子没有一个不灿烂满面的，没有一个不欢欣雀跃的。经过了这样的交流，孩子脸上的笑容就如同怒放的花朵，不由自主地绽放着！

“同学们，请微微把嘴张开。嗯，就这样！哦，对了，我看到你们的牙齿了，刚好八颗！”这是我在全校师生会议上跟孩子互动的一个环节！每当全校集会，我总能感受到孩子那火一般的热情，那火一般的激情。张张笑脸，如同朵朵的鲜花，在这样的环境中工作和学习，那是多么幸福的一件事情！据礼仪专家的观点，能打动人心的微笑要做到“三八”，即在三米处能看到对方的八颗牙齿。我就是根据这个来教育我们的孩子的，同时也是引导孩子这样做的。

“壮观！震撼！”这是所有到访我校的客人对我们学校笑脸墙的评价。1567 张笑脸，如同 1567 朵艳丽的花绽放在学校的大堂，成为我们学校一道拨动师生心弦的景致！一个孩子都不少，每个孩子都一样——露出灿烂的笑容，展示勃勃生机，彰显生命的精彩！这占地 300 多平方米的笑脸墙，是我对全校师生的一种承诺——守住教育之根，让生命快乐绽放！只有孩子在校园里的生活、学习是快乐的，那么这样的学校就是有生命价值的学校，就是有人文情怀的学校，就是一所好学校！

微笑是内心快乐的显现！微笑是我和孩子交往的符号！微笑更是我对他们的承诺！

校园是属于孩子的！随着社会的发展，教育的方法与思想也在发生着变化。但是，有一个永远不变的真理确是我们每个教师应该坚守的——呵护孩子的童真！童年是天真的，童年是烂漫的，我们作为小学阶段的教师，是他们前行的引路人，需要和孩子们一起保持着同一的步伐、同一的心态、同一的视角、同一的思想。当环顾四周，我们在抱怨社会已经远离了本真的生态后，我们又应该做些什么呢？当我们回味小时自己下河摸虾、上树掏鸟蛋时自由和快乐时，我们现在又做了些什么？

"忆年十五心尚孩，健如黄犊走复来。庭前八月梨枣熟，一日上树能千回。"不仅是杜甫的一种童年生活写照，更是我们今天孩子所缺失的本应的生活。当一切冠以关爱孩子而剥脱了他们"上树"的机会，童真就会渐行渐远！每一个孩子都是一朵花，他天真无邪；每一个孩子心中都有一个梦，如同晶莹的露珠，明亮透彻！可爱、童趣、聪慧——这就是童年，这就是小学教育所应该追求的！

尊重、呵护、引领——与孩子同一个姿态、心态，这就是校长的行走方式。营造一个安全、舒心、快乐的校园，并把这个校园还给孩子，这就是校长的使命！

三、把快乐还给孩子

儿童的成长方式不单单依靠课堂和作业。顺应孩子的天性，为这些"种子"的发芽创设良好的、自然的外部环境与条件，恰恰是校长应做的事情。

做校长近二十年来，我最喜欢别人叫我"孩子王"。的确，我就是一个带着1800多个孩子一起嬉戏、一起学习、一起生活的"孩子王"。与这些孩子相处，我感受到了职业的幸福，从儿童视角出发，发现孩子其实与大人一样，是人格独立、情感丰富、蕴含无限可能的人。作为校长，我发现他们又有与成人完全不同的一面，他们具有独特的原性思维、灵性思维、直觉思维和纯粹思维，在感知世界、感知未来、感知自己时，有独特的看法与做法。

根据孩子与生俱来的天性特点，教育他们、理解他们、发现他们、激励他们、引导他们，而不是简单地强加或命令，甚至是一意孤行地塑造。要做到这一点，我们就要站在孩子的立场，建立以儿童为中心的教育价值，这样就能树立正确的儿童观，利用儿童的主体性、独特性和完整性，在尊重个性、尊重差异、尊重规律的基础上，进行教育、引导和培养。

1. 科学的“玩”就是科学的“学”

孩子天性爱玩。我生在农村，长在农村，广阔的田野，醉人的花香，迷人的虫鸟，刺激的游戏，至今令我难以忘怀。小孩有玩的权利，玩就是他们本来的生活方式。

在我刚做校长时，面对着这样的一种现实：考试排名是流行的做法。当我借助新课改的春风抓课堂教学改革，严禁教师布置大量无效的作业时，我遭到了教师们的反对。“您不让我布置更多的作业，不让学生进行训练，考试成绩差了怎么办？不影响我的奖金吗？不影响我的职称吗？”一位骨干教师向我提出“抗议”。令我没有想到的是，家长也不同意我的做法。“校长，小孩回家没有作业，他们就会到处玩，就会上网。他们不做作业，学习成绩就会不好，成绩不好就考不上好初中。校长，您能负这个责吗？”

面对教师和家长的质疑，我选择了用行动来回答。我始终认为，儿童的成长方式和途径不单单是依靠课堂和作业，尤其是简单、重复、无效的作业。玩是孩子的权利，也是孩子成长的方式。基于此，我不仅在作业量上进行了严格控制，还对学生的在校时间进行了缩减，把孩子引导到大自然，引导到社会，让他们尽情地去玩，在玩中学，在玩中成长。由此，他们体验社会、观察自然、感悟世界的时间和机会就多了。因此，我和同事们设计了许多社会调查活动，孩子在这些活动中，表面上看是在“玩”，实际上，通过这样的形式，孩子们进步了，既增长了知识，也锻炼了能力、陶冶了情操。实践证明，科学地“玩”就是科学地“学”。

孩子放学后“放纸鸢”的时间和机会越来越多，进步的速度就会越来越快。

2. 把孩子当作一颗“种子”

辛弃疾的诗词这样写：“茅檐低小，溪上青青草。醉里吴音相媚好，白发谁家翁媪？大儿锄豆溪东，中儿正织鸡笼。最喜小儿无赖，溪头卧剥莲蓬。”孩子的天性本来就不同，他们是独立的不断发展着的完整个体，有与生俱来的“内在潜力”。孩子身上这一自然发展的神奇力量，促使自身不断发展，这种独特的与生俱来的力量就是孩子的个性。在实践中，我们时常能发现爱好“锄豆”的孩子，发现喜欢“织鸡笼”的孩子，也能发现“无赖”“剥莲蓬”的孩子。面对这些充满个性、能力各异的孩子，我仿佛看到百花争艳的景象，每每陶醉其中。作为校长，我把孩子这样的天性当作“种子”，我就是要为这些“种子”的发芽创设良好的、自然的外部环境与条件。这些条件就是温暖的阳光、充足的水分、合适的肥料、及时的灌溉与细心的杀虫。只有这样，这些“种子”才能生根、破土、发芽、开枝、散叶，最后结出累累硕果。

为此，我在学校开设了丰富多彩的课程。既有国家课程的拓展与延伸，也有孩子生活实际的再现，涵盖了认知、情感、实践、探究等多个领域，涉及天文、地理、历史、科技、人文、体育、艺术等几十个科目。每周四下午，这些课程成为孩子个性舒展的绝佳大舞台。喜欢“锄豆”的在“溪东”，喜欢“织鸡笼”的在“溪头”，喜欢空想的“无赖小儿”就去“剥莲蓬”。每个孩子都有他喜欢的课程，每个孩子都有他展示才华的舞台，每个孩子都有他舒展心灵的空间，这是一副多美的画卷！在这样的画卷里，孩子不是教师灌注的容器，也不是可以任意塑造的蜡和泥，他们具有独特的生命力、个性和潜能。

3. 孩子是天生的学习者

翁仔是个患自闭症的孩子，家长对此心痛万分，束手无策；静怡天真可爱，能唱出动听的歌曲，跳出优美的舞蹈，但就是学习成绩差，家长一样头痛不已。

这样一些孩子，在学校里不是少数。他们在家长、社会的认知里就是学习差的孩子。果真如此吗？杜威认为，儿童是具有独特生理和心理结构的人，儿童的能力、兴趣和习惯都建立在他原始本能的基础上，儿童的心理活动就是他们本能发展的过程。孩子天生就是一个学习者，只不过他们的学习方式和学习途径因人而异罢了。只要我们的方法得当，每个孩子都会学有所长。对于翁仔这样的孩子，我们扬长避短，经过观察，发现翁仔虽然计算能力和阅读能力暂时落后，但是他的空间构图能力却比其他同龄孩子要强许多。于是，我与翁仔的家长商量，在学科上降低对翁仔的要求，在绘画上给他创造更多的空间。经过努力，翁仔的美术作品多次获奖，空间创作潜能也得到充分的挖掘。最令我开心的是，他的学习成绩也得到了提高。

翁仔的事例告诉我：天性是孩子发展的基础，也是教育孩子的基础。作为教师，应该根据儿童的个性、基础等因素，成为孩子成长道路中的启发者、助推者，而不是压制者和强制者。我们要相信，孩子是天生的学习者。

4. 调皮是孩子的另一个名字

作为校长，时常听到来自教师和家长的抱怨是再普通不过的事情了。“校长，打扫卫生的时候，这个学生居然和同学抓蚂蚁去了。”这是班主任常对我“诉说”的问题。

“校长，明明我反复讲了许多次，可他偏偏不听话，作业没有做完就跑出去玩了。”“校长，我真是被孩子气死了！说了许多遍，他就是不听话，又动手打人了！”这是许多家长常向我“诉说”的问题。

以上这些问题都指向一点，那就是孩子不听话、很调皮。其实，在对待孩子的问题上，许多人认为自己都是充满爱和关怀的，尤其是做父母和当教师的。而实际情况呢？我们真的了解孩子吗？我们真的是在关心孩子吗？我们自己小时候不也是喜欢玩吗？我们不也是很调皮吗？要根据孩子的个性来进行教育、引导，而不是一味地批评与指责。

在教育孩子时，我们一定要记住：调皮是孩子的另一个名字。

为了更好地教育、引导孩子，家校沟通是一个不可忽略的有效途径。“校长，我把孩子送到您的学校，一是冲着学校的名气，二是希望孩子考个高分将来能上重点中学。您这样每天让孩子回家做家务，能学到东西吗？再说了，我家有保姆，不用孩子做家务。”这是3年前一个家长对我的“投诉”。

当时，我在学校开展“三个一”活动——规定孩子回家完成三项作业：一次家务劳动，一次校园生活汇报，一次亲自读书。这“三个一”活动，目的是锻炼孩子的生活实践能力、人际沟通能力和阅读理解能力。尤其是家务劳动这一项，主要针对独生子女过惯了“衣来伸手饭来张口”的日子而设立的。这项活动，家长由开始的不理解到最后的接受和赞同，我们花了将近半个学期的时间。如今，孩子们回到家，主动打扫卫生、收拾碗筷，整理衣柜、擦洗家具，他们的习惯越来越好，品行也越来越高。当孩子们开始“当家”后，他们身上发生了许多可喜的变化，我开心，家长们也开心。如今，家务劳动成为家校合作的有效途径之一。

学校是孩子的，校长是为孩子的存在而存在的。在工作中，我通过建立以孩子为中心的学校文化、以孩子为中心的课程体系、以孩子为中心的对话方式，尊重儿童天性；在工作中，我尊重孩子、关爱孩子，让他们性格的种子自由自在地成长。顺着孩子们的天性教育，与他们和谐相处，这一过程恰恰是校长应该完成的使命。

第二章

从“捞仔”到“根哥”：我的“根教育”之旅

在广州教育圈里，很多人叫我“根哥”，这让我有点儿诚惶诚恐。华中科技大学校长“根叔”曾经非常“火”，因为他得到该校师生的一致拥戴，叫我“根哥”不是说我有“根叔”那般水平，而是对我提出的“根教育”文化的一种肯定和认同。在我看来，根能直扎深泥，也可盘旋往复，“根教育”尊重人的独特个性，尊重成长中的种种不同；“根教育”期待每一个学生各美其美、美美与共。而这正是我的办学理想与办学主张。

回想这二十多年的教育历程，从初到广州时被唤作“捞仔”，到如今成为被同行和师生们信任的“根哥”，酸甜苦辣诸多滋味难以言尽，我想分享我的一些心路历程，与大家共勉。

第一节　扎根：勇闯三关，“捞仔”校长实现“弯道超越”

大自然中司空见惯的根有着深刻的哲学内涵——根既是一个生命的原点，也是一种内谦的品质，一种质朴的境界，让生命之根深扎、广延、牢固，人生就能绽放繁花。

2002 年 9 月，通过公开招考，我被任命为广东省广州市番禺区红基学校校长。走进学校后，我才知道这是一所村小。学校位于番禺区与顺德区交界处的“紫坭村”。当地人喜欢把外来人员称为“捞仔”，意为“捞世界”的外地人，也就是来挣钱的、来争夺资源的、来抢占机会的外地人。于是，我从一个“捞仔”开始，到最终带领这所村小实现“弯道超越”，主要经历了三道关卡。

第一关：不讲当地话，做什么校长！

对于我这样的外来的“捞仔”校长来说，更好地融入当地、深入基层，方能落地生根。作为一所村小，学校必须服务于当地村民和孩子，因此，与村里干部群众处理好关系是当村小校长必须过的第一关。因此，一方面，我首先跟随教育主管领导拜访当地村干部，积极争取他们的支持。另一方面，为了与家长友好合作，共同教育孩子，刚开始工作不久，我便组织召开了全校学生家长会。

至今我仍清楚地记得，那天家长会的预定时间是周末晚上七点半，可 700 多名家长在八点半左右才到齐，而且姿态各异，有的光着膀子，有的穿着短裤、趿着拖鞋，有的叼着香烟，有的满脸酒气，有的交头接耳。还有一位家长坐在中间，两腿架在前排椅子的靠背上，不停地晃动。当时一看这阵势，我知道情况不妙，在拿起话筒深呼吸十秒钟后，我先讲了一段开场白：“非常感谢各位家长！感谢您来到学校和我们一起共同探讨孩子的教育问题！感谢您在百忙之中抽出时间来参加这个家长会！”话音还未落，现场就已经变得嘈杂起来。“你讲的话我听不懂！你不会讲紫坭话（当地人讲的话称为紫坭话），到我们这里来做什么校长！”有家长突然站了起来，大声叫嚷。这让我当时就惊出了一身冷汗，我心里想：看来这个地方不宜久留！不过，眼前这关卡还得过啊。我只能硬着头皮继续往下说：“虽然这位家长说什么我不清楚，但是我能明白他对我不太欢迎。不过我想，看一个人行不行，不是看这个人说什么，而是看这个人做什么、做得怎么样。请大家以后看我的行动吧。”

说实话，那天的家长会结束后，我的内心翻江倒海，甚至有些后悔自己应聘到这个地方来当校长的决定。但是，夜晚清凉的海风让我慢慢冷静下来，我暗下决心：这一关必须过！但是，我该如何争取家长们的支持呢？人非草木孰能无情，既然集体交流行不通，那就单独面对面交流。于是，我组织老师们开展了“走千家”家校联系活动。很多时候，我还独自一人骑着自行车穿梭于村头巷尾，与村民促膝谈心，为他们的家庭教育提供建议。功夫不负有心人，几个月之后，村民慢慢接受了我，不仅认可了我这个校长，还把我当作村里的一员。

第二关：不能多发钱，做什么校长！

我原本以为跟老师的相处不会有什么难度，谁知困难更大。在我上任不到三个月时，教师队伍中的不良苗头便开始显现了：迟到早退的现象增加了，请假的人次也增多了。最明显的变化是，原本用普通话跟我汇报工作的老师绝大部分开始使用粤语，而他们明明知道我听不懂粤语。蹊跷！肯定发生了什么事情！我意识到：这是老师们在用语言向我表达不满，表示抗拒！但是原因何在？

“校长，您已经几个月没有给大家发补贴了，大家都讲您不关心老师。大家私底下说，凡是不能给老师们发奖金的校长都不是好校长！”一个早几年到校的外地教师偷偷告诉了我实情。原来如此！但是，在当时的状况下，我该如何为教师争取福利呢？苦思冥想之后，我明确了这样的思路：描绘美好的蓝图激励教师，共同做出成绩，然后以实力说话，向村领导为老师争取福利！

经过全体老师的努力，学生的精神面貌在短短的几个月内发生了巨变。而我以我的努力，在村干部中树立了“干事实”的形象，赢得了他们的尊重，也为老师们争取到了第一笔村奖励基金。在接下来的几年里，教师的福利待遇与学校的办学业绩实现了同步增长。而更让我感到欣喜的是，教师的专业发展整体提升十分迅速，学校培养了一大批骨干，他们成为学校发展的顶梁柱，十几人被调往外校做行政！对于一所只有 28 名教师的村小来说，能取得这样的成绩实属不易，我也深深懂得老师们在其中付出的艰辛与努力。

第三关：不能出成绩，能当好校长？

除了要让办学单位有信心，让教师有奔头之外，我还要面对周围的校长同行。我非常清楚，用什么姿态同他们打交道，用什么成绩同他们交流，直接决定了在这个群体中的“地位”，要是对教育没有独到的见解，没有做出一定的业绩，我恐怕就会成为这个群体的边缘人物。当时，本镇校长群中有一种声音：柯中明是个“捞仔”，又不是本地人，怎么能做得好校长呢？对于这样的评说，我只能淡然一笑。

最令人产生距离感的还是语言，当时我虽然能听得懂一丁点当地的粤语，但却完全不能讲，因此用粤语进行交流就非常困难。当领导布置工作用粤语，其他校长汇报工作也用粤语时，我内心深处的被抛离感非常强烈。当然，我明白他们并非故意排挤我，只是经常讲粤语，突然用普通话来讲话，他们自己也会感到别扭。我下决心一定要融入这个集体，和大家成为工作上的好伙伴。而大家是否认同、接纳、尊重，不是看我的竞聘演说、我所描画的学校发展蓝图，更不是看我曾经的辉煌，而是看我能不能在这所学校做出令人信服的成绩。我开始沉下心来，一方面深入了解学校情况，分析学校的办学优势和劣势，制定合适的办学策略；另一方面，我也积极学习粤语，利用一切机会讲粤语，还特别聘请学生当“粤语教师”，并且关注当地的一些风俗民情，以便更好地融入当地生活。

一个学期结束后，红基小学的统考成绩处于全镇中游水平，相比之前的末尾，已经取得了很大的进步。但我还是遭遇了来自各方面的质疑，“我们请你来做校长，目的就是要出成绩，要出好成绩！不出好成绩，怎能说是好校长？”应试的要求与压力，让我更坚定了在学校实施素质教育的目标。在我看来，素质教育与出色的考试成绩是不冲突的，这是为学生奠定根基的教育。为此，我将“抓好常规，打好基础，凸显个性，形成特色”作为应对策略，为学校制定了三年发展规划；成立学校发展委员会，为学校发展准确定位，给教师指明发展路径，给骨干教师搭建专业发展的舞台。

与此同时，我调整了办学思路，在学校提出工作“三不比”的策略：

一是学校不与镇区的中心校、重点校比考试综合排名，学校按照既定规划，按照自己的实力和能力做事；二是教师不与镇区中心校、重点校的老师比教学基本功大赛以及教师教学风采展示等活动的成绩，根据自身的实际情况，走自己的专业发展之路；三是学生不与镇区中心校、重点校的学生比舞蹈大赛、数学或语言技能大赛等的成绩，要根据自己的实际情况，让孩子们在学校好好学习、快乐生活。我认为，学校综合实力的排名是建立在教师素质和学生发展之上的，没有良好的师资队伍，没有学生的优异成绩，何来学校的优秀？而教师专业素养的提升不是一时之功，也不是一日之功，除了教师本人的学习态度外，其自身的基础、学校营造的氛围等都非常关键，我们不可能让教师一夜之间能成为区级、市级名师。

这样的决定在当时虽是无奈之举，但却赢得了老师们的支持。他们感觉我不好高骛远，不盲目跟风，是实实在在为学校发展、教师发展、学生发展着想。更主要的是，让教师们明确了方向，拥有了前行的斗志和动力。在全体师生的共同努力下，我们狠抓基本功，大力开展读书活动，认真实施课程改革，第二学期就取得了辉煌的成绩——全校所有学科统考总成绩进入全镇第三名！我们打赢了一场翻身仗。那一年，我在全镇会议上得到了隆重的表彰。后来，在我任红基学校校长的七年间，学校一直保持着领先地位，我自己也是连续七年被评为优秀校长，当地政府还特别给我颁发了一块纯金打造的金牌。

第二节 育根：建构“根教育”，为学生守护生命之根

“根教育”是教育方法，也是教育过程。她主张“培根固本”，主张解放儿童、唤醒生命，致力于帮助师生开启卓越和幸福的人生。

2009年8月，我被任命为广州市番禺区市桥实验小学校长。对我而言，这既是一次挑战，也是一次机遇。因为市桥实验小学是番禺区的一个窗口学校，也是区基础教育领域实施改革的一个基地。学校在各方的共同努力下，取得了骄人的成绩，在当地，能到实验小学读书或者工作在一定程度上是一种荣誉。

因此，当时，我的任命文件一公布，立刻引起了很多人的关注：高兴者有之，祝福者有之，冷观者也有之。还有一种说法更直接：实验小学来了个“乡下仔”。因为在一般人眼中，城里老师“高大上”，乡下老师是与“土气”和“水平差”画等号的。我没有理会这些议论，而是陷入了新的思考：如何迎接这一场更加严峻的“大考”，如何做好一个“城里的”校长，如何带领实验小学从“优秀”走向“卓越”？

一、一场“暴风骤雨”

开学没几天，一场“暴风骤雨”便降临番禺市桥实验小学：全省教师“代转公”全面铺开。所谓“代转公”其实就是让代课教师转为公办教师，这项政策对学校来讲则不亚于一场大地震！因为，市桥实验小学创办于2002年，是全区唯一一所人事体制改革的公办学校。学校除了校长一人是公办编制以外，其余所有教师全部由校长择优录用，实行双向自主选择。正是由于这样灵活的人事体制，学校集中了来自五湖四海的优秀教师，也使得学校在短期内便创造了一个又一个优异成绩。突然“转制”，对于这批精英教师来讲不是福音，却是一个“炸弹”——他们中一大批教师由于学历的原因达不到广州市入户条件，不能转为公办教师，只能转岗或分流。眼睁睁地看着昔日能力不够突出、业绩一般的同事由于拥有当地户口可以转为公办教师，而自己却面临着解聘或分流的命运，他们心中的不解便转化成了愤怒。

一个人的愤怒很容易被分解，但是一个群体的愤怒则容易演变成突发性群体事件。2009年9月9日晚上，学校近40名教师聚集在一起，商量利用第二天全市庆祝教师节的机会集体到省政府静坐。如果此事引发群体性事件，后果极为严重。在反复思量之后，我一边向上级领导汇报，一边坐镇学校密切留意老师们的动向，一边思考对策。

就这样一直等到晚上 12 点，几十个老师全部来办公室找我。看到他们不去静坐，而是来找校长，我当时心里既感动又难过。至少说明他们还是信任我的。于是，我便抓住机会，和大家一起商量如何真实地向上级反映现状与困难，争取特殊问题特殊处理。令人欣慰的是，上级领导终于对市桥实验小学的政策做了适应性调整。这件事情的平息，也让上级领导看到了学校教师的基本素质与大局意识。我也因此和教师们结下了深厚的友谊。

二、一场“新文化运动”

作为一所实验小学，学校如何真正发挥引领、实验作用？应该从哪些方面寻找改革实验的突破口？

我的选择是从办学思想的凝练和学校文化的构建入手。通过思考，我得出了这样的结论：学校文化是灵魂，体现在师生平日的举手投足、言谈举止之中；学校文化是行动，是习惯，具体表现为学风、教风、校风；学校文化不是说出来的，不是挂出来的，而是做出来的。与此同时，学校文化是血脉，是基因，因此必须建立在继承传统的基础上；学校文化是有生命力的，是不断发展和成长的，因此其价值体现在创新之中；学校文化是有个性的，不同的学校有不同的文化。

理清思路之后，我决定在实验小学来一场轰轰烈烈的“新文化运动”，以宣告学校新的时代的到来。积极的学校文化如同春风，能吹暖每个师生的心窝。作为校长，我的使命就是在番禺市桥实验小学培育一种积极的学校文化，让每个师生感觉到自己是学校文化建设的主人，感觉到学校文化是内生的，而不是移植的。为此，我从学校办学历史出发，在学校师生行进的足迹中寻找力量和灵感。实验小学的校训是“做有根的现代中国人”，这句话给我带来了新的启发：水有源，木有根。那么，教育有根吗？它的根是什么……循着这句话，我开始了一连串的追问和梳理。

我认为，教育的根在育人，培育社会的人，小学教育的基本任务是让孩子的生命之根扎深、广延、牢固，让生命之树枝繁叶茂、果圆实美。基于此，我在学校提出了“根教育”的办学理念。“根教育”的核心和灵魂是“价值”。我引领全体教师基于崇高的价值引领，立足对生命的敬畏和尊崇，追求“守住教育之根，让生命快乐绽放”。具体而言，“根教育”着眼于四大生命之根，一是养德性之根，育止于至善之人；二是培智性之根，育灵心慧性之人；三是健体性之根，育心雄体壮之人；四是护美性之根，育才望高雅之人。这一概念的出现随即得到了师生的情感共鸣。

三、一项以课程核心的“护根工程”

我始终认为课程是生命成长的土壤，好的课程是沃土，让生命蓬勃生长。“根教育”的课程开发，吸取学科、儿童和社会三类课程开发模式的长处，认同以“情境”为中心的课程设计理论。主张课程要有利于发展儿童的自主能力，使他们学会适应步入社会后所面临的各种情境。课程既要求儿童获得多种必要的学科知识，也要帮助学生获得自身的生命价值，使儿童在适应社会环境的同时，对不断变化的社会环境施加影响而不受它的支配。“根教育”的情境课程开发将学科课程、活动课程与优化的情境融成一个有机的统一的整体，克服了单纯学科课程存在的重讲、轻练，重知识、轻能力，因而缺乏操作而削弱应用性的弊端；同时也在一定程度上弥补了学科活动课程往往容易陷入知识无系统状态的缺陷。

在课堂教学实施的新路径上，“根教育”倡导实施“生态课堂”模式，这是一种以人为本的课堂，是一种以学生为主体，以学生的个性发展为第一要务的教学情境，是一种珍视“独立之精神，自由之思想”的教学氛围。其教学目标聚焦在学生的可持续发展上，让学生获得自我发展的能力，拥有自我扎根的能力。确立以“根本课堂”为核心的教学追求。构建“根本课堂”的目的在于帮助学生夯实基础，激发潜能，积淀素养，滋养生命，让生命之根扎深，广延，牢固。其教学理念的核心是以学生为本，让学生在和谐中自主地学习，自然地生长，其教学追求在于构建一种以学生为主体，以学生的个性发展为第一目的教学情境，营造一种珍视“独立之精神，自由之思想”的教学氛围，使课堂真正成为学生自主学习的舞台，呈现以对话为途径、以合作为形式、以问题为导向、以发展为目的的四维特点。

探索以“生态课堂”为特点的教学模式。生态课堂是实现“根本课堂”的基础和重要抓手，着重强调学生的可持续发展能力，民主平等的师生关系、自然和谐的教学氛围，探究与生成的教学方式，开放与选择的课程内容，多元与动态的评价方式。加强高效课堂研究，突出学生主体地位，改进教法与学法，优化教学组织形式，探索适应学生身心特征、体现学科特点、符合课程要求的有效教学策略与模式，营造有助于拓展学生知识视野、有益于学生独立思考、积极探究的学习环境。以高效课堂研究为基础，继续推进生态课堂教学模式的实践探索，确保本规划期内，学生学习方式发生根本性转变，学习的主动性、积极性明显提高，学习能力不断增强，综合素质全面提升，教师的教学理念明晰、教学过程规范、教学方法优化，教育科研能力明显增强，教育教学质量和水平不断提升。

“根教育”探索建立以“亲近经典”的理念为引领，以学科阅读、主题阅读、经典阅读、当代作家系列阅读等为主要领域，以课堂阅读、班级阅读、亲子阅读、社区阅读、自主阅读等为主要形式，以充满激励功能的星级阅读评价机制为主要支撑的儿童阅读文化生态圈，从而让亲近经典的书香校园工程真正成为滋心养根的工程。

经过六年的培育，“根教育”终于扎根、开花、结果了。市桥实验小学在番禺区的综合评比中连续几年位居前茅，2015 年更是一等奖的第一名，并且获得广州市首批特色学校称号。学校各项常规工作都已进入了“自运转”状态，学校特色也已经在区域内享有了一定美誉度。

第三节　固根：精准定位，以“全人教育”培育有根的儿童

“根教育”是教育思想，也是教育目标。她是以世界眼光和中国灵魂为主线，最终致力于培育全面发展的“有根的现代中国人”。

2015年10月，我又被调至番禺城区的市桥中心小学任校长。这所学校是区小学龙头学校，1994年就是广东省首批一级学校，是当地老百姓、领导、家长、同行心中真正的品牌学校。在中国教育转型改革的这样一个大背景下进入这所学校，虽然可以看出地方政府领导和群众对我的信任，但此时的我也需要面对更大的压力与挑战。

我认为，真正经得起实践检验的办学思想，是不受时间、空间限制的。因此，我在实验小学能做到的，在新的学校依然能做到。为了带领这所优质小学进一步实现创新和超越，我在熟悉学校历史、依靠管理团队、了解课堂现状、走近学生内心世界的基础上，对学校进行整体诊断、精准分析，基于培养有根的人的价值追求，提出了“全人教育”的办学理念。而这正是“根教育”理念的进一步延伸与拓展，是“根教育”理念的进一步回归本质聚焦本源坚守本位的反映。

全人教育是指……日本教育家小原国芳提出：理想的教育应包含人类的全部文化，理想的人应是全人，应具备全部人类的文化，即培养真(学问)、善(道德)、美(艺术)、圣(宗教)、健(身体)、富(生活)全面发展的人。我站立在全球化时代的大背景下，立足传承中华优秀文化传统和中华民族的伟大复兴这个时代命题来思考当下的教育——实施素质教育，落实立德树人，培养全面发展的人，这是全人教育的价值命题。从我个人的办学思想轨迹来看，全人教育是”是“根教育”的升级版，也是“根

教育”的新思考与新探索。基于这样的思考，到中心小学后，我在守住教育之根本的同时，引导全体教师在工作中不仅注重知识传授和技能习得，而且要使学生在身体、智力、道德、批判性思维、创造性、精神和价值操守等方面都得到发展，旨在培养快乐学习、健康成长、幸福生活、全面发展的人。 在实践中，我和学校的全体教师牢固树立全纳的教育姿态，实现全课程的覆盖，达至全资源的整合，促进全员的参与，建构全程的管理。就其教育目的而言，“全人教育”把教育目标定位为：在健全人格的基础上，促进学生的全面发展，让个体生命的潜能得到自由、充分、全面、和谐、持续发展。简言之，就是让学生扎下德性之根、智性之根、体性之根和美性之根，成为一个止于至善的德性、灵心慧性的智性、心雄体壮的体性和育才望高雅的美性的“全人”。

一、扬个性

中心小学是番禺区的一所窗口学校，有优秀的办学传统，有优秀的教师队伍，更有优秀的学生。这些孩子灵动、活泼、阳光、自信，个个有鲜明的个性。做他们的校长，我很幸福，同时更觉压力大！

记得刚到中心小学不久，就碰上了学校举办“十佳小乐手”的活动。一天，有几个孩子到我办公室“抗议”——为什么不让他们也上台展示一下弹钢琴的机会？学生的“抗议”引起了我的高度重视，一了解，结果令我非常惊喜：我校 1800 多人，光是钢琴考级了的就有 256 人！其他还有声乐、舞蹈、萨克斯、二胡、扬琴、古筝等。这么多优秀的孩子，这都是我们的宝贝！我们的财富！我们国家的未来栋梁。当时我激动万分：凡是有一技之长的孩子，都有一次上台展示的机会。结果那次活动给孩子们搭建了一个最开心、最幸福的舞台。

这件事给了我一个启示：孩子，天生就禀赋、个性、气质、潜能就不同。作为校长，不能用一个模子来教育，也不能用一种模式来管理，更加不能用单一的课程来教学。于是，我们会同行政，经过反复的论证，经过精心的准备，我们开发了46门普及性的校本社团课程，16门技能提升类课程。这些课程有效地补充了国家课程和地方课程的不足，充分展示了学校的个性，有效地激发了学生的潜能，发展了他们的个性。

二、连空间

中心小学位于番禺区的繁华商业区，也是老城区，因此学校占地面积小，校园建筑显得十分拥挤。这种建筑物的拥挤和空间的狭小，会直接影响师生的情感和情绪，导致视野的狭小，心情的压抑，感觉的压迫。因此，我在学校里做的第一件事情就是让“物理空间的连通，心理空间的联通”。

首先把每栋孤立的教学楼和综合楼之间用连廊对接起来。这些安全、现代的连廊，色调符合学校的文化底蕴，风格显得时尚，理念符合童真，现在孩子和老师们走几步就能到洗手间、运动场、功能室，不用像以前那样绕来绕去，不用像以前那样劳心费神、心急火燎了。这样一来，学校的物理空间连通了，师生的心理空间也联通了！看着师生轻松自在的样子，我心里非常幸福：校长的价值在哪里？根教育的理念落在何处？全人的目标是什么？这些回答，从师生的表情中，从师生的行走方式里都能找到答案。当我在校门口迎接师生到校的时候，当我和孩子欢欣击掌的时候，当我走进教室和孩子一起聆听老师的教导的时候，那种职业幸福感非常强烈，那种校长的成就感特别深刻。在自由、轻松、舒适、悠闲而平安和谐的校园中，在这种互联互动的物理空间中，聆听师生生命拔节的声音，感受师生生命相连的脉动，这就是校长办学理念是最佳呈现方式。

三、融团队

“是以泰山不让土壤，故能成其大；河海不择细流，故能就其深；

王者不却众庶，故能明其德。”当我临危受命到中心小学任职时，领导许诺让我组建一支管理团队带到新单位，我脑海里立刻浮现了秦国丞相李斯在《谏逐客书》一文讲过的这句话。在自然界，山不拒微土而成擎天之势，水不择细流而成汹涌之波。在生活中，成功的人永远在找不足，失败的人总是在找借口。在我意识里，成功又优秀的校长他在管理学校的时候，也不会过分去挑剔外在的客观环境，而像蜘蛛织网一般，一丝一丝地用心编织自己理想的教育王国。于是乎，我谢绝了领导的关心，只身一人来到中心小学报到。“校长，不好意思！昨天在会上顶撞了您，请您原谅！”这是刚到学校不久，一位行政干部在我办公室单独对我做的“检讨”，这种姿态跟其在行政会上的耿直、坚守形成了鲜明的对比。说实在的，如果不是她到我办公室来讲，事情我早就忘记了，或者说我非常欣赏其坦诚为公的工作风格，一点也没有感到不被尊重，一点也没有不快感。包容、尊重行政（包涵普通老师）是我的为人准则，严格、认真对待事情是我的工作准则，这两点在工作中我能做到高度的统一。正是这样的工作态度和为人处事方法，我很快就融入了新的团队。我和新的团队，密切配合，高度默契，使学校很快就步入了一个新的境界，为学校立品牌打下了坚实的基础。

四、立品牌

我校之所以叫“中心小学”，是因为在30年的办学历史中取得过辉煌的成绩，它是我们区小学教育的排头兵，是我们当地教育的窗口，是我们广东省第一批省一级学校，有着重要的“中心”地位。在学校办学处于发展瓶颈期的时候，我的到任对我来说是一种巨大的压力和挑战。因此，对学校品牌的重新认识和重新传播，我必须要有清醒的认识做导向；对于“中心”品牌的内涵必须要有优异的办学业绩做支撑。

在办学定位上，我把学校的品位定位在“外师造化，中得心源”上，其中的“造化”原指大自然，引申为就是学生的本真状态，就是学校存在的原生态，“心源”即内心的感悟、境界。就是说我们中心小学的学生由本真走向全面发展，学校由平凡走向优质，这一转化过程不是自然而然的，而是我们全校师生不甘平庸、不甘落后，追求快乐学习、健康生活、全面发展的内化。

在办学举措上，我带领大家打了两个漂亮的翻身仗。第一个是在2016年11月11日，在这个双十一购物狂欢节的特殊日子里，我校作为活动的主会场承办了教育界的双11活动：“一师一优课，一课一名师”广东省“互联网＋教研”启动仪式暨现场课例展示活动。这是全国教育信息化的一场盛宴，活动围绕教育部“一师一优课，一课一名师”活动，充分利用“互联网＋教研”模式，以网络直播和线上线下互动的方式，开展“信息技术与课堂教学深度融合”的主题教研。活动当天我校迎来了来自全国各地的领导、专家和同行600多人，活动的大规模，高质量得到了参会者的高度赞赏。第二个就是在2016年底，在全体师生共同的努力下，历时一年的艰辛奋斗，我们学校经过资料评审、专家评审以及现场答辩等多个环节，终于获得了番禺区小学办学绩效一等奖。这两个活动的成功举办，标志着中心小学又重新在同行、在领导、在专家、在家长心目中站了起来。涸池倍显游鲋贵，岁寒更见松柏青。过去的几年，我校离开过办学绩效奖这个舞台，但是，我们前行的脚步却从没有停止过。正如郎平在回答女排登上里约奥运奖台时所讲的那样：通过一天一天点滴的进步，我们才走到这里！今后，我们还将和全区的同行继续走下去。

我始终坚持以“根教育”为核心思想，一步一步地向前走。“让生命快乐绽放”是一种信念，是一种责任，是教育的根本。我们深知：“求木之长者，必固其根本。”固本方能深根，根深才能叶茂。从种下株株嫩苗到收获满园春色，免不了要经历岁月的流转，免不了要经历春秋的交替，免不了默默地耕耘。在固本培根的过程中，我默默坚守。在坚守中，静候花开！

第三章

学东学西学以致用
习今习古习为自强

第一节 抱元守一：提升校长的领导力

“天得一以清，地得一以宁，神得一以灵，谷得一以盈，万物得一以生，侯王得一以为天下正”。从《道德经》中我们可以得知：“一”是天地万物生成变化收藏的根源，是世界的本源。比对道家的理解，我认为这里“一”与“元”就如同教育领域的基本规律、教育的本质、教育的本真、教育的本源。

这样的修炼之术可以让人“神与气合，浑然归一，返归本始”。难怪王重阳真人这样讲：“澄心定意，抱元守一，存神固气，真功也”。作为校长，我们如何得到这样的真功呢？还是从“抱元守一”之中可以得到启示：这中修炼之术，其侧重点不在炼形而是炼神，通过它排除心中杂念，保持心神清静，其主旨为守持人之精、气、神，使之不内耗，不外逸，长期充盈体内，与形体相抱而为一。由此可见，校长如能做到静心、静气，排除杂念，淡泊名利，一心守住教育的本质，守住教育之根，就一定可以实现“由优秀走向卓越”，并且在这种转变与跨越的过程中实现学校的发展！

现在一致的看法是：新课改要关注学生；建设中国南方教育高地，要关注学生；成就自己，要关注学生；成就学校，也要关注学生。立场很重要！所谓立场其实就是指我们人在认识和处理问题时所处的地位和所抱的态度。我们都知道每一种思想后面都是有立场在做支撑的，不管是自觉的立场，还是不自觉的自发的立场。作为校长，我们的立场问题，就是指我们在认识教育时的价值评价和价值判断；就是我们在看教育、想教育、做教育时的利益目标人群。这种利益目标人群，就是我们的立场对象。这种对象毫无疑问就是我们的工作对象和服务对象。

讲到这里，我想起了获得诺贝尔文学奖的莫言先生。他的获奖“表明了国际文坛对中国当代文学及作家的深切关注，表明了中国文学所具有的世界意义（中国作协的贺词）”，对于这样的一个消弭国人诺贝尔奖情结的人，我无疑是致以崇高的敬意。在敬仰之余，我便深究其获奖的原因了。

角度一：彼得.隆恩的评价

瑞典皇家科学院终身秘书彼得.隆恩在新闻发布会上这样评价莫言：“他书写农民题材，写农村生活，写那些为活下去而抗争的人们，他笔下的人物为尊严而抗争，有时能赢得尊严，不过多数时候是失去尊严。”

角度二：莫言先生自己的话

在获奖后，莫言先生接受了有关记者的采访，他在回答为什么能获得如此殊荣时，他说道：“我一直是站在人的角度上，立足于写人，我想我这样的作品就超越了地域和种族的局限”。

角度三：评论家的评价

中山大学教授、博导，华语文学传媒大奖召集人谢有顺教授2004年在第二届华语文学传媒大奖“年度杰出成就奖”时曾给予了莫言先生这样的评价：“莫言的写作一直是当代中国的重要象征之一。他通透的感觉、奇异的想象力、旺盛的创造精神、汪洋恣意的语言天才，以及他对叙事探索的持久热情，使他的小说成了当代文学变革旅程中的醒目界碑。他从故乡的原始经验出发，抵达的是中国人精神世界的隐秘腹地。他笔下的欢乐和苦难，说出的是他对民间中国的基本关怀，对大地和故土的深情感念。”

从以上三个层面，站在一个校长的角度，我得出了这样一个结论：关注人，尊重生命是获奖的核心原因。得出这样的结论，对于我尤其有启发性：作为校长，我该如何去关注人？这是一个校长职业生涯的核心命题，也是校长从优秀走向卓越的必然阶梯。这个问题没有回答好，所谓的名校长，那只能是空中楼阁、水中花！

厦大的爬树课与我的大课间——唤醒了我的素质教育观：身体要紧。

说到素质教育，记得曾有人讲台湾一学校给学生颁发毕业证的做法：发小学毕业证时，校长就在一个海拔 3386 米的山顶等候，谁到山顶就给谁发证。发初中毕业证时，学生改为横渡日月潭，宽度大约 3000 米。发高中毕业证，学生须骑自行车绕行台湾一周，大约 700 公里。杨教授认为素质教育一定要搞好体育。

讲到体育，我们就很容易想到闹得沸沸扬扬的厦门大学的爬树课。这个消息一传出，批评者有之，褒奖者有之。我个人认为这是一个迟来的素质教育。我认为这门功课最少可以拓展孩子野外生存和逃生能力训练，磨砺坚持的意志，锻炼健康的身心，让他们动中有乐，乐中有动。如条件成熟，我也想在学校开开这门课程。虽说学校没有开这门课，但是我还是想讲一个发生在我们学校的故事。

上学期的一次大课间活动时间，好几个班没有组织学生下来进行活动。事后一了解，才知在复习备考阶段，为了抓紧复习，这几个班在考试就没有让学生下来了。我为此专门召开行政会，商议面对这样的情况应该给予批评的具体办法。当时就有行政讲，这样的情形情有可原，是否可以不予追究。面对大家的意见，我的态度非常坚决："身体都不好，要那么好的成绩有什么用。我宁愿孩子的成绩不好，也不要一个个孩子戴着厚厚的眼镜弯着佝偻的腰离开我们学校"！

校长一定要关注人的发展！让学生全面发展、和谐发展。为了孩子的健康，我们要为其人生奠定一抹亮丽是底色。

通过这次参与式互动学习和学校实地观摩，我认为可以从两个层面上来理解和内化校长领导力。第一个层面是感官的，也就是通过教授与学员、学员与学员之间这样的小组交流、活动体验等形式，营造感官上的最佳学习状态。学习氛围轻松——这几天课堂中最多的是笑声、最多的是掌声。大家在这笑声中得到了启发，在掌声中得到了鼓励。正因为有了我们学员个体的感官参与，加之二师给我们的适度压力和期望，学习的效率也就大大提高了。在参与式学习活动中，教授布置作业时要认真听、大家参与讨论时要认真听；自己发言时要认真想；别人总结时要仔细思。每个过程、每个环节看是轻松，实则不然。这样，在与教授和同学的互动中，很多问题解决了。但是，这种问题的解决不是在实际层面的，仅仅还是在校长认知层面的，要上升为领导力，还有一段很大的距离。

于是，就有了对校长领导力的第二个层面的理解——实际操作层面。所谓校长领导力简单来讲就是校长领导的能力，校长领导的能力我认为它首先是一个名词：能胜任校长工作的主观条件；同时它又是一个动词：校长引领学校发展的有效行为。因此，在一定的程度上讲，校长领导力不是从别人那里听来的，而是自己努力争取去实践的，它是在实践的基础上得到体现和提升的。所谓这些主观条件在一定的程度上就是校长回应社会的期待——校长的社会责任和社会使命及社会形象。为了这些主观条件的获得，于是，我们在教育系两位主要领导的带领下来到学校进行实地感受。

集中学习的后半段，我们到珠海和清远两所学校实地考察。一到学校，我就有种“百闻不如一见”之感：学校的文化、校长的思想、师生的精神、课程的实施、课堂的氛围、教育的质量、管理的细节等诸多问题在校长的报告、师生的谈吐、材料的呈现等诸多途径中自觉不自觉地显现出来了。或许是本班同学任校长之故，到清新县山塘二小，我有种心旷神怡的空灵，找到了记忆深处儿时的本真，特别是我看到几个小男孩双脚倒钩在宣传栏下的灵活与快乐，我简直涌现了想前去也玩一把的冲动。这样的活动，在城区学校基本已经消亡了——第一，城里的孩子没有这样“野性”了；第二，城里的学校早就取消学生“跳山羊”之类具有“安全隐患”的体育活动了，何况这种在宣传栏这样“神圣”之地的撒野！羡慕向往之余，我甚至想，或许未来担当国家栋梁、社会建设之人只能从这样自然、清新、朴实的育人环境中走出！

珠海香洲一小是一所名校，走进校园后感受其名不在外在的建筑，而在学校具有的一种韵味与精神。作为珠海市的一所窗口学校，其外在表现为良好的社会口碑，问其原因，该校严校长讲是学校具有“四特精神”，也就是教师团队具有“特别负责、特别认真、特别团结、特别进取”的精神品质和崇高的职业道德。这样的团队精神从何而来？我看还是应该从校长身上去找答案，简单而言就是校长本身是个能负责、能认真、能团结、能进取的人。如果做不到这点，指望教师队伍具有“四特精神”无疑是缘木求鱼！

两所不同特质的学校，背后两个不同特质的校长，背后都指向一个相同的概念——让师生成功！让师生体验生命的幸福！如果以学校是否成功、师生是否幸福来简单衡量校长的领导力的话，我认为这两位校长是成功的。

成功之路可以借鉴但不可复制！我该怎么办呢？

我想从最近比较热门的几件事情中进一步来让我去深思与践行。

一、校长领导力的内核是一颗“沉静之心”，而不是噱头

办学该有怎样的标准？大导演李安值得我敬仰！《少年派的奇幻漂流》让我再次领略了这位导演的无穷魅力：　一只老虎、一个小孩、一片海……这部被公认为“最不可能被影像化”的同名小说，在李安的妙手之下，被演绎为“融合了海上冒险和梦幻冥想”的3D视觉盛宴；视觉盛宴的背后，李安导演透过影片使“关乎人性与信仰”这样沉重的主题得到了轻松的演绎。《少年派的奇幻漂流》上映后，异常的火爆，获得好评一片。从主题的演绎和火爆的票房这两个指标来衡量，李安导演是成功的，这部影片是成功的。作为一个校长我们能从中得到启发：办学的成功不是靠自己吹嘘出来的，而是靠师生的生命是否幸福来衡量的。

成功，人人都渴望！我亦如此。进一步去追问校长与校长领导力，很多“浮云”便会隐去——当校长的，不可去责骂领导的不开明、条件的不成熟；不可去指责学生的素质不高、教师精神不好；不可去抱怨制

约太多；不可去埋怨家长的不配合。当周遭充斥短期利益的刺激、环境的浮躁、心态的失衡时，我觉得在“抬头”赶路之余，更应该留下“低头”思考的时间和空间。一所学校的成功与否，绝对不是几个特别优秀的孩子去争几个级别高的奖项所能支撑的，更不是几个所谓的骨干教师的“作秀课”所能包装的，特别不是校长本人重组几个概念后所谓的办学思想能决定的。校长应该把领导力放在师生的心灵观照的视野之下，潜心于师生的个性发展田园里。

校长如何成功？回过头来看李安和这部影片，有几个地方值得我们每个校长品味。

第一是低调。在影片上映之前，没有其他商业大片那样的前期宣传和炒作。李安导演的低调甚至到了别人遗忘的程度，直至影片的公映后。第二是淡定。这部影片从筹备到拍摄，整整花费了近 4 年时间。我总是在想，一个获得奥斯卡奖的华人导演，李安早已声名远播，他有必要花这么长的时间只拍这部电影吗？他追求的是什么？碰巧的是，有个记者也问到这个问题。李安的回答非常淡定与自然：“就算拍出烂片，10 年内还是有人会找我拍电影。之所以能沉下心思、耐住性子，去挑战不同题材和领域，只求给观众和自己一个交代。”“给观众和自己一个交代！”多么有启迪的一句话：我们做校长的，难道不正是未来给“自己”和“学生”的一个交代吗？！

正如有的影评家这样评价：“相比于李安‘4 年磨一片’的淡定，国内电影人显然过于‘忙碌’：忙着筹钱、忙着拍摄、忙着走穴、忙着挤档期、忙着冲大奖、忙着国际化……大干快上的作风、急功近利的心态，充斥着中国电影产业链上下游的每个环节。折射在荧屏上，七零八碎的故事、粗制滥造的情节、苍白无力的人物、故作高深的技巧，让许多国产电影不仅沦为‘票房毒药’，更折损了普通观众的观影信心。”站在校长的角度上讲，现实中有些人就是为了所谓的成功，追赶时髦的潮流，不顾教育的基本规律，耐不住寂寞，忍受不了清平，不惜违背基本的教育常识，去牺牲学生的未来。这和有些三流导演追求的“票房毒药”有何区分？我们做校长的，很多时候就是要怀着一颗“沉静之心”，恪守职业本分，遵循教育规律，抛弃浮躁，摒弃功利，默默地耕耘、静静地等待——等待师生生命之花的快乐绽放！

二、校长领导力的关键是坚守

与前辈校长相比，我觉得真是赶上了一个好时代：我们的领导开明了、教育的资源丰富了、教育的环境民主了、教育的权利有了更多的保障等。别的不说，就说学习的机会。做校长这十多年来，从校长岗位培训、校长提高培训、区级校长培训、市级校长培训、省级校长培训、国家级校长培训到现如今的“百千万”培养工程等高端培训，我都参加了。没有这些学习培训的机会的话，单靠自己的摸索和探究，我的眼界、我的思维、我的观点、我的水平与能力等都不可能达到现在的水平。我真的要感谢这个时代、感谢关心我的领导和专家、感谢我的同事和朋友。这样的培训让我尽快进入了校长的角色、尽快熟悉了管理的基本环节和流程，同时也提高了我的综合素质。回想起自己这十多年的校长经历，可以讲既是校长职业成长的过程，也是我接受培训学习的过程。

这次去珠海这所名校学习，我受益匪浅。该校的很多做法值得我去学习、借鉴和模仿，多次在心里问自己“他们怎么能做到这样的水平呢？”在反问自己的同时，我又想到最近在我们学校挂职跟岗的校长，他们的问题也会集中在“柯校长，您是怎么把学校办成这样的？您的教育思想是如何提炼的？”当我和这些校长同行交流自己的心得时，我总会想到“茶叶蛋”这个故事。

在我国台湾日月潭的玄光寺有个卖茶叶蛋的老太太。老太太的茶叶蛋与日月潭的风光美景相得益彰，也成为到访游客心中一道靓丽景色，被誉为“日月潭之花”！每天，老太太坐在小木屋的窗台前，用夹子悠闲的夹起一个个浓香扑鼻的茶叶蛋递给游客，就这样日复一日，年复一年的，至今已有 50 年的历史了！

一年夏天到日月潭旅游，还在搭船游湖时，船老大“预告”说，“待会儿上岸后，就会看到‘日月潭之花’，有位最漂亮的十八岁‘辣妹’专门卖茶叶蛋……”听到这里，大家眼睛发亮、猛吞口水，但船老大又适时“补充”一句：“我跟各位帅哥报告一下，因两岸一直没开放观光，她已经卖了五十几年了！” 是何种魅力能导致老太太的茶叶蛋50年长盛不衰？原来，老太太煮的茶叶蛋蛋白滑溜细腻，蛋黄入口即化。独特的口感伴随着一股红茶的醇厚和香菇的馨香，可谓是香、味俱佳，让人产生一种神奇的享受。由于能给游客带来这样的美的享受，因此老太太平日一天能卖出两千多个蛋，节假日更是多达三四千个！如潮的客流、兴隆的生意引来许多前来拜师学艺的人。老太太面对这些前来取经的人，丝毫没有一点担心人家会抢了她的生意，反而毫无保留把制作的工艺和配方共享了出来。

老太太的配方是：鸡蛋、红茶、海盐、香菇。

老太太的工艺是：先把鸡蛋和红茶、海盐放入水中用武火烧开，煮熟鸡蛋后把鸡蛋捞起沥干凉透；接着就是用小木棒轻轻地把蛋壳敲出裂缝后再放入有香菇和红茶的水中武火烧开后，便用文火慢煮6个多小时后开锅起卖！

老太太的秘诀是：用时要到位，共计八小时左右；用料考究，茶是大叶的红茶，香菇是椴木的香菇，水则一定要用日月潭的湖水。

得到老太太“真传”的人们便在旁边开起了店，但是没有一个能对老太太的生意造成一点威胁的，最终都是关门了事。原因何在？原来都嫌麻烦，哪有煮鸡蛋要花七八个小时的？于是乎，干脆把鸡蛋、茶叶、香菇和海盐一股脑地放入水中，煮熟后敲破蛋壳了事。这样煮的鸡蛋，无论怎么吆喝，游客就是不买账！最终敌不过老太太手下的茶叶蛋！

老太太煮茶叶蛋带给我们的启示是深刻的。孔子有言：治国如烹小鲜。看似简单，实则不然。一所成功的学校、一个成功的校长，从经验介绍的材料来看，看似简单容易，实则不然。煮出让游客如痴如醉的茶叶蛋，一煮就是50年，看似小技，实则不然。正如古诗有云：“纸上得来终觉浅，绝知此事要躬行”。这背后的一切都离不开“践行”和“坚守”！

我们做校长的，要想学校成功、要想自己成功、要想师生的生命得到快乐的绽放，绝不能违背教育规律，要有足够的耐心和细心，要有足够的爱心和责任心，不贪一时之功，像老太太一样下足料，用足时间，不可像其他学艺者那样，嫌麻烦、贪求方便，最终是失败而告终!

回过头来，再看这段学习经历，再看自己的职业角色。我又想起了美国教育家苏娜丹戴克说的一句话："告诉我，我会忘记，做给我看，我会记住，让我参加，我就会完全理解。"教授的理论引导，名校长的专业引领它只能是一种方向和榜样，我们这些学员校长理解了理论的内涵，痴迷了这些成功的校长仅仅是基础，要把这些转化为自己的思路、实践和成绩，关键在于行动。

学校的发展在于校长，这话一点也不错。但是问题的关键是校长如何去扮演好这样的角色，在这个过程中校长自身的定位，构思的实施策略，在实施过程中的调控等都是尤为关键的因素。我觉得做校长的，还是应该根据自己的实际来定位，来实施，来总结比较好。

写到这里，我想到了唐代诗人杨巨源写的《城东早春》："诗家清景在新春，绿柳才黄半未均。若待上林花似锦，出门尽是看花人。"小声诵读之后，总觉得整首诗构思巧妙，虽只有第二句实写春色，而描写春色又只以柳芽一处而概括早春全景。尤其是后一句明写观花时的盛景，实际却写诗人的慧眼和远见——这些摩肩接踵的观花人在早春的时候有想到今日这般盛景吗?

学校的"清景"在自由。

每所学校都有其独特之处，每所学校的景致都是异彩纷呈的。在我的心目中，这些景致的背后有共同的精神内核，那就是"自由"。对于学生而言，高楼大厦、尖端设别、高学历的师资等都没有他们感到的"自由"重要。学校存在的价值就是为了学生的健康快乐成长，就是为了他们的健康快乐成长提供一个安全、舒适、自由的环境。我非常赞赏希腊语境中关于学校的解释——学校，就是闲暇之所。

既然是闲暇之所，那就一听能让这里的人感到空间是属于他们的，时间是属于他们的，权利是属于他们的，义务也是属于他们的。孩子在这样的学校里学习、生活，他内心是舒张的，表情是轻松的，品行是善良的。能让孩子达到这样的境界，学校就是令人向往的学校。能让孩子达到这样的境界，学校就是具有一道道“清景”的圣地。

校长的高明在“绿柳才黄”之时。经营一道属于学校自己的“清景”关键在于学校的校长，校长的价值取向和办学思想。

现实中，我们很容易把“名校里的校长”和“名校长”画起等号。这是因为，这些名校花团锦簇，星光耀眼，魅力四射，让人叹为观止！他们的办学业绩或者办学现状就如同那“上林”的花！面对这些鲜花，那些下种的人呢？修剪的人呢？施肥的人呢？这些为了鲜花怒放的人我们是不是有意无意地给忽略了！

任何一个校长接手一个学校，意味着就要对学校的全体师生的生命成长和学校的发展负责。这种责任在现行的考核制度中有的能体现出来，有的则是无法体现的，正如很多人讲“良心活”一般。所谓高明的校长，应该是让处于地位发展的学校能向高位发展，让处于高位学校向特色学校发展，让处于特色学校向优质学校发展。一句话，让学校得到发展！说得具体点，就是让学生的学业和品行在原来的基础上有进展，让老师的专业技能和师德修养在原有的基础上有发展，让学校的整体办学质量在原有的基础上有发展，从而使学校的美誉度和知名度得到有效的彰显。

高明的校长其办学能力不是体现在“花似锦”那辉煌的一刻，而是在“绿柳才黄”甚至是之前对学校发展的定位和判断，并依此而实施的有效办学策略。表现在学校校长对学校有基础的把握，对学校发展方向的定位和选择在发展的突破口之中。这些做法专业的表达就是“SWOF”分析定位法。

赏花容易栽花难。说人容易察已难。校长要把一所学校办好，需要的是花农护花的爱心，需要的是细心，需要的是耐心，只有这样才能办出好的学校，让同行成为“看花人”！

最理想的努力是协同研修，所谓协同，就是指协调两个或者两个以上的不同资源或者个体，协同一致地完成某一目标的过程或能力。1971年德国科学家哈肯提出了统一的系统协同思想，认为自然界和人类社会的各种事物普遍存在有序、无序的现象，一定的条件下，有序和无序之间会相互转化，无序就是混沌，有序就是协同，这是一个普遍规律。协同现象在宇宙间一切领域中都普遍存在，没有协同，人类就不能生存，生产就不能发展，社会就不能前进。作为主办方，二师的主要目标就是让我这些小组成员之间实现“1+1>2”的效应。

作为一个在各级各类培训学习中的校长，我站在小组研修之外，对协同研修充满了期待。在我小组内，成员之间假如不能很好协同，甚至互相拆台，这样的研修必然呈现无序状态，发挥不了整体性功能而终至瓦解，也起不到研修的作用，完全是浪费时间，浪费金钱，浪费宝贵的机会。相反，我们校长之间能很好配合、协同，多种力量就能集聚成一个总力量，形成大大超越原各自功能总和的新功能。非常欣慰的是我们成员之间的合作、协同是没有问题。

如果进一步追问，这次协同研修，我还有什么感想的话，我觉得实现小组成员之间的办学价值整合就是我最大的渴望！

按照美国学者卡普兰和诺顿写的《组织协同》一书的观点认为，“协同”应该遵循以下原则：通过执行层的领导力推进变革；将战略转化为可操作的语言；使组织和战略协调一致；使战略成为每个成员的日常工作；确保将战略转化为一个连续的流程。通过这几大原则，对照我们小组协同研修的实际情况，我们或许会有更多的反省。

在协同研修中，有很多关键的因素需要我们去审视：

执行层是我们小组长还是另有他人？

愿景和使命是协同成功的核心，我们小组成员之间的愿景和使命该如何整合？

清晰的操作流程是决定协同研修成败关键，在小组研修过程中，每个流程如何监督，如何评价，如何反馈？

协同研修说到底就是文化的整合，就是价值的整合，我们小组成员之间这样的整合是自发的还是在理论导师、实践导师指导下的触发行为？

从校长专业成长的价值来讲，每个校长在其成长过程中一定要依靠同行的帮助、专家的指点和自身的努力！协同研修是个非常好的培训模式，敬业、好学、追求等不足以来表述我们的行进方式，我们追求的是一种价值的境界！

只有价值的整合，才是有效的协同研修；只有清晰明了的操作程序，才能保证协同研修的顺利进行；只有领导层的价值引领，才能保证协同研修方向不会偏差。总之，志同方能道合！

正如俗语云：一个好汉三个帮！我非好汉，因此，我更加需要同伴校长的帮助，我更加需要导师的帮助，我更加需要一切人的帮助！

抱元守一，始终追求学生生命价值的最大化。校长怎样去看待生命，决定了他怎样去开发生命，我们应该怀揣教育理想，迈开坚实的探索步伐，用心去追求学生的生命价值。在追求学生生命价值的同时，其实也在升华自身的生命价值！

第二节　行有方向：提升校长的思辨力

“乱花渐欲迷人眼，浅草才能没马蹄。”说起芬兰，人们脑海里立即会浮现那迷人绚丽的北极光，纯真梦幻的圣诞故乡，冰火两重天的桑拿，绿野苍苍的森林草原，洁净辽阔的湖泊等；说起芬兰，人们脑海里也会立即浮现那引领科技革命的诺基亚，让人如此如醉的愤怒小鸟，憨态可掬的小精灵姆明，风行时尚的塑料靴，催人奋进的歌曲《芬兰颂》，享誉世界的Linux操作系统，全球领先的幸福清廉以及口味醇厚的巧克力；说起芬兰，自从获得PISA测试全球第一后，芬兰教育如一股旋风席卷全球，世界各地前往朝拜的、取经的、考察的、探秘的、合作的接踵而至，一批又一批地蜂拥而至这个北欧小国，极为壮观。这壮观的景象，如同繁花，让人眼花缭乱！这壮观如同高峰，令人心向往之！

作为广州市教育家培养工程的学员，能亲自踏上这神秘的大地，探究芬兰教育的成功奥秘，对于我本人来来讲，实在是一件令我激动万分的事情。为此，在出发前我认真学习了帕思·萨尔伯格的《芬兰道路：世界可以从芬兰教育改革中学到什么》，蒂莫西 .D. 沃尔克的《芬兰教育现场》等著作以及有关芬兰教育研究的论文等材料。在文献学习之前，2016 年和 2017 年的暑假，我两次参加了北京师范大学主办的芬兰教育国际工作坊，共计用了整整 4 天的时间聆听芬兰于韦斯屈莱大学教育领导力专业的教授、名誉主任 Jukka Alava 的讲授。Jukka Alava 详细介绍了芬兰基础教育现状、未来发展趋势对校长的挑战和素质要求，同时 Jukka Alava 在讲授前通过前期对我的问卷调研，对本人进行领导者素质分析，促使我归纳有效的教育领导者特征，从而明确领导者的责任和使命。这为期 4 天的国际工作坊对我的影响非常大，有效提升了我的工作效能和自我分析能力。

经过 21 天紧张的学习，虽然想更加深入地了解芬兰的教育奥秘，但由于个人能力以及各种条件的限制，本人只能根据行程上的安排内容，就在赫尔辛基与坦佩雷两地所进行的教育现场，以一个小学校长的视角，试图以芬兰教育热词为关注点，以现象背后的规律把握为逻辑起点，以个人心得为光学镜像，来梳理出本次学习的心得。

一、西苏精神

“西苏”精神在国内的广泛流传，归功于习近平主席于 2017 年 4 月 3 日在芬兰《赫尔辛基时报》发表题为《穿越历史的友谊》的署名文章，该文是习主席对芬兰共和国进行国事访问前夕发表的，习主席在文中专门点赞芬兰人民的“西苏”精神。“西苏”在芬兰语中写作“SISU”，早出现在 1940 年 1 月 14 日《纽约时报》发表《SISU，一个解释芬兰人的词》一文中。这一词汇与芬兰的近代史密切相关，已经成为芬兰人的基因图谱，融入整个民族的血液中。因为“西苏”，面对列强，芬兰取得民族独立、国家富强的伟大成就；因为“西苏”，芬兰在短短的几十年内，一跃成为世界上最发达的国家之一；因为“西苏”，芬兰成为创新、创造的中心，全球500强的诺基亚正是凭借这一基因，成为全世界的一张名片。对于这一精神内涵，时任诺基亚总裁的奥利拉的说法最有代表性，他说：“转变是一个过程，这个过程需要极大的勇气、耐心和决心。在这个过程中我们芬兰人会用SISU来战胜一切困难。”芬兰人对“西苏”的理解是“力量与坚强的意志”“毅力与勇气”。对于“西苏”精神，习主席用“坚忍不拔”4字概括，这是最为精辟、精准、精彩的。

“西苏”精神的代表——瑞塔博士。“坚忍不拔”的“西苏”精神在这瑞塔博士身上体现得淋漓尽致！瑞塔博士作为这次承办方的学术专家，基本上是在全程陪同我们，全程教导我们，全程影响我们，她给我们上课的时间最长，讲授的主题最多，交流得最深入，可以讲是我们认识最全面的一个芬兰人！

瑞塔博士是坦佩雷应用科技大学全球教育中心的专家，曾任坦佩雷市政府教育主管，也是芬兰校长队伍的杰出代表。她的专业成长路径可以简单分为三个阶段：教（教师）而优则管（校长）、管（校长）而优则仕（官员），仕（官员）而优则专（专家），实现了从一个普通教师成为全国乃至全世界知名的教育专家之路的逆袭！

第一阶段：从教师走向校长。

瑞塔博士开始在赫尔辛基做小学教师，先生在一家外企任高级主管，女儿则在其家乡坦佩雷就读二年级。一次女儿哭闹，不想上学。细问之下，原来是其数学教师大量机械的作业和简单粗暴的教学方式吓坏了孩子。那时，作为教师的瑞塔博士同女儿教师沟通无效后，便向当地教育主管部门投诉。在投诉书中，瑞塔博士除了指出该教师错误的现象外，还指出了现象背后的原因，以及解决的办法，甚至提出自己去该校任教。谁知这样一封富有见地的投诉信，受到了当地教育主管部门的赏识，在经过规定的各种程序后，瑞塔博士被任命为女儿所在学校的校长。一次意外的投诉，改变了瑞塔博士的专业路径，仅从她女儿的角度来讲，实现了母亲到老师到校长的角色跨越。她女儿现在成为芬兰室内设计的专家，在圈内享有很高的声望，瑞塔博士深为当时的决定自豪！

第二阶段：从校长走向教育官员。

成为校长是一次偶然，但让学校走向卓越则是瑞塔博士职业追求和社会发展使命的必然。瑞塔博士作为坦佩雷市第一个女校长，走向校长岗位后，才发现跟她女儿教师一样的认识、一样水平、一样态度的教师不是个别人，而是一种普遍。于是，她发起了改革。可以想象，改革遇到了很大的阻力！守旧势力用尽各种办法阻止她，最严重的投诉听说找了当时的芬兰总统，目的就是阻止改革！

面临这些困境，选择只有两个，一是放弃，一是继续努力。于是，她选择继续！成了坦佩雷第一家长联合会，营造基于信任的同理心文化，组建教师学习共同体等。经过一段时间的努力，教师的教学行为改变了，家长的育人观念改变了，最为幸福的是，学校成为社区内高度认同的学校，成为社区文化的中心，甚至成为芬兰最好的学校。瑞塔博士彻底改变了女儿所在的学校，她赢得了同事的尊重，赢得了社区的尊重，赢得了同行校长的尊重，更加赢得了上级主管的尊重。于是，成为坦佩雷市市政府的教育主管。正如瑞塔博士用一句芬兰谚语讲“没有把你摧毁的事情，就会让你变得更加强大”一样，她用5年放弃休息的代价，成就了一个强大而优秀的校长。

第三个阶段：从官员走向专家。

工作平台变大了，责任与使命也随之变得更加重大了。彼时的瑞塔博士，一边履行市政府教育官员的职责，一边报读了芬兰于韦斯屈莱大学的博士研究生，以自己的管理实践专门研究女校长的管理。说到于韦斯屈莱大学，她是第一所芬兰语教学的师范学院，始建于1863年，在芬兰排名仅次于全球著名的赫尔辛基大学。获得博士学位后，她一边继续在学校一线实践指导，一边在高校进行研究，成为芬兰国内著名的教育专家。瑞塔博士走访了一百多个校长，到访各个教育现场，成为芬兰第一个研究自己工作的女博士，成为芬兰教育系统专家，博士毕业后就在高校任教。

通过瑞塔博士的成长经历，联想到我国政府大力倡导的教育家办学的举措，我作为一个校长，作为广州市教育专家班的学员，我的目标更加清晰了，责任更大了。教育专家不是说与生俱来的，在于如何看待自己，生活方方面面都是如此。就像镜子里的狮子，猫自信就能看到狮子，否则就是猫，甚至是老鼠。要改变当下教育的弊端，要落实立德树人的重任，要实现中华民族伟大复兴的重任，“西苏”精神也是我要继承和弘扬的！

二、平等信任

位于赫尔辛基市郊区的knniston（肯尼思顿）学校，是一所将办成幼儿园、小学和初中一贯制的学校，目前有一到六年级的小学生300多名，还有幼儿园几个班，正在筹备初中校舍的建设。到访该校的时候，校长Stina和她的助手Marida及Emmi老师热情地接待我们，向我们介绍学校概况，带领我们走进课堂，与学生一起听课，与教师一起品咖啡。

该校很多细节值得我去细细品味，很多教育情景让我内心激动万分。全校300多个孩子中，特殊儿童有20多个。这些孩子在学校内得到了无微不至的关怀，受到了应有的教育。其中令我不能忘怀的是，为了教育好一个听力障碍的孩子，学校专门引进了一个专职的手语教师。平日，该生与同学们一起听课，只不过他需要这个手语教师进行翻译；参加学校集会活动的时候，手语教师也在他身边“转述”。由于有手语教师的存在，该生的学习一点也没有受到影响，与同伴的交往一点没有受到影响，参加学校的集体活动也一点不受影响。渐渐的，手语教师教会了全校所有的孩子和老师，手语也成为该校一种别样的通用语言！

教育对于每个人而言，首要的是教育权利和教育机会均等，唯其如此，才能实现每个人的自由和谐地发展，才能成为真正的意义上的人。教育平等是芬兰教育的基本理念，这种理念不仅体现在特殊学生，还体现在所有学校的设备实施以及师资配备上面，最偏远地区的学校和最繁华地区学校的设备与师资是一样的，这样就使得平等有了最好的物质基础。与此同时，学校之间的不排名，不分所谓的快慢班等也是平等的最好体现。

通过现象看本质，这种平等背后蕴含的是信任。是基于国家治理体系大环境下的一种信任，这种信任成为芬兰社会一种最基本的价值观。通过这 20 多天的实地考察和感受，发现芬兰教育中的信任文化主要体现在政府对学校的信任、社会对老师的信任、家长对教师的信任、校长对教师的信任、教师对校长的信任、教师对学生的信任和学生对学生的信任等方面。在芬兰，除了一部每十年一次修订的全国课程大纲以外，芬兰的各级政府部门甚至是教育主管部门几乎不插手学校的管理，对学校给予充分的信任和自主。教育主管部门的监测与评估也是基于诊断帮助，绝非考核与排名。在芬兰，因为教师专业要求高，教师本身素质强，因此教师职业备受尊重，家长高度尊重和信任教师。在学校管理实践中，校长和其他管理者对教师也给予高度的信任，这种信任主要表现就是芬兰学校没有针对教师的任何评教活动、检查活动和考核活动，教师的收入不与学生学业挂钩。芬兰教师享有很大的课程自主权，可以自己选择教材，可以自己开发课程，完全自主安排教学进度和难度等。这种高度信任感催生的是教师高度的责任感和使命感。教师心中有了这样高尚的使命感，他们对学生也充满信任，带给学生的是自信和阳光。

芬兰的教育平等与信任文化是建立在法制健全与经济发展基础之上的，也是在逐步的改革过程中才形成的，并非一蹴而就，也绝非从天而降。反观我们国家大力实施的教育综合改革，国家对教育的高度重视，我有绝对的理由相信，中国梦的实现就是我们教育高度平等、高度信任梦想的实现。

三、现象教学

这次学习，最有意思的是我们以学生的身份参与到模拟的课堂当中，而且还是小学生的课堂。为了增强教学的体验感，Riitta 博士以《水和自然》为主题，指导我们体验各年级的现象教学法以及现象教学的实施。一开始，我们所有的校长学员以小学一二年学生的身份被分成 4 组，各小组派代表取纸笔等学习用具，接着在擦手纸上画画（小树等），接着就把绘了画的纸站在到水里，观察水上升情况（尤其是纸面上的图案）；再用打印纸画画，重复这一过程，看看水上升情况是否不同？得出结论：水上升得慢，与纸质有关。不同材质的分子组成不同，一种紧致，一种松散。当水上升快说明纸质松。

以三四年级学生身份体验现象教学：观察盆花的根的作用，根要吸水，支持花成长，像毛细血管一样吸水。还可观察不浇水的区别，得出水的作用。用显微镜观察植物叶子，叶子有很多细胞，犹如厨房，提供养分，促进植物成长。

以五六年级学生身份现象教学：五六年级要研究水从哪里来？核心大纲也有要求，要教水循环。通过到户外观察冰、雪、测量水温，观察日照、锅烧水，会产生水蒸气，了解“蒸发”这个自然现象。

以学生身份体验后，瑞塔博士接着又让我们回归到校长身份，同大家讲授这种“基于现象的教学”在芬兰的实施过程。芬兰《国家课程框架》提出，“从 2016 年 8 月起，面向 7—16 岁学生的所有学校必须在课程大纲中留出一段时间（每年至少一次，持续数周）用于跨学科的现象教学，具体时间长短和次数由学校自行决定”。“基于现象的教学”方法并非将传统学科打破，数学、英语、芬兰语、瑞典语、历史、美术、音 乐、体育等科目照常开设，只是在“基于现象的教学”时，将不同主题涉及的学科知识融合在一起，以跨学科模块的方式教授，针对同一主题，不同年级设计的内容和难度也是与其课程具体内容相匹配。在学校内部，需要不同学科教师围绕同一“现象（水与自然）”进行充分沟通、协调、计划、分工、备课等。具体实施阶段，学校内甚至是学校外各学科教师进行分工合作，一堂课可能有 2—3 个甚至更多教师进行协同教学，让学生对某一现象形成系统性认识。

芬兰新的《国家核心课程大纲》并没有对“现象教学”的具体内容进行规定，而是给予学校相当的自主权自行选择。但是，各学校要遵循四个核心价值取向和 4C 核心能力形成。具体就是：强调学生的个性及不同背景学生接受优质教育的权利；强调平等、民主，重视人性；强调跨学科教学；建立可持续发展的生活方式。培养四种21世纪所需要的4C核心能力，即创新能力（Creativity）、合作能力（Collaboration）、沟通能力（Communication）、批判性思维能力（Critical thinking），实现学生个体思考和学习能力、文化能力、互动和自我表达、管理日常生活照顾好自己能力、多文化识别能力以及工作生活能力和创业精神等七大横贯能力的形成。

现象教学的“现象”由教师们相互讨论，根据跨学科主题确定，包括怎么做：步骤一般就是：hypothesis(假设) action(行动) resource(资源) conclusion(结论)，一个学期一至两个现象，让学生自己得出结论。现象教学法在选择上体现自主性、融合性和合作性，校长等管理层不对现象的选择过多干涉，但是要求现象必须来源于生活、考虑学生现实需要和学习兴趣，符合学生认知能力和年龄特征。“现象教学”对于学生形成良好的学习方式、形成良性的师生互动、促进学生全面发展等方面都有非常重要的意义。“现象教学”从学生真实的生活现象出发，结合多学科知识，利用多种资源及教学手段，引导学生主动学习、创造性学习，促使学生关注生活现象，学以致用，克服了传统分科教学存在的知识零散、脱离生活情境的弱点，也避免了学生因某一学科而丧失学习兴趣。在学习过程中，学生通过小组合作和自我探究，锻炼了沟通表达与人际交往能力，提升了信息素养，掌握了日常生活技能，为迎接未来生活的挑战增加了砝码。

这次多元身份的体验现象教学，感触非常深刻：让学生在实践中学习，学生自己去探索，给予学生足够的时间去实实在在地做，在做中养成观察、质疑、思考、连接新旧知识、不同现象之间的相关、尝试推理等，就会不知不觉地培养了动手能力、观察能力、思辨意识、科学精神。这也是我们今后课堂教学改进、课程体系建构、教育观念更新的方向所在！

四、自主自由

芬兰教育考察令人欢欣，叫人深思。在一路观察、一路交流、一路探讨之中，每一所学校、每一个教师、每一间教室、每一个孩子、每一次活动都能找到芬兰教育光耀世界的影子，这每一次背后都蕴含着芬兰教育辉煌的密码。今天，我们考察的学校是教堂山学校。

1. 思维训练背后的自由

我们走进教室，只见学生正在摆弄各种手工物件和拼图，我以为这是正在进行的手工课，学生显得自由自在，老师也是不时在各组之间走动。几分钟后，才发现原来是利用手工在学习乘法口诀。这完全颠覆了我作为校长眼中数学教学的固有认知——数学原来可以如此的学习！

2. 创意思维的背后是自由

尤其令我兴奋的是，居然还有很多乐高拼图组件。为了发展学生的创造性思维，我们学校正在开展乐高教育，开设的项目只有部门学生，不能满足全体的孩子的需要。这样一比对，芬兰的孩子真是幸福！他们能做到全员全时空全程的实施，这样基于学生个性、符合孩子天性的游戏，对学生的发展是非常有意义的。

3. 幸福班级的背后是自由

课堂上的师生表现，感觉非常自然，无论是教师的教学组织，还是学生的学习活动，一切都在彼此的沟通与交流中自然地进行着。老师是睿智而和蔼的，学生是自由而欢乐的。感受的这一切，令人如此地向往和赞叹，答案就在门口的照片中找到了！

4. 自由狂欢的背后是保护

一到下课时间，学生就穿上冬装，飞快地奔向运动场，自由地开展各种体育活动。看到没有保护装置的墙角、尖锐的石头，我心不由得担心，或许是一种职业本能的角色反映吧——如此不重视安全，这些可都是我们平日中的安全隐患啊！这里的老师和校长为什么视而不见呢？最令我羞愧和纠结的是，学生在秋千上飘来荡去，在沙子地上撒欢狂奔——为什么这里可以做到？为什么这里不用担心安全事故？这些疑问，在不远处站着一位穿黄马甲的老师身上找到了部分答案！原来，学校非常重视学生的安全，非常注重保护学生的运动天性。因此，安排了老师在旁边看护。

5. 自由自在的背后是共识

学生能自由自在地学习，能自由自在地运动；老师能自由自在地组织课堂教学，老师能自由自在地组织教学内容。猛地一看，以为是杂论无章，实际不然。教室张贴的班级规定就说明了任何自由都是有边际的，任何自由都是建立在遵守规则的共识之下的。

这就是学生在集体生活中，在学习中应该做到的，这一切规定都是以“我”为中心，以“我”的承诺为中心，从“我”开始来建立班级的共识。

五、STEM

纸上得来终觉浅，绝知此事要躬行。平日里我们对学生的学习，对老师的工作总是喜欢想当然地指手画脚，以为创新、合作、探究等是件非常简单而容易操作的事情。等我们来到著名的坦佩雷理工大学，进入大学的 LUMATE 中心进行为期一天的体验学习，亲身体验芬兰中小学的 STEM 教育后，方知自己和同伴相比总是慢了半拍，如果和学生相比的话，那简直有点弱智般的“萌”态了！

LUMATE 中心是芬兰国家 LUMA 中心的一部分，芬兰 LUMA 中心的目标是通过科学和技术教育的最新方法和活动，激励儿童和青年学习数学、科学和技术的兴趣，同时支持从幼儿到大学从事教育工作教师的终身学习，并加强研究型教学的发展。 当天，我们在专业老师指导我们体验编程、3D 打印、拓印、制作感应灯。

把胡子扎成小辫子的老师让我感觉很亲切，很可爱！他的讲解和示范很清晰，指导很到位，且语气和蔼，态度亲切。原本是以为很简单的事情，实际操作起来可不是那么回事——电极方向不对、焊点接触不良、组装程序颠倒、胶水黏合不牢等如果用技巧不熟练来搪塞的话，那么看不懂安装说明书，就有点让人汗颜了！面对我每一次失败，老师总是微笑着说“yes”！老师的鼓励终于让我成功地安装出感应灯。面对着自己的产品，我的成就感油然而生！在制作过程中，我的观察、比较、判断、尝试、反思、冷静、自信等技能素养在不知不觉中得到了提升！

所谓百闻不如一见，百见不如一干！“在STEM（科学、技术、工程、数学）教育成为各国教育同行议论热词的时候，我们该如何利用自身资源，因地制宜开展具有中国味的STEM教育，芬兰同行的做法真的值得我们借鉴。

六、芬兰教育

当我在百度搜索“芬兰教育”后，显示的结果有80多万条的相关信息！这一现象一方面说明芬兰教育取得了世界各国的高度认可，成为大家学习借鉴的典范。也正是如此，芬兰这么一个北欧小国，吸引全球各地一批又一批教育朝圣者。当在机场，在大街上，在校园内，甚至是朋友圈里，看到一个又一个熟悉的面孔出现在芬兰这片神奇的大地时，我想到了“芬兰教育”这个项目背后的国家力量！！！

让芬兰教育成为第二个诺基亚！这一理念成为国家的行动指南时，我们每一个身处其中的学习者、朝圣者、经历者就不得不要慢下脚步，冷静分析与思考——芬兰教育对于我而言，需要借鉴的是什么？需要扬弃的是什么？身处中国教育大地，我该如何才能对得起孩子、对得起时代、对得起国家和民族？！

正如白居易在《钱塘湖春行》中写道：孤山寺北贾亭西，水面初平云脚低。几处早莺争暖树，谁家新燕啄春泥。乱花渐欲迷人眼，浅草才能没马蹄。最爱湖东行不足，绿杨阴里白沙堤。不要被乱花迷了眼，不要被历史裹住了脚，要前行，要实践，要批判，只有不断创新，不断探索，我们就不会“我们用昨天的方法去解决明天的问题！（爱因斯坦语）”，我就不会把别人的帽子戴在自己的头上！

第三节　心有敬畏：提升校长的道德力

带出一支德才兼备优秀教师队伍，使老师成为“四有好老师”，关键在于校长。校长在学校师德建设中处于非常重要的核心地位，正所谓“一个好校长，就是一所好学校”。那么实现“校长依靠心理上的联动装置使人们最终作为自我实现者做出回应，从而激发人们工作”[1]？美国当代教育管理学家托马斯·J·萨乔万尼 (ThomasJ. Sergiovanni) 提出的道德领导给了我有益的启示。他认为领导的道德权威能激发人的内部动机，促进共同体成员的自我管理，使学校达到不治而治的境界。

落实立德树人根本任务，大力实施素质教育，培养德智体美劳全面发展的社会主义建设者和和接班人是校长履职履责的根本所在。完成这一根本任务，其核心就是提升学校的整体办学实力，办人民满意的教育。学校的办学质量，学校的核心竞争力在于有一支德才兼备的优秀教师队伍。这支队伍决定学校发展与改革的原动力，这支队伍决定学校整体的精神追求与价值取向，这对队伍直接决定着学校校风，这支队伍直接决定着学校的文化。这支队伍的战斗力的核心就是良好的师德师风。因此，校长的工作的重点就是抓师德师风建设。

校长在学校师德建设中处于非常重要的核心地位，正如苏联教育家苏霍姆林斯基曾经说过“一个好校长，就是一所好学校”。一所好学校，必然拥有一位好校长；一所好学校，必然拥有一群好教师；一群好教师，最终能造就一所好学校。好学校、好教师、好校长这三者之间，校长处

[1] 托马斯·J·萨乔万尼 . 校长学：一种反思性实践观 [M]. 张虹译 . 上海：上海教育出版社 ,2004.

于关键位置。俗话说“兵熊熊一个，将熊熊一窝”“一将无能，累死千军”，对于一所学校而言，这些都深刻地说明了一个好校长对于整个学校教师队伍的水平是多么的重要。从这个意义上讲，有什么样的校长，就有什么样的教师；有什么样的教师，就有什么样的学校；有什么样的学校，就会有什么样的学生。因此，在师德师风建设的过程中，一定要抓住校长这个核心。

校长，就是学校师德建设的一面镜子。这面镜子折射了校长的办学思想，也折射了校长的本人的师德水平。从学校管理的角度来讲，师德建设不但是对教师而言的，也是对校长本人而言的。没有校长的良好的师德水平，就无从谈起教师的良好师德了。

一、加强修养，塑造校长领导的道德权威

首先是口吐莲花，校长要加强语言修养，对师生要讲亲切的话，要讲文明的话，要讲温暖人心启迪智慧的话语。第二就是手写美文，校长要加强文字表达能力的提升，其文字背后应该蕴含美的追求，营造美的氛围。第三就是行要端正，校长要言行一致，举止立得正行得端，仪表、风度、举止亲切而沉稳。第四就是心怀爱心，校长要有一颗爱生之心，对待学生要像对待自己的孩子一样，爱得深沉，爱得理智，爱得智慧，用爱去育爱。第五就是品涵儒雅，校长要有儒雅的气质，这种气质的背后是校长的深厚的学识、儒雅的气度、坚定的意志和高远的理想。校长的师德体现在言行之中，体现在管理的细节之中，体现在学校的文化之中，有了优美的语言，有了端庄的行为，有了亲切的姿态，有了美好的心灵，有了儒雅的气质，校长就能引领老师，就能改变老师，就能成为全体教师心中的楷模。这个楷模，能让老师发现自己的优点，也能发现自己的不足，就如同一面镜子。

二、营造氛围，完善校长领导的道德机制

校长除了加强自身师德修养，为全体教师树立良好的个人形象和学习榜样以为，最关键的作用就是在学校里形成师德师风建设的良好机制，让全体教师在这样的一个机制当中，从他律走向自律，从法治走向德治，从自动走向自觉。这样一个良好的机制要从以下五个方面入手。

1. 要点亮引航灯——建立师德模范群英谱

树立良好的师德楷模，为广大教师点亮引航灯，找到学习的方向和目标，找到前行的动力和信心。“学为人师行为世范”在师德楷模的言行之中，“理性信念、道德情操、扎实学识、仁爱之心”也在师德楷模的言行之中。这种楷模是老师学习的榜样，这样楷模是陶行知、徐特立、苏霍姆林斯基等前辈，这种楷模是于漪、卫兴华、高铭暄这三位人民教育家，这样楷模还应该是我们身边的同事。这种同事，在平常的日常工作中，用自己平凡的工作书写“教书育人”事业的不平凡。这种楷模，离老师最近，让老师感觉最真实，他们身上所散发的力量更强大。

我多次参与国家的教育扶贫活动，在我校开展“弘扬师德模范”的主题教育活动中也提及了我教育扶贫经历，谈到教育扶贫的重大意义，在老师中引起了很大的反响。张华老师事后主动向我提出申请到国家深度贫困地区进行帮扶支教。到达四川大凉山后，他不顾高原反应，克服种种不便，主动做当地教师的专业培训者，主动做国家扶贫政策的宣传者，主动做脱贫攻坚战的参与者，得到了当地政府高度评价，受到了教育部教师工作司的通报表扬。一个周期结束后，他再次申请留在大凉山，他说“不改变大凉山的教育，就不回广州！”张华老师就是我们全体教师身边的模范，他的高尚师德影响着我们其他教师。

2. 要画好同心圆——建立共治共修共同体

师德师风建设是教师个人行为，也是学校教师的群体行为。校长要引导教师在完善自身师德修养的同时，要积极引导全体教师树立集体观念，提升全校师德建设的整体水平。平日，引导教师在与同事的相处过程中，在与学会教育教学的互动中，在与家长进行共育过程中，在与校

长本人进行交流的过程中，画好“教书育人”这个童心园。让老师明白，我们加强师德师风建设的目的是提升自身修养，提升团队水平，更是“教书育人”。让“教书育人”成为全体教师共治共修的圆心，围绕这个圆心来建立思想交流、专业能力、智慧碰撞的师德培训共同体。

我是省名校工作室的主持人，在完成上级交代的任务后，也积极在校内组建教师的共治共修发展共同体。黄雪萍教师就是其中一位杰出的代表，通过这一共同体，她成为广州市名班主任工作室的主持人。黄老师用自己亲身的实践，带领校内的班主任一起研究学生，一起研究班级管理，一起研究教育艺术，她所在的班级是学校的榜样，她带领的工作室是广州市的楷模，她在提升自己专业能力和师德师风的同时，也提升了全校教师的整体专业水平和师德水平。

3. 要建好高速路——建立专业发展根据地

师德师风建设是一个系统工程，这个工程是否畅通、高效、和谐，其关键的要素在于教师自身的专业发展。我们不能为了师德而去抓师德，应该在教师的日常工作中，在其平常的行为中去入手。引导教师在树立专业发展的理念中得到师德提升，引导教师在研究学生成长规律中得到师德提升，引导教师在钻研课堂教学规律中得到师德提升，引导教师在建立科学教育机制上得到师德提升。这条高速路，与教师自身的教学行为有关，与教师的职业追求有关，与教师的道德修养有关。这条高速路，不是空中楼阁，而是在教书育人这个大舞台上所确定的一个专业发展根据地。

曾娜玲是一位刚刚毕业的大学生，来我校任教语文兼班主任工作。对于这样年轻的新教师，如何提升他们的专业技能和师德修养，这是我作为校长工作的重点。为此，学校专门成立工作小组，让经验丰富的老师来带领这些年轻的老师。同时，学校领导定期和他们交流，谈心。鼓励他们在日常的工作中，克服困难，积极学习，主动研究。在一次全区班主任技能大赛中，曾老师作为我校的选手参与竞争。在参赛过程中，我们一方面鼓励她，另一方为她提供各种人力、物力、智力的支持，最终她以优异的成绩获得了一等奖。事后，她有感而发：“是学校这个团队帮助了她，是班主任这个根据地成就了她！”

4. 要用好护身符——建立师德底线报警器

师德师风建设不是约束，不是惩罚，而是保护教师，提升教师的重要法宝。让广大教师从违反“师德师风”的反面实例中找到警醒，让广大教师自觉把“坚定政治方向、自觉爱国守法、传播优秀文化、潜心教书育人、关心爱护学生、加强安全防范、坚持言行雅正、秉持公平诚信、坚守廉洁自律、规范从教行为”作为目标，同时，要把教育部制定的《中小学教师违反职业道德行为处理办法》中列举的师德红线的十项禁令作为带电的高压。在工作中，校长要把这十条红线作为教师提升自我修养，杜绝物质诱惑，抵御不良思想的影响的护身符；校长也要把这十条作为教师教书育人、端正行为的护身符；校长更要把这十条作为教师从严执教、幸福执教的护身符。有了这样的师德建设警报器，我们的教师就会守好端正做人、干净做事的底线，就会严于律己、恪守教育本真，用心用爱去培养学生，就会最终赢得社会认可和尊重。

梁老师是一位数学教师，有段时间家庭发生了变故，遭受了挫折与打击，影响了心情，也影响了工作。因此，在工作中与同事产生冲突，对待学生态度粗暴，对待工作敷衍了事，在同事、学生、家长当中引起了很不好的后果。我得知这一情况后，一方面做老师、学生、家长的工作，让他们给梁老师一点时间，一点机会来改正错误的做法；一方面找来梁老师与他谈心，鼓励他重新振作起来，站在他的角度来分析原因，讲解违反师德的严重性，没有采用“一棍子打死他”这样机械的处理方式。几次耐心的谈话下来，梁老师认识错误并且改正了错误，重新振作起来，再次成为受学生喜爱的老师。

5. 要留足减压阀——建立共情共鸣幸福园

在抓师德师风建设的过程中，校长还应有共情共鸣的管理艺术，设身处地为教师的发展考虑。作为校长，当有的老师出现这样和那样的问题时，首先不要简单地进行批评和惩罚，尤其是不要动辄用“违反师德”这样的帽子扣在教师头上，也不要用失望和愤怒来表达自己的怨气，更不要用羞辱等方式来处理教师的不当行为。而是应该留足负面情绪的减压阀，建立共情共鸣的幸福园，让教师得到尊重和理解。比如给教师留足反思反省的时间和空间，给教师足够的理解和谅解，尽可能把不良行为所造成的负面影响减到最低。这就是用同理心的视角来看待师德建设的问题，不要轻易上纲上线，不要动辄简单地处罚惩戒，不要简单粗暴地敷衍了事。有时“高高举起，轻轻放下”的措施会得到意想不到的效果。

我校有教师130多人，这是一支规模较大的队伍，他们的经历、能力乃至师德修养水平各不相同。谭老师是一位差两年就要退休的老师，如何激发他往日的工作热情，克服职业的倦怠感，是我关注的工作。针对有人反映他上班经常迟到，对待教学不重视等情况，我看在眼里急在心里，一直在等待改变他的机会。通过背后的观察发现：虽然年长，但他在同事中没有知心的朋友，处于年级组的边缘。正所谓“无事生非”，他是因为“无事”可为，“无事”可展示。根据这一情况，我安排学生社团给他带，结果让同事大跌眼镜——不再上班迟到，居然下班了还不走，在全身心地带领学生开展活动。对于谭老师，我没有批评他，而是给他舞台，给他平台发挥自己的专长，让他在“扬长”中克服了倦态，让他在奉献中找到了价值。

师德建设是学校工作的重点，也是校长管理的重点。校长首先要成为言行举止、理想信念、价值引领、学识涵养、道德风范等全校师生的楷模。其次在工作中进行科学的管理，用责任心、关爱心、同理心，亲力亲为、率先垂范去引领教师、感化教师、提升教师。唯有这样，方可带出一支师德高尚、人民满意的教师队伍。

第四节　腹有诗书：提升校长的学习力

学，然后知不足；教，然后知困。随着年轮的一圈一圈地增加，随着实践的一步一步丰富，越发感觉到自身的不足与困惑。

人生是一场遇见，事业是一首乐章。跟什么样的人，就会成为什么样的人；有什么的技能，就能演奏什么样的境界。

感觉“缘分”用在选书、读书、写书之上，要比用在婚姻、爱情之上要更适切些，便想到了唐代诗人李贺写的“花枝草蔓眼中开，小白长红越女腮。可怜日暮嫣香落，嫁与春风不用媒。”，也借用“嫁与春风不用媒”来为题，来表达读书学习之情感。

一、读书学习有层次

校长的学习是知行合一，学用结合。要经历学而信，学而思，学而行这样的阶段，我觉得，学习可以分为五个层次：闻道、见道、得道、修道、成道。

闻道，即是从别人口中得到知识。对于这种知识，我们很难亲自去辨别它的可信度，必须持有一种怀疑的态度，不可全信也不可完全否认。如果一直将学习停留在这个层次，就只能够依靠海量的知识来分辨真假，从权威的口中去得知真相。

见道，则是用自己的眼睛去获取知识。通过这种方式得来的知识具有更高的可信度，但却切忌不可妄下定论，必须借助思辨的方法从中提取有效的信息，否则容易陷入固有思维的围城。如果停留在这个层次学习，一方面需要具备打破常规的决心，另一方面需要培养良好的思维能力，这仍然非常考验自身。

得道，需要从表面现象中总结得出本质。关于本质的知识在相同领域中具备通用性，在实际运用中可以实现举一反三，耐得住时境变迁。没有特定的手段来达到这个层次，只有累积量变引起质变，自然而然地水到渠成。

修道，需要在众多本质中寻得无所不在之真理。一条真理必须具备所有领域中的通用性，可以衍生出世间存在甚至不存在的一切本质。理论上若是达到这个层次，学习新事物只是时间的问题，可以算得上无所不能知。

成道，知晓一切知识。所有存在和不存在的知识都已知晓，已经没什么好学的了。道法自然。

“择其善者而从之”，所以先要选择善者。善者是什么？对你有帮助的，而“从之”，跟从他。那不善的呢，可以让我们改。什么意思呢？如果一个人一切的行为天生就好，也就是说天生圣明，这种人很少，所以从来不犯错的人很少，圣人也会犯错。但是一个人，如果错了以后，是自己犯错，自己从错误中学习，这个当然很好，但是不如从古人所犯的错里学习，因为自己犯了错去学习、再悔改，是要付代价的。一个善于做老师的人，先要善于做学生，从别人的对错当中，学习很多的做人做事的道理。

《论语·子罕篇》子曰：可与共学，未可与适道；可与适道，未可与立；可与立，未可与权。

接着我们要来跟各位谈的，是孔子告诉我们，经过学习以后一个人的“层次”。这个层次跟什么有关？第一个跟你的资质有关，资质好不好。他说，“可与共学”是第一个层次，“可与共学，未可与适道”，“适道”是第二个层次。“可与适道，未可与立”，“立”是第三个层次。“可与立，未可与权”是第四个层次，说明了学习的过程，最难的是“权变”，权衡轻重。

那什么叫“可与共学”，孔子是有教无类，所以可以来上课的人很多，这个对当时的鲁国来讲，是一个创举。因为在鲁国，当时一个国家的官位被三家垄断，就是季孙、叔孙、孟孙，而且已经垄断了四、五代，因此要做官不是那么容易。为什么？

做官要读书，没有读书的人不能做官，可是读书很昂贵，因此只有贵族才能读书。因为平民老百姓读书的机会很少，所以孔子开一个方便大门，叫“自行束修”，束修是什么？就是一块干肉。说你来拜师，你带一块干肉，乡下人带一块干肉。你住在孔子学院好几年的时间，吃住都在这边，所以等于是孔子学院来贴学费，帮助穷学生，所以可以进孔子学院的人很多。

可是“未可与适道”，什么叫“道”呢？一阴一阳之谓道。天道，可以说，是最深的学问。所以孔子说，“中人以下，不可以语上也”，你的资质不够高，没有办法跟你讲最高深的学问。所以“适道”，就是适者、往也，就往天道这个地方走。

因此有的人可以共学，比如说学什么？学诗、学尚书、学周礼，但是能够学这些，未必见得能够学易经，所以他说“可与共学，未可与适道，可与适道，未可与立”。这个“立”是什么意思呢？

那最难的，到了最后一关，叫“可与立，未可与权”。“权”这个字，是一个“木”。所以古代的皇帝呢，有个令牌，这个令牌用很好的木，上面有镶金镶银，然后有钻石，所以叫令牌。所以令牌的“权”这个字呢，是一个“木”，一个“雚”。所以孔子告诉我们，做学问“可与共学”，未必见得可以学大道，“未可与适道”。“可与适道，未可与立”，当你学了大道以后，未必见得会扎根，有一个很深的根。那扎了根以后，未必见得将来可以学到权变，所以最难的是“通权达变”。

二、读书学习有理由

“爱读书的孩子更聪明”“爱读书的妈妈更漂亮”“爱读书的爸爸更帅气”“爱读书的老师更优雅”“爱读书的校长更睿智”。

每一个人都有自己阅读的理由，但是我给你的阅读理由却是最朴素、最浅白的。当这些朴素的话语不断地在不同的场合响起的时候，阅读的种子便悄然在人们的心中萌发。

每一届学校读书节上，我总会和孩子们一起高呼，“爱读书的孩子更聪明！书是香的，还是甜的！”当稚嫩的声音在广场响起的时候，孩子们脸上写满了欢愉和憧憬。

每一次家长会上，我谈得最多的是阅读，阅读哪些书目，怎么进行亲子共读，怎么提高孩子的阅读兴趣。他总是不遗余力地把著名教育家苏霍姆林斯基的理念告诉给家长：一个智力正常的孩子学业不好，就是对文字不敏感造成的。要提高成绩，就要阅读。他还总是说，读书是最好的美容方法。“爱读书的妈妈更漂亮！爱读书的爸爸更帅气！”阅读，既能带动孩子，又能让自己美起来。一举两得，何乐而不为？几句朴素的话让许多家长怦然心动。

教师会上，我经常向全校老师推荐经典的图书。《世界是平的》《静悄悄的革命》《第56号教室的奇迹》《教学勇气》等一批经典书籍就是通过我的介绍走进了老师们的视野。我总喜欢列举身边老师的例子来激励老师们读书：“你们看，肖老师工作方法独特有效，虽然年龄不小，气质却高雅如兰。就是因为她不断阅读。你们看，康老师的课堂总是洋溢着浓浓的文化气息，就是她有了大量的积淀。爱读书的老师最优雅！”在我的“鼓吹”下，学校爱读书的老师越来越多。

作为“教育部—中国移动中小学校长培训项目”影子校长培训基地，经常有全国各地的校长前来学校跟岗学习。每次座谈会上，我旁征博引，名人典故、时事新闻信手拈来，文、史、哲，现代教育理论，中华传统文化，均有涉及，文化气息扑面而来，让人惊羡不已。“爱读书的校长更睿智！”面对来自全国各地的同行，我时不时向大家推销自己一向推崇的修炼之道。

在我看来，阅读是“根的工程”，来不得半点马虎。为此，我在学校推行了三大工程：“亲近经典”学生阅读工程、“小手牵大手”家庭阅读工程、“穿越文字”教师阅读工程。

“亲近经典”学生阅读工程。我在全校每个班级推行经典古诗文诵读、儿童阅读、名曲欣赏、名画欣赏等活动。根据不同的年龄段，学生背诵不同的古典诗词、阅读不同的儿童书籍，欣赏不同的经典名曲、名画。据统计，在校的每个学生整个小学期间可以背诵240首中国古典诗词，阅读100本经典儿童小说，欣赏100首经典世界名曲，欣赏100幅经典世界名画。曾有领导、专家赞誉这个工程是“良心工程”。

“小手牵大手”家庭阅读工程。我认为，家庭阅读是需要互相带动。每一年的母亲节、父亲节，我都要倡导孩子们以“爱读书的妈妈最漂亮”“爱读书的爸爸最帅气”为主题制作卡片，让孩子们去影响自己的爸爸妈妈读书，让小手牵起大手走进阅读。为了促进家庭阅读有效开展，我提议每周四晚定为“亲子共读”时间，任课老师不得布置任何书面作业，此项提议获得教代会通过，这一举措赢得家长的高度赞誉。我经常组织“一起朗诵吧”“共读一本书，共写一篇文”“晒晒我家的书本”等亲子共读活动，每一个学期都会组织书香家庭的评选，并在每年的六一节庆祝大会上进行表彰，通过学校的各种媒介进行宣传。

“穿越文字”教师阅读工程。“之所以叫‘穿越文字’，是针对众多泛泛而读、无效阅读等消遣性阅读提出来的。‘穿越’讲究的是在文字中‘出生入死’，让文字活在当下，让当下进入文字。这种方式尤其适合教师专业阅读。”说起教师阅读工程名字的由来，我如是说。为了让老师们“穿越文字”，我开设“尚品文化讲堂”，每周邀请一位老师在“尚品讲堂”演讲；组织成立了“雅慧教师读书会”，每个月进行一次交流活动；每学期组织一次大型的全校教师共读活动，并以演讲、读后感写作、朗诵等形式进行展示。

一个简单的理由，再加上一串坚实的脚印，身边的人便追随我，走向阅读的深远……

三、读书学习有故事

一次，我有幸受组织委派赴澳大利亚学习。由于飞机晚点，大家只好等待。就是在这等待之中，令人震惊的事情发生了。绝大部分外国旅客捧着一本书在静静地学习着，思考着，好像完全忘记了自己是一个在候机的旅客。然而，与之形成鲜明对比的是，一伙我们大陆去的旅客则马上摆开阵势，打起扑克来。一边是捧书而读，一边是席地玩耍；一边是安安静静，一边是高声喧哗。这背后难道不就是国家与国家、民族与民族之间的差别吗？作为一个教育工作者，在震撼之余，我举起手中的相机拍下了这一幕。回到学校，在一次全校师生大会上，我把这张照片投影在大会的主席台上，对大家说：“这是我见到的真实的一幕。在这照片的背后是国民每年人均阅读量的差别：以色列 64 本书，俄罗斯 55

本，世界平均数是 11 本。我们中国呢？ 5 本！连世界平均水平的一半都不到！”这时，学生和老师都默不作声，整个会场陷入了沉思。

沉默之后便是爆发。于是一场发自师生内心深处的“让书香浸润校园，让学习成为习惯”的校园读书活动便开展起来。在活动中，我带头读，与全体教师在读书沙龙中一起探讨教育教学的真谛；老师带头读，与全班同学一道在读书中建立和谐民主的师生关系；活动也使父母带头读，与子女一道在读书中营造温馨幸福的家庭氛围。随着活动的深入，阅读，渐渐成了我们的生活方式。

阅读让学生、老师、校园甚至家长都发生了巨大的变化：

你看，学生变了。从不主动做作业的文仔变了，现在他学习认真，做事主动。在假期，他组织几个同学进行社会考察，其成果获得了中共广东省委教育工委的嘉奖，成为全省农村小学的唯一代表。

你看，家长变了。劳动回家后整天无所事事，不是打麻将就是酗酒闹事的发仔的爸爸，在孩子和老师的影响下，戒了酒、戒了烟、戒了麻将上夜校。发仔爸爸从麻将台走向课桌的事迹作为广东省中小学德育研究会的案例，在全省推广。

你看，老师变了。家住天河区的蔡老师，每天从天河区家中到番禺区的学校，路上往返将近 4 小时。这样长时间的奔波，应是苦不堪言，很难尽心工作的。如今，她对我说：“没事的，反正路上乘车的 4 个小时，我刚好可以读书学习。”在这样的努力下，她成了番禺区青年骨干教师。

最是书香能致远。静心阅读，已经成为我校最流行的时尚，阅读已成为学生迷恋的乐园，教师提高的加油站，学校可持续发展的 4S 店。

四、读书学习有感悟

读书感悟：读书，需要思考。“学而不思则罔，思而不学则殆”，孔子之言在今天依然熠熠生辉。每读一本好书，我都会觉得是结识了一个新的好朋友，细细地倾听作者的述说，或哲思的，或绵长的。我也和作者对话：做读书骨架图，梳理作者思路；摘抄书本精华，吸纳作者智慧；勾画批注，留下思维痕迹；书写读书笔记，记录得与惑。渐渐地，我融入了书，书也融入了我。

读书，需要交流。“独学而无友，则孤陋寡闻”。读一本好书，三五成群，或争辩，或认同，或互为注释，水尝无华，相荡乃成涟漪。每当和几个好友谈论新书、好书之时，那份默契，真是“悠然心会，妙处难与君说”。

读书，需要践行。“纸上得来终觉浅，绝知此事要躬行”。读书，本为长智明理，修身养性。一边读书，一边践行，以书中智慧指引前行，又以实践真知修正书中缺陷。每有解惑，岂不快哉！

深度思考就是不断逼近问题的本质！在学校管理工作中，我们很多时候是事情来了就做，很少去想为什么做，怎么做，以及做了之后想得到什么结果？甚至有些时候，我们还笃信天道酬勤，大部分时间用来埋头苦干，却鲜少抬头看路？

习惯于用战术上的勤奋来掩饰战略上的懒惰？事实上，任何深度思考前的盲目勤奋，注定都是吃力不讨好的徒劳。这些现象在我身上存在吗？说实在的，在读《深度思考：不断逼近问题的本质》一书前，我还真的没有仔细思考过！

《深度思考：不断逼近问题的本质》一书的作者是香奈儿前全球CEO 莫琳·希凯，她在书中回首自己从普通职员到职场巅峰的进阶之道，为我逐一揭开在所有领域获取成功的共同秘籍：

第一是遇到复杂问题时，像剥洋葱一样逐层分析；

第二是从被动接受到主动学习，从低成长区跨越到高成长区；

第三是让自己冷静下来后，更容易看清问题的本质；

第四是战术上的勤奋和战略上的优化同时推进；刻意练习深度思考的能力，使之成为习惯；……

随着读她这些“秘籍”，我心情越发沉重起来。作者因为用深度思考连接一切，造就了她在全球企业管理的巅峰辉煌。作为一个校长，尤其是承载教育本身使命和广州市、广东省乃至国家领航使命的我，一定要清晰地认识到是未来的我，一定要在有价值的认知升级与自我精进方面培养具有竞争力的优势。

我也要清晰认识到在碎片化信息爆炸的当下，在竞争激烈的高阶领域，决胜的关键不仅在于知识的多寡、勤奋的程度如何，更在于是否具备深度思考的能力。

真所谓学而不思则罔，思而不学则怠。我要从以下方面努力：

首先是做正确的事，比正确地做事，更重要。这句话的意思是，首先要确定手头上的工作是对我们目标有贡献的，有价值的，值得我们花费心力努力去做好。而不是，为了赶进度，慌不择路，直接就去做，好不容易做完了，才发现与目标无关，与完成任务的关联度也不大。

第二是明确方向，方向决定结果！在育人方面尤其如此！在实际工作中，如何确定方面？毫无疑问，党的教育方针，教育的基本规律，立德树人根本任务，学生成长基本规律等都是我确定前进方向的皈依。离开这些，就会偏离教育的基本原点。离开这些，工作再努力，也只会是南辕北辙！

第三就是不断反思！深度思考，意味着反思过往，错了，吸取教训，为了防止发生类似的错误，为了不再出现错误。对了，就要总结经验，为了下次更好地完成任务。爱因斯坦说过，如果用一个小时考虑生死攸关的问题，他会分配 55 分钟用于思考问题究竟在问什么。

如何进行深度思考？正如作者所言：“有疑问时，向合适的人求助可以节省时间和眼泪。”做决定时，越往后影响就越大，一个决定不仅影响自己，还有家人、工作伙伴等，“所以，在职业早期，你需要反思自己的核心价值，为日后做准备。”她认为：“最重要的不是我的决定，而是我能反思决定背后的动机。”读一本书就像是同作者一起经历了一次人生，在他人的路上看清自己的方向，没有一条路是容易的，但同样各有各的精彩，关键全在于自己的选择。

第四章

心系师生安校园
胸有琼林化乾坤

第一节　凝聚共识：让办学思想成为师生的行为自觉

一、我对学生说：微笑的孩子最可爱

“爆竹声中一岁除，春风送暖入屠苏。”我们迎着和煦的春风，又重新踏入了满眼春色的校园。新的一年，我首先祝全体师生身体健康，学业进步！新学期的第一天，我想同大家讲一个非常轻松的话题，是什么呢？同学们，想不想成为一个最可爱的孩子？（全体学生一起答：想！）

那你们知不知道什么样的孩子最可爱呢？（生 1：长得好看的孩子最可爱。生 2：我们女同学最可爱。生 3：穿衣服漂亮的最可爱。生 4：皮肤白的最可爱。）哦，刚才你们回答问题时的样子我认为比较可爱。那到底什么样的孩子最可爱呢？（这时全体同学包括老师都安静了下来，并认真思索这个问题。）美国著名的学者卡耐基说过这样一句话：微笑，他不花费什么，但却创造了许多成果。（很多同学从草地上跳起来并抢着回答：校长，我知道了，微笑的孩子最可爱！）对啦！你们的想法和我的完全一样！

那什么样的微笑又是最动人的微笑呢？（很多同学笑着对着我说：不—知—道—）就这样，你们的眼看着我！你们的心中想着我！对了，你们的微笑已经打动了我！你们这样的微笑最动人！眼睛看着对方的眼睛，心中充满着爱，真诚地向对方露出你洁白的八颗牙齿，这样的微笑是最动人的微笑。（全校同学这时情不自禁地笑着高喊：校长，我们会笑了！）

看到你们这么开心地笑，我更加开心。同学们，那我们的微笑第一个应该送给谁呢？（同学们议论了一会儿，有的大声喊：应该把第一个微笑送给老师！）对，我也认为应该把我们的微笑送给老师。老师为了我们全体同学健康成长、掌握知识、掌握本领，每天起早摸黑，不辞辛劳。我们的老师完全有理由得到我们大家的微笑。那在这新春佳节之际，你们应该笑着对老师说句什么呢？（全体同学齐声祝福：祝老师新年快乐、工作顺利、身体健康！）

那我们的第二个微笑又应该送给谁呢？（同学们不假思索地说：送给父母。）俗话讲：最难报的恩是父母的养育恩，父母当然应该得到我们的微笑。进出家门，微笑地和父母打招呼；家庭用餐，微笑着为父母添饭；闲暇时刻，微笑着同父母谈心。这样就是真的爱父母，这样才是真的好孩子！

对着老师微笑，对着父母微笑，第三应该把微笑送给谁？（高年级的几个同学高声说：自己！）对自己微笑的孩子，才能真诚地对别人笑；对自己微笑的孩子，才能心中充满阳光；对自己微笑的孩子，才能信心百倍地去解决学习、生活中的一切困难；对自己微笑的孩子，才能爱惜自己的身体，注意安全，注意时刻保护自己；只有对自己微笑的孩子，才是真正健康向上的孩子！

我们学校的学生就是特别的棒！心中总是把老师、把父母时刻记住，先想到老师再想到自己，先想到父母再想到自己。我为你们感到骄傲！同学们，我们的微笑还应该送给哪些人？（同学们兴奋地说：身边的每一个人！）把微笑送给来我们学校参观的客人，因为你们代表的就是学校的形象；把微笑送给我们身边的每一个人，无论是在商场、在车站、在公交车或地铁上，因为你们代表的是广州的新形象，代表的是祖国的未来！

同学们，让我们真诚地奉献自己的微笑吧，把我们的热情传递出去，把我们的信心传递出去，把我们的美好的心灵传递出去；同学们，让我们时刻把微笑挂在脸上，只有这样我们才能克服一切困难，取得优异的成绩；也只有这样，我们的校园才能到处充满着和谐欢乐！

二、学生对我说：校长，我们的敌人是谁？

“起来，不愿做奴隶的人们，把我们的血肉筑成新的长城……我们万众一心，冒着敌人的炮火，前进！前进！前进！进！”伴随着雄壮、激昂的国歌，散学典礼如期举行。看到孩子们肃穆的神情，听到孩子们激扬的歌声，想到学校今年的整体教育教学质量再次得到领导、家长的认可与称赞，工作总结中，我的语气更加充满了喜悦，对学校今后的发展作了更多的憧憬。

典礼在喜悦的气氛中有条不紊地进行着。这时，大会司仪请我为“三好学生”代表颁奖，这是本次典礼的重头戏，因此，三好学生代表的登场和我的出现，使整个会场不断爆发出更加热烈的掌声，同学们的情绪更加激动。我把一沓沓证书按年级高低的顺序依次交给这些“三好学生”代表手中的时候，孩子们总是先有礼貌地给我行个标准队礼，然后再喜悦地说声“谢谢校长”。就这样，最后我在学生司仪的带领下来到一年级一班的代表跟前。这是一个梳着羊角辫的小女孩，胖乎乎的脸蛋上没有登台领奖的喜悦和自豪，而是一脸的迷惑。对此，我十分纳闷，正在我俯下身子给她颁奖的时候，她突然在我耳边细声地说：“校长，我能问一个问题吗？”她得到了我的许可后小声地问：“校长，刚才大家唱国歌时，说要冒着敌人的炮火前进，那我们的敌人是谁呢？”小女孩的问题被学生司仪听到后，也小声地嘀咕了一声：“校长，我也不知道我们的敌人是谁。”望着这一高一矮的两个孩子，我感觉一时难以说清，只好小声对他们说：“等下学期开学后我再告诉你们，行吗？”

典礼结束后，回到办公室，我陷入了深思：我们的敌人是谁呢？新学期开学了，我该如何来回答学生这个问题？学校大思政课又怎样开展？思索之中，解决的方案也就逐渐形成了。

1. 进行分析：不是不认识，而是敌人变了脸

到底谁是敌人？什么样的人是敌人？这些问题还真不是一两句话能向学生解释清楚的。《现代汉语词典》对“敌人”一词的解释是：敌对的人；敌对的方面。所谓“敌对”又包含两层意思，其一是指利益冲突不能相容；

其二是仇视而相对的态度、势力或行动。新中国的国歌《义勇军进行曲》诞生于中华民族生死存亡关头的1935年，雄壮的歌声里是中华儿女“不做亡国奴”的怒吼，她像一支战斗的号角，像一把刺向敌人的利剑，像一股反抗压迫的洪流，鼓舞了中华儿女打败了日本帝国主义的侵略，打倒了蒋介石反动统治，解放了全中国，实现了中国人民由站起来到富起来、强起来的巨大转变。对学生来讲，首先要让他们弄清楚我们国家民族过去、现在和将来的“敌人”是谁，其次也好弄清楚他们成德智体美劳全面发展的社会主义建设者和接班人的“敌人”是谁。

随着中华民复伟大复兴的中国梦即将实现之时，在全国人民过上幸福的小康生活之际，我们依然要保持居安思危的意识，依然要保持警惕谨慎的作风，同敌人做斗争。谁是我们的敌人？“病毒没有国界，是全人类的共同敌人”，重大传染性疾病是全人类的敌人，也是我们的敌人；“暴力恐怖活动漠视基本人权、践踏人道正义，挑战的是人类文明共同的底线，既不是民族问题，也不是宗教问题，而是各族人民的共同敌人”恐怖分子、境内外各种分裂势力也是我们的敌人；“党的作风就是党的形象，关系人心向背，关系党的生死存亡”，因此，失去了一颗务实清廉、一心为民的公仆之心，而走上贪污腐化之路的党员领导干部也是国家、人民的敌人。在纪念抗战胜利75周年的大会上，总书记再次强调“凡是危害中国共产党领导和我国社会主义制度的各种风险挑战，凡是危害我国主权、安全、发展利益的各种风险挑战，凡是危害我国核心利益和重大原则的各种风险挑战，凡是危害我国人民根本利益的各种风险挑战，凡是危害我国实现‘两个一百年’奋斗目标、实现中华民族伟大复兴的各种风险挑战，只要来了，我们就必须进行坚决斗争，毫不动摇，毫不退缩，直至取得胜利。”

站在二十一世纪小学生的角度，以国歌诞生的经历为主线来回放历史的慢镜头，梳理一下脉络，我们就不难发现：时代发生了剧烈的变化，敌人也已经换了好几张脸。由于某些错误思想的引导，家庭教育和社会教育也没尽到应有的责任，同时由于小学生年龄特征与认知能力的关系，加之当前有些不良的教育方式与方法，导致学生不能完全把握和认清“敌人”的真面目和危害，从而导致一些严重问题的发生。但是国歌中“中国民族到了最危险的时候”所蕴含的“安不忘危”的思想依然在激励着全体中华儿女奋勇向前，国歌中“为了唤起人民回想祖国建设过程中的艰难忧患，鼓舞人民发扬反抗帝国主义侵略的爱国热情，把革命进行到底。”的时代精神依然在让中华民族保持着“安不忘危”的精神。

2. 形成对策：让学生从认识自我开始

在找到问题的原因之所在以后，我心中也有了教育的对策。新学期开学后，我将在全校开展以“唱好国歌，争当英才”的主题系列教育活动，通过主题班队会、国旗下讲话、唱好“国歌”“校歌”歌咏比赛、辩论会、征文比赛、心得交流会、主题书画赛、革命英雄故事会等形式，发动全体师生共同参与，积极引导家长，主动深入社区，使全体同学做到：

（1）正确认识祖国：阻碍中华民族伟大复兴的最大敌人。

“老师，从电视上看到香港的那些暴徒把鲜艳的五星红旗从旗杆下扯下来，放下脚下乱踩，肆意破坏国旗，糟蹋国旗，我的心很难过，也很愤慨！”“老师，我们香港那边的亲戚看到那些暴徒的恶劣行为，也是很难过，但他们感到很无奈，很无助。”这是一年前我在上《道德与法治》课上，与同学们讲授香港暴乱时，两个同学的发言。听到同学的发言，我讲“越是遇到艰难，我们越要把国旗高高举起。”

通过我的教育，让每一个学生知道，当国家面临分裂危险的时候，义无反顾地投入反分裂的斗争是每个公民应尽的责任和义务。当前对国家统一、主权和领土完整的最大的现实威胁是各种反动势力猖狂的分裂冒险活动。因此，每一个学生应该彻底认识到：阻碍国家统一的最大敌人是妄图分裂国家的势力。

新的时代，“中国梦”即将成为现实，中华民族伟大复兴的历史使命即将变为现实，但是这一切不是“轻轻松松、敲锣打鼓”就能实现的。我们的前路是深水区和雷区，前面还有贪腐邪恶势力和既得利益集团，前面还有国际上的敌对势力，这些“敌人”也正在千方百计地破坏和阻碍中华民族的历史伟业。因此，面对如此的强敌，我还是让学生继续高唱“中华民族到了最危险的时候”！听了我的话，有个同学接着就说：“我要告诉香港的亲戚，叫他们不要害怕，不要退缩，他们有我这个亲戚，他们有我们强大的国家！”

（2）正确了解社会：人民美好生活的敌人。

“我要向罗益峰叔叔学习，学习他逆行而上的勇气，学习他精益求精的科学精神，学习他治病求人的仁爱之心。”在疫情防控的关键时刻，我在 5 月 12 日组织全校师生举办了“人生榜样：学习抗疫英雄，争做时代先锋”的线上主题教育活动，这是学生代表听了全国抗疫英雄中山大学罗益锋教授的先进事迹时的发言。通过这次线上的主题教育活动，全校师生认识到病毒这个恶魔的破坏性，也懂得了勤洗手戴口罩的重要性。

如今的学生正享受着国家发展的成果，与我国历史上任何一个年代的孩子相比，他们完全可以称得上是幸福的人，但同时，小学生对社会问题的认知还极为不够，特别是对社会发展过程中出现的各种不良问题认识不足。利用全民抗击新冠肺炎疫情这次重大的教育契机，除了开展线上报告会，我还组织教师开展各种主题班队会，让同学们身处幸福的生活中，应该具备危机意识，不可麻痹大意，也不可掉以轻心。国家的发展、社会的进步，不可能是一帆风顺的，今后还会遇到困难和挫折，这些困难挫折就是国家、社会发展的敌人。面对困难，培养学会危机意识的同时，还增强使命感。因此，我还是要让学生继续唱“冒着敌人的炮火前进”。“校长，我要按照要求戴口罩勤洗手，保持一米距离。这是战胜新冠病毒这个看不见摸不着的敌人！”

（3）正确认识自我：自我成长道路上最大的敌人。

新学期的开学典礼上照例我给全校的同学讲思政课，今年的主题是“勤俭节约反对浪费，热爱劳动多实践”。课后，一个同学来到我办公室：“校长，我终于明白您和爸爸妈妈为什么不要我浪费一粒米！”看到她那么认真的样子，“说说听听，你怎么明白了。”我笑着对她说。“如果每个人都像我一样，不珍惜一粒米、一度电、一滴水，那么我们一年浪费的粮食将不是 2000 亿元了！”说完，她比画了一个大大的圆。“校长，您放心！我一定会自觉节约粮食，自觉要求自己！”说完，她就跑出了我的办公室。

在教育的过程中，我们首先应该让学生从正确认识自我开始。让他们明白，在自己成长的过程中，人最大的敌人是自己，自己最大的敌人是懒惰、散漫、自私。对于小学生而言，学习的敌人是自己的满足，锻炼的敌人是散漫，做人的敌人是自私，意志的敌人是懦弱。常言说，一个人征服世界并不伟大，一个人能征服自己，才是世界上最伟大的人。

根据因材施教的原则，我对成绩差的同学重点进行刻苦学习方面的教育，对不遵守学校纪律的学生则进行校纪校规和法制教育，对自私学生就要进行仁爱教育、宽容教育和团队合作教育。学生只有明白自己的勤奋、自制、奉献才能战胜懒惰、散漫、自私；战胜了这些缺点才算战胜了自己；只有战胜了自己，就算战胜了成长道路上的敌人；只有战胜了成长道路上的敌人，在自己成长的道路上就会战无不胜。因此，我还是要让学生继续高唱“我们万众一心，冒着敌人的炮火，前进！冒着敌人的炮火，前进！前进！前进！进！”“校长，克服了沉迷于游戏的坏习惯，就是战胜了我的敌人”，这是本周升旗后，一个小男孩跑过来悄悄对我说的“耳边话”！

3. 最后，帮助学生学会反思：危机意识的培养应基于学生生活

“安而不忘危，存而不忘亡，治而不忘乱。”和平的年代，远离了敌人的炮火。但，威胁我国国家安全面临的敌人依然还在；威胁社会安定、人民安居乐业的敌人还在。党的十八大以来，在以习近平同志为核心的党中央坚强领导下，改革开放和社会主义现代化建设取得了历史性成就，但，总书记以强烈的使命担当将“忧患意识”提升到了治国理政重大原则的高度。作为一个校长，根据国家和社会发展需要，根据学生成长的规律，结合生活，强化危机意识做到居安思危，强化底线思维做到谨慎防范。让我们的小学生明白，消灭敌人的最好办法就是严格要求自己、勤奋学习、刻苦钻研，树立远大的理想，增强历史使命感。

星期一的早上，雄壮的《义勇军进行曲》仿佛还在校园内飘荡，“校长，您还记得我吗？”一个稚嫩的声音就在我眼前，“我就是上次问您‘敌人’是谁的同学”，她不等我回答就告诉了我答案。“校长，我终于明白为什么要‘冒着敌人的炮火，前进！前进！前进！进！’了！”

三、我对老师说：您这是何苦!

每临复习，最紧张、最忙碌、最焦虑的无疑是教师了。提前上课，延后下课，推迟放学，除此之外还要加班加点。教师们披星戴月、废寝忘食地工作。

1. 现象：吃力不讨好的复习

（1）累了自己。

为了利用一切时间，做好学生的复习工作，有的老师天未亮就要往学校赶。忙碌一整天后，等夜色朦胧时赶回家，处理好家务后还要批改作业。有的老师担心学生的成绩达不到学校或上级部门的核定标准，白天忙碌，夜晚失眠；有的老师，面对学生的迷惑而措手不及，面对学生的调皮而气恼！试想，在这种环境中，怀着这种心态，能不累吗?

（2）苦了学生 。

老师辛苦，老师劳累，但说来说去，复习的所有压力、所有困难、所有任务最终还是压在了学生身上。一到学期的冲刺阶段，学生喜欢的美术课不见了，爱好的电脑课消失了，疯狂的体育课停止了，着迷的综合实践活动课冻结了……取而代之的是无休止的考试、讲评、考试。大量的、机械的、重复的作业严重影响了学生的休息与成长。没有完成作业的孩子，面对同学的耻笑，老师的惩罚，这样的日子他们能不苦吗?

（3）伤了家长。

大部分家长与我们一样要养家糊口，一样要受各自工作单位的作息制度和考评制度的约束，一样要承受工作中的各种压力。当他们下班做好晚饭后，亲自来学校接孩子的时候，我相信此刻的家长肯定会在心里责骂自己的孩子学习不认真，这时的家长也肯定会在心里感激老师的认真负责。当时间逐渐推延，他们在学校门口从太阳下山等到月亮上山的时候，我又可以肯定地相信，即使再有忍耐的家长，再感激教师的家长，心里开始从责骂孩子转向责骂老师了。家长的责骂不就是证明我们已经伤了他们吗?

（4）拖了同事 。

做老师的都希望自己任教的科目考出好成绩。在时间不变的情况下，问题与矛盾就产生了：你科目花这么多的时间，那我的课程怎么办？蛋糕就这么大，复习时间在各科目中的分配是此消彼长的关系。一次两次这样倒无所谓，但长期这样占用学生的时间，拖累其他教师的做法最终的后果就是使教师之间的和谐与团结逐渐消失了。

2. 剖析：不是不努力而是路不对

（1）临阵磨枪能否“不快也光”——复习思想错误。

怎么复习，复习什么，学生的薄弱环节在哪里，学生已有的知识能力达到什么层次，这些问题都应该体现在我们的复习指导思想中。思想决定行动，错误的思想必然产生错误的行动。如果我们一味地强调临阵才来磨枪，非但不能快，而且还不会光。这是因为：临阵磨枪往往就是考虑不周、计划不足的表现。考虑不周就是我们对学生、对教材甚至是对考试都把握不充分；计划不足就是复习的整个过程缺乏统一安排，教师心中没有一杆秤。

（2）反复抄写，能否熟能生巧——复习方法不对 。

问学生在复习的时候最怕的是什么？绝大部分的学生肯定会说：“老师的罚抄”。我们经常看到有的老师为了使学生把该背诵的课文和公式记牢，就让学生抄 5 次、10 次甚至更多。我们设身处地地想想，这种反复训练能提高学生的运算速度和运算的准确率吗？如果让我们把自己的名字连续不断地写上三十次，我敢肯定，大家会觉得越写越不像自己的名字。不信，你可以试试。尝试以后，才知道这种机械的反复训练是无效的，甚至是反效果的。

（3）撒胡椒面，能否面面俱到——复习重点不突出。

有的老师把现成试题一套又一套地复印给学生去做，他们既不仔细批改也不详细讲评，这种像炒剩饭一样一次又一次的反复就是撒胡椒面的表现之一。撒胡椒面的表现之二是不论学生成绩好坏，不论学生掌握与否，全班同学做一样的练习，做一样的辅导。比如在复习古诗的时候，成绩好的同学抄写古诗 3 次，成绩差的同学也是 3 次。不言而喻，抄写 3 次古诗对于成绩好的学生来讲就完全是一种时间上的浪费，精神上的折磨。

3. 策略：解铃还须系铃人

（1）功夫在诗外——平时教学打基础 。

要提高学生的考试成绩，教师就要提高我们的课堂教学效率。平时40分钟的质量没有达到教学要求，日积月累，学生的欠账（其实是我们老师的欠账）就会越来越多，学生的差距就会越来越大，学生的自卑心理就会越来越严重。“汝果欲学诗，功夫在诗外。”学生的考试成绩建立在我们平时扎实有效的课堂教学之上。要提高学生的考试成绩，还要回头去向“课堂四十分钟”要质量。

（2）劳逸结合——提高效率出成绩 。

学生生性活泼好动，天性爱玩。如何在有限的复习时间内提高复习的效率？劳逸结合是一个基本的前提。课内的紧张与课间的轻松相结合，考试的竞争与运动场上的竞争相结合，教师的讲解和学生的自主探究相结合，完成作业与完成班级劳动相结合。这种结合能有效调整学生的复习状态，使学生的身心处于一种健康的状态之中，这样的复习效率高，考试的成绩自然就会好。

（3）补课先补心——激发内动力树信心。

一句广告说得好：心好，一切都好！有些成绩差的学生，人未到学校就已经有了挨批的心理准备。在这种心态作用下，他们不是诚惶诚恐，就是破罐子破摔。在他们的心目中只有无休止的作业、无休止的批评。面对这些，何谈自信心？学生如果对于学习失去信心的话，我看再好的复习试题，再好的复习环境对他们来讲都会失去任何意义。

（4）一把钥匙开一把锁——因材施教最关键 。

学校不是工厂的流水生产线，复习不是对流水生产的产品进行加工。如果我们用一样的标准去要求所有的学生，用一样的复习方法去辅导每个学生，用一样的作业去巩固学生的知识点，用一样的试题去衡量学生，用一样的时间去平均对待每个学生的话，那我们的复习就失去了个性，失去了针对性，失去了教育中一个最根本的原则——因材施教。每个学生都是一把锁，我们应该用不同的钥匙去开启。

复习的关键在老师，平常教学是否解决了教学重点问题，突破了难点问题；复习的关键在教师，在于教师是否善于调节学生的学习节奏；复习的关键在教师，在与教师能否激发学生的上进心和自信心；复习的关键在教师，在于教师能否充分掌握每个孩子的实际情况，并且进行因材施教。

四、我让老师不妨来点“五味杂陈”

时下，对“发展学生核心素养”这一话题问题的关注成了当今教育理论界和教育一线十分关注且火热的现象。有的在讨论其核心意涵，有的在研究其落地策略，有的在思考其评价机制等。在这些讨论、思考和实践中，大家有不同的看法，有不同的思考，大家的意见不一定高度契合与统一。对此，我认为这是一个非常好的现象，最少说明我国教育尤其是基础教育的改革与发展已经到了一个关键期，正走向纵深方向发展。但是有一点我相信应该是能达成一致共识的：发展学生核心素养的关键在于教师；教师的核心素养直接决定着学生的核心素养。

本文结合自己的校长工作经验，来谈谈“一个小学教师核心素养”这个问题的基本看法。要成为一个符合国家和时代需要，能被家长和社会接纳，且深受学生爱戴和尊敬的小学教师，在道德情操、理想信念、扎实下学识和仁爱之心等方面下功夫之外，其核心素养不妨来点“五味杂陈”，那就是：甜味、酸味、辣味、苦味、鲜味。

1. 甜味，教师应该具有一颗慈以悲为怀的大爱之心

教育需要爱，无爱不教育，这是一个基本价值判断和教育认知。对于发展学生的核心素养而言，其核心素养的终极目标就是根据儿童的个性，要把他们培养成一个能适应社会需要的人。要做到这一点，教师就应该具备一颗以慈悲为怀的大爱之心。这一颗大爱之心，首先是建立在具有尊重儿童个性的理性之爱、科学之爱的基础之上；这一颗大爱之心

是建立在具有读懂儿童内心世界的智慧之爱、和善之爱的基础之上；其次是建立一种平等、和谐、安全、愉悦的师生关系之中；其三就是建立在对教育事业的挚爱之中。小学教育语境中，所谓慈悲，就是教师在教育教学活动中能给儿童带来成长的快乐、进步的快乐、学习的快乐，同时还能减除他们学习中、生活中的各种烦恼和痛苦。对于儿童的各种问题，尤其是他们遇到的各种困难与困惑，不是无视，更不是漠视，而是设身处地，走进儿童的内心世界，与他们一起对话，与他们一起交往，与他们一起探索，与他们一起的努力解决，用儿童的视角来观察儿童的世界，而不是居高临下的颐指气使。这样的大爱之心，对儿童而言，这种滋味是甜的；对于教师自身的职业幸福感而言，这种滋味也是甜的。

2. 酸味，教师应该具有一缕淡泊明志的职业坚守

优秀教师的成长是一个漫长的修炼过程，成为一个优秀的小学教师需要外部提供良好的成长环境，同时更加需要的是教师自身应具有一缕淡泊明志的职业坚守。这种职业坚守，对于教师个体而言，它是酸楚的。教师职业，岗位平凡，但意义伟大。当下，社会对老师的期望值越来越高，对教师的职业要求也越来越高。在这样的情境下，教师既要抗拒外在社会的诱惑，又要扛得起这专业成长的压力。在这种压力下，教师就应该能守住清贫、清净的生活，用宁静的心去面对生活；教师就应该守得住平凡、平淡的工作境遇，用对教育炽热的爱去面对工作；在这样的压力之下，教师就应该守得住对教育真理的坚守，就能坦然面对学生成长中的各种问题。在成为优秀老师的路上，能有“板凳要坐十年冷”的坚守；在外在浮躁和功利的氛围中，能有坚定的教育理想。只有这样，才能把工作生活中的酸楚味转化为抗压的正能量，转化为发展学生核心素养的正能量。

3. 辣味，教师应该具有一招引人入胜的教学技能

要培养全面发展的人，发展学生的核心素养，教师还应该具有独立的人格、鲜明的个性。这种独立的人格和鲜明的个性体现在教育教学上，就是有一招能引人入胜的教学技能。这种技能如同辣味一般，独特而让

人难以忘怀；这种技能，如同武林高手一般，能一招制敌；这种技能，如同烹饪高人，做到“一招鲜天下笑”。这样的老师，在课堂教学中引人入胜，谈笑风生而不枯燥无味；这样的老师，处理教学重难点，四两拨千斤，让学生在轻松愉悦的环境中攻克一个又一个的难关，翻越一座又一座的学术高峰；这样的老师，能深入浅出，把复杂的问题简单化；这样的老师，能触类旁通，举一二反三，让学生学得扎实；这样的老师，总能给人如沐春风之感，在批评学生的时候严厉的话语中也是带着微笑的。具有这样辣味的教师，总是能让学生在思维的碰撞中，产生思维的火花，绽放成长的艳丽。在教学实践中，这样的老师不会让学生去死记硬背，不会让学生闭门造车，不会让学生在题海中苦苦挣扎。教师要具有这样一招引人入胜的辣味，形成独特的教学风格，就必须要吃透课标，就必须要吃透课程，就必须吃透学情，自身的学科知识转化为高超的学科教学技能，同时在长期的教学实践中，学习借鉴其他优秀教师，最终形成自己的教学风格，形成自己的教学思想和教育思想。

4. 苦味，教师应该具有一种以书为友的生活习惯

教师在古时之所以被称为先生，那是因为先生是读书人的别称。当下，读书且与书为伴与书为友就应该成为教师的一种基本生活方式和基本的工作方式。教师的生活不能离开书，教师的工作更不应该离开书。教师如果离开了读书，就会故步自封，就会自以为是。书山有路勤为径，学海无涯苦作舟。读书是苦的，只有经历穷年累月的苦读，才能品味得出读书的快乐，才能形成书香味。书香味，应该是教师优秀的基本气质和韵味。在实际中，教师不但要钻研教材，还要钻研课标。但是仅仅如此，是不够的。教师还要读点教育教学的理论书，读点人文哲学方面的经典书。除了读教育方面的书，也要读点教育之外的书。用读书来拓宽自己的视野，用读书来练就自己的业务，用读书来提升自己的思想，用读书来丰富自己的人生。读书，如同咀嚼菜根，唯有如此，才能品味教师职业的苦后之甘。

5. 鲜味，教师应该具有一股紧跟时代的现代气息

现代社会一日千里，教育的形态也发生翻天覆地的变化，在这个日新月异的时代，学生的思维与学习生活方式已经是今非昔比。我们教师要引导学生学会学习、学会生活、学会合作、学会做人，发展学生的核心素养，就要紧跟时代的步伐，在恪守教育基本规律的同时追赶教育的潮流，用自己新的观念、渊博的专业知识、积极的人生态度扮演“学习的促进者”的角色。今天，我们面临的是在“视听环境中长大”的学生，在互联网时代，这些学生和我们教师是站在同一起跑线上，甚至比教师跑得更快，学得更快，掌握得更多。与学生交往，教师不能是一个死板的“卫道士”：虽然教师要用规范的语言文字去教学，但是也要懂一点学生之间的“火星文”；虽然反对学生沉迷于互联网游戏，但是教师应该知晓一点“王者归来”的游戏玩法；虽然反对学生盲目追星，但是教师也要知道一些“韩流”与“哈日”背后的文化元素；虽然反对学生长期吃汉堡和可乐，但是教师要有能和学生一起“嗨”的“疯狂劲”。一名好教师应积极适应教育形式的变化，面对新的形势、新的课改、新的学生，教师不能陷入“老办法不管用、硬办法不敢用、软办法不顶用、新办法不会用”的尴尬局面，而是要积极融入社会，融入学生，让自己带点“新鲜”味。

素养，其实就是教师平日的一种修养。这种修养需要教师具有适应社会、适应教育、适应学生的教育理论、教育知识、教育艺术和教育思想；这种修养体现在教师待人处事的态度中；这种修养就是具有大爱的甜味、坚守的酸味、技能的辣味、治学的苦味和紧跟时代的鲜味。

五、我对同行说：多点换位思考

前几年，本人有机会参加一所学校的教师例会。目睹了校长布置的一道作业。

会议室的气氛出奇的安静，但我明显感觉到这安静下面的不正常：

校长在主席台上神情严肃地训斥上周被扣分的班级和老师。分列四周的老师则神情各异：坐在我左边的一个年轻的男老师在专心地看一本计算机方面的杂志，他似乎忘记了周围的一切；在我对面的几个女老师则在小声议论着，从她们开心的笑容中，好像就是买了件名贵的时装；右边的一个中年男则干脆在学校发的会议材料上练起了书法；最令人注目的就是坐在校长隔壁的一个年长的老师，他双手托着脸，在闭目养神，也许是校长发言的催眠作用大，一会儿就发出了甜甜的鼾声。全体老师听着这刺耳鼾声，正准备开口笑，但望着正在训斥的校长，都压抑了那笑声。

这时，只见校长深情地说："上周末，我在广州参加'南方高级论坛'听了几个全国知名校长的报告，心里很受启发。结合我们的实际，我自己觉得离一个好校长的标准还差得远，甚至是很失败的。我布置的工作大家不完成，学校以前的好传统正在消失，而新的优势又没有形成。想到这些，我很伤心。"大家听校长这么一说，顿时精神起来，全都在认真听校长的话。校长接着说："为了使我认识到自己的不足，我以行政的命令要求大家在两天后的下午放学前，每位教师完成一篇'假如我是校长，我会——'的文章。文章越详细越好。"她的命令一出，大家的表情马上由希望变为了失望！

果然，事后我得知全体老师没有一个不反对校长的这种做法的。大家普遍的反映是：现在教学任务、班级管理任务这么重，哪有时间来写这个？结果大家的一致商量的结果就是到网上去下载一篇来应付。

我认为校长这次会"好心办不成好事"。这是因为：气氛不好，时机不当，方式不对。

1. 气氛不好

首先，这位校长没有打动全体的心，如果大家被动应付，可以肯定老师的建议是应付的，是言不由衷的。第二、老师没有完成工作，是有多方面的原因的。有时是校长本身能力的问题，有时是老师的工作态度或能力，但大部分原因是校长的工作方式造成的。

2. 时机不当

不能在批评老师以后再要老师为校长出谋划策。而是要做通老师的思想工作，使大家认识到这不是只关系到校长本身的问题，而是关系到学校的发展甚至是老师本人发展的重大问题。单纯就这个星期的老师工作来看，所有老师除了上课、备课、改作业以外，还有每人上一节展示课，参加镇教师篮球友谊赛。另外还有在周四接受镇教办、镇关工委对学校的“安全、卫生专项大检查”，并且校长还强调，这是一项政治任务，必须高质量完成。这种情况，老师们怎能交出校长这项作业——除了应付，别无他法!

3. 方式不对

这类问题的解决不能以作业的形式来强制要求老师完成。因为作业体现的是师生的关系而不是同事关系，作业存在对错的问题，作业带了强制性；这么短的时间来完成解决这么重要的问题，本身就显得草率。时间短考虑问题肯定不成熟。

“感人心者，莫先乎情”。作为一个校长首先是要成为老师们的“思想的领导”，因此校长就应该重视与老师之间的交流与沟通，并且是一种心与心的交流与沟通：校长不应该居高临下，而应该“蹲”下身子；校长不应该自以为是，而应该多看多想多反思；校长不应该打击报复，而应该心胸宽广；校长不应该冷若冰霜，而应该春风满面。只有校长走进了老师的心灵，才能听到老师们心灵深处真实的想法；只有在与老师的诚挚的沟通中，校长才能够不断完善自己的办学理念，丰富自己的班学思想，化解老师当中的误会与矛盾，形成办学合力；也只有在与老师的心灵沟通中，才能取得优异的成绩，形成办学特色，打造办学品牌!

当然在与老师沟通时要注意方式方法，可以是面对面地聊天，可以是围绕一个主题进行的学术沙龙，也可以利用网络 BBS 进行匿名的探讨，还可以通过书信的形式来沟通。总之，在与老师沟通之前，一要抓住机会，创设和谐的气氛；二要尊重老师，进行平等的心灵交流，靠心灵的交流产生思想的火花!

第二节　融入文化：让办学思想成为学校的精神基因

一、在学生的心田根植学校文化的 DNA

找到开启生命之门的钥匙，一直是人类孜孜不倦的梦想。这一梦想终于被美国《自然》杂志在 2001 年 2 月揭开了神秘的面纱——人类基因组草图（DNA），该项成果如同一把钥匙，使得人类有史以来第一次打开了生命之门。从此，DNA 就成为人类认识、了解、掌握生命的通道与途径。基于生物学意义的 DNA，非常多的学者开始思考人类思想、感情、信仰、意志、道德等背后的密码，并把这种密码称之为文化基因即文化 DNA。所谓文化基因是指“相对于生物基因而言的非生物基因，主要指先天遗传和后天习得的，主动或被动，自觉与不自觉而置入人体内的最小信息单元和最小信息链路，主要表现为信念、习惯、价值观等”。

从教育实践和教育理论来看，学校文化 DAN 是全体师生心中共同的校园图腾，也是全体师生的信仰、世界观、思维方式、价值和行为准则，其通过师生的言行表现在课堂教学、主题活动、师生交往、校本课程体系等载体之中。也就是通过师生行为编码来体现学校文化的 DNA。从这个角度上讲，学校文化的 DNA 直接决定了学校生命的底色，也决定了学生生命的底色，它以润物无声的方式，无时无刻不在影响着学校的发展，影响着学生的成长。因此，作为校长，很有必要在学生的心田根植学校文化的 DNA。

建立一种图腾，根植一个共同的符号。校园图腾作为学校文化的独特标志，是学校文化最具外显的标识。它可以是校内一处具有特殊意义的建筑，也可以是一棵具有独特造型的树木，还可以是一条具有独特来历小径，如此等等。比如北大校园文化图腾“一塔湖图”，虽然被戏称为“一塌糊涂”，却以非常显著的物化标识把学校文化的DNA植根于每个北大学子的内心。在我们学校，校门口那棵高大挺拔粗壮的大榕树吸引着每个师生，他们在树底下嬉笑、谈心，他们在大树底下冥思、畅想。以大榕树为主要载体，我们把它转为两个具体的卡通图腾：市桥中心小学吉祥物宝贝康康（男）和乐乐（女）。这两个活泼、伶俐、天真、勤奋的尖耳朵榕树小精灵—— 他们有一双清澈的大眼睛，用最纯真最明亮的眼睛观察世界；他们有善于倾听的耳朵，善于倾听学生最悦耳的笑声；他们有天真的笑容，爱跟学生开怀大笑；他们有强健的身体，能接受生活的挑战。他们还有良好的习惯、健全的人格、纯洁的灵魂。他们是健康的、快乐的，他们更是优秀的！康康、乐乐作为一个阳光、活力、坚挺的图腾符号已经印刻在师生心中。

形成一种习惯，根植一个共同的姿态。文化总是根植于心，外化于行。优雅的文化基因总是能孵化出优雅的言行举止，优雅的言行总是优雅习惯的使然。作为校长，在学校文化建设过程中，一定要根据师生自身发展的需求，总体建构学校文化体系，并结合学校的教育教学活动，让师生养成一种良好的行为习惯。到目前为止，我在三所学校担任过校长。尽管这三所学校文化底蕴、文化符号、文化特质各不相同，但在学校文化DNA的根植方面却都做了同一件事情，那就是师生交往要做到“微笑致意”。通过培养“微笑致意”这一个习惯，把学校文化中的平等、关爱、呵护、包容、温情等慢慢植根在他们的内心。

镌刻一个名字，根植一个共同的称谓。文化之所以具有生命力，在于其有非常强的凝聚力和向心力。学校文化中的DNA根植于学生心田，在很大程度上取决于学生良好班级集体的建设。在班级集体建设中，我们基于传统文化中的辈分秩序，通过班级名字的确认、宣传、认同、践行来承传这一优秀文化。让每个班级拥有其永远不变的名字，而不是一个只有一年生命周期的冰冷数字。因此，从学校的办学历史、办学文化、办学特色、培养目标、校训校风、课程设置等出发，我们广泛发动师生、家长、专家以及历届校友参与，确定了学校前四十辈的秩序如下：“励志好学，求实创新；诚毅礼敬，聪慧灵敏；尧哲舜睿，谨择楷模；全人宏愿， 崇本守正；允执其中，尚德于心。”这样，就实现了以学生班级文化建设为载体，以班级辈分为脉络，以班级文化符号（班名）为标志，着眼于学生的全面发展，通过具有鲜明中华文化特色的辈分文化，让中华优秀传统文化在学生的心田中实现精神的返乡、文化的寻根和心灵的洗礼；让优秀的家族文化和班级文化相结合，形成良好的集体主义；让学校辉煌的办学历史和优秀的中华传统结合，成为激励学生前行的动力；让充满期待的班级文化符号建设和学生的生活相结合，成为学生努力奋斗的方向。

学生是民族的未来，也是国家的栋梁，我们必须激活学生内在的文化基因，培育他们承担中华民族伟大复兴重任的信心、能力与毅力，这是我们每个教育工作者义不容辞的责任，是每所学校教育的重要内容。在实际工作中，我高度重视学校文化的承传与积淀、生成与创新，结合学校实际，遵循教育基本规律，恪守儿童成长的天性，以构建文化图腾、养成良好习惯、镌刻班级名字等措施，在学生心中植下真善美的种子。在学生心田根植学校文化 DNA，这一根植过程应该是自然的、和畅的，同时也是符合人性与人的成长规律的。它应该遵循“办人民满意教育”的基本要求，以发展学生为依归，让他们具有良好的习惯、健全的人格、纯洁的灵魂；让他们在优秀的学校文化熏陶下，快乐学习、健康成长、幸福生活，而不是怀着功利的目的苛求学生，更不应该为了追求“高大上”，而盲目进行所谓的基因修复、编辑。如果这样，就违法了人性，违反了教育！

二、让班级文化承传中华优秀传统文化

党的十八大以来，党中央高度重视中华优秀传统文化的传承发展，

始终从中华民族最深沉精神追求的深度看待优秀传统文化，从国家战略资源的高度继承优秀传统文化，从推动中华民族现代化进程的角度创新发展优秀传统文化，使之成为实现“两个一百年”奋斗目标和中华民族伟大复兴中国梦的根本性力量。在新时代，我校充分认识到中华优秀传统的教育力量，立足实际，礼敬中华优秀文化，挖掘传统辈分中的优秀教育资源，赋予新的内涵与新的生命，建构了具有中国味、中国魂的班级辈分文化系统。几年来，班级辈分文化的德育创新实践已经收到良好的效果，实现了班级文化建设、学校文化建设乃至家庭文化建设，实现了融合与整合，提升了学生对班级的向心力凝聚力，增强了班级文化的亲和力和辨识力，从而彰显了班级文化建设的导向性、主体性、合作性、整体性与体验性。

1. 突出顶层设计，强化导向性

在开展此项活动中，学校的顶层设计起着导向性作用。学校成立以党政领导为核心的辈分工作领导组，同时成立了由退休资深教师、历任校领导、社会名流等顾问咨询小组。其中，顾问小组的组长是退休的孔庆潮主任，他是孔子 73 代后人。辈分文化的顶层设计被纳入学校发展规划之中，班级辈分文化成为学校文化的有机组成部分，同时也成为学校文化系统的重要载体。在制定班级辈分的时候，不但考虑到学校的历史沿革，也考虑到学生的年龄特征；不但体现中华优秀文化，也要体现学校的鲜明个性。其中的核心是把我校的核心办学理念“中心，为儿童存在”赋予到我校校名（中心小学）之中，同时把“允执厥中，尚德于心”的办学精神赋予到“中心”二字之中，以此来统领全校前四十年辈分的排序表：励志好学，求实创新；诚毅礼敬，聪慧灵敏；尧哲舜睿，谨择楷模；全人宏愿，崇本守正；允执其中，尚德于心。

这 40 字的辈分，第一句“励志好学，求实创新”是我们的校训，第二句“诚毅礼敬，聪慧灵敏”是我们对学生的成长要求与期待，第三句“尧哲舜睿，谨择楷模”是把尧舜等圣哲树立为学生的人生楷模，第四句“全人宏愿， 崇本守正”是我们的办学特色与办学“全人教育——实施全人教育，让学生快乐学习、健康成长、幸福生活”，同时也彰显我们在这几十年的办学历程中，不管遇到多大的困难，全体师生都以“崇本守正”为基本立场，第五句“允执其中，尚德于心”是我校对“中心小学”之所以成为“中心”的价值立场和办学哲学——遵循基本的教育规律不改变，始终把高尚的品德作为育人的第一追求。班级辈分贯穿一个主题，那就是让中华优秀的传统血脉在我们学生中永远流传，让学校成为学生永远的精神家园，让班级辈分成为其在学校历史中的长幼有序的标识，让班级名称成为他们心中一辈子都不会忘却的名字。

2. 构建课程模块，强化主体性

把班级辈分文化纳入学校课程体系之中，来建构相应的课程模块，以便突出主体性。课程是学校开展教育活动的主要内容和具体过程，是学校特色根本载体，也是任何教育创新实践的舞台。通过对国家课程、地方课程、校本课程的有效重构，我校建构了学科渗透课程模块、非遗传承创新课程模块、主题教育课程模块、道德讲堂时政课程模块等，充分发挥学生和教师的主体性作用。例如在《道德与法治》的课程教学过程中，我们广泛发动学生参与家族历史的了解，通过家族史来理解学校历史，来认同和内化班级辈分的文化内涵，强化身份认同。“校长，我终于知道‘五百年前是一家’这句话的含义了！”肖同学兴奋地跑来对我讲。“讲来听听，你是怎么知道了？”我对着这位来自贵州的孩子说。“我爷爷告诉我，很早之前我们老家是江西，爷爷的爷爷因为战乱才迁居到贵州的。我发现隔壁班的肖同学，他老家是陕西，回去问他爷爷，也说老家是江西的。我们两个虽然不是一家人，但长辈告诉我，我们两个属于兄弟的辈分。”他兴奋地比画着，接着又说：“他是中思班的，我是中善班的。校长，您说，我们是不是太有缘分了，走到哪里都是一家人。”说完他开心地向教室走去。

发挥学生的主体性，让学生在《道德与法治》《语文》等课程中，主动去探究，积极联系自己的成长环境和班集体，找到家的归宿感，找到同学之间的亲情感。在数学课程模块中，老师利用数轴这一数学语言让学生理解辈分的先后顺序和长幼关系。除此以外，我们开设主题班队会课程、社会实践课程，以主动性为原则，始终让学生主动参与、积极参与、快乐参与。

3. 融合多元路径，强化合作性

班级辈分文化符号建设是个系统工程，除了学校开展课程教育以外，家长的有效参与和主动配合也是关键之所在。为此，我们整合一切可以利用的资源，拓宽路径，整合资源，融合亲子活动、亲子课堂、家长讲堂、家长志愿服务等四个路径，强化活动的合作性。记得2018年入学的“尚”字辈的家长，孩子刚入学时情绪很好，但是家长却出现了整体性的焦虑现象。为此，我们让前一年入学的“中”字辈的家长以过来人身份到校开展“以书为友，做一个好家长”的报告。2017级“中”字辈的家委会成员同时以班级归属感、班级角色、亲子关系等为例，手把手地教2018级“尚”字辈家长，让他们很快就组建起了本年级的亲子活动架构、家校联系渠道、亲子课堂的内容、家长讲堂安排等等。他们年级的活动很快就进入了正轨，当周日看到他们年级的家长组织“假日亲子科学游”的活动报道后，其他年级的家委纷纷竖起大拇指，还笑着说“看来是长江后浪推前浪”！

像“用心陪伴　开心学习”这样的亲子课程在亲子课堂上得以有效开展，体现了师生间的合作、班级间的合作、教师间的合作、家长间的合作、家校间的合作，形成了我校辈分班级文化建设的一道靓丽风景。

4. 强化文化浸润，强化整体性

班级辈分文化的建构与学校文化建设、课程教学实施、主题活动开展、家校合作等活动有机地结合在一起，形成一个有机的整体。我校以“允执厥中，尚德于心”为统领，指导所有班级进行文化建设。班级文化建设又与班级活动、班级制度、班风班训等统一起来，这样实现了班级名称如同学自己的名字一般，融入全校师生的日常学习生活之中，浸润到他们心灵世界里。我们的班级文化体现在班级形象（班徽、班级吉祥物）、班级精神（班训、班级价值）、班级凝聚力（师生关系、生生关系、家班关系等）、班级目标、班级制度、团队意识、班级文化活动等。班级文化的思想源泉是“快乐学习，健康成长”，班级文化的符号标志就是具有浓浓优秀传统文化味的班名。比如2017年入学的班级属于“中”字辈，级长、班主任和家委会一起就以“善思厚德　知书达理”八个字来命名这个年级的八个班的名称，它们依次是中善班、中思班、中厚班、中德班、中知班、中书班、中达班和中礼班。

在班级辈分文化建设的同时，我们还着力建构学校文化和家庭文化。学校按照不同的主题，在全校进行主题教育，开设经典诵读等特色活动，与家长一道组织学生到博物馆等地进行社会实践体验，同时结合文明城市建设广泛开展道德讲堂。不论是在校内还是在校外，不论是平时还是周末假期，都能看到高举着各自班旗的孩子，在进行着各种主题突出、特色鲜明、内容丰富、效果明显的优秀中华传统文化传承活动。通过全体师生、广大家长和社会各界的努力，我们学校实现了社区联动、家校互动、学生主动、教师带动的良好局面，形成了班级辈分文化创建的整体性。

5. 开发实践活动，强化体验性

增强教育活动的体验性，方可提高教育的有效性。在构建班级辈分文化活动中，我们以实践体验为主要方式，让学生多方面参与，以自己的亲身体验，来强化班级辈分文化的认同。2014 级“允”字辈的亚轩同学，他的班级名称是允礼班，他爸爸是我校 1986 级“求”字辈的学生，父子俩在我校有着专属的一辈子都不改变的班名。父子同读一所学校，这样的情形在当地比较普遍。但是我们校的辈分文化却让亚轩父子在他们亲戚朋友面前“威风”了起来。原来，亚轩的表哥与舅舅（表哥的爸爸）也同在另外一所学校就读过。表哥毕业时是就读六年级（三）班，舅舅刚好也是六年级（三）班。有一次表哥和舅舅为谁是真正的“六年级（三）班”争论起来，最后参与“调停”的亚轩同学自豪地告诉我：“校长，还是我们这样的班级辈分文化好，不会乱，不会错，更不会摆乌龙（乌龙，当地俗语，意识是闹笑话。）”

亚轩同学讲述的只是一个特殊的案例，但是却从学生的角度告知了我们，班级辈分文化对于学生成长，对文化的认同、对角色的内化等却有着重要的意义。用体验式的实践方式来感受“班级辈分文化”，让我校的学生更好地了解中国传统文化，更加深入地了解学校，更加深刻地热爱班级。全校所有班级在班级辈分秩序的体系中，通过主题班队会、亲子活动等活动形式来研究自己的班名，来命名自己的班名，来设计自己的班徽，来确立自己的班风班训。这种通过自己确立的名字，自己设计的班徽，叫起来更亲切，看起来更可亲。在实际的体验活动中，他们理解到辈分的重要性，体会到班名的感召性，激起了他们热爱学校、热爱班级、热爱同学、热爱祖国的自觉性和主动性，从而产生了以自己的班名为荣，以自己的班级为荣的身份认同！

在班级辈分文化的建构与实践中，我们始终以传统优秀文化的承传作为班名建设的主旋律，并构建了全程实施的三大平台：班级文化、学校文化、家庭文化。班级的状态、生命追求、价值取向、文化底蕴、精神内涵是学校存在价值的折射，也是学校发展的基本载体，是学校文脉与血脉的自然延伸。通过近六年持续不断的有效探索，区分度高，文化味浓、团体性强、归宿感亲的辈分班级文化已经深入全体师生的内心世界，这个具有浓浓亲情味的班级名称成为师生心灵世界的图腾，辈分班级文化符号成为全校师生的精神纽带和桥梁引导者学生、教师乃至家长向着这个共同家园进发，收到了良好的效果。德养之道，唯名与器。礼敬中华优秀文化，建构班级辈分文化的德育创新实践是我校固本工程、铸魂工程、打底色工程，对于孩子的成长、学校的发展和民族的复兴具有重要的意义。

三、让区域德育具有文化味

本人作为番禺区小学德育研究会会长，如何引领区域德育的发展是我义不容辞的责任。按照体现历史的底蕴、蕴含大地的气息、端正儿童的立场、增强生活的技能的思路来整体建构了我这个会长的工作框架。我深深地知道教育是国之大计、党之大计。习近平总书记在 2018 年全国教育大会上指出，教育要“培养德智体美劳全面发展的社会主义建设者和接班人”。

近年来，番禺区教育局以“上品教化”理念为引领，在“一体两翼”策略下开展岭南校园文化建设，将文化与德育有机结合，取得了显著成果。接下来，番禺区将从优化文化德育环境、构建文化德育课程体系、深度开展文化德育活动等方面多措并举，建构文化德育工作体系，通过人文德育、生活德育、风雅德育和幸福德育等四大途径来提升学生核心素养和健全学生人格，努力培养具有人文情怀、责任担当、优雅气质、乐观豁达的现代公民。

一直以来，站在文化的高度，用优秀文化熏陶人，用时代内涵引领人，积极探索培养全面发展的社会主义建设者和接班人的新途径，让全区小学100%做到社会主义核心价值观进教材、进课堂、进头脑。在思想引领上下功夫。启动了“文化德育大课堂”项目，开展优秀传统文化进校园活动，整合番禺区博物馆、高新科技企业等优质文化资源，实施社会大课堂课程。目前已成立广汽研究院等9个文化德育基地并开展了两期活动。在氛围引领上下功夫。充分运用微信等新媒体，宣传报道先进典型。推动学校结合新闻时事、社会热点常态开展微班会，及时引导，弘扬主旋律。常态开展“我们的节日”系列活动、经典诵读、志愿服务、核心价值观主题教育月、法治教育等活动，以生动活泼的形式将核心价值观渗入师生内心。

作为区域德育工作理念，文化德育主要围绕社会主义核心价值观，紧扣中国学生发展核心素养，通过“人文德育、生活德育、风雅德育、幸福德育”四个途径，侧重于“根植人文情怀，培育责任担当，涵养优雅气质，促成乐观豁达”的教育，促进学生身心健康成长。人文德育践行“善”，主要“植根人文情怀”。小学主要开展人文知识教育，掌握古今中外关于人文领域基本的知识和成果的积累，增长见闻，拓宽视野；学会认识自我，与人为善，尊敬师长，学会感恩，互助互爱；关心集体，爱家爱校，爱乡爱国。生活德育强调“责”，主要“培育责任担当”。小学主要开展培养责任意识的教育，让学生了解责任，学会自我管理和自我约束，从小事做起，学会承担，乐于助人；爱护环境，节约资源；培养主人翁意识、家庭责任感和集体荣誉感。风雅德育追求“雅”，主要“涵养优雅气质”。小学主要开展行为规范养成教育，培养艺术兴趣，让学生坐姿端正，仪表端美，语言文明，举止得体，态度亲和，尊重他人；掌握基本的艺术知识和方法，培养艺术兴趣和爱好。幸福德育体现“乐”，主要“促成乐观豁达”。小学主要开展阳光心态教育，初中主要开展乐观品质教育，高中主要开展豁达品格教育。让学生学会情绪管理，培养健康心态；保持蓬勃朝气、昂然向上的精神状态；培养兴趣，编织梦想，丰富想象，主动探究；学会合作，共同分享。

在实施路径方面，第一，营造氛围，学校建构共同的教育愿景，营造良好的教育氛围，形成“四园”文化特色，让师生耳濡目染，让文化润泽心灵。书香学园：弘扬优秀传统文化，搭建阅读分享平台，弥漫书香氛围。生活乐园：创建安全文明校园，开展富有创意的活动，营造师生互爱氛围。温馨家园：建设廉洁校园，促进师生关系和谐，形成温馨文化氛围。生态花园：校园绿化、净化、美化、诗化，呈现生态育人氛围。第二，开展课程德育，文化德育的主要载体是课程与教学。文化德育实施要注重课堂渗透、课程渗透、活动融合。各校要运用各种文化资源开发文化德育特色课程，充分发挥文化育人作用。第三，社团活动开展要以培养与激发学生兴趣为目的，建立在自愿、自由与自主发展的基础上。学校要提供必要的资源，设立各类特色社团，配备专业师资，给予专业指导，促进个性发展。第四，专题教育的主题应该多样化，形式生动活泼，为学生所喜闻乐见。在施教目的上，要有较强的时代感与文化教育性；在施教主体上，既要重视专家、学者的施教，也要发挥优秀劳动者的榜样作用；在施教内容上，既可以是人文思想、科学精神、艺术审美的雅文化，也可以是地域性的民俗民风文化；在施教形式上，可采取讲座、活动、考察等多种形式。第五，学校要完善家校教育合作制度，建构多元化、多向度的家校文化育人互动模式；通过开办家庭文化建构和家长文化德育培训班，提升家长的文化育儿素养；通过家校平台，展示家庭教育风采，交流家教育人经验。第六，结合综合实践课程开展文化德育活动。引领学生在“人与社会”“人与自然”“人与文化”“人与自我”“人与他人”领域，开展文化德育探究实践活动，使其体验生活，收获感悟。

同时还积极利用“移动互联网”平台的网络渠道建立丰富多彩的文化信息平台，主动与家庭、社区、文化组织建立网络文化联盟。结合文化德育实践要求，有计划组织研学旅行活动。要坚持三个基本原则：目的遵循为学而游，游中博学；过程强调学习为本，安全第一；内容与文化德育的拓展型课程、探究型课程相结合。

德性，道德品性，指人的自然至诚之性，是人性的最终目标。古人认为“德性，谓性至诚者也。最先以哲学观念阐扬德性的意义的是希腊人，以德性的学说及强调德性在道德生活中的必要性而著称。德性不会自然出现于人心中，而是人借着努力得来的，并借着习惯持之以恒地实践，才可趋于完美。作为校长，同时也作为区域小学德育研究会会长，我的办学思想立足于德性，加强人文情怀教育，践行善，培养学生谦虚自尊、自律自爱的品性；加强生活情境建设，强调责，培养学生责任担当、自立自强的习性；加强风雅情趣熏陶，强调雅，培养学生求美爱美、尚雅赏雅的灵性；加强幸福情感培育，强调乐，培养学生乐观豁达、积极阳光的个性。

第三节　强化角色：让办学思想成为校长的文化符号

一、CIO: 人工智能时代校长的新角色

中办、国办联合印发了《中国教育现代化 2035》《加快推进教育现代化实施方案（2018—2022 年）》，就建设教育强国实现教育现代化对各部门提出了非常明确的要求，这是一个宏伟的目标，这也是一个光荣的历史使命。站在“两个一百年”的历史高度，作为一个小学校长，我

们如何参与到这一伟大的征程中，在实现教育强国的伟大实践中担当何种角色？我想，除了做好学校发展愿景的规划者、学校文化的设计者、教师专业发展的引领者、课程教学的建构者、学校内部管理的优化者、教育环境的协调者之外，CIO，是新时代给予校长的新角色、新使命。

何谓CIO？它是Chief Information Officer的缩写，意思是首席信息官，来自西方政府管理体系的管理角色，随着社会的发展尤其是信息技术的发展，这一职位在西方企业管理中得到了高度的重视，成为一个举足轻重的角色，成为决策者之一。在我国，2016年6月，教育部印发的《教育信息化“十三五”规划》中提出：“要在各级各类学校逐步建立由校领导担任首席信息官（CIO）的制度，全面统筹本单位信息化的规划与发展。加强信息化专业队伍建设，确保各级各类学校信息化管理与服务工作得到落实。”这是在教育现代化大背景下，教育部首次明确提出学校管理中应该设置这一角色。我们都知道，教育现代化一定是以教育信息化为前提和基础的，没有教育信息化，教育现代化将是一个无法企及的目标。因此，信息时代尤其是人工智能时代下，CIO是我们每个校长的必答题！

1. 未来已来，新角色要求校长勇于接受新挑战

我们当校长的真是有幸，赶上了见证社会历史巨变的时代。无论是石头、树枝乃至铁器为工具的农耕时代，还是以汽轮机为代表的蒸汽时代，以发电机为代表的电气时代，以计算机和互联网为标志的信息时代，这些时代的形成和变化长则千年，短则也有几十年，适应这样的时代需要几代人甚至是几十代人的努力和积淀，但是进入人工智能后，这一切都发生了改变。我们本身就是这个时代的过往和未来的创造者和改变者，一切的一切都在快速地发生着，在以几何级数地迭代着。面对人工智能这一变革浪潮，世界上绝大多数国家都把发展人工智能作为提升国家实力，参与全球竞争，力争赢得主动和先机。习近平总书记在十九届中央政治局第九次集体学习时深刻指出，加快发展新一代人工智能是事关我国能否抓住新一轮科技革命和产业变革机遇的战略问题。错失一个机遇，

就有可能错过整整一个时代。新一轮科技革命与产业变革已曙光可见，未来已来成为新时代的标记。在人工智能浪潮的激荡下，向来相对滞后的教育领域也在悄然发生着改变，人工智能正在塑造着教育的新形态。这个新形态有如下几个显著标志：首先是人工智能技术高度融入学校治理的方方面面，其次是个性化学习和深度学习是学习的主要方式，再次是课程建构发生了本质的改变。面对这样的新变化，国家已经进行了科学、系统的顶层设计，如 2017 年 7 月，国务院印发《新一代人工智能发展规划》，明确提出要完善人工智能教育体系，建设人工智能学科，在中小学阶段设置人工智能相关课程，智能教育作为重点任务成为人工智能国家战略的重要组成部分。2018 年 5 月，教育部发布《教育信息化 2.0 行动计划》，计划指出要全面建成“三通两平台”，构建具有中国特色的网络化、数字化、智能化、个性化、终身化的教育体系，实现人人皆学、处处能学、时时可学的理想学习型社会。

经过努力，我国在人工智能领域取得重要进展，如语音识别、视觉识别技术、自适应自主学习、直觉感知、综合推理、混合智能和群体智能等在国际上获得广泛关注和认可。同时，也要清醒地看到，我国人工智能整体发展水平与发达国家相比仍存在差距，在人工智能教育方面也是如此。面对新形势新需求，我们校长必须主动求变应变，牢牢把握人工智能发展的重大历史机遇，以人的全面发展为着眼点，以课程建设为抓手，以信息技术为手段，以观念理念更新为核心，因势而谋，应势而动，顺势而为，勇于接受挑战，勇于改革创新，接受人工智能对教育变革的巨大挑战，做好 CIO 这一新角色。

2. 立德树人，新角色要求校长再次聚焦新理念

何为人工智能？按照专家的说法是，人工智能本身是一门综合性的前沿学科和高度交叉的复合型学科，研究范畴广泛而又异常复杂，其发展需要与计算机科学、数学、认知科学、神经科学和社会科学等学科深度融合。从这个角度上来讲，义务教育阶段所直接涉及的学科看似非常小，甚至是不甚相关。但是，阿尔法狗系统开发团队创始人戴密斯・哈萨比

斯有句值得深思的话，他说“创造解决世界上一切问题的通用人工智能”就是人工智能。这是一个多么值得期待的理想王国——能解决世界上一切问题！让计算机（机器）能够模拟、延伸和扩展人类智能，使得这些计算机（机器）会听、会看、会说、会思考、会学习、会行动。计算机（机器）什么都会了，连学习都能了，那么，我们真正的人在哪里？如何对人类来进行教育，树立怎么的教育理念就成了人工智能时代下 CIO 这一角色的另一个追问！

对于这一追问，我们应该回到教育的原点，回到党的教育方针上来思考和聚焦。落实立德树人根本任务，培养全面发展的人，是新时代永不改变的方向和目标。在人工智能背景下，新角色要求我们校长再次把教育的理念聚焦在公平、优质、全面和可持续发展上面。

从世界范围来看，2015 年 5 月联合国教科文组织通过《仁川宣言》，确立了教育 2030 行动框架的核心要素。2015 年 9 月联合国可持续发展峰会通过的《2030 年可持续发展议程》包含经济、社会与环境三个方面的可持续发展，教育被作为 17 项目标中的重要一项，其总体目标为：“确保全纳、公平的优质教育，使人人可以获得终身学习的机会。”

从我国的实际来看，实现中华民族的伟大复兴，教育是基础性工程，为此，党和国家以人的全面发展、以建成终身学习的现代社会、以教育强国为导向，制定和发布《中国教育现代化 2035》等文件，提出创新、协调、绿色、开放、共享五大发展理念，“确保包容和公平的优质教育，让全民终身享有学习机会”宏伟蓝图得以实现，这一切也要求我们校长必须把教育理念再次聚焦在公平、优质、全面和可持续发展上面。

从人的全面发展角度来看，无论身处何种社会，人的全面发展是我们应该回答的命题。人工智能时代，学生的批判性思考能力、协作沟通能力、创新创造能力、灵活性与适应能力、主动性与自我导向、跨文化交流能力、高效的行动力、责任感、领导力等，学生的完善的人格、坚定的意志、良好的习惯以及面对复杂问题的解决能力，都是关键的竞争力。在中华民族伟大复兴的征程上，需要培养的是德智体美劳全面发展的人，只有这样的人，才能是社会主义合格的建设者和接班人。审视教育的发展历史，俯瞰人工智能对教育的巨大影响，在迈向 2035 教育现代化的道路上，落实立德树人根本任务，发展素质教育，促进人的全面发展，也应该把教育理念聚焦在公平、优质、全面和可持续发展上来。否则，就会走向误区，甚至是反面。

在人工智能时代，以立德树人为基本视角，CIO 这以新角色要求我们必须再次把教育理念聚焦在为社会主义事业培养全面发展的人这一核心上来，2035 教育现代化肩负的重要使命，也是教育强国的重要标志，更是中华民族复兴的基础。

3. 重新构建，新角色要求校长坚决完成新任务

从学校管理的角度上看，人工智能背景下，CIO 这一新角色要求校长应该具备极强的学习能力，能熟练掌握学校教育信息化业务流程，具有较强的领导力和协调沟通能力，同时还要具备信息系统规划设计的专业技能。随着人工智能在教育领域应用日益广泛，作为校长，一定要在校园环境建设、课程建构、学习方式、教学模式、教学内容、师生互动、社会实践、学生评价乃至教师专业发展等方面进行重新建构、整体设计、系统推进，以适应新时代的发展要求和人才培养要求。

（1）校园网络泛在化。

预计随着 5G 甚至是 6G 技术的普及，人工智能时代的学校高速网络无处不在的时代，师生时时、处处都可以通过网络与任何人、任何事物进行信息交互和数据连接，真正做到网络泛在化。这种校园环境外在物化的是一种友好型环境，内在的教学环境是开放、互动的。因此，校长应该让学校实现课内环境和课外环境的有机融合，线上和线下融为一体，学校与家庭（含社会）进行高度数字化的链接，让校园成为一个高度智能化的世界，一个高度个性化学习的世界，同时也是一个泛在学习的世界。

（2）课程建构生活化。

所谓课程建构生活化包含三个方面，首先是指专门的人工智能课程。按照国家的有关要求，在中小学阶段设置人工智能相关课程，逐步推广

编程教育，鼓励社会力量参与寓教于乐的编程教学软件、游戏的开发和推广。这种课程构建的生活化应该是基于学生的生活实际和个性特征，开发人工智能有关知识、技能及应用的课程。其次是人工智能与信息技术整合时的生活化，要基于学生的兴趣，以任务式学习、项目式学习和设计学习等学习方式，使用人工智能方面的知识和技能，提升学生的探究、合作、创新和创造能力。再次是跨学科课程建构时的生活化，尤其要借鉴国外STEM教育的做法和经验，融合相关学科，结合学生生活实际，进行跨学科建构，实现与语文、数学、外语、生物、物理、化学（小学为科学）等课程融合。

（3）学习方式深度化。

校长新角色要加速学生学习方式的转变，不要再局限于传统的读、听、想、思、做、抄等学习方式。要利用人工智能，根据学生特定的学习需求生成个性化、定制化的学习方案，打破学习空间限制，让孩子们在老师（老师也是借助人工智能技术）的指引下，实现泛在学习、自主学习、个性化学习与网络团队学习。尤其是引导孩子（尤其是高年级）能根据有关学科的特点，进行深度化的学习，从而让自适应学习成为人工智能时代的主要学习方式。

（4）教学模式民主化。

校长要创建民主化教学模式，关键在于推动信息技术与教学的深度融合，利用大数据分析技术开展学习需求、过程与结果的诊断、追踪与评价，推动教学方式变革，并提升教师信息化应用水平、引导教师开展个性化教学和指导。以信息技术驱动教与学的方式变革，其优势在于动态的伴随式数据收集、数据可视化与精准化、数据之间的自动适配与关联分析，从而有助于重构基础教育教学质量保障的新机制。要保证这一新机制的形成，师生交往的民主化是关键。

（5）教学手段智能化。

人工智能时代，校长要利用技术解放老师，让老师从繁重的、简单的、重复的、机械的工作，尤其是体力工作中解放出来。让老师使用高度智能化的教学手段来进行教学，让这些高度智能化的教学手段提供孩子最需要的知识，最切合的技能，最贴心的辅导。让实时智能诊断、虚拟实验与远程互动等技术于一体的智能化教学手段，走进学校，走进教室，走进孩子，引领师生实现个性化教学、个性化学习。

（6）教学内容生成化。

作为校长，最应该明白的一点是，人工智能是进一步丰富了教育教学内容，而不是把教育教学内容局限在所谓的“算法”“算理”上，而是要根据社会发展的变化，尤其是孩子生理年龄特征，结合学校实际和当地实际，进一步去生成教学内容，进一步去丰富教学内容。生成教学内容时，既要关注人工智能本身，也要关注人与自然、人与社会的关系，更要关注孩子自身。

（7）学生评价多元化。

人工智能真正地使学生多元化评价成为现实，这是校长新角色最应该去实现的工作之一。人工智能技术尤其是区块链应用到学生的综合评价中，最能体现评价的真实性、过程性、公平性和多元性，这项技术能真实地用数据记录孩子在学校甚至是在校外的学习轨迹，生活路径、实践情形，统计他们的学习数据。这种不可更改、不可逆向的技术可以实现评价主体多元、评价过程多元、评价手段多元，使得评价的过程更科学、结果更精准。

（8）教师专业德育化。

作为校长，我们应该清晰地明白，人工智能虽然不能取代教师这个职业，但即将全面改变教师这个角色。从传统教师职业来看，教书育人是我们的天职，人工智能时代却非如此。人工智能通过“人—技—机—网”的结合，使教师“教书”这一分量在逐渐减少，而从事更具创造性的德育和人格培养等“育人”工作在逐渐增加。基于这样的变化，校长就应该使教师专业化转向，引导教师去更加关注孩子的心灵，去关注孩子的情感，去关注孩子的人格，去关注孩子的个性，从而培养孩子的健康人格、积极情感、向上态度、正确价值观，使教师掌握人工智能的相关素养的同时更加重视“育人”！传媒大亨鲁伯特·默多克说：“我们的学校是这场科技革命风暴没能席卷的最后一个领域。”尽管如此，人工智能即将改变整个学校、整个教育，校长适应这样的变化，接受这样的挑战，就要做好充分的准备，做个优秀的CIO!

二、掌舵人：坚定的信念、淡定的作风

2020年，在老家度假的我从新闻中看到“1月25日，农历正月初一，中共中央政治局常务委员会召开会议，专门听取新型冠状病毒感染的肺炎疫情防控工作汇报，对疫情防控特别是患者治疗工作进行再研究、再部署、再动员。中共中央总书记习近平主持会议并发表重要讲话”时，我本能发出了“啊！”的一声惊叹。大年初一，本是华夏儿女共庆新春佳节之时，是神州大地喜迎新春之刻。大年初一报道这样的新闻，我真正感觉到新冠肺炎疫情已经向我扑面而来。我该怎么办？如何应对？果断中止假期，我提前回到了广州，回到了学校。

1. 有序应对疫情——校长危机领导力的必答题

防控疫情肆虐，打好疫情防控保卫战是学校的本职工作，也是国家疫情防控阻击战、总体战的一个重要组成部分。随着原定开学的日子的临近，由于疫情还未能得到很好的控制，教育部下发了关于中小学延期开学期间“停课不停学”的通知，各地均实行了“延迟开学”和“停课不停学”的做法。一时间，“停课不停学”“在线教学”“直播课”……在互联网上炸开了锅。很多学校、一线教师、学生突然感觉到教学、学习是如此陌生，毫无头绪，于是“上网课太难了”“教师成了主播”等话题频频登上网络的热词。作为校长，我如何既能落实好上级的要求做到“停课不停学”，又能充分吸引学生开心地参与到学习中来，形成学校的特色，使在家学习习有所得，减轻家长的忧虑和负担，这是我作为校长应该承担的基本责任与担当，也是检验我的校长危机领导力的必答题。所谓危机领导力，是指校长能够直面危机，并通过对危机全面深入

地识别，带领全体师生员工，团结相关人员，有效应对和战胜危机，并且通过危机中的教育促进人与学校可持续发展的能力（2020年第3期《中小学管理》）。因此，我认为检验校长危机领导力就要看学校防线牢不牢，学生情绪稳不稳，教师工作实不实，学校课程全不全，学习活动活不活，家校联系合不合；检验校长危机领导力就要看学校能否守住教书育人的底线，能否实现立德树人的任务，能否实现五育并举，能否实现家校协同育人，能否实施生活教育；检验校长危机领导力就要看校长能否转危为机，因时因地，结合学校基本情况，结合社会发展形势，结合学生年龄特征，结合线上教育、居家学习的基本规律，为每个学生营造一个符合其自身的学习计划表和学习清单。总之，就是在这场危机中，学校发展、教师进步、学生成长不停滞、不掉队，依然能完成甚至是出色完成“立德树人”根本任务，依然实现“五育并举”，依然能实现学生的“德智体美劳全面发展”。

2. 慌、乱、拖——病急不应乱投医

面对突如其来的疫情，学校原有的教育教学秩序被打乱。因此，有的学校在防控措施、线上教育或居家学习等方面就存在着一些病急乱投医的慌、乱、拖等不良现象，应对毫无章法，也谈不上所谓的危机领导力了。

（1）片面追求高大上，配备一流防控设备设施。

有的学校，采用校园智能杀毒仪，创新性将“医用臭氧消毒（隔离病房级别）”技术与人工智能结合，以图实现专业消毒生活化、常态化，同时安装高档设备，实现智能测温、人脸识别核验身份、健康打卡、高温预警、健康登记、健康档案、健康报表、数据上报、消息推送、防疫知识、请假及访客管理等功能。有的学校通过“蓝牙红外测温仪 + 人脸识别平板”、人脸测温平板、热成像无感快速测温仪，以图无死角把好校门、宿舍、教室的安全关。还有的学校重新安装单人单座的就餐系统，在千人大饭堂的每个座位设置自动消毒隔离设备，确保每个就餐人员的绝对隔离。对此，我想反问：需要多少钱？有多大的效果？必要性如何？

（2）片面理解线上教育，要求人人做直播。

“停课不停学”的通知一发出，有的学校就要求全体教师参与，不论男女老少；要求所有学科开展，不论学科特性；要求所有学生在线，不论家庭环境。这样一来，有的老师就想方设法去掌握“直播神器”。看，老师们有的改装衣架，有的自拍杆加背景，有的砖头加木棍，还有的如网红一般，真所谓八仙过海各显神通。有的学校不顾防控风险，请专家来对全体教师进行“信息技术条件下的线上教育技能培训”，让每个老师去实现“网红梦”！我想反问，老师能人人成网红吗?

（3）片面理解居家学习，要求人人打卡。

“打卡”作为一个网络词汇，其意思和签到差不多。在网络中，很多网友在帖子中总用“打卡”这个动词来提醒戒除某些坏习惯所做的承诺或者为了养成一个好习惯而努力。于是乎，实施“停课不停学”过程中，老师为了了解学生的学习态度、学习进度、学校效果等，就安排了各式各样的打卡。学生要在群里不停打卡，而且还必须配上照片，长时间盯在屏幕上，严重影响学习效果和学生的身心健康，同时还增加了学生不必要的负担。我想反问：打卡就能管住学生?

（4）片面理解防控政策，机械转发上级文件。

面对疫情，上级有关部门要求各地要根据疫情发展情况确定开学时间，严禁学生提前返校，并做好相关工作。学校的防控就应该在上级部门的正确领导下，根据自身的情况，来制定相关的方案、制度、措施，真正做到落实、落小、落细。也就是说，在“实、小、细”这三个字上做文章。而不是转发，不是复制，不是粘贴，更不是不顾实际地对老师、对学生、对家长乱发号令。我想反问：校长的工作就是用短信落实短信，用文件落实文件，用表格落实表格吗?

（5）片面理解课程设置，方法简单，一刀切。

课程设置应该有严格的标准，课程的实施也应该有严格的内容和过程。平时如此，疫情防控期间也是如此。国家课程、地方课程和校本课程的有机组合，是保证学生全面发展和健康成长的前提和基础。在实施的过程中，学校应该发挥主动性，结合学生的特性，结合当前社会环境，结合居家学习的特殊性，有针对性地进行课程设置。有的学校全然忽视这点，如统一要求学生如平时一般 8 点半开始上第一节课，课间休息十分钟再进行第二节课；有的学校不顾学生的学习差异，简单地把其他学校的学习要求布置给学生；有的学校不考虑学生的家庭条件，直接要求每个学生在规定的时间去观看当地教育部门录制的电视课程和网络课程。我想反问：那些家里没信号、没电脑的孩子怎么办？

3. 豫、稳、守——我自闲庭信步

疾风知劲草，板荡识诚臣。校长危机领导力也是如此，越是在危急时刻，越是在困难之时，越发需要校长具备良好的危机领导力，因为良好的危机领导力可以带领整个学校顺利地度过危机。因此，面对危机，校长首先要有周全的预备，心中有周全的预案，手中有周全的应对之策。其次就是稳，要沉稳，遇事不慌不忙。再次就是坚守，不论遇到多大的困难，不论遇到多重的压力，都要坚守教育的底线，坚守防控的底线，坚守校长的职责——一切为了师生的生命健康。

（1）做到“三不”，在“豫”字上做文章。

疫情刚发生时，我就如此告诫自己：不打无准备之仗，不放过任何一个学生，不遗漏任何一门课程。根据我们学校人多且地域分布广的特点，我总是把问题和困难想得再多一些、难一些，把具体工作做得再细一些、实一些，总是把“万一出现了，该怎么办”放在各种工作预案之中，把准备工作做得充足。同时，发动教师对每个学生开展“一封家书暖心、一个点赞开心、一次鼓励欢心、一项活动全心、一次思考静心”的“五心”活动，让学生在居家（有的甚至在隔离）期间依然能感受到教师的爱、学校的爱和国家的爱。我校 2300 多个孩子，无论是身处疫区还是低风险区，无论是在农村还是在繁华都市，他们时刻能感受到老师就在身边、祖国就在身边。同时还结合防控形势，开展各种生命健康教育、自我防护教育、民族精神教育、家国情怀教育、理想信念教育等。

（2）做好家校共育，在“稳”字上做文章。

关于家校合作的问题，其实没有发生这次新冠肺炎疫情，家校合作一直在进行，只不过这次突发的疫情更加凸显了“家校合作”的重要性和必要性。没有稳固的家校关系，没有家长的理解、支持和配合，就无从谈教育的合力和教育的效果。因此，我利用家长信、网络会议、手机信息等各种形式，做家长的工作，形成了良好的家校关系。首先是相互理解。理解是合作的前提，尤其是防控疫情最关键的时刻，尤其是在孩子居家学习，开展线上教育的关键时刻，对于出现的各种困难和问题，我们双方总是多一点理解，多一点体谅。其次就是达成共识。达成“合作就会赢，拆台就会输”的共识。达成家长的角色是陪伴、关心、鼓励、引导孩子的共识，达成教师是心灵导师、学业导师的角色共识；达成孩子是认真学习、自主学习、主动学习的学习者的共识。再次就是合作共育。学校和家长一定要共同努力，做好各自工作，担当各自的责任，发挥好各自的角色优势，一起来培育孩子。

（3）坚持立德树人，在“守”字上做文章。

“早睡早起，睡足十小时；少触屏幕，护好一双眼；劳逸结合，练够一个钟；学会生活，能做一道菜；静下心来，细读一本书；姿势端正，每天练好一段字；积极投入，每天练一门艺；配合老师，做完练习题；体贴长辈，家务抢着干；家庭影院，亲子乐融融；结合时政，提升分析辨别力。”这是我对全校同学居家学习期间的建议和要求，目的是让学生学会自学，能做到自律，提升自护能力。校长的坚守，就是看在关键时刻是否能坚守党的教育方针，在关键时刻能否坚守教育基本规律，在关键时刻能坚守立德树人根本任务。这是校长危机领导力的核心。

在这场危机中，我组织全体教师反复学习“停课不停学”的相关文件精神，并开会研讨，充分理解“停课不停学”的真正含义和要求，以“合适性、操作性、参与性、趣味性、实效性”为原则，安排了“睡足十小时、运动一个钟”提升学生的健康与活动，安排了“亲子活动乐融融，宝贝私厨美滋滋”为学生的幸福人生奠基的实践课程，同时依托“小乐同学”云学习平台，推出了“五大学习领域”全覆盖的主题学习。让学生与家长一起商量和制定出自己个性化的学习生活计划，并按照学习计划通过智慧教育平台开展交流讨论、成果分享。这样既让学生尽量少使用电子产品，爱护学生视力，又能让学生适时开展交流并得到老师们一对一的点评指导。

除此之外，我还坚守了两点，那就是“五育并举”和“因材施教”。第一，应对疫情开展的居家学习线上教育，这里的“育”非独为“智育”，而是“五育”。停课不停学中的“学”非指教学，而是指居家“德智体美劳”的全面学习。这是核心中的核心。第二，要根据不同的孩子采取不用的教育方法。我发动全体教师，根据不同学生的个性和家庭具体情况，在确保各级兜底课程得以实施的情况下，科学引导家长制定符合孩子的具体居家学习计划和安排，真正做到因材施教，真正做到“一生一课表”“一人一案”。

这是一次危机，也是一次大考。在疫情大考面前，全国交出了令人敬佩的满意答卷。同样，作为校长，面对这样的疫情，我们不能“慌、乱、拖”，而应该“豫、稳、守”，坚守教书育人的责任，彰显校长的危机领导力，向党和国家交出合格的答卷，在困难中成长，在困难中发展。正如习近平总书记指出：“中华民族历史上经历过很多磨难，但从来没有被压垮过，而是愈挫愈勇，不断在磨难中成长、从磨难中奋起。”

三、显微镜：教育督导中的检察官

“横看成岭侧成峰，远近高低各不同。不识庐山真面目，只缘身在此山中。”作为身处一线的校长，每每想到自己有幸能成为教育督导中的一员，有机会到其他学校甚至是区域进行教育督导，我总是能想到苏轼写的这首《题西林壁》。因为很多时候，站在督学的角度，站在校长的角度，看到同一个教育现象，却与社会评价有些甚至是当地官方的评价形成的反差很大。这是其中的原因是什么？是什么原因导致这种现象的产生？如何避免出现这样的情形？这些问题，引起了我的思考。

1. 学校督导中的“草色遥看近却无”现象

【案例一】村小就是薄弱校？

去年，我随“省推进教育现代化先进县评估小组”的专家领导到粤西一山区县进行督导验收。在看完规定验收的学校后，领导提议到推荐学校附近的村小看看，当地陪同领导无奈同意了。

一进校门，虽不气派，但师生那种快乐的欢笑声与扑面而来的泥草味顿时沁入我的心扉，让人神清气爽。进入校园后，看到师生因地制宜开垦的菜园、果园，让人流连忘返；进入课堂，老师在和孩子们一起探讨交流当地的历史人文典故；进入老师办公室，干净整洁。最难能可贵的是，为了这些留守儿童，老师轮流晚上值班陪孩子们睡觉。令我感动的是，这里的老师在下午放学后，辅导好孩子写完作业后，还组织故事会、演唱会、体育活动等等。走完这所不大的学校，我觉得这学校虽小，但它是孩子心中的学园、家园与乐园。这就是一所好学校——尽管当地的老师、学校的校长甚至领导反复强调：这不是好学校！

【案例二】窗口学校名不副实

也是因为督导的缘故，前不久去了一所当地有名的窗口学校。气派的校门，现代化的教育教学设备，高学历的师资队伍，高素质的家庭成员，令人眩目的各种奖励证书，包装精美的学校宣传册等，这一切都在说明这是一所很了不起的学校！也难怪，当地领导推荐得那么干脆，学校领导介绍得那么自信。

但是，我独自一人走进洗手间，来到非指定的教室，走访非指定的教师时，看到的是破损未修的马桶，灰尘密布的显示屏，如同旅行箱的学生书包；听到的是学生抱怨声（如作业太多，老师太凶等）和老师在课堂山的高声呵斥。看到这些，“这是一所人见人夸的好学校吗？”这个疑问立刻在脑海冒出来。

这两个例子，是在督导过程中看到的两个典型，相信不具备普遍性，但是，我觉得应该引起有关部门的高度重视。正如苏轼所写的那样：“莺初解语。最是一年春好处。微雨如酥。草色遥看近却无。”我们督学要善于透过现象看本质。如同严冬过后的大地，经过春雨的滋润，草芽儿冒出来了，远远望去，朦朦胧胧，仿佛有一片极淡的青青之色，这是早春的草色。看着它，人们充满了欣喜。可是走近去看个仔细，地上是稀稀朗朗的极为纤细的芽，那醉人的绿不见了。如果我们在督导时，只是遥看就得出结论，不正是“近却无”的结果吗？！

2. 透视性督导及其作用

如何避免出现这种督导中“草色遥看近却无”的现象，我想到了当下看病时医生常用的诊断手段——透视。

“透视”有三种解释，一是用线条或色彩在平面上表现立体空间的方法；二是利用 X 射线透过人体在荧光屏上所形成的影像观察人体内部；三是比喻清楚地看到事物的本质。从词源来考究，“透视”（perspective）一词源于拉丁文“perspclre”（看透），指在平面或曲面上描绘物体的空间关系的方法或技术。在这里，我选第二和第三种解释来解释透视性督导。因为医生根据人体解剖知识和透视图像来推断病人的病情，它本身就是一种专业判断和哲学思辨。

从这个意义上讲，透视性督导就是我们督学根据专业的督导工具，运用科学的督导方法，结合督学自身的专业学识，依据党和国家的教育方针、政策和法规，来对督导中看到的、听到的教育现象进行一种科学、专业、系统的督导判断。透视性督导主要是针对以下两种情形而言的：

第一种情形就是督导过程中的形式主义，这样的不良倾向很容易出现把真督导变为假督导。比如，以文件落实文件式督导，让下属学校写个材料来应付了事。鸭背泼水式督导，到学校走马观花地看看，拍拍照片宣传了事。粗暴简单命令式督导，到了学校不深入了解，不做好准备工作，看到问题瞎指挥、乱命令。如此等等就是形式主义的督导。

第二种情形就是“歪嘴和尚瞎念经”式督导。督导人员本身不专业、不严谨、不科学。在督导过程中，照本宣科机械执行国家有关的方针政策，有的甚至是把有关规定念错了经，跑偏了方向，只会看“热闹”，却看不出教育实质中的“门道”。

教育以及教育实践是一门专业性非常强的工作，督导则是指导这样专业行为和专业实践的方向盘、指南针，来不得半点偏差和马虎。这就要求督学要具备两种基本的专业素养：一是教育专业素养，二是马克思主义哲学素养。具备了这两种素养，我们督学就能透过教育现象看到教育的本质。说到“透过现象看本质”其实这就是马克思主义哲学中的“现象与本质对立”观。在实践中，我们督学要把对教育现象仔细观察当作是分析教育本质的一个环节，透过现象看到本质。教育同其他任何事物一样，都具有现象和本质两重属性，教育现象是教育本质的外在表现，教育本质是教育现象的内在规定，教育现象离不开教育本质，教育本质也离不开教育现象，没有无教育现象的教育本质，也没有无教育本质的教育现象。依据马克思主义认识论的观点，我们督学就应该用透视性督导，在督导的过程中，能透过教育现象看到教育的本质，在科学把握教育本质的过程中，来指导教育现象，从而真正落实党和国家的教育方针、政策，唯有如此，才能真正完成“立德树人”的历史使命。

3. 透视性督导的应用策略

如何在督导实践中科学运用透视性督导策略呢？根据本人的工作实践，我认为可以从以下几个方面来入手。

（1）在不起眼的细节处透视学校的常规管理。

常规管理是学校有效运行的基础，常规工作重在久久为功、持之以恒。当下很多学校在管理实践中过分跟风，追赶潮流，很容易忽视常规这一块。在督导时，几乎没有一个学校在汇报时不讲他们高度重视常规工作的，但是实际上却又是最容易忽略的。怎么来督导学校的常规工作情况呢？我的体会是：在不起眼的细节处来透视。比如洗手间的异味、楼道的纸屑和痰迹、学生书包的轻重等细节和细微处都能折射出学校的管理水平。我们督学就是要善于从这些不被人关注的细节当中透视出学校的真实状况，把握学校管理的本质。

（2）在学生的学习用具中透视学校的课程实施。

新课程的理念已经深入到教育的一线当中，形成了一种“不讲课程，不讲新课改就落伍”的可喜现象。如何辨别学校课改中的真伪呢？我觉得不仅要听学校的汇报，看学校的成果，更要深入学生当中去，在学生的反馈中来辨别来区分。仅就开足开齐开好国家课程这一块来讲，最能真实反映的就是学生文具盒中的课表。学校宣传材料中甚至是老师办公室的课表，有些时候都是加工过的，不真实的课表。只有在不经意间去看学生真实学习生活中的课表，就能有效且全面反映学校落实课程改革的本来面目和真实情况。

（3）在学校的短信平台中透视家校合作情况。

良好的家校合作是现代学校的主要标志。如何来了解真实的情形呢？我认为从学校与家长的手机短信、微信平台等渠道可以了解到。一般来讲，凡是家校合作良好的学校，所发的信息是及时的，而不是滞后甚至是从来不发的，短信的内容是有教育效能的而不是应付差事的，短信的语气体现的关系是平等的而不是居高临下的，短信的方向是引导的而不是命令的。

（4）在师生的言行中透视学校的文化。

学校文化是办学的精神内核，是衡量一所学校办学品质的重要标准。由于文化的属性原因，在实际督导中，我们很多时候仅从文字层面来判断和评价学校的文化建设。在这种情况下，往往会产生误判。怎么真实有效地来对此进行督导呢？我觉得要回到文化的四个层面上来：精神层面、制度层面、行动层面和物质层面。从这个意义上讲，作为文化最外显有可观测的层面，那就是行动。因此，师生的言行举止最能体现一个学校的文化建设状态和文化建设水平。我们可以透过师生的言行举止作为一个点，来观测评估学校的文化建设状态。

（5）在少数群体中透视学校的办学理念。

办学理念是学校教育价值取向的核心定位，直接决定了学校的价值。它是学校办学的出发点和落脚点，是学校的灵魂。因此，对办学理念的督导是我们督学的一项重要工作，也是一项非常难做的工作。有一次，我对一所学校“以人为本”的办学理念油然起敬，原因就是：他们在学位非常紧张的情况下，能招收进城务工子女，这是其一；其二就是他们接受了几个所谓的问题学生，并对他们进行了有针对性的教育和辅导。从这个角度上，学校的办学理念的落实最能在特殊群体的学生中得到体现。

教育督导是保障党和国家教育方针和政策得到贯彻执行，是提高教育质量，促进教育事业的健康发展的基本保证，我们督学是完成这一神圣使命的重要队伍，我们肩上的责任重，意义深刻。在实际工作中，我们一定要练就一双慧眼，能透过现象看到本质，紧抓教育本质来指导教育行为，形成风清气正、立德树人的教育现象，在“近却无”的现象中发现明媚的“草色”！

影子校长：跟岗学习时的学习者

在一所学校做校长的时间长了，有时就会有一种越来越不认识自己的感觉。所幸，做校长以来，我有多次到名校跟岗学习锻炼的经历，让自己能够真正跳出原有学校的束缚，来重新认识自己、反思自己，从而找到了存在的不足，摸清了学校管理中的薄弱环节。更重要的是，我找到了学校未来发展的目标与路径。

1. 跳出去，潜心研究

离开居住的城市，离开工作的学校和熟悉的师生，到一个新天地去学习，这种离开不仅仅是一种单纯的空间转换，而是思维方式、学习环境的大调整。要想真正学人所长，就必须使自己站在一个新的高度上。

俗话说得好，人总是看不到自己的鼻子尖。要看到自己的不足，就得找块放大镜。所谓放大镜就是跟岗单位的领导和师生，以他们为参照来发现自己的不足。

例如，在江苏一所名校跟岗时，跟岗学校的副校长草拟了一份科研工作方案，行政会上，学校大部分行政领导对此都表赞同。这时，校长发话了：这份方案确实好，只是大家有没有想过，假如我们是教师，会怎样看这个问题？本周，学校要接受全市校园卫生安全检查，同时还要进行第二次学科检测。这么多工作挤在一起，如果又临时把校本科研工作加上，教师们怎么想？能不能承受？如果稍后再布置这项工作，效果是不是更好？校长的话引起了在座行政领导的思考，也给我以深刻启示。在日常工作中，我也经常犯这种想当然的错误。布置工作往往站在自己的立场，没有换位思考的意识。同样一项工作，在不同的情况下布置，收到的效果会截然不同。我们在安排工作时，应把立足点放在教师身上，这样就会激发教师的工作热情，而不会产生消极抵触情绪。

外出挂职学习，最主要的还是要拿平面镜客观评估跟岗学校的长处，用定格的方法研究别人的长处，脚踏实地去学。比如，学校与办学单位、周边社区关系的融洽问题，这些都需要有效的沟通和相互支持，这些事情在学校的规章制度里面也许找不到，却是学校发展中不能忽略的一个方面，有时不认真学习体会，就很难取到真经。

今天的学习是为了明天的超越。简单的模仿，亦步亦趋的学习肯定不行。在找到平面镜、放大镜后，还应该再跳高点，去找个望远镜。在学习过程中，我在羡慕跟岗学校知名度的同时，没有一刻不在探究跟岗学校特色形成背后的原因。我发现，这一切的背后其实都有规律可循。我一边在外跟岗，一边组织学校的行政人员外出学习，在专家的指导下确定学校未来发展规划。如今，我们学校的发展规划成了全体师生行动的目标。

2. 沉进去，用心学习

跳得越高，是为了沉得越深。在挂职学习过程中，我时刻告诫自己，机会难得，一定要脚踏实地去学。校长挂职学习，就是要提高自己的管理水平。在这方面，我的体会是，一要跟得紧，凡是学校各种行政例会、教师例会、教研活动都要全程参加。二要跟得巧，遇到学校敏感问题，要懂得回避。三要有侧重点。在全面熟悉跟岗学校情况后，要有针对性地学管理方法，包括学习教学、科研管理和后勤安全管理等各个方面。更多时候要带着问题去请教。例如，制定学校的发展规划时，我就去请教和借鉴校长这方面的做法与经验，与家长如何沟通这类问题我就会去请教主管德育的副校长。这样有重点去学习，一来学得透，二来又不干扰影响挂职学校的正常工作秩序。

学校管理的效果直接体现在教师和学生身上，在挂职过程中，除了深入管理层之外，我还利用一切机会与学校的师生进行沟通交流，从师生身上去找学校管理的长处。在这方面，有两件事印象非常深刻。第一件事，跟岗学校每到放学时，广播里就会播放一段悦耳动听的乐曲，之后是温馨的提醒：同学们，经过一天的紧张学习，我们完成了今天的学习任务。现在，请大家收拾好课桌椅，安静地离开学校。离校前，我们要感谢老师一天的辛勤工作。过马路时，请一定遵守交通规则，注意安全。回到家，要主动向父母问好，及时完成家庭作业。我认为这个做法非常好，就在自己的学校加以推广。另一件事，刚到跟岗学校时，发现校园非常干净整洁，但令人奇怪的是校园内竟没有一个垃圾桶！学生的垃圾放在哪里？我一直在观察，发现每个学生书包里都有一个塑料袋，有垃圾时就随手放进自己的整理袋中，这样教室和校园都会非常干净整洁。

我从这些观察的细节中得到感悟：学校管理就是这么“小”！学校管理就应该从小处抓起！一个不重视细节管理的学校不可能成为一个真正意义上的育人场所。

3. 架座桥，真心分享

在学习过程中，我时刻注意在学校的管理环节、教育教学活动、师生的精神面貌等方面去留意观察、体悟学校文化、借鉴成功做法。同时，我也会大胆提出自己对于学校管理的看法，提出自己的一些意见和建议，与挂职学校共享学习收获。

跟岗学习，我既把它当作学习的过程，也把它当作架桥的过程，架起沟通之桥、合作之桥、友谊之桥。两所学校的行政领导、师生之间可以进行融洽的交流，在交流的过程中，传递信息，传递友情，增长知识，增长才干。如今我和挂职学校的领导、教师都成为好朋友，大家经常联系，彼此沟通，相互鼓劲，有效地巩固了学习成果，提高了工作和管理能力。

跟岗学习拓宽了我的视野，增长了知识，丰富了人生体验，更重要的是，自己跳出去，沉下来，换个视角看自己，让我看到了自身的不足，让我学会了反思，学会了分享，学会了交流和沟通，而这些都是新时代学校发展必备的要素。

第四节　贴近师生：让办学思想成为思政的源头活水

一、思政课：校长领航第一课

贯彻党的教育方针，落实立德树人根本任务，大力实施素质教育，为党和国家培养德智体美劳全面发展的社会主义事业的建设者和接班人，这是校长在办学过程中必须牢记和完成的核心使命。本人作为教育部中小学名校长领航工程（以下简称“领航班”）的首批成员，在工作中对“领航”一词有着特别的情感和认识。同时，在参加“领航班”的学习与实践的过程中，尤其是学习了习近平总书记2019年3月18日在学校思想政治理论课教师座谈会上的重要讲话后，对“领航”一词则有了更加深刻的使命感与责任感。这种责任感和使命感就体现在深刻理解“思政课是落实立德树人根本任务的关键课程，思政课作用不可替代，思政课教师队伍责任重大”这一科学论断上。这种责任感和使命感，领航第一课对于我而言就是——教书育人的第一课、示范引领的第一课、立德修身的第一课！

因此，我牢牢把握“思政课是人生第一课”在学校课程体系中的核心地位，牢牢把握“思政课是人生第一课”在学校课程实施中的首要地位，牢牢把握“思政课是人生第一课”在学校课程评价中的支配地位。于是，这种意识深深牢记在心中，这种义不容辞的使命和责任扛在肩上，始终追求润物无声的育人境界。

1. 思政课在我心中的地位：人生第一课

正如习近平总书记所讲的那样，“办好思政课，是我非常关心的一件事”，作为一个“领航班”的校长，我觉得总书记的讲话给我莫大的精神鼓励，进一步澄清了我的办学价值取向：为学生扣好人生第一粒扣子，为学生打好人生第一抹底色，为学生讲好这人生至关重要的人生第一课，这是落实立德树人的根本出发点和归宿点。

为学生讲好人生第一课事关中华民族的伟大复兴。作为校长，尤其是领航班的校长，为党育才、为国育才是我们的基本担当。培养一大批担当民族复兴大任的时代新人，这是我们义不容辞的责任与使命。正如习近平总书记所讲“当前形势下，办好思政课，要放在世界百年未有之大变局、党和国家事业发展全局中来看待，要从坚持和发展中国特色社会主义、建设社会主义现代化强国、实现中华民族伟大复兴的高度来对待”，对于思政课，我们做校长的一定要站在这个历史的高度、民族的高度来认识，来确立它的第一课地位。

为学生上好人生第一课事关国家的和平统一大业。

为学生上好人生第一课事关学生的全面发展。思政课作为教书育人的第一课，对于人生的“拔节孕穗期”的青少年学生而言，在他们如同一张白纸的心灵中描绘正确世界观、人生观、价值观的思想蓝图，这是教书育人的必然要求，也是青少年学生健康成长全面发展的使然。作为校长，我必须带领全体教师一道，精心引导、细心栽培、耐心教育。也只有如此，我们才能“培养一代又一代拥护中国共产党领导和我国社会主义制度、立志为中国特色社会主义事业奋斗终生的有用人才”。

2. 思政课在我手中的实施：儿童化立场

落实思政课是学生人生第一课的课程地位，关键在于实施。为了增强思政课对学生的吸引力、亲和力，在保证思政课思想性的前提下，增加思政课的趣味性和针对性，我和我的同事一道，积极努力大胆创新，按照学生的成长规律和认知能力，采用情景式、体验式、互动式、活动式、探究式等，广泛开展主题活动、课程渗透、社会实践等，让学生学有所得、学有所思、学有所成，在思政课中汲取丰富的知识、丰富的思想。

（1）走进社会，上好思政课——抗疫英雄我来夸。

好的思政课一定要让学生在了解社会的前提下，来认识社会，提升自己的思想境界。2020年肆虐全球的新冠肺炎疫情，我国在党中央坚强领导下夺取抗击新冠肺炎疫情疫所取得的决定性胜利，以及在这场伟大的抗击战中所涌现的气壮山河的感人故事，就为我们上了一堂生动的思政课。

我们学校利用这一教育资源，开发了一系列的抗疫主题思政课，在广州电视课堂中向全国播放，收到了很好的效果。为了强化教育效果，我们还进行了“抗疫英雄三说”，首先是“抗疫英雄说”，这节课由不顾个人安危亲赴武汉一线，并荣获国家抗击新冠疫情的英雄称号的中山大学第一附属医院的罗益锋教授来为学生们讲授；其次是“身边榜样说”，这门课由我校家长中担任疫情阻击战的一线公安、医生、社区工作者等来讲授；最后是“卫生副校长说”，这节课是由我校的卫生副校长（番禺区何贤医院的副院长）来为学生讲授疫情防控的专业知识。这“三说”课，深受学生喜爱，让全校师生得到一次精神的洗礼，为我们学校抗击新冠疫情增加了无穷的动力。

（2）贴近生活，上好思政课——年年开学不上课，上课就上体验课。

好的思政课一定是贴近学生的生活实际，让学生在活生生的现实中，在真实的校园生活中得到教育。学生的生活，尤其童真童趣味，他们与成人的认知有很大的不同。

根据学生的心理与年龄特征，在每个学期开学的第一天，学校统一规定不上新课，不讲评作业，也不催交假期作业，而是开发了一门“年年开学不上课，上课就上体验课”的主题思政课。这样做的目的，让学生能自然地从假期的休闲状态顺利地过渡到正常的学习状态。这几年，我们通过包饺子、猜灯谜、做年糕、写对联、挂灯笼等具有浓郁传统文化味的活动来开设传统节日体验课，让学生感受到中华优秀文化的博大精深；通过讲故事、谈感受、写心得、演经历等具有儿童趣味的方式来开设假期社会实践成果汇报课，让学生用自己的方式、用自己的视角、用自己的感受来体会国家发生翻天覆地的变化；通过读书汇报、才艺展示、家庭秀场、同伴亲友团等方式，来展示同学们社会交往体验，让同学们明白读万卷书走万里路的重要性。

（3）蹲下身子，上好思政课——见面，老师先问好。

好的思政课一定是师生彼此尊重、彼此平等、彼此互动的课程，在这种尊重、包容、关爱、平等的关系中，学生能体会到老师的关心、关爱，最终养成良好的文明礼仪习惯。

在我们学校有一门随时随地开设的思政课，那就是“见面，老师先问好”。通过师德师风教育，学校的全体教师端正了教书育人观，把“平等的师生关系”落实在工作的言行举止中。教师们在与学生交往时，自觉蹲下身子，主动与学生问好。尤其是在学生进校门、进教室、进办公室的时候，我们的老师会主动同学生打招呼，主动同学生交流，主动去关心和呵护学生。这样一来，一种弥漫全校的平等关系，一种充满关爱的校园氛围就自然而然地形成了。

（4）增强体验，上好思政课——人人都是升旗手。

好的思政课一定是注重学生体验，不是简单的说教与灌输。为加强爱国主义教育，让爱国的种子在学生的心中深深植根，我开了一门“人人都是升旗手”的体验式思政课。

在这门中，以情感体验为切入点，以角色承担为主要方式，以爱国主义教育为目的，全校所有学生都能承担一次光荣的升旗人物。光荣的升旗手不再是个别“优秀”学生的专利，光荣的升旗台不再是少数学生的舞台，每个学生都能把鲜红的国旗、鲜艳的校旗升上天空。这种亲自参与、亲身体验的爱国主义教育，使学生得到了非常深刻的情感体验，给学生留下了非常深刻的印记。学生在升旗台下认真听六年，还真不如亲身上台体验一次，这种体验式思政课，实现了“与其听六年，不如秀一次”的教育效果。

3. 思政课在我眼中的境界：润物细无声

细雨湿衣看不见，闲花落地听无声。润物无声，这是我始终追求的理想思政课状态。好的思政课，好的思政教育“应该像盐，但不能光吃盐，最好的方式是将盐溶解到各种食物中自然而然吸收”。我通过自己的言传身教，带领全体教师，把思政课上得有滋有味，让思政教育如盐在水，让学生自然而然地吸收，达到了春风化雨、润物无声的理想效果。

二、体验课：开学不上课，上课就上体验课

“今年开学不上课！”在猴年开学典礼上的这句话，让全校将近1700个孩子顿时安静下来，他们十分的惊讶。在学生惊讶之余，“上课就上体验课，今天整个上午，全校所有的班级都不上课，我们一起去包汤圆、猜灯谜、说猴子、秀愿望，一起去享受开学的乐趣，享受元宵佳节的乐趣。”孩子们听到这里，整个开学典礼的现场便“high”翻了。

1. 秀愿望，体验童心目标的生活味

2021年的春季开学刚好适逢我国的传统佳节元宵，在南粤地区依然流行未过元宵还要继续“逗利是”的习俗。为此，学校为每个学生都精心准备了一封祝福“利是”，期望学生在新的一年里，身体健康，学业进步，生活幸福。只是，“利是”封里面装的不是钱，而是一张精美的“猴年心愿卡”。

一大早，学校全体教师在校门口等候孩子，一边热情地和孩子们互道新年的祝福，一边送上精心准备的“大利是”。孩子们收到这样一份别样的新年礼物，脸上洋溢着幸福的笑容，迈进校园的脚步也变得更轻快起来。手里拿着学校送给他们珍贵新年礼物，孩子们开始了新的学期。进入教室后，孩子打开“利是封”，取出“猴年心愿卡”，把心中的愿望写在上面，然后在老师的组织下一起来到校门口的广场上。广场上，后勤部门装饰出两排人造桃树，这两排桃树上贴上孩子们的心愿卡后，犹如盛开千万朵鲜艳的桃花，非常壮观！孩子们有的写着“新年里，我一定要取得优异的成绩”，有的写着“做一个像屠呦呦一样伟大科学家”，有的写着“我一定要好好学习，将来也去发现引力波”，有的写着“和好朋友一起开心学习，一起开心运动，一起开心旅游”，也有的写着“新年最大的愿望就是爸爸每天回家吃晚饭”，还有的孩子居然在心愿卡中

映了国家的方针政策，希望妈妈“给我生个可爱的小弟弟”。

让孩子们“秀”出新年的愿望，是教师走进孩子内心世界的一个有效途径，老师们在这些新年的愿望里，发现了孩子们丰富的内心世界，感受到了童心世界里的生活味，在以后的时间里，全体教师将针对孩子的愿望，和孩子一起努力，向新年愿望进发。

2. 说猴子，体验现实生活的历史味

2016 年是农历丙申年，猴是我国十二生肖排行第九的动物，对应地支为“申”，因此按民间习俗 2016 年又称猴年。猴子是孩子们最喜爱的一张动物，因此上午的体验课中专门安排了一个环节来“说猴子”，让孩子们对“申猴”背后我国悠久的历史、厚重的文化有个比较深刻的了解，体验我们现实生活中的历史味。

猴子机灵聪明可爱，故称“机灵猴”，因此人人喜爱；猴子调皮好动惹事，在珠三角地区故称“马骝”，因此人人厌之。在粤语流行的地区，如被称为“马骝仔”，这往往代表一种贬义在其中。在全校师生的集中体验课上，主讲人结合假期热播的《西游记之孙悟空三打白骨精》这部电影同孩子们聊起了猴子：猴子之所以成为“马骝”，归因为它的祖先曾经做过几件不好的事情：第一件是因为对饲养它的老人不尊重、贪得无厌，被老人设计，把屁股给烫红了，留下了“红屁股”这个终身印记；第二件是它认为饲养的人在食物分配上不科学，不能早上分 3 个坚果、晚上 4 个坚果，而是要早上 4 个、晚上 3 个。孩子们被这两个调侃的故事逗得哈哈大笑。这样讲的目的，就是告诉孩子们，要做“机灵猴”，不做“马骝仔”，不能学习猴子的浮躁、顽劣、短视的行为，而要学习它们那种“捞月亮”的团队精神，要学习孙悟空那种神通广大的本领，学习悟空视恶如仇的气节以及百折不屈的毅力等。

通过这个环节的体验，孩子们发现《西游记》等历史经典就在我们身边，这些经典原来如此有趣；孩子们体验到了祖先编制十二生肖背后的厚实文化，也体会到了我们悠久的中华历史是可触可摸可感的。

3. 猜灯谜，体验传统游戏的文化味

开学第一天不是安坐在教室里听老师讲课，而是和同伴一起去体验另外一种文化课——猜灯谜,这对孩子来说,实在是一件太开心的事情了。猜灯谜又称打灯谜，是我国独有的富有民族风格的一种文娱活动，是元宵节的一项必备特色活动,这种活动既能启迪师生智慧,又迎合节日气氛,是中心小学经常开展的一个保留节目。校门广场的“桃花林”后挂着一排排火红的灯笼，每个灯笼下面有一条谜面，让孩子们尽情地去发挥，去交流。有的孩子在“泳泳泳泳泳泳”的谜面下，苦苦地思索着；有的孩子在 “林木森森”的谜面下抓耳挠腮；有的还发挥集体的力量，依靠大家的智慧去攻克“难关”。当孩子们猜出了正确的谜底后，欢呼雀跃、喜笑颜开、欢声笑语就成了他们共同的表情，这种寓教于乐的活动形式增添了校园的欢乐味，也增添了校园的文化味。

4. 包汤圆，体验传统佳节的亲情味

元宵节，离不开“包汤圆”“吃汤圆”寓意团团圆圆、和和美美的传统活动。但是对当下的很多孩子而言，要问他们“汤圆是怎样来的”，他们大多会说“超市里买来的”；要问“吃汤圆有什么含义”，他们的回答一般会说“汤圆还不如汉堡呢，有什么好吃的”。针对这样的现状，体验课的另外一个内容就是包汤圆、品汤圆、说亲情。

孩子们在家长义工和老师的带领下，自己动手包汤圆。全校近 1800 名师生，吃着自己亲手做的“手工汤圆”，那种劳动后的幸福味，那股团聚一起的亲情味自然而然在心中升起。通过这个环节，孩子们在实践中体会到祖国的传统文化中的浓浓亲情味。

新学期应该给孩子新的期待。今年的开学活动之所以围绕“今年开学不上课，上课就上体验课”这个主题来安排，就是学校站在孩子的立场上来为他们设计课程，进行有针对性的教育。既要充分挖掘元宵节等传统习俗的潜在价值，让这些节日成为师生价值澄清的舞台，也要使这些活动成为传统文化传承的舞台。这个主题教育活动，让孩子秀愿望，目的是让孩子体验童心目标的生活味；让孩子说猴子，目的就是让孩子体验现实生活的历史味；让孩子猜灯谜，目的就是让孩子体验传统游戏的文化味；让孩子包汤圆，目的就是让孩子体验传统佳节的亲情味。总之，一个上午的集体体验课，就是体现童趣的教育味！

第五节　合作共育：让办学思想成为家校的沟通桥梁

一、特殊时期，一样的共育

一场特殊的全民阻击战，让孩子真正把客厅当作了课堂，把父母当作了老师，把家庭当成了学校。家庭教育决定了孩子的学习质量。父母是孩子的镜子，孩子是父母的影子，我们做家长的永远是孩子成长的“第一责任人”！关于家校合作的问题，其实没有发生这次新冠肺炎疫情，家校合作一直在进行，只不过这次突发的疫情更加凸显了“家校合作”的重要性和必要性。我想从“相互理解、达成共识、合作共育”这三个方面来谈谈我校的做法。

首先是相互理解。理解是合作的前提，尤其是防控疫情最关键的时刻，尤其是在孩子居家学习，开展线上教育的关键时刻，对学校教育方面或家庭教育方面出现的各种困难和问题，我们双方一定多一点理解对方，多一点体谅。吴会长所说的“三个不容易”就说到了大家的心坎了。

其次就是达成共识。达成“合作就会赢，拆台就会输”的共识。这是态度或者将是思想上的共识。其次是角色共识，达成家长的角色是陪伴、关心、鼓励、引导孩子的共识；达成教师是心灵导师、学业导师的角色共识；孩子自己的角色就是认真学习、自主学习、主动学习的学习者的共识。因此，站在孩子的角度想跟家长朋友说：孩子的成长只有一次，不可复制，不可重来，千万不要缺席孩子的生命成长。现在孩子居家，对孩子好一点，不要太“苛刻”，要关注其内心感受，想方设法为孩子创设宽松、平等、民主、和谐的家庭环境，这比什么都重要。

再次就是合作共育。学校和家长一定要共同努力，做好各自工作，担当各自的责任，发挥好各自的角色优势，一起来培育孩子。对于孩子的成长而言，家校是合作共同体、利益共同体、命运共同体。学校和家庭，我们有共同的目标，为了孩子的未来，我希望各位家长无论是当下还是未来，都要跟学校成为好伙伴，跟老师成为好朋友，一起携手合作，共同为孩子营造一个和谐的健康的成长环境。

除此之外，对于在这特殊阶段的“家校共育”工作中，我觉得要注意下面三个问题。

第一就是五育并举的问题。家校共育中的“育”非独为“智育”，而是“五育”。停课不停学中的“学”非指教学，而是指居家“德智体美劳”的全面学习。因此，家长和学校一定要紧紧抓住这全面发展着眼点来考虑彼此的合作问题。

第二就是要分清不同学段要求。不同年龄段的孩子需求则不同，小学阶段正是习惯养成的关键期。孩子需要父母不断地提醒和引导，才能将反复多次的行为形成习惯；初中和高中的孩子，面临学业和考试的问题，则需要父母的鼓励和理解。其次是学校和老师，我们需要家长的协助，协助我们做好“线上教育”的工作。对于学校工作安排来讲，就要根据不同学生的个性和家庭具体情况，在确保各级兜底课程得以实施的情况下，要科学引导家长制定符合孩子的具体居家学习计划和安排，真正做到因材施教，真正做到“一生一课表”“一人一案”。

第三就是做好榜样。每一个家庭都是一所学校，每一个父母都是一个教师。家长朋友，您是孩子的镜子，您是怎么样的，孩子就是怎么样，未来就会变成怎么样。父母是孩子最好的老师，父母的所作、所为、所言都在潜移默化地影响着孩子。您是早上和孩子一起起来，开始陪他们早读、学习或开启自己的工作？还是自己睡懒觉，玩手机，打麻将？如果我们父母没做好榜样，所有的教育效果就会大打折扣，影响孩子的一生。

最后，我想对家长和老师说，从教育的本质上和教育的途径来讲，家校共育是个必选题，而非自选题。无论什么时候，家长和学校都要多联系、多沟通、多鼓励、多支持。在疫情防控的当下，尤其如此。

二、父子蓬窗共一灯

做老师30年多了，当校长也有20年。这期间，几乎每个月都能遇到家长向我讨教甚至是求助："请帮帮我，帮帮我把孩子教好！我们全家实在是管不了这个孩子了！""校长，我真是没有能力也没有办法来教我儿子了！怎么办啊？""校长，面对这个逆子，硬的办法我用过了，打过他，抽过他；软的办法也用过了，哄过他，甚至是求过他。可是这一切，都不管用！我真的要崩溃了！"面对家长的无助与无奈，甚至是无知，我深深感受到他们的痛苦与迷茫，我也深深地感受到家庭教育的重要。作为一个校长，我觉得有责任来引导我们的家长，让他们和我们学校一道，共同努力，建构家校合作的桥梁，组建教育共同体。主要从三个方面来进行。

1. 明确教育的起点——家庭氛围的营造

孩子教育的起点在哪？有人讲是幼儿园或是小学，我认为会这样的观点不对。小孩在一出生或者说是其生命开始孕育时，教育就已经开始了。我这样的观点可以从奥地利著名精神病学家、个体心理学创始人、人本主义心理学先驱、现代自我心理学之父阿尔弗雷德·阿德勒（AlfredAdler，1870 — 1937）那里得到印证。阿德勒认为家庭作为孩子一出生就最先接触的地方，家长的氛围、家庭成员的处事风格、家庭成员的人际关系、家庭成员的情感对小孩的生活风格和社会兴趣的形成有着重要影响。他认为家庭中尤其是父母的不同教养方式会对小孩形成不同的生活风格和社会兴趣有着极大影响，因此，父母，甚至是我们教育工作者，一定要明确教育的起点在家庭，教育要从家庭成员尤其是父母开始。为了学生的健康成长，我们一定要从营造良好的家庭氛围开始。

和谐的家庭氛围是孩子健康成长的关键。孩子要有健康的心理状态，形成健全的人格，一定需要和谐的家庭氛围作为其成长的底色。说到和谐的家庭氛围，我总是想到辛弃疾在《清平乐·村居》中描绘的那副美景："宋茅檐低小，溪上青青草。醉里吴音相媚好，白发谁家翁媪？大儿锄豆溪东，中儿正织鸡笼。最喜小儿亡赖，溪头卧剥莲蓬。"这是多么幸福的家庭写照。房子虽说是草木屋，且又低又小；周边的居住环境既不繁华也不贵气，仅仅是溪边长满了碧绿的小草。但是呈现的却是令人陶醉的一家子："大儿子在溪东边的豆田锄草，二儿子正忙于编织鸡笼。最令人喜爱的是小儿子，他正横卧在溪头草丛，剥着刚摘下的莲蓬。"这是多么令人陶醉啊，这样的家庭，孩子能不健康幸福吗？看到孩子如此这般的天真、烂漫，我们做家长的，我们做老师的，能不羡慕那位讲着含有醉意的吴语且满头白发的家长吗！

我们做父母的都希望自己的孩子成龙成凤，对于这样的想法，我无可厚非。但是，如果只是一味地对孩子提这要求提那希望，而不在小孩身上花点心思，给点关爱，我们很容易就会陷入陶渊明那种无奈。陶渊明在晋安帝义熙四年（408 年）写过一首《责子》的古诗，诗中写道："白发被两鬓，肌肤不复实。虽有五男儿，总不好纸笔。阿舒已二八，懒惰故无匹。阿宣行志学，而不爱文术。雍端年十三，不识六与七。通子垂九龄，但觅梨与栗。天运苟如此，且进杯中物。"此时，陶渊明已经四十四岁。试想一下，面对五个如此这般的儿子，他是多么无奈与无助！最后寄情于"杯中之物"来解愁，有用吗？只会是借酒浇愁愁更愁！理想的做法，就是扔掉酒杯，和孩子一起耕读、一起吟诵、一起嬉戏、一起成长。

无论是从成功的教育案例还是失败的教育案例中，我们都不难得出：良好的家庭氛围是孩子成才的基础；建设和谐的家庭，是教育的起点。

2. 做好终身的教师——家长自身的示范

良好家庭氛围建设是教育好孩子的基础，那么家长自身良好的示范则是孩子成长的关键。我们很多家长在实践中遇到的最大误区就是，孩子出了问题找老师；孩子成绩差找老师；孩子习惯差找老师；孩子性格差找老师；等等。诸如此类的问题，仿佛只有老师才能解决，也仿佛老师就是神医，认为老师手中掌握手到病除的绝招。几十年的教育经历告诉我，这样的想法是非常狭隘甚至是错误的。稍微具备一点教育常识的人都知道，孩子的第一任教师是父母，这位教师终身都在教这个孩子，直至生命的终点。

阿德勒认为对孩子（个体）成熟影响最大的因素是其父母以及整个家庭成员，他们对孩子的关注和爱是孩子人格发展的基础，是孩子健康成长的基本保证。父母对孩子的不恰当教养都会使孩子人格发展出现缺陷，将来就不能很好地适应环境及自身的发展变化。按照阿德勒的观点，父母在孩子成长过程中应做好示范作用，应该在职业、社交和爱情三方面显示出积极一致生活风格，通过和谐的夫妻关系、社会关系和强烈的社会责任心和对工作事业的热爱和追求，向孩子传递正能量，为他们树立榜样，培养其社会兴趣和勇气。只有这样，在潜移默化中，孩子健全的人格、良好的生活风格和强大的自我就会形成。

生活中，有些父母可谓是“用心良苦”，宁愿自己苦点，也要孩子甜一点；宁愿自己累一点，也要孩子乐一点，生怕孩子吃点亏受点罪。但是生活的真实面目是什么？唐朝诗人李咸用在《送谭孝廉赴举》一诗中告诉了我们答案：“李咸用鼓鼙声里寻诗礼，戈戟林间入镐京。好事尽从难处得，少年无向易中轻。也知贵贱皆前定，未见疏慵遂有成。吾道近来稀后进，善开金口答公卿。”我们做父母的要给孩子做示范，给孩子做榜样，要通过生活实际让孩子去亲身体验，在体验中去感悟“好事尽从难处得，少年无向易中轻”。我们做家长的为孩子树立榜样，不是包办一切，而是要善于放手，在放手中陪伴，在陪伴中引导。这方面做得好的古代大诗人陆游就是我们教育工作者和家长的榜样。

陆游非常重视家教，在孩子成长的过程中，起到了良好的示范作用。他在躬耕田亩中教育孩子，他在吟诗作文中读书教子。他在绍熙二年（1191 年）写的《示儿》诗中，生动地描绘了亲子共读、亲子共研的情景：“舍东已种百本桑，舍西仍筑百步塘。早茶采尽晚茶出，小麦方秀大麦黄。老夫一饱手扪腹，不复举首号苍苍。读书习气扫未尽，灯前简牍纷朱黄。吾儿从旁论治乱，每使老子喜欲狂。不须饮酒径自醉，取书相和声琅琅。人生百病有已时，独有书癖不可医。愿儿力耕足衣食，读书万卷真何益！”

日子虽苦，但要读书；劳作虽累，也要论治。这能不让人陶醉？能不让人欢喜而狂吗？陆游一生就是通过自己示范，让自己的好学不倦、躬耕实践、报国恤民、珍惜时光，勤奋学习的精神在他孩子身上生了根发了芽。正因为如此，他的儿子个个都很孝顺，知书达礼。他的长子子虞和三子子修官为人清正廉洁，勤政亲民，赢得了百姓的赞誉和朝廷的表彰。

父母的示范引领是子女成才成人的关键，在当今最有说服力的例子莫过于我们党的核心习近平总书记了。习总书记的成长经历与其良好的家风有密不可分的关系，习总书记的人格魅力与其父的教化有密不可分的关系。2001 年 10 月 15 日，时任福建省省长的习近平，因公务繁忙，不能亲自向父亲祝寿，于是抱愧地向父亲写了一封拜寿信，在信中表达了他对父亲人格与品德，胸怀与作风，信仰与追求的崇敬之情，表达了将父亲的好作风、好家风世代相传，投身于共产主义事业，投身于人民的坚定决心。习总书记认为他父亲在做人、做事、对共产主义信仰的执着追求、俭朴生活方式等方面为他做出了杰出的典范。

从以上这些杰出的楷模中，我们可以明白，家长，也只有家长，才是孩子人格形成的直接而具体的榜样，这种榜样是孩子成才的关键，是孩子独立人格和健全人格的关键，具有不可替代性。

3. 强化教育的合力——家校合作的建设

基于家庭、家长在孩子成长过程中的不可替代性和重要作用，我在工作实践中十分重视家校合作建设，始终把家长作为学校教育队伍中一支不可或缺的队伍，始终把家长资源当作学校教育的宝贵资源，始终让家长参与学校教育过程。首先是端正家校合作态度，让家长明白学校教育是孩子家庭教育的显示器，孩子在学校的问题是其家庭问题的折射；同时也让学校老师明白，孩子的教育离开家长的支持与配合，就会孤掌难鸣。其次是建立家校合作机制，学校由德育副校长牵头，成立由各部门和家长代表、社区代表组成的家校合作委员会，制定相关制度。其次是开发家校合作课程，充分利用各种资源，根据实际情况，有针对性地开展家长讲堂、亲子共读、实践体验、主题交流等课程样态。

孩子的教育需要学校教育、社会教育和家庭教育的密切配合，向着一个目标用力方可成功。作为校长，我非常重视家校合作，注重引导家长去从自身做起，做孩子的榜样。对于小孩而言，家长最好的教育就是陪伴，就是示范，就是言传身教。家长如能做到“自怜未废诗中业，父子蓬窗共一灯”，那就是孩子最大的幸福！！！

第五章

是非功过听君言
依道而行铭于心

第一节　理论导师说：从独善其身到兼济天下

在做校长这近20年里，本人得到了很多专家教授的指导和指点，正式在这些德高望重、学养醇厚的专家教导下，本人的教育思想得到了进一步匡正，得到了进一步的凝练，得到了进一步的实施和实践，从而形成了比较有鲜明特色的办学主张。在就读教育部领航班期间，本人的理论导师石中英教授（原北京师范大学教育学部部长，教育部校长领航工程北京师范大学基地首席导师，现任清华大学教育研究院院长）给予了我悉心的指导和关心，期间有很多感人的情景与情节深深地镌刻在我的脑海，深深地影响着我，激励着我，改变着我。本节呈现的就是石老师对我的多次教导中的两次。

一、从独善其身到兼济天下

“独善其身”和“兼济天下”是儒家提出的人生理想，语出孟子的《尽心上》一章，为后世儒家广泛信奉和恪守。在儒家看来，一个人哪怕在最窘困的境况下，也可以并应该满怀伦理的精神，做到独善其身。但独善其身显然并不是儒家的最高的人生理想。儒家最高的人生理想是“兼济天下”，即肩负起服务社会、惠及天下的责任。在儒家看来，由独善其身到兼济天下，是一次人生境界的跃升，也是人一生至关重要的价值转变。

柯中明是广东省番禺区市桥中心小学的校长，也是教育部名师名校长领航班的首批学员。作为校长，他在十多年的办学实践中，先后在薄弱校、窗口学校和龙头学校服务过，摸索出了一整套的学校管理经验，提出了“根教育”的理念，致力于培养“有根的现代中国人”。其办学成绩得到了孩子们、家长们、同行们和社区相关人员的一致肯定和广泛赞誉。但是，他并不满足于自身教育教学和管理艺术的提高，而是努力地利用各种机会和平台，带动更多的教师和校长在深化教育教学改革、促进义务教育均衡发展的道路上一起前进，正在经历着从独善其身到兼济天下的价值观的转变和人生境界的跃升。

作为一名校长，柯中明心中所关注的不仅仅是自己所领导的学校的教育教学和管理改进，而且还利用教育部以及省、市、区等提供的多层次平台，建立不同层级的校长工作室，与一同研修的校长们学习和领会党的教育工作方针、交流教育教学和管理工作经验、研究教育均衡发展和教育质量提升所面临的新挑战新问题，致力于服务于一个不断扩大的名师名校长群体，真正发挥了领航班学员的领头雁作用。此外，他还利用各种机会，深入到番禺市、广东省以及全国的其他教育欠发达地区的学校、课堂和老师们中间，传经送宝，担任起“影子培训”导师的角色。近几年来，经他亲自指导过的校长就有150多名，至于听过他报告的恐怕就得有几千人之多。他对教育本源的深层探索，他以人为本的学校管理经验，他的实事求是的工作作风，正在影响和启迪越来越多的校长和成千上万的老师们，一起为造就德智体美全面发展的社会主义建设者和接班人而共同努力。

我从内心里赞赏柯中明校长的这种行为，也期待更多的名师名校长早日完成从独善其身到兼济天下的价值转变和境界提升，引领自己的教育同行们一道为推动新时期教育改革与创新而不懈奋斗！

二、好校长的使命感

看了《大家好，才是真的好！》这篇报道，我深为柯中明校长的教育情怀和责任担当所感动，并愿意向教育界宣传，与大家一起努力向他学习。

中国是一个人口大国、教育大国，各地的教育水平和各校的教育质量差距比较大。虽然近年来国家在促进义务教育均衡发展以及提升整个教育系统公平水平方面做了很多的政策努力，也取得了多方面的历史性成就，但是客观地说，在各个教育阶段要实现基本的、人民群众比较满意的教育公平还有很长的路要走。而且，完成这样一项伟大的历史任务，单靠政府也是不行的，教育界的所有人，尤其是那些已经走在教育发展前列的名校长们要肩负起自己的历史使命。《大家好，才是真的好！》这篇报道的主人公柯中明校长就是这样一位有使命感的人。

这几年我多次与柯中明校长交流，听他谈论他的办学理念、思路和心路历程。我曾经亲耳听过他在台上说过“大家好，才是真的好”这句话。他说这句话的意思是：作为一个名校长，办好自己的学校固然是职责所系，但是，发挥好自己的作用，带动更多的校长共同成长，引领更多的学校走上进步的道路，才真正彰显名校长的社会使命和责任当担。说实话，刚开始听他说这话的时候，觉得好像是一句广告词，有点矫情的味道。但是，几年交往下来，我发现他不仅是这么说的，而且也这么做的，真正做到了言行一致、知行合一。

作为一名校长，办好一所学校，已属不易。与此同时，还要帮扶别的校长也把学校办好，就难上加上。对于一个校长来说，办好自己的学校，是职责所系，同时手中也拥有专业权利。帮扶别的校长办好别的学校，那就不是仅凭自己的想法就能办到的，也不能越殂代庖、发号施令。柯中明校长之所以能够做到“一人好，带动大家好”，首先在于他是一个比较谦和、平易近人的校长。这种性格特点使大家愿意接近他，倾听和分享他的“办学经”。如果他是一个自以为是的校长，再摆摆名校长的架子，我估计可能会让那些有心向他学习的校长们敬而远之。其次，柯中明校长能够做到“一人好，带动大家好”，在于他的诚意和努力。《中庸》里说，“唯天下至诚为能化”，又说“诚者，物之始终，不诚无物。是故君子诚之为贵。诚者，非自成己而已也，所以成物也。”正是这种诚心诚意为大家好的心意以及不计回报的努力，使得凡是加入柯中明工作室的校长们都有一种成长的自觉，追求自我突破的境界。再者，柯中明校长能够通过“一人好，带动大家好”，还在于他是一个教育的有心人，工作的点滴之处体现科学精神。教育是有规律的，只有遵循教育的规律才能取得良好的效果。但是教育规律不是一些写在纸面上的命题或公理，而是运行在具体的教育教学和管理活动中。“一人好，带动大家好”，对于柯中明校长来说，就是要指点大家于细微处寻找和遵循教育教学及学校管理的规律。用他自己的话说，叫“精准帮扶”，从原来的“大水漫灌”（大而化之的指导）到“精准滴灌”（问题导向的具体指导），选准突破口，由点及面，由浅入深，由小到大的进行，逐步推进，不断提高目标学校的办学水平。

“大家好，才是真的好”作为一种价值愿景，体现了名校长的风范，也彰显了名校长的责任。如果中国的名校长都能像柯中明校长一样有这样的风范和责任，那么就会产生积极的晕轮效应，带动更多的校长进入名校长行列，办出更多让人民群众满意的学校。这样一来，我们教育的公平程度就能够不断提升，总体的教育质量也就能不断地提高，离教育强国目标的实现也就会越来越近。

第二节　同行同伴说：从同事同业到同学同志

本人在任期间，荣幸承担了区级、市级、省级和教育部等各级教育主管部门设立的名校长工作室主持人，同时也多次为全国的同行校长分享了自己的办学经验、汇报了办学业绩、探讨办学思想等。

本节选取作者工作室的入室研修校长的感言来呈现与这些全国同行有缘相聚到同心追求教育现代化之梦想的相关片段。

名校长说（广东省优秀教育工作、全国教育系统先进单位）：

我是广州市从化区流溪小学校长陈志辉。2015 年 10 月，我有幸成为广东省柯中明名校长工作室入室学员，与李悦新、陈奕传两位校长一起跟着柯校学习了三年，这三年成为我个人及我所在学校快速提升关键性的三年。

我一直记得柯校长说“我们四个人不是师徒关系，我们是一伙的。”这句朴实的话对我而言有着无限的动力，让我感受到温暖与力量。志同道合的一伙人，朝着可期的未来前行，这是多么美好的事情。

柯校长虽身兼多职，事务繁多，但他对我们的指导从不敷衍。他尽心尽力带着我们三个入室学员。从入室学习的计划安排，到理论知识的研修；从现场活动的开展，到跟岗学习生活的安排，都一一跟进，安排妥当。

如果一个人有很高的文化水平，但别人感受不到或不能对他人产生影响，我想这是遗憾的。而柯校长是具有深厚文化水平且有很强传递力的一名校长。他把他的办学理念、专业内涵、教育情智，毫无保留地与我们进行良好有效的沟通，把正能量传给我们。他向我们传递：校长要实现个性化办学，核心的是要提高软实力，而“吸引力”是关键，校长的尊重、理解和宽容，能让老师感受到校长的吸引力与感召力，校长应是孩子们心目中温和、慈爱的和他们一样的老小孩。

在三年的学习中，我很珍惜与柯校长交流的时间，因为他总是微笑着认真倾听我们每一个人的发言，并不时肯定和点评，给了我们很大的鼓励和启发。

今天，站在这里发言，我充满感激。因为柯校长的悉心帮助和有效引导，如今我也有幸成为广东省名校长工作室主持人，与柯校长又成为一伙人，继续在工作室的建设中提升自我。在这里，我想对柯校长工作室的入室学员说，你们是幸运的，请好好珍惜在工作室中的学习机会，紧紧跟着柯校长的脚步，相信这三年，你们定会受益良多，三年后会收获更优秀的自己。

相信柯校长又将带领一批学员走向名校长行列！期待柯校长的满园桃李。

交流同行说：

2017 年 6 月 5 日，湖南省长沙市开福区中小学校长高级研修班进入培训学习第三天。在连续接受了两天的理论培训后，学员们急切地想走进学校校园去身临其境地了解一下广州的教育。一大早，大家便兴冲冲地乘车来到了番禺区市桥中心小学。

该校校长柯中明做校长15年，是广州市名校长，番禺区名校长工作室首席名师，教育部卓越校长领航工程校长。从一个由江西到广州闯天下的外地人到广州番禺人尊称“根哥”的教育达人，他的校长经历让人钦佩，他的人格魅力让人折服。柯校长用一上午的时间和我们一道分享了他从乡村小学到城市中心校成功的办学经验，深刻诠释了教育有法、亦无定法的办学思想和策略。

柯中明校长以诙谐幽默的语言向我们阐述了校长的核心使命：发展学校、成就教师、成全学生。他以开阔的教育视野、敏锐的教育触觉、灵活的管理方式、独特的教育眼光、精准的学校定位，潜心学校发展，以开展读书活动和推进课程改革为抓手，以综合实践课程为突破口，使番禺区沙湾镇紫坭村红基小学这一所偏远落后的农村小学发展壮大，口碑剧增。他守住教育之“根”，让生命快乐绽放，努力实现“根”教育的价值追求。养德性之根，育至善之心；培智性之根，育灵慧之气；健体性之根，育康健之体；护美性之根，育高雅之行。这正是柯中明校长在不断的教育实践和不断凝练办学思想，以及对教育本源的追问和探索的过程中逐渐形成的教育理想。正是在“根”教育理念的指导下，番禺区市桥实验小学、市桥中心小学在柯校长的带领下成为广州市知名的学校。

柯校长强调作为一名校长应当时刻不忘教育的本质问题，要紧扣教育本源，实施教育管理。小学是学生奠定基础的阶段，小学阶段的“根”最为关键，是人终生发展的根基。“根”也是我们的传统，对优秀传统文化的继承，我们责无旁贷。柯校长重新解读课程五要素：理念、目标、内容、实施、评价。他认为学校发展，离不开课程支撑，课程是培养人的必经路径和载体。课程设置要讲究有效性和科学性，明白设置课程的目的是什么，要达到什么效果，才能避免课程设置的盲目性。

柯校长的讲座，好似一个脱口秀演员的表演，他本色的“演出”，语言幽默诙谐，表情恰到好处，而表达却是意味深长，让人印象深刻的同时也发人深省。

第三节　社会大众说：从合格学校到品牌学校

一、大家好，才是真的好

名校长工作室的核心使命是什么？在区域教育乃至全国基础教育领域中它应该承担什么责任，扮演何种角色？主持人与入室校长之间的关系如何定位？主持人在“示范”与“引领”的同时如何进一步提升自己的专业素养，凝练自己的办学思想？面对这些问题，柯中明名校长工作室的全体成员给出了他们自己的回答——大家好，才是真的好！

1. 佳话：师徒同时入选

“从化区希贤小学陈志辉校长、番禺区市桥中心小学柯中明校长同时入选广州市教育家培养工程！”不久前，这个消息在广州市校长圈子内引起了不小的反响——“师徒二人同时入选，真是了不起！”说起柯中明校长和陈志辉校长的“师徒关系”，那要从几年前广州市启动的卓越校长工程说起。

2013 年广州市启动了卓越校长培养工程，作为该项工程的实践导师，柯中明校长就与陈志辉校长结下缘。也正是从那时起，陈校长来到柯中明校长任职的学校进行为期两周的跟岗。在跟岗期间，从学校管理的基本流程、行政团队的培养使用、集体备课的落实检查等常规工作，到学校的发展规划制定、学校核心文化的培育、课程体系的建构、教师专业发展的引领、学校管理的优化以及办学资源的整合等核心工作，柯校长用自己亲身的经历与实践耐心、细致地同陈校长进行讲解，同时把他带到学校教师、学生当中，进行现场教学，手把手地辅导，手把手地教。

两个星期如影随形的跟岗结束后，柯校长并没有结束他对陈志辉校长的指导任务。而是带着学校的核心团队和骨干教师到陈校长的学校，进行各种层面的交流。以便让陈校长把跟岗阶段所掌握的知识与技能进一步深化，进行校本化转换，形成在陈校长任职学校能落地、能生根、能推广、能出成绩的模式和经验。经过“师徒”及双方团队的努力，陈校长所在的学校取得了优异的办学业绩，把一所位于城乡接合部的薄弱学校办成为了广州市从化区老百姓、领导以及同行眼中的一所好学校。与此同时，陈校长本人也入选了广东省名校长的培养对象，并再次进入由省教育厅成立的柯中明名校长工作室研修学习。进入省名校长工作室后，柯中明校长根据陈校长的实际情况，经过认真的调研和深入的思考，认为陈校长应该把“凝练办学思想”作为自己的主要研修重点。于是，他们“师徒”二人再次经过多伦的碰撞，根据陈校长所在的从化希贤小学是为了纪念改革开放的总设计师邓小平同志这一独特的办学背景，确定陈志辉校长从念好“农”字经（学校是一所农村小学）做好“贤”文化（邓小平同志有名邓希贤）为切入点来办学，来提炼自己的办学思想。

功夫不负有心人，如今的希贤小学已经成为广州市特色学校。同时，经过层层选拔，陈校长和柯校长同时入选广州市教育专家培养对象。对于这一成绩，陈志辉校长由衷地对柯校长说：“感谢您，柯校长！没有您这几年的指教，就不可能有我今天。今后，我将继续向您学习！”面对这一可喜的成绩和可贺的局面，柯中明校长则讲：“这是您自己努力的结果，今后我将做好您的同学，和您一起努力，为实现教育梦而努力！”作为工作室主持人，最大的愿望就是入室的校长能得到成长。在这点上讲，柯中明校长无疑是成功而幸福的，因为他实现了由“实践导师”到“同伴同学”的华丽转身。

2. 帮扶，贵在“精准”

名校长工作室的一项重要的社会功能就是利用学校品牌优势、学校文化感染、学校团队建设、学校课程实施等优势，使其经验与做法能在兄弟学校之间进行有效的校本化实施，这是一种最有效的帮扶。说到帮扶，柯中明校长说这很像乡亲灌溉农田的情景。经过信息技术熏陶过的乡亲，他们非常看不起挖沟放水，水漫金山式的漫灌，认为这样耗水量大，水利用率很低，土壤结构容易遭到破坏，尤其是在水资源非常珍贵的现在。现代农民普遍掌握并采用了滴灌方式。所谓“滴灌”就是以水滴形式向土壤供水，以满足作物需水要求的灌溉方法。这种浇灌方式的优点是用水量少，节约土地，效率高，能做到精准给水、精准施肥，其中水的利用率可达95%，施肥效果可提高一倍以上，滴灌是一种非常科学、有效的灌溉方式。

在进行帮扶前，柯中明校长首先要对帮扶学校进行科学分析，找到其薄弱的根本原因，这是进行“滴灌”式精准帮扶的前提。在帮扶实际过程中，他发现这些学校或多或少的会在以下这些方面存在问题：设备不新、课堂不活、校风不正、学风不浓、人心不和、理念不新、文化不优、成绩不好等。在具体帮扶时，他始终没有漫无目的的进行“漫灌”，而是设身处地，根据对方的现状和意愿，在不同的阶段，根据不同的情况，始终抓住学校发展的根本，在设备、课堂、校风、学风、人心、理念、文化、业绩等“根部”进行精准的“滴灌”，辩证分析，找准问题，有步骤、有目的、有针对性地进行“滴灌”；其二，选准突破口，由点及面，由浅入深，由小到大的进行，逐步推进；另外，柯校长在利用自身的努力在“滴灌”，同时激发帮扶学校的校长和老师的潜能，让他们能依靠自身的力量来进行精准式“滴灌”，这样就能办出人民满意的好学校来！

3. 名校长，重在引领

从自身的专业发展的角度上讲，柯中明知道成为名校长工作室主持人，是他学习的另一个起点。“以天下之目视，则无不见也；以天下之耳听，则无不闻也；以天下之心虑，则无不知也。”面对新的形势，他认为主持人更应该要有担当意识，要有广阔的视野、谦虚的态度，勤勉的作风，不但要立足校园，还要胸怀世界。不故步自封、不骄傲自满，不因循守旧。这样，校长就能在全国教育大发展的背景下，在中华民族伟大复兴的重大使命前，踏上时代的节奏，去发现新的问题、把握新的趋势；就能遵循教育规律，去采取新的措施，建立新的机制，创造新的辉煌。

作为工作室主持人，柯中明校长认为他的第二个追求是：找准方向，凝练思想。校长的舞台，在学校，在课堂，名校长工作室主持人更是如此。在这个舞台上，柯中明校长始终认为，一定要清晰地找准努力的方向——素质教育。做校长的一定要尊重并发展每一个学生的“个性”，使学生个性的发展与人格完善相统一，确立“尊重个性”的原则，针对学生的个性，在制度层面、课程层面、课堂教学层面实施“全人”教育。与此同时，还要在专业精神、专业知识、专业能力、专业伦理和自我专业意识五个方面加强学习和实践，凝练自己的办学思想，努力使自己成为一个有崇高的教育使命感、独特教育思想体系、精深专业素养、卓越教育创新能力、和广泛社会影响力的名校长。

作为名校长工作室主持人，柯中明校长的第三个追求是：结伴同行，成为榜样。他始终明白，对于入室的其他校长，不是教他们如何做，不是命令他们怎么做，而是和他们一起做。正如古诗所言壶中春色饮中仙，骑鹤东来独惘然。犹有赵陈同李郭，不妨同泛过湖船（苏轼《次韵赵德麟西湖新成见怀绝句》），要泛过那宽阔的水面，就一定结伴同行。每带领一批入室校长，柯中明校长总是珍惜机会，和入室的校长一道虚心学习，取长补短，努力把工作室建成为一个学习的共同体、实践的共同体、创新的共同体。

作为工作室主持人，柯中明校长认为不但要做好自身的工作，而且要成为同行的榜样，这是时代对于他的呼唤和要求。在学校内部，他要成为师德的表率，育人的模范。要用高尚道德、健康人格、正确的价值观去影响师生；用丰富的专业知识、高超的教育技能去启发师生；用自己的丰富的学术素养、严谨的工作态度、醇厚的人格魅力去带动师生。在工作室内部，他牢记时代使命，树立家国情怀，坚定理想信念，严格要求自己，诚恳帮助他人，使入室的校长无论是在能力上还在师德上都有明显的进步和收获。

“屈指数春来，弹指惊春去。蛛丝网落花，也要留春住。（薛昂夫《楚天遥带过清江引》）”现在，是中华民族伟大复兴的关键时刻，是实现教育梦想的最佳时刻。柯中明校长和他的同伴们，始终明白：要留住这美好的春光，就要做到“你好，我好，我们大家都好！”的境界。

二、组建“套娃”式校长工作室，共同走向优质均衡

柯中明校长的成长离不开各级教育主管部门的关心与支持，在取得了一定的成绩后，他加倍努力工作，充分利用区、市、省、国家教育主管部门为他成立的四级“校长工作室”这个平台，和校长同行共享办学经验、碰撞办学思想、创新办学实践。这四级工作室，如同一个“套娃”，一层覆盖一层，一级辐射一级，一层推动一层，在各个区域内有效带动了一批校长，改变一批学校，起到了良好的示范、引领、辐射作用。

作为教育部—中国移动“影子校长”项目的指导老师，自 2006 年至今，10 年来已累计培训中西部中小学校长 152 名，柯校长以一种同伴的心态，和“影子校长”一起紧抓管理的重点，一起走进课堂，把握住学校工作的核心；一起走进学生，站稳教育的原点；一起诊断学校，找到校长实践的起点。有效提升了这些中西部地区小学校长的办学和治校能力，在全国范围内对义务教育均衡发展和城乡教育协调发展做出了应有的成绩，其经验收录在教育部人事司等单位编辑出版的《如影随形：走进影子培训基地学校》一书中，向全国公开推荐。他在国家教育行政学院的组织下，深入陕西商洛、安康等地的山区，为“乡村教师”提升工程而奔波忙碌，他的办学经验和办学思想得到了当地教育局和参训校长的一致好评。

依托于广东省教育厅成立的柯中明名校长工作室，他带领来自省内相关地市的入室校长一起共同探讨学校的管理、学校的改进与提升。自 2008 年起，他每年为全省革命老区、边远山区农村小学校长上课，传授经验，共享管理的智慧，已经有 25 期了。在授课的同时，他敞开校门，热情欢迎，把任职的学校作为这些边远山区校长进修、学习的基地，努力做到了理论与实践的统一，实现了办学思想与办学实践的有机统一，为这些校长同行提供了一个可借鉴的样本。与此同时，他还每年深入边远地区，走进学校，跟当地的校长同行一起探讨，一起学习，对当地学校进行发展诊断，为他们分忧解难。在此基础上，他和其中的一些学校还结成了“城乡学校共同发展联盟”，这些学校有边远山区的教学点，也有都市中的薄弱民办学校。经过几年的努力，这些“联盟学校”发生

了很大的改变，其办学业绩在当地得到了充分的肯定。在办学实践层面相互探讨的同时，柯校长还积极学习、主动思考，依靠便利的通信手段，大家一起切磋、一起反思，组成学习共同体，一起提升办学思想。由于取得了可喜的成绩，2014 年 6 月 19 日至 20 日，广东省百千万人才培养工程小学名校长（名园长）项目办学思想高峰论坛就在他任职的学校举行，柯校长和全省的名校长分享了他的“守住教育之根，让生命快乐绽放”的教育理念，其办学思想得到与会专家以及校长们的一致肯定。

他作为广州市“卓越校长”培养工程的实践导师和广州市番禺区“名校长”工作室主持人，他还积极在市区内带领着入室的校长一起努力，一起探索，为区域内的教育均衡发展而尽心尽力。作为教育部名校长“领航工程”的学员，他深知“领航”二字背后的责任与期待，平日里他不敢丝毫马虎，严格要求自己，积极探索教育的真谛，积极投入到办学实践中，他的帮扶结对经验在报纸上刊发。

三、品牌学校助推区域教育发展：让成功经验和优秀老师到最有需要的地方去

一个区域的品牌学校，应当在当地教育事业中起到何种作用？对一个区域而言，一所学校该办成什么样子，才能被视为品牌学校？近日，广州日报记者采访广州市番禺区市桥中心小学校长柯中明。

市桥中心小学被视为番禺区小学的一个品牌，在当地总能吸引不少家长关注。柯中明则是教育部“卓越校长领航工程”首批学员、教育部“国培计划”专家。2014 年，教育部“卓越校长领航工程”启动实施，这是全国中小学教师校长培养的最高班次。

作为区域品牌小学的市桥中心小学，如何起到引领作用？校长身在其中，又应该做些什么？

1. 谈引领：对外分享教学资源，对内引领教学改革

记者：2015 年 10 月，你从市桥实验小学调任市桥中心小学，同样

是担任校长。这5年以来，市桥中心小学如何在本区域的教育发展中，发挥引领作用？

柯中明：首先是把我们自己的事情得办好，把我们的老师发展好，把我们的孩子教好，让我们小学的孩子过得开心、幸福、快乐。这要感谢区委区政府和区教育局的高度重视，学校这些年的发展离不开区里的关心和支持。

然后，我们做出来的东西，比如已经形成的可复制的经验，比如课堂教学模式，我们分享出去。比如近日整个区各学校的老师代表，到我们学校开展关于大数据支撑下的现代信息技术的课堂教学变革会议。还有其他很多在我们学校举行的交流活动也是这样，我们为全区学校提供一种样式，告诉大家，我们如何进行课堂教学变革。我们也提供语数外等很多学科的可复制、可借鉴的教育教学变革经验。

我们还培养了大量优秀老师，不单为我们自己培养，也为我们区培养。我们学校有很多老师被抽调到其他学校。我们也把优秀教师送到四川大凉山、新疆喀什和贵州山区等地，有老师一待就是一年半。这不单是为自己学校好，也不单为了我们番禺好，而是为了整个国家脱贫攻坚战的早日胜利。因此，我们一是给成功经验，二是给骨干老师；第三，把最优秀的老师派到最有需要的地方和最有需要的学校。这就是目前我们在做的所谓示范引领的三个层面。

记者：上一个问题回答的是对外的引领作用。那么在校内，在学校管理、教学管理等方面，一名好的小学校长又应该从哪里着手，去引领学校发展？

柯中明：我认为一是要为学校培育优秀的学校文化。我们学校的文化是充满爱、平等、尊重的文化。老师与老师之间是平等的，校长与老师之间是平等的，老师与学生之间是平等的，学生跟学生之间是平等的，家长跟家长之间是平等的。在我们眼中，这是一种平等、尊重、包容、关爱的学校文化。

二是校长要能引领学校的课程教学改革。比如在互联网时代，如何进行课堂教学变革？我们正在探索。目前，我们课堂上有一种叫智能学习卡的东西。卡上有按钮，回答问题时，学生就按按钮。哪些孩子答对，哪些答错，老师可以马上做出精准分析，从而提高课堂教学的效率和效果。

三是要优化学校内部管理。理想的学校管理境界，我认为是“内和外顺”的境界。内和或者叫内安，就是学校内部是安全、和睦、畅达、愉悦的，而外部环境是安全。对于校长这一工作的定位与认识，我始终认为我就是个带小孩的人，把小孩带好教好并陶醉在其中。2000多个小孩，把这些孩子当成自己孩子的时候，就会有使命感和责任感。因为，一个小孩没有成长好，对一个家庭而言是毁灭性的。

2. 谈管理：好校长要成就老师、引领家长、真爱学生

记者：从番禺区的农村小学红基学校开始，到市桥实验小学，再到市桥中心小学，有多年的担任校长的经历和经验，也入选了教育部的名校长“领航工程”，在你看来怎样才算是一名合格的好的小学校长？好的小学校长又该怎样去管理学校？

柯中明：我有这三句话，三句话都是指向自己：好校长一定要能成就老师，好校长一定要能引领家长，好校长一定要能真爱学生。这三句话最终指向自己，就是告诫我自己：一定要能做最好的自己，方可成为称职的校长。

第一，成就老师。做校长，我是建立在成就老师的前提下。所以到每所学校，就尽我之所能给老师创设平台，锻炼老师、培训老师、发展老师，让老师多去学习，让老师成为最优秀的老师。所以，我们学校目前有不少省、市、区的教学骨干和工作室主持人，也有不少成为兄弟学校的领导。

第二，引领家长。好的教育离不开家庭教育，离不开社会教育。家长的家庭教育观念和方法，校长是可以改变的，也是应该由校长来改变的。所以，我们在这里成立家长委员会、家长讲堂，办亲子活动、亲子课堂，每个学期每个班都有。让家长成为我们教育孩子的同路人、合伙人！

让家长成为老师，成为课程设计者，成为学校的“合伙人”。先让家长们明确自己的责任，让他知道教育孩子不是学校一方的事情。我们主动打开校门，让家长进来，让家长觉得学校的发展跟他的家庭发展，

跟他家庭的幸福，跟他小孩的成长，都是密不可分的，是共同体。这一点建立好以后，家长有问题的话，就会以问题为导向，进行家校沟通。

第三，真爱学生，爱生如子。随着我自己年龄的增长，对学生像对自己的孩子一样。这句话不是空话、套话。因为我自己的孩子现在读初三，现在是住宿生。我每次看到学校这些孩子，我都会想到我孩子小学一年级的时候是什么样，六年级时是怎么样，会不自觉把这些孩子当成自己的孩子，这是一种本能的反应，也是一种职业的自觉。从这个意义上讲，教育真是一种良心活！

我总担心由于我或者我的同事中一言一行的些许错误，会影响到孩子。为了让自己少一点自责心，多一点责任心，只要不出差，我每天早上就站在门口接学生。我接学生，就可以让学生知道，老师是爱他们的，让学生以一种愉悦的心态来学校，让学生知道到学校是安全的。

3. 谈帮扶：姿态低一点、善举实一点、情感真一点

记者：这些年来，你参加了很多到贫困地区的教育帮扶工作。在你看来，教育扶贫，最重要的是要做到什么？

柯中明：在那些最苦的学校，师资、书本，各种教育硬件软件，其实都需要。但那里的学生更需要的是在他人生的启动阶段，他需要外在的推力和助力，这其中最关键是要能自我造血、自我驱动、自我发奋。教育扶贫是解决贫困代际传递的根本手段。我觉得其中最关键的是让孩子发现曙光，点燃希望，自我发奋。让学生发现，原来外面的世界更精彩。改变那些孩子的命运，需要我们的帮助，需要我们点燃他们心中的希望。

我的经验心得可以用三句话总结。姿态低一点、善举实一点、情感真一点。第一，我们是去扶贫，不是去施舍。与其说扶贫，还不如说是提升自我境界。因此，在送教送温暖的时候，我们千万不要以高高在上仰视的心态与贫困地区的师生进行交流。否则，不是在帮扶，而是在伤害。第二，善举实在一点，他们需要什么，我们尽量提供什么。贫困地区需要物资，更需要科学的观念、方法，让他找到前行的方向，点化思维，开启胸襟，打开视野。第三，情感真一点。我们不是去帮与我们无关的人，他们是我们的亲人。他们跟我们一样，一样有权利过上幸福生活。不要虚情假意，不要敷衍应付。

第四节　笔者自勉说：从一味精专到五味俱全

一、建设一个五味俱全的工作室

尊敬的各位领导、各位专家，亲爱的各位主持人：

大家早上好！

作为主持人的代表，站在这里发言，我心存感激。感谢省教育厅和各位领导、专家给了我们这样的展示、实践和学习的机会。感谢之余，我倍感压力！是的，作为主持人，我们怎样做，做什么才能对得起这份责任呢？思索之余，我想起了一首赞美竹笋的唐诗：

深树黄鹂晓一声，林西江上月犹明。

野人早起无他事，贪绕沙泉看笋生。

竹笋之所以能以拔节的姿态而赢得人们的尊重与喜爱，就是因为它具有历经了寒冬而不气馁，面对重压而不屈服精神。因此，我认为，要成为一个优秀的主持人，我们不妨向竹笋学习，向竹子学习，建设一个具有学术味、草根味、广东味、文化味、新潮味的工作室。

第一，加强科研引领，让工作室具有学术味。具有学术味的工作室能作为当地教师专业发展的领头羊，承担示范引领的重要任务，履行教育帮困扶贫的社会责任，发挥教育智库的参谋作用。我们必须加强科研意识、强化科研能力，用科学的眼光来看待工作，用研究的思路来开展工作。让工作室具有学术味，我们还要有学习的意识，在向领导、专家学习的同时，我们也要互相学习。正所谓：独学而无友，则孤陋而寡闻。我们这几百个主持人，要珍惜机会，取长补短，努力成为学习的共同体、实践的共同体、创新的共同体。

第二，加强实践应用，让工作室具有草根味。工作室是在主持人的主导下，围绕名主持人的教育理念和教育思想，以师带徒为主要培养形式，共同开展基于线上和线下的学科研究、教改探索和教学反思、学校管理实践与研究的实体与网络相结合的新型工作室。

工作室是一个研究的团队，是一个实践的团队，是一个智慧的团队，因为它的奋斗目标是趋同的，人际关系是平等的，工作氛围是融洽的，团队智慧是生成的，成员个性是张扬的，工作经验是可复制的，工作成果是可视化的。我们的工作室一定要建在学校一线，密切同学生、家长、教师、社区发生联系。具有浓浓草根味，工作室才能接地气，才能有生命力。

第三，加强地域特色，让工作室具有广东味。我们要立足广东，放眼全国；我们更要立足广东，胸怀世界。不故步自封、不骄傲自满，不因循守旧。这样，我们就能在广东教育大发展的背景下，去发现新的问题、把握新的趋势、采取新的措施、建立新的机制、创造新的辉煌。与此同时，作为广东的主持人，还要回答打造“南方教育高地”这个时代命题。

第四，加强内涵建设，让工作室具有文化味。文化是工作室建设的灵魂，它能激发成员之间的使命感、归属感，形成强烈的向心力、凝聚力和群体意识。管理大师德鲁克告诉我们，教育是文化的比拼、思想的较量。我们的地头在学校，在课堂；我们的舞台，在学校，在课堂。要建成一个优秀的工作室，内涵是基础，文化是关键。工作室的文化追求——提升自己的前提是提升学校，提升学校的前提是发展教师，发展教师的前提是培养学生。因此，立德树人就是工作室文化建设的出发点和归宿点。

第五，加强创新意识，让工作室具有新潮味。形成特色、示范一方，遵循规律、引领潮流是工作室成功的标志之一。要完成这个任务，我们要在专业精神、专业知识、专业能力、专业伦理和专业意识五个方面加强学习和实践，凝练自己的办学思想，让自己具有崇高的教育使命感、科学的教育思想体系、精深的专业素养、卓越的创新能力、广泛的社会影响力。要做到这一点，就一定要加强创新能力的培养，顺应教育改革的潮流，引领教育改革的新潮流。

“屈指数春来，弹指惊春去。蛛丝网落花，也要留春住。”我们要留住这美好的春光，就要付出艰辛的努力，正所谓“甘瓜抱苦蒂，美枣生荆棘”，在这条路上，不会总是风和日丽，一定会遇到寒风冷雨。但是，我们前行的脚步不会停止。对于未来，脚步停止，便是墙；墙，目光穿透，便是路。坚定前行，是我们唯一的选择！

谢谢！

二、粤培，越有味——新时代广东“强师工程”的新探索

广东省经济发达，文化深厚，教育兴盛。根据《中共广东省委　广东省人民政府关于全面深化新时代教师队伍建设改革的实施意见》，各级政府的一直关心和支持教师的继续教育工作，大力实施“强师工程”，形成了以“专业能力提升为导向、基于实践问题解决为手段、走共同发展为目标”的新时代广东教师培训的新模式。让参训的教师校长在培训时有滋有味，在教育实践时有为有位，为广东教育的优质均衡发展做出了很大的贡献。

建房子——组建团队同切磋，让培训有甜味。所谓建房子就是为名师名校长成立工作室，早在2010年，省教育厅就在全省范围内成立了33个首批省级名校长工作室，接着在2014年又成立了50个名校长工作室名教师工作室。这些工作室的成立，让主持人和入室成员组建成学习共同体，大家一起学习、研修、读书、探讨，彼此成为友好的伙伴关系，结下了深厚的友谊。

学样子——跟岗学习学榜样，让培训有原味。所谓学样子就是跟岗学习，做工作室主持人的影子。基于名师名校长主持人的宝贵经验来源于教育一线，其能力的源泉也在真实的教育现场。跟岗学习做影子就是培训的学员在具体的教育场景中，通过亲身的实践，掌握到原汁原味的具有浓浓“草根味”的教育实践技能。这一环节也是广大参训者最受欢迎与期待的。

定调子——能力导向重实践，有培训有鲜味。所谓定调子就是培训的方向与价值取向，我们省在设计、实施和评价培训项目时，始终以提升受训教师校长的教育教学能力为出发点和归属点，始终围绕教育实践与现场，让受训者在实践中提升能力，提升能力为了实践。这个实践就是教书育人，其目的就是提升专业能力，完成立德树人之根本任务。这种提升教育教学实践能力的培训，具有强烈的鲜活味，因为它源于教育现场的现实问题，为了教育现场现实问题的解决。

搭台子——论坛交流出思想，有培训有辣味。所谓搭台子就是为参训的教师校长提供经验分享、成果展示的论坛交流活动。在这样的论坛交流会上，参训学员的感悟、收获、经验与思想，通过与同行、与专家等人员进行碰撞，让他们既能看到自己的优点与长处，也同时能检视自身的不足与缺点，正所谓“是骡子是马拉出来遛遛就见分晓”。这样的论坛交流活动，具有浓浓呛辣味，能让受训学员进一步强化自己的收获，进一步加深认识，进一步思考自身的使命。

省、市、区三级联动的“问题解决、能力为重、实践取向”的广东教师校长培训模式，让教师培训的成果转化为了强大的教育生产力，锻炼了一支优秀的教师队伍，推动了区域内学校一体化发展，成为广东教育优质均衡发展的助推器。

三、找准根子，开好方——校长视域下我的教育督导实践及感悟

春节期间，同一位校长朋友在聊天时，他向我吐槽：“我真的冤枉！因为前任校长在学校工程报建时的疏忽，我居然被责任督学像审问犯人一般，连番追问，要我承担一切责任！”对着他的“怨气”，我开导他说：“作为继任校长，我们有责任来承担学校的各种问题，包括历史遗留问题。”我的话还没说完，他就打断了我：“妥善处理遗留问题，我该承担我的责任，我对此很清楚。我所不理解的是，作为一个督学，他有什么资格

这样不问青红皂白来对我进行横加指责？！”

一线校长把督学的意见看作是“不问青红皂白的指责”，对此我深感其中的问题严重！

1. 教育督导的本质：发现问题、解决问题

所谓督导，字面上看就是既督又导，其目的在于“导”，而“督”则是一种手段。教育督导就是督学根据国家的有关教育方针、政策、法规和制度对学校的各项工作进行监督、检查、评估、指导和帮助，以保障教育方针和政策的贯彻执行，确保素质教育的实施，提高教育质量，促进学校健康、和谐、全面的发展。从一线校长的角度来看，督学是来帮助校长的，是校长的同路人。从这个意义上讲，教育督导“就是带着一双发现问题的眼睛去审视教育，解决问题。（语出：教育部督导办主任何秀超）”。作为督学则要敢于担当、敢于较真、敢于碰硬，要点准“穴位”、打准“靶子”、加点“辣味”。作为被督导的学校（在一定的程度上指就是校长），则希望督学严格按督导原则和标准，使用科学方法，对学校工作进行全面的观察、调查、访问、查阅和考核，得出科学的结论和客观公正的评价，真实指出工作中的成绩和缺点，最终提出积极的修改乃至整改意见，使学校的发展得到科学而权威的督导意见。

2. 切忌教育督导的变味

督导，对于教育事业的健康发展起着非常重要的基础作用。对于督导本身而言， 既是一种行为，也是一种职位；既是发现问题的手段，也是解决问题的方法；既是一种国家强制行为，也是一种专业学术行为。作为督导部门应该做到“督要严、查要实、评要公、导要准、帮要诚”，对于被督导的学校（校长）则要做到“严肃对待、准备充分、积极配合、如实汇报、整改到位”，这样双方同时着力，就能发现问题，又能解决问题。基于这点，我认为在督导工作中应该避免以下几个问题。

（1）督导态度避免应付了事。

从国务院颁布的《教育督导条例》来看，教育督导机构派出的督学是代表当地政府按照国家的有关教育方针政策、法律、法规、指令、规章和制度来行使监督职能，这是一件非常严肃的执法行为，因此必须按

照规定的程序来严格执行，绝不可受任何个人的主观意志所左右。督导内容要有针对性、督导公文要有规范性、督导行为要有科学性，很多国内同行在聊天的时候讲，往往是督导部门临时一个电话，告知某某时间要来进行督导了，同时告知下面的学校这是为了完成任务而做的事情，不要太当回事。这样的督导其效果、其权威性可想而知。既然上面是在应付了事，下面学校又怎能去认真对待呢？

笔者所在地督导部门的做法就值得学习，他们在督导前会进行相关的调研，确定督导的内容，确定好督导内容后会以公文的形式发到相关学校，督导队伍进入学校前几天还会通过信息、电话等方式进行温馨的提醒，以便做好充分的自评自查准备。到达学校后，严格按照督导程序进行督导，尤其值得称颂的是，结合中央的“三严三实”的精神来进行督导，首先就能让下面的学校感到督导的严肃性，避免工作的应付了事；其次能让下面学校感受到温暖，因为他们不是来专门“挑刺”的，而是来帮助学校的，从而减少抵触。

（2）督导方式避免隔靴抓痒。

督导作为一种非常严肃的专业行为，其工作方式一定要有科学性和针对性。从其专业性而言，督导一定要通过认真地听，听学校的专项工作汇报，听教师的课堂教学来发现问题；一定要通过仔细地看，看校园的环境建设，通过看师生的教育活动来发现问题；一定要通过详细的查来发现问题，查学校的汇报材料，查学校的档案资料，查教师的备课资料，查学生的学习资料来发现问题；一定要通过深度的访，走访学校社区人士、走访学校教师、走访学生、走访家长、走访退休教师，同时辅以各种座谈会来发现问题；一定要通过专业的问，问教育的真问题，问专业的问题，问学校发展的问题来发现问题。在专业引导下的“听、看、查、访、问”，就能触及学校管理的深处，发现真问题，只有用一双慧眼、用一颗真心，严谨督导、科学督导、专业督导就能发现学校存在的问题，就能解决学校存在的问题；而不是去看学校导演好了的戏，不是去看学校写好的剧本；不是浮光掠影，更不是蜻蜓点水去进行隔靴抓痒式的督导。而是遵循严格的程序、原则、途径和方法，收集、整理、分析和归纳第一手材料，并最终形成完整、科学、缜密的督导报告，发挥督导应有的功能。

（3）督导角色避免成为“钦差大臣”。

督导是否成功，在一定程度上取决于督学的角色定位，从督导工作的过程来看，我个人觉得对学校工作的“指导”是其中重要的定位。从督导工作的定位来看，我个人觉得督学应该手握法律赋予的宝剑，使该项工作始终体现严肃、公正、权威性。但是，如果把控、拿捏不准，造成角色定位错乱的话，就会显得很“八倍（白话，意为自以为了不起，目空一切。）”，以为自己是钦差大臣手握“格杀勿论”的宝剑，在督导的过程中到处指手画脚，乱下结论，乱给意见，甚至盛气凌人。这样的定位是非常错误的，会对督导工作造成不可挽回的损失。因此，督导工作顺利进行的基础是相互信任、相互理解、相互支持的督导关系。在这样督导关系下，督学应该是“问题的发现者”，是基层学校的良师益友，是学校科学发展的专业导师，是问诊把脉的良医，而不是高高在上、狐假虎威的“钦差大臣”！

3. 期待：找准根子开好方

好的督导关系如同和谐的医患关系一般，需要双方的共同努力。从督学这方来看，如医生看病一般，需要医生依靠自身高超的艺术、仁爱的医德、严谨的医风去诊疗患者的疾病，这需要医生好的态度，能发现病根子，能开出对症的药房，而不能找不到病根却去怪病人得了疑难杂症。正如列宁同志曾指出，任何一次监督的基本任务，不仅仅是“研究事情的过程，发现并记录缺点，而且，当事情不能令人满意时，主要的不单是捕捉、暴露，而是要善于帮助、确定和纠正它，其实质就在这里。”

那么督导应该从那些地方去找学校的病根子呢？按照新的《教育督导条例》的规定，“教育督导机构对下列事项实施教育督导：学校实施素质教育的情况，教育教学水平、教育教学管理等教育教学工作情况；校长队伍建设情况，教师资格、职务、聘任等管理制度建设和执行情况，招生、学籍等管理情况和教育质量，学校的安全、卫生制度建设和执行情况，校舍的安全情况，教学和生活设施、设备的配备和使用等教育条件的保障情况，教育投入的管理和使用情况；义务教育普及水平和均衡发展情况，各级各类教育的规划布局、协调发展等情况；”从《教育督导条例》中可以看出，这种督导是全方位的，是系统性的，是严格按照规定去监督学校（包括政府）对教育执行的情况。

明白了这点后就要透过现象去看本质。比如学校存在安全隐患这个问题，教育督导进行深入的督导后就要找到隐患存在的根源，如果是由于财政投入不到位，就要对当地政府和教育主管部门去问责；如果是学校周边环境的整治问题，也要督促当地政府部门去及时解决；同样的如果是由于工程招标、工程建设等原因，同样也是需要对上级有关部门去问责。因为，表面看这个病在学校存在，但根子不在学校，学校是无能也无力去解决这个问题，如果督导部门不问青红皂白一味要学校自己去解决，这样只会引起下面一线校长的“抱怨”！但是，如果是由于学校内部管理原因导致的安全隐患，该修的设备不维修、该建立的制度不建立、该执行的制度不执行，那么就应该对学校、对校长进行问责督查。该打的板子就一定要打，前提就是要分清打在谁身上！

同样，明白了这点后，看到了教育问题存在的本质，更加要有解决问题的办法或者是解决问题的方向。比如学校教育质量低的问题，表面上看学校教学质量差、校风差，其实深究下去，就会发现有教师队伍的原因，有校长管理水平的原因，有学校历史包袱的原因，有生源质量的原因，有家庭背景的原因，有社区环境的原因、有中层管理干部的原因等。再比如师生关系紧张这个问题，深究下去，就会发现有教师师德缺失的原因，有教师教学水平低下的原因，有教师观念落后的原因，也有学生学习积极性的原因，甚至是家长的原因。作为督学我们就应该通过自己的准确定位，对督导工作尽好责、守好门、把好脉、找准根、开好方，而不是应付了事、隔靴抓痒、高高在上去颐指气使，甚至是刁难。

同理，从被督导的学校一方来看，不能讳疾忌医，不能不遵“医嘱”，而是在督导的督查、引导下，端正态度、严肃对待、认真准备、充分暴露问题，去接受督导，对待督导报告所反应的问题则要严格按照规定去整改。这样在双方的努力下，方能达成提高教育教学质量这个最终的目的！

四、学校结对帮扶：由“漫灌”转向“滴灌”

1. 学校，犹如水田

说起学校帮扶，我总是想起乡亲灌溉农田的情景。农田有水田与旱田之分，要保证水田和旱田都要有好的收成，就一定要通过沟渠等手段把水田里丰富的水“匀”一些到旱田里。这样一来，无论是旱田还是水田都能有收成。于是乎，对于浇灌，就有这样的古诗描述：干旱不足患，因有渠中泉。水绕禾叶展，农夫尽开颜。

我们校长办学在一定的程度上有点像耕田。有的校长可能在条件优越的学校工作，有的校长则在条件欠缺的薄弱学校；在好学校的就如同是一块水田，在薄弱学校的则像是一块旱田。要保证所有的学校都有发展，都完成教书育人的基本任务，因此学校间的帮扶就必不可少。乡亲在劳作方面展现了令人敬佩的智慧。他们会根据节气、地形、作物等不同，科学合理地利用水资源。尤其是经过信息技术熏陶过的乡亲，他们非常看不起挖沟放水，水漫金山式的漫灌，认为这样耗水量大，水利用率很低，土壤结构容易遭到破坏，尤其是在水资源非常珍贵的现在。现代农民普遍掌握并采用了滴灌方式。所谓“滴灌”就是以水滴形式向土壤供水，以满足作物需水要求的灌溉方法。这种浇灌方式的优点是用水量少，节约土地，效率高，能做到精准给水、精准施肥，其中水的利用率可达95%，施肥效果可提高一倍以上，滴灌是一种非常科学、有效的灌溉方式。

作为校长，尤其是承担领航任务的校长，我觉得学校的帮扶应该由“漫灌”走向“滴灌”。“滴灌”式的帮扶会主动地根据受帮扶学校的实际情况，而不是被动地应付上级的任务，不是想当然地把自身的经验做法在受帮扶学校进行简单的复制，更加不是眉毛胡子一把抓，而是有针对性地在其“根部”用力，在精准上下功夫，力求让帮扶在效果上得到保证。在做校长的过程中，我带领我的团队曾经多次为我们番禺区、广州市乃至广东省的兄弟学校做过帮扶工作。在帮扶的过程中，我们创造性地完成了领导交代的帮扶任务；在帮扶的过程中，我们更加从中汲取了管理的智慧；在帮扶的过程中，我们增进了办学情意，坚定了办学信念，端正了办学思想，丰富了办学经验。因此，我也是学校帮扶的受益者。因为只有通过帮扶，才能保证所有的学校“尽开颜”，才能保证所有的孩子“禾叶展”。

2. 走向“滴灌”式的学校帮扶

薄弱学校之所以要进行帮扶，就如同它是一块旱田一样，假如不进行及时给水，庄稼一定不能有好收成。在进行帮扶前，我们就一定要帮扶学校进行科学分析，找到其薄弱的根本原因，这是进行“滴灌”式精准帮扶的前提。在帮扶实际过程中，我发现这些学校或多或少地会在以下这些方面存在问题。

设备不新。有些学校之所以需要帮扶，是因为其设备设施跟不上时代的变化，满足不了现代教育发展的基本需要。这类帮扶的“滴灌”方式最简单，那就是动员各方力量，利用当下教育发展的大好形势，帮助他们配足配齐各类教育设施设备。一般来讲，就是进行设备捐赠。这是最常见、最简单、最粗放的帮扶，见效快但不持久，需要说明的是，这类问题往往是学校薄弱的表象，其背后还隐藏着其他问题。

课堂不活。这是很多学校薄弱的主要原因，其课堂教学落后而单板，师生关系僵化而紧张。满堂灌、满堂问是这类课堂的主要特征。对于这类情况的帮扶，就是要抓住课堂这个部位进行“滴灌”：转变课堂教学观念，建立师生良好的互动关系，引导教师钻研课堂教学。帮扶的方法就是带领优秀的老师送教上门，请他们的老师来校听课，观摩优秀教师的课堂教学，同时组织双方学校的教师同课异构，师徒结对等。

校风不正。校风不正一定是学校教育价值取向异化的结果，在这类学校，正气被邪气所压倒，上进被落后所耻笑，教师不能示范引领，学生不能虚心好学。教师不以教书育人为荣，学生不以刻苦努力为荣，打架斗殴、拨弄是非、说三道四成为一种常态。这类学校的“滴灌”就应该在校纪校规上下功夫，端正态度，严守纪律。这种情况最难帮扶，作为外在的帮扶力量，除非与当地教育主管部门一起用力外，一般来讲解决不了问题。通常情况下，我们最多只能起引领和感召作用。

学风不浓。学风不浓与课堂不活密切相关，其直接原因是教师引起的。教师不能有效激发学生的学习兴趣，不能有效引导学生，甚至不能及时处理学生的各种疑惑，积累下来就会导致学生无心、无力向学。学风不浓与课堂不活基本会相伴产生。这类情况的“滴灌”就是抓住教师，改变教师的教学方法和方式。在“滴灌”方式上，大至与处理“课堂不活”的方式相似。

人心不和。人心不和一般有五种情况：教师和行政不和，行政和行政不和，教师与教师不和，老师和学生不和，学校和家长不和。凡是出现这种情况，必然会出现“校风不正”。人心不和的背后有理念、利益、人际、兴趣爱好等方面的原因，“滴灌”应在校长处下功夫。凡是人心不和的学校，校长应该反思、警醒，不要一味在其他行政干部、学生、家长和老师上找原因。这类帮扶比较麻烦，但也很好找到着力点，尤其是我们帮扶方。我用得最多的方式就是感化对方校长，同他讲我的经历，讲我的经验，引导他不要苛求别人，学会去包容不同的人群。

理念不新。理念不新很难判断：有的学校叫的都是新理念，走的却是老路子；有的学校叫的和走的都是老套路。前一种以教改课改先锋自居，后一种则以回归本真来遮盖。做法好改，理念难撼！实际上真实如此。其“滴灌”是最容易也是最难的，最佳也是唯一的办法就是以优秀校长为榜样，引导他们改变旧观念，建立新思想。

文化不优。文化不优往往与理念不新相伴相生！其背后的根本原因在于教育的价值取向上的不正确有关，作为师生精神面貌、行为方式、价值观念等的合成体，文化不优所隐藏的问题更复杂，解决起来更艰难。其“滴灌”的方式就是在传承上做文章，在创新上做文章，以端正办学理念为原点，以课改为重点，以特色活动为突破点，以激发师生的创造力为关键点，全面系统地建设学校文化。

成绩不好。成绩不好有生源的因素，有教师的因素，也有学校管理的因素。在“滴灌”时，就要分清原因，学生方面就要因材施教，教师方面就要进行专业培训，管理方面则从制度做起。一般而言，它是前面几种问题的集中反映，也是前几种情况的必然结果。在具体帮扶时，就要辩证分析，找准问题，有步骤、有目的、有针对性地进行“滴灌”。

3.“滴灌”式帮扶孕育出一所年轻的好学校

两年前，由于我任职学校生源快速增长的原因，上级有关部门需要在我校附近开办一所新校，并且这所新学校必须是一所好学校，以满足教育发展形势的需要和人民群众对优质教育资源的需要。由于建设工期的原因，新校一时无法建成。于是，我主动腾出教室，同享资源，让他们师生一起搬进来。经过两所学校全体师生的共同努力，一年后，我们双方圆满完成了任务，现如今这所年轻的新学校已经成为当地老百姓心目中的一所好学校。

从帮扶的角度上讲，我主要是从以下几个方面来进行精准式“滴灌”的。

（1）兵马未动，粮草先行，体现热情。

作为一个家庭，来了客人，一般而言都会热情招待。假若客人要在这里生活一段很长的时间，且要主人家处处关照，此时还能长久保持热情周到，让客人“没有寄人篱下”之感，则就需要一种情怀和修养了。主动承担这个任务的时候，我首先做通全体行政和老师的工作，让他们明白这样工作的意义，理解对方的感受。只有他们理解了，就会和我一起热情接待他们，主动帮助他们。

于是，我和我的团队在暑假里，放弃休息时间，腾出了最好的教室，装修出最好的办公室，以便让他们在进驻时有宾至如归的感觉。当新学期开学时，看到整洁的教室、崭新的桌椅、先进的设备、温馨的环境时，对方学校的师生笑了——这笑是对我们一个暑假辛勤付出的感激，是对我们热情接待的一个回应。对此，我们上级主管专门发文，表扬我和我的团队的大局意识、服务意识、奉献意识、合作意识和敬业精神，并号召全城区学校要学习和弘扬。

（2）一起升旗国旗，体现平等。

新学校已近进驻了，如何让他们快速融入这个不是他们校园的校园，让他们感觉一花一草是他们的，一砖一瓦是他们的，他们也是这个校园的主人。于是，我设计了“我们一起升国旗”这个主题活动。新学期开学典礼上，两所学校的全体师生集中操场上，我让他们的校长代表我对两个学校的师生进行讲话。然后，我们两个校长一起承担“光荣升旗手”，让国旗在师生面前冉冉升起。通过这些活动，我要向两个学校的师生表明，我们都是这个校园的主人，他们学校的校长也是我们的校长；尤其是要让我校的师生做到：敬重他们校长，尊重他们的老师，关心他们的学生。最终达到，在这个共同的校园里，平等地交往，认真地学习，快乐地成长。在这个活动上，他们体会到了平等，我们收获了尊重——在以后的一年里，当我们的校歌响起的时候，他们会用整齐掌声为我们加油！

（3）一起参与教研，体现专业。

新学校要办好，离不开一支有专业素养的教师队伍。为了让他们的老师尽快发展，我们开放了所有学科的教研活动。教师集体备课时，让他们参加；教师集体反思时，让他们参加；教师集体磨课时，让他们参加；教师的团队训练，也让他们参加。为了保证教研活动的互联互通，两校专门协调，让教研时间同步，教研内容同步，教研标准同步，甚至是评价标准也基本同步。通过一年的参与，在教研组的常规建设，教研组的特色活动，教研组的核心文化等方面，他们有了个很好的发展样本，减少了摸索的实践，提高了专业成长的效率。

（4）一起走向新课程，体现开放。

课程是学校走向卓越的必经之路。为了保证两校学生能和谐、快乐相处，我们的课程对他们的师生全面开放——可以和我们一起上课，可以和我们一起活动，可以和我们一起娱乐。在学生社团课程方面我们更是利用我们的师资优势和经验优势，派出老师和学生进入他们课堂，以最快的速度让他们掌握了“篮球操”等校本课程开发的流程。经过多年的摸索，我校的古诗文诵读、英语科组 PRT、课前一分钟等项目成为有竞争力的特色项目，在这方面我们都毫不保留地提供给他们。两校教师共同研究，一起走向新课程。在共同的研究中，我们共同进步，我们共同提高。

（5）共享管理智慧，体现严谨。

我校在行政团队建设方面取得了较好的成绩，受到了大家的一致好评。为了共享我们的管理智慧，开放我们行政会议、教师例会等所有管理层级的活动，让他们的行政队伍参与，两个校长在进行结对的同时，发动所有的行政也要一一结对，组成两校发展共同体。在持续的共享过程中，对我校管理智慧的核心“工作关系规范化，人际关系和谐化”他们有了深刻的感性化认识。

随着他们新校的落成，我们两所学校在一个校园内一起学习、一起生活、一起发展的日子也就结束了。在结束的日子里，我没有“客人一走全身轻”的感觉，心理充满的是留恋、不舍！那是因为在这段时间里，我们得到的要比付出的多。回顾我所从事的帮扶结对工作，我没有漫无目的地进行“漫灌”，而是设身处地，根据对方的现状和意愿，在不同的阶段，根据不同的情况，始终抓住学校发展的根本，在设备、课堂、校风、学风、人心、理念、文化、业绩等“根部”进行精准的“滴灌”。其实，薄弱是相对而言的，城镇学校与农村学校相比，农村学校薄弱；都市学校与城镇学校相比，城镇学校薄弱。我们所有的校长都要充分利用党和政府大力发展教育的政策，发扬不等不靠、自奋自强的精神，以科学的态度对待学校存在的问题，找出差距，对症下药，要选准突破口，由点及面，由浅入深，由小到大的进行，逐步推进。即依靠别人的力量来“滴灌”，同时更要依靠自身的力量来进行精准式“滴灌”，这样就能办处人民满意的好学校来！

五、和影子校长一起“调进”新学校

1. 背景：中途调动工作

10 月 8 号，我因工作需要，在开学一个月后，上级领导就把我从实验小学调到中心小学。我在实验小学担任校长已经有六年，各方面的工作已经非常熟悉，常规工作已经进入了“自运转”状态，学校特色已经在区域内享有比较高的美誉度，学校的品牌也已经初步形成。作为教育部——中国移动影子校长项目的基地学校，实验小学在这几年里已经形成了一整套完善且卓有成效的工作方案和机制；作为这个项目的指导老师，经过这近五年的努力，我本人也已经完全胜任此项工作。因此，学校和我本人在该项目的上一轮工作中，取得了优异的成绩，被评为优秀基地和优秀指导老师，我们的工作经验还入选教育部项目办编写的《如影随形》一书。

现如今被调到一个十分陌生的学校，我不熟悉新学校的历史沿革，不熟悉学校的文化底蕴，不熟悉学校的办学条件，不熟悉学校的课改进程，不熟悉学校的师资队伍，更加不熟悉学生情况。作为校长，被调入一个新学校任职，这本是一件十分寻常的事情，不熟悉情况，只要花上时间，花上精力，一切都会得到解决。可是，我 8 号到新学校报到，14 号影子校长就要来了，我该如何去做好指导工作？我该如何与影子校长们一起度过两个星期？

2. 对策：用教育的共性来面对个性的学校

回到实验小学去做这些影子校长的指导老师？那是不可能的了！向领导汇报实际情况，拒绝今年的影子校长指导任务？我有种不甘心的感觉！接受这次任务吧，我又担心在一个人生地不熟的地方，自己都没有进入状态，又怎能完成这样的重任呢？！

实验小学能成为该项目的基地，我能成为该项目的指导老师，那是因为在这项工作中，我们取得了一定的成绩。这些成绩表现在我在实验小学任职时，学校常规管理扎实，师生关系和谐，办学思想正确、学校文化细腻，学校特色突出，学校品牌鲜明。这些成绩虽说经过了很长的积淀后才形成，但是对于一个优秀的校长而言，自己管理的经验、管理实践之所以被人借鉴、被人学习，那是这些经验和实践背后所蕴含的办学思想和办学主张。真正经得起检验的办学思想，那是不受时间、空间的限制的。既然我在实验小学能做到的，那么我在新的单位也能做到；既然我在实验小学能做好指导教师的工作，那么在新单位我也一定能做好！

于是，我突然想，一定要利用这次工作调动的机会，来一次别开生面的影子校长的指导工作——和影子校长一起“调进”新学校！

3. 指导路径：和影子校长一起“调进”新学校

10 月 14 日下午迎来了 7 位影子校长，我和影子校长马上见了面。

首先向他们表达欢迎之意，其次就马上向他们如实反映了我的工作变动情况。把这样的背景跟大家交代后，目的就是让他们和我一道，形成一个学习团队，达成以下三个共识：既以一个旁观者的身份在远处观察学校，又要以一个当局者的身份一起参与学校；既以一个学习者的身份来挖掘学校的优点，又要以一个诊断者的身份来发现学校存在的问题；既要来发现学校的问题，也要同时来发现自己的问题。

（1）一起梳理学校历史。

我始终认为学校的办学历史是一个校长工作的逻辑起点，它是学校运行的轨迹，也是学校走向未来的基石。在一定的程度上讲，学校的办学历史，就是学校文化积淀形成的过程，在其进程中的人和事，尤其重大的事件和重要的人物，其一言一行往往在学校当下的运行中，能找到其影子。因此，学校的现在就是学校历史的投射！

因此，我就和大家一起走进学校档案室，一起走进学校荣誉室，一起翻阅各种资料，走访各个时期的关键人物。发现这所创办于 1986 年的城区学校，在其办学历史上取得过辉煌的成绩，这些辉煌的成绩背后是因为有一群敢于创新、大胆实践、甘于风险的教师群体。在梳理过程中，我得出一个这样一个结论：教师才是创造学校历史的主人！教师才是学校辉煌的缔造者！

（2）一起走进行政团队。

校长靠什么来管理学校？我的答案是行政团队！对于我而言，依靠行政团队、发展行政团队是我的管理重点。如何来带领我面临这支缺岗的学校管理队伍？（目前学校形成团队除我以外，有两位副校长，这两个同事一个刚从医院出来，一个正在医院做各种检查；有两位副主任和一个大队辅导员；教导主任、后勤主任办公室主任空缺。）通过行政工作例会和个别谈话成了我和影子校长走进行政团队的最佳路径。

于是，我充分利用每周一次的行政例会和工作空隙的个别谈话，让影子校长们和我一道，了解学校常规管理机制、了解他们工作中的各种问题、了解他们的各种想法。时间虽然不长，但是我对他们的个性、特长、工作思维模式以及他们价值取向，有了基本的掌握。正是这样的了解，我和行政团队相处的节奏才得以在短短的一个月内基本达致同步同频的境界。也正是有了这样的了解，我梳理了当前工作的重点和方向。

（3）一起走进课堂。

如果说管理行政团队是我工作的重点，那么课堂则是我的核心。作为一个新时代的校长，没有课堂感，就把握不住课程改革的方向，就抓不住课改的实质。

因此，在紧张的工作之中，我每天安排一半的时间来听课。听课的目的不带任何评价性，听课的顺序按照从高年级到低年级，依照语数英音体美的顺序依次进行。在听课的过程中，我一方面努力地熟悉老师，一方面努力发掘教师教学的闪光点，寻找具有学校共性的课堂教学风格与特质。在听课过程中，我不与任教老师做任何评价性的交流，但是在课后我则和影子校长们一起探讨，一起分析，共同寻找、共同思索。

（4）一起走进学生。

校长工作的价值起点是学生，发展学生、成就学生是校长一切工作的原点。走进学生，心中装着学生是校长存在的基本价值。在听课之余，在活动之中，在校门值日之时，我利用一切机会和孩子打招呼。在走进孩子的时候，我始终保持和蔼的笑容、热情的态度、包容的心态、欣赏的目光，蹲下身子和他们一起玩耍，一起交流，一起谈心，一起畅想！

短短的两个星期，孩子回去对家长说：学校来了个爱笑的校长！校长背后还跟着7个“影子”呢！每天，孩子们见到我，见到影子校长时，都能如同见到老朋友一般，有的致以可爱的微笑，有的张开热情的双臂，有的还亲热过来和我手拉着手！当孩子的心和我走近了，我还有什么理由不能管理好这所学校呢？暗暗地，我在为自己加油！

（5）一起诊断学校。

为学校发展规划出愿景，为学校的文化积淀寻找生成点，为学校的课程改革以及教师的专业发展设计一条切实可行的路径，是每一个做校长应尽的职责，尤其是我们新任校长。要做到这些，对学校的整体诊断，精准分析是其基础，是我们实践工作的起点。基于这样的理解，我和影子校长相处时，时刻让他们转换角色，进入一种“身在曹营心在汉”的状态，既诊断我的学校，又诊断他们各自所在的学校。这种诊断模式建立在熟悉学校历史、依靠管理团队、了解课堂现状、走近学生内心世界的基础上；这种诊断以沙龙的形式进行，共分办学现状分析、办学思想、学校文化以及课堂教学等几个版块进行，每次大约一个半小时。

4. 结语：影子依然在校园

这次为期两个星期的影子校长指导任务，在紧张忙碌之中结束了。这 7 位跟岗的校长同行离开了我，离开我们中心小学，但是我始终感觉到他们的影子还在校园内的各个角落。从接到任务时的担忧，到离开时的坦然，我始终在想，这次突然的换岗，其实对我来说是一次重担的挑战，一次不同寻常的任务。在完成这次任务的过程中，我始终以一种同伴的心态，和影子校长一起走近学校的历史，梳理教育的逻辑起点；一起走近团队，紧紧抓住管理的重点，一起走进课堂，把握学校的核心；一起走进学生，站稳教育的原点；一起诊断学校，一起找到校长实践的起点。

当我们再次转换视角，其实无论是影子校长，还是他们的指导老师，学校的历史、管理团队、课堂、学生等都是我们必须要面对的。对于我而言，这次指导任务，只不过是再次以同伴的姿态，和影子校长一起“调进”新学校，用教育的共性法则来解决不同个性的教育问题而已！

第六章

务求忙而不乱
无使躁而伤身

忙，忙，忙，但不知道自己到底忙了什么；烦，烦，烦，却不知晓自己为何而烦。整天为了琐碎的事情而盲目地原地打转，时时被细枝末节的问题而干扰——这样真的会堕落下去——不看书，不动笔，不能静下心来思考。在夜深人静的时候，我每每想到这些，心中更多的是自责与空虚。我应该坚持自己的理想追求，不应该被周边的人和事扰乱了自己的工作和事业。校长应该为学校、教师、学生的长久发展负责，只有这样才是对自己负责，只有这样才是称职的校长。

记得法国牧师纳德.兰瑟姆去世后，安葬在圣保罗大教堂，墓碑上工工整整地刻着他的手迹：假如时光可以倒流，世界上将有一半的人可以成为伟人。看到他的手迹，一个智者是这样解读的：如果每个人都能把反思提前到几十年，便有 50% 的人能让自己成为一名了不起的人。纳德.兰瑟姆的手迹和智者的解读，使我想起了我的父母，他们总是在我小的时候教育我："这个世上，很多东西可以买到，就是买不到后悔药。"是啊！人为什么后悔呢？后悔有什么用呢？要说后悔最大的益处就是进行反思，吸取教训，以后不犯或者少犯错误，少走弯路。从这个意义上讲，后悔就是反思的开始，就是重新开始的起点，就是人生步入辉煌的一个拐点。

经过这么冷静一想，我应该这样：不要想自己得到的太少，而要反省自己付出的不够多；不要因为自己被被人误解而气恼，而应该想想自己身上的过失；不要埋怨老师和学生不争气，而要检讨自己工作方法的对与否；不要埋怨时间太少，而要看看自己做了哪些无用功；不要埋怨自己水平不够，而要看看自己花了多少心思去学习。

每天坚持反思，每天坚持写作，每天坚持看书，每天坚持锻炼，每天坚持养性，每天坚持保持阳光的心——生活就会到处阳光明媚！

第一节　名非天造　贵在引领

本书行文至此，合卷交付给各位读者之际，我深感荣幸，更感到一份惶恐。虽说本书文字是自己所思、所为、所写，在即将面对广大读者的此刻，我想起了王安石的一首诗：

金炉香烬漏声残，剪剪轻风阵阵寒。

春色恼人眠不得，月移花影上栏杆。

是的，作为教育部领航工程首期学员，作为广东省名校长工作室的主持人，能接受这样的光荣任务，能有这样宝贵的学习机会，我心存感激。感谢各位领导、专家给了我这样的实践和学习的机会。感谢之余，我倍感压力，面对大家的期待，面对新的教育形势，面对自身的素养与能力，以至于“眠不得”睡不着。我在思索：该具备怎样的办学智慧、教育信念、办学思想和教育自觉、创新能力和办学业绩完成这样的神圣使命呢？

如果说教育部领航工程首期学员是一种荣誉，一种名分的话。对于这种名分，我的理解就是：名非天造，必从其实。实在业绩，实在引领。

因此。名副其实，引领示范才是我们的追求！

我们的第一个追求是：踏上节奏，树立信心。

我们真是遇上了好的大时代，这个时代为我们施展才华、报效祖国、实现中国梦创设了最佳的外部环境。我们一定要踏准这个时代的节奏，深入领会党和国家现阶段的教育路线、方针、政策，从战略高度和全球视野上，认识和把握我国基础教育改革与发展的方向。与此同时，作为新时代中国基础教育的校长，还要回答打造“办人民满意教育”这个时代赋予我们的使命，尤其是我们这些领航校长。

说到中国的基础教育，说到中国的小学校长，我不由得想起了唐代诗人王驾在《春晴》中写过这样的诗句：

雨前初见花间蕊，雨后全无叶底花。

蜂蝶纷纷过墙去，却疑春色在邻家。

我们总是以为自己文化底蕴不深，自己办学思想浅薄，自己办学经验肤浅，总认为满园的春色在美国，在欧洲，在芬兰！是的，这些地方有很多值得我们学习的地方，又很多很多的经验引领全世界。但是，我们在虚心学习之余，不要忘记我们是中国的校长，我们要认清自身的优势，我们要根植于中国大地，我们要有文化自信和文化自觉。如果总是人云亦云，我们就会找不到方向，我们就会如那“蜂蝶”，飞往人家的院子，而丢弃了自己的花园。

现如今，我已经从领航班顺利结业，教育部基础教育司为我也颁发了结业证书。但是，我认为结业反而是另一场学习的开始。“以天下之目视，则无不见也；以天下之耳听，则无不闻也；以天下之心虑，则无不知也。”面对新的形势，我们要有担当意识，要有广阔的视野、谦虚的态度，勤勉的作风，我们要立足小学，放眼整个人的发展全过程；我们更要立足中国，胸怀世界。不故步自封、不骄傲自满，不因循守旧。这样，我们就能在中国基础教育大发展的背景下，赶上时代的节奏，去发现新的问题、把握新的形势；就能遵循教育规律，去采取新的措施，建立新的机制，创造新的辉煌。

我们的第二个追求是：找准方向，凝练思想。

我们的舞台，在学校，在课堂。在这个舞台上，我们一定要清晰地找准努力的方向——素质教育。

我们做校长的一定要尊重并发展每一个学生的“个性”，使学生个性的发展与人格的完善，确立“尊重个性”的原则，针对学生的特性，在制度层面、课程层面、课堂教学层面实施“弹性化”教育。在大力实施素质教育之余，我们要在专业精神、专业知识、专业能力、专业伦理和自我专业意识五个方面加强学习和实践，凝练自己的办学思想，努力使自己成为一个有崇高教育使命感、独特教育思想体系、精深专业素养、卓越教育创新能力和广泛社会影响力的名校长。

我们的第三个追求是：结伴同行，成为榜样。

作为工作室主持人，不是我教入室校长如何做，而是我们一起同行。正如苏轼在《次韵赵德麟西湖新成见怀绝句》中所言：

壶中春色饮中仙，骑鹤东来独惘然。

犹有赵陈同李郭，不妨同泛过湖船。

要泛过那宽阔的水面，就一定结伴同行。我一定会珍惜这样的机会，虚心学习，相互取长补短，努力成为一个学习的共同体、实践的共同体、创新的共同体。

不但要做好自身的工作，而且要成为同行的榜样，这是时代对于我们的呼唤和要求。在学校内部，我们要成为师德的表率，育人的模范。要用高尚道德、健康人格、正确的价值观去影响师生，用丰富的专业知识、高超的教育技能去启发师生，用自己丰富的学术素养、严谨的工作态度、醇厚的人格魅力去带动身边的一个学科、一个级组，甚至一所学校。在工作室内部，我们要牢记时代使命，树立家国情怀，坚定理想信念，严格要求自己，诚恳帮助他人，力争成为全省基础教育系统的标兵与模范。

如今，在进入第二个百年奋斗目标的征程上，我们再次迈出了培养堪当民族复兴大任时代新人的步伐。我们要留住这美好的春光，让我们的基础教育教育在民族复兴这条路上，绽放出时代的光彩！

新的征程，永不停步。因为，脚步停止，便是墙。墙，目光穿透，便是路。

第二节　东风已与园丁便　化育英才为人梯

《关于推进新时代教师队伍建设改革的意见》《中国教育现代化2035》《关于新时代推进普通高中育人方式转变的指导意见》《关于深化教育教学改革全面提升义务教育质量的意见》等一系列文件，这是中华人民共和国成立以来第一次，标志着党中央、国务院发文，吹起了培养和造就党和人民满意的高素质、专业化教师队伍的号角。同时，全面推开中小学教师职称制度改革，设置正高级职称，打破中小学教师的职业“天花板”；国家支持实施“国培计划”，培训中小学幼儿园教师、校长、职业院校教师等；国家实施公费师范生培养计划，并把履约任教服务期调整为 6 年。这些好消息，如一阵阵春风，吹遍神州大地，让我们既感受到新时代教师的职业幸福感，也感受到时代赋予我们的崇高责任。这些好消息，如一阵阵春风，掀起一股尊师重教的新风潮，让每一个有志于人民教师的优秀学子，既增加教师职业的吸引力，又强化为人师表的荣誉感。

作为一个小学校长，我深深地知道教师是立教之本、兴教之源，承担着让每个孩子健康成长、办好让人民满意教育的重任，一支师德高尚、业务精湛、结构合理、充满活力的教师队伍对于民族复兴的重要性。

心有高标，厚积致远。建设一支具有更高素质的教师队伍，是推进教育现代化、建设教育强国的必然要求。这是国家对教师职业的要求与期许，这些文件的出台，是时代发展的使然，是民族复兴的要求，对于我而言是一种“责任”。在迈向第二个百年征程的道路上，如何才能不忘初心、不负重托、不辱使命？我与全国的同行必须要做好这道必答题。

一、埋下一颗种子

百年大计，教育为本；教育大计，教师为本。兴国必先强师，强师先要自强。十九大报告明确提出：“建设教育强国是中华民族伟大复兴的基础工程，必须把教育事业放在优先位置，深化教育改革，加快教育现代化，办好人民满意的教育。”这一重要论断，是习近平总书记新时代中国特色社会主义思想的重要内容，为新时代教育发展确定了目标、指明了方向、确立了战略、谋定了方略。中共中央、公务员印发的《关于全面深化新时代教师队伍建设改革的意见》强调了教师职业的重要性、加强教师队伍建设的紧迫性，阐述了新时代教师队伍建设改革的方略。我要在心中再次把“教书育人”“立德树人”这颗种子埋在内心深处，并付出实际行动，不断提高自己的综合素质、提升专业化水平和创新能力，迎接新时代对新型教师的召唤，只有这样，才能更好地适应未来。

二、坚定一种信仰

为党育人、为国育才，是我的终身信仰。教书育人的准则是“先当学生，后当先生”，教师的本色“学而不厌，诲人不倦”。在工作中我矢志不渝地贯彻党的教育方针，大力实施素质教育，坚决完成立德树人根本任务，带领全体教师一道把我们的学生培养成德智体美劳全面发展的时代新人！

三、制定一幅蓝图

教育现代化不是敲锣打鼓就能完成了，需要我们每个教育工作者一步一个脚印，通过扎扎实实的工作，在平凡的工作岗位上坚持不懈方可实现。为此，我一定要把成为不愧时代、不愧民族的好校长作为我的奋斗目标。把这个目标作为自我发展动力，不断实践，不断反思，树立自主学习、自主探究、自主反思的意识，并养成习惯，心中有一幅自我成长的路线图。

我要始终把教书育人放在第一位，为学生扣好人生第一粒扣子，引导学生自觉把个人理想追求融入国家和民族的伟大事业中，融入“两个一百年”的宏伟奋斗目标中，让梦想照亮未来。三尺讲台系国运，一生秉烛铸民魂。东风已与园丁便，作育英才为人梯。今天的学生就是未来实现中华民族伟大复兴中国梦的主力军，我要成为培养这支主力军的一位优秀的教育工作者！

第三节　允执厥中　尚德于心

“努力办好人民满意的教育”这是党和国家的要求，是时代的呼唤，也是现实的使命！更是番禺区“上品教化”教育理念核心意涵。“致天下之治者在人才，成天下之才者是教民，教化之本者在学校。”从市桥中心小学的立场上看，办好人民满意的教育，简而言之就是办好自己工作的学校。对于这个问题的回答，既是体现了学校的办学思想，也体现了学校的办学品位。

一、认识上再提高

对于这“好教育”理念的认识，我们全体教师主要从教育本源、学校价值和教师责任三个层面来理解，落实在下面三句话上。

1．办好人民满意的教育

何为中心小学的“中心”？我们的理解是：“允执厥中，尚德于心”。办好人民满意的教育是市桥中心小学的光荣使命，是市桥中心小学对番禺区“上品教化”教育理念的响亮回答和忠实履行！这响亮的回答中，有对教育规律的坚守，有对党的教育方针的忠诚，有对教育事业的无限热爱，为党和国家培养德智体美劳全面发展的人，是我们存在的基本价值。对于我们中心小学而言，实施全人教育，让学生快乐学习、健康成长、幸福生活就是我们工作的基本依归。

2．建好孩子向往的学校

中心，为儿童存在。这是市桥中心小学的教育视角和儿童立场，建好孩子向往的校园，建孩子成长的乐园！市桥中心小学以儿童为中心，以健康快乐、幸福生活为导向，在全面实施素质教育的过程中，努力让每一个孩子都能有一个好身体、一双亮眼睛、一张好笑脸、一群好朋友、一项乐活动、一堆课外书、一个大问号。这“七个一”既是目标也是路径，既是对学校自身的要求也是对家长和社会的承诺——让学校是孩子向往的地方，因为这里是安全、快乐、和谐而且充满着爱的校园！

3. 做好家长信赖的老师

没有爱就没有教育，没有家校合作就办不成教育。每个老师用坚定的理想信念、高尚的道德情操、扎实的学识素养、宽厚的仁爱之心，赢得家长的信任，赢得家长的尊重，并和家长一道教育好孩子。“你教室里的每一个孩子，都是每一个家庭的整个世界”。 用爱与责任照亮每个家庭，做家长信赖的老师，是市桥中心小学教师的价值追求。

二、实践上再深化

我们学校是一所全面贯彻党的教育方针的，全面实施素质教育的，为每一孩子的健康成长负责的，为促进番禺教育的优质、均衡发展做出过贡献的好学校。办好人民满意的教育的“好”，从社会感观来看，它必须是政府认同、社会认可，家长放心、学生喜欢的学校。从教育的对象来看，这所学校必须是师生健康成长的学园和乐园，是师生和谐发展的家园。“删繁就简三秋树，标新立异二月花”。因此，市桥中心小学在践行“上品教化”“办人民满意的教育”的实践过程中，关键是在一个“实”字上做文章，即忠实的办学理念，厚实的学校文化，老实的办学行为，朴实的教改作风，扎实的专业发展和真实的教育质量。

忠实的办学理念：忠诚党的教育事业，培育高远的教育理想，内化为一种忠实的办学理念，不虚伪，这是办人民满意教育的核心点。

“办人民满意的教育”意味着我们学校首先要有忠实的办学理念，也就是要忠诚党的教育事业，培育高远的教育理想。在工作中，我们从不谈虚化的、空泛的教育理论、教育理念和教育思想，而是根据我们学校的具体情况，把“坚持育人为本、德育为先，实施素质教育，提高教育现代化水平，培养德智体美全面发展的社会主义建设者和接班人”内化为我们全校师生的一种共同价值追求，那就是我们全体师生在时刻践行的——“实施全人教育，让师生快乐学习、健康成长、幸福生活”（此语出自是顾明远先生于 2016 年 8 月对我们全校师生的亲笔寄语）。

在我们学校，忠实的教育理念就是遵循教育规律、坚守教育本真，守住教育之根；与此同时，忠实的教育理念就是珍爱生命、尊重天性、涵养德性、健全人格、培养技能让师生的生命快乐绽放。面对“办人民满意的教育”这一命题，我们淡定淡泊，力求使教育回归本源，回归到自然、朴实、纯真、自由、幸福的状态之中。我们学校努力创造适合学生学习发展的教育方式，从心底深处去关爱每一学生，让老师在于孩子的六年相守中，用心付出，让孩子在毕业的时候还能做到“七个一”：一个好身体、一双亮眼睛、一张好笑脸、一项乐活动、一群好朋友、一堆课外书、一个大问号。

这忠实的办学理念体现我们学校对教育充满了新期待和新要求，是我们学校存在和发展的核心和灵魂，是中心小学一切教育活动的价值准绳。它忠实于党的教育方针，不虚伪，也是中心小学“办好人民满意教育”的核心点。

厚实的学校文化：涵养师德，以生为本，营造爱生如子的学校文化，不功利，这是办人民满意教育的发力点。如果说“办好人民满意教育”的核心点在于树立“忠实的办学理念”，那么要实现这一目标的发力点就在于“厚实的学校文化”。学校文化厚实程度直接决定了教育质量的品质和品位，没有品质的教育质量，人民肯定不满意；没有品位的教育质量，同行肯定不尊重。

要建设厚实的学校文化，途径有很多，我们认为关键在于学校中应该有人！文化的本质不在物，而在人。泰山之所以是五岳之首，不在它的高，高它高不过喜马拉雅山；不在它的奇，奇它奇不过桂林的山；不在它的秀，秀它秀不过肇庆的七星岩。在于它的什么？在于它在历史的长河中，有无数的帝王将相、文人墨客登临过它，赞美过它。于是，泰山就是文化之山。茶叶茶水不是文化，而在喝茶的人。一口闷叫牛饮，三口啖就叫品。品茶不就是文化了吗。作为学校，在把握了学校文化的本质就是为人的前提下，我们学校文化建设的目标是“厚实”，着力点放在涵养师德，关爱学生上面。因此，我们学校文化乃至文化的最高境界或最理想的结果就是培养出“中心，为儿童存在”！

厚实的学校文化虽然是个非常抽象的东西，但同时她又是非常感性的：微笑是她的符号，关爱是她内核，面对浮躁的现实做到不功利，这样的学校文化就传承民族的血脉，就能激发师生的潜能，就能“办好人民满意的教育”。

老实的办学行为：遵循教育规律，规规矩矩办学，时刻保持一种老实的办学行为，不冒进，这是办人民满意教育的基本点。

“办人民满意的教育”来不得半点急躁和冒进，它必须按照教育规律，要求我们安安静静办学，老老实实办学，在工作中必须“克服浮躁和虚荣，要用安静的心态工作，依法依规有序办教育，不要为不正确的政绩观服务”。这种老实的办学行为体现在：

上好每节课。我们严格按照国家课程计划，开齐、开足、开好所有的课程，构建具有中心小学特色的课程体系：国家课程、地方课程和校本课程。从不为了评估、检查、考评等事务去让学生提早或推迟放学，从不占用学生的每节课。对于每一节课，我们严格按照集体备课、集体研讨、课后反思等环节，保证每一节课的质量，只有保证了每一节课的质量，才具备了“好教育”的基础。

做好每件事。教育是由一件又一件平凡而琐碎的事情串联起来的，对待这些平凡的事情，我们要求要认真对待，从不马虎，从不懈怠。比如我们开展的“德养之道，唯名与器”的班级文化建设活动，通过传承中华优秀文化，以学校发展历史为脉络，串联出学校的班名秩序，同时这创新活动既承传了历史，又对接了未来；既联动了家长，又激活了师生；既有串通了学校的整体，又彰显了班级的个性。这件事，取得了良好的效果，去年获得了广州市德育创新奖。

露出每张笑脸。微笑的孩子最可爱，微笑的老师最可敬。每天，我们学校无论是校长还是值日老师，总是最早一个在校门口等待孩子，总是主动地和孩子打招呼，主动去迎接孩子。在全体老师的带领下，校园内总是洋溢着一种天真、可爱、甜蜜的幸福。这种幸福就源自那全校2300多张笑脸！

关注好每个细节。如果说“好教育”是一项系统工程，那么建构这项工程的基石就是细节。就拿做广播体操来讲吧，我们学校的操场上，没有老师对学生指指点点，没有颐指气使，没有居高临下，有的是老师和学生一样排着整齐的队伍，一起做操，一起运动。这就是榜样，这就是教书育人！

朴实的改革作风：锐意改革创新，恪守质朴厚道本色，形成一种朴实的教育教学改革态度，不浮夸，这是办好人民满意教育的突破点。“创新是一个民族发展的不竭动力。”一个民族要创新，一所学校同样要创新。学校要“办人民满意的教育”，管理要创新、课程要创新、教研要创新、教学要创新。只有不断锐意改革，不断地大胆创新，才能找到“办好人民满意教育”的突破点。但是，环顾四周，喊口号的不少，吆喝的也不少；一会儿一个模式，一会儿一个经验。静心观察，冷静思考后。这些所谓的创新有不少远离教育的基本，远离教育的本质，埋没了教育的本色，有些甚至有浮夸的成分。

在学校改革创新方面，一定不能离开“朴实”二字。在学校变革和课程改革的大潮中，我们不守旧，但也不浮夸，而是恪守质朴厚道的本色，形成了一种朴实的改革作风。学校的所有改革行为只围绕一个目的：中心，为儿童存在。为了这个目的我校从学校的管理层面、课程设置层面、课堂教学变革层面进行了一系列的变革。比如，为了营造“和谐、民主、平等”的师生关系，我们设置了“民主课堂”：师生一起学习，一起互动，一起交流，而不是站在讲台之上，给学生高高在上之感。民主课堂，拉近了师生的距离，增进了师生的感情，在课堂上教师的一个亲切抚摸，胜过一百句空洞的口号；教师一句充满期待的鼓励，胜过一百次空洞的说教。我们还把一切变革思想细化为学生看得见、摸得着、感得到的行为。在学校改革过程中始终牢记质朴厚道的本色，形成朴实的改革作风。

在课程建构方面，我们根据时代的发展，开发“财经素养课程”，这一课程体系既包含了少先队的跳蚤市场主题活动，也包括学生春节花市设摊实践活动，还包括学校跨学科融合的财经素养课。目前，该课程取得了很好的反响，上周五，我们学校梁彩英老师被省教育研究院推荐到东莞对全国的同行上了《消费“真”体验》的示范课，获得了一致的好评。校长还入选省财经教育专家库，对全省开展此项课程改革进行指导。

扎实的专业发展：提高教师专业发展，打造一支业务精湛，作风实在的教师队伍，不空虚，这是办人民满意教育的立足点。

学校办得好不好，关键在于教师；学生教得好不好，关键在于教师；学校人民满意不满意，关键也还是在于教师。我们学校办学刚好十年，教师团队的素质是非常优秀的。原因何在？那就是在“实”上下功夫。在我们学校的认知中，教师绝对不能做绣花枕头，绝对不能做山间竹笋，也不能做墙头芦苇，而是要实实在在地在提升自己的硬实力和软实力。在我的心目中，我们的教师是一个团结、合作的团队，我与其他老师一样是这个团队中的一员，每个人对学校的贡献和作用都是重要的，都是学校这个大家庭里不可或缺的一分子。我们在工作和学习生活中，彼此尊重、彼此合作，相互学习，和睦而又和谐。我与我的团队一道，共同教书育人，所以我们学校的文化具有战斗性。我对老师说，“上下同欲者，胜”。“同欲”，就是共同的利益、共同的目标、统一意志。共同的利益、共同的目标的达成除了要有统一的意志外，和谐关系是重要的因素。我们在工作中建立了一种互尊、合作而又和谐的工作关系，我们把和美、和睦、和顺、和气、和好、和欢、和平当成处理人际关系的准则，“工作关系复杂化，人际关系简单化”成为我们的一种价值取向。在这样的价值追求中，搭建民主平台，营造民主、平等、和谐的管理氛围，让教师参与学校的决策与管理，让教师感到“家”的温暖；在这样价值追求中，教师的职业意识、角色认同、教育理念、教学风格得到了唤醒和提升，与学校的主体文化协调一致。

由于在教师专业发展方面，我们牢牢抓住了“扎实”二字，经过几年的努力，形成了一支业务精湛，作风实在的教师队伍，不空虚。这是我们这是“办好人民满意教育”的立足点。

真实的教育质量：切合实际，满足家长社会需求，提供优质而真实的教育质量，不忽悠，这是办人民满意教育的出发点。

真实的办学质量是“办人民满意教育”的出发点和落脚点，离开了质量来谈“满意教育”是非常荒唐和滑稽的。因此，我始终抓住“质量”这根学校发展的生命线来统筹我的工作，来谋划学校的发展，来关爱师生的健康。

在面对学生、面对教师、面对家长和面对社会的时候，我们要本着教育良知、坚守社会职责，交出真实的、高质量的教育成绩。所谓“金杯银杯不如家长的口碑，金奖银奖不如家长的夸奖”，真实的教育质量，不在奖杯和奖状中，而是在口碑里，更是在学生综合素养和发展潜力中。我们单纯不追求教育的“GDP”，我们在乎的是学生的素质和学校的办学品牌；我们坚持以提高质量为核心的教育发展观，注重教育内涵发展；坚持真实的教育质量观，把立德树人作为教育的根本任务。在真实的教育质量面前，恪守教育良知和良心，坚守“不忽悠”这根底线。为了做到这点，我们制定了许多量化的指标，针对家长而言，真实的教育质量就是孩子有个好成绩、有个好习惯、有个好特长。

“办好人民满意的教育”既是区教育局时代交给中心小学的答卷，也是时代交给我们的答卷。在作答的过程中，我们恪守的是不虚伪、不功利、不冒进、不浮夸、不空虚、不忽悠，在忠实、厚实、老实、朴实、扎实、和真实上下功夫。

第四节　保持空杯心态　不做拉磨的驴

家，教育家型校长，这对我来讲，这是个努力的目标，也是前行的动力。所谓的“万事俱备，只欠东风”，对于是否成为真正的教育专家，我想这不是最终的目的，最终的目的是我在朝向这条路上，我的心态、我的毅力、我的付出。

都说“坚持就能成功”，其实辩证地看这句话，答案是不一定的。无数的社会现实告诉我们：坚持了，不一定会成功；只有坚持到底，才能最终成功。教育型校长，是一个非常有吸引力的称号。对于我而言，她是前行的目标，而不是我最终的目的！

在教育这条路上，我将坚持到底——学习学习、静心反思、潜心研修、尽心实践、开心奋斗、舒心等待！

这段时间，我再次想起一个名为“倒茶”的悟禅小故事：

一个小和尚给老和尚倒茶，茶水倒满以后，老和尚还要小和尚继续往杯子里倒。小和尚照做，水外溢。小和尚很是不理解，于是提醒老和尚：师傅，水满了，装不进去了。老和尚看了看小和尚，微笑着对小和尚说：是满了，那你说满了的杯子怎样才能倒进水呢？小和尚思考了良久，说：只有把里面的水倒出来，才能加进水去。老和尚高兴地点点头，说：对，只有倒出原有的东西，才能装进新的东西。小和尚若有所悟。

我也有所悟：很多时候，我何尝不是一个装满了水的杯子：因为封闭而拒绝交流，因为无知而拒绝汲取。通过历次的培训学习，我不也是倒掉了一些原有的：狭隘、偏见、无知与幼稚，而注入了思辨、省悟、缜密和成熟吗？所以，每次学习，都是对我原有知识的一次次重建；领导的关心，专家的指导，同事的支持和师生的点赞，都是对我心灵的一次次激荡。我收获的不仅有理论的提升，也有思想的更新；不仅有专家的理性冲击，也有参观考察的深刻体验。

作为领航班首期校长，面对民族复兴的重任，我觉得任何客气的赞誉都显得苍白，任何美丽的文字都显得多余。“竹高千尺应有节，梅香四野为凌寒。”面对新时代，我应该做些什么？我应该成为一个怎样的校长？我认为，要想成为一个思辨而又兼容的校长，要想成为一个科学与人文相融合的校长，要想成为一个具有现代气息又能凝聚全体教师智慧的校长，总之，要想成为一个学生喜欢、家长认同、社会接受的校长，我们就必须不停地倒出原有的陈知陋习，及时吸收新的元素，时刻审视自己。在漫长的教育之旅中，我既要坚守也要执着，同时更要负重前行。

因为，只有在负重中，思想才能成熟；只有在负重中，意志才能坚强；只有在负重中，品质才能净化；也只有在负重中，我才能无愧于“教育家型校长”这个称号！

一个没有理想的人，不可能走得很远；一个没有理想的学校，也不可能走得很远。对个人而言有文化不俗，有本领不愁，有预算不穷，有原则不乱，有规划不忙。假如老师失去激情、失去动力、失去理想后，将是整个教育生命的盲目！对于学校而言，如果学校不立志成为学生享受成功的理想乐园，不成为教师（当然也包含校长）实现专业发展的理想舞台，不成为学校提升教育品质的理想平台，那么这样就像没有舵的航船一样在原地转圈，又像流浪汉一样无家可归。这就是说，没有了理想目标，为什么起点相同的老师经过几年后，只能看着他人成为名师而独自伤感；这就是说学校假如没有理想的发展规划，必然导致全校性的盲目、盲从和被动，必定导致失败。小至一个人，大至一个学校，没有发展规划，就像一只没有目标的驴，日复一日，在原地打圈！

一、教育改革呼唤 SDP

首先，我们应该弄清什么是SDP，SDP就是SDP，它是School Development Planning的英文缩写。SDP是近年在国际上兴起的一种改进学校管理、提高学校教育教学质量的技术方法，这种方法自20世纪70年代中后期从英国兴起，其后在世界范围内得到广泛推广，90年代后期随着国际教育合作项目进入我国，最近几年在西部地区改进学校管理中取得显著成效，引起国内广泛关注。

众所周知，SDP在一个学校的发展过程中是具有方向性、引导性的，好的发展规划能够充分调动各方面的积极因素、获得广泛的认同，并使一个学校的师生员工在实施发展规划的过程中，能够自觉围绕其所要达到的目标开展各项工作，并通过定期的讨论、反思和评价来完善发展规划，改善学校的管理工作，同时促进社区关注并支持学校的健康发展。

然而，就现实的情况来看，由于很多中小学发展规划的制定程序不合理、参与制定这部全面（多数为领导者，且他们缺乏应有的基本理念、原则，不了解学校的实际情况），所以制定出来的发展规划不是脱离实际，就是不能无法实施；不是无法评价就是无法检验；不是对学校的状况缺乏全面的分析和整体的把握，就是没有得到社区、家长、师生员工的普遍认同；不是无法充分调动各方面的积极性，就是过分强调功利性。因此这样的规划不能达到促进学校的发展这个根本目的。正如很多人所讲的那样：规划规划，墙上一挂，全是鬼话！

SDP 以追求学校发展为核心，规划是为学校发展服务的，因而规划是形式，是实现发展的“抓手”，通过规划实现学校发展才是目的，才是 SDP 的最终追求。SDP 是学校与其所在社区共同制定的一个时期学校未来发展的蓝图。一般包括学校总体发展战略规划、课程和队伍建设规划、校园发展规划三个部分。涉及学校现状分析、发展目标、发展要素和保障体系四个方面内容。SDP 的制定可以明确学校未来发展的方向和目标；负起改善学校办学条件和水平的责任；密切学校与社区的关系，赢得社区的关心；沟通与教育行政部门的关系，有效地配置教育资源；找出学校发展中的问题，获得更多的外部支持。

二、坐着谈不如起来行——制定科学的 SDP

1.SDP 对校长的核心要求：主动与行动

（1）SDP 要求校长在学校管理中要从被动管理走向主动发展。

这种管理思想主要体现在以下三个方面：一是在处理与办学主体的关系上，通过落实上级教育主管部门的办学要求，理解学生家长对教育的需要，通过规划，主动遵守教育政策法规，主动满足人民群众的需要，将规划作为学校办学自律的“承诺”，由此换得对自身办学的支持，获得学校自主发展的条件和运行空间。二是体现在学校对教师的管理上，主张通过制定和实施“教师个人发展计划”，将个人的职业发展目标与学校发展目标结合，形成结合学校发展需要的教师发展目标及其行动方案，要求教师按照个人发展计划不断实现专业能力、专业精神、职业道德的提升发展，而学校则要尊重教师个人发展的自主权，从而实现教师的自主发展。三是在学生管理和教学改革中，主张制定和实施“学生个人成才计划”，通过制定和实施成才计划，规范学生的行为，明确学生发展的目标，实现学生的自主发展。

（2）SDP 要求校长管理实践中要立刻行动起来。

作为校长应该“放弃抱怨、立刻行动”，立足现实，不能好高骛远，能做多少算多少。要结合学校的具体实际，首先解决那些自己能够解决的问题，对自己不能控制、无力解决的问题，无论多么有道理，抱怨也是没有实践意义的。“坐着谈不如起来行”，能进步多少就进步多少，在自己力所能及的范围内最大程度解决学校存在的问题。

2.SDP 的制定原则

（1）自下而上的原则。

非 SDP 状态下的学校规划主要是自上而下的，制定和实施 SDP 要求自下而上，因为 SDP 强调的是“生成性”，它是教职工共同参与、凝聚共识达成的。要求教职工全员参与，通过不同层次的分组讨论，逐步归并意见和建议，由此形成规划的具体内容。在技术措施上，包括思想发动与准备、召开教职工大会、分组讨论等。一般的方法是在一个学期结束的时候，以办学思想讨论为铺垫，总结一个学期的工作，在总结的基础上组织讨论，每个人对学校发展进行展望，对自己的工作进行分析，提出学校发展面临的形势，主要的机遇与挑战，对学校未来的期望，分析自己的工作与学校发展的关系等，将这些讨论归进行归纳，提炼成意见和建议。

（2）社区参与原则。

社区参与是 SDP 的重要原则，没有社区的积极支持，学校的发展就难以实现。社区参与主要是通过社区分析诊断学校自己的问题与不足，了解社区的需要，满足社区群众的要求，同时也是得到社区支持、开发利用社区各种教育资源的主要途径和手段。社区参与的技术方法主要有绘制社区地图（社区地图是通过参与方式所绘制的、反映一个社区的基本情况的地图，应包含社区成员认为重要的信息，需要显示学校的社区交通、人口、机构、设施等环境条件，也包括学生分布、社区人力资源、社区文化等）、组织社区调查、召开社区代表会议、组建学校发展委员会等，通过这些方法调查社区的情况，了解社区需求与意见，达成学校与社区的合作。SDP始终把与社区的联系作为重要的内容，因为只有了解社区的要求、满足社区的需要才可能真正办成让人民群众满意的教育。

（3）沟通交流原则。

SDP坚持自下而上的原则，针对现实情况，这种沟通主要是学校主动与上级主管部门的沟通与交流，作为政府办学的学校，必须了解政府的要求、满足政府的要求，做到依法办学，努力实现为人民服务。SDP认为，学校和政府在办让人民满意的教育方面是一致的，学校主动与政府沟通交流，一方面可以把握政策、明确办学的方向，另一方面通过规划使主管部门相信学校在努力按要求办好人民满意的教育，得到对自主办学的认同，还可以在各个方面得到更多办学的支持。

（4）可操作原则。

可操作性是SDP的灵魂，没有可操作性，再好的规划只不过是水中月雾中花，对学校的发展毫无用处。可操作性体现在现有的或可能的条件下付诸具体行动措施。在SDP中有一项具体的内容就是各项目标的指标体系，有可以获得和测量的可比性数据，有具体的、可以量化的行动对策、评估程序、有关规定等。同时，SDP的具体内容也应该简单明了、通俗易懂，容易被人理解。总之，SDP中的数据是可以测量的、可对比的，措施是可以实际操作的，完全体现可操作性。

3.SDP的具体制定步骤

（1）是大合唱，不是校长的独唱——确定参与的人员。

SDP要求各方面广泛的参与，它是在校长的组织下实施的，但绝对不能由校长或学校领导班子自己制定，校长是组织者。应当从发动教职工总结自己的工作、分析状况入手。需要广泛征询社区意见、发动社区参与，还应当积极与上级行政主管部门沟通，也要听取家长和学生的意见，必要的时候请一些外部的专家帮助分析诊断也会有很好的效果。我们必须认识到，SDP 是需要教师和各方面的人士共同落实的，规划如果没有他们的参与，就很难得到广泛的社会支持。绝对要坚持的是 SDP 完全不是校长一个人在办公室里想当然地就写出来的。

（2）切忌闭门造车——全面了解各种情况。

通过有关活动，动员相关人员在制定的过程中充分发挥主体性、自主性，采用“头脑风暴法”，鼓励大家畅所欲言。通过座谈、访谈、信箱、问卷、探讨等方式，收集对学校存在的问题、发展的等方面的意见和建议，同时进行必要的梳理和分类整理，对学校进行 SWOT 分析，找到学校发展的优势、劣势、机遇、挑战。再把这些进行系统的分析，分门别类地加以概括，绘制详细的问题树（问题图），并呈现给每一个参与制定规划的人员。同时明确制定 SDP 会议的目标和活动程序以及会议的时间和地点，告诉每一个参与制定的人员。特别是任务（目标）一定要细，细到具体的责任人、任务的具体量化指标（完成的时间，参与的人数，完成的程度或成绩）、相关的责任人，评价人，奖励制度的落实等。成立发展评价委员会，及时对学校的发展进行评价反馈。

（3）激励斗志，鼓舞人心——达成学校的发展目标。

学校发展目标是 SDP 的核心和关键，目标的形成通常是以学校发展的环境分析与问题诊断为基础展开的。要求通过对教师个人“学校发展展望”的概括总结形成，这种方法要求规划制定的不同参与者分别展望学校未来的情况，包括发展性展望和非发展性展望。发展性展望是对学校现在没有做到而希望在未来做到方面的描述，比如：我希望我们的学校学生的成绩更好，得到政府和家长的赞扬等。非发展性展望是对学校现在存在，但展望者希望在未来不存在方面的描述，比如我们的学校应该没有体罚、没有对学生的不尊重等。显然，发展性展望隐含了学校发展的目标，而非发展性展望隐含着学校发展需要克服和解决的重要问题。当然，学校发展目标形成后，需要分解为阶段目标，需要确定目标的优先次序，也需要概括出相应的内涵以便使目标深入人心。一般认为，学校发展的目标如果不能朗朗上口、高度概括，就难以起到凝聚作用，难以为教职工记住，但如果概括成口号化的目标，就不具有可检测、可评估性，就难以得到群众的信任，也会因为缺乏监督而难以实施。为此，学校发展目标通常包括两个层次的表述，一是口号化的总目标，二是目标内涵的具体界定，一直描述到可以监测评估的程度。

（4）确定具体的工作措施。

学校发展目标确定后，需要相应的措施来实现这样的目标，学校发展的措施是规划中列出的行动计划，它要求紧扣发展目标来制定，强调目标与措施的相互对应，“不能直接支持目标实现的措施不能作为学校发展的措施，没有措施支持的目标不能作为学校发展的目标”。对于那些间接而不是直接支持目标，又是必须有的措施，通常会列入学校发展计划中的“保障体系”，所谓保障指的是落实措施的条件，是指措施和目标的保障。

（5）撰写 SDP 文本。

SDP 的意义主要在过程，但规划最终需要形成一个文本，对于 SDP 的文本格式有人认为应该有固定的格式，有人认为不需要固定的格式。但不管怎样以下内容是必不可少的：制定学校规划的起因，这是制定规划和实施规划的起点，需要简要说明；学校环境分析（包括历史、资源与竞争），分析的具体内容根据规划的起因确定；学校发展目标及其说明（总目标、目标内涵界定、阶段目标），目标来自对学校的分析，来自教职工的集体智慧；实现学校发展目标的战略措施，这些措施是指向目标的；SDP 的保障体系，那些间接支持目标的措施通常作为保障措施。这五个方面是 SDP 正文必须回答的内容，通常 SDP 的文本不宜过长，篇幅过长会冲淡主题，但篇幅过短就不能体现可操作性。为了解决这样的矛盾，SDP 建议可以采用附件的形式，列出针对某一方面的分规划，比如师资队伍发展规划等，附件的篇幅长短都可以，主要是根据实际的需要。

三、校长的问题校长办——SDP 中的校长

随着我国基础教育改革的不断推进，越来越多的教育行政部门和学校认识到，制定和实施 SDP 是实现学校发展的重要途径和手段，SDP 为转变管理思想、凝聚各方共识、分析诊断学校存在问题、帮助学校持续发展提供了一个有效的平台。

就具体的学校发展和校长个人发展来讲，差别也是非常的大。那么，面对我国基础教育改革、学校发展自主权日益扩大的新形势，面对新形势对校长专业化要求越来越高的今天，我们如何科学、合理、准确地制定既具有前瞻性又切实可行的发展规划，在利用 SDP 对学校进行规划的过程中，校长应该做并扮演什么样的角色才能实现自身的专业化发展呢？

从校长个体的角度看，校长专业化就是校长专业发展。即校长个体在专业精神、专业修养和专业技能等方面不断发展、完善的过程。

1.SDP 中的校长

在 SDP 条件下，我们做校长应该扮演一种什么样的角色才能符合教育改革与发展的需求呢。有人肯定会说校长应该成为教育专家，他的核心业务在课堂，是课堂教学。因为学校是一个教育机构，同时一切教育改革最终会落在课堂上，要改革具体的教育过程。教学方式，师生关系，管理模式等不变的话，改革是行不通的。“长听课，会评课”这是校长的底线，校长应进得了课堂，讲得出名堂。

除此之外，我认为 SDP 条件下的校长应该扮演这样的角色：

校长是学校愿景的设计者，不是目标的守望者。

校长是学校工作的领导者，不是任务的执行者。

校长是学校资源的开发者，不是环境的享受者。

校长是学生人格的塑造者，不是考分的迷恋者。

校长是学校工作的促进者，不是具体的实施者。

2.“促进者”这个角色

校长如何成为一个促进者？就是校长应该引导学校的全体成员一同解决学校发展过程中的一些问题。比如校长可以设计这样一些问题来促使大家思考：

学校当前遇到的主要问题是什么？

这些问题在我们学校的表现形式是怎样的？

为什么会在我们学校有这样的表现？

基于这些问题和表现，我们应该如何去做？

做了以后感觉怎样？

在改进过程中，我们有哪些成功与失败的地方？

这一过程，校长就是推动者。SDP最后聚焦在校长，校长应该具有一种理念，自主促使学校发展，促使学校调动组织成员去解决这些问题。

驴之所以是驴，是因为其不会规划，不能反思，不懂抬头看路。校长不能成为那拉磨的驴，就要充分认识自己，及时反思自己。学校不能成为那拉磨的驴，学校不能成为没有舵的船，就一定科学地制定学校的发展规划！

中国中小学名师名校长领航工程丛书

教育思想体系建构

范　勇◎著

中国出版集团
世界图书出版公司

丛书序

我在不久前发表于《中国教育报》的一篇文章中提到：必须高度重视我国教育本土实践与智慧的深度研究，这可能是中国教育转型的关键，也是增强教育自信的必由之路。这里摘引其中的几段。

何为“本土”？自然指向的是中国本土，它是中国的，是中华民族的，是在中国教育自身的实践中产生的。但今天的本土，又不是纯粹的孤悬于世界教育文明之外的“孤岛”。近代以来，国门大开，中外交流包括教育的交往从未中断，而且越来越有深度，也越来越融通。因此，可以说，在全球经济一体化的今天，偌大的中国，无论怎样的教育实践和思想，都像今天的中美经济贸易一样，你中有我，我中有你，所以这里的本土应该是指发生在中国大地上却又融汇了全球教育智慧的本土实践，是在实践中产生的智慧。研究本土教育，弘扬本土教育的实践智慧、经验，绝不意味着我们对于他国教育理论和实践的拒绝和对抗。

事实上，许多年来，随着教育部中小学名校长、名教师领航工程的陆续启动，一批又一批原本散落、尘封、不为外人所熟知的教育实践成功的学校、校长和教师典型，经由国家工程的推动，越来越快地成长、发展和成熟。笔者参与教育部中小学名校长领航工程，以江苏基地首席专家的身份，与来自全国15个省市自治区的教育家型校长“互学共进”，见证了他们在一流理论和实践导师的专业引领下自身成长和学校发展的

“蜕变”过程，深感与最为杰出的教育人结伴而行，乃人生至乐，且真正可以教学相长。感受最深的是代表我国现阶段最高水平、最高层次的精英校长，他们在长期的教育和学校管理实践中，在长期广泛学习、借鉴、研究、融会贯通、将世界优秀的教育理论与我国教育实际相结合的过程中，不断地“立功、立德”，成就越来越多的教育辉煌，其中有很多校长已经或者正在形成富于本土教育特色和个性的教育思想。

这样成功的本土实践、这种在本土实践中成长起来的中国教育智慧，对于教育改革的深化，对于教育转型，其借鉴意义和价值深远，一点也不亚于西方教育成功的理论和模式；甚或，因为其同源性、可行性，就显得更加重要。对之视而不见或者置若罔闻，这要么是崇洋媚外的劣根作祟，要么是功利导致的无知和漠视。

到2021年9月中旬，教育部第二期教育家型校长培养工程圆满结业，中国已经培养出近180位教育家型校长。而随着时光流逝，他们中的越来越多的人都将淡出教育的主流场域，这虽然是新陈代谢的规律所致，但对于这一批校长，在这样一个黄金时段，如何最大限度地发挥他们的作用和功能，更好地实现在教育变革中的意义和价值，对此我们又有多少考虑，又有多少顶层设计呢？

作为曾经伴随着他们“走过这一段路”的培养者，作为亲眼见证和感受着他们的优秀、卓越和创造了一方教育辉煌的专家，每每想到这些，只有扼腕叹息，我无法要求国内的教育专家学者转换视角、转变观念，把研究的重点瞄向本土、本土真正杰出的教育实践家、中国一流的教育家型校长群体，也无法突破一般政策的规定，比如校长任职年龄的限制，充分发挥这些领航校长的智慧和才干，不断创造办学和教育的奇迹，引领一方教育顺利转型。我可以做的，或者说力能胜任的，大概就只能是重点关注这些校长中的一部分，调动多方专家力量，如实地呈现他们有关教育的功、德、言，呈现他们的研究成果和创造成果。

这套《中国中小学名师名校长领航工程丛书》正是要通过这些校长

自身成长的轨迹梳理、学校发展的过程回放，通过对其经验与理念、理性思考与实践智慧的展示，特别是通过他们教育思想、管理个性与办学风格的真实表达，以理性开启思维，以经验启迪思想，以成功激励成功，为面广量大的校长人群提供资源帮助，经验参照和方法启迪，推动正行进在改革现实、加快转型、探索未来教育的他们突破、超越，从而为加速建设教育强国、科技强国、人才强国贡献智慧和力量。

不仅如此，通过这种原汁原味的成功样本的“实录”，展示中国基础教育转型期一批勇敢者不息探求的历史，为未来国内有志于中国基础教育研究的专家提供第一手的最真实的素材和资源。也衷心希望越来越多的教育同仁参与进来，开展越来越多、越来越丰富的研究，取得越来越多、越来越厚重的成果。

当中国本土的教育实践智慧被越来越多的教育人、研究者深度关注，当本土教育家型校长和校长教育家的办学思想、成果的研究终于成为“显学”，我国教育改革的深化、教育转型的发展，就进入了花香郁郁、生机勃勃、自信满满的崭新阶段。

本丛书的组织、编写和出版，得到了教育部“国培计划”专家工作组秘书长黄桂珍、领航工程项目办郭磊主任、国教院培训学院于维涛、领航工程北京基地首席专家胡淑云、领航工程广东基地首席专家龚孝华等的大力支持，他们给予本书以较高的评价，在此深表感谢。必须要提到的是，2020 年，北京教育学院校长、培训学院院长胡淑云教授邀我和广东第二师范学院龚孝华教授一同参与了中国教育学会重点课题“从名校长到教育家型校长发展路径研究”，本丛书恰恰是围绕这一课题所做的“研究三人行”之成果了。

严华银

2022 年 2 月星期日于南京老山竹下居

道器融通　润心启智

——校长教育思想的产生与发展

马克思说："人是思想的存在物""真正的人＝思维着的人的精神"。它告诉我们：思想是人的衍生物，属于人的一种个性化的酝酿创造。在人类孕育和成长的过程中，每个人的大脑都在接收外部信息并加工、反刍后逐渐自成一方世界，这个世界的内核，由你自己创造、取用和丢弃，这个过程就是思想的诞生。

校长的教育思想，是校长在一定社会时代背景中，基于自身对教育的理解实践和外在所接受的信息，在反复思考加工提炼后，形成的对教育的独到见解。因此，校长的教育思想来源主要有两方面：一方面是基于自身的教育实践的反思提炼，包括自身接受教育和教育别人；另一方面是基于校长所处时代和背景，包括校长的经历和校长跨越时空的学识和视野。学校的任务是育人，校长的教育思想必须回答：育什么样的人？怎样育人？为谁育人？也就是把党的教育方针落地落实。于是便有了校长的冥思苦想：我们到底育什么样的人才是家国所需、社会所用的人才。

天真活泼可爱的样子

天真是基于对人的天性的理解以及被教育者的角色体验。陶先生有诗曰："人人都说小孩小，谁知人小心不小。您若小看小孩子，便比小孩还要小。"我们要想自己的教室里有牛顿、有瓦特、有爱迪生，我们就"必得把自己变成一个小孩子"。回想起自己的童年，除了薄薄的两本教材（语文和数学）期末要考试，其他的课都像课外实践活动一样，玩、听故事、做游戏等，一天五六节课，然后就放学，作业一小会儿就写完，然后就和小伙伴约定今天玩“拍人游戏”“摔泥罐罐”，明天大家一起上山掏鸟蛋、挖野菜，后天大家一起去下河捞小鱼。春天去踏青，沐春风，看草芽，晒太阳，暖洋洋的春日，就像妈妈温暖的手；秋天去采果，满山的黄叶，红红的果，大自然真是太好了，让我们有享用不尽的乐趣。有时，果子旁边趴着一个大虫子，这就要考验我们的勇敢和智慧了，最终我们打死了大虫拿到了果子。童年就像有首歌唱的那样：“冬天虽然冷，可它属于我。荒原冰凌滑雪撬，猎枪篝火野餐锅。那回到河边，我去堆雪人，一看忘了装耳朵，你说多可乐。冬天冬天冷冬天，冬天乐趣多，冬天冬天冷冬天，冬天属于我。夏天虽然热，可它属于我，沙滩浪花大海螺，帐篷琴声甜瓜果。那次到林中，我去采蘑菇，突然蹿出一条蛇，差点吓坏我。夏天夏天热夏天，夏天乐趣多，夏天夏天热夏天，夏天属于我。”

我们今天常常以所谓的“好日子”“幸福生活”，跟过去的“穷日子”“条件困难甚至多么艰苦”比较，来教育我们的下一代要好好珍惜今天的一切，絮絮叨叨一大堆，可我们的孩子往往会淡淡回一句：“你们那时多自由啊！”顿时，让我们哑然。是啊！还有比自由更重要的吗？“生命诚可贵，爱情价更高，若为自由故，二者皆可抛。”（匈牙利诗人裴多菲）成人尚如此追求自由，更何况今天的孩子们！自由——在今天是多么珍贵的教育资源！

我们与儿时的伙伴一起玩游戏，一起去“干活、做事”，一起在大自然中分享快乐，一起分担忧愁，歌声、笑声、吵声、闹声、哭声、嗨声不绝于耳；时常逞强，模仿大人去担当，模仿警察抓小偷，模仿医生给伙伴的伤口抓把泥土当药上。小社会中结成的“发小”“光屁娃”，成年后让我们成了“铁哥们”“生死弟兄”。自主、自律、体验——让我们积累了正确处理人与人、人与社会、人与自然的初步经验。在属于儿童的“小社会”体验中，心智逐渐发展成熟，变得强大，成为他们走向社会的自信与力量。我们的民族发展如此强劲，应该说有那么一代代强劲的人在推动。未来，一个有强劲发展的民族，也一定要有一群强大心智力量的人民。

各美其美、和而不同的样子

各美其美是基于对教育理想的追求。在长期的教育教学实践中，我们会发现：100 个孩子的心里就会有 100 个世界，100 个世界里就有 100 个太阳，1000 个学生眼中就有 1000 个哈姆雷特，1000 个哈姆雷特就有 1000 种真善美的向往。当我们放开他们思想的闸门，他们就会有 10000 个理由要求我们为了实现他们的愿望提供机会。我们的教育是多么应该关注孩子们的愿望，并给孩子们提供实现愿望的机会呢？哪怕小小的一个也可以。让他们在惊喜中有学习的乐趣，让他们在成功中拥有自信，让他们在挫折中锻炼韧劲，因为在他们喜欢的感兴趣的事情中，更能锻炼他们不放弃不退缩的坚毅和顽强。这对今天的学生来说是多么重要！但现实中，无论是学校还是家长，都是拿成人的愿望来要求孩子，让孩子实现大人的愿望，已成为教育者的共识。孩子无形中成了上一代实现愿望的工具和机器。

在他们本来就缺少乐趣和自由的生活里，我们再不断强化大人意识，不断勒紧只有少数所谓“上等学生”才能被认可的“考试成绩”这条绳索，致使多数学生长期生活在单一的、机械的、两点一线的生活空间里。沉闷的甚至有点窒息的氛围，让他们从失望到无望，从冷漠到木然，直至偏激、抑郁、怪异、发泄、仇视、报复甚至自杀。2021 年暑假，某省校园安全工作会议公布了三年来学生非正常死亡数字：2018 年非正常死亡 126 人，其中自杀 34 人，意外死亡 86 人，刑事案件死亡 6 人；2019 年非正常死亡 241 人，其中自杀 77 人，意外死亡 155 人，刑事案件死亡 9 人；2020 年非正常死亡 366 人，其中自杀 115 人，意外死亡 237 人，刑事死亡 14 人；2021 年上半年非正常死亡 227 人，其中自杀 94 人，意外死亡 126 人，刑事案件死亡 7 人。数字触目惊心。那些自杀的生命，但凡有一线阳光照进心灵，他们也不会选择永久的黑暗长眠。如果说选择自杀者少之，那么有自杀想法的、活得痛苦的、看着学习好的而自己整天失落的，又有多少？发生了命案的家庭或学校，教育的理想成了“吃好饭，睡好觉，不跳楼”了！美国著名的教育心理学家吉诺特博士说：“在经历了若干年的教师工作之后，我得到一个令人惶恐的结论：教学的成功和失败，‘我’是决定性的因素。我个人采用的方法和每天的情绪是造成学习气氛和情境的主因。身为老师，我具有极大的力量，能够让孩子们活得愉快或悲惨，我可以是制造痛苦的工具，也可以是启发灵感的媒介。我能让人丢脸，也能叫人开心，能伤人，也可以救人。无论在任何情况下，一场危机之恶化或解除，儿童之是否受到感化，全部决定在我。”

我们无数的校长和老师在任职前，都是怀揣梦想，信誓旦旦：“我一定要培养出优秀的人才，直至杰出的人才”“我办的学校一定要好”“我带的班级一定要好”。承诺和誓言成为我们教育工作者的奋斗目标和前进动力。往往干着、干着，校长不是陷入“考试分数、升学率的追求”中，就是陷入“学校硬件建设和办学资金的筹措”中，把“人”就是目的忘得一干二净。给那些“中等”的、整天生活在“赶上去”的呼声里的孩子们一线机会，他们会更有劲儿；给那些“下等”的、考试升学没有大希望的、课堂上陪衬的孩子们一个展示自我的机会，他们会燃起生活的希望，自信地抬起头走路。教育就是给孩子们的发展提供适合的机会！叶圣陶说：“教师之为教，不在全盘授予，而在相机诱导。”校长的使命就是启用一切资源和力量给全校所有的孩子提供适合成长的机会。

负责任、敢于担当的样子

“我能行！”“困难面前有我们，我们面前没困难！”这是我们最想听到的声音。一个有家国情怀和责任担当的学生才是祖国和人民所需要的。

中国自古就有岳母刺字“精忠报国”，成就了抗金英雄岳飞。周恩来 12 岁就立志“为中华之崛起而读书”，后来成为人民的好总理。家国情怀和责任担当是新时代中小学生迫切提高的素养。我们看那些选择自杀的孩子，在痛惜之余也进行反思：首先，我们的学生在责任感上就缺失，缺乏对社会的责任感和对国家的忧患意识，有知识，没有是非判断能力；有技术，没有良知；患有人类文明缺乏症、人文素养缺乏症、公民素养缺乏症、精神道德危机症。责任就是为他人为祖国利益考虑并付诸行动。英国塞缪尔·斯迈尔斯认为：“责任感是所有品德中，影响力最大，也是最基本、最必备的品质。缺乏责任感的人对抗不了苦难，抵御不了诱惑，导致犯罪或堕落；相反，在责任感的激励下，人们能够克服自己的弱点而变得坚强勇敢。”“像水泥使建筑物坚固一样，责任感使我们的道德坚固，抗拒诱惑和考验。责任不是感情，而是贯穿人生的一个准则，它的基础是良知。不负责任的生活是一片废墟，不负责任的人最后只会落得受人嫌恶的下场。”

老师和家长首先要有家国情怀。2019 年，为完成国家脱贫攻坚任务，教育部要求中小学名校长领航工程学员学校向最艰难的四川凉山州选派援教教师，笔者所在的辽宁省昌图县实验小学先后派出 6 名教师，他们响应国家的号召，放下自己优厚的生活，放下自己还在幼儿园里的小孩以及上了年纪的父母双亲，从东北飞到大西南深山里的四川凉山州金阳县。这些教师一路飞奔，感受到祖国幅员辽阔、山河壮美。他们在凉山州接受培训时，与来自全国的 100 多名专家学者面对面畅谈教育，与教育部教师司的领导合影留念，真正感受到国家力量的强大；进入山里被聘为专家，为彝族的老师做业务讲座，为彝族的孩子们上课，援教的每时每刻都是站在祖国需要的立场上去工作，代表国家扶贫帮困。虽然苦些累些，但是他们感到无上光荣，家国情怀顿时浓厚起来。原学校的学生也因为自己的老师去为国家脱贫攻坚完成时代使命而感到骄傲，学生家长也为老师们的爱国壮举而点赞。这些援教老师完成任务后，回到家乡、回到学校，经常讲起祖国之大、之美、之强，爱国的情怀使他们比起普通教师要明显得多。学校对当地农村较偏远地区支援，别人嫌累，他们却欣然前往，困难和问题全部自己解决，生活中的琐事和烦恼对他们来说“都不算事”！一位拥有家国情怀的老师，是多么自信和自强！在他们的带动下，全校老师爱的格局都大起来，由过去对孩子的爱上升到对祖国的爱，精神力量得到新的提升。

责任感直接关系爱国主义，今天的学生就是要服务于国家和人民，从小树立“强国有我”“天下兴亡我的责任”，脚踏实地，从污染城市环境就是不爱国，捡起脚下的纸屑就是爱国开始，摒弃“读书只是为我的前途未来”的狭隘观念。顾炎武说：“唯有责者方有耻。否则，就是无耻之徒。”张伯苓先生曾说过：中国人“好弄个个人手腕”。团体生活中不善组织不能合作。所以，我们必须强调家国情怀，培养社会服务意识和爱国意识。

荀子：“（人）力不若牛，走不若马，而牛马为用，何也？曰：人能群，彼不能群也。”“虽有尧之智而无众人之助，大功不立。”（韩非子）“能群者存，不群者灭，善群者存，不善群者灭。”（严复《天演论》）

不断描绘和完善理想的育人样态

鲁迅在《故乡》中描写少年闰土：“深蓝的天空中挂着一轮金黄的圆月，下面是海边的沙地，都种着一望无际的碧绿的西瓜。其间有一个十一二岁的少年，项带银圈，手捏一柄钢叉，向一匹猹尽力地刺去。那猹却将身一扭，反从他的跨下逃走了。”机智勇敢、见多识广的少年闰土，令城里少爷鲁迅羡慕不已。这样的少年是鲁迅希望的，更是今天的我们所愿看到的，这样富有生活常识和生活经验的勇敢少年，本应更多，但我们很少见。见生人就往大人后面躲的孩子却常见，怎样增长儿童的阳光自信，培养出高素质的新一代，是校长的光荣使命。

党的教育方针明确要求“五育并举”，当我们研究学生德智体美劳全面发展的时候，如何使其校本化、接地气是最关键的。德的学校载体是什么？智的学校载体是什么？体育、美育、劳动教育如何得到学生及家长的应有重视？这是我们每一位办学者必须思考和必须落实的大事情。再如，立德树人、素质教育如何落地？这是办学最重要的事情。我们纵观历史，各种风格的书院办学都有其独到的育人功绩，应该说都是从不同角度实现了培养那一代人的素质；横向看今天中国的特色学校，也是百花齐放、百家争鸣，也都是从不同角度实施素质教育。由此看来，好像抓什么都是实施素质教育。到底什么素养是必备的、关键的，必须进行深度思考和提炼。

学校必须有明确的办学思想来引领，才能保证学生全面发展。现实中，以抓“分数和升学率”为主的学校实施的素质教育却问题频出：学生夏天上操经常晕倒，冬天上操怕冷、怕冻不爱出屋，春秋换季感冒流行，野外远足稍远点就坚持不住，近视率高达三分之一，学习和生活中遇到点困难和挫折就受不了，玻璃心、脆弱体随处可见，学生由厌学、逃学、弃学到厌世、抑郁、狂躁的现象居高不下。人的一生哪有不经历挫折和困难的，学校的素质教育到底最应该培养学生的哪些重要素质，才能避免问题的发生，并且学生都能进入健康良好状态？这需要校长有明确的办学思想来引领，学校才能走上康庄大道。这是校长最应该深思的问题。

基于问题的不断思考和追问——到底培养怎样的人？早在 2007 年的时候，笔者就被上面这些问题所困惑。一方面饱览群书，一方面外出考察，走遍吴江看特色，走进重庆学特色，到北京、上海的先进学校考察学习，但是，依然感到所有的外来经验都与自己的学校实际情况有距离，拿来主义不能落地。于是进行深度研究和思考。

不断营造理想的教育生态

校长一般都是由教师岗位逐渐走上领导岗位的，工作性质也逐渐由学科知识传授转向管理，转型时期也是最迷茫的时期。走一条怎样的发展之路，才是最正确的？有的校长忙于改变学校面貌，立即沉溺于繁杂的事务中；有的在策划着将来要到更好的学校去任职，陷在关系网中难以自拔。其实，职业转型最需要的是静下心来学习，走一条最宽、最实、最远的学习之路。不断增强校长的学习力才是“大道”，同时，学习既是对自己的管理，也是对组织的带动。教师的学习都是越学越广，学得越广，触及未知的领域越多，就越觉得自己知道的太少，就越努力。所以，越学越谦虚，越学越自觉。当一所学校的老师都能自觉去学习和探索教育问题的时候，都能自觉遵守纪律，还用校长去管理吗？这时候，校长只需要为老师和学生们多搭建展示的平台就可以了。其实，当一所学校团队学习风气形成的时候，就自然建立了学习型组织，学习工作化，工作学习化，学习型组织就成了一种创新管理、高阶管理。美国学者彼得·圣吉的《第五项修炼》这本书就是专门谈学习型组织建设的，所以当校长苦苦思索以什么样的形式管理学校的时候，也许校长本身的学习既是带领团队学习，同时也是以学习带管理，一举双得。用团队学习代替管理，团队的每一个人都自觉去学习，而且越学越爱学，使自觉可持续，使创新随时发生，使组织充满生机和活力。这是笔者多年实践感触最深的最好管理，也是校长的无为之治。

教育人应该首先是读书人。教育要有尊严，就必须读书。“40 岁的人要为自己的脸负责。”（林肯）；“读不读陀思妥耶夫斯基的人，从脸上能看得出来。”（苏联谚语）；三日不读书，语言无味，面目可憎。为精神气质——“理义之悦我心，犹刍豢之悦我口”。读书多积理富，蓄积义理，足以悦心，便是对于吾人生命直接加以滋养料，视饮食之滋养肉体，其效益大小，岂不天壤悬隔哉？凡人真能读书以悦心，其生活内容日以充实，即神澄而明，气盛而畅，人格日以庄严伟大，穷足以善身，达足以善天下。不然，则日就委靡销耗以终，同于块土顽石无生命之物。人生何可遽如是乎？（熊十力）

校长读什么样的书—— 教育经典。简少之文而摄无量义。经典训练的价值不在实用而在文化。（朱自清）

手机视频以图代文的阅读导致思维能力的衰退和萎缩。当年电视遥控器发明时，美国学界担忧：“遥控器让改变观察对象变得太容易了，结果便是频繁使用遥控器的人容易缺少责任心。”“电脑对人类未来构成巨大的威胁，不是因为电脑变得比人更会思考，而是因为人变得跟电脑一样不会思考。”（域外箴言）

基于经典阅读和不断反思——学习、学习，再学习！怎样读书？教师应该静下心来教书，潜下心来育人。静为躁君，宁静致远，静观自得，静水深流，心静自然凉，静则得之，躁则失之。（管子）潜心，心静而专一，

“板凳要坐十年冷”（尤比契夫）。校长带领教师要博览群书。黎明即起，背唐诗宋词，背郭沫若、艾青、普希金、海涅、泰戈尔。晚上读鲁迅、茅盾、莎士比亚、契诃夫、托尔斯泰、果戈理、车尔尼雪夫斯基。不读书一定不是好老师，读书的老师再差也差不到哪里，不读书的老师，再好也好不到哪里。“凡读书，不可求快，尤须沉潜往复，从容含玩，否则必难悟入。吾常言，学人所以少深造者，即由读书喜为涉猎，不务精深之故。”“每读一次，于所未详，必谨缺疑，其疑问常在心头，故乃触处求解。若所不知，即便放失，则终其身为盲人矣。”（熊十力）

读书不一定都有用，但读书一定是积累。教育理论积累多了，教育实践经历多了，一定就有理论指导的实践，一定有实践呼唤理论来指导。理论和实践基于双方的积累就会在现实中不期而遇。

适宜的，才能站得住

校长的教育思想是学校的上层建筑，只有适合学生发展成长，才能被师生拥护并促进师生成长。否则，必将因为阻碍师生某一方面或某些方面成长而最终遭唾弃。适应学生成长的思想必然是尊重学生天性的。

学生的天性体现着其天赋优势，促进学生天赋优势成长的思想更易于被学生所接受。天命之谓性，率性之谓道，修道之谓教《中庸》。我们应该保护天性，尊重个性，培养社会性。孟子早就发现，人与动物不同的是，人天生具有善端，善端由恻隐之心、羞恶之心、辞让之心、是非之心构成。正所谓“人之初，性本善”。美国哈佛大学霍华德·加德纳的多元智能理论提出：人，天生具有语言智能、数理逻辑智能、音乐智能、视觉空间智能、身体运动智能、人际交往智能、自我认知智能、自然观察智能、存在智能等九种智能。可以说为培养学生基本的、重要的素质提供了很好的借鉴依据。把党的教育方针落到实处，把国家课程、地方课程、校本课程育人的素养落到实处，必须树立以人为本的育人思想，以人的心灵滋养与人的智能开启为本，落实立德树人，这时候“美好的心灵，多元的智能”育人思想就呼之欲出了。2007 年，我首先提出多元化育人，从学生语言交际、数理科学、体育艺术、自然生存、自我认知素养角度进行实践，开发多元智能课程，使国家课程智能化、地方课程重人文、校本课程多元化。通过多元智能的自我认知教育，每一个学生都知道自己天生至少有九大智能，而且每一项智能发展好，都会成为“三百六十行的状元”。为强化立德树人，2013年，我又提出“美好的心灵，多元的智能”。每个学生对照“四心·九智”都能找到自己的长处，而且各不相同，你有你的强项，我有我的长处，我们和而不同。所有学生都成为名副其实的多元潜能生。学校在日常教育教学中给每个学生搭建展示特长的舞台，让每个学生各美其美，美美与共。

在心智思想引领下，每位老师学会多元欣赏每一个学生，你在音乐智能强，他在体育智能强，我在语文智能强，逐渐培养了每一位教师的“亮点思维”。拥有“亮点思维”的老师，可以在任何学生身上发现闪光点。正如米开朗基罗所说：“在每一块石头或大理石里面都蕴藏着一尊美丽的雕像，一个人仅仅需要把那多余的部分剔除就能展现出内在的艺术品。”培根曾说：“欣赏者心中有朝霞，漠视者心中尽荒芜。”宽容、包容成为教师的美德。宽容，比任何东西都有力量。教育中，经常错误地使用强迫别人改正错误的方法，导致许多孩子走向反面。大部分“坏孩子”是在没有机会和条件改正错误的情况下越走越远。有时候宽容引起的道德震撼比惩罚更有效。（泰戈尔）莎士比亚说：“假如他没有一种德行，就假装他有吧！”教育家是怀着善心的，不以惩罚为目的，应当允许所有的孩子偷偷地改正自己独自一个人犯的错误。没有爱就没有教育（陶行知）。爱是一切道德的基础。

优秀是可以迁移的，学生某一方面优秀，常常会带动另一方面也优秀。学生的多元智能，会带动教师和家长的多元兴趣和爱好，老师、家长与学生共成长，互相赋能。学生优秀也会使老师更优秀，增强老师对生命、对事业强烈的爱心。理想和爱使老师幸福，只有幸福的老师才能培养幸福的学生。优秀的学生让老师笑容满面，教师灿烂的笑容成为课堂明媚的阳光。遵循学生的身心发展规律，发现并唤醒学生的心智个性特长，修炼美好心灵：孝心、爱心、省心、慧心，把孝心献给长辈，把爱心献给他人，把省心献给自己，把慧心献给生活。以家庭、学校、社会为训练场，自理、自立、自觉，长期坚持养成习惯。

素质教育特色化，特色教育项目化，大项目带动小项目，小项目引发多元兴趣，多元兴趣产生基因裂变。教学要能培植个人的天赋特长，要沿着学生的自然倾向，最有效地发展他的能力，鼓励扬长成才、个性成才。

每次的多元智能汇报会，都会让老师和家长倍感欣慰，高兴不已，学生美好的心灵和多元的智能焕发了老师的工作激情，教师相应地也成立了多元智能社团，大家起早贪黑练，逐渐形成了“勤奋，并快乐着”的核心精神。老师们常说：“每天早上醒来，一想到所从事的工作和所开发的项目将会给学生带来的影响和变化，我就会无比兴奋和激动。”人人都有优秀的地方，校园就是让优秀感染优秀。

马克思也说：“教育绝非单纯的文化传递，教育之为教育，正是在于它是一种人格心灵的唤醒。”教育就是一朵云推动另一朵云，一棵树摇动另一棵树。原中国教育学会副会长陶西平说：“多元智能是素质教育的最好诠释。”形而上者为之道，形而下者为之器，秉承六艺，开发多元智能，中西合璧，道器融通，养正开智。

一路实践，我们欣喜地看到：每一个走出校门的孩子，是会用美好语言表达美好愿望的孩子，是会用多种乐器表达情感的孩子，是会用画笔描绘七彩世界的孩子，是会反思、能质疑、勇于创新的孩子，是会保护生命、强身健体的孩子，是会自主、善合作、全面发展的孩子，是拥有美好心灵、多元智能的孩子！

适合孩子发展的教育，就是人民满意的教育。思想对路就会飞速进步。心智教育思想形成后，一年打基础更新观念，两年付诸实施初见成效，三年师生面貌大改变，学校从人到环境，从内到外发生了量变和质变；五年发展成了省内名校，八年发展成了拥有“一校四址五区”的教育集团。心智教育的优质资源仍然供不应求，人民群众对优质教育资源的渴望化为校园人不断前进的最大动力。

“美好心灵，多元智能”心智教育的特色理念似汩汩溪泉，哺养桃李，滋润绿洲；实施心智教育的人们以透视历史的目光与超越时空的理智，耸立起特色教育的里程碑，搭就教育思想的七彩虹，把睿智的触角伸向远方教育高地。

校长丰富的阅历与际遇、感悟、激辩相勾连的时候，灵感的光华一次次闪现、一次次沉淀，最后都会化为教育者的思想，体现在教育者的思考和价值领导力中。

目录

contents

第一篇

众里寻他千百度
——心智教育思想体系建构

心智教育思想体系，是以“心智”教育创建特色学校。以“培养‘心智’健全的具有创新潜质的健康少年”为办学宗旨，弘扬“美好心灵，多元智能”的学校文化品质，形成“大道通心，因材施教”的教风以及“心美智强，个性飞扬”的学风。在集团范围内，全面实施素质教育，做到素质教育特色化、特色教育项目化、项目教育优质化、优质教育常态化，通过大项目带动小项目、小项目引发多元兴趣、多元兴趣产生基因裂变的方式，培养了一批批孝德文明＼充满自信、兴趣广泛、知行合一、多元智能、视野开阔、个性飞扬的健康少年！

第一章　“润心启智”的教育思想背景

“心智”教育的内涵，即培养学生“美好心灵”与“多元智能”。“美好心灵”是在学校自身特色基础上，结合中西方优秀传统文化，总结出的品质，它强调培养并发展学生的内心修养，包含了爱心、孝心、省心、慧心、恒心等多种美好品德；“多元智能”则是基于多种学习理论的基础上，糅合学校自身特色，最终形成的智能体系，它包含了语言智能、数理逻辑智能、音乐智能、身体运动智能、视觉空间智能、自然观察智能、人际交往智能、自我认知智能、生存智能。总体而言，“心智”教育是从人与社会、人与自然、人与自我三大方面提出的教育思想。

第一节 植根于中国优秀传统文化

20 多年来，在探索“心智”教育的路途中，从中国优秀的传统文化中汲取了众多的经验，结合学校办学实际最终提出了以“心”和“智”二字为核心的教育思想。

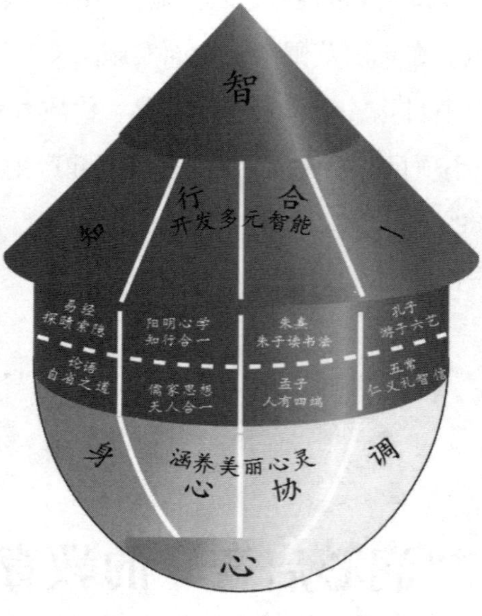

图 1–1 中国优秀传统文化结构图

一、身心协调，涵养美好心灵

（一）老子：修己之道

老子的修己之道即修养工夫，它融合了身心活动、心灵认识、精神状态三个部分，具体分为寡欲贵身、涤除玄览、致虚守静三个方面。

1. 寡欲贵身

人生而有欲，但如何认识、对待自己的欲望，则受各自经历的生活和接受的熏陶影响。在老子的心目中，作为至高教育者的圣人是“少私寡欲”[1]的典范，教育对象都应受到圣人潜移默化的影响。同时，老子讲求“贵身”[2]，常常强调爱护身体与生命的重要性，“少私寡欲”也正是“贵身”的内在要求。《老子·四十四章》言：“故知足不辱，知止不殆，可以长久。”[3]老子认为关键在于使教育对象自觉地“知足”“知止”。“知足”即满足于当下恰当的平衡状况，“知止”便是懂得适可而止。“老子不过要去掉外来的制裁——社会的制裁，而代以内发的制裁——个己的制裁。”老子站在哲学的高度替为师者的圣人为普天之下的求“道”者敲响警钟，给出一个实操性极强的教育内容。老子将私欲泛滥与其对“身”造成的严重危害娓娓道来，亦有保有此“身”是后续教育之坚实基础的意味。

2. 涤除玄览

《老子·十章》曰：“涤除玄览，能无疵乎？”[4]“涤除玄览”是针对学生的心灵认识做出的形象化的引导。“涤除玄览”也指“认识对象（客体）即道本身所呈现出的纯真素朴、简单空明的存在状态”。[5]它要求教育对象清扫预设的俗世偏见，摒除不属于事物自身的尘埃，做到自我认识的“自洁”，求得对“道”的真实感应。

3. 致虚守静

老子云：“致虚极，守静笃。”[6]极致的虚静是老子认可并赞赏的状态，是圣人一贯的精神面貌。故而，致虚守静也应是孜孜求“道”之人于精神修养上的追求。老子提倡的致虚守静是关乎教育对象的精神修养方面的重要内容。老子认为，虚静在人身上的体现应是由语言、面貌、形体、活动和谐共筑的一副整体形象，是破除内外干扰，再现本心，重塑独立

[1] 陈鼓应 . 老子注译及评介 [M]. 修订增补本 . 北京 : 中华书局 ,2013:134.

[2] 陈青之 . 中国教育史 [M]. 北京 : 东方出版社 ,2008:36.

[3] 陆建华 . 建立新道家之尝试——从老子出发 [M]. 合肥 : 安徽大学出版社 ,2011:16.

[4] 陈鼓应 . 老子注译及评介 [M]. 修订增补本 . 北京 : 中华书局 ,2013:93.

[5] 朱晓鹏 . 老子哲学研究 [M]. 北京 : 商务印书馆 ,2009:183.

[6] 陈鼓应 . 老子注译及评介 [M]. 修订增补本 . 北京 : 中华书局 ,2013:121.

存在的自我精神。教育过程中，圣人身为老师自不必说，本身就是“道”的人格化代表，是最能做到虚静的人。圣人以身作则，侯王与信服“道”的上士效仿圣人，控制自己的意念精神，保持纯净的自我。百姓不知道什么叫“道”，也不能深层次地理解何为虚静，但通过侯王、上士的传递，可以日出而作，日落而息，远离聒噪和纷乱，就是虚静精神的体现。在这种基础之上，怀有了敬畏和虔信感，才能够保证诸多其他方面的“心”得以健康涵养。

（二）论语：自省之道

自省是“修身之本”，儒家讲求“内圣外王”，内圣即指自身的修养，只有具备了良好的自身修养，才能齐家治国平天下。怎样发现自身的缺点和不足，不外乎两个途径，一是他人提醒，一是自我反省。一个人不可能时时刻刻处在他人的监督提醒中。因而反躬自省是破除“心中之贼”的终极思想武器。

自省是一件严谨的事，容不得半点马虎。但要做到时时自省是非常困难的。这是为什么呢？认识到错误不难，但要用坦诚的心灵面对它却不是人人都能做到的，就像一个人亲手割掉自身的毒瘤，需要巨大的勇气。就连孔子都发出感慨：“已矣乎！吾未见能见其过而内自讼者也。”（《论语·公冶长》）所以说，懂得自省是大智，敢于自省则是大勇。“省”字旨在说明，在希冀涵养美丽的心灵之前，当先有思考——面对自己内心的真实想法的思考。

（三）儒家思想：天人合一

“天人合一”思想起源于六千多年前伏羲氏时代，《易传·系辞传下》说：“古者伏羲氏之王天下也，仰则观象于天，俯则观法于地，观鸟兽之文，与地之宜，近取诸身，远取诸物，于是始作八卦，以通神明之德，以类万物之情。”

“天人合一”思想的发展是在儒家学者；儒家对“天人合一”哲学做出了最重要的贡献。孔子作《春秋》，上揆天之道，下质诸人性。相传他作的《易传》中说：“昔者圣人之作易也，将以顺性命之理。是以立天之道，曰阴与阳；立地之道，曰柔与刚；立人之道，曰仁与义”，世界是“人与天地参”。“三（参，即叁）”表示天、地、人以及三者有机统一，和谐发展。

什么是“天”？儒学认为，“天”就是自然界。孔子说：“天何言哉，四时行焉，百物生焉，天何言哉！”（《论语·阳货篇》）荀子说：“列星随旋，日月递炤，四时代御，阴阳大化，风雨博施，万物各得其和以生，各得其养以成，……夫是之谓天。”（《天论》）也就是说，“天”是创造了人和万物的自然界，是四时运行、万物生长的自然界。《序卦传》说：“有天地然后有万物，有万物然后有男女。”也就是说，天之道是“始万物”；地之道是“生万物”；人之道是“成万物”。这三者是不可分割的，“生成”与“实现”是统一的，这就是“天人合一”。孟子以“诚”这一概念阐述天人关系，他说：“诚身有道，不明乎善，不诚其身矣。是故诚者，天之道也；思诚者，人之道也。”“诚”是天的根本属性，“思诚”即求诚（认识诚），以合乎诚的境界是人之道，因而他以“诚”作为“天人合一”的理论指向。汉代董仲舒提出“独尊儒术”，第一次明确提出天与人“合而为一”。他说：“事各顺于名，名各顺于天。天人之际，合而为一。”（《春秋繁露·深察名号》）清初的王夫之发展前人的思想，强调“天地之气日新”，万事“一物两体”，“以合为一者，既分一为二之所固有”。天地人一体，人与自然是不可分割的。

虽然古代哲学家对“天人合一”有不同的解说，如“天人相通”“天人相类”“天人相调”“天人感应”等等，形成不同的学派，至今有激烈的争论；但是“天人合一”表示人与自然和谐，这是基本的，它可作为可持续发展的哲学基础。“天人合一”也是“中”的一种表达。“中庸之为德也，至矣”，中庸这种德行才是最高的。它可以用各种不同的表达方式，“天人合一”就是一个“中”的思想，不把天人对立起来。中国人讲“天人合一”就是相辅相成，就是一种对立统一。“天人合一”思想要我们尊重自然，体会大自然的意义。万物皆有灵，都有生命，而且都是跟人一体的，所以它的动作，它的行为，也同样具有人的意义，所以人要把它看得跟人一样，而且从它身上学到人应该学到的东西。总而言之，“天人合一”所要阐述的就是“和谐”二字，在“天人合一”

的思想的引领下，促进学生的不断发展，涵养形成美好的心灵。

（四）儒家思想：育人为本

育人为本的教育思想是基于胡锦涛同志提出的科学发展观而提出的，其核心是以人为本、以民为本、素质教育、全面发展、终身发展、公平、个性。我们可以看出，我国现行的教育思想中还有育人为本教育思想的影子，可以用一句话将其进行概括，育人为本就是说以人民、学生的需要为基础，培养学生能力、素质的提升，促进学生的全面发展，培养学生终身学习的能力，使每一位公民都有享受教育的权利，在教育时注意到儿童的个性与共性的关系。

育人为本教育思想的价值目标可以概括为德育为先、全面发展、以人（学生、教师）为本、以人民为本、个性发展，可以看出，其价值目标与其内涵是相对应的，注重人的能力、素质的全面发展、终身发展、个性发展。在此基础上，以人为本，促进学生全面发展，形成美好的心灵。

（五）孟子：人有四端

孟子是仅次于孔子的一代儒家宗师，有“亚圣”之称，与孔子并称为“孔孟”。孟子（公元前372—公元前289年）师承孔伋（孔子之孙），继承并发扬了孔子思想。其学说出发点为性善论，主张德治。心，在儒家看来，人与动物不同的是，人性中天生具有善端，善端由具有包含道德意义的四端组成——恻隐之心，善恶之心，辞让之心，是非之心。恻隐之心，仁之端也；善恶之心，义之端也；辞让之心，礼之端也；是非之心，智之端也。核心是仁爱之心，重要特征是真诚、正直、孝顺和爱人。首先爱父母，然后爱邻居，最后爱一切人。（《辞海》）“交人要交心，浇树要浇根。”因而在实际的教育教学中，在课程理念的引领下，涵养学生美丽的、平和的心灵就显得格外的重要。

（六）庄子：游心之美

对于道家“游”的实质，诸多学者都已有所论及。徐观复先生在《中国艺术精神》一书中表示，庄子关于“游”的论述“所指的并非某种具体的游戏，而是有取于具体游戏中所呈现出的自由活动，因而把它升华上去，以作为精神状态得到自由解放的象征。[1]学者邱晔则提出：“庄子的‘游’之精髓就是‘自由’。”[2]祁海文教授则认为庄子之“游”的思想“主要是精神之‘游’，即所谓‘游心’”。

《庄子》一书中所涉及的“游”，既有现实层面的游山、游水，即“四海之游”，也有超脱山水、超脱现实的精神性的“游”，即“域外之游”。从庄子自身的审美倾向而言，他关于“游”的论述较多着墨于精神与心灵层面的自由，即众多学者巨擘经常论及的“游心”。因此，庄子真正意义上的“游”更多地指向“游心”和“神游”。

对于庄子而言，“游心”指的是“此在”心灵的一种虚静状态及精神的自由闲适，若浮云随风，若春柳拂水，自在而自为，摆脱现实生活中的各项不利因素的制约与枷锁，寄心灵于“无碍”和“无滞”的宇宙荒漠，使自己的心灵得到安放与净化、超脱与宁静。

庄子“游心”之说，就审美人格的塑造来说，包含了两个层面的含义：

一是对理想人格的塑造。“游心”要求人们抛弃俗世的杂念，顺应自然的法则，不去过分地追求人的欲望。也就是说，真正“游于心”的人，已看破了俗世的功利，其精神也已达到自由无所待的境界。换言之，进入“至美至乐”这一境界的个体，必然是已经完成了道家所追求的理想型人格——“至人”的培养及塑造的。而庄子眼中的“至人”，是无我的，而这正与当代社会主义核心价值观提倡的“无私奉献”“忘我”相符合，因此庄子“游心”的美育观念仍能为当今我们倡导美育提供很好的借鉴。

二是对人文精神的倡导。庄子的“游心”，表示出其对功名的鄙弃。因此，“游心”是一种“无己”“无功”“无名”的自由。这种超功利的心态，是人对自我的超越。特别是在当今这个浮华而喧嚣的时代，随着人们物质与精神的天平逐渐失衡，我们更可以从庄子所倡导的“游心”中反思自我，追求自我的真正价值，以达到鲁迅先生所言之的“致人性

[1] 徐观复 . 中国艺术精神 [M]. 上海：商务印书馆 ,2010:56.

[2] 邱晔 . 庄子“游”之美研究 [J]. 云南社会科学 ,2013(6):42-6.

于全，不使之偏倚”[1]。自然资源是有限的，倘若每个人都极力追逐那些有限的资源，那么人会渐失其人性，自然也会随之消失。但若“游于心”，将自己的心置于寂静虚空的世界，则取之不尽，用之不竭。

二、知行合一，开发多元智能

（一）易经：探赜索隐

中国古代的《易经》，形成于民族心智开始定型的时代，它以特定方式凝结起华夏民族成长阶段的时代精神，构建了自己风格鲜明的思想体系，其深层理念对后来诸子百家认识世界带来了视角和方法上的引导，因而被誉为“群经之首，大道之源”。即使在数千年后的今日，中华民族的群体思维方式、思维特征，依然闪烁着《易经》智慧的光辉。在教育教学方面亦是如此！

“探赜索隐，钩深致远”。这里“赜”（音 zé）在辞典中的解释就是“深奥玄妙”，是指看不见的那一面，幽深神秘叫赜。“探赜”就是探究它，把它抓出来，使之显现出来；“索隐”就是探索、向里边挖，挖到后面隐藏的、看不见的东西，把它弄明白，就是“探赜索隐”。“钩深”，把深处的东西钩出来，就像深井下的东西我们看不清楚，没有光线，我们把深井下的东西给吊上来就能看明白了，“致远”，远处的东西我们也弄不清楚，要跑到跟前就可以看明白了。我们做学问、做研究一定要下这种功夫，把所有的疑问，所有的不明白不清楚的，都要弄明白，搞清楚，把里面的所有东西给理明白了。

（二）周公：因材施教

周公为了阐述周人取代不同殷人政权的合法性，要求殷人顺从周人统治，对不同身份、阶层的殷贵族、殷四国，采取不同的说教方法。

周公对殷多士（殷贵族）采取先严后缓的态度。《多士》篇记周公根据殷人相信天命的特点，先用峻厉语气，告诫殷贵族，“尔殷遗多士！

[1] 鲁迅 . 鲁迅全集 (第 1 卷)[M]. 北京 : 人民文学出版社 ,2005:35.

弗吊旻天，大降丧于殷，我有周佑命，将天明威，致王罚，敕殷命终于帝。肆尔多士，非我小国敢弋（翼）殷命。惟天不畀允罔固乱，弼我，我其敢求位？惟帝不畀，惟我下民秉为，惟天明畏。”刘起釪说这段文字是专对“‘商王士’‘殷遗多士’（商王族）说的，专以‘天命’威胁并以严峻语气说明今在洛水旁营建新邑，使汝殷人奔走服劳而后获安居乐业，应恪遵天命臣服于我有周。”然而到了本篇最后，也即周公讲话的最后部分，周公就用比较舒缓的语气讲话了：“又曰时予，乃或言尔攸居。”他说只为殷士有人说可以顺承周人，所以他就乘便来问问殷人居住在这里的情形。表现出他对殷遗多士生活的关心。孙诒让认为，本段记周公对殷遗多士进行告诫，在峻厉之余，用较缓和语调，希望大家安居乐业，传世久远。

周公对殷四国侯君说话的语气与殷贵族不同，显得柔和，并恩赐有加。他说：“今我曷敢多诰？我惟大降尔四国民命。尔曷不忱裕之于尔多方？尔曷不夹介乂我周王享天之命？今尔尚宅尔宅，畋尔田，尔曷不惠王熙天之命？”意思是他不敢烦琐地对四国讲诰诫的话，只希望给四国开恩布德，能安居在自己的住宅里，耕种着自己的田园，依顺周王以光显美好的生活。周公以利诱手段来使四国诚服，因为四国是殷的外服，与商王没有血缘关系，不是商王的坚定分子。

（三）五常：仁义礼智信

儒家“五常”是指“仁、义、礼、智、信”的五常之道，“五常”是做人的起码道德准则，此为伦理原则，用以处理与和谐作为个体存在的人与人之间的关系，组建社会。孔子提出“仁、义、礼”，孟子延伸为“仁、义、礼、智”，董仲舒扩充为“仁、义、礼、智、信”，后称“五常”。这“五常”贯穿于中华伦理的发展中，成为中国价值体系中的最核心因素。三字经之中提到“曰仁义，礼智信。此五常，不容紊”。

仁：仁者，人人心德也。心德就是良心，良心即是天理，乃推己及人意也。所以仁字，从二人相处，因为人不能离群而独存，别人之观念立，人之人格显，方能雍容和谐，以立己立人，发挥老吾老幼吾幼之怀抱，以及己所不欲，勿施于人，事物为人，而不为己，发为恻隐之心，宽裕温柔，仁也。

义：义者，宜也，则因时制宜，因地制宜，因人制宜之意也。所当做就做，不该做就不做。见得思义，不因果滥取不义之财物。子曰：“君子喻于义，小人喻于利。”“不义而富且贵，于我如浮云。”所以人发为羞恶之心，发为刚义之气，义也。

礼：礼者，说文：礼，履也，所以事神致福也。释名：礼，体也，得其事证也，人事之仪则也。进退周旋得其体，乃是正人身之法也。尊卑长幼有序，处事有规，淫乱不犯，不败人伦，以正为本，发为恭敬之心，斋庄中正之态，礼也。

智：智者，知也，无所不知也。明白是非、曲直、邪正、真妄，即人发为是非之心，文理密察，是为智也。

信：信者，不疑也，不差爽也，诚实也。就是“言出由衷，始终不渝”。信字从人言，人言不爽，方为有信也。诚心之意也，以诚居心，必然诚实。处世端正，不诳妄，不欺诈者，是为信也。

儒家的“五常”思想亦是在历史的不断发展中积累沉淀下来的，儒家的五常思想，是为了指导“人”在社会中，作为一个独立的个体，如何能更好地发展和适应社会的进步，从而必须拥有的五种品德思想。

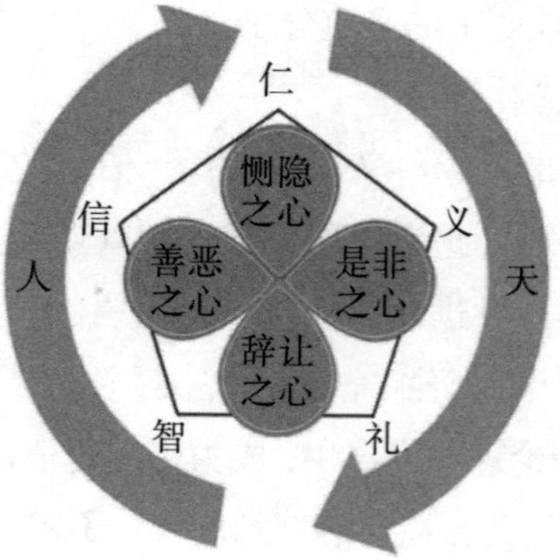

图 1–2　身心协调，涵养美丽心灵结构图

（四）阳明心学：知行合一

知行合一说是王阳明的重要理论，也是王学的标志性主张。王阳明

所说的“知行合一”不能简单地理解为认识和实践相统一，“知”主要指格物致知之知，是人的道德意识和思想意念；“行”主要指力行之行，是人的道德实践活动和实际行为。“知行合一”是指道德意识和道德实践相符合，当然也包括思想、意识和实际行为相一致。

王阳明提倡知行合一的原因在于：今人论学，将知和行分做两件事，一念发动处有不善，也不去禁止。他之所以讲知行合一就是要让人明白，“一念发动处，便即是行了。发动处有不善，就将这不善的念克倒了。须要彻根彻底，不使那一念不善潜伏在胸中。此是我立言宗旨”（《王文成公全书》卷三《语录三》）。

王阳明的儿童教育思想的核心是顺导性情，在安排学生的功课和教学过程中注意儿童年龄和心理特征，保持儿童“乐嬉游而惮拘检”的天性，注重儿童的个性差异，“随人分限所及”，循序渐进，因材施教，这也正是现代教育对教师的要求。另外，他在传统的教育过程中涉及对儿童身体的锻炼，注意到德智体美的全面发展，在那个时代是具有很大的先进性。王阳明的儿童教育理论和见解，符合儿童心理的发展规律，对今天的教育实践仍有其借鉴价值，值得后人珍视。

（五）朱熹：朱子读书法

1. 循序渐进

朱熹主要从三个方面论述循序渐进的含义：首先，读书要按照首尾篇章的顺序，不要颠倒；其次，根据自己的实际情况和能力，量力而行，安排读书计划；最后，强调扎扎实实，一步一步前进，不可急于求成。

2. 熟读精思

读书必须反复阅读，不仅能够背熟，而且对书中的内容了如指掌。熟读是精思的基础，在此基础上，进一步深刻理解文章的精义及其思想真谛。

3. 虚心涵泳

读书必须以虚心的态度去体会圣贤的用心和寓意，来不得半点主观臆断或随意发挥。

4. 切己体察

读书不仅是要获得知识，寻求义理，更重要的是落实到自身修养的提高上，这是儒家提倡的“求诸己”。

5. 着紧用力

读书学习一定要抓紧，要努力，一旦进入学习阶段，就绝不能放松，要按部就班地完成任务。

6. 居敬持志

读书的关键还在学者的志向及良好的心态。“敬”就是端正态度，兢兢业业地去做，可以说是做好一切事情的基础。读书也不例外。“持志”即有坚定志向。

朱熹的读书方法远不止这些，就其主要而概括为以上六条，这六条均反映了读书学习的基本规律和要求，具有深刻的借鉴意义。它是朱熹一生刻苦治学，五十载辛勤执教的切身体验和实践经验总结。当然，朱子读书法也存在着一些弊端，但并不影响它的地位。朱子读书法是我国古代最系统的读书法，是集古代读书法之大成，在实际的“教”和“学”中更是“知行合一”的另一种体现。同时为学生开发多元智能奠定了坚实的基础。

（六）孔子：游于六艺

孔子（公元前551—公元前479），姓孔，名丘，字仲尼，春秋后期鲁国人。在世时已被誉为“天纵之圣”“天之木铎”，后世尊为至圣、万世师表。曾修《诗》《书》，定《礼》《乐》，序《周易》，作《春秋》。在实际的教学中，孔子也推行这几方面的教育内容；孔子所追求的是全面发展的素质教育，用一句话来说就是“君子不器”。所谓“君子不器”，即君子不能像器具那样，仅仅只有一种用途，孔子要求君子必须具备多种才能和技艺；而这种理念同时也无形中与国外教育家霍华德·加德纳的“多元智能理论”有异曲同工之妙。为了实现人的全面发展，孔子以“礼、乐、射、御、书、数”六艺教育学生。一般认为，《论语》中讲的“游于艺”的“艺”，就是指“礼、乐、射、御、书、数”。

在中国古代，“六艺”分别对应着不同的内容：礼艺：吉、凶、军、宾、嘉礼五科，是关于社交能力的学问；乐艺：云门、咸池、大韶、大夏、大濩、大武六科，是关于达情能力的学问；射艺：白矢、参连、剡注、襄尺、井仪五科，是关于知识能力的学问；御艺：鸣和鸾、逐水曲、舞交衢、过君表、逐禽左五科，是关于主事能力的学问；书艺：象形、会意、指事、转注、假借、形声六科，是关于记述能力的学问；数艺：方田、栗布、差分、少广、商功、均输、盈朒、方程、勾股九科，是关于数算能力的学问。《周礼·保氏》："养国子以道，乃教之六艺：一曰五礼，二曰六乐，三曰五射，四曰五御，五曰六书，六曰九数。"

在当下的教育教学的大背景里，昌图实验小学具体的教学和"心智"教育的实际也围绕"六艺"展开，在教学和"多元智能"层面：六艺分别指代礼：主要指德育，"不学礼无以立"，不学礼就站不起来，不能做人，礼所对应的是人际交往智能、自然观察智能；乐：指美育；礼是外在的，乐是内在的。乐使大家彼此相亲，礼使大家彼此相敬，乐使大家彼此相同，礼使大家彼此相异，乐所对应的是音乐智能；射：射箭，射所对应的是身体运动智能；御：驾车，两者合起来就是体育和劳动，御所对应的是生存智能；书：文学、书法，象形、指事、会意、形声、转注、假借，书所对应的是语言智能；数：数学，算术，即智力，数所对应的是数理逻辑智能。用现在的话讲，大体上就是要德、智、体、美、劳全面发展。孔子在《论语·述而》中有："志于道，据于德，依于仁，游于艺。""志于道，据于德"包括了精神思想，"依于仁，游于艺"则是生活处事的准绳，只有具备这些才是在做学问和修行。

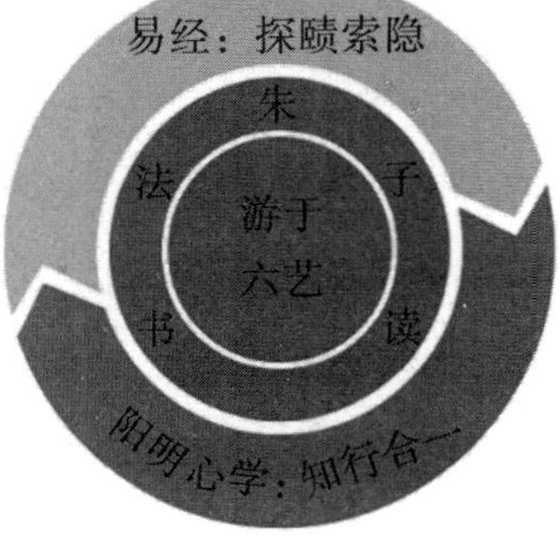

图 1–3　知行合一，开发多元智能结构图

第二节　着眼于西方教育理论视野

一、全纳教育

全纳教育是20世纪90年代在国际教育民主化浪潮中兴起的一种新的教育理念与教育思潮。它主张接纳所有学生，反对歧视排斥，促进积极参与，注重集体合作，满足不同需求。联合国教科文组织对全纳教育的定义：全纳教育是通过增加学习、文化与社区参与，减少教育系统内外的排斥，关注并满足所有学习者多样化需求的过程。1994年，“世界特殊需要教育大会”首次提出全纳教育，该大会强调每个人都有受教育的基本权利，每个人都有其独特的个性、兴趣、能力和学习需要，学校要接纳全体儿童，并满足他们的特殊教育需要。2008年，联合国教科文组织在主题为“全纳教育：未来之路”的第48届国际教育大会上主张从长远角度观察与反思，进行切实变革，制定与实施新政策，从而建立全纳社会，实现全民教育目标及终身教育。

全纳教育不仅仅适用于特殊教育领域，也适用于普通教育领域。它强调让所有儿童民主平等地参与教育活动的整个过程，在全面参与的过程中，促进每个儿童的全面发展和个性发展。从平等观的角度来看，全纳教育主张人人都享有平等的受教育权，教育者要公正平等地对待每一位学生，关注每一位学生的发展。世界上没有两片完全相同的叶子，学生也是一样，他们是独特的个体，有不同的兴趣、性格、爱好、需要等，因此，教育者需要充分关注每一位学生的成长，以开发他们的潜能，促进其个性自由的发展。从教学观的角度来看，学校的课程应该适应学生的需要，而不是让学生去适应课程的需要。在教学过程中，应该充分地关注并了解每一位学生，因材施教，开展多样化的教学；以促进学生的发展为宗旨，实施多样化的评价方式，让每个孩子都能看到自己的闪光点，在学习的过程中更加自信，扬长避短、发扬优点、克服缺点，从而实现全面可持续的发展。

昌图县实验小学认真秉承全纳教育理念，以学生的长远发展为本，摒弃传统的重智育的教育观，提出“心智”教育理念，以“心智”教育育人课程、多样化的教学方式和学习方式、多元智能评价方式等，促进学生自由而全面的发展，旨在培养“心智”健全的具有创新潜质的健康少年。昌图县实验小学高度重视德育，关注学生的心灵成长，同样也注重智育、美育、体育、劳育，关注学生人际交往、语言、运动、数理逻辑、身体运动等多元智能的发展，以期培育美好心灵、多元智能的少年，其“心智”教育理念是极其符合全纳教育思想的。

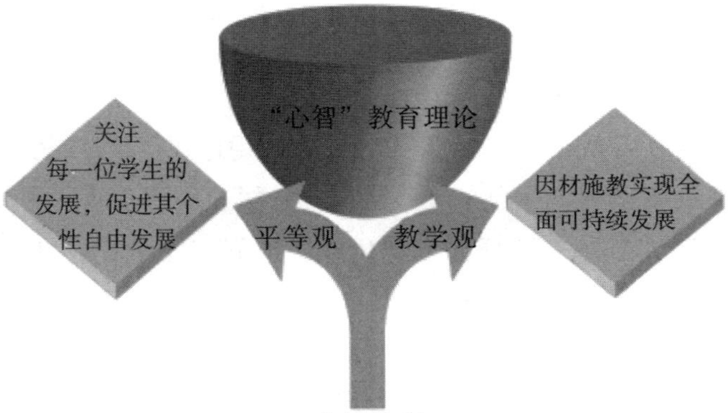

图 1-4　全纳教育与“心智”教育关系图

二、学习科学

广义的学习是指人和动物在生活过程中，凭借经验而产生的行为或行为潜能的相对持久的变化。而人类的学习是指在社会生活实践中，以语言为中介，自觉地、积极主动地掌握社会的和个体的经验的过程。学生的学习是人类学习中的一种特殊形式，目的是让学生掌握知识、技能和学习策略，发展其问题解决能力和创造性，培养良好的道德品质，促进学生的全面发展。

学习理论是对学习的实质、过程和条件进行系统讨论的心理学重要分支学科，它要解决的基本问题是“学习意味着什么？学习是如何发生的？影响学习的因素有哪些？”其根本目的是提供对学习的基本理解，为人们形成科学的教学观奠定理论基础。因此，学习理论自从其产生之日起就深刻地影响着教学实践。但因研究方法和理论观点的多样性，到目前也没有形成一种统一的、综合的、能被大多数学者普遍认同的学习理论。学习科学是近几十年来发展起来的新兴研究领域，它借鉴认知科学、计算机科学、教育心理学、社会学、教育学和神经科学等相关领域的研究成果，研究人如何学习以及如何促进有效的学习，从而为课堂教学提供科学、有效的指导。通俗地说，学习科学就是为了科学地学习而研究学习的科学，即在有关学科的指导之下研究学习的规律，从而促进学生更高效地学习。

（一）行为主义学习理论

行为主义学习理论产生于20世纪初的美国，创始人为华生。关于学习，行为主义者认为，学习是刺激与反应之间的联结，他们的基本假设：行为是学习者对环境刺激所做出的反应。他们把环境看成是刺激，把伴而随之的有机体行为看作是反应，认为所有行为都是习得的。行为主义学习理论应用在学校教育实践上，就是要求教师掌握塑造和矫正学生行为的方法，为学生创设一种环境，尽可能在最大程度上强化学生的合适行为，消除不合适行为。

1. 桑代克的联结主义理论（试误说）

桑代克认为一切学习都是通过条件作用，在刺激S和反应R中建立直接联结，只要不断对刺激S进行试错，最终会减少盲目无用的尝试，找到有效快捷的反应R。他对此进行了实验，将一只猫放在迷笼中，在它不断试错找到出路后，再次将它置于相同的迷笼中，猫会很快拨动开关找到通路。在研究过程中，桑代克提出了三条学习定律，包括准备律、练习律、效果律。

2. 巴普洛夫的经典条件作用理论

巴普洛夫在研究狗的进食时发现，狗吃到食物时，会分泌唾液，这是自然的生理反应，不需要学习，这种反应叫无条件反射，引起这种反应的刺激是食物，称为无条件刺激。如果在狗每次进食时发出铃声，一段时间后，狗只要听到铃声也会分泌唾液，这时作为中性刺激的铃声由于与无条件刺激联结而形成了条件刺激，由此引起的唾液分泌就是条件反射，后人称之为“经典性条件作用”，简而言之就是条件反射。

3. 斯金纳的操作性条件作用理论

斯金纳在桑代克研究的基础上提出了强化的概念。他认为学习实质上是一种反应概率上的变化，而强化是增强反应概率的手段，强化包括正强化、负强化、惩罚和消退。在实验中，关在箱内的小白鼠偶尔发现按杠杆能获得食物，由于食物强化了白鼠按杠杆的行为，后来按杠杆的速度就会越来越快。

4. 班杜拉的社会学习理论

班杜拉认为个体是通过对他人行为及强化性结果的观察，来获得新的行为反应或修正已有行为。在儿童观察学习实验中，儿童看见一个大孩子打娃娃玩偶能得到糖吃，会跟着做，即使先前被告知不能打任何东西。班杜拉认为观察者的模仿动机来源有三种，分别是直接强化、替代强化和自我强化。

5. 华生的行为主义

华生认为学习就是以一种刺激替代另一种刺激建立条件作用的过程。在华生看来，人类出生时只有几个反射（如打喷嚏、膝跳反射）和情绪反应（如惧、爱、怒等）。条件刺激通过与无条件刺激在时空上结合，替代无条件刺激与无条件反应建立了联系。所有其他行为都是通过条件作用建立新的刺激—反应（S—R）联结而形成的，从而形成习惯。

（二）认知主义学习理论

认知主义学习理论的先驱是格式塔学派，20 世纪 60 年代，随着布鲁纳、奥苏贝尔等一批认知心理学家的大量创造性的工作，行为主义心理学的统治地位被认知心理学所代替，认知学习理论也得到快速发展。认知主义学习理论认为，获得经验的过程是通过积极主动的内部信息加工活动形成新的认知结构。认知派学习理论家认为学习在于内部认知的变化，他们注重解释学习行为的中间过程，即目的、意义等，认为这些过程才是控制学习的可变因素。

1. 格式塔学习理论

格式塔心理学家们主要对知觉和问题解决的过程感兴趣，对他们来说，学习是次要的和派生的现象，是无须特别关心的。而学习到的东西，只是知觉组织的结果，并取决于知觉的组织律；所表现的行为依赖于心智在解决当前问题的过程中如何分析眼前情境的结构以及利用过去经验的痕迹。

在格式塔心理学家看来，学习就是知觉的重新组织。人在认知活动中需要把感知到的信息组织成有机的整体，在头脑中构造和组织一种格式塔（Gestalt）（或称为完形），对事物、情境的各个部分及其相互关系形成整体理解，而不是对各种经验要素进行简单的集合。这一过程不是渐进的尝试与错误的过程，而是突然的顿悟。也就是通过对问题情境的观察，理解它的各个部分的构成及相互联系，分析出制约问题解决的各种条件，从而发现通向目标的途径。之所以产生顿悟，一方面是由于分析当前问题情境的整体结构，另一方面是由于心智能利用过去经验的痕迹，心智本身具有组织力的作用，能够填补缺口或缺陷，因此服从于知觉的组织律。

2. 托尔曼符号学习理论

托尔曼提出符号学习理论，这种理论认为：①学习是有目的的行为，而不是盲目的。②学习是对“符号—完形”的认知。学习不是简单的机械的运动反应，而是学习“达到目的的符号”及其所代表的意义。③在外部刺激（S）和行为反应（R）之间存在中介变量（O）。主张将行为主义 S—R 公式改为 S—O—R 公式，O 代表机体的内部变化。

3. 科勒的完形—顿悟学习论

该理论认为，学习是个体利用本身智慧与理解力对情景及情景与自身关系的顿悟，不是动作的累积与盲目尝试。只有清楚认识到整个问题情景中各种成分及其之间关系，顿悟才会出现，这个理论肯定了主体的能动作用，强调心理具有一种组织的功能。

4. 布鲁纳的认知—结构学习论

布鲁纳主张学习的目的在于发现学习的方式，使学科的基本结构转变为学生头脑中的认知结构。他认为学习的实质是主动地形成认知结构，掌握事物的结构联系。简单说，学习结构就是学习教什么学科，务必使学生理解各门要求，它有助于解决学生在课堂外课堂上所遇到的问题。“经典的迁移问题的中心，与其说是单纯地掌握事实和技巧，不如说是教授和学习结构。”包括获得、转化和评价三个过程。布鲁纳认为学习、了解一般的原理原则固然重要，但尤为重要的是发展一种态度，即探索新情境的态度，做出假设，推测关系，并应用自己的能力，以解决新问题或发现新事物的态度。布鲁纳认为，教育工作者的任务：把知识转换成一种适应正在发展着的形式，以表征系统发展顺序作为教学设计的模式，让学生进行发现学习。提倡发现学习，即让学生独立思考，提出假设，进行验证，成为一个积极的探究者。

5. 奥苏贝尔的有意义接受学习论

奥苏贝尔在教育心理学中最重要的一个概念，是他对意义学习的描述。在他看来，学生的学习，如果有价值的话，应该尽可能地有意义。为此，奥苏贝尔将认知学习分为机械学习（死记硬背）和意义学习（联系理解），接受学习（直接接受定论）和发现学习（自己探索发现）。

（1）有意义学习的实质和标准

奥苏贝尔提出，有意义学习的实质，就是符号所代表的新知识与学习者认知结构中已有的适当观念建立非任意的和实质性的联系。

有意义学习必须具备的第一条标准是，新的符号或符号代表的观念与学习者认知结构中有关观念具有实质性联系；第二条标准是新旧知识的非任意的联系，即新知识与认知结构中有关观念在某种合理的或逻辑基础上的联系。

（2）有意义学习的条件

奥苏贝尔进一步提出，进行有意义学习必须具备三个前提条件：①学习材料本身必须具备逻辑意义。②学习者必须具有有意义学习的心向。③学习者的认知结构中必须有同化新知识的原有的适当观念。

有意义学习的产生既受学习材料性质的影响，也受学习者自身因素的影响。我们称前者为有意义学习的外部条件（外因），称后者为有意义学习的内部条件（内因）。

有意义学习的外部条件：有意义学习的材料本身，必须合乎这种非人为的和实质性的标准，也就是说，学习材料具有逻辑意义。这种逻辑意义指的是材料本身与人类学习能力范围内的有关观念可以建立非人为的和实质性的联系。

有意义学习的内部条件：首先，学习者必须具有有意义学习的心向。有意义学习的心向，是指学习者积极主动地把符号所代表的新知识与学习者认知结构中原有的适当知识加以联系的倾向性。其次，学习者认知结构中必须具有适当的知识，以便与新知识进行联系。最后，学习者必须积极主动地使这种具有潜在意义的新知识与他认知结构中有关的旧知识发生相互作用，结果，旧知识得到改造，新知识就获得实际意义，即心理意义。

（3）有意义学习的类型

有意义学习可分为三种类型：表征学习、概念学习和命题学习。

一是表征学习。

表征学习是学习单个符号或一组符号的意义，或者说学习代表什么。表征学习的主要内容是词汇学习，即学习单词代表什么。

学习的心理机制，是符号和它们所代表的事物或观念在学习者认知结构中建立了相应的关系。例如“狗”这个符号，对初生儿童是完全无意义的，在儿童多次同狗打交道的过程中，儿童的长辈或其他年长儿童多次指着狗（实物）说“狗”，儿童逐渐学会用“狗”（语音）代表他们实际见到的狗。我们说“狗”这个声音符号对某个儿童来说获得了意义，也就是说，“狗”这个声音符号引起的认知内容和实际的狗所引起的认知内容是大致相同的，同为狗的表象。

二是概念学习。

有意义学习的另一类较高级的形式叫概念学习。概念学习，实质上是掌握同类事物的共同的关键特征或本质特征。例如学习“三角形”这一概念，就是掌握三角形有三个角和三条相连接的边这样两个共同的关键特征，而与它的大小、形状、颜色等特征无关，如果“三角形”这个符号对某个学习者来说,已经具有这种一般意义,那么它就成了一个概念,成了代表概念的名词。同类事物的关键特征可以由学习者从大量的同类事物的不同例证中独立发现，这种获得概念的方式叫概念形成。也可以用定义的方式直接向学习者呈现，学习者利用认知结构中原有的有关概念理解新概念，这种获得概念的方式叫概念同化。

三是命题学习。

有意义学习的第三种类型是命题学习。命题是以句子的形式表达的，可以分为两类：一类是非概括性命题，只表示两个以上的特殊事物之间的关系，如“北京是中国的首都”。这个句子里的“北京”代表特殊城市，“中国的首都”也是一个特殊对象的名称。这个命题只陈述了一个具体事实。另一类命题表示若干事物或性质之间的关系，这类命题叫概括性陈述，是学习若干概念之间的关系。如“圆的直径是它的半径的两倍”。这里的“圆”“直径”和“半径”可以代表任何圆及其直径和半径，这里的倍数关系是普遍的关系。在命题学习中也包含了表征学习。如果学生对一个命题中的有关概念没有掌握，他就不可能理解这一命题。命题学习必须以概念学习为前提。

6. 加涅的信息加工学习理论

加涅认为学习是神经系统中发生的各种过程的复合。他将学习过程划分为八个阶段：动机阶段、了解阶段、获得阶段、保持阶段、回忆阶段、概括阶段、操作阶段、反馈阶段。

7. 建构主义学习理论

建构主义是认知理论的发展。其主要代表人物有皮亚杰、科恩伯格、维果斯基等。建构主义理论流派很多，内容也很丰富，但其核心只用一句话就可以概括：以学生为中心，强调学生对知识的主动探索、主动发现和对所学知识意义的主动建构。由于建构主义所要求的学习环境得到了当代最新信息技术成果的强有力支持，这就使建构主义理论日益与广大教师的教学实践普遍地结合起来，从而成为国内外学校深化教学改革的指导思想。

（1）知识观

知识并不是对现实的准确表征，它只是一种解释和假设。知识不是问题的最终答案，它会随着人类的进步而不断被更新。知识并不能绝对准确无误地概括世界的法则，提供对任何活动或问题解决都实用的方法。在具体的问题解决中，知识是不可能一用就准，一用就灵的，而是需要针对具体问题的情景对原有知识进行再加工和再创造。知识不可能以实体的形式存在于个体之外，尽管通过语言赋予了知识一定的外在形式，并且获得了较为普遍的认同，但这并不意味着学习者对这种知识有同样的理解。真正的理解只能是由学习者自身基于自己的经验背景而建构起来的，取决于特定情况下的学习活动过程。否则，就不叫理解，而是叫死记硬背或生吞活剥，是被动的复制式的学习。

（2）学习观

学习不是老师向学生传递知识的过程，而是学生自主建构知识的过程。学生不是被动的信息接受者，而是信息意义的主动建构者。学习不是被动接收信息刺激，而是主动建构意义，是根据自己的经验背景，对外部信息进行主动选择、加工和处理，从而获得自己的意义。外部信息本身没有什么意义，意义是学习者通过新旧知识经验间的反复的、双向的相互作用过程而建构成的。因此，学习，不是像行为主义所描述的“刺激”“反应”那样。信息积累，更重要的是包含新旧知识经验的冲突，以及由此而引发的认知结构的重组。学习过程不是简单的信息输入、存储和提取，是新旧知识经验之间的双向的相互作用过程，也就是学习者与学习环境之间互动的过程。

（3）学生观

学生不是空着脑袋走进教室的，在学习之前他们已经具备丰富的经验。教学不能无视学生的已有经验，要把这些经验作为新知识的生长点。

教学不能无视学习者的已有知识经验，简单强硬地从外部对学习者实施知识的“填灌”，而是应当把学习者原有的知识经验作为新知识的生长点，引导学习者从原有的知识经验中，生长新的知识经验。教学不是知识的传递，而是知识的处理和转换。教师不单是知识的呈现者，不是知识权威的象征，而应该重视学生自己对各种现象的理解，倾听他们时下的看法，思考他们这些想法的由来，并以此为据，引导学生丰富或调整自己的解释。教师与学生，学生与学生之间需要共同针对某些问题进行探索，并在探索的过程中相互交流和质疑，了解彼此的想法。由于经验背景的差异不可避免，学习者对问题的看法和理解经常是千差万别的。其实，在学生的共同体中，这些差异本身就是一种宝贵的现象资源。建构主义虽然非常重视个体的自我发展，但是它也不否认外部引导，亦即教师的影响作用。

（三）人本主义学习理论

人本主义心理学是 20 世纪 50 — 60 年代在美国兴起的一种心理学思潮，其主要代表人物是马斯洛和罗杰斯。人本主义心理学家认为人的潜能是自我实现的，教育的作用在于提供一个安全、自由的心理环境，使人类固有的优异潜能得以实现。人本主义重视的是教学的过程而不是教学的内容，重视的是教学的方法而不是教学的结果。它突出了情感在教学活动中的地位和作用，强调人际关系在教学过程中的重要性。它把教学活动的重心从教师引向学生，把学生的思想、情感、体验和行为看作是教学的主体，从而促进了学生的个性化发展。

1. 马斯洛的需要层次理论

马斯洛把人的需要分成生理需要、安全需要、爱和归属感的需要、尊重和自我实现的需要，依次由较低层次到较高层次排列。在一般情况下都是低层次的需要被满足之后才会追求更高层次的需要。每一层次的需要与满足，将决定个体人格发展的境界或程度。

2. 罗杰斯的知情统一理论

罗杰斯认为，生活是一个使个体不断成长并达到完美的进程，环境(包括教育的因素)在其中发挥了重要的作用。在此基础上，罗杰斯提出了“自由学习”和“学生中心”的学习观与教学观，旨在通过知情统一的方式，培养“躯体、心智、情感、精神、心力融汇一体”的人，即完人。这种教育旨在“促进变化和学习，培养能够适应变化和知道如何学习的人”。

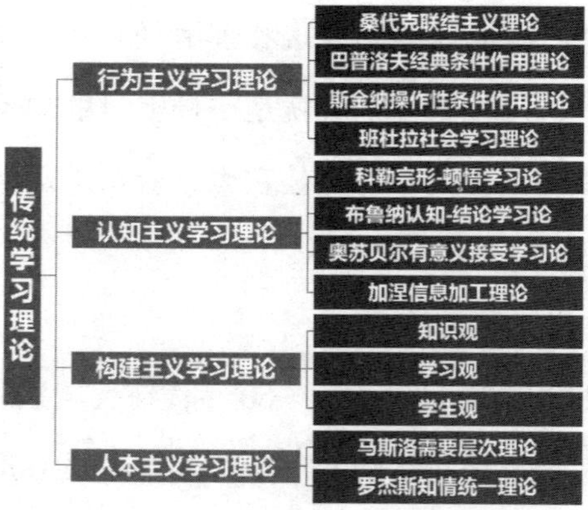

图 1–5　传统学习理论结构图

虽然到目前为止没有形成一种能被所有学者认可的学习理论，但在学习理论发展的过程中，人们逐渐对学习的本质有了更深入更全面的了解，而且也逐渐意识到学校和教师角色的转变。行为主义学习理论认为，教师在教育教学中的角色主要是训练者以及管理者；认知主义学习理论认为，教师的角色为指导者以及设计者；建构主义学习理论认为，教师的角色主要是学生学习的帮助者以及合作者；人本主义学习理论认为，教师的角色是“助产士”或者“催化剂”。在这种转变的过程中，学生在学习中的主体性和差异性越来越受重视，而且教育也由只关注外部行为以及头脑中的认知逐渐过渡到既关注认知和行为也关注心灵和情感对学习的影响。因此，昌图县实验小学开展“美好心灵，多元智能”的心智教育，“美好心灵”指向情感和道德教育，关注学生作为人的独特性；“多元智能”则关注到学生个体的差异性。

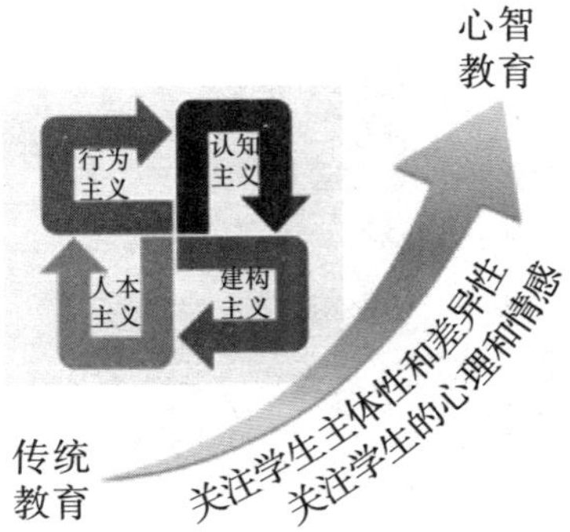

图 1-6　传统学习理论和心智教育关系图

3. 学习金字塔理论

“学习金字塔”理论是由美国学者爱德加·戴尔首先发现并提出的。学习金字塔理论根据学生获得知识的方式，通过两周后学习内容平均留存率的多少来衡量学习效果。该理论用数字形式分析了 7 种不同学习方式的学习效果，金字塔最顶端的学习方式是老师讲授、学生听讲，这种学习效果是最低的，两周以后学习的内容只能留下 5%。金字塔的最底端，其教学效果可以高达 90%。说明当学生在自学或者是转教别人时，学习效果是最高的。爱德加·戴尔提出，学习效果在 30% 以下的几种传统方式，都是个人学习或被动学习；而学习效果在 50% 以上的，都是团队学习、主动学习和参与式学习。

昌图县实验小学根据心智教育特色，大力开发校本课程。教师引领学生对教材中的内容结合生活实际进行拓展，鼓励学生参与实践活动，将所学内容应用于生活中，并且创造风格各异的情景教学以及多样化的教学行动策略，让学生从被动学习发展到主动学习，增强学习效果。

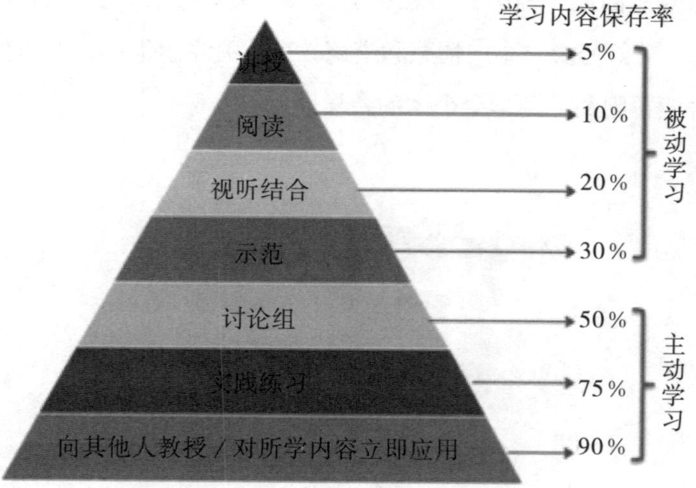

图 1-7　学习金字塔结构图

三、脑科学研究

20 世纪末，随着脑科学研究的突飞猛进，人类从大脑的生理结构上进一步认识了自己，为开发潜能提供了科学的依据和保证。神经学家、心理学家、教育学家纷纷将脑科学的成果运用于教育中，重新思考学习的问题。《学会学习》中将脑科学的研究成果应用于教育领域，研究分析学生的思维类型，把音乐、健脑操、思维导图引入教学，注重从生理上、心理上探讨学生的学习状态，帮助学生获得学习的成功。脑科学对教育的现实意义是，教育活动的开展必须与脑科学相结合，用科学的教育方法和手段开发大脑的潜能，运用脑科学理论总结、改进教学方法，根据脑科学理论切实推行素质教育。

（一）高效学习

首先，脑仅占人体重量的 2%，却占人体 20% 的耗氧量和耗能量，因此大脑对于供血不足和缺氧十分敏感。所以要想保证高效率的学习，就必须供给充足的营养。其次，脑电波研究显示，脑电随清醒状态不断变化。当我们处在中等清醒状态时，能最有效地完成任务。不同年龄阶段的个体注意力维持能力不同，幼儿较差，所以幼儿园每节课的时间不宜超过30分钟；小学生注意力维持时间略好，故每节课可安排40分钟左右。适宜的时间设计能让学生保持良好的学习状态，从而提高学习效率。

（二）抓关键期

教育要重视脑发展的关键期，教育的方式要符合个体认知发展的特点。一般来说，0—1岁是儿童感觉运动功能和简单语言能力发展的关键期；3、4月龄至13月龄为简单感觉运动发育关键期；知觉表征发育关键期为7岁；抽象概念表达和复杂精细语言表达能力直到青春期才能发育完全。因此根据儿童的身心发展规律，抓住关键期，及时培养其认知能力对儿童的成长至关重要。

（三）差异发展

不同个体的大脑在结构和生长速度上都具有差异性，因而不同孩子具有的潜能也有很大的差别。因此教育教学绝不能实行“一刀切”的政策，而是要根据学生个体差异大力开发学生本身具有的潜能，从而促进学生的个性化发展。

（四）全脑开发

全脑开发的基础在于脑的功能定位和皮层代表区的可塑性。大脑的不同区域代表着不同的发展潜力，但全脑开发的意义并不在于要塑造一个非常完美的大脑或全才，而是要充分尊重脑的特点，应用多种教育活动及方式促进脑的整体发展。不是扬长避短，而是“扬长平短”，从而促进学生的全面发展。

心智教育的“多元智能”，目的在于对学生进行全脑开发，让学生各方面素质至少都能达到基本要求。在此基础上，根据不同学生的差异性发展学生的兴趣、培养学生的潜能。除此之外，学校按照学生的大脑发育阶段特点，合理安排学习内容和学习时间，做到科学指导学习。

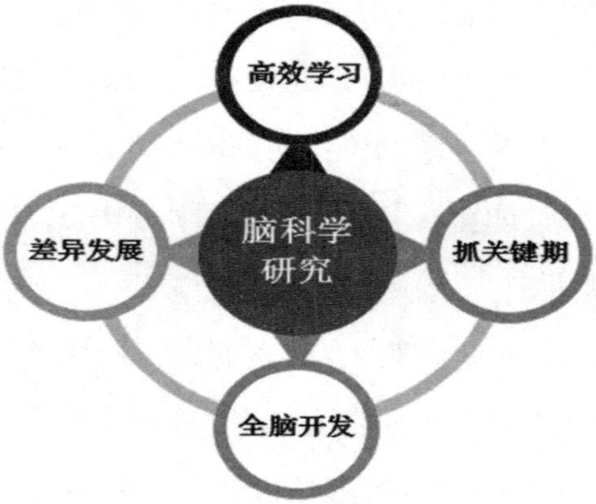

图 1–8　脑科学研究结构图

四、多元智能理论

1983 年，美国哈佛大学教育研究院的心理发展学家霍华德 · 加德纳根据研究脑部受创伤的病人发觉到他们在学习能力上的差异，提出了多元智能理论。加德纳的多元智能理论打破了传统智商（IQ）理论和皮亚杰的认知发展理论，认为人的智力不仅仅是以语言和数理—逻辑能力为核心的，而是多种智力与对应的领域紧密配合的过程。

加德纳认为对语言文字及数学和逻辑推理能力所对应的语言智力和逻辑—数理智力是智力结构中的一部分，除此之外，视觉—空间智力、身体—运动智力、音乐智力、人际交往智力、自我认知能力、自然观察智力也是人类智力的重要组成部分，后来加入生存智力。由于个体的差异，这 9 种智力在每个人身上表现不同，但无论怎样表现，这 9 种本身是最基本的智力构成，并不是某一领域的成功才算智力高。所以只要我们能够施加适当的教育影响，每个孩子都可以在智力上达到较高的水平。因而昌图县实验小学应用多元智能理论，帮助孩子“扬长平短”，促进孩子在个性和社会性两方面的发展。

（一）正视差异

介于个体之间存在着差异性，每个人的智力也存在着明显的差异性，如果认为人的某种能力能标志着整体智力的高低，就会造成教育中使用一些公认的标志智力发展的方面作为教育的目标。那么，学校就如同“大工厂”，教育目标相当于大型机器的生产路线，只要工厂一开工，每天都会批量生产“合格学生”，其结果只能是在高速发展、日新月异的社会中被淘汰。但事实上每个孩子都是独特的，不存在所谓“笨”的孩子。建立在多元智力理论上的教育观，必然要高度重视学生智力的个体差异。

（二）发展潜能

不同个体之间虽然有较大的差异，但每个孩子都具有自身最突出的一种智能，所以培养擅长领域的潜能尤为重要。没有相同的孩子，当然也不可能有一种万能的教学方法，多元智能理论要求教师要针对不同学生的兴趣、需要、智能特点采用不同的、适宜的教学方法甚至是不同的教学形式来大力发展学生的潜能。有的学生音乐智能发展较好，有的则是语言智能发展较好，对于学生来说它们同属于优势领域，所以要充分发挥学生这种优势，促进学生智力潜能的最大化发展。

（三）优势迁移

多元智能理论强调，孩子不同程度地拥有这 9 种智力，所以在教育中要欣赏、重视某一优势领域，并能培养和发展不同学生多种多样的优势领域。在这种宽松的心理环境中，教师给予肯定、鼓励和帮助，学生才能更好地发展自己的优势领域，同时也会促进优势智力领域向其他领域的迁移。教师在积极发现学生优势智力领域的特点时（如绘画中长时间的注意力，语言中连贯的表达能力），要通过一些教学手段将这些优势适时地迁移到弱势领域中，如鼓励孩子“学习唱歌也像学习绘画时那样专注和坚持，会做得更好”。

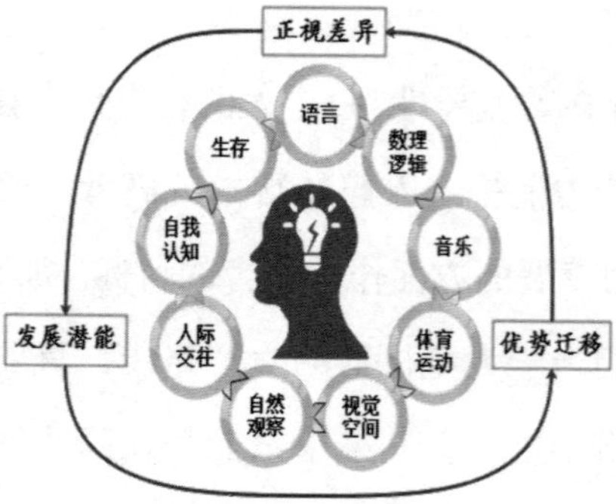

图 1-9　多元智能理论与心智教育结构图

辽宁省昌图县实验小学以传统学习理论为基础，结合学习金字塔理论和脑科学研究、多元智能理论等，从教育学、心理学和生理学等多个学科出发研究学习的本质和学生的学习规律，帮助教师和学校管理者以及其他人从理论上更好地理解学生的学习。学校开展“美好心灵，多元智能”的心智教育，构建特色学校文化和课程体系，致力于在学生的全面发展和个性化发展之间取得平衡，让每个孩子都拥有快乐学习和幸福生活的能力。

第三节　聚焦于政策的落实与引领

一、教育方针的指导

教育为国之大计。2018 年 9 月 10 日，习近平总书记在全国教育大会上强调，“教育是民族振兴、社会进步的重要基石，是功在当代、利在千秋的德政工程，对提高人民综合素质、促进人的全面发展、增强中华民族创新创造活力、实现中华民族伟大复兴具有决定性意义。”教育的强大是中华民族伟大复兴的基础，新时代的今天我们更要坚持优先发展教育事业，贯彻新时代教育方针，落实立德树人根本任务，办人民满意的教育。良好办学理念的形成需要贯彻适合学校发展、适应教学实施的教育政策的引领。

（一）个性发展与全面发展——并驾齐驱

个性的发展是教育实践一直致力于实现的目标。人的个性培养并与现实社会顺利对接将是教师日后在教育过程中的主要工作。个性作为人的一种素质，它是人在后天的社会生活中渐进形成的一种相对稳定且又独特的心理倾向与特征的综合[1]。顾名思义，个性教育即针对个人的个性发展而展开的教育，在这个过程中，通过遵循充分尊重个体的个性差异的原则，结合具体科学的训练，充分开发个体的个性。我国当前的教育规模正在逐年扩大，为了响应当前国家倡导的培养创新型人才战略，我国《国家中长期教育改革和发展规划纲要（2010—2020年）》已明确定位了人才培养方向，即要关心每个学生并促使其自主活泼地发展，教育过程中要尊重学生的身心发展规律，为每个学生提供适合的教育[2]。

个性发展：个性发展主要表现为个体发展其所具有的某些先天的生理优势创造条件，促进个体形成在相应领域的特殊技能或能力；根据能够提供的可能性，激发个体的需求并提高需求的层次；在考虑社会和国家需求的背景下，尊重和培养个体的兴趣；努力创造良好的环境，提高个体的能力并使其能力得到充分发挥；引导个体在尊重并遵守人类共同的基本价值规范、遵守国家宪法和法律的基础上进行多元价值选择等。在培养创新人才的过程中，其个性发展也必然主要表现在上述方面。

全面发展：在法律范畴上，我国目前的《宪法》第四十六条规定："国家培养青年、少年、儿童在品德、智力、体质等方面全面发展"；《教育法》第五条规定："教育必须为社会主义现代化建设服务，为人民服务，必须与生产劳动和社会实践相结合，培养德、智、体、美、劳全面发展的社会主义事业的建设者和接班人。"因此，尽管教育界或其他领域的人士对全面发展的理解还有不同的观点，但根据宪法和教育法的相关规定，

[1] 曾琴．个性教育探索与思考 [J]. 史学杂志 ,2005(4):118.

[2] 中共中央国务院．国家中长期教育改革和发展规划纲要（2010—2020 年）[N]. 中国教育报 ,2010-07-31(1).

可以明确在我国的教育中全面发展就是指培养受教育者在德、智、体、美、劳都得到发展。那么，教育领域在探索培养创新人才的过程中，必须坚定不移地执行上述法律规定。

如果将个性发展从德、智、体、美、劳的角度来考虑，那么就可以发现绝大多数个体在身体的生理基础上的差异和追求身体健康的目标上的差异并不很大，还可以发现人们在与“德”有关的基本价值规范、法律规范等方面是不应当也是不可能“特殊”的。因此，个性的要素更多地与“智”相关，表现为不同的个体对外部事物以及对自然学科、社会学科、艺术学科、体育运动学科等领域的知识的兴趣不同、学习的需求水平不同、思维方式和思维能力不同、应用和创新的能力不同等。于是促进创新人才成长的个性发展，主要不是鼓励人们在品德和身体素质上的差异性，而是更侧重于尊重和鼓励人们在“智”以及艺术、体育运动技能等方面的多样性和独特性。

全面发展和个性发展不可分割。个性发展强调人的心理方面的发展，是全面发展的一个重要组成部分。一般认为，人的生理和身体健康的发展差异不大，人的差异主要在于“心”和“智”方面的发展，而且心、智两方面又是不可分割的。人的个性得到发展，人的心理特征就趋向稳定，人的心理素质就好。良好的心理素质能够促进人的全面发展中“智”的发展，促进人的智力素质的提高。智力素质又是人的综合素质中最重要的素质，人的全面发展中特别注意人的智力素质的发展，注重开发人的潜能，激发人的创新意识，培养人的创新能力。心智的发展又会影响到“德”和其他方面的发展。所以，个性发展不仅能够提高人的心理素质，增强人的心智方面的成熟，还能够促进人的全面发展。总之，个性发展对于人的心智素质的培养极为重要。

（二）“知”与“行”——二位一体

“知”在此引申为学生的认识、想法或者所掌握的基础知识；“行”引申为学生在实际过程中的实践能力、逻辑思维能力、独立思考能力等等。在《国家基础教育改革纲要》中，基础教育课程改革的具体目标提到如下方面：（1）改变课程过于注重知识传授的倾向，强调形成积极主动的学习态度，使获得基础知识与基本技能的过程同时成为学会学习和形成正确价值观的过程。（2）改变课程结构过于强调学科本位、科目过多和缺乏整合的现状，整体设置九年一贯的课程门类和课时比例，并设置综合课程，以适应不同地区和学生发展的需求，体现课程结构的均衡性、综合性和选择性。（3）改变课程内容“难、繁、偏、旧”和过于注重书本知识的现状，加强课程内容与学生生活以及现代社会和科技发展的联系，关注学生的学习兴趣和经验，精选终身学习必备的基础知识和技能。（4）改变课程实施过于强调接受学习、死记硬背、机械训练的现状，倡导学生主动参与、乐于探究、勤于动手，培养学生搜集和处理信息的能力、获取新知识的能力、分析和解决问题的能力以及交流与合作的能力。（5）改变课程评价过分强调甄别与选拔的功能，发挥评价促进学生发展、教师提高和改进教学实践的功能。（6）改变课程管理过于集中的状况，实行国家、地方、学校三级课程管理，增强课程对地方、学校及学生的适应性。

基于上述文件中的规定能够感受到，学校的教学、课程的开发等方面都应该将学生的“知”和“行”相结合；教育者只有引导学生在学习好基础知识的前提下用独立的思维去思考、扬长平短发展自身的特有智能，才能培养出合格的社会主义的接班人。

（三）“身”与“心”——协同发展

“身”指代学生的身体健康，“心”指代学生的心理和谐健康。在保证“身体健康”的发展方面，国家在《关于强化学校体育促进学生身心健康全面发展的意见》（以下简称《意见》）中，就推动学校体育改革发展和强化学校体育工作做出全面部署。《意见》强调，要坚持课堂教学与课外活动相衔接、培养兴趣与提高技能相促进、群体活动与运动竞赛相协调、全面推进与分类指导相结合的原则，改革创新体制机制，全面提升体育教育质量，健全学生人格品质，切实发挥体育在培育和践行社会主义核心价值观、推进素质教育中的综合作用。到 2020 年，体育教学质量明显提高，学生体育锻炼习惯基本养成，运动技能和体质健康水平明显提升，规则意识、合作精神和意志品质显著增强，基本形成体系健全、制度完善、充满活力、注重实效的中国特色学校体育发展格局。

在保证学生“心理健康”的发展方面，国家在2012年颁布的《中小学心理健康教育指导纲要（2012年修订）》中提道：开展中小学心理健康教育，要以学生发展为根本，遵循学生身心发展规律，必须坚持以下基本原则：（1）坚持科学性与实效性相结合。要根据学生身心发展的规律和特点及心理健康教育的规律，科学开展心理健康教育，注重心理健康教育的实践性与实效性，切实提高学生心理素质和心理健康水平。（2）坚持发展、预防和危机干预相结合。要立足教育和发展，培养学生积极心理品质，挖掘他们的心理潜能，注重预防和解决发展过程中的心理行为问题，在应急和突发事件中及时进行危机干预。（3）坚持面向全体学生和关注个别差异相结合。全体教师都要树立心理健康教育意识，尊重学生，平等对待学生，注重教育方式方法，关注个别差异，根据不同学生的特点和需要开展心理健康教育和辅导。（4）坚持教师的主导性与学生的主体性相结合。要在教师的教育指导下，充分发挥和调动学生的主体性，引导学生积极主动关注自身心理健康，培养学生自主自助维护自身心理健康的意识和能力。

由此可见“身体”和“心理”的健康在学校教育中是同等重要的；只有在保证“身体”和“心理”健康的基础上，才能在涵养学生的“美丽心灵”、开发学生的“多元智能”这条昌图实验小学所开发出来的有自身品牌特色的办学道路上走得更加长远、更加精彩。

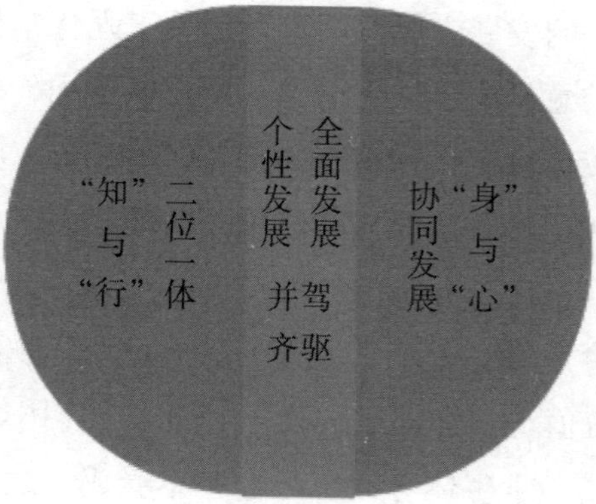

图1-10　教育方针的指导结构图

二、中国学生发展核心素养

（一）核心素养的提出与内涵

核心素养一词最初源于国外。最早提出于 1997 年，众多市场经济国家组成的经合组织启动“素养的界定与遴选：理论和概念基础”跨国研究项目，指出核心素养的范围是广泛的，涉及生活、社会等多个方面，是关系到个人乃至社会健康发展的一种素养。2002 年欧盟发布报告《知识经济时代的核心素养》指出：学习是一个连续的过程，学习中获得的核心素养是可以转移到另一个知识体系中，并运用于生活中的若干个方面，核心素养是提升自我素质适应现代化生活必不可少的能力，且为个人以后的发展起着重要作用[1]。欧洲的教育发展在近几年一直围绕着“核心素养”这个主题。2006 年，欧洲议会和欧盟理事会通过《以核心素养促进终生学习》，标志着“母语沟通、外语沟通、数学素养及科技基本素养、数位素养、学习如何学习、人际跨文化与社会素养、创新应变的企业家精神、文化表达”八大核心素养的正式发布[2]。

我国台湾学者最早将“Key Competencies”翻译为核心素养。核心素养能引起大量学者的研究，应源于 2014 年，我国教育部颁发《关于全面深化课程改革落实立德树人根本任务的意见》，在这一文件中，提到要探索思考如何培养小学、初中、高中等阶段的学龄儿童的核心素养。2016 年林崇德教授将核心素养定义为，“学生发展核心素养，主要指学生应具备的、能够适应终身发展和社会发展需要的必备品格和关键能力。核心素养是关于学生知识、技能、情感、态度、价值观等多方面要求的综合表现；是每一名学生获得成功生活、适应个人终身发展和社会发展都需要的、不可或缺的共同素养；其发展是一个持续终身的过程，可教

[1] OCED. Assessing Scientific,Reading and Mathematical Literacy: A Framework for PISA 2006. Paris:OCED, 2006.

[2] Hozjan Dejan. “Key competences for the Development of Lifelong Learning in the European Union” [J]. European Journal of Vocational Training, No. 46, 2009, 1.

可学，最初在家庭和学校中培养，随后在一生中不断完善”[1]。这是核心素养在我国的权威定义。

教育部在2014年3月印发了《关于全面深化课程改革落实立德树人根本任务的意见》，为推动社会主义核心价值观融入教育教学，提出“研制中国学生发展核心素养体系，明确学生适应终身发展和社会发展需要的必备品格和关键能力，系统落实社会主义核心价值观”的要求，把“核心素养”置于深化课程改革、落实立德树人目标的基础地位。

“素养”是一种构念，是对现实生活中人和事物的认识、评价、期望所形成的思维态度和价值观，也指个体为获得适应社会复杂生活情境所需要的不可欠缺的知识、技能与态度。核心素养则是指最关键的、重要的、必备的素养，具有关键性、重要性的核心价值。根据日前发布的《中国学生发展核心素养》研究成果，核心素养以培养“全面发展的人”为核心，包括自主发展、社会参与和文化基础3个领域、6项核心素养指标。综合表现为学会学习、健康生活、责任担当、实践创新、人文底蕴、科学精神。相较于中国提出的核心素养，美国不提素质或者素养教育，而是叫作面向21世纪的技能，主要包括6个方面，简称6C，即创造力与想象力（Creativity and imagination）、批判性思维与问题解决（Critical thinking and problem solving）、沟通（Communication）、合作（Collaboration）、品质教育（Character education）、公民的权利与义务（Citizenship）。无论是中国的核心素养教育，还是美国提出的面向21世纪的技能，都是以培养全面发展的人为目的。因此学校的教育理念与课程体系可参照核心素养进行建构，能够给学生提供未来发展的核心能力。

[1] 林崇德.21世纪学生发展核心素养研究[M].北京：北京师范大学出版社,2016.

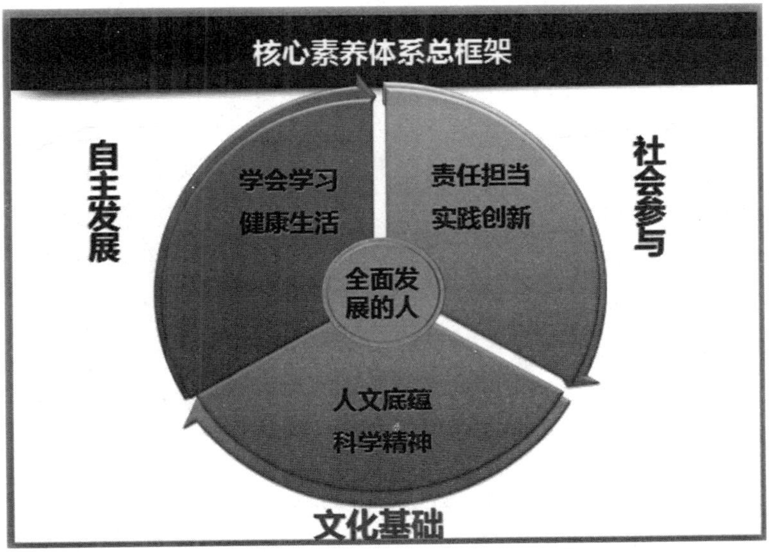

图 1-11 中国学生发展核心素养体系总框架图

（二）核心素养与基础教育的融合

当前，实施特色教育，创办特色学校，培养学生的核心素养，已成为我国深化教育改革的必然趋势，同时也是建设有中国特色社会主义教育体系的迫切需要。目前，我国面临着基础教育投资不足、教育资源配置不均和教育地域性差异明显的几大问题。并且，我国的应试教育与素质教育之争尚未平息，目前同时存在着对传统文化的倡导与实际的忽视。基于基础教育现状，核心素养的提出不仅是我国在国际教育改革发展趋势背景下自身教育发展的必然诉求，更重要的是在一定程度上可以减缓并逐渐改善我国目前基础教育中存在的诸多问题，使我国基础教育阶段缺乏的、不健全的制度和体系更加完善，使学生在成长过程中形成适应未来的必备品格和关键能力，从而更好地实现教育以人为本的发展理念及对人的全面回归。

（三）核心素养在“心智”教育思想的全面渗透

“心智”教育，是昌图实验小学结合传统文化、核心素养等创新式地提出的教育理念，旨在培育具有美好心灵、多元智能的学生，表达了对新一代青少年学生的美好期许。

“心智”教育理念所要表达的“美好心灵、多元智能”，是贯穿人一生卓越发展的要求。而中国学生核心素养包含的三个方面（自主发展、社会参与、文化基础）和六大素养（学会学习、健康生活、责任担当、实践创新、人文底蕴、科学精神），其中的每一个要点素养的培养，都和“心智”教育理念存在着密不可分的关系：健康生活、责任担当两大素养的培育发展是“美好心灵”的必备要素；学会学习、实践创新、人文底蕴、科学精神四大素养的培育发展是“多元智能”的必备要素。我们认为培育学生“美好心灵、多元智能”的品质是发展学生核心素养的基本手段。

基于此，学校必须依据个体实际对其进行再认识、再提炼，才能够把学校现有的校本课程资源、理念、方法、路径整合起来，找到适合学校自身发展的方法。结合学校层次、整体功能、学生基础，昌图实验小学把“核心素养体系”重构为两个大维度，即“美好心灵”和“多元智能”，将之作为校本课程体系内核。学校对核心素养三层面六素养的内涵深度解读和分析研究，必将促进学生“心智”的发展，使其成长为具备“核心素养”的全面发展的人。

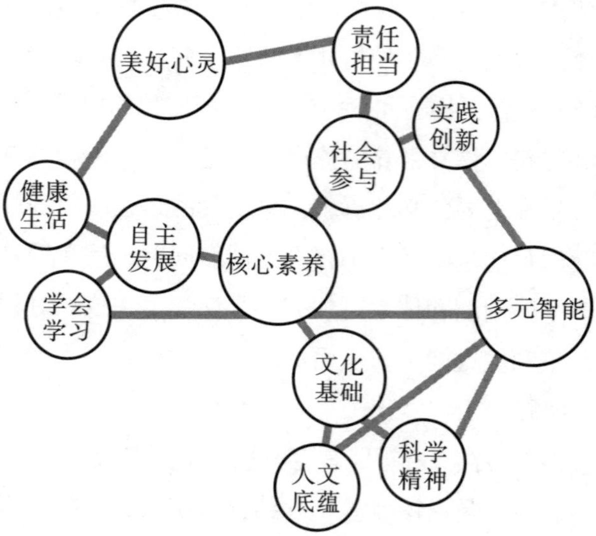

图 1-12　核心素养在“心智”教育思想的全面渗透图

第四节　重在满足育人实践需求

一、地域特色

地域文化是中华文化的重要载体。自古以来，中国就是一个幅员辽阔、民族众多的国家，不同的地域塑造了不同的地域文化。地域文化是最能体现一个空间范围内特点的文化类型，这一文化类型和周围的其他区域有着明显差异。我们可以将中国文化划分为比较大的文化区，如“华夏（汉）文化区”“西北文化区”“岭南文化区”等。也可细分为若干个亚文化区，即在一个比较大的区域下面再根据文化类型分为更小的区域。地域文化有其独特的个性，主要体现在方言、饮食、民风民俗、民间信仰等方面，比如草原文化、江南文化、齐鲁文化等就各有千秋，截然不同。地域文化是民族文化多元的外在呈现和内在结构丰富的直接体现，也是推动社会和谐的重要动力，为弘扬和培育中华民族精神提供了历史素材。从这个意义上来说，地域文化犹如无字的“习惯法”，在弘扬和谐文化传统、创新和谐文化内涵中具有无形的强大力量。中国幅员辽阔、各地文化既基本统一又千差万别、丰富多彩，中国古代文化的多地域、不平衡发展的原因有地理、气候等自然方面的因素，也有人文传统的延续等社会与文化的原因在内。这种多区域性不平衡发展，可追溯到新石器时代，甚至旧石器时代晚期。秦代以后，各地文化由于趋同性的作用，以及儒家思想的影响，其差别虽不如秦代以前那么明显，但仍有不同程度的区域特色，中国文化的地域特色是会永远存在的，地域的差异也将给人民带来得天独厚的文化与教育。

例如，笔者家乡辽宁昌图，物产资源丰富、工业基础雄厚，是全国著名的农业大县，是全国最大的粮食生产基地、畜禽生产加工基地。昌图县交通便利，境内有哈大铁路、平齐铁路两条铁路及哈大高铁，102 国道、303 国道、沈哈高速公路从境内穿过，是一座开放多元、充满生机的城市，独特的地理优势造就了昌图开放多元的大格局。

图 1-13　昌图县地理图

昌图也是一座历史悠久的城市。远在虞、夏、商、周时期就被作为肃慎（息慎）属地；秦、汉、晋时期，为扶余鲜卑地；南北朝及隋唐时期，为契丹所占领；唐五代时期，属渤海国，建王都首府于抚余城（今昌图县的四面城）；辽代，设五道；金代，属咸平路；元代，为蒙古族游牧地；明、清时期，属蒙古族科尔沁部游牧地，嘉庆七年（1802 年）置“常突额尔克”理事通判，嘉庆十一年（1806 年）设昌图厅，光绪三年（1877 年）升厅为府；中华民国二年（1913 年）改府为县后，昌图一直为县级建制。在历史的长河中，昌图以多元共融的方式对民族团结、文化交流、社会发展起到了重要作用。

（一）资源丰富

昌图，这片丰饶的土地，历史上就是全国著名的产粮大县，被誉为“天下粮仓”。年轻的昌图在今天又被定为享誉全国的新兴煤电能源大县、换热设备产业之都、辽宁母亲河——辽河发源地的生态新城。

昌图县矿产丰富，水源充足。包含矿藏主要有铁、铜、锌、铅、煤、石灰石、萤石、黄土、大理石、河沙、石油、天然气 12 种；中草药：五味子、桔梗、柴胡、威灵仙、杏仁、车前子、茵陈、地丁、防风、知母、苍术、玉竹、苦参、天南星等 14 种；野生动物：蛇、蜥蜴、蟾蜍、山鸡、野鸭、鹌鹑等。全县境内现已探明的矿产资源有 20 余种，其中陶土、石灰石、石油、天然气资源覆盖 13 个乡镇，拥有煤炭储量 2.28 亿吨，品位较高的石灰石，储量达 7000 万吨以上，花岗岩、河沙储量分别达到 5 亿吨。丰富的资源加速了昌图发展的进程。

（二）人才多元

昌图人杰地灵，勤劳俭朴的昌图人民，自古就受“孔子六艺”之熏陶，养育了一批知名人士和优秀儿女。翻开昌图的史册，这片神奇而美丽的黑土地曾经养育过著名的文学家、政坛杰出人士和科技巨星。民国时期有东北保安副总司令、黑龙江省督军吴俊升、中将旅长梁中甲等；抗日战争及解放战争时期有赵晋阳、金田三、孙西村、许芝、刘勇新等著名英烈人物。建国后更是人才辈出，如享誉海内外的著名作家、红学家端木蕻良；留美著名科学家孙国封；核工业专家黄河和艾连友；化工专家任景文；能源专家翟玉林；中国载人航天工程总设计师王永志；著名作家、原辽宁省政协主席孙奇；海峡两岸和平统一促进会会长、原台湾“立法院”院长梁肃戎；著名桥梁专家、中国农工民主党副主席刘树勋；俄籍华人生物科学家姜堪政；中国著名书法家佟韦；现代诗人李松涛；世界举重冠军吕刚、李卓。多元人才的长期引领，代代相传的多元能力，使得昌图父老更加企盼秉承“孔子六艺”，培养多元智能的全面发展的创新人才。

图 1-14　昌图地域特点结构图

二、学校历史

昌图县实验小学坐落在昌图县城美丽的银河岸边，这所历史悠久的学校始建于 1960 年，是辽宁省首批重点小学，学校占地 21000 平方米，5 栋教学大楼，37 个教学班，1 个附属幼儿园，拥有 3000 余名学生，168 名教职工，21 个专用教室，为师生提供了现代化的教育教学条件。其发展大致可分为 4 个阶段。

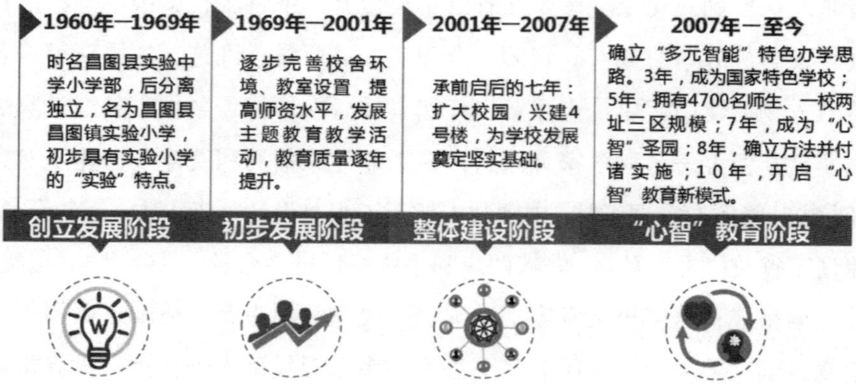

图 1-15　学校历史发展结构图

（一）创立发展阶段（1960 年 6 月—1969 年 6 月）

建校之初，1960 年 6 月—1966 年 6 月，学校处于起步和创立阶段，时名昌图县实验中学小学部，两年后从实验中学分离出来，名为昌图县昌图镇实验小学，在教育教学条件极为简陋的情况下，进行了“五四制学制”教学改革实验，体现了实验小学的“实验”特点。1966 年 6 月，文化大革命开始，学校师生去工厂参加劳动，接受“再教育”。1969 年 4 月，学校更名为“五七”小学，大力培养师生的劳动技能。

（二）初步发展阶段（1969 年 6 月—2001 年 6 月）

初步发展阶段，学校逐步完善校舍环境、教室设置，提高师资水平，发展主题教育教学活动，尝试课外教育活动，教育质量逐年提升。1976 年，“文革”结束，学校教育教学步入正轨。1978 年党的十一届三中全会之后，学校复称昌图县实验小学，并被确定为辽宁省首批办好的重点小学。

学校确定了“勤奋守纪、团结向上”的校风，注重学生自我管理和人际交往智能的教育。1985 年，《中共中央关于教育体制改革的决定》颁布，学校在邓小平同志“教育要面向现代化，面向世界，面向未来”题词引领下，以培养学生创造能力为核心，重点培养了学生思维创造能力和动手小发明能力，开展了大量课外活动。1988 年，学校设置了自然实验室、电化教室、音乐教室、图书室、科研室、医务室、少先队室。对学生进行“双基”即基础知识和基本技能培养，并开展愉快教育实验等多项教学改革，全面提高了学生综合能力。1990 年 6 月，学校全面贯彻《义务教育法》，并遵循《中国教育改革和发展纲要》，在学校工作中全面贯彻党的教育方针，德、智、体、美、劳一起抓，好、中、差一起抓，开展“注提实验”“集中识字”“韵语实验”等各项活动，教学质量逐年提升，始终位于全县小学之首，使学生的语言智能、数理逻辑智能得到了很好的培养。

（三）整体建设阶段（2001 年 6 月—2007 年 6 月）

整体建设阶段是承前启后的七年：扩大校园、兴建 4 号楼，为学校发展奠定坚实基础。期间承办昌图电视台《少儿天地》栏目，两年后更名为《天桥山》至今；通过国家级绿色学校验收；接受共青团省委视察省级“快乐成长工作站”。

（四）“心智”教育阶段（2007 年 6 月—至今）

2007 年 11 月，笔者作为昌图县实验小学新一届领导党支部书记、校长上任，综合实验小学历史发展的成功经验，继承实验小学的实验性和示范性特点，全面实施素质教育，全面挖掘师生的潜能，教师“八仙过海，各显其能”，培养学生儒雅聪慧、个性凸显的性格。经过反复思考和全面论证，确立了以多元智能理论作为引领学校素质教育发展的理论基础，并于 2007 年末大胆提出学校的办学宗旨、办学理念、办学目标和办学特色，制定了《昌图县实验小学振兴发展规划》，昌图县实验小学从此在特色发展的道路上踏上了新的历史征程。

学校的办学目标：让学校更美好，让教师更可敬，让学生更可爱。

学校的办学特色：美好心灵，多元智能，全面发展，个性飞扬。

图 1–16　2007 年提出“多元智能”教育结构图

1. 多元智能时期（2008—2013 年）

2008 年开始按照多元智能理论提出的八大智能（语言智能、数理逻辑智能、身体运动智能、音乐智能、视觉空间智能、自然观察智能、人际交往智能、自我认知智能、生存智能）开设校本课程。通过上好国家课、开齐地方课、开发校本课，全面培养学生多元智能综合素质。

2009 年以艺术教育为切入点，学校在 3—6 年级开设了葫芦丝课；在 1—6 年级开设中华经典诵读课和健美操课，并成立了鼓号队、科幻画队等 10 个特色队；在庆祝六一儿童节演出中取得圆满成功，引起良好反响，深受学生家长欢迎。2010 年，开发多元智能项目，发展教师学生特长，打造规范特色校园。学校多元智能理念引领课堂教学，全体教师结合自己所教学科在课堂中培养学生八大智能；德育工作也在学生各种特色队伍训练体验中得到规范，多元智能特色队已经达到 36 个。学生向“合格 + 特长”发展，教师向“基本功 + 才艺”发展，学校向“规范 + 特色”发展。学校的合唱队、舞蹈队、葫芦丝队在辽宁省中小学“三队”比赛中荣获一等奖。

2011 年和 2012 年，学校在多元智能特色引领下，教学工作探索出了“四段高效多元智能教学模式”，德育工作形成了“多元智能四段体验式德育模式”，党建工作形成了“多元智能创优争先”管理模式。学校在“多元智能视野下的特色学校创建”国家级科研课题引领下，进行的“在教学工作中培养多元智能型师生”“在德育工作中培养多元智能型师生”及“在党建工作中培养多元智能型师生”三个子课题具体研究中，有了更加清晰的发展思路，并使学校步入发展的快车道。

2013 年，昌图县委、县政府英明决策，把原昌图县实验中学校址及资产划归实验小学，解决实验小学人多地小的问题，达到扩校强校的目的。更主要的是满足大批学生进入实验小学就学难的问题。多元智能特色学校创建已经在社会上引起良好反响。在多元智能时期，“创多元智能的特色，办学生喜欢的学校”已经成为实验人不懈的追求。

2.“心智”教育时期（2013—2017 年）

2014 年，塑造美好心灵，练就多元智能。学校在人力资源、物力资源、财力资源、文化内涵上又实现了新的飞跃，2 月份历史性地在全县选拔 33 名优秀教师充实我校教师队伍，为实验小学进一步发展奠定了坚实的基础。实验人提炼形成“塑造美好心灵，练就多元智能”（即“心智教育”）学校特色，成立多元化学生社团，师生大练多元智能本领，推动心智教育的进一步深入。“四段多元高效课堂模式”使课堂教学发生了深刻变革，“多元智能项目体验”使学生文明高雅、多元成长，德育工作也取得了显著的实效。2014 年全校师生获个人荣誉 200 余项，学校获各级集体荣誉 41 项。

2015 年，圆满“十二五”，蓄势“十三五”。围绕“五心九智”，学校在原有的校本课程基础上各班和各学科又增加了 57 门新的课程项目，为进一步开发和完善“心智”教育课程体系奠定了良好基础。我校课改体现课程多元开发、课堂向纵深改革，质量向好，评价科学。实验人秉承“累，并快乐着！不用扬鞭自奋蹄！”精神，制定了《实验小学升级版规划》并启动实施，心智教育特色办学模式得到进一步完善，师生心灵向美向好，师生智能向宽向厚。

2016 年，夯实质量基础，深化心智特色，升级改造加快。心智教育课程由过去简单执行与借鉴走向多元整合与创生，STEAM 项目化学习初步建成；“心智农园”“书香走廊”“视觉艺术”“校园足球、跆拳道”“网络课程”“安全演练”“音乐舞蹈”“手工剪纸”“古筝二胡”等九大课程体系基本形成，并基本建成多元智能课程成果展室。学校还实现了互联网+评价平台建设，心智丛书付梓出版，学生总数突破4300人大关，实现APP终端测试电子化，百个心智教育社团建设并初见成效。

2017年，内涵发展，特色鲜明，全面升级。本着“让潜能生长，把美好点燃”的学校特色主题，进一步完善了心智特色的顶层设计，儿童核心素养个性化培养有新进展，社团性活动丰富；学校的内涵建设有新充实，心智教育体系趋于完善，项目与国际STEAM教育正在接轨；学校外延发展有新拓展，广泛吸收社会课程资源和人力资源。省教育厅把学校定为省级课改基地、干训基地，心智教育特色在央视频道和《中国教师报》宣传报道，学校办学展现出新的生机和活力！

自从为实验小学确立了多元智能特色办学思想以来：三年，让一所陈旧的老校焕然一新，跻身于国家特色学校的行列；五年，发展成拥有4700名师生、一校两址三区的规模学校；七年，把实验小学办成了政府放心、社会满意、家长信任、师生热爱的“心智”圣园；八年，确立《实验小学升级版行动纲要》并付诸实施；十年，开启新时代心智教育特色学校新模式。

三、校长情怀

何谓校长情怀，校长情怀在教育领域体现为校长的教育思想、办学理念及理念实施。关于理念的定义，西方从古至今有无数学者对其进行过定义，最早对理念进行解释的是苏格拉底，而对理念具有最深刻解读的要数黑格尔。黑格尔指出理念并不是形式的思维，而是思维的特有规定和规律自身发展而成的全体，因此理念也就是真理，并且唯有理念才是真理；理念是自在自为的真理，是概念和客观性的绝对统一。中国古代对于理念虽然没有直接的解释，但中国古代学者对于“理”的解释可以认为与理念相同。基于以上，韩延明教授认为理念是指人们对于某一事物或现象的理性认识、理想追求及其所形成的观念体系。基于对理念的认识，才能认识教育理念。韩延明教授在对理念进行定义的基础上，指出教育理念是指人们对于教育现象（活动）的理性认识、理想追求及其所形成的教育思想观念和教育哲学观点[1]。可以看出，教育理念是理念在教育领域的应用，是教育思想、教育哲学的体现，因此人们如果能够根据科学规律制定出科学的教育理念并指导教育教学工作，将是教育领域快速发展的一大捷径。

科学的教育理念的重要性体现在，没有科学的教育理念，教育工作是短期的，因为科学的教育理念是超乎其本身的教育追求，具有一定的指导性与动力性，可以引导教育工作源源不断、井然有序地进行。如果没有科学的教育理念的支持，教育工作是没有中心的、分散的，如此进行的教育工作既没有意义，也没有动力，其寿命可想而知；没有科学的教育理念，教育目标是片面的，教育目标是教育教学要求的体现，如果没有科学的教育理念作指导，确立的教育目标可能是主观的、片面的、难以实现的，拥有科学的教育理念作指导，教育目标的确立是能促进学生的全面发展的、是能够实现的；没有科学的教育理念，教育的发展是被动的，虽然教育受到经济、政治、文化等多方面的影响，但教育理念自身具有一定的激励性、超越性，没有科学的教育理念的引导，教育将失去理想、失去现实的工具、失去发展的动力，而具有科学的教育理念，将拥有其自身的意义，指引自身的发展。

基于对理念的认识，办学理念是指学校发展中的一系列教育观念、教育思想及其教育价值追求的集合体，是学校自主建构起来的学校教育哲学。办学理念需要解决三个方面的问题（办学理念有三方面的内涵），即学生是什么、教育是什么、学校是什么。也就是说，每一所学校最终凝练出来的办学理念都应该包含这三个方面，没有包含这三个方面的办学理念都是废话、都是空话。

办学理念具有理想性、全局性、实践性、独特性、稳定性的特点，

[1]　韩延明 . 理念、教育理念及大学理念探析 [J]. 教育研究 ,2003(9):50-56.

理想性是办学理念的目标特点，反映着办学者对学校发展或学生发展的理想追求；全局性是办学理念的认识方式特点，是对办学活动全局性、宏观性、整体性的理解和把握；实践性是办学理念的功能特点，是一所学校的“魂”“神”“力”；独特性是办学理念的内容特点，表现出学校或校长的鲜明个性特点；稳定性是办学理念的结构特点，能够在一段时期内甚至很长时间内指导学校的办学实践，不能频繁地更换学校的办学理念。

办学理念的提出，是校长工作中不可缺少的部分，它能帮助校长建立学校秩序，维护学校工作的运转，是校长自身专业发展的内在需要；一个学校想要维持工作的正常运转，就必须有其内在的运行机制，办学理念的提出，可以给学校的正常工作提出一个总的要求，让师生围绕这一主题共同努力，是学校发展的内在需要；当代教育不仅要促进学生知识、能力的发展，还要促进学生精神的发展，办学理念可以帮助学生建立起正确的理想信念，是学生朝着完善、崇高的方向发展，是时代发展的迫切需要。 办学理念对于学校的发展具有重要的意义，其影响包括显性、隐性两类，办学理念对学校发展的显性影响包括：办学理念指导校园物质文化建设、办学理念指导教师的课程设计及教学行为、办学理念规范学校管理，也就是说办学理念直接影响着学校的工作运行；办学理念对学校发展的隐性影响包括：办学理念优化学校精神氛围、办学理念激发教师教学动力，也就是说办学理念可以通过影响学校氛围从而影响学校的教育教学活动。

什么是好的教育？好的教育是学生看不到教育的发生，却影响着他们的心灵，帮助他们发展潜能。学校遵循学生的天性，从学生的视角选择适合的课程，让学生畅游在自己喜欢的课程中，自由开发其潜能，从而让每个学生成为最好的自己。这就是笔者的教育思想。这也是综合实验小学历史发展的成功经验，继承实验小学的实验性和示范性特点，经过反复思考和全面论证，确立了以多元智能理论作为引领学校素质教育发展的理论基础。2007年末，大胆提出了学校的办学思想理念，制定了《昌图县实验小学振兴发展规划》，同时带领全体领导班子认真学习多元智能理论，学校从此在特色发展的道路上踏上了新的历史征程。

可以说，正是由于校长教育思想的前瞻性和实操性计划，才使得昌图县实验小学在进行“心智”教育思想课程建设中取得了丰硕的成果，这看似偶然的决定背后实际上是校长多年从事教育工作积累出来的敏锐性和专业性。面对教育，心智教育思想认为每个孩子都有着自己独特的潜能，有的体现在语言方面，有的则是数理逻辑，还有的可能体现在与人交往上，在“心智”课程体系里面，教育者要做的就是挖掘并发展学生的长处，培养其自信心及积极性，从而带动其他相对较弱的方面，做到帮助每一个学生扬长平短，成为最好的自己。

而对于“心智教育思想”产生的最根本最重要的原因，是校长的教育情怀。现代校园中，近视学生的比例居高不下，身体状况普遍较弱，心理状况亟须关注；另外，学生们被动参加兴趣班，教师、家长单一重视学习成绩的现象似乎仍占主流，这都影响了孩子们的健康成长。教育家型校长在追求教育的前沿和高标的同时，更应该时刻关注现实中师生们真实的生命状态。对每一个问题时刻牵肠挂肚，基于这种生命自觉的情怀，才可能凝练出适合时代、适合师生的教育思想。

第二章 “润心启智”教育思想的内涵与表征

一训三风和校徽校歌处处得以体现“心智”教育的思想，只有将教育思想融入学校发展骨血之中，教育思想才能得以实现。在校训中，明确强调“美好心灵，多元智能”；在校风中，强调“差异发展，和谐共生”；在教风中，阐明“大道通心，因材施教”；在学风中，重视“心美智强，个性飞扬”。每一个提纲挈领的字词，都蕴藏着学校为践行“心智”教育思想的不断追求和实践。一训三风和校徽校歌的建设，也必然影响和渗透在整个学校的发展中，影响着学校、教师、学生三方的精神面貌和整体活力。本章将重点讲述“心智”教育思想的内涵和理念，并从介绍学校的一训三风和校徽校歌入手，全面阐明“美好心灵，多元智能”在现实办学中的深刻含义。

第一节　美好心灵　多元智能

“心智”教育是“美好的心灵，多元的智能”的简称，是指教育者根据党的教育方针和受教育者身心发展规律，结合地域文化和学校的历史传统，通过有目的、有组织、有计划的教育教学活动学习科学，以“心灵”与“智能”为关键点，培育学生核心素养，从而促进每个人自由而全面的发展，自觉成长为社会主义事业的建设者和接班人。

图 2–1　“心智”教育内涵结构图

一、“心智”教育思想内涵之——美好心灵

心，在儒家看来，人与动物不同的是，人性中天生具有善端，善端由具有包含道德意义的四端组成——恻隐之心、善恶之心、辞让之心、是非之心。恻隐之心，仁之端也；善恶之心，义之端也；辞让之心，礼之端也；是非之心，智之端也。核心是仁爱之心，重要特征是真诚、正直、

孝顺和爱人。

人类生活追求真善美，而这一重要品质的形成，与仁爱，与真诚、正直、孝顺、爱人是分不开的。人生活在一个复杂的社会环境之中，在面对多变的问题情境时，都需要发扬自身的品质和力量解决问题。真诚是一个人生存的基本，人们崇尚真诚，厌恶欺骗。在面对许许多多性质恶劣的社会事件时，也更容易明白正直与善良的重要。生而为人，孝顺更是所有为人子女者应内化于心、外化于行的重要品质。一首耳熟能详的歌曲中这样唱道："只要人人都献出一点爱，世界将变成美好的明天。"爱，是维系人们关系的纽带，因为爱，人们才会更加亲密，拥有亲情、爱情、友情，学会爱人，也是爱自己。

苏霍姆林斯基说："育人先育心。在由人的精神财富外化而来的交响曲中，最微妙、最温柔的旋律当属人的心灵。"马克思也说："教育绝非单纯的文化传递，教育之谓教育，正是在于它是一种人格心灵的唤醒——唤醒生命中的灵性和欲求。"要实现中华民族的伟大复兴，就要让每个中国人都有充实而强大的心灵，都有美丽而高洁的灵魂，有理性、有灵性、有诗性、有血性。我们讲的要建设美丽中国，需要的必然是美丽心灵，心灵干净环境才能干净。因此，"心智"教育中的"心"即代表"美好心灵"，结合"孔子六艺"等中国传统文化及核心素养理论、全纳教育等现代教育理论，将"心"解构为五"心"，即爱心、孝心、省心、慧心、诚心。

爱心。包括于诸多感情之中，它是一种看不见，但实际存在于我们生活每一处的东西。爱心可以是对人，也可以是对我们身边的一切事物，它包含的界限很广泛，它也拥有跨越时空界限的力量。怜悯、同情、奉献、爱护都在爱心的范畴之内。培养学生的爱心，是学校办学理念中的重点，美丽而高洁的灵魂，需要培养每一个生活在我们社会主义旗帜下的中国人都具有爱心。

孝心。"百善孝为先"，孝心是对双亲长辈孝敬的心意，是中国孝道文化的核心，是祖先崇拜的文化内涵。从古至今，中华传统文化都将"孝"作为一种传统美德，并一直在不断地推崇和发扬这一品德。孝心不仅是指满足父母长辈物质层面上的需求，更重要的是体现在对他们精神层面的满足。引导、培养学生的孝心，是促成学生美好心灵的重要一环，由己及人，只有培养学生对最亲近的长辈父母的孝心开始，才能更好地帮助学生对他人、对社会的奉献。

省心。我国古代儒家讲究“内圣外王”。“内圣”即指自身的修养，只有具备了良好的自身修养，才能齐家治国平天下，注重内心的修行，从正其心、诚其意、致知、格物做起的，保有“赤子之心”，达到“天”赋予的心，即天人和一。“外王”旧时指在外施行王道，延伸至今，则可以指做事的方式、本领。孟子说：“行有不得，反求诸己。”要做到“内圣”，提升个人内心修养，一是要借助他人的提醒，二便是自我反省。他人的提醒无法做到随时随地的帮助，因此提升个人修养，主要是通过自我反省。懂得自省是大智，敢于自省则是大勇，自省可以帮助一个人提升自我，时刻思考，时刻修正，这样对于培养学生的心灵才会起到重要作用。

慧心。解决生活中和学习上的问题必须有智慧。所谓“心有灵犀一点通”，每个人的智慧是各不相同的，有的人擅长动脑，有的人擅长动手，有的人在观察方面有独到之处，有的人在听觉上有特异功能，有的人擅长运动。各种智慧有先天性的，也有后天学习到的。

诚心。人作为社会发展中的独立个体，要想更好地适应社会发展，必须做到诚实守信，处世端正，不诓骗，不欺诈。诚信也是社会主义核心价值观的要求。培养学生诚信这一美好品德，可以有效地帮助学生在未来的社会生活中形成良好的品德，奠定为人处世所需重要品质的基础。

“仁、义、礼、智、信”是贯穿于中华伦理发展中的“五常”，它也是儒家思想的核心价值，这五种品德也是在我国历史发展中沉淀下来的价值观念，从古至今都影响着每一个中国人。“美好心灵”包含的品质是多方面的，总而言之，昌图实验小学的办学理念强调让学生形成“美好心灵”，都是为了帮助学生更好地提升个人修养，为未来个人生活奠定品质基础，在此基础上帮助学生适应社会，服务社会。

二、“心智”教育思想内涵之——多元智能

智，指智能，是能够促进人的全面发展的智能。中国古代儒家有“六艺”，国外有“多元智能理论”。根据“多元智能”理论，每个人都有自我认知智能、人际交往智能、自然观察智能、生存智能及其他五项智能，因此“智”不仅仅代表“智商”，它不同于智力，这是一种全面的、多元的能力，学校也因此将“智”解构为九“智”，即语言智能、数理逻辑智能、音乐智能、身体运动智能、视觉空间智能、自然观察智能、人际交往智能、自我认知智能、生存智能。

语言智能。这一智能主要是指掌握和运用语言、文字的能力。理解和运用语言文字是表达情感、思想的重要工具。人的生活无时无刻不存在着语言、文字的使用，要想理解他人、理解社会、理解世界、表达自我，都需要使用语言文字这类工具。文学作品、影视作品等等，都借助于语言文字表达它的表面或深层隐含的思想，人只有具备理解运用这些语言文字的能力，才能够在日常的工作、学习、生活中获得更好的发展。学生未来成为作家、文学家、哲学家等等，都无疑会依赖于语言智能，培养学生这一智能也会为学生未来职业选择提供一定的帮助。

数理逻辑智能，指的是逻辑推理、数学运算以及科学分析方面的能力。[1]数学运用与逻辑思维能力越来越重要地体现在日常生活和工作学习中，保存基本的理智就要拥有基本的逻辑思维能力。数学家、科学家、计算机程序员、会计等等职业，都要求从业人员具备一定的数理和逻辑思维能力，这种高级思维能力是一种必备品格，也是锻炼人的一项品质，培养并提高数理逻辑智能可以很好地促进学生全面发展，并为迎接未来具有挑战性的生活做好准备。

音乐智能，指的是指感觉、欣赏、演奏、歌唱、创作音乐的能力。[2]音乐天赋是一个人在人生阶段中很早便能发觉的能力，也是音乐家、演

[1] 沈致隆 . 多元智能理论的产生、发展和前景初探 [J]. 江苏教育研究 ,2009(09):17-26.

[2] 沈致隆 . 多元智能理论的产生、发展和前景初探 [J]. 江苏教育研究 ,2009(09):17-26.

奏家等与外界“交流”的方式，它的特别之处在于其艺术性。音乐可以让人陶冶情操，放松身心，提升艺术感知能力，培养音乐智能，也能很好地帮助学生在日常学习之余，找到一种劳逸结合的方式，实现身心的和谐发展。

身体运动智能，指支配肢体完成平衡、协调的身体运动和复杂的手工作业的能力，善于运用整个身体来表达想法和感觉。习近平总书记曾说，要文明其精神，野蛮其体魄。对于学校教育而言，重要的不仅仅是对科学知识的教授和文化文明的发扬传承，还有一项重要任务便是强健体魄。身体是革命的本钱，只有拥有一个健康的身体，才能够在学习生活中有坚不可摧的条件。另外，培养并发展学生的身体运动智能，不仅仅是在让学生形成一个强健的体魄，同时也可以培养学生的肢体协调能力、手工作业能力和动手实践能力。未来的生活学习中，这些能力也必然会影响和改变学生的发展。

视觉空间智能，指的是对视觉空间的感知能力和视觉转换能力，并能够运用模型、图像等解决空间问题的能力。在日常生活中，辨识方位、使用地图、空间几何问题等等，都需要运用视觉空间智能。对于学生而言，除了在学习的过程中会有关于数学、地理等方面的学科知识会运用到这一智能，在与我们紧密相关的日常生活，也必然会涉及。设计师、画家、雕塑家等职业，也对这一智能有要求。昌图实验小学注重培养和发展学生的视觉空间智能，一方面可以帮助学生的学习生活，另一方面也会对未来从事与此相关行业的学生提供坚实的基础。

自然观察智能，包括了解自然与人类之间关系的能力，了解自然界动植物及其分类的能力，还包括善于观察自然现象的能力。人生活在自然界之中，人与自然要和谐相处，必然需要认识到人与自然之间密不可分的关系，这些能力都将帮助学生在未来生活和工作中具备基本素养和能力。无论是科学家，还是园丁、农民，在他们的工作学习中，都要求具备良好的自然观察能力。

人际交往智能，侧重于帮助学生培养建立良好人际关系的能力，同时也发展学生观察辨别他人的情绪、性格等的能力，与他人友好相处的能力。人生活在社会的大环境中，人与人之间的交往是不可避免的，也是需要不断提高交往能力的，无论学生未来从事何种职业，都需要与人交往，正是这个原因，发展学生的人际交往智能才会显得尤为重要。这更是对学生社会参与能力的培养。是核心素养的重要方面。

自我认知智能，简单来说就是认识自我的能力，它包括人对自己能力、情感、知识等全方位的认识和判断，基于这些认识和判断，人也才会在面临问题和情境时做出正确的抉择。认识自我是发展自我的基础，一个人只有在充分了解自己的基础上，才会明确目标和理想，才能够努力地去追求目标和理想，培养学生的自我认知智能，可以有效帮助学生对自身形成客观正确的认识，帮助学生认识到自己的优点，也可以认识到自己的缺点，在此基础上，就能够帮助学生更好地成长。

生存智能，指的是人在自然和社会中生存所需要掌握和具备的基本能力。在传统的教育观念下，许多孩子只知书本而不知世界，很容易把学生培养成“书呆子”，除了读书什么都不会，生存智能便是要强调既要让学生学会学习，也要帮助学生健康生活。

“心智”教育思想，旨在让学生的心灵在多元智能中交融，使学生在人与自己、人与社会、人与自然的和谐碰撞中创造出美好的火花。多年来，教育同人一直认同并践行“美好心灵人，多元智能”的办学思想，在国家课程、地方课程的基础上，发展独具特色的校本课程，成立多元化学生社团，师生大练多元智能本领，推动心智教育的进一步深入。在课程改革实践中，也不断地向纵深发展，向多元发展，促进学校师生心灵美好发展，促进师生智能向多元发展。

第二节　一训三风　文化自觉

在学校中，一训三风指校训、校风、教风、学风，这是学校精神、办学理念和办学特色的标志性体现。良好的一训三风建设是引导与规范学校办学者、学校全体师生行为的精神力量所在。为促进“心智”教育办学理念更好地融入在学校、教师与学生的生活中，笔者的学校确立了一校三风，即校训——美好心灵，多元智能；校风——差异发展，和谐共生；教风——大道通心，因材施教；学风——心美智强，个性飞扬。旨在学校内学生、教师等一切人的差异发展、和谐共生的校园风气下，通过教师的大道通心的因材施教，能够使学生以“心美”“智强”为关键点，个性飞扬地学习，最终成长为“心智”健全的具有创新潜质的健康少年。

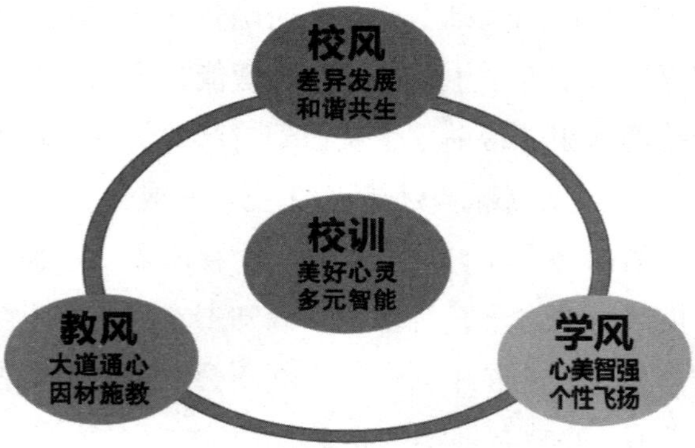

图 2-2　一训三风结构图

一、校训：美好心灵，多元智能

家有家风，校有校训。校训是一所学校办学理念和价值追求的凝练表达，是广大师生共同遵守的基本行为准则与道德规范，也是校园文化建设的重要内容。校训既沉淀着长期形成的校风、教风和学风，又标注着鲜明的时代气息，体现了 学校文化精神的核心内容。每所学校的校训起着无形的力量，对培育学校的人才起着潜移默化的作用，还发挥着重要的德育功能：首先，学校的校训体现了在校师生的奋斗目标，具有凝聚师生的作用，它将帮助师生产生集体的向心力和归宿感；其次，我国的校训从其历史溯源和字面含义来看，带有行为规范和训诫约束的意义，这对师生来说是一种无形的道德约束，将引导师生树立正确的世界观、人生观与价值观；最后，学校的校训还具有激励的作用，其将激发师生在学习工作中的积极性，提升主观能动性，在行为与精神两个方面对师生产生激励作用[1]。

校训——“美好心灵，多元智能”。

中国古代将“美好心灵”称作“内秀”“性善”“仁”“诚”等。孔子提出“里仁为美”，墨子认为“务善则美”，孟子认为“充实善信”是美德之人，只有善的、诚实的、有学问的人，心灵才是美的。心灵美好是真、善、美的统一，知、意、情的统一，集中体现了社会文明对人的思想、感情、意志的要求。雨果说过：“世界上最广阔的是海洋，比海洋更广阔的是天空，比天空更广阔的是人的心灵。”因此，“心智教育思想”就是让学生能够心灵富有，拥有充实的精神世界，即能够拥有良好的自我认知、高尚的社会道德；能够感悟自然生态，尊重自然和生命。

“多元智能”即全面发展的智能，这一概念最早由美国心理学家霍华德·加德纳提出，他认为每个学生都拥有不同的优势智能，只要在孩子的早期培养中因材施教，顺应其身心发展规律进行引导，每一个孩子都会卓越成长。因此，学校通过确立多元智能这句校训，旨在希望学生在多元智能的培养方式中了解自身的智能特点，在教师的引导下选择适合自己的学习方法，在自己的优势智能领域积极发展并最大限度地开发自身的多元智能，实现自身个性与共性的交融发展。

确立“美好心灵，多元智能”校训，旨在通过在校训方向标的引领下，明确学校的发展方向与育人目标，通过学校的多元课程特色、德育特色、教学特色、社团特色，为每一位学生提供合适的教育，让每一个学生成为最好的自己，培养具有美好心灵、多元智能的具有创新潜质的健康学生。通过“心智”教育，让心灵与心灵在多元智能中交融，使得一批批孝德文明、充满自信、兴趣广泛、知行合一、多元智能、视野开阔、个性飞扬的健康少年从这里走出！

[1] 张鲁丹．中学校训的德育功能研究 [J]. 中国德育 ,2020(06):24–26.

二、校风：差异发展，和谐共生

校风反映了学校的办学价值取向，是学校文化的内核。优良的校风既是学校教育的重要成果，又是一种学校精神和优良传统的行为表征；既是学校办学指导思想和培养目标的集中体现，又是培育优良学风、教风的根本保证。可见，优良的校风彰显着一所学校的精神面貌、办学水平以及育人境界，其不仅对学生的思想品质、道德情操、行为习惯和身心素质有着直接而深远的影响，对社会风尚的形成具有基础作用。

良好的校风形成首先依靠于校长，校长是校风的灵魂，没有一个作风良好的校长，就没有校风良好的学校。一位称职的校长，应该具有正确先进的办学思想、高尚的道德品质、规范的行为习惯以及超高的领导艺术等，只有这样才能把教师队伍带好，把学生培养好。在特色发展的路上踏上新的历史征程，逐渐形成了属于本校自己的校风。其次，良好校风的形成还依赖于教师，教师在学生面前的一言一行，都时刻直接或间接地对学生产生教育影响，因此良好的教师队伍建设是良好校风形成的根本保证。在践行“心智教育思想”的工作中，注重抓好师德教育，发扬教师强烈的教育情怀，以良好的教师职业道德形象打造学校形象。同时，学校注重提升教师专业的教育素养，打造多元智能教师团队，赢得了学生、家长和社会的认可和信赖，彰显了心智教育的无穷魅力，保证了学校良好校风的形成。

每个学校都应该建立起优良的校风并显示出自身的特色。差异发展即尊重学生的人格，关注学生的个体差异，满足不同学生的学习需要。新一轮课程改革呼唤课堂教学方式的变革，追求张扬学生个性的差异发展。如何才能让每个学生得到充分发展?《国家中长期教育改革和发展规划纲要（2010—2020年）》明确提出：“关心每个学生，促进每个学生主动地、生动活泼地发展，尊重教育规律和学生身心发展规律，为每个学生提供适合的教育。”因此，在校风建设中提出这一理念，学校充分认识到差异发展是全面和谐发展的基础，人只有充分、自由地发展自己的特色和个性特长，才是最丰富、最和谐的发展。

辩证唯物主义和谐观认为，“和谐”是指对立事物之间在一定条件下、具体、动态、相对、辩证的统一，它是不同事物之间相同相成、相辅相成、相反相成、互助合作、互利互惠、互促互补、共同发展的关系。而“共生”则是指两种不同生物之间所形成的紧密互利关系。昌图实验小学提出形成和谐共生的校风，希望学校能形成生生、师生、师师三种关系之间的和谐共生。其中在师生关系中，学校希望学生与教师在教与学的相互共生中，教师为学生提供正确的指导与帮助，同时，教师也会获得自我效能感与满足感，针对学生的反馈改进教学，最终达到教学相长。

因此，为将学生培养成为“心智”健全的具有创新潜质的健康少年，我校努力为学生营造差异发展、和谐共生的校园氛围，为每一位学生提供合适的教育，让每一个学生成为最好的自己，关注每一位学生的个性差异，调动学生的兴趣、激发学生的潜能，让学生能够在自由、健康的环境中成长。

三、教风：大道通心，因材施教

教风即教师风范，是教师的德与才的统一表现，是教师整体素质的核心，是教师在教育实践活动中形成的教学特点、作风和风格，是教师道德品质、文化知识水平、技能等的综合表现。教风是校风在学校教职工群体中的具象反映，概括体现出教师的师德风范，彰显教师的立德树人、治学态度和职业追求，体现着教师崇高的准则和风范。

学校在心智教育理念的引导下，从师德与专业技能两个方面培养“心智”教师，形成了实验学校教师传承特有的精神——“不用扬鞭自奋蹄，累并快乐着”。在师德工作中，培养教师的教育情怀，以学生为本，以自己的心智吸引学生，以爱育爱，以心育心，使学生与教师一起多元成长。在教师的专业技能培养中，要求教师能够成为多元化智能型的专业发展的教师，根据学生的个性与共性，培养出多元智能型的学生，使其全面发展，个性飞扬。因此，根据“心智”自身的教育思想，贯彻教师传承的“不用扬鞭自奋蹄，累并快乐着”精神，逐步形成了“大道通心，因材施教”的良好教风，养成了学校优良的传统和显著的教师队伍风格。

“大道通心”源于老子的哲学思想——大道至简，大道对于教育而言就是大道理、基本原理、方法和规律。把复杂的知识、大道理、基本原理、方法和规律简单化，传授给学生，直达其心灵，就是“大道通心”。除此之外，心智教育思想引领下，学校特别注重对教师“心”的塑造，培养教师的爱心与责任心，用爱去滋润学生成长。

因材施教一词最早源自于《论语·述而》记载：“德行：颜渊、闵子骞、冉伯牛、仲弓。言语：宰我、子贡。政事：冉有、季路。文学：子游、子夏。”众弟子有的长于德行，有的长于言语，有的长于政事，有的长于文学，这就是所谓的孔门四科。北宋理学家程颐说：“孔子教人，各因其材。”朱熹对此的注释是：“圣贤施教，各因其材。小以小成，大以大成，无弃人也。”于是有了“因材施教”的说法。针对学生不同个性与不同发展的需要，鼓励教师德能并举，因材施教，在校园内形成良好的教风。

四、学风：心美智强，个性飞扬

《礼记·中庸》中“博学之，审问之，慎思之，明辨之，笃行之”一句被当代人广泛认为是学风最早的来源，学风即学习风气，是一所学校治学精神、治学态度和治学原则的综合体现，既是教师、学生行为规范和思想道德的集体表现，也特指学生在学习过程中所表现出来的学习态度、学习风气和精神风貌，凸显学生的学习态度、精神品格以及价值追求。

一直以来，笔者所领导的学校都十分重视学风建设，提出了“心美智强，个性飞扬”的学风口号，这也是在长期办学实践中所形成的，具有自己特色的优良学风。

心美智强是对学校特色办学理念“心美智强，个性飞扬”的凝练，由此学校创造适合学生差异发展、释放潜能的教育，创造适合学生多元智能发展的丰富多彩的课程，让心灵与心灵在多元智能中交融，使人与自己、人与他人、人与社会、人与自然和谐碰撞出美好的火花。根据多元智能理论，发掘与培养学生从自我认知智能、人际交往智能、自然观察智能、生存智能以及其他五项智能，九大智能的提升符合人的精神境界由低级到高级的进化。最终通过多元智能修炼成美好的心灵，而美好心灵又引领多元智能的发展。

个性飞扬是指个体在先天素质的基础上，通过与后天环境的相互作用，形成有利于自身解放的、由多元智能融合而成的独特个体。所以，个性是内在素质的外显，是素质的整合与提升。由此学校除了统一的基础课程外，还通过各种教育方式给予学生能发挥天赋与爱好的空间与实践，培养个性飞扬的儿童，通过个性化教育培养具有个性的人。

校长的办学思想直接影响着学风，学风是治学之本、成才之本、立校之本。学校始终牢牢抓住“心美智强，个性飞扬”的学风建设，始终重视学生的培养质量，力求最大限度地开发学生的资质与潜能，使学生具有良好的品德与个性，身心健康，有一技之长，快乐地学习和生活，为将来的持续发展打下良好的基础。

第三节　校歌校徽　润泽心灵

校徽校歌是一所学校的标志。校徽是用图案和文字表达学校的性质载体，是一所学校的象征，它对于学校，以及学校中的领导者、教师、学生而言，都是具有重要意义的。校歌是一所学校的代表歌曲，无论是从它的歌词还是旋律，都承载着学校的性质、整体精神面貌和学校文化，包含着办学者和教育者对于学校发展的美好蓝图，以及对于教师、莘莘学子的期望。当学校把“心智”教育的思想贯彻到了这二者之中，“美好心灵，多元智能”这一办学理念，也就能更好地激励办学者，激励每一位教师和每一位在此成长的学生。

一、校徽

“徽”者，指标志、符号，是一件事物的代表。校徽即学校徽章，是一个学校的标志之一，除了有分辨、留念的作用，校徽还能够通过简单图案与文字直接地体现一所学校的性质和特色，校徽的意义重大，是一所学校的象征，也往往蕴含了特殊的意义。

“美好心灵，多元智能”特色办学理念，深刻地体现在了学校的校徽之中。中间“书”形的“昌”字，寓意其一是昌图县地域名称的缩写，其二代表中国传统文化——六艺：礼、乐、射、御、书、数；四周九色花瓣寓意“九大智能”，即：语言智能、数理逻辑智能、音乐智能、身体运动智能、视觉空间智能、自然观察智能、自我认知智能、人际交往智能、生存智能；花瓣上闪烁的小星寓意昌图实验小学学生在“美好心灵，多元智能”特色办学理念引领下，人人都是“心灵美好、智能多元、全面发展、个性飞扬”的闪亮之星。

图 2-3　昌图县实验小学校徽

从校徽中，可以清晰地看出昌图实验小学的办学特色。学校以传统理论为基础，结合了学习金字塔理论和脑科学研究，运用多元智能理论，在从教育学、心理学了解教师与学生的基础上，形成了这样一种独具特色的办学理念，从理论和学校自身发展的实践中不断改进，逐步形成“美好心灵，多元智能”的心智教育，构建了完善的学校特色文化和课程体系，把学生心灵与智能的发展放在学校工作的首位，一方面注重学生的全面发展，另一方面也从办学理念和课程体系入手，重视学生的个性化发展，争取把每一个学生都培养成为多元发展的人和幸福快乐的人，帮助学生形成快乐学习和幸福生活的能力。

二、校歌

校歌是一所学校规定的代表该校的歌曲，是学校办学理念、校园精神和学校特色的集中体现。校歌也是学校文化的表现的重要载体，它既包含着办学者、教育者对于学校的期许和理念，也包含着身处于这所学校的学生身上的特质。无论是旋律和文字，都能够淋漓尽致地体现该校的学校文化。

志在复兴伟大的中华

——昌图县实验小学校歌

朝霞映红了笑脸和鲜花，晨风吹绿了圣园和心芽。美丽的实验小学，草木滴翠生机勃发。就像一颗明珠，在辽北大地闪耀光华。

校园演绎着精深的文化，课堂迸射起求索的火花。可爱的实验小学，立德树人出神入化。就像一面红旗，让师生生命幸福无涯。

鼓满心灵的风帆，竞放智能的奇葩。六艺齐展，潜质深挖，三风奠基，目标远大，志在复兴伟大的中华。

“精深的文化”“求索的火花”都表明昌图实验小学的浓厚的校园文化氛围和充满生机的课堂教学。“立德树人”更是表明学校牢牢贯彻我国教育事业的主旋律，培养社会主义接班人是每一所学校都肩负的重大责任和义务。“鼓满心灵的风帆”体现学校办学理念中塑造美好心灵的特色；“竞放智能的奇葩”则鲜明地展现了学校致力于练就学生多元智能的办学理念，两者环环相扣，互为一体，共同构成学校特色办学理念。在中华传统文化的基础上，展现出新时代背景下昌图实验小学培养学生“六艺”全面发展，潜质个性发展的目标，以校风、学风、教风为引线，引导美好的校园氛围，处处可见学校“让潜能生长，把美好点燃”的特色主题，并最终培养出一个个志在为中华民族伟大复兴而奋斗的人！

第三章 “润心启智”教育思想的愿景

办学愿景体现的是教育管理者对学校未来蓬勃发展的期盼和对学生幸福成长的美好祝愿，教师队伍建设是学校发展、学生进步的重要保证，学生的培养目标对小学生所应具备的素质结构和关键素质的回答，也是对“我国小学阶段应该培养什么人”的明确回答。

心智教育思想的办学愿景是“打造‘心智’教育，创建品牌学校”。在这个办学愿景的指导下，在心智教育理念的引领下，学校提出了对教师与学生的殷切希望——希望教师能成为“润心启智”型教师，“不用扬鞭自奋蹄，累并快乐着”，希望学生能成为“心美智强”的健全的具有创新潜质的健康少年。

第一节 品质学校内涵驱动

课程改革不仅仅是课程内容和评价方式的改革，同时也带来了学校的改革，使学校走上了内涵发展的轨道，提升了教育的品质。新课程体现的是以学生发展为本，因而学校的管理者便肩负着一个神圣使命：以校本文化的构建来打造现代学校，提升教育的品质[1]。

2015 年《教育部工作要点》提出：“推动学校特色发展，提升学校

[1] 何灿华 . 试析高品质学校文化构建 [J]. 中国教育学刊 ,2011(11):34-36.

品质。”品质是质量、信誉、文化的综合体，外在是品牌，内在是内涵，学校品质是一个综合的概念，包含诸多要素，涉及多个主体[1]。从教育的目标来看，品质教育应当是真正为学生的幸福人生奠基，为和谐社会培养合格公民的教育[2]。品质学校应当是施行品质教育，促进学生品质发展，积极提升学校品质，建设品质学校。

办学愿景体现的就是学校建设者对学校未来和学生成长的期待学校愿景，渗透了学校的核心价值观，并通过这些核心价值观引导学校的课程开发、规划与实施[3]。

世界是多元化的，社会的多元发展对人才的需求也各有差异，所以学校所给予学生的教育也应该是丰富多彩且富有多种选择的。为了让学生有一个幸福的人生，成为一名合格的公民，学校培养出的学生应该是心灵美好且智能多元、秉性各异的。学校以此为出发点，提出了“打造‘心智’教育，创建品牌学校”的办学愿景。

心智教育思想就是全面贯彻党的教育方针，全面实施素质教育，培养学生的核心素养，力求通过人本、多元的学校管理体系，多元智能、自主探究的课堂教学，多元智能的德育体验项目，多元化的课程培养体系，多元育人的学校文化环境，最大限度地开发学生的资质与潜能，使学生具有良好的品德与个性，使学生有一技之长，使学生身心健康、快乐地学习和生活，为将来的持续发展打下良好的基础。换言之，希望通过“心智”教育，使每一个走出学校的孩子，是会用美好语言表达美好愿望的孩子；是会用多种乐器、高雅艺术表达情感的孩子；是会用画笔描绘七彩世界的孩子，是会劳动、会健体快乐成长的孩子；是会自主、善合作全面发

[1] 王定华 . 启动学校品质提升 [J]. 人民教育 ,2015(12):26–31.

[2] 杨慧青 . 创品质教育学校，追求美好的生活 [J]. 上海教育科研 ,2008(11):65–66.

[3] 张桂萍 . 塑造学校愿景——校长课程领导的首要任务 [J]. 现代中小学教育 ,2012(03):59–61.

展的孩子，是一个有理性、懂逻辑、会选择的学生，是具有家国情怀、国际视野的卓越少年。

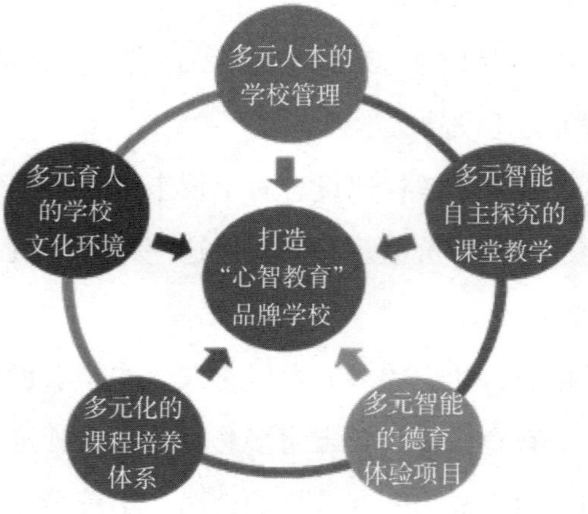

图 3–1　打造“心智教育”品牌学校结构图

为进一步贯彻党的“十九大”和习近平新时代中国特色社会主义教育思想，落实国家“十三五”发展规划和系列重要文件，辽宁省昌图县实验小学进一步明确了“心智教育”的办学理念，深化了学校“心智特色”课程改革，完善了学校文化，突出创新精神和实践能力培养，提高学校育人质量，全面升级学校文化品位。同时，充分利用校长“国培计划”资源，学习全国先进经验，不断将学校打造成在全国有一定知名度的特色名校，形成属于自己“心智教育”特色的实验小学品牌，从而促进学校的全面、健康和可持续发展。

第二节　教师自主发展沃土

“教师”的概念始终与教育的发展、教师职业的发展联系在一起。教师一般是指“履行教育教学职责的专业人员，承担教书育人、培养社会建设者、提高民族素质的使命”，从广义上看，教师与教育者是同一语，从狭义看，教师专指学校的专职教师[1]。可以说，教师是一种职业，是一种专业的职业，教师职业的本质是创造人的精神生命[2]。关于一种职业能否被称为专业，并不仅仅以学历或对业务提出一定的要求为标准，而是由与职业性质相关的综合性要求决定的，被公认的至少有三个方面的规定：首先，作为专业的职业实践必须有专业理论知识作依据，有专门的技能作保证；其次，作为专业的职业，承担着重要的社会责任；最后，作为专业的职业，在本行业内具有专业性的自主权[3]。

教师是国家富强、民族振兴、人民幸福的重要基石。教师队伍建设是学校发展、学生进步的重要保证，培养“心智”教师是我校最重要的目标与愿景之一。

多年来，在心智教育思想引领下的教师队伍积淀了特有的核心精神——“不用扬鞭自奋蹄！”“累并快乐着！”学校在培育教师的工作中，注重抓好师德教育，发扬教师强烈的教育情怀，以良好的教师职业道德形象打造学校形象。同时，学校注重提升教师专业的教育素养，打造多元智能教师团队，赢得了学生、家长和社会的认可和信赖，彰显了心智教育思想的独特魅力。

一、教育情怀——“心”的塑造

多元智能理论认为，多元化的心智应该从多元化的角度了解这个世界。换句话说，每个人拥有的多元智能既是教育的内容，也是教育用以沟通学生与现实世界的桥梁、渠道和工具。心智教育要求教师应该具有教育情怀，有爱心和责任心，这样才能保证教师十分小心地呵护每一位学生，为每一位学生的多元发展尽心。

[1] 全国十二所重点师范大学．教育学基础[M]．第二版．教育科学出版社，2008:118-124.

[2] 叶澜．教师职业的本质[J]. 教师之友，2002(02):1.

[3] 叶澜．新世纪教师专业素养初探[J]. 教育研究与实验，1998(01):41-46+72.

（一）教育情怀的解读

近代教育家夏丏尊曾说过，“教育之没有情感，没有爱，如同池塘没有水一样。没有水，就不成其为池塘，没有爱就没有教育。”教师忠于教育事业，热爱本职工作很重要的体现就是能否爱满天下，热爱每一位学生。热爱学生，是一个好教师应该具备的基本素质。只有爱学生，才能得到学生的爱，才能在实施教学和班级管理工作中收到事半功倍的效果。

心智教育思想引领下的教师以学生为本，用爱滋润学生成长。学校通过组织教师参加心智教育理论的学习讨论、典型介绍、案例分析等活动，引导教师真心实意地爱护、欣赏、指导每一个学生。教师要以自己的心智吸引学生，以爱育爱，以心育心，使学生与教师一起多元成长。

电视剧《刘家堡的故事》里有这样一段情节——彩丽丢了五元钱，代课教师因此搜遍了全班同学的书包。在女生胜男的书包里，老师发现了一个花本本，里面写了这样一首诗：啊，青山是你的眉毛 / 绿水是你的眼睛 / 大地是你的胸怀 / 我永远忘不了 / 你那个激动人心的名字……老师说胜男在早恋，逼着说出诗中的“你”是谁。胜男不承认，一再解释诗中的“你”就是她村的名字“刘家堡”。老师不信，一口咬定诗中的“你”是班里的一名男学生，并严肃地批评了胜男，要求胜男回家写检讨书。胜男觉得受了极大的委屈，因而赌气不去上学了。

通过这个故事可以看到，作为一名教育工作者，只有心中有爱，并相信学生，才能教育好学生，才能做好自己的本职工作。教师的责任，是教育、关心、爱护学生。没有爱谈不上关心爱护，也谈不到教育。而爱关系到责任心，关系到对学生的教育和培养，如果对学生没有爱心，就谈不到教育培养。

教师的责任心表现在平凡、细微甚至琐碎的小事，表现在对职业的热爱——热爱学校、热爱岗位、热爱学生（三爱），表现在对业务的主动刻苦钻研。润心启智的教师会关注每一位学生，十分小心地呵护每一位孩子的世界，享受辛苦的价值、为师的自豪和工作的乐趣。对学生的教育并非一朝一夕就能奏效，“一波未平，一波又起”的现象经常存在，这就需要教师有较好的韧性，不厌其烦地再做工作，相信“精诚所至，金石为开”，最终你会达到目的，切不可意气用事、草率了断。教师还应深入到学生中去，细心地捕捉、反馈学生的多元信息，让每一名学生在心智自由中成长，这也是考察教师责任心的重要一关。

（二）工作举措

“德育”一词直到20世纪初才传入我国，于1904年最早出现在王国维的《叔本华之哲学及其教育学说》一文中，该文提及“知识”“美育”“德育”三个名词。1912年，蔡元培先生在《对于新教育之意见》一文中提出“军国民教育”“实利主义教育”“公民道德教育”“世界观教育”“美感教育”五育并举思想。

德育绝不仅仅是口头上的教导，更重要的是榜样的作用。教师是学生的榜样，教师的言行时刻都在影响着学生的道德发展，自身有良好道德修养的教师在教授道德知识或是对学生提出道德要求时，更能令学生信服。

热爱小学教育事业，具有职业理想，践行社会主义核心价值体系，履行教师职业道德规范，依法执教。关爱小学生，尊重小学生人格，富有爱心、责任心、耐心和细心；为人师表，教书育人，自尊自律，做小学生健康成长的指导者和引路人。

——《小学教师专业标准（试行）》

将师德教育贯穿教师教育全过程，制订教师法治培训大纲，开展法治教育，提升教师法治素养和依法执教能力。广泛开展中华优秀传统文化教育，注重通过中华优秀传统文化涵养师德，通过经典诵读、开设专门课程、组织专题培训等形式，汲取文化精髓，传承中华师道。将教书育人楷模、一线优秀教师校长请进讲堂。着力培育教师职业认同和社会责任感。借助新闻媒体平台，每年利用教师节后一周时间开展“师德活动周”活动。发掘师德先进典型，弘扬当代教师风采，大力宣传阳光美丽、爱岗敬业、默默奉献的新时代优秀教师形象。

二、专业素养——“智”的培养

心智教育要求教师要成为多元智能型的专业发展的教师，这样才能培养出多元智能型的学生群体，使其全面发展个性。学校采取多项措施，努力建设一支以名师为龙头的专业型、科研型教师队伍。

（一）专业素养的解读

在教师职业形成的历史发展中，“教师专业素养”体现了不同时代、不同社会群体对“专业的教师”所应具有的品质以及所应达到的标准的理解和期待。教师专业素养基于教师职业的专业性，教师专业素养是教师质量的表现，涉及教师专业发展所必需的专业态度、专业意识、专业知识和专业能力等多方面。教师专业素养是“教师从事教育教学工作的素质和修养，是指教师经过系统的师范教育，并在长期的教育实践中逐渐形成的具有专门性、指向性和不可替代性的素养，突出教师职业的特殊性和标志性[1]。”

在心智教育思想引导下，着重培养教师的教学技能与教科研能力。教学技能方面，心智教师应掌握三个方面：观测和分析学生智能现象的技能；多元化处理教材和设计教学活动的技能；从多元智能出发评价学生的技能。学校以课堂为主阵地，开展丰富多彩的教学活动，为教师心智文化建设搭建平台，使教师专业水平迅速提高。教科研能力方面，领导教师们以科研为先导，以教研为载体，引领学校工作深入开展。以学校省级规划课题为引领，形成人人参与课题，人人自选课题，人人坚持研究课题的良好局面。在校本教研工作中，学校本着“学习——理解——践行——提升——再学习”的思路螺旋上升，促进教师专业发展，通过学中研、研中训系列活动的开展，促进教师专业发展，打造一支心智教育理念下的多元智能型的教师团队。

（二）工作举措

在提高教学技能方面，学校采取了“互联网＋教师教育”创新行动，

[1]　吴友华，熊林江．中小学体育教师专业素质文献综述[J]．企业家天地（理论版），2010:93–94.

充分利用云计算、大数据、虚拟现实、人工智能等新技术，推进教师教育信息化教学服务平台建设和应用，推动以自主、合作、探究为主要特征的教学方式变革。推动在线开放课程广泛应用共享。实施新一周期教师信息技术应用能力提升工程，引领带动教师校长将现代信息技术有效运用于教育教学和学校管理。

2020年初，新型冠状病毒疫情暴发，为了真正做到“停课不停学”，学校开展了“e＋学习，一家学习”宅家多元化学习模式，即在互联网信息背景下的学习型家庭建设，包括搭建“e＋学习，一家学习”平台、发挥“e＋学习，一家学习”优势、评价 “e＋学习，一家学习” 的实施以及促成“e＋学习，一家学习”的常态运行。通过这些举措，润心启智的线上学习指导和资源利用使学生及其家庭成员一起学习、一起进步，避免全家只有孩子学习，全家看管一个孩子的紧张氛围，同时也使家长获得了自由和进步，起到了“身教胜于言教”的作用，全校学生宅家学习取得了积极效果。

除此之外，昌图实验小学还实施名师名校长领航工程，培养一批具有较大社会影响力、能够在教育领域发挥示范引领作用的领军人才；推行集中培训和跟岗实践相结合的新教师入职教育模式。

在教科研能力工作方面，辽宁省昌图县实验小学采取了如下工作举措：

1. 科研管理

成立学校科研顾问团、校级科研领导小组、年组科研小组、学术委员会。

比如六年级数学学科组，共有数学教师12位，以中青年教师为主，拥有省级数学骨干一名，市级骨干教师一名，县级骨干教师2名，市级数学学科带头人一名，市级科研骨干教师一名，有较强的教育科研能力。2014到2016年，在科研主任石洪波和教研组长刘颖的带领下完成了辽宁省教育科学规划课题“小学数学教学中数理逻辑智能的培养研究”顺利结题。几年来，该组教师参与并很好地完成了其他国家级、省级、市级科研项目多项，教育科研能力也有较大提高。

在数学课程改革中，关注学生的差异问题被提到了一个显著的位置，各学段的数学课程标准都强调，注意内容呈现形式的丰富多彩，以提高学生的学习兴趣，进一步加深对所学内容数学意义的理解，而且建议教师在教学过程中尊重学生的个体差异，满足他们多样化的学习需要，在教学中尽可能给学生更多的时间来理解数学。同时随着智能课程的实施，教师们逐渐发现，每一个孩子都有自己的“学习风格”，这为传统教学的改革提供了各种“切入点”——对课堂教学行为及学生的学习方式都提供了富有启示性的选择。例如：学习统计图知识后，让学生自主组成学习调查小组，开展“文化路口通过车辆的情况分析”调查活动。调查小组中有的专门负责数汽车、卡车、自行车数量，有的专门把车辆分类记录，有的根据数据画成表格，填上具体的数据，然后根据收集的数据制成统计表和条形统计图。最后小组成员一起分析，制成环保情况调查的统计图，排列出污染程度，提出合理化建议，并且写出分析报告，从中发现汽车的行使对道路、空气污染情况以及改进的发展情况，培养了学生的动手能力，提高了学生的分析能力。

2. 课题研究

立项学校特色主课题并申请省级规划项目《基于心智教育的创生取向校本课程开发行动研究》；

立项若干部门子课题：基于心智教育创生取向的德育校本课程行动研究；基于心智教育的创生取向高效课堂行动研究；

立项若干学科组课题：基于心智教育的学科（10学科）校本课程开发行动研究学校；

立项若干学科骨干教师专题研究：群文阅读、儿童文学与写作、学生计算能力、逻辑思维导图、STEAM项目化学习、PBL项目化学习、科技创新。

3. 成果推广

以丰富完善与时俱进的“心智教育”理念引领学校发展并建设更加完善的校园文化；通过教学、德育、党建、后勤、幼儿园部门特色研究推进学校教育教学质量进一步提升；大力推广“互联网+多元智能”项目，做好学生综合素质评价；鼓励骨干教师专项课题的推广应用，形成教育教学优势项目，促进学生多元智能。

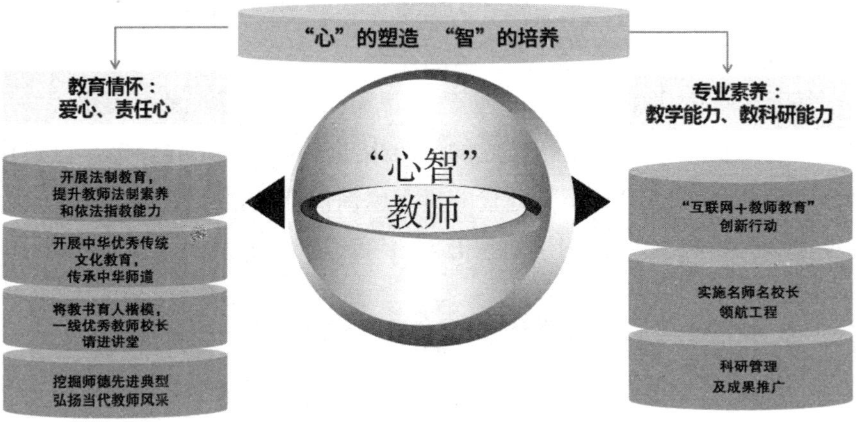

图 3-2 教师培养目标结构图

第三节 学生健康成长乐园

学校共同愿景是对整个学校未来发展的规划与设想，是学校组织成员为之奋斗并希望达到的学校发展蓝图，它概括了学校组织的目标、使命及核心价值，为学校未来的发展提供了轮廓和方向，通常会体现学校的办学理念，决定学校对学生的培养目标[1]。

培养目标是培养人才要求达到的标准，或者是培养人才的规格，是教育目的的具体化[2]。培养目标的确立是针对不同学校的学生，因此不同学校的培养目标有所不同。小学阶段属于基础教育的初级阶段，是每个

[1] 张桂萍 . 塑造学校愿景——校长课程领导的首要任务 [J]. 现代中小学教育 ,2012(03):59-61.

[2] 熊明安 , 曾成平 .《教育学名词浅释》[M]. 青海 : 青海人民出版 ,1982:309

人的成人和成才的基础阶段，小学教育为提高全民族的素质奠定基础。小学阶段培养目标，既要回答我国小学教育培养人的总体规格，也要回答小学生所应具备的素质结构和关键素质，是对“我国小学阶段应该培养什么人”的明确回答[1]。

基于“打造‘心智’教育，创建品牌学校”的办学愿景，提出了“培养‘心智’健全的具有创新潜质的健康少年”的学生培养目标，打造学生健康成长乐园。“心智”健全的具有创新潜质的健康少年应具备美好心灵、多元智能、创新潜质、健康成长的品质。

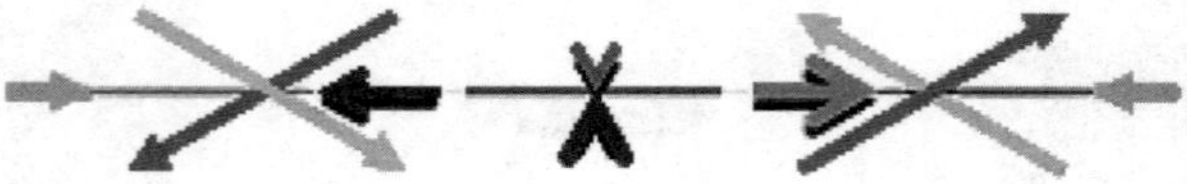

图 3-3　学生培养目标结构图

一、美好心灵

育人先育心，心育是德、智、体、美、劳各育的基础。一个人只有拥有健康的心灵、美好的心灵，才有可能去创造财富，拥有幸福人生。可以说，美好心灵是学生未来实现价值、幸福安康的基础。有一些人不乏才能，也常有幸运女神眷顾，但是最后却未能收获幸福，就是因为投机取巧，心灵被蒙蔽，最后一失足成千古恨，甚至留下千古骂名。可见，美好心灵也是一个人最终不迷失的保障。

实现中华民族的伟大复兴，就是要让每个中国人都拥有充实而强大的心灵，都拥有美丽而高洁的心灵。社会上的每一个人若都能拥有美好的心灵，老吾老以及人之老，幼吾幼以及人之幼，就能实现社会和谐，人民安居乐业。

教育的过程就是帮助学生不断超越自我的过程，教育就是要让学生超越物质的生活而进入精神的生活，让学生有充实而强大的心灵。美好

[1]　邱芳婷．新中国小学阶段培养目标的历史变迁及其启示 [J]. 教育探索 ,2016(12):22-26.

心灵的培养应该是让学生发现生活中的美，让学生明白什么是美，感受美，发现美，并且去追求美，培养审美能力，追求美好事物。美不仅仅是自然美、艺术美，还应该让学生学会欣赏心灵美，成为具有美好心灵的人，使每一位学生成为一个高尚的人。教育之为教育，正是在于它是一种人格心灵的“唤醒”[1]。

为塑造学生的美好心灵，学校开展自我认知课程、社会道德课程以及自然生态课程，使学生在与自己、与他人、与社会、与自然的接触中，不断提升精神境界，培养爱心、孝心、省心、慧心以及恒心，碰撞出美好的火花。

二、多元智能

20 世纪 90 年代，多元智能理论进入中国，国内研究者尝试将多元智能理论应用于教育改革，不断进行探究，并取得了一定的成果。在这 30 多年来，多元智能理论在教育教学改革中的应用研究越来越多，取得了丰富的阶段性成果[2]。素质教育概念广阔，内容复杂，难以把握，尤其是小学生更加难以理解，而多元智能理论在教育教学改革中的应用，推动了我国素质教育改革。

多元智能理论相信每一个学生在不同的智能领域具有不同水平的潜力，而这就需要通过教育帮助学生开发潜力。

随着多元智能理论的发展和普及，当代教育如何充分发展青少年的多元智能，如何着重培养不同领域不同特长的人才，如何让青少年全面发展，受到了各方面的关注[3]。为了培养学生的多元智能，学校应该努力做到“以学生为中心”“以学生为本”，为不同潜质的学生都提供尽量

[1]　朱永新 . 过一种幸福完整的教育生活 [M]. 上海：华东师范大学出版社 , 2008.

[2]　李敦东 . 近 30 年国内多元智能理论研究述评 [J]. 常州大学学报（社会科学版）,2012, 13(03):82-85.

[3]　陈思维，蔡达明 . 多元智能理论视角下 IPTV 益智游戏开发的策略研究 [J]. 中国电化教育 , 2018(03):127-130.

均等的发展机会，为不同潜质学生的发展提供发展的环境和资源，以满足不同潜质学生的发展需要，使每一位学生的智能都得到充分发展。

根据多元智能理论，不同智能型的学生其学习方式不尽相同，为了让学生更好地发展，学校构建了多元化的课程培养体系。根据《基础教育课程改革纲要》规定，实行国家课、地方课和校本课三级课程，学校在“心智教育”办学理念的引领下，横向拓展国家课程、地方课程、校本课程的内容，纵向延伸必修课、选修课、自修课内容，最大限度地开发学生的多元智能。

三、创新潜质

创新是指人们为了发展的需要，运用已知的信息，不断突破常规，发现或产生某种新颖、独特的有社会价值或个人价值的新事物、新思想的活动。创新的本质是突破。潜质则是潜在的能力、天赋、素质，它指向的是有待开发的未知。培养学生的创新潜质就是培养学生分析问题、解决问题的综合能力，提高学生的创新意识，使学生未来具有创新能力[1]。

从时代发展潮流来看，创新教育是知识经济对教育提出的时代要求。21 世纪是全新的经济时代，以不断创新的知识为主要基础发展起来的，它依靠新的发现、发明、研究和创新，是一种知识密集型和智慧型的经济，其核心在于创新[2]。创新决定着一个国家和民族的综合实力和竞争力，创新的意义在于增强国家的综合实力。创新教育就是要培养出具有创新意识和创新能力的高素质人才，进而提高中华民族的创新水平。

从学生未来的学业追求来看，国务院颁发的《关于深化考试招生制度改革的实施意见》已明确指出，自主招生“主要选拔具有学科特长和

[1] 宋红霞，李德昌，刘仲春．基于势科学理论的集约型教育及创新人才选拔与培养机制［J］．教育理论与实践，2016,36(28):25-28.

[2] 朱永新，杨树兵．创新教育论纲［J］．教育研究，1999(08):8-15.

创新潜质的优秀学生”[1]。无疑，具有创新潜质的青少年在未来更有机会进入好的大学学习，获得更加宝贵的学习机会。从学生未来的职业生涯发展来看，在步入“大众创新、万众创业”的时代，现实和未来社会的每个领域、每个岗位，都有不断变革创新的需求，需要多元的创新人才。

因此，面向全体学生增加了培养具备创新潜质的学生这一功能定位，致力于培养具有创新潜质的时代少年，为国家培养高层次的创新人才，为建设创新型国家做贡献。

四、健康成长

习近平总书记指出，“身体是人生一切奋斗成功的本钱，少年儿童要注意加强体育锻炼。”他强调，家庭、学校、社会都要为少年儿童增强体魄创造条件，让他们像小树那样健康成长，长大后成为建设祖国的栋梁之材。《国家中长期教育改革和发展规划纲要（2010—2020年）》也强调：“加强体育，牢固树立健康第一的思想，确保学生体育课程和课余活动时间，提高体育教学质量，加强心理健康教育，促进学生身心健康、体魄强健、意志坚强。”[2]

身体是革命的本钱，离开了健康的体魄，其他一切都是空谈。身体健康是心理、智力、创造力发展的基础，体育的成长性不仅表现为身体运动能力的提高，还表现为对人脑发育的影响[3]，因而体育在国民教育中占有不可忽视的地位。我们的教育是要培养当代社会的国家栋梁，设想，身体羸弱、病恹恹的青年如何能承担建设国家的重任？故而在基础教育中就应当高度重视体育教育。

由于社会发展所带来的不良结果，已在某种程度上对人类的健康与

[1] 中共中央国务院. 国务院关于深化考试招生制度改革的实施意见[M]. 北京：人民出版社. 2014.

[2] 中共中央国务院. 国家中长期教育改革和发展规划纲要（2010—2020年）[M]. 北京：人民出版社. 2010.

[3] 孙科. 幼儿体育：认知·成长·生命——中外学者访谈录[J]. 体育与科学, 2017,38(01): 27-36.

正常的生活构成潜在危害，因此，应把“促进人类身体健康”的传统体育价值观同“终身体育”这一新的体育价值观有机地结合起来，建立一种符合时代要求和现代社会发展适应的全新终身体育价值观[1]。从小对学生进行体育教育，不仅仅是为了学生个人的健康成长，也是为了社会的健康成长，为社会营造一种积极向上、充满活力的氛围。

强健的体魄对于学生的成长至关重要，完善的体育教育是进行其他教育的基础。鉴于此，辽宁省昌图县实验小学十分重视对学生身体素质的培养，由此开设一系列有助于身体健康的活动课程，主要包括常规体育活动、特色社团活动、体育节等。

[1] 施秋桂，李骁天．社会进步、人类健康与终身体育［J］．北京体育大学学报，2006(08)：1021-1023.

第二篇

忽如一夜春风来
——心智教育思想体系实践

第四章　“润心启智”课程

小学作为基础教育中的重中之重，它的教育质量对整个基础教育课程的发展有着深远而重大的影响。课程是教育内容和进程的总和，直接决定了学生通过教育获得的知识结构和核心素养，是培养教育目标的具体化和依托。因此，建立一套科学的、具有个性化特色的课程体系是课程顶层设计的核心内容。学校在探索课程设计的过程中，充分考虑学校和学生实际情况，依据党的教育方针和受教育者的身心发展规律，结合地域文化和学校的历史传统，为培养学生“美好心灵，多元智能”的核心素养，逐步构建了“心智”课程体系。

“心智”课程体系以培养“心智”健全的具有创新潜质的健康少年为课程目标。“心”即“美好心灵”，拥有“美好心灵”是学生健康成长的第一步。“美好心灵”使学生拥有良好的自我认知、高尚的社会道德和感悟自然生态，尊重自然和生命。“智”是“多元智能”，摒弃“唯分数”等单一智能培养，对学生进行言语交往、数理科学、人文艺术和体育健康的多元智能培育。为培育学生的美好心灵，学校实施了“美好心灵”课程，主要三大内容：一是自我认知课程，包括心理健康课程和生涯规划课程；二是社会道德课程，主要包括习惯养成、爱国教育、感恩教育、礼仪教育、道德法制等校本课程；三是自然生态课程，包括生态环境和生命教育课程。为培育学生的多元智能，学校在孩子的早期培养中因材施教，顺应其身心发展规律进行引导，实施“多元智能”课程，主要四大内容：一是言语交往课程，主要包含了言语品质课程、传统文化课程、国际视野课程和实践活动课程；二是数理科学课程，主要包括数理基础课程、科技素养课程和综合创新课程；三是人文艺术课程，主要包括人文品质课程、艺术气度课程和审美创意课程；四是体育科学课程包括体育运动课程和健康生活课程。每位学生全面发展各项智能，并在老师的引导下找到自己的优势智能，努力发展，“扬长平短”。

在课程实施中，学校坚持课堂教学核心是“培养学生创新精神和实践能力，通过多元化教学，多元智力的培养，使学生的创造意识不断萌发，创造能力迅速提高”。建立了具有自己的品牌特色的多元智能高效课堂基本教学模式，即先学后教，四段多元；因材施教，教学相长。课程教学中将教学活动的整体性、个体的差异性、学生的创新实践性和教学的开发性作为多元智能课堂教学根本的原则，构建了以主体性、多元性、拓展性、开放性和前瞻性为特征的多元智能课堂教学模式。多元智能高效课堂基本模式有三大层次：第一层次：基本模式，包括预习汇报（快乐自主）——深入探究（合作探究）——达成智能（差异发展）——问题再造（实践创新）四个阶段；第二层次：以总体模式为引领的各学科教学模式（十个学科、一个大课间）；第三层次：学科内部分类教学模式。

评价具有促进学生发展、教师提高和改进教学实践的功能，学校以学生的个性全面发展为目标，采用多元化、多层次、多标准、多维度的评价手段和方法。以“心智”教育理念为指导，从语言、数理逻辑、身体运动、音乐、视觉空间、自然观察、自我认知、人际交往和生存智能九个维度来分别进行评价，还制定了学生多元智能测试与评价辅助问卷，建立学生多元智能评价体系。教师评价采用量化评价与质性评价相结合的方式，量化评价能够给教师一个相对客观公平的评价结果，而质性评价没有绝对严格的程序，灵活性强，可以让教师更加理性地看待评价结果，帮助教师树立教学信心，促进教师提高教学质量，有利于建设健康发展的教师队伍。

2020 年新型冠状病毒疫情期间，学校依据网络教育的特征，因地制宜地建立了“e＋学习，一家学习”宅家教学模式，实现了在互联网信息背景下的学习型家庭建设。学校首先实施了“美好心灵”的“五心教育”，即把孝心献给长辈、把爱心献给武汉、把省心献给自己、把慧心献给生活、把恒心献给习惯。首先，与家长联手发现孩子的优势多元智能。让爱说、爱写的孩子开展致信“抗疫”前线英雄，歌颂感人事迹，编写童谣等活动。其次，学校还充分考虑网络课堂直播教学的实质性问题，结合在线教育的特征，设计了昌图实验学校特色网络课程，主要包括防疫为主题的生命教育课程，提高学生自我约束的心理课程、学科核心内容课程和有驱动力的项目化课程，并线上指导家长开发儿童“心智潜能”家本课程，帮助建设“学习型家庭”。最终，在“心智”课程的优秀理念引领下，顺利通过线上指导，使宅在家的孩子们自信生活，强健体魄，为他们未来生存和发展注入了勇气和力量。

第一节　课程目标

课程目标是课程的开发和编制的重要步骤和准则，必从社会需求、国家发展、学生身心发展规律和文化知识自身特征等综合因素考虑，因地制宜地确定知行合一、行之有效的课程目标，结合昌图的地域文化和学校的历史传统，立足于培养学生“美好心灵，多元智能”的核心素养，使学生自由而全面的发展，昌图实验学校的课程目标确立为：培养“心智”健全的具有创新潜质的健康少年。

一、理论背景

进入 21 世纪，我国已经站上了知识经济的大舞台，知识经济的关键就是创新能力，各国之间的竞争中知识和科技的创新的竞争也是愈演愈烈。创新潜质培养是国家富强、民族振兴、学生健康卓越发展的时代要求。近年来，在“唯分数论”等价值观的引导下，部分学校的课程目标忽视学生的身心发展规律，功利性地对学生进行教育，只看“升学”，重视书本知识而忽视学生本体，不能使学生有明确的智能自我定位，最终造成了学生情感淡漠、孤僻，只会考试，创新能力较弱，这都不利于学生自身的长远健康发展。因此，学校依据党的教育方针和受教育者的身心发展规律，结合地域文化和学校的历史传统，培养学生“美好心灵，多元智能”的核心素养，自由而全面的发展，使学生成为“心智”健全的具有创新潜质的健康少年。图 4–1 所示为心智教育的课程的目标。

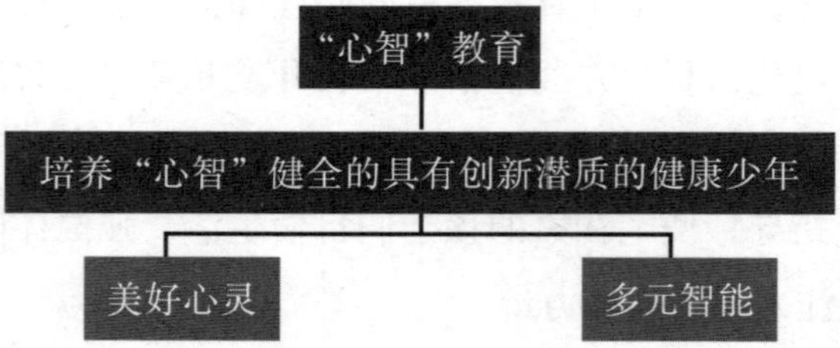

图 4–1　“心智”教育课程目标

要实现“心智”健全的具有创新潜质的健康少年的课程目标必须是“心”与“智”培养的全面结合。“心”即“美好心灵”，拥有“美好心灵”是学生健康成长的第一步。“美好心灵”使学生拥有良好的自我认知、高尚的社会道德和感悟自然生态，尊重自然和生命。学生良好的自我认知的培养让其拥有美好的心理体验，坚信“天生我才必有用”，对自己有明确的自我认知，了解自己的特长，并在学校的引导下着重发展，成为专长。对于小学生而言，培养自我认知能力，需要促进学生心理健康和启蒙生涯规划。开展心理健康教育有利于让学生拥有良好心态、自尊自信和积极的情绪管理。对其进行职业启蒙能激发学生潜能，发掘兴趣，树立正确榜样，开阔眼界。在当今知识经济时代中的行业领域不断扩充背景下，适应时代发展，拥有良好的自我认知是成为某一领域拥有专业知识技能的创新型人才的必备基础。教育是社会的一个子系统，必将受到社会环境的影响，学校对学生进行习惯养成教育、爱国教育、感恩教育、礼仪教育和道德法制教育，培养学生良好的人生观、价值观、世界观，提高学生道德品质，养成高尚的社会道德，成长为拥有家国情怀、慈爱之心的“仁义礼”健康少年，为他们将来适应社会发展积淀。学校教育者坚信，对于孩子来说，他们需要和阳光、土地、河流、植物有充分的接触，感受自然空气、身体呼吸、四季更替的变化，感悟生态自然，怀着对山川土地的充沛情感健康成长，因此，着重加强学生的自然生态教育，使学生认识到环境保护的重要性，开设自然生态课程，让学生充分了解、感知生态环境，珍视生命，最终成长为具有良好的自我认知、高尚的社会道德和珍爱自然生态的“美好心灵”少年。

二、多元智能课程目标

知识经济时代要求的创新人才是多元的，正如多元智能理论所传达的，每个学生都有自己的优势智能领域，需因材施教，顺应其身心发展规律进行引导。所以学校课程目标培育“智”是“多元智能”，摒弃“唯分数”等单一智能培养，对学生进行言语交往、数理科学、人文艺术和体育健康的四维多元智能培育，所有的学生在多元智能培养中都会了解自身的智能特点，在教师的引导下选择适合自己的学习方法。

首先，言语与交往联系紧密，在当今信息科技时代有其独特的定位与作用。通过提高语言品质、学习传统文化、开阔国际视野和参与实践活动培育学生的言语交往智能，使学生学会表达自身的思想和情感，获得良好的言语交往品质，弘扬传统文化，培养国际交往能力，并在实践中促进语言文化和人际交往的进一步结合。其次，数理科学是学生必须获得的基础知识与能力。数理科学包含数理基础知识、科技素养和综合创新能力，不仅是一门工具性的学科，还是包含了学生应具备的质疑、验证的科学精神和心理品质，其对学生的逻辑思维、空间想象、科学素养和创新品质智能培育至关重要。另外，学校坚持学生应当拥有内在精神品格，因此着重促进学生对精神和价值的追求，在学生智能的多元发展中，开设了的人文艺术课程，培育学生感知感悟人类文化中最核心、最先进、最优秀和最科学部分的智能，通过语数外基础课程学习以及特色情境创设提升学生的人文品质。最为特别的是编制了校班两级特色校本课程，成立了 111 个多元智能社团，努力提升每位学生的艺术气度，并开设特色审美课程和创意培育课程促进学生审美创意的提升。而在体育健康智能培育中，校长带领团队开发一套符合本学校实际的体育健康多元智能课程，旨在培养学生健康的体魄、良好的心理素质，激发与培养学生生存智能、身体运动智能，其大体可分为两类：体育运动课程和健康生活课程，在开设与其相关的国家课程的同时，建立具有地区特色的地方课程，旨在康健学生体魄，促进其养成健康的习惯和生活方式。

综上所述，“心智”健全的具有创新潜质的健康少年可以从美好心灵（心）：自我认知、社会道德、自然生态和多元智能（智）：言语交往、数理科学、人文艺术和体育健康共七方面综合解读。

第二节　课程内容与结构

随着教育改革的不断深入和素质教育的全面实施，学校紧随教育改革的步伐和趋势，设立了培养“心智”健全的具有创新潜质的健康少年这一课程目标，为了实现这一目标，设计良好的课程内容与结构是关键一步，学校秉承“心智教育”理念，并结合本校发展的实际情况，围绕“美好心灵”与“多元智能”开发出了独具特色、丰富多彩的课程。心智教育课程结构的总体框架如图 4–2 所示。

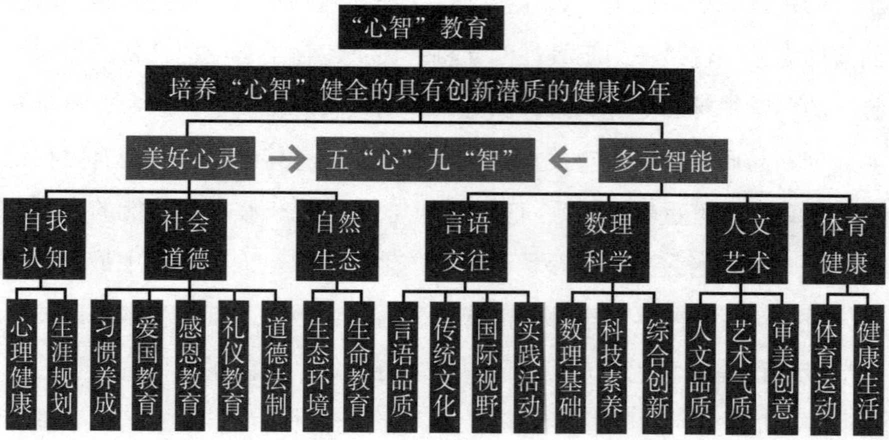

图 4–2　“心智”教育课程结构总图

一、美好心灵课程体系

美好心灵课程是学校为培育健康成长，拥有健全心灵学生而开设的修身课程，主要包括自我认知、社会道德、自然生态三方面的课程内容。首先，学校希望学生自我认知，即尽全力地认识自己。哲学的基本问题之一是认识自己，许多人不能自律，不能控制自己的情绪，自我发展受限，成为弱者；认识了知识，却没有认识自己，成为愚昧没有主见的人。很多人终其一生没有认识“自己”，蹉跎了人生。学校通过开设自我认知课程包括心理健康课程和心理体验课程，以此促进学生自我认知，让学生尽快认识自己，激发所有学生的最大内驱力。其次，学校希望学生能拥有高尚的社会道德，在将来的人生中持续发展，成为有利于社会发展的人。因此社会道德课程通过习惯养成课程、感恩教育课程、爱国教育课程、礼仪教育课程、道德法制课程来引导学生从小事做起，养成良好的道德行为习惯，知法懂法，从内心深处感受社会环境中人与人的美好。儿童的心灵是可塑的，让学生心灵得到滋养的教育方法之一便是让学生亲近自然。学校开设的自然生态课程包括生命环境课程和生命教育课程，以此让学生充分与自然接触，认识山川文物，开阔心灵，珍爱自然，珍爱生命。

（一）自我认知课程内容与结构

自我认知是对自己身心活动的觉察，即自己对自己的认识，具体包括认识自己的生理状况，如身高、体重、体态等；认识自己的心理特征，如兴趣、能力、气质、性格等；认识自己的人生价值，如自己在集体中的作用、在社会中扮演的角色以及人生发展方向等。对于小学生而言，认识并促进自己的生理发展主要体现在体育健康课程当中。而要培养学生的自我认知能力，则主要从心理健康和人生价值着手。

学校开展“美好心灵，多元智能”的心智教育，开设自我认知课程，主要包括心理健康课程和生涯规划课程，如图 4–3 所示。目的是开发学生的自我认知智能，为培养“心智”健全的具有创新潜质的健康少年奠定基础。

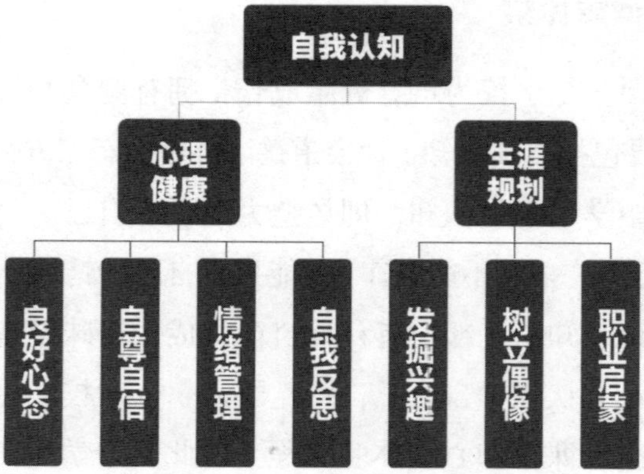

图 4-3　自我认知课程结构图

1. 心理健康

《中小学心理健康教育指导纲要》指出：中小学心理健康教育，是提高中小学生心理素质、促进其身心健康和谐发展的教育，是进一步加强和改进中小学德育工作、全面推进素质教育的重要组成部分。在中小学开展心理健康教育，是学生身心健康成长的需要，是全面推进素质教育的必然要求。

健康的心理是自我认知的前提，儿童的心理健康养成关系到学生的世界观、人生观、价值观形成。心理健康教育不仅渗透到日常的教育教学活动中，也体现在各种主题课程当中。昌图实验学校从良好心态、自尊自信、情绪管理、自我反思四个方面构建心理健康教育的课程。心理健康教育的课程结构如图 4-4 所示。

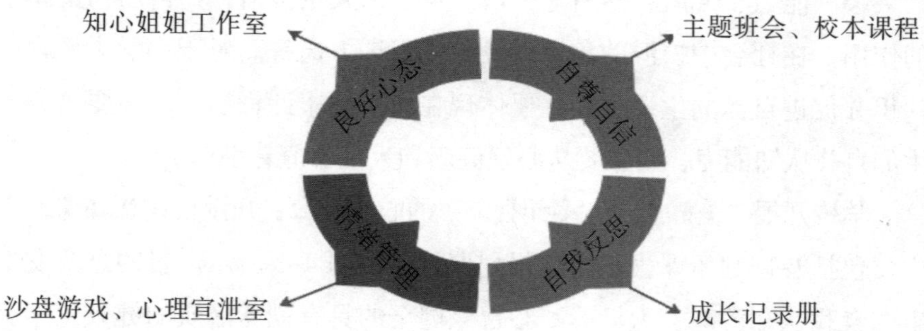

图 4-4　心理健康课程结构图

2. 生涯规划

生涯规划是指在对一个人的主客观条件进行测量、分析、总结的基础上，对其兴趣、特长等进行综合分析与权衡，结合时代特点，确定自己的职业倾向和奋斗目标，并为实现这一目标做出行之有效的计划。对于小学生而言，漫长的人生道路才刚开始，明确的生涯规划可能为时过早。但在竞争日趋激烈的当下，生涯规划启蒙还是十分有必要的，学校结合学校的实际情况从发掘学生兴趣、梳理偶像榜样、进行职业启蒙三个主要的方面出发构建学生生涯规划课程。生涯规划课程结构图如图 4–5 所示。

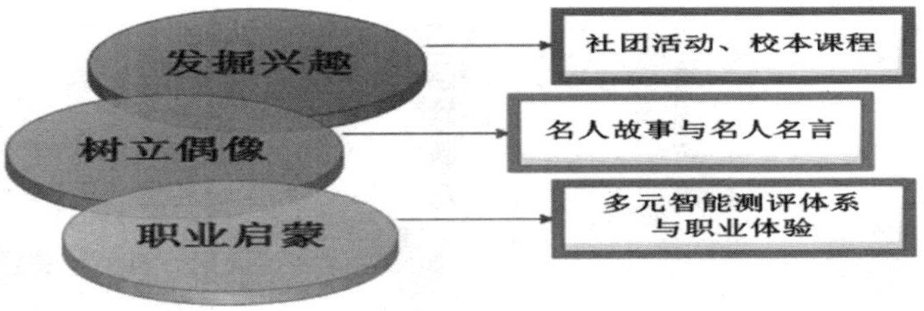

图 4–5　生涯规划课程结构图

（二）社会道德课程内容与结构

社会道德重点在“德”。“道德”也称“德行”“品德”，道德是人才素质结构中的核心部分，它包括品貌、品行等结构，是指个人依据一定的道德原则规范行动时所表现出来的稳固的倾向与特征。“先做人，再做事”。从这句话中，我们应该发现，培养学生良好的道德品质是教育工作中的重中之重，是全面发展教育的重要组成部分，是培养有觉悟、有思想、有正确的人生观、价值观、世界观的合格人才的前提。青少年学生的思想品德是在家庭、社会生活中及学校教育的影响下形成的。而青少年学生的思想、政治、观点和道德规范的教育来自社会、家庭、学校，尤其学校的教育是教育中的重点。否则，他们不能形成社会所需要的思想。因此，学校的德育工作至关重要，需要教师想方设法提高学生的思想道德素质，培养学生的行为习惯，提高学生的社会公德心，提高学生的高尚的道德品质。随着社会的发展，节奏的加快，未来社会将会对人提出更高的品德要求。

社会道德所追求的不仅仅在于内心道德品质是合格的，还有在合格品德的指引下所发生的良好的行为习惯。时代发展要求学生的德智体美劳全面发展，因此，学生的社会道德培养一定不能马虎。作为学生必不可少的光辉品质，本着培养有“美好心灵”的青少年，学校开设了习惯养成、爱国教育、感恩教育、礼仪教育、道德法制等校本课程以培养学生良好的道德品质。图 4–6 为社会道德课程结构图。

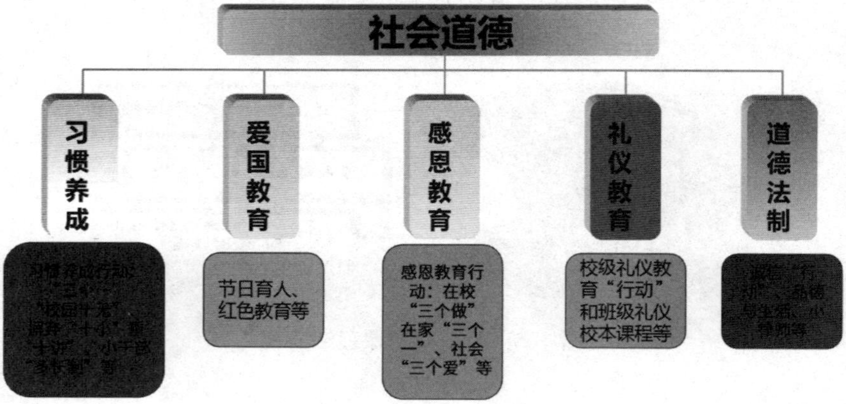

图 4–6　社会道德课程结构图

1. 习惯养成

习惯养成教育是指人基础的道德品质和良好行为习惯的养成及其教育。在我国古代对教育本质的探讨中，“养”的创见应归功于孟子。“以善养人”，“苟得其养，无物不长，苟失其养，无物不消”。把孟子“养人”的本质观念直接明确继承下来的是柳宗元。“不亦善夫！吾问养树，得养人术”，把“养树”推之于“养人”是柳宗元对教育思想的重要贡献。把教人之道结合养树之道，发挥得最好的则是明朝的王阳明。他强调“栽培之功”，栽培的主要功夫在于养“根”。而清代大儒戴东原所说“学以墉吾心知，犹饮食以养吾血气”，把养由教带到学，由“教养”带到“学养”，以教为养，也以学为养，开拓了“养”的新境地。戴东原所说“学以墉吾心知，犹饮食以养吾血气”，把养由教带到学，由“教养”带到“学养”，以教为养，也以学为养，开拓了“养”的新境地。

“成”，指“达到”教育目标，指“成人”“成器”。这要从孔子辅导学生“做人”说起。孔子对“子路问成人”的答复为：“见利思义，见危授命，久要不忘平生之言，亦可以成人矣”。可以看出孔子期望学生做“道德的人”，把养成“君子”作为“成人”的形象。我国古代学者关于“养成”的论述对我们正确地理解“习惯养成”是有启发的。道德品质是道德行为习惯的内容和实质，道德行为习惯是道德品质的动态表征和形成标志。“德行基于天性，成于习惯”。从古至今，习惯的养成问题是众多学者和教育学家始终关注的课题，是关乎孩子一辈子的教育问题。

青少年的习惯养成教育是以学校为主体，在家庭、社会的配合下，根据青少年的身心成长和发展规律，通过多种途径对他们加以影响，促使其养成良好的行为习惯的活动。因此学校开设了一系列“行动”以促进学生良好习惯的养成。图 4–7 为习惯养成课程结构图。

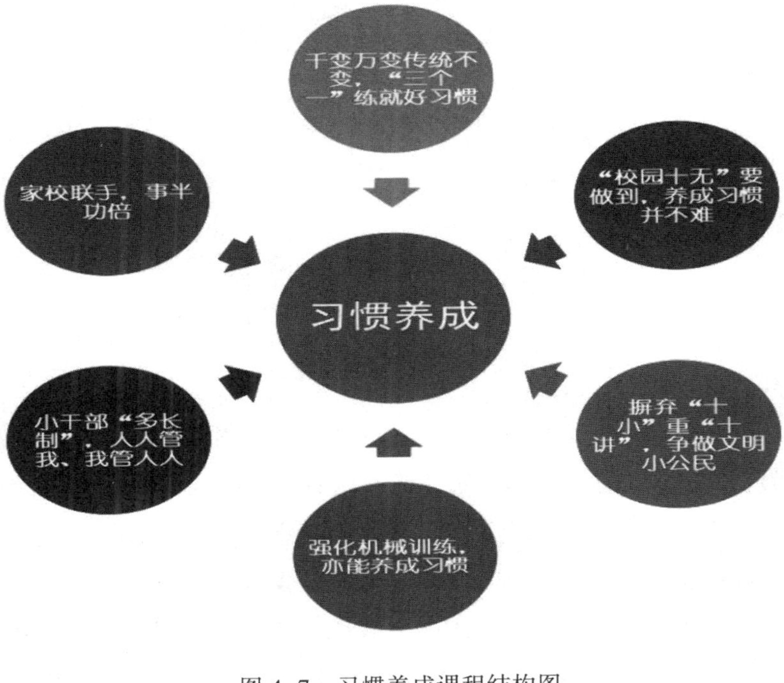

图 4–7　习惯养成课程结构图

2. 爱国教育

爱国情怀是中国优秀传统文化的一个重要范畴，是增强个人民族认同感、国家认同感的重要体现，是增强民族凝聚力的重要思想保证，是中华民族伟大精神的重要组成部分，是中华民族几千年历史的情操沉淀。霍去病曾言“匈奴未定，何以为家？”顾炎武提出“天下兴亡，匹夫有责”，这种爱国情怀影响了一代又一代的人。

根据教育部发布的《完善中华优秀传统文化教育指导纲要》，将开展以天下兴亡、匹夫有责为重点的爱国教育放在了首要位置，凸显了党和政府对爱国教育的高度重视。昌图实验小学为培养学生的爱国情怀，开发了节日育人、红色教育等课程体系，如图 4–8 所示。

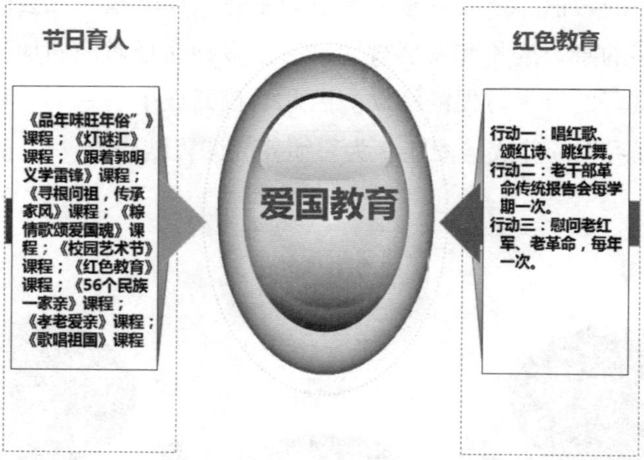

图 4–8 爱国教育课程结构图

3. 感恩教育

感恩教育是指教育者有目的、有计划地培育和发展受教育者感恩品质的教育实践活动。感恩教育属于道德教育，其目的是使受教育者形成正确的感恩认知、健康的感恩情感和自觉的感恩行为。感恩，是对别人所给的帮助表示感激，是在别人对你进行一些帮助后你给予的一些回报。它是一种处世哲学，也是生活中的大智慧。学会“感恩”，对于青少年来说尤其重要。因为感恩是每个人应有的基本道德准则和基本修养。基本道德是个体生活的基础性道德。基本道德往往是历史上传承下来为人类社会广泛接受的道德规范。

美国教育学者阿迪斯·瓦特曼说："不管时代如何变化，我们总将有着和我们祖先同样的需要，那就是，愉快地、勇敢地度过我们的一生，和周围的人友好相处，保持那些指导我们更好成长的品质，这些品质是欢乐、爱、诚实、勇敢、信心、感恩等。"可见，感恩是人类的基本道德之一。当孩子们感谢他人的善行时，第一反应常常是今后自己也应该这样做，这就给孩子一种行为上的暗示，让他们从小知道爱别人、帮助别人。学会感恩，先要学会知恩，要理解父母的养育之恩、师长的教诲之恩、朋友的帮助之恩。学会感恩，知恩图报是中华民族的优良传统，也是当前青少年德育教育的一项重要内容。因此学校开展了感恩教育的一系列"行动"。感恩教育课程结构如图 4–9 所示。

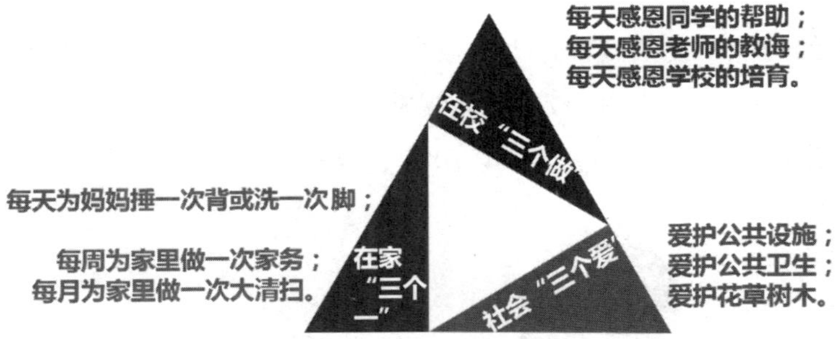

图 4–9 感恩教育课程结构图

4. 礼仪教育

自古至今，中国素以"礼仪之邦"著称于世。从孔子的"不学礼，无以立"，"非礼勿视，非礼勿听，非礼勿言，非礼勿动"到三国时期流传下来的诸葛亮的名言"夫君子之行，静以修身，俭以养德，非淡泊无以明志，非宁静无以致远"及刘备名言"勿以恶小而为之，勿以善小而不为。"再到唐朝诗人李白"五花马，千金裘，呼儿将出换美酒，与尔同销万古愁"。近到现代的"八荣八耻"及社会主义核心价值观"富强、民主、文明、和谐、自由、平等、公正、法治、爱国、敬业、诚信、友善"。

无不在诠释着中国作为世界文明古国礼仪之邦的涵养及友善。

因此，礼仪教育对学生形成良好的礼仪习惯和行为至关重要。例如：升旗仪式是一种礼教仪式。这种礼教仪式表现出“礼主于敬”的特点，它规定了人的外在行为。升旗时务必要恭敬直立、神情肃穆、抬头注视、保持安静，同时观旗静思今日之和平是无数先烈用生命换来的，今日之幸福生活来之不易。礼的精神，存在于每一位学生的心灵生命中。《礼记》第一句话，“毋不敬，俨若思”。其意思是说：真正礼的精神，在于无论何时何地皆抱着虔诚恭敬的态度，无时无刻体现在处理事情，待人接物之中。儒家有句名言：“不诚无物”，即如果做不到真诚，那么，一切都是虚伪的。礼教作为学校教育的重要组成部分，对于人品质的培养，有着重要的作用：一是具有心理教化的功能。学校礼仪教育是能够体现一种教育目的，经过精心设计而固定下来的礼仪活动。学校的礼仪教育对学生的心灵具有深刻、持久、潜移默化的感染效应。二是具有校园文化育人的功能。礼仪教育作为学校文化的重要载体，对学生的精神世界有着良好的影响。因此学校尤为重视礼仪教育，表现在校级礼仪教育“行动”和班级礼仪校本课程。图 4-10 为礼仪教育课程结构图。

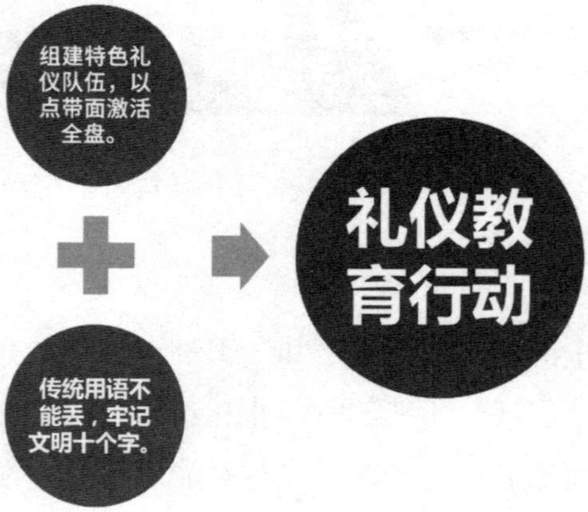

图 4-10　礼仪教育课程结构图

5. 道德法制教育

从心理学角度来看，青少年生理和心理发展尚未成熟，自我意识和是非分辨能力不强，身心发展不协调，各种心理矛盾凸显。青少年独立自主的心理要求、极强的好奇心和心理发展不成熟等因素常常催生青少年极端的行为，这会导致其与社会规范相背离。所以，义务教育阶段实施道德法制教育是一个认同学习的关键阶段，能够唤醒学生积极的情感体验，激发其规范行为的意向。从社会学的角度来讲，道德法制教育对社会稳定有着举足轻重的作用，法律是道德的底线。它通过凝聚、塑造、主导社会成员思想和行为，从而激励人们从人文关怀的角度来塑造社会主流价值观念，以提高人的素质、消解矛盾冲突、排除社会隐患。由此不难看出，道德法制教育对学生发展极为重要。

道德法制的培养能够提升学生的品德，还能够促进学生的多方面发展。道德法制教育的培养往往被忽略。但是道德与法律是一体化的，它们共生共长、互促互进，不能厚此薄彼，道德教育与法制教育要并行。因此，昌图实验小学开设了诚信行动、品德与生活、小律师等校本课程发展学生的道德法制观念。

（三）自然生态课程内容与结构

新课程标准中的情感价值观目标明确要求："热爱大自然，珍爱生命，理解人与自然和谐发展的意义，提高环境保护意识。""关注与生物有关的社会问题，初步形成主动参与社会决策的意识。"因此对学生进行生态环境意识教育，是每个学校的责任，是培养学生科学素养的重要组成。自然生态文明与物质文明、精神文明以及政治文明有着同等重要的地位，我们大力提倡的素质教育与生态文明教育有着千丝万缕的联系。特别是现在新闻上时常报道的学生生活中小小的不当行为、人类盲目和自大造成生态环境遭受破坏给人类带来的灾难让人触目惊心，因此在素质教育中，加强学生的自然生态教育，使学生认识到环境保护的重要性，热爱大自然，珍爱生命，理解人与自然和谐发展的意义成为迫切需要。

小学生处在生长发育的初期，世界观、人生观、价值观正在初步形成，具有很强的可塑性。自然生态教育应该从娃娃抓起。为了培养学生的自然生态意识，学校从生态环境和生命教育这两个方面设置课程体系，如图 4–11 所示，使学生形成良好的生态观、生命观，培育学生的美好心灵。

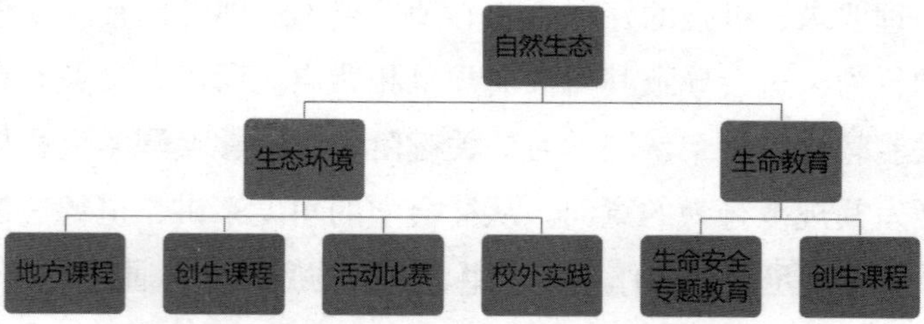

图 4–11　自然生态课程结构图

1. 生态环境

生命、环境、生态系统是小学生要了解的最基本的概念，认识和理解它们之间的关系是教育小学生树立环境保护意识的前提。对小学生进行生态与环境启蒙教育，培养小学生热爱人类、珍惜生命、崇尚自然、保护环境的观念和意识是十分必要的。加强对他们的环保教育，意义重大而深远，它将直接关系到我们的今天和明天能否拥有真正的绿色家园。

培养学生充分认识到生态环境意识的重要性，这不仅关系到学生的全面发展，而且关系到国家和社会的未来。学校高度重视对学生生态环境意识的培养，设计一个全方位培养学生生态环境意识的课程体系，包括地方课程、创生课程、活动比赛、校外实践，如图 4–12 所示。环环相扣，从根本上帮助学生建立生态环境意识。

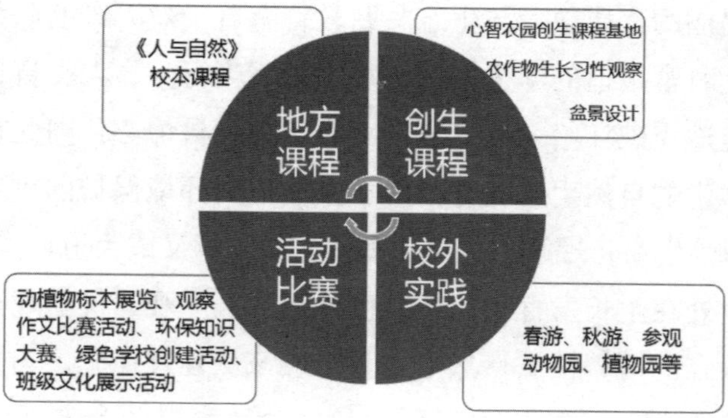

图 4–12　生态环境课程结构图

2. 生命教育

生命安全永远是第一位的。每个人都应该有自我保护的意识，特别是小学生，他们的生命安全意识比较薄弱，所以需要让小学生了解最基本的生命安全常识。例如：交通安全的知识、防火与防暴的知识、普及避险的知识，引导孩子警惕社会恶性事件等等。培养自我保护能力是孩子们快乐健康成长的必备能力。只有学会自我保护，远离危险，孩子们才能拥有幸福，享受美好的生活。

鉴于此，学校建立了完整的生命教育体系，包括生命与安全专题教育与创生课程两方面，如图 4–13 所示，目的就在于使学生懂得更多的了解安全知识，增强自我安全防范意识，在学习和生活中懂得如何保护自己。

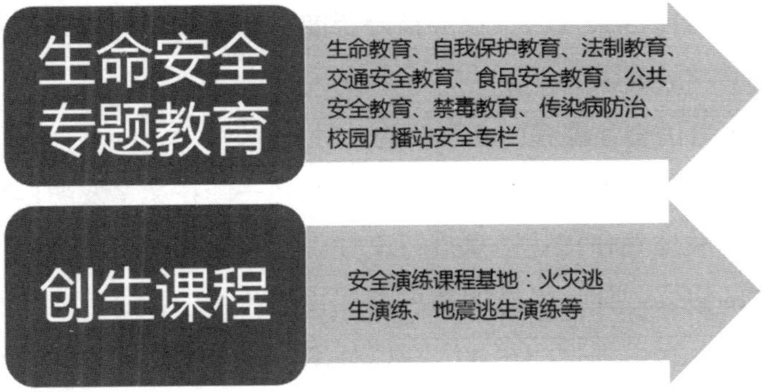

图 4–13　生命教育课程结构图

二、多元智能课程体系

我校教育工作者在结合党的教育方针即对创新型人才的培养，结合地域文化和实验小学的历史传统，提出了具有心智特色的多元智能课程体系。该课程体系源于霍华德·加德纳的多元课程理论，但并未照搬照抄，而是进行了整合归纳，因地制宜，顺应现实的发展，效果良好。

言语交往课程包含了言语品质课程、传统文化课程、国际视野课程和实践活动课程，既基于对学生语言智能、人际交往智能和自我认知智能的培育，还融入了小学特色的传统文化和国际视野的培育。

数理科学课程包括数理基础课程、科技素养课程和综合创新课程，培育学生的数理逻辑智能、生存智能和视觉空间智能，同时顺应国家的教育方针，即培育学生专业科学技术能力、创新思维和创新素养。

人文艺术课程包括人文品质课程、艺术气度课程和审美创意课程，培育学生的音乐智能、自然观察智能，促进学生学习感知世界，从而感知美、欣赏美、珍惜美甚至创造美。

体育科学课程包括体育运动课程和健康生活课程，不仅仅培育学生身体运动智能，而且让学生学会健康生活，为学生一生的卓越成长打下坚实基础。在多元智能课程实施的过程中，每位学生全面发展各项智能，并在老师的引导下找到自己的优势智能，努力发展，“扬长平短”，成为整体核心智能健康发展，优势核心智能卓越成长，拥有自己专长的、具有创新潜质的健康少年。

（一）言语交往课程内容与结构

言语交往是人类必不可少的日常技能之一。在文字发明以前，人们通过手势等肢体动作传达信息进行交往。文字出现后，文字和语言成为人际交往的重要载体，在文明高度现代化的今天，言语与交往不仅联系紧密，更是有自己独特的定位。在课程中，言语交往能力的培养主要从言语品质、传统文化、国际视野、实践品质四个方面出发。如图 4–14、图 4–15 分别表示言语交往的课程结构图与课程总图。

图 4–14　言语交往课程结构图

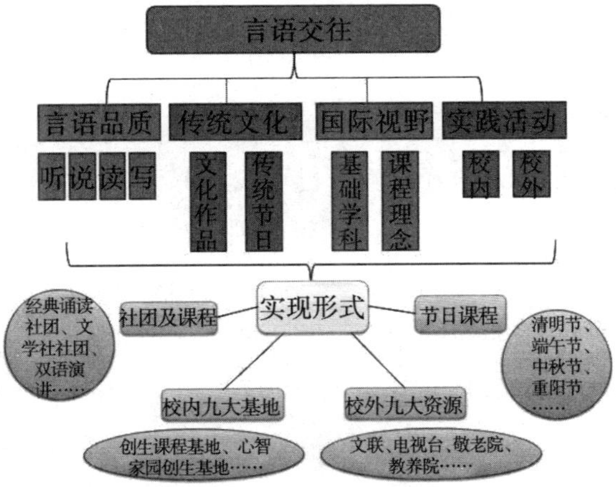

图 4-15　言语交往课程总图

1. 言语品质

为了提高学生的文字语言能力，学校开设了语言智能课程，主要是通过听、说、读、写，培养学生正确理解和运用祖国或国际的语言、文字的能力，以语文、英语学科课程为基础，开设经典诵读、跨课程朗读、演讲、口语交际等课程；同时办好校刊《七彩虹》；开展演讲、小主持人大赛、国旗下讲话、小记者访问、成语接龙大赛、辩论赛、献词、宣誓、英语口语大赛等活动，提高学生用语言表情达意能力。

2. 传统文化

自十九大报告提出“深入挖掘中华优秀传统文化中蕴含的思想观念、人文精神、道德规范，结合时代要求继承创新，让中华文化展现出永久魅力和时代风采”后，弘扬中华传统文化、提高民族自信也逐渐成为基础教育中的文化教育主旋律。课程建设中秉承着“弘扬传统文化，增强民族自信”这一原则和使命，将传统文化渗透到各个教学活动与教学环节中。其中最为瞩目的“节日课程”是特色校本课程之一，以学生们耳熟能详的传统节日为线索，探究其起源、传说以及相关风俗，不仅拓展了学生的历史知识，更是无形中让学生真切体会到了中华文化的博大精深以及各个民族、各个地域的风土人情，爱国之情油然而生。除此之外，古诗吟唱、名篇背诵、成语接龙竞赛等活动，无一不体现“心智”课程对传统文化的重视与弘扬，多角度、多层次地培育了学生对传统文化的感悟与理解。

3. 国际视野

全球化潮流的今天，好的教育已不仅仅只着眼于国内环境，更应该放眼国际，从基础教育抓起，开阔学生的国际视野，培养其国际交往能力，突破以后的个人发展中可能会遇到的瓶颈与阻碍。在这一方面，学校经常举办以英文为基础的演讲比赛、英语戏剧、汇报表演等，同时学习目前国际公认的以多元智能为主并分类的 A-level、IB、AP 三大课程体系的核心素养结构。如：英国惠灵顿公学是近 10 年来英国高中课程（A-level）考试成绩跃升幅度最大的学校，而“心智”教育理念就是在吸收国内外优秀课程建设经验后凝结的智慧，并且逐渐与国际 STEAM 接轨。在未来的发展中，心智教育力求做到本土为根，国际为鉴，在中西文化交汇处寻找教育智慧，最终实现鱼和熊掌兼得的双赢局面。

4. 实践活动

实践是检验真理的唯一标准，也是培养学生全方位能力的最佳途径。心智课程以校内校外两大场所分别开展丰富多彩的实践活动，发展学生美好心灵，培育其多元智能。校内实践活动的主要形式表现为社团活动和校内 9 大实践基地，创建了多达 111 个社团，包括演讲社团、跆拳道社团、实验之声电视台……种类繁多，全方位承载了德、智、体、美、劳，给学生创建了良好的校内实践环境。同时学校还着手整合校外资源，与 9 类社会资源达成了合作，包括语言文化类、数理逻辑类、音乐类、体育类、视觉艺术类、自然观察类、人际交往类、自我认知类、生存类。其中的语言文化类和人际交往类更是与文联、电视台、敬老院等不同类型的社会机构建立联系，将广阔的实践舞台提供给学生，以此培养其言语交往的智能发展。

（二）数理科学课程内容与结构

读史让人明智，诗句则让人气质灵秀，数学则让人思维缜密，伦理学庄重，科学深刻，这些都是通过学习养成的性格。这是英国伟大的哲学家培根早已提出的和读书论有关的最好解释，由此便能看出，对于人的发展来说，理科的重要地位绝对是不可轻视的。数理科学素养可以说在人的一生当中都发挥着极其重要的作用，不但可以提高学生的逻辑思维能力，还能够促进他们的发展。

鉴于此，课程高度重视学生的数理科学素养的培养，从数理基础、科技素养、综合创新这几个方面建立课程体系，鼓励学生进行科学探究活动、鼓励学生创新，使学生在快乐学习中智力得到充分的发掘。图 4–16 为数理科学课程结构图。

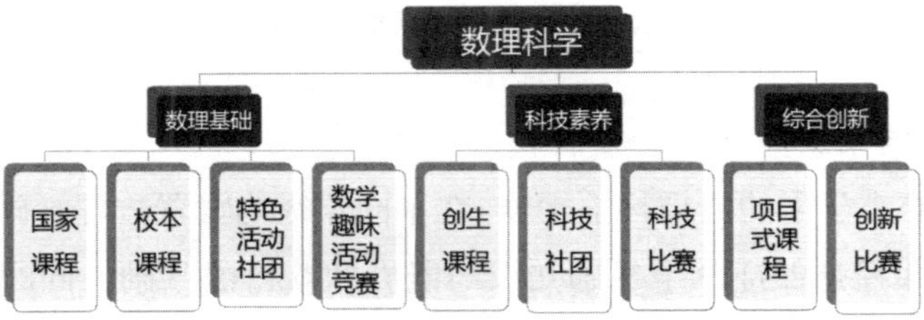

图 4–16　数理科学课程结构图

1. 数理基础

数学是一门工具性学科，是学习其他学科的基础。数学从表面上看是一门严肃严谨的学科，但其实影响着我们日常生活的方方面面，小到生活点滴，大到现代信息革命，每一处都离不开数学的重要作用。一切科学的基础，人类的每一次进步都有数学的力量在背后形成强有力的支撑。尤其是小学数学，最为基础实用，不单单对于以后的学习成长道路有帮助，更大的帮助在于对心理素质、头脑灵活性的培养。

小孩子刚刚进入小学阶段，对一切事物的认知都处于懵懂状态，对各种新鲜事物都充满了好奇，对学习还没有形成一个正确的认知，因此对学习更是抱着很美好的想法。小学阶段是培养孩子想象力、创造力、思维能力的关键阶段，此时的学生更像一张白纸，因此小学阶段是培养小学生数学思维和科学素养的重要阶段。

鉴于此，学校围绕国家课程、校本课程、特色活动社团、数学趣味活动竞赛这几个方面设立课程，如图 4–17，利用数学文化、科学文化，培养学生探究精神，重视实践活动，培养学生探究能力，让学生从过程中获得知识，培养学生的科学素养。

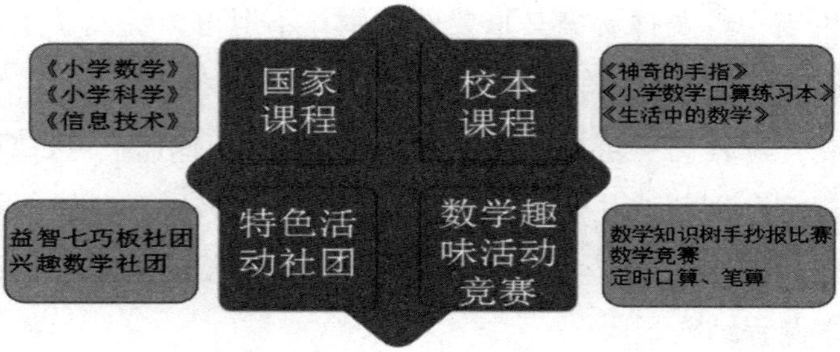

图 4-17　数理基础课程结构图

（1）国家课程

为培养小学生的数理科学素养，在不同年级均设置数理基础性课程。数理基础课程是保证学生基础知识与能力的获得的基础，同时也是考试所要求，其主要是国家课程中的《小学数学》和《小学科学》以及《信息技术》。

小学数学《新课标》明确提出：“数学是人们生活、劳动和学习必不可少的工具，能够帮助人们处理数据、进行计算、推理和证明，数学模型可以有效地描述自然现象和社会现象。”小学科学教学是培养小学生善于观察的能力，发现自己身边事物的一些小秘密，从它们的细微中学会探究科学，运用科学，明白科学道理，树立正确的情感态度价值观，从而学会知识和做人。而小学信息技术与小学语文、小学数学等基础课程有同等重要的作用，它重在对小学生进行初步的信息意识、信息素养和信息技能的培养，集知识性和技能性于一体。

（2）校本课程

计算是数学知识中的重要内容之一，数学计算能力是一项基本的数学能力，包含了计算的准确率和正确率两方面的计算能力，是学习数学和其他学科的重要基础。在小学数学教材中计算所占的比重很大，尤其是低年级，学生计算能力的高低直接影响着学生学习的质量。因为数学中有些概念的引入需要通过计算来进行，数学中解决实际问题的解题思路、步骤、结果也要通过计算来落实。比如几何知识的教学要涉及周长、面积、体积的求法，这些公式的推导与运用同样离不开计算，至于简易方程、比例和统计图表等知识也无不与计算密切相关。可见学生的计算能力是至关重要的。如果说计算能力是学习数学的基础，那么兴趣则是学习数学的催化剂，培养学生的学习兴趣能够使学习效率大幅度提升。

为培养学生的数学计算能力与数学兴趣，小学数学校本课程，开发了《神奇的手指》《口算数学》《生活中的数学》校本教材，有规律有目标地进行校本课程实施，充分发展了学生学习数学的兴趣，提高了数学计算速度与准确率。

（3）特色活动社团

兴趣是学习最好的老师。特别是在小学阶段，学生的好奇心处于最强烈的阶段，采用游戏的方式让学生学习数学可能比枯燥的理论灌输更有效果。鉴于此，学校开设多种可供学生选择的特色数学社团，如：益智七巧板社团、兴趣数学社团等，充分考虑学生的身心发展特点，寓教于乐，让学生快乐学习，开发智力。

数理科学特色课程案例——社团活动

学生通过益智七巧板社团活动、趣味数学活动等，学生会拼搭和画智力七巧板图形，使学生在“玩”中拼搭，在“玩”中学习，在“玩”中创造，锻炼学生动手动脑能力，启迪创造意识，培养空间想象力。掌握拼搭智力七巧板的一些原则、基本方法和规律，让学生感受到拼搭现代智力七巧板的无穷奥秘，领悟智力七巧板的无穷乐趣和成功的喜悦，丰富学生的课余生活，培育空间思维能力，促进学生身心的和谐发展。

（4）数学趣味活动竞赛

美国心理学家拉扎若斯的研究表明：具有浓厚的学习兴趣的学生，其学习成绩与智力高的学生的成绩相比，显然更占优势。也就是说，在学习活动中，兴趣与智力相比，兴趣更为重要。学习兴趣能使学生努力求知、勤奋钻研、乐而不倦、专心致志地学习。由于数学趣味知识竞赛内容广泛形式多样，寓知识于活动中，具有内在的兴趣因素，对培养学生的数学兴趣和爱好有特殊的作用。

2. 科技素养

随着时代的发展、科技的进步，当下的工作和生活对于每一个人的要求越来越高。而儿童是未来科技进步的储备军，因此，培养小学生的科技素养便成为教育工作的重中之重。

科技素养是指个体对日常生活、社会事物以及个人决策中所需要的科学概念和科学方法的认识和理解，并在此基础上所形成的稳定的心理品质。具有科学素养的人，会对科学产生兴趣并渴望探究，能发挥质疑、验证的科学精神，运用自己所掌握的科学知识和科学方法，去发现问题、提出问题，去解答与实践有关的问题，或者能描述、解释和预测自然事物与自然现象的产生及发展规律。

培养小学生的科技素养是全面实施素质教育的基本要求，是民族的振兴、科学技术飞速发展对未来人才的需要。科技素养的形成不是一蹴而就的，而是需要时间的累积，经验的增加。对于小学生的科技素养的培养需要耐心，无论是家长还是教师，都应该给予学生充分的耐心。为了学生的未来发展，学校开设了创生课程与特色社团来促进学生的科技素养的提升，如图 4–18 所示。

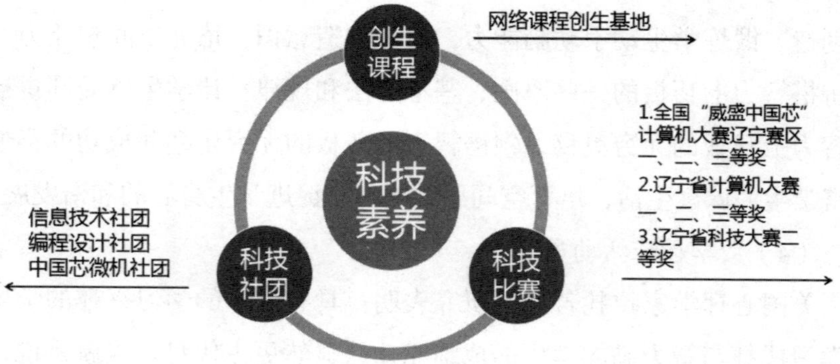

图 4–18　科技素养课程结构图

（1）创生课程

基于现象探究，生成新的问题以及对问题的解决过程，展示问题解决的成果，所形成的创生课程，是心智课程思想引领下的新课程，学校成立网络课程创生基地，注重科技实践，使学生的主动性、创造性得到充分发挥,智力得到充分开发,极大地提高了学生的科技素养和创造精神。

（2）科技社团

科学兴趣是科学素养形成的动力和源泉。要培养学生的科技素养，就必须将科学兴趣的激发作为切入点，呵护学生与生俱来的好奇心与求知欲，充分发挥学生的想象力，进而将这种好奇心转化为科学兴趣。针对小学生的身心特点，开设各种可供选择的科技社团，进行因材施教。比如：信息技术社团、编程设计社团、中国芯微机社团等。学校充分利用活动教学激发学生的兴趣，采用不同的学习方式，调动学生学习的积极性。

（3）科技比赛

良好的科学氛围有利于科学素养的培养，重视校园环境的科技教育作用，为学生营造良好的学习科学氛围。学校特色布置校园环境，突出科技内容。不仅在学生必经之处展示小制作、小发明的原理，而且经常组织各种科技活动，如科技展示活动、电脑制作大赛等来引发学生对科学技术萌生兴趣。

3. 综合创新

创新思维是一种能够主动寻找新颖的解决办法的思维方式，与创新思维对应的是习惯性思维，即一种已经形成定式的思维模式。在小学教育过程中，作为受教者的小学生正处在身体和心智急速发展的阶段，在这个阶段所受到的教育和所培养的思维模式对其今后的人生具有极其重要的作用。为了培养具有独立人格、独立思维的创新型人才，素质教育应该从小学开始抓起。作为素质教育的一个重要组成部分，创新思维和创新精神的培育应该在小学教育中占有重要的地位。为了学生的发展，突破教育体制的种种困难,对学生的学习方式进行创新,开设项目式课程,强调学生的独立人格、自信、思维能力、创新能力的综合提高，图 4–19 为综合创新课程结构图。

图 4-19　综合创新课程结构图

项目式学习是一种以学生为中心的教学方法，它提供一些关键素材构建一个环境，学生组建团队通过在此环境里解决一个开放式问题的经历来学习。需要注意的是，项目式学习过程并不关注通过一个既定的方法来解决这个问题。它更强调学生们在试图解决问题的过程中发展出来的技巧和能力。包括如何获取知识，如何计划项目以及控制项目的实施，如何加强小组沟通和合作。STEAM3D创新项目式课程和创客项目式课程，为学生创设民主自由的学习氛围，以动机、情感和兴趣为动力系统，为学生创新能力的发展提供不竭的能源。

STEAM教育是由美国政府提出的教育模式，STEAM教育是科学（Science）、技术（Technology）、工程（Engineering）、艺术（Art）、数学（Mathematics）的缩写，是目前国际上一种新的综合学科背景下的教育思潮。它倡导将各个领域的知识通过综合的课程结合起来，加强学科间的相互配合，发挥综合育人功能，让学生在综合的环境中学习，在项目活动中应用多个学科的知识解决问题。

"创客教育"是创客文化与教育的结合，基于学生兴趣，以项目学习的方式，使用数字化工具，倡导造物，鼓励分享，培养跨学科解决问题能力、团队协作能力和创新能力的一种素质教育。集创新教育、体验教育、项目学习等思想为一体，契合了学生富有好奇心和创造力的天性，"创客教育"也可以称之为STEAM教育。以课程为载体，在创客空间的平台下衍生出的STEAM教育，能够培养学生的想象力、创造力以及动手解决问题的能力，弥补了传统教育忽略兴趣和动手能力的缺陷。

（三）人文艺术课程内容与结构

人文艺术修养从广义来说是一个人成其为人并发展为人才的内在精神品格，它包括对人的立身处世的现实规范，也包括对人的精神和价值追求的理论升华。是由知识、能力、观念、情感、意志等多种因素综合而成的一个人的内在品质。人文艺术教育的核心内涵就是将人类优秀的文化成果通过知识传授、环境熏陶以及自身实践等，使其内化为受教育者的人格、气质、修养，成为人的相对稳定的内在品质。心智课程开设了的人文艺术课程，内涵丰富，成果卓越，主要包括人文品质课程、艺术气度课程和审美创意课程，培育学生的音乐智能、自然观察智能，促进学生感知世界，从而能够感知美、欣赏美、珍惜美甚至创造美。人文艺术课程主要可以从人文品质、艺术气度、审美创意三方面进行阐述，图4–20为人文艺术课程结构图。

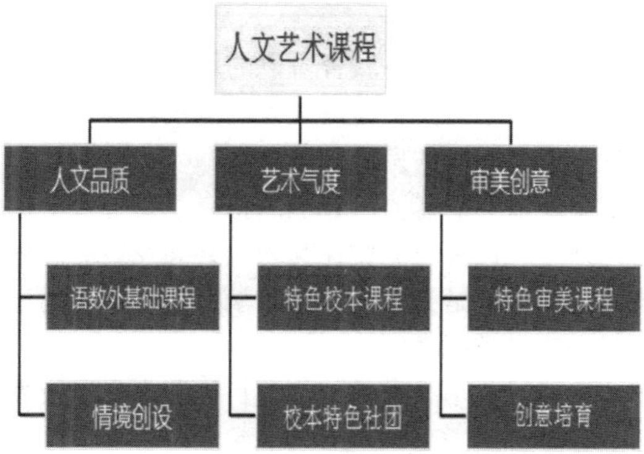

图4–20 人文艺术课程结构图

1. 人文品质

人文品质指人们在人文方面的内在综合素质和外在凸显的为人处世之道的修养。《孟子·尽心上》说：“仁义礼智根于心，其生色也睟然，见于面，盎于背，施于四体，四体不言而喻。”意思是，君子的本性，仁义礼智植根在心中，它们产生的气色是纯正和润的，显现在脸上，充满在体内，延伸到四肢。四肢不必等它的吩咐，便明白该怎样做了。可见，人文品质对于学生的内在精神和外在行为影响非常大，因此必须重视学生人文品质的培养，开展多方位的人文品质课程。

开齐开全语文、数学、外语等基础国家课程，建立语文数学知识树图，为学生的人文品质打下了坚实的基础。学校创设真实生动的情境课程对学生进行道德品质和行为规范教育，使人文品质外显于行，内化于心。

表 4-1　义务教育课程标准（2011 版）课程理念表

科目	课程理念
语文	全面提高学生的语文素养； 正确把握语文教育的特点； 积极倡导自主、合作、探究的学习方式； 努力建设开放而有活力的语文课程。
数学	数学课程应致力于实现义务教育阶段的培养目标，要面向全体学生，适应学生个性发展的需要，使得人人都能获得良好的数学教育，不同的人在数学上得到不同的发展； 课程内容要反映社会的需要、数学的特点，要符合学生的认知规律； 教学活动是师生积极参与、交往互动、共同发展的过程； 学习评价的主要目的是为了全面了解学生数学学习的过程和结果，激励学生学习和改进教师教学； 信息技术的发展对数学教育的价值、目标、内容以及教学方式产生了很大的影响。
英语	注重素质教育，体现语言学习对学生发展的价值； 面向全体学生，关注语言学习者的不同特点和个体差异； 整体设计目标，充分考虑语言学习的渐进性和持续性； 强调学习过程，重视语言学习的实践性和应用性； 优化评价方式，着重评价学生的综合语言运用能力； 丰富课程资源，拓展英语学习渠道。

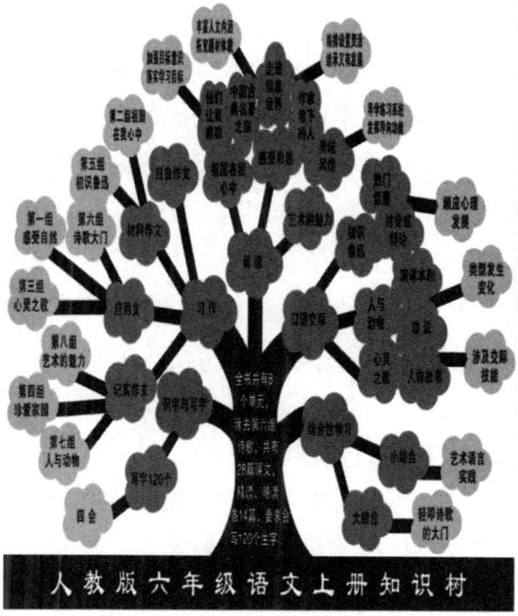

图 4-21　语文知识树

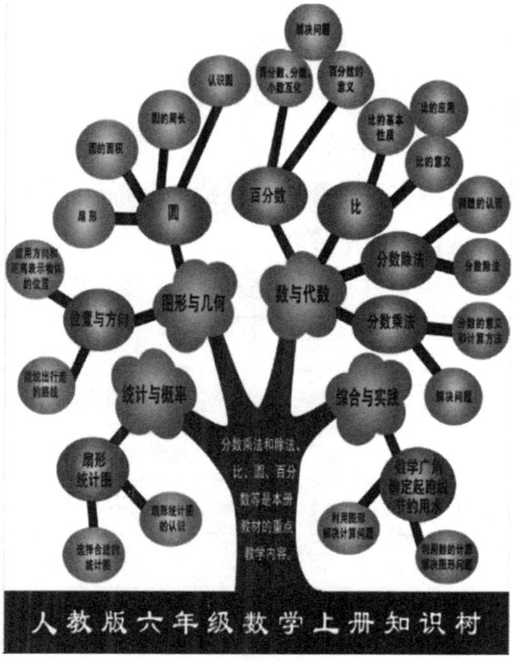

图 4-22　数学知识树

2. 艺术气度

艺术气度课程是人文艺术课程的重点。艺术气度指人们在艺术上表现出的综合素质修养，简单来说，表现为感知美、欣赏美、珍惜美甚至创造美的能力。艺术气度课程在开设了义务教育音乐、美术基本课程的基础上，开发班、校两级特色校本课程，例如，通过葫芦丝、口风琴、二胡、管乐、合唱、笛子、吉他、钢琴、古筝、古诗新唱等校本课程培育学生音乐智能；通过思维绘画、剪纸、摄影、古诗配画培育学生自然观察智能。校本课程的多个项目全面铺开，使孩子们在活动中得到了锻炼，做到了会听、会说、会写、会画、会唱、会跳、会演、会做、会思考。

（1）开设班、校两级特色校本课程

全校老师和学生利用每天下午时间开展多元智能特色校本课，包含健美操、太极扇、软式排球、抖空竹、呼啦圈、跳绳、毽球、轮滑、乒乓球、田径、少年拳、葫芦丝、口风琴、笛子、吉他、二胡、合唱、鼓号、舞蹈、绘画设计、剪纸、泥塑、DIY 手工制作科技活动、风筝、摄影、十字绣、硬笔书法、软笔书法、口才与演讲、写作、心理健康、茶艺等百余种兴趣小组，孩子们根据自己的爱好，选择感兴趣的小组参加校本课学习，使所有孩子各尽所长，全面发展。

（2）创建多元智能校本特色社团

通过班、校两级校本课的开展，教师教有特点，学生学有所长。111 种多元智能校本特色社团如下表：

表 4-2　多元智能校本特色社团表

社团名称	人数	社团名称	人数
少儿韵律操社团	55	炫彩衍纸社团	55
小黄鹂合唱社团	121	纸浆模型装饰画	44
口才小达人社团	44	主题画社团	47
礼仪社团	66	多米诺骨牌社团	54
古韵清音社团	44	杯子歌社团	51
创意缤纷美术社团	44	七巧板社团	52

书法社团	114	创意纸飞机	48
科学幻想画	44	趣味蛋壳粘贴画社团	50
创意简笔画	40	快乐快板社团	46
炫舞社团	44	神奇的种子社团	47
彩泥工坊	42	童声悦读社团	48
小百灵诵读社团	86	彩盘社团	51
益智七巧社团	46	七彩世界社团	48
“浸心阅读快乐分享”社团	45	日积月累我能行	57
梦在指尖（尤克里里）	41	创意画社	28
中国象棋社团	46	人物儿童画	26
跆拳道	10	读写绘	34
唱诗社团	43	椿芽儿文学社	27
指纹画社团	45	折纸社	16
创意粘贴画社团	42	创意彩泥	47
宫扇画社团	44	金话筒社团	35
诗情画意	35	兴趣数学	17
民间艺术剪纸	144	快乐阅读	17
智趣扭扭棒	37	成语配画	38
小纸杯大智慧	38	纽扣画	36
国画社	38	韵语识字	36
趣味制作坊	15	向阳花小创意社团	36
创新手工社团	15	吉他	53
曳步舞—健身操	147	灵动指尖	12
足球社团	113	少年太极拳	15
软式排球	20	飞扬魔术社团	14
古筝	16	小百灵音乐社团	15

足球社团	35	硬笔书法	15
二胡	25	英语社团	11
创客	15	阿凡达画社	18
雪绒花心理社团	20	古诗词	46
对联社团	15	茶道	26
咏诗社	14	纱钉画	22
春芽二胡社团	41	径悄直行社团（田径社团）	40
诗画社	25	管乐	78
诗知音社团	37	鼓号队	240
花样跳绳	30	小雷锋社团	10
沙画	30	中国芯微机社团	68
巧手坊	35	小提琴	35
童心茶语社团	26	校园电视台	4
舞蹈社团	118	绳彩飞扬社团	40
曳步舞社团	55	毽步如飞社团	40
创意彩绘	24	笛子社团	60
成语接龙	1000	太极扇队	2000
快乐成长工作站	2600	健美操队	3600
葫芦丝	2000	空竹队	500
水鼓队	40	呼啦圈队	400
威风锣鼓	30	乒乓球队	20
口风琴队	800	轮滑	100

3. 审美创意

审美创意的培养让学生拥有对美的感知、领悟、表达和创新能力。世界纷繁复杂，需要学生拥有一双“明亮的眼睛”去分辨和取舍，最终发现生活中的真、善、美，秉持对美好事物持续地追求和珍爱。即审美教育有助于健全学生的人格，规范其个人行为，使他拥有对美好事物追寻的内驱力，促进其创新能力的提升。此外，审美教育还有启迪智慧的作用，学生在审美中发现美，提高对学习的兴趣，促进其进行深度化学习，这是创新型人才培养的重要途径。孔子在教育中以养成以仁为核心的理想人格为出发点和归宿，把教学分“六艺”，其中“乐”所涵盖的范围不是普遍意义上的音乐，而是囊括了文学、艺术、音乐、舞蹈等多种形式，称得上是中国早期的审美教育雏形。学校以多元智能理论为基础开设的多元智能课程将审美教育和创意培育自下而上，形成了系统的审美创意课程。

（四）体育健康课程内容与结构

体育，以身体与智力活动为基本手段，根据人体生长发育、技能形成和机能提高等规律，达到促进全面发育、提高身体素质与全面教育水平、增强体质与提高运动能力、改善生活方式与提高生活质量的一种有意识、有目的、有组织的社会活动。随着国际交往的扩大，体育事业发展的规模和水平已是衡量一个国家、社会发展进步的一项重要标志，也成为国家间外交及文化交流的重要手段。体育包括体育文化、体育教育、体育活动、体育竞赛、体育设施、体育组织、体育科学技术等诸多要素。

健康，是指一个人在身体、精神和社会等方面都处于良好的状态。健康包括两个方面的内容：一是主要脏器无疾病，身体形态发育良好，体形均匀，人体各系统具有良好的生理功能，有较强的身体活动能力和劳动能力，这是对健康最基本的要求；二是对疾病的抵抗能力较强，能够适应环境变化、各种生理刺激以及致病因素对身体的影响。传统的健康观是“无病即健康”，现代人的健康观是整体健康，世界卫生组织提出“健康不仅是躯体没有疾病，还要具备心理健康、社会适应良好和有道德”。因此，现代人的健康内容包括：躯体健康、心理健康、心灵健康、社会健康、智力健康、道德健康、环境健康等。健康是人的基本权利。健康是人生的第一财富。

在多元智能理论的指引下，学校充分发挥校本课的作用，面向全体学生，面向学生的每一个方面，实施素质教育，打造多元智能视野下的教师专业发展、教有特点，培养多元智能视野下的学生学有特长、个性飞扬。体育健康课程是多元智能课程的基础，少年强则国强，学生拥有健康的体魄，国家向前的步伐才迈得够力度。校长带领团队根据已有的教学资源，提出了一套符合本学校实际的体育健康多元智能课程，旨在培养学生健康的体魄和良好的心理素质，激发与培养学生生存智能、身体运动智能，其大体可分为两类：体育运动课程和健康生活课程，图 4–23 为体育健康课程结构图。

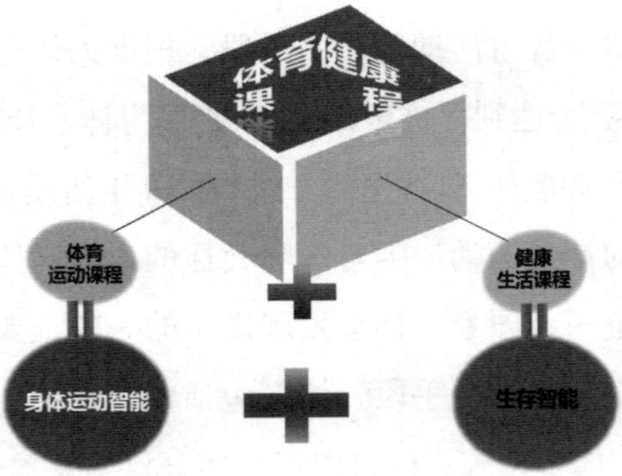

图 4–23　体育健康课程结构图

1. 体育运动课程

体育运动是在人类发展过程中逐步开展起来的有意识地对身体素质的培养的各种活动。采取了各种走、跑、跳、投以及舞蹈等多种形式的身体活动。身体的活动使学生集中注意力，通过身体的神经——肌肉编码学习能够增强记忆。肌体动作学习活动与传统学科学习结合起来，不仅能增强学生的记忆力和理解力，还能帮助学生把学习看成“容易”的事。

体育运动类课程有国家课程：体育；地方课程：国防课程、校本课程：

体育与健康、体活、太极扇操队、健美操队、伞操队、少年拳队、呼啦圈队、抖空竹、毽球队、跳绳队、轮滑队、独轮车、溜圈、乒乓球、羽毛球、足球、篮球、排球、田径队、手工制作、小发明小制作、旅行、登山、骑车、车模、航模、机器制作、电脑打字、杂技、演戏、跆拳道、空手道、摔跤、拳击、眼保健操、武术。

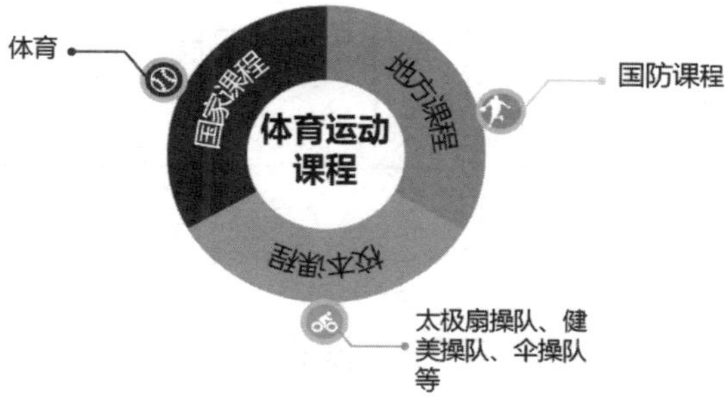

图 4–24　体育运动课程结构图

2. 健康生活课程

健康生活是指有益于健康的习惯化的行为方式，具体表现为生活有规律，没有不良嗜好，讲究个人、环境和饮食卫生、讲科学、不迷信，积极参加有益的健康文体活动和社会活动等。为了让学生拥有良好的健康生活习惯，尊重生命，热爱生活，体育生活健康课程围绕地方课程、校本课程两个方面开展，如图 4–25 所示。

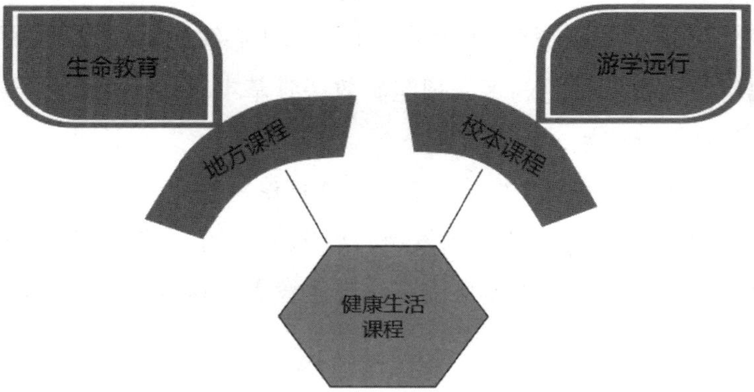

图 4–25　健康生活课程结构图

表 4-3　体育健康课程表

<table>
<tr><th colspan="2">类型
课程</th><th>国家课程</th><th>地方课程</th><th>校本课程</th></tr>
<tr><td rowspan="2">多元智能课程——体育健康</td><td>体育运动</td><td>体育</td><td>国防课程</td><td>体育与健康、体活、太极扇操队、健美操队、伞操队等</td></tr>
<tr><td>健康生活</td><td></td><td>生命教育</td><td>游学远行</td></tr>
</table>

第三节　课程实施

课程实施是一个复杂的、系统的过程，在整个实施过程中充满了许多不确定性。施方良[1]认为课程实施是指把课程计划付诸实践的过程。随着国家课程改革的推行，我校课程建设和实施不断践行着课程改革理念，重视学生的全面发展和个性发展，根据我校“美好心灵、多元智能”的办学理念，建设学校特色课程。

一、课程实施策略

教学是课程实施的主要途径，课程实施是落实在学校的教育教学活动中，而课堂教学是教学活动的主要形式，基于心智教育的多年办学实践，摸索出了具有自己特色的多元智能高效课堂基本教学模式：先学后教，四段多元；因材施教，教学相长。

（一）多元——基于加德纳多元智能理论

霍华德·加德纳，世界著名发展心理学家，“多元智能理论”创始人。加德纳以他的多元智能理论而闻名全球教育界，这一理论断打破了传统

[1] 施良方．课程理论——课程的基础、原理与问题 [M]．北京：教育科学出版社， 1996, 128.

智力理论的假设：人类的认知是一元的，可采用单一的、量化的智力检测手段来测量人的智能。经过多年的研究，加德纳逐渐完善了自己的理论，明确提出人类存在多种不同的思维方式，他将人类的智能类型分成8种，经过不断地修正，概括为语言智能、数学逻辑智能、空间智能、身体运动智能、音乐智能、人际关系智能、自我认知智能和自然观察智能。加德纳认为“每个孩子都是一个潜在的天才儿童，只是经常表现为不同的形式。”每个学生都拥有独特的个性和特点，教学应以学生为中心，注重学生在教学过程中的自由探索和兴趣发展，进行素质教育。

以多元智能理论为引领，打造一支多元智能视野下的教师队伍专业发展、教有特点，培养一批多元智能视野下的学生群体学有特长、个性飞扬，创建我校高效课堂教学模式。我校的多元智能育人模式的结构组成如下：

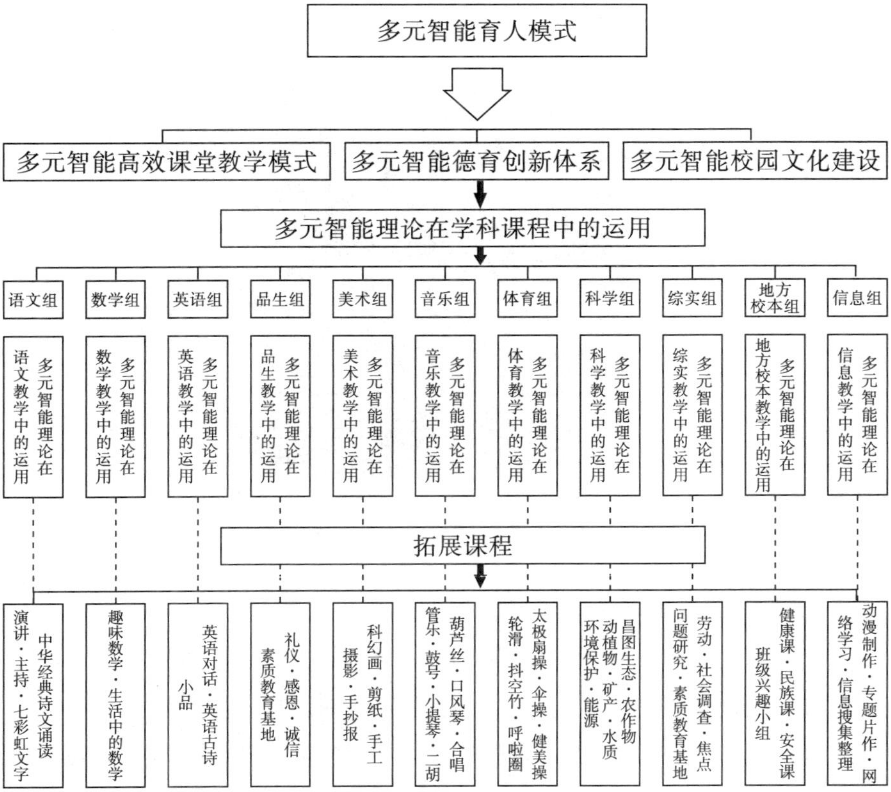

图 4-26　多元智能育人模式图

1. 多元智能素质为本

面对全体学生，促进学生全面发展，促进学生个性发展，是素质教育的根本所在。多元智能理论强调：每个人都具有多元智能的个性，学生与生俱来就是不同的。他们没有相同的心理倾向，也没有完全相同的智能，但是都有自己的智力强项，有各自的学习风格。因此，教育如果能够以最大程度的个性化方式来进行，那么教育就会产生最大的功效。

教育家陶西平指出：多元智能理论是素质教育的最好诠释。因此，我们确立了“人人公开课，天天公开课”的活动特色。即多元智能、素质为本、高效课堂、教有特色、学有特长、个性飞扬、自学形式多元。

2. 多元智能高效课堂

以多元智能理论为指导建立起多元智能高效课堂，将多元的含义在课堂中丰富延伸，建立起问题见解多元、解题方法多元、目标达成多元、培养智能多元、教学手段多元、评价机制多元的高效课堂设置。

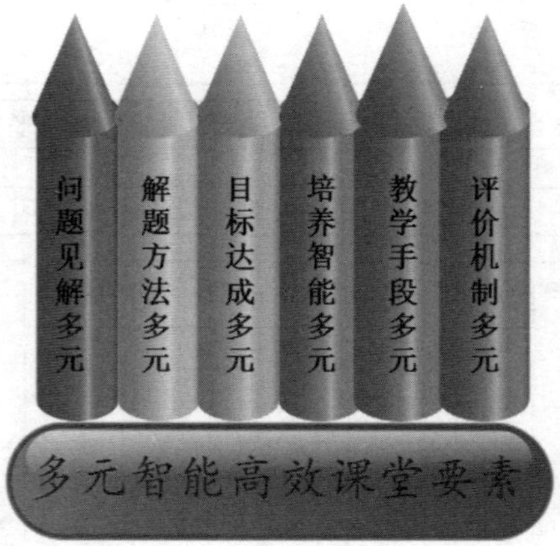

图 4–27　多元智能高效课堂要素结构图

（1）问题见解多元

让不同层面的学生都感觉到自己是课堂的主人，教学中教师如何因材施教，有效地提高学生的整体素质，为不同层面的学生创造成功的机会，应从以下几方面入手：让语言能力强的学生用语言完成，让动手能力强的学生动作表现，让视觉能力强的学生画出来，让推理能力强的学生以思维导图表现，总之，多元的智能多元的答案。就知识本身来说，也有一题多解、一事多启的发散思维或开放性思维。就知识整合性来说，情景化、项目化、探究性的问题更容易培养学生的多元开发思考力。

（2）解题方法多元

练习的设计具有层次性：课堂教学中要使学生牢固掌握某种知识或技能，必须重视课堂练习，但教师不能用划一的练习题去要求不同层面的学生。这就要求分层练习，辅以适当的开放题，安排一些“必做题”和“选做题”，使全体学生练有所得。基础性练习是每节课必有的，它是对基本知识、基本方法的训练，较接近于例题。这类练习可让学困生来完成。综合性练习是为了培养学生准确灵活地运用知识的能力，有一定的灵活性，这类练习可让中等生来示范完成。拓展性的练习是针对学有余力的学生设计的，这种题练中有变，变中求深，使优等生有事可做，其他两类学生也可以积极尝试。

（3）目标达成多元

课程标准指出，教学必须面向全体学生，使他们都能掌握一定的基础知识和基本技能，使每个学生在原有基础上都得到最大可能的发展，从而实现全体学生素质的提高。同时又必须正视学生的个别差异，因材施教，课堂教学的目标制定与达成中，应体现在教师要想方设法让不同层面的学生都能积极主动地参与学习，增长技能，从而让不同的人在学习上得到不同程度的发展。

（4）培养智能多元

多元化育人的意义在于：首先是教育要以学生的认知发展为基础，设计符合身心发展的教育方案；其次要根据不同的发展阶段特征，提供发展智能、创造力的机会和环境，尊重学生的个性发展；最后是因材施教，改善教育模式，发现学生潜能和智能的差异性，创设“以个人为中心”的学校。这里的“以个人为中心”宗旨就是为了让每个学生都能有充分展示潜能的机会，最大限度地唤起每个人的自信心。即强调每个人都有不同的潜能或特质，及早发现有助于未来学习；学前儿童的智能发展有很大的可塑性，为弹性课程、自由选择课程提供理论依据。

（5）教学手段多元

基于多元智能理论的小学有效课堂教学实践：“基于”不是照搬，而是借鉴，强调小学课堂教学的有效性，重视教学过程的探索，使教师通过教学过程的合规律性，成功引起、维持和促进学生的学习，从而相对有效地达到预期教学效果。教学实践在多元智能理论指导下，实施“心智”教育，直击学生智能底线，兼顾知识的传授、情感的交流、智慧的培养和个性的塑造，全面地关照学生成长与发展。

（6）评价机制多元

让不同层面的学生在评价中获得不同发展评价是与教学过程并行的同等重要的过程。它是一种持续的过程，贯穿于教学活动的每一个环节。有效的评价方式能激发学生的信心和学习热情，促进学生的全面发展，同时也是教师反思和改进教学的有效途径。因此，评价应以《课标》所指出的“评价的手段和形式应多样化，充分关注学生的个性差异”为指导，应注重评价主体的多元化，评价内容的全面性和评价方式的多样化。教师在评价中，对不同层面的学生要求也应不同，对优等生应欣赏他们独特的感悟和个性化的理解，运用“标新式”的评价，对中等生应肯定他们正确的解题思路，给予“肯定式”评价，对学困生应以鼓励的目光，宽容的微笑传递信息，给予“鼓励式”的评价，让他们各得其所。

二、多元智能高效课堂

完善“四段多元”高效课堂教学模式。大力推进学习方式的改变，正确处理各种学习方式的关系，根据不同年级、不同学科、不同学生，积极引导学生主动参与、乐于探究、勤于动手，大力推进学生自主、合作、探究式学习，着力提高学生的学习力；大力推进信息技术在教学中的应用。创建基于现代教育技术和网络教育资源的新型教学模式，实现教学内容的呈现方式、教师的教学方式、学生的学习方式和师生互动方式变革，创设有利于个性化学习的开放性学习环境，促进信息技术与课堂教学的深度融合。大力开发与利用课程资源，强化课程资源意识，完善教学设施设备，积极探索多形式、多层次、多维度课程资源开发途经，利用课内外、校内外各种课程资源，建立健全共享的课程资源开发机制，建设学校课程资源库。

（一）多元智能课堂教学内涵

每一个学生都有自己的优势智能，有自己的学习风格和方法，教学中允许并支持学生根据自己的智力特点、学习类型和发展方向达成学习目标。

教育评价通过多种渠道，采取多种形式，在多种不同的实际生活和学习情景中进行，教师应从多方面观察、评价和分析学生的优点和弱点，并以此来服务学生，促进学生积极发展。

课堂中注意发现学生优势智能并加以挖掘和发展，要从不同角度去了解和发现其闪光点，并采取适合其智力特点的有效方法，使其特长得到有效发挥，在人们的欣赏、钦佩和尊重中，他们的自尊心和自信心就会逐渐提高，就会产生对教师、同学以至于学校的积极情感，并逐渐对学习产生兴趣。

教学活动的设计，体现学生智力的多元性，提供多种多样的与学生发展水平相应的智力活动，以学生现有知识为基础来设计，而非为智力而智力。

教育者对不同优势智能的学生一视同仁、充分认识、肯定和欣赏他们的优势智力领域，并鼓励和帮助学生将自己的优势智力领域的特点迁移到弱势智力领域中去，实现以优扶弱的智力互补。

多元智能课堂教学核心是“培养学生创新精神和实践能力，通过多元化教学，多元智力的培养，使学生的创造意识不断萌发，创造能力迅速提高。”

（二）多元智能课堂教学根本的原则

1. 整体性

强调教学活动要从人的全面发展、多元智能角度来组织教学活动，而不是限制在狭隘的本学科所强调的能力培养。着重强调：个体的全面发展，全体的全面发展，学科的整合发展。

2. 差异性

强调教学过程中要注意个体各种智能的不同发展程度，教师应当了解学生各种智能的组合情况，扬其长避其短，促其整体能力的提高。同一个个体智能的不同发展。

3. 实践性

让学生多动手、动脑等，重行动、重体验、重社会调查，并进行创造性的教与学，使学生的创造意识不断萌发，创造能力迅速提高。

4. 开发性

强调教学活动的“启智”和“学会学习”功能，充分培养每一名学生的多元智能，充分开发每一位学生的潜在能力，促进学生全面个性发展。

（三）多元智能课堂教学模式特征

1. 主体性

强调“以生为本”，以每名学生的强项智能为出发点，充分遵循学生智能发展的规律，调动其主动学习、多元学习、兴趣学习。重团队沟通合作，多元智能教学的特点。使受教育者的主体性得到张扬。尊重学生主体性和个性，给予充足时间发挥其主体意识，发挥主体的潜能。在实践中把问的权利留给学生；把讲的机会让给学生；把做的过程交给学生，尽可能把学习主动权还给学生，体现学生的主体性，使学生在积极、自觉、主动、深层次地参与过程中、实现发现、理解、创造与应用，在实践中“掌握学习的主动权”。

2. 多元性

多元的教学目标多方位、多角度、多途径地培养和实践多元化的评价方式。用多元化的教学手段以适应多种智能的学生，评价上采用定量与定性相结合，终结性评价与过程性评价相结合，绝对性评价与相对性评价相结合，教师评价与学生自评相结合。相信：人人有才，人无全才，扬长避短，人人成才的教育理念成为现实。

3. 拓展性

多元智能教学模式，把传统课堂延伸到课外，课堂时空拓展可通过课堂“舞台”前移和后延来实现。课堂“舞台”前移，就是将课堂要学习的知识设计成若干的活动项目或者把教材课后活动变为“课前活动”，让学生围绕活动的要求在课前做准备，相当于让学生提前介入新知识的学习，为课堂上“唱好戏”埋下伏笔；也可以是提前预习，把课堂舞台后延主要体现在学生作业设计上，作业是课堂教学的延伸，作业设计的多元化，无疑又给学生提供了一个展示自我的舞台。充分利用图书资料、网上资源、社区资源、学生之间、学生与家长与教师双向或多向交流。

4. 开放性

开放性表现在形式的开放性和思维的开放，形式的开放表现在教育目标、教学形式、教学手段等的开放。思维的开放肯定了学生潜能多元而无限。

5. 前瞻性

多元智能教学注重学生实践能力的培养，注重培养学生“学会学习”的能力，为学生终身学习和持续发展打下坚实基础。

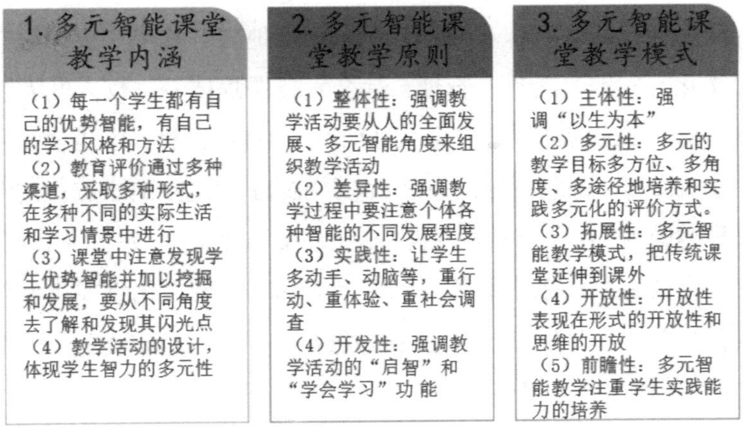

图 4–28　多元智能高效课堂内涵、原则、特征图

三、开发与整合课程资源

“美好心灵，多元智能”是学校基本的教育思想和理念，渗透学校教育理念是课程顺利有效实施的重要思想策略，整合多方课程教育资源，为课程实施提供必要的教育内容，是课程实施有效开展的重要保证。教

学不仅限于单个学科，教育资源不仅限于学科知识资源，学科之间的综合教学、学科资源、学校各处的文化资源、社区和家长等校外资源以及丰富的科技资源等都是课程资源的庞大体系。

（一）环境文化资源

学校的发展速度不断加快，学校以美好的愿景“让学校更美好，让教师更可敬，让生更可爱”为引领。学校特色环境文化遍布每一个校区，每一条长廊都给人以艺术的熏陶，每一块墙壁都激发孩子们的多元智能发展，每一处景观都在陶冶孩子们的美好心灵。

（二）课程资源

当一所学校的办学理念符合学校师生发展，利于课程多元生发和跨界融合，又能在课堂上多元灵活利用时，大量课程资源就会席卷进入校园，被师生吸收，形成“脑洞”效应。心智教育特色就具备了这样的资源融合优势。因此，我校建设了123699课程改革模式，即一个心智教育理念，两大课改重点：课程和课堂，国家、地方、校本三级课程支撑，教材、文化、实践、活动、管理、社会六类课程体系，校内九大智能课程基地，校外九大智能课程资源。111个学生社团课程，学生喜闻乐见。学科主题式课程、特色项目化课程、跨界融合式课程、研学旅行式课程、常态节日类课程、社会资源类课程、自然环境类课程等，一起向我们涌来。学生在丰富的课程体系中心智得到多元培养。学校文化氛围犹如热带雨林气候，给自然生命带来勃勃生机的成长。

（三）创新科技资源

学校文化不变的是坚持、是创新。面对资源丰富的现实世界和虚拟的互联网世界，儿童多元智能的发展在不断地更新迭代，需要学校的教育发展要与时俱进。我们由提出多元智能的九项智能“技能层面”的开发，迅速向多元智能“综合能力”的形成迈进，发现问题、分析问题、综合运用多元智能解决问题为特征的项目化学习持续推进。随着技能逐渐地成熟，以培养创新精神和实践能力为特征的迭代升级版“创新”特色文化正向我们走来。

四、课程实施步骤

课程的具体实施是课程目标实现的必要途径，是从理论走向实践的重要过程。我校深化课程改革，坚守特色办学理念，不断探究项目化学习和进行科研，不断创新课程实践。

（一）项目化学习实践

项目化学习：学生通过做一个项目，来达到学习的目的，也简称为PBL（Project-Based Learning，项目化学习）是一种教学方法，即学生在一段时间内通过研究并应对一个真实的、有吸引力的和复杂的问题、课题或挑战，从而掌握知识和技能。通过对项目化学习的理论研究和具体实践，掌握项目化学习的七大要素即“真实情境、复杂问题、超越学科、专业设计、合作完成、成果导向、评价跟进”和五大特征“挑战性问题、持续性探究、真实性项目、全程评估、成果公开展示”。项目化学习可以基于学科而又高于学科。在当前背景下，以一个学科为主要载体，聚焦学科关键概念和能力，进行学科与学科、学科与生活、学科与人际的联系和拓展，用项目化的形式呈现出来，既是中国课程改革的可行道路之一，也是国家课程校本化实施的可行道路。

1. 挑战性问题

一个待探究或待解决的问题是项目化学习的核心。当面对真实的问题时，学习就变得更有意义，因为学生的学习就不再是为了单纯地记忆某个考试内容，而是需要用这些知识来帮助他们解决他们关心的问题。这个问题应当具有一定挑战性，但同时又不能难到让学生望而却步（比如：你该如何测量校园的大小，并制作出缩略图）。这个问题应该是开放式的，且易于学生理解的（比如：如何摆放学校的垃圾桶，从而方便全校师生扔垃圾？）。

问题使得整个项目活动保持连续性和一致性，学生的项目化学习是通过驱动性问题黏合在一起的。

2. 持续性探究

相比翻阅几本书、几分钟的小组讨论，项目化学习的探究是一个更主动、深入、持久的调查、收集、知识建构和问题解决的过程。学生往往要费几天的时间，甚至更长。例如，阅读几本书、掏空心思上网查找各种资料、与某个领域专家访谈，学生会提出问题、收集资料、验证猜想，这个过程会不断持续、循环直到得到满意的答案或方案。

持续性探究意味着大量的学生要自主选择空间、自由的工作时间、自我监控学习进程。

3. 真实性项目

首先，基于真实的场景。学生要解决的是实际生活中人们会遇到的真实问题（比如：满足市场需求的一个商业计划，工程师设计一座桥梁，向社区提交政策建议）。其次，项目完成之后会对他人产生真实的影响，或者创造一些能够被人们使用或体验到的事（例如，设计学校的花园，帮助到低年级段的学生）。

真实项目并不要求每个要素都是真实的，只要学生解决这个问题的思路可以在现实生活中，可以迁移就可以。一些虚拟的情境也是可以的，比如模拟联合国，大家都知道不是真的，但学生思考和解决问题的方式是与真实情景类似。项目化学习更强调这种思维的真实。

4. 全程评估

高质量的学生作品离不开全面、深入的评价、反馈。同学之间、老师、校外专家都可以参与对项目成果和过程的评价。学生需要使用评估量表、评估模型等反馈工具，对自己、同学的学习进行评价。在进行评估时需要关注以下特点：关注高阶能力、关注社会能力、关注学习结果与学习过程、关注真实表现。采取多元化的评估策略：美好心灵评价、多元智能评价、表现性评价、形成性评价、真实性评价、成长档案袋评价、教师小组评价等。

5. 成果公开展示

项目化学习产生一个是实实在在的“产品”或解决方案或模型。公开展示可以大大提高学生的积极性，同时促使高质量的产出。同时，展示有助于形成学习社区的氛围，师生可以尽情讨论，互帮互助。最后，公开展示可以有效向家长、外界更好地传播，更好地获得外界支持，提高师生和学校的持续信心。

6. 学科项目化学习

基于学科进行项目化教学设计，学校在多个学科活动中取得了良好的实践成果，设计了学科项目化学习方案。

五、课程实施效果

经过不断地实践与探索，我校课程设计与实施取得了“学生多元智能发展、教师专业发展和学校发展”多方位的成绩。课程的实践与探索是我校在领导和专家的指导下，全体师生和各单位的所有员工共同努力所实现。课程促进学生多元发展的同时，教师也在实践活动中不断提高专业素养，从而促使学校不断发展。

（一）学生多元智能发展

“心智”教育理念以学生为中心，为每一位学生提供适合的课程。树立大课程观，围绕“四心九智”开发校本课程，围绕基础学科做好拓展延伸，围绕多元智能开发新的课程，促进学生多元成功，个性飞扬。

（二）教师专业发展

教师在课程研究和设计过程中逐渐提高专业知识和专业能力，提高自身的专业素养。

（三）学校影响力的提升

学校的办学经验在省内外多次交流互动，名师工作室下乡支教，名师团成员赴北京、大连等地培训，师德标兵和教学能手在区域巡回报告，引起兄弟学校良好反响，下乡援教教师在受援学校抓项目、搞创新，带动基层发展，普通教师规范教学，认真执教，主动上操做示范，带动了基层学校教师良好教风养成，深受拥戴。

六、校本课程建设

校本课程包含两层含义：一是使国家课程和地方课程校本化、个性化，即学校和教师通过选择、改编、整合、补充、拓展等方式，对国家课程和地方课程进行再加工、再创造，使之更符合学生、学校和社区的特点和需要；二是学校设计开发新的课程，即学校在对本校学生的需求进行科学的评估，并充分考虑当地社区和学校课程资源的基础上，以学校和教师为主体，开发旨在发展学生个性特长的、多样的、可供学生选择的课程。按照教育部基础教育课程改革纲要和《教育部关于全面深化课程改革落实立德树人根本任务的意见》，深化“美好心灵，多元智能”特色理念，丰富学校内涵，用课程提升学校品质，以“为每一名学生提供适合的课程，促进每一名学生成为最好的自己”为宗旨开发学校特色的校本课程。

（一）校本课程开发

“校本课程”是学校课程体系中的一个重要组成部分，它与国家课程、地方课程共同构成了“三级课程”。校本课程的开发凝聚了学校各层各年级学校成员的心血，最终确立了校本课程开发指导思想、开发原则以确保我校校本课程开发开设能科学、有效、扎实地开展。

1. 指导思想

按照教育部、省市教育工作会议精神，践行中央提出的“创新、协调、绿色、开放、共享”五大发展理念。结合学校升级版规划和学校整体工作计划，以“美好的心灵，多元的智能”为育人目标，为每一位学生提供适合的课程，让每一位学生成为最好的自己。以推进校本课程的开发开设，提高校本课程的实施质量目标；以开设开发校本课程有利于满足学生多样化发展的需求、有利于教师专业的发展、有利于促进学校形成办学特色、有利于培养适应社会需要的各类人才、有利于满足地方经济发展的需要为原则。

2. 基本原则

学校课程是由在国家课程计划框架内，学校自行决定，自主开发的课程，开发主体是学校教师。因此，学校课程开发坚持遵循以下原则：

主体性：要明确学校课程开发的主体是教师，教师可以与专家合作，但不是由专家编教材、教师教教材。

合作性：课程开发是一种集体配合的事业，学校课程更是如此，在整个开发过程中教师要与专家、校长、其他同事、学生、家长、社区人员等通力合作，发挥群体智慧。

民主性：学校校长、教师、学生、家长构成学校教育的“共同体”，成为学校课程开发的主体。要开发什么课程、学生需要学什么，喜欢学什么，“共同体”里教师、家长最清楚。因此，在开发过程中，应广泛听取他们的意见，形成一个民主氛围。

选择性：学校课程开发要有利于学生全面而主动的发展，让每一位学生的潜能都获得充分和谐的发展和个性得到张扬。因此，学校课程开发要尽量为学生提供多样化、可供选择的课程，适应学生的需要、兴趣和经验。

开放性：学校课程开发在资源方面，要充分利用一切可以利用的资源，包括学校、家庭、社区等多方面的资源；在开发主体方面，要充分调动校长、教师、家长、教研员、专家以及社会各界人士参与课程开发的积极性，共同进行课程建设。

灵活性：学校课程开发是一项新的工作，同时各校课程资源不一，因此在学校课程开发上，无论是选用、改编或新编课程，不要求全求大求新，应立足本校实际，量力而行，逐步完善。

（二）校本课程实施策略

在校本课程实施的策略中，我校采取多方位地进行全面考虑，既注重校本课程的理论研究，也注重校本课程教学实践，全方位促进学生及教师的发展，挖掘校本课程资源为校本课程的有效实施作保障。

1. 确保校本课程管理

校本课程的有效管理是实施校本课程的重要制度保障，这一策略主要包含学校的组织管理和教师的培训。

（1）学校组织管理

学校成立以校长为组长的校本课程开发领导小组，负责校本课程开发的组织与管理工作。学校组织开展多种形式的教研活动，定期开展校本课程经验总结与交流，及时推广先进经验；学校领导深入班级和课堂，同教师一起解决实施过程中的问题；指导校本课程的开发和实施，提高校本课程的实施效果。学校将把校本课程的开发与实施作为重要课题进行研究。学校为开发和实施校本课程提供人力、物力、财力等方面的保障。在校本课程的开发上做到“六有三明确”。“六有”即校本课程有基地、有教案、有教师、有课时、有评价、有成效。“三明确”即要明确目标、明确职责、明确内容。将校本课程的开发和实施纳入教研工作的重要内容，确定专人负责校本课程开发开设工作。学校根据实际，统筹安排地方课程、校本课程及综合实践活动课程的课时。

（2）师资培训

学校积极培养校本课程专（兼）职教师队伍，不断提高教师开发和实施校本课程的能力。要积极组织教师参与省、市、县举办的各类活动。学校将校本课程的开发和教学纳入校本培训和校本教研的内容。可采取办讲座、研讨、交流、个案评析、现场学习等形式，提高教师实施校本课程的能力，提高广大教职员工的职业道德水平，转变教育观念，提高教育创新能力，使不同层次教师的素质在原有基础上得到较大提高，适应基础教育改革与发展的需要。促进教师的自主成长和提高，逐步建立起有利于教师岗位成长的运行机制，促进教师专业化发展。

2. 落实校本课程实践

在心智教育这一特色引领下，学校探索出了“素质教育特色化，特色教育项目化，项目教育优质化，优质教育常态化”的办学思路。按照新时期我校教育发展的形式要求，为每一名学生提供适合的教育，促进每一名学生成为最好的自己，关键在于学校为每一名学生提供适合的课程，促进每一名学生不同智能的个性发展。

3. 线上教学实践

2020 年初，新型冠状病毒疫情爆发，为了真正做到“停课不停学”，我校开展了“e +学习，一家学习”宅家学习模式，即在互联网信息背景下的学习型家庭建设，开始了基于线上学习指导和资源利用的学生及其家庭成员一起学习、一起进步的宅家抗疫行动，避免全家只有孩子学习，全家只看管孩子的紧张氛围，同时也使家长获得了自由和进步，起到了“身教胜于言教”的作用，全校学生宅家学习取得了积极效果。

（1）线上学习平台的搭建

建设线上“e＋”空间平台。学校共搭建了五个线上学习平台：腾讯智慧校园课堂、腾讯校园微官网、微信平台、学校网站、家长微信圈。与腾讯公司合作建设的腾讯空中课堂，保证教师每天授课、指导学生宅家学习畅通。腾讯校园微官网和学校网站承担线上教学优质资源供给，并分部门、分版块对学生宅家爱学习和线上教育进行管理。微信平台和家长微信圈承担教师对学生居家学习的“个性化”辅导和学生及家庭组织学习的个性化成果展示。通过搭建使平台技术很好地赋能于学生家庭学习。

建设线下“学习型家庭”空间平台。学校出台《学习型家庭方案》。要求学习型家庭硬件五有：有书房、有书桌、有图书、有工具（电脑或手机）、有花草；软件四有：有家训、有学习计划、有家人平等合作的关系、有家长带头学习。

（2）线上教学的实施

“e＋学习”为学生家庭“个性化”学习提供了优势。以“美好的心灵，多元的智能”即“心智教育”特色办学理念为引领。通过培训转化为家庭教育和学习指导思想，使家长在“五心九智”中发现孩子的优势智能，五心为孝心、爱心、省心、慧心、恒心；九智为语言智能、数理逻辑智能、身体运动智能、音乐智能、视觉空间智能、自然观察智能、人际交往智能、自我认知智能、生存智能。一家一案、一生一策，携手家长，进行个性化培养。

（3）线上教学的实施评价

以“学习型家庭”建设方案为依托，突出“美好的心灵和多元的智能”五心九智的多元化评价引领。

综合广大学生家长的反馈，我们形成了教师线上课堂指导即时性、发展性、示范性评价机制。学校“e＋学习，一家学习”领导小组，每天检视教学设计、看目标驱动、看流程方法、看师生互动、看技术操作、看作业反馈、看上线率，看家长满意度。每天随时点开链接进入课堂全覆盖听课，每天总结评价发至平台，督促教师及时改进课堂教学和解决学生宅家学习问题，及时解答家长困惑。各学科教师将自己的收获体会和教学成果以单元或课时为单位，用美篇、抖音等形式进行展示。学生的线上学习做到展示性、测试性、多元性评价。学生宅家学习生活孝心、爱心、省心、慧心、恒心以图片和美篇视频等形式进行展示性评价；学生的语言智能、数理科学智能、道德与法治素养等智能，采取网上测试和视频展示进行评价；身体运动智能、艺术智能、探究学习智能采取美篇形式展示评价。德智体美劳全面发展的评价引领孩子们健康成长。

4. 整合校本课程资源

学校课程资源是构成学校的基本因素，是学校生存和发展的重要源泉。校本的课程资源是指学校在支持办学过程中达到一定办学目的，实现一定办学功能，以学校自身的办学宗旨、资源特色为依托，以师生为开发主体，以师生发展需要为基础，逐渐形成的可利用的课程资源。盘活存量，做好增量，适度减量。

（三）校本课程实施影响

基于心智教育的校本课程开发与实施是在上级领导、专家指导下全校师生共同努力下的成果，对我校的影响深远。

1. 突显学校的办学特色

多元智能理论在校本课程中的应用，为学校带来了多元收获，使教师有了多元发展，让学生获得了多元成功，充分体现了“多元智能，个性飞扬”的办学特色。通过校本课程的开发，提高了学校的信任度和美誉度，打造了学校的品牌和特色，增强了学校的核心竞争力，开展了以心智教育为理论的心智教育的实践性，成为了人民满意的学校。

2. 教师的专业成长

通过心智教育校本课程的实施，把心智教育的教育理念深深植入每一个教师的心灵深处，使每一个教师把心智教育的理念融合到教育教学工作当中去，充分地调动了我校大部分教师的积极性和自我实现的欲望，促使教师走向复合型、专业型人才。使教师参加课程的开发，赢得继续教育的良机，提高教师的专业化素质，更大程度地满足社会、家长和学生的需要，促进教师专业化成长。

3. 学生素质发展

随着心智教育课程的实施，教学的目标是促进每位学生多元智能地发展，不仅关注学生的认知发展，还注重学生的个性成长、树立正能量的情感价值观和学生个人能力的提升。

第四节　课程评价

评价有评定价值之意，泛指“衡量人物或事物的价值”。[1] 评价也可以理解为根据一定的标准，对教育过程中所产生各方面变化进行评估，目的是促进学生学习，为教师的教学效果和效率提供一定的反馈，帮助以后的教学指导。

一、多元化评价体系

2001 年 6 月，教育部印发的《基础教育课程改革纲要（试行）》明确提出，改变课程评价过分强调评价的甄别与选拔功能，发挥评价促进学生发展、教师提高和改进教学实践的功能。这次课改，是为素质教育“量身定做”的一次课程改革。2014 年教育部研制印发《关于全面深化课程改革落实立德树人根本任务的意见》，提出“教育部将组织研究提出各学段学生发展核心素养体系，明确学生应具备的适应终身发展和社会发展需要的必备品格和关键能力”。2016 年 9 月，《中国学生发展核心素养》总体框架在北京发布，以培养“全面发展的人”为核心，从文化基础、自主发展、社会参与三个方面阐明了新时代中国学生应具备的核心素养，具体表现为人文底蕴、科学精神、学会学习、健康生活、责任担当、

[1]　《辞海》，上海，上海辞书出版社，1990 年版．

实践创新六大素养，具体细化为国家认同等 18 个基本要点。各素养之间相互关联、相互协同、相互促进、相互补充，共同促进着人的全面发展。传统的唯分数主义严重制约着学生的发展、教师的提高和教学实践的改进，已经不再适应时代的发展要求，多元化的评价体系应运而生。

“心智”教育思想深入贯彻党的教育方针、顺应时代发展的需求，经过五年多的实验研究工作，本着整体性、可行性、实效性、创新性、科学性的原则，以人的个性全面发展为目标，用多元化、多层次、多标准、多维度的评价手段和方法，对每一位师生进行评价，形成具有自身特色的科学的多元化的评价体系。此外，还通过各种活动来拓宽评价外延、建立特长评价、提高评价的奖励含量，使评价更客观、更科学、更系统、更完整、更全面，最大限度地调动了师生工作学习的积极性，使学校各项工作卓有成效。

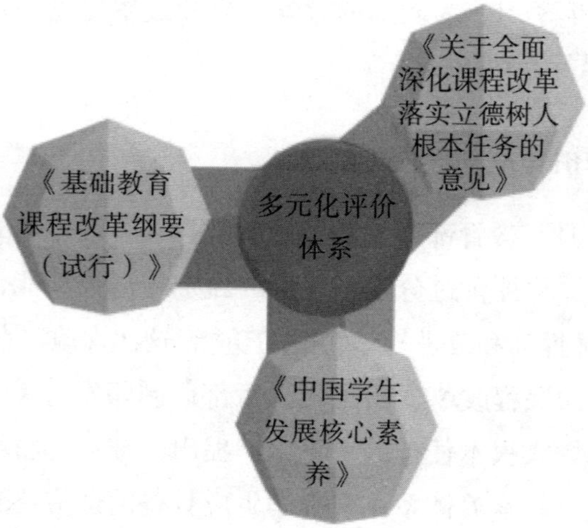

图 4-29　国家教育方针与多元评价体系图结构

（一）学生——多元智能评价

为培养“心智”健全的具有创新潜质的健康少年，根据多年的实践探究，从语言、数理逻辑、身体运动、音乐、视觉空间、自然观察、自我认知、人际交往和生存技能九个维度来分别进行评价，充分发挥多元智能评价对学生信心的树立、学习方法的改进以及能力的提升作用。

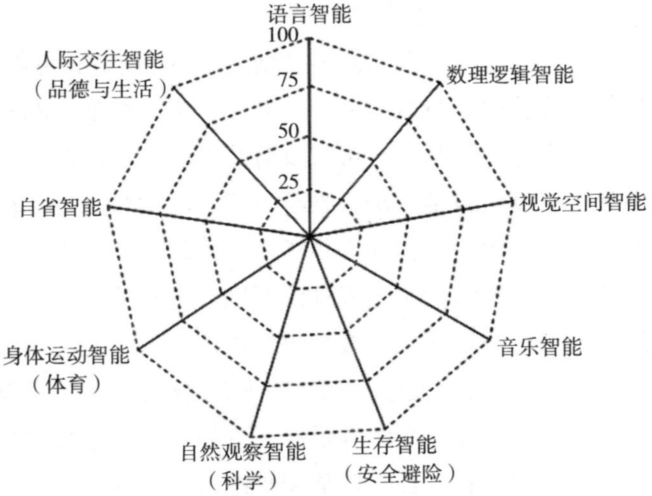

图 4-30　多元智能评价结构图

要求：要求对全校学生进行多元智能测评，评价等级分为特别突出、比较突出、一般、较差。在日常管理上，班主任教师一定要唯我们所长，要学会用评价工具促进学生综合素质的提升，并放到学生成长记录册里。

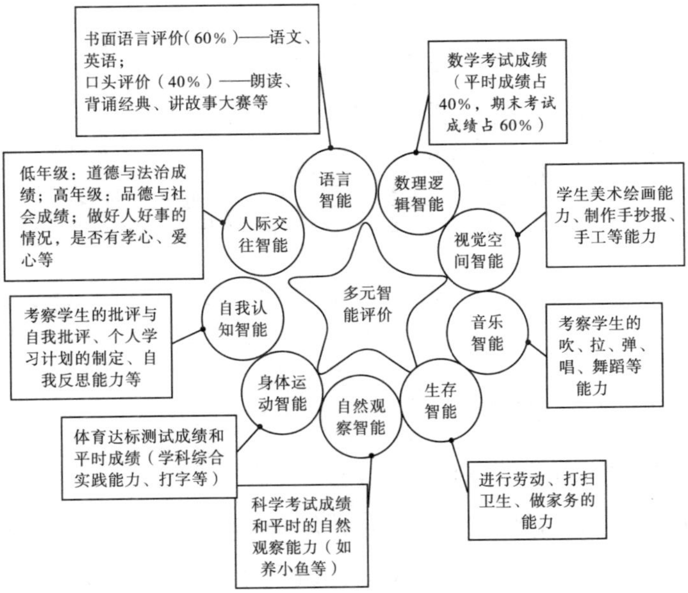

图 4-31　学生多元智能评价方式图

（二）教师——量化评价与质性评价相结合

教师的教学过程是一个不断实践、反思、改进、创造和再创造的过程，而教学评价是教师检验自身教学能力、教学效果、教学问题及发展水平的一个工具，教学评价的结果，可以及时给教师提供反馈，以便教师进行及时调整教学进度、教学方法、教学方式、教学行为等。教学评价包括量化评价和质性评价。量化评价是指在评价过程中采用测验的方式去收集和某一教学有关的学生实际表现或所取得进步的资料，并在对所获得的资料进行数量化分析后，对教学效果作出评价。质性评价是在每一个评价阶段，教师获取教学反馈信息后，并把这些信息记录、整理下来，作为教学过程的评价信息，并结合量性评价的成绩，进行自我总结，从而明确教学中存在的问题，及时调整和改进教学。量化评价能够给与教师相对客观公平的评价结果，而质性评价有很大的灵活性，没有绝对严格的程序，可以让教师更加理性地看待评价结果，以“促进教师队伍健康的发展”为目的，量化评价与质性评价相结合，帮助教师树立教学信心，促进教师的教学成长，提高教学质量，从而促进孩子的健康成长。

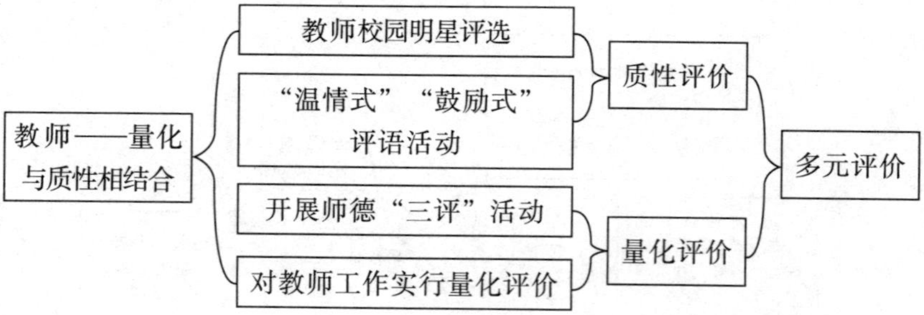

图 4–32　教师评价体系结构图

二、多元化评价体系案例

1. 校园明星评选

根据“心智”教育理念，从多元化评价的角度出发，结合学校具体情况，实施“校园明星”工程，“量体裁衣”式地制订了《学生校园明星评选条件》，让每个孩子都成为唯一的一颗星，让更多的孩子都有一次当明星的机会，让每名学生都有自信心和成功感，让每名学生都觉得我是最棒的，让每名学生都能健康快乐地成长。

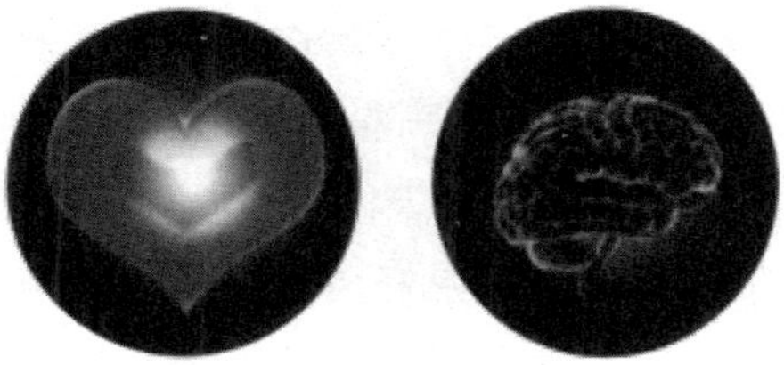

图 4-33　“心”“智”

学校不仅关注学生个体的发展，还注重学生群体的发展，每学期对班集体进行“校园明星”班级的评选，以提高学生的合作意识和团队精神，促进班际之间全面、和谐发展，共同进步。

2. 群体的多元化评价

班级多元智能星级学生评价，九星加一心（爱心）十星评价，要融入纪律、卫生、文明礼貌、孝老爱亲评价指标。多元智能班级优秀集体评选，学校领导班子集体评选。

3. 教师的多元化评价

润心启智的思想，同样适用于教师管理，多元化的评价方式来调动每一位教师的工作热情，让每一位教师都发挥自身的优势价值，既促进了教师队伍专业化、全面化、个性化发展，每个人都干着自己喜欢的擅长的工作，也使每一位教师都能从工作中体验到被尊重被认可的幸福感。

4. 多元才艺大赛

通过举办多元才艺大赛和特长竞赛等活动，让学生参加到适合自身爱好和长的有趣的才艺比赛活动中，培养学生良好的兴趣爱好，发展学生的特长，彰显学生个性，增强学生的自信。通过这些活动也进一步给教师提供了发现学生闪光点与准确评价学生的机会。例如：校园小歌手大赛；以棋类、舞蹈、武术等形式为主的才艺 PK 赛；诚信征文、消费维权征文、爱家乡征文等；古诗词背诵大赛；口算比赛；书法比赛；跳绳、踢毽子比赛；环保广告与设计大赛；小发明、小制作大赛；绘画大赛等，融知识性、技能性、社会性于一体，全员参与。

5. 手拉手、一帮一活动

在校期间帮扶，与农村小学薄弱学校结对共建；在校内帮扶，开展了“手拉手、一帮一”活动，在这一活动中，大家互相学习、互相帮助、团结合作、共同进步，使每一个个体都能身心健康、积极向上地发展。例如，省、市、县级骨干教师和普通教师结对子；老教师和年轻教师互帮互评；同学之间结对子互帮互助，并记录好《手拉手、一帮一成长记录》；教师每人承包一名“三困生”，对其进行经济帮助和心灵的抚慰，同时建好《三困生帮教档案》，实行全程服务。

6. 开展使用赋能式评语活动

鼓励产生奇迹，打压使人毁灭。领导、教师在工作中时时处处讲究语言艺术，想方设法激励每个人的自信心，为师生创造良好的心理环境，使其在评价中得到成功的体验，从而激发其学习和工作动机，使其积极参与到学习和工作中，并努力创造优异成绩。

7. 为学生建立成长记录袋

成长记录袋在新生入学的时候建立，以学生为主体，成长记录袋具体包括记录袋的名字、教师寄语、家长寄语，最后是成长树，包括自己满意的绘画、手工作品、作业、试卷、识字卡片、参加比赛的获奖证书，老师奖励的星星、苹果、笑脸、喜报、奖状，家长的奖励等，由学生自己保管，见证自己的成长足迹，激励自己不断地进步与成长。

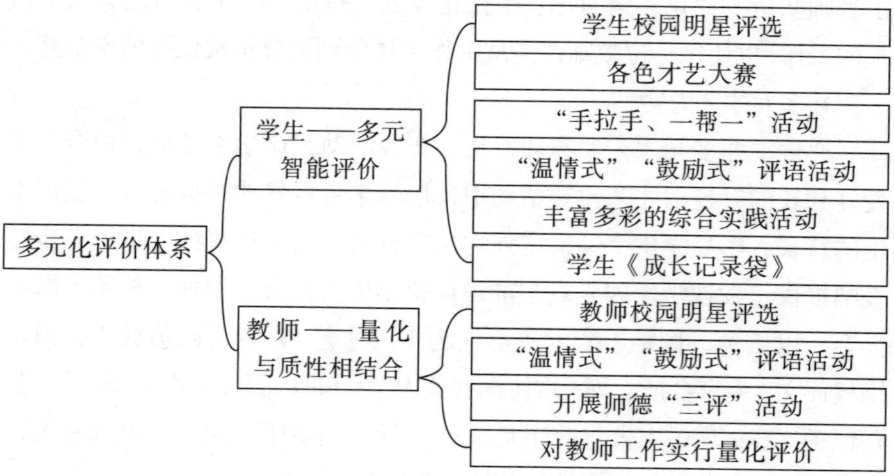

图 4-39　多元化评价体系结构图

第五章　“润心启智”教学

杜威说：“儿童是太阳，教师是月亮，教师要站在学生背后去”，这说明教学中应该以“学生”的有效学习为中心，而教师的“教”正是学生“学”的有效前提。真正卓越的学生背后一定是站了一群卓越的教师，而且只有教师不断钻研、不断改进教学模式，学生的学习才会变得更有效。为了培养“心智”健全的具有创新潜质的健康少年，在设置多样化课程的同时，也在不断地刻苦钻研、努力创新教学模式，在心智教育理论的指引下，基于办学实际创设了“四段多元”的高效课堂教学模式，并在实际的语言文学教学、数学科学教学、艺术体育教学、综合实践教学等多方面进行特色化实施和改进；基于教学模式的创生、实施和改进，使教师逐渐形成独特的教学风格、使学生不断成长为“心智”健全的具有创新潜质的健康少年。

第一节　“心智”教学模式

教学模式就是在一定教学思想或教学理论指导下建立起来的较为稳定的教学活动结构框架和活动程序。作为结构框架，突出了教学模式从宏观上把握教学活动整体及各要素之间内部的关系和功能；作为活动程序则突出了教学模式的有序性和可操作性。教学模式是从教学的整体出发，根据教学的规律原则而归纳提炼出的包括教学形式和方法在内的具有典型性、稳定性、易学性的教学样式。简洁地说就是在一定教学理论指导下，以简化形式表示的关于教学活动的基本程序或框架。

课程改革在不断推进，教学的改革同样如此。虽然课改没有现成的模式，课改也不允许恪守固定的模式，但这并不是说不需要模式、排弃模式。习武之人习武前期必须严格学习固定的招式（招式即武的模式——有形），而后再活用套路，方能达到出神入化，登峰造极的境地（无形）。通观古今中外教育大家和良师，他们各有自己的教育风格，这些风格均体现于各自的教学模式。“心智”教学模式就是我校独特的教师发展体系下，教师结合多元智能理论以及“心智”的办学实际所提出的。

一、多元智能理论对“心智”教学模式的启示

我们在构建“心智”教育理念的过程中，始终以多元智能理论为指导；同时因为全校教职工对多元智能理论时刻进行深入的学习、研究、思考和实践，多元智能理论对于我校教育教学工作的发展起到了诸多富有特色的积极作用。尤其以教育观的转变、教学观的形成、教师素质的提高、教学模式的生成为主要代表。

（一）多元智能理论助力教育观的转变

多元智能理论为我们挑战传统的教育教学观念并形成新的、有时代特点的教育教学观念提供了有意义的借鉴，为我国当前大力推广的素质教育提供了理论依据，这一理论揭示了应试教育的基础是一种狭窄的智能观，仅仅强调的是语言和数学逻辑智能，而忽视了其他种类的智能。教育的社会功能之一是进行鉴别和筛选，而仅仅以用纸、笔的标准化考试手段来区分人的智力高低是有很大片面性的。我国传统的教育往往是以狭隘的知识教育为主、以升学为唯一目标的“精英”教育，这种教育模式极大地压抑了广大学生多方面智力才能的发展，极大地埋没了社会所需要的各具才能的多方面人才，造成了巨大的人力资源的浪费。而多元智力结构中的每一种智力都处于同等重要的地位，因而以此为基础的中小学教育则应该向学生展示多方面的智力领域，并在真正意义上保证学生的全面发展和个性的充分展示。多元智能是素质教育的最好诠释。

（二）多元智能理论助力教学观的形成

这一理论使我们认识到，教学模式、教学方法要有针对性，不能千篇一律搞“一刀切”，而是要针对学生的不同智能组合所表现出来的差异，进行因“材”施教或因“才”施教。多元智能理论告诉我们不可能用同一种教学模式使学生达到相同的发展水平。以这一观点来审视我们的“分层次教学”就会明白，这还仅仅是一种较低层次的因“材”施教，因为这里所谓“分层”是指考试成绩所表现出来的学生程度不同的分层，这个“材” 还是建立在狭窄的智能观基础上。

多元智能理论能帮助教师了解自己、了解学生，能用多样化的教学策略与方法，因材施教。实施多元智能理论，就是要努力使学生在学习传统的学科内容和技能方面来运用他们的智能强项。通过运用多元智能，意味着给学生运用各种智能的机会，而不仅仅是在固定的课堂教学中运用语言智能和数理智能。更重要的是提高了教学质量，使学生不断地认识到自己的智能强项和适合自己的学习方式，同时也使教师认识和发展因材施教的教学理念，从而为每个学生的卓越发展打下了坚实的基础。

（三）多元智能理论助力教师素质的提高

多元智能教学的实施，对现有的师资产生了巨大的冲击。因为，教师不仅要从观念上改变原有的对学生、对教学的观点和看法，还要能够有丰富的知识和确实有效的教学手段，才能在其教学的过程中很好地引导所有的学生发展其自身的每一种智能。因而，也就要求教师能够是一个“全才”的教师。只知道自己所教学科知识的教师是无法胜任多元智能教学课程的。

（四）多元智能理论助力教学模式的生成

这一理论助力了多元智能教学模式的生成，即把传统课堂延伸到课外，课堂时空拓展可通过课堂“舞台”前移和后延来实现。通过这一教学模式的转变，学生之间、学生与家长、学生与教师实现了双向或多向交流，给师生提供了一个展示自我的舞台，教学效果显著。

二、“四段·多元”高效课堂教学模式

我校根据实际规范构建12种子模式：提高12门学科学习效能的多元智能教学模式，由各个教研组利用每周大教研时间进行构建，并在实践中不断完善不断改进，此项目作为一项长期的教研主题。随着研究的深入，每名教师可以根据自己的教学实际，不同学科，不同课堂，灵活生成新模式，以及拥有个性风格的特色模式。

通过多元智能教学模式，学生真正成为学习的主人。课前按照教师指导的学习方法进行自学，自己制作学科“自学手抄报”，课堂上在教师指导下，展示自学手抄报，学习中完善自学手抄报，交流中丰富自学手抄报，克服了当前课改仅在课堂上自学，克服了（“杜郎口”）学生仅在四周黑板展示的局限性，也克服了大班型学生人人展示的困难。自主的学习，多元的获得，体验过程激发了活力、拓展了内容、丰富了资源，多元智能高效教学模式正在使课堂发生深刻的变化。具体来说，完整“四段·多元”智能高效课堂模式主要从模式的构成、课型的评价、学生活动的评价和教学评价四方面展开。

（一）“四段·多元”智能高效课堂模式的构成

“四段·多元”智能高效课堂模式是我校在教育教学实践中不断总结出来的，具体来说包含三个层次，由浅及深分别是基本模式的构成、各科教学模式的分解、学科内部教学模式的细分。

1. 第一层次：基本模式

四段：预习汇报，5分钟，先学后教，学生讲学设计自学手抄报；深入探究，15分钟，多元探究，学贵有疑，完善自学手抄报；达成智能，15分钟，多元达成，积累运用、消化自学手抄报；问题再造，5分钟，拓展训练，指导设计下一节预习、制作手抄报；

多元：导入汇报多元，问题见解多元，解题方法多元，目标达成多元；培养智能多元——九大智能；教学手段多元——多媒体、自学手抄报；交流形式多元——“三、四、五”模式；评价多元———横有：定量，定性，定位——十星；纵有：九元智能。特点：主题化，层次化，个性化。

2. 第二层次：以总体模式为引领的各学科教学模式

语文学科教学模式；数学学科教学模式；英语学科教学模式；综合实践学科教学模式；科学课教学模式；品生／品社学科教学模式；体育课教学模式；音乐课教学模式；美术课教学模式；信息课教学模式；校本课教学模式（大课间活动模式；班队会活动模式）。

3. 第三层次：学科内部分类教学模式

新授课模式；练习课模式；复习课模式；实验课模式；活动课模式等。

（二）课型评价标准

教学时间分配：教师活动少于 15 分钟、学生活动大于 25 分钟，时间基本分配 1 ∶ 3 ∶ 3 ∶ 1。

教师活动评价：面带微笑、富有激情，导学过程和环节流畅，能启发、善纠偏、真解惑。

（三）学生活动评价

导学预习：制订方案，形成模式，掌握方法，完成预设。

合作学习：分工明确，参与面广，检查帮扶，人际交往。

个体展示：语言充畅，形式多元，声音洪亮，气氛热烈。

书写设计：书写规范，视觉审美，准确无误。

点评要求：点评的同学准确、快速、简练、礼貌；被点评的同学倾听、手记、动脑、虚心。

（四）教学评价

通过以上备课和课堂模式的变革，教师把主动权、出彩权放在课前，课堂的主动权、出彩权交给学生，从而真正落实新课标教师为主导，学生主体，多元智能为目标的要求。教师由知识的传授者变成课堂活动的策划者和指导者。

课堂上，让学生自己观察，让学生自己表达；让学生自己思考，让学生自己动手；让学生自己演示，让学生自己总结；让学生真正成为课堂的主人。充分调动学生多元智能的广泛参与，学生由被动接受变为主动学习，为学生终身学习奠定了基础。

三、特色教学模式展示

在校训“美好心灵，多元智能”的引领下，我们在不断地教学实践中更加明确学校的发展方向和育人目标；同时通过多元且富有特色教学模式的实施，我们为每一位学生提供合适的教育，让每一个学生成为最好的自己。进而基于人文艺体的教学模式涵养学生的美好心灵，基于数科实践教学模式发展学生的多元智能，从而培养出具有创新潜质的健康学生。

（一）美好的心灵——人文艺体教学模式

美好心灵涵养的方向是培育学生的孝心、爱心、慧心、省心、恒心；我们在教学的实践中分别通过语文、英语、音乐、美术、体育等各方面都进行了思考和创新，并实践出了具有我校特色的教学模式来培育学生的美好心灵。

1. 小学语文教学模式（3W 模式）

语文中的阅读教学要重整合、重自学、重指导、重运用，根据今天新课程改革课程标准要求及广大教师课堂教学实践。我们总结归纳：

初读：即：知道写什么。析题目、读全文、知大意、学字词、分段落。

细读：即：知道怎么写。示学法、理思路、读写法、品妙处。

朗读：即：读出为什么这样写（或写的怎么样）。悟情感、明态度、价值观、练口才。

这是多年来小语教学主要基本过程，不一定是三课时而是三阶段，教师根据教学内容灵活而定。教师对一篇课文或课文的一个段落，均可采用“3 W”问题模式（对学生来说，我们学什么——What？怎么学——How？为什么这么学——Why？我们统称这三种问题是“W 模式问题”。）教学，可以根据问题难度提高或降低问法难度，但切不可零敲碎打。

2. 小学英语教学模式（五步法）

具体到英语学科，教学模式一般包括五个部分。复习：韵句、诗歌，问答，歌曲，指指点点；新授：直接法、观察法、导入法、表演法、交际法；巩固练习：重复、学说、表演、朗读、画一画（单人、小组、同桌、男生女生互说，即“三四五教学模式”）；创新练习：语言的运用、情景对话、任务练习、拓展练习；延伸作业：写一写、说一说、教一教、汇报、多元智能表现。

3. 小学音乐课教学模式

唱歌课：预习汇报——基本训练（音阶、节奏、视唱、听音、和弦、和声）——学唱歌曲（从曲到词）——演奏表现（创造性表现，葫芦丝、口风琴等多元智能）——预习指导。

欣赏课：预习汇报——作品简介（作者、背景、内容）——欣赏分析（主题、分析、曲式）——品味评价（看听品评）——拓展训练——预习指导。

综合课：预习汇报——欣赏入手（同类作品若干）——选优学唱（唱中有演奏）——创新表演（分组或全班）——预习指导。

音乐课要注意：选材美、节奏美、旋律美、声音美、范唱美、演奏美、表演美、律动美、插图美、感情美。

4. 小学美术课教学模式

绘画课：自学汇报——展示交流——示范讲解——指导作画——展评总结（从模仿到创作）——拓展预习。

综合课：自学汇报——欣赏入手——分组制作——展示总结——拓展预习。

欣赏课：自学汇报——作品介绍（作者、背景、内容）——讨论提高（全班或分组）——巩固运用（一幅、多幅）——拓展预习。

工艺课：自学汇报——示范讲解——动手操作——展示总结——自学指导。

写生课：准备汇报——观察指导（户内外）——实地写生（或速写）——指导简评。

美术课要注意：示范作品美、范画美，欣赏作品美、造型美、线条美、色彩美、音乐伴奏美、民族艺术美。所有学科都要注意语言美、板书美。

特别注意：音乐课、美术课要积累学校演出汇报精品内容。

5. 小学体育教学模式

小学低年级以游戏为主，低中年级均应提倡以艺术教育的方式进行体育教学，把音乐、舞蹈引进课堂。因而有的形成八步教学法：

组织教学（激情）：整队，师生问好，导入新课。

形体感受（寓美）：队列操练，健美体姿。

准备活动（引趣）：音乐伴奏，准备体操。

指导练习（解难）：引导动作，为基本动作准备。

基本动作教学（授技）：教师示范，掌握要领。

锻炼身体（育体）：加大密度，提高素质。

调节放松（健身）：欢歌舞步，整理活动。

讲评小结（启智）：布置作业，小结讲评，提出预习。

（二）多元的智能——数科实践教学模式

多元智能的发展旨在基于我们学生的个性和实际进行“因材施教”，我们以数学、科学、社会、实践等课程为基础，通过各类课程的融合和教学模式的创新达成学生数理逻辑、人际交往等在内的多元智能。

1. 小学数学教学模式

数学课堂教学有三种类型课：

一是新授课：基本教学环节包括：复习导入，板书课题，宣布目标，预习汇报，合作探究，答疑解难，课堂小结，课堂练习（基本练、提高练、发展练），达标测试，全课总结，预习指导。

二是练习课：基本教学环节包括：复习旧知总结板书，宣布目标，课堂练习（基本练习、综合练习、提高练习、发展联系），达标测试，全课总结，预习指导。

三是复习课：基本教学环节包括：自学梳理知识汇总，板书课题，宣布目标，复习旧知（由浅入深抓重点进行单项复习、综合复习、知识拓展），目标测试，全课总结，预习指导。

数学课要注重培养学生数理逻辑智能，口算、速算、应用题分析、图形、方位、平移等。

2. 小学科学教学模式

导入新课：从生活生产实际，提出所要研究的问题。

学习新课：汇报课前预习准备，通过演示实验、分组实验、探究问题得出结论。

巩固应用：利用结论解决问题，并解决生产生活中的实际科学问题。

注意：科学课要积累科技发明和小制作参赛作品。

3. 社会教学模式——小学道德与法治

我们根据过去思品教学经验和中华民族传统美德教学的经验，认为道德与法治课的教学一定要合乎一般德育的过程，或者说是道德教育的过程，可以概括为知、情、意、行四个字。知者，晓之以理也；情者，动之以情也；意者，持之以恒也（意志力）；行者，导之以行也。这可以看作是一种过程。从另一个角度，也可以说成是情、知、行，即动之以情在先，晓之以理在后，最后是导之以行。至于意志力的形成，需要一个长期磨炼的过程。因而可归纳为“动情——晓理——导行”三个阶段，或“晓理——动情——导行”三个阶段。从感性认识（动情）到理性认识（晓理），再到实践（导行）这样三个认识过程。

动情的方法，靠阅读、靠故事、靠创设情境；晓理的方法，靠议论、靠归纳、靠总结；导行的方法靠联系学生的生活实际，长期的动情、晓理和导行，自然会持之以恒了。

注意：道德与法制课最提倡的是实践活动课教学模式，一是把学生带出教室，带到校园或社会；二是把社会带入课堂，以师生互动式展开全过程。

4. 综合实践课教学模式

综合实践课是素质教育的重要标志之一。综合实践课是与分科课程相对，它是打破学科的界限，以学生的需要和能力为基础，通过学生自己组织的一系列活动而实施的课程；它也常常被称为儿童中心课程，经验课程。具体地说，综合实践活动课程是指“班队活动、晨会、体育锻炼、科技活动和文体活动等。在从前的教学计划中，综合实践活动课程即课外活动类，义务教育《课程计划》把综合实践活动课作为课程纳入课时表”。综合实践活动课并不同于课外活动，它是正规课程，但它没有知识结构，目的在于培养兴趣，拓宽知识，发展特长。

综合实践活动课教学模式，因课堂类型有变化：

（1）实验操作类

预习汇报——示范——操作——反馈——操作——自动化——创新。

（2）实验报告类

预习汇报——说明——设计——实验——反馈——实验——报告。

（3）情感发展类

预习汇报——创设情境——活动交流——小结内化。

（4）问题解决类

预习汇报——设置情境——确定问题——拟订解决方案——执行方案——总结评价。

预习汇报——问题情境——假设推测——活动验证——做出结论。

（5）社会调查类

布置课题——展示调研——撰写报告——评价总结——确定专题——收集资料——拟写发言提纲——讨论交流——总结。

四、基于心智教学模式学生的改变

在课堂教学模式的不断更新中我校学生将会有以下变化：

其一，变“要我学”为“我要学”。因为在教学过程中，我们可以通过创设有效的教学情境、开设相关的学习活动等手段来激发学生的学习兴趣，让学生愿学、乐学。

其二，变“我要学”为“我能学”。因为让学生学会学习，变“我要学”为“我能学”，必须从对学生学法指导入手，以学生的学习实践为切入点，针对学生的现状进行有针对性的学法指导。

其三，变“我积累”为“我创新”。因为培养学生的创新意识，可以从培养学生的问题意识入手，一方面强调通过问题来进行学习，把问题看作是学习的支点和贯穿学习过程的主线；另一方面，通过学习来生成问题，把学习过程看成发现问题、提出问题、分析问题和解决问题的过程。

其四，变“我介入”为“我投入”。因为在教学过程中，我们可以通过强调主动参与和重视直接经验相结合的方式，使学生的学习不再是仅仅属于认知、理性的范畴，而是扩展到情感、生理和人格等领域，这样既能激发学生的学习兴趣，又能让学生的非智力方面得到良好的发展。学生整个身心投入到学习中，在学习过程中才会自然而然地、潜移默化地使学生自身得到发展。

其五，变“我相同”为“我不同”。因为要求所有的学生在相同的时间内，相同的学习条件下，以自己的学习情感、学习方式、学习思路去学习和掌握相同的学习内容，达到同样的学习水平和质量，体现学生学习的个性差异性。

第二节　融多元智能的语言智能

在中国悠久的历史上，传统文化博大精深，而语言文学更是传统文化的核心所在。语言文学作为传播中国传统文化和精神文明的一个重要媒介，身为小学的语言文学类教师，有必要在学生知识大门打开的最初端，来为他们讲解语言文学的重要性，并在日常的工作中对语言文学给予高度的重视，让孩子从小学起，培养出一批全面高素质的综合性人才来适应现代化社会的发展。

语文、社会等课要利用课程中语言文字、传统文化、历史地理常识等丰富的思想道德教育因素，潜移默化地对学生进行世界观、人生观和价值观的引导。

一、语文智能

语文，是语言文字、语言文学、语言文化的简称。语言包括口头语言和书面语言。口头语言较随意，直接易懂，而书面语言讲究准确和语法；文学包括中外古今文学等。而语文中的文章不但有文艺文(文学、曲艺等)，还有很多实用文（应用文）。语文，是新中国人文教育科学中以典范的古今书面语言作品为教学媒介、以启迪并发展学生智力为根本目的、以同化现代化的书面语言交际规范和同化现代化的中华民族共同人文心理为任务的基础学科。语文既是学习其他学科的基础，更是学习其他学科必备的工具[1]。

《小学语文课程标准》中明确指出[2]："语文课程应激发和培育学生热爱祖国语文的思想感情，引导学生丰富语言的积累，培养语感，发展思维，初步掌握学习语文的基本方法，养成良好的学习习惯，使他们具有适应实际需要的识字写字能力、阅读能力、写作能力、口语交际能力，正确理解和运用祖国语文。同时，语文课程还应通过优秀文化的熏陶感染，提高学生的思想道德修养和审美情趣，使他们逐步形成良好的个性和健全的人格，促进德、智、体、美诸方面的和谐发展。"

几千年的民族传统文化，包蕴着语文教育太多的精华。读万卷书，行万里路。在语文教学中，我们既要注重弘扬民族文化，又要践行"大语文观"，让学生走进文本，更让学生走进文化；让学生走进自然，更让学生走进生活。因此，语文教师任重道远，一直在浓浓的教学教研氛围中，探讨、交流、承传、创新，在学校为老师们创建的多元化成长舞台上，为培养学生的"美好心灵多元智能"闪着智慧的教研之路。

（一）朗读中的优美画面

苏轼曾经说过："粗缯大布裹生涯，腹有诗书气自华"。即使是穿着破旧的衣裳，胸中有学问气质自然光彩夺人。高中语文课本宋濂的《送东阳马生序》中也提到"以中有足乐者，不知口体之奉不若人也。"可以说，古诗词、诗句就像是中国人的精神食粮，哺育这一代又一代的中华儿女。

对于孩子来说，"读史书使人明智，读诗书使人灵秀。""读"不仅能使人灵秀，更重要的是使人脱离庸俗和低级趣味，更加文明和高雅。能造就和改变一个人的性格，能陶冶一个人的情操，能使人的志向、情

---

[1] 林海英，杨毅．在语文教学中实现工具性与人文性的统一目标[J]．教育导刊，2007(09):31–32.

[2] 中华人民共和国教育部．义务教育语文课程标准：2011 年版[M]，北京：北京师范大学出版社，2012.1

操得到陶冶和升华。

可是当下，小学阶段的古诗词教授比较简单，对于古诗的诠释也不够到位，孩子难以对古诗词产生深刻的认识。为了让孩子更好的阅读古诗词，了解其中的含义，弥补课堂上老师教授时的缺憾，帮助家长解决教育孩子古诗词的烦恼，昌图实小在语文教学中将“读”放在首位，有“师范读、指名读、齐读”等形式。

（二）创造作品，提升自我

写作是生活中与百人沟通、交流、分享信息的一种方式，就像我们平常说话一样。写作就是用笔来说话，可以一吐心中块垒，排遣苦闷；表达人世苍茫，抒发感慨；反映现实生活，记录社情；探讨人性人伦版，针砭时弊权；憧憬人类未来，引领潮流。“写作”的作品不仅仅是指作文、周记、日记等，还包括书法笔墨等。锻炼学生的动手动脑能力，逻辑思维能力，时间管理能力。因为在写作的同时，学生的大脑是在高速运转的，写作需要一个字一个字地写出来，所以每一个字都要经过大脑，然后呈现，这个过程就要求学生必须反复琢磨，直到把事情想清楚为止。

书法是一门综合性很强的艺术。学习书法，除了需要循序渐进地勤学苦练外，还要加强多方面的修养，如文学艺术修养、道德情操修养等。昌图实小为加强学生的书法修养，专门开设了“尖尖角书法社团”。

在语文课堂中，让学生感受写作的魅力，让学生爱上写作，体会写作在生活中的意义。“当你把写作当成一种习惯，假以时日，就会形成你的个人品牌。”王小波说，只要是个人，但凡读过几本书，身边又有纸和笔，都可以去写作。第一，写作可以疏解情绪。写作和说话一样，可以宣泄内心积累的负面情绪。当你在生活中遇到不愉快的事情，可以以日记的形式把事情前后写下来。然后你很快就会发现，当文字在纸面上流淌，你紧绷的神经也正在慢慢变得松弛起来。在情绪急救中，写、画、说等方式都被用来第一时间缓解当事人的情绪，这样才不至于让人在应激状态下发生更不好的事情。第二，写作可以提升自信。经过一段时间的写作以后，学生会写得越来越清晰，越来越顺畅，会时不时地运用一些技巧和方法。教师会对学生的作品进行反馈，说不定还会得到一番夸赞。而这，对于提升自信大有裨益。说白了，写作是一门手艺，需要时间打磨，需要耐心锤炼。手艺的完善，是一个人综合能力的反应。第三，写作可以拓展思维。写作的过程，一定伴随着思考，写得越清晰，说明思考越细致。而写作过程越持久，一个人的思考也就越深入。这样带来的好处，也是不言而喻的。用写作的方式锤炼思考力，是一种比较常见的做法。最常听到的说法是：好记性不如烂笔头，其中强调的一个方面就是书写的重要意义。第四，写作可以优化表达。写作本身是一种表达，只不过比口头表达要更间接更委婉。但这样也恰好给自己留足了时间，可以对写下的东西反复锤炼，不断删改。而这个过程，可以让表达更直接，也更有力量。表达能力是一种越来越被看中的职场能力。简洁有效的表达，可以让沟通变得更顺畅更高效，让团队协作更富有活力。而书面表达，是仅次于口头表达的重要方式。写作能力的提高，可以对口头表达提高形成有益的补充。

（三）在聆听中感受爱与温暖

课文中许多文章都有说不完道不尽的奥秘，挖掘内在的情感因素使学生学到知识的同时受到积极因素的情感体验，会提高他们的心理素质。语文教材中许多文章都渗透着爱的情愫，能有效地陶冶学生爱的情操，让自己生活在一个充满爱和温暖的环境中，从而克服冷漠，改变孤僻性格，成为热爱生活、积极上进、充满爱心的人，爱的教育也就成了语文学科除担负传授知识之外的另一个重任了。父母之爱、同伴之爱、师生之爱、人间温暖等等，学生都能在语文学科中获得。

表 5-1 《爱与温暖的体验手册》活动设计

教材和相关资料	本单元教材主题为：舐犊情深 一共三篇课文，精读课文《慈母情深》《父爱之舟》和略读课文《“精彩极了”和“糟糕透了”》，口语交际《父母之爱》，习作《我想对您说》。

教学过程（教学板块、活动流程）	1. 本质问题 父母爱我吗？父母的哪些行为和做法表现了对我的爱？ 2. 驱动性问题 现在，421 家庭对孩子的过分关注，使孩子都成了“小皇帝”“小公主”，孩子习惯了饭来张口，衣来伸手，很少感恩父母对自己的付出，不理解父母的爱，可孩子们又渴望得到父母的理解与关爱，这种爱的不对等与扭曲使父母与孩子双方都非常痛苦。体验、感悟、理解父母的爱，学会用恰当的语言表达自己的看法和感受，爱父母及身边的人，创作出打动人心的体验手册。 你是那么渴望得到父母的爱，请擦亮慧眼，用心感悟父母的爱，创作出打动人心的体验手册。

“书中有生命，而朗读就是阳光雨露让其成长。”大声朗读，用声音装点语文课堂。现在都在谈“读书”，但是很多学生读着读着就困了，读着读着就跑神了。读书时，如果能大声读出来，不但可以加深印象，还可以培养孩子的胆量。其实大多数孩子在平时的学习生活中都忽略了“朗读”这个重要环节。大声朗读对于学习记忆是十分重要的，尤其是对于语文和英语来说，更是重中之重。大声朗读能改变孩子的性格，让孩子变得更加外向阳光、让孩子体会到辩论的价值、有利于语感的形成、有利于提高写作能力、再现文章的美感等。

二、英语智能

人类的发展进步离不开交流，英语为我们互通有无提供了方便和可能，不会英语，终将被世界所抛弃，因此，我们必须要学习英语，学习世界上的先进技术和理念来提高自己，发展自己。很多人并不重视小学英语的学习，认为不重要，到中学再学还来得及，因此，教师教得随意，学生学得糊涂，白白浪费小学时期这宝贵的时间，但是昌图实小十分重视英语课程。因为在小学阶段，学生的学习任务并不重，可以给英语学习提供充足的时间；此外，小学生模仿能力强、记忆好、可塑性强，具有很多成年人甚至中学生不具备的优越条件。

（一）采用多样方式传递关爱

礼貌虽有普遍性，但礼貌原则下各准则的重要性因文化、社会的不同而有所不同。里奇指出：“东方有些文化社团(如中国和日本)比西方国家更重视谦虚准则的倾向；英语的文化社团（尤其是英国）更重视策略准则和反语准则”[1]。英语为了达到间接、婉约的礼貌交际目的，比汉语更多地使用委婉、含蓄、迂回和反语的陈述方式。故进行跨文化交际要认真了解文化差异，重视语言能力和交际能力的培养，意识到不同文化所特有的语言和习惯。在交际时，尽量克服言谈规约中的文化差异，缩小差距，达成一致。这样方能在结交更多的异国好友，让他们在交谈中感受到我们的善意与关爱。

经常对父母表达爱意，会使家庭氛围更加融洽。不同形式的表达，会传递不同的情绪，带给家人不同的体验。若父母回到家中，能听见“I love you”“mother”“father”这类不同以往表达的话语，那父母会非常惊喜！

（二）发现学习中的乐趣

随着英语教学的不断发展，传统的教学方式已不能成为适应时代的需求及学生的发展。小学英语教学逐渐暴露出一些问题，如学生学习英语的兴趣不大，课堂教学难以调动学生的积极性，教师在教学过程中，重知识传授，轻能力培养。但激发学生对英语的学习兴趣最为关键。教师可以给学生营造轻松愉快的学习氛围，让学生快乐地参与到教学及课外英语活动中，提升学生的英语水平。

[1] 曹霞．英语和汉语中的礼貌用语及其文化价值[J]．河海大学学报（哲学社会科学版），2006(02)：66-69+93-94.

第三节　融多元智能的数学科学教学

数学是研究抽象事物之间内在关系的思维学科，而科学是研究客观世界的学问，科学的特征是可验证可重复，而验证与重复也是证伪的过程，科学总是在不断修正错误中前进，而数学要求体系的完备，不能有内在的逻辑错误，因此数学不属于严格意义下的科学，但却是一切科学研究的必须依存的基础。

数学、科学等课程重在要加强对学生科学精神、科学方法、科学态度、科学探究能力和逻辑思维能力的培养，促进学生树立勇于创新、求真求实的思想品质。

一、数理逻辑智能——数学

数学包涵了发散思维、收敛思维、换元思维、反向思维、逆向思维、逻辑思维、空间思维、立体思维等等二十几种思维方式。众所周知，思维能力是一个孩子的智力的核心，孩子在小学期间，应该使其思维能力得到充分的锻炼。

数学是一种能够快速有效、全面提高孩子智商的工具，对开拓思路有着重要作用。数学学习好的学生整个理科都会比较优秀，因为数学是理科的基础，物理化学都需要数学这个基础。

（一）积极锻炼计算能力

计算是数学知识中的重要内容之一，数学计算能力是一项基本的数学能力，包含了计算的准确率和正确率两方面的计算能力，是学习数学和其他学科的重要基础。在小学数学教材中计算所占的比重很大，尤其是低年级，学生计算能力的高低直接影响着学生学习的质量，因为数学中有些概念的引入需要通过计算来进行；数学中解决实际问题的解题思路、步骤、结果也要通过计算来落实。几何知识的教学要涉及周长、面积、体积的求法，这些公式的推导与运用同样离不开计算，至于简易方程、比例和统计图表等知识也无不与计算密切相关。可见学生的计算能力是至关重要的。所以提高学生的计算能力，就要从低年级的学生入手，认真、严格的训练，这样才有助于培养学生的数学素养，有助于培养学生解决问题的能力，有助于树立学生认真、细致、耐心、不畏困难的品质。

要熟练地掌握“10以内的加减法”“20以内的加减法”“九九乘法口诀”。年级作为关键的起始阶段，加、减、乘、除的入门学习对学生今后的继续学习将会产生深远的影响。教学实践告诉我们，任何复杂的题都是由一个简单的问题组合而成的。《小学数学教学大纲》指出：“培养学生的计算能力，要重视基本的口算训练，口算既是笔算、估算和简便运算的基础，也是计算能力的重要组成部分。”

（二）培养空间想象力

数学基础知识主要包括计算、空间想象、定量关系和应用公式。对于小学生而言，空间想象能力是比较抽象的内容，因此，在理解过程中往往难以把握住其实质。它主要是指学生把对客观事物的空间形式加以观察、分析、抽象和创新的一种能力，因此，培养学生的空间想象能力能够帮助学生认识现实世界空间形式，同时，还有助于他们形成和发展自身的创造力。

1.加强教学与实际联系培养空间观念

空间想象能力的基础就是空间观念，而空间观念是与我们的现实生活紧密相连的，同时，也是我们基于现实世界的直观感受和认识。因此，在小学数学教学过程中就要加强教学与实际的联系，尽快帮助学生将现实空间与抽象概念统一起来，以培养他们的空间想象能力。在实际教学中应该运用生活实例引入空间想象，同时，给予学生足够的动手操作机会，以达到发展他们空间观念的目的。例如，教师可以从生活实际中的物品出发，以熟知的事物带动知识经验的累积。

在小学数学教学过程中，教师结合生活实际，将其与教学内容相结合，不仅能够创新教学方法，还能有效激发学生的学习兴趣。

2.处理好实物空间智能的关系

在空间想象能力的培养过程中，学生所获得知识与空间的信息基本都是来源于实物、模型，因此，在实际培养学生想象能力的过程中，小学数学教师就要处理好实物与几何图形之间的关系。恰当、准确地运用实物模型进行直观教学，能够帮助学生将抽象的实物具象出生动的形象，使平面之上的图形也具备了立体感。为了让学生能够更加直观地感受到实物与几何图形之间的关系，教师也可以自己制作几个类型的图形模型，在教学过程中将它们展示出来，教师的教学也能够更加轻松。

3. 增强对图形的加工变换能力

空间想象能力的培养不应该仅仅局限于几何图形的表象之中，因此，在具体的教学活动中教师就应该增强学生对图形加工、变换的能力，这样才能有助于他们早日形成良好的空间想象能力[1]。

表 5-2　图形的加工变换案例

1. 看来测量周长要根据物体形状的不同，灵活地选用合适的方法，才能达到最好的效果。那么不用动手测量你能判断出下面哪只蜗牛爬得远吗？ 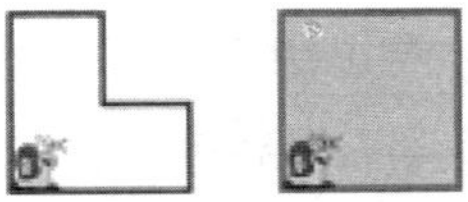
2. 出示长方形纸片，教师用剪刀将其一分为二，问你认为它们的周长怎样，谁的周长更长些？
3. 下面是一块近似平行四边形的菜地，判断谁对谁错？ 张大爷：43 × 23　　李大爷：40 × 23 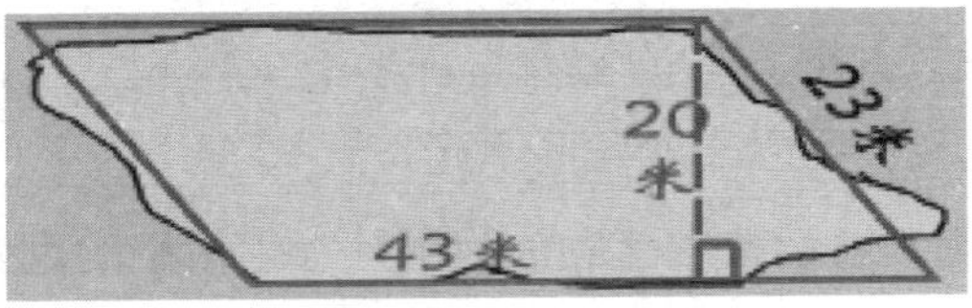

图形的加工法、图形结合法与图形变换法不仅拓宽了小学生数学解题思

[1] 张悦 . 小学生数学空间想象能力发展特点及其培养探析 [J]. 数学学习与研究 ,2017(06):64.

路，也提高了小学生数学解题速度与正确率，对培养小学生数学思维与提高小学生数学知识实践运用能力等都产生了重要影响。

二、自然观察智能——科学

科学是一个建立在可检验的解释和对客观事物的形式、组织等进行预测有序的知识系统，是已系统化和公式化了的知识。科学到底为我们提供了什么呢？科学本身是反映自然、社会、思维等的客观规律分科的知识体系，帮助我们了解周围、了解世界，帮助我们构建我们生活宇宙的图景。我们想要了解，进而理解我们周围的环境。从哥白尼提出日心说到牛顿力学再到后来一系列的科学发现，证明了我们有能力理解我们周围的世界，而理性的最终权威也由此确立。在对“理解世界”的追求中，我们发展了后来被称为科学方法的认识模式，从观察到假设，从推理到验证，然后得出结论。科学发展了现代认识模式和思维方式：一种从现象出发，以理性为指导的思维方式。正是这种思维方式，在以后的两三百年中，在人类生活的各个领域里，屡战屡胜。

在小学阶段，学生学习科学是最好的时期。这是因为童年是人一生中好奇心最强烈的时期，对自然现象的兴趣最大。科学家就是那些具有强烈好奇心的人，而成年人缺少这种自发的好奇心。人们的日常经验和儿童早期教育研究都表明，幼儿园和小学阶段，是实施科学启蒙教育的最佳时期，儿童对自然和科学的兴趣，他们的科学思维能力、创造能力在这一时期若得到及时良好的培养，进入中学和大学后，或者进入成年后会得到高度发展；反之，就发展不起来。

进入 21 世纪，科学技术已经成为了社会生活中的重要组成部分，对社会文化产生了深远的影响。语文课程中包含了许多与科学有关的内容以及科学家的故事。科学课程也要求学生运用语言对探究过程和结果进行表达和交流。科学课程可以丰富学生的词汇，培养他们语言的准确和精炼，提高学生的表达和辩论能力，有效地促进学生语言能力的发展。此外，科学与数学学科有着天然的联系，科学课程的特点之一就是定量表达和使用逻辑推理。数学可以在科学探究中作为数据处理和分析的工具，而科学课程又为数学的应用提供实例。

表 5-3　《考察探究活动推荐主题及其说明》节选

1—2年级	学习习惯调查	了解和观察本班（年级）同学在读写姿势、文具的使用、阅读与写字等方面的习惯，讨论、总结不良学习习惯的表现、危害，研究和分析养成良好学习习惯的方法；开展主题班会，增强对学习习惯重要性的了解和重视。持续开展学习习惯宣传与纠错活动，相互帮助，自觉养成良好的学习习惯和行为习惯。
	我与蔬菜交朋友	通过访问、交流了解同学们对吃蔬菜的态度；到菜市场或菜田考察蔬菜的形状、种类，了解蔬菜的营养对学生成长的重要性；选择种植一种芽苗菜，体会种植的快乐与辛苦，增进对蔬菜的情感。
3—6年级	关爱身边的动植物	观察身边常见的动植物，如校园植物、家庭（社区）宠物、大自然中的各种昆虫、农田中的动植物等；选择其中一种或多种进行小实验、分析与研究，了解其自然特征（习性）并自觉加以保护，增强关注自然、热爱自然的情感，提高科学探索能力。
……		

（一）具有弹性和开放性的科学教材

在使用这一教材的过程中，老师充分考虑了学生的生活背景、经验背景、个性特点等方面存在的差异，在学习内容、教学活动、设计制作、综合评价等多方面给学生和教师提供了更多的选择机会和创新空间。它的教学过程并不是非常固定，实验过程、试验方法也非常的灵活多变。教师可以依据学校和学生的实际情况进行调节和改变，而学生也可以有更多自行探索创新的空间。因此，这一教学在本学校老师的使用过程中变得具有弹性和开放性的特点。

科学课程能使学生引起与生俱来的好奇心，兴趣是最好的老师；科学课程也能使小学生认识到自己和周围的世界。因为科学课让学生了解到生活中的自然知识，了解到大自然的奥秘；科学课培养了小学生科学的思维方法。

（二）科学活动有利于促进学生进行科学探究

小学科学真正从学生的生活入手，符合儿童的童心、童趣，为学生提供了很多亲身经历的机会，促使他们去自主地参与、自动地探索，在参与和探索中有所收获。同时把探究学习、体验学习、合作学习、自主学习等联系起来，促进学生学习方式的多样化。同时也在活动过程中培养了学生尊重事实、勇于探索和质疑的科学精神。

物体运动的方式是多种多样的，也是难以穷尽列举的，在学生已能判断以及分析运动快慢的基础上，在学生已经了解了运动的概念和运动的速度后，对物体运动的方式及其特点进行集中研究，使学生知道按照运动轨迹可以分为两类。再通过探究的方式使学生知道所有物体都在运动，但它们的运动方式是各不相同的，物体的运动方式按运动路线分为直线运动和曲线运动两种。有一些物体的运动包含了一种以上的运动方式。通过科学探究活动，培养学生多观察、多思考的良好习惯，养成科学的思维。

此外，对于学生的探究活动，让学生多动眼“看一看”，多动脑“想一想”，多动口“说一说”，多动手“做一做”，充分发挥学生在课堂上的主体作用，开发学生的情感潜能、思维潜能、操作潜能。采用一些与实际生活联系密切、学生操作简单的实验活动，给予学生充分的操作空间。教师会给与适当的帮助、引导，从而使探究在经历了一段努力之后有所结果，让学生体验到收获的喜悦和兴奋。

（三）多多开展猜想活动和交流活动

伟大的科学家爱因斯坦曾说过：“没有大胆的猜想，就没有伟大的发现。”由此可见猜想可以很好地帮助学生进行探索活动。一方面，正确的猜想会对学生是一种激励，学生会有一种成就感，会激励学生在以后的活动中更加大胆地去猜想，是实践；另一方面，即使是学生猜想不够正确或是不够全面，在老师的正确引导下，学生也会从中有所感悟，去不断地实践和探究，同时也让学生明白光靠猜想是不行的，要勇于去实践，实践是检验真理的唯一标准。所以，从小重视“猜想活动” 这一环节，它对学生进行好探究活动、学习好科学有很大的帮助。渐渐地猜想会变成学生的一种习惯、一种探索的动力。让学生无目的的去实践在学生头脑中不会留下很深刻的印象，而带着猜想去实践，学生的活动会更丰富、更充实、更有意义。比如教师可以通过“魔术”引发学生猜想，激发学生好奇心，学生在学习知识内容时会怀揣着极大的兴趣。

此外，小学科学非常注重师生、生生之间的交流，这对学生的发展也是一种促进，在交流中大家可以相互学习、取长补短、可以有新的发现，另外通过交流也可以提高学生的语言表达能力和培养学生倾听别人发言的良好习惯，同时有利于拓宽学生的思路，培养学生的发散思维。

（四）有意识地向学生渗透科学的人文精神

科学精神是科学工作的本质内核，其内涵随着科学实践的深入发展而不断丰富。小学生作为国家未来的建设者，需要具备良好的科学品质和科学精神，从而为国家科学事业的发展贡献力量。小学科学作为培养学生科学知识的重要学科，除了要培养学生基础科学知识与技能，也需要培养学生的科学情感态度与价值观，提高学生的核心素养[1]。小学科学的重要性在于通过小学科学课程的学习，使学生掌握了关键的基础科学知识，培养了学生科学兴趣和思维习惯，带着科学的精神不断成长。

在教材的使用过程中，科学教师有意识地将科学活动与社会生活、学生个人生活联系在一起，科学知识并不是单一呈现出来的，而是多层次多角度呈现给学生，此外，还会注重对学生文学素养的培养。

1. 设置问题陷阱，引导批判质疑

小学生更倾向于听从教师的观点，认为教师说的话就是“真理”，没有自己的主观判断；同时，当其他多数人持某一观点时，他们从众心理严重，这都是不具备批判质疑的科学精神的表现。所以在课堂上，教师不妨给学生挖一个“陷阱”，先引着他们往里面跳，再进行正确引导，

[1] 范眉云．小学科学教学中学生科学精神的有效培养［J］. 西部素质教育，2019，5(23)：68-69.

让他们发现问题，自我反省。

2. 实施任务教学，培养探究能力

在小学科学教学中，教师可以通过给学生创设科学研究活动，让学生亲历科学实验过程，在实验中积极思考、克服困难、勇于探索发现，通过自主学习、合作学习与探究式学习等方法开展科学学习活动，培养学生必要的科学探究能力，培育其良好的科学精神。

3. 树立积极榜样，坚定科学理想

崇尚科学的热情、坚定的科学理想是科学精神的高级价值追求，科学教学要注重对学生科学兴趣和热情的培养，使其从小关注科学、热爱科学，树立崇高的科学理想。教师不仅要在知识与技能、过程与方法方面给予学生必要的教育，更要在情感态度与价值观层面对学生进行积极引导，使其树立热爱科学、投身科学、以科学成果奉献社会的宏伟理想。社会的发展依赖于科学的进步，科技的发展离不开科学家的辛苦奉献。古往今来，国内外无数的科学家将自己的一生都献给了科学研究工作，在自己研究的领域取得了辉煌的成果，为社会的发展与进步作出了重大的贡献。在科学教学中，教师可以引入相关领域杰出科学家的案例，以激发小学生对科学工作的热爱，树立崇尚科学、投身科学的远大理想。

比如在“我们都是科学家”这一章节教学中，重点在于激发小学生热爱科学的情感。

表 5-4　《我们都是科学家教学设计》节选

教师提问	大家认识的中国和国外的科学家有哪些？他们所取得的科学成就有哪些，你知道他们的故事吗？请大家借助工具进行相关材料的搜集，然后派代表和大家说说。
学生活动	搜集了爱迪生从无数次失败中发现金属钨适合做电灯泡的故事。
	搜集了达尔文行遍世界各地寻找生物进化证据的故事。
	搜集了竺可桢十年如一日观测气候变化的故事。
	找到了最近屠呦呦团队发现青蒿素并获得诺贝尔生理学或医学奖成为第一位获得诺贝尔奖的中国人。

课堂效果	学生纷纷赞叹于科学家们对科学事业的执着与热爱，惊叹于他们追求真理的科学精神，表示要从小热爱科学、学好科学、用好科学、投身科学，坚定科学理想，为祖国的科学事业贡献力量。

综上所述，科学课程承担着培养小学生科学精神的重要使命，教师要以课程标准的基本精神为指引，创新教学形式、丰富教学内容，创设有利于培养学生科学精神的活动与情境，激发学生科学学习的主观能动性，在科学学习中形成理性思维，敢于批判与质疑，勇于探究，追求真理，形成有益于科学素养培育与综合素养培养的良好学习品质。

第四节　融多元智能的艺术体育教学

作为当代素质教育重要部分的艺体教育，在“心智”教育体系同样承载着培育学生“美好心灵、多元智能”品质，是潜移默化地提高学生艺术气度、陶冶高尚情操、促进智力和身心健康发展的有效手段。昌图实验小学基于本校“心智”教育特色，主要从美术、音乐、体育学科以及特色校本课程与社团开展艺体教育教学。在基本学科方面，运用多元智能理论的指导，融合义务教育课标建立多元智能教育课标，并在音体美学科教学结合九大智能的培养。此外，根据学校办学理念、目标和特色，艺体教育在学校特色校本课程和学生社团建设中也得以彰显。

一、视觉空间智能——美术

美术作为视觉空间智能，承载和表达人的思想观念、情感态度和审美趣味，丰富人类的精神和物质世界。美术教育具有悠久的历史，近代以来，美术课程更以其丰富的教育价值列入中小学课程体系中。当代中国社会的发展对国民的素质提出了新的要求，在提高视觉空间智能的同时，锻炼学生的语言智能、数理逻辑智能、人际交往智能、自然观察智能等，学习图像传达与交流的方法，将美术作为一种文化学习，培养学生的多元智能的艺术思维和多元智能的文化素养，更好地发展学生的多种智能。为国家培养具有多元智能的人文精神、多元智能的创新能力、多元智能的审美品位和多元智能的美术素养的多元智能的现代公民。

多元智能美术课程以社会主义核心价值体系为导向，弘扬优秀的中华文化，力求体现素质教育的要求；以学习活动方式划分视觉空间智能学习领域，加强学习活动的多元智能的综合性和多元智能的探索性，注重美术课程与学生生活经验紧密关联，使学生在积极的情感体验中发展多元智能的观察能力、多元智能的想象能力和多元智能的创造能力，提高审美品位和审美能力，增强对自然和人类社会的热爱及责任感，形成创造多元智能美好生活的愿望与能力。

美术教学根据多元智能理论，致力于学生多元智能的全面发展，尊重学生的个性差异，注重学生活动过程的多维度、立体化强调评价活动的多元化、形成性，创造适合不同学生发展的有效教学模式，以期最大限度的实现美术课程的价值和目标。

（一）观察欣赏激发兴趣

美术教学中，创设情境，我们常根据所学课型的特点和学生年龄、认知的特点，从实际出发，针对不同的具体内容，可以利用语言、图片、影像、表演、问答等手段来设置一种情境，激发学生运用感官，如：眼、耳、口、鼻、手等，完成一定的活动内容，激发学生学习兴趣，唤起学生创造美的欲望。例如：孙玲老师今天所讲的五年级课《在快乐的节日里，以学生节日名称接龙拉开序幕，以多媒体所播放的不同节日、民族欢庆的场面为学生产生回忆和联想的辅助资料，激发学生的表现欲望和爱国教育，使学生进入愉快的学习状态中去。

（二）探究交流解决重难点

学生在观察、欣赏有关图片、影像等资料的同时，教师可以把一些思考的问题融入其中，采用纵横交流的方式让学生进行自由回答，可以小组交流、可以师生交流。我们这时采取巧妙地引导学生，让他们自己在观察、分析、研讨交流中，解决了大部分教学中的重难点，剩余的要靠我们用适当的方式来解决。例如：老师在上四年级美术课《艳丽的大公鸡》一课时，教师通过课件中的色环观察和作品赏析后，学生对色彩美感意识还有些不清晰。这时，教师让学生以同桌讨论的交流方式和教师的帮引的辅助手段，有力地分散了教学难点。教师让学生在游戏般的拆拆、想想、折折中不知不觉分散了难点。这样，使学生的发散思维得到扩展，也提高了学生观察、分析、合作、探究的意识，提高了学生动脑、动眼、动手的能力，从而打造了高效课堂。

（三）训练视觉空间智能

学生在合作探究交流的基础上基本上能解决重难点，教师再适当利用如问答、欣赏图片资料等教学手段解决重难点，但在此可能还存在着疑点，这时，就需要我们教师的讲解与示范点拨帮助学生解决疑点，教师的示范因直观性强易于学生更快更好地掌握，使学生形成自己的思路进而确定主题。例如：孙玲老师在今天所讲的课中刮刻版画，对墨、白、灰的表现中，容易出错的“白”应如何表现，学生存有疑虑，教师是以一张有此缺点的画，加以讲解、演示。既节省了时间又把学生的疑点消灭了。此处设计很是巧妙。老师在讲二年美术课《假如我是巨人》一课时，课件中，利用老鼠与大象，男孩与女孩的图片，通过想象把现实生活中的事物可以随意变化，帮助学生利用比较的方法来表现大与小。在引导学生观察分析中好像都明白了。但要从抽象的思维到学生灵活运用对比法画出有对比效果的形象，还是有疑点。这时，老师就演示自己变成巨人后来到小人国里的简单故事表现。在故事般的与学生谈话、讲解、演示，把利用对比的方法表现大与小的绘画技法传授给学生，自然所有疑点都迎刃而解，也体现了低年级“玩中学”的教学特点。

尽管运用了先进的教学媒体，丰富的形式表现，课堂中表象上是多么的绚丽多姿，如果缺少了教师对孩子们美术知识和技能的直观演示传授，就像人失去了灵魂，华而不实，黯然失色。只有这样，学生才知道依何种方法、步骤与技巧进行创作为后面的实践创新打下坚实的基础，从而打造了最坚实的高效课堂。

（四）实践创新完成目标

此环节就是让学生根据所学知识去创新实践，根据学生的作品效果来检验课堂教学效果。学生形成开放式发散式创新思维，成功地表现自己的心灵的过程就是我们追求的结果。实践创新是学生主体性实践和认识活动展示的一个环节。教师对不同天赋和绘画水平的学生要有针对性辅导，使学生的想法得以发挥，从而高效地完成教学目标。

（五）展示评价增值提高

展示作品、相互交流、欣赏评价，是课堂教学中不可缺少的重要环节。此环节是学生学习其他学生作品优点和改进自己绘画不足的大好机会。在这个过程中，学生可以享受到收获的喜悦，进一步巩固学习兴趣，可以欣赏到优秀的作品，进一步得到艺术的熏陶。

此环节中如果方法适当，会大幅度提高学生绘画水平。例如：老师所讲的三年级美术课《机器人》一课中，在学生互评中，一位同学指出作品的缺点，教师趁此机会说："你能帮助他添画几笔，而使整幅画变美吗？"这位学生画上一些建筑，使原来构图偏的画面，显得沉稳了，这一灵活处理，使学生之间的绘画得到交流。

我们在这一环节中，既不伤害学生，又评价和改进了学生作品，从而提高了学生的审美能力和评价能力。

（六）拓展延伸促进发展

我们总结本节所学知识后，就进入到学生目标的认识由课内向课外延伸拓展的环节。新世纪美术教育的一大特点是注重美术文化的学习，通过美术与人类、生活、自然、情感、德育以及自身和其它学科的联系，提高学生的美术审美能力、美术鉴赏能力和美术创造能力。我们可以根据学生的年龄和知识面的特点适当设计一些拓展题目，让学生根据自己的喜好选择性的进行表现，这样就拓展了学生的知识，让学生在课外得到发展，使艺术之花得以升华。

通过以上课堂教学实践，学生学习兴趣提高了，学生能积极的进行合作探究发表自己的想法，开发出自己的想象创造力，用自己喜欢的方式完善作品，打造了高效的美术教学课堂。

二、音乐部分

随着素质教育的不断深化和教学模式不断改革，音乐学科的教学也迎来了一系列崭新的变化，要求音乐课堂教学越来越生动、丰富和多样，教学手段和方法不断更新，教学内容不断拓展，音乐课堂气氛宽松而和谐。结合国内外著名教学法的学习，通过运用多元智能理论提高小学生音乐素质的研究，努力寻找一条正确有效的具有小学特色的音乐教学新道路，从而不断扩大广大学生音乐学习的时空界限，激发学生学习潜能，提高学生音乐素质。依据多元智能理论，联系音乐教育的实际，在遵循2011版小学音乐新课程标准的前提下，我校拟定多元智能音乐课标，试图在基础音乐教育的课堂教学方面进行探索，为当前的音乐教学改革提供一种思路，也为一线音乐教师改进课堂教学活动提供一套操作性较强的方案，使音乐教育成为在保证全体学生多元智能发展的同时，又能培养学生优势智能的教育。

在学校小学音乐多元智能课程的探索过程中，我校的王瑛琦老师根据教学与科研经验，在其文章《小学音乐基本类型课高效课堂教学模式初探》中总结出小学音乐课堂教学模式。

（一）以歌曲教学为主的教学基本模式

本教学模式充满快乐、全员参与、给学生创设空间、让学生在愉快的合作学习中增长知识、提高技能、增进友谊；培养学生高尚的情操和情感态度。基本模式如下：

第一步：创设情景，导入新课

利用游戏、音乐故事、律动、肢体表演、媒体播放或谈话等方式导入新课。

第二步：感知旋律，了解背景

本环节根据歌曲表现的不同地域、不同民族风情或不同季节变化，利用多媒体或图片向学生展示该地域该民族的民俗习惯、风光或民族歌舞，同时播放本课歌曲音乐，让学生在欣赏民族风情的同时感知歌曲旋律。目的在于让学生了解歌曲背景和民族风情等，培养学生热爱自然、热爱祖国、尊重民族文化等思想感情。

第三步：探索发现，学习新知

1. 范唱歌曲，激发学生兴趣

由多媒体画面展示歌曲所表现的情景（播放录音或老师范唱），给学生全方面的视听撞击，使歌曲给学生留下深刻的印象，激发学生学习音乐的兴趣。

2. 学习歌曲节奏

在欢快的击掌中让学生掌握歌曲的节奏，学生们逐步学会自己击打节奏，较难的节奏老师适当讲解。

3. 按节奏读歌词

低年级学生认字少，学习歌词时，会有许多生字不认识，按节奏读歌词为学习歌曲清除障碍。

4. 学唱歌曲

在前面的环节中学生已经熟悉了歌曲的旋律，可让学生把自己听到的唱一唱，学生互动，师生互动，相互指导，或利用直接跟琴学唱、变换不同方式的模唱、接力唱、教师领唱等形式来教学。

5. 练习歌曲

给学生展示空间，让学生之间相互听唱，或指定学生独唱、男女生分唱、边律动边唱、对唱等形式练习歌曲。多种练习方式可以激发学生的兴趣，也使课堂氛围积极活跃。

这一环节是本课的重点，每一个小环节都紧扣教材，让学生在愉快的打节奏、读歌词、学歌曲中，学会音乐知识、增加音乐素养。

第四步：表现歌曲，实践创造

让学生根据音乐旋律自创舞蹈动作，相互表演、乐器伴奏、同学合作共同表演，或根据音乐强弱音的分布，用手势表现等。这一环节的设计，让学生在创编中培养创造能力，分享与同学合作的快乐。

第五步：拓展延伸，课堂小结

歌曲课堂教学主要解决的内容是让学生唱会歌曲，一切手段和方法都是为了刺激学生的注意力。当然会唱歌曲并不是最终目的，但是学生首先必须学会歌曲，在此基础上引导学生走进音乐的更深层次，这就是音乐的拓展。音乐课的拓展内容应该与学生现有的知识储备相联系，拓展后最终还要回到音乐中。在师生整合、延伸、概括后，在悦耳的乐声中，在欢快的舞蹈中，音乐课落下帷幕。

（二）以欣赏教学为主的教学基本模式

该模式课堂教学大致分为四个阶段：

第一阶段：创设情境，激趣导入

上课伊始的组织教学非常重要，师生相互问候既是情感的交流也是集中学生注意力，良好的开端是成功的一半，音乐课的新课导入虽然不是教学的中心环节，但却是通向赏析新作品的桥梁，起着承上启下的作用，是科学诱导积极启发学生主动学习新课必不可少的环节之一。

此阶段所采取的主要教学方法有：故事导入法、情境图片视频导入法、启发谈话法、音乐导入法、预留悬念式导入法、开门见山式导入法、设问式导入法、复习导入法等。

第二阶段：新作赏析，感知体会

新作赏析、感知体会，是音乐欣赏课中新授的重要环节。为了达成教学目标，完成教学任务，教师必须通过各种教学方法激发学生学习的能动性、引导学生自主学习、培养学生的音乐感受与鉴赏能力。新授教学的过程一般分为初次聆听（整体感知）；分段赏析(走进音乐)；再次聆听(体会内涵)三个步骤。

1. 在初次聆听、整体感知的过程中，遵循“以听为中心”的原则，通过初听全曲对作品进行整体感知，初步感受作品的情绪、音乐情境，同时分辨演奏形式及主奏乐器，简单了解作者及创作背景等等，使学生对作品有个初步的了解。

2. 分段赏析、走进音乐，是引领学生合作探究，通过分段聆听对作品进行细致欣赏分析，通过聆听体验根据情绪、音乐要素等的变化判断曲式结构、作品表现内容等，通过聆听、视唱、模奏、演唱、演奏等方式记忆作品的典型节奏和主题音乐。

3. 再次聆听、体会内涵，是在学生分段细赏的基础上进一步完整欣赏作品，把握作品的风格流派。

感知作品的体裁特点，同时能够积极参与音乐体验，充分体会音乐内涵，发展学生的音乐创造力和想象力，从而培养学生良好的听赏习惯和审美能力。

第三阶段：理解体验，创编实践

这是欣赏课教学必不可少的一个环节，目的是通过创编各种音乐活动，深化本课的主题，同时也是主题音乐及音乐知识的进一步巩固和积累，为学生全面提高音乐素养和审美能力打下基础。

此阶段所采取的教学方式有：辨听、演奏或演唱主题音乐 、听音乐判断体裁 、听音乐判断乐器以及音乐知识（包括音乐基础知识及和作曲家及作品相关知识）抢答竞赛等。

第四阶段：拓展延伸，小结升华

本环节根据教学内容基本可采用拓展欣赏（创造活动）和课堂小结两个步骤来进行。

1. 教学内容的拓展是指在教材原有知识的基础上，选取教材之外的具有一定审美价值的作品，来充实教学内容，开拓学生的视野，丰富学生的情感体验，加强对音乐内涵的进一步理解与感悟。拓展欣赏的内容包括：同体裁作品音乐欣赏、同作曲家音乐作品欣赏、同种乐器音乐作品欣赏、同民族或地域音乐作品欣赏等。

2. 课堂小结可以帮助学生梳理、回顾本节课所学主要知识点，可以起到备忘录的作用。课堂小结的方式有多种，可小结本课知识点，也可适时小结学法，还可由教师提出启发性的问题让学生自己小结，甚至也可针对作品对学生进行情感延伸、德育渗透，在教学中起着举足轻重的作用。

三、体育部分

健康体魄是青少年为祖国和人民服务的基本前提，是中华民族旺盛生命力的体现。以“健康第一”为指导思想，切实加强体育工作。《多元智能体育课标》突出强调要尊重教师和学生对教学内容的选择性，注重教学评价的多样性，使课程有利于激发学生的运动兴趣，养成坚持体育锻炼的习惯，形成较为优秀的肢体运动智能，促进学生在身体、心理和社会适应能力等方面健康、和谐地发展，从而为提高国民的整体健康水平发挥重要作用。

多元智能体育课程对原有的体育课程进行深化改革，突出健康目标，以善于运用整个身体来表达想法和感觉，以及运用双手灵巧地生产或改造事物的能力为目标，以身体练习为主要手段、以增进中小学生健康为主要目的，是实施多元智能、培养多元化人才不可缺少的重要途径。《多元智能体育课标》改变了传统的按运动项目划分课程内容和安排教学时数的框架，根据三维健康观、体育自身的特点、学生年龄特点，拓宽了课程学习的内容，将课程学习内容划分为运动参与、运动技能、身体健康、心理健康和社会适应五个学习领域，并根据领域目标构建课程的内容体系。

多元智能理论认为，教育永恒的使命就是最大限度地挖掘和发挥每个个体的潜能，没有一套教学方法可以一成不变，更不会对所有的学生都适合，教师必须不断变换教学策略，进行多样化教学，才能配合学生多元智能的培养。在体育教学中，我校重视对学生多元智能的培养，总结出相应智能在体育教学中的教学方法，以促进学生全面和谐发展。

四、特色部分

五心九智为核心，从学校实际出发，依托学校现有资源和学科教师的专业特长，开发了校级社团和班级社团两类多元智能特色校本课程。班校社团活动是校本课程实施的有力保障，在不同的教学阶段，根据学生身心发展规律和审美心理特征，以丰富多彩的教学内容和生动活泼的教学形式，激发和培养学生心智教育特色的多元智能，提高学生感知美、欣赏美、珍惜美、创造美的能力。校本课程以多个项目全面铺开，孩子们在活动中得到了锻炼，做到了会听、会说、会写、会画、会唱、会跳、会演、会做、会思考。

第五节　融多元智能的综合实践教学

统筹国家、地方、校本课程，实现国家课程校本化实施，地方课程综合化建设、校本课程特色化开发，以此强化综合实践活动课程，增强学生创新精神和实践能力。把综合实践活动和各学科实践活动有机结合起来，与地方课程、校本课程有机结合起来，组织多种多样的社会实践、拓展训练、科技普及、公益性劳动等活动，培养学生孝心、爱心、省心、慧心，开发学生语言智能、数理逻辑智能、音乐智能、体育运动智能、视觉空间智能、自然观察智能、人际交往智能、自我认知智能、生存智能，为发展儿童的潜能提供适合的课程。

小学综合实践活动课是培养学生多元智能发展的最佳学科。本课程以活动为主要开展形式，强调学生的亲身经历，要求学生积极参与到各项活动中去，在“做”“考察”“实验”“探究”“设计”“创作”“想象”“反思”“体验”等一系列活动中发现和解决问题、体验和感受生活，发展实践能力和创新能力。面向学生的整个生活世界，面向每一个学生的个性发展，尊重每一个学生发展的特殊需要。基于我校制定的《小学综合实践多元智能课程标准》，落实综合实践活动课程，创建心智教育办学特色，我校综合实践教学主要从学科主题式综合实践活动、特色项目化综合实践活动、跨界融合式综合实践活动、社团活动式综合实践活动等四类活动中展开。

一、学科主题式综合实践活动

综合实践活动是从学生的真实生活和发展需要出发，从生活情境中发现问题，转化为活动主题，通过探究、服务、制作、体验等方式，培养学生综合素质的跨学科实践性课程。基于学科课程资源核心素养的培养，组织学科主题式综合实践活动，以培养学生综合素质为导向，强调学生综合运用各学科知识，认识、分析和解决现实问题，提升综合素质，着力发展核心素养，特别是社会责任感、创新精神和实践能力。

在开齐开全开足国家课程基础上，使国家课程校本化，地方课程综合化。首先在学生学懂吃透现行教材的情况下，教师引领学生对教材中的内容结合生活实际和学生实际进行二度开发，拓展知识体系，学生参与互动；其次是对同类知识相近学科进行整合，如科学课的家用电器类知识，语文学科按体裁归类相关内容，使学生便于掌握知识内在逻辑和结构；再次，教学方法的综合运用和教师根据教学实际对教材的个性化加工，有利于创造风格各异的情景教学。根据多元智能的九大智能，把地方课程、国家课程和校本课程有机整合，采取多元智能主题化实施，确保学科综合实践活动课程育人的实效性。

语文、社会等课要利用课程中语言文字、传统文化、历史地理常识等丰富的思想道德教育因素，潜移默化地对学生进行世界观、人生观和价值观的引导。数学、科学等课要加强对学生科学精神、科学方法、科学态度、科学探究能力和逻辑思维能力的培养，促进学生树立勇于创新、求真求实的思想品质。音乐、体育、美术、艺术等课要加强对学生审美情趣、健康体魄、意志品质、人文素养和生活方式的培养。外语课要加强对学生国际视野、国际理解和综合人文素养的培养。综合实践活动课要加强对学生生活技能、劳动习惯、动手实践和合作交流能力的培养。

用好地方和学校课程。要结合地方自然地理特点、民族特色、传统文化以及重大历史事件、历史名人等，因地制宜开发地方和学校综合实践课程，引导学生了解家乡的历史文化、自然环境、人口状况和发展成就，培养学生爱家乡、爱祖国的感情，树立维护祖国统一、加强民族团结的意识。统筹安排地方和学校课程，开展法治教育、廉洁教育、反邪教教育、文明礼仪教育、环境教育、心理健康教育、劳动教育、毒品预防教育、影视教育等专题教育。

与综合实践活动课紧密结合，开展各类主题实践。利用爱国主义教育基地、公益性文化设施、公共机构、企事业单位、各类校外活动场所、专题教育社会实践基地等资源，开展不同主题的、有益于学生身心发展的实践活动，不断增强学生的社会责任感、创新精神和实践能力。

二、特色项目化综合实践活动

综合实践校本课程开发要面向学生的个体生活和社会生活，面向学生完整的生活世界，引导学生从日常学习生活、社会生活或与大自然的接触中提出具有教育意义的活动主题，使学生获得关于自我、社会、自然的真实体验，建立学习与生活的有机联系。要避免仅从学科知识体系出发进行活动设计。

基于创生取向的校本课程行动研究，开设特色项目化综合实践活动，建设校内九大课程创生基地，培养学生创新精神和实践能力。学校先后建设了心智农园创生课程基地、书香走廊课程创生基地、视觉艺术课程创生基地、“互联网 +”课程创生基地、音乐舞蹈课程创生基地、身体运动课程创生基地、素质教育课程基地、安全演练课程基地、课堂创生课程基地。让学生在场景中学习、顺应自己的兴趣学习、个性化学习。项目化无边界深度学习自然发生，多元智能得到综合培养，动手实践能力和创新精神得到有效培养。 比如孩子们在心智农园创生课程基地，从春种到秋收，测量土地，计算株距，量高、量重、施肥多少，数学知识、生物知识边运用边学习。看着自己种植的黄瓜、茄子、生菜等蔬菜一天天长大，记录、写日记、写作文、照照片、收获品尝写感受，创生出许多新的课程和学习内容。

三、跨界融合式综合实践活动

综合实践课程实施注重学生主动实践和开放生成。因此，昌图实验小学基于心智特色教育常态节日类课程，组织跨界融合式综合实践活动，鼓励学生从自身成长需要出发，选择活动主题，主动参与并亲身经历实践过程，体验并践行价值信念。在实施过程中，随着活动的不断展开，在教师指导下，学生可根据实际需要，对活动的目标与内容、组织与方法、过程与步骤等做出动态调整，使活动不断深化。

学校的节日活动课程、常态活动课程、生存活动课程等精彩纷呈。学校的常态社会实践活动课程常年开展，到城关河测水质、到北京、大连、沈阳、铁岭莲花湖和昌图裕泉生态谷等地研学旅行是孩子们最喜闻乐见的事。学校的班会、队会、晨会中贯彻的学生守则、各种规章制度、学生公约增强了学生规则意识和团队意识，体现了管理育人、人人育人、事事育人的全方位育人机制，每学期进行地震应急演练，是很好的生存课程。面对复杂多变的社会，学校有效利用学雷锋纪念日、母亲节、父亲节、重阳节、国庆节、春节等重大节日，进行家校联合育人，隐性课程开发愈显重要，孝道教育、绿色上网、安全避险、心理咨询等是现代儿童必备的课程，特别是留守儿童课程、进城务工子女、残疾儿童、单亲家庭、独生子女、隔代抚养、特殊代理家长、问题父母家庭等许多个性化课程已经开发和正在开发。

四、社团活动式综合实践活动

学生社团是现代学校建设的重要资源，随着新一轮课改，三级课程不断丰富，学生综合实践活动成为必修课，文化育人、活动育人、实践育人、管理育人、家校合作育人不断拓展，学生社团已经成为发展学生自主管理的新型课堂，成为课内外教育活动有效开展的重要载体，是实施素质教育的重要内容。学生社团在学校校园文化建设中起到了提升层次、构建载体、凝聚学生、群体示范的作用，从而形成学校的心智教育品牌项目。学生社团活动内容多元、方式灵活，成果丰富，为学生提供了展示自己爱好与技能的广阔舞台。学生的身体素质、心理素质、团队精神、竞争意识、合作意识和坚强毅力得到极大增强；学生知识、生活技能、创新意识、专注态度、社会价值、自身强势、潜在智能都得到最大发展。

为全面推进课程改革，培养“美好心灵和多元智能”儿童，丰富校园文化，促进校园特别是班级组织的活力，帮助学生拥有快乐的课内外生活。学校利用各方资源，基于多元智能校本特色社团的构建，开展社团活动式综合实践活动，并基于学生兴趣和智能发展，帮助学生组建兴趣小组，让更多学生在提供展示的舞台上挑战自我、展示自我，充分发挥学生的多元智能特长和个性，促进学生综合素质的提高，构建一个自我发展的和谐校园环境。

第六章 “润心启智”德育

中国传统德育建立在理想人格基础之上，人们把绝对高尚的境界作为普遍的规范。苏霍姆林斯基说：“育人先育心。在由人的精神财富外化而来的和谐交响曲中，最微妙、最温柔的旋律当属于人的心灵。”苏霍姆林斯基强调培养“个性全面和谐发展”的人，他认为，要使学生实现个性全面和谐发展，首先是要尽可能发现“深藏在每个人内心深处的财富”，这种财富就是学生的各种潜在智能，教育要使学生看到自己的特点并产生自信。尤其是对于智力较差的学生，不能用一把尺子来衡量学生，也不能“只看到一片花瓣，而未见到整个花朵”。对于教育的内容，苏霍姆林斯基主张德育、智育、体育、审美教育、劳动教育各方面的协调发展。他认为，各方面教育是相互联系、相互渗透的，且是一个有机统一完整的过程，而其中起决定性作用的中心环节是德育、智育和劳动教育。

实现中华民族的伟大复兴，就是要让每个中国人都拥有充实而强大的心灵，都有美丽而高洁的心灵。所以，教育的工作过程就是帮助学生不断超越的过程，让学生超越物质的生活而进入精神的生活，超越精神的生活而进入灵魂的生活，让学生有充实而强大的心灵。为塑造学生的美好心灵，学校开展自我认知课程、社会道德课程以及自然生态课程，使学生在与自己、与他人、与社会、与自然的接触中，不断地提升学生的精神境界，培养学生的爱心、孝心、省心、慧心以及恒心，碰撞出美好的火花！

第一节　基于“心智”的德育理念

美好心灵课程是学校为培育健康成长，拥有健全心灵学生而开设的修身课程。

一、“心智”理念下学校德育的内涵

依托“心智”教育的办学理念，结合中国传统文化、国家教育方针、教育理论、地域特色、学校历史以及校长的育人情怀，确立了校训——“美好心灵，多元智能”。学校的多元课程特色、德育特色、教学特色、社团特色，为每一位学生提供合适的教育，让每一个学生成为最好的自己！

（一）“心智”教育理念

秉承全纳教育理念，以学生的长远发展为本，摒弃传统的重智育的教育观，提出“心智”教育理念，以“心智”教育育人课程、多样化的教学方式和学习方式、多元智能评价方式等，促进学生自由而全面的发展，旨在培养“心智”健全的具有创新潜质的健康少年。高度重视德育，关注学生的心灵成长，同样也注重智、美、体、劳育，关注学生人际交往、语言、运动、数理逻辑、身体运动等多元智能的发展，以期培育有美好心灵、具有多元智能的少年，其“心智”教育理念是极其符合全纳教育思想的。

通过“心智教育”，让心灵与心灵在多元智能中交融，使得一批批孝德文明、充满自信、兴趣广泛、知行合一、多元智能、视野开阔、个性飞扬的健康少年从这里走出！

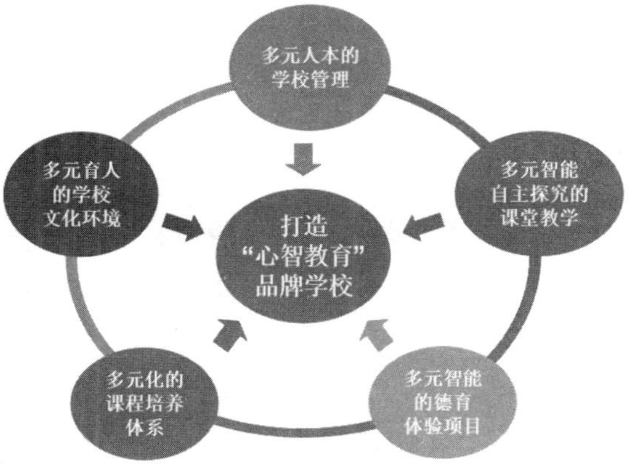

图 6-1　打造“心智教育”品牌学校结构图

（二）心智德育课程的基本结构

以德为先，落实德育六大育人途径，形成幼小衔接的一体化“心育”课程体系。以“四心、九智”为引领，重点对学生理想信念的爱党、爱国、爱家乡、爱集体、爱同学、社会主义核心价值观、优秀传统文化；生态文明的节俭、垃圾分类、绿色消费、健康文明、懂规则、守纪律、讲卫生、爱劳动、爱公物、能自理、讲文明、讲礼貌进行教育；加强对心理健康的自我调控、自主自助、应对挫折、适应环境、健全人格、积极心态、良好个性心里品质的培养。通过德育形成自信向上、诚实守信、友爱宽容、自尊自律、乐观向上等良好品质。使德育贴近儿童的生活，反映儿童的需要，让儿童用眼睛观察社会，用心灵感受社会，用自己的方式研究社会。

（1）心智德育课程的指导思想

德是做人的根本，是衡量人才的首要标准，德育关系着社会主义现代化建设的全局、关系着祖国新一代的全面发展。学校德育是指对学生进行思想、政治、道德、法律和心理健康的教育，它包括爱国主义教育、理想教育、集体主义教育、劳动教育、人道主义与社会公德教育、自觉纪律教育、民主与法制观念的教育、科学世界观和人生观教育等。学校德育是影响学生道德发展的重要因素，必须引起我们的高度重视。

切实推进德育课程建设，深化德育领域综合改革，落实《关于全面深化课程改革落实立德树人根本任务的意见》《中小学德育工作指南》的精神，发挥学校课程建设主动权，以实现全科育人、全程育人、全员育人和实践育人，贯彻我校“心智”教育德育理念。根据义务教育法、未成年人保护法、《中小学幼儿园安全管理办法》《教育系统突发公共事件应急预案》，本着基于生命、为了生命、和谐生命、自由生命的课程开发理念，心智德育首先进行生命安全教育校本开发，制定了生命安全课程方案，进一步强化生命安全教育，把安全教育贯穿学校教育的各个环节，使广大学生牢固树立“珍爱生命，安全第一，遵纪守法，和谐共处”的意识，提高学生面临突发安全事件自救自护的应变能力。

（2）基于指导思想的“心智”德育课程结构

以“心智教育”为办学理念，开展“美好心灵，多元智能”的心智教育，重视德育课程建设，上好每节德育常规课程。其他学科高度重视德育渗透，使学生美好心灵得到滋养。

德育课程重点体现为第一部分美好心灵课程。美好心灵课程是学校为培育健康成长，拥有健全心灵学生而开设的修身课程。

首先，开设自我认知课程，主要包括心理健康课程和生涯规划课程，目的是开发学生的自我认知智能，培养学生良好的道德品质，为培养“心智”健全的具有创新潜质的健康少年奠定基础。学校希望学生自我认知，即尽全力地认识自己。哲学的基本问题之一是认识自己，许多人不能自律，不能控制自己的情绪，自我发展受限，成为弱者；认识了知识，却没有认识自己，成为愚昧没有主见的人。总之，很多人终其一生没有认识“自己”，蹉跎了人生。学校通过开设自我认知课程包括心理健康课程和心理体验课程，以此促进学生自我认知，让学生尽快认识自己，激发所有学生的最大内驱力。

其次，学校希望学生能拥有高尚的社会道德，在将来的人生中持续发展，成为有利于社会发展的人。因此社会道德课程包括习惯养成课程、感恩教育课程、爱国教育课程、礼仪教育课程、道德法制课程，引导学生从小事做起养成良好的道德行为习惯，知法懂法，从内心深处感受社会环境中人与人的美好。儿童的心灵是可塑的，所以让学生心灵得到滋养的教育方法之一便是：效仿古代圣贤，让学生亲近自然。学校开设的自然生态课程包括生命环境课程和生命教育课程，以此让学生充分与自然接触，认识山川文物，开阔心灵，珍爱自然，珍爱生命。

第二节　心智德育活动体系

活动是学生道德形成和发展的根源和动力。从儿童道德发展的特点来看，他们参与活动的愿望非常强烈，并且活动的方式要直观、生动、有趣。儿童需要通过参与实践活动，动手动脑，从而在实践过程中反思、感悟、体会，升华道德情感，而不是仅仅依靠听课以及机械记忆来学习。

2011版《品德与生活》《品德与社会》《思想品德》课标中把实践作为重要的课程理念，提出课程的显现形态主要是儿童直接参与的主题活动[1]。因此德育活动体系需要满足以下几点：一是德育要为儿童的生命发展服务，不仅要使个人的道德素质达到社会的要求，更要帮助个人进行人生意义的探索。二是德育教育要从生活出发，重视生活中道德资源的开发与利用，德育内容要与学生的现实生活紧密相连。三是德育方式要体现实践性，让学生在具体的生活场景中，通过亲身体验逐渐丰富自己的道德情感，形成对人生和对生活的道德信仰[2]。基于此，构建“美好心灵”德育课程体系，目的是让学生在亲身参与丰富多样的实践活动中，在体验、探究和问题解决的过程中，提升思想道德素质，拥有健全美好的心灵。美好心灵德育活动体系如图6–2所示。

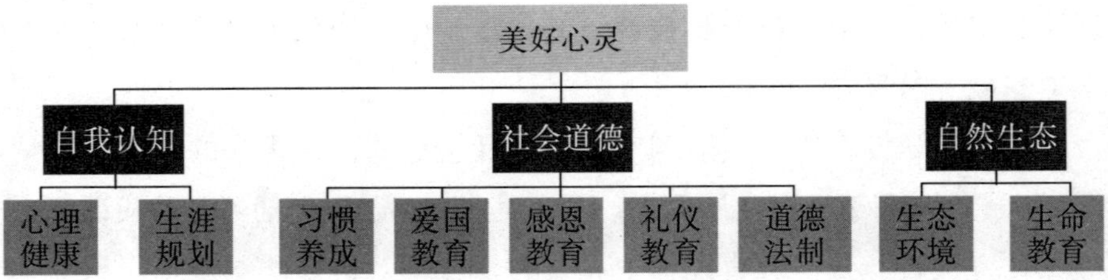

图6–2　美好心灵德育活动体系总图

美好心灵德育活动体系共包含三个维度，分别是自我认知、社会道德、自然生态。每个维度中又包含不同的德育活动内容，其中自我认知维度中包含心理健康、生涯规划活动，社会道德维度中包含习惯养成、爱国教育、感恩教育、礼仪教育、道德法制活动，自然生态维度中包含生态环境、生命教育活动。美好心灵德育活动体系充分体现了德育工作的复杂性和一体性，开辟出学校德育正规化、科学化运行的机制。

[1] 杜涛，王晓云．“3310”活动德育课程体系的建构与实践[J]. 现代教育，2019(12):21–23.

[2] 张先志，吴优，唐华彬．构建生活德育体系　创新活动育人模式[J]. 教书育人，2014(20):25.

一、自我认知

著名的心理学家威廉·詹姆斯在他的著作《心理学原理》中，将一个人的“自我”分为三部分：一是物质自我。指每个人所拥有的从内在部分的身体到周围和自己有关的一切，例如衣服、亲属、财产等，都属于物质自我的范畴，尤其是那些历经千辛万苦而获得的成就，使个人最重视财产。二是社会自我。这是指个体从同伴中得到的认可，是个人在意别人对自己的看法的表现[1]。而要培养学生的自我认知能力，则主要从心理健康和人生价值着手。三是精神自我。指每个人内部的一种存在，是各自的心理能力和性情，由我们内部感知到的元素，如能力、态度、动机、兴趣及愿望等组成，是我们的“思想之流”。因此，要培养学生的自我认知能力，要从心理健康和人生价值着手。

（一）心理健康

小学生的心理健康问题一直是社会关注的重点，据调查，现在的心理疾病患者，较 20 年前翻了 5 倍，并逐渐向低龄化发展。随着网络智能时代的到来，学生普遍接触网络信息较早，网络上五花八门的信息铺天盖地而来，学生正处于思想与心理的发育初期阶段，对社会生活中的积极的消极的先进的落后的信息没有辨别力与抵抗力，很容易被误导或诱惑。研究表明，小学生的心理问题主要表现为心理承受能力偏低、人际交往能力偏差、缺乏学习兴趣等[2]，因此小学生的心理健康在各种思想的冲击下很容易受到影响，从而产生心理问题。孩子们是祖国未来的希望，我们一定要引起重视，帮助他们树立积极乐观的生活态度，提升小学生的心理健康素质。

（二）生涯规划

小学生生涯规划教育属于漫长的过程，主要包括职业规划、学业规划两个方面，其中以学业规划教育为基础，以职业规划为核心。党的

[1] 威廉·詹姆斯 . 心理学原理 [M]. 天平，译 . 北京：商务印书馆 ,2010:189.

[2] 杨林娜 . 学生心理健康问题的研究 [J]. 新教育时代电子杂志（学版），2015(6):197.

十八届五中全会要求将职业生涯教育普及整个基础教育，要求中小学校加强对学生的职业生涯教育，促使其从小树立正确的“志达天下”的就业观，明确日后从业目标，并逐渐增强职业意识，在学习中不断积累经验，朝着目标不懈努力[1]。每个学生都是一个独立的个体，都有其独特的个性，即使是老师、同学眼中的“差生”，也有一些长处。例如，有的孩子交流能力强、有的孩子观察能力强、有的孩子体育好、有的孩子会画画等等，学校教育应在孩子的不同成长阶段，帮助其发现自身的优势，通过职业生涯规划教育，使每个孩子能找到自己的发展方向，充分发挥自己的长处，实现人生价值。

对于小学生而言，漫长的人生道路才刚开始，明确的生涯规划可能为时过早。但在竞争日趋激烈的当下，生涯规划启蒙还是十分有必要的。一个人的职业从选择到发展是一个漫长的过程，从小学开始进行职业生涯规划启蒙，使其从小明确学习目标，从小树立正确的人生观、世界观、价值观，逐渐增强职业意识，对学生的学业以及职业规划与发展具有重要作用。

二、社会道德

本着培养有“美好心灵”的青少年，学校开设习惯养成、爱国教育、感恩教育、礼仪教育、道德法制等校本课程以培养学生良好的道德品质。

（一）习惯养成

从古至今，习惯的养成问题是众多学者和教育学家始终关注的课题，是关乎孩子一辈子的教育问题。俗话说：“行为养成习惯，习惯形成性格，习惯决定命运。”纵观古今中外的国内外名人，他们正因为养成良好的习惯才取得巨大的成就。李宁正是养成每天坚持锻炼10多个小时的习惯，才成为中国的“体操王子”；达·芬奇正是养成刻苦磨炼的习惯，才有了《蒙

[1] 王秋银．如何在学校活动中培养小学生的生涯规划能力 [J]．文教资料，2019(09):169-170.

娜丽莎》的诞生[1]。由此可见，良好的习惯是成功的基石。学习也不例外，决定学生学习成绩的主要因素往往不是智力，而是习惯，学习成绩好的学生都有一个共同特点就是具有良好的学习习惯，成绩不理想的学生也有一个共同之处，基本都没有良好的学习习惯。良好的学习习惯对提高学生的成绩有着积极的促进作用，并且小学生正处于养成教育的关键时期，这一时期的习惯养成直接决定他们今后的学习态度。

因此学校开设一系列“行动”以促进学生良好习惯的养成，如“三个一”练就好习惯、“校园十无”、弃“十小”，重“十讲”、小干部“多长制”——人人管我，我管人人等。

（二）爱国教育

小学阶段是学生思想启蒙的重要阶段，在小学阶段对学生进行爱国主义教育是非常必要并且关键的。爱国主义是中华民族的优良传统，是一面具有强大号召力的旗帜，是实现民族凝聚的重要纽带，是中华民族民族精神的重要内容，是实现中华民族伟大复兴的精神动力[2]。小学是人生价值观和道德情感的萌芽阶段，是爱国教育的最佳时期，学校要把加强小学生的爱国主义教育摆在突出位置，把爱我中华的种子埋入每个孩子的心灵深处。弘扬爱国主义精神，必须把爱国主义教育作为重中之重，将其贯穿到小学教育全过程[3]。只有在小学阶段全面加强爱国主义教育，引导广大小学生热爱祖国、热爱中国共产党、热爱人民，才能使学生从小心怀伟大祖国、心系中华民族，健康成长为中国特色社会主义建设的接班人。

为培养学生的爱国情怀，学校开发了节日育人、红色教育等课程体系，如认识节日、公祭日活动、升旗仪式等。

（三）感恩教育

“感恩”是中华民族传统美德，山羊跪乳、乌鸦反哺、滴水之恩涌

[1]　蔡夏冰 . 论学生学习习惯的养成和提升 [J]. 课程教育研究 ,2020(06):210.

[2]　宋淑媛 . 小学生爱国主义教育的对策探究 [J]. 世纪桥 ,2018(11):81-82.

[3]　王荔 . 浅谈如何在新时期加强小学生爱国主义教育 [J]. 亚太教育 ,2019(11):34.

泉相报等传统文化均在讲述感恩之情，感恩是奉献、互助、协作、责任心、爱心等思想品行的集合体，更是小学生应具备的德育素养[1]。感恩教育是指教育者有目的、有计划地培育和发展受教育者感恩品质的教育实践活动。感恩教育属于道德教育，这是一种正向、积极的情感培育出人的道德观念，其目的是使受教育者形成正确的感恩认知、健康的感恩情感和自觉的感恩行为。感恩，是对别人所给的帮助表示感激，是在别人对自己进行一些帮助后自己给予的一些回报。它是一种处世哲学，也是生活中的大智慧。感恩教育可以弥合人际关系、提升公民素质、维护社会稳定、促进社会和谐发展[2]。梁启超说："少年强，则国强。"学会"感恩"，对于青少年来说尤其重要，教师、家庭到学校再到社会都必须注意对青少年的感恩道德教育。感恩教育抚慰学生的心灵，净化学生的思想，引领学生身心健康成长。感恩是每个人应有的基本道德准则和基本修养。

基本道德是个体生活的基础性道德。基本道德往往是历史上传承下来为人类社会广泛接受的道德规范。美国教育学者阿迪斯·瓦特曼说："不管时代如何变化，我们总将有着和我们祖先同样的需要，那就是，愉快地、勇敢地度过我们的一生，和周围的人友好相处，保持那些指导我们更好成长的品质，这些品质是欢乐、爱、诚实、勇敢、信心、感恩等。"可见，感恩是人类的基本道德之一。因此，我们开展了感恩教育的一系列"行动"，如感恩学校——在校"三个做"、感恩父母——在家"三个一"、感恩社会——社会"三个爱"。

（四）礼仪教育

礼仪教育作为学校教育的重要组成部分，对学生品质的培养，有着重要的作用：一是具有心理教化的功能，对学生的心灵具有深刻、持久、

[1] 张学龙 . 教育触摸学生的心灵——谈小学生的感恩教育 [J]. 课程教育研究 ,2020(08):199.

[2] 李祝玲 . 小学生感恩教育的有效策略 [C]. 中国教育发展战略学会教育教学创新专业委员会 . 中国教育发展战略学会教育教学创新专业委员会 2019 全国教育教学创新与发展高端论坛会议论文集 . 中国教育发展战略学会教育教学创新专业委员会 : 中国教育发展战略学会教育教学创新专业委员会 ,2019:127-128.

潜移默化的感染效应；二是具有校园文化育人的功能，对学生的精神世界有着良好的影响。因此，昌图实验小学尤为重视礼仪教育，为此组建特色礼仪队伍、组织“我是文明小学生”主题活动等。

（五）道德法制

教育改革和新课程改革对小学的课程设置提出了新的要求，尤其对学生道德法制的教育越来越重视，将小学的道德法制教育提升到更加重要的地位，作为教学工作的重点来抓，由此可见道德法制教育对于青少年的全方位发展有着重要作用。加强学生的道德法制教育对提高全民族的思想道德素质和法制观念有着积极意义。

因此，在小学道德与法制的教学过程中，要以实践活动为载体，采用生动活泼的方式进行教学。并且道德与法律是一体化的，它们共生共长、互促互进，不能厚此薄彼，道德教育与法制教育要并行。因此，学校开设了诚信行动、品德与生活、从身边小事做起等校本课程发展学生的道德法制观念。

三、自然生态

据英国教育专家统计， 在少年时代接触环境保护的事情或亲自参与环保活动，对一个人终生的影响占非常主要的一个百分比。也就是说，青少年时代接受过的环境教育和参加过的环保活动，对一个人的价值观和人生观的影响是不容忽视的，他对环境的态度和没有相关体验的人是完全不同的[1]。

真正的生态自然教育不是课堂上的说教，而是源自自然。孩子有着关于自然的记忆并与自然共生长，对其健康成长以及美好未来有积极促进作用。如同德国诗人荷尔德林所说， 在真正的自然里面， 充满劳绩的人， 却能诗意地栖居在大地上。为了培养学生的自然生态意识，我们从生态环境和生命教育这两个方面设置课程体系，使学生形成良好的生态

[1]　刘敬奇 . 自然生态教育的四个黄金法则 [J]. 环境教育 ,2017(08):15-17.

观、生命观，培育学生的美好心灵。

（一）生态环境

随着人类社会的不断发展，人们无节制地开发、利用和污染自然资源，导致我们赖以生存的生态环境遭到严重破坏，提高人们的环境素养，提升人们的环境保护意识和水平，迫在眉睫。而少年儿童是祖国未来的栋梁和民族的希望，教育他们正确认识和了解生态环境，增强其环保意识、环保观念，意义重大[1]。学校高度重视对学生生态环境意识的培养，设计一个全方位培养学生生态环境意识的课程体系，包括地方课程、创生课程、活动比赛、校外实践，从根本上帮助学生建立生态环境意识。

（二）生命教育

生命教育包涵了人们从出生到死亡各个阶段的教育，它与人们生活学习、生存发展密切相关，可以说生命教育应当贯穿于全学科、全阶段的教学过程[2]。从教育内容方面可以对生命教育做出如下理解：生命教育是帮助学生认识生命、理解生命、尊重生命、热爱生命，提高自己生活质量的一项教育理念。生命教学主要是针对青少年展开，而该阶段学生的心理正处于发育初期阶段，因此教学主要目的是让学生热爱生命，学会珍惜生命，促进学生身心健康成长。

通过学习让小学生懂得珍爱生命、敬畏生命、直面生命、关怀生命，从而提高小学生对生命价值的认识[3]。鉴于此，我们建立完整的生命教育体系，包括生命与安全专题教育与创生课程两方面，目的就在于使学生懂得更多的安全知识，增强自我安全防范意识，在学习和生活中懂得如何保护自己。此外，学校结合社会主义核心价值观教育，开展如何体现生命价值，搜集有关的生命名言警句教育，观察“孵化小鸡”，关爱生命教育等。

[1] 姚春梅 . 如何在初中历史教学中渗透祁连山生态环境教育 [J]. 名师在线 ,2020(09):4-5.

[2] 陈洁如 . 例谈从生命教育视角开展小学德育教学 [J]. 当代教研论丛 ,2020(03):91-92.

[3] 郑田慧 . 如何利用班会对小学生进行生命教育 [J]. 甘肃教育 ,2019(23):47.

第三节　心智德育实践范式

一、自我认知

自我认知维度包含心理健康、生涯规划活动。

（一）心理健康

心理健康模块的德育实践主要包括良好心态、自尊自信、情绪管理和自我反思四个主题。如：设立“知心姐姐工作室”，调整良好心态；开展我的强项闪光点、挑战我的潜能、管好我的情绪、玩转沙盘游戏、用好心理宣泄室、用好成长记录册、让自我反思常在等各种活动。使全校学生具备平和的、良好的、积极的心态，热情地拥抱生活。热爱生活，感受到生活的美好和乐趣，积极憧憬美好的未来，不会在遇到挫折和失败时对生活失去信心。

（二）生涯规划

生涯规划是指在对一个人的主客观条件进行测量、分析、总结的基础上，对其兴趣、特长等进行综合分析与权衡，结合时代特点，确定自己的职业倾向和奋斗目标，并为实现这一目标做出行之有效的计划。对于小学生而言，漫长的人生道路才刚开始，明确的生涯规划可能为时过早。但在竞争日趋激烈的当下，生涯规划启蒙阶段角色体验还是十分有必要的！

二、社会道德

时代发展要求学生的德智体美劳全面发展，因此，学生的社会道德培养一定不能马虎。作为学生必不可少的光辉品质，本着培养有“美好心灵”的青少年，昌图实验小学开设了习惯养成、爱国教育、感恩教育、礼仪教育、道德法治等校本课程以培养学生良好的道德品质。

（一）习惯养成

习惯无小事，良好的习惯可以让孩子们终身受益！

1.“三个一”练就好习惯

手离笔尖一寸远，
身离课桌一拳远，
眼离书本一尺远。

图 6–3 “三个一”图

2.“校园十无”

校园十无
学校校园无杂人、教师校内无私活
学生课堂无溜号、学生课下无打闹
学生作业无重复、校园垃圾无乱扔
上学放学无乱排、上下楼梯无拥挤

图 6–4 “校园十无”图

3. 弃“十小”，重“十讲”

远离“十小”
小霸王、小懒虫、小馋猫、小犟牛、小依赖、小散漫、小野蛮、小马虎、小攀比、小磨蹭。

重“十讲”
对父母讲孝敬、对同学讲友好
对他人讲礼貌、对环境讲卫生
对纪律讲遵守、对学习讲认真
对做事讲诚信、对生活讲节俭
对生命讲安全、对性格讲乐观

图 6–5 “十小”“十讲”图

（二）爱国主义教育

祖国是我们最坚实的依靠，最温暖的港湾，爱祖国、爱人民、爱社会的情感要从小养成，深刻于心！

1. 节日育人

节日，是一个国家文化的象征，是民族的传承，我国拥有五千年的悠久历史，从古代走向未来，有着深厚的文化底蕴，也诞生了许许多多节日！爱祖国,就要了解自己国家的传统节日,体会中华文化的博大精深,同时也要积极接纳世界上其他国家的优秀文化，展现包容、宽厚的大国风采!

2. 红色教育

爱国主义教育和革命传统教育是一个永恒的主题，昌图实验小学将公祭日活动、少先队建队纪念日、升旗仪式作为爱国主义教育活动常抓不懈。

如周一升国旗是仪式感最强的一项庄严肃穆的政治活动，要求全员参加，流程创新。在升旗仪式上，全体师生齐诵三风：校风——立人达人、止于至善；教风——大道通心、因材施教；学风——心美智强、个性飞扬。仪式后各班 5 分钟班会，落实国旗下讲话要求。

（三）感恩教育

感恩是人类的基本道德之一。当孩子们感谢他人的善行时，第一反应常常是今后自己也应该这样做，这就给孩子一种行为上的暗示，让他们从小知道爱别人、帮助别人。学会感恩，先要学会知恩，要理解父母的养育之恩，师长的教诲之恩，朋友的帮助之恩。学会感恩，知恩图报是中华民族的优良传统，也是当前青少年德育教育的一项重要内容。

（四）礼仪教育

自古至今，中国素以“礼仪之邦”著称于世。礼仪教育对学生形成良好的礼仪习惯和行为至关重要。礼仪教育作为学校文化的重要载体，对学生的精神世界有着良好的影响。因此学校尤为重视礼仪教育，表现在校级礼仪教育“行动”和班级礼仪校本课程。

1. 特色礼仪队伍

学校建立国旗仪仗队、迎宾司仪队、鼓号队、文明记者团等特色礼仪团队,选专人进行集中训练,让每一名队员都能达到言谈举止温文尔雅、待人接物彬彬有礼。之后，由特色礼仪队伍成员带动身边伙伴共同进步，如此以点带面激活全盘。

2. 文明教育——我是文明小学生

为了引导学生养成讲文明懂礼貌的良好习惯，培养学生的语言智能和音乐智能。我校举办了“我是文明小学生”主题活动。

（五）道德法制

德育的目的在于培养学生高尚的品德，法律是成文的道德，道德是心中的法律！每个合格的小学生都应该将道德与法制时刻铭记于心并积极遵守！

诚信“行动”：

（1）无人收款超市

（2）无人监考考场

（3）自编诚信童谣

（4）拾金不昧爱心箱

（5）“自主日”活动

（6）创办“诚信银行”

（7）“随手可做的诚信 100 件小事”征集活动

三、自然生态

人类生活在地球上，但地球不是人类专属的，它是所有生物的共同家园，人类需要守护好这唯一的家园，爱护地球，保护地球！

（一）生态环境

学校高度重视对学生生态环境意识的培养，设计一个全方位培养学生生态环境意识的课程体系，包括国家课程、地方课程、创生课程、活动比赛、校外实践。环环相扣，从根本上帮助学生建立生态环境意识。

1. 校本课程——《人与自然》

基于心智教育思想，开设《人与自然》校本课程，并开发设计校本教科书，充分利用本地资源，层层深入，让学生感受家乡自然生态的美丽，意识到保护生态环境的重要性，珍爱生命，爱护环境，从小养成环保的良好习惯。

2. 心智农园创生课程

深刻认识到教学方式的重要性，投入大量资金建立环境保护创生课堂基地，以生态环境保护的科普读物为辅，开展丰富多彩的课外活动进行生动活泼的生态环境教育，比如五谷杂粮的辨别、农作物生长习性观察、盆景设计等。其中最具特色的是心智农园创生课程基地。

图 6-6 农园创生课程基地

3. 植物标本制作活动比赛

为了深化学生对于生态环境保护的意识，学校定期开展动植物标本展览、观察作文比赛活动、环保知识大赛、绿色学校创建活动、班级文化展示活动等。从学习到校园文化面面俱到，通过丰富多样的校园活动感染学生，使其潜移默化的从心底萌生生态环境保护的意识，形成热爱自然，热爱环境的生态观念。

第三篇

领异标新二月花
——心智教育的迭代升级

第七章　塑造心智自由的终身学习者

第一节　心智的学习

道器融通，润心启智。形而上者谓之道，形而下者谓之器。只有道器融通，才能润心启智。美好的心灵，多元的智能，具体来说，就是指一个人的心智。让儿童的心智顺应其天性自由地成长，理想的教育在于唤醒儿童心智自由地成长。但是，心智的自由成长不是放任个体的自由，也不可能是绝对的个体的自由成长，因为人都是在和他人的关系中成长，大一点说是在所处的共同体和自然界中成长的，所以心智自由成长要承担起社会的责任，必须对所处共同体和自然界负责。

尽管我们对未来做出种种预测，但在百年未有之大变局时代，未来究竟会是什么样，没有人给我们准确答案。虽然我们总是往好的方向想，往好的方向做，但我们清醒地确定地认识到：在未来，我们和我们的孩子都将应对更多的复杂局面，会面临更多打破旧的操作方式的情况。甚至危机的情况，无论是疫情的、还是自然的极端气候，或是社会的、经济的、文化的、地缘政治的。孩子们往往是在没有任何的帮助下，需要自己去解决问题，去化解危机，这时候，首先是心灵感应，强大的自信心会产生坚强，抱着希望，就有希望见到光明；然后根据自己在大脑中积累的知识，选择解决问题和困难的方案；但是新情况新问题的不确定性，很难有适合的方案，这就需要学生以创新思维去面对，就是想出新办法；最后才决定是怎么说、怎么做。

所以心灵的感应是第一位的，心灵的第一反应，是接受还是拒绝，是自信还是崩溃，是理解还是无奈，第一反应决定下一步的作为。这是过去世界每每重大灾难或事件中存活下来的人的共识，这种心灵反应往往是在大脑一片空白时做出的决定，过去学习的所有知识可能是用不上的。这种心灵的强大力量往往都是在日常生活中磨炼的，生活中有多少体验，心灵上就有多少成长，我们应该称之为心灵的学习，或者心智的学习。这是非常重要的学习，这种心灵上的知识更多的是学生的亲身体验和自己悟得。

人生都会遇到迷茫和混乱，无论在十字路口的选择还是在危机时刻的决策，往往直觉会指挥我们做出正确的选择，这种直觉就是心智的感应，正如许多人在危机时刻化险为夷，而当时没有任何多想的余地，跟着感觉走，再依靠平时大量积累的实践智能，把这种智能链接组合发挥新的作用，就走出困境了。如何训练这种正确而敏锐的直觉，这就是心智的历练，或者叫心智的学习。这种心智的学习，当然需要思维和所学习的知识，但同时必须拥有心灵上的同频共振，我们说心灵上的深度感应，这种感应可以准确判断当下的情况，或同情、或异样。更多的会形成共情力，产生合作的力量共同解决问题。这就要心智的学习。

第二节　继承和发扬儒家“四心”

中国儒家认为，人与动物不同的是，人天生具有善端，善端由具有包含道德意义的四端组成，恻隐之心，羞恶之心，辞让之心，是非之心。

一、恻隐之心，仁之端也

仁爱，是大爱，是家国情怀之爱，是社会担当之爱，是构建人类命运共同体之爱。教育中首先要培养共情力。共情能力与同情心理有关，它是一种可以感知和倾听其他人感受的能力。充分理解我、你、他作为社会的公民之间彼此不可分割的关系。从而学会维持良好关系，合作共赢。

心智学习需要使学生深切体会学习生活的共同体和社群的重要价值，

基于社会大图景，体察不同细节和事件背后的相互关联，从而产生对现实深切关怀，“天下兴亡，匹夫有责”的情怀。在深切社会关怀主题中强烈地指向人类普遍关注的重大社会性、科学性议题，如解决饥饿、救助难民、环境保护、文化保护等。所以心智成长要以家国情怀和责任的更大担当为目的。

二、羞恶之心——自尊心，审美力

人都有被尊重的需求，实践证明，越是追求被尊重的学生，越自律，越乐于表现自己的优秀。教育者就是为学生表现优秀提供平台和平等表现的机会。每个人的优秀都是不一样的，个体的优秀往往表现为个体的优势心智。发现学生优势心智，培养学生优势心智，使优势心智更完善、更美好，将贯穿教育的全过程。其中，心智审美将起到重要作用。不断提升教师育人的审美力，不断提高学生的审美水平，这时，人的自我定位显得尤为重要，学生更要从自我认知智能方面取得新的进展，无论何时何地，面对什么情况，学生都能知道自己是谁，知道自己的优势和劣势，并在与合作伙伴共同克服困难中，发现心灵的美好，发现不同伙伴不同的优势智能。从而滋润自己的美好心灵，开启自己的多元智能。

三、辞让之心，礼之端也

辞让心就是包容心包容力，对周围事物抱有宽容的心态，允许别人自由行动或判断；耐心而毫无偏见地容忍与自己的观点或公认的观点不一致的意见（《不列颠百科全书》）。宽大有气量，不计较或不追究（《现代汉语词典》），包容是一门学问，学会包容的人，就学会了生活；懂得包容的人，就懂得快乐！这门学问，是来自内心“慈悲喜舍、善良仁爱”的自然流露！包容是一种美德，它可以使你的人格得到升华，让你的心灵得到净化！它是人修身养性的一本“真经”。包容是一种境界，人要达到这种境界，就必须拥有博爱的心、博大的胸襟，还要有一份坦荡、一种气概！它是香兰被人踩倒却留香脚底的气质。包容是一种幸福，能够包容别人是一种幸福，让别人心存感激更是一种幸福！人生一世，不能使自己在琐事困扰中作茧自缚，更不能在无尽痛苦中度过。包容是赢得朋友的保证。学会包容他人，就是学会了包容自己。包容他人对自己有意无意地伤害，是让人钦佩的气概；包容他人曾经的过失，是对他人改过自新的最大鼓励；包容他人对自己的敌视、仇恨，是人格至高的袒露。包容别人的过错，不是欣赏别人的过错，也不是成就别人去犯错、鼓励别人去犯错，而是允许别人的过错，让别人更好地改过，而不是对他的放纵。包容他人不等于放任其自流。面对多元化不确定的社会，人的包容力决定社会的包容力，更是国家多元文化的包容力。

四、是非之心——辨别力、学习力

心智的自由成长要基于诚信、尊重生命、独立的批判性思考、社会责任感、严谨的科学态度为价值观。“美好的心灵，多元的智能”要在做事中成长，在“做中学”。在做具体事情中打磨和升华自身的价值。塑造心智自由的学习者。

时刻知道自己学习的目的和意义，主动探究世界的变化，而不是被动地应对无法预测的变化，随波逐流。有自己的美好憧憬和独立的人格，内心充实，富有想象力和创造力，将学习所得用于创造更丰沛的人生和更美好的世界。这就是心智的优势成长。这样的学生必然是心智自由的学生。

康德说，人不应该被作为手段，不应被作为机器上的齿轮。人是有自我目的的，他是自主、自律、自觉、自立的，是由他自己来引导内心，是出于自身的理智并按自身的意义来行动的。心智的成长必须使学生怀有对自然、对生命、对科学的敬畏之心。心智的学习是让学生深度理解和掌握概念，或在锻炼思维能力中，敬畏自然与生命和深度理解社会并担当责任。

心智的学习需要摒弃机械的、重复的、碎片化的、快闪化的知识，而是让大量的、琐碎的知识形成链接，概念化地提炼，迁移到现实生活情境中学习。

心智的成长一定是让学生对人类面临的真实问题有“切肤之痛”、产生“关联之感”，引发其好奇心和责任感，主动被卷入事件问题解决中。

第三节　基于价值引领的多元发展

人的发展的三个维度是：自我的发面、社会的方面、自然的方面。无论是哪个维度，都涉及人的价值引领。具体到人的生产劳动的意义。做有意义的事情，会使人更有方向感、驱动力、获得感。学生学习的价值和意义决定学生投入的精力和坚持的毅力。党的教育方针明确指出学生成长价值是：要为社会主义现代化建设服务、为人民服务，做德、智、体、美、劳全面发展的社会主义建设者和接班人；培养的途径要与生产劳动和社会实践相结合。具体到学校教育、家庭教育、社会教育中，我们要不断追问，我们的学习到底是为了什么？我们的学科学习或知识单元学习到底有什么意义？设计怎样的问题或任务才更有驱动力和让学生感受得到现实的意义。

一、润心启智的深度学习

面对复杂化、浅表化、快闪化的信息时代，我们的教育需要以美好的文化深度滋润儿童美好的心灵，使学习的内容真正能触及学生心灵深处、灵魂深处，浸渗、浸透。也即真正打动学生心灵，从而开启学生智慧的闸门。触及儿童心灵，就是关注儿童心理活动，激发兴趣和自信，儿童在学习中能获得积极的情感体验，全身心地参与学习的全过程。要引发儿童持之以恒的追问和不断深入的思考的学习过程。老师要帮助儿童把握核心概念，理解知识本质，沟通知识间的联系。学生在理解性的学习中，提升学科核心素养。儿童不是知识的容器，不能填鸭式灌输，迫使被动接受，要引导儿童自己能自觉地想问题，鼓励积极参与探究活动，有了自主意识，学习才可能真正发生。教育部基础教育课程教材发展中心所领导的深度学习教学改进项目组对深度学习的内涵界定是：在教师引领下，学生围绕着具有挑战性的学习主题，全身心地积极参与、体验成功，获得发展的有意义的学习过程。在这个过程中，学生掌握学科核心知识，理解学习的过程，把握学科的本质及思想方法，形成积极的内在学习动机、高级的社会性情感、积极的态度、正确的价值观，成为既具独立性、批判性、创造性又有合作精神，基础扎实的优秀的学习者，成为未来社会历史实践的主人。

心智教育的"孝心、爱心、省心、慧心、诚心"怎样真正树立、长久树立？语言、数理逻辑、音乐、视觉空间、自然观察、人际交往、自我认知、生存智能的内在思维如何建构与外在如何表达？我们必须使学生心田种下美好的种子，并施之以阳光雨露。必须把握学科本质知识，形成知识链接，学习学科的基本结构，以联想的、结构的方式去学习。学会迁移和应用，建立 "沉浸式活动与内心体验"的学习机制，把学习对象进行深度加工，把握知识本质幻化无穷变式，让学生在主动质疑、判断与评价中，感受学习的意义和成果分享，学习的驱动力也越强。

二、指向多元智能的项目化学习

把多元智能放到做事情中综合培养，让心灵在做有意义的项目中得到滋养，是实现心智教育的理想的途径。正如陶行知先生说的"做中学"。

项目学习是让学生进行创作、验证、完善，并制造出某种东西的活动。学生完成项目是现实可见的制作，有模有样的作品。如手册、发明、剧本等，学生在进入项目学习前就预设最终作品的概念。项目一开始，就要明确项目指南或方案以及最终评价标准。项目学习中围绕工作目标进行采集、分析、提炼、舍弃、完善并最终形成产品。项目后要学会介绍、陈述、表演、演示他们的产品。

学生通过项目学习更加知道要学习什么？怎么学习？为什么学习？他们将成为信息搜集整理者，学会选择有用信息，从中发展了询问技巧、合作技能。在受到困惑和阻碍甚至遭到批评中学会理智对待生活，并积极改进学习方法，为最终成果获得而体验学习的快乐。

在项目的学习中，学生的身体运动智能得到锻炼，健康的体魄，良好的力量、协调性、平衡性、灵敏性、柔韧性和精细动作水平得到很好的历练；学生的人际交往智能、自我认知智能、生存智能等社会性智能得到发展，学会情绪控制和调节，有自信心，会识别，能表达良好的情感，学会倾听和表达、沟通、合作的基本技能。好奇心和求知欲得到充分满足，对身边事物有敏锐地觉察并积极去尝试，按照计划持续专注和坚持，勇敢地去克服困难。观察和思考贯穿学习全过程，并养成善于提问的习惯。学生追求个性化表达心智和想法的积极性也得到了有效激发。

在小学阶段，就是要让孩子经历真实玩耍的童年，生命快乐奔放的童年，鸟飞鱼跃的联想的童年，被问题困扰过的童年，自我解决重重矛盾的童年。

三、润心启智，立德树人

心是智的主宰，智是心的实现。日常遇到问题时第一反应并不是思考，而是内心反映出来的一种感觉，而后才是依据感觉进行的自我思考，所以心的反应在智的前面。这种感觉往往是多元的，听到的音乐、看到的空间景象、触碰到的物质感受，或是综合两种以上感觉所接触到的人、事、物等多元信息。如果没有心的感觉，就没有智的产生。智就是解决心的需求与发展。

心的需求与人的成长及发展不断地变化着，按照马斯洛的人的需求层次理论，人是按照生理需要、安全需要、爱和归属需要、尊重需要和自我实现需要来发展变化的，在自我实现之后，还有自我超越需要。由于内心的不断需要，产生实现多元愿望的多元行为，多元的思想也由此产生。这是心智完整的形成过程。所以，心与智是分不开的，是融合发展的。心智成长中不断地产生问题，不断地项目化学习来解决问题，将会贯穿人的一生。心动产生行动。仁爱之心，由爱自己、爱他人、爱集体、爱祖国逐渐升级，所解决的问题也越来越大，个人对社会也会贡献越来越大。所以立德树人要坚持为党育人，为国育才，教师首先要做胸怀国之大者。

第四节　营造“热带雨林”气候

——英才、偏才、怪才、鬼才自然成长

热带雨林气候是地球上抵抗力稳定性最高的生态系统，常年气候炎热，雨量充沛，季节差异极不明显，生物群落演替速度极快，是世界上大于一半的动植物物种的栖息地。适合各种植物生长的环境。创造多元化人才多元成长的未来，一定是先要营造其生长环境。

让心智在“热带雨林”气候中自由成长，就会诞生许多创新型人才。其中不乏英才、偏才、怪才和鬼才。

营造“热带雨林”生态，使拥有一定的天赋的“英才”，在适宜的生态环境中，发挥其卓绝的创造力、想象力、天然的资质（如：体质；嗓音等）。以较高的才能、以创造性的劳动成果对社会发展和人类进步做出一定的贡献。

营造“热带雨林”生态，使某一种智能特别突出的个性化的“偏才”，发挥自己独特的优势，成为某一学科或某一方面“佼佼者”。这样的人才，看似偏科而不全，极可能被老师所忽略，被群体所埋没，被那些“统一”的标准和规则所绞杀。一个人的才能，偏重于某一方面，他的人生发展偏向于自己的兴趣、爱好与特长，实在是正常不过的事。甚至说，这才是生命的常态。正如花各有其美。花园里，谁能说桃花的红艳比李花的洁白更好看？谁又能说攀在架上的牵牛花比花坛边的那株兰草更神气？一丛迷蝶香飘过来，淡雅清心；而一朵夜来香回过去，连微风都会沉醉。每一朵花都有自己的本领，而每一朵花又都无法“全能”。每个人都不是全才。给偏才一个机会，其实也是在给我们自己一个机会。每个人最大的幸福，都是这一生遇见了最美的那个“自己”。

营造“热带雨林”生态，使行为极具个性，普通学生中类似于古怪，

思想新异，知识丰富，思维方式异于常人的“怪才”，能通过别人想不到的渠道发现真理，鼓励他们行为、思想异于常人，超出普通人能够想象的范围。

营造“热带雨林”生态，使那些能够使用非常理的途径解决问题的鬼才开动脑筋，发挥应有的作用。

百年前的民国岁月，留下了太多这方面的佳话。1917 年，罗家伦报考北京大学，作文满分，数学零分。其时，胡适先生力排众议，破格将罗招进北大。多年之后，罗家伦执掌清华。历史呈现出惊人相似的一幕。那一年，19 岁的钱钟书报考清华，数学仅得 15 分，而国文与英文极为优秀。罗校长同样破格录取了这名青年。事实证明，钱钟书以其小说《围城》及一系列学术成果而成为 20 世纪一代人文大师。此外，历史学家吴晗报考清华时，其数学成绩相当不堪。

罗家伦和钱钟书的语言智能强项，按照今天的高考也肯定难于被录取，但当时他们幸运地遇上了这些慧眼识才的“伯乐”，或者说，如果不是有那样的人才机制，他们会不会成为日后那个更美的自己？今天，我们在欣羡他们成就的同时，是不是应当想想：今天我们的国家是不是更缺少这样的“偏才”呢？因此，我们要用“多把尺子”去丈量他们才能的高低，而不是用一个“标准”来衡量。多一把尺子就多出一批人才。

其实，大凡有大成就的人，往往都是偏于一个方面的大才。不是吗？莫言，凭借着故乡高密的神秘高粱地而走向了世界，而屠呦呦凭借自己终年对于中医药的兴趣而卓然有成。他们，都是问鼎诺贝尔奖的杰出人物。如此杰出的人物，说到底，也只是偏于文学、偏于医学的人才。

关注每一个学生的心智，不断创造适合学生的心智自由成长的环境，为社会主义现代化建设培养更多人才。

参考文献

[1] 陈鼓应 . 老子注译及评介 [M]. 修订增补本 . 北京 : 中华书局，2013:134.

[2] 陈青之 . 中国教育史 [M]. 北京 : 东方出版社，2008:36.

[3] 陆建华 . 建立新道家之尝试——从老子出发 [M]. 合肥 : 安徽大学出版社，2011:16.

[4] 陈鼓应 . 老子注译及评介 [M]. 修订增补本 . 北京 : 中华书局，2013:93.

[5] 朱晓鹏 . 老子哲学研究 [M]. 北京 : 商务印书馆，2009:183.

[6] 陈鼓应 . 老子注译及评介 [M]. 修订增补本 . 北京 : 中华书局，2013:121.

[7] 徐观复 . 中国艺术精神 [M]. 上海 : 商务印书馆，2010:56.

[8] 鲁迅 . 鲁迅全集 (第 1 卷)[M]. 北京 : 人民文学出版社，2005:35.

[9] 曾琴 . 个性教育探索与思考 [J]. 史学杂志，2005(04):118.

[10] 中共中央国务院 . 国家中长期教育改革和发展规划纲要 (2010–2020 年)[N]. 中国教育报，2010–07–31(01).

[11]OCED. Assessing Scientific， Reading and Mathematical Literacy: A Framework for PISA 2006. Paris：OCED， 2006.

[12]Hozjan Dejan. “Key competences for the Development of Lifelong Learning in the European Union”[J].European Journal of Vocational Training，No.46，2009，1.

[13] 韩延明 . 理念、教育理念及大学理念探析 [J]. 教育研究，2003(09): 50–56.

[14] 郭元祥 . 论学校的办学理念 [J]. 教育科学论坛，2006(04):5–8.

[15] 叶文梓 . 论中小学校长的办学理念 [J]. 教育研究，2007(04): 85–89.

[16] 沈致隆 . 多元智能理论的产生、发展和前景初探 [J]. 江苏教育研究，2009(09):17–26.

[17] 张玲 . 加德纳多元智能理论对教育的意义到底何在？ [J]. 华东师范大学学报 (教育科学版)，2003(01):44–52.

[18] 张春玲 . 多元智能理论及其对素质教育的启示 [J]. 中国教育学刊，2002(03):9–12+60.

[19] 杨丽 . 多元智能理论对学生评价的启示 [J]. 教育探索，2002(03):48–49.

[20] 陶西平 . 多元智能与课程改革 [J]. 人民教育，2003(17):12–14.

[21] 张鲁丹 . 中学校训的德育功能研究 [J]. 中国德育，2020(06):24–26.

[22] 杨伯峻 . 论语译注 [M]. 北京 : 中华书局，1980.

[23] 陈来 . 论儒家教育思想的基本理念 [J]. 北京大学学报 (哲学社会科学版)，2005，(05):198–205.

[24] 郭元祥 . 论学校的办学理念 [J]. 教育科学论坛，2006(04):5–8.

[25] 叶文梓 . 论中小学校长的办学理念 [J]. 教育研究，2007(04):85–89.

[26] 北京教育行政学院教育学教研室 : 普通教育学 [M]. 北京 : 知识出版社，1983:36.

[27] 周远清 . 素质·素质教育·文化素质教育——关于高等教育思想观念改革的再思考 [J]. 清华大学教育研究，2000(03):1–4.

[28] 张等菊，扈中平 . 对层次教育目的的思考 [J]. 教育科学，2001(04):1–3.

[29] 韩延明 . 理念、教育理念及大学理念探析 [J]. 教育研究，2003(09):50–56.

[30] 游永恒 . 重新思考我们的教育目的 [J]. 清华大学教育研究，2004(02):35–40.

[31] 郭元祥 . 论学校的办学理念 [J]. 教育科学论坛，2006(04):5–8.

[32] 容中逵 . 论教育目的表述的国民性问题 [J]. 外国教育研究，2006(12):7–11.

[33] 叶文梓 . 论中小学校长的办学理念 [J]. 教育研究，2007(04):85–

89.

[34] 扈中平 . 教育学原理 [M]. 北京 : 人们教育出版社，2008:189–190.

[35] 岳伟 . 促进人的自我实现：一种新的教育目的观 [J]. 南京师大学报，2008(01):79–84.

[36] 徐学福 . 探究学习的内涵辨析 [J]. 教育科学，2002(03):33–36.

[37]《辞海》，上海，上海辞书出版社，1990 年版 .

[38] 姜宇，辛涛，刘霞，林崇德 . 基于核心素养的教育改革实践途径与策略 [J]. 中国教育学刊，2016(06):29–32+73.

[39] 俎媛媛 . 真实性学生评价研究 [D]. 华东师范大学，2007.

[40] 许洁英 . 国家课程、地方课程和校本课程的含义、目的及地位 [J]. 教育研究，2005(08):32–35+57.

[41] 黄黎明，胡中锋 . 多元智力论与课程评价 [J]. 课程 · 教材 · 教法，2003(05):15–18.

[42] 李臣之 . 课程实施 : 意义与本质 [J]. 课程 · 教材 · 教法，2001(09):13–17.

[43] 范勇 . 美好的心灵　多元的智能——铁岭昌图县实验小学“心智教育”特色创建 [J]. 辽宁教育，2015(16):64–66.

[44] 庞维国 . 论学生的自主学习 [J]. 华东师范大学学报 (教育科学版)，2001(02):78–83.

[45] 严明 . 多元智能理论在教学中的应用 [J]. 学术交流，2005(06):189–191.

[46] 谭琳 . 赫尔巴特四步教学法与杜威五步教学法之比较 [J]. 教育实践与研究 (小学版)，2008(11):4–7.

[47] 岳伟 . 促进人的自我实现：一种新的教育目的观 [J]. 南京师大学报，2008(01): 79– 84.

[48] 方亚军 . 荀子人性论视域下教育目的及其教育反思 [J]. 黑龙江教育学院学报，2018 (03):4–6.

[49] 夸美纽斯 . 大教学论 [M]. 北京 : 教育科学出版社，1999:1–10.

[50] 李冲锋 . 教师教学领导力的开发 [J]. 当代教育科学，

2009(24):3-7.

[51] 赵垣可 . 教师教学领导力的意蕴、困境与生成路径 [J]. 现代中小学教育，2017，33(03):83-85.

[52] 张平，朱鹏 . 教师实践共同体 : 教师专业发展的新视角 [J]. 教师教育研究，2009，21(02):56-60.

[53] 张俐蓉 . 中小学教师专业发展的国际实践 [J]. 全球教育展望，2001(07):12-16.

[54] 全国十二所重点师范大学 . 教育学基础 [M]. 第二版 . 教育科学出版社，2008:133.

[55] 胡斌武 . 德育与思想政治教育的交叉与分野 [J]. 上海教育科研，2005(07):12-15.

[56] 李太平 . 德育功能・德育价值・德育目的 [J]. 湖北大学学报 (哲学社会科学版)，1999(06):89-92.

[57] 叶飞，檀传宝 . 改革开放 30 年德育理论发展脉络探析 [J]. 教育研究，2009(01):19-24+85.

[58] 高德胜 . 生活德育简论 [J]. 教育研究与实验，2002(03):1-5+72.

[59] 李萍，钟明华 . 公民教育——传统德育的历史性转型 [J]. 教育研究，2002(10):66-69.

[60] 朱小蔓，刘次林 . 转型时期的中国学校德育 [J]. 上海师范大学学报 (哲学社会科学版)，2009，38(06):24-30.

[61] 詹万生，许建争 . 社会转型时期学校德育的反思与构建 [J]. 教育研究，2002(09):3-8.

[62] 袁锐锷 . 西方著名德育思想家的德育模式探讨 [J]. 学术研究，2000(05):64-74.

[63] 王啸，许枝 . 以公正的方式培养公民——科尔伯格德育思想简论 [J]. 中小学德育，2014(03):19-22.

[64] 罗石 . 现代西方德育理论综述 [J]. 比较教育研究，1999(01):37-43.

[65] 刘琳 . 英国德育评述及其对我国德育教育的启示 [J]. 前沿，

2006(04):119-122.

[66] 陈俊珂 . 美国学校德育的特点及启示 [J]. 自然辩证法研究，2005(01):108-111.

[67] 杨启亮 . 中国传统道德精神与 21 世纪的学校德育 [J]. 教育研究，1999(12):9-15.

[68] 鲁洁，王逢贤 . 德育新论 [M]. 南京江苏教育出版社，1994:213.

[69] 冯文全 . 学校德育目标的分层研究 [J]. 教师教育研究，2004(06):29-33.

[70] 冯秀军 . 现代学校德育环境的生态建构 [J]. 教育研究，2013，34(05):104-111.

[71] 杜时忠 . 当前学校德育的三大认识误区及其超越 [J]. 中国德育，2010，5(01):91.

[72] 陈萍 . 我国学校德育实效研究综述 [J]. 教学与管理，2005(25):3-5.

[73] 曹力献 . 中小学德育实效性研究 [J]. 教育现代化，2017，4(27):270-271.

[74] 芮彭年 . 校长的德育领导力和执行力 [J]. 教书育人，2009(32):26-27.

[75] 朱洪秋 . 提高德育校长领导力 提升学校德育工作效能 [J]. 中小学教师培训，2008(07):54-56.

[76] 檀传宝 . 再论“教师德育专业化”[J]. 教育研究，2012，33(10):39-46.

[77] 蔡其勇，李学容 . 校长德育领导力的意蕴及提升 [J]. 中国德育，2015(02):10-13.

[78] 崔振成 . 中小学校长德育领导力的本体性建构 [J]. 中国德育，2016(13):31-35.

[79] 聂荣鑫 . 走向对话：一种新的德育模式 [J]. 思想 · 理论 · 教育，2002(02):31-34.

[80] 车广吉，丁艳辉，徐明 . 论构建学校、家庭、社会教育一体化的

德育体系——尤·布朗芬布伦纳发展生态学理论的启示 [J]. 东北师大学报 (哲学社会科学版)，2007(04):155-160.

[81] 檀传宝 . 让道德学习在欣赏中完成——试论欣赏型德育模式的具体建构 [J]. 北京师范大学学报 (人文社会科学版)，2002(02):107-112.

[82] 王晓梅 . 论心理咨询与德育的关系 [J]. 价值工程，2010，29(32):313.

[83] 陆峰，叶秋 . 根植校园文化提升德育实效——以包桥小学“乡贤育德”工作为例 [J]. 小学教学参考，2019(27):89-90.

[84] 高丽 . 用“田家炳文化”烛照师生成长——常州市田家炳高级中学德育课程基地建设创新 [J]. 中小学德育，2018(12):56-58.

[85] 黄兆龙 . 现代学校管理概念研究 [J]. 教书育人， 2011(17):51-53.

[86] 张新平 . 论学校管理的科层取向与专业取向 [J]. 教育评论，2001(05):36-38.

[87] 张虎，李景妍 . 论高校行政管理与服务的信息化建设 [J]. 行政事业资产与财务，2018(22):85-86.

[88] 黄兆龙 . 学校人力资源管理研究 [J]. 教学与管理，2001(21):13-17.

[89] 杨中枢 . 我国中小学学校课程管理 : 意义、问题与对策 [J]. 课程·教材·教法，2003(07):15-18.

[90] 黄崴，张伟坤 . 服务型学校管理 : 涵义与构建 [J]. 教育理论与实践，2006(15):21-24.

[91] 楚江亭 . 中小学教师参与学校管理研究 [J]. 中国教育学刊，2009(08):39-43.

[92] 陈颢 . 非理性管理 : 现代学校管理的新趋向 [J]. 教学与管理，2001(02):19-22.

[93] 杜时忠 . 制度比榜样更重要——新时期学校德育制度建设初探 [J]. 人民教育，2001(09):40-41.

[94] 刘贵华 . 现代学校制度体系的生态分析 [J]. 长江大学学报 (社会科学出版)，2007(01):113-117.

[95] 张军凤 . 学校制度文化的内涵、类型和构成要素 [J]. 当代教育论坛 (综合研究)，2011(08):13–15.

[96] 顾建德，喻志杰 . 关于学校制度文化建设的思考 [J]. 现代中小学教育，2008(04):11–14.

[94] 胡伟 . 多方位推进地方行业特色型大学开放办学 [J]. 中国高等教育， 2016(24):40–42.

[98] 吴健 . 借力错位求发展　开放办学育人才 [J]. 中国高等教育，2009(18):47–48.

[99] 陆钟武 . 谈开放办学 [J]. 中国高等教育，1988(05):18+31.

[100] 高欣蕾 . 以家长教师协会为抓手，推进家校协同育人 [J]. 北京教育 (普教版)， 2018(05):80–82.

[101] 何雅男 . 家长开放日 : 家校联系的纽带 [J]. 辽宁教育，2017, 000(024):9–10.

[102] 雷鸣 . 创建家校沟通的新模式——增强互访的有效性 [J]. 新教育时代电子杂志 (教师版)， 2018(16):268.

[103] 郑龙娃 . 家校合作有效策略初探 [J]. 都市家教 : 下半月，2017(7):85–85.

[104] 张斌 . 如何搭建家校合作平台初探 [C]. 国家教师科研专项基金科研成果 (十二)，2017:326–327.

[105] 侯继红 . 试论“互联网 +”时代中小学家校共育 [J]. 学周刊，2018，359(11):41–42.

[106] 沈小婷，刘海燕 . 从社会资源整合看家校共建平台的发展路径 [J]. 教学与管理，2019(22):16–19.

[107] 李素文 . 有效整合社会资源，探索生态道德教育 [J]. 中国校外教育，2013(31):3.

[108] 郑德胜，李莉 . 积极发掘和利用社会资源加强科普教育基地建设 [J]. 科协论坛，2005， 20(06):17–18.

[109] 王云飞 . 浅议社区资源在幼儿园教学中的开发与利用 [J]. 中国校外教育，2014(13):138.

中国中小学名师名校长领航工程丛书

教育思想视野中的治校方略

陈文艳◎著

中国出版集团
世界图书出版公司

丛书序

我在不久前发表于《中国教育报》的一篇文章中提到：必须高度重视我国教育本土实践与智慧的深度研究，这可能是中国教育转型的关键，也是增强教育自信的必由之路。这里摘引其中的几段。

何为“本土”？自然指向的是中国本土，它是中国的，是中华民族的，是在中国教育自身的实践中产生的。但今天的本土，又不是纯粹的孤悬于世界教育文明之外的“孤岛”。近代以来，国门大开，中外交流包括教育的交往从未中断，而且越来越有深度，也越来越融通。因此，可以说，在全球经济一体化的今天，偌大的中国，无论怎样的教育实践和思想，都像今天的中美经济贸易一样，你中有我，我中有你，所以这里的本土应该是指发生在中国大地上却又融汇了全球教育智慧的本土实践，是在实践中产生的智慧。研究本土教育，弘扬本土教育的实践智慧、经验，绝不意味着我们对于他国教育理论和实践的拒绝和对抗。

事实上，许多年来，随着教育部中小学名校长、名教师领航工程的陆续启动，一批又一批原本散落、尘封、不为外人所熟知的教育实践成功的学校、校长和教师典型，经由国家工程的推动，越来越快地成长、发展和成熟。笔者参与教育部中小学名校长领航工程，以江苏基地首席专家的身份，与来自全国15个省市自治区的教育家型校长“互学共进”，见证了他们在一流理论和实践导师的专业引领下自身成长和学校发展的

“蜕变”过程，深感与最为杰出的教育人结伴而行，乃人生至乐，且真正可以教学相长。感受最深的是代表我国现阶段最高水平、最高层次的精英校长，他们在长期的教育和学校管理实践中，在长期广泛学习、借鉴、研究、融会贯通、将世界优秀的教育理论与我国教育实际相结合的过程中，不断地“立功、立德”，成就越来越多的教育辉煌，其中有很多校长已经或者正在形成富于本土教育特色和个性的教育思想。

这样成功的本土实践、这种在本土实践中成长起来的中国教育智慧，对于教育改革的深化，对于教育转型，其借鉴意义和价值深远，一点也不亚于西方教育成功的理论和模式；甚或，因为其同源性、可行性，就显得更加重要。对之视而不见或者置若罔闻，这要么是崇洋媚外的劣根作祟，要么是功利导致的无知和漠视。

到 2021 年 9 月中旬，教育部第二期教育家型校长培养工程圆满结业，中国已经培养出近 180 位教育家型校长。而随着时光流逝，他们中的越来越多的人都将淡出教育的主流场域，这虽然是新陈代谢的规律所致，但对于这一批校长，在这样一个黄金时段，如何最大限度地发挥他们的作用和功能，更好地实现在教育变革中的意义和价值，对此我们又有多少考虑，又有多少顶层设计呢？

作为曾经伴随着他们“走过这一段路”的培养者，作为亲眼见证和感受着他们的优秀、卓越和创造了一方教育辉煌的专家，每每想到这些，只有扼腕叹息，我无法要求国内的教育专家学者转换视角、转变观念，把研究的重点瞄向本土、本土真正杰出的教育实践家、中国一流的教育家型校长群体，也无法突破一般政策的规定，比如校长任职年龄的限制，充分发挥这些领航校长的智慧和才干，不断创造办学和教育的奇迹，引领一方教育顺利转型。我可以做的，或者说力能胜任的，大概就只能是重点关注这些校长中的一部分，调动多方专家力量，如实地呈现他们有关教育的功、德、言，呈现他们的研究成果和创造成果。

这套《中国中小学名师名校长领航工程丛书》正是要通过这些校长

自身成长的轨迹梳理、学校发展的过程回放，通过对其经验与理念、理性思考与实践智慧的展示，特别是通过他们教育思想、管理个性与办学风格的真实表达，以理性开启思维，以经验启迪思想，以成功激励成功，为面广量大的校长人群提供资源帮助，经验参照和方法启迪，推动正行进在改革现实、加快转型、探索未来教育的他们突破、超越，从而为加速建设教育强国、科技强国、人才强国贡献智慧和力量。

不仅如此，通过这种原汁原味的成功样本的“实录”，展示中国基础教育转型期一批勇敢者不息探求的历史，为未来国内有志于中国基础教育研究的专家提供第一手的最真实的素材和资源。也衷心希望越来越多的教育同仁参与进来，开展越来越多、越来越丰富的研究，取得越来越多、越来越厚重的成果。

当中国本土的教育实践智慧被越来越多的教育人、研究者深度关注，当本土教育家型校长和校长教育家的办学思想、成果的研究终于成为“显学”，我国教育改革的深化、教育转型的发展，就进入了花香郁郁、生机勃勃、自信满满的崭新阶段。

本丛书的组织、编写和出版，得到了教育部“国培计划”专家工作组秘书长黄桂珍、领航工程项目办郭磊主任、国教院培训学院于维涛、领航工程北京基地首席专家胡淑云、领航工程广东基地首席专家龚孝华等的大力支持，他们给予本书以较高的评价，在此深表感谢。必须要提到的是，2020 年，北京教育学院校长、培训学院院长胡淑云教授邀我和广东第二师范学院龚孝华教授一同参与了中国教育学会重点课题“从名校长到教育家型校长发展路径研究”，本丛书恰恰是围绕这一课题所做的“研究三人行”之成果了。

严华银

2022 年 2 月星期日于南京老山竹下居

一边热爱　一边沉思

最近，断断续续地看许知远的《十三邀》，每次听到他标志性地说出那句“老练，亦可以很天真”时，都会想到教育媒体人李斌先生的那句话——“虽鬓已白，却仍天真”。两位媒体人所关注的领域虽交集不大，但他们对“天真”都一样情有独钟，且都将自己情感的韵脚压在了“天真”之上。回到我工作的地方——一所小学，自我入职以来，一直躬耕其间，始终被“天真”萦绕，渐安心沉迷，终难抵热爱，但这许是我寻常人生遇见的最大幸运。

因了这份天真，37 年的教育生涯，我对所爱之事可谓极尽热忱，甚至可以说，自己已经不自觉地把人生交付于梅岭小学这所学校的成长与发展，使得自己和梅岭拥有了相同的时空记忆、情感节律和吐纳呼吸；又正因了这种热忱，相形之下，我对于其他诸多事物则显得淡然了许多，遂然有了忙碌罅隙间积攒起来的时间去做梦、去沉思。套用诗人辛波斯卡的话说，“我喜欢继续沉思的荒谬，胜于不继续沉思的荒谬”，这就是我的日常！

于是，行至当下，方有了这本称之为“教育思想视野中的治校方略”的表达，“奠基未来”教育思想则是根植于梅岭教育实践的思考，是梅岭这块土壤，让我个人的思想发展史与学校的发展史相互映照，互为镜像，因而，梅岭似我，我亦似梅岭。

纵观我作为校长的生活，其实就是诸多思考、探寻与写作的总和，这十多万文字记述的是梅岭近 20 年的发展轨迹、一位校长的探索经历和思想演进的过程；记述了在反复追问“童年是什么”“学校为什么存在”“孩子们为什么来到学校”“学校将往何处去”等教育本源性问题的同时，梅岭在文化演进、管理变革、课程变革、教学重构、教师发展、学生评价、空间迭代、教育生活重塑、引领辐射等方面进行的假设和实践；其中，指向概念内核的沉思记述了梅岭不断剖析现象贴近教育本质的沉淀，指向行动表达的沉思记述了梅岭不断澄清实践丰富教育的历程，而指向价值意义的沉思则记述了梅岭不断形成哲思创构未来的探索，而努力回溯梅岭这样一所学校非典型性的发展史，正是为了让同一时代的不同学校的发展得以对比和关照，因为，教育终应遵循规律，且面向未来。

因此，回头看，这本记述一个小学校长教育思想翎羽生成史的书，更像是一部有纪录片特质的电影，其光影背后有成功有失败；有荣光有低回；有逆风飞行趁势而上的骄傲与幸福，也有历经波折遭遇质疑后的不安与忧虑……如同我在梅岭 70 周年校庆活动上的致辞里所说的那样：“当记忆像河流缓缓穿越 70 年的光阴流淌到今日，汇聚到梅岭，这是一种怎样的百感交集！”

作为教育部“国培计划”中小学名师名校长领航工程的一员，我深切感受到，在这样一个大时代之下，校长更需在放眼世界、放眼未来的前提之下，扎根中国教育的土壤，扎根学校发展的历史，从社会对教育最核心的需求出发，从当下教育最真实的问题出发，切实提升自己的教育境界，提高自己的教育站位，不断优化自己系统设计与创变学校的能力。因为，只要教育参与的主体是鲜活的生命，那么教育就时时刻刻需要被一种特殊的精神召唤，特别是当我们即将穿越这个飞速发展却又飞速变化的时代的时候，我们更需要确定自己所从事的是一个伟大的事业，这种伟大在我看来不是情感上的骄傲，更是现实中的体验，尤其是当我们一次又一次地面对教育的使命是“替一个未知的世界培养未知的儿童”的时候，这种感觉是实实在在的压力，我想我已感受到这份使命的分量，并正和很多有责任感的教育人一起，上下求索于教育的现在与未来之间。

帕斯卡说他只喜欢那些一边叹息、一边寻找的人，我以为这是因为他早已看透现实与理想之间的关联。而我愿以至高至上的诚挚，感谢时空的馈赠，让我有缘每日与儿童赤诚相见，时时刻刻深情触摸人类的“天真与美好”，我自问这些年的坚守，其实就是因为感悟到了教育与人、与生命、与未来的关联。“天真与美好”不是凭空而来，它藏在我们每一个人的心灵深处，它需要我们用整个生命去实现。

“千淘万漉虽辛苦,吹尽黄沙始到金”,与梅岭同行,数十年转瞬即逝,时空须臾，天真永驻，热爱长存！回首之际，唯念念不忘教育之温良，余外则皆交付于时间去验证。

陈文艳

2021 年 12 月 31 日

目录

contents

第一章

“奠基未来”教育思想的学理性阐述

距离1985年我中师毕业后来到江苏省扬州市梅岭小学这块热土，时间已经过去了37年。37年，对于创办于公元1947年的梅岭，已经占去它历史的一半。

37年的教育生涯，20年的校长经历，我和我的伙伴们在这所扬城历史深处走出的小学，始终应和着时代的脉搏，凝望着儿童去往的方向，在嬗变与坚守中突破与创造，以期不断抵达教育的美好未来。其间，作为一个师者、一名校长、一个37年来每天与孩子们朝夕相处的人，我思考最多的三个问题是：孩子为什么来到学校？学校因什么而存在？如何抵达理想中的学校？

37年来，我的教育经历不断印证一个事实，即儿童给予我们的教益与启发一点也不少于我们所给予他们的，甚至，总是他们会超出我们成人的期待。

“为什么掉落的树叶都是黄色的，妈妈？”

“因为绿色总喜欢在新叶上安家。”

“那黄色的落叶最后去了哪里？”

“它们回到土里，可能会重新生根发芽。”

这是今年秋天学校里一个10岁的孩子写出的诗句，这些诗句告诉我们，与儿童一起降生的是他们无尽的禀赋。我以为，童年，是发端，是起点；儿童，是未来，是希望。在孩子的身上蕴藏着人类发展的伏线，那是堪称不朽的暗示，学校应尽可能地拥有远见，并自觉地担当起为未来社会培养新人的责任与使命。我们既要传承历史，也要拥抱当下，更要瞻望未来。儿童，一代代地到来，意味着未来一次次地靠近。

37年来，我已经习惯了与梅岭吐纳相连的生活方式，从某种程度上，我已经把自己的人生交付于这所学校的成长与发展，使得自己和梅岭一样，拥有了一份独特的时空刻度。应当说，正是这所学校，这份事业，这里的师生，这块土壤上的生活，让我从未停下过关于教育的思与想。所以，如果它们的流淌与蓄积算是一种思想的话，那么，也就有了属于我的教育思想，那就是：教育，奠基未来。

第一节 “奠基未来”教育思想的基点

一、教育思想的本义与价值

1. 教育思想的本义和特性

一般情况下，一位初任校长可能鲜有一开始就去思考什么是教育思想这个问题的，但一个往教育深处走的校长可能就一定得认真思考什么是教育思想了。

教育思想是什么？这是教育思想的本质问题，当然更是关乎教育本质的问题。人类的教育活动可以分为教育实践和教育思想两部分，而教育思想是在教育实践基础上形成的对教育现象与教育问题的认识和思考。教育思想往往经各种言论、著作、决策、行动得以表达，按其表现形态，可以分为看法、主张、理论、学说等等。有时，人们也把对教育现象和问题的一些意见、要求、建议，称为教育思想，只是这种教育思想较为零碎、不够深入、不成系统；更多的时候，人们将在总结教育经验的基础上，经深入思考探索、反复检验论证、系统整理构建而提出的教育理论乃至教育学说，称为教育思想，这是教育思想的高级形态。

我理解的校长教育思想是指伴随着指向教育本质的长期系统的教育实践的校长个性化探索行为背后的价值选择、逻辑依据和系统经验。

因而，教育思想具有创造性、发展性和个性化特点，是教育理论的先导和灵魂。一个人的教育思想受其世界观、价值观和个人经验的影响，显现出与众不同的一面，因此具有个性化特点。一个人的教育思想是在特定时代背景下，在前人思想的基础上，受社会历史条件所限制、随社会发展而发展的，同时又表现出共同性的一面，因而又呈现出时代发展性、历史继承性的特点。一种教育思想，如果得到诸多教育学者、教育思想家、教育实践家的认同，并在坚持共同价值的基础上做出各自的阐述、丰富和发展，这一教育思想即可称之为教育思想流派。教育思想产生和发展的源泉是社会变革和教育实践，社会变革提出了新的课题，而解决时代课题的教育探索积累了教育经验，对教育经验的理性认识和思考产生了教育主张、理论和学说。而教育思想一旦产生，又会对教育实践活动产生反作用，表现为对教育实践的规范、指导和促进。教育思想与教育实践成为教育发展的两个轮子，它们互相联系、互相作用而形成张力，成为教育事业不断发展与进步的动力。

教育思想既是在一定的社会背景和时代条件下产生的，也是在继承前人思想基础上发展形成的，它是校长能动的创造。但教育思想的发展不是囫囵的、一蹴而就的，而是经历着一定的步骤，这就是阶段。阶段显示着思想的过程，也显示着思想的发展性。

2. 教育思想的意义和价值

陶行知说，校长是一个学校的灵魂。而我以为，让校长成为学校灵魂的是他们的思想，其核心一定离不开校长的教育思想。换言之，校长的教育思想才是学校的灵魂之核心，可谓为灵魂之灵魂。西南联大，一个在战乱年代只存在了 8 年、几度异址、办学条件极其艰苦、办学方式极为特殊的三校联合举办的大学，至今依然是中国教育史上的神话，因为从这样一所大学里走出的是未来中国的精神脊梁、学术巨匠、国家栋才。“所谓大学之大，非有大楼之谓也，乃有大师之谓也。”作为三校联合首席校长的梅贻琦先生一语道出真谛，西南联大之所以成为难以超越的神话是因为在这所大学里站立着梅贻琦、蒋梦麟、张伯苓这样三位校长，他们的存在使得这所特殊的大学拥有了强大的召唤力、凝聚力、创造力和生命力，显示出鲜明的未来性和开放性。他们在这所大学提出的“刚毅坚卓”的校训激励了当时无数的热血青年，他们的教育思想、胸襟境界与历史担当则让后来的教育人、办学者高山仰止，是他们诠释了中国的大学精神，奠定了中国大学的精神高度。

学校是人培养人的场所，这一环境中，人，显得尤为重要。因而，校长的领导是有别于一般的行政领导的，校长的领导是文化领导，是道德领导，更是价值领导，而价值源于校长的教育思想。在一所学校里，让“一条声音喊到底”的从来不是人，让一种文化发光的也从来不会是坚硬而繁复的制度，而是人身上蕴藏的价值力量，且这种价值力量一定存在于校长的教育思想之中。几年前，我有幸结识了远在浙江省苍南县的张延银校长，他和他的苍南县第一实验小学让我看到了遵循规律、保有童心、缓缓行走、慢慢生长、从容生活、满怀欢欣的桃源般的学校样本。张校长总是说他的学校很小很小，他希望办一所美的、慢的学校，“源于心，成于行”是这所学校人人记得、人人喜欢的办学理念，爱读书、爱写诗、爱民谣、爱摇滚、爱运动、爱书法、爱建筑、爱种花种树也爱种地的张校长似乎更爱在校园里造景和创造生活，他的校园里流淌着先贤的诗书遗韵，也有着小王子在大树下为孩子们开设的 B612 星球图书馆以及夏日星空下师生同乐的摇滚音乐晚会，更有着“看不见的森林”这样空灵但却能让师生的精神触角伸向遥远星空和未知未来的教育体验场……这几年里，我在他的朋友圈、学校微信、半书房和问对教育公众号中看到他和他的学校的教育生活的变化，真可谓做一件，成一件，也让“源于心，成于行”一天天、一点点、一步步得到了印证。张校长是将那些校长们必备的办学章法隐藏在这些生活之中了，“看不见”即为“留白”，“森林”意味着包容与生长，这正是慢的力量，也是美的力量，这是一位校长在找到适切的教育思想之后思想所回馈他的力量，他的学校很中国，他的学校很未来。

情怀不能取代思想，现实中不乏校长情怀满满，办学却举步维艰的例子。成熟的教育思想是系统的、可实践的、有导向性的、结构完善与轨道清晰的，是可感的、无处不在的弥散，而学校实现科学治理之道就蕴藏其间。2021 年暑期，在无锡的太湖之滨建起了一所新学校，陈罡校长说他想用他职业生涯黄金时段的二十年在这里实践“博喻”教育，办一所理想的现代学校。他说，为了这两个字，他还是认真斟酌了几个月的。我想，这是陈罡校长谦逊的说法，其实他对理想学校的构思与描摹可能从来没有停歇过，他对学校组织变革的研究使他所在学校的管理迈向治理的境界，总能活跃、丰富并充满美感与现代感，而支撑起陈罡校长的理想学校的是他的博喻理念之下的现代学校制度建设的创新实践，当然这一切都是为了在他所在的学校里培养出他理想中的那种具有文化理解、自主学习、审辩思维、创新素养的未来英才。他的办学，纲举目张，从容自信；他的新学校让孩子喜欢、同行惊艳、家长认同，那是因为这所学校的软件与硬件在这所学校还是一片空地时便开始“水乳交融、血肉相连”了，不是将房子建起来再谈理念，而是在建之初就有了思想，这是一个完整意义上的学校建设案例。

校长教育思想的存在，是精神的存在，文化的存在，学校治理之系统、路径、流向的存在，其核心是价值的存在。

3. 教育思想的迷思与误区

一个好校长就是一所好学校！一个好校长的内质中最核心的部分一定是好的教育思想。陈玉琨教授认为，校长的教育思想是校长在对教育规律和教育价值认识的基础上，在实践过程中所形成的对“什么是教育、为什么办教育、怎样办教育”等问题的回答。校长的教育思想，往往根植于对学校文化与历史底蕴的分析，来源于办学实践过程中对走向何方做出选择。很显然，在当下这个信息爆炸、技术飞跃、充满变化挑战、充斥着不确定性的时代，校长们如果希望自己能够在复杂的现实中选择好实践进程中的方向，就需要不断地思考并回答好过去、现在、未来与教育的关系问题，且不断校准教育未来的方向，以防陷入现实的迷思，走入行动的误区。

为此，我们要辩证地处理好几重关系，首先是与自我的关系。校长的教育思想始于校长基于具体教育实践的个体（个性化）创造，但是它最终并不是为着属于自己的，而是为着他者和未来的。因此，一个理性的、负责任的校长，不可以仅仅为了自己所谓思想的生成而过分执念于烙上自己的印记，而要审慎选择，真正地对未来负责，并且要避免与防范世俗化、庸俗化、功利化的侵蚀，守护思想的纯净、健康与灵动。“让每一面墙壁都说话”曾经是一所学校有文化、校长有思想的标志，但我还是有些下意识地拒绝（或者不愿意）进入一个每一面墙壁都贴满东西（特别是某某校长的办学理念）的那种学校。我以为，一些东西（或词语）的过分胀满则会意味着另一部分生命（思想）的抑制，尤其是对儿童。在梅岭寻找学校文化之根、重塑学校文化体系的过程中，还经历过一段非常激烈的关于建设“五福梅”学校文化的争论。有人曾提出用“五福梅”文化来主导学校未来的文化建设，并在学校空地里种满梅花，而孩子们必须拥有五个指向梅花品质的核心词的梅花精神，这将成为梅岭未来的育人目标，这曾经让我非常困惑与苦恼。我以为，教育思想的“靠山吃山靠水吃水”的现象非常值得警惕，教育思想的庸俗化、简单化、扁平化、单向度和去生长化往往就滋生于此间，它经不起理性（时间）的叩问和审美的对照，特别是童心的检验，这是一种可怕的思想的懒惰与媚俗。在一位校长对自己的教育思想做出价值性、方向性的选择时，一定要真诚地倾听来自孩子和同行者的声音，才能把握好校长自处的尺度，找到自我的存在，校长不仅是教育思想的建设者，也是教育价值的捍卫者，更是儿童真诚的理解者。

其次，是与文化和历史的关系。校长思想的生成源于实践，但最终仍旧是一场长期的文化探索活动。因此，无论是在有历史的学校做校长，还是在新学校做校长，无论是初任校长，还是有过校长经历的校长，其教育思想的形成都与文化传承和历史演进相关。这需要校长要看到学校来的那个地方，看到学校经历中的足迹，特别是独特的文化基因及重要的思想发展的轨迹与积淀。其实，无论是对于一位校长还是对于一所学校而言，其教育思想的生成都不应当是断裂的、无中生有的，它一定是深挖教育本源、学校本源之后涌出的清泉。好的继承既可以解决过去的安放问题，更是学校教育实践从现实走向未来不割裂的保证，学校是土壤，而文化与历史便浸润其间。因此，换一个校长就换一个思想，是对过去的实践的浪费与对文化的不尊重，除非前面的教育思想从根本上违背了教育的初衷、阻碍了学校的发展。不过，我们也需要警惕那种“考古式”的继承，以至于有些学校一旦挖掘到了与某个历史名人的所谓关联，一夜之间就更了名换了姓，学校也由此而成了百年名校，让文化和历史成了思想的幌子。辩证地处理好与文化和历史的关系，最重要的在于校长要在传承中走好教育思想的创新之路，要有真正经得起时间与规律考验的、带着希望的思想翎羽，在促进儿童成长的实践中，一片片、慢慢地、不断地、有姿态地长出来。好的教育思想是长出来的，生长即是创新。

其三，是与时代和创新的关系。教育的发展一定与时代的变化与发展紧密相连，但是教育的本质是不是也会不停地随着时代的变化而变化呢？这显然是一个有着明确答案的问题，但是，在现实中，我们却往往回答不好。我以为，这恰恰是我们的教育思想发展过程中的重要问题和难题。我很难忘记程红兵校长在我校“常春藤学院”演讲时说过的话，他认为当下中小学教师和管理者是非常脱离真实社会的一个群体，对经济发展、科技进步、自然变化和社会演进的关注与研究非常不足，我们以学校的围墙为界，设置了我们的视域和思维的疆域，而一个不甚了解世界的群体如何让这个世界的新人（儿童）更好地了解这个世界、创造更好的世界呢？于是，我们的思想创新和实践创新与这个时代的匹配度便出现了偏差，著名的“钱学森之问”依然是教育人一时还难以完全攻破的难题。几轮课程改革过后，好多的思想、主张和范式如雪片般飞来，华丽而繁复，而这其中又有多少只是跟风者与捕风者的捕风捉影的教育游戏啊，可是，儿童又在哪里呢？被时代驱动与被时代捆绑都不是教育好的存在方式，教育创新不能完全等同于技术创新，因为教育是以人为目的的，人的成长是不可逆的。因此，教育首先面临的是打开，学校要打开，课堂要打开，生活要打开，校长的教育思想当然也要打开。但这种打开却既承载着抵达未来的探索，也意味着回归教育本源的觉醒。因此，校长们要自觉抵制功利主义、工具主义的未来观，保持对时代发展变化的敏觉，读懂时代，融入时代，参与时代，成为更好时代的思想者、建设者、创变者，以担负起为时代培养真正的新人的使命。

在这些年，我坚持边想、边学、边做，比较系统地梳理了中外教育思想中有关对未来教育思想的若干认识，既分析了西方教育思想史上康德、夸美纽斯、斯宾塞、杜威、赫尔巴特等人的教育论述，也分析了我国教育思想家孔子、孟子等人的论述，还认真研读了1978年以来我国教育界有关教育本质问题的大讨论。在梳理中，我们发现目前中国教育理论界关于未来教育的主要观点有：教育是社会意识形态，是上层建筑；教育是传递生产劳动经验和再生产劳动力的过程；教育既具有生产力的属性，又具有上层建筑的属性；教育是社会性、生产性、阶级性、艺术性、实践性等多重属性的统一；教育是为未来社会培养人的实践活动等等。而对讨论中争论的焦点主要集中在教育是上层建筑，还是未来生产力。这些观点虽然对未来教育下了各种各样的定义，但有一个共同的不足之处，那就是忽视了以儿童立场来看未来教育，对本体的研究不充分，对教育通往儿童之路的探索不深入，对儿童连接世界和未来的关系关照不全面。纳尔逊·曼德拉说："教育是用来改变世界的最强武器。"这个政治家对教育的判断从另一角度印证了教育与现实及未来之间的关系。对于处于基础教育基础段的小学来说，如果要想担负起为国家培养一代代新人的使命与责任，就必须保持将教育的关注投向更加广阔、更加高远、更加深邃的领域的意识与习惯。这些年来，给到我诸多启发的是联合国教科文组织从20世纪70年代以来发布的几份重要的全球教育报告，从《学会生存——教育世界的今天和明天》（《富尔报告》）到《教育——财富蕴藏其中》（《德洛尔报告》），到《反思教育：向"全球共同利益"的理念转变？》，联合国教科文组织先后提出了"学习型社会""终身教育"以及"人文主义教育观"等重要教育理念，我从中获得的是更多、更广范畴的专业人士从人类学、社会学、经济学的角度对教育发展现状、变化趋势的分析和对教育未来（特别是教育价值）的探想，正是沿着这一理论路向，我也进一步确立了自己教育思想的基点：教育应当始终保持对世界更远未来的瞻望，始终持有鲜明的儿童立场。

二、“奠基未来”教育思想的基点：儿童立场

立场，是人们认识和处理问题时处在的地位和持有的态度。教育，从来都是有立场的。不同的教育立场，表明了不同的教育判断，其深处则弥散着不同的教育价值，它影响甚至决定着一所学校人们相互关系的建立、处理事务的方式和可能导向的存在样态。毫无疑问，“奠基未来”的教育思想是为了儿童、向着儿童未来展开和演进的，因此，持守对童年的理解，坚持从儿童出发，尊重儿童的感受，呵护儿童的成长，并使之成为贯穿所有教育行动的准则，这就是该教育思想的基点。

1. 树立儿童的主体地位

我们选择以儿童为基点审视未来，不是情感上的冲动，而是历史文化、现实担当与未来愿景共振相融的结果。以儿童立场为基点，就是将儿童作为教育的出发点，以儿童的发展为本。以儿童立场为基点，就是在回到教育本质的基础上趋近未来、触摸未来、抵达未来。基础教育的出发点是儿童，教育的远点是未来。儿童代表了未来，未来在儿童身上。刘晓东教授说：“近现代教育的儿童立场是在‘儿童成长’取向对‘知识灌输’取向的斗争中确立起来的。”的确，儿童主体地位的确立并不是那么风平浪静，但作为觉察到教育本质的教育者应当明确，我们所有教育实践的核心就是关注儿童，并始终将为儿童的未来发展奠基放在首位，让儿童站在教育的正中央。

卢梭的主体性教育也以儿童观作为理论基础。卢梭认为，“人生来是善良的，这种善良的天性也应该是儿童的本性”。因此了解儿童及其天性也就成了对儿童实施教育的前提和基础。儿童是不成熟的，正因为如此才需要成人的保护和帮助，以保留儿童身上那些自由、善良的天性。正是由于儿童的这种孱弱，才使得儿童具有了可塑性，才使儿童的未来充满可能性，因此就更需要成人予以适合的教育以发展他们的潜能。把儿童看作儿童，是卢梭儿童观的核心和基本思想。卢梭认为，在人生的秩序中，童年有它的地位；应当把成人看作成人，把孩子看作孩子，儿

童要有儿童的样子，他们要能够保持独特的想法和情感，而不是一味地被动服从。因为这些一旦被成人的想法和情感所取代，儿童就无法称之为真正的儿童。由此可见，童年有其自身特别的价值和发展规律，儿童应当被看作是独立于成人的个体，并且是具有自由意志、独特思想和感情的主体。对儿童的教育应当要考虑他们的年龄特点和个性差异，尊重儿童的想法，顺从儿童的天性，让他们率性发展，让他们自由快乐地享受童年。

因此，我们认为，儿童立场的内核应该是顺应儿童的身心发展规律，把儿童当作主体，用儿童的眼光去审视世界，用儿童的耳朵去聆听心声，用儿童的心智去瞻望未来。

2. 为每一个儿童提供适合的教育

让儿童这个主体立起来，需要有好的教育。陶行知先生说："没有爱就没有教育。"他认为尊重儿童、理解儿童和相信儿童是好的教育的前提。每一个儿童的天赋和特长都不一样，有的逻辑思维能力强，有的形象思维好，如果用一个模式去教不同的儿童，势必会压抑儿童的特殊才能和个性发展，最好的教育应该为不同的儿童创造发展的条件，要为每一个儿童提供最适合的教育，使每一个儿童都能健康成长，让他们成为最好的自己。因此，我们的儿童立场是"以儿童发展为本，实践因材施教的教育观，为每一个儿童提供适合的教育"，以这样的集体坚持去擦亮儿童立场的价值罗盘。

那么，何以为适合的教育呢？早在春秋末期，孔子便提出，"性相近也，习相远也"。正因为"性相近"，所以每个人都有成才成德的基础可能性，而又因为"习相远"，所以必须因人而异采取不同的措施使他们成才成德。正是深信人皆可以通过教育成才成德，孔子才提出了"有教无类"的教育原则。"有教无类"出自《论语 · 卫灵公》。孔子在兴办私学的活动的过程中感受到，虽然人的身份有高低贵贱之分，但在知识面前应该是平等的，因此提出了"有教无类"的思想。"有教无类"的本义是，无论学生是贵族还是平民，也不论学生是来自哪个国家，只要他们能乐于接受知识，真心致力于学习，都可以拜入孔子门下，入学接受教育。孔子的弟子不仅来自鲁国，还来自秦国、晋国、宋国、楚国、齐国、陈国、蔡国等全国各地。

孔子众多弟子中有的出身贵族，如司马牛、南宫敬叔、孟懿子，有的是商人，像子贡，但更多的都是寒门子弟，如颜回、冉耕、闵子骞、仲由、曾参、公冶长等，这更能体现出孔子“有教无类”的教育原则。

在“有教无类”的教育原则基础上，孔子又提出了“因材施教”的教育原则。

“因材施教”这一概念并不是孔子本人直接提出的，而是由宋代理学家朱熹在对孔子的教育教学进行总结时概括出的。朱熹认为，“夫子教人，各因其材”，这是朱熹对孔子教育实践进行长期研究后的总结。所谓“因材施教”，是指在教学实践过程中根据不同学生的认知水平、学习能力以及自身素质，选择适合每个学生特点的学习方法来有针对性地教学，发挥学生的长处，弥补学生的不足，有的放矢，激发学生学习的兴趣，树立学生学习的信心，从而使每个学生都能获得最适合的发展并全面发展。“因材施教”教育原则的确立，尊重了教育对象之间的差异性，有利于每一个学生找到属于自己的未来发展之路，进而展开针对性强的学习，提高实际学习效果。子曰：“力不同科，古之道也。”孔子主张根据学生的各自特点和现有水平，进行有差别的教育，这充分显示了孔子善于发现每个弟子在性格、资质、能力方面的不同的特点，并根据每人的特点给予弟子以最优的教育内容。

《论语》中记载：“子路问：‘闻斯行诸？’子曰：‘有父兄在，如之何其闻斯行之？’冉有问：‘闻斯行诸？’子曰：‘闻斯行之。’公西华曰：‘由也问，闻斯行诸？子曰，‘有父兄在’；求也问闻斯行诸，子曰‘闻斯行之’。赤也惑，敢问。子曰：‘求也退，故进之；由也兼人，故退之。’”由此可见，当听到一个主张，孔子要子路先问一下父亲和兄长再决定是否行动，而要冉有立即行动。公西华很好奇为什么孔子会对相同的问题给出两种相反的答案，故而问之。孔子解释说冉有性格内敛，办事优柔寡断，所以就鼓励冉有要当机立断，果敢一些，但子路个性鲁莽，逞强好胜，办事缺乏深思熟虑，所以就劝他遇事多听取别人意见，三思而行。可见孔子是在对学生有充分了解的基础上实行了“因材施教”。

那么，孔子又是怎样去了解他的众多弟子的呢？孔子主张通过“听其言而观其行”，把“言”和“行”结合起来了解弟子。要“视其所以，观其所由，察其所安。”，同时通过观察他所处环境和所结交的人来间接地了解其本人。孔子说：“人之过也，各于其党。观过，斯知仁矣。”，也即“人以类聚，物以群分”，“近朱者赤，近墨者黑”。这就是孔子在教学中了解学生的方法。

“因材施教”教育原则是我国古代教学经验的结晶，也是现代教学中必须坚持的一条重要原则，落实到学校教育，就是要坚持以学生发展为本，充分了解每一个学生，用春风化雨般的爱让每一个学生都得到成长，这是实施“因材施教”的前提和基础。同时，我们也要厘清因材施教和全面发展的关系。全面发展是总基调，而共性总是体现在个性中，因此对不同的学生必须因材施教，才能把每个学生的潜能发挥出来，从而达到全面发展。此外，因材施教不能停留在理念上，还必须有具体的教学方式和改革措施，重视学生的个性化学习，为每一个学生提供适合的教育，如此，才能使每个学生的潜能得到充分发展，使每个学生都能在未来社会中成为最好的自己，独特的自己。

3. 儿童立场的实践选择

毫无疑问，真实鲜明的立场一定存在于具体鲜活的实践之中，那么，梅岭的教育实践之路与儿童立场有着怎样的内在关联，又是如何连接起来的呢？

我想，首先是梅岭教育的文化选择。学校文化对个体生存方式的形成，有着潜移默化的作用。在学校教育教学过程中，校长、教师如何对待儿童，儿童就会如何对待自己的学习和生活，并且在日后更倾向于那样地生活。梅岭教育的文化有以人为本的理念，有儿童优先的选择，有自发而为的力量，有勇于创新的精神。正是这样一种对儿童理解与发现的教育文化的存在，孕育了梅岭“奠基未来”的文化基因。

我们认为，儿童有其独立性和独特性。站在儿童的立场看待儿童的教育和发展，才会尊重儿童做出的决定和选择，理解儿童的言行，并与之产生思想与情感的共鸣。但儿童立场的选择与坚守，不能仅存于语言之中，需要化成学校教育的文化形态与行动方式。文化的实质是人化，文化可以影响人，但人能创造文化。儿童既是文化的体验者、享受者，更是文化的创造者。因此学校教育对儿童的引领，最为重要的应当是文化的引领，引领儿童在传承文化的过程中创造文化，发展文化。我们要读懂儿童的成长需求，从寻常的教育现象中发现其内含的成长问题，从不同寻常的教育现象中读出儿童的成长需求，并设计不同的文化实践活动，使每一位儿童都能参与其中。我们更要清醒地认识到文化的核心是价值观问题。价值是理想中的事实，我们要在事实中并从现实引领儿童发现理想的光亮，为儿童筑起一块精神文化高地，让他们踮起脚来仰望灿烂的星空。

其次是梅岭教育的经验选择。儿童立场有着丰富的内涵，但其特质与核心是如何看待儿童和对待儿童。儿童是教育的对象，教育的影响力要通过儿童自己去实现。如果教育游离在儿童之外，儿童就不能成为真正的教育的主人。作为独特的生命个体，每一个儿童都是一个丰富的世界，都有其自身独特的生存环境、生存方式和生命质量，他们具有人所有的权利，包括参与的权利、选择的权利、发表意见的权利、自我发展的权利、自由游玩的权利、自主支配时间的权利等等。此外，儿童的生命发育和精神成长离不开游戏，游戏是儿童的活动方式，也是儿童的学习方式。儿童在游戏中将现实与未来、真实与想象联结起来，将规则与创造统一在一起，因此真正的教育必须根植于儿童游戏的伟大天性中。我们的教育经验里有游戏精神的参与，有对学习本质的关照，有适合儿童学习方式的创见，那些基于儿童、为了儿童发展的梅岭教育变革历史，成为这所学校“奠基未来”的坚实的实践基础。

当然，也离不开梅岭教育的愿景选择。多年来，在梅岭形成的共识是：

学校的教育愿景唯有站在儿童的立场，主动走进儿童的心灵，与儿童站在同一视角去看待周围的事物，才会尊重学生作出的决定和选择，理解学生的言行，与之产生思想与情感的共鸣，学生才会“亲其师，信其道”，并进入教育的最佳境界，也只有这样，我们才能真正认识儿童和发现儿童，才能真正坚守儿童立场。我们深知，无论是传统的儿童，还是现代儿童，或是未来儿童，他们首先是儿童，儿童就是儿童，也许随着时代的发展，技术的进步，会改变儿童发展的内涵，但儿童的特质不会改变，儿童有自己的“根茎”，它是儿童成长的“根茎”，丢弃“根茎”，童年便不复存在。我所理解的“根茎”便是尊重儿童发展的自然性，服从儿童的身心发展规律，始终聚焦儿童未来发展的核心，以此作为当下一切教育教学的出发点和落脚点。正因为“根茎”的永恒性，儿童从传统走来，走向未来。也正因为我们对教育愿景的坚定选择与不懈坚持，建构起了“奠基未来”教育思想中相对完整意义上的儿童立场，并最终成为我们的教育实践，成为我们的教学模式、育人模式。

越往教育的深处走，我们越相信，教育是未来的事业，儿童是未来的希望，未来性是教育与儿童之间的共同之处。我们坚持儿童立场就是坚持以儿童作为奠基未来的主体，坚持因材施教，就是坚持为每一个儿童而教，为每一个儿童的未来而教。在未来和教育之间，我们始终选择以儿童立场作为奠基未来的基点，从而不断抵达教育美好的未来。

越往教育的深处走，我们越相信，儿童是未来的代名词，立足儿童立场看“未来”，“未来”并非只是时间意义上的未来，更不是好高骛远、不切实际的未来。这里的“未来”实际上是由无数个不断逼近未来的当下所构成的，儿童通过当下的教育走向未来，因此面向未来首先要回到教育本身，回到当下，回到儿童，用未来的眼光审视当下，用教育规律帮助儿童走向未来。

越往教育的深处走，我们越相信，梅岭文化的，经验的，以及对未来的思考与实践，正汇聚成为一条逐渐清晰而又坚定之路，那就是——“教育，为未来奠基”。

第二节 “奠基未来”教育思想的价值

一、“奠基未来”教育思想的立意

1.“奠基未来”教育思想的价值思考

围绕“奠基未来”这一教育命题，我一直在思考：儿童为什么要来到学校？儿童喜欢的学校是什么样子？我们真的了解儿童吗？我们真的了解教育吗？学校存在的意义到底是什么？学校的使命又到底是什么？

2017年冬，在第四届中国教育创新年会上遇见一位95后演讲者陈小树，这位在3000人的现场显得自信、得体而成熟的孩子告诉我，她来自密涅瓦大学，是这所2014年开办的“颠覆‘常青藤大学’的未来大学”招收的第一届学生。在这所没有实体校园的大学里，四年中她需要在不同国家的七个城市学习；没有面对面的老师，全部是在线视频教学；没有传统意义上的考试，学校给予学生完全的主动和自由……她用这样一句话概括在这所学校的学习体验：“在这里，我承受了巨大的压力，同时也得到了无穷的动力；在这里，最大的感受就是——在创造中学习。”

从这个年轻人的表述中，我们不难看出，她对教育的需求是多样的、个性化的。他们并不畏惧变化以及那些具有未来意义的挑战，孩子们对这个世界和新事物充满好奇，他们知道想要的未来，希望学校能够真正帮助他们触摸梦想并在未来获得成功。回到当下的教育现场，我们的教育供给显然还不能很好地回应这样的需求，教育发展的不平衡、不充分正在影响着教育的美好，也在影响着教育的未来。时代的发展太快了，我们清醒地意识到，无论是回应社会发展、学校存在，还是满足学生期待，都需要重新定义教育思想的未来价值。

陈小树的故事昭示出的年轻人对在创造中学习的渴望，其实是对一种教育思想价值的认同，它提醒我们教育思想的价值问题对于教育实践的重要性,教育者在教育实践中要不断厘清教育思想的价值。我一直以为，教育要面向未来，要着眼于人的未来发展、社会的未来发展，就要相信儿童是天生的学习者，并积极赋予儿童向着未来生长的能力，包括解决问题的能力、创新思维能力、沟通能力、合作能力、领导能力等等。我们要将儿童培养成全面发展的人，培养成能够面向世界、面向未来的中国人、现代人和世界人。因此，“奠基未来”教育思想的价值应当体现在：促进生命向着未来生长。“向着”是“朝向”的意思，“朝向”是一种姿态，更是一种面向未来的行动。在教育中，“朝向”是一种教育追求的永恒姿态。“朝向”是追求有意义、有希望、有生命的教育，用朱永新先生的话来说，“朝向”就是“过一种幸福而完整的教育生活”；用梅岭的自我表达来说，“朝向”就是“用最好的自己成就最好的教育”。既然向着未来生长是一种教育姿态,那么这种教育姿态必定是立足于当下的，同时，它也是着眼于学校的历史文化与发展愿景的，也就是说在教育追求的姿态背后蕴藏着梅岭的教育情怀,这种教育情怀是积极的,是温暖的，是充满着对儿童的爱与理解的。

2.“奠基未来”教育思想的两种立意

在“向着未来生长”的过程中，我们坚持两种立意。一种是价值立意：让未来照亮儿童；一种是实践立意：让儿童看见未来。

“让未来照亮儿童”是“奠基未来”教育思想的价值立意。“让未来照亮儿童”意味着儿童在很多时候是被遮蔽的，儿童成长的普遍规律、重要节点以及独特方式常常被淹没在教育的表象之中。儿童需要被发现，儿童也需要被照亮，这是当下学校的使命，也是教育变革的责任，照亮儿童的不是物理光源，而是儿童作为生命在主动发展、美好生长过程中所散发出来的精神之光。我们相信，儿童是有能力照亮自己的，而学校所要做的就是为儿童的未来发展更好地创造内、外条件，擦亮学校的天空，让未来之光照见校园里的每一个儿童，照亮每一个儿童走向未来的道路。

“让儿童看见未来”是“奠基未来”教育思想的实践立意。让儿童看见未来，最好的方式是让未来成为儿童成长的课程，让为儿童的未来奠基从抽象的概念变成具象的课程载体，未来隐藏在时光之中，儿童的成长发生在时光之中，时光是弥漫的，意味着学校需要提供无处不在的课程，意味着空间即课程。让儿童看见未来，也就是让儿童看见时光，让儿童看见空间；让儿童看见空间也就是让儿童看见课程；让儿童看见课程也就是让儿童看见自己的成长，看见未来。

不同的教育思想价值取向会产生不同的教育实践模式。在坚持两种立意的基础上，我们更要清楚地认识到教育价值的多元化和全面性，认识到教育思想对于校长、学校、学校治理的意义和价值。

二、“奠基未来”教育思想的价值取向

1.“奠基未来”教育思想的生命价值

教育的存在与人的生命紧密相连，教育作为一种人类所特有的实践行为，在人类自身的生命完善的进程中发挥着重要作用。不管是未来的学生，还是学生的未来，都不能脱离人的生命成长，因此我认为，“奠基未来”的教育思想首先具有生命价值。其价值就在于它可以引领我们按照未来社会发展的要求，坚持以人为本，不断探索教育的本质与规律，并在实践中自觉遵循。

教育的作用是促进人的生命从“未特定化的、尚未完善的状态”逐步走向确定的、完整的生命状态。伴随着人的生命成长，在教育的促进作用下，人先天所具有的发展可能性和能动性得到释放，生命功能不断得到完善，每个人都会形成特定的生活、学习、交往、沟通等图式，从而实现生命的完整性。因而，在通向未来之路的过程中，如果缺少了指向生命成长的教育，人要实现其健全的生命成长，成为一个真正意义上的人，几乎是不可能的，这也是“奠基未来”教育思想的重要根源。教育是促进人的发展、实现生命向着未来生长的基本途径。学生的未来发展，

除了作为自然的生命体，还包括智力、语言、情感、品格等方面的发展，以及其生命价值、生命意义的实现与追求。学生的成长过程，是一个由身心的发展逐步转向社会化发展的过程，是一个未来目标和意义逐步实现的过程。从自然生命转化为社会生命，学生才能成为一个真正意义上的人。

因此，学生的未来发展与生命意义的实现，必然要求“奠基未来”要从生命价值的视角出发，对学生的生活世界、生活关系、生活经验、生活意义等进行构建，如此，才能培养适应未来社会发展的人才，才能促进学生的全面发展，实现奠基未来的生命价值。

2.“奠基未来”教育思想的时空价值

未来既是一种时间性的存在，也是一种空间性的存在。这让我们有更为充分和必要的理由去引导教育中的所有人关注过程而非结果。我们理解的学生的未来并不是被动发展，而是在时间中主动创造，这让我们有更为自信的理由相信未来本身充满创造的力量；同时，学生的未来是一种可以超越空间的存在，而非固定的事实，这让我们有更为充足的理由相信人的成长是充满无限可能的。从时空的视角出发，这是对于“奠基未来”教育思想本质和目的的另一种理解。从时空的角度观察，教育过程是一个“时空感”与“生命感”携手并进的过程。

从时空的视角去认识与理解“奠基未来”的教育思想，其本质和目的可以概括为：到“时空”中去。在这个意义上，“时空”的价值就在于走向生命自主创造的状态中，让每一个生命都成为未来成长的“力量谷仓”。但是，我们必须指出，“未来”本身就具有未完成性。在这个过程中，教育如同时空一样具有秩序性和变动性，时空的秩序性指生命成长有其顺序关系，而时空的变动性指成长是流动的同时也是不可逆的，这为“奠基未来”的实践提供了思想和实践的指导。

3.“奠基未来”教育思想的育人价值

学校是育人的场所，教育是发展人自身，实现人自身再发展的一个路径。无论是人的创造、科技的创造还是经济的发展，归根结底是人自身的未来发展。教育的本质是育人，是提高人的素质，促进人的全面发展。

因而，“奠基未来”教育思想具有育人价值，这就要求学生要在未来成为具有“独立意义”的人。在文学著作《爱弥儿》中，卢梭扮演的也只是爱弥儿的一个引导者和协助者，为爱弥儿提供研究学问的机会和指导，与他一起参与到活动中，而不是机械地将知识传授给他。在整个活动中，爱弥儿是教育的中心和主体，他有自己的思考和看法，用自己的头脑和双手来解决问题，不依赖成人的权威思想，是一个全面发展的人。“奠基未来”教育思想的实施最重要的是要以学生的发展为本，让学生发挥自己的主体性作用。

教书育人是教师工作职责之所在。教书是育人的手段，育人是教书的方向与目的。教书的过程也就是育人的过程，从某种角度上说，教育等同于育人，而育人过程就是为学生的未来奠基的过程。中国著名儿童教育家陈鹤琴教授继承了古代儒家“教学生学做人”教育思想的精髓，立足于当时的国情及时代需要，针对当时国人不懂做人的要义及如何做人的理念，提出了“做人、做中国人、做现代中国人”的观点，这与我校所提出的“做中国人、做现代人、做世界人”的办学目标不谋而合。育人是学生未来发展的根基，不论任何时候，德才兼备都是人才的必备品质，而成就人的德行主要体现在立德树人的教育上，因此育人教育具有培养未来社会所需人才的奠基性。我们可以将育人价值分为以下几方面：一是课程内容生成的育人价值，包括学科共通价值、学科独特价值以及学科具体价值；二是教学过程生成的育人价值，包括生生互动价值、师生互动价值等；三是课外活动生成的育人价值，包括综合实践活动、社团课程活动等。总之，要体现出全员育人、全过程育人和全方位育人的核心价值。

当然，育人价值还可以分为显性价值和隐性价值。显性价值是在教学中直接呈现出来的课程内容，包括知识、技能与方法，它一般体现学科性质，反映该学科区别于其他学科的本质属性。学科知识就是显性价值。隐性价值不是直接呈现出来的，它的理念价值往往蕴含在知识背后，以“润物无声”的方式把课程内容转化成学生的思想、观念、情感和思维方式等，对学生的主体意识与内化形成潜移默化的影响。只有将课程的显性价值与隐性价值结合起来，才能完整地体现“奠基未来”的育人价值。

同时，育人价值要求我们不仅要关注已有的学科知识，更要关注课堂教学中每一位鲜活的生命个体，帮助学生实现思维的提升及能力的发展，育生命自觉。

叶澜教授明确指出，“育人价值应指向学生个体精神发展的全部”。在育人过程中，教师不能只关注学生某些方面的发展，也不能只关注少部分学生在某些方面的发展，而是要帮助每一个个体去成长、去发展，实现学生精神层面的关照。

此外，育人价值也体现在教育“转化”上。“转化”这一概念，最初运用在生物、物理、数学等学科。“转化”意味着某种转变，其中必定有某种物质或事物发生了变化。但这种变化不是自发而成的，是需要有某种外界的推力或受到其他事物的影响。当“转化”的概念被引入到教育领域中，其内涵也得到不断丰富。李政涛教授认为，“教育即转化，教育的过程就是转化的过程。转化即转而化之，是在教师和学生间、学生和书本间、学生和学生间实现的不同生命个体间的生命能量转化。”因此，转化不只是转变的结果性呈现，更是一个不断更新、发展和变化的过程。“育人价值转化”即指将静态的育人价值思想或理念转变到学校的空间环境、教师的教学设计及师生共同的教学实践活动中去，并且最终转化到学生的头脑里，成为其个人的内在精神，真正实现师生生命的成长与发展。当然，这种转变不是一蹴而就的，而是一个动态发展的过程。其特点就是育人价值在未来的动态生成性。

4.“奠基未来”教育思想的审美价值

儿童是一切教育的价值起点，教育的起点是儿童，教育的终点是未来。儿童代表了未来，未来在儿童身上。奠基未来，就是把儿童的发展作为根本目的，为学生的未来打好基础，培养学生成为全面发展的人。教育不仅为儿童构建当下的现实世界，更为儿童构建未来世界；为儿童构建未来世界唯一的路径是让儿童成为他自己、成为审美的人、成为终身学习者。因此需要让学校成为审美的地方，让教育成为审美的事业。

人需要审美，培养人的教育也需要审美。尼采说，人应当走向一种“美感”与“诗意”的生活。理想的教育，最终也应当走向审美。“奠基未来”教育思想的审美价值是教育价值在其本体意义上的回归。其底层逻辑是：教育是为未来社会培养合适人才的社会活动，而人是按照美的规律来塑造的，因而“奠基未来”教育思想必然具有审美价值。其审美价值存在于教育活动的主体与客体、主体和主体的相互关系之中，它是对在教育实践活动中所产生和形成的客体对于主体以及主体对于主体之间意义的内在追求。与真、善、美的价值相比，教育的审美价值具有更明显的精神性和情感性，它是以人自身为最高目的、以人的全面发展为最高理想、以满足人的生命创造为最高尺度的价值。首先，“奠基未来”教育思想的审美价值是对教育的理解和对教育理想状态的追求。教育的价值在于对真、善、美的传递，因此教育就必然体现出对科学性、主体性和感受性的追求。教育的理想状态是真、善、美价值和审美价值的和谐统一。其次，“奠基未来”教育思想的审美价值是对现实教育价值的反思。现实的教育价值是一种工具性的教育价值，这种价值选择忽略了教育审美价值的存在，使教育价值产生严重的分裂，也使教育失去了应有之意。人们相信知识的力量，教育过程变成了知识的传授过程，因而也丧失了学生的主体性和感受性。再次，“奠基未来”教育思想的审美价值是对审美教育现状的反思和超越。在现实的教育中，审美教育没有母体。审美教育只有超越既有价值体系的规范性认同，立足于现实价值批判过程的新人文精神建构，才能表达出自身的时代意义。

总的来说，“奠基未来”教育思想的审美价值体现在两个方面：一是促进儿童全面发展的审美价值；二是教育活动本身的审美价值。教育需要审美，不仅表现在学生全面发展的审美价值选择上，也表现在教育活动本身。审美与儿童、与教育、与未来有着深刻的内在联系。围绕“儿童”这一主体，教育和审美才有“话”可谈，有“学”可问。审美教育不仅关注儿童的理性发展、理性成长，同时也关注儿童的情感发展和生命成长，包括审美的感知过程和体验过程等等。儿童代表了未来，离开了儿童，一切审美都无从谈起，从这种意义上来说，离开了审美，未来也无从谈起。因而审美是因“人”而立的学问，是人学，又大于人学，是教育，又大于教育，人在创造未来的同时，未来也在呼唤人，呼唤适合于未来发展的时代新人。

审美既是一种审美态度，也是一种将审美价值具体化的行动方式。以“奠基未来”为基石的教育与审美相融互通，为儿童的未来提供了前提和基础。夸美纽斯说：“教育是把一切事物教给一切人类的艺术。”乌申斯基说：“教育不仅仅是一门科学，而且是一门艺术，是一切艺术中最广泛、最复杂、最崇高和最必要的艺术，它追求的是永远要达到而从来没有达到的一种理想，即追求一个完人的理想。”在他们眼中，教育即是艺术，教育要有艺术般的创造，因此教育具有审美性。但我以为，无论是教育的审美性，还是审美的教育性，教育的目的、过程、内容都应当具有审美价值，如此，才能真正体现“奠基未来”教育思想的审美追求。

5.“奠基未来”教育思想的实践价值

每个人的生命发展，都要通过其自身的实践完成。马克思提出，实践是人的发展中的关键因素。从马克思主义哲学中我们得知，只有内因才能成为发展的动力，而人要发展，就离不开“自由和自觉的实践活动”。在马克思之前的教育思想，虽然也有主张教育教学中的实践价值，如斯巴达教育、古罗马时期的教育，以及卢梭、裴斯泰洛奇的唯物主义思想等，但他们或是从维护统治阶级利益的角度出发，或是从人道主义或理想主义的角度来理解实践，因而存在一定的片面性。但马克思基于唯物主义立场，重新确立了实践在教育中的地位，并在此基础上提出了教育与生产劳动相结合的思想。马克思的实践教育思想不仅为教育事业指明了未来的方向，也为教育教学过程重新确立了实践性原则。

教育与未来、与实践的关系具有内在的和相互生成的性质。一方面，如果没有实践，就没有教育，实践是教育的一部分，教育是一种真实性的实践；另一方面，教育是实践的手段，实践是教育最本质的功能，是学生通向未来之路的桥梁，在一定意义上，实践内在于人的生命需要，因而“奠基未来”教育思想具有实践价值。首先，实践处于教育过程的核心地位，缺乏实践，学生面向未来的认知就会受到影响；其次，环境对学生的未来发展具有促成作用，而环境的改变也需要教育实践，正是实践的力量，使人具有了从历史和现实中解放出来，创造自己期望之未来的能力。此外，知识内容本身也是各种实践活动的结果。因为具体科学从其产生和发展来看，都是来源于实践，都是实践经验的概括和总结。没有实践经验，任何科学知识都不可能产生，更不可能发展。因此，教育与实践的内在关系规定了学生的未来发展，同时也是价值和事实不断转换的过程。

6. “奠基未来”教育思想的学校治理价值

“管理”和“治理”，虽是一字之差，却有着实质性的差异。相对于“管理”的居高临下，“治理”是一定范围内学校各部门及社会组织之间多向度的交互影响。作为对“管理”的超越，“治理”的着眼点是促进多主体的平等参与和协商互动，着力点是激发学校活力，向着未来生长，落脚点是为未来奠基，促进学生全面发展。

“奠基未来”教育思想的学校生态治理价值区别于其他社会组织管理的地方在于其内涵的价值，即管理育人。过去我们管理“事”的意识很强，很少考虑“事”成了，“人”成了没有。如：课题结题了、规划完成了、活动结束了，但在此过程中，参与者的思维方式、价值观、能力有没有因为做“事”而变化了、发展了？这值得我们深思。学校治理的启动与发展不再是仅仅因循以往“成事”的思维，而确立起“成人”的旨趣。校长、教师、学生、家长等人员在参与治理的过程中，将培养和提升同理心、团结力、责任感和尊重意识等作为学校治理的目的，以此谋划和建构学校更美好的未来。在这个意义上，学校治理最终是创建培育学校各方治理者核心价值观的文化，成就一种生活方式，从而帮助每一个体“明善恶”和“辨是非”，成为自主的价值判断者与价值行动者，不仅能从自己的观点看世界，也能从他人的观点看世界，建立起彼此信任和互相关怀的伦理关系，促成治理者为了共同的愿景和价值观去努力，去平等协商和民主参与，共同推动学校向着未来发展。

同时，学校生态治理还意味着教育生活的打开与重塑，意味着对美好的追求与超越，意味着对教育生活价值的审视与提升，在打破平衡中维持新的平衡、在重建系统中衍生新的系统，犹如板块运动建立起的新格局与新构造，这种新格局和新构造撬动的是对更多关系的思考和安放，是对真实问题的发现和突破，是对人的尊重和发展，最终赋能于人，实现管理育人的终极价值。

综上所述，“奠基未来”教育思想的多元化价值在以下几方面取得了重要突破：一是在教育思想上，真正确立了“以儿童为中心”的指导思想以及“管理育人”的核心价值和永恒追求，使教育实践在各方面都渗透着对生命、生存和生活的尊重，不仅体现了教育与儿童的有机结合，也实现了促进儿童生命成长的教育意义和价值；二是在教育过程上，实现了教育过程与儿童生命成长的融合，以儿童的未来发展及其需要作为教育实践过程的基础，使教育过程成为儿童生命成长的自主建构过程；三是在教育内容上，实现了教育内容与儿童的身心发展需要的结合，以儿童的身心发展需要为基础，遵循教育规律建构内容体系，通过教育内容体系的重构，使教育内容成为儿童生命成长的重要基础；四是在教育方式上，构建以儿童、兴趣、体验、活动为中心的教育方法体系，使教育成为一种主体认知和主体体验的过程，从而使尊重儿童的主体性成为教育方法体系的核心价值。

第三节　“奠基未来”教育思想的主张

一、“奠基未来”教育思想的内驱元素

1. 儿童、教育与未来的关系

日本作家大江健三郎有一本散文集——《在自己的树下》，开卷篇题为《孩子为什么一定要上学》，文中有这样的一段对白：

“妈妈，我会死吧？”

“你不会死的，妈妈在这样为你祈祷。”

“医生不是说这孩子没救了么？我会死的。”

“你就是死了，我也会再生你一次，所以，你不要担心。”

“可是，那个孩子和我不是同一个人啊。”

“不，是一个人。我会把你从生下来之后到现在看到的、听到的、读到的东西，做过的事情全部讲给新生下的你听。这样两个孩子就是一模一样的同一个孩子了。”

这段对白的背景是：幼年时候的大江，放弃学校的功课，拿着植物图鉴，独自走进山中去学习植物的名称和生态。一个大雨倾盆的秋日，他迷失在山中的森林里。隔日，他被发现躺在一颗七叶树下，发着高烧。人们把他救了回来，这段对话就发生在医院里。随着秋天过去，大江渐渐复原；初冬时节，大江又回到学校。回校之后，他时常在心中自言自语：

教室里面或者运动场上的同学们，是不是也是都由他们的爸爸妈妈把那些没有长大的孩子所看过、听过、读过的东西，做过的事情反复重述，让他们替代那些死去的孩子继续活下去的呢？

由此，大江先生认为：

我们是为了让这种语言完全成为自己的东西才来到学校学习的。不仅仅是语文，就连自然科学、算术也都是如此。如果只是拿着植物图鉴和眼前的林木去对照，那么就永远不能代替死去的那个孩子，只能和他一样永远不能成为新的孩子。所以我们才都来到了学校，大家一起学习，一起做游戏。

大江用自己生动的生命故事阐述了孩子们为什么要到学校接受教育。我们不妨也来问一问：儿童为什么要来到学校？我以为，是为了和过去的人们进行生命的联结，在互动中体验自己的生存意义，实现个体特殊经验的创造和拓展。和过去联接，与现在互动，创造未来生活，是所有儿童所应有的根本之能力。

未来，不管学校以何种形态变化，都需要把每一个生命当作理解的逻辑基点，在完整与生动的世界中帮助儿童发现自我、理解自我，从而更好地适应未来生活。

由此，“奠基未来”教育思想更重要的是要回答“教育培养什么样的人”以及“通过何种方式才能使儿童适应教育的未来之变”。我们要围绕教育思想中的核心概念、重要特质、基本原则等元素厘清儿童与未来的关系、儿童与教育的关系、教育与未来的关系等等。同时也要清醒地认识到，我们需要和儿童一起创造未来，而创造未来最重要的是培养儿童的好奇心和创造力，使儿童与未来不期而遇，让未来成为儿童可以触摸的风景。

2. 好奇心

人类的好奇是与生俱来的原始特质。因为好奇，人类从远古的洪荒之中探索周遭，审视自我，一步步从自然世界走向文明社会。儿童也拥有这样的特质，我们常常从他们口中听到这样的问题：

人从哪里来？

宇宙是不是无限的？

飞机为什么会飞？

人们为什么发动战争？

人们为什么把树砍掉？

那些人为什么那么可怜？

对这些问题，很多时候成人会一笑而过，并不去认真地理会，更没有想过这背后的延展意义。其实，就在儿童的心智背后，有着人类深刻而持久关注的话题—— 演化与遗传、生命的基因：

宇宙的起源；

科技与文明；

战争与和平、人口与资源；

生态保护与经济开发；

社会矛盾与阶级、资本主义和社会主义……

只要将这些话题与儿童提出的问题一一对应，你就会发现，自然的、社会的，哪一个成人关注的话题不与儿童最本真的发问有着天然的关联呢？

在“奠基未来”的成长年轮里，好奇心是承接点，它始终是打开未来的开端，实现能力之轮的辗转反复。正因为有了好奇心，儿童才会充满对知识的渴求，充满了解知识的激情，才会主动去获取知识。

3. 批判性思维

在好奇心的原动力驱使之下，儿童具有了主动获取知识的强烈意愿。然而，作为人类已经建立起来的经验知识，如何实现与儿童个体的联接？这里就需要思维能力。比如，“知道哪个城市有哪些名胜古迹”，对学生来说并不成为知识，因为“知道这些名称”并不能够转化为自己的经验，隔几天或者几个月就会忘记，便可能从“知道”变为“不知道”，除非这些名胜古迹与历史的某一个故事联接，而这些故事又可以让学生融入其中，与经验发生关联，然后才会铭记。

经验的验证过程，必然伴随着批判性思维。这里的批判不是指批评别人的错误，而是时刻警觉别人的经验与自身经验体系的冲突。因为不经过批判，对于学生而言，便没有冲突，也就没有产生新的知识，即使强行记住了某个“条文”，然而因为那个所谓的“知识”没有融进主体经验，它依然是别人的客体经验。

所以，指向儿童未来发展的学习过程，尤其需要培养儿童的批判性思维能力，需要借助音乐、书籍或者影像，让儿童直接融入不同作者所提供的经验世界，而不是由教师滔滔不绝地演讲其个人的主观看法。这样，经验才能够穿透多元，趋于普遍。

4. 创造力

创造力，是人类特有的一种综合性本领，是由知识、智力、能力及优良的个性品质等复杂的多因素综合优化构成的。创造力实际上是前人经抽象过的经验体系和个体的特殊经验联接之后，对现实世界的一种适应，这种适应不是一种消极的发展，而是一种积极的融合与补充。在思维形式中，创造是最高形式，是人类的过去经验和未来经验联接的最高形式。

创造活动总是给社会产生新的成果，人类的文明史实质是创造力的现实呈现。美好的事物是我们亲手创造出来的，美好的未来也是我们亲手创造出来的，创造是我们改变未来，从而使未来变得更加美好的过程。

目前，人们对创造力的研究日趋重视，但由于侧重点不同，出现了两种倾向：一是不把创造力看作一种能力，认为它是一种或多种心理过程，从而创造出新颖和有价值的东西；二是认为它不是一种过程，而是一种产物。其实，创造力既是一种能力，又是一种复杂的心理过程和新颖的产物。

5. 反思力

人是一种会反思的动物，也只有人才善于反思，只有善于反思才能适应未来之变，从而走向更美好的未来。个体经验在适应现实世界的时候会有无数个不和谐，每一次不和谐都会触动人的思维。面对这种不和谐，人类往往会选择调整而不是适应。这种调整的过程就是反思，它是对思维过程进行周密且有批判性的再思考。

构成反思力的三要素是意识、方法和习惯，即想反思、会反思、爱反思，它们是反思力形成的必要条件，三者之间相互促进、螺旋上升。儿童从小学会反思，拥有自我识别、自我调整的能力，就会做学习的主人，成长为独立性强、善于计划人生、有批判性思考能力的个体。

在“奠基未来”教育思想中，反思是对创造的批判性再思考，是一个产生问题的过程。创造不仅仅是在短期内呈现有利的行为，更要经历时间的验证。在师生共同创造未来的过程中，反思会对创造进行不断的修正，使得成果更为成熟，同时也会产生更深刻的问题，由此适应不确定性的未来。

二、“奠基未来”教育思想的基本原则

在梅岭小学七十余年的历史中，我们不断传承、纳新，从“以办面向未来的学校为中心，以学生为主体”到“为每一个儿童的未来而教”，再到“为儿童的未来奠基”，我们走出了一条“注重儿童生命成长，也注重儿童全面发展，更注重儿童创新能力”的一脉相承、与时俱进的教育之路。

我们从回应21世纪人类发展挑战的视角，从学校教育系统生态与功能重建的层面，从尊重学生的个性与实现全面发展的角度出发，基于目标、课程、教学、评价一体化变革的格局，在时空、方法、路径和价值等维度厘定了“奠基未来”教育思想的四个基本原则。

1. 整体性原则

黑格尔说，每个人都是一个整体，本身就是一个世界，每个人都是一个完满有生气的人，而不是某种孤立的性格特征的寓言式的抽象品。这句话意味着，即使抽象出作为本质的人，也具有其现实性。教育是一个复杂的系统整体，不能偏离“人”的轨道，因此“奠基未来”教育思想坚持整体性原则，以“人的整体性”为前提和基础，契合了近现代以来所预设的人的“本体论目标”，即人的完整性、全面性。坚持整体性原则具体是指，在教育改革、发展过程中要树立整体观和系统观，协调教育与儿童、儿童与未来等诸多关系，促进教育的整体发展，实现儿童的全面发展。

教育对儿童未来发展的影响是以整体的形式存在的，既包括教师对学生的影响也包括学生个体之间的相互影响，既包括学校的自然环境的影响也包括学校的人文环境的影响，既包括对学生身体方面的影响也包括对学生心理方面的影响。总之，教育对未来的整体性影响包括了教育活动的一切中介的总和与其对人产生的作用与结果。

二十世纪末，联合国教科文组织提出了学会学习、学会生存、学会关心的命题，这让我们不得不去反思教育的影响。教育整体性影响不仅表现在知识方面，还包括学会生存、学会关心等其他各方面，教育整体性影响将培养“整体的人”作为儿童未来发展的根本性目标，因此需要我们不仅着眼于儿童的当下生活，更要为儿童的生存、发展创造可能。

2. 动态性原则

如同自然时刻处于生长与发展之中，学校是生命呼吸的场所，具有生长的力量，因而，学校的培养对象不同于其他，而是一个个鲜活的生命。另外，每一个生命的个体都有其内在的发展规律，这种特殊性也决定了“奠基未来”的教育过程不是僵化静止的，而是在不断变化的环境中不断变化的过程。这个过程不以简单的外部标准来衡量，也不以固化的外在标准来评估，而是充分考虑到教育的复杂性和儿童成长的阶段性，尊重儿童的自主发展，始终在动态中调整，在动态中发展。

我们反对传授、注入式的教育，更反对直接给予和以记忆填鸭式为主的教育，我们提倡以学为主，以创新或钻研为主，我以为，让学生学，比教还要艰难几倍。因为“学”的过程是一个动态生成的过程，学生自我学习的能力在未来是不会消失的，会成为肉和血生存下去。因此，我们会把学生的自主学习和自主发展放在突出地位，调动学生独立思考的积极性，加强教师的主导作用，精心为学生制订学习指南和指导计划。这是教与学双边关系的重大变革，也是学生在教师的参与下主动学习的具体保证。学生在掌握知识的动态生成过程中，学会了学习，也形成了自主学习的良好习惯。

3. 多样性原则

多样性是未来社会发展的一种趋势。一方面，多样性丰富了人类生活，体现了对差异的尊重；另一方面，多样性也存在着某种“和而不同”的挑战。我们要在统一中尊重多元，在多元中建立统一，这应是发展儿童未来社会适应能力的基本原则。每一个生命都是独一无二的，每一个生命都将在未来展现独特的光彩，每个独立的个体都将找到属于他 / 她自己未来发展的道路。生命有其自身的价值，因而每一个儿童都应当被理解和尊重。正是因为每一个生命的独特存在，生命的多样性是自然多样性的体现，这就需要学校要能够真正满足教师、学生以及社会个性化发展需要，从不同视角去重新发现学生、发现教师，并以这种新的发现和理解为基础，重新建立未来人才培养体系，为教师、学生的未来发展与成长留下空间。

“奠基未来”教育思想的多样性原则尊重儿童的平等与价值，挖掘儿童的内在潜能，为满足儿童个性化多样化的发展发挥着助推作用。同时，在新时代背景下，学校的主体自觉或不自觉也变得越来越多样化。这种自觉性表现为教育对多样性的主动追求。不自觉性表现为不同群体成员的广泛流动。主体多样化已成为今天学校教育的一个重要特征。因此，如何既选择并传承那些人类生活所必要的核心知识，同时又满足不同的儿童对知识多样性的要求；如何既遵循教育内在的发展规律和定位，又使教育发展能更好地促进儿童的未来发展，这些都是我们必须认真面对的重要命题。

4. 超越性原则

黄崴在《教育的超越价值》一文中，从人的实践活动出发，认为教育不是适应未来社会，而是对现实社会的一种超越，而这种超越性才真正表达了教育的未来价值。教育的超越性始于人的超越性，通过人的超越性，又归结于人的超越性。人的超越性是教育超越性的出发点、连接点和最终归宿。教育的超越性与人的超越性具有内在的同一性。人的自我意识使人能认识到自身的不足和局限，人对未来的希望是人们勇于超越的永久动力，作为超越性的人的存在是教育超越性的逻辑起点。因而，“奠基未来”教育思想坚持超越性原则。

具体而言，体现在以下几方面：（1）教育的超越是对现实规定性的超越。教育基于现实又超越现实，包括对现实条件的超越和对现实需要的超越。教育不仅要培养适应未来社会需要的人，更要促进人的主体意识的发展，培养具有超越意识和超越能力的全面发展的人，因而要着眼于儿童的长远发展和未来发展。（2）教育的超越是对教育自身的超越。教育除了超越现实条件和现实需要外，也要超越教育自身。 教育对教育自身的超越是教育的自我超越，是教育对自身的反思和批判，是教育作为培养人的实践活动的否定之否定。正是在教育的这种否定之否定的超越过程中，人不断地克服困难，战胜自我，超越自我，从而抵达理想的彼岸。这种一次次的超越使儿童得以不断地发展和完善，同时也赋予超越未来的价值。教育的超越性是对儿童未来发展可能性的超越。人是超越性的存在，在梅岭，我们将儿童比作一粒具有无限潜力的种子，种子需要在适宜的条件下生根发芽，他 / 她有可能长成参天大树，也可能只成为一棵小草，也完全有可能永远只是一颗种子。这一方面取决于种子先天的主体性，另一方面也取决于后天的成长条件。因而我们要从儿童的现实性中看到他们未来发展的可能性，并将这种可能性转化为现实性，树立起发展与超越现实的理想，并将理想付诸于现实。

教育的超越性始于人的超越性又归结为人的超越性。超越不仅在于走出现实，更在于对未来世界的思考，是对未来可能发生的存在给予合理的洞见。为儿童的未来奠基，我们需要拥有敏锐的预见力，帮助儿童打开封闭的现实，不断超越当下，并走向充满无限可能性的未来世界。

三、“奠基未来”教育思想的核心主张

1. 我们要通过课程将学生培养成终身学习者

课程是学校核心的教育产品，正是通过课程产品的设计、研发与实施推动学校的发展。作为校长来说，其实就是学校课程的总设计师，她需要将学校的办学愿景、育人目标等等转化为集体的意志和行动，而这一切只有一个目标，那就是为儿童的未来奠基。而要为儿童的未来打好基础，必须有合理恰当的课程作为前提。

经过二十多年的课程改革实践与探索，作为校长，我常常思考如何带领教师进入课程改革的“深水区”，如何真正回归课程改革的本质、提升课程实施的品质、丰富课程教学资源、满足学生学习与发展的需求。从最初的关注课堂教学到关注国家课程校本化研究到学校课程的系统建构，我先后提出了“如果只有课程标准”“课堂，给学生带得走的能力”等一系列的前瞻性问题，并带领所有梅岭人紧紧围绕“办面向未来的学校”的目标，紧紧锁定“为了儿童发展”的命题，经过近十年的实践探索，构建了一个以“未来课程”命名的课程体系。

首先确立“未来课程”目标。我们将“未来课程”定位于：传递社会和世界文化的精华，赋予学生认识自己、发现自己和实现自己的文化能力，培养学生成为终身学习者。其次建立“未来课程”结构，提出了“过去 + 现在 + 未来”的课程结构，即“未来课程”是过去的经验、现在的知识和未来的创造的融合与整合。再次整合“未来课程”内容，形成了“求知与发现，实践与创造，合作与适应，发展与改变”四大门类。最后开

展“未来课程”实践。“十二五”以来，我领衔了许多关乎学校未来发展、重大变革的课题项目，其中比较重要的有江苏省教育科学“十二五”规划课题《基于儿童发展的国家课程校本化的实践研究》以及江苏省基础教育前瞻性教学改革项目《时光轴：小学生自主学习支持系统建构》。在两个重大课题的引领下，我再次明确了“奠基未来”的教育思想以及“未来课程”的核心主题，以各个学科的课堂教学为“未来课程”的研究载体，以“学习方式变革”为“未来课程”的突破环节，以学习科学、教育技术相互融合为“未来课程”的重要手段。我也因此获得了全国“课改杰出校长”的称号。

此外，我们还注重综合实践类活动课程，重视课外，重视社团课程，因为在我看来，学生的发展不能只限于学校，而是应该在全时空中成长。尤其是随着信息技术的发展，教育的全时空性越来越明显，使得学生可以从许多渠道获得信息，因此，全时空的大教育观，把学校、家庭、社会有机结合起来，培养学生成为终身学习者。

2. 我们要通过评价变革将儿童培养成自我悦纳者

在任何一所学校，关于评价的改革都是慎之又慎的，因为评价关乎学生发展的衡量指标，关乎家庭、学校以及社会整体的利益。正是因为如此，评价变革常常停留于理论层面的研究。然而，现实层面的评价问题又是如此突出，特别是随着社会发展和“双减”政策落地，学校的评价变革已经关乎学校的未来发展。

2015 年，来到梅岭的人惊讶地发现，学校居然不再评“三好学生”了。中国江苏网这样报道：“三好学生”，这个实行了 60 年的荣誉称号即将淡出历史舞台，也难怪人们那样惊讶。但是，当你走进梅岭，深入了解它之后，你就会发现为了学生更好地成长，更好地悦纳自我，梅岭的变革永远都是进行时。变革需要的不仅是勇气，更是智慧。对此，作为这场评价变革的研究者、实践者，我感同身受。为什么要变革评价方式？如何进行评价变革？等等，这些问题不仅关系到学生评价改革的成败，更关系到学校未来的发展。

对于为什么要变革评价方式？梅岭如此理解，首先是“时代发展”

的担当，其次是“面向未来”的需要，再次是“绿色质量”的呼唤，最后是“创新突破”的选择。梅岭小学建立全新的评价体系，就是为了打破原来固有的对于好学生的观念，立足“关注每一个、激励每一个、发展每一个”，学校通过评价机制的改变，引导孩子做“自我悦纳者”，适应未来社会的发展，这样的评价机制比过去评选“三好学生”更加多维，覆盖面也更广，并且强调过程性。因而，这样的评价方式更具教育意义。

这样的评价改革，带动了学生的自主学习、终身学习和全面发展，体现了“奠基未来”教育思想的理念，更促进了每个学生生动活泼地主动发展。正是因为如此，今天的梅岭小学充分体现出未来教育的样态，才成为人们瞩目的焦点。

3. 我们要通过教育创新将儿童培养成未来的创造者

“如果说学校教育还有第三件事该做，那么这第三件事便是留白；留更多的时间与空间，让学生去创造、去互动、去冥思、去幻想、去尝试错误、去表达自己、去做各种创作。”（黄武雄《学校在窗外》）同理，从某种意义上来说，真正好的学校的价值追求不是你管的有多少，而是你放手的有多少，你创造出的有多少。做得多与少并不是衡量的最好标准，而只有为每一个生命的发展提供尽可能宽阔的空间，让他们既遵循规则，也尊重个体的生长节律，实现对自我的发现与创造，这才是学校价值应该有的向往之心。

作为教育人，我们可能无数次讨论过关于学校存在的原因和价值，如果从人的本质是思考与创造、思考与创造是为了通向更加美好的生活来理解，我们应当更加明确学校存在的原因和价值是保护和激发每一个来到校园里的孩子的好奇心，并帮助他们学会思考与创造。在思考与创造中不断接近，而又永未完成，这应该是今天所有学校应然的样态。因而，我提出，通过教育创新将儿童培养成未来的创造者。

朝向这样的目标，我们坚信，思考无边界，创造有伦理。对于学校来说，从来没有像今天这样面临着更加复杂而又变化繁复的世界。站在全球视野看今天的教育，我们不能盲目而又自信地认为，这是一个思考与创造盛开的时代，当然我们也不能陷入悲观之中。我们应该在充满变化与挑战的时代中，既要看到创造的积极力量，又要警惕由此带来的消极影响，最好能够未雨绸缪、做好应对，我想，这就是学校应该做的事情。首先，思考与创造要坚持从“科学世界”走向“生活世界”。这是因为人类社会自身的系统远远比物质世界复杂得多，因此，学校要不断创造比书本更加广阔的学习生活世界，让学生以一种更加开放的、联系的以及整合的思路和视角发现问题、研究问题以及解决问题；其次，思考与创造要坚持从“复杂”走向“简单”。正如“认识你自己”一样，思考与创造是有自身阶段特点的，我们不能超越学生心理年龄特点“过载”创造活动，从而让学生陷入不必要的“恐慌”境地。相反，我们需要强调从“复杂”走向“简单”的路径。对于思考与创造来说，所谓“简单”与“复杂”不过是形态上的区别，而非本质的差异，但是对于儿童这个鲜活的个体来讲，其体验与感受却并不一样；第三，思考与创造要坚持从“单一”走向“综合”。思考与创造可以基于学科但一定要超越学科，可以基于学生个体但一定要超越个体，可以基于某个问题但一定要超越问题等等。在此过程中，教育必须以创造孕育创造，儿童，也必将成为未来的创造者。

4. 我们要通过校本研修将教师培养成自觉研究者

在为儿童奠基未来的过程中，我们难以回避无处不在的虚假学习，它们遮蔽了教育的真实价值与梦想可能，使教育丧失了它应有的灵动与感性，构成了教育走向未来的巨大挑战。直面未来学校教育的挑战，显然需要我们重新认识教师的角色和任务，让教师发展始终朝向未来。

教师的发展离不开校本研修，校本研修是一所学校向着未来卓越发展的密码。任何一所卓越的学校，在完成教育的各级各类规定动作之外，一定有其独特的创新与创造。而关乎一所学校最本质发展的是校本研修。校本研修融入学校的文化基因、办学追求、特色内涵以及集体创造，从而以成就师生的生命为最终目的。

早在2009年，我和管理团队面临着优质教育资源稀释的严重问题，尤其是优质师资的稀释，同时我们还要回答时代赋予的教育均衡发展的重要命题，这似乎是不可能解决的问题。我深刻地认识到，学校内部资源将面临常规性的变化，在此背景下，唯有另辟蹊径谋求学校可持续发展。

于是，源于学校文化的呼唤以及学校主体性的觉醒，一个叫做“常春藤”的学院在梅岭小学诞生了，人们称它为“学校中的学校”。来过梅岭或者没有来过梅岭的人或许有所了解，这其实是梅岭对交汇在这个时空里的每一个生命所能达到的精神高度的期许，也是梅岭对小学教育所能够达到的精神高度的想往。2013 年，梅岭小学《常春藤学院：教师校本研修的创新与实践》获得更大认可，被评为江苏省教学成果奖一等奖。

十多年来，梅岭的“常春藤”学院的主题分别是：职业规划与专业启航；文化自觉、师生成长、学校发展；文化阅读与教师专业发展；文化视野下学科核心的再认与重建；课程校本化中的教师专业作为；寻找回到儿童之路等等，从这些活动主题中，细心的你会触摸到这样一条脉络：从专业的表象回归教育的本质。这样一条回归之路是“常春藤”学院的生长之路，是认识与实践不断走向深处之路。十多年来，梅岭教师与这样一股强大的生长力量同行同歌，共同发展。从单一的、狭隘的学科视野走向全面的、宏阔的课程视野；从表面的、功利的教育教学变革走向深刻的、关注儿童生命体验与生命成长的教育创造；从理念的、精神的启蒙走向具体教育情境中的实践与创新。梅岭教师的成长故事就这样悄悄地发生在常春藤的绿荫下……

从“国家课程校本化”到“自主学习”，从“美学实践”到“生命成长”，我们发现与创造的成果成为《人民教育》《江苏教育》《江苏教育研究》以及人大复印期刊等所关注与报道的对象。过去，人们常常说“梅岭深处有文化”，现在，人们也许还会这样说“梅岭深处有创造”。这种创造来源于现实的困境与梅岭文化的碰撞，它们的火花燎原成梅岭教师的未来生长之路。梅岭的教师也因此永葆兴趣、富有灵感，成为专业发展道路上的自觉研究者。

5. 我们要通过教育实践将儿童培养成优雅生活者

教育是朝向生活的自在，教育是人们抵达生活的地方。作为学校来说，教育意味着生活的敞开与接纳。“什么是教育生活”，从根本上来说就是对“教育是什么”的另一形式的发问，是教育存在的最高境界，它就是生活之本身。作为学校来说，回归自在的生活世界，意味着对美好的极致追求与超越。好的教育生活是一种宁静的、优雅的、自然的状态；但同时又是真实的，充满创造的过程。因此，我提出，通过教育实践将儿童培养成优雅生活者。

教育是一种生活，每一个真爱这事业的人都很难将现实工作与自己的日常生活截然分开。“学习是同新的世界的‘相遇’与‘对话’，是师生基于对话的‘冲刺’与‘挑战’。挑战学习的儿童是灵动的、高雅的，而且是美丽的。”与儿童结伴，帮助儿童不断尝试积极挑战的教师是智慧的、高尚的，是充满圣徒般光辉的智者。做一个心灵捕手，体验捕捉心灵的快乐，那是一个成功教师的生活的全部美好。所有梅岭的教师一定不会忘记“相约星期五”影视沙龙时观看过的美国电影《心灵捕手》《国王的演讲》中的精彩细节，不会忘记学校推荐的好书《相约星期二》给予的教育启示，真正的教育肯定不仅仅与分数相关，它要求我们教师既要站在更高处、望见更远处，又能静下心来、俯下教育研究与评论身段、无限贴近孩子的心灵。然而，现实是芜杂的，我们是平凡的，正因为如此，教育生活的美好才需要我们去成就，需要我们用信念、勇气、美德去支撑与创造！

6. 我们要通过生态管理促进学校的可持续发展

在梅岭小学的发展历程中，数次面临着发展的重大挑战，这些挑战也是校长面临的挑战。化解发展的挑战，其核心任务就是寻求最适合的管理解决最迫切的问题。

2017 年 9 月，随着梅岭小学花都汇校区正式投入使用，梅岭小学形成了以史可法路、吕庄和花都汇三个校区共同组成的大型学校。面对超大规模学校，如果再用传统的管理办法，不仅不能实现学校追求卓越的管理效果，甚至还会降低学校品质。而事实上在学校超速发展的过程中，学校赖以生存的教育生态显得如此脆弱，卓越的发展标准还没有完全成为所有人的共识，教育理念转化为行动的能力还有待提升，面对发展的内部困境与外部挑战，我带领管理团队寻找学校持续、健康发展的内生动力，不断寻求自我的突破与革新，基于对学校管理的系统理解，借助生态学的视角，提出并构建了“生态管理”范式，即向自然学习。首先学校生态管理是一种“循环渐进式”管理，从传统的“线性”管理向“循环渐进式”转变的管理。其次学校生态管理是一种“整体系统性”管理，用整体的、系统的视角去构建工作思路，运行工作程序；最后学校生态管理是一种“民主多元化”的管理，学校生态管理是一种民主的而非保守的管理方式。

同时我认为，学校的生态管理也是一种绿色管理，其本质是遵循教育的规律，关照师生的生命质量，坚守“呵护童年”的儿童立场，倡导积极向上的生活态度，崇尚向光守静的教育生活，建设正向文化生态，凝聚同向发展的愿景。学校生态管理是在每一个生命追求人生价值、实现人生意义的过程中得到体现的。我们将自然与社会两者紧密结合在一起，以文化自觉为学校发展的根本追求，进而形成了具有梅岭特色的发展历程。

回顾近年来梅岭生态管理的实践历程，诸如学校专业成长的生态圈、文化生态圈、课程生态圈以及评价生态圈逐渐清晰起来，不同的生态圈又共同构成了梅岭小学的生态管理领域与生态管理体系，在实践生态管理的过程中，学校不断为管理注入了新的内涵，从而走向管理深处，促进了学校向着未来的可持续发展。

7. 我们要通过打开关系联结未来

从2009年创建常春藤学院以来，我们一直以一种“打开”的方式，不断建立与外部世界的关联，其中最重要的是家庭、学校和社会三者之间的关系。家庭与学校是教育中最重要的两个主体，学校教育与家庭教育在终极目标上是一致的，在追求家庭与学校良性互动的关系过程中，需要学校与家庭建立更为紧密的理解、信任、尊重和支持的家校关系，从而结成真正的教育同盟。在梅岭小学，我们立足常春藤家长学院平台，为家庭教育提供理念、方法和策略的专业化培训和实践指导，在学校关系学生利益的重大决策过程中，充分发挥学校的家长委员会的作用等等，在这些实践经历中，家庭与学校之间逐步走向相互理解、相互信任与支持。此外，在这个新的时代，学校还需要重新审视定位自己与社会之间的关系，尤其是在工业化、信息化高速发展，科学技术突飞猛进的当下，现代化教学手段日益发展等因素对学校教育的影响正在加强，“开放”型的学校正在不断形成与发展；与此同时，随着“终身教育”的思想广泛传播与深入人心，非学校形式的教育正在广泛形成并产生广泛影响，学校教育需要与非学校教育建立相互衔接和协调一致的关系。习近平总书记说“教育是国之大计、党之大计”，今天，无论是外部环境，还是内部要求，围绕着教育的伟大使命，学校与社会之间都需要建立更加紧密的关系。

8. 我们还需要在变与不变之间“看见”未来

联合国教科文组织编著的《学会生存——教育世界的今天和明天》一书中这样写道：“教育必须认识，它本身是为什么的。教育也许是历史和社会的产物，但它并不是历史和社会的消极产物。教育是形成未来的一个主要因素，在目前尤其如此。因此归根结底，教育必须培养人类去适应变化，这是我们时代的显著特征。”这样看来，只有在“培养人类去适应变化”的过程中，只有在促进社会发展的变革中，教育才能够发挥其核心作用，也才能够让人看见真实的幸福。因而这里，我所提出的“看见”，其实是一种意向，它表达的是理想教育与美好未来在现实时空中的互动与关联。

在突发而来的疫情背景下，学校、家庭、学生终于开始尝试以往有所迟疑的互联网教育，几乎全国所有省市的中小学，一夜之间网上开学，空中课堂遍地开花。而今，重回校园，如果我们仅仅把前期开展的线上学习当作是疫情来袭的一种权宜之计，那我们便会被时代抛诸身后，但我们也不必消极地认为线上教育一定就取代学校教育，因为线下教学也好，线上教学也罢，都有其优点与不足，我们需要对比分析线下教学与线上教学的差异，再用线下教学来弥补线上教学的不足，探索优质教学平台的集成效应，将两者整合使用。面对这次疫情，新教育人发起人朱永新教授提出“推进防疫为重点的生命教育”。灾难可以当作教材，危机可能变成机遇，这次疫情促进我们思考究竟要如何对待生命——自己的、他人的、社会的，这涉及生命教育、科学教育、社会教育、道德教育、公民责任等等。这些内容，是生而为人的根本内容，融合最鲜活的学科知识，以校本课程为载体，以实践体验为突破口，构建多元的“生命教育”

课程，已经成为我们教育人共同面对的话题。其实，在我们与外部世界的关系中，隐藏着一个最根本的关系，那就是我们与儿童的关系。我们对时代的观察，我们对学校的认识，我们对教育的理解，归根结底是我们对儿童的理解，对儿童的理解构成我们观念的整个世界。对儿童的理解需要转化为我们促进儿童成长的行动。疫情期间，学生在线学习，学生学了吗？学得怎么样？我们需要重新评估孩子对线上线下的认知与需要，进一步聚焦前瞻性项目，促进儿童自主学习。这次疫情让父母在短时间内，实现了教育权力上的“回归”。从家庭到校园，从线上到线下，学习方式如何再次启程，我们需要让每个学生自主规划设计、深度合作、自我管理，最终促进每一个学生自主学习能力的建构。基于此，我们需要进一步打开，为学生“定制”多样的、丰富的学习菜单。

未来，是一个我们都不曾去过的地方，所以充满了不确定性；未来，又是一个我们人人都在朝向的地方，所以又预示着确定性。正如没有唯一的未来一样，教育的未来也没有唯一的正确答案。虽然我们每一个人都是一个独特而独立的存在，但作为这个时代里一个真正有使命感的教育人，应该可以找到有价值的精神共鸣和共处方式！而当我们每个人都能找到自己在教育变与不变中应有的位置，并能与时代建立更深层次的关联时，我们也就找到了自己灵魂的诗意栖居之所，而我们对自我的认识，也将随之发生深刻的变化，并因此而获得作为教育人特有的幸福！

正如我在《在自己的树下》一文中写的，“我知道，儿童是人类留给未来的礼物，又好似暂栖于教育这棵大树上的鸟儿，他们在这里丰满羽翼、习得飞翔、结识伙伴、积蓄勇气、编织梦想……终有一天，他们将一飞冲天”。正因如此，教育人更应当时常问问自己：我们让他们从教育这棵树上带走了什么？

是凝固的教化，还是灵动的启蒙？

是机械的效仿，还是探寻的热望？

是可视的果实，还是隐形的翅膀？

……

无论是理性的思考，还是感性的实践，都无不在提醒我们，教育是为孩子的未来准备的，而教育的未来也没有唯一的正确答案，对于未知的未来，我们给予孩子最好的礼物，莫过于给予他们生长的力量，激励他们带着好奇心，以自己的理性和智慧去追求他们自己的独特的未来。作为教育者，我想，没有比“奠基未来”更令我们激动与向往的了。

第二章

“奠基未来”教育思想的自我描摹

多年来，“剧场效应”的经久不散导致了教育内卷的不断加剧，即便是在国家大力倡导“双减”的背景之下，在结束了学校的“5+2”课程学习之后，不少孩子还是直接在父母的轿车里吃完便当，又奔赴学科培训的校外辅导班继续上课去了，孩子们依然没有闲暇去多看一眼他们头顶的星空与明月！

康德曾经说：“能够对人提出的最大、最难的问题就是教育。”现实中，教育常常处在困惑之中，而造成困惑的往往又是我们自己。如同哲学家克里希那穆提所说的那样，我们往往会给自己画一个圆圈。正是这个无处不在的“圆圈”束缚着我们，使教育的壁垒丛生，让我们难以超越。在我看来，这个圈、这堵墙就叫作“功利现实”，它的弥漫直接导致了教育的“被迫短视”，难以迈开走向未来的路，而教育中未来性的缺失，是产生诸多教育弊端和严重后果的根本原因之一。但又正因为如此，一所学校的“奠基未来”即显得尤为重要。

第一节 “奠基未来”教育思想的关键要素

一、未来与未来性

何为“未来”？未来预示着机遇和可能性，它是对学生未来的预测和把握，也是对学校发展的召唤与希冀。“未来”把人引向更高的可能性，只有“未来”才是学校追求的目标和动力。从这个意义上来说，教育即未来。“未来”是教育的本质，也是教育最伟大的使命。

我一直以为，未来在哪里，教育就在哪里。但长期以来，教育的目光总是停留在人的现实性上，偏重儿童此时此刻的表现，至于未来有多大可能，则很少关注。关注现实性是必要的，但不是目的，如果只停留在现实，教育就会短视、急躁与功利。关注未来性，教育的目标因此而悠远，视野也因此更加开阔。从只关注现实性到更关注未来性，是教育的一种超越。

二、未来性存在于生命之中

人作为一种生命存在于世，生命是天体宇宙演化历程中产生的独特存在。没有生命就没有未来。因此，尊重儿童的生命价值，保护每一个儿童的生命，就是保护儿童的未来。生命具有时间性。对时间性的理解，即生命中的每一个实践都是不可重复的。它涉及时间的过去、现在和未来。“现在”是生命时间的进行态，是创生着的生命态，它改变着过去，孕育着未来，只要生命存在，未来就会存在。未来是生命时间的潜在态，表示生命的走向和可能存在，随着时间的流动，未来性就会在生命的走向中日益清晰和凸显。因此教育需要让儿童有更多活动的时间，时间让儿童有了未来发展的可能性。

三、未来性存在于生长之中

早在 2008 年，我就提出“办面向未来的学校”的教育愿景，这在本质上是“向着未来生长”的教育主张的整体构建。教育学上的“生长”不同于生理学中的概念，从古典的教育理论到当代建构主义教育理论，教育其实都在想方设法地揭示“生长”的规律。柏拉图坚信人类灵魂的不朽与轮回，“他认为有效教学在某种意义上是激励学习者回忆或有意识地唤醒他们已获得的知识”，蒙特梭利认为“孩子是积极的、不满足的理性者”，卢梭的自然教育则通过爱弥儿“发现和主要是自发训练其自身能力，来从事一项又一项的学习”，杜威则希望“学生成为积极的探究者，探究那些对他们来说是真实的真正问题”，当代建构主义发展并丰富了杜威的教育思想，提出“知识的建构是生理和心理共同活动的一个过程”。从“生长”的教育历史中，我坚信生长是自我寻找、自我发现、自我创造、自我实现的过程。同时，生长也意味着超越，有超越才可能在未来获得新的生长。

雅斯贝尔斯不仅认为人可以不断超越自身，而且认为人“要成为完整的人全在于自身的不断努力和对自身的不断超越”。可见，向着未来生长的过程，也是一个不断超越自身的过程。

四、未来性存在于生活之中

“生活即教育”是陶行知教育理论的核心。陶行知指出：“生活教育是生活所原有，生活所自营，生活所必需的教育。教育的根本意义是生活之变化。生活无时不变，即生活无时不含有教育的意义。”在奠基未来的教育思想中，我所理解的未来指向的是让儿童过一种幸福完整的教育生活，或者说，教育本身就是生活，教育就是生活的方式，是行动的方式。教育在作为促进未来美好生活的一种手段的同时，其本身就应该是目的。我们要引导儿童在生活中去认知、澄清、选择、判断，这个过程也是一个价值观澄清的过程。同时，生活也是未来性开发的摇篮，意味着选择，有选择才会有真正的生活；意味着创造，创造是对未来性的展开，有创造才会有更好的发展；未来性在自由与创造的生活中才会更健康、更舒适。我们要创设生活化的情境，引导儿童基于生活经验去探究自由、民主和科学等方面内容，并在生活化的环境中自主学习，拥有更多的成功体验和发现的快乐，让基础教育为儿童的未来生活奠基，为儿童的幸福人生奠基。

五、未来性存在于生态之中

学校犹如一个自然生态圈，在这个丰富而鲜活的生态圈中，必须有各子系统自由发展的自然样态，有基于合作、融合竞争、激发自觉的学习氛围，有每位师生自我发展和个性张扬的文化土壤，才有学校的未来发展。循着自然生态的视角，我们将管理变革的核心聚焦于校园里的每一个生命，从生命发展的内在价值和外在需要的角度重新理解并构建学校管理的新范式，在寻找学校管理秘密的过程中，构建一个自然、和谐与相互依赖的未来发展体系，从而有效促进了梅岭教育的卓越发展。同时我们认为，自然生态圈应当采用现代治理的方式，激发生态活力，促进每个人的全面发展和终身发展，即身心、智力、敏感性、审美意识、个人责任感、精神价值等方面的发展。其中，审美要素是人生长过程中的基本养料，是人未来发展中的基本需要，因此生态圈要为人提供这种养料或需要。马克思说，人是“按照美的规律来构造”自己的，是在追求美的过程中追寻自己，塑造自己。我们要用生态的自我修复和自我维护的特性，让美走进学生的心灵，成为他们构造自己的丰富资源，从而获得未来美好的新生命。

六、未来性存在于技术之中

在互联网、云计算和大数据的支撑下，人工智能技术飞速发展，技术的发展为未来社会提供了现实基础，或者说，技术的发展必然导向未来社会。在大数据时代的宏观背景下，诸如学习方式、学习环境等的变化随之而来，过去的教育是传递知识和智慧的桥梁，而现在的挑战在于让学生自己学习其所需的智慧。从某种意义上来说，学生的未来生活将离不开技术，技术改变着我们的认知，已经成为“现实中的未来”，而这种认知的改变是颠覆性的，将改变我们的教与学乃至整个教育生活。教育惟有革新才能冲破约束，走向未来。因此我们应该关注教育中技术的应用，在技术的帮助下，更好地发掘学生的潜能，提升学生的学习效率，让他们能够掌握一定的信息技术能力，为每一位学生的成长提供帮助和支持，以面对未来社会的挑战。

第二节 “奠基未来”教育思想的核心阐释

一、“奠基未来”教育思想的理论基础与形成渊源

基于以上对“未来”和“未来性”的思考，结合扬州市梅岭小学七十多年的办学历史和教育实践，我提炼并确立了“教育，奠基未来”的教育思想。斯宾塞说：“教育的目的就是为未来完满的生活做准备。”杜威说：“教育即生活”“教育即生长”“学校即社会”。康德说：“孩子们应该不是以人类的当前状况，而是以人类将来可能的更佳状况，即合乎人性的理念及其完整规定——为准进行的教育。”从源头看，“奠基未来”这一教育思想既继承了斯宾塞的为美满生活做准备的观点、杜威的实用主义精神、康德面向未来的原理，也吸取了东方智慧的遗产，比如孔子“有教无类、因材施教”的教育主张、庄子“无用之用、不言之教”的教育哲学等等。此外，还将梅岭小学独特的“可法文化”和中西方的理性与批判精神融会贯通，主张人通过教育而不断超越，走向未来。教育是人学，教育的直接目的是为人本身和人本身的超越，通过生态治理、教师发展、课程建设、教学变革、评价创新等手段，让学生拥有适应未来社会的关键能力和必备品格，以实现为学生的未来奠基，使学生成为他自己，成为全面发展的人。

德国哲学家海德格尔一直追问生存的意义，在他的时间观里，“未来”

现在就存在着。“奠基未来”教育思想中的未来不是指遥远的若干年之后，而是当下作为一种可能性存在着的，不断逼近又永未抵达的未来，而这种可能性和未来性又隐藏在现实之中。因此，教育就应当是面向未来的。在 2008 年，我就提出 “办面向未来的学校” 的教育愿景；2014 年提出：“向着未来生长，……因此教育需要有预见性、超前性。” 2017 年又提出：“以自然为师，向未来生长。” 到 2019 年，未来教育成为热点话题，我进而明确提出了“教育，奠基未来” 的教育思想。

二、“奠基未来”教育思想的内涵与内容

“奠基”在字典里有两种解释。一是指“打下基础”；二是比喻“一种伟大事业的创始”。在这里，“奠基”指的是为学生的未来生活打好基础，包括身心健康基础、终身学习的基础和适应未来社会的基础等。

“未来”也包含两层意思。第一，作为时间概念，未来指的是从现在往后的时间，它是一个时刻，也是一个时间段；第二，作为教育概念，未来是一种预言，是一种愿景，也是一种准备。未来使我们始终处于教育的“不满足”之中，使我们始终不忘寻找“新的教育目光”。因而，无论从时间意义上，还是从教育理解上，“未来”都是我们前行的唯一方向。具体而言，在“奠基未来”的教育思想中，“未来”指向的是儿童的未来，是每一个超越当下又联结当下，不断向未来逼近又永未抵达的未来、追求真善美发展的未来、包容开放的未来、颠覆学习方式的未来、终身学习的未来、创造的未来、智能的未来等等。

“奠基未来”是一个以“未来”为教育前行的方向、以“奠基”为教育追求的方式、以“生长”为教育实现的过程的教育理念。它关注的是未来的教育观和未来社会对人才发展的新要求。“奠基未来”，就是以未来的眼光审视当下的教育，通过学校教育把“学习的基础”转化为学生“终身发展的基础”，使学生能够具有从容应对未来社会的学习能力、思维品质、探究意识、创新精神、责任感以及适应社会和创造社会

的能力等，从而让今天的教育具有未来的意义，为每一个儿童的全面发展、终身发展奠基，培养儿童成为终身学习者。在此过程中，应用技术的手段以及环境、教学内容、方式都可以发生改变，但教育的本质不会改变，立德树人的目标不会改变。因此奠基未来的逻辑起点是教育的本质，即为未来社会培养适合的人才，促进人的全面发展。这一理念遵循教育规律和人才成长规律，顺应了国际教育发展趋势，与《中国教育现代化 2035》提出的八个“更加注重”的基本理念高度契合，即以德为先、全面发展、面向人人、终身学习、因材施教、知行合一、融合发展、共建共享。

第三节 “奠基未来”教育思想的文化表达

一、“奠基未来”教育思想下的办学理念

奠基未来的核心理念用在办学中，可以理解为：以人为本，为学生终身发展奠基；重塑文化，为教师享受教育服务。所谓“以人为本，为学生终身发展奠基”是一种人本主义教育思想。学校是培养人的场所，人在这一场所中的地位显得尤为特殊，我们所进行的一系列教育改革，归根到底都是为了实现人的发展,因此所有的目标都应指向于人的成长，唯有实现对学校内每个生命个体的尊重，方能体现对人类的生存意义和价值的关怀。所谓“重塑文化，为教师享受教育服务”，是以文化的视角来看教育，教育不是单纯的教，也不是单纯的学，而是应该通过构建文化场来影响人。在梅岭，我们一直以文化自觉为学校发展的根本追求，进而形成了具有梅岭特色的发展历程。学校教育传递的文化内核应当是

对鲜活生命的无限尊重与对美好事物的执著向往。基于上述理解，我们突出了学校环境中的两大类人，一类是生，一类是师。在小学，我们所实施的是基础教育，我们的一切教育活动的目标皆指向如何促进学生的终身发展，我们将努力全方位地夯实他们的发展基础，培植他们自主发展的愿景和能力，保持他们持续发展的意趣。而教师是实施这一教育理想的执行者，他们自身对教育的态度及发展的状态将直接影响到孩子们的对这一教育范式的认同度。因此，我们努力建构一种文化，让每一位教师同样得到自主的、可持续的发展，并使他们从他们参与构建的学校环境所提供的教育生活中获得快乐。我们聚焦“可法文化”，通过盘活历史经验，努力寻找文化育人的现实抓手和路径，“相约星期五”影视沙龙、“校长书架”、《乐读》电子杂志、《彼岸》校报、梅岭论坛等等正在成为学校“文化自觉”的符号与载体，凝聚着教师的教育梦想，激发着教师的教育热情，在追求自然与人文的和谐统一中，形成了梅岭教育奠基未来的风景。

二、“奠基未来”教育思想下的“一训三风”

我们的校训是：爱国、修身、齐家、治学。《大学》讲了“君子”（古之欲明明德于天下者）的治学原则及其先后次序：格物、致知、诚意、正心、修身、齐家、治国、平天下。曰：“物格而后知至，知至而后意诚，意诚而后心正，心正而后身修，身修而后家齐，家齐而后国治，国治而后天下平。”我校之训导旨在让师生明了治学的最高境界——为了民族的兴旺，为了国家的富强，为了世界的和平，为了人类的幸福。我们的校风是：尚德、谋新、合作、践行。儒学之经典《大学》提出：“大学之道，在明明德，在亲民，在止于善。”“尚德”是人格完善的基本要求、是人生的基础教育、是人成其为人的必要修炼。而在求变中谋新，在谋新中发展，却是一个环境维持生机与活力的保证，但这一切又都需要踏实的行动和完美的合作作为支撑。唯有用实际行动履行承诺，才能成就更加美好的未来。我们的教风是：朴实、严谨、灵活、和谐。我们所追寻的理想教育最终归于和谐，我们摒弃浮华是为了追求教育的本真，我们崇尚严谨是为了彰显科学的灵性，求变、求新，因材施教，循循善诱，让尊重、理解、关怀与激励构成梅岭小学这所学校中孩子的独特感受。我们的学风是：刻苦、勤思、博览、多问。“博学、审问、慎思、明辨、笃行”是儒家经典著作《中庸》里所倡导的治学方法、步骤，是对中国传统文化治学方法的科学总结。冷静平和的心态造就了科学理性的风范，科学理性的风范才能造就恢宏卓越的成就。

梅岭小学的“一训三风”是对原校训内在精神的继承，这种继承与坚持体现了对历史的尊重，而对历史的致敬恰恰是为了更好地走向未来。

三、“奠基未来”教育思想下的办学愿景

2008 年，我提出了“办面向未来的学校” 的发展愿景，2014 年提出了“向着未来生长”的发展愿景，2017 年提出了“以自然为师 · 向未来生长”的发展愿景，2019 年又提出来“教育，奠基未来”的教育愿景。对于学校发展愿景的思考，源于 2008 年。“办面向未来的学校” 是重心明确教育的方向性，教育不仅要实现与时俱进，更应该引领时代。“向着未来生长”包括四个维度：一是向下扎根，即关注和厘清教育的本质。二是向上伸展，即关注儿童对自身潜能的自觉与自信和对人类未来发展的关切与担当。三是向外拓延，即关注教育的开放性、丰富性和可能性。四是向内求索，即对教育本质进行实践探索。“以自然为师，向着未来生长”意味着我们既要满足与激发学生的生长主体性的需要，也要为学生的生长创设外在的环境，这个环境是生物的、社会的、自然的、文化的融合。“教育，奠基未来”，教育即未来，教育最根本的意义就是基于孩子未来发展的各种可能，给他们提供足够宽广的平台和足够丰富的资源及条件，让他们拥有适应未来的能力，实现把握未来的自由。当我们重视教育的未来性，我们才能凸显教育发展的概念，无论是学校教育，还是家庭教育，

其意义均在于此。

四、“奠基未来”教育思想下的育人目标

“育一粒真的种子，让学生做中国人、做世界人、做现代人”是梅岭小学的育人目标。就基础教育而言，培养全面发展的人，就是要培养面向世界、面向未来的中国人、现代人。“做人、做中国人、做现代人、做现代世界人”是陈鹤琴老先生教育思想的核心。基于此，我们将育人目标划为三个层次：做中国人、做世界人、做现代人。它是我校教育工作的核心，并以此为目标引导孩子创造美好，走向未来。第一层“做中国人”，是要让学生做有民族情怀，有中国气质的中国人，心怀祖国，情系人民，成为社会主义合格的建设者和接班人，要为成为中国人感到骄傲和自豪，这是作为中国人的基本要求和根本任务；第二层“做现代人”，是要帮助学生做具有现代意识和技能，勇于开拓，勤于进取，自信而豪迈的中国人；第三层“做现代人”，是要教育孩子具有视野，熟悉国际生活规则，关注世界前沿信息，有参与国际事务的意识，要为孩子成为具有国际竞争力的中国人奠定基础。

回顾学校的发展历程,支持学校发展最为重要的是教师的文化自觉、科研求真的态度和对教育的执著与坚守，这种精神属于过去，更属于未来。教育是未来的事业，面向未来的教育不仅是历史发展的必然要求，也是由其自身本质特点决定的。因此，“奠基未来”不是一个选择，而是一个必须面对的事实。在“奠基未来”教育思想的导引下，我们将依据客观世界的变化发展，做出超越现实的取向，实现教育观念的超前变革,为每一个孩子而教,为每一个孩子的明天而教,把握未来教育的本质、回归教育的本原、关注生命的成长，不断积淀全新的发展内涵，向着未来的方向奋力前行。

第三章

“奠基未来”教育思想的源起、发展与完善

第三章

[illegible]

在对“奠基未来”教育思想关键要素的提炼中，我曾这样描述“奠基未来”教育思想中的“未来性”，即未来性存在于生长、生命、生活、生态、技术之中，回顾“奠基未来”教育思想的源起、发展与完善，每一个历程都伴随着深深的思考，而始终不变的是对儿童的不断追问和对教育本质的持久反思。

第一节　“奠基未来”教育思想的理念萌芽

一、对儿童的不断追问

对成人而言，儿童从出生的那一刻起就是一个谜。“儿童”是谁？人类历史上，在不同的时代、不同的认识方式中产生了不同的儿童观，同时也积累了关于儿童和童年的普遍性认识。从描述现象学来看，儿童的童年生活是超越于经验、文化、心理的智慧、内在精神、天性或自然；从发生现象学来看，它似乎是神秘的“黑匣子”，只能通过形而上学的方式把握其纯粹意识、先天能力，具有自主的、无限的、创造性的主观逻辑，两者都揭示出“童年是一个复杂而又含糊的概念”，正因为这种“复杂和含糊”让“奠基未来”的教育思想不仅拥有了生命意义上的独特价值，同时具有了时间意义上的重要启示。

二、对教育本质的持久反思

对儿童的不断追问带来的是对教育本质的持久反思，我常常问自己：是否丢掉了那颗童心。美国学者尼尔 · 波特曼在《童年的消逝》中早已提出这一观点：他认为随着现代媒介和社会环境的变化，儿童与成人之间的界限再度变得模糊，现在的儿童可以从电视上接触到相当多的信息，心理上飞速进步，导致儿童独特性正逐步消亡，他担心孩子将自此丧失纯洁的童心。其实何止是孩子面临丧失童心的危险，教师更是如此。可以说，童心的消逝是我们共同面临的问题，而作为教师我们更需要警惕这种风险，我们有责任不断审视自己，在匆忙的前行道路上，不断反思：教育是什么？

雅斯贝尔斯在《什么是教育》一书中，是这样论述教育的本质的：教育是人的灵魂的教育，而非理智知识和认识的堆集。他认为，“对终极价值和绝对真理的虔敬是一切教育的本质。”台湾著名教育家黄武雄也在其扛鼎之作《学校在窗外》一书中阐述：学校教育应做两件事：打开人的经验世界，发展人的抽象能力。学生在学校教育中要形成自己的人格，看到自己存在于这个世界的意义。学校的功能在于“迷恋他人的成长”，在于激发学习者的自我发现、自我认同、自我成长、自我完善的原动力，并帮助他们克服认识、学习、适应、融入这个世界的困难，成为悦纳自我、悦纳他人、悦纳世界也被他人及世界悦纳的积极、自由、快乐、有意义的生活者。

对于这个问题，我给自己的回答是这样的：教育是一棵枝繁叶茂、根深枝虬、摇曳生姿、缀满果实又花开四季的大树。对于这样一株曾根植于每个人生命中的大树，实用者看见的是栋材，唯美者看见的是风景，功利者看见的是效益……而我，欣赏的是它在清风流岚中慢慢生长的姿态，流连的是它在吐故纳新中悠游自在的存在，沉醉的是它在倾情哺育中智慧奉献的泰然与欢喜……

马克思指出，“本质即根据”。根据在哪里？“奠基未来”教育思想的根据在儿童，儿童即根据；而儿童的本质在于自我超越和创造。“奠基未来”教育思想的深处，是对儿童的本质的尊重和维护，是对“根据”的坚守和发展。

“却顾所来径，苍苍横翠微”，“奠基未来”教育思想的意义生成和转变之维是其在思维层面与技术层面的不同面向，两者相互勾连、相互作用，共同描绘了“奠基未来”教育思想的发展规律，以此一次又一次地重塑自身。

第二节 “奠基未来”教育思想的意义生成

意义是什么？用马克斯·范梅南的话说：“意义早已暗含于视觉、听觉、触摸、被触摸，以及与世界的接触的前反思性的反思中，早已暗含于对以上所有经验的现象性的反思之谜中。”在时间、空间交织的意义网络中，意义以理解认知层面的事实之维与目的价值层面的评价之维为具体内容，表现出不同的形态，并以成己与成物的历史展开为现实之源，意义生成并呈现于人与世界的互动过程。对于我而言，意义不是挖掘出来的，意义是自身与世界的联系，是当下生命内在的表达。

“意义是人类生存的必要条件”，因而，“奠基未来”教育思想的意义并不在彼岸，相反，它就在当下，就在当下正在发生的，进一步说，“奠基未来”教育思想的意义存在于“此刻”，“此刻”在我看来更像一个空间概念，此刻我们在做什么，在思考什么，在感受什么，在生成什么等等，恰恰是那些看不见的文化、静静流淌着的追问和慢慢生长出来的碎片，构成了“奠基未来”教育思想的可能模样。

一、文化寻根和本质理解的统一

“奠基未来”教育思想意义的生成离不开对学校文化的寻找，文化是对历史的照见。梅岭小学的历史源于民族英雄史可法，源于那段史称“扬州十日”的历史记忆。据《南明史 · 史公传》记载，1645年，清兵入关南下，势如破竹，攻打扬州时，史可法英勇抵抗，以身殉国。第二年，史可法的嗣子副将史德威将他的衣冠葬于梅花岭下。1947年，史公的后裔史鉴在史公祠内创办了“江都县立可法初级小学”。解放后，“可法小学”迁出史公祠，与史公祠隔街相望，并更名为“梅岭小学”，取名“梅岭”，一为纪念史可法，二为铭记坚守与忠勇的“可法”精神。

《韩非子 · 五蠹》里有一句话：“是以圣人不期修古，不法常可。”这是史公名讳之源——史可为鉴，可为今法。“可法”不就是指被人们认可吗？数十年来，教育不就是追求这样的质态吗？于是，在史公透越历史的目光中，梅岭小学有了过去、现在以及对未来的观照。前文提及的梅岭小学的办学理念“以人为本，为学生终身发展奠基；重塑文化，为教师享受教育服务”与“可法精神”是一脉相承的，是“奠基未来”教育思想在学校最初的一种精神再现，基于文化寻根和本质理解的统一，梅岭小学所实施的一切教育活动，皆指向为未来而奠基。

“做一颗真的种子”是学生培养目标。孩子的世界是一个澄明清澈的世界，真实是其中最值得呵护的珍宝。梅岭着眼于孩子的真实，希望作用于孩子人生起步阶段的教育能真正触及他们的心灵，将一切美好植根于种子萌发之初。

“做一片美的叶子”是教师发展目标。教师是实施教育理想的执行者，是梅岭文化的传递者，他们对教育的态度及发展的状态将直接影响到孩子们的发展。梅岭小学的老师拥有独特的文化人格魅力，得到自主的、充分的、可持续的发展，并从教育生活中获得快乐。

“建一座善的家园”是学校发展目标。无论是学生的“真”，还是教师的“美”，都闪烁着人性中“善”的光辉，都茁壮成长于梅岭这座“善的家园”。史公虽行，“可法精神”却永存。从“数点梅花亡国泪，二分明月故臣心”的史公浩气，到今天梅岭小学的高远情怀，“梅岭”正汲取着过去和现在岁月中最美好的情愫，幻化为“奠基未来”教育思想的精神底色——对信念的坚持，对责任的担当，对教育理想和信念的执着坚守。

二、主观追问与客观事实的耦合

延续对“奠基未来”教育思想意义生成的讨论，除了文化寻根还有主观的追问，主观追问与客观事实的耦合，是教育思想产生的客观条件和发展规律，充分发挥意识的能动作用，促进主体和客体的对话交流，在相互作用中生成“奠基未来”教育思想的目的价值和客观事实是这一思想产生的又一内在意义。

我们需要追问的是人的成长，人的成长过程实际上是一个心理的成长过程，而不是一个智力的成长过程，智力成长是附着在心理成长上的。如果我们了解儿童成长的科学规律，让儿童按精神胚胎的内在规律自然发展，他一定会成为人才。儿童的自然发展规律一旦遭到破坏，他整个发展都不会正常，包括智力。所以蒙特梭利说，我们要做孩子精神上的仆人而不是主人。但是今天，当我们把儿童的自我、知识各分一堆时，一切都被破坏了，我们再也找不到儿童内在的秘密，迫不及待地想让儿童获得知识的想法桎梏了我们，并使我们产生了偏见，还有一大堆被称为知识的垃圾，这些都破坏了一个具有生命和人格魅力的人的发展。只有承认儿童的未来性、成长的规律性并相信个体的独特，人类成长的秘密才会在一个漫长的过程中展现给我们。

我们需要追问的是教育的可能性。苏霍姆林斯基说：“培养人，首先就要了解他的心灵，看到并感觉到他的个人的世界。”“奠基未来”教育思想指向一定的目的和价值，当我们把孩子心灵的发展作为教学目标时，教学才能走出纯粹知识教育的迷途，才能跳出灌输教育的泥淖，这样的教育才能激发出孩子发展的可能性。古希腊的建筑为什么不垮?

因为它建立在人的结构的基础上。石阶和石台，是手，代表身体和意志。柱子，是心，代表艺术体验和情感生活。屋顶，是头，代表思想和精神。从力学上说，两根柱子就够了，为什么他们要用那么多柱子？两根柱子，当然可以，不会垮，但几千年后它垮不垮？教育所要做的就是顺从儿童的天性，我们可以把头弄重，但会缺乏支撑，“返本开新”，教育更应该做的是修建这些支撑的柱子，保持儿童对学习最初的意愿和能力，尊重儿童的创造激情，相信教育的可能性，不越俎代庖、取而代之。

我们需要追问的是自我的实现。马克思在《德意志的意识形态》中写道：“人生到世界上来没有带着镜子。”既然如此，我们又如何去寻找这面自我意识镜子呢？事实上我们根本就不需要去寻找，我们需要的是一种自我的实现。但是这种自我实现不是纯粹的自我臆想，不是简单地实现自我，而是将自己的生命本质在对象世界中展现出来。“奠基未来”教育思想最根本的意义就是让孩子的生命获得意义，以学生的生命成长印证是否为未来而奠基，因为生命成长是一个永无止境的过程，未来是由一个个不断抵达而又永未完成的现在构成，外在世界的永恒变化使我们永远不能停止认识自我的探索与努力，一个孩子的生命里充满了各种各样的可能，同样一个教师的生命中也是如此，生命与生命的发现与同行，对自我的再发现与再创造是“奠基未来”教育思想的隐喻。

三、微观直感与宏观立点的融会

除了对文化寻根和本质理解的统一和对主观追问与客观事实的耦合，“奠基未来”教育思想的意义生成同样离不开微观直感与宏观立点的融会，微观直感与宏观立点的融会程度决定了“奠基未来”教育思想的走向。

首先尊重与发现儿童的内在价值。儿童有其内在的价值，儿童的内在价值其实就是生命的价值。作为一段短暂的时光，儿童期是宝贵的，而儿童身上的纯真、美好、善良本身就是最具价值的教育元素。“奠基未来”教育思想就是回归儿童的内在价值。以尊重与发现儿童的这种内在价值为起点，让孩子拥有一个幸福的童年时光，身心健康地生长。无论我们从哪一个角度去思考与建设未来，尊重与发现儿童的内在价值都是逻辑起点。反过来也可以这样说，想要观察一个教育思想是否具有未来性，只要观察儿童是否被尊重、被承认、被发现、被激活。

其次适应与满足儿童的主动生长。有一句流俗的话语，鸡蛋从外面打开是食物，从里面打开是生命，从里面打开是生命的主动生长。自然界的生命也是主动生长的，如小草遇到石头或者别的障碍物，它会主动地挣扎而顽强地活下来。“奠基未来”教育思想就是回归儿童的主动生长，适应与满足儿童主动生长的需要，而这样的教育过程就是一个让儿童自己去探索、发现与求知的过程。“奠基未来”教育思想是把学生的选择和社会的选择作为考虑的第一因素。从序列上，应该把学生和社会放在前面，教育者和管理者放在后面。把学生放在前面就是要适应和满足学生的主动生长。

再次丰富与激发儿童的生命体验。生命成长是一个无可替代的过程，在这个过程中，生命与外界的相互关系是以生命体验的方式进行维系和展开的。“奠基未来”教育思想就是回归儿童的生命体验。重视儿童在学习活动过程中的感受，珍视儿童在学校里的每一个时刻，远离功利与短视对儿童成长的戕害。“奠基未来”教育思想更加注重人在学校中的体验，它认为体验就是最好的教育方式。梅岭小学一直本着“以人为本，为学生终身发展奠基；重塑文化，为教师享受教育服务”的办学理念，我想要传递给学生以及教师的便是这样一种理念。未来学校，我们希望内心丰富了的教师去丰富与激发儿童的生命，让师生在学校里成为彼此最重要的人。

最后实现与发展儿童的内在自由。学习是为了发展个人内在的精神能力，从而在外部现实面前获得自由。因而，教育不只是为了培养儿童适应未来的社会生活，更重要的是要丰富自己，获得独立人格和独立思考的能力。“回到儿童”就是回归儿童的内在自由。在培养儿童适应社会生活的同时，不忘丰富儿童的生命，培育优秀的大脑和高贵的灵魂。学校承载的教育使命发生着深刻变化，它不是为了把知识装进学生的大脑，不是让学生成为知识的奴隶，而是通过学习、交流、思辨等方式拓展认识的空间、发现成长的可能，用知识解放自己，走向未来。

文化寻根和本质理解的统一形成了“奠基未来”教育思想的精神底色，主观追问与客观事实的耦合通过对自我的再发现与再创造形成“奠基未来”教育思想的深层隐喻，而微观直感与宏观立点的融会构建了“奠基未来”教育思想的图景，这三者共同形成一种更具根本性的话语关联总体，正是这种关联总体为“奠基未来”教育思想的产生和发展提供了背景、动因、框架或标准。

第三节　“奠基未来”教育思想的转变之维

“奠基未来”教育思想的转变之维以“意义生成”为前提，是探索“奠基未来”教育思想的实践脉络，内在的构成其发展规律的重要部分。在意义生成的前提下，“奠基未来”教育思想的转变之维经历了路径选择、系统构建和生态营造的发展过程。

一、“奠基未来”教育思想的路径选择

思想具有导引性，明确了行动的方向，但思想从来不是静态的描述，“奠基未来”教育思想意义生成的三个方面为思想落地提供了诸多路径，这些路径在文化演进、特色凝练、环境支持等方面形成了具体而鲜明的印记。

1. 文化演进

一所学校的发展史即为一所学校的文化演进史，而“奠基未来”教

育思想的发展迭代，是其文化演进中最核心的部分。多年来，梅岭小学始终保持探索的姿态，不断“寻找与教育有关的句子”，这些教育的表达不仅是智慧的闪光，更是“奠基未来”教育思想的行动衍生，是梅岭小学基于现实的实践表达，现简要梳理如下：

类　别	呈现方式	指　向
与理念表达相关的句子	小学也可拥有大学的博大与深远， 小学也可拥有大学的雍容与经典， 小学也可拥有大学的开放与宽容。	教育愿景 （宏阔的）
	向着未来生长	教育主张
	和美好的一切在一起	教育愿景 （具象的）
	在可法的天空下	学校文化
	云端的学校	大数据研究
	让面向未来的学习，成为看得见的风景	个性化学习
与实践探索相关的主题	规范教学行为，做科研型教师	
	透视课堂本质，印证生命的互动	
	文化阅读与教师专业发展	
	文化视野下学科核心的再认与重建	
	从课程意识到课程行为	
	如果只有课程标准	
	课堂，给学生带得走的能力	
	你改变了吗？ ——拥抱梅岭新课改时代	
	寻找回到儿童之路	
	看见儿童：探寻儿童本位课程的变革之道	
	来自学院的召唤：一种有使命的学习……	
	为了美好地生长——关于新时代“空间·课程·儿童”关系的思考与实践	

与实践探索相关的变革	“常春藤”学院校本研修	专业发展变革
	如果只有课程标准	课程变革
	“未来课程”构建	课程变革
	“三级一系统”寻找学校管理的秘密	管理变革
	蓄力工程（管理、科研团队建设）	管理变革
	“后集团化办学”实践研究	管理变革
	多向式自主学习	教学变革
	课堂，给学生带得走的能力	教学变革
	让学习真正发生	教学变革
	名校发展创新奖（指向教师和管理）	评价变革
	“真的种子”生长记——学生成长评价	评价变革
与梅岭相关的故事	“相约星期五”	教师影视沙龙
	“闲寄”书房	教师读书分享会
	“朗读者”在线	教师经典诵读社
	梅岭儿童峰会	属于学生的节日
	梅岭的重要标识	梅岭设计

学校文化形成的过程一定是一个在实践中自然悟得和累积的过程，在梅岭小学，“奠基未来”教育思想所赋予每一个梅岭人的是创新的勇气、执着的信念和前行的力量。“奠基未来”教育思想主要存在以下三个部分内在的文化肌理。一是梅岭深处的文化在历史传承。“奠基未来”教育思想中蕴含的价值观——责任担当、泽被天下和勇于创造根植于史公，这种自我创造性的转化与提升促进梅岭文化的延续，促使梅岭小学以“立德树人”为己任，把“可法”作为自己的文化旗帜，志在将“可法”“可为他人法”这样一种现代创新精神和坚守文化传统相互融合，将家国情怀、使命担当、未来意识植入儿童生命成长的过程之中，纯净和丰富儿童的精神底色，从而成就儿童未来的成长与发展。二是梅岭深处的文化在价

值坚守。梅岭的办学理念是：“以人为本，为学生终身发展奠基；重塑文化，为教师享受教育服务”，“奠基未来”的教育思想努力将“可法”文化转化为时代的教育话语，执守童年的教席，倡导追求卓越，深入践行“可法”文化，《梅岭指南1》《梅岭指南2》是学校系统管理的制度范本，既强调法度，又以人文本，学校管理制度由全校师生参与讨论制定，以“指南”的方式出现，以契约的形式导引梅岭人前行，倡导建立积极健康的管理伦理，各校区发展各具特色，各级部管理和谐有序，教学模式指向开启智慧、舒展心灵、畅想未来，追求着“自觉、自主、自在、自由”的教育境界。三是梅岭深处的文化在品质养成。无论是从教师身上，还是从学生身上，都能够看到印证“奠基未来”教育思想的文化理念与价值追求的特征，它们已经逐步融入梅岭师生的日常生活中，潜移默化地成为一种习惯、一种品质。梅岭的教师是低调而积极的，在他们的心中，学校是家园，学生是第一，所有为了学生的发展的坚守与奉献就是教师存在价值的最好体现。为此，他们不断学习、创造，文化自觉中的自我迭代已经成为梅岭教师身上最宝贵的精神特质。梅岭的学生是阳光、谦逊、坚毅而富有生长力的，他们向光，向善，目光澄澈，内心充盈，他们以做“中国人、世界人、现代人”为远大志向，对认识世界、发现世界充满好奇，他们相信每一个自己都是一粒神奇的种子，而持续不断地向着未来生长并为这个世界的美好做出贡献则是他们的责任与使命。

正是因为历史的传承、价值的坚守与品质的养成，“奠基未来”教育思想在梅岭小学历史文化的演进过程中拥有了更广泛的深度与广度，不断形成自身特质，并寻求更丰富的实践表达。

2. 特色凝练

当然，“奠基未来”教育思想除了促使文化方面的演进，也在不断促使学校办学特色的凝练。在70余年的办学中，梅岭最初以教学变革孕育了学校特色，在“奠基未来”教育思想与学校历史文化相互作用的前提下，进一步形成了学校最初的内涵品质，也逐渐凝练成梅岭的特色。

一是全面发展的培养特色。70年代中期，扬州市小红花艺术团在梅岭小学成立，一批具有艺术潜质的孩子们汇聚梅岭，开启了他们独特的小学学习生活。他们住校学习，除了学习文化知识之外，还要学习艺术课程，吹拉弹唱、舞蹈话剧、地方戏剧等都纳入了这些孩子们的日常学习之中。很快，梅岭的小红花艺术团便享誉江苏，也使得梅岭小学的艺术教育水平得以迅速提升，学校的美誉度得到提高，后来，从这个艺术团中走出了一批艺术造诣不俗的人才。与此同时，梅岭小学的田径训练队也得以成立，学校成为最早一批江苏省体育田径传统校。这使得梅岭形成了体艺兼容的学生培养模式，促使年轻梅岭的办学格局被提升，“奠基未来”教育思想让梅岭悟到教育是对人的全面发展的帮助和促进，为梅岭未来发展打下了良好的基础。

二是轻负高质的办学特色。“轻负高质”作为梅岭的办学特色，四十年不留数学回家作业的做法一度成为教学改革的典型经验。中国教育学会会长顾明远先生、原国家督学、江苏省原教育科学研究所所长成尚荣先生、江苏省教育科学研究院研究员王林先生等教育专家当时都给予梅岭小学非常高的赞誉。“奠基未来”教育思想让梅岭一直葆有追问和反思的能力，让梅岭在“乱花渐入迷人眼”的改革中，坚持遵循儿童的学习规律，坚持立足课堂的实践变革。

三是集约高效的管理特色。近十多年来，梅岭小学的发展一直处于非典型的超速状态，如前文所言，梅岭小学的发展经历了三次行政区划调整，这给学校管理的生态变化带来深刻的影响，基于“奠基未来”教育思想对学校生态治理的理解，梅岭小学提出并构建了“生态管理”范式，从而促进学校生态系统健康、可持续性发展，以此谋求内涵式发展，努力走出优质资源稀释的现实困境。

四是学院意味的研修特色。源于学校文化的呼唤以及学校主体性的觉醒，一个叫做“常春藤”的学院在梅岭小学诞生了，人们称它为“学校中的学校”。经过十余年的实践探索，“常春藤学院”的内涵已经逐渐清晰，在“奠基未来”教育思想的导引下，“常春藤学院”也形成了梅岭校本研修的价值旨归，即倡导文化自觉、激励教师专业发展、追求师生同步成长，对于梅岭小学的老师来说，“常春藤学院”是一座没有围墙的大学，这座“学校中的学校”早已成为梅岭教师专业发展的重要平台，同时也成为老师们的精神家园。

“奠基未来”教育思想是具有生命力的，从培养特色、办学特色、管理特色、研修特色等方面具象的体现在梅岭小学的每一个教育现场。

3. 环境支持

埃德加·莫兰说：“一个生命存在，为了维持它的自主性而工作、消耗能量，显然必须利用它所依赖的环境中的能源来滋养自己。”因此，“奠基未来”教育思想在梅岭的实践不仅作用于文化演进、特色凝练，更主要是为儿童提供一个“生长环境”，这个环境是课程的、评价的、技术的融合。

“奠基未来”教育思想背景下课程环境的建设重在四个价值取向，即“发现、创造、适应、改变”，进而具体化为“四个学会”的培养目标：学会求知、学会做事、学会合作、学会生存与发展。围绕着“四个学会”的目标，将学校的各个层级、各个学科的课程进行融合、整合，形成了“求知与发现，实践与创造，合作与适应，发展与改变”四大门类。经过十余年的实践探索，梅岭小学构建了“奠基未来”教育思想支撑下的以“未来课程”命名的课程体系，在课程体系建构的基础上，开展了许多关乎学校未来发展、重大变革的课题项目，其中比较典型的有江苏省教育科学“十二五”规划课题《基于儿童发展的国家课程校本化的实践研究》以及江苏省基础教育前瞻性教学改革项目《时光轴：小学生自主学习支持系统建构》。尤其在占地面积110亩的花都汇校区投入使用后，梅岭基于对空间、课程与儿童的关系的理解，尝试着从空间、课程与儿童成长进行系统地重构。目前，“未来课程”作为“奠基未来”教育思想的课程雏形已基本完成。

在对“奠基未来”教育思想“未来性”的描述中，我提到的第一个关键词就是“生长”。回到教育现场，如果没有评价的跟进，大概很难实现“生长”的愿望，“奠基未来”教育思想对评价的思考与变革既源于课程环境的需要，又源于具体教学环境的需要，但本质上是源于儿童“生长”的需要。

“奠基未来”教育思想背景下学生评价的建设重在聚焦“做中国人、

做现代人、做世界人”的育人目标，将培养面向未来的人作为评价旨归。学校从 2013 年开始全面取消“三好生”的评价，改为《梅岭小学“真的种子”生长记》，通过对单一评价方式的变革撬动学校整体育人方式的改变，促进学校整体的课程变革，深度研发德育课程，开拓教育阵地，开展主题活动，丰富学生体验，系统规划学生六年的校园生活，设计贴近学生成长需要的体验经历，以实现关照儿童未来发展的真教育，让“奠基未来”的教育思想在梅岭的育人现场逐步落地。换言之，《“真的种子”生长记》展示的是“奠基未来”教育思想的动人图谱，不仅看见了学生的自我规划、记录、总结和反思的过程，也让教师和家长更方便参与其中，更好地帮助学生主动成长。

如前文所说，“奠基未来”教育思想的“未来性”还存在于技术之中，如英国的学者苏伽特·米特拉在著名的“墙洞计算机实验”中所发现的一般，教育有时只需提供电脑和网络，放手给孩子尝试，让他们可以在需要的时间随时随地地开展学习。由此，辨认出“奠基未来”教育思想离不开技术的加持。在梅岭，我们以“未来课程”为核心，以“自主学习支持系统构建”为方式，以“真的种子”成长手册评价变革为导引，重新审视人、课程、教学、评价和技术之间的关系，并努力将物理空间与虚拟空间进行有效整合，打破空间、距离及时间限制，提供充足的场所及应用软件工具，让学习不受时空的限制，从而为“奠基未来”教育思想的实践营造一个更宽阔的环境。

二、“奠基未来”教育思想的系统构建

思想属于精神意识范畴，任何思想总是根源于客观存在，某种程度上，“奠基未来”教育思想开阔了梅岭小学的办学格局，让梅岭小学在文化演进、特色凝练、环境支持等方面找到了更丰富的实践方式，但杨九俊先生的一番话让我再次陷入到自我追问中。杨老师说，梅岭小学有很多“珍珠”，做了很多创新，只是需要一根“线”把它们串起来，这根“线”

在我看来，是一种能力，一种系统建构的能力，因为思想的流向绝对不是单向度发射状，而是系统的、自我迭代的、具有生命力的。“奠基未来”教育思想需要不断的教育现场，总结实践经验，以此洞见“奠基未来”教育思想在具体实践过程中的动态性变化，以寻找学校持续发展的内生动力为着力点，不断寻求自我的突破与革新。

教育思想指导教育实践，教育实践创造教育价值，也就是说，在“奠基未来”教育思想发展的过程中，行动路径也是在逐步完善的。“奠基未来”教育思想以整体性思维和结构性架构的方式开始了系统建构，这对“奠基未来”教育思想的完善而言是一个重要的转变。

1. 尊重与发现儿童的内在价值是系统构建的底层逻辑

“奠基未来”的底层逻辑是教育的本质，学校作为当前教育一个重要的空间，我以为，这个空间应该是教育另一种方式的存在，是能赋予儿童经历生活的空间样态。它既应当承载学校无形的文化、办学愿景、教育理想等，同时也应当蕴藏学校有形的具有生命理解的课程系统、特色空间架构、情感表达脉络、生活流转轨迹等，它是可以承载所有与之相关的人的关系的生命体，具有生长性，但无论是有形还是无形，都是学校中的人所创造的、为着人而存在。学校是我们经历生活的一个个活的空间，它接纳我们，又被我们所激活，在此过程中它超越有限而成为无限，从而获得属于它的生命。

因而，学校空间应该是有灵魂的，这个灵魂是在赋予了人的生活的全部理想和愿景之后散发出来的温度，它使建筑摆脱了冰冷的钢筋水泥的宿命，实现超越，得以成为伟大和永恒。

越来越多的人开始探讨未来学校的空间形态，对于我来说，系统构建学校空间的基本原则就是为了人与他们的生活。具体来说包括：一是为了儿童，看见儿童，尊重儿童；二是为了与儿童紧密相关的人；三是为了儿童与真实生活的互动和联结；四是与梅岭小学的历史文化、所在区域的历史文化以及未来发展相融。例如，为了让儿童看到温暖的、他们喜欢的风景，在设计主教学区和主运动区域时，就采用了极富争议的敞开、挑空、退台式设计。主体建筑一层全部挑空，以阶梯式退台将400米环形操场与二楼的主教学区连接起来，空间错落有致，远观教学楼，仿佛是孩子们熟悉的外婆家掩映于绿荫中的楼宇，又像他们在家经常玩耍的积木搭成的城堡，众多阶梯与布满植物的小块平台的共存，改善了生态，丰富了空间，满足了儿童游戏的乐趣，尊重了儿童的天性。而挑空产生的一楼空间，则被设计成为学生聚会活动的敞开式大厅、可以自主访问的校史体验馆和诸多有趣的功能教室，它们回应了儿童对空间的审美期待。

前文中，我提到“奠基未来”教育思想的内驱元素排在第一位的是好奇心，学校空间是好奇心的促发点，作为促发点需要思考如何改变学校空间在物理存在上的孤立，让空间基于人的成长经历，实现精神上的相通。

“奠基未来”教育思想把学校空间价值演绎的基本策略定位于融合，便是指合理安放和妥帖融合学校的功能性空间、情感性空间和精神性空间，强调这三者的同时在场。比如学校图书馆的设计，我将图书馆的正门放在学校主入口的一侧，是想让孩子们一进入学校就感觉到学校犹如圣殿，是他们触摸知识与文明的神圣殿堂。在内部空间结构上，依然选择了阶梯式方式呈现，但为了关照儿童的心理感受，采用了镂空式墙壁、白色的大型组块式书橱，原木阶梯、桌椅与色泽鲜艳的布艺沙发增加了空间的亲和度。在这个有光的地方，儿童可以自由借阅图书，以自己喜欢的任意姿势读书，也可以提供班级上课、进行主题活动或教师举办个性化沙龙，我们将高处的二楼设计成相对氛围宁静、学院风格的教师阅读区，它尝试满足进入这个空间生活的人体验拥有一座图书馆的需求，以唤醒、激发、提升他们的崇高感和幸福感。

当然，基于儿童经历的学校空间建构决不是静止的、封闭的和狭隘的，而是灵动的、敞开的和创造的。因而，“奠基未来”教育思想下的学校空间样态一定是生长的，在这些空间里，遍布具有生长价值的学习资源，合作与交流无处不在，学习与探索可以随时发生，而尊重与发现儿童的内在价值则潜藏于其中。

2. 适应与满足儿童的主动生长是系统构建的实践方式

如果说，指向儿童经历生活学校空间的系统构建是“奠基未来”教育思想的底层逻辑，那么指向儿童本位的课程发展观则是适应与满足儿童的主动生长的实践方式，如同钟启泉教授曾在接受访谈中所说：“儿童本位的课程发展观顺应国际课程改革乃至教育改革的趋势，同时也是我国教育发展的必然要求。”今天，当我重新回顾这段话的时候，我越来越强烈地感受到了所谓“趋势”与“必然”应该是把儿童本位的课程作为“奠基未来”课程系统建构的追求。

以儿童为课程核心。“奠基未来”教育思想让我无数次探寻对教育的本源与儿童的认识，教学改革取得成功的关键就在于始终以儿童为课程的核心，对于我来说，这不是一句空话，而是用探索与实践印证了的过程。具体来说，就是始终遵循儿童发展与成长的内在规律和步调，始终遵循儿童的学习兴趣、成长需求与自主发展的力量。“奠基未来”课程系统建构就其内核来说，依然是发现儿童、发展儿童与成就儿童，这是“奠基未来”课程系统建构未曾改变的核心。

以生长为课程特质。儿童是一个完整的生命，是一个个鲜活的个体，因而，生长构成了儿童本位的未来课程的特质。正如我一直以来的思考，儿童作为生命，来到课堂是为了和过去的人们进行生命的联结，是为了与现在的自己进行体验的确认，是为了与将来的社会进行创造的相约。因而，对于儿童本位的“奠基未来”课程系统建构来说，生长就意味着和过去联结、与现在互动以及与未来相约。

以联结为课程样态。“奠基未来”课程系统建构最大立点是突破了知识中心，关注了儿童的兴趣，激发了儿童内在的生长力量，特别是强调课程内容与生活、社群、社会等之间的联结，这就使梅岭的儿童本位课程改变的不仅仅是课程的形式，更是课程的内涵与本质。比如，梅岭的“男孩 · 女孩”课程，建立在儿童与外在世界深度关联的基础上，儿童在教师的指导下自主设计有价值的活动主题，自主设计富有挑战性的任务，以及有意义的活动方式等，展示了儿童强大的自主发展的力量。

当然，“奠基未来”课程系统建构在进一步聚焦核心、特质和样态的同时，更需要重新确立课程的儿童地位、时间维度、学习方式和内在魅力。

儿童是什么？是生理年龄上的概念？是社会学上的理解？是文化意义上的符号？还是其他？作为教师，我们应该建立怎样的儿童理解，作为学校又应该确立怎样的儿童观，这是“奠基未来”课程系统建构的关键。在梅岭，儿童本位课程的变革首先是重新认识儿童与课程之间的关系，确立了儿童是课程的核心这一重要理念。在共同寻找与实践中，儿童已经成为梅岭课程变革的逻辑起点和情感源泉。

长久以来，我们对课程的关注较多地停留于空间维度，而忽略了课程的时间维度。所谓课程的时间维度，也就是课程内容、开展方式应与儿童的生长具有相同节律。从这个意义上说，“奠基未来”课程系统建构在于恢复课程的时间维度，即恢复课程所具有的成长脉络与生长力量，基于这样的体认，我提出了“时光轴：小学生自主学习支持系统建构”的创意项目，并且成功入选2016年江苏省基础教育前瞻性教学改革项目，该项目于2019年底已顺利结项。“时光轴：小学生自主学习支持系统建构”这个项目有两个层面的寓意：一是寓意成长是一种方向，这个方向是以时间为载体的自主发展、自我生长；二是寓意时间的每一个点都是学生的生长点；以此进行课程变革，分别从自主时空时光轴、自主学习时光轴、自主指导时光轴三个层面对“奠基未来”课程体系进行重新整合，并构建儿童成长的图谱。

随着“奠基未来”课程体系建构的不断深入，梅岭师生已经形成这样的共识：学校不只是学习的场所，而是一处可以给学生无限发展的空间；学生不是知识的容器，而是不断生成和发展的、充满张力的生命；教师不是单纯的知识传授者，而是学生成长的见证者和引路人。在此基础上，我们不断尝试变革儿童的学习方式，尤其突出儿童的自主学习，激发儿童的自主学习意识、自主学习技能以及自主学习的调节等能力。在自主学习的过程中，教师帮助儿童制订自主发展的规划、做好自主学习的流程指导以及开展自主学习的评价等等，最终保护儿童的好奇心、批判性思维、创造力、反思力，而这正是“奠基未来”教育思想的内驱元素，通过内驱元素的整体作用，让儿童成为意义的创造者。

同时，在对教育本质和儿童追问中，我越来越清晰地认识到，儿童的教育生活不是散漫的，不是杂乱的，儿童的教育生活发生在儿童与学习、教学、生活等等之间。我以为，“奠基未来”课程体系建构总体上需要遵循儿童教育生活的内在逻辑。因而，在梅岭的课堂之中、教室之外，基于尊重儿童的个性差异、整体发展的特点，教师们能够充分发挥学生的学习主体性与能动性，充分保障学生自我选择、自主发展的权利，让未来与课程的相互融合，相互映照。

《理解课程》中有这样一段话，“课程不再是一个事物，也不仅是一个过程。它成为一个动词，一种行动，一种社会实践，一种私人的意义，一种公共的希望。课程不只是我们劳作的场所，也是我们劳作的成果，在转变我们的同时也转变自身。”“奠基未来”课程系统将课程作为儿童生命的一部分，因为只有这样，课程才能真正具有转变儿童和转变自身的力量。“奠基未来”教育思想在课程建设领域，正在促发我和我的学校反复重温杜威先生的话：“必须站在儿童的立场上，并且以儿童为自己的出发点。”

3. 实现与发展儿童的内在自由是系统构建的行动旨归

“奠基未来”教育思想系统构建的第三方面是基于育人功能的文化体系建构。文化是丰富与激发儿童的生命体验的未来学校实践方式，也是实现与发展儿童的内在自由的终极目标。

与有形的环境系统、课程系统相比，文化是无形的系统。文化联结起学校中的各种要素，各种要素组织、运行等又显示出文化应有的样态。“奠基未来”教育思想系统构建一定有其独特的文化样态，这种文化样态内在于物，外显于人。基于学校的育人功能，“奠基未来”文化体系构建需要找准文化构建的前提，确立文化构建的主要内容以及方式。

当下的学校文化是什么？在整个社会深度变革的今天，当下的学校文化需要做出哪些调整以适应未来社会的发展？这些都是“奠基未来”文化体系构建的前提。让我们先对当下社会发展做一个总览。当前，云计算、大数据、人工智能、虚拟现实等新兴技术快速发展，推动教育模式、方式、方法的深度变革。这个时代需要的是个性化、创新型人才，而以培养知识、技能型人才为目标的传统教育体系难以支撑这一需要。学校需要深度的变革,而引起这场深度变革的不仅仅是外在空间、课程的变革，更重要的是整个社会文化心理的变革。简单地说，就是需要建立对未来学校、未来教育的重新认识与理解，需要重新明确学校以及教育者的使命与责任，并成为整个社会共同的价值认同。

基于未来学校的育人功能，准确地说基于培养个性化、创新型未来人才的目标，“奠基未来”文化体系着力从管理理念、角色定位、行走方式等层面入手构建无形文化系统。

管理理念：自我维护的组织。从育人功能的角度来说，学校中的每一个人都具有育人特质，育人者需要高度的文化自觉和精神修养，由育人者组成的学校最不需要的就是“管理”。我认为，“奠基未来”的文化体系中要有基于合作、融合竞争、激发自觉的学习氛围，有每位师生自我发展和个性张扬的文化土壤，只有这样，才有学校的可持续发展。在我看来，关键是建立一个新的组织架构，让学校中的不同群落重新建立关系。于是，梅岭小学“三级一系统”的管理模式应运而生。“三级一系统”，是指搭建决策平台、管理平台和执行平台三个平台共同组成的学校管理系统，它的核心在于变传统的“金字塔式”管理架构为“扁平化”管理模式，强调年级与部门的协同，特别重视年级工作开展的“自转”与“公转”的结合。应该说，在很长时间内，“三级一系统”的自我维护式的组织管理模式在很长一段时间保障了学校的办学品质。

角色定位：没有观众的教育。美国心理学家林格伦说：“角色是建立在我们对自己的期望上面的。这些期望，从另一方面说来，是来自别人对我们期望的主要方面。”随着社会发展，学校的边界逐渐模糊，它带给我们的是对整个教育体系中的人的角色重新认识和定位。学校没有边界，意味着教育无处不在，意味着教育没有观众。我们相信“奠基未来”的文化体系离不开爱与理解、牵引与激发、守望与悦纳、等待与创造的元素，因而我们期待的教师角色是守护者、启蒙者、陪伴者、摆渡者。同时，由于未来学生的学习主要由在线学习与学校的组织下的集体学习相互结合，所以未来学校的管理形式主要是家校共育，也就是学生的管理是由学校和学生的家庭共同完成的。因而我们期待的家庭角色是学生学习的指导者、促进者。在“奠基未来”的文化体系中，只有两种角色：学习者、指导者。而学习者不只是学生，教师也是学习者；指导者不只是教师，学生也是指导者。

行走方式：知行合一的追求。知行合一是未来教育的追求。在康德那里，知行合一可以算是合目的性，即未来学校终究会充分而且合目地发展出来。合目的性的同时也是合规律性的。康德还说，“人是目的。”因此，人不是实现目标的手段，也不是工具，人本身就是目的，人的一切活动最终都是为了自身的完善和完成。因此，“奠基未来”教育思想在文化体系构建时是以人的发展为终极目标的，一切教育行为都是与之相互融合的。这样的行走方式首先意味着对生命存在深度确认，“奠基未来”教育思想在文化体系构建过程中，首先需要告别对生命简单而肤浅的认识；其次需要回到生命共同的情境中，重新发现生命存在的价值，将个体的审美体验和感性存在作为肯定生命价值的最高层次；再次是对教育存在深度的确认，不断告别对教育的机械而禁锢的认识，回到丰富的教育生活中来，从新认识学习、理解发展，将教育变成一个激发人的感觉、直觉、情感与想象力从而实现“完整的人”的过程。

管理理念、角色定位、行走方式三者共同支撑了“奠基未来”教育思想的文化体系构建。其实，对任何一个教育思想的系统构建一定是多维度的，而我选择的是回到儿童，以回到儿童作为价值立点，以尊重与发现儿童的内在价值作为逻辑起点，以适应与满足儿童的主动生长作为实践方式，以实现与发展儿童的内在自由作为行动旨归，在这样的价值立点之上，从学校的空间、课程、文化三个维度开展“奠基未来”教育思想的系统构建。

三、“奠基未来”教育思想的生态营造

从触发式的路径选择到整体性的系统构建，对于“奠基未来”教育

思想的发展而言是一个重要的转变，尤其是系统建构的方式让“奠基未来”教育思想找到了一个抵达的路径，但仍旧无法形成上下、内外圆融的状态。实践中的困惑和对教育本质的不断追问，让我意识到“奠基未来”教育思想不仅是路径的、系统的，还应该具有“场”的效应，因为学校系统构建是一个复杂的、长期的工程，需要进一步从学校的生态环境、生态场域、生态资源和生态风景的角度营造“奠基未来”教育思想的“生态圈”。

换言之，从系统构建到生态营造，对于“奠基未来”教育思想而言是一个重要转向。对于学校这个独特场域而言，它的生态营造区别于其他社会组织管理的地方在于它的育人功能。具体来说，这样的系统重构意味着教育生活的打开与重塑，意味着对美好的追求与超越，意味着对教育生活价值的审视与提升，在打破平衡中维持新的平衡、在重建系统中衍生新的系统，犹如板块运动建立起的新格局与新构造，这种新格局和新构造撬动的是对更多关系的思考和安放，最终赋能于人，实现育人的终极价值。

学生和教师同是学校系统天然的思考者、设计者与创构者，教师是系统中最为核心的联结者，“奠基未来”教育思想的系统重构以实现生命内在意义为目标，让每一个生命的存在得到适切关照，通过物质生活、情感生活、精神生活三者同时在场的方式，构建起一个彼此促进、共同发展、相互影响的生命场域，这种生命场域是关于师生行为的一种概念模式，她让每一个师生在融入学校生命流转的日常中一步步接近美好的教育生活，实现自我价值和人生意义。

“奠基未来”教育思想的生态营造不仅重视方式，还在于能否体现生态圈里的相互支持。具体来说，一要充分构建支撑学校卓越发展的人力资源供给系统；二要充分构建课程与课堂相互促进的变革系统；三要充分构建学校具有良善特征的制度系统；四要充分构建空间与课程、空间与文化、空间与生活相互融合的文化系统。只有基于系统中的层次性，在生态营造的过程中才能够真正建立起一个有温度和力量并存的“生态圈”，而对这个“生态圈”最凝练的描述是“美好”，换言之，“美好”

是“奠基未来”教育思想生态营造的核心。

1. 通过文化表达发现并营造美好的精神

我把“奠基未来”教育思想生态营造的第一个落脚点放在儿童与历史的对话，尤其是与学校的办学历史的对话。正如梅岭小学的校歌《我们的笑容，最美的风景》所传唱的那样：“春天期待我们的笑容，成为梅岭最美的风景。”与历史对话，让儿童的笑容成为风景，已经成为学校最生动的文化表达。学校把“可法”作为自己的文化旗帜，志在将“可法”“可为他人法”这样一种现代创新精神和坚守文化传统相互融合，从而成就儿童未来的成长与发展。

每一届新生入学的时候，学校都会在史公祠为他们举办隆重的入学礼，这是梅岭学子与“可法”的初相识。此后六年的学习生涯中，学校还会依托“可法课程”，开展系列“小导游社会实践活动”，由梅岭小学的孩子向游客讲解历史，介绍史公祠，一次次目光的触碰，一遍遍深情的讲述，儿童在现实的情境中与历史展开对话，“可法精神”的美好就这样在孩子们的心中蔓延滋长。

每一位新入职梅岭的教师也会去史公祠参观，了解学校的发展历史，追寻学校发展的精神脉络，从而获得最有温度的认知；而一批批来校的学习参观者，总会被引进古朴的史公祠内，在一遍遍的讲述中，梅岭的教师们将历史与当下联结，从而不断矫正自我存在的坐标。

在梅岭，《可法》课程成为学校校本课程体系中的重要组成部分，以课程介入的方式引领师生聆听故事、回顾历史、激发志向、荡涤思维，梅岭小学总是不断创造着感受梅岭小学历史的方式与机会，让师生的身躯、精神、灵魂一次次回到那个精神的原乡，将陶冶变成现实。

在对话的基础上，“奠基未来”教育思想的生态营造在价值层面上需要在认识和实践两个维度进行推进，让师生真正做到与价值同行，一是不断提升师生对于学校办学愿景、教育理念、育人目标等方面价值的理解与认同，二是在理解与认同的前提下不断提升师生践行这些价值的实践能力。只有在认识和实践两个方面相互结合的基础上，“奠基未来”教育思想的生态营造价值才能使师生实现“和美好的一切在一起”。在梅岭小学，发生过一次最为经典的争论。在教育功利主义尘嚣直上的时候，学校提出了这样的讨论命题———何谓名师之名？经过全校教师的讨论，最后大家形成了共识：所谓名师，应该是学生生命中的重要他人，教育需要看见全部的儿童和儿童的全部，名师更应当是那些将儿童看得最真切和深情的人们，而名师之名来自更好地成就儿童的生命成长与卓越前行。

对于“奠基未来”教育思想来说，这场席卷校园的讨论是重要而影响深远的。它的重要性在于使所有梅岭人将教育的理念与价值聚焦到了儿童，虽然它未必能够百分之百地抵御教育功利主义的侵蚀，但是它至少使“什么是真正的名师”开始成为一个不断被拿来进行自我审问的重要问题，并且这一价值澄清式的讨论，既真实而持续地影响了许多教师的教育教学行为，又让历经各种变迁的梅岭小学依旧保持着“岭上时有清风来”的素朴与纯净。

“奠基未来”教育思想生态营造将空间作为教育与生活联结的最重要纽带，它包括物质的和精神的两个层面。2013 年底，梅岭小学划入扬州市蜀冈－瘦西湖风景名胜区，在这样的现实背景下，我提出了“文化中的梅岭，风景里的学校”新愿景。所谓“风景里的学校”是一种建立在审美之上的学校样态，培育儿童的美好精神需要许许多多“风景里的学校”。2017 年以花都汇校区建设为契机，在学校空间的精神层面，学校主要从人与人、人与物的关系出发，从学校的文化、理念、生活方式等方面营造自然和谐、与个体生命律动相一致的坚实的生活根基，在无形中唤起学生的审美意识与创造可能，让学校成为师生创造美好生活的地方。

通过学校整体空间的重塑，凸显了学校空间建设与学校文化之间的关系，丰富了对学校教育与生活教育的理解，更加关注学校与周边环境的相融与互动，将多重资源进行整合开发与利用，让学校教育经由社区扩展开去，让学校真正成为学生社会生活的中心。在此过程中，“奠基未来”的教育思想贴近了社会、联结了生活，生活也融入了“奠基未来”的教育思想。

如同富兰的“文化变革领导理论”，其内涵直指“重塑（reculturing）”，意思是通过学校文化来改变学校的情境，以此建立一种新的愿景，“奠基未来”教育思想的第一目标就是营造美好的学校文化。

2. 通过课程重构发现并涵养美好的素养

我把“奠基未来”教育思想生态营造的第二个落脚点放在为成就儿童的生命成长提供相应的课程上，通过课程的重构涵养学生的美好素养，主要是三个方面的重新确立。

重新确立学生主体的课程立意。生命成长本质上是时间性的，是在时间中进行的有温度和有情感的空间延展。“奠基未来”教育思想的生态营造需要带着温度与情感，以此满足儿童生命的成长与发展。儿童成长的方向和节点意味着教育是有规律的，是不可逆的，只有充分关照并付诸实践，儿童才能获得真正的发展。对于“奠基未来”的教育思想而言，以学生为主体的课程立意，是以充分把握儿童的成长方向和节点为追求，以使他们成为主动而积极的学习者、生活者、未来建设者。这种课程立意一定是落实在对儿童、对学科、对教育教学的研究与实践中，如此，“奠基未来”教育思想下的课程重构才有可能是一个美好的教育过程。

重新确立校本特色的核心素养目标。成就儿童生命成长、卓越前行，既要关注国家宏观层面对于学生素养的要求，又要在此基础上根据“奠基未来”的教育思想提出校本化的素养目标。我把成就儿童生命成长、卓越前行的核心素养定位于“自我认知、学会学习、联结社会、传承创造”，它不仅体现于我对于美的认识，更体现于我对于美的表达与实践上。离开了人的主体性，美就失去了存在的基础和发展的可能。因此，我把学校课程与儿童卓越发展联系起来，重视学生的自主发展、自主学习，把“奠基未来”教育思想的核心素养目标作为实现美好教育的关键。

重新确立自主取向的课程架构。在“奠基未来”教育思想的核心素养引领下，遵循“依托课程、发展能力、培育素养、涵养文化”的课程建设思路，重新构建了“时光轴”课程系统。核心是对学校三级课程进行整合，构建一个以国家课程为核心的“轴”课程与校本课程为主要内容的“光”课程共同组成的“时光轴”课程体系，形成具有经纬纵横的生长性、未来性的课程特质，以回应我对学校存在的根本价值的追问和选择。

3. 通过生活创造发现并演绎美好的能力

我把“奠基未来”教育思想生态营造的第三个落脚点放在重新构建有尊严的教育生活和实现有意义的学习生活两个方面。因为美是一种精神，它蕴含在学校的文化中，因而美需要发现；美是一种素养，它孕育在学校的课程之中，因而美需要培育；美还是一种能力，它蕴藏在生活的创造之中，因而美还需要在经历与体验中演绎。只有将美好的精神和美好的素养付诸于生活的创造，“奠基未来”的教育思想才能真正形成。

从教师的教育生活来说，美的创造或者说追求卓越的创造是为了构建有尊严的教育生活。只有让教师获得真正的专业尊严，其教育生活才有意义。从2009年开始，学校尝试构建“常春藤学院”，从教师专业发展的价值取向与实践取向两个方面，引领教师核心素养的发展，以影响和改变教师的行走姿态和存在样态。在教师专业发展的价值取向层面，“常春藤学院”坚守德性与专业的共同发展，学校邀请国家、省、市级具有一定影响力的教育专家，定期或不定期为教师作教育信念、教育理论、教育变革等前瞻性的讲座，厘清了教师专业发展过程中认识上的障碍，找到作为美好教师的存在的坐标；在教师专业发展的实践取向层面，“常春藤学院”从“和美好的一切在一起”出发，始终将成就儿童生命成长、卓越发展作为自己的实践取向。教师们在以“奠基未来”的课程为核心，以各学科的课堂教学变革为路径，以课题研究、“相约星期五”阅读沙龙、主题展示、“闲寄书房”教育生活分享等为方式的实践活动中，他们的教育生活悄然变化了。在此过程中，教师专业发展的价值选择、实践历程与学校的文化基因相互融合，生成了有尊严的教育生活。

从学生的学习生活来说，美的创造在于实现有意义的学习生活。只有实现了有意义的学习生活，对于儿童来说，未来才是生动的、丰富的、具体的。实现有意义的生活包括学习、活动等，首先就学习来说，在“奠基未来”的课程系统推进下，学校特别注重将学生的经验、知识与发展目标紧密结合在一起，融入儿童的自然天性，贴近儿童的现实与情感的需要，让课堂成为儿童的舞台。学习生活不再是课程表的重复，而是新发现、新体验的过程。这样的学习生活是师生相互促进与创造的过程。其次就活动来说，以构建“梅岭时光轴”为方式，以时间为主线，分别从一个传统节日活动、一个成长仪式活动和一个国际交流项目入手，融入“奠基未来”教育思想提出的“自我认知、学会学习、联结社会、传承创造”四大学生核心素养目标，从一年级到六年级，分别为学生提供传统的、现代的以及面向未来的特色活动，如以传统为例，从一年级到六年级，学校为学生提供的是这样的教育生活：欢喜闹元宵、共享合家欢、粽叶儿飘香、巍巍民族魂、月圆人团圆、浓浓敬老情。

4. 通过现代治理发现并促进美好的发展

当然，“奠基未来”教育思想下生态营造的过程不是单一的、线性的、表面的和坚硬的，而是多维的、交互的、深度的、柔软而有张力的，这种过程的价值指向学校生态的持续优化，作为校长，尤其需要不断提高系统站位、系统分析、系统设计、系统推进、系统判断、系统构建的素养和能力，敏锐地留意学校中每一个生命的日常，真正从生命发展的内在价值激发和深层需要满足出发。对于校长来说，学校的生态营造离不开现代管理的支撑，只有聚焦到“生态管理”理念上，把学校构建成一个与之相关的人的自然和谐、相互依赖、共同发展的体系，才能不断促进学校的持续发展。

在探索的过程中，我开启了“大平层—事业部”的现代管理范式的设计与构建。“大平层”是指在校长室统领下负责学校教育规划、整体管理、发展统筹、资源整合、实践推进的管理决策中心，是学校管理架构的核心，其成员由学校校长和中心主任共同构成，大平层最重要的职能是研究战略规划、进行科学决策、促进长远发展，属于领导的智囊团。事业部制最初作为现代企业管理的组织结构移植到学校，就是按照学校所承担的核心使命、职能、任务进行划分而设立的若干功能区。“事业部”是学校管理架构的重心，由作为“核心事业部”的校区以及校区中的“子事业部”级部共同构成。

“大平层—事业部”围绕学校发展核心事业部运行，由学校决策层、服务层、协商层共同支撑构建起“奠基未来”教育思想下的生态新样态。在这种新的组织样态中，学校管理的重心在事业部，引领在核心层，支撑在中心层，协力在同心层。它改变了过去分割式、狭隘的部门职能所对应的管理岗位以及由此产生的单一、不聚焦的管理状态，从而将所有管理者紧紧凝聚在一起，通过新型组织关系的建立，辅之以更加灵活、开放、双向、突破原始层级身份的选任机制和评价机制，打开缓释内压的缺口，为学校更具活力、可持续发展奠定基础，以学校各项管理工作的满意度为衡量标准，不断促进学校各项工作的改进与完善，使学校管理逐步回到科学性、专业性以及文化性上，从而营造更好的学校内部文化和外部氛围，最终赋予学校持续发展的生机与动力。

四、“奠基未来”教育思想的理性反思

对未来有启示的除了宏观大历史，还有微观小历史。对我而言，小历史就是我个人的阅读史，我曾用《一个小学校长的非典型阅读史》记录自己的思考，而这些吉光片羽般的思考某种程度上是对“奠基未来”教育思想的不断自我追问，回忆我这十多年的阅读经历，大概可以分成这样几个阶段：

1.“启蒙”时代

迄今为止，还没有哪一本书能够像亨德里克 · 房龙所著的《宽容》这本书那么深刻地影响过我（特别是影响过我的办学行为和作为校长的行事风格）。这本书以散文诗般的语言叙述了人类思想的发展史，开篇序言中关于人类先知曲折命运的隐喻故事，揭示了人类思想启蒙过程中先行者的责任与担当、悲怆与荣光。

面对族人即将投来的石块，人类的先知这样无畏地说出了他历经千辛万苦发现了的真理：“我已经找到了一条通往更美好的家园的大道，我已经看到幸福生活的曙光。跟我来吧，我带领你们奔向那里。上帝的笑容不只是在这儿，也在其他地方。”

石块终于落下，蒙昧的现实总是需要勇敢的先驱者的鲜血冲刷，在失去了先知的很多年后，残酷的现实才再一次将真理推到人们的面前：“归根结底他是对了，”人们说道。“他对了，守旧的老人错了……”“他救了我们，我们反倒杀死了他。”人们在石头上刻上了先驱者的名字——一个首先向未知世界的黑暗和恐怖挑战的人的名字，他把人们引向了新的自由，亦是打开了我那原先故步自封的个人感观。

《宽容》给予我的是思想的启蒙——作为校长，要找到与这一称谓相称的自我，即明确一个校长真正的价值与使命，并在实践中持守信念、身先士卒、号召群体、砥砺前行。《宽容》告诉我“这样的事情发生在过去，也发生在现在”，纵观人类的发展，每一个微小的进步都与人类敏锐发现、无畏奉献、苦苦坚守相关，这就是历史，这就是人类共同的经验。因此，对于每一个从事基础教育工作的人而言，理应自觉靠近这样一个目标：拥有一份向往美好的信念，一颗充满好奇且渴求探索未知世界的真心，一个坚韧无比而涵韵丰富的精神内核。三位合一的目标，丰盈着我的思想，坚定着我的步伐，引领我走在“奠基未来”的道路上。

《宽容》是我放在案头经常翻阅的书籍，房龙的著作赞美对异见的宽容，流淌着人文主义情怀，他那独特的解读人类思想发展的思维方式，深深地影响了我。我一直以为，与《宽容》的相遇才是我阅读的真正开始，因为它给我带来的是阅读意趣、阅读价值取向的改变，它让我知道书籍能够促进阅读者的精神成长。于是，阅读对我而言，不再是单向度的个体活动，而是在多维对话之中阅读者与撰写者、甚至书中人物之间实现平衡与对等的有趣过程，我与书籍成了真正的朋友 ，它让我进入了新的阅读时代——启蒙时代。

记得那一时期我一度沉溺于这一类的书籍，并养成了购买收藏此类书籍的癖好，如今《蒙田随笔全集》（蒙田）、《查拉图斯特拉如是说》（尼采）、《忏悔录》（奥古斯丁）、《思想录》（帕斯卡尔）、《忏悔录》《爱弥儿》（卢梭）、《疯癫与文明》（米歇尔·福柯）、《存在与虚无》《存在与时间》（海德格尔）、《西方的没落》（奥斯瓦尔德·斯宾格勒）、《法的精神》（孟德斯鸠）等都已落户我的书架，但我不得不说，那些复杂的思想及艰涩的表达常让我不得不通过反复阅读来揣摩寻找作者的思绪，但正因为如此，我们才更需要阅读，因为在不断的自我反思中，理性与感性刺激着我的思考，思维在反复碰撞中闪现了无数有关“奠基未来”的火花。

需要补充说明的是，能够给予人们启蒙的除了抽象的思想之外，还有许多名人的传记，甘地、曼德拉、麦克阿瑟、巴顿、马丁·路德·金、牛顿、达尔文、达芬奇，经历曲折的政治家，个性鲜明的将领，矢志不移的宗教领袖，独具匠心的科学家，艺术家，他们的沉浮、成败，他们鲜明的个性背后折射出的人性光辉，他们的生命体验中昭示出的独特价值，都是对那些抽象思想的精彩演绎和直接印证，继而指向未来。我感到将这两类书籍对应起来阅读真是件十分有意思的事情，更重要的是这样的阅读帮助我度过了校长的青涩期，让我在书海中初见“奠基未来”教育思想的雏形，它是懵懂的、模糊的，但却又是触手可及、富有召唤力的。

2.“工业”时代

曾经有一段时间（2003年左右），我每去新华书店便会直奔管理专柜，《别让猴子“跳回”背上》就是在那个时候买到的一本书。这是一本只有155页的薄薄的书籍，封面十分简洁有趣，橙红底色的亚光铜板纸上画着极其简单的简笔画——一条长长的尾巴从页面上方垂挂下来，尾端卷成一个问号，就像问题重重的管理现场。

西方人十分喜欢也十分善于用隐喻的方式来讲深刻的道理，这本企业管理的著作也是如此，作者将问题放在了封面之上：为什么主管没时间，部署没事做？“如何让员工自动自发，让组织发展更好，看看这本书吧！！！”这样的广告语赫然写在书的扉页，对于一个缺乏管理经验、急需解决现实问题的管理新手来说，面对这样的书几乎是没有免疫力的。

事实证明，我的直觉真是了不起的，这本威廉 · 安肯三世撰写的企业管理经验手册就是针对所有努力向上的管理者与新手管理者所写的一本书，它告诉新手最基本的管理原则、如何轻盈上路、如何机智地奏效，即便是陌生的、或者变得越来越复杂的管理现实。

“办公桌上堆积如山的文件，爆满的电子邮件信箱；等待主管裁决于采取行动的挫折部属；工作分配无效时，怀疑自己所用非人的沮丧主管；工作进度延迟，没有时间与家人相处；无法说‘不’……”这像极了我当时的工作现状！

2003年以后的梅岭小学进入了一个快速发展时期，极速裂变使我和团队感到不堪承受之重。当管理的目标不再以简单的面目呈现在管理者面前时，简单的经验式管理就会变得捉襟见肘了。我们都是非专业的管理者，我们的教育背景都只是教育专业。“系统”“目标”“标准”“流程”“领导力”“执行力”“层级领导”“道德领导”“红海战略”“蓝海战略”，这些企业管理的名词都是后来才进入我们视野的，当时我们看到的只是具体事情需要完成，而没有想到过做好事情需要许多很重要的东西的支撑——那是来自于内心深处坚守的教育思想的原动力。

值得庆幸的是我和团队分享的第一本企业管理专著是这样的一本小书，它直接、有趣、管用（编者号称“一小时就能使阅读者获得一个管理心得”），就像程咬金的“三斧子”，速成一下多少就能见效。于是，我和我的管理团队成员几乎是实现了一次群体性的阅读自觉：要想实现规模学校管理质态的全面提升、管理效益的全面提高，就必须弄清规模学校管理核心问题，我们的阅读不妨先尝试着走进“工业”时代。

进入“工业”时代的我努力倡导的阅读是以“快餐式”集体阅读为标志的，《赢在执行》《蓝海战略》《将心注入》《杰克·韦尔奇自传》《赢的答案》《韦尔奇经商69个细节》《水平思考》《从优秀到卓越》《管理的实践》《硬球》《星巴克——一切与咖啡无关》《你的水桶有多满？》……这些书籍很快摆上了我们的行政阅读书架，我们像春蚕一样贪婪啃噬。

学校快速发展时期，我和学校团队成员努力实现管理素养的同步提高，因此，我们常常在快速阅读后交流阅读的体会，再以案例方式演说企业管理理论在学校工作中的创意运用，虽有狼吞虎咽之嫌，但却以与工作实际的紧密结合作了弥补，也算是行之有效了。“工业”时代下的我，开始对未来有了更加清晰的思考与认识，一场轰轰烈烈的基于“奠基未来”

教育思想的实践亦在梅岭开始。

3.“农耕”时代

“儿童心灵上的许多烙印，都是成年人无意间烙下的。”“我们对儿童所做的一切，都会开花结果，不仅影响他一生，也决定他一生。”这是《童年的秘密》的作者蒙特梭利女士的教育箴言。这是很多年前由这位杰出的教育家写下的伟大教育发现，如今已经成为许多教育人尊崇的经典，也成为纯净教育人灵魂的心灵鸡汤。她始终在提醒我们这些处于教育源头的教育工作者，要谨记童年的丰富与纯粹，童年时光对于个人及人类的重要性与不可逆性；提醒我们应当拥有正确的儿童观以及这种观念统领下的正确的教育行为。

当今许多持儿童立场的教育人都会肯定“教育是农业”这一观点，这一观点是在强调教育是慢的事业，教育要关注并尊重受教育者的感受与成长，要维护教育生态的平衡与生机。我认同这一观点，并在致力于实现学校内涵式发展的进程中进入了个人阅读的“农耕”时代，同时也是“奠基未来”教育思想的沉淀期，离开那喧嚣快节奏的“工业”时代，此时再看未来，我要慢下来，俯下身，倾听儿童的心声，那是来自未来强有力的召唤。

“农耕”时代的阅读可以让教育者内心因纯粹而宁静且祥和。这一时期让我内心产生最强烈阅读应和的书籍是《童年与解放》一书，它是台湾大学黄武雄教授多年潜心研究儿童教育问题的成果。

表面看来，《童年与解放》只是在谈教育问题，甚至只在谈论儿童教育问题，但实际上却从教育问题谈到更根本的知识论问题，甚至从知识论延伸，广泛而深入地讨论了存在、伦理、美学等最基本的哲学问题。作者提出了一种认知的方式,也是一种生命的态度。通过这种方法和态度，真正的知识得以诞生，生命得以“自由而通达”，进而达到情意、知识、道德、美学合一的状态，从而得以“立足自然、面向文明”。作者以为“文明会老，甚至异化而变成对人的压迫和宰制”，我们必须能够重返或保有童年的经验。他认为，成人要学习小孩子无边好奇、无限勇气以及没有偏见的宽容之心，主动地干扰外在事物，使外在事物的秘密一层层地同化于人的认知图式之中。作者揭示真正的知识就是经验的拓展，而教育就是拓展人的经验,而培育知性与人格成熟,原是人本教育的直接目的。

另一本与童年相关的、十分特别的书是《娱乐至死 · 童年的消逝》，它是世界著名媒体文化研究者和批评家尼尔 · 波兹曼的力作。初看似乎与教育无关，但细读就会发现，这位创造了媒体生态学专业的学者以他独特的方式提醒所有人，要关注迅猛发展的现代社会正在使教育产生巨大的变化。“儿童是我们发送给一个我们所看不见的时代的活生生的信息。”我们处于“一个没有儿童的时代”，“我们将毁于我们所热爱的东西！”，波兹曼对后现代工业社会的深刻预见和尖锐批评对同处于一个时代的教育人有着很好的警醒和借鉴作用。

《童年的秘密》《童年与解放》《娱乐至死 · 童年的消逝》对童年的观照是独特而深邃的，三位作者虽身处不同的社会文化背景之中，但其体现出的对人类的未来——儿童的理解与捍卫却是让人心生敬佩的。我一贯以为，好的教育终究是要发挥它的现实作用并同时担当起它的历史使命的，在其发展中出现摆动与震荡也许难以避免，但作为希望有所作为的教育人理应在实践中成为一份真正积极的力量，并有能力回归教育的本源。

《学校在窗外》《好老师在这里》《第 56 好教室的奇迹》《希望教室》《在与众不同的教室里》《不分级小学》《芬兰教育全球第一的秘密》《我所知道的普林斯顿》《学会生存——教育世界的今天和明天》《什么是教育》《教育为何是无用的》《什么是真正的教育》等书籍都曾让我在阅读中感动，在阅读中反思，在阅读中收获。我相信，在教育的这方沃野中耕耘的人，如能“采菊东篱下”，便可“悠然见南山”……

当然，《课程管理》《学校的挑战》《成为一所多元智能学校》《道尔顿计划》《教育的挑战》《道德领导》《校长学：一种反思性实践观》《超越自我管理的学校》《教育管理与组织行为》《学校效能与校本管理：一种发展的机制》《西方教育思想的轨迹》等也是需要慢慢咀嚼的书籍，它们可以促使我们慢慢走向更为专业的教育管理者的行列，但要慢慢地读，潜心地悟，精心地做，就仿佛一个农民需要掌握精通农事的本领得经历一定的过程一样，少不了，也急不得，“奠基未来”的教育思想在这一场阅读的旅行中，变得丰盈。

4.“后现代”时期

有人说信息时代像头“怪兽”，信息时代的阅读像“怪兽”头上的触角。这样的说法揭示了一些人对信息时代冲击下的社会变化所产生的不安与茫然，我们清楚地看到，传播媒介的改变正改变着人类原有的阅读习惯，让人欢喜让人忧。但我们不必也不能拒绝“现代”，因为我们早已身处其中，信息时代下的我，“奠基未来”的理念总是会出现在不同的场合下，被不一样的同行者所解读，这便是阅读所带来的理性思考。

我所在的学校有一个“乐读”俱乐部，在青年教师眼中很有分量，其实它是一个松散的网络读书社区。参与以自愿为主，纸质图书认领、电子图书 “认购”、读书心得共享、电子杂志编写、声像阅读分享，将梅岭的教师阅读推向了一个新的时代，教师们将此戏称为阅读的“后现代”时期，这些都是我为达“未来”的彼岸而扬起的风帆。

其实，阅读完全可以更为多彩，声像阅读便是一种很好的方式。在梅岭“相约星期五”影视沙龙活动便是“后现代”阅读的一种有益尝试，电影《放牛班的春天》《心灵捕手》《美丽心灵》《死亡诗社》《国王的演讲》《地球上的星星》都曾是引发了重要教育话题的经典影片。

让我们来看一看梅岭影视沙龙所涉及过的教育话题：

影片名称	对应教育话题
《放牛班的春天》	爱与教育
《心灵捕手》	“读心”的重要性
《美丽心灵》	从普林斯顿看名校的魅力
《国王的演讲》	心理学：一切皆有可能的保障
《地球上的星星》	教师即课程
《别对我说谎》	如何看懂你对面的孩子
《朗读者》	阅读与人生

这一张表格中列出的是颇受教师们欢迎的影视沙龙主题，我们还将开设绘画、音乐、戏剧、舞蹈等专题沙龙。其实，教育的阅读可以是更为多样的、更为宽泛的智慧之旅，视窗的多寡是关键，体验的深浅也是

关键。“教育即闲暇”，“后现代”式的阅读给读者带来的是更为开放和宽松的环境，更为惬意和自然的感受，这种群体的互动可以使教师间的关联产生奇妙的化学反应，还能够酝酿出那个叫作“和谐”的产物。

“生命于每个个体都是一个偶然，然而每个个体又不得不最终担当起这偶然而至的生命。一个人该如何为其日常存在的生命注入意义，从而使生物学层面的个体生命真正转化为文化学层面的‘主体角色’，并穿越欲望主体，向自由的精神境域迈进？又如何承担和消化外在的和精神的风暴，锤炼自己的心志，向自我筹划，为自己拓展一方安身立命的诗意居所？

创造自我，超越世俗的拘束而达到精神自由的高度；升华自我，守住生命的热情；沉思自我，伸展情志的深度与广度，从而形成人文自我，凸显人文情怀，让生命走向丰富、充盈、绚丽、深刻。”

这两段话摘自夏中义主编的《大学人文读本》丛书（广西师范大学出版社出版），编撰者将这段话放在了丛书的扉页，我以为其旨在说明读书对于人的精神和一个校长教育思想存在的意义。

波兰尼有句名言，“我们知晓的比我们能够说出的多。”那些我们知晓并且能够说出来的就是显性知识，那些我们知晓但是说不出来就是隐性知识，或者是缄默知识。知识的根源或者说知识的产生过程常常是“个人的”和“默然的”，在个人发现知识的过程中，大量未能被言语表达的知识存在于个人的实践活动中。也就是说，作为经历，“奠基未来”的教育思想在一个个阅读阶段得以复现，作为结果，“奠基未来”教育思想形塑每一个阶段的自我，都是在表明“奠基未来”教育思想的形成与个人阅读之间存在某种内在关联，这种内在关联构成了“奠基未来”教育思想不断迭代的核心价值与现实意义。

从动态的思想到静态的思想，“奠基未来”的教育思想在不同维度下发生着形态的转变，这样的转变过程是不断回到儿童的初心和对教育本质的追问。由“事”到“思”，“奠基未来”的教育思想完成了从意义生成到路径选择、系统建构、生态营造的转变。作为动态的思想，“奠基未来”以一种思维过程、一种过程的思想导引路径的选择，并通过丰富的实践进一步修正和发展；作为静态的思想，“奠基未来”以一种实践的观念，与客观现实的不断对话，实现主体和客体的一致性，在相互作用下不断走向主客体的辩证统一，以此形成并完善“奠基未来”的教育思想。

第四章

“奠基未来”教育思想的价值体现

“奠基未来”教育思想的核心是“对儿童本质的尊重和维护”，对儿童当下的关注，就是对儿童一生的关注。前文中，我曾这样表述我的儿童立场，“教育应当多关注儿童未来的生存和生活状态，而不是将教育和儿童看作工具性的存在，因为生活即教育，儿童即未来！”这是“奠基未来”教育思想的基点。

唐纳德·舍恩教授认为“反映的实践者”是将实践者之实践行动与其介入现象场中的作用和后果的建构过程，经由“对话”活动而推进实践者的探究。这种“对话”活动就是每一个教育的现场，每一个教育现场成为实践者的具体切面，这些切面促使实践者与实践行动不断反映、生成、凝练，以此让实践者成为理性自觉人。校长作为办学实践创新与教育思想建构的深度对话者，自身的教育思想在复杂的办学情境中生成，生成的教育思想又作用于实践，换言之，理论与实践经由“对话”相长共生、互为彼此，这是理论的价值也是实践的价值。

第一节　“奠基未来”教育思想视野中的“文化”存在

文化是一个非常广泛的概念，张岱年与程宜山先生在《中国文化与文化论争》一书中对此有过精辟论述：文化是人类在处理人与世界关系中所采取的精神活动与实践活动的方式及其所创造出来的物质和精神成果的总和，是活动方式和活动成果的辩证统一。对于学校文化，顾明远先生则认为，它是整个文化的一部分，是社会文化的亚文化。每所学校对关乎文化的一系列核心概念都有自己的理解，而基于本土的独特理解才是一切个性化行动的出发点。

“奠基未来”教育思想视野中的“文化”着力反映学校内部隐含的主流价值观、态度和做事方式，也是学校深层次内涵和特质的全面概括，它包括三个层面。

首先，“奠基未来”教育思想视野中的必须是学校的文化，而不是其他什么的文化。对于梅岭小学而言，长期坚守的教育理念和多年积淀的优良传统早已在师生身上形成了一种特有的格调和气质，这是历史、现实和未来共同作用的结果。

其次，以“文”化之的背后，是以“人”化之。“奠基未来”教育思想视野中的文化形成的过程关键在于文化背后的人，文化的影响实质上是人的影响，梅岭师生是其中最关键的力量。梅岭人以共同的价值观、积极的态度和实实在在的做事方式相互影响、相互作用，成为梅岭文化的活力源泉。

其三，“奠基未来”教育思想视野中的学校文化必须具有超越当下的力量，向着未来开放，也就是不被当下不利于教育变革与创新的那些因素所束缚，以学生的健康发展、主动发展为旨归，学校的一切活动、生活都建基于此，以学生的未来为学校的未来。

用成尚荣先生的话来概括，那就是：梅岭的历史基因逐渐培育了梅岭的文化胚胎，梅岭人以自己坚定的历史步伐告诉人们，学校的风格是其历史的背影，又是时代的映照，而这一切的浑然天成就形成了一所学校的文化。

基于“奠基未来”教育思想的宽阔视野，我发现“可法精神”的实质就是中华文化的核心“儒家精神”。扬州大学博士、元明清文学专家范秀君曾撰文专论史可法的儒家精神提出，从现存文集及明清文献中可以透视史可法人格中的儒家精神：一是孝以修身，即孝悌和睦的修身齐家理念；二是忠以立世，从君王昏聩于上、权臣掣肘于内、悍将跋扈于外的对比中，彰显其对大明王朝的忠贞。由此揭示史可法人格中“忠恕”

内涵和知其不可为而为之的“坚守”情怀。

具体来说，“奠基未来”教育思想视域下的“可法精神”包括以下五个维度：

一、“史可法”，即历史演进所衍生的经验足以镜鉴

风雨如磐故家园里，史公已然幻化为一种精神——对信念的坚持，对困难的挑战，对正义的追求，对责任的担当，无不让心存敬仰的人们铭记于心。纵观梅岭历史，之所以一次一次走过曲折，之所以一次一次超越现实，正是源于史公对正义誓死追求的忠义精神，也是源于梅岭对教育理想和信念的执着坚守。

联合国教科文组织在《共同重新构想我们的未来今天》中说到，我们每个人都肩负重大责任，需要为当前和子孙后代负责，确保我们生活的世界是一个充足而非匮乏的世界,并保证每个人充分享有相同的权利。“奠基未来”教育思想视野中的“文化”存在第一要素就是责任担当，这份责任与担当就是奠基未来（或为未来奠基）。

二、“己可法”，即自我的创造性转化与提升

史可法为了自我实现，其植根于个人价值的儒家精神，向内自我寻求产生其内在的资源。作为修身之结果的自我转化，则表明了一种自我实现的过程。对学校教育而言，个人价值感至关重要，因为儿童发自内在的改善世界的信守驱使他们将未来作为他们精神之旅的彼岸。

因此，作为一种人格塑造，孩子们来学校学习就是为了自我实现。如此理解的自我是一个关涉于不断转化的开放系统，它绝非一个静态的结构。作为修身之结果的自我转化，则表明了一种自我实现的过程。让儿童以人的姿态被尊重，这是“奠基未来”教育思想视野中“文化”存在的第二要素，尊重儿童是教育的核心，尊重儿童，未来就不会缺位。

三、“人可法”，即建立对话、合作、共享的文化社群

学校教育的一个终极目标就是让自己成为重要的他人，学校是让孩子成为重要他人的一个特殊社群。人类社群是我们寻求自我实现的有机组成部分，基于这样一种强烈的信念：儿童相对于他人，在经验和实践上是各种关系的一个中心，而远不是一个孤立绝缘的个体。作为各种关系的中心，儿童经常进入到与人类各种变化形式的沟通之中。

对于儿童的自我实现，他者的意义是显而易见的，因为教育不可能会在孤立绝缘的状态下进行修身。正是通过不断的人与人之间的互动，儿童才逐渐学会欣赏作为一种转化过程的自我观念。分享的愿望使我们能够产生能动性的互换过程，首先是家人，随后是同学和老师，然后是超越界。这一陈述提示了一种不仅是拓展而且是深化的过程。

“奠基未来”教育思想视野中“文化”存在的第三要素就是共同创造，在对话、合作、共享的氛围中创造一种共享的、彼此依赖的未来，在这样的氛围下，儿童具有中国文化固有的气节、操守和道义，具有对自我和他人、自然和社会、家国和民族、人类和世界的责任心和使命感。

四、“今可法”，即在校园生活方式中注入家园、自然这些理念

在事物的序列中，自然不仅为生命提供资粮，在儿童的生活中，校园就是一种自然，这种自然不仅为儿童提供基本的生活经验，还为孩子体验周遭提供灵感。自然的过程，包括昼夜的交替与四季的变迁，所隐含的是持续转化模式中的一种训诫：有序、平衡与和谐。

而孩子的校园生活包括入学、上课、活动、放学的周而复始的变迁，这种持续的有规则的周而复始让孩子感觉到他所经历的世界是有序的、平衡的、发展的、和谐的，这种生活是自然的。这种将自然是孩子在校园产生一种作为家园的感受，这种感受使得儿童能够在平常的人类生存

中发现终极性的意义，培养一种准则化的、平衡与和谐的生活方式。

“以人为本”是“奠基未来”教育思想视野中“文化”存在的第四要素，“以人为本”不是通常的人本主义，而是对“人”有其“本”的诠释。在此基础上，凝练出“以人为本，为学生终身发展奠基；重塑文化，为教师享受教育服务”的办学理念，这是史公精神随着时间推移而被注入的一种未来感的时代内涵。

五、“永可法”，即以天道为自我实现的根源

虽然在儒家的象征主义中，缺乏作为“全然他者”的概念化的上帝那样的超越者，但在学校教育生活里，儒家传统的作为道德创造、生命意义以及终极自我转化之根源的天道，却构成贯穿当下校园的显著特征。老师对儿童的热爱、对生命的崇敬、对工作的信守以及对终极自我转化的奉献，在情感的强烈和目标的严肃上可堪与世界任何伟大宗教相比肩的。唯天下至诚，为能尽其性。能尽其性，则能尽人之性。能尽人之性，则能尽物之性。能尽物之性，则可以赞天地之化育。可以赞天地之化育，则可以与天地参矣。在天地转化和养育的过程中，是人类的可能性加以协助；是真实的人性与天地构成了三位一体；并且，是我们道德律令对天道感召的回应，成为自然的守护者和宇宙的共同创造者。

“奠基未来”教育思想视野中“文化”存在的最后一个要素就是对这一场所中所有人的生存意义和价值的关怀，她所传递的文化内核正是对他们鲜活生命的无限尊重和对美好事物的执着向往。正如老子所言：“天下莫柔弱于水，而攻坚强者莫之能先也，以其无以易之也。”

梅岭文化中的普世价值观——担当责任、泽被天下和勇于创造根植于史公，发源于梅花岭，它不会为时间所改变，日久弥坚，而这正是“奠基未来”教育思想的底色和基石。

“奠基未来”教育思想视野中的文化所彰显的就是这样一种力量，如溪水潺潺般柔软、宽厚、仁爱、智慧，又如水滴石穿般坚硬、顽强，

思想之所以成为思想，是因为有文化映照，在文化的映照下让学校内涵不断丰富，让具体行动真实落地，使得它虽然时刻在经受着现实的追问，却又总能自我迭代。

第二节　“奠基未来”教育思想视野中的课程建设

前此我们开始讨论“奠基未来”教育思想视野中的课程建设，例如如何规划儿童的成长，让她更好地发展？课程的出现是基于人的发展和需要，更本质而言是基于儿童生命的成长需要，在“奠基未来”教育思想的视野里，课程最重要的是满足儿童的生活需要和成长需要，其中最重要的是文化的、精神的满足，生命成长本质上是时间性的，是在时间中进行的空间延展。满足儿童文化和精神发展需要关注儿童成长的方向、节点，方向和节点意味着教育是有规律的，只有充分关照并付诸于实践，儿童才能在时间性的自主实践中获得真正的发展。

“奠基未来”教育思想视野中的课程建设首先实现了从以知识为取向的课程到以儿童为目的的学校的转变，着力从课程、教学和资源三个维度，在对儿童自主学习的规律与节点把握的基础上，帮助儿童认知经验、经历经验和感悟经验，最终实现发展经验、创造经验，立足于学生的经验生长系统构建。

一、课程系统：基于儿童经验生长的脉络

从儿童经验发生的主要时空入手，对国家课程、校本课程和特色课

程等进行整体构建，主要体现以儿童为目的的课程主张，即课程应促进儿童的生长，儿童的生长表现为经验的生长，课程应在儿童已有经验的基础上，帮助儿童获得一系列连续的经验。

“奠基未来”教育思想视野中的课程建设以“可法文化”为渊源，以“为未来奠基”为目标，以“儿童为目的”为课程追求。以“儿童为目的”就是以儿童的生长为目的，儿童生长即经验生长，经验的生长离不开儿童自主的学习与发展，儿童经验的发展即儿童自主学习的脉络大致分为经验认知、经验经历和经验感悟这三个层面。经验认知主要指儿童对自身已有经验的认识，儿童的生长建立在对自身已有经验的正确认知基础之上，儿童的经验又是多元的、丰富的，而国家基础课程自身的多元目标与此吻合，因而，“奠基未来”教育思想视野中的经验认知主要在国家基础课程层面实施，这也是国家基础课程所承担的应有使命。经验经历主要指儿童在经验认知的基础上塑造自己的生活，经历即生活，这种生活是完整的，是遵循时间的变化规律的，因而，我从春夏秋冬四季入手，创设与季节特色相符、与儿童生活相关的“启春”“明夏”“望秋”“暖冬”拓展活动课程。

应该说经验认知、经验经历和经验感悟是相互融合并进的，它们以“经验”为核心，强调在国家课程层面的经验认知的积累，强调在学校拓展活动课程中的经验经历的创设，强调在参与体验课程中的经验感悟的萌发，与此同时，“奠基未来”教育思想视野中的课程建设也强调在经验认知中经历，在经验经历中感悟，在经验感悟中认知等等，以此重塑学校的课程体系，涵养学校的课程文化。

二、教学系统：基于轻负高质的课堂教学改革

当前，关于中小学生减负的话题受到全社会的广泛关注。造成学生学业负担过重的原因有多方面，其中之一便是作业负担。缓解作业负担，单纯的减作业很容易，难的是既要减轻负担，又要提高质量。在“时光轴”

课程的实施过程中，聚焦国家基础课程即生长课程的使命，围绕学科本质、课程旨归、支持自主学习的关键点、学科教学的范式流程等等，探索轻负高质课堂教学范式，同时确定了“奠基未来”教育思想视野中的课程建设的关键价值取向。

梅岭小学的减负行动始于1982年。时任教导处副主任的翟裕康老师临危受命，针对校内“课堂松垮、课末留尾、训练低效”的现象，从优化课堂结构入手，探索出“四了三不”教学法，并在短时间内取得了显著成效。

1. “四了三不”教学法的内涵解读

“四了三不”教学法四个环节清晰明了，具有内容聚焦、节奏明快、时间跨度小、效率高等特征，很适合常态课的教学。其中，“四了”是指教师课上该讲的内容要“讲了”，该让学生完成的作业要“练了”，练习之后要立即“评了”，下课前要将作业“收了”；“三不”是指“不留家庭作业”“不拖堂”“不上课表以外的课”。

“四了”在实施中有着具体要求。第一环节“讲了”，要求教师开门见山，讲在教学的难点，并做到“有所讲，有所不讲”。第二环节“练了”，要在“讲了”的基础上用小练习的形式进行巩固，练在知识的关键点，做到精讲精练，同时将时间控制在5–10分钟，以增强学生的时间观念。第三环节“评了”，要对刚刚“练了”的内容立即反馈，过程包括：说出算理—公布结果—统计错误人数—分析错误原因。“评了”要评在学生的困惑点，对共性问题进行梳理、归类和分析，做到查漏补缺。第四环节“收了”，是教学的最后一个阶段，也是落实前“三了”的保证，不仅代表一节课的结束，更是对学生学习习惯的养成教育。

“四了”的四个环节承上启下，缺一不可，同时又与“三不”互为因果关系。既然作业已在课堂练了，自然不用布置家庭作业；既然在下课前已将作业本收了，自然不用拖堂；既然重难点问题已在课堂讲了、评了，自然就不用上“黑课”。在这条因果链中，时间把控是关键，精讲精练又是重中之重，因此需要教师合理优化课堂结构，精心设计讲练内容。

2.“四了三不”教学法的关键要素

经过几十年的实践探索，我校的“四了三不”教学法经历了从 1.0 版到 3.0 版的调整完善，即从知识学习到实践学习，再到与育人目标相联结，如今走向基于核心素养的“四了三不”学习法，形成“以学为中心”的课堂新样态。学校也在此基础上提炼出“四了三不”教学模式的四个关键要素。

首先，聚焦学习目标的制定，从“讲了”走向“学了”。学习目标是教学的出发点，是教学过程的调节点，也是教学活动的归宿。我校的 3.0 版“四了三不”教学法在制定学习目标时，以学生的“学”为主体，依据学科素养目标、课程标准和学生已有经验确定单元和课时学习目标，再根据课时目标确定作业目标，并逐一设计作业内容。从“讲了”到“学了”，不只是教师把该讲的讲透、讲细，更重要的是关注学生的学习内驱力、主动性和合作探究精神，可以先学后教也可以边学边教，重在培养学生的自主学习能力。

其次，聚焦练习内容的设计，从“练了”走向“做了”。作业内容设计要与学习目标、素养目标和育人目标相一致，不能以机械性的知识操练为主，而是以多元素养培育为导向，体现整体性、关联性和系统性，重在考查学生运用知识处理事情的能力以及在此过程中形成的情感、态度、价值观。

再次，聚焦评价方式的多元，从“评了”走向“展了”。在 3.0 版的“四了三不”课堂中，作业评价改变了传统的“对答案”“教师评”的模式，转向构建自评、互评、小组评等多元化的评价方式。一是对话式互评互展，过程包括“整体评价 + 优点评述 + 不足点评 + 我的建议”；二是以成果汇报形式展示练习内容。

最后，聚焦学习效果的真实，从“收了”走向“清（轻）了”。如果说“收了”指向一节课的结束和一种习惯的养成，那么“清了”指向的就是真实学习效果的达成和课余时间的真正交还。作业清了，负担也就轻了，学生有更多的时间去自主探索感兴趣的问题，成为学习的主人。当然，“清了”允许有几名学困生延迟上交作业，教师对其单独辅导。

这种延迟性也尊重了学生间的个体差异，践行了学校“为每一个孩子而教”的教育理念。

只有超越作业工具性价值的局限，改变教与学的基本样态，才能从真正意义上降低学生的课业负担，提升育人质量。我校之所以能够连续40年不布置数学家庭作业，做好课堂训练是“牵一发而动全身”的关键。学校提倡作业在课堂内完成，并从更高站位、更全视角诠释作业内涵，更新作业形式，提升作业设计水平。

3. 神秘“小纸条”：凸显定位准、覆盖广、成效快

最初，我校构建了被外界称为“神秘武器”的“滚动训练”题库，由于题量小，通常以小纸条形式出现。这种“小纸条”式的课堂作业具有用时短、成效快、覆盖广的特点，所有题目都被印在一张四分之一A4纸大小的小纸条上，并要求当堂做，当堂评，当堂清。由于题量小，负担轻，又充满挑战和新鲜感，深受学生欢迎。“小纸条”虽小，但创编也需要系统设计，整体推进。

首先，目标上要体现定位准。“小纸条”式课堂作业立足各学科课程标准，围绕学习目标和重难点，从学科核心素养的多个方面设计对应练习，如语文学科关注“语言建构和运用”“思维发展和提升”“审美鉴赏和创造”“文化理解和传承”四个方面，要保证作业与教学目标精准对接。

其次，内容上要体现分层次。“小纸条”式课堂作业要体现重难点全面覆盖，知识点前后关联，并遵循“三不做”原则，即“学生已经会的不做，一看就会的不做，讲了也不会的不做”。同时，作业内容上要按照基础、拓展和提升三个梯度设计，力求基础性练习让学生吃得了，拓展性练习让学生吃得饱，提升性练习让学生吃得好，使不同学力的学生都能在原有基础上获得成就感。

最后，结果上要体现成效快。我们将完成“小纸条”作业的时间控制在5–10分钟，倒逼教师对作业设计进行研究，通过控制作业数量、提升作业质量，解决作业机械重复的问题。同时，学校按照不同学科和年

段统筹规划“小纸条”的数量和内容。例如：一年级数学课上的“小纸条”安排了6道题，设置了计算、填空、找规律三个题型；五年级语文课上的“小纸条”安排了8道题，设置了拼音长廊、我来找茬和文化回放等题型；六年级英语课上的“小纸条”安排了10道题，设置了选择、按要求填空和英汉互译等项目。

4.“实战任务单”：凸显主题明、运用实、形式丰

随着实践研究的深入，如今我校课堂上的“神秘武器”逐渐演变成以实用为基础的“动态任务”资源库，被各学科广泛使用，形式上也增加了“实战任务单”，强调兴趣先行，内容整合，用以致学。“实战任务单”打破传统的以知识训练为主的课堂作业形式，通过学科大概念整合琐碎知识点，设置具体任务或真实项目，引导学生在完成任务过程中连接经验世界，发展思维品质，增强探究能力以及知识运用和迁移能力。“实战任务单”一般分为三种类型。

一是自主研究任务单，即教师在课前给学生设置明确的研究任务，该任务也是接下来的课堂研究任务。如在四年级的数学课中，教师以自主研究任务单为载体，设计了主题为“让圆柱再滚一会儿”的自主学习活动，让学生通过完成动手做实验、拍摄实验过程、记录实验数据三个任务，引导学生增强研究意识，养成推理、猜想等思维习惯。

二是学习探究任务单，即教师在课中给出任务导向，引导学生在探究过程中合作设计具体学习任务，形成课堂学习主任务。如在五年级的语文课堂教学中，教师以《埃及的金字塔》为题设计了探究任务单，并通过预学、共学和延学三个步骤，引导学生在合作探究中完成知识的内化、整合与迁移。

三是拓展迁移任务单，即教师在课堂后程设计综合运用或展示汇报任务，让学生在学习后进行成果分享。如在六年级的英语课上，教师以《Protect the Earth》为主题设计了拓展迁移任务单，要求学生通过小组合作用手抄报形式将所学内容进行成果展示、分享与点评。

学校“以用为主”的作业设计赋予了作业生命的张力，学生完成作

业的过程也是开展探究性学习的过程。在此过程中，学生建构了作业的存在意义，作业也建构了学生的生命意义。

5. 以“研”为主的保障系统

“双减”背景下“作业改革”的不仅是作业，还有上位的学习目标、内容、过程、评价等整体的变化与协调，但就作业改革本身而言，除了课内作业的优化设计，更重要的是学生课后学习生活重构的实践探索，我们尝试将学生的课后学习生活与课堂、真实世界打通，以主题意义为引领，以单元“点—面”整体作业设计为思路，梳理出聚焦学生素养提升的核心目标，分阶段、分层次研究与之对应的自主实践任务，如：基础类、项目类、实践类等等，从构建单元作业目标到编写单元作业内容，再到确定作业属性，最后调整单元作业内容，通过丰富课后学习生活的形式满足学生的个性化发展，从而建立起课堂习得、课外体验的完整学习链。

同时，为了更好地推进作业改革，学校对课内作业、课外体验进行统筹安排和整体规划，以制度、机制等整体构思作业各个环节的要求，系统思考各个要素的关联，建立以研究为保障的作业管理长效机制，最大限度地确保作业改革的有效性和持久性。

学校作业改革的成功，离不开一批专业水平高的教师队伍。在梅岭小学的课堂上，教师敢于暴露自己的缺点，每一节课所展示的都是真实的常态课，在他们看来，发现与改正错误恰恰能使自己获得进一步发展的机会。同时，教师在课堂上从来都不是单兵作战，每节课的作业设计都凝聚着集体的智慧。

每学期初，学校各年级备课组都会基于作业改革主题，选择与之相关的研究项目，如“数学自主研究任务单作业设计研究”“主题意义引领下的英语任务型教学研究”“语文大单元作业分层布置”等等。在确定研究项目后，备课组每周都会组织一次作业设计研讨活动，并研制课堂作业观察讨论表（见下表），通过精选、改编、创编等方式不断优化原有的作业设计体系，并规定每学期的作业完善指标不少于 20%。从

2015 年起，学校还专门设置了改革创新奖，激励教师聚焦学校改革关键问题开展项目研究并申报成果，教师以学期为单位自主申报，学校最大限度策动全体教师进行主题式、系列化、进阶性研究。

课堂作业观察讨论表

<table>
<tr><td colspan="10">科目：　年级：　听课时间：　参与人员：</td></tr>
<tr><td rowspan="3">本节课的学习目标</td><td rowspan="3">如何设计评价来检验目标达成？</td><td rowspan="3">如何通过课堂练习突破重难点？</td><td colspan="7">形成《作业设计观察手册》</td></tr>
<tr><td rowspan="2">作业目标</td><td rowspan="2">练习内容</td><td rowspan="2">学习方式</td><td rowspan="2">学生参与</td><td colspan="3">作业设计效果</td></tr>
<tr><td>时长</td><td>题量</td><td>效果</td></tr>
<tr><td></td><td></td><td></td><td></td><td></td><td></td><td></td><td></td><td></td><td></td></tr>
</table>

实践证明，作业管理是一个系统工程。要推动作业改革由内而外、由表及里的渐进式发展，减少往复反弹的阻力，必须做到学校、社会、家庭各司其职，并辅以制度支撑加专业引领。基于这种思考，梅岭小学成立了“常春藤学院”，引领教师开展系统化的集中研修，并依据研修主题需要邀请高校教授、一线教育专家等人员组成稳定的导师团队。依托“常春藤学院”和校内的信息化管理平台，学校构建起各年级、各学科符合学生身心发展水平的作业管理支持系统，有效解决了作业管理机制建设中动力不足、停滞不前的现象。

首先，建立作业管理长效机制。学校出台各学科作业设计与实施的具体方案和相关制度，由各年级主任和教研组长负责统筹作业总量，随时跟进课堂质量。其次，建设作业管理资源库。在专家指导和备课组的通力合作下，学校以学习能力、学习品质和实践创新为指标，围绕“教学评一致”理念加强学科作业体系建设。其中学习能力指向学生解决课堂问题或面对真实任务情景时的思维能力，学习品质指向学生的身心健康、自我认知与调控，实践创新指向学生学会学习、批判性思维、合作能力等素养。再次，创建“优质课堂”，加强过程指导和成果推广。如“四季牧歌”课堂和成果展示活动是“常春藤学院”旗下的一项特色品牌活动，通常在每年的 6 月和 11 月中旬举办。活动围绕作业改革主题，由每个备课组推选一名教师上汇报课或进行成果展示。对于评选出的优秀课堂、优秀作业设计案例，学校会加以推广并作为考评教师和教研组的依据之一。

作业改革作为“奠基未来”教育思想视野下教学系统的关键环节，以相对微观的任务研究为载体、足够的课外拓延学习时间为保证，既弥补了课堂中学生独立思考时间不充分的问题，又尊重了学生独立的人格和个人发展需求。换言之，“奠基未来”教育思想下的课堂教学改革其实就是经历混沌、无序、彷徨、探寻、自我解码、自我认同进而渴望进入课堂承受新一轮自我肯定或否定，最终建构新的课堂教学范式的过程。

未来怎样，取决于我们以怎样的姿态面对问题，以及如何解决这些问题，通过多样的作业涉及展开教学系统中的非线性对话是“奠基未来”教育思想视野下的核心环节。教师不再做他人价值的强加者，而被赋予更丰富的角色定位：倾听者、交往者、建议者、点拨者、学习者，是内在于情境的领导者。在此过程中，教师与学生的角色得到了重塑，彼此赋予对方意义，而那些被逐渐改变了的教与学也悄然改善着课堂学习的环境，让教与学的最终目的不再遥远，即为了让我们更好地生活，让人类更好地生存。

三、资源系统：基于学生自主发展的保障

儿童的教育生活不是散漫的，更不是杂乱的，儿童的教育生活发生在儿童与学习、教学、生活之间，那些表面的无序恰恰是新鲜生命带给这个世界的可贵灵性。因而，在课堂之中、教室之外，基于“奠基未来”教育思想对儿童的尊重，充分发挥学生的学习主体性与能动性，保障学生自我选择、自主发展的权利，让生命与课程相互融合，相互映照。因而，“奠基未来”教育思想视野下资源系统建设主要通过空间、课程与儿童

成长进行系统地重构，以此朝向美好的教育生活，最终让儿童成为意义的创造者。

1. 空间重构的基本原则

空间重构的基本原则就是为了人与他们的生活。具体来说包括，一是为了儿童，看见儿童，尊重儿童；二是为了与儿童紧密相关的人；三是为了儿童与真实生活的互动和联结；四是与梅岭小学的历史文化、所在区域的历史文化以及未来发展相融。例如，为了让儿童看到温暖的、他们喜欢的风景，在设计主教学区和主运动区域时，就采用了极富争议的敞开、挑空、退台式设计。主体建筑一层全部挑空，以阶梯式退台将400米环形操场与二楼的主教学区连接起来，空间错落有致，远观教学楼，仿佛是孩子们熟悉的外婆家掩映于绿荫中的楼宇，又像他们在家经常玩耍的积木搭成的城堡，众多阶梯与布满植物的小块平台的共存，改善了生态，丰富了空间，满足了儿童游戏的乐趣，尊重了儿童的天性。而挑空产生的一楼空间，则被设计成为学生聚会活动的开敞式大厅、可以让他们自主访问的校史体验馆和诸多有趣的功能教室，它们回应了儿童对空间的教育期待。

2. 空间价值演绎的基本策略

学校空间不会是一个个孤立的物理存在，因为它一定已经融入了设计者的建筑理想，一定会与学校中人的成长经历不断联结，所以一定会产生精神上的相通。“奠基未来”教育思想视野下的资源建设把学校空间价值演绎的基本策略定位于融合，便是指合理安放和妥帖融合学校的功能性空间、情感性空间和精神性空间，强调这三者的同时在场。比如学校图书馆的设计，将图书馆的正门放在学校主入口的一侧，让孩子们一进入学校就感觉到学校犹如圣殿，是他们触摸知识与文明的神圣殿堂，在内部空间结构上，依然选择了阶梯式方式呈现，但为了关照儿童的心理感受，采用了镂空式墙壁、白色的大型组块式书橱，原木阶梯、桌椅与色泽鲜艳的布艺沙发增加了空间的亲和度。在这个有光的地方，儿童可以自由借阅图书，以自己喜欢的任意姿势读书，也可以提供班级上课、进行主题活动或教师举办个性化沙龙。将高处的二楼设计成相对氛围宁静、学院风格的教师阅读区，尝试满足进入这个空间生活的人体验拥有一座图书馆的需求，以唤醒、激发、提升他们的崇高感和幸福感。

3. 空间价值演绎的基本样态

学校空间不是静止的、封闭的和狭隘的，而是灵动的、敞开的和创造的，因而“奠基未来”教育思想视野下的学校空间价值演绎的基本样态是生长的。梅岭小学花都汇校区在整体空间设计上，引入街区及邻里概念，还原生活，打破传统，充分留白，一切指向有利于生活的发生，有利于教育的生长，强调教育动线的设计与教育节点的对应，比如多功能异形普通教室、各具特色的工作坊式的功能室，还有四条超大空间、主题综合的师生街和户外庭院。这些空间与传统学校相比体现了颠覆性，在这样的空间里，学生和老师可以选择在教室上课，可以选择在工作坊学习，还可以选择在他们想去的师生街或者户外庭院活动。在这些空间里，遍布具有生长价值的学习资源，合作与交流无处不在，学习与探索可以随时发生，为学生的个性化学习和独立探究提供了便捷。

事实上，当空间与课程发生了深刻变化，对身在其中每一个人的影响也是巨大而深刻的。这种巨大而深刻的影响体现于儿童的便是成长方式的变化，而这种变化无疑指向于让生命更加丰富，让未来的每一个可能成为当下的每一个现实。在此基础上，进一步推出了《梅花引上觅光阴——我在梅岭经历的100件事》，让理想中的“时光轴”越来越清晰地呈现在孩子、家长、教师们面前。

童年是不可逆的，“生命就在时光的轴上”，学校存在的目的是为了帮助学生找到打开未来生活的“钥匙”，循着“奠基未来”教育思想视野中的课程建设路径，我发现，当儿童的成长不再囿于书本、不再囿于教室、不再囿于自我，儿童才会深刻感受到作为一个人的责任与担当、才会深刻感受到学习的价值与使命、才会深刻感受到生命的意义和本质，这也是“奠基未来”教育思想视野中课程建设的本质：让课程从桥梁变为学生走向未来的跳板。

第三节 “奠基未来”教育思想视野中的评价变革

在我看来，儿童是一粒种子，我们要认识和尊重每一个儿童的个性、特长，最大限度地挖掘他们身上存在的可能性，而儿童能不能成为未来社会的精英或者想成为哪个领域的精英，这取决于学生自己。作为教育者，我们所要做的是激发儿童对知识的兴趣和热爱，培养他们的创新素养和实践能力，帮助他们打好、打牢未来发展的基础。而儿童的发展离不开评价，评价的维度、内容和方式决定着儿童的成长方向和成长质量，换言之儿童存在于评价体系中，唯有实现对每个生命的尊重，方能体现教育的价值。“奠基未来”教育思想视野中的评价变革，着力依托《“真的种子”生长记学生成长手册》，通过让每一个孩子及时获得认同，使评价成为每个学生朝向未来的助推器。（“真的种子”这个概念的提出源于梅岭的教育主张：“育一粒真的种子，做一片美的叶子，成一座善的家园”。）

一、《“真的种子”生长记》AB 版的架构

“奠基未来”教育思想视野中的《“真的种子”生长记》是一种成长的见证，是在尊重儿童成长规律基础上的一种教育改革行动，具体由 AB 两个版本构成，她以关注每个学生个体成长为基础，将生活习惯、学习习惯、行为习惯、运动习惯分为“好习惯”“好体质”“好品质”“好实践”和“好成果”五个方面来制定成长计划。每个方面包含两个子项目，

涵盖不同类别的种子。以二年级为例，十粒种子分别是阅读种子、礼仪种子、运动种子、健康种子、成长种子、友善种子、服务种子、践行种子、学习种子和特长种子。其中“好习惯”中的礼仪种子和“好品质”中的友善种子是主题性质的，不同的年级有不同的侧重点；其余八粒种子为常规性质的，将随着年级递增提出不同的要求，强化、融通并伴随学生终身，成为他们联结世界、与世界互动和创造新世界的力量。

<table>
<tr><th>年级</th><th colspan="2">好习惯</th><th colspan="2">好体质</th><th colspan="2">好品质</th><th colspan="2">好实践</th><th colspan="2">好成果</th></tr>
<tr><td>一年级</td><td rowspan="6">阅读种子</td><td>自理种子</td><td rowspan="6">运动种子</td><td rowspan="6">健康种子</td><td rowspan="6">成长种子</td><td>勇敢种子</td><td rowspan="6">服务种子</td><td rowspan="6">探索种子</td><td rowspan="6">学习种子</td><td rowspan="6">特长种子</td></tr>
<tr><td>二年级</td><td>礼仪种子</td><td>友善种子</td></tr>
<tr><td>三年级</td><td>合作种子</td><td>诚实种子</td></tr>
<tr><td>四年级</td><td>自律种子</td><td>尽责种子</td></tr>
<tr><td>五年级</td><td>自护种子</td><td>爱国种子</td></tr>
<tr><td>六年级</td><td>坚持种子</td><td>感恩种子</td></tr>
</table>

二、《“真的种子”生长记》AB 版的实施策略

“奠基未来”教育思想视野中的评价变革以《“真的种子”生长记》A 版学生成长手册为“脉”，以《“真的种子”生长记》B 版学生自主手册为“络”，关注儿童发展的未来性、全面性，突出儿童的主动发展。两本手册并行运作、合纵连横，勾连出评价体系的轴迹，最大限度“激活”与“唤醒”儿童的生命潜能，即促进儿童自主的、自觉的、自在的发展。

1. 手册呈现全面立体的成长轨迹

A 版成长手册以阶梯性成长路径为主，是一本通识性手册，B 版学

生自主手册以检测是否达到要求为主，属日记型手册。两本手册，从纵向上看，都围绕着“好习惯”“好体质”“好品质”“好实践”“好成果”五个方面；从横向上看，成长手册围绕每一个评价内容，每一个年级还制定了不同的评价标准。

A 版成长手册以“阅读种子”为例，培养阅读习惯，除了提出明确要求外，学校给予具体的指导意见，对应养成教育中的学习习惯，梳理出六年的阅读书目，制定了全面而立体的成长轨迹（如下图）。

“真的种子”成长守则

附2:

"阅读种子"——各年级推荐书目

对象	时间	一种阅读			
		必读书目	选读书目	必看影片	选看影片
一年级	上学期	1.《小猪唏哩呼噜》 2.《洋葱头历险记》	1.《大卫，不可以》 2.《想吃苹果的鼠小弟》 3.《我是霸王龙》	1.《大闹天宫（美术片）》 2.《查理和巧克力工厂》	1.《超能陆战队》 2.《聪明的一休》
	下学期	1.《小熊温尼·菩》 2.《了不起的狐狸爸爸》	1.《一园青菜成了精》 2.《青蛙和蟾蜍》	1.《狮子王（音乐剧）》 2.《小鹿斑比》	1.《狼来了（木偶剧）》 2.《三个强盗》
二年级	上学期	1.《没头脑和不高兴》 2.《我和小姐姐克拉拉》 3.《戴小桥和他的哥们儿》	1.《猜猜我有多爱你》 2.《蚯蚓日记》 3.《晴天有时下猪》	1.《草房子》 2.《微观小世界 第一季》	1.《大鱼海棠》 2.《北极故事（纪录片）》
	下学期	1.《鼹鼠的月亮河》 2.《绿野仙踪》	1.《豆蔻镇的居民和强盗》 2.《狐狸列那的故事》	1.《木偶奇遇记（木偶剧）》 2.《天才眼镜狗》	1.《小猪宝贝》 2.《男孩与世界》
三年级	上学期	1.《格林童话》 2.《长袜子皮皮》 3.《亲爱的汉修先生》	1.《时代广场的蟋蟀》 2.《兰心的秘密》	1.《少年孔子（木偶剧）》 2.《翡翠森林·狼与羊》 3.《了不起的狐狸爸爸》	1.《菊次郎的夏天》 2.《疯狂动物城》
	下学期	1.《夏洛的网》 2.《青草国的鹅》 3.《宝葫芦的秘密》	1.《火鞋与风鞋》 2.《小狐狸阿权》	1.《三个和尚》 2.《深蓝（纪录片）》	1.《驯龙高手》 2.《音乐之声》

“真的种子”成长守则

对象	时间	一种阅读			
		必读书目	选读书目	必看影片	选看影片
四年级	上学期	1.《安徒生童话》 2.《雪地寻踪》 3.《小鹿班比》	1.《帅狗杜明尼克》 2.《科瓦奇讲植物》	1.《放牛班的春天》 2.《皇帝的新装（木偶剧）》	1.《音乐之声》 2.《夏洛特的网》
	下学期	1.《窗边的小豆豆》 2.《蓝鲸的眼睛》 3.《嘭嘭嘭》	1.《奔跑的女孩》 2.《黑焰》	1.《小鬼当家（系列）》 2.《至爱梵高·星空之谜》	1.《追逐珊瑚（纪录片）》
五年级	上学期	1.《铁路边的孩子们》 2.《我的妈妈是精灵》 3.《爱的教育》	1.《柳林风声》 2.《西顿动物故事》	1.《ET外星人》 2.《灰姑娘（音乐剧）》	1.《地球脉动·第二季（纪录片）》 2.《蝴蝶》
	下学期	1.《我要做好孩子》 2.《假如给我三天光明》 3.《海底两万里》	1.《彼得·潘》	1.《千与千寻》 2.《神笔马良（动画片）》	1.《头脑特工队》 2.《寻梦环游记》
六年级	上学期	1. 《草房子》 2. 《名人传》 3. 《男生贾里全传》	1.《小王子》 2.《毛毛》	1.《阿拉丁（音乐剧）》 2.《国家宝藏（纪录片）》	1.《钱学森》 2.《少年派的奇幻漂流》
	下学期	1.《鲁滨逊漂流记》 2. 《呼兰河传》 3.《林汉达中国历史故事集》	1.《希利尔讲世界史》 2.《人生第一课 写给孩子的哲学书》	1.《白毛女（扬剧）》 2.《忠犬八公》	1.《鸟的迁徙》 2.《天书奇谭》

B 版学生自主手册以日历的形式提供学生自我评价的平台，辅以家长、同伴的评价，让学生随时清楚自己的成长状况，提供学生自我认知、自我规划、自我反思的平台。其中自我认知以是非判断、选择、填空的方式提供给学生自测、让学生对自己了解、对目标认同、对达成方式心中有数；自我规划采取月历、日历式的板块构图，提供给学生足够的书写空间，可以自由地记录认为重要的事情，早早地制定计划、安排时间再逐一完成。时间的整体规划能力、事情统筹安排能力、协调能力都能

够得到极大的提升；自我反思让每一件事都记录在案，让反思有了依据、有了具体的事情，不再是空谈。打√，涂☆，简单的符号也能成为有效的检测方法。（如下图）

2017 年 3 月

March

星期一	星期二	星期三	星期四	星期五	星期六	星期日
		1 初四	2 初五	3 初六	4 初七	5 惊蛰
6 初九	7 初十	8 妇女节	9 十二	10 十三	11 十四	12 植树节
13 十六	14 十七	15 十八	16 十九	17 廿十	18 廿一	19 廿二
20 春分	21 廿四	22 廿五	23 廿六	24 廿七	25 廿八	26 廿九
27 三十	28 三月	29 初二	30 初三	31 初四		

Act 记下你每天需要做的事情。 Check 回顾，你写下所有要做的事了吗？

Record 今天最重要的……

	3 月	学习兴趣	学习策略	4 星期六
27 星期一	课内			5 星期日
	课间			自主探索
28 星期二	课内			
	课间			1
1 星期三	课内			2
	课间			3
2 星期四	课内			4
	课间			5
3 星期五	课内			6
	课间			7

Act 这个星期我要坚持做到……

1.
2.
3.

Check

主动阅读 ☆☆☆☆☆ 独立思考 ☆☆☆☆☆ 自觉探究 ☆☆☆☆☆
能动应变 ☆☆☆☆☆ 创新思维 ☆☆☆☆☆

2. 手册呈现清晰明确的行动方向

B 版学生自主手册以“四个步骤”帮助学生管理自己的活动、学业等。四个步骤分别为：Think，Record，Act，Check，即提前建立目标、记录重要事情、计划时间和一周总结。

一是“Think”板块，摒弃灌输，积极建构起儿童对自我的已有认名。如“你做到了哪些点。”“将你有的感受打上√。”“你计划做些什么？”。学生的答题过程也是自我对话的过程，使他们从以往关注能否达到教师的要求转为关注自己内心的需求。“自我认知”之后，学生量身制定目标和计划不再困难，他们可以在“Think”栏目后写下给自己提出的本月、本周希望达到的一两个要求，帮助他们学会自我建立目标。

二是“Record”板块，给学生大量的留白，让他们记录下重要的事情，比如活动、朋友或家人的生日、重要日子等。每日的Record，可以记录作业、老师的提醒事项，写下养成习惯的具体措施、自己的表现等。

三是“Act”板块，侧重放学后的事务安排，阅读时间、玩耍时间、运动时间，都由自己支配，学生可以智慧地安排必须去做和什么时间去做。

四是“Check”板块，每天学生都在Check栏目中自评，√表示已经完成，→表示未完成；准确评判自我才能做好下一天、下一周的有效规划。除了自我评价外，每天、每周家长或教师都要以画★的方式衡量学生一天和一周的表现，给予他们不断进步的力量。（如下图）

Think　提前建立你能达到的目标。

想。这个步骤能够帮助你创造一个关于你每天、每周、每月的目标。先写下长期目标，再分几个步骤实现。

如：月目标——我会合理安排学习时间，先吃东西然后写作业。

周目标——放学后立即写作业。

Record　记录下重要的事情。

记录。这个步骤可以记录下最感兴趣的学习片段或者是学习中遇到的问题，也可以记录下你的作业、老师的重要提醒、同伴的好建议等。

Act　计划好学习时间和学习方式。

行为。这个步骤能帮助你根据自己设计的月度目标合理规划你的校外时间，帮助你科学安排学习任务。

如：英语——玩单词卡片。

5:00—6:00　读书

Check　一周总结，记录下你这周的学习情况，并计划好下周需要改进或继续保持的地方。

已经完成的用√表示，未完成的用→表示。确保能够完成。

☆☆☆☆☆——★★★★★黑色涂的越多表示达成度越高。

＊阅读习惯自测

目前，你做到了以下哪些点。画上○

1. 除去特殊情况，每天都能看半小时以上课外书。（ ）
2. 遇到喜欢的地方会大声读出来或讲给其他人听。（ ）
3. 有时候写写读书以后的想法。（ ）
4. 读一小时左右，让眼睛休息会儿。（ ）
5. 喜欢用书签，不喜欢让书折起来。（ ）
6. 经常买书，能够根据家长、老师的建议或自己的爱好买书。（ ）
7. 喜欢的书多看几遍或介绍给别人。（ ）

＊读书需要有计划、有恒心。

写出你本学年的读书计划。（可以写一写读几本书。可以细化到月份）

3月	4月	5月
6月	7月	8月
9月	10月	11月
12月	1月	2月

你最想与伙伴分享的一本书是：________________

你该如何实现你的目标？这里有一些方法供你选择。

* 有自己安静的读书的地方。
* 找一位家长成员或你的同伴和你一起读书，你们能够互相督促，互相进步。
* 每天规定自己至少读多少页，今天没有完成的明天补上。
* 少看或不看电视，那远不如图书精彩。
* 每天完成后，在日历中画√。
* 我也有一些办法：________________。

Think 这个月我将：有计划地进行自主阅读

3. 手册呈现多元互动的评价过程

两本手册坚持过程性评价与阶段性评价相结合，个性评价与群体评价相结合，质性评价与定量评价相结合，统一评测与展示评价相结合，全面评价儿童在一年的学习中的综合发展。

以二年级“真的种子”成长细则为例，学校围绕着五个方面、十颗种子为核心，充分发挥家长、教师、同伴等在自我成长过程中的作用，充分重视家庭与学校之间在养成教育中的相互配合，使评价更多地成为一种互动的认知过程。

如好实践中包括服务种子和践行种子，每一个种子包括基础和成长两个板块，如服务种子中基础的内容是“在家中，主动帮爸爸妈妈做力所能及的事情”，针对这样的评价内容的评价主体最合适的是学生家长，而同样的种子在班级内的评价内容是“自己的岗位表现受到大家的肯定”，这样的评价内容由同伴来评价则更为合理。

又如好成果包括学习种子和特长种子，作为学习种子，学生能够“提前预习，认真完成作业，不拖拉；上课专心听讲、守纪律”，以及“能够拥有属于自己的兴趣爱好，知道它有利于自己的成长，懂得要通过持之以恒来培养”等由班主任及任课教师来开展评价。

整个评价过程贯穿在学生的六年生活时光里，主要以丰富多彩的童年生活为基础，以各种各样的活动为方式，既重视学生的知识学习和能力的形成，又重视学生核心素养的培育。

“奠基未来”教育思想视野中的评价还设计了《种子兑现榜》：

	一年级	二年级	三年级	四年级	五年级	六年级
18 颗以上	第一学期					
	上学期：看一次“集体”电影	上学期：观看“七彩梦”舞台的表演	上学期：参观消防队	上学期：做小交警	上学期：到一年级组织一次活动	上学期：主持一次升旗仪式
	第二学期					
	下学期：听一次讲座	下学期：参加一次踏青活动	下学期：放一次风筝	下学期：参与广播台	下学期：微信平台“露脸”	下学期：与校长共进餐
12 颗以上	得到一个“种子”章，在班级做一日小老师，上一节晨会课，负责班级一日常规。					

4. 手册呈现相辅相成的进阶方式

A 版学生成长手册除了能显性呈现学生成长过程中值得记忆的重要

瞬间，同时还以B版学生自主手册为依据，将自主手册中的结果进行隐性呈现。如，在B版自主手册上达到一定数量的“√”，则对应A版学生成长手册中每一粒种子GOOD和BETTER两个进阶标准。相互配合、补苴罅漏的进阶方式将学生美好的心理预期与实际行动结合起来，让成长与发展更实实在在。

人是一个未完成的动物，只有通过不断学习，才能完善自身成长，而手册的实践给予了她们成长最及时、适切、必要和合理的支持。换言之，“奠基未来”教育思想视野中的评价变革立足体现儿童的存在丰富性、立体性、全面性，基于“为未来奠基”的整体建构，源于“适合儿童生长”的变革思考，展示了“向着未来生长”的动人图谱，真正为儿童铺筑了一条促使他们自我成长的“跑道”。

第四节 “奠基未来”教育思想视野中的治校方略

校长的教育思想，除了对学校历史、课程与教学及学生发展目标的理解之外，必不可少的还有与之匹配的治校方略，其中包括对教育发展方式和学校发展方式的理解、对将教育思想转化为管理措施的思考，以及对具体的管理制度和机构等问题的思考。

一、学校组织设计的价值之选与现实之需

学校是一个组织，组织是一个生命系统，“人类进化的复杂性”决定了其间蕴藏着诸多复杂的关系，且深深影响着这个组织的生存与发展。

“奠基未来”教育思想视野中的管理变革一直以寻找学校持续发展的内生动力为着力点，不断寻求学校治理的自我突破与革新，从“三级一系统”的管理模式，到后集团化办学的行动研究，再到以“管理就是服务，服务就是指南”为价值导引的“平层一体化”组织变革，我以为，未来学校的实然发生与发展需要相应建设机制作为保障，因为教育不是孤岛，而是一个小社会，也是一个生态圈，换一句话说，生态的本质是一场关系。倘若围绕关系去理解，将人与人、人与世界以及世界不同领域的关系赋予知识、赋予价值、赋予方法、赋予内涵等，那么学校就是调动一切关系的力量，它的价值在于帮助师生更好地融入这场人与世界的共生之旅。

当从关系的视角把握学校的本质，学校的发展又会将我们不断推向关系的重构之中。前者是以关系为中心进行组织设计的价值之选，后者是以关系为中心进行组织设计的现实之需。简单说以关系为中心设计学校组织是因为学校本身就是关系的集合，而梅岭的发展实践又不断验证了学校组织变革本质上是对关系的理解与建构，梅岭期望通过这样的组织“进化”，去生成“源自能够滋养我们心灵的那些关系”。这就是“奠基未来”教育思想下的教育治理选择以关系为中心进行组织设计的初衷与出发点。

二、作为自然生态圈中的学校

上文中，我曾这样描述一个关于学校的隐喻：池塘。我是从梭罗那里得到的启示，他说，“如果你在地里挖一方池塘，很快就会有水鸟、两栖动物及各种鱼类，还有常见的水生植物，如百合等等……。”我以为，梭罗的伟大不在于他描述了自然生态圈中的进化关系，而在于他发现了这种演进的和谐与美好及其背后调和这种关系的那双自然之手。每一个有过乡野生活经历的人大约都不会忘记，儿时故乡老屋后面那个清凌凌的、永远散发着独特清鲜香气的池塘，里面有蒲草、水绵、浮萍、莲藕、菱角、鱼、虾等等，它是村庄里大人们洗涮、饮用、灌溉的水源，是孩童们嬉戏、猎奇、体验自然野趣的乐园。一个池塘，水草丰茂，生机盎然，四季更迭，日日如新，且生生不息，它是村里人珍视的仿佛取之不竭的宝藏，有了它，村里人的生活才会完整；有了它，村里的儿童才会拥有永远的乡愁。

那么，如何才能让学校呈现出如此怡然的生长样态呢？怎样的办学才能促使学校不断抵达未来的那片池塘呢？很显然，一个活的池塘的背后，就是一个支持万物生长的生态系统，系统中的诸多元素既相互独立，又相互联系；既相互支持，又相互制约。在每一个四季变化中，自然用一双神奇的手，使之悄然实现着系统的重构与进化，我们的学校也应当发现并尊重那双“自然之手”。

为此，让我放眼看到更大的自然生态圈——学校。从关系的类型来说，关系主要分为社会关系、自然关系，前者更多强调的是主动联结，后者强调客观联结。以关系为中心首先是赋予关系以价值、灵魂，其次是激发关系以生长、联结。无论是关系的价值、灵魂，还是关系的生长、联结都体现了关系的本质属性。当我们把目光投向学校，不仅只是从关系的视角去重新理解学校，更多的是从办学实践的角度去重新理解关系。

如此，便发现，在梅岭的实践中一方面关注关系的客观联结，另一方面也关注关系的主动联结。前者，强调在学校组织设计的过程中“向自然学习”，即从自然呈现给我们的和谐、关联、生长、支持、整体的样态中汲取对关系的重新理解，后者，强调在学校组织设计过程中充分发挥人的主动性、创造性，也充分发挥人与人、人与社会之间的联动性、共赢性。对于我来说，学校中的一切关系都是围绕着“奠基未来”的办学理念而生成与构建的。

三、基于“奠基未来”的视角

对学校管理的理解也随之发生变化，而这种变化符合从学校管理到生态治理的逻辑，具体来说学校生态治理是对传统管理方式的超越，是教育治理理论和实践发展的一种形态。学校生态治理是指基于自然资源管理的人类学、生态学和物理维度，借助自然生态圈的自我修复、自我维护和自我更新发展的原动力，通过解决学校发展过程中的问题，化解发展中的矛盾，从而促进学校生态系统的健康、可持续性的发展，最终构建一个自然、和谐与相互依赖的共同发展的体系。从学校生态治理的内涵来看，它首先需要承认学校管理现场中的问题和矛盾，正如自然生态圈中总是隐藏着和谐健康发展的因素一样，在学校管理现场同样如此，从另一个方面来看，正是因为学校现场存在问题和矛盾才需要生态治理；其次学校生态治理的内生动力来源于学校本身，而激发这种需求的是以公共利益为学校管理最高诉求并且能够在公共利益上达成高度共识。它包含两个层面的转变，一是从学校管理向教育治理转变，二是从教育治理向生态治理转变。

1. 内涵的价值

学校生态治理的价值在于其内涵的价值，即管理育人。具体来说，学校生态治理意味着教育生活的打开与重塑，意味着对美好的追求与超越，意味着对教育生活价值的审视与提升，在打破平衡中维持新的平衡、在重建系统中衍生新的系统，犹如板块运动建立起的新格局与新构造，这种新格局和新构造撬动的是对更多关系的思考和安放，是对真实问题的发现和突破，是对人的尊重和发展，最终赋能于人，实现管理育人的终极价值。

2. 目标的价值

学校生态治理的背后隐藏着学校发展的目标，正是这些目标成为学校发展的逻辑与情感的力量。对于任何一所学校而言，学校生态治理的过程是为了带领师生通往美好的教育生活。具体来说，学生和教师同是天然的思考者、设计者与创构者，教师是学校生态治理中最为核心的联结者，以实现生命内在意义为目标的学校生态治理是为了让每一个生命的存在得到适切关照，通过物质生活、情感生活、精神生活三者同时在场的方式，构建起一个彼此促进、共同发展、相互影响的生命场域。

3. 方式的价值

学校生态治理需要基于系统内部清晰的层次性，建立在这种显著特征基础上的学校生态治理方式不是一种机械、简单的关系构建，而是基于差异性共存，最终实现彼此生长，因而，学校生态治理的方式其价值在于能否体现系统内的相互支持。无论是基于学校管理组织，还是基于学校中的每一个人，都是系统重构的核心要素。只有基于系统中的层次性，在学校生态治理的过程中才能够真正建立起一个温度和力量并存的支持系统。

4. 过程的价值

学校生态治理本身就是一个持续动态性的实现过程，理应充分关注流变中的整体，并在整体与部分的持续作用中实现平衡中的发展。学校生态治理的过程不是单一的、线性的、表面的和坚硬的，而是多维的、交互的、深度的和柔软而有张力的。学校生态治理的过程价值在于实现学校生态的持续优化。面对变化的现实，需要真正从生命发展的内在价值激发和深层需要满足出发，自觉研究发现其间蕴藏的客观变化规律，重视过程运行的系统性体现，从而通过学校生态系统的持续优化促进学校的持续发展。

四、学校生态治理的实践路径

人是生态治理的核心要素，“奠基未来”教育思想视角下学校生态治理的实践，遵循“做强总部、做实校区、做优级部、优化生态、跨越发展”的总体目标，将学生发展作为第一价值取向，践行“以人为本，为学生终身发展奠基；重塑文化，为教师享受教育服务”的办学理念，通过协商共建、自我组织的方式，从校园文化、办学理念、课程开发、教育科研、信息服务、教育评价等方面切入，实施差异性与多元化的自主管理与参与管理，着力实现真正意义上的价值共同体创建，不断探索并建立了具有良善特征的“大平层—事业部式”运行系统，这是整体架构图（见下页图），以解决学校当下的发展问题以及支撑学校的未来发展，共同构成了自我维护、自我修复和自我发展的学校生态治理样态。

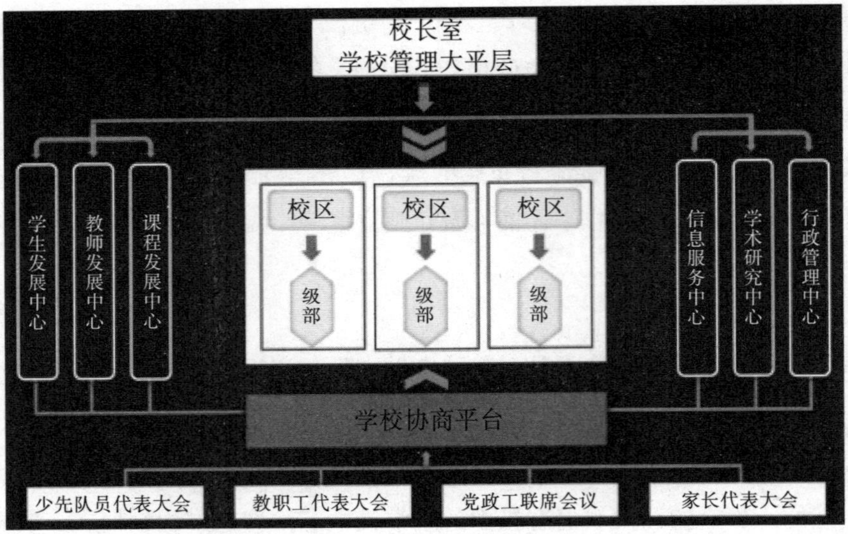

整体架构图

1. 整体架构

“大平层”是指在校长室统领下负责学校教育规划、整体管理、发展统筹、资源整合、实践推进的管理决策中心，是学校管理架构的核心，其成员由学校校长和中心主任共同构成，大平层最重要的职能是研究战略规划、进行科学决策、促进长远发展，属于领导的智囊团。

事业部制最初作为现代企业管理的组织结构移植到学校，就是按照学校所承担的核心使命、职能、任务进行划分而设立的若干功能区。“事业部”是学校管理架构的重心，由作为“核心事业部”的校区以及校区中的“子事业部”级部共同构成。级部是核心事业部的子事业部，在学校服务中心的支持下，承担学校各个级部日常管理运行以及实施级部创新发展等工作。级部工作由级部主任以及级部管理委员会成员共同负责。

服务层打破过去的固化结构，以板块融合的方式逐步过渡到中心，目前由 6 大中心来承担职能，包括学生发展中心、教师发展中心、课程发展中心、信息服务中心、学术研究中心、行政管理中心。

协商层主要包括少先队员代表大会、教职工代表大会、党政工联席会议和家长代表大会。协商层主要处理和协调学校与家庭、教师以及学生之间的关系，以建立学校发展共识的最大公约数为目标，以学校各项管理工作的满意度为衡量标准，不断促进学校各项工作的改进与完善，从而营造更好的学校内部文化和外部氛围。

2. 组织关系

在“大平层—事业部式”管理架构中，将传统的分割式的管理变为以事业部为核心，由决策层、服务层、协商层共同支撑的学校管理组织样态，其宗旨是通过对现有学校管理结构的调整实现组织功能、架构的融合与回归，使学校管理逐步回到科学性、专业性以及文化性，最终是为赋予学校持续发展提供了生机与动力。（下图）

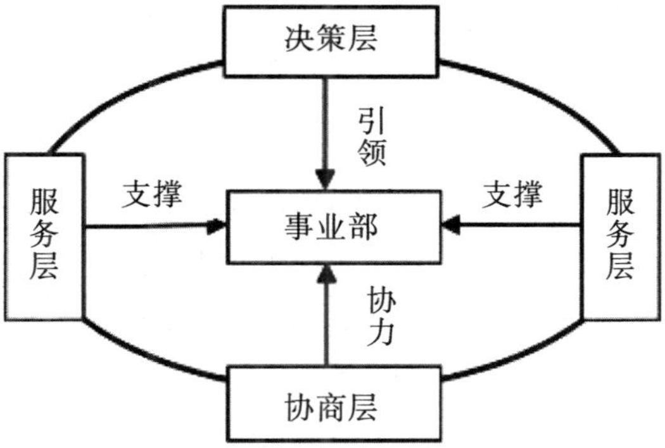

“大平层—事业部式”组织关系

3. 运行方式

“大平层—事业部式”管理运行方式包括三个驱动，即理念驱动、服务驱动、融合驱动。理念驱动，通过全面覆盖的管理转型理念渗透，产生管理转型的需求；服务驱动，通过转变管理职能，以服务学校、师生发展为核心任务，重新定位职能；融合驱动，通过服务学校核心事业部的方式，淡化行政色彩，强调研究、导引能力。在转型升级的过程中，做到聚焦核心，服务核心，整体推进，融合发展，确保学校文化、管理及教育品质始终追求卓越。

4. 现实突破

“大平层—事业部式”的管理改革主要努力尝试实现五个突破：一

是重新明确了组织要素之间的关系，具体体现在决策层是核心，事业部是重心，服务层是中心，协商层是同心的“四心”关系，从而优化管理伦理，改善管理生态；二是重新优化了现有组织架构，具体体现在由决策层、服务层（学生发展中心、教师发展中心、课程发展中心、学术研究中心、信息服务中心、行政管理中心）、事业部（不同校区/年级部）以及协商层共同构成的系统架构，体现管理的服务、指南与支持；三是重新明确了组织使命与职能，具体体现在学校核心事业部、服务中心以及协商平台在理念、服务、融合共同驱动的基础上，充分激发部门潜能，高质量落实与完成学校管理大平层的具体任务；四是重新构建了组织行动方式，具体体现在走向协商的管理文化，具体为“协商→决策→执行→反馈→调适→协商”的运行方式，增强透明，缓释内压，走向理解，彰显民主；五是以评价为导引，通过打破现有固化的管理格局实现打开，具体体现在以过程性与终结性评价相结合的方式，分别侧重事务性与研究性两个方面，实现人员特别是管理者能上能下，能进能退，晋升层级打破的变革目标，从而破解日趋行政化的管理弊端。

在这种新的组织样态中，学校管理的重心在事业部，引领在核心层，支撑在中心层，协力在同心层。它改变了过去分割式、狭隘的部门职能所对应的管理岗位以及由此产生的单一、不聚焦的管理状态，从而将所有管理者紧紧凝聚在一起，通过新型组织关系的建立，辅之以更加灵活、开放、双向、突破原始层级身份的选任机制和评价机制，打开缓释内压的缺口，为学校更具活力、可持续发展奠定基础。

5. 核心解读

学校生态治理注重的是管理的目标、内容以及方式的循环渐进，它不以暂时的目标为追求，而是将学校发展的未来方向、目标融入到当下的教育生活细节中去，以每一个当下的改变为改变未来的力量，从而积聚发展的动能，因而，这是一种从传统的“线性、刚性”管理向“循环的渐进式”转变的管理。

学校管理的对象是生命，而生命之间是相互依存的，学校生态治理注重每一个生命的存在方式，同时更加注重生命之间的相互影响，学校生态治理充分关注并运用这种影响，从而构建起一个彼此促进、共同发展的生命场域，这也就决定了学校生态治理的特征，即用整体的、系统的视角去构建工作思路，运行工作程序。

学校生态治理强调的是更多公众和利益相关者的更广泛的参与，学校生态治理是一种以实现生命内在意义为目标的管理，它离不开每一个师生的参与，而每一个师生在参与学校管理的过程中实现自我的价值和人生的意义。与此同时，在学校发展的重要决策过程中，来自家长、教师以及社会的参与又使得学校的管理更加科学，因而，学校生态治理是一种民主的而非保守的管理方式。

从学校管理到教育治理，再从教育治理到生态治理，某种程度上是回归到学校的本源状态中去，从而发现学校自身潜藏的激情与能量。随着学校治理中诸多关系的性质、要素和内容的变化，学校生态治理的结构和系统也随之变化，而我期待的最美妙的结果便是学校生态治理结构的自我完善、自我修正和自我发展。

“生态性的问题要用系统性的变革去解决”“系统性变革的关键在结构性转型”“学校是培养人的场所，结构性组织变革的核心永远是赋能”……几年来的变革实践让我认识到，“奠基未来”教育思想视野中的学校生态治理离不开结构，要达成什么样的功能，就要构建什么样的结构，良好的结构对于学校组织至关重要。当然，没有一项变革探索是一帆风顺的，尤其是面对从无到有的体制变革，一定会在前行过程中碰到问题和困难，同时也一定有它的限度。但我相信，只要一直走在继续探索的过程中把问题找到了，限度明确了，就能在将来为“大平层—事业部”制赢得新的空间、新的资源。

依前述我将“奠基未来”教育思想的价值界定为“对话”，经由在“可法”的天空下的“文化”存在、让时光成为最好的课程的课程建设、“真的种子”生长记的评价变革以及学校生态治理的治校方略，把“对话”当作拓宽教育思想的实践经验，使得“奠基未来”的教育思想由小而大、由短暂而久远。其实，“奠基未来”的教育思想只是从我个人与实践“对话”的角度提出了一种教育的可能性，希望通过这种可能性，让真正的未来可见，让每一个儿童的生命成长得以“自由而通达”，进而达到可以美、也可以美好的状态。我以为，这应该是“奠基未来”教育思想的具体价值体现，也是我所理解的思想意涵。

第五章

“奠基未来”教育思想的辐射与影响

校长的教育思想源于何处？前文，我曾借用马克思的“本质即根据”这样描述过“奠基未来”教育思想的源起，“奠基未来”教育思想的根据在儿童，儿童即根据，儿童的本质在于自我超越和创造。从时间角度，是由于对儿童的发现，形成了“奠基未来”的教育思想，对儿童一旦有新的发现，那么，相应的，“奠基未来”的教育思想也会亦步亦趋取得进步。在辩证法意义上，对儿童的发现即“奠基未来”教育思想的诞生，儿童的秘密即“奠基未来”教育思想的秘密。

学校是人培养人的场所，学校的终极价值是让学生成为具有特定社会属性的人，而特定社会属性本身就具有未来感，“奠基未来”教育思想作为教育实现自身功能的一种路径，始终在构建一种朝向未来的教育生活，因为生活是教师与学生、智识与世界、过去、现在与未来发生联结的重要载体。那么，如何基于生命成长的视角，构建更多成就师生可能性的地方，这个问题十余年前就盘亘在我的脑海。于是，一个被称为“学校中的学校”——“常春藤学院”应运而生，因为，我深知对于学校而言，教育的所有行为都需要通过教师来完成，把老师放在第一位才是学校教育的关键，也是“奠基未来”教育思想得以落地的保障。在梅岭，纯粹而高卓的学院精神已经成为“奠基未来”教育思想的天然根系，这样的根系直抵每一位教师，促发每位教师精神生命的生长，通过每位教师的创造性发展支撑学生的创造性发展，真正为未来而奠基。

第一节　“奠基未来”教育思想辐射的场源汇聚

罗素曾说，“所谓幸福的生活，一定是指安静的生活，因为只有在安静的气氛中，才能够产生真实的人生乐趣”，而生活的安静其实是生活者获得内在平衡与满足的外显。在当下的教育现场，学校必须警惕那些冠以变革之名扑面而来的喧闹口号与炫目标杆，办学不浮躁，生态不内卷，并拥有自身适切的发展节律，教师的成长才能不焦虑，校园内的生活者才能真正关注到人的价值的取舍与重建，进而开启教育现实与理想之间的对话，让教育生活真正发生。此外，教师要有不被打扰的节奏、不被填满的生活、不被挤压的培训、不被左右的发展、健康平和的关系、可以达成的目标和期望抵达的远方，并以宁静安顿校园，让学校成为村落，让静悄悄的变革、静悄悄的培训、静悄悄的生长成为教师教育生活的真实感受，而这一切，正是“常春藤学院”所具有的“场”的特质。在“奠基未来”教学思想的语境下，梅岭小学“常春藤学院”致力于“小学也可以拥有大学的博大与深远，小学也可以拥有大学的雍容与经典，小学也可以拥有大学的开放与宽容”的场源汇聚。

一、“常春藤学院”校本研修的整体架构

成长不是复制，“奠基未来”教育思想导引下的教师成长被赋予了更多的现实意义和价值期待。“常春藤学院”以“奠基未来”为视角，

通过外显的文化根柢、研修的存在方式、多维的系统建构，旨在营造一个无处不在、无时不在的成长场，在这个场域中，教师的成长是舒适的、不急不缓的，学生的成长是心平气和的、具有生长力的。换言之，“奠基未来”教育思想孕育出的“常春藤学院”联结着教育与生活的本源。

1. 文化根柢

“常春藤学院”的文化根柢从本质上而言，是教师群体文化，是“奠基未来”教育思想的文化外显，在这样的文化体系里，梅岭确立了“常春藤”的学院内涵。

一处“诗意栖居之所”。“常春藤学院”不仅仅是教育者安身立命的栖身之地，更是心灵徜徉的安顿之所。愈走近儿童，必不忘初心。“常春藤学院”以捍卫儿童的纯真、好奇与想象力为使命，以促进儿童生命成长为最终目的，在这个日益功利化的时代里，筑就一座基于现实，又超越现实的教育殿堂、诗意之居。

一座“学习的院落”。“常春藤学院”是孕育梦想的地方，是探寻教育本质的地方，是无处不在的学习中心。它以高远的教育理想为自己的专业情怀，以理性的价值追求为自己的行动旨归，以科学的品质培塑为自己的行动指南，在这个日益现代化的时代里，始终保持着一颗教育的尚古之心，驻守学习的院落。

一个“成就可能性的地方”。生命的丰富与美好在于具有无限的可能性。“常春藤学院”以“学院课程”建设为核心，以满足教育者成长与发展为需要，以生命的自我丰富与相互浸润为方式，在这个需要对生命的碎片化存在保持高度警觉的时代里，成为一个可以展示自我、发展自我和拥有完整生命的地方。

2. 存在方式

从“奠基未来”教育思想出发，我将学院“校本教研”改为学院“校本研修”，这样的改变隐含我对教师成长的尊重，遵循这样的理解，我提出了学院的三大特质。

从工具存在转向本体存在。梅岭“常春藤学院”从开始关注学校、教师的工具存在，即空间存在，到关注本体存在，即文化存在，这一转变是“常春藤学院”最为根本的特质，学校将人的存在上升到文化层面，意味着学校不再以一种浅表的眼光看待发展中遭遇的问题，而是深入到问题的背后，从问题本身所折射出的文化的因素入手，寻找解决问题的方法、方式。这使得梅岭“常春藤学院”从一开始就关注本质，紧扣核心。对于“常春藤学院”来说，其核心或者本质就是一种学院文化，具体来说，是胡适先生所说的“独立之人格、自由之精神”，它使得梅岭的师生成为了“自我、自律、自为”的文化主体。

从教育边缘走向教育中心。过去，我们的校本研修常常无法关注到教育的核心问题，从而常常停留于教育的边缘，而无法走向教育中心。而“常春藤学院”校本研修的特质在于努力尝试从教育边缘走向教育中心，体现在，一是对学校问题的关注最为主动和积极的是学校自身，在过去的校本研修中存在着不同程度的依赖思想，这使得学校对于自身发展的意识与规划在不经意间被边缘化了，“常春藤学院”校本研修则是学校关注自身未来发展的一种创造；二是对教育问题的关注最为迫切和需要的是教师，这使得教师不再是学校发展的旁观者，而是积极地参与者，最终使得学校发展与教师自身发展实现互动与统一，为学校可持续发展提供了可能；三是以上两个关注最终的落脚点是在为着儿童的生命成长上，梅岭希望这一所学校创造的学校生活能够让孩子们成为真正的那个独特而健康的自己。

从单一建构变为系统建构。基于对学校发展所面临问题的理解与分析，使我深深地意识到，仅仅依靠自上而下或者自下而上的校本研究制度方式的改变，或者仅仅依靠教师个体的自我反思、同伴互助、专业支持等研修方式的改变，或者仅仅依靠学校宏观层面的文化创设和环境营造，都不足以应对当下学校的发展诉求，亦或者说难以真正解决学校面临的发展问题，这促使我们重新审视校本研修，如何从单一建构变为系统建构。“常春藤学院”校本研修的第三个特质正是从单一建构变为系统建构。

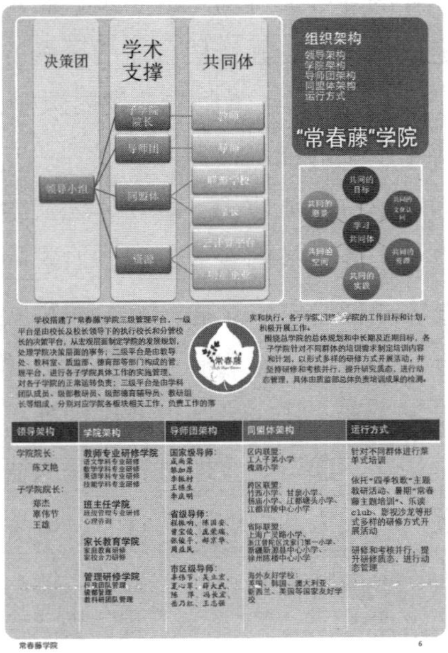

3. 系统建构

“奠基未来”教育思想下的“常春藤学院”重在改变传统教师培训通常存在的单兵作战、结构松散的弊端，着力凸显“学院式”的系统性。

第一，明确“常春藤学院”校本研修的宗旨是促进人的成长。教育是一个系统工程，置身于教育整个生态环境中的除了教师、学生，家长也对教育发挥着不可或缺的作用；因为在学校中的角色分工不同，教师也分为数个不同类型的群体，他们都有着各自不同的发展诉求。因而，梅岭小学在“学院”之下根据研修群体和研修方向分别设立子学院，为不同的人群量身定制属于自己的课程，安排不同类型的校本研修才能真正促进人的发展。目前，我们以“奠基未来”为核心构建起了四个重要支撑，即“常春藤专业学院”“常春藤班主任学院”“常春藤管理学院”和“常春藤家长学院”，每个学院设有组织层、维护层、培训层和实践层，对应不同人群。

第二，既然是“学院式”，除了在精神上要秉承学院的专业性、科学性以外，在形式上也参考学习学院制管理模式，设置学院院长，聘请专业的导师，有固定的学员，制定详细的研修计划，依据研修主题，确定研修课程，并选用合适的研修方式运行。基于“常春藤”学院的四个子学院，研发了教师专业发展课程、管理课程、班主任课程、家长课程，每个学院的课程按照“人文”“专业”“生活”和“反哺”四类，以时间为单位整体建构，意在体现“学院课程”的价值追求，即以倡导文化自觉、激励教师专业发展、追求师生同步成长为价值旨归，以系统化研修方式创造内涵丰富、形式活泼、生长有力的教育生活。

2017 年“常春藤学院”暑期培训活动，学校邀请了省内外教育名士、专家学者、特级教师以及区内外一线教师共同参加，围绕着“和美好的一切在一起”的主题进行了深入研究，对于专业，提出要“发现学科之美——成为教育的审美者”，对于管理，提出要“发现管理之美——成为价值的捍卫者”，对于班主任，提出要“发现成长之美——成为心灵的陪伴者”，对于家庭，提出要“发现生命之美——成为未来的同盟者”。通过以上四个支撑，并以“年度”“日常”和“暑期”三个层面展开系列化、主题化的实践探究，既选择宏观的角度，又注重微观的视角，特别强调的是宏观与微观的相互结合，从而搭建起为学生终身发展的可靠的现实基础。（图：2020 年度四大子学院课程格子）

扬州市梅岭小学“常春藤”学院课程表

2020年3月份

类别	人文课程	专业课程	生活课程	反哺课程
专业发展学院	**必读书目：** 1.《爱的艺术》费洛姆著 2.《改变，从阅读开始》朱永新著 3.《学校与社会·明日之学校》杜威著 **选读书目：** 1.《学校是一段旅程》芬瑟著 2.《儿童的人格教育》阿德勒著 3.《儿童纪律教育--建构性指导与规训》费尔兹M.V.，费尔兹D.著	*月度研修聚焦：探寻探究式学习操作路径 *具体形式： 1. 主题培训——教材分析，以实例分享探究式学习操作路径 主讲者：各学科学段负责人 2. 个人研修——制定个人学期研究方向	*相约星期五： 教育与生活 观影《摇滚校园》【美】 领衔策划： 王锁欢和她的团队 技术支撑： 余海兵	*闲寄书房： 《学校是一段旅程》学科深度阅读会 主持人： 语文——林紫暄 数学——林家慧 英语——徐彤 综合——金晶
管理学院	**必读书目：** 1.《为什么精英都是清单控》宝拉里佐著 2.《卓有成效的管理者》彼得·德鲁克著 3.《从优秀到卓越》柯林斯著 4.《教育的目的》怀特海著 **选读书目：** 1.《企业管理周期》伊查克·爱迪思著 2.《到未来去》吴琦主编 3.《寻美记》熊培云著	项目主题三：课程领导力培塑 *组织形式：管理微讲座——学校内部治理如何应对瓶颈期问题调适升级讨论 *预期成果：学校内部治理结构图 参与人群：全体行政 评价标准：治理结构图科学性、系统性	*品质分享：卓有成效的课程管理 主题：策划一场课程概念发布会 策划团队： 刘雨　伏欣	*主题：我的管理智慧（案例分享）——聚焦行动力 分享成员：级部主任 分享时间：级部展示
班主任学院	**必读书目：** 1.《做一个学生喜欢的老师》于永正著 2.《游戏力》劳伦斯·科恩 **选读书目：** 1.《学生管理的心理学智慧》迟毓凯著 2.《不懂心理学就别当老师》郝志强著	**全体班主任** 主题：捕捉教育契机，教育学生 关键词：敏锐的观察力 成果：优秀案例 **新进班主任** 主题：晨会课怎么上 形式：听课 上课：骨干教师 作业：上一节晨会课	分享： 多元晨会课	“乐享生活”： 《做一个学生喜欢的老师》读书分享 主持：吴琼
类别	人文课程	引领课程	生活课程	反哺课程
家长学院	**选读书目：** 1.《西尔斯亲密育儿百科》威廉·西尔斯、玛莎·西尔斯、罗伯特·西尔斯、詹姆斯·西尔斯著	*公益课程：制定家规经验介绍 *阅读课程：《卡尔·威特的教育》 参与人：家长志愿者 活动地点：花都汇图书馆 负责人：吴翠兰 活动支撑：杨小燕	*家长进课堂分享：遵守相关法规，做遵纪守法的好公民	*闲寄书房： 做促进学校规则的守护者深度交流会

扬州市梅岭小学“常春藤”学院课程表

2020年4月份

类别	人文课程	专业课程	生活课程	反哺课程
专业发展学院	**必读书目：** 1.《爱的艺术》费洛姆著 2.《改变，从阅读开始》朱永新著 3.《学校与社会·明日之学校》杜威著 **选读书目：** 1.《学校是一段旅程》芬瑟著 2.《儿童的人格教育》阿德勒著 3.《儿童纪律教育--建构性指导与规训》费尔兹M.V.，费尔兹D.著	*月度研修聚焦： 尝试开发STEAM跨学科课程 *具体形式： 1. 同伴互助——以班级任课教师为单位尝试开发STEAM跨学科课程 2. 分享STEAM跨学科课程 3. 个人研修——“四季牧歌”之个人课例研究 主题：自主能力提升	*相约星期五： 教育与美好 观影《心灵捕手》【美】 领衔策划： 孙菲和她的团队 技术支撑： 余海兵	*闲寄书房： 《儿童纪律教育--建构性指导与规训》学科深度阅读会 主持人： 语文——汤卫红 数学——周恒普 英语——吴艳娟 综合——王帅
管理学院	**必读书目：** 1.《为什么精英都是清单控》宝拉里佐著 2.《卓有成效的管理者》彼得·德鲁克著 3.《从优秀到卓越》柯林斯著 4.《教育的目的》怀特海著 **选读书目：** 1.《企业管理周期》伊查克·爱迪思著 2.《到未来去》吴琦主编 3.《寻美记》熊培云著	项目主题三：课程领导力培塑 *组织形式：管理微讲座——学校内部治理如何应对瓶颈期问题调适升级讨论 *预期成果：学校内部治理结构图 参与人群：全体行政 评价标准：治理结构图科学性、系统性	*品质分享：卓有成效的课程管理 主题：策划一场课程概念发布会 策划团队： 刘雨 伏欣	*主题：我的管理智慧（案例分享）——聚焦行动力 分享成员：级部主任 分享时间：级部展示
班主任学院	**必读书目：** 1.《做一个学生喜欢的老师》于永正著 2.《游戏力》劳伦斯·科恩 **选读书目：** 1.《学生管理的心理学智慧》迟毓凯著 2.《不懂心理学就别当老师》郝志强著	**全体班主任** 主题：班主任基本功大赛 形式：竞赛 参与： 级部组队 评委： 工作室成员 **新进班主任** 主题：班主任基本功大赛 形式：竞赛 参与：全体	分享： 多元晨会课	“乐享生活”： 《做一个学生喜欢的老师》读书分享 主持：吴琼
类别	人文课程	引领课程	生活课程	反哺课程
家长学院	**必读书目：** 1.《语迟的孩子》托马斯·索维尔著 **选读书目：** 1.《儿童健康指南——零至十八岁的身心灵发展》米凯·格洛克勒、沃尔夫冈·戈贝尔著	*公益课程：让孩子喜爱学校经验分享 *阅读课程：《改变孩子先改变自己》 参与人：家长志愿者 活动地点：花都汇图书馆 负责人：华丽 活动支撑：胡金雪	*家长进课堂分享：我们去看世界，旅游知识介绍	*闲寄书房： 美好学校深度交流会

扬州市梅岭小学“常春藤”学院课程表

2020年5月份

类别	人文课程	专业课程	生活课程	反哺课程
专业发展学院	**必读书目：** 1.《爱的艺术》费洛姆著 2.《改变，从阅读开始》朱永新著 3.《学校与社会·明日之学校》杜威著 **选读书目：** 1.《学校是一段旅程》芬瑟著 2.《儿童的人格教育》阿德勒著 3.《儿童纪律教育--建构性指导与规训》费尔兹M.V.，费尔兹D.著	*月度研修聚焦：课程管理及评价 *具体形式： 1.主题培训——有效练习与绿色评价 主讲者：学科绿色质量监控负责人 2.同伴互助——“四季牧歌”之教研组展示 主题：自主能力提升 3.个人研修——一份课程长作业设计 4.名师展示——一份学科绿色评价	*朗读者在线：教育与自我实现 观影《超脱》 【美】 领衔策划： 季芹和她的团队 技术支撑： 余海兵	*闲寄书房： 《学校与社会·明日之学校》学科深度阅读会 主持人： 语文——沈苗苗 数学——吴萌 英语——朱莹 综合——刘洋
管理学院	**必读书目：** 1.《为什么精英都是清单控》宝拉里佐著 2.《卓有成效的管理者》彼得·德鲁克著 3.《从优秀到卓越》柯林斯著 4.《教育的目的》怀特海著 **选读书目：** 1.《企业管理周期》伊查克·爱迪思著 2.《到未来去》吴琦主编 3.《寻美记》熊培云著	项目主题四：管理能力打开 *组织形式：校级述职——部门工作复盘 *预期成果：形成工作闭合经验 参与人群：全体校级 评价标准：复盘结构+理性精神	*品质分享：卓有成效的团队管理 主题：策划一次有创意的切中学校教研现实困境或问题的教研活动 策划团队： 薛静 吴加伟	*《企业管理周期》深度阅读分享会 *分享成员： 蓄力工程C班团队 *策划时间：长作业
班主任学院	**必读书目：** 1.《做一个学生喜欢的老师》于永正著 2.《游戏力》（美）劳伦斯·科恩 **选读书目：** 1.《学生管理的心理学智慧》迟毓凯著 2.《不懂心理学就别当老师》郝志强著	**全体班主任** 主题：探讨少先队活动课 关键词：课程组织实施能力 成果：培养合格的社会主义接班人 **新进班主任** 主题： 工作盘点 形式：讲述自己一学期的工作，师父评点 参与： 新班主任、师父	分享： 少先队活动课	“乐享生活”： 《给教师的一百条建议》读书分享 主持：邢慧婷
类别	**人文课程**	**引领课程**	**生活课程**	**反哺课程**
家长学院	**必读书目：** 1.《家庭教育学-教育子女的科学与艺术》 赵忠心著 **选读书目：** 1.《朗读手册》 吉姆·崔利斯著	*公益课程：影视沙龙《奇迹男孩》 *阅读课程：《涂鸦·宝宝给世界说的话》 参与人：家长志愿者 负责人：张金平	*家长进课堂分享：如何布置生活环境，过有品质的生活	*闲寄书房： 美好生活深度交流会

扬州市梅岭小学"常春藤"学院课程表

2020年6月份

类别	人文课程	专业课程	生活课程	反哺课程
专业发展学院	**必读书目：** 1.《爱的艺术》费洛姆著 2.《改变，从阅读开始》朱永新著 3.《学校与社会·明日之学校》杜威著 **选读书目：** 1.《学校是一段旅程》芬瑟著 2.《儿童的人格教育》阿德勒著 3.《儿童纪律教育--建构性指导与规训》费尔兹M.V.,费尔兹D.著	*月度研修聚焦：学习未来趋势和教师修为 *具体形式： 1.学科引领——阐述学期研究成果 2.同伴互助——教研组小课题研究展示 3.个人研修——撰写教师个人撰写学期研究论文	*朗读者在线： 教育与未来 《风雨哈佛路》【美】 领衔策划： 陈秀和她的团队 技术支撑： 余海兵	*闲寄书房： 学年读书交流会
管理学院	**必读书目：** 1.《为什么精英都是清单控》宝拉里佐著 2.《卓有成效的管理者》彼得·德鲁克著 3.《从优秀到卓越》柯林斯著 4.《教育的目的》怀特海著 **选读书目：** 1.《企业管理周期》伊查克·爱迪思著 2.《到未来去》吴琦主编 3.《寻美记》熊培云著	项目主题四：管理能力打开 *组织形式： 校级述职——部门工作复盘 *预期成果：形成工作闭合经验 参与人群：全体校级 评价标准：复盘结构+理性精神	品质分享：卓有成效的团队管理 主题：策划一次有创意的切中学校教研现实困境或问题的教研活动 策划团队： 薛静 吴加伟	*《企业管理周期》深度阅读分享会 分享成员： 蓄力工程C班团队 策划时间：长作业
班主任学院	**必读书目：** 1.《做一个学生喜欢的老师》于永正著 2.《游戏力》劳伦斯·科恩 **选读书目：** 1.《学生管理的心理学智慧》迟毓凯著 2.《不懂心理学就别当老师》郝志强著	**全体班主任** 主题：做自己情绪的管理者 关键词：沉稳冷静的自制能力 成果：冷静处理学生问题 **新进班主任** 主题： 工作盘点 形式：讲述自己一学期的工作，师父评点 参与：新班主任、师父	分享： 少先队活动课	"乐享生活"： 《给教师的一百条建议》读书分享 主持：邢慧婷
类别	**人文课程**	**引领课程**	**生活课程**	**反哺课程**
家长学院	**必读书目：** 1.《喜阅读出好孩子》童喜喜著 **选读书目：** 1.《正面管教》尼尔森著	*公益课程：青春期孩子教育经验介绍 *阅读课程：《青春期：发展，关系和文化》 参与人：六年级家长 负责人：王小庆 活动支撑：陈林	*家长进课堂分享：做大气的中国人，现代人，世界人	*闲寄书房： 勿忘母校深度交流会

第三，组建相对稳定的学员队伍。避免部分校本培训中全员大锅饭式培训的盲目性，以及遇到培训机会随意派出教师参加培训的随意性，“常春藤学院”校本研修建立了虚拟班级，招募一批研修目标、研修能力、研修意愿、研修基础相当的学员组建成一个个小的学习共同体，便于就共同的主题进行研修，发挥同伴互助的作用，形成良性的竞争激励机制。

合而言之，基于“奠基未来”教育思想的“常春藤学院”采用建立虚拟学院的形式，从文化根柢、存在方式、系统建构三个方面构成了教师成长的逻辑起点，综合诠释并描绘了“为未来奠基”的教育生活图景。

二、“常春藤学院”校本研修的路径探究

“奠基未来”教育思想体系下的校本研修在更高层面提出这样一个命题，作为教师，如何去读懂现代社会的基本支柱，去解答生命与成长的核心课题，去看见素养与情感背后的育人选择，去发现灾难带给人类的必要反思与启迪；我们需要站在今天看未来，站在未来看教育，洞见全球教育真实的可能，这是“常春藤学院”校本研修知识获取、具体实践、关键表达三大路径选择的核心，也是“奠基未来”教育思想的核心。

1.“常春藤学院”校本研修的知识获取路径

“常春藤学院”校本研修活动有三大主体：一是教师个人，开展实践反思；二是教师小组，开展同伴互助；三是教育专家，开展专业引领。其中，教师个人的自我反思是起点，教师间的互助合作是基本形式，专家引领是关键。在“常春藤学院”校本研修中，这三要素主体作用的发挥更具学院特色。

基于专业引领。“常春藤学院”校本研修建立在大学和中小学联合的基础之上，将大学精深的理论研究和中小学丰富的实践经验有机结合。在组建学院导师团队方面，可以依据研修主题的需要，求贤于全国，邀请在某个研究领域有所建树的专家学者，组建稳定的研修导师队伍，其

中可以是真正的大学教授，也可以是教育领域颇具真知灼见的教育专家，还包括在学科教学方面有较高素养的教育同行，以“学院”的名义发出正式的邀请，并签订导师聘用合同，发放聘书，以保证学院的师资质量。导师可以在暑期集中研修的时候给予专业指导，也可以在日常研修中以共同参与讨论或远程教育的方式给予专业支持。

基于同伴互助。“常春藤学院”校本研修的“同伴互助”内涵要远远丰富于教师之间的互动交流，“同伴”在学院具有不同的内涵。在子学院设立方面，学院可根据不同的群体设立子学院，意在细化分组，使研修主题更聚焦，更有针对性，更能解决实际问题；在教师专业成长层面，学院可根据学科和级段，设立年级教研组、学科教科研团队和课题研究团队，方便教师针对共同的研究主题进行互动合作，共同提高；在学校层面，学校可通过各种途径与国内外多所学校结成同盟，互相取长补短，并在进行学院研修活动的时候邀请有相同研究意向的学校共同参与，形成层面更广的校际之间的同伴互助。

基于自我反思。自我反思既是校本研修的起点，也是校本研修不断深入、持续提升的关键。教师一般会有自觉、自发性地对教育教学实践的自我反思，但这往往建立在个人发展的主观意愿比较强烈的基础上，依据个人的修为而决定效果。在研修学院内，一方面可以通过学院文化氛围营造培养教师发展的主体意识，另一方面可以通过完成作业、阶段性检测等方式帮助学员定期进行自我反思。比如，梅岭小学“常春藤学院”在每位学员进入学院前通过SWOT表格分析自己的优劣势，明确研修的目标方向；在研修中会采用发放学习任务单的方式，让学员反思研修任务的完成情况，及时调整研修方式；在年度研修中期进行阶段性回顾，在暑期进行个人研修评价，让每位学员及时总结归纳自己在研修过程中的成败得失，便于制定和修改个人的研修计划。

2.“常春藤学院”式校本研修的具体实践路径

“奠基未来”教育思想下的“常春藤学院”研修围绕专业引领、同伴互助、自我反思下的知识获取路径，已形成如下实践路径。

凝练学院文化。校本研修的主体是教师的工作实践，生活世界是教师实践的意义本源，在当下的社会生活日益多样、教育生活日益复杂的背景下，如何在教师的生活世界与教育世界之间构建一种良好的联结，成为“常春藤学院”校本研修首先需要思考的问题。将教师的生活与教育进行联结，从整体上关照教育者的生存状态和内心世界，形成学院的文化氛围，才能够实现学员的真正发展。以扬州市梅岭小学为例，该学校由史可法的后人建立于史公祠内，后迁址于梅花岭畔，有着悠久的历史文化积淀，学院从学校的历史文化出发，生动诠释“可法”精神中的坚守、坚定等因素，将可见与隐性的文化因素融入于校本研修的基因之中，以文化自觉的方式促动教师内省，内生发展的主观意愿，将教育当作生活中必不可少的一部分。

确认专业价值。“常春藤学院”校本研修的出发点和最终归宿都是人的发展，对于其中的教师群体来说，发展的显性目标即是成长为“名师”。教师在校本研修中可以实现专业发展，进而向各级各类名师称号、各种各样晋级迈进，这是不争的事实，也是现实的需要，然而仅止步于此，就局限了校本研修的价值。“常春藤学院”校本研修若想在促进教师在专业发展上走向深处，既不能回避当下的现实的教育环境，也不能放弃畅想教育的未来、憧憬理想的教育，引领教师自我厘清教育的本源，鼓励教师自我拓延学科内涵，推动教师自我提升职业的认同，辨析“名师”与“良师”的区别，才能提升个体认识，准确把握研修本质，改善教育行为。

深入课程改革。当下教育已进入新课程改革的深水区，培养课程意识，改变课程行为已经成为教师培训的热点，课程连接着内在生命与外在自然，课程是生命与自然的互动载体，关于“课程”的系列研究也应该成为当前“学院式”研修的核心。首先从儿童的维度来看，课程是铺筑儿童的回家之路，即课程可以成为儿童生长、体验与自我实现的道路；其次从教师的维度来看，教师应该成为课程资源的开发者、课程经验的创生者以及课程文化的思想者；最后从学校维度来看，课程需要学校本位的情境生成。通过对课程的研修，可以实现学校教育从关注课堂到关注生命的转变，从聚焦塑造到聚焦培育的转变，从构建单一到构建系统的转变，将学生作为丰富的生命存在，作为学习过程中对话的同伴，以学生适应未来的需要为依据，打通学科间的界限，校本化地实施国家课程。

营造教育生态。一个好的教育生态是一个优秀的循环系统，能够进行适时地自我删除与更新。在这个生态系统中，以“关注孩子的成长”为核心，教育的诸多要素紧密结合在一起，相互关联，相互依靠，也相互作用，共同构成朝向未来生长的力量。“常春藤学院”校本研修关注的核心应是对所有人的生存意义和价值的关怀，体现的应是对鲜活生命的无限尊重和对美好事物的执着向往，置身于这样的文化生态中的师生、家长都应该秉持相同的理念，不懈追求更好的发展。

3.“常春藤学院”校本研修的关键表达路径

“常春藤学院”校本研修不是简单依靠制度进行引领，而是主动地把自己与这所学校的文化紧密地结合在一起。所谓的表达选择便是基于这样的结合之后的一种生动的展示。每年的“学期盘点”主角是学校的老师，老师们以自己的工作与生活为蓝本自编自演，或者依据身边的故事进行加工创造，当教师个人与生活建立了这样的深度关联之后，所展示与表达的则是作为教师的优美存在。

一是熏染式：这是以校长室为首的校行政管理团队所体现出的作为对教师的影响。比如在校园网上开辟“校长书架”，定期为教师们推荐或撰写与教育生活相关的文章，创设一个较好的校本研修的环境，以环境的无声熏染实现校本研修的目标。

二是感受式：这是以学校典型教师和典型故事所体现出的内涵对教师的影响。比如学校选择那些发生在身边的典型的人和事，通过“感动梅岭”的每月推送、年终表彰，通过身边教师讲述身边教师的感人的故事，通过校园网站的推荐以及评选，教师在真实的故事中感受，在感受中丰富，在丰富中改变。

三是体验式：这是以学校特定的历史与文化背景的接触所体现出的对教师的影响。学校定期组织新教师参观隔街相望的史公祠，了解与学校发展紧密关联的历史场所，体验学校发展的卓越历程，以这种体验在内心深处进行积淀与孕育。

作为“奠基未来”教育思想的重要根系，“常春藤学院”将儿童观、学习观、教学观以及成长观等充分融入知识获取、具体实践、关键表达三大路径中，让教师和家长在各自领域获得所需要的知识与能力，从而让“奠基未来”教育思想在实践中不断得以丰润，逐步成为一种教育实践的样本和参照。

三、“常春藤学院”校本研修的激励机制

“常春藤学院”校本研修采用学分制评价方式，将学员参与研修活动的时间折算成课时数，以发放继续教育证书的方式进行评定，考虑到“常春藤学院”校本研修不是纯脱产式学习，必须与日常的工作相互协调进行，所以评价具备灵活性、及时性、针对性的特点，主要考查学员的职业素养、业务能力、履职情况、工作业绩和专业发展等方面的情况，

充分发挥以评价促提升的作用，主要采用的评价方式有：

自评与他评结合。以一个学年为单位，每一学期学员根据各子学院的不同要求填写相应的自评表，对自己一个阶段的学习提升情况做一个评定，查漏补缺，调整下一学期的研修计划；每一学年，学员回顾学习研修情况，按要求列举研修成果，然后由学校组织评定小组根据教师自评表格做出评审，以确定当年的优秀学员，在学院表彰并颁发优秀学员证书，该证书可以作为教师参加名师评定、职称晋级的有力佐证，成为优秀学员的教师可以被优先考虑，并获得更多由学院派遣出去的学习机会。

过程性评价与阶段性评价相结合。在研修活动中，组织者可以安排观测小组对学员的参与情况作检测，并进行即时的评价；学员在研修活动中的作业或任务单完成情况也可作为一次评价的内容，每一次过程中的评价都会作为平时成绩，成为学年末终评的依据之一。

显性评价与隐性评价相结合。在研修中，对于可以量化考量的项目一律量化，以显示其科学性，但是发展进步是一个缓进的过程，效果不一定能够立刻显现，也无法用数字来衡量，尤其是针对家长进行的研修行动，更多是采用隐性评价的方式进行，即通过活动的实际效果或者通过校本研修的最终受益者——学生的成长来体现研修的成果。一般来说，学院的优秀学员一学年评选一次，相对来讲时间跨度比较长，为避免有些教师在学年结束时参加考核存在缺项，或者在学年后期后劲不足，在学年中期，学院可要求教师进行中期自我评定，逐一对照标准，查漏补缺，并利用下半学年的时间迎头赶上。同时，除学年结束要求教师填写“成长之星”或“闪耀之星”申报表外，在学年中要求每位教师填写阶段性梳理规划表，让教师清楚自己的优劣势，有意识地利用下半学年在自己的弱项上下功夫，力争全面的发展。

十余年的思考与探索，“常春藤学院”校本研修已经成为推动“奠基未来”教育思想发展的一个重要载体，它不断从以下三个方面确立教育研究中的本源问题：教育研究中的本源性问题是来自教师的实际教学；教育研究中的本源性问题都应该是为了提升学生的发展水平；教育研究中的本源性问题是当下教育现场中不得不解决的问题。一言以蔽之，对这些问题的追问和回答在一定程度上奠定了“奠基未来”教育思想在更大范围辐射的必然性和必要性。

第二节 “奠基未来”教育思想辐射的行动牵引

教育是没有疆界的，无论是教育思想的沉淀还是实践方式的探索，教育都需要保持一种“打开”的状态，让教育始终以饱满的内在，吐纳呼吸。如前文所言，校长的教育思想要打开，但这种打开却既承载着抵达未来的探索，也意味着回归教育本源的觉知，保持对时代发展变化的敏觉，读懂时代，融入时代，参与时代，成为更好时代的思想者、建设者、创变者，以担负起为时代培养真正的新人的使命。

于“奠基未来”教育思想而言，“打开”不仅是一种生长方式，更预示着一种行动上的牵引。这种牵引有两种角度：一种是内在的牵引，通过“常春藤学院”校本研修实现对自身的提升；另一种是外在的牵引，通过教育部领航校长工作室、江苏省首批名校长工作室、江苏省首批网络名师工作室实现对他者的示范。

一、“奠基未来”教育思想视域下高品质教育建设的内在牵引

苏格拉底提出“认识你自己”的哲学命题，亚里士多德则进一步提出“成为你自己”的哲学命题。“在亚里士多德看来，自然中的所有事

物和现象都内在地包含某种促进其生成，即是其所是的力量”。借用康德的话说，“人是目的。”因此，人不是实现目标的手段，也不是工具，人本身就是目的，人的一切活动最终都是为了实现自身成长的完善与完成，从而走向生命的自在。这些哲学家早就说过的话，还需要我们这些身处这个时代的人一再理解，谨慎践行。十余年的思考与探索，“常春藤学院”校本研修已经成为推进区域教育均衡的一个重要举措。

1. 更专业的发展

作为校长，我要避免在教师发展过程中全员大锅饭式的盲目策划以及随意安排，要帮助教师实现从专业发展向教师发展的转变，具体来说就是跳出学科框架，超越单一的知识结构，向艺术性、智慧型教师转变，从而不断凸显成长的人文性。依托“常春藤学院”，不仅致力于教师专业技能的提升，更致力于教师专业情怀的涵养，使教师的专业成长更加饱满、更加丰富，从而有效促进了教师的专业发展。

真正的生命成长一定是由内而外，从外在植入转向内在唤醒，也就是要让教师的成长更具有自主性，主要有三个方面：一是用“整体的视角”去定位，从整体上关照教育者自主发展和自主转变的意识，实现教师的生命成长，看似无用的话题与书籍中蕴藏另一种成长；二是用“联系的观点”去理解，将教师的生活与教育进行联结，从内部打破“生命”，将可见与隐性的文化因素融入于教师培训的基因之中；三是用“持续的行动”去实践，生活世界是教师实践的意义本源，鼓励教师不断打开视野、自我拓延学科内涵，在行动中缩短“知”与“行”之间的距离，成为一个真正的生活者，对于教师而言，这才是他们持续成长的内在打开方式。

“奠基未来”教育思想下的“常春藤学院”发展之路不断聚焦校本研修的核心，从单纯教学到课程意识，再到课程行为，最后到课程文化，应该说走过了一条单一发展到素养提升的校本研修之路。今天，对于任何一所学校来说，都需要回答时代命题，从学生角度来说就是如何落实立德树人，从教师层面来说就是如何成为四有新教师。这两个命题汇聚到学校发展的现场，作为学校的校长应该想到的是，如何培育四有新教师，以教师的发展促进立德树人的实现与达成，这一任务是“奠基未来”教育思想视域下高品质教育建设的重要准则。

2. 有品质的学习

对于教师成长而言，内容往往更多地只是“外在依附”，经历才是成长回归生命的意义所在。从关注内容走向关注经历，通过卓越的、丰富的、深刻的体验性课程，唤醒教师独特而宝贵的生命经验，通过共同经历还原行为阶段、新设计阶段和新行为阶段，以此改进自身的思考，这同时也是教师更新理念、调整行为的过程，让教师在与他人互动的过程中，经历洗练与提升，从而生成自己的个性化学习经历，推进培训的纵深化，实现个人成长内涵的自然生长。

基于这种面向未来生长的特性，“常春藤学院”校本研修不仅培养了教师，更有效保障了梅岭学生的学习品质。“常春藤学院”校本研修项目实施以来，梅岭小学立足“国家课程校本化”，聚焦核心素养和学科育人目标，形成了《梅岭小学国家课程校本化实施指南和教学案蓝本》（实验稿），成为全体教师进行课堂教学变革的指南，学校在《江苏教育》以专版的方式，分别以“如果只有课程标准”和“让学习真正发生”为主题发表教学研究成果，揭秘学生学习背后的要素，寻找深度学习的路径，从而有效保障了学生的学习品质。梅岭的实验精神推动了学校的创新发展，也形成了梅岭的教师发展、教育教学、学校管理、学生德育的品牌。

3. 高品质均衡

从 2009 年创办“常春藤学院”以来，我们借助“学院式”校本研修的平台，致力于学校的内涵发展。2013 年 12 月，“常春藤学院：教师校本研修的创新与实践”项目获得了江苏省教学成果一等奖，这是对学校示范带头作用和学校校本教研创新的价值的认可。依托“常春藤学院”管理学院研修平台，学校还承担了长三角教科研论坛、江苏省“杏坛杯”等全国、省级等大型教育教学研讨论坛活动 20 次，学校也先后获得了全国教育信息化试点学校、江苏省文明单位、江苏省电化教育示范学校、扬州市数学教科研基地学校、扬州市教科研先进学校等荣誉，有效扩大了学校的办学影响力，更有效提升了学校发展的质态。

作为一所名校，在外在行政区域不断调整的背景下，学校始终没有放弃辐射、示范与带动区域教育均衡发展的使命，从2009年至今，在“常春藤学院”校本研修34场重要活动中，有31场面向区内兄弟学校以及城乡结对学校的教师开放，占到了整个“常春藤学院”校本研修活动的91.1%，凭借着梅岭小学“常春藤学院”校本研修平台，有效提升了区域学校人力资源的品质。近五年来，区域教师通过参与梅岭小学校本研修均获得了不同程度的提升，其中有近55人被评为市、区级名师，近40人在省、市、区级获得教学竞赛一、二等奖，梅岭小学也因为出色的工作获得了扬州市政府的表彰，被授予“江苏省省级教师发展示范基地校”“扬州大学教育科学学院卓越小学教师培养合作学校”等荣誉称号。

二、“奠基未来”教育思想视域下校长专业精神的外在牵引

为落实《中共中央国务院关于全面深化新时代教师队伍建设改革的意见》，按照《教师教育振兴行动计划》工作安排，教育部2018年启动“国培计划”中小学名师名校长领航工程（简称“双名工程”）。“双名工程”是全国中小学教师校长培养的最高班次，对百名优秀教师和百名优秀校长进行三年连续性系统化培养，旨在充分发挥名师名校长的示范引领作用，探索教育领军人才培养的有效模式，营造教育家脱颖而出的制度环境，着力建设新时代高素质专业化创新型教师队伍。恰逢伟大时代，而我有幸成为其中一员，成立了自己的工作室——“陈文艳校长工作室”。

面临着如何超越自我局限性的命题，面临着如何建立一个更加符合审美的时空秩序的问题，我相信没有一种力量可以替代专业精神，正如陈玉琨教授所说：“所谓专业精神就是他在对教育意义充分理解的基础上，不要把校长仅仅当成一种职业在做，要有更高的精神追求。”校长的这种更高的精神追求是对教育未来的无限憧憬、孜孜以求，是对自我的超越与实现。要经历怎样的时光流逝，才能够让教育时空里弥散的信

念、勇气与行动聚合在一起，幻化为那光辉温暖的一种存在，从而成为可以为同行者引路的航标呢？我想是校长的专业精神。

1. 专业精神需要择取高卓的价值

在沙特联赛中，人们至今都难以忘记这样一幕：守门员鞋带散了，戴着手套无法系鞋带不敢开球，对方球员主动前来帮他系好，谁知裁判竟在此时吹罚守门员持球时间过长，判给对方一个间接任意球，而对方却将球踢出底线，双方球员都获得观众们的热烈掌声。每个人的行为背后都有自己的价值观，当我们的价值观建立在高卓之上的时候，自然也就超越了某种教育现实，也就获得了瞻望教育未来的视野，从而使得当下的教育追求与更富有意义的教育未来重叠在一起。高卓的价值是一个校长专业精神中最耀眼的光芒，它无形却格外有力量，它如同七色光线编织在一个校长的教育生命里，却丝毫不被我们所察觉。但是它的重要性却是毋庸置疑的，从对教育的顶层设计，到具体的学校规划；从对教育本源的理解，到对教育细节的审美；从对教育的品质诉求，到对实践的言行取向，都因为价值的高卓而显示出独特来。这种独特在我看来，事实上是教育回归的应然。

2. 专业精神需要学术的涵养

所谓学术的涵养不只是追求作为校长的系统专门的学问的过程，也不是累积作为校长的专业知识的过程，而是在高卓价值观的辉映濡染之下，在丰富而具体的教育实践过程中，校长们用理性的力量构建起一座洋溢着信仰尊严的恢宏圣洁的教育殿堂的不断跋涉经历。它的根基牢牢构筑在知识之上，却超越知识而成为智慧；它的屋脊搭建在学问之上，却超越学问而成为精神。正如爱因斯坦说：“真正有价值的东西，不是出自雄心壮志或单纯的责任感，而是出自对任何客观事物的热爱和专心。”因而可以说，所谓的学术涵养正是在“对任何客观事物的热爱和专心”的过程中所展现出来的。而对于校长来说，对教育中的一切客观事物的热爱和专心离不开运用理性的力量，罗素在《西方哲学史》中感叹说，“运用自己的理性并培养理性的人，似乎是心灵处于最美好的状态的。”在学术的涵养中，一个校长身上所能够激发出的力量是一种理性的力量，但是不要忘了，校长专业精神中的理性力量是建立在对教育、对生命的理解与感悟之上的，而不是任何抽象的概念，因而罗素所谓的“最美好的状态”何止是一种美好的心灵状态，其实还是一个校长从教育现实中所获得存在的最好尊严。不过，要达到这样的境界，需要校长们有勇气去与自己的过去特别是自己的惯性作一次次痛苦的剥离，也唯有这样才能够找到通往以灿烂的感性去拥抱丰富的理性的可靠路径。

3. 专业精神需要高规范的标准

这里所指的所谓高规范的标准，更大程度是校长专业精神中的一种内在要求，这种要求是建立在高卓价值观上的，更离不开学术的涵养。高卓的价值观使校长具备了超越当下的勇气，学术的涵养使校长具备了超越当下的能力，在此过程中，高规范的标准使校长不断保持正确前行的方向与目标。借用李 · 舒尔曼构建的教学学术标准：有用、真理、美感、正义。作为一个校长所体现出的专业精神也离不开这样的标准，不过与教学学术标准不同的是，作为一个校长的高规范标准则体现出不同的内涵，所谓“有用”是指校长的专业范畴要深深地扎根于教育现实的土壤里，校长要能够在丰富而具体的情境中，用教育的眼光发现问题、解决问题；“真理”是指校长要在专业工作中以追求事实真相为自己的首要责任；“美感”是指校长要在专业工作中能够引起人的内在美好感受，而不是相反；最后“正义”是指校长的专业工作要能够在更大范围内促进社会公平发展，而不是屈服于某种利益或者情绪。在以“有用、真理、美感、正义”为高规范标准的内在塑造下，校长的专业实践将是一个没有终点的漫漫长路。

4. 专业精神需要不懈追求的品质

校长的专业精神中最给人直感的是一种不懈追求的品质，这种品质既体现于向内的思想求索，又体现于向外的实践开拓。对于梅岭小学来说，近七十年的办学历史，始终相信教育原本拥有更大的现实与历史的担当，始终以儿童的福祉为自己的教育追求，始终不放弃对教育本源问题的追问，始终以“为梅岭的每一个孩子而教”作为一切教育行为最高的信念，这种内在的思想求索的经历伴随着梅岭小学发展的每一个阶段，也是梅岭小学成长的最好印证；在内在求索的同时，梅岭小学不断开拓着自己的教育实践，为自己创设一个又一个具有挑战性的教育情境，也为自己提出一个又一个具有前瞻性的教育命题，从而为自己打开了一扇又一扇可以眺望未来的教育视窗。无论是向内的思想求索，还是向外的实践开拓，一个校长都需要将生命中最长久的时光、最大的热望、最纯粹的爱交付于一项最孤独的事业。然而，正是这样一种没有任何现实利益预期承诺的付出，才使得这样的追求过程显得愈加纯粹可爱，以至于高贵到令人羡慕的程度，仔细剖析其纯粹的基因，可以触摸到一个校长对儿童、对教育所具有的温情以及建立在温情之上的深刻理解。

5. 专业精神需要不竭创新的特质

不竭地创新所展示出的不仅是一个校长对自我的不断超越与突破，更是一个校长将教育想象变为教育现实的能力。很显然，在将教育想象变为教育现实的过程中，在自我超越与突破的过程中，校长的专业精神得到了最好的诠释。以梅岭小学为例，在学校急速发展的过程中不断面临从未出现过的问题，如校区分散带来的管理问题，如教师构成的多元带来的对学校文化的冲击问题等等，解决这些问题没有现成的经验可以借鉴，事实上即使有也无法抽离具体的情境而在梅岭的教育生活中产生效力。在面对这些问题的时候，梅岭人创造性地提出了“三级一系统”的管理策略，并在实际运用中有效抑制了名校资源的稀释；梅岭人更是创造性地构建了一所教师专业发展的“常春藤学院”，不仅为学校的内涵发展提供了丰富的人力资源，更是实现了教师精神气质的改变，并以教师精神气质的改变实现教师行为方式的转变，进而促进梅岭教育生活质态的改善，最终将梅岭“为学生终身发展奠基”的办学理念变成一种可以触摸的存在。

作为教育部“国培计划”中小学名师名校长领航工程的一员，我深切感受到，在这样一个大时代之下，校长更需在放眼世界、放眼未来的前提之下，扎根中国教育的土壤，扎根学校发展的历史，从社会对教育最核心的需求出发，从当下教育最真实的问题出发，切实提升自己的教育境界，提高自己的教育站位，加速优化自己系统设计与创变学校的能力。因为，只要教育参与的主体是鲜活的生命，那么教育就时时刻刻需要被一种特殊的精神召唤，特别是当我们即将穿越这个飞速发展却又飞速变化的时代的时候，我们更需要确定自己所从事的是一个伟大的事业，这种伟大在我看来不是情感上的骄傲，更是现实中的体验，尤其是当我们一次又一次地面对教育的使命是“替一个未知的世界培养未知的儿童”的时候，这种感觉是实实在在的压力，我想我已感受到这份使命的分量，正和很多教育人一起，上下求索于教育的现在与未来之间。

三、“奠基未来”教育思想视域下现代学校系统变革的外在牵引

江苏省首批名校长工作室内的36位校长均来自江苏省内，分别为：南京5人、苏州3人、无锡3人、常州3人、南通1人、镇江3人、泰州2人、宿迁2人、徐州4人、连云港2人、淮安2人、盐城3人、宿迁2人、扬州1人，其中省、市级特级教师3人。应该说工作室的36位校长所在学校都是省内比较优秀的学校，取得过比较卓著的办学成果，形成了鲜明而有特色的办学思想，对学校的未来发展都具有强烈的使命感、责任感，同样，他（她）们也对学校现有的发展优劣势具有清醒的认识，正是建立在对现代学校系统变革的管理者理念及能力提升的思考让我们走到了一起，构筑起一种学习的场域和一份新型伙伴关系、成为一个学习的共同体、办学的共同体。

作为校长，我一直认为，每一所学校都是一个鲜活的生命体，学校生命力旺盛与否取决于他们赖以生存的教育生态，而生态一定是系统的！我们已经不可能用单一变革的方式去解决学校发展的生态问题！单向度的思维不可能解决学校持续卓越发展的问题，甚至不能解决持续保持学校良性发展的基本问题！因而，洞见系统、用系统思维去重构学校发展的支持系统，以此来不断优化我们的教育生态，使学校获得持续发展的不竭动力与无限可能，是我察觉到的明亮的那方！

1. 系统设计，个性落实

工作室致力于系统变革的可行性路径与可实践性操作，在工作室成员的共同商讨下，形成了工作室章程和工作室宣言，并围绕培训主题、培训目标系统设计培训课程，在准确分析学校现有问题的基础上，在每一个工作室成员的“智助”与“自助”之下，围绕学校卓越发展目标，从人力资源、课程教学、管理制度、文化生态等方面对成员所在学校进行系统设计、系统构建和系统推进，寻找与发现学校系统变革的成功经验，最终形成具有校本特色又具鲜明系统特质的学校变革实践案例。

每位学员先后完成研训主题的理论综述、所在学校的校情分析、自我肖像及聚焦“系统”视角下的学校系统变革行动方案，并围绕研修主题，拟定十个研修子项目，团队合作，以任务单的形式进行线上线下经验交流，保持研究的连贯性。

2. 对标主题，创新开展

工作室致力于研修目标的科学性、精准化，根据工作室成员地域、学校存在问题等因素，将工作室成员进行分组，对标研修任务，借助“一校一案”的方式个性化实施，系统、辩证地对学校现状进行分析，在分析自身实例的同时分享自己对现代学校系统变革趋向和发展态势的理论探析。

其中，工作室 A 组聚焦“一校一案”的校情分析，工作室 B 组聚焦“现代学校系统变革”的理论综述，工作室 C 组聚焦“现代学校系统变革”的行动方案。疫情期间，作为工作室主持人，我深刻认识到，疫情是对价值选择、趋势洞察、组织安排、有效行动的集中考验，更需要系统思维，即用整体的、动态的、多元的视角去构建工作思路，运行工作程序，基于这样的理解，工作室对标主题，以“系统响应”的方式反思，以“系统调试”的方式梳理，以“系统重启”的方式构建，创新开展工作室工作。

3. 资源整合，效应加成

工作室致力于从更多的维度去追问什么是“现代学校”，它所具备的现代精神与时代如何照应；什么是“系统变革”，它所具备的迭代功能与时代如何匹配；什么叫有教育家精神的现代学校的领导者，他（她）应当具备怎样的理论素养与实践能力，如何才能成为这样的人等现实性问题。系统性整合工作室主持人作为教育部领航校长、江苏省网络名师主持人以及梅岭小学十余年“常春藤”的校本研修资源，搭建了综合性、前瞻性的工作室专家支持平台，形成“1+1+1>3”的雁阵效应，并先后获得了八位专家的理性点燃。他们是：国家教育行政学院远程培训中心副主任、教育部中小学校长和幼儿园园长、国家级培训项目管理办公室副主任于维涛先生；江苏省教育管理研究所所长、江苏省师培中心常务副主任、社会学博士、江苏省第二师范学院教授季春梅女士；江苏省师干训中心副主任陈玉乔先生；南京大学教育研究院副院长操太圣教授；全国知名校长郑杰先生；中国教师报教育家周刊主编、副编审、教育学博士、资深媒体人吴绍芬女士；广东省中小学校长培训中心办公室副主任、博士谈心；深圳南方科技大学实验教育集团第二实验学校校长唐晓勇先生；同时获得三个团队的鼎立支撑，他们是：教育部名校长领航工程工作室的八位校长及团队、四川凉山榆林、美姑校长团队以及陕西榆林的校长团队；还有两个基地和一个教育媒体的支持，他们是：教育部名校长领航工程广东基地、江苏基地以及中国教育报教育家周刊。

4. 价值领航，情感共振

工作室致力于价值导向的研究共同体建设，虽然工作室的创建离不开行政的支持，但是从我个人的切实感受与体验来看，真正创建工作室最需要的不只是行政的推动，工作室成员选择哪一个工作室都是出于自己的价值判断、现实需要。从这个意义上说，我的工作室的创建是基于价值导向的，在重视价值导向的同时，我们强调的是聚焦真实问题的研究共同体，如果说价值导向指向了工作室的共同的追求，那么这种合作发展则指向了工作室实现共同追求的过程特征，最终我们期望形成的是一个聚焦现代学校系统变革的真实问题、对当下教育切实起到影响作用的价值共同体、研究共同体和情感共同体。

四、“奠基未来”教育思想视域下智慧学习环境营造的外在牵引

江苏省网络名师工作室是我领衔的第一个网络名师工作室，主要致力于以下三个方面的工作：一是搭建青年教师成长平台；二是促进工作室成员形成更深层的学习共同体；三是探索“智慧下的自主学习”大语文学科建设。

作为领衔教师，我围绕“奠基未来”教育思想确立网络工作似乎“成为未来教育设计师”这一具体目标，根据工作室研究特色，以特色学习空间及大语文课程为载体，以网络名师工作室和“常春藤学院”为阵地，以网络学习、范式教研、结对活动、志愿送教、智慧课堂、空间课程等为学习样态，以此研究师生信息素养的提升，研究网络项目式学习案例及其与师生素养能力之间的关联。

在一年多的时间里，42 名工作室成员，其中核心成员 15 名，围绕工作室目标，实现资源分享 3205 篇（原创 1974 篇），教育管理与教学文章 511 篇，开展课题研究 28 个，名师课堂数 91 节，线上联合教研 8 次，网上集中评课 5 次，话题研讨主题 40 个，完成工作研修简报 10 期，总积分 13176（其中领衔教师陈文艳积分 7822 分），总访问量 30570。

工作室主要为网络研讨活动，也包含相应的线下活动。以专家引领为基本形式的思辨活动，以“一人一案”为基本形式的展示活动，以阅读、反思为基本形式的对话活动，以任务驱动为基本形式的学习活动等。具体有：专题讲座，即邀请大学教授、教科院所专家学者进行专题讲座、沙龙研讨；专题网络研讨，即围绕制定大语文课程融合，开展行动研修的行动假设、诊断示范，组织学术论坛，强化对行动方案的实践性指导；理论提炼，即加强工作室成员在打造所在学校办学特色和教学范式实践中不断学习理论知识，丰富自己的教科研经验；现场直播展示，即以“一

人一案”为基本方式，掌握工作室成员的教学特色，寻找大语文课程融合实践过程中的现实问题，分析解决问题的可行性路径；网络教学研究，即注重与其他成员之间的互动，并同时利用网络进行帮扶辐射作用；建设未来课程研究资源库，即结合“后疫情”和“双减”等背景，继续以“智慧学习”为方式，促发学生获取与运用学习策略，形成具有校本特色又具鲜明系统特质的学校课程变革实践案例。

时代的发展与教育的要求赋予了教师成长更多的现实意义和价值期待，当我将“奠基未来”教育思想辐射的行动牵引定位为高品质教育建设、校长专业精神、现代学校系统变革、智慧学习环境营造四个方面时，“奠基未来”教育思想就具有了更广泛的生命力，这种生命力不是单向的，而是交互的，它让思想以行动的方式对话，让思想在行动中不断被希求。

第三节 “奠基未来”教育思想辐射的境界打开

在这个伟大的时代里，每一所学校都肩负着“教育强国、民族振兴”的崇高使命，面对新的时代、新的要求，在培养什么人、怎样培养人、为谁培养人这一根本问题的指引下，“奠基未来”教育思想如何遵循教育规律，如何坚持改革创新，如何增强师生创新创造活力，都需要不断抵达教育的远方，进一步打开校长办学的境界，用明天一定会发生的事倒推出今天马上要做的事，以此回应对内心与时代要求的回应。

为了充分发挥“奠基未来”教育思想的实践价值，我借助三大工作室与四川凉山榆林、美姑校长团队、陕西榆林深度对接，协同共进，有效辐射带动结对学校发展。

一、“白云深处”的教育帮扶

2019年12月，在“国培计划”中小学名校长领航工程广州基地的积极组织下，我带领校长工作室成员结对帮扶四川省凉山州榆林县。在帮扶过程中，我们直面现场、务本求实、精准发力，力求让凉山州教育的精准帮扶真正发生。

我和团队成员扶贫的第一站是在海拔2300米的榆林县竹寿镇中心小学。在这里，教师邓勇波告诉我，他的工作与生活是“5+2”“白＋黑”，因为这是一所彝族学生占多数的全日制寄宿学校，所有教师一周回家一次，平常在学校不分白天和黑夜，都是和孩子在一起。在华弹镇中心小学校，我见到了校长颜钰峰。这是一所拥有100多年历史的学校，颜校长告诉我，为了当地修建水坝，一年以后这所学校将异地重建，话语中流露出对百年老校的留恋以及对未来学校发展的忧思。我把在大凉山遇见的学校称为“白云深处的学校”。

在那段日子里，我对教育如何精准扶贫有了更多的思考。因为，不同的学校有其独特的发展优势，同时也面临着不同的发展问题：有的学校在教研与科研深度融合上缺乏指导，教师专业成长亟待引领；有的学校缺乏先进的管理理念与经验；有的学校面临优秀教师流失、教师职业倦怠等问题。

如何做到精准帮扶？我们要通过适当的前期调研，在互动中调整帮扶预案；通过及时的现场沟通，在相互对话中回应现场诉求；通过合理的阶段预设，在相互磨合中调整帮扶目标。这也一次次告诉我，教育帮扶要从“给予”到“支持”。

从“给予”到“支持”，要有充分的尊重与信任。早在教育帮扶之前，我们就设计了同课异构方案，而不仅仅是单一的送教，这让那些学校的教师可以提前准备，并有足够的时间进行研究。比如，在竹寿镇中心小学、披砂镇中心小学，江苏省扬州市梅岭小学和无锡市连元街小学的教师与他们同上一堂课。同课异构活动点燃了帮扶学校教师参与教科研的热情，在给予充分尊重与信任的基础上，我感受到了他们给予我们支教者的信心，那就是：虽然需要帮扶的学校资源差、起点低、步子慢，但我们一直在向前走的路上。

从“给予”到“支持”，要有充分的聚焦与研磨。竹寿镇中心小学的教研与科研如何深度融合？披砂镇中心小学的管理理念与实践经验如何实现迭代升级？华弹镇中心小学的教师职业倦怠如何化解？多年的办学经验告诉我，教育发展的核心在于教师，要让教师成为具有自主发展意识、自主发展能力的人，这也是教育帮扶的核心问题。

在榆林县，我作了主题为《我们的“常春藤学院”——扬州市梅岭小学品质发展的实践之道》的讲座，介绍了“常春藤学院”校本研修的内涵与特质，整体梳理了一所学校自身造血系统建构的路径、方法和策略。从校长、教师的表情转换中，我看到了榆林教师发展的蓬勃之心。

从“给予”到“支持”，要有充分的释放与联系。支教者的影响力应该体现在他们离开之后，而不仅仅是在场。这取决于是否建立了深度联系以及是否充分释放了帮扶区域的发展潜力。毕竟教育帮扶的时间是短暂的，为了弥补时空上的缺失，我需要做的就是在最短的时间内尽可能帮助他们看见自身发展的潜力与储存的能量，然后找到并建立彼此之间的联系。在华弹镇中心小学，当我和颜钰峰站在金沙江畔，望着遥远而又似乎模糊的未来，我能够感受到的是一所百年老校在面临迁址重建后的彷徨与忧思，学校的生命力如何在异地重建后不受环境影响？学校文化如何在新的环境中延续与发展？学校的未来在哪里？在颜钰峰的思想中早已描摹出一条未来之路，那就是利用学校异地重建契机，借助学校信息化建设整合发展资源，让教育朝向未来。

因此，我们既要看到需要扶贫学校的问题，又要从激发内生动力需求出发，让教育帮扶有深度、有温度、有力度。

变帮扶主体的“单一性”为“系统化”。如果从教育帮扶的持续性、规范性等方面考虑，教育帮扶的长效机制离不开政府、教育主管部门、教育学术研究部门以及学校、教师等共同参与。只有多维主体共同参与教育帮扶，明确不同主体的帮扶责任，建立科学的评估体系，完善教育帮扶的顶层设计，最终才能形成教育帮扶的强大力量。

变帮扶目标的“单一性”为“系统化”。在教育帮扶过程中，对于教育帮扶对象的理解与认识需要实地感受，在此基础上教育帮扶的目标制定要遵循价值化、本质化、系统化等原则，要从教育文化构建的本质层面、教育发展内生动力的供给层面以及教育整体发展的策略层面等建立多维而立体的帮扶目标，做到由内而外、系统生成。

变帮扶内容的“单一性”为“系统化”。从激发教育内生动力的角度出发，在教育帮扶的多维、立体目标的支撑下，建立多维的帮扶内容。具体应该包含：学校文化的继承与发展，学校课程资源的充分利用与开发，学校教育教学研究主题的系列化制定，学校教育新技术的运用与创新，学校教学评价的聚焦与变革，学校德育、教师发展等方面的新主题、新观念、新路径。

变帮扶策略的“单一性”为“系统化”。从建立教育帮扶的长效机制看，要建立教育“支持”的机制，彻底改变单一“给予”的思维。做到这一点需要在帮扶策略上进行改变，一方面应建立基于彼此的教育发展命运共同体，只有将彼此的命运相连，才能从根本上解决帮扶关系中的功利主义、短期视野等问题，另一方面应建立“三定”和“三动”策略，即“定期谋划、定期教研、定期总结”和“互助流动、多方联动、往来走动”。

日本设计大师山本耀司说，“自己”这个东西往往是看不见的，你要撞上一些别的什么东西，反弹回来，才会了解“自己”。在教育帮扶的日子里，虽然我看到了榆林教育看到了榆林教育自身发展的差异性，但我更看到了未来榆林教育发展的希望。

二、“扬—榆”生态支教系统

“奠基未来”教育思想对教育帮扶的理解是一项长期工程，不能浅尝辄止，不能局限于“碎片化”的诊断，而要在未来的行动中得以延续，要让送教学校的经验可以复制，从而走向“自力更生”，关键在于要用战略发展的眼光构建生态支教系统，形成以学校为起点，以赋能为目标的“时空—共生”范式，即“不同时空，共同成长”。

在扬州和榆林对口支教过程中，梅岭小学努力构建生态支教系统。所谓“生态支教系统”，其实就是基于“奠基未来”，发展出环环相扣、彼此依存的支教共生关系，或者说是一本行动组合指南。“时空—共生”范式的特征表现为：关注师生和环境的相互关系，不是“彼此施压”而是“共同生长”；关注教师的教和学生的学是人际互动的过程；把教室时空看作是生活的一部分，不仅让时光照见学生，也让学生看见时光；重视隐性的生态，如学校文化建设、师生的思想引领等。这样的生态支教系统是一个真正育人的教育生态，在榆林学校缺少“支付能力”的前提下，帮扶学校应以足够专业的精神为其提供完整的“供应链体系”。

1. 整体规划学校文化生态圈

在给榆林学校提供优质资源的同时，如何更好地引导他们实现自身的可持续发展成为构建生态系统必须首先面对的课题。如何有效挖掘丰富的自然和人文资源，使之成为推动学校内涵发展的个性化因子，考量着梅岭小学的支教智慧。经过研讨，以时空之于人的教育意蕴为重要载体和切入点，整体构建彰显人文的教育生态圈，以此实现学校的跨越式发展。时空具有天然的生成性，人是生态的时空中的人，师生之间、生生之间、师生与时空之间应该是一种生态性的共存，学校里不仅有知识的传递与创造，还要形成一种基于文化、价值和心理上的“软”时空的建构、融合与共享。学校创设弹性融合的组织管理形态，建议采用扁平化的组织架构进行规范化管理，并尽可能地充分开发生活实践中的一切生成性资源和要素，构建未来课程体系，培养学生的核心素养。同时注重人的存在、生存与发展的时空维度，在对时空的理解中生成人本身，使教育生态圈焕发出成己成人的教育意蕴。

2. 统筹构建混合式师资培训生态圈

经过调查，我们发现对于榆林教育的帮扶行动仍然存在“覆盖面小、投入多、需求大”等困难，同时认识到学校变革的关键在教师，而教师要成为学校的中坚力量，关键在于能否成为专业的人，专业使教师获得尊严和课程实践的意义，专业使教师成为教育生态圈里“重要的人”。

因此，借助梅岭小学的“常春藤学院”，与榆林学校建立长期的合作伙伴关系，开展线上和线下的混合式培训。在研修内容上，学院基于以问题为导向的项目式研究，一是体现学生发展的核心问题，二是体现教育现场中亟待解决的问题，并关注教师必须掌握的六大技能：课程研发能力、让学习真正发生的因素、学习共同体建设、自主学习策略和方法的研究、评价方式的变革和聚焦名师基质、学科本质、学科特质。梅岭小学可以与榆林学校形成学习共同体，采取“互派教师”和“云支教”的方式共同成长。一方面，基于实际需求，工作室每年派一名经验丰富的管理人员和 2–3 名全科或专科名师赴榆林县学校进行支教和定点帮扶，同时，榆林学校派出 1–2 名学习能力强的青年骨干教师到梅岭小学跟岗学习和接受“常春藤学院”的专业培训。另一方面，学校间相互建立双向的信息共享交流平台，利用“云支教”的方式共同对教学资源、教育政策、教育改革等进行共享交流，如：以学校企业公众号为桥梁，连接榆林教师开展每周一次的主题教研活动；运用互联网视频通讯等信息技术开展名师课堂直播活动；利用大数据提供一对一的精准管理帮扶，指向教育的结构性变革等，并提供泛在多元的学习方式，支持学科间开展多样化、个性化的教学互助活动，为教师指导学习提供科学依据，以此形成动态平衡的师资培训生态圈，帮助学校成为理念先进、特色鲜明、质量领先的榆林教育的实践样本。需要注意的是，培养专业型教师不能仅仅光靠外部力量的使用和外部作用的发挥，更要重视教师自身内在力量的作用，如能动性、自为性、自主性等，这才是教师发展的根本动力。

3. 构建以学习为中心的评估生态圈

“时空—共生”范式倡导的以学习为中心的评估生态圈及其具体的价值诉求，不会凭空实现，而是有赖于对各要素的具体考量，使之构成有利于发挥相应功能的生态系统。帮扶和学习的效果如何需要制定科学的评价方案，根据评估结果对过程进行相应的调整。按照生态哲学的理论探讨评估生态圈要基于三点：一是优化要素组合以形成完整的评估系统；二是整合多种评价方式共同指向师生学习价值的实现；三是突出学习生态中教师与学生的动态联系和相互作用。

在评估的目标确立、指标研制、内容规划和结果运用等方面，要围绕师生的学习展开，为促进学习而改进。具体分为三个部分：第一部分对学校管理的各项指标进行评价，观察和分析学校改革后的整体情况；第二部分对教师的培训效果以及积极性进行评价，如：双方教师可以开展线上的同课异构课堂教学活动，并请专家通过视频连线的方式对教学效果进行评估；第三部分对学生对课程学习的满意度进行评价，以评促学，注重学生的学习态度和知识的迁移与应用。并结合过程性资料，综合三方面的评价结果对整体的生态支教系统给予科学的评价，从而保证帮扶的真实性和有效性。

同时，生态型学习评估要重视师生主观能动、元认知驱动和多模态互动的意识与能力，推动“自主型”评估。师生要成为自己学习目标的制订者、学习过程的监控者和学习活动的反馈者。将评估融入学习，明确自己“要到哪里”“如何去”以及“下一步去哪里”，将评估规则内化为自身的认知图式和行为方式，从而不断进行自我监控和调节。此外，还要帮助榆林学校提升教学资源应用水平，实现从“配好”到“用好”，从被动使用变为主动运用，真正做到精准帮扶。

思想需要接地，可以称其为“思想”的教育思想理应有它的辉映性，因此，以科学、系统而又丰富的教育思想影响更多学校的办学实践是提高学校教育质量之必需，也是验证思想存在价值的最好渠道。基于这样的理解，“奠基未来”教育思想下的境界打开其根本朝向的是当下中国教育新的均衡，也就是如何带领教育薄弱地区共同发展，切实提升学校办学水平，为国家培养出更多更好的创新型人才，进而推动社会进步，这是“奠基未来”教育思想进一步发展的时代要求与命题，也是教育思想价值体系的底层支撑，因为任何思想都应该立足时代、服务当下、面向未来，真正助力我国基础教育的高位均衡发展。

第六章

“奠基未来”教育思想的反思与瞻望

毫无疑问，当今世界正处于一个新的转折点，让我们感受到这一节点到来的痛楚的不仅仅是已迅速席卷世界、撼动人类生存、持续升级的且尚不可控的新冠疫情。与生俱来的好奇心与危机感让人类对未来始终抱有探究的欲望，身处于这个日益复杂、不确定和不稳定世界的我们，总希望借助自身的智慧与力量不断抵达一个更加和平、公正和可持续的未来。所以，2021 年，也成了世界教育的转型年。其实，早在 2019 年 9 月 25 日，在纽约召开的联合国高级别会议上，联合国教科文组织就发出了“教育的未来”倡议，同时成立了“教育的未来”国际委员会，经过两年全球范围内近百万人的商榷，2021 年 11 月 10 日，联合国教科文组织于该组织第 41 届大会上向全球发布《共同重新构想我们的未来：一中心的社会契约教育》，报告指出教育尚未满足世界发展的需求，要塑造真正和平、公正和可持续的未来，教育必须转型。

转型，在中国教育界也在付诸行动，在立德树人的根本育人宗旨的导引下，2021 年在全国迅速推进的“减负”行动以及伴随一体的“5+2”教育改革、民办教育改革、校外培训教育改革等等，都让我们看到了国家对教育未来发展的宏观要求和巨大决心，昭示了中国教育发展的未来趋势，中国的教育正在发生巨变。

立于当下，面向未来，让我再次看到教育与未来之间的深刻关联，看到教育奠基未来对克服这个时代之难的重要价值。而我实践了多年的“奠基未来”的教育思想呢？当我为它与时代发展的需求重合欣喜时，我能否使它在这样一个巨变的时代里锚准自身的价值定位并找到清晰的实践路径呢？今天，当我再次写下“奠基未来”这四个字时，我是否依旧保有对世界更远未来的瞻望？是否始终持有鲜明的儿童立场？我想，对于我这个校长而言，这当然是需要自我诘问和不断厘清的重要问题。

构建一个教育思想是一个宏大的课题，但我们不是为了证明自己而去思考宏大的问题，而是我们所从事的工作本身就是宏大的事业，时代的深刻转型、技术的迅速更迭、生态的不断变化都敦促教育人要学习站在新的时空维度进行自我确认，朝向“人之所以为人”的教育远方，不断寻找潜藏于幽暗处的“渡口”，重新想象教育、不断“看见”趋势里的教育图景，以期洞悉教育的黑洞和盲点，不断靠近“为儿童筑梦，为未来奠基”的教育愿景，让教育造福人类。

第一节　奠基未来，需重新想象教育

2022的第一周，美国《纽约客》杂志的一张最新封面迅速传遍世界，因为它再一次给人类提出忠告：“未来已来”，封面上，人类坐地行乞，机器人则扮演了施予者的角色，意指明显——在未来社会，人类的工作机会被不断进化的机器人剥夺，从而沦为了流落街头的弱者。这其实是一个老生常谈的话题，但对于未来越来越频繁地不告而至的到来方式，人们还是未能适应，并深感不安。联合国教科文组织在反思过去20年的世界教育发展中总结到：“在不断适应发展变化的竞争中，教育优势未能发挥其应有的作用——为未来指明方向”。

因此，在这样的时代重新想象教育并非一种浪漫，而是因了未来的倒逼和人类获得更好生存的需要，它需要我们持有审慎的态度与审视的眼光，需要基于反思。

从世界的大生态回到梅岭小学这个微观的教育现场，回溯这些年来“奠基未来”教育思想的实践历程，我深刻感受到，虽然它带给学校面向未来发展的诸多可能性，但在新时代背景之下，也让我们看到了其所面临的挑战与问题。我想，我应当带着对儿童更加深切的爱与理解，回到“奠基未来”教育思想的本身，重新审视与想象教育的未来将嬗变为何种样态。

一、需要重新审视“奠基未来”教育思想的现实困境、想象未来可能

“奠基未来”教育思想在梅岭小学的实践只是一个有益的尝试，若想给更多的学校带来启示作用，需要进一步改进和完善，并认识到发展过程中存在的关键问题。一是文化认同面临差异。“奠基未来”教育思想注重文化精神对师生的涵养，倡导文化自觉和行动自觉，但是不同的主体对文化理解和接受的程度不一，前进的步伐也就参差不齐，因此，奠基未来，必须高度重视未来教育价值观的生成与迭代。二是理想与现实的冲突。由于社会政治、经济、科学与技术等的变迁、发展及对人才提出的新要求，“奠基未来”教育思想体系需要不断得到完善。我们要更新教育理念，为师生提供个性化的教学空间和丰富的未来课程，提高教师的审美品质，打开教师的教育境界，改变教师的教育关注，重建教师的教育生活，共同描绘美好的发展愿景。三是教师应当是积极的终身学习者，但部分教师内驱力不足。未来教育更侧重于个人自我的反思学习，若想取得大的进步，个人的自主意识一定要强，否则只能随波逐流，流于形式而不能有真正大的进步。因此，唤醒教师的职业尊严、专业自信和未来使命势在必行，迫在眉睫，教师应当成为教育的思想者和创变

者。四是“奠基未来”教育生态略显脆弱。我们正努力构建一个良性的、正向的教育生态，但还缺少更多的、更积极或者更稳固的外在呼应，例如家庭教育、社会教育与学校教育之间合力形成难、现代学校制度的建立与完善亟待提速和升级等等，这都需要我们守住初心，踩稳步点，追求道法自然，崇尚顺应自然而不妄为，让学校的发展符合自身教育规律，尽可能以隐性的方式达成教育的本质诉求，方能形成葱茏的教育生态。

二、需要重新审视和想象后疫情时代人工智能等科学技术在教育中的角色定位

当前，人工智能技术浪潮涌起，数字技术已渗入社会各个层面、角落与细节之中；而席卷全球的新冠疫情，又让全世界的课堂几乎在一夜之间实现了翻转，一些教学已经通过人工智能远程实现，有人甚至预言多年后教师工作会被部分取代，但我们还应当注意到——这场疫情已经深刻改变了人类的生活与交往方式。我们是这颗星球上最善于使用技术获取更好生存可能的生命，我们需要更加科学、理性地审视现实趋势与未来教育之间的关系，也应当看到“重塑人文主义”的重要性，从而为“奠基未来”教育思想在技术飞速发展、广泛运用的进程中找准定位提供思路。

疫情改变了学校的形态，也改变了我们对“奠基未来”教育思想内涵的理解，但人类从未在这样的变化中停滞对未来的想象与创造，因此，朝向未来也是人类与生俱来的特质，“奠基未来”教育思想其实只是尊重了这一特质而已。因而，我们不仅要利用好信息技术指导学生学习，还要培养学生自主选择和运用学习资源的能力，注重学生的自主学习能力、自我管理能力的培养，让学生能够在新的教育形态、新的学习方式下自我适应，自我生长，同时还应当让孩子们意识到每一个人与自己、他人、世界以及技术和世界巨变之间的关系，懂得成为一个具有未来素养的人的重要性。

三、需要重新审视和想象“双减”背景下的教育变革

2021年7月，中共中央办公厅、国务院办公厅印发了《关于进一步减轻义务教育阶段学生作业负担和校外培训负担的意见》。这是中央针对基础教育中多年存在的功利化、短视化、片面化等顽瘴痼疾，从全面深化改革、推进教育领域综合改革的全局出发，从办好人民满意教育的价值立场出发，从为党育人、为国育才的战略高度和国计民生的长远利益出发，为保障基础教育的健康持续发展和每个学生的全面和谐发展所作出的重大决策。因此，如何将“双减”政策与“奠基未来”教育思想关联，彼此观照，需要我们进一步提高认识。

在我看来，“双减”政策出台的重要目的就是引领基础教育重新回归正确轨道，让儿童生活回到原来的样子，让孩子做回孩子，让童年拥有童年的味道。“双减”的“奠基未来”教育实践应当努力实现四个回归。

1. 回归“育人目标”的本质要求

人是教育的对象和出发点。教育作为培养人的实践活动，必然以育人为原点和根基。“育人目标”不仅构成了教育的本质规定，而且是教育自成目的性的内在要求与价值使命。“奠基未来”教育思想有自身的特点和规律，重在为儿童的未来打好基础，这里的基础不仅在于作为学校教育的基础而存在，更在于其对儿童未来发展的基础性地位。因此在“双减”背景之下，我们要遵循教育的规律，着重培养儿童的好奇心、创造力、评判性思维、反思力、基本生活技能和良好习惯等等，最终为儿童的人生成长和未来发展奠定扎实的基础。

2. 回归学校教育的主阵地

学校教育在现代教育体系中处于核心地位，在培养人上具有不可替代的独特优势。“双减”政策强调“强化学校教育主阵地作用”“发挥学校主体作用”“学生学习更好回归校园”，这意味着“双减”从学校教育和校外培训双向发力，在进一步减轻学生校内作业负担的基础上，减轻学生和家庭的校外培训负担，并最终实现让学生学习回归校园，形成学校教育为主导、校外教育和家庭教育协同配合的良好教育生态。因此，

“奠基未来”教育思想要以“双减”政策为改革契机，进一步提质增效，满足学生和家长对高质量和多样化教育的需求，同时教师也要回归育人初心，做好本职工作，立足课堂因材施教，提高教育教学水平。

3. 回归学生的全面发展

“双减”政策的主要目的是促进学生全面发展和健康成长，其核心是解决以片面的“知识人”取代“全面发展的人”的教育目的异化问题。因此，我们需要打破这种片面的教育，崇尚追求一种完整的教育，将正常的成长时空还给儿童，带领他们去参加各种实践活动，去发现和激活自身的潜能与天赋，为教育真正回归德智体美劳全面发展打开渠道、敞开空间，使全体学生的发展更为全面，未来成长更可持续。

此外，在“奠基未来”教育思想的感召下，我们将继续完善校内课后服务，提高教育教学质量，推进作业设计改革，积极开展各种课后育人实践活动，构建“课上 + 课后”相衔接、有效拓展的教育良好生态。同时继续培塑专业化的教师队伍，提升教师的核心素养，以教师的专业发展为儿童的未来发展奠定基础。

第二节　“看见”趋势里的教育图景

在时间之流上，“现在”是最容易转瞬即逝的。正因为如此，“奠基未来”教育思想始终以永未抵达的状态，不断“看见”趋势里的教育图景。2020 年 9 月 15 日，经济合作与发展组织，简称经合组织（OECD）发布《回到教育的未来：经合组织关于学校教育的四种图景》报告。2020 版报告则将六种图景加以整合，最终形成四种未来学校教育图景：“学校教育扩展”“教育外包”“学校作为学习中心”和“无边界学习”（如下页表）。这四种图景指向未来 20 年，即从 2021 年到 2040 年。

未来教育四种图景表

未来教育的四种图景	目标和功能	组织和结构	师资力量	治理和地缘政治
学校教育扩展	学校教育在社会化、资格认证等方面扮演着重要角色	教育垄断并保留了学校系统的传统功能	教师职业垄断，并具有潜在的新规模效益和任务分工	传统公共行政部门发挥重要作用，并强调国际合作
教育外包	需求碎片化，自主性强的学生需要更灵活的服务	结构多样化，即教师个人可以实施多种教学组织形式	学校内外运作更加多样	教育系统在（地区、国家、全球）教育市场中扮演重要角色
学校作为学习中心	灵活的学生安排支持个性化学习和社区参与	学校作为学习中心，组织多种资源配置	专业教师是专业知识网络节点，该网络具有广泛性和灵活性	高度重视地方教育决策。伙伴合作关系可自行组织
无边界学习	传统的教育目标和功能因技术得到而被改变	学校作为社会机构被取消	学习者成为知识的生产者和消费者，并在社区（地区、国家、全球）中发挥重要作用	全球数据和数字技术的治理成为关键

报告概述了过去 20 年学校教育的发展现状和主要趋势，并从教育目标和功能、组织和结构、过程和实践等维度，提出了未来 20 年学校教育的四种图景。其中，学校教育扩展图景指出正规学校教育在未来 20 年很可能依旧存在并不断扩张；学校教育外包图景指出传统的学校教育系统正逐渐瓦解，数字技术成为儿童学习的关键驱动力；学校作为学习中心图景指出多样化的学习和教育实验将成为常态；无边界学习图景则指出指正式学习和非正式学习的界限变得模糊。

这些图景将有助于我们进一步确定“奠基未来”教育思想在迈向未来教育过程可能面临的机遇和挑战，有助于我们立即采取行动，为未来教育作好准备。

一、基于图景重新描绘学习空间

学校建筑与学习空间的设计与学校培养人的目标与方式直接相关。长期以来学校建筑一直延续着工业化时代的设计标准，学校按照标准化来培养人才，学校建筑满足标准化的学科设置与集体授课方式。随着时代的发展和社会的变迁，教育理念发生了很大的变化。国际研究表明，教育正在进入 Edu3.0 时代，教育的含义、学校课程、学习方式、学校的建筑与空间、教师的作用都有了新的特征。学校建筑与学习空间作为学校教育的重要载体，其设计理念和空间的呈现形式也必将随之而改变。

“奠基未来”教育思想下的学校建筑与学习空间应该具有如下特征：一是符合面向未来的教育理念，未来学校的教育强调在真实的世界中学习，因此校园户外空间的设计要给学生留有充分亲近自然的场地和植物的配置，绿化不仅仅是为了校园的美观，而是要把户外空间与学生的课程密切结合起来，让绿化成为教育资源，让空间成为学习生长空间。二是以学生为中心，以学生为中心的教育理念已经被广泛接受，但是这种理念要切实体现在学校建筑设计之中，学校不仅仅是传授知识的地方，更重要的是学生成长的地方，因此以学生为中心的设计要体现出对学生的人本关怀，要更加人性化，要以方便学生学习、交流、游戏、生活为出发点，以学生的视角思考问题，而不是以成人的视角思考问题。三是满足多样化学习方式的需求，未来学校的课程特征具有基础性、选择性、个性化、综合化的特点，学生不仅学习知识，更重要的是人的全面发展。未来学校是云教育 + 实践场，学习方式会变得更加多样化。因此学校建筑的学习空间设计必须要满足多样化的学习方式的需求。

二、基于图景重新描绘学习方式

学习方式变革是未来学校的关键，传统学习方式建立在班级授课制的基础之上。作为工业时代的产物，班级授课制强调标准、同步、统一，尽管难以照顾个性差异，但却为机器大生产培养了大量的符合特定标准的产业工人，为人类社会从农业时代进入工业时代提供了重要的人力资源。但是，当人类社会全面迈入信息时代，传统的人才培养目标已经不再适用。需要重新思考人才培养目标，建立面向未来的核心素养，已经从根本上动摇了传统学习方式的根基。未来的学习方式将会变成一个充满人文关怀、体现个性差异、满足不同需求的教学结构，打破固定的课时安排，跨越学科与学科之间的界限，围绕学生的真实生活重建课程体系，形成个性化的学习支持体系，为每一个学生提供私人订制的教育，这将成为“奠基未来”教育思想学习方式变革的主导趋势。

首先是基于项目的主动学习，倡导项目式学习，鼓励跨学科教学，让学生基于项目任务，使用多学科知识解决问题，更好地实现书本知识向实践能力的转化。积极开展游戏化学习，让学生在玩中学，充分利用游戏的趣味性、挑战性、激励性的特点，激发学生的学习兴趣和内在学习动机，使学习变得快乐、充满趣味、富有生机，让学生在积极的体验中学习知识，并养成能力。

其次是面向真实的深度学习。倡导教师采用任务驱动的方式，引领学生在学习中进行深层次的信息加工，让学生在对话和互动中建构和转化知识，能够利用所学知识解决真实问题，从而实现有效的知识迁移和对知识的深度理解。在这个过程中，学生掌握学科的核心知识，理解学习过程，把握学科核心思想与方法，形成积极的内在学习动机，成为优秀的学习者。

最后，基于证据的智慧学习。倡导教师利用新的技术手段测量学生的认知特点和学习特征，评估学生的优势潜能和最佳学习方式，设计个性化的学习推送方案，探索不同技术条件下的差异化教学策略，因材施教、因能施教，促进信息技术与教育教学的深度融合，帮助学生实现全面而有个性的发展。

三、基于图景重新描绘课程体系

“奠基未来”教育思想下的学校课程应具备三大特征，即契合、融合和联合。“契合”是指既要契合学生个体认知、性格、情绪等特点，满足学生个性化发展需要，也要契合未来社会对人才培养的需要，培养未来社会各行各业所需要的人才；“融合”是指既要实现与信息技术的深度高质融合，也要实现学科之间的融合；“联合”是指既要实现校内校外课程资源的联合，也要实现知识与生活、知识与社会实践的联合。

未来学校建设是一项复杂的系统工程，需要学习空间、学习方式和课程体系的协同创新。因此作为教育工作者，我们更加需要摆脱对技术的盲目崇拜，以清醒的头脑和敏锐的嗅觉洞察社会发展过程中释放的未来信号，并进一步思考如何让教育回归本真，回到儿童立场，从而不断瞻望趋势里的教育图景，建设为儿童未来奠基的“教育理想国”。

第三节　为儿童筑梦，为未来奠基

沃尔特·J. 艾萨克森在《乔布斯传》说，“预测未来的最好方法就是创造未来。”我们一方面预测未来，另一方面也在创造未来。而真正有价值的教育创造一定是“以儿童为中心”的创造，其核心是关注儿童的学习和成长。在“奠基未来”教育思想中，我们始终以“人”作为这个环环相扣、层层叠叠、世界级的复杂系统里“压舱石”，那么，如何才能够超越时代的期待？又如何才不会辜负教育所承载的希望，“不忘本来、吸收外来、面向未来”？对于一个校长来说，“为儿童筑梦，为未来奠基”是最好的回答。

一、为儿童构建一个可持续的未来

儿童期是个体一生最重要的奠基时期，儿童是人类的未来，是社会可持续发展的重要资源。持续发展本质上是关于人与人之间、人与社会之间、人与自然之间的关系。因此，人的因素就成为儿童可持续的未来发展中的关键性变量。我们将以“奠基未来”教育思维为依托，从“人是可持续发展问题的核心”这一观点出发，持续为儿童提供必要的生存、发展、受保护和参与的机会和条件，关心每一位儿童不同的兴趣点，并切实地支持他们追随自己的兴趣学习，最大限度地满足儿童的发展需要，发挥儿童潜能，帮助学生应对变化、复杂、争议及不确定性，实现儿童的持续教育和终身学习，为儿童一生的发展奠定基础。

二、为儿童打造更加开放的学习场景

学习场景和环境是学习发生的场所，有什么样的场景就会决定学生有什么样的学习体验。随着梅岭小学花都汇校区的投入使用，我们也尝试在不同的楼层和街区为儿童打造更加开放包容的学习空间，并通过信息技术的应用，如：STEAM教育、虚拟现实、创客空间等，打破学校的“围墙”，把真实的世界引入课堂，逐步实现各类教育资源的共享，使学习场所更加多元，学习时间更加开放，学习方式更加自主，最后形成一个更大、更开放、更多样、甚至可以跨国界、跨区域、跨学科、跨时空的教育资源互动体系，从而引领儿童朝着终身学习的方向前进。

三、为儿童提供多样化的学习方式

随着移动互联网、大数据、云计算等技术的发展，儿童的学习方式也将因此改变。儿童可以在任何时间，任何地点，以任何方式，从任何人那里学习。因此我以为，未来教育将会颠覆传统的教与学的过程与规律，也会颠覆为儿童未来发展奠基的方式与方法。混合式学习、合作式学习将会成为儿童学习的重要方式，儿童和机器一起学习，虽然机器不能取代儿童思考，但是机器人可以帮助儿童更好地思考。过去儿童是知识的消费者，但在未来的学习过程中，儿童更多的是通过学习来创造，这种研究型的学习方式，将成为未来学习的主要方式。

我们将为儿童提供全方位、个性化的学习服务，强调培养能力、强调以学生为中心、强调整体综合、强调多样包容、强调数字化、强调科学评估，引导学生在质疑、调查、探究中学习，并根据目标提供线上线下融合、课内课外整合的学习方式，通过大数据全面跟踪和掌握儿童的学习行为、学习过程，提高儿童的学习质量和学习效率，真正实现“因材施教”的教育理念。在未来，学校建筑、空间、时间、课程表和学生分组等都将重新规划设计。而这些，都将以“支持儿童全面发展，为儿童未来奠基”为目标，以此来塑造儿童向往的未来。

四、为儿童设计丰富多彩的未来课程

为儿童的未来奠基中最重要的一环即是课程体系重构。过去我们的课程是在以学科知识传授为核心目标的课程体系中建立起来的。当我们聚焦“为儿童未来奠基”的教育时，就需要打破学科化的知识体系逻辑，转向建构一个能有效支持儿童全面发展的多学科整合的课程体系。我们将更加关注课程体系中基础性课程、选修类课程和跨学科综合课程的相互协调，注重生态、跨文化和跨学科学习；我们将更加关注时代精神和民族文化传统的传承与创新，注重爱国主义教育、劳动教育、审美教育、人文教育等内容；我们将更加关注儿童的综合实践类课程，包括各种社会实践、研究性学习、实地调研等内容，从而帮助儿童在学习课程的过程中培养批判性思维和应用知识的能力，提升未来素养。

五、为儿童建构更加合理的教育评价

教育评价是通过规范的教育研究设计和步骤，系统收集和分析数据，对特定的教育实践确定其价值的过程。对学校而言，教育评价的内容和标准就是教育活动的指挥棒。2020 年，国家颁布了《深化新时代教育评价改革总体方案》，站在立德树人的高度对评价改革的方向和路径进行了全面规划。我想，为适应未来人才的培养需求，赋能未来学校转型，我们的教育评价体系也必须进行全方位、深层次的变革。新时代的教育评价应当聚焦儿童核心素养发展规律构建评价的认知模型；借助智能技术在真实场景下的运用诊断儿童的能力发展水平；用“教学评一致”的理念构建课程、教学、评价一体化的闭环模式，发挥教育评价的导向、诊断和改进功能，从而促进学校转型。同时我们也将通过“常春藤学院”重建对教师的评价体系，强调教师对教学行为的分析与反思，建立以教师自评为主，校长、教师、学生、家长共同参与的评价制度，推动教师不断提高教学水平。

六、为儿童构建教育的社会契约

为儿童的未来奠基，我们还将从社会契约的角度来审视教育。所谓社会契约，是社会成员之间为谋求共同利益而合作的一种默会协议。一个社会契约可以反映一定的规范、承诺和原则。社会契约遵循两项原则：1. 确保儿童终身接受优质教育的权利。2. 加强作为一项公共事业和共同利益的教育。作为一项共同的社会事业，教育可以构建共同的目标，助力学校和社区共同繁荣。面对教育的新社会契约，我们要致力于确保所有儿童的权利，让人人都能够参与构建教育的未来，包括儿童、家长、教师、科研人员等等，我们要以教育的共同愿景作为出发点，重塑教育系统的组织原则，以帮助我们应对共同的挑战。这种重新构想也意味着我们要团结起来为共同的事业去奋斗，去创造相互依存的未来，去开创面向所有儿童的可持续与和平的未来。为此，我们将以“奠基未来”教育思想为指引，继续走在一条持续推动儿童未来发展的道路上，为儿童的未来筑梦，让儿童在预见未来中遇见未来。

如果我们说教育代表着一种希望与未来的话，那么这种希望与未来在于我们对当下的任何自我局限性的超越。从九十年代的“轻负高质”教学改革到今天构建“奠基未来”教育思想的尝试与努力，我们坚持走在为儿童未来发展奠基的道路上，“奠基未来”教育思想正在成为儿童发展的丰富性与可能性的载体，在区域乃至省内外引起关注，正引领着学校教育走向更加美好的未来。

然而，我们深知，“奠基未来”教育思想本身就是一个不断建设、不断探索、不断完善的过程，因为面向未来，所以变化是“奠基未来”永恒不变的主题。对于一些关系到新时代背景下教育改革的根本性问题，我们还在思考与探索之中。当然，我们依然相信并期待着，有“山穷水复疑无路”的际遇，就一定会有“柳暗花明又一村”的佳境。

参考文献

[1] 段慧兰 . 走向人的自觉 [D]. 湖南：湖南师范大学，2014.
[2] 杜成宪 . 中国教育思想史研究散论 [N]. 河北师范大学学报，2016(3).
[3] 郭瑞香 . 孔子道德教育思想及其当代价值 [D]. 郑州 : 郑州轻工业学院，2014.
[4] 华子荀，黄慕雄 . 教育元宇宙的教学场域架构、关键技术与实验研究 [J]. 现代远程教育研究，2021,33(6).
[5] 兰国帅，张怡，魏家财，郭倩，孔雪柯，张巍方 . 未来教育的四种图景 [J]. 开放教育研究，2020（12）.
[6] 罗明东 . “三生教育”本质论 [N]. 昆明学院学报 ,2009, 31（1）.
[7] 李巧平 . 关于教育与生活的关系问题 [N]. 湖南大众传媒职业技术学院学报，2006（9）.
[8] 王英杰 . 顾明远教育思想研究 [M]. 北京：教育科学出版社，2018.
[9] 杨兆山，陈煌 . “双减”引发的对基础教育的几点思考 [N]. 四川师范大学学报（社会科学版），2021，48（6）.
[10] 叶澜 . 回归突破——“生命 · 实践”教育学论纲 [M]. 上海：华东师范大学出版社，2015.
[11] 朱永新 . 中国著名校长办学思想录 [M]. 上海：华东师范大学出版社，2016.

附录　“奠基未来”教育思想发展脉络

发展阶段	关键维度	重要表达	根本指向
源起阶段	儿童立场	不朽的暗示来自童年	旨归：儿童是一切教育的价值起点
		寻找回到儿童之路	
赋形阶段	用理解构建儿童的精神世界	在可法的天空下	构建：若失去生活的创造性，那么儿童的生存将无法构成属于他自己的生活，仅仅只是别人生活的重复
		回到教育本来的样子	
		执守童年的教席	
	用创造构建儿童的现实世界	看见儿童：探寻儿童本位课程的变革之道	
		让面向未来的学习，成为看得见的风景	
		“真的种子”生长记——学生成长评价	
	用审美构建儿童的未来世界	一所小学的美学散步	
		“常春藤学院”校本研修	
		学校新空间建设与老校文化重塑	
式微阶段	为未来做最好的准备	如果只有课程标准	诘问：如何让童年成为我们共同的原乡
		如何让学习真正发生	
		如何给学生带得走的能力	
超越阶段	以婴孩的目光眺望	“向着未来生长”未来课程构建	凸显：儿童天然所具备的启示未来的意义
		将学校打开	
		小学也可拥有大学的博大与深远 小学也可拥有大学的雍容与经典 小学也可拥有大学的开放与宽容	
复归阶段	到未来去	重新发现伟大儿童	思考：在永未完成的学校不断抵达创造的深处

以告别的方式，
与过去的自己正面相逢

当我敲下“后记”两个字的时候，仿佛和过去的自己完成了一场漫长的告别，重新整理这些文字的过程，更像是与平行时空的自己对话，一种自我对自我的倾诉，自我对自我的审视，有时特别熟悉，有时又略带陌生。它让时间有了色彩、有了可以触碰的棱角，让我可以在时间的尘埃的中，能拍拍身上的尘土，继续往前走。

“我为什么写作？”这是奥威尔等无数作家回答过的问题，我不是作家，但我也时常自问自己，写作的意义在哪里。每当我自问的时候，我也允许自己沉默，我想，于我而言，写作的意义也许就在于写作本身吧。在书写的过程中，个体的生命仿佛融入时间之河的精神合奏，悄然产生一种玄妙的变化，这样的变化类似一种力量，让我不断恢复并沁入和世界的关联，可以在更大的时空里去确定生命的意义，彼此温暖，彼此成全。

作为校长，我深知，任何一所学校的发展过程概括起来就是：“遇见故事，成为故事”，如同我在学校 70 年办学成果上写下的话一般，“故事是一种隐喻，传递着我们古老的信仰，书写着我们不变的情怀，展示着我们求索的历程，表达着我们存在的方式，故事是一种智慧。时间会老去，有故事的梅岭永远年轻……”对于梅岭，这所与我吐纳相联 37 年的学校，一定程度上，我与它已经产生了某种独特的召唤与应答，这种召唤与应答，我想应该就是办学者和学校之间的惺惺相惜吧！岁月，让我们相隔一隅，却相坐如邻。

于此，我看见了我的执念！

虽然，我每天都在思、想；虽然，我每天都在书写；虽然，我的确没有想过有一天我会去尝试写我的教育思想史；虽然这样，我还是在这个特别的冬季断断续续地写出了这样的文字。我想说，是一个电话，改变了我的决定！

这让我忽然意识到，这本书更像是我与过去的自己的一场正面相逢，它让我以更长的时间尺度来打量自己，但却不能说尽时间的含义！这似乎是对时间的无心冒犯，但我知道，时间不会言说，却拥有无与伦比的说服力，如同余华在《活着》中所言：“没有什么比时间更具说服力了，因为时间无需通知我们就可以改变一切。”

无论如何，通过这本书，我完成了一次自我教化的过程，因为我相信，每一个过去都值得被温柔以待。从此，为了孩童，为了已经到来的未来，我也将放下“我执”……

是为记。

2022 年 1 月 6 日星期四

中国中小学名师名校长领航工程丛书

带着梦想砥励前行

管晓蓉◎著

中国出版集团
世界图书出版公司

丛书序

我在不久前发表于《中国教育报》的一篇文章中提到：必须高度重视我国教育本土实践与智慧的深度研究，这可能是中国教育转型的关键，也是增强教育自信的必由之路。这里摘引其中的几段。

何为“本土”？自然指向的是中国本土，它是中国的，是中华民族的，是在中国教育自身的实践中产生的。但今天的本土，又不是纯粹的孤悬于世界教育文明之外的“孤岛”。近代以来，国门大开，中外交流包括教育的交往从未中断，而且越来越有深度，也越来越融通。因此，可以说，在全球经济一体化的今天，偌大的中国，无论怎样的教育实践和思想，都像今天的中美经济贸易一样，你中有我，我中有你，所以这里的本土应该是指发生在中国大地上却又融汇了全球教育智慧的本土实践，是在实践中产生的智慧。研究本土教育，弘扬本土教育的实践智慧、经验，绝不意味着我们对于他国教育理论和实践的拒绝和对抗。

事实上，许多年来，随着教育部中小学名校长、名教师领航工程的陆续启动，一批又一批原本散落、尘封、不为外人所熟知的教育实践成功的学校、校长和教师典型，经由国家工程的推动，越来越快地成长、发展和成熟。笔者参与教育部中小学名校长领航工程，以江苏基地首席专家的身份，与来自全国 15 个省市自治区的教育家型校长“互学共进”，见证了他们在一流理论和实践导师的专业引领下自身成长和学校发展的

“蜕变”过程，深感与最为杰出的教育人结伴而行，乃人生至乐，且真正可以教学相长。感受最深的是代表我国现阶段最高水平、最高层次的精英校长，他们在长期的教育和学校管理实践中，在长期广泛学习、借鉴、研究、融会贯通、将世界优秀的教育理论与我国教育实际相结合的过程中，不断地“立功、立德”，成就越来越多的教育辉煌，其中有很多校长已经或者正在形成富于本土教育特色和个性的教育思想。

这样成功的本土实践、这种在本土实践中成长起来的中国教育智慧，对于教育改革的深化，对于教育转型，其借鉴意义和价值深远，一点也不亚于西方教育成功的理论和模式；甚或，因为其同源性、可行性，就显得更加重要。对之视而不见或者置若罔闻，这要么是崇洋媚外的劣根作祟，要么是功利导致的无知和漠视。

到2021年9月中旬，教育部第二期教育家型校长培养工程圆满结业，中国已经培养出近180位教育家型校长。而随着时光流逝，他们中的越来越多的人都将淡出教育的主流场域，这虽然是新陈代谢的规律所致，但对于这一批校长，在这样一个黄金时段，如何最大限度地发挥他们的作用和功能，更好地实现在教育变革中的意义和价值，对此我们又有多少考虑，又有多少顶层设计呢？

作为曾经伴随着他们“走过这一段路”的培养者，作为亲眼见证和感受着他们的优秀、卓越和创造了一方教育辉煌的专家，每每想到这些，只有扼腕叹息，我无法要求国内的教育专家学者转换视角、转变观念，把研究的重点瞄向本土、本土真正杰出的教育实践家、中国一流的教育家型校长群体，也无法突破一般政策的规定，比如校长任职年龄的限制，充分发挥这些领航校长的智慧和才干，不断创造办学和教育的奇迹，引领一方教育顺利转型。我可以做的，或者说力能胜任的，大概就只能是重点关注这些校长中的一部分，调动多方专家力量，如实地呈现他们有关教育的功、德、言，呈现他们的研究成果和创造成果。

这套《中国中小学名师名校长领航工程丛书》正是要通过这些校长

自身成长的轨迹梳理、学校发展的过程回放，通过对其经验与理念、理性思考与实践智慧的展示，特别是通过他们教育思想、管理个性与办学风格的真实表达，以理性开启思维，以经验启迪思想，以成功激励成功，为面广量大的校长人群提供资源帮助，经验参照和方法启迪，推动正行进在改革现实、加快转型、探索未来教育的他们突破、超越，从而为加速建设教育强国、科技强国、人才强国贡献智慧和力量。

不仅如此，通过这种原汁原味的成功样本的“实录”，展示中国基础教育转型期一批勇敢者不息探求的历史，为未来国内有志于中国基础教育研究的专家提供第一手的最真实的素材和资源。也衷心希望越来越多的教育同仁参与进来，开展越来越多、越来越丰富的研究，取得越来越多、越来越厚重的成果。

当中国本土的教育实践智慧被越来越多的教育人、研究者深度关注，当本土教育家型校长和校长教育家的办学思想、成果的研究终于成为“显学”，我国教育改革的深化、教育转型的发展，就进入了花香郁郁、生机勃勃、自信满满的崭新阶段。

本丛书的组织、编写和出版，得到了教育部“国培计划”专家工作组秘书长黄桂珍、领航工程项目办郭磊主任、国教院培训学院于维涛、领航工程北京基地首席专家胡淑云、领航工程广东基地首席专家龚孝华等的大力支持，他们给予本书以较高的评价，在此深表感谢。必须要提到的是，2020 年，北京教育学院校长、培训学院院长胡淑云教授邀我和广东第二师范学院龚孝华教授一同参与了中国教育学会重点课题“从名校长到教育家型校长发展路径研究”，本丛书恰恰是围绕这一课题所做的“研究三人行”之成果了。

严华银

2022 年 2 月星期日于南京老山竹下居

十二岁·美好相遇

12岁，是一个孩子最美的年华，少年抒壮志，青春别样好；12年，也是一所学校顶好的岁月，教海扬征帆，未来无限美。从遇见最美的那抹中国红开始，美好便如影随形。从筚路蓝缕到桃李芬芳，我们斗志昂扬、步履铿锵，高擎“美好教育”旗帜，传承红色基因，弘扬恩来风范，在红色文化育人的征途上，根植美好，生长美好，成为美好。

12载，一路风雨兼程的跋涉。栉风沐雨，砥砺前行。晨曦里迎着朝阳，夕照下沐着微光，我们坚守初心、对接时代，以红养正、立德树人。“托起明天的太阳”，这是一个美丽的红色教育梦想，她印刻在每一位恩来红小人的心田里，坚实而有力，甜蜜而芬芳。负重奋进创业，与时俱进创新，敢争一流创优。我们坚持以红色文化培根铸魂、启智润心，建美雅校园，塑美丽教师，铸美妙课堂，育理想远大、坚毅进取、乐学善思、德美体健、勇于担当的新时代红军娃。

12载，一首动人心魄的诗篇。弦歌不辍，踔厉奋发。有这样一座校园，回归儿童的视角，寄予审美的情趣，“八园四楼一场馆”交相辉映，“十塑三廊一中心”“三院两墙一红塔”点缀其间，一步一景，处处匠心，建筑与园林浑然一体，学习与审美自然共生。有这样一群教师，三尺讲台，四季晴雨，誓将丹青弄春华，誓让抱负染红霞。他们，在携手奋进中守候执着，在休戚与共里执着守候。他们青丝变白发，热血育英才；他们春风化细雨，韶华映秋实。有这样一群学生，立德，立心，明志蓄力；立身，立学，坚毅进取。他们视野开阔，全面发展，潜心追逐梦想；他们以梦为马，鹰击长空，积蓄奋进力量；他们理想远大，乐学善思，誓作国之栋梁；他们勇往直前，脚踏实地，不负美好年华。

12 载，一曲余韵悠长的赞歌。勇立潮头，荣誉等身。学校先后被评为或表彰为“全国五星级红军小学”“全国基础教育特色学校”“全国红军小学建设工作先进单位”“全国国防教育示范学校”“全国小公民道德建设先进集体”“全国巾帼文明岗”“全国红旗大队”“全国优秀少先队集体”等。《托起明天的太阳：红色文化育人课程创新》荣获江苏省教学成果特等奖，中央电视台多次对学校办学特色进行了专题报道。学校内强素质，外树形象，红色教育、艺体教育、国防教育形成特色，铸就品牌，已成为全国红军小学对外展示的窗口。一份份收获、一列列奖牌、一座座金杯……像一弯又一弯奔腾不息的长河，见证奋斗的砥砺沧桑；似一帘又一帘星光璀璨的夜幕，点缀成长的绚烂辉煌。课程开放、多元、生态，融合创生，活泼灵动，包罗万象，精彩纷呈；教师仁爱、儒雅、奉献，人如秋水、心若皓月，修养唯才，守持以德；儿童坚毅、乐观、智慧，逸情如水、韧性为松，孜孜不倦，宁静致远。

12 年，一段如诗似梦的岁月；12 岁，一个如花似锦的年华。时光的年轮悄然转动，生命的火焰跳动不息，红色文化浸润的校园，我们相遇、相知、相守，沉醉于你的烂漫生机，钟情于你的坚定执着。奏一曲华美乐章，学校拾级而上，一路芬芳，无限荣光；织一匹斑斓锦绣，学子扬帆远航，鹏程万里，扶摇直上。

12 年，我们走过了春华秋实，勾勒出美好教育的宏伟蓝图！12 年，我们经历了风霜雨雪，品悟到千秋伟业的任重道远！悠悠岁月，终将铭记那些在风餐露宿中坚定执着、辛勤耕耘的老师们。巍巍峻宇，不会忘记那些在求实探索中满怀信念、寒窗苦读的学子们。以红色文化育时代新人，恩来红小人脚踏实地、砥砺奋进，以艰苦奋斗的决心、披荆斩棘的魄力、锐意进取的勇气，迎着朝阳铺开壮丽画卷，在时代的浪潮里迎接挑战、把握机遇，面向未来写好心中的诗，走好脚下的路！

目录

contents

第一章

红色文化的时代呼唤

文化是一个民族的灵魂，是凝聚民族精神的纽带，是一个民族生存发展的力量源泉。学校文化是学校在长期的教育实践中创造和积淀下来，被其成员认同和遵循的具有规范性和传承性的价值观念体系、行为准则体系以及物质风貌体系等的总和。学校文化是有生命的，是不断生长和发展的，影响着学校每个成员的思维与行动。它是一所学校活力的源泉，是一所学校区别于其他学校的本质特征。优秀的学校文化能驱动学校持续、稳定发展，不断提升学校凝聚力、竞争力和影响力。

红色文化是以马克思主义为指导，吸收中外优秀文化创造的先进文化。红色文化是中国共产党领导人民在百年历史进程中为民族独立、人民解放和国家富强、人民幸福而不懈奋斗中形成的政治觉悟、革命斗争精神、高尚品质和优良作风，是在长期的革命和建设实践中积淀、创造、整合形成的一种特定的文化类型和体系，是中华民族的宝贵精神财富。

周恩来红军小学自建校以来，全面贯彻党的教育方针，坚持以“成为美好事物的圆心”为核心办学理念，以“弘扬红军精神，传承恩来风范”引领学校发展，从红军精神和周恩来崇高品格中提炼具有学校特色的红色文化精髓——弘毅，并以此进行以“弘毅”为核心的红色文化体系建设，逐步形成了学校弘毅文化体系。弘毅文化以红色作为育人底色，以红养正，立德树人，着力培养学生成为理想远大、坚毅进取、德美体健、乐学善思、勇于担当的新时代红军娃。

第一节　红色文化的时代价值

红色文化是在中国革命艰苦卓绝的伟大历程中形成的，具有鲜明的时代性。在当今百年未遇大变局之全球政治格局深刻调整、经济格局风云变幻的时代以及多元文化融合与冲突并存之际，深化和拓展我国红色文化的育人价值具有极其重要的现实意义。开展红色文化教育可以有效抵御西方霸权主义、单边主义等思想文化的侵蚀和历史虚无主义等错误观念的滋生，更有助于青少年坚定民族文化自信，树立正确的理想信念，厚植家国情怀。

一、红色文化是马克思主义在当代中国的特色彰显

（一）红色文化是马克思主义基本原理同中国具体实际相结合的精神结晶

从马克思主义诞生到巴黎公社运动，再到俄国十月革命，这些给中国带来了先进思想和鲜活经验。一百多年来，马克思主义思想与中国优秀传统文化、中国革命精神完美融合，形成了独具中国特色的红色文化。它以中国化马克思主义为灵魂，以新时代社会主义核心价值观为基础，以爱党、爱国、爱社会主义为精髓，以培养合格的社会主义事业建设者和接班人为最终指向。

（二）红色文化是马克思主义在中国的创新与发展

如今，中国正行进在全面建设富强、民主、文明、和谐、美丽的社会主义现代化强国的征程上，比以往任何一个时期都更加需要弘扬红色文化。红色文化熔铸着马克思主义真理的光辉，是马克思主义中国化、大众化的实践积累、概括和总结，并随着历史的发展而不断丰富和完善。红色文化是马克思主义理论在中国的特色化彰显，是马克思主义中国化的理论自觉与文化自觉，是马克思主义在中国的创新和发展。中国的红色文化自诞生起就具有开放包容的胸怀，具有思想启蒙、与时俱进的特质。在我国社会发展的不同历史时期和发展阶段，红色文化展现出不同的时代特征。新民主主义革命时期的红色文化，是革命斗争的文化，具体体现为“军民团结、艰苦奋斗”的井冈山精神，“不怕艰难险恶”的

长征精神，“改变作风、提高素质”的延安精神，“谦虚谨慎、艰苦奋斗”的西柏坡精神。新中国成立后，随着社会主义改造胜利完成，中国社会实现了从半殖民地半封建社会到社会主义社会的转变。红色文化与社会主义建设事业高度融合，具体体现为“艰苦奋斗、勇于开拓”的北大荒精神、大庆精神，“自力更生、艰苦奋斗、勇攀高峰”的两弹一星精神，“忠于党、忠于人民”的孔繁森精神，“勇于探索、乐于奉献、自强不息”的航天精神等时代精神。新时代，实现中华民族伟大复兴是全国人民的共同追求，也是红色文化的时代主题。红色文化的传承要高举马克思主义的旗帜，践行新时代初心和使命，为中国人民谋幸福，为中华民族谋复兴，真正传承好红色基因。

二、红色文化是新时代教育的主旋律

教育要为人民服务，为中国共产党治国理政服务，为巩固和发展中国特色社会主义制度服务，为改革开放和社会主义现代化建设服务。这“四个服务”的实质是以实现人民利益为依归建设特色学校，提供优质教育，培育时代新人，满足社会对多样化高质量教育的需求。

（一）红色文化是学校文化建设的主要内容

党的十八大以来，红色基因传承成为时代的最强音。学校文化是学校的价值追求和精神风貌，学校文化的建设应遵循教育性原则、整体性原则、个性化原则、实践性原则和参与性原则。教育性原则是指学校文化建设要突出文化的育人功能，重视教育对师生的成长、发展所起的积极作用，真正为培养社会主义时代新人服务。整体性原则是指学校文化建设是一个系统工程，具有层次性、具体性、全面性等特点，要遵循规律、整体规划、分步实施，要统筹兼顾、全员参与、持之以恒。个性化原则是指学校文化既要体现民族特征和时代精神，又要体现学校的办学理念和历史传承，因地制宜，因校制宜，形成自己的文化特色。实践性原则是指学校文化重在参与，重在实践，开展符合学生特点、深受广大学生喜爱的特色文化活动。参与性原则是指学校文化建设的过程就是教育的过程，要注意调动教师、学生、家长等各方面的积极性，通过活动的开展，逐步形成规范和谐的校风、科学务实的教风、勤奋严谨的学风、进取向上的班风。

学校文化是一种环境教育力量，对学生的健康成长有着巨大的影响。学校文化建设要营造出一种文化氛围，为全面提高学生素质服务。红色文化蕴含着丰富的革命精神和厚重的历史文化内涵，弘扬社会主义核心价值观，弘扬以爱国主义为核心的民族精神和以改革创新为核心的时代精神。红色文化渗透到校园的每一个角落，让校内的一景一物都感染着全体师生，让大家感受到红色之魂。红色文化可以激发学生健康向上的心理状态，是建设向上向善学校文化的基石。

（二）红色文化是实现当下教育根本任务的保障

时代赋予教育立德树人、传承红色基因的根本任务。红色文化是中华民族最宝贵的精神财富，是新时代学校立德树人的源头活水。少年儿童时期是学生世界观、人生观、价值观形成的关键时期。信息时代的到来，给人们生活带来便捷的同时，也带来了多元的价值观和负面文化的冲击，部分少年儿童的价值观偏离了正确的轨道。红色文化作为最先进的文化理念，对于少年儿童正确的三观形成具有至关重要的影响，“把红色资源利用好、把红色传统发扬好、把红色基因传承好”，可以从根本上保障学校立德树人根本任务的完成。学校育人工作要时刻谨记传承红色基因的使命，要始终不忘初心，践行全心全意为人民服务的宗旨，永远把办人民满意的教育作为奋斗目标，深入推进新时代教育事业的改革和发展。正是由于红色基因的积淀和传承，中华儿女才比历史上任何时期都更有信心，更有能力担当中华民族伟大复兴的时代重任。

三、红色文化是培养社会主义建设者和接班人的有力保障

红色文化是我们党立党兴党、执政兴国的宝贵精神财富，也是坚持

和发展新时代中国特色社会主义的强大精神支撑。传承红色基因，是全面贯彻落实党的十九大精神，实现中华民族伟大复兴的中国梦，培养新时代社会主义建设者和接班人的有力保障。

弘扬红色文化,传承红色基因,可以帮助少年儿童树立正确的世界观、人生观、价值观，坚定政治信仰，形成正确的理想信念；实现民族文化自信，抵御历史虚无主义；厚植家国情怀，提高明辨是非的能力；筑牢抵御拜金主义、享乐主义、个人主义等腐朽思想侵蚀的思想道德防线。

（一）红色文化坚定政治信仰

少年儿童是红色基因的传承者，要从小树立正确的理想信念，帮助他们“扣好人生第一粒扣子”。传承红色基因，践行红色精神，孕育红色血脉，培养儿童坚定的政治信仰，要紧扣节点开展红色教育，激发少年儿童爱党爱国的热情。学校将社会主义核心价值观养成教育落实到孩子的学习生活中，促进知行合一，锤炼少年儿童的良好道德品质；将红色文化融入教育的全过程，培养少年儿童的健全人格。

红色文化是开展理想信念教育、爱国主义教育的宝贵资源。红色文化的形成，与中国近代以来的历史密切相关。鸦片战争后，西方列强用坚船利炮打开了古老中国的大门，中国逐步沦为半殖民地半封建社会，陷入了屈辱、挨打的艰难局面。在一批又一批仁人志士探索中国革命道路失败后，中国共产党作为新的政治力量登上历史舞台，坚持马克思主义基本原理与中国国情相结合，在血与火的探索与斗争中形成了崇高革命精神和共产主义理想信念的红色文化。红色文化诞生的时代背景、发展脉络、政治价值决定了它与生俱来的重要政治功能，是开展理想信念教育和爱国主义教育的优秀资源。践行红色精神，就是要让少年儿童坚守革命信仰，树立远大理想，用红色精神武装自己，早日实现中华民族强国梦。

（二）红色文化实现文化自信

一些年来，历史虚无主义时不时泛起，妄图从历史依据上否定中国共产党执政的历史必然性，主张以西方一些价值观念来书写历史，削弱少年儿童对民族文化的自信。文化自信事关国家兴衰，是更基本、更深沉、更持续的力量。红色文化扎根于中国文化的沃土之中，是在马克思主义指导下的近代中国革命、建设和改革的伟大历史经验。自从马克思主义传入中国以后，中国人在精神上就由被动转入主动。从那时起，近代世界历史上那种看不起中国人、看不起中国文化的时代一去不复返了。中国人民的文化，就其精神方面来说，已经超过了整个资本主义的世界。红色文化深刻揭露历史虚无主义的反动目的，正本清源，振奋中国人民的精神，让中国文化蓬勃发展。红色文化通过文学作品、革命故事、经典诗词、地方红色资源等传递给学生，让他们从小接受社会主义意识形态教育，培育和践行社会主义核心价值观，实现少年儿童文化自信。

（三）红色文化厚植家国情怀

教育肩负着“培养什么人、怎样培养人、为谁培养人”的根本任务，培养德智体美劳全面发展的社会主义事业建设者和接班人，必须坚持正确政治方向，加强爱党爱国教育，用活用好红色文化这一优势资源，在铸魂育人上下功夫。

红色文化与爱国主义同属于中华优秀传统文化，都是先进文化的重要组成部分，在价值属性上，两者具有共通性。红色文化与爱国主义都是中国共产党在各个阶段与各个时期宣扬、倡导、信奉的主流文化，凝聚着一种团结、进步的精神力量，都宣扬爱党、爱国、爱社会主义相统一，都倡导“有国才有家”“舍小家为大家”的家国情怀，都信奉真、善、美和公平正义。红色文化内涵丰富，在一定程度上是爱国主义的突出表现和集中展示，爱国主义又可通过红色文化这一有效载体展现和传承。

红色文化与爱国主义既是价值的认同，也是一种情感和意愿的表达，其在表现形式和情感归属上具有互融性。主要表现为：第一，内容上互融。红色文化包括理想信念、爱国主义、艰苦奋斗、实事求是、开拓创新等精神文化，爱国主义作为其中重要的内容予以呈现。爱国主义是中华民族几千年绵延发展的历史长河中激昂的主旋律，是把中华民族坚强团结、牢固凝聚在一起的精神力量。爱国主义自古有之，而其在中国近代以来最主要、最突出的表现形式就是红色文化，具体表现为时时刻刻把国家民族利益放在第一位，为实现国家富强、民族独立、人民幸福，自觉肩负起救国救民救亡的重任，不怕流血牺牲，永远忠于自己的国家。第二，形式上互融。红色文化的物质载体，如革命遗址、伟人旧居、烈士遗物等大多以爱国主义教育形式呈现，供后人瞻仰纪念。爱国主义教育的实施，需要借助某种介质或载体，红色文化是其中最重要的展示方式之一。红色文化与爱国主义这种价值共通、情感互融的特性，为培养少年儿童的爱国之情、强国之行、报国之志提供了丰厚土壤和有利条件。

第二节　红色文化的发展困惑

红色文化作为中国特色社会主义文化的重要组成部分，具有深厚的历史底蕴和丰富的精神内涵。在红色文化育人实践的过程中，出现了一些亟待解决的问题。当今社会物质生活日益丰富，艰苦朴素、勤俭节约这些传统美德在小学生的生活中渐行渐远，再加上享乐主义、利己主义的快餐文化不断兴起，孩子们无法理解这种诞生于革命战争年代，带着浓浓硝烟味的红色文化。高度重视红色文化的育人作用，大力弘扬向上向善的主导思想和主流精神，唱响主旋律，传播正能量的号角已然吹响。而教育重智育、轻德育现象较多存在，对红色文化的宣传教育有的流于形式，不少学校关于红色文化课程的设置不多，对红色文化的内涵缺少深度了解，红色文化的发展现状自然不尽人意。

一、红色文化育人的现状

十八大以来，红色文化育人被提升到一个特别的高度，逐渐成为学校文化追寻的主旋律、最强音。弘扬红色文化，播种红色基因，这是从我们党的事业，从国家事业的高度提出来的根本要求，这也是一种时代的要求，是国家的要求，是党的要求。中国作为共产党领导的国家，人民当家作主的国家，传承红色基因，厚植爱国情怀是我们教育人的共同使命。虽然党和国家有要求，虽然学校也在实践，但红色基因的传承、红色文化的弘扬，还有很多不足的地方，并没有完全达到党和国家要求的目标。

（一）红色文化与少年儿童存在距离感

1. 时代的距离

红色文化历史相对久远，少年儿童对红色文化缺乏体验，要将红色文化的种子播种到孩子们的心中不是一件容易的事，传承和弘扬红色文化面临着许多困难。有些教育者，在认识上静止、僵化地看待红色文化，认为其只存在于中国共产党成立后领导中国人民翻身做主的革命历程中，不能正确认识到其具有的开放性、发展性、时代性特征，不能在重视中华民族传统精神内涵和价值体系传承的同时，注意深入挖掘、及时总结改革开放与全面建设小康社会新的“伟大革命”过程中其不断延展的内涵和不断丰富的显现形态。有些学校也在重视红色文化，但只象征性地利用网络、电视等多媒体播放红色电影供学生观看，学生常常无法理解红色影片背后的时代价值和精神内涵。

2. 心理的距离

由于各地区对红色文化的宣传力度不同，加之当前多样化的社会生活、多元化的价值观对学生思想观念、家庭育人观念产生了极大冲击，导致当代学生对红色文化的心理认同感不足，产生了一定的心理距离。要想让学生真正地深入了解红色文化，就必须思考少年儿童的内心世界，只有让学生的心灵与英雄人物的心灵产生碰撞，红色的火焰才能在学生的心田燃烧。另一个现实基础是社会功利化风气盛行，很多家长希望孩子通过文化学习考个好学校，家长和孩子们的追求与红色文化引领的价值观存在着一定的距离，导致家庭、学校、社会与红色文化的疏离。学校红色教育欠缺对学生心理的了解和把握，有时难以让学生产生共鸣。学校红色文化育人存在重形式、轻内容的现象，虽然红色文化教育活动在一些地方积极地开展着，但是这并没能有效地激发学生的内生动力，部分学生没有从内心认同红色文化。

3. 认知的距离

红色文化认知是指人们对中国共产党领导的新民主主义和社会主义革命实践过程中形成的红色文化的肯定性认识，对红色文化群体形成的归属感和内心承诺，并在生活方式、行为模式、价值观念和思维情感等方面表现出鲜明的红色文化特征。当下社会多元化的价值观，给红色文化的认知、传承和发扬带来了阻碍。学生普遍认为红色精神只是战争年代所形成的精神，缺少对红色精神的时间延续性认知与深度理解。多年以来，红色文化教育缺少体系化，导致红色文化育人基本上以碎片化的方式呈现，红色文化教育没有系统化地被学生接受，形成了多数学生提到红色文化并不陌生，但是仍停留在“知其然而不知其所以然”的状态，对红色文化相关知识了解的深度不够，缺乏深刻体验。

（二）红色文化的资源利用不足，育人成效不显

尽管我国红色文化资源总量丰富、分布较广，但是也存在各地红色文化资源较为分散、割裂的情况。红色文化资源分布显现“多、散、小、乱”特点，给学校整合地方红色文化资源、开展育人活动带来困难，导致活动育人缺乏实效性。一些学校对地方红色文化的资源没有进行充分利用，环境建构缺乏系统性，导致红色文化氛围不够浓郁，加之宣传力度不够，也没有充分关注儿童视角，忽视红色文化育人价值，削弱了红色文化的影响力。因此，学校需要在突出地域红色文化特色教育的同时，注意对红色资源的优化整合，通过挖掘红色文化资源之间的关联性，缩短距离感与割据感，丰富红色文化的教学内容，提升红色文化教育的亲和力。

1. 缺少系统保护，资源流失明显

由于党史研究与规划、文物、建设等部门联动不够，红色文化资源缺少系统性、综合性的研究和挖掘，一些红色文化资源还没有及时被列入法定保护体系，导致部分红色文化资源只有故事而没有承载故事的实物载体。

2. 红色文化知识呈现不够与时俱进

随着信息化时代的到来，新一代的学生更加倾向于可视化、图像化、鲜活化的学习方式，但红色文化知识在互联网和新媒体还没有系统性的

呈现。学生期待通过还原历史场景、创新纪念形式、丰富活动内容，进行跨越时空的仪式体验红色记忆，更希望通过动漫、流行歌曲、艺术展览等形式实现红色文化的艺术转换，用VR、游戏和实景体验等创造革命历史的真实场景，讲活党史、国史故事。

（三）传统的红色文化育人重形式、轻内涵、缺深度

很多学校把定期举行一两次活动，诸如看革命题材影片、清明祭扫烈士墓作为开展红色文化教育的主要内容，系统性不强，缺乏深度，年复一年开展，没有创新，使受教育者产生厌烦、抵触情绪。

1. 红色文化育人主体意识不强，重于形式

红色文化育人无法取得成效的一个重要原因就是社会各界及学校对其重视程度不够。当前，红色文化育人主要是被作为学校思想政治教育的一部分，受市场经济发展的影响，红色文化资源的利用趋于功利。一些地区利用红色文化资源搞形象工程，而没有充分认识到它的育人功能，忽视了发挥其应有的价值，从而使其失去了真正内涵。在学校，教育者对红色文化的宣传教育往往流于形式，学生不清楚红色文化的概念，尤其是现在的学生没有经历过艰苦的革命年代，对红色文化资源接触不多，学校关于红色文化课程的设置不多，红色育人活动比较少，所以学生关于红色文化也就知之甚少。

2. 红色文化育人渠道单一，轻视内涵

学校利用红色资源对学生进行红色教育往往只停留在去红色资源地参观游览、观看革命题材影片等单一的较浅层面，缺乏相应的、明确的指导思想、目标原则、计划方案、实施细则、效果评价等内容，往往局限于对红色文化的表面感知，没有深挖精神层面的内涵，更没有充分发挥红色文化育人的巨大优势。活动内容单薄陈旧，创新性不足。活动形式传统固化，缺少时代气息。虽然，组织学生亲身到革命遗址、纪念馆等实地参观游览是加强对中、小学生进行红色教育的一种形式，但是学校花费了较长的时间，投入了较大的财力、人力，实际效果却不够明显。

3. 红色文化育人价值引领缺少深度

面对着经济全球化、信息大爆炸的新时代，历史虚无主义甚嚣尘上，

西方资本主义国家通过各种渠道推行它们的“西式”价值观和意识形态，不断对我国进行思想文化的渗透。一个国家和民族如果没有坚定的文化自信，就无法得到长足的发展。将红色文化与社会主义先进文化有机结合，培育少年儿童树立正确的核心价值取向，是当前学校思想政治教育的重要任务。当前学校的教育对于红色文化传承的方式和方法单一，没有做到深度挖掘红色文化教育资源,发挥红色文化培根铸魂的育人功能。平时红色革命题材教育活动，往往偏重娱乐性，没有从思想政治教育的高度引领学生结合历史背景、具体内容、思想内涵等进行深入解读，达不到应有的育人效果。

（四）红色文化与学科教学存在壁垒，育人评价标准单一

红色文化育人理念没有在学科教学中得到有效渗透。红色文化育人课程内容单薄、实施方式陈旧，缺乏整体性的建构与创新，没有形成红色文化实施的样态和机制。教学中唯成绩、唯分数等现象没有得到完全消除，功利性较强，对学生的评价过于关注知识与技能的获得，对情感、态度与价值观的塑造重视不够，导致学科教学与红色文化育人之间的联通普遍不畅。

1. 红色文化与思政教育不能有机融合

由于时代久远，革命事件、英雄人物在学生心目中呈现程式化、脸谱化色彩，导致红色文化教育与思政教育融合不够深入。一是红色文化教学内容与思政教材内容联系不够紧密，重视程度不够。有的学校把思政课边缘化，只注重内容形式，缺少深度理解，没有彰显红色文化在学校思政教育中的重要作用。二是红色文化融入学校思政课的程度不深，仅仅停留在文本知识的教学，常常忽视了对相关知识点和故事背后蕴含的伟大革命精神的挖掘，导致学生浅尝辄止。三是制度保障不健全。学校虽利用红色文化进行社会实践，却只是走过场，拍拍照，写写新闻报道，无具体考核制度。在红色文化基地，也主要是讲解员进行讲解，局限于红色文化的情景介绍，缺乏深度背景的理论阐释和精神诠释，学生的感悟和收获不多，只是喊喊口号，做做形式。

思政内容与课堂教学没有有机融合是当前思政工作普遍存在的现象。

因此，只有将红色文化渗透到中、小学生思政教育的始终，才能使学生在对红色文化形成正确认识的基础上，更客观理性地面对现在的生活，从而树立好热爱祖国、热爱中国共产党的信念。

2. 红色文化与学科教学不能有机融合

红色文化与学科教学的融合，更契合新时代育人追求，有助于学生坚定正确的政治信仰，将红色精神内化于心、外化于行。实际上，学科教学中红色文化的融合效果却不尽如人意。首先，学科与红色文化融合课程体系不完善，对红色故事、党史人物、影像、红色遗址等知识缺乏系统整理，教师在教学中无法灵活应用；其次，无法做到知行合一，教师非文本资料解读能力不足，无法准确、深刻理解红色旧址、遗迹、物件背后的故事及蕴含的精神力量，导致红色文化育人效果不佳；此外，出于学生安全顾虑，很多学校没有开设课外实践课堂，很少组织学生到红色文化教育基地进行实地考察，少年儿童无法亲身参与到红色文化实境中学习革命历史、接受红色文化的熏陶。

红色文化育人评价标准单一。建立科学的评价标准，是增强育人实效性的保障。而在学科教学中，往往采用标准化的试卷，作为评价学生学习效果和能力的最主要依据。红色文化育人具有教育对象全民化，教育形式多样化，教育内容丰富化，教育价值多元化等特点，也决定了无法用单一的评价标准来衡量红色文化育人效果。然而，很多学校对学生的评价就以一学期参加了一、两次红色文化主题活动为标准，没有健全的学生红色成长评价体系。

二、红色文化育人现状原因探析

红色文化育人功能实效性不高，有着诸多原因。多元文化的冲击、资源利用不充分、规划设计不科学等，都从不同方面削弱了红色文化的传播力、吸引力和影响力。

（一）多元文化的冲击，削弱了红色文化的传播力

党的十九大报告明确指出："文化是一个国家、一个民族的灵魂。文化兴国运兴，文化强民族强。没有高度的文化自信，没有文化的繁荣兴盛，就没有中华民族的伟大复兴。"在全球文化交流、交融、交锋的今天，西方国家不断加大文化输出的力度，把文化扩张的重点转向中国，导致中国的理论、道路、制度、文化认同面临着严峻挑战。当下社会价值观多元化，红色文化作为学校文化的一个主旋律，也会受到影响与碰撞，在一定程度上阻碍了红色文化这种主流文化的传承和发扬，特别是西方资本主义的价值观、生活观跟我们的红色文化是冲突的，削弱了红色文化的传播力。

（二）资源利用不充分，削弱了红色文化的吸引力

1. 基础设施不健全，配套措施跟不上

红色文化教育基地建设不够广泛，配套措施滞后。很多红色文化教育基地位置偏远，交通不便利，大多数红色文化教育基地接纳能力有限，红色文化教育基地周围餐饮、住宿等配套设施不健全，导致人们不愿意去、不方便去，严重削弱了人们前往参观学习、接受教育的热情。

2. 红色文化表现形式单一，地域特色不明显

从国内红色文化推广搞得有声有色的省份来看，他们的红色文化表现形式多样，很好地突出地域特色，为红色文化实践育人奠定了一个良好的前提。如革命老区江西根据地方革命历史，推出"吃红米饭、喝南瓜汤、唱红军歌"系列活动，亲身体验当年红军的艰辛与不易，在实践中感悟红色文化精神。而全国很多地方的红色文化表现形式单一，很少开发红色文化产品，导致红色文化推广不力，没有彰显地域特色。

3. 红色文化资源分散，整体育人效能不高

红色文化资源较为分散是我国地方红色文化资源分布的一大特点。中国共产党在领导中国人民群众长期革命、建设过程中，创造出很多奇迹，留下的红色文化资源非常丰富，但都散布在各地，且普遍规模偏小，资源难以整合，导致红色文化资源没有充分发挥其应有的育人功能。

（三）规划设计不尽科学，削弱了红色文化的影响力

很多学校普遍存在的情况是从管理的角度出发虽然有红色文化育人的要求、有红色文化学习的布置，但缺少指导性、系统性，缺乏科学考核标准。目前，学校大都没有设立专门的红色文化建设机构来组织领导红色文化建设，也没有制定有效的制度来规范红色文化的建设。红色文化建设缺乏长效机制，教师红色文化教育的课程开发能力、实施能力、评价能力未能充分彰显。

在营造文化环境时，很多学校缺少合理规划，设计不够科学，措施不够实，没有让红色文化渗透到学校每一个角落，让校园的一草一木都闪烁红色之影，让师生的一言一行都折射红色之魂，让校园时时处处都充满红色的精神；没有制定一些有切实可行的措施指导师生开展红色文化育人活动，让学生感受红色的魅力，接受红色的熏陶与精神的洗礼。

学校红色文化宣传阵地建设不完备。教室、走廊、宣传栏等醒目的地方未能体现红色元素，没有让学生们一走进校园，就感受到浓浓的革命传统文化气息。学校开展革命传统教育活动不成体系，让红色文化落实不深入、不细致，学校督导检查缺乏持续性，大大削弱了红色文化的育人效果。

（四）教师认知不到位，削弱了红色文化的教育力

1. 思想认识不到位

在学校进行红色文化教育的过程中，教师本身对红色文化不够重视，虽然能找到一些相关资料，但只满足于照本宣科，不能准确、生动、形象地传播红色文化，难以引起少年儿童的关注，久而久之，学生会对红色文化失去兴趣。在素质教育不断深化的今天，仍有一些教师太过重视考试、分数、升学，只关注学生的知识获得，忽略红色文化的育人价值。同时，也有一些班主任在班级文化建设方面意识比较淡薄，未能认识到红色资源重要的德育功能。

2. 理念提升不到位

“四有好教师”标准对新时代背景下教师育人能力内涵进行重塑，从而实现为党育人，为国育才。然而，当前很多学校教师在开展红色文

化育人时仍采用传统、机械的方式进行，缺乏与学生内心深处的思想情感碰撞，学生没有真正内化价值取向并指导其自身行为。同时，部分学校在设置教师校本研修、校本培训课程并没有设定相应的红色文化培训考核制度，导致教师参与度不高，无法及时更新先进的红色文化育人理念，无法在教育教学中创新实践运用。教师研究意识与研究能力的不足，导致育人能力提升缓慢，无法满足新时代红色文化育人的需求。

针对红色文化发展中的现状与困惑，学校对以上问题进行梳理，探索出符合校情、学情的校本化回答——凝聚全校师生共同的价值观、共同的信念、共同的愿景、共同的努力方向，培养社会主义事业合格的建设者和接班人。

第三节　红色文化的应然要求

红色文化是中华民族先进文化的代表。在新时期，传承红色基因，发展红色文化，落实红色教育，对于坚定中华民族文化自信，实现中华民族伟大复兴有着重要的历史意义。红色文化是中国特色社会主义文化的重要组成部分，在比历史上任何时候都更接近实现中华民族伟大复兴目标的新时代，更需要通过红色文化引领，发挥红色文化的内在力量，进行中国特色社会主义现代化的伟大建设。

一、新时代坚定文化自信需要传承红色文化

弘扬红色文化对于培育和践行社会主义核心价值观，提升国家文化软实力有着重要的意义。党的十九大报告中明确提出了“坚定文化自信，推动社会主义文化繁荣兴盛”的战略要求，体现了高度的文化自觉和坚定的文化立场，对文化作用、文化自信的认识达到了一个新高度。红色文化熔

铸起的文化自信力量，是日益强大的中国在“百年未有之大变局”中全球化的文化选择。红色文化在中国特色社会主义文化中的传承发展，提升了中国道路选择的辨别力，为中华民族的文化自觉指引正确方向。红色文化所弘扬的理想信念，为坚定社会主义理想信念提供了历史参考。红色文化所蕴含的政治立场、政治方向与新时代党中央的道路方向一脉相承，红色文化为文化自觉、文化认同、文化自信提供了丰富的历史经验。红色文化是马克思主义中国化的文化成果，引领中国革命和社会主义建设取得伟大胜利的先进文化。传承红色文化，坚定文化自信，对于建设新时代中国特色社会主义伟大事业，实现中华民族伟大复兴具有重要意义。

弘扬红色文化是践行社会主义核心价值观的基础。社会主义核心价值观是中国精神的集中体现，是新时代全体中国人民共同的价值追求，是新时代凝聚中国力量的精神纽带。党的十九大报告深刻阐释了社会主义核心价值观的丰富内涵和实践要求，对培育和践行社会主义核心价值观作出重要部署。红色文化与社会主义核心价值观具有深厚的内在关联。在思想上，两者都以马克思主义为指导，都根植于中华民族的传统文化和民族精神；在价值追求上，两者有契合的奋斗目标，具有同源、同根、同向的关系。红色文化是社会主义核心价值观的思想源泉和重要载体。它所蕴含的“首创精神”是凝聚“富强、民主、文明、和谐”国家发展共识的思想驱动；“奋斗精神”是实现“自由、平等、公正、法治”社会价值目标的根本途径；“奉献精神”是践行“爱国、敬业、诚信、友善”公民道德准则的应有情怀。红色文化可以增强社会主义核心价值观的具象感，提升认同感，是践行社会主义核心价值观的有效载体。所以，在新时代背景下，传承和弘扬红色文化精神、培育和践行社会主义核心价值观，已成为建设社会主义文化强国、实现中华民族伟大复兴中国梦的必然要求。

弘扬红色文化是提升国家文化软实力的保障。随着我国国际影响力不断攀升，增强文化软实力已经成为实现民族复兴的重要文化战略。当前，国家全面推进文化体制改革，促进文化产业快速发展，社会主义核心价值观深入人心，中国特色社会主义文化自信得到不断增强。我国提出的构建人类命运共同体、“一带一路”倡议等得到国际社会的广泛认同，国际影响力、感召力日益提升，中华文化也受到国际社会的广泛关注。红色文化是中华优秀传统文化的重要组成部分，体现了马克思主义的真理、社会主义制度的巨大优越性，体现了中国共产党的坚定信仰、崇高精神、优良作风和宝贵品质，具有鲜明的科学性、大众性和民族性。红色文化在思想引领、文化传播、文明创建等方面发挥着无可替代的作用。因此，新时代需要高度重视红色文化的传承与发展，不断促进国家文化软实力的提升。

二、“中国梦”需要红色文化的精神滋养

种树者必培其根，种德者必养其心。习近平总书记指出：“共和国是红色的，不能淡化这个颜色。”红色文化是中国共产党以马克思主义为指导，吸收中外优秀文化创造的先进文化，代表了中国共产党人和广大民众的优良品格，不仅是中国人民价值观念体系中的重要组成部分，更是凝聚国家力量和社会共识的重要精神动力。在实现中国人民从站起来、富起来到强起来的今天，我们更要坚守共产主义理想，更要发挥红色文化铸魂育人的功能。

中国共产党的“两个一百年”奋斗目标中，“在中国共产党成立100年时全面建成小康社会”的第一个百年目标已经实现。2021年2月10日，习近平总书记在春节团拜会上指出：“全面建成小康社会，实现第一个百年奋斗目标，在中国共产党奋斗史、新中国发展史、中华民族文明史上都具有里程碑意义。同时，我们必须认识到，这只是我们迈向中华民族伟大复兴的关键一步，我们决不能骄傲自满、止步不前，要继续谦虚谨慎、戒骄戒躁，继续艰苦奋斗、锐意进取，为实现第二个百年奋斗目标、实现中华民族伟大复兴而奋力拼搏，为人类和平与发展的崇高事业不断作出新的更大贡献！”为实现“在新中国成立100年时建成富强民主文明和谐的社会主义现代化国家”这第二个百年目标，必须坚定红色文化信仰，弘扬开天辟地、敢为人先的革命精神，坚持脚踏实地、

守正创新的科学态度与方法，不畏艰难、勇于担当、迎难而上，戮力同心实现中国梦。

三、培育时代新人需要红色文化浸润

新时代少年儿童需要红色文化引导。一方面，儿童时期正是一个人生理和心理健康发展的关键时期，他们的知识结构、社会经验等方面存在着很多不足，处于世界观、人生观、价值观萌芽阶段，容易受到不良文化的影响，难以做到明辨是非。再者，现在的儿童生活环境优越，自出生以来一直受到百般宠爱，很少经历挫折，很容易形成以自我为中心的狭隘心理。另一方面，随着对外开放的深入，西方一些不良文化思潮通过网络、游戏等进入儿童世界，由于好奇心理、猎奇心态，在这些所谓的“新”玩意、“新”思想面前迷失方向，丧失自控力。毫无疑问，这会影响新时代教育事业的健康发展。

方向正则劲头足，要把少年儿童的思想政治教育作为文化建设的一个重要立足点。在红色文化的指引下，积极推进少年儿童思想教育，引领他们树立合乎道德与国家要求的价值观，成为有理想、有道德、有文化、有纪律的时代新人。

首先，红色文化有利于帮助少年儿童树立正确的价值观念，推进社会主义核心价值观建设，传承优良品质，抵御各种不良思想的侵蚀。红色文化中所蕴含的红色精神内核，指引着学校文化建设的正确方向。其次，红色文化引导使少年儿童树立正确的理想信念，培育爱国热情。在新时代的长征路上，红色文化能帮助儿童忆苦思甜，正确认识那段艰苦而又辉煌的历史，尊重和珍惜革命先辈的革命成果，以抵御外来的颜色革命。再次，红色文化能帮助少年儿童形成健全的人格和道德品质，向革命先辈学习百折不挠、艰苦奋斗的精神。正所谓“国无德不兴，人无德不立”，道德是立身立国的根本，红色文化所蕴含的道德精神不仅是对中国传统文化的提炼，也是对马列主义的创新，更是培育时代新人的必然选择。

第二章

弘毅——红色文化的校本回答

党的十八大以来，党中央提出了加强社会主义核心价值观体系的建设，围绕着这一体系的中心点，我们展开社会主义核心价值观的认同教育，引导广大青少年在思想感情上认知认同，在学习生活中遵循践行，内化为精神追求，外化为行动自觉。深入开展理想信念教育、爱国主义教育、中华优秀传统文化教育和革命传统教育，帮助学生“扣好人生的第一粒扣子”，从小培养“革命理想高于天”的崇高追求，增强做中国人的骨气和底气，将红色文化育人提到一个新的高度。

红色文化教育要提高实效，解决目标不明确、内容不系统、形式单调、与学生生活距离太远等问题，要基于学校实践，坚持将红色文化教育与学校育人目标相结合，与红色文化资源开发利用相结合，与学校课程建设相结合，与学生的思想实际相结合。

周恩来红军小学将弘毅文化作为文化标识，探索将普适性的红色文化凝练成本校的文化精神，落实红色文化育人，增强红色文化的影响力、传播力、吸引力和教育力。作为有深厚的红色教育底蕴的学校，我们以弘扬“红军精神和周恩来崇高品格”为出发点，在进行红色文化育人创新实践中，将学校的育人文化用“弘毅”来统领。以“弘毅”为核心的红色文化育人成为学校的核心价值追求，弘毅文化成为我校红色文化育人创新的校本表达。

第一节　弘毅文化提出的背景

周恩来红军小学着力于中华优秀传统文化精神的汲取、革命文化的传承和学校办学的现实追求，建构了以红色为底色的弘毅文化。

一、弘毅文化是对传统文化的传承发展

《尔雅》解释：弘，大也。《康熙字典》解释：弘者，含容之大也。“弘”作为形容词。清·刘开的《问说》“诚取善之弘大”。《诗·大雅·民劳》“式虽小子，而式弘大”中的“弘”皆是“大”之意。“弘”作为动词，是弘扬、广大的意思。《易经》“含弘光大”，晋·陆机《赠弟士龙诗》“非德莫勰，非道莫弘”，《新唐书》“故道德之旨未弘，而锲薄之风先摇”，这几处中的“弘”都是“弘扬、广大”之意。

毅，《左传》解释“杀敌为果，致果为毅”，《论语》有云：“毅，强而能断也。”本意是果决，志向坚定而不动摇。

《论语·泰伯》中，曾子说：“士不可以不弘毅，任重而道远。”南宋朱熹注释：“弘，宽广也；毅，强忍也。非弘不能胜其重，非毅无以致其远。”曾子所言的“士”本来指儒家之士。春秋战国时期，士人由一个群体，发展成一个社会阶层。他们以学习儒家理论、帮助君王治理国家为己任，有的人谋求担任各级官吏，以其思想管理广大百姓，推动国家发展；有的人以自己的思想教化百姓，影响社会。他们担当着这样伟大的历史使命，靠的就是宽广的胸怀、坚定的意志和杰出的才能。曾子用这句话告诉人们，担当大任必须要有宏大的襟怀，果敢刚毅的品格，能推己及人，胸怀天下。这种思想超越了名利的范畴，想到的是国家的安危，社会的兴衰。这种追求是“为天地立心，为生民立命，为往圣继绝学，为万世开太平”的崇高精神境界与使命意识。“非弘毅无以致其远”，只有经过不息不止的努力和奋斗，才有可能完成。这句话也表达了无数仁人志士主动承担社会责任的坚定信心和决绝勇气，所体现的精神也正是中国屹立于世界民族之林的根基所在。曾子之后，有无数的仁人志士继承了这种精神，他们以天下为己任，栉风沐雨，为了实现理想，就算是为此付出生命也在所不惜。这种精神，是炎黄子孙血液里流淌的自觉意识，是中华民族奋发向上的不竭动力。中国共产党领导中国人民取得新民主主义革命的伟大胜利，取得中国特色社会主义建设的伟大成就，也无不体现“弘毅”精神。弘毅是中华优秀传统文化中最为核心的

文化精神之一。习近平总书记曾用“士不可以不弘毅，任重而道远”这句话勉励广大青年，并强调国家的前途、民族的命运、人民的幸福，是当代中国青年必须和必将承担的重任。“弘毅”对于少年儿童来说就是要实现“抱负远大”与“意志坚强”的统一，“胸怀天下”与“勇于担当”的统一，“博闻强识”与“锐意进取”的统一，“砥砺品格”和“奋楫笃行”的统一。

中华优秀传统文化是中华民族宝贵的精神财富，博大精深、源远流长。中华传统文化的精髓包括修身、齐家、治国、平天下的家国情怀，胸怀天下的宏大格局，无远弗届的远大志向，孜孜以求的学习精神，知行合一的道德修养，止于至善的厚德载物，慷慨赴死的英雄气概，居安思危的忧患意识，求新求变的创新思维等。我们把学校文化凝练确立为弘毅文化，就是汲取和传承这些中华优秀传统文化的精髓，这对于坚定文化自信，实现中华民族伟大复兴具有重要意义。

2014 年 3 月，教育部印发《完善中华优秀传统文化教育指导纲要》，要求把中华优秀传统文化教育系统融入课程和教材体系，有序推进中华优秀传统文化教育。《纲要》确立中华优秀传统文化教育三个层面的主要内容：一是以天下兴亡、匹夫有责为重点的家国情怀教育；二是以仁爱共济、立己达人为重点的社会关爱教育；三是以正心笃志、崇德弘毅为重点的人格修养教育。这三个层面，分别体现了与“富强、民主、文明、和谐”国家层面的价值目标，“自由、平等、公正、法治”社会层面的价值取向和“爱国、敬业、诚信、友善”公民个人层面的价值准则的对接。“崇德弘毅”成为中华优秀传统文化教育的核心目标之一。

我们将学校的文化确立为弘毅文化，就是要加强中华优秀传统文化教育，着力传承与弘扬中华优秀传统文化。

二、弘毅文化是对红色文化的守正创新

红色文化是近代以来特别是五四新文化运动以来，在党带领人民进

行伟大斗争中孕育和创造的思想理论、价值追求和精神品格，如红船精神、井冈山精神、长征精神、延安精神、沂蒙精神、西柏坡精神等，集中体现了马克思主义指导下的中国近现代文化的发展及其成果，展现了中国人民顽强不屈、坚韧不拔的民族气节和英雄气概。红色文化既是中华民族革命斗争历史的高度文化凝聚，也是中国精神在革命年代的主要表现形式，寄托着人民群众对美好生活的向往。红色文化是中华民族在生存发展进程中的伟大创造，是中国共产党领导中国人民在伟大斗争中的精神活动、理性思维、文化成果、民族禀赋、民族意志的历史表达、时代体现，也是中华民族生生不息、发展壮大的丰厚滋养。

红色文化与中华优秀传统文化一脉相承，是中华优秀传统文化的延续、发展和升华。红色文化传承了中华民族的优良传统，融合了马克思主义经典理论，对中华优秀传统文化进行了再生、再造和凝聚、升华，并在革命实践中得到熔铸。从“为万世开太平”到“革命理想高于天”，从“威武不能屈”到“大无畏的革命英雄主义”，从“民为邦本”到“全心全意为人民服务”，从“格物致知”到“实事求是”，从“自强不息”到“自力更生、艰苦奋斗”等，都生动反映了中华优秀传统文化在革命斗争中的传承、转化和发展，并赋予民族志向、民族品格、民族精神新的时代光芒。

红色文化包涵中国共产党矢志不渝的信念和自强不息的精神，凸显中国共产党人弘毅取义的革命胸怀和全心全意为人民服务的根本宗旨。2021 年 1 月，为贯彻习近平总书记关于革命传统教育要从娃娃抓起的重要指示，落实全国教育大会精神，充分发挥中小学课程教材在革命传统教育中的重要作用，教育部《革命传统进中小学课程教材指南》出台，强调“在中国共产党近百年为民族独立、人民解放和国家富强、人民幸福而不懈奋斗中形成的革命传统，是党的宝贵精神财富和丰厚的政治资源，也是中小学教育的重要内容。对中小学生进行革命传统教育，植入红色基因，是贯彻党的教育方针、落实立德树人根本任务的需要，是增强学生对伟大祖国、中华民族、中华文化、中国共产党、中国特色社会主义认同的必然要求，对于传承革命文化和社会主义先进文化，培养德智体美劳全面发展的社会主义建设者和接班人具有重要意义。”《指南》要求革命传统进课程教材遵循三大原则，即覆盖全部革命历程，反映革命传统主要内容；遵循学生认知规律，坚持循序渐进；结合学科特点，注重有机融入。《指南》规定了七个主题教育内容，即中国共产党的领导地位、共产主义理想信念、以人民为中心的立场、实事求是思想路线、革命斗争精神、爱国主义情怀、艰苦奋斗传统。

“弘毅”是红色文化的重要主题，更是红色文化内在精神的重要体现。我们凝练并确立弘毅文化旨在萃取中华优秀传统文化和红色文化的精华，将中华优秀传统文化和红色文化深度融合，并在新时代学校教育中体现中国特色社会主义共同理想和共产主义远大理想教育的结合，体现社会主义核心价值观，以爱国主义为核心的民族精神和以改革创新为核心的时代精神融合，创造新时代学校文化的价值和样态。

三、弘毅文化是学校办学的现实追求

2007 年由老一辈革命家及其亲属倡导发起的红军小学建设工程，目前已覆盖了 30 个省市革命老区，成为著名的爱国主义教育和红色教育品牌。习近平亲笔为红军小学题词“托起明天的太阳”。红军小学以“不忘初心、牢记使命、红色基因、代代相传”为主题，着力深耕红色资源、厚植红色底蕴、讲好红色故事，努力打造传承红色基因的摇篮，把学生培养成为实现中国梦和共产主义事业坚强可靠的接班人。对学生进行革命传统和革命理想教育，是这项工程承载的重要使命。

2010 年，我带领二十多名教师开启了创校之路，租借校舍开始办学。根据学校的办学实际，确立了“根植红色文化，着力精神引领，加强习惯养成”的学校文化建设思路。2011 年 9 月，周恩来红军小学新校区落成，这所年轻的学校赢得了家长们的信任和支持。我们认识到红色文化的深远影响力，进行了学校红色文化建设的整体规划，并着力开展以红色文化育人为特色的学校文化建设研究。

“蓬生麻中，不扶而直，白沙在涅，与之俱黑。”高品位的校园文化对学生的影响是潜移默化的，其潜在的教育功能深刻而又长远。我们首先就学校红色文化环境建设进行深入研究，以红色文化氛围营造为主要突破口，彰显学校浓郁的红色文化特色。学校设计建设了恩来园、长征园、国防园、周恩来主题展馆等红色革命传统教育阵地。本着“托起明天的太阳”的初衷，结合学校独特内涵，整合地方资源，关注儿童视角，寄予审美情趣，赋予校园景观红色文化育人功能。此外，文学园、科学园、艺术园、种植园、生态园等处处彰显红色育人功能，美丽的校园成为弘毅文化的物质基础和载体。

在弘毅文化建设中，我们特别重视地方红色文化资源的开发和利用。学校地处周恩来总理的故乡，具有丰富的红色教育资源。学校认真整合周恩来故居、周恩来纪念馆、中共中央华中分局旧址、刘老庄八十二烈士纪念馆、车桥战役纪念馆苏皖边区政府纪念馆、黄花塘新四军军部纪念馆等一大批红色教育资源，建立红色教育基地，让这些资源成为学校弘毅文化的源头活水。学校利用这些基地，拓宽孩子们的实践渠道，让孩子在实践中“弘毅”。

全国红军小学平台是学生对外交流、学习的重要资源。通过和各地红军小学的互访、互学，实现全国红军小学教育资源的融通，拓展红色教育的广度和深度，实现教育的“弘毅”。学校还定期邀请周恩来亲属、周恩来生前身边的工作人员、老红军后代等来校讲学，交流指导，并聘请他们担任学校的名誉校长、校外辅导员等，形成了弘毅文化广泛的人力资源。

在学校文化研究中，我们从校名中的“周恩来”“红军”两个关键词出发，依托周恩来故乡独有的红色文化资源，去寻找学校文化的本源，确立以“托起明天的太阳”为办学哲学，以红色文化育人作为学校教育的基本方向，开创红色革命传统文化建设的思路。

我们坚持全面贯彻党的教育方针，以“弘扬红军精神，传承恩来风范”引领学校发展，从红军精神和周恩来崇高品格中提炼具有学校特色的红色文化精髓——弘毅，并以此进行学校文化系统建设，逐步形成学校弘毅文化体系。弘毅文化以红色为育人底色，以红养正，立德树人，着力培养学生成为理想远大、德美体健、乐学善思、坚毅进取、勇于担当的新时代红军娃。弘毅文化根植中华优秀传统文化，着力红色文化传承，引导全体学生以坚韧不拔的毅力为中华之崛起而读书，勉励全体教师像周恩来那样工作、学习和生活。“弘毅”是周恩来红军小学从红色文化的核心要素中生发出来的学校精神，是学校育人的落脚点和着力点，也是学校文化的统领。

第二节　弘毅文化的内涵分析

弘毅文化是指以中华优秀传统文化、革命文化和社会主义先进文化为指导，从红军精神和周恩来崇高品格中汲取营养，凝练时代精神，培育时代新人的学校文化。弘毅文化继承了中华优秀传统文化的基因，赓续了红色文化的血脉，彰显了新时代立德树人根本价值。弘毅文化强调要拥有革命信仰和远大目标并为之不懈奋斗；强调要有宽广的胸怀和坚强的意志以及艰苦奋斗精神；强调要注重内省、修养心性，有行动意识。弘毅文化意在唤起积极向上的进取心、敢于担当的责任感。

在弘毅文化浸润下，我们的目标是让师生能呈现良好的精神面貌：一是拥有爱党爱国、家国同构的赤子之心；二是有坚韧不拔、追求卓越的钢铁意志；三是有艰苦奋斗、不怕困难的良好品质；四是有乐学善思、勇于探索的科学态度；五是有天下兴亡、匹夫有责的担当精神。

一、爱党爱国、家国同构的赤子之心

“家国情怀”是一个人对国家和民族的深情大爱，是对国家富强、人民幸福的理想追求。它是对自己国家高度的认同感、归属感、责任感和使命感的体现，是一种深层次的文化心理。古人云：皮之不存，毛将焉附。国家、社会、家庭和个人是不可分割的整体。誓死救国的吉鸿昌、战斗英雄邱少云、不畏艰险的解放军战士，他们的心中都怀揣着强烈的家国情怀，他们都深知只有国家强大，才有人民幸福。“家是小小国，国是千万家”体现了无数的小家和国家这个大家的关系。弘毅文化提倡从舍己为家到保家卫国，把个人理想和国家命运紧紧连在一起。从无数革命先辈身上体现的舍身为党、舍身为国的事迹和新时代伟大建设者身上汲取爱国力量，培养爱国情感，让学生建立正确的家国观。

二、天下兴亡、匹夫有责的担当精神

“天下兴亡，匹夫有责”出自顾炎武《日知录》，后梁启超在《痛定罪言》一文中，提出“天下兴亡，匹夫有责”，强调每一个人都应该心系国家，承担起国家复兴的责任。随着时代的发展，人们赋予这一命题更宽广的含义。今天，我们可以理解为人类社会的兴衰是每一个人都要关心的，要秉持主人公态度，推进人类社会的进步。弘毅文化强调把责任意识和担当精神教育作为学校文化的重要内容，培养学生做到知行合一，从自己做起，身体力行，传承弘扬中华优秀传统文化、革命文化和社会主义先进文化，担当起中华民族伟大复兴的历史使命。

三、矢志不渝、坚韧不拔的钢铁意志

坚韧不拔的意志和远大理想是紧密相连的。两万五千里长征，中国工农红军经历了千难万险，最后取得胜利靠的是矢志不渝、坚韧不拔的钢铁意志。意志体现在克服困难的行动中，是调节行动的精神力量。“宝剑锋从磨砺出，梅花香自苦寒来。”通过积极克服小困难之小胜利培养克服大困难之大意志。红色文化育人，就是要通过红色革命传统文化教育，培养学生拥有坚强的意志，让他们坚定理想信念，在人生路上克服困难，最终成人成才。

四、艰苦奋斗、不怕困难的良好品质

毛泽东主席说过“艰苦奋斗是我们的政治本色”。1955年，周恩来总理为全国青年社会主义建设积极分子大会题词“艰苦奋斗，不怕困难”。党的十九大报告指出，全党一定要保持艰苦奋斗、戒骄戒躁的作风，以时不我待、只争朝夕的精神，奋力走好新时代的长征路。艰苦奋斗更是青少年成长的必由之路。尽管国家现在富起来、强起来了，但艰苦奋斗、不怕困难的品质不能丢，永远都是我们的传家宝。弘毅文化，就是通过基于革命传统文化的艰苦奋斗教育，培养学生百折不挠、顽强拼搏的高昂斗志，自强不息、刻苦钻研的进取精神，不怕困难、不懈追求的坚强毅力，埋头苦干、勤勤恳恳的务实作风。

五、乐学善思、勇于探索的科学态度

学海无涯，学无止境。青少年勇攀科学高峰，需要乐学善思，更要勇于探索。乐学就是要有一种好的学习心态，学有所用、学有所悟、学有所乐，一切自然而然，遵循生命发展规律，有活到老学到老的追求。善思就是不断地探索与发现。善思，才能少走弯路，才能学有所获。勇于探索，才不会被前进道路上的困难所吓倒，才有可能真正攀登上科学的高峰。培养学生乐学善思、勇于探索的科学态度也正是弘毅文化的科学性、人文性所在。让学生以积极向上的心态，迈开探索的步伐，在探索中取得成功！

第三节　弘毅文化的价值意义

文化领导力是最根本、最持久的核心竞争力，学校文化是教育教学之本。我校弘毅文化从中华优秀传统文化中汲取营养，从红色革命文化中汲取力量，坚定了学校社会主义的办学方向。

一、弘毅文化引领学校发展

文化是学校发展的灵魂，是学校发展的核心动力。学校以弘毅文化为根基，通过精神引领和实践指导，不断将学校文化力转化为发展力。在潜移默化中师生形成的价值观，增强了师生对学校文化的认同感、归属感和愉悦感，以此促进了学校整体、可持续地发展。学校不断丰厚弘毅文化底蕴，遵循社会主义办学方向，坚持用红色文化育人，培育理想远大、坚毅进取、德美体健、乐学善思、勇于担当的时代新人。

（一）弘毅文化遵循社会主义办学方向

习近平总书记在全国教育大会上发表重要讲话，用“九个坚持”来概括新时代坚持中国特色社会主义教育发展道路的核心要求，其中一个重要方面就是坚持社会主义办学方向。这是新时代坚持和发展中国特色社会主义教育的根本原则。

周恩来红军小学坚持社会主义办学方向，以马克思主义教育理论引领弘毅文化建设，把培育和践行社会主义核心价值观融入教育教学全过程，努力营造立德树人的良好环境和文化氛围，为学生全面发展奠定科学的思想基础。以弘毅文化建设驱动学校高品位发展，为党育人，为国育才，切实完成好培养德智体美劳全面发展的社会主义事业建设者和接班人的根本任务，培养一代又一代拥护中国共产党领导和社会主义制度、立志为中国特色社会主义事业奋斗终生的有用人才。

（二）弘毅文化打造精神家园

崇高的共产主义理想让全国各地、各民族的人民群众团结在一起，克服重重困难，取得了一个又一个的伟大胜利。弘毅文化吸收党团结人民群众革命和奋斗的经验，以先进的文化引领学校发展，打造学生、教师、家长共同的精神家园。

弘毅文化引领的教育理念将教师们凝聚在一起，为了共同的教育理想孜孜以求、不懈奋斗，凭着对教育事业的热爱，在陪伴学生成长中奉献自己的智慧和力量，寻找到人生价值；弘毅文化倡导的育人方式将学生们汇聚在一起，为了共同的成长愿景勤奋刻苦、奋发向上，在获取知识和能力的同时，提升了思想，找到人生的方向；弘毅文化呈现的培育样态将家长们团结在一起，为了共同的培养目标不辞辛劳、全力以赴，助力孩子的健康发展，找到精神归宿。弘毅文化引领学生、教师、家长向着同一目标奋勇前进。他们在找到精神归属、实现自我价值的同时有力地促进了学校高品位、高质量发展。

二、弘毅文化引领学校系统性建设

学校文化不是一种口号，更不是一个标签，它是学校发展的定海神针，学校有它才能画好自己的圆。学校文化建设是由其建设目的、价值取向、途径和方法构成的实践系统，是以学校文化为抓手、优化配置学校文化要素、全面驱动学校系统思考和整体改进的一套管理思想和实践操作框架。

构建弘毅文化是一项系统的工程，只有将弘毅文化渗透到并能引领学校教育教学的方方面面，才会彰显她强大的育人力量。弘毅文化坚持以“托起明天的太阳”为办学哲学，以“为了每一位师生发展”为核心价值追求，积极用红军精神和周恩来崇高品格涵育学生，培育老师，发展学校。学校全面推进素质教育，积极落实双减政策，促进教育教学方式变革，引导师生持续乐观地投入到工作与学习之中。学校基于整体发展的系统思考，找寻建设文化体系的逻辑起点，建构学校发展的文化模型，促进全体师生的身份归属和组织认同，最终实现学生成长、教师发展、学校晋级的和谐统一。

三、弘毅文化彰显红色文化育人的个性化

当前，很多学校都在探索红色文化育人，但是普遍存在重形式、轻内涵、缺深度，与学科教学存在壁垒，育人评价标准单一等问题。弘毅文化是着力解决红色文化育人的现状和困惑，凸显红色文化育人的重要性和先进性的一种独特表达。我们基于红色基因传承，把红色革命传统文化与学校文化建设、教育教学活动融合，把红军精神和周恩来崇高品格作为弘毅文化的核心，以“托起明天的太阳”为办学哲学，以“前进！前进！进！”为校训，以“精诚求是，明礼至善”为校风，以“精业求实，厚德树人”为教风，以“精学求真，切问近思”为学风，形成弘毅文化体系，实现了红色文化育人的个性化表达。

（一）弘毅文化之永远的红军精神

红军精神是中国共产党人用生命铸就、鲜血凝聚而成的一种无产阶级革命精神，是中华民族优秀精神之血脉。红军精神主要包括长征精神、井冈山精神、川陕苏区精神等，今天我们要传承与弘扬的红军精神，主要指长征精神。长征精神是中国共产党在二万五千里长征中创造的革命精神，长征精神就是把中华民族的根本利益看得高于一切，坚定革命的理想和信念，坚信正义事业必然胜利的精神；为了救国救民，不怕任何艰难险阻，不惜付出一切牺牲的精神；坚持独立自主、实事求是，一切从实际出发的精神；顾全大局、严守纪律、紧密团结的精神；紧紧依靠人民群众，同人民群众生死相依、患难与共、艰苦奋斗的精神。学校基于培养时代新人的目标，赋予红军精神新的内涵：乐于吃苦、不畏艰难

的革命乐观主义精神；勇于担当、坚毅进取的革命英雄主义精神；善于团结、顾全大局的集体主义精神；好好学习、报效祖国的爱国主义精神。我们让学生在弘扬红军精神中“弘毅”，就是要培养学生像红军那样坚守崇高信仰，坚持如磐信念，坚定必胜信心，坚信没有克服不了的困难。没有翻不过去的山，也没有越不了的岭。山越高，意志愈坚；岭越远，胸怀愈宽。

（二）弘毅文化之周恩来崇高品格

周恩来崇高品格，是中华民族最优秀的文化精神和崇高的共产主义精神的完美统一，是共产党人理想精神的集中体现，是中国时代精神的集中体现，具有永恒的价值。周恩来崇高品格的核心是全心全意为人民服务，周恩来崇高品格的精髓是中华民族的传统美德与马克思主义革命人生观的完美结合。习近平总书记指出，周恩来同志半个多世纪奋斗的人生历程是中国共产党不忘初心、牢记使命历史的一个生动缩影，是新中国孕育、诞生、成长和取得崇高国际威望历史的一个生动缩影，是中国人民在自己选择的革命和建设道路上艰辛探索、不断开拓、凯歌行进历史的一个生动缩影。周恩来是不忘初心、坚守信仰的杰出楷模；是对党忠诚、维护大局的杰出楷模；是热爱人民、勤政为民的杰出楷模；是自我革命、永远奋斗的杰出楷模；是勇于担当、鞠躬尽瘁的杰出楷模；是严于律己、清正廉洁的杰出楷模。周恩来崇高品格蕴含的丰富内涵，是学校教育实践中丰厚的精神财富。我们理解的周恩来崇高品格就是：大爱、大德、大智、大勇，是濡染和润泽一代代红军娃美好品质的不竭源泉。作为全国唯一一所以周恩来总理姓名命名的红军小学，学校对周恩来崇高品格的呼唤、追寻、践行从未停歇。学校遵从儿童发展规律，以核心素养的培养为指向，着力于品德锻造，通过开设“周爷爷品格大家研、周爷爷书籍大家读、周爷爷故事大家讲、周爷爷风范大家颂、周爷爷足迹大家寻”等特色课程，让红军娃在周恩来崇高品格的滋养下，聚焦有爱力行，养成良好品格，争做担当民族复兴大任的时代新人。

（三）弘毅文化之学校办学哲学

“托起明天的太阳”是习近平总书记为红军小学的题词。学校牢记嘱托，并以之为办学哲学，立足地方红色资源，把红色文化作为育人的主要支撑，构建红色文化育人课程体系，培养学生成为爱党、爱国、爱社会主义的新时代红军娃。学校坚持红色文化育人的课程创新，把红色资源利用好、把红色传统发扬好、把红色基因传承好，用实际行动回答“培养什么人、怎样培养人、为谁培养人”这一教育的根本问题，实现红色文化与知识获取、品德塑造、责任担当高度融合，培养能担当民族复兴大任的“明天的太阳”。

（四）弘毅文化之校训

校训是学校精神的集中体现。校风、教风、学风则是学校精神的具体化。学校以“弘毅”为红色文化内核，培育自己的学校精神，凝练出“前进！前进！进！”的校训，并积极倡导，大力践行，使其内化为师生员工的精神素质，形成了良好的校风。为师者，立责厚教，精研笃行，甘为人梯育桃李；为学者，勤学善思，博趣乐知，知行合一成英才。我校校训取自《中华人民共和国国歌》——《义勇军进行曲》：“冒着敌人的炮火，前进！前进！前进！进！”第一个“前进”是对红军精神、周恩来崇高品格的总结，是历史的再现，展现的是毛泽东、周恩来等老一辈无产阶级革命家带领人民和军队追求真理、不怕困难、艰苦奋斗、勇往直前，最终取得新民主主义革命和社会主义建设胜利的伟大精神。第二个“前进”是学校全体师生对红军精神、周恩来崇高品格的继承和现实的追求。周恩来红军小学发展路上会遇到很多困难，需要全体师生继承前辈的精神，迎难而上，打造一流的优质小学。学校的学生在未来发展中同样会遇到各种困难，希望恩来红小的孩子们，在思想传承、行动上实践红军精神、周恩来崇高品格，使自己成为一名优秀的社会主义事业的建设者和接班人。“进”旨在让师生奏响时代的最强音，激励他们树立远大理想，不懈追求真理，为实现目标不断奋进，达到“弘毅”的至臻完美境界。

弘毅文化的实践，回应了现实的挑战，丰富了红色文化的思想库，既是对红色革命传统文化的继承，更是对红色文化育人的创新。

第三章

弘毅文化的发展脉络

第一节　播种年代
第二节　发芽时节
第三节　拔节时光

建校以来，淮安市周恩来红军小学充分发掘红军精神、周恩来崇高品格的育人内涵，打造独具特色的红色文化育人名片——弘毅文化。学校弘毅文化的发展多维、立体、灵动，经过了一个不断探索、完善、精进的历程。学校秉承“托起明天的太阳”的办学哲学，弘扬红军精神，传承恩来风范，以精神传承与文化赋能为学校发展提供坐标参考和价值遵循。学校通过研究红色革命传统文化，从“弘毅”所负载的精神文化中生发出向上向善的时代价值，以此凝练办学理念，形成立德树人的校本化阐释；架构顶层设计，形成对接时代的核心文化体系。同时以“前进！前进！进！”为办学引领，形成基于红色基因传承的弘毅文化特色，为学校高质量发展赋能蓄力。

第一节　播种年代

一个国家、一个民族的强盛，总是以文化兴盛为支撑的，中华民族伟大复兴需要以中华文化发展繁荣为条件。同样，学校的发展也离不开学校文化的支撑。学校坚持文化润校、质量立校、科研兴校、特色强校的办学方针与发展战略，经过不断地探索和实践，弘毅文化初具雏形并被学校师生和地方社会所认同，实现了对学校文化的内化、传承和创新。

一、觉醒：遇见最美一抹红

对于一所学校来说，学校文化是学校发展的灵魂，使校园里每个人的内心都拥有共同的目标。学校文化的影响力弥漫于校园的各个角落和学校教育教学的各个方面，影响着师生的思维方式和行为习惯，也影响着师生的价值判断和理想追求。正如杨九俊先生所说："学校的存在就是文化的存在。学校大门的开启就是文化的开启，没有文化的学校，就不可能实现真正意义上教育的成功。"

2009年，江苏省第一所红军小学——淮安市周恩来红军小学正式立项，我荣幸地被任命为首任校长，但一个非常棘手的现实问题摆在眼前：没有教室，怎么招收学生并开展正常的教育教学活动呢？然而问题难不倒聪明的红小人，没有现成的教室，那就租借。说干就干，我们在城乡接合部租借的教室里开始招收第一届学生。当时，学校周围还是满目瓦砾、荒草丛生，家长们对这样的学校深表怀疑，并不信任，这让招生难上加难。我带领20余名老师，冒着酷暑，亲自登门，一个暑假里走进了学区内每一名适龄入学儿童的家门，最终用真诚、汗水与执着感动了学区内的所有学龄儿童家长，组建了周恩来红军小学创建之初的一年级10个班，共488名学生。

一个年级就是一所学校，目之所及全是"小不点"。面对这488个可爱的"小豆丁"，我和我的团队深深地思考：我们要办一所什么样的学校？我们要给孩子们带来什么样的教育？如何在红军小学的办学传统和满足家长的教育期盼二者之间寻找到最适切的衔接点与契合点？如何发挥红军小学独特的办学优势，实现红军小学的办学理念和办学宗旨，办一所家长放心、社会认可、人民满意，同时又有着深厚的红色文化内涵的学校？

校名溯源，探寻起点。"淮安市周恩来红军小学"给了我们极大启发。一是红军小学品牌资源运用。我校是全国红军小学建设工程理事单位，可整合全国红军小学红色教育资源，开发适合我校的独特教育模式，为师生成长和学校发展服务。二是周恩来故乡文化资源运用。淮安是一代伟人周恩来的故乡，老一辈革命家在这里留下了深深的足迹，"周恩来"与"红军"元素在这里俯拾皆是。我们结合当下教育改革发展的多元化、家乡人文教育资源的校本化、优质教育需求的普遍化、学校办学改革的特色化等客观基础，确定了“根植红色传统文化，着力周恩来崇高品格引领，加强行为习惯养成”的育人思路。我们从红色文化上下功夫，从行为习惯上下功夫，从学校生活的每个细节上下功夫，深耕红色资源、厚植红色底蕴、讲好红色故事。

2010年5月16日，周恩来红军小学授牌仪式在周恩来纪念馆隆重举行。全国红军小学建设理事会副理事长、秘书长方强受原中央政治局委员、全国人大常委会副委员长、红军后代李铁映，全国关工委主任、原全国人大常委会副委员长顾秀莲，全国人大外事委员会主任委员、红军小学建设工程理事会名誉理事长李肇星的委托，亲临楚州（现淮安区），代授校旗、校牌。校牌由中共中央政治局原常委、全国人大常委会原委员长吴邦国题写。周恩来红军小学的建设浸透着老一辈革命家、红军后代以及社会人士的爱心和期望，他们时刻牵挂着孩子们的学习和生活情况，更希望周恩来总理家乡的孩子们传承和弘扬好周恩来崇高品格，继承先辈遗志，坚定信念，感恩自强，勤奋学习，全面发展。这一切坚定了初生的周恩来红军小学用红色文化立校的决心，也铮亮了全体师生的人生底色。大家一致认为，这些才是学校苦苦寻觅的办学理念和文化内核，它体现了民族精神和时代特征。学校文化建设思想从此觉醒，恩来红小人沿着问题找思路，对少年儿童进行革命传统和革命理想教育，每一名学生的心中都烙上了红色印记。

二、寻觅：众里寻她千百度

我们深知，文化是学校的灵魂，它凝聚了全校师生共同的价值观、共同的人生信仰、共同的愿景和努力方向，其核心是精神文化，它反映了学校的办学思想、教育理念、价值观念、思维方式。那么，我们应该选择和创设什么样的学校文化呢？老师们一起研究学校文化建构的理论，走进全国各地多所名校，考察学习他们的学校文化建设成果，了解多所学校文化建构的内容、策略、模式等，特别是对全国红军小学红色教育建设成果进行提炼、概括和总结，找寻适合我校办学特色的学校文化。

我们了解到，每所学校基本上都是以本地特色资源、本校发展愿景以及学校建校初衷为基础来创设学校文化，凸显了个性化、校本化、特色化、时代化等特质，具有地域性、不可复制性等外显特征。尤其是全国红军小学都将红色文化作为学校文化的主旋律，他们依托当地红色资源开展各种教育活动，通过参观革命历史遗迹、体验革命先辈的生活、讲述革命斗争故事等形式，对学生进行爱国主义教育和革命传统教育，以创新精神推动红色文化育人实践，积累了丰富的教育经验。娄山关红军小学以“理想教育”为文化特色，以“带着理想前行”为校训，以“励志、养成、感恩、自信”为内涵和办学理论支撑，坚持用长征精神办现代教育，激励广大师生坚定教育信念，扎根革命老区，为老区教育发展贡献力量；激励广大师生怀揣感恩之心，坚定人生信念，养成良好品行，奋力拼搏，带着理想前行。习仲勋红军小学把“红 + 绿”（“红”即传承红色文化，弘扬红军精神，“绿”即点燃绿色梦想，成就多彩人生）作为学校的办学理念，不断加强对学生的爱国主义教育和革命传统教育，把信念、理想、坚强、奋斗等红色元素作为红色教育的内核。在长期的实践探索中，陕西照金北梁红军小学坚持以照金精神为灵魂，以《红色照金》等书籍为基本教材，以先进模范人物为榜样，以开展系列红色主题教育活动为载体，红色基因传承工程形成了独具特色的“5844”模式。延安红二十六军红军小学突出“初心教育”的办学理念，立足本土教育资源，充分挖掘延安精神教育内涵，着力打造“传承红色基因，用延安精神办学育人”的红色校园文化，让学生在革命历史和民族文化的浸润中得到潜移默化的影响，在学生的心中播下爱国的种子，成为有梦想、爱创造、能担当的现代少年。他们对红色文化的校本表达既旗帜鲜明，又各具特色。

那么，周恩来红军小学又应该对红色文化进行怎样适恰的校本表达呢？我们基于前期的调研情况，回归办学初心，结合学校特色，在对学校发展现状进行全面分析的基础上，提出了红色文化建设的具体建议，并形成初步的校本表达阐释文本，在初稿完成的基础上，听取各方建议，为完善校本回答作准备。

周恩来红军小学具有独特的地方文化优势。淮安是全国历史文化名城，秦时置县，至今已有2200多年的历史，历史上曾是漕运枢纽、盐运要冲，驻有漕运总督府、河道总督府，明清鼎盛时与苏州、杭州、扬州并称为运河沿线的“四大都市”，有“运河之都”之称。淮安又是物产富饶的鱼米之乡，拥有丰富的独具地方特色的非物质文化遗产。例如淮剧，已经入选第三批国家非物质文化遗产名录。还有淮安方言、淮书、南闸民歌、玩花船、踩高跷、博里农民画、十番锣鼓等乡土文化润泽着学生的成长。学校教育理应根植于本土文化，面向多元发展的乡土文化，唤起学生内心对所处环境、本土文化的认知、热爱与自豪感，从而促进学生全面、和谐、健康地成长与发展。

淮安是开国总理周恩来的诞生地，是革命老区，这里有周恩来故居、中共中央华中分局旧址、苏皖边区政府旧址、车桥战役烈士陵园、刘老庄八十二烈士陵园、黄花塘新四军军部纪念馆等红色遗址，这些都是淮安独有的红色教育资源。这些资源历史积淀深厚，孕育着丰富的人文内涵，也是学校文化生长的沃土。

学校发展的劣势也很明显，那就是建校时间短，没有深厚的底蕴，更没有形成成熟的学校管理模式和教育教学风格，人员流动较大，缺少积淀。所以，梳理文化脉络，提炼文化特质并最终形成准确的文化表达显得比较困难，文化品牌的打造遇到了瓶颈。学校处处有红色文化的印记，这种文化生根、萌芽于红色革命传统文化，它传承红色基因，赓续红色血脉，号召学生争做时代新人，对学生进行爱党、爱国、爱社会主义教育；它遵从儿童发展规律，以核心素养的培养为指向，以红养正，立德树人，尊重学生生命，关注学生活泼健康发展；它顺应儿童向善向美的天性，呵护儿童健康自由的成长，孕育儿童高尚的品格，激发儿童发展的潜能；它以科学的发展观为指导，让学生学会学习，掌握学习方法，最终让学生成功、成才；它让学生通过实践体验，学会参与，学会做事，为终身发展奠基；它直指学校的办学愿景与追求，凸显学校的育人理念与价值，体现学校的文化传承与创新。“弘毅”正好诠释了学校文化的内涵，弘毅文化应运而聚，成为学校的精神标识，更成了所有师生的精神图腾。

三、播种：静待花开别样红

自2010年起，随着新校区的建设，学校擘画弘毅文化的愿景，立足全局、着眼长远、顶层设计、统筹规划，时时、事事、处处植入弘毅文化基因。学校以“弘扬红军精神，传承恩来风范”这一思想进行弘毅文化建设与思考，使得弘毅文化逐步成为周恩来红军小学的文化符号和精神标识。学校确立以“托起明天的太阳”为办学哲学，以弘毅文化作为学校文化建设的核心，开创红色革命传统文化建设的新思路。

学校建设之初，我带领学校领导班子、全体教师深入调研，以红色文化氛围的营造为主要突破口，先后拜访了多位专家，聆听各方建议，召开20多次学校文化建设专题研讨会。我们在环境中融入红色元素，营造红色氛围，打造红色景观。学校先后建成了恩来园、长征园、文学园、科学园、艺术园等，又相继完成了体育馆、红军娃剧场、国防园、种植园、生态园等建设，“八园四楼一场馆”主体校园风貌基本形成，并彰显学校浓郁的弘毅文化育人特色。

在打造红色育人环境的同时，学校不断探索，积极开展弘毅文化实践活动。2010年暑假，我和部分老师带领数十名一年级的红军娃“重走长征路”，从江西出发，经瑞金上井冈，过乌江奔遵义，追寻先辈足迹，瞻仰长征纪念馆，历经一个月抵达陕西延安。一路上，红军娃们走长征路，探长征遗址，瞻仰红军长征纪念馆，写长征日记，讲长征故事，追寻红色记忆，学习伟大长征精神。寻访老红军、寻访革命前辈、寻访革命圣地等活动将红色的种子悄然播撒到每一个孩子的心中，深深扎进灵魂深处。央视记者对这次活动跟随拍摄，全程报道，各大媒体纷纷不惜版面跟进介绍，活动在全国产生了较大的影响。

第二节　发芽时节

学校特色文化是学校可持续发展的源泉，是一所学校区别于其他学校的本质特征，是学校教育理想的个性化表达和文化精神独特性的践行。弘毅文化的精心播种成为学校发展的起点和落脚点，在学校的特色课程体系和教育教学管理中起到高屋建瓴的作用，并在教育实践中不断迸发出生命的活力，使学校发展焕发勃勃生机。弘毅文化的破土而出、发芽成长并不是一个简单的教育实践，而是一个兼容并包、博采众长、厚积薄发的过程，是一个不断思维碰撞、积累沉淀、交流提升、潜心研究和反复实践的过程。学校推进弘毅文化的发展，在走出去、慕名来、共生长的交流互动过程中，彰显弘毅文化的育人价值，筑牢弘毅文化的内在根基。

一、走出去，兼容并包

蔡元培先生一生为中国的文化教育事业而奋斗，他在北大改革中倡导的“思想自由，兼容并包”办学思想，不仅对当时学术的繁荣、教育的发展起了积极作用，还使北大成为马克思主义的最早传播所和五四运动的策源地，对中国革命有着深远影响。“兼容并包”也是每个教育工作者应有的气质，只有努力探索、虚心求教，才能兼容并包，以成其大。学校围绕“弘毅”这一核心要素，根植红色文化，打好生命底色，从上而下顶层设计，播种弘毅文化的种子，基于儿童的立场，进行整体性的课程建构与创新，与时俱进中赋予弘毅文化时代价值与意义，和新时代呼应，和儿童生活接轨，采取“走出去”的战略不断研习探索，初步形成独具特色的学校文化体系。

办学以来，我校坚持以“成为美好事物的圆心”为核心办学理念，立足实际，着力弘扬红军精神，传承恩来风范，引领学校发展。坚持道德、文化、素质并重的培养模式，从当年学生仅有四百多人的城乡接合部小学逐步发展成为当地老百姓家门口理想的学校。在课程实施过程中，学校积极落实立德树人根本任务，开足开齐国家课程的同时，既立足主题班会开展常态化教育，又从重大节日、纪念日中捕捉育人契机，开拓资源，创新载体，开展行之有效的活动。学校依托红色革命传统文化课程基地建设项目，整合校内外红色资源，打通时空界限，嵌入红色图谱，构建“4L”寻访力行研学课程模式。

学校在立足课堂主阵地的基础上，坚持“走出去”。在行走的课堂中，学校统筹国家课程、地方课程、校本课程，聚焦学生核心素养，经过研讨，遴选确定了以“长征精神”“延安精神”“周恩来崇高品格”为主的课程内容体系，构建了“沿着党的足迹前进”“永远的长征”“沿着革命先辈的足迹前进”“永远的怀念”四大课程群。学校从儿童核心素养出发，注重引导学生社会参与，实践体验。通过丰富多彩、形式多样的活动，儿童在体验中拥有快乐美好，在实践中享受成长进步。儿童核心素养根植于实践，在品格形成中内化于心，在社会参与中外化于行。学校先后组建了红军娃寻访团、艺术团、讲解团、文学社等，给孩子以小记者、小讲解员、小团员的身份。红军娃们寻访山东安丘、中共一大遗址、走进“雪龙号”、走进革命纪念地等进行学习和实践，走进中央电视台演播厅、国家大剧院、澳大利亚悉尼歌剧院等，唱响红色主旋律。2011年8月22日，周恩来红军小学参加由中央电视台录制的“奏响未来的华章——全国红军小学宣传队汇报演出”安丘之夜专场晚会。这是周恩来红军小学宣传队作为代表第一次走出省市、走进山东革命老区进行汇报演出。他们表演的歌伴舞《梦中的周爷爷》获得了中央电视台最佳表演奖，中央电视台对学校红色文化育人的初步成果进行了特别推介。在中央电视台的精彩亮相，是学校的红色文化育人特色和学生的精神风采第一次面向全国精彩展现。在走出去交流中，红军娃们拓宽了文化视野，增加了交流学习，强化了情感体验，丰富了人生阅历。从此，《梦中的周爷爷》等节目便成为学校经典的表演节目和艺术名片。2012 年 12 月 24 日，我校四十多名学生来到全国政协礼堂，参加“共举中国梦，我们是党的好孩子”晚会时，表演了音诗舞《红色的翅膀》。陈佳乐、刘金秋和央视著名主持人小鹿姐姐同台主持晚会，充分展示了恩来红小学生的靓丽风采。“我们的课堂在长征路上”“沿着党的足迹前进”“寻访抗战足迹”等活动课程多次被中央电视台等数十家中外媒体报道，寻访活动在全国产生重要影响。

学校积极引导师生“走出去”，寻访红色足迹，用脚步丈量红色土地，用心灵感受英雄精神，让红色基因融入血脉，凝聚成学校前行的磅礴力量。学校传承红色基因，实现文化浸润与研学实践融合，丰富了弘毅文化的精神内涵，彰显了弘毅文化的魅力，提升了学校的知名度和影响力。

二、慕名来，博采众长

学校文化也绝不只是写在墙上的口号，而应是全校师生员工呈现出的集体观念和具体行为，是学校内涵发展和文化影响的根基所在。学校被授予全国首所“五星级红军小学”称号，这份荣誉是对周恩来红军小学坚持用弘毅文化铸魂育人的肯定与鼓励，坚定了学校发展弘毅文化的决心和信念。我们秉轴持钧、集思广益、只争朝夕，追根溯源谋发展，切中肯綮勇创新。学校依托周恩来故里深厚的红色文化底蕴，基于培育时代新人和促进学校内涵发展的需要，挖掘红色文化的育人价值、深研弘毅文化的核心内涵，关注学校红色文化办学理念体系与实践体系的整体联动、总体优化，促进了内外部教育合力的形成，推进了弘毅文化的不断优化，使学校能在良好的教育生态下健康发展，逐步形成了独具特色的学校弘毅文化体系。学校将红色文化与学科课程创新结合，打破学科壁垒，深挖红色育人元素，以新的视角创设情境，生成红色文化与学科融合新样态，构建 3Q 式情境嵌入学科课程实施模式，将红色文化育人和教学内容有机融合，拓宽育人路径，提升育人实效。

弘毅文化初显成效，使周恩来红军小学在区域、省市、全国等具有一定知名度和影响力，慕名而来学习的学校逐渐增多。学校在“引进来”这一战略中博采众长，汲取优秀文化成果和先进的育人理念，不断丰富、充实自身的理论建构。全国红军小学建设工程是老一辈革命家及其亲属倡导发起，以“不忘初心、牢记使命、红色基因、代代相传”为主题，努力把红军小学打造成为传承红色基因的红色摇篮，着力培养新时代中国特色社会主义和共产主义事业坚强可靠的接班人。2012 年，学校承办全国红军小学“沿着党的足迹前进——传承红军精神研讨会”，学校培根铸魂德法课程、恩来品格习养课程等课程创新成果作为范式全国推广。全国红军小学宣传队走进周恩来红军小学，举行了“纪念毛泽东同志《在延安文艺座谈会上的讲话》发表七十周年——全国红军小学宣传队走进淮安”大型文艺演出。作为承办单位，我校的红军娃们表演了《梦中的周爷爷》《三字经颂总理》《时刻准备着》《新时代的红军娃》四个节目。这次文艺演出在中央电视台第七套全程播出，一举提升了学校的知名度、美誉度和影响力，再次凸显了学校弘毅文化育人的阶段性成果。2013 年，我校携手中国文联、中国音协开展“送欢乐、下基层”文艺志愿服务暨纪念周恩来诞辰 115 周年演出活动，李谷一等艺术家们载歌载舞表达对周总理的深切缅怀，近万名淮安市民到现场观看演出，身穿红军校服的周恩来红军小学的学生格外引人注目，进一步将学校精神文化内核“学恩来风范，传恩来品格”内化为全体师生的精神寄托和价值追求。此外，毛泽东扮演者隋义纬、朱德扮演者王伍福、周恩来扮演者刘劲等特型演员先后来校参观，并参加学校红色主题教育活动，扩大了学校弘毅文化的影响力。同年 4 月，学校作为“2013 年全国少先队辅导员（骨干）培训班”培训分会场，接待了来自全国 18 个省（市）、自治区的 500 多名少先队辅导员和少先队工作者来校参观学习。时任团中央《辅导员》杂志社总编柯英向周恩来红军小学颁发了“现场观摩纪念”奖牌，高度赞扬了我校学校文化建设和少先队工作。同年 10 月，时任教育部基础教育一司司长王定华一行莅临我校视察指导，对学校的弘毅文化建设给予了高度评价，盛赞学校“硬件好，软件好，教育现代化特征明显，已经突破了传统的基础教育模式，完全是一个崭新的教育形态，这种形态必将引领基础教育的未来”。

2017 年，全国红军小学第二届“红星杯”校园足球邀请赛在我校隆重举行。河南洛阳涧西红军小学、四川广安邓小平红军小学、陕西刘志丹红军小学等 8 所红军小学的 120 名球员参加此次足球邀请赛，以此向周恩来诞辰 120 周年献礼，并庆祝全国红军小学建设十周年。这次活动充分彰显了团结、拼搏、友谊、进取的现代体育精神，充分展示了红军娃学习红军精神、传承恩来风范的道德风貌，达到了以球会友、增进友谊、展示形象、共谋发展的目的，为学校弘毅文化建设和发展留下了精彩的一页。同年，江苏省小学教学改革与创新现场观摩研讨会代表莅临我校，现场观摩了我校在课程改革创新方面取得的丰硕成果及学生活动展示。周恩来红军小学不仅在全国红军小学面前展现出独特的文化气韵，更在全国范围内展现了恩来红小的优质品牌形象。

三、共生长，厚积薄发

“一枝独秀不是春，百花齐放春满园。”不同的学校有着不同的校园文化特色和文化传统，学校文化的多样性为学校文化交流、互鉴、共进提供了广阔的发展空间，碰撞出更多的智慧火花。学校文化要在共生长中求发展，交流中求创新，互鉴中求特色。弘毅文化的发芽生长是学校在探寻内涵发展道路中孜孜以求的智慧结晶，是在不断地交流学习、互鉴碰撞中提炼出来的文化内涵，是学校特色文化的集中体现，更是在实践育人过程中不断反思总结的育人成果。弘毅文化发芽生长的根基在于传承与创新，并在与时俱进中吸收、整合、优化先进的文化元素。经过时间的洗礼，岁月的积淀，弘毅文化成为学校特有的文化符号与精神内核。

2018 年，周恩来红军小学隆重举行了主题为“长征精神代代相传”

的纪念红军长征胜利82周年暨周恩来红军小学牵手三地九校一年级学生入队仪式。原南京军区联勤部部长、少将、周恩来红军小学名誉校长杨建华，教育部中小学名校长领航工程北京教育学院培养基地项目负责人兼首席专家、北京教育学院校长学院院长胡淑云，名校长领航工程北京教育学院培养基地理论导师、《中小学管理》杂志社原主编沙培宁、省市区领导、“国培计划”名校长领航工程名校长工作室全体成员以及红小集团、兄弟学校校长、学生家长代表等参加了此次活动。本次活动，三地九校一年级千名学生光荣地加入了中国少年先锋队。杨建华将军为周恩来红军小学授予由老红军及后代签名的“红军旗”，并为全体少先队员讲解红军的历史和这面特殊的红军旗的来历。本次交流研讨活动，让红军娃们受到了生动的革命传统教育，使弘毅文化内涵得到进一步发展。

弘毅文化在“走出去”中展示，在“慕名来”中推进，在“共生长”中强化，推动了学校发展走向新台阶、迈上新高度。

第三节　拔节时光

学校文化建设是教育的永恒话题，周恩来红军小学文化建设采用自上而下和自下而上双线并行的方式，在育人理论和文化育人结构上不断实践、反思、深化，使学校文化不断发展、优化，形成了独具特色的学校弘毅文化体系。这既凝聚着学校管理者的智慧和汗水，又彰显了全体师生的实践和创新；既在继承和弘扬优秀传统中砥砺前行，又在改革和创新发展中臻于完善。弘毅文化经历播种、发芽，终于拔节孕穗。弘毅文化的拔节时光生动地展示了弘毅文化的鲜明特色、育人力量和文化魅力。

一、铸魂立骨，铮亮弘毅品牌

学校弘毅文化建设在内伸、外延、纵拓、横联中，不断地铸魂立骨，丰富底蕴，丰盈内涵，铮亮品牌。周恩来红军小学的每个日子都有新鲜力量让弘毅文化拔节生长，每个角落都可以聆听弘毅文化拔节生长的声音，每个生命都因弘毅文化的浸染而拥有超越平凡的力量。

学校弘毅文化的发展不是仅仅囿于校园的那一方天空，而是以共研铸魂，以共建立骨，共同研究弘毅文化的育人真谛，共同讲述弘毅文化的精彩故事，共同建设弘毅文化的成长体系。学校用弘毅文化铸魂立骨已然成为共同的教育追求和高度认同的教育理想，真正地构筑起学校文化发展的同心圆。

学校加强区域内教育均衡发展，整体推进，形成集团化办学新模式，共享优质教育资源，带动区域教育发展水平整体提高。我校与兄弟学校，尤其是全国红军小学进行深度交流，创建优质教育平台，共享名校教育资源和红色文化育人的先进经验。

学校依托教育部名校长工作室、省名师工作室的建设，在实践中有效应用弘毅文化建设成果。2018 年 12 月，教育部“国培计划”第二期中小学名校长领航工程专家团走进周恩来红军小学开展名校长专业发展需求深度调研活动。教育部中小学校长国家级培训办公室副主任于维涛指出：周恩来红军小学办学思想端正，做到了“五个为”，即为了学生、不是为了学校；为了成长，不是为了管理；为了学，不是为了教；为了出力，不是为了出名；为了目的，不是为了手段。他分析了学校办学定位准确、课程体系完善、教师素质全面等方面存在的优势，对学校课程建设、内涵提升等方面提出了指导意见，鼓励继续发扬领航者的风范，将周恩来红军小学建设成为全国一流学校，切实做好领航示范工作。工作室的成立是名校长队伍建设的一个新标杆。自此，名校长工作室努力将自己打造为行动与互动的共同体，探索与研究的共同体，精神与价值的共同体，在国家、省、市教育层面积极发挥了纽带作用。

作为工作室主持人，我努力肩负时代使命，积极担负起领航责任体现社会担当，全力发挥“国培计划”的示范引领作用。我们研究真问题，提炼真思想，实践真创新，领航真示范，积极引领区域内校长的专业成长，努力让学校的发展找到根基，让师生成长更加幸福。

2018 年 3 月起，我连续两届领衔省乡村小学数学骨干教师培育站工作，以省规划课题《基于核心素养的乡村小学教师专业发展研究》为引领，扎实做好乡村骨干教师培育站工作，努力发挥导师组引领带动作用，开展针对性强、形式丰富、符合学员实际发展需要的研修活动，不断提升乡村教师的教育教学能力，为学员成长为各级学科带头人、骨干教师奠定了坚实的基础。乡村骨干教师培育站认真开展研修活动，助力乡村教师成长，助推各成员学校的文化建设，促进了区域教育优质均衡发展。学校充分发掘校园红色环境文化的育人价值，以校本化的方式探索核心价值观教育的新时代路径，促进学校红色环境课程建设的突破与超越。2018 年 12 月，我校举行了全国中小学环境课程研讨会。作为省物型课程联盟的牵头校负责人，我介绍了学校红色环境课程的育人经验和建设成果，对物型课程在全国范围内推广起到了重要的积极作用。

用周恩来崇高品格办学育人。学校积极总结并推广周恩来班创建经验，丰富和发展周恩来班创建内容，充分发挥红军小学平台优势，把周恩来崇高品格融入学生的精神世界，化为学生的实际行动。2019 年 9 月，学校承办了全国红军小学周恩来班创建工作研讨会，向全国各地红军小学校长代表介绍了学校的周恩来班创建经验。学校也以此次研讨会为契机，认真学习借鉴全国各地弘扬、践行周恩来崇高品格的先进经验，不断丰富周恩来班创建的形式和内容，教育激励广大少年儿童像周恩来同志那样为中华之崛起而读书，为民族之复兴而拼搏。第十届全国人大常委会副委员长、中国关心下一代工作委员会主任顾秀莲出席活动并作了重要讲话。她希望把我校创建周恩来班的好做法、好经验在全国红军小学中广泛推广，使每一个周恩来班都做到有称号、有内容，引领全国红军小学周恩来班建设的深入开展。通过周恩来班创建、激励全国少年儿童要以实现中华民族伟大复兴为己任，不辜负党的期望、人民的期待、民族的重托，不辜负这个伟大的时代。

自办学以来，连续11年，学校都会在周恩来总理诞辰纪念日举行“永远的怀念”系列活动，践行周恩来崇高品格，弘扬周恩来风范，用周恩来崇高品格励志前行。

每年红军长征胜利纪念日，学校都会开展主题鲜明、形式多样、内涵丰富的“红色基因代代相传”系列活动，传承和弘扬伟大的长征精神，引导少年儿童走好新时代长征路。

十多年来，学校师生“红色寻访”活动从未间断。井冈山、南湖“一大”会址、周恩来纪念馆、雪龙号、西北坡纪念馆、中共中央华中分局旧址、刘老庄八十二烈士陵园、重庆渣滓洞、白公馆等都留下了红军娃的足迹。红军娃们情感受到熏陶、灵魂得以净化，真正成为弘毅文化的参与者、践行者、示范者、宣传者。

二、美好领航，彰显弘毅力量

学校文化是一所学校的气质、风骨和灵魂，是学校建设的基石与特征。我们首创美好教育，从红军精神、周恩来崇高品格中提炼出美好元素，同时积极拓展红色文化育人的内涵，领航美好教育，彰显弘毅力量。

2019年11月，我们举行了省名校长工作室暨美好教育联盟启动仪式。江苏省教师培训中心、教育行政干部培训中心主任季春梅说，工作室的建设是江苏省新时代加强教师队伍建设的重要举措，是提升教师队伍整体质量、培养和造就教育领军人才的重要抓手。希望学校把工作室和美好教育联盟打造成校长成长的摇篮、学校样态研究的基地，构筑战略平台，推进资源共享，为国育英才，引领区域内一批校长的专业成长。

美好教育是一种教育担当。我们努力让它成为一颗教育火种、一面教育旗帜，彰显弘毅文化的育人力量，直指学校的办学愿景与追求，凸显学校的育人理念与价值，呈现学校的文化传承与创新，实现弘毅文化的拔节生长，使周恩来红军小学成为一所有文化力和影响力的全国基础教育特色学校，成为美好教育的引领者。

2020年10月，全国美好教育联盟校长峰会在我校举行，会上我作了《让生命在美好教育中精彩绽放》的主题汇报。全国美好教育联盟共同探讨美好教育的发展方向与未来愿景，真正实现办学资源共享，育人理念融通，校园文化互补，为联盟学校的美好教育实践开阔了视野，拓宽了思路。2020年11月，学校举办了全省基础教育科研机构负责人高级研修班现场考察活动。学校美丽、雅致的校园景观，精彩、丰富的创新课程给来宾留下了深刻的印象。学校十年美好征程和弘毅文化渗透中绘就了壮美的画卷，展现了学校在时代的浪潮中执着探索教育美好的崇高理想和坚定信念。

2021年4月，全国美好教育联盟第二届校长研讨会在南京中国科举博物馆和南京市考棚小学隆重举行，共话美好教育，共创美好未来。在本次研讨中，作为全国美好教育联盟发起人，我作了题为《美好教育映照初心使命》的主旨发言。美好教育联盟自2019年成立以来，吸引了一大批有情怀、有担当、有责任的教育同行者，队伍不断壮大，影响力持续攀升，辐射全国近400所学校，真正实现教育经验共研、共创、共享，推动了基础教育蓬勃发展。美好教育联盟校聚合一切美好的教育元素，将美好教育理念与学校育人文化结合，明确育人方向，优化育人路径，提升育人效能，实现教育水平和教育质量的双提升，实施美好教育，成就教育美好。周恩来红军小学坚持用弘毅文化浸润美好教育，用美好教育培弘毅文化的根，抓弘毅文化的核，扣弘毅文化的脉，助力弘毅文化拔节生长。

三、拾级而上，绽放弘毅光芒

弘毅文化，拾级而上。弘毅文化的拔节生长，使学校文化建设从经验上升到理论，用理论指导实践。弘毅文化在实践中总结创新，在发展中推广应用。学校构筑弘毅文化“同心圆”，共绘弘毅文化育人新生态。弘毅文化由学校推广到全区，从区域走向全国，为时代新人的培育提供了新路径，为新时代学校文化的建设提供了新样态。十多年来，学校紧紧围绕弘毅文化进行了不懈的追寻和探索，形成了红色文化育人体系，收获了丰硕的建设成果，取得了骄人的办学业绩。

学校先后承办了全国美好教育联盟校长峰会、全国红军小学建设研讨会等活动。弘毅文化影响辐射全国红军小学和美好教育联盟校所在地区学校，每年都有100多批次近万人来校考察。学校弘毅文化育人课程也多次被中央电视台、《中国教育报》等报道。此外，学校还坚持每年举办全国或省级学术会议，直接受益学生十万余人，形成了红色文化育人课程创新实施与落实立德树人根本任务的鲜活经验。学校在教育教学实践中也取得了丰硕的成果，先后获得全国首所五星级红军小学、全国基础教育特色学校、全国科研先进单位、全国少先队工作先进集体、第二届中国当代特色学校、江苏省革命传统文化教育基地、江苏省首批“影响力学校建设共同体”、江苏省教师发展示范基地等众多殊荣，成为区域基础教育的标杆、全国红军小学对外展示的窗口。中国教育学会名誉会长、北京师范大学资深教授顾明远先生盛赞学校“美好教育，点亮人生”。

2021年，我校首创党史学习教育主题运动会，隆重开展了主题为“童心向党迎百年，薪火相传继伟业”的活动。学校将党史学习教育与立德树人根本任务有效融合，精彩演绎了中国共产党百年风雨征程，让红色文化传承成为少年儿童心中神圣的使命与担当，并引领他们从百年党史中汲取了智慧和力量，激发立志成长为能够担当民族复兴大任的时代新人的志向。此次弘毅文化育人举措也被中国教育电视台进行了专题报道。

同年十月，为赓续建党百年初心，践行强国使命担当，勉励广大少先队员铭记革命历史，传承长征精神，我校隆重举行了“传承红色基因，长成参天大树”——纪念红军长征胜利85周年暨苏冀两地学校携手在行动主题活动。本次活动将遵义会议、四渡赤水、飞夺泸定桥、陕北会师等长征革命故事融于校园重走长征路活动中，以情景体验的方式让学生感受红军二万五千里长征中不畏艰难险阻的精神。中央电视台中文国际频道《中国新闻》栏目以《红色运动会 小学生“重走长征路”》为题对活动作了专题报道。这次央视报道是我校红色文化育人创新的又一次精彩展示，也是对我校红色德育成果的充分肯定。

周恩来红军小学把学校文化建设上升为学校蝶变的文化力、向心力、凝聚力、创造力，一如既往、持之以恒地紧扣弘毅文化的成长脉络，凝练弘毅文化的发展特质，以文化立意引领学校特色发展，办有灵魂、有担当的教育，创有品位、有色彩的文化，实现学校更优质发展，促进生命更优质生长，引领每个师生都成为最好的自我。弘毅文化在传承与创建、探索与创新中积蓄力量，拔节生长，傲然怒放。办学十多年来，全体恩来红小人艰苦奋斗，励精图治，积极探索弘毅文化育人模式，凝练学校办学思想，践行美好教育，学生血脉植入红色基因，教师胸怀点燃红烛精神，学校发展彰显红色力量。

第四章

弘毅文化的模式建构

学校作为一个微生态教育系统，其中的每个元素都相互依赖、相互影响，共同促进学校焕发生命活力。在所有元素中，“文化”决定一个学校生态系统的行进方向，在整个系统的稳定发展中发挥着至关重要的作用。淮安市周恩来红军小学基于办学育人初心，依托地域红色资源，结合时代发展需求，积极建构以“弘毅”为核心的学校文化，做到顶层设计与基层实施相结合，突出学校弘毅文化特色，促进师生心灵成长；采取内外兼修与整体推进的策略，在辩证思考与持续改进中开展形象构建与经典展示，实现以学校文化指导教育教学工作实践，用教育教学实践行动检验并完善学校文化的目的。

第一节　模式建构

学校文化系统是由若干相互联系而又相互制约的因素构成的，教育的内部和外部、内部各因素之间和外部各因素之间都有着非常广泛的联系。因此，在弘毅文化建设过程中，围绕学校育人目标，基于问题解决的实践逻辑和学校文化建设的学理逻辑，我们深入分析弘毅文化各要素之间的辩证关系，形成科学、可操作的弘毅文化育人实践模式。

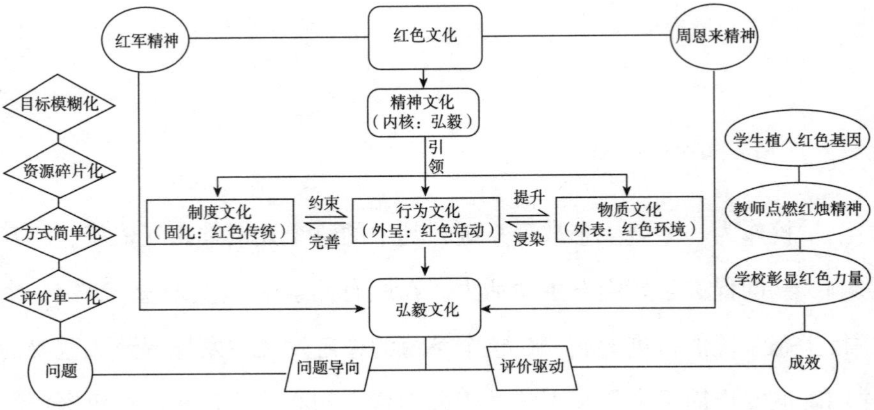

弘毅文化育人图谱

一、基于学校文化的理论逻辑

学校文化从不同的角度观察、分析，有不同的结构。学校文化体系类型结构主要有二分说、三分说、四分说和六分说等。无论哪种学说都没有太大的分歧。周恩来红军小学弘毅文化体系主要依据四分说，确立学校文化体系是精神文化、制度文化、行为文化和物质文化构成的一种鼎结构，即以精神文化为核心，让弘毅文化成为学校所有人的精神信仰、价值认同；物质文化是弘毅文化的外表，是看得见、摸得着的，以“楼宇、廊道、雕塑、主题园”为物态基础；用制度文化固化，制定科学、有效的制度保证弘毅文化的实施；行为文化是学校全体成员在精神文化指引下和制度文化规范下所产生的活动文化，学校行为文化的特色就是红色寻访。学校高度重视四类文化之间的内在发展规律性，做到纵向互动、横向协同、整体联动，以大视野统筹推进文化大格局。基于弘毅文化，学校提出了培养理想远大、坚毅进取、德美体健、乐学善思、勇于担当的新时代红军娃的育人目标，提出了以“弘毅”为核心汇聚一切美好的教育元素，建设美好学校，彰显“托起明天的太阳”的办学哲学。

二、基于学校文化的实践逻辑

弘毅文化育人图谱作为一个文化建构的整体，问题的解决、实施的过程、评价的驱动均需要基于实践的逻辑，着眼于学生的发展，体现学校的办学理念，进而彰显学校的特色。在实践中，我们将红色文化进行校本化的再设计，折射出学校的教育理念和育人追求，建设纵向贯通、横向联结的文化系统。

横向上，弘毅文化以“托起明天的太阳”为办学哲学，通过调查研究，分析“红色文化育人目标模糊化，资源碎片化，方式简单化，评价单一化”的现状，以此作为切入点解决“如何用红色文化育人”的问题，以问题为导向联结弘毅文化，并以评价驱动。纵向上，从红色文化中汲取红军精神和周恩来崇高品格力量，形成学校师生共同的价值共识，凝练学校精神文化的内核——弘毅，以弘毅精神纵向引领物质文化、行为文化、制度文化。学校以红色环境建设浸染师生的行为，同时用科学、合理的制度约束行为，培养优秀的红军娃和红烛教师，进而再提升学校的物质环境文化内涵，完善学校的制度，最终实现弘毅文化育人目标，学生植入红色基因，教师点燃红烛精神，学校彰显红色力量，构建了自上而下、循环贯通的弘毅文化育人模式，保障了学校在良好教育生态下的健康发展。

第二节　学理阐释

学校的核心文化是一所学校主流价值观的集中体现，引领着学校发展的方向，规范着师生的行为。“弘毅”作为学校文化的顶层设计与目标追求，内涵丰富、外延广泛，在教育实施过程中，需要深入探析并阐释其核心内涵与本质特征，从教育哲学的高度解读学校的核心办学文化。

一、精神文化

精神文化是学校文化的内核，是学校文化的深层表现形式。它包括学校的核心价值观、育人目标、办学哲学、一训三风等。周恩来红军小学围绕“弘毅”构建的学校文化旨在引导学生坚定理想信念、磨炼坚强意志、锻炼强健体魄，为实现中华民族伟大复兴的中国梦时刻准备着。学校着力汇聚一切美好的教育元素，锻造内在精神气质和鲜明特质，真正“托起明天的太阳”。

（一）育人目标：新时代的红军娃

古代贤者“穷则独善其身，达则兼济天下”的道德品质；“为天地立心，为生民立命，为往圣继绝学，为万世开太平”的雄心壮志；“风声雨声读书声，声声入耳；家事国事天下事，事事关心”的责任担当；“天下兴亡，匹夫有责”的爱国情操；“君子以自强不息”“穷且益坚，不坠青云之志”的奋进态度。这些无不体现了中国历史上无数仁人志士坚定的理想信念、崇高的使命担当和伟大的政治抱负，更是中华民族伟大精神的生动体现。

当前，中国人民正意气风发，向着第二个百年奋斗目标迈进。国家的现代化必然需要教育的现代化，民族的强大必然呼唤教育的强大。新时代教育要紧紧围绕“培养什么人、怎样培养人、为谁培养人”这一教育工作根本问题，在坚定理想信念上下功夫，在厚植爱国主义情怀上下功夫，在加强品德修养上下功夫，在增长知识见识上下功夫，在培养奋斗精神上下功夫，在增强综合素质上下功夫。“六个下功夫”是培养新时代社会主义建设者和接班人的重要方法。

“一个民族最深沉的精神追求，一定要在其薪火相传的民族精神中来进行基因测序。”周恩来红军小学作为全国首所五星级红军小学、江苏省第一所红军小学，始终坚持以办人民满意的教育为宗旨，深入落实立德树人根本任务，把促进学生健康成长、全面发展作为教育工作的着眼点和着力点，在深刻把握培养德智体美劳全面发展的社会主义建设者和接班人内涵的基础上，围绕“周恩来”“红军”两个美好的元素，努力提供更好更优质的教育。学校在用红色文化育人的过程中，不断丰富新时代好少年的内涵，提出了培养理想远大、坚毅进取、德美体健、乐学善思、勇于担当的新时代红军娃的育人目标。

（二）办学哲学：托起明天的太阳

如何办好一所学校是所有学校发展过程中都需要思考的问题。办好高品质学校是学校文化建设的目标和追求。教育者需要从社会现实和时代需求出发，批判性思考当下教育现状，分析挖掘教育问题的根源所在，找到解决教育问题的关键之处，结合立德树人的根本任务和五育融合的教育方针，确立和改进学校的育人使命、办学愿景与文化价值观。

我国学校发展历史悠久，早在尧舜等五帝时期就出现了学校的萌芽，公元前 17 世纪以前的夏代出现了学校的雏形，春秋战国时期教育发生划时代变革，私学兴起，教育思想出现了“百家争鸣”的局面。秦汉时期创办的太学，魏晋时期西晋的国子学，隋唐时期国子寺、国子监……中国古代学校不断发展和完善，形成了一套基本的教学管理制度。宋元时期书院的出现和兴盛，直到清末逐渐被新式学堂取代，进而逐步过渡为现代学校。纵观学校教育发展历程，每一个阶段的学校教育虽然都重视教育的社会作用，强调教育在社会政治中的地位，但是他们办学更多体现的是功利性，为统治阶级服务，教育普及度不高，没有关注人的全面发展。

近现代以来，部分学校出现了过度关注升学率，忽视学生的个性差异的现象。《中华人民共和国教育法》第五条明确指出党的教育方针：教育必须为社会主义现代化建设服务、为人民服务，必须与生产劳动和社会实践相结合，培养德智体美劳全面发展的社会主义建设者和接班人。新时代学校要基于党的教育方针办出思想、办出境界、办出品位。学校教育不仅体现在知识技能的培养，更重要的还在于树立影响学生一生的正确世界观、人生观、价值观。学校应在重视教学质量的同时，以学生为本，着眼学生全面发展、终身发展，让学生学会做人、学会学习、学会生存、学会创造，达到这样教育目标的学校才是一所好学校。

历史的车轮滚滚向前，时代的潮流浩浩荡荡。唯有不断与时俱进，紧跟时代步伐，高扬时代精神，不断发展我们的教育思想，革新我们的教育观点，才能真正成为推动教育改革和创新的“思想者”与“实践者”。办学哲学是学校全体成员的教育信仰。首先确立学校的办学哲学，进而在办学哲学指导之下开展教育实践才能真正推动教育的发展。“托起明天的太阳”是习近平总书记为红军小学的题词，他殷切希望孩子们“把红色基因一代代传承下去”。学校牢记嘱托，从教育观和方法论的高度去探析“托起明天的太阳”的本质内涵，并以此为学校的办学哲学。在育人目标和教育方针的宏观指引下，学校基于传承红色基因，赓续红色传统，培育时代新人的需求，明确了学校的育人目标、办学愿景、办学价值追求、办学精神等，让“弘毅”成为学校特色文化支撑点。学校围绕弘毅文化进行了卓有成效的实践探索，以“弘毅”为圆心汇聚一切美好的教育元素建设美好学校，从精神文化、制度文化、行为文化、物质文化等方面丰富学校文化的内涵，既传承中华民族优秀传统文化思想的精髓，又紧扣新时代中国特色社会主义发展的脉搏，实现了传统文化和时代精神的统一。

（三）一训三风

学校积极营造新时代育人文化氛围，突出育人精神文化建设，培育积极向上的校园精神文化，通过“一训三风”精神文化建设与红色传承建构，让文明、进步、蓬勃、健康的气息弥漫整个校园。

学校坚持以社会主义核心价值观为引领，大力构建积极向上、奋发有为、团结和谐、富有特色的学校文化，在师生中广泛开展“一训三风”（校训、校风、教风、学风）征集提炼活动，凝聚广大师生的价值追求和共同愿景。校训是广大师生共同遵守的道德规范与基本行为准则，它既是一所学校办学理念、治校精神的反映，也是学校文化建设的重要内容，更是一所学校校风、教风、学风的集中表现，体现学校文化精神的核心内容。周恩来红军小学校训“前进！前进！进！”诠释了新时代红军娃的远大志向和坚毅进取。围绕校训展开讨论并形成了“三风”，校风：精诚、求是、明礼至善；教风：精业、求实、厚德树人；学风：精学、求真、切问近思。“三风”营造健康向上的学校文化，引导师生树立正确的世界观、人生观、价值观，培养师生终生学习、乐于奉献、敢于担当的精神。

“一训三风”体系彰显了学校的历史传统与文化积淀，是全校师生员工的精神统领和行为准则，也是学校的形象与品牌。学校加强“三风”建设，凸显红色文化育人功能，学校师生展现出的共同精神面貌，反映了“弘毅文化”的教育理念和价值取向。

（四）校旗、校歌

校旗蕴涵学校的独特气质，彰显学校的文化理念，体现学校的精神风貌，展示学校的个性特色。周恩来红军小学的校旗是以中国工农红军旗帜为背景，上书校名，寓意着学校以弘扬红军精神、培育新时代的红军娃为己任。

校歌是学校精神风貌的校标，在激励师生发扬学校优良传统、增强学校独有的价值观念、培养学生的优良品质等方面具有重要的作用。周恩来红军小学的校歌《我们开启新的长征》由中央电视台节目编导韩胜勋作词、著名音乐人艾常翠谱曲，体现了学生的朝气蓬勃和教师的奋发有为。

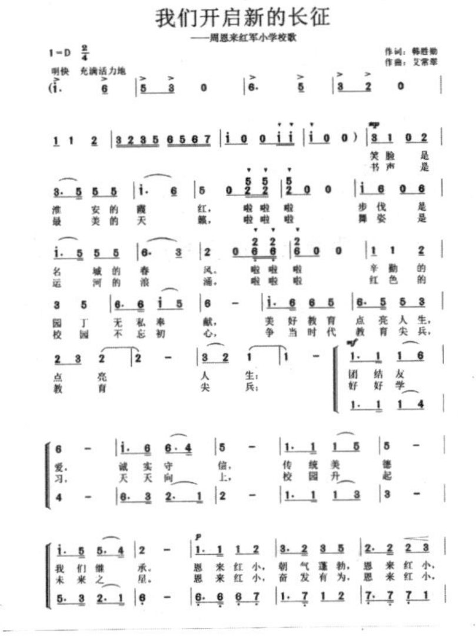

二、物质文化

物质文化是构建学校文化的前提和基础，是学校形象外在的、物质的呈现形式。物质文化的建设及管理直接反映出学校的文化样态和办学水平。周恩来红军小学地处伟人周恩来故里——古城淮安，彼时的“壮丽东南第一州”将以“长三角北部现代化中心城市”的新定位、新姿态重现昔日之风采。厚重大气之地孕育了周恩来红军小学的特有气质，学校的发展浸透着老一辈革命家、红军后代以及社会各界人士的爱心和期望。作为江苏省第一所以红军之名建立的学校，在建校之初，就从物质文化建设入手，依托地方红色文化资源优势，基于学校的办学哲学，结合学校自身独特内涵，精心构建了“红军精神和周恩来崇高品格”为主元素，“八园四楼一场馆”为主体，“十塑三廊一中心”“三院两墙一红塔”点缀其间的现代人文校园。

（一）楼宇文化

宋代理学家程颢、程颐认为：天下无一物无礼乐。万物都承载着文化要素，以物入心，格物致知。学校建设以物为载体，通过建构空间的诗学和美的教育场域，打造满足学生全面发展需求的教育生态环境。学校建筑是人为创造的艺术，也是学校文化的物质体现，是学校的文化积淀和精神依托。优秀的学校建筑，能充分发挥学校建筑的隐性育人功能，给学生心灵震撼和情感寄托。良好的文化环境能增强师生的学校认同感，陶冶高尚的道德情操，培养积极向上的人生态度，提高师生的文明程度。

校园每一处建筑都蕴含丰富的意义，学校建筑不论是布局、结构，还是色彩、造型，都体现了教育和文化的结合。学校主建筑楼以红白两色为主，红色庄重而典雅，白色纯净而高洁，格调大美，装饰大雅，色彩大气，增强了学校建筑的生命感和教育意蕴。学校的南大门巍然稳重，上书烫金大字“周恩来红军小学”，庄严肃穆，门楼东西横跨 49 米，高 27 米，从前面看外形就像汉字“周”字，寓意周恩来在 1949 年被任命为总理，担任总理 27 年。翔宇楼是学校主楼，崛起楼和腾飞楼分列东西两侧，像一对有力的翅膀，助力学校崛起腾飞。红军娃剧场整体呈圆柱形，现代化的设计融合红色主题，集实用性和审美性于一体。体育馆远看像一只儿童玩的纸飞机，设计灵感来源于周恩来总理的乳名“大鸾”，寓意孩子们如同大鸾一样展翅飞翔。学校的楼宇建设遵循美学规律规划设计，借助艺术的手段让校园更具有艺术的美感，形成学校独特的楼宇文化。

（二）雕塑文化

学校文化是既是价值的，又是物态的，而雕塑是一种有形的艺术，极富内涵的学校文化通过有形的雕塑艺术来体现，有形的雕塑艺术借助内隐的学校文化来赋予生机，这也许是对雕塑艺术与校园文化的关系比较恰当的一种说法了。雕塑艺术，通过其独有的艺术魅力，以一种无言的表述，来影响和熏陶师生们的心灵，是无声胜有声的最好体现。

校园雕塑设计一般具有纪念性、象征性、激励性、装饰性等特点，一些好的雕塑会成为校园的标志和象征，而且校园雕塑的形态多姿多彩、内容丰富多彩、内涵博大精深，极大地丰富了校园的景观环境。进入周恩来红军小学南大门，呈现在眼前的是由雕塑家叶子精心设计的“周恩来爷爷、邓颖超奶奶和孩子们在一起”的群雕，寓意周总理永远和孩子们在一起。门厅两侧是周恩来事迹浮雕群，静置于学校门楼前，象征着周总理精神时刻感染者校园里的每一个人。学校广场中央有面巨大的红军会师旗，这一文化景观让师生深受感动，红军精神正在且将永远激励着每一位恩来红小人。校园里还有长征五号捆绑式火箭模型、《西游记》人物群雕等多处文化雕塑，为校园增添了文化意蕴。雕塑文化引发学生托物言情，咏物言志，以物感心，格物穷理。

（三）廊道文化

廊道文化，通俗讲就是把相应的文化在特定走廊空间以相应的形式体现出来，包括天文地理、经史子集、科学人文等。好的廊道文化是极具传播力和渗透力的校园“墙上媒体”和“第二课堂”，能陶冶学生情操、激发学生志向、开拓学生视野，同时也能反映一所学校的办学特色、办学高度和办学内涵，还能直观反映一所学校的眼界和胸怀。

学校中心广场两侧，走廊横梁上篆刻有“校长有思想，教师有风格，学生有特长”“做一个最美的学生，做一个自信的学生，做一个快乐的学生”等标语，体现学校追求的同时，也激励着全体师生以更高的标准要求自己。东侧走廊是红军长征精神文化长廊，墙上是红军长征途中著名战役的介绍，是学校红色文化传承的显性呈现。西侧走廊是社会主义核心价值观长廊，墙上悬挂的是老师和学生对社会主义核心价值观的解读。教学楼通往体育馆的一处走廊更显开阔，是学校的艺术文化长廊。地面由上下五千年历史朝代顺序歌嵌入的钢化玻璃铺设而成，廊顶悬挂世界各国国旗，让学生心怀祖国，放眼世界。走廊墙壁依次张贴学生书画作品，展现小小艺术家、书画家照片，并展示中国书法的代表作品，为学生创设浓厚的文化氛围，让学生插上艺术想象的翅膀，遨游艺术世界。这些廊道文化让学生感受到学校兼容并蓄的博大文化和办学特色。

（四）园林文化

当代校园环境建设明确表达了“学校园林”的新概念，将园林概念融入规划设计中，以“园”为特征，形成现代化、园林化、生态化、网络化的学校环境。在学校中形成大大小小的、有主有次的园林组团，园林包围建筑，建筑建在园中，按地貌自然分布，形成人、建筑、自然和谐统一的氛围。

学校以物型文化为生长点，将教育理念形象化地根植于园林景观中，建设了以“周”字造型的学校正门和恩来园，由红军长征途中著名战役的微缩景观群构建而成长征园，辽宁舰、运 20、坦克等模型和少年军校场域构建的国防园，由漂流书柜、图书走廊、阅读廊台等构建的文学园，以宇宙飞船和嫦娥工程为背景构建的科学园，由书画中心、国画室、音乐室、舞蹈房等构建的艺术园，集科普教育、文化交流、智性休闲于一体的生态园，将教育与生产劳动相结合的种植园。师生长期置身于美丽雅致的园林文化中，身临其境，耳濡目染，正确的价值观就得以内化。

三、制度文化

学校制度文化是由学校制度所承载、表达、衍生和推动的文化。它是一所学校渗透在体系架构、规章制度、工作流程、岗位职责中的价值观念和风格特色，也是在生成和执行各类制度的过程中折射出来的价值取向和行为规则。“没有规矩，不成方圆。”作为学校文化的内在机制，学校制度文化对师生的思维、言行方式以及生活习惯具有引领、约束和规范的作用，是维系学校正常秩序的保障机制，也是学校文化建设稳定开展的保障系统。

现代学校制度建设实际上是一个促进学校从他律走向自律，最终到自治的过程。学校文化制度宜以时而定、以事而立、以项而设。在弘毅文化的发掘、建设、传承和发展中，周恩来红军小学始终坚持以人为本、开放民主和与时俱进的原则,多方向建设,形成了弘毅特色学校制度文化。

（一）完备的学校组织结构体制

学校组织结构体制是指学校组织内部纵向各层次工作群体和横向各个部门的设置及其关系的总和，包括机构设置、职位、权力关系、沟通网络等正规部分和技术、组织内部的社会心理等非正式部分。[1]当代中小学组织结构类型主要有直线型、职能型、直线—职能型、矩阵型等，学校需根据学校精神文化的要求不断健全组织结构体制。

学校采用“职能部门＋项目组＋名师工作室”的直线—职能型组织结构体制，在保留了职能型结构分工明确、专业化程度高等优点的同时，融合了直线型结构统一指挥、快速高效的优点，弘毅文化指导下的学校组织机构完备、高效。

学校设有六个职能部门、两个项目组和两类工作室。六个职能部门包含：课程管理中心——开展教育教学督查和指导工作，为教师更新知识结构、提升实践能力提供支持；学生发展中心——开展丰富多彩的学

[1]　陈孝彬．教育管理学［M］．北京：北京师范大学出版社，2005：403.

校实践活动，培养学生良好的行为习惯；信息宣传中心——利用学校公众号等媒介传播学校文化，为师生获取信息资源提供服务；管理服务中心——统筹协调学校各部门之间的工作，促进学校各项工作不断提高；后勤保障中心——提供后勤保障，保证学校工作有序高效开展；教师发展中心——开展教育科研工作，推进教育教学改革实践。项目组指向教师发展共同体建设，重点是促进学生高质量学习和教师优质化发展，主要包括两个项目组：研课发展组和课题研究组。研课发展组是提升教师教育教学技能的团队，旨在帮助教师高效沟通、快速成长；课题研究组是开展教育教学课题研究的团队，为教师提供进一步成长的平台。名师工作室专门为优秀教师和班主任设立，目前有名师工作室和名班主任工作室两类，满足优秀教师和优秀班主任进一步成长和发展的需求。职能部门 + 项目组 + 名师工作室是主结构，校长团队、级部、教研组构成辅助机构。这种立体化组织机构把教师推到了台前，把学生放到了中心。完备的组织结构由弘毅文化所指导和成就，也反过来推动了弘毅文化在学校进一步的发展。

（二）创新的学校管理制度

学校管理制度是学校在教育教学实践过程中，根据上级有关文件和学校自身发展实际所制定的规范行为的规章或条例。从管理对象角度，学校管理制度分为教师管理制度和学生管理制度等。从职能部门工作角度，学校管理制度包括教育教学管理制度、教科研管理制度、后勤管理制度、班级管理制度等。从学科建设角度，学校管理制度包括德育、教学、体育、美育、劳动教育、信息技术教育等制度。当前，在新的伟大时代需要新的教育，新的教育呼唤更加科学合理的学校管理制度。

周恩来红军小学立足先进红色文化，全面贯彻党的教育方针政策，依法治校，形成了创新的学校管理制度。周恩来红军小学管理制度由《淮安市周恩来红军小学章程》《淮安市周恩来红军小学红色文化课程实施指南》《淮安市周恩来红军小学教育纲要》《淮安市周恩来红军小学德育纲要》《淮安市周恩来红军小学红军娃成长手册》《淮安市周恩来红军小学红烛教师培养指南》《淮安市周恩来红军小学课程管理中心工作手册》《淮安市周恩来红军小学少先队工作手册》等组成。这些管理制度是学校弘毅文化实践的结晶和反映，也是促进校园优良文化发展的基础，是为师生的发展而生，为学校的发展而立，切实保证了学生的全面发展、教师的快速成长、学校的高效运转。

（三）先进的学校管理理念

1. 以人为本

以人为本理念的树立是人本管理的根本，一切管理制度和一切管理行为都是管理者管理理念的产物。著名管理学家陈怡安教授就人本管理的精髓如是说："点亮人性的光辉，回归生命的价值，共创繁荣和幸福。"

在弘毅文化的浸润下，周恩来红军小学确立了"以人为本"的管理理念，学生的全面发展和教师的高效成长是一切管理工作的出发点和落脚点。在这一理念的指导下，学校完成了从刚性管理到文化引领并实现人本管理的转变。以学校完善教师考核制度为例，优化后的教师考核制度充分满足了教师柔性管理的需要，更加广泛地调动了教育教学的积极性，从而实现了教师教育教学能力的长足进步和学生综合素质的全面提升。同时，学校积极组织教职工分级分层学习学校现有的各项规章制度，从而进一步提高了各项工作的规范化、科学化水平。学校把人视为学校的财富和核心竞争力，面向广大师生，贯彻落实人本管理理念，最终实现了学生全面成长、教师素质提升、学校特色发展的美好愿景。

2. 服务为先

在弘毅文化濡染下，学校彰显全面的教育服务理念，坚持为学生服务，为家长服务，为社会服务，为教师服务。

2021 年 9 月，国家教育部出台"双减政策"，学校积极响应，同时为确保"减负"不减质，进一步深化了质量管理制度。学校就新的教育形势，结合长期的探索与实践，完善并优化了作业规范制度、课堂规范制度、教学五认真制度、常规检查制度等，并将这些制度真正内化为教师日常工作的准绳，引导全体教师扎实教学、提高质量，服务学生、家长、社会。而在服务教师方面，学校坚持科研促教、科研兴校。学校在教科研方面，形成以备课组、教研组、课题组、校名师工作室为体系的教科研网络，并定期组织教师学习教育理论或开展教育科研，引导全体教师专注于学术研究，专注于专业成长。学校的发展和教师的个人发展在愈加完备的制度构建中相得益彰，“四个服务”理念也受到了社会各界人士的一致好评。

3. 智慧赋能

北师大教授肖川博士在《我的教育主张》中提出：学校应该“书声琅琅，笑声琅琅，歌声琅琅”。一所好的学校应该是安全的，自由的，温馨的，并值得探索的。学校围绕智慧校园完善办公室电脑管理制度、电子阅览室制度、教室多媒体管理制度、电子班牌管理制度等，全面提升了学校智能化、现代化水平，切实保障了校园的安全，赋予了学校师生极大的自由。智慧校园制度建设促进了学校文化的全面覆盖和信息的高效传达，实现了学校文化的立体化展示，形成了家校一体的互动文化社区。校园VI系统、虚拟校园交互式展示系统，全方位、多角度地展示了学校的办学理念、办学特色和核心价值观，形成了学校独特的文化识别系统，从制度层面不断增强师生对学校文化的认同感和归属感。

学校制度既有共性又有自身的地域性特点。完备且符合时代发展要求的学校制度是维持一所学校正常运作的基本条件，同时也是促使学校工作产生最佳效果的强有力保证。周恩来红军小学自建校以来，扎根“弘毅文化”，始终坚持正确方向，始终明确管理理念，既博采众长又特色鲜明，完成了学校弘毅特色制度文化建设，形成了较为规范和完备的岗位职责及相关制度。通过继承、改良和创新，这套与学校发展相匹配、可操作性极强的制度体系明确了组织职能，增强了管理效能，活化了办学机制，有力地推动了学校的可持续发展，真正发挥了“弘毅文化”的育人功能。

四、行为文化

学校行为文化是学校全体师生在精神文化指引下和制度文化规范下所形成的为社会认可的行为方式及其承载这些行为方式的活动的总和。

具体包含管理者行为文化、教师行为文化和学生行为文化等。[1]学校行为文化是在自身的教育教学实践过程中产生的活动文化，是学校文化重要的外显方式，表现为不同于其他学校的个性风范，是学校核心精神的折射。学校行为方式主要包括以校长为中心的管理者行为方式、教师行为方式和学生行为方式。

（一）以校长为代表的管理者行为文化

著名教育家陶行知先生曾说过，“整个的学校应当有整个的校长”。一个校长只有让“整个的自己”做“整个的校长”，才有成为教育家的可能。一个信仰坚定的校长一定会凝聚一帮志同道合的教师，虔心追寻教育理想，领航学校长远发展，致力于办人民满意的教育，为学生的幸福人生奠基。青少年阶段是人生的“拔节孕穗期”，最需要精心引导和栽培。信仰坚定、勇往直前的校长，就如同学生成长路上领航的灯塔一样，指引着孩子们向上、向善、向前，争当有信念、有情怀、有担当的人。校长及学校管理者必须做到虔诚而执着、至信而深厚，始终坚守教育初心，坚守精神家园，用信仰之力砥砺奋进、攻坚克难。

古语有云，“锲而不舍，金石可镂”“志行万里者，不中道而辍足”“古之立大事者，不惟有超世之才，亦必有坚韧不拔之志”，这些话道出的都是“人生贵在坚持、事业成在坚持”这样一个颠扑不破的质朴道理。回望中国共产党百年奋斗历程，坚毅的品格就是无数革命先烈“宁可站着死，绝不跪着生”的决绝，是广大红军将士“风雨侵衣骨更硬，野菜充饥志越坚”的刚毅，是新中国建设者们“有条件要上，没有条件创造条件也要上”的壮举，是无数改革者“杀出一条血路来”的气魄，是新时代脱贫攻坚人“不达目的誓不罢休”的诺言。新时代校长及学校管理者要具备坚持永远奋斗的本色和坚毅前行的品格。校长及学校管理者的坚毅是一种根植于内心的坚韧品格，是坚如磐石的意志，是对未来必胜的信念，是一往无前的勇气，能够由内而外激发出强大的精神力量。一

[1]　张东娇．学校文化管理［M］．北京：教育科学出版社，2013：22.

所学校的行为文化建设，映射着一个校长的眼界、心胸、素养和行为。弘毅笃行的“新时代校长”和学校管理者，要走在前、当标杆，在教育教学改革中更好地发挥“领头雁、排头兵、先行者”作用，成为广大师生心中永远的领路人。在学校行为文化建设过程中，校长的眼界有多高、心胸有多阔、涵养有多深、行为有多灵动，决定着学校的行为文化建设走多远、有多广、有多美、有多完善。校长用心思考并躬身践行了，校园才会是充满文化的，师生员工的行为才会是魅力四射、充满智慧的。我们充分利用教育部名校长工作室、江苏省名校长工作室和特级教师工作室开展弘毅文化研究，打造红色校园文化，整合地域红色资源，研发红色文化育人课程，培育红烛教师和新时代红军娃。

（二）教师行为文化

发挥教师的价值与潜能是学校建设的真谛。学校的高质量发展，起步于制度建设，提高于文化发展。古人说：“师者，人之模范也。”在学生眼里，老师“吐辞为经、举足为法”，周恩来红军小学用红色文化滋养红烛教师队伍，让他们做新时代“四有好老师”，做学生成长中的“四个引路人”，自觉践行“四个相统一”，努力成为新时代的“大先生”。学校建立健全师德师风长效管理机制，不断提升教师道德品质，拓宽教师文化视野，让教师成为坚定的马克思主义者、先进文化的传播者。红烛教师要以德立身、以德施教，让课堂教学有思想、有灵魂，注入道德精神，一言一行，一举一动都要履行育人职责，产生育人之效。

教师，传道授业解惑之士也。教师是文明与知识的传播者，是学生学习的引导者，是学生成长的促进者。“士不可以不弘毅，任重而道远”亦可以说为“师不可以不弘毅，任重而道远”。国家的命运，民族的命运，学生的幸福，是当代教师们必须承担的责任。肩负如此重任，教师不能不抱负远大、意志坚定。建设一支高品质的新时代师资队伍是学校在发展过程中的第一要务。全体教师学党史，传承红色基因，在教育教学中落实红色文化育人，积极开展社会主义核心价值观教育，成为政治坚定、绝对忠诚、师德高尚、业务精湛的弘毅文化传播队伍，为学校弘毅文化教育传承提供了有力的支撑和保障。

（三）学生行为文化

哲学家雅斯贝尔斯认为教育的本质意味着：一棵树摇动一棵树，一朵云推动一朵云，一个灵魂唤醒一个灵魂。学校立足实际，围绕学生的健康成长和全面发展构建学生的行为规范和活动等，充分发挥学校文化塑造人、提升人、发展人的作用。

要给学生心灵埋下真善美的种子，就要帮助学生从小“扣好人生第一粒扣子”。新时代的育人文化是塑造学生美好心灵、促进学生健康成长的关键。“才者，德之资也；德者，才之帅也。”新时代红军娃是“德”与“才”的和谐统一。学校以文化人、以德育人，引导学生在红心习养德育课程中提升道德品质，在情境嵌入学科课程中提升核心素养，在寻访力行研学课程中锻造实践能力，在红心涵育环境课程中陶冶道德情操。

学校围绕学生健康成长与发展制定了相关行为规范，开展了“永远的怀念”“红军娃重走长征路”等系列活动，助力学生良好品格和行为习惯的养成。加强班级文化建设，通过周恩来班创建、特色中队创建、班级公约评比等活动，形成了积极向上的班风班貌。通过“红色典礼”和“十百千”优秀红军娃评比活动，在学生群体中树立榜样，形成号召力，发挥示范激励作用。通过开展“十好习惯养成”“五小志愿”等活动，引导学生做小讲解员、小宣传员、小安全员、小通讯员、小保洁员，让学生接触社会、了解社会，在亲身实践中养成良好的习惯。学生孝老爱亲、举止文明、乐于助人、吃苦耐劳、勇于担当，得到了社会各界的认可。

第三节　策略概括

学校文化是流淌在师生心中的一股清泉，是经过一代代教育人的言传身教而形成的，根植于学校师生的心灵之中，呈现在各类教育教学活动之上，反映着学校独特的精神气质、优质的行为文化和良好的师生风貌。只有厘清学校文化发展脉络，传承学校文化精髓要义，才能弘扬和创新学校文化，学校各项事业才能获得长足发展。

教育与文化同源共生，共生共进。教育是文化的传承与创造活动，教育作为文化的表现形式，会反作用于文化整体，使其体现深刻的文化内涵和意义。基于对“红色文化”的深刻理解和高度认同，建校十多年来，周恩来红军小学一直扎根于“红色文化”的土壤，围绕“红军精神”“周恩来崇高品格”等进行学校文化建设的策略探索。注重设计校园建筑和景观，融入独特的“弘毅文化”；以红色文化引领学校发展，不断推动构建“弘毅文化”与学校课程相结合的育人体系；整合历史和文化资源，谋求教育的历史深度和人文厚度，深入推广弘毅文化。学校弘毅文化多年来的策略选择可概括为以下的方面。

一、顶层设计与基层实施

立德树人是教育的根本任务，是广大教育工作者的神圣使命，贯穿于学校教育教学的全过程之中，渗透于德育、智育、体育、美育和劳动教育中，对少年儿童的健康成长和全面发展起着导向、动力和保障作用。学校文化的顶层设计和基层实施就是要牢牢把握好立德树人要求，整体构建学校“弘毅文化”体系，从目的、内容和方法上解决好“培养什么人”“怎样培养人”和“为谁培养人”的问题。

在整个教育内容中，社会主义核心价值体系和中华民族优秀文化占据着主要地位。社会主义核心价值体系教育、中华民族优秀传统教育是教育的历史性的基本要求和教育时代性的必然选择。从文化发展史的角度看，传承是文化永葆先进的内在要求。周恩来红军小学借助全国红军小学的红色教育优势和地处周恩来总理家乡独特的区域优势，确立了“弘毅文化”品牌，实现文化的传承和发展，发挥文化育人、实践育人的重要功能。

（一）弘扬红军精神，明晰“弘毅文化”基础

每一所学校都有自身独特的文化图谱，而伟大的红军精神就是周恩来红军小学文化弥足珍贵的精神源泉。只有追寻革命先辈的足迹，准确解读、传承和弘扬红军精神，我们才能明晰自身办学之基础，找到弘毅文化之根脉。

红军精神是中华民族百折不挠、自强不息的民族精神的最高表现，是保证我们革命和建设事业从胜利走向胜利的强大精神力量，具体表现为坚忍不拔、勇往直前、不怕困难、敢于挑战的坚毅精神。我们充分发掘红军精神内涵，以红色文化资源作为学校弘毅文化的基础，用弘毅文化引领学校的教育教学活动，促进学生养成积极的情感和态度，树立正确的价值观。

（二）传承恩来风范，确立“弘毅文化”标识

学校的发展实际上是学校文化传承与创新的过程。只有既立足自身文化积淀，又体现时代发展，不断创新内涵，学校文化才能获得创新发展的不竭动力。作为周恩来家乡的全国唯一一所以“周恩来”姓名命名的红军小学，学校长期坚持用周恩来的精神财富为学生塑形铸魂，着力培养德智体美劳全面发展的社会主义建设者和接班人。

“为中华之崛起而读书”是周恩来从小立下的远大志向，“愿相会于中华腾飞世界时”是他的终身追求。“面壁十年图破壁，难酬蹈海亦英雄”体现周恩来决心之坚，立志之远。学校将周恩来崇高品格融入当下的教育理想追求与价值取向，确立了学校独特的文化标识。

（三）挖掘课堂育人价值，重构课堂育人路径

《礼记》云：“师也者，教之以事而喻诸德也。”叶澜教授曾指出：“学科、书本知识在课堂教学中是‘育人’的资源和手段，服务于‘育人’这一根本目的，‘教书’与‘育人’不是两件事，而是一件事的不同方面。在教学中，教师实际上通过‘教书’实现‘育人’。”[1]成尚荣在谈到学

[1]　叶澜．重建课堂价值［J］．教育研究，2002（5）：3.

科育人时认为："学科育人是落实立德树人根本任务的学科切入口和现实方式，是学科教学的指南和基本准绳。[1]"红色文化与传统学科知识之间存在隐性关联，要想让学生在学科教学中认识、理解红色文化，就要进行学科渗透教育。学校将育人落实在学科学习、课堂教学之中，不断挖掘学科精神价值，回归课堂育人价值，培养儿童的核心素养。要深入探索并积极建构学科育人新模式，充分彰显学科的育人价值，发挥学科的育人功能。从学科教学走向学科育人，课堂评价方式和标准也要同步，在学科育人探索中建立正确的教育质量观和评价观。

（四）社团发扬弘毅文化，研学升华弘毅文化

学生社团是推动学生素质拓展和锻造学生品德修养的重要载体，在校园文化建设中的地位正与日俱增。在学生社团活动中，能感受到一所学校在长期的教育实践与校园活动中所积淀形成的精神财富和营造的文化氛围。周恩来红军小学尊重儿童感受，关注儿童兴趣，开发了内容丰富、形式多样的社团活动课程。在组建社团时，充分发挥弘毅文化的独特魅力，以弘毅文化为主题打造的"红军娃讲解团""翔宇诗社""少年军校"成为学校的热门社团。

校外研学活动立足"教育性"，突出"实践性"，渗透"趣味性"，确保"安全性"，为孩子们的全面发展、健康成长创设丰富多彩的活动载体。学校依托区域内丰富的红色教育资源，带领学生走出校门，开展形式多样的校外研学活动。通过研学教育独特的寓教于乐的方式满足学生的多样化需求，他们在实践中体验弘毅文化独特魅力，在润物无声处接受弘毅文化洗礼。在诸多研学课程中，"红军娃重走长征路""沿着党的足迹前进"等极具特色的红色研学实践活动已成为弘毅文化教育的亮点。

[1] 成尚荣．学科育人：教学改革的指南针和准绳［J］．课程·教材·教法，2019（10）：82.

二、内外兼修与整体推进

文化是民族的血脉，是人民的精神家园。学校是知识的殿堂，是培养人才的基地，更是孕育文化的摇篮。学校作为文化传承与传播的重要阵地，需要让其文化延续历史文脉、适应时代发展，这样学校文化才能展现持久魅力、焕发新的生机。因此，学校工作要把先进文化的传播放在首要位置，引领学校文化前进的方向，将先进的文化传递给学生。学校文化既有外在的形式，也有内在的神韵。建设美丽校园不仅仅只是校园硬件的完善、校园环境的美化，更重要的是学校人文精神的塑造、校园文化的建设。只有“内外兼修”，才能让校园文化在形与神两个方面俱臻佳境，将美丽的外表和深厚的内涵合二为一，造就美雅校园；只有“整体推进”，才能让学校更好地发挥育人的基本功能，达到“立德树人”的目的，培养新时代红军娃。

（一）基于物质、超越物质的校园环境打造

学校的环境设计基于物道，寓学于物，心与物共，物我合一。校园环境厚植红色文化，拓宽了学校发展的新视野，拓展了学生成长的新空间。精心打造的楼宇文化、景观文化、廊道文化、教室文化等，让整个校园以及校园的每一处都会“说话”，使既弘且毅的文化气息迷漫渗透在校园的每一个角落。

（二）基于学科、超越学科的校园活动组织

马克思实践哲学认为，文化的本质是人的自我生命存在内容及其实践活动，是“人化的自然”。活动是学生能力发展的催化剂，是学生思想教育的有效载体，是创建学校文化的有效途径。学校遵从儿童发展规律，以核心素养的培养为指向，基于学科系统设计了活动课程。学校开展社团活动、校园文化艺术节活动、主题班会活动、阳光体育活动、读书活动、志愿服务活动等，打破学习边界，让儿童在实践中历练成长，养成个体良好的行为习惯，成就学生的多彩童年。

（三）基于时代、超越时代的学校文化审视

随着时代的飞速发展，广大教育者需要站在更加开放的视角，站在师生发展的视角，站在未来的视角去审视文化建设各要素。既要立足于当今伟大的时代对人才培养的需求，又要具有超越时代的眼光，从实践、理想、精神等方面体现超越时代的价值内涵，擘画教育愿景。建设学校文化，既要深刻理解学校文化建设的现实意义，又要充分认识学校文化建设对于学校的建设和发展具有的深远历史意义。可以说，学校专注内涵发展的同时，更需要由外而内进行审视，才能更好地推进学校文化建设。

（四）基于实践、超越实践的学校文化反思

学校文化进行广泛传播时，更需要广大教育工作者基于实践、超越实践，由内而外不断自省：从教育主管部门、学生家长、社会发展的角度换位思考，所制定的学校管理制度和确立的一训三风等，能否真正促进师生的发展；培养目标是否符合时代要求；教学过程是否符合学生的发展规律；学生发展是否符合社会期待。某一个阶段性行动之后，学校全体成员需要对照发展规划中的具体目标，进行文化系统全面的评估：反思工作指标是否达成，以何种显性成果证明目标达成度，达成目标的过程中是否真正起到了育人作用，过程与结果有没有发生异化。以目标评估过程，以过程反思行动，以真实的教育实践检验学校文化建设的目标是否达成。

三、形象识别与经典展示

学校文化是特色文化，是一所学校的灵魂和标志。从文化层面来看，一所学校和另一所学校的区别就在于学校文化。周恩来红军小学在推动学校文化建设的过程中，不断反省师生形象塑造、典礼仪式展示、育人故事讲述等方式的对外文化传播方式，不断自省具体内容是否符合学校文化理念，是否符合学校内涵追求，将构建学校形象识别系统和经典活动展示，融入学校的“弘毅文化”建设中。

（一）弘毅文化形象识别系统的形成与改进

学校的形象识别系统不仅能体现学校的教育理念，引导师生的行为，还能够促进学校的审美教育，提升全体成员的审美素养。周恩来红军小学的形象识别系统主要包括视觉和听觉识别系统，将学校育人理念、文化特征、制度规范等抽象语意转换为具体符号的概念，塑造出独特的学校形象，传达给学校内部和外部人群，从而实现良性认同和沟通。视觉识别系统中，最显著的标识就是校旗、学生的红军服和校园电视台的台标，以及以“一品梅”为主题的文创产品等；听觉识别系统中，有校歌和红军小学之歌等。学校形象识别系统在设计的过程中要不断回顾学校的育人目标、办学哲学，不断反思和追问设计识别系统是否真正反映出学校独特的文化气息和价值追求，要在发展中反思，在反思中改进，使形象表达与内涵理念完美融合。

（二）弘毅文化品牌经典活动的展示与提升

在学校文化建设过程中，相关理念需要通过持续的仪式典礼活动加以彰显。淮安区是革命老区，红色文化资源富足，拥有周恩来故居、周恩来纪念馆等一批主题鲜明的红色教育基地，利用好这些红色文化资源、传承好红色文化是我们的责任与义务。在红色品牌经典活动中突出淮安的本地特色是品牌活动的生命所在。品牌经典活动的展示要立足本地，放眼全国，要不断拓展资源平台，拓宽受众群体，发挥品牌经典活动的辐射引领作用。学校基于“传承恩来风范”打造的“永远的怀念”经典课程，围绕“弘扬红军精神”打造的“我们的课堂在长征路上”品牌活动，在全国产生重要的影响。学校不断提升学校经典活动的质量与内涵，强化活动的实际意义和育人成效，让学生获得更加立体、愈加丰富的独特体验，给予学生“不言之教”，让活动能真正传递“弘毅文化”，实现育人价值。

第五章

弘毅文化的实践创新

红军精神在中国共产党领导中国革命、改革和建设的实践中，显现出巨大的正能量和软实力，这种精神力量足以创造史诗般的人间奇迹。周恩来崇高品格润泽一代代中华儿女，它积淀着中华民族最深层的精神追求，代表着中华民族独特的精神标志，至今生机盎然；它跨越时空，超越国度，富有魅力，极具当代价值。

弘毅文化作为周恩来红军小学独具特色的学校文化，以红色为底色，以红军精神、周恩来崇高品格为引领，是滋养、涵育师生社会主义核心价值观的重要源泉，也是我们在学校教育改革中把握方向，创优、创新的基础。弘毅文化体现深厚的历史积淀和鲜明的时代主题，在学校发展中具有独特的价值地位。在当今世界经济全球化、价值多元化的时代，弘毅文化在增强师生民族文化自信、弘扬优良传统、提升社会服务方面具有不可取代的现实意义。同时弘毅文化在学校环境建设、制度建设、课程建设、教师队伍建设、少年儿童价值观培养等方面发挥着重要的作用。

学校在弘毅文化实践创新方面，注重不断凝练弘毅文化的时代价值、社会价值、文化价值，并不断推进形成社会、学校、家庭三位一体的价值认同，并通过制度完善与文化引领的融通提升、课程体系建构、教学活动推进、文化环境优化、学校治理创新等，不断将“红色基因传承”变为根植在全体师生心底的文化理想和实践追求。

第一节　价值认同

价值认同，是人们对某类价值观念的认可，并形成产生相应行为的过程。从心理学上讲，认同是一个过程，是一个将外在的理念及标准内化于心、外化于行的社会心理过程。弘毅文化引领下的学校教育将家庭、学校、社会凝聚成一股育人力量，构建共同的教育愿景，拥有共同的价值追求。

一、丰富的育人价值

文化对个体价值观的塑造往往不是疾风骤雨，而是润物无声，逐渐将文化内含的精神力量转化为个体的情感认同和行为习惯。种树者必培其根，种德者必养其心。周恩来红军小学一直以来既注重概括提升，又注重宣讲教育，以不断积极拓展学校红色文化育人的价值范畴，推进并充分发挥弘毅文化培根铸魂的育人功能。

推进以弘毅文化坚定理想信念。红色文化承载的历史，为中国共产党的领导和中国特色社会主义事业的科学性提供了无可辩驳的实践依据。对少年儿童实施红色文化教育，能直观地促进这一群体对党史、新中国史、改革开放史、社会主义发展史的深入认识，深刻领悟中国共产党的领导和社会主义制度是人民与历史的必然选择，从而教育引导少年儿童树立共产主义远大理想，坚定中国特色社会主义共同信念。

推进以弘毅文化厚植爱国主义情怀。爱国爱民、为国为民的厚重信仰和高尚情操是红色文化的重要内涵，它跨越时空向我们展示了中华民族由站起来到富起来再到强起来的发展历程。通过实施红色文化教育，引导少年儿童深切体会个人命运与祖国命运的息息相关，坚定他们以国家利益为重，立志扎根人民、奉献国家。

推进以弘毅文化加强品德修养。弘毅文化最突出的价值内涵是道德价值，红色文化所呈现的每一处红色遗址、每一个革命事件、每一位英雄人物、每一份历史文物，都蕴含着革命前辈与先烈高尚的大爱情怀和道德情操。弘毅文化向少年儿童传递强大的道德力量与价值观力量，使他们的思想与灵魂受到强烈震撼，以润物细无声的方式熏陶少年儿童的道德品质，树立他们正确的价值观念。

推进以弘毅文化培养奋斗精神。红色文化所凝聚的中华民族由危亡走向新生继而迈向辉煌的历史，就是一部艰苦卓绝的奋斗史和创业史。通过对少年儿童实施红色文化教育，就能让其在历史情境中认识中国共产党人的奋斗历程，体悟革命先烈的奋斗精神，从而培养他们艰苦奋斗、坚毅进取的品质。

二、广泛的价值认同

随着学校红色育人文化的发展，以弘毅为指向的学校文化价值日益凸显。一方面，学校利用多种途径加大对弘毅文化的宣传力度，使全体师生能深刻理解弘毅文化的重要性，能全面把握弘毅文化的深刻内涵，能深入领会弘毅文化形成的发展脉络、理论渊源和思想基础。在深化对弘毅文化的感性认识基础上，逐步升华为理性认知。另一方面，学校管理层深知价值认同过程就是建立新链接的过程，于是创新开展各类活动，着力打造一支政治坚定，会讲红色故事的红烛教师队伍，培养爱党、爱国、爱社会主义，能担当民族复兴大任的时代新人。教学实践活动是每一位教师和少年儿童的日常基本活动。融合在教学实践活动中、组织管理中的弘毅文化价值是每一个教师、每一个少年儿童必然都会接触并能感知、体悟到的。因此，教学实践特色活动可以让他们认识到弘毅文化的价值，是师生对弘毅文化育人价值认同的重要途径。学校持续注重推动教师并引领少年儿童在教学实践和学习中深切体悟弘毅文化理念价值，亲身参与和体验，增强价值认同。

意识是实践的产物。周恩来红军小学将弘毅文化育人价值融入社会及家庭生活的微观、具体的活动中，通过家校联动、校社合作等具体实践活动，尤其是细小、朴素、重复性的日常生活实践，传递弘毅文化价值取向与理念，获得生活化的日常认同。弘毅文化价值得到了社会广泛认可。这种认同既是普遍的，又是坚不可摧的。

三、共同的价值追求

人的价值追求的产生、发展和实现是一个辩证运动的过程，从动态发展看，表现为价值情感到价值认同再到价值实践的过程。价值情感是前提，价值认同是基础，价值实践是根本。

淮安是英才辈出的城市，孩子们从小听着周恩来、梁红玉、韩信的故事长大，行走于周恩来故居等红色教育基地，向本地名人学习，成为像他们那样的人是这座城市家长们内心最朴素且最自豪的追求。弘扬红军精神，传承恩来风范，反映了广大民众的情感需求，也是地方、学校整体意志所表达的价值追求。社会家庭全力支持学校各项工作，支持学校为国家培养新时代少年；学校努力成为老百姓心目中最好的学校，满足人民群众对更好教育的追求。大家将弘毅文化内化于心、外化于行，让弘毅文化真正落地生根。

第二节　制度保障

文化是学校竞争力之核心，是学校制度建立的依据，是管理好学校的金钥匙。要充分实现弘毅文化的育人价值，关键在于让弘毅文化的核心价值完美地契合学校制度建设，实现弘毅文化对制度、规范等的渗透和引领，彰显红色文化育人的意义和价值。同时，依托制度保障，推进学校文化建设向纵深处推进，文化与制度融合共生，和谐发展。

一、文化引领，让制度有温度

学校管理制度和规范是调节和控制学校师生的统一准则，是一个多种类、多层次、多职能的完整约束、规范、激励和引导体系，是学校各项工作全面落实的基本保障。学校制度文化作为学校文化的重要组成部分，是处于核心精神文化和浅层物质文化之间的中间层文化，它不仅是维系学校正常秩序必不可少的保障机制，也是学校文化建设和学校发展的保障系统。如果把学校文化建设比喻成一艘前行的巨轮，那么高悬的航标就是精神文化，航行的规章守则就是制度文化。学校不断加强和完善弘毅文化育人的制度保障，依靠制度调控弘毅文化育人系统各相关要素，最大限度地发挥相关要素的整体效益，以此提升学校红色文化教育的科学性和实效性。

科学的制度规范建设对全面推行素质教育，促进学校可持续发展，全面提高教育教学质量，办人民满意的教育都有着重要作用。学校以弘毅文化为引领，对学校各项制度建立采取顶层设计、部门协同的办法予以统筹，完善管理制度，实施精细管理。学校将弘毅文化融入校园规章制度之中，把“柔性文化”注入“刚性制度”里面，使刚性的制度具有“思想的光芒”，同时以制度促进弘毅文化落地生根，实现制度的指导功能。以红色文化引领的具有前瞻性、引领性的教育教学思想和理念引领学校制度的建立和优化，从而使制度具有“理性的价值”，细致而有温度。

弘毅文化引领下的制度建设坚持以人为本。制度主要是和人打交道，所有的体系设计和规则都体现以人为本，做到在规范人和教育人的同时，充分地尊重人、理解人、帮助人、激励人、解放人。弘毅文化育人的制度建设坚持以人为本主张开放民主。学校秉持开放的态度，吸纳更多经验，集中更多智慧，整合制订出更有效的管理制度。学校借鉴国内外众多学校在制度文化建设上的先进经验，吸收专家学者和社区群众的意见，加深师生对制度的理解，获得深刻的教育，培养师生的主人翁意识和民主意识。

弘毅文化引领下的制度建设坚持与时俱进。学校制度的生成是一个动态的过程，需要通过实践来不断加以检验，同时不断修正。学校的每个成员都能根据既有制度形成稳定的行为方式时，制度与文化实现融通，制度的刚性与文化的柔性实现统一。弘毅文化引领下的学校制度正是在这样的动态实践中不断与时俱进，适时提升。

弘毅文化引领下的学校制度建设充分展示出契合时代的优势，在制定和执行、完善和优化的过程中，进一步保证了红色文化育人的科学性和根基性，保障了校园制度的执行力，有效地提升了学校的管理水平和管理实效。

二、制度创新，保障管理更具科学性

制度创新是学校特色发展重要的推动力量。学校要实现由“特色”到“品牌”的发展，需要在制度建设思路、制度内容、制度实施机制与学校管理机制等方面作具有时代性和针对性的调整与提升。在动态实践中，持续性地对学校现有制度体系进行必要的调整、补充和完善，实现制度优化，管理效率提升。

制度的科学性与有效实施是学校特色建设的重要保障。学校坚定向管理要质量、向管理要效率、向管理要品牌的信念，致力于以弘毅文化引领制度建设，增强管理实效，引领广大师生在追求文化提升的过程中实现制度创新。学校对原有制度建设体系进行了持续的调整、更新和完善。以弘毅文化为引领的“制度创新”强调制度的适切性和突破性，让教师、少年儿童及其他学校成员成为制度创新的主体，保持了制度的优越性和有效性。

（1）以文建制，遵循系统性的制度建设原则

以弘毅文化为引领的学校制度建设呈现了系统性和创新性的特点。学校从文化育人、文化管理、文化兴校的角度系统构建学校制度体系，依据文化发展的需要，学校积极构建与自身发展相适应的各项规章制度。如基于课程实施的《弘毅文化育人课程制度》，基于教师队伍建设的《红烛教师培育制度》，基于学生发展的《红军娃培养制度》等。弘毅文化促进了制度的完善，完善的制度又促进了弘毅文化育人的落实和提升。

（2）重视交流，保持开放性的制度建设原则

制度建设的开放程度往往影响和制约着学校特色化发展。弘毅文化引领下的制度建设不仅注重内涵挖掘，还积极整合外部可运用资源。弘毅文化在发展过程中坚持协同发展思路，积极推进联盟校、共同体建设，以开放的空间、开阔的视野整合区域内学校特色发展资源，增强制度建设的开放性，重视与制度建设相关的协作、交流、分享和信息互鉴，使之成为学校制度创新的重要突破口。

（3）以人为本，建立人文性的制度实施机制

学校坚持以人为本的思路推进各项制度的实施，增强制度的可行性和执行力。学校制度的实施机制包含对相关正式制度、非正式制度的执行情况进行评价、监控、督查和惩罚激励等。从弘毅文化成功的实践经验看，要提高制度的实施效率和执行力，学校需要改变“管理主义”的立场，突出“人性化”的管理理念，以弘毅精神促进师生价值认同，建立能够被所有师生员工共同认可并努力执行的制度。

（4）自我评估，健全回溯性的制度完善机制

学校在制度建立及其实施过程中，注重检验和反思，创设并完善了学校制度的检测反馈机制。对学校所制定的各项制度、发展规划及其实施过程进行全面监控，通过回溯性再评估，及时有效地修正、调整制度体系和工作目标。同时，建立具有学校特色的自我评估机制，扎实做好各项已有制度的调研分析，结合评估结果，对决策过程和结果进行不断检测和矫正，以达到用制度保障弘毅文化育人的最佳效果。

三、制度特色，以创新增实效

（一）构建级部管理高效体系，彰显自主管理特色

学校管理工作千头百绪，要想实现创新实践，就要积极构建合理有效的级部管理体系，以制度建设为抓手，推动学校各部门工作高效开展。学校在顶层设计、教代会研讨、实践验证的基础上，制定了《周恩来红

军小学部门工作质量奖励方案》《周恩来红军小学级部管理细则》《周恩来红军小学教学事故问责制度》等管理制度，彰显管理特色。校长领导下的决策平台，分管副校长组成的管理平台和级部的执行平台构成了级部管理运行机制，将日常管理、教师培训、过程考核等权力下放，鼓励级部开展有创意、有针对性的活动，实现级部自主管理，提升管理实效。

（二）创设红色文化课程指南，实现课程育人目标

为实现红色文化的育人功能，推进少年儿童弘毅品格的形成，学校制定《红色文化课程实施指南》，以制度推进学校红色文化育人课程的创新与实践。《红色文化课程实施指南》坚持科学的思想引领和价值判断，坚定课程实施的正确导向；引导发掘地方红色文化资源，确保课程目标的整体实现；鼓励运用多样化方式，助推课程的深度开展；注重少年儿童实践能力培养，体现课程创新价值。《红色文化课程实施指南》为学校红色文化课程育人提供了依据，推进了学校红色文化育人课程的开发、实施，推动了学校文化与课程的融合，有效达成课程育人的目标。

（三）打造红烛教师培养机制，展现人文管理魅力

依托弘毅文化引领，学校创新构建红烛教师培养机制，制定《周恩来红军小学教学质量量化考评方案》《周恩来红军小学集体备课要求》《周恩来红军小学作业批改要求》《周恩来红军小学“红烛教师”培育机制》等方案制度，打造政治坚定、绝对忠诚、师德高尚、业务精湛的红烛教师队伍。同时以制度为保障，扎实推进“领雁计划”：卓越教师领航工程；“珠峰计划”：科研名师引导工程；“薪火计划”：骨干教师提升工程；“小荷计划”：青蓝结对成长工程。发挥名师名校长的示范、引领、辐射作用，切实提升名师名校长工作室的运作效能，引领中青年教师快速成长，促进每一位教师形成自己的教学特色和教学风格。

（四）创新红军娃培育制度，助力少年儿童品格提升

弘毅文化指向培育理想远大、坚毅进取、德美体健、乐学善思、勇于担当的红军娃。学校依托培养目标编制《红军娃成长评价手册》，绘制《周恩来红军小学红军娃红色打卡地图谱》，制定《红色徽章颁发标准》，从少年儿童品德发展、知识学习、行为能力三个维度对红军娃进行评价。

《红军娃成长评价手册》让少年儿童找到品格提升的路径，让红色文化入脑、入心、入行，扎实推进红色基因的传承和发扬。

第三节　课程创新

《教育部课程改革实施纲要》对课程的培养目标体系提出了时代的新要求：要使少年儿童具有爱国主义、集体主义精神，热爱社会主义，继承和发扬中华民族的优秀传统；具有社会主义民主法制意识，遵守国家法律和社会公德；逐步形成正确的世界观、人生观、价值观；具有社会责任感，努力为人民服务；具有初步的创新精神、实践能力、科学和人文素养以及环境意识；具有适应终身学习的基础知识、基本技能和方法；具有健壮的体魄和良好的心理素质，养成健康的审美情趣和生活方式，成为有理想、有道德、有文化、有纪律的一代新人。弘毅文化体系的建构，需要在学校课程创新中得到渗透和落实。

一、课程建设的基本原则

（一）坚持以生为本

课程建设坚持以生为本。判断课程实施是否“以生为本”的重要标准就是看学生是否处于主体地位，能否充分发挥主体作用。一是学生应该根据自己的需要和兴趣，具备选择课程的能力。二是学生在活动中必须具有独立的教育主体意识和主动自觉的活动态度。三是学生在课程活动中各项能力的有效生成和提升。学生始终是课程开发价值指向的主体，课程开发必须立足学生的选择，凸显学生主体诉求，将学生的需要和选择作为课程开发的出发点和课程生命价值的回归。学校引导学生参与课程学习，以班级、小组、个人等多种形式进行观察学习、实践探索……整个过程尊重学生的个人意愿，激发学生的学习兴趣，培养学生的美好品德，启迪学生的创新智慧，从而培养学生的实践能力。

（二）体现生活为先

从某种意义上说，课程已经与生活融为一体，从生活出发，再回归生活是有意义、有必要的。课程承担的使命就是让学生拥有生活、开拓生活、创造生活、美化生活。教育家陶行知生活教育理论对课程实施具有重要的指导意义。课程的设置、实施、评价都源于学生的家庭、学校、社会生活，课程融合以生活为轴心，视生活为整体，致力于让学生在丰富多彩的课程活动中，不知不觉地提高现实生活的质量。以生命发展为要是课程融合的价值追求。教育是生命的教育，课程是生命的课程。课程促成生命的成长和发展，课程让生命更富活力，课程让生命获得新的生长。弘毅文化引领下的课程开发和实施是继承和发扬传统文化精髓，寻找和发现自我价值存在的过程。学生在课程学习的过程中，不仅学习到知识技能，更重要的是能追寻生命的发展意义，让生命有快乐、有质量、有意义，学会用积极的人生态度，创造美好的人生。

（三）融合核心素养

2014 年教育部印发《关于全面深化课程改革落实立德树人根本任务的意见》，将关于立德树人的要求落到实处，“教育部将组织研究提出各学段少年儿童发展核心素养体系，明确少年儿童应具备的适应终身发展和社会发展需要的必备品格和关键能力”。中国少年儿童发展核心素养以培养“全面发展的人”为核心，分文化基础、自主发展、社会参与三个方面，综合表现为人文底蕴、科学精神、学会学习、健康生活、责任担当、实践创新六大素养。

培养学生核心素养是未来基础教育改革的方向和灵魂。教学实践中，学校把核心素养融入课程开发中，做到核心素养与课程、教学的巧妙契合。在实施过程中，从整体上全面有序推进，使核心素养推动课程设置、实施和评价各个环节的改革发展，从而实现以追求学生发展为中心的完整课程体系。课程设置从学生自身需求和社会发展需要出发，课程实施实现多途径、深远化，通过校内文化熏陶、校外基地实践、区域活动寻访、线上线下学习等途径，让课程实施显成效、立长效。课程评价坚持多角度、长期化，将学生自评、互评、教师点评相结合，摒弃结论性评价，发展长期性、追踪性、成长性、增值性评价。

构建培养学生核心素养的教学新模式。通过对课程实施过程的系列研究，鼓励教育研究者和教师开发更多促进学生核心素养生成的教学模式。无论是传递知识、开拓思维、组织活动还是互动交流，都将以过去知识点为核心的传统教学观转变为以核心素养为导向的现代教学观。学科核心素养是一根主线，统领着课程内容的选择、课程活动的组织、课程难度的确定、课程容量的安排以及课程的实施和学业质量标准的确立，形成教育与核心素养有机统一的课程新模式。

以弘毅文化为核心的课程创新，以国家课程为基础、地方课程为补充、校本课程为亮色，以国家课程的校本化实施为重点，把国家课程、地方课程和校本课程融会贯通。学校挖掘地域红色文化，整合校内外红色教育资源，找准红色文化课程切入点，在课程实施中讲好红色故事，传播红色声音，让立德树人效益最大化，让学生在红色课程中真实地历练成长。同时，进一步赋予弘毅文化时代的价值和意义，拉近少年儿童与革命传统文化的距离，努力让红色文化育人实一点，趣一点，活一点，将学校小课堂和社会大课堂结合起来，因地制宜、因时制宜、因材施教，引导少年儿童立鸿鹄之志，做新时代奋斗者。

二、红色文化育人课程创新

提升少年儿童品格是赋予德育工作时代内涵、推动德育工作改革发展的重要创新举措，是践行立德树人、促进人生幸福生活和民族素质提升的奠基工程。学校认真贯彻落实习近平总书记“做学生锤炼品格的引路人”的讲话精神，不断深化德育工作改革创新，深入挖掘以弘毅为核心的红色文化的深刻内涵，以学生核心素养的培养为指向，将红色文化育人与课程创新有机融合，实现五类课程创新——培根铸魂德法课程、情境嵌入学科课程、恩来品格习养课程、寻访力行研学课程、红心涵育环境课程，让红色文化晕染儿童心灵，引导儿童向上、向善、向美。

（一）培根铸魂德法课程

良好品德是健全人格的根基，是公民素质的核心。在当今世界，民族素质和创新能力越来越成为综合国力的重要标志，国际竞争的加剧推动着基础教育课程向着更加重视公民道德教育，更加重视创新意识培养的方向发展。

小学阶段是儿童品德和行为习惯、生活态度、认知能力发展、形成道德情感、道德认识和道德判断能力的重要阶段。道德与法治课程根据社会与时代发展的需要和儿童身心发展的特点而设置，以社会主义核心价值体系为指导，以满足学生的身心需要为目标，以学生社会生活为基础，在主动学习的过程中，学生初步掌握认识社会事物和现象的方法，提高道德判断和行为选择能力，发展主动适应社会、积极参与社会的能力。学校在此基础上，结合地方独特的红色文化育人资源，突显道德与法治课程育人主渠道，融“红色文化”于课程之中，以系统课程来开拓德法教育的新途径，精心打造培根铸魂德法课程，着力培养“红心向党”能够担当民族复兴大任的时代新人。

1. 德法课堂

习近平总书记在学校思想政治理论课教师座谈会上，强调要用新时代中国特色社会主义思想铸魂育人，贯彻党的教育方针，落实立德树人根本任务。学校创新道德与法治的课堂教学，融“红色文化”于课程之中，凸显道德与法治课堂育人主阵地，创新“心动、情动、思动、行动”4D育人模式，“心动”指的是认知、观念的萌动；“情动”指的是情绪、情感的激发；“思动”指的是思维、意志的培养；“行动”指的是行为与表现的外显。心动、情动、思动、行动是一个逐步上升逐步整合的过程，从了解到触动，再到思考与行动。人的认知和观念，有的是正确的、合理的，有的是不正确的、不合理的。人的情绪有正面的、有负面的。人的意志品质也各有不同，意志的本质就是人对于自身行为关系的主观反映。

通常情况下，“心动、情动、思动”是儿童心理活动的三个步骤，而“行动”是对前三者的行为表达和有效延伸。但是，在课程具体实施中，我们可根据课程内容、教学情境、学生主体等差异情况，也可以从学生的价值认同开始，由情动到思动；还可以从学生的认知矛盾出发，让他们在思动的辨析中开展学习；更可以将行动前置，让学生在完成教师课前布置的任务中引发兴趣，形成心动。培根铸魂德法课程指向学生情感培养、价值认同和品德塑造，实现知行合一。

“4D”红心涵育德法课程模式

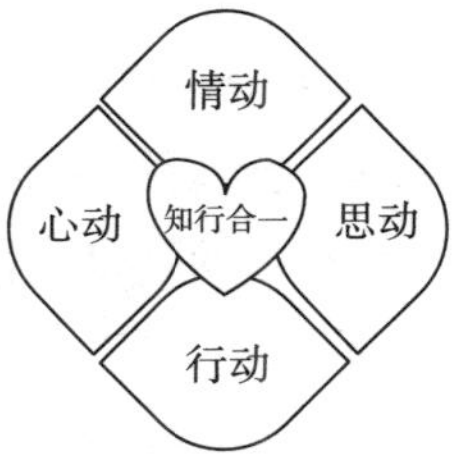

引导全校少年儿童从小坚定听党话、跟党走的决心，刻苦学习，树立理想，砥砺品格，增长本领，努力实现德智体美劳全面发展，一颗红心献给党，争做奋进新时代的社会主义接班人。

“心动”，在课堂教学中，为学生布置能满足他们个人价值需求的学习任务，让学生感受到红色文化的深刻意义，激励学生主动探究红色文化与《道德与法治》教材的关联，最大程度参与课堂不断提升学生的道德认知。围绕小学《道德与法治》教材中家国教育主题，引领学生深挖教材与红色文化的联系，把国家领土主权教育、民族教育和红色基因的传承做实、做深，发挥学生的主动性和积极性，不断提高道德与法治课堂的实效。

“情动”，在道德与法治课堂中创设红色主题情境，让学生在具体情境中生发对红色文化最朴素的情感，将抽象的红色精神和鲜明的生活相结合，实现红色文化与《道德与法治》之间的互动，不断升华学生的道德情感，助力学生的品德成长。学校着力打造体现人性关怀的校园生活，将红色文化精神融入德法课程体系之中，从而培育学生的红色精神，提高学生的道德水平，促进学生良好行为习惯的养成。

“思动”，在课堂中，设置科学合理的有关红色文化主题的问题，让学生大胆质疑，带着疑惑深入课堂环节，不断提高学生思辨能力，进而巩固对红色文化的认同。结合教学内容，相机补充红色故事让学生讨论、辩论，在争论中达成共识，从而达到红色文化育人的目的，将红色文化故事融进教学内容，让学生在学习中充分认识红色文化的内涵，在实际生活中不断磨炼自己，树立文化自信。

“行动”，旨在不断提高学生的道德行动力。结合道德与法治教材中的实践板块，鼓励学生自主策划，走出校门，开展实践主题活动，外化道德行为。在德法课程中选取社会实践内容，联系红色英雄模范事迹，让学生走出校门、走向社会，开展实践活动，让儿童体悟到行动的意义，培养学生的社会公德。

4D 德法育人模式，让理论宣讲与儿童心理发展契合，不仅教学生“知”，还要导学生“行”，这样有利于将头脑中已经形成的正确的道德理念和道德情感，通过各种校园实践活动加以巩固和深化，形成良好的道德和行为习惯，实现知行合一。在教学中，提倡走进校园，感悟一花一草，触摸长征园、恩来园、国防园等每一处场馆；提倡参与活动，开展“文明行动我参与，文明纪律我遵守”等实践活动，让爱党、爱国、爱社会主义的思想渗透在学生的日常生活中，让学生的一言一行都彰显红色文化教育的成效，提倡给学生更多亲身体验、参与实践的机会，实现学生与红色文化资源零距离沟通交流，让学生真切地感受到红色文化蕴含的丰富历史价值以及独特的时代价值，从而实现思想和行动的统一。

2. 思政讲堂

思政讲堂旨在加强学校思政教育，落实立德树人根本任务，更好担起为党育人、为国育才的重大政治责任。将价值塑造、知识传授和能力培养融为一体，实现全员、全过程、全方位育人。学校将班级思政小课堂与社会思政大课堂结合起来，将思政课教学与活动实践相统一，以鲜活的内容、多样的形式、丰富的体验让学生在潜移默化中受到教育，有效促进学生身心健康成长，激励学生自觉担当作为，引导学生厚植爱国主义情怀。

思政课不能“曲高和寡”，贵在“润物无声”。如何让学生“动”起来、让课堂“活”起来？我校依托地方红色资源，创新思路，精心组织，扎实推进，积极探索新时代少年儿童党史学习教育路径，学党史、颂党恩、跟党走，从百年党史中汲取奋进力量，让红色基因、革命薪火代代传承。

（1）聆听党史学习教育“历史课”。学校依托淮安红色文化教育资源，引导师生走进红色基地，走访革命先辈，听革命历史题材故事，理解共产党人的初心和使命。

学校师生代表走进中共中央华中分局旧址，开展“百年足迹，践行初心”寻访活动，老党员韩福森为红军娃们讲述党的历史，重温革命峥嵘岁月；学校党支部赴刘老庄八十二烈士陵园开展党史学习教育，老革命战士周文科向少先队员们讲述了八十二烈士的英雄事迹；全体师生前往周恩来纪念馆开展了“学伟人，明党史，争当新时代红军娃”清明节祭扫主题系列教育活动。

（2）演绎党史学习教育“情景课”。学校开展以革命历史题材为主题的演唱、朗诵等活动，将革命历史题材节目搬上舞台，重温革命历史，体悟红色精神，激发学生内心深处健康向上、积极进取的力量。

学校开展了“童心向党迎百年，学习伟人做先锋”系列教育活动。一年级举行“童心向党”绘画比赛；二年级举行“党啊，亲爱的妈妈”歌咏比赛；三年级举行“童心向党”手工制作比赛；四年级排练“薪火相传”大型团体操表演；五年级开展“红心向党”经典诵读活动；六年级开展“争做党的好少年”主题演讲比赛。学校师生代表赴车桥战役纪念馆诵读革命诗歌。学校师生代表应邀参加了在淮安市周恩来童年读书旧址管理处举行的“感悟伟人童年，我立鸿鹄之志”周恩来童年故事研学分享会。红军娃代表应重庆市委宣传部邀请赴重庆参加“永远跟党走”红色之旅主题活动。

（3）讲述党史学习教育“思政课”。学校师生开展读革命历史题材书籍、讲革命历史题材故事活动，让红色传统、红色基因、红色血脉代代相传。

学校举行了以“童心向党”为主题的班会课。学生们在老师的带领下一起领略中国共产党从无到有、从小到大、从弱到强，波澜壮阔的发展历程。班会课中，孩子们讲红色故事、唱红色歌曲、颂时代楷模。市电视台推出《学党史，映初心》系列微视频，我作为特邀嘉宾参加第一期《立志》的录制，并为青少年讲述周恩来总理少年立志，一生为中华之崛起而上下求索的故事。学校着力打造一支“红军娃说党史”特色宣讲队伍，在周恩来纪念馆、社区、学校开展党史主题宣讲活动，推动党史学习教育深入少年儿童的心底，“红军娃说党史”活动多次登陆学习强国平台。

（4）开展党史学习教育“实践课”。学校将党史学习教育与立德树人根本任务有效融合，举行了“童心向党迎百年，薪火相传继伟业”党史学习教育运动会，引导学生从百年党史中汲取智慧和力量。

党史学习教育运动会中，各特色中队围绕党的百年奋斗史分开天辟地、改天换地、翻天覆地、惊天动地四个篇章进行党史国史重大事件的展示表演，精彩演绎了中国共产党百年风雨征程。运动会共设六个比赛项目，将一个个比赛项目和革命战争情境相融合，红军娃们通过亲身体验感受了革命先烈对党忠诚、不屈不挠、勇往直前、团结一心、不怕牺牲的精神。千名红军娃绘制了一幅百米党史长卷，表达对党的感恩之情。百名红军娃耗时近 3 个月绣制完成了一面长 2.1 米、宽 1.4 米的党旗，为庆祝建党 100 周年送上一份特别的“礼物”。

（二）情境嵌入学科课程

情境嵌入学科课程，既要坚守学科特质，又要打破学科壁垒，实现课程的创新发展，依据学科特点及课程内容创设合理的情境，适时嵌入红色文化育人元素，生成红色文化与学科融合新样态，体现学科特点，同时具时代特征，达到春风化雨、润物无声的效果，培养新时代的红色接班人。

构建“情境铺垫、情绪渲染、情感延伸”“3Q”情境嵌入学科课程实施模式，坚持方向性、融入性、适宜性、生成性等原则，根据学科特点，以“创、观、诵、绘、动、演”等形式，将红色文化育人和学科教学有机融合，努力做到真实、自然、生动、有趣，拓宽育人路径，提升育人实效，让思想美、道德美照亮学科课程，让学科教学更有灵魂。

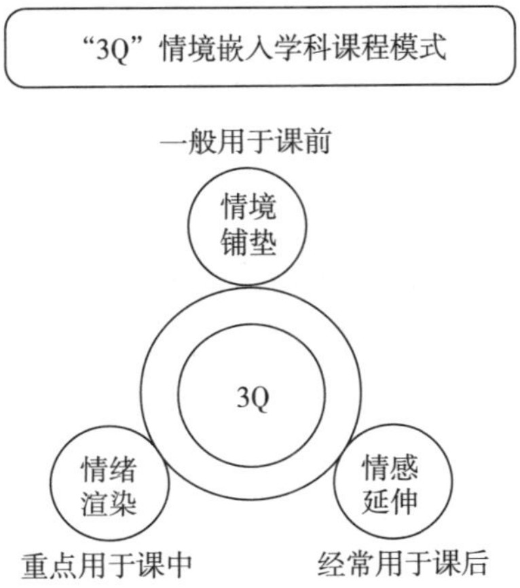

情境铺垫：课前，设置故事情境和问题情境作为铺垫，创设红色文化育人的情境，在情境中生成问题，相机融入教育，拉近红色文化与学生的距离；通过红色小故事（包括微视频呈现）等为课堂教学做好铺垫。

情绪渲染：课中，激活生成性情境，采用合作、探究、体验等教学方式，助力学生思辨、创新等能力的提升，使显性的知识传授与隐性的价值引领统一起来，让红色育人有滋有味。如，语文学科以“诵”和“绘”的形式，朗诵教学相关红色诗文，加深学生的红色记忆；美术学科中画红色景观、绘红色故事，临摹革命家名言、诗词等。

情感延伸：课后，建构模拟情境和实践情境，启发学生思考，引发学生的情感共鸣，夯实核心素养，实现学科价值的突破。如，体育学科以“动”和“演”的形式，从学科教学中获取灵感，自主创编红色运动项目，举行红色运动会，让红色文化育人“动”起来；语文学科根据教学内容，自编自演红色课本剧，让红色文化育人“活”起来。

红色文化教育以德法课程为主阵地，在语文、数学、英语等学科中有机渗透，在体育、音乐、美术等学科中适时渗透。

1. 语数英课程

语数英课程作为学科类课程，是小学生课程类学习的重要内容。学校在开展语数英课程中重视课程本身育人功能的凸显，着力红色文化元素的渗透与开发，注重结合红色文化情境的嵌入，探索红色文化与学科教学中的融通，运用课程中的相关红色文化要素感染学生，培养学生的相应的道德情操和精神品质，不断提升学生的综合素养。

在学科教学中，通过挖掘教材中的红色资源、联系生活经验、加强情境演绎、重视实践体验、推动情感升华等系列化方式，培养学生树立积极向上的思想，激发爱国热情，凝聚责任意识，健全学生人格，使语数英等学科教学能成为红色文化育人的课程载体，发挥其更具全面性和科学性的育人功能。

2. 体育与健康课程

学校创新体育教学理念，丰富体育教育内涵，将体育与健康课和红色体育有机融合，进一步弘扬红色体育精神，传承红色体育文化，提升学生的身体素质、体育技能及思想品德等综合性素养。红色体育是将红色文化学习、革命传统教育、理想信念教育与强身健体融为一体的体育。红色体育最早在井冈山、西柏坡时期就已经发展起来，将体育精神与女排精神、登山精神等结合形成的中华体育精神是新时期红色体育精神的发展。在中国人民解放军建军 90 周年庆祝大会上，习近平强调“铭记光辉历史，传承红色基因”。为充分发挥和运用红色文化资源优势，深入开展革命传统教育和爱国主义教育，用红色文化引领学生健康成长，我校积极创新体育与健康课程育人模式，打造富有特色的红色体育文化及实践创新体系，为全面提高学生素质打下良好基础。

在学校的体育活动中，孩子们在长征园翻越壕沟、钻入迷宫，模拟着“四渡赤水”的体育游戏；在通往泸定桥的铁索桥上，同学们手握粗大的铁索摇摇晃晃地匍匐前行，体验着“飞夺泸定桥”的艰险。在国防园，孩子们开展真人 CS 对决，冲刺、卧倒、匍匐前行、快速穿越，相关体育动作都会让孩子们感受到特定的情境，体验着英雄的伟大。操场上，大型团体操《薪火相传》将武术操、地道战、红绸秧歌与体育活动融为一体，红色精神传承与体健育人相得益彰。体育活动与红色文化融合创新的红色体育情境展演，让学生在体验中得到身体的锻炼，在流汗和酸痛中感受红色文化的精神魅力，在幼小的心灵深植红色基因，走出了学校红色体健课程的创新之路。

3. 艺术课程

艺术教育是学校实施美育的基本途径，是素质教育不可或缺的重要内容。在以美术课与音乐课为引领的艺术教育课程建设中，通过汲取红色文化资源，丰富红色文化育人的形式，使得艺术课程成为提升学生审美素质同时兼具思想品德等综合素质的更为有效的育人途径。

红色音乐具有特殊的魅力，在小学音乐课堂中应用红色音乐，宣讲红色故事，学生会受到强烈的艺术感染，产生相应的精神感受，有利于培养学生积极向上的思想感情。在课程建设中，各年级音乐教师根据学生成长特点，选择适合于学生学习的红色音乐内容，通过多种形式的音乐教育，引导学生从不同方面感受红色音乐魅力，激发学生的爱国情感。同时，还借助音乐教材资源整合开展丰富多彩的音乐社团活动，学生通过表演唱、乐曲表演、音乐欣赏等方式感受音乐，获得审美体验。

小学美术课堂教学有机融合红色文化资源，能够充分彰显学校文化特色，促进学生艺术素养的形成，助推学校文化育人、立德树人的教育和发展成效。美术课的教学不仅向学生传授绘画的技巧，还关注中华优秀文化的传承和发展。近些年来，学校成立了泥塑、绘画、书法等兴趣小组，组织开展丰富多彩的美术实践活动，并将创作、欣赏、评比等活动纳入课程实践的全过程，将红色文化嵌入美术课程教学环节，于无声处有效地落实了红色文化立德树人的教育目标。

（三）恩来品格习养课程

周恩来崇高品格，是中华民族最优秀的文化精神和崇高的共产主义精神的完美统一，是共产党人理想精神的集中体现，是中国时代精神的集中体现，具有永恒的价值。习近平总书记用“六个杰出楷模”赋予了周恩来崇高品格新的时代内涵：周恩来同志是不忘初心、坚守信仰的杰出楷模；是对党忠诚、维护大局的杰出楷模；是热爱人民、勤政为民的杰出楷模；是自我革命、永远奋斗的杰出楷模；是勇于担当、鞠躬尽瘁的杰出楷模；是严于律己、清正廉洁的杰出楷模。作为以周恩来总理姓名命名的红军小学，对周恩来崇高品格的呼唤、追寻、践行从未停歇。

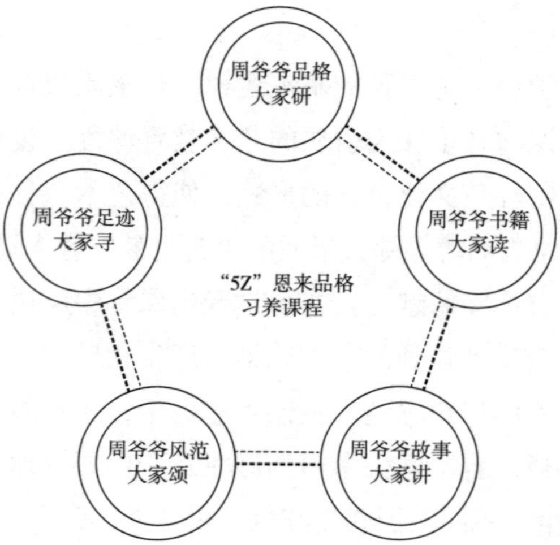

学校致力于学生品格习养和能力发展的课程效应，着眼于学生行为习惯养成，激发儿童的内驱力，构建“永远的怀念——研、读、讲、颂、寻”“5Z”恩来品格习养课程的科学体系。在恩来品格习养课程实施中，学校大力倡导“像周爷爷那样工作、学习和生活”的价值追求和行为准则，丰富多彩的课程实践活动有效地提升了学生相应的课程素养。

1. 周爷爷品格大家研

师生共同研究设计周恩来精神主题展馆，搜集周恩来各个时期的工作、生活、学习图片，研究周恩来的光辉事迹，汲取周恩来身上美好的品质，自觉促进自己的品格提升。展馆成为学生研究、学习周恩来的中心。

2. 周爷爷书籍大家读

收集周恩来相关书籍，分年级段确定阅读书目，并组织每周一读。在经典阅读中，唤醒学生内心的价值追求，从小树立正确的世界观、人生观、价值观。

3. 周爷爷故事大家讲

开展主题故事演讲活动，追忆周爷爷成长历程，缅怀周爷爷丰功伟绩。在故事讲述中感受周恩来风范之美，致力于在学习和生活中以周恩来崇高品格为灯塔，指引自己不断前进。

4. 周爷爷风范大家颂

在周恩来纪念日以诗歌朗诵、文艺演出、课本剧表演、主题队课等形式，怀念、歌颂周恩来。学生在纪念活动中心灵受到洗礼，品格得以升华。

5. 周爷爷足迹大家寻

开展寻访周恩来童年读书处、周恩来故居等纪念地活动。通过寻访，孩子们实地体验周爷爷成长和工作环境，亲身感受周爷爷立志报国、服务人民的崇高品质，引导孩子们优秀综合素养的有效形成。

恩来品格习养课程着力让红军娃在周恩来崇高品格滋养下，践行习惯养成教育，聚焦有爱、力行，助力核心品格养成。“有爱”的三个层次：自爱，激发儿童提升、悦纳自我，追求自我完善；他爱，换位思考，换位做事，换位做人，诚心关爱他人；大爱，爱国爱家，心怀使命，担当有为，敢为能为。

恩来品格习养课程以红军娃的核心品格提升为建设目标，以习养行动为实践载体，以“周恩来崇高品格”为核心精神标识。三者既相互独立又紧密关联。课程充分承载“周恩来崇高品格”的内涵，激发儿童的内驱力，以习养行动为抓手，提升儿童的行动力，以红军娃的核心品格为追求，心中有爱，力行不怠，着力培养儿童阳光、向善、向美的精神品质。

（四）寻访力行研学课程

延伸课堂空间，整合区域红色资源，尊重学生年龄特点，立足各学科教学内容，构建寻访力行研学课程。课程以红色基因传承为内核，以寻访为方式，开展“长征路上的丰碑”“延安窑洞里的灯光”“刘老庄连的烈士们”等主题研学活动。学生自主参与，根据自己的兴趣和实际需要，申报参与寻访研学项目。活动前，开展读书、观影等知识学习，做好知识储备；活动中，注重体验与探究，提升实践能力；活动后，通过对话、自省，总结升华情感，内化精神品格。在寻访研学中，自我力行、集体力行，有效培养学生的实践创新能力，坚定理想信念，从小学先锋，长大做先锋。

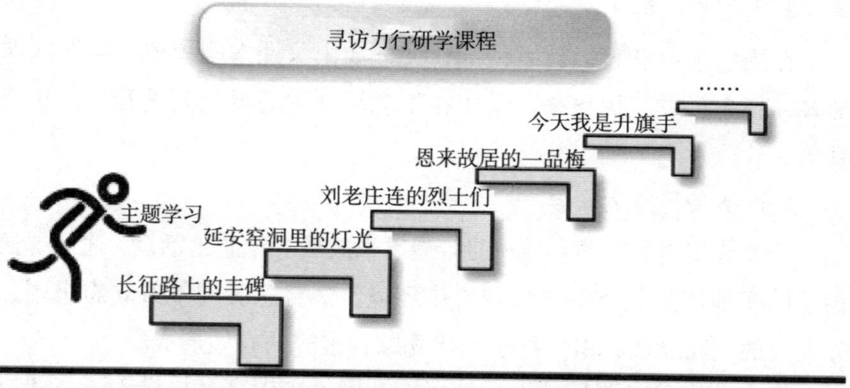

长征路上的丰碑：通过寻访长征革命遗址和纪念地，走红军路、吃红军饭、穿红军服、唱红军歌，重温红军将士创造的人间奇迹和不朽的精神丰碑，弘扬伟大长征精神。

延安窑洞里的灯光：通过走进革命圣地延安，访窑洞、吃小米饭、编草鞋、纺线线，了解“西安事变”“大生产运动”“解放全中国”等典型历史事件，继承党的优良传统，使延安精神永放光芒。

刘老庄连的烈士们：通过寻访江苏淮安刘老庄八十二烈士陵园，了解抗日战争时期英雄连队 82 名壮士浴血奋战，全部壮烈牺牲的故事，走进英雄集体和人物，对话英烈亲属，感悟中国共产党领导的人民军队视死如归的大无畏精神。

恩来故居的一品梅：通过寻访周恩来故居内总理亲手所植的一品腊梅，追忆伟人生平，学习周恩来总理“德至一品、人至一品”的崇高品格，深刻感受周恩来远大的志向和博大的胸怀，立志为中华之崛起而读书。

今天我是升旗手：通过寻访天安门国旗护卫队，了解国旗知识以及国旗背后的故事，认识到国旗的尊严神圣不可侵犯，感受每一名升旗手和护旗手所肩负的责任和使命，激发对国旗的热爱和崇敬之情，人人都是护旗手，人人争做升旗手。

寻访力行研学课程注重学生的自主参与，鼓励根据自己的兴趣和实际需要，申报参与寻访研学活动。寻访活动实现了传统和现代主题教育相结合，校内和校外基地教育相结合，有效地培养了学生的实践能力、创新能力，拓宽了他们的视野，厚植了爱党爱国爱社会主义的情感。

为了更好地开展力行寻访研学活动，学生自行组建了形式多样的社团组织，小百灵讲解团、小喇叭宣传团、小记者采访团、小导演摄制团、小卫士安保团、小能豆志愿团等成为学生实践能力提升的重要平台。

1. 小百灵讲解团

学生为了增长知识，了解红色文化，锻炼口语表达能力，学会更好地和他人沟通和交流，自发组织小百灵讲解团，走进红色教育基地进行红色故事宣讲，让更多的人了解红色文化。讲解团面向全校招募团员，依托周恩来纪念馆、周恩来故居等爱国主义教育实践基地，开展义务讲解活动。在讲解的过程中，学生加深了对红军精神和周恩来崇高品格的理解和感悟，受到爱国主义教育。

2. 小喇叭宣传团

借助德育基地，学生接受环保技术人员、医护人员、五老团队等校外辅导员的专业技能培训，学习、掌握相关技能，并组建小喇叭宣传团，策划切实可行的宣传实践方案。小喇叭宣传团走进社区、走上街道，发放宣传手抄报、表演自编的快板书、开展主题演讲等，创新思路，以多种形式宣讲社会主义核心价值观、八礼四仪、卫生防疫、环境保护等相关知识。学生们勇于实践，既体验了宣传员的乐趣，又增强了社会服务意识。

3. 小记者采访团

采访团依托《恩来红小报》、红军娃电视台等学校媒体，自主探究，集思广益，创编栏目。在老师的指导下，同学们积极挖掘红色素材，主动借鉴自媒体平台运营经验，采访、组稿、摄像、播放驾轻就熟。小记者采访团的活动开阔了学生的视野，培养了学生的人文素养，提高了全体师生对以弘毅为核心的红色文化的认同，成为传播红色文化的重要载体。

4. 小导演摄制团

学校借助北京电影学院的优越资源，响应学生诉求，组建了小导演摄制团，学生从生活中发掘题材，进行电影编剧、表演、摄制等一系列创作活动，演绎属于自己的故事。他们参与演出、拍摄的国防教育片《少年强军跟党走》和家乡故事片《我是骄傲的淮安人》均成功登陆各大院线。

5. 小卫士安保团

学生自主成立小卫士安保团，设立小卫士岗位，岗位包括小交警、小督察、小安全员等。他们共同研讨，制定岗位职责，邀请从事相关工作的家长对安保团成员进行岗前培训。通过自我管理、帮助他人，激发每一个孩子的卓越潜能，助力成长。这些小卫士岗位的设立，让儿童通过学习、实践，了解交通安全的重要性，认识一些重要的交通标志，使儿童在校园内的行为日趋规范，在校外减少了危险的交通行为，有效预防安全事故的发生。

6. 小能豆志愿团

为了支持家乡建设，关爱特殊群体，红军娃们自发组建小能豆志愿团。社团定期组织志愿服务活动，深入福利中心、旅游景点、图书馆等开展志愿服务，把建设美好家园的愿望变成自觉行动，提高儿童的社会责任担当意识。

学生在寻访研学活动中，将自己的所见、所闻、所思、所悟写进每天的寻访日记里，并通过寻访汇报将活动收获传递给全校学生。寻访活动有效地培养了学生的实践能力、创新能力，拓宽了他们的视野。

（五）红心涵育环境课程

周恩来红军小学的弘毅文化建设之路与红色文化巧妙融汇，既赓续了“非弘不能胜其重，非毅无以致其远”的佳话，又大胆创新，注入了“红军精神”“周恩来崇高品格”两股精神源泉，焕发出蓬勃的文化生命力。

红心涵育环境课程是将红色元素有意识地融入校园环境设计和建设之中，赋予环境教育功能，引导学生接触、感知和理解环境中渗透的信息，自主讲述环境中蕴含的红色故事，促进学生身心发展的课程。校园内的一花一木、一廊一院，处处生情，物物生姿，红色故事在校园里经久传扬，红军精神、周恩来崇高品格在师生心中历久弥新。

环境课程不是一蹴而就的，它是师生们结合学校环境特点在教育教学实践中整合、创造、积淀、完善的一种特色文化课程，是学校文化发展进程中一笔宝贵的精神财富，集中体现学校的教育价值取向，影响着各类课程的实施方式，直接关系着学生的发展和学校办学品质的整体提高。

学校发挥师生和家长的群体智慧，整体设计校园环境，植入红色元素，建设了“八园四楼一场馆”“十塑三廊一中心”“三院两墙一红塔”为主体的红色文化环境，构建了“渊、缘、远、愿”“4Y”红心涵育环境课程，为红军娃启智润心，培根铸魂，点亮未来。

“渊”是渊源。学生搜集红色故事，寻找环境设计灵感来源。在校园环境设计中加入红色文化元素，鼓励儿童积极参与到校园设计和建设之中，激发自我认同感与精神归属感。

“缘”是结缘。学生通过自己的思考，积极探究红色环境中隐含的道理，生成注入自己情感的故事，受到红色文化熏陶，爱上红色环境，爱上红色故事。

“远”是致远。学生将生成的各种故事，向同伴讲述、向家人讲述、向来宾讲述，成为红色文化的传播者和践行者。红色故事帮助孩子们铿亮“中国底色”，将红色基因根植在孩子们的心中。

“愿”是愿景。学生在搜集、体悟、讲述故事的基础上，演绎故事，汲取红色精神力量，从小坚定听党话、跟党走的决心。

“4Y”故事讲述环境课程

“渊”是渊源，儿童参与校园建设，搜集红色故事，寻找环境设计来源。

“缘”是结缘，儿童走进红色环境，体悟红色故事，受到红色文化熏陶。

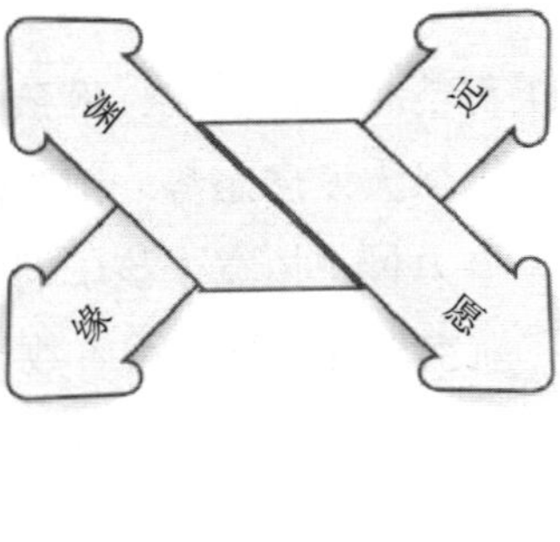

“远”是致远，儿童置身红色环境，讲述红色故事，成为红色文化传播者。

“愿”是愿景，儿童在红色环境课程中，演绎红色故事，树立远大志向。

1. 恩来园环境课程

恩来园位于学校西南角，园中央矗立一尊周恩来总理的汉白玉半身像，是师生学习、缅怀周恩来的重要阵地。每年的毕业季，总有毕业生在雕像旁合影留念，“像周恩来总理那样工作、学习和生活”成了大家共同的追求。恩来园里建有两亭一廊。小亭飞檐翘顶，静谧清幽，独坐其中静思，自得一番体悟；长廊中徘徊，赏读周恩来总理的几轴醒世名言，恍如穿越时空与周恩来总理对话；几排雅座光线明亮，绿树红花绕侧掩映，正是少年读书胜地。

最有故事的，当属那一株梅树，枝干遒劲，黄蕊吐芳，煞是喜人。无论你叫住哪一位学生，他都会极认真地告诉你，那是“一品梅”，是总理生前最爱的腊梅树。

2. 长征园环境课程

东方是太阳升起的方向，长征是革命胜利的曙光。长征园位于学校东南角，与恩来园一路之隔。园内场地开阔，园壁上有一幅巨型壁画——长征路线图。“红军战士们历时 12 个月零 7 天，途经江西、福建、广东、湖南、广西、贵州、云南、四川、西康、甘肃、陕西 11 个省，行程约两万五千里……”瞧，“红军娃讲解团”的小讲解员们正在向客人老师讲述长征故事呢！他们除了会介绍长征路线以外，还会向来宾们讲述《遵义会议》的故事，顺着重重“迷宫”讲解《四渡赤水》的艰险曲折。

“冲啊！……冲啊！”最受孩子们喜爱的长征园环境课程正在进行中。他们身着红军服，头戴红军帽，正在铁索桥上艰难地攀行，红五星在头顶闪烁，红领巾在胸前燃烧，“飞夺泸定桥”的信念在他们的脑海里牢牢扎下了根。

3. 国防园环境课程

国防园由学校人防工程精心改造而成，融孩子们参观、学习、体验三位一体，沉浸式感受祖国强大发展态势。国防园内分海、陆、空三个区域，分别介绍了祖国军事力量，拓宽了孩子们的国防视野。在蔚蓝色的“海洋”上“辽宁号”航空母舰模型搭载着数十艘“歼 15”飞鲨舰载机，威风凛凛，傲视海面。海洋上空更是悬停着几十架“歼 20”中国最先进的第四代隐形战斗机，银灰色的机身洋溢着满满的科技感，惹得一些小军事迷们阵阵激动。飞机驾驶舱对于很多同学来说都很陌生，然而在我们的国防园中，孩子们不但可以看到 1 ： 1 真机大小的战斗机驾驶舱，还能亲手摸着方向盘 VR 模拟驾驶，感受逼真，让人直呼过瘾。陆地沙盘上有着栩栩如生的野战指挥所、野战部队、坦克部队模型等，让孩子们初步了解作战部署。园中最受孩子们欢迎的当属少年军校中的“真人 CS”对战体验实践活动啦！迷彩服、钢盔、镭射枪等装备上身后，孩子们笑称“武装到了牙齿”！他们时而跨越战壕，时而匍匐前进，时而端枪射击，有模有样，英姿飒爽。

4. 科学园环境课程

科学园位于腾飞楼的一层，蔚蓝色的地面、墙面和顶面象征浩瀚的宇宙，科技感十足。航天技术是未来科技中重要的一个分支，航天航空知识是科学园最多的内容。面南背北游玩于其中，你会感觉前面是太空舱的舷窗，头顶是近地行星依次排列着，一股磅礴的力量由内而外地散发出来。

科学园是校园科技节的主阵地，浩瀚宇宙、地心引力、神奇的磁场、显微镜里的世界、水的解析、智能机器人编程演示等精彩的科学主题体验课程吸引了小科技爱好者们。他们兴致勃勃地拉着伙伴说个不停，兴趣盎然地向老师问个不停。他们操作、演示、讨论、验证、讲解，百思不得其解的懊恼和恍然大悟的快乐常常在科学园上演。

科学启迪了孩子们的智慧，让他们的梦想飞得更高更远。他们脑洞大开，向学校提交了向太空发射一枚自己参与设计的卫星可行性报告。这一提议立刻得到了学校的大力支持，在多方的协调努力下，孩子们的这一心愿终于在周恩来总理诞辰 120 周年之际得以达成，他们用自己的智慧和行动,深切缅怀中国航天工程的创始者和推动者——周恩来总理。2018 年 1 月 19 日上午 12 时 20 分，红军娃们受邀参与设计的“淮安号”恩来星卫星“搭乘”长征 11 号运载火箭发射升空。红军娃们不远千里，奔赴酒泉卫星发射基地，目睹了这一神圣时刻。现场，红军娃代表吴禹萱说：“淮安号恩来星发射成功，作为周恩来红军小学的学生，我非常激动，非常自豪，我将以周恩来总理为榜样为中华之崛起而读书。”恩来星的成功发射，更加坚定了孩子们探索宇宙未知奥秘的理想和决心。

5. 种植园环境课程

种植园位于艺术楼后方，面积约800平方米，果园、菜畦错落有致。一年四季，春种秋收，夏耘冬藏，“晨兴理荒秽，带月荷锄归”“一年好景君须记，最是橙黄橘绿时”，每一季都有不一样的课程，每一季都有不一样的故事。孩子们在这里与大地交流，与自然对话，感知植物生长的过程，感受生命的存在与力量，体会劳动创造美的快乐。

南泥湾精神，是以八路军第三五九旅为代表的抗日军民在南泥湾大生产运动中创造的，是中国共产党及其领导下的人民军队在困境中奋起、在艰苦中发展的强大精神力量。学校利用种植园，开展校园“南泥湾”劳动课程，红军娃在各自的承包地里翻土、播种、施肥、浇水、除草，体会春种秋收的辛苦和喜悦，培养红军娃热爱劳动、尊重劳动、珍惜成果的价值观，养成劳动习惯，掌握劳动技能，涵养劳动情怀，提升奋斗精神、奉献精神和公共服务意识，懂得实干兴邦的深刻道理。

课程活动中，孩子们学习种植经验，提高动手实践能力，充分体现着学校“教育与生产劳动相结合”的切实追求。在这里，师生回归自然，在春耕秋收中感受农耕文化的美好精神，彰显热爱劳动的弘毅品质。

故事讲述的环境课程创新视角，依托校园的环境价值，挖掘环境育人元素，借助“渊、源、远、愿”的实施路径，让每一株花草、每一面墙壁、每一座楼宇都会说话，都有故事，都有情感。环境由人创建，环境又激发了孩子们表达的欲望，他们在讲述中升华情感，传递红色力量。

学校整体性的课程建构与创新，基于儿童的立场，在与时俱进中赋予红色文化时代价值与意义，和新时代呼应，和儿童生活接轨。在课程实施中，教师把红色文化有机融入教育教学的全过程，深挖红色文化新的时代内涵，让学生深刻理解与认识红军精神和周恩来崇高品格的内涵与价值。让红色基因根植于学生心田，潜移默化于学生日常行为习惯和道德品质的培养过程之中，从而树立学生正确的人生观和价值观，厚植爱党爱国情怀，全面提升学校办学品质，促进学校内涵发展。

第四节　治理晋级

文化立校，乃是学校治理的最高境界。优秀的学校文化是学校竞争力的核心，是治理好学校的金钥匙。我国学校管理经过了从学校管制到学校管理（人的管理——制度管理——文化管理）再到学校治理等不同的发展阶段。从学校文化管理到学校治理是学校管理高水平发展阶段，将学校文化建设融入学校治理并注重学校文化治理更是学校治理现代化的科学追求。积极推进学校文化治理创新，以弘毅文化融合并推进学校治理创新对学校治理晋级新层次和促进其科学化发展具有极其重要而深远的意义。

一、精神引领，循共同的价值追求启航

学校文化是一种巨大的无声力量，是一所学校的精神家园，是学校在长期发展过程中积淀的宝贵精神财富，是全体师生员工共同价值观的体现，它无时无刻不对每一位教育工作者起着潜移默化的引领作用，以文培人，以文化人，把全体教职员工导向一个共同的奋斗目标。弘毅文化塑造了全体教职员工和红军娃们认同并共有的价值观念，学校文化治理以此为根本，在不断实现和超越目标的过程中达到校园人文环境的和谐生长。

志同道合，无为而治。周恩来红军小学坚持贯彻“立德树人，以红养正”的教育思想，通过人文环境打造、教学常规管理、课题教研推进，稳步提升教育教学质量，逐步渗透弘毅文化的精髓。学校积极营造浓厚的校园文化氛围，创意校徽、校训、校歌，培育良好校风和人文精神，

建立和谐、民主、平等的师生关系，让共同的价值追求成为学校文化治理的重要支柱，让教师在广博的弘毅文化中丰盈、发展，让少年儿童在厚重的弘毅文化中浸润、成长。

学校还坚持用党建制度规范学校治理。以党建为引领，科学合理制定管理目标，配置治校权责，营造治理氛围，深化认识、强化行动，加强制度的执行力。

二、民主协商，集众人的创新智慧导航

教职工代表大会是学校治理结构的重要组成部分，是学校民主管理的基本形式，是职工行使民主管理权的基本机构。周恩来红军小学坚持民主管理，不断完善民主参与、民主监督、民主管理的制度体系，充分发挥教代会的桥梁、纽带作用，汇集众人智慧，为学校文化治理指明了方向。

弘毅文化引领下的教代会制度激励了教职工参与学校治理的积极性和创造性。学校在办学目标、课程建设、教学科研、学校管理等方方面面广泛听取教职工的意见和建议，汇聚广大教职工的聪明才智，突出了教职工的主人翁地位。周恩来红军小学教代会制度将学校发展目标和群众的意愿有机地结合起来，达成了弘毅文化发展共识；将学校行政决策转化为广大教职工的民主决策，形成了弘毅文化发展合力；将学校行政要求转化为教职工的切身利益，提升了弘毅文化推进学校发展的动力作用。

三、制度引路，用先进的管理模式护航

学校以“弘毅文化”为引领，将学校、教师、少年儿童的发展需求进行有序和谐的整合，制定了适恰的富有创造性和激励性的人文管理制度。

学校制定了一系列富有人文气息的规章制度，充分发挥人的主观能动性，把“柔性管理”和“硬性制度”交融，各项制度充分展示出契合时代的优势，兼具科学性和根基性。在学校管理的过程中，以制度为“刚”，强调制度的权威性和执行力；以人文为“柔”，体现文化的包容性和精神力。刚柔相济，让制度有温度，让管理有深度，保障了学校的各项活动有序、高效地开展，提升了学校的管理水平和管理实效。

四、项目共研，以适恰的奋进姿态远航

学校的发展、教师的提升、少年儿童的成长都离不开更为广阔的平台，周恩来红军小学在发展的历程中勇抓机遇、善抓机遇，以项目推进的方式将教师、少年儿童汇聚在一起，共研、共创、共享，提升执行力、增强凝聚力、发挥创造力，让师生始终处在奋进之路上。

学校努力实现年年申报市级以上重大项目，教师人人有分工、有职责，少年儿童人人有参与、有收获。2010 年，建设红色育人课程场域，打造学校红色物型环境，将环境与课程结合，植入红色基因，全体师生积极参与项目建设，学校成为江苏省物型课程联盟徐淮连片牵头校。2012 年学校承办全国红军小学“沿着党的足迹前进——传承红军精神”研讨会，在全体师生的共同努力下，学校红色环境课程和德法课程创新实践得到专家同仁的一致好评，项目成果作为范式在全国推广。2015 年学校获批省革命传统文化课程优秀基地校。2016 年红军娃“重走长征路”寻访活动在全国产生重要影响。2018 年全国周恩来班创建工作推进会在我校举行，学校的课程创新经验在全国推广。2020 年《恩来精神涵育红军娃的五心习养行动》入选省品格提升工程。

学校以项目为引领，在项目建设中深化弘毅文化内涵，提升队伍建设的创造力与凝聚力，使学校治理具有目标性、方向性，实现学校文化治理晋级。

五、评价引导，依明确的目标方向巡航

（一）以课程评价为支点，实现弘毅文化课程的创新

学校制定了《弘毅文化育人课程实施评价标准》，将传承红色基因，践行立德树人贯穿始终并落实在各科课堂教学之中，渗透进校园生活的各个环节，延伸到少年儿童发展的方方面面，促进广大师生的思想水平、政治觉悟、道德品质、文化素养不断提升，实现少年儿童德智体美劳全面发展。

弘毅文化育人课程实施评价标准包括：课程目标、课程内容、育人方法和育人成效。课程目标是少年儿童通过多种途径感知弘毅文化，形成弘毅文化概念，能对弘毅文化的产生与发展产生认知兴趣，感悟弘毅文化的政治、历史价值和现实意义，培养爱党、爱国、爱社会主义的情感，初步形成正确的人生观、世界观、价值观。课程内容包括红色纪念地、红色纪念物、红色历史与人物、红色故事、红色歌曲与诗词等。育人方法有带领少年儿童参观、考察、实践、寻访、讲述等，实现了育人方式的多样化、现代化。育人成效包括激发了少年儿童对弘毅文化的兴趣，形成了对国家、民族的认同感、自豪感、责任感，培养了少年儿童的创新意识和实践能力，助力少年儿童确立积极进取的人生态度，形成健全的人格，实现全面发展。

（二）以教师评价为支撑，提升红烛教师队伍的素养

以弘毅文化引导教师树立正确的职业理想。广大教师以培育能担当民族复兴大任的优秀人才、发展先进文化和推进社会进步为己任，自觉履行教书育人的神圣职责，以扎实的学识、高尚的情操、崇高的理想引导少年儿童更快、更好地全面发展，并在教书育人的过程中，实现自己的专业发展和人生价值。

学校的核心竞争力离不开师资队伍的团结协作，以弘毅文化增强师资队伍的凝聚力、执行力。弘毅文化能够增强广大教师的归属感，能够把全体教师的智慧合成一股力。在弘毅文化的日熏月陶中，周恩来红军小学红烛教师队伍已经成为一支具有合作精神、创新意识的优秀教师团

队。学校还围绕弘毅文化建设，创新教师能力评价机制，把拥有革命情怀、勇担育人使命，讲好革命故事、讲究育人形式，善于创新育人、厚植爱国情怀作为评价的主要方面，以红烛教师颁奖典礼为展示窗口，引领教师队伍积蓄弘毅力量，高品位、高质量发展。

（三）以少年儿童评价为核心，锤炼红军娃的弘毅品格

少年儿童是国家的栋梁，是未来的希望。弘毅文化育人体系对少年儿童的健康成长形成了一股源源不断的泉涌，迸发出了无限活力。少年儿童真正从思想上、语言上、行动上吸收到了中华民族优秀的文化传统，树立了正确的价值观念，磨炼了意志，为以后走向社会奠定坚实的基础。

对于培育时代新人而言，发挥弘毅文化的铸魂育人功能既是历史所向，又是时代所趋，更是现实所需。少年儿童在弘毅文化的熏陶下能够产生强烈责任感和使命感，能自觉形成正确的世界观、人生观和价值观，牢牢把握正确的人生方向，真正明白新时代赋予他们的历史使命，争做有理想、有追求、有担当、有道德、全面发展的时代新人。

基于传承、弘扬和发展红色文化这一最根本的价值追求，周恩来红军小学制定了《红军娃成长评价手册》。以关注少年儿童综合素养的发展为核心，遵循过程性评价与发展性评价相结合、自主评价与他人评价相结合的两大原则，从红色印记——记录袋里的别样成长，红色徽章——争章活动中的能力认定，红色典礼——线上线下的全面展示三个方面，全面、立体给予弘毅少年成长相适配的评价。

让少年儿童在弘毅文化中成长、成才，既成为红色文化的“接受者”，又成为红色文化的“传承者”。

第六章

课程与教学案例采撷

第一节　培根铸魂德法课程案例
第二节　情境嵌入学科课程案例
第三节　恩来品格习养课程案例
第四节　寻访力行研学课程案例
第五节　红心涵育环境课程案例

红色文化育人与课程有机融合，创新了育人实践体系，建构了五类课程新样态，即培根铸魂德法课程、情境嵌入学科课程、恩来品格习养课程、寻访力行研学课程、红心涵育环境课程，转变了育人方式，育人目标由重知识传授转变为品德塑造基础上的综合素养提升。现采撷部分具有代表性的课程实施案例，以飨读者，以励前行。

第一节　培根铸魂德法课程案例

案例一　我们神圣的国土

教学内容：人教版五年级《道德与法治》上册第 6 课

教学目标：

知识与能力：了解我国的领土面积、海陆疆域、行政区划分、自然遗产分布情况。

过程与方法：培养资料收集、整理、运用信息的能力。感受祖国山河之美，提高口语表达能力。

情感态度与价值观：感受祖国疆土的辽阔，自然风光的美丽，加深热爱祖国的感情，增强民族自豪感。

红色文化融合：《郑成功收复台湾》《边疆战士守岛守土》的故事，进一步激发学生热爱祖国的情感，增强报国之心。

教学重难点：

教学重点：了解我国的疆域，知道我国是一个地域辽阔的国家；认识中国政区图，了解行政区域；了解台湾的美丽风光和民风民俗。

教学难点：激发学生热爱祖国的情感，懂得祖国的每一寸土地神圣不可侵犯。

教学准备：

1. 查找资料，借助多媒体感知国土疆域的辽阔。

2. 搜集台湾美丽风光和民风民情的视频、图片或文字。

3. 搜集整理边疆战士守岛守土的故事。

教学过程：

一、心动——情境创设

1. 新课导入。

倾情讲述：“卫国戍边英雄团长”祁发宝的故事

1997 年，高中毕业的祁发宝入伍参军，驻守阿里地区，把如火青春奉献给祖国西部边陲的“生命禁区”。

祁发宝曾用四根帐篷杆子，在人迹罕至的雪山亲手制作了一根旗杆，为的是每周能和战友们正规地举行升国旗仪式。他说，没有国旗，大家执勤就没有自豪感。为了节约物资，大家常去山里打柴。身为团长的他要求战士每次背柴不超过 50 斤，但自己却背 100 多斤。

2020 年 6 月，印度公然违背两国共识，在中印加勒万河谷边境悍然越线挑衅。在交涉斗争中，团长祁发宝身先士卒，身负重伤。2021 年 2 月，祁发宝被授予“卫国戍边英雄团长”荣誉称号。

2. 师：壮丽山河，需要我们去守护。同学们，现在我们一起来欣赏一些祖国美丽风光的图片。(课件出示：祖国风光图片) 说一说：看过之后你有什么感受？

3. 学生汇报。

二、情动——壮丽山河

（一）了解中国的地理位置

1. 出示世界地图，谁能说说中国在哪里？

（我们的祖国位于亚洲东部、太平洋的西岸）

2. 从这张地图上你还能了解到什么？

（1）世界各大国面积比较。

（2）中国与欧洲面积比较。

（3）小结：中国陆地面积960多万平方千米，仅次于俄罗斯和加拿大，是世界上面积第三大的国家。

（二）感受祖国的疆域辽阔

1. 出示《中国的疆域》图，以小组为单位找一找。

（1）你觉得祖国的版图像什么形状？

（2）我国有哪些陆上邻国？有哪些国家与我国隔海相望？

（3）与我国相连的有哪些海域，说一说它们的名称。

（4）你知道我国的四个至点是哪里吗？为什么称它们为至点？

2. 交流汇报。

3. 教师小结：我国有四大海域：渤海、黄海、东海、南海。（自北向南）我国第一大岛：台湾岛，14个陆上邻国：朝鲜、俄罗斯、蒙古、哈萨克斯坦、吉尔吉斯斯坦、塔吉克斯坦、阿富汗、巴基斯坦、印度、尼泊尔、不丹、缅甸、老挝、越南。6个隔海相望的国家：韩国、日本、菲律宾、马来西亚、文莱、印度尼西亚。

4. 用你喜欢的方式来表达我国国土面积之大，先在小组内交流，再推荐一位同学向全班做介绍。

（三）认识省级行政区域

1. 阅读《中国的省级行政区域》图，看看我国都有哪些省，找找我国的自治区、直辖市和特别行政区。

2. 除了地图，日常生活中，还有很多可以表现我国行政区的事物，你发现了吗？

3. 我们的家乡在什么地方？试着在图中找出来。

4. 小结：我国有5个自治区：广西壮族自治区、内蒙古自治区、宁夏回族自治区、西藏自治区、新疆维吾尔自治区。4个直辖市：上海市、北京市、天津市、重庆市。2个特别行政区：香港特别行政区、澳门特别行政区，实行“一国两制”。我们的家乡在江苏省。

（四）探究祖国的宝岛——台湾

1. 交流、展示你所了解的台湾省的资料。

2. 教师补充：台湾省位于我国东南沿海，包括台湾岛以及附近的澎湖列岛、钓鱼岛、赤尾屿等岛屿。台湾的美称：海上明珠、亚洲天然植物园、海上米仓、东方甜岛、水果之乡等。

三、思动——立志报国

1. 视频播放《郑成功收复台湾》，看了视频，你有什么想法?

2. 学生交流。

3. 出示：边疆战士守岛守土的故事。

王继才坚守开山岛的故事

王继才，出生于江苏省连云港市灌云县。2003 年 10 月加入中国共产党，曾任江苏省灌云县开山岛民兵哨所所长、开山岛村党支部书记。自 1986 年起，王继才和妻子王仕花二人克服常人难以想象的困难，守卫孤岛整整 32 个年头（截至 2018 年）。他在困难面前不低头，在邪恶势力面前更表现出了一位守岛卫士的凛然正气。1993 年开山岛民兵哨所被国防部嘉奖为“以劳养武”先进单位，并获江苏省军区一类民兵哨所的美誉。2014 年，王继才夫妇被评为全国“时代楷模”。2018 年 7 月 27 日，王继才在执勤时突发疾病，经抢救无效去世，年仅 58 岁。2018 年 8 月，中共中央总书记、国家主席、中央军委主席习近平对王继才同志先进事迹作出重要指示强调：要大力倡导爱国奉献精神，使之成为新时代奋斗者的价值追求。2019 年 9 月 17 日，国家主席习近平签署主席令，授予王继才“人民楷模”国家荣誉称号。2019 年 9 月 25 日，王继才荣获“最美奋斗者”个人称号。

4. 组织讨论：为什么战士要守土守岛?

5. 组织交流：怎样做到向他们学习?

6. 小结：边防很苦很累，但总有一批“理想主义者”不求名利、不畏艰苦、不怕牺牲，用青春描绘着祖国的年轮，用生命捍卫着庄严的国门，只因他们深爱着祖国，心中时刻装着人民。

［设计意图：通过郑成功收复台湾，边疆战士守岛守土的故事，感受战士热爱祖国、忠于祖国的精神，懂得祖国领土神圣不可侵犯，学生向他们学习，立志报效祖国。］

四、行动——力行报国

通过这节课的学习，你有哪些收获？用自己喜欢的方式向周围的人介绍祖国国土的辽阔并把边疆战士守岛守土的故事讲给你的家人朋友听。

【案例评析】

1. 通过《我们神圣的国土》一课的学习，学生不仅了解了祖国国土面积、地理位置、自然风光等基本知识，还围绕“祖国疆域辽阔”“祖国壮美河山”主题，提高了口语表达能力。本堂课，关注了学生核心素养的提升，在课堂上引导学生小组内选择自己喜欢的方式交流，并推选优秀代表在班级做介绍，做到全员参与、榜样展示。

2. 学生第一次接触“祖国不可侵犯”一词，它与学生的认知经验存在一定距离，实时出示的《郑成功收复台湾》《王继才守岛守土》的故事，孩子们对“领土神圣”有了可视化认识，对于“保卫祖国”有了更为直观和深刻的理解，为下一节课的学习做好铺垫。

3. 在作业布置上兼顾能力点提升、情感的升华与行动的落实，对于少年儿童而言，热爱祖国、保卫祖国既是当下朴素的情感，也是未来行动的指南，对他们而言，把保卫祖国的故事讲出去，也是爱国的践行方式。

案例二　少让父母为我操心

教学内容：人教版四年级《道德与法治》上册第 4 课。

教学目标：

知识与能力：通过学习，学生懂得管理好自己，少给父母添麻烦，就是爱父母的表现。

过程与方法：在活动过程中，了解和体谅父母的辛劳。

情感态度与价值观：引导学生了解和体谅父母的辛劳，激发感恩父母的意识和情感。

红色文化融合：通过学习周恩来总理孝敬长辈的故事，进一步激发学生对父母感恩之情，孝敬长辈。

教学重难点：激发学生感恩父母的意识和情感，孝敬长辈。

教具准备：PPT 课件及搜集资料，学生课前体验父母的辛苦。

教学过程：

一、心动（谈话导入）

师：同学们，我们的一日三餐是谁做的？

生：爸爸妈妈。

师：除此以外，爸爸妈妈还为我们做了什么？

学生自由回答。

师：爸爸妈妈为我们付出很多，很辛苦！今天我们就来体会一下爸爸妈妈有多辛苦。

二、情动（活动体验）

（一）爸爸妈妈多辛苦

1. 交流父母的辛苦

（1）生阅读教材第 24 页三幅图内容。

（2）小组合作，探究问题：①你有没有在家帮父母做过家务活？②你是否体会过父母做这些家务活的辛苦？

（3）先在小组内交流，各组推荐代表，全班交流与分享。

2. 感受父母的辛苦

（1）生阅读教材第 25 页内容。

（2）小组合作，探究问题：①和父母在一起时，你留意过他们在做什么吗？②你从哪里感受到小娟爸爸的辛苦？

（3）先在小组内交流，各组推荐代表，全班交流与分享。

（4）生完成教材第 25 页空格内容，师指导、补充。

3. 体会父母的辛苦

（1）生阅读教材第 26 页三幅图内容。

（2）小组合作，探究问题：①父母工作的辛苦体现在哪里？②你有没有和父母一起去上过班？

（3）先在小组内交流，各组推荐代表，全班交流与分享。

（4）师小结：事先了解爸爸妈妈上班的地方有什么规定和要求，特别要记住哪些是不能做的。在爸爸妈妈工作的时候，仔细观察，要注意安全，讲礼貌。

4. 采访父母的辛苦

（1）生阅读教材第 27 页内容。

（2）小组合作，探究问题：①通过上述采访，你能看出什么？②如果采访对象是你，你会怎么办？

（3）先在小组内交流，各组推荐代表，全班交流与分享。

（4）生完成教材第 27 页空格内容，师指导、补充。

5. 情景模拟

（1）生阅读教材第 28 页内容。

（2）小组合作，探究问题：①当你面对自己的父母时，你会怎么提问？②听完父母的回答后，你心里有怎样的感受？

（3）先在小组内交流，各组推荐代表，进行情景模拟。

（4）生完成教材第 28 页空格内容，师指导、补充。

（二）少给父母添麻烦

1. 交流感受

（1）生阅读教材第 29 页内容。

（2）小组合作，探究问题：①看了上面四幅图片，你有何感想？②你平时为父母少添麻烦了吗？③你认为怎样做才能管好自己？

（3）先在小组内交流，各组推荐代表，全班交流与分享。

（4）师小结：父母要做那么多事很辛苦，我们都爱父母，也想为他们分担，很多事情我们都帮不上忙，但我们最起码能做到管好自己，少给父母添麻烦。

2. 讨论怎样给父母减少麻烦

（1）生阅读教材第 30 页内容。

（2）小组合作，探究问题：①你是否有过上述类似问题？②如果你父母对你说了，你会怎么做?

（3）先在小组内交流，各组推荐代表，全班交流与分享。

（4）生完成教材第30页空格内容，师指导、补充。

3. 坚持少给父母添麻烦

（1）生阅读教材第31页内容。

（2）小组合作，探究问题：①你是否有过上述的想法？②你是否能够长期坚持如此?

（3）先在小组内交流，各组推荐代表，全班交流与分享。

（4）师小结：我们不经意的一句话或者一个举动，都有可能使父母徒增烦恼。要想为父母分忧解愁，就从学做一个懂事的孩子开始吧。

三、思动（情感教育，拓展延伸）

1. 出示：周恩来总理孝敬长辈的故事

孝敬长辈 关心亲属

虽然周恩来12岁离开淮安，投入救国救民真理的求索中，投入中国革命和建设事业中，再也没有回过淮安老家，但他始终牵挂着家乡的亲人。对于居住在家乡的亲属，周恩来经常用自己的工资给予接济，从不允许家乡给他的亲属任何特殊照顾，不给当地政府增加一点负担。

周恩来10岁时曾带着两个弟弟与八婶母一起生活过两年，中华人民共和国成立后，周恩来接八婶母到北京居住一段时间，八婶母住不习惯便主动提出回淮安老家。后来，八婶母生病了，在淮安县人民医院住院治疗。1956年10月29日，周恩来写信给淮安县人民委员会，感谢他们对八婶母的关心和照顾。此时，周恩来知道八婶母的疾病已经无法治愈，他便交代："如果治疗无效，一切后事也请你们代为办理，但要本着节约和简朴的精神办理，现寄去人民币二百元作为治疗和办理后事的费用。如不够时，请你们先垫付，事后来信说明支付情况，我再补钱去。"

1957年4月19日，周恩来再次致信淮安县人民委员会负责同志。此时，八婶母已经去世，家里还有弟媳陶华等人。周恩来提出"今后她的生活费用均由我这儿接济，请当地政府对她勿再予以照顾"，同时，"寄去为安葬我伯母善后费用所欠垫款二十五元"。周恩来孝敬长辈、关心亲属又公私分明、清正廉洁的品质令人敬佩。

2. 组织讨论：从周总理身上，你学到了哪些孝敬长辈的方式？

3. 组织交流：怎样做到孝敬长辈？

［设计意图：通过给学生讲述周恩来总理的故事，让学生从故事中感受周总理高尚的人格，学习周总理孝敬长辈的品德，激发学生感恩父母、孝敬父母长辈之情。］

四、行动（总结升华）

今天的学习，你有什么收获？今后你打算怎样孝敬长辈？让我们好好体会父母的辛劳，懂得少让父母为自己操心，用自己的行动体谅、体贴父母。

【案例评析】

1. 以活动推动课堂生成。道德与法治课程的教材内容丰富多彩，如何让教材发挥深厚的育人功能，指引儿童的行为发展，活动无疑是最好的选择。老师精心设计对话、讲故事、讨论等系列活动，实现对儿童兴趣、情感、思维的激发，让儿童站在课堂的中心，在活泼、生动的氛围中，收获独到的情感经验。

2. 以行动循环课堂生态。在教学设计中，以“心动、情动、思动、行动”构建课堂实施样态，实现知行合一的育人目标。每一堂道德与法治课，每一次“行动”，使儿童对故事、道理有了更深刻的认知，从而进一步激发他们对红色文化的兴趣、情感、思维和行动，形成良性循环。

3. 培根铸魂德法课程是小学思政课程走向课程思政的一次创新，立足道德与法治主阵地，让学生在非刻意训练的模式下深化对红色文化的认知，真正做到赓续红色血脉。

案例三　童心向党迎百年

教学内容：重温百年党史，传承红色基因，厚植家国情怀。

教学目标：

知识与能力：引导广大少先队员了解党的光辉历史，汲取奋进力量。

过程与方法：营造实境课堂，通过主题活动，讲好百年党史，厚植爱党、爱国、爱社会主义的朴素情感。

情感态度与价值观：培养少年儿童对党和社会主义朴素的感情，激发他们用实际行动争做优秀少先队员，把红色基因一代代传下去。

教学重难点：讲好中国共产党百年光辉党史，厚植爱党、爱国、爱社会主义的朴素情感。

教具准备：音响系统、展示道具、环境布置。

教学过程：

导语：百年征程，波澜壮阔；百年初心，历久弥坚。一百年，从一艘小小红船发展成为领航中国行稳致远的巍巍巨轮，从最初只有50多名党员的马克思主义政党，发展为拥有9500多万名党员的世界第一大执政党，中国共产党的百年历史，是一部波澜壮阔、不断创造奇迹的宏伟篇章，是一幅党与人民心连心、同呼吸、共命运的壮丽画卷，是一首践行党的初心使命瑰丽史诗。

一、党史学习教育方阵展示

1. 会徽及旗帜方阵

解说精选：百年征程，百年风雨；百年砥砺，百年荣光。看那鲜艳的旗帜飞扬，五彩的气球飘舞，伟大中国闪耀东方。校徽闪耀，少年筑梦兴中华；会徽澄明，健儿竞逐勇争先。

2. 前篇：《峥嵘岁月 水深火热》

解说精选：中华民族具有悠久的历史，5000年的灿烂文明从未中断，对人类文明做出了杰出贡献。1840年鸦片战争后，由于西方列强入侵和封建王朝腐朽，近代中国变得积贫积弱，民族内忧外患交织，人民生灵涂炭，救国救民、救亡图存的任务迫在眉睫。列强侵略、政府腐败、战火连绵、动荡不宁、民不聊生，民族存亡的危机让这个东方的沉睡雄狮在血泊之中觉醒。

3. 第一篇章：《站起来》

解说精选：1921 年中国共产党成立，中华民族真正找到了国家和民族的出路，中国人民的命运才开始转变，饱受侵略压迫的民族誓把国耻洗雪，仁人志士前赴后继甘洒热血，中华民族进入了开天辟地的新纪元。中华人民共和国成立，标志着中国共产党领导新民主主义革命的胜利，标志着人民当家作主的新型国家政权的建立，真正实现了人民当家作主，中华民族以崭新而雄伟的姿态屹立于世界东方。

方阵一：党的诞生

方阵二：南昌起义

方阵三：红军长征

方阵四：七七事变

方阵五：新中国成立

方阵六：抗美援朝

4. 第二篇章：《富起来》

解说精选：当代中国，最鲜明的特征是改革开放，最突出的标志是开创中国特色社会主义，最显著的成就是经济快速增长和人民实现全面小康。这是继辛亥革命、新中国成立之后，中华民族伟大复兴历程中新的里程碑。"一国两制"作为基本国策，成为党领导人民实现祖国和平统一的一项重要制度创新和中国特色社会主义的一个伟大创举，在实现和维护国家统一、维护国家安全、实现中华民族伟大复兴、推进中国特色社会主义事业等方面作出了重要贡献。改革开放、"一国两制"为腾飞的中国插上了翅膀，中国人的生活发生了翻天覆地的变化，和平、快速的发展也带动了国际地位的提高，中国走向世界舞台的中心。

方阵一："两弹一星"

方阵二：改革开放

方阵三："一国两制"

5. 第三篇章：《强起来》

解说精选：党的十九大宣布："经过长期努力，中国特色社会主义进入了新时代。"这是我国发展新的历史方位，意味着中华民族迎来了从站起来、富起来到强起来的伟大飞跃，意味着我国前所未有地接近实现中华民族伟大复兴的目标。中国特色社会主义进入新时代，是新中国成立以来特别是改革开放以来党和国家各项事业发展进步的必然结果，是当代中国社会主要矛盾发生变化的必然结果，是中国共产党领导中国人民承前启后、继往开来的必然结果。

方阵一：筑梦太空

方阵二：大国风采

方阵三：走向复兴

6. 尾篇：校歌表演，党旗、百米长卷展示

解说精选：听，歌声激荡；看，宏图锦绣。百年征程，一路荣光，新时代的少先队员们满怀激情与梦想，感党恩、听党话、跟党走，信念坚定、步履铿锵，为实现中华民族伟大复兴的中国梦砥砺前行。

二、思政讲堂

第十二届全国人大代表、原南京军区联勤部部长、少将杨建华，为孩子们讲述党史。

三、“薪火相传”团体操表演

解说精选：周恩来红军小学全体师生，牢记习近平主席教诲：“中国梦圆，体育相伴。”学校努力打造出了一支素质优良、富有朝气的智慧型教师队伍和一大批素质全面、具有时代精神的阳光“红军娃”。他们精心编排了大型团体操《薪火相传》。团体操以“闪闪红星”为主题，将体育运动与革命传统相结合，通过队列队形组合展现出震撼人心的红军精神。

四、红色主题运动会

1. 一年级：翻山越岭（爬雪山过草地）

以足球场边线为出发点，下达“开始”口令后比赛开始。参赛选手翻越“雪山”模型后，向前跑动从迷彩障碍网下钻过（过草地），绕过标志杆，跑回途中到达规定点后以手脚背撑姿势爬回出发点后下一人重复进行。计时决定各班级名次。

2. 二年级：南泥湾抢种抢收

参赛队每队 20 人，分两列，每列 10 人对面站立，发令声响后，第一个选手手持装有 5 个南瓜的篮子起跑，依次将南瓜放进沿途设置的 5 个呼啦圈中，跑至对面终点后将篮子交给对面一个选手，该选手接过篮子依次将球捡起并放进篮子中，跑至对面交给下一个运动员，依次进行，直至最后一人跑完全程比赛结束。计时决定胜负。

比赛要求：去时必须把球放进呼啦圈中，回时收起。违者为犯规，不记成绩。如有中途掉球，由掉球人自行捡起再从掉球处继续。

3. 三年级：支援前线

以足球场边线为起点，听口令出发。经过设置的独木桥障碍，向前方运输物资，通过扁担挑运物资的形式支援前线，每个班准备 4 个垒球，每个篓子里放入 2 个，以接力的形式进行运输，直至最后一人（穿上马甲）跑完全程比赛结束。计时决定胜负。

4. 四年级：齐心协力

从规定起点开始，10 人齐心协力将龙舟运到指定位置，然后 10 人手拉手进行穿针引线游戏。最先完成任务的队伍为获胜队伍。

5. 五年级：英雄“炸”碉堡

以足球场边线一端为起点，听口令出发。第一位学生带着“炸药包”出发，绕过“S”形区域障碍，匍匐前进过烽火网，跨过障碍，将“炸药包”交给对面第一个选手，然后对面第一个选手原路返回，依次进行比赛，倒数第二个选手将“炸药包”放在碉堡里后跑回与最后一个选手击掌，最后一个选手要举“八一”旗绕过障碍，跑到碉堡里后再将旗挥动后为获胜者。

6. 六年级：精准打击

从规定起点开始，翻越沙包，跨越障碍，爬过高地，到达规定投掷区域，以俯身姿势投掷到规定区域，不同区域得分高低不同，最终积分高的班级获胜。

【案例评析】

1. 追忆百年峥嵘岁月，厚植爱党爱国情怀。学校将党史学习教育与红色主题运动会创新融合，打造了一场别开生面的思政实境讲堂，让党史学习教育鲜活起来，唤起了同学们对百年党史的崇敬。

2. 方阵展示“开天辟地，改天换地，翻天覆地，惊天动地”等篇章内容丰富，生动呈现了中国共产党波澜壮阔的百年征程。团体操《薪火相传》场面恢宏、震撼人心，将体育运动与革命传统相结合，有力的臂膀、红色的丝带、变幻的队形，展现出了时代的旋律以及红军娃的活力与风采。“翻山越岭、南泥湾抢种抢收、支援前线、齐心协力、英雄‘炸’碉堡、精准打击”六个比赛项目，让红军娃们通过亲身体验感受了革命先烈对党忠诚、不屈不挠、勇往直前、团结一心、不怕牺牲的精神。

3. 通过亲身参与、实践体验，红色文化传承成为少年儿童心中神圣的使命与担当，孩子们从百年党史中汲取奋进力量，立志成长为能够担当民族复兴大任的时代新人。

第二节　情境嵌入学科课程案例

案例一　金色的鱼钩

教学内容： 人教版六年级《语文》上册第十三课。

教学理念： 围绕“立德树人”的教育目标，基于生本意识、教材意识、要素意识、语用意识，紧扣小说文体特点，构建“情境铺垫、情绪渲染、情感延伸”的情境嵌入学科课程实施模式，通过学生积极主动学习，以“创、观、诵、绘、动、演”等形式，抓住文章语言文字，深挖红色育人元素，让学生得文得道。

教学目标：

知识与能力：借助课文进一步提高阅读速度，提升阅读能力。

过程与方法：通过读中问、读中讲、读中悟、读中感等多种教学过程让学生想读、会读，读懂课文，读出感情。

情感态度与价值观：

1. 通过自读课文，深入理解课题“金色的鱼钩”所蕴含的意义。

2. 体会文章所表达的思想感情，感受革命先辈忠于革命、忠于党的事业的崇高品质。

3. 红色文化融合：明白今天的生活来之不易，激发学生对革命先烈的无比崇敬，对祖国无比热爱的情感，传承红色文化和红色精神。

教学重点：落实语文要素，引导学生学会查阅资料，加深对课文理解，通过关注外貌、神态、语言的描写，感受人物形象。

教学准备：教学课件，布置学生搜集长征故事。

教学时间：一课时

教学过程：

一、创设情境，导入新课

1. 交流长征资料

1934 年，为了摆脱国民党的围追堵截，中央红军开始了中国革命的壮丽史诗——两万五千里长征！ 1935 年 8 月，红军开始进入神秘莫测、人烟稀少的茫茫草地。通过课前查阅相关资料，你能介绍一下当时红军过草地的情况吗？

2. 这节课，就让我们走进草地深处，翻开发黄的历史，再现长征途中感人的故事吧。

齐读课题——《金色的鱼钩》。

［设计意图：未成曲调先有情。这一教学环节，既落实了“查阅资料，加深对课文理解”的语文要素，了解了小说的三要素之一——环境，也通过创设过草地的历史情境，构建了鲜活的学习空间，让学生初步感受长征的艰难历程和时代背景。］

二、整体感知，交流汇报

（一）交流故事情节

过渡：同学们，本文是一篇小说。你们知道吗？优秀小说的情节铺设往往都很有讲究，体现在情节的一波三折和扣人心弦。（★板书：情节）下面，请大家快速默读课文，再在小组内交流故事情节图。

1. 出示 3 名学生的故事情节图。

2. 比较不同：同学们，你们看看完成的情节图，是否有什么需要改进的地方？

3. 出示教师制作的情节图：

接受任务⟹钓鱼充饥⟹发现秘密⟹劝喝鱼汤⟹班长牺牲⟹珍藏鱼钩

你们看，这是老师列出的故事情节，你有什么发现？（指答）

4. 小结方法：当我们在梳理情节、提炼小标题的时候，发现人物较多，其实可以从一个人的角度来进行提炼概括，这样就会更加直观明了。

［设计意图：紧扣小说“情节”要素，通过“绘”情节图，帮助学生理清文章脉络，概括主要内容，达成知识能力目标和过程与方法目标，在语言文字训练的同时，为感受人物形象作铺垫。］

（二）交流人物形象

接下来，我们来关注小说的另一个要素——人物。（★板书：人物）

1. 学生自由汇报 （★老师相机板书：忠于革命、舍己为人……）

2. 小结：同学们，刚刚我们主要抓住老班长的语言、动作、外貌、神态描写树立了自己心目中老班长的形象。（★板书：外貌、神态、言行）

［设计意图：再抓小说“人物”要素，实现阅读教学第一个层次，通过语言感受形象，落实本单元要素训练点。］

三、精读感悟，走近人物

过渡：细读课文描写老班长感人事迹的段落，想一想哪些句子感动了你？你从中感受到了什么？

（学法提示：注意找出描写“我”的感情变化的句子，批注自己的感受。组长组织组员交流，并选代表汇报，在展示时要注意通过朗读来表现人物内心。）

1. 感动一：“硬咽草根鱼骨头”。

（1）指名朗读，读后议论：为什么这个段落令人感动？

（2）抓住“皱紧眉头”“硬咽”等词和“我”当时的心情，体会老班长的品质。

（3）感情朗读，注意体会人物的内心。

2. 感动二："夜里钓鱼摸野菜"。

（1）自由朗读，感受老班长寻找食物的不易：白天，老班长要带着战士们行军，晚上宿营时还要忙着张罗食物，而草地上都是黑水潭，哪有多少鱼，为了钓鱼，找野菜，老班长的眼睛都瞅坏了。

（2）抓住"翻了多少草皮""一棵一棵地摸"等重点词朗读。

（3）说说此时自己内心的感受。

3. 感动三："命令战士喝鱼汤"。

（1）学生自由朗读这一片段内容。

（2）观察课文插图，想象小梁和老班长的心理活动。

（3）思考：老班长前后的表情有什么变化？为什么有这样的变化？

（4）指导朗读"我端起搪瓷碗，觉得这个碗有千斤重，怎么也送不到嘴边。"到"可是我的心里好像塞了铅块似的，沉重极了。"

［设计意图：引导学生通过品词析句，感情朗读入情入境，进一步感受老班长的人物形象，培植孩子们对于英雄人物的崇敬之情。］

4. 感动四："奄奄一息让鱼汤"。

（1）自由轻声读这部分内容，说说你的内心感受？

（2）从"奄奄一息"中你体会到了什么？

老班长"奄奄一息"，身体已经极度虚弱，同时又对战士们充满牵挂和关爱。

面对老班长的牺牲，战士们的心情是怎样的？试着将这样的情感读出来。

（3）指导分角色朗读。

［设计意图：本文是对学生进行革命理想信念教育的极佳范本，在学生感知小说故事情节，感受人物形象的基础上，教者通过言语渲染，情境铺垫，角色体验，让学生置身于历史的情境中，感同身受地体会革命先辈的崇高精神，受到道德情感教育。］

四、升华情感，拓展运用

过渡：可亲可敬的老班长永远离开了我们，战士们撕心裂肺的呼喊也无法唤醒他了。他牺牲自己换来了战士们的生存，用自己的忠诚和无私完成了党的嘱托。他永远地留在了那片无边无际的草地上，留给战士们的只有那根用缝衣针做成的鱼钩。这个鱼钩闪烁着金色光芒！

1. 为什么说这个鱼钩“闪烁着金色光芒”？

这个鱼钩记录着老班长可歌可泣的英雄事迹，记录着他为了革命事业的成功、为了战友的生命而不惜牺牲自己的崇高品质。这个鱼钩上闪烁着老班长金子般的思想光辉，昭示着他关心同志、舍己为人、忠于革命的精神永垂不朽。

同学们，你们看，一个好的结尾，可以增强文章的感染力，令人回味无穷。深情地读读这句话。

2. 朗诵小诗，升华情感

同学们，读完这篇文章后，老师的内心久久不能平静，写下了这些心底的声音，我想读给你们听听，好吗？

课件出示诗歌：《凝望金色的鱼钩》

3. 学生练笔，抒发情感

此时此刻，老师相信你们内心一定有一股文思等待迸发。来吧，为老班长写一段颁奖词，或者写几句你最想对他说的话，让你的真情在笔尖流露。

[设计意图：在语言渲染中，点燃情感；在品味结尾中，蓄势情感；在朗诵诗歌中，升华情感；在练笔表达中，倾诉情感。文道兼顾，既落实语言文字训练，又使学生情感受到熏陶，让革命信念与理想教育得到落实。]

五、作业设计，课后延伸

1. 编演课本剧《金色的鱼钩》。

2. 读一读有关红军长征的小故事。

[设计意图：把课堂向课外延伸，在编演课本剧的过程中，让红色的基因流进学生的血液里，让红色的种子种到学生的心田上。]

板书设计：

金色的鱼钩		
环境	情节	人物
草地	接受任务	舍己为人
	钓鱼充饥	忠于革命
	发现秘密	
	劝喝鱼汤	
	班长牺牲	
	珍藏鱼钩	

【案例评析】

1. 教者巧妙构建“情境铺垫、情绪渲染、情感延伸”“3Q”情境嵌入学科课程实施模式，安排了前置性任务，学生在查阅红军过草地的相关资料中置身于历史的情境中，感同身受地体会革命先辈的崇高精神。

2. 开展演红色故事、读红色故事、讲红色故事等教学活动，学生积淀了浓浓的爱国情感，红色精神的种子在学生的心田生根发芽。红色文化育人和语文学科教学内容的有机融合，拓宽了育人路径，提升育人实效。

案例二　认识人民币

教学内容：苏教版一年级《数学》下册教科书第 66 ~ 67 页。

教学目标：

知识与能力：在具体情境中认识人民币，能识别 1 元以内的人民币，知道元、角、分人民币的单位，认识 1 元 =10 角，1 角 =10 分。

过程与方法：经历人民币的识别过程，体会 1 元以内各种人民币的币值，通过简单的模拟活动，培养简单的换钱、算钱、付钱的技能，发展多角度思考问题的能力。

情感态度与价值观：

1. 通过模拟购物等活动，学生体会人民币在社会生活中的功能和作用，感悟数学知识与现实生活的密切联系。

2. 红色文化融合：了解人民币在日常生活中的作用，形成爱护人民币的意识，从小养成不乱花钱的好习惯。通过课前搜集的国徽小故事、周恩来爷爷小故事等，激发学生爱党、爱国、爱社会主义的情感。

教学重点：认识1元以内的人民币的面值及人民币的单位。

教学难点：知道元、角、分之间的进率，知道1元=10角，1角=10分。

教学准备：1元以内的纸币、硬币若干；羽毛球、毽子、跳绳、棒棒糖、气球、红色故事微视频。

教学过程：

一、情境导入，激发兴趣

播放微视频，欣赏第五套人民币：

1999年，中国发行了第五套人民币。它的背面是我们祖国的著名景点，100元的背面是壮观的人民大会堂，50元的背面是佛教圣地布达拉宫……

谈话：孩子们，这是什么呀？通常我们叫它人民币。今天，我们就一起来认识人民币。（板书：认识人民币）

［设计意图：通过介绍现在正在使用的第五套人民币背面的景点，让学生们充分感受到祖国大好河山之美，课前的情感铺垫激发了学生们的爱国之情。］

二、师生互动，合作学习

1. 认识1元

在日常生活中有着多种面值的人民币，今天我们学习的是1元以内的人民币。小朋友们，平时用过人民币吗？请把你认识的人民币从篮子中拿出来和同桌说一说。

出示1元纸币：你们认识这张人民币吗？你是从哪里看出来它是1元的呢？

师生互动交流：发现1元纸币上面有数字“1”和“圆”字。

介绍人民币单位：元

小朋友们，1元人民币上除了“1”和“圆”字，你还发现了什么呢？

播放微视频：介绍有关国徽的故事

1942 年，中国人民的抗日战争处于极端艰苦的阶段。这年冬天，在山城重庆宋庆龄的寓所，为欢送董必武返回延安而举行茶会。周恩来和邓颖超也应邀出席。桌上摆着重庆近郊农民送来的两串颗粒饱满的禾穗，当被大家赞美为“像金子一般”时，宋庆龄说：“它比金子还宝贵。中国人口百分之八十都是农民，如果年年五谷丰登，人民便可丰衣足食了。”周恩来意味深长地说：“等到全国解放，我们要把禾穗画到国徽上。”

小朋友们，每种人民币上都有国徽，国徽是代表一个主权国家的徽章、纹章，是现代国家的象征之一，也是一个民族的象征。

小朋友们，了解了这么多，如果你看见有人在人民币上乱涂乱写，你想对他说些什么呢?

［设计意图：采用微视频介绍人民币上有关国徽的小故事，通过故事情境嵌入渗透爱国主义和爱护人民币的教育。］

我们刚才通过眼睛观察，发现了一元人民币上，除了有数字“1”，还有单位“元”，那盲人朋友如何才能知道这就是 1 元人民币呢?

教师介绍盲点、硬币、纸币。

2. 认识 1 角，比较 1 元与 1 角

弟弟说他也认识了一元，小朋友们，你们说他拿的对吗？为什么呢?

教师介绍“角”也是人民币的单位。（板书：角）

小结：看来呀！在认识人民币时，我们不仅要看人民币上的数字，还要看它们的“单位”。

小朋友，1 元和 1 角除了单位不同，它们还有哪里不一样?

学生观察比较，说出自己的发现。

3. 认识 2 角、5 角

刚才我们认识了 1 角，那以“角”为单位的人民币还有哪些呢?

小结：我们发现了以角为单位的人民币，除了 1 角，还有 2 角、5 角。5 角也有纸币和硬币。

4. 认识 2 分、5 分和 1 分

小朋友们，你们知道吗，我们认识了人民币的单位有元和角，其实

人民币还有一个更小的单位呢，你们知道是什么吗？

“分”也是人民币的单位。（板书：分）以“分”为单位的人民币又有哪些呢？

5. 分类

小朋友们，你们篮子里的人民币有点乱糟糟的，你们能将它们分分类吗？

小结：小朋友们太棒了，想出了不同的分类方法，有的是按单位分，还有的是按照数字分的。

三、自主探索，感悟进率

1.1 元 =10 角

明明一家准备坐公交车春游了，明明爸爸说，今天各自付各自的车票钱。爸爸准备了 1 张 1 元，爸爸顺利上车了。

明明准备的都是 1 角的人民币，你们觉得明明应该投几张 1 角的人民币呢？

小结：10 个 1 角就是 1 元，1 元就是 10 角。

那 2 元是多少角呢？ 3 元呢？ 30 角是多少元呢？

妈妈带的钱都是 5 角 5 角的，弟弟手里都是 2 角 2 角的，他们分别应该投几张呢？你是怎么想的？

2.1 角 =10 分

我们知道了 1 元 =10 角，那你们知道 1 角等于多少分吗？

小结：1 角 =10 分，那 2 角等于多少分 ?3 角呢？ 50 分等于几角呢？

播放动画：明明在马路边捡到了一分钱又丢掉了。小朋友们，看到明明的做法，你有什么想说的呢？

小结：1 分也是钱，1 分钱虽少，可是积少成多，就可以做很多有意义的事情呢。全国 14 亿人口，如果每人节约 1 分钱，全国就节约 1400 多万，1400 多万就可以建一座美丽的幼儿园呢，所以请小朋友一定要爱护人民币，节约每一分钱哦！

[设计意图：通过积少成多的数据呈现，进行情绪渲染，培养学生节约用钱的意识。]

四、购物活动，巩固内化

1. 计算支出

明明买了 1 包干脆面，用了 7 角线，1 支冰激凌用了 1 元 8 角。小朋友们能帮他算一算一共用了多少钱吗？你是怎么想的？

2. 模拟购物

出示：羽毛球 3 角，毽子 9 角，跳绳 1 元 2 角，棒棒糖 7 角，气球 1 角。

（1）假如你有 1 元钱，你认为可以买到哪一件商品呢？

（2）思考：买哪两样商品能正好用完 1 元？并说明理由。

（3）1 元人民币可以买到跳绳吗？为什么呢？

那 1 元 2 角怎么付呢？请小朋友动手试着摆一摆，和你的同桌讨论讨论。

分组活动，师巡视，指名说出是怎样付 1 元 2 角的？

五、情感教育，拓展延伸

红色小故事讲述：

周恩来爷爷的故事

在一次外交部举行的记者招待会上，一位西方记者挑衅地问周总理：“请问，中国人民银行有多少资金？” 周恩来爷爷正色作答：“中国人民银行货币资金嘛，有 18 元 8 角 8 分。”周恩来爷爷以风趣的语调解释说：“中国人民银行发行面额为 10 元、5 元、2 元、1 元、5 角、2 角、1 角、5 分、2 分、1 分的 10 种主辅币人民币，合计为 18 元 8 角 8 分。”

听完这个故事，你有什么想说的？

［设计意图：通过红色小故事的讲述，让学生们充分感受到周恩来爷爷高超的外交艺术。他温文尔雅、有礼有节、刚柔并济，不愧为新中国的“外交之父”。］

【案例评析】

1. 购物活动是学生熟悉的生活场景，学生在情境创设和操作体验中深化对第五套人民币的认识，生活经验和感性认识融合，体会到人民币的社会功能与情感价值。

2. 在感受国徽的意义，辨析 1 分钱的价值，在积少成多的数据呈现过程中，进行情绪渲染，渗透勤俭节约的思想教育，形成积极、向上的学习情感和良好的行为品质。

3. 聆听周恩来有关人民币的红色小故事，在故事讲述过程中，达到情感延伸，有效地激发了民族的自尊心，增强了民族自豪感，爱国情感得以升华。

案例三　Unit7 Chinese festivals (Checkout time)

Teaching contents

Checkout time（page 76–77）

Teaching aims and learning objectives

1.Students are able to know how to use vocabularies, phrases, grammar and sentence structures correctly.

2.Students are able to make a mind map and know how to use various and flexible expressions to write a composition with a logical style and a complete structure.

3.Help students know more about Chinese festivals or holidays, like National Day, Party's Day, Army Day, and inspire students' enthusiasm for loving the party and our country.

Focus of the lesson and predicted area of difficulty

How to write a composition about Chinese festivals or holidays.

Teaching aids

PPT, pictures

Teaching procedures

Step1. Lead in

Enjoy a video about the 100th Anniversary Military Parade.

T: July 1st,2021 is the 100th birthday of CPC. Party's Day is one of the most important days in China.

Do you remember what Chinese festivals we have learned ?

Ss: Spring Festival, Dragon Boat Festival, Double Ninth Festival, Mid–Autumn Festival.

［设计意图：从观看建党 100 周年的阅兵仪式视频引出中国重要的节假日，激发学生的爱党爱国之情，增强学生民族自豪感。］

Step 2. Ask and answer

Talk about Chinese festivals

1.Dragon Boat Festival

T: Great! You all did a good job! Look at this picture, what festival is it?Yes, it's the Dragon Boat Festival.

T: Can you ask some questions about this festival? Who can answer these questions?

Ss: When's the Dragon Boat Festival?

What do people do at this festival?

What do people eat at this festival?

T: We can find these three sentences are about the "date", "activities" and "food" of the Dragon Boat Festival. These three parts are very important in our writing. Now let's make a mind map with these three parts of our writings.

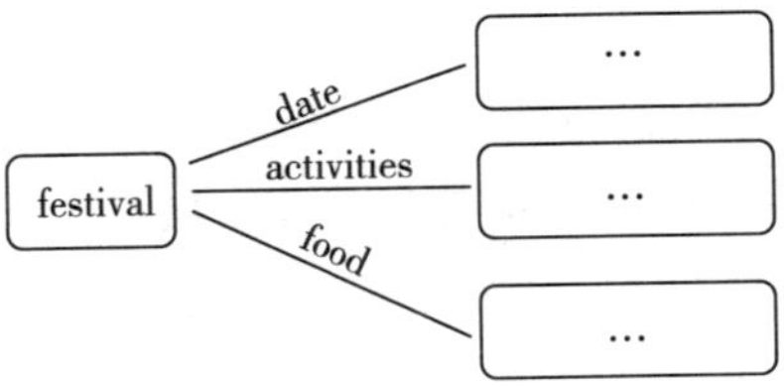

［设计意图：通过对端午节内容的回顾，带领学生由提问、回答的句子到引出思维导图，让学生初步形成写作的框架思路。］

2. Spring Festival

Let's make a mind map.（Pairwork）

T: Do you know which festival is the most important in China? Yes, the Spring Festival. Now talk with your partner and make a mind map about the

Spring Festival. Then you need to retell according to your own mind map.

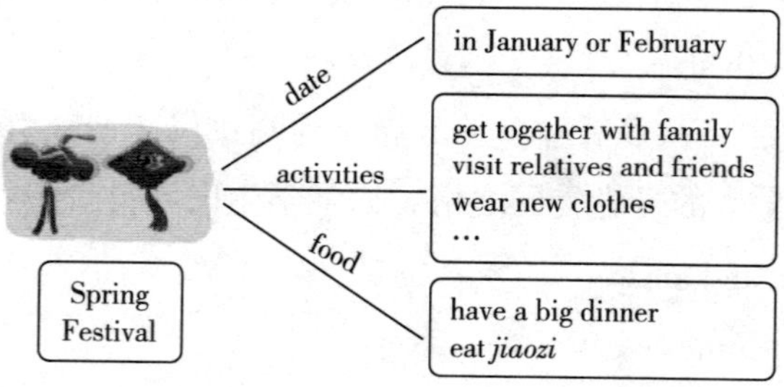

[设计意图：在初步形成思维导图的基础上，学生同桌合作，一起合作完成Spring Festival的思维导图，并在此基础上进行retell语言输出。]

3.Double Ninth Festival

T: Do you like the Spring Festival?

Ss: Of course.

T: We can get together with our families. That's so warm and we can feel the love from each other.

T: There is a festival for old people. It's the Double Ninth Festival. Here are some questions for you.

Q1. Do you visit your families?

Q2. Do you climb mountains?

Q3. Do you eat rice cakes?

Q4. Do you have a big dinner?

Q5. Do you like the Double Ninth Festival?

T: Why do you like it? You can use the sentence : I like... because.... I like ... because I can... / I like ... because it is...

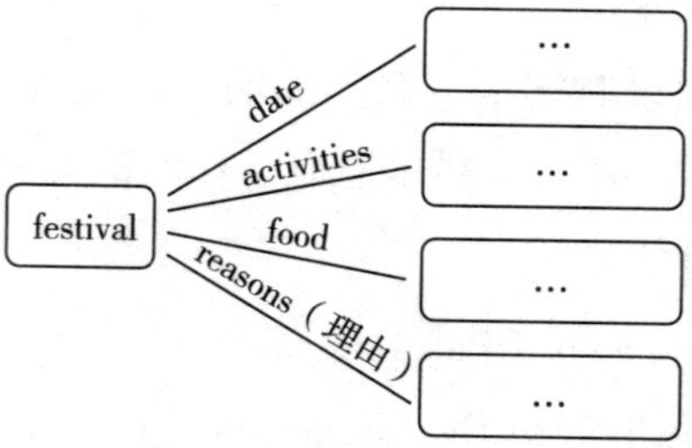

T: Now we can make our mind map richer. When we write, don't forget to tell the reasons why you like the festival best.

［设计意图：在本环节，通过对重阳节活动的询问、是否喜欢这个节日以及喜欢的原因来扩充思维导图，引导学生在写作中添加选择的理由，增强学生写作的逻辑思维。］

Mid–Autumn Festival

Let's listen to the tape.

T：Mid–Autumn Festival is also very popular because people like the love story between Chang'e and Houyi. Now let's listen to a passage and put the sentences in correct order.

T: Let's check the answers：2341. We can combine the two sentences into one with the conjunction "and". When we write, please don't forget. Conjunctions can make your sentences better.

［设计意图：这一环节中，学生在训练听的能力的同时，感受到使用连词的重要性，教师告诉学生可以通过连词的使用，将两句话合并为一句，会让句子看起来更加连贯，为学生写作提供方法指导。］

Step 3. Think and write

1. Play a game.

T: Here let's have a rest. Let's play a little game. Can you guess what festival or holiday it is? (PPT)

This festival or holiday comes on the first of October. It's the birthday of People's Republic of China. People usually raise the national flag and sing the national anthem in public places.

Ss: National Day.

T: You are so clever!

2.Talk about other Chinese festivals.

T: Do you know other Chinese festivals or holidays?

S: Mother's Day, National Day, Party's Day, Army Day...(PPT)

T: What is your favourite festival or holiday? Why?

S：My favourite festival or holiday is...

［设计意图：学生们在写作前进行了一系列的输入，给出学生更多中国节假日素材，如：国庆节、建党节、建军节等，让学生了解更多中国的节假日，了解中国文化，鼓励学生写出更丰富的内容，进一步增强学生的爱国意识。］

1.Show my composition

My favourite festival/holiday

My favourite holiday is National Day. It's on the first of October. It's the birthday of People's Republic of China. People usually raise the national flag and sing the national anthem in public places. I like it because we have seven days off. I get together with my family and celebrate the birthday of my motherland.

T:Why do I like National Day？How to write it？What can you find？

（Topic, beginning, body, ending）

［设计意图：老师以最喜欢的节假日——国庆节为例，为学生提供作文范文，让学生掌握英文写作结构并为学生自主作文做好铺垫。］

2.Writing（Group work）

T: It's time for you to try.

Ss write.

Let's share with each other.

Revise two compositions.

T: After class, you can revise your composition too.

［设计意图：引导学生培养团队合作精神，并指导他们互批互改，在团队合作中进行自我提升。］

Step 4. Summary

T: We all can write the festivals. Different students like different festivals or holidays. Chinese festival culture is extensive and profound. It has a long history. We are proud of it. We all love our country!

［设计意图：对学生们完成的作文内容进行适当总结，让学生了解

中国节假日的多样性，进而增强学生的文化认同感和文化自信。]

Step 5. Homework.

1.Share your composition with your classmates.

2.Communicate with your friends and relatives about your favourite festivals.

Blackboard design:

Title	My favourite festival
Beginning	My favourite festival is .... (name)
Body	date　activities　food
Ending	I like... because...　(reason)

Writing:

My favourite festival

My favourite festival is __________. (name) It is __________. (date) At this festival,I usually ____________ and ______________. (activities) I eat _______________.(food) I like this festival because __________. (reason)

【案例评析】

1. 英语的学科特点决定其充满浓郁的西方价值观念，在一定程度上影响着学生的价值观。英语思政十分重要，将红色文化嵌入英语学科教学，才能有力地推进全学科育人。

2. 学生在观看建党 100 周年的阅兵仪式视频时，全身心沉浸在真实情境之中，了解节日文化的同时，激发了对祖国强大、军事强盛的自豪感，自然生发出的爱党爱国之情。

3. 学生回顾对中国传统节日端午节的习俗，初步形成写作框架思路，凸显英语学习的情境性，进一步提升学生的英语学科素养。同时，教师设置课堂留白，给学生更多的思考空间和时间，让学生在分享交流中国节假日风俗习惯、对比中西方文化差异的过程中感受祖国的繁荣昌盛。

案例四　低姿势匍匐爬行

教学内容：苏教版一年级《体育》上册第65-66页。

教材简析：

低姿势匍匐爬行是低年级爬行的技术中较基础的爬行姿势，可以增强学生全身大肌肉的活动，尤其是四肢活动中的协调性和灵活性，是一种综合性的强体健身活动，并且爬行中消耗能量较大，可使血液循环流畅，有助于促进一年级学生肌肉、骨骼的生长发育。

通过本节课的学习，可有效增强学生手脚并用、全身协调用力的能力，在教学过程中，选用“保卫营地”“火力增援”“营救伤员”“我是小英雄”等游戏，使学生能体会到军人的不易，培养学生爱国主义精神。

学情分析：一年级的学生活泼好动、乐于模仿、善于挑战、好奇心强，热爱交流与合作，但学生的注意力持续时间较短，对单一重复的活动易失去兴趣，同时又对军人的英姿飒爽、战场的模拟演练充满着无限向往，有着强烈的学习欲望。因此，本课将依据一年级学生的身心特点，将情境、游戏、比赛贯穿课堂始终，激发学生学练兴趣，活跃课堂氛围，使学生能在不知不觉中达成本课学习目标。

教学策略：本节课以中国共产党成立100周年为主题，与军事技能比赛内容相结合，激发学生的学习兴趣。通过情境教学法、讲解示范法、分层教学法、游戏竞赛法、过程评价法等，以“体验—掌握—运用”为主线，引导学生进行自主学习、合作学习、探究学习，从而达到学习目标，突破解决重难点，提升运动技能的运用能力。课堂过程中组织形式多样，营造轻松、愉悦的课堂氛围，鼓励学生大胆尝试，学练活动张弛有度，尊重学生个性发展。

本课亮点及特色：

教学激趣：采用情境教学并利用多种形式的游戏、竞赛方法，使学生在玩中学、学中练，给予学生自主空间，充分激发学生学习兴趣。

以体育人：依据党的“立德树人”教育根本任务，设计了红色教育，将建党100周年与体育课堂教学完美结合，也是体育与德育的完美融合。

素养提炼：教学环节设计中注重对学生合作能力、解决问题的能力以及吃苦耐劳精神的培养，将体育核心素养与基本动作发展进行有机结合。

安全提示：课前提示学生检查服装，有无尖锐物品，充分热身，尤其是手、脚和膝关节等部位，同时课前给学生的肘、膝盖穿上护具。

水平一（一年级）《低姿势匍匐爬行》

<table>
<tr><td>学习目标</td><td colspan="7">知识与能力：了解低姿势匍匐爬行的动作要领，95% 以上的学生能说出低姿势匍匐爬行的动作名称和方法。
过程与方法：通过本节课的学习，85% 以上的学生能够做出低姿势匍匐爬行的正确动作。
情感态度与价值观：
1. 学生通过本节课的学习，小组间的合作，发展主动学习、合作交流的意识。
2. 红色文化融合：通过本节课的低姿势匍匐爬行及“我是小英雄”游戏等练习，让学生体会军人的不易，从而培养学生爱党、爱国的情感。</td></tr>
<tr><td rowspan="2">学习内容</td><td rowspan="2">1. 爬行：低姿势匍匐爬行
2. 游戏：我是小英雄</td><td>重点</td><td colspan="5">手脚协调用力向前爬行</td></tr>
<tr><td>难点</td><td colspan="5">在快速爬行中保持较低的匍匐姿势</td></tr>
<tr><td rowspan="2">课的部分（时间）</td><td rowspan="2">内容</td><td rowspan="2">教师活动</td><td rowspan="2">学生活动</td><td rowspan="2">组织形式与要求强度</td><td colspan="3">运动负荷</td></tr>
<tr><td>时间</td><td>次数</td><td>强度</td></tr>
<tr><td>开始部分</td><td>一、课堂常规</td><td>1. 集合整队，热情与学生问好；介绍 2021 年是中国共产党成立 100 周年，我们要举办一次军事技能比赛——低姿势匍匐爬行，来看看哪组小朋友做得最棒。</td><td>1. 有序排成 4 列横队，热情与老师互动问好，了解本课学习内容。</td><td>队形：
←
①②③④
→
⑤
←
①②③④
→
⑤
←
①②③④
→
⑤
←
①②③④
→
⑤</td><td></td><td></td><td></td></tr>
</table>

开始部分	二、小组拉练热身 三、集体热身操：军体拳	2. 组织学生左右5人为一小组，在情境中有序进行走、跑、爬热身练习。	2. 左右5人以小组为单位有序进行各种形式的热身活动。	★ 要求：小组合作，排队有序。	2	1次	中
		3. 播放音乐，组织并带领学生进行热身活动——军体拳。	3. 认真模仿老师的激情四射军体拳，跟上音乐的节奏，活动身体各个关节。	队形： ① ② ③ ④ ⑤ ① ② ③ ④ ⑤ ① ② ③ ④ ⑤ ① ② ③ ④ ⑤ ★ 要求：出拳用力，发声洪亮	2	1次	中
设计意图：开始部分，以中国共产党成立100周年导入，激发学生学习兴趣，通过军事技能比赛，渲染氛围，同时通过热身，使学生的各个关节活动开；热身操——军体拳，既贴合本课的主题，又能唤醒学生的精气神。							
基本部分	一、爬行：低姿势匍匐爬行 1. 明纪律，塑军规	1. 组织学生模仿军人的队列队形练习，引导学生尝试匍匐爬行。	1. 认真听讲，迅速反应，听指挥模仿小军人，尝试匍匐爬行。	队形： ① ② ③ ④ ⑤ ① ② ③ ④ ⑤ ① ② ③ ④ ⑤ ① ② ③ ④ ⑤	1	1次	小

基本部分	2. 情境一：保卫营地①	2. 播放录音，导入情境，组织学生集体尝试匍匐爬行并参与“保卫营地”。	2. 认真听录音，明确情境任务及要求，积极参与模仿老师爬行动作。	★ 要求：听口令，反应迅速。	2	1次	中
	3. 学练低姿势匍匐爬行	3. 讲解示范并纠正低姿势匍匐爬行的易错动作，结合口诀、歌词引导学生加强练习。	3. 听清要求，积极思考正确的低姿势匍匐爬行动作，能够边唱边练。	队形： ① ② ③ ④ ⑤ ① ② ③ ④ ⑤ ① ② ③ ④ ⑤ ① ② ③ ④ ⑤	3	2~3次	大
	4. 双人合作学练	4. 组织学生两人一组进行低姿势匍匐爬行的练习，并巡视观察与指导，引导学生相互评价。	4. 明确练习要求与规则，积极配合，并给予同伴正确的评价。	★ 要求：速度快，执行力强。 口诀：手扒脚蹬紧贴地，手脚交替向前移！	2	1~2次	中
	5. 挑战更低高度的“铁丝网”	5. 引导学生降低“铁丝网”高度，组织学生进行低姿势匍匐爬行的练习。	5. 积极思考如何降低“铁丝网”高度，并练习匍匐爬行穿越“铁丝网”。	队形： ●●●●● ① ② ③ ④ ⑤ ① ② ③ ④ ⑤ ① ② ③ ④ ⑤	3	1~2次	中

	6. 情境二：保卫营地②	6. 播放录音，导入情境，检验学生匍匐爬行动作。	6. 认真听录音，明确情境任务及要求，积极地爬行。	① ② ③ ④ ⑤ ① ② ③ ④ ⑤ ●●●●●	2	1次	大
基本部分	7. 情境三：火力增援	7. 播放录音，导入情境，讲解并组织学生进行“火力增援”选拔赛。	7. 听录音，明确任务要求，用低姿势匍匐爬行方法参与比赛。		4	2~3次	中
	8. 情境四：营救伤员	8. 组织学生执行“火力增援”任务。	8. 明确任务要求，用低姿势匍匐爬行方法参与任务。		3	1次	
基本部分	二、素质游戏：我是小英雄	9. 导入情境，队友受伤，组织学生“营救伤员”，两人一组合作进行低姿势匍匐爬行。	9. 认真听录音，明确任务要求，积极参与“营救”任务。两人积极合作参与低姿势匍匐爬行比赛。		3	1次	中

基本部分	二、素质游戏：我是小英雄	10. 导入情境，讲解示范“我是小英雄”的方法及要求。 11. 组织学生安全积极地参与游戏。	10. 明确任务要求和“我是小英雄”的方法。 11. 安全积极地参与争做“小英雄”。		5	1次	大
设计意图：本环节通过设计不同的训练主题，由易到难，由单人到双人，不断提高难度，在循序渐进中掌握低姿势匍匐爬行的动作；同时发挥学生主体性，让学生积极思考，引出动作口诀，加强了学生对动作的记忆；最后练习的环节中，练习双人爬行，培养了学生合作精神；在游戏环节，既提高了学生的训练量，又激发了学生爱国主义精神。							
结束部分	一、音乐伴奏放松操	1. 播放音乐，带领学生做音乐放松操。	1. 做放松练习，放松身心。		2	1次	小
	二、课堂学练小结	2. 对本课学练情况做小结，讲评动作、学练态度、效果及下课次的要求。	2. 自评、互评、听评。	队形： ① ② ③ ④ ⑤ ① ② ③ ④ ⑤ ① ② ③ ④ ⑤ ① ② ③ ④ ⑤	1		小
	三、布置课外作业	3. 布置课外作业。	3. 作业：低姿势匍匐爬行2分钟 ×2组。		1		小

结束部分	四、收归器材、下课	4 宣布下课，分工收归器材。	4. 帮助收归器材。	★ 要求：身心放松，积极交流			
设计意图：通过音乐放松操，让学生的身心得到放松，不影响下节课；课堂小结回顾了本节课的教学重点，让学生对动作印象能够更为深刻；课后作业让学生能够温故而知新，能够加强对动作的记忆。							
场地	场地：田径场		预计	练习密度：预计 55%—60% 左右			
器材	器材：标志桶、标志杆、背心、海绵球、音响、红旗、护膝、护肘		运动负荷	平均心率：120—130 次 / 分钟左右			
课后小结							

【案例评析】

1. 本课教学中，教者以建党 100 周年的话题进行情境铺垫，激发学生学习的兴趣，将军事技能比赛与体育活动相结合，以“保卫营地”“营救伤员”等由易到难的活动项目，在情绪渲染中巧妙引导学生掌握低姿势匍匐爬行的动作要领。

2. “体验—掌握—运用”等教学活动，将情境、游戏、比赛融为一体，既能达到体育训练的目的，又能感受军人克服困难的巨大勇气，培养学生的合作精神，激发学生爱国主义情感。

案例五　《中华人民共和国国歌》

教学内容：苏教版四年级《音乐》上册第七单元第 39 页。

教学目标：

知识与能力：

1. 知道国歌的原名及其词曲作者，国歌产生的时代背景，并能够在此基础上理解歌词的含义。

2. 准确掌握国歌的旋律、节拍、节奏、力度及歌词等要求，知道号角音素、出神入化的三连音、附点音符以及休止符。

过程与方法：多方位调动学生的情感体验，使学生能在歌曲的欣赏活动中，用歌声去感受和表达对祖国的热爱之情。

情感态度与价值观：

1. 学生通过积极参与学习活动，能够体会并用歌声表达国歌的神圣与庄严，从而激发学生的爱国主义情怀。

2. 红色文化融合：通过对《中华人民共和国国歌》的学习，学生了解祖国的历史，懂得今天的美好生活是先辈们用鲜血和生命筑成的，从而激发爱国热情，珍惜当下幸福生活。

教学重点：通过对国歌及其相关知识的学习，能用庄重坚定和清晰准确的声音演唱好《中华人民共和国国歌》。

教学难点：体会各种音乐记号在歌曲当中的作用，主要是弱起节奏和三连音。

教具准备：电子琴、多媒体课件。

教学内容：

一、谈话导入

1. 播放歌曲《国旗国旗真美丽》。

2. 同学们，你们知道我国的国旗是什么样的？

（出示国旗图片）

交流 1：介绍国旗知识

中华人民共和国的国旗是五星红旗，旗面为红色，象征革命。旗上的五颗五角星象征共产党领导下的革命人民大团结。中国国旗中的大五角星代表中国共产党，四颗小五角星代表工人、农民、小资产阶级和民族资产阶级四个阶级。五颗五角星互相连缀，疏密相间，象征中国人民大团结。

交流 2：理解国歌含义

（1）为什么把《义勇军进行曲》定为国歌？关于国歌你知道多少？

（2）学生讨论回答，教师补充讲解。播放微视频《义勇军进行曲的由来》。

（3）《义勇军进行曲》诞生于中华民族生死存亡关头，凝聚着中华儿女“不做亡国奴”的怒吼。由田汉作词、聂耳作曲的《义勇军进行曲》，诞生于1935年，在中华大地上歌唱了80多年，像一支战斗的号角，鼓舞了中华儿女抗击日本帝国主义的侵略，打倒国民党反动派、解放全中国，建设社会主义。

讨论：想一想为什么选用这首歌作为国歌？

互动交流小结：毛主席说过选这首作为国歌的理由：要不忘国耻，居安思危！

（4）国歌同国旗一样，是国家的象征。赋予国歌与国旗同样的宪法地位，有利于维护国歌的权威性和稳定性，增强全国各族人民的国家认同感和国家荣誉感。

［设计意图：通过情境渲染感受歌曲，渗透红色文化的教育。学生了解了中国人民不屈不挠、勇往直前的民族精神。］

二、新授歌曲

1. 学习歌词，品悟民族精神

（1）学生阅读歌词，并找出重点句。

哪一句歌词最能体现出民族精神？（学生找出）学生唱一唱重点句。

（2）唱准、唱好重点句。

下面，我们就把体现我们中华民族不屈不挠、勇往直前的精神这一句唱好。（全班齐唱，男、女生分组唱，鼓励学生独唱。）

提问：在演唱这一句时，你有什么感觉？你的心情是怎样的？

探究：抗战时期，国歌是民族的号角，和平年代，国歌又赋予更深刻的意义。

是的，无论你走到哪里，无论你在世界任何一个地方，无论正遇到什么艰难困苦，只要听到这振奋人心的旋律，你就会感到一种自豪！一种力量！因为在这音符中，你已不再是一个普通的人，而是一个伟大民族中的一员！

2. 分析旋律、节奏特点，感受乐曲中号角式音调的力量

（1）从音乐角度上看，歌曲如何表达这样的情感、力量？

在唱这一句的时候，你有没有发现这三个“起来”的音一个比一个——？（高）力度是越来越——？（强）旋律往上走的，在音乐创作上叫作“上行”。（请学生在歌谱中“起来”处标上“上行”）旋律上有些什么特点？基本上用的是哪几个音？

（结合冲锋号让学生感受到号角式音调的作用——有号召性、鼓舞性）

（2）节奏上有什么特别？除了运用附点音符、休止符，还运用了冲锋号中使用的三连音。（请学生在歌谱中标出重点句）

（3）认识三连音，感受在歌曲中的作用。

找一找：“冒着敌人的炮火”中有什么节奏是你第一次看见的？

简介三连音：三连音，把一拍平均分成三等份。

想一想：你觉得三连音像我们生活的什么声音？

作曲家就是运用了号角音素，出神入化的三连音、附点音符和休止符，让我们在音乐中感到了勇往直前的力量！

3. 突破难点，掌握《中华人民共和国国歌》部分曲调

（1）活动一：运用比较法，体会重音记号的作用。

教师唱“中华民族到了最危险的时候”。

为什么在“中华民族”四个字上要加上重音记号？聂耳在这里想表达什么样的情感呢？

学生用两种不同的演唱来进行比较，体会这句歌词的含义以及重音运用的作用。为什么在“中华民族”四个字上要加上重音记号？用重音（“〉”）强调了形势的严峻。突然乐句被一个八分休止符打断，接着唱出“最危险的时候”，告诉人们，国家和民族正面临着生死存亡的抉择。

（2）为什么在“前进！前进！进！”要多加个“进”字？并加重音记号？

（3）激励着无数战士冒着敌人的炮火前进！结尾时再三强调“前进”两字，音乐上富有动力，象征着中国人民百折不挠、勇往直前的伟大精神。教师指导学生有感情地跟随伴奏演唱。

（4）全体起立，升国旗，唱国歌。（感受国旗与国歌的庄严与神圣）

全班带着感情唱国歌。

［设计意图：通过情感体验，学唱歌曲《中华人民共和国国歌》，并认识到国旗的美丽、神圣，感受到国歌的激昂奋进、威武雄壮；通过对国旗、国歌有关背景的了解，学生知道了国旗、国歌是我们祖国的象征，在优美、庄严的旋律中强烈地感受到作为一个中国儿童的无比自豪与幸福，充分激发了学生的爱国热情。］

三、总结提升

1.《中华人民共和国国歌》雄壮高亢的旋律，伴随着中国人民前进的脚步声，奏响在一切象征中华人民共和国尊严与主权、展示中华民族伟大精神的地方，它激励着一代代中华儿女为建设祖国、保卫祖国、维护世界和平，顽强拼搏、浴血奋战。

2.《中华人民共和国国歌》所产生的那种巨大的凝聚力，把每一个中国人紧紧地联系在一起，在世界民族之林中不断创造着奇迹。

［设计意图：在歌曲《中华人民共和国国歌》的学习中，知道新中国是来之不易的，我们要捍卫她，通过情感延伸激发学生发愤学习，掌握更多的本领，将来把祖国建设得更繁荣、更昌盛、更富强。］

【案例评析】

1. 本节课将红色文化融入教学全过程，精巧设计微视频观看环节，情境铺垫中了解中国人民不屈不挠、勇往直前的民族精神。

2. 从“歌词”和“旋律”入手，在情感渲染中引导学生在小组讨论中体验歌词所表达的情感，采用“比较”教学法，使学生感受“重音”“渐强”等记号在音乐作品中的作用。

3. 采用多种形式的演唱，在优美庄严的旋律中感受到作为一个中国儿童的无比自豪与幸福；出示奥运会升旗的图片，培养学生要做一个爱党、爱国、爱人民的少年，实现爱国情感的延伸。

案例六　我设计的服饰

教学内容：苏教版三年级《美术》上册第四课

教学目标：

知识与技能：了解服装设计的基本知识，掌握最基本的款式设计、色彩设计。

过程与方法：运用所学知识，根据所提供材料设计一款红军服，通过服装设计激发学生的创新意识。

情感态度与价值观：

1. 通过欣赏和设计服装，体验服饰的款式美、艺术美，培养学生热爱祖国传统艺术及热爱生活的情感。

2. 红色文化融合：介绍红军服的故事。

教学重点：运用所学的服装设计知识，进行服饰设计。

教学难点：红军服的设计和制作。

教学准备：搜集服装历史资料及图片资料、铅笔、彩色水笔、各种布头、彩纸、剪刀、胶水、胶带等。

课前谈话：播放《穿上红军的军装》，师生交流。

［设计意图：红色歌曲大家唱，渲染课前气氛，为接下来的课堂教学作铺垫。］

教学过程：

一、启发与交流

请同学们观察一下老师，今天我穿的衣服与平时穿的衣服，有什么不同？这样的服装你还在那儿见过呢？你觉得它更适合什么样的场合来穿呢？今天我们就来动手试一试：我设计的服装（板书课题）。

［设计意图：以传统图案装饰、设计的服装启发学生，激发创作欲。］

二、作用与意义

课前，老师让大家搜集有关服装方面的知识，请大家一起交流。

1. 服饰的作用。

2. 服饰的象征意义。

3. 我们学校的校服是红军服，它有什么特殊意义呢?

4. 观看微视频《红军服的由来》。

5. 说一说，观看视频后的感想。

6. 教师总结。

［设计意图：通过视频小故事，培养学生的爱国情怀。学生了解革命老红军的艰辛和不易，懂得了幸福生活的来之不易。］

三、欣赏与认知

（一）服饰的发展

1. 原始人服饰、古代服饰、现当代服饰图片欣赏，了解服饰的发展过程。

2. 学生评价，说说你的感受。

3. 请同学们对比下，古代的人们和现代的人们的穿着有什么样的变化？

4. 教师总结。

（预设：服饰材料种类繁多，款式多姿多彩，服饰的主要作用又多了一项——装饰）

［设计意图；服饰主要是为了满足护体、避体、御寒和装饰四个方面的需求，而服饰的前三项功能从实际上就已得到满足，真正起到推动作用的是装饰美，本环节出示优美的服饰图片，给予学生强烈的艺术感染和美的享受，极大地调动学生的学习兴趣。］

（二）不同国家和民族的服饰

（1）我国有多少个民族？（56个民族）

五十六个民族，五十六朵花，你了解各民族特有的服装吗？现在我们来做一个小游戏：连连看。

在PPT中出示7幅图片，给出相应的民族名称：蒙古族、藏族、朝鲜族、白族、彝族、傣族、高山族。

请小组同学连连看。

（2）欣赏不同国家的服饰

每个国家还有自己独特的民族服装，如：中国的旗袍、日本的和服、韩国的韩服等。

四、思考与探究

1. 想一想，服饰有什么样的特点？

2. 学生汇报

3. 教师小结。

（服饰的总特征：色彩鲜艳、造型各异。）

4. 着装与环境相协调的人是有品位的人，在此基础上，还要穿出自己的风格，怎样才能穿出自己的风格呢？从哪些方面来突出个性呢？请同学们在小组中讨论。

5. 小组汇报，学生点评。

6. 教师小结。

（预设：1. 样式要独特；2. 色彩要鲜明；3. 在服装上加自己喜欢的图案；4. 运用独特的材料。）

五、示范与讨论

1. 教师在模特架上示范，传授服饰制作的基本方法。

2. 欣赏不同类型服装设计，并交流讨论，你最欣赏哪一款服装，为什么？

六、设计与展示

（一）当堂设计

1. 作为周恩来红军小学的小主人，请同学们小组合作，尝试着利用身边的材料设计一款你心目中的红军服。

2. 小组讨论：设计怎样的款式，以什么图案为主，为什么这么设计？

（建议：可先设计一个效果图，再进行创作。）

（二）作业展示

1. 小组展示，时装表演秀。（播放音乐）

2. 请小组代表谈设计意图，以及其他小朋友的感想。

3. 通过今天的学习，你有什么收获？

七、当堂小结

红军服，寓意红军战士们不怕苦、不怕死、敢于斗争、勇于牺牲，它是红军英勇顽强、坚韧不拔的革命精神的真实写照。周恩来红军小学的校服，是对革命精神的传承，正如歌词中所唱“穿上红军的军装，最为英姿飒爽”，让我们努力学习，传承革命精神，争做新时代最为英姿飒爽的红军娃。

［设计意图：通过制作红军服，让学生了解红军服的意义，使学生学习革命先辈不怕吃苦、坚韧不拔的精神。］

【案例评析】

1. 红军服是红军娃常见的服饰，对学生具有非同一般的意义。本课将美术教学与学生的生活实际相联系，并将红色文化巧妙地融入了课堂之中。

2. 带领学生观看介绍红军服的视频，在情绪渲染中感受红军服的深刻内涵。在小组合作设计环节中融入情感，设计出与众不同的红军服，彰显学生的智慧和力量，让每个学生的个性与创新能力得到了淋漓尽致的发挥，突显了学生课堂中的主体地位。

第三节　恩来品格习养课程案例

案例一　周爷爷故事大家讲

教学目标：

知识与技能：在阅读有关周爷爷书籍的基础上，学生能讲述自己最喜欢的周爷爷故事。

过程与方法：通过周爷爷故事讲述引发学生思考讨论，学生感悟周爷爷精神品格。

情感态度与价值观：通过与周爷爷童年生活的对比，学生立志传承周爷爷精神，为中华之崛起而读书。

教学重难点：会讲述周爷爷故事，感悟周爷爷精神品格。

教学准备：活动展板，便利贴等。

教学过程：

师：大贤秉高鉴，公烛无私光。121 年前的今天，周恩来总理出生在古城淮安驸马巷的一所普通院落里。121 年后的今天，红小三六班师生相聚恩来园，开展“周爷爷故事大家讲”主题班会，深深缅怀周爷爷。思念是为了不忘初心，思念更是为了砥砺前行。有请主持人。

生（主持人女）：亲爱的同学们，大家上午好！

生（主持人男）：现在，我宣布三（6）班“永远的怀念——周爷爷故事大家讲”主题班会现在开始！

一、配乐朗诵

生（主持人男）：宗逸清，你听说过桃花垠吗？

生（主持人女）：我当然知道啦，桃花垠就是现在周恩来纪念馆所在地。

生（主持人男）：真想去桃花垠看桃花呀！

生（主持人女）：可是桃花垠的桃花什么时候盛开呢？

生（主持人男）：请欣赏朗诵《桃花桃花几月开》

二、周爷爷故事大家讲

生（主持人女）：大家都知道，前一阵我们班被评为“周恩来班”，作为周恩来班的一分子，我知道很多同学已经养成了阅读“周恩来书籍”的良好习惯。谁愿意和大家分享一下你最喜欢的周爷爷故事？

［依次讲故事］

生（主持人女）：田子妍，请你来跟我们分享你读的故事吧。

学生讲述《每天写 100 个大字》

生（主持人女）：田子妍你讲得真生动，谁还想来继续分享？

生（主持人男）：陈明泽，欢迎你来给大家讲一个故事。

学生讲述《跟蒋妈妈学种地》

生（主持人男）：陈明泽讲得真好，谁还想来讲一讲？

生（主持人女）：窦佳怡，你来吧。

学生讲述《周总理的睡衣》

生（主持人女）：窦佳怡身材娇小，声音却很洪亮，值得大家学习。刚才大家都讲的是周爷爷生活中的故事。那周爷爷工作中的故事，谁来和大家分享一下？

学生讲述《周总理在万隆国际会议上》

生（主持人女）：蒋浩洋你讲得真生动，周爷爷用他的智慧和高尚的人格魅力，在国际上享誉盛名。谁还想来继续分享？

生（主持人男）：高志业，欢迎你来给大家讲一个故事。

学生讲述《周总理智答外国记者》

生（主持人男）：高志业讲得真好。周爷爷的爱国风度和非凡才能让世界折服，让中国自信。

三、周爷爷精神品格大家悟

生（主持人男）：听了周爷爷的这5个故事，同学们有什么感受呢？请大家在小组内交流交流。

生（主持人女）：大家讨论得很热烈，想必有很多话想说，谁先来？熊恒悦，你的手举得最高，你来试试吧。

熊恒悦：周爷爷作为国家总理，竟然能这样节俭，对自己真的太苛刻了，可是他对国家、对民族是那样无私，实在让人敬佩。

生（主持人女）：我想不仅熊恒悦敬佩周爷爷，大家也一定很敬佩周爷爷。谁还有话说？有请陈梦轩。

陈梦轩：周爷爷不仅对自己要求高，他对自己的工作、生活甚至亲属要求都高，不过他对身边的工作人员却是那么亲切，那么包容。

生（主持人男）：大家说得都很中肯、真诚，那么接下来能不能再结合自己的学习生活实际谈一谈呢？

生（主持人女）：有请许轩齐。

许轩齐：我五年级了，父母对我要求越来越严格，甚至不允许我去参加学校组织的各种活动。他们说，我要一心读书，争取考个好初中，其他一切事情都跟我无关；他们还说参加活动是浪费时间。可是周爷爷12岁时就知道为中华之崛起而读书了，他积极参加活动，在活动中锻炼自己，而不是做一个只会做题，不懂感恩的木偶人。

生（主持人女）：可能班级有很多同学都和许轩齐有相同的困惑，相信今天许轩齐的发言能带给你们启发。

生（主持人女）：哪位同学还想发言？掌声欢迎王曦孜。

王曦孜：听了周爷爷练字的故事，我也想分享一下自己的故事。说出来比较尴尬，我曾经练过三年书法，换过两家书法辅导机构，过去我总觉得是老师不够优秀，造成我的字没有进步。今天我才懂得，原来根本原因是我对自己的要求太低了，一味地依赖老师，忽略了自己需要勤奋刻苦，以后我一定改正，不管大事小事都严格要求自己，绝不放松。

生（主持人男）：王曦孜一直是我们班的小可爱，今天的发言很深刻，相信王曦孜同学已经认识到自己的不足了，今后他一定能把字练好。谁还想说一说？

生（主持人女）：秦紫悦，请你来说一说。

秦紫悦：我特别喜欢让妈妈给我买衣服，我总觉得穿新衣服才能让我更美丽，听了周爷爷的故事我很惭愧，周爷爷穿带补丁的衣服也并没有影响他一国总理的形象，他永远是我们中国人心中最帅的人。穿什么样的衣服并不重要，重要的是有什么样的心灵和才能。

四、周爷爷我想对您说

师：周爷爷是最可亲可敬的总理，谦和的领袖、儒雅的君子、睿智的哲人。同学们，刚才你们的表现让老师感动。当年明月在，曾照彩云归。此时此刻，你们心中或许有千言万语想对周爷爷说。

生（主持人女）：蒋浩洋，如果用一首诗歌来表达此时的心情，你觉得哪首比较合适呢？

蒋浩洋：当然是周爷爷的那首《大江歌罢掉头东》最合适了。我们班的同学都会背。不信，你听——

学生齐诵《大江歌罢掉头东》

生（主持人男）：大家还有什么话想对周爷爷说？

郎佳琪：周爷爷，我想对您说：您从小就懂得生活艰难，10 岁、11 岁就开始当家，照管家里的柴米油盐。而我连自己的衣袜都没洗过，我真的很惭愧。以后，我会主动分担家务，不断提高自己的独立能力。

胡云哲：周爷爷，我想对您说：您 12 岁就立志为中华之崛起而读书，可是我却总想玩手机，直到现在我也不知道自己有什么理想。可能我一辈子也成不了伟人，但是我现在想明白了，我想长大后做个对社会有用的人。

师：相信还有很多同学有话想对周爷爷说，请将你们想对周爷爷说的话张贴在展板上。（张贴便签贴）春风会为我们传递这份饱含深情的话语。

五、总结并结束活动

师：为中华之崛起而读书，是周爷爷的初心，也是我们全体红军娃的初心，我们将不忘初心，用心呵护，好好学习，发扬中华文化。

生（主持人男）：我相信只要每个人都能学习周爷爷的伟大精神，我们的社会一定更美好！最后，让我们在庄严的誓言中结束本次的主题班会吧！

生（主持人女）：请各小组代表宣誓。

我宣誓：为中华之崛起而读书。宣誓人：某某某

生（主持人男）：本次主题班会到此结束。

【案例评析】

1. 恩来品格习养课程，是在恩来园、恩来苑、周恩来精神展馆等含有周恩来元素的文化环境浸润中学习，“周爷爷故事大家讲”活动重视环境对学生的影响，将课堂搬到室外恩来园、恩来精神主题展馆、恩来阁等中进行。

2. “周爷爷故事大家讲”是恩来品格习养课程的重要内容之一，主题班会只是其中的形式之一。班会从讲到悟再到总结，整个过程，学生心灵的激荡，他们立志传承周爷爷的崇高品格，像周爷爷那样为中华崛起而读书。

3. 在故事讲述中学生能从点滴小事细节之处入手，自觉地进行对比，查找自己的不足，重新认识自己。在感悟中实践，在实践中感悟。

案例二　周爷爷足迹大家寻

一、活动背景

人小志气大，爱国走天下。为重温革命历史，感悟红色记忆，促进红色基因代代相传，我校少先队开展了“周爷爷足迹大家寻——感悟伟人童年 我立鸿鹄之志”红色寻访活动，少先队员们打卡周恩来童年读书处旧址，寻觅童年周恩来的足迹，他们纯真的心灵汲取奋发前进的磅礴力量，厚植爱党爱国的种子。

二、活动目标

1. 少先队员们通过活动了解童年周恩来读书的故事，立志学习他读书救国的伟大理想。

2. 通过观影等活动，少先队员们学习少年周恩来在逆境中求学的精神，激发全体师生奋发图强，勇敢肩负起强国使命。

三、活动主题

周爷爷足迹大家寻——感悟伟人童年 我立鸿鹄之志

四、活动对象

周恩来红军小学红军娃寻访团学生

五、活动地点

周恩来童年读书旧址

六、活动内容

带领少先队员参观周恩来童年读书旧址，了解周恩来总理童年读书的故事；走进“一品梅”活动室，阅读跟周恩来总理相关的书籍；观看电影《童年周恩来》，更加全面地认识周恩来的成长经历；结合寻访和观影感受，撰写心得体会。

七、活动过程

（一）参观寻访周恩来童年读书旧址

1. 了解周恩来童年读书旧址的时代背景

师：同学们，大家知道今天我们来到的是周恩来爷爷什么时候读书的地方吗?

生：是周爷爷童年读书的地方。

师：是啊，这里是周恩来嗣母陈氏祖辈的府邸。1904 年秋，6 岁的周恩来随父母、嗣母移居清江浦（今淮安市）外祖父的万公馆，并在万府家塾馆继续读书。外祖父万青选遗留下的丰富藏书，成了周恩来童年获取知识的宝库。1905 年 9 月，因万府家塾馆办得不理想，周恩来随嗣母、生母迁居到万府南面的陈家花园。嗣母请来塾师，自立家塾馆。学生一共 4 人：恩来和他的弟弟恩溥，还有他的两个妹妹。

师：下面让我们跟随讲解员的讲解参观读书处旧址。

师生参观刻有“为中华之崛起而读书”几个大字的汉白玉石雕墙、周恩来童年读书时的书房，周恩来生平事迹图片展以及一起欣赏寓意着周恩来官居一品、德智一品、人至一品的百年腊梅花树。

2. 聆听童年周恩来在这里的读书经历

师：同学们，通过讲解员的介绍，大家对周恩来爷爷童年读书的经历是不是有了更多的了解？谁来说说看。

生 1：我了解到在这里，周恩来先后读了《四书》《五经》《西游记》《水浒传》《三国演义》《说岳全传》《镜花缘》等多部古籍名著。

生 2：一幕幕悲壮历史故事，一个个奋发、建功立业的闪光人物在周恩来稚嫩纯洁的心灵上留下深刻印记，并熏陶着他面对现实生活的磨难，又使他开始认清了社会，在他幼小心灵种下改变这个世界的决心。

（二）“一品梅”活动室阅读书籍

师：下面让我们一起走进“一品梅”活动室阅读与周恩来总理相关的书籍，在书中探寻周恩来总理的伟大足迹，体会童年周恩来勤奋努力、从小矢志报国的伟大精神，了解青年周恩来探索救国救民的道路，一睹作为开国总理的他是如何为人民服务的，作为外交部长的他是如何维护国家尊严的！

（三）观看电影《童年周恩来》

师：同学们，你们是祖国的花朵，更是祖国的未来与希望，电影《童年周恩来》正是送给大家的一份人生礼物。周恩来总理一生勤奋工作、严于律己、关心群众，被誉为“人民的好总理”。周恩来的崇高品格值得每一位少年儿童铭记于心，下面让我们一起走进观影室，通过观影了解周恩来总理童年生活的点点滴滴，感受周恩来优秀的品德和对读书的热爱。

（四）撰写《童年周恩来》观后感

师：同学们，在时代风云变幻、家国内忧外患的岁月里，周恩来受到进步思想的启蒙和影响，立志“为中华之崛起而读书”。影片展现周恩来自幼胸怀家国天下，誓为民族复兴奋斗终生的光辉形象。影片中让你们印象最深刻的是什么情节呢?

生1：在家境艰难时替家里还债，不卑不亢、勇于担当。

生2：在学校当先生问起大家“为什么读书”时，同学们纷纷给出了为明理、为入仕、为光宗耀祖的答案，而年仅12岁的周恩来则立下了“为中华之崛起而读书”的远大志向。

师：同学们感悟都很深刻，希望大家把自己的感悟写下来和家人朋友分享。

八、活动意义

回顾周恩来的光辉一生，“年少，他为中华之崛起而读书；青年，他为中国的明天而革命；中年，他于外交场上挽回大国尊严；老年，他为新中国鞠躬尽瘁。”历史是最好的教科书，周恩来的一生就是党史学习教育的最好教材。周恩来的一生是为党和人民无私奉献的一生；是矢志不渝追求革命真理、为党和人民事业鞠躬尽瘁的一生。他的精神激励着一代又一代青少年。通过寻访周恩来童年读书旧址，学生对周恩来的童年经历有了更加深刻的了解，纷纷感慨要学习周恩来崇高品格，传承恩来风范，立志也要像周恩来那样“为中华之崛起而读书”，争做新时代红军娃。

【案例评析】

1. 实地寻访，身临其境。周恩来童年读书处，周恩来在度过了五年的童年时光，接受早期的启蒙教育，体会劳动人民的生活艰辛，深受中国传统文化的熏陶，这对他的一生产生了积极而深远的影响。通过这样寻访，少先队员们走进了《童年周恩来》电影中的实景地，身临其境地触摸百年前的那段历史。通过了解伟人童年的成长经历，学习他从小热爱学习，刻苦读书的美好品质。

2. 读书观影，立体感悟。在“一品梅”活动室阅读周恩来总理相关的书籍，在书中探寻周恩来总理的足迹，是一种平面的感受，而通过观看《童年周恩来》，回溯周恩来的成长轨迹，撰写心得体会，少先队员们则更加全面立体地走近童年周恩来，在影片中追寻红色记忆，传承“周恩来精神”，汲取历史营养，坚定信念，立志像周恩来一样志存高远，奋斗不息，做担当民族复兴大任的时代新人。

第四节　寻访力行研学课程案例

案例一　“信仰之旅”——寻访嘉兴南湖“一大”会址

一、活动背景

为了更好地激发学生热爱祖国、热爱中国共产党的思想感情，学校组织开展寻访嘉兴南湖“一大”会址活动，让少先队员们了解党的光辉历史，传颂革命英雄人物的先进事迹，继承党的理想信念、光荣传统、优良作风、高尚情操，坚定创造未来美好生活的信心，更加热爱党和祖国。

二、活动目标

1. 学生们通过寻访活动，理解红船精神，加深对党的光辉历史的了解，认识到今天的幸福生活是由革命先辈用智慧、热血甚至生命换来的。

2. 明确自身的责任与使命，懂得要好好学习，努力向上，尽自己所能为祖国的发展添砖加瓦。

三、活动主题

沿着党的足迹前进

四、活动对象

周恩来红军小学红军娃寻访团学生

五、活动地点

南湖革命纪念馆、南湖纪念船

六、活动内容

参观南湖革命纪念馆、南湖纪念船，分享党史故事，唱红歌，学生宣誓，交流分享寻访心得。

七、活动过程

（一）参观南湖纪念船

1. 听讲解员讲解红船故事。

2. 学生们交流心得体会，并与红船合影留念。

（二）参观南湖革命纪念馆

1. 在讲解员的带领下，学生们通过光电影像、图片、实物资料，睹物思人品史，在参观中重温中国近代史。

2. 通过图片影像资料，感受中国共产党在中国社会前进发展中付出的艰辛，了解中国共产党在各个发展阶段的一系列战略思想。

（三）举办党史故事分享会

主持人：亲爱的同学们，刚才我们一起参观了南湖革命纪念馆，沿着早期共产党人的足迹，探寻党的精神密码，在历史影像中我们回味寻根，感受了红船精神。下面请大家将寻访前搜集到的党史故事分享出来，想要分享的同学直接走到台前，大家掌声欢迎。

学生 1：分享党史故事《南昌起义》。

学生 2：分享党史故事《遵义会议》。

主持人：感谢各位同学的积极参与，还有很多意义重大、感人至深的党史故事有待大家去搜寻了解，希望大家带着对中国共产党人的敬畏和对红船精神的理解，在以后的学习中不畏困难，迎难而上。

（四）唱红歌

学生和老师们一起唱《没有共产党就没有新中国》《唱支山歌给党听》。

（五）学生宣誓

1. 学生在纪念馆门前的广场上自由阅读墙壁上的入党宣誓词。

2. 学生在广场前列队宣誓。

在南湖革命纪念馆庄严宣誓：我们将弘扬红船精神，坚定理想；弘扬红船精神，学习创新；弘扬红船精神，艰苦奋斗。听党话，跟党走，热爱祖国，好好学习，报效国家，做合格的新时代接班人。

（六）交流分享寻访心得

1. 学生撰写寻访日记。

2. 举办南湖寻访心得交流会。

八、活动总结

组织学生们寻访嘉兴南湖“一大”会址，有助于充分利用革命历史文化遗产，加强和改进新时期爱国主义教育，帮助学生了解建党的过程，近距离体验先辈的革命历程，经受红色洗礼。学生们了解党的光荣历史，传颂革命英雄人物的先进事迹，继承党的理想信仰、光荣传统、优良作风、高尚情操，将会更加坚定创造美好未来生活的信心，更加热爱党和祖国。

【案例评析】

1. 嘉兴南湖是中国共产党的诞生地，是光荣的革命纪念地。组织寻访南湖“一大”会址，学生在身临其境感受那段风雨兼程的历史过程中，体会了“没有共产党就没有新中国”的道理。

2. 通过党史故事分享会，帮助学生从被动参观学习转变为主动探究党的前进足迹，层层深入，学生对党的发展有了更加全面的认识。寻访活动内容丰富，唱红歌、宣誓仪式不仅可以让学生增强使命感，也是情绪表达的一个突破口，以此激发学生学习党的精神，砥砺前行。

3. 活动最后，学生学思结合，写寻访日记、开展交流会，红色寻访的内涵不断丰富。

案例二　“信仰之旅”——红军娃重走长征路系列寻访

一、活动背景

长征，虽已成为远去的传奇，但它像一条永远铭刻在地球上的红飘带。长征的胜利，是无数先烈用鲜血和生命换来的，长征所体现出来的艰苦奋斗、不怕困难、不怕牺牲、百折不挠的长征精神，已经成为中华民族的宝贵精神财富。作为少年儿童，应该牢记历史、饮水思源、不忘初心，传承和弘扬伟大的长征精神。

二、活动目标

1. 学生了解相关历史，感受革命先烈的英雄事迹。

2. 通过聆听长征故事，感受长征路上的艰难险阻，学生逐步形成分析能力、明辨是非能力。

3. 通过寻访学生逐步养成艰苦奋斗、自强不息的精神，学生激发出爱国主义热情。

三、活动主题

感悟长征精神，汲取前行力量

四、活动对象

周恩来红军小学红军娃寻访团学生

五、活动地点

江西瑞金、井冈山、泸定桥、大雪山、赤水河岸等地

六、活动内容

寻访团的全体成员积极寻访长征沿线的革命纪念馆、烈士陵园、红色遗址、重大革命事件纪念地，积极寻访老红军、老党员、老干部，通过参观、访谈、查阅历史资料、开展小课题研究等途径，探寻并铭记长征途中党的红色足迹。

七、活动过程

第 1 天

（一）参观瑞金苏维埃政府旧址

1. 学生在老师的带领下排队参观，聆听讲解员的讲解。

2. 学生在红军烈士塔前敬礼、宣誓。

“我们是中国少年先锋队队员，我们宣誓：学习红军精神，做社会主义建设新长征的建设者和接班人，我们准备着，时刻准备着……”

师：孩子们，当你们站在红军烈士塔前的时候，有什么感受，你们觉得红军烈士是什么样的人呢？

3. 学生自由发言，表达自己的想法。

（二）“红井”边的思念

1. 参观江西沙洲坝景区。

2. “红井”边朗诵课文《吃水不忘挖井人》。

师：听了朗诵，你们想到了谁？（毛主席）

3. 品尝“红井水”，体会革命老区的鱼水之情。

（三）学生根据白天所见所思写日记

第 2 天

（一）寻访红军老战士

1. 听老红军讲故事。

2. 红军娃表演文艺节目。

（二）参观井冈山市毛泽东红军小学

（三）学生根据白天所见所思写日记

第 3 天

（一）寻访井冈山，重走“朱毛红军挑粮小道”

听讲解：1928 年，为了解决军粮问题并不被敌人发现，毛泽东、朱德带领红军战士，从宁冈挑粮上井冈山，走出了一条崎岖不平的羊肠小道。

师：同学们，如果你们身上背着重重的粮食上井冈山，会有什么样的感受？

（二）参观黄洋界保卫战遗址

听讲解员讲解：1928 年 8 月 30 日，国民党湘军和赣军共 5 个团，准备对井冈山革命根据地进行第二次“会剿”。湘军第 8 军两个团由酃县（今炎陵）出发，在赣军一部的策应下，向井冈山黄洋界哨口发起进攻。红军第31团第1营两个连凭险据守，连续打退湘军多次猛烈攻击。

（三）“红军娃”们向游客宣讲长征故事

（四）瞻仰井冈山历史博物馆和位于茨坪的朱毛旧居

（五）学生根据白天所见所思写日记

第4天

（一）寻访泸定桥

1. 听讲解。

泸定桥坐落于泸定县城，横跨在大渡河上。泸定县城已有两千多年历史，“泸定桥”因红军在此取得辉煌胜利而蜚声中外。

2. 师生讨论。

师：连接两岸唯一的铁索桥，被撤去了木板，只剩下了孤零零的铁索，这冰冷的铁索，更像是一把巨大的锁，告诫任何试图前行的人：这是不可能的。眼前的滔滔洪水，仿佛在告诫人们，除非你长了翅膀，否则是过不去的。同学们，在这么艰苦的条件下，是什么在激励着红军战士们勇往直前呢？

（二）寻访四川省泸定县加郡中心小学

（三）参观甘孜磨西会议会址

学生听讲解，认真阅读“磨西会议”图片文字资料，参观红军用过的马灯、草鞋、绑腿、脚爪子、蓑衣等实物以及张爱萍、杨成武等领导人的题词。

（四）学生交流分享心得

第5天

（一）寻访“大雪山”

1. 听讲解。

贡嘎山位于四川省甘孜州境内，主峰海拔高达7000多米，贡嘎山共有四个营地。其中，一号营地海拔1940米，二号营地海拔2660米，三号营地海拔 2980 米，四号营地海拔 4000 多米。

2. 师生分享感受。

师：红军战士们跨越冰川、穿过冰瀑布，在高山缺氧的情况下，勇敢前往，翻越雪山，如果换做你们，敢挑战这么艰难的任务吗？从红军战士身上，你们学到了哪些精神？

（二）学生交流分享心得

第 6 天

（一）走进遵义会议旧址

听讲解：遵义会议会址的主楼青砖白檐，宽敞的回廊，转角楼梯，青砖廊柱，雕花门窗，整个设计典雅大气。

学生进入遵义会议陈列馆，图片、雕塑以及各类展品构成了一幅生动的历史画面。

（二）寻访赤水河岸

（三）听四渡赤水的故事

（四）师生交流

追忆赤水奇兵的勇敢和机智。

（五）学生写日记

第 7 天

（一）探访息烽集中营

听讲解：息烽集中营位于贵州省息烽县城南 6 公里，是抗战期间国民党坚持“消极抗日、积极反共”的反动政策而设立的，是关押共产党人和爱国进步人士的最大秘密监狱，与重庆白公馆、渣滓洞集中营、江西上饶集中营同为抗战期间国民党设立的四大集中营。

（二）听“小萝卜头”的故事

（三）师生交流

师：参观了息烽集中营，你们有什么感受？

师：艰苦的条件让小萝卜头营养不良，七八岁却只有四五岁小孩那么高。人虽小，但是他经常在牢房之间传递东西、传递信息和秘密情报，在你们心中，他是一个什么样的人？有哪些品质需要我们学习呢？

（四）学生交流分享心得

第8天

（一）观黄河潮

（二）寻访黄帝陵

（三）走进延安

1. 参观延安革命纪念馆。

2. 参观杨家岭革命旧址。

3. 参观枣园。

（四）学生写日记。

第9天

寻访归来

1. 分享寻访心得。

2. 准备节目，汇报展演。

【案例评析】

1. 通过寻访的活动形式，引导学生在实践中学习、体验、感悟，激发学习兴趣，获得情感体验。

2. 长征路上可歌可泣的长征故事正是绝好的红色文化育人素材，红井边背诵《吃水不忘挖井人》、重走“朱毛红军挑粮小道”、寻访“飞夺泸定桥”、攀爬“贡嘎大雪山”、探访息烽集中营，听“小萝卜头”的故事等都是引导孩子形成正确的价值观、人生观的珍贵教材。

3. 寻访力行研学课程是小学生红色文化教育的灵魂，是红色文化教育的创新性载体。寻访力行研学课程，为小学生红色文化教育提供了一个有力抓手。鲜活生动的寻访活动犹如一把金钥匙，打开了红色文化教育的新思路，将长征路上鲜活生动的革命故事搬到课堂，把长征路变成行走的“思政大课堂”，这就是寻访力行研学课程的意义所在。

案例三　“信仰之旅”——寻访红色革命圣地西柏坡

一、活动背景

为弘扬民族精神，培养爱国情操，学校创新教育形式，组织学生寻访红色革命圣地西柏坡，让学生了解战争时期革命先烈艰苦卓绝的斗争史和光荣事迹，感受革命圣地的独特魅力，接受爱国主义教育，警醒学生更加珍惜眼前来之不易的美好生活。

二、活动目标

1. 聆听革命历史，感悟革命历程，珍惜当代生活。

2. 进一步了解老一辈无产阶级革命者艰苦斗争的真实情景，以及他们不怕牺牲、顽强不屈的斗争精神。

3. 了解西柏坡精神，传承红色基因。

三、活动主题

重走初心路　拥抱新时代

四、活动对象

周恩来红军小学红军娃寻访团学生

五、活动地点

西柏坡爱国主义教育基地、西柏坡红军小学

六、活动内容

1. 参观西柏坡纪念馆。

2. 走进西柏坡红军小学。

3. 举行演讲比赛。

4. 交流分享寻访心得。

七、活动过程

（一）参观西柏坡纪念馆

1. 学生代表向五大书记铜像献花，近距离瞻仰伟人雕像。

主持人：老师们、同学们，现在我们在纪念馆广场上看到的五人铜像雕塑就是当时的中共中央五位书记——毛泽东、朱德、刘少奇、周恩来、任弼时，在广场上竖立铜像是为了纪念他们带领我党从中国革命最后一个农村指挥所西柏坡启程“进京赶考”，接受人民考验的壮举。为了表达我们对这五位书记的崇敬和缅怀，下面请学生代表献花。

主持人：下面请同学们列队前进，近距离瞻仰伟人塑像。

2. 通过馆内图片实物资料，了解党在西柏坡的革命史。

讲解员：西柏坡这个光耀中国革命史册的名字，原本是河北平山县一个只有百十来户的普通山村。1947 年 5 月，中共中央工委选定这个地方，1948 年 5 月，毛泽东同志率领中共中央、中国人民解放军总部移驻这里，使这个普通的山村成为“解放全中国的最后一个农村指挥所”，成为中国共产党领导全国人民和人民解放军与国民党进行战略大决战，创建新中国的指挥中心。自此，西柏坡以其独特的贡献，彪炳于中国革命史册，竖起了一座不朽的历史丰碑。

讲解员：各位同学，你们有了解过一些在西柏坡发生的党史故事吗？（生汇报）

讲解员：看来大家在来之前都搜集了一些资料，了解了不少发生在西柏坡的故事。同学们，请看这里珍藏着一件很特别的交通工具，是一辆木制独轮小推车，它的背后有着怎样的故事呢？

讲解员：小推车本是当地农民的普通劳动生产工具，然而，在解放战争中，它在战场上的作用却被人民群众发挥得淋漓尽致。在解放战争时期，这样的独轮车主要是用来输送物资，它最多可以承载七八百斤的物资。据不完全统计，在三大战役期间，这样的大小车辆达到了 141 万辆，如果把它们从头到尾连起来，可以从南京总统府一直排到北京天安门。小推车背后的故事，说明中国共产党领导的解放事业顺应了群众的心意，得民心者得天下。小推车承载的人民伟力，是淮海战役取得胜利的根本保证，是党领导的革命事业走向节节胜利的根本保证。

3. 学生代表朗诵诗歌。

主持人：同学们，刚才我们参观了西柏坡纪念馆，相信大家都被发生在这里的故事深深震撼和感动到了。下面请听诗歌朗诵《生于忧患，死于安乐》《我是中国人》。

（二）学生宣誓

在革命前辈雕像前，同学们郑重宣誓：我们是祖国的未来，微笑是我们的语言，文明是我们的信念。时刻铭记先辈期望，少年智则国智，少年富则国富，少年强则国强，少年自由则国自由，少年进步则国进步。

（三）走进西柏坡红军小学

1. 参观西柏坡红军小学，感受学校的红色文化。

2. 学生在活动横幅上签字并合影留念。

（四）举行演讲比赛

举行“重走初心路，拥抱新时代”演讲比赛，把对党的热爱、对祖国强大的期盼，用慷慨激昂的演讲表达出来。

（五）交流分享寻访心得

1. 学生撰写寻访日记

2. 举办西柏坡寻访交流会

八、活动意义

学习和弘扬革命先辈对崇高理想的矢志不渝和对革命事业的锲而不舍等优秀品质，用西柏坡精神不断激励学生。牢记两个务必，戒骄戒躁，艰苦奋斗。发扬党的优良传统，提升学生的时代责任感。

【案例评析】

1. 活动方案主题鲜明、细节详尽，流程清晰、合理、易操作，体现了活动方案的完整性、时代性、可操作性。

2. 活动方案在情景教育中构建行走的课堂，此时，学生既是课程的参与者、体验者，更是课程的执行者、创造者。在这个行走的课堂中，文化浸润与研学实践相融合，学生继承与弘扬革命先辈的革命精神，传承红色基因，知行合一。

3. 活动方案有助于教师坚定政治信念，锤炼业务能力，务实生活作风，将西柏坡精神与“初心”教育内化为每一个人的成长的自觉行为。

案例四　“奋进之旅”——寻访苏北灌溉总渠

一、活动背景

新中国成立之初，中央人民政府确立了淮河治理的基本原则，就是当前利益服从长远利益、局部利益服务全局利益、治标与治本相结合、淮河上下游统筹兼顾，工程设计要考虑防洪、排涝兼顾航运、灌溉、发电等。这一原则的确立，拓展了苏北淮河治理的思路，指明了苏北淮河治理的方向。1951 年 8 月，中华人民共和国水利部在北京召开第二次治淮会议，决定由洪泽湖到黄海修筑一条以灌溉为主、结合排涝的干渠，命名为“苏北灌溉总渠”。

二、活动目标

1. 通过活动，少先队员们了解了新中国成立初期的水利发展历史，理解中国共产党为了祖国和人民作出的杰出贡献。

2. 在寻访活动中，少先队员们接受了爱国主义教育，感受新中国成立以来家乡的巨大变化，从而树立远大理想，为建设美丽家乡，为祖国繁荣昌盛好好学习，不断奋斗。

三、活动主题

淮河流水泱泱　楚城鱼米飘香

四、活动对象

周恩来红军小学红军娃寻访团成员

五、活动地点

周恩来红军小学、江苏省灌溉总渠管理处

六、活动内容

带领少先队员走进江苏省灌溉总渠管理处，了解苏北灌溉总渠的投入使用对于党和国家发展的意义。知道这项民生工程自投入使用以来，在灌溉、防洪以及排涝、航运等方面都发挥着十分显著的效益。苏北灌溉总渠的建设彻底改变了数百年来黄河、淮河并患苏北的局面，创造性地走出了一条变“水灾”为“水利”的辩证发展之路。

七、活动过程

（一）中队课上，引出寻访目的地

1. 中队课：总理与家乡。

2.1898 年 3 月 5 日，周恩来总理诞生在苏北淮安。此时，世代在淮安流淌的淮河河道已被夺淮的黄河淤平，只留下镇淮楼这个古迹。可是，淮河的文化、人文景观，深藏在人们的血液里。周恩来曾经深情地说过：“生于斯，长于斯，渐习为淮人；耳所闻，目所见，亦无非淮事。”

3.1950 年 10 月，周恩来总理亲自参与审定国务院《关于治理淮河的决定》。

4. 确定寻访目的地：一起去探寻江苏省灌溉总渠管理处背后的故事。

（二）走进江苏省灌溉总渠管理处，了解治淮的故事

1. 了解新中国成立初期，淮河洪涝的历史背景。

1949 年和 1950 年的夏季，淮河都发生了洪灾。尤其是 1950 年的大水，皖北区党委和苏北区（当时安徽、江苏都还未建省）党委都向中央和华东局拍发了灾情报告。报告说，这场大水淹没了几千万亩庄稼地，受灾人口达 2000 多万，两区共有 600 多万人逃离家园。

2. 百废待兴，制定“蓄泄兼筹”的治淮方略。

周总理说：战争尚未结束，国家正在草创。在草创国家的蓝图中，治水将是一项重要的内容。从新民主主义开步走，为我们自己和我们的子孙打下万年根基，根治淮河水患其功不在禹下，如何根治淮河水患，研究近千年治淮历史，应坚持蓄泄兼筹，以达根治之目的！

“蓄泄兼筹”的治淮方略，即上游建造水库，普遍推行水土保持，以拦蓄洪水，发展水利中游蓄泄并重；下游开辟入海水道，以利宣泄。同时巩固沿河堤防。

苏北灌溉总渠是利用淮河水资源，发展淮河下游地区灌溉，同时又分泄淮河洪水的综合利用的大型水利工程。总渠西起洪泽湖高良涧，经淮安市的洪泽区、清浦区、经济开发区、淮安区，盐城市的阜宁县、射阳县、滨海县及江苏省淮海农场，东至扁担港入黄海，全长 168 千米。苏北灌溉总渠主体工程于 1951 年 11 月 2 日开工，1952 年 5 月 10 日竣工。

在周恩来总理的亲自指挥调动下，苏皖豫三省共出动了 130 多万民工，用铁锹挖土，用石碾打夯，仅用 83 个晴天就全部挖成告竣，创造了人间奇迹，这被当时前来参观的一些国际友人赞誉为“中国人的手真是铁打的”。

（三）人物专访，见证淮河两岸好风光

1. 人物采访：采访江苏省灌溉总渠管理处的孙伯伯。

淮河，这条为害千百年的“害河”终于被中国共产党领导下的人民治服了。如今，水到淮安抽水站后，已经是“东西南北任调遣”的一番景象。今天的淮安区，已由当年南乡只能长一季小麦，秋天的水稻要看老天的“脸色”才能确定有无收成，变成现在的旱涝保收了；北乡则由原来只能长些低产的旱谷作物，变成如今的水旱轮作，年年高产无忧的景象。专家们帮助设计建造了淮安运东分水闸、运南节制闸、淮安船闸和运南水产养殖场等一系列现代化的水利工程和科学化的经济企业，使昔日名气不大的淮安，成为苏北排洪、抗旱、航运和灌溉的枢纽，一个管水的中心。这就是苏北灌溉总渠带给淮安的巨大变化。

2. 参观苏北灌溉总渠泄洪闸，感受现代化建设中水利的巨大变化。

3. 采访见证苏北灌溉总渠建设和投用的老人。

老爷爷：以前，我们能吃到一口大米饭，那都是不容易的事情。庄稼不是干旱干死了，就是洪水淹死了。自从有了这个灌溉总渠，我们庄稼才年年有好收成，老百姓才吃饱肚子过上好日子。

老奶奶：我们家是靠打鱼为生的，新中国刚成立那时候就愁啊，夏天大水一来，没办法下河撒网捕鱼了。现在啊，我家儿子承包了几个鱼塘，你看今天我吃好的，穿好的，住楼房，感谢共产党啊！

（四）分享寻访成果

在寻访实践活动中，队员们明白，水利民生工程的价值和意义，这正是共产党一心一意为老百姓谋幸福的最好行动。如今在党的领导下，老百姓已经过上不愁吃、不愁穿的小康生活，淮河两岸已成为一道亮丽的风景线。回到校园后，他们通过队会、手抄报、党史巡讲等方式将寻访成果与全校队员分享。

八、活动意义

通过寻访，少先队员们知道70年来，根据周总理当年主持制定的《治淮规划》，千里淮河上建成了较为完整的防洪、排涝、灌溉、航运工程体系。在1991年和2003年淮河流域大水中，治淮工程经受住严峻考验，直接经济效益超过3000亿元。在人类抗击自然灾害的史册上，当之无愧地竖立起了又一座巍峨的丰碑。队员们纷纷表示，我们沐浴着党的阳光，过上了幸福生活，我们要听党话，感党恩，跟党走，牢记习近平总书记教导，从小学好党史，刻苦学习，树立理想，砥砺品格，增长本领，为建设伟大祖国、美丽家乡而努力奋斗！

【案例评析】

此次寻访活动内容丰富，教育成效显著，具体体现在如下三点：

1. 寻访活动凝聚少先队特色。此次红领巾寻访实践活动能抓住身边的教育资源，坚持组织教育、自主教育、实践教育相统一，坚持把实践育人作为少先队教育的基本形式，真正做到了有“寻”，有“访”，有“研”，有“悟”。

2. 阶梯式的寻访层层深入。寻访活动紧紧围绕“治理淮河”这一主题开展系列研学活动，以小见大。活动中，队员们从为什么要治理淮河，怎么治理，治理淮河的意义三个方面进行深入探究，从而感悟到在党的英明领导下，苏北灌溉总渠构建的“淮河生态经济带”为淮安带来的巨大变化，给淮安人民带来了幸福的生活。

3. 以人为本，体现寻访实效性。此次寻访实践活动由情及行，激发了广大少先队员为建设伟大祖国、美丽家乡而勤奋学习、不懈奋斗的决心，体现寻访的实效性。

案例五　“改革之旅”——寻访亚洲最大水上立交

一、活动背景

淮河千百年来孕育了江淮大地的无数生灵，但泛滥的洪水也给两岸人民带来了深重的灾难。新中国成立后，经过几次治淮，情况逐步好转。2003 年 10 月建成的淮河入海水道淮安枢纽水上立交工程，彻底改变了这一历史，让淮水安澜的梦想成为现实。为了让学生了解淮安精神和改革开放四十多年来家乡淮安发生的巨大变化，逐步形成对家乡淮安的朴素感情，激发他们从小爱家乡、爱祖国、爱人民的深厚感情，引导他们长大后为建设美丽淮安贡献自己的一分力量。

二、活动目标

1. 通过活动，学生感受改革开放以来淮安发生的巨大变化。

2. 学生在实践活动中逐步形成爱祖国、爱家乡的情感，并从小立志，刻苦学习，长大后为建设“强富美高”新淮安贡献力量。

三、活动主题

新时代　新作为　新篇章

四、活动对象

周恩来红军小学红军娃寻访团学生

五、活动地点

淮河入海水道大运河立交

六、活动内容

组织学生参观游览亚洲最大水立交“淮河入海水道大运河立交”，通过采访工作人员、参观外部样态、听取构造原理、了解工程建设初衷以及水立交工程近年来为家乡作出的巨大贡献，让学生身临其境地感受工程的伟大，激发感情。

七、活动过程

（一）参观水立交外部结构

（二）采访工作人员

师：同学们，在淮安京杭大运河与淮河交叉处矗立着一座横跨淮河之上的水上立交，这就是亚洲规模最大的水上立交工程。大家是不是对水立交充满了好奇？今天我们邀请了入海道工程的工作人员，大家有什么疑惑可以采访一下阿姨，让阿姨为大家解惑。

生 1：阿姨，您可以给我们简单介绍一下淮河入海水道大运河立交吗?

工作人员：淮河入海水道工程是1998年动工新建的，2003年6月28号通水验收，它沿着我们苏北灌溉总渠北侧开挖，是连接洪泽湖到黄海的一个工程，全长163.5千米，全线设有五大枢纽控制工程，而我们现在看到的这个水上立交，是位于淮河入海水道的第2级枢纽，我们看到的这个立交也是淮安枢纽的一个主体水工建筑物，它目前是在全亚洲同类工程中规模堪称之最的一个工程，也就是我们所称的亚洲最大的水上立交。

生2：阿姨您好，请问淮河入海水道建成以来使用情况如何？效果怎样啊?

工作人员：各位同学，我们淮河入海水道建成之后，全开敞泄就有两次，分别是2003年和2007年两次大洪水，2003年是6月28号进行初步的通水验收，它在7月4号也就是仅隔6天的时候就紧急启用了，2003年行洪33天，下泄了44亿立方米的洪水，当年发挥的工程效益非常大，也解决了我们淮安这一片区人民财产的安全问题，发挥了非常大的工程效益。

（三）参观安澜展示馆

师：同学们，刚刚听了阿姨的解说，大家一定对如此伟大的工程赞叹不已吧，下面让我们一起走进淮河安澜展示馆去了解更多的知识吧!

讲解员：同学们，安澜展示馆展示陈列“历史淮河、今日淮河、未来淮河”三大主题内容，通过声、光、电等方式展示淮河治理成就，传播淮河水利文化。

历史上，因黄河夺淮，淮河从此多灾。从1368年至1948年的580年间，淮河流域发生大水灾350多次，大旱灾86次。1949年和1950年，皖北、苏北受灾人口达2000多万人，600多万人逃离家园。如果没有淮河入海水道，没有淮安水上立交，就没有这样泾渭分明、淮水安澜的壮观景象，呈现在世人面前的或许只是一片“洪水走廊”。

（四）登安澜塔远眺

工作人员：同学们，大家从这里看，北边是历史悠久的古城淮安，南边是气势宏伟的淮安水利枢纽水工建筑群，淮河入海水道与苏北灌溉总渠犹如两条长龙横贯东西，现已成为淮安地区别具特色的人文景观和休闲场所，为古城淮安增添了新的亮点！

（五）参观闸门文化广场

工作人员：同学们，这里是闸门文化广场，沙庄引江闸拆除重建时，为了展示水闸闸门发展历史，宣传闸门知识，我们将 20 世纪 70 年代制作的钢丝网水泥闸门竖立进行了主题展示。这反映了改革开放初期，在经济困难和钢材紧张等百废待兴的情况下，水利人的治水决心和大智慧。

（六）分享寻访成果

寻访给同学们留下了深刻的印象，没想到淮安有这样一个亚洲规模最大且坐拥淮运交汇等“三大奇观”的水上立交，大家都感到无比自豪。通过寻访活动，同学们知道了淮河入海水道为保障苏北地区人民生命财产发挥了重要的作用，给人民群众带来了巨大的经济效益，为建设“强富美高”新江苏做出了卓越的贡献，新时代的少先队员就应该好好学习，将来把祖国建设得更加美丽富饶。

【案例评析】

1. 组织少先队员开展寻访家乡新变化活动，引导广大少先队员用眼去看、用耳去听、用心去体会，见证祖国、家乡发展的巨大变化，体会新时代赋予少先队的光荣使命。

2. 活动不仅让少先队员们学习到了知识，更让他们增强对家乡的归属感和热爱，坚定时刻准备为实现“中国梦”而努力奋斗的决心，用自己的实际行动，描绘出家乡和祖国辉煌灿烂的明天。

3. 行走的课堂，在于体验感悟。寻访活动以儿童为中心，在研中学，在学中研，在走访、采访、体验的过程中自然萌生爱国之情、报国之志。

案例六 “复兴之旅”——寻访淮安高铁东站

一、活动背景

2021年是伟大祖国70华诞，也是中国少年先锋队建队70周年，为了让少先队员们感受祖国现代化快速发展的步伐，感知家乡自新中国成立以来的巨大变化，激发队员们的自信心和自豪感，学校大队部开展了“红领巾寻访新中国伟大足迹”寻访活动。

二、活动目标

1. 通过活动，少先队员了解新中国成立70年来翻天覆地的变化，教育他们珍惜今天的幸福生活，不断增强热爱祖国、热爱人民、热爱中华民族的情感，从小立志为实现中华民族伟大复兴的中国梦而奋斗。

2. 通过寻访活动，少先队员们感知家乡自新中国成立以来的巨大变化，激发出自信心和自豪感，从而树立远大理想。

3. 通过寻访活动，少先队员们能逐步形成搜集整理资料、现场采访的能力和吃苦耐劳、实事求是的科学精神；体验合作交流的乐趣，品尝实践活动成功的幸福感。

三、活动主题

腾飞在淮安的新大鸾

四、活动对象

周恩来红军小学红军娃寻访团成员

五、活动地点

周恩来红军小学少先队大队部、淮安高铁东站

六、活动内容

每一次起航，都是从梦想开始。连淮扬镇铁路，则是淮安高铁梦的起点。柔美的曲线绘成乘风而翔的大鸾，让我们眼前一亮。560万淮安人民期盼多年的高铁，梦想成真。寻访团的队员们走进淮安高铁东站，了解建设高铁背后的故事。

七、活动过程

（一）大队部的研讨，确定寻访目的地

1. 提出建议：去白马湖，听说那里现在可美了！

2. 提出建议：去河下古镇，那里是淮安区古城保存最完好的历史街区，仍保持着明清时代的建筑风格。

3. 提出建议：去淮安高铁东站，观看宣传片视频。

4. 确定寻访目的地：经过队员们的热烈讨论，决定将淮安高铁东站作为我们这次的寻访对象。

（二）走进淮安高铁东站，探寻建设高铁背后的故事

1. 参观高铁建设指挥部。在淮安建设高速铁路的工程师张建武伯伯的带领下，队员们参观了高铁建设项目指挥部。

2. 了解新中国成立初期修建铁路的情况。

3. 感受现代化高铁的建设。

淮安是一代伟人周恩来的故乡，淮安高铁东站根据周恩来同志的字“翔宇”，小名“大鸾”，提出“大鸾翔宇，胸怀赤诚”的设计理念；而高铁东站整体设计造型如同奋飞的大鸾，暗示淮安是周恩来总理的故乡，也喻指周恩来同志腾飞中华的梦想。

淮安高铁东站整体造型隐喻胸怀赤诚之心、振翅高飞的大鸾，其建筑呈弧线拱形，线条充满张力，造型简洁明快，标志性强，建筑线条刚中带柔，恰如周恩来同志刚正而充满智慧的品格，同时候车大厅通透明快，也象征周总理全心全意为人民服务的赤诚之心。

淮安高铁东站的室内设计理念是“大鸾羽毛”“粼粼波光”，室内设计以连续菱形为构图元素，透光顶为渐变菱形组合，形成退晕效果；而整体造型是大鸾羽毛的抽象表达，呼应建筑造型大鸾翔宇的设计概念；同时又形似水面粼粼波光，是对淮安大运河、洪泽湖等水系丰富的地理和人文环境的隐喻。

淮安高铁东站综合客运枢纽是集火车、长途客车、有轨电车、公交、出租车等为一体的综合交通枢纽，可实现各种交通方式之间的无缝衔接。

4. 采访淮安建设高速铁路的工程师张建武。

我们铁路人提出的“勇于跨越，追求卓越”的奋斗精神，与建设富强祖国的理想一脉相承。这不仅是一种技术的传承和进步，更是一种精神的传承。如果你们未来想修铁路，到你们长大的时候，技术又会发生更巨大的变化。但是这种奋斗的精神无论何时都最重要、最宝贵。希望你们能好好学习，努力成长，终有一天接力棒要传到你们手中，希望大家传承这种精神和理想，把祖国建设得更美好。

（三）分享寻访成果

在寻访中，队员们明白，高铁站的建成是千千万万的叔叔阿姨们用智慧和汗水换来的，中国智慧攻克道道险关，超强的装备不断刷新中国速度。这次寻访给少先队员们留下了深刻的印象，也让少先队员们心中的民族自豪感油然而生，厉害了，我的国！回到校园后，他们通过队会、手抄报、故事分享会等方式将寻访成果与全校队员分享。

八、活动意义

通过寻访，少先队员们明白，作为新时代的少先队员，要向高铁站所有默默坚守在工作岗位上的叔叔阿姨们学习，学好科学文化知识，练好本领，长大后为建设美丽家乡做出自己的贡献！未来，从淮安到北京只需要 3 个多小时，到上海只要 2 个多小时，到南京仅需 1 个多小时，大家都为淮安未来便捷的交通点赞！

淮安东站的完美建设，是祖国成立 70 多年来伟大建设的一个缩影，这片红色的土地上已然发生了日新月异的变化。在以习近平总书记为核心的党中央领导关怀下，在社会各界人士的关心下，在广大建设者的无私奉献下，新时代的交通枢纽在淮安的土地上腾飞，“中国梦，交通梦”的种子在少先队员们的心中生根！为了家乡更美，为了祖国更强盛，让我们携大鸾鸿志，一同奋进，一路腾飞！

【案例评析】

1. 淮安高铁东站是联通苏北、苏南的重要交通枢纽，它的设计体现了现代高铁建设的高水平。它的设计灵感来源于周总理的小名“大鸾”，作为周总理家乡红军娃寻访团的孩子们，走进淮安高铁东站，了解建设高铁背后的故事，非常有必要。

2. 学生通过参观高铁建设指挥部，了解淮安铁路的过去、现在、未来，感受高铁建设者们严谨的工作态度、高度的责任感。

3. 孩子们看到了中国速度，感受了中华民族的创造力；寻到了发展足迹，领略中华大地的勃勃生机；访到了中国智慧，汲取不懈的奋进力量！

第五节　红心涵育环境课程案例

案例一　一品梅香（恩来园）

教学目标：

知识与技能：通过活动，学生初步了解周恩来总理对梅花的喜爱之情，培养学生的爱国主义情感。

过程与方法：通过展示有关红色文化资料，引发学生学习红色文化的浓厚兴趣，在活动中培养学生的合作能力。

情感态度与价值观：增强学生的爱国情感和传扬红色文化的意识，从而激发对伟大祖国的热爱之情。

教学重难点：理解周恩来总理喜爱梅花的缘由，培养学生的爱国主义情感。

教学准备：图片、文字资料，了解梅花的品质。

教学过程：

一、谈话导入

1. 师：小朋友们，你们喜欢猜谜语吗？老师有一首谜语想考考你们，敢不敢挑战一下？

2. 出示谜语：“粉妆玉琢新世界，傲霜斗雪花自开，岁寒为报春来早，姐妹亲朋喜开怀。”

3. 学生讨论，指名回答：梅花。

二、认识梅花

1. 师：瞧，在我们学校的恩来园里，也有一株梅花。你们能找到吗？（学生在恩来园里进行观察、讨论）

2.（师生围绕在梅花的周围）你们看，这就是梅花。谁知道有关梅花的知识？

3. 师生交流：你们懂的真多！这是一株腊梅，一般会在1—2月份开花。主要种植于长江流域及西南地区，它和兰、竹、菊并称为“花中四君子”。

4. 自古以来，很多文人墨客喜欢梅花。谁知道和梅花有关的诗？

5. 师生背诵相关古诗。

三、品梅香，思伟人

1. 师：告诉大家一个秘密，周总理从小就喜欢梅花。想不想听少年恩来与梅花的故事？

2. 红军娃讲解员讲解故事。

故事一：

周恩来童年时随母亲从淮城迁往清江浦（今淮安）外婆家。在搬家那天，周恩来站在梅花树前，轻轻抚摸花枝，满怀恋恋不舍之情。弟弟恩溥不解其意，走了过来。恩来对弟弟说出了心事，想把这盆花带到清江浦去，但又心存疑虑，“不知妈妈同不同意带？”

这时周恩来的嗣母陈氏路过，听到兄弟二人的话，说道：“恩来，把梅花盆抬上车吧，等到了清江浦，梅花开时，娘还要教你咏梅诗呢！”

周恩来高兴地同恩溥抬起花盆，可是由于花盆重，刚走到二道门口，只听咣当一声，陶瓷的花盆被摔成了两半。

恩来的乳母蒋妈走过来，麻利地清理破花盆，她找来一只小蒲包，把梅花根部包裹好，还说：“移苗不叫苗知道，根部泥土最重要。”周恩来接过包好根部的梅花，小心翼翼地抱在怀中。

陈氏启发说：“恩来啊，要向蒋妈学着点，爱梅花，更要学会栽种梅花，呵护梅花。”

抱着梅花的周恩来说：“到清江浦，我和蒋妈一起把梅花栽到陈家花园的院里去。”

一个多世纪以来，这株腊梅长得枝繁叶茂，年年喷香吐艳。

故事二：

1950 年 8 月 8 日，是周恩来、邓颖超的银婚纪念日。为了纪念这一有意义的日子，时任华侨事务委员会主任何香凝老人专门画了一幅国画《腊梅》送给周恩来夫妇，这幅画也成了周恩来收藏终生的画作，至今仍悬挂在北京中南海按原状布置的西花厅后客厅中堂的左侧。

四、活动小结，交流收获

1. 师：“宝剑锋从磨砺出，梅花香自苦寒来。”号称“铁骨寒香”的梅花，是品质高洁、傲然独立人格的象征物。难怪周恩来总理会这样喜欢梅花。今天，我们在恩来园里认识了一株美丽的梅花，感受到梅花的冰清玉洁，还了解了周恩来总理和梅花的两个小故事。现在，你对梅花又有哪些新的想法？

2. 引导学生交流自己的体会。

3. 师：课后我们可以再收集一些梅花的古诗词，也可以把今天听的故事讲给爸爸、妈妈听。

【案例评析】

1. 周恩来崇高品格是红色文化的重要组成部分，让周恩来崇高品格薪火相传，用红色基因培根铸魂，是中小学教育需要直面的重要课题。

2. 学生在恩来园进行沉浸式学习，以梅花为主线，以梅喻人，依托恩来园育人环境，在“一品梅香”故事讲述过程中，感受周总理如梅花一般高洁的品质，生发内心对周恩来总理崇高品格的敬仰。

3. 红军娃在教学过程中，从不同角度讲述周总理立志高远、勤奋求学的故事，实现红色文化育人和教学内容有机融合，在润物无声中赓续红色精神血脉。

案例二　飞夺泸定桥（长征园）

教学目标：

知识与技能：通过活动，寻红色足迹，初步了解红军两万五千里长征飞夺泸定桥的丰功伟绩。

过程与方法：通过搜集资料、合作探究，激起了解红色历史、红军长征故事的兴趣，在活动中培养学生的合作能力。

情感态度与价值观：体会红军战士不畏艰险、勇往直前、奋不顾身的大无畏精神，激发学生崇敬红军战士，向红军战士学习的思想感情。

教学重难点：体会红军战士不畏艰险、勇往直前、奋不顾身的大无畏精神，培养学生的爱国情怀。

教学准备：图片

教学过程：

一、谈话导入

1. 师：小朋友们，在 1935 年 5 月，有一座特殊的桥，正经历着炮火的洗礼，这座桥由 13 根锁链组成，同学们知道这座桥叫什么名字吗？

2. 学生讨论，指名回答：泸定桥。

二、认识泸定桥

1. 师：同学们，瞧，那由 13 根铁锁组成的桥赫然屹立在我们的长征园里，这就是微缩的泸定桥。泸定桥又名大渡桥，是我国四川省甘孜藏族自治州泸定县境内的一座铁索桥，桥下就是波涛汹涌的大渡河，这座历史悠久的古桥，根根铁索都镌刻着红军的革命精神。（学生在长征园里进行观察、讨论）

2.（师生站立在泸定桥模型前）红军娃们让我们向革命先辈致敬，体验一下强渡铁索桥的艰难。

师生交流：瞧，多危险啊，站在旁边的我们都在为他们捏一把汗。想当年，红军们可是冒着炮火渡桥的啊，后面又有敌军，稍不留神就跌入了滚滚江水中，但他们丝毫不畏惧，勇往直前，飞夺泸定桥，为革命的胜利奠定了基础。

三、听故事，敬先辈

1. 师：“飞夺泸定桥”战斗打开了红军长征北上抗日通道，谱写了中国革命史上和世界军事史上“惊、险、奇、绝”的战争奇迹，泸定桥从此成为中国共产党重要的历史纪念地，那大家想不想听一听“飞夺泸定桥”的故事呢？

2. 邀请红军娃讲解员讲解故事。

1935 年 5 月，北上抗日的红军向天险大渡河挺进。大渡河水流湍急，两岸都是高山峻岭，只有一座铁索桥可以通过。这座铁索桥，就是红军北上必须夺取的泸定桥。

国民党反动派早就派了两个团防守泸定桥，阻拦红军北上；后来又调了两个旅赶去增援，妄想把红军消灭在桥头上。我军早就看穿了敌人的诡计。28 日早上，红四团接到上级命令：“29 日早晨夺下泸定桥！”时间只剩下 20 多个小时了，红四团离泸定桥还有 240 里。敌人的两个旅援兵正在对岸向泸定桥行进。抢在敌人前头，是我军战胜敌人的关键。

红四团翻山越岭，沿路击溃了好几股阻击的敌人，到晚上 7 点钟，离泸定桥还有 110 里。战士们一整天没顾得上吃饭。天又下起雨来，把他们都淋透了。战胜敌人的决心使他们忘记了饥饿和疲劳。在漆黑的夜里，他们冒着雨，踩着泥水继续前进。

忽然对岸出现了无数火把，像一条长龙向泸定桥的方向奔去，分明是敌人的增援部队。红四团的战士索性也点起火把，照亮了道路跟对岸的敌人赛跑。敌人看到了这边的火把，扯着嗓子喊：“你们是哪个部分的？”我们的战士高声答话：“是碰上红军撤下来的。”对岸的敌人并不疑心。两支军队像两条火龙，隔着大渡河走了二三十里。雨越下越猛，像瓢泼一样，把两岸的火把都浇灭了。对岸的敌人不能再走，只好停下来宿营。红四团仍旧摸黑冒雨前进，终于在 29 日清晨赶到了泸定桥，把增援的两个旅的敌人抛在后面了。

泸定桥离水面有好几丈高，是由 13 根铁链组成的：两边各有两根，算是桥栏；底下并排 9 根，铺上木板，就是桥面。人走在桥上摇摇晃晃，就像荡秋千似的。现在连木板也被敌人抽掉了，只剩下铁链。向桥下一看，真叫人心惊胆寒，红褐色的河水像瀑布一样，从上游的山峡里直泻下来，撞击在岩石上，溅起一丈多高的浪花，涛声震耳欲聋。桥对岸的泸定桥背靠着山，西门正对着桥头。守城的两个团的敌人早已在城墙和山坡上筑好工事，凭着天险，疯狂地向红军喊叫："来吧，看你们飞过来吧！"

红四团马上发起总攻。团长和政委亲自站在桥头上指挥战斗。号手们吹起冲锋号，所有武器一齐开火，枪炮声，喊杀声，霎时间震动山谷。二连担任突击队，22位英雄拿着短枪，背着马刀，带着手榴弹，冒着敌人密集的枪弹，攀着铁链向对岸冲去。跟在他们后面的是三连，战士们除了武器，每人带一块木板，一边前进一边铺桥。

突击队刚刚冲到对岸，敌人就放起火来，桥头立刻被大火包围了。在这千钧一发的时刻，传来了团长和政委的喊声："同志们！为了党的事业，为了最后的胜利，冲呀！"英雄们听到党的号召，更加奋不顾身，都箭一般地穿过熊熊大火，冲进城去，和城里的敌人展开了激烈的搏斗。激战了两个小时，守城的敌人被消灭了大半，其余的都狼狈地逃跑了。

红四团英勇地夺下了泸定桥，取得了长征中的又一次决定性的胜利。红军的主力渡过了天险大渡河，浩浩荡荡地奔赴抗日的最前线。

3. 师："飞夺泸定桥"关乎着中央红军的生死存亡，红军们凭借着他们不畏艰险、勇往直前的精神，突破了敌人的包围，为最后红军的胜利会师奠定了坚实的基础。

四、亲体验，说体会

1. 师：今天，我们在长征园里了解了红军长征途中"飞夺泸定桥"的故事，两万五千里的长征路是人类历史上的伟大壮举，是留给我们的宝贵精神财富。同学们，你想感受一下泸定桥上攀行的艰险吗？

2. 生分小组排队依次攀行，老师计时比赛。

3. 生交流实践体会。

4. 思考：我们应该如何珍惜现在这种无数的革命先烈抛头颅，洒热血，用鲜血和生命换来的幸福生活？

五、课堂小结，交流收获

师：长征途中的艰难险阻不止这一处，你还知道哪些长征故事？课后和同学一起分享分享。

【案例评析】

1. 红心涵育环境课程《飞夺泸定桥》是在学校长征园泸定桥的微缩模型前开展的一节精彩的实境体验课。泸定桥前，孩子们讲述自己搜集的红色故事“飞夺泸定桥”，随着故事的展开，学生从接触到感知，然后理解长征园环境中渗透的红色信息，慢慢产生了感情的共鸣。

2. 体验环境，孩子们依次攀行，无论成功和失败，他们都有了不一样的体验。他们在艰难的攀行中，更加体会到红军战士在夺取泸定桥时冒着敌人的枪林弹雨不怕牺牲的大无畏精神。

3. 红色景观在潜移默化中向他们讲述着感人的故事，他们也在红色故事的晕染下对现在的幸福生活产生巨大的幸福感，产生内心的价值认同，红色血脉在血脉中赓续，爱国情怀在成长中厚植。

案例三　真人 CS（国防园）

教学目标：

知识与技能：通过活动，让学生初步了解国防园中真人 CS 游戏的相关知识并参与对战，再现硝烟弥漫的战争场景一角，借此培养学生的爱国主义情感。

过程与方法：通过讲解和参与真人 CS 的游戏，使学生了解团队合作的重要性，让学生身临其境地去感受当年先烈们保家卫国时的艰苦卓绝，更好地学习国防知识，从而不断提高应对现代战争和各种灾害的综合防护能力。

情感态度与价值观：增强学生居安思危、保家卫国的意识，培养他们的历史使命感和责任感。

教学重难点：理解团队合作的重要性，从而不断提高学生综合防护能力。增强学生居安思危、保家卫国的思想意识，培养他们的历史使命感和责任感。

教学准备：

1. 相关战争场面的音视频。

2. 真人CS的装备。含作战背心（蓝色、红色各半）、迷彩帽、免校准冲锋发射器、作战帽接收器等。

教学过程：

一、激趣导入

1. 播放战争场面的音视频。

2. 同学们，我们何其有幸，生于这样一个和平年代！我们在感激那些曾为我们今天和平生活浴血奋战的先烈们的同时，更要铭记历史，传承红军精神，走好新时代的长征路！

今天，让我们一起走进国防园，参加真人CS游戏，再现那段硝烟弥漫的岁月，切身感受先烈们的英勇顽强，更加坚定保家卫国的决心。

二、赛前准备

1. 抽签分蓝军、红军两个战队。

2. 两队各选出一名队长。

3. 老师讲解游戏相关知识。

（1）介绍武器。两位队长的头上和身上的亮点，一共是八个，头上四个，胸前与后背各两个，这些亮点就是激光的接受装备，只要在作战中，你的枪发出激光击中这些接收器，就表明你已击中对方，因为激光的散射范围很小，如果不用心瞄准时，就很难击中对方的，还有一点请大家特别注意：在近距离交战时，例如三到五米左右时，我们的国防园由于受场地限制，距离都不远，你的枪就必须瞄准对方的接收器，因为枪口的光束很小，如果不瞄准接收器射击，将会很难击中对方，也就是说越近越不容易将“敌人”消灭，请大家尽量在中等距离的情况下交战，避免近战，以保证大家的安全。

（2）请两位队长为大家现场演示。接通两位队长的设备电源，但枪械现在还不能使用，因为设备还是处于待机状态，只有通过遥控器开机它们才能使用，开机时，设备上的振动器振动两次提示大家已开机，可以使用。请两位队长扣动扳机，此时你们听到的“咔咔”的声音就是枪内无弹的提示声。

请两位队长再把枪口举起来，大家仔细听。当你的枪口举起时，会发出插弹夹、拉枪栓的声音，那表明你的枪械正在上弹，上弹时请不要扣扳机，上弹时间大约是三秒钟，上弹完毕后枪械的指示灯会由红色变成绿色。

（这时，可让两名队长互相射击，在射击的同时，也为大家说明如何查询自己的成绩。）

再请红队队长向蓝队射击。（命中后）大家请看一下红队队长背后的显示窗，有两组数字在交替闪烁，数字上带点的是代表他击中对方的枪数，数字上不带点的是对方击中他的枪数，也是他损失的生命值。

特别提醒一下，当你被击中后，也就是在震动器震动的时候系统会有一个大约是三秒钟的逃逸期，顾名思义这三秒钟是为大家逃跑而特别设计的，在这三秒钟内，你的设备是不会被再次击中的，同时你的枪也是不能使用的，这样是为了防止新手被老手一口气击毙，或遇到多人围攻时，将会是一个宝贵的逃生机会。请记住，当你的震动器开始震动时，就表明自己已暴露，你可以把振动器的信号翻译成“快跑、快跑、快跑”，你应当主动改换位置，不要等敌人射来的第二颗子弹！

当震动器短促震动一次，说明你已击中对方，你可以把这个信号翻译成“击中”。（对于震动器的说明务必做到人人知晓，讲解的同时，两位队长互射直到一方“死亡”。）

（3）“阵亡”后的讲解。大家请看，现在一方的队长已经阵亡了，“阵亡”的特征是：首先是武器被闭锁，然后背心发出一声伴有震动的长鸣约三秒钟，背心上的灯开始闪动，这时就证明你已被击毙，然后请立刻摘下头盔，到我们指定的“烈士陵园”集合。如果你并没有听到这声伴有震动的长鸣，就不要轻易听信任何队员对你说“你已经阵亡了”的谣言，拿起枪继续战斗，你的队伍还需要你！

（4）强调规则。讲到这里，我们必须讲一下场上规则了，为了大家能够顺利地进行活动，请记住，从现在起每位队员都是监督员，可以监督场上队员的行为，如有队员违纪，一经发现，取消比赛资格！

具体规则如下：①活动人员不得将手插于裤兜内，注意活动安全，防止发生意外。②活动参与者如果阵亡，必须先摘下头盔，退出战区，到指定区域集合待命。阵亡后，立刻撤离战区，不得在战区内逗留。另外，未阵亡人员不得摘下头盔，冒充阵亡者。③阵亡者要保持沉默，不得向其他人员通风报信，严格禁止“幽灵侦察兵”的出现。④不得使用任何物品遮盖激光发射器。

三、分发武器

分发时每队每次来一名队员领武器，其他队员列队原地待命，领取武器的队员回到队列中，下一名队员再来领取武器，以免发生混乱。要求：由老师为队员开机，开机前注意检查一下队员的连线是否正确。

四、体验射击

红蓝两队背对背列队，各自向前三步走，禁止任何一方转身，要求双方举枪准备上弹，按动掌上控制器——手动控制——战斗开始。所有队员上弹，红队向后转射击蓝队，确认所有红队队员都命中了蓝队队员，按动掌上遥控器——手动控制——战斗结束键。红蓝两队全体向后转，要求双方举枪准备上弹，按动掌上控制——手动控制——战斗开始。

蓝队射击红队，确认所有蓝队队员都命中了红队队员，按动掌上控制器——手动控制——战斗结束键。体验试射后，双方恢复队形。

五、集中布置战斗任务

红蓝两队，红队在前蓝队在后成两列横队列队，队长站在排头，老师并列跨立，面向队员。

分队指导战斗：老师将地图交给队长、协助队长将战队分组，指导单兵和小队战术，做战前动员，鼓舞士气。

六、战斗

战斗开始前，分队用大遥控器搜索所有设备。

战斗开始后，以口令的形式督促队员举枪上弹，试枪。

战斗开始后，每两分钟报 1 次战损比，发生较大伤亡时可联系报告战损比。

老师巡场时，可以根据危险地点、界线模糊地点、战斗激烈地点、制高点等安排固定地点巡场。

巡场时，对于阵亡队员应督促其立刻离开战场到“烈士陵园”集合。巡场时发现违规队员应立刻给予口头警告，对违规超过三次的队员取消比赛资格。当阵亡队员超过全体队员总数的一半时，分队老师应在“烈士陵园”收拢阵亡队员。

七、战斗结束

战斗结束后，总结本场战斗的优点和不足，无论战斗输赢，皆应鼓舞士气。

八、装备回收所有人员集合、分队依次全部关机，并由老师负责拔下头线和枪线，人员返回设备回收区，到达自己相对应的位置站好，并用手持无线控制器进入手动控制模式，战斗结束查找可能的漏光设备，以策万全。设备回收时须关闭电源，杜绝低电报警现象，以防止损坏设备。

九、课堂小结，交流收获

1. 师小结，学生全班交流收获。

2. 说说对“战争”的感受。

十、拓展延伸

1. 讨论：和平年代，我们“红军娃”如何做到居安思危。

2. 归纳总结。

【案例评析】

1. 本节课“红军娃”在老师的带领下在野战区进行了一场“荷枪实弹”的军事对抗演练，老师首先向他们说明真人 CS 枪支的使用方法，他们了解到枪要瞄准“敌人”的头部、胸部、背部八个红外线点，每个队员有三秒的逃逸期，如果你在这期间不能找机会逃生，那就英勇牺牲了。孩子们持枪、隐蔽、射击、躲闪、逃逸……个个真得像个小红军。

2. 红军娃在国防园育人实境中模拟真人 CS 战斗，在环境中讲述国防故事，身临其境感受国防是国之重器的意义。

3. 红军娃不但学会了国防、人防知识，还了解到中华民族和侵略者英勇抗争的历史，体会到今日和平幸福生活的来之不易，从小树立国家和国防意识，深深体会到维护国家安全是我们每个人的神圣职责。

案例四　日食和月食（科学园）

教学目标：

知识与技能：知道日食和月食是日、地、月三个天体运动形成的天文现象。在月球运动过程中，如果太阳、月球、地球三者正好处在一条直线上时，月球（或地球）就会挡住太阳射向地球（或月球）的光，这时地球上的人们就会观察到日食（或月食）现象。

过程与方法：通过搜集资料、独立思考、合作探究，能运用模拟实验的方法研究日食的成因。能对模拟实验中的各种现象进行细致的观察。能根据模拟实验中的现象，推测日食和月食的成因。

情感态度与价值观：在模拟日食、月食发生实验的过程中体验科学实验的严谨、客观的特点，意识到设计实验方案的重要性；意识到模拟实验与客观真实是有一定差距的，天文现象是可以被人们认识的。

教学重难点：理解日食、月食的成因，正确地进行实验操作。

教学准备：课件、材料包、手电筒、科学记录单、大小圆纸片、篮球、小地球仪等。

教学过程：

一、故事引入

在2500多年前，有两个小国家之间爆发了激烈的战争，连续五年未见胜负，将士们尸横遍野，老百姓哀声载道。古希腊的天文学家泰勒斯预先知道有天文现象要发生，便扬言上天反对战争，某一日会使太阳消逝。到了那一天，两军正在酣战，突然，光芒四射的太阳被一个黑影遮住了，黑影从太阳的西缘渐渐向中心靠近，黑影越来越大，不一会儿，太阳不见了，天色一片昏暗，仅有一团淡黄色的薄雾笼罩着远方的地平线。双方士兵将领大为恐惧，于是停战和好，后来两国还互通婚姻。据考证，这是发生在公元前585年5月28日的一次天文现象。这其实就是日食现象。

二、认识日食发生的过程特点

1. 师：一起来看一下日食发生的过程，从左下方向右上方的顺序看，观察思考：日食发生过程有什么特点？根据这些特点，我们可以推测一下可能是谁挡住了太阳光？

2. 个人汇报，教师整理记录。

师：为什么可能是月球呢？据我所知，太阳的直径是月球的400倍，小小的月球凭什么挡住太阳光呢？（近大远小，天空中只有月球看上去和太阳差不多大。）

师：还有什么理由？（挡住太阳的物体是圆形或球形的。挡住太阳的物体在运动。）

三、日食模拟实验

1. 大家推测认为：可能是月球挡住了太阳射向地球的光造成了日食。如何证明我们的推测是否正确？（收集信息，观测）科学家还会采用模拟实验的方法。

2. 分小组指定模拟实验计划：多种方法的讨论。

（1)你会用什么实验材料来做这样一个实验？用什么材料代表太阳、地球和月球？

大小不同的圆片：大圆片代表太阳，小圆片代表月球，人代表地球。

皮球和投影机：投影机代表太阳，皮球代表月球，人代表地球。

手电筒、大小球：手电筒代表太阳，大球代表地球，小球代表月球。

（2）如果以手电筒、大小球作为实验材料，怎么来做好这个模拟实验？（方法指导：材料怎么摆？距离怎么控制？月球放在哪里？月球怎么移动？）虽然模拟实验和真实的情况有差距，但我们必须尽量使它接近真实，这是尊重模拟实验。

3. 学生分小组进行模拟实验。

（1）（课件出示记录单）将发生日食时三个天体的位置准确地画下来，将日食实验中观察到的现象记录下来。

日食成因模拟实验记录单	
实验材料	手电筒、大球、小球、牙签、泡沫塑料、铁丝等
演示物体	手电筒代表： 大球代表： 小球代表：
三个天体的位置	
实验现象	

（2）发材料，学生开始做实验，教师巡视指导。

（3）交流：

你们刚才是怎么操作的？（生示范模拟实验）

哪些现象可以说明发生了日食？这时太阳、月球、地球各处于何种位置？

日食在发生的过程中有怎样的特点？（太阳被遮挡的部分从哪边开始？）

在什么情况下不会发生日食？

日食发生时是农历什么时候？

四、日食的成因

1. 出示日食成因示意图，让学生讲解日食的成因。

2. 这时地球上的哪些地方能看到日食现象？

3. 阅读相关材料。

五、了解月食

1. 出示富阳发生的月食图片，介绍月食的基本情况。

2. 推测：发生月食的时候，三个天体的位置是怎样的呢？（生说师画）

3. 出示示意图。

（1）根据示意图你能解释一下月食的成因吗？

（2）这时地球上哪些地方的人能看到月食呢？

（3）月食发生时是农历什么时候？

4．这个模拟实验大家能做吗？请大家课外完成。

六、总结收获

1. 对日食和月食现象你还有什么问题吗？（每个月都有农历初一，为什么不是每个月都发生日食？日环食是怎样形成的？）

2. 学生互相解惑后，可再播放《日食和月食》录像及相关资料，解开部分学生疑惑。

3. 日食和月食都是非常奇妙的自然现象，自古以来就吸引着人们去研究，我国早在3000年前就有观测日食的记载，这是世界上有关日食的最早记录。

七、课外延伸

有关日食月食，我们也许还有很多的疑问，课后请同学们自己去搜集资料，解决问题。

【案例评析】

1.《日食和月食》是一堂精彩的科学课，是自主探索合作探究的学生课堂，是思维碰撞迸发火花的生命课堂。不止于此，课程依托科学园开展，为课程注入了更为丰富的内涵。

2. 科学园有着丰富的实验器材、有趣的科学课程、沉浸式探究环境，是培养学生科学态度、科学方法和能力的第二阵地。

3. 科学园航天文化环境的浸润，滋养了红军娃们对我国航天航空事业的赤诚之心，点燃了小科学家们对星空和宇宙的好奇与向往，鼓舞着红军娃们不断搜集航天航空新闻、故事。

案例五　播种希望（种植园）

教学目标：

知识与技能：通过本次活动，使学生能说出一些蔬菜、农作物的名称、生长特点等，懂得种植需要“翻土——整地——施肥——播种——管理”等环节，初步掌握一些种植方法，学会栽种一种植物。

过程与方法：通过搜集资料、独立思考、合作探究，初步学会如何种植植物，培养学生动手能力、合作能力。

情感态度与价值观：培养学生的劳动观念，激发学生劳动的热情，体会劳动的艰辛，增强其节约粮食、保护环境的意识。

教学重难点：让学生了解关于播种的相关知识，体会到劳动的艰辛，培养学生的劳动技能，增强节约粮食、保护环境的意识。

教学准备：课前准备图文资料、收集开垦南泥湾及与播种有关的故事资料。

教学过程：

一、谈话导入

同学们，种子是怎么长大的？大家想不想亲手种植一盆植物，看看种子是如何生根、发芽、开花、结果的？今天，我们就一起动手，学习种植一株我们喜欢的植物。

二、简单介绍种植的过程

1. 学生交流自己以前种植植物的过程与结果，分享自己从中获得的种植经验，交流自己种植植物时所采取的各种方法。

2. 教师补充讲解（以种植大蒜为例）。

如果我们要种植大蒜，首先要挑选种子。在挑选大蒜种子时，我们就要选择根系大的，蒜瓣饱满，尤其是个头大的大蒜。但如果大面积种植，我们就要挑选普通个头大蒜，这样可以确保出苗时，大蒜的长势都比较均匀。

南方种植大蒜一般选在九月中旬开始育苗。育苗时要选健壮、洁白的硬实蒜瓣进行种植，种植前要将种子的蒜盘及外皮除去，然后将蒜种种入浇透水的土中，深度 3 ~ 4 厘米左右，间距约在 5 ~ 10 厘米左右。保持土壤湿润的话，种子大概 1 周内就会发芽。在种植时，各个蒜瓣的背面应朝向同一个方向，这样发芽后叶片生长方向才会一致。苗高一般在 5 厘米的时候，可追施 1 次稀薄的腐熟有机肥。

需要注意的是，茎叶在生长时，一般盆土的表面略干后才需要进行浇水，避免浸涝而导致种子腐烂。如果要采收蒜薹和蒜头，则应该从开始抽薹时适当的增加浇水量以保持土壤的湿润，收获前再控制浇水。

当植株高约 20 厘米的时候，就可以采收蒜叶了。一般会将较小的植株留下来继续生长，将较大的植株拔出。除此之外，还可以在晴天用刀将植株割下，留下地面上约 3 ～ 5 厘米的部分，切口晾干后再正常管理。如要采收蒜头，则应该等植株叶片大部分自然的干枯、假茎变软时再将蒜头挖出，在通风处晾干以便于保存。

三、介绍播种的故事

1. 讲述播种的故事。

播种时代，距今约一万年。

在距今约一万年的一个春天，有一个人扛着一包采集的植物果实走在河滩上，包裹食物的兽皮已经用了很久了，有几个地方出现了破损。果实就沿着那几个裂隙掉落在地上。等这个人发觉肩头的重量减轻的时候，已经撒出了长长的一溜。看着洒在地上的食物，这个人用手拍了拍脑门，但有些种子已经掉进了淤泥中，他什么办法也没有，只好悻悻地走了。

过了一阵子，秋天来了。那个掉落食物的人又从这里经过。他看到一长溜已经成熟的庄稼在秋风里微微摇摆，他心里很奇怪。就在这个时候，他突然想起了春天他把种子掉在地上的事情。没想到，掉在地上的种子竟然以这样一种方式又回来了，而且数量明显有所增加。这个人一边采集一边想，突然想通了这件事。一道电光照亮了他的智慧，同时也照亮了一个新的时代。

第二年，这个人说服了部落里的乡亲们，拿出采集的一部分谷物，播撒在河滩上，那一年他们的部落成了拥有食物最多的部落。

就这样，播种时代来临了。

2. 体验播种乐趣。

（1）带领学生去种植园亲手种植大蒜。

（2）全班交流汇报，畅谈播种的感受，以及播种对社会生活的价值。

3. 课堂小结，交流收获。

（1）师小结，全班学生交流收获。

（2）说说自己还想要种植哪些植物。

（3）说说自己以后如何对待粮食，如何节约粮食。

四、拓展延伸，升华情感

1. 学生交流课前收集红军战士开垦“南泥湾”的故事，感受红军战士自力更生、艰苦奋斗的精神和品格。

2. 讲述周爷爷珍惜食物的小故事。

【案例评析】

1. 种植园为学生提供了一个绿色、自然、浓缩的生态田园体验场所，已成为红军娃们的实境课堂、实践基地，在种植园环境课程实施过程中，孩子们激发了劳动意识，劳动素养不断增强，学习中自然生成劳动技能。

2. 学生在种植园开展的多样化种植、采摘劳动等系列课程，体验到生命成长的过程，学会爱护植物、保护大自然，锻炼劳动能力，培养责任心，真正体验艰辛的耕种过程和丰收的采摘喜悦，珍惜劳动成果，深化对土地的热爱，内化对生活的感悟。

3. 红军娃们全程参与了农作物生长期间的劳动实践，了解了植物的生长习性，体验了“种植—管理—收获”的过程，体会了劳动的艰辛与收获，提高了劳动能力和劳动素养，深入理解了南泥湾精神的可贵，磨炼了学生坚毅进取的精神品格，彰显了红色文化劳动育人的价值和意义。

第七章

弘毅文化的建设成效

学校文化是一道触动心灵的风景，它既塑造了学校的气质，又提升了每一个人的气韵。在周恩来红军小学，高品质、内涵式发展的弘毅文化正滋养着学校的每一位师生，逐渐成为学校发展的重要推手。在弘毅文化的浸润下，学生血脉中植入了红色基因，教师胸怀中点燃了红烛精神，学校发展中注入了红色力量。

第一节　文化促进学生成长

教育部在《完善中华优秀传统文化教育指导纲要》中指出，要在青少年学生中开展以正心笃志、崇德弘毅为重点的人格修养教育。特别强调要引导青少年坚定理想信念、关心国家命运，自觉把个人理想和国家发展结合起来，为实现中华民族伟大复兴的中国梦而不懈奋斗。为此，周恩来红军小学基于弘毅文化，结合地方特色，提出了“培养理想远大、坚毅进取、德美体健、乐学善思、勇于担当的新时代红军娃”的育人目标。红军娃培育要在提升综合素养上下工夫，既要立足于立德树人的长远要求，又要着眼于当下的现实需要，落实“德智体美劳”五育并举、融通发展的总体要求，在综合能力、创新思维、文明素养上有更多进益。弘毅文化培育新时代红军娃，为学生的幸福人生奠基。

一、红军娃成长能力跃升

党的十九大提出了“培养担当民族复兴大任的时代新人”的重大战

略命题。学校坚持五育并举，德育为首，秉承“成为美好事物的圆心”的核心办学理念，凸显儿童本位，关注儿童成长，凝练时代精神。通过文化晕染、环境熏陶、课程渗透、活动提升，在红军娃们的血脉中植入了红色基因，使其综合能力得以跃升，为自己终身学习、全面发展奠定了坚实的基础。

（一）理想远大，凝聚向心力

少年儿童是祖国的未来，是民族的希望，是中国特色社会主义的建设者和接班人。小学阶段是对学生进行理想信念教育的关键时期，学校以红色文化培根铸魂，使他们树立远大理想，并凝心聚力为实现中华民族的伟大复兴而不懈奋斗。

远大的理想、崇高的信念能点燃激情，激发才智，激励人们奋发向上。古今中外，凡是为人类进步事业作出杰出贡献的人，无不具有远大的理想、崇高的信念。确立怎样的理想和信念，直接关系到一个人度过什么样的人生，从根本上决定一个人的人生意义与价值。在弘毅文化的濡染和熏陶下，周恩来“为中华之崛起而读书”“愿相会于中华腾飞世界时”等名言已成为红军娃最爱的座右铭。早立志、立宏志、立远志，新时代的红军娃从弘毅文化中汲取精神力量，明确了自己想要成为什么样的人，知道了自己为实现理想需要付出怎样的艰辛。鸿鹄之志已立，灿烂的人生格局也从此开启。

学校通过“传承红色基因，长成参天大树”“童心向党迎百年，薪火相传继伟业”等系列教育活动，浸润童心，铸魂立骨。红军娃们通过“千人红歌联唱，共绘百米长卷”的方式向党的生日献礼，实现红色基因在新时代的新传承。大课间活动游戏《地道战》、红绸舞《映山红》等已然成为学校流动的文化风景。学生大型团体操《薪火相传》、系列课程《红军娃讲党史》多次登录学习强国平台。“党史学习教育运动会”完美融合了党史教育及红色特色运动，从儿童的视角回望建党百年中华民族的奋进历程，以少年志向，传先辈理想，承未来使命。

画好同心圆、凝聚向心力。少年儿童是与新时代同向同行、共同前进的一代，生逢盛世，既面临着难得的人生际遇，也肩负着继往开来的时代使命。以周恩来总理为榜样，一个个优秀红军娃如雨后春笋般，突破自我，拔节生长。刘嘉琪、胡书胤两位小朋友喜获“全国优秀红军娃”光荣称号，并在钓鱼台国宾馆接受了颁发的证书。马懿珂、李香瑶等多位同学获“江苏好少年”“十佳少先队员”光荣称号。何嘉寅等十多位红军娃受邀远赴重庆，参加“永远跟党走”红色之旅，感受党的光辉历程。红军娃们立志厚积扎实学识，练就健康体魄，努力向学；坚定理想信念，筑牢责任担当，努力向善；赓续红色基因，铸就红色力量，努力向上。

（二）坚毅进取，锻造耐挫力

爱默生说：“挫折是人生前进的动力和重要启示，在逆境中，人才能真正展示自身的实力。”少年儿童只有具备一颗百折不挠的心，才能屹立于人生之巅。学校注重在教育教学中注入意志品质教育，塑造学生坚毅的人格、进取的精神，使他们成为在学习上与生活中乐观自信、勇往直前的人，这也是弘毅文化建设的美好愿景。

人的一生必定不可能一帆风顺，遇到挫折如何面对是一门成长的学问。随着社会的不断进步和素质教育的深入推进，人们对健康的理解愈加全面和深入，对身体健康之外的心理健康也愈发重视。学校广渠道、多平台、长时效地借助课程、文化、实践等路径，积极开展了认识自我、尊重生命、学会学习、人际交往、情绪调适、人生规划以及适应社会生活等方面的教育，引导学生增强调控心理、应对挫折、适应环境的能力。丰富学生阅历，拓宽学生视野，锻炼学生意志，促进学生健全人格、积极心态和良好个性心理品质的形成，让学生褪去稚气，走出怯懦，用坚毅的品格和积极的面貌迎接人生中的一切挑战。

长征精神是永远跃动的时代强音，是坚毅进取的完美化身。红军娃们通过讲长征故事、演长征课本剧等一系列活动，切身感知革命先辈在历经苦难与艰险中坚毅进取，深刻理解伟大的长征精神。同时，学校通过半日军训、拉练、远足、攀岩、重走长征路等活动对红军娃们进行挫折教育，增强体质，磨炼意志。在他们遇到挫折时，鼓励他们重整旗鼓，并提供足够的心理支持，慢慢培养他们的韧性、抗压能力以及竞争精神，最终帮助他们将挫折转化成前进的动力。在弘毅文化的浸润下，红军娃们接过长征精神的光辉旗帜，适应时代发展的要求，锐意进取，自强不息，努力将爱国之志变成报国之行，无论身处顺境或逆境，都一往无前，永不言败，走好新时代长征路。

一个人的耐挫力，在一定程度上决定了一个人的未来。耐挫力强，则可以化解挫折带来的消极影响，尽力克服困难，积极解决问题，创造性地完成任务，从而增长知识和才干，培养坚强的意志、克服困难的能力，形成积极向上、坚忍不拔的个性特征。红军娃们在小学阶段的学习与生活中，慢慢懂得了成功和失败是相互依存的，既学会如何应对成功，也学会如何面对失败，立志成为一个百折不挠的人。

（三）德美体健，提升行动力

德之美，在于养成；体之健，在于磨炼。少年儿童只有德美体健志向远，具备超强的行动力，勇于突破自己，敢于挑战不可能，制订计划就下定决心去实现，才能感受生命的丰厚与美好，成为可堪大用、能担重任的栋梁之材，在实现中华民族复兴中国梦的伟大实践中创造自己的精彩人生。

“文明其精神，野蛮其体魄。”少年儿童是祖国的未来，是中华民族实现伟大复兴之梦的力量之源。周恩来红军小学既重视学生品德的培养，又重视学生体魄的增强。学校以中华优秀传统文化中蕴含的美德，结合社会主义核心价值观的要求，让学生在学习周恩来等革命先辈和英雄模范人物的过程中，崇德向善。学校一直注重用周恩来的崇高品格涵育红军娃，聚焦有爱，养成自爱、他爱、大爱的弘毅品格。

近年来，青少年体质健康指标令人担忧，小眼镜、小胖墩、小糖人等不断出现。学校走在教育前沿，把握教育热点问题，抓牢抓实体育教学工作，把培养“合格加特长学生”作为对学生进行素质教育的目标之一，推行快乐体育，培养学生体育运动的兴趣，提高学生体育与健康素养。红军娃们每天坚持运动两小时，培养两项以上运动技能。学校从学生一入学就组建乒乓球、足球等体育兴趣运动队，积极探索教体结合的新路径，为更多的少年儿童搭建特长发展平台、拓宽素质提高的渠道，让学生在体育锻炼中享受乐趣、增强体质、健全人格、磨砺意志。

“敢探未发明之新理，敢入未开化之边疆。”红军娃们行动力超强，富有冒险精神，乐于主动尝试，在探索的过程中学习和提升。学校成立红军娃讲解团，孩子们走进红色德育基地，得体大方地展示自我，与人沟通充满自信。甜美的童声、大方的仪态、伶俐的口齿，让宾客们啧啧赞叹。在讲解中，他们不仅深刻地理解了红色文化内涵，而且更坚定了用实际行动去传播红色文化的信念。“少年军校”的小军事迷们在民防国防教育园真人野战区进行 CS 模拟演练对抗，多支火力分队紧密协作，向“敌方”纵深，实施精准打击。在作战室，“小指挥官们”冷静判断“战场”态势，果断下达战斗命令，果敢处置突发情况，及时进行战术总结……孩子们在实景模拟中，感受了“不怕苦不怕累，一切行动听指挥”的战斗氛围。实战模拟活动激发了每一个孩子的卓越潜能，改善和提升了学生的行动力。

值得一提的是，社团建设同样硕果累累。我校刘梓童同学在国家乒乓球集训队江苏省选拔赛中多次夺冠并获得“优秀运动员”称号。学校足球队多次获得省比赛冠军，累计培养出 4 名健将运动员、17 名国家一级运动员和多名国家二级运动员。其中 4 名学生成长为国家青年女子足球队队员。乒乓球队、轮滑队、武术队等多次获得省、市比赛一、二等奖。红军娃讲解团被评为省“优秀红领巾小社团”、市“十佳学生社团”。学校被评为省“少年军校”工作先进单位。

(四) 乐学善思，迸发创造力

“学而不思则罔，思而不学则殆。”孔子早就强调了学与思的统一。乐于学习、善于思考等良好学习习惯的养成是提高教育教学质量、促进学生思维发展的有力保障。“乐学”强调学生在学习过程中保持自觉、积极、主动、向上的心理状态。这种状态表现为对学习有浓厚的兴趣。美国心理学家布鲁纳说：“学习的最好刺激乃是对所学教材的兴趣。”学习兴趣越浓厚，学生的学习就越主动积极，智力发展越快，未来的成就越大。“善思”强调学习中思维参与的主动性。学校充分调动学生的积极性，培养学生独立思考的能力，引导学生在学习中敢言善辩，给学生充足的创造空间，让学生享受思考的乐趣，获得思维碰撞，从而产生新思想，激发创造力。

学校通过开放式的社团活动，培养少年儿童的创造力。小喇叭宣传团成立以来，孩子们纵观全局，着眼细节，积极参与学校红色文化场域建设。连廊里，孩子们用自己稚嫩的语言诠释“社会主义核心价值观”；长征园里，他们亲手描绘长征画卷，创作爱国励志诗篇；国防园里，他们精心设计需要的模拟战场……红军娃们还策划出切实可行的宣传实践方案，走进社区、走上街道，自我创新设计出带有时代感的宣传海报、宣传标语。通过自主实践，孩子们增强了服务社会的意识，体验宣传员的乐趣和成就感。此外，借力北京电影学院的优越资源，学校组建了小导演摄制团，学生自主选择、推荐共享优秀电影，以电影文本为核心进行电影编剧、表演、摄制等一系列创作活动。在实践体验中，“为什么”的好奇心驱动他们不断探索，不断创新。

新冠疫情期间，教师在班级群里发布数学小研究“疫情”项目招募令，红军娃们积极响应，快速组建“抗疫统计小组”，合理分工，迅速收集、整理数据，绘制折线统计图，分析、预测疫情发展趋势，自主拍摄微课小视频分享给大家。红军娃们还开展“英语配音秀”——《冰雪奇缘》《我爱我家》《你会跳舞吗》等精彩的英语动画被同学们表演得惟妙惟肖，他们纯正流利的口语洋溢着自信。红军娃们在 WER 机器人、仿生制作、3D 打印、Scratch 游戏编程、创客教育等课程中，不断生成新的智慧，生命得以深度发展。

在弘毅文化的浸润下，学生的创新精神和创新能力得到了全面发展。红军娃艺术团的学生们多次走进央视参加演出，曾两次获得央视颁发的创作、表演一等奖。10 多名学生还在中澳建交 40 周年时到澳大利亚参加文化交流，并在悉尼歌剧院演出，获得“中澳文化交流小使者”称号。

（五）勇于担当，生长链接力

少年智则国智，少年强则国强。面对世界格局的变化，实施公民责任教育更是必须进行的重要工作。培养负责任的公民是当今世界上许多国家普遍认同的普通教育培养目标，也是现代教育的重中之重。培养青少年德智体美劳等方面均衡发展的同时，必须强调责任感和责任心的养成，帮助他们养成主人翁精神和公民意识。具体地说，就是把少年儿童培养成对自己、家庭、社会、民族具有高度责任意识的人。小学阶段正是培养责任感的最佳时期，只有从小打好坚实基础，将来他们才能“先天下之忧而忧，后天下之乐而乐”。

担当是一种态度，一种行动，更是一种责任。弘毅文化联结学校“小课堂”和社会“大课堂”，打破儿童学习的边界，让儿童在生活中真实地历练成长，成就学生的多彩人生。成长道路上，红军娃们学会对自己、对家庭、对他人、对集体、对社会负责，立志做有担当的人，学好真本领，创造美好明天，助力祖国繁荣富强。

人作为社会的一个单元，并非独立存在。人与人之间相互链接，世界才会越来越精彩。链接力是人长远发展所必备的能力，通过链接自己、链接他人、链接世界，不断碰撞、启发、生长，生命更饱满、更美丽。学校依托丰富的地方红色文化资源，让红军娃们走出校门开展红色研学，满足他们多样性需求。学校深挖“红色文化”的内核，以“寻访力行”打通时空界限，链接实践基地，让儿童在生活中锤炼。红军娃们参加高铁站志愿服务，发现往返公共交通不太便利。如何用自己的知识尝试解决这一现实问题？于是，红军娃们自发组建团队共研课题，并将《淮安区高铁东站公共交通现状调查报告》递交给相关部门，还附上三种解决提案，得到有关部门的肯定。这样的活动，不仅解决了城市发展中的现实问题，也为红军娃们链接社会积累了丰富的经验。在诸多研学课程中，“红军娃重走长征路”“沿着党的足迹前进”等极具特色的红色研学实践活动已成为区域红色教育的亮点。“百年足迹，践行初心”主题研学课程中，红军娃们走进中共中央华中分局旧址，开展的活动登录中央电视台等媒体。丰富多彩的力行寻访活动，为红军娃们的自主成长、能力锻造提供了平台，为孩子们打造了最适切的教育环境，帮助他们成为更好的自己，真正实现自主发展、个性创造、快乐成长。

红军娃们在弘毅文化浸润中，赓续红色血脉，汲取强大力量，厚植爱党、爱国、爱社会主义情感，把个人成长与国家发展、民族复兴联系起来，将“小我”融入“大我”，努力用实际行动证明新时代的红军娃是堪当大任的一代。

二、红军娃成长培育体系卓有成效

红军娃培育研究初步探索了新时代德育教育与少年儿童行为规范养成之间的关系和实施的规律，构建了红军娃培育学校教育新体系，建立起高效的学校德育运行机制。在实施红军娃教育的过程中，形成红军娃培育新模式，铮亮学校德育特色品牌，全面提升学生思想道德素质，促进学校高质量内涵发展。

（一）形成红军娃培育模式

学校以红色基因传承为抓手，将行为习惯养成和美好品格塑造等工作放在首位，创新了红军娃培育模式，实现了全方位育人、全学科育人、全员育人。学校营造红色氛围，打造红色文化，实现校园环境育人。

课程是教育的最基本要素，是培育红军娃的重要载体和实现教育目标的根本保证。学校挖掘地域红色文化，整合校内外红色教育资源，找准红色文化课程切入点，设计科学合理的课程结构，深入开发与实施红色校本课程。在红色传承中创设“立德树人”新课程，在课程实施中讲好红色故事，传播红色声音，让立德树人效益最大化，让儿童在红色课程中真实地历练成长。同时，进一步赋予弘毅文化时代价值和意义，拉近学生与革命传统文化的距离，打造“现场教学 + 情境探究 + 参观体验”红色课堂，努力让红色文化育人实一点、趣一点、活一点，将思政小课堂和社会大课堂结合起来，因地制宜、因时制宜、因材施教，引导学生立鸿鹄志，做奋斗者。

开展实践活动，传承红色精神。学校结合学生实际和学校特点，通过丰富多彩的活动陶冶学生的情操，培养学生的个性特长，如制作红色课程图谱，设计红色景点打卡地图，开展红色运动会，推出“红色种子币”兑换机制……用一些学生喜闻乐见、生动活泼的方式让学生走进红色文化，达到了寓教于乐的效果。同时扎实开展革命传统教育活动，让德育教育活动成为孩子们弘扬红军精神、传承恩来风范的推进器。

（二）铮亮德育工作特色品牌

学校在践行美好教育、培育红军娃过程中，开展的“沿着党的足迹前进”“红军娃重走长征路”等德育活动先后被中央电视台新闻联播、《求是》杂志、《中国教育报》等上百家媒体宣传报道。学校形成的德育工作模式被《中国教育报》《德育报》《辅导员》等媒体宣传推介，在全国产生了广泛影响。红军娃宣传队被命名为“全国红军小学宣传队”，排演的节目多次走进央视。体育社团成绩喜人，学校轮滑队组建第二年就在市级比赛中，摘取总数 11 枚金牌中的 8 枚，夺得团体总分第一名，并代表淮安市参加省比赛，获得了第三名的好成绩。学校的学生女子足球队，参加江苏省学生女子足球锦标赛获得冠军。教育部将学校布点为足球特色学校。学校与意大利 AC 米兰青训营签订训练协议，为培养学生多元化发展搭建了高平台。经过多年的探索与实践，学校集体和学生个人成绩斐然，学校德育工作特色品牌已成为一种文化精神的引领，一种内在向上的力量。学校在强化立德树人、培育红军娃、铮亮德育品牌的道路上不断前进。

（三）提升学生思想道德素质

“为学生的终身幸福奠基”已经成为学校的办学追求，良好的道德品质是个人幸福的根本所在。学校根据德育工作的特点和规律，结合小学生身心发展的特点，注重培养学生自尊、自爱、自律、自强的优良品质，养成优良的道德行为习惯，帮助学生成长为德才兼备的人才。学校实施红军娃品格提升工程以来，学生的行为习惯发生了明显变化。孩子们学会感恩，热爱劳动，孝敬父母，懂礼貌，讲卫生，守纪律……学生诚实守信的意识增强，文明礼貌蔚然成风，思想道德素质获得全面提升。

三、红军娃成长评价体系日臻完善

学校以周恩来崇高品格为标识，以习养行动为实践载体，以学生的品德养成为目标，由总到分，纵横结合，建立自主养德评价体系，并在实践中日臻完善。

（一）细化评价类别

1. 个体表彰

学校实施“十百千工程”，评选“千、百、十优秀红军娃”。从走好路、讲好话、读好书、写好字、用好餐、做好操、观好礼、孝好亲、理好物、行好事等十个方面在全体学生中评选“千优红军娃”，在“千优红军娃”中评选“百优红军娃”，在“千优百优”评选的基础上，优中选优，推选出全校“十佳红军娃”。

通过评选进一步发展学生的个性特长，并搭建展示的舞台，进一步促进红军娃的培育，体现学校“成为美好事物的圆心”的核心办学理念。

2. 群体表彰

每学期都开展“周恩来班”创建活动，定期申报、评比、颁牌；还举行“翔宇中队”“大鸾中队”“飞飞中队”“崛起中队”等特色中队评选活动，以周恩来崇高品格引领学生发展，形成向模范学习的积极氛围。

（二）甄选评价内容

1. 表现能力评价

学校精心设计《周恩来红军小学红军娃成长评价手册》，遵循儿童的身心发展规律，从儿童行为习惯、品德养成方面开展评价。评价手册将自我评价与朋辈评价相结合。依托评价手册设计成长记录袋，真实地记录儿童自身行为表现情况，以及亲朋长辈在成长中的帮助、鼓励、指正等，从对儿童外部行为的评价，逐步深入到对内心品质的评价，促进儿童的自我成长。

2. 实践能力评价

关注儿童成长过程，发挥儿童潜能，鼓励儿童参与学校管理活动，在实践中关注儿童能力的提升。通过开展“向周爷爷学习”五大活动，建设“小百灵讲解团”“小喇叭宣传团”“小卫士安保团”“小导演摄制团”“小园丁植美团”等团队，设计标识鲜明的团队旗帜和徽章，对参与者通过授予旗帜、徽章的方式，进行能力认定。

3. 习养能力评价

儿童、教师、家长共同参与，凝练红军娃的精神符号，设计相关文创产品，如“红军娃形象大使”“红军娃五星徽章”“红星手环”等，引导儿童参与到习养活动中，对自己的行为习惯、品德养成方面进行评价，通过“十百千红军娃评比”“红小代言人”“红军娃争章”“集星换章”“每日公益打卡”等系列活动，引导学生争优争先，培养有爱力行红军娃。

（三）形成评价体系

学校关注学生核心品质的发展，遵循过程性评价与发展性评价相结合、自主评价与他人评价相结合两大原则，从红色印记、红色徽章、红色典礼三个方面，形成“红军娃”成长评价体系。

1. 红色印记——记录袋里的别样成长

学校精心设计《红军娃成长评价手册》并依托评价手册设计红色成长记录袋，从一年级入学开始，重点记录儿童在红色文化课程、实践活动、社团活动、研学活动中的表现，综合自主评价和朋辈评价，六年后制成光盘或上传个人空间、班级空间、学校网站等。记录是为了展示，展示的过程又是一个学习的过程，更是对六年成长的回顾，用记录袋记录成长、见证成长、助力成长。

2. 红色徽章——争章活动中的能力认定

学校基于四大红色课程体系开展红军娃争章活动。“智慧红星章”“实践红星章”“艺体红星章”“研学红星章”“星星火炬章”等极具标志性的特色徽章，给予红军娃们充分的肯定和激励，以此来引领更多的学生参与到红色文化传承中来。

3. 红色典礼——线上线下的全面展示

线下开展极具仪式感的“十好”红军娃颁奖典礼、“五星”红军娃嘉奖典礼；线上利用学校公众号平台、学校网站进行红军娃风采展示。通过颁奖和展示，提升红军娃的荣誉感与自豪感，让红色文化传承成为每一位孩子心中神圣的使命与担当。

红军娃成长评价体系，回归人本立场，关注现实生活，以人的发展为出发点，尊重具体个人的独特存在价值，不仅对孩子的个性风貌进行整体分析，还从多角度进行判断，坚持全面综合地看待一个人，对人的个性潜能作出综合判断，助力孩子认识自己，为他的学业、职业乃至整个人生规划提供有价值的参考信息。

在当今世界一体化、经济全球化、价值多元化的时代，弘毅文化有着不可替代的作用。弘毅文化是一种开放发展的文化形态，具有历史的积淀和鲜明的时代主题。创新弘毅文化育人模式，使红色革命文化贴近现代儿童，从课程到教学，从校内到校外，全方位营造了一个红色育人的教育生态，让红军娃们向下扎根，向上生长。

周恩来红军小学“十百千”德育工程实施方案

为进一步践行社会主义核心价值观，落实“八礼四仪”教育，树立学生身边的榜样，引导学生从自我做起，用行动关注社会、关爱校园、关心他人，做一名“优秀红军娃”。经校长室研究决定，实施“十百千”德育工程，现将具体实施方案公布如下：

一、指导思想

为了进一步加强学校德育工作，努力探索贴近学生实际，行之有效的德育工作新途径、新方法，转变教育观念，从学校德育工作的实际情况和学生成长的实际需要出发，避免“高、大、空、远”的说教，真正从“近、小、实、亲”做起。为此，学校决定在同学中开展评选“优秀红军娃”活动，即：在同学身上找长处，在同学当中找榜样，在同学当中树新星。使同学们真正感到：学习的榜样就在身边，真实可亲，实实在在。真正做到学生之间找差距、自尊自爱、自强自立。人人争做德、智、体、美、劳全面发展的合格小学生，为树立良好的校风而努力！

二、活动目的

关注每一个学生的成长，引导全体学生寻找自身长处，挖掘自身潜力；引导广大教师发掘学生的闪光点，关注学生的点滴进步。通过榜样带动的作用，使队员们有进一步努力、前进的目标，让更多的孩子发现自己的闪光点、找到成长中的自信。通过评优对学生进行多方面的正面引导，树立学生的自信心，使学生生动、活泼、健康、主动、全面发展。

三、组织领导

为确保“优秀红军娃”评选活动公正、公平、公开，特成立校“优秀红军娃”评选小组。

组长：管晓蓉

副组长：吉洪跃　杨玉海　潘东升　徐洪筛　叶浩然　胡彦科　尹兆青　李建群

组员：沙海燕　徐晓佳　吴蓓蓓　王剑　李定宇　赵　璐　王勇　孙淮芹　翟光　吕明珠　蒋小静　刘俐　赵冰洁　张婷　各年级大队辅导员　各班班主任

四、评选对象

本校一至六年级全体在校学生。

五、评选内容

周恩来红军小学“十佳红军娃”“百优红军娃”“千名优秀红军娃”。

六、评选条件

各类优秀学生在认真遵守《小学生守则》《小学生日常行为规范》，以下十方面表现突出者：

★爱心：文明礼貌，乐于助人

在学习和生活上长期坚持帮助有困难的同学，努力帮助他人排忧解难；积极参加志愿服务活动，为空巢老人、孤寡老人、残疾人和军烈属等做力所能及的志愿服务，主动参加学校文明建设、公益宣传和文化活动。

★诚信：严于律己，诚实守信

尊敬师长，团结同学，知礼仪、重礼节；言行举止文明有礼，在人际交往中，礼貌待人，重信守诺，不弄虚作假，做老实人，说老实话。带头遵纪守法，并能帮劝、带动他人与自己同守同行；办事公道，待人实在，主持正义，团结守信。

★孝敬：孝敬父母，尊重师长

孝敬父母、尊敬长辈，理解父母、感恩父母；主动分担家务，自理、自立能力较强；能长期坚持孝敬父母、尊敬师长、礼貌待人；能长期坚持为父母和非亲老人及孩子做好事、办实事。

★勤俭：热爱劳动，勤俭朴素

能做到艰苦朴素、勤俭节约、不挑吃穿、不盲目攀比。主动承担劳动任务，并为班级卫生做出贡献。

★自强：自尊自爱，自强不息

珍爱生命、严于律己、积极向上、自强不息。在校读书期间，在家庭经济困难或单亲家庭的情况下，能坚持奋发学习、克服困难、勤奋读书，长期保持学业成绩优秀，达到品学兼优，赢得师生公认，得到家长、群众好评。

★好学：勤学好思，勇于探究

学习积极主动，注重学习方法，讲求学习效率，学业成绩名列前茅，学科发展均衡。有明确的学习目标，学习中有不达目的不罢休的刻苦精神；业余时间好读书，读好书，善于从书中汲取营养。学习上、思想上积极上进，能把优秀队员或先进人物作为学习的榜样。

★才艺：兴趣广泛，特色鲜明

积极参加校内外艺术活动，并为学校做出一定的贡献；热爱音乐、美术并具有一定的特长（参加考级）；能积极参加学校文艺活动，成绩突出。

★运动：强健体魄，身心健康

积极参加体育锻炼，身体健壮，健康向上，具有一定的体育道德风尚；敢于拼搏，参加校内外体育竞赛成绩突出，为校、中队争光。

★环保：珍爱生命，爱护环境

热爱科学，亲近自然，善于思考，注重实践，爱护公物，勤俭节约，积极参与爱惜粮食、节约用电、低碳生活、植绿护绿等社会环保活动，环保节能意识较强。

★创新：崇尚科学，善于创新

在圆满完成自己学习任务的前提下，能长期坚持参加学校和社会道德实践活动及志愿服务活动，从小参加小发明、小创造等科技创新活动，有发明专利等突出成绩，得到师生和群众的公认及赞誉。

七、评选步骤、方法

第一阶段：发动宣传

通过教师会议、集会等形式在学生和教师中进行宣传、学习。

第二阶段：推荐评比

在学校评比方案的指导下，各班严格程序、规范评比、积极申报。

1. 每班推选 10 名候选人，进入年级评选。

2. 每年级评选出 20 名候选人，进入学校评选，产生“百优红军娃”。

3. 由校评选委员会推选出 30 名“十佳红军娃”候选人参与网上投票，结合投票结果评选出校“十佳红军娃”。

第三阶段：颁奖

公布“十佳红军娃”事迹材料，举行颁奖典礼。

八、活动要求

各班抓住契机，精心落实。要将此次评选活动作为推进未成年人思想道德建设的重要抓手，紧扣“让学校成为美好事物的圆心”的办学理念，拓展“前进！前进！进！”校训内涵，立足本校实际，着力弘扬红军精神，传承恩来风范，传承红色基因，全力打造十佳红军娃。利用周前会和班队课等机会广泛发动学生踊跃参与，努力扩大参与面，使评选表彰的过程变成我校学生提升道德品质、争做美德少年的过程，成为我校学生自觉参与、自我教育的过程。

淮安市周恩来红军小学德育处

二〇二〇年九月

周恩来红军小学“新长征十佳红军娃”颁奖词

她，诚实守信，勇于担当，是同学们的知心人；她，勤俭节约，保持传统，是班集体的守护者；她，以书香为友，有着良好的读书写字习惯，是伙伴们的好榜样。她是一名品行端正的学生，如春风一般和煦，与同学相处融洽，对老师尊重有礼。她就是二（30）班的周雅雯。

学而知其乐，他好学不怠，乐学不倦；他感恩、孝亲、独立，从不依赖于父母的督促；读万卷书，行万里路，他是能在读书中品尝快乐的人，一个孜孜不倦的跋涉者；他以满腔的热情与干劲活跃在班级活动中，用阳光般的魅力感染他人，用阳光般的关怀温暖他人；天道酬勤，让我们记住这个坚毅与阳光并存的红小好少年，他就是二（26）班的胡文俊。

她，胜不骄、败不馁，坚韧、坦然地展现红小学子风范；她言行一致，严谨、求实铸就红小学子精神。她的笔下描绘着童心世界，也描绘着红旗飘扬；她的读书声中回荡着祖国河山，也回荡着少年志向。桑梓有幸育才俊，萌动探花御马奔，志存高远的她将勇担复兴大任，奔向美好绚烂的未来。她就是三（16）班的胡文雯。

他像一朵向日葵，活泼开朗、充满朝气，用他阳光般的魅力感染着他人；他有一颗纯洁善良的心，用自己稚嫩的小手，谱写着一曲曲充满童趣爱心的歌；他是好学生、好干部、好孩子，有永不服输的锐气，充满真诚的担当，他的脸上永远洋溢着灿烂的笑容，那是一种自信、一种真诚，更是一种希望。他就是三（15）班的毛杨旭。

他是自信乐观的阳光男孩，这份自信与阳光来源于他积极向上的心态。他乐于帮助身边的师长和同学，是一名品学兼优的优秀学生。他是班级的一面旗帜，树立了良好的榜样，成为同学们追求的方向。他的理想远大，想成为一名保家卫国的军人，愿他伴着梦想，一路前行，一路芬芳。他就是来自四（2）班的吕星源。

她热爱读书，喜欢于书海中领略古今，品味中外，与伟人对话，汲取营养。她身上不仅有含蓄隽永的书卷香气，也有着舞蹈带给她的灵动活泼。“生活就像海洋，只有意志坚强的人，才能到达彼岸。”这是她的座右铭，也是她奔赴理想道路上的不竭动力。她就是四（5）班的侯舒怡。

他快乐，在为理想而拼搏的过程中；他幸福，在为未来而跋涉的努力里。在每一个平凡的日子里，他会心地微笑，折射着点点滴滴的收获，堆积成自信的高峰。他是一个阳光开朗、乐于助人的男孩，正用高尚的思想、不懈的努力、无私的奉献书写属于自己的精彩人生。他就是来自五（4）班的仇冠杰。

她脸上总是挂着自信的微笑，明亮的双眸闪耀着智慧的火花；对老师彬彬有礼，待同学真诚友爱，做事情认真负责。自律自强的她是老师们的得力小助手；乐于助人的她是同学们的好伙伴，孝亲敬长的她是亲友们的贴心人。拥有水晶般心灵的她随时撒播着积极向上的正能量！她就是五（19）班的马懿珂！

她刻苦努力、勤奋踏实，是学习上的巨人；她团结同学、真诚善良，是生活中的强者。她能赢得众人的钦佩，不仅因为成绩优异，更因为她无私、真诚！她已将自己的纯朴、真挚溶于生活中，以公平待人、以诚信服人。她就是六（3）班卜婧尧。

她，勇于做学习的带头人，广泛阅读，用心思考。作为班长，她发展全面，积极团结同学，协助老师管理好班级事务，以极大的热情参与学校的活动，体现了优秀的学习生活习惯；她，居家尊敬长辈，在校敬重师长；她，极富爱心，经常帮助有困难的人，用坚定与执着奉献温暖的力量。她就是六（8）班的冯蕴焓。

伟大的长征精神激励着一批又一批少先队员不断开拓进取、努力奋进，他们用实际行动诠释着新时代红军娃的责任担当，在新长征路上他们将坚定信念、志存高远、坚强勇敢、团结自信，肩负起时代赋予的使命，砥砺品格，增强本领，争做有道德、有文化、有理想、有担当的新时代红军娃。

淮安市周恩来红军小学习惯养成十好要求评比细则

类别	名称	习惯标准	具体要求
行为习惯	走好路	抬起头，挺起胸；校内走，慢步行；拐弯处，莫急跑；行进时，队伍齐；上下楼，靠右行；精神足，身力行。	能保持一米间距，有序排队；能走直线、拐直角、臂伸直、腿抬高。购物、乘车自觉排队；自觉遵守校内外活动秩序；自觉遵守交通规则，积极宣传交通安全知识。
	讲好话	遇他人，请问好；说话时，平心气；言简短，话清晰；他人讲，细倾听；不打断，表尊敬；言语谦，须牢记。	能主动佩戴口罩，保持距离说话；说真话，不撒谎；自觉、主动使用礼貌语言，能流利使用普通话；谈吐文明、大方、礼貌、得体；尊重他人，主动问好，理解他人。

续表

类别	名称	习惯标准	具体要求
学习习惯	读好书	有益书，手中拿；头抬起，腰挺直；一心意，牢记清；长知识，视野宽；日读书，半小时；书墨香，多快乐。	开关门窗动作要轻，卫生工具摆放整齐有序；保持桌面整洁，自己收拾整理书包、文具和课桌；主动收拾物品，做到整齐有序。
	写好字	脚放平，心入境；胸离桌，一拳距；手执笔，只一寸；眼和纸，差一尺；不低头，不侧身；纸和笔，要珍惜。	自主阅读有意义的课外书籍，培养阅读兴趣；每天坚持课外阅读，注重积累，养成良好的阅读习惯。善于读书，知识面广。
健康习惯	用好餐	进餐前，先洗手；排好队，进食堂，吃饭时，忌喧哗；适量取，勿浪费；就餐后，物归位；回座位，安静等。	学会正确的坐姿和写字姿势；书写清楚、卷面整洁；书写工整、大方、美观。
	做好操	集合快，步伐齐；不奔跑，不喊叫；广播操，认真做；动作齐，点到位；姿势正，强有力；精神足，人神气。	疫情期间能自主锻炼，积极参加各种游戏和体育活动；掌握锻炼身体的基本方法，掌握一定的运动技能，积极主动参加体育锻炼。
情感习惯	观好礼	升国旗，需敬畏；着装整，挺胸膛；先脱帽，后敬礼；唱国歌，声音响；明纪律，展威仪；行礼仪，存敬仰。	认真倾听别人的讲话发言；耐心倾听别人讲话，言谈文明文雅；在家听父母的话，在校听老师的话。
	孝好亲	清晨起，问早安；上学去，说再见；父母归，笑相迎；父母愿，当力行；尊父母，敬长辈；知感恩，扬美德。	穿着干净、整洁；自己穿衣系鞋带；勤换衣服、勤洗澡；衣冠端正干净，朴素大方，不穿奇装异服，不和他人攀比。

续表

类别	名称	习惯标准	具体要求
生活习惯	理好物	衣和裤，勤换洗；入校园，穿戴整；平时物，勤整理；学习品，要爱惜；做事情，有条理；重细节，要谨记。	养成使用公筷公勺的习惯；吃饭时不挑食、不浪费；爱惜粮食，不乱倒饭菜，少吃零食；珍惜劳动成果，吃饭时做到“光盘”。
	行好事	心目中，有集体；讲卫生，是责任；垃圾物，主动捡；轮值日，认真做；要劳动，需积极；志愿者，我争先。	学会在校园承担必要的清洁打扫和卫生保洁、义务劳动等活动任务；自觉、主动打扫校园卫生；关心集体，积极主动承担班级、学校的各种劳动任务，乐于助人；加入校园志愿者组织，乐于承担班级、学校、社区、社会各种义务服务活动，具有一定的志愿服务意识和能力。

备注：为全面贯彻落实习近平新时代中国特色社会主义思想和全国、省、市、区教育大会精神，引导学生准确理解和把握社会主义核心价值观的深刻内涵和实践要求，养成良好习惯，成为德智体美劳全面发展的社会主义建设者和接班人。根据淮安区义务教育学校学生习惯养成教育实施意见和学校具体实际，制定周恩来红军小学“习惯养成十好要求”评比细则。

第二节　文化推进教师发展

百年大计，教育为本；教育大计，教师为本。建设一支高质量的新时代教师队伍是学校在发展过程中的第一要务，高品质教师队伍建设需要高品位的学校文化引领。建校以来，学校汲取红军精神和周恩来崇高品格营养，依托弘毅文化，以文砺人，以文培人，以文育人，绘就红烛教师蓝图，铸就红烛教师工程，引导全体教师树立远大抱负，磨砺坚强意志，打造了一支政治坚定、绝对忠诚、师德高尚、业务精湛的红烛教师队伍。

一、弘毅文化绘就红烛教师形象

弘毅文化赋予恩来红小教师全新内涵，点燃教师心中红烛精神。学校依托弘毅文化，以“像周恩来那样工作、学习和生活”激励教师，绘就了“点燃自己，照亮学生”的红烛教师形象。

（一）政治坚定，有理想信念

教师既是学生健康成长的引路人，又是学生信仰的铸魂者，承担着引导学生“扣好人生第一粒扣子”的重要责任，肩负着培育学生政治信仰的神圣使命。

政治坚定就是坚定理想信念，始终坚持把政治标准放在第一位。坚定对马克思主义的信仰，系统学习、深入研究、广泛传播、努力实践马克思主义理论；坚定中国特色社会主义信念，坚定“四个自信”，积极投身于中国特色社会主义伟大实践，在实现中华民族伟大复兴中国梦的过程中实现自身价值；坚定共产主义远大理想并为之努力奋斗。

政治坚定就是坚定教育初心，始终坚持办人民满意的教育。树立正确的历史观、民族观、国家观，能准确理解和把握社会主义核心价值观的深刻内涵，增强价值判断、选择、塑造能力，确保思想上、政治上、行动上与党中央保持高度一致。坚持教育为人民服务、为中国共产党治国理政服务、为巩固和发展中国特色社会主义制度服务、为改革开放和社会主义现代化建设服务，努力培养担当民族复兴大任的时代新人。

（二）绝对忠诚，有道德情操

忠诚是人的一种优良品质，是高尚的道德情操。一个人对亲人、朋友、组织都应做到忠诚，但与这些忠诚相比，对党的绝对忠诚是一种更为无私、更为可贵的品质。虽然并不是每一个教师都是党员，但是他们都以成为红烛教师为理想，以共产党员的标准严格要求自己，努力做到对党绝对忠诚，实现个人价值、国家发展、人类进步三者的完美结合。

周恩来红军小学的红烛教师队伍，坚定理想信念，强化道德修养，始终恪尽职守，不断强化对党的认同感、归属感，在内心深处把党置于一种无比崇高、神圣不可侵犯的地位，把自己的命运和党的命运紧密联系在一起；胸怀高度的责任感、使命感和担当精神，努力为党的事业作贡献。在践行教育初心的过程中，使个人的才干与美德在最崇高的层面上获得认可与证明，使个体生命的价值在最神圣的层面上得到实现。红烛教师必须对党绝对忠诚，最虔诚、最执着、最经得起考验，无论在任何时候任何情况下都不动摇信仰，不迷失方向，把个人的生命价值与党的事业发展高度融合在一起。

（三）师德高尚，有仁爱之心

师德即教师的职业道德。教师的职业道德就是“严谨治学，科学育人；热爱学生，以情育人；为人师表，教书育人；团结协作，共同育人；敬业乐教，职业育人”。首先，它是教师的职业道德，是教师和一切教育工作者在从事教育活动中必须遵守的道德规范和行为准则，以及与之相适应的道德观念、情操和品质。其次，它作为教师的职业道德，又不同于一般的职业道德，教师劳动的示范性与创造性特点决定了师德不同于一般道德的特殊性。教育是阳光下最光辉的事业，教育的目标是“德才并重，以德为主”。教师的职责在于通过言传身教，培育一代又一代具有高尚思想道德的人才。

周恩来红军小学注重师德养成，引导广大教师争做“四有好教师”，做好学生“四个引路人”。育人为本、德育为先，加强校风校纪、师德师风、教风学风建设，不断提高德育效能，积淀文化底蕴。学校以弘毅文化为载体，不断改进评价体系，提升教师的精神境界，以达到教育人、熏陶人、培养人、发展人的教育目的。健全师德建设长效机制，推动师德建设常态化、长效化，创新师德教育，完善师德规范，引导广大教师以德立身、以德立学、以德立教。

爱是师德的灵魂，没有爱就没有教育。一个师德高尚的教师首先应该有仁爱之心。有仁爱之心，是教师从教的职业之需，体现了和谐育人的导向。周恩来红军小学号召全体教师像红军一样关心同志，像周恩来总理一样心系群众，像无数的教育名师那样关爱学生，在教学工作中培育爱、激发爱、传播爱，通过真情、真心、真诚拉近与学生的距离，滋润学生的心田，把自己的温暖和情感倾注到每一个学生身上，用欣赏增强学生的信心，用信任树立学生的自尊，让每一个学生都健康成长，让每一个学生都享受成功的喜悦。

（四）业务精湛，有扎实学识

学校坚持培养与管理、关怀与激励并重，以研促教，以教带研，研训一体，大力提升教师专业化水平。教书育人是老师的天职，如果老师不够专业，那就根本谈不上“传道、授业、解惑”。学校一直引领全体教师与时俱进，树立终身学习的理念，走多元化道路，努力做到博而专。

“专”是基础，体现了扎实学识的深度，是教学改革的“本”。不断地更新业务知识，丰富实践经验，努力提高自身的各项技术技能，并将理论学习同实践工作联系起来。在具体的工作中，不断学习相关知识，树立终生学习的观念，做到互帮互学，共同进步，不断提高业务素质和管理水平。

当然，在业务技术上，提升能力素养光有“专”还不够，还得重视“博”，“博”体现了扎实学识的广度。学校重视引导教师加强知识的更新和补充，培养多方面的技能，如跨学科能力、链接社会能力、信息技术应用能力等，融合多学科知识，增强学科的相容性以及综合实践能力，以适应未来教育的需要。

二、弘毅文化铸就红烛教师队伍

“春蚕到死丝方尽，蜡炬成灰泪始干”常被人们用来赞颂教师无私奉献的精神。如何建设一支“点燃自己，照亮学生”的新时代红烛教师队伍，是我在办学、治校过程中一直思考的问题。周恩来红军小学，虽然是一所年轻的学校，但它根植于深厚的红色文化沃土，红军精神和周恩来的崇高品格是学校取之不竭的精神源泉。在萌芽中孕育，在发展中成熟，学校以弘毅文化晕染教师，实施以文培人塑师魂、以文育人立师德、以文砺人炼师能的红烛教师建设工程。

（一）以文培人塑师魂

师魂，为师者的灵魂，是教师的人格风范。“经师易得，人师难求。”爱与责任是师魂的核心。这里的爱，是对国家的爱，对民族的爱，对事业的爱，对学生的爱；这里的责任，是党与国家、人民赋予的育人责任。红烛教师用实际行动回答了“为谁培养人，怎样培养人，培养什么人”的根本问题。

在民族复兴的时代背景下，红色文化的滋养对于教师坚定政治方向、树立崇高教育理想具有重要意义。周恩来红军小学教师队伍建设坚持从红军精神和周恩来崇高品格中汲取养分，大力开展师德培育活动，塑造传承奉献的红烛教师灵魂。

1. 周恩来崇高品格树理想

作为以周恩来总理姓名命名的小学，学校里的每一位教职员工都以身为恩来红小的一员而感到无比自豪，在心里不由得许下做“像周恩来总理那样的人”的宏愿，自发成为周恩来崇高品格的践行者，以周恩来总理品格为红烛教师师德的最高标准。随着学校弘毅文化的发展，大家对周恩来崇高品格有了更深入的理解，曾经朦胧的念头变成清晰明了的教育理想——用恩来品格涵育时代新人。

2. 长征精神砺行动

红军在长征中凭着坚定的理想信念，凭着艰苦奋斗、不怕困难的革命乐观主义精神，凭着严守纪律、亲密团结的革命作风，征服千难万险，战胜强大的敌人，取得长征的伟大胜利。长征精神成了恩来红小教师的精神图腾，在身体力行中，我们开启教育事业的新长征之路。

长征精神砥砺教师形成良好的师德师风，坚持教书和育人相统一，坚持言传和身教相统一，坚持潜心问道和关注社会相统一，坚持学术自由和学术规范相统一，在助力学生成长中实现人生的价值。全体教师共同参与制定《红烛教师公约》，规范教师日常行为，努力成为一个纪律严明、团结和谐的红烛教师群体。

长征精神激发了全体教师的教育热情，磨砺了教育智慧；引领教师们明晰了发展方向，唤醒了自我发展的内驱力。在教学上关爱学生，因材施教，精益求精；在科研上努力钻研，不断提升，追求卓越。

3. 党史教育明担当

中国共产党党史，就是最感染人心的师魂培育素材。学校通过强化党建工作，开展学党史系列实践活动，引领全体教师学习党史，重温光辉历程，追忆红色故事，传承红色基因，用党的光辉历史和伟大奋斗历程来激励全体教师学史明理、学史增信、学史崇德、学史力行。

学校开展“永远跟党走”党史教育系列活动。在五四青年节，举办“重温党史守初心”演讲比赛，以党史为线，抒家国情怀。在七一建党节，开展“红色宣讲映初心”活动，激励大家学党史、悟思想、办实事、开新局。在九一八开展国家公祭日烛光祭祀活动，重温历史，不忘国耻。一次次的党史教育活动，让教师们明确了新时代教育工作者的责任担当。“请党放心，强国有我！”一声声誓言道出红烛教师们的心声。

（二）以文育人立师德

教育是用人格铸造人格、用心灵唤醒心灵的过程。教育的特殊性，决定了教师的师德比其他的职业道德要求更高。西汉学者杨雄说：“师者，人之模范也。”孔子云：“其身正，不令而行；其身不正，虽令不从。”

学校以红色文化涵养师德，开启“点亮阅读”工程，在阅读中传承经典，积淀深厚文化底蕴；开设“师说心语”论坛，分享教育经验，诉说教育情怀；通过“最美红烛”评比提升教师自我价值认同，点燃教师的奉献精神。

1.“点亮阅读”晕染红烛教师生命底色

“问渠哪得清如许，为有源头活水来。”作为新时代的红烛教师，自身的道德力量源泉从哪里来？学校开启“点亮阅读”工程，每日一读，每周一推介，每月一论坛，老师们以书为友，以读启智，从一部部经典著作中汲取养分，晕染红烛教师的人生底色，点亮红烛教师的生命之火。

每个工作日清晨教师广播操后，就是全体教师的“每日一读”时间。学校大门口，周恩来总理塑像前，全体教师列队诵读。领读人以深入浅出的讲解，生动翔实的事例诠释《论语》《古今贤文》《道德经》等一部部国学经典，教师们的血液里悄然融入了中华传统文化的精髓，潜移默化着自己的修身、为人、处世……

每周一次读书推介会的举行，为教师搭建了阅读交流的平台。每期由三位老师分别推介书目，分享阅读心得。推介教师们潜心阅读，精心准备，撰写心得。推介会上，他们或诵读片段，或畅谈个人见解，或联系教学实践，声情并茂地带领全体教师走进经典，走进大师，撷取人类思想精华，教师们在交流与思辨中收获知识，启迪智慧。

每月一次的读书沙龙，是学校提升教师师德水平和专业素养，引导教师“多读书，读好书，好读书”的重要阵地。同时，学校不断丰富校图书馆藏书，为全体教师推荐教育教学必读书目。每个月教师就一本共同读物展开交流，大家各抒己见，畅所欲言，一部部古今中外经典教育专著，拓展了教师们的教育视野，润泽了红烛教师的育人丹心，红烛教师高尚的师德灵魂在读书中得到升华。

2.“师说心语”诉说红烛教师教育情怀

为了让教师个体的教育经验成为共同的教育财富，学校开设了“师说心语”教师论坛。在论坛上，教师们吐露心声，提出自己的教学困惑，讲述自己的育人故事，分享自己的教育智慧，共同诉说红烛教师的教育情怀。老教师于秀英语重心长地提醒：“没有爱就没有教育，要关爱每一位学生。”青年教师王丹蕾和大家动情地说：“教师是神圣的职业，承担特别的责任，不仅要关注学生的学习与成长，而且要让学生摸得着，感觉得到。”深受学生欢迎的潘福平老师分享了他教学的经验：“老师掌握一点幽默的艺术，既放松学生的心情，同时也让学生走近了你。”“师说心语”教师论坛已成为全体教师最关注的活动。

3.“最美红烛”点燃红烛教师奉献激情

如何唤醒教师们的自我认同？如何激发教师们的主人翁意识？如何点燃全体教师的奉献激情？是我校在红烛教师队伍建设中一直关注的问题。学校通过“最美红烛”评选活动，推出了一批批“新秀教师”“教学能手”“教学名师”，用这些先进教师的榜样力量鼓舞人、激励人、引领人。

学校广开言路，教师代表们在教职工代表大会上畅所欲言，积极参与学校民主生活，为学校发展出谋划策。“青蓝工程”表彰大会上，青年教师们朝气蓬勃，神采飞扬；校庆典礼上，十年功勋教师们身披勋带，胸戴红花，手捧证书；每年教师节，学校为工作三十年的老教师举行隆重庆典……“最美红烛”教师的风采展示，让教师们找到了归宿感、成就感、自我认同感，明确了奋斗的目标。

（三）以文砺人炼师能

师能是教师的业务能力，它包含专业精神、专业知识和专业能力等。“学生一碗水，教师一桶水。”在现代教育理念下，教师具有的不能是一桶死水，而应是源源不断的活水。作为一名教师，只有不断拓宽知识面，提升专业能力，才能站得更高，看得更远，以广博的知识出色地完成教育教学任务。

学校以弘毅文化所蕴含的进取精神助力教师职业规划，以弘毅文化所蕴含的坚毅精神助力教师实践研究，以弘毅文化所蕴含的开创精神助力教师科研成长，借助名师工作室、课题研究组、集体备课组等平台，通过“小荷计划”“薪火计划”“珠峰计划”“领雁计划”等系列工程，搭建了一条从教学新秀到骨干教师再到教学名家的专业化成长绿色通道。

1.“小荷计划”：青年教师培育工程

学校为助力青年教师成长，每年开展“青蓝结对”工程，建立教师成长档案，要求青年教师每周至少听师傅一节课，提倡青年教师跨学科、跨年级听课，从不同学科中汲取精华，使其成长得更科学、更扎实。每周级部负责人和师傅到青年教师班级中听课，做到听课结束就点评，评课指出优点，说出不足，让青年教师感受到集体的温暖，体验到成功的快乐。

学校还给青年教师提供多种锻炼的机会，积极推选青年教师参加各级各类的教学比赛，如“青蓝工程汇报课”“区青年教师教学大比武”“市青年教师三航工程”“省青年教师教学基本功大赛”等。

2.“薪火计划”：骨干教师成长工程

基于我校教师队伍现状，学校通过实施骨干教师培养方案，优化师资培养的有效机制，使骨干教师具有高尚的师德和良好的心理素质，具有精湛的教学技艺，掌握和运用教育改革前沿的成果，创造性地从事教育教学工作，并能不断完善、发展自我。

骨干教师发展既取决于外因，也取决于内因，学校对于骨干教师的培养遵循“自动”和“他动”相结合，以“自动”为主的原则，着重激发教师内在发展需求，在“引导学习，提升素质”，在“搭建舞台，促其成长”上为骨干教师专业化发展提供良好的服务。

3.“珠峰计划”：科研名师引领工程

科研名师对于学校整体师资力量的增强具有叠加作用，实施“科研名师引领工程”是学校教师队伍建设的又一重要举措。

学校成立了各学科多个名师工作室，均以“美好教育”研究为核心，以“融学课堂”打造为主要载体开展活动，充分发挥工作室全体人员的智慧和教学研究能力，发扬开拓创新和团队合作精神。在学习、思考、实践、反思、总结的过程中，把先进的教育理念、独特的教学风格、精妙的教学技巧、灵活的教学方法，渗透和辐射到工作室学员的教学中去，让工作室真正成为培养名师的基地，成为人才成长的阵地。

4.“领雁计划”：卓越教师提升工程

学校依托教育部“国培计划”领航工程名校长工作室、江苏省名校长工作室和美好教育联盟等平台，打造卓越教师提升工程，培养造就一批教育情怀深厚、专业知识扎实、勇于创新教学、善于综合育人和具有终身学习发展能力的高素质专业化卓越教师。

校长以身作则，以开阔的视野高瞻远瞩，带领老师们开展教育研究、锤炼教学技能、提升综合素质，引领红烛教师由专业型、经验型教师转变为研究型、专家型教师。教师们不断在学习中充实自己，在实践中提升自己，在科研中突破自己，敢于直面挑战，勇于开拓创新，追求卓越，臻于至善，走上幸福成长之路，做逐梦前行的教育人。

三、红烛教师发展评价体系助推教师专业成长

红烛教师发展评价体系既是一种实施保障，又起到一种导向作用，它不仅仅发挥着鉴别和选拔的重要功能，更发挥着促进红烛教师专业发展的功效。

（一）红烛教师发展评价体系的主要组成

学校设计并开发了红烛教师发展评价体系，包括“教师成长记录”“专业发展引领”“特色成长助力”三个方面，形成了可量化的评价标准。红烛教师发展评价体系主要包括以下几个方面：

1. 教师成长记录

学校重在引导教师关注个人成长，养成随时记录、定期整理、为专业成长留痕的良好习惯。同时，学校专门设计有针对性的评价标准，方便教师自我诊断，既有注重教师全方面发展的标准，又注重对教师教育教学操作能力的指导，使国家对教师的专业标准在实践工作中能够有效落地。

2. 专业发展引领

学校根据教师队伍的发展现状、存在问题和阶段特征，确定了教师发展的目标追求和价值引领，构建了以专业理念、专业知识与能力以及个人修养为核心的教师研修项目。学校强调教师专业发展需要的不仅仅是业务培训，更需要创新赋能，构建以专题研究促进教师团队成长的校本培训方式。

3. 特色成长助力

学校面向教学新秀、教学能手、教学名师三个发展层次的教师群体，根据他们的发展需求，提供定制化服务，配备专业成长导师。同时，突出各群体中优秀个人和集体的特色示范引领案例，为培训活动提供过程性记录的支持，形成各教师群体的培训资源库。

（二）红烛教师发展评价体系主要原则

学校从不同角度、不同方面综合考量，制定红烛教师发展评价标准，以名师培养工程为契机，积极探索教师评价体系的理想形态，逐步构建了评价主体多元化、评价内容专业化、评价过程动态化、评价方式多样化的教师发展性评价原则。

1. 评价主体多元化

教师不仅是被评者，更是自评和评价他人的主体。红烛教师发展性评价突出民主性，改变了管理者自上而下的单一指向性评价。教师不仅是被评价的对象，而且是评价活动的积极参与者，既是被评的客体，也是自评的主体。评价者和评价对象建立互相信任的关系，积极参与双向互动的评价，达成评价结论的客观、公正。

2. 评价内容专业化

评价内容专业化特别强调学术研究的评价比重。对红烛教师的评价，不单单以学生的考试成绩评价教师，更注重对教师综合素质的评价，不仅关注教师的教学水平，还要注重教师的师德水平、能力水平等。建立与创新和新基础教育发展相匹配的教师专业发展的评价体系，确立业务水平、教学业绩等基础性指标，突出"学术""专业""奉献"等具有红烛教师特色标签的发展性指标。

3. 评价过程动态化

学校注重对教师教育教学工作细节、教师专业发展过程的动态化评价。评价引领教师不断地对自己的教育教学进行反思、总结与改进，不仅对教师工作的现状做出诊断，找出教师工作中存在的问题，并鼓励教师根据评价所获得的信息，及时纠正自己工作中的缺点，发扬自身的优点，调整自己的工作方向和目标。通过周期性的动态评价，促进教师自身不断发展。

4. 评价方式多样化

学校坚持分层考评、点面结合、过程性评价与增值性评价相结合的原则。一是分层考评，对各类教师设置不同的考核标准，作出客观、公正的教师评价，激发教师发展的内驱力。二是自评、互评、多层互评相结合，建立立体、多层面、多方位的评价方式，为教师反思和改进工作提供多角度的信息。三是过程性评价与增值性评价相结合，不仅能看到自己与同事的差距，更能看到自己的进步。

附录：红烛教师发展性评价标准

1.红烛教师之“教学新秀”考核标准

项　目	认定标准
基本条件	1. 年龄 35 周岁以下。 2. 具备相应教师资格及二级以上专业技术职称等。 3. 年度考核均为合格以上。
一、师德建设 10 分	1. 师德表现。忠诚党的教育事业，遵守教师职业道德，践行师德师风，爱岗敬业，教书育人，关爱每一个学生，落实教师家访制度。 2. 综合表彰。获得各级各类师德标兵、学科带头人、优秀教师、优秀班主任等荣誉。
二、教育教学 40 分	3. 履行职责。担任班主任或教育教学管理工作 1 年以上，制定个人发展规划、工作计划，认真履行教育教学职责。 4. 备课上课。学科教学课时量达到规定要求，课堂教学体现课程标准要求；参加教育主管部门组织的各类教育教学基本功大赛、教学设计、公开课、优课评比等活动（含“一师一优课”）获奖。 5. 练习考试。练习选编精准、针对性强，反馈矫正及时；参加校级以上考试命题（含共同体学校），担任区级以上教育主管部门举办的技能大赛评委。 6. 辅导获奖。辅导学生参加教育主管部门组织的各类竞赛活动获奖；或辅导学生参加职业技能大赛获奖。

续表

项　目	认定标准
三、培育活动 20 分	7. 自主阅读。每学年阅读教育教学专著（或专业杂志）2 本（套）以上，有质量较高的手写读书笔记（摘录）1 万字以上。 8. 学习培训。每年参加区级以上组织的培训不少于 72 学时，并有学习培训的学习记录，每学年撰写学习体会或教学反思不少于 5 篇。 9. 听课评课。每学年听课 40 节（幼儿园教师 30 节）以上，有课堂教学的过程性记录、评价和互动交流。 10. 示范引领。每年开设校级公开课或讲座 2 次以上。 11. 结对帮扶。配合主管部门做好区域内学科教学指导，跟踪帮带 1 所薄弱学校学科建设，至少有 1 名帮带对象获得区级以上教育教学表彰奖励。
四、科研成果 20 分	12. 课题研究。主持 1 项区级以上教育教学课题研究并结题。 13. 论文论著。近三年在省级以上刊物上发表教育教学论文不少于 1 篇（或论文参加区级以上教育主管部门组织的比赛获奖），或近三年出版论著 1 本以上。 14. 课程研发。近三年自主或参与研发立足学生发展、切合校情的校本课程不少于 1 个；或课程讲座入选全区中小学（幼儿园）教师培训课程菜单。
五、综合影响 10 分	15. 合作展示。组建或参与学科工作室，开设个人主页，每年公开发表日志（微课推送、教学随想），内容丰富，且有一定的访问量和相关评论。 16. 宣传推广。构建课堂教学范式，总结教育教学经验、成果在区级以上各种媒体、平台推广、展示、分享。 17. 满意程度。学校、同行、学生及家长满意度高。

2.红烛教师之“教学能手”考核标准

项　目	认定标准
基本条件	1. 具备相应教师资格及一级以上专业技术职称等。 2. 年度考核均为合格以上。
一、师德建设 10 分	1. 师德表现。忠诚党的教育事业，遵守教师职业道德，践行师德师风，爱岗敬业，教书育人，关爱每一个学生，落实教师家访制度。 2. 综合表彰。获得各级各类师德标兵、学科带头人、优秀教师、优秀班主任等荣誉。
二、教育教学 40 分	3. 履行职责。担任班主任或教育教学管理工作 3 年以上，制定个人发展规划、工作计划，认真履行教育教学职责。 4. 备课上课。学科教学课时量达到规定要求，担任学科备课组主备人员；课堂教学体现课程标准要求，初步形成自己的教学风格；参加教育主管部门组织的各类教育教学基本功大赛、教学设计、公开课、优课评比等活动（含“一师一优课”）获奖。 5. 练习考试。练习选编精准、针对性强，反馈矫正及时；参加校级以上考试命题（含共同体学校）以及中考、高考命题活动，或担任区级以上教育主管部门举办的技能大赛评委。 6. 辅导获奖。辅导学生参加教育主管部门组织的各类竞赛活动获奖；或辅导学生参加职业技能大赛获奖。
三、培育活动 20 分	7. 自主阅读。每学年阅读教育教学专著（或专业杂志）5 本（套）以上，有质量较高的手写读书笔记（摘录）2 万字以上。 8. 学习培训。每年参加区级以上组织的培训不少于 72 学时，并有学习培训的学习记录，每学年撰写学习体会或教学反思不少于 10 篇。 9. 听课评课。每学年听课 50 节以上，有课堂教学的过程性记录、评价和互动交流。 10. 示范引领。每年开设校级公开课或讲座 2 次以上，承担区级以上教师培训讲座或公开（示范）课 1 次以上。 11. 结对帮扶。配合主管部门做好区域内学科教学指导，跟踪帮带 2 所薄弱学校学科建设，至少有 2 名帮带对象获得区级以上教育教学表彰奖励。

续表

项　目	认定标准
四、科研成果20分	12. 课题研究。主持1项市级以上教育教学课题研究并结题。 13. 论文论著。近三年在省级以上刊物上发表教育教学论文不少于2篇（或论文参加区级以上教育主管部门组织的比赛获奖），或近三年出版论著1本以上。 14. 课程研发。近三年自主或参与研发立足学生发展、切合校情的校本课程不少于2个；或课程讲座入选全区中小学教师培训课程菜单。
五、综合影响10分	15. 合作展示。组建或参与学科工作室，开设个人主页，每年公开发表日志（微课推送、教学随想），内容丰富，且有一定的访问量和相关评论。 16. 宣传推广。构建国家、省、市、区专家同行认可并有推广价值的课堂教学范式，形成独特的教学风格，在区内外有一定教育教学经验、成果在区级以上各种媒体、平台推广、展示、分享，在省、市、区有知名度和影响力。 17. 满意程度。学校、同行、学生及家长满意度高。

3. 红烛教师之“教学名师”考核标准

项　目	认定标准
基本条件	1. 具备相应教师资格及一级以上专业技术职称等。 2. 年度考核均为合格以上。
一、师德建设10分	1. 师德表现。忠诚党的教育事业，遵守教师职业道德，践行师德师风，爱岗敬业，教书育人，关爱每一个学生，落实教师家访制度。 2. 综合表彰。获得各级各类师德标兵、学科带头人、优秀教师、优秀班主任等荣誉。

续表

项　目	认定标准
二、教育教学40分	3. 履行职责。担任班主任或教育教学管理工作5年以上，制定个人发展规划、工作计划，认真履行教育教学职责。 4. 备课上课。学科教学课时量达到规定要求，担任学科备课组长；课堂教学体现课程标准要求，形成自己的教学风格；参加教育主管部门组织的各类教育教学基本功大赛、教学设计、公开课、优课评比等活动（含“一师一优课”）获奖。 5. 练习考试。练习选编精准、针对性强，反馈矫正及时；参加校级以上考试命题（含共同体学校）以及中考、高考命题活动，或担任区级以上教育主管部门举办的技能大赛评委。 6. 辅导获奖。辅导学生参加教育主管部门组织的各类竞赛活动获奖；或辅导学生参加职业技能大赛获奖。
三、培育活动20分	7. 自主阅读。每学年阅读教育教学专著（或专业杂志）5本（套）以上，有质量较高的手写读书笔记（摘录）2万字以上。 8. 学习培训。每年参加区级以上组织的培训不少于72学时，并有学习培训的学习记录,每学年撰写学习体会或教学反思不少于10篇。 9. 听课评课。每学年听课60节（幼儿园教师40节）以上，有课堂教学的过程性记录、评价和互动交流。 10. 示范引领。每年开设校级公开课或讲座2次以上，承担区级以上教师培训讲座或公开（示范）课2次以上；每年承担市级以上业务讲座或课堂指导1次以上。 11. 结对帮扶。配合主管部门做好区域内学科教学指导，跟踪帮带3所薄弱学校学科建设，至少有3名帮带对象获得区级以上教育教学表彰奖励。

续表

项　目	认定标准
四、科研成果 20 分	12. 课题研究。主持 1 项省级以上教育教学课题研究并结题。 13. 论文论著。近三年在省级以上刊物上发表教育教学论文不少于 3 篇（或论文参加区级以上教育主管部门组织的比赛获奖），或近三年出版论著 1 本以上。 14. 课程研发。近三年自主或参与研发立足学生发展、切合校情的校本课程不少于 1 个；或课程讲座入选全区中小学（幼儿园）教师培训课程菜单。
五、综合影响 10 分	15. 合作展示。组建或参与学科工作室，开设个人主页，每年公开发表日志（微课推送、教学随想），内容丰富，且有一定的访问量和相关评论。 16. 宣传推广。构建国家、省、市、区专家同行认可并有推广价值的课堂教学范式，形成独特的教学风格，在区内外有一定教育教学经验、成果在区级以上各种媒体、平台推广、展示、分享，在省、市、区有知名度和影响力。 17. 满意程度。学校、同行、学生及家长满意度高。

四、红烛教师成长案例

“等闲识得东风面，万紫千红总是春。”弘毅文化成就了周恩来红军小学的红烛教师队伍。依托“点亮阅读”工程、“师说心语”论坛、“青蓝工程”等系列教师发展平台，学校教师队伍建设卓有成效，涌现出一大批政治坚定、绝对忠诚、师德高尚、业务精湛、在区域内具有影响力的优秀红烛教师。

（一）红烛教师之“鸿雁领航”

卓越的教师具有远大的教育理想和目标，深厚的教育理论素养、文化素养和专业素养，善于发现并潜心研究教育实践中的问题，形成自己独到的教育思想和理念；具有长期的教育教学实践经验，勇于探索，形成鲜明的教学风格和特色；具有高尚的人格魅力；具有突出的人才培养或办学成就，产生较大的社会影响。

06校长周刊·人物 主编：赵秀红 编辑：于珍 设计：白弋 校对：张静 电话：010-82296783 邮箱：xiaozhangyb@163.com 2021年9月15日 星期三 中国教育报

好校长

她发扬红军小学特色，把学生放在“美好教育”的中间

管晓蓉：培养有精气神的“红军娃”

本报记者 潘玉娇 通讯员 王小亮

校长名录：

管晓蓉，江苏淮安市周恩来红军小学党支部书记、校长，正高级教师，教育部“国培计划”中小学名校长领航班学员，著有《美好教育》等专著。

“我要办一所什么样的学校？我要给孩子带来什么样的教育？”带着这些问题，在租借的几间教室内，管晓蓉开启了她的“创业之路”。

2009年，出于均衡教育布局的考虑，江苏省淮安市淮安区决定在东部城区建立一所小学，江苏省第一所红军小学——淮安市周恩来红军小学随之诞生。有着丰富教学与管理经验的管晓蓉被任命为校长。

12年后，淮安市周恩来红军小学不仅收获了老百姓的好口碑，成为当地人气最高的小学，其以红色传承、绿色发展、金色体验为主体的“美好教育”办学理念更是在全省乃至全国都有着响亮的知名度，学校也先后获得全国首所五星级红军小学、全国巾帼文明岗等荣誉。

翻天覆地的变化背后，是管晓蓉对于学生的热爱和对教育的坚守。“把学生放在美好教育的中间”，是她的教育理想，也是引领学校不断向前发展的内生动力。

让一所红军小学回归该有的样子

一所红军小学应该是怎样的？来到淮安市周恩来红军小学，你会有明确的答案。长49米、高29米的宏伟校门后，矗立着周恩来、邓颖超夫妇与孩子们侃侃而谈的雕像；以血战湘江、四渡赤水、飞夺泸定桥等数个红军长征途中著名战役为原型的微缩场景点缀于教学楼间，既是生动的红色教育资源，也是孩子们体育锻炼的理想场所；一个个身着红军装的“小红军”在校园里快乐地奔跑，成为一道让人赏心悦目的风景线……

时光退回到12年前，彼时新校区的建设刚刚起步，管晓蓉和同事们在租借的教室里招收第一届学生。“学校周围还是一片荒地，家长对我们并不信任，这让招生难上加难。”管晓蓉说，当时的她带着20余名教师，一个暑假里跑遍了辖区内所有适龄入学儿童的家庭，最终招到了488名学生，组成了一年级的10个班。

如何在红军小学的办学特色和满足家长的教育期盼之间找到衔接点？面对这488个“小豆丁”，管晓蓉确定了“根植传统文化，着力精神引领，加强习惯养成”的办学思路。在她的带领下，老师们从红色文化上下功夫，从行为习惯上下功夫，从学校生活的每个细节上下功夫，让周恩来红军小学的孩子有了不一样的精气神。

2010年暑假，在管晓蓉和部分老师的带领下，数十名一年级的小学生主动报名，参与到学校“红军娃重走长征路”寻访活动中。孩子们从江西出发，经瑞金上井冈山，过乌江奔遵义，探寻长征遗址，瞻仰长征纪念馆，历经一个月抵达延安。老师们引导着孩子边走边看，每到一处，不仅了解红军的故事，还把当地的民俗风情记录下来。“有小朋友不会洗袜子，我就带着他一起洗，我洗一只，他也洗一只。”管晓蓉说，一路下来，孩子们不仅深受红军精神的感染，其自理能力和团队协作能力也得到了明显加强。

“回到学校后，当一群脸庞被晒得黑黝黝的孩子在舞台上自信满满地表演他们自编自导的节目时，家长们都哭了，我们也哭了。”时至今日，每每回忆当时的场面，管晓蓉眼中依然会泛出泪花。“红军娃重走长征路”寻访活动，让原本已在家长群体中小有名气的周恩来红军小学“一炮而红”，在第二年招生时打了一个扬眉吐气的“翻身仗”。

用三色课程陪伴孩子度过美好童年

搬入新校园后，管晓蓉花了两三年时间，用心打造她心目中理想的红军小学。学校精心建设了以“八园四楼一场馆”为主体，“十塑三廊一中心”“三院两墙一红塔”点缀其间的现代人文校园：“恩来园”中伫立着周恩来的汉白玉雕像，古色古香的长廊上悬刻着周恩来名言；“国防园”位于地下一层，内置坦克、大炮、辽宁舰等模型，孩子们可以在其中模拟巷道战；“文学园”“科学园”等在普及文学、科学知识的同时，体现着学校独特的文化内涵。

在校园环境不断完善的同时，管晓蓉开始了新的思索。基于办学初心、地域红色文化与教育的未来发展需求，学校从校名中的“周恩来”“红军”两个关键词出发，探索学校精神的本源，最终确立了以“让学校成为美好事物的圆心”为核心的办学理念，形成了“美好教育”的办学思想，具体包括建“美雅校园”、塑“美丽教师”、育“美好少年”、研“美合课程”、铸“美妙课堂”5个方面。

课程是最重要的抓手。管晓蓉带领教师们，将更多精力放在了课程的打磨上。学校逐渐形成了包含红色传承“立德育心”、绿色成长“立德育才”、金色童年“立德育行”的三色文化课程体系，着力提升学生素养，并在实践层面形成特色。

红色教育是学校的品牌优势，“重走长征路”活动一直延续至今，寻访中共一大会议旧址、参加“淮安号”恩来星发射仪式等各种红色教育主题活动更是层出不穷。绿色是让生命持续成长的颜色，学校按照“开放童趣，自由舒展”的原则，构建了纵横交错的绿色成长课程超市，设定了多维的评价指标，形成“十星”学生成长模式和“十佳”学生多元发展模式。金色是阳光的色彩，学校着力打造植美节、读书节、艺术节、英语节等“四季八节”和“文学园”“国防园”“生态园”等“八大园”的实践体验课程，让学生快乐学习，享受金色童年的美好。

管晓蓉介绍，学校要求每一个“红军娃”都必须做到“四三二一”：“四”是说一口流利的普通话，写一手漂亮的钢笔字，能写一篇好文章，掌握一项体育技能；“三”是参加一次寻访、参与一次社会调查、参加一次军训；“二”指加入两个以上社团；“一”即重走一次“长征路”。“‘四三二一’看似简单，做好并不容易，有人问我为什么咱们学校的孩子看上去总是特别有精神，我想这是原因之一。”管晓蓉说。

为每个教师制定适合的发展路线

这些年，淮安市周恩来红军小学的办学规模在不断扩大，目前，学校共有东、南、西、北四个校区，其中南校区为总校，南、北校区由管晓蓉直接负责，另两个校区则以分校形式共同办学。如何领航好这样一艘“航空母舰”，管晓蓉深知，教师培养是其中最关键的一环。

老师们干活儿劲头十足，源自于学校为他们提供了多元的发展平台，管晓蓉称其为“1+X”教师发展模式，“1”指教师主体，“X”即为多种平台：刚刚入职的年轻教师有“小荷计划”，以“青蓝结对工程”助力其快速成长，尽快成为一名合格教师；已经成熟的教师有“薪火计划”，通过“骨干教师成长工程”帮助其脱颖而出，在教育教学中挑起大梁；优秀教师有“领雁工程”“珠峰计划”，通过“科研名师引领工程”在促进个人发展的同时，推动其他教师共同进步……于是，不同层次的教师都能在工作中明确目标，找出适合自己的发展路线。

管晓蓉则是所有教师的“领头雁”。数学教师出身的她，只要有时间，就会走进教室，认真听年轻教师上课，并诚恳地提出意见。作为“乡村数学骨干教师培育站”“管晓蓉特级教师工作室”“管晓蓉名师工作室”3个工作室的领衔人，她也时不时地将工作室的骨干成员请到学校，与本校教师一起开展教研活动。

青年教师刘彬是管晓蓉手把手带出来的“徒弟”，现在的她不仅是专业领域的一把好手，拥有了自己的名师工作室，还担任学校的教务副主任，协助管晓蓉落实教学工作的常规管理。她告诉记者，在周恩来红军小学，教师最大的福利是培训，在校内，与名师同课异构，在反思中提升把控课堂的水平；在校外，与名家零距离接触，接受最前沿的教育思想熏陶，“我们学校社会关注度高，特色活动多，所以与同行相比，我们的工作量肯定要大一些，但我们从来不觉得累，我们由衷感到当老师是一种幸福”。

管晓蓉一直是这样的“忙并快乐着”。10余年的时间里，她让一所名校迅速成长起来，为当地的教育优质均衡作出了突出贡献；未来，她希望能将“美好教育”的模式辐射至更大范围，让更多的孩子受益。

管晓蓉和学生们在一起。陈小田 摄

管晓蓉在学校展馆向学生们讲述红色革命故事。 学校供图

（二）红烛教师之“珠峰览胜”

名校之名，在于名师。名师对于学校的引领、辐射作用是巨大的。

学校一直注重对名师的培养，注重名师的引领，注重发挥名师的辐射作用。通过“珠峰工程”，利用名师名校长工作室实施教育领航，培育了一批有影响力的名师。

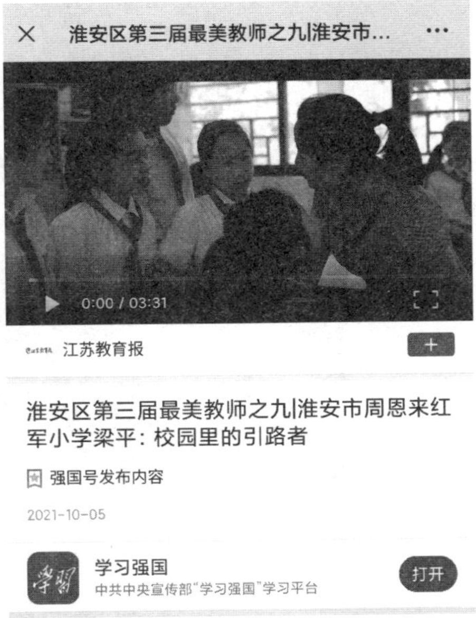

梁平，一位爱笑的老师，一位乐教的老师。从教二十几年，她就像一棵常青树挺立在教育这片沃土上。她以谦虚沉稳、热心正直、勤学善思、精益求精的师表形象，成为孩子们的良师益友，家长们的合作伙伴，年轻教师的“好导师”。为了激发学生学习语文的兴趣，全面提高学生的语文素养，梁老师经常带着孩子们进行语文实践活动，学校的恩来园、文学园、科技园、长征园等八大园留下了她和孩子们探索的足迹。课堂上梁老师能将趣味性和知识性有机融合，把学生带入奇妙的语文世界，让课堂乐趣无穷。低年级语文教学梁老师主张“着力于习惯养成教育”“幽默地教　快乐地学”；中年级语文教学，她努力探寻“习作单元教学的有效策略”“略读课文教学目标的精准定位”，让孩子们在快乐的氛围中有效学习。孩子们可喜欢梁老师的课了，因为在梁老师的课堂上孩子们不仅能学到许多知识，而且上起来轻松有趣，意犹未尽。每节课下，梁老师从不急着进办公室，而是走进学生群中，像个大朋友，夸夸这个孩子的表现，说说那个孩子需要改进的地方，偶尔还会与学生合个影。工作室成立以来，梁老师坚持“教研促进教学”理念，充分利用教研活动组织老师们学习研讨，深入开展集体备课、组内听评课活动，带头为老师们上示范课、研讨课，作专题报告，带领大家互相学习，取长补短，帮助年轻老师快速成长，积极发挥示范带头作用。

蜡烛的可贵，在于成灰泪干，梁平老师的可敬，则在于用奉献和追求孕育桃李春色。她深爱着学生，深爱着课堂，深爱着教育这一行业，她觉得人生最大的快乐、最大的幸福就是把自己的精神力量传递给学生、感染着同事、传递到校外。

（三）红烛教师之“薪火传承”

骨干教师是教师队伍的中坚力量，是学校事业发展的核心力量，从一定意义上说，骨干教师队伍的盛衰，决定着一所学校的命运。学校一直致力于打造一支专业素质过硬的骨干教师队伍。

淮安日报 C4 周恩来红军小学

让每一位教师成为一面旗帜

——淮安市周恩来红军小学第三届“最美教师”风采展示

（四）美丽教师之“小荷初露”

学校高度重视青年教师的培养工作，把这项工作作为学校未来可持续发展的基础性工程来抓，围绕“一年合格、两年良好、三年优秀”的青年教师培养目标，积极实践“结、传、帮、带”的培养模式，为青年教师提供了优越的学习、成长和发展平台，加快了青年教师的专业成长，一大批教学新秀脱颖而出。

新秀教师丨倪文涛：勤学求真 笃行至善

淮安市周恩来红军小学 2020-10-31 21:42

三尺讲台，慧眼明眸，织一匹斑斓锦绣；一腔热血，神采飞扬，奏一曲华美乐章。他们，用热血和汗水镌刻成长的足迹，用奉献与关爱聆听花开的声音。青春作伴，他们用亮丽的诗行，描绘着教育的斑斓和壮美；桃李芬芳，他们用瑰丽的梦想，舒展着美好的憧憬和希望。

不忘初心 立场坚定

作为一名共产党员，他拥护中国共产党的领导，热爱祖国，坚持党的路线，认真学习贯彻党的基本方针政策，在工作中对自己高标准、严要求，树立良好的教师形象，做好模范带头作用。以党章为精神指导，以教育事业为毕生事业，积极进取，把自己的精力、能力全部用于学校的教学过程中。发扬团结合作精神，主动与同事研究业务，配合默契，在不断的探索中共同提高教学水平。踏入教师岗位十年有余，在三尺讲台上默默耕耘，也默默收获着，从满怀教育热情的愣头青成长为游刃有余的青年业务骨干。

爱岗敬业 润物无声

秉承“与生为友，激其愤而启，勉其悱而发”的教育理念，他扎根三尺讲台，许童心一片灿烂星空，给梦想一方羽化之地。教学工作循序渐进，他虚心向各位富有经验的老教师学习教学经验，主动与青年教师探讨先进的教育教学理念，积极参加校内外的教学教研，虚心请教，认真探讨钻研。教学中，他刻苦钻研教学技艺，以新思路、新方法来引领教学工作，营造轻松愉快、活泼善思的学习氛围，用学生乐于接受的方法来教学。启迪智慧，激励每一位孩子放飞心中的梦想，拓宽平台，让每一个梦想都有绽放的舞台。

锤炼技能 宁静致远

秉持信念，在不断的求索中追求真、善、美，他坚信陶冶性情是求美，播撒仁爱是求善，启迪智慧是求真。人们常说“要给学生一碗水，教师就必须有一桶水。”教学之余，他徜徉书的海洋，在书山文海中不断充实自我、提升自我。积极参与学校“美好教育”体系的研究，“美雅校园、美妙课堂、美丽教师、美好少年”的美好教育理想已深深扎根于他的心田。在不断锤炼提升教科研能力的同时，他负责学校外宣工作，连年被评为学校宣传工作先进个人，撰写的数十篇新闻报道在各级主流媒体及网站刊载。

崇德向善 关爱他人

工作之余，他还以饱满的热情去参加各项志愿活动，服务社会，关爱他人，永葆党员的先进性和纯洁性，发挥共产党员的先锋模范作用。在付出爱心和汗水的同时，得到的是帮助他人的满足和幸福，是无限的感动和快乐。2012年光荣成为一名“中华骨髓库”志愿者，多次参加红十字会组织的无偿献血活动。疫情期间，在爱人成为“最美逆行者”中一员奔走淮安区抗疫一线时，他未有顾虑，毅然投身学校防疫、抗疫的工作中去，参与防疫宣传片的制作，参与学校抗疫模拟演练，参与学校在线授课，履行一名人民教师的职责与使命。

守着初心 一路芬芳

付出爱心和汗水的同时，也收获满足和幸福，他的《走出习作雕饰　回归生活本真的思考》《莫用“好成绩”来贴补孩子的“坏品性”》《让语文课堂和大千世界一样“真”》等教科研论文在各级各类评比中获奖。两次参加淮安区青年教师基本功大赛均荣获一等奖。曾先后获得“淮安市优秀志愿者”“淮安区优秀教育工作者”“淮安区新长征突击手”“淮安区优秀班主任”“淮安区优秀少先队辅导员”等荣誉称号。守仁至善，格物行远，这一切都必将激励他在今后的教育实践中锐意进取，不懈追求，在教育这条宏伟大道上，挥洒激情与汗水，奉献一路花香。

新秀教师丨朱佳佳：谱青春华章 展“英”姿飒爽

淮安市周恩来红军小学 2020-11-09 14:21

三尺讲台，慧眼明眸，织一匹斑斓锦绣；一腔热血，神采飞扬，奏一曲华美乐章。他们，用热血和汗水镌刻成长的足迹，用奉献与关爱聆听花开的声音。青春作伴，他们用亮丽的诗行，描绘着教育的斑斓和壮美；桃李芬芳，他们用瑰丽的梦想，舒展着美好的憧憬和希望。

2013年8月，她带着欣喜和对美好教育的憧憬来到了周恩来红军小学，成为了红小大家庭中的一份子。作为一名党员教师，她能一直坚持党的基本路线，忠诚人民的教育事业，热爱教育、热诚教学，事事、处处能以党员先锋模范的身份严格要求自己。

她积极参与学校的各项活动。作为学校的教师讲解员，她接待过一批又一批来学校国防民防教育园参观的国内外宾客。2015年，她参与接待澳大利亚国际友好学校代表团来校访问；2016年，她带着学生参与了法国电视台工作人员来校的英语课堂教学拍摄活动；2018年，她在“月季飘香”淮安市教育国际交流演讲比赛中获奖；2019年，她在江苏省少年儿童研究会第十六次年会上作题为《校园里的三色文化》的交流展示，获得一致好评。

作为一名英语教师，她不断学习，努力提升自身的专业素质，她于2015年和2016年连续参加了国家教育部组织的“国培计划”——示范性教师高端研修项目并获得“优秀学员”的称号；2016年，她通过考试选拔参加了江苏省雏雁计划并赴加拿大多伦多的苏安学院进行了为期两个月的培训。她被评为淮安区中小学“教坛新秀”，在区教师业务考核活动中连续多次荣获一等奖。

英语课堂上，她能做到尊重、热爱每一个学生，用心去塑造、引导、教育他们。她曾多次开设区校级英语公开课，2015年10月，她在“中国教育梦——全国名师小学英语课堂教学改革观摩研讨活动”中的展示课《Keep our city clean》深受好评；2017年9月，她在淮安区小学英语课外阅读教学研讨活动中执教的绘本课《Fun in the sea》获得一致好评；2017年12月，她在“一师一优课”活动中的展示课被评为区级优课；2018年11月，她在“教干领航”活动中执教的绘本课《Mother!Dear　mother!》受到一致好评。

她凭着一颗求真务实之心，一腔执着上进之情，在教育沃土上辛勤耕耘，默默奉献。以情的付出赢得了情的回报，以爱的播种获得了爱的丰收，一路走来，她身后留下了一串串坚实的脚印，写满了责任与爱。她深知教育不是一朝之功，而是时时之事、处处之事，但她矢志不渝，无怨无悔。在她的心中，学生永远是天使，而她是为天使修补翅膀的人。

除了关注英语课堂教学，她还不断提升自己的教研能力与水平。她多年担任英语教研组长一职，并协助教务处工作。2017年，她在淮安区小学毕业班英语复习研讨活动中开设的讲座《基于课本夯实基础，抓住重点精讲精练》获得好评；她主持的校本课题《思维导图在英语绘本教学中的应用研究》于2019年6月顺利结题；她有多篇教学论文、教学设计在市、区评比中获奖，并有两篇论文分别发表在《下一代》和《教研周刊》上。在学校的青蓝工程师徒结对活动中，她结队的老师在汇报课中均获得一等奖。她还多次被评为校先进个人、校教科研工作先进个人、校优秀辅导老师等。

作为一名红小人，她倍感自豪，在今后的日子里，她将继续努力，在美好教育的理念引领下，砥砺前行！

新秀教师丨刘宝超：仰之弥高 钻之弥坚

淮安市周恩来红军小学 2020-11-02 22:13

三尺讲台，慧眼明眸，织一匹斑斓锦绣；一腔热血，神采飞扬，奏一曲华美乐章，他们，用热血和汗水镌刻成长的足迹，用奉献与关爱聆听花开的声音。青春作伴，他们用亮丽的诗行，描绘着教育的斑斓和壮美；桃李芬芳，他们用瑰丽的梦想，舒展着美好的憧憬和希望。

时光荏苒，他已经在教育工作岗位上辛勤耕耘了6年，一路走来，他勤勤恳恳，为人师表，以身作则。在教育教学工作中，他敢为人先，勇于创新，取得了优异的成绩，是一名集优良师德和优秀业务能力于一身的教育新星，深受学生与家长的欢迎，也得到了学校和社会的认可。他就是刘宝超老师。

潜心历练 硕果累累

他的课堂生动活泼，深受学生的喜爱。他的教学模式细化到每一个知识点，蕴含着亮点、笑点。通俗易懂的授课方式让每一名学生和同行教师称赞有加，除了自我提升，他还积极参加新课程培训以及各类教研活动等，平时经常阅读有关教育教学理念和实践的书籍，充实自我，提升自我。他改进教学方法，充分激发学生的学习积极性，鼓励学生独立学习、大胆质疑，让学生在轻松愉快的课堂氛围中掌握知识，提高能力。他的教学成绩在年级总是名列前茅，他多次获校"教学质量一等奖"。他曾获得市基本功大赛一等奖，区青年教师赛课一等奖，获得"淮安区教坛新秀""周恩来红军小学先进个人"等荣誉。他多次执教"骨干教师示范课"，他的教学论文、教学设计在优秀科研成果评选中多次荣奖，多篇论文在教学杂志上发表。

春风化雨 宽严相济

在过去的五年里，他连续担任班主任工作。他热衷于做学生的思想工作，并能够以最恰当的方式构建新型师生关系。他关注每一个孩子，关心每一个孩子，关爱每一个孩子！爱而有度、宽严相济。他关注班级文化建设，注重学生习惯养成，他所教的班级班风正、学风浓。他还积极参与各类德育活动，先后多次被评为"模范班主任""优秀班主任"。

以梦为马 砥砺前行

在出色完成自己的教学任务之余，他还兼任教务处副主任，积极参与学校开展的各项教研活动。他始终认为教育是一样永不停歇的事业，只有不断充实自己，才能获得与时代接轨的专业素养和职业能力。"路漫漫其修远兮，吾将上下而求索"是他的人生信条，他将继续秉持着这份信念，在三尺讲台上一路花香一路歌，奉献自己的力量。

新秀教师丨张晓龙：桃李枝头蓓蕾红

淮安市周恩来红军小学 2020-11-13 22:26

三尺讲台，慧眼明眸，织一匹斑斓锦绣；一腔热血，神采飞扬，奏一曲华美乐章，他们，用热血和汗水镌刻成长的足迹，用奉献与关爱聆听花开的声音。青春作伴，他们用亮丽的诗行，描绘着教育的斑斓和壮美；桃李芬芳，他们用瑰丽的梦想，舒展着美好的憧憬和希望。

自2016年加入红小这个优秀的大家庭以来，他一直坚持"踏踏实实做人，认认真真教书"的人生信条，爱岗敬业，为人师表。他用自己的丹心换真情，谱写着平凡而又灿烂的教育人生。他，就是周恩来红军小学体育老师——张晓龙。

潜心钻研 悉心授业

他始终牢记：不会科研的教师不是好教师，没有科研的教学不是高质量的教学。在做好教学、训练的同时，他不断地学习，努力提高业务水平。为了上好每节课，他总是认真准备、研究教法：如何组织教学，如何安排每节课的活动和场地，如何通过游戏来提高学生的兴趣。他因材施教，对于低年段的学生，他通过安排各种游戏来引导学生上好体育课；对于中年段学生，他将教材融入游戏，在潜移默化中培养学生的技能水平；对于高年段学生，他着力挖掘学生运动潜力，提高学生运动技能。他的执着与坚守，为体育课堂添上了缤纷的色彩。

无私奉献 勇为人先

在出色完成教育教学工作的同时，他还负责学校多项体育活动的组织工作。无论是学校国防园的军事技能训练、展示，还是学校冬季三项的组织；无论是担任淮安区中小学足球比赛的教练工作，还是负责全国国防教育大会节目"星火相传"的训练，他从来没有因为任务的艰巨而退缩，一直主动请缨，冲在前，干在先。

疫情防控期间，他承担六年级的体育网络课的教学任务。课堂教学一改往日的传统模式，每堂课他都是精心准备，每个动作他都以最好的姿态展示。在这特殊时期，他还积极投入"疫情防控家庭健身操"的视频拍摄等。

用心耕耘 硕果累累

一分耕耘，一分收获，辛勤的付出亦取得了可喜的成绩：他先后获得了青蓝工程汇报课一等奖、教学质量一等奖，多次被评为"优秀教师""教学能手"。他于2019年执教的校骨干教师示范课、2020年执教的区教研组长交流课，均获得了大家的一致好评。

德高为师，身正为范！花开总有蜜蜂来，他的勤奋和务实得到了领导和同事的一致认可。展望未来，他不负韶华，开拓创新，在机遇与挑战中砥砺前行。

第三节 文化提升学校品质

学校品质是学校质量、内涵、文化、特色、信誉的集合体。在提升学校品质的过程中，先进的思想和正确的理念是先导，优秀的校长和敬业的教师是主体，达标的硬件和规范的管理是基础，系统的课程和丰富的活动是载体，优雅的文化和独特的品牌是表现，优秀的学生和社会的认可是目标。

文化是学校的气质和灵魂，是助推学校品质提升的关键。创建什么样的校园文化，如何提高校园文化品位、真正发挥其育人功能，是每一位学校管理者应着重思考的问题。我们坚持以文化人的办学思路，从理念文化构建、校园环境建设、课程体系设置、文化活动开展等维度全面营造文化氛围，凝聚学校精神，滋养学生成长，提升办学品质。

一、重视学校理念建设，构建核心价值体系

符合教育发展趋势且个性化的办学理念是学校文化的灵魂，是学校发展定位的依据和发展的前提。学校核心理念应该植根于自身实践的土壤上，让它落地生根，变成师生自觉的行动，形成学校独特的精气神。我校积极挖掘学校历史，充分利用地方资源，寻找优势，探索充满生命力的办学理念，彰显弘毅文化精神，引领全校师生走出自己的特色之路。

合力谋划。我们采用自下而上的方式，发动师生积极参与学校理念文化的设计，广泛征集师生的意见和建议，整合地方红色资源，结合学校特色，形成以弘毅为核心的红色文化精神载体。

整合提升。我们仔细梳理了现代教育教学理念，深入研究了红色文化，并以此为基础，总结、梳理、凝练形成了自己独特的学校文化——弘毅文化。学校以“托起明天的太阳”为办学哲学，着眼师生的全面发展，建立了以弘毅为核心的红色文化育人特色发展目标，确立了“前进！前进！进！”的校训，形成了“精诚求是，明理至善”的校风，“精业求实，厚德树人”的教风，“精学求真，切问近思”的学风。这一理念的创生，实际上启发于“弘毅文化”，也落点于“弘毅文化”。我们通过对地方文化资源精华的汲取、提炼、凝聚，形成和凸显独特的学校精神。

活动内化。为了让学校核心理念文化植根于心，外化于行，我们创

设了充满生机和活力的文化环境，开展了一系列丰富多彩、特色鲜明的师生文化活动，与学校弘毅文化的内涵发展结合起来，搭建学生发展特长、锻炼能力、展现才华的舞台，许多活动被淮安电视台、江苏电视台、中央电视台、学习强国等媒体报道，产生了广泛的社会影响。丰富而深入的活动，提高了学生综合能力，促进了个性特长的发展以及思想道德水平的提升。

二、加强课程设计优化，促进弘毅文化落地生根

课程建设承载着国家的教育理想与学校的办学理想，是学校改革发展的核心动力。学校文化孕育学校课程，学校课程滋养生命成长。加强课程建设，提升课程品质，对提高教学质量和办学水平，促进学生综合素质的全面提升，具有重要意义。

我们根据新课程改革的相关精神，结合办学目标与办学特色，从地方、学校、学生等角度，对学校课程文化进行校本化优化设计，多元化建设。学校将全部课程整合为两类：基础性课程和拓展性课程。基础性课程中注重“双基”，强化学科内综合的课程，全面提高学生的基本学力和竞争力；拓展性课程是为全面提高学生素质，发展学生的兴趣和特长，拓宽学生知识面，培养学生的合作精神、创新精神和实践能力，发展学生对自然和社会的责任感所设置的各种课程。

在实践中，我校严格执行国家课程，同时积极探索、研究、开发和实施校本课程，构建具有学校特色的红色文化育人课程体系。在校本课程的开发中，我们把握一个理念、三个原则：一个理念是校本课程必须服务学校、依靠学校、植根于学校，促进学生富有个性的全面发展，促进弘毅文化的落地生根。我们牢牢把握三个原则：一是校本课程的实施与学校地方课程的教学相结合，二是校本课程的实施与学校综合实践活动的开展相结合，三是校本课程的实施与学校办学特色的有机结合。

三、打造特色品牌活动，增强弘毅文化内涵体验

我们围绕“注重系列，精心设计，打造特色”的思路，扎实推进以“弘扬红军精神，传承恩来风范”为主题的德育活动开展。

积极引导师生每天演唱或欣赏一首红色歌曲，每周读一个红色故事，每月举行一次红色主题班会，每学期看一部红色电影，学校每学期组织举行一次红歌赛、红色故事会，全校师生共同参与“学党史、颂党恩、跟党走”主题教育活动，每学期选择一个红色文化基地，进行实地寻访。学校举行的红色党史运动会、“我心中的长征”系列活动，使学生身临其境地感受到战争时期的艰难困苦，更加深刻地体会到今天幸福美好生活的来之不易。

借助入学仪式、入队仪式以及教师节、国庆节等重要节日或纪念日，开展形式多样的主题教育活动：“梦想从这里启航”一年级新生入学仪式，“感恩相伴，快乐成长”十岁成长仪式，“勿忘国耻，振兴中华——九一八”纪念日主题教育活动，“传承红色基因，长成参天大树”红军长征胜利纪念日活动，“我是勤俭节约小达人”世界勤俭日主题活动等。学生在一次次活动中，潜移默化受到影响，树立坚定的信念，锤炼坚强的意志，听党话、跟党走，接过长征精神的光辉旗帜，为中华之崛起而读书，让红色基因代代相传。

四、深化质量评价改革，推动弘毅文化及整个学校可持续发展

基础教育经历了一个重要转型，正进入全面提高育人质量的新阶段。落实立德树人根本任务，强化学科育人方式转变是基础教育课程改革的重要任务。站在培养时代新人的高度，从“人的全面发展”所需要的必备素质的角度，劳动教育被写入党的教育方针，体育与美育也受到前所未有的重视。课程是育人的重要载体，而课堂是课程教学实施的主渠道。

积极建构学科育人视域下的课堂教学质量评价标准，规范教师的学科育人行为，能够引导教师更加主动地把育人放在课堂教学的中心位置。

深化“四个评价”改革，推动弘毅文化可持续发展，其核心价值表现为：促进立德树人教育根本任务落实，促进素质教育实施，推进基础教育质量监测。其中，强化过程评价，注重教育评价的动态性和诊断性；探索增值评价，关注学生努力程度和进步表现；健全综合评价，强化评价主体和手段的多元性；优化智能评价，借助技术优化改进结果评价的流程。教育质量评价改革需要从学校评价这个单一主体走向多元主体，评价主体不是一方，而是学校、政府、社会、家长、学生多方融合，多元评价。

学校努力构建五育融合的评价体系，是科学的、符合五育并举和新时代要求的学校高质量发展的综合评价体系。其更关注的是：拓展评价内容，注重结果评价的客观性；厘清评价思路，强化过程评价的可行性；完善评价方式，提升增值评价的合理性；建立评价监测制度，保障综合评价的公平性；优化评价结果形式，评价走向智能可视化。

这些年来，学校一直坚持实践导向来确定教育质量评价改革的方向，把“办人民满意的教育”作为学校的重要价值追求。深化教育质量评价改革，推动弘毅文化的可持续发展，进而推动学校教育的高质量实施，让教育成就学校的每一个孩子，让评价充分地彰显了学校育人的独特魅力。

第八章

弘毅文化的辐射影响

文化是一所学校的历史积淀。她像一粒种子，不仅影响学校教育的改革与发展，更会以蓬勃的生命力，辐射影响更多的学校，甚至对一方水土、一方人民都造成深远的影响。弘毅文化就是这样一粒种子。她不仅助推着周恩来红军小学的学校文化发展，更以此带动更多的学校参与红色文化传承，让学校文化成为一种育人的力量，成为绽放在基础教育花园里一朵朵绚丽的花朵。

第一节　弘毅文化在区域教育的辐射推广

淮安区地处苏北，基础教育相对薄弱。周恩来红军小学在各级政府的大力关怀和支持下，高起点规划，高标准建设，自办学以来，一直以弘毅文化为引领，办人民满意教育，带动区域教育走向均衡、优质发展，已然成为淮安区最具影响力的学校。

一、弘毅文化助推区域教育的高品位发展

（一）以弘毅文化引领，做学校文化建设的区域样板

学校文化是学校发展的灵魂，是凝聚人心、展示学校形象、提高学校文明程度的重要体现。建校伊始，学校便重视以文化立校，将学校发展与区域文化融合，提出了以红色文化传承为发展理念的学校文化建设

构想。学校的文化建设得到了全国红军小学建设工程理事会和周恩来总理亲属及生前工作人员、革命后代，以及地方政府的关心与支持，在建设的过程中，学校始终继承与深挖红军精神和周恩来崇高品格的时代内核，结合时代要求与地区需求，以弘毅文化引领学校文化发展。

十多年的不断探索与实践，学校的文化建设蓬勃发展，办学成效显著，得到了社会和家长的高度认可。学校建设的成功经验被区域学校借鉴和推广，引领一大批学校创新文化建设和内涵提升，形成了“诚”文化、“行”文化、“向美”文化、“尚美”文化等一大批学校文化品牌。周恩来红军小学红色文化育人模式多次被中央电视台、中国教育报、学习强国等多家媒体宣传报道，文化建设的成果多次获得省、市级表彰。

（二）以弘毅文化引领，做精神文明建设的辐射基地

学校充分挖掘地方红色文化资源并融入文明校园建设，创建独具特色的红色教育阵地，先后打造了以红军精神传承为主题的长征园、国防园，以周恩来崇高品格传承为主题的周恩来主题展馆、恩来园等。园廊展馆的建设，不仅重视对红军精神与周恩来崇高品格的挖掘，还结合淮安区域深厚的红色育人资源，在设计时既重视红色精神的传承，又体现寓教于乐与融合创新。这些园廊展馆成为区域师生学习与活动的重要场所，也成为区域党员教育与精神文化建设的实境学习基地。

学校周恩来主题展馆和慈善文化教育基地完美体现弘毅文化特色。周恩来主题展馆包括立志篇、奋斗篇、乡情篇、丰碑篇和传承篇五部分，以展现周恩来光辉的一生、崇高的品德和伟大的精神。慈善文化教育基地布置了以周恩来慈善精神为主题的场景。周恩来主题展馆和慈善文化教育基地建成之后，每年接待上千名来自区域学校师生的参观，同时接待来自全国各地的党员在此开展学习实践活动。以弘毅文化引领的学校文化创新发展，展示了独具特色的学校文化魅力，为地方精神文明建设作出了属于教育人的时代回应。

（三）以弘毅文化引领，唱响富有特色的文化品牌

学校重视地方传统文化资源的挖掘与利用，积极打造以袁鹰文学和西游文化为代表的优秀地方文化品牌。

以文立学，袁鹰作文奖成为地区文化新品牌。袁鹰先生原名田钟洛，1924 年出生在古城淮安，是当代淮安籍著名作家、诗人、儿童文学家。他的祖父田鲁渔等人创办了江北慈幼院，即周恩来红军小学的前身。2009 年，袁鹰先生为刚刚建校的周恩来红军小学题词“发扬江北慈幼院精神，办好新时代的教育”，还多次向学校捐赠自己多年的藏书。学校把袁鹰先生对家乡的爱，对家乡孩子的爱用多种方式进行传递：用袁鹰先生捐赠的 20 万元设立“袁鹰作文奖”基金；开展了袁鹰特色课程，筹建了袁鹰书屋；每年定期在集团学校开展袁鹰作文大赛，以激发广大学生热爱文学、投身文学的热情，提升学生的文学素养。随着袁鹰作文奖评选活动影响力的不断扩大，该项赛事逐步升级为淮安全体小学生争相参与的作文大赛活动，现已成为全国性小学生作文评比活动。近年来，淮安区更是以政府名义推出了“袁鹰文学奖”和“袁鹰作文奖”，成为全民参与的文学与作文评选活动，推动了淮安地方文学的发展。

以文育人，让西游故事丰富儿童的生活。弘毅文化关注学生坚韧品格的培养，重视引导学生向善向美。而学生喜欢的《西游记》这部古典名著正是从淮安这片古老土地上孕育而出的，它的经典故事正契合了这一精神追求。同时，为响应地方政府做大做强西游文化的号召，积极发挥西游文化独特的育人功能，学校精心打造了“西游”文化课程，通过走进吴承恩故居、阅读《西游记》著作、开展“西游”主题研讨活动、开发“西游”文化课程等，让学生在活动中受到心灵的洗礼与文化的熏陶。学校的西游文化课程还吸引了著名猴戏表演艺术家六小龄童先生来校参观，并欣然接受学校的聘请，成为学校的名誉校长。六小龄童先生不仅带来了丰厚的“西游”精神，还在学校筹建设立了六小龄童图书馆，设立“六小龄童”艺术奖。“六小龄童”艺术奖每年评选一次，旨在表彰艺体类有特长的学生。西游文化对助推区域学校的高质量内涵发展和精神文化建设起到了非常重要的作用。

二、弘毅文化推动集团学校特色发展

内涵发展是学校科学发展的主题。集团化办学是一种以组织为纽带构建的大规模、多层次的办学方式。通过优势互补、以强带弱，推进了教育资源优质均衡发展。周恩来红军小学集团化办学以来，以弘毅文化为核心，通过建立学校管理共抓、学校文化共育、优质资源共享、教学质量共评的教育发展机制，通过师资互派互通、学生互学互动，以周恩来红军小学为中心辐射影响着整个集团教育的发展，打造出了“一校一特”“一校一品”等极具弘毅文化特色的红小集团化办学新模式。

（一）周恩来红军小学教育集团东校区（淮安开发区实验小学）

2013年，淮安市周恩来红军小学教育集团东校区（开发区实验小学）启动，学校地处城乡接合部的原城东乡，针对施教区留守儿童居多的特点，学校在办学中秉承集团教育理念，推行弘毅文化，结合自身学校特色提出以教体结合共创美好的学校文化，与淮安体育运动学校合作，着眼于把开展校园足球活动作为学校推进素质教育、争创办学特色的突破口，积极探索，走出了属于自己的文化创新之路。

1. 重视制度文化建设，高质量管理保障。学校高度重视足球特色学校创建工作，成立了足球特色学校创建工作领导小组，并制定了《教练员管理制度》《教练员工作职责》《足球运动员管理制度》《运动员进退队和考勤制度》等规章制度。学校创办女子足球特色班，全校各班级组建足球小队，天天演练足球操，组织校足球队参加全国、省、市各类小学生足球比赛。为了提升足球训练水平，学校还聘请专业足球教练来校执教，并对学校体育老师定期进行足球培训，打造优质师资队伍。学校足球队的训练和管理工作有计划、有针对性，管理细致。在校足球队的影响和各班级队员的带动下，很多学生对足球产生了兴趣，并逐渐加入到足球训练之中，学校的足球运动氛围十分浓厚。在师生们的共同努力下，学校摸索出了一套适合学校足球发展的训练方法，让校园足球成为区域教育发展一道靓丽的风景线。

2. 重视教体结合，以精神涵养品格。重视体育育人，用红色基因筑牢学生的品质。在弘毅文化建设中，充分挖掘足球教育资源，重视体育品质的教育，重视对学生吃苦精神的培育，塑造正确的人生观和价值观，以“体”促“教”，以精神涵养品格。教练们结合足球运动特点对学生进行思想教育，明确学习目的和任务，树立正确的训练动机，培养学生强烈的自信心和面对挫折和失败时永不言弃的精神。

根植弘毅精神，收获累累硕果。办学几年来，学校足球文化发展向家长和社会交出了一份份满意的答卷。校足球队先后获淮安市第五届足球赛 U—13 组冠军、苏北赛区足球对抗赛第二名、淮安市第七届足球赛女子组亚军、江苏省学生女子足球锦标赛冠军、全国学生女足锦标赛第六名……

红色传承，梦想起航。红小少年的足球梦在这个足球水平欠发达的城市被点燃，“足球梦想”正撑起一个色彩斑斓的梦想时代：学校先后成功签约意大利 AC 米兰 (中国) 足球青训营，成为中国青少年校园足球发展联盟成员，成为中国青少年校园足球基金、中华少儿足球专项基金受助单位。学校成功地向国少队、省少队、八一队、天津队等专业队输送了一批批优秀的球员。正如《周恩来红军小学东校区少年足球队员之歌》所唱的那样：“让汗珠淌下来！让童心烧起来！进攻所向披靡，防守严阵以待！我们骄傲，我们光荣，习爷爷看好这一代！我们健康，我们坚强，足球少年永不言败！红色基因争做天下英雄，初生牛犊创造辉煌未来。”周恩来红军小学教育集团东校区以弘毅文化为指向，以不懈的探索精神构筑新的美好。

（二）周恩来红军小学教育集团西校区（淮安市山阳小学）

周恩来红军小学教育集团西校区（山阳小学）的前身，是地处城区北部的城郊中心小学，一直是城区周边一所师资力量薄弱的学校。一所相对薄弱的学校该如何走出教育困境？学校加入集团并迁址到新校区后，通过集团师资交流与调整，教育配套资源融合等方式重新架构学校的硬件建设，并在弘毅文化的引领下，重视学校文化建构，关注细节发展，提出“弘毅同行”的办学思路，走出了独具特色的学校文化新发展之路。

1. 深挖红色资源，以文化打造美丽校园

在集团弘毅文化引领下，西校区围绕“红色基因”“书香校园”“爱我家乡”“传统文化”四个版块，不断挖掘校园环境潜在的育人功能。以“弘扬红军精神，传承恩来风范”为主题在一楼建设红色文化长廊；以“阅读伴我成长，书香浸润童年”为主题在二楼建设阅读文化长廊；以“大美淮安，德润江淮”为主题在三楼建设爱我家乡文化长廊；以“弘扬传统文化，创造美好人生”为主题在四楼建设优秀传统文化长廊。学校的每一个角落都发挥育人功能，让校园文化潜移默化地影响、教育、引导学生走向成功、幸福，规范师生行为，净化师生心灵，陶冶师生情操，全面体现追求真善美的核心价值观。

2. 坚持以弘扬正，不断追求内涵发展

学校以打造师资队伍为学校弘毅文化建设的根基，以弘扬正，不断创新发展。以教师半月漫谈，共探教育之美；开展骨干教师示范课、行政听评课、每周常态课、名师模仿课、新秀风采课、青蓝工程结对课等六课并行活动，打磨教学之美；强化校本研修引领，展示成长之美；改革绩效考核机制，发挥评价之美；课题引领专业成长，彰显科研之美的教师队伍发展新举措，不断追求教师内涵发展，重塑教师队伍形象。

围绕“以学生为中心，以学生的学为中心”开展课堂实践研究，学校出台了弘毅课堂的评价标准，对教师教态、课堂导入、师生交流、语言表达、课堂训练、板书设计和时间分配以及多媒体使用等做出了框架性的建议，鼓励教师教学创新和个性化展示，激励广大教师用主人翁的意识去对待每一次教学活动，追求真实的课堂教学，避免生硬灌输的填鸭式课堂的出现。

3. 建构红色课程，让每个孩子都快乐成长

“弘毅同行”理念下的课程建设紧紧围绕适合学生全面发展进行建构和整合，着力“三色”课程建设，即以“红色文化”为主题开展“看红色电影、讲红色故事、唱红色歌曲、寻红色足迹”等活动，在活动中培养和传承红色基因；以“绿色成长”为理念，通过国家课程校本化实施，通过“读写结合”综合课程提升学生核心素养促进学生全面发展，

培养学生向美的人生态度；以“让学生拥有金色童年”为导向，通过“四季八节”活动课程和社团课程，努力为每个孩子提供合适的教育，促进学生个性化成长，让孩子体验童年的快乐和美好。

（三）周恩来红军小学教育集团南校区（石塘小学校区）

2019 年，石塘小学正式融入周恩来红军小学教育集团，即红军小学教育集团南校区。在红小集团弘毅文化的引领下，学校根据自身特点和独特的城乡结合地域特色，以“成为美好事物的圆心”为指引，提出以“红色革命传统文化”为文化核心，倡导“汲取传统文化精髓，弘扬红军精神，传承恩来风范，开拓创新，以诚为本，培育走向世界的红小人”的办学思想，以“打造忠诚教师，构建诚朴课堂，建设诚信校园，培育诚实少年”为抓手，着力打造一支素质优良、结构合理、富有创新精神的智慧型教师队伍，大力培养素质全面、具有红军精神和高尚人格的美好少年。

以弘毅育魂，用阅读润泽心灵。为更好地践行“弘毅育人”的理念，学校根据留守儿童居多，提出了以阅读点亮学生人生，着力红色文化熏染的“阅读积淀人生精彩”的特色活动。建立红色书屋，开展阅读漂流活动，定期开展阅读宣讲、阅读交流。同时，学校还推出了以“好读书、读好书、读书好”为理念的广阅读系列课程，提出了“引、比、促”阅读活动模式，即：引——开设阅读指导课，制订阅读计划，让学生循序渐进、轻松地读；比——开展主题评比活动，让学生乐读书；促——通过“好书一家读”“亲子阅读”活动，让阅读走进每个家庭。

开卷有益，扎实的阅读活动，让孩子开阔了视野，陶冶了性情，将阅读之美根植于师生的心田。弘毅教育从阅读开始，今天的石塘小学正沐浴着书香，展示着红色文化育人最美的风景。

（四）周恩来红军小学教育集团北校区（沈坤路校区）

为缓解区域基础教育扩容压力，周恩来红军小学北校区 2018 年投入使用。为迅速融入集团发展步伐，周恩来红军小学沈坤路校区不断克服困难，勇于实践与探索，行“微”重“实”，从小处着眼，从细微处着手，以弘毅精神为引领，着力勾画出校园建设新的蓝图。

微活动，于无痕处铸就教育的美好。在弘毅文化理念的引领下，学校提出微处着手，细化着力，实施学校、家庭、社会教育一体化建设，通过“微活动”对学生实施全方位的美好教育。小事德育常抓不懈。学校加大精细化管理力度，在活动的组织上重视“小”字当前，关注学生日常行为与习惯的养成教育。注重活动的精细、精准，突出针对性和有效性，开展形式多样的微主题活动，如“美丽校园微行动”“小队员关注学校大发展”“微爱在行动一帮一”“节水微行动”“校园微逗秀幽默微视频大赛”“大眼睛看校园”“安全校园在行动”等。系列化活动的开展，活动主题深入人心，效果显著。

微教研，于细微处打造教研的深度。在对课堂研讨与实践探索的过程中，北校区深刻认识到教学质量是学校的生命线、生存线和幸福线。学校将全面提高教育教学质量作为践行美好教育的出发点和落脚点，从“微”处着手，提出了以微研讨促进课堂教学提升和教师成长的举措；以微课堂录制，把教师在课堂教育教学过程中围绕某个知识点或某个教学环节、教学主题而开展的精彩而简短的教与学活动全过程录成视频，放置在校园网和集体学习群等供老师和学生随时点击观看，从而使教师在反复观照研究中成长。为了助推教师专业化成长，学校还充分利用微信、QQ、钉钉等现代交流平台开展交流研讨活动。

微生活，点亮校园育人的底色。这是一所全新的校园，到处绿树成荫，繁花点点，大自然的气息扑面而来。学校以打造绿色校园、生态校园为抓手，让师生在优美的环境中学习生活，点亮美丽人生。在种植园精心侍弄静静生长的黄瓜、南瓜、冬瓜；在气象观测点收集天气数据、亲手制作标牌。校园内，每个角落都有微生活的影子；学校每个班级都会分配到一块管辖地，在老师指导下，孩子们进行耕种、浇水、锄地……在这个过程中，孩子们领略到季节的变化，体会到生命与尊重，懂得珍惜与拥有，感受自然与和谐。

微服务，让校园成为生活的大舞台。为了给全体师生提供更加便捷的学习和生活服务，周恩来红军小学北校区还开展了一系列微服务活动。美容镜、服务小站、意见箱等设施为大家提供方便；健康小贴士、有事您说话、我来联系你，为大家提供了交流的渠道；第一责任人、AB 岗，为服务提供了制度保障。

学校是社会的缩影。建什么样的校园，做什么样的教育，育什么样的学生，是时代赋予每个教育人的使命。在实践弘毅文化育人的征途上，红小人用智慧建设校园文化教育之“场”，开展系列活动激发教育之“情”，丰富创新课程构筑教育之“路”，践行美好教育成就教育之“人”。

三、弘毅文化助力地方乡村学校教育均衡发展

学校高质量发展得到了社会各界人士的认可。为使办学成果辐射更多区域学校，根据区委区政府、区教体局的统一部署，周恩来红军小学教育集团根据发展城区、服务全区的构想，加快了连锁办学的步伐，建设了以弘毅文化为特色的联盟学校，先后吸纳区域内的施河中心小学、车桥战役红军小学、苏嘴中心小学等乡镇学校为集团联盟校。通过教师流动、共同研讨、协作片交流等加快推进联盟校的帮带管理，引导学校创新办学思路、推进文化建设，真正做到“名校 + 新校”使“新校 = 名校”，“名校 + 薄弱校”使“薄弱校 = 名校”，“名校 + 农村校”使“农村校 = 名校”的办学愿景，实现了从城市走进乡村，为乡村老百姓也提供了优质的基础教育。

（一）车桥战役红军小学：文化建校，为学生终生发展奠基

淮安市车桥战役红军小学始创于 1908 年，百年学校凝聚着深厚的古镇文化和浓郁的人文色彩，培养了一代又一代的地方人才。作为弘毅文化联盟学校，车桥战役红军小学认真学习周恩来红军小学“学校建设，文化先行”的办学经验，一方面吸纳“弘毅教育”的红色德育精神元素，一方面深入挖掘学校自身文化内核，走出了一条独具特色的文化发展道路。

车桥战役红军小学地处车桥战役的发生地，依托这一红色资源，学校深入开展红色德育活动。每逢 3 月 5 日车桥战役烈士纪念日，车小的孩子们都会亲手制作寄托哀思的白花，参加“我为烈士献朵花”主题教育实践活动。这样的红色主题教育，让学生受益终身。

在此基础上，学校确立了以“弘毅文化”作为文化建设基础，打造以“车桥战役”为主题的学校文化。以“核心素养”的提升为培养目标，根据学生全面发展的需求，将现有资源进行整合，开发了多彩的“课程超市”，设立了31门选修课程，涵盖了艺术、体育、科技、地方文化等，全力为学生终生发展奠基。

同时，该校贯彻落实习近平总书记弘扬家庭传统美德，传承良好家训家风的讲话精神，培育和践行社会主义核心价值观，开展了“传承好家训，建设好家风”主题教育观摩活动。活动中，《习爷爷的拜寿信》《周总理的十条家规》等故事滋润着少先队员们幼小的心灵。少先队员们自编自演的情景剧《奶奶的教诲》道出了家风对孩子们潜移默化的影响。活动内容丰富、形式多样，传递了社会正能量，教育广大少年儿童从小树立正确的世界观、人生观，在潜移默化中形成积极向上的性格特征及良好的道德素养，引导广大师生和家长传承家训美德，树立良好家风，完善“学校、家庭、社会”三位一体的教育网络，为少年儿童健康成长营造良好的环境。

车桥战役红军小学紧紧抓住新时期车桥战役精神内涵，红心向党，勇敢拼搏，牢记教育使命，不断深化教育教学改革，全面提升教育教学质量，引领全体师生向着辉煌前行。

（二）施河中心小学：红色传承，扣好人生第一粒扣子

淮安市施河中心小学就是其中阔步发展的联盟校之一。在周恩来红军小学“弘毅文化”的影响下，施河中心小学学有榜样，他们努力汲取文化精髓，弘扬红军精神，传承恩来风范，倡导教师敬业奉献、开拓创新、团结一致、以诚为本，以培养走向世界的施河人为目标，孜孜寻求适合自身发展的道路。

为深入践行社会主义核心价值观，引导孩子们讲好党史故事，传承红色基因，赓续先辈精神血脉，扣好人生第一粒扣子，开展了一系列“学党史 颂党恩 听党话 跟党走”主题教育活动。老师们带领学生走进淮安城区的爱国主义基地——周恩来纪念馆、周恩来故居、新安旅行团纪念馆开启红色寻访之旅。

在庄严肃穆的纪念馆前，队员们唱响了《中国少年先锋队队歌》；在周总理汉白玉雕像前，队员们献上了崇高的队礼。走进馆内，孩子们被一张张珍贵的历史照片所吸引，为一件件厚重的留存文物所震撼。来到总理故居，聆听讲解员生动的解说，孩子们对总理的“六个杰出楷模”有了更全面地了解。他们静静地听着，默默地看着，眼睛里不时噙着泪水。“为中华之崛起而读书”的誓言深深印刻在孩子们的心中。

学校还举行“百年风华，童声颂党”诗歌朗诵比赛。激昂的《红旗颂》、铿锵的《少年中国说》、悲怆的《永远丰碑》等诗歌朗诵展示了施河少年积极向上、朝气蓬勃的健康形象，队形组成的党徽图案表达了新时代少年童心向党，筑梦未来；朗诵《红船，从南湖起航》把红色党史娓娓道来；《我喜欢红色》述说了新时代少年发扬红色传统，争做时代先锋的决心；《党的赞歌》为比赛画上完美句号。加强党史教育，传承红色基因，厚植爱国主义情怀，赓续先辈精神血脉，施小师生以实际行动迎接党的百年华诞。

此外，自2020年春起，施河中心小学立足学校的生情、师情和校情，立志把体育活动类“跆拳道”项目作为特色项目的主打品牌，按照全校、年级、梯队的模式开展活动，旨在把跆拳道“礼义廉耻、忍耐克己、百折不屈”核心理念和学生成长教育紧密联系起来，将传统武德精神与学生习惯养成相结合。这一理念的启动和发展既对少年儿童的身心、意志培育有较大益处，又有效地推动了学校特色项目的实施，更是对学校文化发展的一种有益尝试。

（三）苏嘴中心小学：以爱促教，聚焦高质量发展

淮安市苏嘴中心小学在“弘毅文化”的影响下，也迈出了内涵发展的脚步。学校以“学校发展、教师发展、学生发展”为主旋律，聚焦“学校有特色、校长有思想、教师有风格、学生有特长”的“四有”教育愿景，以思想道德建设为抓手提高队伍素质，以教育现代化创建为契机优化设施环境，以教科研为依托推进教育质量大提升，以“爱心校园”创建为载体打造德育亮点。

学校领导班子率先垂范提能效。在班子考核中，重点加强班子成员

“日结周清”工作考核和班子分管工作绩效考核，以及行政值周工作的量化考核。学校倡导苏小“五心”师资队伍，积极开展“师德学习周”“师德教育月”主题活动，举办“争做四有好教师”演讲与征文竞赛，组织“师德标兵”评比活动，不断增强师德建设工作的主动性、创新性和实效性。

学校深耕教育教研抓提升。教学科研活动常态化，教学常规管理规范化，高效课堂建设长效化。学校深入开展推门听课活动，加强校本课程的开发，积极探索和研究综合实践课。开展“每周一训”特色校本课程，逐步实现研究课题化。校教务处平时加强对教研组、备课组活动不定期的抽查，推动教研组、备课组工作的常态化、规范化。注重学生课前预习习惯的培养，关注学困生的心理与学习，大力加强培优补差工程，全面提升学生的综合素养。学校强化课题研究和校本培训工作，注重课堂研讨、教师座谈、教学竞赛、质量分析会等校本研修活动。

学校注重创建浓厚的“爱心育人”氛围，着力抓好学校文化建设，确立以“爱”为核心的学校文化建设构想，树立“以爱育爱”的办学理念。学校通过加强校外活动阵地建设，拓展家庭、社会教育途径，搭建家校共育平台，把“爱心教育”的成果迁移到家庭和社区，充分体现德育的广泛性，充分发挥学校家委会的作用。重视开发和丰富主题教育活动，充分利用植树节、学雷锋日等，开展形式多样的主题教育。积极开发本土社会实践资源，引导学生参加力所能及的社会实践，让学生在活动中有所体验、有所感悟、有所收获。

第二节　弘毅文化在联盟学校中的辐射引领

一、弘毅文化助力教育帮扶计划

恩来红小人始终牢记教育责任与担当，以红养正，助力发展，将红色文化推出去，助力更多地区学校的发展，这也正是弘毅文化的精神体现。

（一）借助网络教学，展示学校教改风采

2020年初，面对突如其来的武汉疫情，由中国教师研修网发起的“心系荆楚，名师驰援——全国百名特级教师送教公益活动”中，我们名校长工作室与徐长青工作室携手，在第一时间提供了工作室的系列课程。周恩来红军小学成小丽、刘彬两位老师作为工作室代表积极加入了“睿师有约，空中课堂”的课程研发，录制空中课程，赠予湖北的孩子，展示了新时期的弘毅精神。

学校还积极参与江苏省教育基地校建设。在疫情期间，为丰富网上课程资源，积极组织学校各科骨干教师进行微课设计并录制微课五百多节，涵盖了小学一至六年级的全科课程。教学微课的网络观看点击率高，辐射面广，受到了广大师生的一致赞誉。

（二）参与教育帮扶，传递弘毅文化精神

为响应《教育部教师工作司关于开展四川省凉山彝族自治州教育帮扶行动的通知》的统一部署，我主持的教育部名校长工作室成员徐鑫老师被教育部选拔到四川省凉山彝族自治州会东县第五小学支教。

支教期间，周恩来红军小学积极与被支教单位联系，在教育教学教科研等方面全面给予支持，通过线上进行教育资源共享。徐鑫老师将学校的红色文化带到了大凉山，引导被支援学校积极开展红色文化传承教育，协助学校制定了切实可行的学校德育及艺术教育工作方案。徐老师在支教期间，组织学生传唱20多首爱国歌曲，开展了“童心向党，歌唱祖国”合唱比赛，形成“班班有歌声、人人唱好歌、师生共参与”的生动局面。他带领学校音乐教师定期进行主题研修，交流如何高效开展课堂教学、如何最大化利用学校资源开展音乐教育等，并通过《村居》《小伞花》等示范教学，帮助学校积极打造红色课程特色。他融合凉山彝族特色文化对孩子开展音乐教育，让学生走近乡土音乐文化，培养他们的民族自豪感以及对家乡的热爱。徐鑫老师所在的凉山帮扶支教团队被教育部评为“2020最美教师团队”。

为了进一步做好帮扶计划，学校还邀请会东县第五小学师生代表共计18人赴我校开展学习交流。他们参加了我校主办的“苏湘陕川津五地十校共庆红军长征胜利84周年”活动，到周恩来红军小学教育集团各校区进行观摩学习、考察交流，参加了由我校主办的“美好教育 拾级而上——周恩来红军小学成立十周年暨全国美好教育联盟校长峰会”等多项活动。

周恩来红军小学一直以成为美好事物圆心为教育愿景，将弘毅文化牢记于心，积极参与教育帮扶活动，将美好教育的理念传播到大山深处，为边远地区教育的长远发展做出了有力的贡献。学校也因此入选了江苏省首批“影响力学校建设共同体”，获评江苏省教师发展示范基地校。

二、弘毅文化助推教育联盟共进共育

以共同发展愿景为纽带，资源共享，优势互补，共同提高，学校弘毅文化的发展得到了越来越多的同行与联盟学校的认可。周恩来红军小学也借力区域协作片、名校长工作室和美好教育联盟等平台，分享学校文化发展的经验，以带动区域乃至全国更多的学校共同着力学校文化品牌的建设，让美好教育之花绽放于大江南北。

（一）国培计划让弘毅文化在交流中被推广与吸纳

2018年，我荣幸入选教育部“国培计划”中小学名师名校长领航工程，成立了由本人主持的名校长工作室，工作室吸纳了来自不同省市的青年优秀校长。2019年，我牵头发起成立了“美好教育”联盟，以“红色文化育人，追寻美好教育”为共同愿景，各学校校长共议美好，相互学习，共谋教育发展，学校的弘毅文化也被更多学校吸纳与借鉴。

弘毅文化建设经验在区域研讨活动中交流与推广。我们精心打造了学校文化“1+X”多元发展共建模式。“1”，即以教育部名校长工作室“红色文化育人，追寻美好教育”的核心理念为引领。“X”，即以省、市、区名校长工作室成员校文化发展为支撑，打造区域学校多元文化发展的美好教育共同体。

工作室每学期制订完善的培训计划，定期开展丰富多彩的教育与文化建设主题研讨活动。为进一步探讨与创新学校文化建设，工作室先后开展了全国美好教育联盟校长峰会、学校文化云端分享会、全国名师教学展示、首届全国“蓝宝石”杯优课竞赛评比等活动，在活动中展示学校红色文化课程，探讨红色文化育人路径，为区域和联盟学校的文化建设与发展带来了全新的理念和深刻的思想碰撞。

为进一步让弘毅文化走向不同的地域、学校，学校借力名校长工作室先后在南京考棚小学、扬州维扬实验小学等多所学校开展美好教育研讨活动。在活动中通过校园参观、课程展示、交流研讨、专题讲座的方式，将红色文化育人的办学成果进行交流，让美好教育的理念在每一位参与培训的校长和教师的心田滋长。

（二）弘毅文化建设的经验被联盟校学习与借鉴

在教育联盟和名校长工作室的交流与学习中，各成员校在学习了周恩来红军小学学校文化、观摩学校特色文化课程展示以及经验介绍的过程中，深刻领会学校弘扬红军精神和传承周恩来崇高品格的红色文化发展内涵以及建构与创新，并能够结合自身学校特色共探“美好教育”，打造出了独具特色的学校文化品牌。如江苏省南京市考棚小学借力弘毅精神结合本校文化打造的“明道儿童学习文化”，着力构筑学习场、研究场、文化场，打造高品质儿童学习生活；无锡市芦庄实验小学以学校“前进！前进！进！”的理念结合校园足球的发展，提出了“建设足球校园为途径，努力圆孩子足尖上的梦想”；江阴市长寿实验小学充分利用乡村教育资源，引导学生向善向美，推出“走向田野、走向经典、走向智慧，为儿童生命成长奠基”；扬州市维扬实验小学北校区的“根植扬州文脉，塑造‘五艺’特色”，将红色文化、历史文脉与五育融合相结合，打造了属于自己的新“弘毅”特色；宜兴市洑东小学在参观了学校的弘毅文化课程后深有感触，结合自己多年的学校文化特色提出了“以环境文化、课程文化为载体，让每一个孩子开心、快乐、同生共长”的文化特色；泰州市城东中心小学建设和谐雅致的环境文化、和谐丰富的课程文化、和谐奋发的团队文化、和谐开放的管理文化，让学校成为师生和谐发展的精神家园。

第三节　弘毅文化得到社会各界广泛关注

一、弘毅文化让师生走向广阔舞台

随着学校红色文化育人的成果逐渐凸显，特色课程铸就了一批批优秀的红军娃，他们走出校园，展示着红色文化独特的魅力。

学校的古诗词课程，一直是学校传诵红色经典的舞台。学校开展的“广阅读”系列诗词大会、“亲近经典”系列阅读活动、楹联创作大赛等一直是学校的特色品牌活动，红小的校园诗香浓郁，声名远播。学校以古诗词为载体，引导少年儿童从红色诗词中汲取营养，用实际行动传承红色基因，学校获评国家级“中华诗教先进单位”。孩子们参加省市级诗词诵读大会，频频获奖。2021 年 6 月，由江苏省文明办、共青团江苏省委联合江苏省广播电视总台推出的大型青少年传统文化益智栏目《我爱古诗词》校园海选活动在周恩来红军小学进行。任泽轩、李帅等多名同学受邀参加江苏卫视《我爱古诗词》节目。

学校重视国防教育课程的开展，以红色文化助力青少年树立起正确的家国情怀。学校厚植爱国主义教育的创新举措，先后被中央电视台、省、市媒体报道。2018 年，周恩来红军小学的孩子们参与了淮安号“恩来星”的研制工作，并在甘肃酒泉卫星基地现场感受了发射的过程。2021 年 5 月，全国科普日第二届“中国飞天梦，科普中国万里行”活动走进周恩来红军小学，这是一次航天科普事业新的长征。活动中，与会代表被周恩来红军小学浓郁的校园红色文化深深吸引，被红军娃讲解员的精彩讲解所折服，中国飞天梦志愿团团长李俊天还写下“中国飞天梦”几个大字，送给周恩来红军小学的孩子们，希望他们从小立下飞天梦想，长大报效祖国。学校被评为全国航天特色学校、江苏省“少年军校”工作先进单位。

传承红色基因，做新时代的红军娃，是弘毅文化育人的精神核心。周恩来红军小学自创办以来，一直重视用红色之旅助力红军娃的成长。学校先后两次组织“重走长征路”寻访活动，通过在长征路上寻访历史遗迹、革命前辈等活动，让师生亲历红色故事，感受红色精神。2021年7月，红军娃应邀赴重庆参加“永远跟党走”红色之旅主题活动，参观渣滓洞和白公馆，体悟红岩精神，在沙坪坝结对宣誓，感受红色育人力量。周恩来红军小学的红军娃还与重庆、陕西、井冈山等地少先队员开展结对活动，红军娃们合唱《少年军号哒哒响》，他们用童真的歌声展现着坚毅的气概，唱出了进取和担当，演绎着红色给新一代带来的力量。

2021年国庆期间，江苏城市频道“南京零距离”节目组推出的节目——《沿着运河看文博》，走进大运河沿线八个城市的文物博物馆，周恩来红军小学李香瑶、何嘉寅、施博宁三位同学受邀参加了视频直播，带着大家线上游博，文化过节，展示了新时代少先队员的美好形象，红军娃们精彩的表现也得到了认可。

周恩来红军小学少先大队荣获“全国优秀少先队集体”称号；五（1）翔宇中队荣获“全国优秀少先队集体”称号；学校“翔宇文学社”获评江苏省优秀红领巾小社团；刘梓童同学在全国乒乓球集训队江苏省选拔赛中夺冠，并成功入选国家乒乓球少儿集训队；在全国周恩来班“唱支山歌给党听——纪念建党100周年”小学生手抄报征集评选活动中，学校6幅作品脱颖而出，喜获大奖。

学校美丽教师团队亮相《江苏新时空》。为贯彻落实习近平总书记关于教师要成为塑造学生的“大先生”重要指示精神，周恩来红军小学坚持培养赓续红色基因的红烛教师队伍，实施红烛教师培养工程，提升教师职业素养，促进教师专业发展，打造了一支政治坚定、绝对忠诚、师德高尚、业务精湛的红烛教师队伍。2021年教师节前，江苏电视台《江苏新时空》栏目对学校教师发展进行了专题报道，多位教师通过荧屏展示了恩来红小教师的风采。

二、弘毅文化在国际交流中得到展示

随着弘毅文化品牌的不断发展与提升，周恩来红军小学红色文化育人模式在不断地吸纳共融中逐渐形成了地域特色，并在国际交流合作中得到了充分展示。

国际校长访问团的到来，让周恩来红军小学红色文化育人理念传播到大洋彼岸。2014 年 11 月，江苏省中小学校长国际论坛国际校长代表团一行数十人来到周恩来红军小学进行交流访问，此次国际校长代表团包括来自美国、加拿大、澳大利亚等国的校长代表。国际校长代表团参观了周恩来红军小学校园，整洁幽雅的校园环境、现代化的配套设施、红军娃精美的书画创作、翩跹的舞姿、悠扬的歌声、精彩的真人野战训练让嘉宾们赞叹不已。学校的艺体教育、国防教育、素质教育都给代表团留下了深刻印象。来自美国北卡科技数学高中的珍 · 詹金斯女士说，来到这所学校自己完全被震惊了。她认为这完全称得上是一次文化的震撼之旅。

2016 年正值长征胜利 80 周年，法国公共电视台驻亚洲记者站筹备新学期开学报到时，将开学节目锁定在中国的红军小学，经全国红军小学建设工程理事会推荐，9 月 20 日，周恩来红军小学接待了法国电视台工作人员来校进行了一天的拍摄活动。他们用镜头拍摄了周恩来红军小学美丽的校园，记录下孩子们一天的学习生活：教室里高效的课堂教学、体育馆如火如荼的乒乓球训练、国防园里的真人 CS 对抗演练、红军娃剧场内《前进！前进！进！》的音乐剧表演，还有绿茵场上活力四射的课间活动，都向法国客人们展示了红军小学充满活力的学校文化和美丽的红色教育特色，为法国的孩子们呈现出一节中国式的开学第一课。

三、弘毅文化理论成果在全国展示推广

（一）学校红色教育走进中国长三角校长高峰论坛

2019 年 6 月，由上海教育报刊总社、江苏教育报刊总社、浙江教育

报刊总社、安徽省教育新闻宣传中心等组成的中国长三角校长高峰论坛联合采访组一行 16 人走进我校，以“新时代立德树人的创新与实践”为主题进行了联合采访。本人以《实施美好教育，点亮幸福人生》为主题向采访组作了专题汇报，介绍了学校打造弘毅文化，着力红色文化育人，实施美好教育，加强立德树人创新实践中取得的成绩。采访组观看了学校德育系列特色课程展演:《三字经·颂总理》《梦中的周爷爷》《崛起》《前进！前进！进！》等，走进学校独具特色的八大园，观看了依托八大园开展的“弘毅文化”系列课程，他们针对环境建设、文化建设、课程建设、教师队伍建设等情况进行了深入的访谈。采访组专家对学校立德树人的创新举措给予了充分肯定，《上海教育》《江苏教育》《东方教育时报》等媒体对学校的红色文化育人成果进行了专版报道。

（二）学校文化建设成果在国家级舞台展示

2020 年 6 月，我的工作室团队应邀在国家教育行政学院主办的“学校文化建设的价值重塑与路径突破”线上直播论坛上主讲。工作室团队分别从学校、年级、教研组、班级四个层面阐述了学校在校园文化建设方面的创新举措。教育部定点帮扶的河北省威县、青龙县，甘肃省通渭县、宁夏回族自治区西吉县、云南省福贡县名校长及其管理团队参加论坛。2021 年 9 月，教育部在北京师范大学举行名师名校长领航工程总结宣传活动。我作为优秀学员代表，为与会人员作了题为《赓续红色基因，做新时代“大先生”》的报告，分享了自己对新时代“大先生”的理解，同时介绍了周恩来红军小学在培养新时代“大先生”方面开展的有效工作，交流了学校基于红色文化育人开设的特色课程及研究成果，得到了与会领导、专家、老师们的赞誉。

四、弘毅文化的发展得到主流媒体报道

学校红色文化育人的创新成果受到了国家及省市电视台、网络媒体的关注。“七千红军娃共绘中国梦”“苏鄂红军娃手拉手，千里同抗疫

心连心”活动、开学第一课、红军娃献礼党的生日系列活动等多次被中央电视台、中国新闻网、江苏卫视、学习强国等国内主流媒体报道。在庆祝建党百年期间，学校开展的“童心向党迎百年，学习伟人做先锋”系列活动登录学习强国，被中国青年网等媒体报道。学校利用爱国主义教育基地、纪念馆、革命旧址等场馆，开展实践体验活动，引导学生追寻红色记忆，感受红色文化，传承红色基因。“从小学党史，永远跟党走”主题教育活动，在中央电视台《新闻联播》中播出。中国教育电视台以“传承红色基因，争做红军传人”为主题，对学校红色教育成果进行了全面推介。报道中围绕“构建环境，彰显红色精神符号；设计课程，构建红色育人体系；丰富活动，内化红色基因力量”三个专题，系统展示了周恩来红军小学红色教育的创新举措和丰硕成果。“传承红色基因，长成参天大树”为主题的纪念红军长征胜利85周年系列活动，通过红色运动会、长征知识竞答、重走长征路体验、情景表演等方式，勉励广大少先队员铭记革命历史，走好新时代的长征路。此次活动被中央电视台中文国际频道《中国新闻》栏目以《红色运动会，小学生“重走长征路”》为题作了专题报道。

第九章

弘毅文化的建设哲思

红色文化是中华民族先进文化的代表，更是周恩来红军小学弘毅文化创新的灵魂。弘毅文化是红色文化的校本回答，是一种积极向上、锐意进取的学校文化。弘毅文化的建设让学校内生出一种强大的精神力量，形成一种维系全体师生员工思想和行为的“向心圆”。红军娃们在弘毅文化的浸润下，增强了民族文化自信，树立了正确的价值观，形成了健全的人格和优良的道德品质，传承了红色基因，弘扬了革命先辈百折不挠、艰苦奋斗的精神。在未来弘毅文化可持续发展的建设中，周恩来红军小学要站在理论和实践交融的更高层面进行前瞻性哲思。注重坚持刚柔相济、以文化人的原则，把握外联内生、融通共进的平衡，推进共同话语、个性表达的和谐发展。努力持续地将学校弘毅文化及学校教育实践体系推向更高的发展境界。

第一节　刚柔相济 以文化人

“刚柔相济”出自《周易·蒙》“刚柔节也”，指刚强的与柔和的互相调剂。学校文化应同时具有竞争、奋斗的“刚”和互助、奉献的“柔”。刚柔相济也体现在学校文化建设的方式上，即同时具有制度的“刚”和管理的“柔”。“以文化人”出自《周易·贲卦》“观乎天文，以察时变；观乎人文，以化成天下”。这里的“文”，有文字、书籍乃至美德之意。“化”则有变正乃至教化、感化之意。从学校文化建设角度来说，“以文化人”强调的是在遵循育人规律的基础之上，实现学校文化与教育融合共生的良好状态。对学校师生员工群体而言，从感受学校文化到认同和践行学校文化是一种“人文化成”的过程，会受到很多因素的影响，不可能一蹴而就，这就需要在学校文化建设中解决一系列难题。

一、刚柔相济——文化使命的责任与追求

刚性管理的中心是运用制度约束、规章监督、奖惩激励等方法对学校工作进行管理，强调各个组织部门必须严格执行规章制度。柔性管理是一种注重文化渗透和人文关怀的为适应环境变化而可灵活调整相关策略要求，使工作需要与人员需求动态匹配的管理。

很多学校在进行文化建设时，由于多种因素的影响而侧重采用某一种管理方式。但是无论是侧重于刚性管理还是柔性管理都会存在一定的不足。仅仅采用刚性管理，其最大的弊端在于把师生员工视为接受监督的对象，从而无法真正调动师生员工的积极性。而只采用柔性管理也同样存在一定的问题，可能无法持续稳定地推进学校规章制度的执行。

从学校发展的角度来看，刚性管理与柔性管理需要紧密相连，即师生员工在一种完善的学校规章制度的基础之上，在学校共同价值理念的引领下，自发地约束自己的行为，积极主动地发挥个人的作用。刚性管理是学校文化建设的基础，规定了学校发展的管理目标、管理内容、管理制度、管理手段等，使学校和师生的所有行为都能在这样一种基础之上有序、顺利地推进。而柔性管理更强调愿景和价值，它像一种“黏合剂”，可以充分激发师生员工的积极性与主动性，使其愿意为学校发展贡献力量，坚定不移地执行刚性管理的要求，使得学校建设得以顺利、和谐的发展。

（一）原则的刚性表达，让管理有力度

“不以规矩不能成方圆”。学校的管理制度是学校一切管理方式的基础，它以一种约束与指导性的标准，规定着师生员工的行为方式、行为程度，指定了统一的目标以及相应的责任。学校管理制度中坚定的原

则性是学校文化发展的根基，是指引学校不断前行的重要保证。

周恩来红军小学加强学校管理，制定了“管理规则”“岗位职责”“行为守则”等，建立岗位工作的“督查——反馈制度”，改变过去传统的结果管理，实施过程管理，对班主任采用月考评制度，对教师教育教学采用常规督查制度；学校还成立了红领巾检查小队，形成学生思想和行为的自我管理制度。通过多方面的管理与检查，常规工作得以扎实有效地落实，把学校的办学理念与培养目标变成可以执行的具体要求，学校的各个部门、各项工作得以顺利部署，稳步推进。

（二）原则的柔性表达，让管理有温度

学校文化建设的“柔性”表达，是指学校管理者严格的目标要求、制度管理，通过适当的“因人制宜”，使师生员工更加容易接受和内化。这种“柔性”不是管理者在学校管理中的妥协与让步，而是一种更易于让目标实现的策略。实践证明，“柔化”表达常常能使学校的目标与任务更有效地达成。这种柔性表达，可以改变管理者与被管理者之间的情感关系，以一种彼此认可、默契和谐的方式达成目标的一致性。

周恩来红军小学弘毅文化理念更多地基于领导者思维而非管理者思维。管理者思维是通过强制性制度让被管理者机械执行；领导者思维是通过建立愿景，激发全体师生的内生动力，共同实现美好的愿景。学校管理者以开放包容的胸怀、共同创造的愿望，多个维度搭建平台，构建互帮互助、共同进步的协作机制，将学校培育成一个蓬勃生长的有机体。学校领导者本着“正人先正己”的观念，变指挥型领导为服务型领导，给教师和学生更多发展的空间，打造积极向上的团队文化。例如，在教师群体中成立“领航名师团队”“探航教师团队”“启航教师团队”；在学生群体中成立“红军娃讲解团”“红军娃艺术团”“红军娃记者团”；还在学校员工中成立“绿叶员工团队”。采用多途径“迂回”的管理策略，定期开展多样化的团队活动，体现以人为本，实现学校文化建设的“柔化”功能。

二、以文化人——文化使命的觉醒和担当

“以文化人”中的“文”和“化”是两个核心要素，发挥着同等重要的作用。学校文化也应该包括这两个方面的内容，其一是“文”，即由全体师生员工在长时间内共同创造、积淀并传承的价值追求；其二是“化”，这是对学校价值追求的内化与升华。只有实现“文”与“化”的有效统一，才能形成一种相对稳定而极具吸引力的学校文化效应场，全校师生员工的思想与行为都会在潜移默化中受到熏陶，在主动认同学校核心价值观的基础上，不断改正、规范自己的行为，从而实现学校群体行为的一致性。

当前，很多学校开始重视学校的文化建设，并且形成了一定的学校办学特色。但是，仍有相当一部分学校对文化建设的理解有偏差，只关注“文”这一层面的强调，而对于如何从学校的环境、制度、课程、活动等方面发挥以“文”化“人”的重要作用，实现润物无声的文化育人成效关注不够明显。

周恩来红军小学深知文化即人化，在学校文化建设中“化”具有重要意义，其在学校的空间环境建设、课程教学设计、规则制度建构过程中更遵循以人为本的原则，力求在有温度、有感情的学校文化建设过程中，让师生员工产生一种发自内心的认同感与归属感，自觉主动地成为推动学校发展“共同体”的一员，以实现以文化人。

（一）聚焦价值，优化“以文化人”的顶层设计

对于学校来说，采用文化管理是现代管理理论发展新阶段的新举措，“用一种无形的文化力量形成一种行为规范、道德规范和价值观念，凝聚全体成员的归属感、积极性和创造性，从而增加组织的内聚力、向心力和能动力，齐心协力实现组织的目标。”[1] 文化管理重视人所发挥的作用，关注人对人、人对学校、人对环境、人对课程等内容体现的价值。

[1] 屈群苹．试论管理哲学视野中的文化管理［J］．南方论刊，2008(5)：51-52.

需要注意的是，文化管理的核心是人文关怀，只有充分发挥人文关怀的凝聚力，才能增强师生员工对学校的自豪感。

文化兴则学校兴，文化强则学校强。“以文化人”既是学校“立德树人”的核心要求，也是学校文化建设工作高效开展的应然选择。只有正确面对意识形态的教育工作，才能掌握学校文化建设的主动权。“以文化人”并不是一蹴而就的，而是一种不断积淀、潜移默化的过程。学校立足“以文化人”的重要性、复杂性与持续性等特点，重新审视“以文化人”对于学校文化建设的重要意义，通过制度强化、环境美化、课程深化等途径，全面优化“以文化人”的顶层设计。

（二）转变途径，丰富“以文化人”的育人方式

学校想要充分发挥优秀文化的正确导向作用，就需要通过多种途径丰富“以文化人”的育人方式，突出文化独有的特质，彰显文化的影响力，发挥学校文化的实效。

在开展“以文化人”的工作中，学校的弘毅文化建设主要从四个方面实施。首先是对学生进行优秀传统文化、红色文化以及社会主义先进文化的多重教育，强化师生群体对学校文化的认同感和归属感；其次，将社会主义核心价值观的教育与学校的特色文化课程教育有机结合，提升师生群体的使命感；第三，把中国特色社会主义文化融入学校的具体文化样态之中，以“中国特色文化”的精髓影响学生的思想；第四，学校重视校园文化网络化的影响，充分利用学校微信公众号、学校网站等网络媒体，全方位、精准化地推送学校文化建设的成效，传递学校文化建设的正能量。

第二节　外联内生　融通共进

推动学校文化前进的力量，源自于学校发展的驱动力，这种驱动力量是学校形成独特风格的重要基础。因此，只有开展“外联内生、融通共进”的学校文化建设，学校才能拥有取之不尽的动力源泉。

弘毅文化不满足于传统学校文化中只关注某一种推动力的现状，而是主动找寻复合型的学校发展动力，既关注学校发展的内部驱动力，同时又科学统筹推动学校发展的外在驱动力，将内外驱动力量融为一体，从而形成一股推动学校发展的合力。弘毅文化以学校空间为发展重点，同时又超越学校空间，关注其所处的区域性文化情境以及整个社会大环境的时代背景；立足于当下，链接过去与未来，既不脱离学校发展的历史性根基，又在继承的基础上进行不断地改革创新。

一、外部支持——依托多方力量的共同助力

学校文化建设需要良好的外部支持，这是学校良性发展的重要保障之一。这里所说的外部支持，主要包括四个方面：一是教育主管部门主导下的政策支持；二是各级各类教育专家的理论支持；三是学校所处的区域社区支持；四是学校家长的支持。有了这些力量的支持，学校文化建设就多了一道来自外部的保护屏障，同时也打开了学校文化建设的新局面。

（一）政策引领，推动学校积极主动发展

在推动学校文化发展的外驱力中，最为重要的是国家和地方教育主管部门的教育政策支持。中共中央、国务院《中国教育现代化 2035》指出，“各级党委要把教育改革发展纳入议事日程，协调动员各方面力量

共同推进教育现代化。建立健全党委统一领导、党政齐抓共管、部门各负其责的教育领导体制。建设高素质专业化教育系统干部队伍。加强各级各类学校党的领导和党的建设工作。深入推进教育系统全面从严治党、党风廉政建设和反腐败斗争。”[1]江苏省教育厅《关于深化教育体制机制改革的实施意见》在“主要目标”中指出，“到2020年，我省教育基础性制度体系建立健全，充满活力、富有效率、更加开放、有利于科学发展的教育体制机制加快形成。”[2]这些政策的出台，再次明确教育主管部门在现代化学校发展过程中担任的全新角色。

这些政策不仅解决了周恩来红军小学学校文化建设中遇到的现实问题，更重要的是为学校文化建设创设了良好的发展环境，指明了学校文化建设的发展方向和育人目标，提高了学校文化建设的积极性。学校充分利用这些政策优势，放大教育政策的正能量，建立起符合时代要求的新型政校关系，形成依法办学、社会监督、民主管理的现代化学校管理制度，进一步落实立德树人的根本任务。

多年来，学校当地教育主管部门不仅充分认可学校践行的“弘毅文化”，而且主管领导多次带领工作小组、相关专家进入校园走访调研，持续性关注和针对性指导学校特色化的管理工作。给学校的文化建设提供诸多的保障和支持，未来的发展，学校将持续争取教育主管部门对学校不可或缺的支持、关心、帮助。

（二）专家把脉，指引教育教学全新方向

要想实现学校特色发展，提升内涵品质，不仅需要教育主管部门的政策引领，也需要教育专家的积极介入与有效指导。教育专家具有开阔的教育视野，扎实深厚的理论支撑，对于学校发展有着重要的指导意义。只有专家走进校园，与学校管理层、教师群体平等、真诚地交流、探讨，

[1] 教育部．中国教育现代化2035. http://www.moe.gov.cn/jyb_xwfb/s6052/moe_838/201902/t20190223_370857.html

[2] 江苏省人民政府．关于深化教育体制机制改革的实施意见．http://www.jiangsu.gov.cn/art/2018/7/31/art_59164_7765720.html?gqnahi=affiy2

才能实现教育理论的生根开花，推动学校良性化地发展。

周恩来红军小学深知要想使弘毅文化不断地提升发展，既需要自身的努力，又需要教育专家的理论指导及智力支持。“授之以鱼不如授之以渔”，学校文化体系的不断优化从不断发现问题、拓展研究路径、开展深化研究等方面，都需要持续邀请相关教育专家定期走进校园，根据学校特色发展的真实情境，进行“在场”指导，以进一步引发学校对教育实践问题的关注与思考；定期远程联系，组织“离场”实践，持续改变学校管理层与教师的思考角度，形成在掌握理论基础上的实践、总结、反思与再实践能力。

通过教育专家与教师、学生、家长等的讨论交流，持续凝练学校的办学精神，确立更符合学校特色发展育人机制，从红色文化、周恩来崇高品格以及学校办学背景等实际情况出发，形成更有底蕴的红色文化育人及办学的科学主张，进一步充实“前进！前进！进！”校训的深厚内涵，使学校能走上更具特色的办学和发展之路。

（三）社区牵手，构建融合发展支持系统

要想实现学校教育的最优化，关起门来搞“封闭教育”是不科学的，还要关注区域联动，采用“请进来”与“走出去”的互通模式，合理利用社区教育资源达成资源共享，实现资源的价值提升，同时为社区提供服务，提升学校教育影响力。

学校坚持以弘毅文化为教育核心的根本目的在于通过丰富多彩的红色活动，培养新时代的红军精神传承人。经过多年的实践，周恩来红军小学打通了学校与社区的壁垒，实现了学校与社区在空间资源、教育资源上的共享，使得学校发展有了新突破。一方面充分利用学校资源，在常态化管理允许的情况下开放校园场地，为社区居民提供运动场所，为文化团队提供排练场地和大型活动场地等。当地社区的“五老”团队、夕阳红剧团多次走进学校，开展红色宣讲、红歌传唱等主题教育活动，关注学校少年儿童的健康发展。另一方面，社区也成为学校展示教学成果、学生优秀作品的舞台和校外社会实践的场所。

学校坚持开放、共享的理念，努力让各个方面的力量共同参与学校的建设，通过开展共建活动，实现社区、学校教育资源、设施、空间的共享，从而构筑起加强少年儿童思想道德建设的现代化活动平台。学校的红军娃们持续走进恩来社区，向社区居民宣讲革命故事，表演红色课本剧，展现新时代小红军的风采。

（四）家长支持，建设家校同心共育课程

苏霍姆林斯基说过：“没有家庭教育的学校教育和没有学校教育的家庭教育，都不可能完成培养人这样一个极其细微的任务。”可见，当学校与家庭同轨，学校教育和家庭教育同步，教师和家长同心，践行“家庭是孩子一生的学校，学校是孩子第二个家庭”的理念，学校教育与家庭教育合力，才能保障孩子健康全面发展。

周恩来红军小学构建一种弘毅式家校联通教育体系，优化家校沟通、合作的方式，建立了学校家委会、年级家委组、班级家委群以及弘毅家庭教育微团队，通过家长开放日、现场会议、网上交流、电话沟通等方式让家长充分参与学校管理，体现家长对学校工作的参与、监督、评议权。

在学校的蓬勃发展中，家长学校也给予了大力支持。家长学校按月开展主题活动，主动与学校建立联系，共同探讨学生教育的新思路、新方法；通过优秀弘毅家长介绍培养红军娃的良好经验，和老师一起共同帮助学生改正不良习惯。构建“学校——家庭——社区”三位一体的立体化弘毅教育模式，形成新型教育合力，在良好的教育环境下，促进学生健康、快乐发展。

通过多种多样活动的开展，家长及社会各界加深了对学校弘毅文化教育理念的了解，也及时反馈了良好的教育建议，协同合作，变单向宣传为双向沟通，受到了多方认可。争取外部支持，这是过往一直行之有效的方法，更是学校未来必定的坚持。

二、内部发展——源自学校发展的核心动力

学校的文化对于身处其中的每一位成员都有着润物无声般的感染力，

每一个成员都会在潜移默化中被影响，从而融入特有的文化体系之中。学校文化这种战略制高点的作用，可以统领起学校其他方面的工作，如物质与精神、外在与内在、制度与组织、行为与形象等，能够促进师生深层次发展。

我们认为，在新的历史起点上学校有必要进一步优化发展理念、发展目标和发展战略。培育学校文化正是促进学校发展的重要战略与核心内容，可以提升学校的执行力和创造力，促进学校科学发展、和谐发展。

（一）共同价值观培植——树魂

学校文化的发展离不开办学思想的变革，需要从学校的办学目标、组织形式、角色定位、制度构建等方面重新审视，要根据自身特点，找寻属于自己风格的发展模式，对于外来的理念都必须经历内化与调整，否则就会陷入同质化发展的困境。

学校文化发展与学校内部发展需求有着密切联系，不同层次的需求反映出构成学校文化的不同因素。在众多需求中，最为核心的是学校的共同价值观，它是学校办学的精神内核与风向标，统领着学校文化的发展体系。因此，只有培植共同价值观，形成一致的学校发展愿景，才能带动整个学校文化的优化与提升。

弘毅文化的核心价值追求有着鲜明的红色印记，是周恩来红军小学一切教育行为的逻辑起点。学校建构了红色教育体系，打造了学校持续发展的动态框架，以德育、课程、管理、实践为抓手，营造了一种学校、教师、学生同向化发展的教育情境。在这种主线清晰、架构完善的办学思想指引下，学校实现了可持续、稳定的发展。

（二）课程体系优化——提质

学校文化呈现的方式有两种，一种内隐于全校师生员工的思想观念中，另一种外显于全校师生员工的行为方式中。这两种方式是紧密关联，互相作用的。在办学理念确定之后，须进行基于学校文化的课程设计，形成可操作的行动方案，让办学理念从抽象变得具体，从简单变得丰富。

周恩来红军小学之所以成为一所备受瞩目的学校，关键就在于其独特的学校文化。在进行学校文化课程建设的过程中，处处体现“弘毅”，结合学校实际，利用课堂主阵地进行核心价值观教育。学校创造性地设计了“三位一体课程”，即上好国家课程，整合地方课程，开发校本课程，形成了多维立体化的课程体系。通过精心设计，在课程实施中诠释了弘毅文化的理念，提高了红军娃的综合素养。

对学校来说，课程理念的重构不是简单地改变学习内容，而是一种文化重塑的过程，是潜在于师生意识中的价值呈现。周恩来红军小学的弘毅文化课程建设扎根于学校独特的红色背景，凝练出属于周恩来红军小学独特的文化内涵——弘毅，构建出完整、系统、科学的弘毅文化课程体系，进而营造出适合师生发展的学校文化氛围，推动学校持续不断向着新目标前进。

在政府的大力支持下，周恩来红军小学的教育教学配套设施不断改善，办学条件不断提升。目前，学校在硬件不断改善的基础上，逐渐把目光转到如何提升学校文化发展的软实力，促进学校内涵式发展。学校在进行文化建设的过程中，始终坚持将领导把关、专家指导、师生参与、社会联动等多种力量融为一体，从而形成合力。此外，学校还采用科学的考核、评价机制，形成了从领导到级部到教职工到学生等多层次、多维度的综合考评体系，充分调动了全校师生的积极性。课程的优化，有效地提升了弘毅文化育人的品质。

（三）师生校和谐发展——塑形

学校文化是一所学校内部所形成的为其成员所共同遵守并得到同化的价值观体系、行为准则和共同思想的总和。学校文化不是属于个体的物品，而是一种全体师生共同产生、共同拥有、共同分享、共同表现的行为与思想，是师生在学校特定环境下共同学习、工作中的一致选择与共同创造。

学校的发展意味着师生的发展，所以换句话说，学校文化也是一种“师生文化”。因此，学校文化建设需要关注的还有“教师文化”与“学生文化”。只有将学校文化的众多因素融入教师、学生的发展之中，才能真正改变师生的思维方式与行动方式。

弘毅文化认为优秀的学校文化首先要实现优秀的教师文化建设。周恩来红军小学着力用红军精神、周恩来的崇高品格培育教师，建设积极主动的红烛教师文化，让无私奉献、兢兢业业的红烛精神成为教师主动追求的目标，通过四大教师工程建设，广大教师的精神面貌焕然一新。其次，优秀的学校文化还要实现以发展为本的学生文化建设。周恩来红军小学全面推进素质教育，立足当下，展望未来，开发了一系列的红军娃习养实践活动，培养出积极向上、健康活泼的新一代红军娃。第三，优秀的学校文化也离不开管理者文化。它影响着学校各项规章制度的建立与执行，决定着学校文化的走向。因此，弘毅文化努力地实现了教师文化、学生文化、学校管理文化三者之间的一致与发展，借助“三合一”的力量，将学校文化发展向纵深推进。

第三节　共同话语　个性表达

红军精神是民族之魂的体现，是中国人民永远的宝贵财富。当前，教育部门要求将红色教育融入学校文化建设与教育教学工作之中，希望在学生的思想品德教育中体现传承红色文化这一元素。因此，学校要开展多种多样的课程与活动，使红色文化走进校园，让学生弘扬红色文化，传承红色精神。在红色文化的影响下，师生成为新时代的红色传人，努力为实现中华民族伟大复兴贡献力量。

在党中央的亲切关怀下，全国 29 个省市的革命老区建设了 400 余所红军小学。红军小学的命名基本包含了我国在不同革命时期的重大事件和英雄人物，以这样独特的方式命名，使得学校与红色历史紧密相连，增添了一层厚重而深刻的含义。“红军小学”中的“红军”二字，不仅是学校的一个称谓，更是时代赋予学校的崇高使命。自命名以来，全国红军小学都在思考一个共同的课题，即如何让红军精神与新时代社会主义核心价值观有机结合。同时与各自学校的历史文化及学校的现实精神有机结合，创立并逐步凝练成各自最科学同时也是最美的学校文化风貌。每一所学校在“传承红军精神，培育时代新人”的办学理念指导下，积极营造红色育人环境，抓好红色教育课程，打造红色教育品牌，开创出学校内涵发展的更美好局面。

一、传承红色基因——学校教育的共同使命

2020 年 9 月 16 日，习近平在湖南考察郴州市汝城县文明瑶族乡第一片小学时，对孩子们说：“你们今天是小树苗，将来要长成参天大树，中华民族伟大复兴的中国梦将在你们身上实现。希望同学们把红色基因传承好，好好学习知识和本领，努力成长为德智体美劳全面发展的社会主义建设者和接班人。”总书记的谆谆教诲为学校的办学指明了方向。培养传承红色基因的时代新人，是新时代学校教育的共同使命和应有担当，也是学校文化建设的落脚点。每一所学校都要回应“我们的学校是怎样的学校”“我们的学校要培养怎样的人”“我们的学校具有怎样的特色”等问题，需要深入思考学校“有怎样的办学历史背景”“有怎样的独特优势”“面临怎样的困难与挑战”以及“如何利用现有条件打造高品质学校”。

（一）着力营造红色校园，实现润物无声

学校文化是学校形象和办学特色的重要体现，是根据办学水平、学生的年龄阶段、地域文化特点，展现学校的文化定位，引导学校发展方向，个性化培养学生的习惯、专业和素养的重要因素。

对于很多学校来说，“创建红色文化校园，传承红色革命精神”是一项重要的教育目标。红色文化走进校园、走进课堂，可以将红色文化资源的优势转化为教育教学优势，极大地拉近红色资源与学生的距离，以一种全新视角构建和谐的学校文化，从而营造一种积极向上的文化氛围。

不同于其他普通学校，红军小学的校园环境中随处可见红色印记：

学校矗立革命英雄雕像，教学楼、走廊、教室等场地围绕红色教育主题布置相关的条幅标语、图片墙报等，渗透红色的励志、警世之语，形成丰富多彩的橱窗文化、墙体文化。在黑板报、校园广播、宣传橱窗等开辟红色文化育人板块，进行全方位宣传，展示红色文化育人的成果，让“红色文化”的理念深入人心，让校园成为鲜活的教育读本。红色元素溢满校园，学生在浓厚的红色文化氛围中受到感染和教育。

（二）着力建设红色课程，实现知之信之笃之

学校的课程设计与办学理念是紧密相连的。高远的办学目标和正确的办学方向，是一种信念，是行动的指南。从学校发展的维度来讲，学校课程建设是为了铸就学校的灵魂，让课程丰富多彩而具有学校神韵。不少学校关注课程设计的红色元素，实现从形式到内涵的变革，从而建设具有学校特色的课程，为本校学生服务。

学校着力开发红色课程，把红色文化育人作为学校教学工作的重要内容，纳入学校教学计划，在各个学科中有机渗透。学校主动思考，编写红色文化的故事读本，加强红色课堂教学研究，提高红色文化教育教学的针对性和实效性。开展红色文化主题宣讲，定期邀请当地革命教育基地的宣讲团专家，到学校进行红色专题讲座，以红色精品课堂切实提高教育教学效果。此外，还会培养一批优秀学生成为学校的讲解团成员，走出校门进行革命宣讲，让他们传播红色文化。

（三）着力开展红色实践，实现外化于行

红色是革命的色彩，是向上的色彩、前进的色彩。红色文化，代表着中国革命的前进方向，是中华优秀传统文化在中国革命和建设时期的继承与发展。红色传承，即学习和传承红色精神，以红养正，真正做到“为中华之崛起而读书”，培养担当民族复兴大任的时代新人。

红军小学通过开展丰富多彩的活动，培养学生拥有像革命英雄一样吃苦耐劳的精神、顽强的意志。例如，清明节组织学生祭扫烈士陵园，铭记历史，缅怀革命先烈，树立崇高的理想；六一国际儿童节开展以“红领巾在我心中”为主题的教育，让学生牢记历史使命，以优异的成绩报效祖国；七一对学生进行党史教育，牢记党的宗旨，使学生继承党的优

良传统；一二·九开展“红歌大家唱”活动，激发学生的爱国主义热情。同时，积极组织师生到纪念馆、历史博物馆、革命旧居旧址和爱国主义教育基地，开展重温入党（团、队）誓词活动，促使师生形成正确的价值观和人生观，从而传承革命精神，让红色基因融入师生血脉之中。

二、以弘毅为核心的红色文化——周恩来红军小学的坚定回答

学校文化建设的个性化、特色化要在合乎共性的基础上，在学校文化建设的具体内容和具体方式等方面有所突破，最重要的就是要寻找学校文化建设的“阿基米德点”，以这个支点撬动学校文化建设，乃至更深层的学校整体变革。

周恩来红军小学是全国红军小学对外展示的窗口学校，通过开展形式多样的红色德育活动，让红色基因扎根于学生心中，在提升了学校办学品位的同时，也用自己的行动展现了现代化红军小学的新样态。

（一）回应时代关切，整合地域资源，提炼弘毅精神

习近平总书记强调，“要使中华民族最基本的文化基因与当代文化相适应、与现代社会相协调”。可见，只有立足新时代社会发展，将地域文化中的精髓与学校实际相结合，回应时代的发展需求，才是更好地传承与发展中华文化的关键所在。

淮安是革命老区，拥有丰富的红色教育资源，刘老庄八十二烈士陵园、苏皖边区政府旧址、黄花塘新四军军部纪念馆等。淮安也是周总理的故乡，拥有周恩来童年读书处、周恩来纪念馆、周恩来故居等教育基地，这些都是红色教育的重要资源。

用好红色资源，赓续红色血脉是周恩来红军小学义不容辞的责任。学校在不断探究中形成了“人无我有，人有我精”的红色发展之路，从中凝练出弘毅文化的精髓，用“弘扬红军精神，传承恩来风范”的思想进行学校红色文化设计，确立学校弘毅文化的着力点，融红军精神和周

恩来崇高品格于校园建设中，让红色基因成为学校文化精神符号，从而唱响了弘毅文化建设的主旋律。

（二）立足现代话语，坚持五育并举，践行弘毅表达

2019年，中共中央、国务院印发《关于深化教育教学改革全面提高义务教育质量的意见》，明确“坚持五育并举”“全面发展素质教育”；同年国务院办公厅发布《指导意见》，提出“突出德育时代性、强化综合素质培养、拓宽综合实践渠道、完善综合素质评价”等“构建全面培养体系”。“五育并举”“五育融合”已然成为新时代中国教育变革的发展方向，这既符合“新时代中国特色社会主义”“人类命运共同体”的综合需求，也是“信息化时代”“科技智能背景”的社会需求。

学校从弘毅文化视角来认识课程，探讨学校课程的内在规定性和基本特征，以红色文化育人课程实施为着力点，通过五大课程培育新时代红军娃。培根铸魂德法课程融合凸显红色德育主渠道；情境嵌入学科课程强化学科育人价值；恩来品格习养课程着力提升学生品格修养；寻访力行研学课程追寻先辈、走近先锋，助力学生树立崇高理想；红心涵育环境课程让红色环境“说话”，晕染学生心灵。五大课程从立志、立德、立行、立仁、立能五个方面塑造儿童，不断助力儿童德智体美劳全面发展。

红小人这些年来就学校弘毅文化的探索之旅，已为教育百花园奉献了美好的弘毅文化之花，未来的持续发展进程更应并必定会为地方社会奉献出被社会各方高度认可的美好教育的累累硕果。

带着梦想砥砺前行

弘毅之路，任重道远。我们仰望星空，脚踏实地，于春之芳华，采英撷粹；迎夏之骄阳，浴火烁金；尝秋之精实，心怀希冀；理冬之蕴藏，放逐梦想。我们探索的脚步从未停歇，将理想培植于耕耘者的田野里，把希望放飞到开拓者的蓝天上，为党育人，为国育才，办人民满意的教育。

栉风沐雨，踏雪寻梅。我们以时代发展的动态视角向文化育人的纵深漫溯，打开国际视野，与时代对话，从民族期望、国家需要、人民追求的核心要义出发，把握新发展阶段、贯彻新发展理念、构建新发展格局，以坚忍不拔的精神、迎难而上的勇气、不畏险阻的气魄，创新红色基因传承，着力恩来风范弘扬，勾勒弘毅文化育人的未来样态。

随物赋形，润物无声。精心打造弘毅文化与儿童适性生长的诗意空间。童心是一种浪漫，是每个人对这个世界的烂漫情怀；梦想是一种力量，是每个人对这个世界的美好憧憬。我们将进一步以儿童的视角展开，从静态到动态，从单一到多元，将红色文化育人元素自然地融入校园文化建设，许童心一片灿烂星空，给梦想一方羽化之地。格物致知，我们俯下身子去倾听孩子们的心声，为童心拓一方净土：亭轩翠色掩映，池塘荷舞蛙鸣，塑廊院园寓于物道，馆舍楼台各具情致。弘毅文化浸润的校园，学习过程变得更快乐、更精彩、更有意义，孩子们内心充盈着个性、希望和喜悦，返璞归真，快乐成长。我们还将进一步突破时间与空间局限，拓宽教育的场域，沿着党的足迹，跟随红军的步伐，踏遍青山，泛舟五湖，去领略红色文化的宏大、坚毅之美，厚植爱党爱国爱社会主义的朴素情感，把爱国情、强国志、报国行自觉融入中国特色社会主义事业建设中，努力成为勇于担当、勤于思考、乐于奉献的时代骄子。

仁心为怀，丹心筑梦。慧心书写弘毅文化与教师内涵发展的华美篇章。路漫漫其修远兮，吾将上下而求索，愿做浩渺洋流间一只摇曳的白帆，愿做笔直躯干上一片烂漫的红叶，红烛教师孜孜以求、无私奉献，血液流淌着爱与温暖，言行沉淀着幸福、激情与智慧，眼里有光，目之所及皆美好，心中有爱，情之所系都圆满。春秋迭易，寒来暑往，坚定为师者的职责与使命，站在强国需要的角度培养人才，遵循教育的发展规律链接社会，依据教育的时代特征重组课程。红烛教师努力成为新时代的大先生，似山，坚毅至刚，寒风里巍然屹立，指引前行方向；若水，厚德至善，微雨中挺拔身姿，荡涤蒙昧心灵；如风，博学至柔，月光下浅吟低唱，拨动智慧之弦。

弘文载道，以文化人。潜心绘就弘毅文化与学校品质提升的壮丽画卷。文化是民族生存和发展的重要力量，是一个国家和民族的灵魂，更是凝聚民族精神的纽带。我们站在文化育人的视角憧憬着未来教育最美好的形态，聚焦未来学校的思与行，从面向未来的育人观和学习观切入，直面现实、基于过程、朝向未来去探索，实体化与数字化联动发展，丰厚红色底蕴，丰盈人文气息，构筑弘毅文化烂漫生长的桃花源。美好的教育理想，雅致的校园环境，创新的特色课程，彰显弘毅文化独具特色的时代价值，师生诗意栖居、适性生长。弘毅文化育人基于美好体验与独立人格，多元共生与和谐包容相统一，让教育自然发生，让生命自由绽放，为学生的幸福人生奠基。

春风化雨，雨露温情。我们朝着梦想飞奔的每一刻，都凝聚着党和政府关切的目光；向着梦想迈进的每一步，都扶靠着志士仁人的臂膀；循着梦想收获的每一点，都蕴蓄着社会各界的温情热肠。国家领导和各界人士的关心和厚爱是我们一路前行的不竭动力，激励着我们在追寻弘毅文化育人的道路上不断探索、实践、创新，不断为基础教育改革和地方经济文化发展贡献恩来红小力量。

厚德载物，铭心砺行。尤为让人感动的是在成书过程中，江苏省教科院原院长、江苏省教育学会名誉会长杨九俊先生深切关怀，教育部“卓越校长”领航工程国培专家、江苏省教师培训中心原常务副主任严华银先生精准把脉，江苏省教育科学研究院教育发展中心主任、教育学博士张晓东悉心指导，江苏省教育新闻工作者协会秘书长丁昌桂教授热心帮助，淮安市教育局局长皇甫立同先生给予特别关心，淮阴师范学院顾书明教授亲临雅正……谆谆教诲，亲和、深邃，是我们守正创新和幸福成长的动力源泉，敬意油然而生。周恩来红军小学潘东升、尹兆青等参与策划，朱岩、刘彬、倪文涛、潘大春、韩少同、倪健、徐慧、孙艳、陈从卫、周杰、赵冰洁、李亚斌、李小猛等为论著写作提供了丰富的素材，徐洪筛、胡彦科、李建群、张小娟、高慧、沙海燕、徐晓佳、成晓丽等提供了相应材料并参与校对……这些名字，温暖、智慧，是他们守卫并拓展了弘毅文化的生长空间，在此一并感谢。

弘以成大，毅以致远。岁月如歌，往昔的沧桑与辉煌我们铭刻心间；砥砺前行，今朝的奋进与发展我们勾勒蓝图。征途漫漫，踔厉奋发的恩来红小人不忘初心、牢记使命，挥洒青春和汗水，昂扬激情与斗志，燃烧美好教育的瑰丽梦想，续写弘毅文化的绚烂传奇。

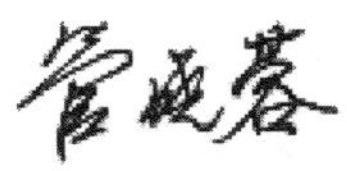

2022 年 2 月

中国中小学名师名校长领航工程丛书

润德化人
校长的文化情怀

汪炜杰◎著

中国出版集团
世界图书出版公司

丛书序

我在不久前发表于《中国教育报》的一篇文章中提到：必须高度重视我国教育本土实践与智慧的深度研究，这可能是中国教育转型的关键，也是增强教育自信的必由之路。这里摘引其中的几段。

何为“本土”？自然指向的是中国本土，它是中国的，是中华民族的，是在中国教育自身的实践中产生的。但今天的本土，又不是纯粹的孤悬于世界教育文明之外的“孤岛”。近代以来，国门大开，中外交流包括教育的交往从未中断，而且越来越有深度，也越来越融通。因此，可以说，在全球经济一体化的今天，偌大的中国，无论怎样的教育实践和思想，都像今天的中美经济贸易一样，你中有我，我中有你，所以这里的本土应该是指发生在中国大地上却又融汇了全球教育智慧的本土实践，是在实践中产生的智慧。研究本土教育，弘扬本土教育的实践智慧、经验，绝不意味着我们对于他国教育理论和实践的拒绝和对抗。

事实上，许多年来，随着教育部中小学名校长、名教师领航工程的陆续启动，一批又一批原本散落、尘封、不为外人所熟知的教育实践成功的学校、校长和教师典型，经由国家工程的推动，越来越快地成长、发展和成熟。笔者参与教育部中小学名校长领航工程，以江苏基地首席专家的身份，与来自全国15个省市自治区的教育家型校长“互学共进”，见证了他们在一流理论和实践导师的专业引领下自身成长和学校发展的

“蜕变”过程，深感与最为杰出的教育人结伴而行，乃人生至乐，且真正可以教学相长。感受最深的是代表我国现阶段最高水平、最高层次的精英校长，他们在长期的教育和学校管理实践中，在长期广泛学习、借鉴、研究、融会贯通、将世界优秀的教育理论与我国教育实际相结合的过程中，不断地“立功、立德”，成就越来越多的教育辉煌，其中有很多校长已经或者正在形成富于本土教育特色和个性的教育思想。

这样成功的本土实践、这种在本土实践中成长起来的中国教育智慧，对于教育改革的深化，对于教育转型，其借鉴意义和价值深远，一点也不亚于西方教育成功的理论和模式；甚或，因为其同源性、可行性，就显得更加重要。对之视而不见或者置若罔闻，这要么是崇洋媚外的劣根作祟，要么是功利导致的无知和漠视。

到 2021 年 9 月中旬，教育部第二期教育家型校长培养工程圆满结业，中国已经培养出近 180 位教育家型校长。而随着时光流逝，他们中的越来越多的人都将淡出教育的主流场域，这虽然是新陈代谢的规律所致，但对于这一批校长，在这样一个黄金时段，如何最大限度地发挥他们的作用和功能，更好地实现在教育变革中的意义和价值，对此我们又有多少考虑，又有多少顶层设计呢？

作为曾经伴随着他们“走过这一段路”的培养者，作为亲眼见证和感受着他们的优秀、卓越和创造了一方教育辉煌的专家，每每想到这些，只有扼腕叹息，我无法要求国内的教育专家学者转换视角、转变观念，把研究的重点瞄向本土、本土真正杰出的教育实践家、中国一流的教育家型校长群体，也无法突破一般政策的规定，比如校长任职年龄的限制，充分发挥这些领航校长的智慧和才干，不断创造办学和教育的奇迹，引领一方教育顺利转型。我可以做的，或者说力能胜任的，大概就只能是重点关注这些校长中的一部分，调动多方专家力量，如实地呈现他们有关教育的功、德、言，呈现他们的研究成果和创造成果。

这套《中国中小学名师名校长领航工程丛书》正是要通过这些校长

自身成长的轨迹梳理、学校发展的过程回放，通过对其经验与理念、理性思考与实践智慧的展示，特别是通过他们教育思想、管理个性与办学风格的真实表达，以理性开启思维，以经验启迪思想，以成功激励成功，为面广量大的校长人群提供资源帮助，经验参照和方法启迪，推动正行进在改革现实、加快转型、探索未来教育的他们突破、超越，从而为加速建设教育强国、科技强国、人才强国贡献智慧和力量。

不仅如此，通过这种原汁原味的成功样本的“实录”，展示中国基础教育转型期一批勇敢者不息探求的历史，为未来国内有志于中国基础教育研究的专家提供第一手的最真实的素材和资源。也衷心希望越来越多的教育同仁参与进来，开展越来越多、越来越丰富的研究，取得越来越多、越来越厚重的成果。

当中国本土的教育实践智慧被越来越多的教育人、研究者深度关注，当本土教育家型校长和校长教育家的办学思想、成果的研究终于成为“显学”，我国教育改革的深化、教育转型的发展，就进入了花香郁郁、生机勃勃、自信满满的崭新阶段。

本丛书的组织、编写和出版，得到了教育部“国培计划”专家工作组秘书长黄桂珍、领航工程项目办郭磊主任、国教院培训学院于维涛、领航工程北京基地首席专家胡淑云、领航工程广东基地首席专家龚孝华等的大力支持，他们给予本书以较高的评价，在此深表感谢。必须要提到的是，2020 年，北京教育学院校长、培训学院院长胡淑云教授邀我和广东第二师范学院龚孝华教授一同参与了中国教育学会重点课题“从名校长到教育家型校长发展路径研究”，本丛书恰恰是围绕这一课题所做的“研究三人行”之成果了。

严华银

2022 年 2 月星期日于南京老山竹下居

目录

contents

成己成物：我们的文化理念

成己成物引领教师成长
“立德树人”的校本化
教育是最好的“立己达人”
变革中的学校教育
未来学校教学系统的构建
发展正是学校文化
校长的道德领导力

成己成物引领教师成长

“学校文化是内容丰富的多维度组合，更是学校成员的群体共识和价值准则。面临巨大挑战和迅速变革，必须发展出与以前既持续又迥异的文化。这些实践重塑学校文化以更好地成就学生和教师，提升学校，坚定社会的信心。”

——题记

教师的专业发展是学校最重要的内涵，是学生成长的基础与前提。在促进教师专业发展方面，我们更多关注教师研修培训、优化教师队伍结构、健全教师考核制度、改善教师福利待遇和提高教师思想觉悟等维度，却常常忽略了价值引领这一看似抽象却至关重要的维度。“引领教师成长”是校长必须承担的六大专业职责之一，学校管理的至高境界是价值治理。2019 年 9 月中旬，我在池州十一中履职池州一中校长。面对千头万绪的困难和压力，我锚定“成己成物”，将其作为办学治校和修炼自身的价值追求，行远自迩，以文化人，引领教师成长。

精神传承实践学校价值观

我们池州一中 118 年来，克难攻坚，厚德立校，培养了诸多为国家发展和社会进步做贡献的校友。我们对学校的传统和精神进行了提炼，对校本化表达“立德树人”中如何融入社会主义核心价值观进行了深入系统的思考，将“居敬持志，成己成物”作为校训，作为全校共享的价值观。以此表达池州一中的精神根脉、价值取向和育人理念，呈现池州一中的教风、学风、校风；教导和寄望全校师生抱守着敬畏认真、专静纯一的态度和原则，坚持自己的远大志向，在不懈成长和更新自己的过程中，帮助和成就他人他物，实现自我价值和社会价值的统一。

在运用学校价值观引导教师专业发展方面，我们充分挖掘和传承校内教学精神和教学经验。“榜样的力量是无穷的”这一句老话在现实教师的专业发展中始终焕发出它应有的效力。最亲切、最有说服力的榜样在哪里？就在本校老教师、名师和传统精神中。前辈们平实可贵的职业精神、敬业态度以及丰富实用的教育教学经验，是学校文化的重要积淀，也是现今教师专业发展的重要校本资源。在强调建设师德师风长效机制的今天，重拾往昔的艰苦奋斗、无私奉献、爱岗敬业和无私爱生等可贵品质，对构建教师的精神支柱和净化教师的价值追求，尤显迫切和重要。我经常与老师们津津乐道分享我们学校 83 岁的吴菊芳老师每年过生日的故事。吴老师从教 30 多载，桃李满园。每年过生日，不需儿女操心，都是一群已过花甲和古稀之年的老学生早早张罗、热热闹闹为她庆生。吴菊芳老师就是一位成就了学生而成就着自己晚年幸福的令人尊敬的好老师。

我们学校现有 15 位退休及在职的安徽省特级教师和 4 位在职的

正高级教师，有3个安徽省首批“名师工作室”和4个池州市首批“名师工作室”。榜样的力量就是精神的传承，就是共同价值观的具化。我们组织教师尤其是青年教师认真研读学校发展史中的先进人物先进事迹，搜集学校发展过程中积淀下来的教师成长、成名案例，要求教师写下自己的心得体会，并与同伴研讨、交流。为了更好地发挥优秀教师的榜样和示范作用，在合适的时机邀请退休和在职的优秀教师，以主题报告、专题讲座、互动沙龙等形式，介绍、研讨教师成长的经验体会。这些校内老教师和名师身上感人的精神特质和丰富的实践经验，可供“拿来”的做法实效性强，而且与现职教师的距离感不大，教师们在交流中很容易产生共鸣，在比照中会自然树立提升自我的信心。“桐花万里丹山路，雏凤清于老凤声”。校内榜样的效果非常明显。近年来，我校青年教师中获全国优质课评比一等奖1人、安徽省优质课评比一等奖5人。

援古证今对标“四有”好老师

《论语》中“志于道，据于德，依于仁，游于艺”十二个字，是孔子教育、学术思想的总结和立己立人的写照。我从新时代教育的使命出发，援古证今地为教师们解读“四有”好老师的内涵，鼓舞教师们在古为今用中对标“四有”好老师，做学生锤炼品格的引路人。

“志于道”。“经师易求，人师难得。”人民教师当脚踏实地，更要志存高远，志在共产主义远大理想和中国特色社会主义共同理想这个大道，志在培养德智体美劳全面发展的社会主义建设者和接班人这个大道。我们教育人身处三尺小讲台，要关注关联新时代，才能写好一篇大文章；我们对这个时代常怀感激之心，常怀担当之心，才能去坚定学生的理想信念，才能更好地去厚植学生的爱国主义情怀。这是我引导教师们对习近平总书记“有理想信念”进行实实在在的理解。

“据于德”。“师也者，教之以事而喻诸德者也。”新时代的教师自身具有精益求精的严谨态度、立德树人的职业使命和立己达人的教育情怀，才能“身正为范”。这是我对习近平总书记所讲“有道德情操”应有之意的领悟，并通过有形的或无形的文化传递给老师们。

“依于仁”。“谁爱孩子，孩子就爱谁。教育风格可以各显身手，但爱是永恒的主题。”爱心是教师最大的职业素养。身为国家富强、民族振兴、人民幸福的重要基石，教师们要牢记总书记的嘱托，要具有奉行忠诚于党的教育事业的工作宗旨、抱守为党育人为国育才的“仁爱之心”。

“游于艺”。“水之积也不厚，则其负大舟也无力。”我经常性地告诫老师们，教师承担着传播知识、传播思想、传播真理的历史使命，肩负着塑造灵魂、塑造生命、塑造人的时代重任，一定要“有扎实学识”。学校本就是立己达人的社会场域，教师必须不断提升完善，增强自己立德树人、教书育人的实践性本领和多方面的修养能力。

“成己成物”内化为精神、外化为行动才具有真正的价值。在多层面多角度倡导对标“四有”好老师的过程中，我们学校涌现了一批富有敬业精神和职业担当的好老师。57 岁的黄凌平老师，是一位有着 36 年教龄的化学老师，曾获安徽省“第二届教坛新星”称号和池州市首届道德模范提名奖。他在疫情防控形势严峻之际的3月3日因跌倒导致右膝骨折。抱着“说真的，这些疼痛都是小事，再痛再难受也不能忘记自己作为老师的职责。我放心不下宅家学习的孩子们”“虽然我现在只能卧床上课，但是我绝不能降低课堂教学质量，要对得起教师这个职业”的朴实想法，3月4日他说服医生坚持上好当天的网课后再做手术。手术后，无论在病房中住院，还是出院居家养伤，他都忍着疼痛一节课不落地上好自己每天的网课。安徽电视台和中宣部“学习强国”平台主动对接采访，以《池州一中教师黄凌平卧床直播网课诠释师德光辉》为题宣传报道了黄凌平老师的事迹。黄凌平老师卧床直播网课的事迹，是我们学校抗疫期间最温馨的春天里的故事。我从中进一步理解并与全体老师共勉：在立己中达人，“成己成物”是我们的修行和文化基因。

德行彰显回应教育高质量

真正的教育一定是人性的自觉，一定是德行的支撑。通过在江苏基地近2年的学习，我越发理性地体悟到：校长的道德领导更多依赖于自己对学校共同价值观的知行合一而形成的态度品质和价值实践力，促进教师呈现出为师者应有的生命姿态。教师真心实意提升自己、成就学生的责任和认同学校，学校也就当然富有了德行。

进入领航班学习以来，我边学边实践，通过在善待不足中信任期待教师、在尊重差异中分层培养教师和在指向“成己成物”中开掘为师者生命姿态的价值取向，努力让学校“成为成人也能生长、改变和学习的地方”。

校长对教师的信任期待对教师的专业发展至关重要。“管理者对下属有什么期待，他们又怎样对待下属，很大程度上决定了部下的表现和职业进步。”作为校长，特别是领航班校长，我清晰地认识到，最要紧的不是忠于自己的管理职责和延续自己以前的业务成就，而是最大限度地成就教师，推动他人成长。在日常的管理工作中，在对教师划定明确的职责与期望的前提下，我努力创设积极的、支持性的工作环境与氛围，对教师的表现给予及时的反馈或表扬，对一些暂时难以胜任的教师给予“你能行”的信任、“我们在一起”的帮助和“静等花开”的期待。

我们的王老师刚走上讲台时，曾因教学经验不足被家长投诉。我们在找准他的教学问题并进行结对帮教的基础上，梳理他的优势，用以说服家长和树立他的自信心，支持他继续带班。他现在已是学校正能量满满的骨干教师。他曾感言道：“至今，我还记得刚到学校工作的我热情高涨。经验不足却让我险些中途而废掉下马来。这个时候，学校给予了不知所措的我莫大的信任，领导和师傅们将丰富的经验倾囊相授，面对学生的偶发事件也是竭尽全力地提点，让我得以快速成长。我非常荣幸成为这个大家庭的一员。从那时起，有一种信念开始在心中滋长，我一定要成为学生喜爱、家长放心的好老师。现在想来这不就是一中人的精神——成己成物、传帮带教、薪火相传——所在吗？”

从类似王老师的案例中，我切身体会到：校长善待不足、信任期待教师，能使教师获得一种积极向上的能量，能使教师变得自信。如此一来，教师就会基于价值观和归属感去成为一个个自带动力的动车组。所以，校长影响教师最有效的办法是，有足够的勇气和诚恳的态度，以陪伴者、支持者和促进者的角色，与教师共同面对，一道走过，持续向前。

校长要理解和接受教师的差异性。如同多元异质的学生一样，教师群体不平衡的情况是客观、普遍的。学校怎么对待至关重要。一直以来，我们尊重差异，分层培养，促进职初教师、中青年骨干教师和资深教师在不同层面上有所发展，实现不同层次的教师联动发展。

中青年骨干教师的培养，是在固基强能的过程中，加强科研与教学的整合，实现由经验型向科研型转变。同时，引进竞争激励机制，鼓励冒尖，使骨干教师实现业绩认同——“大家认可我们名副其实”。资深教师的提升，在实现品质认同——“大家佩服我们数十年如一日”的同时，注重鼓励和支持他们向特级教师、正高级教师等高层次教师发展，推动他们在以论文、课题或专著的形式展示成果，发挥示范和引领作用。

职初教师的专业成长直接影响着学校的可持续发展。对职初教师的培养是我们教师专业发展的重中之重。我们着重解决他们的技术性问题，即新教师在课堂教学和班级管理等方面的专业能力、技能；交往性问题，即新教师和同事、学生以及家长的关系处理；人格性问题，即新教师的职业心理状态。培养他们“一个认同、三感和五种能力”：一个认同是身份认同——“大家知道我们是谁”；“三感”是效能感——确认自己是做教师的这块料，归属感——与同事是在一起的同伴，使命感——用坚忍和善心将激情、理想转化为工作追求和学习动力；五种能力是站稳讲台上好课的能力，师生交流和家校沟通能力、班级管理能力、个别化辅导能力和运用现代化教学手段能力。

“课程是来自遥远的命令，教材是别人选择的，教学常规化到了习惯性活动的程度。”教师职业的一大特点是非常容易形成重复性的工作内容和习惯性的工作方式。如何克服或最大限度降低这一不利影响呢？是我一直在思考和力求突破的问题。

指令和制度、要求和问责、监督和检查、奖励和培训等等，基本上都是投入成本很大的见招拆招。萨乔万尼在《道德领导：抵及学校改善的核心》中说到，“教师因道德原因而对共同体的价值观作出响应……他们的表现舞台得以延展，且是稳固持久的。”我从中理解到责任感和义务感来自共同的价值观，校长要提升自己的价值引导力，鼓励教师把自我成长作为自利和利他的能量，实践学校共同价值观，成己成物，呈现为师者应有的生命姿态。

从刘铁芳教授《以教学打开生命——走向生命论的教学哲学》一文中，我找到了为师者应有的生命姿态或生命姿态的价值取向可以包括四个方面：

一是爱与权威的统一。爱是师生基于情感的积极互动，权威最主要的是一种稳定的规则与秩序。这对于新教师极其重要。因为他们在刚刚进入教育教学的初始阶段，所面临的最大障碍是如何维持课堂纪律、激励学生及因材施教。

二是职业生命的自觉。人对于职业的态度集中反映了他生命自觉的广度和深度。教师对于自己教书育人的职业应始终抱有敬畏和温情。为人师者应具有仁爱关怀的人性气质，由内而发地明白石中英教授所提出的“为师者在履行自己职责时所应当秉持的根本价值原则和所应当追求的根本价值使命”。

三是坚持自新的习惯。好学不厌方能立方能达，诲人不倦是为立人是为达人。新时代的教育政策强供给，教育改革综合系统，承载使命的教师一定要具有“苟不自新，何以获存”的本领恐慌感和能力危机意识，从而形成不断提升自我和持续完善自我的好习惯。

四是认同和承诺融于情感中的美好。教师对学校共同价值观的认同和承诺融入对学校的情感中，是非常温暖的美好。正如我校荣获安徽省第四届中小学青年教师教学技能大赛、安徽省高中英语优质课评比一等奖的胡老师在表达中所呈现的姿态，“我们体验到了什么是奉献、什么是责任。一份喜爱的事业、一个温暖的港湾、一群亦静亦动的小伙伴……生活如此厚待，无以为报，唯有努力工作、开心生活、善待他人、善待自己。我承诺，在今后的教学中我会加倍努力，用自己的青春和汗水与学校一起成长，谱写人生最华丽的篇章。”

教育与管理的崇高使命之一就是传承价值、创新价值、引导价值、教化价值与实践价值。“居敬持志，成己成物”就是我关于领航校长使命与担当的应然理解和价值追求，更是我作为领航校长引领教师专业发展的价值实践和职责持行。

“立德树人”的校本化

党的十九大报告指出，要全面贯彻党的教育方针，落实立德树人根本任务，发展素质教育，推进教育公平，培养德智体美全面发展的社会主义建设者和接班人。立德树人不仅是教育的根本任务，也是教育的初心和使命。努力培养担当民族复兴大任的时代新人，培养德智体美劳全面发展的社会主义建设者和接班人，是新时代学校人才培养工作的“必答题”，也是学校教育事业发展的“必选项”。池州一中正处在高质量发展的关键时期。我们在充分研讨相关政策文件和王一军教授等《江苏省中小学落实“立德树人”根本任务现状调查分析》一文的基础上，从学校实际、师生需要和地域现状出发，努力推进“立德树人”根本任务的校本化落实。

“立德树人”的内涵

习近平总书记指出，基础教育是立德树人的事业，要旗帜鲜明加强思想政治教育、品德教育，加强社会主义核心价值观教育，引导学生自尊自信自立自强。党的十八大提出把“立德树人”作为教育的根本任务，是对我国教育传统思想的回归与重构，是教育历史经验的继承与时代创新。

“立德树人”是一种教育思想和一种教育文化，是确保中小学科学、健康、有序发展的专业行动，是在实践中回答“培养什么人、怎样培养人、为谁培养人、靠谁培养人、在怎样的环境里培养人、培养取得什么样的成效”这六个重大的教育问题。

因此，我们在日常办学治校的行动中，要把学生的健康成长和全面发展落实到教育的全过程，要把为党育人为国育才、实现学生德行与理性的协调发展内化为日常的教育思维与教育行动。

校本化表达“立德树人”的核心

“立德树人”根本任务的核心是社会主义核心价值观教育。我们以社会主义核心价值观指导和统领学校文化建设，努力将其进行校本化表达以融入学校文化中。

我们的办学理念是：厚德日新，适性成长。明确的校训是：居敬持志，成己成物。提出的育人目标是：为超越而来、奔卓越而去，培养有理想、有本领、有担当、理性和德行协调发展的高中毕业生。追求的学校愿景是：努力办成内涵丰厚、全面育人、高品质人才辈出的优质示范高中，打造成池州学子向往的百年名校和池州城市的名片。

同时，以“居敬持志，成己成物”为学校文化的思想逻辑和宗旨归心，追求学校文化是先贤在“说话”，是百年积累的文化传承在“说话”，是在对着师生“说话”，是社会主义核心价值观在“说话”。如以“贵中立学，厚德日新”八个字为首字，用贵恒楼、中和楼、立达楼、学行楼、厚行楼、德行楼、日乾楼和新实楼命名教学楼、实验楼、体育馆和行政办公楼，并逐一在楼宇外墙上标明楼名的出处。

系统建构“立德树人”的框架

“立德树人”是学校的全局性工作。对中小学来说，落实“立德树人”根本任务，目前为止没有可供实践的具体指南。根据新时代教育高质量发展的要求和中小学教育工作框架，特别是《关于新时代推进普通高中育人方式改革的指导意见》和《中小学德育工作指南》，基于校本条件建构“立德树人”根本任务的实施框架。

指导思想是忠实执行党的教育方针和国家政策，突出学生本位，转变育人方式，坚持“五育并举”，实施素质教育，努力形成校本特色，全面提高办学质量。

工作指向培养爱党、爱国的人，对他人有益的人，对国家和社会能有贡献的人，能实现理想抱负、体现人生价值和幸福生活的人。具体落实在学校育人目标的实现中。我们秉持德育也是教学质量的理念，在德育工作中降低重心，倡导他律自律并重。在夯实传统学校德育工作的三大支柱，即团队建设、班级管理和活动组织的同时，大力开发校内外德育资源，拓宽德育工作路径和内涵，增强德育工作的丰富性和选择性，提升德育工作的有效性和育人水平。

课程实施和课堂教学是落实“立德树人”根本任务的主阵地。习近平总书记指出，思政课是抓好立德树人根本任务的关键课程，思政课作用不可替代，思政课教师队伍责任重大。在“十四五”期间，我们要着力建设一支政治强、情怀深、思维新、视野广、自律强和人格正的思政课教师队伍。立足于两个大局，开展马克思主义教育，培育和践行社会主义核心价值观，培养拥护中国共产党领导的社会主义建设者和接班人。坚持既育分更育人，将育分与育人有机融合，转变育人方式，开齐、上足和教好国家课程，强调学科育人、活动育人，培养学科核心素养，帮助学生逐步形成适应个人终身发展和社会发展需要的必备品格和关键能力。大力开设综合实践活动课程和专题教育活动课程，促进学生道德发展、发现生命意义和锻炼关键能力。同时，为适应高考综合改革和综合素质评价的需要，大力加强学生发展指导。

心理健康教育是落实“立德树人”根本任务需要强化的教育领域。当前中小学生面临诸多心理问题，特别是高中学段因为学业压力大，心理健康教育显得愈加重要。实践表明，在心理教育方式中，团队辅导、体验活动和个别辅导更具有教育的针对性。由于心理发展与心理问题都具有鲜明的个体性，我们规划在充实教师队伍和加强硬件建设的基础上，将个别辅导置于我校心理健康教育工作的核心位置。家庭教育是孩子健康成长的基础和关键。我们要积极指导和充分发挥家庭教育在心理健康教育中的作用。

发挥体育、艺术和科技工作的育人作用。体艺科技工作鲜明地体现着学校的教育文化追求，是“立德树人”教育的重要支撑点。体育是培养身心健康、抗压能力和团队精神最好的途径。落实体育强国、健康中国建设，用健康第一的理念指导学校体育工作，通过“教会、勤练、常赛”三个环节，开展面向全体学生的体育活动，进而达到育人的目的。艺术工作重在审美教育和学生艺术特长教育。改进科学教育，强化实验教学，花大力气建设好理化生和科技实验室，配备好相关工作人员，开齐、开足和上好综合实践活动课程、通用技术课程，培养学生的实践能力、创新精神和科学素养。以“钱学森班”自主招生为契机，争取市教体局将池州一中拔尖创新人才早期培养工作列入专项项目加以推进，努力在学科竞赛和“强基计划”工作中取得优秀成绩，着力提升我校拔尖创新人才早期培养工作在全省的竞争力。

落实考试评价制度改革。教育评价事关教育发展方向，是完善立德树人体制机制的重中之重。认真贯彻落实中共中央、国务院印发的《深化新时代教育评价改革总体方案》，改进结果评价，强化过程评价，探索增值评价，健全综合评价。充分利用信息技术，提高教育评价的科学性、专业性、客观性。对照普通高中办学质量评价标准，突出实施学生综合素质评价、开展学生发展指导、优化教学资源配置、有序推进选课走班和规范招生办学行为等内容，促进学生全面发展。

补充高素质教师，提高教师队伍育人水平。教师是立教之本、兴教之源，是教育发展的第一资源。坚持把教师队伍建设作为基础工作，作为“立德树人”的根本依靠。从学校教师队伍年龄偏大、近四年将有32位教师退休和“有编不能补”的实际困难出发，从池州一中为迎接高考综合改革做准备的迫切需要和推进高质量发展以提升学校在全省办学质量的竞争力出发，争取市委、市政府同意我校按照“数量上逐年补充，质量上稳步提高，结构上不断改善”的原则，近三年每年使用5—8个左右编制，采取直通车的渠道，到985、211高校，以具有高中教师资格证的研究生为主公开招录优秀应届毕业生。对于紧缺急需的学科优秀教师采取一事一议的人才引进方式予以解决。充分发挥奖励性绩效工资的激励功能，坚持“培养与引进相结合、校内培训与校外实践锻炼相结合、学历提高与专项培训相结合、完善考评机制与激励相结合”的师资队伍建设总体思路，以“更新教育观念、提升人文素质、改善教育行为和提高育人能力”为教师队伍建设的工作重点，依托校外专家资源力量，建立以在职培训为途径和教育教学实践为取向的池州一中“教师发展学校”，提升教师育人水平，为学校高质量发展提供第一资源保障。

形成学校与家庭、社区的教育合力。落实“立德树人”根本任务，是新时代全社会的共同使命，需要学校、家庭和社区共同努力。从疫情防控期间学生居家学习亲子关系反馈的情况看，做好家庭教育的指导工作是学校一项非常迫切的工作。与家庭、社区一道健全协作组织与共同教育平台，健全家庭教育委员会和社区教育委员会的组织结构、功能，重新审视两个委员会与学校的互动关系，也是学校当前紧迫的任务。

教育是最好的“立己达人”

坚持以习近平新时代中国特色社会主义思想为指导，落实立德树人根本任务，遵循教育规律，树立科学的教育质量观念，坚持德育为先、全面发展、面向全体、知行合一，培养德智体美劳全面发展的社会主义建设者和接班人，是我们教育工作的终极使命和时代要求。

我们教育工作者如何落实使命？如何应对挑战？一是要坚定信仰，要有忠诚人民教育事业的情怀、思想和执着。二要有共同价值观即前瞻、共识和操作。三要有教育反思，即质疑、追问和调整。我们要从这样一个原点出发：未来社会的雏形奠基在我们现在的学校中、我们现在的班级生活中，我们的课堂、教室、操场确实维系着国家和民族的未来。因此，我们对于学生的教育、对于学生的言行，就一定得如临深渊、如履薄冰，一定得用心、用心、再用心。人性本善，我们的团队、班级、学校蕴藏着潜在的善，只要提供机会，就能建立某种联系，大家的善就能被察觉，就能显现出来。正如张新平教授翻译的《欣赏性探究：一种建设合作能力的积极方式》一书中写到的：每一个人就是一个“巨大的水库”，蕴藏着潜能，等待着释放的时机。一个成功的个体或组织之所以取得成功，很多时候并不是弥补了自身的不足，而是最大限度地发挥了自身优势。我们的主要工作就是持续不断地理清自己个人的优势，致力于发挥和挖掘他人与组织如班级、团队、学校所拥有的长处、亮点与潜能。如此一来，我们的弱势就变得无关紧要了，我们就能以此构建更好的未来。所以，做教育，当着人生的修行，做到有人性有温度有故事有美感有高度。

教育是基于教师的持守

“教育在于引领和改变。”教育的根本任务在于促进和实现人的发展。对于教育工作者而言，教育是人生修炼，是度人度己。表面上看，是我们在教书育人，根本上却是我们关照自己的内心世界，不断发现自己、反思自己、悦纳自己，再去悦纳学生的一场人生修行。实际上，成全我们人生的，正是日日让我们欢喜让我们忧的学生们。

在日常生活中，我们要握住自己的坚持——“既尽力而为，又量力而行，一件事情接着一件事情办，一年接着一年干”。学校是一种“有组织的无序状态”，教师拥有相当的专业自主权，再精细的规章制度都无法涵盖教师的一言一行，尤其是课堂教学。这也就要求我们具备高度的专业素养和职业自律。

我们中小学老师面临的现实是，在校学生的差异越来越大；对教育对学校对教师关注度越来越高，容忍度越来越低；人们希望教师能日复一日地热情奔放地教学生，能敏锐地诊断学生学习上的问题，并能帮助学生克服学习上的困难；不能出乱子尽量出成绩；不是下课就走人，讲台下还有诸多责任；在教育领域里调换工作的机会很有限，人文关怀不多；是教育改革框架里的一个符号，主要是执行；教育是一个系统工程，时刻努力不见得有明显的成效，稍有懈怠就会出问题。

那么，我们坚持的理由是什么？我们发自内心尊重自己的职业吗？我们有没有把自己的职业当作是一种使命和召唤，去体会其中深切的含义？

“四十年来，循循善诱，陶铸群伦，悉心教职，始终如一……无辜蒙难，备受凌辱。老师一生，坦荡清白，了无点污，待人诚恳，处世方正，默默献身教育事业，终生热爱教师生涯，其情操其志趣足堪今人楷范。”我在杂志上读到尹荃老师的墓碑碑文后，顿悟答案尽在其中。尹荃老师（1897—1970），在北京师范大学第二附属小学，也就是今天的北京第二实验小学任教。将自己的一生奉献给小学事业的尹老师，1970年去世。她没有子女。死后十多年的1989年，她的36位学生为其治衣冠冢于万安公墓。

“生活中只有一种真正的英雄主义，就是认清了生活的真相后还依然热爱它。”怎样持守好我们的使命？明白教师的本质是什么，对于回答这个问题大有裨益。郭芳博士的《教师哲学思想研究》以美国玛克辛·格林、奈尔·诺丁斯与帕克·帕尔默三位教育哲学家关于教师的思想为对象，追问了教师的本质这一教师本体论中最核心的问题。格林认为教师是一种实践本体存在，也就是说，教师应在全面觉醒的意识基础之上，通过不断超越既定状态的行动，通过改变知觉世界的方式，从而获得现实性。诺丁斯关怀伦理中的教师是一种关系性本体存在，也就是说教师应该在接受性意识基础之上，与每一名学生发生独特的相遇，从而获得学生的回应与承认。对于帕尔默来说，精神性的“真我”是他讨论教师的逻辑起点，也就是说教师是一种精神性本体存在。这意味着教师应在自身认同与完整性为特征的意识基础之上，通过克服分离，形成联系，追求实现“真我”的存在，这种“真我”是以精神性为内在逻辑联结的内在真理与外部表现相统一的整体。所以，教师本质应该是实践、关系与精神三者结合的本体存在。

实际上，在家长和学生的眼里，学校是学习之所，也是一个教养和关爱的场所。家长心中最柔软的地方就是自己的孩子得到了个别关注。好学校的标准是：对人要好，使人变得更好。我们对待学生，既要谨记怀特海所说，“在教育过程中，一旦你忘了你的学生是有血有肉的，那么你就会遭遇悲惨的失败”，更要铭记莎士比亚所说的“最好的好人，都是犯过错误的过来人；一个人往往因为有一点点的缺点，更显出他的可爱”。

除了以上理念认知外，我们更要持续学习。李政涛教授在讲座中就提到，每个人不同阶段都有发展瓶颈，中小学教师通常会遭遇三大瓶颈——激情减退，倦怠；积累不够，吃老本；思维品质下降，跟不上时代。要打破自身发展瓶颈，就要进行以课标、专业期刊和书籍为主的理论学习；就要善于在他人和自己的课堂中、教研组的办公室中、观摩的兄弟学校中和各类培训进修中进行现场学习；就要通过记录、梳理、复盘、揣摩、实操进行反思与重建式学习，即将各类现场与自我勾连，看人家的、想自己的、学成自我的。

好教师是做出来的。古德莱德在《一个称作学校的地方》描述到，课堂的感情基调既无冲突矛盾，也不温暖快乐；既不消极，也不积极。学生对于调查问卷“学校里最好的一件事”的回答，列在第一、第二的是朋友和体育活动，列在最后两位的则是老师和上课。近年来，我们一直倡导教师要做到“五个好”：课上得好，题选得好，差异化辅导做得好，时间使用得好（时间是最为宝贵的教学与学习资源），师生关系处得好（好的关系胜过好的教育，良好的师生关系出质量。最主要的是，教师最大的价值在于连接人、连接生命，连接并融合素昧平生的人）。

质量是新时代教育最本质的特征，教育的质量永远取决于教师的质量。在学校中，要看到“教育的味道、教育的气息和教育的力量”。其实，我们看到学生的样子，就感受到了学校的样子；我们感受到教师的气质，也就看到了学校的样子。攀缘植物的高度，取决于被攀缘物。学校（教师）是一把“梯子”，学校（教师）发展的高度，影响学生成长的高度。教师要绽放自己的小精彩。

在这样一个“短平快”的时代，为师者的精彩很大程度上取决于自身的心态。一是“接纳”。苏轼的“试问岭南应不好，却道，此心安处是吾乡”道尽了接纳之妙。唯有接纳、发现、享受，才能相看两不厌。对教师自己，对学生，对现实，都是如此。还是苏轼写的，“庐山烟雨浙江潮，未到千般恨不消。到得原来无别事，庐山烟雨浙江潮”。经历过后，领悟过后，就更加接纳了。二是“平静”。平静是更大的力量。帕梅拉·R·布莱恩的《鹪鹩还在唱歌》写到，“也许我们可以从鸟的身上学到许多。向它们学一学怎么筑巢、怎么喂养幼子，以及怎么对命运歌唱。鸟不要求更好的巢。它们不抱怨自己的遭际、命运，只是平静地接受发生在自己身上的一切，并且尽最大的努力用生命创造一些美好的东西”。平静下来，才可理解。平静之后，是对这个职业充满感恩。人的内心是平和的，不抱怨，有怜悯，在生活中才能真正去“尽人事，顺天意”。我们对待学生要赋能，帮助式发展；对待职责要担当，单位、岗位不是为我们量身定做的。只有我们帮助了单位，单位才会谢谢我们；对待同事既要把自己当自己、把别人当别人，更要把自己当别人，把别人当自己。一个平静的教师，是使学校宽心的人，不带来麻烦；是让学生舒心的人，不逃避责任找借口；是让同事感到温暖的人，有同理心有共情力。

教育是真正为了所有学生

迈克尔·富兰等著的《突破》一书提出“让大规模个性化学习成为可能”，核心就是实现教育的道德目标，即教育是真正为了所有（每一个）学生。该书强调了学生学习起点的重要性。学生当前的学习能力与他们已经知道什么和能够做什么相关。确定每个人的起点，从而确定从哪里开始、需要什么样的帮助，并指导（知道）以后每天怎么做。“有问题的人是问题，也是解决问题的来源。”关键是教师教学的设计和组织指导。因为每个学生都具有不同的学习动机、不同的起点、不同的能力和不同的阻碍学习的弱点。现行的班级授课制采取的是年级累进模式。这种模式假定同龄人具有同等的学习基础和学习进度，同一年级课程目标和成绩标准相同，同一班级受教于同样的教师。

对学生的评估与他们的起点没有关系，起点是课程规定好的，而非学生自己准备的情况。所以，教学最基本的要点是：只有当教学足够精确并直接建立学生已有基础之上时，且将学生带到更高一层能力时才是有力的。

该书指出：“提高，更多的时候是一种在你工作环境中学习做正确的事情的活动。”教书不涉及高深的专业知识和技术，课堂教学是广泛被经历的公共性活动之一，几乎每个男女老少都能从个人的经历来谈论一番。课堂教学仍然是捉摸不透、枝节纷扰的一张网，课堂仍然是一个“黑匣子”，有效课堂教学实质上是不可言说、无法定义和探究、复制的。那么，我们如何做到有效呢？迈克尔·富兰等分析和提炼了两方面的各“三个因素”，极具指导意义和实操作用。一是影响学生成绩最重要的三个因素，即学习动机和高期望值（相信学生通过努力都可以达到高标准），学习时间和机会（有效学习需要学生在学习上花足够的时间。学习需要时间，不同个体需要不同的时间来完成同一学习任务），针对性教学（准确地评估，知道每个学生的优缺点；教学中知道在什么时候、使用什么、怎么使用教学策略和相应的资源）。二是影响教学的因素中，效应最高的前三个因素依次是反馈、直接指导和先前的成绩。特别是，“只有当它用来改变差距时”才能称之为反馈。

反馈，就是“怎样将学生的成绩和作业用来培养学生的能力和提高成绩”，将实际的或当前的成绩水平与标准（目标）比较，并且采取适当的行动来缩小差距。

要关注“育人的高质量”

教育的高质量必定是“育人的高质量”。学生发展核心素养的培育是育人质量提升的关键词。中国学生发展核心素养是对党的教育方针的时代化表达和具体化表征，三个方面、六大素养和十八个基本要求就是将“德智体美劳全面发展”具象化为对个体的能力要求，诸如人文情怀、乐学善学、自我管理、国家认同、国际理解、问题解决等，从而明确社会主义建设者和接班人的基本特征，对我国教育所需要培养的人才进行较为清晰的“画像”。中国学生发展核心素养落实的三大途径是课程改革、教育实践和教育评价。

当前普通高中深化新课程改革直指“育人的高质量”。“在这个不确定性甚至不稳定性已经成为基本属性的时代，在这个充满变数甚至挑战的时代，我们务必记住，未来一定发生在现在”。我们必须从高质量的“课程育人”角度全力实施好高中新课程。课程是由知识、技能以及与之相应的学生活动组成的。课程为学习者提供了成长的资源与思想。课程教学不只是知识传承本身的需要，学生在知识学习过程中，伴随着思维方式、行为态度、价值观的变化。因此，我们一定要明白：课程的育人价值，不是课程之外的另一盘菜，而是课程本身的应有之义。课程育人不是注满一碗水，而是点燃一把火。我们实施好普通高中新课程，就是在实现普通高中育人方式的改革。

教育高质量发展意味着追求学生的全面发展，追求学生核心素养的培育，实现对学生培养质量的升级换代。新时代普通高中学校发展要定位在紧紧抓住人才培养的关键——综合素质。习近平总书记提出的“六个下功夫”，就是科学的人才成长观。其中之一是“要在增强综合素质上下功夫”。《关于新时代推进普通高中育人方式改革的指导意见》也非常明确了“强化综合素质培养”。普通高中育人方式改革，重点是聚焦如何全面提高每个学生的综合素质，从而达到“育人的高质量”。综合素质就是全面发展，对高中生而言，就是要“文理兼备”，知识结构完整，人格健全，学会自我管理、学会与他人合作、学会集体生活，具有综合能力。普通高中学校如何做到呢？最关键的是确保普通高中新课程全面落实，使“五育并举”育人方式成为学校教育常态！让学生德智体美劳全面发展，归根到底，就是立德树人，这是教育事业发展必须始终牢牢抓住的灵魂。

变革中的学校教育

塞万提斯在《堂吉诃德》中说：“别妄想世界永恒不变。”人工智能时代，“互联网＋教育”一直在推进，因为教育领域的复杂性而迟迟难以有普及性的跨越。疫情之下的“停课不停学”中有2亿多学生集体上线学习，线上教学第一次在中国大地遍地开花。这给教师、家长和学生都带来极大的挑战，特别是，倒逼教师们重构教学方式，推动学校转变育人方式。这次新冠疫情是学校教育化危为机、因势而变的契机，给学校教育带来一些变化。

教育理念更加突出“以人为本，兼济天下”

生活即教育，社会即课堂。这场疫情就是教材，逆行者就是榜样。新冠疫情的发生和阻击，一定程度上促使学校教育理念更加突出“以人为本，兼济天下”。青少年时期的重大经历与危机体验会影响孩子一生的成长与发展。2020年初遭遇的这场特殊危机，一定会让孩子们变得更加自主、自律，更加坚忍、坚定，会更加激发孩子们的进取心和担当精神。以往，危机灾难、责任担当、敬畏自然、热爱生命、奉献祖国，对在校的孩子们来说，往往是抽象的、遥远的。新冠疫情，将这一切变得非常具体、真实。学校本就是立己达人的社会场域，我们可以通过各种课程和途径，帮助孩子们树立“兼济天下”的情怀与志向，为自己的理想目标不懈努力，在不断自我更新、自我完善的过程中，帮助和成就他人他物，追求人与人、人与物的和谐共生，实现自我价值和社会价值，将内在的人格修养与外在的道德实践统一起来。

教育目标充分考量学生自主学习力

经历过这次长时段、全天候的“线上学习”，未来学校教育的一个重要目标就是培养学生的自主学习力，让学生会学习、爱学习。

培养好习惯，尤其是自主自律能力。学生居家学习的最大特点是学习时间安排的自主性加大。线上教学的本质要求是学生的自主学习。少了教师面对面的指导和监督，学生的自律性、自学能力是影响教学效果的重要因素。往常的线下课堂教学中，大部分学生处于指令性的被动学习状态，习惯于教师、家长有形无形的监督和催促，自主学习的机会不多。在线学习，上课地点变了，教师授课方式变了，作业考试和师生互动样态变了。最为关键的是孩子们对网络游戏、网络社交是否有着较强的“免疫力”。教师和家长们最担心的是，病毒奈何不了孩子们，孩子们却有可能在线上学习中被自己打败。要想达到学习效果，一定是孩子们能够用坚忍和毅力构建起强大的自律精神，坚守住平时认真听讲、主动提问、保质保量完成作业和限时考试的好习惯，坚守住学习要求不变、学习态度不变。

居家线上学习对学生的学业成绩来说是一个巨大的分水岭。有人调侃说高考、中考如期举行，就是选拔自主自律的人，淘汰不能自主自律的人。的确如此，这次线上教学，会筛选出一批具有自主自律能力的优秀学生。未来学校教育中，培养和提高学生的自主自律能力至关重要。

培养终身学习的目标意识。在全球面对严峻挑战和艰巨考验之际，没有人能够置身事外。疫情阻击战的诸多事例向孩子们证明：不断强大自己，才会有强大的实力去担当、去守护。所以，要让孩子们深刻体悟到，学习是一辈子的事情，不是为了某件事、某个阶段才努力的。学习是获取知识的途径，知识是无止境的，每天学一点儿，成长的记录袋就充实一些，自己就强大一些。如果把学习看成是让自己变得更好、让社会和国家变得更好的事情，孩子们就不会害怕学习，不会讨厌学习，也不会成为分数的奴隶，当然也不会出现许多不应该出现的教育事故了。

教学方式实现线上线下有效互补

线上教学考验着教师的信息技术与学科教学深度融合能力，全员在线教学倒逼教师边实战边学习，边实践边提高，边反思边改进。教师的信息技术应用能力在这次“停课不停学”中普遍得到提高，应在线上线下有效互补中进一步巩固升华。教师在线上教学中漫步云端，既有孤独的尴尬，也有诗意的美丽。丰富的教育资源能激发学生的兴趣，每一个学生可以自由驰骋讨论区，平日课堂不敢发言的学生也踊跃参与了。讨论参与度大大提高，着实让教师兴奋。而且课后的智能作业设计能够有效弥补网课的不足。教师收发作业方便，批改评价及时。同步的数据统计更能及时反馈学生的学习效果，非常有利于教师调整教学方法和策略进行针对性的教学。

教师要以拥抱信息化的心态，提高线上教学的能力和水平。学校更应该增强信息化教学的意识和紧迫性，从技术、硬件和教师三个层面推进信息化教学的布局、研究和实践，建立面向未来的线上线下融合的教学体系。

当然，基于教学最大的本质就是师生面对面的交流。全天候的线上学习使学生易疲劳、枯燥，而且容易导致学生视力损伤。线下课堂教学应该仍是主要教学方式。这点可以从在线教学中，学生们普遍不时地迫切要求回归校园的强烈意愿中得到明证。

教育生态关系更加走向多维和谐

疫情中线上教学形式大规模出现后，学校的教育技术、教育环境、文化氛围等都不同程度地关联起来。教育生态关系更加多维和谐。

家校同频共振协作关系。疫情之下，“神兽”们居家线上学习，让家长们切身体验到了教师的重要性和教师工作的不容易。家长从以前“防火、防盗、防子女用手机”到如今不得不让孩子们好好用的心理转变，每天关注孩子在线学习状态，督促孩子的时间管理和作业完成情况，及时传达和提交老师布置的作业。根据教师的反馈信息与孩子沟通，对孩子进行心理疏导。疫情之下的线上学习，让家长们对于教师的一专多能和操心烦神感同身受。家长们更理解教师，更能接受新型教育态势，更能与教师共同承担起教育的责任。

又如，学生们居家学习的特殊时期，家长和教师可以合作设计，以家务活和生活技能为主，对学生开展劳动教育。未来学校教育生态中，必须强化家长角色，打造父母与孩子共同成长的平台。

师师合作、师生合作、生生合作关系。立德树人是教育的根本任务，教育是有人性、有温度和有故事的。教师团队应该是一支合力育人的队伍，组成强大的教育资源网络，各显其能、共享资源、合力共进。教师和学生是有情感、有思想的人，教学过程是思维的碰撞，是情感交流的过程。学生的思维越活跃，越能激活教师的思维，师生完美合作，才能教学相长，才能促进学生健康成长，才能真正实现立德树人。学生之间互帮互助，共享学习方法经验，求同存异，彼此尊重，在和谐的教育氛围中成为玩伴、学伴和成长的好伙伴。

现代化教育技术的贯通。现代化的教学手段，需要技术赋能。对于疫情之下的线上学习经历，师生都积累了一些宝贵的经验，日后能够更加便捷、高效地运用网络协助学习。试设想，未来校园里建立一个线上图书馆，开放式的阅读环境，丰富的阅读资源，师生随处可读、随时可读，就可以解决眼下高中生线下阅读时间和空间大受限制的问题了。由此观之，智慧校园和智能化技术是多维和谐教育生态关系的有力推手。

《菜根谭》有言："天地有万古，此身不再得。人生只百年，此日最易过。幸生其间者，不可不知有生之乐，亦不可不怀虚生之忧。"新冠病毒的侵袭，让人类冷静地反省，尊重规则，敬畏生命。作为教育工作者，更要从这次疫情中思考自身的价值、改变的意义、教育的初心和育人的本质，更好地担当起新时代教书育人的重任。

未来学校教学系统的构建

大数据赋能教学的尝试性实践

大数据技术，简言之，就是从各种各样类型的数据中快速获得有价值信息的能力。大数据的显著特征是4个“V”——Volume、Variety、Value、Velocity，即数据体量巨大、数据类型繁多、价值密度低、处理速度快。大数据为学校带来新的发展内驱力的核心环节就是赋能有效教学。

借助学乐云公司的设备、技术和平台资源，2018年、2019年秋季开学前，笔者所在学校通过教学现场展示和教师现身说法，在家长和学生自愿的基础上，分别选择起始年级的两个班和三个班进行平板教学试点。

“及时反馈”是影响学生学业成绩的关键因素之一。为了让学生在个性化学习过程中不断获得及时反馈和精准指导，建立一个及时分析学生学习数据和描绘学生学习轨迹的平台是必需的。科大讯飞智学网进入我们学校设立了“大数据个性化学习服务中心”，通过专人进校驻点服务，使用个性化学习手册，对学生的作业、测验和考试情况及时开展学习结果分析应用。教师可查询班级整体学情，明确教学方向；学生查看错题分析，获得个性化的补偿性练习资源以巩固薄弱知识点，依据数据分析结果和建议，选择符合个性特征的学习策略，实现个性化学习成长；学校在一定程度上实现了分层教学。学习结果数据是课堂教学成效的基本体现。我们与拥有网络阅卷平台的七天网络公司合作，对全年级、全校的统考统测，通过人工智能采集数据进行分析，为精准化分层教学赋能。特别是通过连续多次考试成绩分析，对学生考试成绩偏科情况进行梳理，从个人角度分析学生偏科行为，从而保障了学校和师生有针对性地采取改进措施。

追求构建基于大数据的未来学校的教学系统任重道远。但是，尝试就是追梦，追梦就是为了理想的未来。

未来学校教学系统的设想

大数据应用于课堂教学，最大的影响是它有能力去关注每一个学生的微观表现。运用大数据技术，不仅可以获得一个学生在一节 40 分钟的课堂中所产生的全息数据约 5GB—6GB，而且可以对这个学生在课堂学习过程中的各种行为表现、情绪态度等进行全方位分析，得出学生学业的优缺点和对待学业的态度等。大数据让教师走近每一个学生的真实，开展学习行为差异分析，寻找学生个体的学习行为差异，探究学生学习过程影响因素，支持教学过程重建，促进教学方式改变。这就克服了标准化测验没法对学生的每一个方面做出评估的缺陷。同时，“大数据 + 人工智能”能够全方位记录、加工、分析学生的学习过程，使得学生可以获得来自工具、教师和同伴的及时反馈，反思自己的学习。

但是，由于对学生全息分析的数据工具目前尚未开发成功，我们尚缺乏影响课堂教学实践以切实提高学生学习效果的手段，用来支持服务于全体学生的日常教学变革。以此为出发点，以迈克尔·富兰等著的《突破》中的相关观点为支撑，基于大数据的未来学校的教学系统，我们的设想倾向于以下三个要点：

1. 成功建立起个人化的、持续的、以数据驱动的、有的放矢的日常教学程序和做法。

一套有力的评估工具。这套工具与每堂课的学习目的相配套，使教师每日获得有关每个学生准确的、综合的信息。这套工具的管理使用不会过度干扰正常的课堂秩序。

一个不用太多时间而又能捕捉到过程评估数据的方法。自动分析数据，并把数据转换成可有效推动教学的信息，使教师很快即可做出教学方案。

一种使用每个学生的评估信息来设计并实施个人化教学的措施；为教学而评估成为提高教学精确性的策略。

一套嵌入的手段来监测和管理学习，测试哪些能有效地、系统地提高课堂教学的效果，从而使之更加精确地应对教室中每个学生的学习需求。

2. 建立线上线下混合学习的智能系统。

崔允漷教授认为，教师的专业实践分两步：一是信息转移，从教师的教到学生的学，教师将目标、内容等相关信息传递给学生，以便学生后续学习与内化；二是信息加工，学生从学过到学会，在教师专业指导下处理、精加工信息，达成预期目标。人工智能在解决第一步“从教到学的信息传递”具有突出优势，但无法解决第二步“从学过了到学会了”。学生精加工信息还需教师提供及时、精准且专业的判断与指导。线上学习平台最大的挑战还在于无法解决学习动力的维持、心理情绪的支持、反馈效果的判定等问题。因此，线上与线下的混合学习，将长期且持续成为学校学习的主流。推动信息技术与学科教学深度融合，建立线上线下混合学习的智能系统。

3. 每间教室都有能使用数据驱动教学更精确地促进学生学习的教师。

数据和技术都是手段，关键是使用数据和技术的人。教师是对学生学业成就影响最大的因素。德国约翰·哈蒂所著的《可见的学习》，主张教师应该更强势地介入或干预学生的学习，即使教师不必成为课堂的中心，他也必须像导演一样掌控教学的整个过程。在大数据技术下，教师更应很好地实现学生与教师互动、与资源互动、与平台互动、与同伴互动等多向互动。作为“更有能力的他者”，教师对手中掌握的大量的学生评估数据不能望而生畏，要在更好地管理和使用数据的基础上，解决怎样精确地将数据与日常教学联系起来的问题，实现“数据—信息—策略—行动—改进”的工作路径。

发展正是学校文化

——池州一中发展三问

怎样理解“学校发展”是文化？

通过在领航班的学习和反思，深刻认识到：在一般的价值前提下，基于自身内部实际情况和区域外部环境的适切性分析，选择学校发展最优的定位和路径。普通高中是基础教育的最高阶段，具有根基性，是“为学生的终身发展发展奠定基础”，如同“春种一粒粟，秋收万颗子”；又具有预备性，是“为学生适应社会生活、接受高等教育和未来职业发展打好基础”。所以，高中教育一定要有足够的宽度，一定要培养学生学会学习。

池州一中发展的根本是：促进学生健康成长和全面发展，激发和培育学生持久学习的动机和能力。无论是在面上还是在点上，我们都要聚焦和落实三种教育行为：一是关注不同类型的学生，尤其关注弱势群体。对于有学业失败危机的学困生，有潜力的尖子生，特别是低收入家庭、留守、单亲、残障等弱势学生群体的爱护和引导，就是教育公平。二是切实支持学生不同方面的成长。根据多元智能理论，物各有所长也就各有所宜。成绩只是学生成长的一个方面，并不是唯一，必须尊重差异。三是聚焦课程与教学，科学规范和合理加强教学质量管理，落实“课程育人”。

推进学校内部治理现代化。治理现代化，要有制度、规范、法治、改革和新技术赋能，更要有德治和善治。从我们学校现状出发，有三个关键问题。一是如何建立依法、民主、科学的决策机制和治理体系？二是建立怎样的教师队伍发展与激励机制、师德失范预防与处置机制？三是怎样生成包括环境熏陶、人格感化、风气驱使、价值引领、精神感召和赋能在内的文化育人和文化治理力？作答这三个问题的过程中，必须注意把握三个度，即保持必要的“管制”力度，应内生出“暖心”的温度，牢记坚持“育人”的高度。

要满足“学校利益关系人”的需要。思考学校发展问题必须回答：谁需要学校？为什么需要学校？需要学校做什么？

党委政府方面：社会发展、公共福利和文化传承是学校的职能所在。学校必须主动与上级主管部门沟通、交流。一方面学校可以及时掌握信息、明确争取支持的方向。另一方面让党委政府了解学校在努力按要求办好人民满意的教育，得到对办学的认同，可以在各个方面得到更多的资源和情感支持。

家长方面：成功学校的秘密，在于成功地领（引）导了家庭。我们要改变通常将家长视为一年1—2次报告的受众。中共中央、国务院印发的《深化新时代教育评价改革总体方案》提出，“强化一线学生工作。各级各类学校要明确领导干部和教师参与学生工作的具体要求。落实中小学教师家访制度，将家校联系情况纳入教师考核。”家访，是教育制度，是教育传统和文化。“老师走进了我们的家庭，同时也真正走进了我们的内心世界。”在当下多元化的家校沟通方式中，家访仍是一个最重要也最有效的手段。教师走进学生的家庭，往往改变老师对学生的印象，往往就可能改变一个个学生的命运，往往能增进家校的相互理解。要探索建立校长带头、教师认同、家长期盼和学生欢迎的家访举措。同时，指导家长做好家庭教育，让学校更像学校，让家庭更像家庭。家庭教育是整个教育链中基础的基础，关键的关键。学校提供的是一个公共的、普遍的教育，需按照统一的进度、统一的课程来进行，很难真正有效关注每一个孩子的差异。家庭教育则是个别化的教育；家庭教育是终身性的教育，学校对孩子只是人生的一小段；学校教育总是站在“知识本位”。家庭教育的任务主要是生活教育、人格教育、行为养成教育和关注身心健康，家教育必须站在“身心—德行本位”这边；孩子与家长具有天然血缘关系，这是学校和老师无法替代的。好的家庭教育离不开一个关键词：陪伴。父母的主体责任是责无旁贷、当仁不让的。因此，家庭教育与其说是“教育”，不如说是“生活”。

学生方面：学生耽误不起。每一个受教育者不能重复已接受过的教育，如果学校管理的缺陷不能即时解决，对这些孩子来说，将是终生不能弥补的缺憾，他们将带着遗憾离开学校。我们务必认识到：会成功的人到哪儿都会成功。对于那些可上可下的人，不同的学校教育确实能够带来不同的结果。孩子探索世界的过程也是试错的过程。高中学生正处于人生的关键时期，此时尤其需要教育者在反思自身的成长经历中，尊重教育规律和孩子身心发展规律。一方面关注学生的内心世界，给他们一个倾诉的渠道，另一方面做好教育引导，使之将巨大的青春能量转变为向上生长的动力。因为，“真正的素质教育其实是一种很朴素的追求，也就是清晰一个人应该承担的责任、奠定一种语言与行为的习惯、懂得尊重他人与恪守公民应该遵循的社会秩序、具有创新与创业的意识和能力等。”不断促进学生的发展是学校全体教师的基本责任和良知！

教师方面：我们要力求在个体利益之上促进共同利益。教师不是圣人，是常人，常人有职业规范和职业操守；教师是普通人，不能免俗，但不可妄为。“在要求教师更多地具有爱心、更多地思考如何促进所有学生发展的问题的同时，切实关注与满足其对切身利益的合理寻求，也就成为教育改革在教师心目中获得普遍的‘合法性’认可的必要前提。”在给予物质报酬回报与保证教师职业规范和职业操守与鼓励利他奉献精神之间合理兼顾。同时，校长的第一使命，让学校“成为一个成人也能生长、改变和学习的地方”。课改、考改真正障碍性的东西，首先是师资。教师专业发展首先要解决的是让每个法律意义上的教师成为教育学意义上的教师——真正的教师。特别要从可持续发展的高度注重年轻教师的培养。培养他们在课堂教学和班级管理等方面的专业能力，处理技能技术性问题的能力，以及和同事、学生以及家长的关系处理能力。重视新进教师的身份认同，引导他们产生效能感、归属感、使命感。

管理团队方面：需要建立“改变”的文化。改变的方式很多，如行政管控、上级指令、专家指导等。但是，最主要的还是特定的态度品质。这种态度品质存在于具有价值认同和和谐温暖的人际关系中，存在于管理团队以身作则的领导力中。所以，建立“改变”的文化，重中之重是管理团队的建设。首先，让教职工看得见管理团队在履职尽责上以身作则，在利益分配上合理合规合情。其次，让行政团队认同：“除非你心甘情愿比普通人付出更多努力，全心全意投入工作，否则你永远没资格身居高位”，职位在身不等于人心在握。

为什么我把发展理解为“不懈怠”？

“我做了父亲，做了人家的先生，并不代表说，我就可以很自然地得到他们的尊敬。你每天还是要赚来他们的尊敬。你要达到某一个标准，因为这个是让我不懈怠的一个原因。”李安导演这一句话，我认为教育工作者应该感同身受。校长是一个学校自我治理责任的承担者和履行者，也是影响地方社会文化的积极力量。教育，时刻努力成绩不一定明显，稍有懈怠就会出问题。特别是身处不确定性和不稳定性成为基本属性的当下时代。

新时代教育现代化、依法治教和高质量发展，教育政策强供给要求我们不能懈怠。从 2018 年 1 月开始，中共中央、国务院先后发布了《关于全面深化新时代教师队伍建设改革的意见》《中国教育现代化 2035》《关于深化教育教学改革全面提高义务教育质量的意见》《关于全面加强新时代大中小学劳动教育的意见》和《深化新时代教育评价改革总体方案》，中共中央办公厅、国务院办公厅先后发布了《关于减轻中小学教师负担进一步营造教育教学良好环境的若干意见》《关于深化新时代教育督导体制机制改革的意见》《关于全面加强和改进新时代学校体育工作的意见》和《关于全面加强和改进新时代学校美育工作的意见》，2019 年 6 月国务院办公厅发布了《关于新时代推进普通高中育人方式改革的指导意见》。一系列党和国家关于学校教育的决策部署吹起了基础教育创新发展的集结号。

所以，在快速变革的新时代，校长作为一个学校自我治理责任的承担者和履行者，是影响地方社会文化的积极力量，必须不懈怠。

怎样不懈怠?

在古汉语中，“管，如篪，六孔”，“理，治玉也”。在英语中，管理的词根是“伺候”（minister）。受《道德领导：抵及学校改善的核心》相关观点的影响，我理解校长也是一种“管家”的岗位，要服务、照料和保护学校、学生与老师。

基于这样的定位，怎样不懈怠呢？首先立足现状在四维角度中追问。民间：学生、家长和社会各界的认可度怎样？时间：历史上何以成名？现在和将来能否继续名副其实？空间：影响力只是在一定范围内得到承认，超过了池州范围还是不是名校？心间：“学校不仅意味着教学楼、课程、程序（例如课程表），更重要的是包含许多人群之间的互动与交流。这些合作与沟通如何协调在很大程度上会影响学校目标的成功实现。”我们的学校是这样吗？

其次，立足学校特性，明晰治理思路。学校组织并非单纯的科层制组织，也并非单纯的专业组织，而是一种包含了分层组织、会员组织和专业共同体三种组织要素的开放型组织。基于此，建立一个机制：自上而下与自下而上的工作机制；把握两大方向：文化牵引与面上工作。特别是，“改变”文化的基础是基于大多数教师都是向善向上的，实行微改革撬动大变化。正如李大钊先生所说，“平流并进，递演递嬗，……日新之改进可图”，改善的最佳结果一般来自较小的而又是多方面的努力；实施五三行动，打造三个平台，即风气平台、制度平台和资源平台。运用三类话语，即行政话语、实践话语、学术话语。储备三个资本，即心理资本、人力资本、社会资本。避免三个风险，即安全风险、师德风险、廉政风险。实现三个统一，即坚守与创新、人文与规训、学识与情趣。

再次落实整改，借力发力。中共池州市委第二巡察组 2020 年 5 月对我校党委进行联动巡察的反馈意见指出：“整体教学有待提升，2013 年以来本科达线率逐年上升，纵向自我比较虽有发展，但横向比较与省内同层次示范高中有差距，与社会期盼有差距”、“百年名校吸引力下降，2017 年统招生流失 31 人，2019 年贵池区中考前 10 名外流 7 名”、“钱学森班”是市政府与航天十二局签订的军民融合战略合作项目，党委对办好“钱学森班”重视不够，办班机制不完善，示范引领作用有待发挥、“重点岗位干部长期不交流、不轮岗，如教务处副主任、总务处副主任以及工会、团委负责人任职长达十多年”等等。我是 2019 年 9 月才履新池州一中，面对巡察反馈的一系列问题，我内心坚定，不疾不徐，依法依规，主动履行好党委书记职责，变压力为动力，切实把整改转化为改造思想、改进校风、建章立制、提升质量的实际行动。实际上，“问题是难以避免的，它们是我们的朋友，没有它们，我们无法吸取教训获得新的学习”。学校发展的过程就是解决问题的过程。发现和遇到问题，就是发现和遇到提升的空间、机会。经过整改，一共梳理出65条具体原因，采取77条整改措施，制定和修订制度41项，挽回经济损失32万元，追责问责11人次，学校广大教职工的工作作风和精神面貌都发生了很大变化，校风、教风、学风有了明显改善，社会认可度和美誉度大大提高，2020年高考在突破中取得不少亮点，常态化疫情防控下教育教学秩序良好。

不懈怠发展学校的所作所为，也得到了教师们的肯定和支持。这是一位一线教师发给我的一段短信留言：“校长好！今天听校长关于高三复习的报告，挺有感触。报告多角度分析高考前沿动态，务实新颖，让人耳目一新。同时有感于校长刚刚履新即开始狠抓教学工作，探索新思路，实施新方案，部署新任务。大刀阔斧，痛改顽疾。并身体力行，每日早读晚课坚持到岗查岗。学校上下一股清流正在涌动，这清流是一线老师的积极向上，努力拼搏。在我们看来，校长首先就应该是位学者，能高瞻远瞩，学贯中西，这也是您所具备的品质。相信在您的带领下，我们贵中人会锐意进取，我们的百年老校也终会不辱其名，再次焕发青春，成为人人向往的百年名校。学校琐事繁杂，千头万绪，还请校长多多保重身体！晚安！”我从中汲取了更大的不懈怠的动力。

校长的道德领导力

——读《道德领导：抵及学校改善的核心》随笔

拜读托马斯·J·萨乔万尼的著作，我是边读边归因，边读边了解，边读边借鉴，边读边体会。其中感触最深的是激发了内心深处的道德情感和如同体验了中华文化传统中的美德基因。譬如，“太上有立德……”，“大学之道，在明明德”，“为政以德，譬如北辰”，“道之以政，齐之以刑，民免而无耻；道之以德，齐之以礼，有耻且格”。这些与书中提出的学校领导具有两个信念异曲同工，即一是维持学校道德的生态系统，二是教育应有深思熟虑的道德意图。

学校的形象和内涵是由持久的价值观、信仰和文化来支持的。办学理念和学校文化等有关价值、哲学问题的思考应当是领导活动的核心内容。教师是文化工作者，实现自我价值的需求非常强烈。对教师的管理以有形或无形的管制模式为主，带着很强的收获人心的色彩。这更加坚定了我建立“我们”的文化和构建“成己成物”的共同价值观的信心。也郑重地警醒了我们：办教育要避免深陷事务主义而难以自拔。

认识萨乔万尼及其著作

萨乔万尼是学校道德领导思想领域最有影响的著述者之一。在某种程度上，萨乔万尼就代表了教育领导研究中的“道德领导”。他是当代西方非主流的主观主义教育管理学派的代表人物之一。他出版近三十部著作，提出了领导权威的来源、共同体理论、五种领导力理论（象征力、文化力、技术力、人际力和教育力，其中的“象征力”和“文化力”是提拔学校层次的更关键的领导力量）、领导的生活世界以及领导的替代等理论。最重要的概念是“道德领导”。

萨乔万尼 1937 年出生在纽约州的新罗谢尔伽，祖籍意大利。在纽约州立大学杰纳西奥学院（师范学院）学习；在小学任教；获哥伦比亚大学师范学院硕士学位，在小城巴斯的一所学校任职，在康奈尔大学兼课；在纽约州立大学布法罗学院谋到了一席教职。1963 年，弃职攻读博士学位。1966 年带着罗切斯特大学教育博士学位到伊利诺伊大学的教育管理与监督系就职，从此真正开始了他的学术生涯。1984 年萨乔万尼受聘于三一大学，筹建了三一大学校长中心并出任中心主任，兼任教育领导研究中心高级研究员。1989 年《道德领导：抵及学校改善的核心》面世，完整地提出了学校道德领导的思想，标志着学术生涯期峰期的到来。“本书是一部原生性作品。……成为一个新的学术增长点，甚至由此开辟了一个新的学术领域。”2002 年，萨乔万尼的道德领导理论被系统介绍到我国，很快在我国的教育研究界产生很大影响。

认识《道德领导：抵及学校改善的核心》

概而言之，本著作的框架包括一个维度和前提，两种权威，三者联结，四类替身。

“一个维度”是道德维度。作者通过对官方价值观来源、半官方价值观来源以及非官方价值观来源（见下表）的认识方式进行深度剖析，发现在实践中所采取的任何行动中，都存在道德维度。道德、情感以及社会契约共同构成了以道德为本的领导背后的假设。

官方价值观来源	半官方价值观来源	非官方价值观来源
世俗权威（相信科层体系权威） 科学（相信经验性研究的结论） 演绎逻辑（相信演绎推理）	感觉经验（相信人的经验） 直觉（相信人的顿悟）	神圣的权威（相信共同体、专业规范、学校规范和理想的权威） 情感（相信人的感情）

作者进一步提出，领导者运用道德维度进行引领的终极追求是使学校达到不治而治的境界，保证“领导者在与不在”都能够激励教师追求卓越。关注学校领导的道德维度，再造学校领导的“概念”，走向学校道德领导。

一个前提是“学校是一个学习共同体”。“学校是一个学习共同体”是萨乔万尼理论中一个基本的理论前提。学校学习共同体的意义可以简单表述为：学校核心价值是围绕知识生产而形成的专业文化、专业理想以及关怀伦理，教师承担的是育人的责任与使命。一旦这种价值观和承诺被共享，学习共同体就能够建立。作者概括了促使学校成员努力工作的三种动机：外在动机、内在动机及责任与义务。外在动机的激励，基于“所能获得的奖赏使（人们）去做”的心理基点，往往与强硬、有力而直接的科层领导方式相关联，强调的是外部的奖赏。信奉这一动机激励方式的学校领导者赏罚分明，但也使下属的眼光变得狭隘，只求“把事情做正确”，而不去考虑“做正确的事”。内在动机的激励，基于“正在得到的奖赏使（人们）去做”的心理基点，往往借助于人格魅力和圆熟的人际技能的人际领导方式，强调人们内在的对工作愉快有趣的感受、对和谐的人际氛围的满意、能获得领导的赏识。就本质而言，还是没有离开下属的“自利”和领导者与下属之间的“交易”。学校领导者给予下属外在的刺激，激发内在动机，虽然是常见的方法，却不能给下属带来持续的激励，无法达成超越期望的卓越表现。当学校成员基于建设学校这个学习共同体所承担的“责任与义务”而工作时，其出发点是“为美好的东西去做”，“做那些美好的工作”。甚至当所做的工作已不再有趣或不再令人愉快时，仍能持续投入，愿意付出额外的劳动。道德的激励已成为其中的主要因素。

两种权威是专业权威和道德权威。作者认为，传统的领导学理论关注三种领导权威：科层权威，心理权威和技术—理性权威。这三种权威都属于“你要听我的”之类领导。教师的回应是被动和消极的，投入是有限的和保留的。虽然必要，但远远不够。作者提出了两种权威。一种是领导者凭借其在领导实践中累积的技艺知识和个人专长所表现出来的专业权威。在专业权威之下，校长给教师提供帮助、支持及专业发展的机会，赋予教师所想所需的自主权。教师对专业规范作出响应，他们的工作成为集体性的工作。另一种是基于宽广的共享价值观、信念和理想所形成的、以义务和责任为表现形式的道德权威。在道德权威之下，领导以身作则，唤起下属的责任心、正义感和奉献精神。教师的投入是基于责任和义务，满怀道德和使命感，付出是发自内心的。教师并不满足于工作和任务的完成，而是追求工作和任务的出色。正是这两种权威，才使教师产生真正来自内心深处的而非外力强迫的回应。每一种来源都是合理的、都应该成为领导实践的部分权威基础。以哪种权威或哪几种权威的组合为主，会给学校造成很大的管理差异。道德权威是五种权威的统领，校长应该将其作为自己领导实践的首要基础。

“三者联结”是领导之心、领导之脑、领导之手三者联结、互动。传统的领导理论过多关注领导之脑、领导之手，对领导之心缺少关注。作者描绘出领导的全景是领导之心、领导之脑与领导之手三方面的结合。即领导之心—领导之脑—领导之手。领导之心塑造了领导之脑，领导之脑驱动了领导之手，对决策和行动的反思又肯定或重塑了领导之心和领导之脑。

道导领导的实施需要构建领导的“四类替身”，即共同体规范、专业理想、充溢的工作状态和团队精神。作者指出，领导替身，指组织中那些“事物”的存在可以减少直接领导的必需性。在学校领导实践中，越是能够提供领导替身，教师和员工就越能达到自主管理的状态。校长的指挥式领导变得不那么必须，是支持者、强化者、促进者和感谢者。自我领导是领导的终极目的，领导最终是为了不领导。正如电视剧《潜伏》中的一句台词，“有一种胜利叫撤退，有一种失败叫占领”。校长领导力的大小，不以校长的忙碌程度为标准。校长看似清闲，学校却一切有条不紊，说明校长领导力高深。

我从中深刻体会到，信奉的理念、追求的愿景和共享的价值观，就是对学校作为一种学习共同体的规范的响应。具备相应的能力和美德，特别是能够使人以模范的方式行事的美德，把自己放在服务于学生、家长、学校和学校目标的位置，就是对专业理想的承诺。挑战和技能均达到足够高的程度且两者又有恰当的平衡时，会产生一种高层次的个人乐趣和满足，会增强胜任感和功效感，从而具有对工作的内在满足感，就是充溢的工作状态。“使两个人成为同事的是在一个共同体中的共同成员身份、对共同事业的承诺、共享的专业价值观以及一种共享的专业传统”，人走在一起不是一个团队，心走在一起才是一个团队；一个优秀的团队，不见得每一个人都是各个领域的翘楚，但大家都能够在其岗位上做到适应和掌控，这才是真正的团队精神。

校长道德领导力的省思

这本著作充溢着哲学的人文关怀，有一种亲切的、似曾相识的感觉。很多自己思想中、实践中模模糊糊的感觉，在这本著作科学专业或平实人文的语句中真切而又透彻地明晰起来，呈现出来。此前，我很注重廉洁奉公、以身作则、踏实肯干和关心下属等一些属于个人道德修养和道德影响力的东西。读后，深知学校愿景、核心价值观、组织文化建设才是最重要的“道德权威”实践。

这本著作“长于思辨”，大量新观念有些晦涩难解。难怪译者冯大鸣教授写到，“本书是一部翻译难度很高的作品”，“仍有 14 处译文不敢轻易落笔，经与萨乔万尼多次联络，求证有关文字的背景后，才得以定夺”。

作者是一名温和的批判论者。作者提出，“本讨论的目的并非为了选择某一种方式。所有的方式都是合理的，他们在学校管理和领导实践中均有一席之地：这才是要害”。所以，“道德领导”的提出旨在扩展领导的价值结构和领导的权威基础，为领导实践的权威基础提供一种平衡。

我们中国有坚实的道德智识基础和道德实践传统。“我们的使命和我们的当事人应受到我们最好的服务”。阅读本书的一大收获是，我们应将西方学校教育的道德领导主题与悠久的中国传统文化联结起来，满足新时代教育发展需要。

相对于工具性的、以法理为本的治理方法而言，道德作为一种以利他理念为核心的治理方法，是不可缺少的补充手段。法治和德治并行，更能抵及学校改善的核心。治理现代化，不仅是制度、规范、法治、改革和新技术赋能，还有德治、善治。

这本著作的道德领导思想告诉我们，要充分认受：女性风格的领导观对教育管理是有用的。在占据校长职位方面，女性没有充分的代表性，但是在成功的校长中有很多是妇女。学校教育往往具有女性世界的特征。女校长需要自由地体现其本色，无须遵从传统管理理论的原则和实践。

这本著作也有缺陷。第一，道德领导思想建构了一种非常理想的学校管理图景，企图通过思想的力量消弭学校里的控制，具有一定程度的道德虚无主义。如萨乔万尼在其著述中对实践者所面对的“道德两难”问题几乎是回避的。第二，宗教思想的渲染减少了学术魅力，有“泛道德化”“宗教化”的倾向，例如，他特别强调教育领导作为“牧师式”的领导发挥作用，似乎并不反对教会学校的良好工作状态是由于“神”的赋权而带来的。第三，主要是从道德维度为改善学校提供实例和理念，围绕领导和下属展开的，没有专题从学生的角度去阐述学校的道德领导。

我们必须反思道德领导理论的适用范围。道德领导实际上适用于学校从运转正常到卓越的进程。新时代要求学校高品质、教育高质量。把道德目的置于重要位置，是学校超越“平庸”而达到一种“卓越”境界的必需。采用哪种领导模式，实际上关系到我们改善的着力点的问题。一个高的着力点会导向以最小的付出获得重大而长期的改善；一个低的着力点虽有大量的付出，但结果却乏善可陈。最高的着力点常常是最不显眼的。改善的最佳结果一般来自较小的而又是多方面的努力。

我特别有共鸣的是这本书中注重自利的广义描述，即在个体利益之上促进共同的利益，增强一切促进总体福祉的因素。意思是要在给予物质报酬回报、保障教师工作岗位的安全稳定与鼓励利他奉献精神之间合理兼顾。学校道德领导的核心在于实践。其实，一些做来不难，但我们做的不多。

文以载道：学校的文化成长

以办学理念的转化实现文化引领
文化的传承、守望与浸润
我们的文化从“新”出发
传统教学文化的守正
正好的教育就是最好的教育
延迟开学日　也是进步时
从工作室到共同体

以办学理念的转化实现文化引领

办学理念是一所学校自主构建起来的办学精神，是学校文化的核心和灵魂。办学理念表征着学校全体成员的信念、态度和行为，增强着全体成员对于学校的认同感，激发着全体成员的行动力和奋进精神，促进着学校对外的品牌认可和交流合作。办学理念在引领学校发展方面发挥着极其重要的作用。

我国现阶段不同学段、不同类型的学校，根据自身的实际情况，在办学过程中基本上都形成了自身的办学理念。理念到行为再到结果，“精神变物质”，存在着一个转化的问题。办学理念引领学校发展的过程，实质上是校长文化领导力的建构和发挥过程，实际上就是办学理念实现二次转化的过程。一是办学理念转化为学校全体成员的信念，二是在此基础上办学理念进一步转化为学校全体成员的自觉行为。但是，在现实中，要更好地实现办学理念的二次转化，并非一件轻而易举的事。很多学校虽然有看似很好的办学理念，但学校成员并未真正认同，与实践中的教育行为往往是两张皮。办学理念无异于纸上谈兵。而在有些学校，成员们也认同自己学校的办学理念，在行动落实上却没有强烈的自觉意识和主动的行为。也就是说，这些学校在实现着办学理念的二次转化，但与办学理念带来理想的办学境界的期望尚有差距，没有实现更好的转化。因此，办学理念的二次转化没有得到更好的实现，是办学实践当中一个比较普遍的现实问题。这其中的原因很复杂，因为教育本身就是一个长期复杂而又艰巨的过程。校长领导力的欠缺应该是其中的主要原因。校长是一所学校的掌舵人，是教育者，更是领导者和组织者。

詹姆斯·M·库泽斯和巴里·Z·波斯纳在其经典著作《领导力》中提出："领导力就是动员大家为了共同的愿景努力奋斗的艺术。领导者的行为是影响员工敬业度的最主要因素。"我们从领导力的角度以校长的反思性理解和校长建设基于信任的"我们"的文化，以及校长从办学实践中又出发为切入点，对此作些思考和分析。

在自我反思中再理解

"通过反思更新理念、建构价值、调整行为，是校长核心领导力养成的内在动力和首要途径。"解决办学理念更好地实现二次转化存在的困难和问题，前提是校长应该"行有不得，反求诸己"，以反思自己对办学理念及其建构的理解为突破的原点。

办学理念是教育理念的下位概念。20 世纪 90 年代开始提出"走向理念办学"。新课改以来，办学理念在基础教育领域出现频率一直很高，是学者们关注的热点。各类学校更是提出了精彩纷呈的办学理念。针对办学理念在现实中难以更好地实现二次转化甚至转化效果不明显的现状，校长要追根溯源地反思自己对办学理念及其建构的理解是否准确。

反思办学理念的本质是否被淡化或异化

办学理念是办学的哲学思考，是长期统领与支撑办学行为的基本思想和价值观，具有内核性、阐释性和实践性等特征。在现实中，这些本质特征往往被淡化或异化了。

从生成的形态而言，问题大致是四类：“没有”办学理念，即没有明确言论，或属于自己独特思考的理念，是一种“崇行政化”的办学理念；“照搬”的办学理念，对自己的学校缺乏理性思考和价值判断，照搬别的学校的一些流行的办学理念；“断裂”的办学理念，指前后任校长之间在办学理念上不传承无衔接，或是办学理念因校长主观意志和内外部形势的变化而发生断崖式的变更；“错位”的形同虚设的办学理念，即办学理念与办学实践不一致，基本上是两张皮。

从存在的形态而言，问题大致有六种：“笼统”，没有具体的解释或阐释，不能在课程、教学、制度、管理等方面具体去落实；“肤浅”，对办学理念作了形式逻辑而非辩证逻辑的理解，缺乏对教育规律的把握；“零散”，对办学理念的结构不了解，缺少系统的思考和梳理；“烦琐”，条目过多，杂乱无章，难以识记；“雷同”，没有自己的独特风格，缺乏文化内涵，标语化口号化；“深奥”，表述过于深奥，人们难以理解和领悟。

办学理念的本质被淡化或异化，根源在于校长对其理解有偏差或不深刻。这也恰好从一个侧面说明了办学理念二次转化效果差强人意的原因。

反思办学理念是否贯穿复合性的价值观

价值观是行动的指南。“学校核心理念，是学校用于指导教育教学行为与管理经营活动的最高哲学思想与价值标准，是一切办学行为的逻辑起点，是学校文化的灵魂。”所以，办学理念的凝练，本质上是价值观引领和价值观贯穿的过程。这当中的价值观不是一维的，而是多层次的复合体。

首先，一定是符合公共理性的。就是说，办学理念要符合党的教育方针和教育国策，要符合青少年的身心发展规律和教育教学的基本规律，并且还要符合时代对人才的培养要求，体现经济社会发展的变化和要求。其次，肯定是每一所学校提炼的各自的核心价值。它根植于学校办学历史，来源于办学实践，受益于地域文化，脱胎于深刻的总结和抽象的概括，外化为具有统领作用的文化符号，内化为全体成员的行为方式。再次，必须是学校全体成员理念和愿景的复合体，绝不能仅仅只是校长个人的办学理念。学校的全体成员，应该包括校长、教职工、家长、学生，以及社区。由于校长的职责、地位和权威，校长在办学理念的确立中一般都起着主导作用，办学理念往往明显带有校长个人的教育思想、办学主张和语言风格的烙印。现实中很容易把校长个人的办学理念等同于整个学校的办学理念。这就是办学理念难以更好地实现二次转化的重要原因所在。从领导力的角度而言，要更好地实现办学理念的二次转化，校长当然必须明确自己的价值观，找到自己的声音。但是，更要明白和做到：共同的价值观是建立高效的、真诚的工作关系的基础。“如果价值观不能达成一致，领导者，还有每个人，劲如何使到一处？……因此领导者要保证每个人都参与确立共同价值观的过程——揭示、加强、坚持‘我们’的价值观，并让每个人都对其负起责任。”

反思办学理念的建构是否遵循适切的原则

为了保证办学理念更好地实现二次转化，在贯穿复合的价值观的基础上，办学理念的具体建构要遵循适切的原则。

以下三条原则，应当是建构办学理念过程中的普适性原则和基本的规范性原则。坚持正确方向的原则，即正确的办学理念必须落实党和国家的教育方针、政策法规；尊重育人规律的原则，即办学理念的建构必须分析研究不同学段、不同类型学生身心发展的规律，从学生的实际出发，研究学生发展的需要和可能，助力学生成长；体现以校为本的原则，即应按照郑金洲教授“基于学校”“为了学校”“在学校中”的观点，从学校自身出发，扬长补短，发挥学校的优势，办出学校的特色，建构具有个性化的办学理念。

从校长领导力的角度，在此补充有利于办学理念更好地实现二次转化的非常重要的另外两条原则。第一，前瞻性原则，即办学理念的建构不仅源自反思过去，立足关注当下，更要向前展望未来。这是因为我们所处的世界本身就是个日新月异的世界，我们学校的方方面面一直在发生着变化，我们要预见在前进中即将会发生什么。一系列的研究表明，关注未来的领导者更能够吸引和激发追随者的努力，凝聚团队，动员集体行动，最大化地创造个人和组织业绩。有前瞻性是人们愿意追随领导者的最重要的特质之一。这就是说，办学理念的建构，一定程度上就是在描绘学校的共同愿景。“组织愿景的最大作用是聚焦人们的能量”，“只有共同的愿景才有使大家持之以恒地为之献身的魅力”。

第二，互动性原则，即办学理念的建构机制是多向的和生成的。如前所述，办学理念必须是学校全体成员理念和愿景的复合体，不是校长个人也不是管理团队一个层面的办学理念。因此，办学理念的建构过程中，必须有学校内部校长、教职工和家长以及学生的互动，有学校与社区、地域的互动，还有学校历史传统与当下现状以及未来愿景的互动。同时，随着时间的推移，学校内部和社会环境、学校的办学实践和思考认识都会发生变化，办学理念也就当然处于动态生成的状态中。而互动就是适应其动态生成的建构机制。

“我们”在文化中去突围

国学大师钱穆先生说：“一切问题，由文化问题产生；一切问题，由文化问题解决。”更好地实现办学理念二次转化的一个突围之处，就是建立和维持一种校长与教师之间“我们”的人际关系文化。“我们”是一个很好的表达和承载团队建设与团队合作的词汇，形成“我们感”是一个重新确立认同感的最佳方式。“在越来越复杂、奇特的世界中，制胜的策略将基于‘我们，而非我’的哲学。”

理顺办学理念与学校文化的关系

约翰·古德莱德在《一个称作学校的地方》中说道："学校是具有文化品位与精神感召力的场所。"办学理念是学校文化的重要元素，以学校文化为基，又引领着学校文化发展。"办学理念的更新，与校训、校风、教风、学风等构成一个有机的统一整体，会成为学校文化发展、建设中的重要环节和抓手，成功的办学理念也将成为学校发展的隐形助力。同时，办学理念的发展，必须与现实发展条件、与学校发展需要相匹配，要能深深地根植于学校文化的土壤之中，并不断汲取营养，壮大、更新、再发展。"

"办学理念的形成和实施，本身就是一个复杂的、动态的过程，也是内涵不断充实和持续完善的过程，更是一个引领学校文化建设不断改进、发展、提升的过程。在此过程中，办学理念是学校文化系统的核心，是持续变化的动力。"从某种程度上说，学校文化就是学校大多数师生员工已经习惯化了的做事方式和行为方式。导致办学理念不能更好地实现二次转化的因素很复杂，没有建立将办学理念当作共同愿景和共同事业进而自觉去践行的"我们"文化，应该是重要的原因。

认识学校中的两种文化

现实中的任何一所学校客观上都存在着两种文化，一种是学校倡导的主流文化，一种是以非正式群体的形式出现的以师生的实际言行表现出来的亚文化。这两种文化是相互制约、相互影响的，这两种文化有可能是一致的，也有可能是不一致的，甚至是相矛盾的。这两种文化的并存、相互作用及其状态、走向构成了更好地实现办学理念二次转化的文化土壤，从深层上制约、影响着办学理念二次转化的深度和广度。当学校的主流文化占据主导地位，或现实存在的亚文化与学校的主流文化相一致的情况下，就会有利于办学理念更好地实现二次转化。当学校的亚文化和学校主流文化相矛盾，甚至冲突的情况下，就会影响甚至阻碍办学理念二次转化的实现，亚文化占据的力量越大，阻碍作用就越大。

这两种学校文化形态并行而不重合的实质就是学校中没有形成“我们”的文化，师生、其他员工与校长之间没有形成伙伴关系。领导不是唱独角戏，领导者是无法独自成事的。对一个组织而言，每一项损耗的存在，几乎都与成员缺乏主人翁意识和责任感有关。在科学认识办学理念与学校文化关系的基础上，在办学理念科学可行的前提下，营造一种使众人行的“我们”文化，创造一种集体主义精神，对实现办学理念最大化转化至关重要。这也是培养校长动员大家为了共同愿景努力奋斗的领导力的契机。

“我们”的文化建立的关键

信任是团队的命脉，是校长与师生员工关系中的核心问题，没有信任就没有“我们”。校长致力于建立信任关系这第一要事，是形成“我们”文化的关键。

世界上最遥远的距离，往往就是脑到手的距离，嘴到脚的距离。建立信任关系，不应该是校长心里想着很有必要，口上说的很重要，而更应该体现在校长的行动中。

詹姆斯·库泽斯和巴里·波斯纳的《领导力》对于领导者采取行动建立信任关系、营造信任氛围，给出了非常好的建议，校长如能借鉴和落实，肯定会有益于“我们”文化的建立，肯定会改进办学理念的二次转化。具体是：信任先行。领导者如果想获得由信任、协作带来的高绩效，必须在要求他人信任自己之前首先显示你对他人的信任。比如，开放自己，自我披露；对他人表示关心。“每种成功的领导关系都包含了友情的元素”，当人们知道领导者把他们的利益放在心上，关心他们，他们会毫不犹豫地信任领导者。分享知识和信息。领导者要充当知识建设者的角色，用分享所知道的信息和知识的方式展示对他人的信任，增强团队成员之间的相互信任，从而增长团队的业绩。面对面地互动。人与人之间的直接接触，是建立认同、增强适应和减少误会的可靠方式。领导者要创造和找到使人们经常会面互动的机会，增进协作和信任。这在当今时代显得尤为重要。

办学实践中再出发

实践的观点是马克思主义认识论首要的和基本的观点。“办学理念是在办学实践的基础上抽象和概括而成的，只有来源于办学实践的办学理念才对实践有指导意义，才是真正意义上的办学理念。同时，办学理念又作用于办学实践，办学实践不能不以办学理念为目的和导向。”从实践中来，到实践中去。更好地实现办学理念的二次转化，落点是校长要从办学实践中再出发。

考虑办学实践中的影响因素

任何实践都离不开人的主观能动性。办学实践中影响办学理念更好地实现二次转化的因素很多，从办学实践的主体分析，可以从以下三个层面去认识。

一是以校长为主体的学校成员提出的办学理念是否科学，是否符合学校的实际，在提法上是否简洁明了、是否有创造性。或者办学理念提出后有没有很好地进行宣传和阐释，是否对外宣传多、对内共鸣少。这些都会影响到办学理念能否落到实处，是否有强大的生命力。

二是学校中层的执行力能否达成办学理念所赋予的办学目标和办学愿景。必须明白，办学理念原本就是为执行而凝练出来的。管理学认为，领导力包括思考力、决策力和执行力三种。从学校管理角度看，执行力的主体应主要落实在中层干部层面上。大量的事实证明，中层干部的执行力会直接影响学校决策和制度的落实程度。从某种意义上说学校中层干部的执行力水平，是衡量一所学校管理水平的决定性因素。由此可见，能否更好地实现办学理念的二次转化与中层干部执行力的强弱有着十分密切的关系。现实中有很多学校不能更好实现办学理念二次转化的一个极其重要的原因，是中层干部执行力不强造成的。

三是更好地实现办学理念二次转化的最大和最重要的群体——教师，是否有践行办学理念的内在自觉性。学校需要“指点江山”的人，但更需要“打江山”的人。教师至少在两个方面影响着办学理念二次转化更好地实现。首先是办学理念有没有在师生员工中形成普遍的共识。如果在办学理念形成过程中师生、其他员工参与少，缺乏沟通和讨论，教师对办学理念的认同和转化为教育教学行为的可能性就越小。

反之亦然。其次是教师教育理念和专业水平、能力的状况。办学理念的落实必须把课程和课堂作为最重要的平台，这一因素更多地与第二次转化相关联。教师要把思想转化为行为，其实也有执行力的问题，或者称为执教力的问题，师德高尚、理念符合育人规律、专业水平高和课堂教学能力强的教师，执行力就强。一所学校这样的教师越多，就越有可能实现办学理念二次转化的最大化；反之，可能性就一定会变小。

统筹办学实践中的转化对策

在对以上影响因素分析的基础上，为了尽可能更好地实现办学理念的二次转化，提出以下对策：

对策一：最大限度提升校长凝练办学理念过程中的专业能力和领导组织能力。办学理念的确立在很大程度上依赖于校长长期的理论积累和实践反思。正如苏霍姆林斯基所说："领导学校，首先是教育思想的领导，其次才是行政的领导。"苏霍姆林斯基以帕夫雷什中学为实验基地，孜孜不倦地钻研教育理论，从理论与实践的结合上研究教育的新问题，提出了"和谐发展教育"。上海闸北中学刘京海在反思批判现实教育弊端的基础上提出了"成功教育"，其核心理念是"让每个学生都获得成功"。校长凝练办学理念的专业能力的增强，关键在于校长善于思考、勤于学习，关键在于专业的培训和专家的指导。校长凝练办学理念的领导组织能力的提高，依赖于校长坚持走群众路线，依赖于校长挑战现状、激励人心和共启愿景。

对策二：设计和落实好办学理念二次转化的支撑点。没有支撑点的办学理念是无线风筝，无法落地生根。支撑点的设计对办学理念更好地实现二次转化是至关重要的。支撑点就是以学校发展规划为指导，不依托规划的理念往往是不可能实现的理想主义；支撑点就是要把办学理念转化为学校制度，因为理念是制度的先导，制度是理念的保障；支撑点就是要以课程教学为载体，教学是实现办学理念的基本途径，以办学理念为指导，统整三级课程和指导改革课堂教学，构建体现办学理念的教学策略或教学模式；支撑点就是要以发展性评价为导向，这是实现办学理念有效转化的保证。

对策三：民主办学。民主办学既是手段，更是目的，它的本质是师生当家做主。越是民主的学校，才会有更多的师生、其他员工更大程度上关注、认同办学理念，才会有更多的教师更大程度上把办学理念付诸到教学行动上去。唯有通过真正的民主办学，才能让教职工理解、分担和分享办学理念，才能把办学理念转化为教职工的信念和行为，深入到每一个人，并多次重复才会成为自觉的行为。

以办学理念引领学校发展，是现代学校管理的必然要求，也是校长通过文化引领学校发展的必由之路。办学理念是在追寻教育理想的过程中动态生成的。它源于办学实践，又高于实践，更作用于办学实践，并在办学实践的检验中不断发展和完善。校长要摒弃“领导力就是某种职位和权力”的观念，要有不可或缺的自我反省的自律习惯，要有描绘“我们”愿景和动员“我们”行动的自信能力，要有领导力就是自己采取的实践行动的自觉精神，从而更好地实现办学理念的二次转化，进而更好地实现以文化引领学校发展。

文化的传承、守望与浸润

——池州十一中学校文化建设纪实

从2006年1月到2019年12月，我作为池州十一中的第一任校长，在此任职了十三年。这段人生中激情燃烧的岁月里，在党委政府的关心、支持下，和全体同事一起奋力将这所学校从中止招生到异地建校再到迁回老校区，发展成了区域内知名度、声誉度和认可度俱佳的初级中学。2018年12月，教育部第二期中小学名校长领航班江苏基地专家进校诊断调研，将池州十一中定位为“是在应试背景下致力于规范办学、追求卓越发展并且比较好地实现学生全面发展的一流初中”。

池州十一中位于1902年建校的安徽省贵池中学的老校址，坐落在千载诗人地池州城的清溪河畔，深深打上着江南崇文重教传统的烙印。江南文化发展了中国传统文化中的雅文化，具有清秀俊逸、品性刚毅、崇尚文教和开放包容的文化传统。学校受本土优秀文化浸染百余载，兼之几代人的不懈追求、努力和奋斗，形成了以“善、谨、勤、实”为特质的学校文化传统。我们致力于学校传统文化与地域先进文化的融合与发展，通过创构物态文化和传承精神文化，强化浸润功能，彰显文化合力，推动学校教育变革与影响辐射，力争使每位学子都能满怀雄厚的文化底蕴和昂扬的精神风貌去求知、去生活、去创造。池州十一中学校文化建设及特色凝练与品牌打造就是一次学校文化对地域和自身优秀文化传统的传承、守望与浸润历程。

在初任校长的时期，我的办学治校行走在思考中。学校应该是一个什么样的地方？有人说学校是学生成长和教师发展的平台，我认为还不够全面。我认为学校是一个文化的场，是学生成长和教师发展的平台，是家长进步的平台，是推动整个社会前进的平台。学校发展应该以什么为中心呢？学生、教师、课程和文化这四个要素至关重要。当下以课程建设为中心的声音非常普遍，很多校长讲学校建设时都花了大量篇幅在课程建设。课程建设十分重要且非常必要，从某种意义上来讲是处于特定阶段学校赖以发展的根本。但学校建设究竟应该以什么为中心，应该是一个动态的过程，不同发展阶段学校的工作中心应该是不断变化的，不存在一个固定的模式，而是一个发展的过程。当学校发展到一定阶段后，文化建设一定是学校可持续发展的中心工作。那学校文化是什么？如何建设学校文化？

国内外教育研究者从不同的角度对校园文化的定义做出了各不相同的解释：有的认为校园文化是教师、学生和校长所持有的共同信念；有的认为校园文化是以校园为地理环境圈，以社会文化为背景，以学校管理者和全体师生员工组成的校园人为主体，以群体价值观念为核心的一种亚文化，它既反映文化的一般性，又有自己的特殊性；也有的认为：中学校园文化是学校全体师生在长期的教育教学实践和探索过程中，共同创造和行程的精神财富、文化氛围以及承载它们的活动形式和物质形态；还有的认为：校园文化是以校园为空间，以学校、教师为参与主体，以校园生活、人际关系、精神面貌、价值取向、舆论风气为主要内容，以多领域广泛交流及丰富多样的活动为基本形态，具有时代特点的一种群体文化，是置身于社会文化大背景中的一种具有自身特色的亚文化形态。我的思考是：学校中生长和形成的文化就是学校文化，是教师、学生、校长和管理团队共同赋予学校的一种气质和特质，涵盖物质文化建设、行为文化建设、制度文化建设和精神文化建设。学校文化建设应具有内在的合理性和外在的适应力，应渗透、融入师生言行中、风貌里，与教师发展、学生成长黏合、融合。

针对池州十一中的文化传统和校情，从百年老校、绿色校园、初中学段出发，结合江南文化特质和池州地域文化特色，我将学校文化建设的逻辑起点定位于：在学校文化一般特质前提下的内在性。内在性，就是不同学校文化资源开发利用都有“自身规定性”。在百年贵池中学“成人之美的向善品格、克难攻坚的向上精神”这一价值的引领下，我们力求校本性和创生性相结合，“本土味”和“个性化”同体现。力图彰显百年老校的厚重，初中学段的灵动，绿色学校的生态，师生家园的温雅。

传承：创构物态文化

池州十一中，坐落在 1902 年建校的安徽省贵池中学老校园内，由贵池中学的初中部发展而来，与池州一中一脉同源，二水分流。学校三易其名，一换校区。由于省示范高中评估的需要，贵池中学的初中部在2003和2004年停止招生。根据市政府要求，2005年在百牙东路69号地块筹建贵池中学秋浦分校，2006年5月投入使用，2009年9月更名为池州市第十中学，2010年8月整体迁至贵池中学老校区并再次更名为池州市第十一中学，2010至2015年与移交给贵池区的池州十中开展合作办学三年，2011年7月被池州市编委会明确为隶属池州市教育局，2014年7月与池州一中正式分设。

对于池州十一中的物态文化，我的构建思路是：静态实体、动态活动、师生言行和风貌三者相融，自然味、孩子味、教育味三味俱全，生态、形态、文态三态和谐共生。

2010年刚迁回老贵中校址时，两栋教学楼中有一栋建于20世纪80年代初，因抗震等级不达标被禁止使用，运动场是煤渣跑道，篮球场、排球场和校内道路损坏严重，办学条件十分有限，非常简陋。如何在硬件上进行提升满足日常教学的需要，成为摆在我面前的重大难题。2011年，争取了400万元的教育附加费，修建了标准的400米塑胶跑道操场、篮球场、排球场等运动场地。2012年，借校安工程东风，建成了1万多平方米的教学楼和实验楼。2016年，经过不懈努力，争取到了海绵城市项目，改造了校园的道路，特别是按照修旧如旧的方式维修了建于20世纪50年代的老贵中图书馆。通过三个重大工程项目的实施完工，校园建设迈上了新台阶。

我以绿色校园为目标，始终坚持每学期建设一点儿，通过小步快走的方式，保持了校园建设年年向前迈进的态势。2019年离任时，学校的物质文化建设已有了相当基础。教学区、活动区、综合区三大区域错落有致。教学区分为南北两片，分别以两幢教学楼为中心，设置功能教室、实验室等，布局合理；活动区以运动场为中心，设置篮球区、排球区、乒乓球区等，功能齐全；综合区以图书馆为中心，设置行政办公区、阅览区、休憩区等，环境雅致。教学条件明显改善，多媒体教室、音乐教室、美术教室、计算机教室、物化生实验室、社团活动室、体育器材室、录播室、多功能综合报告厅和科技创新活动室等一应俱全。

良好的校园环境，优美的文化氛围，不仅能净化师生心灵，陶冶师生情操，促进师生身心健康发展，更是一种无声的育人环境。一位从相邻城市一所学校考入池州十一中任教的年轻教师，在一次聊天时，他这样说道："十一中的环境我特别喜欢，感觉在这样的环境中对自己的整体状态都有十分积极的影响，身处其中，处处感受到的都是美，历史的厚重感让我发自内心地喜欢这里。"

绿色校园。让环境说话、让实景育人，是校园建设的重要作用。池州十一中先后被评为全国绿化模范单位，安徽省绿色学校。校园内共有 68 种不同的乔木或灌木，每种植物上都挂有铭牌，除了植物简介外，还有精心摘选并经过池州学院古汉语文学专业教授审定把关的咏吟这种植物的古诗词。我因势利导，组织语文教研组和生物教研组联合编写了校本教材《遇见绿色校园》。

校史沿革墙。建在学校大门内侧的校史墙，见证岁月，述说变迁，传递情怀。池州十一中在时代的变迁中，历经校名变化、学制变更和校址变动，也在传承与创新中焕发青春。现有的办学规模是52个班级，

2900 多名学生，180 多名教职工。有特级教师 2 人，正高级教师 2 人。办学质量一直是池州市初中学校的领跑者和标杆。透过历史的眼眸，站在岁月的肩膀上眺望，有说不完的故事，这座已有 120 年历史的校园，一直不变的是育人的情怀。

百年九鼎。它是由安徽省贵池中学第 59 届校友、南京大学建筑与城市规划学院教授鲍家声先生精心设计的。“百年九鼎”的寓意是“九”为中国文化的最大数，象征无数；“鼎”为传国之宝器，喻为栋梁之材；底座呈“X”形，象征探索未知世界的奥秘；顶端的流水象征知识的泉水，源源不断；喷泉如火炬，象征引导人类走向光明璀璨的知识火把。

柱础和旗鼓区。百年九鼎与勤学楼之间，用心安放着一排石头柱础和旗鼓。没有新的资源，可以有新的组合。池州十一中校园内共有 8 种形状的柱础 90 多个。最东边和最西边的柱础，就是 2012 年建设勤学楼时，地基开挖时挖掘出来的。我因地制宜，以校园内的石柱础为素材，组织历史教研组编写了校本教材《遇见百年印记》。勤学楼前有一口古井，所处的位置是学校原来的食堂所在地。这口井 1949 年之前就开始使用，在没有自来水的年代，是学校饮用水的主要水源。2013 年，我们对水井进行了彻底的清理，并在井旁立了一块刻有“饮水思源”四个大字的石头。保存了这口水井，也就留住了校友们的记忆。

勤学楼。这是进入校园迎面而来的第一栋建筑，也是七、八年级的同学们学习文化课的场所。正面中央悬挂的校徽是 2014 级 13 班的唐颖同学设计的，是从众多学生设计的校徽方案中公选出来的。校徽由两个图形——凤凰和钢笔组成。凤凰环绕钢笔，意指学校的办学以促进学生的成长为基点。凤凰尾部的分叉象形“11”这个数字，凤凰环绕形成的椭圆与斜立的钢笔构成“中”字，二者组成“十一中”的校名。校徽的外环是一圈银杏树叶。银杏是池州十一中的校树，古老且价值高，寓意着十一中悠久的历史和优良的品质。大楼正门两侧悬挂的是路梓妍同学书写的“为善最乐，读书便佳”的牌匾式对联。这句话出自宋代朱熹题写的书房联，意思是：做善事是最大的快乐，勤奋读书就能养成佳美的人格。这暗合着学校“向善向上”的办学理念。勤学楼共有五层，一共三十个教室。这里的每一间教室都呈独特的六边形，造型独特，教室中间空间大，保证了尽可能多的同学坐在中间听课。每间教室外墙上都有前后两块标牌，一块展示班级文化，一块展示团队建设内容。

紫藤长廊。紫藤在国际礼仪中，表示热烈欢迎的意思。勤学楼和广学楼之间建有一条紫藤萝林荫道，两侧柱子上有六副对联，是我从历代吟咏紫藤的古诗中挑选出来的，是通过在学生们中征集和评比出的一等奖作品。自南向北，六副古诗对联依次描写的是紫藤的根、枝、叶、花和果（皂荚），最后一幅“不受风尘染，偏沾雨露香”，点悟了紫藤的品质。

广学楼。第一层精心设计为学生书画摄影作品展示专区。楼内是音乐、美术、信息技术和舞蹈等功能教室。广学楼，正如其名：在这里学习的知识是非常广泛的，这里还有心理健康咨询室和心灵氧吧，随时欢迎在学习和生活中遇到难题的学生向心理健康老师寻求帮助。

多功能厅西走廊。在勤学楼和广学楼之间有五层连廊，一楼连廊柱子上悬挂的是描绘劳动的古诗词，二楼至五楼连廊柱子上悬挂的分别是描绘春夏秋冬四个季节的古诗词。

乐学楼。又称小红楼，是建于1952年的老贵中图书馆，是池州市人民政府挂牌的9个第一批历史建筑之一。小红楼正前方的一堵墙，自西向东18块浮雕和18块石刻说明，展现的是以“百年贵中，与时俱进”为主题的贵池中学自1902年建校以来的百年校史。展现的不单单是贵中的悠久，更是它源源不断的生机和力量。值得一提的是，其中还有当时任中华民国临时大总统的孙中山先生有关保护贵池高等小学堂图书仪器的手谕。

林荫道休憩区。幽静清雅的林荫道两侧也是各种形状的柱础的集中展示区。这里还有随风摇曳的竹林、高大挺拔的水杉和清新可爱的蘑菇亭，以及温顺灵动的母子鹿、萌态可掬的熊猫一家三口的塑像相映成趣，错落有致。这里多数角落都能成为孩子们阅读、交流、写作业、玩游戏甚至发呆的地方。新老图书馆的连接部分，改造成了阳光房式的阅览室，是阅读思考之处，也是小憩谈心之所，还可以开办讲座或交流研讨。

天琴池。原先是贵中校园内的一个泉水活水塘，在没有自来水的年代，是师生们洗衣服充满捣衣声的快乐小天地，因为它的形状像极了一架钢琴，所以建筑师就别具匠心地将它设计成了现在的天琴池。每当学校举行大合唱比赛、艺术节时，这里总是人声鼎沸、热情洋溢、嘹亮的歌声在这架“钢琴”旁久绕不绝，共同唱响青春之声。

善学楼。穿过幽静的林荫道休憩区和天琴池，就来到了善学楼。这里一至五层是九年级师生的办公室和教室，闹中取静，在这里可以找寻到一份久违的宁静，思绪随风飘荡，在这里学习真是难觅其二。

运动场。配备有足球场、篮球场、排球场、羽毛球场、乒乓球桌等运动设施，体育课、课外活动、社团活动在这都能看到同学们的身影，展示着浓浓的青春风尚。篮球场中间有一颗古老的栾树，多次修建运动场地，一直想方设法保留着它。运动场北面的围墙，因为学生经常在上面涂画，学校因势利导，就此设计为定期粉刷更新的“涂鸦墙”，成了孩子们个性抒发的场地和校园里别样的风景。

大樟树。运动场外有一棵亭亭如盖的古樟树，也是学校历史的见证。为了保存这棵历经沧桑的古树，我力主修改了广学楼和勤学楼的设计图纸。树旁立有一块“傍百年树　读万卷书”石头，这是借用朱熹为庐山白鹿书院题写的对联。百年校园中的这块石头、这副对联和这棵樟树，非常般配、非常贴切。

池州十一中的校园春来桃花争艳，夏日榴花似火，金秋丹桂飘香，冬令蜡梅吐蕊。校园处处花木扶疏，时时浓荫遮掩。幽竹点点樟松翠，玉兰似莲杜鹃艳。藤架花圃，石础石鼓，亭台水池，错落有致。听书声琅琅，分明是校园，看处处青翠，又好似花园。

学校环境是师生最直接、最具体、最熟悉的生活体验场所，蕴藏着极为丰富的教育内涵，是一种潜在的教育因素。我们体育组的赵兵老师如此说道：“刚来到这所学校，学校普普通通，教学设备也不怎么样。虽然教室够宽敞明亮，但那时班班通都没有。400 米煤渣操场中间长满了杂草。但如今，当你走进这所学校时，总免不了眼睛为之一亮。教室窗明几净，走廊文化氛围浓厚，各个功能教室井然有序。校园的文化日渐丰富。走进学校，就像走进一个书香门第。学校不仅注重环境，更注重内涵发展。如今，在汪校长的带领下，学校处处充满了生机与活力。我们这些与学校共成长的老师们，在学校快速行进的汽笛声中，目睹她的前进，同时也不断地完善自己，走向成熟。”我主张人与自然的和谐相处，彰显灵动和神韵，突出润物无声。在校园醒目位置突出办学理念、校训、发展愿景、校风、教风、学风、名人名言、宣传标语，无时无刻不在激励师生努力拼搏、积极向善、迎难而上；在教学楼、办公楼、大厅、通道、楼道，处处展示着学生的美术作品、摄影作品、书法作品等，为他们提供展现才华、发展个性、实践创新的平台，使学生在欣赏中陶冶情操；在每一个教师办公室门前，展示优秀教育工作者的榜样事迹，人生感悟，工作经验，无时无刻不影响着教师们的思想、情绪和情感。

在赋予实景深厚内涵的同时，洁净和美化校园环境也是重要工作内容。学校将环境区划定后，分包到班履行责任，坚持每日早中晚一小扫，每周五一大扫，做到天天有保洁，周周有清理，同时坚持检查、公布和月评比。重要区域完善的排水、排污渠道，楼前楼后的分类垃圾桶，固定的人员清理卫生也必不可少。同时开展以“保护环境”“绿色校园”为主题的班团队活动，引导学生树立绿色环保、珍惜公物的理念，使学生自觉地参与到校园建设的实践活动中。

守望：建设行为文化

从 2006 年 1 月任安徽省贵池中学副校长兼秋浦分校（池州十一中的前身）校长，主管一个独立校区开始，用教育家精神办学是我的一个梦想，在区域内成就应有的精彩是我一直的追求。担任校长，是组织和老师们莫大的信任，更意味着巨大的责任和极大的考验。这所百年老校的金字招牌必须越擦越亮，必须要做池州基础教育中的领头羊。但是，百年老校有着深厚文化底蕴和优质教师队伍的同时，存在着诸多的遗留问题和现实的障碍。做校长既要考虑来自社会、上级的需求，又要把握教育规律，还要与学校实际找到结合点。

我在秉承历任校长好传统的基础上，寻找到了四个字——“行动智慧”。行动智慧是对学校管理的战略思考，是对教育规律的认识，是处理好各种具体问题的艺术，在处理好各种具体问题中运用到的小智慧。校长的小智慧不是耍小聪明，而是经过科学缜密的辨析、判断以后，采取的善作善成的行动。我对学校各方面的工作、每一项活动，都注重过程与结果的统一，以优化的过程去争取优化的结果。如学校管理如何增效、教学研究如何深入、教学流程如何运作、德育活动如何开展等等，都要精心设计，环环相扣，层层推进。还有来自社会和上级的需求，学校发展的外围空间和社会资源等实际问题，都需要“即兴发挥”“随机应变”式的小机智。

教师和学生是学校的主体，他们的言行举止、待人接物、行为习惯都是一所学校行为文化的重要表现，要建设好学校行为文化，必须在管理艺术、队伍建设和教育教学上不断突破。

管理团队是推动思想落地见效的基础，在办学进程中，逐步搭起校长，分管副校长，办公室、教务处、学生处、总务处、团委（少先队）的组织架构，又先后召开教代会和党员大会，组建了工会和党总支。并始终倡导学校行政管理团队在工作中锻炼和培养自己的政治意识、全局意识、责任意识、法律意识、服务意识、学习意识、合作意识、创新意识、廉政意识、质量意识；管理团队之间做到相互学习、相互交流、消除隔阂；管理人员和教职工之间做到团结一致、主动关心、民主和谐。日常工作实践中，各部门之间既职责明确，又相互依存。一事当前分工协作，杜绝相互观望、相互拆台的现象。班子锻炼成了一支在教职工中享有较高威望，具有很强执行力的领导集体。

梅贻琦说："所谓大学者，非谓有大楼子谓也，有大师之谓也。"一所好学校的根本是有一批优秀的教师。为加强各层面教师的培养，建立教师与学校发展的"共同体"，实现教师与学校的共同发展，制定了教师专业发展规划方案。对新进校工作1—3年的职初教师，着重解决他们的技术性问题，即新教师在课堂教学和班级管理等方面的专业能力、技能；交往性问题，即新教师和同事、学生以及家长的关系处理；人格性问题，即新教师的职业心理状态。培养他们"一个认同、三感和五种能力"：一个认同是身份认同——"大家知道我们是谁"；"三感"是效能感（确认自己是做教师的这块料），归属感（与同事是在一起的同伴），使命感（用坚忍和善心将激情、理想转化为工作追求和学习动力）；五种能力是站稳讲台上好课的能力，师生交流和家校沟通能力、班级管理能力、个别化辅导能力和运用现代化教学手段能力。中青年骨干教师的培养，加强科研与教学的整合，实现教师由经验型向科研型转变。引进竞争激励机制，鼓励冒尖，使骨干教师实现业绩认同——“大家认可我们名副其实”。资深教师的继续提升，在实现品质认同——“大家佩服我们数十年如一日”的同时，注重鼓励和支持他们向特级教师、正高级教师等高层次教师发展。

注重教学常规工作的有序开展，不断推动学校教育教学质量稳步提升。

抓实班级管理。我校班主任坚持“一早二跟三谈四反思”的工作模式。一早，就是早上和下午到校要早，以便管理学生和考勤学生出勤。二跟，就是跟班观察学生，升国旗、做操、运动会和集会，班主任要全程跟踪。三谈，就是根据观察有针对性地找学生谈话。对不同层次的培养对象要定期找他们谈话，学生的奋斗目标、生活指导、学习方法的传授、心理辅导、为人处事以及文明礼貌是谈话的主要内容。而不是学生违纪才找学生谈话。四反思，就是对自己的工作分阶段反思，以改进工作方法，提高工作艺术。其次，坚持牧羊人原理带班。对行为偏差生，友善对待，稳字当头，耐心第一，不离不弃，最大限度地使他们能跟上班学习。每次考试以后，学校分析成绩不仅统计各班优秀数，而且还统计总得分率 60% 以下的学生数，并且与上一次考试进行比较，以引导班主任做好差生的转化工作。再次，上好班会课。充分发挥学生的主动性，把讲台让给学生，使班会真正成为学生的会议，班主任在掌握学生的思想状况后加以总结，这样学生更容易理解校规校纪，逐渐自律，增强了教育效果，减小了管理难度。

抓牢教研组工作。实行教研组精细化管理。每学期初教务处组织各教研组制定翔实的教研组教研工作计划，并将各教研组的具体教研工作安排写入学校行事历中，并实行学校周行事历制度督促落实，抓实学校教研工作。根据各教研组人数不同、学科特点、教学实际，量化教研组活动项目和具体要求。行政干部和教研组长每学期听课不少于 10 节，每学年开设公开课 1 节或作一次专题报告。市级学科带头人在 2 年任期内，至少开设一节公开课，每月听课 2 节。非高级职称和校聘教师每学期听课不少于 8 节，且每学年须开设公开课至少 1 节。高级教师每月听课 1 节，且每两年开设公开课 1 节。各教研组的研讨课、主题讲座、专题研讨等活动不少于每月 1 次，其中集体备课必须有一次，同时做好会议记录和资料收集整理工作。每学期期末，学校教务处统一检查。

注重教学与评价的各个环节。教学质量的提升离不开每一位教师的辛勤付出。学校抓实教育教学环节，严格规范备课、上课、作业、评价等各个环节。要求每一位教师课前必须精心备课，年轻教师必须写备课笔记，并于期中、期末各检查通报；要求全体教师围绕课标、依据课本、结合学情扎实上好每一节课，提出“讲想练炼结合”推进高效课堂建设，着力提升课堂效率，重视并提高当堂练习的效果；学校主张减负增效，通过高效课堂建设，减轻学生课后的作业负担，学生课后作业布置始终坚持难度适中、数量适度、分层要求的原则，并要求学生作业，有布、有收、有批、有评；教学检测与评价，实行统筹安排、精细分析，每次考试监考，都作统筹安排，监考要认真，巡考要到位，阅卷要客观，统分要准确，分析要深刻，评讲要细致，让每一次考试都能考出真实水平、反映真实学情、提供真实数据，明确正确方向。

开齐上足国家课程。国家课程是国家意志的体现。顶层设计的每一门课程对学生的成长和发展都有其特殊的价值。我们一直坚持努力开齐上足教好义务教育课程方案规定的课程，做到中考学科与非中考学科一样评价同等重要。

开实上活校本课程。着眼于学生的全面发展和长远发展的需要，在严格开齐上足国家课程的同时，积极开实上活校本课程。在师资总量不足的情况下，通过外聘和兼职等方式配齐配足非文化课程教师，体艺教师增加到 17 位，心理健康教师 2 位，信息技术老师 3 位、硬笔书法老师 3 位，从而真正做到了师资力量有保障、教学管理有要求、课程设置不虚假。

2014 年，为保证实现标准班额，在团队的支持和理解下，顶住招生火爆的巨大压力，将在校生人数由池州市第一降为第三。周全谋划，阳光操作，在池州市第一个实现了七年级新生公开均衡分班。这一举措的意义对于我校的可持续发展是不言而喻的。根据初中学生差异性大和均衡分班的实际，倡导教师坚持分段式小步走和讲想练结合的课堂教学策略，做到“五个好”：课上得好、题选得好、个别辅导做得好、时间使用得好以及师生关系处得好。以“德育主题类课程 + 学科主导类课程 + 体艺类课程 + 生活类课程”为课程结构，构建校本课程框架。编写了 7 年级语、数、英三门学科的拓展型校本教材和

《遇见美好》系列5本校本教材：《遇见向善向上》《遇见诗意池州》《遇见绿色校园》《遇见池州节气》以及《遇见百年印记》。在有偿家教、教辅资料、师德建设和廉洁从教等方面态度鲜明，建章立制，有错必纠。用自身的办学实践证明：没有专门的素质教育，执行好国家课程方案就是素质教育。在池州市率先开展八年级学生全员研学旅行；坚持在七、八年级开设音乐、美术和信息技术课程；坚持开足非中考学科的地理和生物课程并与中考学科同等考评；2006年，在池州市第一个招用编制内的专业心理健康老师，并坚持在七年级开设课程；2015年开始，通过外聘教师的方式在七年级开设了硬笔书法课；开发了七年级语、数、英三门学科拓展型校本课程；学校文体节从跳绳比赛到英文歌曲大赛，从"校长杯"足球赛到硬笔书法大赛，从大合唱比赛到诗词大会，从广播操比赛、篮球赛到书画摄影作品展，历时一学年，精彩纷呈；按"品行优秀""学习勤勉""文明礼仪""学习优秀""文体优秀"五大类别，多维度、多层面表彰优秀学生，受奖面达到30%；成立了"旋风"足球队、"十一"创新社、"樟树下"动漫社和"天琴"音乐社等学生社团。"旋风足球队"多次勇夺池州市校园足球联赛中学组冠军。"十一"创新社成绩十分突出，在全省和全国青少年科技创新大赛中多次获一等奖。特别是，2016年8月，叶佳恒同学的《泥石流预警系统》在第31届全国青少年科技创新大赛中，获"创意之星奖"；2017年甘肃同学获"皖新传媒杯"安徽青少年科技创新大赛一等奖，并获得"以色列创新之旅"营员资格。2017年朱宇轩同学荣获安徽省首届校园读书创作活动特等奖。学校也因此获得了池州各界的认可和好评：池州十一中活动开展得多、课程开设得齐、学业负担相对轻、学生同等分数进入高中后综合素质较高和发展潜力大。

伴随学校发展的过程，对行为文化建设的理解也不断深入，越发透彻地看到行为文化的根本是队伍建设，队伍建设的根本是教师发展，教师发展的必然结果是学生得到发展和管理的服务性逐渐加强，而教师发展的核心是对初心使命的认同。智能时代已经来临，未来的孩子们究竟要面对一个什么样的世界，我们谁都无法准确预言。机器的能力无限靠近甚至超过人的水平，把人教育成机器的样子失去了意义，让一位初心向善的老师去影响学生，就是对其最重要的教育方式。要相信教育的力量，相信只要找到合适的方法和路径，每一位学生都能够实现他们的自我价值。有些教师可能会说：“我选择一个职业，从事一项工作，并没有那么多的思考，我的使命感从何而来？”但是当教师了解中华民族要站在更大的历史舞台上思考人类的未来，要承担中华民族伟大复兴的社会责任，实现伟大的中国梦，教育者责任重大，这样的教育人生才没有遗憾，才有价值。

变革：制度文化创新

在统一全校教职工、学生的思想和行为方面，学校制度文化有着极其重要的作用，扮演着无可替代的角色，是校园文化健康发展的力量源泉和重要保障。它包含刚性制度、柔性制度和隐性制度。刚性制度是形成文字的规范和准则的基本制度，规定了框架和边际；柔性制度则更多地体现了人文关怀，既保证了一定的行为规范，又尊重个体差异；隐性制度则是一些长期坚持且行之有效，达成共识而自觉遵守的做法，更多时候是一脉相承的。可以理解为在刚性制度划定的区域内，隐形制度和柔性制度有着一定的自主发挥的空间，三者和谐统一地发挥着治理学校的功能。

基本制度的制定，首要满足的条件就是符合国家法律法规和政策规定，具有规范性、权威性和强制性等特点，既是辨别是非、区分善恶美丑的标准，也是约束行为、引导思想的方向。新校伊始，制度建设一片荒原。老贵中的制度并不适合这所年轻的学校，拿来主义明显是行不通的。在办学实践中，如何保障教育教学秩序？怎样整合并用好办学资源？如何实现质量稳定与特色打造的有机结合？我们只能因地制宜地制定并不断完善。十多年的时间里，根据相关法律法规和规定，结合学校实际，按照民主集中制的原则，制定实施了《岗位设置实施方案》《奖励性绩效工资分配方案》《校务公开实施细则》《教职工请假与考勤管理有关规定》《行管人员和教职工问责制度》《工会探视慰问教职工若干规定》《教学安全制度》《教职工年度考核实施办法》《出差管理暂行办法》《公务接待管理办法》《教科研经费使用管理制度》《九年级教学质量奖励方案》《关于严格教辅资料征订的规定》《教学常规管理制度》《学籍管理规定》等学校规章制度，并汇编成册。同时，制定实施了《学校安全工作制度》和《学生手册》并汇编成册。制度的建立健全，有力地推进了学校的规范管理，调动了教职工的工作积极性，增强了教职工的责任意识和规则意识，为学校的发展和办学质量的提高提供了强有力的制度保障。

教师征订教辅资料的情况较为常见，其中一些是必要的，也有一些是不完全必要的，我们的解决方案是坚决落实“一教一辅”的规定，在学校和教师两个层面做出相关约束。校长带头学校管理团队以身作则，做到绝不统一征订或变相推销任何资料，绝不乱收或搭车收费。教师确因教学需要可以建议或指导学生征订有关学习资料，但必须做到：一是坚持实用、自愿、节约和非营利的原则，本着对学生高度负责的态度，根据教学的实际需要，通过《致家长一封信》《资料征订明细表》或家长会的形式，取得家长书面或当面同意后再建议或指导学生征订；二是推荐的资料仅限于习题作业或测试卷类，不允许推荐征订辅导类书籍、词典或音像制品等资料；三是七年级只有语文、数学、英语三科，八年级只有语文、数学、英语、物理四科，九年级只有语文、数学、英语、物理、化学、政治、历史七门学科可以征订一中习题作业或测试卷；四是做好推荐老师姓名、资料名称、价格、支付方式等情况的记录。同时要求所有学科尽可能地减少作业量，在提高作业习题的质量、分层习题上下真功夫，能在校园内完成的绝对不出校门。规定得到了绝大多数教师的理解和支持，维护了教师和学校的社会形象，减轻了学生过重的课业负担和学生家庭的经济负担。

奖励性绩效工资考核分配是教职工关注的热点，更是学校工作的难点。我们的指导思想是热点问题一定要公开透明，难点工作必须民主决策。我们坚持将绩效工资和教职工的实际工作岗位、工作数量和工作质量紧密挂钩，体现多劳多得、优质优酬，合理拉开档次，适当向班主任和教学一线人员倾斜。结果是按照工作量津贴、考勤津贴、年度安全质量奖、教科研成果奖、教学质量奖等内容进行分配。同时考虑到了教学类、管理类、教辅类的岗位区别，考虑到了非中考学科、毕业班、班主任、学校活动等实际情况。在多层面征求意见和反复推敲修改的基础上，教代会高票通过。考核分配方案实施以后得到了教职工的认可，促进了学校的高质量发展。

职称晋升事关教师最切身的利益。我们坚持科学设岗、宏观调控，坚持优化结构、精干高效，坚持按岗聘用、合同管理，坚持平稳实施、稳步推进的“四个坚持”原则实施和聘用。在上一层级岗位出现空缺时，首先进行校内公开测评，通过量化指标和分值累分，积分高者优先申报。用测评和绩效分数说话，加强了过程管理，促进了教风和校风。公正、公开的机制更是避免了矛盾，营造了融洽和谐的人际关系、团结互助的校园环境。

时代在进步，学校的发展环境始终在变化，发展理念和发展方式也随着环境的变化而改变。提高管理水平与效益，维护学校、教师和学生各方合法权益，依法建设现代学校制度的内在要求却始终未变。随着时间的推移，制度的有效时限又出现在了我的面前。教师关注的热点问题，如职称晋升、评优评先、奖励机制、职务晋升等制度又面临着新的情况。对原有制度的修订，成为进一步深化制度合理性的必然选择，但我日常管理文化的核心理念不曾改变。立足学校实际和池州教育实际，与时俱进，依法依规集思广益，坚持刚性与弹性结合、制度化与人文化互显，相关制度几经修订又迸发着助推学校发展的活力。

2015年，学校通过了《奖励性绩效工资考核分配方案（修订稿）》，2018年教学质量奖又增加了修订条款，针对实施过程中发现的问题做出了调整。我校在建校初期，连续三年进行了教师招聘，进校的教师年龄差距不大，在职称晋升方面竞争格外激烈。2011年制定的《岗位内部等级晋升竞聘实施细则》在2015年和2018年又进行了修订。进一步细化、完善的细则，既对工作提出了指导性，又有利于教师的个人专业化成长，制度引导的作用得到发挥。

在理想状态下，制度应该是“适当的紧张，但没有压迫感”。现实反馈也有可能是截然不同的，有的教师确因身体状况、家庭等原因，都会在一定阶段遇到一些困难。理应坐班的他是否可以在某一时期弹性坐班？教学过程流畅、效果突出的教师有翔实完备的电子教案，是否还有必要提供纸质记录？家校之间创新形式的视频沟通是否可以降低家访的频次……通过不断的思考，如何在刚性的制度下柔性地实施，杜绝因严肃的规章制度造成教师受压抑现象发生，营造一个如家般的温馨校园，让教师得到自由施展才华的空间，没有束缚感，显得十分必要。但多一分则溢，少一分则缺的艺术，如何把握度，由谁来把握，也是一个课题。我想一切基于彼此的关心和信任，是走好这根弦的关键。

制度建设伴随着学校管理的全过程，也是发现问题、解决问题并建章立制的过程。教师是作为一个特定的群体，有着相对较高的文化素养和追求，自我价值实现的需求是很多教师精神世界里最为看中的一块。在研究制定制度的时间里，多听取不同年龄、不同学科、不同性格教师的意见，可以极大地避免产生过于生硬、难以实施的条款。让教师参与到制度设计中，尊重他们的意见，使学校真正成为一个互相学习、互相理解、互相支持的团体组织，这种境界是刚性思维所不能达到的高度。所以，必须是柔性制度和刚性制度相辅相成。没有绝对的柔性制度，它是依附于刚性制度之上的人文关怀。刚性制度也要柔性实施，好的隐性制度大力宣传，不良的隐性制度摒彻底弃，也许就是最合适学校的制度文化了吧。

除此之外还有一些隐性制度，既没有形成文字，也不是口头要求，但它们在教师之间真实存在、彼此影响。学校实施了蓝青工程，给每一位新进教师都配了有经验的指导教师，要求指导教师帮助新进教师提高其班级管理能力和教育教学水平，一些传统做法就得到了传承。预备铃响前教师就到达教室门口；有听课人时，请听课人先行离开；平等地和家长交流对话；把课堂教学常规视作生命的一部分……这些师徒之间存在的隐性制度实际上营造了终身学习和可持续发展的氛围。

制度的制定只是学校制度文化的前半部分。写好后半篇文章，首先，要注重管理的作用，强调严格执行，一旦在落地过程中松松垮垮，虎头蛇尾，制度背后的价值观和理念就难以实现。其次，制度也需要校本化发展，校本意识的制度体系是维系学校持续高效运转的基石，一条条看得见、摸得着、用得上的边界，也是“依法治校的自主化发展”。再次，规章制度也需要好的宣传，一些时候一部分群体对一项制度的理解可能会有误区，甚至会反感和厌恶，导致制度的权威性受到挑战，这种不良趋势会扩散得很快。让全体教职工、学生和家长在多形式、立体化的宣传下及时准确掌握制度，也是制度文化建设不可或缺的一面。最后，制度不能仅仅体现管理和惩罚，对师生的激励和褒奖理应成为制度的一部分，能够引导师生自觉投身社会主义核心价值观的践行中去。

浸润：精神文化重塑

校园精神文化应该兼具“由内而外的魅力”和“由外及内的风采”。学校文化建设应尽最大的可能为学生成长和教师发展提供机会、支持和条件，让师生有责任感、归属感和成就感。

我们引领教师追求“三个认同”和做到“五个好”。我们老师的归属感很强。如我们数学组的王宝英老师写道：“自 2005 年进入当时的贵池中学秋浦分校，如今的池州市第十一中学，到现在已有十三年了，这十几年来学校几迁校址，几更校名，我亦由一名任教不久的年轻教师逐步成长为教学管理方面有满满收获的高级教师，……如今的十一中历经沧桑，接受一个又一个挑战，但仍坚持自己的办学理念和特色。我们亦与十一中朝夕相处，荣辱与共，十一中是我们心灵的港湾，成长的摇篮，温暖的家园。”

我们老师的教学理念立足于学生的长远发展。如我们物理组的冯少群老师在一课的教学设计思想中写道：“我相信我的学生将来一定有科技工作者，有大学教授，甚至科学家。若干年后，他们在搞科研的时候，会不会有来自于当年我在教学时给到的一点儿灵感、一些启发呢？我经常在思考，学完这些课程学生得到了什么？应该是思维方式和解决问题的办法”。

我们非常注重活动文化，以“丰富体验·健康身心·助力成长”为宗旨，开展形式多样、精彩纷呈的学生活动。每学年举办文体节、元旦游艺活动和秋季体育运动会，七年级广播操比赛和跳绳比赛，八年级“校长杯”校园足球赛、汉字听写大赛、英文歌曲大赛和物理知识竞赛，九年级篮球赛。率先开展七年级新生入学队列训练和八年级全员研学旅行课程。建有“十一”创新社、“旋风”足球队、天琴音乐社、樟树下动漫社、灵动舞蹈队、“绳彩飞扬”社、薪火篮球社和清溪文学社 8 个学生社团。

学生的肯定，是学校文化价值的最好检验。一位就读北京大学的 2012 届毕业生寄语母校：“于十一中，我收获的不仅是通往人生新阶段的机会，不仅是与同学师长的深厚情谊，还有一份坚韧不拔、为信念而战的精神”。现在香港科技大学读大二的一位 2014 届毕业生这样说：“当我刚踏进十一中的时候，心里没别的，唯有骄傲。现在回想起来，意识到一所百年老校能给予一个懵懂的初中生的，不仅仅是那微不足道的荣誉，更是百年沉淀下来的底蕴：求实与薄发。严厉里包含深沉关怀的老师，可爱友善并互相竞争的同学，可亲友善但感觉遥不可及的校长……这些都是我难以忘记的。可说太多也还是描述不清内心感想，简单来说：如果可以重回，我会毫不犹豫地选择十一中。”

精神文化是学校文化的核心内容，存在于心理层面，它不是空中楼阁，也不可一蹴而就，是物质文化、行为文化和制度文化发展至一定阶段的产物，是校园中的教职员工和学生具有的一种共同价值理念，是校园每个成员从自身的人生观、价值观和世界观出发对校园环境、对自身行为和对规章制度的看法。

在不断摸索中，我们逐渐建立起池州十一中的理念体系：

1. 办学理念：向善向上，适性成长。理念的落实在三个年级各有侧重。七年级：形成向善向上的习惯和行为；八年级：形成向善向上的自觉和情感；九年级：形成向善向上的取向和准则。

2. 培养目标：育向善之人，教向上之才。

3. 办学目标：向善以立德，树人以上进，办成一所师资水平高、课程建设实、学校文化优和学生素养好的全市示范、省内一流的品牌初中。

4. 学校愿景：教师仁爱创新，课程丰富多彩，课堂鲜活高效，校园灵动温暖，学生向善向上。

5. 校训：善、谨、勤、实。

6. 学校精神：十一十一，自强不息。

7. 池州十一中人的五个认同：

学生：学校认同，我们由衷地高兴是十一中学子；

新教师：身份认同，大家知道我们是谁；

骨干教师：业绩认同，大家认可我们名副其实；

资深教师：品质认同，大家佩服我们数十年如一日；

管理团队：服务认同，大家肯定我们身正心正行动到位。

确定了理念体系之后，有一点强烈体会：作为校长，我不能成为观众，站在周边摇旗呐喊，也不能驱赶教职工和学生向前走，更不能孤军奋战，而是要成为领跑者。扛起理念大旗，身体力行，引领师生向前跑，只有树立一个具体的榜样形象，才能不断促进学校文化的发展。每个人的发展都需要内驱动力，动力之一是情感的力量，也就是出于喜爱去做事情最有积极性；之二是责任的力量，出于对工作责任的理性认识而异常认真；之三是信仰的力量，出于价值观的认同，一定是最坚定和最用心的。

学校精神文化建设的结果就是能够使全体师生获得内在的信仰力量。促进教师不断追求正确和美好的事情，提升教师的精神境界，从而促进教师的教育教学工作和个人专业发展；促进学生不断修正正确的价值方向，提升学习的效果，从而促进学生生涯规划的设计和学习方式的改进。

思考：价值引领向美而行

学校文化中，物质文化是基础，制度文化和行为文化共同推动了精神文化的形成，精神文化又反哺制度和行为文化的进一步发展。

任何组织的发展总是在历史与现状的客观基础上走向未来，学校的历史发展进程和现实情况是学校未来发展的现实基础和起点，学校必须立足于这个现实基础和起点构建学校的文化建设发展目标。《中国教育改革和发展纲要》指出："要严格执行校规、校纪，教育学生遵守行为规范，建设健康的、生动的校园文化，树立良好的校风、学风，使学校成为建设社会主义精神文明的重要阵地"。为党育人、为国育才的理念一定要牢固树立并转化到日常的教育行为当中去。学校绝不能仅仅大谈教学成绩，培养学生爱国主义情感、提高学生思想道德觉悟，更是学校全面育人的重要环节。加强学校文化建设有利于学校的发展，有利于学生的思想关联、行为方式和价值导向的形成，更有利于学生身心健康的发展。学校文化建设越来越成为国家全面推进素质教育实施的重要动力。

校园里必然存在多种文化，除了主流的校园精神文化，作为校长，动态关注其他亚文化的发展也十分必要。如我们初中学生的学习科目十余种，我们学校每个年级又有近20个班级。一个一个的学科、一个一个的教室，把不同的教师彼此隔离开，长此以往形成了一个一个分割的小团体。其中一些过度负责教师任教的学科往往成了所谓的“霸王学科”。学生在学业水平测试时需要的是不同教师在不同时间共同努力的结果。统一的思想、统一的价值理念可以消除这些分割的小团体或霸王学科，真正做到互补互助。对亚文化中积极的部分，要支持向学校精神文化靠拢，对亚文化中消极的部分，要想方设法化解其负面影响。适时地对学校精神文化进行诊断就显得十分有必要了。

构建学校文化是一项复杂的系统工程，涉及不同层次、不同方面，也需要从不同角度去思考、认识和理解。校长在其中的作用举足轻重。上海市北郊学校原校长郑杰说：“校长要成为学校文化领导者，这是我给自己做的人生规划中的内容，我绝不会仅仅满足于把自己塑造成一个优秀的管理者……”。校长应该成为学校文化建设的灵魂人物，并为学校文化发展做出贡献。明确了自己在学校文化建设中的角色，才能履行好领导学校文化建设的职责。校长要扮演文化的领导者、文化的工作者和文化的服务员三重角色，要力求成为全体师生文化愿景的引路人，力求成为全体师生的亲密战友，力求做好全体师生全面和全程的服务。

在池州十一中文化建设过程中，有两个问题一直萦绕着我。一是依托什么样的课程和教学、实施怎样的课程体系去实现学校文化所承载的教育价值观？二是文化建设怎样服务学生发展？前一个问题，是因为学校发展到现在的段位，用课程引领高质量发展既是大势所趋，更是规律使然。后一个问题，是因为文化“由内而外的魅力”“由外及内的风采”，是为学生的发展服务的，要内化为学生素质的某些共同特征。“以生为本”的价值追求要放到中心地位，不能只见“学校所需”而不见“学生所需”，学生发展不能被文化特色遮盖。答好这两个问题，池州十一中的文化建设将更加向美而行。

我们的文化从“新”出发

——池州一中学校文化建设叙事

2019年9月我从池州十一中履职池州一中。两所学校学段不同，底色相同，是一脉同源于1902年建校的安徽省贵池中学。池州一中既有长期积淀的传统和特质，又有有待提炼升华的价值理念和优化改进的办学行为。对于传统和特质，可意会但没有好的言传；对于价值理念和办学行为，急于与时俱进但千头万绪难以找出突破口。读到北京外国语大学附属外国语学校林卫民校长的这句话，“你在校长岗位上能够获得成功的秘诀，并不是延续之前自己所做工作的成就，最紧迫的是能在‘成就教师和他人’方面要有更多的办法和策略”，履新池州一中的我受益匪浅。

池州市第一中学（安徽省贵池中学）创建于1902年，近120年的风雨坎坷路，育人无数，业绩辉煌。2000年被命名为“安徽省示范高中”之际，初高中分离。2009年5月，学校由“安徽省贵池中学”更名为“池州市第一中学（安徽省贵池中学）”。2010年8月迁入新校区。百年老校，萌发新姿。但是，短板明显，瓶颈较多。如校舍建设品质不高，风景凌乱缺乏灵魂，环境文化建设局限于标语口号、宣传栏，理念文化缺乏内核和体系，行为文化建设不尽如人意。

古德莱德说："学校是具有文化品味与精神感召力的场所。"一所学校的生命力往往取决于学校有没有"文化"，有没有"灵魂"。因为只有"文化"和"灵魂"才能穿越历史，导引当下，还能通向未来。有了自己的"文化"，学校就有了凝聚力和创造力。经过走访、思考、讨论和梳理，我们认为，池州一中百余年发展历程、一代代教师师德教风和一届届学子成长担当，表达和呈现的文化基因就是"成人之美的向善品质和克难攻坚的向上精神"。我们必须审时度势，与时俱进，进一步提炼、传承和提升，使之物化、活化和内化。我们从"新"出发，就是在科学处理好传统与现代、人文与科学、传承与创新的关系中，构建"成己成物"的共同价值观，循着环境文化（表层）、行为文化（深层）、理念文化（核心层）的路径，重塑学校文化，重点构建"我们"的文化和"改变"的文化，成就学生，成就教师，成就学校。

虚实结合的环境文化

在学校中，要看到"教育的味道、教育的气息和教育的力量"。环境首先是硬件环境，是学校文化建设的重要载体。

我们集思广益，学校七届二次教代会通过了《池州一中"十四五"时期高质量发展行动计划》，着力分步改善校园硬件建设条件，优化校园环境，提升校园品质。对现有校舍所有外墙立面进行防渗漏、面层重新涂真石漆改造；对现有校舍的屋顶进行防水、增设保温层和造型改造；将行政楼二楼连同东西两侧大露台改造成图书馆；将行政楼三楼建成校史馆；改造提升实验楼，建设3间通用技术实验室，建设理化生数字实验室各一间；建设池州一中学生发展指导中心。

陶行知先生说：“要把教育和知识变成空气一样，弥漫于宇宙。”我们精心设计，追求学校文化是先贤在“说话”，是社会主义核心价值观在“说话”，是百年积累的文化传承在“说话”，而且是在对着师生“说话”。

我们将校园文化墙作为校园文化建设的重要内容。如将“居敬持志，成己成物”的校训及其思想内涵拓印在教学楼墙体上。又如，以“贵中立学，厚德日新”为主线结合楼宇功能，对学校楼宇重新命名。三栋教学楼楼名是贵恒楼、中和楼、立达楼，三栋实验楼楼名是学行楼、厚行楼和德行楼。体艺馆命名为日乾楼，图书行政楼命名为新实楼。寄望全校师生进德修业，勤勉自省，惟新惟实，练就真能实功，铸就家国情怀，成己成物。

贵恒楼，立意出自毛泽东在湖南省立第一师范读书时化用明代学者胡居仁所撰的对联，“贵有恒，何必三更眠五更起；最无益，只怕一日曝十日寒。”寓意是，为学行事，不在于一时的努力，而在于长久的坚持。成在恒，贵在恒，也难在恒。持之以恒，久久自芬芳。

中和楼，立意出自《中庸》，“中也者，天下之大本也；和也者，天下之达道也。致中和，天地位焉，万物育焉”。寓意是，全校师生特别是处于青春期的学生要养成为人行事“适当其时”又“恰如其分”的品格，无所谓“过分”或“不及”，达到与自己、与他人、与社会、与自然和谐相处的境界。

立达楼，立意出自《论语·雍也》，“己欲立而立人，己欲达而达人”。寓意是，立己达人是学校和老师们义不容辞的责任；一中的学子在进德修业的成长道路上，要有自强自立的进取精神、成人之美的道德品质，更要有兼济天下的担当。与“居敬持志，成己成物”的校训相呼应。

实验楼，立意出自陆游的《冬夜读书示子聿》，“纸上得来终觉浅，绝知此事要躬行”。实验楼命名的寓意就是，教导师生道德学问必须由真修实践而来，学行结合，知行合一，以实际行动成就梦想。

学行楼，立意出自《荀子》，“不闻不若闻之，闻之不若见之，见之不若知之，知之不若行之。学至于行而止矣。行之，明也”。荀子把教学和学习的过程分为闻、见、知、行四个环节，并把行作为教学的最终目标。

厚行楼，立意出自左思的《三都赋》，“显仁翌明，藏用玄默。菲言厚行，陶化染学”。就是要求我们，修德求知，少说多做，潜移默化，熏陶渐染。

德行楼，立意出自朱熹的《四书集注·学而篇》，“德者，得也，行道而有得于心者也”。德是按照道德规范去行事而心有所得，我校师生“居敬持志，成己成物”的品德要在立己立人的实践中去养成。

日乾楼，立意出自《周易·乾》，“君子终日乾乾，夕惕若厉，无咎”。寓意是，全校师生进德修业，既要勤勉不懈，自强不息，又要警惕谨慎，自省自重。

新实楼，立意出自习近平总书记的“伟大事业都基于创新，伟大事业都成于实干”。寓意是，全校师生惟新惟实，与时俱进，脚踏实地，追求卓越。

第一栋教学楼励志墙将王阳明《教条示龙场诸生》的原文节选刻印镶嵌，期望全校师生做到立志、勤学、改过和责善。

我们不断扩大环境文化建设的领域，不仅让墙体诉说校史，传承传统文化，还创建教室文化、办公室文化、食堂文化、走廊文化等，让师生随时随处都能感受到文化带来的冲击，感受到学校文化特有的魅力。当我们徜徉在校园中，抬眼就能看见圣贤训诫；当我们漫步在校园树林间，任思想驰骋，享受自由与宁静；当我们走进教室，会被浓浓的教室文化警醒和激励。

我们顺应数字化时代趋势，努力尝试智能文化建设。我们这样一所地处皖南山区小城的高中学校，受限于条件和理念，课堂教学观念和方式较为传统、陈旧，教学质量主要依靠时间和汗水。通过大数据等信息技术驱动教学改革，创设“精准化的教、个性化的学”的教学环境，实现个性化、针对性的精准有效教学是迫在眉睫的路径，更是学校实现突破发展走向未来理想新学校的必然选择。2019 年暑期高一年级 1000 名新生有 959 人参加了铭师堂的初升高衔接学习课程，充分利用在线学习、生涯规划、心灵成长和综合素质拓展等学习资源，形成了数据翔实的类似学情报告的《池州一中暑期衔接报告》，为教师了解学生起点、确立教学设计的逻辑结构提供了第一手资料。2020 年新冠疫情之下，智能技术更显示优势。我校运用互联网线上教学，打出“组合拳”：分年级制定方案；按班级在校课表推进教学，高三年级2月7日起、高一、高二年级自2月9日起迅速实现网上授课，高效有序做到“停课不停学”；教师的网上课程、班级的微信或QQ学习群和教育企业的在线平台三管齐下，网络课程、网络作业、网络交流反馈齐头并进。

“十四五”时期我们将着力建设智慧校园平台，建立一套覆盖基础数据服务、日常办公管理、教务管理、选排课、成绩管理和教学成果反馈的智能化体系，以适应新高考走班选课、等级赋分和分层教学等改革内容，提升普通高中综合改革的应对能力。正如李政涛教授所说：“人工智能带给学校最关键的挑战就是对教师的挑战。……最大的挑战并非是技术和方法层面的，而是教师持之以恒改变的勇气和能力。”学校智能文化建设的主体必须是教师，打造一支能担当起智能化教育教学重任的教师队伍是最基础的工程。

平和改革的行为文化

学校的现状、审计和巡察的整改要求，以及高质量发展的期待，都指向改革。李大钊先生曾说过：“平流并进，递演递嬗，……日新之改进可图。”改革不能一蹴而就，慢一点儿、柔软一些，会顺遂很多，需要持续改进而达到目标。本着志不求易、事不避难的担当，按照底色鲜明、气息平和、以微改革撬动大发展的原则，我们通过多个单点突破达到点动成线、线动成面、面动成体的效果。

改革首先是规范常规管理，确保学校有序运转。配齐配强四个中层处室的正职负责人，充实教务处力量，调整德育处工作职责，增设党建办、财务室和督导室。强化门卫管理，将门卫管理从物业管理中分离出来，学校直接与专业保安公司合作，按照持证上岗的要求，做到专职保安值守学校。强力规范学生校内骑车管理。实行升旗仪式班级值周制和大课间跑操，大课间行政干部、班主任、体育老师到岗到位养成习惯。建立池州一中微信公众号，免费为全体老师们订购了专业教学教研期刊。改进了统考监考、巡考和考试数据分析，启动高一、二年级创新能力测试，推行期末考试试卷及时评讲和开学考，强推高三二轮复习集体备课、四大学科竞赛辅导和三个年级培优工作。

其次是调整办学思路，建立拔尖创新人才的早期培养机制。抓住“强基计划”的契机，通过自主招生和普通高中提前批次录取 45 名学生，举办“钱学森班”夏令营，树立“爱国情怀，创新能力”的办班理念和“为超越而来，奔卓越而去”的办班目标，讨论研制“三年一体”培养方案和考核方案。举办“池州一中首届人文探究夏令营”，为人文见长的学生搭建学科体验平台，并在此基础上设立“人文实验班”。

再次是落实审计和巡察整改要求，规范办学和建章立制。对制度建设不到位、教学管理滞后、贵池区中考尖子生外流严重、“钱学森班”办班机制不完善、超核定总量发放奖励性绩效工资、不合理加班费的发放、国有资产经营权未公开招租、教师办公室条件差和教职工工作日食堂就餐迟迟得不到解决，以及学校周边交通环境整治，后备干部选拔工作停滞、重点岗位干部长期不交流等突出问题和老大难问题进行了专项整改。制定和修订制度 41 项。

同时，探索增值评价，激发办学活力。为切实贯彻落实中共中央、国务院印发的《深化新时代教育评价改革总体方案》，促进每一位学生在各自的基础上有更好的发展，参考兄弟学校增值评价的实践探索成果，结合学校实际，我们制定了《教学质量增量评价考核办法》。“以入口定出口”，“从起点看变化”。以初中毕业考试成绩（以数理化语文外语五门成绩为例）为准，建立学校各年级教学质量起始目标动态数据库，这个数据库就是“入口”。教务处分时段对年级的教学质量实施质量监测，以计算“入口分数”的方法计算各年级的完成分数，也就是“出口”分数，用“出口”分数减去“入口”分数得到“增值分”，用“增值分”考核各年级不同班级的教学和学生的学习状况，体现了“对不同班级提出不同的要求”。将美国教育评价专家本杰明·布鲁姆“衡量学校好坏的唯一标准是学生在原有基础上进步的幅度”的理念通过教学管理行为落实到日常教学实践中。

伴随平和的改革，我们通过师生的行为文化建设，使学校文化的精神内核……“居敬持志，成己成物”内化为师生行为，渗透到师生的日常工作、学习和生活中，建构出教师、学生自立、自主健康人格的行为文化特色，确保学校文化根深叶茂。

如，黄凌平老师2020年疫情期间卧床直播网课诠释师德光辉的事迹，被安徽电视台和中宣部“学习强国”平台宣传报道；青年教师做高考真题比赛和“同课异构”教学大比拼，提高教师动笔做题和研课磨课的意识，提升教学技能；还有，教师备好课上好课的担当，爱读书多读书的习惯，服务学生、陪伴学生的自觉，有令必行、有活动及时参与的品质，等等，无不彰显着教师基本素养和校园中相互成就、彼此温暖的关联。

学校努力创设情境，促进学生行为文化的养成。如2020年抗疫期间，学校德育处和团委会因势利导，化“疫”为机，激发学生们的进取心和担当精神，在2月上旬开始以学校微信公众号为展示平台，面向全校学生开展“致敬最美逆行者”征文比赛。学生们通过“我手写我心”“我思故我在”去体悟“以身许国”“用生命践行使命”“家国情怀和英雄主义”，……进而教育自己要做到知行合一：成就他人、回报社会、奉献国家最好的方式就是做更好的自己，就是不断强大自己。2020年暑期的“钱学森”夏令营和“人文探究”夏令营，践行“文理相通，全面发展”的成长理念。还有，“绽放战疫青春·坚定制度自信”和“纪念抗美援朝，争做时代新人”主题团日活动，“雅言传承文明，经典浸润人生”主题校园文化节，高二年级经典诗词诵读比赛，高考后高三学生的校园“地摊经济”，高一年级的“家乡文化探究活动”，“接好这一棒，后浪勇担当”为主题的学生会换届竞选，广播站招新的演讲比赛，“鸣春”文学社招新才艺展示，阳光运动会，辩论赛，“文明餐桌，俭以养生”演讲比赛和拒绝舌尖上的浪费活动，等等。

成己成物的理念文化

林卫民校长说得好，“校长的领导力远远不只是决策某件事的能力，而是在涉及一切学校发展的诉求中，富有教育意义的价值体现和正确表达”。

一所学校的理念文化，就是集中表达这所学校的人们对教育价值观、教育目标与教育理想的共同理解和思考，并有意识无意识地显示于学校活动，时时刻刻影响师生的行为，与学校发展息息相关。

百余年来，池州市第一中学（安徽省贵池中学）克难攻坚，厚德立校，成人之美，育人无数。我们在梳理和提炼百年贵中传统的基础上，初步建立学校的理念体系。

办学理念：厚德日新，适性成长。

明确的校训：居敬持志，成己成物。

提出的育人目标：为超越而来、奔卓越而去，培养有理想、有本领、有担当、理性和德行协调发展的高中毕业生。

追求的学校愿景：努力办成内涵丰厚、全面育人、高品质人才辈出的优质示范高中，打造成池州学子向往的百年名校和池州城市的名片。

在我们的理念文化中，重点说明一下校训。校训，顾名思义是学校对师生的训诫和对办学抱负的表达。既体现学校的传统，又表达学校的教育价值观，是学校办学的灵魂，是凝聚师生人心的黏合剂，体现学校的文化底蕴和办学哲学。池州一中之前的校训是“文明、严谨、勤奋、求实”，内容丰富，但表述有些直白化、大众化和口号化。在对“生命至上、举国同心、舍生忘死、尊重科学、命运与共”伟大抗疫精神的领悟中，为了更好地体现百年贵中的价值追求，反映我们学校的独特气质，校本化表达社会主义核心价值观和“立德树人”，我们将校训表述为“居敬持志，成己成物”，作为学校文化的思想逻辑和宗旨归心。

“居敬持志”，是朱熹概括的修身治学之道，出自朱熹《性理精义》，“读书之法，莫贵于循序而致精；而致精之本，则又在于居敬而持志”。“居敬”，是指抱守着敬畏认真、专静纯一的态度和原则；“持志”，是指坚持自己的远大志向，为自己的高尚目标而不懈努力。

“成己成物（物，指他人和他物）”出自《礼记·中庸》，“诚者，非自成己而已也，所以成物也。成己仁也；成物知也”。是指在更新、完善自己的过程中，帮助和成就他人他物，追求人与人、人与物的和谐共生，造就新的良善的世界。

学校本就是立己达人的社会场域。池州一中培养了诸多为国家发展和社会进步做贡献的校友，池州一中的师生特别是学生应该有兼济天下的情怀和志向。我们的校训就是寄望全校师生，要在居敬持志中不断地自我更新、自我完善，成就他人、他物，实现自我价值和社会价值，将内在的人格修养与外在的道德实践统一起来。

根据《关于新时代推进普通高中育人方式改革的指导意见》，对于普通高中“切实提高育人水平，为学生适应社会生活、接受高等教育和未来职业发展打好基础”的发展定位，以校训为依归，我们确立了“厚德日新，适性成长”的办学理念，作为学校办学的基本主张和价值。从而唤起、达成池州一中人对高质量发展的认同感、责任感和追求心。从学校的现状出发，我们就办学理念在当下如何转化为教书育人的行动，提出“四个发展”。

1. 自主发展。学校发展是学校自己的事。学校发展的主体是谁？显然是学校，而非学校以外的“他者”。我们通过不同路径强化：池州一中人就是池州一中发展的主体，就是池州一中的主人翁。“每一项损耗的存在几乎都与员工缺乏主人翁意识和责任感有关”。反之亦然。逐步树立师生家长对学校的向心力和归属感。全体池州一中人，不做负能量的人，不是带着情绪去认知学校，不与学校离心离德，不做玩世不恭的人，敷衍工作，应付教学。

2. 整合发展。现实的学校发展面临着多方面的需要和利益，既要落实党委、政府的要求，也要面对家长和社区的需要，还要满足师生的意愿。我们让全体教职工明白：每天的忙碌和辛苦，是为了达标度、满意度，是为了尊严感、幸福感，更是为了在“成己成物”中实现价值。同时，要从提高办学质量的角度和立己达人的高度打造三个平台：制度平台，风气平台和资源平台。

3. 团队发展。学校发展的本质是群体发展和共同发展。团队的力量无坚不摧。与大学教授带研究生不一样，中学老师本就是一个团队共同培养学生的职业。学校发展必须是全体师生和家长有共同的愿景，主动参与，大家扛起责任来，建立一种美好的关联，在合作中办好学校，在相互信任中相依前行。

4. 内涵发展。学校发展从根本上说是着眼于人的培养，着眼于全面提高教育质量。而全面提高教育质量需要学校内涵的整体提升。内涵发展的指向就是普通高中育人方式的转变，最核心的是五育并举。具体而言，直接提升质量的教学，间接提升质量的教育、教师和管理，有效服务于质量提升的硬件建设。还有，学校的精神、价值和意义，以及应对变革的意识和能力。

同时，我们将健全的、富有学校特色的制度文化作为理念文化的重要组成部分。恢复和完善了选派优秀党员辅导班级团支部的传统制度，以党建带团建。建立管理团队成员全员坐班、全天候巡查和晚上住校值守制度。召开教代会审议通过《池州一中奖励性绩效工资考核分配方案》和《池州一中教职工请假与考勤管理有关规定》。建立听课制度，行政干部带头随堂听课和主导评课，每月不少于3次。完善班级日志一日一交制，及时收集班级日常信息和意见，并及时反馈到日常管理中。制定修订了41项学校制度，将《池州一中制度选编》汇编成册，行而有据，依法治校。实行班级校园值周制，建立学生自主管理制度，为学生搭建实践管理的平台。编写校本《新生入学教育读本》，让新生了解一中，熟知校规校纪。这些规章制度使师生的行为更加规范，整个学校充满了正能量。

成人之美：文化建设初显成效和未来的思考

近两年的时间，全校师生逐渐确立、认同学校“成己成物”的核心价值观和“厚德日新，适性成长”的办学理念，主体自觉和文化认同正在形成。特别是一致深刻认识到：池州一中的过去、现在和未来的发展，必须是薪火相传、一茬接着一茬干。池州一中要走上一条健康向上的持续发展道路，从现状和使命出发，规则性和道德行是不可或缺的两根支柱。规则性突出表现在加强制度建设中推进依法治校，以规则之治实现育人之治；道德行迫切要求在加强师德师风建设中实现风清气正办学，以师德师风端正校风学风。教育是点亮人的事业，学校是成就人的场所，德行是学校的秉性。“徒善不足以为政，徒法不能以自行”。真正的教育一定是人性的自觉，一定是德行的支撑。

“我们”的文化和“改变”的文化渐入佳境。“在越来越复杂、奇特的世界中，制胜的策略将基于‘我们，而非我’的哲学。”“我们”是一个很好地表达和承载团队建设与团队合作的词汇，形成“我们感”是一个重新确立认同感的最佳方式。为此，我们努力做到：信任先行，强化相互之间的关心和温情，分享知识和信息，面对面的互动。全体师生员工对学校的认同感和自豪感逐渐增强。追求全体教职工在“我们”文化的形成中，达到知行合一：池州一中是我们借以谋生的场所，是我们得以行动的集体环境，还是我们赖以滋养的精神家园。理所当然要出力流汗，投入自己的情感、力量和智慧去呵护她，让她变得更有活力，更有吸引力，更有魅力。

学校成败的真正原因是人。大面积调整人事和流动人员是不现实也不可能的。这就需要建立“改变”的文化。改变教师的方式很多，如行政管控、上级指令、专家指导等。但是，最主要的还是特定的态度品质。这种态度品质存在于学校管理层与教师的人际关系中，存在于管理团队以身作则的领导力中。所以，建立“改变”的文化，重中之重是管理团队的建设。首先，通过一系列刚性规定和人文引导，保证管理团队让大家看得见自己在履职尽责上以身作则，在利益分配上合理合规，在专业发展上精益求精。其次，“除非你心甘情愿比普通人付出更多努力，全心全意投入工作，否则你永远没资格身居高位”。

让管理团队认同：职位在身不等于人心在握。并建立教代会代表对管理团队进行考核的机制。再次，从制度和理念上引导管理团队平时多读点儿书，有空就听点儿课，经常在想点儿事。抽空常谈点儿心，每年得出点儿活，事后会悟点儿道。

在学校文化“从新”出发中，在“成己成物”文化的重塑中，我们的学生更有素养、教师更有风采、学校更有可为。江彩钰同学荣获安徽省第五届“学宪法　讲宪法”比赛二等奖，首创池州市此类项目竞赛的获奖纪录；吕云岳同学喜获 2020 年第 34 届中国化学奥林匹克（初赛）一等奖，是池州市唯一入榜一等奖的同学。詹诗妍同学被共青团中央评为“全国优秀共青团员”。在中国地理学会举办的第十四届“地球小博士”全国地理科普知识大赛中，郑铭心等 4 位同学荣获一等奖，王皓哲等 11 位同学荣获二等奖。在全国中学生英语能力测评中，左文静同学荣获国家级一等奖，李筱妍等 6 位同学荣获国家级二等奖，钱高诚等 11 位同学荣获国家级三等奖。池州一中足球队再次荣获冠军，是我校足球队在池州市校园足球赛中的四连冠。何昱和徐阳晨两位同学被北京大学录取。胡书源同学以 663 分成为科大少年班在安徽省录取的 11 人之一、池州市唯一。

吴成强老师被评选为“2020 年度安徽省新时代教书育人楷模”，黄凌平老师荣获“安徽省抗击新冠肺炎疫情先进个人”称号和池州市五一劳动奖章。戴燕老师喜获第四届全国语文教师“文学课堂”教学大赛一等奖；周丽老师荣获全省第五届中小学青年教师教学竞赛中学文科组一等奖，被授予“安徽省十佳青年教师”称号；孔超老师荣获全省第五届中小学青年教师教学竞赛中学文科组三等奖，被授予“安徽省青年教育教学能手”。蒋治国老师被评为池州市“2020最美教师”，李季老师荣获池州市“三八红旗手标兵”称号。

学校先后荣获“池州市双拥模范单位”“池州市先进党组织”“池州市教体系统抗击新冠肺炎疫情表现突出集体”。

以文化人，文化是一个动态发展的过程；“苟日新，日日新，又日新”，从“新”出发，一直是在进行中。未来池州一中学校文化建设怎样继续推进呢？

在挖掘自身百年文化底蕴的基础上，紧扣高中学段特点和池州地域文化特色，从适应新时代普通高中综合改革的要求和“立德树人”的根本任务出发，在教育部中小学名校长领航工程江苏基地班首席专家严华银教授等专家的理论引领下，抓住人、物和过程三个关键要素，建设优秀的学校文化，让学校文化成为“立德树人”的最好课程。

就人而言，教育是服务育人的发展，文化是以文化人的动态过程，学校文化的中心和主体首要的是学生。学校文化的思维方式是指向学生发展的，是为了学生今天健康成长、明天幸福生活，以及今后担当家国责任。用学校文化去引导、影响学生的学习和生活方式，让池州一中“居敬持志，成己成物”的学校文化价值观融入学生的精神气质，助力我校“为超越而来、奔卓越而去，培养有理想、有本领、有担当、理性和德行协调发展的高中毕业生”这一育人目标的实现。这当中，重点要弘扬社会主义核心价值观，培养学生的家国情怀和爱党爱国的精神；重点要将现代文化和科学文化作为学校文化建设的重要组成部分，特别要注重培养学生理性思维、批判质疑和勇于探究的科学精神。同时，学校文化建设的关键人物是校长。校长的人格、领导力、人文素养、管理理念和对教育、学校功能、校长职责的理解等，直接影响甚至决定着学校文化的外观样态、内核品质和发展走势。

就物而言，最理想的正是在这样的学校景观文化中，师生体会着自己应该成为怎样的人。2010年迁建时，由于资金投入少，设计水准不高，规划布局不合理，建筑质量不尽如人意。现有校舍的外观品位、建筑质量和实用功能，与池州一中作为池州市普通高中的龙头学校和百年老校极不相称。池州一中未来景观文化可以有四个定位：彰显“百年贵中”“池州一中”的学校特质，体现“居敬持志，成己成物”的学校理念，立足于“青春活力，奋斗拼搏，步入成熟”的高中生特点，把握不过多过繁、呈现“刚刚好”的格调。发挥好交通集散、读书休闲交流、满足开展节日型活动与专题活动和象征意义四大功能。其中，象征意义的功能，如50年代、80年代、2000年后的学校大门造型及校友广场；1902年、1912年、1926年、1945年、1949年、1952年、1959年、2000年、2009年、2010年十个学校发展历史上的重要时间节点的标识。

就过程而言，建设学校文化的过程就是凝聚人心和形成共同体的过程，就是学校变革发展的过程，就是实现学校教育理想和达成育人目标的过程。学校文化建设只有阶段、只有过程，是现在进行时，永远在路上。所以，要拉长过程，回答好两个问题：我们需要什么样的学校文化？我们怎样提炼和建设？一个重要前提是，经济投入必须彰显校园的教育味和课程性。四个基本流程是：校长领导下的核心成员组的先行思考和策划；指导专家提供关于适切我们学校的文化理论引领和专业支持；全体师生、其他员工以及相关校友家长学习、思考和研讨基础性材料；科学引领，达成共识。同时，要处理、融合好文化建设与常规工作。常规工作是学校的主体内涵，是文化建设的基础。文化建设是对常规工作的超越，为学校常规发展服务。离开常规发展的“文化建设”难以持续、不能走远。

钱穆先生说过：“一切问题，由文化问题产生，又由文化问题解决。”我们需要一个什么样的学校，我们就会建设什么样的文化。艰难方显勇毅，磨砺始得玉成。如何继续引领池州一中学校文化建设前行？我引用我非常感同身受的北京外国语大学附属外国语学校林卫民校长的一段话，来表达我的展望：“一个富有经验、具有强大领导力的校长，他的最大才华在于能够始终清醒自知、高瞻远瞩，最重要的能力是校长不仅自己拥有一个确切的目的地，还能使全校教职工知晓和认同这一目的地，并且带领大家一起出发，直至到达目的地。此时，校长又会动员全校教职工认同另一个新的目的地，整装待发，踏上新的征程。”我们希望在建设优秀的池州一中学校文化的过程中，在“我们”的生成中，在“改变”的前行中，全体师生“居敬持志，成己成物”。让学校文化成为“立德树人”的最好课程，为学生成为自己的人、有用的人、幸福的人和成长为有理想、有本领、有担当的时代新人奠定坚实的基础。在学校文化建设的过程中让学校成为教师发展的精神家园，引导教师以理性的力量形成文化认同，达成主体的自觉，锻造一支能高质量实施高中新课程、促进学生高水平差异发展和实现学校高品质特色办学的教师队伍，让“德艺双馨”的教师培养“德才兼备”的学生。

传统教学文化的守正

课堂是教育的主阵地、主渠道，强化课堂教学变革以切实提高课堂教学质量，是新时代教育高质量发展的应有之义。但是，守拙即守正。在变革的过程中，在数字化的时代里，传统教学文化必须坚守。

许多文章和教育工作者，将我们日常课堂上的问题总结为“四不”现象，非常到位。一是舍不得：由于教学目标和内容不精准，教师不能舍弃，面面俱到，总体讲得太多。二是等不及：教师等不及学生的自主学习和充分讨论，学生学习中的问题暴露不够，解决更少，没有关注学生是怎么思考的，没有正视学生间的差异。三是放不下。教师放不下“师道尊严”与讲台的舞台，课堂气氛枯燥甚至沉闷。四是闲不住：教师越忙、学生越懒，学生学习的主体地位没有落到实处。

迈克尔·富兰等著的《突破》中提到，课堂教学存在两难的境地。一方面，课堂教学是个广泛被人经历的公共性活动，几乎每个人都能从自己的经历来谈论一番；另一方面，课堂教学具有高度复杂性、高度互动性和不可预测性，是一个黑匣子。中西方的各级各类学校采取的年级累进模式，是假定同龄人具有同等的学习基础和学习进度。班级授课制下的每个学生具有不同的学习动机、不同的起点、不同的能力，存在阻碍学习的不同弱点。每位学科教师既要应对差异越来越大的不同学生之间的个体需求，又要顾及一个按年龄划分的几十个人的班集体。因此，适应学生学习个性化需求的教学活动，为每个孩子的需要提供“量体裁衣”的精确教学，是普遍提高课堂教学质量的“突破”。针对性教学意味着保证学生在他们的最近发展区内进行学习活动，使他们的能力和他们接受的挑战相适应，使个体学生达到其特定标准的学习动机和受教育经历，达到每个教室、每个学生、每天都持续提高教育效果的目的。意味着教学不是始于教，结束于测量学生的进步，而是开始于测量学生知道什么和能够做什么。如果教学没有针对性，学生或者花费太多的时间从事过于简单、不涉及学习新东西的活动上，或者花费太少的时间在涉及学习太多新东西的活动上。

于是，每个教室中都有一个合格教师至关重要。教师们通过专业学习提升专业素质很重要。素质不是一套静态的特征或特质，而是每天都需要改进的、不断扩展的实践行为。我们要有增量思维，而不是一直消耗存量。如果教师每日不进行个体和集体的学习，个人化教学和精确化教学就不可能实现。为了做好针对性教学，教师需要具有针对性的学习。“在自己的教室中观察和被同事观察，并到其他学校教师的教室中去。”我们自己一天天的课堂实践就是专业培训（学习）的核心元素。将专业学习的场所前置到学科课堂教学中来，这种在情境中的学习，是与手边需要处理的情况紧密相关的，更是共享式的。读、写、思、行应当是教师的职业样态。

课堂是教师的主阵地，小组学习是课堂教学组织的基本形态。对成绩最差的学生，及时和有效的干预，一对一或者很小的小组教学似乎是唯一能将他们带回到标准课堂，把他们转化成主动的、投入的学习者的办法。许多教学改革的重要贡献在于，改变了课堂教学的逻辑结构，从以教师认为的学科体系为线索进行讲解，变成由教师帮助，以学生的认知（或学习）为线索，让学生自己进行建构，即变“教师的讲堂”为“学生的学堂”。这实际上已触及教师专业化的本质。教师专业的领地应是关注学生怎么学、怎么学会，而不是关注自己怎么教。

受信息化的影响，年轻教师对传统教学中强调的备课笔记和手写板书越来越不重视。2014 年暑期在北师大聆听了物理特级教师扈之霖老师有关于此的讲座，受益匪浅。备课笔记丢不得。临场“即想即说”与“想清楚后写下来再说”，说的内容品质肯定有区别，效果肯定不同。临场应变能力多半与经验成正比关系。教学的经验又多半来自设计阶段的预设性思考，以及教学之后的反思。备课笔记课前要把教学中学生可能出现的问题及解决方案，批注在旁边；课后要补注学生提出来的而教师预先没想到的问题。关于集体备课，弱势学科要集体备课，新教师和中下游教师要集体备课，上中游教师要在集体备课中更加注重教学个性。

用好多媒体。现在教室中的各类多媒体教学设备普及化程度很高。教师如何运用好多媒体这一把双刃剑至关重要。教师一定要想明白：多媒体是比较高级的教学辅助工具，是为教学服务的，不能反被其牵着走；教学辅助工具无论如何升级换代，起决定作用的始终是使用工具的人；教学需要情感、能动、再创造，教学过程一定是人际互动、面对面的交流和思维的碰撞。《论语》几乎全是用对话的方式进行教学的，学习的最主要本质在于人与人之间面对面地交流。幼儿园、小学阶段尤其如此，教育信息化的作用更不能太大。使用多媒体辅助教学，一定要思考几个问题：学生与知识之间的第一媒体是什么？课堂上什么最大？教学的关注点在哪儿？拷贝课件，教师还有用吗？教学还需考虑学情吗？媒体辅助教学通常可用在教师行为不能完成时，某些内容在本节课需反复使用且版面较大时，例题、练习题展示时，课的总结时、介绍背景材料时等等。

手写板书丢不得。英国牛津大学出版的《教育学》中说："所有的直观教具中，要数黑板最普遍、最重要、最灵活。也许正因为黑板过于为人们所熟悉，因而往往被人们忽视或使用不足。"日常课堂教学中常见的板书方面的毛病主要有：没板书或少板书，电子教案与电子板书双管齐下，不规范，黑板当作草稿纸，课后黑板上看不出本节课的主要内容。后果是很多教学的质量在教师的不为中流失了。板书是师生最高层次的交流与沟通；是教师基本功的综合展现，如手随口动、口随眼动、眼随学生的表情变化而调整，重难点侧身板书，板书后旁站；是学生学习的示范、向导、大纲。板书的作用是刺激学生视觉的感性材料，呈现课堂学习内容的要点或结构，为识记、保持、再现学习内容提供信息编码。

多些阅读和阅读指导。据中国教育报报道，课堂观察中有一令人吃惊的发现，学生们用于读和写的时间非常有限。写字的频率，初中只相当于小学的2/3，高中只有小学的一半。阅读在小学占大约6%的课堂时间，初、高中下降为3%和2%。如果我们的学生不在学校阅读，他们在哪里阅读呢？他们又能够读多少呢？阅读教学存在的问题主要是，学生在课堂上接受阅读训练的时间很少；教师在课堂上的语言不够丰富，不能够清晰地解释重要的字词的含义；教师没有掌握阅读技巧及其传授方法。教师教育和小组学习是提高学生阅读能力的重要途径。

活中见实，练炼结合。2018年7月7日，我们第二期领航班江苏基地的学员非常有幸在南通师范二附小当面聆听了李吉林老师的教诲。李吉林老师“教得活，教得扎实，活中见实”“一定要把孩子教得聪明”的话语言犹在耳。的确如此，所有教学的核心问题就是不能让知识僵化，而要让它生动活泼起来。学生的思维一定要实践，要练。告诉学生一个结论，远不如让学生经历、检验一个结论。教育的本质是心、脑、手并用。反复被刺激的连接将得到保存。一定量的训练，科学的反复训练是符合教育规律和学习理论的。讲练结合是课堂的根本。原形学了练原形，变形学了练变形。小段讲小段练，讲一段练一段。当然，时间是“常数”。要提高课堂效率，就要做到少讲多练、精讲精练，讲中有炼、练中有炼和一节一炼。

提高教学、作业和考试的一致性。当下作业主要来源于统一的习题集，往往脱离学生实际，作业无法反映教学的实际效果，测验考试往往不是教师自己出的试卷，无法产生正向的诊断和激励效果，造成绝大部分学生的失败感。回归教学、作业和平时考试的一致性，教师对教学的整体把握才能提升，教学各环节的整体效益才会显现。教师要将精心选择作业当作备课的一部分，切实做到增加作业选择的备课工作量，把没质量、不合理的作业减下去、减掉，根据学生差异分层布置作业，指导和督促学生完成好基础性作业，强化实践性作业，探索弹性作业和跨学科作业，不断提高作业质量。

理解学生的情绪。“情感的记忆是难以忘怀的。情感活动和认知活动结合起来，是提高教学质量的一把金钥匙。”青少年时期前额皮层发育要比边缘系统滞后许多，造成了前额皮层对边缘系统反应的调控能力增长滞后，这是青少年容易出现冲动和情绪不稳定的原因。因此，不当众批评孩子，否则容易引发自卑或退缩；学生犯错误时，批评要就事论事，不要进行人身攻击；尽量不要在同班树立直接的学习榜样，这往往会导致人际关系紧张，树立看不见摸不着的榜样，以小组不以个体为单位竞争。

带班的逻辑是教育的本质。能不能把一个班级带好，关键人物恐怕不是老师，而是班上有没有能够和老师配合的学生。如果老师一直没有办法在班上找到能够配合带动的同学，班级经营势必要事半功倍。《孙子兵法》有云：“凡战者，以正合，以奇胜”。出奇制胜必须要建立在整个策略的大方向正确这个前提之下，战争如此，公司营运如此，学校治理如此，当然班级经营也是如此。带班的整个策略的大方向就是以学生为本。有些老师“奇招”不少，却忽略了审视教育本质的内涵，结果肯定是不如人意。

托底扶差最显教师水平。真正的教育，不能将一部分学生丢下，让他们陷入长期的“陪相公读书”的痛苦境地。孩子都是父母的宝贝，家长心中最柔软的部分。学校“正能量”的含义是：校园中的人，存在一种关切，有一种美好的联系。“校园矛盾主要表现在两大关键性问题上，一是师生关系问题，一是学生心理健康问题。”一定要选择恰当的教育方法。老师对学生的问题，采取过激行为，可能镇住了一部分学生，但降低了自己的威信。要关注独生子女、社会环境、家庭撕裂等等带来了许多教育难题。初中阶段尤其如此。初中学段的特质是：学生参差不齐差异性大，知识量较小学增幅明显，分科教学鲜明，教学难度不断增加，教学节奏加快，自主学习要求提高，教学的功利性上升，对分数关注度高而对教师和学校容忍度低，学生的不适应感受表现明显。初中生的特殊性有：身心发育不协调，大人小孩的双重性；儿童后期向青年前期的过渡，伴随着不适、困惑、焦虑和叛逆等情绪；中考意味着人生首次被选择。建议教师特别是初中教师做好三个定位。一是先严后爱、先权威再朋友。“严”具体是三严、一不严，严格、严谨、严密但不严厉。立威的前提是不伤害学生的自尊心。二是应该有适当的惩戒教育。在孩子可以控制自己之前，给他们一点儿约束是必要的。这种约束除了耐心的教导，还要有适度的惩罚。2021年3月1日起，《中小学教育惩戒规则（试行）》赋予了教师惩戒权。惩戒是手段，教育是目的。“手高高举起，鞭轻轻落下”，惩戒要怀着爱心、充满善意。惩戒要切忌：盛怒时进行、伤学生自尊的言行、自己在场以免节外生枝、攻心为上不留后遗症。三是良好的秩序来自于良好的教学。教师教学功夫不过硬，班级秩序难保证。对于那些走得慢、跟得吃力甚至跟不上的孩子，我们要理所当然地做好：上帝给我一个任务，叫我牵一只蜗牛去散步。

我们要经常思考教育的起点。见证少年意气风发、青春活力四射是我们的福气，善待学生、成就学生是我们人生最大的价值。中国台湾著名散文家张晓风在《我交给你们一个孩子》中写道：“学校啊，当我把我的孩子交给你，你保证给他怎样的教育？今天清晨，我交给你一个欢欣诚实又颖悟的小男孩，多年以后，你将还我一个怎样的青年？”我们的人生有三大幸事：上学时遇到一位好老师，工作时遇到一位好师傅，成家时遇到一位好伴侣。对于一名优秀的老师，人文是最高的素养，师德是最高的威信。愿你我都做学生生命成长中的贵人！

正好的教育就是最好的教育

2019级七年级新生入学教育讲话

敬爱的老师，亲爱的同学们：

大家好！

九月，正值初秋，是一个无比美好的收获时节。此时此刻，你们一群朝气蓬勃，阳光向上，稚气未脱的少男少女们，已走进我们池州十一中——这所历史悠久，绿意盎然的百年名校，将在这个灵动温暖的大家庭中，开始你们崭新、宝贵而又必须努力的三年初中生活，开启你们追梦的新历程。欢迎你们！

我们池州十一中与池州一中是一脉同源、二水分流，由1902年创办的安徽省贵池中学初中部发展而来。这是一所曾经受到孙中山先生关怀的学校，早在1959年，就被定为省重点中学。深厚的文化底蕴，优良的办学传统，先进的教育理念，培育了一届届莘莘学子，也造就了一批批优秀人才。可以说，你们来到这所学校学习和成长，是十分光荣的。

我们池州十一中的办学理念是“向善向上，适性成长”，培养目标是“育向善之人，教向上之才”。我们学校现有55个班级3000多名学生。我们学校是“全国青少年校园足球特色学校”“国防教育特色学校”。十一中与其他中学最大的不同在于：学校十分重视学生的综合素质和多方面发展。每个学期，学校都会举办各种各样丰富多彩、妙趣横生的活动，体育类的有运动会、跳绳比赛、篮球比赛、足球比赛等，文化类的有英语口语比赛、物理知识竞赛、诗词大会、演讲比赛等，艺术类的则有班级合唱比赛、书法比赛以及各类书画比赛。学校还成立了科技创新、足球、美术和音乐等社团供学生加入和参与。这些社团经常有机会去参加市里和省里乃至国家级的比赛活动。这一切，丰富了我们的校园生活，丰富了我们的体验，更使我们在忙碌而劳累的学习之余能够得到身心的放松和愉悦，找到自己的兴趣、特长和自信。同时，还能让大家认识到：初中生活并不只是一味地埋头苦学，它同样包括了其他许多快乐而有意义的内容。

自律胜过智商，越努力越幸运。你们在家中是孩子，走进学校就是学生。学生与孩子的内涵是不一样的。学生，是你们的社会身份，是要受到班规校纪、社会公德和国家法律约束的。起码要做到“三个不”：不违反法律、不违反道德、说话做事不能不顾及对方的感受。养成“四个小习惯”：微笑问好，公共场合不大声说话和打闹，随手将垃圾丢入垃圾桶，离开座位时摆好桌椅。

“志不立，天下无可成之事。”进入新学校、成为初中生，我们每个人都要有自己的志向，都要有初中三年的目标。它可以很小，有关自己的点点滴滴和每一次进步，也可以很大，比如考上自己心仪的高中或是大学，抑或是未来的职业和理想。有了目标，我们就奔着目标，每一天在努力、每一月有进步、每一年茁壮成长。这个过程中，会很辛苦，会有不开心，更会有挫折甚至失败，但我们要一往无前、持之以恒。我们要有良好的自我效能感。我们现在的好或者不满意，决定不了我们的未来。作为初中生，学习在你们的生活中是很重要的。课前要预习。上课时，你们要认真听课，勤做笔记。课后要及时复习。作业、测验和考试必须诚实对待，必须独立去完成。无法完成的，遇到不懂的问题一定要去问老师或请教同学。大家在学习上要互帮互助。

如果你不努力，再负责的家长、再认真的老师、再优秀的学校都无益于事。如果你放弃了学习，就是放弃了家长、学校对你的希望，就是放弃了自己。美国前总统奥巴马说得好："你的长相、出身、经济条件、家庭氛围——都不是疏忽学业和态度恶劣的借口，这些不是你去跟老师顶嘴、逃课或是辍学的借口，这些不是你不好好读书的借口。"我相信，只要你们肯学，好学，就一定能够取得好成绩，考上你们梦想的学校！我衷心地希望你们，能在这三年内珍惜时光，好好努力，在三年后的这个秋天，能够成长，能够改变，成为你心中所期望的那个最美的自己，成为我们所期待的"向善之人，向上之才"。

我们要塑造好自己的品格，正如康德在《论教育》中提到的，第一是服从。这是因为即便我们不喜欢，在任何事情上都是有着某些必须要严格遵守的禁令和法则。这是我们正常成长和不断进步的保障，服从有时来自必要的强制，自愿的服从更重要。违反正当的禁令和法则，就是缺乏服从，接受惩罚就是很自然的。第二是诚实。诚实是品格的根本。一个撒谎的人受到的惩罚就是会失去别人的信任和尊重，就难以获得友好，将寸步难行。第三是合群。要能与同学保持友谊，替他人着想，帮助他人，不能只顾自己。一个以自己为中心的人，是很难有好朋友的。第四是上进。我们学校的办学理念是“向善向上，适性成长”。身为新时代的学子，你们应该有梦想，也应该认识到自己肩上所背负的历史和时代重任。我们学校将立德树人根本任务通过“育向善之人，教向上之才”的培养目标具体化，即“培养自己的人——爱党、爱国，培养好人——对他人有益的人，培养有用的人——日后对国家和社会能有贡献的人，培养幸福的人——实现抱负理想、体现人生价值和幸福生活的人。”同学们要记住习近平总书记“扣好人生第一粒扣子”的嘱咐，严格要求自己，成人成才，富有家国情怀和世界视野，爱家庭爱家乡爱祖国。在未来为建设中国特色社会主义，为建设一个更加美好的中国，贡献出自己的一分力量！

我的讲话结束之际，我想再次代表学校欢迎你们的到来。我喜悦，我快乐，我激动，因为我们的学校又迎来了一群可爱活泼的同学，一群在将来成就自己，为祖国贡献力量的青春少年。你们加入池州十一中这个大家庭，是我们全校师生的喜事和快乐！

致七年级新同学的一封信

亲爱的同学们：

大家好！

金风送爽，群英荟萃，就在今天，你们——一群朝气蓬勃的阳光少年们，走进了我们池州十一中——这个有着56个班级、3300多名师生的大家庭，继续你们追寻梦想的美好历程。你们的到来，是池州十一中九月里最隆重、最欢乐的大事！在你们开始这个大家庭学习生活之际，我请九年级 13 班胡浩同学以我的名义，起草了这一封信，与你们聊一聊咱们的学校，谈一谈你们即将面临的初中生活。

我们学校是一所历史悠久、文化厚重、追求至善的百年名校。与池州一中是一脉同源、二水分流。前身是 1902 年创办的安徽省贵池高等小学堂，1912 年因图书仪器遭军阀破坏受到了孙中山先生的呵护。后历经贵池县立初级中学、皖南区贵池中学和安徽省贵池中学发展而来。在 1959 年就被定为安徽省重点中学。我们的学校，培育了一届又一届莘莘学子，造就了一大批优秀人才。如中国工程院院士汪曙光、建筑学家鲍家声、大亚湾核电站核电建设公司副总经理陈济民和少将何世德等。这奠定了池州十一中再铸辉煌的基石。

教育赋予的应该是向善的温暖和向上的力量。我们池州十一中的办学理念正是“向善向上，适性成长”，学校的愿景之一是“校园灵动温暖，学生向善向上”。近年来，在全体师生的共同努力下，学校获得了许许多多的荣誉称号，如国字号的“全国青少年校园足球特色学校”“国防教育特色学校”和“‘中国好老师’公益行动计划基地校”。我们学校还是“安徽省体育传统项目（足球）学校”，韩国求礼中学和求礼女子中学的签约友好学校。学校“旋风青少年体育俱乐部”被省体育局评为省级青少年体育俱乐部。我们的科技创新屡获大奖，如叶佳恒同学在第 31 届全国青少年科技创新大赛中就荣获了“创意之星”奖。每个学期，学校都会举办丰富多彩、妙趣横生的活动。如七年级入学的队列训练，八年级全员参加的研学旅行。体育类的有运动会、跳绳比赛、篮球比赛、定点投篮比赛和足球比赛等，文化类的有英文歌曲大赛、物理知识竞赛、诗词大会和演讲比赛等，艺术类的则有班级合唱比赛、书法比赛和各类摄影绘画比赛。学校的“十一”创新社、旋风足球俱乐部、樟树下动漫社和天琴音乐社等社团，欢迎新同学们加入并参与其中。这些社团经常有机会去参加市里和省里乃至国家级的比赛活动，并已拿回了诸多各层级的奖项。

说到这里，可能有同学会有疑问：这么多的活动，会不会对大家的学习成绩产生影响呢？其实不然。我们学校先后有 3 名同学获得池州市中考总分第一名，池州一中、省示范高中和市示范高中的达线率连续 12 年稳居第一。这说明了一个道理：花时间去锻炼身体、培养能力和提升自己擅长的素养，一定不会耽误到学业。这些更能让大家在忙碌而劳累的学习之余培养、发挥各自的特长，获得更多的体验和自信，得到身心的放松。能力、体验、品格和规则意识，往往比成绩更加重要。综合素质高，可持续发展的潜力大。这是城区几所高中老师对我们十一中往届毕业生的共同肯定。

大家要牢记：努力上进是初中三年最重要的事情。我们的校训是“善、谨、勤、实”，希望同学们在十一中的学习生活中，找到自己的乐趣、自信和优势所在。你的未来，并不取决于你现在有多好或多差。你来到池州十一中这个全新的环境里，当然要以全新的形象出现。如果你放弃了努力上进，就是放弃了师长、学校对你的希望，就是放弃了自己。如果你放弃了努力上进，用心的家长、负责的老师和优秀的学校，对于你都毫无意义。要想成绩好，秘诀就是下硬功夫，该听讲的认真听讲，该练的好好练，该提问的大胆去提问。别抱怨初中的大考小测多，这可是培养你的实力和证明你能力的宝典。我今天送给你们每一个人三个问题，作为见面礼哈，“我来做什么”“我该怎么做”“三年后，我将到哪里去”。这是帮助大家定好一个三年中要达到的大目标。然后在师长的指导下和与同学的同行中，奔着目标，每一天在努力、每一月有进步、每一年茁壮成长。

在我们的校园里，流行着这样一句话：自律胜过智商，越努力越幸运。千万别迷恋网络和游戏。记住：千万！否则，你就是在游戏你自己，使自己越来越虚幻。我衷心希望你们珍惜时光，善良上进，养成服从、诚实和合群的品格，承担好自己作为孩子的义务和肩负起自己作为初中生的责任。三年后的秋天，能成为你心中所期望的那个最美的自己，成为学校、老师和家长所期待的“向善之人，向上之才”。

顺祝：同学们一切安好，努力并快乐着！

你们的校长：汪炜杰

2018 年 9 月 3 日

延迟开学日　也是进步时

——2020 年 3 月 6 日的高三同学线上班会课

同学们好！我是你们的校长汪炜杰。想必这段时间大家对朱自清先生的“这几天心里颇不宁静”真正是感同身受了。在家里闷久了，肯定想同学想学校，肯定念叨篮球场念叨校园超市吧。我们一定在感叹：生活正常，学习如初，岁月静好，在疫情的冲击下，竟然都变得那么遥不可及。所以，我们不能对家人苛刻，不能对他人苛求，不能对自己日常的岁月不珍惜。作为池州一中的学子，你们肯定更有“蜗居家中，自立自强，体悟危机，观察世界，心怀家国”的大格局！

突如其来的新冠肺炎疫情，使得我们的校园暂时关闭，学校不能如期开学。但是，我们的高考备考没有停摆，没有因为疫情而止步。我们超前谋划，克服困难，积极应对。在疫情最严峻的 1 月 28 日就开会研讨线上教学方案，随后根据一再延迟开学的通知不断优化调整。从 2 月 7 日开始，我们在池州市第一个对高三年级按在校的课表和班级开展分班线上教学，保证了同学们能够与自己的老师们隔屏相望守助、相聚网络两端并肩备考。优典教育公司给予大力支持，临时购置、安装和分发线上教学设备，保证了全体83位高三老师人手一套设备；我们的老师加紧熟练直播课程操作，从讲桌走向摄像头当起主播，网上教学比平时耗费的精力更多。截至2月底，高三年级线上教学的投入预算是20多万元，3月预算近10万元。钢用在刀刃上，物超其值。我认为，特殊时期，尽全力保障好同学们的线上备考是学校、老师义不容辞的责任和义务；特殊时期，除了疫情以外，除了湖北和武汉以外，最受关注和最应关心的应该就是已经吹响高考冲锋号的高三的同学们了。与子同袍，与子偕行。只要家校齐努力，师生同发力，哪里都是课堂、哪里都是书桌。“停课不停学”，5个字包含着学校和老师的担当，包含着同学们和家长的付出，包含着教育企业的善意和支持。

在举国面对严峻挑战和艰巨考验之际，没有人能够置身事外。同学们居家复习线上备考，就是应对挑战，就是经历考验。林清玄有一句话说得很好，“我们增长自己的智慧，是为自己开一朵花；我们奉献自己的心，是为世界开一朵花。”疫情阻击战中，医护人员、人民警察、解放军、普通志愿者、建筑工人、广大公务员和社区工作者，是在为世界开一朵花。我们高三学子，认真备考，体验危机，感悟高尚，理性成长，也是一种开花的方式。我们现在是见证者，是被保护者，在不久的未来我们就是担当者、保护者。

我在梳理百年贵中精神和继承现有校训的基础上，结合新时代立德树人的根本任务，将我们学校的校训提炼为“居敬持志，成己成物”。就是指抱守着敬畏认真、专静纯一的态度和原则，坚持自己的远大志向，为自己的高尚目标而不懈努力，在更新、完善自己的过程中，帮助和成就他人他物，追求人与人、人与物的和谐共生，造就新的良善的世界。学校本就是立己达人的社会场域，池州一中在百余年的岁月中培养了诸多为国家发展和社会进步做贡献的校友。池州一中的师生特别是学生应该有兼济天下的情怀和志向，要在居敬持志中不断地自我更新、自我完善，成就他人、他物，实现自我价值和社会价值，将内在的人格修养与外在的道德实践统一起来。在古希腊，什么样的人被称为“白痴”？不管城邦只管自己的人，也就是没有担当没有家国情怀的人。我坚信，待同学们成才之时，若国家有难，社会有危机，你们一定会迎难而上、化解危机。成就他人、回报社会、奉献国家最好的方式就是做更好的自己，就是更加强大自己。延迟开学日，也是进步时。

同学们！一切都在好起来，一切都会好起来。进入 3 月，疫情应急响应级别已经下调，企业分级复工复产，大中小学却未开学复课，开学时间原则上继续推迟。如果没有疫情，明天我们就会开始江南十校考试啦。对于我们已经居家进行线上学习 1 个多月的高三同学来说，“宅出草来、闷得发霉、憋出了内伤”，这些调侃的话，反映了我们焦虑不解的心理、烦躁不安的情绪，随着时间的延长可能会越来越强烈。同学们，响应级别下调并不意味着疫情警报解除，确诊患者“0”新增和清零并不意味着零风险，疫情持续稳降并不意味着拐点到来。特别是近期韩国、意大利、伊朗和日本等国疫情蔓延，境外输入、“倒灌”的风险日益加大，疫情阻击战还未到松劲歇气的时候。中共中央政治局常务委员会 3 月 4 日召开会议，习近平总书记指出“加强疫情防控必须慎终如始，……防控要求不能降低，继续抓紧抓实抓细”。我们每一个同学都是家庭的希望和祖国的未来。继续推迟开学，是为了守护师生健康安全，是为了昔日校园生活平安重来。学校正在为安全开学制定工作预案，就消毒水、测温仪等防控物资储备、各场所消毒做好准备工作。所以，我们必须继续强大自己的耐心，继续等待和守候。等到天清气朗，守到云开日出，我们再奔向校园放声诵读，再走向考场大显身手。

每临大事有静气！归有光在“仅方丈，可容一人居”的项脊轩，自己稍加修葺，便“借书满架，偃仰啸歌，冥然兀坐，万籁有声”。朱自清“这几天心里颇不宁静”，在月光下的“独处”中享受“无边的荷香月色”，在荷塘月色中，心静了下来。“大学之道，在明明德，在亲民，在止于至善。知止而后有定，定而后能静，静而后能安，安而后能虑，虑而后能得。”这段话出自《大学》开篇的首章，六个关键字成就一个完美：止—定—静—安—虑—得。止：崇高的目标；定：志向坚定；静：心静；安：神安，随处安稳（大家都很熟悉苏轼的“试问岭南应不好，却道，此心安处是吾乡。”）；虑：周详精细思考；得：收获，实现目标。同学们！生活即教育，社会是课堂。青少年时期的重大经历与危机体验会影响我们一生的成长与发展。以往，危机灾难、责任担当、敬畏自然、热爱生命、奉献祖国，对我们而言，往往是抽象的、遥远的。这次疫情，将这一切变得非常具体、真实，将我们拉得如此之近。我们高考之年遭遇的这场特殊危机，一定会让我们变得更加自主、自律，更加坚忍、坚定，会更加激发我们的进取心和担当精神。这场疫情就是教材，逆行者就是榜样。向大家推荐一首新近创作的歌曲——《生命在武汉接力》。歌中唱到“中华儿女顶天立地”！我们常说顶天立地的人都是“无私无畏”的，但我们可曾想到，他们也是儿子、女儿，也是爸爸、妈妈，也是丈夫、妻子，也是一个个有家有牵挂的人，也是会害怕会恐惧的人。正是因为如此，他们才更加值得我们尊敬和敬佩。我每每看到各行各业奋战疫情的身影和艰辛，都会不由自主地感动和震撼，时常会想起一首歌——《英雄赞歌》，“为什么大地春常在，英雄的生命开鲜花”。我想，我们日常的生活，我们的成长历程，特别是即将走向高考考场的我们，都需要豪迈潇洒、激昂振奋、理性冷静及吃苦耐劳的英雄主义。对于英雄主义，罗曼·罗兰有一句名言：世界上只有一种真正的英雄主义，那就是认清生活真相后依然热爱生活。同学们！我们是什么样的，我们的学校就是什么样的，我们国家的未来就是什么样的。对于现在的你们来说，世界上只有一种真正的英雄主义，那就是体验着线上高考备考的不易，依然坚持前行。同学们！假期实际上早已结束，我们现在是处于一种特殊的居家在线学习状态。在线学习，因为学习的硬件、自主学习和自我控制的能力、老师和家长监管的力度等方面的差异，学习效果也会有较大的差异。特别是，线上学习将师生在场状态切换到隔屏相望，家长从以前防火防盗防子女用手机用电脑到现在不得不让你们好好用，大规模线上同步授课考验着服务器的承载力，长时间的在线直播上课对老师们也是巨大的考验，凡此种种，同学们的自主自律就显得尤为重要了。其中最为关键的是我们对网络游戏、对网络社交与同对病毒一样，也要有很强的“免疫力”。老师和家长们最担心的是，病毒奈何不了同学们，同学们却有可能在线上教学中被自己被网络打败了。所以，有言论预测，居家线上学习对学生的学业成绩将是一个巨大的分水岭。还有调侃说高、中考将会如期举行，就是选拔自主自律的人，淘汰不能自主自律的人。

在此，我坚信我们的同学们，一定能够用坚忍和毅力构建起强大的自律精神，坚守住我们平时认真听讲、主动提问、保质保量完成作业和限时考试的好习惯。做到上课地点变了、老师授课方式变了，我们的学习要求不变，学习作风不变，学习效果更不变。无论我们现在的学业水平处于哪一个层次，我们都有自己的弱势学科，在自己较强的学科中都有相对薄弱的环节，我们一定要充分用好这段高度自主学习的时间补缺补差，充分用好这段高考备考的黄金时间，实现自我突破，通过网络，积极向老师提问请教，找到分数的生长点。越是顶尖的同学，越是如此。因为“尖子生的总分取决于自己的短板”。同学们！不忘本来，才能面向未来。克难攻坚是我们百年贵中一路走来的精神底色，立己达人是我们一中立足当下再续辉煌的价值追求。让我们在等待重返校园的时日里，管好自己，照顾家人，适量运动，适当家务，调整心态，保护视力，以乐观的心态、优良的学风、充沛的精力、拼搏的精神、自律的毅力，不辜负已经到来的春天，继而去拥有一个值得欢呼与骄傲的盛夏。你们的进步，就是我们心头的春意。用不了多久，你们就会重返熟悉的学校，就会重逢在美丽的校园。我和老师们等待你们意气风发地归来。借此机会，有两句话与同学们共勉：

一句是古罗马诗人贺拉斯说的，“无论风暴将我带到什么样的岸边，我都将以主人的身份上岸”；一句是法国作家、哲学家加缪说的，“我并不期待人生可以过得很顺利，但我希望碰到人生难关的时候，自己可以是他的对手。”我们坚信：在阻击疫情的战斗中，世界必胜，中国必胜，武汉必胜！我们更加自信：2020年的高考，池州必胜，一中必胜，同学们一定能圆梦2020！

从工作室到共同体

名校长工作室是学习共同体和实践共同体，更是发展共同体，工作室成员既是跟跑又是领跑的梦之队。建设校长工作室，领航一批中青年校长成长，打造名校长团队，使工作室成为成员学校校长发展和学校改进的平台，成为本地区中小学校长研训的平台、基础教育提升的试验田和办学影响力扩大的助推器，是中小学名校长领航工程赋予名校长工作室的期盼与任务。

汪炜杰名校长工作室是第二期中小学名校长领航工程江苏基地班9个名校长工作室之一，2018年12月在池州市第十一中学挂牌成立。工作室成员来自中学、小学两个学段，有7位农村学校校长和2名县城学校校长。按照领航工程的要求和区域实际，在成立之初，我们将工作室建设的任务目标定为：领衔发展是前提，团队提升是根本，学校们进步是归宿。我们期待工作室成为相互学习、共同成长的地方，是共同体成员学校老师相互联系、共同进步的场所，是学校之间分享经验和感悟挫折、梳理问题和改进不足的平台。主持人与成员的关系定位是，“不要走在我后面，因为我可能不会引路；不要走在我前面，因为我可能不会跟随；请走在我身边，做我的朋友。”工作室的全体成员要有主动发展愿望和提升空间，出得来走得了，愿意同行，承受压力传导，致力提升，是有压力传导，更有精彩机会的学习共同体和发展共同体。

工作室在“认知学徒制”理论的指导下，基于区域教育整体发展水平不高和工作室成员主要来自农村初中学校的实际状况，与成员及其所在学校的问题对标，与成员及其所在学校改进的需求对接，以“理论与实践的生动统一”为建设方向，坚持“受累、受用、受益”的交互，助力校长成长。

指导理论：“认知学徒制”

工作室成立之初，工作室成员共同解读了项目办和江苏基地有关工作室建设的指导意见，学习了首期名校长领航班学员有关工作室建设的经验介绍，明确了定位和明晰了思路：只有找到一种能够切实指引实践活动的理论，才能更好地在交互中成长。

“认知学徒制”，是一种从改造学校教育中的主要问题出发，将传统学徒制方法中的核心技术与学校教育整合起来的新型教学模式。其核心假设是：将学习者浸润在专家实践的真实环境中，能够培养学习者的高阶思维能力，即专家实践所需的思维能力、问题解决和处理复杂任务的能力。在带动工作室成员校长们发展的过程中，我扮演着师傅校长的角色。我与工作室成员之间的关系，就是“认知学徒制”中的师徒关系。

作为师傅校长，凭借自己的办学实践和领航学习平台，我倾囊传递自身的办学经验与智慧，及时传达自己参训过程中获得的经验、改变的思维和提高的格局，着力使工作室成员校长们在学校场域之中梳理、审视、反思和渐改办学实践。与此同时，我还一直贯穿提供情感上的交流与支持。极富挑战性和极具意义的是，在江苏基地导师的指导和领航班学员同学的帮助下，因人而异地设定一系列的工作室成员的个人学习目标，力图在理论与实践生动统一的路上，帮助他们达成目标，形成专属于他们个人的办学实践智慧。

实践路径：四步骤工作流程

在江苏基地的指导下，我们经过对“认知学徒制”的研究，构建了“实地调研——了解成员”“现场展示——躬身示范”“交流互动——化解困惑”“批判反思——生成智慧”四个步骤的工作流程，促使工作室成员能够与主持人以实战的方式，共同精研细究办学实践场域，在真实情景中活动和交互，领悟和思考专家实践文化，借此获得成长。

实地调研——了解成员。实地调研是我这个师傅校长对工作室成员的办学实践情况进行了解的过程。同时，也是体现我自己对办学实践本质规律的把握程度，体现出能否根据不同的办学实际情况，对不同学校的发展方向、存在的问题进行精准诊断的过程。我的校长工作室挂牌成立以后，便按部就班地与工作室成员们共同走进成员校长的学校。参训一年来，参加江苏基地10次学校诊断、2次走进教育现场和5次名校考察，基地首席专家和导师们精准精彩的诊断反馈或考察点评，特别是每一次我们作为学员必须做出现场的口头反馈、点评和提交书面的心得作业，极大提高了我的实地调研能力。对到过的工作室成员的学校，我都能够将自己对学校办学成就的认识、对学校克服自身困难的独到经验、对学校优劣势的分析，以及对学校有待进一步努力的方向的判断，坦诚相告。我的表达，展现了我作为领航班学员校长对办学主要方面的理解，体现了我在观察学校时的观察框架和切入点，表现了我对学校实际问题改进的思维视角。如同我在江苏基地实地调研中得到提升一样，工作室成员不仅能够从我的发言内容中受到启发，更能够从我的观察框架和格局思维里获益良多。

现场展示——躬身示范。按照“认知学徒制”的模式，我通过示范和讲解，清楚阐释自己在处理日常工作、在办学行为背后的思考过程。工作室成员在我的办学现场中，认真仔细观察我的日常领导与管理工作，充分发挥主观能动性，把“听、看、问、议、思”的收获，进行统整和凝练。工作室成立后，根据每一位成员校长的实际情况，将他们依次带到我所在的安徽省池州市第十一中学现场学习。为了保证质量，工作室成员到我们学校后，不仅可以 360 度无死角参与到学校的各项事务之中，而且可以随时、随地向我或者领导班子成员、教职工提出问题。从学校文化建设、课程建设、教师队伍建设到校园安全保障，我们全方位呈现自己的做法与思考。工作室成员东至二中初中部的吴秉华校长评价道，池州十一中在“自然味”“孩子味”和“教育味”三味俱全中实现了生态、形态、文态三态和谐共生，真正是一所“在应试背景下致力于规范办学、追求卓越发展，并且比较好地实现学生全面发展的一流初中”。

交流互动——化解困惑。化解工作室成员办学困惑的过程，也是形成对教育的深刻理解的过程，更是工作室发挥引领辐射功能的抓手。除了从整体上展示自己的办学实践以及实践背后的思考，我还与工作室成员及时进行一对一的交流互动，以此化解工作室成员有关办学实践和教育理解的困惑。基于“认知学徒制”下的学习是情境与文化互动的结果，在江苏基地和领航班校长学员们的支持下，我还定期分批安排工作室成员参加基地组织的形式多样且含金量高的集中活动，走进领航班校长同学的学校全程参与诊断调研、工作室挂牌或现场研讨会，为他们充分提供情景学习、社会性交往和专家实践文化考察，在利用高端平台和优质资源中实现借力答疑解惑，实现引领辐射。工作室挂牌成立以来，围绕“农村初中教师难进易出”“山区九年一贯寄宿制学校绩效工资杠杆作用的发挥”“农村小规模初中学校的校本教研制度”“校长应当责任担当与学习创新并举”和“校长的服务意识”等议题，我们工作室组织过多场交流互动活动。在交流互动过程中，严格把握“非判断性回应”的原则，不对工作室成员的办学思考与实践做对或错的回应，而是鼓励他们进一步厘清自己的想法与实践活动，阐明其背后的依据，启发他们继续思考。为了让工作室成员能够站高望远，我积极搭建平台，邀请省内外专家到不同成员校长所在的区域举办主题讲座，让成员在和专家们面对面的交流中，拓宽视野，化解困惑。工作室成员胡龙胜校长所在的安徽省东至县至德小学，创办之初，面临着诸多困难——师生分流不顺、设施不全、人员不足……但至德人不畏艰难，砥砺奋进，在工作室的助力下，坚持以文化人，走出了一条“德文化、行教育”特色发展之路，探索出了“一三四”办学路径。即一个核心（理念）、三块领域（管理、师资、学生）、四项工程（环境、规范、教改、养成），取得了良好办学效益。学校于2015年荣获全国未成年人思想道德建设先进单位，2017年荣获全国第一届文明校园等荣誉称号，2020年8月通过全国文明校园复评，2020年12月至德小学少先队荣获“全国优秀少先队集体”荣誉称号。

批判反思——生成智慧。反思和清晰表达，是“认知学徒制”的教学方法。与专家或成员之间的交互过程，无论是产生正面的效果还是负面的效果，我们工作室的参与者都要与自身特定的情境密切联系，将自己的思维、问题求解或任务完成过程，与专家和其他学习者进行比较，以修正或启示自己，通过反思，不断地建构、调整，以生成属于自己的实践智慧，获得自己的问题求解策略。并且不断地对自己、师傅校长和专家的实践活动进行澄清，找到背后的依据或价值。我为每位工作室成员准备一份成长档案文件夹，帮助他们对自身的价值观、信念以及行为系统进行清晰的陈述，从我要成为怎样的校长到如何做校长两个层面进行反思。在此基础上，结合研习相关的理论研究成果，返回头审视自己的陈述，并加以转化或修正，形成新的认知。根据工作室的三年整体发展规划，我要求工作室成员要发之笔端，用文字展现自己在工作室成长中的“清晰表达”和“反思”。

结论与展望：起步实挑战大

工作室成立以来，基于“认知学徒制”的相关理论，我在工作室中努力扮演着自己作为师傅校长的角色。虽然起步开局取得了一定的效果，但挑战越来越大。一是更加深入、专业地对“认知学徒制”进行研究，以期更好地实现工作室成员及其所在学校的提升；二是持续关注工作室成员的困惑和问题，作为“师傅”的自己，必须具有高超的帮助能力和技术；三是为具备“认知学徒制”所需的情景学习、社会性交往和专家实践文化等基本要素，必须持续去谋求多维度高层次的资源；四是提升自我成就学校、培育骨干形成特色和带动区域辐射周边的目标任务的实现，非常艰巨。我们全体工作室成员要在反思中坚守“先把自己长成一个个好盆景，再连成一道好风景”的成己成物的理念，坚执本真教育、家国情怀理和服务意识，坚持系统学习教育理论、真实研究教育问题、持续发展所在学校，以及用我们的力量影响本地区教育改革和发展的共同任务。在项目办和江苏基地的强力支撑下，我们志同道合的工作室成员们，一定会在“认知学徒制”指导的工作室活动之路形成越来越有力的共同体。

润德化人：校长的文化情怀

教育帮扶就是成己成物
教育的朴实
人文是人类的心灵港湾
学习科学家的情怀和博学
要有国际意识
要读懂要陪伴

教育帮扶就是成己成物

教育对口支援是责任担当。为贯彻落实中共中央、国务院关于打赢脱贫攻坚战的决策部署，教育部决定2019–2021年期间，组织“国培计划”中小学名校长领航工程培养基地、名校长领航班学员及名校长工作室成员、名校长现任职学校骨干教师，开展“凉山教育帮扶行动”。作为江苏基地的校长领航班学员，我和工作室成员积极响应号召，克服困难，勇担使命，主动作为，投入到这场意义重大、责任重大的教育帮扶行动中。

从2019年9月开始，我们每学期选派骨干教师到江苏基地结对帮扶的四川省昭觉县支教。工作室选派的教师全部安排在昭觉中学支教。在选派骨干教师支教的同时，我们向昭觉县教育体育和科学技术局赠送了价值3.8万元的幼儿绘本和小学绘本，助力昭觉县2020年接受义务教育均衡发展验收。我们支教的满其军老师，在自己的朋友圈中组织社会爱心人士和爱心企业，与昭觉县有关方面积极对接，计划为昭觉中学品学兼优的高三贫困学生和昭觉县贫困中小学生完成学业提供持续的经济援助。

输送优质师资，帮助解决昭觉中学骨干教师短缺困难，引导带动教师提升教学能力，有效提高办学质量，是我们结对帮扶的重中之重。支教团队在与学校新教师开展师徒结对帮扶活动中，强烈感受到新教师的课堂驾驭能力和教育教学方法有很大的提升空间。比如新教师课前设计，选择教学目标上芝麻和西瓜一个都不能少，求全求多以致教学容量大、重点不突出；课中引导，提出的问题学生还未充分思考就迫不及待地公布答案；教师经常一讲到底，忽视学生的存在；课后检测，忽视学生差异，用一把尺子布置课后检测，效果不明显。

针对上述问题，支教团队在综合分析后采取因地制宜、因人而异的帮教措施。一是重视教学设计的指导。“看”教学设计是否在持续改进，教学重难点的设计是否关注学生薄弱知识链，是否关注方法的指导，是否关注课堂有效训练；“听”教师提出问题的启发性、学生探究结果的独特性、师生互动的流畅性。二是对新教师开展针对性指导。指导新教师依据学情确定重难点和采用灵活多样的方法突破重难点，注重激发学生主动参与的意识和关注学生独特的情感体验，从实践中摸索教学规律。三是同课异构展示支教风采。相同的是文本，不同的是每个人独特的教学设计和课堂教学艺术风格，带来的是教学理念的碰撞，在新教师中产生了“课可以上得更好”的思想火花。四是以赛代练促成长。赛课中新教师采用启发式教学，运用多媒体辅助教学，带领学生突破教学重难点，提高教学能力。赛课后学校领导班子、教研组长、青蓝结对教师及支教教师齐聚一堂，就参赛教师的课进行点评，针对课堂的得失和改进措施提出宝贵意见。

我们的团队在教育帮扶中深刻认识到教育扶贫的价值。脱贫致富不仅要注意富口袋，更要注意富脑袋；价值治理是学校管理的至高境界；价值引领是教育家型校长应有的内涵。

“居敬持志，成己成物。”我们要抱守敬畏专静的原则，坚持自己的远大志向，在不懈成长和更新自己的过程中，帮助和成就他人他物。共筑凉山攻坚好梦，我们再接再厉奋力前行。

教育的朴实

自2005年至今，我已有15年的校长经历。15年来，我一直敬畏地怀揣着心中的教育理想：用教育家精神做朴实的教育，在区域内成就应有的教育精彩。做朴实的教育是我的教育情怀。随团赴英国研修学习，我感受到了英伦教育的朴实，更丰富了我做朴实教育的信念和内涵。

——题记

2019年10月13日—27日，在国家教育行政学院远程培训中心主任于维涛先生的率领下，我们来自全国11个省、直辖市的一行18人组成的“国培计划”中小学名师名校长领航班海外培训项目中学校长团，赴英国伦敦、曼彻斯特两地研修学习。15天的培训期间，分成四个小组的我们参访了4所中小学和3所大学，聆听了6场专题讲座，对英国基础教育的学段划分、公校私校、考试制度和评价体系，有了全面的了解和系统的认识。英国中小学的办学理念、治校方式、教育教学和师生风貌，值得我们学习借鉴和反思改进。

以下是吉林二中张慧老师、甘肃甘南州合作一中李建荣老师和我合作的第一小组学习小结。

简朴实用人文的教育设施

英国教育设施的利用是非常理性的，外表并无多少华丽的装饰，内设却很实用。参访的 4 所学校校门都不起眼都不气派，有的教学楼有近百年的历史。大多数房子都是一室多用的，既是教室又是办公室，同时还是学生的手工作品陈列室。教室装饰美观实用，没有黑板和一体机，只有供书写的白板和投影用的电子白板，学生的铅笔、尺子、橡皮等学习用品一应俱全。

中学教室是按照学科课程分布设置的，便于“学生找老师”的走班制上课。比如，物理、化学、生物课会在专门的教室上，这里既是教室也是实验室，几乎每节课老师都要做实验，仪器和设备的使用率非常高。实验室不高档也不漂亮，但是实用。

英国校园的简朴与我国大多数校园的气派形成了鲜明的反差。国内许多学校，特别是重点中学，为了体现现代气派，体现学校办学实力，有些名校的校门动辄上百万，气派非凡。英国的校园建筑反映了简朴、实用和人文的教育理念，营造了建筑简朴、书香浓郁、文化源远流长的教育环境。反思我们的学校建设，是否过于追求表象，而忽视了人文气氛的营造和实用功能的彰显呢？

“以人为本”的校园文化

英国中小学的校园文化处处洋溢着“学生本位”气息，自然朴素，缤纷灵动，是为孩子们做的，是孩子们自己做的简单真实的文化。学校走廊、教室里有各种与学生个子差不多高的开放的书橱、书架，孩子们可以随手翻阅图书。每个学校都为孩子安排了阅读课。无处不在的阅读，让孩子们从小养成了爱读书、会读书的好习惯。走廊和教室里，学生的手工作品、绘画作品展示、各门学科的学习目标及阶段性学习内容、学生自我表现情况的展示等等，真可谓是五彩纷呈。学校充分利用每一处空间，各种各样的“作品”或吊或挂，校园充满着浓浓的孩子味。

真正的校园文化应该是给孩子做的，是孩子自己做出来的本真文化。英国校园文化体现的是真实的教育生活，是课程的组成部分。学校不仅是传授知识的场所，更是培养精神气质的圣地。走进校园不是为了走进一条课本知识的胡同，而是走向一片追求真善美的广阔原野。

反观我们国内许多中小学的布置环境，往往更注重外在的价值取向，是为了给别人参观、应付检查的。我们应该更多地站在教育的高度，站在每个孩子的角度，让孩子自己营造属于自己的校园文化。

“每一个孩子都重要”的教育理念

英国政府于2003年颁布了《每个孩子都重要：为孩子而改变》的绿皮书。“每个孩子都重要”也是我们在英国培训期间感受最深的一句话。“每个孩子都重要”的理念就是：协调所有的服务部门，使得每个孩子都能得到所需的帮助和支持。关心每一个孩子的健康与安全，最大限度地保护每一个孩子的兴趣与爱好，帮助每一个孩子提高成就目标，激发每一个孩子发挥最大的潜能，是学校教育教学工作最基本的目标与任务。

对英国几所学校的参访，我们强烈地感受到了从校长、教师到志愿者，无论是在教学理念上，还是在具体的教育教学行为中，都有一种对每一个学生的关爱意识。无论是天才儿童，还是残疾智障儿童，英国的教育工作者都在努力寻找最适合他们的方式方法来培养。他们不希望任何人掉队，也希望更多的人能够包容并且理解这些特殊人群。在英国，学校和教师必须为所有的孩子提供平等的受教育机会，不论性别、种族、宗教信仰、身心状况和来自怎样的社会文化背景。为了确保所有孩子都能得到平等而优质的教育，学校必须制订针对智障、残障、英语作为第二语言等有特殊需要学生的相关措施，确保机会均等。

我们的基础教育，在应试教育的压力下，一些学困生、后进生等问题学生不得不被教师淡化甚至放弃。我们也在强调和落实“学生为本”，我们为公平而有质量的教育一直在努力着，但在理念落地方面，还有许多事情要做，还有很长的路要走。

平等民主的师生关系

平等民主的师生关系，不仅有利于学生知识的积累和动手技能的发展，更有利于学生健全人格的形成和社会交往技能的培养。在英国，无论是学校的校长还是普通教师，都极为重视发展平等民主的师生关系。

尽管师生在教室里身份不同，但教师既可以站着讲课，也可以坐着说话。给我们第一个开讲座的Ken先生为了缓解学生的压迫感和紧张感，经常跪在学生桌椅旁边答疑解惑。学生对教师讲的课如果有疑问或有不同观点，可以随时举手提问；教师看到学生举手，会马上中断讲课，请举手的学生发言。教师并不将考试成绩作为评价学生的唯一标尺。学生上课不会回答教师的问题，教师不会批评学生、不会歧视学生，而是给予更多的鼓励。教师尊重儿童的个体差异，不追求统一。尊重儿童的不同能力，尊重孩子的兴趣，重视孩子的个性发展，使弱势群体能得到充分而特别的呵护。

良好的师生关系是提高教学质量的保证，也是精神文明的重要体现。由于老师、学生天然的不对等，再加上学生的意识缺乏，构建平等、融洽师生关系的责任主要在于教师，只有教师多尊重学生，以平等的姿态和学生交流，在学习之余关心学生的生活以及家庭背景，这样的教育才是成功的。孔子与弟子之间就建立了一种和谐、融洽、人格平等的师生关系。

关注整体效能的督导评估

国家督导办公室系英国教育部下属准官方机构，定期对中小学、幼儿园及在家受教育者进行独立的督导，并评定等级。督导结果体现在其报告中，政府、校董事会和家长十分关注督导报告，学校据此不断改进。

英国教育质量督导标准是一个由80多个细节组成的监测体系。这种独立、专业、严密、频繁、严厉的督导，确保了学校教育质量的透明性和评价的客观性，以及教育问题的及时发现和纠正。关注学生的长远、全面发展，要求教育教学具有持续的影响力；关注校长、学校管理层及教育监管者的领导力问题，强化了问题导向和实践提升要求，杜绝成绩平庸学校的存在，提高了对所有学校的督导质量要求；关注五个方面的成效：学校的整体效能、领导和管理的有效性、教学和测评的质量、个人发展、行为和福利、学生成绩。分五个评判等级：杰出、好、有待提高、不合格、特别关注学校。通过这些评判和等级的划分督促学校全面发展，这不失为一项惠民而睿智的教育举措，全国统一的督导评价指标体系的建立和实施对英国教育产生了极大影响。

我国教育督导的行政独立性弱，督导的专业针对性不强，在发挥教育发展监督、评价和专业引领方面空间很大。特别是在增强教育督导的科学性、权威性和公信力方面大有作为。

分等级和重分流的考试体系

中国基础教育阶段的大考无外乎中考和高考，一般都是相对的统一标准，而英国却是不同标准的级别考试。中国的高考、中考是省市统考，中高考成绩是主要依据，重点高中、名牌大学为主要目标。英国政府为全国五至十六岁的学生提供强制教育，并强制规定：离校学生的最低年龄是十六岁，一般学生在离校前会报考普通中学教育文凭试（GCSE）。学生在取得 GCSE 文凭后，可以选择就业或升读 A-Level 课程。A-Level 课程学制为 2 年，A-Level 考试成绩为英国大学的入学录取标准。因此，GCSE 考试的分流功能十分明显，不少学生在 16

岁的时候便离开学校进入就业市场。因而，普通中等教育证书考试的成绩一方面代表着义务教育阶段学生的学习水平，同时也代表着未来劳动力的基本水平。

GCSE 一般指英国中学教育的最后两年（10 — 11 年级）的义务教育课程，学生根据自己的能力可以修读 5 — 10 门课程，读完后参加 GCSE 考试，随后凭 GCSE 的成绩申请 A-Level 课程。

A-Level 是学生进入大学前的准备课程，为期 2 年，第一年称 ASLevel，第二年称 A Level。学生在第一年可根据自己的兴趣爱好，并结合以后的专业申请方向选择 4 — 5 门课程学习，第二年则可以将重点集中在自己的强项课程，选择其中的 3 或 4 门课程学习，从而参加 A-Level 考试。分为 A*、A、B、C、D、E 六个等级，A-Level 考试成绩是英国大学录取学生的重要衡量标准。

优势与劣势分明的基础教育

英国基础教育的优势主要体现在教育理念是从小教给学生方法、独立自主，动手实践，培养学生的创造性；学校注重人文关怀，重视培养学生的领导力、合作、竞争能力。在教学方式上注重因材施教，在教学过程中注重引导学生进行自我探究和知识的建构，寓学习于游戏；有优质团队探索脑科学，研究如何学习，小班授课，确保每一个孩子都重要。办学模式多元化，公校、私校特色分明；学校全方位管理，家长委员会、校董会发挥作用极大；教育评估标准化，教育质量标准局 ofsted 的评估促进学校发展；越来越多的学校有自主自治的权利，可以自主地设计课程，达到教育目的。

英国教育劣势也明显，执政党频繁变化导致教育政策连贯性差，甚至前后相反，干扰大，不受老师们喜欢；21 世纪以来教师的社会地位和工资水平不高，很难吸引优秀人才，教师离职率高，不少中小学校一直面临教师短缺难题，数学学科教师更为明显；政府对部分学校的支持力度减弱，学校设施更新跟不上，不能全方位培养学生；很多学校学生纪律问题严重，导致优秀的学生受影响较大，家庭教育与学校要求相背离；如何有效控制中小学生过度使用手机有不小的挑战；校长很少有时间和精力进行教学工作，需要应对各种事务；有些校董管理比较传统，反馈决策比较慢，解决问题效率低；学生在校时间短，上课时间少；GCSE 的各种考试机构为了吸引更多的学生报考，不断将试题难度降低，导致考试质量逐年下降，判分松，A 等级超过 10%，大学抉择困难，失去了其应有的信誉等等。

对比我国现在强大的经济实力、不断增长的教育经费、政府高度重视基础教育的发展和教师社会地位、经济地位不断提升，让我们充满了信心。

他山之石可以攻玉。中国基础教育应该借鉴英国倡导学生主动探索、亲身实践的理念，实施理解性教学，让学生感受到探索真理的乐趣，并且逐渐培养学生的创新意识。中国基础教育应该研究如何更好地促进学生的个性发展，在教学过程中关注每一个学生的发展，为学生营造一个合作学习的氛围，教会学生学习的方法，通过“活动”呈现教学内容，让学生在轻松愉悦的氛围中掌握知识。

中英两国基础教育的现状与两国的历史、人口基数、文化传统、经济发展状况、教育体制等因素有着密切的关系。分析中英基础教育的现状，离不开对两国基本国情的考虑。我们应当有世界眼光，开放的胸襟，广阔的视野。英国的教育观念及方式对我们教育教学理念的创新、教学行为的规范、教学思考的深度及广度都有借鉴意义。在学习借鉴中，我们更加增强对我们自己的教育进步、成就和前景充满自信。

人文是人类的心灵港湾

——2020级池州一中第一届人文探究夏令营开营仪式讲话

同学们：

恢复高考以来，我们池州一中人文学科优势明显。1984届校友韩敬群和2005届校友余子宜，荣获当年安徽省高考文科状元。2020年，教育部出台聚焦数、理、化、生、历史、哲学、古文等相关基础学科的“强基计划”，北大、清华等36所双一流高校试点强基计划招生。为弘扬我校“文理相通，全面发展”的传统办学特色，为帮助人文学科见长和具有文科禀赋的高一新同学了解我们第一次举办的文科试验班这个优质的成长平台，并做到冷静判断和务实选择，我校举办“池州市第一中学第一届高一学生人文探究夏令营”。

我们安徽省2020级高一新生不实行新高考，到了高二文理分科将照常进行。参考媒体上的有关内容，与同学们交流一下学文学理的话题。

今年高考，湖南耒阳的留守女孩钟芳蓉高考676分，文科全省前五。受曾任敦煌研究院院长樊锦诗先生的影响，计划未来要读研深造、做考古研究的钟芳蓉，报考了北京大学考古专业。这个决定让广大吃瓜群众为女孩心生“担忧”：“怎么会选这种冷门专业，姑娘要现实一点儿啊。”“考这么高的分不去读经管，真的可惜了。”

高中文理分科如果选择文科，就会有“提醒”的声音：恭喜你，选择了一条拥挤而狭窄的路。现实中普遍存在这样一个认识：绝大多数选学文科的同学，并不是因为更加爱好文学历史，而是因为数理化学不明白。所以，在文理分班时，就进行了一次智商筛选。换而言之，就是出于学不好理科的无奈，才不得不选学文科。其实，这否定了其中有很多人是出于兴趣和专长选学文科的。

这里要说的是：有不少人是学不好文科而选学了理科！尽管在升学的抉择中存在文理分化，但在一个人应有的教育里，不管是数理思维还是文科素养，都是不可缺少的部分。将文理两科简单粗暴地分割成两个对立的阵营，本身就是错误的。文科的学习从不意味着浅显单一、死记硬背。想学好文史类知识，记忆能力很重要，但逻辑思考能力、信息的搜集整合输出能力，以及知识面的多元化等都必须在线。文理科各有特点，考试难度也有所不同。文科难在分数区分度低——想脱颖而出拿特高分，或除重大失误外拿超低分都不容易。

各路薪酬榜、就业排行，也在不断给人们渲染一种错觉——似乎只要不选文科，就能大富大贵了。实际上，对于大多数普通理工科学子来说，好的出路都不太容易找到——这对文理科同样适用。争取一份理想的职业的机会，最终靠的不是你学了哪门专业、读的文科还是理科，而是你在这个专业上做得有多好。归根到底，还是取决于个人的能力。

文科知识直接变现的就业岗位，确实在数量和收入上处于相对劣势，很多人在生存压力下有“文科不如理工科”的认识也可以理解。但是，大学里无论学什么，如果把毕业后直接变现作为唯一目标，那只能说三观，尤其是对漫长人生的认识，还太浅薄。

如果不唯直接经济效益论，而是在更长的时间跨度更全面地认识和评价生活和事业，文科并不处于劣势。鲁迅先生不就是弃医学文吗？文科是用来武装人的思想，而理科是用来武装人的双手，缺一不可。人文工作是很长时间内，最不易被人工智能取代的。文科经济学出来可以做金融业，策划、文案、律师、行政、财务、市场营销、记者、编辑等等，其中不少专业走到管理岗的话，工资是不输理科的。而且公考有不少专业也是只要文科。现实中文科专业（比如汉语言文学）在二三线城市的考公考编中基本是无敌的存在。

单就钟芳蓉所选择的考古专业的未来出路而言，哈佛大学历史学博士林蕾 Lei 提到，其所了解的北大考古出身的人，有在国内外高校做考古或艺术史教授的，有在北京故宫博物院做研究员的，有在上海、伦敦、香港各大拍卖行做古董鉴定和估价的，有在纽约经营画廊、做艺术品管理的。上述诸位，还都是没转行、直接利用了自己的考古背景。还有转行的、自己创业的，这里面哪个不是生活无虞、中产以上？

文科人才的培养，需要时间的沉淀，需要静水深流。它也可以面向市场，成为一门实用技术。2018 年，教育部高教司提出“新文科建设”，有学者认为，新文科的发展要回应新需求，促进融合化，如尝试与人工智能、大数据、5G 技术等新科技的交融。

拥抱技术是一条路，注重学术深度、培养高层次理论人才，也是不能忽视的方向。中国科学技术大学在“科技人文发展专家咨询会”中表示要大力发展新文科，校长包信和院士提出，“培养的引领型人才不仅需要具备较强的科学技术基础，还需拥有人文智慧和科技伦理”。清华大学今年4月也举行了文科机构建设座谈会，统筹思考大文科发展的整体布局。校长邱勇表示，正是因为清华文科的发展，清华才成为真正意义上的综合性大学。

读书最大的意义，就是“能够拥有对人生的自主选择权，去最好的学校，读自己喜欢的专业，何其有幸”。如果能抱着这样的信念，不管一个人拥有的是什么样的未来，一定都不会太差。一位文科男的内心告白，会对我们有所启示。“我是个地道文科男，从小喜欢地理、历史，高中时无论是基于爱好还是基于考试成绩，都是一定会学文科的。高考时报了传媒专业。学文科给我的好处会伴随我一辈子，起码我每次看到一篇新闻报道都会稍微用点儿专业视角去分析，起码我出门旅游到了每个地方都能说出当地的历史文化，去了博物馆不至于只会对着文物说好美。此外，因为学过旅游，还能够简单分析当地的城市规划、交通规划和旅游资源规划怎么样。这种快乐，这种思维上的突破，这些精神上的富足，是那些所谓追求实用主义的人感受不到的。”

同学们，勇于追梦，未来可期。未来学文科也好，选理科也罢，希望你们都是发自内心所爱，而不是为了逃避困难被迫选择捷径。要知道，大家都认为的捷径，才是最拥挤的。倒不如勇闯困难，路才能越走越宽。

预祝夏令营活动圆满顺利！希望你们从夏令营起航，成为富有理性和担当、富有家国情怀和成己成物抱负的人！

学习科学家的情怀和博学

——2020 级池州一中“钱学森班”夏令营开营仪式讲话

同学们：

“云天收夏色，木叶动秋声。”昨天，立秋不约而至；今天，群英汇聚一中。非常感谢同学们对池州一中的信任，热烈祝贺同学们凭自己的硬核实力在激烈的竞争中入选池州一中“钱学森班”。

池州市第一中学，又名“安徽省贵池中学”。1902 年，贵池高等小学堂；1926 年，贵池县立初级中学；1946 年，安徽省立贵池中学；1949 年，贵池县立初级中学与安徽省立贵池中学合并组成当时池州唯一的完全中学——皖南区贵池中学（校址在今池州市贵池区秋浦中路 109 号）；1952 年更名为安徽省贵池中学；1959 年被定为“安徽省重点中学”；2000 年在池州率先被评定为“安徽省示范高中”；2009 年 9 月更名为池州市第一中学（安徽省贵池中学）；2010 年 8 月从秋浦中路 109 号迁至升金湖路 698 号。

我们学校的校训是“居敬持志，成己成物”。寄望我们一中师生抱守敬畏认真、专静纯一的态度和原则，坚持自己的远大志向，为自己的高尚目标而不懈努力，在成就自己的过程中，帮助和成全他人他物。

同学们，“钱学森班”是以我国航天事业奠基人、杰出科学家钱学森命名的人才培养创新平台，是中国航天第十二研究院在全国范围内选择特色大中小学成立的，旨在弘扬钱学森“爱国、奉献、求真、创新”精神，提升学生科技、人文等方面素养，培养后备科技人才。2018年我校“钱学森班”的设立，是池州市人民政府与中国航天第十二研究院战略合作的其中一个重要举措。为弘扬钱学森先生“国为重，家为轻；科学最重，名利最轻。五年归国路，十年两弹成”的精神和成就，在市委教育工委的坚强领导和精心指导下，我校从2020年开始提升和优化“钱学森班”的办班机制。以“为超越而来，奔卓越而去”为办班追求，以“爱国情怀，创新能力”为办班宗旨，实行自主招生和提前批次录取，三年磨一剑配优配强师资，三年一盘棋创新课程安排和教学模式。

今天，借这个机会，将我看到的一个故事和两个字分享给同学们，并告诉同学们要明白的三个成长目标。

一个故事：非洲草原上的尖毛草，有草地之王的美称，但它的生长过程却十分奇异。在最初的半年里，它几乎是草原上最矮的草，只有一寸高，人们甚至看不出它在生长。在那段时间，草原上的任何一种野草，长得都要比它旺盛，没有人能看出尖毛草会是今后的草地之王。但半年过后，雨水到来之际，尖毛草就像被施了魔法一样，以每天一尺半的速度向上疯长，三五天的时间，它便长到一米六至两米的高度。大片的尖毛草，就像一堵突然竖起的墙，让人感到无比的震撼。科学家研究发现，尖毛草其实一直在生长，但它不是在长身体，而是在长根部。在长达六个月的时间里，尖毛草的根部长得超过了 28 米，无声地为自己的将来做准备。当蓄积了足够的营养和能量后，尖毛草便一发不可收，在短短的几天时间里，一下子长成了草地之王。原来，尖毛草默默地积攒能量，在不声不响中养精蓄锐，当其根基远远超过其他草时，奇迹发生了。这就是厚积薄发啊！高中是基础教育的顶端。为适应社会生活、接受高等教育和未来职业发展打好基础。良好而有度的教养、乐观而强大的心理、刻苦而持恒的学业，健康而耐力的身体，爱国而担当的情怀，创新而深刻的思维，这就是你们高中三年要打下的重要基础。

两个字：第一个字是“拣”。孟子说，鱼与熊掌，二者不可得兼，舍鱼而取熊掌者也。所以得挑拣和放弃。拣，不是拈轻怕重、挑三拣四，而是要明白：人生不同的阶段，各有重点；同一阶段，必有主次。《大学》里有句话：“物有本末，事有终始，知所先后，则近道矣。”先做什么、后做什么，何为主要、何为次要，都要做些考虑。课堂决定一个学生学业成功的百分之九十，课堂是教与学的“主阵地”；好问甚至比勤学更重要。只有学生好问，老师才能了解学生当下的学习状态，才能明白学生的学习达到何等层级。更重要的是，只有学生好问，才能增强师生的对话。

第二个字是“检”。《周易》“君子终日乾乾，夕惕若厉，无咎。”《论语·学而》中曾子曰：“吾日三省吾身——为人谋而不忠乎？与朋友交而不信乎？传不习乎？”每天花个10分钟，反思自己的学习，反思自己在学习什么以及如何学习。如打草稿和答卷。“答卷是会开口说话的。”高难度的竞赛考试和满分追求，往往要求我们的思维既深刻又严谨。应对之策是从小处着眼，细处着手。从解题的草稿工整、清晰做起。如果喜欢乱涂乱画或是草稿很乱，说明思想中存在轻率、混乱的成分，这是审题能力、计算能力、细节能力等严重不足的表现，远不止简单的“粗心的毛病”。要花时间“拨乱反正”，将认真打草稿内化为一种学习习惯；如是否合作、讨论。社会建构主义认为，一切高阶技能的产生都源于社会互动。个体性的学习和集体性的学习都是重要的学习经历。合作——能团结人，乐于帮助人，愿意求助于人。

三个目标：我们学校的育人目标是“为超越而来、奔卓越而去，培养有理想、有本领、有担当、理性和德行协调发展的高中毕业生”。围绕这一育人目标，从“钱学森班”的办班宗旨和同学们的实际出发，我们提出三个具体目标。一是重点培养自己良好的心态和心理品质。既有个性情趣，又能正确对待挫折和成绩；既能自我设定目标并及时修正，更能积极主动地去实现目标。二是以T型人才为追求。T的竖线代表深度，代表在一个专业领域内的专业技术和能力；横线代表与他人合作的能力，思考大事的能力，学习新东西的能力。三是文理兼通、博专相成。怀特海在《教育的目的》的开篇就说：我们的目标，是要塑造既有广泛的文化修养又在某个特殊方面有专业知识的人才，他们的专业知识可以给他们进步、腾飞的基础，而他们所具有的广泛的文化，使他们有哲学般的深邃，又有艺术般的高雅。同学们进入这个班，发展方向基本上是理工科。但是，同学们一定要做到文理双修、全面发展，注重综合素质的培养和提升。钱学森先生一生追求真理、学贯中西、博古通今。他的卓越英名、伟大精神和光辉事业早已深深融入几乎每个中国人的心灵血液之中。他的科学成就、学术思想、精神风范和人格魅力，是中华民族的宝贵财富。正是优良的家学家教奠定了钱学森先生文理兼通、博专相成的发展基础，终使钱学森成就了振兴中华、造福人类的一代伟人、科学大师。

林肯说：“人所能负的责任，我必能负；人所不能负的责任，我亦能负，如此，才能磨炼自己。”这对我们所有的人都应当是激励和鞭策。同学们，自己去承担自己的学习责任和成长责任，特别是挫折责任，更要去承担家国责任。我们要坚定自己的抱负理想和报国信念，精益求精练就过硬本领，体现自身价值中快乐地生活，成为爱家庭、爱家乡、爱祖国的人，融入社会对他人有益的人，对社会进步和国家发展有贡献的人。

预祝夏令营圆满成功，同学们开心快乐！

要有国际意识

——谈中学历史教学中的国际意识教育

在历史新课程改革的推行中，我国传统上的“国际主义教育”正在向“国际意识”教育的方向转化。本文基于中学历史教学的视野，对国际意识的内涵、国际意识教育的基本认识、国际意识教育的教学方法问题进行诠释和探索。

何谓国际意识

国际意识是一种思想意识，是人们情感态度与价值观的组成部分。这种特定的概念尚无权威或严格的界定。一般而言，国际意识又称全球意识、世界意识，指的是站在世界的高度了解世界历史和当今国际社会，关注人类共同的命运，评价本国在当今世界的地位和所起的作用，认识自己的权利和义务的意识。中学历史教学，应侧重于从以下三个方面引导学生领悟和建立国际意识。

国际意识应当是全人类基本认同、尊重、理解的道德标准。在人类的历史发展进程中，由于各国文明的起源和历史进程存在差异，不同的地区和国度会形成不同的道德标准和特有的行为准则。但是，在多元的标准之中，必然有一些共同的准则使人类和平相处、共同发展，诸如倡导和平、平等、发展、人道主义等等。对这些全人类共同的道德标准的认同、理解和尊重就是国际意识。相反，只为某一个国家或地区认同的道德标准则不是国际意识。在美苏争霸的时代，美苏两国为了维护自己的利益，充当“国际警察”，把越南、阿富汗等国推入战争深渊，他们所恃的道德标准就不会为国际社会所认同，也不可能受到全人类的尊重。

国际意识是一种对世界各民族都抱有的宽容心态。世界不同地区、不同民族、不同社会的发展，既不是划一的，也不是同步的。地理大发现以前分散的世界相对独立、封闭，决定了世界各国、各民族和各地区在语言、宗教、习俗、价值观等方面存在巨大差异。近代以来，由于历史的惯性作用，以往数千年从不同的自然地理条件和人文历史条件下产生的文化差异不可能在短期内消失。这种差异的存在，使世界变得多姿多彩。但也为人与人、国与国之间的宽容相处制造了障碍。人类有过太多不宽容的历史。11—13 世纪欧洲基督徒们的“十字军东征”就是典型的事例。在 300 年的时间里，西欧的基督徒们凭借自己的信仰，组织强大的军队，向与基督教有过关联的东方伊斯兰国家和地区，前后发动过 8 次“十字军东征”，场景十分惨烈。但结果是以“十字军”的失败而告终，耶路撒冷城至今也没有纳入基督徒的“一统天下”。这种不宽容给人们带来的痛苦一直延续到现在。培养国际意识就是引导学生树立多元的文化观，尊重并理解各民族的历史文化和对社会制度的选择，用理性的眼光看待差异，用宽容的态度对待不同。

国际意识是一种对国际问题的强烈责任感。当今世界，全人类面临的共同问题比已往任何时候都更加凸现出来了。如人口膨胀、环境污染、资源枯竭、“南北”差距和地区性冲突加剧等等。这些问题的解决不是一两个国家所能胜任的，它需要世界各国人民的相互协作、共同努力。要解决全球问题，人们思维上的变革、观念上的更新是必不可少的。1972 年，第一次世界性的环境问题会议——联合国环境会议的一份非正式报告即《只有一个地球》，指出“我们已经进入了人类进化的全球性阶段，每个人显然有两个国家，一个是自己的祖国，另一个是地球这颗行星”。世界秩序学会主席罗伯特·C·约翰逊呼吁要“以人类的利益 克服狭隘的国家利益”。在全球化趋势下，中学历史教学必须高度关注学生形成正确的国际意识，让学生具备积极参与世界活动、对国际问题有着强烈责任感的良好素质。

为什么需要国际意识教育

“历史教育在本质上，就是一种思想教育，是有关社会认识和历史认识观念的教育。”历史教育一定要让学生形成正确的、科学的历史意识，否则，就会失去真正的社会价值。

我国新一轮基础教育课程改革前所未有地突出强调了国际意识教育的问题。教育部 2001 年颁布的《全日制义务教育历史课程标准》指出，“通过历史课程的学习，学生步形成正确的国际意识，理解和尊重其他国家和民族所创造的文明成果”，“了解人类社会历史发展的多样性，理解和尊重世界各国、各地区、各民族的文化传统，学习汲取人类创造的优秀文明成果，逐步形成面向世界、面向未来的国际意识”。教育部2003年颁布的《普通高中课程方案》规定，“普通高中教育应全面落实《国务院关于基础教育改革与发展的决定》所确定的基础教育培养目标”，并特别强调使学生“理解文化的多样性，初步具有面向世界的开放意识”。教育部2003年颁布的《普通高中历史课程标准》（实验）要求，“通过历史学习，……了解中国和世界的发展大势，学会从不同角度认识历史发展中全局与局部的关系，辩证地认识历史与现实、中国与世界的内在联系”。

以中学历史教学为视角，国际意识教育，就是以“三个面向”为指导，运用辩证唯物主义和历史唯物主义的基本观点和方法，站在世界的高度，用发展的眼光引导学生了解东西方各国地理位置、经济优势、历史演变、著名人物、风土人情、文化艺术等等，对学生进行国际知识、国际形势、国际关系和国际正义感的教育，并通过这些教育拓宽学生的视野，为学生正确认识世界，善于借鉴和吸取世界各国的优秀文化成果打下良好的基础。

“结合人类历史的实践来进行世界意识的教育，来得自然，来得深刻。”历史学科对于进行国际意识教育有着得天独厚的条件。如新的高中历史课程标准和按“模块十专题”体例编写的高中历史新教科书，采用贯通古今、中外关联的历史知识专题编写体例，有利于引导学生从新世纪全球化的视角了解和认识历史。尤其是适当增加了世界历史知识，凸显了了解世界在我国基础历史课程中的作用，突出了全球历史进程中古代历史文明、近代历史转型、现代历史发展的经济全球化、政治多极化、文化思想多样化的轨迹。

中学历史教科书中所涉及的中国近现代史的知识内容也是进行国际意识教育的重要载体。中国近现代史是人类历史进程中的一个重要组成部分，在其发展轨迹中，也体现着人类的发展进程。中国现代化运动百年轨迹和近现代中国仁人志士的“世界视野”，就是两个非常明显的实例，也是两个非常有助于进行国际意识教育的历史专题。现代化作为一个世界历史进程，反映了人类社会从传统农业社会向现代工业社会所经历的巨变。作为世界现代化进程中的“后发型国家”，中国的“现代化并不是一个单项的历史过程，而是外部刺激与内部回应两者相结合的过程”。同时，先进的中国人对西方的认识经历了由“器物”到“制度”再到“文化”层面的不断升华的过程，并最终取得了民主革命的胜利。从某种意义上说，一部中国近现代历史就是中国人国际意识产生、发展的历史。

探索国际意识教育

改进历史教学方法进行国际意识教育在中学历史教学中，历史教师应该围绕三维目标，根据课程内容，针对学生的实际，不断改进教学方法，进行国际意识教育的教学设计。运用联系法和比较史学的方法能很好地对学生阐明中国与世界的关系，帮助学生理解历史知识的内在联系，把握历史知识的整体结构。例如学习中国近代的屈辱史可以联系资本主义的发展，如鸦片战争爆发的根本原因是英国资本主义的发展需要更多的原料产地与产品销售市场；19 世纪 70 年代以后，西方资本主义开始向帝国主义阶段过渡，列强加紧争夺市场、原料产地和殖民地，中国边疆出现“新危机”；19 世纪末 20 世纪初世界资本主义进入帝国主义阶段，列强争夺世界霸权、分割殖民地的斗争空前激烈，掀起了瓜分中国的狂潮；一次世界大战期间由于帝国主义国家忙于战争，中国民族资本主义得到一个短暂的发展机会；五四运动的爆发，巴黎和会中国外交的失败为导火线的；日本为了摆脱经济危机的困扰，发动了全面侵华战争；等等。总之，将中国历史置于世界历史的大背景中去考察，从世界的角度寻找原因，才能更深刻地理解中国与世界的关系。

同时，教师还可以运用联系和比较史学的方法，对中外历史事件、历史人物、历史现象进行纵向或横向的比较，找出它们的相同点和不同点，让学生汲取历史智慧和开阔视野。例如：对于列强侵华的影响问题，可与英国对印度殖民统治的影响进行比较。马克思“英国在印度要完成双重的使命：一个是破坏性的使命，另一个是建设性的使命”的著名论断，就适用于我们对整个殖民体系的剖析和把握。这类比较能够使学生把握历史规律，增强历史洞察力。

引导学生以科学的世界观学习历史。在中学历史教学中进行国际意识教育，要引导学生以科学的世界观来学习历史。中学政治课本中的许多理论观点可以用来作为分析、解决历史问题的理论依据。如哲学常识中的辩证唯物主义和历史唯物主义的基本观点，政治经济常识中关于商品、货币、市场等问题的论述，以及政治常识中有关政党政治、民族宗教方面的理论观点，在历史教学中都可以广泛运用。同样，任何一种正确的政治观点都可以从历史知识中找到验证，正确的政治观点是历史理性化的产物。要引导学生通过历史课程的学习，逐步认识到：历史是人类生活和奋斗的记录，世界的物质文明和精神文明是全人类共同创造的，人类进步的过程充满着不同国家、不同民族、不同地区之间的彼此消长和相互作用。用宽容、开放的心态去理解和尊重世界其他民族，确立民族的平等意识和共同发展的观念。

引导学生从中国与世界的差距中进行历史的反思。在中学历史教学中进行国际意识教育，还要注意引导学生从中国与世界的差距中进行历史的反思。

需要明确的是，国际意识作为一种情感态度和价值观，是学生意识的组成部分，是在了解史实的基础上一种看待问题的态度、心态，它不是一朝一夕就可以养成的，也不是教师的单向传授可以灌输的，需要教师在教学中利用一切可以利用的历史资源进行潜移默化和持之以恒的渗透。

要读懂要陪伴

——2020 级高一学生家长会讲话

尊敬的家长朋友们：

上午好！

非常感谢您全家对我们池州一中的信任和选择！肩负你们的重托，我们深感责任重大，必须以最大的努力和担当，与您一同助力孩子度过辛苦而又充实、刻苦而又美好的高中生活，助力孩子历练成长，遇见最好的自己。

我们学校百余年来，克难攻坚，诚和立校，育人无数。校训，顾名思义是学校对师生的训诫和对办学抱负的表达。我们学校的校训为“居敬持志，成己成物”。指抱守着敬畏认真、专静纯一的态度和原则，坚持自己的远大志向和高尚目标，在不懈更新和提升自己的过程中，帮助和成就他人他物，追求人与人、人与物的和谐共生，造就新的良善的世界。

我们以“贵中立学，厚德日新”为主线（即 8 栋楼宇名字的首字连起来是“贵中立学，厚德日新”），结合其功能，对 3 栋教学楼、3 栋实验楼和行政楼、体艺馆重新进行命名。3 栋教学楼是贵恒楼、中和楼和立达楼。3 栋实验楼为学行楼、厚行楼和德行楼，楼名的寓意都是教导师生学行结合，知行合一，以实际行动成己成物。体艺馆，日乾楼，立意出自《周易·乾》，“君子终日乾乾，夕惕若厉，无咎。”寓意是，全校师生进德修业，既要勤勉不懈，自强不息，又要警惕谨慎，自省自重。图书行政楼，新实楼，立意出自梁启超的“苟不自新，何以获存。为学当有实功，有实用”。寓意是，全校师生惟新惟实，练就真本领，追求卓。

2020 年高考在突破中创佳绩。2020 年 8 月 20 日，我校周丽老师和孔超老师在安徽省第五届中小学青年教师教学竞赛决赛中，分别荣获一等奖和三等奖，被授予“安徽省十佳青年教师”和“安徽省青年教育教学能手”荣誉称号；9 月，吴成强老师被评选为 2020 年度安徽省新时代教书育人楷模。

2020 级高一按招生计划共录取 1052 人，657 分以下的 262 人（定向生 257 人，其中 600 分以下的 7 人；足球和科技特长生 3 人，防疫一线医务人员子女和降 10% 录取军人子女各 1 人），贵池区中考前 25 名全部填报我校，从根本上改变了以往中考尖子生大量流失的状况。首次通过自主招生并在池州市普通高中提前批次录取 45 名“钱学森班”学生，按自愿报名和中考成绩相结合首次组建文科试验班 1 个，中考成绩语数英理化 5 科达 492 分以上的组建理科实验班 4 个，平行班 13 个。为加强新生入学教育，德育处编印了《新生入学教育读本》。

家长朋友们，疫情尚未结束，低风险不等于没风险，加上秋冬又是呼吸道传染病高发季节，家长朋友不能放松警惕，要始终绷紧疫情防控这根弦，树立“健康第一”的意识，不断关注国内外疫情变化趋势，及时了解国家、省、市、县及学校对疫情防控工作的要求，配合学校和社区做好常态化疫情防控工作。孩子往往是最安全的，风险来自家庭成员。家长们要保持安全社交距离，不接触国内中高风险地区和境外返同未满隔离期限的人员。必要外出时，按要求做好个人防护措施。自己和孩子要按要求佩戴口罩，保持良好的卫生习惯，勤洗手、常通风。住校学生在每天离家前由家长进行体温检测，如体温超过37.3摄氏度时，不得入校，由家长带领学生到正规医院就诊。住宿学生每天在宿舍进行晨午晚三次体温检测。如体温超过37.3摄氏度时，通知家长带领学生到正规医院就诊。重要提示：如学生当天入校前出现肚子疼、头疼、咽喉疼等身体不适症状，要带领学生到正规医院就诊，并在家休养，待身体恢复正常后再返校。学校相关教师会将孩子落下的课程给补上，请家长放心。学生在上、下学途中尽量做到家庭、学校“两点一线”，避免不必要外出活动。

家长朋友们，孩子们已进入高中这个成长阶段。成长，是一个多么美好的字眼。成长，又是一个多么艰难的历程。成长，是人类永恒的课题。成长，又是富有一定时代性的。正处于成长关键期的孩子们，被称为“数字原住民”，他们从互联网上获取大量的知识和信息，逐步具有开阔的眼界和多元的价值观。同时，海量的网络信息和极度多元化的观点冲击甚至污染着孩子们的认知能力和自控能力，过度依赖网络的问题，以及由此引发的与父母的关系问题、学业问题、注意缺陷障碍、焦虑或抑郁等问题很突出。世卫组织发布的《全球青少年健康问题》报告显示，抑郁症已经成为青少年致病和致残的首要原因。所以，家长、学校、教师都要与时俱进，升级方法、途径和策略，努力“读懂”孩子，采用一些符合孩子年龄特点、个性特征，且易于被他们接受的方式方法，引领着孩子们成长为更好的自己，成长为德智体美劳全面发展的人，成长为担当民族复兴大任的时代新人。

读懂成长规律，伴随更好成长。春华秋实都有自身的规律。现代教育思想及体系的发展，已经科学而合理地总结出了孩子从出生、求学、直到成人各阶段的生理与心理特征。尊重规律，回归常识，保持一颗平常心，对于孩子的培养至关重要。孩子在成长中是否算得上所谓的成功，不能简单用功利思维来评价。在孩子的各个成长期，都需要遵循成长规律，培养孩子健康的身心和广阔的视野，帮助孩子找到自身定位，实现自身价值。

高中不同于初中，有更多的课程、更深的学习内容、更大的知识容量和更高的学习强度，综合性与系统性的复杂程度，对孩子的学习基础、学习能力、学习方法，特别是学习习惯、持之以恒的专注力、能经受挫折的耐性和意志力，以及充沛的体力，都会提出更高的要求。要让孩子们明白，在初中的基础上需要增加更多的现实色彩。因为面临着高考升学压力，尤其是还会面临着选科的抉择，面临着高考要学什么专业和未来的职业选择。三年磨一剑，三年备一考。引导孩子去思考“我的优势在哪儿”“我的潜能有哪些”“我要克服的缺点和改进的地方在哪里”“如何对高考有一个清晰的认识”“怎样去面对自己三年后的高考”“如何对未来的人生有一个清晰的规划”等问题。一个对自己有更为清晰认识的人，往往会产生更为良好的自我思维，更能客观地看待问题，具有更为乐观的心态和更强烈的是非观。让孩子明白，进入高中，“人生与理想”更加赫然在列啦。理想是需要奋斗的，通过奋斗是可以实现的。

习近平总书记指出：“无论时代如何变化，无论经济社会如何发展，对一个社会来说，家庭的生活依托都不可替代，家庭的社会功能都不可替代，家庭的文明作用都不可替代。”家庭的作用远远比学校重要得多，家庭教育是整个教育链中基础的基础，关键的关键。

借这个机会，与家长们分享、交流《上海教育》2020年“领航成长”特刊有关家庭教育与学校教育边界与区别的内容。家庭教育与学校最大的区别在于：（1）家庭教育是个别化的教育，针对孩子个别化的关注、指导和教育，主要由家长来完成；学校是面向全体学生的教育，提供的是一个公共的、普遍的教育，需按照统一的进度、统一的课程来进行，很难真正有效关注每一个孩子的差异；（2）家庭教育是终身性的教育，学校对孩子只是人生的一小段；（3）学校主要传授知识，家庭教育的任务主要是生活教育、人格教育和行为养成教育；（4）孩子与家长具有天然血缘关系，这是学校和老师无法替代的，父母的主体责任是责无旁贷、当仁不让的。当然，学校和家庭这两个“教育者”，要一致行动，提出同样的要求，而且要志同道合，抱着一致的信念，无论在教育的目的上、过程中还是手段上，都要尽可能交流达成共识、协调一致。我感受最深的是，家校日常要相互信任，问题要理性对待。

如果一个孩子，从家庭中获得了健全的人格，能够独立解决困难、自信面对挑战、自觉远离恶习、主动承担责任、热情投入生活、友好看待他人，成为一个不用父母操心、能为社会做出贡献、实现自己个人理想的人，就是成功的家庭教育。然而，家庭教育很重要却不容易做。

认识孩子，发现孩子。加德纳的“多元智能”理论告诉我们，人具有语言智能、数学逻辑智能、空间智能、身体运动智能、音乐智能、人际智能、自我认知智能和自然认知智能。每个孩子可能在某一个或几个智能上很强，在某一个或几个智能上较弱。孩子天生是有智能差异的。家长要理性认识到，在一个群体中，成绩也一定会有从高到低的排序。进步即质量。

好的家庭教育离不开一个关键词——陪伴。美国作家莎莉·路易斯在《唤醒孩子的才华》中说，有人研究哪些因素促使孩子在学习能力倾向测试上得高分，结果发现，智商、社会条件、经济地位等因素都不及一个微妙的因素重要，那就是，得高分的孩子都经常与父母一起吃晚饭。在父母对子女高质量的陪伴中，可以做好榜样，可以表达爱意，这些都是生活中的教育。

家庭教育与其说是“教育”，不如说是“生活”，是如涓涓细流的无数微不足道的小事对孩子产生潜移默化的影响。家庭教育如盐糖，溶于生活这缸水，无影无踪，却实实在在产生影响。所以，千万不要以为只有有目的地与孩子谈话才是教育孩子，父母生活中的一言一行、一举一动，包括和别人的交往方式，都被孩子看在眼里、记在心里。

强健的身体是幸福家庭的基础。身体健康不仅是有一个强健的身体，还包括性格开朗、阳光心态、与人为善的性格等，离不开丰富多样的体育运动和户外活动。很多同学为了赶学习，常把运动时间也节省下来“专注”于功课，但是可能坐下来不久就开始烦躁不安，虽然身体安在，但心神早飞，效率极低。这是错误地认为安静下来不动就是专注。实际上，只有将身体里积蓄的能量释放出来，才可能安静得下来。多运动可促进血液循环，能将身体四成的能量都释放出来。所以，要明白唯有“动得够”，才“静得下”。现代医学研究发现，人在运动状态下会分泌一种叫“内啡肽”的物质，它能让人感到欢愉和满足，甚至可以帮助人排遣压力和不快。因此，孩子养成每日运动的习惯，将极大地有利于内啡肽的分泌，激发孩子的愉悦感和学习热情，当孩子找到了积极循环的感觉，并巩固住了这种感觉，学习也会形成良性的循环。在压力重的时候，没有什么比在运动场上大汗淋漓一场更令人愉悦、放松的了。作为父母，训练孩子性格和身体这件事最好不要完全指望学校。因为，学校教育总是重视学生的知识学习多些，站在“知识本位”。家庭教育就必须站在“性格－身体本位”这边，更加重视孩子的性格和身体。

孩子到了高中阶段，意味着孩子来到了青年期。这个阶段，除了体力、心理、性的成熟之外，还是孩子建立高级感情活动的阶段。我们需要让孩子认识到自己的成长始终是与国家与民族的命运紧紧联系在一起的，要让孩子学习担当和负责任，立己达人，成己成物，爱国爱家。

当然，高考没有捷径，由于学习压力大，精神疾病也开始冒头，需要警觉异常的心理问题。我们学校从这届高一年级开始，将心理健康教育课排进了课程表，落实了日常上课。在高中阶段，考试是家常便饭，考得好皆大欢喜，考得不好压力山大。当孩子面临压力陷入“我是个失败者”“我做什么都很糟糕”时，我们要暂时搁置对孩子的高期待，引导孩子不要反复思考和关注压力事件的原因、结果和影响，避免陷入反刍思维，帮助孩子从消极情绪中转移出来，做好情绪调节和自我评估。同时，反思自己在面对孩子压力现状时产生的非理性想法，避免自己成为孩子的压力源之一。

家长朋友们，我们因孩子而结缘，我们为孩子“长大成人”“学习成才”而共同担当。我相信，在我们携手同行中，孩子们来的时候是个人物，毕业离开时，一定会更是个人物。

发掘教育的无限美好

教育本身就是一项充满无限可能的事业，可能性总是无限美好，很庆幸我能参与到发掘这些美好的事业之中。

——汪炜杰

小档案：

汪炜杰，安徽省池州市第十一中学校长、党总支书记，教育硕士，正高级教师，安徽省特级教师。安徽师范大学硕士生导师，安徽省首批中小学优秀校长工作室首席负责人，池州市教育学会副会长。池州市第四次党代会代表，池州市政协第四届委员会委员。

“幸运成长在百年老校，惭愧办学乏善可陈。一直用心用功实践着教育的初心，意愿强烈，功底浅薄，能耐不足。一如池州小城的日子，平淡、平常，却又总在向外张望、向上拔节。小小丘壑，也有万里河山的梦想。我希望孩子们拥有向善的品格、向上的韧性。”初见安徽省池州市第十一中学校长汪炜杰，人们常被他温文尔雅的文人气质所打动。

靠行动去带领人，靠品行去影响人，是人们对汪炜杰最多的评价。从 1994 年至今，汪炜杰已在教育领域坚守了 25 年，从历史教师、高中班主任到校团委书记、教务处副主任、办公室主任、校长，各种教育角色的扮演让他对教育事业的认识愈加深刻，对教育的热爱也愈发浓郁。“教育本身就是一项充满无限可能的事业，可能性总是无限美好，很庆幸我能参与到发掘这些美好的事业之中。”汪炜杰说。

坚持培养学生综合素质

2006年，汪炜杰任池州市第十一中学（下文简称“十一中”）校长。治校伊始，他便提出了“向善向上，适性成长”的办学理念，培养学生的综合素质。

“十一中课程齐，活动多，作业负担相对轻，孩子学习后劲大”，是当地人对池州十一中的一致评价。

在汪炜杰的带领下，学校的十一创新社、旋风足球队、天琴音乐社、樟树下动漫社、灵动舞蹈队、绳彩飞扬社和薪火篮球社等学生社团活动风风火火地开展起来。学校每年举办的文体节、元旦游艺活动和秋季体育趣味运动会已成为学校的特色项目活动。除此之外，学校每个年级都拥有自己的特色活动，如七年级的广播操比赛和跳绳比赛，八年级的“校长杯”校园足球赛、汉字听写大赛、英文歌曲大赛和物理知识竞赛，九年级的篮球赛等。

“综合素质的养成从来都不是一句空话，落实到我们日常工作中，就是要把国家规定的校本课程开齐、开足、开好。与此同时，把各种各样的学生社团办好，取得实效，做出品牌影响力，让孩子们在其中真正获得快乐，探索到自己的无限种可能。”汪炜杰说。

事业伊始，却不乏阻力。汪炜杰坦言，在此之前，学校多多少少存在中考课程占用其他非考试课程的现象。对此，他力排众议，将排查课时占用现象纳入教学检查长效机制。“国家规定的课程时间是经过科学验证的，按照正常教学流程，教师一定能在规定时间内完成自己的教学计划。”汪炜杰反对额外增加课程时间，一来挤压其他课程增加学生负担，二来也必然会降低教师的课堂效率。在汪炜杰看来，素质教育培养的阻力大多来源于人们对于学习和放松的狭窄认知，看似矛盾的两者其实彼此促进。

“孩子们要中考，开这么多校本课程，还能把成绩搞上去吗？”当初不少家长提出了这样的疑问。汪炜杰用实际行动证明了两者的可调和性。

如今，十一中的办学质量在全市遥遥领先，同时，学校的社团培养也节节开花。学生朱玫玥的“护花使者——基于物联网运用植物生长远程看护系统”获安徽省青少年科技创新大赛一等奖，叶佳恒的“泥石流预警系统”在第31届全国青少年科技创新大赛中获“创意之星奖”。“旋风”足球队的孩子们在池州市校园足球初中组联赛开赛的五年中勇夺四次冠军，绳彩飞扬社的孩子们在全市第三届中小学生跳绳比赛中包揽初中组所有项目的冠军。

成为教师成长的铺路人

从普通教师成长起来的汪炜杰至今都未离开一线教学岗位。“教师是毕生的职业”，在汪炜杰看来，一线的教学经历能够为他治校专业能力的提升提供持续稳定的营养补给，也更能让他懂得站在教师的角度思考问题，做教师成长的铺路人。

这一点，学校数学教师操斌感触颇深。在他的特级教师评审之路上，从提醒课题申报开始，到最后材料的准备，甚至细化到如何封装封面，汪炜杰一路扶持。“整个评审过程非常顺利，汪校长的指点干货满满，让我少走了不少弯路。”操斌说。

“我们理解老师评职称的不容易，因此学校领导层会最大可能地从学校的制度上向职称评定的教师倾斜，我个人也会尽最大的努力帮助教师达成目标。”身为校长的汪炜杰曾多次在市级会议上提倡要建立教师表彰的长效机制，“目的就是为我们的教师多增加一些机会”，他说。

目前，学校已形成一套教师培训机制，每学年组织一次青年教师教学评比展示活动，邀请有关专家、领导来学校进行评课指导。每学年举办一次“池州十一中教师高峰论坛”，为优秀骨干教师搭建舞台，营造激励氛围。要求45岁以下中青年骨干教师每学年必须开一堂高质量的示范课、作一次专题发言、写一篇论文或取得一项科研成果，对有一定影响力的科研论文、发表著作、学术研讨给予奖励。加强科研与教学的整合，实现教师由经验型向科研型转变。引进竞争激励机制，鼓励冒尖，使骨干教师实现业绩认同。

身为特级教师的汪炜杰，总是善用身边的教学案例与教师交流分享。“听汪校长开会，很带劲。”崇尚务实精神的汪炜杰很少在会议上讲空话、搞形式主义。他在全校教师大会上的发言让学校教师刘霞印象深刻，“学生反映作业多，关键是教师要对习题集上的作业进行二次消化，要制定出符合班级学生实际情况的作业，而不能一味地拿来，这样的‘拿来主义’只能让我们的学生浪费大量的时间，做无用功。”汪炜杰总是能非常敏锐地把握住最关键的问题，并且提出可操性极强的建议。

“校长的发展是前提，老师的成长才是根本。我们希望让更多的青年教师成长为优秀教师，甚至是教学带头人。”为此，学校专门出台“教师专业发展规划方案”，希望扶持一批 36 岁至 55 岁的高级教师，向特级教师和正高级教师进军。到 2021 年，力争在现有基础上再增加 1 至 2 名特级教师或正高级教师，激励 36 岁至 55 岁的高级教师勤于教研出成果。

打造校长团队促区域提升

2018 年 4 月，汪炜杰被遴选为教育部“校长国培计划”——卓越校长领航工程第二期中小学名校长领航班学员。同年 12 月，国家级名校长工作室“汪炜杰校长工作室”在十一中正式挂牌成立，工作室有 8 名来自池州其他中学的校长。池州市教体局工委书记、局长胡学慧对记者说：“希望依托校长工作室这一平台，带动区域中学教育的整体提升。”

“我们 9 个人有一个微信群，经常在一起讨论问题、分享收获。”每次外出到其他地方的学校考察，汪炜杰总是会提前在微信群告知一声，并鼓励大家一同前往。“外出学习很长见识，希望大家能和我一起分享这些难能可贵的机会。”汪炜杰说。

对青阳县朱备学校校长郑庆祝来说，在他的校长之路上，工作室为他打开了一扇新的大门。

今年3月，他和汪炜杰一起参加了天津市南开区中营小学的诊断调研活动。“不出去不知道，出去之后才能在其他学校的优秀经验中发现自己的问题。”此番出访，让郑庆祝感触颇深，尤其是中营小学的“导学教育”课程给他留下了深刻的印象。归来之后，他开始逐步规范学校的课程改革，“他山之石可以攻玉，在工作室的平台上真的有太多的宝贵收获”。郑庆祝对学校未来的课程改革之路愈发坚定。

“我们的工作室有一句名言：不要走在我后面，因为我可能不会引路；不要走在我前面，因为我可能不会跟随；请走在我身边，做我的朋友。”从教25年来，汪炜杰先后获“安徽省优秀共青团干部”“池州市优秀教育工作者”“池州市十佳师德标兵”“安徽省特级教师”和“池州市拔尖人才”等荣誉称号。而他希望，发挥校长工作室平台的最大功效，借力使力，有更多的校长与他同行，共同成长。

“我们倡导成员深度学习教育理论并互相分享所得，致力于行动研究中解决真实的教育问题，持续推动每一所学校聚焦于内涵发展，追求在可见的未来形成区域内有特色、可辐射、能引领的校长专业发展平台。”任重道远，汪炜杰依旧坚信。

作者：记者 方梦宇

《中国教育报》2019年05月29日第6版 版名：校长周刊·人物

中国中小学名师名校长领航工程丛书

理性教育思想的静态阐释

刘景菲◎著

中国出版集团
世界图书出版公司

丛书序

我在不久前发表于《中国教育报》的一篇文章中提到：必须高度重视我国教育本土实践与智慧的深度研究，这可能是中国教育转型的关键，也是增强教育自信的必由之路。这里摘引其中的几段。

何为“本土”？自然指向的是中国本土，它是中国的，是中华民族的，是在中国教育自身的实践中产生的。但今天的本土，又不是纯粹的孤悬于世界教育文明之外的“孤岛”。近代以来，国门大开，中外交流包括教育的交往从未中断，而且越来越有深度，也越来越融通。因此，可以说，在全球经济一体化的今天，偌大的中国，无论怎样的教育实践和思想，都像今天的中美经济贸易一样，你中有我，我中有你，所以这里的本土应该是指发生在中国大地上却又融汇了全球教育智慧的本土实践，是在实践中产生的智慧。研究本土教育，弘扬本土教育的实践智慧、经验，绝不意味着我们对于他国教育理论和实践的拒绝和对抗。

事实上，许多年来，随着教育部中小学名校长、名教师领航工程的陆续启动，一批又一批原本散落、尘封、不为外人所熟知的教育实践成功的学校、校长和教师典型，经由国家工程的推动，越来越快地成长、发展和成熟。笔者参与教育部中小学名校长领航工程，以江苏基地首席专家的身份，与来自全国15个省市自治区的教育家型校长“互学共进”，见证了他们在一流理论和实践导师的专业引领下自身成长和学校发展的

“蜕变”过程，深感与最为杰出的教育人结伴而行，乃人生至乐，且真正可以教学相长。感受最深的是代表我国现阶段最高水平、最高层次的精英校长，他们在长期的教育和学校管理实践中，在长期广泛学习、借鉴、研究、融会贯通、将世界优秀的教育理论与我国教育实际相结合的过程中，不断地“立功、立德”，成就越来越多的教育辉煌，其中有很多校长已经或者正在形成富于本土教育特色和个性的教育思想。

这样成功的本土实践、这种在本土实践中成长起来的中国教育智慧，对于教育改革的深化，对于教育转型，其借鉴意义和价值深远，一点也不亚于西方教育成功的理论和模式；甚或，因为其同源性、可行性，就显得更加重要。对之视而不见或者置若罔闻，这要么是崇洋媚外的劣根作祟，要么是功利导致的无知和漠视。

到2021年9月中旬，教育部第二期教育家型校长培养工程圆满结业，中国已经培养出近180位教育家型校长。而随着时光流逝，他们中的越来越多的人都将淡出教育的主流场域，这虽然是新陈代谢的规律所致，但对于这一批校长，在这样一个黄金时段，如何最大限度地发挥他们的作用和功能，更好地实现在教育变革中的意义和价值，对此我们又有多少考虑，又有多少顶层设计呢?

作为曾经伴随着他们“走过这一段路”的培养者，作为亲眼见证和感受着他们的优秀、卓越和创造了一方教育辉煌的专家，每每想到这些，只有扼腕叹息，我无法要求国内的教育专家学者转换视角、转变观念，把研究的重点瞄向本土、本土真正杰出的教育实践家、中国一流的教育家型校长群体，也无法突破一般政策的规定，比如校长任职年龄的限制，充分发挥这些领航校长的智慧和才干，不断创造办学和教育的奇迹，引领一方教育顺利转型。我可以做的，或者说力能胜任的，大概就只能是重点关注这些校长中的一部分，调动多方专家力量，如实地呈现他们有关教育的功、德、言，呈现他们的研究成果和创造成果。

这套《中国中小学名师名校长领航工程丛书》正是要通过这些校长

自身成长的轨迹梳理、学校发展的过程回放，通过对其经验与理念、理性思考与实践智慧的展示，特别是通过他们教育思想、管理个性与办学风格的真实表达，以理性开启思维，以经验启迪思想，以成功激励成功，为面广量大的校长人群提供资源帮助，经验参照和方法启迪，推动正行进在改革现实、加快转型、探索未来教育的他们突破、超越，从而为加速建设教育强国、科技强国、人才强国贡献智慧和力量。

不仅如此，通过这种原汁原味的成功样本的“实录”，展示中国基础教育转型期一批勇敢者不息探求的历史，为未来国内有志于中国基础教育研究的专家提供第一手的最真实的素材和资源。也衷心希望越来越多的教育同仁参与进来，开展越来越多、越来越丰富的研究，取得越来越多、越来越厚重的成果。

当中国本土的教育实践智慧被越来越多的教育人、研究者深度关注，当本土教育家型校长和校长教育家的办学思想、成果的研究终于成为“显学”，我国教育改革的深化、教育转型的发展，就进入了花香郁郁、生机勃勃、自信满满的崭新阶段。

本丛书的组织、编写和出版，得到了教育部“国培计划”专家工作组秘书长黄桂珍、领航工程项目办郭磊主任、国教院培训学院于维涛、领航工程北京基地首席专家胡淑云、领航工程广东基地首席专家龚孝华等的大力支持，他们给予本书以较高的评价，在此深表感谢。必须要提到的是，2020年，北京教育学院校长、培训学院院长胡淑云教授邀我和广东第二师范学院龚孝华教授一同参与了中国教育学会重点课题“从名校长到教育家型校长发展路径研究”，本丛书恰恰是围绕这一课题所做的“研究三人行”之成果了。

严华银

2022年2月星期日于南京老山竹下居

目录

contents

第一章

理性教育思想的学理性阐述

第一节　理性教育思想解读

有 3008560316 幸入选教育部第二期中小学领航校长班，被列为教育家型校长培养对象，在教育部中小学校长与幼儿园园长培训指导专家工作组专家与领航工程江苏基地首席专家指导培养下，2021 年 9 月中旬教育部第二期教育家型校长培养工程校长班圆满结业，经过 3 年的学习和研修，在一流理论和实践导师的专业引领下自身成长和学校发展发生了“蜕变”。深感与最为杰出的教育人结伴而行，乃人生至乐，且真正实现了生命成长。为了遵循教育部六年前启动该项工程时的初衷，最大限度地发挥教育领航实践者们对于教育未来的“领航”价值，通过自身作为校长成长的轨迹梳理、学校发展的过程回放，通过经验与理念、理性思考与实践智慧的展示，尤其是通过自身教育思想、管理个性与办学风格的表达，以理性开启思维，以经验启迪思想，以成功激励成功，推动正行进在改革现实、加快转型、探索未来教育中的成千上万的校长们突破、超越，从而为加速建设教育强国、科技强国、人才强国贡献智慧和力量。

学校的宗旨是教书育人。但育成什么样的人就很有讲究。不同的社会、社会发展的不同阶段、社会的不同行业，对人的思想、意志、品质、知识结构、专业技能，都有不同的要求。幼儿园、中小学、职业学校、大学，都有不同的办学宗旨和办学目标。所以，不同的学校，就要有不同的办学思想，要有自己的办学思想。人的思想，就是对事物的看法、观点、观念。按梁漱溟先生的说法，有思想，就是从不人云亦云，对事物有自己的理解和见解，有自由的思想和独立的精神。教育思想是指人们对人类特有的教育活动现象的一种理解和认识，这种理解和认识常常以某种方式加以组织并表达出来，其主旨是对教育实践产生影响。教育思想具有历史性、社会性、前瞻性、继承性等特征，它有助于人们认清教育工作中的成绩和弊端，使教育工作更有起色。如陶行知先生的“生活教育”思想，聂圣哲先生的“养活教育”思想。

校长应该有自己的教育思想。所谓校长的教育思想，也就是校长自己对教育和办学的思考和独立见解。校长的办学理念，就是理想、思想、观念；办学理念，就是一种深层次的、哲学层面的办学思考。理论研究工作者有他们的思维方式和表达方式，我们实际工作者应该有我们的理解方式和工作方式。办学思路、办学策略、办学方法，大体是一回事；办学目标、办学目的、办学追求，大体是一回事；教育理论、教育哲学、教育思辨，大体是一回事；教育思想、教育观念、教育理念，大体是一回事。抽象地讲，办学思想就是校长办学的理想、主张、追求、目标。它是一种哲学层面的办学思考，是办学的一些根本的想法。具体地讲，办学思想就是两个追求：你想办一所什么样的学校？你想培养什么样的学生？这是办学的定位思考，是每一位校长对自己职业的责任、义务和使命必须作出的回答。蔡元培先生在北京大学提出了著名的“思想自由，兼容并包”的办学原则。他对北京大学的定位是：“大学者，研究高深学问之地也。”“大学为纯粹研究学问之机关，不可视为养成资格（镀金）之所，亦不可视为贩卖知识之所。学者当有研究学问之兴趣，尤当养成学问家之人格。”1917 年，蔡元培在就任北京大学校长演说中，对学生提出三点要求：“抱定宗旨，砥砺德行，敬爱师长”。他要求学生从此以后，一定要抱定为求学而来的宗旨，“入法科者，非为做官；入商科者，非为致富”。这就是蔡元培的办学思想：独立、自由、兼容、学问。北京四中前任校长邱济隆，是一位比较成功的中学校长。他概括自己的办学思想为：首先是怎样办学校。他认为，“教育思想是办学的灵魂，教育质量是学校的生命，管理水平是办学的关键”。其次是怎样对学生。他提出，在教学的全过程中，校长、教师要对学生“三个负责”：对全体学生负责，对学生全面负责，对学生的一辈子负责。邱济隆校长这“两个三”（三个办学主张，三个对学生负责）是我们当今中小学办学思想一个比较好的表达。再如上海建平中学的冯恩洪校长。冯校长在 20 世纪 90 年代有句名言：“没有升学率不行，光有升学率不够。”这句话现在听起来很平常，但在当时是很精彩的。这几乎是高中校长解决应试教育和素质教育完美结合的一份宣言，他几乎取得了家长、社会、教育行政部门和理论界的一致认可。针对学生的全面发展，冯校长说：“我琢磨了很久，直到看到英国人对丁俊晖的评价，才把这个问题想明白，学生的全面发展，并不是指每个学生都要全面发展，而是指学生的整体，指的是一代人，在我们培养的这一代人中，应该既要培养出政治家、军事家、科学家，也要有优秀的运动员、艺术家、美容师和厨师。如果要求人人全面发展，就不会有丁俊晖、郎朗和刘翔。”这是他教育思想的一个重要观点的表达。且不论冯校长的这个观点对不对，他有思想，他有他的办学思路。他总在思考，并不断地努力为他的办学思路解决思想理论上的困惑。总之，办学思想，体现一个校长的教育理想、信仰、价值观，是校长的智慧和创造才能的展示，是校长在学校发展中的思路。它是校长在实践中体验和领悟的结果，决定着学校的办学水平。校长办学思想的个性化，则决定学校的办学特色。因此，它应当是不可以拷贝的，必须是自己的。教育思想是办学的灵魂，管理水平是办学的关键，教育质量是学校的生命。著名教育家陶行知先生是这样论述和评论校长：“做一个校长谈何容易！说得小些，他关系千万人的事业前途，说得大些，他关系国家与学术之兴衰。”无数事实证明，校长是学校的灵魂，是学校的一面镜子。许多学校成功发展的实践经验让我们明白了这样一个道理：一流的学校建设离不开优秀的校长，一个优秀的校长必然会建设出一流的学校。因此，校长必须要内修外炼，提升自身的管理意识和管理水平。“教育”内含“教”与“育”两个方面。“教”的对象是知识，“育”的对象是价值。一般而言，教育思想的类型包括教育理论、教育学说、教育思潮、教育经验、教育信念、教育信条、教育建议、教育主张、教育言论、教育理想等。教育思想有助于人们理智地把握教育现实，使人们依据一定的教育思想从事教育实践；有助于人们认清教育工作中的成绩和弊端，使教育工作更有起色；有助于人们合理地预测未来，勾画教育发展的蓝图。

作为学校的实际管理工作者，校长的教育思想一般是指校长的办学思想。校长为什么要有教育思想？校长要有教育思想，是教育这个行业属性决定的。教育思考，作为一种事理性研究，它同时包括了人文性的质化探讨和工具性的量化分析。例如医疗的性质和目的很明了，就是救死扶伤，它基本不需要再进行什么人文性的、质化的探讨。不需要讨论什么是医疗的目的，为什么要救人，人的身体健康和社会政治经济有何关系，等等。医疗的人文理论基础，就是人道主义。但教育就不同。我们要解决“什么是教育？教育的本质是什么？教育的社会功能是什么？教育与经济和社会发展的关系是什么？”这些问题，这是对教育人文性的质化探讨。我们还要解决教育的有效性、教育效果质量的评价测量、教育方法的研究等，这是对教育工具性的量化分析。所以柏拉图说：“教育和政治，是世界上最难的两门艺术。”作为学校管理中的核心人物，校长在推动学校持续、高效运转中的领军作用不容忽视，校长的领导力对于学校管理的改进效果有着最为直接的影响。当前，在推进教育治理体系和治理能力现代化，建设有中国特色的现代教育制度这一背景下，探讨如何提升校长领导力，进而提升学校管理工作的实效性，是一个时代命题。学校的管理是一项长期、艰巨、复杂的工作，要达到科学管理，必须靠教育工作者不断努力，积极探索，开拓创新，使学校管理有序，关系融洽，校风良好，教风浓厚，更好地实施素质教育。通过自己的亲身体验和工作经历，使校长懂得管理好学校所具备的素质，与教师共同努力，开拓进取，把学校的各项工作搞上去，为争创一所高品质学校而努力奋斗。

对中小学管理，有人将前60年划分了三个阶段，叫作从人治到法治继而文治。人治（1950—1980年初）。那个年代，办教育、办学校，靠什么来管理学校呢？靠为人民服务，靠忠诚和信仰；靠经验、热情和干劲；靠资历、威信和人格；靠计划管理，靠上级指示，靠从上到下的一级一级的工作布置。法治（1980—1999年）。这一阶段，学校管理有两个突出的特点。第一，大批专家、学者、优秀教师走上了校长岗位，并且进行了大规模的有计划有步骤的校长培训。他们学习教育管理的理论、方法，学习教育的法律、政策，学习大教育观，学习新课程、新课程改革。这前所未有的大规模的校长培训，使校长的综合素质有了全面提高，形成了一支成熟的校长队伍。第二，法制进入学校。依法治校，法治代替人治。随着制度体系越来越庞大，越来越具体和细致入微，这时候我们突然发现，“法制”反而不好使了。特别是出现了以量化和结果这两个要素来管理和评价一切的倾向以后，很多问题出来了。制度管理解决不了所有的问题，如思想品质、敬业精神、师德规范、爱心奉献、德育操行等，我们的制度和量化好像管理不了了。毕竟，学校不比企业、教师不比工人、育人不比生产物资产品。文治（20 世纪 90 年代后期以来）。这时学校管理出现了一种新的思维，即文化管理。文化治校的核心和本质，就是使全校的教职工形成一种共识，形成一种凝聚力，形成一种氛围，形成一种气场，最终形成一种学校的主人翁意识、主人翁态度。每一个教职工都把学校的事当作自己的事，校长的办学思想，成了全体教职工的办学思想。所以，文治的核心思想应该是学校的向心力、凝聚力和认同感。文化治校有两种情况：一是制度管理是科学，但不是万能的；量化考核很精确，但不总是很正确。制度管理一定要和人性管理相结合，定量管理一定要和定性管理相结合，目标管理一定要和过程管理相结合，业务管理一定要和思想管理相结合。二是校长治校，应该是德治、法治、文治的结合。校长的人格、德行、品质、内涵、热情、事业心和进取心，是个前提；法治和制度，是现代民主、公平、法理的体现，是学校常规管理有效运行的基础；而形成学校共识、主人意识、高度和谐的局面，则是校长治校的最高境界，是思想的引领。

党的十九大报告第一次提出，中国特色社会主义进入新时代，提出了新时代中国特色社会主义的思想和基本方略，开启了全面建设社会主义现代化强国的新征程。报告就教育事业发展来说，提供了强大的思想武器。“八个明确”“十四个坚持”，就是新时代推进中国特色社会主义，夺取中国特色社会主义伟大胜利的指导思想和基本方略，构成了今后各方面工作的行动指南。

以习近平同志为核心的党中央高度重视教育工作，深刻阐明了新时期教育改革发展的一系列重大理论和实践问题，强调教育是对中华民族伟大复兴具有决定性意义的事业，要发展具有中国特色、世界水平的现代教育。当前，我国教育的内外环境、供求关系、资源条件、评价标准都已发生了重要而深刻的变化，我国教育改革发展已进入中国特色社会主义新的历史阶段。在看到成绩的同时，我们也要清醒地认识到，与世界先进水平相比，与中央要求、社会需求和百姓期待更好的教育相比，与全面建成小康社会和实现“两个一百年”奋斗目标的要求相比，我国教育改革发展还有差距。面对新形势、新任务，我国教育还不能完全适应人的全面发展和经济社会发展的需要，现代教育公共服务体系、现代教育治理体系、现代教育保障体系还不够健全，一些深层次体制机制障碍需要重点破解，一些人民群众关心的热点难点问题还需要加快解决，地方推进改革的内在动力和活力还需进一步激发。

十九大报告提出，中国特色社会主义进入新时代，我国社会主要矛盾已经转化为人民日益增长的美好生活需要和不平衡不充分的发展之间的矛盾。今后教育发展的任务就是进一步促进教育均衡发展，解决好不平衡不充分的问题，满足人民日益增长的享受更公平更高质量教育的需求。这就要求我们必须贯彻落实党的十九大精神，振奋精神、坚定信心，勇于开拓、敢于担当，化压力为动力、变挑战为机遇，作出无愧于时代、无愧于人民、无愧于历史的光辉业绩。

教育战线要全面贯彻党的十九大精神，深入贯彻习近平新时代中国特色社会主义思想，紧紧围绕统筹推进“五位一体”总体布局和协调推进“四个全面”战略布局，牢固树立和贯彻落实新发展理念，坚持教育为人民服务、为中国共产党治国理政服务、为巩固和发展中国特色社会主义制度服务、为改革开放和社会主义现代化建设服务，全面贯彻党的教育方针，落实立德树人根本任务，深化教育综合改革，发展素质教育，推进教育公平，不断在幼有所育、学有所教上取得新进展，培养德智体美劳全面发展的社会主义建设者和接班人，为实现“两个一百年”奋斗目标、实现中华民族伟大复兴的中国梦奠定坚实基础。

深入学习贯彻党的十九大精神；健全立德树人系统化落实机制；深化教育体制机制改革，为发展具有中国特色、世界水平的现代教育提供制度支撑，推动各级各类教育协调发展，努力让每个孩子都能享有公平而有质量的教育；切实加强和改进教育系统党的建设，为教育改革发展提供根本保证。这些都需要校长有前瞻性的、正确、科学的教育思想。

孔子“学而不厌，诲人不倦”教育思想理论对后世的教育影响极大。孔子的思想学说和他的事迹被汇编成《论语》，成为研究孔丘教育思想最重要的材料。现代“生活教育”的思想理论，“生活即教育”是陶行知生活教育理论的核心。什么是“生活教育”？陶行知指出：“生活教育是生活所原有、生活所自营、生活所必需的教育。教育的根本意义是生活之变化。生活无时不变，即生活无时不含有教育的意义。”既然生活教育是人类社会原来就有的，那么是生活便是教育，所谓“过什么生活便是受什么教育：过好的生活，便是受好的教育，过坏的生活，便是受坏的教育”。“社会即学校”是陶行知“生活教育”理论的另一个重要命题。陶行知认为自有人类以来，社会就是学校，如果从大众的立场上看社会是大众唯一的学校，生活是大众唯一的教育。统治阶级、士大夫为何不承认此命题，是因为他们有特殊的学校给他们的子弟受特殊的教育。陶行知反对这种特殊的不平等的教育，提出“社会即学校”，以此来推动大众的普及教育。

“教学做合一”是生活教育理论的教学论。“教学做合一”用陶行知的话说，是生活现象之说明，即教育现象之说明，在生活中，对事说是做，对己之长进说是学，对人之影响说是教，教学做只是一种生活的三个方面，而不是三个各不相谋的过程。“教学做是一件事，不是三件事。我们要在做上教，在做上学。”以种田为例，种田这件事，要在田里做的，便须在田里学，在田里教。在陶行知看来，“教学做合一”是生活法，也是教育法，它的含义是教的方法要根据学的方法，学的方法要根据做的方法，“事怎样做便怎样学，怎样学便怎样教。教而不做，不能算是教；学而不做，不能算是学。教与学都以做为中心”。关于乡村教育思想，伟大的人民教育家陶行知先生一生从事乡村教育的实践活动与理论研究，积累了丰富的经验，形成了先进的教育思想。陶行知先生曾对他的学生提出，要爱人类，爱人类中最多数而最不幸的中华民族，爱中华民族中最多数而最不幸的农人。学校要加强爱国主义教育，这种崇高的情感也要从身边、从小事培养起，教育学生爱家乡、爱农村、爱农民。把祖祖辈辈留下的这种凝重而纯朴的情感从他们内心深处挖掘出来。“千教万教教人求真，千学万学学做真人。”这是陶先生教育思想的最可贵之处，把思想政治教育分解渗透于学生的生活实践中去，潜移默化、不空洞、不虚无，这也是一种真。把教育同生产劳动、同当地经济建设结合起来。“教学做合一”是陶行知教育思想的一条主线，他十分重视教育同生产劳动相结合。

关于养活教育思想，中国陶行知研究会副会长聂圣哲，在陶行知先生的生活教育基础上，创立“养活教育思想”：教孩子做不会做的事情，逼迫孩子做（不断改善）会做的事情。督促孩子从三四岁起开始做家务，学习各类劳动，这是孩子一生中最宝贵的金牌课程，该课程的老师就是父母。教孩子做不会做的事，逼孩子做会做的事，帮助孩子尽早独立生活，立足于社会，培养“不拼爹娘、不坑爹娘”的下一代。养活教育思想核心：教孩子做不会做的事情，逼迫孩子做（不断改善）会做的事情！养活教育思想要点：优秀是教出来的，家庭教育尤为重要。其实，家庭教育是一个人将来能否立足社会的根本。从人生的教育总量来讲，家庭教育的重要性占80%的比重。家庭教育没有那么复杂，就是劳动教育，两件事情：做家务，学吃苦。说得再简单一点，就是逼迫孩子劳动。

根据《论语》，人们可以从不同的角度概括孔子的教学内容，孔子的教学内容应该包括道德教育、文化知识和技能技巧的培养等三个部分。孔子认为“行有余力，则以学文”，把道德和道德教育放在首位，为三者的重心，也是孔子教育思想的核心。诲人不倦，孔子对学生的爱和对学生高度负责，是他有诲人不倦教学态度的思想基础，已成为中国教师的优良传统。

人民教育家于漪在上海杨浦高级中学举行的她个人教育思想研究

中心揭牌仪式上分享："我的从教准则是，理想就在岗位上，信仰就在行动中，要锲而不舍，坚韧不拔，奋勇前进，愿与老师们共勉。"她说："成立于漪教育思想研究中心只是一个引子和原点，搭建这个平台是为了让广大优秀教师能够交流先进思想，传播育人经验，让基础教育队伍涌现出大量卓越的教师。个人的力量是渺小的，伟大祖国的教育事业需要千千万万的优秀教师胸怀壮志，立德树人，充分发挥聪明才智，来谱写新时代教育事业的新篇章。我这名老教师，对教师队伍中的优秀者、杰出者心怀感激，无尽崇拜。今天不只是求贤若渴，而是要造就贤才、造就人才，所以，对我这名老教师而言，我绵绵不断地思考和日夜期盼的是，我们中青年教师要能够抓住时代机遇，要倾心、醉心教育事业，要自觉快快成长，成为我们教育队伍中的能人、贤人、智者，成为真正的有理想信念、有道德情操、有扎实学识、有仁爱之心的'四有'好老师，要勇担新时代的教育责任，创造新时代的教育辉煌，恩泽莘莘学子。"

于漪老师的教育思想激励青年教师将对教育事业的热情转化为自己成长的力量与智慧，承担起立德树人的使命。于漪教育思想研究中心在杨浦高级中学建成，中心具备研究、展示、培训三方面功能，研究中心将适应新时代教师队伍改革发展的需要，深入研究于漪教育思想，发挥于漪教师示范引领作用，在传播新时代教育思想和培养教育新时代教师队伍方面作出探索与努力，具有深远现实意义。

"举旗帜、聚民心、育新人、兴文化、展形象"的思想，是新时代教育工作的历史使命，集中体现了习近平总书记关于教育工作系列论述的人民性特质。这五大方面彼此融为一体，不可分离。教育者要坚持人民至上的价值立场，通过举旗帜聚民心，在聚民心中育新人，在育新人中兴文化，推进教育内涵式发展，提升我国的文化软实力、国际影响力，向世界展示中华文明的魅力。

要提高受教育者自我教育的积极性。教育是"一个灵魂唤醒另一个灵魂"，整个教育活动最终是要让学生的精神振奋起来，实现自我教育、自我提升，将学习教育融入中国特色社会主义建设实践中去，达到为实现中华民族伟大复兴凝心聚力的作用。育新人：培养什么人，如何培养人，为谁培养人。习近平总书记指出："育新人，就是要坚持立德树人、以文化人，建设社会主义精神文明、培育和践行社会主义核心价值观，提高人民思想觉悟、道德水准、文明素养，培养能够担当民族复兴大任的时代新人。"育新人是教育实现人民利益的"顶层设计"，育新人是教育者、教育方法、教育对象诸要素相互作用的过程，在这一过程中产生了三重教育关系。一是价值关系。体现为教育的价值目标追求。习近平总书记指出："坚持改革创新，以凝聚人心、完善人格、开发人力、培育人才、造福人民为工作目标，培养德智体美劳全面发展的社会主义建设者和接班人。"这体现了教育的价值关系，涉及"培养什么人"的问题。二是认识关系。价值目标的实现要符合教育规律，涉及如何培养人的问题。教育者需要探讨如何遵循思想政治工作规律、教书育人规律、学生成长规律，克服违反教育规律的唯分数、唯升学率、唯文凭、唯论文、唯帽子等顽瘴痼疾。三是实践关系。在确立教育目标、探索教育规律之后，将教育付诸实践，涉及"为谁培养人"的问题。教育要为人民服务，为中国共产党治国理政服务，为巩固和发展中国特色社会主义制度服务，为改革开放和社会主义现代化建设服务，这"四个服务"的实质是以实现人民利益为依归。育新人的教育实践是在具体活动场景中进行的，不同的场景开展教育活动的方式有区别。这要求思想政治教育在实践中要"因事而化、因时而进、因势而新"。对应着三重关系，教育可分为"想"与"做"两个方面。"想"就是要设定目标和探寻目标实现的规律；"做"是实现目标的实践行动，是目标的实际实施过程。教育者的"想"应当是世界性的，在世界舞台上培养能够担当民族复兴大任的时代新人；"做"应当是区域性的，教育者要守好一段渠、种好责任田。

教育者要努力学习和实践马克思主义关于坚守人民立场的重要思想，将举旗帜转化为努力让 14 亿多中国人民享有更好更公平教育的实践活动，用习近平新时代中国特色社会主义思想教育学生，夯实民族复兴的根基，不断使教育与人民的期待相契合。

校长办学需要理性。什么是理性？《现代汉语词典》中这样解释：

理性，指属于判断、推理等活动的（跟“感性”相对）；从理智上控制行为的能力。理性意思和感性相对，指处理问题按照事物发展的规律和自然进化原则来考虑的态度，考虑问题、处理事情不冲动，不凭感觉做事情。属于人的内在美，指为人处事比较理性，做什么都井井有条，遇到什么事都能三思而后行。理性是指人在正常思维状态下时，有自信与勇气地遇事不慌且能够全面了解和总结并尽快分析后恰当使用多种方案（这些方案可以是预备的或是临时的）中其中的一种方案去操作或处理，达到事件需要的效果。理性是基于正常的思维结果的行为。反之就是反理性。理性的意义之一在于对自身存在及超出自身却与生俱来的社会使命负责。

理性认识是认识的高级阶段。在感性认识的基础上，把所获得的感觉材料，经过思考、分析，加以去粗取精、去伪存真、由此及彼、由表及里的整理和改造，形成概念、判断、推理。理性认识是感性认识的飞跃，它反映事物的全体、本质和内部联系。理性其实是指在理论中依靠逻辑推理得到可靠结论，没有涉及逻辑推理的前提是否完备的问题。理性的功绩在于：当前提可靠时，它能使结论是可靠的。理性教育就是理性分析的教育，不掺杂个人情感的教育，公平公正的教育。丰富的教育经验，会让我们对教育的作用、目的和途径、教育的内容与方法有更明确的认识和思考，形成科学的教育思想体系。

理性教育在教育的作用问题上，对教育在培育人才、强盛国家中的作用寄予厚望，表现了对教育工作的高度重视，是具有进步意义的，并认识到教育与环境、遗传之间的辩证关系，更认识到教育要受到经济和政治的制约。在教育的途径问题上，教育要通过家庭教育和学校教育合作进行，因材施教促进人的全面发展。尊重教育规律和生命成长规律，注重核心素养和价值观的培育，包容体育、德育、智育在内的理性教育体系对教育实践和教育理论的发展产生了重要影响。

遵循理性教育办学思想进行文化治校，是办学思想的实施——如何治校，也就是选择怎样的手段达到目的，即选择怎样的方法实现目标，选择怎样的路径到达终点。换句话说就是校长如何进行学校管理。

第二节 理性教育思想对于校长、学校、学校治理的意义和价值

“一个好校长就是一所好学校”，多少年来这句话激励着无数校长的教育热情和使命，同时也激发了政府乃至社会各界对校长队伍建设的重视。进入 21 世纪后，随着“立德树人”培养目标的确立，课程与教学改革、考试评价改革、教育管理体制改革等一系列重大教育改革深入推进，全国 30 多万名中小学校长的素质成为决定改革成效的重要因素之一。

构建新时代校长思想领导力。思想是指客观存在反映在人的意识中经过思维活动而产生的结果，是人类一切行为的基础。领导力可以被形容为一系列行为的组合，校长的思想领导力指的是校长将思想运用到教育实践中的行为，这些行为激励全校教职员工按照这种思想完成学校的各项建设和发展任务。

“领导学校，首先是教育思想上的领导，其次才是行政上的领导。”教育思想是指人们对人类特有的教育活动现象的一种理解和认识，这种理解和认识常常以某种方式加以组织并表达出来，其主旨是对教育实践产生影响。

校长的教育思想具体表现为校长的教育价值观，即办学思想、治校思想、育人思想等。因此，校长的思想领导力是指校长将自己的教育价值观落实到教育实践中的一系列行为，激励和引导全校教职员工规划学校的愿景，健全学校的管理制度，落实学校的育人目标。

校长是一个学校的灵魂所在，对学校的成功创建、平稳运行、革故鼎新、进步发展具有决定性的作用。拥有强大思想领导力的校长，能够清晰地对学校的未来进行全面规划，敏锐地发现有利于学校变革发展的机遇，紧紧抓住机会提出变革的可行性，引领学校的发展。

校长的教育思想来源于客观现实和自我凝练，是校长立足于教育实

际，通过对教育理论和教育规律的学习，不断思考教育的目标与价值、教育的本质与规律、教育的策略与方法，结合自身经历与性格特质而形成的思想观念。校长教育思想的形成是一个结合实际不断凝练的过程，“对校长所需要凝练的理念来说，它更多的是指理性的观念或理想与信念的统称。很大程度上，凝练教育的理念就是寻找教育的原点、立足点，寻求办学过程中的确定性。这是校长形成自己个性化的办学思想的逻辑前提”。

“校长先进的教育思想是学校活力之源，但凡卓越的学校，校长必须要有教育思想及其实践中的深刻体认。”校长的教育思想概括起来大致可以分为办学思想、治校思想、育人思想。办学思想是指结合所在学校实际而确立的办学指导思想，包含在具体学校体现出来的教育目的观、教育价值观、教育管理观、教育活动观、教师观、学生观等，是校长对其所在的具体世界（具体学校）所做的具体思考。治校思想是指治理学校的理性观念，即学校科学地管理人财物，有效肩负起使命的原则和方法的理性观念。育人思想是指对教育根本目标的思考，通俗地说就是学校要培养怎样的人。

当前基础教育阶段校长的教育思想具备以下几个特点：

（1）时代性。结合当今世界发展特点与中国实情，校长的教育思想要能体现时代进步的要求和国家发展的需要。当今世界，合作与共享、环境与能源、公平与法制、信念与理想、创新与发展成为教育的主旋律。在这一背景下，如何培养新时代社会主义建设者和接班人成了教育的使命与担当。基础教育阶段是学生价值观形成、知识方法习得、行为习惯养成的关键期，学校教育能否站在时代进步的经度、国家发展的纬度来培养未来需要的人才，很大程度上要仰仗于有与时俱进的教育思想的校长的引领。

（2）科学性。校长的教育思想要符合教育教学和人才成长的规律，体现科学性。规律是不以人的意志为转移的客观事物内在的必然的本质联系，以及事物发展变化的必然趋势。教育有教育的规律，“因材施教”“立德树人”“皮格马利翁效应”“结构智能理论”“结构主义理论”等，无不深刻地揭示人才成长的心理规律和教育规律。校长的办学思想、治校理念、育人思想只有充分尊重规律，才能在实践中遵循教育的本质，达到科学育人的目的。

（3）实践性。实践性有两层含义：一是指校长的教育思想来源于实践经验的升华和凝练；二是指校长的教育思想最终要在实践中获得延伸与验证。“实践是认识的唯一源泉”，思想来源于实践，所有学校成功的办学理念都是针对实践中的种种问题而提炼出来的。回归办学实践，是教育思想最终发挥作用的唯一途径。

（4）发展性。教育思想的形成过程是校长形成个性化办学思想的过程，并在实践中不断完善和发展。因此，校长的教育思想是动态的，是根据时代发展、社会需求、师生状况、教育实际不断发展变化的。变化与发展是它的主旋律。

教育思想说到底还是形而上的观念，思想如何落实到实际工作中，如何引领全校师生开展教育教学工作是校长发挥思想领导力的重要内容。当前阶段，基础教育学校校长教育思想的形成和思想领导力的构建是亟须面对解决的问题。

首先是传播思想。思想领导力的发挥建立在思想的影响力上，思想的影响力建立在思想的传播上。校长的办学思想、治校思想、育人思想等需要通过各种途径在学校内进行宣讲，在全校师生面前的演讲、在校内网站或刊物上发表的文章、在学校各级会议上的专题讲话、与教师的个别沟通等都是传播校长教育思想的有利时机。全校师生只有达成共识，才能更高效地落实学校的各项工作，校长的教育思想才能落地。

其次是组建部门、创新制度。思想的引领会影响学校的各项决定和工作，各项工作的开展是校长思想领导力发挥的重要途径。在学校里，各项工作的开展主要表现为组织的设置与制度的拟定。学校的组织结构很大程度上体现了校长的办学思想、治校理念，学校新增组织、合并组织、撤销组织等行为都是校长思想的具体体现。各项制度和各种计划的制订，如学校规划、年度计划、总结报告、规章制度等是校长思想的制度化体现。在制度和计划的推进过程中，全校师生在校长教育思想的引领下积极主动地开展各项工作。

最后是营造文化。校长的教育思想通过传播、落实后，经时间沉淀，变成全校师生自觉遵守的教育观、价值观，这个过程就是营造学校文化的过程。营造文化包括思想传播、组织完善、制度创新等，也包括学校环境建设和行为规范建立。当思想通过上述种种途径成功转变为学校文化时，当思想经过时间的沉淀变为师生共同遵守的行为规范和价值追求时，校长思想的引领作用会无形、持续、高效地发挥作用。

校长领导力由多种要素构成,思想领导力无疑是领导力的核心要素。校长教育思想的凝练和思想领导力的发挥决定着学校的办学质量、办学成效，关系着教育的未来发展。构建新时代校长的思想领导力，是校长个性化成长的重要步骤，也是推动学校教育高品质发展的重要举措。

与时俱进且正确的教育思想对提升校长适应新时代教育改革发展要求的岗位能力，提高办学质量，进一步推动优质均衡的义务教育，切实提升校长专业化、职业化建设进程，提高校长的岗位任职领导力，解决校长实践管理中遇到的痛点、难点问题具有积极的促进作用。

校长的教育思想往往是一所学校的灵魂,校长的工作主要是用正确、科学和先进的教育思想，不断地引导全体教职工统一认识。校长是一个学校的灵魂所在，对学校的成功创建、平稳运行、革故鼎新、进步发展具有决定性的作用。“一个好校长就是一所好学校”，这是我们经常讲到的一句话。的确，校长对一所学校的发展起着至关重要的引领作用。一个优秀的校长，其思维特质更是决定着学校的办学品质。优秀校长的思维特征不同于普通校长，他们的思维总是立体和综合的，总是活跃和智慧的，他们的思维底线也总是清晰的。正是通过这些思维特质的渗透和引领，校长们更容易把学校带往教育理想的彼岸。校长是学校发展的总设计师，智慧的校长一定会率领师生家长，调动校内外一切教育资源，建构科学的学校育人体系、课程体系并付诸实施。校长思想的形成、转化、辐射，都不能脱离鲜活而具体的教育教学实践。教育管理理念是校长对教育的地位、作用、过程、方法、内容、评价等方面的理性认识。新的教育形势，新的教育挑战，需要校长有全新的管理内涵。

当一位校长有了自己的核心价值观，也有了相对丰富的管理经验，那么什么是制约其发展、提升的瓶颈？答案在于“思维方式”。如果我们对不同校长的管理水平和管理风格作一对比，就可以发现，表面上看是价值取向、管理策略和方法的差异，但根子却是思维方式的差异。

任何学校的价值观和价值转化的策略都是校长思考后的产物，是运用思维方式的产物。有什么样的思维方式，就有什么样的管理方式。如果把“思维方式”界定为“人们思维活动中用以理解、把握和评价客观对象的基本依据和模式”，那么，校长以什么样的“基本依据和模式”来思考学校日常工作和推进学校变革，就显得至关重要。如果“基本依据和模式”都错了，那么只能导致管理意义上“满盘皆输”的灾难性结局。所以，校长的专业发展，不能不提思维方式的发展，学校变革，也不能不提思维方式的变革。

加拿大教育改革研究专家迈克尔·富兰认为：“我们需要一张不同的处方，以便抓住问题的核心，或者说到达另一个山头。一句话，我们对教育变革需要有一个新的思维方式。”

改变已有的思维方式，拥有新的思维方式，并不是一件轻而易举的事情，对于任何人来说，这都是一个巨大的挑战，如同联合国教科文组织前总干事马约尔所指出的那样：“在朝向我们的生活和行为方式的根本变革而前进的过程中，在其最广泛意义上的教育起着一个决定性的作用……我们要接受的一个最困难的挑战将是改变我们的思维方式，使之能够面对形成我们世界特点的日益增长的复杂性、变化的迅速性和不可预见性。”这一挑战将贯穿学校变革和校长专业成长的全部历程。

人类已有的思维方式可谓五花八门，哪些是我们理想中的好的思维方式？其“好”与“不好”的标准何在？在我看来，标准不在于“新”与“旧”，不在于“西方”与“中国”，不在于“大师”“名人”和“普通人”，于“适合”：是否适合于学校变革和校长发展？那么，什么是最适合于当下学校转型性变革和校长专业成长的思维方式？

现在看来，“整体式综合思维”“关系式思维”和“过程式思维”等，是当今校长在日常管理中最需要的“好”的思维方式，它们各自的相对面则是校长最需要转变的“不好”的思维方式。

在学校文化改革实践中，叶澜教授指出，有的校长习惯于将“特点”当成“特色”。学校有球队获得了某级别的冠军，学校就成为体育特色学校；学校有文艺团队获得文艺演出的某某奖，学校就因此成为艺术特色学校；学校组织了一场声势规模都很大的教研活动，学校就是具有教研特色的学校。在叶澜教授看来，特色是点的弥漫和渗透，特点如果不弥漫和渗透在学校改革的各个领域，就只能是“点”而不是“色”。但在现实的改革过程中，仍然有不少学校管理者热衷于“点”的放大和炫耀。

整体式综合思维是一种强调整体而非仅仅是各个部分的思维方式，它主张把某一部分始终置于整体的背景框架中思考，要求用整体来说明局部：“仿佛你必须道尽万事万物，才可说出其一；仿佛你必须对整个体系作出概要的说明，才可以阐明一个新的思想”，它强调整体内不同要素的综合融通，而非不同要素的累积叠加。这种思维方式强调，如果只关注基础教育改革中的某一视角、维度、方面或某一细节，就很容易丧失对改革整体的把握。

这种整体式综合思维要求校长首先设法把学校变革中的每一个方面和每一个细节，都放置到整体的社会生态与教育生态关系的现实背景之下，放置到历史和当下共同构成的教育改革的时空背景下，给予其定位和属性的诊断分析。在回顾美国20世纪基础教育改革的历程时，康茨在《中等教育和工业主义》一书中强调指出，根本的问题是美国的教育改革从来没有真正面对工业文明社会的现实，在这之前，教育改革将继续是一个修修补补的过程，最好也不过是一个处理表面现象的过程。康茨强调指出，一所学校不能仅仅通过决议而具有社会进步意义。它如果不接触社会的底层和社会生活的源头，那么只能是另一种学究式人物感兴趣但肯定要夭折的教育实验。

整体综合式思维的出现，打破了已往教育改革中已成传统的点状式思维与割裂式思维，它反对将学校教育改革与社会改革割裂开来，不再孤立地看待学校教育改革，不再只考虑课堂当中和校园里发生的事情，或只着眼于改变课程本身，而是力求将学校教育改革中的每一种活动和每一次哪怕是细小的改革，都放在整个社会文化背景中加以考虑。这种从整体来观照或透析细节及细节间的联系，以及将细节整体化的思考方式，对学校变革和校长专业发展有着重要意义。

首先，它意味着校长能够在各项具体的改革工作中，认识到具体工作与整体的关系、具体工作与背景的关系。校长要能够在具体的背景、环境条件下认识具体问题，需要在当代中国社会转型的整体背景下认识学校改革问题，需要在学校转型的整体目标下认识学校管理改革的独特性，需要在学校管理改革的整体中，认识具体的制度建设、文化建设等方面的具体价值。

其次，它意味着校长要在整体与部分的联系中，认识相互之间的关系。整体的改革形态不是各个部分的简单拼凑，校长不能把对总体或系统的认识还原为对组成它们的简单部分或基本单元的认识，而是要意识到整体是部分有机综合的结果。整体是通过精神、制度、文化等多种方式，整体地影响部分的，两者之间处于积极的对话状态。因此，校长要善于将自己的工作融入学校转型这一整体工作之中，要看到自己的工作对于当代中国社会转型的积极贡献，要在整体策划的基础上，具体策划、组织各领域的改革。

最后，在整体综合式思维的指导下，校长还需要意识到“整体大于部分之和”“整体小于部分之和”等新思路，尊重整体的独特性和部分的独特性。整体对部分的影响，是渗透在部分的工作中的。因此，校长需要将整体意识渗透到具体工作之中，密切关注整体层面的基本问题、核心问题，不因各类纷繁的学校工作而丢弃整体；也不因外部整体背景的影响而丢弃自己作为“部分”的独特。这样，校长在学校管理改革中，就会通过把握各项工作的共同指向与相互之间的交互作用、动态生成关系，抓住学校管理中根本性的问题。这样，改革才不会是散乱的，才会凝聚成一股力量，有内在的神韵和整体的风格。校长在与外部教育行政部门、社区的交往中，才能始终保持自身的独特性，以自己的独特去丰富、影响“整体”。

第三节 理性教育思想的办学治校实践

教育为了什么？不同的教育者用不同的语言和行动作出了不同的回答。有的人强调教育是为了学生的升学考试和就业，有的人强调教育是为了促进社会公正和谐发展。生命是上苍馈赠给我们的最珍贵的礼物，是自然创造的奇迹，而教育则是人类自身馈赠给生命的最珍贵的礼物。为了个体生命的成长与幸福，是教育最正当的价值追求。每当社会上出现个体生命受到严重戕害的危机事件时，人们总是会提到生命教育。而且，越来越多的学校也在关注和实施生命教育。那么，什么是理性教育？理性教育的价值何在？如何来实施理性教育？带着这些疑问，在走入学校工作初期，我们进行了大量阅读，请教专家、学者以期找到答案。

通过学习我们了解到理性教育就是为了生命更加美好、更加幸福和更加久远的教育。为了生命更加美好意味着教育要服务于学生生命的理性完整成长。成长是生命最为积极的和美好的姿态，是每一个人生命历程中永恒的主题，学生的理性成长通过身体、认知和社会经验的发展而得以实现；促进学生的自主发展、和谐发展、有特色的发展和可持续的发展是理性教育的自觉追求。为了生命更加幸福意味着教育要着力培养学生营造幸福人生的能力。一个人不管毕业于哪一所学校，所学的是哪一门专业，获得了怎样的学位，最终都得面对生活。一个能感到生活幸福的人一定会更多地珍惜生活、善待自我、友爱他人和奉献社会，感受幸福的能力源于内心的力量，理性教育要着力帮助学生聚集这种力量，为学生的幸福人生奠基。为了生命更加久远意味着教育承载着延续和发展人类精神生命的重任，“每个个体，作为群体中生活经验的承载者的每个单元，都会离开人世。但群体的生命在延续。一个社会群体中每个组成成员的不可回避的出生和死亡，决定了教育存在的必要性。”理性教育要弘扬和升华人的精神需要，引领学生过有品位的精神生活。关于理性的教育，我们在建校初期不断思考追问，并努力找寻有价值的路径。

生命是一个奇迹，一段旅程，一张网络。对于这个奇迹的构成、这段旅程的规律和这张网络的相互影响，我们的了解都十分有限。人们对于生命自身的探索和认识都还十分有限，比如生命的潜能有多少？生命如何得到发展？个体生命的生与死是什么样的？对于这些问题，我们还不能作出很好的回答。

经过学习和请教专家学者，尤其在江苏领航校长培养基地首席导师严华银教授的指导下，我们认识到理性教育是关于生命理性成长的教育，是引导人们关注生命、了解生命、认识生命的教育，是阐释生命现象、生命过程和生命本质的教育，是探索“生命与自我、生命与他人、生命与社会、生命与世界”关系的教育。从这个意义上说，理性教育是重要的教育内容，是课程开发的重要领域，它涵括了丰富的学习主题，如“生命的起源与演进”“生命的结构与功能”“生命的出生与死亡”“生命的安全与健康”“生命的规划与成长”“生命的权利与责任”“生命的价值与意义”“生命的尊严与幸福”等等。

理性教育，即直面生命和人的生死问题的教育，其目标在于使人们学会尊重生命、理解生命的意义以及生命与天人物我之间的关系，学会积极生存、健康生活与独立发展，并通过彼此间对生命的呵护、记录、感恩和分享，由此获得身体心灵的和谐，事业成功，生活幸福，从而实现自我生命的最大价值。

理性教育既是一切教育的前提，同时又是教育的最高追求。因此，理性教育应该成为指向人的终极关怀的重要教育理念，是在充分考察人的生命本质基础上提出来的，符合人性要求，它是一种全面关照生命多层次的人本教育。

随着部分青少年物质追求的迷失、社会道德的衰落、身心发展的不平衡、有限岁月的虚度，加之自杀行为频繁发生，推行生命教育变得刻不容缓。

开展理性教育是整体提升国民素质的基本要求。提高广大青少年学生的生存技能和生命质量，将中华民族坚韧不拔的意志融铸在青少年学生的精神中，提高广大青少年学生的国际竞争意识，增强他们在国际化开放性环境中的应对能力。

开展理性教育是社会环境发展变化的迫切要求。青少年学生的道德观念和行为习惯，校园伤害、意外事故等威胁青少年学生人身安全的各种因素，也一定程度上影响了青少年的身心健康。迫切需要培养青少年形成科学的生命观，进而为学生树立正确的世界观、人生观和价值观奠定基础。

开展理性教育是促进青少年学生身心健康成长的必要条件。生理发展过程中出现的困惑常常得不到及时指导，对无法预料且时有发生的隐性伤害往往难于应对，导致一些学生产生心理脆弱、思想困惑、行为失控等现象。需要积极引导学生科学理解生理、心理发展的规律，正确认识生命现象和生命的意义。

开展理性教育是家庭教育的重要职责。相当一部分家长不了解青少年学生身心发展的规律，忽视青少年渴望得到理解与尊重的需求，缺乏科学的家庭教育理念和方法，对孩子或者期望值过高，或者漠不关心，或者过分包揽，或者放任自流，加剧了部分青少年学生心理问题的出现，如厌学、离家出走、自杀等，有的甚至走上违法犯罪的道路。迫切需要引导家庭开展科学、正确的生命教育。

开展理性教育是现代学校教育发展的必然要求。学校现有课程教材中的生命教育内容比较单一，对学生身心发展的针对性、指导性尚不明确；对学生生存能力的培养，缺乏有效的操作性指导；部分教师受传统观念影响，对青少年性生理、性心理、性道德发展的理解和指导存在观念上的误区；对校内外丰富的理性教育资源缺乏系统有机的整合。必须加快学校教育的改革，从生理、心理和伦理等方面对学生进行全面、系统、科学的理性教育，引导学生善待生命，帮助学生完善人格、健康成长。

1968 年美国的一位学者杰·唐纳·华特士出版了《生命教育》一书，

探讨必须关注人的生长发育与生命健康的教育真谛。从此生命教育理念受到了人们的高度重视。几十年来，生命教育的实践在全球已得到迅速发展。新西兰、日本、澳大利亚、英国等国家及我国的台湾、香港竭力倡导生命教育，开设与此相关的生命教育课程，生命教育越来越受到人们的重视，并取得了令人瞩目的成绩。“21 世纪教育改革呼唤越来越多地关注生命。关注生命将是人类在教育观念上一次根本性的变革”。生命教育的重要性已经得到广泛的认同。

1997 年台湾“教育部”成立“生命教育推广中心”。台湾“教育部”组织有关专家、学校规划《生命教育实施计划》，引发了台湾对生命教育探讨的热潮，进入 21 世纪以来为较完整成熟的阶段。生命教育已成为遍及台湾地区的新的教育门类。

自 20 世纪 90 年代以来，中国大陆也全面实施素质教育，倡导以人为本和尊重、关心、理解、信任每一个人，从某种意义上讲，这是开展生命教育的开端。上海、北京、辽宁、江苏、四川、山东、黑龙江、吉林等省市富有创造性地开展了生命教育科研、教学实践、教材编制、教学大纲试行等活动。早在 2004 年，党中央、国务院针对加强青少年思想道德建设、开展青少年生命教育就提出了明确要求，先后出台了 8 号文件和 16 号文件，作出了全面性战略部署，其中号召要把生命教育作为思想道德建设的重要载体，科学有效地实施生命教育活动，并将生命教育纳入全民素质教育内容中。

2010 年 4 月 21 日上午 9 时，“北京师范大学生命教育研究中心成立典礼暨优质教育的内涵及创设条件研讨会”在北京师范大学举行，与会专家北京师范大学教育学部教育基本理论学院院长郑新蓉教授、生命教育研究中心主任肖川教授就如何开展生命教育和优质教育发表了精彩演讲。

2010 年 7 月 29 日，国家教育部正式公布实施的《国家中长期教育改革和发展规划纲要》（2010—2020 年），在战略主题中明确提出了要“学会生存生活”，要“重视安全教育、生命教育、国防教育、可持续发展教育。促进德育、智育、体育、美育有机融合，提高学生综合素质，使学生成为德智体美劳全面发展的社会主义建设者和接班人”。可见，进行生命教育已成为国家教育发展的战略决策，这也是在国家教育改革文件中第一次载入了要“学会生存生活”，要进行“生命教育”的内容，具有深远的历史意义。

我初任校长的第九中学于2006年开始接触生命教育，被列为全国生命教育实验学校，也是黑龙江省生命教育首批实验学校，2011年被评为全国生命教育优秀实验学校，并于2012年和2013年两次在全国生命教育会议上进行经验交流和生命教育课展示，2012年第九中学因生命教育特色被教育部评为“全国特色学校”。2013年我荣获全国“生命致慧先进个人”称号。2013年9月第九中学生命教育实践经验“让生命教育绽放光彩”在《黑龙江教育》第九期刊发。2014年4月学校出版了国家级生命教育实践专著《九中映象》，全国生命教育专家肖川教授亲自作序，成为其他学校生命教育实践学习的范本。2014年5月，《黑龙江教育》第五期再次以“让每一名学生绽放生命的光彩”为题，刊发第九中学开展生命教育札记近一万两千字，执行主编魏永生亲自写卷首寄语，封面通过图片全方位展示学校实施生命教育的方式及成果。如今鸡冠区第九中学的生命教育特色得到了全国多名生命教育专家的认可，在全国已小有名气。随着时代发展和生命教育实践逐渐深入以及对教育问题的认识分析的加深，我意识到拓展深化生命教育非常必要，教育人要以感性思维办理性教育，才能更好促进师生生命成长。非常有幸得到了教育部国培专家严华银教授的系统指导，对教育思想的提升有了比较清晰的思路，并在实践中逐渐得到更深入的运用，让我醍醐灌顶，脑洞大开，逐渐形成了自己的理性教育思想体系。

为了更好地发挥全国生命教育特色学校的示范引领作用，北京师范大学生命教育研究中心2014年全国生命教育年会在鸡冠区第九中学召开，学校全方位呈现了生命教育实践风采，得到与会专家、同仁的高度评价，让我增强了更多的做理性教育实践的自信。

理性教育是充满生命气息的教育。每种教育总是呈现出一定的形态和特征，如“斯巴达教育”严厉残酷，我国古代的私塾教育强调死记硬背，理性教育也是一种教育形态。在这种教育形态中，教育的过程和方法充满生命的气息，涌动着生命的活力。在这种教育形态中，没有粗暴与糊弄，没有训斥与羞辱，童心得到守护，童年得到保卫，童趣得到张扬，童贞得到彰显。在这种教育形态中，师生在学校的每一段时光都荡漾着生命的情怀，在校园的每一个角落都充满人性的温暖：笑声朗朗，书声琅琅，歌声朗朗……每一个人的优点都能够得到充分的绽放，每一个人对未来都有着乐观的向往，在每一个人心中培植起对于教育无限信任的力量。

理性教育的两大价值：

一是有利于培育和践行“生命至上”的价值观。理性教育的宗旨是捍卫生命的尊严，激发生命的潜能，提升生命的品质，实现生命的价值。它的首要意义在于肯定和重视生命的价值，把生命的价值摆在至高无上的地位。对于一个社会来说，“生命至上”的价值观体现在对个体生命的尊重，对个体生命的独特性、唯一性的尊重。一切以牺牲个体生命为代价而换取的所谓“大业”，所谓“圆满”，不管它冠以何种崇高的名义和美妙的名字，其正当性都是值得怀疑的。一切以“虚幻的共同体”的名义，对于人作出牺牲的要求都是缺乏其存在的合理性的。正如陶行知先生所说：“中国要到什么时候才能翻身？要等到人命贵于财富，人命贵于机器，人命贵于安乐，人命贵于名誉，人命贵于权位，人命贵于一切，只有等到那时，中国才站得起来！”如今以习近平同志为核心的党和国家领导人一切以人民为中心的思想，引领中华民族走上了世界的前沿，开启了中华民族走向伟大复兴的新征程。成功抗击新冠肺炎疫情，坚决捍卫生命安全向世界昭示了中国强国大国的作为与担当。一个社会，只有重视生命的价值，才能创造其他一切价值，才能真正走向繁荣富强。对于一个个体来说，“生命至上”的价值观体现在对幸福人生的追求，对生命尊严、生命质量的追求。一个真正懂得珍爱生命的人一定不会以牺牲生命内在的成长和幸福去换取“金钱”“权利”和“名誉”等外在物，正如马斯洛所说的人的最高需要是自我实现，一个人自我实现的程度越高，他的幸福感也会越强，而在一个社会中，有更多的人能感受到幸福，这个社会将会变得更为安全、更为和谐、更为融洽、更有前途和更有活力。

二是有利于倡导和形成“理性化”的教育过程。理性教育强调用生命去温暖生命，用生命去呵护生命，用生命去砥砺生命，用生命去滋润生命，用生命去灿烂生命。相比于一般的教育重视教育的结果，理性教育更加重视教育的过程。它的意义在于，让教育者更加关注和优化教育过程，使教育过程变得富有生命乐趣和活力，因为生命本身就是一个过程，是一个不能快进、不能倒退、不能暂停、不能回放的过程，生命的每个阶段都有其独特的价值和乐趣，没有哪个阶段拥有牺牲另一个阶段的权利和借口，每个阶段的空白都是终生的空白，每个阶段的遗憾都是终生的遗憾。如果我们的教育只重视结果，无疑会错过许多生命中的美好和快乐，让生命的过程蒙上灰暗和压抑的颜色。重视教育的过程，会让我们的教育不那么急急忙忙，不那么紧紧张张，不那么死气沉沉，会让我们更好地享受当下的教育和生活，从而改善教育的面貌和品质。

作为校长，从建校初期倡导生命教育并不断思考提升丰富自己的教育思想，上升到生命的理性成长，聚焦生命品质提升，关注师生理性成长，使其拥抱智慧人生。坚持守正创新，对以立德树人、五育并举为核心的理性教育校本化表达方面进行深入的探索，构建丰富的培根铸魂、启智润心的理性教育课程，以智慧的爱激发生命成长。以卓越的教育思想、“大爱”情怀、理性思维、坚定的理想信念逐渐成长为教育部中小学领航名校长，并发挥示范带动作用，引领区域教育高品质发展，帮扶凉山教育，携手更多学校促成教育优质均衡发展。刘景菲校长工作室工作经验在全国校长培训会上进行经验分享。主持多项课题研究并获国家、省级教学成果奖。

学校被评为全国教育系统先进集体、教育部网络学习空间应用普及优秀学校等。9 篇学校改革创新成果先后在《中国教育报》《中国教师报》《中小学校长》发表。

入选教育部首届基础教育教学指导专业委员会成员、中央电化教育馆校长导师团队成员、黑龙江省教育厅教师校长国培专家、省特约教育督导员，获得全国法治宣传教育先进个人、全省特级教师等。

面对新时代全面落实立德树人根本任务，培养德智体美劳全面发展的社会主义建设者和接班人的重要使命，最初我们从尊重生命、成全生命出发，坚持践行“为了生命自觉”的理性教育理念，在教育改革中守正创新，对以立德树人、五育并举为核心的理性教育校本化表达方面进行了卓有成效的实践创新，让师生遇见更多美好。通过教育呼唤“生命自觉”，短短的八年时间，实现了私立到公办学校的华丽转身，学校办学规模不断扩大，师生悦纳融合，共创精彩，学生的核心素养、学校的办学品质得到了提升，跻身全国素质教育示范学校，荣获全国教育系统先进集体等国家省市级荣誉百余项。学校的跨越发展得益于各级领导、教育专家的关怀指导，社会各界的支持帮助，也得益于全体九中人审时度势，立足校情，精思慎行，追求卓越的时代担当，从学校办学理念、教师发展、课程建设、学校文化等方面改革创新，走出了一条润泽生命、启迪智慧的学校理性教育实践之路。

一、创新理性教育办学理念，树立“立德树人”初心

不忘育人的初心，以立德树人、五育并举为核心，坚持理性教育的探索与实践，让每一个生命都得到成长，使学校获得了跨越式发展。

一是面向全体的理性教育。学校理性教育要帮助学生树立正确的生命价值观。助力学生尊重、理解生命的价值。引导学生敬畏生命，感恩生命，回归自然之道。学校理性教育要助力学生追求生命价值的实现，生命高于一切，也体现在为了生命履行责任与担当使命上。每个人的生命都有多重角色，每一个角色都有其职责，社会的有序运行、繁荣发展都依赖于社会每一个成员，各负其责。每个人来到世上都有其使命，一个人做好自己，就是要履行好角色职责，完成其使命，这也是一个人生命价值的实现。在履行职责与承担使命的过程中也彰显了生命价值。

二是以德为先的理性教育。学校理性教育要引导学生践行以关爱生命为核心的生命道德。生命道德是关乎人怎么对待生命的道德问题，关爱生命是生命道德的核心。关爱生命就是能平等地对待生命，不仅是对待人的生命，也包括动物的生命，关爱生命就是对生命负责，不仅是对

自己的生命负责，也包括对他人的生命负责，每个人都应做一个对生命负责的人，关爱生命就是尊重生命，生命是有尊严的，生命的尊严必须得到尊重，不仅是人的生命，也包括动物的生命。从一定意义上讲，有怎样的人与生命的关系就会有怎样的人与人、人与社会、人与自然的关系，生命道德是人我道德、人际道德、生态道德的内在基础。

三是全面发展的理性教育。培养完整的人，就是培养自然生命、社会生命、精神生命全面发展的人，就是培养能与自我、与他人、与社会、与自然、与文化建立丰富关系的人。成为完整的人，是每个人的使命；培养完整的人，是教育的使命。《中国教育现代化2035》提出的八大理念，其中就有“更加注重全面发展”理念。理性教育是全人教育这个理念得到了教育界的广泛认同，比如我国较早实施生命教育地方课程的黑龙江省在其内容设计时提出“生命教育课程内容体系应是各年级有机衔接、综合交叉、循序渐进、全面系统地反映人与自我、人与他人、人与社会、人与自然的关系”。

四是健康成长的理性教育。学校理性教育要帮助学生拥有积极乐观向上的生活态度。面对灾难时坚强、乐观、积极向上的生活态度是个体美好人生的重要财富与能量。学校理性教育要引导学生建立相信生命的信念。一定意义上讲，相信生命是乐观积极向上的生命态度的基石，生命本身具有向上性、向善性、智慧性、关系性、整体性、潜能性、能量性、希望性等特性。给学生、给生命以时空，生命就会彰显其力量。学校理性教育要引导学生认识生命的特性，帮助他们从根基上建立起乐观积极向上的生命态度。

五是个性充分发展的理性教育。能力方面，要有适应时代与未来的生存力。应对挑战，培养具有强大生存力的个体，是理性教育的重要使命。一个人要存活，要发展就离不开独立生活的能力、应对困难的能力、应对危机的能力、适应时代与创造未来的能力等。这一切恰恰是生存力的构成要素，学校理性教育应着力培养学生这些方面的生存能力。

第九中学在理性教育理念的引领下，经过八年多的发展，学校办学水平、师资队伍、教学质量在全市已处于领先位置，学校快速发展的根本原因在于学校发展之初校长带领学校发展研修团队对学校的发展定位及阻碍学校发展的主要问题进行了认真的研究与梳理。当时学校教育存在的一个突出的问题是对生命本身的漠视扼制了生命成长的内驱力，于是我校引入生命教育并有幸成为首批生命教育实验学校，在生命教育探索实践的过程中，学校紧抓校本研修不放，最终打开了学校发展的突破口。

学校发展研修团队在校长的带领下研究发现当时学校发展急需解决的问题是学校育人理念落后，教师教育观念滞后。当时学校和教师把搏中考成绩作为唯一出口，导致育人手段单一、育人方法粗暴、育人效率低下、育人成本高昂，学生和教师的生命热情被消耗殆尽。对此，由学校管理人员、骨干教师组成的学校发展研修团队在校长的带领下制定了学校校本研修规划，并由校长亲自上阵，立足生命教育，从理念引领、实践指导、自主研修、个人反思、团队研修、专家引领、课题研究等方面跟踪实施推进，短短几年学校迅速崛起，教师在校本研修中的表现由最初的抵触被动到后来的主动参与、积极融入，学生在校学习时间缩短了，效率提高了，教师上课课时减少了，质量上去了，连续八年学校中考总平均分全市第一。学校承办了全省养成教育现场会、全国生命教育年会、全国高品质学校建设与内涵发展研讨会等，学校理性教育实践、思政课创新、课堂教学改革、教师专业发展、教育信息化、依法治校等工作经验先后被《中国教育报》《黑龙江教育》《人民教育》刊登报道，教师育人观念与综合素养迅速提高，学生的综合能力全面提升。我校《初中实施生命教育的途径与方法研究》获得 2014 年省基础教育教学成果一等奖，为了深化理性教育发展内涵，经学校发展研修团队研究、论证，我校从 2016 年开始了理性教育理念引领下的智慧教育实践，并开展了系列校本研修活动，《信息技术支撑下的初中智慧教育实践研究》获得 2018 年省基础教育教学成果一等奖。

教育思想在学校的落地需要教师团队学习内化成为自身教育教学实践自觉，我紧紧抓住校本研修来提高教师对办学思想的认知，基于问题驱动的校本研修是学校发生质变的根本，而校长对学校的发展定位，对校本研修的决策规划起到了重要的支撑作用。

二、创新理性教育实践，落实“立德树人”根本任务

秉承理性教育理念，让立德树人的教育方针落地生根并茁壮成长，就需要学校探索出有特色的、个性化的路径。理性教育路径校本化则侧重学生层面，即学生核心素养的提升。

1. 德育有着生命的热度

实施“生命体验、生命叙事、生命宣言”三种理性化德育教育方式，尊重道德生命，还德育一片温馨的天空，使道德生命自由、自主和自觉地成长。

（1）生命体验。我们创设情境，营造氛围，让学生通过体验生命的积极行为，强化生命意识，让学生领悟生命的奥秘，体验人生意义。主要分为六个系列：感恩系列，开展了五届“十大孝子评选”活动；尊重生命系列，举办“诚实守信”“与春天有约，建绿色家园”等活动；珍爱生命系列，举办“珍惜生命，关爱他人”“少年模拟法庭”等活动；欣赏生命系列，引导学生学会欣赏自己的生命，进而学会对他人生命的尊重，别开生面的“开学典礼”让学生在体验和感悟中学会欣赏；社会实践研学系列、劳动体验创新系列，让学生在田间地头、厂矿车间、家务劳动等动手实践中树德、增智、强体、育美。在实践活动中，学生的才干得到了培养锻炼，拉近了与社会的距离，在阅历和经验的不断积累中，期待着将来拥有属于自己的天空。

（2）生命叙事。充分利用“给未来班主任的一封信”“自我成长叙事”“生生间互相评价”“成长记录”“家校共建”“教师寄语”等活动，让孩子们时刻向教师和家长展开生命叙述。同时还采用“德育导师制”定期、不定期地与学生进行谈话、交流与书信沟通，了解学生的心声与需求，及时发现问题，及时处理，予以指导。“德育导师制”活动，让师生在“我——你”的对话中，以生命唤醒生命，以生命感召生命，以生命灿烂生命，以生命成全生命！

（3）生命宣言。通过“入学仪式”“毕业仪式”“入团仪式”“礼仪承诺仪式”“每周升旗仪式”“人生叮咛”“放学前一支歌”等仪式，

让学生用心灵体验生命历程，学会自强、自悟和自我完善。特别是以“惜别母校、扬帆远航”为主题的毕业季活动，让学生伴着祝福和感恩，自信地面对未来的成长。

2. 班级有着理性的温度

班级是学生成长的家园，让班级成为生命成长的场所，时刻充满生命成长的气息，需要创建温馨的班级环境。班级文化建设评比、制定班级规则和制度、灵动的班级活动使得学生一周的学习、生活充实而快乐，既锻炼了学生的能力，又让学生体验了成功。

3. 课堂有着理性的广度

课堂不仅仅是学习知识的场所，更是师生生命共同成长的土壤，课堂必须充满道德的阳光。我们倡导理性化的课堂：即生命成长的苗圃、生命享受的乐园、生命创造的天地。打造具有安全感的课堂环境。课堂应是一个适宜生命生长的环境，氛围宽松、关系和谐、心灵自由，杜绝语言霸权和不理性的语言，让学生在温暖和煦的阳光下体验到生命成长的快乐。构建具有尝试性的高效课堂，为了让课堂真正成为生命化的课堂，我们除了关注理性化课堂上学生生命的状态外，还把目光锁定在如何让课堂高效并能有效延伸，所以在深入研究理性教育的过程中，我们尝试借助教育的理论、体验性学习的理论和生本理论打造理性化的高效课堂，并取得了阶段性的进展，特别是在“让学生真正成为课堂的主体”方面取得一定的成果，多次在国家、省、市、区各级的课堂教学研讨与展示活动中获得好评。

4. 课程有着理性的深度

实现国家课程校本化高效实施，推动思想政治课改革创新，丰富地方课程，尝试开发校本课程，努力构建利于每一个生命成长的育人生态，尝试开发了五类校本课程。“厚德明理”课程、“生命教育”课程、“延伸补充”课程——我们主要编写了《作文指导与体验》专用教材，还开发了政史地学科的全序列学案，现在已基本上成为符合我校校情和学情的辅助性校本教材。此外还有“特色选修育美”课程、“阳光读书”课程、机器人编程、生涯规划课、心理健康指导课、劳动实践体验课程。丰富的课程滋养了生命。

5. 校园有着理性的暖度

具有生命力的校园文化环境对人的发展起着熏陶与浸染的作用。我们精心打造“品味高雅，人文见长”的校园，使之成为生命成长的乐园。建设生态化校园环境，精心于校园每个角落的设计和布置，让每一处景点都充满生命的气息，时时处处受到理性的启迪……

创设人性化校园氛围。从身边的小事做起，着力营造和谐的人际关系，创设愉悦的工作氛围，让教师和学生体验和谐的氛围所带来的幸福。

建立民主化师生关系。我们倡导九中人要以阳光的心态，快快乐乐的心情处理好生命关系，温馨和谐的师生关系，让教师把微笑带入课堂，以此提醒教师以乐观的态度面对工作，以火热的激情对待学生，让校园真正成为师生开启智慧、润泽生命的圣地。

发挥网络与媒体功能。随着智慧校园建设的逐步推进，九中智慧云平台的运用，智慧管理、智慧班级、智慧课堂、智慧校园的建设助力着生命教育的实践。充分利用校园广播、网站、校报等媒体，宣传理性教育，营造理性教育氛围，加深了学生对于理性教育的理解和感悟。

三、创新理性教育教师发展，担当“立德树人”重大使命

让教师卓越，才会成就学生，“教师第一”的思想是落实理性教育理念的关键，教师的素养是推动学校发展的保障，是能否培育出德智体美劳全面发展的学生的最重要因素。

1. 教师队伍管理方式

我校将大部分学校采用的管理体系进行了变革，探索“扁平化”管理方式，把原政教处改为生命关怀办公室，其主要职能是在原来的常规管理基础上，重点关注每个学生的健康成长，提高他们的生命质量。把教务处改为课程管理办公室，主要负责理性化教学、理性化课堂、理性化教研等方面工作的常规管理；还增设了课程研发办公室、课程服务办

公室，这些组织机构的改变减少了执行的层级，并形成了同级和上下级之间的制约机制，所以说并不是简单的名称更换，而是理性教育赋予各管理部门新的职能与内容，这不但有利于学校实施理性教育理念，而且更有利于全校教师积极主动地融入立德树人的理性教育实践中。同时，我们更注重发挥党支部的统领作用，构建“互联网 +”党建模式，充分发挥 56 名党员教师的领路人和先行者的作用，带动全校教师协力发展。

2. 教师专业发展路径

正如叶澜教授所言：“没有教师生命质量的提升，就很难有高的教学质量；没有教师的主动发展，就很难有学生的主动发展；没有教师的教育创造，就很难有学生的创造精神。”学校只有把教师放在第一位，教师才能把学生放在第一位。所以我们积极发掘本校教师专业发展的资源，拓宽教师专业发展的渠道，促进教师专业化发展，让教师实现生命的内在价值。多课型的教研、校本教材研发、师徒共同成长、班主任团队研修等多种形式提高了教师的学科素养和管理水平。发掘本土化教师成长资源，架设小初高有效衔接之桥，承办全国、省、市现场展示活动，拓宽教师专业成长的途径。开展多样化教师评价，打造创新型教师团队。利用梯次评价，激励教师自觉地学习成长。

面对新时代的教育给教师提出的新课题，学校依托名师工作室，卓越班主任工作室、教育部卓越校长领航工作室、校际联盟，就如何让学生在学校的立德树人实践活动中获得更多的生长感、成功感和幸福感，如何在教育活动中逐步培养学生的自信、自主、自律、自强和自豪的学习品质，如何采用积极心理学激发学生的学习兴趣，并形成乐观向上的心态，如何切实培养学生的核心素养，如何有效减轻学生的课业负担等带领教师进行教育教学研究，以此来提高教师教育思想的深度，通过讲座、读书活动来拓展教师的教育眼界，打开他们思想的宽度，思想有了深度和宽度，创新能力自然会得到提升。关注教师的幸福人生与专业成长，用理性教育的理念和知识武装教师，通过多种途径，促进教师成为热爱并善于享受生活、生机勃勃、充满情趣、富有教养、仪表不俗、气质高贵的全面发展的教师，让教师和学生共同成长，以教师的成长来带动学生的全面发展。

3. 科研促进素养提升

我校先后开展十三项国家级课题研究，从最初的“理性教育是什么”的研究，到如今覆盖理性教育、智慧教育、心理教育、课堂改革、家庭教育、教育信息化等各个层面的课题都已经结出成果。通过科研课题的研究，及时提炼归纳梳理了办学经验和办学成果，从而推动了学校的进一步发展。黑龙江电视台、鸡西电视台、中国生命教育网、中国普法网等多次报道了我校的科研成果和办学经验。理性教育实践成果《九中映象》结集出版，并成为其他学校理性教育实践学习的范本。

多年来，我坚持以立德树人为核心的理性教育实践，围绕着“人”的教育，孜孜不倦地滋养学生的责任心、善心，让他们成长为一个个善良而有智慧的人，一个善良的人必然是超越“小我”拥抱“大我”的人。引导学生乐于探索求知、追求真理、心怀真爱、活出真我，成为一个推动世界向善、向上、向美的人，担当起民族复兴的大任！

第四节　优秀的实践型教育家、教育家型校长办学的成功实践案例

铸魂塑型立人

——教育部第二期领航名校长王晓川办学的成功实践

岁月如歌，荏苒浅行。转眼已从教 32 年的宁夏银川金凤三小的王晓川校长，1989 年毕业于师范学校，走上小学讲台，开启了一场教育的追梦之旅。截至目前王晓川校长的教育生涯可以分为“三个十年”：第一个十年工作在一个县的乡下小学，青涩蒙顿，自然成长。虽身处偏僻一

隅，但一入职就跟随身边老教师学习模仿邱学华老师的“尝试教学法”，启蒙于“尝试教学法”。第二个十年调入首府城市，一切从头开始，实现了从教师到校长的成长。虽依然在乡下，但主持了生涯第一个省级课题，发表了生涯第一篇文章，获得了生涯第一个国家级特色办学成果奖，创办了生涯第一所特色学校。第三个十年调入了银川市金凤区第三小学，这是一所城市学校，2000 名学生，他在这里一工作就是十二年，当了留守校长。在这里推动了课堂教学改革，原创了“说学教育”，获得国家级教学成果奖，实现了个人教育生涯的飞跃，将学校办成了一所广为人知的名校。

教育思想是人们对教育活动的一种理解和认识，每一名教师正是在学习他人先进教育思想和自己对教育现象的理解中探索着教育工作。

万世师表孔圣人是所有中国教师的老师，他的教育思想是每一名教师学习实践的诗经。“有教无类”让我们明白教育是平等的，受教育者没有高低贵贱之分。“因材施教”让我们知道了不同的学生要用不同的教育方法，根据学生特点，采用适合的方法教育才有效。“举一反三”让我们明白学习要学会迁移，由一想到二，二想到三，三生万物也就融会贯通掌握了方法。“学而时习之”告诉我们学习是要经常复习巩固的。“学而不思则罔”告诉我们学习一定要积极思考，不动脑子不思考的学习没有前途。“三人行必有我师”告诉我们身边之人皆有高明之处，值得我们学习。和大家一样，孔圣人的教育思想完全占据了王晓川校长教育生涯前期的全部世界，直到后来王校长慢慢有了自己的思考，孔圣人的教育思想也依然影响着晓川校长。除了孔圣人的影响，一代大儒心学宗师王阳明对王晓川校长人生哲学和教育思想的形成也有着重要影响。“心即理”让晓川校长明白一切道理或是非对错的判断不是来自外力，而是源自每个人自己内心的判断。教育何尝不是这样，老师满堂硬灌进去的知识学生能理解能应用吗？如果学生不是自己主动获取知识，又怎么能学好呢？“致良知”告诉我们做人做事要对得起良心，作为个人如果昧着良心做事，怎么能在这个世界上立足成事。推及家国，如果昧着良心做事，又怎么能对得起老百姓，怎么能让家族不败落。“知行合一”

告诉我们说的和做的要一致。再好的计划，再好的思想，再好的说法，不行动都是空谈。只有言行一致，知行合一才能成大事，立大业。陶行知先生是现代平民教育的奠基人，他的“生活即教育”理念讲出了教育的真谛，教育来源于生活。他带领学生学了知识后又走回到生活中去。“社会即学校”道出了学校的意义，学校不是封闭的、孤立的、狭隘的，教育也不是狭义的，对学生的教育要放到社会大环境里进行，教育要整合学校家庭社会各种资源。孔圣人和王阳明两位先贤影响了中国几千年，也引导了王晓川校长的教育生涯。陶行知建立了现代学校教育的基础，为了知行合一更是连名字都改成了行知，是我辈学习效仿的榜样。追随他们的步伐，当我们从事教育事业二三十年后，慢慢开始理性思考，有了自己一些浅薄的认识后，开始有了自己的一些思想和主张。

作为一名二十年的老校长，王晓川校长对教育的理解和认识，总结起来可以用“四个主张”来概括。

一是对办好学校的思考，称为办学思想，他的办学思想是“铸魂塑型立人”。

在王晓川校长看来，学校要有生命力，办好一所学校，需要为学校注入灵魂，也就是精神世界的东西，并以此影响师生的世界观、人生观、价值观。学校要有特点，办好一所学校，需要为学校塑造一些外显形象，也就是社会怎么评说一所学校，为学校打上什么类型标签，即学校名片。学校要始终以发展人为使命，办好一所学校，需要成就人发展人，也就是让教师和学生成为独立的人、大写的人、成功的人。

王晓川校长先后在三所学校任过校长，为了办好每一所学校，始终在思考探索。2002 年到罗家庄小学任校长，这是一所只有 200 名学生的农村小学。他将关注的点放在了抓校风学风上，每天清晨巡视校园和班级，引导学生“入校即学习”。每天坚持听课，引导学校“教研在课堂，教师专课堂”。那个时候还没有形成“铸魂塑型立人”办学思想，办好学校的思考和探索落脚在抓习惯和校风这个方向上。一年后，学校因修路撤并，撤并时学校已经形成良好的校风、学风和教研之风。2003 年他被调任金凤区第八回民小学，学生 400 多人，位于城乡接合部。他的关注点还是在校风学风上，继续抓“入校即学习”。还是每天听课，继续引导学校“教研在课堂，教师专课堂”。不同的是那个时候主持了生涯第一个省级规划课题，著有《城市化进程中农村学校与城市教育接轨研究》，承办了省级教学现场会，著有《两阶段两反思小专题研究》，较为专业地引导教师们做教学研究。此时的成果依然在形成良好的校风、学风和教研之风，办学思想还是没有形成。2009 年调入城市学校银川市金凤区第三小学，工作方向仍旧定位在校风、学风和教研之风上。本着知行合一的态度抓落实，为学校营造良好的书香氛围。经过长期积累，慢慢地他把校风定位在文明，学风定位在勤奋，教研之风定位在创新、严谨和快乐上。并由此将学校校训凝练为“快乐、文明、勤奋”，把教风、学风、校风和校训以及学校管理思想深度融合。再往后，就形成了“铸魂塑型立人”的办学思想。

因为形成了“铸魂塑型立人”的办学思想，所以现在金凤三小学校特点十分明显。学校有灵魂，校风、学风、教研之风和校训、管理思想深度融合，不仅良好，而且深刻。教师和学生工作、学习、生活在学校，身上都或多或少具有文明、勤奋、创新、严谨和快乐等品质。教师们和学生们发展得都很好，王晓川校长相信这些品质会伴随师生们一生，助推师生们实现发展，取得成功。

二是对学校文化的思考，称为文化主张，王晓川校长的文化主张是“自善文化”。

自善文化指自立自强、至善至美，是教育师生独立自主发展，保持积极向上作风，去追求人世间的真善美。自善品质不会与生俱来，它需要不断自我完善，完善的策略就是自我管理、自主学习、自行修养。自我管理就是一个人的自律行为，一个能管理自己的人是会成功的。自主学习就是一个人的独立学习能力，一个会学习的人掌握着解决各种问题的能力。自行修养就是一个人的素质层次，一个人素质修养上去了做事情就差不了。自善将德智体美劳，仁义礼智信整合起来，实现了学校家庭社会教育深度融合。自善文化设计了“自善少年”指标体系，围绕德智体美劳，统筹学校家庭社会资源，形成了 60 多个指标项，目标明确，措施到位，学生在其指导下成长，教育在其管理中落地。

与人为善，教人向善是根植于王晓川校长内心的品德。从走上讲台的第一天，他就怀揣着善的种子开始教学生涯。相信天下所有的老师也都是如此，从事着传播真善美的教育实践。“做好人好事”是他当学生时候就做的事情，利用传统节日组织大家做好事、敬老、社会实践是所有学校都做的事情。2010 年他提出“感恩知孝”观点，希望学生人人都知道孝敬父母尊敬师长，人人都知道感恩他人感恩社会。通过教育和引导，他发现学生们变化很大，心中有了善的种子。后来王晓川校长身边有所学校提出“日行一善”，也就是鼓励学生每天都做一件好人好事。再后来“日行一善”得到中央文明委表彰宣传，宁夏的学校都行动起来了，出台各种各样的“日行一善”行动方案，教育学生要“日行一善”。因为在办学中，王晓川校长长期坚持抓校风、学风、教研之风和校训、管理思想深度融合，因此他认为学生的好习惯好品质就是善，教育中对善的概念界定宽泛了一些。2018 年教育部领航工程江苏基地导师到金凤三小指导时，专家指出金凤三小学校文化不够鲜明，需要精雕细琢。听了导师点拨，他灵光一现，就想到了“自善”。善是他多年从教的信仰，也带领学校师生做了很多年，从师生们身上获取了信心。培养学生独立自主又是学校德育教学做了十多年的课改成果，于是“自善文化”水到渠成地形成了。

自善文化的形成，有历史积淀，有导师点拨，有灵光一现。自善文化形成后，一下子把学校教育教学和各项工作打通了。“善”成了所有人的价值观、人生观，“自”成了每个人独立自主、完善自我的准绳。少先队的工作有了自善标准，教导处工作有了自善标准，连总务后勤都有了他们的自善标准。教师们指导如何教育学生自善，家长们也知道了如何让孩子自善。俗话说，一通百通，自善文化就是这样，令教育一通百通。

三是对教育教学的思考，称为教学主张，王晓川校长的教学主张是“说学教育”。

说学教育指在表达、对话、质疑、批判中，学习知识，锻炼能力，提升素养，培育品格。说学，就是“说中学”，是“做中学”的升级版。

说学教育是在创造一种全新的学习方式，一种全新的教育生态。做中学认为讨论、实践和教授他人是高效学习方式，说中学是把表达、对话、质疑、批判作为讨论、实践和教授他人的说学方式，创造了一个高效的学习生态。说学教育从特点、目标、理念、原则、要素、方法、课堂、课程、评价等方面建构了一个完整体系，全程注入说学方式，以思维和口才为突破口培养学生综合素养。

说学教育是王晓川校长三十年教师生涯的梦想成果。1989 年 7 月中师毕业走上讲台，他学到了邱学华老师的“尝试教学法”。以培养学生学习能力的“先试后导”教学思想，特别是能提高成绩的诱惑力让他深深爱上了“尝试教学法”。后来几十年，虽转教语文学科，但培养学生预习习惯和自主学习能力一直是他坚持的方向。2003 年他调任金凤八小任校长后，借着国家第八轮新课程改革东风，开展了课堂教学改革探索。先是开展“讲练结合突出梯度”小专题研究，后来研究“学讲练结合突出梯度”省级规划课题，2011 年 5 月正式启动“学讲练 70 分教学模式”课堂教学改革。在近十年的时间里，学校教学始终围绕“讲”“练”和“学”三个方面探索研究，获得了大量的成功经验。其间，曾经把“学讲练 70 分教学模式”改成“231 高效教学模式”，2 指预习和教学两个模块，3 指学讲练三种策略，1 指自主学习能力一个目标，研究还是沿着“讲”“练”和“学”在进行。随着研究的深入，“讲”的内涵外延越来越丰富，“讲”的重要性也越来越凸显。教师的讲，学生自己讲，给同伴讲，讲给父母及其他人听都成了讲的形式。学习的时候讲会了的讲不会的讲疑惑的，练习的时候讲思路讲做法讲经验，复习的时候讲知识讲题型讲举一反三。“讲”就是“说”，但“说”可不只有“讲”一种方法，“说”的方法还有很多种，慢慢地“说学”就诞生了。“说学”是一种能力，一种素养，“说学”的培养要调动课堂、课程、评价等资源才能得到训练和提升，因此王晓川校长把“说学”命名为“说学教育”。

王晓川校长在校长个人办学思想研讨会上谦虚地分享：“说学教育”是宁夏第一个原创教学主张，还称不上是教育思想，但已经从教育的思想、理念、策略、方法和形式上彻彻底底建构了一种全新的“说中学”。“说学教育”出现后，学生的语言交流水平大幅度提升了，语言背后的思维能力同样大幅度提升。可以说，语言和思维是说学教育对学校对教育对课堂的一大贡献。

“说学教育”凭着它巨大的贡献和强大的魅力，2014 年获得了“国家级教学成果二等奖”，2016 年走出宁夏，至今在全国二十多个省市和宁夏本土十多个县市做课改交流，影响力和辐射面很广。

四是对学校管理的思考，称为管理思想，王晓川校长主张的管理思想是“人文 + 科学 + 严谨”。

世界上有两大管理流派：一个是人本主义管理，一个是科学主义管理。每个领域里做得好的单位都很多，他认为学校管理比较特殊，存在部分量化、部分靠人的主观能动性考量的因素。因此，学校管理应该处于人本主义和科学主义管理的中间地带。考虑到过度人本管理可能陷入松散，过度科学管理又可能陷入僵化，于是他提出了“人文 + 科学 + 严谨”管理思想。“人文”是主张以人文本，管理充分考虑人的因素，以情化人，让人有温暖感，有归属感。“科学”是主张以制度为本，形成一套科学的管理制度，然后一切按照制度执行，确保对就是对，错就是错。“严谨”是主张做事一板一眼，真抓实干。人文的关怀有时候会让管理软弱涣散，科学的制度有时候会停留在制度层面。“严谨”就是规范“人文”和“科学”的纽带，让人文不涣散，让科学不虚设。

王晓川校长是 2002 年走上校长岗位的，当时年轻，没有经验，凭借的就是满腔热情和一股与人为善的本分在工作。尽管大家都是初识，亲切温和还是拉近了彼此的距离。那个时候还没有人文管理或者科学管理的影子，一切都是在探索中前行。一年后因为修路学校合并拆除，他走到了人生的十字路口。教育局组织民意调研，他以 100% 的满意度成功过关，被调往金凤八小任校长。在八小工作时，他开始意识到管理科学性的重要性，一个制度的科学性、合理性直接影响管理结果。慢慢地，管理的人文性和管理的科学性进入王晓川校长的思想，成为他管理学校的法宝。2004 年，“人文 + 科学 + 严谨”管理思想正式诞生。从此，学校管理致力于科学制度的建设，修改完善了各种制度，制度越来越接地气，越来越符合规律，越来越被教师们所接受。学校以严谨的态度，认认真真地按照制度实施管理。在管理的过程中，人与人之间不再对立，而是心平气和地沟通交流，管理者与被管理者变对头为朋友。2009 年他调入金凤三小工作，有朋友劝他不能去，你咋去将来还得咋回来。原因是三小问题太多，矛盾太深，连续四任校长因告状离任。王晓川校长又是农村校长，进城是站不住脚的，乖乖的还得回到农村去。王晓川校长是光杆司令一个人去的三小，当然他带了两样东西去，一样是“学讲练结合突出梯度”课堂教学改革课题，一样是“人文 + 科学 + 严谨”管理思想。没多长时间，他和全体三小老师就全身心投入了轰轰烈烈的“学讲练结合突出梯度”课堂教学改革中了，“人文 + 科学 + 严谨”管理搭建起来的“月度绩效考核”为课改保驾护航。一切都那么自然而然，一切又水到渠成。

用一生去沉淀思想，用一生去凝练思想，32 年教学生涯，“四个主张”原创思想都来自工作实践。分析形成原因，是因为不同时期遇到的困难和问题不同，以及研究的方向和实践不同，导致了“四个主张”形成时间和先后顺序也不同。“人文 + 科学 + 严谨”管理思想形成于 2004 年，那是王晓川做校长的第三年，在第二所学校任职时期。那个时候生存是大问题，怎么与教师相处，怎么化解工作矛盾，怎么把教师的工作积极性调动起来是关键。于是，那个时期他在管理上下的功夫要大一些。“铸魂塑型立人”办学思想形成于 2012 年，刚好是做校长的第十个年头。那个时候王晓川校长已经在一步步形成办好学校的思想和观念，尤其是经历了三所学校，三所学校又分别属于农村小规模学校、城乡接合部学校和城市大规模学校，极大地促成了他对教育教学、对育人目标、对国家教育方针和一个个具体育人现象的个人思考。“说学教育”形成于 2016 年，是他工作的第二十八年。从 2003 年探索“讲练结合突出梯度”算起是第十四个年头，从 2011 年启动“学讲练 70 分教学模式改革”算起是第六个年头，产生虽晚，但历经时间足够长，研究力度足够大。从“人文 + 科学 + 严谨”和“铸魂塑型立人”到“说学教育”，这是一种方向和身份的转变。从此，他的研究领域突破了管理和办学的行政领域，而是在业务领域探索如何办好学校，培养教师队伍，实践教育科研。“自善文化”形成于 2018 年，进一步说明业务领域的探索从教学走向了育人，眼界更宽泛，思考更深入，站位更高级。这样的一个发展轨迹，是一名校长非常真实的成长轨迹，也恰好验证了一个人从稚嫩走向成熟，从浅薄走向深刻的运动轨迹。

回顾王晓川校长三十二年教学生涯，三个十年，四个主张，二十年校长，三十二年从教生涯就是他教育思想的全部。“南有樛木，葛藟累之。乐只君子，福履绥之。”几十年来，王晓川校长像这棵小小草，在学校从事着百年树人的伟大事业，也在这种追求中享受着工作的快乐，在快乐中成长。

寻梦？撑一支长篙，向青草更青处漫溯。形成自己的教育思想，举办个人教育思想研讨会，可能是每一名教师心中的梦想。我辈有幸在教育部中小学名校长领航培训江苏基地学习期间遇到了像王晓川校长这样有情怀有智慧的校长伙伴做榜样引领，使得个人教育思想得到更高的提升。特别感谢江苏干训中心严华银教授、季春梅主任、回俊松博士，感谢导师彭钢主任、顾苏云校长、张新平教授、薛法根校长等，感谢我的同学金卫东、张文凤、汪炜杰、李丽辉、王晓川、王琦、华联、孙镜峰等众多校长，感谢教育部国培办，感谢三年学习中为我们的成长无私付出和默默奉献的人们。

第二章

理性教育思想的描述

第一节　理性教育思想的形成过程

面对新时代全面落实立德树人根本任务，培养德智体美劳全面发展的社会主义建设者和接班人的重要使命，作为一名中学校长，我深入思考生命的责任，人生的方向和教育的使命，以智慧的爱激发师生理性成长。在教育实践中守正创新，对以立德树人、五育并举为核心的理性教育校本化表达方面进行了深入的探索。尊重生命、欣赏生命、成全生命，构建丰富的培根铸魂、启智润心的理性教育课程，引导师生拥有对自我生命的自觉，即“明自我”；拥有对他人生命的自觉，即“明他人”；拥有对外在环境的自觉，即“明环境”，从而担负起自己的责任。以理性教育激发师生生命的潜能、提升生命的品质、捍卫生命的尊严、感受生命的美好、体认生命的意义、实现生命的价值。校园处处充满了温情，师生人人洋溢着笑容，生命时时彰显着激情。

一、以智慧的爱引领学校管理创新实现发展的自觉和自主

生命成长需要爱与智慧。爱能够创造美好的情感与和谐的关系，爱能够给人不厌其烦、百折不挠的力量。智慧能够在错综复杂的环境下，运用逻辑思维和系统思维抽丝剥茧、所向披靡。爱与智慧，是最重要的生活元素和生命成长元素。教育是情感和理性的统一，艺术与科学的统一，理论与实践的统一。面对鲜活的生命，我们教育人必须以理性思维——智慧的爱激发生命理性成长。

我深知，校长只有成为爱学习、会思考的旗帜，才能担当起新时代的使命；校长要对教育事业倾注无限的热爱，努力探索新时代人才培养

的普适规律，努力提升教育的智慧与魅力，才能扛起时代赋予的历史重任。我们的教育不仅要对学生的升学考试负责，更要对学生一生的生命质量负责，要为学生的幸福人生奠基，为学生的健康成长服务。教育工作者容易形成一种思维定式：和学生谈话，不自觉地总以教育者的身份，居高临下，或者批评，或者教育，或者指点人生迷津，或者指出缺点和错误。这样的做法，老师们习以为常，感觉到自己尽到了老师的职责。可是，往往事与愿违，学生并不领情，并且产生逆反心理，拒绝老师的说教，走到事物的反面。所以作为教育工作者，一定要注意反思自己的言行，调整好自己的心态，转变自己的观念，真正成为学生的朋友，引领学生走向成熟，走向完善，走向人生的最高境界。同时更重要的是我们的教育工作者需要具备教育的爱心与智慧。爱，让教育充满智慧的灵动。智慧，让教育培育出爱的果实。

1. 方向引领

新时代需要创新人才，人才培养需要教育的综合改革，在全面深化基础教育改革的今天，校长担当起立德树人、五育并举、培根铸魂、启智润心、促进学生身心健康、全面发展的使命。我以做一名学校精神文化的引领者、优秀思想的播种者、教师专业发展的促进者、学生健康成长的捍卫者、新时代为国育才的崇高追求者为目标，尊重教育规律和生命成长规律，明确学校价值，赋能师生发展，确立了“为了生命自觉”的理性教育理念，为学生的幸福人生奠基，为学生的健康成长服务，努力让学校生活成为师生一种幸福美好的生命体验。

理性教育作为教育的存在形态——是为了生命主体的自由和幸福所进行的理性化的教育。理性教育是真正充满活力的人的教育，是引导人生走向美好和完善的教育。

（1）引领作为学校管理的第一要务。《义务教育学校校长专业标准》提出校长应该具有“以德为先；育人为本；引领发展；能力为重；终身学习”的能力，规定了校长必须担负起的六项专业职责，以“专业理解与认识，专业知识与方法，专业能力与行为”三类要求进行了阐述。我想，无论是规划学校发展、营造育人文化、课程建设、教师成长等，都需要管理者、校长引领。首先注重思想的引领，把自己对学校愿景的规划，办学思想、育人理念清晰地传递给每一位教职员工，解决到哪里去的问题，方向是不能偏的。初到学校时，我带领教师认真调研学校发展历史和文化基因，寻找学校发展新的生长点。面对教师紧盯学生分数、片面追求升学率、漠视生命的现象，我带领教师学习、研讨生命的意义，征求专家意见，确立了理性教育办学理念，以丰富的理性教育课程唤醒生命自觉，以智慧的爱激发生命理性成长。

（2）引领坚定理想信念。在学校管理中我们牢固树立“教师第一”的思想，以优秀的教师成为学生生命成长中的贵人为教育信念，唤醒教师的理想信念、仁爱之心、责任担当。

（3）引领坚持榜样示范。管理者身先士卒，榜样示范，带领教师提升教育教学质量，研究教学，爱岗敬业。“为往圣继绝学”，将先贤的文化传承下去。在传承过程中，成就学生，成就自我！

（4）引领团队形成共识。以给学生积极且长远的影响的好教育来助力每个学生核心素养提升，五育并举，全面发展；积极做让学校荣耀的事，通过自己的专业特长带动学校学科专业的发展，通过自己的人格魅力去感染教师，让他们能善教、乐教、爱教；将学校打造成老百姓家门口的优质学校。

（5）引领需要管理者思路清晰。对某一个时间的工作，某一项具体的工作，抓什么、如何抓、抓到什么程度要心中有数，要能让教师清晰地感受到我们有条不紊、循序渐进的工作作风，感受到各个部门精细化的管理。学校明确的三年发展规划和年度工作计划，各部门基于尊重生命、发展生命、成全生命的角度拟定的科学精准的评价制度，如指引生命成长的一个个清晰的路径让教师和学生行有方向。

2. 愿景建构

通过学校教育引导师生追求幸福的健康生命，培养师生创造幸福、享受幸福的能力，并提升师生的幸福境界，从而实现培根铸魂、启智润心，培养全面发展的人。以“理性教育——朝向幸福的努力”作为学校的办学追求，带领全校教师以智慧的爱激发生命理性成长。

学校是学生接受知识和生命成长的家园，一切必须以生命快乐健康为主，让生命在校园自由奔放，让教育充满生命气息。把理性教育融入立德树人中，给学生架构基本中国人格，以天下为己任，为百姓安居乐业而奉献。将家国情怀，生命价值的追求，融入丰富多彩的理性教育课程中，让生命得以丰盈。

确立了“务实创新，追求卓越”的学校精神，根据新时代教育要求对“为了生命自觉”理性教育理论体系进行了全面梳理。

研讨建构学校发展愿景——幸福成长、智慧人生，营造校园文化——典雅、共长、前瞻，开设理性课程——经典、创生、融通，打造理性课堂——向美、挑战、生长，培养理性学生——文雅、智慧、坚韧，建设理性教师——浪漫、睿智、弘毅，实现理性管理——引领、激励、创新。

（1）把学校打造成师生生命理性成长乐园。把学校打造成对师生生命充满关爱、体贴和关怀，让师生感到当下生命的丰满和幸福，引导人生走向美好和完善的理性教育乐园。

在学校，让每一个学生、教师都有人生出彩的机会，让他们有机会展示自己，体会到学习的快乐、职业的幸福、教育的成就，让学校成为师生的精神家园。

在学校，理性教育不拘于一种形式，而是将一些常规教育项目赋予生命的内涵。每周升旗仪式，既庄重严肃又增添具有理性教育的新项目，从活动中丰富升旗仪式感，在活动中构筑学生家国情怀。

让学生从课程和校园活动中体验生命气息，进入校园就走进生命乐园。

（2）让教师在“立德树人”实践中享受职业尊严。在教师发展上，打造一支“浪漫、睿智、弘毅”的理性的弘雅教师队伍。让教师在立德树人的理性教育实践中感受到生命尊严和生命价值，在成全学生生命中享受教育的幸福。

“忠诚教育、关爱学生、教书育人、为人师表、严谨治学”成为理性教师的价值追求。让每一位教师成长为以德示范、立德树人、教书育人的新时代好教师。

（3）让学生在生命潜能开发中成为时代新人。理性教育寓教于美，以美的内容、形式、方法、手段施以教育，将美育特有的自由精神，融入教育教学过程之中，使教育成为培养“求真、向善、尚美、健体”的一代新人的整体育人活动。

在学校带动下，教师将以学生为本、促进学生全面而有个性发展的教育价值观内化为自觉教育行为。激发学生的学习兴趣，提升解决问题的能力；想尽办法激励学生，使学生的潜能得以释放；培根铸魂、启智润心。

3. 管理创新

（1）发挥激励的促进作用。激励，就是要让教师看到美好的明天，看到学校的希望。家长赞誉、社会美誉、政府肯定不断上升，教师才能感受到在学校工作有价值，在工作中感受到自我成长与自我价值的实现，就会喜欢上工作，享受工作。

（2）探索管理体制创新。加强师德建设，创新激励机制。不断强化教师职业的自我约束机制，建立规范的教师职业道德和行为准则，教师的专业精神表现为对这样的职业道德与行为规范的接受和自觉遵守。

改革教师聘任与考核制度，调整教学组织；创新教学管理、学生管理和班主任工作机制。加强信息化建设，优化课表编排，提高教室、实验室等教学资源的使用效率，促进学校健康、持续、高品质发展。

（3）改革人才培养模式。深化课程改革，探索参与式教学和探究式学习，努力把孩子培养成学习的主人，发展的主体。推进开放式学习，在实践探索中学习，真正走向立体式、大空间的育人改革。积极开展社会实践、研学旅行、团队调研、实验探究、公益劳动、志愿活动、魅力讲坛、主题教育等系列活动，丰富学生的精神生活，实现学生在“自然、自己、自由、自觉”中成长。

变革学习制度，实施“选课”制、“分层”教学、“走班”教学，构建教学新常态，促进每一个个体的生命成长，实现科学有效育人。

（4）完善学生评价制度。从思想品德、学业水平、身心健康、艺术素养、社会实践等方面，基于事实和数据，客观准确地反映学生德智体美劳全面发展的情况。通过过程的记录与评价，促进学生行为的转变！

4. 学校发展

（1）校园幸福指数提升。推行理性教育十年多来，校园里的一切都在发生着悄然变化。学生由入校时的胆小拘谨、不善言表，如今蜕变成大方、大气、自信、阳光的理性少年。教育行政部门每年都要对学生进行校园幸福指数调查，学生的校园幸福指数逐年提升，如今，基本上都能达到95%以上。

（2）各种荣誉实至名归。学校先后荣获全国教育系统先进集体、全国生命教育示范学校、全国特色学校、全国素质教育示范学校、全国智慧教育研发应用基地、教育部网络学习空间建设应用优秀学校、黑龙江省德育工作先进集体、黑龙江省思想政治工作示范点、黑龙江省先进基层党组织、黑龙江省体育艺术特色学校、黑龙江省心理健康教育特色学校、黑龙江省依法治校先进单位、黑龙江省文明单位标兵、黑龙江省研学试点学校、黑龙江省优秀五四红旗团组织、黑龙江省劳动教育优秀案例一等奖等100多项荣誉称号，走出了一条培根铸魂、启智润心的学校理性教育特色实践之路。

（3）现场活动彰显特色。国内外1000多人次的专家、同行前来学校参观考察。高标准举办全国生命教育现场会、全国智慧教育培训现场会、全国高品质学校建设与内涵发展研讨会等，教育信息化、生命教育、教师专业发展、思政课创新、教育惩戒等工作经验得到交流，2015年5月，黑龙江省教育厅牧童副厅长走访我校后说：“我在第九中学看到了真正的德育，学校教学质量高，源于德育抓得好，黑龙江省的其他学校，都应该向第九中学学习。”2016年7月，著名教育家顾明远先生考察学校后，欣然提笔，写下了“没有爱就没有教育，没有兴趣就没有学习，教书育人在细微处，学生成长在活动中。”这既是顾老对学校的勉励，更是对学校的赞赏。2017年9月，鸡西市委书记赵铭视察学校，他说：“看到学生很开心，老师很用心，学校条件这么好，我很高兴。”

二、以智慧的爱激励教师焕发职业生命的自觉和精彩

高水平高质量的学校关键是教师，实现学校发展目标和愿景主力是教师，让学生感受生命的快乐和幸福的核心是良好的师生关系。校长在教师队伍建设中起着导向和引导作用，锻造教师队伍是每个校长义不容辞的责任，促进教师专业发展是校长的第一使命。

1. 尊重教师

校长与教师只是角色和分工的不同，不存在高低之分、尊卑之别。校长管理学校，要懂得尊重教师。校长尊重教师，会给学校管理打上一层润滑剂，校长的工作就会得心应手，得到教师的支持和拥护。

尊重教师的人格，尊重教师的教学个性，尊重教师的课堂，尊重教师的付出。教师教书育人，责任重大，工作辛苦，要尊重教师的付出，尊重教师的成果，与教师同心协力、同喜同乐。

在教师专业成长上，我们尊重个性化教师成长需求，注重名师、名班主任、名校长培养。任校长十余年来，培养了杨彬、潘伟、蔡克玉、王祥君、姜红艳、王秀敏等一大批校级领导和特色教师，也培养了一大批省市名师和优秀青年教师。

2. 激励教师

了解教师，针对不同的教师，给他不同的目标激励。通过谈心、交心，达到知人、知心，从而把广大教师凝聚在管理层的周围。教师也容易从高效的工作中找到乐趣、满足感、成就感。

激励教师，要让教师对自身工作有一个清醒的认识。教师的工作不仅仅是成就学生、成就学校，更重要的是成就自己。

激励教师，共生共长，为教师构建幸福教育生活。校长给教师亲笔书写生日贺卡。我校有一百多名教师，每一个教师生日，我都放在心里，我没有和教师集会举办烛光生日晚餐，不是形式上发一个微信表达关爱，而是用粉红色信纸很庄重地亲笔书写一封生日贺卡。每一封贺卡，都从爱出发，每一个字都很简朴，但又富有生命的温度。每一个教师的贺卡都有200字的个性点评，从校长视角用温馨的语言勾勒出教师的闪光点。

当教师收到校长贺卡时，心灵总是荡漾起一种幸福感，获得一种教育自信力量。这不仅是一种情感表达，而是用这种既传统又独特的表达方式，给教师一种看得见的幸福教育生活。

3. 培养教师

每一位教师都是具有蓬勃生命力的“种子”，只要有合适的土壤，就能生生不息地生长。在教师培养上，我们一是项目引领，采取项目化学习，以阅读和科研带动教师专业发展；二是团队合作，组建名师工作室、生命教育工作室、教师成长营、校长工作室，培育学校生命乐趣团队，既凝聚合力，又共同发展；三是分层发展，以梯队教师培养为目标，有计划分类培养，激发他们的内生力量。近五年来，学校新进在编教师60多名，我们都以多元培养和培训方式，让他们融入“团队”中，让每一颗“种子”都绽放出绚丽的花朵。

4. 提供表现的舞台

把教师的专业成长放在心上，积极推进教师专业化进程，努力提供进修培训、进入名师工作室、师徒群体结对、教师发展论坛、教师成长展示、名校考察学习、提供专业书籍等方式，促进教师专业成长。提高教师发现学生兴趣特长和学科潜力的能力，以及指导学生选课和规划学习生涯的能力。开展实践探索研究，邀请专家做专业指导，定期开展研讨交流，激励教师主动发展。以教师更好成长，促进学生更优发展。

搭建平台，让老师尽情地展示自己。身边教师的成功就是最好的激励，管理者要为每一位教师铺路子、厚底子、搭台子、架梯子、压担子。我校实行教师专业发展套餐制和自主申报制，学校根据各层面教师成长实际需要进行个性化培养，选送教师外出学习，参加国家、省市比赛开阔眼界等。

5. 成就教师

教师是一个设计者，为每一个学生设计适合他学习的环境；教师是一个指导者，使学生在信息海洋中不迷失方向；教师是一个帮助者，学生遇到困难时，要相信他们自己能够解决。但是有些地方我们还是要帮助他们，就像孩子在走路的时候摔倒了会自己爬起来，但有时为了防止他受伤，必要时还是要扶他们一把。因此，在当今知识爆炸的时代，教师成为与学生共同学习的伙伴，在学生成长发展中成就自己。

教师是孩子的内力觉醒的助推器。人所受的一切教育活动，都是在激活和唤醒人体内的巨大电池。学生通过教师和课堂课程而焕发出生命的灵性。学校先后涌现出了林凤英、周晶、孙福红、崔凤芝、刘福玲、李爱丽、郭慧鹏等一大批社会、学生、家长公认的大名师。

教师专业发展提速。教师们每一天在学生发展中享受与幸福相伴的教育生活，学校名师、学科带头人、教学能手云集，青年教师快速成长。名师工作室荣获黑龙江省工人先锋号荣誉称号。孙福红、刘福玲等 302 人次荣获教育部部级优质课教师、特级教师、全省师德标兵等荣誉称号。仅去年就有 7 名教师参加全市青年教师教学基本功大赛，6 名获得一等奖，1 名获得二等奖，获奖比例和人数都是全市最高。今年 16 名教师在全省课堂教学大赛中获奖。

三、以智慧的爱促进学生生命理性成长的快乐和幸福

教育就像点燃心灵的火焰一样，是一种人格心灵的呼唤。人的快乐在于心灵的自由，生命的舒展。中学教育是师生一段生命旅行，也是学生未来的奠基工程。每个教育对象都有不同的特点或说与众不同之处，教师及时发现他们身上的闪光点，有的放矢，因材施教，为生命而教。研究学生的个体生命差异性，采用差异教学，实现每一个孩子在各自起点上的进步，让校园成为学生美好成长、幸福发展的家园。

树立现代教学观和学习观，教的根本目的是为了不教，“知之者，不如好之者，好之者，不如乐知者。”教师善于激励学生的勇敢精神，培育坚毅的品质，体验学习的深度愉悦，以学为乐、终身学习，为孩子终身发展做准备。

尊重学生的选择权，调研学生的需要，尽最大可能开设学生成长需要的科学、人文、艺体选修课程，提供更多的选择机会，鼓励学生在兴趣与特长上的发展。

著名教育家苏霍姆林斯基曾经说过：“教育的理想在于使所有的学生都成为幸福的人。”人生的终极目标是追求幸福，获得幸福。为了实现这一目标，十余年里，我和老师们一起摸索、实践，渐渐明晰，并凝练出“一个目标、三个载体、五个行动”的智慧结晶。即把“学生快乐、教师幸福、家长满意、社会认可”作为理性校园的总目标；把“理性课堂、理性班级、理性校园”作为理性教育的载体；把“环境、课堂、课程、活动、心态”作为理性校园的五大行动。

1. 让校园成为生命幸福的乐园

校园是生命成长的地方，拥有生命发展的功能，所以在改扩建学校时，就自然融入了生命教育的理念，站在未来教育发展高端，建构生命活力校园空间之美，让生命获得幸福与快乐。

2012 年 2 月，我刚到鸡西九中工作，学校低矮的二层小楼，门窗四处漏风，一根粉笔、一块黑板、一本书的教学现状，何谈生命幸福？我积极争取各方对学校进行改扩建。很幸运得到政府大力支持。为了建一所我心目中的“生命幸福乐园”，我们把所有关注点全放在学生身上。“以生为本，处处为学生考虑”成了我们设计新学校的核心理念。学校所有教育功能和文化具有以下特色：一是充盈着生命的气息，校园内处处呈现简约精致之美。二是整体构架自然而流畅，处处皆文化，处处是教育，凸显了生命教育文化。三是构思高端大气，传统与现代风格自然融合，守正与创新思维相互融合，人文与科技巧妙融合，一切都融入了教育的本真元素。四是体现了“让生命理性成长”的核心理念，凸显了“正德厚生、臻于至善”特色，学生心灵在这里得到开放，彼此之间情感自然流泻出天性的喜爱。

从建筑、景观、室内、弱电到文化，前后论证百余次，这不仅是学校管理民主决策，而且囊括了集体智慧，共同追求学校生命教育之美。我们既关注大格局又注重细节调配，包括所有的材料，如木材、墙砖、景观布局搭配；既尊重设计师设计风格，又凸显师生的创意，并和施工方一样一样地对照，然后按类进行验收，来来去去好多回，完美地完成了生命教育校园的构建。

各个元素之间的协调，教室空间舒适度的把控，师生参与其中，有情感的挥洒，有思维的跳跃，有对未来的期待，一切都致力于给师生一种幸福教育生活。例如中华优秀传统文化长廊，则是弘扬传统的文雅之气、礼让之义。

在校园漫步，处处都充盈着生命气象。一座座静态的建筑，仿佛赋予了教育的温度，能感受到这些设计，赋予了师生的情感，赋予了生命的温度，彰显了教育的张力，即使是一把椅子，一张桌子，都精雕细琢，空间形式和意境景观，都把立德树人理念融入其中，让师生的灵魂有所归属，让生命更加丰富多彩。

有理念、有思想的建筑是有生命力的，我们以学生的视角创设学校环境，把学校建设成一个让学生向往和留恋的生命幸福家园。校园自然环境的美，是学生最喜欢的。“绿色”是校园的主旋律，凡是能养花、种植树草的地方，我们都要让它绿起来、美起来。教学楼的养成教育版面、学生诗书画作品、公益广告创意等，让学生不经意观之摩之，潜移默化。楼道里的宣传标语，图文并茂，不仅给人以美的欣赏，更是文化内蕴的承载。把乒乓球台、体育健身游乐等设施放置在教学楼下，学生一下课就能打乒乓球，就能攀爬、玩耍等等。这些都是理性校园的元素。

2. 让课堂成为生命幸福的场景

注重实践、体验的课堂，联系学生生活实际的课堂是生命幸福的课堂。让学生有幸福感，必须关注课堂，让课堂生活成为学生生命幸福的重要旅程。十年来，我和老师们一起从转变教与学的方式入手，创建生命幸福课堂，变“教学”为“学教”。我们把“秧田式”课堂改变成“小组合作式”课堂。改变的不仅是形式，更重要的是教学模式。我们积极探索“先学后教、小组合作”等教学模式。

课堂教学模式改革创新，提升学生思维品质。借助尝试教育理论、体验性学习理论和生本理论打造生命化的高效课堂，在课堂中引导学生学会思维，创设真实性问题情境，设计挑战性学习任务，组织结构化学习过程，倡导可视化思维表达，进行反思性学习评价，以思维发展为核心，促进学生核心素养的提升，培养创新型人才，以达成新时代的育人目标。

信息技术与课堂教学融合创新，推动学生全面发展。发挥网络与媒体功能，运用学校智慧云平台，智慧管理、智慧班级、智慧课堂、智慧校园的建设助力生命教育实践。推进智能时代的教育改革，利用人工智能助推人才培养模式变革，促进人的全面发展，建立人机协同的教育方式，学习环境评估检测教师教育和学校治理体系，充分发挥人与机器的各自优势，以提升学生信息素养，协同构建人机共育的教育新生态。

3. 让课程成为生命幸福的旅程

理性教育实践十余年来，我们在贯彻落实好国家课程的基础上，推出了基于学校、学生和教师实际的校本课程供学生自由选择，并着力建设融合家校结合的阶梯式阅读课程，全面构筑起富有特色的课程体系，为理性校园建设提供保障。

融合最鲜活的各类学科知识，对生命的珍惜与尊重，对生活的反思与学习，让孩子乐学、好学，成为更好的自己。创新课程，开发课堂，构建学生健康成长的立德树人模式，培育有理想、有本领、有担当的时代新人，我们构建基于初中学生成长需求的理性教育个性化课程体系“感恩·责任·自觉”，建设倡导责任感的学生文化、教师文化、管理文化，培养有高度责任感的新时代中学生。

思想政治课改革创新，激发学生思想活力。构建利于每一个生命成长的育人生态，厚德明理、生命教育、延伸补充、特色育美、阳光读书、机器人编程、生涯规划、心理健康指导、劳动实践体验，丰富的课程滋养了生命。

家庭合力共管共育机制改革创新，提升家长教育水平。构建互联网＋家庭教育培训模式，提升家长教育意识和教育水平。

劳动教育模式改革创新，培养劳动价值取向。把劳动教育作为学生全面发展的重要载体和途径，以培养未来社会主义建设者和接班人的劳动精神面貌、劳动价值取向和劳动技能。

心理健康教育改革创新，赋能学生生命成长。交流空间、快乐驿站、相约成长等课程，培养学生乐观、积极向上的生命态度，形成高心理弹性，提升对于变化的顺应能力和情绪调节能力，坚毅而乐观，拥有比较好的计划能力和执行性。引导学生建立相信生命的信念，面对灾难时坚强、乐观、积极向上的生活态度。

“经典诵读”课、“情趣作文”、“作家进校园”、“书香校园”课程、生涯规划教育、职业体验活动，激活成长动力，促进孩子持续健康成长。少年STEAM课程、少年玩伴课程、古诗文教育，增添生活诗意与情趣。

为了推进理性教育，我们申报国家级课题《初级中学理性教育实践途径探索研究》，获全国首届生命教育教学成果特等奖和全省首届基础教育教学成果一等奖。经过十余年探索与实践，我们的理性教育理论趋向成熟，梳理并正式出版了20万字的理论研究专著《九中映象》，全方位展示了学校理性教育成果，成为其他学校理性教育实践学习范本。

4. 让活动成为生命幸福的创造

建构、组织符合青少年发展需要的各类活动，在青少年主动参与的主体性活动中达成教育教学的各项目标，进而实现学生的全面发展。“丰富”强调多样化，“系列”则表明我们在开展丰富活动的同时，充分考虑它与学生成长的关联性以及活动本身的内在逻辑和教育机理，“多彩”则更加强调活动形式、形态的多元。

下雪天，我们会鼓动老师们带着学生到操场上打雪仗；五四青年节，我们会举行节日狂欢……寓教于乐，活动不仅带给学生体验与成长，更给孩子们带去快乐和幸福。构建多姿多彩的社团文化，营造五彩缤纷的节日文化，践行灵动体验的研学实践文化，塑造高雅文明的礼仪文化，弘扬优秀的传统文化等等。我校富有特色的活动，如亲子活动、社会实践、“十大孝子评选”等都成为学校理性教育特色品牌。

5. 让乐观成为生命幸福的基因

让孩子拥有一颗乐观健康、包容豁达的心，既是立德树人核心内容之一，更是理性教育的重要目标。我们提出了健康、快乐、感恩的目标，“健康”是教育的本初和一切美德、智慧生长的基础；在此基础上，我们关注孩子指向自我的内在体验是“快乐”的，这是幸福的重要表现；同时，我们引导孩子能够把个体意义的幸福体验导引向外部，让他们在“感恩”中体验更有广度、深度和社会意义的幸福。为孩子们设计一本“生活喜事”

记录本。要求学生每天写下三件喜事，找寻“快乐源”，塑造健康、乐观、积极的品性。

6. 让精彩成为生命幸福的标志

整齐规范、活力四射的第九中学军歌演唱大课间、曲线军姿行走、校园集体舞等，学生们在演唱行走中感受到了生命的庄严，如今，已享誉省市同行学校，成为鸡西教育界一道亮丽的风景线。FEARLESS电声乐队激情飞扬，玖韧军乐队活力四射，春之声合唱团唱响龙江，印象画舫版画师生走向全国……

阳光、正直、富有理想、积极向上、懂得感恩，这是社会对九中学子们的一个中肯的评价。学校连续9年中考各项评价指标全市第一，实现了九连冠。涌现出了张雷、徐顺源、鲁成泽等全市中考状元、高考状元和优秀毕业生，仅去年中考就有5名学生考入全市前10名。宋庆龄奖学金、中华好少年、优秀志愿者是对生命精彩学子最好褒奖。

丰富多彩的社团活动，让学生在学海中遨游，畅享学习的乐趣，更体验到了生命潜能的迸发。“优秀班集体”“优秀团队”的荣誉展示了学生们团结一致、齐心协力，生命因精彩而绽放。

“多元评价”激发学生多层面的生命潜质，绽放生命的七色光彩。全国少年声乐比赛获金奖的赵宏宇、全省“十佳自强女孩”朱雪莹、全市课间音乐知识大赛获特等奖的赵圆圆、郭宏达、全市乒乓球比赛中获得中学组冠军的丛凡越、获得科技小院士奖的于旺博，“乐观向上、懂事孝顺”登上《黑龙江日报》的荣获第九中学第五届“十大孝子”的李普初……这些学生在不同领域内彰显了生命的精彩和个性化成长。

四、以智慧的爱追求教育理想的成长和丰满

27载教育人生路，一路追寻教育理想，父亲的正直、善良，导师的悉心指导激励我用热情拥抱成长。

中国现代女作家张爱玲说：“于千万人之中遇见你所要遇见的人，

于千万年之中，时间的无涯的荒野里，没有早一步，也没有晚一步，刚巧赶上了。”

有幸走进领航班，得到诸多专家的引领指导，郭垒主任、于维涛教授、严华银教授、季春梅博士、彭刚主任、顾苏云校长、闫忠俊校长、回俊松博士……严谨的工作作风渐渐变成追求美好的内在要求，激励我全情投入不觉其累。顾城诗云：“草在结它的种子，风在摇它的叶子。我们站着，不说话，就十分美好。”在校园里，面向曾经自己一样的孩子，站在生命的发源地，针对21世纪中国基础教育变革与现实，不断穿越与前行，用生命的虔诚与智慧播撒教育情感，即使站在校园不说话，也感觉十分美好。什么是教育情怀？以前并没有这种感觉，只是一种喜爱潜入我的情感中。每天，在繁忙的工作中，虽然很辛苦但觉得心情很舒畅，仿佛面朝大海，春暖花开，看着所有的孩子在每一个早晨长大。正是这种朴实的教育生活，时光如白驹过隙，二十余年来，和孩子们一道成长，和学校一起发展，时间收获了成长。特级教师、全国法制宣传教育先进个人、全国英语名师、全国生命教育形象大使、中国好校长教育实践创新奖、领航校长、教育部首届基础教育教学指导专业委员会成员、中央电教馆智慧教育校长导师……

弗洛伊德说，人的成长由本我、自我、超越三个阶段完成。我教育人生三个阶段，少年梦想做一名教师，教育追寻路上当一名优秀教师，领导岗位追求生命教育理性之美。由本我到超越，积极构建自己的教育思想。《我理想中的新学校》，从教育内在论述了生命成长，讲述幸福的教育生活，2020年刊发在《江苏教育》上，《学校防疫教育工作的“长”与“常”》《初中生思想政治素质提升如何化虚为实》等先后在《中国教育报》发表，《生命教育，赋予师生幸福生活的能力》《在尝试中体验　在体验中养成》《以立德树人为核心的初中课程实践创新》《生命教育理念下的初中智慧教育实践》等13篇介绍办学实践经验的文章先后发表在《教育家》《人民教育》《中国教师报》。

名校考察开阔视野；研讨交流提升教育智慧；领航校长工作室发挥示范带动作用，引领区域教育高品质发展；凉山教育帮扶，用志与智让孩子们的眼睛更明亮，在扶贫支教中向教育家型校长进发。

情感、情怀、教育思想也跟随着时代的发展在成长。从33岁走上校长岗位，参与中国基础教育改革开放，经历了课程改革、课堂转型、教育观念转变、办人民满意的教育全过程。我始终把办人民满意教育作为努力的方向，并保持着永不懈怠的精神状态，坚持探索特色办学——生命教育，思维方式和办学高度，都有了全面的提升。高品质办学，让学校走向全国。

幸福家庭的支持让我倾心教育。对教育由衷的热爱乃至痴迷，是对成长永恒的追求，是心中坚定的理想、信念，是对生命由衷的敬畏。诗人汪国真说，因为有人懂，情怀可以诉说。理性教育——朝向幸福的努力永远没有终点，它既是一种理想，更是一种实践与探索，我希望通过我和同仁们的努力，让孩子们生活在幸福的沃土里，立足在精神的高地中，成长在广阔的舞台上，心灵自由，生命舒展，行走在生命幸福的快乐中。

第二节　理性教育思想的静态阐释

生命幸福是什么？生命幸福意味着尊重（Esteem）、启发（Enlightenment）、体验（Experience）、活力（Energy）、享受（Enjoyment）。建一所让孩子们天天能开心地笑着去上学的学校，能让孩子们拥有快乐的“生命幸福校园”。

在学校办学实践中，我不断思考如何尊重教育规律和生命成长规律，明确学校价值，赋能师生发展，创新学校工作，提升学校办学内涵，在学校高品质发展阶段由最初的生命教育提升为“做富于理性的教育”的办学理念，注重师生理性人格培养的教育，理性的校长引领教师理性成长，做富于理性的教育，培养理性的人才，引导师生们思维上讲求逻辑，精神上讲求理智、冷静和雅致，人格上追求真实、善良和完美。以“优秀的教师成为学生生命成长中的贵人”为教育信念，构建学校“感恩·责任·理性”课程体系，通过生命体验、生命叙事、生命宣言来唤醒学生潜能，激发成长力量，以多元的学校文化，精细化管理，优质的教育服务来助力每个学生成为德行根基牢固，法治素养深厚，智慧发展卓著，艺体特色见长，创新实践呈美，全面发展的有志向、有兴趣、有天赋的理性少年。

在理性教育思想的引领下，我相信，孩子的梦想就是教育的梦想，最好的教育是帮助学生成为“将要成为的那个人”，为此，我们构建学校“感恩·责任·理性”课程体系：引导学生追求YI梦想：智慧为“一”，拥无限之可能；坚“毅”为翼，鲲鹏展翅千万里；“艺”术作翼，滋养灵气润人生；打造双“翼”，睨云霄为“易”事；让学生“怡”身心，“宜”践行，“益”成才，“屹”家国。我们还为不同的课程打造专属的学习空间：老师将在“理想国”里和孩子们共谈哲学，张弛论天下。在“牡丹亭”中领略百戏之祖昆曲的艺术魅力；在STEM空间发挥想象，改进模仿，实用创造。尽情享受温馨的校园生活：在“梦想球场”和伙伴们打一场酣畅淋漓的球赛，在“幸福花园”与伙伴们畅游爱的每一个角落，在时尚轻松的图书馆享用不可辜负的“美食”。我们为同学们提供一个如家一般舒适温暖的生活成长空间，在现代气质与人文情趣相融合的校园里礼遇美好。

“倾其才华，尽其良知”，腹有诗书气自华，教书育人；自觉践行学校教师的六不承诺，为人师表。“勤学好问，激情快乐”，乐于研究，善于合作，拥有包容宽大的胸怀；面对工作充满激情。“赏识学生，成就学生”，遵循规律，理解差异。让每一个孩子都得到爱的滋润，知识的浇灌，“善于创新，乐于挑战”，面对逆境，敢于拼搏；凝聚智慧，不断进取。

四年学习成长，学生们逐渐成为迸发出无限的兴趣、才智和潜能，创造力超强的被赋能的学生，拥有自信与勇气，冷静地面对现状，成为具备独立自主、勇敢担当的人格，富于理性精神的人，实现杰出的创意精英的梦想。

第三章

理性教育思想的产生、发展和完善

第一节　理性教育思想的产生

新时代需要创新人才，人才培养需要教育的综合改革，在全面深化基础教育改革的今天，校长如何担当起这一使命，这是新时代的叩问。从 1994 年走入学校成为一名教师、学年组长、教导处主任、教育局团委书记、局党委副书记、副局长，再到校长岗位以做一名学校精神文化的引领者，优秀思想的播种者，教师专业发展的促进者，学生健康成长的捍卫者，新时代为国育才的崇高追求者为目标，尊重教育规律和生命成长规律，明确学校价值，赋能师生发展，取得了可喜的办学成效。学校荣获全国教育系统先进集体、教育部网络学习空间普及应用优秀学校、全国素质教育示范学校等荣誉称号百余项。孟子说："爱人不亲，反其仁；治人不治，反其智；礼人不答，反其敬。行有不得，皆反求诸己。"我深知，校长只有成为爱学习、会思考的旗帜，才能担当起新时代的使命；校长要对教育事业倾注无限的热爱，努力探索新时代人才培养的普适规律，努力提升教育的智慧与魅力，才能扛起时代赋予的历史重任。

在简单而又复杂的教育生活中，我不断从理论上追踪教育之美，岁月的累积让我认识到生命的崇高，从而力图将学校建构成为浪漫与自由的栖居地，让师生享受教育的愉悦和幸福。站在新的历史起点上，我带领教师研究如何把地方文化融入办学之中，用历史的纵横观构建学校发展理念，确立了理性教育办学理念，努力构建新时代优质教育的亮度与色彩。在办学实践中，我不断追问教育的本源，追寻校园空间的靓丽。我深知，校园是生命成长的地方，拥有生命发展的功能，所以在改扩建学校时，就自然融入了"理性教育"的理念。站在未来教育发展高端，以窥探生命的奥秘，建构生命校园空间之美，让生命获得幸福与快乐。

我深知教育必须为孩子今天的幸福成长谋划创新，又必须为孩子终身成长夯实基础！我们的教育，不仅要对学生的升学考试负责，更要对学生一生的生命质量负责，要为学生的幸福人生奠基，为学生的健康成长服务。教育应该充满对学生生命的关爱、体贴和关怀，应该让学生感到当下生命的丰满和幸福，让人诗意地栖居在大地上，感受到生命本身的美好，引导人生走向美好和完善。我们要为国育人，育大气有格局的人，育坚毅有品质的人，育担当有使命的人，育守纪有敬畏的人，育创新有能力的人，育合作有奉献的人，育家庭有美德的人，育健康有创造的人。以“为了生命自觉”的理性教育理念和为国育才的崇高使命开始理性教育探索创新之旅。

一、现实基础

学校发展之初我带领学校发展研修团队对学校的发展定位及阻碍学校发展的主要问题进行了认真的研究与梳理，当时学校教育存在的一个突出的问题是对生命本身的漠视扼制了生命成长的内驱力，于是从2012 年起我校引入生命教育并有幸成为首批生命教育实验学校，在生命教育探索实践的过程中学校紧抓校本研修不放，最终打开了学校发展的突破口。

要办好一所学校，校长必须树立正确的教育观，教育观不仅要有高度，更要有一定的独特性，还要有一定的创新和超越。我不忘育人的初心，以立德树人、五育并举为核心，坚持生命教育的探索与实践，面向全体，以德为先，努力让每一个学生个性充分发展，全面健康成长。

在教育部国培项目办郭垒主任、江苏领航校长培养基地严华银教授、季春梅博士、彭刚教授、顾苏云校长、回俊松博士等专家指导下，我们对生命教育认识上有了新的突破，理解上有了更多的创新，学校办学理念由最初让每个孩子的个性得到充分自由的发展，提升到让每个孩子绽放生命的光彩，再到如今为了生命自觉的理性教育思想，学校创新以“立德树人”为核心的理性教育理念，培养有家国情怀、国际视野、身怀技能、法治思维、实践创新、拥有大德大爱、心向阳光、明亮温暖的人，学校的办学理念和育人成果逐渐得到学生、家长和社会各界高度认可。

学校由私立转为公办之初，政府全力扶持学校发展，各级领导、专家关怀指导，社会各界的支持帮助力度大。大力实施理性教育理念，提升办学品质，培养学生综合素养，已经成为学校校委会成员和教职员工的共识。我认识到学校教师的敬业精神和对学生生命成长高度负责的态度，以校为家、以校为荣，团结拼搏，得到社会和上级领导、学生、家长和社会各界的认可非常需要，也一定会产生积极而深远的影响，并需要在全校教职工中形成深厚的育人文化底蕴。

随着学校由私立到公办的转制，学校办学规模不断扩大，考编的年轻教师不断补充，教师队伍壮大，活力增强。教师学习研修提升意识不断增强。政府加大投入改善学校办学条件，旧教学楼改扩建完成，教育教学硬件设施不断完善，学校走入现代化学校行列。

面对新时代全面落实立德树人根本任务，培养德智体美劳全面发展的社会主义建设者和接班人的重要使命，我带领教职员工深入思考生命的责任，人生的方向和教育的使命。在教育实践中守正创新，对以立德树人、五育并举为核心的理性教育校本化表达方面进行深入的探索，从学校办学理念、教师发展、课程建设、学校文化等方面改革创新，让师生逐渐遇见更多美好。

二、顶层设计

经过学习、研讨、论证，我们确立了“为了生命自觉”的理性教育办学理念。理性教育作为教育的价值追求——我们的教育，不仅要对学生的升学考试负责，更要对学生一生的生命质量负责，要为学生的幸福人生奠基，为学生的健康成长服务。理性教育作为教育的存在形态——就是为了生命主体的自由和幸福所进行的理性化的教育。理性教育应该是真正充满活力的人的教育，是引导人生走向美好和完善的教育。教育应该充满对学生生命的关爱、体贴和关怀，应该让学生感到当下生命的丰满和幸福，让人诗意地栖居在大地上，感受到生命本身的美好。理性教育作为教育的实践领域，是一个有着明确的价值追求而又包含着多重主题的教育实践领域。

我们秉承“为了生命自觉”的理性教育理念，通过丰富的理性教育课程引导师生拥有对自我、对他人、对外在环境的自觉，从而担负起自己的责任。引导师生关注生命、尊重生命、珍爱生命、欣赏生命、成全生命、敬畏生命。

以理性教育激发师生生命潜能，提升生命的品质、捍卫生命的尊严、感受生命的美好、体认生命的意义、实现生命的价值作为我们的办学目标。构建了校园处处充满温情、师生人人洋溢着笑容、凡事积极主动参与、具有高度的主人翁意识、有高尚的理想和家国情怀的生命教育愿景。确立了培养学生成为能够发现问题、提出问题和解决问题，能够动手实验、合作探究、形成结论，具有严密的批判性思维和发散创新思维能力的人的育人目标。以拥有明确的努力方向、专注热爱事物、主动自主学习、重视个性发展、追求价值实现的“明志、专注、主动、个性发展、自我实现”的毕业生形象奉献教育智慧。以民族化、生本化、生命化作为实施原则，通过基于初中教育实际、学校校情、学理分析来确立生命教育特色，编著《理性教育建设纲要》《理性教育系列校本教材》，以明晰的理性德育、理性课程、理性教师、理性课堂四大理性教育实施途径作为实施步骤来全方位实践理性教育。

三、实施重点

（一）教师有着理性的温度

我们以“尽精微”的行动来达成“致广大”的目标，唤醒教师个体内驱力，为教师成长建立持续的动力系统，推动他们实现每一次成长，让教师在明确责任和使命基础上，鼓励他们追求卓越，自觉有为。指导教师在把握教育规律和生命成长规律基础上，做超前性、引领性和创新性工作，提升教师适应新时代教育改革发展要求的本领能力，提高教育质量。

树立育人为目标的教育观和以能力培养为中心的教学观，与时俱进，做面向未来的教育，通过教育宣讲、示范引领、科研课题和项目来带动教师教学观念转变，如我校开展思维导学实验、尝试推行深度学习课堂教学改革、STEAM课程、创客空间、研学课程等，对于教师改进教学方式、培养高阶思维能力都起到了很大的推动作用。

实行教师专业发展套餐制和自主申报制，除进行全员培训、教研外，建设更利于调动教师专业成长积极性、主动性、创造性的新环境。成立教师工作坊，教师工作坊的每一次活动就是成员之间相互摇动、推动唤醒的过程，更是一次真真切切的自我提升、自我发展的过程。写作工作坊、读书工作坊、创意工作坊将科学与艺术融合的创新理念迁移到学校的课程中。写字工作坊，让教师言传身教，成为学生榜样；美术工作坊，用丹青笔墨写意教育情怀；种植工作坊，用劳动实践酿造幸福滋味；教师工作坊，是学校生命教育融合创新、立德树人的真实写照，它也成为师生理性成长的又一片快乐天地。

让教师卓越，才会成就学生，推进“互联网+”教育联动机制建设，搭建学校智慧云平台，公共资源共享，线上线下双线并进，基于共享平台，完善家校之间、育人团队之间、教师个体之间的联动机制，推动实现教师群体资源的联动共享，优化教师结构体系的灵活性和自由度。

（二）研修有着理性的热度

面对新时代教育给教师提出的新课题，依托学校名师工作室，教育部卓越校长领航刘景菲校长工作室、中国好老师项目共同体学校，带领教师进行教育教学研究，以此提升教师教育思想的深度，拓展教师的教育眼界，打开他们思想的宽度，提升创新能力，让教师和学生共同成长，以教师的成长来带动学生的全面发展。以教育、教学、教研等各个方面为落脚点开展校本研修，找准发展需求，创新校本研修形式，调动教师校本研修的积极性，确保校本研修的有效性，发挥校长在校本研修中的主导作用。

我们克服了传统的校本培训单向输出型、培训对象处于被动接受的地位、培训常常事倍功半、流于形式的问题，学校首先打破了这种培训形式，将以教师为主体的校本研修作为促进教师专业发展的主要手段，不断创新校本研修形式，校长率先垂范，强力推行，强化认识，保证效果。

开发教师校本读本《寻求教育之道》《寻求教师成长之径》，以案例反思的形式，引导教师自主阅读、自我反思、团队分享。购进大量书籍，组织教师阅读，定期开展“悦读书　乐分享”读书论坛活动。组织教师撰写教育叙事、教学反思、教育随笔、教育案例，结集出版《九中映象》，提高教师写作能力。利用假期，组织教师开展“读万卷书，行万里路”研修活动，通过写读书笔记，进行观影、旅行、读书感悟分享等研修活动，培养教师的生活情趣，激发教师的学习热情。

结合教育教学实际开展理性教育、教学案例论坛分享，进行互评、互动研修，提升教师育人理念，提高教师育人智慧。结合班级管理中出现的问题组织班主任教师定期开展主题研修，轮流主持，定向突破，全员参与，互动分享，提高班主任的班级管理能力。开设理性教育大讲堂，“文化品鉴、我秀我伴、师德演说、抽签说课”等环节为教师搭建了展示文化底蕴、理论修养、师德修养、专业技能的舞台，通过同伴互助式引领促进了教师的专业成长。

组织教师开展研学活动，激发教师的成长热情，挖掘教师的成长潜能，在团队体验活动中增强了团队凝聚力，提高了教师的育人智慧。

在理性教育发展的关键阶段，抓住“教育部国培计划江苏基地领航校长工程”专家进校调研之机，组织全体教师开展“理性教育探索实践理念提升大讨论”活动，引导教师总结理性教育实践的得失，思考理性教育发展的未来。

针对中小学衔接过程中出现的问题，组织新初一教师进行岗前培训。依据组间异质原则把参训教师分组，通过小组成员共同研习并展示团队名称、口号、队徽、队歌等组建研修团队，在一周左右的研修中，组长与组员一起完成施教方案、施政方案、第一次学法指导课设计、第一次主题班会与家长会设计，共同完成团队体验活动。校长的理念引领式培训、副校长的专业指导式培训、团队互助研修促使教师快速做好了心理准备、理念方法储备。鲜明的研修主题，丰富的研修内容，多元的研修形式，激发了教师参与校本研修的主动性，增强了教师的成长自信，增加了团队凝聚力。

为了解决学科教学中的问题，除鼓励教师开展课题研究外，还开展了校长点课活动，通过校长点课、教师授课与反思、同伴点评研讨，及时解决了教师课堂教学中存在的问题。为了提高教师信息技术应用水平，除开展常规培训外，还把驻校讲师请进办公室和学年教师进行基于校情和学情的互动研修。为增强学校管理团队的管理能力，每周定期利用两节课的时间开展团队主题研修，先后以“理性教育理念深入探索的前瞻与困惑”“如何提升理性教育理论的认知与应用”“信息化在理性教学和理性教师成长中的应用思考”“思考信息技术应用　对话智慧管理”“团队创新管理”为主题开展主题论坛与研修。

整合校内外资源，提升研修品质。校本研修是本着学校、为了学校，同时也会因为受到学校内部资源的限制而出现校本研修质量不高、视域狭隘的问题。为此，校长的资源整合能力在校本研修中就显得尤为重要。

我校邀请生命教育专家肖川进校指导。肖川教授进行了如何开展生命教育、如何做一名幸福教师的讲座，亲自为教师上了一节语文示范课，并和教师进行面对面的交流，给实践教师以精心辅导；邀请“钻石人生结构理论”创始人，团队体验式生命教育模式创建人刘万讲进校对教师进行体验式培训，增强教师团队合力；邀请东北师范大学理想信息技术学院院长钟绍春进校培训，指导教师树立信息化意识、开展信息化实践。借力领航校长工程江苏基地专家进校的契机，针对当下普遍存在的教师专业成长动力问题邀请心理学博士季春梅进行了题为《教师专业发展：心理学何为》专题讲座。此外，针对中考策略、学科建设、信息技术与课堂教学融合、教师心理辅导、教师朗读兴趣激发与培养等问题，学校先后邀请鸡西市教育学院副院长马志刚、信息中心副主任赵德龙、市委讲师团知名讲师曲洪波、播音员于勇江进校辅导。

与市直五校共同主办了六校联片教研同课异构和课后反思活动，我校教师除展示与现场反思外，每位观课教师还写出了反思笔记，通过借助大型活动提高了教师的教研能力，开阔了教师的教研视野。

拓宽研修途径，开展网络研修。全校教师 100% 完成了黑龙江省信息技术网络研修课程。利用东师理想平台定期开展网络研修与教研，通过与东师理想教研专家结对的方式，利用教师立足课堂教学实际的想法，借助教研专家深厚的理论修养与精湛的信息技术，打造精品课例，共享优质资源，同时促进教师信息素养与专业能力的提升。挖掘校内优质资源，实现团队发展。依托“教育部卓越校长领航刘景菲校长工作室”“生命教育工作室”“第九中学名师工作室”，开展线上线下相结合的研修活动，充分发挥名师团队的示范引领作用。开设名师讲坛、名师课堂，进行师徒结对，开展主题研修和课题研究，促进理性教育内涵建设，实现理性教师队伍团队发展。以学校信息化应用骨干力量为核心，成立信息化小组，通过课例示范、资源制作、组内研修等方式促进、带动学校信息化的整体发展。校内外研修资源的整合提升了校本研修的品质。

培育研修文化，深化研修内涵。校本研修的终极目标是人的发展，以教师的发展促进学校的发展，最后成全学生的发展。理想的校本研修文化应该是校本研修成为校长、教师、学校成长的一种自觉需要。校长作为校本研修的管理者，在培育校本研修文化的初始阶段，首先要有建设校本研修制度能力，以制度保障校本研修活动的顺利开展。为此，我校制定了《教师专业发展套餐制》《教师梯次评价细则》《优秀教研组备课组考评细则》《第九中学教师专业发展培训学分管理办法》等制度，为教师的专业发展与校本研修搭建了平台。同时，激励性评价的应用也促进了学校良好研修氛围的形成，生命自觉校本研修文化初步形成。

我们把准确分析学校教育教学改革急需解决的问题和教师的成长需求作为校本研修的入口，提升了校本研修的针对性和有效性。当前学校主要通过问卷调查、经验判断等手段对发展需求进行分析，近几年来随着教育信息化的发展，有时也会借助信息技术手段进行研究和分析。依靠模糊的经验判断对学校发展中存在的问题进行分析，常常导致学校对发展需求把握不准、寻找解决策略针对性不强。针对这一问题，一方面要加强校长校本研修领导力的培训，提高校长校本研修需求的分析力，提升校长校本研修的决策力，确保学校能够有的放矢地制定研修规划、明确研修目标、完成研修任务。另一方面，相关部门给予学校以一定的专业指导与扶持，通过专业人员运用科学方法帮助学校发现并诊断发展中存在的问题并给学校提供指导性的帮助。2018 年领航校长工程江苏基地专家到我校进行了第一次调研指导，进校专家带着问题通过校园观察、师生访谈、观摩展示活动等方式对学校发展进行了诊断，同时对学校办学理念、教师队伍、学科建设、文化培育等各个方面提出了建设性的指导意见，这一活动的开展无疑让我们在进行自我审视的同时，也让我们学会用别人的眼光来看待问题。全方位的诊断促进了全校教师的反思，也促进了学校校本研修的深入开展。“不识庐山真面目，只缘身在此山中”，在校本研修的需求分析上一方面靠学校的自我诊断，另一方面借力专业引领，避开了团队内部同质化因素的不良影响。

教师作为校本研修的主体，参与校本研修的积极性、主动性是校本研修取得良好效果的关键。作为学校的管理者，一方面深化学校教育教学改革，不断减轻教师工作负担，一方面大力营造研修氛围，提高教师的研究意识和学习意识，尽一切可能地从制度保障、活动开展、平台搭建、奖励机制等方面为教师创造研修的条件，搭建成长的平台，激发教师研修的主动性、积极性，让校本研修成为一种习惯，进而形成一种文化。

校本研修缺乏深度的一个重要原因是教师从观念上重实践总结轻理论提升，学校的课题研究、学术研究，往往是校本研修的薄弱环节。针对这一问题，学校首先通过培训，指导引领教师走出观念误区；其次，强化专家引领，促进教师研究能力的提升，并且通过名师团队的带动在全体教师中形成示范效应。另外，打造基于学校的学术研究团队，通过奖励机制，促进校本研修成果的提炼、应用与推广，提高教师的职业成就感和自信心。

另外，校本研修涉及教育教学、教育管理、教育科研等各个方面，为了确保校本研修有效、有序推进，学校在校长统筹规划的基础上，针对不同的研修主体，分层推进，分类管理，立体评价，形成合力。如针对学校管理团队的校本研修，由校长直接设计并评价；针对教学、教研方面的校本研修，由教导处管理并评价；班主任研修由德育部门管理并评价等。强化过程管理，构建多维立体的评价体系，促进教师全面发展。我深知教育实际上是一个不断发展的过程，在发展中难免会出现这样那样的问题，因此，基于学校的校本研修也会随着教育的发展与进步在研修资源、研修形式、研修评价等方面发生质的飞跃。

（三）班级有着生命的智慧

2016年，教育部发布了“中国学生发展核心素养”，对学生发展核心素养的内涵、表现、落实途径等做了详细阐释。学生核心素养综合表现为人文底蕴、科学精神、学会学习、健康生活、责任担当、实践创新6大素养，学生核心素养的发布为班主任素养的培育与提升提供了重要的参照。

信息化背景下，班级不仅是育人的主阵地，还是智慧的辐射地。班主任教师不仅要有深厚的学养，扎实的专业知识，广博的学科知识，较强的研究能力，较高的德行修养，还要有与新时代相匹配的育人观念、思维方式，不但要重视现实班集体建设，还要有依托网络及空间培育班级文化、拓宽育人途径的能力。

学校取得立德树人实效，德育教师队伍建设和专业发展尤为重要。重视智慧班主任核心素养培育，进一步凸显班主任在育人中的核心地位。班主任核心素养的提高，外在力量驱动的内化，一直是困扰许多学校的一个难题，即阅读书籍、专家引领、榜样示范等培育途径，如何促使受训班主任教师校本化、班情化、个性化发展一直是个需要破解的课题；还有班主任教师自我发展愿望与需求的激发，让提高核心素养成为自己实现职业理想、职业操守的一种自觉行为，更需要研究。

学校如何在办学理念内涵不断发展的前提下，培育班主任教师的核心素养，提升班主任教师的育人能力，进一步凝练学校的育人文化也是众多学校亟待解决的问题。我校依托《班主任核心素养及培育的实证研究》

总课题，基于学校校情，确立了学校《生命智慧班主任核心素养培育路径研究》子课题，在总课题组专家陈萍教授的指导下，进行了卓有成效的实践研究，丰富了学校理性教育内涵，提升了班主任教师队伍的整体素质，促进了立德树人在学校的有效落实，学校教育教学质量不断提升，中考取得全市中考状元，5 名同学进入全市前十名，班主任刘福玲、林凤英等分别荣获全省师德标兵、全省模范教师、全省最美园丁等荣誉称号，学校被评为全国教育系统先进集体，学校班主任队伍建设工作经验在全国高品质学校建设与内涵发展研讨会上进行交流，《学生思想政治素质提升如何化虚为实》和《为了生命自觉》分别刊发在《中国教育报》和《中小学校长》上。

1. 生命智慧班主任核心素养培育的意义

教育部《中小学班主任工作规定》中指出："教师担任班主任期间应将班主任工作作为主业。"但我国班主任核心素养不明，培育策略不清，职前专门的班主任教育几乎空白，职后培训十分薄弱。近年来，教育部门越来越重视对班主任的学术引领，许多教育学术机构已经开始了这方面的研究。

"核心素养"成为引领我国未来教育改革方向的统领性概念。我们的神圣使命是必须回答作为新一代"中小学生人生导师"的班主任，应具备怎样的核心素养才能有效促进中国学生发展核心素养的养成？如何培育班主任核心素养？这项研究对完成"立德树人"根本任务具有独特的学术价值和应用价值。

2. 生命智慧班主任核心素养培育目标和内容

理性教育理念下初中班主任核心素养培育路径的校本化。探寻培育班主任核心素养行之有效的实施路径与培育策略，提高教师素养和教育实施能力，为中小学班主任专业发展助力，并通过提升班主任核心素养促进学生核心素养的有效培育，实现师生双主体共同发展。同时，也为学校以"智慧"为明显标志的理性教育特色发展和理念体系的研究提供研究数据为目标。

一是生命智慧班主任核心素养培育的过程中，名家引领培育的内化。

无论是教师专业成长，还是班主任素养提升，专家的引领示范必不可少，但无论是理论引领，还是实践示范，对于参加培训的班主任而言，如何使其校本化、班情化和个性化均是重点问题。

二是生命智慧班主任核心素养培育的路径中，名班主任工作室的示范、带动研究，是众多学校采用的方式，但其辐射带动作用如何实现，特别是“工作室”内人员的个性化发展，也是重点。

三是生命智慧班主任核心素养培育的路径中，班主任教师的自我发展愿望如何激发，也是重要内容。

四是生命智慧班主任核心素养培育的路径中，班主任教师如何把实践经验、班级建设成果等进行理论提升和经验总结，也是需要解决的问题。

3. 生命智慧班主任核心素养培育思路和方法

梳理学校班主任核心素养培育的路径，反思存在的不足，通过文献分析比对等找准立足校本的研究定位，根据阶段目标推进，并重点通过实践，不断改进班主任核心素养培育策略；引进专家、教科研人员深入学校培训、辅导，建立成长共同体，提升能力与水平，提炼成果作为工作思路。

采用文献分析、行动策略、案例反思、调查问卷、经验总结等方法。

通过调研问卷、交流访谈、观察分析等方法分析班主任核心素养培育现状，将开展班主任培育路径前后的班主任专业发展情况进行跟踪调查、比对分析，为素养提升的顺利进行提供事实依据。

通过文献分析，搜集资料，提炼信息，准确界定班主任的价值，进行可行性分析，明确关键概念的内涵与外延，并制定具体个性化目标与实施方案等。

开展行动反思，在探索班主任核心素养培育路径的过程中，边实践，边检验，边校正，边完善，边总结，边提炼。进行反思提升，经验总结，针对成功体验和失败教训，梳理生命智慧班主任核心素养培育路径与策略。

4. 生命智慧班主任核心素养培育实践的过程

为了培育生命智慧班主任核心素养，促进班主任的专业发展，从而更好地促进学生生命质量的提升，我曾经工作了九年零三个多月的鸡西市第九中学分别从理性教育理念内化提升、教育理论素养的提高、理性教育实践能力的培养三方面探索生命智慧班主任核心素养培育路径，创新培育方式，形成了校本化的培育策略，初步解决了班主任核心素养培育的关键问题。

一是强化校本培训，实施价值引领。班主任作为班级工作的组织者、班集体建设的指导者、学生健康成长的“人生导师”，是学校育人的核心力量。为了更好地践行理性教育，明晰理性教育理念下我们要培养什么样的人、要建设什么样的班集体，学校坚持抓好班主任校本培训，实施对班主任的价值引领。

开展新初一及新进教师岗前培训。每年 8 月，定时开展新初一班主任岗前培训。通过校长、副校长及卓越班主任工作室成员的专题讲座，对全体新初一班主任进行学校理性教育理念内涵及理性班级构建的系统培训，学校从班级环境创建、班级文化打造、师生人际关系建立、班级科学民主管理、班级活动开展、中小学过渡衔接等各方面，立足校情和学情，给予班主任具体的指导。开展小组合作研修，通过个人研究、组内合作、组间交流、点评指导等方式，指导班主任及拟任班主任教师制定施政方案、设计第一次主题班会、第一次家长会，指导教师明确生命化班级构建的基本原则，掌握生命化班级建设的基本方法与策略。

每双周四第七、八节课组织班主任进行培训。培训内容丰富，形式多样，有校长讲座、教育故事分享、案例分析、主题论坛、管理妙招分享等。针对习惯养成、青春期教育、理想教育、生涯指导等主题，实行专题研修，实现定点突破。

班主任校本研修制度，促进了班主任理论素养的提升，提高了班主任班级发展规划设计能力和实务研究能力，夯实了班主任班级管理基本功，凝聚了团队智慧，促进了班主任队伍的整体发展。

二是构建德育体系，促进全面发展。班主任核心素养的全面提升，关键在于学校要有良好的育人环境和育人文化。为此，学校早在 2005 年就开始进行生命化德育体系的全面构建，学校通过“生命体验、生命叙事、生命宣言”等德育教育方式全面推动生命化德育的深入开展。

以活动体验、师生对话、家校沟通、亲子沟通、习惯养成、仪式教育为载体的生命化德育系列活动的开展，浸染班主任的育人理念，提高班主任的沟通协调、班级管理、实践创新等各方面的能力，促进每一个学生自主、自觉地成长。

三是抓实班级建设，提高育人能力。为满足学生生命理性成长的需要，提高班主任的建班育人能力，学校常抓不懈生命化班级建设，以此增强班主任的民主意识，提高班主任的制度建设、文化建设与活动创造能力。

创建温馨的班级环境。

每年度进行班级文化评比活动，由班级师生共同策划、设计并布置，充分展现学生的美感及独特的创造力，让有限的教室空间变为无限的教育资源，让健康的价值观发扬光大。

确立积极的班级文化。

指导班主任教师构建班级文化框架体系，通过师生商量确定班级文化意象、班徽、班级目标、班级理念、班训、班级公约以及班级管理制度等，凝聚班集体向心力，打造积极向上的班集体。

在班级管理中，我们重视学生自身的成长、发展、需求与尊严，因此，在各班制定班级规则和制度时，我们强调规则和制度设置要人性化，要顺应人的天性，各项管理规则的制定要发挥班主任的主导作用，更要充分体现学生的主体地位，要与学生商量，提高学生自主认识、自主教育、自我管理能力。同时，要求在班级管理中体现对学生应有的人文关怀，重点放在“防”上，而不是“罚”上，并且注意操作上要有“弹性”。

开展灵动的班级活动。

组织开展丰富多彩的主题班会活动、心理交流活动、社会实践活动。每一次活动都由班主任指导，学生自行组织、策划和安排，学校不仅组织班级开展一些经常化、制度化的活动，而且倡导班级开展一些属于他们自己、体现个性创新、富有生命创意的活动。

每学期开学第一节课以班级为单位开设开学第一课，师生共同盘点假期收获，展望新学期学习、生活；开发入学第一课，指导新生尽快适应新环境、融入新集体、喜欢新老师；开发散学课程，利用散学课程，展示一学期以来班级建设及学生学习成果，增强班级凝聚力，激发学生成长自信；定期开展一班一品班级文化建设展示、班级空间建设比拼；组织初一新生开展我的成长看百日活动，检验师生班级建设成果。

班本化系列活动的开展，增强班主任专业成长的内驱力，激发班主任的创新管理能力，提高班主任课程的开发与实施能力。

建立和谐的人际关系。

尊重生命，平等对待每一个生命，构建和谐的人际关系是理性班级建设的重要组成部分。

我校的特色做法有：开设交流空间，为师生平等交流，进行心灵对话，营造温馨、和谐的氛围，打造安全的空间。定期召开班科任联席会，通过对话、协商、研讨解决班级发展中存在的问题。加强家校合作，融合优质资源，通过生命智慧大讲堂、研学旅行等活动，让家长参加到班级建设中来。

四是加强理论引领，提升自我读悟能力。为了让班主任走出班级繁杂的事务，对班级进行有效科学的管理，我校自主开发《寻求教育之道》《寻求教育之本》《寻求成长之径》《寻求教育智慧》等校本教师读本，让教师从阅读中获得有益的启示。指导教师阅读教育理论书籍、班级管理方面的书籍，进行读书分享，提高教师理论水平，汲取教育智慧。组织教师聆听魏书生、任小艾、肖川、刘万讲、于维涛、严华银等专家讲座，引导教师走近教育名家，感受名家的教育思想和育人理念。

五是加强心理建设，提高心理辅导能力。开展校本班主任心理培训；邀请鸡西市心理学会会长卢德彬、江苏基地干训部专家、心理学博士季春梅等心理学专家进校举办讲座、培训；组织教师观看线上心理辅导公益讲座。多措并举的班主任群体心理建设工作，激发班主任专业发展内驱力，提高班主任心育能力。

六是开展网络研修，实现智慧共享。开设网络培训课程，汇聚优质资源，拓宽班主任核心素养培育途径。视频课程与电子短阅读相结合，引领教师呼吸时代气息，更新育人理念。

学校通过“美篇”和班主任个人网页上开辟“我的带班故事”，呈现班主任的带班故事。通过写带班故事引导班主任们审视和分析自己工作实践中出现的各种新情况、新问题，进行深入反思；总结得失，积累新经验，并且让不断积累的新经验变成规律性的认识，鼓励班主任成为研究者。

七是实施文化引领，实现境界升华。营造智慧发展、乐享职业幸福的班主任文化。让教师在潜心学习、智慧发展、快乐工作的同时享受职业幸福。

组织户外研学，凝聚团队合力。组织班主任教师走出学校，开展团队拓展训练，让教师在亲近自然、了解家乡文化、寻找职业幸福的同时，增强团队合作意识；组织教师观看教育影片，激发教育情感，开阔思想境界。

设立班主任节，体验职业幸福。开展丰富多彩的活动，营造尊师重教的氛围，提升班主任的职业幸福感。

八是加强梯队建设，促进共同发展。依托刘景菲卓越校长领航名校长工作室、刘景菲全国十佳生命教育工作室、卓越班主任工作室，打造班主任成长共同体，以微课题研究为抓手，以名班主任为带动，提高班主任的研究能力。

在多年的实践探索中，我们边实践，边总结，边研究，边推广，通过典型带动，辐射引领，助推班主任队伍建设。目前，刘福玲老师“蜗牛班”班级文化建设引领班级发展的成功案例，李爱莉老师首创的班级夕会制度，孙福红老师班级小组合作管理的典型经验，王洪夫老师班级自主管理的智慧做法，王雪峰依据信息时代学生特点巧借班级公众号开辟班集体建设新天地的精彩创意，林凤英老师“用故事美丽学生心灵”的成功之举，均在班主任班级管理和班集体建设中产生了良好的示范引领效应。在理性成长共同体的带动下，郭慧鹏、李艳英等许多年轻的班主任已开始由学习型班主任迈向智慧型班主任。

九是搭建展示平台，提升育人经验。搭建展示交流平台，选派优秀班主任在全国高品质学校建设与内涵发展研讨会、全省德育现场会、全国生命教育年会、全国卓越班主任论坛、全国生命教育微班会课大赛、“全国名班主任工作室生命教育论坛”等活动中进行展示，开阔班主任视野，学习全国、全省各地优秀班主任先进的育人理念和管理方法，促使班主任教师不断提炼育人智慧，升华育人理念。

学校每学年定期举行班主任基本功、德育活动课、理性教育微班会课比赛，通过开展竞赛活动，营造德育教研氛围，激发教师发展潜能，促进班主任教师快速成长。组织老师利用钉钉视频会议进行线上讨论，围绕线上教学期间如何确保学生出勤、提高课堂学习效率、形成积极向上的班风以及如何形成家校合力等问题进行线上交流、小课题形式探讨。激励班主任撰写教育案例、随笔与反思，总结育人经验，反思存在不足。

十是开展多元评价，促进专业成长。制定并完善班主任教师考核评价制度，多维立体的评价机制激发教师专业成长自信，促进班主任个性化发展。

5. 生命智慧班主任核心素养培育成效

学校创新发展培育班主任核心素养的路径，采用自主学习、专家引领、团队研修、资源共享、团队共建的发展策略，探索出理念引领、能力提升、文化浸染等多措并举的培育路径，并且正在实施与完善中。初步构建了校本化班主任核心素养培育体系，班主任培训课程内容不断丰富，同时在实践中，班主任教师撰写了大量的实践案例在全国班主任工作论坛、全国德育六育人成果展示会上进行汇报交流，多篇入选《青少年生命教育读本》初中卷，在全国推广，班主任教师的理论水平和研究能力也得到了大幅提升。

通过生命智慧班主任核心素养培育路径的校本实践，拓宽了班主任专业发展路径，提升了班主任的核心素养，促进了班主任的专业成长，实现了班主任核心素养培育的校本化，激发了班主任成长的内驱力，同时提高了班主任的生命教育实践能力，深化了学校生命教育实践，提高了班主任教师生命化班级建设能力和课程开发与实施能力，从而促进了学生核心素养的全面发展。

通过调查问卷、访谈交流、个案分析、跟踪调研、综合评价等方式研究班主任专业发展需求，依据学生发展和班级建设对班主任教师的能力素质要求，明确班主任核心素养的内涵，分析影响班主任核心素养的外部条件和内在因素，在总结学校理性教育探索实践成果的基础上，分析生命智慧班主任核心素养培育存在的优势与不足，从制约班主任核心素养提升的源头入手，从理念提升、能力培养、文化浸染等多个方面，采用多种方式和方法，激活班主任培训机制，激发班主任专业发展内驱力，立足校情，打造了一支充满生机与活力的班主任队伍，让智慧发展、乐享职业幸福成为我校班主任队伍的标签。

第二节　理性教育思想的发展和完善

入选教育部卓越校长领航工程，进入江苏培养基地学习，走上了名校长快速成长之路，在基地导师指导下进行深度研学和办学思想的凝练提升。通过集中培训、领航校长个人发展规划论证，领航校长汇报个人发展规划、专家现场点评指导、基地专家引领集中培训。走进南通、苏州、扬州、南京、上海进行名校考察观摩学习，听校长办学思想汇报、走进课堂听课、观摩学生活动、感受学校文化、交流研讨互动、分享学习心得等，让我们感受好教育、好学校的办学思想、实践途径、育人特色、学校文化，让我们行有方向，做有榜样，开阔了眼界，拓展了思维，增强了教育信念，坚定了教育理想。走进领航校长所在学校，进行入校诊断调研，感受学校文化，观看师生活动展示，聆听校长及各部门管理人员工作实践情况汇报和专家讲座，与学校中层管理人员、教师、学生进行座谈，集中点评诊断反馈指导等，为学校办学品质提升指明了清晰的方向和实施路径。

尤其是按照《教育部教师工作司关于组织实施“国培计划”——中小学名师名校长领航工程的通知》精神和江苏教育行政干部培训中心基地培养方案和要求，教育部第二期中小学名校长领航工程江苏基地专家团队在江苏教育行政干部培训中心举行，第二期中小学名校长领航班首次集中培训后赴第九中学调研考察。领航班的导师和学员们在市区领导陪同下来到鸡西市第九中学开展诊断调研。在第九中学观看了学校阳光大课间、校园文化、版画社团、舞蹈社团及课本剧社团师生精彩的展示。

在多功能会议室，我以《让每个孩子绽放生命的光彩》为题对学校办学情况进行了总体介绍。副校长姜红艳做了《盈满生命教育情怀，不断提升教学质量》教学工作汇报。德育负责人徐秀文做了《落实“核心价值”，涵育“德行根基”》德育工作汇报。第九中学数学教研组进行了集体教研展示，第九中学班主任团队进行了班级管理论坛展示并集体朗诵了诗歌《教育的诗意与远方》，表达了第九中学教师对教育的热爱与执着追求。

江苏教育行政干部培训中心常务副主任、江苏基地首席专家严华银为第九中学家长做了《人生、教育与学校》专题讲座，深入浅出的讲座激起了家长强烈的共鸣，让家长认识到家庭教育在孩子成长中的重要作用。江苏教育行政干部培训中心副主任季春梅为区域内的学校教师、领导做了《教师专业发展：心理学何为》的专题讲座，讲座引发了听会教师对教师专业成长内驱力的深入思考。

诊断考察组的成员还分别与第九中学中层管理人员、教师、学生进行了座谈，对第九中学进行了深入了解。之后专家团队和领航班的校长学员们对第九中学的办学情况进行了集中诊断、反馈。会议由江苏教育行政干部培训中心副主任季春梅主持，专家团队认为第九中学拥有前瞻的办学思想、先进的办学理念、深厚的文化底蕴、优良的基础设施、骄人的办学成绩，是一所名副其实的鸡西市乃至黑龙江省名校。

理论导师江苏省教育科学研究院、教育科学规划办公室主任、国家督学彭刚评价第九中学是一所区域名校，是一所有理想、有朝气、有潜力的学校，具有明确的办学目标，是教师发展促进学校发展的典范，拥有一个具有高度凝聚力、执行力、战斗力的领导团队。实践导师南京东庐中学校长陈康金、苏州市立达中学校长顾苏云对第九中学的办学成果给予肯定，同时提出建设性意见。

江苏省教师培训中心、教育行政干部培训中心常务副主任、教育部中小学名校长领航工程江苏基地班首席专家严华银教授做总结发言。他首先肯定了第九中学校长刘景菲是一名有魄力、有影响力的校长，也肯定了第九中学的发展是行政推动、专家引领，更是主动发展的表率，是鸡西和龙江地区的名校。同时也提出建议：一是进一步明晰目标和价值观，融合本地区地域文化；二是进一步研究生命教育以及相关的学校系统；三是让生命教育理想、文化落地生根；四是从内涵发展走向内生发展；五是进一步把传统文化教育与生命教育相融合。专家团队表示将持续关注、指导、支持第九中学进一步从区域名校走向龙江乃至走向全国。

在诊断反馈会上，鸡冠区教育局局长刘华山讲话，对江苏基地领航班专家团队对第九中学办学给予的中肯评价与悉心指导表示衷心感谢，同时表达了将继续从区域层面给予第九中学的发展以大力支持，以第九中学名校效应引领、带动鸡冠区教育的深入发展。

在领航班专家的指导与帮助下我进一步提升自身作为领航校长的个人素养，丰富学校生命教育内涵，提升完善办学思想，基于面向未来教育形成理性教育思想体系，做富于理性的教育，促进学生核心素养的提升和全面发展，为区域教育跨越发展作出更大的贡献。

教育部卓越校长领航刘景菲校长工作室授牌暨高品质学校建设与内涵发展研讨会等现场展示活动，各成员学校特色展示，专家点评，让我们对新时代教育进行深入思考，把培养高品质人才作为目标，以校长卓越的教育思想、坚定信仰、思想引领、品德高尚、业务精湛、治校有方来发挥领航示范作用。

基地专家、导师通过聆听领航校长工作室三年发展规划汇报，对工作室建设思路和实施路径进行充分论证，从新时代教育要求和区域示范带动进行高端指导，提出建设性意见建议。工作室三年发展规划论证让我对自己的教育思想进行了系统的梳理和提升，明确了构建教育思想融于学校教育教学实践的明确思路。

走进俄罗斯进行海外基础教育学习考察，校长工作室建设工作汇报，实践交流，思维碰撞，拓展载体，提升区域教育带动水平。带领领航校长工作室与四川省凉山彝族自治州昭觉县东晨中学结成了帮扶共同体。建立培育站，以结对帮扶的方式，选派骨干教师到凉山彝族自治州昭觉县东晨中学支教，开展教师、校长线上线下培训实践。

参加首届长三角名校长发展大会和全国中小学校长工作研究会高端培训，聆听教育部领导对国家教育方针政策的解读，通过专家专题讲座高端引领、优秀校长的实践经验分享、担任论坛活动主持人等，让我开阔视野，丰富思想，站在教育发展新时代构建高品质教育思想，意识到生命教育需要提升发展才能更好地实现面向未来的教育价值。

每周一次的领航校长读书交流汇报，基地专家导师点评指导，引领教育思想提升。

基于新时代高品质教育发展要求，领航校长结合学校办学特色和突出实践经验成果形成的经验性、引领性书籍《高品质学校建设丛书》之《美育，就是培养学生的审美能力》，为其他学校提供立德树人、五育并举的实践范本。领航校长“价值·赋能·创新”主题论坛、专家导师点评，让我立足领航作用发挥，有了更强烈的使命感和责任感。

在导师指导下梳理完善提升办学思想，举办领航校长办学思想研讨会，发挥领航校长区域带动作用，用领航校长的思维方式和价值观去影响和引领其他校长和区域教育。

通过领航工程培养，我的教育思想引领能力不断提升。

1. 教育思想的培育提升

通过深度研学、基地专家导师的指导，把自己的发展目标定位在“立功立德立言”的高度，且将“立言”作为发展的至高境界。在办学过程中，克服以往只重视实践轻视思想引领作用，不断培育凝练教育思想。把校长对于教育的理解、见解、理念、观点，包括教育观、课程观、教学观、教师观、学生观等不断提升完善，逐渐形成真正卓越的切近人性、尊重科学、符合规律的教育思想。

2. 关注教育价值观提升

教育属于科学，要突出教师主导、学生主体的课堂关系，在中国教育“高品质学校”建设过程中，指向道德、关乎人格、追求情怀并合于教育的本真价值，凸显共性与个性的统一、一般与特殊的统一、坚守与开放的统一。作为领航校长要以卓越的教育思想建构，“领航”千千万万学校，“领航”区域教育，“领航”中国教育。

3. 教育思想的内核转变提升

让“社会主义事业的建设者和接班人”和“立德树人”的方针、目标和价值观落地已成为自身生命成长自觉，弘扬人格与道德、情怀与境界的教育追求。以善良淳厚为本，不断锤炼个性、意志、品格，正确处理好己与人、私与公、个体与群体关系；传承中华传统，见贤思齐，修身齐家，奉献祖国，达成个人价值和民族伟大复兴的统一。将教育思想的内核由过于偏重个体、个性和个人的“小我”追求，转至对家乡、家国、民族之大爱与奉献，达成个人价值与民族复兴相统一的“大爱”情怀。

4. 思维理性提升

在教育教学实践和办学实践中基于对教育的个性化理解，将办学理想和育人理想提升到为了生命自觉。教育思想更加富于个性，道德、人格、思维、理性、创新、创造都成为育人不可或缺的元素。在凝练教育思想的过程中，对于传统与现代、人文与科学、传承与创新、借鉴与坚守、专家引领与自主建构等关系处理上逐渐形成理性思维。明辨真伪，去粗取精，拨乱反正，找到最为科学的方式表达育人理念和思想，突出学生主体、教育主旨和核心。

5. 理想信念坚定提升

通过深度研学，我进一步领悟到教育领航不仅是办好一所学校，提升学校办学品质，更多是以高度的社会责任感向教育贫困地区普惠先进的办学理念、管理经验，携手更多学校促成教育优质均衡发展，改善教育生态。领航校长要作教育思想的引领者、教育实践的开拓者和示范引领者，提升领导力、研究力、开发力、影响力，践行专业引领、课程引领和效能引领；构建和梳理理论体系形成具有独特个性的教育品牌，重实践、促理性、成自觉，示范引领带动基础教育高质量发展。

第三节　理性教育思想的修正和提升

随着深度研学，办学思想逐渐丰富，立德树人实践载体更加多元，学生核心素养不断提升，学校社会影响力越来越大，知名度越来越高，社会美誉度越来越好，领航校长个人的实力和魅力都形成了强大的磁场效应，特别是带领的教育部卓越校长领航工程“刘景菲名校长工作室”为引领推动基础教育的发展作出了突出的贡献。以“构建平台，示范引领，共同成长”为校长工作室建设思路，不辜负领航校长的责任和使命，在立德树人之路上深入探索实践，在办学思想上成为引领我国基础教育改革和发展的典范，办学成功经验和教育思想辐射、惠及更广泛的人群，走出了一条深度学习、实践成长、示范引领之路。工作室聚焦基础教育课堂改革，以教师专业发展为推动，提升教育教学质量。领航校长工作室创新引领发展。全国高品质学校建设与内涵发展研讨会、全国领航校长特色课程创新论坛、领航校长办学思想研讨会等现场展示活动的成功举办发挥了领航校长的示范引领作用；全国现场活动上的主题发言《智慧课堂让生命绽放光彩》《在扶贫支教中向教育家型校长进发》《守正创新：以立德树人为核心的生命教育实践》等展示了日渐成熟的教育思想，《我理想中的新学校的思考》《初中生思想政治素质提升如何化虚为实》《学校防疫教育工作的“长”与“常”》《智慧教育校本化课题的研究方法与策略》《生命教育，赋予师生幸福生活的能力》《线上教学助力生命自觉成长》《生命教育理念下的智慧教育实践》《为了生命自觉》《用志与智让孩子的眼睛更明亮》《中学生命化德育方式初探》陆续在《中国教育报》《中小学校长》《中国教师报》《教育家》等主流教育媒体刊发；在带领学校改革创新中，面对困难时迎难而上，敢于攻坚克难，助推学校在高品质发展的路上稳步前行，学生向上、向善、向美而行，成为全国初中教育的排头兵！

1. 送教下乡、教育扶贫默默引领

刘景菲校长工作室四川凉山教育帮扶工作经验在全国中小学校长培训会上进行交流。执着的教育追求、真挚的教育情怀、突出的教育教学业绩、鲜明的教育思想使我入选教育部首届基础教育教学指导专业委员会成员、山东省校长培训专家、中央电教馆智慧教育项目校长导师。

2. 教育教学改革创新引领提升

学科教育教学和学校管理进行了大刀阔斧的改革创新，取得了非常好的效果，通过教育呼唤“生命自觉”，在短短八年时间把一所生源萎缩的薄弱学校转变为学生、家长、社会高度认可的全国素质教育示范学校、全国教育系统先进集体和全国特色学校，实现了由私立到公办学校的华丽转身，学校办学规模不断扩大，中考各项评价指标八年全市第一，实现了中考八连冠；培养了孙美荣、崔凤之等一大批名师、教学新秀，所带领的学校名师工作室在教科研和教师专业发展提升方面成为全国基础教育典范，涌现出了张雷、徐顺源等全市中考状元和优秀毕业生，连续九年年度绩效考核优秀，走出了一条启迪智慧、润泽生命的学校理性教育特色实践之路，师生悦纳融合、共创精彩，成为基础教育的一面旗帜、发挥着非常好的辐射带动作用，引领着全国基础教育高品质发展。

3. 办学理念创新引领全国

办学思想丰富，改革锐意创新，凸显时代担当。在英语学科育人和办学中秉承生命教育理念，坚持实践创新，汲取尝试教育、智慧教育、成功教育等教育理论中的精髓，先后提出了“让每一个孩子绽放生命的光彩”“用智慧提高生命质感，让生命盈满幸福情怀”“为了生命自觉”的办学理念。以超强的学习力、领导力和创新力引领着学校师生阳光、向上成长，学校的办学品质取得了可喜的提升，跻身全国特色学校行列，荣获全国教育系统先进集体、全国智慧教育研发应用基地学校、全国特色学校、全国生命教育示范学校、全国国防教育先进学校、全国素质教育示范学校、教育部网络学习空间普及应用优秀学校等国家、省、市级荣誉称号。

4. 教科研创新成果丰硕

长期坚持行走在教育教学第一线，引领英语课堂教学改革创新，新冠肺炎疫情防控期间执教示范课《Don't eat in class.》获黑龙江省线上教学优秀课例一等奖。主持多项国家级课题研究，《信息技术支持下的初中学生学业质量评价体系研究》《“互联网 +”背景下如何培养中学生优秀的心理品质》《以立德树人为核心的初中课程实践创新》《云教育环境下课堂教学模式创新》《初级中学校本研修路径研究探索》《“互联网 +”背景下家庭教育的新趋势、新特点、新策略》《生命智慧班主任核心素养培育路径研究》等 7 项国家级课题，已先后陆续结题并得到推广。《守正创新——生命教育实践的校本化表达》获全国首届生命教育教学成果特等奖。把指导教师多年立德树人、五育并举实践进行梳理总结提升，形成美育实践感悟集《高品质美育课程助力青少年身心健康成长》，为其他学校美育教育实践提供范本。组织编写了《生命教育——成长必修课》（中学生读本），海外学习考察（赴俄罗斯考察基础教育）后形成《俄罗斯教育概况与学校治理》考察报告，为国内基础教育高质量发展提供借鉴。

5. 课程改革创新彰显智慧

在导师、专家指导下，善思勤耕，经常总结思考工作形成特色课程建设思路，创新学校三级课程，构建“感恩 · 责任 · 理性”课程体系，引导师生、家长认识自我、认识社会、认识自然、把握未来。在师生、家长中以真挚的教育情怀、扎实的理论功底、鲜明的教育思想和教育大智慧的专家型校长而倍受尊重。立德树人实践成果《初中生思想政治素质提升如何化虚为实》《学校防疫教育工作的“长”与“常”》《在尝试中体验　在体验中养成》和教育信息化创新应用成果等先后在《中国教育报》《中国教师报》《人民教育》等主流媒体上发表，多次受邀参加全国教育信息化应用成果展示、生命教育创新论坛、课堂教学改革研讨、依法治校、教师专业发展、六育人德育途径研讨和特色学校建设高峰论坛等现场活动并进行学校经验介绍，习近平关于教育的重要论述进中小学典型案例获全省德育案例一等奖，《播下劳动教育的种子　收获生命成长的快乐》获得全省劳动教育案例一等奖。国防教育、心理健康教育、智慧教育、劳动教育、研学旅行课程创新等都发挥了非常好的示范引领作用。学校中考多年捷报频传，中考成绩名列全市榜首。师生卓越成长、学校快速发展，提升了师生生命自信、成长智慧和学校发展实力。

第四节　理论学习、专业指导在理性教育思想发展中的重要作用

我们深知，理性教育要落实在学校的立德树人实践中，除了需要一支充满生命活力的教师队伍激励引导外，还必须构建多彩课程、创新课堂、提升文化、改革评价，才能更好地培根铸魂、启智润心，让每个生命绽放光彩。有什么样的课程就有什么样的学校样态。依托课堂，构建基于师生发展需要的课程。国家课程与地方课程是课程建设的主阵地，那么如何让学生在学好国家课程和地方课程的基础上获得个性的发展呢？在江苏基地导师指导下，我们通过深度研修、导师引领，围绕立德树人教育目标进行了理性教育课程的开发，如理性教育专用教材、德育教材等。

一、塑造理性教育的课程文化

开好国家课程，理性教育渗透化。国家课程的权威性、科学性、基础性不容置疑，挖掘和发现国家课程中的理性教育因素是我们对学生进行理性教育不可丢失的宝贵资源，《科学》《品德与生活》《语文》《美术》《音乐》等学科都蕴含着大量对学生进行理性教育的宝贵内容。学科教学作为学校实施教育活动最经常、最有效的途径，在学科教学中对

学生渗透理性教育，成为以理性教育为主题的校园文化建设工作的最主要方式。

开发校本课程，理性教育专题化。国家课程与地方课程是课程建设的主阵地，那么如何让学生在学好国家课程和地方课程的基础上获得个性的发展呢？我们在校本课程建设的过程中，并未像其他学校那样直接开发学生校本课程，而是先开发了教师的校本读本，让教师先学习“校本课程”提高自身的修养。为此我们为教师编发了《寻找教育之径》指导教师学习方法和提高素养。《好习惯　好教师》规范和指导教师的日常工作和行为。可以说，教师专业发展方面教材的编写与应用，为开发校本教材积累了丰富的编写经验，同时也为开设校本课程打好了基础。

学生应用的校本课程主要有以下四类：

“厚德明理”课程——开发了《读·品·悟》《人生叮咛与启示》《学·思·悟》等校本教材，利用每周一、三、五晨读的10分钟时间由语文教师和班主任教师负责上微课。

“理性教育”课程——《理性教育》教材作为主要载体，以此引导学生正确认识人的生命价值及意义。此课程利用双周一次的理性教育课来完成，理性教育课主要由班主任教师来上课。

“悦读乐写”课程——《作文指导与体验》专用教材，利用每周的作文课进行作文的指导、实践、讲评、提升训练，提高学生的创作素养和写作热情；语文教师集体编写了《悦读》教材。《悦读》课程的开设，不但拓宽了学生的阅读面，激发了学生阅读的热情，而且还掌握了阅读的方法，特别是个性阅读和合作阅读方面收获比较大，学生感觉到收获最大的是学会了分析与解决问题的思维方式。

“特色选修”课程——我校相继开发了《版画教材》《素描教材》等特色教材，坚持利用每周二、三、四的第七节课或第八节课，开展特色选修课程，版画课程的开设颇具规模，素描课程现在已具有一定的规模。

校本课程的开发和使用，让学生在学习中了解生命现象、感悟生命价值、实现生命观照，从而绽放生命光彩。

开设活动课程，理性教育活动化。我校依托理性德育，开展理性教育活动。实施“生命体验、生命叙事、生命宣言”等一系列丰富的活动。如生命体验系列中的感恩活动系列——开展了“十大孝子评选”；尊重生命系列——举办“诚实守信”“告别陋习，走向文明”“文明礼仪伴我行”等活动；珍爱生命系列——举办了“珍惜生命、关爱他人”“安全伴我行”等活动；欣赏生命系列——“开学典礼”“予人玫瑰，手留余香”活动；社会实践体验系列——组织学生参加慰问福利院、参观博物馆、环保小调查、“校园美食节”等实践活动；在生命叙事系列中，开展“给班主任的一封信”“德育导师制”等活动；在生命宣言系列中，开展“入学仪式”“毕业仪式”“礼仪承诺仪式”等活动。

二、德育有着理性的热度

以价值体认教育、身心健康发展、课堂教学改革、合作智慧学习来让每一个孩子在生命体验、生命叙事、生命宣言中多元认知，积极认同，践行社会主义核心价值观，凸显德育工作的实效性。

经典滋养学生的精神发育，以激励促成长。在经典中滋养性情、丰富底蕴、润泽生命底色。通过特色课程、主题活动、学科渗透、研学考察等，让优秀的民族文化和先进的国际理念与学生生活相结合，让孩子们学会尊重、共处和合作，担当起时代的责任和义务，从而形成正确的世界观、价值观和科学的思维方法，促进学生全面发展。

体验提升学生的生命认知，以活动促发展。深化体验式德育，创设情境，营造氛围，让学生通过体验生命的积极行为，强化生命意识。连续五届“十大孝子评选”活动让孩子们在亲身体验中明白感恩，“少年模拟法庭”学生领会法治思维对生命快乐成长的重要性。社会实践研学、劳动体验创新、艺术审美活动，让学生在田间地头、厂矿车间、家务劳动、艺体活动等动手实践中树德、增智、强体、育美。

信念坚定学生的生命方向，以赋能促提升。心理健康教育开展团队心理减压，创新性地整合团体心理疏导和团队心理素质拓展相结合的模式，以游戏体验为主，引导学生在活动中感悟，在感悟中成长，帮助学生减压放松，并为学生的心理赋能。生涯规划教育让学生明晰方向，“德育导师”活动，让师生在“我——你”的对话中，以生命唤醒生命，让校园生活成为师生幸福美好的生命体验。

三、课程有着理性的深度

今天的孩子——未来的建设者如何对待生命、如何理解责任则涉及生命教育、科学教育、社会教育、道德教育、责任教育，是每个孩子在成长过程中必修的人生功课。融合最鲜活的各类学科知识，对生命的珍惜与尊重，对生活的反思与学习，让孩子乐学、好学，成为更好的自己。创新课程，开发课堂，构建学生健康成长的立德树人模式，培育有理想、有本领、有担当的时代新人，我们构建基于初中学生成长需求的学校理性教育个性化课程体系“感恩・责任・自觉”，建设倡导有责任感的学生文化、教师文化、管理文化，培养有高度责任感的新时代中学生。

思想政治课改革创新，激发学生思想活力。实现国家课程校本化高效实施，推动思想政治课改革创新，激发学生思想活力，教师身正为范，点亮每个学生的爱国心，道法兼修，引导学生遵德守法，创新课堂，用诗与歌引导学生逐美而行，真情涌动，引导学生求真向善。拓展地方课程，尝试开发校本课程，努力构建利于每一个生命成长的育人生态，厚德明理、生命教育、延伸补充、特色育美、阳光读书、机器人编程、生涯规划、心理健康指导、劳动实践体验，丰富的课程滋养了生命。

家庭合力共管共育机制改革创新，提升家长教育水平。把家校共育提升到一个更加科学、高效的层次上来，实现由粗放型向精准型的质性转变，构建“互联网 +”家庭教育培训模式，高标准建设家长学校，开发家校育人课程超市，多渠道有针对性地对家长开展家庭教育指导，切实提升家长教育意识和教育水平，提高家长的整体素养，开展家长任教的职业体验课，以适应现代学校教育和家庭教育需求。

劳动教育模式改革创新，培养劳动价值取向。把劳动教育作为学生全面发展的重要载体和途径。探索有中国特色的新时代劳动教育模式，通过劳动教育，注重劳动实践，在系统的文化知识学习之外，对劳动教育课程与活动进行整体设计，有目的、有计划地组织学生参加日常生活劳动、生产劳动和服务性劳动，让学生动手实践，亲身体验劳动，出力流汗，接受锻炼，磨炼意志，以培养未来社会主义建设者和接班人的劳动精神面貌、劳动价值取向和劳动技能。

心理健康教育改革创新，赋能学生生命成长。交流空间、快乐驿站、相约成长等课程，培养学生乐观、积极向上的生命态度，形成高心理弹性，提升对于变化的顺应能力和情绪调整能力，坚毅而乐观，拥有比较好的计划能力和执行性。引导学生建立相信生命的信念，面对灾难时坚强、乐观、积极向上的生活态度。

课堂教学模式改革创新，提升学生思维品质。借助尝试教育理论、体验性学习理论和生本理论打造理性化的高效课堂，在课堂中引导学生学会思维，创设真实性问题情境，设计挑战性学习任务，组织结构化学习过程，倡导可视化思维表达，进行反思性学习评价，以思维发展为核心，促进学生核心素养的提升，培养创新型人才，以达成新时代的育人目标。

信息技术与课堂教学融合创新，推动学生全面发展。发挥网络与媒体功能，运用九中智慧云平台、智慧管理、智慧班级、智慧课堂、智慧校园的建设助力生命教育实践。推进智能时代的教育改革，利用人工智能助推人才培养模式变革，促进人的全面发展，建立人机协同的教育方式，学习环境评估检测教师教育和学校治理体系，充分发挥人与机器的各自优势，以提升学生信息素养，协同构建人机共育的教育新生态。

1. 让课程成为生命幸福的保障：丰满、适切、个性

一是以成长为基：改革人才培养模式。深化课程改革，探索参与式教学和探究式学习，努力把孩子培养成学习的主人、发展的主体。推动教师用“学的方式”教，学生用“教的方式”学，建立现代和谐的师生关系，实现教师与学生相融合，教与学相融合。推进开放式学习、实践

探索中学习，真正走向立体式、大空间的育人改革。积极开展社会实践、研学旅行、团队调研、实验探究、公益劳动、志愿活动、魅力讲坛、主题教育等系列活动，丰富学生的精神生活，实现学生在“自然、自己、自由、自觉”中成长。

变革学习制度，实施“选课”制、“分层”教学、“走班”教学，构建教学新常态。“选课”“分层”“走班”成为新课改的活跃词语，不断加强科学研究与管理，让每一位教师都成为学生成长的导师、管理的主人，在“选课”“分层”“走班”中促进每一个个体的生命理性成长，实现科学有效育人。

开展学生生涯规划教育、选择性教育、自我认知教育，为未来职业做准备。开设职业讲座，与社团活动、心理咨询、综合实践相结合，提高学生的选择能力。开展职业调研与体验活动，熟悉各种职业的属性及对人才的要求，开展自我诊断与剖析，初步选择未来职业，并通过职业规划激发起学习的兴趣与对职业的追求，激活成长动力，促进学生持续健康成长。

学生是千姿百态、个性不一的鲜活个体，我们不能用一种方式去教育千百万个个性不同的学生。如何给每个学生提供个性化的教育？答案只有一个——课程。我们研发富有特色的校本课程供学生自由选择，最大限度地满足不同兴趣和潜质的学生发展需要，实现个性化的教育。“丰满”是强调课程的多元性、丰富性和可选择性；“适切”是彰显课程从学生的实际和需要出发，因地制宜，从学校和师资及能够调用的课程资源的实际出发；“个性”是表明我们的课程旨趣鲜明地指向学生的个性发展和自我完善。

二是以生命为本：用爱与智慧为学生生命理性成长赋能。从 2012 年开始探索生命教育，2014 年逐步形成生命教育基本办学理念，在实践学习中完善提升为理性教育思想。可以说，我是理性教育理论的探索者，也是理性教育的践行者。我们倡导生命诗意地栖居，追求一种生命栖居的状态，人文精神的通达。强调生命价值，强调理性教育生活，强调学生成长环境。学校是学生接受知识和生命成长的家园，一切必须以生命快乐健康为主，让生命在校园自由奔放，让教育充满生命气息。我们把理性教育融入立德树人中，立德就是根植学生家国情怀；树人就是拨亮学生的生命亮光，给学生架构基本中国人格。自古以来，中华文化人格，都以天下为己任，为百姓安居乐业而奉献。例如，范仲淹的“先天下之忧而忧，后天下之乐而乐”；辛弃疾“愿得此身长报国，何须生入玉门关”，陆游“王师北定中原日，家祭无忘告乃翁”等等。这些家国情怀，对生命价值的追求，自然融入学校理性教育的内涵之中，融入丰富多彩的理性教育课程中，让生命得以丰盈。

实践理性教育，一方面始终延续“正德厚生　臻于至善”的校训精神，探索理性教育模式；另一方面从“共建生命幸福的精神家园”，到“让每个孩子绽放生命的光彩”，再到“用爱与智慧为学生生命理性成长赋能”，不断完善理性教育理念。

在“用爱与智慧为学生生命理性成长赋能”理性教育理念构架里，确立了“正德厚生　臻于至善”的校训精神，同时根据新时代教育对理论体系进行了全面梳理。

学校发展愿景：幸福成长、智慧人生

校园文化：典雅、共长、前瞻

理性课程：经典、创生、融通

理性课堂：向美、挑战、生长

理性学生：文雅、智慧、坚韧

理性教师：浪漫、睿智、弘毅

智慧管理：引领、激励、创新

清晰的思路，明朗的格局，高远的架构，落地的操作，折射出我们办学的思维。这七个方面，映射出我们的历史文化观和价值观，凸显了我们对现代教育深层的把握，以及对未来深远的思考。

为了推进理性教育，我们申报国家级课题《初级中学理性教育实践途径探索研究》，获全国首届生命教育教学成果特等奖和全省首届基础教育教学成果一等奖。从理性教育课程研究出发，学校团队深化“学校核心文化理念下‘理性教育课程’建构与实践研究”，经过十余年探索与实践，我们的理性教育理论趋向成熟，梳理并正式出版了 20 万字的理论研究专著《九中映象》。该著作立足于学校发展历史，立足于办学实际，立足于学校理性教育的研究与探索，从“智慧管理”“理性课程”“理性课堂”“理性教师”“理性学生”“理性校园”等 6 个维度，形成了“理性管理、理性课程、理性课堂、理性成长、理性校园、理性评价”框架体系。此书不仅解说了理性教育理念，而且通过对学校教育的解剖，折射出办学的方法和路径。

三是以幸福为要：丰富生命体验。理性教育的研究，来自学校教育的实践。理性教育理念，得到全校师生广泛共识，并使其积极参与到理性教育构建之中。如少年国学课程，构建了一种学习国学的氛围，从而改变了学生学习方式，并把传统课堂学习方式转化为诗文独有的、具有审美价值、增添审美情趣的学习方式。

少年 STEAM，着重培养学生科创精神。RS 英语、AI 数学、3D 打印、信息编程、机器人等课程，到高科技企业等实践基地研学，让学生感受和体验科技的发展。少年玩伴课程，通过团队合作精神、课程参与性，达到玩中学的目的。例如，RS 真实场景在线，以虚拟教室在线真实场景，弘扬生命教育文化。学生以玩伴的方式学习生活，培养的是学生的社会参与等核心素养，更是对学生“家国情怀”品格途径的塑造。

生命，源于生活的本真；理性教育，是一种崇高的教育之美；生命幸福地栖居，是一种幸福的校园教育生活。理性教育研究重点是课堂、课程、课改；研究对象是学生、教师、教材；教育行为是为生命而教，让课堂课程有美味，学生有美的气质，校园有美的氛围；同时，追求课堂“向美、挑战、生长”，追求教师“浪漫、睿智、弘毅”，追求学生“文雅、智慧、坚韧”。学校在开展诵读美文、诗词活动中，学生徜徉其中，乐此不疲；合唱比赛、朗诵比赛、诗词大会、主持人比赛、班徽设计比赛、班级板报设计比赛……散发着浓郁的生命气息。

语文课堂，学生为主体，导入情境，领悟意境，探究美意，感受美色；师美，生美，文美，学美。教师们向美而教，以理性课堂、诗意教育，诠释了学校的理性教育理念。

学校语文教研组长期坚持研究古诗文教育，申报了省级课题《诗歌，与心灵的对话》。归纳理性教育，就是向美而教，品味语言之美，向美而教，品味音韵之美，向美而教，品味意趣之美，传承人文精神，提升学生审美能力，增添生活诗意与情趣。

在学校，音乐、美术、数学、舞蹈、书法等形式处处彰显生命的活力。美术创意空间，学生创意的纸伞，画面淡雅而清新；走廊空间琳琅满目的吊扇，诗意弥漫；更美的是学生创作的诗歌，彰显诗意教育魅力。

在学校，生命教育不拘于一种形式，而是将一些常规教育项目赋予生命的内涵。例如，每周升旗仪式，既庄重严肃又增添了一些具有生命教育的新项目，从活动中丰富升旗仪式感，在活动中构筑学生家国情怀。全校 28 个班，每个班轮流主持一次升旗仪式活动，其内容由各班申请，由生命关怀办公室审批，活动既严肃又有意义。升旗仪式先播送三条新闻：国际新闻、国内新闻、校园新闻。校园新闻，来自校园生活，来自理性教育，学生自己设计，由班级组织，图文并茂。其中有历史教育内容，如粮票发展史、东北人文历史、学校发展史，目的在于让学生走进历史，走进生活。

理性教育，向美而教，不仅是课程、课堂学习，还包括学校的各种教育活动，让学生从课程和校园活动中体验生命气息，进入校园就走进生命乐园，让校园浸染生命的灵动性，让灵魂浸入生命美，这就是理性教育的终极目标。

什么样的教育是好教育？能给每个学生提供适切课程的教育就是好教育。最近一段时间，有一档节目红遍大江南北，叫“舌尖上的中国”。由“舌尖上的中国”我联想到学校。我觉得学校就像一个酒店、菜馆，教师就好比大厨，而课程就是你这家店区别于其他店的招牌菜。你这家店有什么与众不同之处？用什么吸引家长、招待学生？答案是课程。一所特色鲜明的学校，必然是培养目标和育人体系独具特色的学校，而与之相适应的，也必然是学校课程文化的丰满、适切和个性化。理性教育实践十余年来，我们在贯彻落实好国家课程的基础上，推出了基于学校、学生和教师实际的校本课程供学生自由选择，并着力建设融合家校结合的阶梯式阅读课程，全面构筑起富有特色的课程体系，为理性校园建设提供保障。

十年里，我和同事们引进社会优质资源，普及乒乓球、象棋；争取上级支持，引进科创课程；利用现代化信息技术，为学生开设远程教育。每年，新学年开学前，我都会让老师们根据自己的爱好特长填报两项个性选修课。然后，把老师们填写的个性选修课汇总发给学生、家长，让学生、家长根据自己的兴趣选课。如今，学校已经向学生推出了二十多项个性选修课，其中版画、FEARLESS电声、军乐、剪纸、绘画、刺绣、陶艺、科创等二十八个成为精品个性选修项目。丰富多彩的课程，极大地满足了学生的个性发展需求，并渐渐产生了巨大的教育效能。

把个性选修课做得风生水起的老师很多。姚春玲老师带领学生开展的“经典诵读”课，不仅孩子们喜欢，就连家长也常常会专门请假来聆听。在她的引领下，她所带班级仅初一年级一个学期，阅读最多的学生达29本，最少的也有4本，全班一个学期共读482本，平均阅读11本。她被授予黑龙江省模范班主任、最美教师。我们相信，孩子们在她的引领下，通过自己的努力，将来一定会幻化、蜕变成一只只美丽的彩蝶。

深受孩子们喜欢的欣红老师的“情趣作文”把科学实验、游戏活动、探究实践与孩子们普遍“怕”的写作结合起来，让孩子们在老师的组织下，先玩后写，边玩边写，玩中学写，不玩不写。用“玩”去对付“怕”，极大地提高了学生的写作水平、表达能力，培养了学生的创新意识，提高了学生的创新能力。

“作家进校园”是我们学校每学期雷打不动的一项活动。我们把这项活动进行课程化设计。作家来之前，全校师生一起读这位作家的作品。两个月后，根据不同年级，进行阅读展示，一年级制作书签，二年级设计封面，三年级做摘记卡，四年级做读书笔记，然后进行全校展示。其间，还要选定两个班级排演该作家某部作品的情景剧。作家来学校时，对各班读书成果进行评定，并欣赏孩子们编排的情景剧。接着，让孩子们和作家进行面对面访谈。访谈结束后，请作家和孩子们一起种下一棵纪念树。最后，再请作家给孩子们签名留念。把一项活动变成一个课程，就能产生巨大的教育张力。

为了把“书香校园”建设变成课程，我们设计了精美的《走遍天下书为友——阅读成长手册》。以书作砖，把它铺设成孩子们坚实的人生路；用书点灯，让它照亮孩子们前行的方向。让学生亲近阅读，喜欢阅读，习惯阅读，享受阅读。

2. 让活动成为生命幸福的载体：丰富、系列、多彩

爱玩、争强好胜是中学生的天性。早在2500多年前孔子就提出“寓教于乐”的观点。中学多开展活动，不仅符合孩子的身心发展规律，遵循了教育规律，而且也切中了当前教育改革的命脉。活动是人生存和发展的基础，青少年的发展是通过主体实践活动主动实现的，教育教学的基本任务就在于设计、建构、组织符合青少年发展需要的各类活动，在青少年主动参与的主体性活动中达成教育教学的各项目标，进而实现学生的全面发展。“丰富”强调多样化，“系列”则表明我们在开展丰富活动的同时，充分考虑它与学生成长的关联性以及活动本身的内在逻辑和教育机理，“多彩”则更加强调活动形式、形态的多元。

下雪天，我们会鼓动老师们带着学生到操场上打雪仗；五四青年节，我们会举行节日狂欢……寓教于乐的活动不仅带给学生体验与成长，更给他们带去快乐和幸福。生活中，孩子们对活动的热爱超乎想象。每年春天，孩子们对春游的惦记从寒假结束第一天到校上学就开始期待。只要见到枝头有点新绿，走在校园里，孩子们问的最多的就是：“老师，什么时候组织春游啊！”

每次让孩子们写有关反映“校园生活”的作文，我发现，孩子们都会选择写学校、班级或者是老师组织的活动。在对学生进行“我心目中理想学校”的问卷调查中，高居榜首的是：有丰富多彩的活动。因此，精心打造校园文化，尤其是活动文化，成为我们的工作重点。譬如，构建多姿多彩的社团文化，营造五彩缤纷的节日文化，践行灵动体验的研学实践文化，塑造高雅文明的礼仪文化，弘扬优秀的传统文化等等。我校富有特色的活动，如亲子活动、社会实践、“十大孝子评选”等都成为学校理性教育特色品牌。

四、打造“理性教育”的师生文化

实施“多元评价”。我校针对学生个性实施多元评价，秉承“让每个学生绽放生命的光彩”的理念，激发学生多层面的生命潜质，绽放生命的七色光彩。每个学期末我们会评选出“艺术之星”“体育之星”“科技之星”“管理之星”等十余种奖项，并通过举办运动会、歌手大奖赛、摄影比赛、书法比赛等活动为孩子们搭建成功的舞台，让孩子们的生命价值得以体现，从而珍惜生命的美好存在。近年来，有参加全国少年声乐比赛获金奖的赵宏宇；有被评为全省“十佳自强女孩”的朱雪莹；有参加全市课间音乐知识大赛获特等奖的赵圆圆、郭宏达；有全市乒乓球比赛中获得中学组冠军的丛凡越；有获得科技小院士奖的于旺博；有因“乐观向上、懂事孝顺”登上《黑龙江日报》的、荣获第九中学第五届“十大孝子”的李普初……这些学生在不同领域内彰显了生命的精彩，也见证了学校“多元评价”促进学生健康的成长教育成果。

培养“阳光学生”。一所学校的整体面貌更多的是体现在师生的精神状态上，来到九中的人对九中的学生的整体评价就是“阳光”，这也是第九中学打造“阳光校园”的最终目标。

一是开展好大课间操活动，开足体育课，保证学生每天体育锻炼不少于 1 小时。我们还根据学校艺术特色创编了大课间军歌演唱、曲线军姿行走、校园集体舞等内容。学生们在演唱行走中感受到了生命的庄严。如今整齐规范、活力四射的第九中学的大课间操，已享誉省市同行学校，成为鸡西教育界一道亮丽的风景线。

二是组织丰富多彩的社团活动，让学生依照个人兴趣，自由选择、自主参加、主动发展。器乐、合唱、绘画、书法、朗诵、文学欣赏、羽毛球、篮球、乒乓球、摄影、电脑操作、机器人编程……门类众多的文化精神大餐让学生在学海中遨游，畅享学习的乐趣，更体验到了生命潜能的迸发。

三是鼓励竞争与合作。“星级评比”“优秀团员”“好习惯示范生”要脱颖而出，不努力、没有过人的实力可不行。“优秀班集体”“优秀团队”的荣誉只有同学们团结一致、齐心协力，才可能胜出。

阳光、正直、富有理想、积极向上、懂得感恩，这是社会对九中学子们的一个中肯的评价。

成就“幸福教师”。素质教育在本质上是提升人的生命价值，开发人的生命潜能。提倡尊重生命的理性教育，也是素质教育的重要组成部分。打造一支师德高尚、业务精湛的“幸福教师”队伍是建设以理性教育为主题的校园文化的关键。

营造和谐的人际氛围。第九中学教师来自不同的学校，对待不同文化底蕴和精神层次的教师，我们采取包容的态度，在尊重和理解的前提下，以友情管理代替严格的制度。通过环境的熏陶、活动的感染，使不同文化的教师团队迅速融为一体。教师的工作是辛苦的，需要补充精神营养。为此，每逢节日或假期旅游，我们都要精心策划、组织形式独特的娱乐活动，每次都会给教师带来一份惊喜、一份感激、一份回味。每逢有教师过生日时，我们都要为教师送上贴心定制的“幸福蛋糕”。针对班主任的辛苦，我们在五月的第三个星期三还设立了“班主任节”，在这一天班主任不仅能收获学校的温馨问候，还能收到来自学生们感人的祝福，幸福之情溢于言表。小举措大感受，让九中教师体验到了身为“九中人”的自豪和幸福。

构筑理想的师生课堂。要求教师关注以“理性教育”为主题的校园文化建设在学校中的实施，不断提高课堂教育教学水平，构筑师生自由平等、教学相长的“理想课堂”。学生收获学习的快乐和理想，教师收获成功的喜悦和幸福。

搭建教师成长的平台。为了促进教师专业成长，更好地为学生服务，学校积极为教师争取和创造学习、培训、比赛的机会，提升专业技能和授课水平，百余人次参加了全国、省、市各种类型的培训学习及赛课，有力地促进了教师专业的成长，开拓了眼界，增长了学识，让教师体验到了学习的快乐和幸福。

我们深知，建设优秀的校园文化不是一朝一夕所就，也不是长篇阔论所夸，用文化浸润生命、发展生命是一所现代学校的自觉追求。在以“理性教育”为主题的校园文化建设实践的过程中，我们渐行渐思，用最精良的装备、最真诚的服务，为广大师生谋求学校更高的发展，推进学校向全国名校的目标阔步前进。

中国教育学会会长顾明远曾经说过,“学校文化是学校的教育灵魂”。校园文化引领人们逐渐走向教育的理想,理想的教育依托校园文化的构建与实施。我带领学校从特色办学出发,构建了以“理性教育”为核心的校园文化,通过精神统领、环境育人、个性展现等途径深入实施校园文化建设,促进了学生、教师、学校的发展,取得了良好成效。

营造“理性教育”的育人环境。

精神统领。培养人是学校教育的原点,也是终点。学校致力于构建以理性教育为主题的校园文化,也正是着眼于让学生得到更好的发展,我校的校训、办学理念、育人目标、校风、教风、学风皆依此方案设定。

办学宗旨:让学校和教师一起发展,让教师和学生共同成长,为师生的可持续发展奠基。

办学理念:为了生命自觉。

育人目标:

为让学生适应和生存于未来社会,我们应该培养学生道德自律、学习自主、健体自觉、交往自如、生活自理。

为让学生追求充实而幸福的生活,我们应培养学生志存高远、人格健全、兴趣广泛、特长显著。

为让学生成为现代社会各行各业的优秀人才,充分实现自我价值,我们应该培养学生独立的人格、独特的个性、独创的精神。

校训:做有责任感的九中人。

学校精神:博学、博爱、求真、求美。

办学特色:现代化、生命化、精品化。

此外,学校校风、教风、学风皆从不同侧面对个体生命提出要求,引领师生领悟生命价值、走向崇高。

学校以理性教育为主题的校园文化,规范了广大师生的言行,认真落实了学校校训、办学理念、育人目标、校风、教风、学风等,用学校精神引领师生走上精彩的人生之路。

环境育人。在区委、区政府的大力投入下,我校的硬件教学设施已达到省标要求，学校围绕“理性教育”主题营造环境氛围，把优势尽情展现形成独有特色。我们努力做到让每一面墙壁都能传达对生命的尊重，每一棵小草都会激发师生对生命的热爱。学校的标准颜色：一取自象征生命的“绿色”，其寓意着勃勃的生机与无限的希望；二取自于学生金色年华中的“橙红色”，其寓意为学校的发展红红火火，九中人火热的激情与斗志。

楼廊文化。每层楼的文化图版有主题、有层次、有针对性。分别展现九中发展目标、师生风采、传统文化及国内外名校简介，理性教育蕴含其中。

景观文化。操场杨柳新枝、花团锦簇，各种体育健身器材运动场地合理布局、错落有致，校门旁刻有“做有责任感的九中人”的校训；楼内二层开放书吧散发浓郁书香；四楼教师阅读角雅致古典浸染身心。每一处景观都透露着精心设计和人文关怀。

墙壁文化。散发古典韵味、传承经典儒家文化、由多种字体展现的“书”字浮雕及每个楼层不同含义的“真、箴、臻”浮雕文字都成为九中一道独特的景观，来到九中的宾朋纷纷驻足留影纪念。

班级文化。在班级文化建设中，我们倡导让每个孩子都参与到班级管理和班级活动中，发挥每个学生的主动性，培养学生自主意识和创新精神，让集体和个体的生命价值都在自主活动中获得提升和超越，形成一个民主、平等、生气勃勃、充满成长气息的班集体。如“蜗牛之家”“向日葵之家”“小草之家”等富有个性的班级名片和内部装饰无不渗透着学生们的聪明才智和创新精神，也展现了学生对生命的理解和认识。

办公室文化。绿色盆栽生机盎然，窗明几净、香茶浓郁，一摞摞作业整齐摆放，一本本书籍彰显品位，办公室俨然成为一个个温馨的小家，从而构成了学校这个大家。

理性教育寓教于美，以美的内容、形式、方法、手段施以教育，将美育特有的自由精神、形象性、情感性、创造性、主体参与、自由创造、形象生动、快乐体验等教学方法，主动融入教育教学过程之中，使教育成为培养“求真、向善、尚美、健体”的一代新人的整体育人活动。

第四章

理性教育思想在学校中的落实和价值实现

第一节　共识——理性教育思想成为全校教师的自觉追求

建设并发展成高质量学校的终极目标是培育出核心素养完整、个性发展突出的高品质学生，在现行教育体制下，为了实现这一目标，高品质课程和高品质教师就成了高品质学校发展的关键，既是显性的要素，也是隐性的要求。欲构建起高品质课程体系并落实到课堂、打造出一支高品质的教师，离不开高品质的办学内涵建设。我带领团队秉承理性教育思想，学习、思考、实践丰富学校高品质办学内涵，促进学生理性成长。以理念与文化作支撑，探索通过高品质课程体系建设和高品质教师队伍来促进学校高品质发展。

一、不断向纵深推进的高品质的办学理念是成就高质量学校的精神

应该说，每一所发展前景光明的高质量学校都有先进的办学理念作为支撑，不管其理念是“舶来品”，还是“自我探索”，优异的办学理念都会成为一所优质学校的思想和精神。实现学校高质量发展的第一个支撑就是“办学理念”。

我校一直秉持理性教育理念，并不断丰润与深化，使其具有了生命成长的特征。与许多学校在发展的过程中不断调整或变换自己的办学理念不同的是，我校在 2006 年就选择探索与实践“生命教育”作为学校的办学理念，并逐渐提升完善，丰富为理性教育思想。这十几年中，虽然学校的办学条件、师资队伍和校领导班子均发生了变化，但我们一直坚

持了下来，并且不断地使此理念校本化。总体上说，理性教育理念逐步向纵深发展经历了四个阶段。

1. 躬行摸索生命教育阶段，让学生成为有高品质修养的人

2006 年始，至 2010 年止。在北京师范大学生命教育团队的引领和指导下，主要在德育领域实现了突破。2008 年黑龙江省德育现场会在第九中学（当时校名是“金华中学”）召开，生命教育成果获得时任省教育厅领导的高度好评。孟厅长说：“在这里看到了最好的德育，全省都应该向金华中学学习。”2009 年和 2011 年省教育厅领导考察鸡西教育时也到学校进行了指导。学校开展的“大课间操”“十大孝子评选”“模拟法庭”等生命教育活动，还有德育常规管理，获得了各级领导的高度评价，获得了七台河、牡丹江、哈尔滨等兄弟学校的好评，更获得了家长的认可。

2. 蜗行实践生命教育阶段，让学生成为有高品质学养的人

2011 年始，至 2014 年止。第九中学生命教育获得了较大的发展，被评为生命教育示范校。生命教育探索已由德育亮点辐射到了学校工作的各个层面，特别是在课程和课堂建设方面，在生命教育理论框架内融合了尝试教育理论的精华，探索出了覆盖全部学科的“1155 教学模式”，并且开发了系列生命教育校本教材。教师多年生命教育成果结集为《九中映象》出版并公开发行。2014 年，全国生命教育年会在第九中学召开，迎来了全国 20 余个省市 57 个地区领导、教师，并获得好评。至 2014 年止，已迎来全国近百所学校的参观（多次参观指导的学校只计算一次），参观人数达到了 1 600 余人（多次参观的人数只计算一次）。这一时期，社会主义核心价值观已在校园内全面落实，生命教育有了更加明确的方向。因突出的生命教育成果，先后被评为全国特色学校，全国素质教育示范校和黑龙江省首批科研先进校等一系列的荣誉，校长被评为全国生命教育形象大使。

3. 笃行探索生命教育阶段，让学生成为有高品质素养的人

2015 年始，至 2017 年止。第九中学成了全国生命教育先进校、示范学校。应该说，在这几年中，北京师范大学生命教育研究中心开展的

理论与实践活动越来越丰富，由原来的宏观理论引领，逐步深入到了教育、教学、科研、班级建设等微观的视角。其活动的实践引领性越来越强。第九中学在这几年里一直追随着“北师大生命教育专家团队”的各种活动，提高了育人质量，同时，伴随着教育现代化的脚步，智慧教育走进了九中的视线。经过多年的探索，智慧教育不但成为生命教育实践的一个重要支撑，而且拓宽了生命教育校本化的途径和范围。

4. 慎行创新生命教育阶段，让学生成为有高品质涵养的人

2018 年开始，我校提出了创建特色生命教育品牌学校的目标，力争在生命教育的大视野之下，走出一条独特的个性化的生命教育之路，并真正建构起校本化的理论体系，这就需要不断内化吸收生命教育理论的精髓，同时博纳各种先进的教育理论，如智慧教育理论、生本教育理论、平民教育理论等，提升完善学校办学理念为理性教育，做富于理性的教育，真正培养出有民族情怀、有世界精神的学生。落实“以人为本”“以社会为本”“以民族为本”的目标。这里的“人”不仅仅指学生，更指围绕“学生”为中心的一切相关之人，包括父母、老师、亲友等。

一路走来，办学理念从最初的“让每个孩子的个性得到充分自由的发展”到“让每一个孩子绽放生命的光彩”，用智慧提高生命质感，让生命盈满幸福情怀，到如今理性教育，正是因为不断地逐步完善校本化教育理念，从而深化着办学内涵，才成就着学校向高品质学校发展。

二、不断向广视域挺进的高品质的校园文化是成就高品质学校的灵魂

我们始终认为文化是一所学校的灵魂，在高品质文化的浸润与濡染下，才会成就高品质的学生。我想，中华文化与西方文化重哲学思辨与逻辑推演不同，更看重躬行践履与生命印证。可以说，中华文化念兹在兹的不过是一个“道”字：知道、闻道、悟道、求道、行道、传道、弘道、达道，不一而足，而这些“道”的终极目标就是“人道”，也就是说，

中华文化始终追寻的就是成就每一个有生命的人，让其理想人格不断完善与现实人生的全幅实现。这就是我说的广视域校园文化建设的依据。通过高品质的文化建设来不断让办学内涵更有质感，更有品质。

1. 高品质的育人文化成为生命自觉，让办学内涵更有品质感

文化自觉首先来自校领导不断提高自身的文化底蕴，让自己成为一名有文化魅力的管理者，校长在追求文化的厚重中不断提高自己的文化自觉性，在这一过程中，育人文化便水到渠成地流淌进师生的心里，滋养着师生提高自己的生命成长，并在此基础上，寻求精神生命的生长与富足，进而去完成人生的使命。其实我校“做有责任感的九中人”的校训和不断丰富的办学理念，以及学校的师风、学风、教风等均很好地诠释了这一精神使命和文化追求。这一信仰已经浸润并流淌在了每一名九中人的思想血脉之中。

2. 高品质的教师文化成为生命追求，让办学内涵更有品位感

积极地打造乐观、积极、向上的教师文化，让教师成为有文化魅力的人，成为有文化底蕴的人，成为有文化品位的人，让教师成为有文化追求的人。课堂上通过分层次教学和因材施教，让每一名学生都能得到发展。真正做到在人格尊严、求知愿望、发展需求上做到生生平等。任何教师都不歧视、孤立弱势群体，反而把弱势群体的成长作为教育教学的关键突破口，实现了育人质量的全面提升，成就着高品质的学生。在教师文化建设的过程中，我校首先从强化学术文化入手，率先在东北的边陲小城开始探索学术与行政并行的管理方式，让学术研究机构独立，不再附属于教研部门，这与实施扁平化管理一样，在区域教育内都开了先河。在此学术研究生态下，教师近年来在《人民教育》《黑龙江教育》《中国教育报》《现代教育报》《语文教学与研究》《新课堂》等报纸杂志上发表学术文章160余篇，在国家级、省级学术会议上做专题报告和讲座30余次。出版了《九中映象》教师文集。校长出版了2本教育专著。我校还依托名校长工作室、名师工作室、名班主任工作室，从不同层面加强研修文化，有效地推动了学校各方面工作的快速发展。借助东师理想智慧平台等现代化信息技术手段进行有效研修、学校内外文化研

修，从而提升了教师的文化自觉意识。

3. 高品质的活动文化成为生命必须，让办学内涵更有品尝感

“教育”不在“教”，而在“育”，让每一项活动都有文化的含量，从而让活动文化也成了学校育人的途径之一。如我们开展的大课间操活动，宏大的气势、整齐而多变的队形既彰显出了孩子们生命的活力，又让孩子在活动中涵养了情志；我们每隔三年举行一次的“十大孝子评选”活动不但让孩子懂得了感恩，学会了生活的本领，更懂得了关爱，从而更加坚定了自己的信念，通过情感与思想的浸润与熏陶，让学生的核心素养得到了更好的发展和培育。孝子颁奖与大课间操一样都是我校自我摸索设计出来的活动，其文化的含量应该说还是很高的，也因而成为全国许多学校学习的范本。还有社团活动、军乐队、电声乐队、社会实践活动、版画创意活动等，社团课程的开设，艺体活动的开展，丰富了校园文化生活，激发了学生的生命活力，促进了学生全面发展，更结出了累累硕果。在2016年黑龙江省中小学生艺术展演活动中，我校的“Fearless”电声乐队、“春之声”合唱团分别荣获中学器乐组、声乐组一等奖。我校“印象画坊”版画社团师生的三百余幅版画作品也分别在国家、省、市获奖。真正做到了让每个孩子都有特长，每名学生都能全面发展。

4. 高品质的环境文化成为生命磁场，让办学内涵更有品酌感

学校的环境文化能够彰显出学校的外在气质，本着高雅、绿色、简朴的原则，积极打造校园文化。教学楼一楼正厅的学校办学理念、校园的楼廊文化更是贴近学生的生活，贴近学生的生命体验。一楼人文化的发展规划、二楼人本化的教师群像、三楼生命化的学生世界、四楼生活化的传统文化无不呈现着“润物细无声”的魅力；“阅读让生命更精彩”“生命教育成果展”“传统文化墙”三个主题大厅，更是把物质文明与精神文明有机地融合。生命化班级文化建设得高雅、积极、向上，为学生文明素养的提高提供了成长的环境，班徽、班歌、墙壁等文化更为学生树立人生的信仰和教师端正为师的态度提供了源头活水。

应该说，我校无论是校园设施、师资队伍和学生数量都属于规模比较小的学校，但是我们在构建中浸润、生态中生长的大文化，用文化丰

富着学校的办学内涵。

如果说办学理念的逐步深化是从纵向的角度来实践理性教育，那么文化建设的不断扩展就是从横向角度呈现。这也是我校高品质内涵建设的过程中，我所坚持的纵横观的一个缩影。我始终坚信，学校的高质量发展，校长要有纵贯古今的视线、横扫中外的视野、包揽天地的视域。具备了横向、纵向、发散等高品质的思维，才会让自己的教育思想更有品质，让自己的生命更加充实和完美。实现让每一个生命更有智慧，教师智慧地教、学生智慧地学，让每一个生命都能智慧地成长。

第二节　融入——理性教育思想植入学校各领域

在理性教育思想的指引下，坚持依法办学、依法治校，依法执教，学校各个层面的工作都取得了突破性进展，2012 年成为全国特色学校和全省和谐校园，2014 年全国生命教育年会在第九中学成功召开，使第九中学成为当之无愧的全国生命教育示范学校。2019 年高品质学校建设与内涵发展研讨会高水平承办，彰显了学校多角度育人成果。当年还被评为全国教育系统先进集体，见证了生命教育实践坚实的足迹。

如今的九中校园，遵循生命的特性，凸显生命的灵动，焕发生命的活力，激励生命的创造，丰富生命的意义。这一切都源于第九中学贯彻落实党的十八大报告明确提出的要深入开展法制宣传教育，弘扬社会主义法治精神，树立社会主义法治观念，增强全社会学法遵法守法用法意识。依托九种生命教育实践的途径，追寻着生命教育的梦想。

一、彰显法治精神，依托高端化引领，让教育荡漾生命的波澜

依法办学的关键是遵循教育的规律，深入学习《宪法》《教育法》《教师法》等法律法规中对于如何实施义务教育的论述，不断提高教育思想和理念，所以第九中学选择理性教育理念为核心办学理念，以“让每一个孩子绽放生命的光彩”为办学的最高目标，达到这一目标的过程，既需要依法治校，又需要法律的保护，在依法实践理性教育的过程中，我们确信高端化的引领是鸡西市第九中学理性教育实践的源头活水，是理性教育真正得以生根发芽并茁壮成长的丰厚土壤。

1. 生命教育专家的思想引领

2006 年 12 月，阅读北师大肖川教授的《生命教育》的同时，阅读北师大裴娣娜教授、人民出版社社长黄书元等有关专家对生命教育思考的文章。为了深刻理解和有效地践行生命教育并尽快加入生命教育实验的行列，2007 年 1 月得到了北京京师弘博文化研究院副院长、生命教育课题组负责人胡修金老师的热情帮助与指导，并有幸成为全国首批实验学校之一（也是当时黑龙江省唯一的一所实验学校）；随后多年的生命教育实践过程中一直得到以肖川教授为首的多位生命教育专家的思想引领，从学习和实践中我们感悟到，生命教育思想无不体现着依法治校的精神。

2. 生命教育年会的精神引领

生命教育年会本着交流、提升、引领的原则开展丰富多彩的交流活动，2011 年，潘伟副校长参加全国生命教育年会，交流的过程中得到了精神的提升；2012 年 12 月，刘景菲校长和杨彬副校长参加生命教育年会时，刘景菲校长介绍了鸡西市第九中学的生命教育实践经验，杨彬副校长为全国生命教育学校的领导和教师做了一节生命教育展示课，此次年会中不但进行了交流，而且得到了与会专家和同行的指导；2013 年，潘伟副校长再次参加年度生命教育年会时，聆听了肖川教授的精彩讲座，获得了思想和精神的提升。2014 年，生命教育年会在美丽的鸡西市召开，鸡

冠区人民政府主办、第九中学承办这次会议，参会人员多达 1 400 多人，足以见证第九中学依法办学取得的突出成绩，也使第九中学全体师生得到生命教育的精神引领。

3. 生命教育导师的实践引领

开展生命教育实践以来，一直得到生命教育课题组的精心指导，特别是肖川教授 2011 年 8 月亲临第九中学进行指导，不但做了多场关于如何开展生命教育，如何做一名幸福的教师的讲座，而且亲自上了一节语文学科的示范课，讲授的是培根的《谈读书》，同时给实践教师进行精心的指导。可以说，生命教育导师的引领和示范推动了生命教育实践的进程。

二、提高法律素质，依托生命化课题，让教育盈满生命的情怀

提高法律素质，不仅仅是平时的学习，更需要我们在做任何工作的时候都渗透法治精神，做到懂法、守法和护法，第九中学在 2007 年即依法成立了以校长为组长，由各科室主任、生命教育课教师、班主任和部分骨干教师自愿参与的生命教育课题研究小组，全面负责此课题的研究工作。课题组成立后首先改革机构，转变职能。将原政教处改为生命关怀办公室，其主要职能是在原来的常规管理基础上，重点要关注每个学生的健康成长，提高他们生活质量；帮助弱势群体排忧解难，提高他们的生存能力等。同时还增设课程研发办公室，具体负责生命教育的实施与生命教育校本课程开发工作，其目的是加大生命教育课题的管理与实施力度。其他科室协助实验的管理与研究。2011 年末第一阶段的课题研究已顺利结题，现正在进行第二阶段的深入研究。在课题研究的过程中，每一位参与者做到依法、守法，从而通过课题研究提高了每一位教师的法律素质。

三、加强法制教育，依托生命化德育，让道德助力生命的成长

在理性教育实践过程中，把法制教育作为学校德育的一个组成部分。学校实施“生命体验、生命叙事、生命宣言”三种生命化德育教育方式，尊重道德生命，还德育一片温馨的天空，使道德生命自由、自主和自觉地成长。这其中离不开依法开展活动、依法进行教育，通过德育活动让孩子们懂法、守法，更重要的是让孩子们懂得了要用法律武器保护自己。

1. 生命体验

生命的成长需要生命本身的体验。我们创设情境，营造氛围，让学生通过体验生命的积极行为强化生命意识，让学生领悟生命的奥秘，体验人生意义。主要分为五个系列。

第一个系列是感恩系列。开展了三届“十大孝子评选”活动，并在母亲节前夕举行了隆重的颁奖仪式。学生向母亲献礼时，发自肺腑的“妈妈，您辛苦了，祝您节日快乐，身体安康”的问候，令所有的母亲潸然泪下；教师对获奖学生颁奖词的激情朗诵，主持人对获奖学生事迹的真情讲述，获奖学生饱含深情的获奖感言，让很多人已泣不成声了。

第二个系列是尊重生命系列。举办《诚实守信》《告别陋习，走向文明》《与春天有约，建绿色家园》《文明礼仪伴我行——演讲比赛》《文明礼仪承诺》等活动，积极倡导学生全身心地走进社会、走进生活，希望他们自主汲取成长养分，用鉴赏的眼光去认识世界。

第三个系列是珍爱生命系列。举办“珍惜生命，关爱他人”“珍爱生命，远离毒品”“安全伴我行——交通、消防知识专题讲座”“少年模拟法庭”“防震防火疏散演习”“法律知识进校园”“国防签名仪式”等活动，让孩子们明白了应该如何保护自己，珍爱自己，使自己和他人的生命更有活力，更具光彩。

第四个系列是欣赏生命系列。应该学会欣赏自己的生命，进而学会对他人生命的尊重。为此，我们每年都要举办别开生面的“开学典礼”“参

加军训，走入军营”“三好学生竞选”“竞自律委员，做校园主人”“予人玫瑰，手留余香”等系列活动，让孩子们在体验和感悟中学会品评、学会咀嚼、学会欣赏。

第五个系列是社会实践体验系列。组织开展“福利院慰问”“参观鸡西历史博物馆”“学雷锋社会奉献日”“社会调查”“推广普通话宣传”“清除白色垃圾，做环保使者”等系列社会实践活动。在实践活动中，孩子们培养锻炼才干，更新认识和观念，吸收新的思想与知识；不断拉近与社会的距离；找到了自信的同时，也感悟到自己知识的浅薄、能力的欠缺。孩子们在阅历和经验的不断积累中，期待着将来属于自己的天空。

2. 生命叙事

充分利用“给未来班主任的一封信”“自我成长叙事”“生生间互相评价”“成长记录”“家校共建”“教师寄语”等活动，让孩子们时刻向教师和家长展开生命叙述。同时还采用“德育导师制”定期、不定期地与学生谈话、交流与书信沟通，了解学生的心声与需求，及时发现问题，及时处理，予以指导。“德育导师制”活动，让师生在“我——你”的对话中，以生命唤醒生命，以生命感召生命，以生命灿烂生命，以生命成全生命！

通过“入学仪式”“毕业仪式”“入团仪式”“礼仪承诺仪式”“每周升旗仪式”“人生叮咛”“放学前一支歌”等仪式和活动，让学生在这样的活动氛围和仪式中，用心灵体验生命历程的悲喜，并学会自强、自悟和自我完善。特别是以“惜别母校、扬帆远航”为主题的毕业典礼活动中，当全体毕业班主任课教师踏上红地毯，接受学生献礼时，全体毕业生发自内心地超出90度地深深一躬，化去的是教师的辛劳，浮起的是为师的欣慰。四年当中师生间有可能产生的种种误会和矛盾，随着这深深的一躬而荡然无存，留下的只有学生的感恩之心和师生间依依惜别之情。

法治教育渗透到生命化德育的各个环节，既让生命化德育起到了真正夯实学生德行根基的作用，同时也让学生们树立起维护法律的尊严，学会用法律的武器保护自己。做到了让法律为生命化德育保驾护航，生命化德育又让学生懂得了法律、遵守了法律、运用了法律。

四、增强法制观念，依托生命化班级，让班级成为生命的家园

班级是学生成长的家园，让班级成为生命成长的场所，让班级时刻充满生命成长的气息。这是第九中学每一位师生的追求，为了让班级成为生命的家园，每一位教师都深入地学习了《义务教育法》和《未成年人保护法》中关于青少年健康成长的条款，学习中教师认识到，在班级管理中，不能打骂，不能体罚，更不能污辱学生，那怎么办？生命教育理念给每一位班主任教师指明了方向，那就是：

1. 创建温馨的班级环境

为了使教室——每个学生共同的“家”，成为学生展示个性、自主生活的场所，我们每年度都要进行班级评比活动，由班级师生共同策划、设计并布置，充分展现学生的美感及独特的创造力，让有限的教室空间变为无限的教育资源，让健康的价值观发扬光大。

2. 确立积极的班级文化

如各班制定班级规则和制度时要“少一点强制，多一点尊重；少一点冷漠，多一点关爱；少一点不准，多一点自由”，各项管理规则的制定要与学生商量，提高学生自主认识、自主教育、自我管理能力。

3. 开展灵动的活动

如有的班级已形成自己独特的活动制度，周一为高效日，周二为奉献日，周三为论坛日，周四为展示日，周五为反思日，使得学生一周的学习、生活充实而快乐。在灵动的活动中学生充分地展示自己的魅力，锻炼了能力，体验生命的成功。

当法律真正成为教师内心的衡量判断是非的标准时，就会依法进行班级管理，依法管理班级时，生命教育理念又指明了方向和提供了方法，

可以说在班级管理的过程中，师生的法制观念都获得了提升，特别是有法可依、有法必依让规范成了治班的标准。

五、丰富法律知识，依托生命化课堂，让教学焕发生命的活力

法律知识的获得，对学生而言，更多的是来自课堂，所以第九中学在打造生命化课堂的过程中，不仅仅思想品德课讲授法律知识，还让所有课堂成为师生运用法律知识的空间。更主要的是，我们要让课堂成为对青少年进行法治教育的场所，成为青少年获取法律知识的主渠道。有了丰富的法律知识做基础，课堂更规范了，课堂更有生机了。课堂不仅仅是学习知识的场所，更是师生生命共同成长的土壤，课堂必须充满道德的阳光和法制的精神。我们倡导我们的课堂是生命化的课堂：即生命成长的苗圃、生命享受的乐园、生命创造的天地。

1. 打造具有安全感的课堂环境

课堂应是一个适宜生命生长的环境。氛围宽松、关系和谐、心灵自由。学生心情舒畅、思维流畅、心理安全的课堂环境，杜绝语言霸权和病理性的语言，让学生在温暖和煦的阳光下体验到生命成长的快乐。

2. 构建具有尝试性的高效课堂

为了让课堂真正成为生命化的课堂，我们除了关注生命化课堂上学生生命的状态外，还把目光锁定在如何让课堂高效并能有效延伸，所以在深入研究生命教育的过程中，我们借助尝试教育的理论、体验性学习的理论和生本理论打造生命化的高效课堂，并取得了阶段性的进展，特别是在“让学生真正成为课堂的主体”方面取得一定的成果。多次在省、市、区各级的课堂教学研究与展示活动中获得了好评。

3. 落实具备终生性的成长观念

第九中学为了每一个生命都能得到终生最好的发展，除了关注每一名学生在本校四年学习的过程外，还通过初中与小学的“小升初”衔接

和初中与高中的“初升高”衔接活动，助力学生的发展。连续四年不间断地开展与小学、高中的衔接听课、研讨、交流、反馈等活动，让每一名有责任感的九中学生都得到了健康的发展。

4.开设具有生命性的班会课

采取了“小课为主，大课为辅”的班会课形式。“小课为主”就是抓好常规班会课，每周一各班要围绕生命教育六大理念并结合班级实际情况展开讨论，引领学生自主地、健康地成长。“大课为辅”就是以一个年级或全校为单位，开展同一主题的理性教育活动。这种大班会有两种形式：一类是大型的理性教育报告会。如：开学典礼全校师生曾聆听了著名演讲师邹晋的《让生命更加精彩》的报告。一类是以班级或学年为单位的理性教育主题班会在全校的展示，例如初三学年的《少年模拟法庭》。

5.开设具有生活性的理性课

为提高课堂的针对性，我们进行了前测分析，使我们的教学有的放矢。授课中，教师深入挖掘教材的情感因素，精心收集音像资料，选用动感的场面和充足的生活资源创设情境，用富有感染力的语言诠释生命教育，使生命教育课不只是对学生进行有关生命知识的传授，更重要的是引导学生感知生命的独特与可贵，体验生命的价值和意义，获得生命的经验、信念和方向。

六、坚持依法执教，依托生命化教师，让教师实现生命的价值

增强教师法律素质和依法从教意识，切实增强教师保护青少年学生人身权、受教育权等合法权益的能力。依法执教既是作为一名教师的首要基础，同时也是落实生命教育理念的前提，第九中学树立“教师第一”的理念，采取“教科研训”一体的研培模式，加强师资队伍的建设，让教师实现生命的内在价值。一是我们以读书和思考为主线，以观摩和交

流为途径，以读书笔记、启示感悟、案例反思为结果，倡导教师、学生、家长共同学习；二是“走出去，请进来”，让我校教师去上海、云南、江苏、武汉、北京、辽宁盘锦、哈尔滨、牡丹江等地培训学习，聘请了教育专家和知名人士进校讲学；三是进行主题交流及人文讲座，为教师搭建了观摩和交流的平台；四是开展教学型研究，提高教师的教学能力；五是开展研究型教研，提高教师的教学实践与研究能力；六是通过反思，促使教师不断提升专业发展水平。教师专业发展了、素养提高了，师德提升了，这些都离不开法制观念的提升，教师是社会上特殊而崇高的职业群体，应当成为学法遵法守法用法、弘扬社会主义法治理念的典范。教师的法律素质是提高青少年法制教育质量的关键。

我校教师主动学法、自觉用法，履行教书育人义务，维护学生合法权益，制止有害于学生的行为或者其他侵犯学生合法权益的行为，批评和制止有害于学生健康成长的现象；依法规范自身言行，依法维护自身权益，从而实现自己的生命价值。

七、树立法制理念，依托理性课程，让学生实现生命的狂欢

理性课程建设的过程中离不开建立科学的法制教育课程体系，课程体系中体现法治精神。学校依法开齐了国家课程、地方课程，同时尝试开发校本课程，努力构建有利于每一个生命成长的育人生态，尝试开发了五类校本课程。

1.“厚德明理”课程——开发了《读品悟》《人生叮咛与启示》等校本教材，利用每周一、三、五语文晨读的10分钟时间由语文教师负责上课。还开发了《好习惯益终生》校本教材，由班主任教师利用双周周四时间上课，培养了学生的良好习惯。

2.“理性教育”课程——我们选择了《理性教育》教材作为主要载体，以此引导学生正确认识人的生命价值及意义。此课程我们利用双周一次的理性教育课来完成，主要由班主任教师来上课。

3.“延伸补充”课程——我们主要编写了《作文指导与体验》专用教材，利用每周的作文课进行作文的指导、实践、讲评、提升训练，提高学生的创作素养和写作热情；我们还开发了政史地学科的全序列学案，现在已基本上成为符合我校校情和学情的辅助性校本教材。

4. “特色选修”课程——我校相继开发了《版画教材》《素描教材》等特色教材，我校坚持利用每周二、三、四的第七节课或第八节课开展特色选修课程，版画课程的开设颇具规模，素描课程现在已具有一定的规模。

5.“阳光读书”课程——我校开设了阳光读书课程，开发了《我读我写》《悦读》校本教材，每个学年双周开设一节读书课，由语文教师负责指导，通过读书课程的开设，学生开阔了视野，丰富了知识。

依法开设课程是树立法制观念的最好体现，课程是学习的载体，课程的开设与开发都体现着法治的精神和理念。可以说，树立法制理念开发生命化课程，让学生真正实现了生命的狂欢。

八、营造法制氛围，依托理性校园，让学校成为生命的乐园

依法治校的过程中，大力弘扬社会主义法治文化，努力营造浓厚的校园法治氛围，以法治文化熏陶人、感染人。具有生命力的校园文化环境对人的发展起着熏陶与浸染的作用。为此，我们精心打造“品味高雅，人文见长”的校园，使之成为生命成长的乐园。

1. 建设生态化校园环境

学校将校园文化建设的主题确立为“生命”。学校的标准颜色：一取自象征生命的“绿色”，其寓意着勃勃的生机与无限的希望；二取自金色年华中的“橙红色”，其寓意为学校的发展红红火火及九中人火热的激情与斗志。细节呈现文化：我们精心于校园每个角落的设计和布置，让每一处景点都充满生命的气息，使师生时时刻刻地感受着生命之光的照耀，时时处处受到生命意义的启迪……

2. 创设人性化校园氛围

在理性教育的旗帜下，我们从身边的小事做起，从我们能够改变的事情做起，着力营造和谐的人际关系，创设愉悦的工作氛围，让教师和学生体验和谐的氛围所带来的幸福。在实践中，我们做到：

（1）人格尊重。充分尊重学生和教师，定期进行座谈、问卷调查，了解学生内心真正的需求，针对学生提出的问题制定每学期的活动计划，避免工作的盲目性，提高了教育的实效性。我们更尊重家长，定期向家长进行满意度调查，对家长的意见，我们以诚恳的态度接纳，以积极的行动践行。

（2）人文关怀。在尊重和理解的基础上，我们更加注重关心、帮助生活上有困难的教师。学校安排通勤车，负责接送家远的教师上下班，接送教师子女上学、放学，对有子女参加中考、高考的教师实行弹性工作制。为了解决家长雨天为孩子送雨伞的麻烦，学校特别购置了千余把雨伞，解除了家长的后顾之忧。

（3）人性关注。我们设立了“班主任节”“生日假日”等充满人性关怀的活动。每次都给教师带来一份惊喜、一份感激、一份回味。

实际上，法治的氛围更多表现在对“人”的关注上，当法治大于“人治”时校园和谐了，人际关系和睦了，自然学校就成为师生恋恋不舍的家园了。

3. 建立民主化师生关系

我们倡导九中人要以平平常常的心态、快快乐乐的心情处理好各种人际关系，尤其是温馨和谐的师生关系。为让教师把微笑带入课堂，学校特地为每一位教师赠送一面镜子。上面写着：“别吝啬你的微笑。如果学生生活在微笑中，他就会成为一个快乐之人，创造之人。”以此提醒教师以乐观的态度面对工作，以火热的激情对待学生，让校园真正成为师生开启智慧、润泽生命的圣地。

4. 发挥网络与媒体功能

我们充分利用校园广播、校园网站、校报等媒体，辐射理性教育，开展理性教育。

在校园网站上，我们专门开辟理性教育专栏，上传了教育专家的权威作品，如肖川教授的《生命教育的三个层次》、裴娣娜教授《关于生命教育的几点思考》，人民出版社社长黄书元的《打造生命教育的精品》等文章，同时我们还上传了学生“感悟生命”集锦和教师有关理性教育的文章。

在校报《常青藤》上，我们开辟专栏，介绍理性教育，宣传理性教育，营造理性教育氛围。如我们曾刊登了《解读理性教育》，让师生了解理性教育的宗旨；刊登过《残缺的完美》，让我们认识到残缺也可以创造完美；刊登了部分学生的《感悟生命》集锦，不仅为学生提供了一个交流的平台，而且加深了学生们对于理性的理解和顿悟，营造了良好的法制教育校园环境。

九、见证依法治校，依托生命化发展，让九中成为特色的校园

学校的发展同人的发展一样要遵循生命成长的规律，所以第九中学本着生命化发展的方向，一步一个台阶地前进着。先后被评为全国特色学校、全国教育系统先进集体、全国网络学习空间人人通优秀学校等国家、省、市级荣誉百余项。

成绩一：生命教育全省领先。第九中学是黑龙江省第一所生命教育实验学校，曾被评为全国优秀实验学校。省教育厅原副厅长孟凡杰视察后在全省会议上原话是这样说的：“在第九中学真正看到了德育，从创设情境中，捕捉孩子的行为，抓住教育机会，用行动感化孩子，尊重每个孩子，他们的教学质量全市榜首，源于德育抓得好，我看黑龙江所有的学校都应该向九中学习。”

成绩二：活动育人赢得赞赏。全市中考信息交流现场会、全省养成教育现场会、全国生命教育现场会、全国高品质学校建设与内涵发展研讨会、全国智慧教育研发应用基地授牌暨教育信息化培训现场会等百余场现场活动高水平承办，展示了学校多途径育人成果。

第三节 深化——理性教育思想在学校的落实

深化基础教育改革创新，从培育有良好的品格、有科学的思维方式、有正确的价值观的“时代新人”理性教育教学方法出发，结合校长精神领航、教师价值认可和学生教育培养手段等具体方式方法，把立德树人的教育根本任务融合在教师“教书育人”的行动和思维方式中，以德为重，强化体育、美育，突出学科育人，探索生命教育实践创新，实现了学校高品质发展和学生智慧成长。

党的十八大报告强调，把立德树人作为教育工作的根本任务，培养德智体美全面发展的社会主义建设者和接班人。立德树人是全社会的共同责任，必须加强家庭、学校、社会的协作，建立多部门联动的工作机制，营造共同育人的大环境。当前，中小学德育工作与立德树人的要求还存在一定差距。主要表现在：学校教育重智轻德，单纯追求分数和升学率，使学生的社会责任感、创新精神和实践能力较为薄弱；教师育人意识和能力有待加强；空洞的说教对于当前的中学生来说意义不大。

我带领教师积极推进以立德树人为核心的理性教育实践创新，一是准确把握以立德树人为核心，重视青少年德行根基的牢固，加强体育、美育工作，强化学科育人。二是课程实践创新，从课程设置、课程结构、课程实施、课程管理等方面改革创新，分步骤地推进，收获了较好的育人效果。

一、方法

（一）方法一：准确把握以立德树人为核心

1. 坚持顶层设计

健全组织机构，确立了为了生命自觉的办学目标，坚持以立德树人为核心，树立健康第一的教育理念，全面加强和改进学校美育，在学生中弘扬劳动精神，并发挥学科育人的重要作用。学校教育工作经验《学校防疫教育工作的“长”与“常”》和学生居家线上篮球课被《中国教育报》刊载报道。

2. 强化制度保障

制定了《第九中学德育工作三年发展规划》等制度，率先发起“全国德育与班主任工作创新特色学校联盟”，并在启动会上介绍了学校立德树人工作经验《少年在法治的沃土中茁壮成长》，积极与全国德育名校同研共进。

3. 做好科研引领

成功申请了教育部人文社会科学研究规划基金项目子课题《以立德树人为核心的初中课程实践创新》，现已结题并获得全国教育科研成果一等奖，在全国中小学领航校长“价值 · 赋能 · 创新”论坛上进行交流推广，被《华夏教师》刊登报道。在课题实施的过程中我们深入调研，分析影响立德树人的多方面因素和学生多方面的发展需求，构建了基于课程标准以关注学生健康成长为核心价值追求的学生思想道德素养评价指标体系。

4. 转变教育观念

树立育人为目标的教育观和以能力培养为中心的教学观，通过教育宣讲、示范引领、科研课题和项目来带动教师教学观念转变。推进“互联网 +”教育联动机制建设，完善家校之间、育人团队之间、教师个体之间的联动机制。《生命智慧班主任核心素养培育路径研究》课题成果得到推广，并在四川凉山介绍经验；在全省信息化现场会上介绍学校经验《基于校本网络研修促进教师智慧育人》。

5. 提升专业素养

指导教师提升适应新时代教育改革发展要求的本领和能力，打造创新型教师团队，成立教师工作坊，协同创新。《中国教师报》报道了学校育人工作《用志与智让孩子的眼睛更明亮》。

依托教育部卓越校长领航刘景菲校长工作室带领教师进行教育教学研究，提炼归纳梳理了办学经验成果，以教师的成长来带动学生的全面发展。黑龙江电视台等多次报道了学校的科研成果和育人经验。立德树人实践成果《九中映象》结集出版，并成为其他学校学习的范本。

6. 家校合力共育

构建“互联网+”家庭教育培训模式，高标准建设家长学校，开发家校育人课程超市，切实提升家长教育意识和教育水平，开展家长任教的职业体验课，家校合力共管共育机制改革创新。因指导家庭教育成效突出，被选为教育部基础教育教学指导专家。

（二）方法二：课程实践创新

1. 课程设置

高标准开足开齐国家课程，落实地方课程，合理开发校本课程，使学生通过课程的学习与训练，获得知识与提升能力。

2. 课程结构

以思政课改革创新为牵动，构建包含德育、智育、体育、美育、劳动教育的课程体系，凸显德育工作的实效性，尝试开发九类校本课程，努力构建有利于每一个生命成长的育人生态。

3. 课程实施

课程实施中要求教师创造性地建构知识，着眼于将规划的课程付诸实际教学行动的实践创新，引导学生建构知识；强调教师和学生在课程开发中的创造性，使学生的学习获得最大的效能。

4. 课程管理

学校严格落实三级课程管理，保证基础教育的质量标准。创造性地实施国家课程标准，科学分配课时及课程结构，严格控制学生的在校学习时间和基本课业负担。制定科学的课程评价制度，确保国家基础教育课程在各个阶段的目标得到有效的落实。落实地方课程和指导教师开发符合学校实际的特色校本课程，实现学生个性化成长。

二、课程实践创新的具体做法

1. 重视德育，赋能理性成长

一是体验提升学生的生命认知，活动促进发展。深化体验式德育，创设情境，营造氛围，让学生通过体验生命的积极行为，强化生命意识，体验人生意义。连续五届“十大孝子评选”、“少年模拟法庭”、整齐划一的大课间操、走进绿色军营、社会实践研学、劳动体验创新、艺术审美教育，让学生在田间地头、厂矿车间、家务劳动等动手实践中树德、增智、强体、育美。学校被评为全国国防教育特色学校，立德树人工作经验《在尝试中体验　在体验中养成》被《人民教育》报道。

学校基于“为了生命自觉”办学目标，依据中学生身心特点建构体验・责任・理性课程，形成了以礼仪教育贯穿始终的特色德育课程，新生入学礼、毕业礼、散学礼，中华传统节日教育，分学段的品质提升教育、交往教育、理想责任教育等。全国教育系统先进集体这一国家级荣誉称号是对我校立德树人工作的最高认可。

二是课堂教学模式改革创新，提升学生思维品质。实现国家课程校本化高效实施，推动思想政治课改革创新，激发学生思想活力。教师身正为范，点亮每个学生的爱国心，道法兼修，引导学生遵德守法，创新课堂，用诗与歌引导学生逐美而行，真情涌动，引导学生求真向善。在数学课堂中引导学生学会思维，创设真实性问题情境，设计挑战性学习任务，组织结构化学习过程，倡导可视化思维表达，进行反思性学习评价，培养创新型人才。学校思政课改革创新经验《初中生思想政治素质提升如何化虚为实》被《中国教育报》报道。

三是经典滋养学生的精神发育，激励促进成长。在晨诵午读中华传统经典中滋养性情、丰富底蕴、润泽生命底色。通过特色课程主题活动、学科渗透研学考察等，让优秀的民族文化和先进的国际理解与学生生活相结合，让孩子们学会尊重、共处和合作，担当起时代的责任和义务。

生涯规划教育让孩子明晰方向，“德育导师制”活动，让师生在“我——你”的对话中，以生命唤醒生命，充满生命成长的气息，灵动的班级活动和人性化校园氛围时时处处受到生命意义的启迪。在全省教育科研现场会上介绍经验《学生心理素质养成实践》，《打造活力校园　培养幸福少年》被《语言文字报》刊发。

2. 加强体育，增强身体素质

增强学生的身体素质，激发学生的体育兴趣，创新教学手段，把烦琐的理论知识讲解得生动活泼。如引导学生强身，我校首先搞好融评价和锻炼于一体的体育课，将体育评价实绩融于学段考试和三好学生的评选标准之中，使其产生运动的动力和荣誉感，帮助学生在体育锻炼中享受乐趣，增强体质，健全人格，锻炼意志。冰雪运动会、篮排争霸赛、绳舞飞扬，充分调动学生的积极性和主动性，提高教学效果；激发学生长跑热情，培养学生的运动能力，助力学生保持一个健康的身体和良好的心态。学校被评为黑龙江省体育艺术特色学校。

3. 强化美育，形成健康向上的审美趣味

坚持以美育人，培养艺术特长和爱好，丰富审美体验，形成健康向上的审美趣味。坚持课程美育和生活美育相结合的课程设置方式，首先，开设国家课程、美育音乐课及其拓展修养课、茶艺、古筝、形体、书法、版画、国画、篆刻等，重视和加强中华优秀传统文化教育和艺术经典教育，引导青少年提升思想，增强文化自觉与文化自信；其次，增设校本科技之美课，机器人、航模等校本课程；再次，通过多个社团和社会实践活动课，让学生寻找生活之美，团员志愿者公益活动架起感悟社会美等，使社会主义核心价值观润物无声地浸润学生的心田。被授予全国青少年版画教育基地和东北雪书画教育基地。

4. 学科育人，培养学生的创新精神和实践能力

融合最鲜活的各类学科知识，倡导学生主动参与、乐于探究、勤于动手，培养学生收集和处理信息的能力、获取新知识的能力、分析和解决问题的能力、交流与合作的能力，以及学生的创新精神和实践能力。着眼学科育人，围绕学科核心素养的落实，关注学科思想、思维方式等，强化育人导向和课程内容的与时俱进。数学注重学生逻辑思维、分析能力培养；英语注重文化融合、国际视野，理化生注重科学探究、动手实

践能力提高、学习兴趣的激发和学习方法的指导。学校立德树人办学成果《为了生命自觉》在《中小学校长》刊发推广。周晶老师的中华古诗词线上教学育人案例《线上教学当先锋 敬业奉献家国情》被今日头条报道。《让学生在尝试练测评中提升核心素养》被《黑龙江教育》报道。在全市中考经验交流会，上数学、化学等多学科教师介绍学科育人经验。《Don' t eat in class.》被评为全省线上教学优秀课例一等奖。

5. 信息技术与课堂教学融合创新，推动学生全面发展

发挥网络与媒体功能，运用九中智慧云平台、校园广播、网站、校报等媒体，宣传立德树人，营造氛围，加深了学生们对于成长的理解和感悟。利用人工智能助推人才培养模式变革，提升学生信息素养，协同构建人机共育的教育新生态。《信息技术支撑下的初中智慧教育实践研究》获省基础教育教学成果一等奖。《智慧教育校本化表达》被《黑龙江教育》报道。学校被评为教育部网络空间应用优秀学校、智慧教育研发应用基地校，全省信息化 2.0 示范校。

6. 劳动教育模式改革创新，培养劳动价值取向

把劳动教育作为学生全面发展的重要载体和途径，构建新时代劳动教育模式，组织学生参加劳动，让学生动手实践，亲身体验劳动，出力流汗，接受锻炼，磨炼意志，以培养未来社会主义建设者和接班人的劳动精神面貌、劳动价值取向和劳动技能。坚持校园学生“晨扫”，弘扬劳动精神教育，引导学生崇尚劳动。《播下劳动教育的种子 收获生命成长的快乐》获全省习近平总书记关于教育的重要论述进中小学校园典型案例一等奖。

7. 心理健康教育改革创新，赋能学生生命成长

心理健康教育开展团队心理减压活动，创造性地整合团体心理疏导和团队心理素质拓展相结合的模式，以游戏体验为主，交流空间、快乐驿站、相约成长等课程引导同学们在活动中感悟，在感悟中成长，帮助学生减压放松，并为学生的心理赋能，培养坚强、乐观、积极向上的生活态度。学生心理素质养成经验在全省德育现场会上介绍，学校被评为全省心理健康教育特色学校。

三、取得的成果

1. 形成了立德树人、五育并举的学校理性教育体系

以思政课改革创新为牵动，构建包含德育、智育、体育、美育、劳动教育的课程体系，以价值体认教育、身心健康发展、课堂教学改革、合作智慧学习来让每一个孩子在体验、感悟、思考中多元认知，积极认同，认真践行社会主义核心价值观，凸显德育工作的实效性。丰富地方课程，尝试开发校本课程，努力构建有利于每一个生命成长的育人生态，尝试开发了九类校本课程。“厚德明理”课程、“生命教育”课程、“延伸补充”课程、“特色选修育美”课程、“阳光读书”课程、机器人编程课程、生涯规划课程、心理健康指导课程及劳动实践体验课程，丰富的课程滋养了生命。

2. 建构了以德育为核心的理性教育校本课程体系

高品质课程拓宽了学生的视野，国家课程落实得更有智慧、课堂更有质感，以“培植德行根基，厚重生命底色，为幸福人奠基”为目标，学校开发出“体验・责任・理性”五大系列校本课程，努力构建起有利于每一个学生成长的育人生态。学校被授予全国素质教育示范学校、全国特色学校、全国网络空间应用优秀学校、全省德育工作先进集体、全省思想政治工作示范点、体育艺术教育特色学校。

3. 创造了学科育人的基本经验和案例

课堂教学模式改革创新，提升了学生思维品质。实现国家课程校本化高效实施，推动思想政治课改革创新，激发学生思想活力。教师身正为范，点亮每个学生的爱国心，道法兼修，引导学生遵德守法，创新课堂，用诗与歌引导学生逐美而行，真情涌动，引导学生求真向善。在数学课堂中引导学生学会思维，创设真实性问题情境，设计挑战性学习任务，组织结构化学习过程，倡导可视化思维表达，进行反思性学习评价，以思维发展为核心，促进学生核心素养的提升，培养创新型人才，以达成新时代的育人目标。探索新时代劳动教育模式，重劳动实践，对劳动教育课程与活动进行整体设计，让学生亲身体验劳动，出力流汗，接受锻炼，磨炼意志，以培养未来社会主义建设者和接班人的劳动精神面貌、劳动

价值取向和劳动技能。坚持校园学生“晨扫”，培养孩子们的劳动精神、综合能力和创新思维。《播下劳动教育的种子　收获生命成长的快乐》获全省习近平总书记关于教育的重要论述进中小学校园典型案例一等奖。学校思政课改革创新经验《初中生思想政治素质提升如何化虚为实》被《中国教育报》报道。

4. 建构了家校共育的机制

把家校共育提升到一个更加科学、高效的段位上来，实现由粗放型向精准型的质性转变，构建“互联网 +”家庭教育培训模式，高标准建设家长学校，开发家校育人课程超市，多渠道有针对性地对家长开展家庭教育指导，切实提升家长教育意识和教育水平，开展家长任教的职业体验课，家校合力共管共育机制改革创新。因指导家庭教育突出成效，被选为教育部基础教育教学指导专家。

5. 形成了立德树人的校本化特色化的追求

学校秉承“为了生命自觉”的教育理念，通过丰富的课程引导师生悦纳自我，发现生命价值，养成良好习惯，丰富生活内涵，提高生命质量；尊重自然，敬畏自然，与大自然和平相处，实现生命价值的提升；奉献社会，遵守公共秩序、社会公德和法治文明。

师生悦纳融合，共创精彩，学生的核心素养培育、学校的办学品质取得了很大的提升，让基础教育为每个学生人生打好“底色”，养成向上、阳光、明亮、温暖的心向和态度，走出了一条润泽生命、启迪智慧的初中学校立德树人课程实践创新之路。跻身全国教育系统先进集体，荣获国家、省、市级荣誉六十余项。

四、效果

1. 学生全面发展，健康成长

丰富的立德树人特色课程，实现了学生全面发展、健康成长。我校中考学业阶段性评价中各项指标连续八年居全市第一，学生综合素质排名在全市前10名的也连年榜上有名，升入省级示范性高中的配额比例一直排在全市首位。学生的艺体素养、科技素养、法治素养、德行素养等均全市闻名。

2. 教师师德提升，专业成长迅速

教师们把传承中华优秀传统文化作为立德树人课程实践创新源头活水，以身作则，为人师表，坚持学习，爱岗敬业，更新观念，努力创新，师德有效提升。2018年度鸡西市初中青年教师教学基本功大赛中，8名青年教师参赛并全部获奖，在“一师一优课”评选活动中，获部级奖3人，省级奖9人，市级奖7人。开放的课堂、多维的互动极大地促进了教师的专业素养提高，8名教师在《新课堂》上发表论文。出版了《一名校长的善思致慧录》专著，《中国教育报》发表了《学校防疫教育的“长”与“常”》等，记录实践立德树人课程以来，学校管理、教学创新、教师发展、智慧课堂、生态校园建设等取得的阶段性成果。教师综合素养大幅度提升。在全国新时代德育与班主任工作创新论坛上全体班主任进行了论坛展示并获得全国卓越班主任工作室称号。全市中考总结大会上进行了学校中考经验交流《依托高品质学校建设　促进教学质量全面提升》。涌现出教育部中小学领航名校长1名，国家级工作室主持人1名，国家及省级以上特级教师、名师、教学能手8人，市级名师、学科带头人、骨干教师39人，省、市、区兼职教研员10人，百余人次在国家、省、市级教学大赛中获奖。

3. 学校立德树人全国领先，示范引领成效突出

举行“教育部卓越校长领航刘景菲校长工作室授牌暨全国高品质学校建设与内涵发展研讨会”，我做了学校以立德树人为核心的初中课程实践创新专题论坛发言，并进行了现场师生综合素养展示，得到教育部、省教育厅、市、区领导、七台河等兄弟学校领导、教师及家长高度评价。学校立德树人实践、思政课创新、课堂教学改革、教师专业发展、教育信息化、依法治校等工作经验先后被《中国教育报》《黑龙江教育》《人民教育》和黑龙江电视台报道。被评为全国教育系统先进集体等国家、省、市级荣誉百余项。

全国生命教育现场会等 30 余次国家、省、市现场展示观摩活动成功举办，先后接待了 261 个单位 2 000 余人次到校参观考察。《初中实施生命教育的途径与方法研究》获省首届基础教育教学成果一等奖，在全国生命教育创新高峰论坛、纪念改革开放 40 周年基础教育校长论坛、全国名师表彰大会等现场活动上做专题讲座和育人经验交流。学校信息化应用案例被东北师大理想信息技术学院选用并推广。

肖川教授曾评价："第九中学探索出了一条比较成熟的、典型的立德树人实践之路，形成了富有鲜明特色的'九中映象'，作为全国特色学校，起到了典型和示范引领作用，值得深入研究和广泛推广，希望全国基础教育学校都能积极向第九中学学习。"

全国尝试教育创始人邱学华教授带领江苏名校长教育考察团考察学校后说："第九中学的立德树人工作注重尝试体验，从创设情境中，捕捉孩子的行为，抓住教育机会，用行动感化孩子，尊重每个孩子，他们的教学质量居全市榜首，源于德育抓得好。"

五、反思

以立德树人为核心的理性教育实践创新，促进了师生核心素养的提升，提高了教育教学质量和管理效率，让优质教育走进课堂和家庭，实现了学生理性成长、智慧发展。但还存在有待加强的方面：如初四年级面临中考如何加强体育，以便舒缓学生紧张的情绪，帮助学生更有效率地复习，又能增加体能，培养意志品质；如学校管理和班级管理中如何加强劳动教育，把劳动教育纳入学校和班级多元考核评价，整体设计，组织学生参加劳动，开展扫除比赛、劳动技能展示观摩、美食节、科技节等活动，激发劳动兴趣；如何进一步强化学科育人，全学科育人，为学生适应社会生活和职业发展做准备，学习相应学科课程后应达成正确价值观念、必备品格和关键能力，引导各学科在传授学科知识过程中，更加关注学科思想、思维方式等，实现全学科育人。

第四节　显效——理性教育思想引领学校发展

秉承“让每个孩子绽放生命光彩”的理性教育思想，我以打造保持生命热度的校园，注重生命宽度的家园，书写“不忘初心、拾级而上”的朴素诗行；营造厚植生命深度的田园，积淀出润物无声、以文化人的灵魂；建设生态和谐的乐园，累加生命的高度，实现迈向高品质的教育梦想。

全国教育系统先进集体、全国素质教育示范校、全国特色学校、全国生命教育示范学校、全国生命教育先进集体、全国生命教育百佳学校等100多项荣誉称号见证了我们的成长。

生命的热度·教师争先

一所高品质的学校，教师队伍建设是重中之重。我们领导班子深谙其道，围绕“教科研训”一体化研培模式，促进教师素养快速丰盈，让教师成为自带生命热度的发光体，实现生命的内在价值。以读书和思考为主线，以观摩和交流为途径，以读书交流、启示感悟、案例反思为结果，倡导教师、学生、家长共同学习；“走出去，请进来”，派教师外出培训和请教育专家进校讲学233人次，主题交流及人文讲座157次，搭建观摩与交流平台；开展教学研究，开发《教师成长之道》《寻求成长之径》等校本教师阅读教材，开设教师智慧大讲堂，实行教师发展套餐制；依托刘景菲生命教育工作室、第九中学名师工作室、卓越班主任工作室及学校管理研修团队，加强学科队伍、班主任队伍及管理团队建设，提高教师教育教学水平及研究能力。

生命的宽度·课程优先

生命的宽度在视野，而拓宽学生视野的载体就是多样化的高品质课程。在让国家课程落实得更有生命智慧、课堂更有生命质感的同时，以“培植德行根基，厚重生命底色，为幸福人奠基”为目标，学校开发出五大系列校本课程，努力构建起有利于每一个生命理性成长的育人生态。《读品悟》《读思行》《人生叮咛与启示》等“厚德明理”课程，关注学生的德育素养，为学生奠定做人的根基；《生命教育》校本教材，引导学生正确认识人的生命价值及意义；《我读我写》《悦读》等阳光阅读课程关注学生的文化素养，为学生奠定学业的根基；《版画课堂》《素描教材》等艺术课程，关注学生的个性素养，为学生特长发展提供保障；“篮球、排球、羽毛球、乒乓球、陶笛、电声、管乐、合唱、书法、舞蹈、剪纸”等社团课程，让每一个生命都充满了个性张力。学校被授予全国智慧教育微课联盟学校、“中国好老师”行动共同体项目学校、“智慧教育研发应用基地”校、“实施有效教学构建有效课堂”先进学校、体育艺术教育特色学校。

生命的深度·文化领先

文化是学校办学的灵魂，积淀高品质文化，打造高品质环境，是学校一切工作的出发点和落脚点。走在九中校园，无处不在的生命气息扑面而来：一楼人文化的发展规划、二楼人本化的教师群像、三楼生命化的学生世界、四楼生活化的传统文化，时刻散发着“润物细无声”的魅力；“阅读让生命更精彩”“理性教育成果展”“传统文化墙”三个主题大厅，更是汇聚了九中传承与创新的力量。变垂直的分级管理体系为扁平化的管理体系，设立生命关怀办公室、课程管理办公室、课程研发办公室，让理性贯穿教育、教学、课堂、教研。采用学术独立的方式，以课题为牵动推进课堂教学改革，构建了智慧课堂基本模式，激活了管理的内在活力，成就了生命的深度和内涵。学校信息化应用案例被东北师大理想信息技术学院选用并推广。《初中实施生命教育的途径及方法研究》《信息技术支撑下的初中智慧教育实践研究》先后荣获 2014 年和 2018 年黑龙江省基础教育教学成果一等奖，《智慧课堂让生命绽放光彩》短片在第三届全国教育信息化应用成果展示会上展示。

生命的高度·活动占先

生命的高度在累加、在实践。遵循学生年龄特征，心理特点，贴近学生生活实际，探索实施“生命体验、生命叙事、生命宣言”三种生命化德育教育方式，使道德生命自由、自主、自觉地生长。先后承办全省中小学德育工作现场会、全国高品质学校建设与内涵发展研讨会、全国生命教育年会，连续开展五届“十大孝子评选”活动，“拥抱青春、放飞梦想”新生入学仪式、“惜别母校、扬帆远航”学生毕业典礼等活动 76 场，德育导师制、大课间操、清晨励语、放学前一支歌、人生叮咛等德育活动得到社会的关注和认可。徐舜源等 739 名同学获得中国少科院小院士、中华好少年等殊荣。学生的艺体素养全市闻名，在黑龙江省中小学生艺术展演活动中，学校“Fearless”电声乐队、“春之声”合唱团均分别荣获中学器乐组、声乐组一等奖。学校“印象画坊”师生的近百余幅版画作品也分获国家省市奖项。

正是在“做有智慧的生命教育，创有品质的生态学校”观念引领下，我们从尊重个体生命出发，注重生长过程，强化生态环境氛围营造，连续 10 年中考成绩全市领先，学生毕业合格率 100%，学校教育生态在智慧的光芒中高品质迈进。

第五章

理性教育思想在区域教育中的辐射和影响

第一节　理性教育思想促进工作室成员学校校长教育思想的发展

入选教育部第二期中小学名校长领航班以来，如何在立德树人之路上更好地成长进步，在办学思想上成为引领我国基础教育改革和发展的典范，办学成功经验和教育思想辐射、惠及更广泛的人群，怎样做到不辜负领航校长的责任和使命？带着这些思考，在教育部和江苏基地专家、导师的指导下，我确立了“构建平台　示范引领　共同成长”的校长工作室建设思路，走上了深度学习、实践、成长、示范引领之路。

一、构建平台，明确方向

建立校长工作室，并确立了建设目标：使之成为校长和学校集体展示才能、开拓创新的舞台，学校改革试验的高地，校长专业成长的基地，创新学校管理、高品质学校建设的窗口。

黑龙江省教育厅和省干训中心在全省范围内遴选了 10 名校长组成工作室，在 2019 年 1 月 11 日举行了刘景菲校长工作室授牌暨全国高品质学校建设与内涵发展研讨会，教育部校长国培项目办于维涛主任、江苏基地首席专家严华银主任、季春梅博士、回俊松博士、省教育厅教师处王海军处长、省干训中心宋志辉主任及市区领导等出席研讨会并做精彩报告，与会专家对校长工作室三年发展规划进行了论证。

围绕校长工作室建设思路，我带领工作室成员校长深度学习了《教育的哲学基础》《欣赏性探究》《聆听着的教育》等，研讨确立校长工作室建设目标，完善工作室三年发展规划，制定工作室管理制度，建立工作室档案，确立工作室课题研究项目及主要研究方式、达成的研究目标、预期成果及呈现（辐射）方式等。

二、示范引领，辐射八方

工作室以网络平台为主要依托，新时代高品质学校建设课题研究为重要方式，教学研讨为主要内容，通过工作室的建设搭建起促进骨干校长专业成长和工作室主持人自我提升的发展平台。

1. 带团队——促进工作室成员快速成长

走进工作室成员校进行诊断调研，使工作室成员校长在学校文化、特色课程、教师专业发展、教育教学改革等方面对照、反思、聚焦、研讨和思考提升策略，成为高素质的具有终身学习和创新能力的校长。

以信息技术等新型媒体为主要途径，开展《关于深化教育教学改革全面提高义务教育质量的意见》等教育教学线上线下研讨交流，促进全体成员的快速成长。

2. 抓项目——搭建工作室成员共同成长平台

以新时代高品质学校建设课题研究为平台，研究“教法”“学法”“学科渗透”“教育管理”，着力打造独特教育管理风格。培养勤于观察、善于思考、敢于实践、勇于创新的优秀团队。

3. 作展示——实现优质教育资源的共享

工作室以名师教学展示、课题研讨、观摩考察等形式对成员进行培养。以论文、专著、研讨会、论坛等形式向全省辐射、示范，引领全省初中课程建设和课堂教学改革，促进工作室发展及成员的专业成长，培养出一定数量的优秀骨干校长和教师。

4. 建平台——扩大工作室影响和辐射力

发挥网络新媒体的作用，放大工作室的展示、引领、激励和辐射等功能，建线上平台，开展网上研讨等。传递工作室成员之间学习成果，交流“工作室”研究成果，突破时空界限，成为工作室动态工作站。

5. 出成果——教学出质量、教研出成果

工作室聚焦青少年思想道德建设、深化教育教学改革和提高育人品质等方面，召开了 2019 年中考信息交流现场会，中考全学科名师课堂展示观摩，邀请中考命题专家马志刚院长作关于中高考改革讲座引领。工作室各成员校组织教师积极参与、研讨互动、备课实践。2019 年中考各校备考实效强，中考成绩再攀新高。引领信息技术融合应用，第九中学被评为全国网络学习空间应用普及优秀学校并将举行全国培训现场会，《智慧教育校本化表达》在《黑龙江教育》刊发，《初中生思想政治素质提升如何化虚为实》被《中国教育报》刊载，在黑龙江省“关于习近平总书记关于教育的重要论述进中小学校园”实践路径典型案例评选中，第九中学的《播下劳动教育的种子　收获生命成长的硕果》被评为一等奖。

三、学思践悟，不辱使命

走进江苏第二师范学院、华东师大、淄博晏婴小学、珲春四中、教育部中学校长培训中心、俄罗斯等进行面对面的管理培训，工作室校长学习共同体校长沙龙、研讨热门话题、主动思考、交流发展思路、引领各校发展愿景，充分论证学校规划，有效地帮助校长明晰学校的发展目标，提升学校的办学理念，确定学校的发展特色，优化学校的发展策略等。通过开展学校管理改革项目研究，积极探索课程研发、教育创新、立德树人、办学治校等方面有效途径，推出管理成果，《为了生命自觉》学校办学实践成果在教育部核心期刊《中小学校长》第 5 期刊载，在纪念改革开放 40 年基础教育校长论坛中进行展示。

工作室成员校长学习、交流、研究、合作，使工作室逐渐成为优秀校长、农村校长、青年骨干校长切磋办学经验、管理智慧的平台，促进了工作室团队成员快速成长，培养了新人、能人。望奎火箭学校校长邹丽丽在参加教育部江苏基地专家论证校长工作室三年发展规划和山东晏婴小学课程改革现场会后，感慨地说：“真解渴，我的办学路径更加清晰了，那就是要基于农村学校的实际，在开好国家课程的基础上，开设更具有地域特色的课程，促进学生的全面发展和个性化成长。”她的望奎火箭学校和鸡西九中也都很荣幸地被评为全国教育系统先进集体。

共建共享优质资源，组织课程改革学校管理专场研究活动，优质资源辐射影响更多校长、教师、学校。通过帮助工作室成员总结教科研成果和办学经验，从而形成具有先进性和引领性的教育主张、管理风格、办学范式，在区域内发挥了示范引领作用，成为示范的窗口。

运用多种形式，组织工作室成员面向农村地区、薄弱学校开展支教助学，四川大凉山、密山兴凯湖中学、滴道兰岭学校、梨树六中都留下了我们的足迹，送教、送科研、送培训等帮助扶持农村学校活动，促进学校管理水平的整体提升。

工作室坚持课堂教学改革创新和教育科研，《守正创新——生命教育实践的校本化表达》获全国首届生命教育教学成果特等奖。我主持的省规划办重点课题《初级中学校本研修实践研究》和《新冠肺炎疫情背景下学校有效应对策略研究》高标准结题并推广，《播下劳动教育的种子　收获生命成长的快乐》获省劳动教育优秀案例一等奖。《习近平关于教育的重要论述进中小学典型德育案例》获全省一等奖。组织指导工作室各成员学校教师把新冠肺炎疫情背景下疫情防控有效策略及教育反思编写形成《生命教育——成长必修课》（中学生读本）出版并公开发行，成为其他学校生命教育实践学习范本。去年3月我执教的线上课例《Don’t eat in class.》获全省优秀线上课例一等奖。海外基础教育考察学习形成高质量的考察报告。把多年来立德树人、五育并举实践感悟形成高品质学校建设书稿《高品质美育课程助力青少年身心健康成长》。“感恩·责任·理性”课程体系，引导师生、家长认识自我、认识社会、认识自然、把握未来。主持的国家级课题研究《“互联网+”背景下如何培养中学生优秀的心理品质》《以立德树人为核心的初中课程实践创新》《云教育环境下课堂教学模式创新》《“互联网+”背景下家庭教育的新趋势、新特点、新策略》《生命智慧班主任核心素养培育路径研究》等课题成果得到推广。

《我理想中的新学校》从教育内在论述了生命成长，讲述教育的幸福生活，2020年刊发在《江苏教育》上，《学校防疫教育工作的“长”与“常”》《初中生思想政治素质提升如何化虚为实》等先后在《中国教育报》发表，《生命教育，赋予师生幸福生活的能力》《以立德树人为核心的初中课程实践创新》《智慧教育校本化课题的探索与研究》《用志与智让孩子们的眼睛更明亮》《为了生命自觉》等多篇办学实践经验先后发表在《教育家》《华夏教师》《黑龙江教育》《中国教师报》《中小学校长》上。《教育惩戒工作创新思考》在《中国教育报》刊发。

成功举办全国高品质学校建设与内涵发展研讨会、领航校长办学思想研讨等，在全国第三届教育信息化应用成果展示会上进行智慧课堂展示，学校名师工作室荣获2019年全省工人先锋号。学校办学品质快速提升，获得全国教育系统先进集体，教育部网络学习空间应用优秀学校等，成为全国基础教育典范，发挥着非常好的辐射带动作用，引领着基础教育高品质发展。

名校长工作室引领着黑龙江教育的发展，还代表黑龙江走进四川大凉山支教。刘景菲校长工作室四川凉山教育帮扶工作经验在全国中小学校长培训会上进行交流。

不断总结提升自己的办学实践经验，同时发挥辐射带动作用，先后在全国纪念改革开放40年基础教育改革创新校长论坛、全国高品质学校建设与内涵发展研讨会、全国教育信息化应用成果展示交流会等大型学术活动上进行专题讲座和主题论坛发言。

工作室以点代面，以工作室研修为纽带，引领区域校长队伍建设多层次、多方位、多路径发展。教育部卓越校长领航刘景菲校长工作室新时代高品质学校建设特色发展云端高峰论坛《云端问道强特色　凝智聚力促发展》展示了工作室各成员学校校长在刘景菲校长带领下办学思想逐渐走向成熟的坚实足迹。

论坛围绕新时代高品质学校建设中的教学、课程、队伍、文化、课堂等展开，分享工作室成员学校管理经验，畅谈校长办学思想形成过程和成长心得，共谋未来发展战略，引领区域教育高品质发展。

工作室成员学校优秀校长哈尔滨市松浦学区学区长、第三十一中学校校长兼党支部书记吴建华积极参与工作室学习、研讨、论坛，梳理完善办学思想，发表论文多篇，在全国第五届中小学校长论坛上以《学区化办学的思考与实践》为题进行了现场交流，在黑龙江省中小学校长“双百工程”正职班第三阶段集中培训校长论坛上以《“双引擎”背景下学校优质特色发展的实践与思考》为题进行现场交流，被评为哈尔滨市市级化学学科骨干教师、市级科研骨干教师，哈尔滨市优秀教育工作者、哈尔滨市科研先进个人、哈尔滨市新课程改革先进个人，省规划课题主持人，国家规划课题学会课题主要参与者，黑龙江省中小学校长“双百工程”正职班学员、教育部中小学名校长领航班“刘景菲校长工作室”成员、哈尔滨市课题评审专家组成员、家庭教育指导师；构建了“生态体验教育助力生命绿色成长”教育思想，以校园足球文化育人为突破，通过学区化项目实践，提升师生生命品质。七台河市第四中学是最早加入鸡西九中全国生命教育联盟的学校，教研设计、课程开发、信息化融合创新等多途径同行共进，协同发展，校长杨国良确立了“尊重个性，培养合格学生；立足基础，构建生命课堂；面向未来，创建特色学校”的办学思想，带领第四中学在仁智文化的引领下围绕发展中心，激发内生动力，提升服务质量，努力创建高品质学校，培育更多的时代新人。

大庆市肇州县双发乡中学校长乔艳涛在工作室学习提升后，基于农村学校实际，思考提炼了“用心工作，爱心育人，真心服务”的教育思想，践行人文理念，体验幸福教育。发展学校同时乔校长也逐渐成长为黑龙江省骨干校长班学员、教育部第 87 期全国小学骨干校长高级研修班学员、黑龙江省“双百工程”学员。先后荣获“黑龙江省教育系统”优秀共产党员、市优秀教育工作者、市德育工作先进工作者、市安全工作先进个人、“教育系统好校长”等荣誉称号。四川省凉山彝族自治州昭觉县东晨中学校长、党支部书记曲比曲体形成“生本教育”办学思想，办负责任的教育，助力凉山脱贫攻坚。绥化火箭学校校长邹莉莉“以人为本、育人为先、科学施教、突出特长”教育思想，凝聚校园文化魅力，谱写学校管理新篇。肇源五中李秀明校长提出“为了学生一生的发展负责，为了学生的一生幸福奠基”的办学思想，以打造绿色生态课堂，构筑课改兴校之路。兴凯湖乡中学周训一校长构建了“为当地经济建设培养合格人才”的办学理念。晨兴中学张兆生校长形成了的“立足基础，彰显个性，全面发展，艺体见长”的办学理念。鹤岗31中学孙洪宇校长丰富提升自己的办学思想为“德育为先，五育并举，特长凸显”的教育思想。齐齐哈尔五中王强校长“制度与人文相结合，实践与创新相促进”的办学理念，积极向高品质学校迈进。

我引导工作室校长在实践中思考当前学校建设与改革必须面对的重要课题，突破固化的思维方式，全面、辩证、发展地把握高品质学校发展的脉动，推进高品质学校研究，充分认识补短与扬长协调发展的重要性，在做强中补齐短板，在补齐短板中做优长板，使长板和短板相得益彰。鼓励工作室校长和教师理解把握清代教育家颜元“教子十过，不如奖子一长”，杜威的“教育的目的就是发现学生的天赋并开发利用之”，鼓励学生去发现他自己的世界，以积极的鼓励唤醒学生的生命潜能和自觉成长热情。牢牢把握立德树人、五育并举，让学校特色彰显魅力，成就实力，以学校高品质发展更好促进学生的全面健康成长，在中华大地新时代教育改革发展的征程中发挥校长积极的作用。

工作室通过扎实推进深度学习、实践成长、资源共享、示范引领，成为“校长和学校集体展示才能、开拓创新的舞台，学校改革试验的高地，校长专业成长的基地，创新学校管理、高品质学校建设的窗口”，引领区域教育高品质发展。

第二节　理性教育思想的影响和价值实现

在理性教育思想指引下，学校的德育工作、教师发展工作、班级建设工作、课程研发工作、校园文化建设工作、课题研究工作等都取得了较为丰硕的成果。我由一名理性教育的学习者，真正成了一名实践者，成了理性教育实践的深入探索者。作为学校的领导者，我站在了更高的角度去审视理性教育。全国生命教育创新高峰论坛、全国高品质学校建设与内涵发展研讨会、纪念改革开放40年基础教育校长论坛、教育信息化应用现场会、领航校长论坛、全国第18届中小学校长及幼儿园园长培训研讨会等现场活动上主体发言介绍自己的教育思想和学校实践经验，使自己的教育思想不断提升完善。

2012年，学校以生命教育特色为亮点被评为“全国特色学校”后，我又对生命教育的内涵进行了精细而深入的探索，在学校以“尊重”为核心的管理观念的落实、以“启智”为核心的教学改革的开展方面得到了见证，并逐步提升完善办学理念为理性教育理念，做富于理性的教育，引导师生理性成长，拥抱智慧人生。

鸡西市第九中学“十大孝子评选”活动全省闻名，中考各项评价指标实现了多年名列前茅。平均分、高分段人数、配额分数段、免费升入省级示范高中比例、单科最高分、参考比例、优生率、及格率、学困率一直位居全市前列。无论是中考学科还是结业学科三率一分均居全市前三名，展示了学校理性教育教学思想、精准化教学改革、精细化教学管理、高效化备考策略、精心化学生管理的实施成效。

一、坚信理性教学思想是不断提升教学质量的源泉

构建有效课堂教学，全面提高教育教学质量，我认为必须进行教学方式的改革，而改革的首要问题就是要树立新的教学观。我校秉承理性教育宗旨，我坚信：教育的最根本的功能是促进学生的发展，而不是选择；相信每一个孩子都有学习的潜能和学好的愿望，只要方法得当，每个孩子都能在原有的基础上获得进步和成功。有了这样的信念，我们的教师就会时刻关注每个孩子的成长和进步，不会放弃任何一个孩子；同时教师不会埋怨学生、推卸责任，而是能理性地反思自我，从自身寻找实施

有效地教育教学的良策。

因此，盈满着理性教育情愫的第九中学，试图建构和实践理性化课堂便成了这场革命中一条引人注目的风景线。我们倡导课堂应该充满着五种品质：

拥有着尊严感——不管有没有天赋，学生们都昂首挺胸，大胆地发表意见，显得自信、无忧无虑。他们相信自己，也把自己视为有价值的、值得尊重的人。

散发着生机性——学生们显得生机勃勃、有活力、健康。所有学生都忙碌着、参与着。

彰显着自主性——学生们作出恰当的选择，主导并约束自己，持之以恒地自愿学习，没有被逼迫学习的现象。

体现着集体感——共享合作、相互依赖、亲密无间。学生们彼此支持，也支持老师，没有对抗和拒绝。

驾驭着灵动感——学生是机灵又富有创见的，他们知道自身和周遭正发生的一切，能驾驭自己的思想和情感，也能适应周围人群的思想与情感。

二、精准化教学改革是不断提升教学质量的关键

我校努力践行新一轮课程改革要求，积极实施素质教育，变革课堂教学方式，积极开展有效教学的研究、组织和实施工作，不断提高教学的有效性，促进学生综合素质的提高，不断提升教学质量。我们的改革大致经历了三个阶段：

第一阶段：积极探索“目标导学式”教学模式（2005 年建校之初—2010 年 8 月）。我们本着“课前导学、课中促学、分层管理、及时达标”的原则，将教学结构大致分为课前定向自学、课中引导促学、课后自测反思这三个阶段，实施“示标——导标——促标——测标——达标——补标”的基本操作模式，努力实现“堂清日结”的实效课堂。

第二阶段：积极探索“三案六步”教学模式（2010年9月—2012年8月）。“三案”包括课前案、课中案和课后案。“六步”包括课前一步（指导点拨，自学质疑），课中四步（明确目标，把握学情——自主探索，互动探究——交流展示，精讲点拨——习得提升，应用测评），课后一步（迁移反馈，习得养成）。我们把教学改革的视角重点放在了如何改变学生的学习方式上，特别是小组合作学习方式，以期达到“学生人人受关爱、个个都进步”的有效课堂。

第三阶段：探索实践“1155”尝试教学模式（2012年9月—至今）。在实践六年的“目标导学式”和“三案六步”教学模式的基础上，我校抓住市教育局倡导全市各中小学开展尝试教学研究的良好契机，以国家级课题《初中尝试教学的实践探索》为牵动，探索出适合我校的“1155”尝试教学模式，努力实现高效课堂。具体地说：“1”是围绕一个理论：“生命化教学理论”，“1”是把握一个核心原则：“先练后讲、先试后导、先学后教”的尝试教学思想，“5”是体现生命化课堂的五个特征：“生本的课堂、生活的课堂、生动的课堂、生成的课堂、生态的课堂”，“5”是五个基本教学环节：导入新课，明确目标——出示问题，自主学习——尝试练习，互动探究——交流展示，精讲点拨——再次尝试，当堂检测。在具体的实践操作中，在这五个基本环节的基础上，分学科、分课型、分教师分别构建能体现学科教学特点、个人教学特色、具有生命化课堂显性特征、符合尝试教学规律的具体的操作模式，从而培养学生“自学——质疑——验证——应用”“假设——尝试——验证——应用”等学习方式，促进学生自主、全面、和谐、健康的发展。

我始终认为初中是为学生一生奠基的一个重要衔接和过渡阶段，要以学生的发展为本。基于此，我们从初高中有效衔接方面做了有效的尝试和探索，分别走进实验中学和第一中学的高一学年进行调研。先听课，后与高中教师进行坦诚的交流，发现初中教学与高中教学断层的部分，我们在备考过程中进行了弥补，也为学生快速地融入高中生活打好了坚实的基础。

可以说，2013 毕业生是我校课堂教学改革初见成效的受益者，我们的教学真正地摒弃了以往满堂灌、填鸭式、机械呆板地搞题海战术的耗时低效教法，以期让课堂教学真正实现我们向往的那样：课堂是师生实现生命成长、人生意义提升的具有吸引力的场所；师生在课堂中体验着智慧的交锋、情感的碰撞、价值的共享；课堂充满着民主、平等、安全、愉悦，包容着生命中暂时的缺陷，也呼唤着潜能智慧的觉醒。

三、精细化教学管理是不断提升教学质量的基石

魏书生说："从空间上讲，学校的事，事事有人做，人人有事做。从时间上讲，整个学校，事事有人做，时时有事做。不这样的话，做事就常常成为一句空话。"为此，我们结合学校的教学实际情况，实施精细化教学管理，这是不断提升教学质量的基石。

1. 加强制度建设，向制度要实效

抓好教学常规和学习常规的管理是实现实效课堂的基石。为此，我校在进行有效教学管理制度建设时，坚持"继承发扬、推陈出新、与时俱进、自主创新"的指导思想，立足自身实际情况进行管理。我们向全校师生下发了《第九中学教师教学常规管理细则》《第九中学教师考核方案》《第九中学学生学习常规管理细则》等，明确地规定了教师和学生在教与学的过程中每一个环节的具体要求。为实现课堂高效率，我们要求教师要做到"三精"（精心设计、精练语言、精选习题）、"六定"（定向、定量、定时、定方式、定方法、定问题），开展"一分钟"竞赛活动，突出"一分钟"效应。为实现课堂高收效，我们要求学生做到"三多"（多动脑思考、多动口操练、多动手操作）、"四勤"（勤预习、勤练习、勤复习、勤反思）、"五自能"（自能读书、自能设疑、自能研讨、自能测试、自能评价）。我们倡导班级教学管理实施"日日清""周周清""段段清""月月清"的管理策略。

2. 加强常规管理，向管理要质量

认真落实课堂教学要求，进一步规范教学行为。本着“我的课堂我负责，我的问题我解决”的原则开展教学工作，保证课堂教学有序，切实提高教学效率，努力提高教学质量。

（1）对每班每天每节课情况进行检查。学校每天通过校领导带班巡视、教学管理人员检查、《课堂志》情况反馈、开展“推门课”活动及学生问卷调查等形式，对所有班级和任课教师进行教学常规和学生学习常规的检查。查每节课老师是否候课；查每节课老师是否迟到、早退；查老师是否随意调课；查老师课堂纪律的管理情况；查教师的教学态度、板书、学习目标的落实；查学生的学习习惯……对存在的问题及时公布在学校一楼大厅的LED大屏幕上，让任课教师及时了解存在的问题，明确整改的方向，主动调整自己的教学行为。

（2）对教案进行定期与不定期检查。课管办加大检查的力度，尤其是增加不定期抽查的次数，每周都要对不同的备课组及学年组进行抽查，每月月末定期检查一次，并做好记录。

（3）对学生的作业及单元检测情况进行检查。课管办按照鸡西市教育局关于作业布置与批改要做到“五个精”的要求，对教师的作业布置与批改情况、单元检测情况，每月定期与不定期各检查一次，每学期至少检查八次，并做好详细记录。现在重点检查教师的课堂检测情况，检查教师是否按要求布置和批改作业，检查是否及时进行单元测试。

（4）对集体备课和教研活动进行检查。集体备课和教研活动做到“三定”“四有”。“三定”即定期、定地点、定人员；“四有”即有计划、有记录、有准备、有评比。每周每学科的集体备课和教研活动，教学校长、主任、干事深入参与活动并做好检查记录。检查时注重以下几个方面：一查活动的计划是否科学、合理、规范。二查活动的记录是否完整、详细、工整。三查参加活动的人员是否齐全。四查活动的时间是否准时、整时、超时。

四、高效化备考策略是不断提升教学质量的保障

教学是学校的中心工作，教学质量是学校的生命线。我们在进行精细化教学管理的同时，也在思考高效化的备考策略，这是不断提升教学质量的保障。

1. 明确一个目标

2012 年 9 月份，我校从实际出发，制订初四教学管理工作总目标，即中考总平均分力保全市第一名，优生率、及格率、学困率等其他各项综合指标也要力争全市前列，并层层分解，落实到教师和学生个人身上，形成一个“学校总体目标——教学工作目标——备课组、班集体教学目标——个人教学目标”的目标体系，同时还建立了灵活高效的考核机制、激励机制等，促使人人讲团结、同奋斗、思进取、勇创新，使我校的中考成绩年年攀升。

2. 依托两个理论

我校本着“让学校和教师一起发展，让教师和学生共同成长，为师生的可持续发展奠基”的办学宗旨，践行着“让每个孩子的个性得到充分自由的发展”的理性教育理念，用理性教育理论的研究与实践指引着教学的方向，在实施有效教学、打造高效课堂，积极应对中考方面取得了突破性的进展。2012 年春天，我校又开始研究尝试教学理论，指引着课堂教学改革，在理性化高效课堂建设方面又获得了外在的动力。可以说，理性教育理论和尝试教学理论有机整合是我校取得教学质量的根基。

3. 建立三支队伍

即分级管理团队、团结协作团队、备考科研团队。

（1）分级管理团队。我校采用分级管理，概括地说，校长——副校长——主任——学年长——班主任、科任，层层领导、层层负责，做到分工明确，职责明确。

（2）团结协作团队。组建了领导与班主任共建团队、班科任协作团队、潜能生转化师生团队、优生培优师生团队，发挥每一支队伍的作用，释放不同队伍的正能量。

（3）科研备考团队。组建了专门的科研型教师小组研究提高备考效率问题；组建名师骨干小组研究备考复习的策略与方法；组建学科教研小组研究学科备考方向；组建备考调研小组，在加强与省市教育管理和教研部门沟通的同时，专门调研省、地市的中考命题趋势和省内兄弟学校的备考策略。

4. 开好四个会议

即两个研讨会、一个质量分析会、一个家长会。一是初四学年组建之初，组织毕业班教师召开第一次研讨会，会上让上一届初四教师介绍教学经验，交接复习资料，分析本届毕业生情况，合理制定中考目标，共同研究教学方法和复习策略。二是召开第二次研讨会，第一学期末校领导再次组织初四教师，认真总结前阶段的工作，对全体学生进行细致分析，确定下阶段的工作措施，同时每位任课教师要认真分析自己的教学，制定切实可行的复习计划，并预测自己的中考成绩。三是每月召开的“月考”质量分析会，及时对学生的成绩进行分析对比，查漏补缺。四是分层召开初四学生家长座谈会，及时向家长反映学生在校情况以及学校对家长的一些要求，使家长了解学校的备考计划，充分发挥家长的协助作用，使他们能够与学校紧密协调配合，形成教育合力。

5. 把好五个关口

①把好课堂教学质量关。开展备、讲、批、辅、考的教学常规检查评价，提高教学过程的监控效果。②把好学生接受效果关。文科教师帮助学生巩固，加强知识记忆过关。理科教师面批面改，及时发现问题，及时解决。③把好综合复习收口关。我们吸取了其他学校的先进的做法，调整了备考策略，三轮复习整合为两轮复习，既节省了备考的时间，又提高了备考的实效。④把好学习方法指导关。要求各学科任课教师把教授给学生复习的方法或学习方式作为取得优异成绩的内驱力。特别是解题规律的指导、答题规范的传授、数学变式训练思维规律、物理化学演示实验的方法等都是备考过程中教师关注的核心。⑤把好科研教研引领关。每年《考试说明》一出台，就及时组织各学科认真学习，对《考试说明》中的要求以及和往年相比细微的变化，做深入细致的研究，哪些

是新增的考点，哪些考点有变化，试卷结构有何不同，等等，每个人都做到心中有数。

五、精心化学生管理是不断提升教学质量的助力

我校在建设“阳光校园”，为学生的幸福人生奠基的过程中，始终把学生的养成教育和学生良好的学习习惯的培养作为工作的重点。本届毕业生在夯实德行的根基方面是近几年做得最好的一届。这得益于以下几个方面：

以孝道传扬为核心的教育深入到每一名学生的内心。本届毕业生是唯一一届经历过我校第二届和第三届“十大孝子评选”活动的学生，如果说第二届“十大孝子评选”活动让学生的心灵得以浸染，那么毕业前夕的第三届“十大孝子评选”活动则让学生的情感得以激励。

以理性教育活动为载体的教育感动着每一名学生的心灵。无论是理性教育叙事，还是理性教育活动；无论是感恩生命的体验活动，还是珍爱生命的实践活动。无论是入学仪式的真心感动，还是毕业典礼的真情流露都为学生的学习凝聚了向心的力量。

以星级评比为基础的管理规范着每一名学生的行为。本届毕业生从初一学年开始，连续四年进行德、智、体、美、劳等方面的星级评比，通过评比规范了学生各个方面的行为，进而使学生养成了良好的行为习惯。

可以说，德行的根基是学生取得优异成绩的保障，良好习惯的养成是教学质量得以提升的基础，更是中考取得新突破的关键。养成教育取得成功也就使教学有了助力。

可以说，我校的理性教育实践之所以取得较好的成果，应该是各方面工作合力的结果，而凝聚合力的核心就是理性教育的理念已深入到学校工作的每一个角落，深入到每一名师生的心中。耕耘在理性教育这块沃土上的每一名深耕者，足迹，见证着每一个探索与实践的日子。

附件 1

全省教育信息化培训现场会上的经验介绍
（此成果获全省基础教育教学成果一等奖）

理性教育理念下的初中智慧教育实践

信息时代的来临，促进了社会政治、经济、文化、军事等各领域的快速发展和变革，它也深刻影响着教育的发展，借助信息技术解决传统教育难以解决的问题、快速推进教育现代化，成为教育信息化的一个重要课题。为了深化学校教育教学改革，转变教师教学方式、学生学习方式，改进评价方式，提高育人质量，提高管理效率，促进学生全面和个性化发展，全面培育学生核心素养，我校秉承理性教育理念，近年来在理性教育领域大胆探索，以课题为牵动从课堂教学、学生评价、教师专业发展、学校管理等方面开展了信息技术支撑下的初中智慧教育探索与实践研究活动，推动教学改革方面取得了突出的成绩。教育信息化已走在了全省的前列，并取得了一定的经验成果。

我校积极推进智慧教育校本化的深入探索与实践，用以下几种方法，分步骤地推进，逐步建立起了较为完善的信息化支撑体系。

方法一：顶层设计，科研引领

1. 坚持顶层设计

先健全组织机构。学校成立了以校长刘景菲任组长，副校长姜红艳、王祥君为副组长，学校中层干部、信息技术教师、教研组长为成员的领导组织机构。2015 年 4 月，率先加入“全国致慧教育微课联盟”，积极与全国信息技术名校互动。然后我们强化制度保障，制定了《第九中学推进教育信息化建设三年发展规划》等制度。组建了信息技术运维团队、校园网络技术团队、学科教学融合团队、校本培训团队、信息技术研修团队、信息技术安全管理团队等6个团队。其中信息技术与课堂教学融合团队，推进教育信息化专员计划，根据自主申报、双向选择的原则组建专门学术研究团队，由专人负责确立本学科全套教学课程框架（或教学知识脉络图）、推动建立全学科优质教学资源库、实施我校师生教育信息化循环培养方案等工作。目前我校精品校级资源库已初步建立，学科全套教学课程框架正在建设中，资源积累方案和信息化建设的奖励机制也得到了进一步的完善。

2. 做好科研引领

2015年5月，成功申请了教育部科技司《信息技术支持下的基础教育教学模式研究及试点》的子课题《信息技术支持下的初中学生学业质量评价体系研究》，现已结题。在课题实施的过程中我们深入调研、分析影响学生学业质量的多方面因素，分析学生多方面的发展需求，构建了基于课程标准以关注学生健康成长为核心价值追求的学业质量评价指标体系，包括：学生的学业水平、学习表现（学习习惯、个性发展、学习动力、学业负担、跨年度进步幅度）、行为表现、师生关系、教师的教学方式、学生体质健康、师生关系、成长环境。通过学业测评、开放问卷、综合评价、网络平台数据采集等方式，对学生进行多维动态的评价。学业测评除通过数据分析学生学业在某一阶段内的达标率，更关注个体学生和学生整体的差异系数,关注学生同一时期跨年度的进步幅度。制定综合评价单，组织师生对学生的综合素质进行评价。综合素质评价由四部分组成：综合素质、学业成绩、自我评价、教师寄语。其中综合素质由行为表现和学习表现两部分组成，评价指标有14项17个要点，评价内容既注重引导学生良好学习习惯与行为习惯养成，又注重学生关心集体、热爱劳动、团结合作等优良品质的形成，既有学习方法的提示也有能力培养、身体锻炼的具体要求，评价方式采用自评和师评相结合，评价结果以等级的形式呈现。学业成绩，不但通过分数体现教师对学生的定量评价，更通过学科成绩的升降幅度引导学生进行横向比较的自我评价。综合素质评价多维度的评价指标，多元的评价主体（学生、学科教师、班主任），等级、分数和语言描述相结合的多样的评价方式，较客观真实地呈现学生的成长过程，过程性评价和终结性评价相结合有力地促进了学生的全面发展。还利用校园网、微信平台、微课掌上通开展了形式多样方法灵活的多元评价。以《第九中学信息技术与课程融合课堂教学评价细则》，构建起了集科室、学生、家长、教师共同参与的课堂教学评价体系，促进学生学习方式和教师教学方式的转变。借助信息技术平台和大数据对学生学习过程进行评价统计与反馈，形成更具精准性和个性化的学生学习状况分析报告。如今我校基于课程标准在信息技术支持下的学生学业质量评价体系的构建已基本完成并在实施中不断完善，促进了学生全面发展。

2017 年，我们又将目光对准了信息技术支撑下的课堂教学模式研究，我校又先后申请了省级《“互联网 +”背景下家庭教育的新趋势新特点新策略》和国家级科研课题《云教育环境下课堂教学模式的创新性研究》。坚持以课题研究为突破口，打通信息技术与课堂教学融合的壁垒，拓宽教育的途径，解决信息技术在教育教学应用中的实际问题。

方法二：强化培训，提升素养

教育信息化的目的之一就是优化教学，但在优化的过程中需要教师掌握和应用信息技术，这就需要做好培训工作。校长、副校长、中层干部、学科骨干教师先后到哈尔滨、北京、深圳、成都、贵阳、重庆、广州、长春、青岛、七台河、上海等地参加全省首批信息化试点学校校长国培，全国信息技术与课堂教学深度融合高端培训，全国中学智慧教育创新应用研讨会，全国初中信息技术与教学融合优质课大赛等国家、省、市级培训 49 人次。邀请北师大信息中心主任梁锡卿教授到学校做《微课程与学科融合》专题讲座，带领教师参加东北师大基础教育 CIO 巩固高级研修班培训、智慧教师种子教师培训，邀请国家“互联网 +”行动专家咨询委员会成员、教育部教育信息化专家组成员、教育部数字化学习支撑技术工程研究中心主任、东北师范大学博士生导师钟绍春教授进校培训。不同层面的教师通过参加高端培训，提升了信息技术应用能力及指导水平。此外，还通过校本培训内化教师信息技术在教学上的应用。在培训内容上，先后开展三种型号电子白板使用培训、E-world平台设计与使用培训、微课制作培训、智慧课堂平台使用培训、东师理想一体化平台应用培训、课后网使用培训、微课掌上通培训、几何画板使用培训等近十种培训。在培训形式上，既邀请北京师范大学梁锡卿教授、东北师范大学钟绍春教授到校培训，又在二楼微机室集体培训，还在办公室和电子备课室进行信息技术分散练习，更有技术熟练的年轻教师带老教师等帮教培训。在两种培训模式下，持续提升教师的信息技术素养。我们还不断完善国家教育资源公共服务平台师生个人空间建设。在加强常规建设的同时，还召开"深入推进教育信息化暨教师优秀个人空间评选表彰"活动，10人被评为"网络空间建设优秀教师"，并推荐参加市区组织的空间评选。教师在积极参与国家教育资源公共服务平台建设的同时，也在使用平台的过程中受益，不但获得了更丰富的教育教学资源，而且增加了同教育专家及同行、学生及家长互动交流的机会。

方法三：优化整合，专项推进

从2005年至今，我校在生命教育探索与实践方面取得了突破性进展，在生命教育实验校中已全国领先。为了进一步提高教学质量，经过反复调研和深入思考，决定将生命教育已有成果与信息化进行整合，从而推进智慧教育实践研究和生命教育深入研究。

1. 强化整合起始阶段

围绕"1155"生命化尝试教学模式与E-world平台的有机整合开展了系列活动。在开展多种形式的E-world平台应用培训的基础上，我校承办"2015年鸡西市中考信息交流会"。会上，7位教师使用E-world平台，采用"1155"教学模式授课，得到了四百余名领导和老师的好评。举行教学开放日暨E-world教学应用汇报活动，所有教师都使用E-world平台进行授课，得到了家长的好评。

2. 优化整合推进阶段

按照《国务院教育督导委员会办公室关于开展教育信息化工作专项督导检查的通知》要求，我校圆满完成了市、区教育信息化专项督导检查；积极落实《黑龙江省2014年度“一师一优课、一课一名师”活动白皮书》和《鸡西市智慧课堂大赛方案》，制定了《落实推进“鸡西市中小学教师智慧课堂展示大赛暨微课作品展示活动”实施办法》。在录播教室，先后开展了市级名师、学科带头人、骨干教师的智慧课堂示范课，区级名师、教学新秀及校级骨干教师上智慧课堂推进课，新进教师和新任课教师上智慧课堂汇报课。我们先后录了30多节智慧课堂，其中郭慧鹏、李志霞、孙福红三位教师在2016年“一师一优课”的评比中获得部级优质课。2017年我校50多名教师应用智慧课堂进行了授课，有7名教师获省级、部级“一师一优课”奖项，教师信息技术应用水平再上新台阶。

3. 应用融合提升阶段

随着教育信息化的不断推进，我们开始思考，如果教育信息化仅仅停留在单纯应用技术的层面，那么教育信息化就失去了它真正的意义，所以我们开始思索信息技术应用与课堂教学的深度融合。在实践探索中，我们发现，当前的课堂教学依然存在如下问题：一是学生课前预习、课中学习、课后复习的有效性，检测反馈的及时性在传统课堂教学模式中都受到了一定程度的制约。二是基于教师个体经验的传统课堂教学很难精准地解决学生在课堂学习中出现的问题，有限的教学资源也难以满足学生个性化学习的需要。三是在课堂教学观察中，我们发现学生的自主学习、合作探究学习在很大程度上还处于浅层，甚至流于形式，课内外协作互助缺乏。为此，我们通过问卷调查、课堂观察、课例研究、教研组教研等方式不断摸索信息技术与学科教学的融合点；我们以课题为牵动，开展了云教育环境下课堂教学模式的创新研究。我们由四个实验班做起，利用伟东智慧平台、理想智慧云平台、优教同步学习网进行了信息技术背景下课堂教学模式构建的探索，目前已由点到面逐渐铺开，并且初步构建了我校的智慧课堂教学模式。该教学模式是利用信息技术构建智慧学习环境，实施课前、课中、课后的智慧教学过程。课前，基于智慧课堂信息化平台，通过课前发布富媒体预习作业，进行预习测评和反馈，深化学情分析，实现以学定教，优化教学预设，便于精准教学。课中，通过随堂测评，进行实时检测数据分析，促进互动交流，及时改进教学策略，调整教学进程。课后，通过个性作业推送、批改和数据分析，实施针对性辅导和分层作业，真正实现因材施教。课堂教学流程分为三阶段七步骤。具体如下：课前准备：推送资源——自主预习；课中环节：导入新课——明确目标、预习反馈——互动分享、出示问题——合作探究、交流展示——精讲点拨、随堂测评——巩固提升；课后环节：作业布置——个性辅导。其突出特征：教学决策数据化、评价反馈及时化、交流互动立体化、资源推送智能化，无疑这更有利于学生学习方式和教师教学方式的转变。特别是集备课、上课、教研、家校互助、学校管理于一体的东师理想云平台的使用，使该教学模式得到了极好的推广，也极大地推动了智慧教育实践的深入发展。

方法四：智慧管理、信息宣传

在智慧教育的研究中，我们发现教学管理的信息化是其重要组成部分。为了有效地沟通课内和课外、学校与家庭、学校与社会，我们将信息技术应用于学校管理。校长、副校长、中层干部及部分管理人员每天登陆“九中管理群”“生命智慧云”端，即时管理、指导全校教育教学工作，公布，反馈、评价各项工作完成情况。学校在财务与资产管理、人事管理、图书管理、课程表编排与档案管理、教职工信息管理、学籍管理等方面都实现了数字化。不断加强校园网建设，校园网在传播信息、宣传学校、服务师生等方面发挥着越来越重要的作用。我们还将信息技术应用于教学科研。我校建立了各学科研修群，“语文学术群”（qq 和微信）、“数学教研群”、“九中班主任群”、“第九中学网络研修名师工作室”，利用互联网不受时空限制的优势，定期与不定期开展线上与线下的教研活动，丰富优质的资源和开放的互动交流极大地促进了教师的专业成长。利用网络直播功能，组织教师开展观课、议课活动，开展远程教研，进行专家引领，要求授课教师结合研评活动再次看课，开展自我反思。在学生学业评定、学生成长历程、教师教学质量分析、教师梯次评价、课堂学习礼仪规范等反馈与评价中积极应用信息技术，做到规范化、常态化，满足师生发展需要。我们也将信息技术应用于家校互动。学校充分挖掘现代化通信设备的优越性，发挥校讯通、微课掌上通、微信班级圈等平台的家校互动作用，保障家庭的知情权，让家长参与教育与管理。

我们更注重信息技术应用于对外宣传。鸡西电视台多次对我校的教育教学特色进行了报道，如报道了第九中学的《徒步祭英烈》一次，《感恩母亲节——德育特色展示》三次，鸡西日报先后报道了《九中师生徒步祭英烈》《九中理性化特色课堂》《九中荣获全国素质教育示范校》《让生命在法治沃土中成长》、图片新闻《核心价值观教育进校园》等。中国普法创新网刊登了《鸡西市第九中学依法治校纪实》；开学初开展的“安全第一课”活动在鸡西电视台《法制与安全》节目中播出，鸡西市电视台对我校参观消防大队活动进行了报道，并在《法制与安全》节目播出，区教育网上刊发新闻百余篇。鸡西电视台《精彩鸡西人》栏目对九中进行专访。校内在建好校园网的同时，开设“自媒体”号，如微信公众号、美篇等进行及时宣传，可以说，信息技术的应用极大地提高了宣传的效果，从而凝结起全校师生进行教学改革的力量和提振了士气。

方法五：搭台展示，引领辐射

教育信息化能否成功的关键在于教师，所以用信息技术为教师搭建成长与展示的平台，做好榜样引领和典型示范，是实施教育信息化的内在动力。全校 100% 教师都参加了黑龙江省信息学技术远程培训，多人获得 100 分的成绩。李爱莉、李艳英等多位教师获得优秀学员称号。孙福红参加在成都举行的全国智慧课堂大赛，取得了第一名的好成绩；学校 50% 以上的教师参加了“一师一优课、一课一名师”赛课活动。在我校承办的鸡冠区信息技术与学科融合兼职教研员示范课活动中，王洪喜、王桂玲老师进行了示范课展示。在我校承办的鸡冠区信息技术与学科融合优质课活动中，李艳英、郭慧鹏等六位教师获奖。在我校承办的鸡冠区信息技术与学科融合说课比赛中，孙福红、周延玲等 7 名教师获奖。在我校承办的鸡西市初中数学教学技能展示研讨会上，郭慧鹏运用 E–World 平台讲授了《圆柱的认识与表面积》展示课。在鸡西市第八届中小学教师课堂教学大赛中，我校教师运用 E–World 平台授课，得到了实验中学和第一中学师生及专家评委的高度评价。在我校的举行生命教育主题研训活动中，孙福红老师运用 E–World 和智慧课堂展示的《特殊的平行四边形复习》一课受到我市教育专家和来自 31 个兄弟单位同行的高度好评。

理性教育理念下的智慧教育实践取得了五方面成果：

1. 育人观念的转变

通过加大对教师的培训力度，改进教师的评价体系，教师们意识到，从工业社会到信息社会，单纯依靠个人经验、依据书本培养，学生已不能适应当前信息爆炸的形势，已无法满足社会培养创新型人才的需求。在海量的、多元的信息包围之中，教师需要做的不仅是传递知识，而是要尽最大可能引导学生最大限度地汲取有益信息，在信息的搜集、整理、提炼中提升分析问题和解决问题的能力，从而促进学生综合素养的提升。教师们更深刻地认识到：无论教育信息化发展到何种程度，教师永远不能沦为技术的奴隶，不能为了技术而技术，网络、平板、白板的使用，使信息的传递更便捷，教育资源更丰富，声、光、影有了，可是教师在课堂教学中独特的教学个性以及对学生情感态度价值观的引领却是信息技术无法代替的。课堂的生机在于人的智慧的闪现，智慧课堂的建设不但需要加强信息技术与课堂教学的融合，而且更要定位在借助信息技术手段的应用，广泛加强师生共同开发、共同建设课程中智慧的生成，无论是教师的教学个性还是学生的学习个性都应得到相应的发展。

2. 教学模式的重建

包括教师的教、学生的学及信息技术的恰当应用。我校构建了“三段七环节”智慧课堂基本模式。在实践中教师结合学科特点又构建了基于课程标准的学科整合模式。在教育信息化试点省级验收和市教育示范校验收，鸡西市课堂教学大赛及我校开展的生命教育主题研训活动中，我校多名教师进行了智慧课堂教学展示，得到了专家和领导的好评。东北师大理想信息技术研究院教研专家还对我校的智慧课堂展示进行远程点评并给予高度评价。信息技术的融入使课堂教学环境、教学资源、教学结构、教师的教学方式、学生的学习方式发生了改变，教学情境生动化、教学资源精品化、学生学习个性化都很好地验证了智慧教育实践为教育教学改革带来的益处。同时，通过课堂教学模式重建的实践与探究，也缩短了教师个体在教育信息化方面的成长路程，让课堂教学改革更有抓手。

3. 评价更加科学

包括教师评价体系和学生评价体系的重建与落实。通过构建信息技术支持下的学生学业质量评价体系，给予学生以全面、多元、动态的评价，学生的道德水平、体质健康、学业成绩、责任担当、实践能力等各方面得到了全面的发展，我校中考成绩连续八年全市第一，学生的艺体素养全市闻名。信息技术支持下的学生学业质量评价体系的应用，让学校借助大数据分析，精准地把握学校教育教学中存在的不足，从而促进了学校的教育教学改革发展，促进了学校的生命教育理念引领下的智慧教育内涵建设。

4. 教师素养的提升

在智慧教育实践中，开放的课堂、多维的互动（课前、课中、课后师生、生生、人与各种媒介之间的互动）、课堂教学的创造性与生成性都极大地促进了教师的专业素养提高。在智慧教育实践中，我校涌现出李宏宇、孙福红、王洪夫等多名国家、省、市级优秀教师；李宏宇老师受邀对我市特殊教育学校进行了信息化培训。我校有 8 名教师在《新课堂》上发表论文。出版了《一名英语教师的善思致慧录》专著。学校先后整理结集了《智慧教师博学卷》《智慧课堂优案集》《智慧管理励耘录》《智慧教育论道集》《智慧教学慎思篇》，在各册集子中汇聚了外出培训老师学习的心得体会；展示了信息技术背景下智慧课堂教学的基本模式的探索与实践；凝结了学校发展研修团队对智慧教育的前瞻性的感悟；记录我校教师实施智慧教育以来，为了让理性化智慧管理、理性化智慧教学、理性化智慧教师、理性化智慧课堂、理性化智慧校园建设工作落得更实，更能为培育学生的核心素养、乐享幸福人生夯实根基，点滴案例和宝贵经验，这也是九中探索“智慧教育”的一个阶段性标注。

5. 学校内涵得到提升

经过几年来的智慧教育探索与实践，学生的核心素养得到了提升，同时学校教育信息化工作得到北京师范大学、东北师范大学专业团队的支持与高端引领，教育部数字化学习支撑技术工程研究中心东北师范大学理想信息技术研究院授予第九中学“智慧教育研发应用基地”校，这是学校教育信息化工作创新发展的一个标志，具有里程碑意义，也是学校提升生命教育内涵品质的新机遇。

理性教育理念下的智慧教育实践实现了教师、学生、学校共同发展：

1. 教学质量有效提高

将同一学段智慧教育 4 个实验班级与其他 2 个非实验班级学业成绩三率一分相比，学业成绩同期增幅较大。2017 年中考我校 370 名学生参加考试，被省级重点高中免费录取 206 人，创历年录取学生人数之最！我校有 2 名优秀学子跻身全市前 10，全市前 20 名我校有 6 人榜上有名，配额比例全市最高。

2. 示范引领成效突出

举行“生命教育主题研训活动暨‘名师工作室’授牌仪式”。九中教师孙福红运用智慧课堂展示了《特殊的平行四边形复习》一课，“名师工作室”授牌仪式上 12 位名师做了精彩的个人展示并郑重宣誓，鸡冠区教育局为第九中学“名师工作室”授牌。市、区领导，鸡西市区兄弟学校、七台河兄弟学校的领导和教师，第九中学师生及家长等共计两千余人参加此次主题研训活动。鸡西电视台对此次活动进行跟踪报道。在鸡西市教育信息化示范校验收、市教育科研所特色学校和教育信息化专题调研活动中，我校由智慧课堂教学展示、教学反思、互动点评、远程专家引领、智慧课堂教学基本模式简介、智慧团队叙事、材料验收等几部分组成的展示，全方位、多角度地呈现了第九中学教育信息化工作取得的阶段性成果。

举行“互联网 +”智慧课堂信息技术与教学融合开放日活动。30 位教师利用 E-World、智慧课堂、优教平台、几何画板等现代化信息技术授课。学生在互联网环境下，教师课前推送离线作业并将答题数据统计，课上教师有针对性地利用平台视频、课件等资源授课，学生进行小组合作学习、在线抢答，教师通过反馈系统及时准确掌握学情，实现精准的教学和辅导。承办鸡西市初中理化生实验教学研讨会；承办鸡西市基于核心素养的初中数学教学研讨会。

3. 教师专业成长迅速

在 2016 年度鸡西市初中青年教师教学基本功大赛中，我校 8 名青年教师参赛并获奖，其中王桂玲、孙福红、孟宇、李宏宇等教师荣获一等奖，获得一等奖的教师人数所占比例全市最高。在 2017 年度“一师一优课，一课一名师”评选活动中，我校获部级奖 1 人，省级奖 9 人，市级奖 7 人。

4. 办学内涵不断深化

秉承理性教育理念，开展“一主双翼”的尝试教育和智慧教育实践，积极打造智慧校园，构建智慧课堂，培养智慧教师，培育智慧学生，有多篇论文在《现代教育》《新课堂》等刊物上发表。

5. 荣誉实至名归

学校被评为全国教育系统先进集体、全国素质教育示范校、全国特色学校、全国生命教育示范学校、全国尝试教育示范学校、全国生命教育先进集体、全国国防教育特色学校、省中小学体育艺术特色学校、全省文明单位标兵、市“实施有效教学构建有效课堂”先进学校、全市好习惯示范学校、市教育科研工作先进单位、市合唱特色学校等荣誉称号。先后 50 余次被《人民教育》《中国教育报》《现代教育报》《基础教育课程》《黑龙江教育》《现代教育》《黑龙江日报》《鸡西日报》《鸡西晚报》，全国生命教育网、黑龙江电视台、鸡西电视台报道。

智慧教育的探索与实践，促进了师生核心素养的提升，提高了教育教学质量和管理效率，让优质教育走进课堂和家庭，激发教师积极投身教育改革，创新教育信息化实践，努力构建智慧课堂，培养适合社会发展需要的创新型人才。

附件 2

中央电教馆实验项目经验交流

区域网络学习空间普及应用共同体引领理性发展

为了更好地推进信息技术与教育教学融合创新，我带领学校参与《区域网络学习空间普及应用共同体》项目实践研究，作为项目成员校，我们借力专家引领和同伴互助，切实通过网络环境下智慧课堂教学实践，促进学校育人模式、教师教学方式、学生学习方式、家校协力育人方式的转变。实践经验在全市进行交流分享。

一、学校研究方向与内容

1. 构建智慧课堂，转变教学方式

积极构建智慧课堂，凝练“云端构建、自主学习、探究实践、智慧发展”的网络环境下教学模式，转变教学方式与学习方式。优化信息技术手段支撑，推送学习任务，开展自主探究学习，通过精准测评、数据分析，促进学生评价方式的转变。

2. 开展资源建设，实现共建共享

开展语文、数学、英语学科套件资源建设，让优质资源汇聚，为教师优化教学、学生开展学习提供有力保障。引导教师梳理学科知识图谱，尝试围绕知识点学习和能力点培养建设“自主学习模式”“合作探究模式”套件资源，让学生自主、合作、探究学习真正落到实处。

3. 深化课程改革，优化育人生态

在学校开设“数字＋传统”实验课程，指导学生合理利用仿真实验室练习实验操作；在初一、初二学年开设米思齐（Mixly）和人形机器人创客课程，培养学生的动手实践和创新应用能力；开发融入STEAM课程理念的学科拓展课，培养学生发现问题、解决问题的能力。

开展基于班级管理的班级空间文化建设、基于社团活动的空间学习，拓宽育人途径，让学校特色校本课程更有张力与生命力。

二、研究路径

1. 以实际问题为研究对象，以中青年教师为主体，定期开展校本研修活动。通过线上磨课、空间授课、线下评课，汇聚团队智慧，结合空间数据及应用案例，梳理、反思教学行为，探索智慧课堂教学模式。

2. 依托名师工作室，充分发挥名师、学科带头人、骨干教师的示范引领作用，提炼网络环境下典型学科智慧课堂教学模式的应用案例和应用策略。

3. 开展校际交流，进行专家远程在线观课与实时点评，提高研究成效。

三、小组主要工作与活动

我校与共同体全体成员，将围绕“推进网络学习空间普及应用，推动教学方式、学习方式、家校互动方式转变”开展深入研究。

1. 梳理网络学习空间普及应用特色，确立研究方向和主题。

2. 召开小组研讨会，确立研究任务；落实空间教学应用、实践应用、家校育人内容；通过研讨交流，碰撞研究思路与方法。

3. 以课例展示、案例分享为载体，定期开展校际交流活动，实现资源共享，智慧共生；依托名师工作室，开展常态化网络集备，进行赛课、研课、评课活动，提高教师实践研究能力。

4. 召开阶段性交流会，分享经验，反思不足，校正研究方向。

5. 举行成果交流活动，进行特色空间应用展示。

在《区域网络学习空间普及应用共同体》项目研究推动下，引领带动区域中小学教师主动发展，专业成长。学校教育信息化工作经验《优

质教育进家庭　协力育人更智慧》《让课堂绽放生命光彩》在第三届全国教育信息化应用成果展示会上进行展示，教育管理信息化应用优秀案例《智慧教育校本实践助推育人质量全面提升》在全国教育信息化培训现场会上进行交流分享。

同时我们把助力学生理性成长教育思想运用在英语等课堂教学实践中，尊重生命成长规律，汲取尝试教育精髓，在英语教学的过程中，让“练”成为学生学习英语的过程中的一种高度自觉的行为。教师在备课的过程中，除备好知识点、能力点、教学的方法外，站在更高的层面设计教学的策略，为学生营造自主、合作、探究中“练”的情境，借助已有的条件，创设学生口语交际、情境交际、情境倾听、情境表达的环境，唤醒学生生命内驱力，让“练”成为英语学习中高度自觉的行为，实现高效教学。

分层次教学思想贯彻到英语课堂教学变革中，更关注学生的学，用当堂全面的检测来检验学生的学习是否真正有效，基于学情设计检测的途径、检测的方法、检测的梯度，检测学生的听、交流、阅读和朗读、书面表达等多种多样的检测贯穿整个英语学习的过程中，百花齐放，而不是一张试卷见分晓，增强学习英语的自信，也促进了有效教学。

不断探索评价的内容、细化评价的效度，形成科学评价的体系，并在英语学科教学中坚持不断地完善，形成一种长效的机制，从而让学生通过英语学习过程中激励评价实现大胆、灵活应用语言的目标，让英语学习凸显新的生命力。在激励性评价中增强语言学习自信，从而实现英语自觉学习，快乐学习！尝试教育理论让英语学科凸现新的生命力，让学生通过英语学习，开阔视野，了解不同地域文化、风土人情等，助力了学生核心素养的培育和提升，对中国走向世界和民族复兴伟业具有积极而深远的影响。

通过尝试教育理论应用与英语教学，学生通过练习及实践应用，让学生在理性实践中获得成长，从而让学校教天地人事，育生命自觉的生命教育理念得到具体落实，让学生形成明亮、阳光、温暖的心向和态度，自信、健康地成长，形成学生理性成长的自觉。《黑龙江教育》刊发《尝试教育理论让英语学科凸显新的生命力》推广经验做法。

学校人才队伍建设典型经验案例《团队研修让教师成长更有生命质感》在全市进行分享。学校立德树人实践经验《学校防疫教育工作的“长”与“常”》《初中生思想政治素质提升如何化虚为实》《教育惩戒工作创新思考》在《中国教育报》发表；《用志与智让孩子们的眼睛更明亮》在《中国教师报》发表；《为了生命自觉》在《中小学校长》发表；《生命教育，赋予师生幸福生活的能力》在《教育家》发表；《以立德树人为核心的初中课程实践创新》在《华夏教师》发表；《未来理想学校的价值追寻》在《江苏教育》发表；《智慧教育校本化课题的研究方法与策略》《尝试教育理论让英语学科凸显新的生命力》在《黑龙江教育》发表。组织教师编写的《生命教育——成长必修课》（中学生读本）正式出版发行。

附件 3

《中国教育报》刊发学校思政课创新经验

初中生思想政治素质提升如何化虚为实

将思想政治理论课建设作为推动学校跨越发展、提升学生生命品质的原动力。让课堂、课程、教师联结成一张思政教育网，真正让思政教育落在实地，以课题为牵动，实现学校高质量发展的初中生思想政治素质提升工作经验《初中生思想政治素质提升如何化虚为实》在《中国教育报》发表。

一、课堂：校内夯实，校外拓展

课堂教学是培育学生核心素养的主要阵地。一直以来，课堂内容空洞乏味，是学生对思想品德课和道德与法治课的刻板印象。学校课堂采用主题式教学方法，努力拉近学生与教师、学生与社会的距离。

政治教师用积极乐观的人生态度、认真负责的工作精神和大方得体的语言感染学生。平等和谐的师生关系，让学生更多感受到和谐融洽的氛围对集体和个人成长的积极意义，让学生学会合作，学会成长；为让青春期少年在法治的沃土中成长，学校以感恩、宪法教育等丰富的思政课教学内容让学生增强法治观念，形成积极阳光的心理，并懂得了以感恩的心面对成长；通过开展实践教学，利用社会调查、参观访问等活动引导学生了解家乡，关注社会；针对社会风气和网络环境中的不良因素的影响，政治教师在课堂上通过积极正面的典型事例，如感动中国人物、最美孝心少年等引导学生树立正确的价值观；将“港珠澳大桥正式通车”、《流浪地球》成功放映等新闻带入课堂，激发学生的爱国热情和民族自豪感。

除了校内课堂外，学校还注重校外课堂的拓展教育。如在综合实践活动课上，注重加强学生生活能力培养和社会和谐、生态文明等教育。

二、课程：全方位融入，立体化呈现

学校思想政治教育不止停留在“思想品德”和“道德与法治”课程层面，而是全学科覆盖，深入挖掘国家课程体系中的思想政治教育元素。

学校在深入挖掘语文、历史、地理等课程中的思想政治教育元素的同时，还注重在数理化生等学科中挖掘科学精神、创新精神，培育生态意识、生命意识等。如在语文学科教学中充分挖掘课文所承载的思想价值，并赋予其时代要义，增强学生爱国主义和人文主义精神；在历史学科教学中，让学生在掌握民族历史知识的过程中，形成一种民族精神和民族自豪感；在生物学科实验教学中，注重学生探究、合作、创新意识的提升，进而唤醒为民族复兴事业做贡献的自觉。

学校还将思政教育融入到校本课程之中。开设生命教育课程，编写初一至初四系列校本教材，让学生认识生命、珍爱生命、敬畏生命、欣赏生命；开设社会主义核心价值观等爱国思想培育课程，以升旗仪式、主题班会、“十大孝子评选”、扣好人生第一粒扣子主题教育、毕业仪式等一系列生命体验、生命叙事、生命宣言等活动课程培养学生爱国情怀，提高民族意识；开设厚德明理课程，开发“读品悟”“读思行”“孝心日记”等课程作为思政课的补充；开设心理健康教育课程，通过心理知识讲座和对学生进行心理疏导等活动，助力学生全面健康发展；开设生涯规划课程，引导学生更加客观地认识自我，让坚定的理想信念成为指引学生生命高品质成长的明亮路标，等等。这一系列校本课程都有一个贯穿的主线，那就是将思政教育由思政课程变为课程思政。

学校坚持以德育导师制为载体实现全员育人，举办由校领导班子带头、全校教师共同参与的德育导师制活动，让师生通过“我—你”的对话方式交流思想，给予学生正确的人生观、价值观指引。

三、教师：高站位学习，优素质示范

提高政治素养已成为学校教师的自觉行动。学校共有 56 名党员，占教师总数的近 60%。在有序组织下，每名党员积极学习党的十八大、十九大及历次全会精神，深入学习新时代新思想，大大坚定了理想信念。而这样的精神也感染了非党员教师，为建设一支高站位、优素质的教师队伍奠定了基础。

看一所学校思政生态如何，看一所学校思想政治课是否上得接地气，关键看教师的师德修养。“德高为师、身正为范”，这句话放在任何一个时代都不过时。学校高度重视思想政治教师队伍建设，成立了一支由政治教学名师和中青年骨干教师组成的未成年人思想教育教师队伍。如政治学科教师王桂玲风趣通俗地讲解政治理论，让学生走心入脑；张淑华老师在政治课教学中注重学生家国情怀的培养和人生规划的指导；房永惠老师能把宪法与学生生活相结合的案例进行融会贯通地讲解，让学生入脑入心，增强法治观念等。这些教师在思政课的育人中并不拘泥于教材，而是紧跟时代的步伐，把新思想、新理论融入自己的学科育人思想和课堂教学之中。

附件 4
《教育家》刊发新冠肺炎疫情背景下学校生命教育新的思考经验

生命教育，赋予师生幸福生活的能力

2020 年这个“新 10 年”的开端，给所有人一个出人意料的开启模式，这个开端在“非常”的至暗时刻里“非凡”的人士冲在了抗击新冠肺炎战“疫”的一线，燃着了一簇簇的光亮。这场疫情对各行各业的冲击都是巨大的，对教育也不例外，这场疫情让人们重新审视学校教育这个话题。作为践行理性教育的第九中学的校长，我对新冠肺炎疫情背景下学校理性教育新的思考《生命教育，赋予师生幸福生活的能力》被《教育家》刊发，以供其他学校学习借鉴。

一、珍惜生命应成为一种普遍的群体意识和社会自觉，成为一种积极向上的文化

新冠肺炎疫情让我们更深更透地认识到理性教育的重要性，无论是人的自然生命、精神生命，还是生命的最高境界使命，生命是教育的原点，学校教育就应该是为了生命发展，发展生命，成为生命自觉应是教育的终点，原点与终点之间的一切教育行为便是教育的构成部分。也就是说，教育的本质便是关乎生命的事业心、贯穿于自然生命体的成长过程，从而助力其珍惜、敬畏、欣赏自然生命的同时，成全其精神生命，并进而形成使命必达的愿望与自觉。因而学校教育的本质就是改变生命，从而提高生命的品质。学校教育所追求的价值是什么？我觉得最关键的便是对生命的认知，而这里的生命认知包括物质和精神两个层面，包含学生、教师、家长三个主体。

面向每一个人的理性教育，这里的每一个人不仅包括校内的每一个学生，也包括每一个老师，并通过师生影响到每一个家庭成员和社会成员，使珍惜生命成为一种普遍的群体意识和社会自觉，成为一种积极向上的文化。这种文化既包括肯定性的价值也包括否定性的价值：如坚决反对猎食野生动物，坚决反对不顾他人生命安危隐瞒病史等。

而在学校教育中，实现生命的价值最大化根本上说不应只停留在学生生命层面，而应该是整个生态圈中的学生、教师、家长都平等地提高生命的品质。仅就学校教育内的两大核心主体来说，学生的生命品质应该是自由奔放、昂扬向上，但最关键的是在差异化发展中的平等。在美国哈佛大学350年校庆时，校长说："哈佛最引以为豪的，不是培养了6位美国总统，不是造就了36位诺贝尔奖获得者，而是给予每个学生充分的选择和发展空间，让每一个从哈佛走出来的人都创造成功。"对于现阶段中小学校教育而言，不能像大学那样给予学生"充分的选择与发展空间"，但我们从中看到的是众生平等的理念，就如同自然界一样，有高大的乔木、低矮的灌木、各色的花草。不求每粒种子都长成参天大树，也不能为了让其灌木与花草成为参天大树而去滋养。也就是说，在良性的教育中如何实现学生的个性化发展，如何让每一名学生都得到全面发展，这才是生命的品质。

学校教育中的另一个关键便是教师生命品质的保障与提高。教师的知识水平、业务能力、思想道德、心理素质、求知精神、处事方法、行为作风、气质气场和人格修养等直接影响到教育的质量和教育的效果。前面所列出的便是教师所应该具备的生命品质，而这一品质的高低好坏则决定着学校教育是否良性，是否和谐。而教师的使命自觉直接决定着教育的质量，教师所秉承的教育理念直接决定着教育的品质。是追求真善美的教育，追求德智体美劳全面发展的教育，还是追求成绩、追求分数的教育。从中看出的是教育是否和谐，是否符合社会的发展。教师还必须有追问教育本质的勇气和精神而不随波逐流地任意与任性。那么学校如何为教师实现生命的价值、体会生命的幸福提供条件呢？还是平等，尊重教师的差异化，科学地衡量教师的业绩，真正打破凭分数衡量育人成果的瓶颈，走出传统评价的误区，化单纯的业绩衡量为由教师、学生、家长评价共同组成的客观评价体系，从而更好地关注教师的生命质量。

我们发现，人是如此的渺小，生命是如此的脆弱，一个小小的病毒，就可以让一个个生命转瞬即逝，一个个家庭支离破碎，一个个城市手忙脚乱。这次新冠肺炎疫情给我们敲响了警钟，世间万物，生命之网，我们每个人都要心存敬畏，也要引导孩子心存敬畏，敬畏无穷无尽的宇宙，敬畏万古不息的规律，敬畏与我们共存于这个世界的每一个常识、未知与生命，学会与大自然和谐共处，学会与其他物种长期共存，学会谦卑地倾听不同的声音。

这次疫情让我们看清了许多东西，比如商人的良知、专家的素养、医者的操守，以及民众的认知……这个世界有许多美好，有人在“谣言”中说出真相，在假期中坚守岗位，在危险中迎难而上。这都让我们看到了生命中的亮光与希望、生命中的善良与美好。我们要引导孩子热爱生命，热爱生命的顽强与坚韧，热爱生命的神奇与丰富，热爱生命的善良与美好，向着明亮那方。唯其如此，我们才会活得朝气蓬勃，世界也才会越来越好。

二、提升生命应成为珍惜生命的群体行动和成长自觉，成为一种助力生命美好的姿态

培养守护生命安全与健康的各种知识和技能，使之拥有创造幸福人生的知识、技能、情感态度和价值观。学校生命教育重在行动，包括个体行动和社会行动两个方面。社会行动中尤其要歌颂面对疫情时的遵纪守法、精诚团结、自愿救助、奉献精神（医护人员）、专业品质（医学专家对全社会的引领作用）等。没有积极、自觉而专业的珍惜生命的行动，生命教育就只能是空洞的口号。

每个人的生命都来之不易，每个人的生命都只有一次，每个生命都是无常的。正因如此，生命教育需要我们在心中不断强化这个意识，每个人都要学会守护好生命，都要有守护生命安全与健康的意识、知识和技能。教育部专门颁发过《中小学公共安全教育指导纲要》《中小学健

康教育指导纲要》《中小学心理健康教育指导纲要》，都是督促我们学会科学预防，学会应急自救，学会养成健康文明的生活方式，守护好生命。

任何人首先都是一个生活者，其次才是一个劳动者、思想者，一个技术人员、一个专家，一个文人、一个学者或者一个艺术家。一个人只有能快乐而有尊严地生活着，才能扮演好其他的社会角色。生命教育就是“朝向幸福的努力”，特别强调要经营好自己的人生。一个能感受生活美好的人，一个拥有幸福人生的人，才更有可能悦纳自我，友爱他人和奉献社会。生命教育要引领学生过一种安全、理智、负责任、有热情、有追求、有爱心和有创意的生活，使每一个学生拥有创造幸福人生的知识、技能、情感态度和价值观。

探究学校教育究竟以什么样的状态存在？自然不能忘记古罗马哲学家塞涅卡的一句话：“我们是同一片海中的海浪，同一棵树上的叶子，同一座花园中的花朵。”这其实回答了许多人所困惑的一个问题，学校教育究竟是链状的还是圆状的。那就是在学校这个闭环内没有高端，也没有低端。这场新冠肺炎疫情更告诉我们，任何一个闭环内的生命没有高低贵贱，但这个闭环的任何一个地方出现了缺口，就会有“病毒”的侵入，都会影响到生命的品质。所以我们在探究这个问题的时候，就应当从生命品质入手分析，任何自然生命终结了，便无须谈教育了，更不用说学校教育了。只有在每一个人的生命存在的时候才能谈到教育。

学校教育的闭环有两个。一个是内环，即由学生、家长、教师、校园等教育的核心主体构成。另一个是外环，包括外部的自然环境、社会环境、规范环境等，简单点说就是由大自然、与学校相关的教育主管部门、社区、实践场等物质形态和法律法规、道德规范、良俗民约、国家意志等精神影响构成。这两个“环”中当然是内环为主了。所以我们探讨的学校教育如何良性发展需重点围绕着内环来说，而新冠肺炎疫情背景下，我们在关注生命的品质时，就要重视线上教育对学生的积极、自觉而专业的珍惜生命的行动策略的培养。

学校教育可以说随着教育信息化的推进发生了较大的改变，呈逐渐向好的趋势发展，但新冠肺炎疫情的出现，又给教育信息化如何推进学校教育向更高的状态迈进提出了一个新的课题，那就是学校教育信息化的边界。学校教育信息化要真正利用信息技术整合起学校、教师、家长的育人力量，让其成为校园、家庭这两个学生学习场的真正纽带。我们更要巩固提升学校已有的信息化成果，在回归到正常的教育业态后，线上线下有效融合，更好地促进珍惜生命的自觉氛围形成，助力学生向上、向善、向美而行。

三、关爱生命应具备强有力的制度、政策、法律支撑和保障，成为学校教育的一道靓丽风景

疫情为学校教育开启了新的教育需求，从而让生态圈内的每一个生命更有力量。珍惜生命、关爱生命必须有强有力的制度、政策、法律支撑和保障，其中包括现代网络技术、物流技术、人工智能的有力支撑。这方面新闻媒体有很多报道，对疫情防控和救治发挥了关键性的作用。疫情防控这场特殊的人民战争彰显出众志成城关爱生命的磅礴力量，快速遏制了疫情的扩散蔓延，全国疫情防控形势呈现持续向好的态势。习近平总书记高度重视，多次强调要把疫情防控工作作为当前最重要的工作来抓，多次召集专门会议亲自部署疫情防控工作，指导完善防控策略和措施，全面打赢疫情防控人民战争、总体战、阻击战。全力保障群众生命健康，稳定抗疫的民心。在以习近平同志为核心的党中央的科学部署下，各级党委政府迅速响应、落实疫情防控措施，以严格管控重点地区疫情、迅速统筹全国医疗资源和提高救治能力的雷霆之势切实保障人民群众的生命安全。积极组织动员群众参与，汇聚抗疫的民力。广大医务工作者、公安民警、疾控工作人员、社区工作人员和志愿者坚守岗位、敬业尽责，以高度的责任感和献身精神奋战在疫情防控的第一线。中国向世界表达了人民团结、勇敢、智慧、奉献的可贵品质和深厚的家国情怀，体现了对生命的珍惜和关爱。

学校教育圈内每一个个体生命的长度、宽度、温度都得以展现，展现出生命旺盛的力量，这是构建良好教育的显性标志。疫情之下，高品

质的学校教育有哪些新的需求呢?

一是由依法治疫带来的需求思考。抗击新冠肺炎疫情的人民战“疫”依靠人民的力量实现胜利，这其中依靠的是法治的保障。应该说，疫情初始状态确实存在着违法的“硬核”，失规的“政策”，但是随着党中央、国务院、全国人民代表大会、最高人民检察院，以及各省的法制部门相继出台的法律法规对一些政府、个人的违法行动进行了规范，使防疫工作逐步走上了依法防控的轨道。这足以给我们带来深刻的启示，构建起优质的学校教育离不开加强法治化建设,学校教育在法制的框架内实施，而这就如同这场人民战疫一样，依靠人民的力量，在学校内依法治校依靠的应是教师、学生、家长的共同力量。

二是由科学治疫引发的需求思考。这次战“疫”从一开始就依托科技的力量推进，从检测试剂的研发、疫苗的研制、药物的选用等都依靠科研的力量。这足以告诉我们，一所学校能否形成优质的教育，科研的力量必不可少。很多学校重视实践，摸索着实践，但忽略教学研究的力量，很多教师不愿意把精力投入到教育研究之中，导致学校没有大师级的人物，没有研究型的名师，缺少了学术的引领，学校好的教育很难形成。翻开国内外那些有名的中小学的发展轨迹都可以看到，学术引领、科研推动，让学校的综合实力得以提升，教育自然便会得到优化。这说明教育依靠什么?依靠的还是“人”的力量，特别是师生创新的力量。

三是由疫情管控诱发的需求思考。疫情管控的思考是多方位的，我们这里只谈智能化、大数据的运用使这场战“疫”有了更强的指向性。特别是通过大数据能随时掌控流动的人员，以及与之密切接触的人员，给人群作出准确的分类，这就为调查提供了依据，管控的速度自然就又快又准。学校教育小圈中同样需要大数据的支持，这样对于教育的问题能够精准及时地定位，从而开展有针对性的教育行为。学校教育大圈，即外圈更需要大数据的支撑,哪些对学校是有益的,哪些对教育是有用的，要智能化地作出甄选。优质的教育需要什么，还需要智能化、大数据的支撑。

四是由防疫措施导出的闭校管理。防疫过程中有一句略带调侃的流行语："待在家里不出门就是为国家做贡献。"全国人民都居家隔离，大大降低了疫病传播的概率，为战"疫"争取到了宝贵的时间。从中我们发现，对于中小学来说，每天内的全封闭管理应是急需。即学生清晨进入校园到下午放学，这段时间都封闭在校园内，再加上学生进出校园时的监测，从新冠肺炎的预防角度看大大降低了被传染的概率。从学校教育层面来看，减少了学生与校外不良思想和行为的接触，自然其教育的益处会更多，可见走读中小学每天的全封闭管理势必应该提上日程。

成为高品质的学校离不开高质量的教育，而高水准的教育应以"生命集体"的共赢和"生命个体"的发展作为目标。紧紧抓住提高生命质量这一核心，学校教育小圈内的学生、教师、家长以积极的态度实现生命个性化成长，共同去追逐生命的幸福与美好。

附件 5

《中国教师报》发表校长工作室凉山帮扶工作经验

用志与智让孩子们眼睛更明亮

2019 年 6 月，我带领的名校长工作室与四川省凉山州昭觉县东晨中学结成了帮扶共同体。一年来，我们建立培育站，充分发挥名校长及所在学校的资源优势，依托培养基地，以结对帮扶的方式，选派骨干教师到凉山州昭觉县东晨中学支教，担任教学、教研和管理骨干，为凉山州输送优质师资。在这个过程中，我们自己也在成长着、收获着……

一、教育帮扶让我更加坚定领航校长的使命和责任

一是新时代的新使命。实现教育的均衡发展，让每一个孩子都享受到先进的教育是所有教育人新时代的新使命。不忘教育初心，方能让使命在昭觉闪耀出更炫的光亮。

二是新坐标里新方位。站在教育均衡发展的坐标系内，自己只是微不足道的一个点，但是既然被“点”到了，那就要找好自己的新方位。教育帮扶不是帮办，更不是教育替代。教育帮扶的关键是要唤起帮扶对象的“志”，让其能够看到教育发展的希望，让其树立高远的目标。教育帮扶的关键在于让帮扶学校有一个明确的发展定位、目标和路径，还要有破难题、解困局的信心，所以“扶志”是最重要的。

三是新场地上的新思维。以前只专注于本校的发展，现在又走进一所帮扶学校，进入一个教育的新场地，在这块教育沃土上如何划犁、耕种，还需要用好新思维，才能促其“智慧”生长。帮扶学校最欠缺的就是师资力量，在师资力量难以得到补充的现状下，我们只能向内挖掘，在科研的引领下，调动线下、线上多种资源，提高全体教师的教育教学能力。教师团队的合力以及教师专业素养的不断提高，是学校优质发展的关键。四是新道路上的新步伐。我在帮扶初期制定了全系列的帮扶计划，并在整体计划不变、目标不变的情况下，根据帮扶中出现的新情况、新问题作出适时调整。

二、教育帮扶让我更加丰富领航校长的理念和素养

教育帮扶“扶志”的同时更要“扶智”。

首先是教育视野、教育思想的丰富。在帮扶昭觉如火如荼的时刻，我卸下了自己深耕多年并且在全国已有一定知名度学校校长的职务，走进了一所薄弱学校担任校长。这所学校硬件设施、师资力量都不错，所缺少的是发展的“志”向，无论是领导还是教师，都觉得学校没有什么希望了，混一天算一天，说不准哪天就“黄”了。那么，怎样让这所学校焕发出生机？我首先想到的是“志”，这所曾经在鸡西地区闻名的学校走到今天，就是“志气”与“志向”的锐减。扶“志”靠什么？靠“智”，就是教育的智慧。应该说，教育思想的丰富让我在学校管理当中更有智慧，我在短时间内确定了办学理念，用办学理念引领学校发展。当时有很多人都认为我会照搬已经成功的“生命教育”理念，但我没有，反倒是在

充分调研的基础上，让新起步的学校理性发展。

其次是教育初心、使命意识的弥坚。作为一名校长，该如何成为学校的灵魂，我认为必须让自己成为学者型、专家型校长，才能应验那句“一位好校长成就一所好学校”。我不断丰盈自己，向名家看齐，虽然自己与教育名家还有一段比较大的距离，但我有信心，即便成不了实践型教育家，也要成为学校管理的行家。秉持那份做优质教育的初心，做品牌教育的使命，砥砺躬行。在昭觉如此，在自己新的岗位上更是如此。只有让自己看得更远更宽，才能让师生走得更远，飞得更高。

最后是学生意识、教师意识的确立。应该说，每一位想办一所好学校的校长都有这样的意识，但碍于现实，一些校长往往把“智”育的培养放在了首位，而忽视了学生意识。教师意识指的是要让教师真正认识到自身发展重要性的同时，要注重因材施教，注重学生的个性发展。如何唤醒教师意识，需要校长有较高的管理智慧。

帮扶行动让我对教育有了新的认知，也更加坚定信仰、坚守初心、牢记使命、勇敢前行。相信未来更加美丽的校园，一定能让每一个孩子的眼睛更明亮，让每一个孩子的人生更精彩。

第六章
反思和升级

新时代理性教育思想充实完善思路和策略

未来已来，面对未来社会转型和科技发展的新形势和新格局，如何让学生的核心素养得到培育，学生的个性发展取得成效，并成为新时代的优秀接班人；如何让教师做一名幸福的教师并体现职业的价值，让教师实现自己人生教育图景的全幅实现；如何让一所学校形成辐射带动作用，推动区域教育更好更快发展，担负起校长办好理想的新学校的使命。梳理自身教育思想中存在的不足，思索进一步顺时而进、充实完善自己的教育思想，重构思路和策略。

让每一名师生都绽放出生命的光彩，让教育成为一种自觉的生命追寻，我时刻思考如何不忘初心地担负起新时代的使命，用与时俱进的教育思想高品质地发展学校。人类进入互联网时代以来，社会生活发生了深刻变化。随着信息与知识的运用日益综合化，传统行业包括教育行业将面临重大冲击。泛在教育、人工智能在现代教育中的广泛应用，推动着教育方式和办学模式发生变革。智能技术的强势赋能为教育插上了腾飞的翅膀，在双千兆和5G的支持下，将实现优质教育资源的广泛共享，促进教育公平和均衡发展。教育大数据的深度应用还将有效支持全面深化教育评价改革，全面提升教育治理能力。20年来，中国互联网行业取得了巨大的发展，各行各业的边界变得愈发模糊，交叉和融合成为趋势，跨界和重构成为常态。随着云计算、大数据、移动互联网、人工智能等新技术的发展与应用，互联网与教育的融合不断深入。教育信息化在内涵、深度和质量上也在不断发展，智慧教育成为倍受关注的焦点和未来发展方向。

面对未来，我们教育人只有积极适应未来教育的发展特点，智慧应对未来教育的挑战，利用互联网时代的优势，实现线上线下深度融合，提供可选择的教育，转变教师角色，创新教育管理，建立合作沟通模式，才能为未来成长赋能。

一、高品质理想新学校的定位

理想的新学校应该具备开放多元的品格，学校的办学过程应具备动态化、立体化、层次化而又现实性的特质。

1. 动态化

所谓动态化即理想的新学校是一种追求、一种过程而非终极目标，随着时代的变化、社会的变化、教育发展的变化以及受教育者和家庭对教育的要求的变化而不断修正更新的概念。亦指认识到理想中的新学校是一个动态发展的过程，在这个动态的过程中始终要踏上时代的节拍，跟上时代的节奏，是一个渐变的模样，而非静态的素描。在不断丰富深挖学校生命教育内涵的基础上，推动着学校的向好发展，未来也是如此。时代在不断发展，视野在不断抬高、视域在不断开阔的动态过程中，高品质的学校标准也应该不断地变化，具有其时代属性，并且没有终止。

2. 立体化

所谓立体化即理想的新学校并非学校的某一方面的突出、某一领域的专长，更不是特定的功利结果的呈现，是全面的、多元的品质，也就是非特色化发展，当下的很多学校都侧重特色品牌建设，似乎是一种特色便能代表学校的全面发展。其实不然，一所学校的全面发展、综合实力强，从“人”的层面讲，那应该是学生的核心素养强、教师的职业素养强、家长的生命素养强；从教育层面说，那就是德育、教学、课程、活动、安全、软硬件等实力强。硬件这类办学设施的强弱与区域的教育投入能力有关，但最关键的还体现在教师对“硬件”的应用层面。

3. 层次化

层次化即理想中的新学校不是一蹴而就的，总是沿着分层次、多阶段地向目标迈进的过程。从空间上看一流的学校是区域的而非全域的；从时间上看，高品质的教育是阶段的而非永恒的。这一点看似与前面提到的“动态化”很相似，但实际上层次化更注重学校发展的阶段性，而这一阶段应是呈螺旋式上升的阶段，而非波澜式的阶段。具备这样特质的高品位学校应是在区域内独领风骚的，而非遍地开花。当然这里的独领风骚并非指某一区域只能有一所高品质的学校，可以是众多，但绝对不是全域性的，因为教育的均衡发展本身就是一个渐进的过程。

4. 现实性

提到理想中的新学校，往往会把目光聚焦到遥远的未来进行谋划，其实任何理想中的学校都有其现实的土壤，只有让现实的土壤更加肥沃，并充分地进行阳光普照、雨露滋润等才能真正抵达“生长”的目标。所以现实性指的是对学校各个层面的现状进行深度剖析、深刻反思后所确定的理性追求，而不是感性的欲望。现实的状况是什么？只有把这些弄清楚，才能确定学校的走向，才不会好高骛远，真正做到高屋建瓴。

二、高品质理想新学校的追求

任何一个领域、行业的发展都要先厘清一个界线，在此基础上进行跨界的思考。把有“限”与无“线”运用得熟练化，才能获得发展，学校的发展亦是如此。

1. 深度把握教育的发展趋向

学校办学应该紧紧把握教育发展和社会发展的本质趋势，进行战略谋划和思考，并在此基础上不断实现自我诊断、自我更新、自我跃升。国家和社会的发展趋势其实就给学校的发展画了一条“线”，而且还有所“限”，说得简单点，就是“同步”，为了不“落后”、不跃进式的超前，就需要学校在发展的过程中遵循教育发展的规律，既不能因为成了名校而“高枕无忧”，也不能不切实际地一味寻求超越。

2. 牢牢把握学校的核心追求

理想中的新学校应该以学校成员（教师、学生、干部）的自主、愉悦、个性、全面的成长为核心追求。一所学校的核心追求决定着学校的办学方向和办学品质，有的学校一味地追求升学率，而忽略学生核心素养的全面培育与个性发展。我校坚持尊重教育规律和生命成长规律，秉承生命教育理念，始终把学生的全面发展和个性培养作为办学的追求，实现了学校高品质发展。教师的发展也是如此，基于教师的现状，寻求教师科学发展的路径，让教师获得个人生命和教育生命质量的提升。尊重教师的差异和发展需求，如名师工作室、研修团队等多种举措都是新时代教师素养提升的有效策略。

3. 客观把握学校的生态发展

理想中的新学校是一种生长的结果，不应是拔苗助长的后果。这种生长是灵动的、传承的、渐进的，因此一流学校总是从自我的最近发展区起步，不断给自我设定努力后能够达到的阶段性目标。理想中的新学校就是一系列的阶段目标升华而成的。这种生长应该是在常规的基础上力求创新、传承的基础上走向丰富、全面的基础上凝练特色。

三、高品质理想新学校的特征

随着互联网的发展，教育也呈现出了欣欣向荣的生长姿态，网络课堂、线上教育等，其便捷与资源丰富的特征冲击着传统的学校教育，从而也促使“现实”学校教育在不断地吸收着“虚拟”学校的精华过程中，实现自我的超越，因此理想中的学校必然会凸显出一些新的特征。

1. 回归本真的价值追求

现实的学校教育，特别是中小学教育应该科学把握教育两大基本功能的关系：育人功能（本体功能）和社会功能（工具功能）。育人功能自不必说，单说其社会功能便是要培育具有民族情怀和世界眼光的人，即体现出教育的社会性和民族性。常见到有人羡慕“西方的月亮亮”，开口闭口就是西方的教育好，其实我想说，任何一个国家和民族的教育都有其特定的土壤，在这块特定的土壤上所培育的人自然最首先的培养目标，就是为这块属于自己成长的土地做贡献，即我们就是要培养为中华民族的伟大复兴、中华民族屹立于世界民族之林的接班人，这就是教育的本真追求。

2. 勃发愉悦的学校文化

理想中的新学校首先要有这样的文化特征。改变学校的精神文化——尊重天性、涵养德行、发展个性；改变教师的价值追求——自我道德感，职业效能感，事业幸福感；改变学生的人生目标——编织斑斓的人生梦想。学校积极向上、向善、向美的文化追求中，学生、教师、学校都能实现价值追求，体现出新的价值，能开启更加开阔的人生和努力实现生命的愿景。

3. 闪现人性的学校管理

首先要确立人性善的管理定位，激发出教师和学生的积极性、主动性。人性的管理还表现在相信教育的艺术是水的艺术，要具有：上善若水的情怀——利万物而不争，不与师生争利，不与同行争名。校长做人要防止凸显自我的“水落石出”，要做到众人拾柴的“水涨船高”。水滴石穿的精神——对教育理想的执着与坚守。独立的人格、独到的思维、独自的守望、独特的实践。润物无声的艺术——“以柔克刚”“四两拨千斤”。

4. 博爱敬业的教师队伍

这就需要提升教师的两种素养：特别重视教师职业精神层面素养的提升，增强职业的崇高感、使命感、责任感，职业的垂范意识、奉献意识、发展意识；涵养慈悲心、怜悯心、同理心，用仁慈、宽厚的态度善待他人，做到对学生有爱的情感、爱的行为、爱的能力、爱的艺术。提高教师的专业素养，丰富专业知识（本体性知识、条件性知识、策略性知识、背景性知识）；提高专业能力（执教能力、教育科学研究能力、自我专业发展能力）。这其中最重要的是教师驾驭课程的能力，最重要的课程不是国家课程，不是地方课程，也不是校本课程，而是教师的课程——教师呈现的课程。一流的课程是一流的教师呈现出来的。发展教师是校长的第一责任。高品质的教育必须靠高品质的教师来支撑。因此学校的每个教师都应具有独立的人格、独自的守望、独到的思维、独特的本领。

5. 自主快乐的成长历程

实现让学生自主快乐地成长，需要给学生打好什么样的基础？打好两类基础，四个“基础素养”。健康的身心素养：身体健康、心智正常、人格健全；基本的生存素养：自理能力、自护意识、交往能力、自管能力；基础的道德素养：规则观念、礼仪修养、责任意识、感恩心态；基础的学习素养：强烈的学习意识、良好的学习习惯、科学的学习方法。

6. 时代气息的教育手段

一提到时代气息的教学手段，有人会认为是教育信息化，当然，我所讲的时代气息的教育手段包括教育信息化，但不止于此。时代气息更多体现在社会主义新时代所赋予的教育使命，落实社会主义核心价值观，坚持走社会主义道路的信仰等都应成为夯实学生生命根基的内容，并且成为培育学生核心素养的手段。其根本还在于有信仰、有信心、有信念。

7. 独具个性的办学特质

独具个性特点包括独特的办学思想，独特的课程体系，独特的教学模式，独特的评价体系。还包括错位发展的理念，“大家不同，大家都好”，个性发展不排斥共享共建。正如“一带一路”发展理念一样，学校的发展中追求个性化办学的过程中也要寻求“同伴”，实现共荣。这里所说的办学特质并非指的是“一专”特色，而是因全面发展而形成的独特气质，形成的学校气场。

8. 显著增值的终端呈现

教育重在过程，但结果往往是看其终端的呈现。让学生有显著增值，让教师有显著增值，让家长感受到孩子的明显进步，让社会认同学校的办学思想，让师生获得显著的增值。这里的终端呈现是全方位、全面化的，而并非只突出“智商”的发展，这一过程中还需改变家长、社会的“认同”观念，即改变那种“唯分数”论成败的陈旧观念，形成一种核心素养和个性发展的协同认知。

理想中的新学校应该是一所具有独特品格、地域风格、中国人格和世界胸怀的现代化学校，构建出一个学校、教师、学生，甚至区域协同发展的教育生态。

四、教育信息化为未来发展赋能

未来国际化的进程会对教育提出挑战：在这样的背景下，如何进行办学模式和教育方式的改变？那就需要我们以变应变，为未来发展赋能。

自从有了学校制度以来，人们的基本观念就是学校是一个读书的地方。读书、教书是基本的教学任务和教学模式。但是随着社会变化、知识更新，这种思想观念面临着挑战，现代教育把培养能力看得更重。

在不同的维度里，国际上公认在未来最需要的能力有 4 种：批判性思维、沟通能力、创造性、文化流畅性，这 4 种能力被认为是核心素养，是一个人能够适应未来变化和挑战不可缺少的能力，对这 4 种能力的掌握程度决定了一个人的发展水平和幸福程度。只有具备国际视野，通晓不同国家的法律，了解别国风土人情、价值观和思维方法，才能够跟别人进行平等交流。国际上最强调的 4 种基本能力，也被称之为核心素养。适应高度智能化、个性化、国际化的发展需要、发展可能，在社会变化当中把握主动，走在时代前列需要我们把握好以下几点：

1. 线上线下深度融合

不管企事业单位也好，政府管理也好，只要能够很好地运用互联网资源，就能得到较好的发展。反之，任何的事业和活动如果不能跟互联网结合起来，就难免失败的命运。历史已经告诉我们，如果教育不能够跟互联网结合起来，不管是怎样的高水平，不管有多少投入，也终将被淘汰。智慧教育已经成为助力教育变革的重要引擎。

2. 提供可选择的教育

党的十九大报告提出了进一步提高教育质量，发展素质教育要求，强调要实现教育内涵式发展。内涵式发展和教育质量绝不能仅仅用考试分数来衡量。升学率固然是教育质量的一部分，但不是全部。真正内涵式发展在于为每一个学生提供适合的教育，这才是真正个性化的本质，才是小班、小组教学等各种形式的本质。

要衡量一所学校内涵式发展水平的高低，最重要的指标是能否提供可选择的教育。如果一个学校的课程、教学的方法是丰富多样的，学生的流动是自由的，那么，这个学校的可选择性就是高的。

3. 教师角色的转变

教育界普遍有疑虑和担忧：在信息化、网络化，特别是人工智能浪潮席卷而来的形势下，教师会不会失去岗位？尽管教师职业被淘汰的可能性不大，但教育活动中一些机械性、重复性、有标准答案的工作，有很多一定会被人工智能替代，比如改卷、改作业的工作，将来完全可以由人工智能来解决。还有重复地练习，也可以由既温柔又耐心的人工智能代替。

教师要做什么事情呢？教师要真正回归到教学的本原上去，就是做人的工作。教师是人的事业，所从事的工作是思想与思想的交流、情感与情感的碰撞、人格与人格的对话。教师从大量重复、琐碎、机械的活动中解放出来之后，可以从事更具有人类本性的活动，教师会更加幸福、更加开朗，师生关系也会更加和谐。与此同时，教师本身的素养要提高。如果不更新陈旧的观念、知识和方式，要过渡到高度现代化的教育领域是不现实的。

今后教师的活动将有几个特性：一是更复杂的知识传授，是对知识综合性的运用。二是更加富有情感，是以情感的交流和切身体验作为基础的教育方式。三是更加富有创造性和艺术性，让学生身心得到更好的放飞，教师成为学生情感、意志、心理波动、美好想象的最适合的对话者。

4. 创新教育管理

教育创新不可能一蹴而就，但目前要努力为此创造条件，首要的是打破制度性的分割。消除制度性的分割需要创新，这种分割多年的惯性不可能一下子消除。比如无人驾驶汽车，从技术上已经完全成熟了，但是要被推广，仍然存在各种各样的利益、管理和法律的阻力。同样，中国已经形成了千百年的教育制度、管理方式不可能在一朝一夕改变，但要为此做好以下准备：

首先，要树立一切皆可联系的设计理念，努力打破制度性的分割。再次，要走向开放。数据是最重要的资源，很多错误都是缘于信息的不准确。以前教师教学过度依赖教学参考书，而现在信息化的背景下是没有秘密的。只有开放、开放再开放，才能和大家共同发展。

5. 建立合作沟通模式，实现共享共赢

现代社会的竞争已经发生了变化。在互联网的背景下，信息、资源等渠道很多，传统的相对封闭的教育模式已不适应新形势的发展。要改变“零和游戏”的思维模式，培育合作和相互沟通的心态，建立一种新的相互联系的模式。比如学校和学校的联盟，课程和课程之间的交流，学生和学生之间的交流，教师和教师之间的交流。在这样的背景下，未来教育才能够健康发展。

6. 以深度学习观念提升课堂教学质量

“双减”政策落地，引起了一系列的连锁反应，从校外学科类培训到校内的教学模式都发生了深刻变革，也对教学主体提出新的要求。当培养目标和教学方式发生深刻变化，“深度学习”理论更加凸显出巨大的实践价值。深度学习视域下的课堂教学，在内涵延展和课堂学习环节两个方面构建起“双减”政策实施后“教”与“学”的新型对话关系。

一是课堂教学过程中课题探究的高效发展。“双减”背景下，总体学习时间缩短，对课堂教学提出的要求便是更加高效，更加讲求逻辑性。教师不仅要抛出课题，而且要为学生设计出课题探究的路径，使学生的讨论有一个大致的思路，避免无效讨论，在有限的时间内具备课题研究的纵深性。

二是深度学习的内涵在“双减”背景之下更应该突出其相对稳定性的一面，这样才能够将历次教学改革更好地融会贯通，吸收改革的政策红利，实现学生深度学习的既定目标。

三是学生校外培训减负的同时要求校内课堂教学进行升级，教师在课堂教学过程中，可以设置多样的问题探究途径，激发学生探索的热情，帮助学生进行新旧知识与经验的对比更迭，从而实现学习意义的建立。

在“双减”政策的推动下，深度学习的课堂教学在内涵上以及课堂学习的环节上都发生了一定的转变。学校要引导教师一方面紧跟政策变化的脚步，深切体会制度设计的核心要义；另一方面，教师要把握深度学习的理论延展和实践经验，不断为学生创设出高质量、高效率的课堂教学模式，这样才能乘着政策的东风帮学生构建起高层级的学习机制。

7. 教育信息化为“双减”提质增效赋能

秉承做富于理性的教育思想，立足于全面落实国家关于减轻学生过重学业负担，学生学习更好回归校园的要求，充分发挥信息技术便捷、开放、互动、融合的特点，努力为师生营造关爱、灵动又充满生命尊重和个性张扬的智慧场域，推进学校的智慧课堂教学实践，让每个孩子实现个性化学习，赋予教育新的意义和生命。搭建家校互动平台，让智慧教育进家庭，让师生及家长的生活、生命等更加睿智，实现教育信息化为“双减”提质增效赋能，促进学生全面发展、健康成长。

（1）优质教育进课堂。利用信息化手段，搭建师生互动学习的智慧课堂，重构学习环境，改变了教与学的模式。拓展学习边界，人工智能、STEM、创客教育、翻转课堂等方式的教学，实现教学方式创新，让学习成为美好体验。

（2）优质教育进家庭。学校搭建互学互助的学科教师共同体、慧学工作坊，以教育部卓越校长领航刘景菲校长工作室、名师工作室、卓越班主任工作室和中国好老师项目共同体为依托，通过跨界、融合、启程教师三段式修炼，培养面向未来的“互联网 +”教师队伍。让每名学生都能接受名师辅导、借助智慧教育平台，发挥家长学校线上线下助力作用，实现优质教育进家庭，使家校协力推进“立德树人”迈上新台阶。

（3）智慧管理促校园提升。建立学生综合评价体系，创新师生成长评价。学校依托东北师范大学理想中心，建成学生成长记录和综合素质评价系统，从品德表现、学业水平、运动健康、艺术素养、创新实践五个方面完整记录每一位学生的成长数据，支持过程性教学评价，全面反映学生发展状况，提高学习指导的针对性，为学校教育、科学育人提供保障。智慧教育带来学生评价体系的创新，促进学生的个性发展。

重构教师管理方式。与教师培养、培训、资源配置，管理评价等核心工作深度融合，启动“人工智能＋教师队伍建设行动”，转变教师的教学观念，优化教师的教学方式，提升了教师的课程资源意识，为教师提供更多的学习机会和平台，丰富教研方式，促进教师专业发展，教育信息化改变了教师的教学理念和育人理念。

学校课程内容日益丰富与广泛使用，建成悦读、健体、劳作、实践、研学等一系列人文特色的理性教育拓展课程资源，实现知识课堂向素养课堂转变。

智慧教育推动学校理性教育理念深层次探究与特色化实践，通过中国好老师项目共同体学校、全国智慧教育微课联盟学校、全国德育特色学校联盟等交流，带来学校办学理念的提升，借助教师网络教研和课堂观察大数据技术，使大面积科学推广教学改革成为可能，让封闭的课堂变得开放与包容，学生的视野更加开阔，学习的内容更加延展，学生自我教育能力得到提高。

智慧教育带来学校管理模式的创新，全国卓越校长领航线上线下学习，省双百工程校长成长共同体网上研修等提升管理智慧，由层次式向扁平化转型，以先进的教育理念为引导，以研究的态度创新学校管理与服务。运用大数据、云计算、物联网、人工智能等新技术，对资源配置、学习环境、学习内容、教学方法、教学评价和教育管理流程进行优化创新，通过数据导向为学习者提供丰富而有差异的学习体验，从而真正实现每一个学生在共同基础上的个性化发展的教育新形态。

以关注学生的心灵和幸福成全生命为中心，开展智慧教育，通过信息技术与教育深度融合实现对传统教育的价值重建，结构重组，构建促进人的全面、自由、个性化发展的现代化教育新生态，全面提升学校教育的内在品质，用爱与智慧激励学生理性成长。

8. 全社会协同，为家长的“教育素养”赋能.

最新颁布的《中华人民共和国家庭教育促进法》（以下简称“家庭教育促进法”），明确了父母或者其他监护人是实施家庭教育的第一责任主体，国家和社会为家庭教育提供指导、支持和服务。在此背景下，全社会发挥应有的支持作用，为家长的家庭教育素养赋能。

作为教育部基础教育教学指导委员会家庭教育专业委员会（以下简称“家教委”）成员，呼吁全社会积极行动起来，为家长专业素养的提升做好支持服务，让家长由合法的“养者”成长为合格的“育者”，推动我国家庭教育事业健康发展。唤醒家长的“能量”，引导家长明确家庭教育最重要的任务是如何让孩子学会做人，家庭教育是生活教育，有别于学校教育，不是学校教育的附庸。家庭教育无论是在内容、方式还是手段上均不同于学校教育，父母应根据在日常生活中发生的教育契机，相机而教、言传身教。作为家长，应当明晰孩子成长的过程实际上是不断跟孩子一起学习成长的过程。家长要树立五育并举全面发展理念，客观看待孩子的优势智能，正确评估和预期孩子的身心与智能、特长爱好全面发展，从家庭教育的角度真正做到为孩子的未来成长和幸福人生奠基。加大教育科普宣传，将抽象的教育理论变成喜闻乐见的、让普通家长能够用得上的教育方法，多供给一些接地气且可操作的家教科普，让普通家长在遇到家庭教育问题时可借鉴有抓手，从而唤醒家长的“职业”能量，优化家庭教育生态，让家庭教育回归本真。发挥学校在家庭教育指导机制建设方面的优势，顶层设计，积极指导、系统规划，整合资源、构建队伍，建立机制、开展活动，反哺社会、协同育人。以家长学校等方式进行家庭教育指导服务和实践活动，提升教师家庭教育指导能力，让教师成为家庭教育指导的行家，成为“离家庭最近的专家”。

全社会要给予家长这个角色更多的理解、帮助和支持，包括指导服务机制、责任共担机制、补偿干预机制、综合评估机制等，促进家庭学校社会的协同育人机制建设，从“独角戏”到“大合唱”，机制上协同“促进”为家长赋能。从公共服务供给的角度，搭建线上线下相结合的家庭教育服务指导体系，帮助未成年人父母或其他监护人提高家庭教育意识和能力，从而提升家长的“家庭教育素养”。全社会支持家庭教育，支持父母履行职责，推进家校协同育人。通过师范教育奠定家庭教育素养、加强对教师的家庭教育能力指导、家庭教育公共服务体系建设、坚持家庭教育的公益性、加强家庭教育的学科建设和人才培养等途径在制度上推进家庭教育，实现“立德树人”根本任务，培养德智体美劳全面发展的社会主义建设者和接班人。

未来已来，让我们创新发展智慧教育，促进教育思想和教育理念变革，推动教学模式创新，把握技术赋能对教育的革命性影响，推动新技术支持下教育的模式变革和生态重构，全力推动教育高质量发展，加快实现教育现代化，培养大批具有家国情怀、德才兼备的高素质创新人才。

中国中小学名师名校长领航工程丛书

家园文化 变革与发展之路

杨　刚◎著

中国出版集团
世界图书出版公司

丛书序

我在不久前发表于《中国教育报》的一篇文章中提到：必须高度重视我国教育本土实践与智慧的深度研究，这可能是中国教育转型的关键，也是增强教育自信的必由之路。这里摘引其中的几段。

何为“本土”？自然指向的是中国本土，它是中国的，是中华民族的，是在中国教育自身的实践中产生的。但今天的本土，又不是纯粹的孤悬于世界教育文明之外的“孤岛”。近代以来，国门大开，中外交流包括教育的交往从未中断，而且越来越有深度，也越来越融通。因此，可以说，在全球经济一体化的今天，偌大的中国，无论怎样的教育实践和思想，都像今天的中美经济贸易一样，你中有我，我中有你，所以这里的本土应该是指发生在中国大地上却又融汇了全球教育智慧的本土实践，是在实践中产生的智慧。研究本土教育，弘扬本土教育的实践智慧、经验，绝不意味着我们对于他国教育理论和实践的拒绝和对抗。

事实上，许多年来，随着教育部中小学名校长、名教师领航工程的陆续启动，一批又一批原本散落、尘封、不为外人所熟知的教育实践成功的学校、校长和教师典型，经由国家工程的推动，越来越快地成长、发展和成熟。笔者参与教育部中小学名校长领航工程，以江苏基地首席专家的身份，与来自全国15个省市自治区的教育家型校长“互学共进”，见证了他们在一流理论和实践导师的专业引领下自身成长和学校发展的

“蜕变”过程，深感与最为杰出的教育人结伴而行，乃人生至乐，且真正可以教学相长。感受最深的是代表我国现阶段最高水平、最高层次的精英校长，他们在长期的教育和学校管理实践中，在长期广泛学习、借鉴、研究、融会贯通、将世界优秀的教育理论与我国教育实际相结合的过程中，不断地“立功、立德”，成就越来越多的教育辉煌，其中有很多校长已经或者正在形成富于本土教育特色和个性的教育思想。

这样成功的本土实践、这种在本土实践中成长起来的中国教育智慧，对于教育改革的深化，对于教育转型，其借鉴意义和价值深远，一点也不亚于西方教育成功的理论和模式；甚或，因为其同源性、可行性，就显得更加重要。对之视而不见或者置若罔闻，这要么是崇洋媚外的劣根作祟，要么是功利导致的无知和漠视。

到2021年9月中旬，教育部第二期教育家型校长培养工程圆满结业，中国已经培养出近180位教育家型校长。而随着时光流逝，他们中的越来越多的人都将淡出教育的主流场域，这虽然是新陈代谢的规律所致，但对于这一批校长，在这样一个黄金时段，如何最大限度地发挥他们的作用和功能，更好地实现在教育变革中的意义和价值，对此我们又有多少考虑，又有多少顶层设计呢？

作为曾经伴随着他们“走过这一段路”的培养者，作为亲眼见证和感受着他们的优秀、卓越和创造了一方教育辉煌的专家，每每想到这些，只有扼腕叹息，我无法要求国内的教育专家学者转换视角、转变观念，把研究的重点瞄向本土、本土真正杰出的教育实践家、中国一流的教育家型校长群体，也无法突破一般政策的规定，比如校长任职年龄的限制，充分发挥这些领航校长的智慧和才干，不断创造办学和教育的奇迹，引领一方教育顺利转型。我可以做的，或者说力能胜任的，大概就只能是重点关注这些校长中的一部分，调动多方专家力量，如实地呈现他们有关教育的功、德、言，呈现他们的研究成果和创造成果。

这套《中国中小学名师名校长领航工程丛书》正是要通过这些校长

自身成长的轨迹梳理、学校发展的过程回放，通过对其经验与理念、理性思考与实践智慧的展示，特别是通过他们教育思想、管理个性与办学风格的真实表达，以理性开启思维，以经验启迪思想，以成功激励成功，为面广量大的校长人群提供资源帮助，经验参照和方法启迪，推动正行进在改革现实、加快转型、探索未来教育的他们突破、超越，从而为加速建设教育强国、科技强国、人才强国贡献智慧和力量。

不仅如此，通过这种原汁原味的成功样本的“实录”，展示中国基础教育转型期一批勇敢者不息探求的历史，为未来国内有志于中国基础教育研究的专家提供第一手的最真实的素材和资源。也衷心希望越来越多的教育同仁参与进来，开展越来越多、越来越丰富的研究，取得越来越多、越来越厚重的成果。

当中国本土的教育实践智慧被越来越多的教育人、研究者深度关注，当本土教育家型校长和校长教育家的办学思想、成果的研究终于成为“显学”，我国教育改革的深化、教育转型的发展，就进入了花香郁郁、生机勃勃、自信满满的崭新阶段。

本丛书的组织、编写和出版，得到了教育部“国培计划”专家工作组秘书长黄桂珍、领航工程项目办郭磊主任、国教院培训学院于维涛、领航工程北京基地首席专家胡淑云、领航工程广东基地首席专家龚孝华等的大力支持，他们给予本书以较高的评价，在此深表感谢。必须要提到的是，2020 年，北京教育学院校长、培训学院院长胡淑云教授邀我和广东第二师范学院龚孝华教授一同参与了中国教育学会重点课题“从名校长到教育家型校长发展路径研究”，本丛书恰恰是围绕这一课题所做的“研究三人行”之成果了。

严华银

2022 年 2 月星期日于南京老山竹下居

目 录

contents

第一章

家园文化的学理性阐述

中华文化是我们民族的“根”和“魂”，同样也是国家教育和学校发展的“根”和“魂”。学校文化建设是文化强国建设的重要组成部分。文化教育学认为，人是一种文化的存在，因此人类历史是一种文化的历史；教育的对象是人，教育又是在一定社会历史背景下进行的，因此教育的过程是一种历史文化过程。学校文化反映了一所学校的精神面貌，彰显了一所学校的文化特性，决定了一所学校的教育样态，是催生教师专业成长以及学生生命发展的深厚土壤，是学校的性格记忆和独有的发展密码。

中关村第二小学充分发挥“家”在中国传统文化中的独到优势，立足“天人合一”传统生态思想，理解教师作为园丁的深刻内涵，把握传统“家”文化的尊师重道精髓，针对集团化办学现状，确立了把校园办成家园的学校文化建设理念，提出“二小是大家的，二小的发展是靠大家的，二小的发展是为大家的”办学主张，为全体师生提供家一样的愿景、家一样的温暖、家一样的情感、家一样的包容、家一样的担当、家一样的幸福，使各成员校的所有师生乃至家长能在集团化办学的大家庭中各就各位、各得其所、和谐共进，达到“天地位，万物育”的最高境界，从而为“桃红李白　心暖花开”教育愿景提供茁壮成长的温床。

第一节　学校文化的界说

一、什么是学校文化

客观地说，学校文化作为文化的一个属概念，对它的理解和界定首先是受人们对“文化”一词的理解和界定所影响。而文化作为一种亘古绵久的社会现象，其内涵之丰富，使得许多研究者从不同的理论视野对文化的定义给出了各自的界说。

（一）对“文化”概念的发展勾勒

简要地浏览中外学者对“文化”的研究，我们可以发现从文化一词的源流来看，在中国，“文化”是古已有之的词汇，如战国儒生编辑的《易·贵·象传》即载“观乎人文，以化成天下”之句。至西汉以后，“文”与“化”合为一个词，是一个与自然武力相对的概念，强调的是人的内在修养、德性及与之相关的东西。[1]在西方，“文化”的原意侧重于人类的物质生产活动，18世纪时已具“文化”的完全含义，意指训练和锻炼心智的结果与状态，并很快被认为是“通过教育获得的东西”[2]。

就文化概念的数量而言，研究统计表明，早在世纪年代初，美国人类学家克鲁伯和克拉克洪，在其合著的《文化关于概念和定义的批判性回顾》一书中，罗列的从1871—1951年的80年间的文化定义就达164种。郑金洲在其所著《教育文化学》一书中指出关于文化的定义有多种，并且后者将文化的共性特征归纳为四个方面：①文化为人类所特有；②文化是人后天习得和创造的；③文化为一定社会群体所共有；④文化是复杂的整合体[3]。

就文化概念的界定及其所依据的研究路径而言，华东师范大学赵中建教授经过一系列的梳理、研究后指出，文化概念的发展基本遵循着“静态的‘文化实体’”和“动态的‘文化活动’”这样两条不同的发展道路。在我国，对“文化”的定义虽然也是纷繁多样，但在相当大的程度上依然没有超出把文化视为一个复杂整体的基本范畴，即定义的主流还是采取了“静态的‘文化实体’”这一发展路径。如《辞海》中对文化概念的

[1] 范国睿．多元与融合—多维视野中的学校发展篇［M］．北京：教育科学出版社，2002：204.

[2] 美菲利普·巴格比．文化历史的投影［M］．夏克译．上海：上海人民出版社，1987：87.

[3] 郑金洲．教育文化学［M］．北京：人民教育出版社，2000：1.

界定是“从广义上说，指人类社会历史实践过程中所创造的物质财富和精神财富的总和；从狭义上来说，是指社会的意识形态以及与之相适应的制度和组织结构。”

（二）“学校文化”概念的纷呈与基本取向

“学校文化”这一概念的最早提出者是美国学者华勒，在其 1932 年出版《教育社会学》一书中，他把“学校文化”定义为“学校中形成的特别的文化”。但也正如在文化研究中“每个人都可以对文化做出个人的描述”[1]一样，其后的许多著者也同样是从各自不同的领域、以不同的方法和视角对“学校文化”做出了各自的界定。

以我国文化研究者为例：

学校文化，是指一所学校内部所形成的为其成员所共同遵守并得到同化的价值观体系、行为准则和共同的思想作用的总和[2]。

学校文化，是指校内有关教学及其他一切活动的价值观念及行为形态[3]。

学校文化，是指受到学校成员支持促进、规范或激发其成员的行为方式的各行为规范的总和。它是通过学校内社会集团的交互作用而形成的。它主要包括如下四个方面：①教师文化，教师借助教学活动所体现的教师的价值观及相应的行为方式；②学生文化，学生所拥有的价值观及相应的行为方式；③制度文化，规范学校运行的各类制度的总和；④环境文化，学校的物质环境和心理环境的总和。这些方面相互作用的独特表现即为学校文化风格。学校文化，是学校所特有的文化现象，是以学生主体、教师主导为核心的师生价值观以及承载这些价值观的活动形式和物质形态[4]。

综上，关于学校文化大家达成如下共识：①学校文化是一种组织文

[1]　路易・多洛．个体文化与大众文化［M］．上海：上海人民出版社，1987：116.

[2]　朱颜杰．学校管理论［M］．沈阳：辽宁教育出版社，1990：133.

[3]　顾明远．教育大辞典（第 6 卷）［M］．上海：上海教育出版社，1992：426.

[4]　俞国良．学校文化新论［M］．长沙：湖南教育出版社，1999：30–31.

化，也是一种特殊文化。学校是一个社会组织，因而它具有社会组织文化的共同特性和要素，但是又有其特殊的表现。相对于社会整体而言，学校文化是一种具有一定特殊性的文化，与其他文化有着相当的差距，就其内部而言，也有着普遍文化、可选择性文化和特殊文化的区别。②学校文化的多样性和差异性，如学生亚文化，使学校文化既可能给学校预定教育目的的达成带来积极意义，也可能在不同程度上影响甚至阻碍教育目的的达成。③学校文化既包括学校全体成员共同遵循的一些观念和行为，又包括部分成员共同遵循的观念和行为，其核心是学校各群体所共同具有的思想观念、行为方式以及行为方式中体现出的价值判断，其中最具决定作用的是校长、教师和学生共有与共享的价值取向，集中表现为学校精神。

二、学校文化的类型和结构

对学校文化内涵认识上的差异，使得诸多学者对学校文化的类型与结构的区分同样存在着较多的分歧。例如有学者曾从文化生态学的视野对学校文化的构成要素及其类型作出如下分析：

学校文化是一种文化复合体而非单一因素的文化现象，复合体中的各种文化要素在相互作用的过程中对个体产生影响，因而学校文化应是一种文化生态。从文化发生的视角看待学校文化的构成要素时，也是在给学校文化进行分类，其构成要素主要有学校传递的社会主流文化、教师文化、学生文化、班级文化和校园文化等五种，学校文化生态构成的类型则可以分为主流文化目的性价值观居支配地位的学校文化、主流文化工具性价值观居支配地位的学校文化、教师文化居支配地位的学校文化和学生文化居支配地位的学校文化这样四种[1]。这主要是从广义学校文化论的层面，对学校文化教育中文化传递的复杂性以及学校文化诸要

[1] 李学农．广义学校文化论［J］．江苏教育学院学报（社会科学版），1994（1）．

素之间的互动规律给出若干揭示。有的学者主张，对学校文化类型等的研究，应及时汲取国外对组织文化类型、学校氛围研究的成果，加以创造性地借鉴和运用。如美国的斯坦霍夫和欧文斯通过对公立学校的研究所提出的“家庭文化”“机器文化”“表演文化”和“恐怖场所的文化”四种学校文化类型，以及现有研究中较具代表性的“开放—控制型”“健康—病态”“发展性压力—控制性压力”“监管型—人本主义型”和“权威型—民主型”五种学校氛围类型等，可以为不同地区、各个层面的学校文化建设提供相应的启示[1]。学者郑金洲则归纳指出，对学校文化类型的划分，一般主要是从以下两个不同角度加以进行的，一是从学校内部的构成出发，把文化类型划分为教师文化、学生文化、行政人员文化等；二是从文化自身的表现形态宏观到微观出发，把学校文化类型划分为民族文化、社会阶层文化、地域文化等。而在已有的研究中，对后者的关涉较少[2]。

鉴于已有较为公认的研究成果，从学校文化建设的实践出发，在学校文化的层面和结构上，本文将采纳“学校物质文化—学校行为文化—学校制度文化—学校精神文化”这样一个由外而内、由表及里的分析架构，在后文部分对名校问题进行阐述。

三、学校文化的特征

同样，在学校文化功能认识方面，人们一般是把它归结为文化的自我内聚功能、导向与改造功能、约束与调控功能、激励功能等。在学校文化管理过程中，管理者强调要善于运用学校文化这只“看不见的手”的“软约束”作用，通过学校文化建设不断提高学校的整体竞争力。

学校文化的特征体现在：

[1]　赵中建．学校文化 [M]. 上海：华东师范大学出版社，2004：334-336.

[2]　郑金洲．教育文化学 [M]. 北京：人民教育出版社，2000：245-263.

（一）自主性和创新性

作为一种客观存在的文化现象，学校文化的存在是不以人的意志为转移的，身处学校文化之中的任何一人也都必然有意或无意、自觉或不自觉地受其熏陶或影响。但学校组织的教育特性决定了学校文化的有意识性，即学校成员不是学校文化的消极适应者，而是积极能动的建设者和享用者，经过直接或间接的教育选择，学校成员以其积极主动的教育实践建构符合教育意志和自身发展的文化环境，使之成为一个较为自主的文化系统。这种自主和自由，为学校文化的创新奠定了基石，而学校文化的创新又为学校和师生的可持续发展提供依托。因此，自主、自由和创新成为现代学校文化鲜明的精神表征。

（二）生成性和动态性

学校文化是社会文化的一种亚文化，但它不是也不可能是社会文化的简单照搬或压缩。学校是传承文化、培养人才之地，因而学校必须根据育人目标对复杂的社会文化进行选择、提炼和再创造，并生成富有自己特色的文化。这种选择、提炼和再创造，无疑也是一个动态生成的过程，因为现代社会中多元文化的冲突融合与价值选择使学校面临着极为复杂的文化生态环境，致使现代学校文化处于不断选择、转化和更新的动态发展之中。

（三）民主性和开放性

民主和自由是一个组织生命力得以绽放的必要前提。在形成和发展现代学校文化的过程中，学校必须以现代教育价值凝练学校文化核心，借学校发展的共同愿景激发组织成员的内在潜力和创造力，借助多种有效形式确立并充分发挥组织成员的主体地位和作用，通过民主化的管理和人文化的共同学习构建起现代学校文化的生命交往形态。民主的必然也是开放和包容的。虽然学校文化有其相对稳定、持久的一面，但这并不意味着它是保守而封闭的。现代学校文化以其批判继承、创造转化、超越发展的精神特质，在构筑自身价值意蕴和文化取向的过程中生成更为丰富的文化内涵。

四、学校文化建设的价值与逻辑

“学校文化”又称为学校组织文化，是学校的所有成员（教师、职工、学生）以及家长、社区成员等利益相关者围绕学校使命而开展的所有教育活动（课堂教学、德育活动、管理活动等）以及这些教育活动的成果（学生与教职工的成长以及各种精神与物质产品）的总和，是学校成员们的教育生活。

学校文化是学校全体成员在一段时间内的共同产物，学校因为文化的不同而不同。强大的学校文化可以保障学校的成功。学校文化的存在能让教师、学生、家长、学校管理人员及其他学校员工都很清楚地知道学校对他们的期望是什么，使他们的行动和努力与学校的目标紧紧地联系在一起，拥有内在的凝聚力。学校一旦形成自己独立的组织文化，就会具有很强的稳定性，反过来对学校产生巨大的作用。可以说，学校文化实际上已经发展成为对学校变革起主导作用的支配力量。对学生来说，学校文化能引发学生潜能并赋予其以生命意义；对教师来说，学校文化能影响他们的价值理念与行为选择。

参照组织文化鼻祖沙因的划分方法，我们可以把学校文化划分为精神文化、制度文化、行为文化和物质文化；从学校工作的具体范畴来划分，可以分为管理文化、教学文化、德育文化等；从学校工作主体来划分，可以分为管理者文化、教师文化、学生文化、职工文化等；从学校空间的角度分，可以分为教室文化、办公室文化、图书馆文化、楼道文化等；从学校的组织架构分，可以分为班级文化、年级文化、学科组文化、分校文化等。虽然划分方法不一而足，但其实质是殊途同归的，优质的学校组织文化都是基于学校的核心精神建设发展的。

学校文化理念体系主要包含学校核心价值观等精神文化的呈现，而实践体系主要围绕管理文化、课程与教学文化、德育文化和环境文化展开。学校的核心价值观是学校的教育哲学、办学宗旨或办学理念，是学校文化的灵魂所在。“它是从多样的学校价值观中抽取的带有基础性的或能够为不同价值主体共同选择的价值目标”。[1]它是学校成功的一整套复杂信念体系的简化，往往通过一系列的集中表述而宣示出来，如学校的“办学理念”“育人目标”“培养目标”“校训”等都可以理性地、准确地表达学校的核心价值观。管理文化是指管理者在学校管理中所展现的管理思想、管理行为、管理过程和管理结果，其核心是管理的价值观念，体现为学校管理者的管理标准和行为方式，比如学校管理制度，就是学校在教育实践过程中所制定的规范行为的规章或条例。课程与教学文化是指在学校课程建设和课堂教学、活动中形成的比较稳定的思维方式、价值观念和行为习惯的类型或范式，是学校文化核心价值观在课程建设、课堂教学领域的直接体现。德育文化是指学校在系统培养学生思想、道德、心理品质等素质的过程中体现的思维范式、活动机制、途径和成果，不同的德育文化展现了组织成员相异的生活方式、交往方式、素质养成方式等。学校的环境文化主要是指学校的物理环境，这些物理环境由于人为的设计和安排，而构成了教育生活的可视化的重要部分，也是整个学校文化的物质基础。学校的环境文化主要体现为设施、设备、景观等三个主要方面。

学校文化的重心是它的价值性，正如前面提到的，学校的核心价值观通常以“办学理念”“办学宗旨”“校训”等形式表达出来，没有这些关于核心价值观的表达，一所学校的教育生活就缺少了灵魂，缺少灵魂的教育生活当然不是我们所追求的学校文化。因此理念体系的表述是文化策划方案中的重点。同时，鉴于文化的各构成部分具有内在的、有机的联系，因此，理念体系与实践体系间具有强烈的内在一致性。需要再次强调的是，学校文化通常是个性鲜明的、独特的、难以复制的，当一所学校提出了不同于其他学校的理念，或者虽然理念相近但实践方式上具有独特性，或者实践方式上相近但成果质量大不相同，那么这些理念、实践及其成果就具有了文化上的意义。

[1] 石中英．论学校核心价值观及其形成［J］．中小学管理，2008（10）．

第二节　家园文化的解读

一、传统“家”文化的内涵

传统的“家”文化，是以血缘亲情为纽带的家庭、家族为实体存在的形态，以父系原则为主导，以家庭、家族成员之间上下尊卑、长幼有序的身份规定为行为典范，以祖先崇拜和家族绵延兴旺为人生信仰的一整套家法族规，并把这一套家法族规从理论上升华泛化到全社会的各层面，从而成为人类文化传统中占据统治地位的思想体系。从定义中，我们看出，“家”文化有两层含义：一层是传统的家庭文化，而另一层家庭文化泛化到社会、国家的文化表现，在此笔者的定义为“家文化的泛化”。

（一）物质文化之勤俭

传统家文化中的器物文化之勤俭表现在家庭生活中就是勤俭持家，勤俭是中国几千年文化形成和传承的家庭美德。在《尚书》中有句话是“克勤于邦，克俭于家”。勤俭是勤劳和节俭两个含义，在财富生产过程中要保持勤劳的状态，在财富集聚的过程中要保持节俭的状态。可以看到，中国几千年来的名门望族的发家史，大部分是勤俭自强的奋斗史；一些青史留名的大人物，在家庭生活中就十分倡导节俭。通常勤劳的人也是比较节俭的，他们知道财富来之不易，而不亲自劳动的这部分人对待财富就比较挥霍。比如晚清名臣曾国藩，曾国藩的德行、学问、官品和事功都很高，有如此大的成就与其勤俭持家的家风密不可分。

（二）精神文化之和谐

传统家文化中的精神文化之和谐体现在家庭生活中就是家庭成员的身心和，夫妻和、父母子女和、邻里和，人与社会和，人与自然和。和谐是传统家文化的基本精神和重要理念，家庭成员的和睦共处有利于家庭的家业兴旺和家道昌盛，家庭和睦，社会才能和谐，所以就是家和万事兴。传统家文化中的精神文化之和谐是齐家文化，齐家必先修身，修身必须要先正心。心正，身才能正。

（三）制度文化之规矩

传统家文化中制度文化之规矩主要表现在家族制定的家礼上。家礼是家族或家庭为了实现家庭内部的和谐稳定和持续发展，为家庭成员建立的日常行为规范。当前流传影响最大的是司马光的《书仪》和朱子的《朱子家礼》。传统家文化中的制度文化注重对家庭成员的日常教化，家礼和家规中包含着大量的行为规范，用于教化家庭成员对传统规则的服从。教化的方式有日常生活中的教化、礼仪规范上的教化和赏罚惩戒上的教化。

（四）关系文化之情感

传统家文化中关系文化是主体文化，关系文化之情感表现在家庭生活中就是父慈子孝、兄友弟恭，孝悌为本、尊老爱幼。为人子则孝，为人弟则悌。中国传统家文化最为看中亲情关系，重视孝悌人伦的培养教化。

二、“家”文化的衍生：家园文化

家园文化是在实践过程中所创造和形成的具有类家庭性的行为方式、共同信仰和价值理念。打造家园文化，就是要使每个成员给予公共家园类家庭式的认同，视公共家园如自己的家。家园文化建设是学校进行素质教育、实现内涵发展的重要途径，也是深化素质教育的有效途径。家园文化是把学校、教师的行为和精神有机地融合在一起，形成一种力量，一种精神，一种氛围，一种习惯，它源于中国传统文化，根植于教育时代要求，成长于学校发展历程，是独具特色、自成一体的校园文化体系。家园文化元素是“大爱”“责任”“规范”“和谐”，家园文化的内涵是“大爱聚家，责任立家，规范齐家，和谐兴家”。家园文化是以人为本的具体化，倡导“学校是我家，发展靠大家”理念，让教师在这种工作氛围中工作，自觉地把自己的行为和价值取向集体靠拢，体现共同的价值诉求，以学校的发展实现自身的发展。家园文化在学校管理中具备凝聚功能、导向功能、约束功能、激励功能、辐射功能。家园文化核心元素是“和”，建设和谐的校园，培育“家”的情怀，最重要的是“人和”。在以人为本的管理模式下，对教师的关怀与尊重体现在每一个环节。在学校现有制度的基础上，采取民主集中的原则，充分发挥教代会的作用，从群众中来，到群众中去，完善学校管理制度，使管理制度更加全面、规范、具体，为师生的发展创造良好的环境，营造出融洽和谐的人际关系和民主平等、团结互尊的良好氛围。家园文化所追求的是人的自由、发展、和谐，是满足个人和社会需要的和谐，是求真善美的和谐。它的核心是强调人格尊严、理解与宽容、自由与责任以及对人类和自然的关爱的和谐。让和谐精神伴随教师专业成长，营造一个关爱教师发展的氛围，不断提高教师的思想素质和业务水平。在“家园文化”的引领下，师生共同“构筑自主发展平台，创建快乐幸福家园”，把学校办成既是学园又是家园的学校，成就师生的健康人生和幸福生活。[1]

“家园文化”着力培养师生们的“家园意识”，增强对学校作为家园所寄予的安全感、归属感、幸福感的“家园情结”，人与人之间以家人相待，使人获得安全感、避免焦虑和空虚，进而促进师生员工之间各美其美、美人之美、美美与共。

第三节　为何要建设家园文化

一、家校之间的天然连接

首先，家是最早的校，校是延展的家。在中国传统文化和世代中国

[1] 孙泰巍．“家园文化元素在学校教育中的运用与价值研究”研究报告［J］．教育论坛，2016（2）：25-26.

人心目中，家校间存在天然的不是血缘却胜过血缘的联系，世人皆知的“一日为师终身为父”的佳话可谓一语道破天机。

家文化的载体包括物质、精神、社会、活动与方式等方面，家本身就是鲜活的教育现场，家是最早的校。个体从出生到终生，家都是长期生活的一种长久的文化环境，受这种文化模式影响和作用，其心理、性格、行为必然表现出该文化模式的个性，并且教化愈久，这种性格特征也就愈鲜明。学校作为教师职业生涯几乎全部的文化环境，作为学生学习生涯十多年的文化环境，学校构建家园文化也就具有了进化论的必然性和逻辑性。

学校是家的延伸和拓展。哲学家阿格尼斯·赫勒说过：“我们都需要家园为我们提供熟悉感、自信感和温暖。”随着个体和社会的发展，家的很多功能都需要学校延展和强化，比如教育功能，家长的言传身教延展到学校更系统、更全面、更科学、更专业化的教育；关爱功能，家长的关爱、家庭的关爱，延展到学校教师的关爱、同学之间的关爱；生活的功能，家长对孩子学会生活的指导，延展到学校教师和同学对学会生活的引导和影响；社会化的功能，家长对孩子社会交往和为人处世的引导，延展到学校教师和同学对学会为人处世的引导和影响；卫生健康的功能，家长对孩子讲卫生和保健康的引导，延展到学校教师和同学对卫生习惯、增强体质的引导和影响等等。

教育哲学家内尔诺丁斯曾言，最好的学校与最好的家庭是相似的。他们不会把自己的孩子蓄意划分为三六九等，会尽可能保护孩子免受伤害，会通过沟通来发展共同的和个体的兴趣，会和孩子们一起共同工作，会增进他们真正的学习乐趣，会引导孩子道德和精神的发展，会促进他们对人类伟大成就的认知和欣赏，会鼓励孩子热爱环境、保护自然，会教会孩子与他人共处。这样的学校值得生活在其中的所有成员珍视。在这样的学校里，我们追求学生思考和见解的多样性、教师个体发展的内在潜力和多种可能。高度尊重多样性的价值，尊重学校通常存在的学生间常常出现的社会规范、家庭背景、父母教养方式、学生智力发展水平、个人发展前景等方面的差异，因为只有那些处境不利的学生获得同样优质的发展机会，学校才是成功的；承认、重视多样性，鼓励个体声音的表达；强调公平、伦理价值、公正、关怀和尊重的信念，为学校中所有个体和群体提供充分的、平等的机会。

二、教育亟需“精神家园”

山东省曾经对28791名中小学教师调查发现[1]，从教5年内和20年以上的教师职业幸福感体验最强，教龄在5—20年的教师职业幸福感体验最低。也就是说在教龄在5—20年的教师，大多数进入成长苦恼期。他们背负工作和家庭双重压力的同时，自身的专业成长也似乎进入“瓶颈”期，个人的教学方法和风格已经形成，教学水平提升有限，职业晋升空间不大，职业倦怠感空前强烈，所以此教龄段的职业幸福感体验较低。

有人采用华东师范大学周步成修订的心理健康诊断测验（MHT），对中小学生心理健康状况的调查研究发现，有较严重心理健康问题的占调查人数的2.6%；存在一定心理问题的占调查人数的55%，有学习焦虑症状的占调查人数的63.3%，各分量表的阳性检出率大小依次排序为：学习焦虑、过敏倾向、自责倾向、身体症状、对人焦虑、恐怖倾向、冲动倾向、孤独倾向。71.0%的中小学生至少有一项或一项以上存在心理健康问题。

为了学生的幸福，教育中需要关注学生的需求，不仅是学生对幸福生活向往的那些方面，还包括每个学生的具体需求，并把教师对改进教育工作的思考落实到学生个体层面。所以，教育中的幸福，宏观上是“以人为本”教育理念的落实，中观上是基于影响因素研究的整体提升策略问题，微观上是学生个体的个别化教育问题。

[1] 张丽，傅海伦，申培轩．中小学教师工作困扰、消极情绪与职业幸福感的相关研究——以山东省域数据调查为例［J］．当代教育科学，2019（11）：57-63.

综合可见，师生渴望的幸福生活更多的是“家”所具有的“温馨”“安全”“舒适”“和谐”“快乐”“共情”等综合性深层感觉，也就说学校亟需建设家园文化，成为精神乐园。

第四节　家园文化的理论基础

一、中国传统文化基础

中国几千年文明发展积淀的优秀“家文化”传统，始终围绕修身治家、处世为政的价值观教育与人格塑造，是中华民族绵延不绝、兴旺壮大的深厚历史底蕴，家文化的精髓为学校家园文化提供深厚的历史基础。

立德树人是传统家文化的核心要义。《管子·权修》：“一年之计，莫如树谷；十年之计，莫如树木；终身之计，莫如树人。一树一获者，谷也；一树十获者，木也；一树百获者，人也。我苟种之，如神用之，举事如神，唯王之门。”“十年树木，百年树人”，比喻要使小树成为木料需要很长的时间。而培养一个人成才则需要更多的时间，是个长久之计，并且十分不容易。儒家倡导的“正心”“修身”“齐家”“治国”“平天下”是中国传统家文化的主线。正心即端正心态、塑造正确的心理，修身即修养自身身心，培养良好的品格，习得为人之道。这在学校的家园文化中，依旧是核心，对教师而言，就是师德师风建设，对学生而言，就是立德树人、德育为先。因此，传统家庭教育，家长十分重视言传身教，以身作则。

家和万事兴是家文化的精髓之一。儒、佛、道、墨诸家，都主张人与人之间、族群与族群之间的“和”。“家和”要求家庭成员之间和睦相处。家园文化弘扬家文化中“亲亲”“仁爱”优秀传统，“亲亲”要求对待学校所有成员要有“仁爱之心”，像热爱自己的亲人一样，所谓“老吾老以及人之老，幼吾幼以及人之幼”，其乐融融。《论语·学而》提出“礼之用，和为贵”。传统家文化强调的和为贵，在学校家园文化建设上，具体体现为师师之间、生生之间、师生之间、干群之间、家校之间、家社之间的和谐共生、平等包容、宽容礼让、彼此礼敬、互帮互助。

家国情怀是传统家文化的境界。在中国传统文化语境中，“家”和“国”构成一个自我相关的阐释系统。中国人对于国家的依恋心理表征归结到一点就是“爱国如家”。黑格尔说：“中国人把自己看作属于他们家庭的、同时又是国家的儿女。”自己归属于家，也归属于祖国，构成了中国人丰富的情感层次。由对家的依恋到对祖国的热爱，不仅构成了民族凝聚力的基础，而且也有利于培养个体成员的家庭责任感和社会责任感。对学校的爱也正是师生从爱家到爱国中间的最佳过渡。

二、生活教育理论基础

家园文化是最贴近生活教育论思想的理念。生活教育的理论是陶行知教育思想的主线和重要基石，主要包括生活即教育、社会即学校、教学做合一这三个方面。主张教育同实际生活相联系，反对死读书，注重培养儿童的创造性和独立工作能力，后又把生活教育的特点归结为生活的、行动的、大众的、前进的、世界的、有历史联系的几方面。让教育回归并深深地扎根于现实的生活，从而从根本上改变教育脱离生活的局面，重新找回生活之根、生活之本。而这个根和本的源头就是家园。

家园文化为教育回归生活搭起桥梁。“教育回归生活”包括现实生活和理想生活两方面，家庭生活无疑是最现实的生活，但教育既要立足现实生活，更要超越现实生活而指向理想生活，这就必须由学校来完成，因此，学校建设家园文化就在现实和理想的生活之间架起了桥梁。

第五节　中关村二小的家园文化

中关村二小的家园文化在弘扬“家文化”优秀传统基础上，汲取“园”的生态营养，借鉴生活教育论里的先进思想，总结有关家园文化建设的经验教训，顺应家园文化发展趋势，满足集团化办学优质均衡、高质量发展的需要，创建并不断发展完善了自身独具特色的学校家园文化，从而为“桃红李白”教育新生态提供了营养和温床。

一、家园文化的形成背景

中关村第二小学于1971年建校，目前已经走过了四十余年的历程。回顾二小近些年的发展，我们走过了一条一校多址办学的发展之路。

1998年7月，学校承办海淀区上地实验小学，由此开启了多校区办学的篇章。2008年，上地实验小学独立办学，短短10年，上地实验小学已经成为海淀区素质教育优质校，得到社会的广泛认可。1999年7月至2009年7月，学校积极参与海淀外国语实验学校小学寄宿部的建设，为海淀外国语实验学校输出优秀的管理经验和干部、教师团队，为海淀外国语实验学校的发展贡献了力量。2003年7月，学校合并成府小学，接收成府小学所有师生。

2003年7月，学校承接华清嘉园配套小学，该校区从零起点发展至今，办学规模不断扩大，社会声誉良好。2009年1月，学校合并西北旺小学，通过各种途径努力让更多农村地区的学生享受二小的优质教育。2009年4月，学校承接海淀北部新区百旺新城配套小学。四年多来，百旺校区实现了高起点、跨越式发展，努力实现区委、区政府把优质教育向北部新区扩展的目标。2019 年，学校承接万泉河分校和昌平学校。2021 年，新建海淀区科学城北区分校和科学城北区幼儿园，发展成为拥有一校六址一园的集团化教育发展的规模。

五十多年的发展，二小的发展经历了由最初的一个校区，到最多时参与 7 个学校或校区的发展建设，再到现在集团化办学的演变过程。在学校发展过程中包括承办分校、与民办学校合作、合并区域内薄弱学校、承接新建小区配套学校等多种形式办学，成为海淀区小学中参与办学形式最多、承接新建校、合并校最多的学校。

在二小合并的学校和承接的校区中，有高品质住宅的配套学校，有城乡接合部学校，还有纯农村学校。学生家庭背景多种多样：有高知子女，有普通工人的孩子，也有外来务工人员子女等。无论是大校还是小校，都有各自多年形成的办学思想与管理风格，尤其是合并过来的教师大多习惯了原来学校的文化，面对着全新的环境，老师们既有希望又有忐忑。那么，如何让各个校区师生在一起真正成为一家人？如何让每一位教师都得到最大限度的发展？如何让每一位学生都能够享受到二小最优质的教育？这是我们这些年在办学过程中始终在思考和实践的问题。

我们深知，学校文化是形成一所学校个性、魅力和生命力的关键，是全校师生员工在长期的办学过程中培育形成并共同遵守的最高目标、价值标准和行为规范，也是学校办学理念、校训、校风、校貌的浑然天成。二小在办学过程中，必须要根据学校发展的特点，不断分析和吸收来自不同学校的办学思想和文化，使之融合在一起，形成二小所独有的办学思想和学校文化。

在这样的思考下，我们提出用“家园文化”引领学校发展，以此来缩小校区间的差异，缩短心与心的距离，实现资源共享、文化共融、品牌共创、合作共赢。二小在多年的办学中，得到老师们广泛认可的是二小和谐融洽的人际交往、宽松愉悦的工作环境，活泼进取的学习状态，我们把这种氛围称之为“家园式”学校文化。

二、家园文化的内涵

“二小是大家的，二小的发展是为大家的，二小的发展是靠大家的”，[1] 这三句话体现了家园文化的精髓，已经成为二小全体师生员工乃至家长所欣赏、推崇并以此为行为原动力的一种共识。

二小是大家的。二小强调：在二小这个大家庭里，各个校区只有地理位置不同，没有先后顺序之分，也没有身份地位之别；有的是统一的管理、充分的接纳、平等的待遇，突出每个人在二小的主体地位和对学校发展的重要意义。正如从成府小学合并到学校的郑老师所说：二小尊重每一位教师，这个大家庭用她特有的大气与包容接纳了我们，并给予我们充分的信任与理解、关心与关爱……

二小的发展是为大家的。在家园文化的引领下，学校充分尊重教师的合理意愿，如选择校区的意愿、专业发展的意愿等。特别是涉及教师利益的事情，更是充分尊重每位教师的意愿。比如：原西北旺小学刚刚合并的时候，我们把二小的工资方案和西北旺小学的工资方案对教师公开，让教师自主选择合并后希望执行的工资方案。教师们从中实实在在地感受到了尊重与民主，也由此对学校的文化产生了认同感，对学校有了归属感。

二小的发展是靠大家的。在家园文化的浸润下，教师们在各自的岗位上努力工作、倾情奉献、不断反思、大胆创新，真正成为学校发展的主人。家园文化是爱与责任的文化。在这里，学校给予教师浓浓的人文关怀，干部给予教师热情的帮助，教师给予学生真情的付出……人与人

[1] 杨刚．同步·优质·均衡：“一校多址”办学的实践探索［J］．中小学管理，2014（10）：32–33.

之间充满着像家人一样的真情，各个校区均呈现出和谐、进取、蓬勃发展之势。

三、家园文化的功能

二小的家园文化主要实现了如下四方面的功能：

其一是通过爱与尊重实现凝心。爱与尊重是家园文化的核心。没有爱，就没有教育；没有爱，就没有家园。“家园文化”浸润之下的二小以爱与尊重为前提，最大限度地调动了师生的潜能。每一位教师像爱家人那样爱同事，像爱子女一样爱学生，更像爱自己的家那样爱学校。

爱，在那相逢一笑的温情中，在那互帮互助的鼓励中，在那讲台上精彩的表现中，在那挑灯奋战的身影中，在那朗朗的读书声中。校园中的每一颦每一笑、每一人每一事，都在向我们传递，传递着拼搏，传递着无穷无尽的爱的讯息。

爱，托起我们每个人心中的太阳，使希望洒满可爱的校园的每一个角落。愿我们心中的这份爱能为二小再创辉煌！

其二是通过平等与包容实现聚力。随着二小办学规模的不断扩大，我们在办学过程中也面临着新的问题和挑战。那就是，如何让来自不同校区的师生与原二小的师生真正成为一家人，形成更大的合力？带着这样的思考，二小坚持用“家园文化”引领学校发展，在多校区办学实践中，不断分析和吸收来自不同学校的办学思想和文化，缩小校区间的差异，缩短心与心的距离。以“家园文化”的力量推动多校区的发展，实现资源共享、文化共融、品牌共创及合作共赢。在学校多校区办学背景下，家园文化的内涵不断丰富，更加平衡与包容。

学校用平等与包容的家园文化接纳来自合并校的每位师生，让每位教师都能在二小有最大的发展，让每名学生都能享受到二小最优质的教育。“家园文化”内涵的丰富，把各校区所有的师生凝聚在一起。

在多校区发展建设中，面对承接、合并校师生，二小心怀海纳百川的胸襟，这个大家庭用她特有的大气与包容，接纳了各分校所有的教师，并给予了教师充分的信任与理解、关心与关爱……

平等与包容是“家”文化的内涵发展，“我的学校我的家”得到了每个成员的认同。在一个好的家庭中，没有人会被刻意划分为三六九等，在教师心目中，学生是最重要的；在校长心目中，教师是最重要的。教师爱学生就像父母爱孩子，同事之间就如兄弟姐妹之间互相支持，这在中关村第二小学已经是大家非常习惯的事情了。平等与包容让各校区的教师更像唇齿相依的兄弟姐妹，汇聚在一起的不仅是人，更是心灵。

其三是通过民主与参与实现共建。“二小是我家，发展靠大家”充分体现了二小倡导的民主与参与文化，学校鼓励教师和学生主动参与学校的发展和建设。徜徉在二小的校园，这里真正的主人是教师、是学生。在这个幸福的家园里，老师们主动地、创造性地参与学校的管理和建设；在这个幸福的家园里，学校充分尊重教师选择的发展意愿；在这个幸福的家园里，不同校区、不同岗位的教师都得以极大的发展。

在二小的发展进程中，每一位教师都有其独特的价值。作为教育的亲历者、参与者、实践者，他们在各自的岗位上共同推进着学校各项教育教学工作及育人事业二小不仅尊重每位教师的价值更注重聆听每一位教师的声音。

其四是通过“家的味道”找到心灵的归宿。学校就应该像家一样，来到校园，就像回到家里一样熟悉、温暖、快乐、自由……这个家里充满着暖暖的人情味儿：领导给予教师最真切的关怀，教师给予学生最温暖的关心。这家的味道是人与人之间和谐、融洽的相处，我们的校园因此更加宽敞而明亮；这家的味道是心与心之间自由、舒爽的交流，我们的校园因而充满着安全与快乐。学校这个大家庭里充满着暖暖的人情味儿，让走进学校里的每一个人都像回到家里一样熟悉、温暖、快乐、自由和安全。

链接 >>>

家园文化的探索之路 [1]

杨刚

2003年，年仅28岁的我走上校长岗位。作为一位年轻的学校领头人，我在满怀教育激情与梦想的同时，深感到自己肩上使命艰巨、责任重大。学校已经具有相当的规模、质量和美誉度，与此同时，由于年龄代际、岗位职责、工作思路的差异，学校也面临着不少挑战。如何既继承以前积淀的优秀传统，又能够凝心聚力、开拓创新、共谋发展？经过一段时间的沉静思考，我确定了“学校要在继承中发展”的思路。

那么继承什么呢？首先是继承优秀文化。二小有宽松的工作氛围、和谐的人际交往、不用扬鞭自奋蹄的工作作风，每一个人都是这里的主人，每一个人都在追求卓越。这种感觉已经浸润在每一个人的心田，外显于行动。那么，二小形成的这样好的氛围是什么样的文化呢？我通过查阅资料、不断学习，同时研究些优秀企业的文化，终于找到了答案。

2003年6月，我在全校教师大会上提出了“用家园文化引领学校发展”的理念。家园文化的指导思想是“以人为本、关注发展”；家园文化追求的目标是“自我管理、自我发展、自我超越”。家园文化的具体内涵是：“二小是大家的，二小的发展是为大家的，二小的发展是靠大家的。”这3句话已经成为每一个二小人所欣赏、推崇并以此作为行为原动力的一种共识。

家园文化的提出既是对学校原有办学文化的提炼，又是对学校美好未来的憧憬。家园文化背景下，校长不是一家之长、高高在上、发号施令，而是要心中装着每一位教师。每一位教师都是学校的主人，都担负着各自的教育任务，都要面对自己所教班级的每一个活泼可爱的孩子。每一

[1]　杨刚．让每一缕阳光照进孩子的心田（第1版）[M]．北京师范大学出版社，2018:107–108.

位教师都需要被关注、被重视，每位教师都需要得到支持、获得发展。

家园文化，强调的是在学校办学中要形成利于教师发展、学生成长的软环境，让师生能够在身心轻松的环境中健康发展，促进积极状态的形成；让师生身心愉悦，减少负面因素的不利影响；让全体教师聚焦课堂，聚力在学生身上；让学校成为教师的心灵港湾，成为每一位教师和学生又一个健康的生命家园。

家园文化像一种强有力的凝聚剂，使二小人产生相当的归属感。家园文化，借助精神纽带和心理场来唤醒和激发每个成员对学校的深厚感情，把他们紧密联系在一起，从而在校园内建立起团结和谐、信任理解的人际关系，并达成对真理和学校目标的共识和追求。在二小，师生可以自由对话，“尊重”被给予最好的诠释；在二小，宽松和谐的工作氛围是满满的包容，是爱的延伸；在二小，谁都拥有广阔的舞台，赏识与激励点燃每个人的梦想！

四、家园文化的七大园系

走进中关村第二小学，你就走进一个学习与生活的乐园，就走进了一个家园，这是二小人的梦想：让每名学生、每位教师、每一位家长都因为走进二小而有一种幸福感，人与人之间都充满了真情……在这幸福的家园中，教师努力工作，甘于奉献，不断反思；在真情的涌动下，学生快乐地学习，幸福地成长……这里是二小师生向往和眷恋的精神家园，这就是二小的家园文化。

中关村二小家园文化体现到各个方面，落实到各个细节，取得了扎扎实实的效果，摘录下面几个细节可以管窥二小家园文化的真实展现、真情实感。

（一）满足学生追求美的需要——花园式校园

亲近自然，感受花园式的校园。

上万平方米的绿化空间，四季有景，乔、灌、花、草错落有致，数十种相结合，让校园充满生命力的同时，更是孩子们学习的有效载体。

校园中每一个品种的植物都配有标识牌和观察卡，使学生们能经常认识植物，研究植物。学校招募的小小管理员成为四季植物的守护者。那些和树木相关的多个成语更是让孩子们记忆深刻。独具特色的药用植物园吸引了众多学生体验种植的乐趣，而最让人流连的，则是果树街营造的一年一度采摘节的盛景。

在学校儒雅教育的熏染下，校园中一千多名师生能够人人做到不随意采摘，触手可得的果实都可以等待到饱满成熟而不被损坏，美丽的果树促成了社会公德意识的从小培养，让大家享受到分享与共享的幸福。像这样跟植物相关的活动一年四季都很丰富。

春的约会——我们设计了“我眼中的春天植物摄影展”“校园植物写生”。夏的童话——我们开展“我为小树挂名片”和“开心农场”。秋的收获——我们组织“美丽的叶贴画”以及“奇妙的种子拼图”。冬的储蓄——安排了丰富的“植物科普大讲堂”。

一系列围绕校园植物开展的活动以及独具匠心的校园水循环灌溉系统引领学生深入探索人与自然的和谐共存之道。

我们希望将校园打造成花园，将绿化创造成文化，因此《植物的家——校园植物文化品赏》一书应运而生，这是我们送给学生的一份珍贵礼物，这里一定有他对童话般校园的美丽回忆。

（二）满足学生的好奇心和求知欲的需要——乐园式校园

尽享快乐，体验乐园式的校园。

富有特色的 VI 导视系统，多彩的书虫区，开放的健身区，精心设计的下棋区，专门修葺的沙坑，休闲散步的银杏广场，设施齐备的运动中心，等等，无不满足学生的不同活动需求，让孩子们在自由的学习空间里体会成长的乐趣。

由学生和老师利用学校装修时废弃的板材边角料制作的彩绘装饰展台和废品回收箱，为校园增添了一抹亮丽风景。校园的美丽是大家描绘的，校园的快乐更是大家赋予的，这里则蕴含了小小的神奇的教育力量在浸润着每一个走过路过的学生。

自主开放的创意空间是孩子们极为喜欢的一方天地。纸卷创意画、蛋壳彩绘、玉米黏土游戏……丰富的动手实践令孩子们创意无限，自主式开发活动主题，自助式开展交流互动，这样的自由活动场所带给学生的不只是快乐，更是智慧的开发和才能的积累。

我们希望将校园打造成乐园，将公共空间设计创造成文化，这是我们奉献给学生的一个从游戏中学习知识、感悟成长的地方，这里一定有他充满欢乐的童年记忆。

（三）满足学生学习、生活方便舒适的需要——家园式校园

沐浴温馨，感悟家园式的校园。

教室里，展示墙、办公区、储物柜，这些精心别致的空间设计营造了温馨的教室文化。紫外线消毒灯、吸音墙壁、防滑地面、量身定做的人体功能学桌椅带来的更是学生的健康与安全。门禁系统与学生卡的绑定，告别了钥匙时代，让每一名学生都成为班级的主人。

工程浩大的楼道改造更体现了人文关怀的理念——窗户扩展至原有的五倍，让楼道中阳光四射，教室里空气流通。开放设计的办公室不再让学生望而却步，老师随时欢迎同学的来访，随时参与学生的互动，师生像家人一样亲近自然。在访问了不同年级众多学生的切身体验后，依据不同年级学生身高设计的专属卫生间也算是有心之作，采用校服色彩、加密洗手池、降低隔板、加装物品架、增设工具间，学生建议逐条落实并加以提升。

我们希望将校园打造成家园，将教室功能建设创造成文化，这是我们传递给学生的一种关心、一种尊重。

（四）满足学生自我教育的需要——魅力校园

精心构思，彰显魅力校园。

我们努力让校园中的每一个空间处处有景，景景育人。这些或大或

小的具有艺术价值或象征意义的经典景观就是一个个文化符号，它传达着教育者的理念，给人以美的享受、理性的启迪。

在公共空间中，有我们历时一个学期、从四千多名师生的访谈材料中征集出来的富有年级特色的师生心灵对话，有文化墙上写给学生的座右铭，以形悦心，以文悦目，滋润着学生的成长。

新近落成的校园文化馆是我校开展爱校教育的最佳基地，一年级的入校教育和六年级的毕业离校教育都将在馆内开展。

再如一入校便映入眼帘的主题雕塑讲述着十二个梦想的故事。学生把自己天马行空的理解创作成了一首儿童诗，每每读到都能感觉到学校所倡导的自由想象、自主创新的信仰。

出自师生共同创造的还有吉祥物展区的“蓝博豆”，它象征着我们将为每位学生提供展示自我，发展自我的舞台。

教学楼门厅悬挂的名为《一天到晚游泳的鱼》纸雕塑是师生利用学校购买电脑拆下的包装箱手工制作的，其中巧妙蕴含了学校的文明礼仪教育主题，我们将慢步轻声、右行礼让和鱼群优雅地游、安静地游、有序地游、自在地游相融合，从制作到展示的过程中，我们相信绿色环保、文明儒雅的教育意义无声地发挥着巨大作用。

值得一提的，还有令孩子们无比骄傲的《交换书屋》，这是利用预留的电梯井改造的，小小空间却有着大学问，依然是自主自助的操作理念，激发学生读书的意愿，培养着学生社会化行为习惯，塑造着一批又一批学生的志愿者精神。

我们看到，学生在美观、开放和文化内涵丰富的环境中生活，可以潜移默化地影响他们个体思想品质、道德情感和道德行为，达到如“入芝兰之室，久而不闻其香”的教育效果。

我们希望将学校打造成魅力校园，将环境布置创造成文化，这是我们用心引导学生自我教育的独特方法，这里一定有他受到启迪和熏陶的校园记忆。

（五）满足学生信息素养提升的需要——数字校园

服务学生，打造数字化校园。

使校园环境在时间和空间上得以延伸。校园内除了实现了领先的信息化基础建设。值得一提的是教学楼内 25 个视频终端随时传递着三个校区的及时动态公告，教师和学生自编自导自演的校园公益广告是这里宣传的主流，保障了多校区教育效果的优质同步。学校还建有海淀区第一批试点单位的互动录播教室，以及先进的虚拟演播室、网络电视台、数字录音棚等各类专业制作中心，充分满足了学校教育教学的各项需求，数字化环境成为我校培养一批又一批素养全面的优秀学子的沃土。我们希望将学校打造成数字校园，将先进的信息技术应用创造成文化，这是我们提供给学生的打开未来知识世界的钥匙，这里一定有他开启智慧的源泉。

（六）满足学生校园安全的需要——平安校园

安全为本，构建平安校园。

全校 400 余个监控和完善的周界报警，以及先进的电子巡更系统提高了校园的治安防范能力。本学期，我们又增设了校门口数字化身份识别系统，优化三校区师生平安入校管理，杜绝了无关人员进入校园的安全隐患。我们希望将学校打造成平安校园，这是我们提供给学生的最基本的却又是最重要的一项保障。

（七）满足学生多层次的需要——和谐校园

搭设平台，创建和谐校园。

人们对环境的需求是多方面的，应满足师生在不同时间和不同场合的需要。根据不同年龄、不同兴趣爱好的学生，学校尽可能营造多样的学习环境，让大家总能充满期待。

我们将每个年级的楼层赋予了不同的文化内涵，让整个学习地带充满了童心般的色彩。专业教室区域的手绘墙壁传递着学科特色，独到的格局设计彰显了艺术的魅力。书法教室的古雅安静，合唱教室的清新明快、舞蹈教室的专业，科技教室的神秘，天文教室的梦幻……这里让孩子们尽展才华，这里为学生提供了无限的发展空间。我们希望将学校打造成和谐校园，这是属于每一个选择二小学生都能享受到的均衡优质的教育资源。

我们深知，校园环境建设是一个动态的、发展的系统工程。二小人将继续用对教育的满腔热情、对学生的无限真情去描绘这个充满魅力的人文校园，并将这种校园环境文化通过我们有效地组织和利用，使之可以对每一名学生产生耳濡目染、潜移默化、养性怡情的积极作用。未来的二小校园，将展现出更为独特的风格，彰显出校园环境建设中新颖独到的教育品位。

链接 >>> 二小教师的肺腑之言

我的学校，幸福的家

职业的幸福是什么？

是处处有朋友的关心，大家像一家人一样。

是有人关注你努力工作的同时关心你是不是累了？

是对工作永葆积极乐观的心态。

是心中有梦，有对教师职业的理想与执着追求……

生活就是一个七日接着又一个七日。

有人认为生活和工作是分属得很清楚的两部分，而对于从事教师职业的人来说工作就是生活中的绝大部分。往往这两者在教师这个职业中很难界定得那么清晰明白，因而这也注定，教师这个职业是乐于奉献，执着追梦的人方能担当。

我的学校，有很多的追梦人。无论是一毕业就来到这里工作的“本土”教师，还是通过工作调动而走进二小的新成员，无不积极乐观地投入到教书育人的工作中，他们全情投入，相互感染，在家园中体验着职业的快乐与幸福。

“二小是大家的，二小的发展是靠大家的，二小的发展是为大家的。”这是杨刚校长在全体教师会上的一句话，也正是对二小“家园式文化”管理的解读。正是这样的理念和管理模式，让学校成为一处宽松、宽容、宽厚的地方。

温馨教研组，营造出和谐小家

职业幸福是什么？是在工作中处处有朋友的关心，大家像一家人一样。关心彼此的工作，关心彼此的生活，关心彼此的家人。

教研组是学校的基本单位，组内建设温馨和谐，老师之间相互帮助，共同打造优秀教研组。每学期期末盘点教育教学工作时总能感受到组内教师的团结合作，教研组长以身作则带领大家总结一学期的得与失。在汇报形式上大家献计献策，总想着捧回特等奖教研组及总结创意奖两项大奖。每学期期末教研组总结大会就是二小 34 个教研组彰显组内和谐文化的一次聚会。在总结会上大家彼此熟识，增进了解。在倾听中彼此勉励，在理解中彼此喝彩。学校的大气与包容造就了一个个和谐温馨的小集体。教研组内大家朝夕相处互帮互助，早晨争抢为同事打热水；谁来得早谁就打开窗户通风墩地；办公桌总是大家轮流擦拭干净……生活中的点点滴滴让老师们倍感工作在一起的幸福。

一个人的智慧再多，也多不过一群人的共同智慧。众人拾柴火焰高，无论什么事情你不会一个人面对。大到各种级别的研究课、赛课，小到一条家校互动平台短信，都是教研组内教师们的智慧结晶。学校的事就是大家的事，组内的事就是每个人的事，在这样互帮互助不分彼此的工作氛围里，琐碎繁重的教育教学工作变得简单轻松。

我们的学校，是一个温馨、友善、彼此关心的家园式学校。

温馨工会，关心教师身心发展

职业幸福是什么？是有人是否有困难？健康状况如何？这种温情体现着以人为本的思想，这种温情才是学校发展的源动力。

“会工作，会生活！”是学校里所有教师的共识。为了能够更好地为学生发展服务，教师的身心发展也成为学校决策定位的重要方面。学校工会几届委员甘愿付出，加班加点精心策划、组织每学期的教职工活动。丰富多彩的工会活动疏解老师们的工作压力，体育健身、趣味比赛、快乐长走、医疗共同体等等，健康工程系列活动的开展，引领大家关注身体健康，促进身心全面发展。

我的健康,学校买单。每年一次的教师体检对老师们来说是件大好事。学校为了能够保证教育教学的正常运转，又能保证每名教师都能协调好工作抽出时间检查身体,也算是煞费苦心。为能更好地支持教师锻炼身体，三校区都配备了相应的健身器材，供大家闲暇时间加强锻炼。魅力达人舒健校长以长跑的形式带动大家发起“爱上跑步”的活动，她身体力行引领二小的健身热潮。

我们的学校，是一个热爱生活，追求健康生活姿态的温情之家。

温馨组织生活，永葆积极乐观的心态

职业幸福是什么？是对工作永葆积极乐观的心态。好心态成就好学生，好心态成就他人的同时也就成就了自己。

积极乐观的心态能够成就美满人生。学校里的年轻人很幸福，因为我们是有组织的人。过组织生活感受年轻的快乐，随时调整心态保持积极乐观的工作状态。

每年金秋采摘季，团员老师齐聚百旺校区采摘柿子、山楂，分享劳动果实的甘甜。看着满树红彤彤的山楂果，让我想起《山楂树之恋》里静秋对爱情的执着守望，不正像我们对学生的无限期许与奉献吗？看着老师们攀爬高梯采摘下黄澄澄的柿子洋溢在脸上的笑容，听着老师们的欢声笑语，不正是我们积极阳光的心态铺撒在三尺讲台上记录吗？登泰山拜先师，团小组比赛锻炼意志品质与团队合作意识。心手相连多次走进内蒙古察右后旗大六号中心小学送课献爱心。青年教师沙龙是新入职教师在二小的新教师培训会。在这里不是枯燥的讲座，不是让人瞌睡的理论知识。而是一线教师们的经验之谈和一个个鲜活的教育案例。学校许许多多的组织生活凝聚一批又一批可爱的年轻人，迸发着青春与活力。

党带团，团带队，党团工作室的成立更是在思想上引领了团员教师。参与党员活动，学习党史，见证优秀团员老师迈进党组织的大门。参与党组织的活动使我在思想和心灵上荡涤自己，树立正确的人生观与价值观。

这就是我们的二小，充满红色激情与青春活力的魅力之家。

温馨管理，提升教师职业素养

职业幸福是什么？是心中有梦，有对教师职业的理想与执着追求。教书育人，德育先行，在二小，教育与教学是拧成一股劲儿的两股强大的团队力量。

做草根教师，上好有营养的常态课，这是教师的根本任务。在业务提升上学校全学科聘请有威望的专家做客各学科专家工作室。在专业成长上不仅有专家的引领，还有教学干部的悉心指导，更有智囊团老师们的助力。每名教师都是帮助他人的幕后英雄，也是接受他人帮助的成功者。在学校给予的更多机会中和更大的舞台上展示个人的学识风采、教育艺术及教学理念。

儒雅点亮人生的德育主张，不但点亮学生，还同样丰厚教师的育人智慧。聚一群优秀的班主任，带出一批批优秀的儒雅学生。班主任研究会集聚了二小一批愿意走进学生心灵，愿意奉献智慧的班主任教师们。在研究会中我们聆听生命教育专家刘慧教授的学术分享，与她一起针对教育叙事故事进行课题研究；学习心理导师毕金仪老师积极态度疗法；承担北京市学生志愿者培养课题研究；编撰我校德育校本课程；研究学生心理健康，开展沙盘心理治疗活动及心理健康周活动；等等。先进的育人理念留给教师很多发挥个人智慧及个性的空间，你的想法有人听，你的美好愿景有人帮你去实现。每个学期的德育总结大会上老师们的付出总能得到德育领导及团队的认同和欣赏。一分耕耘一分收获，收获教育教学满满的幸福。

这就是二小，一所以德育为先的现代化家长满意学校，一所教育教学双赢的智慧之家。

工作需要舒展心灵，在紧张的节奏中拍出不同的变奏。

工作需要舒心愉悦，在琐碎的事情中找到快乐的源泉。

工作需要满怀希冀，在平凡的岗位中书写下自己的感动。

这些在学校家园式文化的办学思想下都已经成为现实，在二小工作的我们，是幸运的，更是幸福的。

第二章

家园文化的魅力

文化是学校的根，它反映了一所学校的精神长相，彰显了一所学校的文化特性，决定了一所学校的教育样态。学校文化是催生教师专业成长以及学生生命发展的深厚土壤，是学校的性格记忆和独有的发展密码。中关村二小的师生是充满生命活力的，是灵动、多彩、富有创造力的。生命如花期，各有各的节奏，各有各的芬芳。每个生命都是独一无二的，每个生命都是一朵含苞待放的花蕾，蕴含着无限的生机和可能。每朵花蕾的盛开都需要悉心耕种、用爱守候，始终陪伴它们沐浴风雨阳光，才能收获成长和希望。随着学校办学实践的不断深入，学校的文化内涵也在不断地丰厚，发展成今天的“桃红李白　心暖花开”。

第一节　家园文化的理论基础

一、教育渊源

“桃红李白　心暖花开”与“桃李满天下”有着历史的教育渊源。春秋时期，魏国大臣子质学富五车，知识广博。他因为得罪了魏文侯，就跑到北方一旧相识家里躲避。这位朋友的家境并不富裕，子质不愿给朋友加重生活负担，便想开个学馆，收一些学生教书，借以糊口。朋友很支持他，就腾出两间空房作为教室，子质所收的学生不分贫富，只要愿学的都可以拜他为师，一视同仁。

这个学馆里有一棵桃树、一棵李子树。凡是来上学的学生都跪在桃李树下认先生。子质指着已结果的两棵树教导学生们说："你们都要刻苦学习，要像这两棵树一样开花结果。只有学问高，才能为国家做出一番大事业。"

为了把学生教育成有用的人才，子质认真教学。在他的严格管教下，学生们都发奋读书，学到了不少真本领。后来，这些学生先后成才，成了国家的栋梁。他们为了感念子质先生的教诲，都在自己住处亲手栽种桃树和李子树。

子质到各国游历时，碰到了在各国当官的学生，并看到了学生栽的这两种树，便自豪地说："我的学生真是桃李满天下啊！一个个都很有作为！"从此，当先生（老师）的就以"桃李"代称学生，并把学生多称作"桃李满天下"了。

据汉朝《韩诗外传》记载："夫春树桃李，夏得荫其下，秋得食其实。"这段话的大意是：春天种了桃树和李树，到夏天可在树下纳凉休息，秋天还可吃到可口的果实。所以君子培养人才，就像种树一样，故后人就把培养人才叫做"树人"。《管子·权修》："一年之计，莫如树谷；十年之计，莫如树木；终身之计，莫如树人。一树一获者，木也；一树百获者，人也。"这就是流传至今的"十年树木，百年树人"。

如今，桃李，比喻老师辛勤栽培的学生，是教师百年"树人"所得的硕果，桃李满天下就是说老师教育出来的优秀学生遍布全世界，赞美教师辛勤育人。

可见，桃李与学生有深远的历史渊源，这使得"桃红李白"与桃李满天下有紧密相连的教育意蕴。如果说桃李满天下是指所培养学生范围广、遍及四方，那么，"桃红李白"则给桃李满天下增添了鲜艳和动人的色彩，使桃李更加美丽芬芳、争奇斗艳。

二、历史积淀

中关村第二小学的前身是于 1949 年 9 月建校的海淀区保福寺小学，

1959年9月更名为中关村小学。1971年9月，中关村第二小学作为中关村小学的“一个分部”开始独立办学，正式命名“中关村第二小学”。

学校独立办学后，第一任校长李东玖为全体教师提出了这样四句话：见工作就上；见荣誉就让；见后进就帮；见困难就闯。这种理念为中关村二小办学精神的形成和发展奠定了坚实的基础。我们从当时留下来的文字中可见一斑——“1971年，办学条件还是非常艰苦的，缺桌子少椅子，面对这种情况，学校提出了自己的办学理念和办学方针。那就是：有条件要上，没有条件创造条件也要上。”

从20世纪90年代开始，几任校长逐渐从学校发展中凝练二小的核心特质：和谐融洽的人际交往、宽松愉悦的工作环境，活泼进取的学习状态。学校心系教师，重视民主参与，注重文化积淀，这些正是一种家园式的文化理念。

“以人为本”的家园文化，就这样深深地植入了老师们的内心。学校这样定位二小的家园文化：“家园文化在二小是一脉相承的，并不是换了一任领导就换了风格。有很多东西是几十年传承下来的，家园文化是中关村二小长久以来稳定发展的根基。”

第二节　家园文化的愿景

随着学校的不断发展，学校开始更多地思考学生个体生命成长的意义，希望家园里的每一个人都能够在中关村二小感受到自身存在的价值，都能够在二小绽放最美的自己。这种美好的教育愿景，即被凝练成“桃红李白　心暖花开”，这既是我们的家园梦想，更是我们的教育追求。

一、“桃红李白　心暖花开”的阐释

桃红李白，取自“桃李满天下”之意，具有鲜明的教育属性。既蕴含教育的结果，又包含教育的方法，同时也是对教育愿景的无限展望；表达了桃李之间“和而不同”的自然属性，以桃李喻师生，体现了中关村二小尊重不同生命的个体差异，因材施教、因人而异的教育主张。文中有红有白，既展现了中国传统文化的经典品相，又彰显了以盛唐诗人李白为代表的“学承千圣”的大家风范，以及对中国古典文化特色的薪火相传。

心暖花开，以二小“家园文化”为载体，让每一颗心灵都感受到家一样的温暖，展现校园中人与人之间的关爱、陪伴以及相互影响，促使大家进一步生发出“心”的力量，各展所长，最终形成百花齐放的教育大花园。桃红李白，心暖花开，将自然之美、人文之美和艺术之美进行有机结合，彰显一种典雅端庄、充盈灵动的教育之美。

二、每一缕阳光都应该分享

无私的太阳给予我们生机和希望，向万物传递温热的能量。因为有了太阳，万物才会茁壮成长。太阳给花朵送去灿烂，给大海带去波光。关爱、温暖、活力、希望、正能量、积极向上是足以与自然界的阳光相媲美的人文之光，温暖别人的同时亦能把自己照亮，让更多人享受阳光的滋养。

赠人玫瑰，手有余香，分享能够带给人精神世界的愉悦和富足。分享每一缕阳光，把关心和呵护的暖阳撒播到每一个人的心房，让每一个身处校园之中的师生都能感受到向上的力量，携手共进，一起成长，分担风雨，分享阳光。让思想的洪流在分享中激荡，碰撞出智慧的光芒。

三、每一扇窗扉都应该开启

窗扉，是兴趣之窗、知识之窗、心灵之窗、成长之窗、梦想之窗……教育是启迪、启发，是帮助孩子打开那扇未知的窗，引导他们去探索更广阔的世界。苏霍姆林斯基曾经说过：“世界上没有才能的人是没有的。问题在于教育者要去发现每一位学生的禀赋、兴趣、爱好和特长，为他们的表现和发展提供充分的条件和正确引导。”

每一扇窗扉都应该开启，为人师表不仅意味着要拥有渊博的知识、出众的品格，还应该具有卓越的责任心，不放弃任何一个孩子。同时也需要练就一双慧眼，及时发现每一个孩子身上的闪光点，善于发掘每一个孩子的个性特长，通过适当引导和激励，帮助孩子自主成长。

四、每一朵花蕾都应该绽放

每一朵花都有盛开的时节，有的在春天展颜，有的在夏日吐蕊，有的在秋季扬眉，有的在冬日里傲视冰霜。花期不同，恰如孩子们的天赋秉性不同，每一个孩子都是一朵含苞待放的花蕾，蕴含着无限的生机和可能。每一朵花蕾的盛开都需要悉心耕种、用爱守候，始终陪伴他们沐浴风雨阳光，才能收获成长和希望。

冰心曾说过：“世界上没有一朵花不美丽，也没有一个孩子不可爱。”每一朵花蕾都拥有绽放的权利，每一个孩子都应该享有教育机会的公平以及教育结果的公平。唯有不断追求教育的同步、优质、均衡，才能让每一朵花蕾都有绽放的可能。每一个家庭都有一个梦想，关于未来、关于成长。中关村二小愿携手家长朋友，与社会大众一起联袂构筑起孩子们逐梦的殿堂，托起时代的希望。

第三节　家园文化的美好姿态

学校文化是一个学校的“生态”，是知识的欢乐谷、习惯的训练营、精神的大自然、灵魂的栖息地。在二小，每一个孩子都是独一无二的，每一个教师都怀揣着教育梦想，那就是：通过不懈的努力、心与心的互动，让每一个生命绽放出最美的姿态。

一、温暖不仅一个角度

学校作为学生第二个家，校园的环境建设、一草一木都要体现着人文性、互动性、参与性、舒适性。我们把学校交还给学生，让每个学生都成为学校的主人，让每个学生都感受到校园的温暖。

链接 >>>

小箭头·小脚印 [1]

“慢步右行，美在校园”这是学校一直以来倡导的做法。从小养成靠右行走的习惯，既可以在很大程度上保障学生在楼梯和楼道中的安全，又可以较好地保证楼梯楼道中的畅通。怎样帮助一年级的小朋友做到慢步右行呢？明明老师决定让学生们亲身参与到这个教育过程之中。

[1] 杨刚．让每一缕阳光照进孩子的心田（第 1 版）[M]．北京：北京师范大学出版社，2018:122–123.

在明明老师的引导下，孩子通过上网查找、询问家长或观察身边的同学，理解“慢步右行”的意思，还把查到的资料都带来了：同学们有的查找了靠右行这种习惯的起源，有的从生活中观察到“乘坐电梯时有这样的一个牌子写着‘左行右站’”，还有的看到马路上有一些箭头，有直直的，有拐弯的，汽车就按着箭头的方向行驶，等等。

孩子们就这样一个一个地把自己的资料展示着分享着，忽然有一位学生站起来说：“老师，如果安全委员手里要是拿着一个提示板，这样大家不就知道不追跑，要靠右行了吗？”“对对对，这个主意好”，此时班里响起了热烈的掌声，话音刚落，又有一位同学站起来说：“咱们能不能把马路上的箭头也贴在楼道中，这样大家也像开车一样按道行驶，就不会再撞到一起了。”“在楼梯上贴箭头不好看，咱们能贴小花吗，小脚丫也可以”……在孩子们的思维火花碰撞中，一个又一个好想法、好主意迸发出来。经过好几轮的讨论，最终，大家决定在楼道中贴上小箭头，在楼梯上贴小脚印。

小人物大智慧，真是一群了不起的孩子。“万事俱备，只欠东风”，在材质的选用上，我们又遇到了难题：如果用纸做，一遇到水就湿了，肯定不行；用胶条把纸糊上也不行，不太美观。于是我们找到专业搞设计的家长进行询问，了解到贴在玻璃上的那种膜比较合适——就这样我们的小箭头、小脚印“出炉”了！

看到楼道中的孩子们都有意识地沿着小箭头所指的方向前进，踩着小脚印上下楼，大家别提心里有多高兴了！

二、幸福不仅一个瞬间

家园文化充满着爱与责任，无论老师还是学生，既是温暖的享受者，也是温暖的提供者，我们想让更多的人因为我们的存在感到幸福。

链接 >>>

“爱心书屋”手拉手 [1]

2008 年起，在学校党支部的倡导下，团支部发起了“关注西部教育，传承绿色文化，成就精彩人生”的捐资助学公益活动。我们走进了内蒙古最贫困的地区，帮助那里的薄弱学校改善办学条件，把先进的教育理念带给那里的老师和学生，那里还留下了我们亲手建立的“爱心书屋”，当然，留在我们心里的还有许多感动而又幸福的瞬间。

“请代我们谢谢送书的好心人”——记得我们刚刚把书搬到阅览室，正准备动手布置时，许多学生围了上来，但只是小心地看着，不敢动手翻阅。当我们告诉他们：“这些书都是送给你们的，大家可以自由借阅。”孩子们的脸上都露出了惊喜的笑容，纷纷动手挑起了自己喜爱的书籍。五年级某班的班长邱灿真一副很懂事的样子，她告诉我们：“这些书都是我们平时很难看得到的，所以我们一定会好好爱惜这些书，同时，也请您一定要代我们向给我们捐书的好心人表示感谢。”

“老师，您就让我们再看一会儿吧！”——为了能让孩子们都有机会看这些书，学校老师安排一至六年级学生分批阅览。六年级的王学舟同学拿着一本《神奇的海洋》细细阅读着。我打量了他好一会儿，他才觉察，有些不好意思地说：“看得太投入了，没看到你。”王学舟还说：“我还从来没见过大海，大海太漂亮、神奇了，我先从书上了解一点吧。”说完，又低头看了起来。因为是分批借阅，看了一个小时之后，老师便要求孩子回到班级，把书让给下一批同学看。学舟他们哪舍得放下手里正看得津津有味的书呢，他们央求老师说：“老师，您就让我们再看一会儿吧！”余老师笑着应允了。

“乘着梦想的翅膀在书海里尽情遨游”——三年后，当我们再次走

---

[1] 杨刚 . 让每一缕阳光照进孩子的心田（第 1 版）[M]. 北京 : 北京师范大学出版社，2018:125–126.

进“大六号”小学时，刘校长满怀感激地向我们表达：“在这几年与当地学校之间的交流活动中，老师们都称赞‘大六号’小学的学生知识特别丰富，视野格外开阔。正是你们三年前捐赠的上万册图书开阔了孩子们的视角，让孩子们乘着梦想的翅膀在书海里尽情地遨游。”

面对“大六号”小学孩子渴望知识、渴望教育、渴望成长的眼眸，每一位教师都付出了真情，这个过程带给我们的是教育的快乐，给予的是幸福。

三、绽放不仅一个舞台

在二小的大舞台上，从来都不缺少优秀的演员，每一个二小人都有展示才华的机会，都有成为“明星”的可能。“桃红李白　心暖花开”的家园文化，让每位教师都享受着工作带来的乐趣，实现着人生价值；让每个孩子都能够自由成长，实现自己的精彩。大家在这个舞台中尽情绽放着最美的自己！

链接 >>>

最佳现场　最佳绽放[1]

“最佳现场”是为学生展示自我而打造的专属空间。在这里，没有专家学者，所有的主讲人都是学生。他们自主申请，自选主讲内容。万逍同学讲述的是自己为盲童录制有声图书的故事，她坚持每晚录音，通过微信公众号推送了248期；关爱老年人的马添戈同学凭借小课题研究，申请到专项基金1万元，为安贞社区的老人建设活动室。在这里，每一个小主讲分享的是他们独特的成长经历，获得的是自信的表达，同时，

[1]　杨刚．让每一缕阳光照进孩子的心田（第1版）[M]．北京：北京师范大学出版社，2018:127.

启发更多的伙伴们发现自己的与众不同，为绽放各自的美丽而积蓄力量。

学校文化是学校发展中形成的共同的价值观和精神追求，是一种导向，一种凝聚，一种激励，一种约束。二小的家园文化产生于学校50年的发展历程中，经过全校师生的探索和丰富，凝练出“桃红李白　心暖花开”的精华，展现了二小独特的气质。在家园文化的浸润下，一代又一代教师、一批又一批学生收获了丰富的知识、高尚的道德和温暖的灵魂。他们的生命在二小绽放，他们的生命在这里精彩，他们的生命在这里留下永远的印记。历经寒暑，“桃红李白　心暖花开”让二小不仅成为一个教学活动的场所，而且是一个具有独特气质的精神存在。

第三章

家园文化的变革与发展之路

学校文化是一所学校区别于其他学校的独特标识，是学校的核心竞争力。它是全校师生员工在长期的办学过程中培育形成并共同遵守的最高目标、价值标准和行为规范，是学校集办学理念、校训、校风、校貌于一体的精神文化，更是凝聚全校师生心力的精神纽带。二小家园文化的构建与独特的历史积淀不可分割，随着学校的发展，文化内涵不断丰厚升级，并得到了学校全体教师、学生和家长的强烈认同与珍视，其基于历史发展而形成的独特而可持续发展的特性渗透在学校管理、教师发展和学生培养的方方面面。

第一节　寻根：家园文化的意蕴

一、家园文化的渊源

世界上总有这么一个地方，在狂风暴雨时给我们以庇护，在心灵疲惫时给我们以安慰。我们的身体和灵魂总需要这样一个供我们休憩的地方，这就是家。家是神圣的，家里埋着生命之根——脐带。每个人都有两个家，一个是血亲之家，即家庭、家园；一个是社会之家，对师生来说就是学校、校园。家园文化就是家园和校园有机统一的文化。

家，在中国人心中是个核心概念，理解了中国人“家”的概念，也就理解了中国传统文化最主要的部分。陈小陆（2004）依据《说文解字》，从“家”字的原始意义和字形结构出发，对“家”最原始的意义做出分析，并从唯物史观的视角分析了“家”所承载的人们的愿望与情感，指出“家”反映着人与自然和谐相处的实质。

家，是一个古老的话题，具有永恒不息的生命力，它就像一个巨大的磁场，吸引着众多的生命向往它，营造它，以它作为生命的最后归宿。海德格尔曾说：“从我们人类的经验和历史来看，只有当人有了一个家，当人扎根在传统中，才有本质性的和伟大的东西产生出来。”中国人对家庭的重视是世界上任何其他民族都无可比拟的。

在第一届全国文明家庭表彰大会上，习近平总书记指出：“中华民族历来重视家庭。”“……中华民族的传统家庭美德铭记在中国人的心灵中，融入在中国人的血脉中，是支持中华民族生生不息、薪火相传的重要精神力量，是家庭文明建设的宝贵精神财富。”“无论时代如何变化，无论经济社会如何发展，对一个社会来说，家庭的生活依托都不可替代，家庭的社会功能都不可替代，家庭的文明作用都不可替代。”

不论是家还是校，都可以与“园”连用，构成“家园”和“校园”，可见家校都具有“园”的共性。《辞源》中称园为：“植蔬果花木之地，而有藩者为‘园’。”是指种蔬菜、花果、树木的地方。比如：花园、果园、园艺，所谓“缓束而犹种有果实的地方是园之范式。”延伸出田园、花园。由“园”人们自然会联想到园丁，人们通常把儿童比喻为花朵，把学校比喻为花园，把教师比喻为园丁，这反映了人们对教育的美好生态的追求。

学校文化是一所学校区别于其他学校的独特标识，是学校的核心竞争力。它是全校师生在长期的办学过程中培育形成并共同遵守的最高目标、价值标准和行为规范，是学校办学理念、校训、校风、校貌的浑然天成，更是凝聚全校师生心力的精神纽带。包括物质文化、精神文化和制度文化。学校文化不仅要注意校园文化物和文化设施的布局，要做到恰到好处，注意体现校标、校训、校歌、班训、校园内墙壁的布置、宣传橱窗、亭台楼阁、花草树木、体育场、建筑特色、颜色搭配、雕塑摆放等等，更要关注高层次的文化。

据叶琳等学者的调查研究发现，一些学校存在着不同程度的静态校园文化缺位现象，致使学校育人缺乏文化深度，突出表现在：校园物化的文化物和文化设施杂乱无章，缺少布局和文化格调；校园墙壁文化、标牌徽识和校歌缺位；虽有校训、班训、宣传橱窗等标牌徽识，但缺少文化育人意境，如有些学校宣传橱窗仅供学校公告通知之用等。一些学校片面追求成绩、升学率，在课程设置上存在人为削减人文艺术类课程的两套课表现象；一些中小学教师教学上不考虑学生的精神需求，教学中缺乏精神引领，教学目标和教学重点往往聚焦于社会组织制度、政治和法律形式、语言、道德等智能性文化知识和规约性文化知识的传授，而忽视信仰、审美意识、文学、艺术等精神性文化对学生的涵养；一些学校不去设计和开展与考试内容无关的课外活动或开展得很少，题材及形式老套、内容缺乏深度，引不起学生兴趣等；校本课程形同虚设；校报、学校网站缺位等诸多问题。

程红兵指出，好学校的文化应有更多温暖记忆。对于学校文化建设，一线校长应该关心的是：学校给人温暖的是什么？学校让人心寒的是什么？学校留给学生什么记忆？学校留给教师什么回想……这就是校长的文化自觉。而这一切，都可以从家园文化里找到归宿和答案。

二、家园文化的精髓

家园文化是在实践过程中所创造和形成的具有类家庭性的行为方式、共同信仰和价值理念。打造家园文化，就是要使每个成员给予公共家园类家庭式的认同，视公共家园如自己的家。家园文化建设是学校进行素质教育、实现内涵发展的重要途径，也是深化素质教育的有效途径。家园文化是把学校和教师的行为和精神有机地融合在一起，形成一种力量、一种精神、一种氛围、一种习惯，它源于中国传统文化，根植于教育时代要求，成长于学校发展历程，是独具特色、自成一体的校园文化体系。

家园文化元素是“大爱”“责任”“规范”“和谐”，家园文化的内涵是“大爱聚家，责任立家，规范齐家，和谐兴家”。家园文化是以人为本的具体化，倡导“学校是我家，发展靠大家”的理念，让教师在这种工作氛围中工作，自觉地把自己的行为和价值取向向集体靠拢，体现共同的价值诉求，以学校的发展实现自身的发展。家园文化在学校管理中具备凝聚功能、导向功能、约束功能、激励功能、辐射功能。家园文化核心元素是“和”，建设和谐的校园，培育“家”的情怀，最重要的是“人和”。在以人为本的管理模式下，对教师的关怀与尊重体现在每一个环节。在学校现有制度的基础上，采取民主集中的原则，充分发挥教代会的作用，从群众中来，到群众中去，完善学校管理制度，使管理制度更加全面、规范、具体，为师生的发展创造良好的环境，营造融洽和谐的人际关系和民主平等、团结互尊的良好氛围。家园文化所追求的是人的自由发展的和谐，是满足个人和社会需要的和谐，是求真善美的和谐。它的核心是强调人格尊严、理解与宽容、自由与责任以及对人类和自然的关爱的和谐。让和谐精神伴随教师专业成长，营造一种关爱教师发展的氛围，不断提高教师的思想素质和业务水平，在家园文化的引领下，师生共同“构筑自主发展平台，创建快乐幸福家园”，把学校办成既是学园又是家园的学校，成就师生的健康人生和幸福生活。

“家园文化”着力培养师生们的“家园意识”，增强对学校作为家园所寄予的安全感、归属感、幸福感的“家园情结”，人与人之间以家人相待，使人获得安全感、避免焦虑和空虚，进而促进师生员工之间“各美其美”“美人之美”“美美与共”的和谐关系的形成。

第二节　溯源：家园文化的一脉相承

北京市海淀区中关村第二小学的前身是1949年9月建校的海淀区保福寺小学，1959年9月更名为中关村小学。1971年9月，中关村第二小学作为中关村小学的“一个分部”开始独立办学，正式命名“中关村第二小学”。建校至今，学校已走过了五十多个年头，在学校五十多年的发展建设中，二小人始终坚持“以人为本”的办学理念和“宽松和谐”的育人环境，这种文化氛围在历任校长的引领和推动下，成为二小长久以来稳定发展的根基。

一、1971—1982：艰苦奋斗，兴教育人

早在二小建校之初，第一任校长李东久为全体教师提出了这样四句话：见工作就上，见荣誉就让，见后进就帮，见困难就闯。这种精神为二小办学和发展奠定了坚实的基础。我们从当时留下来的文字中可见一斑：“1971 年，办学条件还是非常艰苦的，缺桌子少椅子，面对这种情况，学校提出了自己的办学理念和办学方针。那就是：有条件要上，没有条件创造条件也要上。”在这一特定历史环境中，塑造了二小人面对困难无所畏惧、艰苦奋斗、砥砺自强的精神品质，也正是靠着这种无往不胜、无坚不摧的勇气和干劲，李东久校长带着老师们在艰苦的环境中勤于治学，让学校走向了正轨。

二、1983—1994：教学改革，开拓创新

二十世纪八十年代，邓小平为景山学校题词：“教育要面向现代化，面向世界，面向未来。”正式开启了中国教育改革与现代化发展之路。学校第二任校长马玉薇提出“教育要勇于改革，大胆创新，让中关村二小成为海淀区第一流学校”。1988 年 7 月，学校确定为海淀区中小学管理体制改革试点校。1988 年 9 月，开始实行校长任职目标负责制、教职工聘任制、浮动结构工资制。1988 年 9 月，学校开设了海淀区首例学生计算机课，时任国家副主席的王震、国家教委主任李铁映到学校视察。从 1988 年至 1990 年，有近 20 个省市的 1024 名领导、教师，以及英国等 9 个国家和地区的 37 名友人到校参观学习，二小成为海淀区首屈一指

的示范学校。1991 年，学校受科技公司标识启发，动员全校师生、家长参与校徽设计，成为区域内首例拥有校徽的学校。1992 年，确立“团结·勤奋·诚实·活泼”为校训。

三、1994—2000：素质教育·全面发展

1994 年，学校迎来了第四任校长汪蕙萱，汪校长在继承二小精益求精做本真教育的基础上，特别注重师生的发展和团队的建设，记得她曾经说过这么一句话：“如果说单打独斗，二小的每一位老师不一定是最好的，但我们这个团队一定是最棒的。”传统视野中，教师要想获得成长，更多依赖个体努力、单打独斗，作为同事的其他教师大多情况下是“不在场”的。而实际上，教师的专业成长依托团队和团队间的对话。教师间的对话和互助，不仅有助于提升教师的责任感，增强教师的安全感和认同感，还有助于激励教师主动投入，推动学校变革。为此，从那时起，学校为每一位新入职的青年教师都安排一位有经验的老师作为师傅，帮助他们专业地成长，相互促进。青蓝之约——师徒拜师会，一直发展传承至今，已经成为二小文化的一部分。学校老师也常常感悟：“在二小，我们不是一个人在战斗，身边有领导老师一起前行，遇到再难的事儿也能一起克服。”

四、2000—2003：名校引领·优质均衡

在 2000 年至 2003 年间，作为学校的中层管理者，我已经亲自参与到承办上地实验小学管理工作中，并和学校第五任校长——尹丽君校长一起积极探索名校带分校的最佳管理途径。当时，学校除了承办上地实验小学以外，还参与了海淀外国语实验学校小学寄宿部的建设，在此过程中，遇到最大的难题就是来自家长对名校办分校，如何保证分校办学质量的质疑。

2003 年 2 月，尹丽君校长调离时，语重心长地对我说：“现在的二小不断地发展壮大，你一定要传承好二小优质办学的传统，打消一些家长的顾虑，让分校和本校一样好，让更多的孩子享受到二小优质的教育。”

面对沉甸甸的接力棒，我带领全体二小人，开始了在实践中积极探索名校带分校的最优管理体制。这期间，始终坚持二小与上地实验小学在教育教学管理上同步发展。面对“上地实验小学有着独立的建制，在人事、财务、评优、评先、检查评比等方面是完全独立的”的管理难题，始终坚持高标准办学，忙碌地往返于两所学校。在我和全体干部、教师的共同努力下，短短十年的时间，上地实验小学已经成为海淀北部高速发展的素质教育优质校，得到了社会的普遍认可。2008 年 6 月，上地实验小学作为海淀教育的新星，和二小正式脱钩，开始独立办学，这是全体二小人共同的骄傲和自豪。

五、2003—至今：集团办学·责任担当

经过多年的办学实践与探索，学校以“家园文化”为引领，以“儒雅教育”为特色，走出了独具特色的中关村二小集团化办学之路，创立了教育新时代背景下中关村二小集团化办学发展模式。学校先后参与 11 个学校或校区的发展建设。在多年的办学实践中，学校始终坚持“一个二小、一个标准、一个质量”的原则，探索出一条“同步 · 优质 · 均衡 · 特色”发展的集体化办学之路。目前拥有中关村校区、华清校区、百旺校区、万泉河分校、昌平学校、科学城北区分校、科学城北区幼儿园。学校现已成为北京市小学中参与办学形式多、承接新建校及合并校最多的学校之一。

“家园文化”是历史传统的产物，是对办学办校经验的深度总结和升华。“家园文化是”二小长久以来稳定发展的根基，是一代又一代二小人在不懈地研究和探索中创造出来的，教师和学生之所以珍视学校文化，是因为它是自己的，是独特的，是以自己学校的传统、现实和未来发展为基础的。

第三节　开启：家园文化的提出与确立

一、家园文化的提出

学校的文化与办学理念，是一所学校的灵魂，是全校师生员工共同遵守的价值标准和行为规范，是一所学校的自然条件，也是一所学校的气质表现。

我们认为：一个好的文化是让人向往和眷恋的，一个好的理念是让人舒心和幸福的。校长应不断去思考如何引领学校文化和办学理念，形成自己学校的办学风格和特质。

好的学校有家的感觉，让人感到自由、安全、温馨、舒适，让师生有幸福感与归属感。这样的学校是有生命力的，校园里的一景一物、师生间的一问一答都滋润着师生共同的成长；这样的学校充满着浓浓的人情味，即使在老师的严格要求里也能读出最温柔的关切；这样的学校是充满爱与责任的，每一个老师都发自肺腑地呵护每一个孩子，每一个学生都爱戴自己的老师，每一处教育细节都折射着暖暖的阳光；这样的学校，师生可以自由地对话，尊重被给予最好的诠释；这样的学校，谁都拥有广阔的舞台，赏识与激励点燃每个人的梦想！教育家型校长就是要致力于营造这样的校园，让学校成为师生向往的精神家园。

我们一直认为学校应该是情与爱流动的地方，学校应该是师生向往的精神家园。文化强调认同感和体验感。二小在多年的办学实践中，师生们广泛认可学校和谐融洽的人际交往氛围、宽松愉悦的工作环境、活泼进取的学习风貌、尊重赏识的育人环境、积极健康的生活状态，我们把这种氛围称为“家园式”学校文化。

二、家园文化的确立

2003年，我担任二小校长一职，在满怀教育激情与梦想的同时，深感到自己肩上使命艰巨、责任重大。当时，学校已经具有相当的规模、质量和美誉度，与此同时，由于年龄代际、岗位职责、工作思路的差异，学校也面临着不少挑战。如何既继承以前积淀的优秀传统，又能够凝心聚力、开拓创新、共谋发展？经过一段时间的沉静思考，我提出了“学校要在继承中发展”的思路。

那么继承什么呢？首先是继承优秀文化。二小有宽松的工作氛围、和谐的人际交往、不用扬鞭自奋蹄的工作作风，每一个人都是这里的主人，每一个人都在追求卓越。这种感觉已经浸润在每一个人的心田，外显于行动。那么，二小有这样好的氛围是什么样的文化呢？

2003年6月，在全校教师大会上，我提出“用家园文化引领学校发展”的理念。家园文化的指导思想是“以人为本、关注发展”；家园文化追求的目标是“自我管理、自我发展、自我超越”。家园文化的具体内涵是这样三句话：“二小是大家的，二小的发展是为大家的，二小的发展是靠大家的。”这三句话已经成为每一个二小人所欣赏、推崇并以此作为行为原动力的一种共识。

家园文化的提出既是对学校原有办学文化的提炼，又是对学校美好未来的憧憬。我深知，作为校长不是一家之长、高高在上、发号施令，而是要心中装着每一位教师。每一位教师都是学校的主人，都担负着各自的教育任务，都要面对自己所教班级的每一个活泼可爱的孩子。每一位教师都需要被关注、被重视，每一位教师都需要得到支持、获得发展。

家园文化，强调的是在学校办学中要形成利于教师发展、学生成长的软环境，让师生能够在身心轻松的环境中健康发展，促进积极状态的形成，让师生身心愉悦，减少负面因素的不利影响，让全体教师聚焦课堂，聚力在学生身上，让学校成为教师的心灵港湾，成为每一位教师和学生又一个健康的生命家园。

家园文化，在大家共同的精心培育下得到了师生的广泛认同与积极践行。在这个过程中，每一个二小人的内心都在产生共鸣，都在心生向往，都在描绘梦想，都在追求卓越。2006 年 7 月，老师们把自己对家园文化的情结凝结在《我与二小共成长》这本文集中。从老师们真挚的感情和质朴的表达中，我们欣喜地看到了家园文化是凝聚二小人心的文化。下面的文字是老师们在《我与二小共成长》文集中的真情述说：

我深深感受到学校大力提倡“家园式”工作氛围和爱的教育，学校积极为老师创设一个和谐、宽松的环境，让每一个老师都能够全身心地投入到教学中去，大家不但没有隔阂，而且乐于互相帮助，让所有老师都是满怀信心地上班、轻轻松松地下班。这种相互体贴、相互关爱的心也会转而投射到孩子的身上，使得班级也会蒸蒸日上地发展。

就是在这样的环境下，我才可以像一棵幼苗一样茁壮成长。有了风雨有人帮我阻挡，需要破芽而出时也有好心的人和我一起努力；当小苗枝繁叶茂，必然会回报这片热土。教师用微笑传达爱，用赏识表达爱，用严格升华爱。拨亮了一盏盏智慧之灯，开启了一扇扇封闭的心扉，点燃了一把把热情之火，陶冶着一颗颗纯洁的心灵。教师是一种快乐的职业，快乐是灵魂的一种感觉。

——数学教师　邢妮

我们这里每一位老师都把自己看成是家里的一员，为这个小家贡献着一份爱。你的嗓子沙哑了，就会有润喉药递到你的手中；当你猛然想起错过接孩子的时间了，这时有人会告诉你已经有人替你了……这里没有一件事会有人袖手旁观，随时随地不会让你感觉孤独无援。有了这样宽松、和谐、向上的氛围，我们工作起来，充满朝气。

——语文教师　朱旭红

回首这几年，几乎承载了我全部的欢笑、眼泪、懊恼、欣慰……从最初背着手风琴上课到搬着电子琴串班，现在我终于有了一间属于自己的音乐教室，而且是一间非常有音乐特色的专业教室，那几架陈旧得不能再陈旧的钢琴也终于在去年光荣“退休”了，换成了崭新的切尔。而以前只有在电影里才能看到的视频会议居然在我们二小已经成了家常便饭了。但让我感触最深的，还是学校宽松、和谐、积极、向上的环境。二小营造的“家”一般的温馨氛围，使学校在成为培养孩子的沃土同时，也给教师们提供了成长与展示才华的广阔空间。学校坚持“以人为本”的人性化管理原则，寓管理制度于无形之中，使各项制度的原则性与“家园式”校园文化的灵活性融合在一起。在二小工作是幸福的，更是自豪的！

——音乐教师　刘毅

从老师们朴素的话语中，我们看到家园文化通过对其成员的鼓励、肯定、尊重以及其他无形的精神与传统，来达到对成员的激励。在一种“人人受重视，个个被尊重”的文化氛围中，在一个鼓舞、激励制度齐全、措施得力的学校中，每个成员的工作、学习、生活等各方面的成绩或优点都会及时受到有形无形的肯定、赞美和褒奖。这样，每个学校成员都会感到鼓舞，产生荣誉感和责任心，自觉地为获得新的更大成功而努力。学校文化对个人的激励作用不同于物质刺激等手段，后者的功利性强，作用短暂；前者属于精神层面的，作用更久远，更显得无形，但力度更大，心理更和谐，带来的行为更具自觉和自主性。

家园文化像一种强有力的凝聚剂，使二小人产生相当的归属感。家园文化，借助精神纽带和心理场来唤醒和激发每个成员对学校的深厚感情，而把我们紧密联系在一起，从而在校园内建立起团结和谐、信任理解的人际关系，并达成对真理和学校目标的共识和追求。在二小，师生可以自由地对话，“尊重”被给予最好的诠释；在二小，宽松和谐的工作氛围是满满的包容，是爱的延伸；在二小，谁都拥有广阔的舞台，赏识与激励点燃每个人的梦想！

三、家园文化的内涵

“二小是大家的，二小的发展是为大家的，二小的发展是靠大家的。”这三句话体现了家园文化的精髓，已经成为每一个二小全体师生员工乃至家长所欣赏、推崇并以此为行为原动力的一种共识。

二小是大家的。二小强调：在二小这个大家庭里，各个校区只有地理位置不同，没有先后顺序之分，也没有身份地位之别；有的是统一的管理、充分的接纳、平等的待遇，突出每个人在二小的主体地位和对学校发展的重要意义。正如从成府小学合并到学校的郑老师所说：二小尊重每一位教师，这个大家庭用她特有的大气与包容接纳了我们，并给予我们充分的信任与理解、关心与关爱……

二小的发展是为大家的。在家园文化的引领下，学校充分尊重教师的合理意愿，如选择校区的意愿、专业发展的意愿等。特别是涉及教师利益的事情，更是充分尊重每位教师的意愿。比如：原西北旺小学刚刚合并的时候，我们把二小的工资方案和西北旺小学的工资方案对教师公开，让教师自主选择合并后希望执行的工资方案。教师们从中实实在在地感受到了尊重与民主，也由此对学校的文化产生了认同感，对学校有了归属感。

二小的发展是靠大家的。在家园文化的浸润下，教师们在各自的岗位上努力工作、倾情奉献、不断反思、大胆创新，真正成为学校发展的主人。家园文化是爱与责任的文化。在这里，学校给予教师浓浓的人文关怀，干部给予教师热情的帮助，教师给予学生真情的付出……人与人之间充满着像家人一样的真情，三个校区均呈现出和谐、进取、蓬勃发展之势。

二小师生是家园文化的创造者和实践者，更是体验者和受益者。这些年，我们不断加强文化和理念的引领，不断丰富和践行其内涵，家园文化已是二小贯彻以人为本办学思想的具体体现。家园文化得到全体成员的认同和维护并随着学校的发展日益发展，成为学校重要的教育资源和催生教师专业成长以及学生生命发展的深厚土壤，是学校的性格记忆和独有的发展密码。

第四节　丰富：家园文化的精神版图

文化是实践的反映。“家园文化”随着学校的发展内涵也在不断地丰富。家园文化的精神版图，在不同的发展时期，二小的家园文化体现出不同的侧重。面对学校的内部管理，尤其是教师的工作氛围上，家园文化体现为爱与尊重；面对二小快速发展，多校区齐头并进的局面时，家园文化体现为平等与包容；面对尊重学生个体发展上，家园文化体现为以人为本、直指生命成长的文化。随着学校工作的深入推进，家园文化也会继续不断地丰富和深化。

一、家园文化是爱与尊重的文化

爱与尊重是家园文化的核心。没有爱，就没有教育，没有爱，就没有家园。教育哲学家内尔诺丁斯曾言，最好的学校与最好的家庭是相似的。它以爱与尊重为前提，最大限度地调动了师生的潜能。在二小，每一位老师像爱家人一样爱同事，像爱子女一样爱学生，更像爱自己的家一样爱学校。

在我们学校有这样一个老师，她在平凡的三尺讲台，一站就是二十六年，她用朴实无华的心点燃学生的梦想，她用亲和谦逊的为人，感动着身边的每一位师生，她总是说：“大家都是这样的。”她就是我校最受学生喜欢的班主任之一任海霞老师。

链接 >>>

她说：大家都是这样的

任老师爱生胜爱子，她无比投入地爱恋着她的事业。不管碰到学习多么困难的学生，她从来不抱怨，不放弃，不急不躁：默默地陪伴，精心地指导。日复一日，年复一年，真心的尊重，由衷的赞美，使孩子的成绩一点一点地提升，使孩子的笑容一天比一天灿烂。她给予学生的时间远远超过了陪伴亲人的时间。那年她的儿子高三，就在孩子“积极备战”之时，灾难降临了，儿子在学校摔伤导致右踝骨折。作为母亲，在儿子最需要她的时候，她却没能陪在儿子的身边，“咱家一个孩子，好管！学校 40 多个孩子，不能耽误！”于是爷爷承担了照顾孙子的任务。在孩子拄拐复课期间，学校的老师不知道谁是那个骨折的孩子的母亲，但要提起那个孩子白发苍苍的爷爷，没一个人不知道。班里的学生听说了这件事，眼里含着泪，为她的儿子写慰问信，折千纸鹤，祝愿哥哥早日康复，顺利高考。她给学生无限温暖，学生也用幼小的心灵温暖她和家人。她不禁潸然泪下，那些心甘情愿的付出啊，已然得到了回报！家长感动地握着她的手时，她总是说“二小的老师，都是这样的！”是呀，“大家都是这样的！”，“二小的老师，都是这样的！”质朴的话语，此刻却是最美的言语。“在二小，在这里，记载着快乐，流淌着幸福，播种着希望。在我心中，二小就是我的家！因此，把家里的事放在心上是一件幸福的事！”

在我们的二小，像任老师这样的老师、班主任还有很多。爱，在竞相怒放的玉兰枝头，在茵茵绿地上，在那悠扬琴声里，在那欢声笑语间……在我们美丽的二小校园中，校园里的每一尺每一寸、每一点每一滴都在诉说，诉说着奉献，诉说着这一切的一切只为了对这方热土的爱。我们为爱创造的美景心醉。

爱，在那相逢一笑的温情中，在那互帮互助的鼓励中，在那讲台上精彩的表现中，在那挑灯奋战的身影中，在那朗朗的读书声中。校园中的每一颦每一笑、每一人每一事，都在向我们传递，传递着拼搏，传递着无穷无尽的爱的讯息。我们为爱创造的一切心醉。

爱，托起我们每个人心中的太阳，使希望洒满我可爱的校园的每一个角落，愿我们心中的这份爱能为二小再创辉煌！

二、家园文化是平等与包容的文化

随着二小办学规模的不断扩大，我们在办学过程中也在面临着新的问题和挑战。那就是，如何让来自不同校区的师生与原二小的师生真正成为一家人，形成更大的合力？

带着这样的思考，二小坚持用“家园文化”引领学校发展，在多校区办学实践过程中，不断分析和吸收来自不同学校的办学思想和文化，缩小校区间的差异，缩短心与心的距离。以“家园文化”的力量推动多校区的发展，实现资源共享、文化共融、品牌共创及合作共赢。在学校多校区办学背景下，家园文化的内涵不断丰富，更加平等与包容。

平等与包容就是说，我们校区之间只有地理位置不同，没有先后顺序之分，也没有身份地位之别。有的是统一的管理、充分的接纳、平等的待遇，突出每一个人在二小的主体地位。

学校用平等与包容的家园文化接纳来自合并校的每一位师生，让每一位教师都能在二小有最大的发展，让每一个学生都能享受到二小最优质的教育。“家园文化”内涵的丰富，帮助三校区师生形成了统一的文化认知、愿景认同和观念整合，把三个校区所有的师生凝聚在一起，成为“大二小”发展的主体力量。

在多校区发展建设中，面对承接、合并校师生时，二小心怀海纳百川的胸襟，这个大家庭用她特有的大气与包容，接纳了成府和西北旺小学所有的教师，并给予了教师充分的信任与理解、关心与关爱……

链接 >>>

并校第一年

并校的第一年对郑英明老师来说是不平凡的一年，更是她最难忘而又最温暖的一年。2003 年 7 月，成府小学被合并进中关村二小，身为成府小学的一位普通语文教师，郑英明老师的内心忐忑不安。二小的名气在当时已经是响当当的，在各类区级评优课中，在区级大教研组活动中，二小老师都是那么充满自信，过硬的专业素养和较高的教学水平常常令她佩服。现在成为这个优秀团体中的一份子，郑老师感到压力非常大！这时候，主抓教育的鲍校长找到郑老师为她加油鼓劲："别有压力，在二小，每个老师只要努力都会有机会。平时有问题，多问身边的老师，也可以直接问我们。你要相信自己，你的水平就代表二小。"每一次教研，每一次学习，老师们充满智慧的思想，主动追求自己发展，同时关注学校发展的热情，都深深地感染着郑老师。渐渐地，她由原来的被动接受任务的状态，学会主动参与，敢于发表自己的见解，逐渐找到了一种主人的感觉。

一年后，郑老师代表学校参加中心学区班队会评比活动，那些日子全组老师成为队会活动策划的智囊团。为了这次队会，已经记不清组里老师多少次主动留下来加班了。在组织队员活动中，经验丰富的教研组长曾老师细化了组内分工，每位老师拿着任务稿指导学生排练，鲍校长更是每天陪伴着郑老师加班到很晚。郑老师内心充满了感激，一番话让郑老师心中感到真正的家的温暖，更感受到从同事们那里传递来的温暖和力量。前期的设计方案经过十几次的修改终于成型，主题就定为"驻足感恩，与爱同行"。那次展评，获得了中心学区一等奖，直接晋级海淀区的评比。46 位家长也被邀请到现场，他们看到孩子在台上落落大方的展示、充满真情的表演，不禁潸然泪下。从那次队会之后，"驻足感恩，与爱同行”伴随着郑老师继续扎实工作，主动学习。如今，郑老师已经把二小特有的同事间的那种温暖和关怀传递给每一位像她当初一样的新老师。

N个第一次

每个人的一生中都会有很多第一次，王玉梅老师也不例外。然而2006年对于王老师来说，经历的第一次似乎都集中在了这一年。

七月初忙完期末工作就要宣布新学年的人事安排了，老师们都会非常关注自己下学期的工作。当校领导宣布“王玉梅老师，中关村校区，二年级数学组长，2班班主任，1班和2班的数学教学工作”，听到这儿，周围的老师都把目光转向王老师，她情不自禁地“啊？”了一声。这一声“啊”表达着她心中的惊讶、忐忑和不安，要知道，王老师是成府小学的老师，到今年才是合并的第三年呀！

学校竟然如此信任重用她！可是她一直教数学，对于她新学期的工作，第一次担任班主任，第一次来到中关村校区，第一次承担组长工作，这么多第一次，她开始怀疑自己能同时胜任这一切吗？思来想去，她找到了舒校长。

“舒校长，我想跟您商量点事。”王老师带着内心的些许不安说。

“有什么事你说吧。”舒校长面带微笑示意她接着说。

“首先，感谢学校对我的信任。今年学校安排我到本校来工作，我很感动，也很高兴。可是，我第一年承担班主任的工作，没有经验，需要静心学习才行；第一年来到本校工作，新的同事，新的环境，还需要虚心请教才行；第一年来本校还要承担组长工作，我担心自己做不好。所以，今年我想还是以本职工作为主，至于组长工作，您看……”

“每位老师的人事安排，都是学校的几位领导一起商议的，你的人品好，有一定的工作能力，你很有实力！其实，你不用有那么多的顾虑，只要你努力做好工作，一定没问题，我们相信你，一定能把工作做好！”

“可是我从成府小学过来，要学习的地方还很多。”

“不管你是从哪来的，我们都一视同仁。就像杨校长在大会中所说的：‘机会是均等的，但又不能平均分，就看你能不能抓住它！’我们相信你的为人，相信你的工作能力，给自己一次机会，证明给别人看！——成府小学的老师一样优秀！”

“我担心自己做不好……”

“其实，你不用有那么多的顾虑，只要你努力做好工作，一定没问题，我们相信你，一定能把工作做好！工作中遇到什么困难，我们会一起想办法解决的。

舒校长的话让王老师注入了动力和激情，学校领导的器重和信任让她鼓起了勇气和信心。带着领导的嘱托，带着领导的信任，王老师勇敢地接受了工作任命，事实证明，那一年王老师完满地完成工作，得到同事领导的充分肯定，更获得家长的认可，她成功了！信任让王老师有了拼搏的动力，更有了那一年满满的收获！

平等与包容是“家”文化的内涵发展，“我的学校我的家”得到了每个成员的认同。在一个好的家庭中，没有人会被刻意划分为三六九等，在教师心目中，学生是最重要的，在校长心目中，教师是最重要的。教师爱学生就像父母爱孩子，同事之间就如兄弟姐妹之间互相支持，这在二小已经是大家非常习惯的事情。平等与包容的惺惺相惜让三个校区的老师更像唇齿相依的兄弟姐妹，汇聚在一起的不仅是人，更是心灵的交融。

三、家园文化是民主与参与的文化

十多年的办学实践，二小始终把重点工作放在教师队伍建设上，不断凝聚教师发展之力，鼓励老师和学生主动参与到学校的发展和建设中来。徜徉在二小的校园，这里真正的主人是教师、是学生。在这个幸福的家园里，老师们主动地、创造性地参与学校的管理和建设；在这个幸福的家园里，学校充分尊重教师选择的发展意愿；在这个幸福的家园里，不同校区、不同岗位的教师都得到了极大的发展。

在二小的发展进程中，每一位老师都有其独特的价值。作为教育的亲历者、参与者、实践者，他们在各自的岗位上共同推进着学校各项教育教学工作及育人事业的发展。二小不仅尊重每一位老师的价值，更注重倾听每一位教师的声音。

链接 >>>

让建议“有声”

组内提案，是每学期初组内工作的一个固定项目，是学校搭建的一个交流平台。学校希望老师们依据整体发展方向，结合自身工作实际，提出对学校发展有建设性的意见和建议。

小陈是学校一位新晋的年轻教师。年轻，有活力，性格直爽，对待工作格外认真。然而由于新入职，正处于适应期，加上多头绪的工作与较繁重的任务量使原本热爱运动的她不得不将健身计划暂时搁置，只得借周末休息缓解工作的疲劳。可随着健身时间的减少，体能和精神状态大不如前。

在一次组内提案会议上，小陈被组长邀请发言，先说一说自身的需要，他便把自己近来对身体情况的担心说了出来：“其实就是希望自己能和原来一样每天都精力充沛的。”

小陈对于身体情况方面的关注引起了组内老师们的共鸣，但这些又似乎与学校的发展没有太大的关系，到底适不适合在学校提案上进行呈现呢？老师们都不太确定。

这时，组长李老师的一席话让老师们决定尝试一下。

“关系当然是有的，因为关注老师们的身心健康是学校一直在坚持的理念，习主席不是也经常在大会上提倡咱们多提宝贵意见吗？只不过作为提案上报我们需要尽量写得细致一些，原因和需求写清晰，尽量多提出一些具有可行性的办法，总之，我们的初衷主要是以交流为主嘛。”

就这样，一份提议学校加大对于教师身心健康关注的提案，被老师们抱着试一试的心态正式上报。

出乎组内老师们意料，在提案反馈会上，学校领导对于此提案特意做了面向全校教职工的反馈说明，教师身心健康是学校教育教学工作的基础与保障，是学校高度关注的方面。同时对接下来将要开展的一系列落实工作进行了介绍。

不出一个学期，亚健康体质检测被引入了学校，学校健身房也开始修建，与此同时，教职工健身俱乐部正式公开招募“会员”，一支支由学校老师自发组建的健身俱乐部正式上马，不觉间学校掀起了一股健身热潮。

在那段时间里，小陈加入了学校的跑步俱乐部，在跑友老师们的带动下捡起了被搁置两年的运动。与此同时，学校更多的老师们也加入到了健身的行列，他们用亲身的经历知道了一些工作方面带来的疲劳并不能够仅通过休息来缓解，而是需要通过运动去释放，随之而来，收获的是愉悦的心情和持续充沛的生活、工作动力。

把谏言说“直”

早晨，美好的晨读时光。李老师走进教室，环顾四周，大家或写字或读书，沉浸在浓郁书香之中。忽然看见平日淘气的思扬正静静地读着一本书，神情专注，但魁梧粗壮的身躯挤在座位中，显得很局促。他的课桌底下放着一个工具箱，使得不大的座位空间更加狭小。李老师走过去，悄声问：“孩子，箱子里放的什么宝贝？”他抬头望着我说：“老师，是美术课的水彩颜料。”“我能看看吗？”“好的。”他把箱子拎出来，打开，里面五彩缤纷，有各色的颜料、画笔、调色板。李老师赞叹道：“好高级啊！”他憨厚地呵呵笑了。“你这个大块头，桌子下面再放这么个箱子，挤不挤啊！”“太挤了，可没地方放啊！”李老师示意他继续读书，打量着教室，寻找着安放学具箱的位置。

四十套桌椅，整齐摆放，但余下的空间很有限。孩子们的书包比我们上学时体积庞大了许多，已不能塞进桌斗里，都放置在桌子旁边的间隙中。环顾教室，李老师最后不得不把思扬的学具箱安置到教室后面的角落，摆放整齐。

回到办公室，李老师急切地把刚刚的经历与组内老师交流。没想到大家伙都有此困惑：“现在是夏天，大家穿的少，还好安置，如果是冬天，同学们的大衣、外套会使教室更加杂乱。”一位老师接道：“如果为每位同学添置一个小柜子，就方便多了。”“对，这个想法太好了，下个学期，咱们就向学校上交这个提案。”作为组长的李老师兴奋地说道。

新学期一开学，一份“关于在教学楼走廊增置学生储物柜”的提案便上交到学校。李老师与组内老师们天天在期盼着学校的回复。可在全校提案回复大会上，这份组内老师们期盼的提案始终没有音讯。

就在老师们困惑的时候，主管华清校区整体工作的王校长推开了五年级办公室的门。王校长微笑着说：“今天我是代表学校来回复你们组的提案的。你们的提案从学生实际需求出发，非常好。”

“在教学楼道中设置储物柜”的问题上，校长在行政会上带领干部经过几轮热烈的讨论。考虑到华清校区的教学楼，设计建设的是各楼层之间二分之一区域采用玻璃的楼板，通透美观，但因安全的需要都用围栏圈上了。留下的空间比较狭小，同学们排队、活动都非常拥挤，有一定的安全隐患。所以，暑假里在抗震加固教学楼时，对这一设计进行了改造，去掉了围栏，更换了楼板。这一改造，使教学楼内空间大大提升。如果安置储物柜，会使活动空间再次减少。并且，同学们活动时，容易撞到储物柜，有一定的危险。所以，楼道里暂时不安放储物柜，还给孩子们更多的活动空间。同时，针对班级的需求，学校将在教室中放置一个小书柜，创造一些储物空间，同学们的学具、作业本可以放置在书柜里。

王校长的解释，让组内老师们很快了解了学校的考虑和想法。同时，能站在全校学生安全的角度看待学校的设施建设。

虽然老师们的提议没有被采纳，但老师们挺理解。一个提议必拥有两面性，有得亦有失，权其重而决定是否采纳。学校给老师们谏言的充分空间，充分考虑后又给大家细致的答复，这样的管理，怎能不让我们的学校更加可爱呢！

第五节　发展：家园文化的新境界

一、“桃红李白　心暖花开”的教育愿景

作为教育工作者，我们都在思考怎样的教育才是好的教育？我们认为真正落实以人为本的教育就是好的教育，让每一位学生都有适合自己成长提升空间的教育就是好的教育。

随着多校区的稳步推进，我们开始更多地思考学生个体生命成长的意义，我们希望家园里的每一个人都能够在二小感受到自身存在的价值，都能够在二小绽放最美的自己。我们把这样一种美好的教育愿景，凝练成“桃红李白　心暖花开”八个字，这既是我们的家园梦想，更是我们的教育追求。“桃红李白　心暖花开”彰显了一种典雅端庄、充盈灵动的教育之美，是全校师生共同追求的教育愿景。我们希望，二小是真实的、合宜的、师生能处处发现自己价值的幸福家园。“桃红李白　心暖花开”以一种浪漫主义情怀的表达方式展现了二小人的教育梦想。

二、“绽放最美的自己”的教育追求

从 2013 年起，我们不断梳理明晰二小的育人理念，逐步形成了“桃红李白　心暖花开”的教育愿景。“桃红李白”，寓意每个生命都是独一无二的，每一个生命都是一朵含苞待放的花蕾，孕育着无限的生机和可能；“心暖花开”，预示着每一朵花蕾的盛开都需要精心呵护，其心灵和个性都应该得到尊重和理解，让每一颗心聚力为开，绽放最美的自己。

世界上的植物约有 350000 种，每一株植物，都有自己独特的属性，

有孕育它成长的特殊的阳光、空气、水和土壤等环境。即使是看似相同的植株，也会有迥然不同的特质，正所谓“万物莫不相异”。自然如此，人亦如此。每一个生命都是宇宙天地间独一无二的个体，有着不同的天赋秉性和性格特征，如果把生命比作花朵，唯有倾心灌溉、耐心哺育，才能静待花开，收获灿烂。

取长补短不如扬长避短，通过兴趣导入和巧妙激励，帮助孩子们找到学习的兴趣点，进而发掘和认知最真实的自己，悦纳自己、发展自己、成就自己，才能绽放最美的自己。向周围传递美好的正能量，将自己的所学所得反哺社会，为我们赖以生存的世界奉献最大价值。

“桃红李白 心暖花开”教育愿景的最大要义就是绽放最美的自己，这就需要教育要充分注意学生的差别，因材施教，使之得到最佳发展，也就是要实施个性化教育。国际个性化教育协会（InternationalPersonalizationEducationAssociation，简称 IPEA）将个性化教育定义为：为受教育者量身定制教育目标、教育计划、教育培训方法、辅导方案并加以执行，组织相关专业人员为受教育者提供学习管理策略和知识管理技术以及整合有效的教育资源，帮助受教育者实现自我成长和自我超越。

这一育人理念的践行，不仅要关注每一个学生的成长需要，还要关注每一位教师的发展需要。教师的工作是有灵性和创造性的，但很多教师是在被动地工作，缺乏自主性和创造性。如果教师没有了工作的激情和工作的乐趣，怎么可能培养出热爱生活、具有创造性的学生？因此，我们应该最大限度地激发每一位教师的潜能，让每一位教师都能发挥自己的优势，都能够在学校找到自己工作的生长点和发展点，都有实现自己梦想的舞台，都能够展示属于自己的最美姿态。

2015 年 10 月 22 日，海淀区教委召开“中关村二小教育家办学实践研讨会”，教委规定用两个核心词作为这次研讨会的主题。最终，我们确定了“聚力·绽放”。凝心聚力是每一位优秀校长必须具备的领导力，更是学校持续发展的动力；绽放最美的自己是我们每一个人的人生追求。我们的办学就是在不断地聚力，不断地绽放，聚力为开——一次次的聚力就是为了最美的绽放，教育就是如此美妙！

链接 >>> 暖 · 凝聚

八年的坚守[1]

李欣

2005 年我毕业于西安音乐学院，应聘来二小当了一名小学音乐老师。由于各种原因，直到 8 年后的 2013 年，我的人事关系才正式调入。我有很多次选择其他职业的机会，像我的同学那样去艺术团体、专业院校或者电视台，而我选择了坚守二小，因为学校给予了我最大的信任，没把我当外人。让我在各种大型活动中担任策划与主持，组建管理艺术社团，还给我参加评优课的机会。还让我担任党支部、团支部委员。二小给了我家的温暖。

又一次选择

钟玉琴

不仅如此，学校还给了我们更多发展的空间。2001 年来到二小以后，我实现了自己的人生追求，以中国音乐学院全校总分第二名的成绩，顺利考取研究生。尤为难得的是，在我读研期间，还得到了去美国哈佛大学音乐系游学一年的机会，让我的专业素养提升到了更高的水平。

毕业后，我的确接到了很多优质学校抛来的橄榄枝，然而，我义无反顾地选择重回二小。因为二小这方沃土，给了我施展的平台，更有着发展的空间。

[1] 杨刚．聚力绽放——中关村第二小学教育家办学实践研讨会纪实［M］．北京：中国书籍出版社，2016:22–23.

尊重与信任让我自信快乐

郑英明

是的，自信是快乐的源泉。我是2003年从成府小学并入二小的老师。来二小后任三年级班主任，一年后的期末，我特别希望能继续教这个班。带着忐忑的心情，我拨通了校长的电话。没有想到校长听完我的想法，平和地告诉我，咱们二小就是要为每位老师搭台，学校认可您的工作，会满足老师的愿望。我如愿将这个班一直带到了毕业，同年我被评为北京市紫禁杯优秀班主任。我的成长和进步都源于学校的尊重和信任，在二小的每一天都是自信而又快乐的。

多校区工作的历练

宋丽荣

我来二小18年了，工作过的校区最多。校领导充分地信任我，为我搭建施展才华的平台。2001年，我到海淀外国语实验学校小学寄宿部工作两年。然后我分别在中关村、华清、百旺三个校区担任语文教师和班主任，带出了一个又一个各具特色的班集体。这样的工作经历，让我更好地发挥了一个骨干教师的辐射作用，也获得了新的成长。在二小，像我这样具有多校区经历的老师还有很多。

链接>>>

作为家长的我，同样被家园文化所折服[1]

非常有幸参加了中关村二小教育家办学实践研讨会，现场聆听了杨刚校长对自己教育理念和实践的深刻诠释，看到了老师们和孩子们对中

[1] 杨刚．聚力绽放——中关村第二小学教育家办学实践研讨会纪实［M］．北京：中国书籍出版社，2016:177-178.

关村二小校园生活的精彩呈现，感受到了教育界领导和专家对中关村二小办学现状的认可和肯定。作为家长的一员，我也为中关村二小的家园文化所折服，家园文化倡导以人为本，重视人、发展人，让每一位教师的能量都得到极大发挥，每一名学生都能找到适合自己的领域和专长，实现了中关村二小三个不同校区的均衡和同步发展，最大限度实现了人力和资源的效能和协调发展。

首先，家园文化是暖心文化，重视教师的发展，也给予其成长的舞台。在中关村二小，我看到的老师都是忙碌的。忙着带领孩子准备上课，忙着和家长沟通孩子的各种问题，忙着准备各种书籍供孩子们阅读，忙着各种短信提醒家长孩子的学习进度……我诧异于老师们的工作状态，不知疲倦，不计得失，对学生对家长敞开心扉，解答或解决各种疑虑和问题。通过参加这次教育家办学实践研讨会，我了解了中关村二小杨刚校长独特的1&N教师团队管理模式，这种模式让每一位老师都有自己归属的团队，都是不同团队的N，同时每一位老师在自己专长的领域都有可能成为团队里的核心，成为那个1。因此，老师们的诉求和梦想可以在多层面得到满足和展示，还有八大专家工作室助力每一位老师的成长。这种模式，给每一位老师都搭建了梦想的舞台，因此老师们的工作状态都是主动的、积极的、最佳的，因此中关村二小也汇聚了大批优秀教师。最大的受益者当然是中关村二小的全体学生。

其次，家园文化尊重差异，提倡个性化教育和因材施教，这在现今社会也是为人称道的。每个学生都有其独特性，个性的不同、兴趣的不同当然会导致接受教育的结果的差异化。中关村二小的做法是，为学生提供了丰富而高质量的校园社团和各种兴趣课，让每一位学生的艺术、体育和科技天赋都能得到个性化发展。孩子能在中关村二小接受基础教育，真是非常幸运。美丽的校园，点缀着整齐的跑道、宽阔的篮球场和足球场，偶入校园，便能看到蹦跳和奔跑中的孩子，追逐或玩弄着手中或脚下的各种球类，瞥到舞蹈团孩子们练功的身影，还有天籁童声不时传入耳际。此外，诸如科技社团、星云社等各种社团的作品也不时呈现在眼际。我好羡慕，很想我的童年也在这里重来一场。老师们的才智和热情成就了孩子们求知的理想国，这里书香四溢，儒雅成风。

最后，作为学生家长，我在认真思考“如何让学校教育在家庭得到更好的延伸”？每每看到老师忙碌的身影，每每也是我躬身自醒时。教育是需要一定的一致性的，也就是学校和家庭的一致性。如何让学校教育在家庭得到更好的延伸，这是我这段时间里一直思考的问题。除了合理安排孩子的作息时间，按要求带领孩子复习功课，积极养成孩子的阅读习惯，开阔其眼界，引导孩子和同学友好相处，主动为班级做力所能及的事情外，自己也应主动和老师沟通孩子情况，了解教学情况和各种兴趣课的动态，引导好孩子的兴趣爱好，实现有效的家校互动。二小是大家的，二小的发展靠大家，这个大家也应包括我们家长。所以，学校的任何活动，能参加我都会主动申请参加，因为我喜欢这个集体，喜欢它的温暖、包容、开放、多元。

我坚信，孩子们在中关村二小不仅能收获丰厚的文化知识，也能发展优良的艺术或体育专长，二小全体老师们的凝心聚力，必将让这里的每一朵小花美丽绽放！

第四章

家园文化在学校中的落实和价值实现

第一节　共识之路：二小人的精神追求
第二节　管理改革：家园文化的深化落实
第三节　教师样态：教师队伍的专业成长
第四节　课程润育：立德树人的多元课程

第一节　共识之路：二小人的精神追求

一、以人为本：家园文化的起始点

家园文化的指导思想是“以人为本、关注发展”；家园文化追求的目标是“自我管理、自我发展、自我超越”。家园文化的具体内涵是这样三句话：“二小是大家的，二小的发展是为大家的，二小的发展是靠大家的。”这三句话已经成为每一个二小人所欣赏、推崇并以此作为行为原动力的一种共识。

家园文化的提出既是对学校原有办学文化的提炼，又是对学校美好未来的憧憬。二小从始至终都是心中装着每一位教师。每一位教师都是学校的主人，都担负着各自的教育任务，都要面对自己所教班级的每一个活泼可爱的孩子。每一位教师都需要被关注、被重视，每一位教师都需要得到支持、获得发展。

二、关注发展：家园文化的原动力

家园文化，强调的是在学校办学中要形成利于教师发展、学生成长的“软环境”，让师生能够在身心轻松的环境中健康发展，促进积极状态的形成，让师生身心愉悦，减少负面因素的不利影响，让全体教师聚焦课堂，聚力在学生身上，让学校成为教师的心灵港湾，成为每一位教师和学生的精神家园。

三、凝心聚力：家园文化的目的地

家园文化像一种强有力的凝聚剂，使二小人产生归属感。家园文化，借助精神纽带和心理场来唤醒和激发每个成员对学校的深厚感情，把他们紧密联系在一起，从而在校园内建立起团结、和谐、信任、理解的人际关系，并达成对学校目标的共识和追求。在二小，师生可以自由对话，“尊重”被给予最好的诠释；在二小，宽松和谐的工作氛围是满满的包容，是爱的延伸；在二小，谁都拥有广阔的舞台，赏识与激励点燃每个人的梦想！

第二节　管理改革：家园文化的深化落实

一、集团化办学布局下的家园文化

中关村二小教育集团以集团总校为引领，集团总校的各项工作主要由 11 个业务部门组成，负责集团总校的整体规划和发展，同时指导带领中关村二小教育集团所有成员校的共同发展。

成员校之间在育人理念、管理文化、教育科研、信息技术、教育评价、人力资源管理、财务管理等方面有统一的管理和协调，促进办学品质的不断提升；成员校之间又保持相对的独立自主、各自的办学特色，实现共同成长。

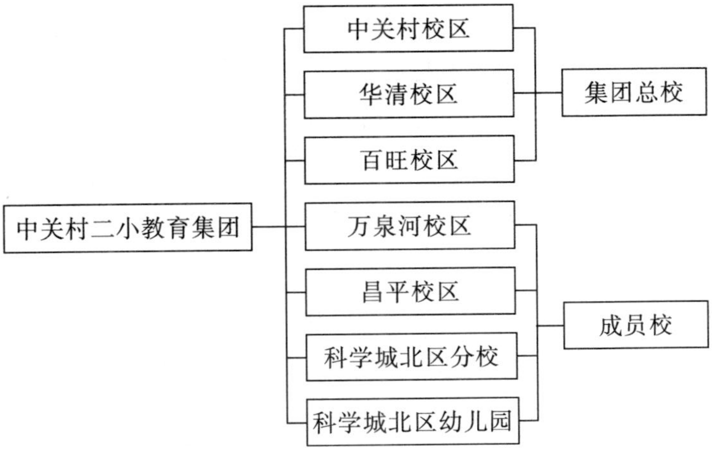

中关村二小教育集团办学布局

集团化办学坚持如下原则：

坚持“党委领导”原则：教育集团发展的各项工作由总校党委统筹领导，各成员校结合实际情况具体负责。

坚持“总校引领”原则：教育集团业务工作开展以集团总校 11 部门为引领，成员校结合实际情况具体实施。

坚持“自主成长”原则：以中关村二小集团总校的办学质量为标准，借助集团优质资源，结合自身情况，发挥成员校的办学自主性，实现在短时间内最大限度的发展与成长。

坚持“共同发展”原则：在集团的哺育孵化下，成员校实现更快更好的发展；为干部、教师搭建更多的发展平台、发展机遇和更大的空间。

集团统筹型：由集团总校主导，形成整体的、相对完整的工作方案，成员校按方案统一落实执行。（原则上是二小集团统筹安排的工作，可提供统一方案，统一落实。）

集团统筹 + 自主型：由集团总校统一思想，达成共识，形成具有指导性的工作要求和工作框架，成员校结合实际，制订具体方案后进行落实。（原则上是上级部门或者集团统筹安排的工作，可提供框架方案，校区具体深入落实。）

校内自主型：由成员校自主制定方案，自主实施。（原则上是上级部门安排的工作和各校区的特色工作，依据工作要求，自主实施。）

校内自主＋指导型：由成员校在集团总校指导下制定方案，集团总校辅助完成实施。（原则上是上级部门安排的工作和各校区的特色工作，在实施过程中要得到集团总校的高位指导，在总校辅助下较高质量地实施好。）

总校成员校侧重在统筹，工作模式以“集团统筹型”和“集团统筹＋自主型”为主。独立法人成员校侧重在自主，工作模式以“校内自主型”和“校内自主＋指导型”为主。

二、顶层设计中的 4.0 管理模式

充分发挥中关村二小教育集团的名校引领作用，通过优质资源共享，实现集团成员校的优质、均衡、特色发展。

充分发挥集团名校的辐射带动作用，促进集团各成员校的新增长、再发展，实现中关村二小教育集团的可持续发展。

（一）制度文化

集团内各成员校以中关村二小“家园文化”为核心，围绕教育集团发展目标，坚持“党委领导　总校引领　自主成长　共同发展”的基本原则，遵守中关村二小管理制度，履行岗位职责。

充分发挥集团总校的品牌影响力和文化辐射力，凝聚发展共识，以文化引领集团内涵发展。注重集团文化的开放性、包容性和互动性，加强特色传承和优势互补，借助党团、工会组织开展的工作室、沙龙等创新活动，推动集团内各类文化资源合理流动，形成兼容并蓄的文化氛围，打造丰富多元的教育生态。

（二）组织管理

完善教育集团内部管理制度，确立以“集团统筹与校内自主”为主

要管理模式。集团定期召开党委会、校务会，研究审议集团发展规划、教育教学资源统筹、干部教师统筹调配、集团专项经费使用、人才培养等工作，定期检查指导成员校的学校管理、教育教学质量和改革发展。探索建立依法办学、自主管理、民主监督、多元参与的现代学校管理制度，原则上成员校应遵守集团管理制度。

三、创新管理机制，确保一个二小、一个标准、一个质量

为了克服空间上的距离，进一步实现校区间的统筹管理与同步发展，中关村二小利用教育 + 互联网的思维模式，统一搭建了多维的技术联络立交桥，打破了校区的空间限制，实现了校区间教育教学和行政等工作的全面、实时、零距离沟通。具体方法如下。

（一）构建立体管理网

首先，构建立体管理网。相对于单一校区办学，多校区办学的管理难度更大，问题更加复杂。如何进行有效的管理，保证校区间学校工作整体推进、教育教学规划同步实施、教师发展研修制度一视同仁、学生培养目标同步落实，这是实现多校区同步、优质、均衡发展的关键。

为此，我们探索实施了“家园文化”下的网状管理结构，即以横为主、以纵为辅，横纵结合，构成立体管理网。

“横”体现在学校在教育、教学、后勤等方面对各个校区统一的扁平式管理，它保证了校区间的同步优质发展，学校的教育、教学、后勤、人事分别安排一位副校级领导干部负责，统筹管理相应工作；在管理过程中，工作重心是抓全校业务、而不是抓校区，弱化校区行政功能，确保三校区各项工作齐头并进。

“纵”是指行政纵向管理，体现学校对各个校区发展的科学放权，允许校区结合自身特点因地制宜，实现校区的特色发展。校区设一名行政牵头副校长，三个校区分别设立教育、教学和后勤办公室。行政副校长主要职能是结合校区实际情况统筹、协调、落实本校区日常工作。

为了让管理人员既能从微观层面管理好校区内工作，又能从宏观层面加强校区间联系与促进校区间优质均衡发展，学校在管理人员的职责分工上充分发挥了职能交织的作用，如：德育副校长鲍海楠兼任百旺校区行政副校长；华清校区行政副校长王迎新主抓全校的语文教学，同时负责华清校区的语文教学；百旺校区德育副主任丁伟兼任学校团支部书记等。

这种网状的组织管理结构和管理职能交织的分工方式，确保多校区是一个整体、一套班子，同样的管理政策和制度，同样的管理办法和评价机制，保证校内管理的一致与和谐。在这个网状管理结构中，每个人的工作上、下、左、右都有与他人相连的交叉点，每个人都有自己的位置与角色，既体现了管理上的无缝对接，又优化了管理人员，实现了管理中的实效与高效。

这种管理模式最大的困难就是管理人员的责任更大了、担当更大了。为了校区间同步、优质、均衡发展，干部和教师团队要付出更多的辛苦、更多的努力。

（二）搭建多维数字平台

多校区办学的另一大难题是：如何克服空间上的距离，实现校区间的统筹管理与同步发展？中关村二小利用教育＋互联网的思维模式，为六校区统一搭建了多维的数字平台，打破了三校区的空间限制，实现了六校区教育、教学和行政等工作的全面、实时、零距离沟通。

2006 年 2 月，为了满足校区间统筹管理和同步发展需求，学校开通了中关村和华清两校区的视频会议系统。随着校区的不断变化，2009 年，又开通了中关村、华清、百旺三个校区的视频会议系统。2019 年，2021 年，陆续开通了六校区的视频会议系统。现在无论干部、教师在哪一个校区，都可以实现同步教研、同步听评课、同步会议等工作需求。与此同时，协同办公系统、智能排课选课系统、学生课堂评价系统、教师网上测评系统等都在日常的教育教学中得到广泛应用，这种工作和学习方式在二小早已形成常态。

二小人在多校区的办学实践中，始终坚持“一个二小、一个标准、一个质量”，努力实现多校区同步、优质、均衡、特色发展。今天，我们可以非常自信地说，在二小，没有本校与分校的概念；在二小，没有选择校区的烦恼。只要你走进二小，任何一个校区都可以享受到二小优质的教育。

回望过往，校区的变化，人员的增加，管理难度的增大，并没有阻止二小人探索实践优质教育的步伐。二小人在传承中思考，在探索中创新，始终坚持“一个二小，一个标准，一个质量”，以家园文化为引领，以管理制度为保障，以教育质量为核心，以信息技术为支撑，走出了一条实现多校区同步、优质、均衡发展的特色办学之路，走在了海淀区、北京市推进义务教育优质均衡发展的前列。

第三节　教师样态：教师队伍的专业成长

一、1&N 模型：打造教师发展新模式

二小老师是一群有热情、有才干、有爱心的青年人。在学生眼中他们是幽默风趣、严谨认真的良师益友；在同事眼中他们是工作上的优秀榜样、生活中的贴心朋友；在家长眼中他们是学识渊博、关爱孩子的有心老师……他们尽情展现着二小教师最美的姿态。

这一切的美好并非个人所能，也不是一日之功。多年来，老师们浸润在二小家园文化下，始终视教师为学校发展的核心，始终坚持以教师为本的理念，给予每一位教师尊重、信任与赏识，汇聚每一位教师的力量，努力为教师搭设多种学习的平台、展示的舞台、提升的天台。积极探索

出同伴互助式的团队研修模式，使我们的学校有相继绽放的今日的欣喜，更会有百花齐放的明日的盛景。

古语讲：“千人同心，则得千人之力；万人异心，则无一人之用。”不论是三个和尚挑水的寓言故事，还是人们常说的“人多力量大”的俗语，都在强调只有把个人力量汇集起来，才能形成强大的团队力量，从而达到个人力量难以企及的目标。试问：一滴水怎么样才能够不干枯？哲学家回答说：“把它放到大海里去。”这简短的对话同样揭示了这个深刻的道理：个人与他人之间是相互支撑的，只有得到团队或者别人的支持，才会有无穷的力量，才不会轻易干涸。这是显而易见的道理。因此在二小，每一位教师都至少属于一个团队，都能在团队中找到自己的位置和发展的空间。比如：我们有8大学科专家工作室、班主任工作室、党团工作室、科研项目组、青蓝之约、青年教师沙龙、教师俱乐部等，教师在团队中碰撞思想、分享理念、增进友谊。每一位教师都在团队中前行，感受着来自集体的力量和智慧。

除此之外，我们的团队建设还注重在力量叠加和智慧共融的基础上，强调个体与团队的互动交融关系。经过多年的实践，我们把这样一种团队文化发展为“1&N”的教师团队发展模式，并不断传承。“1”是团队中的核心，他可以是校长、也可以是一名干部，还可以是一位教师；“N”指团队中的若干个成员。在“1”的带动下，整个团队共同发展进步。每个成员可以是团队中的“1”，也可以是团队中的“N”。任何成员在“1”的位置上，都有一个团队在背后支持；任何成员在“N”的位置上，都在为团队提供支持，也在团队中共同成长。任何一位教师都有可能同时承担着1和N的双重角色甚至多重角色。二小就是由若干个“1”带动若干个“N”而形成的一个无限大的生命共同体，从而真正实现聚全校教师之力，焕发团队力量生生不息，促进教师职业生命可持续发展。

二、团队成长：共建教师学习共同体

（一）常态教学同步有序运转

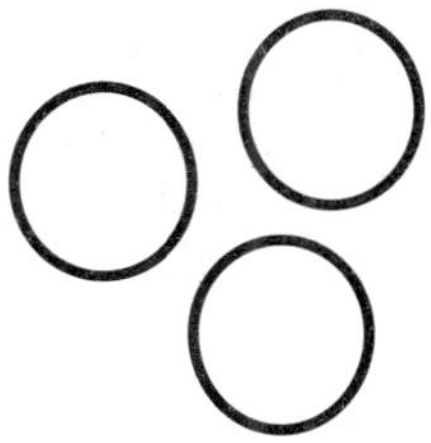

在平日的教学管理中，我们每一位教学干部都有清晰的工作思路：回到常态、回到基本功，一切，须从根部浇灌。

学期初，我们会认真上好教师开学第一课（教学常规要求 + 教研活动的实施 + 教学计划的解读 + 教学质量的调控），统一标准，统一要求，理念上共识。

学期中，教师们围绕常态备课、常态课堂、常态学业质量测评等方面，努力让家常饭好吃有营养，实现常态教学同步有序的自我旋转。

学期末，精心设计教师学习周（反思课堂、反思学业质量，反思教学中的问题）。教师们一个不少，聚在一起，共同参与、体验、感悟。

在几年的同步发展中，合并的西北旺小学的学生，百旺校区就近入学的学生，都在优质资源的共享中获得了稳步提升。

（二）多种研修并行灵动交融

我们以课例研修为主线，创设多种研修方式，让三校区教师共同参与精心设计的研修活动。

六校区同学科横向教研——实现教师同频共振发展

六校区不同学科整合教研——实现教师多元化的综合发展

六校区跨时空网络协同教研——实现教师及时联动发展

（三）核心团队辐射扩大涟漪

在二小，所有学科同等重要。学校根据学科特点组建核心团队，形成一个同心圆，充分发挥团队辐射的力量，引领周边更多教师共同发展。

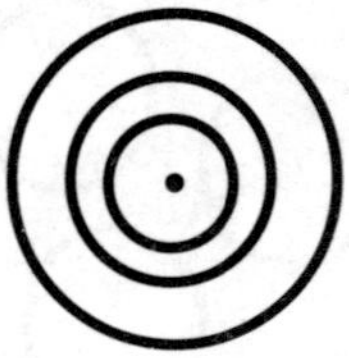

1. 核心团队一：引进来、指迷津，前瞻锐思考

为了实现三校区每个学科的同步、优质发展，教学管理团队精心策划，聘请学科领域的专家走进课堂，指导每个学科的教学，分别成立了语文工作室、数学工作室、英语工作室、体育工作室、音乐工作室、美术工作室、科学工作室、信息工作室，综合、思品学科的教师也参与到其他工作室中交流研讨。同时，学校多措并举，革新制度，大力将储备资金向教师培养方向倾斜，促使教师走出去，多听课、汲智慧；多交流、攒经验，不断吸收、融汇校外优秀资源，走在研修的最前沿。

专家工作室的成立实现了专家和教师面对面、点对点地交流，为每一位教师的成长积淀了营养，以个体发展促团队前行。

专家的循循善诱为老师们指明了前行的道路，才使得青年教师快速成长，成就自己的教育追求；也正是青年教师一路不辞辛劳地耕耘、悦纳、吸收，才能快速“变身”，成长为二小队伍中的排头兵，甚至走进骨干教师的队伍中。同时，骨干教师也不断更新着教学理念，将经验与新理念内化融合，推动二小整体教学水平的攀登。

2. 核心团队二：挖资源、探内涵，新老共成长

教师的专业发展往往经历这样一个过程：从新入职的新手教师，到熟手教师，再到专家型教师。

为了帮助新教师尽快地适应学校的蓬勃发展，凝心聚力，增加教育教学经验，使新生力量得到科学、准确的指导。“青蓝之约”师徒结对既是传统，也是学校关心、关注青年教师发展的一项重要举措。学校为每位新入职的毕业生聘请了一位或校内骨干或学科带头人的“师父”，

在业务上指导、在思想上引领。搭建“师徒”共研、共修的共同体。相互汲取教育智慧，分享教学经验，激发研修活力，同学习、共成长。他们在每一个小团队中都发挥着“传帮带”的作用。身为学校里的“导师”——解蓉老师，从手接聘书那一刻起，就深感责任重大。她说：“鸟随鸾凤腾高远，人伴贤能品自高。担任辅导教师以来，我觉得自己也受益其中，在和各学科的优秀青年教师接触的过程中，他们每每带给我全新的启迪和思考，激励我不断地慎独自省！每天能和大家在一起快乐地工作、轻松而坦诚地交流、切磋，甚至各抒己见地争论、辩驳，是多么惬意的事情……”

3. 核心团队三：搭平台、同研修，专业促发展

教师肩负着塑造学生精神生命的神圣职责，从事着世间最复杂的高级劳动。家长们常说：“一个好班主任就是一所好学校。”班主任，是一个班的组织者、领导者和教育者，更是学生学校生活世界的重要他人。如何帮助班主任从繁重的事务性工作中脱离出来，走向专业化育人，是学校一直关注的问题。

学校为此成立班主任工作室，从班主任教师实际工作问题入手，通过项目共研的途径，促进班主任工作专业理论与科学实践的提升。班主任工作室成立至今，一批批班主任在这里得到成长，经验丰富的班主任在实践的基础上获得更多理论支撑，年轻的班主任在这个集体中获得了可贵的实践经验。

4. 核心团队四：聚智慧、汇力量，团队乐分享

除了专家工作室、青蓝之约、青年教师沙龙等教研外，在原有期末总结大会的基础上，我们创新了教师发展机制，形成了“学习周”这样一种促团队建设、助教师成长的教育实践形式。“学习周”上，三校区所有老师都聚在一起，就学校发展、学科建设、教育教学工作进行交流、分享和提升。

学习周不是一个人的教育独白，而是所有教师共同参与的“学习场”，在这个“场”里，各组教师们发挥独特的创造才华，一改总结会上读报告、听报告的单一形式，取而代之的是轻松幽默的小品剧、清晰温婉的诗朗诵、

动感活动的创编操、自编自导的电影配音……老师们将一学期的思考与感悟，化为一串串珍珠，在舞台上大放光彩。

“学习周”这种交流学习方式，是二小教师团队文化的一个缩影，每一位刚工作或新调入的老师都深深被二小大家庭的真诚、敬业、和谐的氛围所感染，从此开启了紧张而愉快的工作旅程。在老师们眼中，学习周是“慧聚·智享·融情”的思想盛宴。

“一个人若想成功，要么组建一个团队，要么加入一个团队！在这个瞬息万变的世界里，单打独斗者，路就越走越窄，选择志同道合的伙伴，就是选择了成功。一个人是谁并不重要，重要的是他站在哪里，他身后站着多少人，身后站着的是一群什么样的人！”

所以，二小为了教师的成长，教学团队潜心付出、矢志不渝。把发现、唤醒教师的潜在教育智慧作为重要任务，多领域、广角度、分层次，给每位教师搭好台，组好队，在团队中历练，在历练中成长，在成长中不断反哺学校的教育教学工作、反哺学生，师生齐发展。

三、私人订制：开创菜单式个性培训

“1&N”教师团队发展模式中的“1”也许并不单单是“一个人”“一位教师”的单纯概念，它更应该是一种信念，让学校里的每一位教师都可以真实地“做自己”，真正地“有价值”，都能够从职场的专业发展走向生命关怀的个体成长。

学校从教师的心灵出发去感受教师的生活世界，去探求教师的个体成长。作为具有丰富生命的个体，每一位教师的成长都是个体生命完整的发展。也正因如此，我们才能真正关注到每一位教师其生命个体的独特性，更甚之关注到其生命的超越性，也就是每一位教师都有超越自我生命价值和生命意义的能力，这是一个人之为人的高级精神需求。在教师专业发展中，特别应该正视这一需求，理解这一需求，从而为教师专业的发展、精神的满足提供氛围和环境，提供有助于教师职业成功的机会和条件，进行人文的关怀。具体做法包括：“菜单式培训”满足全员的个体需求；“私人订制”满足遭遇发展瓶颈期的个体教师再突破。

（一）“菜单式培训”——激活每一个细胞

教师的积极性是校本研修有所成效的关键，如何使教师在校本研修的活动中激荡起主动创新的火花呢？我们认为，“自主选择”是点燃教师学习热情的砝码，只有在研修活动中由“规定性”变为“选择性”，才能建构起学校宏观调控下的教师“自主选择”的新机制，在“自主选择”中，不断地强化教师的主体意识和主体行为，使教师在校本研修活动中的主体地位得以落实。下面，我们从一份“特殊”培训菜单的“出炉”看学校教师培养的理念与态度。

时间	授课教师	年段	课题	地点	专家讲座	活动负责人	会议纪要大事记撰写
9月24日	孟老师	二年级	典范英语	中关村	怎样备课	张老师	张老师
10月15日	王老师	四年级	新起点 Unit5 Colors	中关村	如何进行案例撰写	黄老师	张老师
10月29日	郝老师	六年级	典范英语	百旺	如何帮助学困生	胡老师	王老师
11月12日	马老师	一年级	新起点 Unit5 Colors	百旺	阅读教学的策略	黄老师	王老师
11月26日	温老师	五年级	典范英语	华清	课堂评价方式的探讨	张老师	李老师
12月10日	富老师	三年级	新起点 Unit6 Colors	华清	中外课堂教学的对比	胡老师	李老师

新学期开学了，老师们欣喜地发现自己的需求成为教师培训菜单中的一项，老师可以根据自己的需求自由选择培训内容，更可以有针对性

地学习提升。

“菜单式培训”是二小教师成长和提升的重要平台，是老师们实现专业化发展的重要手段，拥有这样一个优质的平台，老师们一定可以创造出无限精彩，实现一个又一个教育梦想。

在二小，校园网的培训专栏每月初都会及时发布本月的菜单式培训内容：“世纪杯”赛前培训、思维导图教学指导、新版英语教材解读、如何确定班会主题、简笔画怎样帮助教学……培训所涉及的领域十分广阔，内容也非常丰富。可以说，这是为老师们量身定做、凸显个性的培训方式。这丰盛的“菜单”全部来源于老师的切身需求，都是各学科老师们组内汇总，自下而上提出来的。“干什么学什么、缺什么补什么。”在这里，每一位老师都有自己的“点餐”权利，任何老师都可以找到自身发展的生长点。

（二）“私人订制”——促使个人脱胎换骨

个性化是教师成长不可缺少的维度，只有个体的、自主的发展才是真正意义上的发展。在满足教师整体专业发展的基础上，我们越来越发现传统对教师整齐划一的集中培训、统一集权化的管理、自上而下地单向灌输，很难满足教师个性化发展需求。如何让每一位二小教师都在二小找到自己的生长点和发展点，让每一位教师找到自己的职业幸福感，成为学校必须直面的问题。

在这样的思考下，我们通过为每一位教师打造个性化“私人定制”，激发他们的潜能，实现他们的可持续发展。

1. 换个岗位试一试

让每一位教师做自己擅长并喜欢的事，是学校教师教育的理念。正如“桃红李白　心暖花开”所蕴含的教育哲理。每一个人都有自己的优势和特长，教师亦是如此。我们不仅要用敏锐的眼光去发现，更要积极地为每位老师的个性发展搭台，让每位教师干自己擅长和喜欢的事儿，最大限度地发挥工作的积极性和创造性，享受工作带来的乐趣，实现人生价值。

什么样的发现能比人的价值的发现更有意义？在二小，没有身份的差别，也无职位的高低。每一个人，都能在其中得到磨砺，成为闪闪发亮的金子。同样身为教学骨干的沈老师，在学校的鼓励下走向了管理岗位，用她的专业带动了更多教师获得专业的发展。

2005 年，学校引入市级骨干沈老师，她无论从专业上还是从为人上都获得了周围老师的认可。为了让她在专业上更进一步，发挥高水平教师的影响力，带动团队共同前行，学校建议她走上管理岗位。但对于陌生的工作领域和多少远离专业的潜在问题，沈老师一直在犹豫中……“作为一名市级骨干教师，在一线的发展空间也已经将近饱和，但在更高的视角，带领团队共同在专业上探索，可能会更好地发展。”校长的一席话打消了沈老师的顾虑，她走上了管理岗位，在这些年带领团队的过程中不断学习，不断反思，用不一样的视角诊断自己的教学，提升团队的专业性，激发了教师的内在动力，努力学习，积淀底蕴，拓展视野，成为中学高级教师、北京市级学科带头人、北京市先进工作者、海淀区名师工作站导师、海淀区兼职督学……

“关注每一位教师的成长需求，让每一位教师自主、主动地发展”不仅体现在满足教师专业发展需求方面，同样适用于教师个人岗位发展的需求。每学年末，发放教师岗位意向表，首先征求教师个人岗位意向，学校会根据教师子女入学的实际情况、个人家庭住址的变动情况和个人专业发展的需求情况为教师调整校区或调换岗位，100% 满足教师需求。

2. 个性化脱产培训

（1）初心：从一份人大代表提案说起

“作为在小学工作了 20 多年的教育工作者，我发现，目前教师的发展面临着诸多的困难，如工作量大、工作压力大、学习时间零散等，这些都成为教师发展的瓶颈，而学校的健康、可持续发展又必须依靠教师的发展来推动。那些传统意义上的教师培训又不能很好地满足教师个性化的发展需求，为此，如何利用学校现有的资源，为教师的再发展助力，是我一直深入思考的问题。所以，我提出在学校推行“教师个性化脱产培养”的提案，并率先在我们中关村二小进行实践。我希望这份提案能够引起社会特别是教育系统各位同行的关注，让我们共同为教师的再发展助力。”——这是我作为北京市人大代表曾提交的一份关于教师培养的提案，也正是这份提案推动了对学校教师个性化脱产培训的思考。

我们认为，推行教师“个性化脱产培训”的初衷就是要为教师创造一个相对安静的、完整的学习时间，让他们有机会跳出日常的教育境遇，通过系统地读书不断更新自己的知识结构；通过反思实践找出自己发展的短板；通过课程培训丰富教师的人生体验。

（2）解读：为每位教师私人定制专属课表

“个性化脱产培养”是属于每一位教师的“私人订制”。每期培训的时间为两个月，一个学期共安排两期培训。培训的时间虽然有限，但对助力老师的发展却有着非常重要的作用。因为，教师“个性化脱产培训”，不是学校统一安排的规定动作，而是针对教师个体发展需要的私人订制；不是面向少数教师的个别培养，而是自主申请、全员参与的个性培训；不仅有面向教师专业成长的培训，而且有面向教师个体发展的多方面提升；培训内容不是静态不变的，而是因人、因需动态调整的。因为，每一位教师都独特，每一位教师的成长需求都不一样，因此，每一位教师都有一份专属的课表。这一张张专属的培训课表，是在充分尊重参加培训老师自身发展需求的基础上，与学校对该教师的发展要求相结合，不断地沟通和反复研讨形成的。在前期的沟通中，老师们纷纷提出希望能够进一步走近学生、了解学生，更希望能够跳出教师角色看教育，能够跳出学科观课堂。因此，学校为他们请了班主任师父，走进班级管理实践；多学科骨干教师向他们开放了自己的课堂……学校最大限度地帮助每一位参加培训的老师从综合育人的角度，重新理解教育、理解学生、构建课堂。

例如，从高中调入我校的科研型教师方老师，她有着较高的理论水平和专业素养，但是缺乏小学班级管理经验，她的个性需求就是——“提高班级管理水平和课堂组织学生活动的能力，以及丰富与小学生沟通交流的技巧”这三方面的内容。为此，学校为她私人订制了低年级段的听课学习课程以及与“紫荆杯”班主任跟岗学习。经历了两个月的脱产学习，方老师突破了对小学教育的理解，更加自信地走进了学生。还有的老师自主要求走出去，向自己崇拜的名师学习，向专家导师学习。学校通过整合各种资源，为他们制定专属课表，通过学习帮助老师们找到自己的发展优势，实现自身的特色发展。

（3）反思：丰厚个性化脱产培训的内涵

教师是课改的关键，是推动学校发展的根本动力。教师的成长就等于学校的发展和学生的进步。因此，关注教师队伍建设及教师专业成长，是我们最重要的职责。

随着对教师队伍建设不断地深入思考与具体实践，我们越来越意识到，个性化是教师专业发展不可缺失的重要维度，只有尊重教师个性，才有可能实现教师真正的专业发展。

首先，个性是自主性和能动性的一种表现形式，只有个性化的培养才能真正激发教师发展的内在动力；其次，每一位教师都是不同的个体，拥有不同潜能、特长和发展需求，只有个性化的培养才能满足不同教师的发展需求；再次，基于对学生因材施教的培养需求，教师的发展也应该是个性的、多元的。最后，个性化脱产培训，不是一次性完成的动作，而是持续推进的过程。每一位教师都要在某一方面取得一些突破，思考和提升，并把这种收获带入到教育教学日常工作中，不断实践、不断提炼、不断反思、不断成长。

房山区史家营小学校长沙志娟说："我觉得这样私人订制的培训很大胆，很有新意，也很务实、接地气，对教师的个人成长受益很大，值得我们好好借鉴和学习。"

北京石油学院附属实验小学校长王梅感慨："在为期一年多的系列培训活动中，使我感触最深的是二小教师队伍的建设。在杨校长的带领下，中关村二小制定了多元、个性的教师个性化培养方案，开展教师个性化脱产培养工程，创新教师发展机制，提出'1＋N'的教师团队发展模式，关注教师队伍的整体提升和教师个体成长。这些经验分享如同一场及时雨，使我更新了理念，提升了站位，深受启发，并将所学到的经验方法应用在自己学校的教师队伍建设上。"

首都师范大学附属房山小学校长张亚辉，把二小的教师培养模式带到了自己学校的办学中，依托党支部开设"领航课程"，通过"领航精神""领航专业”“领航情感”三个板块的内容，责成支部、行政、教导处、工会，以干部成长工作室、党团积极分子工作室、青年教师成长工作室以及学科工作室建设为载体，不断提升教师的教育情怀与专业水平。青年教师在“小荷工程”中茁壮成长；在“一季一会”的主题生日会上，老师们畅所欲言，为自己庆生，为学校发展畅谈；在教工社团活动中，老师们的兴趣更加多元，生活更加多彩，身心更加愉快。老师们的创造力与热情被极大地激发……

我们期望，“个性化脱产培训”成为二小教师职业生涯中的加油站，实现他们跨越式成长。

四、人才强校：探索人才阶梯式培养

“一个人遇到好老师是人生的幸运，一个学校拥有好老师是学校的光荣，一个民族源源不断涌现出一批又一批好老师则是民族的希望。”正如习主席所说，教师的发展对一个学校、一个民族来说是至关重要的。

（一）促进教师全面发展，固化终身学习模式

为扎实做好学校教师人才队伍建设，学校非常重视教师队伍的梯度建设。既有面向全体的普适性培养，也更关注教师的个性化发展需求，始终坚持“以教师的发展为本”的理念、“立体覆盖 + 自主选择”的个性化培养模式，带动全体教师自主发展。针对不同群体的特点及其需要，打造二小教师分层培养模式，推进“中关村二小人才强校建设”项目。

2018 年，在满足集团总校全体教师培养的基础上，学校开设了“新手教师成长培养工程”，旨在帮助每一位新入职教师快速融入学校文化，熟悉工作范畴，使其更快适应工作岗位；与此同时，学校还开展了教师蓄力培养工程，助力教师自我提升与不断成长。2019 年，在中关村第二小学教育集团的背景下，我们为新融入的万泉河分校教师开设“万泉河分校教师蓄力成长培养工程”，同时为新手教师开设更加细化的“新入职教师成长培养工程”和“年轻教师成长培养方案”。2020 年，教师培

养模式再次创新，为更好地助力青年骨干教师全面发展，培养优秀的学校管理人才，为学校青年骨干教师搭台，我们成立了“青年骨干教师成长工程”，鼓励教师打破学科和岗位限制，实现更全面、更立体的发展，拥有更大的责任感与使命担当，为二小发展做出巨大的贡献，成为学校的中坚力量。

由整体到个体，再到不同层次的教师队伍培养，为我们构建出了特色人才培养模式——“中关村二小人才强校建设”项目。

（二）精准培养模式，激发自主成长

中关村二小以“统筹规划+精准培养”的形式为载体，积极创新教师培养模式，分层带动教师自主发展。利用全体会、组长会、校区会加强师德师风建设，讲纪律、讲规矩、讲制度、讲要求，明确“四有好老师”标准，学习重要讲话精神。

1. 精准教师培养模式，注重不同群体的个性化培养

二小在引领教师终身学习的过程中不仅关注全体教师的发展需求，还进一步细化对不同年龄层、不同教师发展群体的培训方案，让教师在专属的培训中平等对话、相互促进，历练成长。

2. 激发教师自主成长，多样学习形式助力发展

通过“专题讲座促进步”“互动交流促成长”“干部引领解困惑”“汇报展示促提升”“文化解读促凝聚”“骨干讲座促进步”等形式激发新任教师成长动力，完成对学校办学理念的了解。通过“读书心得”分享、“字帖临摹”、“单元备课”的形式完成“知行合一”的专业提升。

3. 打造优秀教师团队，蓄力、引领、绽放

青年教师专业素养的提升和骨干教师对学校发展的规划与引领是打造学校文化与品牌的核心。通过政策学习、交流讨论实现教师转变思维、扩宽思路、提升展位、与时俱进的目标。培训主题内容紧抓时代背景，研讨“十四五”规划及未来学校的发展与变革，探讨“领导与领导力”，丰富多样的教育资源引领教师深度理解教育。

（三）强化教师主体地位，激发教师价值实现

终身学习的过程不是一个人的教育独白，更不是单纯讲与听，而是

所有教师共同参与、相互提升的思想盛宴。二小重视优秀组的创建，更注重新任教师、青年教师、骨干教师在组内的担当与引领。每位教师将分层学习的感悟、沉淀与思考，融入组内的建设过程中，这也成为实现优秀教研组的关键。

二小教育集团的发展，是新任教师的快速成长，是青年教师的奋勇拼搏，是骨干教师的敢于担当，更是每一个教育团队积极进取、不断成长、完美绽放的过程。

二小致力于教师发展数十年，为教师提供满足不同需要的氛围与环境，提供有助于教师职业成长的机会与条件，对教师终身学习进行指导与帮助。不同培训中，邀请了校内市、区级骨干教师进行专业引领，校领导干部进行答疑解惑，激发每一位参与教师的价值，形成教育合力。

链接 >>>

青年骨干教师成长培养方案

一、指导思想

1. 扎实做好学校教师人才队伍建设。发现更多优秀教师，助力青年骨干教师全面发展，培养优秀的学校管理人才。

2. 学校站位，立体发展。从学校角度出发，引导教师看的更多、站的更高、不断成长。鼓励教师打破学科和岗位限制，实现更全面、更立体的发展，拥有更大的责任感与使命担当，为二小发展做出巨大的贡献，成为学校的中坚力量。

3. 形式灵活，持续推进。关注青年骨干教师实际的培训所得，以灵活的培训形式开展，激发教师主观内驱力，帮助教师实现个性化成长。不规定固定的结业形式，进出自由，持续推进，满足教师个体终身学习和发展需要。

4. 与时俱进，理论结合实际。结合时代热点，开展不同主题研讨。通过参与学校日常管理、各层级会议和学校重大活动等实践活动，实现理论结合实际，不断反思、提高。

二、培养目标

1. 通过培训，有效组织专题研讨，促进青年骨干教师转变办事思维，扩宽工作思路，提高站位，与时俱进，更新工作理念。【理论层面】

2. 通过参与学校日常管理和重大活动筹备等工作，提高青年骨干教师在学校管理方面的能力，在实际工作中实践、创新，实现理论学习与实际运用相结合，发挥青年骨干的引领作用。【实践层面】

3. 通过日常研讨，导师全方位指导形成有个人、有团队的学习共同体，在团队中实现个人综合素质提升。【组织层面】

4. 在培训中，通过个人研究、导师指导和团队合作，形成个人研究专题、案例、报告、论文、建议等学习成果，实现研究型教师成长。【个人层面】

三、培训方式

第一阶段：集中培训　专题研讨

第二阶段：导师制实践学习

四、培养对象

序号	姓名	性别	最高学历	参加工作时间	任教学科	校龄
1	郝新怡	女	硕士	2013.07	科学	7
2	郝石佩	男	本科	2010.07	信息技术	10
3	王金良	男	本科	1996.07	体育	15
4	丁肇赓	男	本科	2011.07	艺术	9
5	任靖晓	女	本科	1997.07	数学	3
6	范丽芳	女	本科	1999.07	数学	17

7	李冬梅	女	本科	2004.07	语文	16
8	关德强	男	本科	2005.07	信息技术	10
9	王子宜	女	本科	2010.07	数学	10
10	赵轶慧	女	本科	1995.07	语文	14
11	任丹丹	女	硕士	2015.07	语文	5
12	王霞	女	本科	1997.07	语文	15
13	王米琪	女	硕士	2018.07	道德与法治	2
14	张涛	男	本科	2012.07	科学	8

五、班级管理

第一阶段集中培训　专题研讨

指导思想：

1. 调动学员参与积极性，做到人人发言，智慧碰撞。

2. 结合政策、法规、社会热点及学校发展等多元化主题，开展研讨。

专题一：什么是管理？管理者最应该具备的素养有哪些？

专题二：结合学校发展现状及在办学中亟待解决的问题，谈对于学校办学的思考。

专题三：结合国家和北京市的十四五发展规划以及学校发展现状，充分思考，制定我校的十四五发展规划。

第二阶段导师制实践学习

指导思想：

1. 组建学员组、导师组，一一对接，打破组合的固有模式（熟悉度、校区）。

2. 主动作为与任务驱动相结合。

3. 全方位指导，促进学员综合素养提升。既有个人培养，又有团队建设的指导，并落实好结果反馈评价：出研究专题、案例、报告、论文、建议、成果汇报。

五、教育大会：创终身学习教育品牌

为积极营造人人学习、时时能学、处处可学、终身学习的良好氛围，推动全体教师终身学习，促进构建服务于教师终身学习的教育体系，我校于2006年开展了中关村二小期末学习周（“中关村二小教育大会”前身）的教师全员学习活动。在发展的十余年中，我们始终将教师发展及终身学习作为学生成长、学校内涵提升与可持续发展的关键因素，不断激发教师的内驱力，提高学习动力，助力教师自我提升与不断成长，做好学生的引路人。现如今，“中关村二小教育大会”是中关村二小教育集团在多年的办学中形成的学校特有的终身学习品牌项目。

（一）结合时代发展需要，树立终身学习目标

中关村二小教育大会的前身是每学期期末举办的学习交流周，这个教师的学习交流活动从2006年一直持续着。而从2017年暑期开始，结合新时代教育的发展要求，这项交流活动升级为“教育大会”。2017年主题为“明晰目标，让成长更具动力”，2018年主题为“我与二小共成长，拥抱教育新时代”，2019年主题为“坚守初心，让教育充满情怀”。至今，“教育大会”已举办23届，每一届都凝聚着教师们的经验分享、智慧碰撞，不断创新与探索，主题式学习、校外实践类等学习活动开拓了教师的视野与思维，对教师有着高位的思想引领，唤醒、激发教师的潜能，不断树立教师终身学习意识。

在2019年7月“我与二小共成长　拥抱教育新时代”第23届教育大会中，我们提出：人的全面发展、社会的快速变革对教育和教师提出了更高的要求。教育者面对着新的机遇和挑战，只有与时俱进，不断跳出原有的教育境遇和思维模式，才能立足更高站位理解教育。

通过教育大会，教师们在思想上达成共识和提升，以中共中央、国

务院《关于深化教育教学改革全面提高义务教育质量的意见》为指导纲要，结合学校工作明晰自身努力的目标，不断建立自己的学习力，成为学校文化的推动者。其中，加强师德师风建设一直是我校教育教学的“立足点”和“着力点”。自2009年起，学校每学期期末的学习周或教育大会中，都会定期开展师德交流，至今已21次。

（二）丰富主题学习资源，引领教师深度理解教育

教育大会的主题内容紧抓时代背景，探讨新时代下教育的发展与变革，通过跨界学习、深度体验等不同形式，引领教师放眼世界看教育。既能对话各个领域的专家学者，涉及社会、科技、历史等话题，还能学习名师、大师课堂教学、二小特色教师的校本课。自2019年至今，二小组织了多场实践学习活动，全校教师走进百度、华为等高新科技企业，了解时代的进步与变化，从而引发对于教育的新思考。邀请校外名师示范的大师课引领，一起感受教育最前沿的理念；“放眼世界看教育，深耕厚植促提升”——大家谈教育的系列讲座中特邀各领域专家，在不同的角度谈国际关系、谈科技前沿，谈教育发展；带领二小教师走出去，参观中科院，参观故宫博物院，参观科技企业，参观香山革命纪念馆，立足北京市“四个中心”功能定位，开拓教师视野与思维，引领教师跳出教育看教育。

（三）致力优秀团队创建，绽放最美的自己

教育大会不是一个人的教育独白，而是所有教师共同参与、相互交流的思想盛宴。优秀组创建是二小教育大会中的传统特色项目，教师们以“教研组”为单位，通过小品剧、诗朗诵、创编操等多种创意形式，总结分享各个教研组一学期的思考、沉淀与感悟。优秀组创建展示的传统，让我们看到老师们举办的精彩活动和育人智慧的浓缩；扎实的横向大组学科教研帮助我们了解现阶段存在的问题以及未来的计划。随着二小集团的发展，在各项教育工作面前，也组成了各个具有教育担当、教育情怀、教育贡献的优秀团队，进行成果汇报，交流经验。我校致力于为教师的发展、精神的满足提供氛围和环境，提供有助于教师职业成功的机会和条件，进行人文关怀。

第四节　课程润育：立德树人的多元课程

一、育心课程：五育并举的实践之路

课程是学校育人的规划，是实现教育目的、培养合格人才的重要保障，是教师开展教学活动的基本依据，是受教育者认识世界的桥梁和媒介，更是一所学校区别于其他学校的育人魅力所在。当前，在课程改革的宏观背景下，如何建构符合当下社会及家长要求，学生喜欢且能够为其未来发展奠基的多元课程，成为摆在每一位教育者面前亟待解决的重要课题。基于此，中关村二小在“桃红李白　心暖花开”教育理念的指引下，始终遵循“育人即育心”的课程理念，通过深入的实践探索，构建了系统完善的“育心课程”体系。教师们通过一门门独具特色且丰富多彩的课程，诠释课程背后的二小思维，展示二小课程的新常态，培养学生的核心素养，使他们成长为一个个拥有健康的身体、阳光的心态、儒雅的品行和感恩的情怀的未来社会需要的人才。

我们认为育人即为育心，我们的课程就是要使学生的心灵丰富起来，让每门课程的开设都充满生命气息，以生命为基点，来唤醒、培养学生的生命意识与生命智慧。我们的课程还要促进学生的自主发展，课程建设为激发每个学生追求个体生命价值、寻找自我发展之路、活出生命意义而服务。要让课程助力学生拥有健康的身体、阳光的心态、儒雅的品行和感恩的情怀，绽放最美的自己！

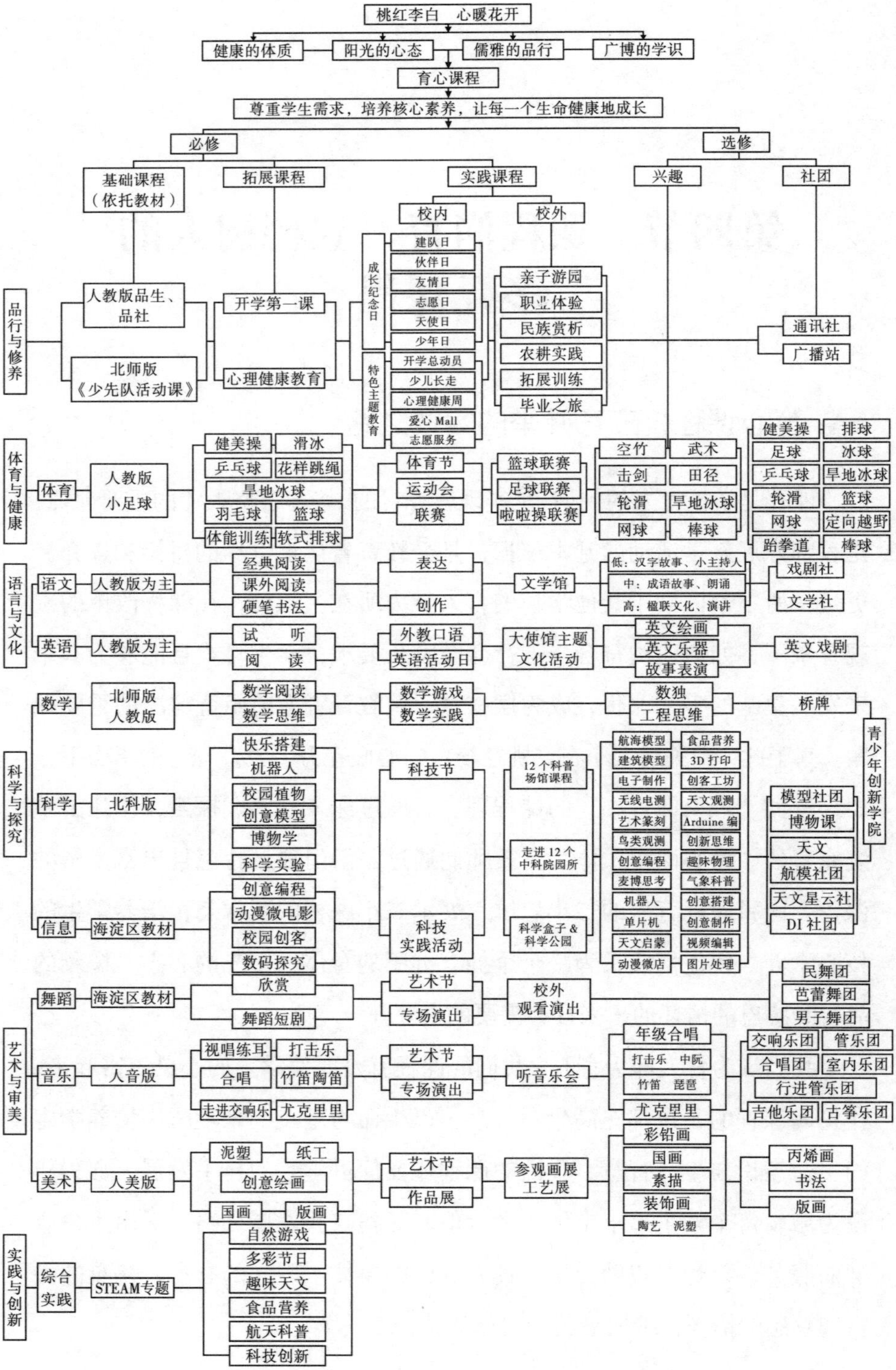
桃红李白 心暖花开
健康的体质
阳光的心态
儒雅的品行
广博的学识
育心课程
尊重学生需求，培养核心素养，让每一个生命健康地成长
必修
选修
基础课程（依托教材）
拓展课程
实践课程
兴趣
社团
校内
校外
成长纪念日
建队日
伙伴日
友情日
志愿日
天使日
少年日
特色主题教育
开学总动员
少儿长走
心理健康周
爱心 Mall
志愿服务
亲子游园
职业体验
民族赏析
农耕实践
拓展训练
毕业之旅
品行与修养
人教版品生、品社
北师版《少先队活动课》
开学第一课
心理健康教育
通讯社
广播站
体育与健康
体育
人教版小足球
健美操
滑冰
乒乓球
花样跳绳
旱地冰球
羽毛球
篮球
体能训练
软式排球
体育节
运动会
联赛
篮球联赛
足球联赛
啦啦操联赛
空竹
武术
击剑
田径
轮滑
旱地冰球
网球
棒球
健美操
排球
足球
冰球
乒乓球
旱地冰球
轮滑
篮球
网球
定向越野
跆拳道
棒球
语言与文化
语文
人教版为主
经典阅读
课外阅读
硬笔书法
表达
创作
文学馆
低：汉字故事、小主持人
中：成语故事、朗诵
高：楹联文化、演讲
戏剧社
文学社
英语
人教版为主
试 听
阅 读
外教口语
英语活动日
大使馆主题文化活动
英文绘画
英文乐器
故事表演
英文戏剧
科学与探究
数学
北师版人教版
数学阅读
数学思维
数学游戏
数学实践
数独
工程思维
桥牌
青少年创新学院
科学
北科版
快乐搭建
机器人
校园植物
创意模型
博物学
科学实验
科技节
12个科普场馆课程
走进12个中科院园所
科学盒子&科学公园
航海模型
食品营养
建筑模型
3D打印
电子制作
创客工坊
无线电测
天文观测
艺术篆刻
Arduine编
鸟类观测
创新思维
创意编程
趣味物理
麦博思考
气象科普
机器人
创意搭建
单片机
创意制作
天文启蒙
视频编辑
动漫微店
图片处理
模型社团
博物课
天文
航模社团
天文星云社
DI社团
信息
海淀区教材
创意编程
动漫微电影
校园创客
数码探究
科技实践活动
艺术与审美
舞蹈
海淀区教材
欣赏
舞蹈短剧
艺术节
专场演出
校外观看演出
民舞团
芭蕾舞团
男子舞团
音乐
人音版
视唱练耳
打击乐
合唱
竹笛陶笛
走进交响乐
尤克里里
艺术节
专场演出
听音乐会
年级合唱
打击乐 中阮
竹笛 琵琶
尤克里里
交响乐团
管乐团
合唱团
室内乐团
行进管乐团
吉他乐团
古筝乐团
美术
人美版
泥塑
纸工
创意绘画
国画
版画
艺术节
作品展
参观画展工艺展
彩铅画
国画
素描
装饰画
陶艺 泥塑
丙烯画
书法
版画
实践与创新
综合实践
STEAM专题
自然游戏
多彩节日
趣味天文
食品营养
航天科普
科技创新

（一）系统完善的“育心课程”

1. 课程结构之课程领域

在课程架构上，学校将国家课程、地方课程、校本课程进行整合，纵向整合为“体育与健康、品行与修养、语言与文化、科学与探究、艺术与审美、实践与创新”六大学习领域（见下图）。这六大学习领域为“育心”课程的整体框架。同时，我们再依据学生需求与发展需要，将每个领域的内容横向整合为必修和选修两部分课程；必修部分设置为基础课、拓展课、实践课三种课型，选修部分设置为兴趣班和社团两种课型。

六大学习领域

（1）体育与健康领域

学校将体质健康放在学生培养目标的首位，体育与健康领域同样也位于课程领域之首，其课程设置特点为立足国家体质健康标准，广泛拓展健美操、跆拳道、花样跳绳以及各种球类等项目，着力打造冰雪特色课程。课程学习的实践性强，我们通过体育节、运动会、年级联赛等形式使学生练就一身好体魄，在运动中培养学生的精神追求与团队意识。

（2）品行与修养领域

品行与修养领域课程是由国家课程中的健康与法治、品德与社会，地方课程中的少先队活动课，和校本课程中的儒雅课程组成的。儒雅教育是品行与修养课程领域的内涵。其领域课程的主要特色是通过系列的成长纪念日和特色主题教育活动，让二小的学生在六年的“儒雅教育”

中能够多一份交往的文明，多一份处事的责任，多一份心灵的感恩。

（3）语言与文化领域

语言与文化领域主要由国家课程中的语文和英语两门课程内容组成。这一领域课程最核心的特点就是要强化语言的运用功能。课程设置上突出三个结合，即学习知识与培养习惯相结合、阅读经典与感悟文化相结合、自主积累与个性表达相结合。在阅读、积累、表达中培养学生综合运用语言的能力。

（4）科学与探究领域

科学与探究领域主要由国家课程中的数学、科学和地方课程中的信息三门课程内容组成。这一领域课程旨在培养创新能力，凸显学科融合，体现学科工具性。课程内容设置仅仅围绕科学素养，以活动为载体，引导学生动手操作、自主探究、实践应用、合作分享。在活动中培养渴望探究、勇于质疑、善于思维、巧于操作、乐于合作的习惯，发展学习能力、思维能力、实践能力和创新能力。

（5）艺术与审美领域

艺术与审美领域包含音乐、美术、舞蹈三门学科，旨在培养学生的艺术修养与审美能力。其课程设计立足三个着力点：一是加强基本功，开设形体、视唱练耳、美术欣赏等校本课程，为学生体验美夯实基础；二是突显民族性，加大民舞、民乐、国画等学习内容比重，为学生表现美丰厚底蕴；三是搭建“大舞台”，举办舞蹈专场、音乐会、绘画展，为学生创造美提供渠道。

（6）实践与创新领域

实践与创新领域主要依托综合实践活动课程，从学校以人为本的办学思想出发，围绕“人与自我、人与社会、人与文化、人与环境”这四条线索，分年级设计具有综合性、活动性的系列化课程内容。其课程体现了“知与行”“动手与动脑”相结合的特点，让学生在活动中“有所知”“有所得”“有所悟”。

2. 课程结构之课型分类

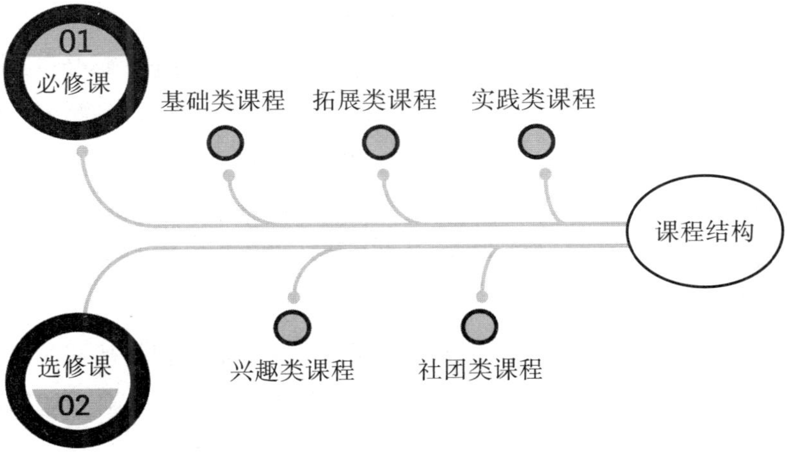

必修课程面向全体学生，其中基础课程依据国家课程标准、依托国家指定教材，重在基础知识的学习和基本能力的培养，确保国家课程高质量完成；拓展课程的内容源于基础课程，又是对基础课程的补充，重在知识的横向积累和纵向延伸；实践课程的内容是将基础课程和拓展课程中的知识结合起来，在实践中加以运用，形成能力，体现学以致用。

以科学学科为例：基础课程主要依托的是教科版科学教材，内容涉及生命世界、物质世界、地球与宇宙三大领域中与学生日常生活密切相关的科学知识，学生在初步尝试学习中开启了对科学研究的兴趣，激发了探究的欲望。在教材的基础上，拓展课程补充了活动体验方面的内容：“快乐搭建”“机器人”课程，让学生在动手完成任务时增强实践体验。还补充了专题化研究内容：“校园植物”“创意模型”课程。通过专题化研究，让学生在头脑中形成知识框架。同时，为了改善在基础课中实验过程、综合应用等方面开展不充分的现状，我们结合学生生活中感兴趣的问题开展了项目研究类课程：“博物课”“科学实验”，帮助学生学会自主地将科学思维方法运用到实际研究中，提升了对科学探究的理解及运用能力。拓展课程的设置发展了学生学习科学的兴趣，提升了学生的研究学习力。实践课程的开发源于基础和拓展课程知识的综合应用与实践。学校在实践类课程中，为学生提供了多种形式、多种渠道的实践内容：校内科技节，通过全体参与多样化的科技活动让学生在相互交流、探讨中体会到科技的乐趣。校外科技实践活动，走进 12 个科普场馆和 12 个中科院院所，了解最新、最前沿的科技发展动态，感受科技对人类生活的影响。同时我们还开设了“科学盒子”“科学公园”等户外科学探索课程，使每一位学生主动参与到完整的探究过程中，激发学生的实践热情。在科技实践活动中，学生体会到了科学精神，丰富了科学知识，懂得遵循大自然发展规律，达到人与自然和谐发展，充分体现了科学教育中的可持续发展。

选修课程包括兴趣班和社团两类课程，这两类课程依然面向全体学生。其中兴趣班课程以培养学生兴趣为目的，根据学生的兴趣设置课程，满足学生的需求，学生进行网上“菜单”式选课。在这一过程中，学校完全尊重学生的自主选择，确保每一位学生都能选到自己喜欢的课程，在丰富的课程体验中发展了学生的兴趣和才能。社团课程是以学生兴趣为基础，培养学生特长为目的，为有天赋、肯付出，有个性需求的学生设置的课程。在社团建设中，学校一直坚持打造精品：交响乐团、舞蹈团成为北京市金帆社团，天文社团成为北京市金鹏科技团。社团建设系列化：学校乐团中既有交响乐团，也有管乐团，还有弦乐团；舞团中既有民族舞团，又有芭蕾舞团，还有现代舞团。社团发展具有可持续性，金帆交响乐团自 1995 年成立以来走过 21 年的历史，培养了近千名小乐手。

兴趣班课程是培养学生兴趣、孕育人才的沃土，社团课程是在兴趣班课程的基础上发展学生兴趣，使学生形成一技之长。以室内弦乐团的发展为例：百旺校区室内弦乐团的成立缘于很多学生对学习弦乐非常感兴趣，为了满足学生的需求，成立了室内弦乐兴趣班，开始第一批小苗苗的培养。弦乐是众多乐器中较为难学的乐器之一，它不仅要求学生手眼协调，左右脑发展，同时必须要具备一双灵敏的耳朵，通过自己的听，辨别音准。所以，学生光有兴趣是不够的。为了保护学生的兴趣，帮助学生克服学习中的困难，在学习过程中，学校邀请了有丰富经验的指挥和专业老师为孩子们指点迷津，近距离感受弦乐音乐之美。一年的时间里，学生们的琴技越来越棒，对自己越来越有信心，学校就将这一批学生组织起来排练，聘请国内著名的指挥家为学生们进行辅导，给孩子们创设机会走近音乐大师，学校的室内弦乐团也由此成立了。多年的实践告诉我们，成立社团不是把学生培养成会拉琴的机器，而是在这个过程中使学生受到多元的教育。所以，小乐手们参加了“与爱百福视障孤儿手拉手活动”“为敬老院送温暖”“与打工子弟学校手拉手”“与日本国际学校联谊演出”“为社区居民义演”“为尼珀尔震后义演捐款”等一系列的公益活动，学生们在艺术素养得到提升的同时懂得了尊重、珍惜、感恩……弦乐团的发展经历了从平凡到优秀的过程。在这个过程里，我们一直努力把乐团里的每一位学生培养成德艺双馨的人，让孩子们绽放最美的自己。

（二）中关村第二小学课程新常态

中关村第二小学课程体系以“育心”为核心思想，在课程设置与实施的过程中立足于尊重学生个性发展，提高教师职业素养，提升学校育人品质，形成学校育人特色。学校希望通过课程的设置与实施，为每位学生的发展提供合适的课程，使学生以一种温暖状态获得智慧的增长和健康的成长。

1. 丰满灵动的课程资源

“课程资源的丰满灵动决定着课程目标的实现范围和实现水平。没有课程资源的支持，再美好的课程改革设想也很难变成实际教育成果”。在“育心”课程构建的过程中，我们非常期待这些新课程能够创造性地得到实施，从而使我们的课程价值最大化。

（1）心有多大舞台就有多大

从基础课程到兴趣课程再到精品社团课程，学校为每一个学生的个性发展需求，搭建了不同类型的生长平台。中关村第二小学的每一个学生都能根据需求寻找到适合自己发展的课程舞台，实现自己的梦想。

例如：

基础课程	兴趣课程	社团课程
天文启蒙	仰望星空	星云社

快乐足球	兴趣足球	足球队
快乐旱地冰球	兴趣旱地冰球	旱地冰球队
声乐入门	合唱摇篮	合唱团
乐器入门	乐器摇篮	交响乐团
		行进管乐团
		室内弦乐团
书法入门	书法摇篮	书法社团
戏剧入门	戏剧摇篮	戏剧社团

学校课程内容的设置具有很强的可持续性。学生可以在必修课程中发现自己的兴趣点，在选修课程中得以实现。选修课程一方面是兴趣课程，以培养学生的兴趣为目的。学生可以根据自身兴趣出发，自由选择自己喜欢的课程。另一方面是高端课程，为了满足有天赋的、有毅力的、愿意付出的学生的个性发展需求而开设，以精品社团形式开设。精品课程适时进行动态调整。这样一个完善的课程体系，给每一个学生提供了个性发展的平台，帮助每个学生寻找到他们的个性支点，为每一个想实现自己梦想的孩子搭建了适合他们的不同类型、不同级别的舞台。

（2）让学习成为学生喜欢的事儿

现代社会是信息化时代，学习资源丰富，学习手段多样，教师教学生学不再是唯一的学习方式。我们希望学生的学习方式应该是多维的，让学习成为学生喜欢的事儿。

①自主选择式学习：走进教室，看着眼前的几十个孩子，他们虽然年龄相仿，但在性格、爱好、学习风格、学习经历等方面却有很大差异。老师的教学设计能否满足每个孩子的需求，让每名学生在课堂上都有自己的收获，使学习真正发生呢？

我们利用自主学习单，让学生选择适合自己的学习内容，受到了学生们的欢迎。《新起点英语》这套教材是面向全国小学生编写的，尤其要照顾到偏远地区，并不太适合二小学生的学习需求。因此，在使用这套教材时，每个单元我们都会为学生提供几份自主学习单，孩子们可以在同一时间段选择自己喜欢的学习单进行学习。在这个过程中，学生可以自己独立完成，可以和选择了相同学习单的同伴合作完成，可以向老师寻求帮助，也可以登录相应网站进行查询。这样自主学习的方式，更大限度地满足了不同学生的需求。

例如：在学习 Jobs（职业）这个单元时，我们为学生提供了下面这两份学习单，用于复习关于职业的英文。左边这份是根据图片，选择相应的职业词汇写下来；右边这份是根据描述，猜猜是什么职业，像“apersonwhofliesairplanes（他是一个会开飞机的人）”，答案是 pilot（飞行员）。学生在了解了这两份学习单后，根据自己的情况自主选择。

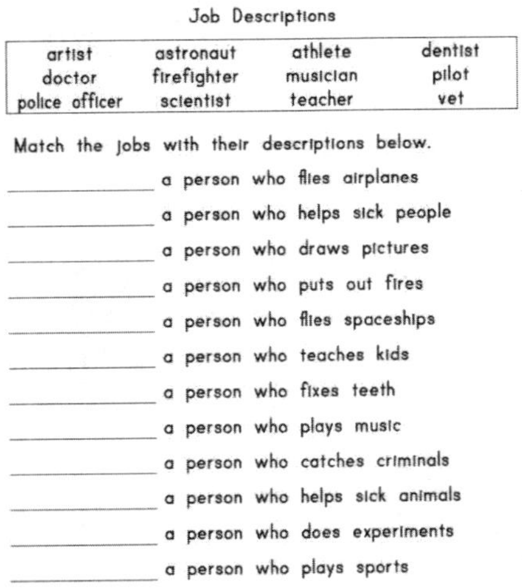

又如：在学习 MyHome（我的家）这个单元时，我们为学生提供了下面这两份学习单，用于复习表示家里各个房间的英文词汇。这两份学习单在内容的难度上没有差异，而是看房间的角度不同，学生根据自己感兴趣的看图方式去选择自己的学习单。

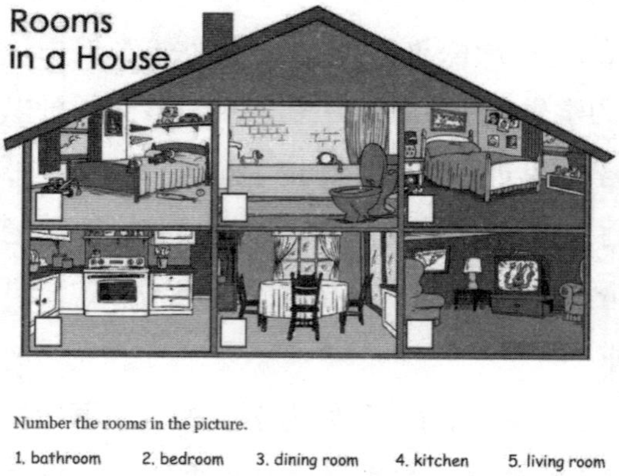

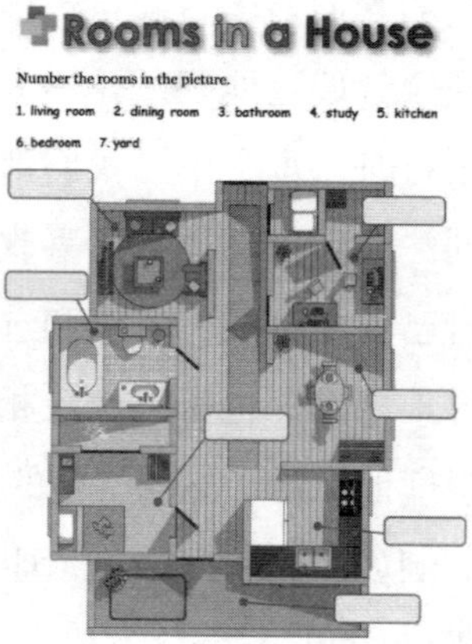

有的时候，两份学习单是有关联的，存在InformationGap（信息差），选择了不同学习单的学生需要一起合作，用目标语言（此单元关键语言）交换信息，最终完成各自的任务。比如下面的这两份学习单，是在学习AskingforHelp（寻求帮助）这个单元时使用的，持有不同学习单的两位同学用学习单上提供的示范语言和字谜线索进行问答，完成各自的crossword（字谜）。

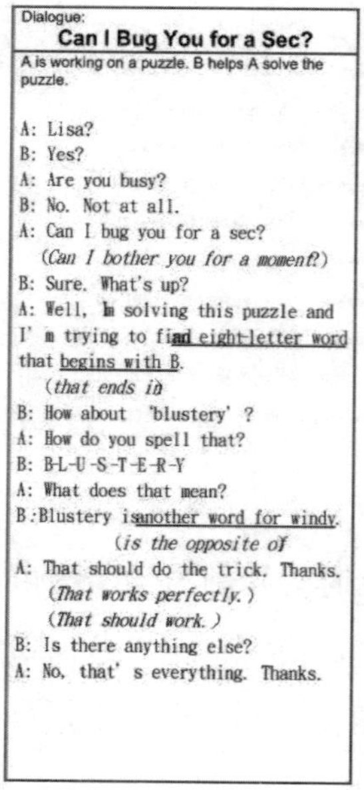
Dialogue:

Can I Bug You for a Sec?

A is working on a puzzle. B helps A solve the puzzle.

A: Lisa?
B: Yes?
A: Are you busy?
B: No. Not at all.
A: Can I bug you for a sec?
(*Can I bother you for a moment?*)
B: Sure. What's up?
A: Well, Im solving this puzzle and I' m trying to fiad eight-letter word that begins with B.
(*that ends in*)
B: How about 'blustery' ?
A: How do you spell that?
B: B-L-U-S-T-E-R-Y
A: What does that mean?
B: Blustery isanother word for windy.
(*is the opposite of*)
A: That should do the trick. Thanks.
(*That works perfectly.*)
(*That should work.*)
B: Is there anything else?
A: No, that' s everything. Thanks.

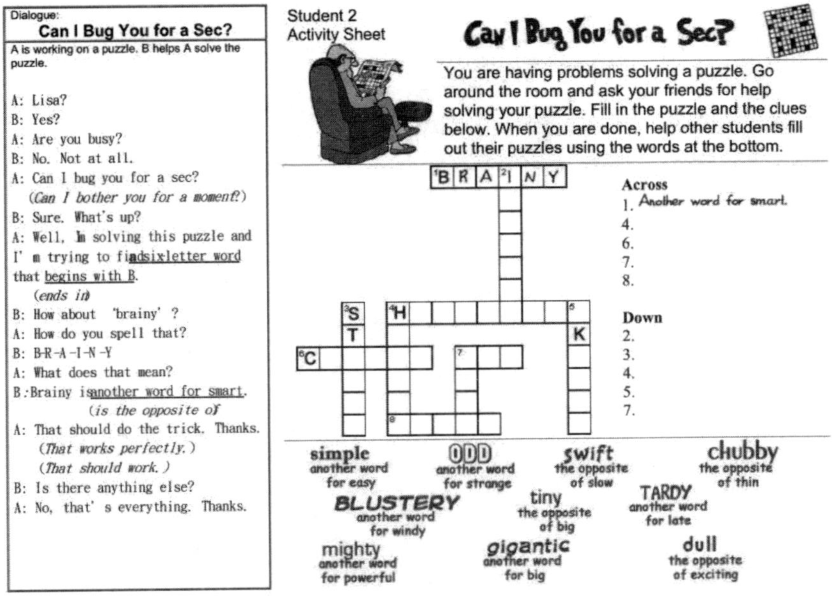

当然，有的学习单虽然创意很好，但毕竟是为母语为以英语的孩子设计的，因此难度偏大，我们就会根据自己学生的情况做些调整。比如：在学习MyHome（我的家）这个单元时，我们老师很想用右侧的这份学习单帮助学生制作一份MindMap（思维导图），用文字或图画的形式从不同的方面来描述自己的家。但是上面有些语言过难，因此我们将部分较难的内容改成了学生

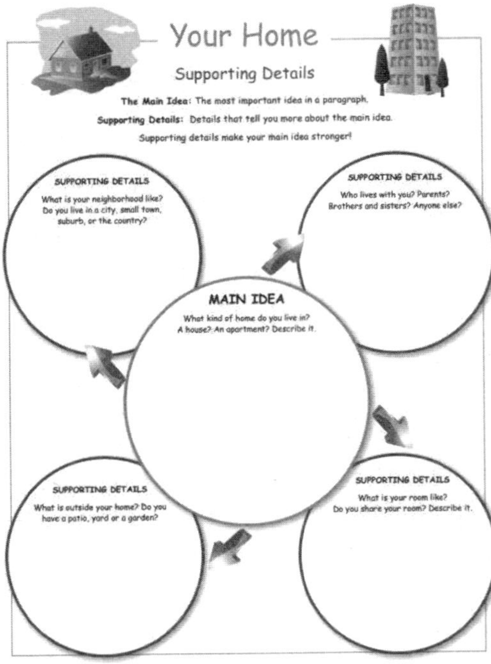

易于接受的语言（下图），既保留了创意，又让学生顺利地使用了所学语言。

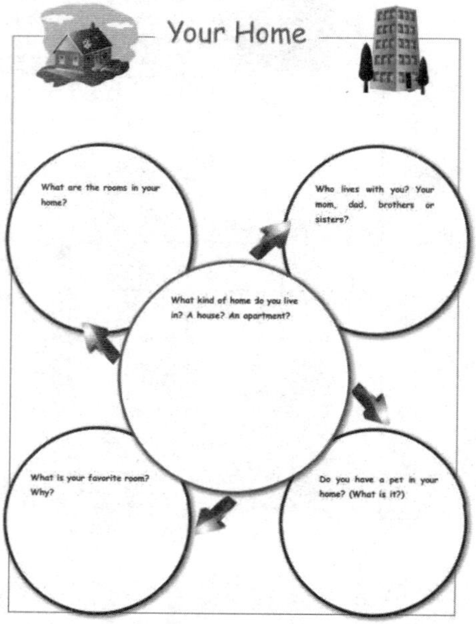

经过了两年的课堂实践，我们已经积累了《新起点英语》三年级上、下册，四年级上、下册共计 24 个单元的学习单，学生越来越喜欢。虽然老师的要求是选择其中的一份，但很多学生都会选取两份甚至三份。

②活动体验式学习：随着学生自主参与的意识不断增强，学习方式由静态、封闭走向动态、开放的状态。“把课堂还给学生，让课堂充满生命的气息”成为学习方式变革的重要标准。在课堂上，我们通过设计核心活动促进学生自觉、自愿、自主地进行学习。比如：数学学科围绕“如何设计好的活动，帮助学生积累数学基本活动经验”为内容，在全校范围内开展研究。通过设计有价值的数学活动引发学生独立思考，让学生亲身经历观察、描述、操作、猜想、实验、思考、推理、交流、应用的数学活动过程，学生在“经历、内化、概括、迁移”的过程中唤醒经验、累积经验、反思经验、提升经验，运用并重新创造经验，使学生不断积累数学基本活动经验，达成高层次的认知目标。教师在此活动中起组织、

引导、提升作用。这种“自主—合作—探究”的学习方式是学生活动有效性的实质。在教学过程中，教师以核心活动为载体，为学生提供尽量多的自主探究的机会，让他们置身于一种探索问题的情境中，使学生产生强烈的求知愿望，并在积极主动的状态中探索新知识。

③网络互动式学习：现在的小学生可以说是互联网的“原住民”，他们是最鲜活的新技术的推崇者。他们不可能与新技术隔离，因此，我们尝试借助新型技术不断拓展新型学习方式。

“微信课堂”也是在日常师生、生生互动中被广泛应用的。如，学校的语文老师面向全校学生推出了“绘本故事伴假期”微信公众号，每天分享一个精心制作的绘本有声故事，丰富学生的视听学习内容。这一独特的方式学习突破了传统课程资源的狭隘性，突破了时空局限，打开了学生视野，提升了学习效果。

这一切是在传统的学习环境做不到的。公众号就像是一个平台，学生们都可以在上面交流自己的问题和建议。比如，通过公众号，老师了解了许多家长对于英语学习存在的疑惑，并且更加进一步地了解了学生们需要在英语课有哪些提高，喜欢什么类型的英文材料以及其他的英语学习策略。不得不说，网络互动对于教育来说，真的是必不可少的，它打破了传统的空间限制，可以做到在不同的地方学习相同的东西。

学校将 VR 虚拟现实技术也引入课堂教学：在“太阳系”一课的学习中，学生们戴上 VR 眼镜，在课堂上体验了“宇航员”的感觉，在这个过程中，学生们的感受是“真实”的，学习更是主动、积极的。“网络直播课堂”在我们的学生中十分流行：学校星云社的小讲师们在老师的指导下开设了网络直播课。他们的“天文知识系列讲座”，不仅吸引了身边一大批同学线上同步学习，还收获了粉丝在线送花点赞的认可。

2. 我的课程我做主

好课程一定凸显以人为本，充分尊重每一个学生的自主发展权，尊重每一个学生的个性发展需求，为每一个学生的学习而设计。不仅能让每一个学生都能“吃饱”，而且满足个性需求的学生能“吃好”。

（1）此“秒杀”非彼“秒杀”

“时间到，开启菜单式自主选择课程平台系统。”话音刚落，“DI头脑创新思维”“桥牌”“软陶”“机器人”“棒球”“冰球”等菜单课程瞬间被“秒杀”完毕，家长和学生纷纷来电询问能否结合孩子的兴趣特长加选或开设新的菜单课程，孩子没选上某某课程，很失落，教学办公室咨询选课的电话连续两日响个不停。“秒杀”带来兴奋的同时，也引发了我们深刻的思考。

菜单式自主选择课程强调给予学生充分的自由选择课程的权利，让学生从自己的兴趣爱好出发选择参加自己最适合的课程，家长和教师作为课程顾问，只提供课程内容的咨询和建议，不干涉学生的课程选择权利。每一个学生所选择课程一定是适合自己、真正喜欢的课程。那么被“秒杀”在课程外的学生何去何从？即使还有其他的课程供他们选择，那些课程是他们真正喜欢的兴趣课程吗？为什么有的孩子放弃选课权利？这些疑问则驱使我们在教育路上继续探索前行。

课程设置前借助网络平台问卷星问卷调查系统，展开全面的学生调研、家长调研、教师调研。借助调研数据，进行科学分析，确定开设什么课程及某一课程的开设数量等。选课前将所开设课程的简介、内容框架、授课教师简介等信息装订成册，发放到学生手中，以便学生充分了解每一个课程的具体信息，而且教学办公室还开设了课程咨询电话，学生可以在选课前进行相关的课程咨询。课程开设后，学生可在开学初前两周进行试听学习，并根据学习情况对所选课程进行调整。

“时间到，开启菜单式自主选择课程平台系统。”又一次熟悉的声音传来，“秒杀”开始，“DI头脑创新思维一班”“DI头脑创新思维二班”“电子钢琴”“趣味物理一班”“趣味物理二班”“趣味物理三班”等等菜单课程同样瞬间被“秒杀”完毕。接下来的两天中教学办公室咨询选课的电话偶尔响起，个别学生进行课程微调。这一次课程的选择“秒杀”的是报的人数满满的课程，而不再是因课程人数设定原因而被排挤在外，不能选择到自己喜欢课程的学生。此“秒杀”非彼“秒杀”。2015 年 9 月成功“秒杀”后，学校根据学生的实际需求，合理、科学地开设了“气象科普”“天文启蒙”“小记者”“小主持”“食品营养”“电子钢琴”“桥牌”“陶艺”“冰球”“棒球”“击剑”等 170 余个选修课程。每一项课程都是因学生需求而开设，每一个学生都选上了适合自己的选修课程。

有句话说得很形象，“刚刚出生时我们都是独创，不知不觉就成了盗版。”究其原因是高度同质化的课程结构存在了很大的弊端。在义务教育阶段学习统一课程，表面上是学生全面发展，但事实是学生一个模子发展，所以一个个鲜活、灵动、富有个性的孩子走进来，最后却成为毫无特色的翻版。二小的课程改革就是要改变这一现状，课程的设置充分以学生为中心，从学生的实际需要出发，尊重学生的个性成长规律，最大限度地满足每个学生的个性发展需求，力争为每一个学生找到成长的最佳模式，让每一个鲜活、灵动、富有个性的孩子成长为独特的最好的自己，绽放最美的自己。

（2）拓宽课程范围

本着对学生负责、对家长负责、对教育负责、对社会负责的原则，我们打破原有课程结构，进行课程重组，创新、开发新课程。

课程改革以“一切为了学生的发展”为核心理念，认为学生是发展的人，是独特的人，是独立的人，课程的设置力争满足“四个需求”：符合学生的实际发展、合理成长的需求，满足家长的需求，遵循学校对学生的培养需求，适应时代的发展需求。以此为基础构建丰富完善的课程体系。

在符合学生的实际发展、合理成长需求的前提下，遵循学校对学生的培养需求研发必修课内容，在国家课程的基础上，二小开发出拓展课程和实践课程。拓展课程和实践课程是根据学生、家长、学校的实际需求对基础课程的有效补充。以数学为例，在国家课程的基础上，开发了数学阅读，培养学生数学阅读习惯，提升数学阅读素养；数学思维，培养思维品质，提高思维能力；数学游戏，在玩中学，激发数学学习兴趣，锻炼数学思维，感受数学魅力；课题研究，培养学生发现问题、提出问题、分析问题、解决问题的能力。课程内容既要面向全体，又要考虑个性发展需求，设置适合每个孩子发展的课程，帮助每个学生寻找到他们的个性支点。

各年级艺术类（除音乐）报班情况

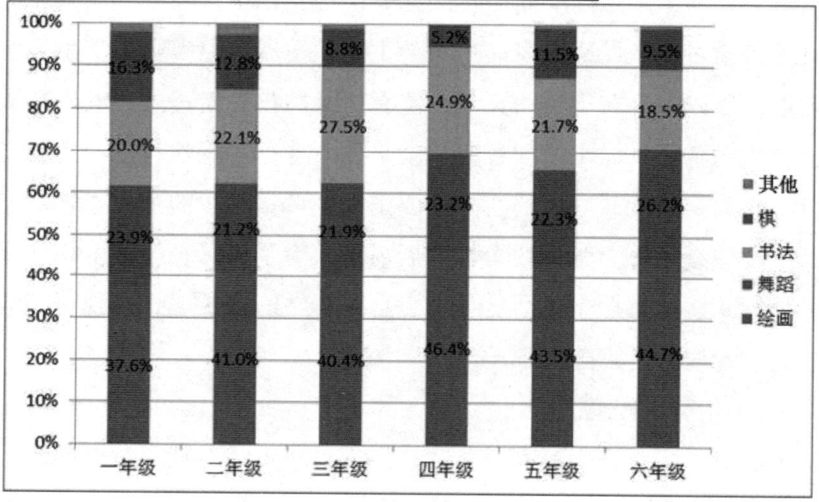

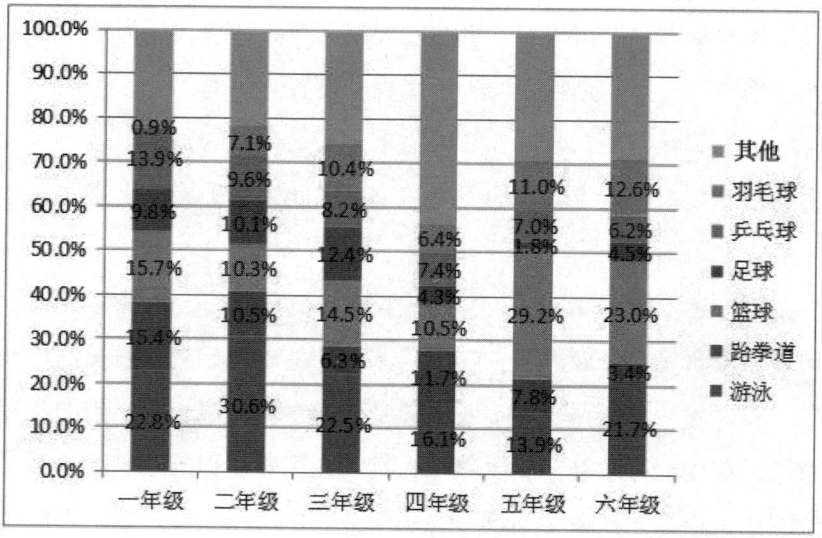

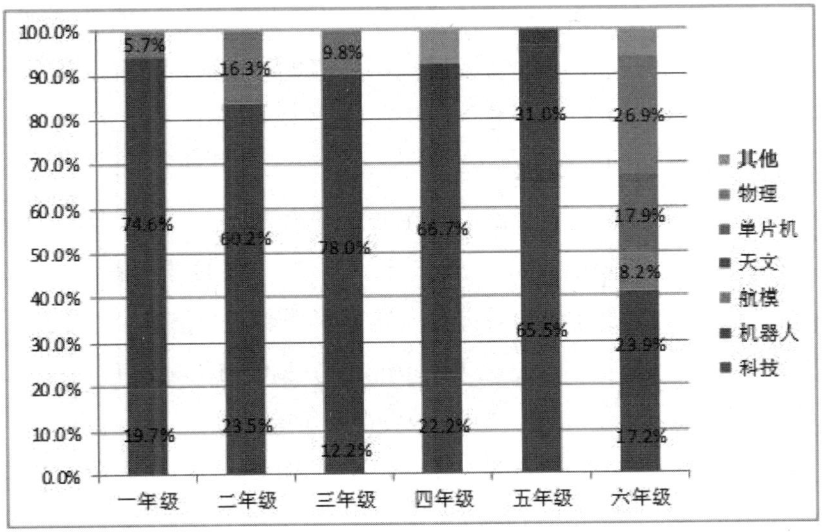

通过调研，我们充分了解到学生的实际需求和兴趣，以此为依据建构选修课课程结构。

从广度上来说，拓宽课程的范围，让课程变得更为丰富多样，满足不同学生的个性化需求；从深度上来说，逐步打造具有我校特色的精品课程，满足学有特长的孩子进一步发展的需求。力图通过校内丰富的、高效的课程体系，满足学生的学习需求，从而减轻学生的学业负担，担当起社会的责任。

3. 换一种心境看评价

课程设置的多元性与开放性需要我们重新审视评价的价值和作用，我们认为，评价要与课程相辅相成。它除了对学生学业水平进行鉴定衡量外，还承载着促进学生个性化、差异性发展的功能。

（1）评价是欣赏

习作讲评是习作教学中的一个重要环节，但是在具体的教学实践中，一般都是教师讲学生听，师生之间、生生之间缺少交流。这样的评价，学生既无收获，又没有习作兴趣。于是，我们尝试探索了一种新型的评价方式——习作赏评。习作赏评以尊重学生的预作为前提，在欣赏的基础上针对同学的预作进行评价，在欣赏中相互启发，在互动中使得学生与学生之间心与心得到沟通，情感相互传递，思维得以碰撞。这种评价的方式，顺应学生身心和语言发展规律，解放了教师，激发了学生的学习欲望，是学生获得了学习能力。

（2）评价是伯乐

本学期期末考试我们尝试了一种新的评价方式——成长周。以往学生考试最多120分钟就结束，“成长周”则利用一周的时间来完成测评。在这一周里，学生要梳理学习内容、熟悉测评要求、组建合作小组、选择测评题目、分享交流体会。这种评价方式使我们的关注点没有放在最终的结果上，而是更加注重学生主动参与评价的过程。

评价不是禁锢学生的思维，要立足于学生的发展。比如：对于看图写话这一评价内容来说，以往的闭卷考试在这一题目上为了保证不失分，老师会给学生一种固定的表述模式，结果学生成绩很高，但是大家的表达惊人的雷同，学生语言发展的空间太小。为解决这一问题，在“成长周”中，我们看到了一些改变。第一，从写话变为说话，目的是让学生都能听到大家的表达，并针对他人的表达给予评价。在这一过程中，既培养了学生的倾听能力，又培养了学生的思考与判断能力。第二，从单一素材变为众多素材，老师们事前准备了多幅图片材料，学生抽取其中的一个材料进行表达。目的是培养学生的兴趣，加大信息的交另外，评价要突出选择性。如果学生只对一张试卷做答，没有任何选择，不能科学地反映出学生学习的客观实际。“成长周”测评中的每一领域的评价内容都不唯一，学生可以根据自己的情况选择内容；每一项内容完成的途径都不唯一，学生可以结合自己的特点选择形式；每一项内容测评的机会都不唯一，学生可以选择自己最满意的一次成绩。在这里，我们看到的是不同学生在不同方面的优势与不足。我们尊重差异，鼓励不同，关注每个学生的个性成长与提升，让每一名学生都有发挥的空间。

（三）课程背后的中关村第二小学思维

任何发问都是一种寻求，我们一直在寻求着属于中关村第二小学学生的课程……

1. 家长的期待是什么

在 2015 年对我校 4700 多名学生家长的调查统计中可以看出：家长文化程度普遍较高（下图），绝大多数家长都属于本科及以上学历；而且大体趋势上来看，年级越低（也就是家长越年轻）学历程度越高。

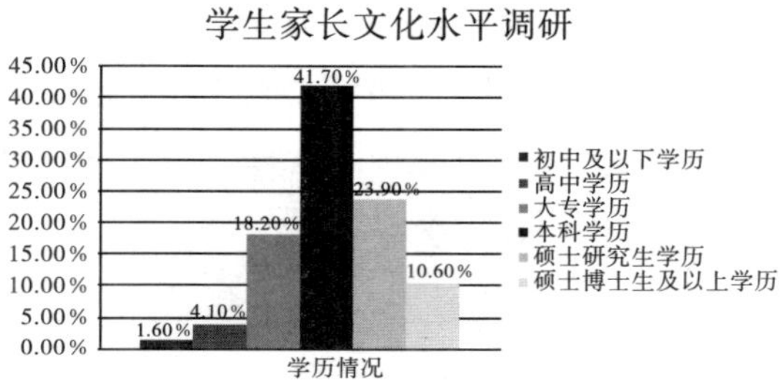

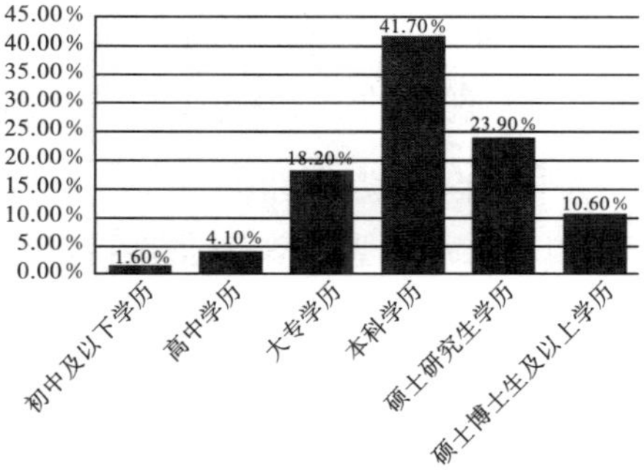

从家长的职业分布情况来看（下图），其中从事职员、企事业管理人员、科技研究人员、教育研究人员等知识型、专业技术型的人数较多。家长的高学历和优越的工作环境给予孩子的教育是多元的，同时他们期待自己的孩子在学校应该享受更优质的教育。所以我们课程设置要在保证国家课程的基础上，为学生提供多元的拓展课程和实践课程。

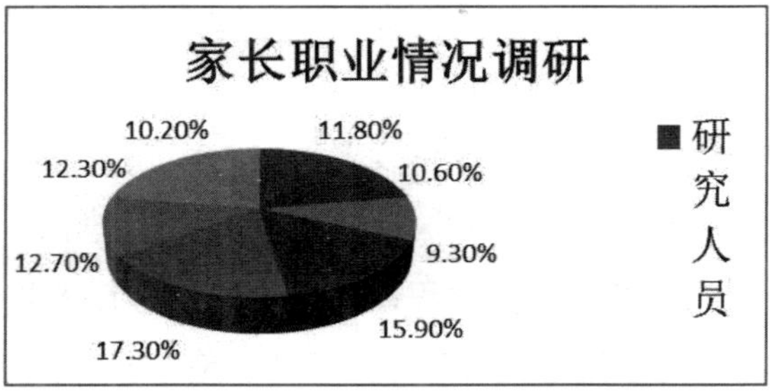

2. 学生的需求是什么

为更加全面而又准确的了解学生对课程的需求，学校通过调查问卷、座谈、网络交流等多种形式对学生进行充分的调研。调研结果显示：学生希望课程内容要丰富，能够满足他们的实际需要；课程资源要丰富，不能只依赖教材；学习方式要丰富，希望在实践、自主、开放的环境中学习。从学生的需求中可以看出，学生的视野是开阔的，他们见多识广，这就要求我们的课程设置要突出体现丰富性、自主性、开放性，让每一个学生的个性潜能得到进一步激发。

3. 时代的发展是什么

随着“互联网 +”时代的到来，互联网、移动终端等各种新技术快速发展，“智慧教育”“教育大数据”等各种新理念被提出，教育教学也随之发生着巨大的变革。现在的小学生可以说是互联网的“原住民”，他们是最鲜活的新技术的推崇者。他们不可能与新技术隔离。因此，我们的课程实施要敢于尝试借助新型技术，不断拓展新型的学习方式。

4. 学校的文化是什么

一所优质的学校一定要有自己的文化追求，中关村第二小学一直秉承着“以人为本”的教育主张，不论处在哪一个发展阶段，都始终坚持学生第一，做到尊重学生、发展学生、成就学生，使学生在二小受到优质的教育，促进学生健康快乐地成长。2014 年，学校在“以人为本”核心思想的指导下，将办学理念升华为“桃红李白　心暖花开”，这一理念集中体现了中关村第二小学以学生为核心，尊重生命个体差异，因材施教的教育主张。因此我们的课程设置既要面向全体，又要考虑个性发展需求，设置适合每个孩子发展的课程，帮助每个学生寻找到他们的个性支点。

在探寻的过程中，我们对课程设置目标与实施路径也更加清晰：课程体系的构建要基于我们学校的办学理念，即“桃红李白　心暖花开”，“心”要成为中关村第二小学课程体系建设的核心点。我们希望这里有学校的诚心，有教师的用心，有学生的开心，有家长的放心。

二、特色课程：个性培养的探索之路

以语文学科为例，对于1—6年级教材，我们主要从三个类别整合教学内容。一类是名家名篇整合阅读，重点是走近每一位文学家；一类是同一文体整合阅读，重点是感悟语言表达特点；一类是同一题材整合阅读，重点是不断加深对事物的认识。对一个年级来说，我们主要从三个层级整合教学内容。我们将所有阅读课文分为三个级别，即精读课文、略读课文、自读课文。精读课文所选取的是文质兼美、表达特点突出的文章，3—4课时学完；略读课文选取的是表达方式简单，主旨易于理解的文章，1课时学完；自读课文选取文章条理清晰，适合以读代讲的文章，课下以学习单的形式反馈学习效果。

在实践的过程中，我们认为教材是课程资源的重要要素，它不是静止的，不是单一的，更不是固定的，我们从学校情况、教师特点、学生实际出发，对教材的价值重新判断，将各种学习材料进行重组与加工，逐步从教材视野走向了课程领域。

教师是课程资源的重要载体，同时也是重要的课程资源。开发教师资源，创造性地利用教师资源，使得我们的课程更加灵动与鲜活。

晓丹老师喜欢绘本，她把绘本引进了班级阅读之中，每周都会利用一个半天的时间与学生分享绘本故事。晓丹老师相信，孩子们本就是有故事的，在他们的头脑中不知有多少新奇的故事灵感，加之他们原本就天马行空、无畏的想象能力，就一定能创造出有趣的故事。而那些新奇的想象待在学生们的小脑瓜里，却不能自己跳出来，其实，他们也在期待着，期待被挖掘，被发现，期待被点燃！而晓丹老师就是点燃他们的人。看：她正在和学生读《狮子和老鼠》，没有老师的讲解和提示，甚至有些同学看不清楚也有没看明白的，但是这些丝毫没有妨碍孩子们的创作，孩子们恰恰可以用自己的想象填补那些空白。同一本书，孩子们用自己的理解编撰了四十余个版本的《狮子和老鼠》，这让晓丹老师看得不亦乐乎！因为孩子们本就喜欢故事，他们需要的也许只是一幅画面，一个情境，或是一个声音，激发他们打开自己的想象，进入自己的故事世界。

而晓丹老师当时的想法是，老师，此时此刻，不是给予，只是——点燃！

就这样，自然而然地，讲绘本故事成了晓丹老师班级生活的一部分，孩子们喜欢的事情往往不用要求，在这个过程中，班里也冒出了几个奇葩，一个女孩，无论今天的故事多么长，回家她都会把它写下来，一个男孩，听了故事后再改编一个新故事，也有不爱写的，每天给妈妈讲自编的故事，晓丹老师建议家长原汁原味地录入，渐渐积累成了一本自己的故事集。

在她的引导下，学生们爱上了绘本，爱上了读书，他们不仅读绘本，还以绘本的形式进行创作，开展了班级绘本创作展。展览会吸引了同年级学生的驻足，这也引发了晓丹老师的大胆设想，创办年级图书馆，于是，“向日葵”年级图书馆诞生了。“向日葵”这一方沃土是学生们最喜欢的地方，他们来到这里找一个角落静静地坐在那，捧着一本自己喜欢的书籍专注地读起来……那时候，能到“向日葵”读书，对于三年级学生来说是最大的奖赏，这也让其他年级的同学们无比的羡慕。这些画面晓丹老师看在眼里更感动于心间，让所有的学生们都能去自己喜欢的地方读书，读自己喜欢的书，这该多好！于是她主动参与了校级图书馆的设计，来到出版社拜访诸多童书作家，积极组织各年级学生开展读书会……在她的努力下，越来越多的学生走近了书的海洋，感受到了悦读的幸福。

从绘本教学的特色教师成为悦读工程的设计师，晓丹老师以自身的特色为出发点开设课程，并不断地扩大辐射范围，使更多的学生受益，形成了教育智慧的叠加。

像这样的案例在中关村第二小学还有许多：爱好天文的朱戈雅老师从筹建一个年级的天文兴趣班扩展到组建一个校区跨年级的星云社团，现在她拥有了比较成熟的天文课程体系，这门课程已经面向三个校区所有学生；漫画大师聂晨老师利用视频面向全体学生直播他的漫画入门课程……这些老师在主动开发课程的同时，不仅带给了学生知识，也带给了孩子们无穷的快乐。

三、实践活动：尊重需求的研究之路

（一）劳动教育活动课：走出教室，丰收课堂

劳动托起“中国梦”，劳动对提高青少年学生的综合素质、促进人的全面成长至关重要，劳动教育是立德树人的基本内容。2018 年，习近平总书记在全国教育大会上强调要全面贯彻党的教育方针，培养德智体美劳全面发展的社会主义建设者和接班人，将劳动教育与其他四育放在同等重要地位，形成“五育并举”、全面贯通、协同育人的人才培养模式。2018 年 8 月，教育部联合共青团中央、全国少工委颁布的《关于加强中小学劳动教育的意见》明确规定了劳动教育包括劳动思想观念的教育、劳动技术知识和劳动技能的教育，对中小学劳动教育的内容和路径做出了明确要求。2019 年 11 月，中央全面深化改革委员会第一次会议召开，审议通过并于 2020 年 3 月份印发《关于全面加强新时代大中小学劳动教育的意见》，该“意见”为全面构建体现时代特征的劳动教育体系提出目标与要求。小学低年级要注重劳动意识的启蒙，让学生学习日常生活自理，抓住衣食住行等日常生活中的劳动机会，感知劳动乐趣。

劳动实践教育是中小学教育不可缺少的重要组成部分，是全面贯彻落实教育方针，实施素质教育、提高学生总体素质的基本途径。学校要正确认识劳动实践教育的育人价值与功能。《中共中央国务院关于深化教育教学改革全面提高义务教育质量的意见》指出：“加强劳动教育，充分发挥劳动综合育人功能，制定劳动教育指导纲要，加强学生生活实践、劳动技术和职业体验教育。优化综合实践活动课程结构，确保劳动教育课时不少于一半。家长要给孩子安排力所能及的家务劳动，学校要坚持学生值日制度，组织学生参加校园劳动，积极开展校外劳动实践和社区志愿服务。创建一批劳动教育实验区，农村地区要安排相应田地、山林、草场等作为学农实践基地，城镇地区要为学生参加农业生产、工业体验、商业和服务业实践等提供保障。”《中共中央国务院关于深化教育改革全面推进素质教育的决定》中指出：“学校教育不仅要抓好智育，更要重视德育，还要加强体育、美育、劳动技术教育和社会实践，使诸方面

教育相互渗透，协调发展，促进学生的全面发展和健康成长。”国家《基础教育课程改革纲要》规定：从小学至高中设置综合实践活动并作为必修课程，其内容主要包括：信息技术教育、研究性学习、社区服务与社会实践以及劳动与技术教育。强调学生通过实践，增强探究和创新意识，学习科学研究的方法，发展综合运用知识的能力。劳动技术教育具有培养劳动技术技能、技术素养的主要功能，同时还具有以劳树德、以劳增智、以劳强体、以劳益美和以劳创新等促进学生全面发展的综合功能。

学校提出了以“I”劳动为核心的课程实施理念，分别从“Idea”(思想性)、“Independent”(自主性)、“Inquire”(探究性)、“Integration”(融合性)、“incentive”(激励性)体现学校对于劳动教育课程推进的方向。如图所示：

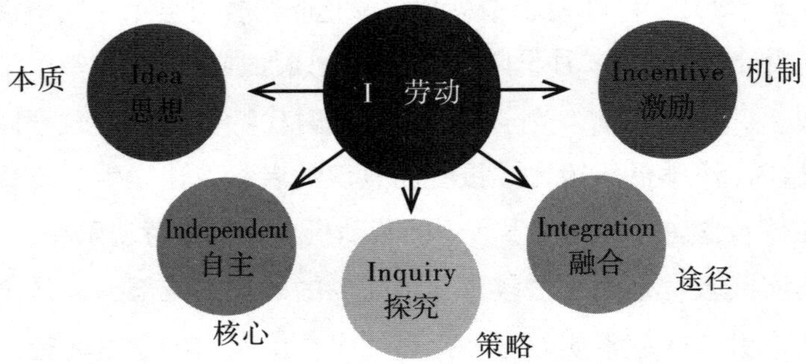

如何让“I”劳动理念在学校落地生根呢？我们通过以下几方面的努力，确保劳动教育实施中有内涵、有动力、有保障。

1. 建设多样的教育模式，确保劳动教育的开花结果

（1）构建内涵式劳动教育课程，让每一个孩子爱上劳动

学校创设以必修 + 选修 + 自主的课程方式，实现劳动教育课程的固定化、自主化、开放化。

开设必修课，将劳动教育纳入人才培养全过程。利用每周 2 课时的综合实践课开展项目式学习，同时确定每年四月最后一周为校园劳动周，确保劳动教育时间的固定化。为了实现分层教育，针对不同年级学生特点，将必修课分为人与自我、人与自然、人与社会三个维度，并将教育成果收集成册。

其中必修课分为健康生活、实践创新、责任担当三个维度，并细化出二级内容。健康生活主题分为个人整理和家务能手，实践创新主题分为手工体验与生命成长，责任担当主题分为班级服务、校级服务、社会服务。并针对不同年级学生特点，设立相应的课程内容。

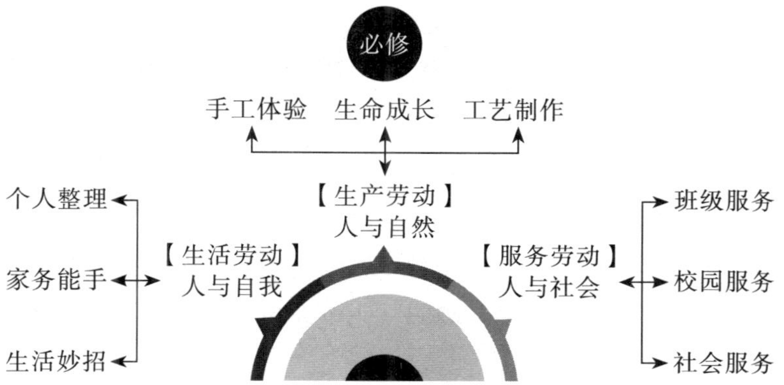

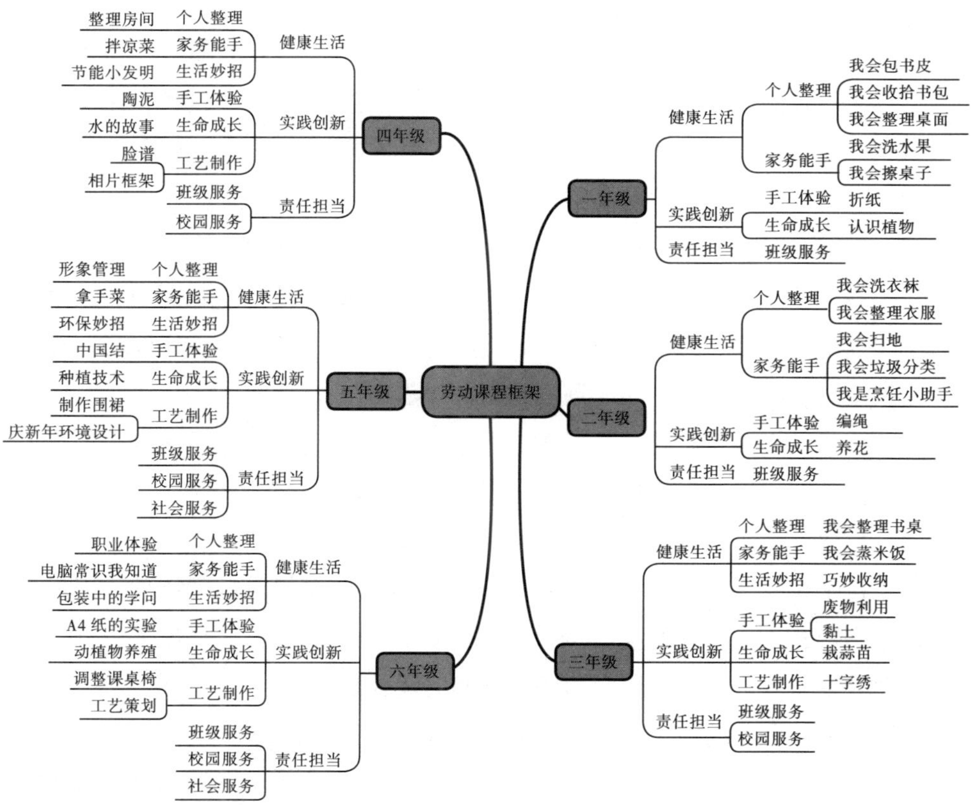

开设选修课，在实践中体会劳动的快乐。通过自主选课、报名参与劳动选修课。组织学生参与采摘节，共赴“快乐农庄”“药物园”，采摘丰收的果实，体验劳动的乐趣。同时，让学生在社团中的真情境、大任务下感受学科融合的劳动教育。同学们还可以通过“最佳现场”讲述自己在劳动中的所思所想，进一步深化、传播认识。

自主选择擅长领域，让劳动教育得到延续。学校积极鼓励学生结合自身兴趣特长，开展个性劳动。

（2）充分打造爱劳动的校园氛围，确保劳动教育润物细无声

学校充分挖掘教材，重视劳动教育与学科的融合，使学生的劳动教育从实践延伸到知识构建、审美教育、创新创造、科学探究等多方面，实现“五育并举”。同时，在校园文化建设中融入劳动习惯、品质的养成教育，实现润物细无声。

2. 多元的教育路径，促进劳动教育全方位实施

校内劳动是学生校园学习生活的重要组成部分，我们通过每周大扫除日，构建服务性劳动课程；在劳动周、重大节日开展主题教育活动，厚植爱劳动情怀；在学校设立多个志愿服务岗，增强学生的责任担当精神。

我们在暑假作业中融入了劳动教育版块，引导学生在家中劳动，体会劳动的快乐。同时，邀请家长参与学校“儒雅讲堂”的志愿服务，家长的以身作则是最好的榜样，同时他们宣讲的各行各业的工作体会，也让孩子们从内心感恩劳动、致敬劳动者！

孩子们还走进社区，主动参与垃圾分类、为贫困山区捐书等多项志愿服务，在这样的特殊教育中体会劳动的责任担当。

3. 建设高质量的教师队伍，确保课程最优化推进

在学校党委的指导下，通过专家讲座等形式做好对教师指导、以实地考察形式进一步深化教师对劳动教育的认识。各学科研讨出融合性的劳动教育课程内容，骨干教师还申报相关课题研究。

4. 发挥课程的最大价值，实现劳动教育的育人功能

在多元路径及模式中，学校最大限度地彰显劳动教育的综合育人价

值，促进学生德智体美劳的全面发展。

行思结合实现以劳树德。通过讲解劳动知识、方法、故事，让学生意识到劳动中独立自主、勤劳俭朴、艰苦奋斗的高贵品质，实现以劳树德。

手脑并用实现以劳增智。通过亲自洗衣、实验了解不同污渍的清理方法，使学生深化理论知识，做到知行合一，促进学生智力发展，实现以劳增智。

“具身”体验实现以劳强体。通过参与学校每周卫生大扫除、亲手石碾粮食、种植蔬菜等活动，起到强身健体作用，达到消除心理压力的目的。

动静齐驱实现以劳育美。通过细致观察种植的植物，描绘植物绚丽的色彩和多姿的形态，植物果实丰收后，自制的创意果蔬拼盘更是表达学生对生活的观察和审美感受。

5. 健全全面评价机制，切实保证全方位、个性化的育人体系

为全面、客观、真实地记录劳动教育的过程和结果，我们设立劳动学习发展记录册；同时，与学生成长中心共同组织“我是二小代言人”的活动，让爱劳动的孩子为自己、学校代言；在期末学生考评工作中融入劳动教育考核，以评价为载体实现五育并举的育人观。

将劳动课程、学科教学、文化建设、社会实践、家校共育各层面的融合发力，让学生在劳动教育课程中有价值、有担当、有体验、有岗位、有收获，从而体验劳动的辛苦，感受劳动的快乐，收获成长的幸福。

（二）特色主题活动课《开学第一课》

《开学第一课》是中关村第二小学儒雅教育体系中校本课程的典型，类似这样的系列教育活动还有各年级的社会实践活动、六年级毕业礼、一年级建队日等，我们从来都是别具匠心的把三校区同年级的师生组织在一起开展活动的，我们的目的只有一个——让二小的每一位学生都可以享受到最优质的教育。

几年来，场面热烈的《开学第一课》，实实在在地教育着每一个二小人，使参与其中的每一个人在潜移默化中受到学校文化的陶冶，并伴随每一

年的教育主旋律开启新学期的希望。在这个过程中，我们从来没有忘记去诠释教育的本质：尊重与爱。

链接 >>>

我校一年一度的《开学第一课》是属于我们自己的一个大舞台，这个舞台上蕴含着学校五年来的教育历程，凝聚着全体师生共同的期望与愿景。

看似这样兴师动众，劳心劳力的做法，无非是要告诉学生们：学校这个家有多大？我们有多少伙伴家人？无非就是要让每一位学校的主人都来见证家的发展，感受家的温情，分享家的快乐！创建一个充盈灵动质感的德育活动场。这样一个个活动场的形成首先依托于我校以“儒雅教育”为核心理念的总体育人目标。“儒雅教育”就是我校开展德育活动的精神指标，“儒雅点亮人生”的核心价值观引领着我们不断探索、创新独特的主题教育活动。我们认为，全校师生唯有心向一致，统一认识，在一个充满希望和美好的共同愿景下才能凝心聚力，并肩前行。因此，像《开学第一课》这样一个承载着“儒雅教育”浸润人心的主题活动，我们是一定要让每一个人都来参与的。

每一个人都参与

2009年，百旺校区正式投入使用，我们把大家统统请到了百旺校区这个新家，师生家长近6000人欢聚在了一起，中关村二小这个大家庭中成员一个不少地都出席了现场，在那一天大家亲眼看到，我们的家变大了，我们就是要让每一位主人都来见证新校区的落成。在那一天，我们还请全校师生一起来热烈迎接一年级新生和家长走进校园，让第一次正式迈进学校大门的他们深深地感受到我们只有一个二小，我们都是一家人。这样的迎接新生的形式一直延续了下来，直至今年，为了满足孩子的父母都能够亲历现场的迫切需求，我们专门为三校区全体一年级举办了“新生入学礼”，使每一位家长都有被尊重的感受，使每一名新同学都有成为二小主人的自豪感。

每一个人都是主人

2010年，我们以《新学年新足迹》为主题，更加强调了对各个年级学生的关注，我们想:《开学第一课》绝不仅仅是做给一年级和六年级的，其实每一个年级都重要，每一名学生都应该成为主人。于是，我们集三校区同年级的合力，将本年级学生成长的特色一一呈现，年级里最有意思的事情、最具号召力的活动登上了《开学第一课》的舞台，这昭示着每一名同学的成长都有目标，每一个年级的学生都能够明确自己努力的方向。

2011年，我们的家40岁了，我们希望让每一名学生都来为学校庆生，分享家的喜悦。这期间，我们更加注重了去关注到每一名学生的感受，力求让不同层面、不同年级、甚至名不见经传的学生当一回明星。

对于我们来讲，《开学第一课》是一个仪式，是一个生动、活泼、有意思的仪式，更是二小富有教育意味的重要一课，这个大课堂上，每个人都是学习的主体，每个人都有参与的机会。五年来，7600多名家长在《开学第一课》中与学生同欢乐同放歌；在全校267名老师中，先后有150多位教师成为策划团队的核心成员；越来越多的学生走上舞台，起初的一个舞台已经不足以满足大家张扬自我的愿望，2012年，我们搭设了六个坐落于学生方阵中的舞台格外醒目，格外受学生欢迎，它使每个年级的学生都拥有了一方展示的天地，让每一个人都能够张开双臂拥抱属于自己的新学年。学校这个大舞台上，从来都不缺少优秀的演员，每一个二小人都有展示才华的机会，每一个二小人都有成为明星的可能。

每一个人都是主角

《开学第一课》的大舞台上，我们每个人都以各自的方式演绎着与众不同的故事。但如何真正实现让每个人都是主角，如何让大家都有亲身参与的体验，这是我们追求的又一个目标。2013年，在一年级新生入学礼的同时，我们组织三校区二至六年级的学生同步开展了项目体验式的开放活动《带着梦想出发——开学总动员》，带来了不一样的精彩。

学生走进校门，首先会领到一张任务单，按照提示去寻找和参与自己要完成的任务。“校园剧场”“儒雅讲堂”“交流空间”“分享专区”“梦想邮局”……三个校区，267 名教师，300 多位家长志愿者分布在各个项目专区，组织活动，专岗服务。宋老师是当时“梦想邮局”场地的负责人。她亲眼看着学生们郑重地写下自己的梦想：

“祝愿居住外地的爷爷早日康复，放假了，我还会回老家陪您。”一位四年级的学生写道。

“我真的好想好想养一只小狗陪着我。”二年级的小同学要寄给妈妈。

“还有一年就毕业了，我一定加油考上理想中学，大壮，我相信你！”这是六年级的学生准备寄给自己的。

“孙爷爷，听了您的讲座特别受鼓舞，感谢您为中国航天事业做出的巨大贡献，我一定好好学习科学知识，将来也能为中国航天事业做贡献！”这是五年级的女生写给中国科学院院士、中国“两弹一星”功勋科学家孙家栋爷爷的。

“我非常喜欢《中国少年报》，祝愿这个报纸越办越好！我长大了想当个编辑。”这是三年级的小男生写给报社的。

4600 多封明信片真的像是给梦想插上了翅膀，有飞往教育部的，有飞向航天城的……孩子们满怀欣喜的把希望投进邮筒，还一再追问邮局的叔叔阿姨“这个一定能寄到吧？”

两周之后，很多孩子收到了期待中的惊喜：《中国少年报》来信了；中国航天部航天大队来信了，还寄来了一本书；乡下的爷爷来信了；教育部部长亲自回信啦……社会各界对孩子们的问候、回复、指引为我们的学生点燃了希望，开启了梦想，孩子们享受着备受关注的喜悦。还有什么比这样的开学典礼更让学生难忘的呢？我坚信，待这小小的梦想的种子饱满成熟之时，定会绽放出独特的花朵！

像这样一个个充盈灵动质感的活动场是实现儒雅教育的重要载体，而“场”的营建则是我们学校共同追求的教育目标。师生的融合、联动和共进，让我们觉得大家的心聚拢了，思想活跃了，力量强大了。就像我们共同去打造《开学第一课》的过程那样，我们让一个人能想的问题，扩展到多个志趣相投的人一起想，能想得更周全；让一个人能办的事，发动起多个人一起办，能办得更漂亮；让一个人能做的探索，联动更多的人一起探索，能让思考更加深刻。我们认为：意识重叠处即是智慧生长处，这样智慧叠加的过程就是教师自我发展、相互促进的过程，就是成就学生成长，成就学校发展的过程。

第五章

家园文化在区域教育中的辐射和影响

第一节　集团化办学，促进区域“同步、优质、均衡、特色”发展

一、集团化办学：一个二小、一个标准、一个质量

（一）什么是集团化办学

集团化办学，是在促进教育优质均衡发展的实践中，通过强弱合并、委托管理、承办、承接新建校等名校办分校、名校办新校方式，实施一个法人一体化管理、多个法人联合管理等方法，提供更多优质教育资源供给的办学模式。过去的集团化办学涉及的是教育广度的问题，主要解决人民对优质教育的需求，保障更多的优质教育资源供给；而新发展理念背景下的集团化办学则涉及深度问题，提供更高质量的优质教育，促进教育的高质量发展。

集团化办学是北京市、海淀区应对优质教育资源不足的一项重要举措。但随着办学规模的不断扩大，不仅会带来管理方式中的诸多难题，还会面临教育改革中种种“阵痛”，可谓机遇与挑战并存，义务与责任并举，相较于单一校区办学而言，问题会更复杂、管理难度更大。

（二）中关村二小集团化办学历程

新时代，人们对于优质教育的需求正在经历从“有学上”到“上好学”，从“广覆盖”到“高质量”的发展过程。作为区域内的优质品牌学校，中关村二小始终肩负着促进义务教育高质量发展的担当与使命。可以说，中关村二小是最早参与集团化办学的学校，也是参与办学形式最多的学校之一；二小从 1998 年承办分校——上地实验小学开始，在 20 多年的集团化办学过程中，先后参与过 11 所学校的建设与发展，这其中包括名

校办分校、承接新建校、承办薄弱校、与民办学校合作办学、到海淀区以外的区域合作办学等。

1971 年建校	中关村第二小学
1998 年至 2008 年	上地实验小学
1999 年至 2009 年	海淀外国语实验学校小学寄宿部
2003 年 7 月	城府小学
2003 年 7 月	华清家园配套小学
2009 年 1 月	西北旺小学
2009 年 4 月	海淀百旺新城配套小学
2019 年 4 月	海淀区万泉河小学
2019 年 6 月	昌平小学
2021 年 6 月	海淀区科学城北区分校
	海淀区科学城北区幼儿园

◆最早参与：1998 年起

◆参与建设学校数量多：11 所学校

◆办学形式多样：名校办分校、承接新建校、承办薄弱校、与民办学校合作办学、跨区域办学等。

◆多学校办学：小学　幼儿园

中关村二小集团化办学历程及特点

（三）家园文化在集团化办学过程中的作用

在二小合并的学校和承接的校区中，有高品质住宅的配套学校，有城乡接合部学校，还有纯农村学校。学生家庭背景多种多样：有高知子女，有普通工人的孩子，也有外来务工人员子女等。此外，无论是大校还是小校，都有各自多年形成的办学思想与管理风格，合并过来的教师大多习惯了原来学校的文化，面对着全新的环境，老师们既充满希望又忐忑不安。

面对这些困难，如何让不同校区的师生真正融合在一起共同发展？如何确保二小优质的教育质量不被稀释？如何让每一位教师都得到最大限度的发展，让每一位学生都能够享受到二小最优质的教育？既是学校办学实践的核心问题，也是实践思考与研究的重点问题。

在二小多年的办学实践中，我们经常会被问到一个问题：“中关村二小的几个校区中，哪个是最好的？”我们的答案也从未改变过：“在二小，没有本校与分校的概念！在二小，没有选择校区的烦恼！只要你走进二小，任何一个校区都可以享受到中关村二小优质的教育！”

这份笃定与自信，正是源于我们始终坚持“一个二小、一个标准、一个质量”的基本原则；源于我们始终秉承“桃红李白　心暖花开”的教育愿景；源于我们始终贯彻“以人为本”的家园文化。

学校文化，是一所学校的灵魂，是全校师生员工共同遵守的价值标准和行为规范，它是一所学校的自然条件，也是一所学校的气质表现。文化引领对于多校区办学极其重要，对于同步优质办学更是尤为重要。在一校多址的办学过程中，中关村二小必须不断分析和吸收来自不同学校的办学思想和文化，使之融合在一起，形成“大二小”所独有的办学思想和学校文化。

在这样的思考下，我们提出用“家园文化”引领学校发展，以此来缩小校区间的差异，缩短心与心的距离。以文化的力量推动多校区的发展，实现资源共享、文化共融、品牌共创及合作共赢。

为更好地宣传和推广学校一校多址的办学经验，2013 年 12 月 5 日，中共海淀区委教育工作委员会、海淀区教育委员会在中关村第二小学成功举办了“同步 · 优质 · 均衡——一校多址办学现场会”。会上，学校的办学理念得到了与会专家、领导、兄弟学校、友好单位、家长代表及多家媒体的高度赞誉。时任北京市海淀区政协主席傅首清肯定了我校在推动义务教育优质均衡，改善优质教育供给矛盾方面做出的贡献。时任中国教育学会常务副会长郭振友激动地说道：“中关村二小一校多址办学的成功经验，符合十八届三中全会提出的‘构建利用信息化手段扩大优质教育资源覆盖面的有效机制，逐步缩小区域、城乡、校际差距’的要求，是一个富有时代精神的、体现新世纪教育发展的、真正可以让人民满意的教育发展的典型，值得在全市甚至全国推广。”时任北京市政府教育督导室副主任关国珍点评：“中关村二小以她宽广的胸怀和充满责任感的社会担当，使越来越多的孩子真正享受到了最优质的教育，真正实现了更高层次教育的优质均衡发展。”

2015 年 10 月 22 日，中共海淀区委教工委、海淀区教委在中关村第二小学举办了主题为“聚力 · 绽放”的中关村第二小学教育家办学实践研讨会。这是海淀区在“十二五”时期召开的第 8 场教育家办学实践研讨会，也是海淀区委、区政府深化教育改革，提升学校办学、治校水平，共享改革发展经验，促进教育优质均衡发展的重要举措。研讨会的成功举办，得到了与会专家、领导、兄弟学校、友好单位、家长代表及多家媒体的高度赞誉。

链接>>>参会嘉宾在会上的发言

迄今为止，我看到的中国最好的小学

江苏省教师培训中心副主任　严华银

理由一：二小是一所让人感到很舒服的学校。认认真真的校长（或者是儒雅的校长），安安静静的学校，勤勤恳恳的教师，踏踏实实的交流，最后造就了一批快快乐乐的学生。

理由二：二小做的是向真向善的教育，真实的校长，真实的教师，真实的学生。我最理想的教育是什么？就是让中国的人变成都用一套话语说话的人。

理由三：什么叫家园？这是一个让人感到自由、安全、温馨的地方，特别是安全，到了家里头没有争斗这些东西，人有了安全感之后，他才会放心地任性地去做事，在这个学校我个人觉得特别是通过这一届“杨刚教育家”办学实践研讨会，这个组织真的是一家人在做一件事，我感动的东西太多了。

理由四：在这所学校，我看到了人文与科学，现代与传统引领和自主，校内和校外是打通的，是和谐的。每一个老师阳光、大气、儒雅，每一个学生活泼可爱。

理由五：这个学校这么多的理念，理解之后付诸实施，这个学校有今天不是偶然的，领导魅力，文化引领，教育自觉，这是一所老师心中最为理想的学校，这也是迄今为止我看到的中国最好的学校。

理由六：我认为这个学校可以作为中国小学教育的一个标准和规范。为什么成为标准和规范？因为这所学校始终用儿童式教育来看一切问题。

理由七：教育应该就是孵化。所谓孵化，就是为人才提供一定的资源，基本的条件，提供政策制度的方方面面支持，这个人专心做你想做的事，你不要分心，让你更单纯，更纯粹一些，这样一个机构，这样一个场地，这样一个环境，这样一种氛围。孵化教育，就是因材施教，因材施教之后才有孩子的个性和创造力的成长。个性就是创造性，桃红李白是个性，绽放最美的自己是个性，个性的自己才是最美的。

一个有故事的学校　办的是有温度的教育

江苏省南京市陶行知小学校长　彭小虎

我用一句话概括我的感觉，我觉得这个学校是一个有故事的学校，是办的有温度的教育，这句话怎么理解呢？只能说是感受，通过跟教师的座谈，也感觉到校长是一个有故事的校长，有很多很多的故事，老师讲得很好，也讲了很多故事。你们老师自己也有很多故事，特别是昨天我听到转岗的老师，真的是让我很感动。一个老师离开自己的岗位，到一个非教学岗上干那么好，您说这是靠什么？我不知道，我总觉得她现在能够说出来，而且用一种感恩的语气，我觉得这里面故事不像她讲的这么简单，肯定有很多很多的故事，这是一个有故事的学校。

再一个是有温度的教育。我的理解是：每个老师在谈自己专业发展的时候，他们不是说“我”怎么样，他们谈的所有前提都是“二小”怎么样，“我”再怎么样，我觉得我们要为自己活着，但是客观上也要去感谢那些让我们活得很幸福、很快乐的人，或者说那样一个集体，这就体现了人性的温度。

人们在做文化上，有三句话总结：“人管不到的地区制度要管，制度管不到的地方，文化在管”。文化有时候真的是体验到的，而不是来说的，然而我们就在这里真实地感受到了，这是最了不起的文化。

二小给我的最强烈、最深刻的感受

江苏教育行政干部培训中心副主任　季春梅

我最大的一个感受是：中关村二小能够真正地在整个的教育当中，能够眼里面是关注着人，尊重人，发展人，尤其是杨刚校长作为三个校区的领导者、引领者，首先做好了一个榜样人的角色，我觉得这是中关村二小给我的最强烈的、最深的感受。

我另外一个最大的感触是：二小人团队之间的默契合作，他们之间只是一种相互信任、彼此激励的简单关系，这样的一种彼此合作的精神面貌，我认为是二小最大的财富，也是二小人最大的幸福。来到二小之后，我真真的感受到二小的一种自然、一种真实、一种真诚，这决然不是说二小是在通过一些高大上的、一些其他人所没有的这种资源在做着教育，而是二小团队的每一个成员都在用心做着教育，团队里的每一个成员都有着这样一种情怀，我觉得这真是非常难能可贵的。

二、集团化办学的影响与成果

中关村二小万泉河分校自 2019 年成立以来，学校建设焕然一新，各项工作及办学质量得到区域百姓高度的认可和广泛的赞誉，社会满意度大幅提高。2020 年，万泉河分校社会满意度较去年提升了 8.1%，在全区小学满意度得分增幅前十名中排名第三。双测评群众满意度达到 100%。同时，万泉河分校进一步加强分校与海淀体校的合作，打造体育特色校。面向各年龄段学生，开设体育特色课程和体育特色兴趣班。全校 17 个教学班的所有同学每周都能够去体校上一节乒乓球课，充分感受国球魅力，强健体魄的同时，更培养学生们的体育精神与爱国情怀，深受家长与学生的认可。在 2021 年，小学五年级语文学科监测工作中，万泉河分校语文学科监测成绩位列全区第 34 名，较以往相比有了大幅度的提高与进步，并在 2020 年度海淀区平安校园建设考核中，荣获优秀。

链接 >>> 万泉河分校副校长丁伟参与分校建设的感受

凝心聚力　规范管理　全面提升

万泉河分校的每一位老师在感受二小浓厚的家园文化的同时，也时刻以“二小人”的标准要求自己，大家主动学习的积极性越来越高，越来越投入，越来越讲究团队协作，大家心往一块想劲往一块使，紧追集团总校的步伐，分校的发展也取得了不小的进步和提升。

自万泉河分校合并以来，分校教职工很认可集团总校的各项制度，两年以来，相关的工资制度、职评制度、考核制度都和总校保持高度一致，各项制度更完善、更合理，切实维护了学校和教职工的切身权益。

在二小家园文化的引领下，学校领导干部很注重工会活动的团建过程：教职工生日到来之际，食堂为教师准备一份“长寿面”，由工会委员亲自奉上，有时整个年级组还参与其中为老师们庆生，很是感动；工会组织女教师的化妆体验，老师们学习化妆技巧，不仅心灵美，而且外表美。为了庆祝建党百年，为建党百年献礼，也为了提高教职工的身体素质和运动意识，工会利用课余时间协助集团总校党委组织全校教师开展“重走长征路，永远跟党走”的微信运动个人赛活动：共计 21 个站点，全程 350000 步，大家在每日打卡的过程中脚踏实地向前行，还在每个站点了解党的历史知识。与此同时，也在日常欢声笑语中锻炼了身体，交流了心声，放松了心情，从而有利于更好地工作，这个活动受到教职工一致好评。

学校的各项教育活动，也是在中关村二小总校的引领下统一开展的。七一来临之际，中关村二小集团总校、分校 5800 余名师生共同观看了“七一勋章”颁授仪式；中关村二小庆祝中国共产党成立 100 周年主题教育活动，也通过五校区同步连线、互动参与的形式，呈现了一堂生动的思政大课。七一当天，我们各班都以最饱满的精神状态观看中共中央建党百年庆祝活动。在各位班主任、副班主任的教育引领下，孩子们纷纷用自己的创意对党诉说心里话、用实际行动为党献礼，收获成长。

在家园文化的引领下，中关村二小昌平学校同样实现了快速发展。在昌平区第三届“启航杯”教学风采展示活动中，昌平学校的参赛教师在集团总校各位教学干部的高效引领下，在各学科师父的耐心指导下，潜心钻研、积极准备，取得了令人瞩目的成绩。昌平学校15名参赛教师在紧张激烈的角逐中脱颖而出，获奖率100%，其中：一等奖10名，居全区榜首，二等奖4名，三等奖1名。获得一等奖的10名教师代表昌平区参加了北京市第五届“启航杯”新任教师教学风采展评活动，荣获四个一等奖、四个二等奖、两个三等奖的好成绩。

链接 >>> 昌平学校主任马北红参与分校建设的感受

不忘教育初心，勇于责任担当

作为昌平校区的教师发展中心、学生成长中心负责人，面对拥有6个教学班，20余位教师的新校区，我在中关村二小总校校长、书记的领导下，和各位领导密切配合，做好教师队伍的思想引领，统筹安排好各项教学工作。

一是坚持集团总校引领，坚持二小办学理念。每周我都来总校参加行政会，保证思想上和总校保持高度一致。每周的校区会，我都提前备会，把总校的思想、理念、工作传达给每一位教职员工，做好思想引领，并指导并落实好工作。每一项工作及要求得提出都做到心中有数、言简意赅，便于校区落地。加强师德师风建设，增强师德意识和法制观念。努力带领老师们在昌平办原汁原味的中关村二小。

二是依托总校资源优势，快速提升教师队伍培养。“青蓝之约”拜师、横向大组教研、专家工作室等，引领青年教师虚心学习，钻研业务，参加校级“紫藤杯”新教师亮相课，历练成长；与总校教师中心各位领导协同合作，圆满完成青年教师成长各个阶段的工作。

三是以二小标准抓好教学质量。上好每一天的每一节常态课是教师的职责。一年来，我围绕着“加强常规培养，关注习惯养成”的主题在昌平校区开展了常态课的“听评”活动。走进常态课，看环境，看常规，搞研讨；听评常态课，关注全学科教师工作的状态，指导理念，研讨策略，提出改进意见。确保昌平学校教学质量与二小总校保持一致。

第二节　名校长工作室，打造优质“学习共同体”

2015年10月22日，教育部首期名校长领航班为我成立了“杨刚校长工作室”，希望我能更大程度带动区域内校长共同成长。7位在北京市遴选出来的优秀骨干校长成为工作室的成员。由于这7所学校来自不同区县，有的是新合并的学校、有的是有悠久历史的学校，有的是当地区县的优质校。工作室如何针对成员校不同的建校史和发展阶段，以及成员校长个人的成长经历，助力成员校长的发展及所在学校的整体提升？成员校长如何成长才能更好地发挥引领作用？为此，我提出走进工作室里的每一位成员都是主人，借助工作室平台实现共同学习、共同提升，最终实现“思想上有新的突破，办学上有更好的创新与实践’的学习目标。”为此，我进行了如下探索。

一、私人订制，共享教育智慧

（一）实践引领，共探教师个性化发展之困

“经历了这么多的教师培训，‘教师个性化脱产培训’我还是第一次听说，通过参训教师的现场交流，我觉得这样私人订制的培训很大胆、很有新意，也很务实、接地气，对教师的个人成长受益很大，值得我们好好借鉴和学习。”

“这种培训好是好，但却存在着人员调配方面的难度，杨校长您是如何更科学地协调人事安排，激发教师全员参与热情的呢？”

……

这是发生在2016年5月12日“杨刚校长工作室”第一次活动“现场互动”环节中的一幕。第一次的工作室的活动以“中关村二小教师个性化培养交流研讨”为主题，我们对教师个性化培养工程从问题背景、创新实践、目的初衷、内涵几个层面分别解读，向来自房山、昌平、石景山等郊区学校的7位骨干校长详细介绍了二小开展教师个性化培养工程的始末，同时邀请了刚刚参加完第三期个性化脱产培养的4位教师分享他们的成长收获，并就一些细节问题与7位校长进行了深入探讨。

个性化脱产培训，不是学校统一安排的规定动作，而是针对教师个体发展需要的私人订制；不是面向少数教师的个别培养，而是自主申请、全员参与的个性培训；不仅有面向教师专业成长的培训，而且有面向教师个体发展的多方面提升；培训内容不是静态不变的，而是因人、因需动态调整的。因为，每一位教师都独特，每一位教师的成长需求都不一样，因此，每一位教师都有一份专属的课表。这一张张专属的培训课表，是在充分尊重参加培训老师自身发展需求的基础上，与学校对该教师的发展需求相结合，不断地沟通和反复研讨形成的。在前期的沟通中，老师们纷纷提出希望能够进一步走近学生、了解学生；更希望能够跳出教师角色看教育，能够跳出学科观课堂。因此，在培训过程中，学校为他们牵线市区教研员，作为影子教研员跟岗学习；为他们请了班主任师父，走进班级管理实践；多学科骨干教师向他们开放了自己的课堂……最大限度地帮助每一位参加培训的老师从综合育人的角度，重新理解教育、理解学生、构建课堂。为期两个月的培训时间虽然有限，但对助力老师的发展却有着非常重要的作用。这是举全校之力，让每一位教师都能够受益的培养工程。

众所周知，教师队伍建设是学校发展的重中之重。没有好的教师，学校一切都无从谈起。“教师个性化脱产培训”这一实践，极大地引发了成员校长们对教师队伍建设的深入思考，解答了困扰他们多年的关于“在职教师工作量大、工作压力大；学习时间零散；集中培训无法满足个性化学习需求”方面的困惑，给他们送上了“突破教师专业发展瓶颈，助力教师再发展”的一剂良方，让他们在看到中关村二小教师培养已经从关注教师队伍整体提升到关注教师个体成长的同时，也找到了本校教师个性化培养的方向。

在此后的几次下校诊断中，我们欣慰地发现，这些成员校的校长不仅为本校教师量身定制了多样的个性化培训方案，还把这一培训经验推广到本区多所学校，使教师们在培训中不仅找到了自身新的发展点和生长点，同时助力了所在团队的提升，进而推动了全校教师队伍的整体提升。

工作室第一次活动得到了江苏教育行政干部培训中心回俊松博士的认可，他点评到：“随着现代经济发展，社会对教师质量提出更高的要求，20 世纪 60 年代，教师质量提升主要着眼于教师队伍整体素养的优化，这就是我们所知的‘教师专业化运动’，20 世纪 80 年代后，教师质量提升从关注教师队伍整体转向教师个体，这个转变主要受到知识经济影响，强调个体多元需求，个体差异和个体丰富性，也就是我们所熟知的‘教师专业发展’。杨校长工作室提出的‘教师个性化发展’理念，与时代发展并行不悖，工作室活动内容丰富多彩，团队成员态度务实谦逊。在中关村二小，真切体会到‘好校长是学校发展的最关键因素’的意蕴！”

（二）敞开校门，共享优质教育资源

“工作室的学习是实时的、互动的，是多样的、开放的，除了我们校内的优质资源以外，我们还定期为大家准备了丰厚、高端且前瞻的优质教育资源。如：在工作室第一次活动期间，就已经有多位骨干校长带领着团队教师，参加了在我校举办的、为期两天的、难能可贵的第五届‘北派名师’之‘南北名师汇’小学语文‘整合教学’观摩研讨活动。大家纷纷反馈，这样的盛会对本校语文教学方式的反思与改革大有裨益，希望这样的高端资源能够持续分享。今天，我们就再次提前向大家发出盛邀：6 月 14 日，新东方教育集团创始人俞敏洪老师将走进二小的名师大课堂，与我们共同分享他的教育之道。俞老师可是我们费了一年多的时间才请到的重量级嘉宾，到时也欢迎你们来共享这道高端美味的教育大餐……”

活动信息刚刚在工作室的网络学习平台里向 7 位校长发出邀请，立即就有人回复到："杨校长，可以带着我们学校的教师去吗？""我们可以像二小的老师那样跟俞老师互动吗……"

我回答道："没问题，只要你们能够从中受益，中关村二小的大门随时为你们敞开！"

为了提升工作室成员的学习力，我还定期向成员们推荐并赠送包括中心严华银主任的力作《让学校安静》《让语文安静》等书籍，希望大家在阅读的基础上，有思考，有行动，最终真正实现内化于心、外化于行的自我成长。同时，我还借助"校长国培计划"中小学名校长领航班的资源和优势，邀请教育部领航校长酵素培训基地的专家、导师到成员校长中间来讲学指导，并带领成员校长参加江苏基地的各项培训活动，并先后走进山西晋中师范附校、云南省玉溪第一小学的学校等进行跟岗学习，与当地的师生深度交流。

（三）"1+N"，发挥辐射作用

我坚信，成员校长不仅要自我提升，更要发挥"1"的种子力量，带动所在区县的"N"所学校共同发展，这也是我们工作室的责任与担当。

作为联合国教科文组织中国可持续发展教育项目国家实验学校、全国信息技术教学应用示范校、北京市中小学校长培训实践基地和海淀区首批素质教育优质校，我带领着二小人始终积极承担着越来越多的优质教育资源辐射的社会责任，在全国范围内主动开展各种形式的帮扶工作，力争让更多的师生都能够享受到二小的优质教育，围绕领航力，发挥成员种子力量，实现领域内和区域内的逐级传递和领航。

近两年，工作室联动学校利用网络研修平台，组织了与来自世界和全国各地的友好校进行跨国、跨省区、跨学科互动研修 20 余次；连续两年接待了"国培计划"项目考察团、新疆双语培训班 300 余位教师等进校交流学习；先后与内蒙古乌兰察布盟察哈尔右翼后旗大六号中心小学、河北省滦平县涝洼乡中心校及付营子明德小学以及树仁学校、行知实验学校、团河实验学校等北京市农民工子弟学校结为手拉手友谊校，组织学校师生通过"六一义卖"捐款、捐建爱心书屋、执教爱心课堂、捐献办公及学生用品、种植友谊林等多种形式，持续深入地开展系列公益教育活动；依托工作室承接八期北京市农村中小学教师研修工作站任务，通过跟岗学习、名师带徒、送教送培、入校诊断、现场报告、名师大讲坛等多种形式，先后对来自大兴、怀柔、平谷、昌平等郊区农村学校的几十位教师进行了专业引领与指导，促使他们的业务素质和综合素养得以全面提升……

工作室是成员间相互学习、共同交流、共同提升的平台。我希望每一位成员在分享交流的过程中自然而然的生成，内化于心、外化于行。在思想上，有新的突破；在办学上，有更好的创新与实践。

二、成员校的创新与实践

链接>>>成员校校长的学习体会

参加“杨刚校长工作室”培训感受

北京石油学院附属实验小学 王梅

一、高山仰止，景行行止

2016年5月，我有幸参加了“杨刚校长工作室”，同其他6名校长一起作为学员参与本次校长学习共同体，以期共同学习、探讨、交流、提升。

中关村二小是海淀区乃至北京市首屈一指的名校，杨刚校长作为这所名校的掌舵人，他提出“家园文化”的发展理念和“以人为本”的办学理念，营造“宽松和谐”的育人环境。多年来带领团队推进学校稳定发展，建设了一支精英教师队伍，培育出千千万万名优秀学生。中关村二小所取得的成绩，杨校长先进的办学理念、高效的管理方法、儒雅的教育家风度，无不使我深受触动。

二、如切如磋，如琢如磨

在为期一年多的系列培训活动中，使我感触最深的是杨校长对学校教师队伍的建设。在杨校长的带领下，中关村二小制定了多元、个性的教师个性化培养方案，开展教师个性化脱产培养工程，创新教师发展机制，提出“1 + N”的教师团队发展模式，关注教师队伍的整体提升和教师个体成长，打造了一支优秀的教师队伍。

教师是学校发展的第一原动力，教师队伍的建设影响着整所学校的发展壮大。联想到自己学校的教师队伍建设情况——建校时间只有短短六年，教师平均年龄32岁，硕士研究生占26%，教师们学历高、素质好、年纪轻，充满活力和干劲，但是教学经验普遍较为欠缺。我们一直努力探寻一条更高效的队伍建设途径，杨校长的经验分享如同一场及时雨，使我更新了理念，提升了站位，深受启发，并将所学到的经验方法应用在自己学校的教师队伍建设上。

三、他山之石，可以攻玉

我校的校训是“润泽于心，砥砺以行”，我们不仅追求对内心的润泽滋养，也强调行为上的坚持不懈。在杨校长管理理念的影响下，结合我校的校情，我从“心”和“行”两方面进一步完善教师队伍建设。

1. 以文化润泽心灵

学校建立了“活力文化体系”，在文化的引领下，全校教职员工“心往一处想，智往一处谋，劲往一处使”，团结一致，凝心聚力，在不同工作岗位上为学校的发展贡献着自己的一份力。文化引领，不是冰冷的制度，也不是无情的规定，而是学校全体师生追求的统一价值观，是对教师境界的提升，更是对教育情怀的升华。

2. 以培训助力成长

学校30岁以下青年教师占教师队伍的60%，其中不乏90后、95后这些新生力量。教师的来源多样，并不是每个人都具有教育经历和教学经验。面对这样一支年轻朝气、富有活力但缺少教学经验的教师队伍，首当其冲的就是提升他们的教育教学能力。依托“中国好老师”“新优质学校”“阅读素养提升”“科学素养提升”等项目，以需求和问题为导向，在学校开展了青蓝工程、学习发展共同体、“智慧杯”评优课、“骨干”引路课、青年读书会等多种校本培训项目。此外，还积极整合校外的各项高质量培训资源，努力构建多元化、立体型、开放式的教师培训体系，提供“线上线下”的培训选择，充分利用新媒体优势，丰富培训内容，创新培训形式，助力教师成长。

3. 用时间培育硕果

学校教师队伍不断壮大，教师专业素养不断提升，学校培养了大批优秀的青年教师，他们以勤勉踏实的工作态度在工作领域收获了累累硕果，在各级各类教学比赛中捷报频传。

学校年轻的英语教研团队成长迅速。英语组共有10名年轻教师，平均年龄32岁，硕士研究生7人，海淀区骨干教师2人，海淀区兼职教研员3人。近年来，该组共有6人次录制教育部、人教社课例和微课，13人次赴四川、辽宁、山东、海南、广东、内蒙古等地承担示范课和培训讲座，9节课例入选教育部“国培计划”项目，6人次荣获“一师一优”部级优课。她们还与香港中文大学实习教师开展英语教学研讨活动，并先后荣获海淀区“三八红旗集体”“青年文明号”等荣誉称号，该组教师的成长是我校教师队伍建设的缩影，见证了我校教师专业水平的提升。

在这为期一年多的培训活动中，杨校长多次提到希望充分发挥工作室的辐射引领作用，使学员之间发生思维碰撞，将新理念、新方法应用在自己的管理工作中。就我个人而言，我在参与培训的过程中得到了成长，也在办学上更好地去创新和实践。孟子有曰：“贤者以其昭昭使人昭昭。”杨校长正是这样的贤者，他的理念正在走出中关村二小，影响着更多的学校，使更多的师生受益，继而推进整个教育事业的长足发展。

走进儒雅校园走进心之家园

首都师范大学附属房山小学　张亚辉

我于2016年加入工作室。2016年5月12日带着仰望第一次走进中关村二小，就被杨刚校长的平易近人感动到。工作室首次活动后，我以《融入家园　感受家园》为题记录了当时的心情与感受。我这样写道：“第一次走进中关村二小，第一次与领航名校长杨刚校长面对面，第一次融于一个精英组成的团队……无数个第一次，汇成对自己三年入室的蓝图描绘：抓住机会，用好资源，学到精髓，助力成长！”的确，一年来学习着、实践着、成长着，感慨颇多。

一、态度决定一切：这样一种安静用心做教育的态度感染着我

至今依然清晰记得走进中关村二小的第一次活动。淡淡的薄荷水，清冽简单而香味久远，杨刚校长暖暖的笑容，儒雅的风度，对工作室“共同交流、共同学习、共同提升，开放的、互动的学习共同体”的谦逊定位，还有二小团队的热情、亲切、活泼，颠覆了常人对名校名家名师的思维认知。没有北京城下名校的豪气与贵气，有的只是在杨刚校长带领下安静、细腻、用心做教育的二小团队。江苏教育行政干训中心严华银主任著有《让学校安静》一书。书中讲到“这些年来，我们的学校越来越闹腾了。学生来学校是为了学习的，学习是必须要时时伴随思考的。教育人要千方百计为学生的成长和发展营造安静的环境”。我眼中的中关村二小就是这样的学校，没有喧嚣，没有嘈杂，没有浮躁，有的是久居教育闹市中的优雅，正是严华银教授《让学校安静》一书中所期待与描绘的现实版的教育桃花源！

二、习惯决定一切：这样一种通过读书丰厚自己的习惯激励着我

勤奋铸就成功，读书使人深刻。一名优秀校长一定有他的良好的学习习惯。关于读书，杨校长在第一次工作室活动中这样说：“学习过程中，希望大家多读书、读好书。读书一定要读两种书：一种是经典类，一种是综合类。经典保证思维的深度，综合拓展思维的广度。在阅读的基础上，希望大家要有思考、有行动”。基于杨校长本人对于读书的深刻认识，在第一次活动中将精心挑选的五本读物作为见面礼赠予工作室成员。赠书助读，寄予厚望。接过读物，似乎感受到来自工作室沉甸甸的期待，也感受到激励我们向上成长的力量！书香校园才会更有力量，坚持阅读且读思并进，才有可能与优秀比肩，感谢导师杨刚校长给我上的深刻一课。

三、教育智慧育师生心暖花开：这样一种“以人为本”的智慧启示指导着我

一名好校长决定一所好学校。正是因为有了杨刚校长的教育智慧，才有了团结奋进的二小团队，才有了发展到一定高度的二小的今天。

1. 找到撬动地球的杠杆很重要

去年寒假开学前，一位老师在群里推出一首打油诗“小鸟出笼复又归，东西南北再同回。携手并肩齐奋进，附小阳光更明媚。”在诗中，我读出了老师对新学期的憧憬，更读出了对未来的美好期望。也感受到这首诗其实是在给管理者提出一个课题。那就是，如何让老师们爱上学校，让老师们永远充满希望，感到幸福，自觉主动地投身教育工作。在现实世界中，没有小鸟不热爱可以自由飞翔的天空，没有小鸟不贪恋大自然的美好。那为什么“小鸟出笼复又归”呢？一定是因为这鸟对这鸟笼充满了深深的眷恋与热爱。作为管理者，就是要用心工作，将限制自由的“鸟笼”建设为幸福温馨的“鸟巢”。这一点，杨刚校长依托“家园文化”做到了。

真正意义上的团队一定要有共同的目标。中关村二小作为优质学校，在推进义务教育均衡发展中，始终承担着优质教育资源辐射的社会责任。在承接新建校、合并同类校的过程中，杨校长在“以人为本”办学理念指导下，坚持用“家园文化”引领学校发展，缩短心与心的距离，以此实现同步、优质、均衡发展。其中，“家园文化”就是撬动一校多址办学的有效杠杆。我校虽然不存在一校多址办学，但是由于学校早期是由厂矿学校划转到地方，师资重组同样面临凝心聚力的需求。“家园文化”中关于“二小是大家的，二小的发展是为大家的，二小的发展是靠大家的”这一解读给我以启示。在办学中，我也在老师团队中营造“学校发展为大家，学校发展靠大家”的氛围。在教育活动中传递信号，凝聚人心。每一项活动都要精心设计，引领教师感悟“我们在一起做什么”“我们在一起怎么做”。例如新年庆祝我们一同走进国家大剧院，欣赏高雅音乐，表达了“学校工作如同乐团演奏，人人都很重要，人人都可以成为首席。共谱附小华章就是我们在一起要做的事情”。在教师长走活动中，不设裁判员，全体教师自觉自愿向着终点进军。旨在向大家传递一种声音：长走时由于年龄、体质等诸多因素，老师们走起来，步子有大有小，速度有缓有快，但我们都在愉快的氛围中前进，都在既定的场地内紧跟队伍不退缩，不掉队。这就是告诉大家“我们在一起怎么做？”其实长走状态就如同我们的工作状态，附小是一个共同体，工作中虽然年龄有差异、能力水平不均等，都要在学校大的环境中，以制度为自律，以发展为目标，积极参与，携手同心并进！上学年末，学校集结了《我们在一起——致敬2015至2016学年》《我们一直在努力——教师成果集》《跃动小星在成长——学生成果集》。画册记录了学校一年来的发展与变化，记录了附小家人“一直在努力”的奋进步伐。

在二小，每个人都能够绽放最美的自己。因为二小将“桃红李白 心暖花开”作为家园梦想与教育追求。在这里，每个人都能感受到自身存在的价值，体现了二小尊重生命个体差异，因材施教，因人而异的教育主张，彰显了充盈灵动的教育之美。其中，“桃红李白 心暖花开”的教育愿景就是撬动师生同心同行同发展的有效杠杆。2016年秋季开学，是我担任附小校长的第二个年头。一年来的摸爬滚打让我对教师团队有了更加全面的认识，为此对学校发展愿景又有了新的感悟与期待。在平均年龄37岁的师资队伍中，既有年富力强极具经验的中老年教师，又有初出茅庐满腔热情的新入职教师，加之我校多年“科技教育”办学特色的影响，我校教师的创新思维强，智慧工作，用心工作，有爱育人的事例比比皆是。于是，我校结合学校实际，遵循“育人先育心”的教育原则，提出“建设有故事的校园，培育有情怀的师生”的教育追求与愿景。在不断演绎丰富的“秘密花园之小路”“四季花廊四季景”“孩子秒赞运动会”等系列校园故事中，校园更具活力与朝气，学校文化更有人文的气息，更有儿童的味道，愈加厚重。

2. 做心中装着教师发展的校长

团队是由个体组成的共同体，其中有我，有你，有他，有大家。所以，团队建设首先要建设好校长自身。为此，校长的思想观念中要有团队的意识，有建设团队的意识。校长的眼中、心中一定要有老师，有老师的喜怒哀乐、有老师的多方诉求、有老师的发展愿望。

杨刚校长认为，校长的责任就是要不断凝聚教师发展之力，让每一位教师在学校找到成长点和发展点，最终为学生的健康成长奠定坚实的基础。二小设立学习周、“1+N”团队文化、“个性化脱产培训”等教师队伍建设策略给我了很大的启发。在这样的氛围下，每一名教师也能绽放自信而美丽的自己。一位心中装着教师发展的校长，全心为教师成长搭建平台的校长，必然会受到教师的拥护与支持。

感慨于二小教师发展与杨校长对于教师成长的关注投入，本学年我校依托党支部开设“领航课程”，通过“领航精神”“领航专业”“领航情感”三个板块的内容，责成支部、行政、教导处、工会以干部成长工作室、党团积极分子工作室、青年教师成长工作室以及学科工作室建设为载体，不断提升教师的教育情怀与专业水平。接下来，青年教师在“小荷工程”中茁壮成长、在“一季一会”的主题生日会上，老师们畅所欲言，为自己庆生为学校发展畅谈、在多彩教工社团活动中，老师们的兴趣更加多元，生活更加多彩，身心更加愉快、在“变教为学学为中心”的课堂上，孩子们更喜欢他们的老师了、在“一班一省，一年级一主题”运动会开幕式班级方阵入场时，班班惊艳，创意无限。老师们的创造力与热情被极大地激发……“相信什么就会成为什么；付出什么就会收获什么”的价值观的正在形成。距离“构建团结能战的团结的队伍、积极向上的阳光的队伍、不懈努力的专业的队伍”教师队伍建设目标越来越近。

3. 做心中装着学生成长的校长

在二小孩子们的世界里，每一缕阳光都可以分享、每一扇窗扉都可以开启、每一朵花蕾都可以绽放。胖胖跑团、少儿长走大会、“悦读·幸福”特色课程、儒雅讲堂、个性舞台等处处为花蕾绽放提供阳光与土壤。在不断充盈的过程中，孩子们终将收获最美的绽放。在二小，我读出了杨校长对每一个学生个体的尊重与爱护。尊重每一个孩子的个体差异性，孩子才会有更自信更健康的成长。

对于我校学生 80% 的生源特点，无论京籍学生还是非京籍学生我们一样尊重，同等对待。并利用孩子背后的家长资源与家乡资源研发了校本课程《家乡上镜》。在课程研究中，孩子们更加了解家乡，更加热爱家乡，家国情怀得到培育。有了尊重做前提，无论二小还是附小的孩子一样都会拥有灿烂的童年。在尊重与爱护中，孩子们逐渐成为自己的主人，成为校园的主人，成为未来社会的主人。

四、人格魅力促团队蓬勃成长：这样一种“儒雅、亲和、大气”的魅力鞭策着我

记得校长任职初期，曾有前辈告诫我，校长要先做一个好人，然后带着一群好人做好事。其实，杨刚校长就是这样的人，就是这样的校长。进入工作室以来，每次活动都会接触到二小的教师。儒雅的杨校长每一次都会心平气和地与团队沟通，有时候，老师们还会开个校长的玩笑，氛围非常宽松而宜人。我想这就是二小团队建设的成功之处，同时也彰显了校长个人的人格魅力。对于发挥优质学校辐射作用，发挥教育家辐射作用，杨校长向来大气而大方。每次工作室活动都会倾囊相助，毫不吝惜。让人不禁钦佩不已，不愧是教育大家的风范！这些来自杨校长本身的人格魅力对于我们校长的成长也是尤为重要，友善待人，大气处事，乃大家之胸怀。在杨刚校长的影响带动下，我也在区域内及首师大附小共同体中积极发挥作用，与兄弟学校共研究共成长。多次参加“核心素养”“美育”“科技教育”等研讨并在区内校长工作室、三区联动研讨活动中进行分享交流，积极发挥辐射作用。

对我而言，学做校长、做好校长，读懂儿童、做对教育，还有很长很长的路要走。立志在此，努力追梦！

2019 年，为进一步加强海淀区书记校长队伍建设，发挥区域内优质学校和名校长的示范引领作用，培养和造就一支与海淀教育事业和经济社会发展相适应的优秀书记校长队伍，促进海淀教育优质均衡发展，经海淀区教工委研究决定，正式启动海淀区名校长工作室项目。在海淀区教育党校（中小学干部研修中心）建立海淀区名校长培养基地，负责名校长工作室项目的日常管理。基地聘请我和 11 名校长为工作室实践导师，选派 40 名中青年书记校长分别进入 12 个工作室，共同开展学习实践，希望通过工作室的学习研究，充分发挥各位实践导师和学术导师的示范指导作用，实现智慧碰撞、资源共享，努力使名校长工作室成为海淀区书记校

长专业发展、教育家群体共同成长的重要平台，持续推进海淀教育优质均衡发展。

链接>>>海淀区“杨刚校长工作室”学习方案

携手同行聚力成长
——海淀区“杨刚校长工作室”学习方案

一、工作室培养目标及达成度

“杨刚校长工作室”采用双导师制培养，充分发挥实践导师杨刚校长和理论导师季春梅主任在学校管理、课程建设、学生培养和教师专业发展方面的示范、引领和指导作用，带领工作室成员——北京市海淀区台头小学王铁征校长，北京市海淀区图强第二小学黄学英校长、北京市海淀区花园村第二小学梁永立校长及其干部教师团队，实现学校发展和专业能力的提升。

由于这3所学校，地域不同，所处的发展阶段不同，有的有着悠久的建校史，有的是当地的优质校。工作室如何针对成员校不同的建校史和发展阶段，以及成员校长个人的成长经历，助力成员校长的发展及所在学校的整体提升？成员校长如何成长才能更好地发挥引领作用？

1. 工作室的目标是成长

什么是成长？过程即成长、参与即成长、自主即成长。成长既包括我们共同的发展和成长，也包括每个成员个体的收获与成长。“杨刚校长工作室”将依托工作室这一学习共同体，共同交流、共同学习、共同提升。根据每所学校的实际情况和成员校长的发展需求，通过成员间的自主学习、网络研修、课题带动、下校诊断、到江苏基地参观学习等方式，为工作室成员私人定制发展规划和培养方案。

2. 工作室的定位是成员间的学习共同体

工作室是成员间的学习共同体，开放的、互动的。成员可根据自身发展需求，自愿参加自选项目的学习。工作室的学习也是实时的，通过视频互通系统、资源共享平台、微信交流群等信息技术手段，实现成员校之间实时地交流和学习。

3. 工作室的目标是实现成员间的聚力成长

工作室的培养目标：通过开放课堂、个性化指导、研修学习、读书自学等方式，为工作室成员提供个性化培养方案和宽广的学习平台，努力将其培养成具有国际视野，掌握系统的教育和管理理论，具有先进的办学思想、较高研究与创新能力、独到的实践经验的校长。目标达成度：工作室总体能按照计划开展研修活动，目标达成度较高，能够实现成员间的聚力成长。

二、工作室活动内容设计思路

工作室的学习应该是实时的、互动的，是多样的、开放的。工作室在活动设计方面首先本着敞开校门，共享优质教育资源的理念，为工作室成员提供了丰富的、菜单式的学习内容和多样的学习机会。其次，工作室的活动应该是理论与实践相结合的，不仅有实践导师下校指导，还有理论导师给予总结、梳理和再提升。工作室活动内容包括：

1. 教育教学示范

对培养对象及其干部教师团队开放课堂和特色活动。交流分享中关村二小“桃红李白　心暖花开”办学思想及学校文化建设、教师团队建设、德育课程建设等办学成果。

2. 下校调研

深入调研，才能精准施策。在确定工作方案后，“杨刚校长工作室”分别走进花园村二小、台头小学、图强二小三所成员学校进行下校调研，通过观看学校宣传片，听取主题汇报、师生座谈等方式深入了解学校文化及发展规划，最后为每所学校形成一份问题诊断报告，从实践层面和理论层面精心个性化指导和教育，帮助每位工作室成员发现自身及学校发展的优势与不足。

3. 主题学习

“教育者，非为已往，非为现在，而专为将来。”为了帮助和提升工作室成员校立足新时代，迎接新挑战，每学期末为工作室成员校提供项目菜单式的学习内容，供工作室成员校干部、教师自选参加学习。

4. 专题研讨

针对办学过程中存在的问题难点进行交流研讨，以此提升工作室成员的思考力和领导力。

5. 研读经典

工作室为工作室成员购置教育类、社科类经典书籍，鼓励工作室成员多读书，读好书，在读书的过程中拓展思维的广度和深度。

三、工作室的特色归纳

1. 菜单式主题学习活动是我们工作室比较有特色的做法

我们把工作室定位在自主的、开放式的学习交流平台。每学期末，我们对工作室开设各种主题板块的学习内容，工作室成员可以根据自己需求自主选择时间段和学习内容。

2. 工作室辐射到成员校的干部和骨干教师团队

只有通过工作室校长带动其学校干部教师队伍，才能形成合力，激发教育的活力。因此，我们的各项活动不仅面向工作室校长，也同样对工作室成员校的干部和教师开放。能够最大限度地带动成员校学校干部和教师更好地成长、带动学校更好地发展。

3. 指导工作室成员撰写个人发展规划

没有目标，就没有方向和动力。为了帮助工作室成员形成清晰的发展目标，通过使用 SWOT 分析法，指导每位工作室成员形成《个人发展规划》。

链接 >>> 成员校干部、教师的学习感受

今天上午有幸在中关村二小百旺校区参加学习活动，认真聆听了数学特级教师吴正宪老师的课和讲座，之后又听了参加海淀区风采杯学科带头人骨干教师活动获得说课特等奖的老师的精彩分享，收益良多。二小老师的说课分享，让我从多角度了解单元备课可以怎样去做。每个老师的风格不同，却同样带给我一场精神盛宴！感谢中关村二小能给我们提供这样的学习机会！

——台头小学　刘丽娜老师

走进中关村二小百旺校区，参加“让我们和孩子一起成长，家校共育论坛”的主题研讨活动。在这个普通的寒冬中感受到分外温暖。二小的家校共育体现了“真”“善”“美”，给学生心灵扣好第一颗扣子！在体验中感受家中的那份责任，在规与法中、提升认知，拓宽视野。二小人精心的准备呈现了高水平的论坛。让我们在聆听中学习与反思，为今后的工作提供非常好的范例。感谢二小的高站位、深思考，引领我们对教育工作的再认识，再提升。

——图强二小　杨静老师

有幸在中关村二小听了吴正宪老师上了一节六年级的计算复习课，感觉受益良多。在平时的教学中，对于计算的教学，我们往往也关注了算理,但是重点不自然的落到了计算能力的提高上。由于教学的进度原因，对于计算的教学都是以单个单元的目标为教学，学生虽然最后能够完成对计算的算理和方法的掌握，但在学生的知识体系中，这些运算都是单独存在的，再由于学生的年龄特点等，学生没有对所学知识的反思和梳理的意识和能力，所以往往学生在知识中的承重墙建立的较好，隔断墙也建立的很结实。而只有当老师的思考到达这个目标时，引导学生感受串联这些知识中的联系，学生才能有这样的体会，进而逐步养成这样的习惯，逐步把单独的知识个体建立成知识的网络。

——花园村二小　张志伟老师

感谢二小组织的这次活动,也感谢学校安排的这次学习。通过孙教授、范老师的讲解，明白每一个孩子内心充满着美好的世界，深刻认识作为一名教师的我，应该接纳每一个孩子，语言是窗户，应该运用鼓励性语言激励孩子，打开和孩子之间那扇墙。鼓励孩子：对于昨天，他是有进步的。对于当下，他是最合适的。对于未来，他是具有潜力的。这些对于孩子来说就是可喜的进步，孩子内心都是向往美好的。一线教师分享的班级管理经验，给我这样的新教师更提供了班级管理新的思路和方法，短短的 3 个小时，收获颇丰！心有桃李，温暖花开！

——图强二小　毋晓彤

第三节　助力“回天行动”，促进首都城乡教育一体化

一、真拉手、真帮助，共绘教育蓝图

习总书记曾提到：“教育公平是社会公平的重要基础，要不断促进教育发展成果更多更公平惠及全体人民，以教育公平促进社会公平正义。”2018 年 9 月 15 日，在北京市教委的领导和支持下，在昌平区教委和海淀区教委共同的指导和帮助下，中关村第二小学与天通苑小学正式签署了为期三年的“手拉手”合作项目协议，开启了北京市城乡教育资源配置一体化、携手共创昌平区回天地区优质教育的序幕。我校与天通苑小学签订的三年“手拉手”合作项目协议，既是对《优化提升回龙观天通苑地区公共服务和基础设施三年行动计划（2018—2020）》和《北京市城乡中小学校一体化发展项目管理办法》的文件精神的落实，更承担着加快北京市城乡教育一体化、促进首都义务教育均衡发展、实现教育公平的重要使命。中关村二小秉持着“真拉手、真帮助”的原则，第

一时间成立了以二小行政班子为基础的“手拉手”项目小组，带领小组成员多次走进天小进行深入的研讨与交流，充分了解彼此的办学特色与发展需求，与天小干部教师共同商讨制定三年合作规划，最终初步达成了详细可行的合作方案。

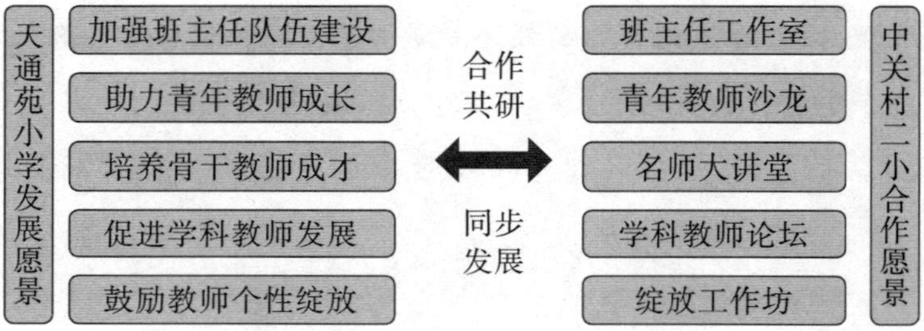

校级合作项目管理机制

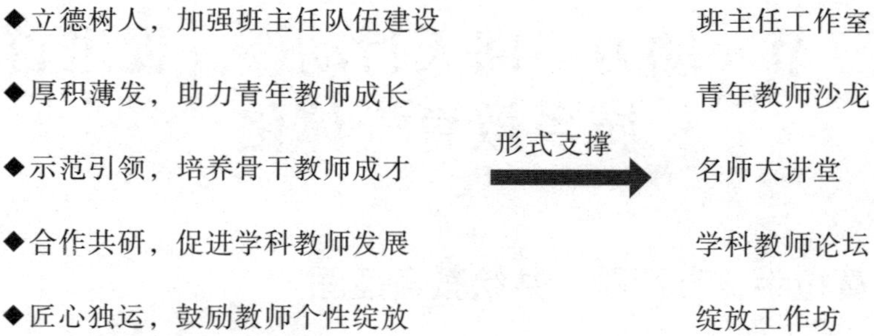

项目具体措施

链接 >>> 中关村二小舒健副校长在北京市“回天行动计划教育提升展示活动”中的发言

一、建设高素质专业化教师队伍是两校合作的突破口

二小多年来特别注重教师队伍建设和教师专业成长。我们认为：“任何一所学校的发展都离不开教师，只有教师发展才有学校的发展、学生的成长。”因此，经过前期沟通和摸底之后，我们把与天小合作的突破口放在教师队伍建设方面，共同达成了围绕“教师专业成长与自我提升”的合作方向。通过个性化菜单式培训、课堂教学指导、“导师制”跟岗学习等多种形式，激发天小教师自主学习的活力，提高课堂教学能力，

重塑职业追求与专业态度，更好地落实“立德树人”的根本任务。

自“手拉手”合作项目签约以来，二小共有39位干部教师参与到为天小教师精心设计的菜单式学习项目中；32位干部和骨干教师陆续走进天小课堂进行指导，给予每一堂课细致的点评与建议。在3个月的时间里，天小24位干部、教师走进二小3个校区，进行跟岗学习，二小共有33位干部和骨干教师作为导师，对其进行一对一的指导。在整个学习过程中，二小干部教师悉心的指导和专业的素养，得到了天小教师由衷的钦佩和感激。天小干部们动情地说：“在二小校领导事无巨细毫无保留的倾囊相授下，我们学习了二小的规范管理如何去落地实施，感受到二小干部‘真说真管真帮’的务实的工作作风与工作态度，感受到了二小干部的无私、敬业和对工作的执着与热爱。”天小教师们说：“二小教师把每一节常态课上成了公开课，实实在在彰显了名校的品质，我们为二小教师扎实的专业素养、认真的专业态度而深深触动。”同时从一次次交流中，我们也看到了天小干部教师可喜的变化。工作热情不断高涨，师德师能稳步提升，教学管理务实有方……天小干部教师们勤奋好学的状态、积极进取的态度，也激励着二小的干部教师不断进步。

二、手拉手合作，更是两校相互学习、携手成长的宝贵机会

“手拉手项目”的开展，无论是对天小还是二小的干部教师，都是一次宝贵的学习机会。不仅仅是通过教学相长的彼此促进，资源共享，更是将双方推向了更高的学习平台。市级学科教研员、专家教师定期走进天小教师的课堂指导教学，引领各学科教师开展有针对性的教研活动。每次教研活动，二小的干部、骨干教师都会和天小教师们一起共同研讨，共同聆听市级学科专家的点评与讲座，畅谈备课思路。在和市级教研、专家教师的交流与沟通中，两校教师更新了学科育人理念，拓宽了视野，也极大地提升了教学实践水平和教研能力，促进了两校教育质量的持续稳步提升。在此，我代表中关村二小由衷地感谢市教委领导以及各学科教研员，给予两所学校老师们的无私帮助和高位引领。从你们身上我们不仅看到了优秀市级教研员的魅力与风采，更让我们感受到对待教育应有专业态度和专业精神。这些对于两校教师都是宝贵的财富，更是我们

专业成长的目标与动力。

二、回天地区教育新变化

链接 >>> 天通苑小学王学成副校长在北京市“回天行动计划教育提升展示活动”中的发言

天通苑小学成立于2005年，学校占地面积45亩，建筑面积13000平方米，现有教学班50个，教职工145人，在校学生1930人。经过多年发展，我校已经形成了“乐学育人”的鲜明文化特色，构建了“乐学课程”体系，引导学生在“乐于学、学至乐”的过程中成长为“明理、乐学、健康的现代中国人”。

自2018年起，我校紧紧抓住“回天计划”实施的战略机遇期，借力教育帮扶项目，依托外界优质资源，带动学校整体提升，取得了较为显著的成效。

一、回天计划聚资源

在落实“回天计划”的教育任务与要求时，市教委把“统筹区域资源，推动教育发展”作为突破口和主抓手，主导实施了两项重要举措，强调以优质教育资源的汇聚整合与精准配置助力学校内涵发展。

一是“手拉手”项目：选取西城、海淀两区的部分优质学校，对口支持回天地区11所小学，并给予专项资金支持，实现了回天地区所有小学和一贯制学校市级支持项目全覆盖。

二是“市级学科教研基地”建设项目：引入北京教科院基教研中心专家资源，在回天地区设立第一个市级学科教研基地，重点支持回天地区学校学科建设工作，同时辐射带动全区中小学教研工作提升。

非常荣幸的是，我校被确定为这两个项目的重点支持学校。如何充分利用好这一宝贵机遇，实现“最大化”发展，成为我校持续深入思考的问题。

二、检视问题找差距

事实上，在“回天计划”启动之前，我校对自身的问题和发展诉求就已经有了较为清晰的认识。学校建校时间不长，但发展迅速。特别是近年来，我校以课程建设为抓手，进行课程一体化探索，取得了丰硕成果。学校先后获得首都文明校园、北京市学校文化建设示范校、北京市健康促进学校、北京市曲艺传承特色学校、北京市基础教育学生综合素质评价工作先进单位、全国足球特色示范校多项荣誉，同时还被确定为中央戏剧学院戏剧教育教学示范基地。

然而，学校在呈现出巨大发展潜力的同时，也暴露出年轻化的教师队伍难以与学校发展要求和外界期待有效匹配的短板。目前，我校教师平均年龄 31 岁，参加工作教龄在五年内的有 80 余人，超过教师总数的 60%。因此，学校把“回天计划”工作重点放在提升青年教师专业水平上，着力解决青年教师存在的以下问题：

第一，课堂教学经验不足。青年教师在教学中最大的欠缺就是经验，如何了解学情、解读教材，如何掌控课堂节奏、选择合理教学方法等，都是青年教师亟待解决的问题。

第二，教研科研能力较弱。在实践中我们发现，青年教师普遍存在教科研意识不强、视域狭窄、科研方法单一等问题，更多地专注于把精力倾注在课堂教学上。

第三，班级管理水平欠缺。由于青年教师工作时间较短，工作经验不足，遇到的教育案例、处理过的教育事件都比较少，在班级管理工作中往往存在考虑不够周密的问题，暴露出管理理念、管理策略等方面的欠缺。

尽管近年来学校高度重视青年教师培养，但由于资源、条件的限制，教师队伍在管理理念、教育技能等方面的进步有限。提高教师专业能力水平的任务依然十分紧迫。“回天计划”的开展，无疑如一场“及时雨”，为学校破解这一发展难题注入了一针强心剂。

三、有的施策补短板

借力回天“手拉手”项目和“学科教研基地”项目汇聚的优质资源，让学校教师搭上从“新手”到“骨干”的快车道，解决短板问题，成为我校参与“回天计划”以来的重点工作。为确保项目实施效果，我校积极对标市、区教委的部署安排，在“回天计划”开始之初，就与“手拉手”项目学校和市基教研中心积极沟通、明确目标，确定帮扶策略，通过“请进来教”与“走出去学”相结合的方式，全方位、多途径助力青年教师课堂教学、教育科研和班级管理能力提升。

1. 课型研究，让课堂教学更有实效

在提升青年教师课堂教学水平上，我们把重点放在了课型研究上，借助基教研中心平台和中关村二小资源，通过对课型的研究与指导，带动提升教师教学理念和教学设计水平，使教师能够紧扣教材，明确教学思路，更容易实现教学目标。截至目前，在专家的支持下，我校各学科教师围绕“核心素养”“学科课型”“实践研究”三个关键词，进行了全学科的课型探究，如语文学科进行了“单元整合”课型研究、“阅读课”课型研究、“写作课”课型研究等等，收效明显。

2. 专业引领，指导教师开展校本研修

基于我校青年教师教科研能力的现状，基教研中心将本阶段对教师的培训工作落在“引领校本研修”上。本着“校本教研主题化，主题教研校本化”的原则，针对我校教师在教育教学实践中遇到的实际问题，指导开展了一系列主题校本教研活动，如市教研员耿鑫老师带领美术组老师进行的“以小课题引领艺术教师专业核心素养提升的研究”，市教研员程郁华老师带领音乐组老师进行的“音乐与舞蹈综合课研究”等，校本教研带动了学科内、跨学科教师的团队合作，组内教师相互扶持、相互帮助，学校教研氛围愈加浓厚。

在项目推进过程中，北京教科院基教研中心各科教研员定期深入我校，同学科教师共同设计研究计划、分步骤地进行微型专业培训，包括课标培训、备课培训、学科整体的核心素养培训，统编版教材使用的培训等。过去一年中，市级教研员已累计下校指导教研68人次，听课144节，我校参加活动的教师超过500人次，受益匪浅。

3. 跟岗交流，提升教师班级管理水平

我校与中关村二小联合实施青年班主任素养提升项目，通过跟岗学习、主题交流，对班主任教师进行针对性培训，提升教师的班级管理水平。在项目正式启动前，我校与中关村二小成立了一把手为组长的领导小组，特别是二小杨刚校长主动沟通，多次带领干部团队到我校进行调研，针对我校存在的问题进行多次研讨，形成项目培训方案，对培训过程和预期成果提出明确的要求。

今年四至六月，我校干部教师24人，到中关村二小进行了8轮跟岗学习，以“一对一影子式”的培训，实地体验二小的管理理念，二小教师以“师带徒”的形式领任务、做示范，悉心指导我校教师。

一年来，中关村二小干部教师团队到我校进行专题培训21次，如刘轶宁副校长做《有温度的教育 ---- 诠释教师的责任与使命》、优秀班主任赵轶慧老师做《不一样的美丽——学生养成教育》、范丽芳主任做《凝心聚力促团队成长深耕厚植获职业幸福》等专题培训。

我校教师通过一系列的培训学习，提高了班级管理、家校沟通等能力，增长了班主任工作智慧。

四、密切合作显成效

回天行动计划实施一年多来，在市教科院基教研中心与中关村二小专家的悉心指导下，我校青年教师队伍整体水平显著提升，解决了学校发展中的短板问题，促进了学校的内涵发展。

1. 课堂教学水平显著增强

借助市教科院基教研中心的平台，我校教师得到了更多历练与展示的机会。一年多来，我校两次承担北京市音乐和美术学科教学现场会，系统梳理并积极推广了我校艺术教学经验，展示了我校艺术育人成果。此外，我校教师在市、区级各类现场会上承担研究课21节，且先后在国家、市、区级课堂教学评比中获一、二等奖26人次。借助参与这些展示课、评优课活动的契机，教师在专家们指导下研磨教材、研讨课堂教学，讲课、评课、议课，对课程理念有了更深的认识、对教材教法有了更全面的理解，学科素养得到了快速提升。

2. 教研科研水平不断提升

在这一年中，基于学校各学科教师的教科研发展需求，市基教研中心与二小专家教师在我校开展了近90场微讲座。一系列的科研培训，使教师深刻体会了教学与科研的关系。在主题校本研究的带动下，教师的教研科研意识不断增强，教学研究能力不断提升。自2018年末至今，我校教师撰写论文参加市区级评选，先后有208篇获得市区级一二等奖。今年我校还成功申报了北京教科院基础教育科学研究所校本行动研究专项课题。

3. 班级管理水平快速提高

我校和中关村二小开展手拉手活动以来，通过开展班主任培训项目，带动了我校紫禁班主任工作室的发展，一年多来，我校已有四名班主任荣获昌平区优秀班主任称号，一名班主任荣获北京市紫禁杯班主任一等奖，同时，我校被昌平区授予了师德优秀先进集体的荣誉称号。

五、接续前行强亮点

未来，我校将进一步加强与北京教科院基教研中心和中关村二小的合作，通过构建联系紧密、沟通高效、协调有力的教育帮扶机制，持续深入推进青年教师能力提升，使工作重点从“补短”走向“补齐”，从“补齐”走向“扬长”，把青年教师团队打造成为我校的亮点和优势。

一方面，重点发挥市教科院基教研中心在教科研上的引领作用，遵循“宽立项、强过程、重发展”的思路，从开展校级课题研究入手，实现青年教师人人有课题，借助基教研中心专家指导，以课题带动提升教师研究能力，进而促进教师专业水平提高。

一方面，借力中关村二小跟岗学习机制和名师工作室平台，加速骨干教师与优秀班主任教师培养，打造骨干教师加速成长的孵化器，争取明年在市级骨干教师评选上实现突破。

此外，充分用好北京教科院基教研中心和中关村二小在指导学校课程建设上的资源优势，积极开展国家课程校本化实践研究，以课程建设带动青年教师专业成长，促进学校办学质量提升。

“汇聚优质教育资源助力回天质量提升”是回天行动计划实施的初衷，也是我校未来发展的方向。在下一步的工作中，我校将继续依托手拉手项目和市学科教研基地资源，通过全方位、全角度、全链条的协同合作、大胆探索，充分释放优质教育资源的辐射带动作用，有效推动学校发展，促进回天地区教师专业成长和区域教育高质量一体化发展。

第四节　优质教育辐射引领，二小人始终在路上

一、脱贫攻坚中的二小力量

2015年，习近平总书记强调，消除贫困、改善民生、逐步实现共同富裕，是社会主义的本质要求，是中国共产党的重要使命。2015年，中共中央国务院颁布关于打赢脱贫攻坚战的决定。决定中指出，着力加强教育脱贫。加快实施教育扶贫工程，让贫困家庭子女都能接受公平有质量的教育。

2019年，为贯彻中共中央、国务院关于打赢脱贫攻坚战的决策部署，教育部下发了关于开展四川省凉山彝族自治州教育帮扶行动的通知，决定组织“国培计划”中小学名校长领航工程学员所在校开展面向凉山州的教育帮扶行动。随后，北京市教委下发了关于做好四川省凉山彝族自治州教育帮扶行动的通知，要求名校长工程学员所在校强化使命担当，展示首都形象。“杨刚校长工作室”作为教育部首批中小学名校长领航班成员，积极承担了此次教育扶贫攻坚任务。

2019年9月，中关村二小郝石佩、毛訢赟、李小辉三位骨干教师成为教育部首批凉山支教教师。他们用自己的青春和智慧，践行着二小人的责任担当与教育初心。短短半年，三位教师为凉山地区编写了详尽完善的学校管理细则，帮助成立了布拖县教师发展中心，更留下了许许多多感人的事迹。在教育部的《教育部教师工作司关于对凉山支教工作的

致谢函》中这样提到：“三位教师支教期间积极工作、表现突出，示范带动了支教学校的教学、教研和管理水平提升……衷心感谢对教育扶贫攻坚工作的支持！”

2020年5月，席卷全球的疫情带来了前所未有的冲击和挑战，脱贫攻坚战也到了决胜收官之年。面对当下常态化的疫情，面对边远山区的艰苦条件，中关村二小毕鹏、李昀轩、吕铁军三位老师继续前往大凉山，主动承担起了教育帮扶的重任。在国家利益、集体利益面前，他们毫不犹豫地选择了舍小家，为大家，义无反顾地投身到教育脱贫这一艰苦的事业当中，体现出二小教师的高素质、高觉悟与高境界。将二小的优质教育带进凉山深处，为那里的学生带去希望。

链接 >>> 凉山地区支教老师们的支教感受

我们改变大山，大山改变我们
——暖心暖语话凉山

为贯彻中共中央、国务院关于打赢脱贫攻坚战的决策部署，加大对四川省凉山彝族自治州教育帮扶力度，我们六名教师来到四川省凉山州布拖县支教工作。

布拖县全县共有小学59所，教师1875人，学生47509人，师生比为1 ∶ 25。当地一所叫作石咀小学的学校，学生为975人，全校老师加上校长一共才只有16人，师生比达到了1 ∶ 65。当地老师们的工作环境还是相对比较艰苦的，一些老师少的学校甚至全校的老师在一个大办公室里进行办公，了解后才知道这样做是为了节约用电，可以在冬天冷的时候进行集中的电加热取暖，学校并没有那么多可以取暖的电炉子可以使用。

即便是在这样的工作环境中，当地老师们依然是精神饱满地去工作，那里语文和数学课每周的课时基本都是在12节以上，老师们不是一人承担一个班语数的教学任务，就是一人承担同时教授两个班的语文或者数学教学工作。他们只有利用不上课的时间来批改作业，科任学科都是一个人来上全校的课，而且在脱贫攻坚的收官阶段，老师们每天下课后还要去自己负责的贫困户家中进行生活帮扶，小到帮他们打扫卫生，大到帮他们找工作。当我们问那些乡下的老师，这样的工作量累不累？老师们笑笑摇摇头，并没有回答。虽然没有从他们口中得到答案，但是他们那份坚守、那份对孩子的爱，就是问题的答案。他们虽然贫穷，但相信他们也会有梦想，能够让孩子们有一天走出这大山，去外面学习本领，将来能够回来建设他们的家园，是这里每一名老师的梦想。

在北京，都讲究大手牵小手，家校共育。在大凉山，则讲的是小手拉大手。当地政府的策略是希望通过对孩子们的教育，能让孩子们再回到家里去教育自己的家长。这就是所谓的扶贫先扶智。习总书记当年就说过这样一段话，“治贫先治愚，要把下一代的教育工作做好，这样他们的发展就完全不同。”学校不仅是教育孩子的地方，更是通过孩子教育家长的地方。

比如当地的一项号召就是“控辍保学”。什么叫“控辍保学”呢？就是控制学生辍学率，保证在义务阶段适龄的孩子都能回到学校里，甚至在布拖县“控辍保学”可以和禁毒防艾工作看齐，为此，布拖县教体科局专门成立了控辍保学办公室，在县城和各个乡镇的主要路段设立劝返点，只要是学生上课时间，都会派专人在劝返点值守，遇到适龄孩子先要询问其年龄，家庭住址，所在学校等，然后第一时间通知控保办，尽快让孩子返回学校读书。这种情况在乡下非常常见。有一次毕老师到火烈乡调研，途中遇到几个孩子，司机停下车，上去询问，孩子一听是教育局的，撒腿就跑，为了孩子的安全，毕老师并没有追上去，但他真的希望他能明白上学的重要性，只有好好读书，才是他们最好的出路。

在支教过程中，我们发现孩子们成绩不太好的主要原因是普通话不过关，普及普通话这个任务在当地也是非常困难的。孩子们其实都很聪明，而且充满了创意。

到了凉山州之后，我们发现当地有许多手工艺人，他们心灵手巧，银器制作非常精美，可以看出他们对美好生活的向往，但是他们的手艺无法让更多的山外面的人看到。追寻原因，我们得知这些老手艺人他们不会汉语，所以他们无法沟通宣传自己，以至于开个淘宝店卖货都办不到，并且他们的手艺只会父子代代相传，能够惠及的人很少。其实归结原因还是教育的问题。

针对这个问题，我们在当地教授信息技术课，帮助孩子拓宽视野，教他们用百度查询问题、搜索答案，但很多孩子汉语拼音都不会，打字很费劲，因此汉语的掌握可以说就是阻止他们进步的最大屏障。学生也喜欢绘画，但是因为贫穷，没有学生会带水彩笔之类的工具，当地的美术课就是用铅笔照图简单地临摹。而对于激发学生创造力，拓宽视野这方面的教育可以说做得很差，这也突显出当地教育理念非常落后。所以我们寻找了很多有当地民族特色的纹饰，组织孩子们在这个基础上进行创意版画，还给学生们绘制了很多幅科技幻想画，打开他们的思路。

我们发现这边的孩子严重缺乏体育基本素养和运动技能，于是把体育课教学的重点放在提高学生基本素养这个方面。每节课都要求学生排好队等待老师，师生相互问好，改变了以往孩子们都需要教师组织后再排队的问题。通过一段时间努力，孩子们已经掌握了近十个游戏方法，课堂上认真听讲、积极锻炼的孩子越来越多了，课堂教学氛围既紧凑又活跃，和孩子们的配合也越来越默契，感情越来越深厚。

经过了第一批支教老师的努力和整改，在第二批支教老师到达时，学校环境也有了很大的变化。第一批老师们刚到布拖县的民族小学时，进入校园后，满操场看了一圈，操场上只有一个破旧的篮球框。操场没有塑胶跑道，仔细一看，甚至都是坑坑洼洼的。如果遇到才过雨，则满操场都是水坑。而现在的学校，操场建设的十分气派。第一批支教老师听说了这个变化后，感慨道“这里的孩子能接收到更正规的教育了，帮助几千名学生拥有更好的环境，这才是我们最大的收获。”

当地学校今昔对比

当我们即将要离开的时候，孩子们写了无数封信，信上没有华丽的词藻，就是一遍一遍地写："老师你可不可以不走？"言语朴实，但感情真挚。

在脱贫攻坚的关键之年，奔赴大凉山，为"远方"的教育尽自己的一份力，作为教师感到了无比的荣光。也正是通过这次支教，我们更深地感受到了，祖国的强大，也对党有了深刻的认识，在这里冲锋陷阵的都是党员，在中国共产党领导下发生的巨大变化，在"两不愁三保障"政策的引领下，给这里的孩子们带来最实质性的变化，让每一个孩子都有享受义务教育的权利。

凉山支教工作是教育部对凉山贫困地区教育扶贫工作的一项总体工作部署，不仅仅有北京的学校派老师过去，包括四川绵阳江油的省内对口帮扶队、广东佛山东西部协作工作组，以及来自周边各大院校的优秀大学生等，这充分体现出国家对于整个凉山地区脱贫的重视程度和投入力度，各个帮扶单位的领导都把支教工作当成学校重点工作来对待。二批的支教老师们先后经历了脱贫攻坚的凉山州内验收，四川省的省级验收，以及国家级的国检验收，同时，也经历了义务教育均衡发展总体验收和"控辍保学"县级互检等工作，可以说亲身经历和见证了国家宣布布拖县顺利脱贫的历史性时刻，他们都感到十分的荣幸。

支教其实在某种意义上来说，不仅仅是教育帮扶活动，更是一个让所有亲历教师学习和提高的过程，只有真的走进大山深处，才会明白现在所处的环境和所具备的各方面条件有多么的优越，才会更加珍惜现在的工作和学习环境。支教工作虽然已经结束，但是这段宝贵的经历都留在了我们各自的心里。今后我们在工作中可能还会遇到这样或那样的困难，想想大凉山的那段岁月，想想那里的困难我们是如何克服的，所有的困难都会迎刃而解的。我们用自己微小的力量，改变了凉山教育的那一点点。凉山同样用它的山、水、情改变了我们。这份改变对于彼此都是珍贵而美好的。

让我们把这份感动埋在心里，相信经历时光的流逝，定会历久弥香。

二、“一带一路”教育公益行

为贯彻落实习近平总书记在“一带一路”国际合作高峰论坛讲话精神，2018年，海淀区团教工委、少工委与北京师范大学教育学部联合组织了“一带一路”教育公益行动。中关村第二小学肩负着家园文化中“以人为本，关注发展”的社会责任与担当、发扬着教师扎根基础教育的大爱精神，积极响应此次教育公益活动。

学校从踊跃报名的众多教师中遴选出六位青年骨干作为指导教师前往福建、海南、广西、陕西、云南、辽宁各地学校进行支教。本次行动旨在带动“一带一路”沿线地区的教育状况，提升当地学生的创新精神及实践能力。六位教师利用假期时间，奔赴各地偏远学校，全程随队指导北师大学子开展支教工作，给当地教师开展培训、进行访谈。发挥了“传、帮、带”的辐射带头作用，完成了骨干教师支援当地教育的使命，出色地完成了支教任务，并得到了当地学校、家长极高的评价。

链接>>>“一带一路”支教老师们的支教感受

支教之思　教育之梦

记得是海淀区团教工委、少工委与北京师范大学教育学部联合组织了“一带一路”教育公益行动。刘校长刚跟我说的时候，我特别兴奋，我一直想去支教，因为我觉得支教能学到书本里没有的，看到电视里看不到的，了解到别人未可知的。赶紧问了时间，是假期去。第一反应是太好了，不用调课！去的踏实。第二反应是要调整自己的时间，自己的事儿要为支教让路。因为旅行计划可以重做，景点以后可以再去看，但支教这种机会可能只有一次，必须抓住。

我们采访了当地的一名一线教师，闽清县城关小学的女教师，19年教龄。访谈的过程中涉及工资，闽清县的房价是1.5万到2万一平，大家猜猜，闽清县中上的一所小学教师月工资是多少？是3000元。代课教师呢？1200到1500元。我当时极力隐藏我诧异的表情，我在想：是什么让一线教师坚守在农村教育？

原本 9 点到 10 点的访谈一直谈到 11 点半，不是我们死缠烂打，而是这位一线教师每次我们问完当地教师状况、教育教学状态的时候，都会主动问问“那你们北京是怎样教孩子的？”“那你们北京的小学课堂上是怎样的？”不断追问我们，说的笼统了还要刨根问底。当时只有我和北师大的五位学生，既没有校长也没有县委书记旁听。我又在想：是什么让一线教师对教育如此热忱？不断钻研？

再来说说闽清县的孩子们吧，他们平时都是要手背后坐好听讲的，课堂也是传统的一言堂，几乎没有小组合作学习。所以第一天他们发现桌子是一个小组一张时都很兴奋，不用背手也很喜悦，当然，他们不会讨论，不会分工，更不会合作。我观察了五个小组，要么都在说，要么全在吵，总之不听同学说的。体育课上小组做游戏，不讨论直接做，所有小组都没完成任务。北师大学生从当地借来了话筒和蓝牙音箱完成支教，这些孩子们也没见过话筒，从第一天怯怯举手，话筒递到嘴边又不敢说，到最后一天，自己抓起话筒大声发言，小组之间懂得先听再说，学会了分工协作，最后一节体育课，先讨论策略，再执行，最后小组胜利等。以至于临别的那天，孩子们都不舍得走。要了老师们的签名、微信号、QQ 号，哭着离开。孩子们还写了信，“闭营仪式，个个垂头丧气，老师这一走可能此生都见不到了。跟我同组的同学好像哭了，眼睛有点红，十分不舍，忍着泪与老师告别，快到家里，几颗豆大的泪珠终于打落在地上”。我想，孩子们是有收获、有感悟的吧。

也有家长发来短信，说“孩子收获很多，也成长了自己。舍不得他最喜欢的黄老师，从没看见过他这么伤心，感动着我，和他一起流泪。”我想，家长也是有触动、有体会的吧。

最后坐车去火车站，我回头看了许久闽清这座山里的县城，这段支教经历也画上了句号。回想离别的那一幕和我十年前第一次去通州实习一模一样，我想我找到了教育初心，也会坚守基础教育，为了这些淳朴的孩子们。

——班雯

北师大研究生支教时需要完成2项任务，分别是教师访谈和实际授课，在教师访谈完成后，大家一起交流的过程中，很多位研究生都表示“做一名老师真的太累了，每天要上这么多节课”“这个学校的辅导员每天都要在校门口接送学生，自己还是个班主任”“课间访谈的时候总有学生找老师来解决问题，老师得有八只手才能解决的完所有事情”……

听着老师们的抱怨、诉苦，我自己也开始不停思考，做老师累不累？我是这样和支教的老师们交流的：“说累吧，真的挺累的，我自己也是一线教师，我能更直观、更生动地表达自己有多累。我的工作单位，中关村二小的老师每一位都承担着不小的工作量，有的老师身兼数职、有的老师在几个校区奔波、而且就我观察，二小每一个岗位的工作者工作量都不小，我们学校食堂的师傅们都要经常组织在一起开会、学习。可有意思的事情在于，我接触到的二小教师，都是精神饱满、热情洋溢的，因为我们面对的是一个个鲜活的生命，你能看到这个生命在你呵护下的成长和变化。”

我向他们讲述了我自己的职业经历，从一名刚毕业的大学生走向一线讲台，再在实践过程中不断摸索和找寻自己职业幸福的道路。我把我心里的想法向老师们做了交流，传递了我对师德师爱的理解。

在这一晚的经验分享后，有一位研究生在自己的公众号里写下了这样一段话“在焦老师云淡风轻的描述中，我们却愈加感受到作为教师这份职业的沉甸甸。我们所理解的教师工作，其实远不那么简单；不仅我们看到的每一节课都是整个课题组不断研磨的心血之作；那些我们所想象的教师生活，跟实际，大概也不尽相同。那些需要对那么多学生负责的人生，一直一直是很用力地在做到最好。没有一个老师不是发着光的传爱者。”

——焦翔宇

我采访了一位当地的小学教师王老师，也非常有感受。她出生于淳化县一个普通的农村家庭，父母是农民。上小学时，班上就七个学生，但老师待学生如自己的孩子们一样好，不仅在学习上对学生们要求很严格，在生活中更是对孩子们关怀备至。幼时老师对她的爱化作一粒火苗，点燃了她心中的教师梦。故在那年中考结束后，她毫不犹豫就选择了师范学院，上班后努力工作，刻苦钻研提升教学能力，记录教育故事140多篇，有4万阅读者。现在，她的班里有很多留守儿童，她就把幼年时自己老师对他的爱传递给了自己的学生，照顾学生的饮食、学习、关注他们的生活。其实在陕西，好的教师都会去大城市发展，工资高，生活好，但是她在这个小县城里一干就是二十年，用自己的行动传递爱。

我被她的故事感动了，精神受到了洗礼，对比自己的工作状态，真的要向王老师学习的很多很多，这次支教回来，我也给自己定了三个目标：第一，热爱学习，不断研修打磨教学之美。第二，做一名有教育情怀的人，给自己设定目标，随时记录教育故事，总结经验。第三，经常把自己和别人比一比，反思不足，树立榜样，努力追赶，激励自己不断进步。

说爱学生容易，但像爱自己一样去爱四十多名学生谈何容易，我想，这就是我前进的目标。在今后的教育教学工作中，就像毛主席在《如何改造我们的学习》一书中提到的，无论是工作还是学习，都要发挥自己的主观能动性，工作有目标，带班有想法，充分利用学校的各种优质、先进资源实现自己的三个目标。

——代晶

教师的榜样力量确实很大，我印象最深的是那群“爱科学的小学生”和“专业能力强的北师大研究生”。

刚到达海南那大一小时，我感受到了学校从校长到老师再到学生的热情；感受到当他们得知，我是一名科学老师时的兴奋。孩子们让我感到了他们对科学的热爱。为了更好地了解学生，我结合上学期学校在学区进行的科学素养调查测试情况，和学生们聊了聊科学课、科技活动和科学竞赛。之后，就我了解到的情况，为当地学生设计了一些符合他们情况、易于上手的科学活动，结合身边可找到的材料，我最终选择“纸”这种材料开展了“纸飞机制作与比赛”“纸结构承重”“纸结构高度”等活动，以此打开学生脑洞，让学生感受到不同创意的呈现形式。这样的活动设计一方面让大家感受到身边最常见的纸也能做出不同的结构——用来飞行、承重、搭高等；另一方面也让他们打开思维，鼓励他们动手操作来实现脑中的想法，让他们感受在动手实践中体会科技的快乐。活动过程中为了鼓励学生积极参与活动，发挥自己的能力，我还向他们发放二小的徽章作为优秀者的奖励。

——张涛

说到学生，我最念念不忘的是当地的留守儿童。来到了云南大理鹤庆县之后，在与留守儿童交流的过程中，我感受到了他们内心的孤独。教育是用一个灵魂唤醒另一个灵魂的过程。在访谈的过程中，我问孩子们，你们想爸爸妈妈吗？所有的孩子们给我的答案都是，不想。其实听到他们说不想的时候，我的内心是复杂的。我害怕这些青涩的生命失去了爱别人的能力。但是经过了七天的时间之后，我发现我错了。他们的爱，只是无处释放。我们离开的时候，孩子们哭了。早上六点，我们想悄悄地离开学校，却发现学校门口聚集着一早就在等待的孩子们，汽车发动的那一瞬间，孩子们哭作一团。来到火车站，我们又看到另一批孩子早已经“埋伏”在此。他们紧紧抱着我们，不舍我们离开。这时候，我也禁不住泪流满面。我不知道是不是我们唤醒了他们的爱的能力，但我知道，他们是爱我们的。

——郝石佩

三、从“爱心书屋”到“梦想书屋”

每年的六一国际儿童节，孩子们一定会收到很多节日礼物来度过这天：一件漂亮的衣服、一次海洋馆之行、一本精美的图书或是一套益智乐高玩具……但中关村二小的师生一直延续着一个特别而有意义的庆祝方式，那就是一年一度的六一爱心义卖，并将所得的全部善款均用于为远方贫困地区的小伙伴建造“爱心书屋”。

“爱心义卖”是中关村二小持续了10年的品牌教育活动，可以说是每个二小人爱心、公益心凝聚的结晶。学校坚信：“用实际行动教会孩子分享和感恩，心中有爱，才能让爱传递出去。”学生们在六一当天，用自己的行动践行着热爱祖国、心系社会、心怀大爱的优秀品质，实现了自己心中的公益梦想。将这份大爱传承下去，是所有二小人的骄傲，也是所有少先队员的光荣使命。从2010年到2021年，11年18间书屋出现在祖国各地的小学。中关村二小的阅读梦想也传递到祖国的各个角落。在公益活动中，二小少年了解远方小伙伴及特殊群体学生的学习、生活情况，激发了他们关爱他人、帮助他人的公益热情。他们把自己喜爱的图书或者物品带到学校，通过模拟经营，筹得善款。这一过程中也培养了他们的交流合作意识，提高了表达能力和组织能力。甚至让学生亲自参与选书、送书环节，了解了爱心书屋的建造过程。这也是二小少年的情怀化为现实的过程。

2021年，是国家脱贫攻坚取得全面胜利之年，中关村二小对书屋的发展定位也有了新的思考：把爱心书屋升级成梦想书屋。以小书屋成就大梦想，将“快乐悦读、分享共进”定为建造书屋的核心目的。一座座梦想书屋，点燃的不仅是孩子们的梦想，也是老师们教育梦想的传递。建造梦想书屋，让更多渴望读书的孩子实现阅读梦想，成就个人成长梦，是中关村二小全体师生为实现中华民族伟大复兴的中国梦贡献出的一份力量。

链接 >>>

梦想传递　爱心共建
——记河北宣化车站街小学爱心书屋捐赠活动

2016年7月1日，中关村二小的老师、队员和家长志愿者们早早地就在华清校区集合了，这一次一行45人准备前往河北宣化车站街小学捐赠“爱心书屋”。这已经是二小捐赠出的第六个书屋了，所有善款都来自于队员和老师们在六一的爱心义卖活动。

经过两个半小时的车程，终于顺利到达了车站街小学。王校长和学生们在校门口热情地接待了二小师生和家长志愿者。看到一张张淳朴稚嫩的脸庞，一路的车马劳顿一扫而光了。随后校长很细心地把年龄相仿的孩子结对成伴，一开始小家伙们还有些生涩，但是一顿饭的功夫我们就看到刚刚还有些腼腆的孩子们已经变成了好朋友。

午饭过后大家就开始抓紧时间布置书屋，摆书架、折包装、书籍分类、贴标签、上架……忙而有序、有条不紊地进行着，两个小时后焕然一新的书屋就搭建完成了，大家虽然很累很热但眼里都充满了兴奋，看着书架上满满的书籍仿佛开启了车站街孩子们阅读的大门。学生们也在工作中学会了合作、互助，增进了友谊。

通过“爱心书屋”活动，二小师生与车站街小学师生结下了亲密友谊

老师们还为车站街小学的队员们带来了精彩的课程，周跃老师的体育课《合作训练》为此次破冰活动；石佳利老师的《数学思维训练课——扑克牌魔术》演绎了数字的奥秘；杨颖晨老师的《刷牙》给学生们带来了新奇的画板。车站街小学的队员们听得非常认真。

宣化市教育部门领导也出席了此次“梦想传递”活动，在捐赠仪式上刘校长向车站街小学赠送了“爱心书屋标志”及相关书籍，小伙伴们还互相赠送了礼物。

短暂而又忙碌的一天就要过去了，两所学校的孩子之间建立了一种特殊的情谊，愿此次活动能为更多的学生打开阅读的大门，在孩子们心中种下爱的种子。

二小少先队员的活动感受

我的小伙伴是一个有点矮，微微发胖的友善女孩，刚开始我们还有些羞涩，不过很快就聊得火热。我了解到她十分热爱阅读，写的文章也很优美，只是没有很好的阅读资源。我想，这次爱心书屋的资助正好可以帮助这样的同学！我们一吃完饭就去到学校帮助老师家长们布置书屋啦！很快，越来越多的同学们开始帮忙，大家都忙得气喘吁吁，但依然如火如荼地整理图书、贴标签，地上的包裹，书籍越来越少了，很快，书屋便收拾地干干净净，漂漂亮亮的！我们都欣慰地看着爱心书屋，感到十分高兴。我们一起上了一堂伙伴合作的体育课，我和我的小伙伴合作得十分顺利，有趣的游戏让我们更好地体验到了合作的快乐！

——五年级（12）中队　邵若冰

在那里我结识了这所学校非常出色的一位女同学，她的名字叫王温艳。中午我和爸爸来到王温艳家里与她的家人一起吃午饭。为了这次活动她的家人做了充分的准备。非常感谢他们！她的家在学校附近，听她妈妈说是为了她能好好学习临时租的房。温艳没有辜负家里人的希望，成绩非常优秀。当我看见墙上贴满了她的奖状的时候，我明白了一个道理，就是只要自己努力就可以得到别人的认可。下午我们和家长、老师一起布置爱心书屋、一起上体育课，聆听他们的校训。当听到“少年强、则中国强”时，我终于明白为什么家长经常督促我们要好好学习，是为了长大后要为国争光。我一定和温艳结伴学习并相互鼓励。

——四年级（5）中队　张越然

家长志愿者的活动感受

车站街小学的孩子们善良纯真的笑脸又一次深深打动了我们。孩子们从刚下车第一次见面的羞涩，到中午结对子一起午餐时的热情好客，再到下午一起努力布置书屋，一起开心上课，最后告别时都依依不舍了。搭建爱心书屋的活动不仅给车站街的孩子们送去了宝贵的知识财富，也给两所小学的孩子们一个爱心传递的真切体会。相信孩子们在这样的活动中，都能收获关爱他人亦能温暖自己。

——一年级（5）班　张蕙若家长

“儒雅点亮人生”是中关村二小的教育理念，其很重要的教育目标之一就是品格，当内在精神外化成行为规范，并且这种行为规范被他人所感知时，就成了品格。比如诚实、友爱等。孩子生而不同，学而不同，但只要形成了这些重要的品格或素质，早早晚晚会有那么一天，孩子的小宇宙会爆发出无穷的能量。这些细微之处看似微小，却闪烁着教育的光辉，当这些星星点点的光有一天可以连成一片时，就会发出耀眼的光芒！

——二年级（4）中队　顾格宇家长

四、将优质教育辐射到更远的地方

作为北京市优质品牌学校，二小在北京市、海淀区，乃至全国不断发挥着优质学校和名校长的辐射引领作用。

2015年10月，“杨刚校长工作室”在教育部和江苏基地的指导下成立。教育部黄贵珍处长和江苏基地王仁雷书记亲自为“杨校长工作室”授牌。王仁雷书记还特别提出：“要发挥好学校的领航作用，肩负起名校的使命担当”的要求。“杨刚校长工作室”不仅支持带动了工作室校长和学校的发展，同时作为北京市中小学校长培训实践基地，为全国各省市中小学校长提供培训与指导。2018年，学校承担了十三五国培计划教师培训基地校的任务，接待了来自各个省市1350余人次的教师到校学习。据不完全统计，近年来，学校先后承接了来自全国24个省及港澳台地区的参观、交流、跟岗、学习活动，参与人员包括教育行政部门领导、中小学校长、骨干教师，交流内容涉及学校文化建设、多校区管理、校园安全管理、教学研讨、信息化建设、教师队伍建设等方面，共计 71 个学习交流团，4118 人次。这既饱含着二小人的一份教育情怀，更承载着二小作为名校的一份责任与担当。

链接 >>> 参观学习感受

今天在中关村二小的参观学习收获颇多，二小的教学理念非常的先进，主要体现了以人为本，尊重每一个孩子的个性。他们所提倡的“桃红李白　心暖花开”，强调每一个孩子的个性发展。以爱育人这种理念，值得大力的推广与学习。同时我们近距离地感受了二小教师的高素质，接待我们的老师讲解清晰，真诚可亲，让人如沐春风。走在校园里，遇到的孩子们都会主动和老师问好，笑容灿烂活泼可爱。我感觉到校园里的每一位老师和学生都是快乐的、幸福的。我想这正是二小以人为本的家园文化结出的丰硕成果。

——西安市铁一中学团委书记　姚迪

慕名而来，耳目一新，
以人为本，根本之举。
儒雅文化，中华之根，
学生中心，成长为源。
尊重差异，尊重规律，
学生乐园，教师家园。
学校尽职，教师尽责，
为国为民，家幸国兴。

——陕西省渭南市临渭区教育局教育培训中心主任　柳红岗

通过参观校园，座谈交流，观摩活动等丰富多彩的形式，让我们近距离走进名校中关村二小，受益匪浅，感触良多。一个好校长是成就一所好学校的关键，“以人为本，关注发展”的办学思想落地在学校发展的方方面面，“家园文化”得到广泛认同与积极践行……祝愿中关村二小越办越好！

——四川省成都市新津区万和小学校长　郑英

在二小的课堂上，教师们通过游戏激起学生参与课堂的兴趣，并通过亲身事例、校园活动经验，使学生更好地融入课堂，深刻理解授课内容。我们看到，学生才是真正的主人。课堂是学生的，主导权是学生的，这让澳门教师开拓了教学思路，提升了教学方法，受益匪浅。

——澳门教业中学小学主管　张鼎宏

第六章

落实新发展理念
开创家园文化的新格局

2015 年 10 月 29 日，习近平总书记在党的十八届五中全会第二次全体会议上的讲话鲜明提出了创新、协调、绿色、开放、共享的新发展理念。创新发展注重的是解决发展动力问题，协调发展注重的是解决发展不平衡问题，绿色发展注重的是解决人与自然和谐问题，开放发展注重的是解决发展内外联动问题，共享发展注重的是解决社会公平正义问题。这一新发展理念对社会和教育发展具有战略性、纲领性、引领性的作用。

中关村第二小学构建了“桃红李白　心暖花开”的教育新愿景，极大促进了各成员校和全体师生家长绽放最美的自己，彰显了集团化办学的生机与活力，取得了丰硕的成果，荣获“联合国教科文组织中国可持续发展教育项目国家实验学校”“中国可持续发展教育(ESD)项目创新奖”等荣誉。未来，二小将以新发展理念为指导，立足新时代和自身实际，办好人民满意的教育，顺应国内外教育发展大势，与时俱进，开拓创新，开创“家园文化”的新格局。

第一节　新发展理念与我国教育发展新趋势

一、新发展理念及对教育发展的指导

习近平总书记指出：“发展必须是科学发展，必须坚定不移贯彻创新、协调、绿色、开放、共享的发展理念。”创新是引领发展的第一动力，创新发展注重的是解决发展动力问题，必须把创新摆在国家发展全局的核心位置，让创新贯穿党和国家的一切工作。协调是持续健康发展的内在要求，协调发展注重的是解决发展不平衡问题，必须正确处理发展中的重大关系，不断增强发展整体性。创新、协调、绿色、开放、共享的发展理念，相互贯通、相互促进，是具有内在联系的集合体，要统一贯彻，不能顾此失彼，也不能相互替代。哪一个发展理念贯彻不到位，发展进程都会受到影响。[1]

首先，坚持创新发展，为教育发展提供根本动力。培育创新精神的人才，可以为中华民族伟大复兴奠定坚实的人力资源，为民族振兴提供人才保障。创新性人才的培育主要从教学内容和教学方法两方面进行。

在教学内容方面，要立足于对创造性思维的培育、对学生创新能力的发展为目标定向，这样对教材内容的选择要能激发学生的学习动机、能培育学生的创新型人格，针对不同学段、不同层次的教育选择相适宜的教学内容，从小培育学生的批判性思维，对于陈旧的教学内容要积极进行改进，针对学生的发展需要，提供针对性的教育，以高质量的教学内容培育其创新性思维的发展，强化其对知识技能的理解，帮助学生建立科学的价值观与世界观，增强教育内容的吸引力。在创新发展理念的引导下，以教育内容为载体，引导学生从小具备批判性思维，让教育成为培育创新性人才的摇篮。

教学方法方面，主要是对教师提出了新要求。教师应该结合教学内容，在教学方法上能够激发学生学习兴趣，培养学生创新的意识与健康的情感。同时，将传统教学法与信息技术相结合，充分发挥网络信息的作用，利用微信、钉钉、智慧课堂等形式，构筑与学生的线上线下交流平台，不断将教学内容倾注于学生身上，将虚拟空间与现实空间统一起来，从而有效提升知识的传播效能。

[1] http://theory.people.com.cn/n1/2019/0802/c40531-31271315.html.

其次，促进协调发展，营造有序的教学氛围。协调发展在教育方面主要体现在处理好学生的发展与社会对人才的需求之间的关系，以及在教学过程中学生、家长、教师与社会多方之间的关系。关于学生的发展与社会对人才的需求，整体上是一致的，即教育总是为社会的发展培育人才，但在具体的过程中可能会出现脱节，致使教育的目标与社会需求相左。对于这一问题，应从顶层设计上加以解决，并从整体设计上保障教育目标与社会发展相适宜，从而使社会需求成为教育活动的原动力，激发学生、教师乃至整个教育界的主动性，为社会输送更适宜的人才。关于教育活动中涉及的多方主体，应从协调的观点加以整合多方力量，最终为培育优良人才为统一目标，同时尊重彼此之间的差异，并发挥各自优势为共同的育人目标群策群力；对于学生的培育，应根据其心理发展特点与规律，因材施教，整合多方力量与资源，促进学生的全面发展。

第三，植根于绿色发展，在教育活动中融入生态文明理念。绿色发展就是处理好人与自然的关系。教育活动中坚持绿色发展就是在教学活动中引导学生正确对待人与自然的关系，要尊重自然规律，正确利用自然资源为人类服务，追求人与自然的平衡协调，增强学生的生态文明理念。从物质文化上，建设绿色校园，即一种资源节约型环境友好型的校园环境；精神文化方面，将绿色可持续发展观融入学生的生活学习当中，引导学生形成公平对待自然的价值观。

第四，在教育活动中以开放的姿态培育学生。首先，教育应该是面向世界的教育，应该体现时代的要求，拥有世界的眼光。在传播好中国的文化技术的同时，应兼顾世界的多元文化的吸纳，促使学生在面对新的情境与文化的时候，能够从容待之。其次，应以开放的理念对待各种不同的学科、不同的专业，促进学科与专业之间的融合，以问题为导向，合理吸收利用各个学科与专业的优势解决处理问题，培育学生交叉学科的思维模式，从而更好、更全面地认识世界、解决问题。

第五，共享是创新、协调、绿色与开放的落脚点。在教育活动中要将共享发展理念贯穿到学生的生活、学习中去，激励学生将自己的奋斗目标与祖国发展相统一，使学生树立胸怀天下的格局与振兴民族的伟大志向。中国梦是一种成果人人共享的梦，要时刻牢记只有共享发展，才可以实现每个人的中国梦。这种共享的动力就是让每个人都参与到建设中国社会主义事业中来，在教育活动中便是结合学生的年龄和心理发展特点，设计相关的课程内容，促进学生对社会主义核心价值观的认可度与接纳度，从而实现在教育活动中的资源和成果共享。

二、教育高质量发展新趋势

《中华人民共和国国民经济和社会发展第十四个五年规划和2035年远景目标纲要》（简称《纲要》）正式发布，进一步明确提出“建设高质量教育体系”“提升国民素质，促进人的全面发展”。教育高质量发展的内涵是基础教育补短板、职业教育树精品、高等教育创一流，发挥投资精准支撑和撬动作用，全面提升教育体系内在质量水平，全面提升人民群众教育获得感，全面提升教育服务引领经济社会发展能力。[1] 具体表现为：

第一，发展优质教育，完善教育质量标准体系，制定覆盖全学段、体现世界先进水平、符合不同层次类型教育特点的教育质量标准，明确学生发展核心素养要求。完善学前教育保教质量标准。建立健全中小学各学科学业质量标准和体质健康标准。健全职业教育人才培养质量标准，制定紧跟时代发展的多样化高等教育人才培养质量标准。

第二，推动教育高水平高质量的普及。以农村为重点，提升学前教育普及水平，建立更为完善的学前教育管理体制、办园体制和投入体制，大力发展公办园，加快发展普惠性民办幼儿园。提升义务教育巩固水平，健全控辍保学工作责任体系。提升高中阶段教育普及水平，推进中等职业教育和普通高中教育协调发展，鼓励普通高中多样化有特色发展。振

[1] http://www.gov.cn/zhengce/zhengceku/2021-05/20/content_5609354.htm.

兴中西部地区高等教育。提升民族教育发展水平。

第三，实现基本公共教育服务均等化。提升义务教育均等化水平，建立学校标准化建设长效机制，推进城乡义务教育均衡发展。

第四，建立高素质专业化创新型教师队伍，并加快信息化时代教育变革。大力加强师德师风建设，将师德师风作为评价教师素质的第一标准，推动师德建设长效化、制度化。利用现代技术加快推动人才培养模式改革，实现规模化教育与个性化培养的有机结合。[1]

第二节　国际教育未来发展趋势

一、未来教育与未来学校

“未来教育”“未来学校”虽然发生在未来，却与现实教育具有逻辑上的承接性。作为当下教育改革关注的重点领域，对未来教育和未来学校的特征和发展趋势的解读有助于我们更好地走向未来。

未来学校是实现未来教育的场所，是对未来人才培育与人工智能技术深度融合的一种提升生命质量的育人新生态。办学理念上，它主张面向每一位学生、办好每一所学校，让每个学生都得到激励和找到价值，让学生成为真正的自己，尽最大可能实现自己的潜能与抱负；它追求“启迪智慧、培育人格”，尊重人的身心成长规律，促使人的全面发展。学习方式上，它基于学习科学研究成果，利用科学规律对学生的学习行为和心理进行分析，并在适当的时候对学生的学习过程予以干预，最终引

[1]　http://www.gov.cn/zhengce/2019-02/23/content_5367987.htm.

导学生科学学习，尤其是借助信息技术，将学生的认知过程进行外化，使学生和教师能够观察到课堂中的“学习发生过程”，进而更有效地调整教学行为以促进教学目标的实现，减负增效，轻负高质。

未来学校是一种“智慧学校”。未来学校会积极拥抱信息技术发展的最新成果为教育助力，推动技术与教育的深度融合，发挥信息技术的优势并抑制其劣势，从而更好地实现泛在发展。一方面，通过搭建多元化的学习平台、开发线上线下资源，利用信息技术为未来学校发展提供优质的技术环境，同时通过人与智能的交互，比如，利用虚拟或实体的智能学伴、智能机器人等，帮助人类享受多元的个性化的学习资源；另一方面，利用信息技术收集到的大数据，对学生进行全过程、全方面地测评，确保评价更加公平和客观；同时，使教师、家长和社区也参与教育活动评价，这样，大大提升了教育评价的质量和效果。未来学校还超越校园的围墙，对校内外资源进行有效地整合并加以利用，例如，通过智能技术联合社区创建社区学习网络，这个网络中人们能够很便捷地获取自己需要的教育资源；未来学校也会利用社会各个领域的教育资源，加强与社会方面合作，充分发挥各类公共文化设施的育人作用，同时，也会利用教育机构开发的优质课程促进学生的成长与发展。

二、国际组织对教育的未来规划

2020 年，经济合作与发展组织（OECD）发布的《面向未来教育：未来学校教育四种图景》报告，描述了未来 20 年学校教育的四种图景，即学校教育扩展、教育外包、学校作为学习中心以及无边界学习。学校教育扩展主要是指接受正式教育的人数会日益增长，但同时存在非常广泛的非正式学习。由于数字化学习环境的发展，学校不仅开始采取混合式教学，还通过利用信息技术对学生进行评估、反馈与监督管理。教育外包图景下，教师可以采取多种教学组织形式来满足学生对学习自主性的需求。学校作为学习中心图景突破了传统的统一、僵化的课程结构限制，在这里，教师专业性极高。同时，学校对非教学专业人员也是接纳并容的态度，准许其参与教学。无边界学习则建立在信息技术快速发展基础上的，这种图景下对数字化设备利用使得免费学习机会唾手可得，教育、工作和休闲的界限变得模糊，学校教育步入消亡阶段。[1]

OECD 和世界经济论坛这两个具有重要影响力的国际组织也为我们勾勒出未来教育的新图景：第一，有关未来教育的愿景。《2030 学习罗盘》认为未来教育是追求人类“幸福”的教育，并且要关注弱势群体，从而彰显人类文明；是一种发展个体“主体性”的教育，且以培育个体终生学习热情为重要目标，也是一种注重解决问题能力培育的教育。第二，有关未来教育的核心。OECD 指出，未来教育应注重培育学生的变革性素养，比如创造性价值的素养、承担责任的素养以及应对矛盾和困境的素养。同时，未来的学生应具备创新技能、人际交往技能、技术技能以及全球公民技能。第三，未来教育重点应突出学生的主体性。学生在学习过程中应是带着学习目标、具有高度自我意识的主体。在学习过程中，应注重对学生个性化需求的满足以及对学生学习内部驱动力的激发。第四，未来教育是以技术为支撑的教育。数字技术的发展导致学习方式、内容和时空的变革。所以，未来教育中数字化素养是学生必须具备的一种核心素养之一，同时，未来教育由于智能技术的支撑，超越了传统形式，而使得非正式教育与正式教育并驾齐驱。[2]

通过这些报告，我们大体上了解了国际社会的未来教育规划。同时，这些规划对中国未来教育和未来学校的建设具有重要的参考和启发作用。

---

[1] 兰国帅，张怡，魏家财，等 . 未来教育的四种图景——OECD《2020 年未来学校教育图景》报告要点与思考［J］. 开放教育研究，2020，26(06):17-28.

[2] 张娜，唐科莉 . 以“幸福”为核心：来自国际组织的教改风向标——基于《2030 学习罗盘》与“教育 4.0 全球框架”的分析［J］. 中小学管理，2020(11):28-30.

第三节　家园文化新生态 未来发展新格局

根据国内外教育未来发展的整体趋势，立足新时代的新发展理念和高质量教育发展的新要求，结合学校发展实际情况，中关村二小“家园文化”新生态，未来发展新格局谋划如下。

一、把握好新发展的六个“局”和三个关键“期”

先说六个“局”。一是全局，全局是目标。全面建设社会主义现代化国家、实现中华民族伟大复兴的中国梦，是我们国家未来的发展目标。对教育来说，总的目标就是到2035年建成教育强国，实现教育现代化。二是变局，变局是环境。“变”在特定阶段的相对稳定状态，叠加起来就形成了变局。世界百年未有之大变局进入加速演变期，这是当前教育发展所处的最大环境。大变局不是偶然的，是党和国家事业发展必然的历史阶段，尤其是经过去年一年，我们要更加辩证、更加积极、更加全面地理解大变局。全局是目标，变局是环境。三是格局，格局是战略。新发展格局事关教育系统性、深层次变革，我们要从全局和战略的高度准确把握加快构建新发展格局的战略构想。四是开局，开局是起点。要起好步、开好局，把谋篇布局的工作做好，编制好教育“十四五”规划，谋划好今年的工作。五是布局，布局是配置，也就是教育资源如何配置。这次全会在2035年远景目标中强调“人的全面发展”，并首次提出“全体人民共同富裕取得更为明显的实质性进展”，在部署“十四五”任务时强调“扎实推动共同富裕”。人的全面发展和共同富裕在教育领域的体现是有质量的公平。今后教育发展要更加突出有质量的公平。六是破局，破局是动力。“十四五”时期改革又到了新的关头，如何突破、从哪突破，关系到我们改革的成效，要跟进并解决突出问题，推动改革和发展深度融合、高效联动，让改革主动适应发展的需要、基层的需要、群众的需要。

再说三个关键“期”。2021年是我国现代化建设进程中具有特殊重要性的一年，中国共产党迎来建党100周年，“十四五”开局，全面建设社会主义现代化国家新征程开启。做好教育工作，要把握住三个关键期：一是交汇期。处在“两个一百年”的历史交汇点，既要立足当前，巩固已有成果，确保各项工作经得起历史的检验，又要着眼长远，整体深化提升，为建成教育强国奠定坚实基础。二是转折期。进入整体抓质量的新阶段，是教育工作重心的又一次历史性战略转移，高质量成为教育工作主要目标要求和衡量标准，这必然要求超越以前的发展理念和发展模式，必然要求支撑发展的条件和基础要有进一步的改进和提升，第一年的定方向、定框架工作做好了，就能顺利完成转段，全新的工作局面就能顺势打开。三是机遇期。国内外环境的深刻复杂变化既给教育工作带来一系列新机遇，也带来一系列新挑战，我们要努力危中寻机、转危为机，以准确识变、科学应变、主动求变来应对不确定性，把握和用好重大战略机遇期办好我们自己的事。

二、开创新时代中关村二小高质量发展新格局

（一）新时代二小发展的基本要求

新时代中关村二小教育集团的发展，要严格遵循坚持党的全面领导、坚持以人为本、坚持新的发展理念、坚持改革创新、坚持系统观念等原则，把握好以下基本要求：

坚持立德树人为根本任务。突出德育实效，推进智育创新，注重体育健康，重视美育熏陶，加强劳动教育，为加快推进教育现代化、建设

教育强国培养德智体美劳全面发展的建设者和接班人。

更加突出高质量发展。以高质量发展为主线，面向国家经济社会发展主战场、人民群众需求和世界科技发展最前沿，遵循教育规律，贯通课堂内外，融合教学科研，衔接理论实践，探索形成具有高水平的教育理念、教材体系和教学方法，全面提高人才培养质量。

更加突出创新发展。以行政为主导、科研为引领、信息化为支撑，带动教育现代化发展，坚持走依靠创新驱动的内涵型增长路径，探索“互联网 +”教育发展新模式，大力发展智慧教育，全面提升师生信息素养，促进教育的创新与变革。

更加突出协同发展。以全局思维推进集团发展，深入构建“家—校—社会”协同联动育人体系，着力深化产学研用深度融合，力求育人模式更加系统、资源更加丰富。

更加突出开放发展。以开放促改革、促发展，全力提升集团国际教育水平。实施更大范围、更宽领域、更深层次的国际教育交流合作，提升学生的国际素养。

更加突出安全发展。牢固树立安全观，强化底线思维，系统构筑安全防线，妥善防范化解教育现代化进程中的各种风险，坚决维护中关村二小教育集团的安全稳定。

（二）新时代二小发展的总体目标

幸福是人类社会的共同追求和最终追求。中国共产党的初心使命就是“为中国人民谋幸福，为中华民族谋复兴”，中国梦就是“国家富强、民族振兴、人民幸福”之梦；2013 年，联合国规定每年 3 月 20 日为世界幸福日，OECD 2035 学习框架把个体和社会幸福列为学习的终极目标，足见教育是造福子孙后代、造福人类社会的千秋基业、民生工程。因此，追求全面幸福是中关村二小集团化办学的新时代发展总体目标。要用幸福总体目标提升集团化办学各校区优势互补、和而不同的上升空间，避免同质化或高原现象，进一步激发办学活力，确保全体师生和家长在“桃红李白”教育新生态中的获得感和幸福感不断提升。

（三）新时代二小发展的主要目标

集团化办学模式更加成熟。逐步扩大优质教育辐射范围，引导形成良好的教育结构和教育生态，完善教育集团内部治理结构，推进顶层设计、加大资源统筹力度，以机制创新推动成员校提升办学质量，探索出一条适合新时代发展的集团化办学新路径。

高质量教育体系逐步完善。高质量落实国家课程，优化学校课程体系，推进学校科研、教研、教学有机结合，构建教—学—评—改一体化教育体系，提高集团整体办学品质。

学生核心素养可持续发展。坚持五育并举，全面落实立德树人根本任务，促进学生全面发展，树立科学的教育发展观、人才成长观，将学生培养成具有全球视野、中国情怀、二小特质的社会主义建设者和接班人。

高素质教师队伍形成梯队。全面加强思想政治教育和师德师风建设，推进“名师团队”工程建设，全方位、多维度提升干部教师教书育人素质，打造高素质、专业化、创新型干部教师梯队，培养集团内教育领军人才和战略创新人才。

教育信息化水平明显提升。扎实推进“互联网＋教育”发展，进一步探索人工智能在教育教学上的应用，形成互联网与教育深度融合发展的新模式。加快产学研用系统创新，实现新技术新成果在集团内各育人领域落地应用。

国际教育交流打开新格局。充分利用“海淀区中小学国际理解教育研究共同体”平台，推进集团内教育开放提质增效，巩固拓展国际交流合作空间，提升集团国际化教育水平，培养学生国际素养。

集团治理体系迈上新台阶。集团治理各部门基础性制度体系基本形成，各校区治理水平大幅提升，师生参与各项工作更加自主。平安校园建设深入推进，防范化解重大风险体制机制不断健全，突发公共事件应急能力显著增强，发展安全保证更加有力。

（四）全面优化集团化办学管理模式

1. 完善教育集团内部治理机制

坚持教育集团核心校在保证自身教育教学质量不降低的基础上，充分发挥“造血”功能，适度发挥“输血”功能，实现集团共同发展效益最大化，是中关村二小教育集团持续追求的目标。在十几年的基础教育集团化办学探索中，集团管理模式不断革新，从主要关注组织内部效能的提升走向组织间关系、组织与环境关系的建立与完善。力求将集团化学校建成学习共同体，凝聚集团化办学多元主体共识，构建信任关系，形成集团化办学有效治理的重要机制。

第一，深化集团化教育供给侧结构性改革。

集团化办学内部的治理模式保持动态调整。不断完善组织管理体系与内部治理结构，提高教育治理的现代化水平，以机制创新推动成员校提升办学质量，逐步形成动态进入和成熟孵化退出机制。加强集团统筹规划。不断完善集团化办学实施意见，加强集团化办学的政策研究、制度建设、工作指导、条件保障和发展评估，共同研判解决、协调落实课程管理、学生培养、人事管理、绩效工资、经费使用等重点难点问题，不断健全完善集团化办学各项方案制度，推进教育集团平稳、有序、优质发展。

明确集团 11 部门职能范围，强化职能作用。进一步明确和强化集团校长及 11 部门的职能范围。要结合集团发展目标与内部治理结构，依据 11 部门各自职能特点详细进行界定和划分，既要做到各部门职能相互独立，又要缩减管理层面的层级，以达到提升集团执行决策的有效性，从而提升集团的治理水平。

第二，保障治理主体的充分参与。

提高治理意识，加强治理主体多元化。完善党委领导，发挥集团责任，注重校区协调，强调多元参与和法治保障的集团化治理体系。充分调动教师、学生、家长参与集团决策的积极性、创造性。建立人人有责、人人尽责、人人享有的集团治理共同体。实现集团治理、校区自我调节与师生自治的良性互动，形成“多中心、协同、整体”的治理模式。建立党委作为领导核心，建立多元治理同心圆，涉及多个参与者，增强集团治理凝聚力和向心力。

第三，建立科学有效的集团办学评估体系，保有持续发展活力。

形成以督导评价机制保障促进集团化办学发展集团与内部各部门、

各治理主体之间良性协调发展的集团办学评估体系，强化过程性和发展性评价，不断推进各部门工作改进，从而促进集团整体可持续发展。

2. 推进各校区协同特色发展

集团化办学不是总校的简单复制，更不是总校资源的单向输出。集团化办学最终走向的应该是各具特色的多元优质，而非千校一面、削足适履。因此，在集团化办学的推进过程中，总校与各成员校要结合自身校情、学情，以及所在区域特点，制定具体的发展目标。集团化办学鼓励分校突出自身特色，总校通过精准指导、重点帮扶，帮助分校发掘自身特色，从而真正实现主动发展、可持续发展。

第一，坚持以集团总校高位引领，校区协同发展。

协同发展，形成“区块链”思维。探索并创新集团化办学协同发展体系，以“多主体、分布式”的形式推进集团发展。集团内的每一所学校是不同的节点，通过构建教育集团之间的协同发展格局，从而形成集团化办学的区块链。集团要统一规划区域集团化办学发展的进程和路径，重视各校区整体的推进。

结构开放，树立“集团人”意识。打破发展瓶颈，突破管理壁垒，鼓励干部教师跨校流动。建立青年干部信息库，促进学校教育干部队伍的年轻化、专业化，形成管理干部梯队，为不断壮大的集团各校区提供源头活水。

第二，坚持以集团总校统筹规划，促进校区特色发展。

开放校区自主权，激发内生动力。实施校区负责人负责制，集团赋予校区负责人相对独立领导权，包括校区内干部、教师的组织管理、评优推荐以及部分财务权限，搭建合作平台，给予自主发展空间，激活各校区发展内生动力。

明确校区定位，鼓励特色发展。聚焦不同校区特长优势，明确各校区办学基础和发展定位，均衡资源配置，鼓励各校区立足实际，特色办学，个性发展，优质发展。

（五）系统提升素质教育高品质发展

党的十九大报告指出，我国经济已由高速增长阶段转向高质量发展阶段。2019年，国务院召开全国基础教育工作会议，部署深入贯彻全国教育大会精神，全面提高基础教育质量，标志着基础教育进入全面提高育人质量的新阶段。随着2020年小康社会的全面建成，从2021年起，我国将开启全面建设社会主义现代化国家的新征程，基础教育高质量发展也将进入实质性推进阶段。国家高质量发展的战略需要、主要大国之间竞争的加剧，全社会对高素质人才、拔尖创新人才的渴求十分强烈。

1. 构建高质量“五育并举”育人体系

建设高质量教育体系，必须树立德、智、体、美、劳全面发展的育人体系。要建立落实“五育并举”育人目标体系、课程与教学体系等形成高质量发展的教育质量观的实践体系，为学校高质量发展引领正确发展方向。

第一，落实立德树人根本任务，培养全面发展的社会主义建设者和接班人。

以道法课为抓手突出德育实效。加强系统谋划和顶层设计，把立德树人融入思想政治教育、文化知识教育、社会实践教育各环节。发挥好道法课的政治引领功能，打造高素质的教师队伍，落实“三全”育人要求，推进一体化德育体系建设。

以终身学习为目标推进智育创新。培养学生终身学习能力，着力培养学生认知能力，注重启发式、探究式、参与式、合作式等学习模式，加强对学生科学素质、信息素养和创新能力的培养，满足学生个性化学习需求，培养具有中国情怀和全球视野的人才。

以素质发展为关键注重体育健康。坚持“健康第一”指导思想，通过师资队伍建设提升体育课教学质量，通过竞赛活动开展推进体育多元化进程，通过校园足球、冰雪运动等特色发展，带动学生参与体育锻炼，增强体育运动能力，提升体质健康水平。

以审美素养为核心重视美育熏陶。认真落实《关于全面加强和改进新时代学校美育工作的意见》，实施美育提升行动，加强与艺术院校建立对口交流，通过开展中华经典诵读、戏曲进校园、艺术展演等活动，全面提升学生审美素养。

以构建课程为路径加强劳动教育。以构建劳动教育课程体系为路径，充分发挥劳动综合育人功能，构建新时代劳动教育新机制，形成家庭、学校、社会合作育人的劳动教育体系，体现劳动教育的协同性。

第二，着眼学生身心和谐发展，做好心理健康教育。

构建学校心理健康教育干预机制。逐步建立以心理教师为核心，以班主任和兼职心理教师为骨干的心理健康教育工作机制。学生成长中心承担学生心理健康教育工作主体责任，推动各项工作落实，每年至少专题研究一次学生心理健康教育和心理危机防范工作。

完善学生心理健康教育服务体系。建立完善的学生心理危机预防、预警、干预工作体系，定期以家访、日常观察、心理问卷、健康体检等方式开展学生心理筛查评估，建立学生心理健康档案，对测评结果异常或重点关注学生进行实时监测和及时干预。

配齐专兼职心理教师。逐步配齐专职心理教师，或指定专人兼职心理健康教育工作，兼职教师一般应有两年以上班主任工作经历，且经过心理健康教育专门培训。落实周课时量、心理辅导时间及其他工作任务，推动心理教师队伍专业化发展。

加强心理辅导室建设。规范设置心理辅导室，学生在校期间原则上每天均应开放心理辅导室，课间、课后等非上课时间应明确一定时段向学生开放。

第三，落实科技强国战略，培养学生创新精神。

完善学校科技教育课程体系，彰显二小双金鹏魅力。作为北京市独具特色的双金鹏学校，要不断完善科技教育课程体系。基于学校的育人发展理念，构建具有学校特色、时代特色的课程体系，以科学普及、科技创新两条线路满足不同层次学生的好奇心、创造欲。

多路径培养学生的实践与创新能力，形成创新精神。注重对学生观察能力的培养，让学生在实践中创新。通过系统整合科学基础课、拓展课普及科学知识和科学方法；通过开展丰富的实践课及社团活动，培养学生的创新思维；通过构建学校与校外研究院所、博物馆等场所相结合的学习场，打造无边的探索区，形成具有学校特色的学术交流“科技馆”。

在活动中，要让学生形成敢于大胆冒险、不断挑战，敢于质疑、勇于想象的创新精神。

形成学校科技创新人才评价体系。重视科技教师的专业定位与分层培养，保证师资队伍的专业性及创造力，加强学生创新人才梯队的建设。要依托学校的各项科技课程、活动及学生参与情况制定中关村二小科技创新人才培养方案，形成个性化、专业化的科技创新人才评价机制，引导学生创新能力的提升。

2. 打造高素质专业化教师梯队

实现教育的高质量发展必须建设高质量的教师队伍，这是集团高质量发展的动力源。面向世界教育百年未有之大变局，形成未来教师教育高质量培养体系，构建高质量教师教育体系，是建成教育强国的教育保障。

第一，加强师德师风建设，夯实人才基础。

坚持把师德建设摆在首位。落实新时代教师职业行为规范，与推进“两学一做”学习教育常态化、制度化和开展“不忘初心、牢记使命”主题教育紧密结合，坚持问题导向、突出重点、落实责任、注重长效，创新师德教育，完善师德规范，健全师德建设长效机制，推动师德建设常态化长效化。

构建师德师风建设制度体系。按照“谁主管、谁负责”的校区管理原则，建立师德监督落实、责任追究、联合执法检查等相关制度。各校区规范建立工作台账，将工作部署、活动开展、处理结果等情况建立过程性档案，并作为年度督导考核的重要依据。完善师德师风考评监督机制，以机制建设规范引导教师切实做到以德立身、以德立学、以德施教、以德育德。

第二，改进和优化梯队建设，提升专业素养。

加强干部人才队伍建设。坚持规划引领，培育一批提升二小教育集团教育现代化水平的引路人。持续推进创新人才培育工程，积蓄后备人才。

着力打造集团名师队伍。推进名师工程建设，发挥名师引领示范作用，提升骨干教师专业能力水平。举办中关村二小教育集团名师教育教学实践研讨会，建立名师教育教学资源库，发挥优秀教师群体的引领辐射作用。推进集团教师队伍梯队建设，统筹行政、教研、科研力量，构建分层的名师队伍建设体系。

分层分类精准开展教师培训。制定中关村二小教育集团教师培训规划。开展教师线上线下混合式学科研修，建设分类、分层、分岗教师培养体系。形成有梯度、多层次、全员参与的教师能力素养提升工作格局。提升教师专业化水平、育人能力、创新能力、教科研能力，打造高素质专业化创新型教师队伍。

3. 发挥高水平教育科研引领作用

高质量发展的质量观是科学发展的质量观。坚持科学发展的质量观就是要遵循教育规律，要遵循学生身心发展规律和认知规律，以科研为引领形成科学、高质量的发展体系。

第一，完善管理机制，加强教育科研队伍建设。

建设一支研究能力强的科研型教师队伍。加强教育科研人才的研究和培养工作，强化科研服务意识，充分调动各校区教师开展教育教学研究的积极性、主动性和创造性，加强科研型教师队伍建设。

完善教育科研管理机制，加强平台建设。努力实现科研管理精细化，出台可执行的教育科研管理细则，鼓励教师积极参与各级各类课题申报，围绕深化教育教学改革、提高教学水平开展科学研究。

第二，发挥引领作用，加强科研成果的转化。

提高教科研引领作用。加强教科研对教学改进、学校内涵发展、教师专业发展的贡献度，围绕“名师工程”培养模式实验、德育系列化研究、教学评改一体化改革、信息技术与教育教学深度融合等重大改革项目开展研究，支撑集团的教育教学改革。

积极推进科研成果转化应用。重视科研成果的分享与利用，对于有推广价值的科研成果要积极推广并加大宣传力度，扩大科研成果的辐射范围。

（六）全方位构建现代化教育体系

为落实党的十九大及全国教育大会精神，国家出台了《中国教育现代化 2035》这一中长期战略规划，提出要在 2035 年总体实现教育现代化，迈入教育强国行列。面向日益特色化、优质化、国际化的教育服务需求，中关村二小教育集团着力建设“智慧校园”“国际校园”“共生校园”，全面提升教育现代化水平，打造更高水平、更富活力、更具特色的现代化教育集团。

1. 建设“智慧校园”

全面构建以信息化带动教育现代化发展的智慧校园框架体系，扎实推进“互联网 + 教育”发展，完成从数字校园到智慧校园的转型发展。

第一，构建先进安全的信息化基础设施。

加强校园网络基础设施的升级改造，优化校园云平台建设，支撑智慧校园信息化各系统的高效、稳定运行。

优化信息管理服务系统建设。升级和完善 11 部门的业务管理信息系统信息化管理，推进便捷、高效自助信息服务系统的优化。

第二，建设智慧全面的育人信息化服务平台。

打造混合式教学管理系统。进一步探索人工智能在教育教学上的应用，形成互联网与教育深度融合发展的新模式。积极探索“互联网 + 课程”，全面整合课程开发资源；积极探索“互联网 + 教学”，借助网络教学平台、教学资源、教学软件等，促进教师教学观念的转变；积极探索“互联网 + 学习”，借助移动学习，促进教师、学生学习观念与行为方式的转变。

为学生记录个性化数字画像。增强动态跟踪和过程性留痕，将学生学习过程进行有效跟踪记录，通过大数据进行学习效果诊断，加强对学生认知和学习行为规律的研究，精准评估教学和学习效果，实施因材施教、个性化学习的新型教学组织方式。

第三，构建“互联网 +”条件下的人才培养新模式。

构建大数据教育管理新模式。基于大数据分析，开发综合基于校区、教师、学生的分析系统，包含各部门不同维度数据分析应用，为部门决策、人才培养提供支持。

提升师生信息化素养。实现从提升师生信息技术应用能力向全面提升信息素养转变。增强教师适应未来改革发展、人工智能、线上教学等新技术发展的能力，促进信息技术与教育教学的深度融合。

第四，全面加强保障支撑，确保网络安全。

组建“产学研”创新联合体。与专业技术部门形成创新战略联盟，加强对接融通，形成优势互补、互惠共赢的合作关系。

全面加强网络安全。加强网络信息安全监控，加强对于校园网站的建设与维护、网络信息监控、网络文化建设等工作。

2. 建设“国际化校园”

全球化以及教育国际化大背景下，培养具有国际视野的创新型人才已成为走向未来世界最重要的资源，而立足本土、根植于传统的教育国际化是培养学生具有中国情怀与国际视野的重要途径。为此，积极探索教育国际化可行路径，广泛深入推进国际理解教育，建设“国际化校园”势在必行。

第一，坚守中华传统文化，吸纳国际教育精华。

积极推进国际理解教育，厚植爱国情怀。在理解和坚守本国教育特色及传统文化的基础上融合国际文化。在比较与继承的基础上，增强学生对中华传统文化的热爱。深化全球化、国际化观念，凸显本土化、民族化特色。在推进基础国际化进程中，学会将国际教育与中国教育的精华有机结合，尊重学生的个性化成长，满足不同禀赋学生的需求。

科学整合国际化课程，加强学科渗透。基础教育的国际化，首要价值是培养具有民族情怀、能够走向世界的现代中国人。根据中小学国际理解教育的目标要求，挖掘整合现有课程教材中的国际理解教育相关内容，探索行之有效的国际化教育学科渗透模式与策略，将国际理解教育和全球观念渗透到学科课堂教学中。

积极丰富国际化活动，深化实践体验。积极探索国际理解教育主题活动模式，通过互访交流、参观考察、国际文化节等形式，引领师生主动参与到国际理解教育的实践活动中，创新活动载体，深挖活动内涵，形成系列国际理解教育品牌特色。

努力加强国际化课题研究，探索典型经验。联合“海淀区中小学国际理解教育研究共同体”成员校，与兄弟学校形成国际理解研究共同体，聘请国内外专家进行指导，通过国际化论坛方式相互学习交流。

拓展师生国际交流渠道。通过结对国际友好学校等平台，积极推进师生文化交流、增进相互学习与理解，鼓励通过现代化信息技术开展网上校际交流合作，促进中外教育的互动交流。

第二，以为国育才为目标，全方位探索国际化教育途径。

强化师资培养，提升专业能力。各校区要将国际理解教育纳入教师培训内容，把实施国际理解教育作为提升教师素养的重要契机，建设一支具有坚定政治信念、使命担当，掌握国际先进教育理念和育人方式的干部教师队伍。

发挥线上优势，推进教育国际化进程。运用信息互联技术，建设中关村二小教育集团对外开放信息工作平台，加强对国际化办学的宣传，建立国际化教育资源库。

3. 建设“共生校园”

加强学校教育、家庭教育、社会教育三者的协同发展，形成健康、良性的互动机制，确保真正发挥“三位一体”的教育合力作用，充分利用信息技术，全力打造“共生校园”。

第一，充分发挥“三位一体”的教育合力作用。

重视对家庭教育的指导。以学校教育为引导，以活动和课程为载体让学生和家长将家训、家风、家教的理念精髓根植于心。逐步完善家庭教育体系，设置专门课程，定期开展家长学校培训、亲子社会实践活动，引起家庭关注，以促进家庭形成良好家风，使家校形成合力，让孩子在成长中身心健康，拥有美好人生。

充分利用家庭和社区的教育资源拓展学生生活、学习空间。依托社区，为学生创建志愿服务基地。开放学校资源，辐射带动周边社区的发展。充分利用中关村科技园的辐射带动作用，建立学生活动基地。依托高新技术园区，加强与优秀企业的合作，在学习和交流中拓宽学生的视野。

第二，探索在线教育与学校教育双向融合的教育新生态。

充分利用信息技术，延展学校边界。通过网络连接实体空间与虚拟空间、国内和国际、现实生活与未来生活。不断丰富学校的内涵和外延，为学生的发展提供更加广阔的空间。

充分利用大数据与人工智能，加速学校教育与社会教育相互融合。

建立在线学习社区，集合优质的教育资源为学生提供一个资源丰富且开放的学习环境，帮助学生在不断地互动、学习中完成知识和社会人际网络的双重建构，促进学生的社会性成长。

（七）持续深化教育改革

改革创新是时代发展的不竭动力，更是教育发展的时代主题。深化教育改革创新、推动新时代教育改革发展，就是对新时代新形势下更高远的历史站位、更宽广的国际视野、更深邃的战略眼光的及时呼应，是改革开放和社会主义现代化建设、促进人的全面发展和社会进步对教育提出新的更高要求的持续响应，不仅是中华民族复兴的力量源泉，也是教育自身提升发展的方向与路径。

1. 完善“育心”课程体系

构建更加开放综合多元选择的课程体系，让国家课程、地方课程、校本课程都融合成为生本课程，让学校课程不仅是学生阶段性学习的跑道和路径，也成为支撑学生终身学习、可持续发展的阶梯。

第一，深化课程改革，使课程为培养学生发展核心素养服务。

进一步完善“育心”课程体系。依据中国学生发展核心素养，围绕中关村二小教育集团学生培养目标，科学规划各年级的基础课程、拓展课程、实践课程，构建重基础、多样化、有层次、综合性的课程机构。

探索“五育并举”融合课程体系。打破学科壁垒，以实际问题和生活场景为载体，以海淀区课程改革基地校为契机，探索构建跨单元、跨学科的“五育并举”融合课程体系，探索课程构建新模式，学科融合新课堂。

深入实施体育课程改革。提升学生“每天一小时校园体育活动”质量，激发学生体育锻炼的兴趣和动力，让每一名学生至少掌握两项运动技能。

不断推进艺术类课程改革。加强音乐、美术、舞蹈等学科师资的互融共通，提高教师“以美育人”的能力。引导每一名学生至少具有一项艺术爱好、掌握一项艺术技能。主动寻求社会艺术场馆、专业院校的有效合作，拓展艺术教育新途径。

加强生命教育和心理健康教育。建设健康教育课程并推进相关课程的落实，开展健康行为与生活方式、心理健康、急救等知识和技能的宣讲活动，提高学生自我保护意识和能力。

第二，丰富课程资源，使课程满足学生个性化学习需求丰富课后服务课程资源建设。

积极融合各方资源，高校、社会组织、家长志愿者等丰富课后服务资源，有效提升服务效能，为学生的全面发展注入生机和活力，促进了学生全面发展、健康成长。

持续打造社团品牌。以助力学生全面、个性化、可持续发展作为目标，以金、银帆，金鹏社团为引领，以点带面，带动学校社团活动特色蓬勃开展。

2. 构建新时代教育评价体系

中共中央、国务院印发的《深化新时代教育评价改革总体方案》，体现了党和国家在深化教育评价改革。教育评价是撬动教育综合改革的重要杠杆，是提升教育质量的重要手段，是教育管理和改革的重要指挥棒。

第一，积极探索符合教育规律和学生成长的评价体系。

完善教育评价制度和机制。构建强化过程评价、健全综合评价，能够立足各学科建设、教育质量提升和教学效率实效的，关注师生发展进步的，更加科学、符合时代要求的教育评价制度和机制。

构建教学评改一体化评价体系。坚持把立德树人成效作为根本评价标准，在集团课程与教科研中心引领下，整合各年段、各学科、各部门评价体系，构建中关村二小教育集团教—学—评—改一体化评价体系。

第二，加强教育督导改革，完善督导体系

关注督导结果运用力度，健全督导机制。规范教育督导程序，严格落实报告、反馈、整改等制度，建立问题整改台账，实施精准跟踪、闭环管理，强化约谈、奖惩、限期整改力度，确保集团督导工作强力有效。

（八）健全规划实施保障措施

实现“十四五”规划，要在党的领导下，更好地履行各部门职责，最大程度激发全体集团人员力量，保障规划目标和任务的有效落实。

1. 加强党的全面领导

贯彻党把方向、谋大局、定政策、促改革的要求，强化党组织的领导责任和实施职责，以提高治理能力为重点，加强领导班子和干部队伍建设，以提升组织力为重点，推动党建全面进步全面过硬，充分发挥党组织的战斗堡垒作用。

第一，持续做好党建工作。

完善党对教育工作领导的体制机制。完成党组织领导的校长负责制改革，修订《学校章程》，完善议事决策规则，明确党组织、党组织书记、校长的职责边界。夯实党政正职党建主体责任，旗帜鲜明抓党建，发挥党组织的领导核心作用，把握政治方向、引领改革发展、服务师生员工。

推进党组织建设。提升党支部规范化建设水平，加大党员发展力度，引导党员在急难险重任务面前勇挑重担、在教育教学中心工作中改革创新，打造党建创新工作品牌。

第二，扎实推进主体责任。

做好群团统战工作。坚持党建带团建，加强社会主义核心价值观教育。加强“职工之家”建设，定期召开中关村二小教育集团教育工会代表大会。扎实履行“全团带队”职责，加强少先队工作建设。

推进从严治党纵深发展。进一步健全责任体系，强化党员干部政治意识和规矩意识。大力营造风清气正的政治生态，充分发挥示范引领作用。加强新时代作风建设，不断巩固和拓展落实中央八项规定精神成果。加强纪律建设，保持惩治腐败高压态势。聚焦风险隐患，筑牢中关村二小教育集团教育安全防线。

2. 全面完善管理体制

深入贯彻落实党的十八大、十八届三中、四中、五中全会和习近平总书记系列重要讲话精神，坚持党的教育方针，以立德树人为根本任务，深化管理体制机制改革，创新治理模式，加快建立充满活力、富有效率、更加开放、利于学校科学发展的管理体制机制，完善具有中国特色和学校自身特点的中关村二小集团办学制度，推进学校办学治校体系和能力现代化，激发办学活力，提高办学水平。

第一，加强思想政治教育，建立三全育人体制。

建立三全育人体制。党的十九届四中全会鲜明提出，加强和改进学校思想政治教育，建立全员、全程、全方位育人体制机制。不断完善领导体制、建立责任体系、健全检查制度，一体化构建领导坚强、责任清晰、保障有力的思想政治教育领导体制和管理机制。建立党委统一领导、部门分工负责、全员协同参与的领导体系。建立责任体系，落实主体责任，形成十一部门分工负责、全员协同参与的责任体系。

健全检查制度，加强督导考核。将履职情况纳入学校各项督查考核制度中去，严肃追责问责，把“软指标”变成“硬约束”。将师德师风建设工作贯穿到入职、培训、评聘、奖惩的全过程和各环节，在加强思想引领、调整机构配置、严格考核评价等方面，从顶层设计到校区实践、从部门主导到多方配合、从多点突破到纵深推进，完善教师思想政治工作和师德师风建设的体制机制。

第二，完善法治化管理体制，提升治理效能。

全面提升财务管理质量。继续推进财务管理平台建设，构建“内控一体化”管理模式，横向涵盖预算编制、预算执行、绩效管理、会计核算、内控监督等业务管理，纵向连通校区、部门间的数据形成逐级控制和实时反馈的协同管理体系，进一步完善预算绩效管理，细化绩效目标，优化预算审核，强化绩效评价结果应用，构建全过程预算绩效管理机制。优化资金支出结构，加强经费统筹力度支持，提升财务人员业务素质和政策执行能力。

积极推动审计全覆盖。切实发挥审计“卫士”和“谋士”作用，加强学校内部审计工作制度建设。加强审计结果利用和审计整改工作，落实全流程管理，实现审计管理工作信息化。

全面打造平安校园。建立安全管理工作平台。加大校园周边综合治理，加强校园安防，营造安全校园氛围。预防为主，有效控制，做好校园食品安全领域疫情防控常态化工作。控制食品安全采购源头，逐步实行食品原材料采购透明化预警机制，提升校园食品安全管理水平。

3. 强化组织实施保障

强化组织实施是事关学校发展的一个带有根本性、全局性、稳定性和长期性的重要问题。要构建完善的规划实施保障机制，形成多方合理效应，保障规章目标如期实现、重点任务顺利实施。

第一，加强规划的有效落实。

加强规划统筹协调。“十四五”时期集团各部门、各校区要以本规划为指导，明确职责分工，确保发展目标、重点任务与改革措施等符合本规划要求，共同将“十四五”规划各项任务落到实处。各部门要组织编制专项规划，围绕集团发展的关键领域和薄弱环节，深化细节各专项领域目标与任务安排，并推动落地实施。

建立规划动态调整机制。确保规划总体要求与方向一致，在实际实施中动态优化调整，组织好各专项规划的编制工作，做好与本规划确定的发展战略、主要目标和重点任务的对接协调，特别是加强约束性指标和重大任务的衔接，确保规划安排落到实处。

健全部门协同机制。本规划实施过程中要积极协调集团 11 部门，建立部门间协同支持机制，促进资源共享和优势互补。

第二，多渠道动员广泛参与。

发挥主体作用，形成合力。把开门编规划、全员参与的积极性转化为落实规划的合力，发挥集团主体作用，强化集团引领支持，聚焦高质量发展，坚持梯次稳妥推进。广泛开展“十四五”规划宣传，让规划确定的目标任务深入人心，探索搭建重点转向领域主题活动平台，充分发挥广大师生的积极性、主动性和创造性，形成集团整体群策群力、共建共享的生动局面。